中国经济通史

（上 卷）

高德步◎著

人民出版社

序言　中国经济史的结构与变迁

　　每个民族国家的历史都具有独特性。中国历史的独特性是由中国历史的独特起点和历史形成的"路径依赖"所决定的。中国社会经济史经历了四次重大变革，包括殷周变革、春秋战国变革、唐宋变革和近现代变革，这四次社会变革导致中国社会进入不同的经济发展阶段，包括封建领主经济、世族地主经济、齐民地主经济和社会主义经济。近现代变革既是中国由传统社会向现代社会的转变，更是中国社会性质的根本转变，因而经历了三次艰难选择，包括传统与现代社会之间的选择、资本主义与社会主义之间的选择和社会主义计划经济与社会主义市场经济之间的选择。中国正是沿着自己的历史轨道，通过这一系列变革和选择，走出了一条中国特色社会主义道路。

一、中国经济史研究的方法论基础

　　恩格斯指出："人们在生产和交换时所处的条件，各个国家各不相同，而在每一个国家里，各个世代又各不相同。"[①] 这是马克思主义关于民族国家经济史特殊性的经典论述。19 世纪德国历史主义也认为，人类社会是不断进步的，人类历史及其各种表现是一个自然变化和发展的过程。一方面，历史是一个连续的但并不是直线上升的过程；另一方面，各个时代、民族、国家以至于个人，都根据历史的条件或其自身属性表现自己的独特性，代表一种个别的精神和价值，因而没有共同历史可言，更不存在共同规律。他们认为，每一种完美人类之说是就某一方面而言的，都要受到地域和时间的限制，并且具有特殊性和个别性。[②] 这种历史的独特性是我们研究中国经济史的方法论基础。

　　中国经济史的独特性根源在于中国历史的独特起点。恩格斯指出："历史从哪里开始，思想进程也应该从哪里开始。"[③] 不论从历史上考察还是从逻辑上考察，亚细亚生产方式都是中国经济史研究的起点。黑格尔也认为，世界历史从东方到西

[①] 《马克思恩格斯选集》第 3 卷，人民出版社 2012 年版，第 525 页。
[②] 参见 R. M. Burns、H. R. Pickard：《历史哲学：从启蒙到后现代性》，张羽佳译，北京师范大学出版社 2008 年版，第 107 页。
[③] 《马克思恩格斯选集》第 2 卷，人民出版社 2012 年版，第 14 页。

方，而亚洲是世界史的起点。① 亚细亚生产方式以上古中国为典型。与希腊和罗马不同，源于中国的亚细亚生产方式的发展和演化并没有走向奴隶制，而是出现一种"普遍奴隶制"亦即非典型的奴隶制。② 正是由于这种特殊的历史起点，决定中国没有在奴隶制的道路上长期延续，而是较早地建立了封建制度。所谓的封建制度可以有广义和狭义之分。广义的封建制度指的是近代以前的传统制度。而狭义的封建制度指的是"封邦建国"，即从"普遍奴隶制"瓦解后直到西周建立的制度。在此基础上，中国传统社会演变出两个"亚封建"生产方式，包括以大地产制为基础的世族地主经济和以小块地产为基础的齐民地主经济。但"此封建"已非"彼封建"，甚或已是"非封建"。这两种经济形式代表传统经济的比较发达的形式。在这种经济社会体制下，中国古代创造了农业社会高度发达的生产力，以及高度发达的制度和文化。直到 16 世纪以前，中国的传统经济没有遇到来自外部的有力挑战，而是通过自身的调节能力并与周边民族的融合，使这种生产方式逐步完善，并且达到农业社会高度发达的水平。

但是，正是由于中国传统社会建立了完善的制度和文化，导致这种经济社会体制产生顽固的传统和严重的路径依赖，并进而导致现代化进程的滞后。马克思指出："历史不外是各个世代的依次交替。每一代都利用以前各代遗留下来的材料、资金和生产力；由于这个缘故，每一代一方面在完全改变了的环境下继续从事所继承的活动，另一方面又通过完全改变了的活动来变更旧的环境。"③ "历史的每一阶段都遇到一定的物质结果，一定的生产力总和，人对自然以及个人之间历史地形成的关系，都遇到前一代传给后一代的大量生产力、资金和环境，尽管一方面这些生产力、资金和环境为新的一代所改变，但另一方面，它们也预先规定新的一代本身的生活条件，使它得到一定的发展和具有特殊的性质。"④ 这就是说，任何一个民族的经济史都是在前一代基础上发展而来的，历史是不能割断的因而也就是必须继承的，这就形成历史传统。而这种历史唯物主义观点被西方经济史学家阐释为"路径依赖"。这种理论认为，制度变迁过程与技术变迁过程一样存在着报酬递增和自我强化的机制。这种机制使制度变迁一旦走上了某一条路径，它的既定方向会在以后的发展中得到自我强化。所以，人们过去做出的选择决定了他们现在可能的选择。沿着既定的路径，经济和政治制度的变迁可能进入良性循环轨道迅速优化；也可能顺着原来的错误路径往下滑，甚至被"锁定"在某种低效率的状态下而导致停滞。从中国经济史来看，不止一次地发生"变革—发展；锁定—停滞"的周

---

① 参见黑格尔：《历史哲学》，上海书店出版社 1999 年版，第 110 页。
② 参见《马克思恩格斯文集》第 8 卷，人民出版社 2009 年版，第 147 页。
③ 《马克思恩格斯选集》第 1 卷，人民出版社 2012 年版，第 168 页。
④ 《马克思恩格斯选集》第 3 卷，人民出版社 2012 年版，第 172 页。

期性现象。在历史的任何一个阶段出现的"锁定"必然将使整个经济体陷于停滞，而这种停滞必须通过创新来打破。这种历史的继承性和社会发展对历史的依赖性，可以称之为"历史惯性"。

任何一种占统治地位的生产方式，都不可能保持固定不变，否则就必然走向衰落甚至灭亡。因此，任何生产方式都不能拒绝创新。中国传统社会经济在不同阶段出现创新与停滞交错的现象。每一次创新都导致生产力的进一步发展，而每一次停滞都可以探寻到创新源枯竭的原因。这种交错出现的创新与停滞，正是中国经济史周期和波动的根源。我们看到，在中国传统社会历史上，出现过三次重大的社会变革和制度创新，分别是殷周变革、春秋战国变革和唐宋变革，而在变革之后都导致中国进入一个新的生产方式，即封建领主经济、世族地主经济和齐民地主经济，而每一种新的生产方式较前一种生产方式都有一定程度的进步和发展。所以中国的传统社会并不是始终停滞的，而是不断发展和进步的。

然而到了近代前期，中国社会进入创新枯竭阶段，从而陷入一个较长的停滞期。导致这种停滞的力量，一方面是传统社会的周期力量。正如马克思所描述的，"不断瓦解、不断重建和经常改朝换代"，但"社会却没有变化"。① 这种长期停滞和周期循环，仅仅是从传统社会与现代社会的不同特征比较而言的。导致这种停滞的另一方面力量，是传统社会中传统自身的力量。恩格斯曾指出："传统是一种巨大的阻力，是历史的惯性力"。② 也就是说，这种社会经济体制一旦建立，就由于它的报酬递增效应而构成一种传统，并"锁定"在这种体制下。而在中国，由于传统社会制度的完善性和传统的顽固性，打破这种传统和周期的力量没能从内部产生而是来自外部。随着外国资本主义在中国的侵略过程，停滞和静止的社会状态终于受到冲击，"接踵而来的必然是解体的过程，正如小心保存在密闭棺材里的木乃伊一接触新鲜空气便必然要解体一样"③。而随着中国传统社会的迅速解体，也就揭开了现代化的序幕。总之，体现为历史周期性和传统惰性的"历史惯性"必须靠创新来打破，如果这种惯性过于强大的话，还需要借助外力来打破。

然而，历史形成的传统，传统产生的惰性力量，以及传统与现代的巨大反差，决定中国的现代化不可能一蹴而就，而是经历了多次选择，包括锁定和锁定的打破，不断的创新和革命，连续的"破"与"立"，才最终走上正确的轨道。从中国近代以来的历史来看，历史惯性造成的经济史的低水平循环，被外来资本主义冲击和自身的社会革命所打破。然而，但当中国踏上现代化门槛时，面临着多种道路选择，包括资本主义、社会主义以及其他各种"主义"。选择的困难加上历史和传统

---

① 《马克思恩格斯文集》第5卷，人民出版社2009年版，第415页。
② 《马克思恩格斯选集》第3卷，人民出版社2012年版，第772页。
③ 《马克思恩格斯选集》第1卷，人民出版社2012年版，第781页。

的力量，使中国的现代化过程屡次陷于困境。在中国，在走资本主义道路还是走社会主义道路问题上，经过了血雨腥风的斗争，历史最终选择了社会主义；而在社会主义计划经济还是社会主义市场经济问题上，经过一系列曲折和付出沉重的代价后，历史最终选择了社会主义市场经济。这种不断选择的过程，就构成了中国的近现代史。

二、中国经济史的基础结构和制度变迁的动力结构

中国作为一个历史悠久的文明古国，有着与西方不同的经济历史，而在自身的历史过程中采取了不同的经济模式。这种不同的经济历史和不同的经济模式，是由不同历史时期的资源基础和相应的资源利用体制构成的，具体来说包括：不同时期以科技为核心的生产力性质、生产资料所有制、商品交换与商品经济发展程度和形式、政府所扮演的不同角色，社会阶级的构成及其发挥的作用。

1. 以技术为核心的生产力是社会经济发展和制度变革的原初动力

马克思主义认为，科学技术是构成社会生产力的重要内容，特别是在近现代社会，科学技术甚至成为第一生产力。这是因为，不同的技术决定不同的生产方式，也就决定不同的生产关系，进一步讲也就决定了人们的生活方式。尽管我们说科技是第一生产力，但是从长期历史上看，科技进步与制度变革却是互为因果的。在历史发展的不同阶段，有时技术变革成为主要矛盾，有时制度变革成为主要矛盾。这种矛盾的转化构成社会进步的真实动因。

在中国历史上，出现过数次技术革命。第一次是定居农业的出现。这是经典的农业革命，在全球普遍发生，是人类历史上的第一次产业革命。在中国，定居农业出现于商代中期，即盘庚时代。有了定居农业就有了土地产权，"封建"制度也由此形成。第二次是以农业生产工具即铁器和牛耕为代表的农业革命，也是第二次农业革命。在此基础上出现了土地的私有制以及相应的家庭农业生产模式。第三次是以煤铁的广泛使用为标志的手工业技术革命，由此产生了专业的手工作坊并促进了商业流通的广泛发展。在此基础上出现了工商业城市，城乡二元社会开始形成。经历三次技术革命，中国传统社会实现了高度发展并创造了高度文明。但是，中国在近代门槛上却没能发展出科学，因此传统技术不能实现飞跃，从而仍然停留在传统技术阶段，没能实现第四次技术革命。这是中国近代落后于西方的基本原因。

2. 生产资料所有制构成不同时代的生产关系基础

这里指的是社会资源基础及其利用方式的变化。一切社会经济的发展都必须建立在一定的资源基础之上。从迄今为止的人类历史看，社会资源基础不过是两种形态，一个是土地，一个是资本。由此而产生两种社会生产方式，即农业社会和工业社会。传统社会最重要的资源基础就是土地。所以，农业生产技术和土地制度是传

统社会一切制度的基础。从中国历史上看，农业技术较早地出现飞跃式的变化，具体体现为铁制农具和牛耕的广泛使用，导致家庭式的小农经营成为农业生产的主要方式。为了保证这种适宜的生产方式，历代政府坚持土地制度的调整，抑制土地兼并，并通过土地制度创设维护小农经济基础。但另一方面，在人口与土地资源之间始终存在一个矛盾，小农经济以不断向土地增加劳动投入为主的增产方式必然受到土地边际生产力的制约。所以，历史上又一直存在土地兼并和集中的力量。这两种力量的矛盾构成中国历史上经济波动的主因，也是导致土地制度不断调整的主因。

不过到了近代，中国传统农业发展达到了自身的极限。如果没有外来因素的影响，这种状况仍将延续一个时期，但毋庸置疑的是，其最后的终结也是可期的。但是，西方入侵和工业文明的来袭加速了这种变革。所以，近代以来中国经济的主题转为工业化。而工业社会的资源基础与农业社会根本不同，工业化过程实际上也就是资源基础由农业和土地向工业和资本转移的过程。从这个转移过程来看，围绕土地制度仍经历了一个十分艰难的纠结时期，具体说就是近代以来中国所经历的土地革命和土地改革，以及后来的合作化、集体化和改革开放以来的农村变革。从中国近代现代历史来看，既有围绕土地问题的矛盾，也存在围绕资本问题的矛盾。如洋务时期关于工业企业的"官办"与"商办"争论，国民革命时期关于"发展国家资本"和"节制私人资本"的主张，以及社会主义建设和改革开放时期关于国有企业和民营企业的矛盾等。

3. 商品交换和商品经济的发展总是加速了旧的经济社会体制的瓦解

恩格斯研究公社制度的解体，指出："公社的产品越是采取商品的形式，就是说，产品中为生产者自己消费的部分越小，为交换目的而生产的部分越大，在公社内部，原始的自发的分工被交换排挤得越多，公社各个社员的财产状况就越不平等，旧的土地公有制就被埋葬得越深，公社就越迅速地瓦解为小农的乡村。"[①] 而在文明社会的历史中，商品经济既是经济发展和社会进步的动力源，也是社会不稳定和社会变革的因素。中国历史上曾经出现过四次商品交换和商品经济高潮：第一次是商代中期，第二次是战国时期，第三次是唐末五代到宋代时期，第四次是新中国改革开放以后。可以看出，每次商品交换和商品经济高潮的出现都是在统一的集权模式出现破局的情况下出现的，而每次商品经济高潮都导致中国社会经济结构的重大变化，并导致生产力的飞跃发展。但另一方面，我们还可以看到，每次商品经济高潮引致的生产关系变革和生产力飞跃发展后，社会结构的变化往往导致一些非经济因素出现，阻碍商品经济继续发展。比如社会经济利益结构的变化，社会阶层的分化和重组，以及新的阶级矛盾的出现等。事实上，这正是经济社会发展从变革

---

① 《马克思恩格斯选集》第3卷，人民出版社2012年版，第541页。

到稳定的过渡。

商品经济问题本质上是一个资源配置问题，既包括资源配置比例也包括资源配置方式。从传统社会历史上来看，由于社会生产的主要部门是农业，而工商业发展必然与农业争夺资源。在这种情况下，政府不能不采取重农抑商政策。但是，商品经济发展又始终是刺激社会生产力发展的革命因素，所以，尽管有政府政策的压抑，却总是能够自发地发展起来，并带动社会经济的发展与变迁。宋代以后，由于农业生产力有了较大进步，可以有更多的资源用于非农业领域，人们的社会需求也日益多样化，因而适应这种变化，社会最终放弃了抑商政策。这就使商品经济有了一个飞跃的发展和进步。到了近代，一方面农业发展遇到了瓶颈，另一方面西方的商业革命和工业革命给我们带来了新的生产力要素，这就又一次刺激了商品经济的发展。不过，关于商品经济问题到了近现代则演化为工业化和市场经济问题。所谓工业化就是如何突破农业发展瓶颈，实现社会资源基础的转移，而市场经济则是采取何种方式配置资源，以更快地实现工业化。这个问题直到改革开放以后才最终被确定下来。但是，正如中国历史上每次商品经济高潮都导致社会激烈的变革和利益格局变化，并引起影响商品经济进一步发展的非经济因素出现一样，市场经济的发展也产生了同样的结果，即一方面带来生产力的快速发展，另一方面也带来社会收入差距扩大和贫富悬殊问题。这些问题如不能妥善地解决，也同样会发生历史趋势的逆转。

4. 国家的作用主要是创设产权、经济调控和维持社会稳定

中国历史上，国家自始至终发挥着重要作用。中国是在宗法制度基础上创建的国家制度，从而形成了"家国"一体的传统。但国家一旦形成，就必然要承担公共角色。国家的最基本作用是创设产权和保护产权。从中国历史上看，各个朝代在立国初期都会对土地产权关系重新调整。从西周的"封土建国"，到汉晋时期的"以名占田"，以及北魏和隋唐的均田，无不是国家调整土地产权的活动。宋代以后国家"田制不立""不抑兼并"，但仍要实施各种土地政策以保护各方的土地产权，特别是将保护土地产权作为主要目标。中国历史上的国家始终承担着重要的经济角色，包括国家建设基础设施、经营各种产业、实施产业政策，管理市场经济活动等。近代以来，由于中国面临着工业化和民族独立的历史任务，政府不能不承担更重要的角色，即发动工业化和推进制度变革。从晚清的洋务运动开始，直到民国和新中国，政府无不以尽快实现国家工业化为己任，从而构成中国现代化的突出特色。

国家承担公共角色提供公共服务，特别是近现代政府还要承担发动工业化的历史任务，必须组织和动员大量的公共资源。为此各代政府都建立了完整的资源动员体制。这个体制的主体就是赋税制度。国家通过赋税制度取得资源用于保护产权和公共服务，有效地保证了经济健康运行并在一定程度上促进了经济发展。但另一方面，国家一旦产生就不可避免地成为一个相对独立的主体，并有着独立的经济利益。所以，政府不仅是公共部门，也具有经济人特征。政府的这种双重角色特点，在中国历朝历代都表现得十分突出。但是，政府究竟将哪一种角色扮演得更好，在很大程度上决定了社会经济的发展。

5. 统治阶级的性质决定一定社会的生产方式和社会的基本性质

毛泽东指出："阶级斗争，一些阶级胜利了，一些阶级消灭了。这就是历史，这就是几千年的文明史。"① 从历史上看，每一个社会发展阶段都相应地有一个占统治地位的阶级。一般来讲，占据统治地位的社会阶级，首先是代表先进生产力的生产阶级，他们是社会经济的主导部分。但是这个阶级不可能始终代表先进生产力，而当他所代表的生产力已经过时的时候，他们必然成为阻碍生产力发展的落后阶级，也必然要退出历史舞台。近代以前的历史上曾经出现过四个统治阶级：氏族贵族阶级、封建领主阶级、世族地主阶级和齐民地主阶级。这几个阶级分别代表当时社会的生产力。之所以说这几个阶级代表当时的社会先进生产力，是说在当时的社会状况下，他们能够主导、推进或稳定社会生产。而在每个社会历史阶段，统治阶级之下还有一个广泛的被统治阶级，他们是社会经济的基础。从中国传统社会历史上看，这个广泛的被统治阶级就是广大的小农以及晚些时出现的小工商业者。近代以来，中国社会的变化非常剧烈，阶级关系复杂多变，单一阶级集团占据统治地位的局面没有出现。不过总的看来，作为统治阶级的集团，是从单极向双极和多极发展，反映了统治阶级的分化过程和趋势。而随着新中国的建立和社会主义改造的实行，旧社会的剥削阶级基本被消灭。

每个不同的历史时代都有不同的阶级关系。这种阶级关系事实上是当时社会经济关系的反映，一方面是不同阶级所代表的生产方式，另一方面是不同阶级所具有的经济利益，两个方面相辅相成构成阶级斗争的根本原因。诺思指出："一个经济包含着不同集团的活动，这些活动具有不同的生产函数，以反映一个政治—经济单位的技术，资源基数和人口。"② 对于一个阶级来说，它一方面是生产集团，另一方面是利益集团，作为生产集团有不同的生产函数，作为利益集团有不同的经济利益。政府必须代表一定集团的利益，设置符合该集团利益的产权结构。然而，决定社会经济增长和效率的却是这个集团的生产函数，也就是这个集团或阶级所代表的生产力性质。所以，阶级斗争从表面看反映的是阶级利益所决定的阶级矛盾，但从本质上看反映的却是先进生产方式和落后生产方式的矛盾。中国传统社会中，由于

---

① 《毛泽东选集》第四卷，人民出版社 1991 年版，第 1487 页。

② ［美］诺思：《经济史中的结构与变迁》，上海三联书店 1991 年版，第 26 页。

土地是最基本的生产资料，所以，围绕土地而产生的阶级矛盾和由此展开的阶级斗争构成生产方式和社会变迁的主要动力。近代以来，由于工业化的进展，社会资源基础逐渐发生转变，阶级结构和社会矛盾也相应地发生转变。

三、中国传统社会的三次重大变革和经济社会转型

长期以来，人们对中国传统社会的印象是长期停滞。这种停滞既包括生产力方面的停滞，也包括社会关系方面的停滞。但这是不符合历史事实的。中国历史上传统社会从未真正停滞过，仅仅是相对于近代以来的现代化中国起步较晚而已。从中国传统社会历史看，先后经历了三次重大社会变革，而每次社会变革都发生相应的社会转型和生产力的发展。

1. 第一次社会转型：通过殷周变革确立封建领主经济

历经夏商两代的发展，中国农业已有了相当基础，并开始向定居农业转变。在此之前，农业与游牧业和狩猎业并无本质区别，都要随水草而居。这种产业状况下不可能有城邑，不可能有国家制度，更不可能有文化积淀。中国定居农业出现于殷周之际，是世界上出现较早的定居农业。定居农业是整个农业文明的基础。在定居农业模式下，人们发明灌溉、施肥、轮作等，尽管还是十分原始，但技术进步大大加快了。与此同时，"商人"在自己的土地边界上与其他部族经常地进行交换，有时要从事长途贩运，到商代晚期甚至出现了交易市场，因而商品交换出现一个高潮。有了定居农业就有了城邑，国家制度健全了，文化也开始积淀，礼乐制度也初具雏形。西周通过封土建国奠定了封建国家的基本制度。这一制度的基本特征是中央国家与诸侯国家并存。如果说此前的国家形态是一种"邦联"，那么此时的国家已发展到"联邦"阶段。这无疑是一种较高级的国家形态。

殷周变革的结果是封建制度的成型。这种"封建"是狭义上的封建，即"封邦建国"。由于有了定居农业，也就有了稳定的土地制度。西周时期的土地占有方式是一种"领有"，就是说，诸侯的土地是从周王即国家那里"领有"的，下级封建主的土地是从上级领主那里领有的。领主只有部分土地产权而不拥有完全产权。所以，封建时代的土地制度并不是私有制，而是各级封建主的"共有制"。封建主不仅占有土地而且占有土地上的人民。但是，这种封建领主土地上的人民并不是奴隶，而是传统村社的居民。当然，中国历史上并不是没有奴隶，但是奴隶现象并不典型也不够普遍。所以说，中国历史上不存在典型的奴隶制度，也没有经历一个奴隶制时代。因而也可以说，中国是直接进入封建社会的。

各级贵族获得"领地"后，为了从土地上获得物产并赖以生存，则必须建立起自己的庄园聚落，并驱使土地上的人民发展生产。这就是采邑。采邑制度既是国家对各级贵族和官员的供给制度，同时也是周王朝对全国土地进行管理的方法。领

主在采邑内部实行井田制，即所谓"方里而井，井九百亩，其中为公田。八家皆私百亩，同养公田；公事毕，然后敢治私事"（《孟子·滕文公上》）。公田上的劳动一般采取集体共耕方式。农民的私田按劳动力平均分配即所谓份地。农民对于份地的权利也是不可剥夺的，但要实行定期重分，即"换土易居"。因而这种土地制度也可以称为"集体所有制"。

中国封建社会的主导阶级是封建领主。相对应的阶级还包括"国人"和"野人"、私徒属和奴隶等。其中最基本的生产阶级是占有份地的农民，他们主要由"野人"和"国人"构成，隶属于各自的领主。他们的身份和地位与农奴无异，因而他们是最主要的被剥削和被压迫阶级。封建领主是一个血缘集团，一般聚族而居，实行宗法等级制度。封建贵族有封地、有附庸、有属民，在此基础上保有一定的武装力量。贵族武装来自同族成员和他们的私徒属。贵族男子有参与政治活动的特权，有参与本族祭祀的权利，发生战争时要率领自己的族众和私属参战，并在军队中担任将领。贵族的地位、权力都是世袭的，除犯罪或政治斗争失败这类原因外，国君不能随意削其官爵。这样，世袭贵族可以延续许多代。但随着井田制的衰落，封建贵族丧失了赖以生存的经济基础，终究不可避免地走向衰落。

2. 第二次社会转型：通过春秋战国变革转为世族地主经济

西周时中国是典型的封建制度。这种封建制度到春秋时就开始转衰，而在战国时就逐渐瓦解了。封建制度的瓦解始于井田制的崩溃。农业技术的进步，特别是铁制农具的使用，大大提高了生产效率，使共耕制度丧失了基础，而建立在共耕基础上的井田制，严重影响了劳动者的积极性，导致生产效率低下。这样，以土地"共有"为特点的井田制逐渐被私有土地制度取代，家庭生产成为主要的经济模式。其次，西周时代工商食官制度废除后私营工商业迅速发展，出现历史上新的商品经济高潮。而商品经济发展加速了封建制度的解体，也加速了社会阶级结构的变化。一方面，封建诸侯国的不平衡发展，导致诸侯实力超过周王室的实力，周王室失去控制能力，而"失控"后的"天下"则出现长期的兼并战争以及政治结构的重组。另一方面，原有的各阶级实力也发生了变化，有的封建贵族丧失了封土和封爵成为平民，工商业者作为一个独立的阶级出现了，井田制度下的村社农民成了独立小农，"士"作为一个依附于贵族的阶层也独立出来，成为一个重要的社会角色。这就出现了士农工商的职业划分。这一系列变化最终演变为秦的国家统一和新的社会经济制度的建立。

秦汉直到隋唐这一历史时期，中国传统社会的特点是世族地主成为占据统治地位的阶级。春秋战国的社会变革，一方面导致了土地私有制的出现，并创造了广泛的自耕农和小农；另一方面，在土地私有和土地买卖制度下，产生了一个稳定据有大地产和长期控制国家机器的世族地主阶级。世族既源于世家大族也源于士族。世家大族即豪强，从战国一直延续到秦汉，尽管一直遭到政府打击但依然层出不穷。士族则是通过读经入仕制度而形成的一个实际上世代相袭的门阀贵族。他们通过土地兼并的方式扩大自己的地产，而为了经营这种大规模的地产还必须稳定地占有劳动力。他们利用传统的宗族联系和战乱机会，将大批独立小农转变为各种形式的依附农，包括部曲、佃客和奴婢等。他们利用自己的经济实力，参与国家的权利分配，甚至在自己实力强大时控制国家机器。他们不仅在经济上是世族地主，而且在政治上是世族官僚。世族地主为了维护本阶级的世袭统治，一方面积极参与国家权力分配，另一方面严别士庶以维护本阶级的特权。他们作为社会统治阶级，既与朝廷有矛盾也与中小地主有矛盾，更与广大农民包括依附农和自耕农构成阶级对立。

世族经济的基础是大地产制度。世族的大地产既是通过政府创设而形成的，也是通过竞争和土地兼并而形成的。所谓政府创设就是政府以政治权力分配土地，而在这种土地分配中，世族获得多得多的土地和依附农。这使他们可以进一步通过自己掌握的经济和政治特权，通过土地兼并进一步扩大地产。但是，世族地主的经济政治条件越是优越，他们自身的能力就越是下降，特别是随着科举制度的施行和政府土地分配制度（如均田制）的衰落，世族地主最终不能不走向衰落。

3. 第三次社会转型：通过唐宋变革转为齐民地主经济

由于人口增加和土地减少，北魏以来的均田制已无法持续。均田制的瓦解，使依靠国家创制田制和长期维持土地占有的世族地主丧失了经济基础，国家政治也从世族地主控制下解脱出来，他们的统治地位被齐民地主所取代。

编户齐民制度源于秦汉。但长期以来有"编户"而无"齐民"。唐宋变革逐渐消除了士庶之别和良贱之别，基本实现了社会的"等齐性"。齐民地主没有世袭的经济政治特权，他们与士农工商同为"齐民"。宋代以后，由于"田制不立"和"不抑兼并"，土地要素的流动性扩大了，土地在集中与分散间反复运动，从而促进了租佃制度的发达。租佃制度导致以租佃契约为核心的一系列地权创新，使土地利用的效率进一步提高，在一定程度上解决了土地稀缺的矛盾，使传统农业进一步发展。与此同时，租佃契约制度的普遍确立，也带动了其他经济活动中契约行为的普遍化。

齐民地主是齐民社会的主导阶级，也是齐民社会占据统治地位的阶级。齐民地主主要经营农业，但他们并不是单纯的农业经营者，一般都兼营商业，也从事手工业生产。另外，齐民社会的一个重要特征，就是竞争相对平等。这种相对平等的竞争，促进齐民地主积极改进生产技术和耕作方法，以取得竞争优势并获得更多的回报。齐民地主不同于小农，他们具有更大的经济实力，能够成为大型农田水利设施建设的组织者和新的耕作方法的实验者。此外，齐民地主还是农业商品生产者，通过多种经营，提高土地利用率。所以，齐民地主成为宋代以后农业先进生产力的代表。作为主导阶级，齐民地主代表当时先进的生产力，作为统治阶级，齐民地主通过对经济生活的控制，通过官僚体系和基层组织，以及通过农村家族势力，实行方方面面的统治。

宋代以后，一方面，由于土地利用效率的提高，农业能够提供的剩余产品增加；另一方面，由于等级身份制度的崩溃和社会流动性扩大，工商业和城市不断发展。这是中国历史上第三次商品交换经济高潮。在商品经济发展的刺激下，宋代以后中国出现一个技术创新密集期，传统技术在很多领域都出现了新的飞跃。在这种新的技术基础上，中国的工商业进入一个新的发展阶段，使中国社会在一定程度上摆脱了对土地的依赖，因而又经历了一个较长的繁荣和发展期。由于工商业的发展，城市居民成了一个相对稳定和独立的社会群体。宋代树立与乡村户对称的"城廓户"身份，将城市的全体居民纳入，同样作为国家的编户齐民。市民有着自己的生活方式和利益诉求，他们结"社"组"会"从而形成市民"社会"。此外，宋代以后，中国经济重心完成了向江南的转移。相应地，中国对外贸易由陆路转向海路，在东南沿海形成一个扇形开放格局。明清时期，中国经济社会仍沿着这个方向和轨迹继续发展，并创造了中国传统社会的高度繁荣局面。

但是，中国传统社会矛盾也在明清时期逐渐集结。一方面，租佃制度发达导致寄生地主阶级的出现，小农经济发展逐渐达到生产力边界而陷于停滞；另一方面，城市工商业发展仍不能突破传统技术和传统模式，闭关政策则进一步延缓了创新过程。总之，到了明末清初商品经济一度非常繁荣，但持续时间很短暂，没有构成新的商品经济高潮，更没有导致社会经济结构的变革和转型。到了清代中叶，中国传统经济陷入停滞和危机。传统社会的成就在这里集结，构成"康乾盛世"，同时传统社会的矛盾也在这里集结，产生"末世危机"。总之，中国传统社会到这里以"大团圆"的方式终结了，随之而来的是近现代社会的根本变革和社会经济的转型。

四、中国近现代社会的根本变革和经济社会转型

如果说中国古代的历史变迁都是传统社会范围以内的制度变迁，那么，到了18世纪历史发生了根本性的转变。一方面，中国传统社会的制度文化已经进入衰颓期，生命力渐减至再无创新能力。另一方面，西方先进的制度文化通过工业革命显示出极大的生命力和竞争力，并且对传统中国构成极大的压力。马克思写道："一个人口几乎占人类三分之一的大帝国，不顾时势，安于现状，人为地隔绝于世并因此竭力以天朝尽善尽美的幻想自欺。这样一个帝国注定最后要在一场殊死的决斗中被打垮"。[①] 1840 年，鸦片战争爆发，大大加速了中国封建社会的解体过程，

---

① 《马克思恩格斯选集》第 1 卷，人民出版社 2012 年版，第 804 页。

出现"数千年未有之大变局"。

这是中国历史上第四次社会变革和社会转型，具有两个方面的意义：一方面，这是中国历史上的第四次社会变革和社会转型，因此是中国历史演变和变迁的延续。但另一方面，由于这次变革和转型的特殊背景和特殊内容，变革具有特殊的意义。首先，以前的社会变革都没有超出传统农业社会的范围，而这次社会变革是工业革命导致社会生产方式和社会生活方式发生根本变化的背景下发生的，是一次更为根本的变革。其次，这种变革不是源于中国社会内部，而是直接受到外来冲击下发生的，这种冲击源于一种全新的外来文化即西方文化。另外，这次社会变革比起前几次要来得更猛烈，来得更彻底，这就使中国传统社会受到前所未有的冲击。具体说，这次社会变革和转型使中国从传统社会进入现代社会。

正是由于这次变革的重大意义，以至于这次社会变革具有艰巨性和复杂性，因而体现为三次选择：

1. 第一次选择：旧民主主义革命的失败

中国传统社会经过康乾盛世发展到一个新的巅峰。不论在经济上还是在文化上都出现了前所未有的繁荣。这就使中国的统治者和士人们很难相信，在中国以外还有一种更先进的技术、制度和文化。所以，在这个历史转折点上，中国人民面临着传统社会与现代社会的选择。事实上，面对一个未曾知道的、全新的、与祖训大量冲突的现代社会，犹豫和迟疑甚至恐惧是一种完全正常的反应。但是由于在西方的坚船利炮面前一败再败，我们不得不对双方的文化与制度进行重新估价，并转而实行现代化。这就产生了洋务运动、辛亥革命和国民革命以及后来的社会主义革命。

洋务运动是中国第一次现代化发动。这次现代化发动的指导思想是"中学为体，西学为用"，希望仅仅通过引进西方先进技术以实现富国强兵，而不触及中国社会的深层矛盾。辛亥革命之所以称为"革命"，是因为通过这次革命基本确立了资本主义现代化方向。所以，民国初期出现一个短暂的"自由放任"时期，但是并没有建立相应的现代体制。国民革命后，国民政府努力建立现代经济体制，包括财政、金融以及现代企业制度，并且取得可观的成就。但是，一方面，国民政府的资本主义发展原则是"发展国家资本"和"节制私人资本"，从而导致官僚资本的发达和民族资本发展的滞后。另一方面，国民政府仅仅着眼于推进现代化，而对中国传统社会长期积累的矛盾却大大忽视了。事实上，在传统社会向现代社会转型过程中，不解决传统社会矛盾是不可能顺利实现代化的。这些矛盾的焦点就是农民的土地问题。正是这个问题导致国共两党的分裂，决定了国共两党的政权更迭。

2. 第二次选择：开辟中国特色社会主义道路

在中国的旧民主主义革命和现代化遭遇挫折的时候，我们看到了欧美模式之外的另一个革命和现代化样板，那就是通过彻底革命推翻旧制度并通过计划经济实现现代化的苏联社会主义模式。这一模式的成功，同样给中国的现代化以极大的激励。而经历了洋务运动、辛亥革命和国民革命三次失败，加上帝国主义列强对中国人民的压迫，我们不得不重新选择，进行社会主义革命和社会主义现代化。

中国的社会主义革命和社会主义现代化，首先，通过新民主主义革命解决了中国传统社会的根本矛盾，即通过土地革命和土地改革实现耕者有其田。这是因为，传统社会的根本问题是农民和土地问题。不解决这个问题中国就不可能真正进入现代化。这是中国从传统社会转向现代化的枢纽。但是，仅仅打倒地主阶级实现耕者有其田，中国还会回到传统轨道上去，这种历史循环在中国历史上曾反复地发生。要打破这种历史循环，就必须彻底打破小生产的基础即小农土地所有制。这就是中国社会主义革命的重要历史根源。其次，在没收官僚资本建立国有经济的基础上建立了计划经济体制，通过国家力量发动工业化和现代化。计划体制也就是资源动员体制。而在工业基础极其薄弱的情况下，既要将有限的私人资本主义纳入国有和计划经济轨道，也要充分动员农业和其他资源。这就是"一化三改"。社会主义革命不仅解决了中国的资源动员体制问题，还解决了传统社会和现代化以来积累的阶级矛盾问题，初步实现了社会公平。在这种高度集中的经济体制下，中国经济发展了20多年，初步建立了现代化的工业基础，也为全面实现社会主义现代化创造了前提。高度集中的计划体制，对于解决工业化初期的资源动员是有效的，但这种体制却缺乏持续的效率。所以在工业化基础建立之后，就必须引进市场机制并转向市场经济体制。

3. 第三次选择：开创社会主义市场经济

1979年开始的改革是中国现代化的第三次选择。这次改革的核心仍然是资源动员体制问题。但是这次改革的方向却是从国家动员体制转向社会动员体制。尽管经历近百年的现代化努力，但中国仍没有实现从农业社会到工业社会的转变，经济社会的资源基础仍建立在农业上。这就决定中国改革还是要从农民和土地开始，即推行家庭联产承包责任制。同时，改革还必须解决现代化过程中的资本动员体制，这就是国有企业改革和民营资本的重建。通过国有企业改革和民营资本的重建，中国建立起公有制为主体、多种所有制经济共同发展的基本经济制度。

家庭联产承包责任制、国有企业改革和民营资本重建，是社会主义市场经济体制建立的前提。在此基础上，中国通过渐进的方式，全面建立社会主义市场经济体制。这个市场首先是各种要素市场，包括资本市场、劳动力市场和技术市场等。而市场体制的核心是根据要素的供求决定要素的价格以及要素贡献者的收益。这就实现了从国家强制的资源动员体制向资源主体的内在激励机制的转向，从而建立了可持续的资源动员体制。事实上这是新的工业化和现代化阶段必然采取的体制。因而，中国的工业化和现代化在改革开放后大大加速了。但是，这种要素市场的建立，必然导致相应的分配体制的变革，即从按劳分配为主的体制转向按劳分配和按要素分配结合的体制，导致社会收入分配差距的扩大，在经过社会主义革命基本消灭阶级后，社会重新出现了阶层分化，导致人与人的关系高度紧张，传统社会反复出现的"传统问题"又成为困扰现代社会和谐发展的矛盾根源。与此同时，资源主体的内在激励机制建立后，并没有建立相应的制度约束和合理导向，资源主体收益内化的同时却造成成本的外化，导致环境污染，生态破坏，人与自然关系紧张。如果这种趋势不能有效遏止的话，中国社会就有可能重新陷于"锁定"状态。尽管中国已经走上现代化的快车道，但仍可能重蹈"传统周期率"。

为了实现中华民族的复兴，我们通过新民主主义革命推翻了三座大山，实现了民族独立和人民解放，通过社会主义革命建立了社会主义制度，开辟了中国特色社会主义道路，通过社会主义建设和改革开放，基本实现了经济现代化，并且正在全面建成小康社会。总之，经过长期努力，中国特色社会主义进入了新时代。这就是说，近代以来久经磨难的中华民族迎来了从站起来、富起来到强起来的伟大飞跃，迎来了实现中华民族伟大复兴的光明前景。新时代中国人民的总任务，就是实现社会主义现代化和中华民族伟大复兴。

五、中国特色社会主义进入新时代

从中国历史看，我们经历了殷周变革、春秋战国变革、唐宋变革和近现代变革，相应地采取了封建领主经济、世族地主经济、齐民地主经济。近现代以来，在工业化和现代化道路上，历史经过三次艰难选择，最终选择了社会主义市场经济。然而，我们今天仍然面临着选择。不过，这种新的选择实际上是"无可选择"，唯有创新和发展。这是因为，我们的事业是前所未有的事业，我们面前没有经验和样板。正因为如此，我们必须依据自己的历史和所面对的现实来做未来选择。事实上，我们今天的变革正是历史变革的延续，我们今天的选择也是历史选择的结果。毛泽东指出："今天的中国是历史的中国的一个发展；我们是马克思主义的历史主义者，我们不应当割断历史。"① 所以，我们在思考现在和未来的社会经济改革时，必须结合中国的历史，回头看中国历史的实际轨迹，汲取经验和教训，以免重蹈覆辙。

从近代以来影响中国社会变革的思潮来看，存在着三条源流，即中国传统思想、西方资本主义思想和马克思社会主义思想。这是中国近代以来实行社会变革的思想资源。由于现代化源于西方，与中国传统差异较大，所以在这种变革中，传统思想总是在抵制外来的现代化，并试图将现代化维持在自身的轨道上。西方资本主

---

① 《毛泽东选集》第二卷，人民出版社 1991 年版，第 534 页。

义思想在中国起伏跌宕的历史命运，也反映了中国在发展道路选择问题上的曲折过程。而马克思主义在中国化的历史过程中，一直主导着中国共产党的经济社会政策。中国近代以来的社会变革和现代化模式选择，也正是在这三种思想影响下进行的，并最终在中国化的马克思主义指导下，取得中国社会主义革命和建设的成功。

马克思主义中国化的过程，事实上就是马克思主义与中国国情的结合过程。中国化的马克思主义既体现了马克思主义的基本原理，又包含了中华民族的优秀思想和中国共产党人的实践经验。事实上，马克思主义基本原理与中国具体实际相结合，也就是与中国具体国情相结合。这种"国情"既包括"现实国情"也包括"历史国情"，而"现实国情"正是"历史国情"的延续，认识"现实国情"离不开对"历史国情"的深刻理解。这就需要把马克思主义与中国优秀传统文化相结合。中国共产党既是马克思主义的坚定信仰者和践行者，又是中华优秀传统文化的忠实继承者和弘扬者，担负着复兴中华优秀传统文化的历史使命。所以，在马克思主义与中国实际相结合基础上，中国共产党进一步把马克思主义与中华优秀传统文化相结合，为探索面向未来的理论和制度创新拓展更广阔的文化空间，为建设中华民族现代文明奠定文化根基。

现代化是中国人民百年来一直追求的目标，是中华民族伟大复兴的必由之路。新中国成立后，面对"一穷二白"的基本国情，我们采取了社会主义计划经济体制，集中力量办大事，建立了比较完整的工业体系，奠定了中国式现代化的基础。改革开放后，为了更好地调动各方面资源，我们通过改革开放，建立了社会主义市场经济体制，经过40多年的发展，实现了国民经济的高速增长和发展，稳居世界第二大经济体。与此同时，国家治理体系和治理能力现代化也取得一系列成果。党的十八大以后，中国共产党带领中国人民进一步探索，走出中国式现代化新路。党的十九大报告指出：经过长期发展，中国特色社会主义进入新时代，这是我国发展新的历史方位。中国特色社会主义进入新时代，在中华人民共和国发展史上、中华民族发展史上具有重大意义，在世界社会主义发展史上、人类社会发展史上也具有重大意义。2021年7月1日在庆祝中国共产党成立100周年大会上的讲话，系统总结了这一伟大成就："走自己的路，是党的全部理论和实践立足点，更是党百年奋斗得出的历史结论。中国特色社会主义是党和人民历经千辛万苦、付出巨大代价取得的根本成就，是实现中华民族伟大复兴的正确道路。我们坚持和发展中国特色社会主义，推动物质文明、政治文明、精神文明、社会文明、生态文明协调发展，创造了中国式现代化新道路，创造了人类文明新形态。"

党的二十大确立了全面建成社会主义现代化强国、实现第二个百年奋斗目标，以中国式现代化全面推进中华民族伟大复兴的中心任务，阐述了中国式现代化的中国特色、本质要求、重大原则等，对推进中国式现代化作出战略部署。2024年7

月 18 日，党的二十届三中全会通过的《中共中央关于进一步全面深化改革、推进中国式现代化的决定》指出：当前和今后一个时期是以中国式现代化全面推进强国建设、民族复兴伟业的关键时期。中国式现代化是在改革开放中不断推进的，也必将在改革开放中开辟广阔前景。面对纷繁复杂的国际国内形势，面对新一轮科技革命和产业变革，面对人民群众新期待，必须继续把改革推向前进。这是坚持和完善中国特色社会主义制度、推进国家治理体系和治理能力现代化的必然要求，是贯彻新发展理念、更好适应我国社会主要矛盾变化的必然要求，是坚持以人民为中心、让现代化建设成果更多更公平惠及全体人民的必然要求，是应对重大风险挑战、推动党和国家事业行稳致远的必然要求，是推动构建人类命运共同体、在百年变局加速演进中赢得战略主动的必然要求，是深入推进新时代党的建设新的伟大工程、建设更加坚强有力的马克思主义政党的必然要求。改革开放只有进行时，没有完成时。全党必须自觉把改革摆在更加突出位置，紧紧围绕推进中国式现代化进一步全面深化改革。《决定》指出：进一步全面深化改革的总目标是继续完善和发展中国特色社会主义制度，推进国家治理体系和治理能力现代化。到二〇三五年，全面建成高水平社会主义市场经济体制，中国特色社会主义制度更加完善，基本实现国家治理体系和治理能力现代化，基本实现社会主义现代化，为到本世纪中叶全面建成社会主义现代化强国奠定坚实基础。要聚焦构建高水平社会主义市场经济体制，聚焦发展全过程人民民主，聚焦建设社会主义文化强国，聚焦提高人民生活品质，聚焦建设美丽中国，聚焦建设更高水平平安中国，聚焦提高党的领导水平和长期执政能力，继续把改革推向前进。到二〇二九年中华人民共和国成立八十周年时，完成本决定提出的改革任务。可以预期的是，中国未来的发展，一定是在中国化的马克思主义指导下，创新中国优秀传统文化，吸收世界先进科学文化，沿着中国特色社会主义和中国式现代化道路发展，实现中华民族的伟大复兴，并创造出新的历史辉煌。

目　录

第一编　远古经济

第二编　封建经济

第三编　世族经济

第四编　齐民经济

第一编　远古经济

第一章　宅兹中国

第一节　文明起源

从考古发现来看，在旧石器时代约 200 万年的漫长时光里，中国这块地方的石器始终具有自身特征，发现的人类化石早晚也有继承性。[1] 旧石器时代，中国早期文化分布已很普遍，距今 100 万年前的旧石器文化有西侯度文化、元谋人文化、匼河文化、蓝田人文化以及东谷坨文化等。中国旧石器时代中期文化可用山西襄汾发现的丁村文化和山西阳高许家窑文化为代表，基本上保持了早期文化的类型和加工技术，但技术进步十分缓慢。进入旧石器时代晚期，遗址数量增多，文化遗物更加丰富，技术有明显进步，文化类型也更加多样。

大约在公元前 1 万年，中国进入新石器时代。新石器时代早期（约前 10000—前 7000 年），以华南的洞穴遗址和贝丘遗址为主要代表，有少量磨制石器和陶器，农业已有萌芽，个别地点已会养猪，但是渔猎采集在生业经济中依然占绝对优势。[2] 新石器时代中期（约前 7000—前 5000 年），以华北的磁山文化和华中的彭头山文化为代表。磁山文化已有较发达的旱地农业，种植粟和黍并养猪，有较发达的磨制石器和陶器；彭头山文化等已栽植水稻，养猪和水牛等，陶器已比较发达。新石器时代晚期（约前 5000—前 3500 年），华北地区以仰韶文化和大汶口文化为代表，农业进一步发展，出现较大的聚落，如半坡和姜寨等，出现发达的彩陶；华中以河姆渡文化和大溪文化为代表，有极为丰富的稻谷遗存和骨耜等水田耕作农具，房屋建筑往往用稻壳掺泥抹墙，陶器胎壁内也掺有大量稻壳，表明稻作农业已有很大的发展。

约公元前 3500—前 2000 年，中国较发达地区进入铜石并用时代，主要代表是

---

[1]　参见戴向明：《中国史前社会的阶段性变化及早期国家的形成》，《考古学报》2020 年第 3 期。
[2]　参见戴向明：《中国史前社会的阶段性变化及早期国家的形成》，《考古学报》2020 年第 3 期。

华北的龙山文化以及华中的良渚文化和石家河文化。距今 3800 年前后的二里头文化时期是中国青铜时代的正式开始，所以在其之前的距今 4000 年前后的龙山时代应该是中国新石器时代的最后一个阶段。[①]

第二节 生业革命

一、原始农业

中国是世界上的最重要的农业发源地之一。中国的农业起源可分为两条源流：一是沿黄河流域分布、以种植粟和黍两种小米为代表的北方旱作农业起源；二是以长江中下游地区为核心、以种植水稻为代表的稻作农业起源。考古资料显示，中国古代农业起源的过程经历了数千年之久，起始自 10000 年前出现的人类耕作行为，完成于距今 5000 年前的农业社会建立。[②]

古代黄河流域特别是中下游地区，气候温和，雨量适中，土壤肥沃，适宜于旱地作物如黍、麦等生长。在河南新郑的裴李岗遗址（约前 6000—前 5000 年）已经有粟（小米）和大量石制农具的发现。在河北武安县的磁山遗址（约前 5400—前 5100 年），发掘出数百个窖穴，里面残存着大量粟（小米）和黍（黄米）腐朽以后的遗存。最令人吃惊的是部分残存粮食的厚度在 0.5 米到 0.6 米，有一些超过一两米，总量大概超过十万斤。通过碳十四测年，这些粮食大概距离现在 7500 年到 8000 多年。差不多与磁山遗址同时的渭河流域的大地湾遗址（前 5800—前 2800 年），也发现了比较丰富的农业遗存。这里的人们已经种植粟类作物，并饲养猪、狗等家畜，过着定居的聚落生活。这个时期的古代先民已经开始从事种植粟和黍的旱作农业生产，但采集狩猎活动仍然是生业形态的主导。[③]

距今 7000—5000 年间的仰韶文化时期，是中国北方地区古代文化高速发展的时期，在渭水流域、汾河谷地、伊洛河流域等几大黄河支流地区，发现有仰韶文化时期考古遗址多达 2000 余处。在距今 6500 年前后的仰韶文化早期，即半坡时期，农业生产在社会经济生活中已经占据重要地位，但采集仍是获取食物的重要方式。随着技术和社会的发展，农业生产比重逐渐增大，采集狩猎的作用逐渐降低。到距今 5500 年前后的仰韶文化中期，即庙底沟时期，采集狩猎的必要性已经微不足道

[①] 参见赵志军：《新石器时代植物考古与农业起源研究》，《中国农史》2020 年第 3 期。
[②] 参见赵志军：《南稻北粟：中国农业起源》，《中国社会科学报》2019 年 6 月 14 日。
[③] 参见赵志军：《南稻北粟：中国农业起源》，《中国社会科学报》2019 年 6 月 14 日。

了，以种植粟和黍两种小米为代表的旱作农业生产终于取代采集狩猎，成为社会经济的主体，中国北方地区进入农业社会阶段。[①]

中国长江中下游地区也是重要的农业发源地。10000 年以前的古代稻遗存主要出土自四处考古遗址：江西万年县的仙人洞遗址和吊桶环遗址、湖南道县的玉蟾岩遗址，以及浙江浦江县的上山遗址。在上山遗址浮选出土了炭化稻米，在出土的红烧土残块内发现了炭化稻壳，还发现有在陶土中掺入稻壳制作的陶器。距今 8000 年前后是农业起源的关键阶段，在中国发现的明显带有稻作农业特点的早期考古遗址都属于这个时期。例如湖南澧县的彭头山遗址和八十垱遗址、浙江萧山的跨湖桥遗址和嵊州的小黄山遗址、河南舞阳的贾湖遗址和邓州的八里岗遗址等，这些考古遗址都出土有水稻遗存，同时也出土了菱角、莲藕、橡子等通过采集获得的野生植物遗存。[②]

浙江河姆渡遗址出土了近 6000 件各类物品，包括生活用品、生产工具、小玩具、装饰品、动植物遗存、建筑遗迹等，距今年代分别为 6960±100 年和 6725±140 年。河姆渡出土的一批 7000 年前的骨耜（铲），均用偶蹄类哺乳动物的肩胛骨制作，骨耜骨面光滑，最适合于南方水田使用。遗址中发现不少距今 7000 多年的稻作物堆积层，经分析测定，属籼稻种晚稻型水稻，是世界上人们所知最古老的人工栽培稻。遗址中发现了距今 6000 年的家水牛骨骼，说明长江流域也是亚洲农耕饲养水牛较早的地区。[③] 在河姆渡遗址附近发现的田螺山遗址，出土了异常丰富的植物遗存，包括水稻、菱角、橡子、芡实、南酸枣核、柿子核、猕猴桃籽以及各种杂草植物种子。根据量化分析，水稻是当时人们最重要的食物资源，但采集获得的橡子、菱角、芡实等仍然是不可或缺的食物来源。这说明在河姆渡文化时期，虽然稻作生产已经成为社会经济的主体，但尚未完全取代采集狩猎，由于稻作生产水平较低，仍需要通过采集狩猎补充生活资料来源。[④]

距今 5300—4300 年，以良渚文化为代表，长江下游进入史前农业发展的巅峰时期，以水稻强化生产和家畜饲养为支撑的农业经济模式完全确立，果树栽培、湖塘管理等多样化的农业生产方式得到进一步开发。良渚晚期的稻田形态和稻作活动比中期更趋复杂。稻田由河道、河堤兼道路、灌溉水渠和田埂构成，南北走向的 9 条田埂和苕溪走向的 2 条灌溉水渠分隔出了长方形的田块，每块田块面积为 1000—2000 平方米。浮选植物种子和土壤微形态分析表明，伴随着稻田形态的变化，灌溉系统也发生了根本性的变化，反映出良渚晚期社会拥有较强的行政控制

① 参见赵志军：《南稻北粟：中国农业起源》，《中国社会科学报》2019 年 6 月 14 日。
② 参见赵志军：《南稻北粟：中国农业起源》，《中国社会科学报》2019 年 6 月 14 日。
③ 参见蒋国维：《亚洲农耕起源初探》，《贵州师范大学学报（社会科学版）》1994 年第 4 期。
④ 参见赵志军：《南稻北粟：中国农业起源》，《中国社会科学报》2019 年 6 月 14 日。

力、社会动员力和较为严密的劳动分工。[①] 漫长的稻作农业起源过程在良渚文化时期终于完成。[②]

二、原始手工业

在中国新石器时代，出现了制陶、纺织、建筑等原始手工业生产技术，其中重要的是陶器和纺织。陶器主要用于食物的蒸煮、谷物和水的存放等。此外，陶制纺轮、陶刀、陶锉等也是重要的生产工具。大地湾遗址出土了距今 8000 年的三足钵等 200 多件彩陶。跨湖桥遗址发掘出的陶器中有夹料陶、夹砂质釜、甑类炊具和泥性夹炭陶等。陶器由黏土或以黏土、长石、石英等为主的混合物经成型、干燥和烧制而成。最早的陶器可能是露天烧制，以后发展到陶窑烧造。我国最早的陶窑属新石器中期的舞阳贾湖文化和裴李岗文化，计约 10 余处窑址。到新石器晚期，各地的陶窑普遍发展起来，其中西安半坡 6 座、山西芮城东庄村 9 座、临潼姜寨 4 座、华县柳子镇 6 座。[③] 出土的陶器大致可分为彩陶、黑陶和白陶三类。彩陶是带有彩绘花纹的陶器，发明于新石器时代中期，贾湖遗址、大地湾一期、河姆渡一期都有少量出土。新石器文化晚期，仰韶文化、马家窑文化、大汶口文化中，彩陶技术得到充分发展，其中尤以马家窑文化为盛。[④] 黑陶是在烧造过程中，采用渗炭工艺制成的黑色陶器，在大溪文化、屈家岭文化、龙山文化遗址中均有发现，其中以大汶口文化遗址为最早，距今 6000 年左右。山东龙山文化遗址中出土的黑陶器，器壁薄如蛋壳而坚硬，厚度仅 1—3 毫米，表面漆黑有光亮，工艺水平很高，堪称中国古代制陶工艺中的光辉创造。白陶是用瓷土和高岭土为制陶原料，烧成温度在 1000 度左右，表里和胎质都呈白色。白陶器在河南豫西一带的龙山文化晚期和二里头文化早期遗址中都有发现。

中国在新石器时代就出现了原始纺织技术。中国最早使用的纺织原料是野生麻类。人们已经掌握了麻的纤维提取技术，其中主要是浸沤脱胶分离法，然后采用劈分技术取得麻的纤维。取得纤维后再用绩接、加捻，将纤维纺成纱线。蚕茧缫丝方面已经掌握了脱胶、抽丝、纺线、加捻、合股等技术。在距今约 5000 年的浙江吴兴钱山漾遗址中，发现了一段丝带和一小块绢片，绢片经纬表面十分光滑均匀，表面丝胶已经脱落，很可能是在热水中缫取的。纺纱技术主要是利用纺坠，以后纺坠逐渐演变成纺轮。纺轮的样式已经有多种，多为陶制，也有少数的石质、骨质、木质等。姜寨遗址出土的陶纺轮用陶土烧制而成，河姆渡遗址曾出土了各种纺轮。最

---

①　参见潘艳：《稻作背景下长江下游史前生业经济发展》，《中国社会科学报》2019 年 6 月 14 日。
②　参见赵志军：《南稻北粟：中国农业起源》，《中国社会科学报》2019 年 6 月 14 日。
③　参见何堂坤：《中国古代手工业工程技术史》上卷，山西教育出版社 2012 年版，第 53 页。
④　参见何堂坤：《中国古代手工业工程技术史》上卷，山西教育出版社 2012 年版，第 50 页。

早的织物是手工编织的，后来发明了原始织机。河姆渡遗址出土的织机部件有定经杆、综杆、绞纱棒、木质梭形器、机刀、布轴等。从钱山漾遗址和河姆渡遗址出土的纺织工具来看，我国新石器时期已经有了原始腰机，采用了提综杆、分经棍和打纬刀，从而提高了织品的质量和数量。[1] 另外，在吴县草鞋山遗址中出土了一块约6000年前的葛纤维织物，其经线是由两股纱并合成，系用简单的纱罗组织制作而成。

仰韶文化早期我国即出现了冶金技术，龙山文化和齐家文化后，冶铸遗物的出土点和数量都有了增加。仰韶文化时期计有7处遗址，发现有铜片和铜渣等；龙山文化时期大约有17处遗址发现有冶铸物，同样是铜片和铜渣等；齐家文化时期有7处遗址出土了铜铸物，有铜刀、铜斧、铜锥、铜钻头等。冶炼业离不开采矿。仰韶文化早期已经有了煤矿开采，沈阳北陵附近的新乐遗址出土了百余件煤玉制品和半成品。金属矿和盐矿也都有开发。[2]

随着人们逐渐开始定居生活，建筑技术也有了很大进步。西安半坡遗址中出土的"半地穴式"房屋多采用木骨涂泥构筑方式，后来发展成为我国古代建筑以土木混合结构为主的传统。河姆渡遗址保存的"干栏式"木构建筑遗迹，其中有很多榫卯木构件。在大地湾发掘出土大量房屋遗址，最早的是深穴窝棚式建筑，距今7000—8000年间，这是标志着人类的居住方式从穴居向半穴居迈进的一个新起点。其中一座距今约5000—8000年的古建筑，是我国史前时期面积最大、工艺水平最高的房屋建筑。这座总面积420平方米的多间复合式建筑，布局规整、中轴对称、前后呼应、主次分明，是中国木结构建筑的典型代表，开创了后世我国传统木结构建筑的先河。

三、聚落与城市

迄今为止，国内发现的史前城址总数超过60座，规模有大有小，其中除了极其少数特大型聚落，大多不能定性为城市。从公元前三千纪中叶前后开始，黄河中游、长江中下游地区开始进入国家形态，聚落演进也发生了较大变化，出现了少数规模超大、功能多元、有高等级大型建筑和高规格文物的聚落。这种大型聚落可称为中国古代初期的城市。考古发现的这类大型聚落有汾河河谷的陶寺城址、长江中游江汉平原的石家河聚落群、长江下游附近杭嘉湖平原的良渚城址、山东日照两城镇城址和陕西神木县石峁城址等。其中陶寺城址、石家河聚落群分别为黄河中游、

---

[1] 参见何堂坤：《中国古代手工业工程技术史》上卷，山西教育出版社2012年版，第74—80页。
[2] 参见何堂坤：《中国古代手工业工程技术史》上卷，山西教育出版社2012年版，第90—91页。

长江中游初期城市的代表。①

迄今为止，我国发现的最早的城市遗址是位于湖南澧县的城头山古城。该古城建设的年代约在 6500 年以前，为大溪文化至石家河文化时期的遗址。遗址发现大片台基式的房屋建筑基础、设施齐全的制陶作坊、宽阔的城中大路、密集而重叠的氏族墓葬和保存完好的世界最早的水稻田，无论从规模、从功能、从工程规划施工来看，都已经是一个大型的中心聚落，属于"城"的范畴。②

石家河遗址（前 3000—前 1900 年）位于湖北省天门市石河镇，地处大洪山南麓、江汉平原北部的山前地带。石家河遗址群属新石器时代晚期大型聚落群遗址，总面积约 8 平方千米，由三房湾、谭家岭等数十处遗址构成。该遗址群的文化遗存从相当于大溪文化阶段开始，经屈家岭文化至石家河文化，形成了一个基本连续的发展序列。1987 年起，北京大学考古学系、湖北省文物考古研究所和荆州地区博物馆组成石家河考古队，对谭家岭、邓家湾、土城和肖家屋脊四处遗址进行过多次发掘。调查发现，石家河镇以北海拔 30—45 米、约 8 平方千米范围内，古代遗址的分布十分密集，很多遗址之间的文化堆积没有明显间隔，以谭家岭为中心，外围分布着数十处遗址。③ 在遗址中心发现了一座宏大的城垣建筑。该城垣始建于屈家岭文化中期，使用至石家河文化早期，到石家河晚期废弃。遗址群的中心为一座由城墙、城壕和外围台岗构成的古石家河城。出土物中以大量陶器、陶塑工艺品和小型玉器，还发现有铜块等。位于南城垣内侧的三房湾的堆积中，发现有非常多的红陶杯，数量可能在数万乃至数十万只以上。这里还发掘出陶窑、黄土堆积、黄土坑、洗泥池、蓄水缸等遗迹，是以烧制红陶杯为主的专业窑场。总的来看，以石家河城址为核心的聚落群，除了有明确的以房址、墓地构成的居民点外，其他独特的功能区还有祭祀场、三房湾的制陶手工业作坊等，邓家湾附近还应有陶制品的专业生产地。④

陶寺城址（前 2300—前 1900 年）位于山西省襄汾县汾河东岸的塔儿山西麓。延续自早期城址规划的中期城址，外有郭城，内有宫殿建筑区，城内各功能区划比较清晰。中期城址的郭城已发现三面城垣，面积有 300 万平方米以上，是中国龙山时期最大的城址之一。陶寺的宫城呈长方形，东西长约 470 米，南北宽约 270 米，面积近 13 万平方米，由北墙、东墙、南墙、西墙组成。城垣内有数座大型建筑，规模宏大，可与后代王都的宫殿建筑媲美。在中期城址南的小城内，发掘出一座形

---

① 参见牛世山、杨婧雅：《中国古代初期城市的营建考察——以石家河聚落群、陶寺城址为例》，《江汉考古》2019 年第 5 期。
② 参见何一民：《中国城市史》，武汉大学出版社 2012 年版，第 52 页。
③ 参见石家河考古队：《石家河遗址群调查报告》，《南方民族考古》第 5 辑，1992 年。
④ 参见张绪球：《石家河文化的陶塑品》，《江汉考古》1991 年第 3 期。

制较特殊的建筑，发掘报告称之为观象台。在郭城后部有普通居址，距核心区有800 米左右。陶寺早期城址外东南的仓储区，在中期时仍然使用。遗址发现有制作石器、烧陶、烧制石灰的作坊，有中型和小型房址、灰坑、灰沟、墓葬、陶窑、石灰窑等，临近地带还出土了数量较多的石器半成品。在城内还发现陶窑 13 座，附近有操作坑及活动面。在城东北部发现陶窑 5 座，似也有一定规模。总体来看，陶寺城的建设以宫城为核心，城内各功能区划建置有序，城市的建设空间以圆角方形的外郭城垣为边界。①

石家河聚落群和陶寺城址代表了两种不同的聚落形态。从聚落角度看，整个石家河聚落群是以城址为核心、城址与周围的聚落共为一体的形态。城垣内面积不足百万平方米，但整个聚落群达到数平方千米。由于城内面积相对有限，居民点和其他功能区除了城内有少数几个地点外，大量的分布于城外、围绕城址的周围。陶寺城址城内面积 300 万平方米以上，规模比石家河城址大 2 倍。但陶寺城址作为一个聚落，是一个基本以外郭城垣为边界的聚落形态，与周围的其他聚落没有关系。在陶寺城址周围所见遗址地点仅有 5 处，它们与陶寺城址有一定距离，从聚落的角度看，明显与城址不属于一体。石家河聚落群缺乏明确的总体规划，没有陶寺城址那么规整有序，内部显得相对分散。所以，石家河聚落群的营建更像是一种以城为中心、向周围随机扩展的形式。陶寺城址布局比较严谨，城市的营建之前有初始总体规划，即有将宫殿区（宫城）置前、其他功能区置后的总体安排，整个城市大致以郭城城垣为外边界规划和建设，城市的功能区划严谨有序。② 在陶寺以后，夏代的都城遗址如新砦城址和商代的偃师商城、洹北商城也是在这种规划思想下建设的。

第三节　早期中国

一、裴李岗时代

中国文化从旧石器时代就有一定特色，这种特色一直延续到新石器时代。在约距今 8200—7000 年间的裴李岗时代，或者新石器时代中期后段，黄河、长江和西

---

① 参见牛世山、杨婧雅：《中国古代初期城市的营建考察——以石家河聚落群、陶寺城址为例》，《江汉考古》2019 年第 5 期。

② 参见牛世山、杨婧雅：《中国古代初期城市的营建考察——以石家河聚落群、陶寺城址为例》，《江汉考古》2019 年第 5 期。

辽河流域聚落和人口增多，物质文化显著发展，初具稳定内敛、祖先崇拜等特质，就是说，已经有了"早期中国文化圈"的萌芽①。

裴李岗文化是中原地区发现最早的新石器时代文化之一，也是仰韶文化的源头之一。裴李岗文化河南舞阳贾湖遗址有部分较大墓葬，常以组合的形式随葬装有石子的龟甲、骨规形器、骨笛等特殊器物，有的龟甲或骨规形器上还契刻有类似文字的符号。考古学家认为，骨笛可能是天文仪器律管，装有石子的龟甲可能是龟占用具，龟甲上的字符可能与卦象或者验辞有关，骨规形器可能是观测星象之"规"。遗址有专门墓地，墓葬土葬深埋，装殓齐整，随葬物品，实行墓祭，说明已有显著的祖先崇拜观念。墓葬分区分组，可能对应现实社会的家庭、家族、氏族等不同层级的社会组织。祖先崇拜和族葬，当为现实社会中重视亲情人伦、强调社会秩序的反映。裴李岗文化后期聚落已有一定程度的分化，墓葬也有较为明显的大小贫富之别，尤其随葬龟甲、骨规形器和骨笛等特殊器具的基本都是较大墓葬，也以成年男性占绝对多数。②

总体来看，裴李岗时代的黄河和淮河流域文化区，已经出现较为先进的思想观念和知识，包括较为先进的宇宙观、宗教观、伦理观、历史观，较为先进的天文、数学、符号、音乐知识等，将中国文明起源提前到距今 8000 年以前，可算作是中国文明起源的第一阶段。此时，处于中原地区的裴李岗文化对外强烈扩张影响，使得黄河、淮河流域文化彼此接近起来，也可能通过上层在宗教祭祀、空间观念等方面的交流，使得长江中下游和西辽河流域也和黄河、淮河流域有了不少共性，从而有了"早期中国文化圈"或者文化上"早期中国"的萌芽。③

二、良渚时代

距今 6000 年稍后，中原腹地晋南、豫西和关中东部的仰韶文化庙底沟类型中，出现 200—500 平方米的大型房屋，以及上百万平方米的大型聚落，社会复杂化由此发端。稍后黄河、长江流域文明曙光四处涌现，如距今 5300 年前后甘肃秦安大地湾 400 多平方米的"殿堂"式房屋、河南灵宝西坡面积近 20 平方米的考究大墓、辽宁凌源牛河梁气势恢宏的"庙、坛、冢"祭祀遗存，以及山东章丘焦家、安徽含山凌家滩和江苏连云港东山村的豪华瘗玉大墓等，显示仰韶文化、红山文化、大汶口文化、崧泽文化等都已站在了文明社会的边缘。④

崧泽文化是距今 5900—5300 年间分布在太湖流域的新石器文化。崧泽文化以

---

① 参见韩建业：《裴李岗时代与中国文明起源》，《江汉考古》2021 年第 1 期。
② 参见韩建业：《裴李岗时代与中国文明起源》，《江汉考古》2021 年第 1 期。
③ 参见韩建业：《裴李岗时代与中国文明起源》，《江汉考古》2021 年第 1 期。
④ 参见韩建业：《良渚：具有区域王权的早期国家》，《中国社会科学报》2019 年 8 月 6 日。

原始稻作农业为基础，已经可以从野生稻中培植人工水稻，分离出水稻的粳稻和籼稻两个品种。崧泽先民发明了较为先进的农业生产工具，特别是发明了三角形石犁，大大提高了农业生产力。在制陶业方面有了长足的进步，多数陶器继续用泥条盘筑法手制，但已普遍采用了慢轮修整技术，陶器的器型规整种类较多，已经出现红色陶器。此外，石器磨制得都很精细，有宽面穿孔石铲、长方形穿孔石斧、扁平和长条形石锛、小石凿等，此外还有陶纺轮、陶网坠，很少发现骨角器。大约距今5300年，崧泽文化演变为良渚文化，大量人口移民至良渚地区，促进了灌溉稻作农业的迅速发展。大规模的土木水利工程和灌溉水稻农业，使得良渚社会生产力水平迅速提升，也极大地提高了良渚社会的组织动员能力和贵族首领的权力，从而催生出灿烂的良渚文明。

大约距今5100年以后，良渚文化进入兴盛期。良渚遗址包括约30万平方米的宫城、300万平方米的内城、630万平方米的外城，以及十数座高、低水坝等，规模之宏大前所未见。数万平方千米的整个良渚文化分布区，同时期聚落当数以万计，人口或有百万之众，却只有良渚古城这样一个超级中心聚落和政治文化中心，城乡分野明晰，统一程度颇高，俨然国家景象。良渚的精致玉器、嵌玉漆器、刻纹象牙器和刻纹陶器，以及高质量木作，显示贵族控制下的各类手工业技术已达很高水平。良渚玉器生产的"标准化"和使用的制度化，超过中国新石器时代任何文化。此外，良渚陶器上面常见各种类似文字的符号，不少结体复杂，有的甚至数"字"成行，可能就是原始文字。可见，距今5000年左右鼎盛时期的良渚社会，也与苏美尔文明、埃及文明一样，确已进入文明社会和早期国家阶段。[①]

三、陶寺时代

约公元前2300年至公元前1900年之间，黄河中游地区出现了城市，并作为邦国的都邑。如晋南临汾盆地的陶寺城址、豫西环嵩山地区的登封王城岗、禹州瓦店、新密新砦等，其中都城功能区划最为齐备的是陶寺城址。陶寺遗址少有宗教性大型建筑，却舍得花力量修建城池，"筑城造郭"用于防御外敌的入侵。在陶寺文化中期（前2100—前2000年），"宫城—外郭城"双城制都城模式被构建起来，宫城包括王族的住所和行政办公的建筑以及祖庙。陶寺城内居住着君王、贵族、官员、手工工匠、普通居民。[②] 陶寺晚期还发现用朱砂写在陶器上的比较成熟的文字，以及小件铜器。这些中心聚落及其宫殿式建筑等的发现，表明黄河中游地区早已进入国家阶段或者文明社会。[③]

---

① 参见韩建业：《良渚：具有区域王权的早期国家》，《中国社会科学报》2019年8月6日。
② 参见何驽：《说说苏美尔文明与中原文明》，《中国社会科学网–中国社会科学报》2019年8月19日。
③ 参见韩建业：《从史前遗存中寻找文化上的早期中国》，《光明日报》2020年10月3日。

陶寺社会是王权国家。在复杂的等级差别社会结构的基础之上，战争与冲突的催化作用下，陶寺社会群体中权贵家族的家族长权力得到不断强化，逐渐将神权、军权和族权集中于一身，王权开始出现。陶寺早期五座规格最高的大型墓的墓主明显已是王者。陶寺城址统一性的规划、较为完善的布局和功能的分区、重要的大型夯土建筑和宫殿类的建筑等，表明这即是王者所居之都。在陶寺宫殿区外围又发现了面积近 13 万平方米的宫城城垣，更是"筑城以卫君"。陶寺社会基本上以维护王权垄断为核心，甚至其"观象台"和圭表系统作为天文观测仪器也被国王所垄断，标志着王权集中、治理天下的意识形态。①

陶寺社会初步形成了礼制。陶寺早期大、中型墓中一些珍贵器物，种类繁多且有一定的组合，尤其在大型墓中成套出现，漆木器与陶器或互为配套，并在墓中有大致固定的位置，这种规制化就是最初"礼制"的内涵。陶寺玉璧与琮缺乏充满神性的纹饰，且中孔较大，多是套在臂腕以修饰与显示身份。陶寺玉石钺多孔，在主孔之外，多见有副孔，有的还散布一两个散孔，可能为系挂璎珞一类以显华丽庄重。显然，规范现实社会中各阶层行为、身份、仪礼等社会关系或言"礼序人伦"的礼制在陶寺已经初步形成。②

对陶寺遗址 40 多年的考古发掘与研究表明，它是中华文明起源和发展历史脉络中的重要一环，是实证中华文明发展演变的重要节点，是中华文明灿烂早期成就的重要代表。更为重要的是，陶寺文化与社会文明表现出的世俗王权、务实创新、礼乐文明等三大特征一定程度上正是中华文化和中华文明延绵发展的深层原因和内在特质，多为夏商周以及后世社会所继承发展，是中华文明自带的文化基因。③

四、二里头时代

在距今约 5300—3800 年的中国大地上，曾先后存在多个高度发达、有显著地域特色的考古学文化，呈现出"满天星斗"的局面。公元前 2000 年前后，数百年异彩纷呈的中原周边地区的各支考古学文化先后走向衰落，中国历史上首次出现了覆盖广大地域的核心文化，即以河南偃师二里头遗址为典型代表的二里头文化。这一现象可以形象地描述为"皓月凌空"，表明中国文明从无中心的多元发展到有中心的多元。④

二里头文化的年代约在公元前 1750—前 1520 年。目前已发现近 800 处二里头文化遗址，它们主要分布在河南大部和山西南部，以环嵩山地区为核心。其中，二

---

① 参见高江涛：《陶寺文化与社会的三个特质》，《文博中国》2020 年 12 月 29 日
② 参见高江涛：《陶寺文化与社会的三个特质》，《文博中国》2020 年 12 月 29 日。
③ 参见高江涛：《陶寺文化与社会的三个特质》，《文博中国》2020 年 12 月 29 日。
④ 参见贺俊：《二里头文化与最早中国》，《河南日报》2021 年 2 月 6 日。

里头遗址具有都邑性质，作为国家权力中心，具有都邑庞大化、布局严谨、人口高度集中及对大型礼仪建筑、青铜与玉礼器的独占等特征，表现出高度的集权、阶层分化和职业分工。在都邑之下，可以确认多处次级中心和一般中心，以及大量的基层聚落。二里头都邑通过控制次级中心和一般中心来实现其自身的高效运转和对广大二里头文化区的有效管控；次级和一般中心一方面需要来自基层聚落的人力物力资源，另一方面可能需要为后者提供安全保护。整体而言，不同层级聚落各司其职，共同构成了一个等级森严、高效有序的社会共同体。①

在二里头遗址发现了中国最早的城市主干道网，最早的布局严整的宫殿区与宫城，最早的多进院落大型宫殿建筑，最早的中轴线布局的宫殿建筑群，最早的国家级祭祀区和祭祀遗存，最早的封闭式官营手工业作坊区，最早的青铜礼乐器群、兵器群以及青铜礼器铸造作坊和最早的绿松石器作坊，等等。这里是中国乃至东亚地区最早的具有明确城市规划的大型都邑。可以说，这些"中国之最"开中国古代都城规制、宫室制度、礼乐制度和王朝文明的先河。就其文化影响而言，二里头文化的分布范围突破了地理单元的制约，几乎遍布整个黄河中游地区，二里头文化因素向四围辐射的范围更大。至此，二里头文化成为东亚大陆最早的核心文化，二里头都邑则是中国最早的广域王权国家的权力中心，中国历史自此进入开创新纪元的"二里头时代"。②

总体来看，中国文化源远流长，早期中国的萌芽和中国文明开始起源，可以追溯到距今8000多年以前。距今6000年左右，由于中原核心区的强烈扩张影响，文化上的早期中国正式形成。距今5000年左右，不少地区已经站在或者迈入了文明社会的门槛，进入早期中国的"古国"时代。距今4000年左右，黄河流域尤其是黄河中游地区实力大增，而长江中下游地区全面步入低潮。距今3800年以后，以中原为中心，兼容并蓄、海纳百川，形成二里头广幅王权国家，或者夏代晚期国家，中国文明走向成熟。③

---

①　参见贺俊：《二里头文化与最早中国》，《河南日报》2021年2月6日。
②　参见许宏：《二里头考古与中国早期文明——二里头与中原中心的形成》，《历史研究》2020年第5期。
③　参见韩建业：《从史前遗存中寻找文化上的早期中国》，《光明日报》2020年10月3日。

第二编　封建经济

第二章　夏商经济

第一节　夏商兴亡

一、圣王时代

1. 伏羲创世

人类社会最重要的发明莫过于火。根据历史传说，中国最早发明火的是燧人氏。上古之世，"民食果蓏蚌蛤，腥臊恶臭而伤害腹胃，民多疾病。有圣人作，钻燧取火，以化腥臊，而民说（悦）之，使王天下，号之曰燧人氏"（《韩非子·五蠹》）。火的发明，使人类进步大大加快，从旧石器阶段进入到新石器阶段，即农业革命发生。

中华文明薪火相传，接着燧人氏进入历史的是伏羲氏。伏羲氏是中国新石器时代的代表，是中国农业革命的先驱。《易经·系辞下》："古者包羲氏之王天下也，仰则观象于天，俯则观法于地，观鸟兽之文，与地之宜，近取诸身，远取诸物，于是始作八卦，以通神明之德，以类万物之情。作结绳而为网罟，以佃以渔，盖取诸离。"《史记·三皇本纪》：

> 太皞庖牺氏，风姓。代燧人氏，继天而王。母曰华胥。履大人迹于雷泽，而生庖牺于成纪。蛇身人首。有圣德。仰则观象于天，俯则观法于地，旁观鸟兽之文，与地之宜，近取诸身，远取诸物。始画八卦，以通神明之德，以类万物之情。造书契以代结绳之政。于是始制嫁娶，以俪皮为礼。结网罟以教佃渔。故曰宓牺氏。养牺牲以庖厨。故曰庖牺。有龙瑞。以龙纪官。号曰龙师。作三十五弦之瑟。木德王。注春令。故《易》称帝出乎震，月令孟春其帝太皞。是也。都于陈。东封太山。立一百一十一年崩。

根据古文献记载，我们可以大致推测伏羲时代经济社会发展水平。第一，伏羲氏"蛇身人首""有龙瑞，以龙纪官，号曰龙师"。这是中华民族龙图腾的最早记载，也是中华民族最早萌发出的宗教意识。第二，伏羲氏发明了渔猎工具，"结网罟以教佃渔"，并开始养殖动物，即"养牺牲以庖厨"。这说明，此时中国尚未进入农耕时代，仍以渔猎为主，但是已经开始了养殖。这是最早的畜牧业，也是农业革命的萌芽形式。第三，伏羲氏"始制嫁娶，以俪皮为礼"，从而结束了群婚制度，出现对偶婚，婚姻家庭制度始创。第四，伏羲氏"作三十五弦之瑟"，发明了最早的乐器。另据《文献通考·乐考》说："伏羲乐名《扶来》，亦曰《立本》。""礼乐"文化的雏形也出现了，可以视为最早的文明仪式。第五，伏羲时代已经产生了原始的科学意识和观察方法，即"仰则观象于天，俯则观法于地，旁观鸟兽之文，与地之宜，近取诸身，远取诸物"，还出现了最早的科学预测工具，即"始画八卦，以通神明之德，以类万物之情"。第六，伏羲发明了最早的文字，即"造书契以代结绳之政"，从结绳记事时代进入文字符号时代。尽管有关伏羲的文字记载仅仅是传说而非信史，但中华民族在伏羲时代所取得的经济社会文化发展，已经为大量考古发现所证明。

2. 神农革命

不论是传说还是考古都足以证明，古代中国与古代两河流域和尼罗河流域一样，是重要的农业革命发源地。中国农业革命时代的圣王是神农氏即炎帝。我国古代文献有不少关于炎帝神农氏的记载，如《易经·系辞下》："包牺氏没，神农氏作，斫木为耜，揉木为耒，耒耨之利，以教天下，盖取诸《益》。日中为市，致天下之货，交易而退，各得其所，盖取诸《噬嗑》。"《史记·三皇本纪》：

> 女娲氏没，神农氏作。炎帝神农氏，姜姓。母曰女登。有娲氏之女。为少典妃。感神龙而生炎帝。人身牛首。长于姜水。因以为姓。火德王。故曰炎帝。以火名官。斫木为耜，揉木为耒，耒耨之用，以教万人。始教耕。故号神农氏。于是作蜡祭，以赭鞭鞭草木。始尝百草，始有医药。又作五弦之瑟。教人日中为市，交易而退，各得其所。遂重八卦为六十四爻。初都陈，后居曲阜。立一百二十年崩。葬长沙。神农本起烈山，故左氏称，烈山氏之子曰柱，亦曰厉山氏。礼曰：厉山氏之有天下，是也。

《帝王世纪》：

> 神农氏，姜姓也。母曰任姒，有乔氏之女，名登，为少典妃。游于华阳，有神龙首感女登于常羊，炎帝，人身牛首，长于姜水，有圣德。以火承木，位在南方，主夏，故谓之炎帝，都于陈，作五弦之琴。凡八世，帝承、帝临、帝

明、帝直、帝来、帝哀、帝榆罔。又曰本起烈山，或时称之，一号魁隗氏，是
为农皇，或曰帝炎。诸侯夙沙氏叛不用命，炎帝退而修德，夙沙之民自攻其君
而归炎帝，营都于鲁。重八封之数，究八八之体为六十四卦，在位百二十年而
崩，葬长沙。（《太平御览·皇王部三》）

根据神话传说，伏羲与女娲是夫妻，伏羲与女娲结合繁衍了一个族群，即中华
民族的先民。但根据文献整理，女娲是伏羲之后的部落首领，而神农即炎帝则是继
女娲之后的部落首领。所以《易经·系辞下》说"包牺氏没，神农氏作"，而《史
记·三皇本纪》说"女娲氏没，神农氏作"。另外，根据"以火承木，位在南方"，
"葬长沙"等记载，说明神农氏的活动地区已经从黄河流域扩大到长江流域。

根据以上文献，我们可以大致梳理出神农氏时代经济社会的进步状况：

第一，开创农耕时代。炎帝感"神龙"而生，说明中华民族龙图腾的形成和
延续；而"人身牛首"表明畜牧和农耕时代已经开始。尽管当时牛耕还远没有出
现，牛可能主要作为家畜饲养，但可以证明神农氏正处于畜牧为主的农业时代向农
耕为主的农业时代过渡。神农"本起烈山""以火名官"作蜡祭，以赭鞭鞭草
木"，这说明当时的耕作方式首先是以火烧荒然后耕耨，即开始了"刀耕火种"。
这种生产方式又称迁徙农业，也就是"游农"，具体说就是原始生荒耕作制度。

第二，发明农业工具。这里出现了"耜""耒"等农具，而"斲木为耜，揉木
为耒，耒耨之用，以教万人"，说明农具使用已经较为普遍。《白虎通义》记载：
"古之人民，皆食禽兽肉，至于神农，人民众多，禽兽不足。于是神农因天之时，
分地之利，制耒耜，教民农作。神而化之，使民宜之，故谓之神农也。"另据《管
子·轻重篇》："神农教耕，生谷以致民利"；《孟子·滕文公章句上》："神农，
炎帝神农氏。始为耒耜，教民稼穑者也。"可见，神农时代，耒耜的使用和种植
五谷，解决了民以食为天的大事，促进了人类由原始游牧民族生活向农耕文明
转化。

第三，发明中医草药。神农"始尝百草，始有医药"。直接取用自然物产来医
治疾病，是中医的基本特点。《史记·三皇本纪》：神农氏"作蜡祭，以赭鞭鞭草
木。始尝百草，始有医药"。《淮南子·修务训》：神农"尝百草之滋味，水泉之甘
苦，令民知所辟就。当此之时，一日而遇七十毒"。《纲鉴易知录·三皇纪》记载：
"民有疾，未知药石，炎帝始草木之滋，察其寒、温、平、热之性，辨其君、臣、
佐、使之义，尝一口而遇七十毒，神而化之，遂作文书上以疗民疾而医道自此始
矣。"（《古今图书集成·医部全录·纪事》）另据《世本》："神农和药济人。"晋干
宝《搜神记》卷一："神农以赭鞭鞭百草，尽知其平毒寒温之性，臭味所主。以播
百谷。"《述异记》卷下："太原神釜冈中，有神农尝药之鼎存焉。成阳山中，有神

农鞭药处。"所以，人们将我国第一部药物学专著《神农本草经》归之神农氏，神农氏被尊为医药之祖。

第四，发明陶器制造。古代有不少文献记载了神农氏制陶的事迹。《艺文类聚》引《周书》曰："神农之时，天雨粟，神农耕而种之，作陶冶斤斧，为耒耜耨，以垦草莽，然后五谷兴，以助果蓏实。"宋《太平御览》亦引《周书》："神农耕而作陶。"（《太平御览·资产部十三》）《资治通鉴外纪·神农氏》载："神农氏作陶冶斤斧。"清朱琰所著《陶说》卷二引《周书》："神农作瓦器"。有了陶器，人们就可以贮藏食物和蒸煮食物，改善生活条件。

第五，开始市场交易。《易·系辞》："神农以日中为市，致天下之民，聚天下之货，交易而退，各得其所"。《文献通考·钱币考一》："神农列廛于国，以聚货帛，日中为市，以交有无。"这说明此时已经出现了物物交换，并有固定的交换场所，也就是说已出现了市场。

第六，改进占卜方法。在伏羲八卦基础上，神农氏"重八卦为六十四爻"，进一步改进了占卜方法。在远古时代，无法依据经验和逻辑做判断和决策，将自己交给天即神是最好的选择，这样也可以集中众志。这就是伏羲发明八卦的重要意义。

根据考古资料，神农氏时代应当属于新石器中期阶段，距今约5000—7500年。其中前半段以河姆渡文化、龙虬文化、北辛文化、半坡文化、前大溪文化为代表，后半段以仰韶文化、马家浜文化、大汶口文化为代表。根据考古资料，这个时代，磨制石器种类丰富，制作精美，制陶技术显著进步，出现慢轮修整口沿的技术，农业和畜牧业获得高度发展，长江流域已进入到灌溉农业阶段。人口聚落不断增多扩大，开始出现一些中心聚落和大规模的公共墓地，反映出社会组织向心凝聚平等的特点。

3. 黄帝之道

神农氏之后，代之而兴起的是黄帝一族。《易经·系辞下》：

> 神农氏没，黄帝、尧、舜氏作，通其变，使民不倦，神而化之，使民宜之。易穷则变，变则通，通则久。是以自天佑之，吉无不利，黄帝、尧、舜，垂衣裳而天下治，盖取诸乾坤。

《史记·三皇本纪》："炎帝神农氏……立百二十年崩，生帝哀，哀生克，克生帝榆罔。凡八代，五百三十年，而轩辕氏兴焉。"《史记·五帝本纪》较为详细地记载了黄帝及其族众兴起的过程：

> 黄帝者，少典之子，姓公孙，名曰轩辕。生而神灵，弱而能言，幼而徇

齐，长而敦敏，成而聪明。轩辕之时，神农氏世衰。诸侯相侵伐，暴虐百姓，而神农氏弗能征。于是轩辕乃习用干戈，以征不享，诸侯咸来宾从。而蚩尤最为暴，莫能伐。炎帝欲侵陵诸侯，诸侯咸归轩辕。轩辕乃修德振兵，治五气，蓺五种，抚万民，度四方，教熊罴貔貅䝙虎，以与炎帝战于阪泉之野。三战，然后得其志。蚩尤作乱，不用帝命。于是黄帝乃征师诸侯，与蚩尤战于涿鹿之野，遂禽杀蚩尤。而诸侯咸尊轩辕为天子，代神农氏，是为黄帝。天下有不顺者，黄帝从而征之，平者去之，披山通道，未尝宁居。

根据文献推测，黄帝族应处于新石器时代晚期，农业革命已经基本完成，随后在农业生产和制度文化等方面都发生了重要变化。《史记·五帝本纪》：

东至于海，登丸山，及岱宗。西至于空桐，登鸡头。南至于江，登熊、湘。北逐荤粥，合符釜山，而邑于涿鹿之阿。迁徙往来无常处，以师兵为营卫。官名皆以云命，为云师。置左右大监，监于万国。万国和，而鬼神山川封禅与为多焉。获宝鼎，迎日推策。举风后、力牧、常先、大鸿以治民。顺天地之纪，幽明之占，死生之说，存亡之难。时播百谷草木，淳化鸟兽虫蛾，旁罗日月星辰水波土石金玉，劳勤心力耳目，节用水火材物。有土德之瑞，故号黄帝。

从这些文献记载中，可以梳理出黄帝时代中国经济社会发展状况。首先，黄帝族的活动范围已经十分广阔，东至东海和泰山脚下，南到湖湘之地，北抵河北平原北端，西至甘肃崆峒山一带。其次，黄帝时代农业获得较大进步，"时播百谷草木，淳化鸟兽虫蛾"，还产生了生产方法的意识，"旁罗日月星辰水波土石金玉，劳勤心力耳目，节用水火材物"。就是说，黄帝教民，江湖陂泽山林原隰皆收采禁捕以时，用之有节，令得其利。再次，由于部族"往来无常处"，必须建立师兵以卫。所以，黄帝作为部族首领必然承担着军事职能并建立管理组织，所以"置左右大监，监于万国"，并设置风后、力牧、常先、大鸿等官职。最后，为了强化邦首的权威，必须举行"封禅"等宗教仪式。这种宗教仪式更重要的意义，即《史记·封禅书》中的"登封报天，降禅除地"，根本目的是要表明君主权力乃"受命于天"。

黄帝时代的社会组织是原始"井田制"基础上的氏族村社。《通典·食货三》：

昔黄帝始经土设井以塞诤端，立步制亩以防不足，使八家为井，井开四道而分八宅，凿井于中。一则不泄地气，二则无费一家，三则同风俗，四则齐巧拙，五则通财货，六则存亡更守，七则出入相司，八则嫁娶相媒，九则无有相贷，十则疾病相救。是以情性可得而亲，生产可得而均，均则欺陵之路塞，亲则斗讼之心弭。既牧之于邑，故井一为邻，邻三为朋，朋三为里，里五为邑，邑十为都，都十为师，师十为州。夫始分之于井则地著，计之于州则数详。迄乎夏殷，不易其制。

由此可见，黄帝时代是以当时的生产条件为基础建立基本的社会组织，人们相邻而居，互助合作，"以情性可得而亲，生产可得而均"，并在此基础上建立基本的社会制度。

黄帝时代没有刑罚，实行"垂衣而治"。《尚书·武成》说：黄帝之时，"惇信明义，崇德报功，垂拱而天下治"。《周易·系辞下》："黄帝、尧、舜，垂衣裳而天下治，盖取诸乾坤。"唐孔颖达《疏》："垂衣裳者，以前衣皮，其制短小，今衣丝麻布帛，所作衣裳其制长大，故云垂衣裳也。"所谓"垂衣而治"也就是"黄帝之道"。汉初陆贾《新书·修政语上》：

黄帝曰："道若川谷之水，其出无已，其行无止。"故服人而不为仇，分人而不谭者，其惟道矣。故播之于天下而不忘者，其惟道矣。是以道高比于天，道明比于日，道安比于山，故言之者见谓智，学之者见谓贤，守之者见谓信，乐之者见谓仁，行之者见谓圣人。故惟道不可窃也，不可以虚为也。故黄帝职道义，经天地，纪人伦，序万物，以信与仁为天下先。然后济东海，入江内，取绿图，西济积石，涉流沙，登于昆仑。于是还归中国，以平天下。天下太平，唯躬道而已。

后世对黄帝时代有许多称赞，如汉王逸《机赋》："帝轩龙跃，庶业是昌。俯覃圣恩，仰览三光。爰制布帛，始垂衣裳。"汉王充《论衡·自然》："垂衣裳者，垂拱无为也。"表明当时的氏族组织还没有发展为国家组织，仍处于"无为而治"的"无政府"状态。

黄帝的继承人是颛顼和高辛。《史记·五帝本纪》：

帝颛顼高阳者，黄帝之孙而昌意之子也。静渊以有谋，疏通而知事；养材以任地，载时以象天，依鬼神以制义，治气以教化，絜诚以祭祀。北至于幽陵，南至于交阯，东至于蟠木。动静之物，大小之神，日月所照，莫不砥属。

《史记·五帝本纪》：

高辛生而神灵，自言其名。普施利物，不于其身。聪以知远，明以察微。顺天之义，知民之急。仁而威，惠而信，修身而天下服。取地之财而节用之，抚教万民而利诲之，历日月而迎送之，明鬼神而敬事之。其色郁郁，其德嶷嶷。其动也时，其服也士。帝喾溉执中而遍天下，日月所照，风雨所至，莫不从服。

颛顼和高辛都是传说中的上古圣王，继承黄帝之道，实行"垂衣而治"。所以，从黄帝时代到颛顼和高辛时代，都被认为是上古的黄金时代。

4. 唐尧虞舜

黄帝一脉，源远流长。一般认为，继承黄帝的是尧舜禹。这就形成了中华民族薪火相传和一脉相承的统续。尧舜时代又被分别称为唐尧时代和虞舜时代，被古代儒家称为历史上的黄金时代。正是在这个时期，中国古代文明成果处于集中发轫期。《易经·系辞下》列举了黄帝至尧舜这个时代所取得的物质技术进步：（1）舟船：刳木为舟，剡木为楫，舟楫之利，以济不通，致远以利天下；（2）车马：服牛乘马，引重致远，以利天下；（3）防卫：重门击柝，以待暴客；（4）臼杵：断木为杵，掘地为臼，臼杵之利，万民以济；（5）弓箭：弦木为弧，剡木为矢，弧矢之利，以威天下；（6）房屋：上古穴居而野处，后世圣人易之以宫室，上栋下宇，以待风雨；（7）埋葬：古之葬者，厚衣之以薪，葬之中野，不封不树，丧期无数，后世圣人易之以棺椁；（8）文字符号：上古结绳而治，后世圣人易之以书契，百官以治，万民以察。这些物质文明的进步，为科学文化的发展和社会制度的进步奠定了基础。

继承黄帝的是唐尧。尧为帝喾之子，母为陈锋氏。十三岁封于陶（山西襄汾县陶氏村），十五岁辅佐兄长帝挚，改封于唐地，号为陶唐氏。二十岁尧代挚为天子，定都平阳。唐尧部落面临严重的自然灾害挑战，特别是洪水。据文献记载，当尧之时，"洪水横流，泛滥于天下"。这场洪水之大，文献有很多记载。如《尚书·尧典》："尧之时洪水为患为甚"。《寰宇通志》说："尧时上游之水无所痒，壅而四出"。《淮南子·览冥训》："四极废，九州裂，天不兼覆，地不周载……水浩洋而不息。"《晋乘搜略》说："尧时黄水为患，震及帝都。"面对洪水，唐尧部落首先是迁徙以避之，从华北平原迁徙到山西地区的太原盆地。据《竹书纪年·帝尧陶唐氏》所载，尧曾多次命人治水：尧十九年命共工治河；尧六十年命崇伯鲧治河；尧六十九年，黜崇伯鲧；尧七十二年，命司空禹治河；尧八十年，禹治水成功。尧在位凡九十八年，而治水却长达六十年之久，三易其人，最终获得成功。

除了洪水，当时人们还面临干旱威胁和猛兽侵袭。《淮南子·本经训》说："尧之时，十日并出，焦禾稼，杀草木，而民无所食；猰貐、凿齿、九婴、大风、封豨、修蛇皆为民害。"尧派后羿将那些野兽杀死，并射落九日。为了获得安全的居住环境，唐尧部落学会了建房和筑城。据《韩非子·五蠹》和《淮南子·精神训》所载，唐尧部族已经掌握了建筑大型房屋的技术，所建之屋"茅茨不翦，采椽不斫"，"朴桷不斫，素题不枅"。《都城记》说："晋阳城北二里有唐城，尧所筑。"《史记·五帝本纪》［正义］中引《宗国都城记》云："唐国，帝尧之裔子所封，汉曰太原郡，在古冀州太行恒山之西，其南有晋水。"《汉书·地理志》载："晋阳本唐国，尧始都于此。"可见，此时已经初步形成都城的设立和建造，对于国家组织发展来说具有重要意义。

唐尧时代，华夏族取得的重大进步是分别了四季和节令。《史记·五帝本纪》：

> 帝尧者，放勋。其仁如天，其知如神。就之如日，望之如云。富而不骄，贵而不舒。黄收纯衣，彤车乘白马。能明驯德，以亲九族。九族既睦，便章百姓。百姓昭明，合和万国。乃命羲、和，敬顺昊天，数法日月星辰，敬授民时。分命羲仲，居郁夷，曰旸谷。敬道日出，便程东作。日中，星鸟，以殷中春。其民析，鸟兽字微。申命羲叔，居南交。便程南为，敬致。日永，星火，以正中夏。其民因，鸟兽希革。申命和仲，居西土，曰昧谷。敬道日入，便程西成。夜中，星虚，以正中秋。其民夷易，鸟兽毛毨。申命和叔；居北方，曰幽都。便在伏物。日短，星昴，以正中冬。其民燠，鸟兽氄毛。岁三百六十六日，以闰月正四时。信饬百官，众功皆兴。

四季和节令的划分，对中华民族农业生产和人民生活产生了深远影响。

尧立七十年得舜，令舜协助他管理族众事务，培养和历练舜的才能。《史记·五帝本纪》：

> （尧）使舜慎和五典，五典能从。乃遍入百官，百官时序。宾于四门，四门穆穆，诸侯远方宾客皆敬。尧使舜入山林川泽，暴风雷雨，舜行不迷。尧以为圣，召舜曰："女谋事至而言可绩，三年矣。女登帝位。"舜让于德不怿。正月上日，舜受终于文祖。文祖者，尧大祖也。于是帝尧老，命舜摄行天子之政，以观天命。

这说明当时的氏族组织已经产生了首领继承的制度和方法。这种制度和方法在尧舜之间得以首次实践。《史记·五帝本纪》：

> 尧辟位凡二十八年而崩。百姓悲哀，如丧父母。三年，四方莫举乐，以思

尧。尧知子丹朱之不肖，不足授天下，于是乃权授舜。授舜，则天下得其利而丹朱病；授丹朱，则天下病而丹朱得其利。尧曰"终不以天下之病而利一人"，而卒授舜以天下。尧崩，三年之丧毕，舜让辟丹朱于南河之南。诸侯朝觐者不之丹朱而之舜，狱讼者不之丹朱而之舜，讴歌者不讴歌丹朱而讴歌舜。舜曰"天也"，夫而后之中国践天子位焉，是为帝舜。

虞舜时代，广大地区仍面临洪水威胁。所以，治水成为部落共同体首要任务。为了治水，部落人民组织起来，推举圣贤，政治权威开始形成。虞舜进行了重大改革，一方面是免除不称职的官员，另一方面是选贤任能。

关于免除不称职的官员，《史记·五帝本纪》：

> 谨兜进言共工，尧曰不可而试之工师，共工果淫辟。四岳举鲧治鸿水，尧以为不可，岳强请试之，试之而无功，故百姓不便。三苗在江淮、荆州数为乱。于是舜归而言于帝，请流共工于幽陵，以变北狄；放谨兜于崇山，以变南蛮；迁三苗于三危，以变西戎；殛鲧于羽山，以变东夷：四罪而天下咸服。

关于选贤任能，《史记·五帝本纪》：

> 昔高阳氏有才子八人，世得其利，谓之"八恺"。高辛氏有才子八人，世谓之"八元"。此十六族者，世济其美，不陨其名。甚于尧，尧未能举。舜举八恺，使主后土，以揆百事，莫不时序。举八元，使布五教于四方，父义，母慈，兄友，弟恭，子孝，内平外成。

这样，舜通过政治改革基本上完成了权力转移。

根据《史记》的记载，虞舜时在国家社会制度方面已经有一些创制。《史记·五帝本纪》：

> 舜乃在璿玑玉衡，以齐七政。遂类于上帝，禋于六宗，望于山川，辩于群神。揖五瑞，择吉月日，见四岳诸牧，班瑞。岁二月，东巡狩，至于岱宗，柴，望秩于山川。遂见东方君长，合时月正日，同律度量衡，修五礼五玉三帛二生一死为挚，如五器，卒乃复。五月，南巡狩；八月，西巡狩；十一月，北巡狩：皆如初。归，至于祖祢庙，用特牛礼。五岁一巡狩，群后四朝。偏告以言，明试以功，车服以庸。肇十有二州，决川。象以典刑，流宥五刑，鞭作官刑，扑作教刑，金作赎刑。眚灾过，赦；怙终贼，刑。钦哉，钦哉，惟刑之静哉！

虞舜时期的制度创设，大致可以分为以下几个方面：

第一，建天文历法。舜乃以璿玑玉衡，以齐七政。璿玑玉衡即为浑天仪，七政就是日月五星。《史记·五帝本纪》［正义］：

> 舜虽受尧命，犹不自安，更以璿玑玉衡以正天文。玑为运转，衡为横箫，运玑使动于下，以衡望之，是王者正天文器也，观其齐与不齐。今七政齐，则己受禅为是。

舜建天文历法，一方面是为了满足人民社会生活的需要，另一方面也是为了通过"天命"来证明其政治合法性。

第二，同律度量衡。《史记·五帝本纪》［正义］：

> 汉律历志云："虞书云'同律度量衡'，所以齐远近，立民信也。律有十二，阳六为律，阴六为吕。律以统气类物，一曰黄钟，二曰太蔟，三曰姑洗，四曰蕤宾，五曰夷则，六曰无射。吕以旅阳宣气，一曰林钟，二曰南吕，三曰应钟，四曰大吕，五曰夹钟，六曰中吕。度者，分、寸、尺、丈、引也，所以度长短也。本起黄钟之管长，以子谷秬黍中者一黍为一分，十分为一寸，十寸为尺，十尺为丈，十丈为引，而五度审矣。量者，龠、合、升、斗、斛也，所以量多少也。本起黄钟之龠，以子谷秬黍中者千有二百实为一龠，合龠为合，十合为升，十升为斗，十斗为斛，而五量嘉矣。衡权者，铢、两、斤、钧、石也，所以称物轻重也。本起于黄钟之重，一龠容千二百黍，重十二铢，二十四铢为两，十六两为斤，三十斤为钧，四钧为石，而五权谨矣。衡，平也。权，重也。"

第三，初创法律制度。《史记·五帝本纪》："象以典刑，流宥五刑，鞭作官刑，扑作教刑，金作赎刑。"象以典刑，［集解］马融曰："言咎繇制五常之刑，无犯之者，但有其象，无其人也。"孔安国云："象，法也。法用常刑，用不越法也。"流宥五刑，即"以流放之法宽五刑也"。鞭作官刑，"为辨治官事者为刑"。扑作教刑，"扑为教官为刑者"。金作赎刑，即"意善功恶，使出金赎罪，坐不戒慎者"。（《史记·五帝本纪》）

第四，制定行政区划，并建邑筑城。舜"肇十有二州"以利于治水，同时致力于建邑筑城。制陶和建造房屋本是陶唐氏的专长，虞舜继承陶唐氏的这一传统并将其发扬光大。《墨子·尚贤下》载："昔者舜耕于历山，陶于河濑，渔于雷泽，灰于常阳。"《史记·五帝本纪》："舜耕历山，渔雷泽，陶河滨，作什器于寿丘，就时于负夏。""舜耕历山，历山之人皆让畔；渔雷泽，雷泽上人皆让居；陶河滨，河滨器皆不苦窳。一年而所居成聚，二年成邑，三年成都。"

在舜治理天下期间，选贤任能，各司其职，实现天下大治。《史记·五帝本纪》：

> 二十二人咸成厥功：皋陶为大理，平，民各伏得其实；伯夷主礼，上下咸让；垂主工师，百工致功；益主虞，山泽辟；弃主稷，百谷时茂；契主司徒，百姓亲和；龙主宾客，远人至；十二牧行而九州莫敢辟违，唯禹之功为大，披九山，通九泽，决九河，定九州，各以其职来贡，不失厥宜。方五千里，至于荒服。南抚交阯、北发，西戎、析枝、渠廋、氐、羌，北山戎、发、息慎，东长、鸟夷，四海之内咸戴帝舜之功。于是禹乃兴九招之乐，致异物，凤皇来翔。天下明德皆自虞帝始。

总的来看，从黄帝到唐尧再到虞舜时期，中国历史上发生了重要变革。这种变革就是原始的氏族组织逐渐瓦解和国家组织逐渐萌芽。这个时期，物质生产力发生了一系列重大进步，如舟船和车马、臼杵和弓箭、陶器制造和城邑的建筑，特别是出现了最早的文字符号，在制度文明方面，有官僚制度、天文历法、度量衡制度、刑罚制度等。而在这个漫长的历史演进过程中，一方面公共事务发展特别是治水工程产生了共治需要；另一方面私有制和阶级正在萌芽，需要处理这些矛盾的公共组织。于是，原有的氏族组织不能适应这种发展和需要，无政府的"圣王时代"面临终结。此时，大禹作为中国历史上第一位真正的君主已经悄然登场。

二、夏禹革命

1. 治水建国

尽管中国上古时代创立国家，仍不可避免使用暴力，如黄帝时"天下有不顺者，黄帝从而征之，平者去之"（《文献通考·封建考一》）；虞舜时"四罪而天下咸服"，夏启时"灭有扈氏，天下咸朝"。但总的来看，首先还是在与自然斗争中，各族众集合为一个命运共同体，具体说就是"治水建国"。从《史记·五帝本纪》的记述来看，虞舜时代是氏族制度瓦解和阶级社会产生的时期，也是氏族制度向国家组织转变的时期。这种转变的契机就在于治水。

远古的洪水期应在尧舜禹时代。治水需要大规模调动人力物力，靠简单的氏族制度很难成功。在这个漫长的历史时期，治水成为社会的首要任务，而正是在洪水的威胁之下产生了公共治理的需要。所以，尧舜禹时代正是中国古代国家制度产生的时期。就是说，从黄帝到唐尧和虞舜，"垂衣而治"的状况发生了变化，部落首领的性质已经开始转变，原始的国家组织也已经出现。史料证明，上古历史上有一个洪水泛滥时期。人类为了生存不得不组织起来，而要提高组织的效率，就必须确定强有力的组织者即领导者。事实上，治水首先是一项重要的公共事业，鲧和禹父子主持治水工作，本身并无特殊权力，实属"公仆"性质。但是，由于这项工作的艰巨性和长期性，既要组织氏族部落共同参与，更要对各部族的人力和物力进行集中调配，于是就产生了"公共权力"。由于禹长期担任这一重要角色，并且由此树立了自己及其家族的权威，由原本是部族联合体的首领，最后发展成君临众族邦之上的夏朝国王。这种变化的标志就是夏禹到夏启的父子相袭，实现了由部落首领的"禅让制"到世袭王位制的转变，从而开启了中国"家天下"的历史。

首先，禹通过治水取得权威。没有治水，社会就不需要权威，不通过各部落的共同治水，禹就不能建立起自己的权威。《史记·夏本纪》记载：

当帝尧之时，鸿水滔天，浩浩怀山襄陵，下民其忧。尧求能治水者，群臣四岳皆曰鲧可。尧曰："鲧为人负命毁族，不可。"四岳曰："等之未有贤于鲧者，原帝试之。"于是尧听四岳，用鲧治水。九年而水不息，功用不成。于是帝尧乃求人，更得舜。舜登用，摄行天子之政，巡狩。行视鲧之治水无状，乃殛鲧于羽山以死。天下皆以舜之诛为是。于是舜举鲧子禹，而使续鲧之业。

尧崩，帝舜问四岳曰："有能成美尧之事者使居官？"皆曰："伯禹为司空，可成美尧之功。"舜曰："嗟，然！"命禹："女平水土，维是勉之。"禹拜稽首，让于契、后稷、皋陶。舜曰："女其往视尔事矣。"

禹为人敏给克勤；其德不违，其仁可亲，其言可信；声为律，身为度，称以出；亹亹穆穆，为纲为纪。

禹老的时候，也曾根据传统的禅让惯例，推出益作为首领。但是，人们仍然诚服于禹的家族，所以仍追随禹的儿子启。《史记·夏本纪》："禹子启贤，天下属意焉。及禹崩，虽授益，益之佐禹日浅，天下未洽。故诸侯皆去益而朝启，曰'吾君帝禹之子也'。于是启遂即天子之位，是为夏后帝启。"可见，禹启父死子继，是一个自然发展的过程，事实上也是一个"民选"的过程。因而《国语·周语》说："皇天嘉之，祚以天下，赐姓曰姒，氏曰有夏，谓其能以嘉祉殷富生物也"。

其次，禹通过治水确定国家版图。禹与益、后稷等奉帝命，命诸侯百姓兴人徒以傅土，行山表木，定高山大川，亦即确定国家版图。《史记·夏本纪》：

道九山：汧及岐至于荆山，逾于河；壶口、雷首至于太岳；砥柱、析城至于王屋；太行、常山至于碣石，入于海；西倾、朱圉、鸟鼠至于太华；熊耳、外方、桐柏至于负尾；道嶓冢，至于荆山；内方至于大别；汶山之阳至衡山，过九江，至于敷浅原。

道九川：弱水至于合黎，余波入于流沙。道黑水，至于三危，入于南海。道河积石，至于龙门，南至华阴，东至砥柱，又东至于盟津，东过雒汭，至于大伾，北过降水，至于大陆，北播为九河，同为逆河，入于海。嶓冢道漾，东流为汉，又东为苍浪之水，过三澨，入于大别，南入于江，东汇泽为彭蠡，东为北江，入于海。汶山道江，东别为沱，又东至于醴，过九江，至于东陵，东迤北会于汇，东为中江，入于海。道沇水，东为济，入于河，洪为荥，东出陶丘北，又东至于荷，又东北会于汶，又东北入于汶。道淮自桐柏，东会于泗、沂，东入于海。道渭自鸟鼠同穴，东会于沣，又东北至于泾，东过漆、沮，入于河。道雒自熊耳，东北会于涧、瀍，又东会于伊，东北入于河。

于是九州攸同，四奥既居，九山刊旅，九川涤原，九泽既陂，四海会同。六府甚修，众土交正，致慎财赋，咸则三壤成赋。中国赐土姓："祇台德先，不距朕行。"

这就基本确定了国家版图，"中国"初具雏形，即"东渐于海，西被于流沙，朔、南暨：声教讫于四海。于是帝锡禹玄圭，以告成功于天下。天下于是太平治"（《史记·夏本纪》）。

最后，禹通过治水始行封建。《文献通考·封建考一》："禹承唐虞之盛，涂山之会诸侯，执玉帛者万国。禹别九州，分其圻界。"经过一系列演变，夏发展为国家组织，而各部落仍为酋邦。这种制度发展的差别也是导致封建的原因。也就是说，夏作为国家有更强大的组织力，有能力凌驾于各方国之上，而各方国也自愿服从夏的统治。在夏王的统治下，仍然存在着许多部族，如葛、韦、顾、昆吾、商、周等。这些部族的首领大多称"伯"，也有称"某某氏"的。伯是一方之长，有相对的独立性，但要受夏王的节制。古文献有不少相关记载，如"禹会诸侯于涂山，执玉帛者万国"（《左传·哀公七年》），"防风氏后至，禹杀而戮之"（《国语·鲁语下》），帝芬三年"九夷来御"，帝荒元年，"以元珪宾于河，〔命九东〕狩于海，获大鱼"（《汲冢纪年存真》）。夏王朝则通过封建制度对各方国实施统治，各方国向夏王国纳贡。所以，《史记·夏本纪》：

令天子之国以外五百里甸服：百里赋纳緫，二百里纳铚，三百里纳秸服，四百里粟，五百里米。甸服外五百里侯服：百里采，二百里任国，三百里诸侯。侯服外五百里绥服：三百里揆文教，二百里奋武卫。绥服外五百里要服：三百里夷，二百里蔡。要服外五百里荒服：三百里蛮，二百里流。

事实上，这是根据地理条件、发展水平和文化差异等诸多因素而建立的封建体系。不过，夏王国和各方国之间以及方国与方国之间不断发生兼并，封建格局也不断发生变化。《文献通考·舆地考一》："夏氏革命，又为九州。涂山之会，亦云万国，四百年间，递相兼并。"夏王朝正是通过这种兼并不断实现集中统一。

2. 任土作贡

在治水的过程中，禹建立了国家的贡税体制。《尚书·禹贡》："禹别九州，随山浚川，任土作贡。"治理洪水既然是关乎各个部族生存的大事，所需物资也应该由各部落分摊，并保证供应，这样才能使得治水所需物资得到保障。《史记·夏本纪》：

> 薄衣食，致孝于鬼神。卑宫室，致费于沟淢。陆行乘车，水行乘船，泥行乘橇，山行乘檋。左准绳，右规矩，载四时，以开九州，通九道，陂九泽，度九山。令益予众庶稻，可种卑湿。命后稷予众庶难得之食。食少，调有余相给，以均诸侯。禹乃行相地宜所有以贡，及山川之便利。

这就是说，一方面要各地根据生产条件将所适宜的物品作为贡赋缴纳，另一方面还要考虑山川水陆运输的便利情况来分派。《尚书·禹贡》：

> 九州攸同，四隩既宅，九山刊旅，九川涤源，九泽既陂，四海会同。六府孔修，庶土交正，厎慎财赋，咸则三壤成赋。中邦锡土姓。祗台德先，不距朕行。五百里甸服。百里赋纳总，二百里纳铚，三百里纳秸服，四百里粟，五百里米。

禹在治水过程中，考察了九州大地，对各地的物产状况有较为充分的了解，在此基础上制定贡赋标准，并在各部落间强制分摊。冀州是舜帝居住的地方，治理洪水从这里开始，如若治水成功，百姓最早受益，所以物资分摊从冀州的各个部落开始实行。以后，随着治水工程在各地展开，禹就根据当地的山川河流、水土肥瘠和物产情况，把物资供应的强制分摊推行到那里。大禹治水成功以后成为部落联盟首领，于是他取消了原来的强制分派纳贡制度，开始推行"任土作贡"，即根据各地的山川河流、水土肥瘠、物产概况、收获多少和运输线路，确定中原各州向朝廷纳贡的数量与种类。《尚书正义·禹贡》："禹分别九州之界，随其所至之山，刊除其木，深大其川，使得注海。水害既除，地复本性，任其土地所有，定其贡赋之差。"

根据《史记·夏本纪》：

冀州：既载壶口，治梁及岐。既修太原，至于岳阳。覃怀致功，至于衡漳。其土白壤。赋上上错，田中中。常、卫既从，大陆既为。乌夷皮服。夹右碣石，入于海。

济、河维沇州：九河既道，雷夏既泽，雍、沮会同，桑土既蚕，于是民得下丘居土。其土黑坟，草繇木条。田中下，赋贞，作十有三年乃同。其贡漆丝，其篚织文。浮于济、漯，通于河。

海岱维青州：堣夷既略，潍、淄其道。其土白坟，海滨广潟，厥田斥卤。田上下，赋中上。厥贡盐绨，海物维错，岱畎丝、枲、铅、松、怪石，莱夷为牧，其篚檿丝。浮于汶，通于济。

海岱及淮维徐州：淮、沂其治，蒙、羽其蓺。大野既都，东原底平。其土赤埴坟，草木渐包。其田上中，赋中中。贡维土五色，羽畎夏狄，峄阳孤桐，泗滨浮磬，淮夷蠙珠暨鱼，其篚玄纤缟。浮于淮、泗，通于河。

淮海维扬州：彭蠡既都，阳鸟所居。三江既入，震泽致定。竹箭既布。其草惟夭，其木惟乔，其土涂泥。田下下，赋下上上杂。贡金三品，瑶、琨、竹箭，齿、革、羽、旄，岛夷卉服，其篚织贝，其包橘、柚锡贡。均江海，通淮、泗。

荆及衡阳维荆州：江、汉朝宗于海。九江甚中，沱、涔巳道，云土、梦为治。其土涂泥。田下中，赋上下。贡羽、旄、齿、革，金三品，杶、榦、栝、柏，砺、砥、砮、丹，维箘簵、楛，三国致贡其名，包匦菁茅，其篚玄纁玑组，九江入赐大龟。浮于江、沱、涔、（于）汉，逾于雒，至于南河。

荆河惟豫州：伊、雒、瀍、涧既入于河，荥播既都，道菏泽，被明都。其土壤，下土坟垆。田中上，赋杂上中。贡漆、丝、绨、纻，其篚纤絮，锡贡磬错。浮于雒，达于河。

华阳黑水惟梁州：汶、嶓既蓺，沱、涔既道，蔡、蒙旅平，和夷底绩。其土青骊。田下上，赋下中三错。贡璆、铁、银、镂、砮、磬，熊、黑、狐、狸、织皮。西倾因桓是来，浮于潜，逾于沔，入于渭，乱于河。

黑水西河惟雍州：弱水既西，泾属渭汭。漆、沮既从，沣水所同。荆、岐巳旅，终南、敦物至于鸟鼠。原隰底绩，至于都野。三危既度，三苗大序。其土黄壤。田上上，赋中下。贡璆、琳、琅玕。浮于积石，至于龙门西河，会于渭汭。织皮昆仑、析支、渠搜，西戎即序。

对于地理距离比较远，自然资源和风俗文化差异较大的五服地区，需缴纳各自物产，即"禹成五服，齿革羽毛器备"（《尚书大传·大禹贡》）；有的则需要以铜为贡，即"昔夏之方有德也，远方图物，贡金九牧"（《左传·宣公三年》）。此外，各僻远方国也需贡入自己的特产，如"东海鱼须、鱼目；南海鱼革、珠玑、大贝；西海鱼骨、鱼干、鱼胁；北海鱼剑、鱼石、出填、击间、河、江、大"等地方特产，即"外薄四海"，"咸会于中国"（《尚书大传·禹贡传》）。[①]

禹定九州，任土作贡，并不仅仅是建立贡赋制度，还在于中央政府对方国的控制和教化。所以《通典·食货典》说："尧命禹理水，因别九州，遂定贡赋。虞舜之化，及夏禹革命，不闻改作，盖因也。"

"任土作贡"是中国历史上第一个有记载的税收制度，是中国有关税赋制度的最早文字记录，是中国税制的源头。《史记·夏本纪》："自虞、夏时，贡赋备矣。或言禹会诸侯江南，计功而崩，因葬焉，命曰会稽。会稽者，会计也。"几年后，大禹在浙江绍兴的茅山召开"任土作贡"稽查审计大会，"昔禹致群臣于会稽之山，防风氏后至，禹杀而戮之，身横九亩"（《左氏博议·卷十九》）。大禹还把茅山改名为"会稽山"。

3. 天下为家

从伏羲到神农的历史阶段，广大地区一直处于"天下为公"的"大同社会"。《礼记·礼运》：

> 大道之行也，天下为公，选贤与能，讲信修睦。故人不独亲其亲，不独子其子，使老有所终，壮有所用，幼有所长，矜、寡、孤、独、废疾者皆有所养，男有分，女有归。货恶其弃于地也，不必藏于己；力恶其不出于身也，不必为己。是故谋闭而不兴，盗窃乱贼而不作，故外户而不闭，是谓大同。

但从黄帝到尧舜和夏禹，"天下为公"的制度正在悄悄发生转变，转变为"天下为家"的"家国社会"。实际上，禅让制度到尧舜时已经逐步瓦解，父死子继倾向已经出现，部落族众就传子和传贤问题已经出现争议，因而酝酿着重大的社会变革。《史记·五帝本纪》："尧知子丹朱之不肖，不足以授天下，于是乃权授舜。授舜，则天下得其利而丹朱病；授丹朱，则天下病而丹朱得其利。尧曰：'终不以天下之病而利一人。'而卒授舜以天下。"尧之所以不传位于丹朱，表面上看是因为丹朱"不肖"，实际上是遭到族众的反对。可见，这里已经出现父死子继的倾向了。尽管尧并没有直接将王位传予儿子丹朱，但这种事实也是被族众所承认的，不过是因为其"不肖"而不能实现而已。

到舜帝时同样面临这样的问题。《史记·五帝本纪》：

---

① 参见王宇信：《谈上甲至汤灭夏前商族早期国家的形成》，《殷都学刊》2007年第1期。

舜之践帝位，载天子旗，往朝父瞽叟，夔夔唯谨，如子道。封弟象为诸侯。舜子商均亦不肖，舜乃豫荐禹于天。十七年而崩。三年丧毕，禹亦乃让舜子，如舜让尧子。诸侯归之，然后禹践天子位。

不过，舜之传位于禹更重要的是禹的功劳显著。尧舜时期，华夏大地洪水肆虐，人为鱼鳖，治水成为最重要的任务。尧王曾经将治水的任务交给鲧。但鲧治水"九年而水不息，功用不成。于是帝尧乃求人，更得舜。舜登用，摄行天子之政，巡狩。行视鲧之治水无状，乃殛鲧于羽山以死。天下皆以舜之诛为是。于是舜举鲧子禹，而使续鲧之业"（《史记·夏本纪》）。

《史记·夏本纪》：

禹乃遂与益、后稷奉帝命，命诸侯百姓兴人徒以傅土，行山表木，定高山大川。禹伤先人父鲧功之不成受诛，乃劳身焦思，居外十三年，过家门不敢入。薄衣食，致孝于鬼神。卑宫室，致费于沟淢。陆行乘车，水行乘船，泥行乘橇，山行乘檋。左准绳，右规矩，载四时，以开九州，通九道，陂九泽，度九山。令益予众庶稻，可种卑湿。命后稷予众庶难得之食。食少，调有余相给，以均诸侯。禹乃行相地宜所有以贡，及山川之便利。

《竹书纪年》："禹治水既毕，天锡玄珪，以告成功。夏道将兴，草木畅茂，青龙止于郊，祝融之神降于崇山。乃受舜禅，即天子之位。三年丧毕，都于阳城。"

禹经禅让继承舜的王位，看起来不违古制，但实际上已经发生了从以贤继位到以功继位的转变。《史记·夏本纪》：

帝舜荐禹于天，为嗣。十七年而帝舜崩。三年丧毕，禹辞辟舜之子商均于阳城。天下诸侯皆去商均而朝禹。禹于是遂即天子位，南面朝天下，国号曰夏后，姓姒氏。帝禹立而举皋陶荐之，且授政焉，而皋陶卒。封皋陶之后于英、六，或在许。而后举益，任之政。十年，帝禹东巡狩，至于会稽而崩。以天下授益。三年之丧毕，益让帝禹之子启，而辟居箕山之阳。禹子启贤，天下属意焉。及禹崩，虽授益，益之佐禹日浅，天下未洽。故诸侯皆去益而朝启，曰"吾君帝禹之子也"。于是启遂即天子之位，是为夏后帝启。有扈氏不服，启伐之，大战于甘。将战，作甘誓，乃召六卿申之。启曰："嗟！六事之人，予誓告女：有扈氏威侮五行，怠弃三正，天用剿绝其命。今予维共行天之罚。左不攻于左，右不攻于右，女不共命。御非其马之政，女不共命。用命，赏于祖；不用命，僇于社，予则帑僇女。"遂灭有扈氏。天下咸朝。

《礼记·礼运》说：禹以前为"大同"之世，所谓"天下为公，选贤与能"，"不独亲其亲，不独子其子"，"货恶其弃于地也，不必藏于己，力恶其不出于身也，不必为己"。在原始公社制度逐渐解体的过程中，父权家长制家庭成为一种使之瓦解的力量。世袭王权和世袭贵族，就是以父权家长制家庭为基础逐步发展起来的。在国家形成之后，各级贵族组织仍然要保持旧的血缘联系，严格区分姓氏。王室分封各部族，除保持他们所由出生的姓之外，又以封地建立新氏，大夫以邑为氏。在各级贵族之间，就依姓氏的区别建立了各自的宗族关系。这种宗族关系，虽然沿袭了旧的氏族组织的遗制，但实际上是以父权家长制为核心，按其班辈高低和族属亲疏等关系来确定各级贵族的等级地位。到禹王时期，部落组织已经发生根本质变，原始国家组织出现了，王位继承也从民主的禅让转向世袭，"天下"之天下转变为"天子"之天下，"天下为公"制度转向了"天下为家"制度。这就是所谓"天下为家，各亲其亲，各子其子"，"货力为己"，"大人世及以为礼"的小康之世。

三、殷商兴亡

1. 商汤革命

传说中商族的先祖是契。《诗经·商颂·玄鸟》："天命玄鸟，降而生商"。《史记·殷本纪》说：舜对于契的管理才能非常赏识，契经常被委以重任，"居官相事"，并受封于商地，赐姓子氏。契以后，经过许多年的发展，商族实力不断增强，到相土时逐渐出现繁盛景象。相土担任夏朝的司马之职，入为王官之伯，出掌诸侯之地。所以《诗经·商颂·长发》说："相土烈烈，海外有截"。相土之后，商族经济社会继续发展，到王亥时又进一步"作服牛"，使本已较为发达的畜牧业又有了进一步发展。古本《竹书纪年》载，"王亥托于有易、河伯仆牛"，从而使交易效益大大提高。此后，商族通过对周边部落的征服，使本部落不断壮大。《孟子·滕文公下》说："汤始征，自葛载，十一征而无敌于天下"，最终"殷革夏命"，建立了商朝。

商汤政权的建立与夏禹政权建立的方式有所不同。夏禹革命是通过治水凝聚各个部落，以完成治水这一重大公共事业，从而集中权力并建立政权。而商汤政权的建立主要靠的是战争征服即暴力革命。具体说，就是由于夏桀失德而失政，商汤纠集众方国反抗，一举夺得政权，并进行社会变革，从而开辟了新的历史。对于商汤革命的意义，《逸周书·周月》云："其在商汤，用师于夏，除民之灾，顺天革命，改正朔，变服殊号，一文一质，示不相沿，以建丑之月为正，易民之视。"而商汤"顺天革命"的合理性，除顺应天命还在于符合人民利益。

成汤卒受天命，不忍天下粒食之民刈戮，不得以疾死，故乃放移夏桀，散亡其佐。乃迁姒姓于杞。发厥明德，顺民天心啬地，作物配天，制典慈民。咸合诸侯，作八政，命于总章。服禹功以修舜绪，为副于天。粒食之民昭然明视，民明教，通于四海，海之外肃慎、北发、渠搜、氐、羌来服。（《大戴礼记·少闲》）

商汤建立政权以后，通过一系列制度创设，使中国政治经济制度进一步向前推进了。

第一，完善国家官制。商汤政权是在继承夏朝国家组织基础上建立的。商族先祖大多在夏朝任有官职。如相土"入为王官之伯"，在夏朝任专掌征伐的"司马"，冥曾任"水官"等。上甲以后，商开始独立发展，不仅通过武力征伐壮大势力，还模仿夏朝建立自己的国家组织，设立了有管理农事、工事、军事等方面的官吏，如相传汤以伊尹为丞相，仲虺为左相。《史记·殷本纪》有这样的记载："伊尹处士，汤使人迎之，五反然后肯从汤，言素王及九主之事。汤举任以国政"。《左传·定公四年》记载："薛之皇祖奚仲居薛以为夏车正。奚仲迁于邳，仲虺居薛以为汤左相"。伊尹主要负责军事，仲虺主要负责民政。还有其他一些贤臣，如女鸠、女房、义伯、仲伯、咎单等，他们也是早在灭夏前就追随商汤成为商汤的臣子。此外，还有更多的"元士"作为方国的下级官吏。"汤令，未命之为士者，车不得朱轩及有飞轸，不得乘饰车骈马，衣文绣。命然后得，以顺有德。"（《玉海》引《帝五纪》）可见，商汤在灭夏前就已经为建立新的国家政权做了足够的制度准备。商汤建国后，进一步完善了国家官制。《文献通考·职官考》：

殷制，天子建天官，先六太，曰太宰、太宗、太史、太祝、太士、太卜，典司六典。天子之五官，曰司徒、司马、司空、司士、司寇，典司五众。天子之六府，曰司土、司木、司水、司草、司器、司货，典司六职。天子之六工，曰土工、金工、石工、木工、兽工、草工，典制六材。五官致贡曰享。五官之长曰伯。千里之内为王畿，千里之外设方伯。五国以为属，属有长。十国以为连，连有帅。三十国以为卒，卒有正。二百一十国以为州，州有伯。八州八伯，五十六正，百六十八帅，三百三十六长。八伯各以其属，属于天子之老二人，分天下以为左右，曰二伯。

可见，殷商时期官制已经十分完善了。到商汤时，由于国家机构和国家职能更为扩大，财政支出也进一步增加。

第二，改革贡纳制度。夏朝在夏禹之时就初步建立了国家财政制度，即"禹贡九州""任土作贡"，而在以后的数百年间又不断地完善。为确保贡赋的征收和缴纳，夏王国甚至不惜动用武力讨伐欠贡的方国。如《说苑·权谋》记载，商汤一度"阴乏贡职"，"桀怒，起九夷之师以伐之"，汤只得"谢罪请服，复人贡职"，商汤还一度被桀囚于夏台。（《太平御览》引《帝王世纪·殷商第三》）商汤建国后，汲取夏桀教训，"轻赋薄敛，以宽民氓。布德施惠，以报困穷"（《淮南子·修务训》）。《逸周书·王会》：

> 汤问伊尹曰："诸侯来献，或无马牛之所生，而献远方之物事实相反不利。今吾欲因其地势，所有献之，必易得而不贵，其为四方献令。"伊尹受命，于是为四方令曰："臣请正东，符娄、仇州、伊虑、沤深、十蛮、越沤，剪发文身，请令以鱼皮之鞞，乌鲗之酱，鲛瞂利剑为献。正南，瓯邓、桂国、损子、产里、百濮、九菌，请令以珠玑、玳瑁、象齿、文犀、翠羽、菌鹤、短狗为献。正西，昆仑、狗国、鬼亲、枳巳、闟耳贯胸、雕题、离卿、漆齿，请令以丹青、白旄、纰罽、江历、龙角、神龟为献。正北空同、大夏、莎车、姑他、旦略、豹胡、代翟、匈奴、楼烦、月氏、截犁、其龙、东胡，请令以橐驼、白玉、野马、驹騄、駃騠、良弓为献。"

四方献令颁布后，诸侯负担大为减轻，心悦诚服积极缴纳贡赋，王朝府藏应有尽有。

第三，建立刑罚制度。《左传》昭公二年："商有乱政，而作《汤刑》"。疏引正义说："夏商之有乱政，在位多非贤哲。察狱或失其实，断罪不得其中，至有以私乱公，友货枉法，其事不可复治。乃远取创业圣王当时所断之狱，因其故事制为定法"。《文献通考·刑考一》：

> 殷汤制官刑儆于有位，曰："敢有恒舞于宫，酣歌于室，时谓巫风；敢有殉于货色，恒于游畋，时谓淫风；敢有侮圣言，逆忠直，远耆德，比顽童，时谓乱风。惟兹三风十愆，卿士有一于身，家必丧；邦君有一于身，国必亡。臣下不匡，其刑墨。具训于蒙士。"

《史记·殷本纪》载，汤孙"帝太甲既立三年，不明，暴虐，不遵汤法，乱德，于是伊尹放之于桐宫"。此处之"汤法"，应是伊尹根据辅佐商汤多年的实践经验创制而成。

第四，创立国家军队。商族是个尚武的民族。从上甲时起就逐渐建立了强大的军事力量。商汤建国依靠对方国的战争征服起家。"汤征诸侯。葛伯不祀，汤始伐之。"（《史记·殷本纪》）《诗经·商颂·长发》："武王载旆，有虔秉钺。如火烈烈，则莫我敢曷。苞有三蘖，莫遂莫达。九有有截，韦顾既伐，昆吾夏桀。"在推翻夏桀统治的过程中，商汤同样依靠了强大的武力。《史记·殷本纪》："当是时，夏桀为虐政淫荒，而诸侯昆吾氏为乱。汤乃兴师率诸侯，伊尹从汤，汤自把钺以伐昆吾，遂伐桀。"汤曰："吾甚武"，号曰武王。《吕氏春秋·简选》说商汤起兵时，有"殷汤良车七十乘，必死六千人"。在灭夏过程中，"汤乃以革车三百乘，伐桀于南巢"（《淮南子·本经训》）。《汉书·刑法志第三》："殷周以兵定天下矣。天下既定，戢藏干戈，教以文德，而犹立司马之官，设六军之众，因井田而制军赋。"这就是说，汤建国后，通过征收军赋，建立了常备军制度。

如果说夏朝的国家制度仍属于草创，那么，经过商汤一代人的开国创制，到商代就十分完整了。一方面，商朝的国家制度是在夏朝数百年基础上重建的，既吸收了夏朝的治理经验，也汲取了夏朝晚期的历史教训；另一方面，商族有自己的历史和文化，在吸收夏朝历史遗产的基础上，还根据经济社会进行了一系列创新，使有关制度进一步完善。

2. 盘庚迁殷

商朝发展历史过程中，盘庚是一位具有重要意义的君王。盘庚在位期间所做的重大决定，是通过几次迁居最后确定在殷地居住，史称"盘庚迁殷"。从契到盘庚的几个世纪中，商族在黄河中下游地区的广阔平原上频繁迁徙，居处无常，所谓"不常厥邑"。据传，商汤灭夏前曾有八次迁徙，商汤立国后到盘庚又有五次迁徙，即所谓"前八后五"之说。根据历史文献，契至汤的八次迁徙是：契自商迁蕃（今河北平山县）、昭明迁于砥石（今河北石家庄以南、邢台以北一带）、昭明又迁于商（今河北南部漳河地区）、相土迁于泰山下、相土复归于商丘、上甲微迁于殷（今河南安阳）、上甲微复归于商丘、汤迁于亳。汤至盘庚又有五次迁徙。据古本《竹书纪年》记载，商王仲丁将都邑从亳迁于嚣（今河南荥阳），河亶甲自嚣迁于相（今河南内黄），祖乙居庇（今山东定陶）①，南庚迁于奄（今山东曲阜），盘庚迁于北蒙，曰殷（今河南安阳）。②

盘庚迁殷是商朝历史上的大事，是商朝中兴的重要原因和契机。盘庚迁殷的原因大致有三个方面：首先是故地经过多年耕种，土地肥力递减，加上水患频繁，已经不再宜居。这主要是因为当时的耕作技术有限，尚不懂得通过施肥等方式保持土地肥力，只能通过迁徙方式来取得新的土地。其次是贵族内部矛盾激化。商朝王位继承法，是"兄终弟及"与"父死子继"相结合。王死，传位于弟，无弟然后

---

① 祖乙迁都，文献有不同的记载，《尚书·序》说祖乙圮于耿；《史记·殷本纪》言祖乙迁于邢。
② 参见卢连成：《商代社会疆域地理的政治架构与周边地区青铜文化》，《中国历史地理论丛》1994年第4期。

传子。商王多妻，子弟往往很多，因而潜伏着争位的危机。自仲丁至阳甲的九王时期，贵族内部矛盾不断激化，王的兄弟子侄为继承王位而争夺不休，或者废嫡立庶，或者子弟争相代立，出现大乱局面。这一动乱历经仲丁、外壬、河亶甲、祖乙、祖辛、沃甲、祖丁、南庚、阳甲九王，史称"九世之乱"。九世之乱延续近百年，直到盘庚迁殷后才最终结束。最后是中央王国地位受到诸侯和方国威胁。由于经济政治原因，商王朝统治力量严重削弱，无力再顾及四方诸侯和方国，诸侯和方国也不再朝贡，北方及西北方的土方、羌方等乘机发展实力，开始威胁中央王朝的统治。

约公元前 1312—前 1285 年，阳甲死，其弟盘庚继位。盘庚之初，一方面王室贵族或倨傲放肆，或淫逸奢侈，离心力日增；另一方面"诸侯莫朝""殷民咨胥皆怨"（《史记·殷本纪》）。为了摆脱旧贵族势力作乱，同时也避免越来越严重的自然灾害，盘庚决定迁都，从奄（偃）迁都至殷（安阳）。《史记·殷本纪》记载：

> 帝盘庚之时，殷已都河北，盘庚渡河南，复居成汤之故居，乃五迁，无定处。殷民咨胥皆怨，不欲徙。盘庚乃告谕诸侯大臣曰："昔高后成汤与尔之先祖俱定天下，法则可修。舍而弗勉，何以成德！"乃遂涉河南，治亳，行汤之政，然后百姓由宁，殷道复兴。诸侯来朝，以其遵成汤之德也。

盘庚迁殷主要出于两个方面考虑：一方面，殷距离旧都奄很远，利于削弱贵族多年经营的势力；另一方面，殷的地理位置利于控制四方，尤其利于抵御北方及西北地区各方国的侵扰。但盘庚迁殷的决定遭到贵族保守势力的强烈反对，部分有势力的贵族还煽动平民起来反对。盘庚将民众集中起来，告诉大家迁都的必要性。《尚书·商书·盘庚上》：

> 盘庚迁于殷，民不适有居，率吁众感出，矢言曰："我王来，即爰宅于兹，重我民，无尽刘。不能胥匡以生，卜稽曰，其如台？先王有服，恪谨天命，兹犹不常宁。不常厥邑，于今五邦。今不承于古，罔知天之断命，矧曰其克从先王之烈。若颠木之有由蘖，天其永我命于兹新邑，绍复先王之大业，底绥四方。"

盘庚声称，迁殷是效法先王、顺应天时，目的是使大家免于灾难，生活安好。他指责某些贵族不愿同心同德地谋求幸福，而是蔑视王命，骄横放纵，心存恶念、聚敛财宝。他警告他们要有所收敛，弃旧图新，否则，就把他们杀光，绝不让坏种迁入新都。他要求臣民服从命令，不要为流言所惑。他还说，各位大臣、贵族的祖先，都曾效力于殷家先王，所以死后仍能在上帝身边侍奉先王，如果大臣们与自己的祖先背道而驰，天帝就会降下灾祸。他号召臣民跟随他迁往殷地，建立美好家园，并且告诫他们，"自今至于后日，各恭尔事，齐乃位，度乃口。罚及尔身，弗可悔"（《尚书·商书·盘庚上》）。就是说，要求他们各人认真地做好自己的事情，不许乱说，免得受到惩罚后悔莫及。

商民们不敢违背"天帝"的旨意，最后同意跟随盘庚迁至殷地。迁都既定，盘庚殷勤以戒之于民众。《尚书·商书·盘庚下》：

> 盘庚既迁，奠厥攸居，乃正厥位，绥爰有众，曰："无戏怠，懋建大命。今予其敷心腹肾肠，历告尔百姓于朕志。罔罪尔众，尔无共怒，协比谗言予一人。……今我既羞告尔于朕志若否，罔有弗钦！无总于货宝，生生自庸。式敷民德，永肩一心。"

盘庚迁殷避开了水患和宗室内部斗争的混乱局面，扭转了殷王朝的颓势，稳定了商朝中央的统治。此后，殷人结束了"不常厥邑"和到处迁移的历史，直到殷纣亡国，共历8代12王，计273年。

3. 武丁中兴

盘庚之后，传位于其大弟小辛，小辛之后传位于小弟小乙。小乙再传于其子武丁。武丁是商朝后期中兴的重要君主。武丁为世子时，商王小乙命他到黄河边居住，使其"知稼穑之艰难"，"闻小人之劳"（《尚书·周书·无逸》）。武丁继位后，勤于政事，任用工匠出身的傅说及甘盘、祖己等贤能之人辅政，励精图治，经济社会得到空前发展，即所谓"武丁中兴"。《大戴礼记·少闲》："成汤卒崩，殷德小破，二十有二世，乃有武丁即位。开先祖之府，取其明法，以为君臣上下之节，殷民更服，近者说，远者至，粒食之民昭然明视。"《史记·殷本纪》："武丁修政行德，天下咸欢，殷道复兴"。

武丁在乡野期间，闻知虞（今山西平陆一带）地人甘盘学识渊博，便亲往拜访，请教治国之道。甘盘历数殷商自成汤开国以来的为政之要，兴衰得失，使武丁深受教益。《竹书纪年》记载：小乙六年，命世子武丁居于河，学于甘盘。武丁即位后，"居殷，命卿士甘盘"。另据《尚书·周书·君奭》记载："在武丁时，则有若甘盘"，《孔安国传》："高宗（武丁）即位，甘盘佐之，后有傅说"。《文献通考·职官考三》："武丁得傅说，爰立作相，王置诸其左右。"《史记·殷本纪》："帝武丁即位，思复兴殷，而未得其佐。三年不言，政事决定于冢宰，以观国风。武丁夜梦得圣人，名曰说。以梦所见视群臣百吏，皆非也。于是乃使百工营求之野，得说于傅险中。是时说为胥靡，筑于傅险。见于武丁，武丁曰是也。得而与之语，果圣人，举以为相，殷国大治。"在傅说的辅佐下，武丁做了一系列改革，使得商王朝出现了政局稳定、经济发展、天下太平的兴盛局面。

武丁时期，各项事业较前都有显著发展。武丁重视农业，甲骨文中有武丁亲自视察农业生产的记载。当时的农业实行井田制，众人协田，集体耕作，政府管理具有重要作用。当时的农具有了一定改进，不仅有石制的、骨制的、木制的，而且有了青铜制造的斧、镢、刀、铲、锛等。技术管理也有了较大发展，如中耕除草、施肥、灌溉等。农业的发展也带来了畜牧业的繁荣，人们不仅普遍饲养马、牛、羊、鸡、犬、豕六畜，而且学会了繁育。牛马除食用外，还广泛用于驾车、作战、耕田。此外，手工业、交通运输等也都发展起来。殷墟所发现的商代甲骨文和青铜器中，很多来自武丁时代，如作为"青铜器之冠"的后母戊大方鼎、偶方彝等。此外，在纺织、医学、交通、天文等方面，也都取得不小成就。

随着国力的日益强盛，商王朝开始不断地对外用兵。武丁亲自统率军队征伐了许多方国，包括西北方向的鬼方、羌方和土方，荆楚地区的夷方、巴方、虎方等。到武丁末年，商朝成为西起甘肃，东到海滨，南逾江汉，北及大漠，包含众多部族在内的强大王国，基本奠定了秦始皇之前中原王朝的疆域。为了有效控制这些地区，武丁加强了封建制度建设，将新征服的地区，有的直接封给征伐的将领等，如象雀被封为"雀侯"；有的封给臣服的氏族方国首领，如犬侯、祝伯等。武丁时期被封的侯有五十余个、伯有近四十个，周人的祖先也是在武丁时代接受了商的封号。臣服于商的氏族方国，对王朝不仅有贡纳义务，还经常奉命征伐，如仓侯虎曾奉王命伐免方，侯告也奉王命伐夷方等。《竹书纪年》："王（武丁），殷之大仁也。力行王道，不敢荒宁，嘉靖殷邦，至于小大，无时或怨。是时舆地，东不过江、黄，西不过氐、羌，南不过荆蛮，北不过朔方，而颂声作，礼废而复起。"为了稳定被征服的地区，武丁还在某些具有重要地理位置的方国筑城，实行武装殖民，并提倡王室与侯伯联姻。这些措施事实上推动了周边地区的"中国化"进程。

武丁中兴既是商朝兴盛的顶点，也是商朝由盛转衰的转折点。一方面，武丁开创的盛世局面，为商代晚期社会生产的发展乃至西周时代的繁盛，打下了很好的基础。另一方面，连年的战争也耗费了国家大量的财力物力，加重了百姓的负担。更重要的是，国力强大，人民富庶，持久和平，导致统治者不思进取，贪图享乐，最终的结果是转向衰落。《大戴礼记·少闲》："武丁卒崩，殷德大破，九世，乃有末孙纣即位。纣不率先王之明德，乃上祖夏桀行，荒耽于酒，淫泆于乐，德昏政乱，作宫室高台汙池，土察，以为民虐，粒食之民忽然几亡。"在商纣王的统治下，内外一片混乱，经济停滞，民不聊生。而与此同时，"小邦周"作为商的诸侯国，却在文王的治理下，越来越走向发展壮大。最后，周武王集合众诸侯和方国，共同起来推翻商纣王的统治。

第二节　食货之国计

一、国家与封建

1. 国家制度

氏族部落的发展壮大需要管理，因而就产生了各种管理者，即"官"。如黄帝以云为官，炎帝以火为官，太昊以龙为官。舜曾任命禹管平水土，弃管农事，垂管百工，益管山林川泽，契管教化，皋陶管刑罚，伯夷管祭祀，龙管发布命令等。这说明当时的社会生产力有了一定的发展，阶级分化和对立已经出现，凌驾于社会之上的权力机构正逐步形成。

夏朝初建时，国家最高统治者称"后"，以后称"王"。夏朝从禹到桀，共有17个王。《文献通考》说："夏后氏之制，亦置六卿，其官名次，犹承虞制。"（《文献通考·职官考一》）《礼记》说："夏后氏官百"，"天子有三公、九卿、二十七大夫、八十一元士"。（《礼记·明堂位》）王下面最重要的官是"三正"和"六事之人"。"三正"指高层次官长，有车正、牧正、庖正等，分别为管理车辆、畜牧和膳食的官吏，都是直接为王室服务的官吏。《左传》定公元年云："薛之皇祖奚仲居薛，以为夏车正。"据《左传》哀公元年记载，少康曾为有仍氏牧正，后逃奔有虞，为之庖正。"六事之人"指领兵的六卿，常侍王左右，有戎事时可代王统率军队。《尚书·甘誓》："大战于甘，乃召六卿。王曰：'嗟！六事之人，予誓告汝。'"孔传："各有军事，故曰六事。夏朝还设置了太史令，掌管记事和册籍。如太史令终古以谏桀无效而奔商闻名于世。夏朝有掌管天地四时的官吏，如羲氏与和氏。"此外，比较重要的官还有遒人、啬夫、大理、太史、羲和、瞽、官师等。

国家一旦产生，就具有一定的公共职能，包括经济职能：

第一，组织和管理。国家承担着社会组织和管理职能，其主要目标是通过制度设计和调节纷争，实现社会效率和公平。《文献通考》云：

　　昔黄帝始经土设井，以塞争端，立步制亩，以防不足。使八家为井，井开四道，而分八宅，凿井于中。一则不泄地气，二则无费一家，三则同风俗，四则齐巧拙，五则通财货，六则存亡更守，七则出入相司，八则嫁娶相媒，九则无有相贷，十则疾病相救。是以情性可得而亲，生产可得而均，均则欺凌之路塞，亲则斗讼之心弭。既牧之于邑，故井一为邻，邻三为朋，朋三为里，里五

为邑，邑十为都，都十为师，师七为州。夫始分于井则地著，计之于州则数详，迄乎夏、殷，不易其制。（《文献通考·职役考一》）

第二，治水与防灾。夏禹本来就是以治水立国，以后也将治水作为国家的基本职能。《史记·河渠志》：

> 禹抑洪水十三年，过家不入门。陆行载车，水行载舟，泥行蹈毳，山行即桥。以别九州，随山浚川，任土作贡。通九道，陂九泽，度九山。然河菑衍溢，害中国也尤甚。唯是为务。故道河自积石历龙门，南到华阴，东下砥柱，及孟津、雒汭，至于大邳。于是禹以为河所从来者高，水湍悍，难以行平地，数为败，乃厮二渠以引其河。北载之高地，过降水，至于大陆，播为九河，同为逆河，入于勃海。九川既疏，九泽既洒，诸夏艾安，功施于三代。

所以说，河流治理和防洪防灾一直是中国的国家传统。

第三，阶级与法制。夏代已经出现较为严重的阶级对立和部族之间的冲突。所以，夏朝开始加强法制以维护阶级统治。"夏启即位，有扈不道，誓众曰：不用命，戮于社。后又作禹刑。"（《通典·刑法一》）《左传·昭公六年》："夏有乱政，而作禹刑。"夏朝也有监狱。《史记·夏本纪》云，桀"乃召汤而囚之夏台，已而释之"。《索引》曰："狱名"。《竹书纪年》说："夏后芬三十六年作圜土。"圜土是圆形的土牢，夏王芬建筑圜土来囚禁反抗者。

第四，军事和防卫。夏朝进行过多次战争，因而军队已有相当规模。《通典·兵一》：

> 三皇无为，天下以治。五帝行教，兵由是兴，所谓"大刑用甲兵，而陈诸原野"，于是有补遂之战，阪泉之师。若制得其宜则治安，失其宜则乱危。商周以前，封建五等，兵遍海内，强弱相并。

《史记·夏本纪》云："将战，作《甘誓》"，誓词中提及的六卿、六事之人、左、右、御等，皆军队将士的称谓。"六卿"，《〈史记·夏本纪〉集解》引孔安国曰："天子六军，其将皆命卿也。""六事之人"，《集解》引孔安国曰："各有军事，故曰六事。""左"和"右"，《集解》引郑玄曰："左，车左。右，车右。""御"，《集解》引孔安国曰："御以正马为政也。"车战是夏代的主要战斗形式。蔡沈《书经集传·甘誓》云："古者车战之法，甲士三人，一居左以主射，一居右以主击刺，御者居中，以主马之驰驱也。"

2. 封建初创

最早的封建源于夏禹。夏禹在治水过程中集合了各方国的人力和物质资源，并且"禹贡九州"，建立了全国的贡纳制度，由此形成"封建"雏形。商朝通过战争征服将各方国进一步集结起来，通过"内服"和"外服"的设置，使"封建"国家制度进一步成型。商朝国家制度的核心特征，就是通过"封建"将各个诸侯和方国统一为一个命运共同体。

> 禹承唐虞之盛，涂山之会诸侯，执玉帛者万国。及其衰也，有有穷、孔甲之乱，遭桀行暴，诸侯相兼，逮汤受命，其能存者三千余国，方于涂山，十损其七。其后纣作淫虐，周武王致商之罪，一戎衣而天下治，定五等之封，凡千七百七十三国，又减汤时千三百国。（《文献通考·封建考一》）

对此，郑氏做以下阐释：

> 《春秋传》曰："禹会诸侯于涂山，执玉帛者万国。"言执玉帛者则是惟谓中国耳。中国而言万国，则是诸侯之地有方百里，有方七十里，有方五十里，禹承尧、舜而然矣。要服之地，内方七千里乃能容之。夏末既衰，夷狄内侵，诸侯相并，土地减，国数少。殷汤承之，更制中国方三千里之界，亦分为九州，而建此千七百七十三国焉。周公复唐虞之旧域，分其五服为九，其要服之内亦方七千里，而因殷诸侯之数，广其土，增其爵耳。（《文献通考·封建考一》）

以上文献就是对夏商两代封建制度的基本概括。由此可见，夏代是中国封建制度初创时代，夏禹革命，通过涂山之会，基本建立了封建雏形。而殷商时代是封建制度基本成形的时代，其标志就是内服制与外服制的确立。

商代的国家结构或者说疆域管理，是由两部分组成的，即商王室直接控制治理的王畿部分和诸侯方国的领地。其中，商王直接治理的部分称为商、中商、中土、大邑商等，诸侯方国管辖的领地在王室周围的称为"四土"。商王则通过内服制与外服制对这些土地和人民实行统治和管理。所谓服，即职事也，指群吏言，在内服和外服中有许多公社，贵族、平民和奴隶聚居其中，并由各级官吏来统治。《尚书·周书·酒诰》："我闻惟曰：在昔殷先哲王……自成汤咸至于帝乙，成王畏相，惟御事，厥棐有恭，不敢自暇自逸，矧曰其敢崇饮？越在外服：侯、甸、男、卫、邦伯；越在内服：百僚、庶尹、惟亚、惟服、宗工，越百姓里居（君），罔敢湎于酒。不惟不敢，亦不暇。"甲骨文记载了这些诸侯方伯与商王的关系，如方国诸侯对商王有下列义务：一是保护商王，听从商王调遣，随王征伐；二是进贡与纳税；

三是为王室耕作田地。可见，兵士的征集和农田的开垦都离不开其下属的聚落中的人力。① 这是商朝封建国家制度的基本结构。

商朝国家的地理结构实际上是以王畿为核心，分为核心区和外围以及边缘区的三层次区域管理。商的内服之地即王畿地区，是商王直接控制和管理的核心地区。具体而言，王邑即王城之外的近郊称东、南、西、北四"鄙"，往外一层的区域称东、南、西、北四"奠"。"奠"即后来称作"甸服"之"甸"，它本是由王田区而起名，连同宗族邑聚及农田区一起构成了"王畿区"。不过，在商代历史上，早期的王畿地区是不断变化的，有"八迁"和"五迁"之说。但总的来看，商代前期的王畿地区，可由偃师商城和郑州商城这两座一度同时并存的王都加以确定，偃师商城与郑州商城两座王都的连线即为商代前期王畿地区。② 盘庚迁殷之后，王畿基本确定下来没有再迁移，但王畿的面积却是不断扩大的。清代朱右曾《汲冢纪年存真》："自盘庚徙殷，至纣之灭，二百七十三年，更不徙都。纣时稍大其邑，南距朝歌，北据邯郸皆为离宫别馆。"《战国策·魏策一》："殷纣之国，左孟门，而右漳滏，前带河，后被山。有此险也，然为政不善，而武王伐之"。商的外围地区亦即外服之地，是畿外侯伯等诸侯邦国所分布的地区。王畿的外层为"奠"亦即"甸"，而自"奠"以远泛称"四土"、四方，为商王朝通过"封建"方式控制和经营的广大区域。王畿和四"奠"之外，还有"牧"即"牧正"之类，是与商王朝曾有过结盟交好关系的边地族落之长，属于商朝的边缘地区。此外，"四土"周围的边地又称为"四戈"，属于"边侯"之地。总的来看，王畿区为"内服"之地；"四土"为"外服"之地；"四土"之外为"四至"，属于"邦方"之域③。这样就构成了以王畿为核心，以四"奠"为外围，以"邦方"为边缘的区域治理结构。

3. 官僚体制

商朝的封建治理结构通过国家官僚体制来实现。中央王国的官员即"内服官"，在商王身边治理王畿，并直接为商王服务。而在王畿以外为各诸侯国服务的官员为"外服官"。内服职官称为殷百辟，或百僚庶尹。商王之下，百僚之上有一人总领其事，辅佐商王。如成汤时的伊尹，汤"得之举以为己相"；武丁时的傅说（悦）被"举以为相，殷国大治"。《通典》和《文献通考》记载了商朝的官制：商朝天子建天官，包括六太、五官、六府、六工等。（1）六太，曰太宰、太宗、太史、太祝、太士、太卜，典司六典，即主管法制。（2）五官，曰司徒、司马、司空、司士、司寇，主要职责是"典司五众"。（3）六府，曰司土、司木、司水、

---

① 参见陈朝云：《商代聚落模式及其所体现的政治经济景观》，《史学集刊》2004 年第 3 期。

② 参见王振中：《商代都邑》，中国社会科学出版社 2010 年版，第 460—461 页。

③ 参见宋镇豪：《论商代的政治地理架构》，载《中国社会科学院历史研究所学刊》第 1 集，社会科学文献出版社 2001 年版，第 27 页；宋镇豪：《商代的王畿、四土与四至》，《南方文物》1994 年第 1 期。

司草、司器、司货，典司六职，即主管六物之税。（4）六工，曰土工、金工、石工、木工、兽工、草工，典制六材，主管制造。这些官员中，太宰职级最高，岁终则令百官府各正其治，受其会，听其致事，而诏王废置也。五官"典司五众"也是重要职官。《文献通考·官制总序》说：五官致贡曰享。五官之长曰伯。千里之内为王畿，千里之外设方伯。五国以为属，属有长。十国以为连，连有帅。三十国以为卒，卒有正。二百一十国以为州，州有伯。八州八伯，五十六正，百六十八帅，三百三十六长。八伯各以其属，属于天子之老二人，分天下以为左右，曰二伯。（《通典·职官一》《文献通考·职官考一·官制总序》）

"内服官"主要由王族成员和贵族担任，但不少官职也由来自"外服"的侯伯方国贵族担任。例如，在朝廷为官的"小臣醜"（《甲骨文合集》36419），就来自山东青州苏埠屯一带侯伯之国。——亚醜最初可能是商王派到东土、住在苏埠屯的武官，随着时间的推移，他后来发展成了外在的诸侯，但同时还在王朝兼任小臣之职，称为"小臣醜"。既然在王朝任职，当然他和他的家族就需要居住在殷都。[1]如《史记·殷本纪》载商纣以西伯昌、九侯（一作鬼侯）、鄂侯为三公，就是明例。[2]事实上，商王通过让"外服"的侯伯之君担任朝中要职而使之成为朝臣，参与王室的一些事务，既是中央王朝控制地方侯伯的方式，也是中央王朝吸纳人才的一种方式。正式通过这种方式，使中央王朝与四方诸侯联系起来。

二、田制与贡赋

1. 井田制度

中国历史上最早见于史籍的土地制度是"井田制"。《春秋穀梁传·宣公十五年》："古者三百步为里，名曰井田。"据传井田源于黄帝时期，是农村公社的共有土地制度，完全是根据当时的生产和生活方式特点而设计的。公社成员共同占有土地，在共同的土地中间掘井，因而"井一为邻"，人们围绕水井共同耕作，共同收获。到尧舜再到夏禹时期，由于基本生产方式和生活方式并没有大的变化，村社一直流行着井田制度。《左传·哀公元年》记载，夏少康因过浇之逼逃奔有虞，"虞思于是妻之以二姚，而邑诸纶，有田一成，有欢一旅，能布其德，而兆其谋，以收夏众，抚其官职"。这里所说的"一成"，当是《周礼·考工记·匠人》所说的"九夫为井""方十里为成"的"成"。方里而井，一井就是一里，方十里为成的"成"，就是百井。朱子《集注》曰："夏时一夫受田五十亩，而每夫计其五亩之入以为贡。"（《文献通考·田赋考一》）这种土地制度发展到殷周时成为完整的井田制。这就是《汉书·

---

① 参见王震中：《论商代复合制国家结构》，《中国史研究》2012 年第 3 期。

② 参见李学勤：《释多君、多子》，载胡厚宣主编：《甲骨文与殷商史》第 1 辑，上海古籍出版社 1983 年版。

刑法志》所记载的："地方一里为井，井十为通，通十为成，成方十里"。

2. 赋税制度

夏朝的土地制度事实上是公社共有制，理论上则是国家所有制，国王代表国家实施产权。在这样的土地制度基础上，夏朝建立了比较完整的赋税制度。"禹治九州之水，水害既除，定山川次秩，与诸州为引序。"（《尚书正义·禹贡第一》）夏禹治水建国，在治水过程中，大禹调动各方国人力和物质资源，而在完成治水事业以后，则将这种做法延续下来成为常赋制度，即"水土既平，贡赋得常之事也"（《尚书正义·禹贡第一》）。

由于上古文献缺乏，后世大多以《尚书·夏书·禹贡》为基础阐释夏朝的赋税制度。

首先是通过勘察进行土地分等。《通典·夏书·食货典》阐释了夏禹时对土地的勘察和分等状况：

> 陶唐以前，法制简略，不可得而详也。及尧遭洪水，天下分绝，使禹平水土，别九州，冀州，厥土惟白壤，厥田惟中中。兖州，厥土黑坟，厥田惟中下。青州，厥土白坟，厥田惟上下。徐州，厥土赤埴坟，厥田惟上中。扬州，厥土惟涂泥，厥田惟下下。荆州，厥土惟涂泥，厥田惟下中。荆河豫州，厥土惟壤，下土坟垆，厥田惟中上。梁州，厥土青黎，厥田惟下上。雍州，厥土惟黄壤，厥田惟上上。九州之地，定垦者九百一十万八千二十顷。虞夏殷三代凡千余载，其间定垦，书册不存，无以详焉。

然后是在土地等级制度基础上建立赋税制度。《通典·夏书·食货典》：

> 禹定九州，量远近制五服，任土作贡，分田定税，十一而赋，万国以康。故天子之国内五百里甸服：百里赋纳总，二百里纳铚，三百里纳秸服，四百里粟，五百里米。其外五百里曰侯服：百里采，二百里男邦，三百里诸侯。又其外五百里曰绥服：三百里揆文教，二百里奋武卫。又其外五百里曰要服：三百里夷，二百里蔡。又其外五百里曰荒服：三百里蛮，二百里流。

根据《孟子·滕文公上》的"夏后氏五十而贡"看来，夏代的公社农民可能在耕种自己的五十亩"份地"外，还要耕种五亩"共有地"，即如赵岐《孟子注疏·滕王公章句上》所说"民耕五十亩，贡上五亩"。这就是所谓的"十一而赋"。

夏朝除赋税外还有各种土贡。《尚书正义》引郑玄："赋"者，自上税下之名，谓治田出谷，故经定其差等，谓之"厥赋"。"贡"者，从下献上之称，谓以所出之谷，市其土地所生异物，献其所有，谓之"厥贡"。虽以所赋之物为贡用，赋物不尽有也，亦有全不用赋物，直随地所有，采取以为贡者。"按：《尚书》：禹别九州，任土作贡，其物可以特进奉者曰贡。"（《初学记·政理部》）这里所说的都指民间劳作献纳于上的意思，正如《周礼·夏官·职方氏》云："制其贡，各以其所有。"《左传·宣公三年》："昔夏之方有德也，远方图物，贡金九牧，铸鼎象物，百物而为之备。"

《文献通考·土贡考一》根据《尚书·夏书·禹贡》整理了夏朝的土贡：

> 兖州，厥贡漆、丝，厥篚织文。（织文，锦绣之属，盛之筐篚而贡）。青州，厥贡盐、絺（细葛），海物维错（错，杂也）；岱畎丝、枲、铅、松、怪石（畎，谷也。怪石，石似玉），厥篚檿丝（檿，桑蚕丝，中琴瑟弦）。徐州，厥贡惟土五色，泗滨浮磬，淮夷蠙珠暨鱼，厥篚元纤缟（元，黑缯。缟，白缯。纤，细也。明二缯俱细）。扬州，厥贡惟金三品（金、银、铜），瑶、琨（美玉）、篠、簜（美竹），齿、革、羽毛，惟木，厥篚织贝（织，细苎。贝，水物），厥包橘、柚，锡贡（锡命乃贡，言不常）。荆州，厥贡羽、毛、齿、革，惟金三品，杶、榦、栝、柏（榦，柘也），砺、砥、砮丹（砮，矢镞），惟箘、簬、楛，三邦底贡厥名（箘、簬，美竹。楛，中矢榦。三物皆出云梦泽傍，三国常致贡之，天下称善），包（橘柚）、匦（匣也）、菁、茅（菁以为菹，茅以为酒），厥篚元纁、玑、组（此州染元纁色善，故贡之。玑，珠类。组，绶类）；九江纳锡大龟。豫州，厥贡漆、枲、絺、纻，厥篚纤纩（纩，细绵），锡贡磬错（治玉曰错）。梁州，厥贡璆、铁、银、镂、砮、磬（璆，玉名；镂，刚铁），熊、罴、狐、狸、织皮（贡四兽之皮，织金罽）。雍州，厥贡球、琳、琅玕（球、琳，皆玉名。琅玕，石似珠）。

土贡是被征服或承认夏王朝共主地位的各部族，所必须承担的贡纳亦即奉献各地物产的义务。既然是义务，那么就必然具有一定强制性。诸侯对夏王朝的隶属关系，决定了各地部族必须按期纳贡，否则就要受到惩罚。如"禹致群臣于会稽之山，防风氏后至，禹杀而戮之"（《春秋左传正义·文公十一年》）。这实际上也是中央政府向地方索取财政收入的重要方式。另一方面，土贡制度也是一种交换方式。天下各州和四夷向中央王朝纳贡，中央王朝在收受贡物、接待进贡者之后也常以冀州的物产赏赐给他们，有时还特别赏赐一些其他地方的特产。这就是《尚书正义》所说的"以所出之谷，市其土地所生异物，献其所有"。九州入贡，四夷来朝，回去时满载着中央王国的赏赐物，沿途还可以与当地的部落进行交换，各方都实现了收益最大化。中国历史上的朝贡贸易传统可能就源于夏朝。

3. 封建贡赋

夏朝的贡赋制度是夏禹在治水过程中建立的，基本上是各部落自愿贡献资源，以完成共同体的事业。这其中自然有一定的强制性，但暴力色彩并不显著。商朝是通过暴力革命建立的，通过战争征服土地并建立国有土地制度。所以，理论上商王是全国土地的最高所有者①。甲骨卜辞有时记载商王将农田称为"我田"，而甲骨文中"我"的字形为带旗帜的武器，这表明商王的权力是建立在军事力量基础上，是通过武力取得和占有土地。商王通过战争对外占领土地，自然归商王占有、支配和处置。商王还可以到全国各地任意圈占土地，建立田庄，经营农业。② 对于王室直接支配的王邦之地，商王向贵族、官吏发布命令，要他们到某地去"衰田"垦荒，或去种植农作物。对于诸侯或从属于商王的诸邦领地，商王也要派人去占地耕作。商王对诸侯土地的权力还表现在可以强取诸侯方国的田邑。如卜辞资料说，"商王从郑侯国内取走三个邑的土地，就是将郑侯所领的土地取走以归王室"③。

商王不仅掌握大量国有土地，还将土地分赐给各级贵族或诸侯作为"封邑"。如甲骨文云，"呼从臣沚有册三十邑"（《甲骨文合集》707 正），说的是商王命一个"臣沚"将"三十邑"的土地和人民封赏给某个贵族。④ 由于下级诸侯只是商王土地的领有者，因而要对土地的状况负责。例如，在遭遇外敌入侵而使领地受到掠夺时，必须向商王报告。在卜辞资料中，可以发现不少关于土地受侵的报告，如有"臣沚"报告说"土方征于我东鄙""侵我西鄙田"，还有"长伯"报告说外敌"征于我奠丰"等。商王也关心诸侯国的土地收成。如商王经常占卜东、西、南、北"四土"是否"受年"。还有诸如"辛酉贞，犬受年。十一月"（《甲骨文合集》9793），就是关心犬侯的年成；"贞长不其受年。贞长受年"（《甲骨文合集》9791正、反），是占卜"长伯"领地的年成；"癸亥卜，王，戈受年"（《甲骨文合集》8984），"贞戈受［年］"（《甲骨文合集》9806），是关心戈方的年成；"戊午卜，雍受年"（《甲骨文合集》9798），是卜问雍地的年成；等等。⑤ 商王还经常到诸侯领地进行田猎。例如，"己卯卜，行贞，王其田亡灾，在杞"（《甲骨文合集》24473），这是商王到杞侯境内田猎。"辛卯卜，贞王其田至于犬"（《甲骨文合集》29388），是商王田猎来到了犬侯之地。"壬午卜，王弗其获在万鹿。壬午卜，王其逐在万鹿获，允获五，二告。"（《甲骨文合集》10951）此辞说商王在"万"地境内打猎，捕获五头鹿。⑥

① 参见王宇信、徐义华：《商代国家与社会》，中国社会科学出版社 2010 年版，第 108 页。
② 参见杨升南：《商代经济史》，贵州人民出版社 1992 年版，第 58 页。
③ 杨升南：《商代经济史》，贵州人民出版社 1992 年版，第 61 页。
④ 参见杨升南：《商代经济史》，贵州人民出版社 1992 年版，第 61 页。
⑤ 参见王震中：《论商代复合制国家结构》，《中国史研究》2012 年第 3 期。
⑥ 参见王震中：《论商代复合制国家结构》，《中国史研究》2012 年第 3 期。

作为封建国家，其王权在经济方面体现为内服的赋税征收和外服的贡纳体制。对于"内服"的赋税而言，主要是如《孟子·滕文公上》所说"夏后氏五十而贡，殷人七十而助，周人百亩而彻"中的"助"法，这是一种劳役地租，是商王对王邦之地的一种直接剥削。《通典·食货四》："殷以天子之地，百里之内以供官。千里之内曰甸，以为御。千里之外曰流，设方伯以为属。公田藉而不税，七十而助。"《文献通考·田赋考一》："夏后氏五十而贡，殷人七十而助。"朱熹《集注》曰："夏时一夫受田五十亩，而每夫计其五亩之入以为贡。商人始为井田之制，以六百三十亩之地画为九区，区七十亩，中为公田，其外八家各授一区，但借其力以助耕公田，而不复税其私田。"这里都说的是内服土地上所施行的劳役地租制度。

对于"外服"而言，商王的统治体现为诸侯对商王室的贡纳。[①] 商王朝通过战争征服一些方国，从而确定双方的宗主与从属关系，同时也确定贡纳制度。《诗经·商颂·殷武》："维女荆楚，居国南乡。昔有成汤，自彼氐羌，莫敢不来享，莫敢不来王，曰商是常。"郑笺释"来享""来王"为"来献来见"，就是说，方国部族向中原王朝表示臣服，必须通过贡纳来体现。商代荒远的氐、羌等方国曾被征服而纳贡，殷边内外的诸侯亦有助祭贡物和纳贡的。《诗经·商颂·玄鸟》："武丁孙子，武王靡不胜。龙旗十乘，大糦是承。"郑笺释后二句为："乃有诸侯建龙旗者十乘，奉承黍稷而进之者。"这里说的"大糦"（黍稷）也是贡纳。《诗经·商颂·烈祖》："约𫐉错衡，八鸾鸧鸧，以假以享，我受命溥将。"郑笺释为："诸侯来助祭者，乘篆毂金饰错衡之车，驾四马。其鸾鸧鸧然声和，言车服之得其正也。以此来朝，升堂献其国之所有，于我受政教，至祭祀又溥助我。"汤王还令伊尹设计"四方献令"，要求各方国"因其地势所有献之，必易得而不贵"。（《逸周书·王会》）[②]

商朝所控制的方国，地域范围较广，物品种类较多，有些物品为商王畿内所无，因而这部分贡纳对商朝来说也颇为重要。但商代诸侯方国的贡纳体系并不稳定。这不仅取决于中央与地方地理距离的远近，还取决于商中央王朝对诸侯方国的实际控制力。由于商王朝实力盛衰变化，各诸侯方国叛服无常，导致贡纳体系的变化。在甲骨卜辞中可见，武丁时期，商朝较为强盛，随着武丁征服区域的扩大，各方国贡纳也较多。此后，由于商朝衰落，方国入贡减少。《吕氏春秋·顺民》载："文王处岐事纣，冤侮雅逊，朝夕必时，上贡必适，祭祀必敬。"《韩非子·喻老》载："周有玉版，纣令胶鬲索之，文王不与。"前者言周方纳贡于商纣，后者说纣派人向周人索贡。这个变化说明国力强弱与方国贡纳的关系。

商王朝的赋税和贡纳制度，对封建国家兴衰有很大影响。早期国家机构较小，

① 参见王震中：《论商代复合制国家结构》，《中国史研究》2012 年第 3 期。
② 参见刘桓：《关于商代贡纳的几个问题》，《文史》2004 年第 4 期。

国家职能十分有限，王朝的聚敛在很大程度上也是满足贵族的奢侈消费，所以负担也较轻。但是，随着国家机构的扩大和国家职能的增加，特别是对方国和外夷的征服战争的扩大，以及王室和贵族的奢侈消费，国家支出越来越大，对内服的赋税征收和对诸侯方国的贡纳索取也越来越多。《通典·食货四》："殷以天子之地，百里之内以供官。千里之内曰甸，以为御。千里之外曰流，设方伯以为属。公田藉而不税，七十而助。是以其求也寡，其供也易。降及辛纣，暴虐，厚赋以实鹿台，大敛以积巨桥。"在商朝晚期，人民的赋税负担和方国的贡纳负担日益加重，引起人民和方国的反抗。这也是商朝政权灭亡的原因之一。

三、阶级与社会

夏代从"天下为公"社会转变为"天下为家"社会，已经产生私有财产和阶级差别，但阶级差别并不大，因而国家机器还更多地体现共同体价值。较之夏朝，商朝的阶级制度已经十分发达，贵族与平民、平民与奴隶的划分已经非常清晰。所以，国家从公共服务转变为国家机器和阶级统治的工具。

1. 贵族阶级

商代贵族总称为"百姓"，是商朝的统治阶级。他们是由商王及其臣僚、诸子、诸妇、侯伯、史官以及《尚书》中所说的"众感""旧人""邦伯师长百执事"（《商书·盘庚》）和"百僚庶尹"（《周书·酒诰》）等组成的。《左传·定公四年》所说的"殷民六族"当指六个大族或六姓，而代表六族或六姓的那些家族长即为贵族。商王是贵族阶级的总代表，称作"余一人"或"予一人"，因而也就是封建国家的最高统治者，还是全国土地的最高所有者。

2. 平民阶级

平民称为"众"即商族族众，是由原始社会末期公社农民转变而来的。《尚书·商书·盘庚》中的"民""畜民""万民"和"愉民"等，其身份都是平民，还有掌握一定生活资料的"工"或"百工"，即手工业者。他们可能是公社中地位比较低下的族人。他们既是主要的生产者也是战争、戍卫的主要担当者。贵族的统治依仗平民的支持，所以商王对平民阶级给以比较优惠的待遇，军国大事往往要征求他们的意见。《尚书·商书·盘庚》说"朕及笃敬，恭承民命"，"古我前后，罔不惟民之承保"，"我王来，既爱宅于兹，重我民，无尽利"，"殷降大虐，先王不怀厥攸作，视民利用迁"。关于商朝的"众"有不同的理解。从甲骨卜辞看，"众"不仅是主要的劳动生产者，而且也是享有相当权益的社会共同体成员。因为"众"可以参与商族的祀典，也是商王征兵的主要对象，而兵役既是"众"的义务，更是"众"的权利，[1] "众"更有对商的

---

[1] 参见王玉哲：《中华远古史》，上海人民出版社 2003 年版，第 273—278 页。

军国大事发表意见的权利。《尚书·商书·汤誓》记载，商汤灭夏前召集族众进行战争动员，族众可以提问或质疑："我后不恤我众，舍我穑事，而割夏正?"商汤的回答是："予惟闻汝众言，夏氏有罪。予畏上帝，不敢不正。"族众质疑："夏罪其如台?"商汤的回答是："夏王率遏众力，率割夏邑，有众率怠弗协，曰：'时日曷丧，予及汝皆亡!'夏德若兹，今朕必往。"《尚书·商书·盘庚》记载，盘庚决定迁殷，但必须取得贵族和族众的同意。[①]

3. 奴隶阶级

商代奴隶数量大大增多，特别是商后期奴隶数量相当大。奴隶的主要来源是战俘。《左传·昭公二十四年·大誓》说："纣有亿兆夷人，亦有离德"，说明纣在对东夷的战争中获得大量俘虏，这些人大多沦为奴隶。殷人与羌人之间发生的战争较多，有时战争规模也很大。甲骨文中常有"执羌""获羌"的记载，还记载一次战争所俘获的俘虏达"千五百七十"。在战争中俘获来的羌人，除部分用作祭祀的牺牲品外，还用于畋猎或作生产奴隶，例如驱使奴隶开垦土地从事耕作。奴隶除来源于战俘外，也有一些平民因犯罪而沦为"罪隶"。如纣王曾罚贵族箕子为奴。奴隶所生的子女也是奴隶。奴隶主贵族利用他们手中掌握的国家权力，将广大奴隶强制束缚在奴隶制的生产方式下，在社会经济的各个领域都广泛地使用奴隶劳动。奴隶分为生产奴隶和家内奴隶。管理农业奴隶的小头目称"小众人臣"，管理家内奴和手工业奴隶的头目称"宰"，大头目称冢（大）宰，管理畜牧奴隶的称牧臣。奴隶的地位十分低下，被称作"蓄众"或"蓄民"，不仅要承担繁重的劳役，还可能被国王和贵族用作祭祀中的牺牲或作为人殉杀掉。

第三节 食货之民生

一、农业变革

1. 技术进步

夏代居民主要活动在今河南西部颍水上游和伊河洛河下游以及山西晋南一代，主要文化遗址有偃师二里头和晋南夏县东下冯文化遗址。这一时期，农业技术进一步完善，主要农具由木石制造，有木锸、石耜、石斧、石刀等，还有蚌器和骨器，

---

① 参见王晓兴、易志刚：《王天下——殷周之际对中国文化的奠基意义》，《陕西师范大学学报（哲学社会科学版)》2007年第6期。

如骨铲、蚌镰、蚌刀等。商代农业较之夏代有了进一步发展。从出土的农具来看，绝大多数仍是石、蚌、骨制的，主要掘土农具是耒。如殷墟窖穴土壁上，发现有不少木耒的痕迹。但在商代遗址中，除木、石、骨、蚌做成的镰、锄、铲和耒耜以外，还发现了少量青铜农具。如在安阳和洛阳等地出土过少量的商代铜铲、铜镢、铜锸等。这说明商代农业开始超越新石器阶段进入一个新的时代。

夏代的有些地区已废弃了刀耕火种的"生荒耕作制"进入了耜耕的"熟荒耕作制"阶段。《尔雅·释地》对这种熟荒耕作制有比较明确的记载："田，一岁曰菑，二岁曰新田，三岁曰畬。"这里是说，农田在第一年休耕长草，任其恢复地力；第二年清除草木，复垦为田，故谓新；第三年整治成熟，继续利用。《诗经》中也有记载："薄言采芑，于彼新田，于此菑亩。"（《诗经·小雅·采芑》）"嗟嗟保介，维莫（暮）之春，亦有何求，如何新畬？"（《诗经·周颂·臣工》）夏代已有农田的排灌沟渠。《论语·泰伯》载禹"尽力乎沟洫"，变水灾为水利，服务农耕。《史记·夏本纪》则说禹"浚畎浍致之川"，《集解》注引郑玄说"畎浍，田间沟也"。这就是说禹疏浚田间畎浍使之达于河流。这里就有排与灌两个方面的问题。

商代早期农业耕作技术进步还十分有限，土地不可能长期耕作而不失地力，所以，殷人仍然需要不断开垦新的土地即"衺田"。[1]《诗经》分别描述了"菑、畬、新"三种衺田方式。《诗诂》："一岁为菑，始反草也。二岁为畬，渐和柔也。三岁为新田，谓已成田而尚新也。四岁则曰田"。"菑"是衺田的第一步，即在盛夏夏至前后烧雉草木，及严冬冬至前后，剥除树皮使树木枯死。在使用石器为主要砍伐工具时，只有经过这种方式才能清除大片土地上的林莽。第二步是"畬"，即平整地面，疏解土壤，使成为可用的田地。水淹火烧杂草腐木，可以增加土壤的肥力。这时，地力已足，事实上已可以耕种了。第三步则是把大片土地的陇亩修整，有疆埒畎亩，以后即为新田了。[2] 但是，一块土地连续耕种几年后便抛荒休耕了，等若干年后再重新种这块土地。如果一个地区的土地都已轮流耕种过，地力已表现出耗竭的迹象，即举行一定规模的迁徙。盘庚迁殷后，开始懂得轮流休耕方法，一块土地耕种一年，然后休耕一至两年以保持地力，再继续耕种。这样，人们不必大规模地迁徙了。

商代的水利和农艺也有进步。《尚书·周书·梓材》："若稽田，既勤敷菑，唯其陈修，为厥疆畎"；《诗经·大雅·绵》："乃疆乃理，乃宣乃亩，自西徂东，周爰执事。""宣"是宣泄，即疏通沟渠以排水。修建农田沟洫系统必须依靠大规模

---

① 参见张政烺：《卜辞衺田及其相关诸问题》，《考古学报》1973年第1期。

② 参见何兹全：《中国古代社会》，北京师范大学出版社2007年版，第5页。

的集体劳动。另外，甲骨卜辞中有许多卜问年岁丰歉和"求雨"的记录，甲骨文中还发现施肥的记载。《尚书·商书·盘庚》说："若农田力穑，乃亦有秋"，"情农自安，不昏作劳，不服田亩，越其罔有黍稷"。可知农业在殷人的经济生活中，已经占有主导地位。

夏代的主要农作物仍然是粟、黍一类。《史记·夏本纪》说禹在治水的同时"令益予众庶稻，可种卑湿。命后稷予众庶难得之食，食少调有余相给，以均诸侯"。这说明水稻也是当时的重要作物。百姓主要食用各类谷物做成的粥饭。将黍、粟、稷、稻煮成稀粥、浓粥食用，社会上层则多食干饭，偶食青菜。只有在举行大型的祭祀活动时才宰牲，礼肉置于鼎内在地下储藏。由于粮食生产能够基本满足需要，人们用剩余粮食酿酒。古文献记载，"杜康造酒"（《尚书·周书·酒诰》），传说禹的大臣仪狄酿酒，"禹饮而甘之，曰'后世必有以酒亡其国者'，遂疏仪狄而绝旨酒"（《孟子集注·离娄下》）。然而，酿酒和饮酒还是逐渐流行起来。夏后"太康造秫酒""少康作秫酒"（《世本·作篇》）。《礼记·玉藻》中记载古人饮酒饮三爵后依然肃静脑明，但统治者的疯狂饮酒仍可能导致政事荒废。商代的粮食作物主要是黍和稷，还有稻、麦、来（大麦）等。在一些商代遗址中，发现不少贮藏粮食的窖穴，修造也很有规制。商代粮食产量已经比较可观，在商代墓葬中，成组出现觚爵等象征性陶酒具，说明饮酒已经较为普遍，酿酒业必然有一定程度的发达。关于商人荒淫耽酒现象也出现在不少文献中。如微子曾指出殷人亡国的原因说："我用沉酗于酒，用乱败厥德于下。……天毒降灾王殷邦，方兴沉酗于酒。"（《尚书·商书·微子》）

夏代的麻是食用、油用和作纤维用的植物。仰韶文化陶器底部常发现的布纹被认为是大麻布，山西襄汾陶寺龙山文化遗址和浙山吴兴钱山漾良渚文化遗址等地都出土有麻织物，说明早在夏代以前麻已出现。商代园艺已有一定发展，有圃（菜地）、囿（园林）和栗（果树）等。在殷代遗址中发现有形态逼真的玉蚕，甲骨文中有蚕、桑、系、帛和许多从蚕、从桑、从系的字，说明商代的养蚕业已经很普遍，并且可以利用蚕丝织物。

在夏代，农业文明到了很高的程度，畜牧业有一定发展。有一大批奴隶从事畜牧工作，还有一些专门从事畜牧业的氏族部落。饲养的家畜有猪、狗、鸡、马、牛、羊等。马的饲养得到很大重视。有一些专门从事畜牧业的氏族部落。如有扈氏在甘战败后，被贬为牧奴从事畜牧工作。商代的人们已经饲养牛、马、猪、羊、鸡、犬等家畜。除了食用和用作动力外，商代的家畜还大量用作牺牲。当时用牲的数字达到惊人的程度，少则数头，数十头，多则甚至可达二三百头。可见当时畜牧业已较发达。在商代遗址中发现不少渔猎工具，说明渔猎仍是具有一定意义的经济活动。甲骨文中的兽类字形有象、虎、鹿、麋、豚、猴、狐、獐等。从出土的动物遗骸中鉴定出很多野生动物骨骼，如麋鹿、梅花鹿、獐、虎、猫、熊、犀牛、狐、豹、乌苏里熊、扭角羚、田鼠，还有各种鸟类、鱼类以及海产鱼、蚌、贝等。[①] 这表明，农牧业的发展还不能完全满足需要，渔猎生产是必不可少的补充。

2. 夏历农历

为了适应农业生产的需要，夏代人们探索出农事季节的规律。相传夏禹时曾"颁夏时于邦国"（《竹书纪年》卷上）。春秋时期，孔子说"吾得夏时焉"（《礼记·礼运》），并主张"行夏之时"。西周至春秋时杞国使用的《大戴礼记·夏小正》，讲到物候的有 70 条，其中属动物物候的 37 条、植物物候的 18 条、非生物物候的 15 条，不但每个月都有物候指时，而且一个月中有几个物候来指时。《大戴礼记·夏小正》一年 12 个月都有明确区分，每个月中都有一定的农事活动，对一年 12 个月的农事活动已有全面安排。如《大戴礼记·夏小正》载，每年正月中年初要视察田器（初岁祭耒），准备农具（农纬厥耒），准备春耕（农率均田）；二月要在黍田春耕（往耰黍蝉）；三月要为麦祈实（祈麦实）；五月要种黍、菽、糜；七月粟熟（粟零）；九月种麦（树麦），准备冬衣（王始裘）等。值得注意的是，《大戴礼记·夏小正》中除了农业之外，还有家畜饲养等其他副业的安排，如正月有孵小鸡（鸡桴粥）、菜园见韭菜，二月有饲养小羊（初俊羔）、采白蒿（采蘩），三月有整理桑树枝条（摄桑）、养蚕（妾子始蚕），十一月有狩猎，十二月有捕鱼等活动的记载。[②] 一般认为《大戴礼记·夏小正》就是夏代的历书，保留着夏历的基本面貌，正是夏代农业经济显著发展的重要表现，反映夏代人民的生产和生活状况。

到了商代，气候对农业、畜牧业以及田猎等活动的影响越来越大，加上大规模的祭祀和占卜活动都要求准确的祭祀时间和祭祀周期，这就推进天文历法的进步。所以，商人创建了迄今已知最早的较为完整的历法即阴阳历。商代阴阳历用干支记日、数字记月；月有大小之分，大月三十日，小月二十九日。十二个朔望月为一个民用历年，它与回归年有差数，所以阴阳历在若干年内置闰，闰月置于年终，称为十三月。季节与月份有大体固定的体系。商代每月分为三旬，每旬为十日，卜辞常有卜旬的记载，又有"春""秋"之称。一天之内，分为若干段时刻，天明时为明，以后有大采、大食；中午为中日，以后有昃、小食、小采。旦为日初出之时，朝与大采相当。暮为日将落之时。对于年岁除称"岁""祀"之外，也称为"年"。可见商代的历法已经十分复杂和发展。

---

① 参见河南省文化局文物工作队：《郑州商代遗址的发现》，《考古学报》1957 年第 1 期；杨钟健、刘东生：《安阳殷墟之哺乳动物群补遗》，《中国考古学报》1949 年第 4 期。

② 参见梁家勉主编：《中国农业科学技术史稿》，农业出版社 1989 年版，第 70—72 页。

3. 村邑生活

商代实行井田制，集体共耕是主要的生产方式。众或众人是农田里的主要劳动力。他们大多生活在较小的自然聚落，一般称为"邑"。不过，邑的形成并不是顺其自然的结果，而是商王朝所建立的基层社会组织。《礼记·王制》云："凡居民，量地以制邑，度地以居民，地邑民居，必参相得也。无旷土，无游民，食节事时，民咸安其居。"考古发现的甲骨卜辞中，如"旅邑""西邑""柳邑""鄙廿邑""卅邑"等记载。这些聚落遗址一般规模都比较小，如《论语·公冶长》所说的"十室之邑"。一般来讲，居民为单一血缘关系的氏族，和本区域的大邑具有从属关系，并有纳税或服其他劳役的义务。"大邑"即商王和方国诸伯对小邑的居民，具有保护的责任。[①]

王都周围遍布着大大小小的聚居点，一般都具有各自的居宅群、农田圃苑、作坊、水井、墓地、宗庙等，其中的农田、圃（菜地）、苑（园林）所占面积较大，形成当时社会以农田为中心的农业经济体系。各个聚居点都保持了相对的独立性。孟庄商城聚落遗址平民居住区位于遗址南部，窖穴内有的同出农、渔、制骨生产工具，有的农用、铸铜生产工具和卜骨同出，有的单出农业生产工具，说明当时当地的经济生活主体是农业，辅以渔猎生产，个别务农家庭，间也从事一些如制骨之类的小手工业生产。在郑州、辉县孟庄、河北藁城等地的早商聚落遗址和晚商聚落遗址中，都发现有大量的贮藏粮食的窖穴，修造十分讲究。[②]

二、工商起源

1. 青铜时代

夏代中原文明已经从石器时代过渡到青铜时代，细石器、骨角器、蚌器等新石器时代的器物逐渐被陶器、漆器、玉器、绿松石器、红铜器和青铜器取代。《周礼·考工记》记载，"夏后氏上匠"，表明夏后重视手工业生产。最有代表性的是青铜手工业。《越绝书·卷第十一》记载："禹穴之时，以铜为兵"。传说大禹在建立夏朝以后，用天下九牧所贡之铜铸成九鼎，象征九州，即"禹铸九鼎"。《左传·宣公三年》说："昔夏之有德也，远方图物，贡金九牧，铸鼎象物"。《墨子·耕柱》说："昔日夏后开（启）使蜚廉折金于山川，而陶铸之于昆吾"。商代青铜器生产进入成熟阶段，青铜器的生产逐渐大型化和复杂化，工艺水平大大提高，产量也很大，仅在殷墟一地出土的青铜礼器就有数千件之多。王都和各大邑中都设有各种青铜器作坊，以制造出各种精美和实用的青铜器。考古发现的商代青铜作坊，

---

① 参见陈朝云：《商代聚落模式及其所体现的政治经济景观》，《史学集刊》2004年第3期。
② 参见陈朝云：《商代聚落模式及其所体现的政治经济景观》，《史学集刊》2004年第3期。

其面积有数万平方米的，也有 10 余万平方米的。作坊遗址内都出土了为数可观的陶范、坩埚块、木炭、铜锭、铜渣、小件青铜器，以及与铸造有关的其他遗存。商代的青铜器礼器以酒器为主，有爵、角、斝、盉、觥、卣、尊、壶、彝、罍、瓿、觯等。这些礼器造型美观，纹饰精巧，是水平极高的工艺品。殷墟出土的司母戊鼎，高 1.3 米，重 875 公斤，造型美观，工艺超精。从商代中期开始，青铜器开始走向社会，出现了鼎、甗等蒸煮器，簋等盛食器，盘等洗濯器。由于铸铜及锻造技术的进步，青铜还大量地用于制作兵器和生产工具。各种铜制兵器有戈、矛、斧、钺、镞、刀等，铜制工具有铜铲、铜斧、铜镰、铜刀和铜锛等，此外还有车马器和乐器。商代人采用内加热的熔炼技术，把金属块和燃料一并投入坩埚或竖炉中点火加工。通过熔炼，除去金属块杂质，使金属块变成液态，便于浇铸，并配制出适当的合金成分。铸造技术也淘汰了石范而采用陶范。到商代晚期，青铜器发展出现第一个高峰，并在社会各生产部门得到极为广泛的应用。

制陶业是夏商两代的主要手工业。在二里头文化遗址发现的大批陶器中，以砂质、泥质灰陶、灰褐陶为多，还有黑陶、白陶等。在各地发现的大批陶器中，有作炊器的鼎、鬲、折沿深腹罐和侈口圆腹罐等；作食器和容器的有三足盘、深腹盆、平底盆、擂钵、小口高领罐和大口缸；酒器则有盉、瓿、爵等。器形品种如炊器、饮器、食器和盛储器等达三十多种。特别是有些磨光黑陶器造型美观、制作精湛、胎质细腻、薄如蛋壳、器表漆黑发亮，只有具备烧陶丰富经验和高超技术的人才能烧制出来。山西襄汾陶寺遗址还发现了专门烧制石灰的窑址，陶窑为横穴式，窑的直径也为 0.7—1 米，锅底形窑室中心有一火道，燃烧温度高于陶窑，窑前有未烧透的石灰石，附近有储石灰的窑穴。商代的制陶业已很发达，分布十分广泛，规模也很大。当时的陶器不仅有生活用陶，如陶鼎、陶釜、陶钵、陶罐、陶缸、陶壶、陶尊、陶盆等，还有建筑用陶、如陶制的排水管，以及陶制工具如纺轮、网坠、弹丸等。制陶技术有很大进步，除大量生产一般的灰陶器外，也生产一些红陶、黑陶和少量精美的白陶。晚商的刻纹白陶以高岭土作胎，用 1000℃ 高温以上烧制，质地坚硬，色泽皎洁，刻镂精美，工艺水平极高，可谓佳品。商代中期还出现一种原始瓷器，也是用高岭土制成，烧制火候高达 1200℃ 左右，表面涂以青釉，胎质烧结呈灰白色，质地坚硬，吸水性很弱，击之有金石之声，因而也被称为"原始青瓷"。釉陶是商代制陶业的一大创造，原始瓷的发明和发展，说明当时在陶瓷原料的选择和加工上，在窑的构筑和烧成技术上，都达到了一个较高的水平，因而也是中国古代制陶业的一个转折点。原始青瓷一经出现，其产量就一直呈上升趋势，它的原料基本上是就地取材，只有在选择和加工上比较讲究，因而郑州、湖北、河北、江西等地都有原始青瓷的产地，其中又以长江下游为盛。

夏代纺织业也有显著进步，中原各地区的丝织、麻织有了进一步发展，边缘地区的纺织业也有很大进步，如黄河上游齐家文化遗址、墓葬中普遍发现大量陶纺轮、石纺轮及骨针等纺织工具，甘肃永靖大何庄遗址陶罐上布纹保存完好，布似为麻布，有粗细两种。当时人们主要是用麻布缝制衣服。在龙山文化、大汶口文化、良渚文化等遗址中，还有丝织品的考古发现，[①]《大戴礼记·夏小正》也有关于种桑养蚕的记载，如"三月，……摄桑。桑摄而记之，急桑也。……妾、子始蚕"。到了商代，黄河中下游地区的丝织品生产已相当发达。由于养蚕业在商代比较盛行，宫廷中设有女官来专门管理养蚕业。在殷墟发现的丝绸残片，有平纹、花纹，平纹组织的经纬线大致相等，每厘米有 30—50 根。近代多次发现这个时代的丝织品残迹，北起河北藁城，南至河南信阳，东抵山东益都，西达河南偃师等地的重要商代遗址都有出土，尤其以后期王都安阳最为丰富。其种类有绢、纨、纱、罗、缣、绮等平纹和斜纹织物，这些都是当时世界上最先进的织造技术的产物。随着交换的发展和财富的积累，丝织品逐渐成为财富的象征和交换的媒介。

由于刚刚从新石器时代走出来，夏代仍有大量石器制造。《左传·定公四年》记载周初分封鲁国公伯禽时，赐予传世宝玉，"夏后氏之璜"。石器制造以钻孔石铲与石刀为主。各种石器磨制精致，几乎没有钻孔损毁或重钻的现象，表明制作石器的技术已相当成熟。与石器制造相关联，玉器制造业比较发达。但与石器不同的是，玉器主要是工艺品，工艺考究，价格昂贵。二里头遗址出土玉器有玉戈、玉刀、玉圭、玉琮、玉板、玉钺等多种。在晋南陶寺出土了中国最早的石磬。另外，夏禹时漆器主要作为祭器使用，"墨染其外，而朱画其内"（《韩非子·十过》）。山西襄汾县陶寺龙山文化晚期到夏代的遗址发现了数十件木制家具及为生产工具、兵器安装的柄杆，不少木器表面有彩绘图案装饰。陶寺墓地随葬品中，有木案、木瓤、木杯、木耒、木俎、木盘、木豆、木匣及木仓形器，制作精巧美观。在这批木器中有几个大小不一的"鼍鼓"。这种木鼓在山东地区岳石文化的遗址中也有发现。商代，漆器业已相当进步。在河北藁城台西村发现的一些商代漆器残片，红地黑花，色彩鲜明。有的雕花，或镶有绿松石，是精美的工艺品。

夏代的手工作坊还很简陋，生产规模也很小，专业工匠也不多。商代的手工业劳动者是从农业生产中分离出来的专业技工，技术水平有了显著提高。手工业种类很多，最具代表性的是青铜铸造业，此外还有制陶业、制骨器业、纺织业以及木工、石工、玉工、漆工、酿酒等业。商王朝建立以后，手工业作坊大大增加了，如青铜作坊规模已相当可观，制陶作坊规模也很大。在郑州铭功路西侧发掘的一处商代作坊，有 14 座陶窑，清理出大约几十万件陶器的残片，其品种主要是盆、甑之类。周灭商后，曾把商代氏族分封给各个诸侯，如分给康叔殷民七族，分给伯禽殷

---

① 参见卫斯：《我国栽桑育蚕起始时代初探》，载《农史研究》第六辑，农业出版社 1985 年版。

民六族。这些氏族中，有以器物名称命名的。如分给伯禽的六族中有索氏、长勺氏、尾勺氏，分给康叔的七族中有陶氏。这些氏族都是以专业为姓的，基本上都是专业氏族。这些氏族在以后的历史时期里，都保持着一定的手工业传统。

2. 重商主义

夏商两代的商品交换都有一定发展，但是两代商业贸易却出现两种不同的模式。夏代基本沿袭着"禹贡九州"的朝贡模式，而商朝却开辟了自由贸易传统。

禹王开九州任土作贡，建立了全国范围的朝贡体系。这个朝贡体系同时也是贸易体系。《尚书·夏书·禹贡》详细地记述了夏王朝以帝都冀州安邑为中心，天下八州入贡的路线和贡品，从而揭示出各地商品交换的主要交通路线和特产情况。夏代的交通区域东西至少五六百里，南北至少三四百里。[1] 大禹治水时，通行非常不便，大禹利用车、船、橇、樏等交通工具，跨越山川泥沙，导山疏河，修筑连通九州的陆路，对开发古代水陆道路交通起到了很大的作用。这就是《史记·夏本纪》所载：禹"陆行乘车，水行乘船，泥行乘橇，山行乘樏，……以开九州，通九道，陂九泽，度九山，……行相地宜所有以贡，及山川之便利"。夏国家也将保证道路的通畅作为重要职责，如夏令曰："九月除道，十月成梁"（《国语·周语》），即提醒在农历九月雨季过后，整修道路，在十月干旱的冬季，架建桥梁。道路通畅，既促进了贡纳制度的实施，也方便了各地经济贸易往来。在夏代，朝贡与贸易很难区分，事实上是朝贡拉动贸易，商业还没有与农业分离，专业商人是商代才出现的。

商族是一个重商的民族。《尚书·周书·酒诰》记载商先祖王亥"肇牵车牛远服贾，用孝养厥父母"。随着农业和手工业的发展，商族的交易活动更加频繁。在夏商之争中，商汤组织自己部落的妇女赶织"文绣纂组"等手工纺织品，去换取夏部落的粮食，增强了自己的经济实力。商品交换的发展特别是长途贩卖的发达，必然依赖于运输工具的改进。传说商王汤的十一代祖相土发明马车，七代祖王亥发明牛车。文献记载"相土烈烈，海外有截"（《诗·商颂·长发》），"大车以载，利有攸往"（《周易·大有》）。随着交易的发展，出现了定期的交易市场。《六韬》记载："殷君善治宫室，大者百里，中有九市"，指的就是官府设立的特定交易场所。据说，姜太公吕尚就曾在肉肆、酒肆上做过买卖。在商代，专门从事商业交换的人已经形成一个独立的社会阶层，交换已经成为一种专门的行业，商业成为社会上必不可少的行业。

商代的主要商业活动是在商王朝与各方国之间和奴隶主之间进行的，主要交换物品有奇珍异宝、牛马、奴隶等，所以这类交换活动都是由官府垄断的。这就是所

---

[1] 参见白寿彝：《中国交通史》，中国文史出版社 2015 年版，第 7 页。

谓"工商食官"制度的起源。王室和贵族从这种垄断商业活动中获得很大利益，所以他们很重视经商谋划。在甲骨文和铜器铭文经常出现"得贝""朋来"之类的记录，反映了贵族们对商业活动的重视。随着商业的发展，商王和贵族已经不再亲自参与交换活动，而是由奴隶管家和"小臣"之类的官员专门负责。这就出现了少量的专业商人。他们开始专门从事商品生产和市场交易，"不耕获，不菑畲，则利有攸往"（《周易·无妄》），到商代中晚期逐渐成为新的社会力量。另一方面，商代的平民中也有一些较小的交换活动，大多是剩余产品的出卖和交换，如有些人煮盐、捕鱼，自己到市上出售；也有些人编竹筐、打草鞋、制作弓箭到市上叫卖；还有些人在市上屠宰、卖酒；等等。平民中流通的手工业品，主要是普通的陶器、石器和木器、骨角器，其他能够时而购买的东西，则是粮食、蔬菜及少量的牲畜和畜产品之类。这类交换活动的主要目的是调剂余缺而非获利，在整个社会的交换活动中不占多大比重，但却代表了民间自由交换的发展方向。

商族是一个重视贩运贸易的部族。随着物资交流的数量与地区日益扩大，交换的距离也越来越远。商朝统治者能够较多地获得西方的玉石、东方的珠贝、南国的铜锡、北地的筋角，主要靠长途辗转贩运，其前提则是交通的发展。商代的交通工具比夏代有较多改进，主要体现在马的使用和车的发明上。最早的养马是畜牧业的一部分，相传相土用槽喂、圈养之法饲养马匹，将马驯服，再加训练，使之能拉车驮物。相传王亥"作服牛"，将相土驯马之法用于驯牛，让驯服的牛拉车驮货。牛动作较慢，但负重能力强，所以商人利用牛拉车远行。当时的马车主要服务于王室和军队，更多的商业运输仍然是以牛负重。相土用武力向东方发展势力，达于黄海之滨和附近海岛，当然也使商业交通不断延伸。另外，商代的造船有了很大改进，水运也比较常见。甲骨文中屡见"凡""舟"二字，为船帆和木板船形状。正是依靠车、船这样一些工具，商人才能到远方进行贸易活动。据《逸周书》记载：周武王攻陷朝歌后，在王宫和贵族府邸发现大批宝玉、玉佩等，这些东西只有通过远途贸易获得。当时的交通运输工具已经有了较大改进，陆上用的车及内河航运的船只，构造都比较完善，并越来越广泛地应用在日常生产和生活中。

3. 货币制度

夏代的商业交易更可能是通过谷物和牛羊牲畜来完成的。《文献通考·钱币考一》："自太昊以来则有钱矣，太昊氏、高阳氏谓之金，有熊氏、高辛氏谓之货，陶唐氏谓之泉，商人、周人谓之布，齐人、莒人谓之刀。神农列廛于国，以聚货帛，日中为市，以交有无。虞、夏、商之币，金为三品，或黄，或白，或赤；或钱，或布，或刀，或龟贝。"在二里头遗址发现天然海贝、蚌贝，以及骨贝、石贝、铜贝等人造贝，可能充当货币使用。

商代已广泛使用货币作为交换媒介。当时的货币主要是海贝。海贝产于南洋，在黄河流域十分难得，因而珍贵，用作货币。海贝因数量不多，不敷使用，又用玉或骨制成玉贝或骨贝，或铸铜贝。贝以十枚为一朋，朋是贝的单位。盘庚把"贝玉"称为"货宝"。卜辞有"易（赐）贝""取贝""囚贝（俘贝、获贝）""赏贝"等记载。甲骨文中有许多字，如买、贮、宝、贷等都从贝，表明贝在商业交换关系中，已充作媒介、支付、价值尺度和贮藏手段。如《周易·益卦》说："或益之十朋之龟"，这表示贝是价值尺度；"买"字表示网贝，表明贝是流通手段；"贮"字表示藏贝于器；"宝"字是把贝和玉藏在室内，表明贝是储藏手段；"贷"字和"易贝"表示贝是支付手段。在郑州一带和安阳殷墟的历次发掘中，都有大批海贝出土。如郑州白家庄的一个早商墓里，就有460多个海贝；殷墟的晚商墓中殉贝更多，1976年春在安阳小屯村发掘了一个公元前12世纪中叶的王室墓，虽然形制较小，却有6000余枚贝币出土。妇好墓中发现有6000枚海贝，为600朋。山东益都苏埠屯的一个大型商墓中，也曾发现3790枚海贝。

商代是青铜发展的时代，常常以铜作为交换媒介。《管子·山权数》载："汤七年旱，禹五年水，民之无粮有卖子者。汤以庄山之金铸币，而赎民之无粮卖子者；禹以历山之金铸币，而赎民之无粮卖子者。"《竹书纪年》载：殷商成汤"二十一年大旱，铸金制"。这里的金实际上应该是铜。据《史记·平准书》记载，"虞夏之币，金为三品：或黄、或白、或赤。或钱、或布、或刀、或龟贝"。《集解》贾侍中曰："虞夏商周，金币三等：或赤、或白、或黄。黄为上币，铜钱为下币。"商代还出现了铜贝，即铸造成贝状的铜币。1953年，安阳大司空村晚商墓中曾出土3枚铜贝；后来在山西保德林遮峪相当于商代晚期的墓葬中曾发现铜贝109枚、海贝112枚。但是文献中一直没有关于铜贝的记载。①

三、城市起源

1. 夏代都邑

古人认为，远古曾经有过"无君无臣"的时代，所以"干戈不用，城池不设"（《抱朴子外篇·诘鲍》），后来才出现"城郭沟池以为固"（《礼记·礼运》）的需要。《事物纪原·城市藩御部》说，"（黄）帝既杀蚩尤，因之筑城"。最初的城实际上仅是土堡而已，主要是用于防御。城的起源还与治水有关。据传，鲧治水的方法就是"堙高堕庳，壅防百川"，即用泥土石块将氏族成员居住地筑起一道道堤埂式的土围子，以拦阻洪水，保护氏族成员的居所和耕地、财产不受洪水的侵袭。《山海经·海内经》："洪水滔天，鲧窃帝息壤以堙洪水"。鲧建堤坝，作为城墙将

---

① 参见彭信威：《中国货币史》，上海人民出版社2007年版，第13页。

居民区合围起来，内里划分为郭，方便生活，合称"城郭"，所以鲧被称为城郭之神。《淮南子·原道训》更是给出鲧作城池的高度："昔夏鲧作三仞之城。"按照周朝的长度单位推算，一仞为八尺，三仞也就是两丈四尺。如果按东汉的长度单位推算，也就是将近两丈。此外，城也是交易经常发生的地点。所以有"城市"之说。

《左传·庄公二十八年》阐释了都和邑的区别："邑有宗庙先君之主曰都，无曰邑。"也就是祖宗牌位（神主）所在的邑可以叫作都，也就是国之所在；或者说氏族长子嫡传的邑因为是氏族的"社"的所在地所以叫作都，也叫作国。夏禹的都邑应该在安邑。《水经注·涑水注》："安邑，禹都也。"《括地志》："安邑都城在绛州夏县东北十五里。"《安邑县志》："安邑古称禹都，殆因洪水即平，民始安居，因以为名，纪禹之功，实乃奠定山河之嘉称也。"帝禹到帝太康时代，于河南禹州市的阳翟建都（即新砦），而夏朝后期则以偃师的二里头为国都。[①] 河南偃师的二里头城市遗址，坐落于广大的二里头文化区域的地理中心，可以视为夏代的一座都邑或大型城市。城的四周并没有城墙，只是在遗址中间发现了一座建有土围墙的宫城，边长仅为100米左右。该土围墙建立在一个大型夯土台基之上，台基高约3米，边缘部分为缓坡状，宫墙就筑在缓坡内边缘部位。墙内全是宫殿建筑遗址，总面积约1万平方米。四周则分散地存在着若干居民住所和手工作坊的遗址。经多数学者论证，二里头城市遗址被认为是夏朝后期的都城。

2. 商代都邑

商代基本社会和政治单位是"邑"。《管子·乘马》指出："官成而立邑，五家为伍，十家而连，五连而暴，五暴而长，命之曰某乡，四乡命之曰都邑，制也。"商王授予邑主土地和封号，邑主臣服于商王。从字形看，"邑"上部为方形环圈，下部为下跪人形，代表商代城镇的两个基本要素，即城墙和居民。商王国就是由商王直接控制的诸多城邑所组成的统治网络。甲骨文中出现的城邑名约有近一千个。商王朝每个时期的都城，都是当时最大的聚落，是当时的政治和经济中心。商代早期城市主要分布在黄河中下游流域，著名城市有商、殷、亳、蕃、雇、霍、孟等，也有一些城市疏落出现在长江两岸。商代早期都城之一郑州商城和商代晚期都城安阳殷墟，其面积都在24平方公里以上。从考古发现来看，在这个范围之内，围绕都城，分布有许多功能各异的聚落遗址，其中有为王室服务和受王室控制的制陶、制骨、制玉以及铸铜的手工业居民区，也有许多农业村落。都城及其周围的地区，由国王直接控制，即所谓"王畿"。商王还将贵族和功臣进行分封，如东下冯商城、垣曲商城、焦作府城等。这些诸侯贵族的都邑也都发展成为地方政治经济

---

① 参见孙华：《夏代都邑考》，《河南大学学报（哲学社会科学版）》1985年第1期。

中心。

商汤灭夏后，在斟鄩附近另建新都，称西亳。《括地志》云："河南偃师为西亳，帝喾及汤所都，盘庚亦从都之。"《水经注·卷二十三》："汤都也。亳本帝喾之墟，在《禹贡》豫州河、洛之间，今河南偃师城西二十里尸乡亭是也。"河南偃师尸乡沟发掘出的商代早期遗址发现城门、道路、宫殿、居址等遗迹，并出土大量石器、陶器、铜器、玉器等，学者认为是汤都于亳"西亳"所在地。宫城居城中偏南，宫殿建筑大约占据了宫城的三分之二；大体分为东西两区：东区大概主要为宗庙建筑；西区为一座互相联通的三进院落组成的宫殿建筑群，它应是商王施政、处理国家大事的宫殿建筑，即所谓"朝"，朝堂后面的建筑则为"寝"。这种宫庙分离、前"朝"后"寝"的布局，对后世有深远影响；宫城的北半部为御苑，是商王休闲游乐的地方，御苑内有人工挖掘并用自然石块砌成的大型池塘，系我国考古发现的最早的引水造景工程。城内北部有一般居址、墓葬区、较密集的制陶窑址，以及许多水井，还有工程浩繁的城区水系网络。从已发现的遗迹来看，偃师商城内既有大型宫殿建筑，又有军事防御设施，具备了早期都城的规模和特点，反映了 3800 年以前中国古代城市发展的水平。

3. 大邑商都

商代的经济发展水平决定了城市不可能有很大的规模。特别是商代早期商人"不常厥邑"，曾经历过多次大规模迁徙，城市发展受到影响。盘庚迁殷后，由于长期定居在殷地，所以城市经济开始稳定地发展起来。据《竹书纪年》记载："自盘庚徙殷至纣之灭，二百七十五年更不徙都。"经过几代人的着力经营，殷作为商的都城，规模不断扩大，被称为"大邑商"。到了纣王时期，城市的规模最大，城内的房屋栉比成巷，史载"纣时稍大其邑，南据朝歌，北据邯郸及沙丘，皆为离宫别馆"（《史记·殷本纪》注引《括地志》）。从考古发掘的情况来看，殷墟总体布局严整，沿洹河两岸呈环形分布。通常认为安阳小屯是宫殿区，以它为中心，在东、南、西三面的总面积达 24 平方公里的范围内，分布着大量的民居、手工业作坊遗址，出土了许多生产工具、生活用品、礼乐器具和刻有卜辞的甲骨，是一个规模巨大的城市。现存遗迹主要包括殷墟宫殿宗庙遗址、殷墟王陵遗址、洹北商城、后冈遗址以及聚落遗址（族邑）、家族墓地群、甲骨窖穴、铸铜遗址、手工作坊等。以宫殿宗庙建筑和王陵大墓为代表的商代建筑，造型庄重肃穆、质朴典雅，代表了中国古代早期宫殿建筑的先进水平。殷墟的洹北商城，具有高大的城墙、威严的宫殿，特别是严格的"中轴线"布局，成为数千年来中国历代城市的特征。

商代城市既是商王或各属国贵族、官吏及军队居住的地方，又是手工业作坊的所在地和交换的场所。随着人口增加，建城的范围扩大，手工业有了较大发展，并且有了"市"的概念。商代城市中有各种各样的"肆"。这里的市肆，已不同于夏代以前那种"日中为市"的自发形成的集市，而是常设的特定交易场所。《太平御览·资产部》记载："殷君善治宫室，大者百里，中有九市"。《诗经·商颂·殷武》说："商邑翼翼，四方之极，赫赫厥声，濯濯厥灵。"可见，当时的都市已很繁荣并产生了区域性影响。

第四节　殷周变革：第一次经济社会转型

一、迁徙农业到定居农业

古代部族经常迁徙，史称夏侯氏十迁，殷人"不常厥邑"，周人在宗周以前也曾多次迁徙。所以说，古代民族大多经历过"游农"阶段。《尚书·序》和《史记·殷本纪》都说："自契至于成汤八迁"，这八迁都是在商朝建立以前，地点大约都在今天的河南和山东境内。成汤以后，殷人仍然迁徙不定，大概又迁徙了六次。这种状况在商代中期得到改变，盘庚自奄（今山东曲阜）迁都至殷（今河南安阳小屯），从此安定下来，直至商朝灭亡，共二百七十余年再未迁都。先周人由西向东迁徙，公亶父定居于岐山之胥，已经"周原膴膴"，"筑室于兹"，但还要继续东迁，经过公刘、太王、王季，直至文王和武王时才基本定居下来。

至于商周部族早期迁徙的原因说法很多。一般认为是为了避犬戎之祸和避河患，也有人认为是贵族内部斗争加剧了族群矛盾而不得不迁徙。当时，人们还停留在半农半牧阶段，一方面游牧的习性尚未改变，另一方面，农业的耕作技术还很原始，当在一个地区耕作一定时期后，土地肥力下降，就不得不迁居到新的地区耕作。然而，对于一个部族来说，每次的举族迁徙都是决定生死存亡的重大决策，所以就不可避免地发生分歧。盘庚的这次迁徙，不仅遭到部族贵族们的反对，广大部众也存在很大疑虑。为此，盘庚做了艰苦的努力。他集合部众训话，说明迁徙就是为了寻求安定的生活："朕及笃敬，恭承民命，用永地于新邑"，是要"绍复先王大业，底绥四方"，即继承并恢复先王的伟大事业，使天下安定。他还号召人们："往哉，生生！今予将试以汝迁，永建乃家。"（《尚书·商书·盘庚》）盘庚迁殷后，由于农业耕作技术的不断进步，人们的迁徙习惯才逐渐改变，从而实现了迁徙农业向定居农业的转变。

迁徙农业到定居农业的转变，对于一个民族或国家的发展来说具有重大的意义。首先，只有定居下来才可能对土地进行封疆划界，沟洫纵横的"井田"及其相应的田制才能产生；由于土地所有制的产生才有"授民授疆土"的必要。可见，定居农业是封建制度建立的前提。其次，游牧时代和游农时代尽管也必须筑城以防卫，但不可能有永久性的建筑出现。只有定居以后，城市才能真正发展和巩固。卜辞有"邑"字和"鄙"字，更有"大邑商"的说法，这也说明城市和农村的对立已经形成。再次，在定居农业条件下，不同的部族占有不同的区域，这就扩大了资源禀赋的差异，交换的意义和价值也因此提高了，这就促进了交换和商品经济的发展。所以，就有了商人长途贸易的发生。此外，由于定居和城邑的发展，才可能建立固定的交易市场。到商朝晚期，朝歌出现了各种市场（肆），才有姜太公朝歌酒肆沽酒的故事。最后，定居农业反过来促进了耕作技术和制度的发展，因而才有了休耕、灌溉、除虫除草等，从而将农业推向一个新的阶段。

二、酋邦国家到封建国家

父系家庭公社末期，部落之间的征服与战争，以及通过战争建立起来的部落之间的统治与隶属关系，促进了旧的氏族组织向国家的转化。据《史记·五帝本纪》载，黄帝曾"与炎帝战于阪泉之野，三战然后得其志"。《尚书·虞书·尧典》载：舜"流共工于幽州，放欢兜于崇山，窜三苗于三危，殛鲧于羽山，四罪而天下咸服"。通过部落之间的征服，也逐渐形成了征服者对被征服者的统治，于是，对于处于征服地位的部落来说，氏族组织原有的管理结构也发生了质的变化，靠血缘关系维系的家长制家庭公社逐渐具有了地域组织的性质，家长制家庭内部家长的绝对权力也逐渐演变为专制国家的政治权力。

在夏商时期，作为征服者的夏人与商人，直接控制着专制国家的中心地带，这就是文献中所说的"夏邑"或"大邑商"。在中心地带以外的地区，则通过封国的方式统治。武丁时即有封国的事实。武丁赐封的对象包括功臣、子孙和夫人，以及承认商朝的宗主权的邻国。到商后期，已经有了很完备的封建制度。但由于征服者的军事力量还不是足够强大，王畿以外的方国部落具有很大的独立性，一方面慑于王室强大的军事力量，屈从于王室的统治；另一方面在事实上作为一种割据势力存在，实行地方自治。在商代后期，王与诸侯尚未确定君臣名分，一些周边方国部落仍叛服不常。[①] 即使在周武王克殷后大分封，称诸侯为"友邦君"，君臣名分仍未明确。这种状况直到周公东征平叛成功实行第二次分封之时才发生质的改变，"由是天子之尊，非复诸侯之长，而为诸侯之君"，封建诸侯为周之臣子。

---

① 参见孙晓春：《中国古代国家形成问题初论》，《天津社会科学》1999年第3期。

对此，王国维有如下论述：

> 自殷以前，天子诸侯君臣之分未定也。故当夏后之世，而殷之王亥、王恒，累叶称王；汤未放桀之时，亦已称王；当商之末，而周之文、武亦称王。盖诸侯之于天子，犹后世诸侯之于盟主，未有君臣之分也。周初亦然，于《牧誓》《大诰》，皆称诸侯曰"友邦君"，是君臣之分亦未全定也。逮克殷践奄，灭国数十，而新建之国皆其功臣、昆弟、甥舅，本周之臣子；而鲁、卫、晋、齐四国，又以王室至亲为东方大藩。夏、殷以来古国，方之蔑矣！由是天子之尊，非复诸侯之长而为诸侯之君。其在丧服，则诸侯为天子斩衰三年，与子为父、臣为君同。盖天子诸侯君臣之分始定于此。此周初大一统之规模，实与其大居正之制度相待而成者也。（王国维：《观堂集林》卷十《殷周制度论》）

商周国家制度的演进，与宗法制度的演进是相辅相成的。西周封建国家制度的确立，更是建立在宗法制度基础之上。早在夏代，自夏禹传子，"天下为家"，宗法制度即已萌芽。商族对祖宗的祭祀、崇拜是一种久远的制度，商朝建立后这种制度逐步形成为宗法制度。盘庚迁殷后，结束了"九世之乱"一类的事情重新发生，保证了王位由一个家族的父子世袭，使宗法制得到完善，从而避免了因争夺王位而引起的斗争，保证了社会的稳定和发展。这也是"百姓思盘庚"（《史记·殷本纪》）的原因。在宗法制度下，商王是全国同姓和异姓贵族的大宗，各级贵族为小宗，各级贵族中间也分为大宗和小宗。商王及其亲属和显贵组成大贵族集团，商王以下的贵族家族参加国家管理，担任国家官职并世代相袭。到商朝晚期，王位继承和宗法关系已经结合在一起，从而赋予宗法关系以明显的政治性质。在这种家国一体的制度下，国家的组成、政治结构与国家活动，都以家族血缘与政治的结合为基本形式。周族灭殷以后，利用周族的氏族部落组织扩大为国家统治机构，实行大规模的宗法分封，使宗法制度体系进一步完善。武王克商后，命周公"营邑制"，"合间立教，以威为长；合族同亲，以敬为长。饮食相约，兴弹相庸，耦耕具耘"。（《逸周书·大聚》）在这里，周王是周族的大族长，他分封子、侄为诸侯，周王成为天下之大宗，诸侯对周王来讲是小宗；诸侯在封国内分封子、侄为卿、大夫，诸侯成为一国之大宗，卿、大夫对诸侯来讲是小宗；卿、大夫在封邑内分封子侄为士，卿、大夫成为封邑内的大宗，士对卿、大夫来讲是小宗。通过宗法分封形成了自天子至士宗法等级关系，凭借宗法上的亲亲尊尊、尊祖敬宗、孝悌思想巩固整个贵族阶级的统治地位。

周人取得克商战争的胜利后，并没有马上做出特殊的也即特别异于商的文化创造，而是基本沿袭了商的方国联盟制，封前代三王朝的子孙，给予王侯名号，称三恪，并在商的旧地设置三监即班师西归。但在武王死后，随即发生了三监和东夷的叛乱。①

三、汤武革命到周文革命

殷周之际的另一项重要变化是有关政治观念的变革。《易经·革·彖辞》说："汤武革命，顺乎天而应乎人。"在这里，"人"出现在"天"后面，说明在"天命"后面起作用的是"人事"，从而确立了人的价值，实现了从"神本"到"人本"的转变。周初政治家并不否认天命，但认为"天命靡常"（《诗·大雅·文王》），所以"天不可信"（《尚书·周书·君奭》），并进一步认为，"天命"的后面是人心，是由民意决定和表现出来的，即"天视自我民视，天听自我民听"（《尚书·周书·泰誓中》），"民之所欲，天必从之"（《尚书·周书·泰誓上》）。在此基础上，周初以人为核心，建立"亲亲尊尊"的宗法礼制，奠定了中国社会的伦理价值基础。

周初政治家总结殷商灭国的经验教训，认为商王"惟不敬厥德，乃早坠厥命"（《尚书·周书·召诰》），提出敬天保民，以德治国。史称周文王"克明德慎罚，不敢侮鳏寡，庸庸，祗祗，威威，显民，用肇造我区夏"（《大戴礼记·少闲》），"作物配天，制无用，行三明，亲亲尚贤，民明教，通于四海，海之外肃慎、北发、渠搜、氐、羌来服"（《大戴礼记·少闲》）。"周自文王以后，世载其德，自西土邦君，御事小子，皆克用文王教，至于庶民，亦聪听祖考之彝训。是殷、周之兴亡，乃有德与无德之兴亡；故克殷之后，尤兢兢以德治为务。"（王国维：《观堂集林》卷十《殷周制度论》）

商人好武，周人尚文。周初政治家提出敬天保民，以德治国，倡导人文，推行教化，即所谓"关乎人文以化成天下"。史称"文王以文治"（《礼记·祭法》），"文王质文，故天胙之以天下"（《国语·周语下》）。这就是"人文化成"，即通过文明教化，使人们摆脱野蛮，摆脱蒙昧，进入文明社会。这种文明教化集中体现为《周礼》。这种尚"文"风气，深刻地影响着周人的生活方式，大大提高了周人的文明程度。这种发生在周初的文化革命，可以称之为"周文革命"。从本质上讲，周文革命是对原始蒙昧的革命，是一场思想文化变革，中国文化由此奠基。

《尚书·虞书·大禹谟》提出"正德、利用、厚生"，谓之三事："正德者，父慈子孝、兄友弟恭、夫义妇听，所以正民之德也。利用者，工作什器、商通货财之类，所以利民之用也。厚生者，衣帛食肉，不饥不寒之类，所以厚民之生也。"
（蔡沈：《书经集传》）"此三事惟当谐和之"（孔颖达：《尚书正义·卷四》）。可见，
周人不仅实现了从"神治"到"人治"的转变，同时也实现了从"武治"到"文
治"和"德治"的转变。总之，"殷、周间之大变革，自其表言之，不过一姓一家
之兴亡与都邑之移转，自其里言之，则旧制度废而新制度兴，旧文化废而新文化
兴"（王国维：《观堂集林》卷十《殷周制度论》）。

第三章　西周经济

西周是中国封建社会的典型，是夏商以来经济社会发展和变迁而积累至于集大成时代。周初创制是综合夏商两朝的特点并加以损益，在此基础上构建了至臻完善的封建制度。

第一节　西周兴衰

一、周族兴起

1. 后稷

周族与夏族和商族一样，都是历史上最古老的民族，从起源上看并不一定比夏商晚。不过在夏商时代，周仅仅是一个蕞尔小邦而已。关于周族起源，《诗经·鲁颂·閟宫》说："赫赫姜嫄，其德不回。上帝是依，无灾无害。弥月不迟，是生后稷。降之百福。黍稷重穋，稙稚菽麦。奄有下国，俾民稼穑。有稷有黍，有稻有秬。奄有下土，缵禹之绪。"这里是说，周先祖弃为其母姜嫄遇巨人足迹而生，并且擅长农业技艺，所以能给部落带来好的收成和幸福的生活。弃所处的时代大约为虞舜时代。舜作为古代圣王，很重视弃的才能，令他负责农事。《尚书·虞书·舜典》："帝曰：'弃，黎民阻饥，汝后稷，播时百谷。'帝曰：'契，百姓不亲，五品不逊。汝作司徒，敬敷五教，在宽。'"这里是说周族的先祖弃是舜帝时期的臣子，并且主要负责农业和主要的民生部门。

司马迁在《史记·周本纪》中总结历史文献和传说，对周族起源做了进一步概括：

> 周后稷，名弃。其母有邰氏女，曰姜原。姜原为帝喾元妃。姜原出野，见巨人迹，心忻然说，欲践之，践之而身动如孕者。居期而生子，以为不祥，弃之隘巷，马牛过者皆辟不践；徙置之林中，适会山林多人，迁之；而弃渠中冰

上，飞鸟以其翼覆荐之。姜原以为神，遂收养长之。初欲弃之，因名曰弃。弃为儿时，屹如巨人之志。其游戏，好种树麻、菽，麻、菽美。及为成人，遂好耕农，相地之宜，宜谷者稼穑焉，民皆法则之。帝尧闻之，举弃为农师，天下得其利，有功。帝舜曰："弃，黎民始饥，尔后稷播时百谷。"封弃于邰，号曰后稷，别姓姬氏。

这些文献和传说说明了周族起源的农业特点，以及重农重生的基本价值取向，为后来周族确立以农立国传统打下基础。

2. 公刘和古公亶父

后稷之后，具有代表性的部落首领主要是公刘和古公亶父。两位圣王在周族的发展过程中具有重要的历史地位。《史记·周本纪》：

> 后稷卒，子不窋立。不窋末年，夏后氏政衰，去稷不务，不窋以失其官而奔戎狄之间。不窋卒，子鞠立。鞠卒，子公刘立。公刘虽在戎狄之间，复修后稷之业，务耕种，行地宜，自漆、沮渡渭，取材用，行者有资，居者有畜积，民赖其庆。百姓怀之，多徙而保归焉。周道之兴自此始，故诗人歌乐思其德。公刘卒，子庆节立，国于豳。

这里是说，后稷死后，不窋继承后稷的事业和官职。但夏政衰落，不务农事，不窋以失其官，在戎狄之间继续寻求发展。公刘继位后，虽然处在戎狄地区，但继续从事后稷的事业，致力于耕种，各处察看土地性能，从漆水、沮水渡过渭水，伐取木材以供应用。于是，外出的人有资财，定居的人有积蓄，民众仰仗他过上好日子。各族人感念他的恩德，拥护和归顺他，纷纷迁到这里，周族开始走上兴旺之路。《诗经·大雅·公刘》：

> 笃公刘，匪居匪康。乃场乃疆，乃积乃仓；乃裹糇粮，于橐于囊。思辑用光，弓矢斯张；干戈戚扬，爰方启行。……笃公刘，既溥既长。既景乃冈，相其阴阳，观其流泉。其军三单，度其隰原。彻田为粮，度其夕阳。豳居允荒。

这里叙述公刘率领族人划分疆界田畴，通过辛勤劳作获得丰收，使得粮食满仓并装满橐囊。公刘还率领族人，开辟新的疆域。通过查勘发现豳地水土丰美，决定迁到这里。

周族迁徙至豳地，是一个重要决策。《春秋左传正义》卷三十九：

> 豳者，《禹贡》雍州、岐山之北，原隰之野。其地西近戎，北近狄。豳是
> 彼土之地名。于汉，则扶风郡栒邑县，是其都也。周室之先，后稷之曾孙曰公
> 刘者，自邰而迁彼焉。由能修后稷之业，教民以农桑，民咸归之而成国。积九
> 世至大王，乃入处于岐山。世世修德，卒成王业。

公刘死后，其子庆节即位，把国都建在豳地。

商武乙时代，古公亶父任周族领袖。他继承周祖遗风，勤于农业，所种田地收
成丰美，豳地得到进一步开发。此时，西北戎狄经常来侵扰，而古公亶父避免与之
发生战争，曰："有民立君，将以利之。今戎狄所为攻战，以吾地与民。民之在
我，与其在彼，何异。民欲以我故战，杀人父子而君之，予不忍为。"（《史记·周
本纪》）于是率领族人由豳迁到岐山下的周原（今陕西岐山北）。这里土地肥沃，水
草丰茂，适宜农作物生长。"豳人举国扶老携弱，尽复归古公于岐下。及他旁国闻
古公仁，亦多归之。于是古公乃贬戎狄之俗，而营筑城郭室屋，而邑别居之。作五
官有司。民皆歌乐之，颂其德。"（《史记·周本纪》）《诗经·大雅·文王之什》：

> 民之初生，自土沮漆。古公亶父，陶复陶穴，未有家室。古公亶父，来朝
> 走马。率西水浒，至于岐下。爰及姜女，聿来胥宇。周原膴膴，堇荼如饴。爰
> 始爰谋，爰契我龟，曰止曰时，筑室于兹。

这就是《竹书纪年》所载："（商王）武乙六年，邠迁岐周。命周公亶父，赐
以岐邑。"因地处周原，故姬姓从此称周人，定国号为周，初具国家雏形。

3. 文王

周族发展在文王时出现质的飞跃，不论经济实力还是政治势力都达到了一个新
的水平。《史记·周本纪》："古公卒，季历立，是为公季。公季修古公遗道，笃于
行义，诸侯顺之。公季卒，子昌立，是为西伯。"西伯就是周文王。

> （文王）遵后稷、公刘之业，则古公、公季之法，笃仁，敬老，慈少。礼
> 下贤者，日中不暇食以待士，士以此多归之。伯夷、叔齐在孤竹，闻西伯善养
> 老，盍往归之。太颠、闳夭、散宜生、鬻子、辛甲大夫之徒皆往归之。（《史
> 记·周本纪》）

周文王在周地坚持裕民政策，即发展农业生产，坚持"怀保小民"。具体说就
是划分田地，让农民助耕公田，征收租税有节制，实行"九一而助"，让农民有所
积蓄。与此同时，文王奉行以德治国政策，倡导笃仁、敬老、慈少、礼下贤者的社

会风气。文王本人生活勤俭，穿普通人衣服，还到田间劳动，兢兢业业治理周国。岐周在他的治理下，国力日渐强大。

《史记·周本纪》记载，虞国和芮国发生纠纷，请姬昌仲裁。他们来到周地，看到周国人"耕者皆让畔，民俗皆让长"，非常惭愧，相谓曰："吾所争，周人所耻，何往为，只取辱耳。"遂还，俱让而去。诸侯闻之，曰："西伯盖受命之君。"于是西伯昌称王，史称周文王。这是一个标志性事件，周人将这一年称为西伯昌受命元年。《史记·周本纪》：

> 明年，伐犬戎。明年，伐密须。明年，败耆国。殷之祖伊闻之，惧，以告帝纣。纣曰："不有天命乎？是何能为！"明年，伐邘。明年，伐崇侯虎。而作丰邑，自岐下而徙都丰。明年，西伯崩，太子发立，是为武王。

此时，"天下三分，其二归周"（《史记·齐太公世家》）。《诗经·大雅·文王有声》曰：

> 文王受命，有此武功。既伐于崇，作邑于丰。文王烝哉！筑城伊淢，作丰伊匹。匪棘其欲，遹追来孝。王后烝哉！王公伊濯，维丰之垣。四方攸同，王后维翰。王后烝哉！

二、封邦建国

1. 周初封建

武王伐纣是中国历史上的一件具有划时代意义的大事。牧野之战，一战而决胜负，商亡周兴，标志着历史的进步和发展。《史记·周本纪》："武王即位，太公望为师，周公旦为辅，召公、毕公之徒左右王，师修文王绪业。"然而，在灭商之前，周是一个相对弱小的部族，并没有足够的政治经验积累，国力也不足以建立大一统的国家。所以，武王伐纣成功后，不得不与旧部族妥协并采取共处政策。一方面，追封古代圣王之后以笼络人心。《史记·周本纪》："武王追思先圣王，乃褒封神农之后于焦，黄帝之后于祝，帝尧之后于蓟，帝舜之后于陈，大禹之后于杞。"另一方面，封纣子武庚于商都，利用他统治殷遗民。同时把商的王畿分封给武王弟管叔、蔡叔、霍叔，以监视武庚。武王还进一步分封周族子弟功臣，使他们的采邑封地间错置于旧部族之间。

这次分封的目的在于控制旧部族以防止他们的反叛，却忽视了来自内部的离心力量。武王死后，发生了管、蔡联合武庚的反叛。叛乱平定后，为了巩固封建统治，在周公主持下进行第二次大分封。《逸周书·作雒解》载：

> 周公、召公内弭父兄，外抚诸侯。九年夏六月，葬武王于毕。二年，又作师旅，临卫政（征）殷。殷大震溃，降辟三叔。王子禄父北奔，管叔经而卒，乃囚蔡叔于郭凌。凡所征熊盈族十有七国，俘维七邑。俘殷献民，迁于九里。

周初通过两次分封才最终确立封建制度。"封建"的本义为"封土建国"。《左传·隐公八年》说："天子建德，因生以赐姓，胙之土而命之氏。"这里，"赐姓"就是赐予受封者以各姓族众；"胙之土"即是赐予受封者以土地；"命之氏"则是命受封者于受赐土地上建国，以国为氏。可见，赐姓（授民）、胙土（授疆土）、命氏（建国立氏），是西周封建的三项核心内容。[①]

这次分封吸取了前次分封的教训，一方面，统治者力图通过宗法血缘关系巩固和扩大统治势力，即让自己的亲姻兄弟、异姓贵族勋戚以及臣服的异族首领，带着武装家臣到指定地点去进行殖民建国，即"封建亲戚，以藩屏周"。另一方面，在原有基础上扩大分封，包括旧部族和新诸侯在内，"所封四百余，服国八百余"（《吕氏春秋·观世》），不仅增加了封国的数目，也缩小了他们各自的疆域，从而分散了他们的力量。诸侯被分封出去之后，首先要划分土地疆界，然后就要选择合适的地方建立城邑，从而形成各个诸侯国。这样，通过两次分封，西周建立了典型的封建制国家。

2. 选建明德

西周封建的目的，就是"选建明德，以藩屏周"。这就是说，一方面要将周的文化理念和治理原则向各诸侯国加以贯彻，另一方面是要求各诸侯国服从并保卫周的中央王国。《左传·定公四年》有较为详细的追述：

> 昔武王克商，成王定之，选建明德，以藩屏周。故周公相王室，以尹天下，于周为睦。分鲁公以大路、大，夏后氏之璜，封父之繁弱，殷民六族，条氏、徐氏、萧氏、索氏、长勺氏、尾勺氏，使帅其宗氏，辑其分族，将其类丑，以法则周公，用即命于周。是使之职事于鲁，以昭周公之明德。分之土田陪敦，祝、宗、卜、史，备物典策，官司彝器。因商奄之民，命以《伯禽》，而封于少之虚。分康叔以大路、少帛、綪茷、旃旌、大吕，殷民七族，陶氏、施氏、繁氏、锜氏、樊氏、饥氏、终葵氏，封畛土略，自武父以南，及圃田之北

---

① 参见王晓兴、易志刚：《王天下——殷周之际对中国文化的奠基意义》，《陕西师范大学学报（哲学社会科学版）》2007年第6期。

竟，取于有阎之土，以共王职。取于相土之东都，以会王之东。聘季授土，陶叔授民，命以《康诰》，而封于殷虚。皆启以商政，疆以周索。分唐叔以大路、密须之鼓、厥巩、沽洗，怀姓九宗，职官五正，命以《唐诰》，而封于夏虚，启以夏政，疆以戎索。

为了实现"选建明德，以藩屏周"的目的，周公的封建在地域选择上极为缜密。周公"兼制天下，立七十一国，姬姓独居五十三人"（《荀子·儒效》）。就是说分封的诸侯以姬姓贵族为主。《左传·僖公二十四年》：

昔周公吊二叔之不咸，故封建亲戚以蕃屏周。管、蔡、郕、霍、鲁、卫、毛、聃、郜、雍、曹、滕、毕、原、酆、郇，文之昭也；邗、晋、应、韩，武之穆也；凡、蒋、邢、茅、胙、祭，周公之胤也。

可见，中原较为优越的地区给了姬姓贵族，特别是嫡系姬姓贵族，如文王、武王、周公之子。根据记载，周公的 7 个儿子，4 个分封在中原的心脏地区，3 个分封到了东、北、南三个方向上的战略要地，其中长子伯禽代表周公本人分封于鲁，以掌控东夷，周公的另一个儿子分封在蒋，以掌控淮夷和群舒。文王的儿子共有 15 个封国，有 3 个封于宗周一带，8 个封在中原，1 个封在汾水流域，2 个封在东方，还有 1 个记载不详。武王之子共有 4 个封国，2 个在汾水流域，1 个在中原，1 个略为偏南。异姓贵族除少数封在中原地区，大多都封在边疆与戎狄接壤的地区，如姜姓的许、齐、纪、州、向等国，风姓诸国、妘姓诸国，以及己姓的莒、嬴姓的谭、姒姓的曾、曹姓的邾等国，都分封在东夷地区。原淮水流域的嬴姓仍封在淮水流域如黄、江等国，也有迁往西北的梁国。汉水流域有嬴姓的谷、曼姓的邓、姒姓的鄀、子姓的权、芈姓的楚等。[①]

3. 封土授民

西周的分封包括授民和授疆土两个方面。就是说，诸侯所受封的不仅是土地，还有由不同家族和族群所构成的人民。西周中期的大克鼎及康簋、丑簋、令鼎、麦尊、邢侯簋等礼器上的铭文多有赐田、赐臣妾的记载。"赐田""封土"多以"邑""采地"为单位，子仲姜镈铭便有封赐"二百又九十九邑"的记载。《曶鼎》铭文载，颁授"七田，人五夫"。可见是田土与人民一并封赐的。一个分封的侯国，拥有三批属民，一是担任各种官职的人，二是被征服的殷民旧族，三是附着在封地上的原居民。《左传·定公四年》记载：分鲁公以殷民六族，条氏、徐氏、萧

---

① 参见杨宽：《西周史》（上），上海人民出版社 2016 年版，第 413—414 页。

氏、索氏、长勺氏、尾勺氏；分康叔以殷民七族，陶氏、施氏、繁氏、锜氏、樊氏、饥氏、终葵氏；分唐叔以怀姓九宗。这些居民中，少数是受封的贵族，而大部分是依附于土地上的劳动力即农奴。《诗经·鲁颂·闷宫》："乃命鲁公，俾侯于东，锡之山川，土田附庸。"所谓的"附庸"就是指附着于土地上作为"庸"的耕作者。① 所以，封建之重不仅在"封土"更在"封民"，因而文献上讲"授民授疆土"，而"授民"优先于"授疆土"。在当时的情况下，土地特别是未开拓的土地几乎是无限的，而人民则是有限的。（《韩诗外传》卷八）所谓"采地"置庄园，设"田畯"监管从事生产的农人。此外还将封地上的土著民赐给受封者作附庸，如《诗经》所说周王命申伯，"式是南邦，因是谢人，以作尔庸"（《诗经·大雅·嵩高》）。这些土地作为周天子封给诸侯的"采地"，可以享有土地上的收益并可世代继承。《韩诗外传》卷八："古者，天子为诸侯受封，谓之采地，百里诸侯以三十里，七十里诸侯以二十里，五十里诸侯以十里。其后子孙虽有罪而绌，使子孙贤者守其地，世世以祠其始受封之君。"

分封诸侯要举行隆重的策命典礼并通过一套固定的礼仪。分封以"赐姓""胙土""命氏"为三项重要内容。赐姓是赐服属的人民，胙土是分配居住的地区，而命氏代表了由原有族属分裂为独立的次级族群。周王除赐给封君以国号外，还要赐给仪仗、礼乐器和宝物，并宣布"诰"书，"使帅其宗氏，辑其分族，将其类丑"（《左传·定公四年》），即带着周王的使命到新的封土去开拓和殖民。之所以要举行这类仪式，一方面是为了强化周王对诸侯的管辖权力，另一方面也是强调诸侯对周王的依附属性。周王是封建国家的最高统治者，有权裁决诸侯间的纠纷，但除过问诸侯国上卿的任免之外，一般不干涉诸侯国之内政。周天子为控制管理各诸侯国，可以派遣官员去各国履行监察权力，以防止分裂割据，并调节中央与地方的矛盾。各诸侯封国也需向周天子承担各种义务，包括每年要定时向周王朝缴纳贡赋和特殊物资，如《左传·昭公十三年》："昔天子班贡，轻重以列，列尊贡重，周之制也"；要定期朝觐和率兵从征，保护周王朝，还要对周王的死丧、婚嫁、巡游等尽一定义务。诸侯如不履行义务或冒犯了"周礼"的规定，轻者受到谴责，重者则要削爵甚至被处死。而仪仗、礼器等的赐予，实际上表明的是诸侯对周文化的认同以及文化传播的使命。事实上，诸侯接受了周王的封建，也就是接受了周王的统治，也就接受了周朝的文化。他们带着周王的使命开赴各地殖民，将中国文化传播到各地。这是中国历史上第一次大规模的"中国化"浪潮。

4. 制礼作乐

古代礼乐源自上古先民的尊祖意识和祭祖习俗，以后历经夏、商、周三代的历

① 参见许倬云：《西周史》增补二版，生活·读书·新知三联书店 2012 年版。

史演化，被逐步扩大并系统化和制度化，汇集成为一整套的典章、制度、规矩和仪式。礼最初起源于原始初民日常的衣食住行以及长期形成的风俗习惯，即"夫礼之初，始诸饮食"（《礼记·礼运》）。礼还与人们的自然崇拜和祖先崇拜有密切关系，并满足原始初民自身求神赐福、祭祀仪式等精神需求。经过漫长的历史演化，到夏商时期礼制已发展得相当完备。周灭殷后，周公在"因于殷礼，所损益"并"监于二代"的基础上创制了周礼。据《尚书大传·康诰》称：

> 周公居摄三年，制礼作乐，周公将作礼乐，优游之三年不能作，君子耻其言而不见从，耻其行而不见随。将大作，恐天下莫物品知也。将小作，恐不能扬父祖功业德泽，然后营洛，以观天下之心，于是四方诸侯率其群党，各攻位于其庭。周公曰："示之以力役且犹至，况导之以礼乐乎？"然后敢作礼乐。

《礼记·明堂位》记载："周公践天子之位以治天下，六年，朝诸侯于明堂，制礼作乐，颁度量而天下服。"

《周礼》规定了周代各种政治制度和社会制度，包括分封制、嫡长子制、宗法制、等级官制等许多礼制，以君君、臣臣、父父、子子为核心，确定了"君臣上下，父子兄弟，非礼不定"（《礼记·曲礼上》）的社会等级秩序。另一方面，礼还规定了广大人民日常生活中的行为规范，所谓"在礼，家施不及国，民不迁，农不移，工贾不变，士不滥，官不滔，大夫不收公利"（《左传·昭公二十六年》）。因此，礼的作用就是"经国家，定社稷，序民人，利后嗣"（《左传·隐公十一年》）。总之，礼从形式上体现了西周时代的社会普遍价值。

第一，宗法制度（亲亲）。宗法制度由氏族社会父系家长制演变而来，是按照血统远近以区别亲疏的制度。宗法制度同时也是政治制度，是王族贵族按血缘关系分配国家权力，以便建立世袭统治的一种制度，即宗族组织和国家组织合而为一，宗法等级和政治等级基本一致，宗法制度与封建礼制互为表里。武王灭商后，大力推行嫡长子继承制，由此导致宗族中分为大宗和小宗。周王朝规定：只有嫡长子才是王位或爵位的唯一合法继承者，而庶子无权继承。这就使弟统于兄，小宗统于大宗。周王自称天子，称为天下的大宗，同时也是天下共主。文献和彝铭记载中屡有"宗周"的记载，《诗经·大雅·公刘》说："食之饮之，君之宗之。"天子世世相传，每世天子都是嫡长子继承父位而为第二代天子，奉戴始祖，是为"大宗"。周天子是各封国诸侯的"大宗"，作为"小宗"的被封诸侯对周天子须服从号令、定期朝贡、提供军赋力役。除嫡长子以外，天子的其他子嗣被封为诸侯。诸侯对天子而言是小宗，但在他的封国内却是大宗，领有主权。诸侯的其他儿子被分封为卿大夫。卿大夫对诸侯而言是小宗，但在他的采邑内却是大宗。从卿大夫到士也是如此。士的嫡长子仍为士，其余诸子为庶人。依照宗法制度，"有百世不迁之宗，有五世则迁之宗"（《礼记·大传》）。因为大宗的始祖只能有一个，所以大宗永远是大宗。至于小宗由于族类繁衍的结果，分出另立的门户越来越多，小宗也就不断增加，一般到了五世就必须分出一些子孙。根据《礼记·丧服小记》所记："别子为祖，继别为宗，继祢者为小宗，有五世而迁之宗，在继高祖者也；是故祖迁于上，宗易于下，尊祖故敬宗，敬宗所以尊祖称也。庶子不祭祖者，明其宗也。"因此贵族的嫡长子总是不同等级的大宗。大宗不仅享有对宗族成员的统治权，而且享有政治上的特权。

第二，等级政治（尊尊）。周初的分封制度，是严格按照宗法关系进行的，所以，封建等级制度与宗法关系基本一致。《左传·桓公二年》说："天子建国，诸侯立家，卿置侧室，大夫有贰宗，士有隶子弟，庶人、工、商各有分亲，皆有等衰。是以民服事其上而下无觊觎。"这些贵族由于和周天子宗法血缘关系的亲疏而形成自上而下的等级制度，即周天子以嫡长子的身份为王，众子弟为诸侯；诸侯以嫡长子继位，众子弟为大夫；大夫以嫡长子继位，众子弟为士。所谓"卿""大夫""士"，实际上是一族之长，他们父子相传，世代相袭。另一方面，封建制度也根据宗法关系设计了自下而上辅佐和制约宗主的制度。如《左传·襄公十四年》：

> 天生民而立之君，使司牧之，勿使失性。有君而为之贰，使师保之，勿使过度。是故天子有公，诸侯有卿，卿置侧室，大夫有贰宗，士有朋友，庶人、工、商、皂、隶、牧、圉皆有亲昵，以相辅佐也。善则赏之，过则匡之，患则救之，失则革之。自王以下，各有父兄子弟以补察其政。

这种等级制和宗法制的相互结合，既保证了封建贵族内部关系的稳定性，也保证了贵族在国家政治生活中的垄断地位。各诸侯在自己的封国内，基本也是按照周王朝的中央职官机构，设官分职，以对国家进行管理和统治。《尚书·立政》列出了一系列官职，如司徒、司马、司空、亚、旅、夷、微、卢烝、三亳、阪尹等，这些官职都由与周天子有一定宗亲关系的贵族担任。这就是所谓的"亲贵合一"制度。

第三，德治天下。周初政治家提出敬天保民，以德治国，倡导人文，推行教化。史称周文王"克明德慎罚，不敢侮鳏寡，庸庸，祗祗，威威，显民，用肇造我区夏"（《尚书·周书·康诰》），"作物配天，制无用，行三明，亲亲尚贤，民明教，通于四海，海之外肃慎、北发、渠搜、氐、羌来服"（《大戴礼记·少闲》）。"周自文王以后，世载其德，自西土邦君，御事小子，皆克用文王教，至于庶民，亦聪听祖考之彝训。是殷、周之兴亡，乃有德与无德之兴亡；故克殷之后，尤兢兢以德治为务。"（王国维：《观堂集林》卷十《殷周制度论》）《易》："关乎人文以化成天下。"史称"文王以文治"（《礼记·祭法》），"文王质文，故天胙之以天下"（《国语·周语下》）。这就是"人文化成"，即通过文明教化，使人们摆脱野蛮，摆脱蒙昧，进入文明社会。这种文明教化集中体现为《周礼》。尚"文"风气，深刻地影响着周人的生活方式，大大提高了周人的文明程度。

这个"出于万世治安之大计"的文化创造，用王国维的话说，"其旨则在纳上下于道德，而合天子、诸侯、卿、大夫、士、庶民以成一道德之团体"，也即把一切人都统摄在一个具有统一的价值标准的社会共同体之中。而这个社会共同体的内在灵魂不是别的，就是被中国古代文化视为最高理想的"王道"或"王天下"。①

三、西周盛世

1. 成康之治

成王继位时年龄较小，主要是周公辅政。周公辅佐成王，完成西周建国大业，建立封建制度，实行制礼作乐，奠定西周数百年基业。完成封建大业以后，周公归政于成王。成王之后康王继位，主要由召公辅政。康王与召公继承文武之道，沿用周公的治国方略，从而实现了数十年的繁荣和发展。成康之时是西周早期政治最为清明的时期，也是经济社会健康发展的时期，史称"成康之治"。

成康之治可以分为两个部分，即成王时期和康王时期。成王在周公辅佐之下主要是"创制"，而康王在召公辅佐之下主要是"守成"，两者担负着不同时期的历史使命。对于成王和周公来说，主要历史使命是建国和创制，而对于康王和召公来说，主要的历史使命则是坚持成王和周公的治国政策。康王与召公之所以必须"守成"，是因为文武之道和成王与周公之道，是总结了殷商王国的教训和自身发展的经验而创建的制度，是符合当时社会发展规律的，所以，坚持文武之道和成王与周公之道，也就是国家和社会发展的必然之道。

《尚书大传》记载："周公居摄，一年救乱，二年克殷，三年伐奄多方"，"四年建侯卫，五年营成周，六年制礼作乐，七年致政成王"。这里是说，周公在平定内乱和实行封建后，采取了一项重大的经济政治战略，其中包括东都洛邑的建设。洛邑位于伊水和洛水流经的伊洛盆地中心，地势平坦，土壤肥沃，南望龙门山，北倚邙山，群山环抱，地势险要。伊、洛、瀍、涧四水汇流其间。据东西交通的咽喉要道：顺大河而下，可达殷人故地；顺洛水，可达齐、鲁；南有汝、颖二水，可达

① 王晓兴、易志刚：《王天下——殷周之际对中国文化的奠基意义》，《陕西师范大学学报（哲学社会科学版）》2007年第6期。

徐夷、淮夷。武王在灭商返回途中经过洛地，说："宅兹中国，自兹乂民。"（何尊铭文）直到周公摄政，辅佐成王登基，平定三监之乱，击溃东夷联军后，才正式开始兴建洛邑。《史记·周本纪》："成王在丰，使召公复营洛邑，如武王之意。周公复卜申视，卒营筑，居九鼎焉。曰：'此天下之中，四方入贡道里均。'"就是说，洛邑居于"天下之中"，便于向四方征收贡赋。据《逸周书·作雒解》记述："堀方千七百二丈，郛方七七里。以为天下之大凑"，"设丘兆于南郊，建大社于国中"。城内的主要建筑有太庙、宗庙（文王庙）、考宫（武王庙）、路寝、明堂"五宫"。这些宫殿、宗庙的建筑结构均为"四阿、反坫、重亢、重郎、常累、复格、藻棁、设移、旅楹、画旅"等式样，城内还有"内阶、玄阶、堤唐、应门、库台、玄阃"等不同的通道，经过一年左右的时间建成。成周建成后，周殷贵族集中迁徙到成周东郊。据《尚书·周书·洛诰》载，当年十二月，洛邑初步落成。周王朝举行了盛大的庆功大典。周公带领百官，使他们在旧都熟悉礼仪之后，再跟从成王前往新邑。东都建成后，成王迁都洛邑，辅政的周公还政于成王，周朝进入巩固的时期。

成周建成后西周确立两都制度，东西两都并立，京畿相连，形成统治四方的政治中心，巩固了全国的统一。宗周作为西周发源地，保留宗庙和其他设施，是全国政治文化中心，而成周居于天下中心，是征收四方贡赋的中心，从而成为全国经济中心。此后，周成王在新邑开始用殷礼接见诸侯，成周成为举行殷礼的主要地点。虽然周天子长居西都，但在政治作用上，东都比西都重要得多，四方诸侯和戎狄部落的政务，都必须由成周的卿事寮来管理。令彝铭文曰："唯八月，辰在甲申，王令周公子明保，尹三事四方，授卿事寮，丁亥，令矢告于周公宫，公令造同卿事寮，唯十月月吉，癸未，明公朝至于成周，令舍三事令，暨卿事寮、暨诸尹、暨里君、暨百工、暨诸侯：侯、甸、男，舍四方令，既咸令。"这里是说，周公年老，成王令周公之子明保继承周公职务，主管东都，按礼制册命后，明保就职，发布主管"三事四方"的命令，"三事"的命令从卿事寮下达到"诸尹"（政务官）、"里君"（地方官）、"百工"（百官）；"四方"的命令下达到侯、甸、男等各级诸侯，可见东都卿事寮的地位和作用。

成王去世后康王继位，由召公辅政。召公反复申说王业来之不易，告诫康王务在节俭，勿多欲，以笃信治天下。康王作《毕命》提出自己的执政理念，即"不刚不柔，厥德允修"，"道洽政治，泽润生民"（《尚书·周书·毕命》）。他特别重视对贵族的规范和训诫，认为腐败的风俗奢侈华丽，万世相同，指出："世禄之家，鲜克由礼"，而封建贵族以放荡之心，轻蔑有德的人，实在是悖乱天道。特别是殷商遗民贵族，处在宠位已经很久，凭仗强大，忽视德义，骄恣过度，矜能自夸，必将以恶自终。对此，康王采取了一些具体措施：一方面，"旌别淑慝，表厥宅里，彰善瘅恶，树之风声"，即实行道德教化；另一方面，对那些不遵循教训和常法的人，就变更他的井居田界，使他能够畏惧和敬慕，即"弗率训典，殊厥井疆，俾克畏慕"，更要重新画出郊圻的境界，认真加固那里的封疆守备，即"申画郊圻，慎固封守，以康四海"。（《尚书·周书·毕命》）康王时期，周朝经济得到更大的发展，国库丰裕，百姓安居乐业，社会安定团结，到处呈现一派升平盛世的景象。除了对鬼方的征伐和对东方的巡视之外，康王基本没有耗费国家财力的重大举措。康王的息民政策，使得四夷宾服，海内晏然，囹圄空虚，刑为不用。《史记·周本纪》："康王即位，遍告诸侯，宣告以文武之业以申之，作《康诰》。故成康之际，天下安宁，刑错四十余年不用。"

成康之治出现于周初封建创制之后，一共延续了数十年。周初封建创制是一次重大的制度变革，顺应了殷周时代的发展大势，总结夏商国家治理的经验和教训，将封建制度推向了更高的水平。成康两代君主能够继承文武之道，以民为本，实行以德治国，实现了成康之治。然而，随着社会的安定和发展，人们创新创业意识逐渐淡漠，随遇而安，满足现状，既没有旧贵族力量的反抗，也没有新阶级力量的兴起，社会治理缺少挑战。随着社会的稳定和发展，阶级固化也日益严重，贵族生活腐化现象日益严重，晚年康王沉湎女色、喜好功利、征伐不断、刑罚不慎。所以，到了康王末期，周朝就开始出现衰乱迹象。

2. 昭穆之征

中国历史上一直面临来自西方和北方游牧民族的压力。康王时期，经常骚扰边境的主要是北方游牧民族鬼方。康王二十五年，经过两次大规模战争，打败鬼方，将他们驱赶到远离镐京的西北地区。由于经常受到来自北方游牧民族的压力，华夏族不得不转向南方，探索南下的可能性。所以，南征也是华夏族一向的国策。而南方的楚国坐拥荆楚，幅员辽阔，资源丰富，人口众多，大有挑战周王室的势头。所以，在康王成功北伐鬼方的基础上，周昭王时开始实施南向政策。另外，昭王南征还有经济方面的考虑，具体说就是争夺南方的铜矿资源。西周时期青铜冶炼非常发达，青铜器不仅是重要的礼器，也是重要的武器和生产工具。但是中原地区铜矿资源贫乏，主要的矿区分布在东鄂地区，即今湖北大冶到安徽铜陵一线的长江南岸。周昭王时期，这个地区已经为楚国所控制，要获得稳定的铜矿供给，就不可避免与楚国发生矛盾冲突。[①]

据《竹书纪年》记载，周昭王攻荆楚，主要有三次：第一次是周昭王十六年（约前985年），"伐楚，涉汉，遇大兕"。此次南征收获颇丰，周贵族作器铭功，过伯簋言"孚金"，驭簋云"有得"。第二次是周昭王十九年（约前982年），派祭

---

① 参见裴士京：《江南铜研究》，黄山书社2004年版，第6—11页。

公辛伯攻楚。此次攻楚"天大日［壹］，雉兔皆震，丧六师于汉"，以失败告终。第三次是周昭王二十四年（约前977年），"夜清，五色光贯紫微，其王南巡不返"。（《古本竹书纪年辑证·周纪》）据《史记正义》引《帝王世纪》说："昭王德衰，南征济于汉，船人恶之，以胶舟进。王御船至中流，胶液船解，王及祭公俱没于水中而崩。"这里不仅说出了昭王失败的具体过程，更道出其失败的根本原因在于"德衰"。此后，周王朝由盛转衰，而楚国等诸侯国的实力则日益强大，逐步走上与周王室分庭抗礼的道路。

昭王死后由穆王继位。《史记·周本纪》："穆王即位，春秋已五十矣。王道衰微，穆王闵文武之道缺，乃命伯冏申诫太仆国之政，作冏命。复宁。"但穆王也是一个好大喜功的君主。周朝西方边远地带的犬戎属于"荒服"，常向周王室进贡方物特产。周穆王时，犬戎诸部日益强大起来，不仅不按时缴纳贡物，还常常骚扰到宗周附近。周穆王十二年（前964年）春，以犬戎没有及时进贡为由，亲自领兵对犬戎征伐。穆王的军事行动遭到大臣的反对。《国语·周语》记载：穆王将征犬戎，祭公谋父谏曰："不可。先王耀德不观兵。夫兵戢而时动，动则威，观则玩，玩则无震。是故周文公之颂曰：'载戢干戈，载櫜弓矢。我求懿德，肆于时夏，允王保之。'先王之于民也，懋正其德而厚其性，阜其财求而利其器用，明利害之乡，以文修之，使务利而避害、怀德而畏威，故能保世以滋大。"（《国语·周语》）祭公谋父认为，先王以道德昭示天下而不炫耀武力。平时敛藏军队而在适当的时候动用，这样它才会显示出威力，炫耀就会滥用，滥用便失去了威慑作用。建议穆王采取先王的政策，加强德政，发展自己，鼓励百姓端正德性和敦厚品行，广开财路以满足需求，使他们有称心的器物使用，明示利害所在，依靠礼法来教育他们，使他们能趋利避害、感怀君王的恩德而畏惧君王的威严，使自己的基业世代相延并不断壮大。然而，周穆王不听劝告，坚持征讨犬戎，进兵阳纡。战争初期一度取得胜利，周军"得四白狼四白鹿以归"。但从此周王朝与西北犬戎各部的关系一直处于紧张状态，"自始荒服者不至"（《史记·周本纪》）。为此，穆王重整人马二次讨伐，"广获其五王"，并把部分戎人迁到太原（今甘肃镇原一带）。此次征战以周大获全胜告终，却进一步加剧了周与犬戎的对立。

两征犬戎平定西方后，穆王继续西征，于穆王十三年至十七年（前963—前959年），进军至昆仑之丘。《穆天子传》详细记载周穆王在位时率师南征北战的盛况，也记述了周穆王得赤骥、盗骊、白义、逾轮、山子、渠黄、骅骝、绿耳八匹好马，御者造父，伯夭作向导，在十三年至十七年进行了一次西访西王母的远行，行程三万五千里，以观四荒，越过漳水，驱驰阴山、内蒙古高原、西绝流沙等地，见到西王母。周穆王西游在《春秋左氏传》《竹书纪年》《史记》中均有记载。历时两年多的西巡，穆王打开了通向大西北的道路，使周朝势力一度深入西域地区。

在周穆王西略期间，东南部的徐国趁机作乱。据《史记·周本纪》和《后汉书·东夷列传》载：徐国国君徐子自称徐偃王，率九夷淮夷诸部侵扰宗周，穆王便联合楚国攻徐。破徐国后，穆王封他的儿子嬴宝宗到彭城为徐子，继续管理徐国。平定徐乱后，穆王通过巡游征伐，使东南许多方国和部落归顺于周的统治，并在涂山（今安徽怀远东南）会合诸侯，宣示周王的统治。

总的来看，通过穆王的征伐，周王朝顺利开疆扩土，并开拓了西部贸易通道，加强了对四方蛮夷的统治力度，有力地巩固了周王朝的统治。然而，常年征讨，天子不在朝堂，导致朝政松弛，更重要的是，不断对外扩张消耗了长期积累的国力。为了增加政府收入，穆王实行以罚代刑制度。《史记·周本纪》：

> 五刑之疑有赦，五罚之疑有赦，其审克之。简信有众，惟讯有稽。无简不疑，共严天威。黥辟疑赦，其罚百率，阅实其罪。劓辟疑赦，其罚倍灑，阅实其罪。膑辟疑赦，其罚倍差，阅实其罪。宫辟疑赦，其罚五百率，阅实其罪。大辟疑赦，其罚千率，阅实其罪。墨罚之属千，劓罚之属千，膑罚之属五百，宫罚之属三百，大辟之罚其属二百：五刑之属三千。命曰甫刑。

尽管这种政策对于增加收入发挥了重要作用，但是却破坏了周礼，法制也因之受损。因此自穆王之后，周朝转向衰落。

3. 周召共和

经过昭王和穆王时期的对外扩张和国力消耗，周朝开始出现中衰迹象。首先，由于穆王的滥征滥伐导致"荒服不朝"，而"荒服不朝"导致贡纳减少。此后，北方的猃狁、西方的犬戎、东方的淮夷、南方的荆楚，交相叛周攻周，导致西周统治岌岌可危。《汉书·匈奴传》说："至穆王之孙懿王时，王室遂衰，戎狄交侵，暴虐中国，中国被其苦。诗人始作，疾而歌之，曰：靡室靡家，猃允之故。岂不日戒，猃允孔棘。"周懿王十五年（约前895年），周王朝一度被迫自镐徙都犬丘（今陕西兴平东南）。周夷王时，由于"荒服不朝"，天子始下堂见诸侯，觐见礼废。另一方面，各诸侯国实力也逐渐壮大，对于周王室的贡纳则是能减就减，到周夷王时，已开始有诸侯不朝，各种贡纳当然也就不再缴纳，这就导致周王室收入进一步减少。

对于周王室来说，最严重的问题还来自王畿之地的经济矛盾，即公有土地上劳动者积极性降低导致公田收获减少。而私田上的劳动效率却远远高于公田上的效率，这就导致私营经济逐渐超过公营经济，进一步促使井田制度的瓦解。与此同时，国人还不断依靠从山林湖泽捕鱼、打猎营利，获取山泽之利。这事实上是侵蚀了王室的利益并影响了王室的经济收入。为了改变王室的经济状况，周厉王任用荣夷公为卿士，实行"专利"政策，将山林湖泽改由天子直接控制，不准国人进入谋生。《史记·周本纪》记载：

> 厉王即位三十年，好利，近荣夷公。大夫芮良夫谏厉王曰："王室其将卑乎！夫荣公好专利而不知大难。夫利，百物之所生也，天地之所载也，而或专之，其害多矣。天地百物，皆将取焉，胡可专也？所怒甚多而不备大难，以是教王，王能久乎？夫王人者，将导利而布之上下者也，使神人百物无不得其极，犹日怵惕惧怨之来也。故《颂》曰：'思文后稷，克配彼天。立我蒸民，莫匪尔极。'《大雅》曰：'陈锡载周'。是不布利而惧难乎？故能载周，以至于今。今王学专利，其可乎？匹夫专利犹谓之盗，王而行之，其归鲜矣。荣公若用，周必败。"

在这里，芮良夫反对荣夷公只求独占财利的政策，认为天地万物，人人都可取用，而绝不可以独占。治理天下的人，应该开通利途而分配给上上下下的人，使天神百姓和世间万物无不得到它应得的一份。普通人独占财利，尚且被称为盗贼，作为天子这样做的话，归附王室的人就少了。

但由于王室财政捉襟见肘，入不敷出，厉王卒以荣公为卿士，坚持实行"专利"政策。这就不可避免地加剧了社会矛盾，并进而引致严重的政治危机。这项政策实行不久，就遭到国人的强烈反对。大臣召穆公进谏说："民不堪命矣！"周厉王命令卫巫监谤，禁止国人谈论国事。在这种高压政策下，"其谤鲜矣，诸侯不朝。三十四年，王益严，国人莫敢言，道路以目"（《史记·周本纪》）。厉王大喜，告召公曰："吾能弭谤矣，乃不敢言。"召公曰：

> 是鄣之也。防民之口，甚于防水。水壅而溃，伤人必多，民亦如之。是故为水者决之使导，为民者宣之使言。故天子听政，使公卿至于列士献诗，瞽献曲，史献书，师箴，瞍赋，矇诵，百工谏，庶人传语，近臣尽规，亲戚补察，瞽史教诲，耆艾修之，而后王斟酌焉，是以事行而不悖。民之有口也，犹土之有山川也，财用于是乎出；犹其有原隰衍沃也，衣食于是乎生。口之宣言也，善败于是乎兴。行善而备败，所以产财用衣食者也。夫民虑之于心而宣之于口，成而行之。若壅其口，其与能几何？（《史记·周本纪》）

"王不听。于是国莫敢出言，三年，乃相与畔，袭厉王。厉王出奔于彘。"（《史记·周本纪》）这就是周朝历史上的"国人暴动"。由于厉王出逃，国家无君，召公、周公二相行政，史称"周召共和"。

"国人暴动"和"周召共和"是西周中期具有重大意义的事件。《史记·十二诸侯年表》记载：

> 太史公读春秋历谱谍，每至周厉王，未尝不废书而叹也。曰：呜呼，师挚见之矣！纣为象箸而箕子唏。周道缺，诗人本之衽席，关雎作。仁义陵迟，鹿鸣刺焉。及至厉王，以恶闻其过，公卿惧诛而祸作，厉王遂奔于彘，乱自京师始，而共和行政焉。是后或力政，强乘弱，兴师不请天子。然挟王室之义，以讨伐为会盟主，政由五伯，诸侯恣行，淫侈不轨，贼臣篡子滋起矣。齐、晋、秦、楚其在成周微甚，封或百里或五十里。晋阻三河，齐负东海，楚介江淮，秦因雍州之固，四海迭兴，更为伯主，文武所襃大封，皆威而服焉。

这里是说，经历"国人暴动"和"周召共和"，周王室走向衰落。这以后各诸侯以强凌弱，相互杀伐，动用军队根本就不用请示天子，挟持王室征讨攻伐；更有充当诸侯盟主者，政令均出自五霸诸侯横行霸道，骄奢淫逸，行为不轨，置法度而不顾；于是乱臣贼子层出不穷。齐、晋、秦、楚在周建立的时候均是微不足道的小诸侯，封邑大者方圆百余里，小者方圆五十里。而晋依仗三河之险；齐背靠东海；楚盘踞长江淮河之间；秦拥雍州险要。他们在周的四方兴起，充当各方霸主。这就是说，周朝的鼎盛时期已过，周王室的核心地位已经开始动摇，诸侯的离心力大大增加，列国格局已经潜在地形成，文武周公所创建的封建制度开始出现消解迹象。

4. 宣王中兴

经历十四年的"无君"状态，并经历了激烈的政治斗争，终于迎来了新君即周宣王。《史记·周本纪》："共和十四年，厉王死于彘。太子静长于召公家，二相乃共立之为王，是为宣王。宣王即位，二相辅之，修政，法文、武、成、康之遗风，诸侯复宗周。"公元前827年，周宣王即位，为了消除厉王暴虐政治的影响，缓和国内外不安定局面，采取了一系列的步骤和措施，逐渐恢复了政治秩序。针对厉王时的苛政和官纪败坏，他广开言路，访察下情，同时又发布各种禁令，不许官吏贪污、酗酒，为虐于百姓。周宣王在位的四十六年中（前827—前782年），各种社会矛盾有所缓和，国力日益增强，诸侯又复来朝。这就是所谓的"宣王中兴"。

宣王中兴是建立在国人暴动和周召共和时期的一系列变动的基础上的。昭穆时代周王朝极力对外扩张消耗了国力，差不多将成康时代的积累消耗殆尽，国内经济矛盾加剧了阶级矛盾，所以导致了国人暴动和周召共和的变动。到了宣王执政时，宣王认识到这些变化，在制度上承认这种变化，并且主动改革以适应这种变化。

宣王改革的内容有两个方面，一是"不籍千亩"，二是"料民于太原"。《史记·周本纪》：

> 宣王不修籍于千亩，虢文公谏曰不可，王弗听。三十九年，战于千亩，王师败绩于姜氏之戎。宣王既亡南国之师，乃料民于太原。仲山甫谏曰："民不可料也。"宣王不听，卒料民。

"不籍千亩"和"料民"都是"非礼"的政策措施，因而遭到旧势力的反对。但事实上，这也是面对周王朝旧体制衰落所不得不采取的变革。

根据周王朝礼制，每年春耕时节，天子都要举行籍田礼。《礼记·祭统》曰："昔者天子为籍千亩，……醴酪粢盛，于是乎取之。"《礼记》曰："天子亲耕于南郊，诸侯耕于东郊，以供粢盛。"《通典·礼六》："天子孟春之月，乃择元辰，亲载耒耜，置之车佑，帅公卿诸侯大夫，躬耕籍田千亩于南郊。冕而朱纮，躬秉耒，天子三推，以事天地山川社稷先古。"《月令》所载："天子三推，三公五推，卿诸侯九推，庶人终亩。"具体说就是周王首先踏耒而耕，然后百官公卿依次而耕，耕的次数按爵秩高低而不同，最后由庶人完成全部耕种任务。籍田礼既是传统的重农古礼，也是王室对土地产权的一种宣示。宣王时，西周土地被划分为许多小块，交给隶农耕作，按时征收租税。因此，先前集体耕种公田之法已难以继续，籍田礼名存实亡，于是宣王宣布取消此古礼。但大臣虢文公认为不可，说：

> 夫民之大事在农，上帝之粢盛于是乎出，民之蕃庶于是乎生，事之供给于是乎在，和协辑睦于是乎兴，财用蕃殖于是乎始，敦庬纯固于是乎成，是故稷为大官。古者，太史顺时脉土，阳瘅愤盈，土气震发，农祥晨正，日月底于天庙，土乃脉发。（《国语·周语上·虢文公谏宣王不籍千亩》）

虢文公认为，民众的大事在于农耕，天帝的祭品靠它出产，民众的繁衍靠它生养，国事的供应靠它保障，和睦的局面由此形成，财务的增长由此奠基，强大的国力由此维持。而籍田礼之废，即放弃重家政策，是"匮神乏祀而困民之财"，后果不堪设想。事实上，周宣王"不籍千亩"是适应土地制度演变的变革行为，使得实际发生的土地制度变化获得官方的承认。事实上，这是井田制度的最早突破。土地制度的这个变动，提高了土地利用效率，但另一方面，周宣王"不籍千亩"表明周王室对于土地控制能力的减弱，已经认可了公田的私有化，也表明长期推行的井田制已遭到严重的破坏，无法再进行修复，封建制度的经济基础动摇了。

周宣王晚年，对外征战频繁，亟须增加王室收入。但由于土地收入的减少，王室财力减低,"三十九年,战于千亩,王师败绩于姜氏之戎"(《史记·周本纪》)。周王朝面临兵源枯竭、全面崩溃之势。在这种情况下,周宣王不得不寻找新的收入途径,即"料民于太原",清点民户人数以控制人丁,直接对人口收税。料民之举,自然也是"非礼"的,因而遭到封建贵族的反对。《国语·周语上·仲山父谏宣王料民》:

> 仲山父谏曰:"民不可料也!夫古者不料民而知其少多,司民协孤终,司商协民姓,司徒协旅,司寇协奸,牧协职,工协革,场协入,廪协出,是则少多、死生、出入、往来者皆可知也。于是乎又审之以事,王治农于籍,搜于农隙,耨获亦于籍,狝于既烝,狩于毕时,是皆习民数者也,又何料焉?不谓其少而大料之,是示少而恶事也。临政示少,诸侯避之;治民恶事,无以赋令。且无故而料民,天之所恶也,害于政而妨于后嗣。"

仲山父认为,周王朝所设司民、司商、司徒、司寇、场人、廪人等官职,具体分管百姓生死、赐族、兵役、犯罪庶务,国家收入和人丁数量都有案可稽,根本不用天子费神。现在天子亲自料民,只能表明自己无能和国力空虚,导致诸侯们离心离德。仲山父希望宣王放弃料民之举,周宣王不听。料民使周王朝兵源不足的问题得到缓解,却使国内各种矛盾进一步加剧。

宣王中兴是西周经济社会发展的鼎盛时期。当然这是从物质和文化的积累角度来看的,就制度建设来看,只发生过较小的调整,而经济社会发展主要来自发展积累和历史惯性。宣王所实施的两项政策,即"不籍千亩"和"料民于太原",一方面是财政困窘形式下的无奈之举,另一方面也是适应社会变化的变革举措。从短期实际需要来看,宣王改革暂时解决了王室财政困境,可以对外用兵,不仅打败了楚国的军队,而且深入其境,"日辟国百里",使周朝的控制区域扩大到了南方。从长期的历史发展来看,这种饮鸩止渴之举,则加速了西周封建制度的衰落。

四、平王东迁

宣王中兴是极其短暂的,就整个封建制度来说更是于事无补,作为封建制度载体的周王室,也必然日益走向衰落。《史记·周本纪》:

> 四十六年,宣王崩,子幽王宫湦立。幽王二年,西周三川皆震。伯阳甫曰:"周将亡矣。夫天地之气,不失其序;若过其序,民乱之也。阳伏而不能出,阴迫而不能蒸,于是有地震。今三川实震,是阳失其所而填阴也。阳失而在阴,原必塞;原塞,国必亡。夫水土演而民用也。土无所演,民乏财用,不

亡何待！昔伊、洛竭而夏亡，河竭而商亡。今周德若二代之季矣，其川原又塞，塞必竭。夫国必依山川，山崩川竭，亡国之征也。川竭必山崩。若国亡不过十年，数之纪也。天之所弃，不过其纪。"是岁也，三川竭，岐山崩。

本已岌岌可危的周王室，在幽王继位后又遭到自然灾害的打击，更是摇摇欲坠。这里，伯阳甫分析周王室衰落的原因，即"若过其序，民乱之也"。而对于"失序"和"民乱"，必须做出相应的制度调整，如不能成功地调整，其结果必然是"阳失而在阴，原必塞；原塞，国必亡"（《史记·周本纪》）。他认为，过去伊水、洛水枯竭而夏朝灭亡，黄河枯竭而商朝灭亡。现在周的国运如同夏、商二代的末世，而河川的源头又被堵塞，源头堵塞水流必定枯竭。山崩水竭是败亡的征兆。所以他预计这样的国家不超过十年便会灭亡。果然，十一年（前771年），幽王乃灭。

周平王元年（前770年），周幽王被犬戎杀于骊山之下，申侯、鲁侯、许文公等诸侯拥立太子宜臼继位，即周平王。周平王见周都镐京残破，遂东迁于雒邑（今河南洛阳），以避戎寇。平王东迁是中国封建历史上的转折性事件。东迁以后，周朝政治经济发生了一系列重大变化。《史记·周本纪》：

> 平王立，东迁于雒邑，辟戎寇。平王之时，周室衰微，诸侯强并弱，齐、楚、秦、晋始大，政由方伯。……五十一年，平王崩，太子泄父蚤死，立其子林，是为桓王。……桓王三年，郑庄公朝，桓王不礼。五年，郑怨，与鲁易许田。许田，天子之用事太山田也。八年，鲁杀隐公，立桓公。十三年，伐郑，郑射伤桓王，桓王去归。二十三年，桓王崩，子庄王佗立。庄王四年，周公黑肩欲杀庄王而立王子克。辛伯告王，王杀周公。王子克奔燕。

这一系列变化都发生在平王东迁后的数十年间。周王室对各诸侯国已经失去控制力，周朝天下已经由各"方伯"主宰了。既然周王室已经失去对天下的控制，原有的封建体系也必然逐渐瓦解。首先，"普天之下"已不是"莫非王土"了，封建土地已经变成诸侯私地了。鲁桓公元年（前711年）郑庄公和鲁桓公在垂（今山东曹县北）相会，双方正式交换枋邑和许田。这表明，周王封出的土地已经不属于周王了，而是可以任由诸侯自己交易了，周王作为全国土地的最高所有者，即使象征意义也开始动摇了。其次，"率土之滨"已不再"莫非王臣"了，周王的"共主"地位受到挑战。周王与诸侯之间的君臣关系破坏了，一方面，周王"非礼"诸侯；另一方面，诸侯反过来也"非礼"周王，以至于"郑射伤桓王"，即"繻葛之役，祝聃射王中肩"。最后，周王室的"公共性"已经蜕化乃至消失。鲁桓公十五年（前697年）春，周桓王派家父到鲁国求车。按照周礼，诸侯不向周天子贡纳车辆和戎服，周天子也不得向诸侯国求取私人财货。所以周桓王此举遭到人们非议，《春秋左传·桓公十五年》："天王使家父来求车，非礼也。诸侯不贡车服，天子不私求财。"天子求私财表明周王室的公共性逐渐减弱甚至消失，因而天下共主的地位也就自然不再成立。

平王东迁也是长期以来中国社会经济发展和演变的必然结果。首先，农耕经济与游牧经济的矛盾。农耕民族与游牧民族的矛盾在殷周时期就已经存在。从游牧到游农，从游农到定居，这是一个漫长的历史过程。商族早在盘庚时代就实现了从游农到定居农业的转型。周族发源地处在农业和游牧地区的边缘，所以早期也是游农民族，也就是农牧结合的生产方式。但是在灭商以后，既然承继了殷商的文明成果，也必然加快向定居农业转型，所以在地理区位上也要向中原地区转移。这就是平王东迁的真正原因。其次，东西部经济发展不平衡，西部经济衰落东部发展。周朝初创之时，周公深谋远虑，做了一个千年大计的安排，即在洛阳建立东都。从游农到定居的转型，决定周朝地理中心的转移，即从西向东转移。在西周时期，东部的发展要快于西部，但由于政治中心仍在西部，东部的资源不得不向西部流通，这就导致社会经济成本的增加。因此，平王东迁也是经济发展不平衡的结果。最后，东部资源更加多样化，工商业得到优先发展。西部的资源状况是农牧为主，但是在东部，工商业较早地发展起来。例如，齐国作为吕尚的封地，处于沿海地区，可以利用海盐作为重要的资源与其他诸侯国交易，另外齐国的手工业也较为发达。这是管子协助齐桓公称霸的基础。正因为如此，春秋时期较早实施变革的也是东部地区。总之，平王东迁并不是偶然的历史事件，而是中国经济重心从西向东转移的必然结果。当然，平王东迁更加速了这种转移。

第二节　食货之国计

一、田制与赋税

1. 田制

孟子曰："夫仁政，必自经界始。经界不正，井地不钧，谷禄不平。是故暴君污吏必慢其经界。经界既正，分田制禄可坐而定也。"（《孟子·滕文公上》）所谓"正经界"主要是确立土地制度。《国语》等古籍记载，古代曾以"井"作为田地面积和征收军赋的计算单位。西周实行封建，继承了井田制并加以完善。周文王认为，"治人之道，地著为本"，必须采取"平土之法"公平地分配土地。所以，文王进一步完善了井田制，并在完善田制基础上进一步建立国家赋税制度。《通典·食货一》：

> 周文王在岐，用平土之法，以为治人之道，地著为本，故建司马法："六尺为步，步百为亩，亩百为夫，夫三为屋，屋三为井，井十为通，通十为成，成十为终，终十为同，同方百里，同十为封，封十为畿，畿方千里。故丘有戎马一匹，牛三头，甸有戎马四匹，兵车一乘，牛十二头，甲士三人，步卒七十二人。一同百里，提封万井，戎马四百匹，车百乘，此卿大夫采地之大者，是谓百乘之家。一封三百六十六里，提封十万井，定出赋六万四千井，戎马四千匹，车千乘，此诸侯之大者，谓之千乘之国。天子之畿内，方千里，提封百万井，定出赋六十四万井，戎马四万匹，兵车万乘，戎卒七十二万人，故曰万乘之主。"

司马法是田制与军赋结合的制度设计，即根据土地分配状况来决定军赋和力役的份额。这项工作由小司徒负责。《周礼·地官·司徒》：

> 以起军旅，以作田役，以比追胥，以令贡赋乃均土地，以稽其人民，而周知其数，上地，家七人，可任也者家三人；中地，家六人，可任也者二家五人；下地，家五人，可任也者家二人。凡起徒役，毋过家一人，以其余为羡，唯田与追胥竭作。……乃经土地而井牧其田野。九夫为井，四井为邑，四邑为丘，四丘为甸，四甸为县，四县为都。以任地事而令贡赋。凡税敛之事，乃分地域而辨其守，施其职而平其政。

这就是说，土地分配基本上是以家庭劳动力数量和家庭人口数量为依据，既要考虑家庭的耕作能力，以保证人地关系的平衡，也要考虑土地所能够赡养的家庭人口。与此同时，根据各个家庭所分配的土地承担国家赋役。

> 一家男女七人以上，则授之以上地，所养者众也。男女五人以下，则授之以下地，所养者寡也。正以七人、六人、五人为率者，有夫有妇，然后为家，自二人以至于十为九等，七、六、五者为其中。可任，谓丁强任力役之事者，出老者一人，其余男女强弱相半，其大数。（（晋）范宁、（唐）杨士勋：《春秋穀梁传注疏》卷二十，哀公十二年）

古代村社中，既有集体耕作的土地，也有平均分配给各户的份地，即"公田"

与"私田"并存。公田又称"籍田",是集体耕作的土地,用来支付公共费用。分配给各户的私田,是按家庭人口和劳动力状况平均分配的。所谓公平原则,就是要考虑土地肥力不同,用增减土地数量的方法加以调节,"民受田,上田夫百亩,中田夫二百亩,下田夫三百亩","若山林薮泽原陵淳卤之地,各以肥硗多少为差"(《通典·食货一》)。如果家庭人口和劳动力多,则根据比例增加分配土地,"农民户人已受田,其家众男为馀夫,亦以口受田如比"。而非农业人口则按比例减少土地分配数量,"士工商家受田,五口乃当农夫一人"。为了保证土地分配的公平,还必须经常轮换耕作,"岁耕种者为不易上田,休一岁者为一易中田,休二岁者为再易下田,三岁更耕之,自爰其处"。(《汉书·食货志》)

土地分配也要兼顾土地利用效率,具体说就是将不同位置的土地分配给不同用途的人户。这类土地分配事宜由小司徒下属的载师负责。《周礼·地官·司徒第二》:

> 载师掌任土之法。以物地事,授地职,而待其政令。以廛里任国中之地,以场圃任园地,以宅田、士田、贾田任近郊之地,以官田、牛田、赏田、牧田任远郊之地,以公邑之田任甸地,以家邑之田任稍地,以小都之田任县地,以大都之田任疆地。

这里是说,分配土地还要兼顾土地利用的效率,具体方法就是根据土地位置分配不同的使用,如城中之地主要用来居住,距住宅较近的土地用以种植蔬菜,做官的、读书人、经商者等都根据需要分配以相应位置的土地,畜牧业者则分配远郊土地。卿、大夫以及各级贵族也分配以采地和采邑。"皆言任者,地之形实不方平如图,受田邑者远近不得尽如制,其所生育职贡,取正于是耳。"(《通典·食货一》)

2. 赋役

周武王灭纣后继承了文王创建的田制,并进一步完善了赋税制度。西周赋税结构仍以贡赋为主体,赋包括田赋、力役、军赋和罚课;贡为九贡,分封制下的各级诸侯、封君、采邑主都要向中央政府朝见进奉。除贡赋外还有各种杂税。

首先是田赋。西周田赋的基础是田制,即根据农户所分配的土地状况承担田赋。由于土地分配是平均的,所以田赋基本上也是均等的。《孟子》说:"夏后氏五十而贡,殷人七十而助,周人百亩而彻,其实皆什一也。彻者,彻也;助者,借也。"(《孟子·滕文公上》)就是说,西周的彻法同商代的助法一样,也建立在井田制的基础上,但征收方式有所不同。彻法是把九百亩大小一块田,分为九个百亩一块的田,每夫授田一块。耕种时须与同沟共井之人通力合作,每年终了,按百亩的实际收获量征收实物，大率民得其九，公取其一。由于是比例税制，多收多得，有利于调动劳动者的积极性。

农民除了要缴纳田赋外，还要承担包括力役和兵役在内的徭役和军赋。力役包括跟随诸侯、大夫从事狩猎、追捕盗贼以及运送官物等事。一般是一户一人。服役的日数一般为一年三日，少者一日，如遇灾荒凶年则不服劳役。服役的年龄："国中自七尺以及六十，野自六尺以及六十有五皆征之。其舍者：国中贵者、贤者、能者、服公事者、老者、疾者皆舍。以岁时入其书。"（《周礼·地官·司徒》）就是说，国中之民自二十岁至六十岁，野自十五岁至六十五岁。对于国中的特权阶级，如贵者、贤者、能者、服公事者可以免役，老者和疾者也可以免役。周代兵役制度是七家出一人服兵役，按规定轮换。与兵役相关的还有军赋。殷周"因井田而制军赋"：一丘之地（十六井）出戎马一匹、牛三头；一甸（四丘）出戎马四匹，兵车一乘，牛十二头，甲士三人，卒七十二人，干戈武器也由自己准备。

另外，西周时设有罚课，是寓惩于征的措施。《周礼》规定："凡宅不毛者，有里布。凡田不耕者，出屋粟。凡民无职事者，出夫家之征，以时征其赋。"（《周礼·地官·司徒》）这就是说，凡不勤劳生产，或不完成生产任务的，都要受到加税或服徭役的处罚。据载：凡住宅地旁不种桑麻者，要出里布；有地不耕者，要出屋粟；凡民闲居而不参加生产者，不仅要交纳一夫的田赋，还要服徭役。

3. 贡纳

西周除田赋之外还有贡，即各国诸侯和平民按规定向周天子的献纳。被分封的各级诸侯及采邑主，由于他们的土地及土地上的民众都是周王所赐，因而他们必须"各以其职来贡"，履行贡纳义务。

贡有两种，一是邦国之贡，一是万民之贡。

邦国之贡。西周作为统一的封建国家，王畿以外的诸侯国需要承担贡纳义务。这种贡纳是根据诸侯国与周王室的关系和地理距离来决定的。一般来说，诸侯国所缴纳的贡品主要是地方特产。邦国之贡有九种：周武王既诛纣，发其财，散其粟，反其失而人安。于是分九畿，方千里曰王畿。其外曰侯畿，其贡祀物。又外曰甸畿，其贡嫔物。又外曰男畿，其贡器物。又外曰采畿，其贡服物。又外曰卫畿，其贡财物。又外曰蛮畿，又外曰夷畿，要服也，其贡货物。又外曰镇畿，又外曰藩畿，此荒服也，谓之蕃国，世一见，各以其所贵宝为挚。（《通典·食货四》）根据《周礼·天官·冢宰》，九类贡物分别为：一祀贡，指的是供祭祀用的包茅、纯色全体牲畜（牺牲）等物品；二嫔贡，指诸侯贡献给国王接待宾客所用之物，一般为皮帛之类物品；三器贡，指宗庙器具之类的物品，如银、铁（梁州贡）、漆（兖州贡）、石（砥砺）、磬（徐州贡）等类；四币贡，指帛，也说是玉马、皮帛之类物品；五材贡，指木之类，包括杆、括柏等；六货贡，指金、玉、龟、贝之类物品；七服贡，指祭服，不是制成的衣服而是服材；八游贡，指燕好、珠玑、琅之类，一说贡羽毛之类；九物贡，指各地其他方物特产可供贡献者，如肃慎氏贡矢之类，或鱼、盐、橘、柚之类。

万民之贡。"万民之贡"也有九种，源于民间九种职业。周代"以九职任万民：一曰三农，生九谷。二曰园圃，毓草木。三曰虞衡，作山泽之材。四曰薮牧，养蕃鸟兽。五曰百工，饬化八材。六曰商贾，阜通货贿。七曰嫔妇，化治丝枲。八曰臣妾，聚敛疏材。九曰闲民，无常职，转移执事"（《周礼·天官·冢宰》）。相应地也就产生了"九职之贡"，包括：任农以耕事，贡九谷；任圃以树事，贡草木；任工以饬材事，贡器物；任商以市事，贡货贿；任牧以畜事，贡鸟兽；任嫔以女事，贡布帛；任衡以山事，贡其物；任虞以泽事，贡其物。凡无职者出夫布。凡庶民不畜者，祭无牲；不耕者，祭无盛；不树者，无椁；不蚕者，不帛；不绩者，不衰。（《周礼·地官·司徒第二》）可见，这九职囊括了当时农工商各业人员，贡纳者遍布各地城乡。

二、国用与会计

1. 天官地官

夏商两代为国家形成初期，国家机构尚不健全，职官制度比较简单。据《礼记》和《尚书》记载：夏有六卿之设，即后稷主农业，司徒掌邦教，秩宗主宗庙，司马掌军政，士主刑狱，共工掌百工。商代有六太、六工、六府之设。其中六太为典制之官，六工为技艺之官，六府即司木、司土、司水、司草、司器、司货。这些职官都不同程度地负责国家财经和社会经济活动的管理。

到西周时期，国家机构设置逐渐完善，财政管理也日趋制度化和规范化。据《周礼》记载，西周国家财政机构分为两大系统，一是总司财政和财政支出的"天官"系统，二是主管财政收入的"地官"系统。

天官系统。包括大宰和小宰。"大宰之职，掌建邦之六典，以佐王治邦国"，负责以"九职任万民"，总管王畿"九赋"和诸侯各国的进贡，负责国家财政"九式"支出。"小宰之职，掌建邦之宫刑，以治王宫之政令"，辅佐大宰管理"九赋""九贡""九式"，均节财用，负责军赋、徭役、户籍、土地、市场货物价格等。另外，还有负责岁入岁出、按旬月岁记账审核的司会，掌五畿内户籍土地和国中财政之收支及入账审核的司书，掌王邦财政之收入的职内，掌王邦财物之支出的职岁，掌现金之出纳的职币，执国家总库、收纳各类财物、然后分藏各库的大府，收藏之财物专供王室享用，即为帝王私库的玉府，收藏之财物专供政府支出，即为国家公库的内府，收藏之财物供政府支出的外府等。（《周礼·天官》）

地官系统。包括大司徒和小司徒。"大司徒之职，掌建邦之土地之图与其人民之数，以佐王安扰邦"，区别各地物产，制定天下贡赋。"小司徒之职，掌建邦之教法，以稽国中及四郊都鄙之夫家九比之数，以辨其贵贱、老幼、废疾"，总司土地和户口，掌赋税劳役的征调。还有掌民政和税课的载师、主课六乡贡赋的闾师、主课野之贡赋的县师、掌本乡劳役征发的乡大夫、主课货物过境关税和违禁漏税罚款的司关、主课市肆房税、货物等的廛人、主课山泽税的委人、掌城镇买卖契券和违法者处罚的质人、按季节征收鸟羽的羽人，以及向山农征葛布、向泽农征草贡的掌葛等。（《周礼·地官》）

2. 财赋国用

国家征收赋税的目的，主要是用于王室消费和各种公共费用支出。《汉书·食货志》："有赋有税。税谓公田什一及工、商、衡虞之人也。赋共车马、兵甲、士徒之役，充实府库、赐予之用。税给郊、社、宗庙、百神之祀，天子奉养、百官禄食庶事之费。"《周礼》对于赋税的征收和支出都有明确的记载：

（大宰）以九赋敛财贿：一曰邦中之赋，二曰四郊之赋，三曰邦甸之赋，四曰家削之赋，五曰邦县之赋，六曰邦都之赋，七曰关市之赋，八曰山泽之赋，九曰币余之赋。以九式均节财用：一曰祭祀之式，二曰宾客之式，三曰丧荒之式，四曰羞服之式，五曰工事之式，六曰币帛之式，七曰刍秣之式，八曰匪颁之式，九曰好用之式。以九贡致邦国之用：一曰祀贡，二曰嫔贡，三曰器贡，四曰币贡，五曰材贡，六曰货贡，七曰服贡，八曰斿贡，九曰物贡。以九两系邦国之民：一曰牧，以地得民。二曰长，以贵得民。三曰师，以贤得民。四曰儒，以道得民。五曰宗，以族得民。六曰主，以利得民。七曰吏，以治得民。八曰友，以任得民。九曰薮，以富得民。（《周礼·天官·冢宰》）

赋税的征收和使用都由太府掌管。《周礼》：

太府掌九贡、九赋、九功之贰，以受其货贿之入，颁其货于受藏之府，颁其贿于受用之府，凡官府都鄙之吏及执事者受财用焉。凡颁财，以式法授之；关市之赋以待王之膳服，邦中之赋以待宾客，四郊之赋以待稍秣，家削之赋以待匪颁，邦甸之赋以待工事，邦县之赋以待币帛，邦都之赋以待祭祀，山泽之赋以待丧纪，币馀之赋以待赐予。凡邦国之贡以待吊用，凡万民之赋以充府库，凡式贡之馀财以供玩好之用，凡邦之赋用取具焉，岁终则以货贿之入出会之。（《周礼·天官·冢宰》）

《文献通考·国用考》对西周赋税体系做了精简的概括：九贡是邦国之贡，据经以待吊用；九赋是畿内之赋，以给九式之用；九职万民之贡，以充府库。三者余财，以供玩好。玉府掌王之金玉玩好，凡良货贿之藏，凡王之献金玉、兵器、文织、良货贿之物，受而藏之。凡玉之好赐，供其货贿。

3. 分权体制

周代政治上实行分封制，财政上则为分权制，即所谓"天子取于王畿，诸侯取于封地"，各有各的财源，各有各的征收范围。在这种体制下，国家财政与王室财政不分，因此中央财政就是王室财政，而地方财政乃是封君财政。中央财政收入主要有两项：一是王畿之内的税收和其他收入，二是诸侯各国的贡赋。依据《周礼·地官·大司徒》所载：

> 凡建邦国，以土圭土其地而制其域。诸公之地，封疆方五百里，其食者半；诸侯之地封疆方四百里，其食者三之一；诸伯之地，封疆方三百里，其食者参之一；诸子之地，封疆方二百里，其食者四之一；诸男之地，封疆方百里，其食者四之一。

显然，公、侯、伯、子、男在其封地里所取得的租税收入，公留二分之一，侯、伯留三分之一，男留四分之一，其余部分贡献给王朝，用于国家即中央王国的各种支出。

三、市场与市采

西周王朝以农立国，但也在一定程度上承继了商代的重商传统，因而在强调农业生产时，对各种商业活动也给予鼓励。据《尚书·周书·洪范》记载，周武王对于八个方面的政务安排中，"一曰食，二曰货"，即第一位是农业生产，第二位就是商业贸易。《逸周书·大臣》还记载有西周初年武王曾采取的鼓励各地商旅迁居城市的政策，规定"能来三室者与一室之禄"，即迁来三家政府可给一家之官禄。周初成王居丰、镐时，使召公重新按照武王的筹划营建洛邑，其重要原因就是"此天下之中，四方入贡道里均"（《史记·周本纪》）。可见西周政府对商业流通的重视程度。

1. 市场管理

西周政府重视市场管理。市场的开设一般要由官府批准，自发形成的交易场所是不允许存在的。在都邑中，为了不影响社会秩序，一般规定在王宫的北面设市。在通往各诸侯国的驿道上，也要依据一定距离、交通条件和当地物产情况分别设市。市的长官是"司市"。

> 司市掌市之治教、政刑、量度禁令。以次叙分地而经市，以陈肆辨物而平市，以政令禁物靡而均市，以商贾阜货而行市，以量度成贾而征价，以质剂结信而止讼，以贾民禁伪而除诈，以刑罚禁虣而去盗，以泉府同货而敛赊。（《周礼·地官·司徒》）

他的属下有质人、廛人、泉府等，廛人管理众多的胥吏，分掌各自领属的市肆内的不同事务。进入市场的各种货物都必须整齐排列于规定的地段。同一种类、价格接近的都摆在邻近的一处，谓之一"肆"，由司市指派肆长负责。都邑中的市场一天只进行三次交易，"大市，日而市，百族为主；朝市朝时而市，商贾为主；夕市夕时而市，贩夫贩妇为主"（《周礼·地官·司徒》）。市场入门处有称为"胥"的官吏执鞭纠察，市场内有官吏巡行，货物出入市场必须有凭证方可通行。进入市场的商品价格由贾师确定。贾师还可以根据官府需要和市场状况对价格进行调整。在发生较大的天灾和疫病时，贾师要负责维持米谷和重要的民生商品的价格，禁止随意抬高物价。官府剩余物资的入市价格也由贾师参与确定。市场上由于价格引起的争端，一般由管理市场的大小官吏司市、胥师、贾师来负责调解处理。除了管理物价以外，日常买卖事务也由贾师率领肆长每月更替轮值主持。有一些临时设置的市场，也采取这种管理办法。政府还规定了大量不许入市的商品种类。《礼记·王制》记载：

> 有圭璧金璋，不粥于市；命服命车，不粥于市；宗庙之器，不粥于市；牺牲不粥于市；戎器不粥于市。用器不中度，不粥于市。兵车不中度，不粥于市。布帛精粗不中数、幅广狭不中量，不粥于市。奸色乱正色，不粥于市。锦文珠玉成器，不粥于市。衣服饮食，不粥于市。五谷不时，果实未熟，不粥于市。木不中伐，不粥于市。禽兽鱼鳖不中杀，不粥于市。关执禁以讥，禁异服，识异言。

2. 征商关市

西周的关市之征，主要包括市税和关税。市税即商税，原来只对市肆坐贾所课，由"廛官"负责征收，主要指对市内邸列肆、守斗斛、诠衡的征收，具有市场商品交易税性质。《周礼·地官·司徒》："廛人掌敛市絘布、緫、质布、罚布、廛布，而入于泉府。凡屠者，敛其皮、角、筋、骨，入于玉府。凡珍异之有滞者，敛而入于膳府。"廛人征收的商税分为"五布"：（1）絘布，为列肆之税，即在行肆坐卖货物的商税，同后来的商税；（2）呼布，管理货物出入的衡量，同后来的牙税；（3）质布，对违反商业票证规定的商人的课税；（4）罚布，对违反市场管理法令的人的课税；（5）廛布，对商人存放货物于邸舍内的课税。另外，对屠宰牲畜的肉贩，还另收牲畜的皮、角、骨，抵附加税上交玉府。凡市中珍异衣物滞销的，以市价买入交予膳府；遇到灾荒疫害之时，则市内概不征税。由此可见，周代把课征市税与市场管理有机地结合起来，既保证市场正常交易，又防止奸商扰市。市税收入皆入泉府。

关税是过往关境所缴纳的税。西周官府鼓励各地行商的往来贸易，但对货物出入关市有许多规定。如规定：从境外运货入关者，则其"玺节"查验货物的多少，由司关通报国门，由国门通报司市，司市核实通过后，才能在市上发售。商人从市内采购的货物欲运出境外，也要有司市发给的"玺节"作为出关的通行证。司门掌管国门（城门）的开闭以免违禁货物流出；司关则严格进行出境检查。市、门、关三个方面互相配合，以控制出入关的货物。对于那些不在市上购买、径直在民间易货的外地商人，由于没有司市签发的"玺节"，官府则要求各地在他们把货物运到关上时，由司关统一征收一笔关税，并付之以"传"作为补办的通行证件。倘若货物因故暂时停搁关下邸舍，则另交税币，称为"廛布"。对那些不经关口而走私运出的，一经发现不仅要没收货物，还要严厉处罚货主。还规定中秋之月"易关市，来商旅，纳物贿，以便民事，四方来集，远乡皆至，则财不匮，上无乏用，百事乃遂"，"门闾毋闭，关市毋索"。（《礼记·月令》）

3. 钱币与市易

随着工商业的发展，货币使用更加广泛。不过西周仍使用贝币，以"朋"为计算单位。周初的铜器《小臣单觯》铭云："周公易（锡）小臣单贝十朋。"《令酘》铭云："姜商（赏）令贝十朋。"《尊》铭又云："易贝五朋。"这些铭文说明"贝"已经成为交换媒介。《文献通考·钱币考》：

> 周制，以商通货，以贾易物。太公又立九府圜法，黄金方寸而重一斤；钱圜函方，轻重以铢；布帛广二尺二寸为幅，长四丈为匹。故货宝于金，利于刀，流于泉，布于布，束于帛。

钱币由外府和泉府管理。外府和泉府通过对钱币的控制，对国家经济和市场进行调节。

> 外府掌邦布之入出，以共百物，而待邦之用。凡有法者，共王及后、世子之衣服之用。凡祭祀、宾客、丧纪、会同、军旅，共其财用之币，赍赐予之财，凡邦之小用皆受焉。岁终则会，唯王及后之服不会。（《周礼·天官·冢宰》）
>
> 泉府掌以市之征布。敛市之不售，货之滞于民用者，以其贾买之，物楬而

书之，以待不时而买者。买者各从其抵，都鄙从其主，国人郊人从其有司，然后予之。凡赊者，祭祀无过旬日，丧纪无过三月。凡民之贷者，与其有司辨而授之，以国服为之息。凡国事之财用取具焉。岁终，则会其出入而纳其余。（《周礼·地官·司徒》）

政府还利用所掌握的货币和货物，对市场的商品供求和价格进行调节。根据《文献通考·钱币考一》：

> 盖古人创泉布之本意，实取其流通。缘货则或滞于民用，而钱则无所不通；而泉府一官最为便民，滞则买之，不时而欲买者则卖之，无力者则赊贷与之。盖先王视民如子，洞察其隐微，而多方济其缺乏，仁政莫尚于此，初非专为谋利取息设也。……买之于方滞之时，卖之于欲买之际，此与常平贱籴贵粜之意同。泉府则以钱易货，常平则以钱易粟，其本意皆以利民，非谋利也。然后世常平之法转而为籴，且以其所储他用而不以济民，则惟恐其数之不多，利之不美，于是亦以理财之法视之矣。

《周礼·地官·司市》："国凶荒札丧，则市无征而作布。"这里是说，有自然灾害发生，商品价格昂贵时，政府不征市税，是考虑人民困乏。但金铜无凶年，因物贵，所以才大规模铸泉以饶民。这事实上就是用货币增减来调节市场和供给。

4. 杂征与禁榷

西周时还有各种杂征，主要是山泽税等。山泽税是对山林、园池水泽所产所征的税。包括山林所出的兽皮、齿、角、羽翮，池泽所出的鱼、盐等物所收取的实物。《周礼·地官·司徒》：

> 委人掌敛野之赋敛薪刍。凡疏材木材，凡畜聚之物，以稍聚待宾客，以甸聚待羁旅。凡其余聚，以待颁赐，以式法共祭祀之薪蒸木材。宾客，共其刍薪。丧纪，共其薪蒸、木材。军旅，共其委积、薪刍，凡疏材，共野委兵器，与其野囿财用。凡军旅之宾客馆焉。

周代有禁酒之令。《尚书·周书·酒诰》："文王诰教小子，有正有事，无彝酒；越庶国，饮惟祀，德将无醉。""矧汝刚制于酒，厥或告曰：'群饮。'汝勿佚，尽执拘以归于周，予其杀。又惟殷之迪诸臣惟工乃湎于酒，勿庸杀之，姑惟教之。"《周官》："萍氏掌几酒、谨酒。几者，几察酤卖过多及非时者。谨者，使民节用而无彝也。"（《文献通考·征榷考四》）但是，周代禁酒的目的并不在于增加国用，而是以正社会风气。

食盐是人们必须食用的必需品。政府对食盐的产销实行管理。在周朝时，掌盐政之官叫"盐人"。不设官员，只有奄（宦官）二人、女盐（管盐的女奴）二十人、奚四十人。周王畿之内不产盐，故盐人不掌管产盐事务，掌供应盐的事务。《周礼·天官·盐人》记述盐人掌管盐政，管理各种用盐的事务。如祭祀要用苦盐、散盐，待客要用形盐，大王的膳羞要用饴盐。

四、作雒与营国

中国城市的大量兴起是从西周开始的。《吕氏春秋》卷第十七说："古之王者，择天下之中而立国。"西周王朝建立以前，其都邑在周原。文王时期在沣水西岸建立了沣邑，武王在沣水东岸建立了镐京，灭商后镐京成为西周王朝的国都。《诗·大雅·文王》称："文王受命，有此武功。既伐于崇，作邑于丰。文王美哉……宅是镐京，维龟正之，武王成之。"武王灭纣西归，路经伊洛流域说："自洛汭延于伊汭，居易毋固，其有夏之居。我南望三涂，北望岳鄙，顾詹有河，粤詹雒、伊，毋远天室"（《史记·周本纪》），于是计划营建洛邑。但武王未能亲自主持洛邑的修建就去世了。成王即位后在周公和召公的主持下修建洛邑。《逸周书·作雒解》记载："周公敬念于后曰：予畏周室不延，俾中天下。及将致政，乃作大邑成周于土中。立城方千七百二十丈，郭方七十里，南系于雒水，北因于郏山，以为天下之大凑。"

从地理位置来看，成周大郭是涧水、瀍水和洛水的汇合处，水源充足，交通便利，便于四方贡赋的征收，在成周的兴建过程中也便于通过水道运输建筑材料。成周建成于成王五年。整个成周大邑有大小二城，小的叫"城"，后来叫"王城"，因王宫所在而得名；大的叫"郭"，即是"郭"，用作居民会集和军队留守之处。成周即为国都，就必然设有丘兆、社坛、大庙、明堂之类，以举行各种祭礼和政治大典。《逸周书·作雒解》说："乃位五宫、大庙、宗宫、考宫、路寝、明堂，咸有四阿，反坫，亢重、郎、常累、复格藻棁，设移、旅楹、春常、画旅。内阶玄阶，堤唐山廧，应门库台玄阃。"从出土的西周金文中可见，成周有"京宫"和"康宫"两大周王宗庙系统，"京宫"祭周太王以来康王以前各王，"康宫"祭康王以下各王。宣王时的"康宫"有康、昭（金文作邵）、穆、夷（金文作或）、厉（金文作剌）五王之庙（共、懿、孝王已祧附入昭宫或穆宫中）。[1] 何尊、簋等铭文上都提及成周的这些建筑。此外，王城内还建有君王的行宫、官署。

---

[1]　参见贾洪波：《论令彝铭文的年代与人物纠葛——兼略申唐兰先生西周金文"康宫说"》，《中国史研究》2003 年第 1 期。

西周封建诸侯，将全国划分为一个个区域实行统治。诸侯在到达封地以后，首要的任务就是建立城堡，用坚固的城郭来保障自己的安全。所以，封建统治者都把筑城作为立国的根本大计。经过长期发展，各封国所建之城，也都颇具规模。齐都临淄建于西周夷王元年（公元前887年），有大小两城，大城面积约17平方公里，已探出对外城门七处及城内道路七条，城内主要分布手工业作坊及民居。小城位于大城的西南，面积约3平方公里，有城门五。其北其东皆紧倚大城，相倚处有城墙相隔，城西北隅有"桓公台"，为齐侯宫室所在。城内均发现设计与铺筑良好的石砌下水道。鲁国都城曲阜位于洙泗二水之间，遗址的平面呈椭圆形，东西长3.7公里，南北宽2.7公里。① 其外垣始筑于西周，有城门十一处，门道宽7—15米，门外两侧建突出墩台。宫室在城中偏东北处，有大型夯土台基多处。手工业作坊位于城内北部及中部，其间散布民居。已发现城内大道十条，以自宫室南通向南墙东门，并延向门外之舞雩台者为主要之干道。比较小的封国蔡，所建都城雄踞蔡县芦冈坡，四周有护城壕沟，面积约数平方公里。

周人以礼治国，建城也需按照等级规制。按照周礼的规定，第一级是天子的王城；第二级是各诸侯封国的国都；第三级则是宗室和卿大夫的采邑。这三级城市在其范围大小、城墙高低等方面，都有严格的限制。如《周礼·考工记》记载了王城规模："王城门阿之制五雉，宫隅之制七雉，城隅之制九雉。""门阿之制，以为都城之制。宫隅之制，以为诸侯之城制。环涂以为诸侯涂经，野涂以为都涂经。"这是说，诸侯之国都城的制度，都要低于王室，并且还要按照各自的等级差别下去。《周礼·春官·典命》："上公九命为伯，其国家宫室车旗衣服礼仪皆以九为节。"还说"侯伯七命，子男五命"。郑玄注说："国家，国之所居谓城方也，公之城盖方九里，侯伯之城盖方七里，子男之城盖方五里。"

《周礼》还规定了王城内部格局："匠人营国，方九里，旁三门。国中九经九纬，经涂九轨。左祖右社，面朝后市，市朝一夫"。"左祖右社"，即城内的左边建造供奉祖先的宗庙，右边建造祭拜天地、社稷的祭坛。还特别规定了"面朝后市""市朝一夫"，即市场只能建造在宫廷的北面，面积只能有"一夫"（即一百亩地）的大小。可见，当时的"营国制度"，充分体现了为统治者服务的原则，更限制了城市经济、商业活动的发展。②

五、救荒与赈恤

西周时期的政府已经明确承担救荒和赈恤之责，并且形成一整套较为缜密的制

---

① 参见史念海：《〈周礼·考工记·匠人营国〉的撰著渊源》，《传统文化与现代化》1998年第3期。
② 参见吴刚：《中国城市发展的质变：曹魏的邺城和南朝城市群》，《史林》1995年第1期。

度和规则。

1. 有司

政府设立官职专门负责社会保障的各方面事务。《周礼》规定：实行荒政和救济等属于"大司徒"的职责范围，其所属官员具体负责日常及灾荒时的救济与施舍。《周礼·地官·司徒》："遗人掌邦之委积，以待施惠。乡里之委积，以恤民之阨；门关之委积，以养老孤；郊里之委积，以待宾客；野鄙之委积，以待羁旅；县都之委积，以待凶荒。"另外，"司救"有在天灾疫病时"以王命施惠"之责；"旅师""遂人""族师"等基层官吏，也都有查明老幼残疾情况，据以施惠、散利、均役的责任（《周礼·地官·司徒》）；"司稼掌巡邦野之稼，而辨穜稑之种，周知其名，与其所宜地。以为法而县于邑闾，巡野观稼，以年之上下出敛法。掌均万民之食，而赒其急而平其兴"（《周礼·地官·司徒》）；此外如"廪人""仓人""旅师"等亦各有所司。乡遂组织也负有互相救助的责任，《周礼·地官·司徒》规定："令五家为比，使之相保；五比为闾，使之相受；四闾为族，使之相葬；五族为党，使之相救；五党为州，使之相赒；五州为乡，使之相宾。"这些乡师、乡大夫、州长、党正、族师、闾胥、比长等均有查察居民情况"辨其施舍"之责，同时当所属之地人民发生生活困难时，要相互帮助、救济。

2. 荒政

西周时期已经有较为完备的备荒和救荒理念以及相应的制度。首先是备荒理念。《国语·周语》："列树以表道，立鄙食以守路。国有郊牧，疆有寓望，薮有圃草，囿有林池，所以御灾也。"《逸周书·文传》："天有四殃，水旱饥荒，甚至无时，非务积聚，何以备之？"《礼记·王制》："国无九年之蓄，曰不足；无六年之蓄，曰急；无三年之蓄，曰国非其国也。三年耕，必有一年之食；九年耕，必有三年之食。以三十年之通，虽有凶旱水溢，民无菜色。"其次是备荒体制。《周礼·地官·司徒》："廪人掌九谷之数，以待国之匪颁、赒赐、稍食。以岁之上下数邦用，以知足否，以诏谷用，以治年之凶丰。凡万民之食，食者人四鬴，上也；人三鬴，中也；人二鬴，下也。若食不能人二鬴，则令邦移民就谷，诏王杀邦用。"这就是说，"廪人"掌理九谷收入的总计，据此决定君臣俸禄、救济与恩赐的数量，并根据年成好坏制定用谷的标准，如果每人每月平均的粮食用量在二鬴以下，即为荒年，需要制定相应的救济措施，如移民就谷。掌管备荒之仓的是仓人。"仓人掌粟入之藏，辨九谷之物，以待邦用。若谷不足，则止余法用。有余，则藏之，以待凶而颁之。凡国之大事，共道路之谷积，食饮之具。"（《周礼·地官·司徒》）最后是救荒措施。《周礼·地官·司徒》中提出十二条旨在灾荒之年"聚万民"的荒政措施：

以为地法而待政令，以荒政十有二聚万民：一曰散利，二曰薄征，三曰缓刑，四曰弛力，五曰舍禁，六曰去几，七曰眚礼，八曰杀哀，九曰蕃乐，十曰多昏，十有一曰索鬼神，十有二曰除盗贼。

就是说在灾荒之年，要对人民贷给谷种和粮食、减轻各种租税、宽缓刑罚、免除为公家服劳役、开放关市山泽的禁令、免除市场货物的稽查、简化吉礼与丧礼的礼仪、收藏乐器不奏、简化婚礼以增加人民结婚机会、求索重修旧有而已废的祭祀、铲除盗贼。另外，《周礼》还规定，凡诸侯国发生灾荒，应该予以救助，如《秋官·大行人》规定"致会以补诸侯之灾"，即对遇灾的诸侯进行实物救济；《小行人》规定："若国札丧，则令赙补之；若国凶荒，则令委之；……若国有祸灾，则令哀吊之。"（《周礼·秋官·司寇》）

3. 救助

周代有较为完善的救助理念。《周礼》规定了六项养民制度："以保息六养万民：一曰慈幼，二曰养老，三曰振穷，四曰恤贫，五曰宽疾，六曰安富。"（《周礼·地官·司徒》）为此，政府设立了有司和专门的官职。《周礼》规定"乡师""族师""遂人"等地方官查察辖内男女户口，颁给职事，命其缴纳贡赋、征召徒役，同时要辨明老幼废疾之人并给予优免。《周礼》规定，"国人"二十岁以下六十岁以上、"野人"十五岁以下六十五岁以上可以免于服役。老人还享有各种优惠，如出席天子宴会时喝酒不受限制，行祭礼时可饮食在先；不仅可以免除徭役，甚至可以免除刑罚等。《周礼·天官》规定"小宰"掌有"敛施之事"；"遗人"执"掌邦之委积，以待施惠"，其中"乡里"所贮粮食用以救济民之困乏，"司门司关"所贮粮食用以抚恤阵亡将士的家属；乡遂和村社组织更要做到"相保""相受""相葬""相救""相赒""相宾"，即相互救助。《逸周书》记载："周公曰：乡立巫医，具百药，以备疾灾，畜五味，以备百草。立勤人以职孤，立正长以顺幼，立职丧以恤死，立大葬以正同。"这是最早的医疗救助政策。

不过，《周礼》记载的各项救荒和赈恤以及救助等制度和措施，大多是理想的设计，在实际生活中还是有极大的差距。在当时的经济社会水平下，有些制度也是不切实际的。事实上往往是制度归制度，实行归实行，在很大程度上是互不相干的。特别是《周礼》实际上是汉代儒家根据理想来设计的，并不是西周时真正存在的制度。

第三节　食货之民生

一、农业与农村

1. 农技进步

西周时的农具绝大部分是用木石、兽骨和蚌壳制成的。当时的农具主要是耒和耜。耒和耜都是木制的，其区别在于耜带有一个宽头，而耒的下部是分叉的双齿。但是《诗经》有几处提到耜的锋利，如"有略其耜"（《周颂·载芟》）、"畟畟良耜"（《周颂·良耜》）、"以我覃耜"（《小雅·大田》）等，表明此时的耜可能已有金属耜头。《诗经》还有"庤乃钱镈，奄观铚艾"（《诗·周颂·臣工》），钱就是铲子，镈就是锄头，铚是短镰刀。可见，到西周末期可能已经有少量金属农具出现。

工具的进步使耕作方式也发生变化，即"耦耕"的出现。"耦耕"是两人协作的耕作方式，比商代的三人协作的"协田"有了很大进步。这种耕作方法包括两个动作，一曰"推"，一曰"发"，前者是刺土，后者是翻土。不过这种耕作方式仍依靠集体协作，即《诗经》所说："亦服尔耕，十千维耦"，"千耦其耘"。（《诗经·周颂·臣工》）

西周时已有休耕制。当时的农田分为"菑田""新田""畲田"三个部分。《尔雅·释地》说："田一岁曰菑，二岁曰新田，三岁曰畲"。"菑"是第一年开垦的荒田，"新"是第二年可用的新田，而"畲"是第三年已垦好的熟田。如《诗经·周颂·臣工》："嗟嗟保介，维莫之春，亦又何求，如何新畲。"《诗经·小雅·采芑》："薄言采芑，于彼新田，于此菑亩。"《尚书·周书·大诰》："厥父菑，厥子乃弗肯播，矧肯获。"休耕制是西周从迁徙农业转向定居农业的关键技术。

西周时期，黄河流域农村已比较普遍地推广了排水和引水设施，并在一些农业发达地区出现了除草、壅土、施肥、治虫等先进生产技术，农民的耕作经验也越来越丰富。西周的农田已有了"亩""甽"等结构。《诗经·小雅·信南山》云："信彼南山，维禹甸之。畇畇原隰，曾孙田之。我疆我理，南东其亩。"这里是说整理农田，按照地势水流的高低流向以定垄之南北向或东西向。《尚书·周书·梓材》中说，"若稽田，既勤敷菑，惟其陈修，为厥疆畎"，既然勤勉治理新开垦的土地，就要继续整理修治疆界和田间的沟洫。《诗经·小雅·白华》说，"滮彼北池，浸彼稻田"，说的是用滮池的水进行灌溉。可见，西周时人们已经重视对农田的规划和整治并发明了农田灌溉。

西周时人们已经知道选育良种。《诗经·小雅·大田》说："大田多稼，既种既戒，既备乃事。以我覃耜，俶载南亩。"郑笺云："将稼者，必先相地之宜，而择其种。"《诗经·大雅·生民》说："诞降嘉种，维秬维秠，维穈维芑"，"种之黄茂，实方实苞"。嘉种就是良种，秬、秠是两种黍，而穈、芑则是两种穄，方和苞就是大而饱满的意思。这就是说，要从收获的粮食中选择大而饱满的籽粒作为种子。

西周时人们已经知道施肥和灭虫。《诗经·周颂·良耜》："茶蓼朽止，黍稷茂止。"这里说的是把腐败的杂草放到田中的施肥方法。《诗经·小雅·信南山》中说："今适南亩，或耘或籽。黍稷薿薿，攸介攸止，烝我髦士。"耘就是除草，而籽就是给作物的根部培土。这里说的是除草和中耕。《诗经·小雅·大田》说："去其螟螣，及其蟊贼，无害我田稚。田祖有神，秉畀炎火。"毛传云："食心曰螟，食叶曰螣，食根曰蟊，食节曰贼。"这说明当时人们已经可以区分害虫的种类，并且知道用光诱虫并用火灭虫的办法。

周人所种植的作物品种已很丰富，有黍、稷、禾、麦、牟（大麦）、麻、荏菽（大豆）、稻、糯稻、粱、粟等，号称百谷。《诗经》有"浸彼稻田""十月获稻"等句，足见稻也可在北方种植。还有"其崇如墉，其比如栉，以开百室，百室盈止"（《诗经·周颂·良耜》），说明收获之丰。

在农业丰收之后，人们还掌握了粮食的加工、贮藏方法，并掌握了以自然冰冷藏食品的技术。农业的发展也带动了农产品加工品的发展，不仅自新石器时代晚期出现的酿酒技术有了飞速提高，而且出现了制造饴糖和煮桃、煮梅、用盐渍菜的方法。

畜牧业也有了新的发展。《诗经·小雅·无羊》："谁谓尔无羊？三百维群。谁谓尔无牛？九十其犉。尔羊来思，其角濈濈。尔牛来思，其耳湿湿。"可见牲畜的饲养是成一定规模的。《周礼》中还记载了各种负责管理畜牧业生产的官员。渔猎仍是重要的生产活动。《诗经·小雅·无羊》："牧人乃梦，众维鱼矣，旐维旟矣，大人占之；众维鱼矣，实维丰年；旐维旟矣，室家溱溱。"狩猎还是贵族们培养尚武精神的重要方式。《诗经·豳风·七月》中说："二之日其同，载缵武功，言私其豵，献豜于公。"据报道，沣西遗址中发现的狩猎工具为农业工具的一半以上。当然，这也可以理解为西周从渔猎和畜牧向农业转型过程的遗迹。

2. 耕作方式

在周人活动的河洛、河济、河渭等地区，分布着众多的薮泽沮洳，不少地方涝洼积水，由于排水不畅而容易出现土地的盐碱化。为此，西周时人们逐步建立了农田沟洫系统。《周礼·地官·遂人》记载："凡治野：夫间有遂，遂上有径，十夫有沟，沟上有畛；百夫有洫，洫上有涂；千夫有浍，浍上有道；万夫有川，川上有路，以达王畿。"在这里，划分井田的基本结构是"封疆阡陌"。"封疆"就是井田四周的边界，"阡陌"就是田地里纵横交错可供人行走的田埂，也称"径术"。《吕氏春秋·孟春》说："王布农事，命田舍东郊，皆修封疆，审端径术"。典型的井田，就是外有封疆，内有阡陌的田地。《国语·鲁语下》："其岁收，田一井，出稷禾、秉刍、缶米，不过是也"。现这种沟洫系统也是井田制的重要基础。

西周时期，用青铜器制作的农具还比较罕见，普通农民仍大量使用木石为主的工具，特别是还没有用畜力来取代人力，所有田间耕种及沟洫维修都要靠人力进行。各级贵族土地自留部分作为"公田"，也称"大田"或"甫田"，其余大部分土地分授给农民作为份地即"私田"。贵族公田由农民代为耕种，谓之助耕。农民要先耕种公田，然后才能耕作私田，即所谓"方里而井，井九百亩，其中为公田。八家皆私百亩，同养公田；公事毕，然后敢治私事"（《孟子·滕文公上》）。公田上的劳动一般采取集体共耕方式，需要监督和管理，这个职责自然由封建领主承担。根据文献记载，每年春季开始的时候，天子都要举行"籍礼"作为集体耕作的开始。周王占有的公田很大，有"千亩"之称，劳动规模也蔚为壮观。《诗经·周颂·噫嘻》："噫嘻成王，既昭假尔。率时农夫，播厥百谷。骏发尔私，终三十里。亦服尔耕，十千维耦。"西周王朝设有司徒专门负责"籍田"，还设有"田畯"负责监督公田上的耕作。

农民的私田是按劳动力平均分配的。《春秋公羊传·宣公十五年》何休注："圣人制井田之法而口分之，一夫一妇受田百亩，以养父母妻子，五口为一家……多于五口名曰馀夫，馀夫以率受田二十五亩。……男年六十、女年五十无子者，官衣食之。"但农民所耕种的份地并不是固定的，要实行定期重分，即"换土易居"。据1972年山东临沂银雀山汉墓发现的竹简《田法》记载："州乡以地次受（授）田于野。……三岁而一更赋田，十岁而民毕易田，令皆受地美恶口均之数也。"3年更换一次份地，每个农户在10年之中要分别轮种上田、中田、下田，即"十岁而民毕易田"。《春秋公羊传·宣公十五年》何休注："司空谨别田之善恶，分为三品，上田岁一耕，中田二岁一耕，下田三岁一耕，肥饶不能独乐，硗埆不能独居，故三年一换土易居，财均力平。"就是说，换土易居的目的主要是避免土地肥沃程度和其他条件的不同而造成的不公平。这种定期重新分配份地的制度，是为了保证共同体成员可以平等地使用土地，同时也可以表明土地的共有性质。

3. 村社生活

西周有乡遂制度，即将周王直属的"国"分为六乡，将直属的"野"分作六遂。《周礼》记载："国"中"五家为比，使之相保；五比为闾，使之相爱；四闾为族，使之相葬；五族为党，使之相救；五党为州，使之相赒；五州为乡，使之相宾"。"野"中"五家为邻，五邻为里，四里为酇，五酇为鄙，五鄙为县，五县为遂"。六乡分别设置比长、闾胥、族师、党正、州长、乡大夫等职，六遂则设有邻长、里宰、酇长、鄙师、县正、遂大夫等职。此外，西周还初步确立了什伍之法："五家为比，十家为联；五人为伍，十人为联；四闾为族，八闾为联。使之相保相受，刑罚庆赏相及相共，以受邦职，以役国事，以相葬埋。"（《周礼·地官·司徒》）

西周时期保留了商殷社会中的农村公社，一般称为"邑"，也可称为"鄙"。邑的规模从"十室之邑"到"百室之邑"都有，一般约为三十家左右。如《周礼·地官·司徒》记载："乃经土地而井牧其田野，九夫为井，四井为邑。"一般来说，作为集中居住的"邑"于中间地带，由内向外依次分为用于耕地、草地、林地和林外空地。这就是《尔雅·释地》所描绘的"邑外谓之郊，郊外谓之牧，牧外谓之野，野外谓之林，林外谓之坝"。不同公社之间都有界线，种植杜木或桑树以为"封疆"。

公社农民聚族而居，"五族为党"，族有百家。《诗三家义集疏》卷二十六："百室，一族也。其已治之，则百家开户纳之。千耦其耘，辈作尚众也。一族同时纳谷，亲亲也。百室者，出必共恤间而耕，入必共族中而居。又有祭酺合醵之欢。"村社的公共事务管理，最初是由村社中选举产生的"长老"负责，后来"长老"的职责逐渐被国君和贵族选派的乡官取代，如里正、三老、啬夫等。

《汉书·食货志》记述了西周公社农民的劳动和生活：

种谷必杂五种，以备灾害。田中不得有树，用妨五谷。力耕数耘，收获如寇盗之至。还庐树桑，菜茹有畦，瓜瓠、果蓏殖于疆易。鸡、豚、狗、彘毋失其时，女修蚕织，则五十可以衣帛，七十可以食肉。在野曰庐，在邑曰里。五家为邻，五邻为里，四里为族，五族为常，五常为州，五州为乡。乡，万二千五百户也。邻长位下士，自此以上，稍登一级，至乡而为卿也。于是里有序而乡有庠。序以明教，庠则行礼而视化焉。春令民毕出在野，冬则毕入于邑。其《诗》曰："四之日举止，同我妇子，馌彼南亩。"又曰："十月蟋蟀，入我床下"，"嗟我妇子，聿为改岁，入此室处。"所以顺阴阳，备寇贼，习礼文也。春将出民，里胥平旦坐于右塾，邻长坐于左塾，毕出然后归，夕亦如之。入者必持薪樵，轻重相分，班白不提挈。冬，民既入，妇人同巷，相从夜绩，女工一月得四十五日。必相从者，所以省费燎火，同巧拙而合习俗也。男女有不得其所者，因相与歌咏，各言其伤。

村社中有供成员公共集会和活动的建筑和场所，兼有会议室、学校和礼堂的性质，称为庠、校、序等。庠者养也，为村社中父老主持活动之所；校者教也，教育村社子弟的场所；序者社也，习射之所。村社每年仲春季节都要举行隆重的祭社活动，这是村社中最重大的集体活动，目的是祈求甘雨和丰年。祭社时男女齐集，杀牛羊祭祀，奏乐歌舞。各种礼节结束后，将祭品平均分配给大家食用。①

西周时期公社农民的生活自给自足。一般村落都有夯土墙保卫，称为"保"或"都"，"保"的两头有门，叫作"闾"，"闾"旁边有门房，叫作"塾"，在农忙季节，父老和里正就坐在"塾"里，监督人们早出晚归。《管子·立政·首宪》："筑障塞匿，一道路，博出入，审闾闬，慎筦键，筦藏于里尉，置闾有司，以时开闭，闾有司观出入者，以复于里尉，凡出入不时，衣服不中，圈属群徒不顺于常者，闾有司见之，复无时。"《孟子·滕文公上》："死徙无出乡，乡田同井。出入相友，守望相助，疾病相扶持，则百姓亲睦。"可见，公社也是个聚族而居和自我封闭的社会组织。

二、工业与分工

1. 工商食官

西周的手工业生产仍沿袭商代的"工商食官"制度。《国语·晋语四》载晋文公时"工商食官"。韦昭注："工，百工；商，官贾也。《周礼》：'府藏皆有贾人，以知物价'。食官，官廪之。"《国语·周语上》记春秋时周襄王的使者内史过曰："古者……庶人、工商，各守其业，以共（供）其上。"这就是说，工商业都是官承办的，百工和商人都由官方直接控制，并专门为官方服务。《礼记·王制》说："凡执技以事上者：祝、史、射、御、医、卜及百官。凡执技以上市者：不贰市，不移官。"这些人以各自技术专门为贵族服务，既不可兼做他事，也不能改变行业。所生产的产品主要满足政府需要和贵族享用，并非商品生产。

周灭商时接收了商代的手工作坊以及手工工匠，并在此基础上增设了新的手工作坊。周王室直接设立的手工作坊都是规模最大的，其中的手工工匠也是技艺最为精湛的，因而生产出了不少精美的手工制品，专供王室和国家需要。各诸侯国也都在自己的国都设立自己的作坊，规模也不小，有的甚至不亚于王室作坊。这一时期的官营手工业主要生产国家专用的产品，如武器和礼器以及贵族所需的各种用品。冶铁和煮盐这类手工业部门也是官营的，但这些产品却是面向广大消费者的，所以，随着生产的扩大逐渐具有商品经济性质。例如，官方经营的金属农具向农民销售，用于农业生产，国家控制食盐的产销终归是要满足民用，因而必然走向市场。

① 参见杨宽：《西周史》（上），上海人民出版社2016年版，第217—219页。

铸币业是官府手工业中一个特殊的生产部门，一方面国家必须垄断铸币权，另一方面也必须走向市场。除官府手工业外，还有属于农民家庭副业的民间手工业，大多是与日常生产和生活有关的制品，如家庭纺织和木制农具等，基本都是自给自足的生产，只有少数产品用于交换。

2. 青铜业

在西周官府手工业中，最为重要的是青铜工业。西周的青铜业比商代有很大发展，生产规模也更大。西周王朝对矿冶和青铜制造业非常重视，当时的采矿、冶炼和铸造技术在各地都有非常普遍的推广，除了丰、镐和成周外，各地的诸侯国也都有青铜冶炼和铸造。在长安、扶风、岐山等地发现了多批窖藏铜器，河南三门峡虢国墓也出土了各种铜器和工具、武器、车马等，数量多达数千件。

青铜冶炼和铸造技术都有很大发展。河南洛阳北窑村发现西周王室的青铜铸造作坊，从出土的熔铜炉残片来看，当时采用木炭或木柴作为燃料，采用内加热方法。熔铜炉有大、中、小三种类型。小型的用打掉瓮口的陶瓮作坩埚，内壁抹炉衬，外壁涂草拌泥。中型的使用草拌泥做成锅形炉底河炉围，垒成筒状炉身，内壁以细泥作炉衬。大型的先筑成圆饼形的炉底，再用沙子、黏土加草拌成泥条，盘绕成炉圈，垒成竖式炉体，炉内壁抹上耐火的石英砂和黏土混成的炉衬。内径约 1 米左右，有两两相对的四个鼓风口，用牛皮做成的皮囊（橐）鼓风。根据出土耐火材料的熔点测定，炉温高达 1200—1250 度。[1]

西周的陶范制作已经达到一个新的水平，还发明了一模翻制数范的方法。陶范一般用石英砂和黏土制成，内含少量蚌壳粉。同一块陶范上往往配用两种范土，外范的内壁和内范的表面使用光滑的范土，以保证铸件的光洁度，增加熔液的流动性；外范的外壁和内范的芯部选用砂粒较大、结构较松的范土，用以增加陶范的透气性。铸造青铜器前，要用范土塑造出铸件的模型，经烘烤而成陶质。从出土的大克鼎等器物上，可以明显见到在泥模上划成方格写字的痕迹，在同心圆的圆心位置还发现有针眼痕迹，说明周人已使用圆规作圆。泥模表面划有分型的刻线，说明在制作外范和内范前，已在泥范上进行分型设计，确定外范的片数，造型简单的铸件采用双合范，复杂的铸件采用多合范。动物头像的泥模，一般都是正面雕塑纹饰，背面内凹，这表明浇注复杂的铜器已采用"先铸法"，即先铸好铜头铸件，然后将此铸件嵌入外范，再用铜液浇注，使头像与器物合为一体。[2]

西周的青铜工艺已经形成自己的独特风格，其中最具代表性的青铜器有大盂鼎、大克鼎、毛公鼎等。[3] 西周前期的大盂鼎高约 1 公尺，重 153.5 公斤，器厚立

---

① 参见杨宽：《西周史》（上），上海人民出版社 2016 年版，第 323 页。
② 参见杨宽：《西周史》，上海人民出版社 2016 年版，第 324 页。
③ 参见杨宽：《西周史》，上海人民出版社 2016 年版，第 318 页。

耳，折沿，敛口，腹部横向宽大，壁斜外张、下垂，近足外底处曲率较小，下承三蹄足，器以云雷纹为地，颈部饰带状饕餮纹，足上部饰浮雕式饕餮纹，下部饰两周凸弦纹，有铭文291字，记述了周康王二十三年九月册命贵族盂之事。西周中期，铜器的数量大增，带铭文的铜器更多。如周孝王时期的大克鼎，高93.1厘米，重201.5千克，口径75.6厘米，鼎腹内壁亦铸有铭文290字，记录克依凭先祖功绩，受到周孝王的策命并赏赐大量土地和奴隶的内容。大克鼎型宏伟古朴，鼎口之上竖立双耳，纹饰是三组对称的变体夔纹和宽阔的窃曲纹，线条雄浑流畅，代表了西周中期的青铜工艺水平。周宣王时的毛公鼎，口饰重环纹一道，敞口，双立耳，三蹄足，有铭文497字，记载了周宣王即位之初，亟思振兴朝政，乃请叔父毛公为其治理国家内外的大小政务，并饬勤公无私，最后颁赠命服厚赐的历史。整个造型浑厚凝重，饰纹简洁古雅朴素，具有浓厚的生活气息，是西周铜鼎由宗教转向世俗生活的代表作品。另外，与商代铜器以酒器为主不同，西周铜器更多的是饪食器，鼎、鬲、甗、簋等，到西周晚期青铜酒器已经非常少见。在虢国墓中还发现有三面铜镜，这表明在当时的青铜工业中不仅有礼器、武器，而且有了生活用品。

3. 纺织业

在蚕桑业发展的基础上丝纺织业也有很大发展。《诗经》中有许多关于开辟桑田、种植桑树、采桑、伐桑和养蚕、缫丝、纺纱、织锦、刺绣等各种生产的描述。西周丝织业集中在黄河流域，齐国是丝织业最为发达的地区。姜太公初封营丘时，"地潟卤，人民寡，于是太公劝其女功，极技巧"，故齐能"冠带衣履天下"。（《史记·货殖列传》）关中和晋南地区的桑蚕业也很发达。如《诗经·豳风·七月》："春日载阳，有鸟仓庚，女执懿筐，遵彼微行，爰求柔桑。"《诗经·魏风·十亩之间》："十亩之间兮，桑者闲闲兮"；"十亩之外兮，桑者泄泄兮"。陕西岐山贺家村西周墓葬发现有丝织品痕迹，陕西宝鸡茹家庄墓葬出土有斜纹图案的丝织品，说明丝绸已成为贵族服饰的主要原料。在沣西遗址中还发现大量纺陶轮和少量的石、骨纺轮以及骨、角、铜制的锥、针之类工具，说明丝织业的发展已很普遍。

国家对种桑养蚕和丝织业非常重视，将其与农业、种植业同样作为国民经济的重要部门对待，即所谓的耕织两业。国家对官营纺织生产进行管理，从征收原料、组织织造，到成品交纳入库，都有专门的机构负责。《周礼》中记有典丝、典枲、掌葛、掌染草、掌炭等，是主要负责纺织原料、染料和成品的征集、保管和发放的机构；还有专门负责组织纺绩、织造布帛的典妇功，专门负责涑漂和画染的染人、画缋等。另外，基层政权组织也负有鼓励和支持农夫家庭纺织生产的职责。《汉书·食货志》记述西周时农夫家庭结束一年的田间劳动，搬回有里胥和邻长管理的"邑里"家中过冬时说："冬，民既入，妇人同巷，相从夜绩，女工一月得四十五日。"《周礼·地官·闾师》说"任嫔以女事，贡布帛"。

西周时丝织品种多了起来，特别重要的是织锦的出现。《诗经·小雅·巷伯》载："萋兮斐兮，成是贝锦。"这是文献上首次提到锦，《毛诗正义》卷十二之三曰："女工集彼众采而织之，使萋然兮，令文章相错，以成是贝文，以为其锦也。"参照《尚书·夏书·禹贡》扬州盛产织有贝纹的丝织品，可知《诗》中的"贝锦"是用不同彩线织成有花纹的锦。这项技术发明是西周中后期纺织业的重要成就，标志着丝织品生产进入了一个新阶段。西周末年和春秋时期，锦的生产备受重视，成为大贵族独享的高级织物，《诗经》中《秦风·终南》《唐风·葛生》《郑风·丰》《卫风·硕人》等诗篇里都有歌颂"锦衣""锦衾""裳锦"的诗句，春秋时经常把锦作为馈赠的礼物，深受消费者的喜爱，因而较快地发展起来。[1]

丝绸是贵族所用的织品，而广大平民主要采用麻织品。麻织品的原料是大麻，在西周时已有广泛种植，主要分布在黄河流域。《诗经》里有不少关于麻的记载，如"麻麦幪幪"（《大雅·生民》）、"丘中有麻"（《王风·丘中有麻》）、"蓺麻如之何"（《齐风·南山》）、"禾麻菽麦"（《豳风·七月》）等。此外，淮河和长江流域广泛生长着苎麻，葛和营草也可以作为麻的补充。如《周南·葛覃》："葛之覃兮，施于中谷，唯叶莫莫。是刈是濩，为绤为绤，服之无斁。"麻纺织业主要依靠妇女劳动。诗经有多处描写妇女纺织劳动的诗句，如《诗经·陈风·东门之枌》："不绩其麻，市也婆娑"；《诗经·小雅·斯干》："乃生女子，载寝之地，载衣之裼，载弄之瓦。"《诗经·陈风·东门之池》反映了妇女"沤麻""沤营"的劳动过程。政府对民间家庭纺纱织布进行监督，对产品质量和规格都有严格规定，如《礼记·王制》云："布帛精粗不中数，幅宽狭不中量，不粥于市。"粗麻布除农夫和奴隶作衣料外，还是制作车辆帷幂和伞盖的材料。还有部分高质量的高级麻布，主要供贵族的日常消费，也用以制作朝服和麻冕等礼仪服装，还作为互相赠予的礼品。这种麻织品是由官营作坊生产的。为了保证生产和质量，政府有专门的官员负责管理，如"掌葛"负责征收原料，"典枲"负责发放原料，把不同等级的麻纺织品收缴入库，供王室贵族消费。[2]

4. 制陶、漆器和玉器

西周的制陶业较之商代有一定发展。尽管西周已经进入较为发达的青铜时代，但青铜器作为日常用具仍然较为少见，满足人们日常生活的器皿仍然是陶器。所以，西周时代的陶器生产规模较大，分布也十分广泛。《左传·定公四年》载，周王赏赐给康叔的"殷民七族"中有以烧陶为职业的陶氏，说明西周早期的陶业生产已经形成了专门行业。制陶手工业受到政府的高度重视，陶正是专门管理制陶的

---

① 参见张永山：《西周时期的纺织和毛皮手工业生产》，《中国史研究》1994 年第 4 期。
② 参见张永山：《西周时期的纺织和毛皮手工业生产》，《中国史研究》1994 年第 4 期。

官员。周原的制陶作坊规模较大，诸侯国也有各自的制陶作坊，曲阜鲁国故城内外也发掘出这个时期的制陶遗址，规模极为可观。

王室和各诸侯国的制陶技术水平大体相当，都是利用水平旋转的陶均（俗称陶轮），使泥坯成型和修整器口，同时也兼用模制和手制。西周早期的陶器大多采用轮模合制，中晚期逐渐使用快轮制作。陶器质料仍然主要是泥质陶、夹砂陶、白陶、硬陶和原始瓷几种，其中泥质陶数量最多，以民间日常生活中使用的食器和水器为主。炊具器类的陶质一般都加入石英砂，也有部分盛贮器是夹砂的，往往是那些体形较大，器壁较厚的陶器，如瓮、罍、大型罐等。陶器上的花纹主要有绳纹、线纹、弦纹、瓦纹、云雷纹、回纹、重圈纹、三角划纹、S 形纹等。西周时还发明了覆盖屋顶的瓦，改变了以茅草掩盖房顶的建筑形式。西周前期的陶窑，仍是火焰通过陶坯上升到窑顶排出的"直焰窑"。西周晚期出现了火焰穿过陶坯上升到窑顶，再折转向下经后方烟道排出的"横焰窑"，这样就具备了提高烧成温度的条件，使陶器质量大大提高。[①]

瓷器的早期产品称作原始瓷。在商代的基础上，西周的原始瓷器的生产也有了一定发展，在陕西张家坡遗址发现的原始瓷器，质地坚硬，外表有青色或黄色的釉，有光泽，扣之有声，硬度已很接近瓷器。原始瓷的地理分布较商代明显扩大，在郑州、安阳、偃师、藁城、济南、益都等出土商代原始瓷的地点之外，黄河流域又增加许多新地点，以关中和洛阳地区最为多见，甘肃灵台、河南濬县、信阳、襄县、山东济阳、北京等地也相继发现原始瓷；长江中下游的江西、安徽、江苏、浙江地区的原始瓷生产发展迅速，江浙一带原始瓷出土的地点尤为密集。原始瓷技术有了很大的进步，表现为器形逐渐加大、品种和数量的增加，以及陶窑的不断改进。商代黄河流域发现的原始瓷，体高在 20 厘米以上已属大型器物，西周时期出现高达 40 厘米原始瓷瓮（原始瓷罐），胎体致密，厚度均匀，是原始瓷中的艺术珍品。中原地区发现的原始瓷有罍、瓮、罐、豆、簋等，种类虽然不是很多，但出土数量显著多于商代，而且完整的器物较多。长江流域的器物种类繁多，最常见的有尊、罐、盉、豆、碗、钵、盂、盅等。江苏句容出土的龙耳罐，腹部贴有两条双身的龙形耳，龙身向下做蠕动状，整体造型极为生动。西周时期原始瓷不仅种类多，而且产量大，上升为人们日常生活器皿的主要品种之一，到西周中晚期，原始瓷已居日用器皿之首。[②]

漆器是西周贵族常用的食器。西周继承了商代漆器工艺并有进一步发展，增加了杯、俎、壶、彝等品种，增加了镶嵌蚌片和蚌泡的技法，漆绘图案也大为丰富。

---

① 参见张永山：《西周时期陶瓷手工业的发展》，《中国史研究》1997 年第 3 期。
② 参见张永山：《西周时期陶瓷手工业的发展》，《中国史研究》1997 年第 3 期。

各地贵族追求奢华的生活，许多生活用具和室内家具讲究造型艺术，使竹木器的髹漆工艺发展迅速。目前所发现的西周漆器以漆豆最多。漆器造型大多仿自青铜器，色彩鲜艳，工艺复杂，集工艺品和使用器具于一身。西周漆器工艺的突出成就，是在漆器的主要使用部分或易损部分包铜或镶嵌青铜附件。这种漆器在陕西长安张家坡、山西洪洞永凝堡等西周墓葬中均有发现。各地考古发现的许多木器，都采用了髹漆工艺。

玉器使用更加普遍，不仅用于服饰或其他佩戴物上，而且是区别尊卑的礼器和仿兵器仪仗用品，大多为专门的作坊制作。西周时期很流行使用骨器，骨笄是各阶层普遍使用的骨制品。陕西扶风云塘村曾发现大规模的制骨作坊。此外，西周时期，人们还从青铜冶炼过程中发明了琉璃的炼制技术，琉璃成为贵族所欢迎的装饰品。

5. 车辆制造

值得一提的是车辆制造。车既是战争工具也是交通工具，更是各级贵族身份的象征。西周时期的车，种类更为增多，形制也更加精巧。《周礼·考工记》对车辆的制作有比较详细的记载：

> 车人为车，柯长三尺，博三寸，厚一寸有半，五分其长，以其一为之首。毂长半柯，其围一柯有半。辐长一柯有半，其博三寸，厚三之一。渠三柯者三，行泽者欲短毂，行山者欲长毂。短毂则利，长毂则安。行泽者反辑，行山者仄辑，反辑则易，仄辑则完。六分其轮崇，以其一为之牙围。柏车毂长一柯，其围二柯，其辐一柯，其渠二柯者三。五分其轮崇，以其一为之牙围，大车崇三柯，绠寸，牝服二柯有参分柯之二。羊车二柯有参分柯之一，柏车二柯。凡为辕，三其轮崇，参分其长，二在前，一在后，以凿其钩，彻广六尺，鬲长六尺。

这里提出了不少重要的技术标准，如只有把车轮制成正圆，才能使轮与地面的接触面"微至"，从而减小阻力以保证车辆行驶"戚速"；还规定制造行平地的"大车"和行山地的"柏车"的毂长和辐长，"行泽者欲短毂，行山者欲长毂。短毂则利，长毂则安"。可见，当时的车辆制造已达到较高的水平。

车辆制造是一个综合性很强的部门，车辆的制造过程，需要木工、金工、漆工和皮革等多种工匠的合作。如《周礼·考工记》所说："一器而工聚焉者，车为多。"《周礼·考工记》记载了几个重要的工种分工：

> 凡攻木之工七，攻金之工六，攻皮之工五，设色之工五，刮摩之工五，搏

埴之工二。攻木之工：轮、舆、弓、庐、匠、车、梓；攻金之工：筑、冶、
凫、栗、段、桃；攻皮之工：函、鲍、韗、韦、裘；设色之工：画、缋、锺、
筐、帻；刮摩之工：玉、楖、雕、矢、磬；搏埴之工：陶、瓬。

从《周礼·考工记》的记载看，当时的手工业分工已经十分细致，手工艺水
平也达到较高水平。

三、交换与市场

西周以农立国，但在很大程度上也继承了商代的重商传统，在强调农业生产
时，也鼓励经营商业活动。商业在《周礼》中被列为"九职"之一。文王时曾遭
遇天灾，政府首先想到的是给商贾提供方便，"外食不赡，开关通粮"（《五礼通
考》卷二百四十六）。《逸周书·大臣》还记载有西周初年周公曾采取的鼓励各地
商旅迁居城市的政策，"令县鄙商旅曰：能来三室者，与之一室之禄"（《逸周书》
卷四），即规定迁来三家政府可给一家以官禄。他还主张："辟开修道，五里有郊，
十里有井，二十里有舍，远旅来至关，人易资，舍有委。市有五均，早暮如一，送
行逆来，振乏救穷。"（《逸周书·大臣》）这都是便利商旅的措施。政府对商业施以
轻税："关市平，商贾归之"；"关夷市平，财无郁废，商不乏资"。（《逸周书》卷
四）各诸侯国也重视工商业。如《史记·齐太公世家》记载："太公至国，修政，
因其俗，简其礼，通工商之业，便鱼盐之利，而人民多归齐，齐为大国。"

据《周礼·地官·司徒》记载，当时市场上交易的对象包括"货贿、人民、
牛马、兵器、车辇、珍异"。西周时期商业的目的主要在于通四方之珍异。所以，
在西周市场贸易中，占突出地位的仍然是地区之间土特产品的交流。社会的稳定有
利于经济的发展，中原地区和沿海各地的贸易关系日趋频繁。交通的发展也促进了
商品的交流，东南的海产物更多地运到西北各地。在陕西、河南一些西周遗址中都
发掘出大量海产品，说明内陆地区与沿海地区交流频繁。据《诗经》和西周金文
的记载，在"元龟象齿"之外，尚有"大赂南金""金道锡行"，铜与锡的交易及
入贡，在商代与西周一直是北方与南方荆州、扬州一带和淮夷地区物资交流的主要
内容。

西周时期商品交换主要由贵族掌握，并为他们的需要服务。虽然政府鼓励商
业，但对受有爵命的人还是有所要求，他们不能直接参加交易，只能派自己的奴隶
进入市场。为贵族从事贸易的奴隶，有许多是被征服的商族人中的奴隶及其后人。
后世的《吕氏春秋》卷二十六《上农》指出："凡民自七尺以上，属诸三官。农攻
粟，工攻器，贾攻货。"所以，他们往往是专业商人，即所谓"工匠役工以攻其
材，商贾趣市以合其用。外商资贵而来，贵物益贱，五出贵物，以通其器"。（《逸

周书》卷四）周人文献常把商人与家内奴隶的臣仆并列，次序排在庶人之下。西周中期以前，周王室和各地诸侯等贵族奴隶主用官府的名义直接控制着商业奴隶。这就是所谓的"工商食官"。

政府实行"工商食官"政策，即用官府名义掌管全部工商业者，指挥他们在生产商品的同时进行商业活动，并把生产和买卖都限制在社会和政府需要范围之内。官营商业之外的商贩经营十分有限，主要限于少量剩余产品的交易，并且都要在政府规定的范围和指定的市场进行。每个城市都有专门的市场。《周礼·考工记》载："匠人营国，方九里，旁三门。……左祖右社，面朝后市。"市分三类："大市日昃而市，百族为主；朝市朝时而市，商贾为主；夕市夕时而市，贩夫贩妇为主。"三种市都设有专门的官员进行管理，名为"司市"，下设辨别货物真假的"胥师"、掌管物价的"贾师"、维持秩序的"司虣"、稽查盗贼的"司稽"、验证"质剂"契约和管理度量衡的"质人"、征收商税的"廛人"。

一般平民的商品交换活动，只在农闲的时候出售自己的某些剩余农产品或手工制品，包括弓箭、箭囊、小件竹木制品、零星衣服鞋帽等。他们大多属于"贩夫贩妇"一类小商贩，但其中少数人获利后牵牛驾车奔走离家，脱离农业而成为专业商人，专门为贵族贩运土特产品。到了西周后期，开始出现一些不属于官府的私人商业，由新出现的小贵族经营，役使少量奴隶从事规模不大的商业活动，开始形成一种新的社会力量。不过，名副其实的商人阶级直到战国时期才发展起来。

第四节　封建经济的兴衰

一、封建经济结构

与夏商封建不同，西周封建制度是一个完整的体系，包括政治、经济、文化等，这个体系是以宗法为基础的。就是说，不论是政治制度，还是经济制度或文化，都是依据宗法制度而建，在此基础上建立了"亲亲、尊尊"的等级制度。所以，宗法等级制是封建制度的显著特征。

1. 等级共有

封建制不仅是政治制度，也是一种经济制度。随着人口增长，资源日益变得相对稀缺。人口压力促进了技术变革，耦耕、垄作、条播、中耕以及选种、治虫、施肥等农业技术陆续出现，休闲耕作制逐步取代撂荒耕作制，游耕农业转变为定居农业。但总的来说，农业生产技术刚进入定居锄耕农业阶段，产量不是很高。这就决定农业不可能提供足够的剩余产品来维持一个庞大的国家官僚机构和庞大的军队。因此，国家不得不分权于诸侯，诸侯再分权于属臣，通过这种自上而下的层级制度，实施对产权的保护并维护社会经济的运行。诸侯将封国中的部分土地和人口自己经营，将其余部分再分封给下级属臣。这种受封的属臣称大夫，大夫的封地称"家"。诸侯的辅臣统称"卿士"，如上卿、卿、令尹、太常、太宰、司徒、司马、司空、司寇等，均由大夫、士担任。大夫的属官有邑宰等，统称家臣，由士担任。诸侯、大夫拥有自己封地上的政治、经济、军事和司法大权。也同样由于农业剩余产品有限，国家所能供养的军队有限，难以对全体人民的生命和财产提供有效的保护，普通庶民还必须组织起来自保。因而，必须通过分封建制，以井田制为基础，将农民分散的井邑纳入封建国家的政治经济体系。

西周土地，名义上是"王有"或"国有"，即"溥天之下，莫非王土；率土之滨，莫非王臣"（《诗经·小雅·北山》）。《尚书·周书·梓材》称："皇天既付中国民越（与）厥（其）疆土于先王"，即皇天（上帝）把民众和国家的疆土授给了先王，说明周王对全国土地的所有权是受命于天。这种土地国有制的建立，为土地的分封创造了前提。周武王把全国土地以封地形式分封给姬姓家族、异姓亲属以及商朝归顺的贵族和边地各部落酋长，按公、侯、伯、子、男的爵级各分封给不同数量的土地，这就是所谓的"列土封国"。受封的各个诸侯，又按照周王的办法，依次去分封该封地内的下级贵族，下级贵族再分封给更下级的贵族，即诸侯分封卿，卿分封大夫，大夫分封士。《孟子·万章下》说："天子之制，地方千里，公侯皆方百里，伯七十里，子、男五十里，凡四等。不能五十里，不达于天子，附于诸侯，曰附庸。天子之卿受地视侯，大夫受地视伯，元士受地视子、男。"不过这些土地名义上都是以周王为代表的国有土地，不能买卖，所谓"田里不鬻"（《礼记·王制》），只有周王才有权处置，包括赐给诸侯百官，也有权收回专赐他人。分封土地时，连同土地上的人民一起分封给受封的诸侯，即所谓"授民授疆土"。通过这种分封，建立起由天子、诸侯、卿大夫、庶民等一系列阶层构成的封建等级财产制度。在这种制度下，"天子有田以处其子孙，诸侯有国以处其子孙，大夫有采以处其子孙"（《礼记·礼运》），"大夫食邑，士食田，庶人食力"（《国语·晋语四》）。可谓各处其位，各得其所，各有所得。

为了获得农奴的无偿劳动，领主将所受封的采邑土地，分割出一部分给农奴耕种，并把他们编制在一个共耕一定公田的单位中。[1] 如周天子在自己的"王畿"之内，除自己直接保有的田地即所谓"大田"或"籍田"外，将其余的田地也当作"禄田"或"采邑"分封给直接为天子服务的各级官吏和亲属。而各级官吏和亲属

---

① 参见傅筑夫：《中国经济史论丛》上册，生活·读书·新知三联书店1980年版，第72页。

又根据不同情况，除自己直接保有的田地外，将其余田地分配给周围的农奴和自由民身份的农民耕种。在王畿之外的各诸侯也以同样的方法将土地层层分给下级领主直至最底层的农奴和农民。这些农奴和农民，除了耕种自己领得的一份"私田"外，还要集体耕种各级领主自己保留的"公田"，并服其他各种劳役，即所谓"公事毕，然后敢治私事"。在这种制度下，每层领主都对上层封建主有隶属关系，有镇守疆土、缴纳贡赋的职责，而土地上的人民即成为固定在土地上的依附农民，也就是农奴。

2. 采邑制度

天子建国，诸侯立家。周初封建之后，各诸侯在自己的封国内向卿大夫封赐采邑。采邑制度是封建贵族经济的基础。采邑也称食邑，而较早的说法是"采地"或"采"。《春秋公羊传·襄公十五年》何休注说："所谓采者，不得有其土地人民，采取其租税尔。"《孟子·梁惠王章句上》说："天子之公卿采地方百里。"可见，采邑从起源和本质上说是一种供给制度。卿大夫供职于诸侯，任官治事，居于国中而不居采邑，不治采邑之政。就是说，周初国王所赐的"采"实际上就是赐予土地收益权利，目的是让臣子们采收可以食用之物。这是因为，周初国家制度还处在初创阶段，尚未形成完备的赋税制度，国家没有足够的资源维持各类国家机器，也没有供给王族成员和各级官员的俸禄，更没有能力供养臣妾、奴仆类人员。但另一方面，王朝统治区域内幅员广大，人口稀少，土地充裕。所以，国家就以土地封赐方式，分配给王族和功臣以及重要的国家官员以采邑，让他们自食其土，自食其力，并能够在国家需要时利用自己采邑上的资源为国家尽力。

武王伐纣获胜，占据了殷商王朝统领的广大东方地区时，利用武力征服的广大土地，大规模推行采邑制度。在这一过程中，绝大多数周王的子弟和同姓或异姓贵族，特别是那些有功之臣，大都被封赐采地。以后，由于周王控制了广泛的国土，作为全国土地的最高所有者，还不断地进行封赐，也就不断创造封建采邑。直到东周时期仍有赐田之事，如《左传》记载春秋中期周襄王赐四邑之地给晋文公。诸侯在封国之内同样也可以把土地分赐给自己的子弟和属臣作为采邑。西周金铭文中，记有贵族把自己的土地赐给小贵族的事例。例如不其簋铭文记载："伯氏曰：不其，汝小子。汝肇海于戎工，锡汝弓一、矢束、臣五家、田十田"。通过这种层层封赐，就产生了更多大大小小的采邑。

这些被分封的土地，有些是已经被土著部落垦殖的，但仍有相当大的部分是荒荒蛮之地。郑子产叙述郑国初建国时的情况："昔我先公桓公与商人皆出自周，庸次比耦以艾杀此地，斩之蓬蒿藜藿而共处之。"（《左传·昭公十六年》）《左传·昭公十二年》记载，楚国初建时"筚路蓝缕，以处草莽"。姜戎则称其封地"狐狸所居，豺狼所嗥"（《左传·襄公十四年》）。而"太公封齐，与莱夷争营丘"（《史记·齐太公世家》)。各级贵族获得采地后,为了从土地上获得物产并赖以生存,则必须建立起自己的庄园聚落,并驱使土地上的人民发展生产。对于新建采邑来说,为了生活和生产需要,首先要构筑居室,从而形成居邑。《史记·五帝本纪》曰:"一年而所居成聚,二年成邑。"由于当时人民聚族而居,实行宗法制度,所以还必须建立宗庙。《礼记·曲礼下》曰:"君子将营宫室,宗庙为先";《左传·庄公二十八年》曰:"凡邑,有宗庙先君之主曰都,无曰邑。"通过贵族和劳动人民的经营,在采地之内发展起居住的邑落,从而形成既有采又有邑的格局,即为采邑。

　　《礼记·祭法》说:"天下有王,分地建国,置都立邑。"采邑制度既是国家对各级贵族和官员的供给制度,同时也是周王朝对全国土地进行管理的方法。从理论上讲,各级贵族对于他们所获得的采邑,只拥有使用权而无所有权。既然是王室所赐,那么王室就有权予以追夺。但实际上,绝大多数封地都由子孙传袭,世代继承,最终都成了各级贵族的私产。这些家族还在其采邑上建起了宗庙,形成都邑,多数后来进一步发展为大小不等的封国。各级贵族在自己的采邑上进行生产和经营,并不断壮大自己的经济实力。有的发展到"富可敌国",甚至可以与其主子即上级贵族相匹敌。但从礼制来讲,他们还是周天子统属,故其封国之君主,仍是王臣。《史记·郑世家》载郑桓公"东徙其民雒东,而虢、郐果献十邑,竟国之"。这类采邑并不称国,而只称邑,受赐者只是采邑主,属于封国之大夫,一般不是王室的大臣。[①]

3. 农奴经济

　　在西周时期,"大夫食邑,士食田,庶人食力"(《国语·晋语四》)。这里所说的"庶人食力",即指农民从事各种生产劳动。西周继承夏商以来形成的井田制度,并在此基础上进一步完善。井田制度既是土地制度也是耕作制度。在井田制度下,农民首先是在"公田"上为领主"助耕",而在完成"公田"上的劳动后才能耕种自己的"私田"。在这种情况下,每户农民都是一个独立的经济实体。农民在自己的土地上劳动是辛勤的也是快乐的。《诗经》中有大量记述农民的耕稼情景:"大田多稼,既种既戒,既备乃事,以我覃耜,俶载南亩,播厥百谷"(《诗经·小雅·大田》);"三之日于耜,四之日举趾"(《诗经·豳风·七月》);"畟畟良耜,俶载南亩"(《诗经·周颂·良耜》)。在农忙季节,农民携带农具到田场进行生产劳动。而当农民在田场进行耕锄及收获时,农妇亲到田场送饭食,"同我妇子,馌彼南亩"(《诗经·豳风·七月》)。除了农田中的耕作劳动,农家还从事采桑养蚕和纺织,"遵彼微行,爰求柔桑";"八月载绩,载玄载黄"。(《诗经·豳

---

① 参见张天恩:《论西周采邑制度的有关问题》,《考古与文物》2008 年第 2 期。

风·七月》)此外，农家还植麻织布，"艺麻如之何？衡从其亩"（《诗经·齐风·南山》)。《诗经·卫风·氓》还说："氓之蚩蚩，抱布贸丝；匪来贸丝，来即我谋。"可见，农民还利用自己的剩余农副产品进行少量的交换活动，以互通有无。

通过各种资料，可以看到农奴经济的特点及其进步意义：

第一，农奴有了自己的土地即份地。从理论意义上讲，国王是全国土地的最高所有者，但是在法律上或事实上，土地是属于各级领主的，而农奴对土地只是事实上的占有或使用。所以，农奴所拥有的仅仅是对土地的占有权而不是所有权。不过，农奴对土地的事实上的占有和使用，也都有明确的制度安排，一般情况下，封建主必须保证农奴对土地的占有权和使用权。事实上，尽管封建主掌握着土地所有权，但是封建主不可能亲自耕种，总要有农奴为其耕种。所以，封建主与农奴是对立统一体：封建主离不开农奴，农奴也离不开封建主。这样，农奴事实上占有了最基本的生产资料即土地。

第二，农奴使用自己的工具为领主耕作，即"有略其耜，俶载南亩"（《诗经·周颂·良耜》)。生产工具不同于土地，在以农为主的封建社会，土地是主要生产资料，而工具只是次要的生产资料，封建主只要掌握土地，就可以掌握农业生产和取得收益的权力。而农奴自己掌握生产工具，一方面封建主可以节省支出，另一方面农奴会更好地爱护和使用生产工具。这与奴隶对生产工具的破坏形成鲜明的对比。所以，封建领主制经济中，生产工具不仅事实上属于农奴占有，在法律上也属于农奴所有。

第三，农奴要为领主提供无偿劳役，即"王事靡盬，不能蓺稷黍"（《诗经·唐风·鸨羽》)。由于劳动是无偿的，甚至是强迫的，所以，农奴在领主土地上的劳动积极性很低，常常消极怠工，因此领主经济往往是低效率的。相反，农奴经济的效率大大高于领主经济。农奴在完成领主土地上的耕作、管理和收获工作外，可以在自己的土地上从事自己的农务。由于农奴在自己份地上的劳动收获基本上归农奴自己所有，利益边界一般来讲是清楚的。所以，农奴在自己份地上的劳动积极性和劳动效率常常较高。但是，由于农奴必须在完成领主土地的耕作任务后才可以在自己份地上劳动，特别是在农忙季节，农奴也不得不首先完成领主土地上的农务，所以常常误了自己份地上的农时。

第四，农奴有了相对独立的经济。农奴份地上的收获物，除了一部分要以赋税形式提供给领主外，其余归自己所有。这样，农奴就有了自己相对独立的经济。农奴有自己的家庭，家庭是农奴经济的最基本单位。农奴以家庭为单位从领主那里接受份地，并经营自己的份地。农奴经济既然是相对独立的，就必然自担风险。由于自然经济占统治地位，农奴经济的市场风险很小，主要风险来自自然灾害。由于

"公事毕，然后敢治私事"，农奴经济的风险较之领主经济的风险要大得多。不过，由于农奴及其家庭成了具有一定自主权的经济主体，有了相对独立的经济利益，与领主的利益边界大致是清楚的，所以农奴就有在份地上投入更多劳动的愿望。这样，农奴份地上的效率也大大高于领主自营地上的效率。

二、封建社会结构

1. 封建贵族

周灭商前，商周两族的氏族制度都已经在解体，氏族成员分化为贵族和平民。周灭商以后，周族社会还出现了贵族的私徒属。在部族征服战争中，战俘成为奴隶，本族也有人降为皂隶。这样就形成贵族、平民、奴隶三大阶级。

封建贵族是由氏族贵族演化而来。西周时期的贵族仍有很浓厚的氏族贵族之遗风。周灭商后实行大规模的分封。通过分封，西周贵族获得了土地和人民，原来的氏族长和显贵家族成员，成了诸侯国的国君、卿、大夫和士。这就形成了由周天子、诸侯、卿大夫和士构成的贵族集团。

周天子是最高等级的贵族，也是贵族集团的总代表。所谓"天子"即"上天之子"，代表天意统治人民，所谓"天立厥配"（《诗经·大雅·皇矣》）。《尚书·周书·梓材》说得更清楚："皇天既付中国民越（与）厥疆土于先王；肆（故）天维德用，和怿先后迷民，用怿先王受命。"

通过分封而形成的诸侯，一般称"公""侯"或"伯"。"公"是对朝中的大臣称谓，如周公、召公，但他们同时也有封国，因而"公"也是一种爵位。"侯"是畿外封君的称谓，而畿内的封君多称"伯"。侯与伯也是爵位。诸侯国在政治经济上具有很大的独立性，是实际上的独立王国，所以诸侯在一定条件下也可能称王。如《诗经·邶风·北门》："王事适我，政事一俾益我。"不过这里的"王"指的是卫侯，是封地内人民对封主的称谓，不是指周天子。《尚书·周书·梓材》说："已！若兹监。惟曰：欲至于万年惟王，子子孙孙永保民。"这里的"王"指的是康叔也不是周王。

大夫是较低一级贵族，是天子、诸侯国内执行政务的人，是中央王朝和诸侯国中的行政官员。《诗经·小雅·雨无正》："周宗既灭，靡所止戾。正大夫离居，莫知我勚；三事大夫，莫肯夙夜。"这里的"正大夫"指六卿百官之长；"三事"指三公；"大夫"指六卿及中下大夫。天子或诸侯也给大夫封地，这种封地即为"采邑"。

最底层的贵族是"士"。士是介乎贵族和平民之间的一个阶层，但属于贵族，士以下则为平民。《荀子·富国》："由士以上，则必以礼乐节之；众庶百姓，则必以法数制之。"《国语·晋语四》："公食贡，大夫食邑，士食田，庶人食力，工商食官，皂隶食职，官宰食加。"所谓"士食田"指的是接受上级贵族赐予的土地，即"受公田"。他们的田也由农奴耕种。

贵族是一个血缘集团，一般聚族而居，实行宗法制度。贵族有封地、有人民，在此基础上保有一定的武装力量。贵族武装来自同族成员和他们的私徒、私属。贵族男子有参与政治活动的特权，有参与本族祭祀的权利，发生战争时要率领自己的族众和私属参战，并在国君的军队中担任将领。贵族的地位、权力都是世袭的，除犯罪或政治斗争失败这类原因外，国君不能随意削其官爵，所以有的世袭贵族延续了许多代。这也是以后各朝世家大族的源头。

2. 国野之分

周王国和诸侯国都有所谓国野之分和乡遂制度。周人在武装拓殖过程中建立的"城"分为内外两层，内者曰城，外者曰郭，即孟子所说的"三里之城，七里之郭"（《孟子·公孙丑下》）。这个环周七里的区域即是"国"。城郭之外的广大农村地区被称为"野"，又称为"鄙"或"遂"。从起源上看，灭商后的周族人包括贵族和平民一起分别驻守在"国"中，即城郭或都邑之内，而被征服的商族人则居住在城郭之外的野、鄙之中，或隶属于"国"，或隶属于采邑即"都"和"邑"。居住在"国"内即城郭之内的人民称为"国人"，而居住在"国"外即郊外的人即是"野人"。野人也称"众"或"庶人"。"国人"或"野人"都是由原始公社的农民转变而来，是当时农业生产的主要担当者。他们都是平民身份。

西周的国人源于原来氏族公社的普通成员，和贵族之间保持有一定的血缘关系。因而他们地位较高，享有一定的政治权利，而且可以参与政治活动，过问国家大事。国王有大疑，"谋及乃心，谋及卿士，谋及庶人，谋及卜筮"（《尚书·周书·洪范》）。根据《周礼》记载，他们可以对国家的安危、国都的迁移、国君的继承等问题发表意见。所谓"致万民而询焉，一曰询国危，二曰询国迁，三曰询立君"（《周礼·秋官·司寇》）。国人由于人数众多，有较大的势力，在一定程度上可以决定国家的政治。国家遇有大事就"朝国人"以征询意见，《国语》和《左传》里有不少"朝国人"的记载。国人可以议论朝政，因而有"防民之口甚于防川"之语。国人可能罢免处理政务不当的贵族官员，甚至可以驱逐不合意的国君。如西周末年周厉王因残暴而被国人驱赶，卫懿公因得罪国人而亡国。由于国人有参与政治的权利，国君和贵族都要争取国人的支持。晋惠公为了得到国人的支持而"作爰田"，宋公子鲍礼于国人，郑子产不毁乡校以听国人舆论等。国人的政治作用，在中原的中小国家如郑、卫、宋、曹、陈、许或山东半岛的莒、纪等表现得最为明显。

"国人"有服兵役的义务，即"执干戈以卫社稷"。"国人"是周族贵族的后裔或公社农民，他们在家"世同居，少同游"；作战则"夜战声相闻足以不乖，昼战目相见足以相识，其欢欣足以相死。居同乐，行同和，死同哀；是故守则同固，战则同强"。(《国语·齐语》)因而国人是军队的主力。

"国人"是主要的农业生产者并承担国家赋税。孟子说"国人百亩而彻"(《孟子·滕文公篇上》)，即"耕百亩者，彻取十亩以为赋"（赵岐：《孟子注疏》）。《汉书·食货志》："有赋有税。税谓公田什一及工商衡虞之入也。赋共车马甲兵士徒之役，充实府库赐予之用；税给郊社宗庙百神之祀，天子奉养，百官禄食，庶事之费。"《汉书·刑法志》也说："税以足食，赋以足兵。"可见，国人是国家的经济基础。

"野人"也称"众"和"庶"，亦称众人、庶人或庶民。他们可能是被征服土地上的原住民。武王灭商后，称殷民为"殷庶"或"庶殷"（《尚书·周书·召诰》），称一般被征服的部族和小国为"庶邦"（《尚书·周书·梓材》）。所以，虞、夏和殷的遗民都成了庶人。

"野人"或"庶人"与"国人"不同，前者是外族，后者是本族。野人或庶人没有参政的权利，也无服兵役的义务，只从事农业生产和服劳役。伯禽封鲁后准备伐淮夷、徐戎，要求"国人"整修甲胄、干戈和弓矢，而要求三郊三遂的"野人""峙乃糗粮，无敢不逮"，"峙乃桢干"，"我惟筑，无敢不供"，"峙乃刍茭，无敢不多"。(《尚书·周书·费誓》)可见，"野人"不服兵役，在战争中不承担作战任务，但要服各种劳役和杂役。

国人与野人所承担的赋役也不同。如服徭役的年龄，"国人"二十岁至六十岁，"野人"十五岁至六十五岁，相差十年。"国人"的劳役范围大致限于"修城郭""除道""成梁"一类工作（《国语·周语中》），但"野人"的劳役则没有种类和轻重的规定，根据国家和贵族需要而定，有较大的随意性。国人的劳役依年成丰歉起役，如规定"凡均力政，以岁上下。丰年，则公旬用三日焉；中年，则公旬用二日焉；无年，则公旬用一日焉。凶札，则无力政，无财赋，不收地守地职，不均地政"（《周礼·地官·司徒》）。"国人"还可得到其他免役优惠，如《周礼·地官·司徒》规定："国中自七尺以及六十，野自六尺以及六十有五，皆征之。其舍者，国中贵者、贤者、能者、服公事者、老者、疾者皆舍，以岁时入其书。"由此可见"国人"与"野人"的差别待遇。

3. 私徒属和奴隶

西周春秋时期，贵族显贵家族下面团聚着他们的族人，除去同族成员以外，在这些大小贵族的身边还团聚着一群依附于他们的人口，西周一般称为人扁、臣、隶，春秋称为私属、私徒、徒。他们可以概括为私徒属。[①]

---

① 参见何兹全：《中国古代社会》，北京师范大学出版社2007年版，第49页。

西周早期，贵族属下的人口称为臣、鬲，有时也称作人鬲，其来源多是上一级大贵族赐给的。不过，在西周时期，这些人的身份特征并不显著。以后随着社会发展，他们才朝着两个方面转化，一是转向依附民和贵族私属，一是转向奴隶。就贵族私属徒来讲，他们的人数有扩大趋势，有的贵族豢养着大群的私徒属。如吴贵族王孙弥庸，有"属徒五千"（《左传·哀公十三年》），晋贵族郤至"其富半公室，其家半三军"（《国语·晋语》）。私属徒也就是贵族的依附民。因此，贵族的私徒属有忠于贵族主人的义务，所谓"臣无二心，天之制也"（《左传·庄公十四年》）。家臣的主人，就是家臣的君。主人要因罪叛国逃亡，臣有跟随逃亡的义务。私属徒要对主人尽忠，必要时要为主人而死。但贵族的家臣，只能尽忠于他的主人，而不能忠于更高一级的诸侯国君。[①] 贵族私属徒中的下层，对于贵族的依附关系更强一些。《管子·立政》："若在长家，子弟、臣妾、属役、宾客，则里尉以谯于游宗，游宗以谯于什伍，什伍以谯于长家。谯敬而勿复，一再则宥，三则不赦。"

周初仍存在数量可观的奴隶，而且名目繁多，见于文献的就有皂、舆、隶、僚、台、仆、牧、圉等。令鼎铭云："姜赏令贝十朋，臣十家，鬲百人。"这里的"臣妾"和牛马并论，当指男女奴隶。鬲即隶字，亦指奴隶。奴隶主要的来源是战俘。西周在战争中很重视捕捉俘虏，所有西周文献提到战功时，无不谈到"执讯"和"俘人"的，还有专门的献俘典礼。小盂鼎记载：盂奉命征伐鬼方，第一次"执酋三人。获馘四千八百又二馘。俘人万三千八十一人"，还有马若干匹，车30辆，牛355头，羊38头；第二次又"执酋一人，获馘二百卅七馘"。奴隶的另一来源是罪犯。《周礼·秋官·司寇》："其奴，男子入于罪隶，女子入于舂槀。"郑玄说："谓坐为盗贼而为奴者，输于罪隶、舂人、槀人之官也。由是观之，今之为奴婢，古之罪人也。"（《周礼注疏》卷三十六）

奴隶被用于农业和手工业生产以及家庭劳动。从事手工制作的奴隶称为"百工"，从事农业的奴隶一般叫"臣妾"，家庭奴隶叫"仆御"，畜牧奴隶称"牧"。当时的主要手工业如冶铜、纺织、玉器、骨器制作等都使用奴隶劳动。此外，奴隶还被用于山林川泽的开发。这些手工业奴隶大多有固定的分工，并且世袭不变。奴隶有籍，称为丹书。丹书是以朱笔记载犯人罪状的文书。如《左传·襄公二十三年》记载："初，斐豹，隶也，著于丹书。"杜预注："盖犯罪没为官奴，以丹书其罪。"奴隶没有人身自由和独立的民事权利，还常常被赏赐或买卖，曶鼎记载主人用一匹马和一束丝赎得五名奴仆。随着大规模战争的逐渐减少和停止，战俘来源枯竭，奴隶的比例也逐渐下降了，随意杀害奴隶或战俘的情况已很少见。

---

① 参见何兹全：《中国古代社会》，北京师范大学出版社2007年版，第54页。

三、贵族生活方式

1. 世卿世禄

西周的封建领主都是世袭贵族。他们世代为官并享受各种经济利益，即世卿与世禄制度。"世卿"（《公羊传·隐公三年》）也称"嗣卿"（《左传·成公十三年》），或"世臣"（《孟子·梁惠王下》）。是指在天子或诸侯之下，世袭地享有卿的地位并且掌有政权者；所谓"世禄"，就是世代承袭和享有封土上的俸禄或其他利益。

世卿制与世禄制源于商代，也就是盘庚对贵族们承诺的"图任旧人""世选尔劳"（《尚书·商书·盘庚》）。西周初期封建亲戚，为分封制创下基础。而在周公东征之际，有的贵族子弟在外殖民建国，有的则留守王室辅政。如周公旦的长子封在鲁国，"次子留相王室，代为周公"（《史记·鲁周公世家》）；召公奭的长子封在燕国，"而次子留周室，代为召公"（《史记·燕召公世家》）。西周宣王时仍有周召二公，为周公旦和召公奭的后代。直到春秋时，《左传·桓公五年》有周公黑臂，庄公十六年有周公忌父，文公十四年有周公阅，成公十一年有周公楚。召公奭辅佐成康，为太保，其子孙世世代代称召公。宣王时，有召穆公虎，《左传·僖公十一年》有召武公，文公五年有召简公等。可见，周召二公之后都世为王朝卿士。所以《诗经·大雅·文王》中说，"凡周之士，不（丕）显亦世"。其他各种官职都有关于世袭的记载。如1974年在陕西扶风县强家村出土的师鼎等器，记载一家四代父死子继世袭"师"职。1976年陕西扶风县白家庄出土的微史家族铜器群，记载该家族的六代人从西周初年开始一直世袭"作册"史官之职。

西周重要的官爵都采取世袭制，一般来讲，贵族子孙如无罪过，原有的职官是不会被褫夺的。从"礼"上讲，贵族的职官是由周王授予的，如果授受双方之一有所改变，就须重新加以册封。一方面，大臣去世儿子继承父亲的职务，需要由周王重新册命。据伯晨鼎铭文记载：周王对诸侯世袭即位重新加封进行册命，一般都有很高的赏赐。《左传·僖公二十八年》："王命尹氏及王子虎、内史叔兴父册命晋侯（晋文公）为侯伯……（赏赐）彤弓一、彤矢百、旅弓矢千、秬鬯一卣。"《尚书·周书·文侯之命》记载平王赐晋文侯"秬一卣鬯，彤弓一，彤矢百，卢弓一，卢矢百，马四匹"。另一方面，先王去世新王嗣位后，也要对旧臣重新册命。师虎簋、曶簋、师酉簋、师询簋等记载的周王册命时间都在元年，都可能出于新王即位而重新加以册命。从金文来看，师酉和师询是父子关系，师询世袭父亲的官职，由周王加以重新册命。[①]

世卿与世禄是一体两面的制度。周代的官员不发俸禄，所谓封土，除了作为臣

---

① 参见杨宽：《西周史》，上海人民出版社2016年版，第389页。

子为国家建功立业的赏赐外，也就是他们为官的报酬。所以，周初封建、授土、授民后的周王也常常赐田，公侯也赐田给家臣。既然官职是世袭的，封土也自然是世袭的，即孟子所说的"仕者世禄"（《孟子·梁惠王下》）。但这种官职和封土的继承，须通过"再封"实现的，即通过一定的仪式。这种"再封礼"既是为了继承官职，也是对于世禄的再承认。

周王"封建亲戚"的目的是"以藩屏周"。而建立世卿制与世禄制的目的，一方面是为了保证贵族权力和利益的世代相袭，另一方面也是为了这些"亲戚"们世代效忠于周王，要保证周天子王位的世代相袭。所以，周初天子全力支持贵族建国建家，壮大他们的势力。各诸侯也一样需要下级贵族的支持，即"安定国家，必大（大族）焉先"（《左传·襄公三十年》），"不有君子，其能国乎？"（《左传·文公十二年》）。这样，大的贵族集团就成长起来。这种贵族集团，古人称之为"巨室"，所谓"为政不难，不得罪于巨室"，"天下之本在国，国之本在家"（《孟子·离娄上》）。当周王室实力强大时，有能力控制贵族集团，贵族集团就是支持国家的力量；但当周王室实力衰微时，这些贵族集团往往成了与周天子抗衡的力量。同样，卿大夫的势力发展也往往成为与诸侯抗衡的力量。最严重的结果则是卿大夫夺了诸侯的权，而诸侯则问鼎周王室。

2. 礼乐生活

礼是西周封建制度的重要组成部分，其作用在于规定统治阶级内部的等级关系，即"贵贱有等"（《礼记·坊记》）、"长幼有序"（《孟子·滕文公上》）、"朝廷有位"（《礼记·坊记》）、"男女有别"（《礼记·大传》）和"贫富轻重皆有称"（《荀子·礼论》）。礼的内容主要包括冠、昏、葬、祭、享、燕、朝聘、衣服、车马和宫室等，涉及封建贵族政治经济以及日常生活的各个方面。所以，西周的"礼"与"仪"同义，即"礼仪卒度""礼仪既备"（《诗经·小雅·楚茨》）。同时，礼也是维护封建贵族对民众统治的工具，即"名以制义，义以出礼，礼以体政，政以正民，是以政成而民听"（《左传·桓公二年》）。当然，"礼不下庶人，刑不上大夫"（《礼记·曲礼上》），"由士以上，则必以礼乐节之；众庶百姓，则必以法数制之"（《荀子·富国》）。

贵族的行为方式依循周礼，衣食住行都有严格规定。西周贵族的宫殿建筑，一般都是按照前朝后寝或前堂后室的结构布局建造的，各级贵族所建宫室的规格也有严格规定。周礼规定，贵族参加祭礼、朝会、兵戎、丧葬、婚嫁等礼仪活动，应着相应的服装，即依礼着服，等级有序，贵贱有别。这种秩序和等级差别，要通过所着服饰的不同质地、形状、尺寸、颜色、花纹等体现出来，不能有所僭越。例如，天子的冕服上装饰有十二章的文饰，即日、月、星、龙、山、华虫、宗彝、藻、火、粉米、黼、黻。各级贵族依次递减。周礼对客食之礼、待客之礼、侍食之礼、宴饮之礼、进食之礼等都有详细的规定。如《诗经·小雅·宾之初》："宾之初筵，左右秩秩。笾豆有楚，殽核维旅。酒既和旨，饮酒孔偕。钟鼓既设，举酬逸逸。大侯既抗，弓矢斯张。射夫既同，献尔发功。发彼有的，以祈尔爵。"另外，周礼对各级贵族所乘车辇有着严格规定，比如王城广场上的天子驾六等。

周礼规定同姓不婚，而异姓则互为婚媒。周天子称同姓诸侯为伯父、叔父，称异姓诸侯为伯舅、叔舅。可见，西周贵族的婚姻仍具有政治联姻的性质，婚姻关系是连接各个贵族集团的重要纽带。西周贵族对婚礼尤为重视，一般要经过六道程序：纳采、问名、纳吉、纳征、请期、亲迎。这种规定是为了保证贵族相应的地位和血统。

西周贵族尚文之风颇盛，讲究文雅和气质。服饰仪表方面追求"容貌以文之，衣服以移之"，"君子服其服，则文以君子之容"（《礼记·表记》）；在言辞方面追求文采，要能够"出言有章"（《诗经·小雅·都人士》）；在日用器用中讲究精致华美，如贵族宴飨，要"择其柔嘉，选其馨香，洁其酒醴"（《国语·周语中》），在诸多礼仪场合，必钟磬齐鸣、工歌金奏，欢悦而肃穆。而要做到以上各个方面，学习是首要的，《大戴礼记·劝学》说："君子不可以不学，见人不可以不饰。不饰无貌，无貌不敬，不敬无礼，无礼不立。夫远而有光者，饰也；近而逾明者，学也。"这就是要求君子的内在修养和外在举止都要有品位，所谓"居则习礼文，行则鸣佩玉"（《大戴礼记·保傅》）。总之，出于对"文"的喜好，周人力图将修饰、道德、知识、才艺等多种因素融会起来。

为了保持贵族的高尚和风雅，需要遵"礼"和讲"仪"，但更要注重内在修养。而要做到这一点就必须通过学习。因此，贵族十分重视教育并垄断教育，凡是贵族子弟都要受严格而正规的教育。《礼记·内则》载：

> 由命士以上及大夫之子……六年，教之数与方名。七年，男女不同席，不共食。八年，出入门户，及即席饮食，必后长者，始教之让。九年教之数日。十年，出就外傅，居宿于外，学书计。……十有三年，学乐，诵《诗》，舞《勺》，成童舞《象》，学射御。二十而冠，始学礼，可以衣裘帛，舞《大夏》，惇行孝弟，博学不教，内而不出。

通过这种系统的教育，封建贵族成了名副其实的精英集团，贵族的统治地位和既定的等级秩序也得到巩固和强化。

四、封建主义的衰落

1. 封建主义的本质

封建制度从夏禹时代开始萌芽和初创，经历殷商时期的发展已经基本成形。但是，封建主义发展到十分完备或处于鼎盛，却是在西周时期。西周初期，在殷商封建基础上，周公系统地封建诸侯，对封建制度进行了重新创造并实现了新的高度，远远超过了夏商两朝。夏代虽建立了较为成形的国家制度，并确立了中央王国地位，但各个方国基本上还是酋邦国家，夏朝是通过自身实力对其他方国实施不同程度的影响和控制。但夏朝作为中央王国对其他方国的内部事务没有控制权，所以也不可能进行直接干预。方国对中央王国的基本义务是纳贡，"禹贡九州"制定了基本的贡赋制度，并建立了封建"五服"制度。商朝较之于夏朝加强了对方国的控制，这种关系是更加紧密了。事实上这与商朝实力的提高有关。但商朝与各方国的关系仍然不是君臣关系，仍只是服从和纳贡的关系。但西周的封建与夏商时代的封建有所不同。夏禹和殷商的封建制度与宗法制度的关系并不紧密，也就是说，夏商的封建方国并不是由中央王国直接通过封建方式而产生的，他们不过是原来的方国接受中央王国的领导，向中央王国纳贡的酋邦。但是西周的封建诸侯是周天子实施"封建"的结果，封邦建国的目的，并不是要求各邦国纳贡和服从，而是"封建亲戚，以藩屏周"。所以，周天子封建诸侯是以"亲亲"为基本原则的，就是说根据宗法关系来封建的。从周初封建来看，主要的封建诸侯都是周天子的血亲，所谓"封建亲戚"。而以宗法关系为基础，周初的封建还建立了以"尊尊"为基本准则的君臣关系，即周王为"天子"，是"大宗"，而其他诸侯为"小宗"，是周天子的臣属，存在上下隶属关系。由于这种封建关系是建立在宗法关系基础上的，"亲亲"关系就是"父父子子"关系，所以，这种"尊尊"的"君君臣臣"关系就永远不能改变。

封建经济关系也是在这种宗法关系基础之上的。周初"封邦建国"同时也进行了"授民授疆土"。从理论上讲，周天子受命于天，普天之下的土地都是周天子所有，而各诸侯只能接受周天子的封赐，从周天子手里获得土地。各诸侯一旦接受周王的封授，就等于承认了对周王的隶属或臣属，同时也就接受了封建义务。这种封建义务既包括政治军事的，也包括经济利益的。前者体现为"以藩屏周"，后者体现为缴纳贡赋。诸侯接受周天子所授的土地和人民，还要将土地和人民分封给下级封建主，所谓"诸侯建家"。周天子所建之诸侯国，基本上是以氏族为单位的，而诸侯所建之"家"则基本上是以"卿"的家族为单位。而"卿置侧室"则是建立一个个支系，最终落实到各个具体的家庭，也是生产和生活的单元。《左传》："卿置侧室，侧室，众子也，得立此一官。"孔颖达疏："卿之家臣，其数多矣，独言立此一官者，其余诸官，事连于国，临时选用，异姓皆得为之，其侧室一官，必用同族，是卿荫所及，唯知宗事，故特言之。"（《春秋左传正义》卷五）根据宗法制度，嫡子继承为大宗，以保证封建体系的延续，而随着家族繁衍扩大而产生的同族之众，与大宗渐行渐远，成为普通贵族甚至沦为平民。但他们是基层的生产组织者，也是社会生活的基础角色。他们率领各自的家庭成员，经营各自的份地，并承担着各种义务，成为整个封建经济的基础部分。可见，封建土地关系也是以宗法制度为基础的等级制度。

2. 封建主义的矛盾

西周封建制度是夏禹以来经历殷商时代千年演进的结果，作为封建制度来说，至此应该是至臻完善了。正因为如此，周王朝延续了近八百年。不过，一方面周朝将封建主义发展到极度鼎盛，另一方面也使封建主义盛极而衰。因为至臻完善的西周封建制度自身也存在不可克服的矛盾，这种矛盾导致封建主义在到达鼎盛时就转向衰落。

第一，封建王室无土可封。封建主义的核心是封建，即封土建国。王土是周王领导大家通过灭商和领土扩张获得的，结果是"溥天之下，莫非王土"。王有土，才能控制诸侯。而随着大规模领土扩张的结束和不断的分封，王土逐渐减少最后以至于无土可封。不仅如此，各诸侯自己通过扩张和拓荒，不断扩大了自己的领土，减少了对王土的依赖。周王也不可能通过封土继续"建国"即创造诸侯国。东周时期，周考王于周考王十五年（前425年）封其弟于河南地，建立周公国，是为周桓公。这是周王朝最后一次分封。自这次分封后，周王的土地全部分封完毕，连自己也是寄居于周公国，封建制度自此终结。

第二，宗法关系不断离散。封建初期，所有诸侯国都是封建的结果。但是经历一些年的发展和演变以后，诸侯国就不是直接封建的结果了，而是根据宗法关系继承的结果了，他们与周天子的血缘关系也逐渐疏远。更严重的是，由于封建主义衰落，封建势力逐渐减弱，上级封建主对下级封建主的控制力也逐渐减弱，到最后出现各种形式的非礼和僭越行为。最为严重的后果，是诸侯国君主地位被世卿所取代，他们已经不再是周王室的"亲戚"也不是建国时的功臣了。这样，原有的宗法关系就逐渐消解并最终被破坏，封建制度的宗法基础不存在了，封建主层层封建的约束力也就层层递减。随着时间的推移，周天子控制力的减弱，封建领地世袭的代际关系延续，这种宗法世袭链条不断延长，最终使周天子的宗法影响也逐渐减弱直至消失。

第三，各诸侯国发展不平衡。既然各诸侯国经封建建立后，必须对周天子纳贡称臣，周天子对他们有生杀予夺之权，那么封建就可以取消甚至可以褫夺。但是，这种取消封建或褫夺封号的权力，还取决于封主自身的实力。周初封建的时候，周天子是封主，掌握着封建权力，当然也占据最好的资源和最大规模的人口。然而，尽管诸侯国已经不是夏商时的方国，封建诸侯一方面"以藩屏周"，另一方面也自我发展。而在承担"以藩屏周"的义务和在遵循礼制的范围内，诸侯的这种自我发展甚至是被鼓励的。这样就必然存在着发展不平衡的情况。不仅各诸侯国发展不平衡，其实力甚至可能超过周王室。如果诸侯国的实力超过了周王室，必然出现各种僭越的情况。这种僭越先是诸侯国之间的相互攻击和侵夺，以后则反过来侵蚀周王室的利益甚至土地，到最后则是吃掉日益衰弱的周王室。

封建主义的衰落是以平王东迁作为历史转折点。平王东迁后，周王室对诸侯国的控制力大大减弱，与此同时，诸侯国的实力却大大增强。过去，周王室实力超过诸侯，现在诸侯国实力超过周王室。过去，诸侯的义务是"以藩屏周"，现在则是"尊王攘夷"。这种变化表明，王室已经开始依赖诸侯了。不是周天子靠权威来指挥诸侯"以藩屏周"，而是要靠诸侯们"尊王攘夷"的自觉性。但事实上，"尊王攘夷"不是以王的利益为核心，而是以诸侯自身利益为核心。"尊王"的大国事实上是"挟天子以令诸侯"，借"尊王攘夷"壮大自身的实力。

3. 封建制度的衰落

西周建立的封建制度，是以分封所创建的井田制度为基础，以宗法血缘关系为基本纽带，以世袭等级制来维系的制度。除此之外，这个制度还包括另外两个特点：第一是等级性，第二是政经统一。在这种制度下，经济与政治基本上是统一的，就是说，各级封建贵族在其封国和封地内掌握对人民的治权和对土地的用益权。这个封建制度从设计角度看是非常完美的，它体现了周初政治家的理想和智慧。但是随着经济社会的发展，这种封建制度的经济政治矛盾也日益暴露，政经脱节导致封建主义衰落和最终瓦解。

第一，封建主义的经济基础是政治力量控制下的土地等级占有和经营。然而，随着经济社会的发展和演变，周王丧失了对国有土地的有效控制，封臣丧失了对封地上井田的有效经营，过去是"溥天之下，莫非王土；率土之滨，莫非王臣"，而现在这一原则已经过时了，取而代之的是"封略之内，何非君土；食土之毛，谁非君臣"（《左传·昭公七年》）。这一原则的改变，是土地国有制破坏的标志。从此，天子不能控制"天下"的土地，诸侯也不能控制封国内的土地，贵族们也无力经营管理他们所分到的井田。这样，整个封建经济体系的基础就遭到了破坏。

第二，封建领主的经济基础是封建土地所有制，其根本特点是井田制下的共耕制。到西周晚期，作为封建经济基础的井田制度解体了。这是由于铁器和牛耕的出现提高了农业生产力，提高了农民个体生产的效率。农民不再依赖于领主对于生产活动的组织和领导，而个体生产的能力和意愿改变了公田共耕和个体生产的效率对比。在这种情况下，封建主不得不改变生产方式，承认农民个体的土地占有状况，同时改变剥削方式。这就从根本上削弱了封建制度的基础。随着井田制的衰落，封建领主经济也就必然走向衰落。当然，封建经济的衰落并不是整个社会经济走向衰落，而是作为一种经济形态的衰落。就封建领主来说，其衰落也是他们所代表的一种生产方式的衰落。而最终的结果就是等级的土地所有制逐渐解体走向贵族家族土地所有制。

第三，封建制度的集权和分权结合的政经模式，必然导致不同分权主体发展的不平衡，也必然隐含着分权主体实力超过集权主体的可能性。封建制度允许各诸侯和分权主体掌握领地内的政治和经济权力，即治权和用益权统一，具有相当大的独立性和自主性。在制度创建初期，由于各方面实力对比相对均衡，诸侯势力无法与中央力量抗衡，所以，集权与分权结合的分封体制暂时得以维持和稳定。但是，随着各分权主体的发展，其相互之间因利益不同而争夺，这是春秋无义战的根源，最终的结果是封建国家的分裂，进入战国时代。

第四，封建秩序是一种等级制度，而在政治上体现为公侯伯子男的等级秩序。由于周王对国家掌控力的丧失，封土制的废弛，特别是贵族阶级自身的分化，等级制也就打破了。与此同时，由于土地制度的变化和工商食官制度的废除，农民和工商业者作为独立的阶级出现了。公侯伯子男的等级秩序淡化的同时，士农工商的职业分工出现了。特别是"士"的变化，集中反映了封建社会阶级的变化。西周晚期和春秋时期，"士"实际上成了一个界限不甚分明的阶层，既非贵族也非平民，最终由贵族之末成为四民之首。这就是说，封建贵族制度也差不多崩解了，社会倾向于从封建等级秩序转变为官与民的对立。

第五，周初封建是以宗法血缘关系以及战功为基础的，这种体制在很大程度上以"礼"来维系。但是随着各诸侯和各分权主体实力对比的变化，"礼"的维系力量就渐渐不够了，必然要通过实力来调整。"非礼"的僭越行为越来越多，各种僭越行为意味着对周天子权威的挑战。孔子曰："天下有道，则礼乐征伐自天子出；天下无道，则礼乐征伐自诸侯出。自诸侯出，盖十世希不失矣；自大夫出，五世希不失矣；陪臣执国命，三世希不失矣。"（《论语·季氏》）鲁国季氏为正卿，依礼只能用四佾，他却用八佾，属于破坏周礼等级的僭越行为。孔子对此极为不满，说："八佾舞于庭，是可忍也，孰不可忍也。"（《论语·八佾》）随着礼制日渐废弛，诸侯公卿大夫的"非礼"行为日益增多并且胆子越来越大，最后连周王也被废黜，封建国家也就最终解体了。

第四章　春秋战国经济

第一节　变法运动

一、春秋变法

1. 周室衰落

《竹书纪年》记载，当幽王被杀之后，周朝曾经出现"二王并立"格局，一个是申侯拥立的废太子宜臼，在晋、郑、卫三个诸侯国的保护下迁都成周洛邑，是为平王；另一个是虢公所立幽王之弟余臣，仍留在宗周京畿，是为携王。到平王二十一年（前750年），晋文侯杀携王立平王，并迁都洛邑。平王东迁是周朝转衰的关键点，也是封建历史的转折点。一方面，周王室已经再没有"封建"能力了，无土、无财，无兵，完全依赖诸侯国的保护；另一方面，诸侯国有了"拥立"周王的能力，谁的实力大谁就可以擅行废立，王室与诸侯的角色完全反转了。更严重的是，诸侯不仅不听从周王之命，反而犯上作乱，如幽王和携王都是被诸侯所杀。这表明周天子掌握天下格局的时代已经一去不复返了。周平王五十一年（前720年），平王死，桓王即位。为了重建周天子的权威，周桓王从"亲亲"的郑国开刀，对郑庄公实行强硬政策，削弱其对王室的控制，免去其卿士之职。周桓王十三年（前707年），周桓王率陈、蔡、卫等国军队讨伐郑国，郑庄公率兵抵抗，两军战于繻葛，周王军队大败，周桓王被射中肩膀。繻葛之战使周天子威信扫地，制礼作乐及发令征伐的权力从此消失。

周王室衰落导致的结果是诸侯争霸。继郑国之后，齐国、晋国、楚国、秦国等大国先后兴起，周王室无力征讨，天子之位形同虚设，周王室从中央王国转向完全的被边缘化。所以，春秋时期中国历史的中心，从周朝王室转向各时期称霸的诸侯，即所谓"春秋五霸"。但总的来看，整个春秋时期的社会变革，不过是封建制度不断衰落的演变，即旧制度的消亡，但新制度只是随着旧制度的衰落而逐渐萌出。所以，春秋时代并不是一个新时代，而是旧制度的顺势延续和逐渐消解的时代。

2. 管仲变法

西周封建制度以礼为基础，礼、乐、刑、政结合，设计十分完善。但到西周晚期特别是东周时期，一方面，随着封建制度效率递减，封建主义大势已去；另一方面，周王室也没有能力对制度进行维护和调整，所以只能寄希望于"亲亲"的诸侯国。然而，越是与周王室"亲亲"的诸侯，就越是不能做到"尊尊"，其典型例子就是周郑的繻葛之战。所以，保护周王室的使命反而落在"非亲"的诸侯大国肩上。首先打出"尊王攘夷"旗号的是齐桓公和管仲。"尊王攘夷"必须依靠实力，管仲清楚地认识到，旧的封建制度已经不复为用，必须变革。这就导致诸侯主导而不是周王室主导的中兴变革。

春秋时代是诸侯争霸的时代，各个诸侯为了壮大自己，也就是为了争霸，对西周以来的封建制度进行了一系列改革。最早进行改革的是齐国，因而第一个走上霸主舞台的也是齐国。齐桓公在管仲的辅佐之下，打出"尊王攘夷"的旗帜，以诸侯长的身份，挟天子以伐不敬。为了加强国力，管仲提出一系列以富国强兵为宗旨的改革主张。

第一，叁国伍鄙。西周实行乡遂制度。但随着社会演变，乡遂制度逐步瓦解，社会管理因而失效。为此，管仲提出"叁其国而伍其鄙，定民之居，成民之事，以为民纪"。所谓"叁其国"，就是将"国"分为三个部分加以管理，"制国以为二十一乡，商工之乡六，士农之乡十五，公帅十一乡，高子帅五乡，国子帅五乡，叁国故为三军，公立三官之臣。市立三乡，工立三族，泽立三虞，山立三衡，制五家为轨，轨有长。十轨为里，里有司。四里为连，连有长。十连为乡，乡有良人。三乡一帅"。所谓"伍其鄙"，就是把"国"都之外的"鄙"野以"伍"为单位组织和管理，"制五家为轨，轨有长。六轨为邑，邑有司。十邑为率，率有长。十率为乡，乡有良人。三乡为属，属有帅。五属一大夫，武政听属，文政听乡，各保而听，毋有淫佚者"。整顿行政系统的目的是"定民之居，成民之事"（《管子·小匡》）。"叁国伍鄙"就是整顿行政系统，实行国鄙分治，以重建社会管理组织，提高各种社会资源的动员能力和利用效率。

第二，四民分业。封建社会是等级社会，封建贵族之间的关系完全由"亲亲""尊尊"的礼制规范，而广大民众则在乡遂制度下被管理，并受习惯的乡俗规范。但随着封建制度的消解，乡遂制度也发生变化，产生了新的社会群体。为此，管仲实行四民分业改革。四民分业就是使士、农、工、商各就其业，从而使部落的残余影响被彻底革除，社会组织和运行更加有效。管仲认为，"士农工商四民者，国之石民也。不可使杂处，杂处则其言哤。其事乱，是故圣王之处士，必于闲燕。处农必就田墅。处工必就官府。处商必就市井"（《管子·小匡》）。四民分业达到四个方面效果：一是"相语以事，相示以巧"，即易于交流生产和经营经验；二是"相语以利，相示以时"，"相陈以知价"，可以促进商品流通，提高交易效率；三是使民众安于本业，不至于"见异物而迁焉"，从而提高职业稳定性；四是营造良好的社会教育环境，使子弟从小就耳濡目染，在父兄的熏陶下自然地掌握专业技能。

第三，盐铁专营。管仲认为，房屋税、林业税、人头税、户税等强制性的直接征税会激发群众不满情绪，导致房屋损毁、乱砍乱伐、隐瞒户口等负效应，也会加大税赋征收难度。所以，要提高税收以增财政收入"唯官山海为可耳"（《管子·海王》）。齐国原本允许私人经营盐铁业，由国家征收部分税收，但利润大部分由私人业主所得。管仲执政后，决定将利润丰厚的盐铁行业控制在政府手中，实施食盐和铁器两种商品的国家专卖。"官山海"政策的推行，盐铁垄断利润的获得，迅速增加了齐国国家财政，为齐桓公的霸业奠定了坚实的财政基础。

第四，相地衰征。即按照土质好坏、产量高低来确定赋税征收额。管子认为，"相地而衰征，则民不移；政不旅旧，则民不偷；山泽各致其时，则民不苟；陆、阜、陵、墐、井、田、畴均，则民不憾；无夺民时，则百姓富；牺牲不略，则牛羊遂"（《国语·齐语》）。这就是说，视土地之美恶及所生出，以差征赋之轻重；不以故人为师旅，则民之相与不苟且；衡虞之官禁令各顺其时，则民之心不苟得；土地等差平均则民不憾；不夺民时则百姓富足；不夺牺牲则牛羊壮。管仲实行农业轻税政策，"二岁而税一，上年什取三，中年什取二，下年什取一，岁饥不税"（《管子·大匡》）。此外，管仲还建立了国储粮制度。国家采购囤积了大量粮食，其数量足以控制市场粮价的波动，以达到丰饥平衡的功效。

第五，市场调节。管仲设计了通过货币与货物的投放，实行市场供给和价格调节的机制。《管子·国蓄》：

> 凡轻重之大利，以重射轻，以贱泄平。万物之满虚，随财准平而不变，衡绝则重见。人君知其然，故守之以准平，使万室之都必有万钟之藏，藏镪千万。使千室之都必有千钟之藏，藏镪百万。春以奉耕，夏以奉芸，耒耜械器，钟镶粮食，毕取赡于君，故大贾蓄家不得豪夺吾民矣，然则何？君养其本谨也。春赋以敛缯帛，夏贷以收秋实，是故民无废事而国无失利也。

管仲还指出："凡五谷者，万物之主也。谷贵则万物必贱，谷贱则万物必贵，两者为敌，则不俱平，故人君御谷物之秩相胜，而操事于其不平之间。故万民无籍而国利归于君也。"（《管子·国蓄》）这些市场调节理念和措施，在当时是非常超前的，并为后世所继承或采用。

第六，重商政策。管仲相齐的经济政策是"遂滋民，与无财"（《国语·齐语》），"轻重鱼盐之利，以赡贫穷"（《史记·齐太公世家》），"通轻重之权，徼山海之业"（《史记·平准书》），以至"通货积财，富国强兵"（《史记·管晏列传》)。这就是说，要通过便利商品流通的办法，实现资源的合理配置和财富向齐国集中。一方面，齐国实行自由贸易政策，关税极低，并且采取措施避免重复征税；另一方面，齐国还专门设立招待外国商人的客舍，每三十里有一处，免费供给饭食和饲料。这样，"天下之商贾归齐若流水"，齐都淄博成为高度繁荣的商城。

第七，货币政策。春秋时期，商品货币经济迅速发展，货币成为市场调节的重要工具。管仲修齐太公"九府圜法"，设立"轻重九府"，由政府统一铸造货币。这种规范的货币呈刀形，名为"齐法化"或"节墨法化"，俗称"齐刀"。管子不仅运用货币与商品的关系来调节市场和供求，并且将货币作为战略战术武器，策划了衡山之谋、阴里之谋和菁茅之谋，堪称古代货币战争的经典案例。

从管仲变法的内容来看，一是适应了土地私有倾向，二是适应了商品经济发展，三是集中国家财力壮大国家实力，总之是适应了旧制度衰落和新制度兴起的变化。北宋苏辙高度评价管仲变法：

> 齐桓用管仲，辨四民之业，连五家之兵，卒伍整于里，军旅整于郊。相地而衰征，山林川泽各致其时，陵阜陆墐各均其宜，邑乡县属各立其正，举齐国之地，如画一之可数。于是北伐山戎，南伐楚，九合诸侯，存邢卫，定鲁之社稷，西尊周室，施义天下，天下称伯。(苏辙：《新论三首》，《栾城集》卷十九)

不过，管仲变法具有两面性，即变法既要壮大齐国实力，也要维护周朝制度，而维护周朝制度的根本措施就是称霸，以发挥周室不能起到的作用，将周天子的权威转变成齐国即霸权国的权威。所以，管仲变法仍属于封建主义的"中兴变法"。

3. 子产变法

春秋时期，除管仲变法之外，还有郑国子产变法。事实上，春秋五霸之所以能够称霸，总的来看是实行了不同程度的变革，没有变革就没有国力的壮大，就不可能称霸诸侯。郑国本来是春秋时期最早称霸的诸侯国。郑国的强大是由于帮助平王东迁有功，挟天子以令诸侯，取得了不少优势。但是，郑国并没有像齐桓公一样采取"尊王攘夷"的战略，而是居功自傲，与周平王刀兵相向。郑国的"非礼"和僭越之举失去了道德制高点，遭到诸侯的反对，很快就衰落下来。为了扭转衰败趋势，郑简公二十三年(前543年)，重用子产实行变法。

子产执政后主要实行了三项改革措施。第一是"作封洫"，即改革田制。这项改革主要是应对贵族占田过限，土地占有严重不均的情况。他在全国范围内进行农业普查，厘清混乱的土地产权状况，把村中的田地用沟渠划定界限，对贵族非法侵占的土地或充公或归还原主。第二是"作丘赋"(前538年)，即改革军赋制度。

这项改革主要是打破当时国野分界，把原来只有国人才有资格承担的兵役扩大到野人，除了原井田制应收取的井田赋税外，对其他人民开垦的田地也以丘为单位进行收税。这实际上是承认了私田的合法性，尽管增加了税赋，但仍有助于调动生产者的积极性。第三是"铸刑书"（前536年），即"铸刑书于鼎，以为国之常法"，令国民周知。这是中国史上第一次正式公布的成文法，否定了"刑不可知，则威不可测"的立法原则，有助于实现法治公平。另外，子产还推行重商政策，与商人约定："尔无我叛，我无强贾，毋或丏夺。尔有利市宝贿，我勿与知。"（《左传·昭公十六年》）子产下令不许贵族强买强卖商人产品，不得干涉商业活动，并改变由官府监督商品价格的做法，实行"市不豫贾"的政策。

子产新政施行之初，以封建贵族为主的利益集团极力反对，民众也怨声四起，甚至有人扬言要杀死子产。但子产坚持变法，说："苟利社稷，死生以之。且吾闻为善者不改其度，故能有济也。民不可逞，度不可改。"（《左传·昭公四年》）新政实施的结果是非常显著的。《左传·襄公三十年》："从政一年，舆人诵之，曰：'取我衣冠而褚之，取我田畴而伍之。孰杀子产，吾其与之！'及三年，又诵之，曰：'我有子弟，子产诲之。我有田畴，子产殖之。子产而死，谁其嗣之？'"子产在郑国执政并推行改革二十多年（前543—前522年），在复杂艰难的情况下，保持了国家安定并使经济得到很大发展。《史记·循吏列传》：

> 为相一年，竖子不戏狎，斑白不提挈，僮子不犁畔。二年，市不豫贾。三年，门不夜关，道不拾遗。四年，田器不归。五年，士无尺籍，丧期不令而治。治郑二十六年而死，丁壮号哭，老人儿啼，曰："子产去我死乎！民将安归？"

二、战国变法

1. 封建解体

西周封建体系是十分完整的。但是随着历史变迁，原有的封建主逐渐走向衰落，有不少诸侯甚至丧失了国君地位，原有的封建体系逐渐瓦解。对于这种历史现象，孔子曰："天下有道，则礼乐征伐自天子出；天下无道，则礼乐征伐自诸侯出。自诸侯出，盖十世希不失矣；自大夫出，五世希不失矣；陪臣执国命，三世希不失矣。"（《论语·季氏》）随着礼制日渐废弛，诸侯公卿大夫的"非礼"行为日益增多并且越来越严重，最后连周王也被废黜，封建国家也就最终解体了。春秋时代240年中，弑君36次，其中还有子弑父的，如楚国太子商臣杀成王自立为君。而贵族士大夫窃国专权者，有鲁国的季、孟、仲氏，齐国的田氏及晋之六卿。此外，大夫的家臣也起来反对其主人，原先"自大夫出"的政权，又下移至"陪臣执国命"。到春秋末期则出现三桓分鲁、三家分晋、田氏代齐，于是周朝天下进入战国时期。

第一，三桓分鲁（前562年）。三桓分鲁的起因是鲁文公不守礼法，打破了嫡长子继承的封建旧制，导致杀嫡立庶的内乱，使鲁国公室势力受到了沉重打击。另一方面，鲁桓公后代季孙氏、叔孙氏、孟孙氏（三桓）大力发展家族势力，不断扩充领地，结果使鲁国出现"公室卑，三桓强"的局面。以前，鲁国的执政官都是由代表国君的公室担任，内乱发生之后，执政官改由"三桓"中势力最强的一家出任。"三桓"利用执政官的身份，在政治上逐渐架空国君，在经济上逐渐削弱公室。公元前562年，三桓作三军，"三分公室而各有其一"，即所谓的"三分公室"。在封建体制下，土地、军队和赋税是合一的，而"三分公室"也就是将土地、军队和赋税三分，由"三桓"各得一份。公元前537年，三桓改三军为二军，分成四份，季孙氏独得两份，掌一军；叔孙氏、孟孙氏各得一份，合掌一军。这就是"四分公室"。至此，以前还姓"公"的鲁国，自此则姓"私"了。封建制度本来是"诸侯建家，卿置侧室"，而现在反过来，作为卿家的"三桓"瓜分了鲁国公室。

第二，三家分晋（前457年）。周代各诸侯国通常都将公室子孙分封为大夫，各家大夫都有封地，以血缘关系作为公室的屏卫。而晋国骊姬之乱时，晋献公逐杀诸公子，此后不再立公子、公孙为贵族，结果导致公室力量衰微甚至"晋无公族"。但另一方面，异姓卿大夫的势力却逐渐崛起，这就必然导致"反客为主"的结果。到了春秋末期，国家实权由六家大夫（韩、赵、魏、智、范、中行）把持。这些卿室大夫积聚力量并相互攻击，最后赵、韩、魏三家卿大夫分别自立，于公元前375年完全瓜分晋侯剩余土地，晋国彻底灭亡，史称"三家分晋"。《左传事纬》卷十一说："三晋分而七国之形立，读春秋之终而知战国之始也。"魏文侯四十三年（前403年），周威烈王承认赵、魏、韩三国为诸侯。

第三，田氏代齐（前386年）。从田桓子事齐庄公起，田氏势力日益壮大，对齐国公族"之无禄者，私分之邑"，对国人"之贫均孤寡者，私与之粟"，取得公族与国人的支持。到齐景公时，田乞主持新政，将齐国的量制由四进制（即四升为豆，四豆为区，四区为釜，十釜为钟）改为五进制，向人民借贷粮时用新制，而还贷时用旧制，即大斗借出小斗回收。这样就使齐之民"归之如流水"（《左传·昭公三年》）。晏婴说："齐政卒归田氏。田氏虽无大德，以公权私，有德于民，民爱之。"（《史记·齐太公世家》）齐康公十九年（前386年），田和正式成为齐侯，列名于周朝王室。到此齐国的吕氏政权完全由田氏所取代。田氏仍以"齐"作为国号，史称"田齐"。

从三桓分鲁到三家分晋和田氏代齐，这是战国时期封建制度瓦解的三个标志性事件。三桓分鲁是瓜分鲁国公室土地为私有，而三家分晋则是颠覆晋国公室，田氏代齐更是取齐而代之。更为严重的事件是诸侯称王。公元前334年，魏惠王和齐威王达成协议，相互承认王位，史称"徐州相王"。这样，周朝天下就不是一统天下了，而是多王并立，周王成了诸王之一，周朝天下仅仅是理念上的存在了。

2. 李悝变法

战国初期，最早进行变革的诸侯国是魏国。魏文侯创立魏国，拜子夏为师，实行儒家治国政策。他将子夏请到魏国来，让他在西河（今陕西关中东部黄河沿岸地区）聚徒讲学，从学者达三百多人，形成名震一时的"西河学派"。子夏的弟子中，有李悝、田子方、段干木、吴起、乐羊、西门豹等改革派人士。李悝是改革派的杰出代表，在他主持下，魏国厉行变法，成为最早崛起的东方大国。

在政治上，李悝对封建制度进行改革。第一，废除世卿世禄制，任用贤能者为官。这就是废除贵族原本享受的世袭官职和世袭俸禄制度，根据能力来选拔官吏。李悝以为"为国之道，食有劳而禄有功，使有能而赏必行、罚必当"。他还主张"夺淫民之禄以来四方之士：其父有功而禄，其子无功而食之，出则乘车马衣美裘以为荣华，入则修竽琴、钟石之声而安其子女之乐，以乱乡曲之教，如此者夺其禄以来四方之士"（《说苑·政理》）。因而，魏国一度出现英才荟萃的局面。第二，颁布成文法典即《法经》，实行依法治国。《法经》共六篇，为《盗》《贼》《网》《捕》《杂》《具》六律，对于国家法令、政府职能、官员的升迁奖惩、军功的奖励，都做了最完备的规定。第三，改革军事制度，建立"武卒"制。通过这一制度，对军队的士兵进行考核，奖励其中的优秀者，并且按照不同士兵的作战特点，重新将他们进行队伍编排，发挥军队的作战优势。经过改革，魏国的武卒战斗力大大提升，有"齐之技击不可遇魏之武卒"的说法。

经济方面的改革主要是"尽地力之教"和实行"平籴法"。《汉书·食货志第四》："李悝为魏文侯作尽地力之教，以为地方百里，提封九万顷，除山泽、邑居叁分去一，为田六百万亩，治田勤谨则亩益三升，不勤则损亦如之。地方百里之增减，辄为粟百八十万石矣。"这里是说，生产者的积极性是至关重要的因素。李悝作了一个计算说：一百平方里之内，有土地九万顷，除了山泽人居占三分之一之外，可开田地六万顷，如果按照"亩益三斗"计算的话，百里之地，每年可增产一百八十万石。所以，提高产量的最好办法是激励生产者的积极性。为此，魏国实行土地改革，废除井田制度下的土地界限，鼓励百姓垦荒，允许土地私有和买卖。与此同时，对国家所有土地进行测评，估算国家的土地产量，制定合理的税收政策。按照土地的贫瘠标准，分配给农民土地，鼓励农民生产。尽地利的实施，使魏国的土地面积在这一时期快速增长，同时，传统的封建贵族经济被彻底打破，大批原本属于封建贵族的庄田，通过开阡陌的方式转入了新兴地主和农民手中。

平籴法是国家在丰收时平价收购粮食储存，发生饥荒时又平价卖给农民，取有余以补不足。李悝认为，粮贵则对士民工商不利，谷贱则伤农，善治国者必须兼顾士民工商和农民双方的利益。《汉书·食货志上》：

> 籴甚贵伤民，甚贱伤农。民伤则离散，农伤则国贫，故甚贵与甚贱，其伤一也。善为国者，使民毋伤而农益劝。今一夫挟五口，治田百亩，岁收亩一石半，为粟百五十石，除十一之税十五石，余百三十五石。食，人月一石半，五人终岁为粟九十石，余有四十五石。石三十，为钱千三百五十，除社闾尝新、春秋之祠，用钱三百，余千五十。衣，人率用钱三百，五人终岁用千五百，不足四百五十。不幸疾病死丧之费，及上赋敛，又未与此。此农夫所以常困，有不劝耕之心，而令籴至于甚贵者也。是故善平籴者，必谨观岁有上、中、下孰。上孰其收自四，余四百石；中孰自三，余三百石；下孰自倍，余百石。小饥则收百石，中饥七十石，大饥三十石，故大孰则上籴三而舍一，中孰则籴二，下孰则籴一，使民适足，贾平则止。小饥则发小孰之所敛、中饥则发中孰之所敛、大饥则发大孰之所敛而粜之。故虽遇饥馑、水旱，籴不贵而民不散，取有余以补不足也。

按他的计算，五口之家的小农，每年除衣食、租税和祭祀等开支外，还亏空四百五十钱，这就是农民生活贫困和不安心于田亩的原因。他针对此情况作平籴法，即将丰年分成大熟、中熟、小熟三个等级，按比例向农民籴粮；把荒年也分成大饥、中饥和小饥，在大饥之年把大熟之年所籴的粮食发放给农民，其余则类推。这样可使饥岁的粮价不致猛涨，农民也不会因此而逃亡或流散。由于能"取有余以补不足"，"行之魏国，国以富强"。

李悝以后的各国变法，大致沿袭李悝变法的路数，基本上都是通过立法废除贵族特权，整顿吏治，提高国家机器的效率，鼓励耕战以实现富国强兵。如吴起在楚国主持变法。吴起对楚悼王说："大臣太重，封君太众。若此，则上逼主而下虐民。此贫国弱兵之道也。"为此，吴起废除贵族世卿世禄的特权，规定封君"三世而收爵禄"，废除远房公族的世袭制度，并强迫他们搬到地广人稀的边疆。吴起还重视整顿吏治，淘汰冗官，提出"罢无能，废无用，损不急之枝官"，要求官吏"私不害公，谗不蔽忠，言不取苟容，行不取苟合，行义不顾毁誉"，"塞私门之情，一楚国之俗"，将省下的行政经费用于训练军队，"要在强兵"。

公元前351年，韩昭侯任用申不害为相，实行变法。申不害变法，首先就是整顿吏治，加强君主集权统治，向挟封地自重的侠氏、公厘氏和段氏三大强族开刀。

果断收回其特权，推毁其城堡，清理其府库财富充盈国库，这不但稳固了韩国的政治局面，而且使韩国实力大增。他还提出了一整套"修术行道""内修政教"的"术"治方略。大行"术"治，整顿官吏队伍，对官吏加强考核和监督，"见功而与赏，因能而授官"（《韩非子·外储说左上》），有效提高了国家政权的行政效率。申不害十分重视土地问题。他说："四海之内，六合之间，曰奚贵？曰：贵土。土，食之本也。"（《太平御览》引）又说："昔七十九代之君，法制不一，号令不同，而俱王天下，何也？必当国富而粟多也。"（《申子·大体》）因而他极力主张百姓多开荒地，多种粮食。他又向韩昭侯建议整肃军兵，将贵族私家亲兵收编为国家军队，与原有国兵混编，进行严格的军事训练，使韩国的战斗力大为提高，显现出一派生机勃勃的局面，史称"终申子之身，国治兵强，无侵韩者"（《史记·老子韩非子列传》）。

3. 商鞅变法

战国时期最重要也最成功的变法是秦国商鞅变法。秦国是西部后起的诸侯国，经济文化较东方各国落后很多。东周时期，由于经济文化重心东移，对秦国发展造成更加不利的影响，而要赶上东方国家，唯一的出路就是加快变革。秦简公七年（前408年）秦国实行第一步改革，即"初租禾"改革。初租禾就是按照土地占有者实际占有的土地面积，征收农作物实物税。这事实上就是承认土地占有者对所占土地的合法性。该政策的实施，使大批占有私垦田地的地主和自耕农成为土地的合法主人。这一变革比鲁国"初税亩"（前594年）迟了180余年。这项改革在东部边区推行得比较顺利，受到新兴地主和自耕农的欢迎，而在旧贵族聚集的以雍为中心的西部地区则受到了很大的抵制。为此，秦献公做了两个决定：一是于秦献公二年（前383年），将国都从雍城迁至栎阳；二是于秦献公六年（前379年），把蒲、蓝田、善、明氏等边区改建成县，派官吏直接管理。这两项决策目的都在于避开和削弱旧贵族势力。迁都栎阳有利于商业贸易的发展。《史记·货殖列传》云："献公徙栎邑，栎邑北却戎翟，东通三晋，亦多大贾。"秦献公七年（前378年），秦国"初行为市"，即扩大市集规模、规范市集秩序，具体措施包括规定市场位置、指定交易时间、明确交易原则、规范度量衡以及宣布税率和征收方式。秦献公的"初行为市"政策维护了市场交易的秩序，增加了秦国的财政收入。秦献公十年（前375年），为户籍相伍，把五户人家编为一伍，农忙时互相帮助，农闲时进行军事训练。如果有人犯法，实行连坐。因而人人自危，互相监督，秦国的社会治安明显好转，也大大提高了社会的凝聚力。

秦献公时期的改革虽然不彻底，但为秦孝公时期的商鞅变法奠定了基础。秦孝公即位以后，决心进一步推进变法图强，任用商鞅实行大规模改革。商鞅认为，"治世不一道，便国不法古。汤武之王也，不循古而兴；殷夏之灭也，不易礼而亡。然则反古者未必可非，循礼者未足多是也。"他主张"当时而立法，因事而制礼"（《商君书·更法》《史记·商君列传》）。这就是商鞅变法的指导思想。

商鞅变法的第一步，是于公元前359年颁布《垦草令》。其主要内容有：

第一，鼓励农业生产。一方面实行愚民政策，令农民专一于农业生产。《商君书·垦令》："国之大臣诸大夫，博闻、辨慧、游居之事，皆无得为；无得居游于百县，则农民无所闻变见方。农民无所闻变见方，则知农无从离其故事，而愚农不知，不好学问。愚农不知，不好学问，则务疾农。知农不离其故事，则草必垦矣。"另一方面，限制农民的其他营生。如将山川湖泽等自然资源收归国有，禁止农民进入谋生，即"壹山泽，则恶农、慢惰、倍欲之民无所于食。无所于食，则必农，农则草必垦矣"。

第二，抑制商业发展。《商君书·垦令》："使商无得籴，农无得粜。农无得粜，则窳惰之农勉疾。商无得籴，则多岁不加乐。多岁不加乐，则饥岁无裕利；无裕利，则商怯。商怯，则欲农。窳惰之农勉疾，商欲农，则草必垦矣。"为抑制商业发展促使社会转向农业生产，商鞅制定了一系列政策措施，如"贵酒肉之价，重其租，令十倍其朴"（《商君书·垦令》），即提高酒肉价格，加重商品销售税；禁止百姓经营旅店、客舍，"废逆旅，则奸伪躁心私交疑农之民不行。逆旅之民无所于食，则必农，农则草必垦矣"（《商君书·垦令》）；"令军市无有女子，而命其商令人自给甲兵，使视军兴。又使军市无得私输粮者，则奸谋无所于伏。"即禁止军队的市场出现歌姬，商人必须为军队提供兵器铠甲；禁止军队内部的市场私自运送粮食，严格规范运送粮食的车辆；加重交通要道市集的税赋，"重关市之赋，则农恶商，商有疑惰之心"（《商君书·垦令》）。

第三，削弱贵族特权。这项改革的目的在于迫使贵族加入到农业生产中。如加重贵族的赋税，限制其豢养食客，即"禄厚而税多，食口众者，败农者也。则以其食口之数，赋而重使之，则辟淫游惰之民无所于食"；贵族子弟除嫡长子外必须服徭役，提高其免除徭役的条件，即"均出余子之使令，以世使之，又高其解舍，令有甬官食，概。不可以辟役"；禁止贵族、官吏雇请佣人，迫使贵族子弟亲自劳动，即"无得取庸，则大夫家长不建缮。爱子不惰食，惰民不窳，而庸民无所于食，是必农"。（《商君书·垦令》）

第四，登记全国户口。"四境之内，丈夫女子皆有名于上，生者着，死者削。禁止百姓擅自迁居，使民无得擅徙，则诛愚乱农之民无所于食而必农。"（《商君书·垦令》）

《垦草令》成功实施后，秦孝公于公元前356年任命商鞅为左庶长，推行第二阶段变法，其主要内容是：第一，颁布实行李悝的《法经》，增加连坐法，轻罪用重刑，规定一家有罪，九家必须连举告发，若不告发，则十家同罪连坐。不告奸者腰斩，告发"奸人"的与斩敌同赏，匿奸者与降敌同罚。第二，废除旧世卿世禄制，颁布按军功赏赐的二十等爵制度，规定"宗室非有军功论，不得为属籍。明尊卑爵秩等级，各以差次名田宅，臣妾衣服以家次。有功者显荣，无功者虽富无所芬华"。第三，奖励军功，禁止私斗，令"有军功者，各以率受上爵，为私斗争，各以轻重被刑"。第四，重农抑商，奖励耕织，特别奖励垦荒；规定生产粮食和布帛多的，可免除本人劳役和赋税，以农业为"本业"，以商业为"末业"，并且限制商人经营的范围，重征商税。第五，强制推行个体小家庭制度，从而扩大了国家赋税和兵徭役来源，为秦国经济实力和军事实力的壮大奠定了坚实的基础。

商鞅变法取得了巨大成功。为了巩固变法成果，并向函谷关以东发展，秦孝公于公元前350年命商鞅征调士卒在咸阳营造新都并于次年迁入。迁都咸阳的目的，一方面是要避开旧贵族势力，使改革可以顺利进行，另一方面是要学习东方文化和向东扩张。迁都后，秦孝公命商鞅推行第三阶段改革，将改革推向深处，废除封建制度的经济政治基础。第一，废除封建土地制度。商鞅"决裂阡陌"，打破井田制度，废止"田里不鬻"原则，即国家承认土地私有，允许自由买卖，即"为田，开阡陌封疆，而赋税平"（《史记·商鞅传》）。这样就使封建土地制度彻底瓦解了。第二，普遍推行县制。"集小都乡邑聚为县"，以县为地方行政单位，设置县一级官僚机构，"凡三十一县"，县设县令以主县政，设县丞以辅佐县令，设县尉以掌管军事。县下辖若干都、乡、邑、聚。这就彻底废除了分封制。第三，编订户口。五家为伍，十家为什，规定居民要登记各人户籍，开始按户按人口征收军赋。第四，革除残留的戎狄风俗。禁止父子、兄弟同室居住，推行小家庭政策，规定凡一户之中有两个以上儿子到立户年龄而不分居的，加倍征收户口税。第五，统一度量衡制，颁布度量衡的标准器。这项措施，既有利于经济发展，也为以后的国家统一创造条件。

商鞅变法是战国时期各国变法中最为彻底、最为成功的变法，具有战国变法的集大成之效。经过商鞅变法，秦国发生了巨大的变化。经济上，改变了旧有的生产关系，废井田开阡陌，从根本上确立了土地私有制；政治上，打击并瓦解了旧的血缘宗法制度，使封建国家机制更加健全，中央集权制度的建设从此开始；军事上，实行耕战结合，奖励军功，达到了强兵的目的，极大地提高了军队的战斗力，为统一全国奠定了基础。

战国时期中国进入"大争之世"，各诸侯国为了在竞争中取胜，不得不积极主动地进行社会经济变革。所以，战国时期各国变法成为政治经济的主旋律。事实上，哪个国家较早地实行变法，哪个国家就发展和强大。但是，战国时期的各国变法，既是春秋时期变法的延续，但也与其有本质的不同。春秋时期的变法如管仲变法，仍是维护封建主义制度，也就是试图用新法维护旧制度，而战国时期的变法则是用新法来颠覆旧制度，在变法过程中新制度产生和发展，并最终取代旧制度。

第二节　经济转型

一、农业变革

1. 农技进步

春秋战国时期，中国农业发生了重要变革。第一，铁农具的使用。西周末年，铁制农具至少在周王畿内已经开始使用。《国语·齐语》记载，管仲向齐桓公建议："美金以铸剑戟，试诸狗马；恶金以铸锄夷斤欘，试诸壤土"。这里的"美金"即指青铜，"恶金"即指铁。不过，铁制农具在春秋时期还很不普遍，直到战国中期以后才逐渐普及起来。铁制农具有耒、耜、犁、铫、耨、锄等；铁制手工业工具有刀、斧、凿、锯、锥、锤等。燕下都遗址发现的五齿耙，既可以用来挖土，又可以用来翻土起垄，作为垦耕的工具。各地考古发掘中还发现不少这个时期的小铁锄，式样有凹字形、六角梯形、空首布式等，主要用来中耕除草。牛耕也出现于春秋时期。如孔子的弟子冉耕字伯牛，司马耕字子牛等，可以认为是牛耕的证明。从山西浑源出土的牛尊来看，春秋后期晋国的牛都已穿有鼻环，说明牛已被牵引来从事劳动。战国时称牛鼻环为"桊"，《吕氏春秋·重己》说："使五尺竖子引其桊。而牛恣所以之，顺也。"战国时代已开始使用两牛牵引的犁。从河南辉县固围村和河北易县燕下都遗址出土的铁口犁来看，犁头全体如"V"字形，前端尖锐，后端宽阔，锐端有直棱，能加强刺土力；但是这种犁比较窄小而轻，还没有翻转土块的犁壁，因此它只能起破土划沟作用，不能翻土起垄，但是比起依靠人力用耒耜来垦耕，是耕作技术上的一次重要改革。铁器牛耕的出现，便利了砍伐树林、兴修水利、开垦荒地和深耕细作，促进了农业生产的发展。特别是，铁工具的使用对于荒野的开垦起了巨大的作用，使大片荒蛮之地得到了开发利用，并促进了封建土地制度的瓦解。本来中原地区宋郑两国间还是有"隙地"的，到春秋后期也就陆续开垦，在这里建立了六个邑。

第二，耕作技术的进步。这时比较重要的是出现了"深耕易耨"（《孟子·梁惠王上》）。易是快速的意思，"易耨"或称为"疾耨"，"疾耨"也称为"熟耘"。这说明当时人们比较充分地认识到深耕的好处。《吕氏春秋·辩土》又说："故亩欲广以平，圳欲小以深；下得阴，然后咸生。"这里所说的"下得阴"是指农作物从地下吸收水分和肥分；所谓"上得阳"，是指农作物从天上得到阳光。此外，深耕可以收到消灭杂草和虫害的效果。施肥技术也得到利用和推广。《荀子·富国》说："掩地表亩，刺草殖谷，多粪肥田，是农夫众庶之事也。"这是说，在翻地修好田埂、除草种下谷物以后，施肥是重要的工作。人们还认识到野草、树叶在土中腐烂可以作为肥料。《荀子·致士》说："树落则粪本。"《礼记·月令》说，季夏之月，"土润辱（溽）暑，大雨时行，烧薙行水，利以杀草，如以热汤，可以粪田畴，可以美土疆。"病虫害的防治已为当时农民普遍重视。《商君书·农战》说："今夫螟、螣、蚼蠋，春生秋死，一出而民数年不食。"《吕氏春秋·不屈》说："蝗螟，农夫得而杀之，奚故？为其害稼也。"《吕氏春秋·辩土》说："茎生于地者，五分之以地，茎生有行，故速长；弱不相害，故速大，衡（横）行必得，纵行必术，正其行，通其风。"

第三，大规模兴修水利工程。尽管当时各国"壅防百川，各以为利"，甚至"以邻为壑"，但还是给人们带来很多好处。如河水"时至而去，则填淤肥美，民耕田之。或久无害，稍筑室宅，遂成聚落"（《汉书·沟洫志》引贾让奏言）。魏国在魏文侯时，邺（今河北磁县东南）县令西门豹曾主持"引漳水溉邺"（《史记·河渠书》）的水利工程，开了十二条渠，利用灌溉冲洗，使得含有过多盐碱成分的"恶田"变成了能种稻粱的良田，所以"民歌之曰：'邺有贤令兮为史公，决漳水兮灌邺旁，终古潟卤兮生稻粱'"（《汉书·沟洫志》）。还有秦国的郑国渠。郑国渠全长三百多里，灌溉面积可达四万多顷，约合今天的一百二十多万亩，使关中地区成为"无荒年"的"沃野"之地，亩产粟可达一钟（六斛四斗）。李冰父子主持的都江堰工程，使成都平原成为"水旱从人，不知饥馑"（《华阳国志》卷三）的天府之国。此外，到了春秋后期，灌溉的方法也有了改进。在一些农业生产比较发达的诸侯国内出现了"桔槔"灌溉，取代了过去抱着汲瓶来灌溉的原始方法。《庄子》记载春秋末年子贡的话，说桔槔"引之则俯，舍之则仰"（《庄子·天运》）；还记载颜渊的话，说："凿木为机，后重前轻，挈水若抽，数（速）如泆汤。"（《庄子·天地》）使用这种技术一天可灌田百畦，从而节省了不少劳动力。

第四，一年两熟制的推广。这里的关键技术是冬小麦的成功栽培。春秋时期冬小麦在中原地区逐渐推广。冬小麦是在夏收之后又可播种秋收的其他谷类作物，这就出现了一年两熟。公元前720年，郑国掠取了周在温地（今河南温县西南）的"麦"，同年秋天又掠取了成周的"禾"，说明这时周的王畿内已实行一年两熟制。到战国时代，一年两熟制已较普遍地推广，可见于多种史籍。如《礼记·月令》：孟春之月"食麦"，孟秋之月"登谷"；《孟子·告子上》说，麦（大麦）到"日至"（夏至）时成熟，《孟子·梁惠王上》说，七八月（夏正五六月）间干旱，苗（粟苗）就会枯槁；《荀子·富国》："今是土之生五谷也，人善治之，则亩数盆（古量器名），一岁而再获之。"一年两熟制的推广，大大提高了单位面积的年产量。据魏文侯相李悝的估计，战国初年魏国农民的一般产量，一亩地普通可以产粟一石半，上熟可以四倍，中熟可以三倍，下熟可以一倍；小饥可收一石，中饥可收七斗，大饥只能收三斗。（《汉书·食货志》）战国时一亩约为今天的三分之一亩，当时的一石约当今之五分之一石，即二斗。

由于铁制农具和牛耕的推广，耕作技术的进步和水利灌溉的发展，以及一年两熟制的推行，农业产量大大提高。《吕氏春秋·上农》说："上田夫食九人，下田夫食五人，可以益，可以损，一人治之，十人食之，六畜皆在其中矣。"这就是说，耕种"百亩之田"的收成可以养活的人口数已大大提高。这就使得"五口之家"或"八口之家"的小农生产，可以成为社会经济的基础，这种小农经济可以成为当时各国君主立国的基础。另一方面，可以使更多的劳动力从农业中解放出来，从事非农业生产，从而促进了工商业的发展。

2. 井田瓦解

西周时期，基本的农业耕作方式是靠二人合作的"耦耕法"和大规模集中劳动的"共耕法"。而在收获时，"公田"上的收获归"公"也就是归封建领主，"私田"上的收获归农民即封建农奴。在这种体制下，农民在"私田"上的劳动积极性大大高于在"公田"上的积极性，正如《吕氏春秋·审分览》所说："今以众地者，公作则迟，有所匿其力也；份地则速，无所匿其力也。"到了西周末年，由于铁制农具的出现，劳动生产率得到提高，"同我妇子，馌彼南亩"式的家庭耕作方式应运而生，而"千耦其耘"式的共耕方式逐步被放弃。在这种情况下，农民更清楚地认识到自己劳动的机会成本，对"公田"上的劳动兴趣进一步降低，"民不肯尽力于公田"（《春秋公羊传·宣公十五年》何休注），以致"无田甫田，维莠骄骄"（《诗经·小雅·甫田》）。

针对这种"公田不治"（《汉书·食货志上》）情况，封建领主不得不改变剥削方式，选择其中长势好的地块作为"公田"收获，即"好是稼穑，力民代食"（《诗经·大雅·桑柔》）。这就是《春秋公羊传·宣公十五年》何休注所说："时宣公无恩信于民，民不肯尽力于公田，故履践案行，择其善亩谷最好者税取之。"这种做法自然遭到农民的反对，迫使周宣王"不籍千亩"并最终放弃这种"公田"制度，实行"履亩而税"（《春秋公羊传·宣公十五年》）。不过，这个变化过程十分漫长，尽管从周宣王时就出现了，但是直到西周末年才逐渐普遍化。

共耕制和自耕制的生产效率差别，源于农民在公田和私田上不同的劳动积极性。对此，《管子·乘马》说：

> 均地分力，使民知时也。民乃知时日之蚤晏，日月之不足，饥寒之至于身也。是故夜寝蚤起，父子兄弟不忘其功，为而不倦，民不惮劳苦。故不均之为

恶也，地利不可竭，民力不可弹。不告之以时而民不知，不道之以事而民不为。与之分货，则民知得正矣；审其分，则民尽力矣。是故不使而父子兄弟不忘其功。

为解决这种体制矛盾，公元前686年管仲实行改革，"井田畴均"，"相地而衰征"（《国语·齐语》），把井田大体平均分给生产者，然后按土地美恶分等差征收实物税。此项改革的核心在于确立农民的个体责任制，从而提高了农民的生产积极性。但长期存在的井田制传统并没有彻底改变，其中典型的制度就是"换土易居"，即农户使用的私田（份地）要定期轮换耕种。这种制度不能保证农民对土地的长期使用权，因而不能激励农户对土地进行长期投入，反而产生对土地的掠夺式使用。为此，公元前645年晋国实行"作爰田"（《左传·僖公二十五年》），承诺农民现有耕地可以"自爰其处"，从而废除了定期"土田易居"制度。

"作爰田"进一步破坏了井田制。井田制是以100平方步为一亩的田制，其阡陌封疆都是按照这一标准而设计的，现在由于要将公田并入私田，还要维持旧的一夫百亩的授田标准不变，那就只能通过扩大亩积的方法来实现。所以，晋国在春秋末年出现了"百六十步""百八十步""二百步"的不同亩制。秦国在商鞅变法时推行"二百四十步为亩，亩百给一夫"的田制。在井田制之下，一井田的面积正是一平方里，而在爰田制之下，一亩突破了100平方步的限制，"方里而井"的格局就不能继续维持了。因为只有在步百为亩的标准下，"井"才能与"里"有此对应关系。[①] 因此就必须按新的亩积标准重新规划阡陌封疆，而旧的阡陌封疆就必须予以废除，所以就必然要"决裂阡陌""易其疆畔"，井田制由此瓦解。

3. 土地私有

将公田并入私田，同时意味着井田制下农民集体耕种公田的"助"法不可能延续，进而瓦解封建制下的赋税、徭役、兵役制度。井田制不存在了，以往按"井"征收的军赋，就只能改变为"以田出车赋"了。公元前594年，鲁国实行"初税亩"。《左传·宣公十五年》杜预注云："公田之法，十取其一。今又履其余亩，复十收其一"。这就是说实行"初税亩"后，农民除了助耕公田时交纳十分之一的劳役地租外，在私田上又要按亩纳十分之一的实物税（租）。"初税亩"后，尽管加大了税收负担，却打开了公田私有化的道路。所以，《左传·宣公十五年》说："初税亩，非礼也，谷出不过藉。"实行"初税亩"后，农民需对原来使用的份地承担租税，同时也就意味着领主承认农民对土地的权利。这是土地私有制的萌

---

① 参见于琨奇：《论春秋战国时期土地所有制关系的变化》，《北京师范大学学报（社会科学版）》2001年第5期。

芽形式。

鲁国实行"初税亩"后的第四年，鲁成公元年（前590年）又进一步实行"作丘甲"。按周制，9夫为井，4井为邑，4邑为丘，4丘为甸。丘16井，出戎马1匹，牛3头。甸64井，出长毂1乘，戎马4匹，牛12头，甲士3人，步卒72人。"作丘甲"就是一丘出一定数量的军赋，丘中人各按所耕田数分摊。（《左传·哀公十二年》）公元前483年，鲁国又推行"用田赋"，即按田亩数征收军赋。《汉书·刑法志》颜师古注云："田赋者，别计田亩及家财，各为一赋。"这两次军赋改革，既是国家赋税制度改革的重要内容，也是对农民私人占有土地的进一步确认。公元前543年，郑国子产改革，"使都鄙有章，上下有服，田有封洫，庐井有伍"。这里的"田有封洫"就是清理田界，承认个体农民的合法权利，按什伍加以编制，并限制贵族利益。公元前538年，子产进一步实行"作丘赋"，即以丘为单位出一定数量的军赋，丘中人各按所耕田数分摊。这就是将公田与私田同等对待，逐渐消除公田与私田的界限，并将公田变为私田。

最终废除井田制度的是商鞅变法。秦国是比较落后的国家，各项改革措施的实施也比东方列国要迟。公元前408年秦简公实行"初税禾"，开始对耕地征收实物税。公元前374年，秦献公实行"为户籍相伍"，即在承认个体农民合法性的同时，按什伍组织把他们编制起来。公元前350年，商鞅"为田开阡陌封疆而赋税平"，即打破井田的田界，并按新的240步为1亩的亩制把田地交给农民耕种。井田制废除后，秦国实行"爰田制"，即让劳动者"自爰自处"，长期固定占有和使用耕地。最终商鞅在全国范围内实行"名田制"，即以个人名誉向政府申报自己所占有的土地，实际上是政府承认私人占有土地的合法性，同时按爵秩等级以名占田。在这种制度下，秦国已基本实现了土地的私有。

4. 土地买卖

土地买卖是土地私有的一个重要标志。封建制度下，土地是国家所有，由王国的最高统治者周王实行分封，从而形成一种等级式的土地占有结构。按周朝制度，分封给各级领主的土地，理论上仍属于国家所有，而所封领地具有禄田性质。在王室实力强盛时期，国王随时可以收回封地。各级领主所占有的土地原则上不能买卖，所谓"田里不鬻"。但这种状况只在周初周王室统治力量强大的情况下才得以维持。但事实上土地转移一直存在。如格伯簋记载：格伯从佣生那里接受了四匹好马，"厥贮三十田"，佣生铸这件宝簋，用来登录所买田产，并永世保有，即"铸保簋，用典格伯田其万年子子孙孙永保用"。不过，土地转移是在周天子名下转移，即在名义上需经周天子同意，并举行改封仪式才算合法。

到了西周中期以后，由于王权式微，各种方式的土地转移不断发生。据卫盉记载：周恭王三年，一个名叫矩伯的奴隶主向裘卫分两次索取了觐见天子的东西，即价值八十朋的玉质礼器和价值二十朋的皮裘礼服，矩伯分两次付给了裘卫 1300 亩土地，作为索取礼品的代价。裘卫把这件事情报告了执政大臣，得到认可后还举行了授田仪式，从而确认了转移土地归属的合法手续。卫鼎记载：裘卫向刑伯、伯邑父、定伯等宰辅官员告发，他和邻人邦君厉之间发生了土地纠纷。经过一番询问之后，在邦君厉同意偿付并有誓言的情况下，经三有司（司徒、司马、司空）和内史实地勘察、划定地界，裘卫以"田五田"，交换邦君厉靠近两条河川的"田四田"，从而了结了官司。《左传·襄公四年》记载有晋国向戎狄购地的事："戎狄荐居，贵货易土，土可贾焉。"这些事例都说明土地交易的普遍和公开化，以及西周政府对土地买卖的保护。随着诸侯势力的发展，国王势力的衰微，领地逐渐演变为领主的私有地产。至少从西周中期以后，各级封建主在实际生活中已经开始将自己领地上的土地用来赏赐、赔偿和交换。诸侯之间的战争，如有战败也常常以割地来求和。可见，封建诸侯的领地变为事实上的私有地产。

到了战国时期，随着井田制逐步解体和商品货币关系的发展，土地买卖成了一种常态。《文献通考·田赋考》说："盖自秦开阡陌之后，田即为庶人所擅，然亦惟富者贵者可得之。富者有货可以买田，贵者有力可以占田，而耕田之夫率属役于富贵者也。"一方面，获得私有土地的农民，可能由于各种原因不得不出卖土地，如"厚刀布之敛，以夺之财；重田野之税，以夺之食；苛关市之征，以难其事"（《荀子·富国》）。另一方面，封建贵族、富商豪族以及新兴地主，为了获得土地利益，通过各种方法买进土地。如《史记·廉颇蔺相如列传》记载，赵括为将之后，不仅将"王所赐金帛归藏于家"，更"日视便利田宅可买者买之"。土地私有和土地买卖进一步导致土地兼并和集中。《通典·食货》："秦孝公用商鞅计，乃隳经界，立阡陌，虽获一时之利，而兼并逾僭兴矣。"仲长统《昌言·损益》："井田之变，豪人货殖，馆舍布于州郡，田亩连于方国。"

二、商业兴起

1. 商品流通

春秋时期，政府对私营商业的管制有所放松，为商品经济发展提供了一定空间，商人的地位也有了一定提高。齐国是比较重商的国家。《国语·齐语》：

> 夫令商，群萃而州处；察其四时，而监其乡之资，以知其市之贾，负、任、担、荷，服牛、轺马，以周四方，以其所有，易其所无，市贱鬻贵，旦暮从事于此，以饬其子弟，相语以利，相示以赖，相陈以知贾。少而习焉，其心安焉，不见异物而迁焉。是故其父兄之教不肃而成，其子弟之学不劳而能。夫是，故商之子恒为商。

郑国由于特殊的地理位置，商品经济发达得较早，工商业的地位也较其他诸侯国重要，因而政府采取了有利于商业发展的政策。郑桓公与商人盟誓："尔无我叛，我无强贾，毋或丐夺。尔有利市宝贿，我勿与知。"（《左传·昭公十六年》）但总的来看，春秋时期商人的地位仍很有限。例如《国语·晋语八》记载，晋国商人可以"金玉其车，文错其服"，甚至可以交通诸侯，但他们所乘的车子只能用皮做的车帷、木做的车檐遮挡起来才能经过街市。

战国时期，由于封建关系越来越松弛，商人资本获得很大发展，各种商业活动大大促进了商品流通。各个地区具有不同的资源禀赋，产出不同的土特产，如南方的木材、矿产、海产和鸟兽，东方的鱼、盐等海产和丝、麻等织物，西方的矿物、铁、池盐、鸟兽、皮革，北方的犬、马、驼等家畜和枣、栗果树等。这四个地区的土特产品，通过"商而通之"，都可以在中原地区买到。李斯《谏逐客书》中所提到各地输入到秦国的特产有昆山之玉、随和之宝、太阿之剑、江南金锡、西蜀丹青、阿缟（齐国东阿所产的缟）之衣、锦绣之饰。由于"通流财物粟，无有滞留，使相归移（转移输送）"，无不丰足，所以荀子说"通流财物粟米，无有滞留，使相归移也。四海之内若一家"（《荀子·王制》）。据《史记·货殖列传》载：战国时期，所有"被服、饮食、奉生、送死之具"，都可以通过市场获得，从而形成"泽人足乎木，山人足乎鱼，农夫不斫削、不陶冶而足械用，工贾不耕田而足菽粟"（《荀子·王制》）的局面。

从春秋中晚期直至战国时期，随着商品经济的发展，经商成为重要的"用贫求富"之路。《史记·货殖列传》：

> 夫用贫求富农不如工，工不如商，刺绣文不如倚市门，此言末业，贫者之资也。通邑大都，酤一岁千酿，醯酱千瓨，浆千甔，屠牛羊彘千皮，贩谷粜千钟，薪稿千车，船长千丈，木千章，竹竿万个，其轺车百乘，牛车千两，木器髹者千枚，铜器千钧，素木铁器若卮茜千石，马蹄躈千，牛千足，羊彘千双，僮手指千，筋角丹沙千斤，其帛絮细布千钧，文采千匹，榻布皮革千石，漆千斗，糵曲盐豉千苔，鲐鮆千斤，鲰千石，鲍千钧，枣栗千石者三之，狐鼦裘千皮，羔羊裘千石，旃席千具，佗果菜千钟，子贷金钱千贯，节驵会，贪贾三之，廉贾五之，此亦比千乘之家，其大率也。佗杂业不中什二，则非吾财也。

由于市场扩大，流通广泛，以至于很多小生意也能发大财。《史记·货殖列传》：

> 夫纤啬筋力，治生之正道也，而富者必用奇胜。田农，掘业，而秦扬以盖一州。掘冢，奸事也，而田叔以起。博戏，恶业也，而桓发用富。行贾，丈夫

贱行也，而雍乐成以饶。贩脂，辱处也，而雍伯千金。卖浆，小业也，而张氏千万。洒削，薄技也，而郅氏鼎食。胃脯，简微耳，浊氏连骑。马医，浅方，张里击钟。此皆诚壹之所致。由是观之，富无经业，则货无常主，能者辐凑，不肖者瓦解。千金之家比一都之君，巨万者乃与王者同乐。

有经验的商人各有自己的经营之道。《史记·货殖列传》：

白圭乐观时变，故人弃我取，人取我与。夫岁孰取谷，予之丝漆；茧出取帛絮，予之食。太阴在卯，穰；明岁衰恶。至午，旱；明岁美。至酉，穰；明岁衰恶。至子，大旱；明岁美，有水。至卯，积著率岁倍。欲长钱，取下谷；长石斗，取上种。能薄饮食，忍嗜欲，节衣服，与用事僮仆同苦乐，趋时若猛兽挚鸟之发。故曰："吾治生产，犹伊尹、吕尚之谋，孙吴用兵，商鞅行法是也。是故其智不足与权变，勇不足以决断，仁不能以取予，强不能有所守，虽欲学吾术，终不告之矣。"盖天下言治生祖白圭。

2. 商人资本

商人资本迅速发展起来，商人们"服牛辂车，以周四方，料多少，计贵贱，以其所有，易其所无，买贱鬻贵"（《管子·小匡》），获利颇丰，各地都出现了"家累千金"的大商人。范蠡弃官从商，"十九年之中三致千金""故言富者皆称陶朱公"（《史记·货殖列传》）；白圭经营丝漆谷物，生财有道，他用"人弃我取，人取我与"的经营办法，成为巨富，享有"天下言治生祖白圭"的盛誉（《史记·货殖列传》）。《史记·货殖列传》：

鲁人俗俭啬，而曹邴氏尤甚，以铁冶起，富至巨万。然家自父兄子孙约，俯有拾，仰有取，赊贷行贾遍郡国。邹、鲁以其故多去文学而趋利者，以曹邴氏也。……周人既纤，而师史尤甚，转毂以百数，贾郡国，无所不至。洛阳街居在齐秦楚赵之中，贫人学事富家，相矜以久贾，数过邑不入门，设任此等，故师史能致七千万。……关中富商大贾，大抵尽诸田，田啬、田兰。韦家栗氏，安陵、杜杜氏，亦巨万。

这些富商巨贾都没有爵位和封邑，也没有俸禄收入，更不是靠舞文弄墨作奸犯科而发财致富，而是靠推测事理、进退取舍，随机应变，以经营工商业致富。《史记·货殖列传》：

> 尽椎埋去就，与时俯仰，获其赢利，以末致财，用本守之，以武一切，用文持之，变化有概，故足术也。若至力农畜，工虞商贾，为权利以成富，大者倾郡，中者倾县，下者倾乡里者，不可胜数。

随着商人资本的扩大，大商人垄断市场的情况开始出现。《孟子·滕文公上》说："有贱大夫焉，必求垄断而登之，以左右望，而罔市利。"更有大商人结交诸侯权贵，从事政治交易，干预国家政权的事例。如郑商弦高在西市于周的途中，竟能以国君之礼，"以乘韦先，牛十二犒（秦）师"（《左传·僖公三十二年》）；孔子的弟子子贡，在曹鲁等地经商，"结驷连骑，束帛之币以聘享诸侯。所至，国君无不分庭与之抗礼"（《史记·货殖列传》）。他们甚至把政治也作为生意来经营。吕不韦是战国后期的大商人，他经营珠宝，"往来贩贱卖贵，家累千金"。《战国策·秦策》：

> （吕不韦）贾于邯郸，见秦质子异人，归而谓父曰：耕田之利几倍？曰：十倍。珠玉之赢几倍？曰：百倍。立国家之主赢几倍？曰：无数。曰：今力田疾作，不得煖衣余食；今建国立君，泽可以遗世。愿往事之。

于是，吕不韦弃商从政，终于执掌秦国相印，位极人臣。

3. 货币经济

春秋战国时期，商品经济的发展扩大了流通货币的需求，同时由于金属铸造技术的日渐成熟，金属货币发展起来。公元前524年，周景王提出铸大钱（《国语·周语下》）。楚庄王也"以为币轻，更小以为大"（《史记·孙叔敖列传》），即改轻币为重币，说明此时已有金属铸币流通。到战国时期，货币使用更加普遍，但仍处于金属铸币、贵金属货币和实物货币共同流通的状态。《管子·国蓄》记载："五谷食米，民之司命也；黄金刀币，民之通施也。故善者执其通施以御其司命，故民力可得而尽也。"《管子·地数》还说："珠玉为上币，黄金为中币，刀布为下币"。

黄金作为货币大约是在春秋时期开始的。最早以黄金作为流通货币的国家是楚国。在此之前，虽然有关于黄金作为交换的文献记载，但要把黄金铸成一定的形状，并印上一定的文字标记，则是从楚国开始的。楚地盛产黄金，楚国所铸"爰金"是我国最早的黄金货币。根据春秋时期的文献，凡是大规模的交易都以黄金作为支付手段。可见，黄金作为货币使用是比较广泛的。另外，赏赐、贿赂等也都使用黄金。①

---

① 参见李祖德：《试论秦汉的黄金货币》，《中国史研究》1997年第1期。

但春秋战国时期使用最为广泛的还是铜铸币。由于周王朝的势力渐弱，列国各自为政，经济自成体系，各国自行铸币，货币的形制、重量、单位也各不相同。总的来看，这个时期的金属铸币可分为布币、刀币、圜钱和蚁鼻钱（鬼脸钱）四种。

第一，布币。从青铜农具镈演变而来，从镈得音称布；因形状似铲，又称铲布。布币又根据不同形制分为空首布、平首布两大类，基本上还是铲形。最初的布币，保留着其作为工具的模样，留有装柄的銎，原始而厚重，称作空首布；后来逐渐减轻，变薄，变小，无銎，币身完全成为片状，便于铸造和携带，称为平首布。平首布上面通常铸有地名或纪重的文字，如"安邑""晋阳"等地名，"一釿""十二朱（铢）"等。这种形式的铜币，出现于春秋早期，到战国中期后广泛流通。主要在三晋即魏、赵、韩三国以及两周地区流行。

第二，刀币。从商周时期的工具青铜削演变而来的，所以刀币的柄端均有环，柄上有裂沟，形状上有针首刀、尖首刀、圆首刀、弧背刀等。刀币分"燕明刀"和"齐法化"二大类型，前者主要流通于北方的燕国，后者主要流通于东方的齐国。"齐法化"刀币铸有统一的"齐法化"铭文，称"三字刀"。"法"有制造标准的意思，"化"即货字简体；"法化"即"法货"，也就是标准货币。由于齐国商品经济比较发达，"齐法化"刀币流通较广泛，不仅在齐、燕流通，还发展到赵、中山等国与布币并存。

第三，圜钱。圜钱也称圜金、环钱。可能由纺轮或璧环演变而来。早期的都是圆形圆孔，后来的多作圆形方孔，是方孔钱的前身。圜钱的正面铸有铭文，反面则无任何文字。主要流行于秦、东周、西周地区，东周与西周的一般都铸有"东周""西周"字样。早期秦国的圜钱铭文多作"重一两""十二铢""十三铢""十四铢"等字样；晚期的多有"半两""两留"字样。随着秦国的强盛，这种货币也影响到秦国势力所及地区。

第四，蚁鼻钱。又称"鬼脸钱"，为椭圆形，正面突起，背磨平，形状像贝但体积较小，是从仿制海贝转化而来，主要流行在楚国。由于楚国的经济、文化比中原各国落后，镈、刀、纺轮的使用也较迟，铜铸币就沿用了仿制贝的形态。1963年，在湖北孝感一处地方出土有四千多枚铜贝，重达二十一公斤多。块形的金板，又称"板金"，它由若干小块连在一起，每一小块上都钤印有方形或圆形印记。由于方印文多作"郢爰"，所以又称"郢爰"。这种货币具有称量货币的特点，使用时大概根据需要切下若干，再用天平称量支付。

战国时代，铜币已成为广泛使用的价值尺度和支付手段。据《汉书·食货志上》记载，战国初期的粟价：一石三十钱，最低二十钱，最高达到九十钱。据秦律记载，官府对官奴发放衣服费用，冬衣每一成年人一百十钱，夏衣五十五钱，计一百六十五钱。此外，秦律还将钱币用作奖金、罚款或赎罪金等，可见铜币已经成为重要的法偿货币。

随着商品货币经济的发展，赊贷和高利贷现象也出现并活跃起来。赊贷早期是由政府经营的，即在青黄不接的时节贷给农民以维持生产和生活，而在收获之后还本付息。以后，贵族和商人开始经营赊贷业，他们利用小生产者所遇困境，进行高利盘剥。《孟子·滕文公上》说，农民"终岁勤动，不得以养其父母，又称贷而益之"。当时比较普遍的高利贷叫作"倍贷"，《国语·晋语》说栾桓子"假贷居贿"，说明在春秋末期封建贵族经营高利贷已为常事。《史记·孟尝君列传》说孟尝君"邑入不足以奉客，使人出钱于薛。岁余不入，贷钱者多不能与其息"。冯骥为孟尝君讨债，一次就收"息钱十万"。冯骥劝孟尝君给予减免："不足者虽守而责之十年，息愈多，急即以逃亡自捐之。若急，终无以偿。"

三、工业发展

1. 官营作坊

春秋时期仍实行"工商食官"制度，官府手工业仍处于主要地位，各国及卿、大夫和郡守、县令都各有手工业组织，他们把有技能的工匠罗致在官营手工工场中，生产农具、武器、车辆、服装、皮革制品，以及各种奢侈品。这类官营工场一般规模较大，设有专门的材料库，称五库，储藏有铜、铁、皮革、筋、角、齿、羽、箭杆、脂胶、丹、漆等原料。管理工肆和百工的官吏有司空、工师、工正等，他们的职责是"论百工，审时事，辨功苦，上完利，监一五乡，以时钧修焉，使刻镂文采毋敢造于乡"（《管子·立政》）。为保证产品的质量，工场中有严格的管理制度："物勒工名，以考其诚，工有不当，必行其罪，以穷其情。"（《吕氏春秋·三月纪》）《周礼·考工记》记述了齐国官营手工业各个工种的设计规范和制造工艺，以及生产管理和营建制度。根据《周礼·考工记》记载，当时的官府手工业共有30个工种，有制车业、冶金业、皮革业、印染业、制陶业等。各个工种管理制度非常严格，从原料到成品，除了受工师监督外，还有专门负责考核与检查的监工。为防止偷工减料或掺假作伪，制造品上都要刻工匠的姓名，出了质量问题可以依此追责，同时也有助于培养工匠精神。

2. 私营工矿

春秋战国时期，不仅官营手工业继续发展，私营手工业也发展起来，甚至出现"百工居肆，以成其事"（《论语·子张》）的盛况。在"工商食官"制度下，"百工"们专业定居，世袭不准迁业，生产积极性不高，不仅常常怠工，还发生过"皆执利兵，无者执斤"的群体性反抗。"工商食官"制度废除后，一些原来食官之粟的工商者及其官吏，还有一些由于衰国、丧国而失职或败亡逃遁的官工贾人员，以及一些获军功解除奴隶身份者，甚至还有一些没落贵族，纷纷向自由工商业经营者转化。所以，春秋战国时期出现了一个独立的小手工业者群体。他们有一定的人身自由，甚至可以从一国迁徙到他国。他们拥有自己的作坊或店铺，一面生产，一面销售，被称为"工肆之人"（《墨子·尚贤上》）。他们利用自身的技艺，独立经营，自负盈亏。正如《墨子·节用中》说："凡天下群百工，轮、车、鞟、鞄、陶、冶、梓、匠，使各从事其所能，日凡足以奉给民用则止"。除此之外，最为普遍的手工业是在家中进行生产，或者自己购买材料生产，或者用顾客的原料加工，同时也在家中售卖。所以，这类手工业者往往是店铺、作坊和家居一体。不过，这些家庭手工业以及作坊规模都很小，加工的产品只能供百姓日常消费。

春秋战国时期还出现豪民经营的大型工矿业。《管子·轻重乙篇》说，官府经营的冶铁手工业如果强迫"徒隶"去做，必然"逃亡而不守"，如果征发人民去做，又要"下疾怨上，边竟（境）有兵，则怀宿怨而不战"，最好的办法就是用抽取十分之三的税的办法放由民营。《史记·货殖列传》记载了几个著名的私营手工业主：猗顿，原系鲁国穷人，闻陶朱公富，前去问求富之计，后到今山西临猗南猗氏去畜牧，此地临近盐池，"用鹽盐起……与王者埒富"；邯郸郭纵，以冶铁为业，其富可与王侯相比；"巴寡妇清，其先得丹穴，而擅其利数世，家亦不訾。清，寡妇也，能守其业，用财自卫，不见侵犯。秦皇帝以为贞妇而客之，为筑女怀清台"。此外，像蜀地卓氏的先人和宛地孔氏的先人等，都是原来战国时代赵国和魏国的私人冶铁手工业者，这些人都是从平民中兴起的专业生产交换商品而不是自己享用的商人，司马迁称他们为"素封"。他们"大者倾都，中者倾县，下者倾乡里者，不可胜数"。司马迁说："千金之家比一都之君，巨万者乃与王者同乐，岂所谓'素封'者邪？"（《史记·货殖列传》）

3. 部门状况

这个时期的手工业主要有铸铜业、木器业、漆器业、制陶业、纺织业、制盐业和冶铁业等。其中最为突出的是冶铁业和制盐业，纺织业和漆器业也取得了很大的进步。

冶铁业在春秋末期已经有了一定的规模，鼓风方法的出现使冶铁质量有了很大的提高，并使铁制工具得到更广泛使用。铸造方式上已经开始使用铁范，与过去使用的陶范相比，铁范可以多次使用，既可以降低成本也可以提高效率。由于铸铁柔化处理技术的发明，可以制造耐用的韧性铸铁农具，铁农具得以广泛使用。另外，在铁器制造方面则出现了锻造技术，与铸造相比，经过锻打后的铁器含碳量较低，不易断裂，可以生产出更好的工具。制铁业的这些进步，标志着铁器时代的到来。据《山海经·五藏山经》载，战国后期有明确地点的产铁山计有三十七处，分布于秦、魏、赵、韩、楚国境内，尤以韩、楚、秦三国为多，赵都邯郸、齐都临淄、韩都新郑都是冶铁地点。从战国时的冶铁遗址看，规模相当大，从遗留大量陶范、铁范和铸造的铁农具、铁兵器等看，冶铁业在社会生产和社会生活中已占有非常重要的地位。

青铜冶铸业也有很大进步。但是与铁器的发展相比，青铜器不再是冶金业的主要角色，主要用于制造贵重兵器和礼器，以及乐器、食器、炊器、盥漱器、车马具等。由于金银错技术和刻镂画像工艺的发展，多数器具造型精巧，花纹工细，有的还错以金银，工艺水平很高。湖北江陵出土的越王勾践剑，制作技术非常高超，至今保存完好，光彩照人，锋利无比。1978 年湖北随县出土的曾侯乙编钟，采用分范合铸、复印花纹等技术，代表了青铜铸造技术的最高水平。曾侯乙编钟共有六十四件，计钮钟十九件，甬钟四十五件，最大的一件甬钟，通高 153.4 厘米，重 203.6 公斤。全套编钟重达两千五百多公斤。每件都有铭文，绝大多数有错金花纹。钟架巨大，两端的青铜套上都饰有浮雕或透雕的龙、鸟等，用失腊法铸作，龙、鸟精巧生动，栩栩如生。此外，冶铜的用处就是制造铜镜和铜币。

盐是人民生活必需品，《管子·海王》说："十口之家，十人食盐；百口之家，百人食盐。终月，大男食盐五升少半，大女食盐三升少半，吾子食盐二升少半，此其大历（数）也。"所以盐的需求很大，流通广泛。齐、燕两国以煮造海盐为主，《管子·地数》云："齐有渠展之盐，燕有辽东之煮。"《尚书·禹贡》也说青州"贡盐"，《周礼·职方氏》又说幽州"其利鱼盐"。山西解县产池盐，成为晋国之宝。《左传·成公六年》载：晋人谋去故绛。诸大夫皆曰：必居郇瑕之地，沃饶而近鹽（盐），国利君乐，不可失也。……夫山、泽、林、鹽，国之宝也。此外，大约在李冰作蜀守时四川就生产井盐，《华阳国志·蜀志》载："穿广都（今四川双流东南）盐井诸陂池"。

纺织业已经十分发达。传统的高档纺织品是丝织品。从史料记载来看，蚕桑业遍布黄河流域，现今的陕西、山西、河北、山东一带均为重要的蚕桑产地。《尚书·夏书·禹贡》载，当时的兖州"厥贡漆丝，厥篚织文"，所谓"织文"就是一种"非一色"的丝织物。此外，青州贡"㡨丝"，徐州贡"玄纤缟"，扬州贡"织贝（锦）"，荆州贡"玄纤"，豫州贡"纤纩"。其中，以齐鲁之地的丝织品最为闻名，有"冠带衣履天下"（《史记·货殖列传》）之称。当时陈留、襄邑出的美锦、文锦、重锦、纯锦，齐鲁出的薄质罗、纨、绮、缟和精美刺绣，名闻天下。当时的纺织技术，不仅能织细密平纹，而且能织斜纹，能提花；不仅能织单色菱纹，而且能织复色菱纹，能绣花。另外，麻和葛作为平民衣料的生产更为普遍。春秋之后，文献中关于麻的种植和利用越来越多，当时将大麻织品称为"布""大布"或"直布"。而葛一直是野生纤维作物，葛的质地比麻细薄，一般用来纺制夏天的单衣、履、巾、手巾、浴巾等。随着纺织业的发展，纺织品染色技术也达到一个较高的水平，已能掌握各种颜料的性能和配合比例，花色增加，染色牢固。纺织品染色主要是两种方式，一是草染，就是用含有色素的植物染料来染色，如蓝、茜等植物染料；二是石染，就是利用含有色素的矿物质染色，主要是丹砂、空青、石黄三种。《吕氏春秋·六月纪》说："命妇官染采黼黻文章，必以法，黑、黄、苍、赤，莫不质良，勿敢伪诈，以给郊庙祭祀之服，以为旗章，以别贵贱等级之度。"

战国时"髹漆"（以漆漆物）工艺已很进步，有不少制造精美的漆器，成为贵族的生活用器。漆器的器物有杯、盘、矮桌、奁（放梳妆用品的器物）、弓、盾、戈柄、戟柄、箭鞘、棺等。当时已经采用桐油作稀释剂以改善漆液性能，从而调配成更多便于描绘图案花纹的彩色油料。漆的颜色已有黑、朱、紫、黄、白、绿等十多种，有的还用色漆画成各种图案。漆器工艺的进步突出表现在金铜扣漆器方面，制造漆器木胎的技术也有进步。由于漆树主要在长江流域种植，所以楚国的漆器制造最为发达。

制陶业仍以建筑材料为主，不过在砖瓦的烧制上，类型多样，有土版瓦、筒瓦、半规瓦当、栏杆砖、花砖、大型长方砖、方形薄砖等，装饰的图案花纹也有多种，有鸟兽纹、锦纹等等。这时期的陶器制造不少是用作明器即陪葬品。这些明器一般是按照日常生活的器物进行烧制，有仿造铜器的，也有仿造木器的，甚至有仿制缩小的房屋，可见当时陶制明器使用之广泛。

四、城市兴起

西周时期的城市是典型的"封建"城市。就是说，城市并不是伴随经济发展自发成长起来的，而是周初封建主为了防止旧贵族的反抗和拓展统治区建立的殖民据点。在西周等级秩序下，诸侯城市的发展不仅有严格的规制还受到严格的限制。尽管如此，经过长期的积累和演变，这些城市还是发展起来，不仅成为各个区域的政治中心，也成了该区域的工商业中心和交通枢纽，有的甚至成为大的都市。随着西周王国统治力量的削弱，王室已经无力对诸侯实行各种约束和控制，所以，各诸侯国甚至卿大夫都打破周礼的限制，扩大和新建自己的城邑。到春秋时期，各诸侯和大夫兴起筑城建都邑之风，不仅城邑越建越多，而且规模越来越大，城市功能也开始发生变化，逐渐由政治和军事的功能转变为具有经济功能。而到了战国时期，由于旧封建领主势力的削弱或退出历史舞台，原有的城市开始出现衰退迹象，一系列新兴城市则如同雨后春笋般兴起。如"三家分晋"以后，原晋国的国都新田（今山西曲沃县西南）逐渐衰落，而赵、魏、韩三国则新建自己的国都，邯郸、大梁和新郑都迅速发展起来。诸侯之间的竞争，也大大促进了城市的发展。当时，"城郭不必中规矩"，不少城市已大大超过王都之制的面积。据考古材料提供的数据看，超过10平方公里的东周故城有秦都雍城、鲁都曲阜、秦都咸阳、魏都安邑、齐都临淄、楚都郢、赵都邯郸、郑韩故城、燕下都等。其中最小的秦都雍城面积是10.5平方公里，居中的齐都临淄为15平方公里，最大的燕下都约为32平方公里。这些东周列国的国都，其建制已超过天子之城方九里的规模，是当时头等的大城市。[①]

这些城市人口集中，商贾云集，往往成为区域性经济中心。《战国策·赵策三》说，古时"城虽大，无过三百丈者，人虽众，无过三千家者"，而现在"千丈之城，万家之邑相望也"，"三里之城，七里之郭"（《墨子·非攻中》）这样的大城市已经普遍出现。文献中更有"万家之县"（《战国策·赵策一》）、"万家之邑"（《韩非子·十过》）、"万户之都"（《战国策·赵策四》）等描述。《盐铁论·通有》说："燕之涿、蓟，赵之邯郸，魏之温、轵，韩之荥阳，齐之临淄，楚之宛丘，郑之阳翟，三川之二周，富冠海内，皆为天下名都。"其中，位于"天下之中"的周之王城洛邑，"东贾齐鲁，南贾梁楚"，因其通畅四达的交通条件而成为"齐、秦、楚、赵之中"的商业都会。规模最大的都市可能是齐都临淄。《史记·苏秦列传》："临淄之中七万户……甚富而实，其民无不吹竽鼓瑟，弹琴击筑，斗鸡走狗，六博蹋鞠者。临淄之途，车毂击，人肩磨，连衽成帷，举袂成幕，挥汗成雨，家殷人足，志高气昂"。魏都大梁也是十分发达的城市，《史记·苏秦列传》说这里"人民之众，车马之多，日夜行不绝，辒辒殷殷，若有三军之众"。赵都邯郸"北通燕、涿，南有郑、卫，亦漳、河之间一都会也"。此外，宋的定陶，赵的离石，魏的安邑、大梁，齐的莒、薛，楚的郢、寿春等都是当时工商业发达、人口众多的都市。各个城市商贾云集，市场上几乎无所不有，如有"县（悬）帜甚高"的"酤酒者"（《韩非子·外储说右上》），有"卖骏马者"（《战国策·燕策二》），有卖兔的所谓"积兔满市"（《吕氏春秋·慎势》），还有卖卜者等。

城郭制度是春秋战国时期城市发展的重要特点。西周时代的城基本上是政治中心，国野分隔，中规中矩，城外为郊，郊外为野。由于人口增加，为满足城市需要的工商业也不断发展，不得不在城外兴建外城，也就是"郭"。城外之郭的出现，是城市经济发展和人口大量增加的结果，也是对封建都城等级制的突破。随着商品经济的发展，手工业作坊的日益增加，市场的不断扩大和人口的大量流入等，郭的规模也必然日益扩大，成为以经济生活为中心的外围区域，经济中心职能日益突显。就城郭关系而言，各诸侯国的都城大体可分为两类。一是宫城在郭城之外，如临淄齐故城、邯郸赵故城等；二是割取郭城的一部分为宫城，如曲阜鲁故城、新郑韩故城、易县燕下都、洛阳东周王城、楚都纪南城等。如果说内城外郭的格局是春秋时期"卫君"的最佳设防，那么随着社会矛盾的日益尖锐，各国统治者竭力使

---

①　参见杜勇：《春秋战国城市发展蠡测》，《四川师范学院学报（社会科学版）》1997年第1期。

自己的栖身之所脱离居民区的包围，并满足其恣意扩建宫室的奢欲。[①]

第三节　社会转型

一、新贵和地主

1. 贵族分化

在封建经济的衰落过程中，封建贵族阶级本身却出现分化，即一部分贵族走向没落，另一部分则通过各种途径成长壮大起来成为新贵族。

贵族没落的原因很复杂。从根本上讲，他们是因为不能主动地适应生产力和生产关系的新变化，随着封建经济的衰落而走向没落的。但就某一些贵族消亡的事例来看，则多是由于政治斗争失败而迅速走向灭亡的。《左传·昭公二十九年》云："夫物，物有其官，官修其方，朝夕思之。一旦失职，则死及之。失官不食，官宿其业，其物乃至。"这里是说，周初以来世代相传的王官，到春秋时由于政权衰微和政权更迭而失去了世禄之业。随着政治经济变革，以及在长期的兼并战争与政治斗争中，贵族们有的"失官""失职"，失邑失田，财源断绝，沦为"疏食"者，职守丧失，权势亦尽，被削掉贵族身份，成为平民，有的逐渐降为农民或者沦为奴仆。

周初的封建制事实上是建立在大量的国有土地基础上的。随着不断分封和诸侯对公地的开发和侵占，渐有无土可封之势。所以，到后来就出现不少所谓"无禄"的公子、公孙。贵族最下层之士此时盖多贫困，亟谋仕进以取禄食，然所取者已为谷禄，而非封邑、食田。如孔子为鲁大夫，亦无封邑、禄田，但取谷禄。《史记·孔子世家》记载："卫灵公问孔子居鲁得禄几何？对曰：奉粟六万。卫人亦致粟六万"。孔子弟子之为家臣者，固多取谷禄为俸："子华使于齐，冉子为其母请粟"；"原思为之宰，与之粟九百"。（《论语·雍也》）事实上，这种禄田制度向禄谷制度的转变，正是封建制度衰落和社会经济变革的一个重要方面。

2. 新贵产生

在旧封建贵族衰落的同时，一批新贵族成长起来，经济政治实力不断壮大。这是由于这些新贵族能够适应生产力变化而采取新的生产方式。具体说就是放弃封建传统的"公田共耕"制度，承认农民个体对土地的收益。这也就是通过"假公济

[①]　参见许宏：《大都无城——论中国古代都城的早期形态》，《文物》2013 年第 10 期。

私"的方式壮大了自己的经济实力。事实上这也是"变革"的结果。根据礼的要求，"家施不及国、民不迁、农不移、工贾不变、士不滥、官不滔、大夫不收公利"（《左传·昭公二十六年》）。但事实上，不少贵族往往培植自己的政治经济势力，其家族往往富可敌国。他们"无礼而好陵上，估富而卑其下"，用财富换取民心。如鲁国季孙、叔孙、孟孙三家，唯以季氏为最强，甚至"富于周公"（指周公的后人）。（《论语·季氏》）齐景公时，"陈氏无有大德而有施于民，豆、区；釜、锺之数，其取之公也薄，其施之民也厚。公厚敛焉，陈氏厚施焉，民归之矣"（《左传·昭公二十六年》）。这样，陈氏的实力逐渐强大起来。宋国的公子鲍、乐氏和郑国的子罕也都是以"假公济私"的手段赢得国人拥护，从而取得政权。

西周的封建制度是在宗法制度基础上建立的，所以，新贵族与旧贵族在血缘上有千丝万缕的关系。这种联系一方面体现为世卿世爵制，即保证贵族经济与政治特权的延续性；另一方面体现为封建制度的等级秩序，即原有贵族权益格局的不可僭越性。在这种情况下，新贵族并不是凭借血缘关系而是凭借其雄厚的财富获取社会地位。同时，各国改革过程中，都把废除世卿世爵制作为重要的改革内容，这就断绝了他们通过宗法继承而获得政治经济权利的道路。吴起在楚国实行变法，主张"使封君之子孙三世而收爵禄"（《周礼·地官·载师》贾公彦疏引），商鞅在秦国也提出"宗室非有军功论不得为属籍"（《史记·秦始皇本纪》），主张以耕战作为功赏的唯一依据。这样就产生了许多获得爵位的军功地主，不仅在身份上而且在以田宅为主的财富上，打破了"贵者恒为贵，富者恒为富"（《史记·秦始皇本纪》）的局面。

3. 地主兴起

在旧贵族衰落和新贵族兴起的同时，地主作为一个全新的社会阶级出现了。地主阶级的出现是以土地制度演变为基础的。地主阶级一方面是由原来的封建贵族转变生产方式和采用新的剥削方式演变而来，另一方面是通过军功封爵和非宗法性转移而获得土地。春秋时期，周天子已基本无土可封，对所封土地的控制力也逐渐丧失。诸侯们将他们封国内的土地视为自己的"国土"，将封国的治权也视为主权，他们自己也由诸侯王转变成与周天子平起平坐的"国君"。与此同时，贵族们也将自己的封地认定为自己的私有土地，他们也自然由"领主"转变为"地主"。在这种大的制度背景下，新兴地主通过各种方式获得了更多土地，使自己的经济实力进一步壮大。随着农业生产技术的提高，大量荒芜的"国有土地"得到了开垦。这些土地并非由分封而来，因此就不属于"封建"土地，而从一开始就是地主的私有土地。另一方面，既然一部分旧贵族衰落了，他们由于各种原因不得不出让其所占有的土地，土地买卖和流转不断扩大，不少新兴地主通过土地市场获得了更多的土地。这种通过买卖得到的土地，自然合法地由封建土地转变为地主私有土地。此外，战国期间，各国为扩张实力而鼓励耕战，由此产生了不少军功地主。同时一些"士"也因对国君的贡献而成为事功地主。如秦商鞅时规定："能得甲首一者，赏爵一级，益田一顷，益宅九亩。"（《商君书·境内篇》）所以，"民田多者以千亩为畔，无复限矣"（《文献通考·田赋考一》）。这就产生了一个日益壮大的新兴地主阶级。

二、农民和工商业者

1. 独立农民

春秋时管仲已经提出"四民分业"主张，说明在贵族之外已经产生了"四民"。在"四民"中，农民是占绝对多数的群体。战国初期，中原各国农村的基本生产单位已是李悝、孟子所说的"治田百亩"的"五口之家"或"八口之家"了。秦国地处边远，经济落后，但到商鞅变法时，也"令民父子兄弟同室、内息者为禁"，并规定"民有二男以上不分异者，倍其赋"（《通考·田赋考一》引吴氏语）。这说明，个体家庭生产发展已经成熟，而政府为了促进社会生产力的发展，增强国家经济实力，利用行政手段促使个体小家庭从父子兄弟大家庭中分离出来。至此，个体小农生产组织形式基本形成。

个体农户大部分源于古代在"野"中从事农业的庶人。自井田制废坏以后，他们的份地转为私有，他们自己也就成为自耕农。在孟子看来，自耕农耕"百亩之田，勿夺其时，数口之家，可以无饥矣"。此外，他们在自己的住宅周围，"树之以桑"，则"五十者可以衣帛矣；鸡豚狗彘之畜，无失其时，七十者可以食肉矣；百亩之田，勿夺其时，数口之家可以无饥矣"（《孟子·梁惠王上》）。但事实上，自耕农经济很不稳定，并且经常陷于困窘。《汉书·食货志上》追述战国时情况：

> 今一夫挟五口，治田百亩。岁收亩一石半，为粟百五十石，除什一之税十五石，余百三十五石。食，人月一石半，五人终岁为粟九十石，余有四十五石。石三十，为钱千三百五十，除社闾尝新春秋之祠，用钱三百，余千五十。衣，人率用钱三百，五人终岁用千五百，不足四百五十。不幸疾病死丧之费，及上赋敛，又未与此。此农夫所以常困，有不劝耕之心，而令籴至于甚贵者也。

可见，在一般年景下，自耕农尚入不敷出，如遇荒年，生活就会陷于困境。所以，这些仅占有小块土地的农民往往被迫出卖自己的土地，由自耕农转为被迫耕种地主土地的佃农或为人庸工。还有一些身份不自由从而不得不依附于贵族地主的

"隶农"等。

2. 工商业者

战国以后，"工商食官"制度逐渐瓦解和废除，为宫廷和贵族服务的工商业者身份得到一定解放，可以为市场而生产和从事市场活动。另外，从农民中也分化出来小部分的个体工商业者，专门从事长途贩运的专业商人也开始出现。在社会经济变革特别是市场开放的情况下，工商业产生了可观的利润，所以说，"用贫求富，农不如工，工不如商，刺绣文不如倚市门，此言末业，贫者之资也"（《史记·货殖列传》）。商人自己不从事生产，而他们贩运各地的土特产和手工业品，转手之间，便成了巨富。这就导致人们对工商业趋之若鹜。《史记·货殖列传》记载："庶民、农、工、商、贾率亦岁万，息二千，百万之家则二十万，而更徭、赋税出其中。衣食之欲，恣所美好矣"。从此，工商业者作为一个独立的社会阶层出现并得到迅速的发展。"凡编户之民，富相什则卑下之，伯则畏惮之。千则役、万则仆，物之理也。"（《史记·货殖列传》）工商业的发展特别是它所产生的财富效应，打破了原有的封建秩序以及相应的身份等级，致使人们对财富的追崇远远超过了对贵族身份的追崇。正如司马迁所说："今有无秩禄之奉，爵邑之入而乐与之比者，命曰'素封'。"就是说，非出身封君封臣的庶人，如农、工、商、贾等，他们的财富收入使他们完全可以与封君相比。

三、士人阶层兴起

周初的士源于分封制。《孟子·万章下》记周室班爵之制：君一位，卿一位，大夫一位，上士一位，中士一位，下士一位，凡六等。《礼记·王制》曰："诸侯之上大夫卿，下大夫，上士，中士、下士，凡五等。"在封建制中，诸侯以长子为继承，而诸子为卿大夫，卿大夫同样以长子为继承而封诸子为士，即所谓"天子有田以处其子孙，诸侯有国以处其子孙，大夫有采以处其子孙，是谓制度。"（《礼记·礼运》）

所以，西周的士是最低一级贵族。既然士源于分封制，那就必然依附于封建体制，即在经济上和人身上依附于上级贵族，反过来就必须为其封主服务和尽忠。但他们主要是依靠自己独特的知识和技能为封主服务，如士大多为卿大夫担任家宰。所以，士不仅要有射御的勇力，而且要娴熟于礼乐典章，必须身通六艺，即礼、乐、射、御、书、数。

至春秋时代，随着井田制的废坏和宗法制的解体，士的状况也相应发生很大变化，并形成一个新的士人阶层。战国以后，随着封建体制的进一步瓦解，他们原来所依附的旧贵族集团日益衰落，原有的政治经济基础也发生了变化，所以，他们大部分只能完全凭着专有知识和一技之长来谋得衣食生活。他们成为无主之士，但却可以自由地选择新主，并因此获得完全不同的政治经济待遇。上焉者做大夫的家宰、家臣，下焉者就只有做食客、说客、游侠、睹或者从事商业活动，如子贾、白圭等。但总的来看，他们是社会中值得关注的一个新的阶层。

首先，井田制的废坏瓦解了封建贵族的经济基础，尽管存在世卿世袭制度，但世代繁衍使公子公孙无法获得尽封，加上政治变故更加速了这个群体的没落。于是，大批贵族被抛进平民阶层。《左传·昭公三年》记载叔向曾论及晋国公室贵族衰亡的情况："虽吾公室，今亦季世也。……栾、郤、原、狐、续、庆、伯，降在皂隶。"他还说："晋之公族尽矣。肸闻之，公室将卑，其宗族枝叶先落，则公从之。肸之宗十一族，唯羊舌氏在而已。"这就是说，十八个大家族中唯羊舌氏在，其余多降为皂隶。《左传·昭公三十二年》记载，太史墨对赵简子说："《诗》曰：'高岸为谷，深谷为陵。'三后之姓，于今为庶。"这些旧贵族由于受过良好的教育，掌握一定的知识技能，所以在地位下降和丧失贵族身份后成为新士人。

其次，春秋末年，王室衰弱，"学在官府"制度也随之瓦解，乡校普及，私学兴起，孔子提出"有教无类"主张。这就使更多的人得到受教育的机会，更多的人可以通过受教育而改变社会地位。另一方面，社会动荡，灭国蹑继，原来在王朝或诸侯之国做史官的人，由于失去依靠，不得不散之四方，流落民间。与此同时，王官所掌守的古典文献也随着王官失守而散之四方，流落民间。就是说，由于王室和各级诸侯丧失了对于知识的官方垄断，教育和知识文化也就不能不流布于民间。这就是《左传·昭公十七年》所说："天子失官，学在四夷。"这种情况，以后的学者也曾经论及。如《汉书·刘歆传》说："夫礼失，求之于野"，《后汉书·朱冯虞郑周到传》说："中国失礼，求之于野"。在这种情况下，通过各种方式获得知识技能的新士人也就应运而生了。

再次，士大抵皆为有职之人，他们长期担任邑宰、家宰，掌握地方的财、政、军大权，形成了很强的经济政治实力。他们往往通晓历史，博学善断，骁勇善战，能补政事。当时，诸侯之政在大夫，而大夫之政又在士。家宰、邑宰们由于控制了卿大夫的家政，所以事实上也左右了国家政权，甚至形成所谓"陪臣执国命"的局面。各诸侯出于政治、军事斗争的需要，纷纷争取人才，奖掖民之俊秀，崇尚军功事功。齐桓公为求霸业，下令"匹夫有善，可得而举也"（《国语·齐语》）。赵简子伐郑誓词说，克敌者"得遂为士"。这些人在取得军功事功后跻身士人阶层。特别是春秋末战国初，"天下诸侯方欲力争，竞招英雄，以自辅翼。此乃得士则昌，失士则亡之秋也"（《曾子·外篇·晋楚第九》），于是养士之风盛行起来。当时被称为"四公子"孟尝君、平原君、信陵君和春申君，都各自蓄有数千名门客，从而扩大了士的队伍。

西周之前，国之大事，惟祀与戎。所以上古之士，皆为武士。但周人尚文，周初之士已开始习文，即书、数、礼、乐，因而开始出现文士。春秋之时，随着王官失守，祝、宗、卜、史这些职掌宗教、文化和历史的文官也降落到了士的队伍中，因而文士兴起。他们从典籍的传播和教育的实施两方面都极大地促进了士的知识化。私学虽然也传授射御之术，但更多地传授礼乐典章和统治技巧。随着文化的传播，私学逐渐注重对文化进行整理和思考，士人开始出现专业化趋势。

新士人不同于旧士人，他们具有独立的人格，"不自高人将下吾。不自贵人将贱吾"（《曾子·外篇·晋楚第九》），并不完全依附于某个贵族或某个诸侯。他们在政治上再不是"一朝委质，终身为臣"，在经济上也不再靠贵族的恩典和施舍度日，而是依靠自己的知识和技能，因此，他们有多种选择权，"合则留，不合则去"。一方面，他们有很强的政治使命感，时刻期望能够将自己的知识技能用之于社会，学而优则仕成为他们的人生原则。但另一方面，他们有独立的道德理想，所谓"君子忧道不忧贫"。对古代文献的占有、整理和保管，更使他们对现实的社会政治往往持一种理想化的批判态度。他们可以按照自己的意思去著书立说或发表言论，成了这一时期不同阶级和阶层的思想代表，因而有各学派百家争鸣局面的出现。

第四节　春秋战国变革：第二次经济社会转型

一、封建国家制度的矛盾

西周封建国家制度的建立具有划时代的意义。这是因为封建国家是一种"邦联"制度向"联邦"制度的转变，从而由部落联盟转向了"天下共主"，是朝着统一国家制度发展的一个关键性阶段。另一方面，西周的封建国家制度存在诸多的不足。但正如柳宗元在《封建论》中说："彼封建者，更古圣王尧、舜、禹、汤、文、武而莫能去之。盖非不欲去之也，势不可也。"这就是说，尽管封建国家制度存在各种矛盾，但在当时的政治经济条件下仍是必然选择。

事实上，中国古代封建制源远流长，但比较成形的封建制度产生于商代，而商代的封建制较之西周的封建制脆弱得多。周代的封建是由上而下的封建，而商代的封建则是由下而上的封建。这是因为，商代的封建事实上是各部落承认商王的部落联盟的盟主地位，但并未建立"天下共主"的制度。而西周的封建制是通过武力征服而实现的，周王封建亲戚，以藩屏周，这种封建是周王的制度创设。但是，周初封邦建国是在天下分为数百上千的部落即大小邦国的基础上进行的，尽管周武王依靠武力征服之，依靠德力诚服之，但也不得不承认他们的既有权益。所以柳宗元说："夫殷、周之不革者，是不得已也。盖以诸侯归殷者三千焉，资以黜夏，汤不得而废；归周者八百焉，资以胜殷，武王不得而易。徇之以为安，仍之以为俗，汤、武之所不得已也"。

周王在八百诸侯支持下，通过武力灭商并建立周朝，建立了封建上层建筑，但却无力改变基础层面的政治和经济。西周的建国部分来自武力征服，部分来自原来小共同体治理者的自愿效忠，其权力无力延伸至诸侯所治理的共同体内部。因此，在西周的封建制下，诸侯各自治理其土地和人民。另一方面，周王也必须承认他们的既有权利，即保证他们的封土封爵世代相袭。在这种制度下，各诸侯国的治理方法不同，治理能力有差别，导致各诸侯国发展不平衡。按天下常理，国家治理得好、政局安定，才能得到人民的拥护。这就需要使贤明的人居上位，不肖的人居下位，然后才会清明安定。正如柳宗元所说："夫天下之道，理安斯得人者也。使贤者居上，不肖者居下，而后可以理安。"但事实上，封建制的君长，是一代继承一代地统治下去的，即世大夫世食禄邑，从而不能完全做到选贤任能。但是，仍有部分诸侯国家以至卿大夫能够变法图强，得以发展和壮大，其实力不仅超过其他诸侯国甚至超过周王室。这一方面导致诸侯国的争霸战争，如春秋无义战一直战到战国；另一方面导致破坏封建秩序的僭越行为。如大夫执政，诸侯称王，"问鼎之轻重者有之，射王中肩者有之，伐凡伯、诛苌弘者有之，天下乖戾，无君君之心"（柳宗元：《封建论》）。

周王封邦建国，特别是封建亲戚，目的是建立对诸侯的控制。但事实上这种控制力很难持续。"周有天下，裂土田而瓜分之，设五等，邦群后。布履星罗，四周于天下，轮运而辐集；合为朝觐会同，离为守臣扞城。"（柳宗元：《封建论》）这种理想架构依赖于周王的实力。尽管在建国时依靠武力，但这种武力却不能持久。这是因为周王没有建立起深入下层的控制体制，特别是没有建立起中央财政和军队。所以，尽管周王大多是封建亲戚，希望通过宗法血缘关系维系这种依附关系，但随着各诸侯国家实力的发展壮大，渐渐丧失了这种控制力，并且逐渐将自己降至与诸侯同等的地位上去了。到周夷王的时候，由于害礼伤尊，天子只得"下堂而迎觐者"。到周宣王的时候，虽力图复兴周室，终究还是"不能定鲁侯之嗣"。这样日渐衰败下去，直到周平王把国都向东迁移到洛邑，"而自列为诸侯"。至此，周王"徒建空名于公侯之上耳"。（柳宗元：《封建论》）

二、封邑制向郡县制转变

封建国家制度的矛盾，导致一系列国家分裂和诸侯争霸斗争，总的来看是地方势力对国家统治的挑战。为了应对这种挑战，产生了各种应对措施，从而产生了郡县制度并由此走向统一国家制度。

最早的郡县源于国君直接统治的领邑，并用作对臣下的赏赐，因此与封邑制度相似。齐桓公予管仲"其县十七"，齐灵公赏给叔夷"其县三百"，但当时的县面积很小。公元前627年，晋国胥臣荐举郤缺有功，文公赏以"先茅之县"。（《左传·僖公三十三年》）晋定公十九年（前493年）赵简子率师伐齐，在其誓辞中说："克敌者，上大夫受县，下大夫受郡"。公元前294年，晋胜秦于辅氏，"晋侯赏桓子狄臣千室，亦赏大伯以瓟衍之县"（《左传·宣公十五年》）。

郡县一般设在新辟的边地，并主要为防守需要而设置。《淮南子·主术》高诱注："县，远也。"这些县具有国君直属的边地军事重镇性质，但国君任命的县长官也可以世袭。例如，楚的申县，第一个县公为申公斗班，而继任者申公斗克（字仪父），是斗班之子。又如晋的原县，首任县大夫为赵衰，称为原季，而继任者为赵衰之子赵同，亦称原同。《史记》载：赵襄子二十三年（前453年），"与韩、魏共灭智伯，分晋地而有之"，"魏有西河、上郡，以与戎界边"。赵武灵王（前325—前299年）"北破林胡、楼烦……而置云中、雁门、代郡"。燕昭王时（前311—前279年）燕将秦开驱逐东胡，"置上谷、渔阳、右北平、辽西、辽东郡以拒胡"。（《史记·匈奴列传》）

郡县制度通过政治变革而改变封建性质。晋自曲沃篡统，晋献公杀尽群公子，后来骊姬之乱，又杀害诸公子。这就导致晋无公族世袭卿相，并因而任官治理，实行县制。到晋顷公时又尽灭公族，分其邑十县，各令为大夫。晋改都邑绛为县，又"韩赋七邑，皆成县也"（《左传·昭公五年》），是以大夫封邑为基础而置县。到三家分晋时，晋已基本完成郡县制改革。齐在管仲时也推行制鄙之制，共立"十县为属"，即通过政治改革改乡鄙为县。县之不同于封邑者，就是郡县有一套隶属于国家的赋税制度，是国家直接的财源。《左传·成公七年》记载，楚围宋之役，"子重请取于申、吕（二县）以为赏田"，申公巫臣道："不可。此申、吕所以邑也；是以为赋，以御北方"。早期郡县的官员可以世袭，但随着政治变革，郡县政令受制于中央，郡县守、令都是流官，长官由国君随时任免，并发给俸禄，不食封邑，不再世袭。这样，郡县制度逐渐与宗法世袭制度脱离，成为统一国家的统治基础。秦孝公时商鞅变法严格推行郡县制度，集乡、邑为县，大县设县令，小县设县长，负责一县之政事，下设县丞，协助县令，又设县尉，负责一县之军事。自商鞅变法后，郡县之推行，以秦国最为严格。

郡县制度通过兼并战争推向全国。春秋初年，晋、楚等大国为了加强集权，往往把新兼并来的小国改建为县，不作为卿大夫的封邑。楚武王时（前740—前689年）灭权国"使斗缗尹之"。后楚文王（前689—前677年）攻灭申、息，"实县申、息"。楚庄王（前613—前591年）时曾"灭九国以为县"。（《左传·

宣公十二年》）秦对兼并所得之土地，大都直隶于国君，大者置郡，小者置县。秦国最初设县为秦武公十年（前688年），"伐邽、冀戎，初县之。十一年，初县杜、郑"（《史记·秦本纪》）。秦惠王后元九年（前316年）得巴国地，据《华阳国志》仍以巴为名置郡。秦吞并六国过程中在一些重要地区或交通要道附近设郡，如昭襄王三十四年（前273年），在楚故地设南阳郡（治宛，今河南南阳）；庄襄王元年（前249年），在韩故地设三川郡（治雒阳，今河南洛阳东北）等。至始皇时，沿袭成例，每灭一国，都以其地设置郡县。如始皇五年（前242年），在魏故地设东郡；二十二年（前225年）设砀郡；二十三年（前224年）在赵故地设巨鹿郡；二十四年（前223年），在楚故地设泗水郡、薛郡；二十五年（前222年）设长沙郡、会稽郡；二十六年（前221年）在齐故地设琅邪郡等。而秦国本身尚有之少数封区，也于嫪毐事件后完全废除。

三、统一国家制度的建立

郡县制是统一国家制度的基础。秦始皇吞并六国，不立诸侯，而置郡县，其守令秉皇帝之命以治，不得自行其是。所有政令，尽自皇帝出，郡守县令可任意撤换。只是从此时起，才形成了集权于中央的政制，统一的集权国家制度由此而确立。这样，国家的统治就不仅停留在上层建筑方面，而是深入到地方和各级下层。这就从根本上改变了商周时代地方分封分治的局面，实现了集中统一。

但是郡县制代替分封制并不能仅仅通过人们的认识而实现，必须通过统一战争。周室衰微丧失对诸侯的控制力，周室与其他诸侯国处于一样的地位，名义上的统一也不存在了。在这种情况下，诸侯的地位上升为国家地位。但是由于诸侯并非一个，要实现从封建国家向统一国家转变，必须通过统一运动。这种统一运动必须采取战争方式。这个任务历史地由秦国承担了。公元前221年，经历了15年的大规模统一战争，秦灭六国，建立统一国家。秦始皇完成统一战争后，发生过关于建立统一国家还是建立封建国家的争论。丞相王绾即请始皇把诸子封于荆、齐、燕等地。廷尉李斯坚决反对，指出："周文武所封子弟同姓甚众，然后属疏远，相攻击如仇雠，诸侯更相诛伐，周天子不能禁止。今海内赖陛下神灵一统，皆为郡县，诸子功臣以公赋税重赏赐之，甚足，易制，天下无异意，则安宁之术也。置诸侯不便。"秦始皇同意李斯的意见，认为"天下共苦战斗不休，以有侯王，天下初定，又复立国，是树兵也"。（《史记·秦始皇本纪》）于是分全国为三十六郡，后又于三十三年增南海、桂林、象三郡，三十五年，又增九原、闽中二郡共四十一郡。

秦始皇还实行了一系列有利于国家统一的制度、政策和措施。在政治方面建立中央集权体制。秦始皇规定皇帝是国家的最高统治者，皇帝之下设立三公九卿制的中央政权机构。"三公"是指丞相、太尉和御史大夫，他们分别协助皇帝掌管全国的政务、军事和监察工作，丞相被称为"百官之长"。"三公"之下设九卿，具体掌管政府和皇室的各方面的事务。三公九卿对皇帝直接负责，皇帝有权对重大事务做最后的裁决，突出了中央集权制的特点。在经济方面统一货币和度量衡。废除原有各国的货币，以秦"半两"钱为流通货币；把过去商鞅制定的度量衡标准作为统一制度推行全国；在全国范围内修建驰道，实行车同轨，发展统一交通。在文化上统一文字和思想。秦统一后，下令全国一律使用以秦篆为基础的小篆，以统一文字。为了统一思想实行焚书坑儒，以法为教，以吏为师。

秦始皇施行的兼并战争和统一政策，基本上完成了统一国家制度的建设。但是，由于中国土地广大，统一国家的控制力有限，地方势力在一个较长时期内仍然存在，这就导致在一个相当长的时期里，统一和分治作为两种力量的斗争一直延续，不同形式的封国封侯现象反复出现，郡国长期并存。汉朝统一了全国之后，纠正秦朝的错误，沿袭周朝的封建制，分割天下，分封自己的子弟和功臣为诸侯王，但结果导致"七国之乱"；西晋建国后也大肆封王，结果导致"八王之乱"。从历史上看，封国制度直到隋唐以后才完全废弃。但是作为封建主义余韵的地方割据力量却一直存在着。事实上，中央与地方的关系始终是中国政治和经济的一对矛盾体。

与此同时，关于封建与郡县的争论也一直在延续。一方面，一些将"三代"视为理想社会并主张复古的思想家一直力挺封建，但事实上却很少有真正实行封建的帝王。唐代思想家柳宗元的《封建论》对封建制度做了深刻的历史主义分析，指出："封建非圣人意也，势也"，"秦之所以革之者，其为制，公之大者也；其情，私也，私其一己之威也，私其尽臣畜于我也。然而公天下之端自秦始。"直到近代仍出现有关封建与郡县的反思。如黄宗羲《明夷待访录》批判皇权大一统的专制制度，认为"郡县"正是集权制的制度体现。所以他主张封建。而顾炎武认为"封建"与"郡县"各有其得失，"封建之失，其专在下，郡县之失，其专在上"。郡县之最大弊端即在于"尽天下一切之权，而收之在上"。而在封建制下，天子与公、侯、伯、子、男差别不大，"非绝世之贵"，所以，天子"不敢肆于民上以自尊……不敢厚取于民以自奉"。因此他主张"寓封建之意于郡县之中"。但事实上，此时人们对封建制度和郡县制度的理解，已经与秦汉乃至隋唐时期大相径庭了。

四、百家争鸣与诸子时代

春秋战国时期的社会变革，从本质上看是西周封建制度的瓦解和新的社会制度的产生，而在变革过程中，促进变革的力量和反对变革的力量之间存在着激烈的斗争。与此同时，随着"周文疲敝"，原有的统一意识形态的解体，学术思想垄断的丧失，不能再阻止各种新思潮的出现。所以在春秋后期，面对社会变革，"道术将为天下裂"，各种思想观点异彩纷呈，百花齐放，百家争鸣。这就使春秋战国时期成为中国历史上思想最为活跃的时期，即第一个"诸子时代"或者说是文化的"轴心时代"。

西周时期的思想文化既是统一的也是多元的。这里的"统一"体现为周公创制为社会普遍遵守的礼乐制度，而"多元"是指这种流行的礼乐制度在不同地区又与当地风俗文化相结合。春秋以后，周天子的统治能力逐渐减弱，统一的礼乐制度在各地也先后废弛，体现在思想领域则是诸子百家"各引一端，崇其所善，以此驰说，取合诸侯"（《汉书·艺文志》）。但另一方面，这种思想混乱状况，表明原来的思想学术垄断已被打破，新的思想也随之而出了。当时的"诸子百家"，按照其时间早晚为顺序，大致有老子、孔子、关尹、孙武、墨子、杨朱、子夏、吴起、商鞅、申不害、许行、宋钘、田骈、孙膑、孟子、庄子、惠施、慎到、尹文、荀子、邹衍、韩非、公孙龙、张仪、苏秦、吕不韦、尉缭等。他们共同构成了"诸子"。

诸子百家在自由争论中提出了很多新的思想，"其言虽殊，辟犹水火，相灭亦相生也"（《汉书·艺文志》）。各家在提出各自的理想社会模式的同时，有的还提出了现实的解决方案，如儒家的"大同"理想之下还有"小康"设计；法家的完全法治理想也有一套实事求是的妥协方案；墨家讲"兼爱"，道家讲"无为"，但在实际的政策选择方面都是面向现实和实事求是的。这就是所谓的"极高明而道中庸"，既有终极理想也有现实方案。这其中法家是最接近现实的，其理想不够高远，最少受道德约束，不论法术势，以成功为硬道理，所以最能解决当时的实际问题，即实现国家统一和重构社会秩序。

第三编　世族经济

第五章　秦汉经济

第一节　秦汉创制

一、始皇革命

秦灭六国建立统一的中央集权国家，尽管二世而亡，但对中国历史之贡献却可谓史无前例。在这个历史过程中，以秦始皇为核心的一代人作出了巨大的贡献，因而可以称之为"始皇革命"。"始皇革命"主要是政治革命，但其历史价值在于为秦汉时代的经济社会发展奠定了基础。可以说，秦代承担了"暴秦"的历史罪名，却把"盛世"留给了后继的汉代王朝。或者说，秦代承担了历史进步的成本，却让汉代承继了历史进步的成果。所以，历史上有"文景之治"和"汉武盛世"，却没有听说过"秦皇之治"或"秦皇盛世"。这正是历史的吊诡之处。

1. 中华制度

尽管夏商周三代也是统一国家，但与秦朝的国家形式有根本的不同。三代以"封建"形式统一，但秦是以"集权"形式统一，这就使国家统一进入了一个更高的阶段，可以说是真正的统一。秦的统一并不是天下认同于一个"共主"，而是归属于唯一的"主"，也就是由这个"主"所代表的中央集权实施统一治理。《史记·秦始皇本纪》记述了这种区别所在：

> 维秦王兼有天下，立名为皇帝，乃抚东土，至于琅邪。列侯武城侯王离、列侯通武侯王贲、伦侯建成侯赵亥、伦侯昌武侯成、伦侯武信侯冯毋择、丞相隗林、丞相王绾、卿李斯、卿王戊、五大夫赵婴、五大夫杨樛从，与议于海上。曰："古之帝者，地不过千里，诸侯各守其封域，或朝或否，相侵暴乱，残伐不止，犹刻金石，以自为纪。古之五帝三王，知教不同，法度不明，假威鬼神，以欺远方，实不称名，故不久长。其身未殁，诸侯倍叛，法令不行。今皇帝并一海内，以为郡县，天下和平。昭明宗庙，体道行德，尊号大成。"

为了实施统一治理，秦始皇实行了一系列制度创设，并通过统一创制实现了"中国化"：

第一，营建统一国家首都。封建时代，各诸侯国各有各的都城。在统一战争中，秦每灭一国也就同时摧毁一个国都。秦始皇实现全国统一后，立即大兴土木着手营建首都咸阳。尽管后世对此多有贬词，但事实上，这并不是秦始皇为了炫耀个人的文治武功，更不是为了满足统治阶级奢侈消费的需要，而是强化国家统一的必要举措，因而是重大的政治经济战略。首都咸阳集中了各诸侯首都的风格特点，并集中了各地文物，即集中华文物于咸阳。《史记·秦始皇本纪》记载，秦始皇"秦每破诸侯，写放其宫室，作之咸阳北阪上，南临渭，自雍门以东至泾、渭，殿屋复道周阁相属。所得诸侯美人钟鼓，以充入之。"秦始皇二十六年（前221年），建都工程全部告竣，其规模之宏大，建造之壮观精美，均为前所未见，集中体现了统一的中华文化。

第二，统一历法、文字、度量衡和货币制度。秦始皇二十六年（前221年），实行了几项加强统一的措施。（1）统一亩制，颁布"一法度衡石丈尺"诏书，规定以六尺为一步，二百四十方步为一亩，结束了田畴异亩的局面。度量衡器由官府遵诏书负责监制，民间不得私造。凡制造度量衡器，皆需铸刻诏书全义，凡四十字："廿六年，皇帝尽并兼天下诸侯，黔首大安，立号为皇帝。乃诏丞相状绾：法度量则不一歉疑者，皆明一之。"（2）统一车辆轨距，规定"舆六尺"，天下之车，皆可同轨。（3）统一币制，规定货币为二等：黄金为上币，以镒为单位，重二十两（一说重二十四两）；铜币为下币，重半两；珠、玉、鬼、贝、银、锡等物只为器饰宝藏，不得充作货币。金、铜货币成为通行全国的法定铸币。（《史记·秦始皇本纪》）另外，也更重要的是统一文字，这样就使得"黔首改化，远迩同度，临古绝尤"（《史记·秦始皇本纪》）。

第三，修驰道、开灵渠、筑长城。秦始皇二十七年（前220年），为加强对全国的控制，便于政令军情传送，商旅车货往来，开始在全国各地修筑驰道。驰道以咸阳为中心，东通燕、齐（今京津地区及山东），南达吴、楚（今江苏与两湖地区）。为统一岭南地区，秦始皇二十八年（前219年），命监御史禄督率士兵和民夫，在湘江上游与漓江上游之间开凿灵渠，连通两江，以解决军粮等物运输问题。蒙恬北击匈奴，夺取河南（今黄河河套西北）地区。为防备匈奴侵扰，秦始皇三十三年（前214年），从内地征调大量民夫，将原燕、赵、秦各国长城随地逶迤修筑连接，筑起一条西起临洮（今甘肃岷县）东至辽东的万里长城。蒙恬率军三十万，屯驻上郡十余年，"却匈奴七百余里，胡人不敢南下而牧马"。这一系列战略举措，一方面维护国家统一和安全，另一方面也促进了国家经济发展。

2. 郡县制度

郡县之制本源于春秋战国时期。各诸侯国对于新辟之地和兼并之地往往不再向下分封而是直接设置郡县派官员治理。因此，新辟之地和兼并之地都不再是"封建"之地。按周初封建之制，"溥天之下，莫非王土"，但随着人口增加必须增加土地供应，为此，各级封建主都进行了不同规模的垦殖活动。而这些新辟土地就成了"非封建"之地，随着实际占有时间的延长，也就成了事实上的"非封建地产"。对于各诸侯来说，这些新拓土地不再属于周王，而是属于自己，也就没有必要再以分封方式向下贯彻，而是直接任命官员实施有效治理，这就导致郡县制的产生。

《史记·秦本纪》：秦武公"十年，伐邽、冀戎，初县之。十一年，初县杜、郑"。这就是说秦国早在秦武公十年（前688年）就把新征服的邽、冀设县直辖，十一年（前687年）又设置杜县、郑县直辖。其他诸侯国也将新辟之地设县治理。所以在秦灭六国前，郡县制已经在各国普遍推行，形成封建与郡县并行的格局。秦始皇兼并六国后，面临封建制与郡县制的选择，有人主张恢复封建制，有人主张全面实行郡县制。《史记·秦始皇本纪》记载：

> 丞相绾等言："诸侯初破，燕、齐、荆地远，不为置王，毋以填之。请立诸子，唯上幸许。"始皇下其议于群臣，群臣皆以为便。廷尉李斯议曰："周文武所封子弟同姓甚众，然后属疏远，相攻击如仇雠，诸侯更相诛伐，周天子弗能禁止。今海内赖陛下神灵一统，皆为郡县，诸子功臣以公赋税重赏赐之，甚足易制。天下无异意，则安宁之术也。置诸侯不便。"始皇曰："天下共苦战斗不休，以有侯王。赖宗庙，天下初定，又复立国，是树兵也，而求其宁息，岂不难哉！廷尉议是。"于是，始皇分天下以为三十六郡，郡置守、尉、监。更名民曰"黔首"。大酺。收天下兵，聚之咸阳，销以为钟镰，金人十二，重各千石，置廷宫中。一法度衡石丈尺，车同轨，书同文字。地东至海暨朝鲜，西至临洮、羌中，南至北乡户，北据河为塞，并阴山至辽东。

这样，一个大一统的格局就完全形成了。

以郡县取代封建制度是秦始皇重大的制度贡献。西周国家也是统一的，但西周的国家统一是一种封建式统一，尽管存在一个共主，却是分权制：名义上周王对于诸侯封土和封号有褫夺之权，但事实上周王与诸侯之间还是一种特殊的契约关系，只要诸侯完成对于周王的各种义务，周王是不能褫夺他们的封号和封土的。所以，周王对于诸侯的控制力是有限的。但郡县不是封土，而是国家行政系统的组成部分。所以，随着秦兼并六国，统一国家，郡县制度推向全国范围，消除了诸侯割据的制度基础，实现了真正的国家统一。

3. 皇帝制度

西周时期的国家政治体制为"王制"，西周国家本质上也是"王国"。中国历史上，夏商周都属于这种类型，都是"王国"，通过"封建"来统辖方国，实行"王制"。所谓"王制"就是在封建制度之下的君主制。但夏商周的王国也不同，呈现一种渐进式的统一进程。《尚书·召诰》用"大邦殷"称呼商国，《大诰》中的"周邦""我小邦周"等均指周国。相对于当时大量存在的其他普通的诸侯邦国而言，商代的殷邦、商国与周代的周邦、周国在它们各自的王朝中都可称为王邦和王国。[①]《诗经·大雅·文王》："思皇多士，生此王国。王国克生，维周之桢。"《诗经·大雅·江汉》："四方既平，王国庶定……王命召虎，式辟四方，彻我疆土。匪疚匪棘，王国来极。于疆于理，至于南海。"在王国制度下，中央王国对于其他方国仅仅是通过封建方式统治，即"地方千里，其外侯服夷服诸侯或朝或否，天子不能制"。但是经春秋战国变革特别是战国时期的兼并战争，最终实现了权力的高度集中，秦从封建制度转向集权制度，从封建"王制"上升到了"帝制"，秦王成了皇帝。《史记·秦始皇本纪》记载：

> "寡人以眇眇之身，兴兵诛暴乱，赖宗庙之灵，六王咸伏其辜，天下大定。今名号不更，无以称成功，传后世。其议帝号。"丞相绾、御史大夫劫、廷尉斯等皆曰："昔者五帝地方千里，其外侯服夷服诸侯或朝或否，天子不能制。今陛下兴义兵，诛残贼，平定天下，海内为郡县，法令由一统，自上古以来未尝有，五帝所不及。臣等谨与博士议曰：'古有天皇，有地皇，有泰皇，泰皇最贵。'臣等昧死上尊号，王为'泰皇'。命为'制'，令为'诏'，天子自称曰'朕'。"王曰："去'泰'，著'皇'，采上古'帝'位号，号曰'皇帝'。"

秦始皇"更名号"的意义并不是简单地炫耀自己的历史功绩，而是要创造一种全新的政治制度。这种政治制度的核心就是专制集权。所谓专制，就是"皇帝"称制，即这种"称制"权专属于皇帝；所谓集权就是地方权力集中到中央，而中央权力集中于皇帝。当然，专制集权并不是说皇帝一个人说了算，古人在设计了专制集权制度的同时也设计了制约皇权的制度即官僚体制。皇帝体制与官僚体制是矛盾统一体，就是说，皇帝专制并不是皇帝一人专制，皇权依赖于官僚体制，而官僚体制本身就是对皇权的制约。皇帝称制是需要经过廷议的，但是廷议的共议最终还

---

① 参见王震中：《论商代复合制国家结构》，《中国史研究》2012年第3期。

需决策，这就是皇帝的作用。皇帝决策是否正确既取决于官僚体制的集体智慧，也取决于皇帝个人的决策水平。

4. 官僚制度

为实现中央集权的国家体制运转，必须建立官僚体系。这就是吏治的起源。春秋战国期间，由于各种政治变故和社会变迁，公族逐渐减少直至最后消失。长期的兼并战争进一步打击了封建贵族，秦始皇灭六国，自然也消灭了六国贵族。这就为官僚体制建立消除了阻碍。秦始皇统一中国后，以秦制为基础，吸收六国部分官制，加以调整扩充，建成一套中央集权的官僚制度。

秦代官僚制度的建立，彻底打破了封建贵族对政治的垄断，使国家政治有限地向社会开放。这种开放首先是面向士人的开放。事实上，随着周室的衰落，士作为封建附庸一方面四处流散，而另一方面也开始作为一个独立的群体登上政治舞台。商鞅变法消除了世卿世爵制度，规定以功定爵定位，这就使士人可能通过军功和事功取得政治地位。这实际上是政治向"贤能者"开放。不过，一般来说，士总是作为幕僚参与政治，在一定条件下可能参与到最高决策层面。战国期间，有不少以士拜相的例子。事实上是春秋战国以来的诸侯竞争，才使士的地位不断提升的。秦统一全国后，在中央层面建立了官僚机构，其中主要成员都源于士人群体。

官僚制度必须以法制为基础，即"以法为教，以吏为师"。秦国从商鞅变法始实行以法治国。《商君书·定分》："为法令，置官吏，朴足以知法令之谓者，以为天下正"，"吏民知法令者，皆问法官……民又不敢犯法"。秦通过以法治国，彻底改变了民俗民风，大大提高了社会效率。《荀子·强国》描述了秦始皇时期的秦国社会状况：

> 入境，观其风俗，其百姓朴，其声乐不流污，其服不佻，甚畏有司而顺，古之民也。及都邑官府，其百吏肃然，莫不恭俭、敦敬、忠信而不楛，古之吏也。入其国，观其士大夫，出于其门，入于公门；出于公门，归于其家，无有私事也；不比周，不朋党，偶然莫不明通而公也，古之士大夫也。观其朝廷，其朝闲，听决百事不留，恬然如无治者，古之朝也。故四世有胜，非幸也，数也。是所见也。故曰：佚而治，约而详，不烦而功，治之至也，秦类之矣。

及至秦始皇统一六国，天下实行秦制，于秦始皇三十四年（前213年）采纳丞相李斯的建议，"以法为教，以吏为师"，使得官僚制度愈加完备。

二、土地革命

秦二世而亡，但始皇革命的成果大部分被汉朝继承下来，即"汉承秦制"。不过，秦鉴近在咫尺，汉初统治者汲取秦二世而亡的教训，所以不得不做一些必要的调整。另一方面，汉高祖集团大多起于平民，与秦始皇世代贵族不同，这决定了汉初政权的性质不同于秦代。进一步讲，汉初政权的这种性质，决定汉初的一系列经济政策与秦代不同。所以，尽管说是"汉承秦制"，但不论形式还是内容都发生了重要变化。

1. 编户齐民

刘邦入关后，萧何即收集秦国的律令图书，由此掌握了"天下厄塞，户口多少，强弱之处，民所疾苦"（《史记·萧相国世家》）。刘邦统一天下后，首先做的事情之一就是重建户籍制度。《汉书·高帝纪下》五年诏："民前或聚保山泽，不书名数，今天下已定，令各归其县，复故爵田宅，吏以文法教训辨告，勿笞辱。"这里的"以文法辩告"就是要为脱籍亡人重新办理户籍登记。

汉代继承了秦代的编户制度，并在此基础上加以改造，形成完整的编户齐民制度。《汉书·高帝纪下》记载，汉高祖去世，吕后与审食其谋曰："诸将故与帝为编户民，北面为臣，心常鞅鞅"。师古注曰："编户者，言列次名籍也。"《汉书·杨胡朱梅云传》称："孔氏子孙，不免编户。"师古注曰："列为庶人也。"汉时庶人，亦即齐民或平民。《史记·平准书》："齐民无盖藏"。注引如淳说："齐，等也，无有贵贱，谓之齐民，若今言平民矣。"总之，"编户民"也就是"编户齐民"（《史记·货殖列传》），或谓"编户之民"（《淮南子·齐俗》）、"编户"（《汉书·货殖列传》），或是"齐民"（《史记·平准书》）。

汉代政府实行十分严密的户籍制度。凡政府控制的户口都必须按姓名、年龄、籍贯、身份、相貌、财富状况等资料一一载入户籍。这种被正式编入政府户籍的平民百姓称为"编户齐民"。所谓编户齐民具有两方面意义，一方面是法律和身份意义，另一方面是经济意义。从法律和身份意义上讲，他们是纳入国家编户的人口，享有相对完整的法律权利与义务；他们既非贵者也非贱类，即所谓"齐民"。从经济意义上讲，他们是有稳定职业的自立人口，具体说就是士农工商。《汉书·食货志上》说："士农工商，四人有业"。

2. 名田制度

汉承秦制延续了战国以来直到秦代确定下来的土地制度，但通过楚汉战争又进行了一次大规模的土地重分。这是商鞅变法以来第一次大规模的土地重分运动。这样的土地重分运动，开启了中国历史上的地权革命模式，并成为历代社会变革的重要方式。

商鞅变法通过开阡陌，为鼓励耕战而实行军功爵和土地赏赐制度，这实际上也是土地产权创制，即"废井田，开阡陌"，实行土地私有，并自由买卖。秦始皇通过"黔首自实田"而将土地私人占有制度推向全国，完成了土地私有化的过程。

但是，秦始皇的土地私有化是承认战国以来土地私有，而并没有改变土地占有的实际状况，不论是农民的土地占有还是贵族的土地占有以及豪族的土地占有，都没有发生重大改变。所以，封建后的土地问题发生了变化，这里的土地问题不是私有或封建等级共有的问题，而是土地分配问题。因此，秦末农民起义和楚汉战争中，广大农民有一种强烈的土地重分要求。汉高祖等人起于平民，不可能继承代表秦代贵族利益的土地政策，而是站在农民立场上实行代表农民利益的土地政策。另一方面，由于长期战乱，人口减少，地主逃亡，出现不少无主土地，从而为土地关系调整造成了空间。在这种历史条件下，汉初统治者实行了大规模的土地重分运动，最终确立了"名田"制度。

"名田"即"以名占田"。"名田"之名始于商鞅变法，即规定："明尊卑爵秩等级，各以差次名田宅。"（《史记·商君列传》）所谓"名田"就是国家根据人们所登记的载有各自爵级的户口所授予的土地。但是，经历漫长的战争和社会变动，土地占有状况十分混乱。秦统一全国以后，于三十一年（前216年）发布"使黔首自实田"的律令。这项政策，一方面是将秦国自商鞅变法后实行的土地政策和制度在全国范围内推广，另一方面则是承认经变迁和战乱形成的土地实际占有。

西汉前期，政府继续实行"名田"政策。西汉建国后不仅承认百姓所持有的秦爵和田宅，而且还对跟随其征战的将士进行大规模赐爵并根据爵级授予田宅。《汉书·高帝纪下》记载，高帝五年（前202年），刘邦在结束了楚汉战争完成全国的统一后下诏："……军吏卒会赦，其亡罪而亡爵及不满大夫者，皆赐爵为大夫。故大夫以上赐爵各一级，其七大夫以上，皆令食邑，非七大夫以下，皆复其身及户。"汉吕后二年（前186年）颁布《二年律令·户律》，根据二十等爵位制度，凡有爵位者可依各自等级授田，爵级越高，所授土地越多。与此同时，二十等爵之外的公卒、士伍、庶人等平民，以及司寇、隐官等"贱民"也分别授予土地。[1] 法律还规定，名田可以继承，但卿以下的各级爵位，其后子只能降等继承，降等继承所余下的土地要交还给政府。这种制度规定是为了鼓励功臣的后代继续为国建功，同时也是为了使政府能有土地继续实行"名田"制度。法律还规定名田可以买卖，但有一定限制，并要接受政府的监管。

3. 自耕体制

秦朝实行二十等爵以赏军功，规定第二十等爵列侯得以食邑。汉高帝五年（前202年）五月下诏规定，凡爵位大七大夫以上者均可享有食邑特权。七大夫即公大夫，因爵第七，故谓之七大夫。至此，七大夫、公乘以上即为高爵，得令食

---

① 参见杨振红：《秦汉"名田宅制"说——从张家山汉简看战国秦汉的土地制度》，《中国史研究》2003年第3期。

邑，以示优渥。当时从军将士有高爵者为数颇多，这就为地主经济的发展建立了基础。与此同时，七大夫以下的军士也都获得了土地，但他们获得的土地较少，只能是自耕，他们就成了汉初的自耕农。吕后时期通过《二年律令》推行"名田制"，也创造了大量自耕小农。另外，汉初政府实行"与民休息"政策，如放免奴婢，劝课农桑，轻免田租，减省徭役等，为自耕小农的发展提供了良好的条件。这样，在汉初出现了自耕小农发展的黄金时代，并在文景之时发展到了高峰。自耕农的发展，为整个社会经济的迅速恢复和持续繁荣奠定了基础，从而出现了文景之治。《史记·律书》载：文帝时，"百姓无内外之徭，得息肩于田亩，天下殷富，粟至十余钱，鸣鸡吠狗，烟火万里，所谓和乐者乎！"

据估计，经长期战乱后的汉初人口，大约为八百万左右。（《后汉书·郡国志》刘昭补注）随着经济恢复和发展，人口不断增长，到武帝时全国人口总数当在一千五百万以上到二千万左右。根据文献资料，汉初社会为人"佣耕"者不多，假田民、佃农也属少见。而官僚地主和豪商地主的土地兼并由于受到政策限制未能大规模开始，故其数量也不会太多。在这些人口中，拥有小块土地的自耕农当占人口总数的90%以上。也就是说，当时的自耕农是占全国人户比例最多的时期，佃农这一群体，史籍尚属少见。但是武帝以后，土地兼并渐兴，"富人益众"，掌握大量土地和财富的地主和商人之家较前增多了，而小农则有不少人家破产。据估计，西汉后期的地主、商人等占全国总人户的10%左右，自耕农因数量下降约占全国人户总数的比例为80%，剩下的人户中，包括佃农、贫困下户等约在8%—9%左右。[1]

总的来看，西汉前期，自耕农数量多、比例大。当时土地问题不甚紧张，全国有不少耕地当为自耕农所拥有。西汉后期至东汉，由于土地兼并和赋役剥削加重，自耕农发生了分化，数量相对减少，在全国人口中所占比例渐趋下降，而豪富大姓和中小地主拥有的土地急速增长。尽管如此，自耕农仍在社会人口中占绝大多数。从两汉自耕农数量的增减和经济波动的规律来看，每个黄金时期发展都是建立在自耕农经济发展基础之上的，而自耕农比例即便是十几个百分点的下降，也会导致社会经济的衰退。自耕农对于传统社会的意义由此可见。

4. 秦汉政权的本质区别

秦始皇统一中国，进行了一系列社会变革，堪称"始皇革命"。然而，秦始皇废除了封建制度，但并未同时废除贵族制度，尽管等级制在封建制度废除过程中也相应瓦解了，但是与贵族制度相对应的贫贱制度也仍存在着。这与始皇革命的性质是一致的，所以说，始皇革命仍然是贵族革命。而汉高祖的革命是平民革命，是打

---

① 参见黄今言：《汉代小农的数量、特征与地位问题再探讨》，《农业考古》2007年第4期。

土豪分田地的革命。汉高祖平民出身，对于平民生活十分了解，对于平民的利益诉求自然十分了解。所以，汉高祖取得天下后，采取了一些有利于平民利益的政策和措施。《汉书·高帝纪下》：

> 帝乃西都洛阳。夏五月，兵皆罢归家。诏曰："诸侯子在关中者，复之十二岁，其归者半之。民前或相聚保山泽，不书名数，今天下已定，令各归其县，复故爵田宅，吏以文法教训辨告，勿笞辱。民以饥饿自卖为人奴婢者，皆免为庶人。军吏卒会赦，其亡罪而亡爵及不满大夫者，皆赐爵为大夫。故大夫以上，赐爵各一级。其七大夫以上，皆令食邑，非七大夫以下，皆复其身及户，勿事。"

平民革命的结果是民爵制度和土地重分。先秦和秦代都是贵族社会，国家政权全部掌握在贵族手里，社会分成各个等级。秦商鞅变法实行军功爵制，主要目的是消除贵族特权，鼓励平民发展。但汉代实行的是民爵制，与秦有本质的不同。《汉书·高帝纪上》："令民除秦社稷，立汉社稷，施恩德，赐民爵。"颜师古注引臣瓒曰："爵者，禄位。民赐爵，有罪得以减也。"《汉书·惠帝纪》："春正月，复发长安六百里内男女十四万五千人城长安……九月，长安城成。赐民爵，户一级。"在汉代的各个历史阶段，都可以找到普授民爵的记载。如宋徐天麟《西汉会要·职官五·赐爵》："孝惠即位，赐民爵一级。""孝元永光二年，诏阴阳不调，三光晻昧，其大赦天下，赐民爵一级。"汉初根据民爵授田，创造了大规模的自耕农。汉初的土地政策，尽管也是按军功事功来分配土地，但不承认前朝的土地占有，而是要重分，即打土豪分田地。这是历史上的第一次土地重分运动。同样是名田制度，但与前不同。正是这种土地重分，奠定了汉朝数百年基业。

总之，秦汉之际是中国历史的一个重要转折，汉承秦制但是政权性质已经改变。秦是贵族政权，始皇继承秦贵族的数百年基业而成就统一。所以，始皇革命是贵族革命，并且集中在政治领域。事实上，始皇革命是商鞅变法的延续和终结，不过是将商鞅变法的内容通过兼并战争推向全国。但是汉代政权的建立是平民革命的结果，从本质上讲是陈胜吴广农民革命的延续，并且从政治领域进入到经济领域。所以，汉代政权建立后，才能实行一系列符合农民利益的政策，特别是名田政策，实际上是在战国以来土地私有化基础上的土地重分。这种土地重分政策是生产资源再分配的重要方式，并成为中国后世历史上土地再分配的基本方式。当然，在经济技术发展没有发生根本革命的情况下，农民革命和土地革命都不可能导致新的生产方式，只能通过土地再分配实现较为合理的资源配置，调动生产者的积极性，以恢复和提高社会生产效率。所以，这种变革是反复发生的，并且构成中国传统社会周期变革和周期波动的主要原因。

三、文景之治

1. 与民休息

尽管说高祖建汉是一场与始皇革命本质上不同的革命，但汉代自身并没有进行大规模的制度创设，而基本上继承秦代的各项制度，即所谓"汉承秦制"。这是由于由秦到汉社会发展阶段并没有根本性的转变，汉初政府汲取秦代教训做一些适应性调整可以顺利地施行社会治理。这种适应性调整的核心是治理理念的变化，即从法家思想转向黄老思想。黄老思想的核心是"无为而治"，即表面上看是"无为"，但实际目标却是"而治"。所以，汉初政府采取"与民休息""轻徭薄赋"政策，努力恢复生产和经济，并在此基础上实现了社会经济的发展。

秦灭六国后一直没有"休息"，筑长城，修阿房宫，征伐不断，导致田租税率居高难下。这也是秦二世而亡的原因之一。汉初实行"与民休息"政策，轻徭薄赋，赋税一降再降。《通典·食货四》："汉高帝接秦之敝，诸侯并起，民失作业而大饥馑，凡米石五千。上于是约法省禁，轻田租，什五而税一，量吏禄，度官用，以赋于民。"但由于汉初国事不息，十五税一政策实行不久又有增加赋税之举。随着经济恢复，到汉惠帝元年，又恢复十五税一。文景时期，正式实行三十税一政策。汉文帝十二年（前168年）文帝下诏曰："道民之路，在于务本。朕亲率天下农，十年于今，而野不加辟。岁一不登，民有饥色，是从事焉尚寡，而吏未加务也。吾诏书数下，岁劝民种树，而功未兴，是吏奉吾诏不勤，而劝民不明也。且吾农民甚苦，而吏莫之省，将何以劝焉？其赐农民今年租税之半。"（《汉书·文帝纪》）这就是三十税一政策之肇始。至景帝二年（前155年）五月，"令人半出田租，三十而税一。时上溢而下有余。又礼高年，九十者一子不事，八十者二算不事"（《通典·食货四》）。至此正式规定田租为三十税一，终西汉之世以为定制。

秦汉时期，成年男子必须为政府从事力役和兵役。汉律规定，每人一生中必须戍边一岁，如果边事紧急则需延长六个月。汉初高祖时，由于天下初定，边警频传，成卒无法实行一岁轮换的制度，服役期往往一延再延。以后，随着国家局势趋于稳定，政府重申成卒岁更制度。高后五年（前183年）初令成卒岁更。汉惠帝四年（前191年）正月，举民孝悌、力田者复其身（《文献通考·职役考二》）。孝即善事父母，悌为善事兄长，力田谓勤力于田事，复其身即免除其本人徭役，以劝导风俗。贾谊为文帝作《过秦论》，指出："牧民之道，务在安之"。汉文帝也说"欲为省，毋烦民"。文帝时"偃武兴文"，国家安定，"丁男三年而一事"，即成年男子的徭役减为每三年服役一次。景帝二年，令天下男子年二十始傅，较秦代十七始傅推迟了三年，大大减轻了徭役负担。

司马迁评价汉初"与民休息"政策，说："孝惠皇帝、高后之时，黎民得离战国之苦，君臣俱欲休息乎无为，故惠帝垂拱，高后女主称制，政不出房户，天下晏然。刑罚罕用，罪人是希。民务稼穑，衣食滋殖。"（《史记·吕太后本纪》）

2. 重农主义

继承战国重农思想传统，汉初形成了较为系统的重农政策。高祖、惠帝、文帝和景帝，都坚持实行重农政策。汉高祖刘邦初即帝位时，农事凋敝，商贾们囤积居奇，操纵物价，物价飞腾。为了打击不法商贾，稳定粮食市场和社会秩序，高祖制定了严格的"抑商"政策，规定："贾人不得衣丝乘车，重租税以困辱之。"汉初政府实行"抑商"政策的目的还在于重农。汉惠帝和吕后执政时期，政府通过名田制，将土地分给功臣和士卒，其中的少数人分到较多土地而成为地主，但大多数人则成为自耕小农。政府大力号召逃亡人口回乡，"复故爵田宅"，提出"与民休息""轻徭薄赋"的政策。这些措施对调动农民的生产积极性，恢复农业生产，起了积极的作用。

文帝即位之时，不仅国家财力严重不足，人民生活还相当困顿。这种贫困状况一方面是由于长期战乱对经济社会的严重破坏，另一方面是由于战国以来商业繁荣和商业利润过高，作为直接生产者的农民则遭受剥削，"一人耕之，十人聚而食之"，导致社会出现严重的背本趋末现象。为此，汉文帝听从贾谊和晁错的建议，大力实行重农政策。《汉书·食货志上》：

> 孝惠、高后之间，衣食滋殖。文帝即位，躬修俭节，思安百姓。时民近战国，皆背本趋末，贾谊说上曰：
>
> 笔子曰："仓廪实而知礼节。"民不足而可治者，自古及今，未之尝闻。古之人曰："一夫不耕，或受之饥；一女不织，或受之寒。"生之有时，而用之亡度，则物力必屈。古之治天下，至纤至悉也，故其畜积足恃。今背本而趋末，食者甚众，是天下之大残也；淫侈之俗，日日以长，是天下之大贼也。残贼公行，莫之或止；大命将泛，莫之振救。生之者甚少而靡之者甚多，天下财产何得不蹶！汉之为汉几四十年矣，公私之积犹可哀痛。失时不雨，民且狼顾；岁恶不入，请卖爵、子。既闻耳矣，安有为天下阽危者若是而上不惊者！
>
> ……
>
> 夫积贮者，天下之大命也。苟粟多而财有余，何为而不成？以攻则取，以守则固，以战则胜。怀敌附远，何招而不至？今殴民而归之农，皆著于本，使天下各食其力，末技游食之民转而缘南亩，则畜积足而人乐其所矣。可以为富安天下，而直为此廪廪也，窃为陛下惜之！于是上感谊言，始开籍田，躬耕以劝百姓。

文帝还采取各种措施劝农以耕。汉文帝十二年（前168年）诏曰：

> 道民之路，在于务本。朕亲率天下农，十年于今，而野不加辟。岁一不登，民有饥色，是从事焉尚寡，而吏未加务也。吾诏书数下，岁劝民种树，而功未兴，是吏奉吾诏不勤，而劝民不明也。且吾农民甚苦，而吏莫之省，将何以劝焉？其赐农民今年租税之半。（《汉书·文帝纪》）

文帝十二年，诏赐三老、孝悌、力田帛，奖励廉吏。《汉书·文帝纪》："孝悌，天下之大顺也；力田，为生之本也；三老，众民之师也；廉吏，民之表也。朕甚嘉此二三大夫之行。今万家之县，云无应令，岂实人情？是吏举贤之道未备也。其遣谒者劳赐三老、孝者帛，人五匹；悌者、力田二匹；廉吏二百石以上率百石者三匹。及问民所不便安，而以户口率置三老、孝、悌、力田常员，令各率其意以道民焉。"

十三年（前169年）春二月甲寅，诏曰："朕亲率天下农耕以供粢盛，皇后亲桑以奉祭服，其具礼仪。"（《汉书·文帝纪》）其后，皇帝亲耕藉田的仪式成为历代国家的重农大典。

景帝即位后，继续执行重农抑商这一既定国策，采取一系列措施稳定农业生产。第一，减轻赋役。《汉书·景帝纪》："（景帝元年）春正月，诏曰：'间者岁比不登，民多乏食，夭绝天年，朕甚痛之。郡国或元年硗狭，无所农桑毄畜；或地饶广，荐草莽，水泉利，而不得徙。'"于是"令田半租"，并"令天下男子年二十始傅"。第二，严厉打击坑农行为。《汉书·景帝纪》："秋七月，诏曰：'吏受所监临，以饮食免，重；受财物，贱买贵卖，论轻。廷尉与丞相更议著令。'廷尉信谨与丞相议曰：'吏及诸有秩受其官属所监、所治、所行、所将，其与饮食，计偿费，勿论。它物，若买故贱，卖故贵，皆坐赃为盗，没入赃县官。吏迁徙免罢，受其故官属所将监治送财物，夺爵为士伍，免之。无爵，罚金二斤，令没入所受。有能捕告，畀其所受赃。'"第三，在灾荒之年禁酒，并严禁开采金银矿。景帝（三年）夏，旱，禁酤酒。（后元年）夏，大酺五日，民得酤酒。后三年春正月，诏曰："农，天下之本也。黄金、珠玉，饥不可食，寒不可衣，以为币用，不识其终始。间岁或不登，意为末者众，农民寡也。其令郡国务劝农桑，益种树，可得衣食物。吏发民若取庸采黄金、珠玉者，坐赃为盗。二千石听者，与同罪。"第四，他不仅"亲耕""亲桑"，更多次下令郡国官员以劝勉农桑为首要政务，严惩那些擅用民力、脱离农本的官吏。《汉书·景帝纪》记载，（后二年夏四月）诏曰：朕亲耕，后亲桑，以奉宗庙粢盛、祭服，为天下先；不受献，减太官，省徭赋，欲天下务农蚕，素有畜积，以备灾害。强毋攘弱，众毋暴寡；老者以寿终，幼孤得遂长。今，岁或不登，民食颇寡，其咎安在？或诈伪为吏，吏以货赂为市，渔夺百姓，侵牟万民。县丞，长吏也，奸法与盗盗，甚无谓也。

3. 提倡节俭

通过"无为"实现"而治"是有条件的。首先，政府必须是"小政府"。《汉书·食货志上》：

> 汉兴，接秦之敝，诸侯并起，民失作业而大饥馑。凡米石五千，人相食，死者过半。高祖乃令民得卖子，就食蜀、汉。天下既定，民亡盖臧，自天子不能具醇驷，而将相或乘牛车。上于是约法省禁，轻田租，十五而税一，量吏禄，度官用，以赋于民。而山川园池市肆租税之人，自天子以至封君汤沐邑，皆各为私奉养，不领于天子之经费。漕转关东粟以给中都官，岁不过数十万石。

这就是说，在经济凋敝、国家收入很低的情况下，汉初政府是一个小政府，特别是中央政府是小政府，没有太大的开支。这不仅因为皇室和官员比较节俭，更重要的还是因为"自天子以至封君汤沐邑，皆各为私奉养，不领于天子之经费"。但这些条件还不够，国家还必须"无事"。《史记·平准书》曾说"汉兴七十余年之间，国家无事"，但事实上汉朝建国后一直面对着匈奴的威胁，也常遇水旱之灾。但是，在无为思想指导下，对于前者是通过和亲等方式来实现缓解，从而使国家可以集中力量恢复和发展经济以增强国力，而对于后者则需要政府通过有效的荒政来解救危机，包括蠲免、救济等，而这些支出无论如何都是必须保证的。所以，对于政府和皇室来说，节俭是一个重要的话题。

汉初政府和皇室都十分节俭。史称汉文帝生活节俭，少有奢废。《汉书·文帝纪》：

> 孝文皇帝即位二十三年，宫室苑囿车骑服御无所增益。有不便，辄弛以利民。尝欲作露台，召匠计之，直百金。上曰："百金，中人十家之产也。吾奉先帝宫室，常恐羞之，何以台为！"身衣弋绨，所幸慎夫人衣不曳地，帷帐无文绣，以示敦朴，为天下先。

汉景帝即位后，继承汉文帝的节俭传统，并极力督促官员各修其职，勤政廉政。后二年（前142年）下诏令说：

> 雕文刻镂，伤农事者也；锦绣纂组，害女红者也。农事伤则饥之本也，女红害则寒之原也。夫饥寒并至，而能亡为非者寡矣。朕亲耕，后亲桑，以奉宗庙粢盛祭服，为天下先；不受献，减太官，省徭赋，欲天下务农蚕，素有畜积，以备灾害。强毋攘弱，众毋暴寡；老者以寿终，幼孤得遂长。今岁或不

登，民食颇寡，其咎安在？或诈伪为吏，吏以货赂为市，渔夺百姓，侵牟万民。县丞，长吏也，奸法与盗盗，甚无谓也。其令二千石各修其职；不事官职耗乱者，丞相以闻，请其罪。布告天下，使明知朕意。（《汉书·景帝纪》）

汉初政府和皇室的节俭制度和作风，以及少事息事的政策，为国家减税创造了前提。这样就把政府的主要精力用于恢复和发展生产。

4. 物盛而衰

通过数十年的"无为"政策，到文景时期基本上实现了"而治"。就是说，汉代从建国开始，"无为"政策一直坚持了六十多年，结果"吏安其官，民乐其业，蓄积岁增，户口寝息"（《汉书·刑法志》），出现了著名的"文景之治"。西汉初年，"大侯不过万家，小者五六百户"，而到了文景之世，"流民既归，户口亦息，列侯大者至三四万户，小者自倍，富厚如之"。（《汉书·高惠高后文功臣表》序）此时，"百姓无内外之徭，得息肩于田亩，天下殷富，粟至十余钱，鸣鸡吠狗，烟火万里，可谓和乐者乎"（《史记·律书》）。

到汉武帝初年，繁荣景象愈甚，但其中之弊端也隐隐显现。《史记·平准书》：

> 至今上即位数岁，汉兴七十余年之间，国家无事，非遇水旱之灾，民则人给家足，都鄙廪庾皆满，而府库余货财。京师之钱累巨万，贯朽而不可校。太仓之粟陈陈相因，充溢露积于外，至腐败不可食。众庶街巷有马，阡陌之间成群，而乘字牝者傧而不得聚会。守闾阎者食粱肉，为吏者长子孙，居官者以为姓号。故人人自爱而重犯法，先行义而后绌耻辱焉。当此之时，网疏而民富，役财骄溢，或至兼并豪党之徒，以武断于乡曲。宗室有土公卿大夫以下，争于奢侈，室庐舆服僭于上，无限度。物盛而衰，固其变也。

史书常把这段记述作为"文景之治"的文献证据，但从这段记载可以看出当时社会隐藏的问题和矛盾：第一，"国家无事，非遇水旱之灾，民则人给家足"。这说明文景之治是建立在小农经济基础上的繁荣。这种繁荣是极其衰弱的，一旦发生自然灾害或耗财的国事，如大型工程或大规模战事所导致的征发，生产和生活就要受到严重影响。第二，由于长期国家无事，自由放任，吏治开始堕坏，官员懈怠而不尽职，导致管理混乱。所以，"京师之钱累巨万，贯朽而不可校。太仓之粟陈陈相因，充溢露积于外，至腐败不可食"。第三，国家官吏制度尚不健全，下级官吏利用职权享有较优裕的物质生活条件，他们的子孙可以通过顶替而继承父辈的职务，即"守闾阎者食粱肉，为吏者长子孙，居官者以为姓号"。这种状况从汉代立国经文景直到武帝初期，已经成了社会定制。第四，由于长时期的"无为"放任和物质的相对丰裕，社会出现严重的奢靡之风，"宗室有土公卿大夫以下，争于奢侈，室庐舆服僭于上，无限度"。这就是司马迁所说的，"物盛而衰，固其变也"。

文景之治可以归结于长期实行的黄老无为政策。这种政策的核心就是经济第一主义，即以经济的恢复和发展为第一要务。但是，这种政策所造成的繁荣背后，却潜藏着重大的社会经济矛盾和危机。

第一，小农不稳。文景之治下的社会经济矛盾和危机，根源在于小农经济的脆弱。文景之治是建立在小农经济繁荣基础之上的。小农经济产生于汉初大规模土地重分和名田制度的创设，正是这种农民自耕体制释放出新的生产力，才导致文景时代的生产发展和经济繁荣。但是，小农经济先天具有脆弱性，经不住外来力量的打击，包括严重的自然灾害和激烈的市场竞争。到了景帝后期，中国社会经济矛盾逐渐显露，小农经济开始衰落，文景之治下的经济繁荣也就走向末路。为了偿债，他们不少已经面临"卖田宅，鬻子孙"的境地。自耕农在完全破产之后，土地为地主所兼并，自身作为劳动力则转化为被地主剥削的佃农和雇农，还有的甚至沦为奴婢。

第二，土地兼并。国家创设土地产权，一开始就制造了地主与普通农户的差别。通过汉初的名田制授田，卿爵级以上的人都变成了大地主，大夫爵级及小爵的不更、簪裹都变成了中小地主，公士以下的公卒、士五、庶人、司寇、隐官都成了自耕农。大地主和自耕农的土地占有数额差距极大，如卿爵级的大庶长可受田九十顷，宅基地九十座，最低的左庶长也可受田七十顷，宅基地七十座，而受田最少的司寇、隐官只有田半顷宅半宅，相差近两百倍。所以说，汉初的土地重分本身就是极不公平的。这种初始产权分配的不公平，必然导致市场竞争的不公平，而结果必然是土地兼并。随着社会经济的恢复，商品经济也发展起来，文帝时社会竞争导致小农的分化现象日益加剧。加上政府对土地买卖的放开和对世家官僚的纵容，土地兼并导致土地集中，到武帝时已出现"富者田连阡陌，贫者无立锥之地"的严重状况。

第三，商人资本膨胀。汉初高祖曾实行抑商政策，到孝惠、高后时，复弛商贾之律，文景时，汉政府实行市场开放政策，商人经济力量迅速膨胀起来。《史记·货殖列传》记载了许多靠经商起家以至巨万的豪族大家。随着经济势力的壮大，他们不仅剥削和奴役穷人，而且聚众扰事。《盐铁论·复古第六》："豪强大家，得管山海之利，采铁石鼓铸，煮海为盐。一家聚众，或至千余人，大抵尽收放流人民也。远去乡里，弃坟墓，依倚大家，聚深山穷泽之中，成奸伪之业，遂朋党之权，其轻为非亦大矣！"商人们不仅靠工商致富还做起了高利贷生意。《史记·货殖列传》载："庶民农工商贾，率亦岁万息二千，百万之家则二十万，而更徭租赋出其中。衣食之欲，恣所好美矣。"

第四，奴婢增加。由于土地兼并加剧，失去土地的平民甚至卖儿卖女。这就导致社会奴婢的增加。奴婢是封建社会比较普遍的现象，特别是战乱和灾荒之年，卖儿卖女为常事。晁错劝帝募民徙塞下，募以丁奴婢赎罪及输奴婢欲以拜爵者。《汉书·严助传》云："间者数年，岁比不登，民待卖爵赘子，以接衣食。"如淳曰："淮海俗卖子与人作奴婢，名为赘子，三年不能赎，遂为奴婢。"《汉书·司马相如传上》记载，卓王孙僮客八百人，程郑亦数百人。《汉书·景帝纪》注，如淳曰："汉仪注：太仆牧师诸苑三十六所，分布北边西边，以郎为苑监，官奴婢三万人，养马三十万匹。"董仲舒说上曰："宜少近古，限民名田，以赡不足，塞兼并之路，去奴婢，除专杀之威。"这说明到了武帝时奴婢大大增加以致成了严重的社会问题。

第五，吏治腐败。汉初社会以经济发展为第一要务，对于官吏的考核也注重经济标准，为了增加收入甚至实行"入粟受爵"政策，这就不可避免地造成吏治腐败。《史记·平准书》："孝景时，上郡以西旱，亦复修卖爵令，而贱其价以招民；及徒复作，得输粟县官以除罪。""匈奴数侵盗北边，屯戍者多，边粟不足给食当食者。于是募民能输及转粟于边者拜爵，爵得至大庶长。"武帝时还特设武功爵，"级十七万，凡直三十余万金。诸买武功爵官首者试补吏，先除；千夫如五大夫；其有罪又减二等；爵得至乐卿：以显军功"。实行这类政策，固然可以在一定程度上缓解财政困境，但其负面影响则是深远的，结果导致"吏道杂而多端，则官职耗废"。

四、武帝变革

1. 政策转型

春秋战国是一个"竞力"的时代，秦国通过商鞅变法壮大了国势，并通过兼并战争实现了国家统一。所以，秦是依靠法家思想取得成功的。但秦政严苛，暴力敛民，很快耗尽了国力，导致"二世而亡"。西汉建国后汲取秦代速亡的教训，实行清静无为、与民休息的政策，一直崇尚黄老思想，坚持"无为而治"政策，从而取得文景之治的伟大成就。然而，"黄老无为"政策实行了七十年，表面上看实现了"文景之治"，但潜在的矛盾却在逐步积累。首先是放任主义政策导致商人资本日益强大，不仅从事土地兼并活动，还与地方王国勾结参与对抗中央。其次是地方王国势力壮大，有的王国经济发展势头很猛，从而构成分裂势力，大有问鼎中央之势。第三是匈奴势力增强，屡屡南下侵扰，而和亲的效果越来越无效。在这种内外压力下，汉武帝再也不能继续坚持无为政策，而必须进行政策调整。

建元元年（前140年）冬十月，武帝下令诏举贤良方正直言极谏之士，问以古今之治道，对者百余人。其中博士董仲舒连对三策，明确建议以儒家经典《春秋》统一思想，"罢黜百家，独尊儒术"。建元六年（前135年）汉武帝命"武安侯田蚡为丞相，绌黄老、刑名百家之言，延文学儒者数百人"（《史记·儒林列传》）。元兴元年（前 139 年），汉武帝从董仲舒之言令郡国举孝廉；五月，诏举贤良文学之士百余人，策问古今之治道。至此，汉朝终于放弃以黄老为指导思想，转向以儒家为指导思想，实现了从"无为"向"有为"的转变。汉武帝将"有为"作为自己的执政方针，以儒家"大一统"为目标，内主削藩，外抗匈奴，在文景两代所建立的经济基础上，实行积极扩张政策，造就史上极为辉煌的汉武盛世。《汉书·食货志下》：

> 武帝因文、景之畜，忿胡、粤之害，即位数年，严助、朱买臣等招徕东瓯，事两粤，江淮之间萧然烦费矣。唐蒙、司马相如始开西南夷，凿山通道千余里，以广巴蜀，巴蜀之民罢焉。彭吴穿秽貊、朝鲜，置沧海郡，则燕齐之间靡然发动。及王恢谋马邑，匈奴绝和亲，侵扰北边，兵连而不解，天下共其劳。干戈日滋，行者赍，居者送，中外骚扰相奉，百姓抏敝以巧法，财赂衰耗而不澹。

这里是说武帝所实行的积极扩张政策，产生巨大的财力耗费，其中最大的耗费来源于反击匈奴的战争，包括军费和赏赐以及所征服地区的安抚费用。在此期间还发生了严重的自然灾害，也需要国家大规模的赈济经费。这就导致国库空虚。为了解决国家财政问题，汉武帝想了很多办法来应对。尽管这些办法属于暂时措施，但对汉代以后的经济社会的发展和变化却发生了深远影响。可以说，汉武帝的这些财政措施，事实上创造了政府调节社会经济的新工具，也促使汉代政府经济政策转变。

2. 盐铁官营

最初采取的财政措施是加征赋税和卖官鬻爵以及增加口赋。元光六年（公元前 129 年）冬，武帝开始对商贾车船征税，元朔六年（前 123 年）六月下诏：令民得买爵赎罪。根据汉制，民取得爵位，就享有减罪、赎罪和免役特权，而政府则通过卖爵增加财政收入。但这仍然不能解决日益扩大的财政支出。元朔六年（前 123 年）汉武帝置武功爵。武功爵共十一级：一级曰造士，二级曰闲舆卫，三级曰良士，四级曰元戎士，五级曰官首，六级曰秉铎，七级曰千夫，八级曰乐卿，九级曰执戎，十级曰政戾庶长，十一级曰军卫。一级十七万钱，每加一级，加钱二万。诏令下达后，政府通过卖官共收到三十多万金。元狩三年（前 120 年），山东大水，民多饥乏，汉武帝派使者调发郡国官仓储粮以救灾民，又鼓励豪富吏民假贷贫民，但这些举措不过是杯水车薪。于是政府决定徙关东贫民于陇西、北地、西河、上郡、会稽凡七十二万五千口，衣食皆由官府供给，并假予产业，费用以亿计。为此，汉武帝不得不增加口赋。口赋亦称口钱、口赋钱，是汉初政府向七岁至十四岁儿童征收的人头税，每人二十钱。元狩四年（前 119 年）起，汉武帝将口赋的起征年龄提前到三岁，又在原定二十钱外加收三钱，以供军马粮刍的用费，称为马口钱。以后遂成定制。

随着战争、赏赐、赈灾和各种国用的迅速增加，为了聚敛财力，汉武帝起用商人出身的桑弘羊，并重用其他一些商人，包括大盐商东郭咸阳、大冶铁商孔仅等人，通过干预市场的方法筹措经费。这就有了盐铁官营、算缗告缗、币制改革和均输平准等，堪称中国经济史上的极大创造。而这一系列重要政策的出台都在元狩四年。这一年，卫青、霍去病北击匈奴大获全胜，封狼居胥山。战争原本已耗费无数，而凯旋的将士还需要大规模的封赏。为此，汉武帝采取了极端的政策措施以解决如此浩繁的经费问题。这就是盐铁官营。

元狩四年，武帝根据大农令郑当时的推荐，任用齐地大盐商东郭咸阳、南阳大铁商孔仅为大农丞，主管盐铁事，洛阳商人之子内廷侍中桑弘羊也参与其事。孔仅和东郭咸阳巡行各地，设置盐铁官署，任用各地盐铁富商为吏经营。同时颁布了违反盐铁官营政策者的处罚办法，规定："敢私铸铁器、煮盐者，钛左趾（左脚带六斤重的铁钳），没入其器物。"（《汉书·食货志下》）

铁的官营在中央由大司农属下的斡官、铁市长丞主管，在产地设铁官主采矿鼓铸造，也设有长、丞管理。《汉书·地理志》载各地铁官有四十九处，分布于四十郡国。三辅地位重要，各设级别很高的铁官长、丞。其他不产铁的地方设小铁官，主铸旧铁及经营铁器官卖，各地铁官都隶属大司农。盐业在中央归大司农属下的斡官经营，产区和主要中转地则设隶属于大司农的盐官，盐官设有长、丞，亦可由郡守提名任命。

盐铁官营政策实施后，对盐商和铁商的经营活动带来了不利影响，也给广大民众的生产和生活带来诸多不便。所以，盐铁官营遭到各地铁商和盐商以及不少百姓的反对，朝中反对者也不在少数。元鼎六年（前 111 年），齐相卜式为御史大夫，奏言郡国多不便官府作盐铁器，质量苦恶，又价贵，或强令百姓买之。武帝不悦。第二年武帝准备封禅之礼，以卜式不习文章，贬秩为太子太傅。桑弘羊以治粟都尉领大农，尽管天下盐铁，又作平准之法。时逢小旱，武帝令官府求雨，卜式言曰："县官当食租衣税而已，今弘羊令吏坐市列肆，贩物求利。亨弘羊，天乃雨。"（《史记·平准书》）可见盐铁官营政策不得人心。但汉武帝从国家整体利益考虑，还是要坚持实行，并打击持不同政见者。

3. 算缗告缗

连续多年的征战和严重的自然灾害，以及大规模的公共工程特别是水利工程建设，导致国家府库严重亏空。为解决财政困境，汉武帝希望富商能够出来帮助国家渡过难关。但这些富商大贾"或财累万金，而不佐国家之急"。这使得汉武帝大为光火。元狩四年（前119年），张汤等建议恢复原先算贾人缗钱的旧制。武帝听从他的建议下诏算缗。《史记·平准书》：

> 商贾以币之变，多积货逐利。于是公卿言："郡国颇被灾害，贫民无产业者，募徙广饶之地。陛下损膳省用，出禁钱以振元元，宽贷赋，而民不齐出于南亩，商贾滋众。贫者畜积无有，皆仰县官。异时算轺车贾人缗钱皆有差，请算如故。诸贾人末作贳贷卖买，居邑稽诸物，及商以取利者，虽无市籍，各以其物自占，率缗钱二千而一算。诸作有租及铸，率缗钱四千一算。非吏比者三老、北边骑士，轺车以一算，商贾人轺车二算；船五丈以上一算。匿不自占，占不悉，戍边一岁，没入缗钱。有能告者，以其半畀之。贾人有市籍者，及其家属，皆无得籍名田，以便农。敢犯令，没入田僮。"

这里规定了三种算缗办法：一是对各类商人征收财产税，诸如末作贳贷卖买，居邑贮积诸物，以及其他虽无市籍而从事帝业以谋取利润者，都要根据资产多少编造名册，呈交官府，作为征税的依据，税额为每二千钱纳税一算（一百二十钱）。二是对手工业者即"诸作有租及铸"者征收财产税，税额为商贾的一半，即每四千钱纳一算。三是对车、船征税。轺车和征税办法是：凡不属于国家官吏、三老、北边骑士而拥有的轺车，皆令出一算，商贾所有的轺车则为二算。船五丈以上一算。

为迅速解决政府的财政困境，汉武帝还制定了赏罚措施。汉武帝极力表彰为国捐财的典型卜式。卜式是河南的普通农民，以田畜为事，急国家之所急，主动提出"愿输家之半县官助边"，并出钱二十万给地方政府。武帝"以式终长者，故尊显以风百姓"，希望天下富商大贾都能像卜式这样为国家分忧，捐献财富，以佐国家渡过难关。但这一切措施并没有奏效，那些富商大贾基本没有响应。在这种情况下，汉武帝不得已采取更加严厉的"告缗"政策。《史记·平准书》说："天子既下缗钱令而尊卜式，百姓终莫分财佐县官，于是告缗钱纵矣。"元鼎三年（前114年）十一月武帝于下令"告缗"，即要求百姓告发偷漏缗钱者，由杨可主管其事。为鼓励告发者，规定凡告发属实，奖给告发者被没收财产的一半。此令一行，各地争相告缗。《史记·平准书》：

> 杨可告缗遍天下，中家以上大抵皆遇告。杜周治之，狱少反者。乃分遣御史廷尉正监分曹往，即治郡国缗钱，得民财物以亿计，奴婢以千万数，田大县数百顷，小县百余顷，宅亦如之。于是商贾中家以上大率破，民偷甘食好衣，不事畜藏之产业，而县官有盐铁缗钱之故，用益饶矣。

武帝将没收的财产分配给各个部门分别处置。《史记·平准书》：

> 杨可告缗钱，上林财物众，乃令水衡主上林。上林既充满，益广。是时越欲与汉用船战逐，乃大修昆明池，列观环之。治楼船，高十余丈，旗帜加其上，甚壮。于是天子感之，乃作柏梁台，高数十丈。宫室之修，由此日丽。乃分缗钱诸官，而水衡、少府、大农、太仆各置农官，往往即郡县比没入田田之。其没入奴婢，分诸苑养狗马禽兽，及与诸官。诸官益杂置多，徒奴婢众，而下河漕度四百万石，及官自籴乃足。

告缗延续近十年，直到元封元年（前110年），桑弘羊继盐铁官营、均输平准后，又请令吏得入粟补官及赎罪，山东漕粟一岁增加六百万石，均输帛达五百万匹；加上告缗没收的大量田宅、奴婢和货币财物，使得政府的财政状况有明显的好转，这才停止了告缗。告缗和盐铁官营等政策的实行，为武帝的内外功业提供了物质上的保证，起到了加强专制主义中央集权制度的作用，但是汉代的商品经济和商人资本从此一蹶不振。这是历史上商品经济发展的一个重要转折点。

4. 均输平准

按照西汉的贡纳制度，各郡国都必须把本地的土特产品作为贡品运往京师。这种做法有很多弊端，既要役使大批农民进行运输，导致运费增加甚至超过贡品本身价值，也会由于长途运输导致贡品受损变质，造成严重损失。此外，各地贡品在本地属珍品，但运抵京师后与其他地区同类贡品相比，可能属下品，这样既不能供皇室享用，又造成贡品的积压浪费。

为了改变这种状况，桑弘羊实行改革。《史记·平准书》：

> 弘羊以诸官各自市，相与争，物故腾跃，而天下赋输或不偿其僦费，乃请置大农部丞数十人，分部主郡国，各往往县置均输盐铁官，令远方各以其物贵时商贾所转贩者为赋，而相灌输。置平准于京师，都受天下委输。召工官治车诸器，皆仰给大农。大农之诸官尽笼天下之货物，贵即卖之，贱则买之。如此，富商大贾无所牟大利，则反本，而万物不得腾踊。故抑天下物，名曰"平准"。

元鼎二年（前115年）武帝以孔仅为大农令，桑弘羊为大农丞，在郡国设置均输官。具体说，将各郡国应交纳的贡物，连同输往中央的运价一起按当地市价折合为商人一向贩运出境的土特产品，就地交给均输官。由均输官将其中一部分运往京师供官需或交平准出售，其余部分与均输官另行统购的物资都运往价高的地区出售，有时还将出售所得在卖地再收购当地产品，易地出售，辗转贩运交易。这样，既可减少以往贡品运送造成的损失，又可相对减轻民户负担，同时还增加了财政收入。对这种改革办法，汉武帝给予高度赞赏。"天子以为然，许之。于是天子北至朔方，东到太山，巡海上，并北边以归。所过赏赐，用帛百余万匹，钱金以巨万计，皆取足大农。"（《史记·平准书》）

自元封元年（前110年）全面推行均输法后，短短一年即取得令人鼓舞的成效。史载国家向急需粮食的地区调运粮食，而大农诸官则都向京城运送粮食，结果使山东漕运由汉初的数十万石竟猛增到六百万石。同时，太仓和甘泉仓这两个著名的国家粮库都装满了粮食，边郡粮库也都有余粮，通过均输所直接获得的赢余有五百万匹帛。

元封元年，"弘羊又请令吏得入粟补官，及罪人赎罪。令民能入粟甘泉各有差，以复终身，不告缗。他郡各输急处，而诸农各致粟，山东漕益岁六百万石。一岁之中，太仓、甘泉仓满。边馀谷诸物均输帛五百万匹。民不益赋而天下用饶"（《史记·平准书》）。西汉政府一年中均输所入的帛即达五百万匹。而这些收入与盐铁官营等收入一起，不仅满足了对边境少数民族战争和守御开支的需要，而且供应了汉武帝巡行、封禅的巨额用费和赏赐支出，所谓"民不益赋而天下用饶"。

但均输法的实施也出现一系列弊病，如向民勒买并非当地常产的物品，使百姓只好贱卖自己的产品以满足均输官的要求；交纳产品时受到吏的刁难；均输官在出售产品时又往往进行欺诈等。但总的说来，均输法的推行还是起了积极作用的。

5. 改革币制

元狩四年（前119年）冬，武帝因国家财政困难，使张汤主持造新钱币。最初的尝试是发行皮币和铸造白金币。《史记·平准书》：

> 是时禁苑有白鹿而少府多银锡……有司言曰："古者皮币，诸侯以聘享。金有三等，黄金为上，白金为中，赤金为下。今半两钱法重四铢，而奸或盗摩钱里取鋊，钱益轻薄而物贵，则远方用币烦费不省。"乃以白鹿皮方尺，缘以藻缋，为皮币，直四十万。王侯宗室朝觐聘享，必以皮币荐璧，然后得行。又造银锡为白金。以为天用莫如龙，地用莫如马，人用莫如龟，故白金三品：其一曰重八两，圜之，其文龙，名曰"白选"，直三千；二曰以重差小，方之，其文马，直五百；三曰复小，撱之，其文龟，直三百。令县官销半两钱，更铸三铢钱，文如其重。

为保证钱币改革的顺利实施，政府规定"盗铸诸金钱罪皆死"。但由于白金币定值过高，三铢钱轻，易作奸诈，故"吏民之盗铸白金者不可胜数"。元狩五年（前118年）三月，武帝罢三铢钱，改铸五铢钱。于是盗铸更为泛滥以致难以禁止。《史记·平准书》：

> 自造白金五铢钱后五岁，赦吏民之坐盗铸金钱死者数十万人。其不发觉相杀者，不可胜计。赦自出者百余万人。然不能半自出，天下大抵无虑皆铸金钱矣。犯者众，吏不能尽诛取，于是遣博士褚大、徐偃等分曹循行郡国，举兼并之徒守相为（使）[利]者。

皮币本身并无价值，完全是依赖于政府信誉的价值符号。而皮币的名义价值很高，皮币发行必然造成对社会财富的强制性剥夺，所以皮币的发行遭到不少人的反对。对此，汉武帝则以强力弹压。《史记·平准书》：

> 上与张汤既造白鹿皮币，问异（大司农颜异）。异曰："今王侯朝贺以苍璧，直数千，而其皮荐反四十万，本末不相称。"天子不说。张汤又与异有卻，及有人告异以它议，事下张汤治异。异与客语，客语初令下有不便者，异不应，微反唇。汤奏当异九卿见令不便，不入言而腹诽，论死。自是之后，有腹诽之法，而公卿大夫多谄谀取容矣。

武帝的币制改革基本上是为了应对财政危机而采取的临时措施，只可治标而无益于治本，不仅不能解决财政困境，反而造成国家币制混乱。实际上，国家币制混乱的根源，在于中央政府没有垄断铸币权，而各郡国和民间铸钱多有轻贱。《汉书·食货志》：

> 郡国铸钱，民多奸铸，钱多轻，而公卿请令京师铸官赤仄，一当五，赋官用非赤仄不得行。白金稍贱，民弗宝用，县官以令禁之，无益，岁余终废不行。

为克服铸币权不统一，货币名义价值与实际重量不一致的弊端，元鼎四年（前113年）武帝实行进一步的币制改革，其核心就是由中央政府直接掌握铸币权。《汉书·食货志下》："于是悉禁郡国毋铸钱，专令上林三官铸。钱既多，而令天下非三官钱不得行，诸郡国前所铸钱皆废销之，输入其铜三官。而民之铸钱益少，计其费不能相当，唯真工大奸乃盗为之"。就是说，武帝下令停止郡国铸币权，专令水衡都尉所属设在上林苑的钟官、技巧、辨铜三官负责铸造的五铸钱。三官分工明确,各负其责,钟官直接掌管铸造,技巧主刻范,辨铜负责原料供应及检验铜的成色。新币选料严格,翻铸之钱大小、式样一致,真正做到重如其文。所铸钱币称"上林三官钱"。新的五铢钱不惜工本,私人铸造很难,无利可图。同时,国家颁令天下非三官钱不得行,旧币一律废罢,并责令务郡国将以前所铸的钱一律销毁,所得铜料输给三官。通过这一系列措施,盗铸之风一时衰息,货币混乱问题得到解决。

6. 初榷酒酤

西汉前期,酒业开放,利润很高,不少豪商巨贾因此致富。《盐铁论·忧边》:"今子弟远劳与外,人主为之夙夜不宁,群臣尽力毕议,册滋国用。故少府令丞请建酒榷,以赡边,给战士,拯救民于难也"。天汉三年(前98年)大司农桑弘羊主持榷酒酤。酒酤就是由国家统制酒类的生产和销售,具体说就是由大司农属下的斡官经管,郡国设榷酤官代办具体事务,酒利上缴中央政府。当时酒生产由官府控制,自设酿酒作坊,有的是由官府提供酿酒原料和法式,交私营工商业者承包生产。产品销售也由官府垄断,但特许小酒店零星分销。酒榷政策实行后,对于增加财政收入起到了重要作用。仅仅是通过销售,国家即可以获得百分之二十的盈利。如果再加上高额的酿造利润,更是一笔可观的收入。所以,酒榷与官营的盐、铁并称"三业",成为当时国家财政收入的重要来源。

汉武帝实行的经济改革主要是财政改革,直接目的还是为了集中财力来支持对匈奴的战争。汉武帝敢于发动对匈奴的全面反击,所依恃的正是文景以来数十年的积蓄。但是战争所需耗费极大,很快就将这些积蓄消耗殆尽。而对于当时以农业为基础的国家经济来说,增加农业税不仅是有限的而且会削弱农业基础,所以不得不从征商入手。另一方面,文景时代,政府实行重农政策,但并不抑商,实行的是工商业自由政策,使得工商业发展起来,不仅成为社会财富的重要来源,也在一定程度上导致社会矛盾的加剧。司马迁描述当时的社会状况说:"用贫求富,农不如工,工不如商,刺绣文不如倚市门。"(《史记·货殖列传》)可见,当时的农业基础已经受到一定的损害,同时也造成社会贫富差距扩大。所以,汉武帝采取的一系列"征商"措施,既可以增加政府收入,也会起到"抑商"的作用。然而,汉武帝的"征商"措施过于严苛,特别是算缗告缗,使商品经济发展受到极大的冲击而一蹶不振。

五、昭宣中兴

1. 轮台罪己

汉武帝的文治武功在中国历史上是屈指可数的,对中华民族的历史贡献也是无可置疑的。但是,汉武帝时期也存在严重的弊政。这就是在后来的盐铁会议上,贤良文学对武帝的批评："外障山海，内兴诸利，扬可告缗，江充禁服，张大夫革令，杜周治狱。"（《盐铁论·国疾》）这也是不可否认的。

首先是连年征伐耗费大量钱财，造成府库空虚。为了取得战争资源，不得不进行大规模的聚敛，包括增加赋税、盐铁官营、酒榷、算缗甚至告缗。汉武帝时期还实施了大量公共工程，如边境筑城、治理河患、灌溉工程等，耗费极大。其次，对国家吏治造成严重破坏。为了弥补国库空虚，武帝施行"买爵赎罪"政策，罪犯出钱赎罪，输粮入边可以授官，结果更使贪污贿赂公行，欺诈和投机行为泛滥。这就使国家吏治和社会秩序遭到严重破坏。第三，刑罚太滥，治罪严酷，使很多百姓遭受株连。"杨可告缗遍天下，中家以上大抵皆遇告。杜周治之，狱少反者。乃分遣御史廷尉正监分曹往，即治郡国缗钱，得民财物以亿计，奴婢以千万数，田大县数百顷，小县百余顷，宅亦如之。于是商贾中家以上大抵破。"（《史记·平准书》）总的来看，武帝在位 50 多年，"外事四夷，内兴功利，役费并兴，而民去本"（《汉书·食货志上》）。这种内外政策必然造成民力耗竭，致使国家元气大伤。

到武帝晚期，"功费愈甚，天下虚耗，人复相食"，经济社会形势已经严重恶化，几乎到了崩溃的边缘。征和四年（前 89 年），时任搜粟都尉的桑弘羊与丞相御史上奏，提出增派军卒到西域渠犁、轮台一带屯田，再"募民壮健有累重敢徙者诣田所，就蓄积为本业，益垦溉田，稍筑列亭，连城而田，以威西国，辅乌孙"。这一次，一贯好大喜功的汉武帝没有同意，反而下诏，深陈既往之悔，曰：

> 今请远田轮台，欲起亭燧，是扰劳天下，非所以优民也。今朕不忍闻。大鸿胪等又议，欲募囚徒送匈奴使者，明封侯之赏以报忿，五伯所弗能为也。……当今务在禁苛暴，止擅赋，力本农，修马复令，以补缺，毋乏武备而已。（《汉书·西域传》）

这就是历史上著名的"轮台罪己诏"。"轮台罪己"标志着武帝晚年政策的转折点，停止连续三十二年的大规模征伐，从此不复出军，强调"当今务在禁苛暴，止擅赋，力本农"，开始重视农业生产，减轻民众负担，以逐渐恢复民力。为了表明自己试图让人民休养生息、恢复生产的决心，汉武帝封车千秋为富民侯，"以明休息，思富养民也"。随后，武帝又任命赵过为搜粟都尉，推广代田法，使"田多垦辟"，大幅度提高了粮食产量。武帝政策的转变使社会矛盾得以缓解。轮台罪己诏是汉武帝政策转变的重要标志。以后，西汉基本上没有大规模的征伐，国家和人民得到一定程度的休养生息。但是，由于长期征战，国力消耗严重，国家政策还需进一步调整。这项历史任务落在后继者汉昭帝和主持朝政的大将军霍光肩上。

2. 盐铁会议

后元二年（前87年），汉武帝去世，年仅八岁的刘弗陵继位为汉昭帝，由大将军霍光辅政。霍光"知时务之要"，对汉武帝晚年出现的社会经济问题有深刻认识。他认为，尽管汉武帝已经将政策重点转移到经济恢复上来，但国家和社会的经济状况并未得到改善，必须继续实行减轻赋役、节约民力、与民休息的政策。这些政策调整的焦点集中于盐铁官营问题。尽管盐铁官营政策的弊端早有暴露，但由于长期实行这项政策，已形成一个庞大的利益集团。桑弘羊作为"洛阳贾人之子"，谙商业之道，知垄断之利，不仅首倡盐铁官营，而且"尽管天下盐铁"，因此极力维护盐铁管营。霍光则试图废除盐铁管营政策，并由此突破实现整个经济政策的转向。为了争取朝野支持，于始元六年（前81年）二月，霍光从全国各地召集贤良文学60多人到京城长安，商议罢黜盐、铁、酒等专营政策。这就是历史上著名的"盐铁会议"。

"盐铁会议"是中国古代历史上第一次规模较大的关于国家大政方针的辩论会。在会议上，桑弘羊坚持盐铁官营、平准、均输等政策。他说：

> 先帝哀边人之久患，苦为虏所系获也，故修障塞，饬烽燧，屯戍以备之。边用度不足，故兴盐、铁，设酒榷，置均输，蕃货长财，以佐助边费。今议者欲罢之，内空府库之藏，外乏执备之用，使备塞乘城之士饥寒于边，将何以赡之？罢之，不便也。（《盐铁论》卷一）

他还认为，"盐、铁之利，所以佐百姓之急，足军旅之费，务蓄积以备乏绝，所给甚众，有益于国，无害于人"（《盐铁论·非鞅》）。另外，"总一盐、铁，非独为利入也，将以建本抑末，离朋党，禁淫侈，绝并兼之路也"（《盐铁论·复古》）。"大夫君运筹策，建国用，笼天下盐、铁诸利，以排富商大贾，买官赎罪，损有余，补不足，以齐黎民。是以兵革东西征伐，赋敛不增而用足。夫损益之事，贤者所睹，非众人之所知也。"（《盐铁论·轻重》）

而贤良文学们则用儒家思想来阐述自己的立场，并对汉武帝时期的货币政策提出批评，指出：

> 往古，币众财通而民乐。其后，稍去旧币，更行白金龟龙，民多巧新币。币数易而民益疑。于是废天下诸钱，而专命水衡三官作。吏匠侵利，或不中式，故有薄厚轻重。农人不习，物模拟之，信故疑新，不知奸贞。商贾以美贸恶，以半易倍。买则失实，卖则失理，其疑或滋益甚。夫铸伪金钱以有法，而钱之善恶无增损于故。择钱则物稽滞，而用人尤被其苦。（《盐铁论·错币》）

为此，他们提出"外不鄣海泽以便民用，内不禁刀币以通民施"的观点，反对国家干预和政府垄断，主张自由放任。

在盐铁会议上，双方各执一词，对汉武帝前期政策和晚期政策都有褒贬，而论点也都有各自的道理，所以难以达成一致意见。但在辩论过程中，霍光利用贤良文学批评和打击了政治对手，赢得比较广泛的舆论支持。始元六年（前81年）七月，会议结束，霍光任命参加会议的贤良文学为列大夫，贤良文学活跃一时，国家政策开始出现转向。此后，霍光基本上坚持了汉武帝"轮台罪己诏"中所制定的方向，实行"与民休息"政策，将公田与贫民耕种，贷给农民种子、口粮，部分地免除赋税、徭役，降低盐价，并与匈奴修好维护暂时的和平。另一方面，霍光也没有完全排斥桑弘羊的意见，除取消酒专卖政策，"罢榷酤官"，在部分地区停止铁器专卖，但其他经济政策还是延续下来。

汉昭帝在位期间，全力纠正武帝时期的政策，罢不急官，减轻赋税，与民休息。自始元二年至元平元年（前87—前74年），连续九次颁发惠民诏令，包括减免田租、给贫户借贷粮种、免除军马负担、赐给孤老残疾者以衣被、减少马口钱及口赋钱、减少及停止漕运、裁减官府冗员以减轻民众负担等。"与民休息"政策坚持实行八九年，取得了可喜的成效，出现"百姓充实"的局面，汉朝的国力也逐渐恢复。

汉昭帝时期的盐铁会议具有重要意义，它标志着西汉经济社会政策的又一次转折，即从汉武帝时期对外征伐的战争政策转入新的休养生息政策。在这个转折过程中，昭帝时期大将军霍光发挥了重要作用。"光知时务之要，轻徭薄赋，与民休息，匈奴和亲，百姓充实"（《汉书·昭帝纪》），"流民稍还，田野益辟，颇有畜积"（《汉书·食货志上》）。但昭帝在位时间较短，继位的汉宣帝好申商之术，"颇修武帝故事"（《汉书·王贡两龚鲍传》）。他曾明确指出："汉家自有制度，本以霸王道杂之，奈何纯任德教，用周政乎？"霍光死后，他"尽变大将军时法令"，"发扬大将军过失"（《汉书·霍光传》），重新恢复了汉武帝的治国模式和政策。但汉宣帝并无汉武帝的雄才大略，其政策实施的效果也并不理想。他自己也承认："方今天下少事，徭役省减，兵革不动，而民多贫，盗贼不止。"（《汉书·宣帝纪》）

3. 宣帝中兴

汉宣帝并不是作为昭帝太子继位，而是作为武帝之孙继位的。所以，宣帝继位后欲褒武帝，以强化自身的合法性。但是在廷议时，长信少府夏侯胜公开提出不同意见，说："武帝虽有攘四夷广土斥境之功，然多杀士众，竭民财力，奢泰无度，天下虚耗，百姓流离，物故者半。蝗虫大起，赤地千里，或人民相食，畜积至今未复，亡德泽于民。"（《汉书·夏侯胜传》）宣帝认为此议大逆不道，将夏侯胜治罪。

但他对国家所面临的经济社会形势以及自己的历史使命是十分清楚的。所以，汉宣帝一方面高举武帝大旗，另一方面继续实行罢兵力农、思富养民政策。汉宣帝"繇仄陋而登至尊，兴于闾阎，知民事之艰难"（《汉书·循吏传》序），采取不少"德政"措施，如废除了武帝时的许多严刑峻法，注意采取措施抚恤百姓，多次颁布假民公田、减免租税、赈贷种食的诏令，要求地方官"谨牧养民而风德化"，并革除弊政，澄清吏治，从而实现了"宣帝中兴"。

首先，循吏制度。元康四年（前62年）正月，宣帝派遣大中大夫强等十二人循行天下，存问鳏寡，观览风俗，察吏治得失。此举遂成为宣帝时期的定制，以后则不断派遣使者或丞相、御史的属官，到各地查处执法不公、擅兴徭赋、出入人罪的不法官吏，考查地方官治绩。汉代循吏制度下涌现出一批"好官"，他们"所居民富，所去见思，生有荣号，死见奉祀"，史称"汉世良吏，于是为盛，称中兴焉"（《汉书·循吏传》）。

其次，重农政策。宣帝即位不久，就诏令免除当年租税，然后又免除遭受旱灾、地震、疾病的地区三年租赋。公元前55年，他下令减少天下口钱。甘露二年（前52年）诏令减民算赋，每算（120钱）减三十钱。次年再次诏令免除当年田租。同时还尽量减轻农民徭役负担，以鼓励农民发展农业生产。他还把国家苑囿或郡国的公田，借给少地或无地的贫民耕种，使他们尽可能地摆脱地主的控制，重新成为国家编户。宣帝还派农业专家蔡葵为"劝农使"，巡视全国，指导农业生产。

第三，常平仓制。《汉书·食货志上》："宣帝即位，用吏多选贤良，百姓安土，岁数丰穰，谷至石五钱，农人少利。"为避免谷贱伤农，在大司农中丞耿寿昌的建议下，实行常平仓制度，即在粮食丰收地区设立粮仓，收粮入官，以利百姓。耿寿昌还"令边郡皆筑仓，以谷贱时增其贾而籴，以利农，谷贵时减贾而粜，名曰常平仓。民便之"（《汉书·食货志上》）。五凤元年到二年间（前57—前56年），耿寿昌建议从三辅（今陕西西安西北）、弘农（今河南灵宝北）、太原（今山西太原西南）、河东（今山西夏县东北）等地籴谷以供京师，省关东漕卒过半。

第四，降低盐价。武帝时实行盐铁酒等官营政策。在始元六年（前81年）的盐铁会议上，众臣对此项政策进行了激烈的批评，结果"罢郡国榷酤"，而盐铁官营政策仍保留。宣帝亲政后，继续整顿这些政策，尽管并未废除盐铁官营政策，但为了减轻人民生活负担，采取减低盐价政策。宣帝于地节四年（前66年）九月下诏："吏或营私烦扰，不顾厥咎，朕甚闵之……盐，民之食，而贾咸贵，众庶重困，其减天下盐贾。"（《汉书·宣帝纪》）

4. 衰世变革

汉宣帝时期是汉朝历史上的中兴时代，也是汉代经济社会发展的又一次高潮。汉武帝通过削藩加强了国家统一，举全国之力击败匈奴实现了国家安全，开发西域和南方广大地区，大大拓展了国家疆域。但是，这一系列功绩也是以耗费国力民力为代价的。所以，国家和人民需要休养生息。而昭宣两代通过一系列政策调整，实现了经济社会的恢复和发展，实现了汉代中兴。而在国势鼎盛与和平发展时期，整个社会的观念都发生了潜移默化的转变。这种转变集中体现为汉宣帝和汉元帝两代帝王的观念转变。

宣帝喜欢读《申子·君臣篇》，"颇修武帝故事"，曾拒绝王吉"述旧礼，明王制"的建议，认为"汉家自有制度，本以霸王道杂之"。但宣帝偏好谷梁，意识到礼乐教化的重要作用，注意加强传统礼仪的作用，使"海内兴于礼让"，保持社会稳定。这些政策措施，标志着汉代的政策转向，也引起思想学术方面的变革，即公羊学渐衰而谷梁学兴起。甘露三年即公元前 51 年，宣帝亲自主持召开石渠阁会议，召五经名儒若干人议于殿中，"平《公羊》、《穀梁》异同，各以经处是非"（《汉书·循吏传》）。会议的成果是将《穀梁》学列为官方学术之一，分享汉代最高法典的解释权。这就打破了《公羊》一家独尊的格局，使官方意识形态内容转向多元。所以在石渠阁会议之后《穀梁》学始盛。但是，在坚持儒家道统的同时，宣帝仍坚持儒法结合即"霸王道杂之"的政策，并将这一原则作为必须遵行的"汉家制度"。

宣帝死后元帝继位。元帝与宣帝有很大不同。元帝自幼生长在宫中，锦衣玉食，史书描述他"多材艺，善史书。鼓琴瑟，吹洞箫，自度曲，被歌声，分刌节度，穷极幼眇"（《汉书·元帝纪》），不仅没有经历宣帝那样的曲折人生，更对下层人民的生活状况所知甚少。但他却自幼熟读经书，导致他"柔仁好儒"。他在做太子时"见先帝所用多文法吏，以刑名绳下"，建议"宜用儒生"。宣帝对此十分不满，指出："俗儒不达时宜，好是古非今，使人眩于名实，不知所守，何足委任！乃叹曰：乱我家者，太子也！"（《汉书·元帝纪》）后来的历史也证实了宣帝的判断。元帝即位后，即"征用儒生，委之以政，贡、薛、韦、匡迭为宰相。而上牵制文义，优游不断，孝宣之业衰焉。然宽弘尽下，出于恭俭，号令温雅，有古之风烈"（《汉书·元帝纪》）。这一方面决定元帝是个好皇帝，十分体恤人民，实施了不少"仁政"。但另一方面，面对日益严重的社会矛盾和危机，却只能是旧话重提，老生常谈，拿不出解决办法。

成帝刘骜继续执行以儒术治国的方针，曾减免天下赋算，罢黜六厩技巧官，几次赈济受灾百姓，赦免天下刑徒，并遣使察三辅、三河、弘农等地冤狱。他在位期间所施行的最重要的"仁政"是减免田租和赋钱。但是，他对于日益严重的社会矛盾却视而不见或是熟视无睹。

汉哀帝刘欣倒是个试图变革的皇帝。他即位后一度试图澄清吏治，重振朝纲。他任用龚胜、孙宝等人为谏官，派遣官员监察各级官吏，撤换不称职的官员；下决心罢黜任子令，废掉诽谤诋欺之法；罢乐府，禁齐三服官、诸官织绮绣奢侈之物，禁郡国贡献名兽等。哀帝时期实施的最大改革措施，是冒官僚贵族之大不韪推行限田之法。哀帝听从师丹的建议，下诏曰："制节谨度以防奢淫，为政所先，百王不易之道也。诸侯王、列侯、公主、吏二千石及豪富民多畜奴婢，田宅亡限，与民争利，百姓失职，重困不足。其议限列。"（《汉书·哀帝纪》）为此，有司提出具体方案是："诸王、列侯得名田国中，列侯在长安及公主名田县道，关内侯、吏民名田，皆无得过三十顷。诸侯王奴婢二百人，列侯、公主百人，关内侯、吏民三十人。年六十以上，十岁以下，不在数中。贾人皆不得名田、为吏，犯者以律论。诸名田、畜、奴婢过品，皆没入县官。齐三服官、诸官织绮绣，难成，害女红之物，皆止，无作输。除任子令及诽谤诋欺法。掖庭宫人年三十以下，出嫁之。官奴婢五十以上，免为庶人。禁郡国无得献名兽。益吏三百石以下奉。察吏残贼酷虐者，以时退。有司无得举赦前往事。博士弟子父母死，予宁三年。"（《汉书·哀帝纪》）

然而，这个看起来力度足够大的改革方案却不能实施。"时田宅奴婢贾为减贱，丁、傅用事，董贤隆贵，皆不便也。"（《汉书·食货志上》）就是说，这个方案引起田宅和奴婢价格的下跌，严重影响了世族贵族的利益，所以遭到了强烈的抵制。其中最重要的反对力量就来自哀帝身边的人，包括外戚和宠臣董贤。外戚自然大都是占据了大量良田的大地主，而当时董贤得宠日甚，被哀帝封为高安侯，食邑一千户，不久又增封二千户。一方面要实行限田政策，另一方面又一次性赏赐董贤大量农田，限田政策的实施也就可想而知了。所以，哀帝遂重新颁布诏书："且须后"。于是，关系汉朝存亡的重要改革方案"遂寝不行"。

哀帝改革失败了，这是西汉晚期最后一个改革机会，错过了也就永远错过了。哀帝的失败迫使他将改革的历史使命转交给了王莽，而王莽则借改革夺取了汉家天下。

第二节　变革中兴

一、王莽变法

1. 思想来源

王莽出身世族，"家凡九侯、五大司马"。自幼受到正统儒家教育，"受礼经，师事沛郡陈参，勤身博学，被服如儒生"。（《汉书·王莽传上》）这种教育经历对王莽产生了深远的影响，致使他在掌握政权以后，按照古代儒家理想来实行社会经济改革。汉平帝元始四年，王莽为点缀文治，粉饰升平，按照经书所记载的古代礼治模式，建立起明堂、辟雍、灵台等，并网罗天下学者和"异能"之士于长安，讲论儒家经典，造成一派王道复归、制度隆盛的气象。而当王莽掌握汉朝实权以后，更是按照儒家思想来改造汉朝社会。他希望按照周礼来设计一个新的社会模式，并以此来挽救西汉政权。

但事实上，王莽时期，西汉政权气数已尽，濒临灭亡边缘，用儒家思想来挽救一个濒临死亡的政权，更是痴心妄想。从另一方面看，武帝时的儒家与先秦儒家并不是一回事，而是经战国和汉初一系列变革综合诸子百家而成的新儒家，是与时俱进和灵活运用的儒家。如汉武帝对儒法两家的运用，或法或儒，内法外儒，并不完全依据儒家经典。但是，王莽变法的思想根源却是原始儒家，即主张复古倒退到三代去的儒家。这不能不说王莽乃一腐儒，尽管他在篡汉时仍将杀伐手段用得十分娴熟。事实上，王莽按照周礼来改造汉代社会，不过是一种复古倒退，自然不能成功。对于这种开历史倒车的改革行为，明代政治家夏言曾有评论说："用《周礼》误天下者，王莽、刘歆、苏绰、王安石也。"（《皇明疏钞·申议天地分祭疏》）明代霍韬也说："王莽之学，一传而得宇文泰，再传而得王安石。然而安石惟能行泉府一法而已矣。盖泉府之政，即桑弘羊均输之政也。安石行焉，遂致元丰熙宁棼棼如也，犹不如宇文泰焉。宇文泰为大蒙宰，尽行《周官》之法，其嗣遂为周天王，然犹不如王莽。法行《周官》，身为宰衡，遂上兼舜禹而宅帝位。故曰：敢用《周礼》王莽其上也，宇文泰其次也，王安石其下也。"（黄宗羲：《明文海》卷五十三）

2. 经济改革

王莽的经济改革主要是王田制和以此为基础的配套改革措施，大致都是按照儒家思想来规划的各项方案。

第一，土地改革。王莽以唐虞古道为社会理想，以井田制为理想制度，认为秦以后的土地私有是导致土地兼并和社会分化以及一切社会矛盾的根源。所以，王莽取得政权后即着手土地改革，实行王田制。王莽还将奴婢制度也归咎于私田制度，因而在实行王田制的同时改革奴婢制度。始建国元年（9 年），王莽代汉称帝后发布王田诏书："更名天下田曰'王田'，奴婢曰'私属'，皆不得卖买。"（《汉书·王莽传中》）实行王田制和禁奴令，意在缓和土地兼并和以上流民卖身为奴。但诏令颁行后，分田授田的规定未能实施，只是冻结了土地和奴婢的买卖，地主、官僚、工商主因继续买卖土地奴婢而获罪的不可胜数，因此纷纷起来反对。始建国四年（12 年）二月，中郎将区博上书谏莽曰："井田虽圣王法，其废久矣。周道既衰，而民不从。秦知顺民之心，可以获大利也，故灭庐井而置阡陌，遂王诸夏，讫今海内未厌其敝。今欲违民心，追复千载绝迹，虽尧、舜夏起，而无百年之渐，弗能行也。天下初定，万民新附，诚未可施行。"莽知民怨，乃下书曰："诸名食王田，皆得卖之，勿拘以法。犯私买卖庶人者，且一切勿治。"（《汉书·王莽传中》）

第二，币制改革。居摄二年（7年）五月，王莽下令改铸货币，以错刀一枚值五千钱，契刀一枚值五百钱，大钱一枚值五十钱，与五铢钱同时流通。同时，因民间私铸严重，又下令列侯以下不准私藏黄金，若送交御府可以得到相当的代价。但实际却没有给予相等的比价，因而导致币制混乱。始建国元年（9年）正月，王莽"更作小钱，径六分，重一铢，文曰'小钱直一'，与前'大钱五十'者为二品，并行"（《汉书·王莽传中》）。这样的币制改革，又是大钱又是小钱，还有百姓手里的五铢钱，导致严重的混乱。于是农商失业，食货俱废，民人至涕泣于市道。王莽看到新币制造成的混乱，仍然一意孤行，复下书曰："民以食为命，以货为资，是以八政以食为首。宝货皆重则小用不给，皆轻则僦载烦费，轻重大小各有差品，则用便而民乐。"（《汉书·王莽传中》）始建国二年（10年）十二月，王莽更作金、银、龟、贝、钱、布之品，名曰"宝货"，即金（一种，一斤值万钱）、银（二种）、龟甲（四种）、贝（五种）、钱（六种）、布（铜制十种），共二十八种货币。故称五物六名二十八品。这些货币品类繁杂，比值极不合理，特别是将久已失掉货币性能的龟贝纳入流通，加以屡铸屡废，变更频繁，在人们心中失去信任。天凤元年（14年）七月，王莽复申下金、银、龟、贝之货，颇增减其价值，废除大、小钱，另作货布、货泉，两种货币同时流通。货泉重五铢，货布重二十五铢，但一货布却值二十五货泉，货币价值的比例仍不合理。因大钱通行已久，罢之恐民挟不止，乃规定大钱仍可流通一时，六年后才全部废止。

第三，五均六筦。始建国二年，王莽颁布了五均诏令："夫周礼有赊、贷，乐语有五均，传记各有幹焉。今开赊贷，张五均，设诸幹者，所以齐众庶，抑并兼也。"（《汉书·食货志下》）遂于长安及五都立五均官，由他们对商品经营和物价进行管理。五均官还负责对农民、小生产者的赊贷事务。百姓急需生活用钱，可借与工商之税，定期偿还，不取利息。百姓如果借款兴办产业，收取一成以下的利息。这就是"五均""赊贷"。始建国二年，王莽初设六筦之令：

夫盐，食肴之将；酒，百药之长，嘉会之好；铁，田农之本；名山大泽，饶衍之臧；五均赊贷，百姓所取平，卬以取澹；铁布铜冶，通行有无，备民用也。此六者，非编户齐民所能家作，必卬于市，虽贵数倍，不得不买。豪民富贾，即要贫弱。先圣知其然也，故幹之。（《汉书·食货志下》）

六筦之令给人民生活带来很大的不便，自然遭到社会各界的反对。为此，王莽于天凤四年重申六筦法令："每一筦下，为设科条防禁，犯者罪至死，吏民抵罪者

浸众。"还规定，上公以下人员，每拥有一名奴婢，出三千六百钱。于是"天下愈愁，盗贼起"。(《汉书·王莽传下》)

3. 复古分封

王莽笃信儒家思想，崇尚三代制度，试图以恢复封建来解决汉代积累下来的社会经济矛盾。为实施封建，天凤元年（14 年）七月，王莽根据《周官》和《王制》重新设置了职官和地方行政体系。《汉书·王莽传中》：

> （天凤元年七月）莽以《周官》《王制》之文，置卒正、连率、大尹，职如太守；属令、属长，职如都尉。置州牧、部监二十五人，见礼如三公。监位上大夫，各主五郡。公氏作牧，侯氏卒正，伯氏连率，子氏属令，男氏属长，皆世其官。其无爵者为尹。分长安城旁六乡，置帅各一人。分三辅为六尉郡，河东、河内、弘农、河南、颍川、南阳为六队郡，置大夫，职如太守；属正，职如都尉。更名河南大尹曰保忠信卿。益河南属县满三十。置六郊州长各一人，人主五县。及它官名悉改。大郡至分为五。郡县以亭为名者三百六十，以应符命文也。缘边又置竟尉，以男为之。诸侯国闲田，为黜陟增减云。莽下书曰："常安西都曰六乡，众县曰六尉。义阳东都曰六州，众县曰六队。粟米之内曰内郡，其外曰近郡。有鄣徼者曰边郡。合百二十有五郡。九州之内，县二千二百有三。公作甸服，是为惟城；诸在侯服，是为惟宁；在采、任诸侯，是为惟翰；在宾服，是为惟屏；在揆文教，奋武卫，是为惟垣；在九州之外，是为惟藩：各以其方为称，总为万国焉。"其后，岁复变更，一郡至五易名，而还复其故。

《汉书·王莽传下》：（天凤二年）六月，更授诸侯茅土于明堂，曰：

> 予制作地理，建封五等，考之经艺，合之传记，通于义理，论之思之，至于再三，自始建国之元以来九年于兹，乃今定矣。予亲设文石之平，陈菁茅四色之土，钦告于岱宗泰社后土、先祖先妣，以班授之。各就厥国，养牧民人，用成功业。其在缘边，若江南，非诏所召，遣侍于帝城者，纳言掌货大夫且调都内故钱，予其禄，公岁八十万，侯、伯四十万，子、男二十万。

然而，"莽好空言，慕古法，多封爵人，性实遴啬，托以地理未定，故且先赋茅土，用慰喜封者"。所谓"授诸侯茅土"不过是仪式而已，诸侯们并没有实际得到这些封土。

王莽的复古封建遭到朝野一致反对。然而王莽仍旧坚持实行。

由于王莽的倒行逆施，社会上下失序，极度混乱。对此，《汉书·食货志下》有如下描述：

> 作货布后六年，匈奴侵寇甚，莽大募天下囚徒、人奴，名曰猪突豨勇，壹切税吏民，訾三十而取一。又令公卿以下至郡县黄绶吏，皆保养军马，吏尽复以与民。民摇手触禁，不得耕桑，徭役烦剧，而枯旱蝗虫相因。又用制作未定，上自公侯，下至小吏，皆不得奉禄，而私赋敛，货赂上流，狱讼不决。吏用苛暴立威，旁缘莽禁，侵刻小民。富者不得自保，贫者无以自存，起为盗贼，依阻山泽，吏不能禽而覆蔽之，浸淫日广，于是青、徐、荆楚之地往往万数。战斗死亡，缘边四夷所系虏，陷罪，饥疫，人相食，及莽未诛，而天下户口减半矣。

地皇三年（22年），农民起义四处爆发，王匡等数战不利，王莽知天下溃畔，事穷计迫，乃议遣风俗大夫司国宪等分行天下，"除井田奴婢山泽六筦之禁，即位以来诏令不便于民者皆收还之"。事未及行而刘秀春陵兵起，新朝很快就土崩瓦解了。

二、光武中兴

两汉之间经历了一场暴风骤雨般的革命和动荡，历史和人民为此付出了沉重的代价，而在农民起义所损毁的废墟之上，出身世族地主的刘秀建立东汉政权。光武帝刘秀建国登基之后，主要面临的任务就是恢复经济，所以必然采取与民休息的政策。另外，光武帝深知西汉末农民战争的根本原因就是土地兼并和由此引起的奴婢大量增加。所以，光武帝吸取西汉灭亡和王莽改革失败的教训，实行检核土地政策并解放奴婢，在一定程度上缓解了社会经济矛盾。这是光武中兴的根本原因。

1. 与民休息

东汉初年，针对战乱之后生产凋敝和人口锐减情况，光武帝将恢复生产作为头等大事。建武二十一年（51年），朗陵侯臧宫和扬虚侯马武上书，请乘匈奴分裂、北匈奴衰弱之际发兵击之，以立"万世刻石之功"。光武帝没有同意，说：

> 今国无善政，灾变不息，百姓惊惶，人不自保，而复欲远事边外乎？孔子曰："吾恐季孙之忧，不在颛臾。"且北狄尚强，而屯田警备传闻之事，恒多失实。诚能举天下之半以灭大寇，岂非至愿；苟非其时，不如息人。（《后汉书·吴盖陈臧列传》）

为了恢复生产，光武帝实行减轻赋税政策，于建武六年十二月下诏恢复了三十税一的西汉旧制："顷者师旅未解，用度不足，故行什一之税。今军士屯田，粮储差积。其令郡国收见田租三十税一，如旧制。"（《后汉书·光武帝纪》）与此同时，光武帝反对奢侈，倡导节俭，以节省开支。《后汉书·循吏列传》：

> 光武长于民间，颇达情伪，见稼穑艰难，百姓病害，至天下已定，务用安静，解王莽之繁密，还汉世之轻法。身衣大练，色无重采，耳不听郑、卫之音，手不持珠玉之玩，宫房无私爱，左右无偏恩。建武十三年，异国有献名马者，日行千里，又进宝剑，贾兼百金，诏以马驾鼓车，剑赐骑士。损上林池御之官，废骋望弋猎之事。其以手迹赐方国者，皆一札十行，细书成文。勤约之风，行于上下。数引公卿郎将，列于禁坐。广求民瘼，观纳风谣。故能内外匪懈，百姓宽息。

2. 释放奴婢

自西汉后期以来，土地兼并日甚，农民沦为奴婢和刑徒者增多，成为西汉末年阶级矛盾激化的重要原因。王莽末年，不少的奴婢和刑徒参加农民起义，或加入割据势力的军队。刘秀为了瓦解敌军，壮大自己的力量，在战争期间曾多次下诏释放奴婢。《后汉书·光武帝纪》：

> （建武二年）癸未，诏曰："民有嫁妻卖子欲归父母者，恣听之。敢拘执，论如律。"
>
> （建武六年）十一月丁卯，诏王莽时吏人没入为奴婢不应旧法者，皆免为庶人。
>
> （建武七年）诏吏人遭饥乱及为青、徐贼所略为奴婢下妻，欲去留者，恣听之。敢拘制不还，以卖人法从事。
>
> （十一年）春二月己卯，诏曰："天地之性人为贵。其杀奴婢，不得减罪。"
>
> （十一年）癸亥，诏曰："敢灸灼奴婢，论如律，免所灸灼者为庶人。"
>
> （十一年）冬十月壬午，诏除奴婢射伤人弃市律。
>
> （十二年）三月癸酉，诏陇、蜀民被略为奴婢自讼者，及狱官未报，一切免为庶人。
>
> （十三年）冬十二月甲寅，诏益州民自八年以来被略为奴婢者，皆一切免为庶人；或依托为人下妻，欲去者，恣听之；敢拘留者，比青、徐二州以略人法从事。

（十四年）十二月癸卯，诏益、凉二州奴婢，自八年以来自讼在所官，一切免为庶人，卖者无还直。

经过光武帝十数年的解放政策，作为西汉末年社会顽症的奴婢问题，终于获得部分解决。

3. 检核土地

王莽试图解决土地兼并问题，但所采用的方法却是复古倒退的"王田制"。刘秀在取得政权后，也试图解决土地兼并问题。但实施土地兼并的主要力量是世族地主，特别是皇亲国戚和宦官宠臣。如果说王莽改革不能解决土地兼并问题的话，那么经历了一场农民战争则足以令新的统治者有所认识。建武十五年（39年）六月，光武帝"诏下州郡检核垦田顷亩及户口年纪，又考实二千石长吏阿枉不平者"（《后汉书·光武帝纪下》）。这场检核土地运动名为"度田"。

但东汉政权是在豪强地主的支持下建立起来的，建国后州郡官吏多为豪强地主。所以，度田政策直接损害到他们的既得利益。特别是南阳地区，集中了不少"帝亲"和皇帝"近臣"，因而成了度田的禁区。一般豪强地主也凭借财势与度田官相勾结，隐瞒土地，抵制度田。所以度田工作难以推进。《后汉书·朱景王杜马刘傅坚马列传》载，建武十五年，为了督促各地检核土地，光武帝令各地遣使奏事。事有巧合，光武帝见陈留吏牍上有书："颍川、弘农可问，河南、南阳不可问"。光武帝诘问牍书之意，没人敢回复。当时年仅12岁的东海公刘阳（即后来的汉明帝刘庄），在帷幕后面插嘴说："陈留吏是受郡守之命，想探听垦田数的标准！"刘秀说："既然如此，为什么说河南、南阳不可问呢？"刘阳回答："河南帝城，多近臣，南阳帝乡，多近亲，田宅逾制，不可为准。"刘秀遂命虎贲将诘问陈留吏，这才逼问出一个严酷的事实，即在"帝城""帝乡"世族大家依势抗拒检田的情况。刘秀随即派谒者考实二千石长吏阿枉不法者。

随着谒者对地方官员的考实，一大批"度田"不实者被揭露出来，受到严厉的惩罚。《后汉书·光武帝纪下》载："建武十六年秋九月：河南尹张伋及诸郡守十余人，坐度田不实，皆下狱死。"《后汉书·隗嚣公孙述列传》载："（王元）初拜上蔡令，迁东平相，坐垦田不实，下狱死。"《后汉书·申屠刚鲍永郅恽列传》：东海相鲍永"坐度田事不实，被征，诸郡守多下狱"。《后汉书·五行六》：光武帝建武十六年（40年），"诸郡太守坐度田不实，世祖怒，杀十余人"。建武十六年，欧阳歙拜相始任大司徒，在光武帝"考实二千石长吏阿枉不平者"过程中，被查出在汝南郡长任内测量田亩作弊，贪污千余万钱。光武帝也毫不犹豫，将其下狱并

处死。(《后汉书·光武帝纪下》《后汉书·儒林列传》)

检核土地触及世族地主利益，处死河南尹张伋等人引发各地方势力的强烈反抗直至武装暴动，而光武帝则采取措施坚决镇压。《后汉书·光武帝纪下》载：

> 郡国大姓及兵长、群盗处处并起，攻劫在所，害杀长吏。郡县追讨，到则解散，去复屯结。青、徐、幽、冀四州尤甚。冬十月，遣使者下郡国，听群盗自相纠擿，五人共斩一人者，除其罪。吏虽逗留回避故纵者，皆勿问，听以禽讨为效。其牧守令长坐界内盗贼而不收捕者，又以畏愞捐城委守者，皆不以为负，但取获贼多少为殿最，唯蔽匿者乃罪之。于是更相追捕，贼并解散。徙其魁帅于它郡，赋田受禀，使安生业。自是牛马放牧，邑门不闭。

经过严厉打压，"度田"政策得以全面实行。与此同时，光武帝也不得不做一定妥协，一方面将度田作为朝廷定制，另一方面在具体实施上却采取缓和的方式，仅由郡县官吏岁时"按比"，实际上是为世族地主占田留了后门。以后，"度田"与反"度田"的斗争通过各种方式延续了很多年。

光武帝执掌政权31年后，改元建武中元元年（56年）。《后汉书·光武帝纪下》：

> 是夏，京师醴泉涌出，饮之者固疾皆愈，惟眇、蹇者不瘳。又有赤草生于水崖。郡国频上甘露。群臣奏言："地祇灵应而朱草萌生。孝宣帝每有嘉瑞，辄以改元、神爵、五凤、甘露、黄龙，列为年纪，盖以感致神祇，表彰德信。是以化致升平，称为中兴。今天下清宁，灵物仍降。陛下情存损挹，推而不居，岂可使祥符显庆，没而无闻？宜令太史撰集，以传来世。"帝不纳。常自谦无德，每郡国所上，辄抑而不当，故史官罕得记焉。

三、明章之治

在光武帝大刀阔斧实行一系列改革措施以后，经济社会矛盾在很大程度上得到缓解，从而进入恢复和发展阶段。明章二帝继承光武帝的中兴大业，一方面，继续实行"与民休息"政策，发展经济；另一方面整肃吏治，推行德政。但总的来看，各项政策比光武帝时期多有宽松。明章二帝共治国三十一年（57—88年），经济社会发展稳定，达到东汉时期的顶峰阶段，故史称"明章之治"。

1. 转向宽政

光武帝继大规模农民战争以后的形势，大刀阔斧进行经济社会改革。但在这种社会剧变以后，生产关系调整已经取得一定成效，需要对前期政策做一定修正或调节。所以，明章二帝的政策特点是逐渐转向政宽刑疏。因而他们开始大兴学校，儒术治国，以求社会风俗醇厚，达至天下太平。汉明帝亲赴太学主持"大射""养老"等礼，又升堂讲说，故上至宗室诸王大臣子弟，下至宫廷卫士，莫不受经习儒。章帝继位之初，尚书陈宠认为"吏政尚严切"，主张"改前世苛俗"。乃上疏曰：

> 圣贤之政，以刑罚为首。往者断狱严明，所以威惩奸慝，奸慝既平，必宜济之以宽。陛下即位，率由此义，数诏群僚，弘崇晏晏。而有司执事，未悉奉承，典刑用法，犹尚深刻。断狱者急于篣格酷烈之痛，执宪者烦于诋欺放滥之文，或因公行私，逞纵威福。夫为政犹张琴瑟，大弦急者小弦绝。故子贡非臧孙之猛法，而美郑乔之仁政。《诗》云："不刚不柔，布政优优。"方今圣德充塞，假于上下，宜隆先王之道，荡涤烦苛之法。轻薄棰楚，以济群生；全广至德，以奉天心。（《后汉书·郭陈列传》）

汉章帝听从尚书陈宠建议，除刑罚残酷的条文五十余条。史称汉章帝忠厚仁义，笃于亲系，政令刑罚比较宽疏。依东汉制度，官员贪污要禁锢三世，而汉章帝将此制废除。为弘扬儒家以施仁政，汉章帝更亲赴阙里祭祀孔子，又召集当时名儒，群会于京师的白虎观，讲议《五经》同异，称制临决，历时旬月。又令班固将讨论记录整理编成《白虎通义》一书。由此儒风大盛。

2. 勉劝农桑

明帝劝课农桑，薄赋税，减徭役，修水利，又安置无地贫民，贷给粮食、种子、农具。如屡下诏令，以苑囿地和郡国公田赋予贫民耕种，几度蠲免租赋。史载汉明帝末年"天下安平，人无徭役，岁比登稔，百姓殷富，粟斛三十，牛羊被野"（《后汉书·显宗孝明帝纪》）。

明帝时最大的水利工程是治理黄河。西汉末年以来，黄河年久失修，为患益甚。建武十年（34 年），光武帝刘秀欲修河汴，浚仪令乐俊上书以为"民新被兵革，未宜兴役"，只得作罢。明帝永平十二年（69 年）议修汴渠，乃引见水利专家王景，问以理水形便。当年夏季，发卒数十万，自荥阳东至千乘海口千余里修渠筑堤。次年夏，汴渠治理完毕，河、汴分流，复其旧迹。自西汉平帝以来六十年的河患至此结束，从而保障了黄河中下游农业生产的正常进行。

章帝重视农业生产，提出"王者八政，以食为本"，并亲耕农田以示鼓励；又平徭薄赋，减轻农民负担，鼓励垦荒，促进了社会经济的发展。根据《后汉书·肃宗孝章帝纪》记载，章帝时期所采取的重农措施，大致有以下方面：

第一，赈灾免租，招徕流人。汉章帝登基之年，京师及三州大旱，诏勿收兖、豫、徐州田租、刍稿，其以见谷赈给贫人。建初元年春正月，诏三州郡国："方春东作，恐人稍受禀，往来烦剧，或妨耕农。其各实核尤贫者，计所贷并与之。流人欲归本者，郡县其实禀，令足还到，听过止官亭，无雇舍宿。长吏亲躬，无使贫弱遗脱，小吏豪右得容奸佞。诏书既下，勿得稽留，刺史明加督察尤无状者。"

第二，勉劝农桑，鼓励垦荒。建初元年（76年），章帝诏曰：

> 比年牛多疾疫，垦田减少，谷价颇贵，人以流亡。方春东作，宜及时务。二千石勉劝农桑，弘致劳来。群公庶尹，各推精诚，专急人事。罪非殊死，须立秋案验。有司明慎选举，进柔良，退贪猾，顺时令，理冤狱。"五教在宽"，帝《典》所美；"恺悌君子"，《大雅》所叹。布告天下，使明知朕意。（《后汉书·章帝纪》）

元和三年（86年），令常山、魏郡、清河、钜鹿、平原、东平郡太守、相，将尚未垦辟的荒地，全都赋予贫民，并贷予粮种，务尽地力，不要让贫民游手无事。

第三，赐给公田，为雇耕佣。元和元年（84年）二月，章帝诏曰：

> 王者八政，以食为本，故古者急耕稼之业，致末之勤，节用储蓄，以备凶灾，是以岁虽不登而人无饥色。自牛疫已来，谷食连少，良由吏教未至，刺史、二千石不以为负。其令郡国募人无田欲徙它界就肥饶者，恣听之。到在所，赐给公田，为雇耕佣，赁种饷，贳与田器，勿收租五岁，除算三年。其后欲还本乡者，勿禁。（《后汉书·章帝纪》）

第四，亲耕定陶，勉率农功。元和二年（85年）二月，章帝诏曰："今山川鬼神应典礼者，尚未咸秩。其议增修群祀，以祈丰年。"随后又下诏："三老，尊年也。孝悌，淑行也。力田，勤劳也。国家甚休之。其赐帛人一匹，勉率农功。"（《后汉书·章帝纪》）

第五，鼓励生育，产子免赋。元和二年正月，章帝下诏鼓励生育，规定："凡民有产子者免三年算赋；怀孕妇女赐给胎养谷，每人三斛，并免除其夫一年算赋。"

3. 开放工商

秦汉时期实行"禁民二业"政策，即士农工商各司其职，禁止跨业经营。其目的在于重农抑商，防止大商人兼并农民土地和防止地方豪强势力扩大。东汉初期，为发展经济光武帝实行开放工商政策，但"禁民二业"政策仍未废除。明帝时，"禁民二业"政策越来越不能适应经济社会发展需要，因而遭到朝野批评。《后汉书·刘赵淳于江刘周赵列传》：

> 是时下令禁民二业，又以郡国牛疫，通使区种增耕，而吏下检结，多失其实，百姓患之。般上言："郡国以官禁二业，至有田者不得渔捕。今滨江湖郡率少蚕桑，民资渔采以助口实，且以冬春闲月，不妨农事。夫渔猎之利，为田除害，有助谷食，无关二业也。又郡国以牛疫、水旱，垦田多减，故诏敕区种，增进顷亩，以为民也。而吏举度田，欲令多前，至于不种之处，亦通为租。可申敕刺史、二千石，务令实核，其有增加，皆使与夺田同罪。"帝悉从之。

章和二年（88年）四月，和帝即位，以章帝遗诏名义罢郡国盐铁之禁。《后汉书·孝和孝殇帝纪》载，戊寅，诏曰：

> 昔孝武皇帝致诛胡、越，故权收盐铁之利，以奉师旅之费。自中兴以来，匈奴未宾，永平末年，复修征伐。先帝即位，务休力役，然犹深思远虑，安不忘危，探观旧典，复收盐铁，欲以防备不虞，宁安边境。而吏多不良，动失其便，以违上意。先帝恨之，故遗戒郡国罢盐铁之禁，纵民煮铸，入税县官如故事。

永元九年（97年）六月，诏："其山林饶利，陂池渔采，以赡元元，勿收假税。""十一年春二月，遣使循行郡国，禀贷被灾害不能自存者，令得渔采山林池泽，不收假税。"（《后汉书·孝和孝殇帝纪》）

和帝时期，东汉逐步呈现出国泰民安，经济繁荣，社会发展的局面。《后汉书·郡国五》载："和帝永兴元年，户九百二十三万七千一百一十二，口五千三百二十五万六千二百二十九，垦田七百三十二万一百七十顷八十亩百四十步。"《后汉书·孝和孝殇帝纪》："自中兴以后，逮于永元，虽颇有弛张，而俱存不扰，是以齐民岁增，辟土世广。偏师出塞，则漠北地空；都护西指，则通译四万。时人称之为'永元之隆'。"

明章二帝继光武中兴之势，并经过一定努力实现了明章之治。经过这个历史时期，光武革命所带来的社会动力已经逐渐递减，如果没有新的变革，社会必然走向衰落。不过，东汉明章以后的社会仍然依靠历史惯性发展。所谓的历史惯性，不过是专制王朝按惯例所要做的事情仍然没有荒废，如一年一度的祭天籍田，维持水利设施、灾年救荒，赋税减免，赈济贫民，特别是和帝时期，延续明章之治的历史惯性，加上和帝自身的努力，还是有一些可以圈点的政绩，并实现经济社会的发展。但是，长期不变的制度和政策，越来越不适应发展变化着的社会，各种矛盾不断地暴露甚至激化。但是，皇帝和大臣们并不知觉，仍然是按祖制行为，但他们越来越丧失先祖的精神，不思变革，不思进取，满足现状，贪图享乐，在不知不觉中走向衰亡。

和帝以后继位的是安帝和顺帝。这两位皇帝一面施行着皇帝本应实行的各种"仁政"，一面为了享乐而消耗着国库，从而使国力日益衰竭。就在这种状态下，自然灾害开始频发，国家需要大量钱粮赈济灾民，国家财政捉襟见肘。为此，安帝永初二年（108年），奏令吏民入钱谷，以筹集赈灾钱粮。桓帝时也曾令王侯官民有积谷者，都要拿出十分之三借给朝廷，以作赈济之用。同时朝廷也采取了不少节支办法，如永初四年（110年）春正月，以年饥，撤乐，不陈充庭车，甚至削减官员俸禄。但这些措施相对于大面积自然灾害来说，仍不过是杯水车薪，无济于事。另一方面，宫廷和官僚奢侈享乐却仍然继续甚至变本加厉。和平元年（150年）桓帝增封大将军梁冀万户，前后共食三万户。冀权势极盛，穷其奢丽，不仅挖土筑山，广开园苑，搜刮金玉珍宝，还掠取数千百姓为奴，供其驱使。对他的所作所为，朝中百官无人敢言。这种穷奢极欲的官僚贵族行为，进一步加剧了经济矛盾转为政治矛盾，从而加速了王朝的衰亡。

四、东汉衰亡

1. 土地兼并，世族兴起

东汉后期社会的最大特点是世族兴起。世族本源于西汉，其来源包括两个方面：一是前朝沿袭下来的世家大族，他们经济政治势力过大，并且与各方政治势力勾结，因而在农民战争和朝代更替过程中得以保存下来。二是西汉武帝开始实行的博士制度，培养了一个读经入仕的士人集团，他们从读经开始逐步进入官僚阶层，并通过师承关系形成代际相承的世族。可见，前者是经济集团，而后者主要是政治集团。然而，随着历史发展，两个集团的经济势力和政治势力逐渐融合，从而成为垄断政治经济的豪强地主集团。

到西汉晚期，豪强地主阶级大肆兼并土地，垄断朝政，出现了一些世代官至二千石的家族，甚至还有父子相继为宰相的例子，或已成为不可遏制的社会力量。王莽变革试图抑制豪强地主势力的膨胀，但他采取的措施完全是倒行逆施，不仅遭到豪强地主阶级的强烈反抗，也搅乱了正常的社会生产和生活，遭到社会的普遍反对。事实上，真正将王莽打倒的还是豪强地主集团。刘秀是南阳地区的豪强地主代表，他纠集各地豪强武装，发动广大农民，推翻了王莽新朝，创建了东汉王朝。

光武帝为了防止这些世家大族结党营私，一直采取严厉打击政策。如太尉西曹掾蒋遵因微过被免官禁锢，侍中戴凭为之求情，刘秀怒曰："汝南子欲复党乎？"（《后汉书·儒林列传上》）大司徒侯霸推荐"素有讥议"的前梁令阎杨，刘秀"疑其有奸，大怒"，赐侯霸玺书曰："崇山、幽都何可偶，黄钺一下无处所。欲以身试法邪？将杀身以成仁邪？"（《后汉书·侯霸列传》）事实上，专制皇权与世族势力的竞力此时已经开始了。不过，刘秀的皇位是通过战争取得的，挑战皇帝的权威是不可能成功的。但是随着历史发展，这种情况逐渐发生转变，明章二帝放弃了光武帝打击豪强地主势力的政策，转向"不刚不柔"的宽和政治，豪强地主势力乘机迅速发展起来，并且进一步掌握了国家政治，把持重要官职，形成官官相连、世代相袭的世家大族。

随着世族地主集团的形成，官场制度也发生相应的转变，即世族地主逐渐垄断了仕途和政府要职，并且可以几代传承下去。这里，世袭的任子制度自不必说，即便是正常的选官制度也为世家大族垄断。到东汉章帝的时候，门阀世族已经初步形成，阀阅之家在仕宦上已占有一定的特权。章帝曾在诏书中说："每寻前世举人贡士，或起畎亩，不系阀阅。"（《后汉书·章帝纪》）言外之意是现在那种"不问阀阅"的现象已一去不返了。

总之，东汉中叶世族门阀已经垄断了仕途，而到东汉末年则形成了一些"累世公卿"的世家大族。东汉末年，由于战乱频仍，导致大量聚族而居的现象，世家大族成为宗族的核心力量，并吸引了大批依附流民，从而形成大规模的田庄经济，还拥有大批"家兵""部曲"等私人武装。这样，世族地主集团就成了真正可以抗衡皇权的世族地主集团了。

2. 皇室腐败，政风日下

汉代的卖官鬻爵是从文景时期就有的，而在武帝时因财政困窘而加大了力度。但是，当时的卖官鬻爵还是非常有度的，获得的钱财主要用于解决国家急需。到东汉后期的安帝和顺帝时期，由于自然灾害频发导致国库空虚，不得不采取这种救急的方法。但是到了东汉晚期，皇室和贵族奢侈之风日盛导致国库空虚，而卖官鬻爵所获得的钱财则主要是为了满足奢侈消费。

光和元年（178年），灵帝于西园开置邸舍卖官，价钱依官职大小而定，二千石官钱二千万，四百石官钱四百万，又命左右卖公卿官，公千万，卿五百万，"其富者则先入钱，贫者到官而后倍输，或因常侍、阿保别自通达"（《后汉书·崔骃列传》）。而灵帝在西园另设钱库，将所得钱财贮于西园库中，以为己有。中平二年（185年）二月，京师洛阳发生火灾，南宫被毁。灵帝听从宦官中常侍张让建议，诏令天下，除正常租赋之外，亩税十钱助修宫室。《后汉书·宦者列传》：

南宫灾。让、忠等说帝令敛天下田亩税十钱，以修宫室。发太原、河东、狄道诸郡材木及文石，每州郡部送至京师，黄门常侍辄令谴呵不中者，因强折贱买，十分雇一，因复货之于宦官，复不为即受，材木遂至腐积，宫室连年不成。刺史、太守复增私调，百姓呼嗟。凡诏所征求，皆令西园骓密约敕，号曰"中使"，恐动州郡，多受赇赂。刺史、二千石及茂才孝廉迁除，皆责助军修宫钱，大郡至二三千万，余各有差。当之官者，皆先至西园谐价，然后得去。有钱不毕者，或至自杀。其守清者，乞不之官，皆迫遣之。

由此贪风大盛，新官到任无不竞相搜刮百姓，聚敛财富以为补偿，而百姓怨声四起。中平元年（184年）春二月，巨鹿人张角自称"黄天"，其部帅有三十六万，皆着黄巾，同日反叛，促使东汉王朝加速走向末路。

3. 清议之风，党锢之祸

延熹九年（166年）六月，太学生三万余人沿袭士人官僚之间褒贬人物、左右舆论的清议之风，以郭泰、贾彪为首，与太尉陈蕃、司隶校尉李膺、议郎王畅互相褒重，太学生推崇李膺等人说："天下模楷李元礼；不畏强御陈仲举；天下俊秀王叔茂。"于是清议之风大起，士人竟以臧否人物相尚。朝中公卿大臣，畏遭士人贬议，皆至太学以图褒重之议。

延熹九年夏，善于占卜的方士张成推算可以遇赦，教其子杀人。司隶校尉李膺督促部下收捕，不久果然有令赦免，李膺不顾赦令，将罪犯杀掉。张成素与宦官相勾结，桓帝也颇信其术，于是，宦官唆使张成弟子牢修上书，诬告李膺等人蓄养太学游士，交结郡国生徒，相为部党，诽谤朝廷。桓帝大怒，下令全国各郡国收捕"党人"。太尉陈蕃认为党人都是久负盛名的忧国忠正之士，不应无故收捕，桓帝更怒，即刻将李膺等收狱，时受牵连者有太仆杜密、御史中丞陈翔、名士陈寔、范滂等二百余人。不久，太尉陈蕃也因上疏直谏被加以"辟召非其人"的罪名免官。次年，名士贾彪入京请城门校尉窦武、尚书霍谞等人为党人诉冤，于是窦武直言上疏，并以病辞去城门校尉职，霍谞也同时上疏为党人讲情。宦官因党人所相牵连者多为宦官子弟，也以天时为由请桓帝赦免党人。于是，桓帝于永康元年（167年）六月下诏赦免党人，勒令党人二百余名皆归田里，禁锢终身，再不许入朝为官。此即历史上著名的"党锢之祸"。

"党锢之祸"发生后，天下士人皆钦羡党人，抨击朝廷，遂其相标榜党人，以窦武、陈蕃、刘淑为"三君"，言其可为一世之所宗；以李膺、荀昱、杜密、王畅、刘祐、魏朗、赵典、朱寓为"八俊"，还有"八顾""八及""八厨"等。一时标榜党人成风。然而，东汉王朝早已病入膏肓，并不是几个正义之士的清议就能救将倾之汉室。东汉桓、灵二帝之前，宦官、外戚虽然专权，但有名臣陈蕃等人主持朝政大局，士大夫、豪强等心向朝廷，局势尚未到不可收拾的境地，即《后汉书·陈蕃列传》中所说的"汉世乱而不亡，百余年间，数公之力也"。党锢之祸后，清正的官员不是被害就是被禁锢，宦官更加为所欲为，残害百姓，因而激起民变，酿成黄巾之乱，及后群雄并起，军阀割据，东汉最终走向了灭亡。[①]

第三节　食货之国计

一、田制与赋役

1. 名田与官田

秦始皇"黔首自实田"政策，承认了战国以来的土地私有过程，使农民和地主实际占有的土地合法地私有，从而建立了土地私有制。汉初政府继承了秦代田制，但通过无偿分配的方式，对土地进行了重新分配。这次大规模的土地重分运动的基本方案，是根据爵秩无偿分配。

根据吕后二年颁布的《二年律令·户律》，土地分配方案是：

> 关内侯九十五顷，大庶长九十顷，驷车庶长八十八顷。大上造八十六顷，少上造八十四顷，右更八十二顷，中更八十顷，左更七十八顷，右庶长七十六顷，左庶长七十四顷，五大夫廿五顷，公乘廿顷，公大夫九顷，官大夫七顷，大夫五顷，不更四顷，簪袅三顷，上造二顷，公士一顷半，公卒、庶人各一顷，司寇、隐官各五十亩。不幸死者，令其后先择田，乃行其余。它子男欲为户，以为其□田予之。其已前为户而毋田宅，田宅不盈，得以盈，宅不比，不得。

从《二年律令·户律》的土地和住宅分配方案来看，土地分配数额差距极大，但授田面也极其广泛。所以，汉初的土地分配一方面创造了大大小小的地主，另一方面也创造了大批自耕小农。尽管土地分配并不公平，但确实在一定程度上满足了农民对土地的要求，并极大地调动了农民的生产积极性。汉代经济社会的发展和国力的提高，就是建立在汉初所创设的土地制度基础上的，特别是建立在自耕小农的生产力基础上。

[①]　参见朱绍侯：《中国古代史教程》（上），河南大学出版社 2010 年版，第 234—235 页。

汉初政府无偿分配的土地，基本上是无须退还的，所以也就是私有的。根据汉制，男子达到法定傅籍年龄时，可根据父亲的爵位得到相应的爵位或身份，自然也可以继承父亲的财产。既然土地是私有的，那么土地主人对自己的土地就有完全的处置权，特别是土地买卖。《二年律令·户律》规定："受田宅，予人若卖宅，不得更受。代户、贸卖田宅，乡部、田啬夫、吏留弗为定籍，盈一日，罚金各二两。"这就是说，已经获得官府授田的人如果转让或出卖田宅，将不能再次获得授田。乡、里官吏对于田宅买卖、户主变更等情况，必须及时登记在册，不得拖延。这事实上就是对土地买卖合法性的确认和保护。

西汉的土地大部分是"名田"即私有土地，但政府仍然保有大量国有土地。国有土地大致包括山林川泽、苑囿、公田和草田。山林川泽从来都属于国有，山泽之利一般归入皇室。汉代皇室苑囿占地很广，也是国有土地的重要组成部分，主要供皇室使用。而对国家经济具有重要意义的是公田和草田。公田除供皇帝赏赐之用外，大部分出租给农民，即所谓"假民公田"，而收入纳入国库。草田就是未开垦的荒地，所谓"其地有草者，尽曰官田"（《后汉书·仲长统列传》）。西汉政府鼓励农民垦荒，并对垦荒者给予减免赋役的奖励，甚至直接将这类土地转为农民私有。元凤三年，"罢中牟苑，赋贫民"（《汉书·昭帝纪》）。表明国家曾因赈灾将公田赋予贫民。而为了鼓励垦荒，政府也会将农民开垦并耕种了一个时期的土地转为农民私产。

另一部分国有土地是屯田。屯田始于秦代。《史记·匈奴列传》："始皇帝使蒙恬将十万之众北击胡，悉收河南地。因河为塞，筑四十四县城临河，徙适戍以充之。"这些军士一边应对战事一边屯垦自给。汉文帝时，采纳晁错建议，用招募之法移民屯垦，发展边疆地区的生产。但大规模屯田始于汉武帝时期。《汉书·西域传下》："自武帝初通西域，置校尉，屯田渠犁。"汉宣帝时，赵充国提出屯田"内有亡费之利，外有守御之备"，并在其驻守的湟中地区开垦田地两千余顷，"留屯以为武备，因田致谷，威德并行"。（《汉书·赵充国传》）"汉昭帝始置屯田而成帝置尚书郎一人，主户口垦田，此盖尚书屯田之始也。"（（宋）高承：《事物纪原·三省纲辖》）

西汉政府对国有土地采取了两种经营和管理的办法。一种是直接经营，譬如组织屯田。另一种即为间接经营，通过租赁山泽、假民公田或者授田等方式。公田一般禁止买卖。如《后汉书·申屠刚列传》记载，和帝时郅寿因朝会讽刺大将军窦宪，窦怒"陷寿以买公田诽谤，下吏当诛"。可见买卖公田是有罪的。但事实上仍有大量公田被世族地主侵占。如屯田是典型的国有土地，但大量屯田还是转为私有。屯田的私有化主要表现在两个方面。一是屯田向"假田"转变。《居延汉简》载："右第二长官二处田六十五亩，租廿六石"。二是公开买卖屯田土地。《居延汉简》记载："置长乐里受奴田卅五亩，贾钱七百钱毕。已丈田，即不足，计亩数环钱。"到西汉后期，屯田已逐渐变为军队将官的私产。

2. 少府与司农

在封建制度下，周的中央王室和诸侯的财政完全是两套系统。周王室的财政收入主要由自己土地上的收入加上各诸侯按制度缴纳的贡奉构成，而各诸侯国也都分别依靠自己领地上的土地和其他资源来获得收入，因而都有各自的财政系统。秦始皇统一后废封建立郡县，建立统一的国家财政，但也是将皇室财政与政府财政分设。《史记·平准书》："天下已平……量吏禄，度官用，以赋于民。而山川园池市井租税之入，自天子以至于封君汤沐邑，皆各为私奉养焉，不领于天下之经费。"这就是说，赋的征收用于国家财政，而租税收入归于皇室。这样也就必然存在两套财政系统，相应地也就存在两套财经官制，即政府经费由治粟内史或大司农掌管，天子经费由少府掌管。此外，汉初是郡国并存制度，封国也各自有自己的财政系统，即"封君汤沐邑，皆各为私奉养"。

既然皇室财政与政府财政是分开的两个系统，那么皇室与政府的收支也是分开的两个系统。少府掌山海地泽收入和皇室手工业制造，保证皇室各项需要，因而是皇帝的私府。大司农则管理国家财政，具体说是负责征收田租、刍稿税、算赋、赀赋、更赋、过更、算缗等赋税，还经营盐、铁、酒的制作专卖，从事均输、平准等商业活动，而且管理漕运和调拨物资，负责国家官吏的俸禄、军政费用等财政开支。大司农在中央和地方都设有官吏分管各项财政事务。《汉书·盖诸葛刘郑孙毋将何传》："大司农钱自乘舆不以给共养，共养劳赐，壹出少府。盖不以本臧给末用，不以民力共浮费"；颜师古注《急就篇》所云："司农领天下钱谷，以供国之常用，少府管池泽之税及关市之资，以供天子"。但事实上，两个收支系统常常混淆。如皇帝的赏赐常出于国库之大司农。当然，作为皇室财政的少府收入也常常用于政府支出。不过，后一种情况主要发生在特殊时期，如战争、灾荒等，大部分情况还是皇室侵蚀国库。

东汉时国家财政体制发生变化，尽管司农和少府仍然分设，但少府的收支范围大大缩小，而司农的收支范围大大扩大了。《后汉书·百官三》本注："承秦，凡山泽陂池之税，名曰禁钱，属少府，世祖改属司农，考工转属太仆，都水属郡国。孝武帝初置水衡都尉，秩比二千石，别主上林苑有离宫燕休之处；世祖省之，并其职于少府。……少府本六丞，省五。又省汤官、织室令，置丞。又省上林十池监、胞人长丞、宦者昆台佽飞三令二十一丞。又省水衡属官令长丞尉二十余人。"经过这样的调整，原执掌皇室财政的少府只掌管帝室生活诸物，也就不具有独立的财政功能，而司农所掌管的国家财政范围就扩大了。

3. 赋税与徭役

西汉赋税有田租、口赋、更赋。田租就是土地税。商鞅变法时每个成年农民授田百亩，同时实行"什一之税"，即将收获量的十分之一作为田租交给国家。西汉继续实行按民有土地数量征收田租的制度，高祖时"约法省禁，轻田租，什五而税一"。文帝二年（前178年）下诏："赐天下民今年田租之半。"（《汉书·文帝纪》）这就开了田租三十税一的先例。文帝十二年（前168年）又一次"赐农民今年田租之半"，十三年，又下令"其除田之租税"，接连出现了三十税一的田租率和无田租征收的状况。从景帝二年（155年）起，终汉一代田租基本是三十税一。

口赋即人口税，包括算赋和口钱。战国秦简公七年"初租禾"后，又于秦孝公十四年（前348年）"初为赋"，即实行按人收钱的口赋制度。刘邦于汉四年（前203年）八月正式宣布"初为算赋"，规定15—56岁的男女，每人每年纳一百二十钱（一算），因称算赋。国家根据需要对算赋的征收标准有所调整，有增有减，汉文帝时曾"民赋四十"，而汉武帝时曾"民赋数百"。除"算赋"外还有"口钱"或"头钱"，只对7—14岁不服徭役的儿童征收，每人每年纳二十钱。武帝时"口钱"每人每年增加三钱，合计为二十三钱。口赋的征收，开始并无固定征收时间，后来逐渐形成了每年秋季征收的定制，东汉时进一步确定为八月征收，称为"八月算民"制度。一般情况是，先以里为范围，按口定"算"多少，然后分次征收；征收之后，由里正将每月几次征收的口钱、算赋归总并上缴乡佐；再由乡佐按照一定的分配比例分别上缴或留用。

农民还要承担更役和更赋。西汉规定，22—56岁的男子，都要服更赋。更赋包括"更卒""正卒""戍卒"三种力役或兵役。农民每年要为地方服一个月的劳役，称更卒。正卒为正式服兵役。汉景帝时规定，男子年龄在20—56岁，必须为国家服兵役一年。戍卒是指每个男子一生中要到边境屯戍一年，或到京城做卫士。这种更役，不可能人人都亲自去服役。于是，"诸不行者"，便得每人每年"出钱三百入官，官以给戍者，是谓过更也"。这里的"更"即指徭役，而用以代替徭役的赋税便叫"更赋"。所以，"更赋"也就是代役钱。

二、官营与征榷

1. 盐铁

汉初的山海盐铁之制也承续秦制。《文献通考·征榷考二》："秦赋盐铁之利，二十倍于古，汉兴，循而未改。孝惠、高后时，吴有豫章铜山，即招致天下亡命盗铸钱，东煮海水为盐，以故无赋，国用饶足。"就是说，汉初的政策是允许私人经营盐业，国家征税，税入归少府即皇室财政，但各王国也经营盐铁自富，其收入不纳入中央财政。

汉武帝时期，由于连年对匈奴用兵，国家财力大大消耗，急需聚敛财富以充国库，但"富商大贾冶铸鬻盐，财或累万金，而不佐公家之急"（《文献通考·征榷考二》）。汉武帝决定实行盐铁酒类专卖，亦即盐铁酒官营。元狩三年（118年），设大农丞管理盐铁税收，元狩四年（前119年）采用御史大夫张汤建议，笼罗天下盐铁之利归官，并借此排富商锄豪强。汉武帝以齐地大盐商东郭咸阳和南阳大冶商孔仅为大农丞，领盐铁事，实行盐铁官营。元狩四年，中央由大司农统管盐铁，郡国设置的盐铁官则由收税的机构转变为管理盐铁生产和销售的机构。元狩五年（120年），大农上盐铁丞孔仅、咸阳言："山海，天地之臧，宜属少府，陛下弗私，以属大农佐赋。愿募民自给费，因官器作煮盐，官与牢盆。浮食奇民欲擅斡山海之货，以致富羡，役利细民。其沮事之议，不可胜听。敢私铸铁器、煮盐者，钛左趾，没入其器物。郡不出铁者，置小铁官，使属在所县。"（《汉书·食货志下》）元狩六年（121年），铁与盐一起实行专卖。

盐铁官营增加了中央政府的财政收入，但盐铁官营在实行过程中产生许多弊端。《史记·平准书》："使孔仅、东郭咸阳乘传举行天下盐铁，作官府，除故盐铁家富者为吏。吏道益杂，不选，而多贾人矣。商贾以币之变，多积货逐利。"这就是说，政府利用商人推行盐铁官营，而这些大商人在为国家聚敛收入的同时也为自己谋利。这种基本制度设置即决定了盐铁官营必然产生的弊端。同时，官营盐铁的生产增加了农民的徭役负担，而官营工场所生产的铁器质量低劣，价格不合理，销售时间不固定，加上官吏采取硬性配售的方法，强迫农民购买，而买了之后又不适用，导致民怨四起。

汉昭帝即位后，大将军霍光主持朝政，主持盐铁会议，讨论废盐铁官营等政策。结果是依桑弘羊议，盐铁仍行专卖，只废酒酤。自此以后，宣、元、成、哀、平五世，无所变改。只是元帝时试图罢盐铁官，但三年又恢复。总的来看，自武帝元狩四年（前119年）起，至平帝元始五年（5年）止，盐铁官营实行了125年。王莽也保持盐铁专卖政策不变。这就是说，尽管人们对盐铁官营的弊端都是有所认识的，但或由于国家财政需要，或由于商人集团利益，而终于不能罢。

东汉时基本延续盐铁官营制度。《文献通考·征榷考二》："东汉郡有盐官、铁官者，随事广狭置令长及丞。凡郡县出盐多者，置盐官主盐税；出铁多者，置铁官主鼓铸。"但盐铁专卖的确存在很多弊端。在吏治清明时，循吏多能考虑众民利益，而吏治败坏之时，难免官商勾结，侵害百姓利益。此外，经光武中兴和明章之治，经济社会发展，国家财政状况好转，为繁荣市场经济，政府开放盐铁。所以，和帝即位后废除盐铁官营政策。此后自和帝永元元年（89年）起，至献帝建安三年（198年）止，凡109年，均行征税制而不专卖。但汉末发生董卓之乱，人民流散，为了招徕流民，恢复生产，献帝建安初，又置使者监卖盐。

2. 榷酤

"榷酤"或"酤榷"专指酒类专卖。韦昭曰："以木渡水曰榷，谓禁民酤酿，独官开置，如道路设木为榷，独取其利也。"（《通典·食货十一》）颜师古曰："榷者，步渡桥，尔雅谓之石杠，今之略彴是也。禁闭其事，总利入官，而下无由以得，若渡水之榷。彴音酌。"（《通典·食货十一》）

汉初由于经济凋敝，衣食不足，为了节省粮食，国家禁止酿酒和群聚饮酒。以后随着经济的恢复，除汉景帝中元三年（前147年）曾因天旱暂禁酤酒外，官府很少干涉私人生产和销售酒类。汉武帝时，为了补偿浩大的财政开支，于天汉三年（前98年）"初榷酒酤"，规定："县官自酤榷卖酒，小民不复得酤也"。榷酤的具体做法是：官府自设酒坊酿造，或者由官府提供原料和法式，由民间酒坊承包生产，产品由官府垄断销售，但经特许小酒贩可零星分销。榷酒由大司农属下的斡官经管。各郡国设榷酤官负责具体事务，并确保酒利上缴中央财政。

王莽时"始立法，官自酿酒卖之"（《文献通考·征榷考四》），为"六筦"之一筦。东汉时期，酒榷只是在个别情况下发生，主要是应对饥荒，而非财政增收目的。如东汉和帝永元十六年，诏兖、豫、徐、冀四州雨多伤稼，禁酤酒。顺帝汉安二年，禁酤酒。桓帝永兴二年，以旱蝗饥馑，禁郡国不得卖酒，祠祀裁足。（《文献通考·征榷考四》）

3. 杂征

杂征主要是关市之征与山泽之利，大都与商人有关。所以，这项政策涉及国家的商业观念。高祖禁贾人毋得衣锦、绣、绮、縠、絺、紵、罽，操兵，乘、骑马，其后又禁毋得仕与名田。而在税赋征收方面更是"凡民一算，商贾独倍"（《文献通考·征榷考一》）。可见，汉初政策观念基本上是抑商的。不过，到汉惠帝和吕后执政时，为天下初定，复弛商贾之律，但市井子孙仍不得仕宦为吏。

这种对商贾的宽政一直延续到文景时期，而到武帝时期发生逆转。武帝元光六年，"初算商车"，始税商贾车船。元狩四年，武帝颁布算缗令，首先是对各类商人征收财产税，规定"公卿请令诸贾人末作各以其物自占，率缗钱二千而一算"。其次是对手工业者征收财产税，即"诸作有租及铸，率缗钱四千一算"。最后是对车、船征税，规定"非吏比者、三老、北边骑士，轻车以一算；商贾轺车二算。已上算车之法。船五丈已上一算"。（《文献通考·征榷考六》）汉武帝太初二年（前103年）开始向养马民户征收马税。宣帝时，耿寿昌奏请增海租三倍。

王莽于长安及五都立五均官，令工商能采金银铜连锡、登龟取贝者，皆自占司市钱府，顺时气而取之。东汉和帝时商业政策有所放宽，各项杂征也时有减免。和帝永元五年，自京师离宫果园上林广成圃悉以假贫民，恣得采捕，不收其税。九

月，官有陂池令得采取，勿收假税二岁。九年，诏："山林饶利，陂池鱼采，以赡元元，勿取假税。"（《文献通考·征榷考六》）

三、均输与平准

1. 均输

汉代盐铁实行官营后，为调拨和运输盐铁需要，产生了官营运输业，即均输。元鼎二年（前115年），"桑弘羊为大农丞，筦诸会计事，稍稍置均输以通货物矣"（《史记·平准书》）。后来，均输不仅用于盐铁运输，还扩大至所有贡品的运输与经营。汉时各郡国每年都要向中央政府进献"方物"贡品。这些贡品运到京师后，不仅质量品种难以保证适用，而且耗费巨大，其卖价常不足以抵偿运输费用。桑弘羊指出："往者郡国诸侯各以其物贡输，往来烦杂，物多苦恶，或不偿其费。故郡置输官以相给运，而便远方之贡。"（《盐铁论·本议》）他还提出具体的改革措施，即"谓当所输于官者，皆令输其土地所饶，平其所在时价。官吏于他处卖之，输者即便，而官有利"（《汉书·食货志》）。这就是说，各地政府将应纳朝廷贡品及其运费，按照市价折合成一定数量的产丰价廉的土特产品交给当地均输官。这些物品中除某些名优、贵重、轻便者仍由均输官将其作为贡品运往京师外，其余则运到价贵的地方出售。均输官亦可视情况再收购一些一同运销，从事地区间长途贩运贸易。均输法于西汉元鼎二年试行，五年后的元封元年（前110年），桑弘羊升任治粟都尉兼领大农令，将此法颁行全国。为推行均输法，他增设大农部丞数十人，分部掌管各郡国的均输事。各郡国多设均输官和盐、铁官，扩大均输业务。凡商贾所贩运的货物，只要有利可图，均输官都以地方所收租赋为本钱，购置当地物产，转运到外地牟利，抑或运到首都长安，储于大农令（大司农），供给国家各部门的需要或作出售之用。

2. 平准

平准法源于均输法。继均输法之后，元封元年实施平准法。当时，上林三官统一铸钱，将少量现金发给京师官府各部门自由支配，这些部门利用现金到市场上争购物资，一度引致物价上涨。与此同时，均输机构成立后，各郡国仍有不少物资运京出售，官府掌握大量物资，可以用来有效地调节市场物价。

政府在京师长安设立平准机构，接受各地交纳的贡物和均输官从各地收购来的物品，以及财政部门掌握的其他物资，当市场物价发生波动时，"贵即卖之，贱则买之"，通过吞吐货物，调节供求。《汉书·食货志下》："元封元年，卜式贬为太子太傅。而桑弘羊为治粟都尉，领大农，尽代仅斡天下盐铁。弘羊以诸官各自市相争，物以故腾跃，而天下赋输或不偿其僦费，乃请置大农部丞数十人，分部主郡国，各往往置均输、盐、铁官，令远方各以其物如异时商贾所转贩者为赋，而相灌输。置平准于京师，都受天下委输。召工官治车诸器，皆仰给大农。大农诸官尽笼天下之货物，贵则卖之，贱则买之。如此，富商大贾亡所牟大利则反本，而万物不得腾跃。故抑天下之物，名曰'平准'。天子以为然而许之。于是天子北至朔方，东封泰山，巡海上，旁北边以归。所过赏赐，用帛百余万匹，钱、金以巨万计，皆取足大农。"

后来，汉宣帝采纳大农中丞耿寿昌建议，利用"平准"原理，在边郡建设粮仓，谷贱增其价而籴，谷贵减其价而粜，名"常平仓"。之后常平仓成为各朝政府为平抑粮食价格而长期沿用的一种有效制度。

四、钱法与币制

1. 秦代钱法

秦始皇统一全国，一方面废除诸侯国旧币，另一方面严禁民间私铸，并在此基础上推行新的货币制度。《史记·平准书》："及至秦，分一国之币为三等。黄金以镒为名，为上币；铜钱识曰半两，重如其文，为下币；而珠玉、龟贝、银锡之属为器饰宝藏，不为币。"由于黄金币值较高，不便于社会流通，所以，主要的流通货币就是"半两"铜钱。秦始皇对货币的质、量、形、用等都有明确规定："半两"重十二铢（秦代二十四铢为一两），直径十二分（3.2厘米），穿孔的边长各为六分（1.2厘米）；其形制为仿玉璧纺轮的圜钱而来，方孔圆形，无内外廓，背平无文；篆书"半两"二字分别列于穿孔两侧，钱文凸起，据说是丞相李斯所创。此后，"半两"钱就成了全国统一的法定货币，其形制也成为中国制钱的基本模式。

2. 汉初钱法

汉初货币沿袭秦制，钱金并用，主要流通的铸钱亦称"半两"。不过，汉初"半两"比秦"半两"要轻得多。《史记·平准书》："汉兴……于是为秦钱难用，更令民铸钱，一黄金一斤，约法省禁"。索隐顾氏按，《古今注》云："秦钱半两，径一寸二分，重十二铢。"又《食货志》云："铸荚钱"。按，《古今注》云榆荚钱重三铢，《钱谱》云文为"汉兴"也。然而这种"榆荚钱"又太轻，"不轨逐利之民畜积馀赢以稽市物，踊腾跃，米至石万钱，马至匹百金"（《文献通考·钱币考一》）。所以到吕后二年（前186年），又改行八铢钱。不过，总的看来，汉初铸钱和黄金称量都较秦代有所减轻。

为稳定币制并进而稳定市场，汉代政府进一步规范币制，通过立法规定货币的铸造、流通与管理。为防私铸，政府规定了对私铸钱者的重罚条款。但是，汉初铸币权并没有完全掌握在中央政府手中，而是授权给了各王国以及有权势的大商人。这种政策导致一系列严重后果，一是地方王国经济实力得以壮大，从而挑战中央集权。二是大商人铸钱获得暴利，大肆兼并农民土地。三是"不轨逐利之民，蓄积余业以稽市物，物踊腾粜，米至石万钱，马一匹则百金"（《史记·平准书》）。《史记·吴王濞列传》："令孝惠高后时，天下初定，郡国诸多务自拊循其民。是有豫章郡铜山，濞则召致天下亡命者，益铸钱"。《史记·平准书》：

> 至孝文时，荚钱益多，轻，乃更铸四铢钱，其文为"半两"，令民纵得自铸钱。故吴诸侯也，以即山铸钱，富埒天子，其后卒以叛逆。邓通，大夫也，以铸钱财过王者。故吴、邓氏钱布天下，而铸钱之禁生焉。

关于私铸的弊端，在汉文帝时代就已经充分暴露了。对此贾谊曾提出不同意见以进谏文帝。据《汉书·食货志下》记载，贾谊说：

> 民用钱，郡县不同：或用轻钱，百加若干；或用重钱，平称不受。法钱不立，吏急而壹之乎，则大为烦苛，而力不能胜；纵而弗呵乎，则市肆异用，钱文大乱。苟非其术，何乡而可哉！

但是汉文帝并没有采纳贾谊的意见，继续实行原有的货币政策，导致弊端丛生，市场十分混乱。在铸行中既有官铸，亦有民铸，币重有别，形成了秦"半两"、汉"荚钱"纷杂并行的局面，流通货币骤增，各种牟取暴利行为十分活跃，致使社会中出现"农事弃捐而采铜者日蕃，释其耒耨，冶熔炊炭，奸钱日多，五谷不为多"（《汉书·食货志上》）的"弃本逐末"局面。汉景帝时，政府将铸币权收回，禁止民间铸钱。但私铸之风禁而不止，不少人因此获罪。

3. 五铢币制

中央政府完全掌握铸币权还是在汉武帝时期。武帝即位后，鉴于市面上流通"半两""四铢""榆荚"等币量不一的货币对社会经济带来不良影响，在建元元年下诏废文、景两帝时的"四铢半两"，改铸"外形无郭"的"三铢"币。汉武帝建元五年罢废"三铢"，改铸"半两"。但因大量用兵，加上各地自然灾害时有发生，国家财力储备出现入不敷出的严重状态。许多豪商巨贾则乘机利用货币不一的混乱，囤积居奇，从中牟取暴利。为此，汉武帝决心进行币制的再次改革。元狩四年（前119年），汉武帝始创"白金"和"皮币"，同时罢铸"半两"币，新铸"重如其文"的"三铢"币并投入流通，同时严令禁止私铸。然而，此次改革，因白金三品币值昂贵，流通不便；皮币本无价值，但官定价值极高，所以也难以流通；而新铸"三铢"并无特殊之处，盗铸仍很容易。所以，币制混乱状况仍没有彻底改变。

武帝元狩五年（前118年）进一步改革币制，即改"三铢"为"五铢"。为了防止盗铸，五铢钱做了精心设计，铜色浑厚匀称，文字端庄俊秀，采用边缘突起的轮廓，以保护币上的文字不致磨损。另外，五铢钱大小得体，轻重适中，便于流通。五铢币铸行之后，其币形和称量都已成为定制。但中央政府并没有禁止郡国铸行五铢钱，所以各地郡国也在铸行，称"郡国五铢"。而郡国"五铢"并不严格遵守国家定制，时有减重和掺杂现象发生。至此，汉武帝认识到铸币权的分散是产生诸多弊症的主要根源。为此，汉武帝令御史大夫桑弘羊主持做彻底的币制改革。

汉武帝元鼎四年（前113年），中央政府收回铸币权，由上林三官即钟官、辨铜和均输专门负责铸币事宜，铸造新的五铢钱。《史记·平准书》："于是悉禁郡国无铸钱，专令上林三官铸。钱既多，而令天下非三官钱不得行，诸郡国所前铸钱皆废销之，输其铜三官。而民之铸钱益少，计其费不能相当，唯真工大奸乃盗为之。"至此，铸造钱币有了专门机构负责，钱币的质量就有了保证。这时铸钱已经采用了铜质母范的方法，即先用泥土制成非常精美的凹模祖范，然后铸出凸模铜母范，用它可以造出无数的凹模泥范，因此铸出的铜钱大小和式样完全一致。此时所铸五铢，史称"上林三官钱"，币质上乘，钱文挺秀，郭圆周正，式样划一，币重如其文，且不易被盗磨。因此，汉兴以来私铸、盗铸钱币之弊一时衰竭，铸币权分散之积弊也同时根除，汉武帝统一币制的改革，至此终获成功。

《汉书·食货志下》载："自孝武元狩五年，三官初铸五铢钱，至平帝元始中，成钱二百八十亿万余云"。因而，五铢钱流通范围极广，历东汉魏晋南北朝隋代，至唐武德四年（621年）废止，前后跨度为738年。

4. 东汉币制

王莽时期，由于无序改革，币制混乱。东汉建国后，立即废除王莽时期的货币，但由于战事未息，新币制未及建立，除公孙述割据四川使用铁质五铢外，"布帛金粟"都在流通，造成市场混乱。因此急需确立币制。建武十六年，马援上书曰："富国之本，在于食货，宜如旧铸五铢钱。"（《通典·食货八》）于是政府复铸五铢钱，即建武五铢。建武五铢形制较规整，制作精致，文字书体规范优美。此后，五铢钱持续流通。但东汉中期后的五铢钱制作粗糙，钱体轻而大，随着经济下滑，不足值的情况越来越严重。

到和帝时，市场上货币与货物之间的矛盾更加严重。《通典·食货八》：

> 和帝时，有上书言，人以货轻钱薄，故致贫困，宜改铸大钱。事下四府群僚及太学能言之士。孝廉刘陶上议曰："当今之忧，不在于货，在乎民饥。盖民可百年无货，不可一朝有饥，故食为至急也。议者不达农殖之本，多言铸冶之便，或欲因缘行诈以贾国利，国利将尽，取者争竞，造铸之端，于是乎生。盖万人铸之，一人夺之，犹不能给，况今一人铸之，则万人夺之乎！夫欲民殷

财阜，要在止役禁夺，则百姓不劳而足。陛下欲铸钱齐货以救其弊，此犹养鱼
沸鼎之中，栖鸟烈火之上。"帝竟不铸钱。

这里，刘陶不是就事论事地从货币与市场关系来议论，而是从社会根本需要
出发看问题，提出货币发行多少本身并不重要，重要的是如何能够满足人民的根
本生活需要。实际上他是将"本末"问题重新提了出来。这在历史上可以视为
一个重要的转折点，即商品货币经济从战国开始迅速发展，而到东汉中期以后转向
衰退。及至汉末，由于经济衰退，加上战乱频出，商品货币关系更加没有复兴的机
会。到灵帝时，由于经济凋敝，国库空虚，不得不进一步在钱币上打主意。《通
典·食货八》：

> 灵帝作五铢钱，而有四出道，连于边缘，有识者尤之曰："岂非京师破
> 坏，此四出散于四方乎？"至董卓焚宫室，乃劫銮驾，西幸长安，悉坏五铢
> 钱，更铸小钱，大五分。尽取洛阳及长安铜人飞廉之属充鼓铸。其钱无轮郭文
> 章，不便时人，由是货轻而物贵，穀一斛至钱数百万。曹公为相，于是罢之，
> 还用五铢。是时不铸钱既久，货本不多，又更无增益，故谷贱而已。

东汉灭亡后，由于长期混乱，国家分裂，市场分隔，商品货币关系日益萧索，
在整个魏晋南北朝的数百年间一直没有得到恢复。

五、水利与漕运

1. 水利

秦汉两朝都十分重视水利建设，设有专门的水利机构和官员。秦有都水长、
丞，掌管陂池灌溉、保守河渠。西汉如太常、少府、水衡都尉、三辅，各置都水
令，大司农则管郡国都水，所掌皆各地区之水利。成帝时特设护都水使者，总领其
事，各郡县也设有水利机构，在特定地点还设有专门的水利机构。东汉时由司空掌
全国水利，各地方的水利机构和官员也都十分完备。

秦始皇实现全国统一后，调集全国力量实施包括水利在内的公共工程。秦代
开通的水渠和运河，包括秦渠、灵渠和江南运河等。汉初最著名的水利工程是山
河堰，因褒水（褒河）又名山河水而得名。这是刘邦驻军汉中时，由萧何和曹
参主持修建的水利工程，因而又称萧曹堰。汉武帝尤其重视水利，动员全国资源
实施了多项重大水利工程。元鼎四年（前 113 年）前后，朔方（今内蒙古伊盟
西北东胜附近）、酒泉（今甘肃酒泉）、汝南（今河南上蔡西）、九江（今安徽
寿县）、泰山（今山东泰安东）等地区都实施了大规模的水利工程，大片农田得

到灌溉，从而提高了粮食产量。关中地区开凿了漕渠、龙首渠、六铺渠、白渠等，大者可溉田万余顷。

西汉初年，黄河尚比较安定，只在汉文帝前元十二年（前168年）"河决酸枣，东溃金堤"（《史记·河渠书》），政府组织大批民工前往堵口。武帝时，自元光二年（前133年）黄河决堤瓠子（今河南濮阳北）后，二十余年一直没有堵塞，梁、楚之地深受水害。元封二年（前109年）四月，武帝派遣汲仁、郭昌发卒数万人成功堵塞了瓠子决口。《汉书·沟洫志》：

> 自河决瓠子后二十余岁，岁因以数不登，而梁楚之地尤甚。上既封禅，巡祭山川，其明年，干封少雨。上乃使汲仁、郭昌发卒数万人塞瓠子决河。于是上以用事万里沙，则还自临决河，湛白马玉璧，令群臣从官自将军以下皆负薪寘决河。是时，东郡烧草，以故薪柴少，而下淇园之竹以为楗。……于是卒塞瓠子，筑宫其上，名曰宣防。而道河北行二渠，复禹旧迹，而梁、楚之地复宁，无水灾。

汉成帝建始四年（公元前29年），黄河又在馆陶和东郡金堤一带决口，淹没土地十五万顷。成帝派王延世成功实施堵口工程，但两年后黄河又在平原决口。此后，西汉王朝已经走向衰落，无力展开大规模治河工程，致使黄河近百年泛滥不止。直到东汉光武帝永平十二年（69年）夏，光武帝下决心"发卒数十万，遣（王）景与王吴修渠筑堤，自荥阳东至千乘海口千余里。景乃商度地势，凿山阜，破砥绩，直截沟涧，防遏冲要，疏决壅积，十里立一水门，令更相洄注，无复溃漏之患。景虽简省役费，然犹以百亿计。明年夏，渠成。帝亲自巡行，诏滨河郡国置河堤员吏，如西京旧制"（《后汉书·循吏列传》）。

2. 漕运

秦始皇攻匈奴时，从山东向北河（今内蒙古河套一带）转运粮食。《通典·食货十》："秦欲攻匈奴，运粮，使天下飞刍挽粟，起于黄、腄、琅琊负海之郡，转输北河，率三十钟而致一石。"攻南越时，令监禄凿灵渠沟通湘江与西江水系运粮。楚汉相争，萧何将关中粮食转漕前线以供军食，对汉军的胜利起了重大的保障作用。

西汉定都长安后，每年需从关东运输大量谷物以满足关中地区贵族、官吏和军队的需求，转漕逐渐制度化。《通典·食货十》："高皇帝时，漕转山东之粟，以给中都官，岁不过数十万石。"武帝初年，漕运量增加到一百多万石，以后又增到四百万石。元封元年（前110年），政府令民纳粟补吏、赎罪，加上各农官多有增产，掌握了大量粮食，漕运量一度增加到年六百万石。"虽征敛奇烦，取之无艺，亦由河渠疏利，致之有道也。"（《文献通考·国用考三》）汉武帝"建元中，通西南夷，作者数万人，千里负担馈粮，率十余钟致一石。其后东灭朝鲜，置沧海郡，人徒之费，拟西南夷。又卫青击匈奴，取河南地，复兴十余万人筑卫朔方，转漕甚远，自山东咸被其劳"（《通典·食货十》）。

常年的漕运是漕转关中，所费极大，特别是漕船要经过黄河三门峡砥柱之险，粮食损耗很大。为此，政府先后采取过多种改进办法。元光中，大司农郑当时建议："异时关东运粟漕水从渭中上，度六月而罢，而渭水道九百余里，时有难处。引渭穿渠，起长安，傍南山下，至河三百余里，径，易漕，度可三月罢，此损漕省卒。"（《通典·食货十》）汉武帝接受建议，发卒穿漕渠以漕运，获得极大便利。

东汉建都洛阳，从山东、河北、江淮等地转漕粮食到京师，路程较近，没有砥柱之险，漕运困难的局面有很大改善。光武帝建武二十四年（48年）在洛阳南修阳渠引洛水以为漕，更便利了漕运。光武北征，命寇恂守河内，收四百万斛以给军，以辇车骊驾，转输不绝。安帝时虞诩为武都太守，开漕船道，而水运通利。（《文献通考·国用考三》）永平十二年（69年），明帝诏令发卒十万，派王景与将作谒者王吴治理汴渠。"永平十三年，汴渠成。河、汴分流，复其旧迹。"（《文献通考·国用考三》）自西汉平帝以来六十年的河患至此结束，更便利了南来的漕粮自淮河入汴，北来的漕粮循河、洛而西，使京师粮食供应不忧匮乏。

六、蠲贷与赈恤

1. 蠲贷

所谓蠲贷就是免除租税，借放钱粮，即国家对受灾地区人民采取减免或缓征赋税的措施。根据《文献通考·国用考五》，"汉以来始有蠲贷之事，其所蠲贷者有二：田赋一也，逋债二也"。三代时没有蠲贷之说，是因为"三代之所以取民，田赋而已，贡、助、彻之法虽不离乎什一，然往往随时随地为之权衡，未尝立为一定不易之制"。"秦、汉而下，赋税之额始定，而民不敢逋额内之租，征敛之名始多，而官复有税外之取。夫如是，故上之人不容不视时之丰歉、民之贫富而时有蠲贷之令。"（《文献通考·国用考四》）

汉代有很多关于蠲免的记录。《汉书·文帝纪》记载，十二年（前168年）冬十二月，河决东郡，以致岁颇不登，民有菜色，文帝在劝民重农耕稼的同时，下诏"其赐农民今年租税之半"。《汉书·成帝纪》记载，成帝三年大旱，次年春正月，诏曰："被灾害什四以上，民赀不满三万，勿出租赋。逋贷未入，皆勿收。"汉宣帝本始三年（前71年），"大旱，郡国伤旱甚者，民毋出租赋"。四年春正月，诏曰："盖闻农者兴德之本也，今岁不登，已遣使者振贷困乏。其令太官损膳省宰，乐府减乐人，使归就农业。丞相以下至都官令、丞上书入谷，输长安仓，助贷贫民。民以车船载谷入关者，得毋用传。"（《汉书·宣帝纪》）汉代除免征田租外，还有免征刍藁、更赋口算等项。

汉代赡贷制度成为后世各王朝的赈灾之定制。

2. 赈恤

两汉政府建立了比较完备的救荒制度。根据规定，地方发生灾情，必须及时上报朝廷。中央政府在接到奏报后立即委派官员，包括博士、光禄大夫、大夫谒者等，亲入灾区核实受灾范围及程度。灾情确定后，政府立即组织救灾。

第一是开仓济民，即启用太仓、常平仓以及义仓的粮食，低价或平价粜给灾民。《史记·孝文本纪》载，文帝后元六年（前 158 年），"天下旱，蝗。帝加惠：……发仓庾以赈贫民，民得卖爵"。武帝时"河南贫人伤水旱万余家，或父子相食"，汲黯"持节发河南仓粟以赈贫民"。（《史记·汲郑列传》）

第二是移民就食。汉高祖二年（前 205 年），关中大饥，"米石五千，人相食"，高祖遂令民"就食蜀汉"。（《汉书·食货志下》）汉武帝时，"山东被水灾，民多饥乏，于是天子遣使者虚郡国仓以赈贫民。犹不足，又募豪富人相贷假。尚不能相救，乃徙贫民于关以西，及充朔方以南新秦中，七十余万口，衣食皆仰给县官。数岁，假予产业，使者分部护之，冠盖相望。其费以亿计，不可胜数。于是县官大空"（《史记·平准书》）。

第三是调粟施粥。《后汉书·独行列传》记载，东汉明帝永平十四年（71 年），"（陆）续幼孤，仕郡户曹史。时岁荒民饥，太守尹兴使续于都亭赋民饘粥。续悉简阅其民，讯以名氏。事毕，兴问所食几何？续因口说六百余人，皆分别姓字，无有差谬"。

第四是组织生产自救。《后汉书·肃宗孝章帝纪》载，由于发生牛疫，谷食连少，章帝于元和元年（84 年）诏"令郡国募人无田欲徙它界就肥饶者，恣听之。到在所，赐给公田，为雇耕佣，赁种饷，贳与田器，勿收租五岁，除算三年"。

此外，政府还采取了一些灾后处置方案。据《后汉书·孝桓帝纪》记载，建和三年（149 年）八月京师大水，九月连续地震，死伤无数。是年十一月，桓帝下诏曰：

> 今京师厮舍，死者相枕，郡县阡陌，处处有之，甚违周文掩骴之义。其有家属而贫无以葬者，给直，人三千，丧主布三匹；若无亲属，可于官垣地葬之，表识姓名，为设祠祭。又徒在作部，疾病致医药，死亡厚埋葬。民有不能自振及流移者，禀谷如科。州郡检察，务崇恩施，以康我民。

3. 养老

文帝时颁布"养老令"，规定："年八十已上，赐米人月一石，肉二十斤，酒五斗。其九十已上，又赐帛人二匹，絮三斤。赐物及当禀鬻米者，长吏阅视，丞若尉致。不满九十，啬夫、令史致。二千石遣都吏循行，不称者督之。"（《汉书·文帝纪》）此外还有"受杖法"，规定："大夫以上年七十，不更七十一，簪袅七十二，上造七十三，公士七十四，公卒、士五（伍）七十五，皆受仗（杖）。"（《二年律令·傅律》）《汉书·武帝纪》载，建元元年（前140年）诏："春二月，赦天下。赐民爵一级。年八十复二算，九十复甲卒。"即八十岁者免除两人的算赋，年九十者免除家人的兵役。还规定"民年九十以上，已有受鬻法，为复子若孙"，即免除其子或其孙的赋税、徭役，以便儿孙们更好地奉养老人。政府对施行孝道、崇敬老人的孝义之家以及高寿的老人都有大量赏赐。

第四节　食货之民生

一、农业与农村

1. 铁犁牛耕

秦汉特别是两汉时期，中国农业得到很大发展。一方面是由于农业技术的不断积累达到了质的飞跃，另一方面是由于土地制度变化激发了生产者的积极性。特别是西汉初期的土地重分，不仅使名田制进一步确定，更创造了大批自耕农，使汉代农业生产达到了一个新水平。

汉代农业技术进步主要体现为铁犁和牛耕。这两种技术在战国时期就已经出现，但仅仅是在个别地区采用，而在汉代则普遍推广了。由于冶铁业比较发达，铁制农具推广比较迅速，特别是在汉武帝时期，不仅中原地区已经普遍使用，而且推广到较为偏远的地区。早期的铁犁主要使用铁制犁铧，西汉时已经有多种犁铧出现，如铁口犁铧、尖锋双翼犁铧、舌状梯形犁铧，还有少量的大型犁铧。东汉时，已经大量使用全铁制犁铧，不但起土省力，而且可以深耕，大大提高了耕作效率。东汉时，出现了短辕一牛挽犁，它操作灵活，便于在小块农田上耕作。这种短辕一牛挽犁的出现，是跟犁铧的改进结合在一起的。铁犁牛耕的结合，大大提高了农业生产力。西汉时铁犁牛耕技术首先在黄河流域逐渐盛行起来，到东汉时已经十分普遍。从陕北地区出土的东汉画像石上的牛耕图来看，这些地区的牛耕技术已经和中原地区相差无几。南方边远地区也开始学习用犁。如"九真

（今越南中北部）俗以射猎为业，不知牛耕，民常告籴交阯，每致困乏。（任）延乃令铸作田器，教之垦辟。田畴岁岁开广，百姓充给"（《后汉书·循吏列传》）。此外，新型的铁制农具也逐渐增多。如在四川乐山崖墓石刻画像中见到的曲柄锄，是用于铲除杂草的中耕工具；四川绵阳发现的铁制钩镰，是专用于收割的小型农具。

耕作方式也有很大进步。汉武帝末年，以赵过为搜粟都尉推行代田法。《汉书·食货志上》：

> 过能为代田，一亩三甽。岁代处，故曰代田，古法也。后稷始田，以二耜为耦，广尺、深尺曰甽，长终亩。一亩三甽，一夫三百，而播种于中。苗生叶以上，稍耨陇草，因隤其土以附苗根。……言苗稍壮，每耨辄附根。比盛暑，陇尽而根深，能风与旱，故儗儗而盛也。

代田是垄作体系中种下垄的一种方法，等到幼苗长起来以后，通过中耕除草，逐渐把垄上的土铲下来，培在禾苗根部，到了盛夏的时候，垄上的土已经铲尽，也就是全部培在禾苗根部去了，于是庄稼的根很深，能抗风、旱。

代田法的实施推进了农具和耕作方式的改进，这就是耦犁和"二牛三人"的耕地方法。《汉书·食货志上》：

> 其耕耘下种田器，皆有便巧。率十二夫为田一井一屋，故亩五顷，用耦犁，二牛三人，一岁之收常过缦田亩一斛以上，善者倍之。过使教田太常、三辅，大农置工巧奴与从事，为作田器。二千石遣令长、三老、力田及里父老善田者受田器，学耕种养苗状。民或苦少牛，亡以趋泽，故平都令光教过以人挽犁。过奏光以为丞，教民相与庸挽犁。率多人者田日三十亩，少者十三亩，以故田多垦辟。

西汉后期出现区田法。区田法是由汉成帝时的劝农使氾胜之发明和推广的。区种法通过综合运用深耕细作、密植全苗、增肥灌溉，精细管理等措施，提高粮食产量。这是一种园艺式耕作技术，把土地划成许多小区，集中使用水肥，精耕细作，提高单位面积产量。区田法外，《氾胜之书》还记载了溲种法、穗选法、嫁接法等。到东汉时期区种法得到迅速推广。

2. 耕织模式

秦末农民战争破坏了原有的土地占有关系，并产生了大量无主土地。西汉立国后，通过推行"名田制"，将无主土地在社会各阶层中重新分配，既创造了一批军功地主，也创造了大量自耕小农。汉初政府实行"与民休息"政策，如放免奴婢，劝趣农桑，减省租赋等，出现自耕小农发展的黄金时代，并在文景之时发展到了顶峰。自耕农的发展，为整个社会经济的迅速恢复和持续繁荣奠定了基础，从而出现文景之治。不过，到文景后期，土地兼并开始出现，到汉武帝时已经非常严重。汉武帝实行的一系列经济政策，尽管在一定程度上打击了富商大贾，但也殃及了广大农民，更加剧了破产过程。农民破产不得不出卖自己的土地，严重时甚至出现卖儿卖女现象。因此到西汉晚期，奴婢现象十分普遍。所以王莽改革实行王田政策和禁止买卖奴婢。

东汉前期，光武帝一度实行度田之制，尽管虎头蛇尾但毕竟对西汉后期以来日益严重的土地兼并产生一定抑制作用。加上乱后重建，安辑流民，奖励农耕，释放奴婢，小农数量有较大回升，自耕农、半自耕农大约占全国人户总数的85%左右，佃农等贫困人户则减少到5%—6%上下。不过，东汉时期自耕农的"黄金时代"十分短暂。随着大土地私有制发展，豪商地主势力恶性膨胀，他们大量兼并土地，兴建田庄，控制依附人口。到东汉晚期，"豪人之室，连栋数百，膏田满野，奴婢千群，徒附万计"（《后汉书·仲长统列传》）。这时佃农、依附农较前增多，约占全国总人户的15%以上，而自耕农的数量则有较大下降，大概不会超过总人户的75%。[①]

由于土地不足，不能完全满足生活和再生产需要，所以小农户一般都要从事农副业和手工业经营。一般来说主要是利用房前屋后的宅地种植蔬果，圈养家禽家畜，比较富裕的自耕农还饲养马牛。这种农副业生产对于自耕农来说具有特别重要的意义。正如《盐铁论·散不足》所言："夫一豕之肉，得中年之收十五石粟，当丁男半月之食。"此外，绝大多数自耕农户都要从事纺织。汉代谚语有云："一夫不耕或受之饥，一妇不织或受之寒"。（《汉书·食货志》）《盐铁论·园池》说："夫男耕女绩，天下之大业也。"《淮南子·主术训》也说："人之情不能无衣食，衣食之道，必始于耕织。"汉代皇帝屡次下诏劝课农桑，如西汉景帝后二年诏："欲天下务农蚕"（《汉书·景帝纪》），昭帝元平元年诏"天下以农桑为本"（《汉书·昭帝纪》）。而从事家庭纺织劳动的主要是妇女。据《九章算术》所记：一个学习纺织的女工，第一日织寸余，第二日织三寸余，第三日织六寸余，第四日织一尺二寸，第五日织二尺五寸余。以最后一日的生产水平计算，约十六日方成一匹。农户所生产的纺织品，除自家消费外，还用于缴纳赋税。可见，家庭副业成为自耕农生产和生活必不可少的部分。

自耕农属于孟子所说的"有恒产者"。"有恒产者有恒心"，这正是自耕农的根本特点。他们拥有自己的土地，虽然要承担国家的赋税和徭役，但却免去了地租剥

---

① 参见黄今言：《汉代小农的数量、特征与地位问题再探讨》，《农业考古》2007年第4期。

削，比起佃农有很大的优越性。土地是他们的私有财产，是他们生活的依靠，也是他们发展的基础。所以他们在利用土地时总是从长远考虑，通过各种方法提高土地的肥力。这样，他们才可能保证获得持续的发展，即使在不得已的情况下出卖土地，也可以通过肥力较高的土地得到一个较高的地价。他们可以通过辛勤劳动，男耕女织，苦心经营自己的土地并积累财产，通过买进土地成为中小地主。即便不能成功地上升为中小地主，在正常年景下他们也不至于冻馁。所以，他们构成"小康"阶层的主要部分。

但是，自耕农经济先天具有不稳定性。正如晁错《论贵粟疏》所言：

> 今农夫五口之家，其服役者，不下二人；其能耕者，不过百亩；百亩之收，不过百石。春耕，夏耘，秋获，冬藏，伐薪樵，治官府，给徭役，春不得避风尘，夏不得避暑热，秋不得避阴雨，冬不得避寒冻：四时之间，亡日休息。又私自送往迎来，吊死问疾，养孤长幼在其中。勤苦如此，尚复被水旱之灾，急征暴赋，赋敛不时，朝令而暮当具。有者，半价而卖；无者，取倍称之息；于是有卖田宅，鬻子孙，以偿债者矣！（《汉书·食货志上》）

《盐铁论·未通》说："田虽三十而以顷亩出税，乐岁粒米狼戾而寡取之，凶年饥馑而必求足；加之以口赋更徭之役，率一人之作，中分其功。农民悉其所得，或假贷而益之，是以百姓疾耕力作而饥寒遂及己也。"地主能够把赋税和徭役转嫁给佃农，有时他们还能通过各种手段逃避课役。而自耕农既无法把课役转嫁于别人，又须承担因地主逃税而转嫁给他的赋税。汉初政府实行"轻徭薄赋，与民休息"政策，自耕农获得一个很好的发展时期。但是到了西汉中后期，社会矛盾加深，赋役剥削不断加重，自耕农往往走向贫困破产。

3. 地主田庄

地主占有大量土地，可以有两种经营方式：或者将所有土地保留在自己手中，组建一个大田庄，役使奴婢和雇工进行生产；或者将土地分为小块出租给佃农耕种。在两汉时期，这两种经营方式同时存在，但比较典型的地主经济是使用奴婢和庸工自营田庄，而租佃经营还比较少见。西汉前期，由于土地重分运动创造了大量自耕小农，农民自耕是普遍存在的农业经营模式。西汉后期，中央政权力量衰弱，豪强地主势力增长，他们通过各种方式占有大量土地和依附农民，形成了略具规模的田庄。东汉时期，地主田庄被称作"田业""田庐""田宅""园田"等。[①] 光武

---

① 参见林剑鸣：《秦汉史》（下），上海人民出版社 1989 年版，第 281—287 页。

帝为抑制土地兼并，实行度田度人政策，但遭到豪强地主的强烈反抗而不得不妥协，结果进一步加速了地主田庄经济的发展。据《后汉书·马援列传》记载，马援居洛阳时，"以三辅地旷土沃，而所将宾客猥多，乃上书求屯田上林苑中"。其子马防、马廖"兄弟贵盛，奴婢各千人已上，资产巨亿，皆买京师膏腴美田，又大起第观，连阁临道，弥亘街路，多聚声乐，曲度比诸郊庙。宾客奔凑，四方毕至，京兆杜笃之徒数百人，常为食客，居门下。刺史、守、令多出其家。岁时赈给乡间，故人莫不周洽"。

豪强地主田庄一般规模较大，往往采取以农为主、多种经营的经济模式。根据《四民月令》记载，地主田庄以农业种植业为主，兼营各种副业和手工业，并出售剩余产品。农业生产主要包括种植稻类、豆类、麦类、黍、稷、桑、麻，还栽种蔬菜瓜、瓠、葱、蒜等；副业包括竹、漆、桐、梓等经济林木和果树，喂养耕牛、马、猪、鸡等六畜，放养鱼群于陂池沟渎等。手工业有酿酒、制酱、制糖、制脯、织布、织缣帛、染彩色、治屋室、作器物、造兵械等。他们还从事各种商业活动，如出卖剩余农产品和各种手工业产品，既可"闭门成市"，又可交通远方，有时还从事高利贷活动。有的豪强地主还大量占有山林川泽，利用资源之便从事冶铁、煮盐等较大规模经济活动，并因此获得暴利。

田庄地主十分注重经营管理，如文献记载他们"世善农稼，好货殖"，"营理产业，物无所弃"。一般田庄都设有专门管理生产活动的家吏，如"田监""视田"等，"课役童隶，各得其宜"。有的地主常常亲自到田间巡视，监督生产劳动，如《后汉书·王丹列传》记载，他"每岁农时，辄载酒肴于田间，候勤者而劳之。其堕懒者，耻不致丹，皆兼功自厉。邑聚相率，以致殷富"。为了更有效地进行生产经营，他们根据田庄消费和生产需要，对农田进行整体规划，确定粮食作物和各种经济作物的耕种比例；还根据田庄需要和市场状况开办各种类型的手工业作坊，生产各种手工业产品；为了保障田庄的长远发展，还进行必要的水利设施和农田基本建设，以改善生产条件增加土地产出。如樊宏的田庄内"陂池灌注"，《四民月令》也提到"可利沟渎"等。总之，地主田庄是以产品生产为主兼有商品生产，相对自给自足并进行有限市场活动的经济单位，相对于自耕农来说，具有更高的生产效率和经济效益。

地主田庄的效益还来自极低的劳动成本。大地主普遍蓄养奴婢，这是田庄上的常年劳动力。使用奴婢劳动不用支付工钱，蓄养奴婢的成本一般也较低。所以在一般情况下地主主要使用奴婢劳动。但是随着自耕农破产加剧，加入庸工队伍中的劳动力增加，庸工的成本有下降趋势。所以，使用长工和短工有时也是更好的选择。另外，与蓄养奴婢相比较，使用庸工更具灵活性。但地主田庄上的常年劳动力还是以奴婢为主。

东汉末年，豪强地主广占田园和奴婢，招徕流民依附，进行规模经营，又兼营工商矿业，经济实力不断扩张。《后汉书·仲长统列传》说："豪人之室，连栋数百，膏田满野，奴婢千群，徒附万计"，而这种"百夫之豪，州以千计"。他们的财产急剧膨胀，数百万甚至数千万都不在话下。如《后汉书·方术列传》载广汉折国"有资财二亿，家僮八百人"，《三辅决录》说："平陵士孙奋资至一亿七千万，富闻京师"，又说他"少为郡王官椽，起家得钱资至三亿七千万"。这些数字固然不全可信，但足见其经济实力之大。

4. 三老制度

三老的称谓最初源于政府的敬老制度。《礼记·文王世子》载："适东序，释奠于先老。遂设三老，五更，群老之席位焉。"而作为基层行政官员的三老则出现于春秋时代。如《管子·度地》记载了"三老、里有司、伍长"等乡里官员系统。汉高祖二年（公元前205年），刘邦令"举民年五十以上，有修行，能帅众为善，置以为三老，乡一人。择乡三老一人为县三老。与县令丞尉以事相教，复勿繇戍"（《汉书·高帝纪》）。西汉末王莽执政，"行大射礼于明堂，养三老五更"（《汉书·王莽传上》）。东汉明帝永平二年，始开东汉一代"躬养三老、五更于辟雍"之制。

汉代三老的设置，目的在于通过道德教化来推行社会良俗和善行。《后汉书·百官五》记载："三老掌教化，凡有孝子顺孙，贞女义妇，让财救患，及学士为民法式者，皆扁表其门，以兴善行"。这种"教化"的方式，主要是通过三老以身垂范和以德化人的方式进行的。所以，三老必须是乡里有德行、有威望、有丰富社会经验的老人。三老的选任，必须采取乡举里选的方式。因而三老实为地方社会的教化之师，故文帝诏称"三老，众民之师也"（《汉书·文帝纪》）。除了掌教化，三老也处理诉讼事件，有时还直书皇帝评论政事。

三老之外，还有孝悌和力田。文帝十二年（前168年）诏："孝悌，天下之大顺也。力田，为生之本也。三老，众民之师也。"（《汉书·文帝纪》）《后汉书·显宗孝明帝纪》章怀注曰："三老、孝悌、力田，三者皆乡官之名。三老，高帝置。孝悌、力田，高后置。所以劝导乡里，助成风化也。"三老和孝悌、力田虽有乡官之名，却非属吏，但作为教化之师受到社会的广泛尊重。他们通过年高德劭和淑行勤劳来教化乡里、移易风俗，以达到导民向善的目的。高祖二年令乡县三老"复勿繇戍，以十月赐酒肉"；文帝十二年诏"遣谒者劳赐三老、孝者帛人五匹，悌者、力田二匹"。汉武帝元狩元年（前122年）四月丁卯立皇太子，诏"赐县三老、孝者帛，人五匹；乡三老、弟者、力田帛，人三匹"。汉武帝以后直至东汉末，国有大庆，对三老、孝悌、力田例有恩赐。

二、工业与作坊

1. 手工作坊

工商食官制度的废除导致战国时期民间工商业的兴起，出现了一大批兼营工商业的富商巨贾。秦汉时期，由于统一的集权制度的建立，政府在不同时期仍对手工业实行了统制政策，并建立国营和官营的手工业。但这并不是恢复了工商食官制度，而是说并没有全面禁止私营。一般来说，专供皇室和官府需求的某些特殊制造业都由政府经营。如专供皇室人员消费的高级丝织品的织造、御酒的酿造、高级漆器的制造、为烧制精美瓷器而建的官窑，以及舰船的建造等。这些官营手工业部门都设有专门的机构和官员来负责。如尚方令负责御刀剑的制造，御府令主管奴婢制作衣服，考工令主管制作兵器、弓弩、刀铠之类武器，都司空令丞主管瓦当制作，还有钟官主管钱币制造等。

某些大众消费的产品生产和制造，由于利益较大，有时也由政府经营。如盐铁生产和销售，西汉初期基本上为民营，汉武帝为国家财政需要收归国营。但是官营的冶铁业普遍效率低下，产品也不适用，并且价格较高。《盐铁论·水旱》曰："县官鼓铸铁器，大抵多为大器，务应员程，不给民用。民用钝弊，割草不痛。是以农夫作剧，得获者少，百姓苦之矣。"到了东汉冶铁放开民营，但官民有所分工，官营冶铁业以制造国家或官府需要的兵器、车马具以及其他生产和生活用具为主，民营的冶铁业以生产市场需要的大众商品为主。民间出现不少冶铁大户，最著名的有蜀郡的卓王孙、程郑和南阳的孔氏等。卓王孙"即铁山鼓铸，运筹策，倾滇、蜀之民，富至僮千人"（《史记·货殖列传》）。但大量存在的冶铁业还是小规模的作坊，他们亦农亦工，"家人相一，父子戮力，各务为善器，器不善者不集。农事急，挽运衍之阡陌之间，民相与市买，得以财货五谷新弊易货，或时贳。民不弃作业，置田器，各得所欲"（《盐铁论·水旱》）。

纺织业也是既有国营也有民营。国营纺织作坊生产的产品主要是供皇室和官府的特殊需要，如汉代官营纺织作坊有三处：一是东、西织室，设于长安，是专为皇室织造衣物的作坊；二是三服官，设在临淄，制作皇室的冬、夏、春（秋）三季的服装；三是设在陈留郡襄邑（今河南睢县）的官营作坊，专为皇帝和贵族、大臣们制作礼服。这些作坊规模都很大，每年花费巨大，织造技术也很高。但是广大民众日常需要的纺织品，还是分散在民间生产，是农户中以耕织结合方式存在的家庭纺织业。少数纺织作坊发展的规模也较大。如《汉书·张汤传》说张安世"尊为公侯，食邑万户，然身衣弋绨，夫人自纺绩，家童七百人，皆有手技作事，内治产业，累积纤微，是以能殖其货，富于大将军光"。不过类似的大的民间纺织作坊的例子极少见于汉代史籍。

汉代民营手工业遍及各行各业，包括制盐、冶铁、冶铜、制漆、纺织、屠酤、制陶、制玉、制革、编织、制酱、车船制造、竹木器制造等，生产社会各个方面所需要的产品。如《汉书·货殖传》记载：

> 通邑大都酤一岁千酿，醯酱千瓿，浆千儋，屠牛羊彘千皮，谷粜千钟，薪稿千车，船长千丈，木千章，竹竿万个，轺车百乘，牛车千两。木器漆者千枚，铜器千钧，素木铁器若卮茜千石，马蹄噭千，牛千足，羊彘千双，童手指千，筋角丹沙千斤，其帛絮细布千钧，文采千匹，漆千大斗，蘖曲盐豉千合，鲐鮆千斤，鲰鲍千钧，枣栗千石者三之，狐貂裘千皮，羔羊裘千石，旃席千具，它果采千种，子贷金钱千贯，节驵侩，贪贾三之，廉贾五之，亦比千乘之家，此其大率也。

可见，当时的商品种类繁多，数量也很大。这表明手工作坊规模不小，并出现部分亦工亦商的大作坊主。当然也有大量小手工业生产者，如《汉书·翟方进传》："翟方进……家世微贱，……欲西至京师受经。母怜其幼，随之长安，织履以给方进读。"《后汉书·崔骃列传》："初，寔父卒……资产竭尽，因穷困，以酤酿贩鬻为业"。某些城市以某种手工业特别著名，如临淄的刺绣与缣，襄邑的文绣与锦，钜鹿的绫，成都之蜀锦、蜀布与蜀刀，广汉的金银钿器与漆器等。

2. 主要部门

（1）盐铁

西汉时期的井盐生产已有长足发展，井盐生产技术逐渐提高。首先是凿井技术有所进步，出现了"深六十余丈"的盐井；其次是采用楼架，安装定滑轮汲取卤水，提高采卤效率；再次是在煎盐时采用温锅热卤水蒸发水分，以节约燃料。此外，吴王刘濞"招致天下亡命者盗铸钱，煮海水为盐"。班固说："吴王擅山海之利，能薄敛以使其众，逆乱之萌，自其子兴。古者诸侯不过百里，山海不以封，盖防此矣。"（《史记·吴王濞列传》）

两汉时期冶铁业有很大发展。当时冶铁除大量使用木炭外还使用了原煤和煤饼。西汉时发明了淬火技术，到东汉时则发明了低温炼钢法。东汉建武时期，杜诗为南阳太守，"造作水排，铸为农器，用力少，见功多，百姓便之"（《后汉书·郭杜孔张廉王苏羊贾陆列传》）。总的来看，汉代已应用珠墨铸铁、炒钢和灌钢及单孔小口叠铸等技术炼铁，所制的农具在品种、质量上都有较大增加和提高，还能根据其使用性能而采用不同的材料和铸造方法，如铸造铁镢以坚硬的高碳钢为主，铲、锄、锸等以韧性较好的低碳钢为主，犁铧以强度较高的中碳钢为主，对于像镰这类既要锋利又要有韧性的农具则实行锻制。[1] 至东汉后期，大部分铁制兵器和工具代替了铜制兵器和工具。但是两汉时期铸铜业仍有发展。不仅有专门为皇家和官府制作铜器的官营工场，地主和商人也从事冶铜铸铜业，主要是普通的生活用具，但也有相当一部分制作精良的铜器。

（2）纺织

汉代纺织技术以丝织业为代表在先秦基础上迅速发展，出现了各种不同功能的织机，主要有斜织机、多综多蹑花织机、束综提花机、罗织机、立织机等。丝织品的种类很多，官营作坊以生产比较贵重的锦、绣、纱縠为主。长安和临淄（山东淄博市）是全国丝织业的中心。长安设有东西织室，临淄和陈留襄邑（河南睢县）等地设立了大规模的官营作坊，作坊的织工常达数千人之多。官营丝织工场的技术已经达到一个相当高的水平。1972 年在湖南长沙马王堆一号汉墓出土了大量的用作随葬的丝织品，有绢、罗纱、锦、绣、绮等，花色有茶褐、绛红、灰、朱、黄棕、棕、浅黄、青、绿、白等，花纹有各种动物、云纹、卷草、变形云纹、菱形几何纹，织制技术有织、绣、绘画等。

斜织机在南北方已经比较普遍，在农村广泛地采用了脚踏提综的织机，还有织造提花织物的提花机。《西京杂记》记载："（汉宣帝时），霍光妻遗淳于衍蒲桃锦二十四匹，散花绫二十五匹。绫出巨鹿陈宝光家。宝光妻传其法，霍显召入其第，使作之机，用一百二十镊，六十日成一匹，匹直万钱。"1971 年长沙马王堆汉墓出土的西汉初年的绒圈锦，其总经线数为八千八百至一万一千二百根。东汉王逸的《机妇赋》中曾生动形象地描写了这一复杂艰巨的劳动："鹿卢并起，纤缴俱垂。宛若星图，屈伸推移。一往一来，匪劳匪疲……纤纤静女，经之络之，尔乃窈窕淑媛，美色贞怡。解鸣佩，释罗衣，披华幕，登神机，乘轻杼，揽床帷，动摇多容，俯仰生姿。"（《全后汉文·王逸》）

在丝织业发达的城市里，也有少数富商大贾经营的作坊。农民家庭则主要是纺织自己穿用和缴纳赋税的麻布、葛布和绢帛，有时也出售一小部分纺织品。民间的丝织业也达到较高水平，特别是东汉时期，山东、四川等省成为重要的丝织品产地。王充说："齐郡世刺绣，恒女无不能；襄邑能织锦，恒女无不巧者，目见而手狎也。"（王充：《论衡·程材》）四川成都是著名的丝织业中心，史载"（成都）阛阓之里，伎巧之家，百室离房，机杼相和，见锦斐成，濯色江波"（左思：《蜀都赋》）。人称蜀地"女工之业，覆衣天下"（《后汉书·公孙述列传》）。

---

① 参见河南省文物工作队：《河南省鹤壁市汉代冶铁遗址》，《考古》1963 年第 10 期。

（3）陶瓷

汉代的陶器有很大的发展，一方面是陶器的进步达到原始瓷的水平，另一方面是原始青瓷向成熟青瓷的过渡。西汉宣帝以后，在关中、河南等地出现釉陶，因烧制温度大致 800 度左右，胎内含铁，釉中含氧化铅较多，被称为"低温铅釉陶"。釉的应用使陶瓷表面玻璃化，在高温状态生成一种类似玻璃质的材质，呈棕色或绿色，因而也被称为"原始瓷"。但这种釉陶工艺复杂因而成本较高，另外其中铅含量较高的情况已为人们所知，所以日常生活少有使用，主要用于陪葬之明器。东汉后期江浙一带出现的青瓷，釉色淡青，成器密度高吸水率低，已经达到瓷器的标准。当时东南一带窑场密布，陶车拉胚成型替代了泥条盘筑法，使瓷胚制作更加精细。釉料也有了大的改进，釉层明显加厚，光泽强，玻化好，胎釉结合紧密。此时的瓷器胎体致密，透光性强，已呈完全烧结状态，显气孔及吸水率较原始瓷明显下降，接近或相当于现代瓷器的标准。现藏于浙江省上虞县文管所的一件东汉越窑青釉四系罐，直口、短颈、溜肩、鼓腹、平底，胎质灰白细腻，釉色青绿泽润，胎釉结合致密，已完全看不到任何原始青瓷的特征了。成熟青瓷的出现是中国陶瓷历史上重要的转折点，是从陶到瓷的转变。

三、商业与外贸

1. 商业发展

秦统一后，消除了诸侯割据，实行了一系列强化统一的政策，如车同轨、书同文、统一度量衡等有利于市场发展的制度。另外，修驰道，开运河，大大改善了交通运输条件，使各地区之间的商品交换更加便利。汉初经济凋敝，百废待兴，为恢复生产，政府对工商业采取了较为宽松的政策。惠帝时，一度改变汉高祖的贱商政策，以"天下初定"为由，下诏"复弛商贾之律"。（《史记·平准书》）文帝时进一步开关梁，通关塞，取消通关"符传"制度，规定"除关，无用传"（《汉书·文帝纪》），从而大大方便了商旅。

由于国家实行开放政策，汉初商品经济得到蓬勃发展。《史记·货殖列传》："汉兴，海内为一，开关梁，弛山泽之禁，是以富商大贾周流天下，交易之物莫不通，得其所欲。"这种商品交易和流通范围的扩大，提高了不同资源禀赋的价值，各地区的交易和流通得到进一步激励，各地商品出现了全国范围的流动：北方向南运的商品，主要有马、牛、羊、毡、毯、裘皮、筋角等；南方向北方运的商品，有犀牛、象牛、翡翠、瑇、瑁、珠玑、楠梓、黄金、锡、铝、丹砂等；东方向西运的商品，主要有鱼类、海盐、油漆、蚕丝等；西方向东运的商品，有竹木、旄牛、玉石等。经济比较发达的中原地区，乃将本地的农业、手工业产品输出，贩回外地的方物、特产。周边各族如西域、匈奴、羌人输入内地的商品，有名马、骡、驴、骆驼、毡裘、狐皮等，而内地输出的商品，则主要是铁器和丝绸等。[①]

各地市场十分兴旺，特别是在一些"通邑大都"，商品流通量很大。据《史记·货殖列传》，当时商业行业不下二三十个，参与市场交易的人，既有普通百姓，也有行商坐贾，还有不少贩运囤积商等。商品种类繁多，有酒、醯酱、浆、马、牛、羊、彘、谷、薪稿、船、木、竹、轺车、牛车、漆器、铜器、素木铁器、僮、筋角、丹沙、帛絮细布、文采、榻布皮革、漆、蘗曲盐豉、鲐、鮆、鲰、鲍、枣、栗、狐貂裘、羔羊裘、旃席、佗果菜等。此外，还有犀、玳瑁、珠玑、玉石等各种奢侈品以及养生送终之具，应有尽有。交易量也很惊人，动辄以百、上千乃至万数为计。

2. 商人资本

西汉前期涌现出了众多的富商大贾。《史记·货殖列传》记载，他们主要通过以下几种方式致富：第一，冶铁、煮盐。如鲁人曹邴氏，"以铁冶起，富至巨万"。齐之刁间，役使奴仆，"使之逐渔盐商贾之利"，"起数千万"。第二，囤积居奇和长途贩运。如宣曲任氏，在秦末战乱之时，"豪杰皆争取金玉，而任氏独窖仓粟"，后来"米石至万"，"任氏以此起富"。洛阳师史"转毂以百数，贾郡国，无所不至"，财富积累到七千万。第三，高利贷。如无盐氏通过"其息十倍"的高利贷，以致"富埒关中"。总的来看，司马迁记载的巨富中，可分为有产业家、商业家、子钱家等类。他们所获的利润相当丰厚，"庶民农工商贾，率亦岁息二千，百万之家则二十万"。

关于商人资本的发展和膨胀，《汉书·货殖传》记述：

> 秦汉之制，列侯封君食租税，岁率户二百。千户之君则二十万，朝觐聘享出其中。庶民农工商贾，率亦岁万息二千，百万之家即二十万，而更徭租赋出其中，衣食好美矣。故曰陆地牧马二百蹄，牛千蹄角，千足羊，泽中千足彘，水居千石鱼波，山居千章之萩。安邑千树枣；燕、秦千树栗；蜀、汉、江陵千树橘；淮北荥南河济之间千树楸；陈、夏千亩漆；齐、鲁千亩桑麻；渭、川千亩竹；及名国万家之城，带郭千亩亩钟之田，若千亩卮茜，千畦姜韭：此其人皆与千户侯等。

商品经济的发展，特别是商人资本的活跃，促进了社会经济的繁荣，但也带来了一系列社会经济问题。一方面，商业活跃导致社会重商轻农的思想和行为，"用贫求富，农不如工，工不如商，刺绣文不如倚门市"，社会"背本趋末，浮食者

---

①　参见黄今言：《秦汉商品经济研究》，人民出版社 2005 年版，"绪论"。

众"。故贾谊提出要"殴民而归之农，皆著于本，使天下各食其力，末技游食之民转而缘南亩"（《汉书·食货志》）。另一方面，商人资本日益壮大，他们通过经商积累财富并将其转变为土地投资，这就加剧了本已十分严重的土地兼并，加速了农民的贫困破产，致使他们"卖田宅，鬻子孙"，甚至到处流亡，不仅严重削弱了国家的赋役基础，更影响了社会稳定。此外，富商大贾实力壮大，不仅影响社会经济生活，而且试图参与国家政治，特别是成为郡国势力的经济基础，严重影响国家政令统一。在这种情况下，汉武帝开始实行重农抑商政策，打击富商大贾们的干政参政企图，不仅剥夺他们"为吏"的机会，甚至通过"发天下七科谪"将他们谪发充边。这就使汉初繁荣起来的商品经济出现明显的衰退。汉昭帝和汉宣帝执政期间，政府转而实行较为宽松的政策，但仍然没能使工商业恢复。王莽时期实行"五均六筦"使工商业再一次遭到沉重打击。东汉时期政府的抑商政策有所放松，但商品经济发展没能再出现西汉初期的那种繁荣局面。

3. 对外通商

早在汉代以前，我国就通过河西走廊与西方诸国进行贸易往来。秦汉时期，随着人们地域观念的不断扩展，国际间的长途贩运贸易有了一定发展。汉初政府开放边关，允许自由贸易。《汉书·叙传上》："值汉初定，与民无禁，当孝惠、高后时，以财雄边，出入弋猎，旌旗鼓吹。"据历史文献记载，秦汉时期，我国内地的丝绸即已大量远销国外，从而形成著名的丝绸之路。据考证，古代陆路的丝绸之路有北方和南方两条，海上丝绸之路也已经出现。

北方丝绸之路是一条"官道"，主要靠政府支持和维护，全长7000多公里。《史记·货殖列传》记载：秦时"乌氏倮畜牧及众，斥卖，求奇绘物，间献遗戎王，戎王什倍其偿，与之畜，畜至用谷量马牛，秦始皇帝令倮比封君，以时与列臣朝请"。秦朝的乌氏县就是今甘肃的平凉县，乌氏倮可以说是当时与西方民族进行丝绸贸易的商人，当时丝绸经由甘肃、新疆向西方输出。公元前139年和前119年，张骞两次出使西域。此后，丝路基本开通，大致是从长安出发，经宝鸡、陇县、固原、武威、张掖、酒泉、安西、敦煌，出玉门关，进入新疆分赴各国。西方诸国来汉的使者和贩运商人也络绎不绝，最盛时"立屯田于膏腴之野，列邮置于要害之路。驰命走驿，不绝于时月；商胡贩客，日款于塞下"（《后汉书·西域传》）。汉王朝也不断派遣使者，前往中亚、西亚各国，并从事长途贩运贸易，甚至外戚私家如梁冀之流，也"遣客出塞，交通外国，广求异物"（《后汉书·梁统列传》）。东汉和帝永元九年（97年），都护班超派遣甘英出使罗马。甘英到达波斯湾头欲渡海去罗马，被安息人劝阻而返，中国与罗马的直接贸易关系也没能建立起来。但是，罗马的物品如夜光璧、琉璃、珊瑚、珍珠、海西布、火浣布、羊毛织品等，还是辗转传入中国。而中国商品，包括丝织品、肉桂、大黄和优质铁等，也辗转到达罗马。这条贸易通道的主线自中国的长安（西安）开始，向西经河西走廊至塔里木盆地，分为两道，一条道沿盆地的北部边缘，一条道沿盆地的南部边缘，绕过盆地，然后越过帕米尔高原，穿过撒马尔罕和梅尔夫，再绕过里海南端的塞琉西亚，由此继续西进，至地中海东部沿岸地区的罗马边境。

南方丝绸之路，本是一条民间商贩自主开发的贸易路线，纵贯川滇两省，连接缅、印，通往东南亚和非洲大陆。"秦时常頞通五尺道"（《史记·西南夷列传》），从四川出发往东南行，直至滇池（昆明）、叶榆（大理）。《史记·司马相如列传》载："邛、筰、丹、駹者近蜀，道亦易通，秦时尝通为郡县，至汉兴而罢。"《汉书·张骞李广利传》记载，张骞在大夏时，"见邛竹杖、蜀布。……大夏人曰吾贾人往市之身毒国"。武帝命张骞以蜀郡、犍为郡为据点，派遣使者，分头探索通往印度的道路。汉武帝元光六年（前 129 年），武帝派遣司马相如开凿通川南雅安、西昌及云南大姚之邛、筰、井、駹等西夷地区的"西夷道"。东汉明帝永平十二年（69 年），哀牢人内附，东汉王朝"始通博南山、渡澜沧水"，滇缅通道自此开通，而后又通过缅甸经印度入大夏。通过这条商路，我国大量丝绸织品输出到沿线国家和地区，输入的则有翡翠、珍珠等。

西汉时海上贸易已有较大发展。海船由徐闻、合浦出发，经今马来西亚半岛及缅甸，辗转可达印度半岛东海岸。汉武帝时，朝鲜诸国和倭奴国（日本）以及东南亚沿岸的国家都派遣使者来汉朝贡和贸易，用其土特产换取丝绸等。汉武帝也曾派隶属于少府黄门的"译长"和应募的贩运商人出使到这些地区，用黄金和丝织品换取明珠、璧流离等奇异物方。[①]《后汉书·西域传》："大秦与安息、天竺交市于海中，利有十倍。"和帝永元十三年，安息王满屈复献师子及条支大鸟，时谓之安息雀。"自此南乘海，乃通大秦。其土多海西珍奇异物焉。"其王常欲通使于汉，而安息欲以汉缯彩与之交市，故遮阂不得自达。公元 2 世纪初，罗马人到达孟加拉湾东岸，然后经由缅甸进入中国境内。公元 162—168 年罗马皇帝马可·奥勒留·安东尼（Marcus Aurelius Antoninus，161—180 年）发动对萨珊波斯的战争，占领两河流域和波斯湾头，打通了海上通往东方的道路。"至桓帝延熹九年，大秦王安敦遣使自日南徼外献象牙、犀角、玳瑁，始乃一通焉。"（《后汉书·西域传》）由于通过海路输出的商品主要是丝绸，所以这条海路也称为"海上丝绸之路"。

总的来看，两汉时期的对外贸易，还主要采取朝贡方式，所贩运的商品主要是比较贵重的"方物"，还不能涉及大众消费品。但其重要性仍被人们所认识，正如《盐铁论·力耕》所云：

---

① 参见张弘：《略论秦汉时期的交通与贩运商业》，《社会科学家》1998 年第 2 期。

汝、汉之金，纤微之贡，所以诱外国而钓羌胡之宝也。夫中国一端之缦，得匈奴累金之物，而损敌国之用。是以骡驴骆驼，衔尾入塞；驒騠駃马，尽为我畜。罽貂狐貉，采旃文罽，充于内府，而璧、玉珊瑚、琉璃，咸为国之宝，是则外国之物内流而利不外泄也。异物内流，则国用饶；利不外泄，则民用给。

四、都城与城市

战国时期，各诸侯国为了防卫大规模筑城，同时，商品经济发展导致城市的空前发展和繁荣。秦末兼并战争，秦始皇每破一国都城，即隳其城郭，毁其宗庙，将各种文物掠至咸阳。因此，秦统一天下时，大部分城市也已残破不堪。到汉朝建立后，高祖六年（前201年）下令"天下县邑城"（《汉书·高帝纪》）。后宋儒吕祖谦评论说："始皇并诸侯而隳坏城郭，高祖定天下而令县邑城，心量之广狭、世祚之长短，于是可卜矣。""孝惠元年，始作长安城西北方。三年，发诸侯王、列侯徒隶二万人城长安。五年，复发里中民城长安，三十日而罢。"（（明）邱濬：《大学衍义补·城池之守》）这就开始了汉朝城市建设浪潮。

西汉在秦"分天下作三十六郡"的基础上，又增设许多王国和侯国，到汉平帝时，全国已有郡、国一百零三个，所辖大小县城1500多个。随着郡国建制的扩大，各级城市逐渐建立和发展起来，形成国都、郡治、县治三级城市格局。汉武帝即位后大力开边，出于防卫的考虑大力建城，并积极移民屯垦，这就诞生了一批边塞城市。如西域五十余国纳入西汉版图后都开始设立边郡，并在其治所周围开发土地，发展贸易，因而兴起一批城市。到西汉末年，全国各地分布着大大小小1600多个城市。这些大多为各级行政治所所在地，人口集中，工商业发达，成为所在地区的政治、经济和文化中心。这些郡县城市加上周边一些小的城镇和城邑，形成了我国历史上最早的城市圈，并且以这些城市为核心，形成了如关中、关东、燕赵、江南等城市经济区。

但是到了东汉时期，国势已大不如西汉，特别是商品经济发展停滞，导致城市规模和分布都有所收缩。如东汉初期，由于遭受王莽时期的大规模战乱，经济凋敝，各级城市都出现萎缩，因此光武帝刘秀撤并过400余县，这就使城市减少到1200个左右。另外，受王莽时期战乱影响，对西域和其他边疆的控制有所削弱，部分城市也出现萎缩甚至消失。但南方城市却有很大发展，特别是荆、扬、益、交四州的城市发展较快，增加较多。但总的来说，两汉期间南方城市数量还是远远少于北方。

汉代的长安和洛阳，作为东西两京，是全国性的政治、经济和文化中心。西京长安是汉代国都，既是全国的政治文化中心，也是全国的商业中心。作为国都，城市根据严格的规划建设，《汉旧仪》曰："长安城中，经纬各长三十二里十八步。地九百七十三顷，八街九陌，三宫九府，三庙。十二门，九市，十六桥。"《续汉书·郡国志》条下注云："长安城方六十三里，经纬各长十五且十二城门，九百七十三顷。"城市交通方便，"门巷修直"，"廛里端直，甍宇齐平"，"衢路平正，可以并列车轨"。(《三辅黄图·都城十二门》；张衡：《西京赋》)元始二年(2年)长安人口达 80800 户，246200 人。(《汉书·地理志上》)

由于商业发展，长安市场得到迅速扩充。惠帝六年(前189年)，"起长安西市"(《汉书·惠帝纪》)。经过这次重修，长安城里共设立了九个"市"。《三辅黄图·长安九市》引《庙记》云："长安市有九，各方二百六十六步。六市在道西，三市在道东。凡四里为一市。致九州之人在突门，夹横桥大道，市楼皆重屋。"可见，原来一城仅一市，现为一城有九市。原来一市一百步见方，现为一市二百六十步见方，其规模已远远超过了西周时的市场规模。汉代"市场"虽然在规模上有了发展，但在格局上，它仍然没有脱离宫城对它的束缚，仍然围绕在后宫的附近。为了便于管理，还必须以垣墙围圈，四周设门，有固定的启闭时间。班固在《西都赋》中写道："九市开场，货别隧分。人不得顾，车不得旋。阗城溢郭，旁流百廛。红尘四合，烟云相连"。张衡《西京赋》："尔乃廓开九市，通阓带阛。旗亭五重，俯察百隧。……鬻者兼赢，求者不匮"。《三辅黄图·长安九市》："当市楼有令署，以察商贾货财买卖贸易之事，三辅都尉掌之。直市在富平津西南二十五里，即秦文公造。物无二价，故以立市为名。"《长安志》云："直市在渭桥北，秦文公造。直市平准物价，故曰直市。"西汉末年王莽之乱，后数十万赤眉军攻入长安，放火烧毁宫室，长安城遭到严重破坏。

东京洛阳位居中原，"东贾齐鲁，南贾梁楚"(《史记·货殖列传》)，处要冲之地。自东汉光武帝在此建都后规模迅速地扩大，长约9里，宽约6里，俗称"九六城"。城内的主要宫殿是南宫和北宫，二宫南北纵列，前后相接分布于城中的南部和北部，这是东汉洛阳宫殿分布与长安城宫殿布局上的重大不同之处。《太平御览·居处部二十二》引用《汉书·典职》："洛阳二十四街，街一亭；十二城门，门一亭。"洛阳的普通居民多居于城外，商业活动场所主要有金市、马市和南市，故称"三市"。《洛阳记》曰："三市，大市名也；金市在大城西，南市在大城南，马市在大城东。按金市在临商观西，兑为金，故曰金市。马市在东，旧置丞焉。"(《太平御览·居处部十九》)牛马车舆，填塞道路，资末业多，市场也是相当繁荣的。城南是文化礼仪区，有太学、明堂辟雍和灵台等大型建筑。东汉末年，董卓入洛阳，临走时大肆掳掠人口，并烧掉城内宫室和民居，使洛阳遭到毁灭之灾。以后，曹丕称帝建都洛阳，进行了较大规模的复建工作，但始终未能恢复其鼎盛时期的繁荣。

除长安和洛阳外，规模较大的城市主要就是汉初各封国的国都和商业都市。当时全国各地涌现了一批名都，其中最主要的有临淄、邯郸、宛城、成都等，与洛阳共称"五都"。临淄在战国时就已经十分发达，西汉初期为刘邦长子刘肥的封国齐国的国都，因而发展成为东部经济中心。史载："齐临淄十万户，市租千金，人众殷富，巨于长安，此非天子亲弟爱子不得王此"。（《史记·齐悼王世家》）邯郸地理位置重要，随工商业迅猛发展，"商贾错于路，诸侯交于道"（《盐铁论·通有》），成为中原重要的商业城市，有"富冠海内，天下名都"之称。"南阳西通武关、郧关，东南受汉、江、淮。宛亦一都会也。俗杂好事，业多贾"（《史记·货殖列传》）。这里冶铁技术最先进，有许多大商人，人口达四万七千多户（《汉书·地理志上》），东汉时是全国第二位的繁荣城市，号曰南都。成都"市廛所会，万商之渊。列隧百重，罗肆巨千，贿货山积，纤丽星繁"（左思：《蜀都赋》），是蜀地的商业中心。同时织锦业十分发达，设有"锦官"，故有"锦官城"即"锦城"之称，西汉时成都人口达到 7.6 万户，近 40 万人。这些著名都会，往往成为区域性市场，是跨郡国的商贸场所，为各地商品对流提供了条件。许多富商大贾、贩运商人为了"得其所欲"，追逐"货殖"，周流于这些市场经商，因此，城市呈现出比较兴盛的局面。

随着社会经济的迅速发展，各地出现了一批商业城市。如温轵（今河南温县西）、陶（今山东肥城县西北）、睢阳（今河南商丘县南）、邺（今河南临漳县西）、蓟（今河北大兴县西南）、陈（今河南淮阳县东）、江陵（今湖北江陵县）、寿春（今安徽寿县）、合肥（今安徽合肥县北）、吴（今江苏无锡县）、番禺（今广东广州）、姑臧（今甘肃武威县）等。① 番禺是比较典型的商业城市，濒临南海，又有珠江流域的广阔腹地，南下可通越南、马来西亚、印尼甚至印度，民间自发的海外贸易始终存在。《汉书·地理志下》："处近海，多犀、象、毒冒、珠玑、银、铜、果、布之凑，中国往商贾者多取富焉。番禺，其一都会也。"随着海上丝路的开通，官营贸易繁荣起来，番禺也发展成为南海贸易的中心。

汉代县城以上的城区中都设立了"市"，一般都设在城区北部，一些较大的城市也在城外设市。《庙记》云："长安市有九，各方二百六十六步。六市在道西，三市在道东。凡四里为一市。致九州之人在突门，夹横桥大道，市楼皆重屋。"（《三辅黄图·长安九市》）政府对市场有严格的管理，市场周围都有墙环绕，定时开闭，市里有"市令""市长"对商业活动进行管理。如王莽时，"于长安及五都立五均官，更名长安东、西市令及洛阳、邯郸、临菑、宛、成都市长皆为五均同市

---

① 参见傅筑夫：《中国封建社会经济史》（二），人民出版社 1982 年版，第 420 页。

师，东市称京，西市称畿，洛阳称中，余四都各用东、西、南、北为称，皆置交易丞五人，钱府丞一人"（《汉书·食货志》）。

随着城市的发展，城市建制也发生相应的变革。西周时代的城市是按所谓周礼格局兴建的，所有建筑的地点、面积的大小、城墙的高度、城门和城郭的数目、城内建筑物的种类、市场的位置、道路的宽窄等，都有一定的限制，不能逾越。以王城而言，宫室宗庙大都位于城之中央，市场有固定的地点，多位于宫室宗庙之后，市场范围也是很有限的，所谓"市朝一夫"就是城中的"市"，面积只能有"一夫"的大小。按当时的计量单位，"一夫"即一百步见方。秦汉的城市基本上保持了周代的格局，由于城市的建制是由统一规划而来，所以城市布局更趋于一致。一般来讲，城内包含着官署、街道、里坊和市场。

第六章　魏晋南北朝经济

第一节　政经变迁

一、魏晋经济

1. 屯田制度

汉末以来，战乱频起，社会经济遭到严重破坏，粮食奇缺，粮价昂贵，人民死于饥馑者不计其数。《三国志·魏书·武帝纪》注引《魏书》曰："自遭荒乱，率乏粮谷。诸军并起，无终岁之计，饥则寇略，饱则弃余，瓦解流离，无敌自破者不可胜数。"在这种形势下，要取得战争胜利，就必须把失散的农民组织起来并与土地结合进行正常生产。汉献帝初平三年（192年），曹操刚到兖州，毛玠就向他建议说："今天下分崩，国主迁移，生民废业，饥馑流亡，公家无经岁之储，百姓无安固之志，难以持久。今袁绍、刘表，虽士民众强，皆无经远之虑，未有树基建本者也。夫兵义者胜，守位以财，宜奉天子以令不臣，修耕植，畜军资，如此则霸王之业可成也。"建安元年（196年），曹操颁布《置屯田令》，"以任峻为典农中郎将，募百姓屯田许下，得谷百万斛。郡国列置田官，数年之中，所在积粟，仓廪皆满"（《晋书·食货》）。早期的屯田主要是民屯，军屯的规模还不大。建安二十一年（216年），司马懿建议："昔箕子陈谋，以食为首。今天下不耕者盖二十余万，非经国远筹也。虽戎甲未卷，自宜且耕且守。"（《晋书·宣帝纪》）曹操采纳了这一建议，开始大规模实施军屯，"于是务农积谷，国用丰赡"（《晋书·宣帝纪》）。

汉末和曹魏时期，割据各方都实行屯田。但曹魏屯田最早规模最大成果最为显著，这就使曹魏兵强粮足，在三国竞争中始终处于优势地位。三国时期的屯田，并不仅仅对于三国竞争的胜负具有关键作用，还对魏晋乃至南北朝时期的生产关系产生了深远的影响。

第一，土地性质。屯田为国家经济行为，屯田土地为国有土地，屯田事务完全由国家任命的官员管理，如典农中郎将或典农都尉，他们代表国家行使所有者权益。这里，军屯的组织完全与军队相同，领兵的各级将领同时就是军屯的管理者。曹魏的屯田往往是在郡、县内划出屯田区，自成系统，与郡县互不干涉。东吴的一个屯田区往往就是一郡或一县。如溧阳和湖熟原本是汉代旧县，东吴将其直接划定为两个县级屯田区，屯田官员同时也是郡县官员，往往军民同治，政企合一。

第二，农民身份。典农所属屯田民，称为屯田客或典农部民，他们不具有编户齐民的身份，是国家土地上的依附民。这是因为他们大多是外来流民，既没有本地户籍也没有自己的土地，不得不依附于屯田组织。屯田民既不能自由迁徙，也不能取得当地户籍成为郡县编户，只能替官府屯垦田地，接受屯田官管理，他们非军非民，因而被视为低人一等的"贱类"。晋武帝咸宁元年（275年）下诏，派邺城（今河北磁县南）奚官奴婢往新城（今河南伊川）代替屯田兵种稻。诏曰："出战入耕，虽自古之常，然事力未息，未尝不以战士为念也。今以邺奚官奴婢著新城，代田兵种稻，奴婢各五十人为一屯，屯置司马，使皆如屯田法。"（《晋书·食货志》）这就进一步使屯田农民的身份等同于奴婢了。

第三，地租形态。屯田土地为国有土地，而农民是在国有土地上耕作，所生产的产品分配只能由国家决定。屯田土地的地租采取分成制，租种国家的土地，用官家牛的，屯民得四分，官家得六分；用私牛者，官民中分。屯田客、田兵、士家大致都是按这个标准向国家纳租。晋代官方所占比例又有提高。《晋书·傅玄传》：

> 旧兵持官牛者，官得六分，士得四分；自持私牛者，与官中分，施行来久，众心安之。今一朝减持官牛者，官得八分，士得二分；持私牛及无牛者，官得七分，士得三分，人失其所，必不欢乐。

西晋经济发生了一些新的变化，屯田制被逐渐破坏。随着战争的减少和经济的逐渐恢复，交换关系也开始出现和发展，人们对土地和劳动力占有的兴趣增加了。这就出现世族官吏驱使屯田客经商牟利和侵蚀屯田土地的现象。随着征战渐息，战时转向和平，屯田制度也逐渐废止。泰始二年（266年），司马炎下令罢农官为郡县，典农校尉和典农中郎将做太守，典农都尉做县令。与此同时，屯田客的身份也随之发生转变，一部分成了州郡的编户百姓，一部分被赏与公卿作佃客，成为依附人口。随着市场竞争和发展，获得解放成为编户民的屯田客却越来越多地走向破产，不得不投靠世族官僚或世族地主成为依附民。总之，屯田制度及其变迁最终扩大了世族官僚和世族地主的势力，扩大了依附人口的规模，从而加速了世族阶级的形成和壮大。

2. 户调改革

西晋初年大封同姓王，有二十七王之多。西晋的封国制是规避三国曹魏封国弊端加以改进创设的，大体与西汉郡国制度类似。但西晋封国是"无成国之制"，"盖以其徒享封土而不治吏民，有同郡县"（《文献通考·封建考》）。所以，西晋时尽管重建了"封建"，但并不影响全国范围的土地属性。所以，西晋建国后在全国范围内实行土地和赋税的户调制改革。

东汉时世族地主阶级已经形成，到汉末三国时，由于战乱大批自耕农不得不放弃土地而依附于世族地主，从而进一步强化了世家大族的实力。世族地主的显著特征，就是通过各种方式的土地兼并占有大量土地。到西晋立国时，这种情况已经发展到不可收拾的地步，致使政府不得不采取措施以限制世家大族过多占有田宅。西晋初期，政府采取措施首先限制王公在京城及近郊占有田宅数量。《晋书·食货志》：

> 及平吴之后，有司又奏："诏书'王公以国为家，京城不宜复有田宅。今未暇作诸国邸，当使城中有往来处，近郊有刍薧之田'。今可限之，国王公侯，京城得有一宅之处。近郊田，大国田十五顷，次国十顷，小国七顷。城内无宅城外有者，皆听留之。"

随后，政府又制户调之式。《晋书·食货志》：

> 丁男之户，岁输绢三匹，绵三斤，女及次丁男为户者半输。其诸边郡或三分之二，远者三分之一。夷人输賨布，户一匹，远者或一丈。男子一人占田七十亩，女子三十亩。其外丁男课田五十亩，丁女二十亩，次丁男半之，女则不课。男女年十六已上至六十为正丁，十五已下至十三、六十一已上至六十五为次丁，十二已下六十六已上为老小，不事。远夷不课田者输义米，户三斛，远者五斗，极远者输算钱，人二十八文。其官品第一至于第九，各以贵贱占田，品第一者占五十顷，第二品四十五顷，第三品四十顷，第四品三十五顷，第五品三十顷，第六品二十五顷，第七品二十顷，第八品十五顷，第九品十顷。而又各以品之高卑荫其亲属，多者及九族，少者三世。宗室、国宾、先贤之后及士人子孙亦如之。而又得荫人以为衣食客及佃客，品第六已上得衣食客三人，第七第八品二人，第九品及举辇、迹禽、前驱、由基、强弩、司马、羽林郎、殿中冗从武贲、殿中武贲、持椎斧武骑武贲、持鈒冗从武贲、命中武贲武骑一人。其应有佃客者，官品第一第二者佃客无过五十户，第三品十户，第四品七户，第五品五户，第六品三户，第七品二户，第八品第九品一户。

从以上文献分析，户调之式包含三个部分：

第一，户调制。凡丁男（男、女年 16 以上至 60 为正丁）之户，每年每户交调绢 3 匹，绵 3 斤；丁女及次丁男（年 15 以下至 13，61 以上至 65 为次丁）之户，折半输纳；边郡纳 2/3，远郡纳 1/3。夷人即少数民族地区交賨布，户 1 匹，远者 1 丈。不过，这里所规定的户调绢 3 匹和绵 3 斤，并不是各户的实际交纳数，而是同类户每户应交户调的平均数。每户实际交纳多少采用"九品混通"方法，即根据各户的土地、房屋、桑树等的数量和质量评定家资，划为九等，然后按家产的等级分类分户交纳。所以，户调制实际上是资调，即家庭财产税。自魏晋以后，以至南北朝，大都沿用这种制度。

第二，占田课田制。男子 1 人可占田 70 亩，女子 30 亩。课田：丁男 50 亩，丁女 20 亩，次丁男为丁男的一半，即 25 亩，次丁女无课田。占田就是向官府申报登记所占田产，登记以后即归自己所有。这些土地不论是自己所有的土地，还是占用逃户的土地，或者自己新垦辟的土地，都可以申报登记，但所占土地不能超出法定限额。经过多年战乱，土地过剩而劳力短缺，所以政府对于百姓占田规定并不严格，主要目的一是鼓励耕作，二是限制过多的占有。课田是官府要百姓必须耕种并且承担国家税赋的土地。唐代徐坚《初学记》记载："凡民丁课田，夫五十亩，收租四斛。"（《初学记·宝器部》条引《晋故事》）根据这一标准推算，丁女 20 亩，出租谷 1 斛 6 斗，次丁男 25 亩，输租谷 2 斛。边郡少数民族地区没有课田，每户出义米 3 斛；远郡每户 5 斗；再远的每人算钱（人头税）28 文。

第三，官品占田、荫族、荫客制。官品占田就是第一至第九品的官吏，可各以贵贱占田：第一品可占 50 顷，以下每降一品减少 5 顷，至第九品可占田 10 顷。荫族指的是官吏以品之高卑荫其亲属，多者及九族，少者三世。不仅如此，各级官吏得荫人以为衣食客及佃客，规定：荫衣食客，六品以上 3 人，第七第八品 2 人，第九品和禁卫军的低级军官 1 人；荫佃客，第一、二品不得过 50 户，三品 10 户，四品 7 户，五品 5 户，六品 3 户，七品 2 户，第八第九品 1 户。由此来看，官吏占田是有限的，较东汉时要少得多，但比起百姓占田数，少则十几倍，多则几十倍。更重要的是，荫族、荫客制使特权阶级进一步扩大了，并且使原来非法占田和非法荫客全都合法化了。当时，由于经历战乱，人口减少，土地问题虽然不是尖锐的社会问题，但因西晋官多，良田沃土也大致被他们占完了。

租调缴纳按照"九品混通"原则，政府根据标准将租税数额下放到基层，而基层组织按照各家各户的资产状况来分担。《初学记·宝器部》条所引《晋故事》，记录了西晋开始实施课田制时，法令规定征收租调的具体数额："凡民丁课田，夫五十亩，收租四斛，绢三疋，绵三斤。凡属诸侯，皆减租谷亩一斗，计所减以增诸侯；绢户一疋，以其绢为诸侯秩；又分民租户二斛，以为侯奉。其余租及旧调绢，二户三疋，绵三斤，书为公赋，九品相通，皆输入于官，自如旧制。"

总的来看，户调之式在晋初还是有进步意义的。特别是，关于农民占田的规定相对较宽，占田与课田间差额部分不纳田租；田租、户调也不算太重，这些都对驱民归农有积极作用。这样，国家编户农民大大增加了，国家的赋税也自然增加了。

户调式改革同时，政府三番五次颁令，要求地方官驱民归农，以恢复农业和发展经济。晋武帝泰始二年（266年）诏："今者省徭务本，并力垦殖，欲令农功益登，耕者益劝。"于是"罢农官为郡县"（《晋书·武帝纪》），意在从战时经济转向和平发展。泰始四年（268年）春，帝耕于藉田，并下诏令郡县长吏促使农民弃末反本，竞农务功。此后，政府多次采取措施，这就使晋初经济获得较快的恢复和发展。《晋书·食货志》称："是时，天下无事，赋税平均，人咸安其业而乐其事。"这一时期全国户口有较大增加。太康元年（280年），"大凡户二百四十五万九千八百四十，口一千六百一十六万三千八百六十三。"（《晋书·地理志上》）太康三年（282年），国家"户有三百七十七万"（《三国志·魏书·桓二陈徐卫卢传》注引《晋太康三年地记》）。这个短暂的和平发展时期被称为"太康之治"。

但事实上，"太康之治"不仅是短暂的而且在很大程度上是虚假的，并不像史书上所描述的那样"天下无穷人"。当时还有很大比例的人民并没有回到农业生产中去，生产的恢复和发展是非常有限的。更重要的是，占田之制不仅没有得到切实的实行，而且作用非常有限。世族地主通过占田和荫客荫亲属等特权，造成土地分配的不公平，"园田水碓，周遍天下"的大地产依然存在。事实上，这种制度为世族地主经济的发展奠定了基础。西晋占田制度实施后十年，世族集团内部矛盾导致八王之乱，此后又陷入长期的动乱之中，包括占田、课田制在内的典章制度均破坏殆尽。

3. 山水庄园

"永嘉之乱"后，北方各少数民族纷纷南下以争夺中原，北方汉族人民大规模向江南地区迁徙。东晋建立后，南方地区经济社会相对稳定，进一步吸引北方人民南下，从而形成一次次南迁浪潮，累计迁入过百万。在这一过程中，大都是宗族、宾客、乡党同行。一方面，迁徙过程十分艰难并充满危险，普通百姓一般需追随强宗大族同行以便保障安全；另一方面，强宗大族也需要扩充自己的实力，以保证南渡后可以与南方世族竞争。东晋政府本来是建立在北方世族基础上的，与南方世族素有隔阂，为了保证南迁世族的利益，也为了加强南渡后自身的势力，在流人集中的地方，用他们原籍的名称，侨置州、郡、县，以安置南迁世族及其属众。这就是王导所倡议的"侨寄制度"。

南渡世族在东晋政府的庇护之下，占山占水，广置田产，驱使各自的部曲、田客、奴婢等依附人口，发展起庄园经济。江南庄园起源于东吴时代。当时的江南世族，"僮仆成军，闭门为市。牛羊掩原隰，田池布千里。……金玉满堂，妓妾溢房，商贩千艘，腐谷万庾，园囿拟上林，馆第僭太极，梁肉余于犬马，积珍陷于帑藏。"（葛洪：《抱朴子·外篇·吴失》）永嘉之乱后，北方世族大批南渡，在东晋皇室的支持下，大肆侵占山川泽薮建立山水庄园。及至南朝宋时，这种山水庄园已经成为南朝世族的标配。这些庄园，一般称为"别业""田业""田园之业"，有的称为"墅"等，都是豪强世族的私有财产。

世家地主常常把数十里乃至数百里的山林湖沼丘陵原隰据为己有，建造一个个跨州越县的大庄园。地主庄园能充分利用各种资源条件，实行多种经营。这些庄园除种粮外，还要种桑麻、菜果、竹木、药物，还饲养家畜、家禽和鱼类，还从事纺织和其他手工业生产，完全可以做到自给自足。正如颜之推所言：

> 生民之本，要当稼穑而食，桑麻以衣。蔬果之畜，园场之所产，鸡豚之善，坝圈之所生，爰及栋宇器械，樵苏脂烛，莫非种植之物也。至能守其业者，闭门而为生之具以足，但家无盐井耳。（《颜氏家训·治家》）

在北方世族南渡过程中，大多是"举宗流徙而避难"，大量南渡的农民走投无路，"多庇大姓以为客"。（《南齐书·州郡志上》）而此时"江左初基，法禁宽弛，豪族多挟藏户口，以为私属"（《晋书·山涛传》）。这就不可避免地造成庄园经济的宗族色彩和人身依附的加强。总的来看，庄园劳动主要依靠"僮客"，包括奴婢、部曲和佃客。当时的法律规定："奴婢、部曲，身系于主"（《刑统·贼盗律》）。奴婢在三种依附人口中地位最低，法律规定"奴婢贱人，律比畜产"（《刑统·名例律》）。他们是庄园经营所使用的基本劳动力。当时南朝社会上曾流行着"耕当问奴，织当访婢"（《宋书·沈庆之传》）的谚语。与此同时，大量土地的耕种还是由部曲完成。如萧梁时，张孝秀"有田数十顷，部曲数百人，率以力田"（《梁书·张孝秀传》）。

部曲的身份很低，属于"贱口"，须经放免才能成为"良人"。"客"就是佃客，也就是佃户。东晋南朝都有"免奴为客"的记载，同时也有自卖为客的记载，说明客与奴不同，但也不是自由民，而是半自由民。尽管法律上对客与奴曾有严格区分，但实际上客与奴的区别并不甚大。此外，大规模的庄园中还有一批专门的管理人员，主要是所谓的"门生义故"。他们为求仕宦而投靠权势之族，为世族地主管理庄园，并由此渐入仕途。他们也是贵族豪门的私附人口，但他们通常是"自愿依附"，因而也可以"自愿"摆脱依附，其身份自然不同于奴客。

南渡世族擅占山水的行为，一方面与当地世族利益构成矛盾和冲突，另一方面严重侵害当地农民的利益，更严重的是与国家利益相矛盾。所以，东晋政府不得不颁布占山固泽禁令加以禁止。但由于遭到世族官僚地主的抵制，禁断政策很难切实地推行下去，结果往往是政府被动地承认他们占有山泽的合法化。

4. 壬辰土断

大批世族和流民南下，必然与南方世族和人民发生经济利益冲突。南方各级士族自然就是各级地主，其中强宗大族，如吴郡顾氏、陆氏，义兴郡周氏，都是拥有部曲的大地主，不允许北方世族侵犯他们的利益。因而，南下的世族只能靠开发无主的土地来建立自己的经济基础。他们在朝廷的默许之下，肆无忌惮地占据山水土地，建立方圆数十里至数百里的庄园。南下世族垄断土地，占夺田园山泽，既扩大了北方侨姓世族与南方吴姓世族的矛盾，也使一直存在的世族地主与庶族地主的矛盾加剧。另外，魏晋以前，山林川泽名为国有，实为地方公有，附近百姓可渔猎樵采，共同使用，但要向国家缴税。南下士族豪强非法封山固泽，致使百姓无伐薪渔猎之所，这也就加剧了世族地主与广大农民的矛盾。

政府为确保对山林川泽的垄断权，曾屡下诏书禁止世族的占山占水行为。晋成帝司马衍于咸康二年（336年）壬辰日下诏："占山护泽，强盗律论，赃一丈以上，皆弃市。"（《宋书·羊玄保传》）这就是壬辰诏书。不过此法颁行后并无实效，世族地主仍然大肆占据山水土地，不断扩充自己的经济实力。咸康七年（341年），为了增加财政收入整理户籍，成帝命侨寓的王公以下都以土著为断，把户口编入所在郡县的户籍。这次严厉清查户口，对隐匿户口的贵族地主也予以惩处。

东晋后期，士族利用"侨寄法"兼并土地，挟藏人口，弊病日甚。桓温（312—373年）执政时，为增加朝廷财力，缓和社会矛盾，于兴宁二年（364年）三月庚戌日（初一）行土断法，史称"庚戌土断"。他把侨州郡县流民（白籍）与南方的土著居民（黄籍）一起编户入册，一起纳税。土断之后，国家控制的户口大量增加，赋税收入也增多了。这一政策受到南方人的热烈拥护，因为北方侨民与土著居民公平纳税了。但孝武帝康宁元年（373年）桓温去世，此法不行。他的儿子桓玄为相时，试图继续执行，但也没有行得通。义熙九年（413年），刘裕再行土断，诸侨置郡县多被裁并。至此，南渡世族的经济特权大致减弱以致消除。

5. 世族统治

为了巩固门阀世族的经济地位，晋武帝于太康元年（280年）颁行了按官品占田荫客制，规定"其官品第一至于第九，各以贵贱占田"，还规定世族"各以品之高卑荫其亲属，多者及九族，少者三世。宗室、国宾、先贤之后及士人子孙亦如之。而又得荫人以为衣食客及佃客"。（《晋书·食货志》）这样，门阀世族就进一步掌握了经济特权扩充了自己的经济实力，成了既占有大量田产又占有大量劳动力的大地主。这种经济实力与其掌握的政治权力相结合，成为世代相袭的特权阶级。另一方面，西晋推行九品中正制，导致官场风俗日益败坏。在人才评价过程中，作为中正的官员既不"中"也不"正"。《晋书·刘毅传》：

　　（中正）不精才实，务依党利；不均称尺，务随爱憎。所欲与者，获虚以成誉，所欲下者，吹毛以求疵。高下逐强弱，是非由爱憎。随世兴衰，不顾才实，衰则削下，兴则扶上，一人之身，旬日异状。或以货赂自通，或以计协登进，附托者必达，守道者困悴。无报于身，必见割夺；有利于己，必得其欲。是以上品无寒门，下品无势族。

　　还有人评价说："台阁选举，涂塞耳目，九品访人，唯问中正。故据上品者，非公侯之子孙，则当涂之昆弟也。"（《晋书·段灼传》）总之，此时朝廷选官，完全是"计门资之高下，而论势位之轻重"。无论中央官吏或地方官吏，基本上都由世族地主担任，实际等于世袭，即虽无世袭之制，却有世袭之实。

　　东晋初年，司马睿宗室与南渡世族共建东晋王朝以后，君弱臣强，门阀世族与皇朝相比，相对力量更强大。正如《晋书·姚兴上》所说："晋主虽有南面之尊，无总御之实，宰辅辅政，政出多门，权在公家"，一度出现"王与马共天下"的局面。如果说魏晋时期是按官位高低形成的门阀制度，那么东晋以后则逐渐转化成按血统高贵与否区别的门阀制度。在世族内部，按家族血缘关系，区域性的世家大族又有郡姓、吴姓、侨姓、虏姓之分，不同地区都有历世著名的家族为代表。侨姓与吴姓两大集团基本上垄断了东晋政权，其中又以侨姓世族占据统治地位。侨姓世族按照血缘关系，内部又分为高门与次门。而占据最高层的世族则是徐州琅邪王氏、太原王氏、豫州陈郡谢氏以及豫州颍川庾氏和于州谯国桓氏等几大家族。

　　世族所占据的官职本不可世袭。但是在魏晋时期，世族势力的壮大甚至超越了皇室，皇室也不得不倚重他们，所以就给予他们世袭的权利。早在东吴时期，世族就被授予世袭领兵权，由此开了世袭先例。随着世族力量的扩大和东晋皇室的虚弱，世族在事实上已经是世袭了，但在制度上仍是禁区。永和元年（345年），东晋世族庾翼临死时要求让儿子继任，试图开藩镇世袭之恶例，但遭到皇帝的拒绝。不过，随着世族势力的日益加强，事实上的世袭则是逐渐被认可了。这样，世族成了事实上的世袭贵族。

　　世族阶级为了维护政治经济势力，还通过谱牒来维护其文化合法性。《北齐书·颜之推传》："中原冠带随晋渡江者百家，故江东有《百谱》。"晋孝武帝时，贾弼之"广集百氏谱记，专心治业。晋太元中，朝廷给弼之令史书吏，撰定缮写，藏秘阁及左民曹。渊父及渊三世传学，凡十八州士族谱，合百帙七百余卷，该究精悉，当世莫比。永明中，卫军王俭抄次《百家谱》，与渊参怀撰定"（《南齐书·贾渊传》）。贾弼之、贾匪之、贾渊祖孙三代传谱学。谱牒学也成了世族家学。梁元帝萧绎《金楼子》自序："吾年十三，诵百家谱，虽略上口，遂感心气疾，当时奔走。"贾氏《百家谱》抄本藏在官府中，有专人掌管，并且有专长谱学的人来辨别真伪。为了维护世族特权利益，他们谱牒方面极其严格，绝对防止冒滥。"建武初，渊迁长水校尉。荒伧人王泰宝买袭琅邪谱，尚书令王晏以启高宗，渊坐被求，当极法，子栖长谢罪，稽颡流血，朝廷哀之，免渊罪。"（《南齐书·贾渊传》）就是说，政府只承认这一百个家族为世族，只有他们才能享受世族的政治特权待遇，东晋天下就是这一百家的天下。

二、南朝经济

1. 刘宋：义熙改革

东晋是中国历史上世族势力达到顶峰的时代，也正是世族的腐朽统治导致东晋的衰亡。东晋后期，刘裕打击世族的经济政治势力，进行全面的改革，试图挽救腐败没落的南朝。这次改革被称为"义熙改革"。

东晋后期，作为东晋王朝统治支柱的世族日益走向腐朽。尽管他们仍可以依靠九品官人法取得高位，但其家族子弟已经纨绔化，不仅不能从根本上解决世族自身的矛盾，更在北方民族南下的威胁面前显得软弱无力，而在另一方面，寒族出身的武人则显示出特殊的优势来，并且在纷繁不断的战事中使自己的地位得以不断提升。这就使东晋朝统治阶级的结构开始出现变化，武人出身的寒族逐渐走向决策中枢并且身居高位。这里最为突出的就是刘裕。刘裕"奋起寒微"，以寒门庶族身份，依靠军功登上高位，并组成一个出身寒族的武人集团，开创寒族掌权的政治格局。刘裕执掌东晋朝政后，便开始大刀阔斧地改革，打击腐朽没落的世族势力，横扫东晋历史积弊，开创了一个崭新的局面，并由此奠定了南朝百年基业，促进了江南经济社会的发展。

首先，打击世族势力，改造统治阶级结构。东晋时期，国家大权一直掌握在王、谢、庾、桓四大世族手中。但随着世族阶级腐化堕落，依据门第选出的官吏多是无才无识之辈，不能担当君国大任。刘裕掌权后，立即罢免或处死许多世族甚至皇族出身的官员，即便是他自己的亲信和功臣，只要是"骄纵贪侈，不恤政事"也要受到严厉惩罚。如诸葛长民曾为刘裕立下不少战功，但他"骄纵贪侈，不恤政事，多聚珍宝美色，营建第宅，不知纪极，所在残虐，为百姓所苦"。刘裕将其诛杀，史载"诸葛氏之诛也，士庶咸恨正刑之晚，若释桎梏焉"（《晋书·诸葛长民传》）。当时的选官仍依据九品中正制度，但刘裕重申要真正按照"中正"精神选拔人才，打破门第限制，重用出身"寒微"的人。如刘穆之、檀道济、王镇恶、赵伦之等，都是出身低微但在君国大事中显示出特殊才能的人。为了彻底阻断门阀士族的仕进之途，刘裕恢复了秀才、孝廉策试的制度，而对于之前州郡所送的不经策试的秀才、孝廉等"多非其人"，则"申明旧制，依旧策试"，用考试的办法加以甄别。（《宋书·武帝下》）为改变置官滥乱的弊端，刘裕实行官吏精简，规定

"荆州府置将不得过二千人，吏不得过一万人；州置将不得过五百人，吏不得过五千人"。事实上，所有这些措施的根本目的，还在于削弱世族势力，调整政治结构。这次改革是魏晋南北朝时期世族发展的转折点，从此世族开始走下坡路，世族与寒门之间的实力天平开始向寒门倾斜。

其次，遏止世族地主的经济扩张，削弱世族阶级的经济基础。刘裕掌权后于义熙九年（413 年）实行严厉的土断政策，史称"义熙土断"。东晋时期曾实行过数次"土断"，但大多无果而终，主要原因是受到世家大族的抵抗。刘裕说："大司马桓温，以民无定本，伤治为深，庚戌土断，以一其业。于时财阜国丰，实由于此。自兹迄今，弥历年载，画一之制，渐用颓弛。杂居流寓，间伍弗修，王化所以未纯，民瘼所以犹在。"（《宋书·武帝本纪》）于是，朝廷决定"依界土断"。这次"土断"中，除在晋陵界内的南徐、南兖、南青三州外，多数侨置郡县被合并或取消，在户籍上也消除了土著和侨人的区别。这次土断也遭到世家大族的抵抗。余姚世族虞亮阻挠清查藏匿亡命千余人，被刘裕处死，大批涉事的世族官员也受到严厉处罚，使"豪强肃然，远近知禁"（《宋书·武帝本纪》）。义熙土断，是东晋以来的第四次土断，由于实行得比较彻底，使豪强世族势力遭到沉重打击，并由此增加了政府的兵役来源和租赋收入。同年，刘裕将原为豪强所专占的山湖川泽开放，允许小民薪采渔钓，还山于民，还地于民。另外，刘裕还"罢临沂、湖熟皇后脂泽田四十顷，以赐贫人"（《晋书·安帝纪》）。

最后，减免苛捐杂税，规范赋税征调，发展社会经济。《宋书·武帝本纪》：

（七年）公至江陵，下书曰：夫去弊拯民，必存简恕，舍网修纲，虽烦易理。江、荆凋残，刑政多阙；顷年事故，绥抚未周。遂令百姓疲匮，岁月滋甚，财伤役困，虑不幸生。凋残之余，而不减旧，刻剥征求，不循政道。宰莅之司，或非良干，未能菲躬俭，苟求盈给，积习生常，渐不知改。近因戎役，来涉二州，践境亲民，愈见其瘝；思欲振其所急，恤其所苦。凡租税调役，悉宜以见户为正。州郡县屯田池塞，诸非军国所资，利人守宰者，今一切除之。州郡县吏，皆依尚书定制实户置。台调癸卯梓材，庚子皮毛，可悉停省，别量所出。巴陵均折度支，依旧兵运。原五岁刑已下，凡所质录贼家余口，亦悉原放。

这就是说，严禁地方官吏滥征租税、徭役，规定租税、徭役，都以现存户口为准。凡是州、郡、县的官吏利用官府之名，占据屯田、园地的，一律废除。凡官府需要的物资，"与民和市"，照价给钱，不得征调。刘裕即位建宋后，于永初元年（420 年）宣布："赐民爵二级。鳏寡孤独不能自存者，人谷五斛。逋租宿债勿复收。"（《宋书·武帝本纪》）随后即"诏遣大使分行四方，举善旌贤，问其疾苦"（《宋书·礼志二》）。同年"秋七月丁亥，原放劫贼余口没在台府者，诸徙家并听还本土。又运舟材及运船，不复下诸郡输出，悉委都水别量。台府所须，皆别遣主帅与民和市，即时稗直，不复责租民求办。又停废房车牛，不得以官威假借。又以市税繁苦，优量减降。从征关、洛，殒身战场，幽没不反者，赡赐其家"（《宋书·武帝本纪》）。同时宣布"蠲租布二年"。这些措施在一定程度上减轻了人民负担，有利于经济社会发展。

宋武帝在位三年后去世，宋文帝继续实行刘裕的治国方略。他继位后，立即下令免除百姓欠政府的"通租宿债"，以后又屡次下诏减免租税。（《宋书·文帝本纪》）尽管减免的范围和程度是有限的，并且主要是对人民积欠的减轻，但毕竟使人民负担得以减轻。宋文帝下诏："自顷农桑惰业，游食者众，荒莱不辟，督课无闻。一时水旱，便有罄匮，苟不深存务本，丰给靡因。郡守赋政方畿，县宰亲民之主，宜思奖训，导以良规。咸使肆力，地无遗利，耕蚕树艺，各尽其力。若有力田殊众，岁竟条名列上。"（《宋书·文帝本纪》）这就是说，一方面鼓励农民勤于农桑，同时把劝农成绩的好坏与官吏的仕途升迁联系起来。宋文帝鼓励农桑的效果是较为显著的，一些废弃田地被辟为良田，农民的积极性也有所提高。

经过刘裕父子的努力，晋末以来"治纲大弛，权门并兼，强弱相凌；百姓流离，不得保其产业"（《宋书·武帝本纪》）的状况有所改善。通过一系列改革措施，百姓得以休养生息，社会生产有所发展，经济文化出现繁荣景象。《宋书·良吏列传》记载：

> 高祖起自匹庶，知民事艰难，及登庸作宰，留心吏职，而王略外举，未遑内务。奉师之费，日耗千金，播兹宽简，虽所未暇，而绌华屏欲，以俭抑身，左右无幸谒之私，闺房无文绮之饰，故能戎车岁驾，邦甸不忧。太祖幼而宽仁，入纂大业，及难兴陕方，六戎薄伐，命将动师，经略司、兖，费由府实，役不及民。自此区宇宴安，方内无事，三十年间，氓庶蕃息，奉上供徭，止于岁赋，晨出莫归，自事而已。守宰之职，以六期为断，虽没世不徙，未及曩时，而民有所系，吏无苟得。家给人足，即事虽难，转死沟渠，于时可免。凡百户之乡，有市之邑，歌谣舞蹈，触处成群，盖宋世之极盛也。

总的来看，元嘉之世（424—453年）是南北朝时期南方国力最为强盛、人民最为安居乐业的历史时期，史称"元嘉之治"。然而，义熙改革和元嘉之治的经济基础在于"义熙土断"。但土断政策还是难以持续，刘宋朝只有刘裕和刘义隆两位励精图治的皇帝，而到了孝武帝时基本上就没什么干劲了。另一方面，由于世族势力重新抬头，土断之事只能搁置甚至倒退，豪强"占山护泽"现象一直存在。最终皇帝还是承认世族既得利益，并将其所占土地合法化。

2. 南齐：永明之治

公元479年萧道成代宋称帝为齐高帝。萧道成与宋武帝刘裕不同，他是世家出身，为政原则不可能脱离其阶级。但他对于东晋和刘宋以来的政治经济弊端也有深刻的认识。所以在即位之后，他革除了宋孝武帝以来的诸多"暴政"，下诏"修建儒学，精选儒官"，招揽人才。为限制世族势力，他削除部曲私兵，限制将吏随身护卫人数。当然，为了维护皇室利益，他下令整顿户籍，禁止宗室封山占水，与民争利；减免一些赋役，安抚流民，这就使得朝政较为严明，官民始得安业。另外，齐高帝提倡节俭自奉，反对奢靡，并以身作则，"身不御精细之物"，衣服上的玉佩、挂饰等统统取消，将后宫器物栏槛以铜为饰者，皆改用铁，内殿施黄纱帐，宫人著紫皮履，华盖除金花瓜，用铁回钉。他说："使我治天下十年，当使黄金与土同价。"（《南齐书·高帝本纪》）他还禁止民间使用各种华丽饰物，不得将金银制成金箔银箔，马鞍等不能使用金银装饰，不能用金铜铸像，甚至不准织绣花裙，不准穿着锦鞋等。这种要求和做法为"历代所未有"。

建元四年（482年），齐高帝萧道成去世，萧赜即位，是为齐武帝。当时发生歉收与水患，他立即补助灾民，下诏说："比岁未稔，贫穷不少，京师二岸，多有其弊。遣中书舍人优量赈恤。"不久再次下诏说，"水雨频降，潮流荐满，二岸居民，多所淹渍。遣中书舍人与两县官长优量赈恤。"他又下诏酌情遣返军中的囚徒，大赦囚犯，对于百姓中的鳏寡和贫穷之人，要加以赈济。他提倡并奖励农桑，灾年时，还减免租税。在位第四年，他下诏说："扬、南徐二州，今年户租三分二取见布，一分取钱。来岁以后，远近诸州输钱处，并减布直，匹准四百，依旧折半，以为永制。"（《南齐书·武帝本纪》）齐武帝继承高帝遗风，提倡节俭，不喜欢游宴、奢靡之事。曾下令举办婚礼时不得奢侈，甚至到他的身后事都力求简朴。他以富国为先，提倡农业，并且下令多办学校，挑选有学问之人任教，以培育人们的德行。齐武帝执政的十一年期间，朝廷政治清明，国内社会安定，带动经济文化的发展。《南齐书·良政列传》："永明之世十许年中，百姓无鸡鸣犬吠之警，都邑之盛，士女富逸，歌声舞节，袨服华妆，桃花绿水之间，秋月春风之下，盖以百数。"因此这个时期也被称为"永明之治"。

但是，齐武帝在位期间实行的"却籍"政策却成为其施政败笔，不仅没有成功还因此导致严重的社会动乱，从而发生形势逆转，南齐于是迅速转向衰落。

南朝宋以来，为了成为世族来免除所承担的赋役，许多的庶族地主向官吏行贿，在世族户籍黄籍中加入伪造的父祖爵位。黄籍是普通民众的户口簿，是朝廷征取租税徭役的根据。黄籍向来有一个大弊端，官吏受富民贿赂，给纳贿者或注军功，军功户中至少有三分之二是假冒；或出钱一万余，伪造祖先爵位，就可以称士族；或因秃发，假托僧人；或迁徙无定，不立户名；或户存而黄籍不载，或人在而注已死亡，如此种种，弊端极多。大量非士族的地主和富农、商贾就这样得到士人免税的利益。免役免税的户口愈增，贫苦民众的负担也愈重。自宋明帝泰始三年（467年）至宋后废帝元徽四年（476年），扬州九郡的黄籍上，被检查出诈注户籍的就有七万一千余户。

为了增加税收来源，齐高帝萧道成即位的第二年即建元二年（480年），"诏朝臣曰：黄籍，民之大纪，国之治端，自顷氓俗巧伪，为日已久，至乃窃注爵位，盗易年月，增损三状，贸袭万端。或户存而文书已绝，或人在而反托死叛，停私而云隶役，身强而称六疾，编户齐家，少不如此。"（《南齐书·虞玩之传》）为此朝廷专门设立校籍官，置令史，指派虞玩之主持黄籍的清查，规定以宋元嘉二十七年版籍为准整理户籍。但校籍工作弊端百出，贫苦人民常被诬为户籍诈伪而从户籍中剔除出来，同时也侵犯了庶族地主的利益。齐武帝萧赜即位后，继续清查，鉴定士族的真伪。那些被认为有"巧伪"的户籍，都须退还本地，名为"却籍"；核查出本应服役纳赋而户籍上造假的，便恢复原来的户籍，继续承担赋役，称为"正"籍。在检籍过程中，由于检籍官贪污作弊，结果"前检未穷，后巧复滋"，"应却而不却，不须却而却"，后来甚至要把被却籍者罚充远戍。这就引起却籍户的强烈不满和反抗。齐永明三年（485年）富阳唐寓之为此起兵叛乱，一举攻下富阳，三吴地区的被却籍者纷纷响应。却籍的民户，大都是北来侨民，他们的户籍本为白籍，因此暴乱者被称为"白贼"。此暴乱虽很快平定，庶族地主反检籍的斗争并没有停止，迫使齐武帝不得不于永明八年（490年）停止检籍，并宣布"却籍"无效，对"却籍"而被发配戍边的人民准许返归故乡，恢复宋末升明（477—479年）以前户籍所注的原状，许多庶族地主和商人因而取得士族所具免赋役的特权。

南齐与刘宋朝不同。刘宋朝为寒族地主为主执掌政权，而南齐却不得不照顾世族的既得利益。却籍政策既要增加政府财政收入，也要维护世族阶级的既得利益，遭到寒族地主的强烈反抗。尽管唐寓之叛乱被镇压下去了，但寒族地主阶级与世族地主阶级的矛盾却没有解决。由于世族地主阶级的衰落，也就必然有相应的寒族地主阶级的崛起，两方面的斗争在南朝时期体现为激烈的政争和频繁的改朝换代。这个历史时期正是世族和寒族势力此消彼长的过程。

3. 南梁：武帝改革

尽管南北战事不断，但总的来看，战事主要发生在淮河流域，而大片江南土地还是能大致保持着和平发展的态势。在这种背景下，江南地区经过数百年的开发，到梁朝时已臻于鼎盛，"自江左以来，年踰二百，文物之盛，独美于兹"（《南史·梁本纪中》）。梁武帝重视文化礼乐，使梁朝成为文化昌明之国，"中原士大夫望之以为正朔所在"(《北齐书·杜弼传》)。然而，梁朝表面上的繁荣却掩盖着深刻的社会矛盾。梁朝时，南方世族日趋腐朽堕落，他们"傅粉施朱""迂诞浮华"，过着醉生梦死的生活。在他们的影响下，整个南朝社会风气萎靡消极，人们普遍谈玄论佛，不习武事，"家家斋戒，人人忏礼，不务农桑，空谈彼岸"(《南史·隐逸传下》)。然而，皇室和世族为了满足自己的奢靡消费，一方面加强土地兼并，使越来越多的农民失去土地沦为依附农或奴婢；另一方面不断加重对百姓的赋税征敛。梁武帝继承大统后，面临着严重的社会经济难题和改革任务。梁武帝在其统治初期，不得不采取一些改革措施以遏制迅速衰败的趋势。但他的改革措施缺乏力度，大多是折中方法，不可能扭转南朝延续数十年的历史颓势。

第一，折中儒释道。梁武帝时期，南朝社会意识形态混乱，儒释道三家思想竞争激烈，梁武帝试图采取折中的方法实现协调。这种状况对梁武帝的施政方针有很大的影响。事实上，梁武帝个人品格还是不错的，是个"仁德"的皇帝。他本人学养深厚，精通儒释道，自我要求严格。《南史·梁本纪中》说他"身衣布衣，木绵皁帐，一冠三载，一被二年。自五十外便断房室，后宫职司贵妃以下，六宫袆褕三翟之外，皆衣不曳地，傍无锦绮。不饮酒，不听音声，非宗庙祭祀、大会飨宴及诸法事，未尝作乐"。他也"勤于政务，孜孜无怠。每冬月四更竟，即敕把烛看事，执笔触寒，手为皲裂"。"然仁爱不断，亲亲及所爱愆犯多有纵舍，故政刑弛紊。每决死罪，常有哀矜涕泣，然后可奏。"（《南史·梁本纪中》)然而，这种"宽仁"之政的结果只能是政风日下，腐败成风，地方官"皆尚贪残，罕有廉白者"(《梁书·贺琛传》)。特别是梁武帝沉溺佛教，三次舍身同泰寺，使社会上掀起佞佛之风，大量人口出家为僧，各地大兴寺刹，进一步导致国家经济和军事力量的削弱。

第二，调节世庶矛盾。世庶矛盾贯穿整个南朝历史。总的趋势是，世族由于自身的腐化和低能导致势力不断下降，而寒族通过个人的努力和奋斗，即通过武功和事功不断地提升自己的地位。但是，世族依仗长期以来形成的影响，仍保持着足够的政治权力和经济实力。这种情况必然导致世庶矛盾的不断激化。为了缓解世庶矛盾，梁武帝采取了调和的方法，一方面采取重用门阀中人，维护和扩大他们在政治上的地位；另一方面也注重寒门才学之士，起用他们担任机要之职，使他们进入秘书咨询机构以至宰相机构。梁武帝还试图通过改定《百家谱》来调节世庶矛盾。为享受免赋待遇，不少富人通过贿赂官吏篡改户籍，"宋、齐二代，士庶不分，杂役减阙，职由于此"(《南史·王僧孺传》)。梁武帝吸取前朝因检查黄籍而导致的社会动乱，试图采取整理士籍的方法，以限制世族的数量，保证国家的纳税人口。他设立谱局，改定《百家谱》，"通范阳张等九族以代雁门解等九姓，其东南诸族别为一部，不在百家之数焉"(《南史·王僧孺传》)。但这样做的结果仍不能限制富民继续纳贿改黄籍的行为，世家大族私藏人口的情况仍不能禁止，因而并没有达到增加国家编户的目的。

第三，废杂调谬赋。梁武帝尽管出身世家，但长期担任方镇统领，知民间疾苦，又信奉儒佛，常怀恤民之心。在定都建康后，即废除齐末杂调谬赋，淫刑滥役。《梁书·良吏列传》："齐末昏乱，政移群小，赋调云起，徭役无度。守宰多倚附权门，互长贪虐，掊克聚敛，侵愁细民，天下摇动，无所厝其手足。高祖在田，知民疾苦，及梁台建，仍下宽大之书，昏时杂调，咸悉除省，于是四海之内，始得息肩。"梁武帝最重要的改革，是"去人赀，计丁为布"。南朝租调沿袭西晋制度，按资产定户等定税额。但征收官吏计算资产时过于苛严，导致民户负担加重。天监元年，武帝遂改"去人赀，计丁为布"，以解民困。此后，根据经济社会状况，仍有数次减免税赋措施。天监十六年（517年），诏曰："尤贫之家，勿收今年三调。其无田业者，所在量宜赋给。若民有产子，即依格优蠲。孤老鳏寡不能自存，咸加赈恤。"大通元年（527年）春，诏曰："凡因事去土，流移他境者，并听复宅业，蠲役五年。尤贫之家，勿收三调。"大同四年（538年），诏曰："南兖、北徐、西徐、东徐、青、冀、南北青、武、仁、潼、睢等十二州，既经饥馑，曲赦逋租宿责，勿收今年三调。"天监四年大举北伐时，王公以下均得缴纳租谷，以助军资，但并不增加平民的租调。

梁武帝统治前半期的改革措施，还是取得了不错的成就。但是，南朝持续数十年的颓势是不可能改变的，根本原因是梁武帝没有足够的能力改变南朝世族的腐败，不能阻止他们的土地兼并，更不能免除他们的各种特权。事实上，梁武帝采取的一些惠民措施，对南朝大局并没有多大影响。而晚年梁武帝已是昏庸无力，数次投入佛门，对"门"外事务只能听之任之了，最终的结果是酿成了侯景之乱。

4. 侯景之乱与南朝世族的灭亡

整个南朝时期，世族继续保持着经济政治统治地位。但自从刘宋开始，寒族的地位不断上升，世族地位逐渐动摇。可以说，刘宋朝是世族与寒族实力对比的转折点。同时，世族与寒族的斗争也开始日益激烈。尽管世族集团利用政权的力量维持自己的统治地位，但由于其自身的腐朽，最终仍摆脱不了衰败的命运。梁朝晚期发生的侯景之乱，进一步加速了世族的衰亡。事实上，侯景之乱也是世族与寒族之间矛盾和斗争反映。

侯景是朔州羯人，早期为尔朱荣部下，因战功突出得到重用，后投靠高欢，而后又投靠梁武帝，完全是靠军功崛起的寒族。侯景初入梁时，欲求婚于王、谢名门，请梁武帝做媒。但梁武帝认为其门第不够而予以拒绝，侯景心生怨恨。经过数次反复，侯景准备叛梁，并采取措施以争取民心。《梁书·侯景传》："景既据寿春，遂怀反叛，属城居民，悉召募为军士，辄停责市估及田租，百姓子女悉以配将卒。"后侯景围攻台城，发告台城士民书，说："梁自近岁以来，权幸用事，割剥齐民，以供嗜欲。如曰不然，公等试观：今日国家池苑，王公第宅，僧尼寺塔；及在位庶僚，姬姜百室，仆从数千，不耕不织，锦衣玉食；不夺百姓，从何得之！"（《资治通鉴·梁纪十七》）这里明显表达了对世族权贵们的怨恨，也充分利用了广大民众对世族权贵的愤怒。侯景还解放奴婢以充军队。《资治通鉴·梁纪十七》："景募人奴降者，悉免为良；得砾异奴，以为仪同三司，异家资产悉与之。奴乘良马，衣锦袍，于城下仰诟异曰：'汝五十年仕宦，方得中领军；我始事侯王，已为仪同矣！'于是三日之中，群奴出就景者以千数，景皆厚抚以配军，人人感恩，为之致死。"（《资治通鉴·梁纪十七》）在攻城期间，侯景"纵兵杀掠，交尸塞路，富室豪家，恣意哀剥，子女妻妾，悉入军营"（《梁书·侯景传》）。而在破城之后，侯景大肆屠杀世族，世族门阀遭遇灭顶之灾，"畴百家之或在，中原冠带随晋渡江者百家，故江东有《百谱》，至是在都者覆灭略尽"（《北齐书·颜之推传》）。

　　侯景之乱还彻底扭转了中原侨姓世族与江南世族的力量对比。自东晋以来，南朝一直是北来侨姓世族占统治地位，南方世族和土著只是充当点缀与陪衬，鲜少有与闻机务的权力。侯景之乱使士族遭到沉重打击，不仅庶族地位上升，南方土著豪酋也趁势崛起。史载："梁末之灾沴，群凶竞起，郡邑岩穴之长，村屯邬壁之豪，资剽掠以致强，恣陵侮而为大。"（《陈书·陈宝应传》）特别是在平定侯景之乱过程中，南方寒族出身的陈霸先脱颖而出，迅速崛起。他所统领的军队将士大多是江南土著，其中不乏被其收编的"郡邑岩穴之长，村屯邬壁之豪"。陈霸先最终控制了梁朝的政权，并迫使梁敬帝禅让开创陈朝。从南梁到南陈的转变，并不仅仅是简单的改朝换代，而是两个性质有所不同的政权的转变，南梁为最后一个世族政权，而南陈为一寒族政权。陈霸先幼时家境贫寒，起先担任过里司、油库库吏，后随新喻侯萧映侯府为传令吏，受到器重并由此发迹。通过平定"侯景之乱"，陈霸先迅速崛起，并最终取代南梁创立陈朝。陈霸先通过数年的征战，终于统一了长江以南地区，重建南朝的统治秩序，并在短期内实行了一系列改良措施，使江南经济社会发展出现一定繁荣景象。然而在南朝一个半世纪的世族统治之后，社会奢靡风气已经积重难返，不是靠一般性的社会改良就可以消除的。同时，即便是寒族出身，只要夺取政权，作为统治阶级也难免侵染世族的不良习气。所以，陈霸先的后继者们基本上毫无建树，并且生活日日奢靡，不思进取，最后仍逃脱不了亡国命运。

三、北朝经济

1. 坞堡经济

　　西晋亡国后，北方陷于剧烈的战乱和动荡之中，一些少数民族政权相互攻伐，战乱不息，给广大人民带来极度的苦难，并导致社会经济的畸形发展，坞堡成为主要的经济组织形式。

坞堡并非产生于西晋末年的新事物。早在西汉末年，农民大起义爆发，社会急遽动荡，对地主经济造成极大冲击。为抵抗农民起义军，豪强地主联合宗族，组织私人武装，构筑工事于险要之处，在自卫的同时组织生产。这就产生了坞堡。这种坞堡主要集中在长安周围的三辅地区、洛阳周围的中原地区及河北地区。豪强地主"作营堑，以待所归"，即招徕流亡人口，以壮大自己的实力。刘秀统一天下后，曾将这些"土围子"加以清除。但是到东汉末年，天下大乱，坞堡再次兴起。如许褚"聚少年及宗族数千家，共坚壁以御寇"（《三国志·魏志·许褚传》）。田畴"入徐无山中，营深险平敞地而居，躬耕以养父母。百姓归之，数年间至五千余家"（《三国志·魏志·田畴传》）。袁术在新安筑"袁公坞"，曹操在湖县建"曹公垒"，董卓在郿县筑"万岁坞"等。董卓在其坞中"积谷为三十年储。自云：事成，雄据天下；不成，守此足以毕老"（《后汉书·董卓传》）。

西晋统一后，由于中央政权实力始终不够强大，坞堡一直没能彻底扫除。西晋末年及至整个十六国时期，北方地区战乱不止，"百姓流亡，所在屯聚"，因而坞堡也就重新兴起，且绵延不绝。这些坞堡大多是由地方世族率宗族并聚集部分流民建立的。如河内郡督将郭默在永嘉之乱中"率遗众自为坞主，以渔舟抄东归行旅，积年遂致巨富，流人依附者渐众"（《晋书·郭默传》）。后赵时，"三辅豪杰多杀守令以应（司马）勋，凡三十余壁，众五万人。"前秦时，"关中堡壁三千余所，……相率结盟遣兵粮助坚"，"三辅郡县堡壁及四山氐、羌归坚者四万余人"。（《十六国春秋·前秦录七》）后秦时，"西州豪族尹祥、赵曜、王钦卢、牛双、狄广、张乾等率五万余家，咸推苌为盟主。"（《晋书·姚苌传》）坞堡有大有小，按所聚人户计，少则数十家，多则上千家，甚至数千家，一般以三四百户、二千人左右者居多。而这些追随宗主进入坞堡以及后来依附投靠来的人众，就逐渐成为坞堡主的部曲、田客和依附民。

这些坞堡兼具军事和经济功能，成为与各割据政权对立的力量。所以，十六国期间，各个割据政权都试图消灭这些坞堡。如刘渊建国后，以石勒等攻"魏郡、顿丘诸垒壁，多陷之"（《晋书·石勒载记上》）；刘曜等"周旋梁、陈、汝颍之间，陷垒壁百余"（《晋书·刘聪载记》）；前燕时，上党、上郡等地有"垒壁三百余"，仅石贤所率降于慕容儁者就有"垒壁百三十八"（《晋书·慕容儁载记》）之多。西晋末年及至整个十六国时期，北方地区战乱不止，豪强坞壁迅速发展，灭而复生，绵延不绝，成为这个时代的典型特征。

坞堡最初以自卫目的出现，因而具有军事防御性功能，同时也是生产自给性的耕战结合组织。这是由于长期战乱严重破坏了社会正常生产和生活秩序，国家政权无法提供公共安全和保护，各地方不得不起而自保和自存，不仅组织起来而且武装起来。如两晋时庾衮建坞壁于有"九州之绝险"之称的大头山，"而田于其下"；(《晋书·庾衮传》)十六国初期李矩"表郭诵为扬武将军、阳翟令，阻水筑垒，且耕且守，为灭贼之计"(《晋书·李矩传》)。祖逖在谯时，"佃于城北，虑贼来攻，因以为资，故豫安军屯，以御其外。谷将熟，贼果至，丁夫战于外，老弱获于内，多持炬火，急则烧谷而走。"(《晋书·蔡谟传》)

坞堡源于古代聚族而居的村邑，因而一般以宗族为纽带并招徕流民而成。由于聚族而居，有的坞堡就以姓氏命名。坞堡内有一套带有宗族色彩的管理体系，负责指挥防御性军事行动，并组织农业生产。这种组织有的是在原有宗族组织基础上产生的，有的则是在战乱情况下经众人推举领头人而形成的，但无不具有宗族色彩。《晋书·郭默传》："郭默，河内怀人，少微贱，以壮勇事太守裴整，为督将。永嘉之乱，默率遗众自为坞主。流人依附者甚众。"《晋书·李矩传》："李矩，平阳人。及长为吏，送故县令于长安。刘元海攻平阳，百姓奔走，矩素为乡人所爱，乃推为坞主，东屯荥阳，后移新郑。……招怀离散，远近多附之。"在没有国家组织的情况下，坞主自然成为一堡之主，坞堡全体族众的生命安全和生产生活，全靠坞主做主决策。所以，坞主拥有全坞的军权、财权以及生杀大权。这样，坞主的个人品格和能力就具有决定性作用。

2. 北魏：孝文改革

北方十六国大多是昙花一现的政权，统治者像走马灯一样不断地变换，尽管也采取过一些变革措施，取得暂时的政绩，但毕竟由于缺乏制度文化基础而不能持久。然而，在这一系列变换之中，起源于东北的鲜卑族经历几代人的努力，最终建立了统一北方的政权，即北魏。北魏政权统一了北部，占据了中原，在一定时期里吸收了汉族文化，并开始实施一系列制度变革，其中最为显著的就是孝文改革。

继前燕崛起的鲜卑部族是拓跋珪及其后人。他们也采取前燕的人口和土地政策，因而吸收了大批人口。拓跋珪实行"计口授田"政策，以招徕流民到京师地区从事农业。拓跋嗣时也实行"计口授田"。《魏书·太宗纪》载："永兴五年(413年)七月，奚斤等破越勒倍尼部落于跋那山西，获马五万匹，牛二十万头，徙二万余家于大宁，计口授田。"这种人口和土地政策，实际上是北魏实行大规模均田制度的先试阶段。

到了北魏孝文帝时期，国势已经有所发展，中原制度为鲜卑人所了解，鲜卑族和汉族人民有一定的融合。在这种情况下，孝文帝开始实行较大改革，一方面学习中原制度，以革除鲜卑旧俗；另一方面采用鲜卑制度，以改造中原旧制。

第一，班禄制度。自拓跋珪开国以后，草原民族的习性未改，战争和掠夺成为他们获取财富的主要手段。所以，北魏各级官吏皆无俸禄。太和八年(484年)六月，孝文帝下达"班俸禄"诏书。规定在原来的户调之外，"户增调三匹、谷二斛九斗，以为官司之禄"。内外百官皆以品秩高下确定俸禄的等次。还规定，"禄行之后，赃满一匹者死。"为了切实贯彻俸禄制，孝文帝和冯太后还派使者分巡各地，纠举食禄之外犯赃者。太和八年九月间，孝文帝的舅舅，时任秦益二州刺史的李洪之，因贪暴无度，被令在家自裁。史载："洪之素非廉清，每多受纳。时高祖始建禄制，法禁严峻，司察所闻，无不穷纠。遂锁洪之赴京。高祖临大华，庭集群官，有司奏洪之受赃狼藉，又以酷暴。高祖亲临数之，以其大臣，听在家自裁。"（《魏书·李洪之传》）此外，四十余地方官员因坐赃而被处死。经此整饬，北魏吏治大有改观，贪赃受贿者也大有收敛。

第二，均田制度。北魏的均田由其前期在代北实行的计口授田制度演变而来。西晋末年，中国北方在长期战乱之后，户口流散，土地荒芜，国家赋税受到严重影响。为迅速恢复生产和保证国家赋税来源，北魏孝文帝于太和九年（485 年）颁布均田令。均田制的主要内容：（1）露田。"诸男夫十五以上受露田四十亩，妇人十二亩，奴婢依良。丁牛一头，受田三十亩，限四牛。所受之田率倍之，三易之田再倍之，以供耕作及还受之盈缩。"（《魏书·食货志》）（2）桑田。男子授桑田 20 亩，"诸桑田皆为世业，身终不还。恒从现口，有盈者无受无还，不足者受种如法。盈者得卖其盈，不足者得买所不足。不得卖其分，亦不得买过所足。"（《魏书·食货志》）桑田世业，不必还官，但要在三年内种上规定的桑、榆、枣树。不宜种桑的地方，产麻地男子授麻田 10 亩，妇人 5 亩，年老及身死后还田。（3）贵族和官僚可以通过奴婢和耕牛另外获得土地。奴婢受田额与良民同。耕牛每头受露田三十亩，一户限四头。地方官吏"各随地给公田，刺史十五顷，太守十顷，治中、别驾各八顷，县令、郡丞六顷。更代相付。卖者坐如律"（《魏书·食货志》）。北魏均田制施行后，广大农民获得了土地，尽管土地仍属国有，但毕竟取得了耕种权，他们成了国有土地上的"自耕农"。均田制度下没有地主的地租剥削，只负担国家的赋税，因而在很大程度上减轻了负担，从而调动了广大农民的生产积极性，成为北魏经济恢复和发展的重要基础。

第三，三长制度。西晋末年，大规模战乱导致人口大量流散，原有的乡里组织丧失控制居民的职能，人民在流徙过程中"多庇大姓以为客"，促进了"荫附"关系的发展，从而产生控制大量依附民的"宗主"或"坞主"。北魏前期，为了稳定统治，便于征徭征税，政府承认宗主对于包荫户的控制，以世家大族为宗主，督护百姓，以替代地方基层政权，于是形成"宗主督护制"。魏孝文帝元宏改革时，采纳给事中李冲建议，于太和十年（486 年）建立三长制，以取代宗主督护制，规定："五家立一邻长，五邻立一里长，五里立一党长，长取乡人强谨者。邻长复一夫，里长二，党长三。所复复征戍，余若民。三载亡愆则陟用，陟之一等。"（《魏书·食货志》）三长直属州郡，原荫附于豪强的荫户也将成为国家的编户。三长制与均田制相辅而行，三长的职责是检查户口，征收租调，征发兵役与徭役。三长制扩大了政府对农民的控制。《魏书·李冲传》记载："旧无三长，惟立宗主督护，所以民多隐冒，五十、三十家方为一户。"这些规定也被后来的东魏和北周沿袭下来。

3. 西魏：宇文改革

北魏亡国后分为东魏和西魏。东魏历史短暂，在政治经济等方面没什么建树，很快被北齐取代。西魏文帝时，宇文泰辅政，开始进行较大规模的改革。宇文泰改革是北魏孝文改革的延续，但较之孝文改革更加系统。

第一，改革军制，创建府兵。宇文泰在鲜卑八部制基础上建八柱国：其中宇文泰为柱国之首，元欣因为地位尊崇挂名，实际上是六柱国各辖两个大将军，共十二大将军；每个大将军下有两个开府，共二十四开府；每个开府下有两个仪同，共四十八仪同。一个仪同领兵千人，一个开府领兵两千，一个大将军领兵四千，一个柱国大将军领兵八千，六柱国合计有兵四万八千人左右。这支军队就是所谓的府兵。府兵制的根本特点是亦兵亦民，平战结合。府兵制主要是把乡兵和增募豪右纳入六柱国统领系统之内，构成一个新的军事体系。

第二，改革官制，整顿吏治。西魏恭帝三年（556年）正月，宇文泰令卢辩仿周礼更改官制，设置六官，即天官、地官、春官、夏官、秋官、冬官六府，宇文泰为太师、大丞相；李弼为太傅、大司徒；赵贵为太保、大宗伯；独孤信为大司马，于谨为大司寇；侯莫陈崇为大司空。其他官职也都仿《周礼》创设，但并不是将秦汉官制一概废除，而是参照使用，尤其是地方官职仍行秦汉旧法而不变。宇文泰在改革官制之际，将地方官吏任免之权收归中央，加强中央集权。

第三，恢复均田，劝课农桑。到西魏时期，孝文帝创建的均田制已经遭到破坏，宇文泰恢复均田制，使那些由于土地兼并、战乱、天灾而丧失土地的农民重新获得了土地。与北魏比较，西魏的均田制变化不大，但对役制做了较大的调整，主要是将服役年龄从十五岁改为十八岁，服役时间则根据年成丰歉而定，丰年不超过一月，中年不超过二旬，下年不超过十天，这就使役期大为缩短。还规定每户农家服役者限于一人，避免过多地动用民力，妨碍农业生产。

第四，建立户籍制度和计账制度。预定次年徭役概数的计账之法，以求赋役的征发较为合理，还对绢的长度作了统一规定，以四十尺为一匹。宇文泰明确规定了地方官吏在发展生产方面的职责。每到岁首，州县长官必须督促百姓，无论少长，但能操持农器者，皆令就田，务必不失农时。对于那些游手怠惰，好逸恶劳，不事生产者给予处罚。由于宇文泰衡量牧守政绩的标准之一就是劝课农桑，因此地方官吏大都重视农桑生产，经济逐渐发展，出现了仓廪充实的小康局面。

大定二年（556年）宇文泰去世。次年，其子宇文觉受禅登基，建立北周。武成二年（560年）四月，权臣宇文护发动政变，立十七岁的宇文邕为帝，是为周武帝。宇文邕继位后，继承宇文泰的改革政策，"修富国之政，务强兵之术"，为国家统一奠定了基础。

第一，严刑峻法，整顿吏治。周武帝继位后，立即采取措施加强皇权，整顿吏治，以实现政治清明。他制定"刑书要制"，实行严刑峻法，规定："持杖群强盗一匹以上，不持杖群强盗五匹以上，监临主掌自盗二十匹以上，小盗及诈伪请官物三十匹以上，正长隐五户及十丁以上、隐地三顷以上者，至死。刑书所不载者，自依律科。"（《周书·武帝纪下》）一旦发现贪赃枉法的官吏，即给予惩治。

第二，打击世族，释放奴婢。世族势力制约皇权，影响国家赋税，同样构成北朝的社会问题。周武帝严禁世族地主占地荫户，规定凡"正长隐五户及十丁以上，隐地三顷以上者，至死"（《周书·武帝纪下》）。这一法令可以说是从北魏孝文帝创置三长以来，对大地主荫护土地人口最严厉的一次法令。与此同时，还采取释放奴婢的措施。保定五年（565年）周武帝下诏："江陵人年六十五以上为官奴婢者，已令放免。其公私奴婢，有年至七十以外者，所在官司赎为庶人。"（《周书·武帝纪上》）建德六年（577年）下诏："自伪武平三年以来，河南诸州之民为齐破掠为奴婢者，不问官私，并宜放免。"同年又下诏："自永熙三年（534年）七月以来去年十月以前，东土之民被抄略在化内为奴婢者，及平江陵之后良人没为奴婢者，并宜放免，所在附籍，一同民伍。"（《周书·武帝纪下》）次年，又下令释放豆卢宁攻打江南武陵等地所俘"民庶为人奴婢者"成为百姓。

第三，毁灭佛寺，发展经济。由于佛教的发展，大量的社会财富被浪费，大批国家编户被剥夺。"求兵于僧尼之间，取地于塔庙之下。"（《广弘明集》卷第二十四）建德三年（574年）五月下诏，"初断佛、道二教，经像悉毁，罢沙门、道士，并令还民。并禁诸淫祀，礼典所不载者，尽除之。"建德六年（577年），针对继续发展的佛教实体，周武帝大举灭佛，毁寺4万，强迫300万僧、尼还俗，相当于当时总人口数十分之一的人重新成为国家编户，使寺院占有的大量人口开始向国家纳税服役。与此同时，周武帝重视农业发展，广辟农田，兴修水利，于"蒲州开河渠，同州开龙首渠，以广灌溉"。保定元年（561年）宣布"更铸钱，文曰布泉，以一当五，与五铢并行"（《周书·武帝纪上》）。为便利商业发展，周武帝还"议定权衡度量，颁于天下"（《周书·武帝纪下》）。

4. 北朝世族的形成

永嘉之乱后，西晋世族大批南渡。但由于与西晋王室的关系紧密程度不同以及地理条件不同，河南诸州的世族大部分随王南渡，而河北和关中世族则大都留在北方。这些留在北方的世族，为了维护其自身的经济和政治地位，不得不与新政权合作；另一方面，新建立的北方政权也需要世族势力的支持。因此北方各个新政权大都承认魏晋时期形成的世族特权，起用高门世族任职为官。因而，北方世族成为新政权的统治基础。

但西晋旧世族的地位仍不能与新政权本族贵族等同。如北魏崔浩改革所征辟的诸人中很少是魏晋高门，而大都是父祖显达于燕魏之际的当地大姓豪强。北魏太和十九年（495年），孝文帝诏定姓族，名义上是在鲜卑和汉姓中同时进行，但《魏书·官氏志》只载评定鲜卑姓族的诏书，其中具体规定了列入姓或族的先世官爵标准，并没有提到汉姓。事实上，各个世族的门第高低，仍是以北魏本朝官爵为标准，魏晋旧门只是参考条件而已。正是按照以当代官爵为重的原则，西晋时还被认为寒门的陇西李氏，魏晋时并无人物的赵郡大姓李氏得以和清河崔氏、范阳卢氏等并列为全国性的"盛门"。这次诏定姓族将鲜卑八姓改为汉姓，定为高门，与崔、卢、李、郑四姓通婚。在政治上任用官吏专崇门品，形成"以贵承贵，以贱承贱"的风气，庶族地主凭才干虽能取得官位，却无法升位世族。至此，中国北部也实现了世族统治。

由于北魏的世族大部分起源于关中和陇西一带，故史称关陇贵族。其后经西魏、北周，得到了逐步的发展。盛极一时的西魏八大柱国、十二大将军就是关陇贵族的典型代表。新的世族贵族们大多源于他们本族的旧贵族，缺少中原世族的文化修养，也较少中原世族的陋习。进入中原以后，他们向中原世族学习文化，当然也就不可避免染上中原世族的陋习。这就是北方世族的"南朝化"。尽管如此，北方世族仍保留着不少游牧民族遗风，强悍好勇，多质少文，所以，当南朝世族走向衰亡之际，北朝世族却保持着较强的生命力。这种生命力被后世隋唐继承，成为隋唐盛世的重要原因。

第二节　食货之国计

一、田制与赋役

魏晋南北朝时期，中国的田制比较混乱。一方面，中原地区经历了汉代的土地兼并，而长期的战争又造成大量人口流亡和土地荒废；另一方面，经十六国战乱冲击，原有的土地制度和秩序被打乱和破坏。在这样的历史背景下，各个政权根据自己的国情，进行了各种土地制度创设，从而产生了历史上最为纷繁复杂的土地制度。总的来看，魏晋南北朝期间，大致存在三种新的土地制度创设：第一是各朝都存在的屯田，其性质是国有土地；第二是占田，是国家为主体的土地制度创设，土地性质是私有土地；第三是均田，源于鲜卑族氏族公社的土地制度，其性质是共有土地。而在这三种土地制度下，各个政权也进行了各自的赋役制度创设。

1. 魏晋时期

汉末到曹魏时期，主要的田制变化是屯田制度。就土地制度来说，屯田土地应是国有土地。但是这些国有土地大多并非荒地，而是因战争造成人口减少和人口流散所产生的。大量人口流亡，脱离了土地，造成人地分离，从而导致生产停顿，粮食紧缺，饥荒严重。与汉末土地兼并和土地集中不同，当时的情况是闲散土地大量存在而劳动力缺乏。所以，国家采取屯田方式，使得流散人口与闲置土地结合，使再生产得以进行。

曹操在许昌一带募民屯田，如用官牛耕田，政府与佃户六四分成，自持私牛则五五分成。屯田佃户可免除徭役。而对非屯田的编户农民，规定每亩收田租四升。献帝建安五年（200年），曹操在兖、豫两州征收户调，九年正式颁布户调令，规定每户征收绢2匹、绵2斤，此外不再摊派其他实物。以当时亩收三斛计，每亩纳田租四升并加绢绵，农民负担并不算太重。在连年战争的情况下，曹操之所以能够对一般民户收取较低的赋税，还是由于大规模屯田能够解决很大一部分军粮。《晋书·食货志》：

> 魏武之初，九州云扰，攻城掠地，保此怀民，军旅之资，权时调给。于时袁绍军人皆资椹枣，袁术战士取给嬴蒲。魏武于是乃募良民屯田许下，又于州郡列置田官，岁有数千万斛，以充兵戎之用。及初平袁氏，以定邺都，令收田租亩粟四升，户绢二匹而绵二斤，余皆不得擅兴，藏强赋弱。

晋武帝实现国家统一后，制定户调之式。《晋书·食货志》：

> 丁男之户，输绢三匹，绵三斤，女及次丁男为户者半输。其诸边郡或三分之二，远者三分之一。夷人输賨布，户一匹，远者或一丈。

同时还制定占田课田方法。《晋书·食货志》：

> 男子一人占田七十亩，女子三十亩。其外丁男课田五十亩，丁女二十亩，次丁男半之，女则不课。男女年十六已上至六十为正丁，十五已下至十三、六

十一已上至六十五为次丁，十二已下六十六已上为老小，不事。远夷不课田者输义米，户三斛，远者五斗，极远者输算钱，人二十八文。

户调之式和占田课田制对世族官僚给予极大的优惠，包括官品占田和荫亲、荫族、荫客，所有荫户均可免除赋役。《晋书·食货志》：

其官品第一至于第九，各以贵贱占田，品第一者占五十顷，第二品四十五顷，第三吕四十顷，第四品三十五顷，第五品三十顷，第六品二十五顷，第七品二十顷，第八品十五顷，第九品十顷。而又各以品之高卑荫其亲属，多者及九族，少者三世。宗室、国宾、先贤之后及士人子孙亦如之。而又得荫人以为衣食客及佃客，品第六已上得衣食客三人，第七第八品二人，第九品及举辇、迹禽、前驱、由基、强弩、司马、羽林郎、殿中冗从武贲、殿中武贲、持椎斧武骑武贲、持鈒冗从武贲、命中武贲武骑一人。其应有佃客者，官品第一第二者佃客无过五十户，第三品十户，第四品七户，第五品五户，第六品三户，第七品二户，第八品第九品一户。

东晋初赋税沿用西晋旧制，只有数量上的变化。晋成帝咸和五年（330 年）实行"度田收租制"，规定亩收十分之一，每亩税米三升。孝武帝司马曜太元二年（377 年），除"度定田收租之制"，规定王公以下口税三斛，唯蠲在身之役。八年，又增税米，口五石。（《晋书·食货志》）另外还有供给郡县官吏的秩禄所需"禄米"二石。这样，所需缴纳的田租总额共计每丁七石，较前朝更重。东晋户调制规定"丁男调布、绢各二丈，丝三两、绵八两、禄绢八尺、禄绵三两二分"，丁女则照上述减半收取。总的来看，东晋丁男租调共计租米七石，布二丈、绢二丈八尺、丝三两、绵十一两二分。此外，尚有很多摊派，如"修城钱""送故钱""商税""过津费"等。如此重负迫使人们采取各种方式逃避，如有人故意自残或削发为僧，或依附世族地主而成为荫户。东晋的徭役，"男丁每岁役不过二十日"，还有"十八人出一运丁"的漕运之役。（《隋书·食货志》）

东晋赋役制度存在两项重大的缺陷。一是王公贵族和豪强大户可以设法逃匿田租，其所庇荫户也可以免除课役。此项政策导致穷困民户主动投身于世族地主，成为他们的荫户，这就进一步导致国家编户的减少。二是政府对南渡的侨民给予免税待遇。在南渡初期，他们不能占据南方地主和农民的土地，只能占据荒地和山林以拓垦。政府体谅他们的困难并鼓励他们的拓垦行为，宣布可任意"乐输"，并无规定数量。《隋书·食货志》："浮浪人，乐输亦无定数，任量准所输，终优于正课焉。"至哀帝时，桓温下令"土断"，各类侨民需编入当地户籍，这就需要对政府纳税和承担徭役。不过"土断"遭到侨姓世族和侨民的反对，断断续续，很难彻底完成。

2. 南朝时期

南朝时，基本沿用两晋的田制和赋役制度，并无创新和改进，主要的调整就是通过各种方式的"土断"与世族争夺纳税人口。尽管并不成功，但每次"土断"都能在一定程度上增加纳税人口，从而使财政状况有所好转。而每在这种情况下，政府就会适当减轻人民的赋税负担，社会经济就会恢复和发展。这是南朝期间政治经济的基本特点。

宋武帝刘裕出身寒族，知民间疾苦，也试图有所作为。因此，刘裕主政和在位期间，大力整饬赋役，以减轻人民负担，提高政府收入。义熙八年（412年），刘裕克江陵，下书曰：

> 凡租税调役，悉宜以见户为正。州郡县屯田池塞，诸非军国所资，利人守宰者，今一切除之。州郡县吏，皆依尚书定制实户置。台调癸卯梓材，庚子皮毛，可悉停省，别量所出。巴陵均折度支，依旧兵运。原五岁刑已下，凡所质录贼家余口，亦悉原放。（《宋书·武帝纪中》）

义熙十一年（415年），免除荆州、雍州人民租税，又对以前避重役而自伤残的人士免除了冶铁的劳役。永初二年（421年）下令限制地方政府滥征兵役，使兵户减少，人民可专心耕种。宋文帝刘义隆继承刘裕的赋役政策，于元嘉元年（424年）下诏减荆州、湘州租调之半。所以说，从义熙到元嘉40多年间，是南朝史上赋役最轻的一段日子。但是，宋文帝两次北伐失败，国力消耗很大，导致国用不足，于是赋税又开始增加。

南齐高帝试图通过"却籍"增加纳税人口。通过两方面努力，政府的财政状况有了明显的好转。在这种情况下，政府考虑解决官员俸禄的办法，以制约官员的贪腐搜刮行为，减轻农民负担。《通典·食货五》：

> （齐）武帝时，豫章王嶷上表曰："宋氏以来，州郡秩俸及杂供给，多随土所出，无有定准。夫理在彝均，政由一典。伏寻郡县长尉俸禄之制，虽有定科，而其余资给，复由风俗，东北异源，西南各序，习以为常，因而弗变。顺之则固匪通规，澄之则靡不入罪。岂约法明章，先令后刑之谓也。臣谓宜使所在，各条件公田秩俸迎送旧典之外，守宰相承，有何供课。尚书精加勘覆，务存优衷，事在可通，随宜颁下，四方永为恒制。"帝从之。

但事实证明其作用是十分有限的。

3. 北朝时期

北魏正式实行均田和赋税改革是在孝文帝时期。孝文帝改革的第一步是建立班禄制度，就是说政府要给官员支付俸禄。为此政府就不得不增加租调。《魏书·食货志》：

> 太和八年，始准古班百官之禄，以品第各有差。先是，天下户以九品混通，户调帛二匹、絮二斤、丝一斤、粟二十石；又入帛一匹二丈，委之州库，以供调外之费。至是，户增帛三匹，粟二石九斗，以为官司之禄。后增调外帛满二匹。所谓各随其土所出。

要保证租调收入的稳定，必须有稳定的土地制度。太和九年（485 年），下诏均给天下民田：

> 诸男夫十五以上，受露田四十亩，妇人二十亩，奴婢依良。丁牛一头受田三十亩，限四牛。所授之田率倍之，三易之田再倍之，以供耕作及还受之盈缩。

太和十年（486 年）依据给事中李冲建议颁行租调制：

> 一夫一妇帛一匹，粟二石。民年十五以上未娶者，四人出一夫一妇之调；奴任耕，婢任绩者，八口当未娶者四；耕牛二十头当奴婢八。其麻布之乡，一夫一妇布一匹，下至牛，以此为降。大率十匹为工调，二匹为调外费，三匹为内外百官俸，此外杂调。民年八十已上，听一子不从役。孤独癃老笃疾贫穷不能自存者，三长内迭养食之。（《魏书·食货志》）

但是后来渐至滥恶，不依尺度。孝文帝延兴三年（473 年）秋，更立严制，令一准前式，违者罪各有差。这实际上是重申租调标准并严格执行。

北齐"始立九等之户，富者税其钱，贫者役其力。后南征，频岁陷没，士马死者以数十万计。重以修创台殿，所役甚广，兼并户口，益多隐漏"。户口隐漏的原因之一是当时有"未娶者输半床租调"的规定。不少人借此偷逃赋税，如"阳翟一郡，户至数万，籍多无妻"，以致"户口租调，十亡六七"。（《通典·食货五》）由于政府"用度转广，赐予无节，府藏之积，不足以供，乃减百官之禄，彻军人常廪，并省州郡县镇戍之职"。这些"节流"措施并没有产生效果，而减少官员和军人俸禄不仅影响效率而且丧失人心。为了整顿赋税，政府再次实行均田并出台新的赋役政策。《通典·食货五》：

> 河清三年，定令：乃率以十八受田，输租调，二十充兵，六十免力役，六十六退田，免租调。率人一床，调绢一匹，绵八两，凡十斤绵中折一斤作丝，垦租二石，义租五斗。奴婢各准良人之半。牛调二尺，垦租一斗，义租五升。垦租送台，义租纳郡，以备水旱。垦租皆依贫富为三泉。其赋税常调，则少者直出上户，中者及中户，多者及下户。上泉输远处，中泉输次远，下泉输当州仓。三年一校。租入台者，五百里内输粟，五百里外输米。入州镇者，输粟。人欲输钱者，准上绢收钱。

新的均田和赋役政策，自然是增加了民户和丰富了赋税之源，有利于国用。但"是时频岁大水，州郡多遇沉溺，谷价腾踊，朝廷遣使开仓以粜之，而百姓无益，饥馑尤甚矣"。随着战事频繁，国用增加，而财政收入增加有限，"劳役钜万，财用不给"，后主天统中，再次"减朝士禄料，断诸曹粮膳及九州军人常赐以供之"。但仍不能解决问题，不得不进一步增加赋税。"武平之后，权幸并进，赐予无限，乃料境内六等富人，调令出钱。"（《文献通考·田赋考》）所以百姓负担日益加重。

后周文帝宇文泰时，重建均田制，并在此基础上调整赋役制度。这次改革，授田和租调变化不大，但对役制做了较大调整，对服役年龄、时间、人数都作了重新规定。《通典·食货五》：

> 凡人自十八至六十四，与轻疾者，皆赋之。其赋之法：有室者，岁不过绢一匹，绵八两，粟五斛；丁者半之。其非桑土，有室者，布一匹，麻十斤；丁者又半之。丰年则全赋，中年半之，下年一之，皆以时徵焉。若艰凶札，则不徵其赋。司役掌力役之政令。凡人自十八至五十九，皆任于役。丰年不过三旬，中年则二旬，下年则一旬。起徒役，无过家一人。有年八十者，一子不从役；百年者，家不从役；废疾非人不养者，一人不从役。若凶札，又无力征。

役制的调整主要是改变了过去"一刀切"的办法，规定了各种免役政策，并且结合农时和社会经济状况，有利于农业生产的恢复和发展。

二、官营与征榷

1. 盐铁

东汉时盐铁官改属郡县，政府主要负责向煮盐者征税，不直接经营盐业生产。

曹魏时期实行盐铁官营政策，以"盐铁之利，足赡军国之用"。建安四年（199年）曹操"遣谒者仆射监盐官，移司隶校尉居弘农"。太和二年（228年），魏明帝又以徐邈为凉州刺史，"修武威、酒泉盐池"，进一步扩大池盐生产范围，再度充实了曹魏的官营盐业生产。蜀汉也实行盐铁官营政策。《三国志·蜀书·王连传》载，刘备入蜀之初任王连为"司盐校尉，较盐、铁之利，利入甚多，有裨国用"。《三国志·蜀书·吕乂传》："先主定益州，置盐府校尉，较盐、铁之利。"刘禅统治时期也延续了这一政策。

西晋统一后，继续推行盐铁官营政策。《晋令》："凡民不得私煮盐，犯者四岁刑期，主吏二岁刑。"东晋元帝太兴三年（320年）诏令"严设煮盐之法，造私盐者以半与之"。这就是说，允许造煮私盐，只需缴纳一半的盐税。南朝陈时的盐业政策有所转变。《文献通考·征榷考二》："陈文帝天嘉二年（561年），太子中庶子虞荔、御史中丞孔奂以国用不足，奏立煮海盐税，遂从之。"这样，盐业政策即由官营控制、严禁私煮转变为允许私煮、征收盐税。

北魏盐政经历或弛或禁的反复，最后仍采取了专营模式。《魏书·食货志》：

> 河东郡有盐池，旧立官司以收税利，是时罢之，而民有富强者专擅其用，贫弱者不得资益。延兴末，复立监司，量其贵贱，节其赋入，于是公私兼利。世宗即位，政存宽简，复罢其禁，与百姓共之。共国用所须，别为条制，取足而已。

但是盐业开放以后，豪强大家利用自己的政治经济优势，垄断盐业生产，国家和百姓并未受益，所以朝廷又建议恢复专营政策。《文献通考·征榷考二》：

> 魏自弛盐禁之后，官虽无榷，而豪贵之家复乘势占夺，近池之人又辄障吝。神龟初，太师高阳王雍，太傅清河王怿等奏，请依先朝，禁之为便，于是复置监官以监检焉。其后更罢更立，至于永熙。自迁邺后，于沧、瀛、幽、青四州之境，傍海煮盐。沧州置灶一千四百八十四，瀛州置灶一百五十二，幽州置灶一百八十，青州置灶五百四十六，又于邯郸置灶四，计终岁合收盐二十万九千七百八斛四斗。军国所资，得以周赡矣。

后周基本延续北魏的政策。《文献通考·征榷考二》："后周文帝霸政之初，置掌盐之政令，一曰散盐，煮海以成之；二曰监盐，引池以化之；三曰形盐，掘地以出之；四曰饴盐，于戎以取之。凡监盐每池为之禁，百姓取之皆税焉。"

2. 榷酤

《三国志·吴书·顾雍传》记载，孙权统治时期，吕壹"为中书，典校诸官府及州郡文书"时，"渐作威福，遂造作榷酤、障管之利"。榷酤是指对酒实行官府专卖或课取酒税，"障管"即由官府控制山林川泽，从而课取鱼税、盐税及铁税。

两晋南北朝时，间或实行酒专卖，但基本上是征税。南朝基本上是实行酒税政策，并未出现过专卖。东晋太元八年（383 年）十二月，东晋除酒禁，同时增加米税，每口五石。这是自东汉建安时曹操严令酒禁以来第一次开禁。宋文帝时，扬州大水，主簿沈亮建议禁酒。"陈文帝时，虞荔以国用不足，奏立榷酤之科。天嘉二年从之。"（《文献通考·征榷考四》）由于自然灾害导致粮食紧张而实行榷酤政策是正常之举，各朝多有发生。但为了增加财政收入而实行酤酒政策，则是不得人心的。十六国期间，由于战争频繁，粮食奇缺，有的政权实行榷酤政策，禁止酿酒。后赵石勒"以百姓始复业，资储未丰，于是重制禁酿，郊祀宗庙皆以醴酒，行之数年，无复酿者"（《晋书·石勒载记》）。北魏明帝正光年后，国用不足，有司奏断百官常给之酒，计一岁所省米五万三千五十四斛九斗，蘖谷五千九百六十斛，面三十万五百九十九斤，其四时郊庙、百神郡祀依式供营，远蕃客使不在断限。（《文献通考·征榷考四》）"断百官常给之酒"实际上是一种"节流"方式，在于减少政府给予百官的吃酒费。

3. 杂征

延康元年（220 年），魏文帝曹丕始征关津之税，为通关货值的十分之一。《三国志·魏志·文帝纪》延康元年二月条注引《魏书》载庚戌令曰："关津所以通商旅，池苑所以御灾荒，设禁重税，非所以便民。其除池禁之禁，轻关津之税，皆复什一。"东吴诸葛恪拜太傅，"罢视听，息校官，原逋责，除关税，事崇恩泽，众莫不悦。恪每出入，百姓延颈思见其状"（《三国志·吴书·诸葛恪传》）。魏明帝时，"度支经用，更每不足，牛肉小赋，前后相继"（《三国志·魏书·高堂隆传》）。西晋实现全国统一后，一度对这类杂税进行清理，但效果不佳。

东晋的商税主要有"估税"，包括买卖契约税和贸易税；关津税，即商品流通税；另外还有"桁渡"税、牛棣税和"市租"等，"桁渡"税即额外的关津之税。《隋书·食货志》：

> 晋自过江，凡货卖奴婢马牛田宅，有文券，率钱一万，输估四百入官，卖者三百，买者一百。无文券者，随物所堪，亦百分收四，名为散估。历宋齐梁陈，如此以为常。以此人竞商贩，不为田业，故使均输，欲为惩励。虽以此为辞，其实利在侵削。又都西有石头津，东有方山津，各置津主一人，赋曹一人，直水五人，以检察禁物及亡叛者。其获炭鱼薪之类过津者，并十分税一以

入官。其东路无禁货，故方山津检察甚简。淮水北有大市百余，小市十余所。大市备置官司，税敛既重，时甚苦之。

南朝还有所谓"修城钱"以及"塘丁"之课。晋、宋旧制，受官二十日，辄送修城钱二千。齐武帝即位，将此项费用废除。齐武帝时，王敬为东扬州刺史，以会稽边带湖海，人无士庶，皆保塘陂，敬则以功力有余，悉详敛为钱，以送台库。竟陵王子良认为：

> 塘丁所上，本不入官。良由陂湖宜壅，桥路须通，均夫计直，人自为用。若甲分毁坏，则年一修改；乙限坚牢，则终岁无役。今乃通课此直，悉以还台，租赋之外，更生一调。致令塘路崩芜，湖源泄散，害人损政，实此为剧。建元初，军用殷广，浙东五郡，丁税一千，乃质卖妻子，以充此限。所遗尚多，寻蒙蠲原。而此等租课，三分遗一，明知徒足扰人，实自弊国。愚谓课塘丁一条，宜还复旧。（《通典·食货十一》）

宋文帝元嘉二十七年（450 年），"魏师南侵，军旅大起，用度不充。王公、妃主及朝士、牧守，各献金帛等物，以助国用，下及富室小人，亦有献私财数千万者。扬、南徐、兖、江四州富有之家赀满五十万，僧尼满二十万者，并四分借一，过此率计，事息即还"（《文献通考·征榷考六》）。

十六国期间，北方陷入混战状态，商业极度衰落。后赵石虎时，"解西山之禁"，但"蒲苇、鱼、盐"仍有"岁供"。（《晋书·石季龙载记》）后秦姚兴时期，"兴以国用不足，增关津之税，盐竹山木皆有赋焉"（《晋书·姚兴载记》）。到北魏后期，由于商业与手工业有所恢复和发展，新都洛阳已有专供商贾贸易的固定市区，政府开始征收包括商税在内的杂税。《魏书·食货志》云：孝昌二年（526 年）冬，"税市，入者人一钱，其店舍又为五等，收税有差"。北齐和北周各种杂征也不少。《文献通考·征榷考一》：

> 北齐黄门侍郎颜之推奏请立关市邸店之税，开府邓长颙赞成之，后主大悦。于是以其所入以供御府声色之费，军国之用不在此焉。税僧尼令曰："僧尼坐受供养，游食四方，损害不少，虽有薄敛，何足为也！"后周闵帝初，除市门税。及宣帝即位，复兴入市之税，每人一钱。

三、市籴与常平

司马氏取得政权后，正值战乱稍稍平息，经济正在恢复，谷贱而布帛贵，晋武帝试图通过平籴法调节市场。但政府缺乏经济实力，以贵易贱，恐怕达不到预期效果，此议遂被搁置。太康四年（283 年），"乃立常平仓，丰则籴，俭则粜，以利百姓"（《晋书·食货志》）。齐武帝时始设常平仓。《文献通考·市籴考二》：

> 齐武帝永明中，天下米谷布帛贱，上欲立常平仓，市积为储。六年，诏出上库钱五千万，于京师市米，买丝、绵、纹绢、布。扬州出钱千九百一十万，南徐州二百万，各于郡所市籴。南荆河州二百万，市丝、绵、纹绢、布、米、大麦。江州五百万，市米、胡麻。荆州五百万，郢州三百万，皆市绢、绵、布、米、大小豆、大麦、胡麻湘州二百万（今长沙），市米、布、蜡。司州二百五十万，西荆河州二百五万，南兖州二百五十万，雍州五百万，市绢、绵、布、米。使台传并于所在市易。

北魏承袭汉魏制度，建常平市籴。《文献通考·市籴考二》：

> 后魏孝庄时，秘书丞李彪上奏曰："今山东饥，京师俭。臣以为宜折州郡常调九分之二，京师都度支岁用之余，各立官司，年丰籴积于仓，时俭则减私之十二粜之。如此，人必力田以买官绢，又务贮钱以取官粟，年丰则常积，岁凶则直给。"明帝神龟正先之际，自徐、扬内附之后，收内兵资，与人和籴，积为边备也。北齐旧制，每年每人"出垦租二石，义租五斗，垦租送台，义租纳郡，以备水旱"。"北齐河清中，令诸州郡皆别置富人仓。初立之日，准所领中下户口数，得一年之粮，逐当州谷价贱时，斟量割当年义租充入。谷贵，下价粜之，贱则还用所籴之物，依价籴贮。"后周文帝创制六官，司仓掌辨九谷之物，以量国用。国用足，蓄其余，以待凶荒，不足则止。余用足，则以粟贷人，春颁秋敛。

四、钱法与币制

1. 魏晋货币

汉末三国时期，由于长期战乱，加上军阀割据，统一市场遭到破坏，商品货币流通受到严重阻碍。另一方面，各个割据势力在兼并战争中，为了军事，财政需要往往实行"大钱"政策，严重破坏了货币信用。《文献通考·钱币考一》：

> 先主攻刘璋，与士众约，若事定，府库、百姓，孤无取焉。及入成都，士庶皆舍干戈，赴诸库藏取宝物，军用不足，备忧之。西曹掾刘巴曰："此易

耳！但当铸直百钱，平诸物价，令吏为官市。"备从之，旬月之间，府库充实。文曰"直百"，亦有勒为五铢者，大小秤两如一焉，并径七分，重四铢。

这是刘备入蜀后首次铸钱。吴国孙权于嘉平五年（253 年）始铸大钱，一当五百，文曰"大泉五百"，径一寸三分，重十二铢。而使吏人输铜，计铸毕，设盗铸之科。赤乌元年，铸一当千大钱，径一寸四分，重十六铢。总的来看，吴蜀两国的钱币多为大钱，"直百""当千"。在这种情况下，必然出现劣币驱逐良币结果，大量足值金属货币不得不退出流通，最终退回到实物货币甚至物物交换。《通典·食货八》：

> 魏文帝黄初二年，罢五铢钱，使百姓以谷帛为市买。至明帝代，钱废谷用既久，人间巧伪渐多，竞湿谷以要利，作薄绢以为市。虽处以严刑，而不能禁也。司马芝等举朝大议，以为用钱非徒丰国，亦所以省刑，今若更铸五铢，于事为便。帝乃更立五铢钱。

西晋代魏后一直未曾铸钱，以使用汉、魏旧钱为主，兼用谷帛等实物作为交换媒介。永嘉南渡后，也沿用东吴旧钱，"轻重杂行，大者谓之'比轮'，中者谓之'四文'"（《文献通考·钱币考一》）。吴兴沈充又铸小钱，谓之"沈郎钱"。钱既不多，由是稍贵。晋安帝元兴中，桓玄辅政，议欲废钱用谷帛，实行以物易物，在朝廷引起一场争论。孔琳之持反对意见："制无用之货，以通有用之财，既无毁败之费，又省难运之苦。此钱所以嗣功龟贝，历代不废者也。"认为"救弊之术，无取于废钱"。尽管此议未得实行，但币轻货重的矛盾始终存在。

2. 南朝货币

宋文帝元嘉七年（430 年），立钱置，铸四铢钱，文曰"四铢"，重如其文。但遭遇严重盗铸，"多翦凿古钱取铜"（《文献通考·钱币考一》）。元嘉二十四年（447 年）录尚书江夏王义恭建议，以一大钱当两，以防翦凿。于是宋文帝"以货贵，制大钱，一当两"（《宋书·文帝纪》）。这种大钱是不足值的虚钱，施行不到一年便被废止。孝武孝建初年，铸四铢，文曰"孝建"，一边为"四铢"。其后稍去"四铢"，专为"孝建"。《通典·食货九》：

> 所铸钱形式薄小，轮郭不成就。于是人间盗铸者云起，杂以铅锡，并不牢固。又翦凿古钱，以取其铜，钱既转小，稍违官式。虽重制严刑，人吏官长坐死免者相系，而盗铸弥甚。百物踊贵，人患苦之。乃立品格，薄小无轮郭者，悉加禁断。

南齐继刘宋之后，经济形势严峻，一直实行货币紧缩政策，很少铸钱。南齐高帝萧道成建元四年（482 年），曾计划铸钱，但没有实行。齐武帝萧赜永明八年（490 年），派人到四川在西汉邓通铸钱的旧址鼓铸铜钱一千多万钱，后因成本过高而停止。

"梁初唯京师及三吴、荆、郢、江、襄、梁、益用钱，其余州郡则杂以谷帛交易，交、广之域则全以金银为货。"（《文献通考·钱币考一》）为弥补政府开支和军费的不足，梁武帝萧衍在建国之初即铸钱。所铸钱"肉好周郭，文曰'五铢'，重四铢三参二黍，其文则重一斤三两。又别铸，除其肉郭，谓之'公式女钱'，径一寸，文曰'五铢'，重如新铸五铢，二品并行"。但民间仍流通各种钱币，轻重不一，成色不一，大多不足值。为此，天子频下诏书，非新铸二种之钱，并不许用。而趋利之徒，私用转甚，于是更铸铁钱。而铁钱易得，并皆私铸，结果导致铁钱泛滥，物价腾贵，"交易者以车载钱，不复计数而惟论贯"（《文献通考·钱币考一》）。

陈朝铸币不多，铁钱不行，又有两柱钱及鹅眼钱，时人杂用，其价同。但两柱重而鹅眼轻，私家多镕铸，又间以锡铁，兼以粟帛为货。以后一度改铸五铢，又铸大货六铢。而岭南诸州多以钱米布交易，俱不用钱。

总的来看，南朝宋、齐、梁、陈差不多都铸轻钱，主要是为了搜刮民利。铸钱一般采取尽量少用铜的偷工减料的办法，这也就是南朝钱法紊乱、经济衰颓的原因之一。

3. 北朝货币

西晋亡国后，北方陷入极度混乱之中，原来的货币制度当然也随之瓦解。十六国各自为政，有的也各自铸钱。后赵国石勒于公元 319 年铸"丰货"钱，钱文不记重。尽管这种钱币属于乱世出品，目的是为了统治者铸轻钱创造条件，但事实上却是对称量货币制度的一个突破。成汉国汉兴年间曾铸"汉兴"钱，这是我国最早的年号钱。

北魏初期，商品货币经济落后，主要实行粟帛交换。直到太和八年（484 年）颁布实行的官用俸禄制度，仍以帛、絮、丝、粟四物为主要支付方式。孝文帝太和十九年（495 年）北魏才先后铸行"太和五铢""永平五铢"和"永安五铢"三种钱币。"太和五铢"铸行后，只流通于京师（洛阳）一带，而不入徐州、扬州之市，未能成为北朝的统一通用货币。另外，私铸盛行，劣质钱充斥，造成物价不断剧烈波动。到了宣武帝时，社会经济有了发展，钱币的使用范围比以前有所扩大，于永平三年（510 年）改铸"永平五铢"。永平钱版式复杂，大小轻重不一，大型者多为政府铸造，小型者多为民间私铸。永安五铢为孝庄帝永安二年（529 年）铸。由于北魏王朝纵容私铸，政府虽然绞尽脑汁来挽回局面，以绢匹低价出售，希望稳定币值，但是事与愿违，反而导致私铸更加泛滥。这种混乱状况一直延续到了北魏末。北齐废永安之钱，改铸常平五铢，重如其文。其钱甚贵，而制造甚精。其钱未行，私铸已兴，一二年间，即有滥恶，虽杀戮不能止。

后周之初使用魏钱。到武帝保定元年铸布泉之钱，以一当五，与五铢并行。建德三年更铸五行大布钱，以一当十，大收商贾之利，与布泉钱并行。四年，又以边境之钱，人多盗铸，乃禁五行大布不得出入四关。布泉之钱听入而不听出。五年，以布泉渐贱而人不用，遂废之。初令私铸者绞，从者远配为户。齐平以后，山东之人，犹杂用齐氏旧钱。至宣帝大成元年，又铸永通万国钱，以一当十，与五行大布、五铢，凡三品并用。这三种钱都是虚值钱，百姓都不乐于使用。

五、水利与漕运

1. 水利

魏晋南北朝时黄河和海河流域战乱频繁，导致河防严重失修，但江淮之间和长江以南地区的水利事业则有很大发展。曹魏在淮河流域大规模屯田的同时，还大规模兴修陂塘和水渠。《晋书·食货志》：

> 刘馥为扬州刺史，镇合肥，广屯田，修芍陂、茹陂、七门、吴塘诸堨，以溉稻田，公私有蓄，历代为利。贾逵之为豫州，南与吴接，修守战之具，堨汝水，造新陂，又通运渠二百余里，称为"贾侯渠"。郑浑为沛郡太守，郡居下湿，水涝为患，百姓饥乏。浑于萧、相二县兴陂堨，开稻田，郡人皆不以为便。浑以为终有经久之利，遂躬率百姓兴功，一冬皆成。比年大收，顷亩岁增，租入倍常，郡中赖其利，刻石颂之，号曰郑陂。曹魏青龙元年，开成国渠自陈仓至槐里；筑临晋陂，引汧洛溉舄卤之地三千余顷，国以充实焉。

嘉平二年（250年），刘靖在蓟城修戾陵堰、车箱渠，引㶟水（今永定河）灌溉土地万余顷。《通典·食货十》："魏齐王正始二年，宣王司马懿使邓艾行陈、项以东至寿春"。邓艾以为"田良水少，不足以尽地利，宜开河渠，可以大积军粮，又通运漕之道"。宣王司马懿听从他的意见，于是"开广漕渠，东南有事，兴众泛舟而下达于江淮。资食有储而无水害"。

孙吴也在今南京东南十五里修了娄湖，周围七里，溉田数千亩。

西晋光熙元年（306年），陈谐在今丹阳县城北作堰拦马林溪水成塘，周长一百二十里，汇集七十二条山溪水，溉田数百顷。《晋书·食货志》：（晋武帝）"十年，光禄勋夏侯和上修新渠、富寿、游陂三渠，凡溉田千五百顷。"东晋时期，在晋陵曲阿（今江苏丹阳）修建的新丰塘，溉田八百余顷；在乌程（今浙江湖州）

修建的荻塘，溉田千顷；又修复芍陂，可溉田万顷。

南朝时期，在长江中游，除南阳、襄阳地区多次修治陂堰扩大了灌溉面积外，在南昌、武昌、安陆、江陵、松滋和常德等地，也都建有农田水利工程。各地大量围垦湖田，特别是长江下游的太湖流域和安徽沿江地区圩田有显著发展。刘宋元嘉初，刘义欣镇寿春，当时"芍陂良田万余顷，堤竭久坏，秋夏常苦旱。义欣遣咨议参军殷肃循行修理。有旧沟引淠水入陂，不治积久，树木榛塞。肃伐木开榛，水得通注，旱患由是得除"（《宋书·刘义欣传》）。南齐在齐郡（今江苏六合南）"修治城郭，安集居民，垦废田二百顷，决沈湖灌溉"（《南齐书·刘怀慰传》）。南梁大通六年，夏侯夔任"豫州刺史。豫州积岁寇戎，人颇失业，夔乃帅军人于苍陵立堰，溉田千余顷。岁收谷百余万石，以充储备，兼赡贫人，境内赖之"（《梁书·夏侯夔传》）。

北魏孝文帝时，下诏在六镇、云中、河西和关内六郡修水田，既而命令在"诸州镇有水田之处，各通溉灌，遣匠者所在指授"（《魏书·高祖纪上》）。此后，北魏各地开始大兴水利。如崔亮在洛阳"修汴蔡二渠，以通边运，公私赖焉"（《北史·崔亮传》）。裴延俊任幽州刺史时，修复了范阳郡督亢渠和渔阳燕郡戾陵诸堰，"溉田百万余亩，为利十倍"（《魏书·裴延俊传》）。

2. 漕运

魏晋南北朝时期，南北对峙，战争不断，黄淮和长江中下游地区成为南北争夺的主要战场，为战争需要，各方都十分重视漕运系统的建设。曹魏多次于淮河上游偏西之地，利用汝、颍、洧、渠四水，开贾侯渠、讨虏渠、淮阳渠与百丈渠，这一运河网东南沟通江淮，便于运兵运粮、屯田积谷。孙权在建业周边开凿运河以沟通三吴之地。赤乌八年（245年），孙权"遣校尉陈勋将屯田及作士三万人凿句容中道，自小其至云阳西城，通会市，作邸阁"（《三国志·吴书·吴主传》）。这就是破岗渎运河。孙吴末年，孙皓使岑昏"凿丹徒至云阳"的运河，进行了一次大规模疏凿拓浚。西晋惠帝时，陈敏"据有江东，务修耕织，令弟诣遏马陵溪，以溉云阳，号曲阿后湖"（《古今图书集成·职方典》）。曲阿后湖对徒阳运河乃至贯通江南运河全线起了蓄水库的作用。西晋末，"怀帝永嘉元年，修千金堨于许昌以通运"（《文献通考·国用考三》）。东晋时，为改善江淮间的运输条件，曾对邗沟进行多次整治，还于彭城之北开人工渠，使汶、济、泗诸水相通，泗水过彭城西，入汴通黄河。成帝咸和六年（331年），以海贼寇抄，运漕不继，发王公以下千余丁，各运米六斛。东晋"穆帝时，频有大军，粮运不继，制王公已下十三户共借一人，助度支运"（《文献通考·国用考三》）。

北魏注重经略江淮，于水道之沿立仓十二处，储漕粮以供军需。《通典·食货十》记载："后魏自徐扬内附之后，仍代经略江淮，于是转运中州，以实边镇，百姓疲于道路。有司请于水运之次，随便置仓，乃于小平、石门、白马津、漳涯、黑水、济州、陈郡、大梁凡八所，各立邸阁。每军国有须，应机漕引，自此费役微省。"这个建议后来经反复讨论实行，但并未真正实现。孝文帝时，由于国家版图进一步扩大，同时战争扩张仍持续进行，运输压力加大，不得不考虑水路运输。《通典·食货十》记载：

> 孝文太和七年（483 年），薄骨律镇将刁雍上表曰："奉诏高平、安定、统万及臣所守四镇，出车五千乘，运屯谷五十万斛付沃野镇，以供军粮。臣镇去沃野八百里，道多深沙，轻车往来，犹以为难。设令载谷二十石，每至深沙，必致滞陷。又谷在河西，转至沃野，越渡大河计车五千乘，运十万斛，百余日乃得一返，大废生人耕垦之业，车牛艰阻，难可全至，一岁不过二运，五十万斛乃经三年。臣闻郑、白之渠，远引淮海之粟，溯流数千，周年乃得一至，犹称国有储粮，人用安乐。求于山河水之次，造船二百艘。二船为一舫，一船胜穀二千斛，一舫十人，计须千人。臣镇内之兵，率皆习水。一运二十万斛，方舟顺流，五日而至，自沃野牵上，十日还到，合六十日得一返。从三月至九月三返，运送六十万斛。计用人工，轻于车运十倍有余，不费牛力，又不废田。"诏曰："知欲造船运穀，一冬即成，大省人力，既不费牛，又不废田，甚善。非但一运，自可永以为式。"

第三节　食货之民生

一、农业

魏晋南北朝是中国经济社会动乱最为严重的时期。这个时期，不论是三国鼎立还是南北对峙，从农业生产情况来看，大致可以分为南方和北方。北方遭到战争破坏较为严重，并且由于北方游牧民族南下，不适应农耕生活，在一定时期里导致农业生产的倒退。而南方的情况要好得多。这是因为南北战事主要发生在黄淮之间，而长江以南在长江天堑的保护下，得以保持相对的和平，从而形成一个"偏安"局面。另外，由于北方战乱，人口大举南迁，给南方带来大量劳动力，同时也带来较为先进的技术，使南方大量地区得到开发。

北方最严重的战乱破坏发生在十六国期间。"自永嘉丧乱，百姓流亡，中原萧条，千里无烟，饥寒流陨，相继沟壑。"（《晋书·慕容皝载记》）由于北人南下，人口流徙，土地荒芜，黄河流域曾经出现过许多牧场。但很快他们就发现这里不适合放牧，于是就弃牧转农，"以苑牧公田分赐代迁之户"，"以苑牧之地赐代迁民无田者"。（《魏书·世宗纪》）不过，此间农业生产也有过两个短暂的恢复时期，一个是在石赵政权时，另一个是苻秦政权时。石勒建立后赵，即"遣使循行州郡，劝课农桑"，"均百姓田租之半"。（《晋书·石勒载记下》）太宁二年（324 年）以右常侍霍皓为功课大夫，与典农使者朱表、典劝都尉陆充等"循行州郡，核定户籍，劝课农桑"，规定"农桑最修者赐爵五大夫"。（《十六国春秋·后赵录》）357 年，苻坚自立为前秦天王，即位后大力改变农桑废业的情况，以"课农桑"为事，通渠引渎以溉冈卤之田，推行区种法等，使得"田畴修辟，帑藏充盈"（《晋书·苻坚载记上》）。统一北方的政权是北魏。北魏拓跋族原是游牧民族，在其与汉族人民接触后，逐步转向农业。天兴三年（400 年），道武帝拓跋珪举行"籍田"仪式，向天下宣示弃牧从农。到太祖时，农业已经有了较好的基础，史载"比岁大熟，匹中八十余斛"（《魏书·食货志》）。太武帝拓跋焘实行弛禁罢苑，改牧为农政策，多次发布诏书，或弛禁猎场苑囿、山林川泽，任凭百姓耕垦樵采，或干脆赐给贫民耕种。这样，北魏农业有了更大的发展，"军国用足矣"。到孝文帝施行均田制、三长制之后，北方的农业生产推到了自汉魏以来的又一个新高度，呈现欣欣向荣的气象。"自此，公私丰赡，虽时有水旱，不为灾也。"（《魏书·食货志》）

永嘉乱后，北方人口规模向南方迁移，使南方获得更多的农业劳动力补充。另外，"自晋氏迁流，迄于太元之世，百许年中，无风尘之警，区域之内，晏如也"（《宋书·武帝本纪》）。东晋和南朝政府为了在江南站稳脚跟，巩固偏安政权，十分重视农业的恢复和发展。迁徙到南方的世族和族众没有土地，为了生存只能开垦未经开发的土地。过去，江南地区的耕作方法就是"火耕水耨"，东晋以后，铁犁牛耕渐渐推广，从而使这些地区的农业有了飞跃的进步。由于较易开发的土地大部分已是有主土地，南迁人民则大力开发荒山和陂塘，创造了山水庄园的开发经营模式，并发展了因地制宜地的耕作技术。由于江南地区气候温湿，无霜期短，生长期长，人们利用这些有利的自然条件，实现了两熟制向三熟制的转变。由于江南农业的发展，于是就有了"今之会稽，昔之关中"（《晋书·诸葛恢传》）的说法，江南地区日益取代黄河流域而成为全国经济的重心。

三国魏晋南北朝时期，北方农具的种类增多。三国时马钧发明了翻车，这是一种新的提灌工具，相当精巧，"令童儿转之，而灌水自覆，更入更出，其巧百倍于常"（《三国志·魏书·方伎传》）。其他新农具也比较多。《齐民要术》记载的农具有二十余种，其中除犁、锹（锸）、锄、耩、镰等原有农具之外，新增的有铁齿漏楱、耢、挞、陆轴、木斫、耧、窍瓠、锋、铁齿耙、鲁斫、手拌斫、批契等。可见，当时的农具种类已经相当齐全，可以适应各种农业生产需要。农具的性能也有所改进，适用于多种用途，反映了耕作更加细致的趋势。另外，由于北方民族南下，带来了更多的牲畜，对于畜力的利用出现了很大的进步。如《齐民要术》记载有"铁齿漏榛"即为畜力拉耙。

作物轮作制度已很发达，主要采用禾谷类和豆科轮作，在轮作中加入绿肥作物，形成用地养地结合、灵活多样的轮作体系。《齐民要术·耕田》："凡美田之法，绿豆为上，小豆、胡麻次之。悉皆五、六月中种，七月、八月犁掩杀之，为春谷田，则亩收十石，其美与蚕矢、熟粪同。"作物轮作得益于农作物品种的增加。《齐民要术》中记载的农作物有几十种之多。其中粮食作物有谷、黍、稷、粱、秫、大豆、小豆、大麦、小麦、瞿麦、水稻、旱稻等，还有纤维作物、饲料作物、染料作物、油料作物等。种类繁多的作物，为发展轮作复种提供了有利条件。《齐民要术》记载了多种间、混作方式，套作也有初步运用。

北方游牧民族南下，不仅带来了更多的畜牧资源，还带来了畜牧技术。《魏书·食货志》："世祖之平统万，定秦陇，以河西水草善，乃以为牧地。畜产滋息，马至二百余万匹，橐驼将半之，牛羊则无数。高祖即位之后，复以河阳为牧场，恒置戎马十万匹，以拟京师军警之备。"民间饲养的牲畜也相当多。平城一带拓跋贵族的牧场，"牛马以谷量"（《北史·娄昭传》）；一般百姓家，也有不少牲畜。畜牧技术也发生了重要的变化。《齐民要术·养牛马驴骡》总结出"服牛乘马，量其力能；寒温饮饲，适其天性"十六字的总原则。

养蚕技术有了很大的进步。这时期，黄河流域蚕桑生产在全国仍占较重要地位，而江南地区有更加快速的发展。蚕桑技术提高表现为两个方面：一是桑树繁殖较普遍地采用压条法，即当年正月、二月压条，第二年正月中截取移栽。《齐民要术·种桑柘》称："大都种椹，长迟，不如压枝之速。无栽者，乃种椹也"。二是三国时吴国培育出"八辈之蚕"，一年内八次出茧，也就是一年八熟。据《永嘉郡记》记载："永嘉有八辈蚕：蚖珍蚕三月织，柘蚕四月织，蚖蚕四月末织，爱珍五月织，爱蚕六月末织，寒珍七月末织，四出蚕九月初织，寒蚕十月织。凡蚕再熟者，前辈皆谓之珍。"亦称"八茧蚕"。

二、工业

魏晋南北朝时期的手工业，与秦汉时期相比，行业门类基本一致，但炼钢、养蚕、丝织、制瓷、造纸等方面的技术有进步，产量增加，产品种类丰富，质量也有提高。这个时期手工业的发展，为隋唐手工业的兴旺提供了新的发展平台。

1. 纺织

魏晋南北朝时期，政府征调是以丝、绵、麻、布、绢等形式征收，农户即使不生产这些产品，也需要通过交换取得以完成征调任务。这就大大促进了纺织业的发展。另外，这一时期货币经济倒退，大量金属铸币退出流通，有的地区以丝帛等纺织品代替货币流通，这也是纺织业发展的原因。

纺织业以丝织业为代表，是我国的传统手工业。两汉时期丝织业就很发达，曹魏时又恢复发展，襄邑、洛阳成为丝织中心。但由于长年战乱等原因，这些地区的产品"皆下恶"，已经无法与蜀吴两地的产品相比。但魏国设有官营纺织作坊，专门织造官练，质量应该不差。蜀国盛产蜀锦，成都"机杼相和"，织锦业发达，蜀锦远销魏、吴，驰名全国。《昭明文选》注引谯周《益州志》称："成都织锦既成，濯于江水。其文分明，胜于初成。他水濯之，不如江水。"山谦之《丹阳记》记载："斗场锦署平，关右迁其百工也。江东历代尚未有锦，而成都独称妙。故三国时魏则市于蜀，而吴亦资西道。"蜀也用锦来作馈赠，环氏《吴志》称"蜀遣使献重锦千端"。刘备赏赐群臣多用锦，"先主入益州，赐诸葛亮、法正、张飞、关羽，锦各千匹"（《太平御览·布帛部二》）。左思《蜀都赋》赞美蜀锦"贝锦斐成，濯色江波"。东晋南朝丝织业继续发展，荆州、扬州"丝绵布帛之饶，覆衣天下"。吴国割据江东，大力提倡桑蚕业。由于"八辈之蚕"的培育，产丝质量很高，大大促进了丝织业的发展。官营纺织业迅速扩大，陆凯提到，过去"后宫列女以诸织络，数不满百"，而现时"更改奢侈，伏闻织络及诸徒，乃有数千"。（《三国志·吴书·陆凯传》）

自两晋以降，北方世族贵族及其族众大举南迁，带来了穿着罗纨绮縠的习惯，桑蚕和丝织业也随之南移。南朝各朝政府都非常重视丝织业发展，大力鼓励民间养蚕。宋文帝多次下诏鼓励农民种桑养蚕，"咸使肆力，地无遗利，耕蚕树艺，各尽其力"（《宋书·文帝纪》）。官府三令五申要民间增产蚕丝，并采取了一些优惠政策，如给养蚕缫丝者"暂免他役"，禁止蚕织时"以役事扰民"等。南梁沈瑀做建德县（今浙江建德县）县令时，规定每个成年男人要种十五株桑，四株柿或梨、栗，妇女减半。缫丝质量有很大提高，如诸暨、永安（武康）等地能生产高级的"御丝"。各朝都置有少府，下设平准掌织染，大力发展官营丝织作坊。如丹阳有斗场锦署，机织技工大多来自北方，缫丝和纺织技术较高，主要制作王室服物。当时使用三国时发展起来的一蹑鼓动数综的较先进的机织技术，织造水平和生产能力提高很快。《铁围山丛谈》提到织文图案，有"天、人、鬼、神、龙、象、宫殿之属，穷极幻眇，奇特不可名"。锦的产量很大，宋时"丝绵布帛之饶，覆衣天下"（《宋书·沈昙庆传》）。梁侯景据寿将反，"启求锦万匹，为军人袍，领军碛异议以御府锦署止充颁赏远近，不容以供边城戎服，请送青布以给之"（《梁书·侯景传》）。陈时有"织成罗文锦被各二，诏于云龙门外焚之"（《陈书·宣帝纪》）的记载。

北朝丝织业继承中原技术和产业基础，因而尽管战乱不断仍能有一定发展。陆翙《邺中记》载后赵时邺城设织锦署，"巧工作锦"，"皆数百人"。《邺中记》记载："锦有大登高、小登高、大明光、小明光、大博山、小博山、大茱萸、小茱萸、大交龙、小交龙、蒲桃文锦、斑文锦、凤凰朱雀锦、韬文锦、桃核文锦、或青绨、或白绨、或黄绨、或绿绨、或紫绨、或蜀绨，工巧百数，不可尽名。"北魏在河北地区搜罗到大批纺织工匠，从而奠定了纺织业基础。拓跋焘时，平城宫内有"婢使千余人，织绫锦贩卖"，有"丝、绵、布、绢库"（《南齐书·魏虏列传》），常以"金锦缯絮"颁赐臣下（《魏书·世祖纪上》）。北齐设"太府寺，掌金帛府库，营造器物。统左、中、右三尚方，左藏、司染、诸冶东西道署、黄藏、右藏、细作、左校、甄官等署令、丞。左尚方，又别领别局、乐器、器作三局丞。中尚方，又别领别局、泾州丝局、雍州丝局、定州绅绫四局丞。右尚方，又别领别局丞。司染署，又别领京坊、河东、信都三局丞"（《隋书·百官志中》）。《北齐书·祖珽传》记载祖珽"出山东大文绫并连珠孔雀罗等百余匹，令诸姬掷樗蒲赌之，以为戏乐"。

2. 冶炼

三国到南北朝时期，由于军事和农业生产的需要，冶铁业仍具有一定规模，技术也得到较大进步。冶铁业主要是官营。十六国时期，后赵和南燕在丰国、绳池、商山等地都设有铁冶。北魏的冶铁业，据《魏书·食货志》记载："世宗延昌三年春，有司奏长安骊山有银矿，二石得银七两，其年秋，恒州又上言，白登山有银矿，八石得银七两，锡三百余斤，其色洁白，有逾上品。诏并置银官，常令采铸。又汉中旧有金户千余家，常于汉水沙淘金，年终总输。后临淮王彧为梁州刺史，奏罢之。其铸铁为农器、兵刃，在所有之，然以相州牵口冶为工，故常炼锻为刀，送于武库。"当时，国家西至长安，东尽即墨，营造器中，必尽坚精，著名的相州牵口冶（今河南浚县）锻炼军刀，远近闻名。（《魏书·崔玄伯传》）北周时，薛善领同州夏阳县（今陕西韩城）二十屯监，并"于夏阳诸山置铁冶，复令善为冶监，每月役八千人，营造军器。善亲自督课，兼加慰抚，甲兵精利，而皆忘其劳苦焉。每月役八千人，营造军器"（《周书·薛善传》）。

冶炼技术有了很大进步。三国时魏国的韩暨采用水排鼓风。《三国志·魏书·韩暨传》："旧时冶作马排，每一熟石用马百匹；更作人排，又费功力；暨乃因长流为水排，计其利益，三倍于前。"百炼钢工艺相当成熟。三国时的"百炼利器"，即是用这种工艺制成的军刀。据曹植《宝刀赋》云，建安中，曹操作宝刀五枚，曹操在《内诫令》中称此刀为"百炼利器"。《太平御览·兵部七十七》引《刀剑录》称："蜀主刘备令蒲元造刀五千口，皆连环，及刃口刻七十二涑"。《古今注·舆服》称："吴大帝有宝剑三：一曰百炼，二曰青犊，三曰漏景"。晋张协作《七命》："楚之阳剑，欧冶所营，邪溪之铤，赤山之精，销逾羊头，镆越锻成。乃炼乃铄，万辟千灌。"（《晋书·张协传》）《晋书》记述赫连勃勃命将作大匠比干阿利"造五兵之器，精锐尤甚。既成呈之，工匠必有死者：射甲不入，即斩弓人；如其入也，便斩铠匠。又造百练刚刀，为龙雀大环，号曰'大夏龙雀'"（《晋书·赫连勃勃载记》）。南北朝时，灌钢法在中国南北各地推广开来。《重修政和经史证类备用本草·玉石部》引梁陶弘景云："钢铁是杂炼生鍒作刀镰者"。北齐綦毋怀文亦制作过灌钢刀。

北方人口和技术南迁，使南方地区的矿冶业进一步发展。西晋在安徽贵池和湖北武昌设梅根、和塘两冶，东晋在江南诸郡县设冶令和丞。南朝时，建康有左右冶，尚方有东西冶，扬州成为冶铸中心。《梁书·康绚传》记述修筑浮山堰，"引东西二冶铁器，大则釜鬵，小则锸锄，数千万斤，沉于堰所"。可见当时冶铁规模和产量都是非常可观的。冶炼技术也达到相当高的水平，有一些远近知名的匠师，如上虞谢平和尚方匠师黄文庆，号称中国绝手。《太平御览·道部七》：

　　作刚朴是上虞谢平，凿镂装治是石尚方师黄文庆，并是中国绝手。以齐建武元年甲戌岁八月十九日辛酉，建于茅山，造至梁天监四年乙酉岁敕令造刀剑形供御用，穷极精功，奇丽绝世，别有横法刚。公家自作百炼，黄文庆因此得免隶役，为山馆道士也。

除冶铁以外，铜的开采和冶炼以及铸造也是重要的冶金行业。这一时期的铜产地主要在河南、山东、四川、江苏、湖北等省。金、银、铅、锡也有一定开采量。铜主要用于铸币和兵器制造，特别是铸币需要大量的铜，技术要求也较高，所以各政权都非常重视铜的开采和冶炼，因而技术也较为发达。《魏书·崔鉴传》载，崔鉴"于（徐）州内铜冶为农具，兵人获利"。除青铜外，黄铜和白铜在此期间已有冶炼和使用。晋王王嘉《拾遗记》说："以输石、珷块为堤岸"。南朝梁人宗懔《荆楚岁时记》称："是夕，人家妇女结彩缕，穿七孔针，或以金、银、输石为针。"这里的输石，即是现代的黄铜。

冶炼业带动了采矿业发展。《魏书·食货志》：熙平二年，尚书崔亮奏："恒农郡铜青谷有铜矿，计一斗得铜五两四铢，苇池谷矿，计一斗，得铜五两；鸾帐山矿，计一斗得铜四两；河内郡王屋山矿，计一斗得铜八两；南青州苑烛山、齐州商山并是往昔铜官，旧迹见在。谨按铸钱方兴，用铜处广，既有冶利，并宜开铸。"《南齐书·刘悛传》载，"南广郡蒙山下有烧炉四所，又有古掘铜坑，深二丈"。南朝王韶之《始兴记》：

> 英德、清远，其山传有银矿者：其矿或红如乱丝，或白如草根，或衔黑
> 石，或有脉，谓之龙口。循龙口挖之，浅者一二丈，深者四五丈，有焦路灶土
> 然，斯矿苗也。又挖则矿见矣。由微而盛，盛而复微，或如串珠，或如瓜蔓；
> 微则渐绝，绝复寻焦，焦复见矿，若焦已绝，则又盘荒也。

另外，左思《魏都赋》曾提到一种"墨井"，应该就是煤矿。

3. 陶瓷

烧制瓷器的生产技术已进入更成熟的阶段。南方以青瓷为主，北方以白瓷为主，间有黑瓷等。制瓷术最高的地方还是在会稽郡。东晋和南朝将近三百年，会稽遭受战乱较少，是一个士族聚居地。士人享乐生活里饮茶也是享乐的一种，讲究茶具，对制瓷技术起着推动作用。北魏时期，青瓷烧造技术传到中原，以后又发展了黑瓷和白瓷。而白瓷的产生，为我国制瓷工业开辟了广阔的前程。青瓷、黑瓷、白瓷的烧制成功，为以后唐、宋时期北方名窑的普遍出现准备了技术条件和打下了基础。大量流行的陶器是明器。北方的铅釉器在三国至东晋时期已日趋衰落，北魏以后才开始复兴，并在汉代传统基础上有了改进，花色品种增加，施釉方式也增多了。这一时期的陶塑艺术不甚发达，制作简陋，形态呆板，数量不多。但建筑用陶继续得到发展，砖瓦的生产规模较大，产量质量都有所提高。砖瓦的大小、形制均不同于汉代，花纹瓦少见，大多数是素面瓦。北魏已使用了琉璃瓦，施浅绿色的釉。砖除了素面砖和绳纹砖外，还有供装饰用的雕塑砖，有较高的艺术水平。

4. 造纸

汉代造纸术发明后，并没有很快推广，还不能完全取代简帛。这一时期造纸业发展迅速，南北各地都建立了官私纸坊。北方以洛阳、长安及山西、河北、山东等地为中心。东汉末建安时，左伯改良造纸法，于是左伯的家乡东莱（山东黄县）成为造好纸的重要地区。陈朝徐陵《玉台新咏序》里说："五色花笺，河北、胶东之纸"。浙江会稽、安徽南部和建业、扬州、广州等地则为南方的造纸中心。当时主要生产麻纸、桑皮纸和楮皮纸。东晋时出现藤纸。浙江嵊县剡溪（在浙江四明山区）一带四五百里盛产藤，人们发明用藤皮造纸。由于藤纸质地优良，曾名噪一时。范宁令属官说，"土纸不可以作文书，皆令用藤角纸"（《太平御览·文部二十一》）。但在南方仍以麻纸为大宗。南朝书家写字多用麻纸，就是用破旧麻布制造的纸。造纸设备也有很大进步，出现了活动的帘床纸模，即用一个活动的竹帘放在框架上，因而可反复捞取成千上万张湿纸，并且这种先进的抄纸工具，能抄出紧薄而匀细的纸面。由于造纸技术的进步和纸张生产的发展，主要的书写材料从竹帛转为纸。东晋王羲之做会稽太守，谢安向他要纸，他便将库存的九万张纸全部给了谢安。（《太平御览·文部二十一》引《语林》）东晋末桓玄曾下令："今诸用简者，

皆以黄纸代之。"（《太平御览·文部二十一》引《桓玄伪事》）隋灭陈，获得大量陈朝藏书，这些书籍多是陈宣帝时用纸抄写。可见，纸到南朝完全代替了竹帛的地位。

三、商贸

1. 商业发展

魏晋南北朝时期，大概是中国历史上最为混乱的时期，也是商品货币经济受到严重影响而陷于停滞的时期。这一时期商品货币经济停滞的根本原因是频繁的战争破坏了正常的商业秩序。汉末董卓之乱后，曹操废除汉代实行将近400年的赋税制度，将田租由三十税一改为亩收四升，将以货币形式征收的算赋口赋改为按户以实物征收，即"户出绢二匹，绵二斤"的户调。魏文帝曹丕于黄初二年"罢五铢钱，使百姓谷帛为市"。这样，商品经济缺少了货币，交易受到极大的制约，可以说发生了严重的倒退。

然而，商品经济发展有其顽强的生命力，只要有一定条件就会自然而然地恢复起来。北方民族进入关中和中原地区，只要战事稍缓，就会将商业贸易恢复起来。王猛辅佐苻坚治秦，首先使关中地区经济恢复起来，随之而来的就是商旅往来，贸易复兴。当时的状况是，"关陇清宴，百姓丰乐，自长安至于诸州，皆夹路树槐柳，二十里一亭，四十里一驿，旅行者取给于途，工商贸贩于道"（《晋书·苻坚载记上》）。"逮景明之初，承升平之业，四疆清晏，远近来同。于是蕃贡继路，商贾交入，诸所献贸，倍多于常。"（《北史·邢峦传》）尽管南北战事频繁，但战事大多集中在黄淮地区，而南朝统治的江南地区较少受到战乱的影响，所以商品经济能够发展起来。南朝的赋税经常折成钱征收。这实际上是商品货币关系发展的结果，反过来，这种赋税征收方式又促进了商品货币经济的发展。

南朝世族经营庄园，基本上都从事商品生产。东晋谢灵运的北山二园，南山三苑，百果备列，都带有商业性质。南朝宋柳元景种菜园数十亩，守园人把自给有余的蔬菜拿去出售，竟获得二万余钱。沈庆之身为三公，广开田园之业，产业累万金，奴僮千计。（《宋书·沈庆之传》）南齐的萧子良，身为司徒，在宣城、临城、定陵三县（今安徽江南地区）立屯，封占山泽数百里，禁止百姓打柴、采集、捕鱼，垄断山泽之利。刁逵家族，"兄弟子侄并不拘名行，以货殖为务，有田万顷，奴婢数千人，余资称是"（《晋书·刁逵传》）。梁武帝六弟萧宏，特别能兴生聚敛。他有库房百间，贮钱，一千万一库，共20余库，有钱三亿余万；其余60余库，装满了布、绢、丝、绵、漆、蜜、纻、腊、朱砂、黄屑、杂货。他在京师及会稽等地设立了数十座邸店，放高利贷，以田宅邸舍作抵押；到期不还，便驱逐主人，将抵押品夺为己有。所以南朝政府"百僚卿士，甚少有奉公，尸禄竞利，不尚廉洁"

（《南史·郭祖深传》）。弃农从商的现象也比较常见。东晋南朝时，"稽人去而从商，商子事逸，末业流而浸广，泉货所通，非复始造之意。于是竞收罕至之珍，远蓄未名之货，明珠翠羽，无足而驰，丝罽文犀，飞不待翼，天下荡荡，咸以弃本为事。"（《宋书·鲜卑吐谷浑列传》）这就导致"商旅转繁，游食渐众，耕夫日少，杼轴日空"（《南史·郭祖深传》）。

南北朝时期，商人资本发展很快，出现不少拥资巨万的富商。前秦时富商赵掇、丁妃、邹瓮等家累千金，其车服之盛拟则王侯，朝中诸公竞引之为卿。为此，甘露六年（364年）苻坚下令：非命士以上，不得乘车马；去都城百里之内，工商、皂隶及妇女不得服金银锦绣。可见当时商人已经很有势力了。北魏中期的刘宝是北方著名的富商，"海内之货，咸萃其庭，产匹铜山，家藏金穴"，他的商号几乎遍布各州镇，甚至"盐粟贵贱，市价高下，所在一例"（《洛阳伽蓝记·城西》）。北齐诸王多引富商大贾为国臣府佐，甚至公开卖官，使得"州县职司，多出富商大贾"（《北齐书·后主纪》）。南朝刘宋时，"远方商人多至蜀资货，或有直数百万者"（《宋书·刘道济传》）。梁陈之际的何妥，其父为西域细脚胡，通商入蜀，后来发了大财，号为西州大贾。（《北史·何妥传》）富商的生活消费贵如王侯，"故凡厥庶民，制度日侈，商贩之室，饰等王侯，佣卖之身，制均妃后。凡一袖之大，足断为两，一裾之长，可分为二；见车马不辨贵贱，视冠服不知尊卑"（《宋书·周朗传》）。

2. 南北互市

由于南北分治，南北互市成了重要的经济往来方式。南北双方时战时和，但不论战和，双方都必须通过贸易来满足各自的物质需要。北方需要各类"南货"，包括南方生产的和从南海诸国进口的各种产品，而南方则需要来自北方名马、骆驼、皮革、毛毡以及金、玉等。所以，南北互市也就随着战和关系时断时续。石勒时，"使成皋县修逖母墓，因与逖书，求通使交市，逖不报书，而听互市，收利十倍，于是公私丰赡，士马日滋"（《晋书·祖逖传》）。前秦建国后，苻健"遣（苻）菁掠上洛郡，于丰阳县立荆州，以引南金奇货、弓竿漆蜡，通关市，来远商，于是国用充足，而异贿盈积矣"（《晋书·苻健载记》）。元嘉"二十八年，虏自彭城北归，复求互市"（《宋书·王僧达传》）。北魏时，"于南垂立互市，以致南货，羽毛齿革之属，无远不至"（《魏书·食货志》）。

3. 对外贸易

南朝与北朝的对外贸易都发生了重要变化。北朝在一定时期继承了汉代的丝路贸易。尽管战事不断，但还是能够时断时续地存在。《北史·西域传》："自敦煌向其国，多沙碛，茫然无有蹊径，欲往者，寻其人畜骸骨而去。路中或闻歌哭声，行人寻之，多致亡失，盖魑魅魍魉也。故商客往来，多取伊吾路。"十六国初期，占据凉州的张轨利用这里的地理优势，打通丝绸之路，收到了"刑清国富"的效果，（《晋书·张轨传》）丝绸之路也暂时兴盛起来。《洛阳伽蓝记》记载北魏时期的丝路状况："自葱岭以西，至于大秦，百国千城，莫不欢附，商胡贩客，日奔塞下，所谓尽天地之区已。乐中国土风，因而宅者，不可胜数。"（《洛阳伽蓝记·城南》）不过，整个南北朝期间，丝绸之路还是时断时续，一方面取决于中原王朝的实力，另一方面也取决于中原与西域各方国的关系。例如，《北史·夸吕传》记载中原与吐谷浑之间的往来：

> 兴和中，齐神武作相，招怀荒远，蠕蠕既附于国，夸吕遣使致敬。神武喻以大义，征其朝贡，夸吕乃遣使人赵吐骨真假道蠕蠕，频来东魏。又荐其从妹，静帝纳以为嫔。遣员外散骑常侍傅灵榍使于其国。夸吕又请婚，乃以济南王匡孙女为广乐公主以妻之。此后朝贡不绝。

对于南朝来说，西北丝路贸易肯定是无法继续了，只能向海外拓展，这样就进一步延伸了海上丝路。南方的开发丰富了贸易资源，手工业产品也更加丰富了，而由于资源差异扩大，海外贸易产生更高的收益。当时，与中国有贸易往来的国家，包括东亚的日本、高句丽、百济，东南亚的林邑（今越南中部）、扶南（今柬埔寨）、诃罗陁（今印尼）、师子国（今斯里兰卡），南亚的天竺（今印度），甚至远至波斯和大秦等。梁时，来广州的外船，从每岁数至发展到岁十余至。（《南史·吴平王景传》）当时，内外交流产品，输入中国的主要是各类"南货"，如珍珠、香药、象牙、犀角、玳瑁、珊瑚、琉璃、翡翠、孔雀、鹦鹉、南金（铜）、昆仑奴等，而输出的主要是绫、绢、丝、锦等。

四、城市

魏晋南北朝时期，由于战乱连年，经济凋敝，特别是北方游牧民族大规模南侵，对城市经济带来严重的破坏，所以这一时期城市发展不快。尽管如此，在一定历史时期和地区仍出现城市的发展和繁荣。

1. 邺城

东汉末年，曹操战胜袁绍后进据邺城，并且开始营建邺都。从此，邺城成为曹魏、后赵、冉魏、前燕、东魏、北齐六朝的都城。邺本有二城，北城为曹魏在旧城基础上扩建，东西七里，南北五里，北临漳水，城西北隅自北而南有冰井台、铜雀台、金虎台三台，南城兴建于东魏初年，东西六里，南北八里六十步，较北城大。城有七门，南面三门，北面二门，东西面各一门。东西门相对的大道分全城为南北两半。南部被南墙城门内的南北大街分割为四区，布置里坊、市和军营。城之北半部被自北墙东偏门内的南北街分为二区，东区是贵族居住区，西区是宫殿区。宫殿区占全城四分之一以上，北、西两面倚城墙，应是东汉时子城所在。自南城中门有南北街北抵宫门，遥对宫中听政殿一组，形成全城的南北中轴线。在这条街两侧建主要官署。经曹操改建，邺城发展为宫殿在北，市里在南，自城南正门有街直抵宫门，夹街建官署，形成全城中轴线的布局，开中国古代都城的新模式。

2. 洛阳

曹丕代汉建魏后定都洛阳。东汉都洛阳，但董卓之乱对洛阳造成严重的破坏，所以曹魏面临极大的重建任务。曹魏立国之初先修北宫和官署，其余仍保持东汉十二城门、二十四街的基本格局。公元 227 年，魏大举修建洛阳宫殿及庙、社、官署，以邺城为蓝本，正式放弃南宫，拓建北宫，把原城市轴线西移，使其北对北宫正门。在这条大道两侧建官署。又按《周礼·考工记》"左祖右社"之说，在大道南段东西分建太庙和太社，北端路旁陈设铜驼。为应付战事和防卫需要，还在洛阳城西北角增建突出城外的三个南北相连的小城，称金墉城或洛阳小城，内建宫室，城上楼观密布，并且严密设防。洛阳城内的居住和商业区仍是封闭的里和市。但随着经济发展和人口聚集，洛阳城外也出现了市和居住区。西晋统一全国后，洛阳遂成全国的首都。到北魏时洛阳获得进一步扩大。北魏营建洛阳，明显采用了曹魏邺城的规划布局：旧城为宫廷、官署、太庙，以及佛教寺院所在地，旧城外新筑外郭城；外郭城规划了 320 个坊，每坊一里，四围筑墙，开四门，封闭式坊制至少在这一时期开始出现。所有的市场，基本上都分布在城东、南、西部人口集中的居民区中，并根据居民的身份及其消费特点，设置各类专业市场。不过，洛阳在北朝时期也不断地遭到战争的破坏。北魏建都洛阳时期，使洛阳发展达到鼎盛，随后发生战乱以及政权更迭，洛阳则数次陷于兵燹，繁华之地，成为废墟。

3. 建康

建康作为六朝都城，人烟稠密，十分繁华，最繁华时人口超过百万，是南方地区最大的商业都会。东吴以建康为都，当时建康城周 20 余里，南北长，东西略短，宫城在城内偏北部分，西为孙权建的太初宫，东为孙皓建的昭明宫和苑城。东晋和南朝的都城仍沿用东吴旧城，增辟九座城门。南齐时宫城是东晋咸和年间在吴昭明宫、苑城的旧址新建的，称建康宫，又称台城。据记载有宫墙三重，外周八里。南面正面是大司马门，直对都城正门宣阳门，两门之间是二里长的御道。御道两侧开有御沟，沟旁植槐、柳。大司马门前东西向横街，正对都城的东、西正门。建康无外郭城，但其西南有石头城、西州城，北郊长江边筑白石垒，东北有钟山，东有东府城，东南两面又沿青溪和秦淮河立栅，设篱门，成为外围防线。都城南面正门即宣阳门，再往南五里为朱雀门，门外有跨秦淮河的浮桥朱雀航。宣阳门至朱雀门间五里御道两侧布置官署府寺。居住里巷也主要分布在御道两侧和秦淮河畔，南岸有长干里，北岸有乌衣巷。六朝帝王都信仰佛教，建康城内外遍布佛寺，有五百余所。著名的有同泰寺（今鸡鸣寺前身）、瓦官寺、开善寺和城东北摄山的石窟寺等。

4. 城市变革

魏晋南北朝时期，中国城市发展经历了一次深刻的变革。这种变革始于曹魏时期，将城市中的"市"，从后宫的禁锢之中，移到了民间里间坊巷之中，从而开始了"市场"与民间的结合。从建安十五年（210年）起，曹操开始营建邺城，前后用了四五年时间，重新规划、设计了邺城的布局。从营建后的邺城看，不仅与西周的"营国制度"有了很大改变，而且与西汉长安相比，也有了很大突破。最明显的变化，就是营建后的邺城，将全城分为南北两个部分：北城由左、中、右三部分组成，中部以文昌殿、宗庙为中心，连同听政殿、寝宫和习马门外的宫署，构成宫禁区；左面为禁苑区，苑内有著名的三台：冰井台、铜雀台、金虎台。平时可供游憩，战时可作城防要塞。苑内还有武器库和马厩；右面为府邸区，这里是达官贵人和曹魏集团成员们的居住区。城的南部则为市里区，由里间、坊巷和市组成。南、北二城的格局，特别是城南的"市里合一"，冲破了原来"宫市"（或"后市"）的传统制度，而将市与里间、坊巷结合在一起，这在春秋战国、秦汉时代是没有的。[①] 把市从宫城移向坊巷里间，从而使市场与民间结合起来，客观上起到了使商业活动由纯粹为统治阶级服务，转向与民间平民百姓结合的作用。由此，中国城市发展史中城市格局、城市建设，乃至城市生活发生重大变动。当然，魏晋城市仍是郡县制下的政治军事中心，同时也实行设有"市令"官吏的封闭型市场的市制。在这样的城市中，豪门大族或门阀构成城市居民主要部分并把持着城市商业，门阀士族派门生奴客充当贾客，或入市经商，贩卖园田产品。

五、寺院经济

1. 寺院兴起

寺院经济兴起是魏晋南北朝时期社会经济的特点之一。这一时期，随着佛教的兴盛，寺院经济也兴盛起来。由于佛教受到统治者的扶持，寺院经济拥有很大的特权。名寺大刹实际上也是门阀世族的一种特殊形式，即僧侣门阀。

佛教传入中国大概是西汉末东汉初。汉明帝永平中曾遣使往西域求法，时楚王英"诵黄老之微言，尚浮屠之仁祠"（《后汉书·楚王英传》）。此后，各朝的君主大多信奉佛老，导致社会佛老之风大盛。后赵石虎诏书称："朕出自边戎，忝君诸夏。至于飨祀，应从本俗。佛是戎神，所应兼奉。其夷赵百姓有乐事佛者，特听之。"（《晋书·佛图澄传》）于是百姓"多奉佛，皆营造寺院，相竞出家"（《晋

---

① 参见吴刚：《中国城市发展的质变：曹魏的邺城和南朝城市群》，《史林》1995年第1期。

书·佛图澄传》）。后秦主姚兴，崇信佛教，"公卿以下莫不钦附。沙门自远而至者五千余人。……州郡化之，事佛者十室而九矣"（《晋书·姚兴载记》）。北魏"太宗践位，遵太祖之业，亦好黄老，又崇佛法。京邑四方，建立图像，仍令沙门敷导居俗"（《魏书·释老志》）。西晋仅有僧尼三千七百人，占全国户籍著籍人口0.02%。至十六国时，后秦出家者十室而半。

各寺院都有大量僧众，如"太元二十年，荆州牧桓冲命县翼法师渡江造两二寺，自晋、宋、齐、梁、陈氏常及万僧"（《佛祖统记》卷三七）。为了维持僧众生活和佛事活动，各寺院开始垦殖土地，还从事商业、手工业和占卜、医病等活动。随着这类经济活动的扩大，各寺院逐渐形成经济实体，并走上营利和聚敛财产的道路。北朝北魏末和北齐时期，佛教寺院达到最盛，国家大寺四十六所，三公等寺八百四十所，百姓所造寺三万余所。大寺院有数百数千僧众和依附民户的不在少数，最大的佛寺，可容僧众万人。南朝梁武帝时佛教寺院发展最盛，"都下佛寺五百余，穷极宏丽。僧尼十余万，资产丰沃。所在郡县，不可胜言"（《南史·郭祖深传》）。僧尼和白徒、养女之多，"使天下户口几亡其半"（《南史·郭祖深传》）。

2. 寺院经济

寺院的财产被称为三宝物，即僧物、法物、佛物。其中僧物即寺院的田地、宅舍、园林和金银货币，这是寺院的经济基础。寺院财产主要来源于世俗地主和广大信众的捐赠，更主要还是来源于君主的恩赐。南北朝时，各朝君主都笃信佛教，因而对寺院给予慷慨的恩赐。如魏孝文帝太和十五年赐崇虚寺"户五十，以供斋祀之用"（《魏书·释老志》）。梁武帝曾三次舍身同泰寺，让公卿大臣以钱亿万奉赎。据清人陈作霖编《南朝佛寺志》所载二百二十五座著名寺院中，由皇帝捐钱兴建者33座，后妃公主者17座，王公者15座，官僚者30座，僧侣募捐者16座，商人者1座，官府强迫民间集资者1座，余者不详。

寺院在具有一定经济基础条件下，利用自身的有利条件，在土地市场上兼并农民土地，成为大地主。南北朝时期，赋税和徭役极为繁重，但僧尼却可以"寸绢不输官府，升米不进公仓"，"家休大小之调，门停强弱之丁，入出随心，往还自在"。（《广弘明集》卷二四）这种免税免役优待吸引了不少贫苦农民"假慕沙门，实避调役"（《魏书·释老志》）。与此同时，更多的现象是寺院"侵夺细民，广占田宅"，"翻改券契，侵蠹贫下"。（《魏书·释老志》）

早期的寺院还是有许多积极作用的。佛教教义既教人行善也就必然实行一些社会福利和救济事业。但是随着寺院经济的世俗化和寺院地主的发展，寺院的救济事业渐渐变成了高利贷剥削。北魏宣武帝永平四年（511年）诏："僧祇之粟，本期济施，俭年出贷，丰则收入。山林僧尼，随以施给，民有窘弊，亦即赈之。但主司冒利，规取赢息，及其征责，不计水旱，或偿利过本，或翻改券契，侵蠹贫下，莫知纪极。细民嗟毒，岁月滋深。"(《魏书·释老志》)同时，与此相应的其他经济活动也都成了谋利事业。

3. 灭佛起因

寺院经济的发展和扩张，必然与世俗地主和政府利益发生矛盾。寺院地主与世俗地主的矛盾主要是争夺劳动力和土地的矛盾，而寺院地主与政府的矛盾主要是争夺纳税户的矛盾。南梁时郭祖深曾劝谏皇帝禁佛，对这种矛盾做了精辟的阐述：

> 都下佛寺五百余所，穷极宏丽。僧尼十余万，资产丰沃。所在郡县，不可胜言。道人又有白徒，尼则皆畜养女，皆不贯人籍，天下户口几亡其半。而僧尼多非法，养女皆服罗纨，其蠹俗伤法，抑由于此。请精加检括，若无道行，四十已下，皆使还俗附农。罢白徒养女，听畜奴婢。婢唯着青布衣，僧尼皆令蔬食。如此，则法兴俗盛，国富人殷。不然，恐方来处处成寺，家家剃落，尺土一人，非复国有。(《南史·郭祖深传》)

荀济在《论佛教表》中指出佛教十大罪状，包括"营缮广厦，僭拟皇居"，"交纳泉布，卖天堂五福之虚果，夺大群之德赏"，"数十万众，无心兰若，从教不耕者众，天下有饥乏之忧"等。(《广弘明集》卷七)寺院地主也通过各种方式来维护自身利益，甚至煽动和参与农民起义。北魏孝文帝至宣武年间的 12 次农民起义中，僧侣领导的即占 6 次。这就必然导致矛盾的不断积累和激化，最终的结果就是朝廷灭佛之举。

第四节　世族经济的兴衰

一、世族的经济社会特征

从东汉末期世族形成到唐中叶以后世族衰落，典型的世族统治大概存续了五六百年，完全可以代表一个重要时代。世族统治之所以能够延续如此长久的历史，与世族自身的特点是分不开的。从世族统治的历史来看，世族地主阶级既是西周封建统治时期某些制度延续的结果，也是汉末和魏晋时期某些历史条件的特殊造就。

世族地主阶级的形成，与中国传统的宗法制度有着直接的关联。尽管战国以来的社会变革不断冲击着这种宗法世袭制，但毕竟难以完全消除。例如，以后的历朝历代都保持着嫡子继承制度。这是为了把政治特权世世代代保持在宗祧以内，避免造成世袭特权的丧失。这对于世族来说具有特别重要的意义。《文献通考·职役考一》：

> 魏、晋以来，最重世族，公家以此定选举，私门以此订婚姻，寒门之视华族，如冠屦之不侔。则夫徭役贱事，人之所惮，固宜其改窜冒伪，求自附流品，以为避免之计也。然徭役当视物力，虽世族在必免之例，而官之占田有广狭，泽之荫后有久近，若于此立法以限之，不劳而定矣。不此之务，而方欲改定谱籍，虽曰选谙究流品之人为郎、尚书以掌之，然伪冒之久者滋多，非敢于任怨者谁肯澄汰？

世族阶级就是在宗法制度基础上，结合当时的官僚制度、土地制度、家族制度以及历史文化而形成的，因而具有特殊的政治、经济和文化特征。

第一，世族的政治特征——世族官僚。宗法制与官僚政治相结合，孕育了政治上享有特权并且世代为官的世家大族。宗法制度保证了世族门第的延续，但在政治上，这种延续还体现在世族子弟世代为官的事实方面，即他们"平流进取，坐致公卿"，以致"举贤不出世族，用法不及权贵"，成为事实上的世袭贵族。南北朝时有人对此评价说："岁月迁讹，斯风渐笃，凡厥衣冠，莫非二品，自此以还，遂成卑庶。周汉之道，以智役愚，台隶参差，用成等级；魏晋以来，以贵役贱，士庶之科，较然有辨。"（《宋书·恩倖传》）就是说，中正评士本来是以才论人，但评定为官之后，即不再改动，再评时就"徒以凭借世资，用相陵驾"（《文献通考·选举考一》）了。隋唐时代，尽管世族已经走向衰落，其势力与魏晋时代早已不可同日而语了，但世族仍是世官世禄的身份性地主，其中许多人就是享有爵位封户的贵族，尽管没有爵位封户却也可以因祖上历世为官而荫袭。此外，他们同样可以借助科举走上政治舞台。所以，世族常盘踞高位，成为"官有世胄、谱有世官"（《新唐书·柳冲传》）的贵族。

第二，世族的经济特征——世族地主。宗法制度与田庄经营相结合，成为宗法大地主土地所有制。世族社会的经济基础是地主土地私有制和世族地主的大规模田庄经营。世族地主的土地来源以兼并为主。这种大规模地产必须依靠宗族势力和政治特权才能长久持有。而大规模的田庄经营，更要通过强大的家族势力和庞大的宗族劳动力。世族地主所占有的土地是私有土地。他们垄断土地所有权，掌握山林川泽，凭借超经济强制权，大量占有佃客、部曲、奴婢，最大限度地分割国家控制的人口，不少世族地主甚至富可敌国。世族在财产继承方面仍保持多子继承。但是在严别嫡庶的制度下，庶子的继承还是受到一定限制。为了保证多子继承制度下大地产的延续，世族地主一方面不断地兼并土地，另一方面则不断扩大依附人口，从而形成一个以土地产权为基础的依附群体。这个庞大的依附群体，事实上也是一个大的家族。这是由于当时人们有聚族而居的习惯。在社会战争连年和不断动荡的状况下，人们更加依赖群体的安全保障，也依赖大家族力量的保护。这样，就形成一个越滚越大的以世族地主为核心的群体。世族地主还享有各种经济特权，他们所荫蔽的人口不是国家户籍上的农民，可以不向国家纳税、服役，他们的剥削所得完全归自己占有。这就进一步壮大了世族的经济实力，使他们"富可敌国"。

第三，世族的社会特征——世家大族。世族制度建立在宗法制度基础上。从世族历史上看，世族分布有很强的地域性。魏晋时期，由于政治中心仍然主要是在北方，高门大族主要也以北方为主。如曹魏时的高门，有豫州颍川荀氏、雍州京兆杜氏、豫州陈国何氏、司州河东闻喜裴氏、并州太原晋阳王氏、司州平阳贾氏等。西晋时的高门，则有兖州泰山羊氏、并州太原王氏、司州河东闻喜裴氏、豫州陈国何氏、雍州京兆杜氏以及豫州颍川荀氏。到了东晋和南北朝时，这种情况就更加显著。事实上，这也正是世族宗法性质的体现。另外，宗法制度也随着世族的发展而不断得到强化。例如在继承方面，宗法制度强调严别嫡庶，只有嫡子享有身份继承权。晋武帝泰始十年（274年）诏曰："嫡庶之别，所以辨上下，明贵贱"。（《晋书·武帝纪》）由于门第和族谱是特权的来源，所以谱牒之学在东晋南北朝时期得到特别的重视和发展。谱牒名义上是"赞贤圣之后，班族类之祖，言氏姓之出"（王符：《潜夫论·志氏姓》），但实质是为世家地主提供门第阀阅，为他们把持政治和垄断仕途提供依据。在婚姻方面，宗法制度强调士庶之间不能通婚，世族与庶族联姻被认为是"失类"，要受到讥评和弹奏。如南梁世族嫁女与富阳满氏，被评讥为"唯利是图，玷辱名流"（《昭明文选》卷四十）。以后，唐朝的太原王氏、范阳卢氏、荥阳郑氏、清河与博陵崔氏、陇西与赵郡李氏七姓，"恃其郡望，耻与他姓为婚"，高宗禁止他们自相为婚，但这些大族与一些"衰宗落谱"反而号称"禁婚家、益自贵"，并且"潜相聘娶，天子不能禁"。（《新唐书·高窦传》）

第四，世族的文化特征——文化世族。汉武帝"罢黜百家、独尊儒术"，立博士，兴太学，从而造就了一个读经进仕的士族。士族是世族的一个重要来源。世族因此积淀了比较深厚的文化底蕴。一方面，读经成为进仕的一个重要通道，不少著名经学家成为朝廷的重要官僚，在读经与进仕的过程中，自然改变了官僚世族的成分。另一方面，在士族的影响下，读经逐渐成为朝廷的重要风气，以六经经纬天地，履历人事，包揽一切，研习六经成为做官的资本。所以，早期的世族都崇尚儒家文化，儒学自然是朝野上下的核心价值体系。既然儒学价值体系成了官方的学说，其自身必然发生异化，即由儒学转变为经学，再由经学转为名教，成为垄断人们思想的文化体系。到了魏晋时代，在世族中出现了反名教的思潮，玄学作为儒学中的一条异端支流出现了，并成为世族阶级的"官学"。儒学家族如果不入玄风，就产生不了为世所知的名士，从而也不能继续维持其尊显的士族地位。从经学到玄学，不仅成为垄断文化意识形态的"官学"，还成了世族以门风礼法自炫的"家学"。隋唐时期经学复兴，世族们进一步重视儒家经典，并以名教礼法相标榜。如唐初清河旧族崔儦，周览百家著述，以门第才学傲人，"文署其户曰：不读五千卷书者无得入此室"（《隋书·崔儦传》）；唐朝博陵大姓崔沔，"性淳谨，口无二言，事亲至孝，博学有文词"，其子崔佑甫，更是"清俭礼法，为士流之则"。（《旧唐书·崔佑甫传》）总的来看，世族也是这个时代文化的主要承载者。

世族不仅世代垄断了国家政治，积累了相当雄厚的经济基础，而作为统治阶级，更垄断了文化和意识形态。从世族发展的文化历史考察，早期的文化意识形态自然是儒学。自汉武帝"罢黜百家，表章六经"以后，儒学在汉代逐渐发展成为经学。世族对于文化意识形态的垄断，实际上是从经师们开始的。既然读经可以致仕，甚至可能进入高层成为世族，那么，儒家经学自然成为国家和社会的主流意识形态。因此，不仅经学博士们要读经，而且所有跻身统治阶级上层的人都必须读经。而随着经学在学术上的发展，经学的传授由注重"师法"转而注重"家法"，尤其在东汉，各家又分别以"家法"传授。家学大抵都是父子兄弟间相传授，然后传授弟子，这种家学的累世相传就逐渐形成了累世经学。家学的传授虽时有间断，但基本上都能延续数代形成世家。而在通经入仕制度下，世代读经也就成了世代为官的途径，累世经学也随之发展成为累世公卿，士族也就成了"世族"。如东汉杨氏家族"自震及彪凡四世三公"，而袁氏家族更达到了四世五公。陈寅恪指出："夫士族之特点既在其门风之优美，不同于凡庶，而优美之门风实基于学业之因袭。故士族家世相传之学业乃与当时之政治社会有极重要之影响。"[1]

儒家经学的命运与汉代兴衰是一致的。到东汉末年，儒家经学随着王朝衰败而走向衰落，世族内部的分裂也导致学术的分裂，越来越多的世族开始崇尚玄学。两晋时期，新兴的玄学压倒了传统儒学而成为国家意识形态，在这种背景下，如果不能随风入玄，就难以进入上流成为"名士"，从而也不能继续维持其尊显的世族地位。所以，不少儒学世家纷纷弃儒入玄，玄学也就自然成了世族的"家学"。当然，儒家经学的历史影响仍不可忽视，所以大部分世族虽尚玄学但并不废儒，当时的名士们大多出入玄儒，儒道兼综，玄礼双修，仍讲求内圣外王之道。如名士庾亮，一方面是"性好庄老"，另一方面又是"风格峻整，动由礼节，闺门之内，不肃而成"。（《晋书·庾亮传》）事实上，儒家经学作为国家意识形态从未退出历史舞台，世族地主阶级出入玄儒但从未真正弃儒。所以，儒学虽衰而未绝，并成为日后国家统一后的意识形态。

---

① 陈寅恪：《唐代政治史述论稿》，上海古籍出版社 1997 年版，第 71 页。

到南北朝时，南北世族的文风有所差异。由于很多魏晋名士南迁，留在北朝的清谈之士减少。另外，北方游牧民族南下，尽管难免羡慕并习染中原世族的文风，但自身民族的强悍风格必然会对社会文化产生影响。所以南方世族以清流为主，而北朝世族则较为质朴。这也是隋代统一的历史使命由北方世族完成的原因之一。与经学衰落和玄学流行的同时，佛教逐渐传播并扩大了影响。到了南北朝的个别时期，佛学甚至取代经学和玄学而成了国学。不过到了唐代，以禅学兴起为标志，佛教逐渐完成了"中国化"进程。与此同时，韩愈等人提出道统说，试图重建儒家在思想领域的统治地位。到了唐末五代及宋，世族彻底退出历史舞台，庶族地主地位上升，并逐步占据统治地位，最后，程朱理学取代传统儒学成为国家意识形态。

二、世族社会的阶级结构

秦汉时期，由于经历了长期的兼并战争和剧烈的社会变革，封建社会结构被打破了，社会阶级划分相对简单了。由于实行编户齐民制度，社会主要阶级分为地主和自耕农，而地主除了少数豪族和军功地主外，大都是庶族地主。但是在土地私有和土地自由买卖的制度下，一方面，自耕农走向分化破产，佃农和雇农以及奴婢的数量也大大增加起来；另一方面，地主阶级通过土地兼并扩大了地产规模，使土地大大集中起来，产生了大地产和大地主。东汉以后，随着世家大族的出现，同时在战争和社会动荡的情况下，农民通过投献转变为佃客和部曲，世家大族荫庇亲属的现象也越来越普遍。这样，社会阶级结构也发生了重要的变化，从而形成世族社会的阶级和社会结构。

第一，世族地主。他们是社会上的统治阶级，不仅占有大量土地而且垄断了仕途，并世代占据着高位。他们既可以按品级占田，也可以占有相应的奴婢和荫客，并且享有各种免除赋役特权。东晋时期垄断军政大权并享有经济特权的世族地主大约有百家左右。据《隋书·食货志》的追述：

都下人多为诸王公贵人左右、佃客、典计、衣食客之类，皆无课役。官品第一第二，佃客无过四十户。第三品三十五户。第四品三十户。第五品二十五户。第六品二十户。第七品十五户。第八品十户。第九品五户。其佃谷皆与大家量分。其典计，官品第一第二，置三人。第三第四，置二人。第五第六及公府参军、殿中监、监军、长史、司马、部曲督、关外侯、材官、议郎已上，一人。皆通在佃客数中。官品第六已上，并得衣食客三人。第七第八二人。第九品及举辇、迹禽、前驱、由基强弩司马、羽林郎、殿中冗从武贲、殿中武贲、持椎斧武骑武贲、持钑冗从武贲、命中武贲武骑，一人。客皆注家籍。

直到隋唐时期，世族还拥有大量的奴僮、部曲、佃客等劳动人手。例如，隋朝扶风右族窦荣定，一次受赐部曲八千户。雍州刘弘基，临终时分给诸子"奴婢各五十人，田五顷"。玄宗时山东著姓卢从愿，号称"多田翁"，广占良田仍达百余顷。

第二，庶族地主。他们由过去的平民、小生产者发展而来，致力于田畜，靠经营农牧业起家，是乡村中的经营地主。[①] 起初，他们很可能就是自耕农，靠自己的辛勤劳动积攒财富，靠自己的独特经营脱颖而出，通过购买土地上升为地主。《史记·平准书》记载一个小自耕农的发家经历："卜式者，河南人也，以田畜为事。亲死，式有弟，弟壮，式脱身出分，独取畜羊百余，田宅财物，尽予弟。式入山牧，十余岁，羊致千余头，买田宅。而弟尽破其产，式辄复分与弟者数矣。"像卜式这样的小地主是很普遍的。他们大多数是亲自组织生产，奋力经营，符合政府的"重农"号召，因而能"为闾里率"。他们有可能在农村担任"三老""力田""孝悌"等，但仅仅是一般的"编户齐民"，没有权势，没有优惠，必须严格地完粮纳税，很少有机会进入统治阶层。庶族地主的另一个来源是各类工商业者。他们通过经营工商业获利之后，便购买土地，积聚财富，所谓"以末致财，用本守之"。例如，宣曲任氏，原是靠"窖粟致富"的囤积商，后来"折节为俭，力田畜。田畜人争取贱贾，任氏独取贵善，富者数世。然任公家约，非田畜所出弗衣食，公事不毕则身不得饮酒食肉。以此为闾里率，故富而主上重之"（《史记·货殖列传》）。他们虽"非爵邑奉禄"，没有身份、特权，但拥有大量土地，有雄厚的经济实力，"与千户侯等"。他们"若至力农畜、工虞商贾。为权利以成富，大者倾郡，中者倾县，下者倾乡里者，不可胜数"（《史记·货殖列传》）。庶族地主一般将多余的土地出租，实行租佃经营，也可能雇用少量的佣工。但他们不可能役使奴婢，更不可能招徕荫蔽人口。这类地主在国家重农政策的扶植下得以良好发展，并且成为国家赋税的重要承担者。

第三，依附农民。依附于世家大族的农民，其身份降为部曲和佃客，在法律上也丧失了民事法律主体的地位。曹魏时李典拥有宗族部曲三千余口，孙吴的朱恒甚至拥有部曲万口。他们依附于世族，依附于所租佃的土地，并且世代相袭。他们的身份也是由他们的出身所决定的。佃客源于占田荫客制。曹魏时期曾颁行"赐公卿以下租牛客户各有差"的法令。西晋在此基础上进一步实行占田荫客制，即按官品占田、荫客、荫亲属，事实上是合法地占有依附农民。当然，由于当时人们聚族而居的习惯，这些依附农民很大部分与世家大族有着亲缘关系。部曲本来是汉代军队编制的名称。东汉末动乱中，苦于战乱的农民被迫请求世族大姓的武装保护。

---

① 参见黄今言：《汉代庶民地主经济的形成及其历史地位》，《中国经济史研究》1999 年第 3 期。

这些人与世家大族或多或少有一定的血缘关系，或者长期聚居并耕种他们的土地，而此时则成为他们的私人武装。这些人以宗族、宾客、佃客、门生、故吏等形式存在，作战时是部曲，平时是佃客，即且耕且战的武装耕作者。魏晋以后，部曲地位进一步卑微化。在南北朝前期，主人视部曲为贱口，但并未得到法律上的认可。但后世的《唐律》却明确了部曲的贱口身份。此时，这种作为贱口的部曲，已经与军事组织无关，主要从事土地劳作。部曲有自己的私财，但无独立户籍，即使经过放免，对旧主人仍有主从名分。唐代法律规定，部曲、客女"当色"为婚，身份世袭。放免部曲、客女为良，要由家长给手书，长子以下连署，牒报官府，才能有效。他们的身份在法律上介于良人和奴婢之间。

第四，自耕农。汉代是自耕农的黄金时代。他们通过汉初名田制获得土地，成为国家的编户农民。他们在获得土地的同时也承担了向国家缴纳赋税和承担劳役的义务。汉初时，这种赋役负担还比较轻，所以自耕农得到良好的发展。但随着国家征敛的加重，他们自我发展和对市场竞争以及承受灾害的能力越来越弱，最终有可能不得不出卖土地成为佃农或佣工。到了魏晋南北朝时期，由于战乱连年，社会动荡，自耕农不仅难以维持"自耕"，甚至不得不向世家大族"投献"，所以大量转为依附农。后来到隋唐时期，由于实行均田制度，农民成为国家均田制下的自耕农。在这种制度下，农民只需承担国家的租庸调，因而负担较轻。这是自耕农发展的第二个黄金时代。但随着均田制衰落和国家赋税加重，小农破产现象还是日益增加起来。

第五，奴婢。汉代以来奴婢就大量产生。奴婢身份地位低下，律比畜产，可以被主人买卖、赠予和赏赐。所以《汉书·董仲舒传》说："众其奴婢，多其牛羊，广其田宅，博其产业。"由于被视为畜产，从保护私有财产考虑，法律禁止"卖诱藏亡奴婢"（《太平御览·刑法部十七》）。奴婢的主要来源是"因荒自卖"。《居延汉简》载："小奴二人，值三万，大婢一人，值二万"。到了西汉末期，买卖奴婢竟然成了严重的社会问题。所以，王莽改革的一个重要内容就是禁止买卖奴婢，即将天下奴婢，一律改称私属，不许买卖。到了魏晋南北朝时期，国家不仅确认"门胄高华"的世族大量占有奴婢的合法性，而且籍没俘虏和罪犯为官奴婢，以致世族官僚竞相蓄养奴婢。

第六，工商业者。工商业者身份是自由的。但是在抑商和鄙商政策下，商人的身份地位很低。汉高祖时就规定，商人不得衣绣乘马，商贾子孙不得为官，不得名田。汉惠帝时还规定对商人倍算其赋。尽管他们可能腰缠万贯，但他们仍没有入仕资格。一直到唐代还有"工商之家不得预于士"的规定（《旧唐书·职官二》），所以他们的政治社会地位永远不能改变和提高。不仅如此，政府还经常采取打击商人的政策。如汉武帝实行算缗和告缗，王莽实行六筦，历朝历代基本上都实行禁榷等。所以，工商业者是可"致富"而不可"为贵"，而其财富也是不安全的。至于普通的小商贩和手工业者的社会经济地位就更低了。

三、世族统治的社会矛盾

世族地主统治时期，中国社会各种矛盾冲突日益加剧，特别是在魏晋南北朝时期，阶级矛盾和民族矛盾交织在一起，导致战争连年，社会动荡，民不聊生。事实上，也正是由于社会动荡和各种矛盾结集并尖锐化，才出现世族地主阶级的强权统治。反过来说，世族地主的强权统治又进一步加剧了社会矛盾和社会动荡。

第一，世族地主与依附农民的矛盾。世族地主与依附农之间首先是一种相互依赖关系。依附农之所以要依附于世族地主，是因为他们在社会动荡中不能自保，依靠自身力量不能生存，必须求得世家大族的庇护。世族地主占有大量土地必须有稳定的劳动力来源，特别是经历战乱后人口减少的情况下，必须保证土地上的人手。所以，世族地主千方百计地将农民束缚在土地上。世族地主控制农民不仅依靠经济手段，即控制农民必须赖以生存的土地和其他重要生产资料，还通过各种超经济强制方法，甚至运用国家机器来实现这一目的。世族地主对依附农的剥削也是残酷的。农民不仅要为地主耕种土地，还要承担其他各种义务，甚至要加入世族地主的私人武装。但农民在世族地主的荫蔽下只能保证基本生存条件，这在战乱年代是可行的，一旦社会趋向于稳定以后，这种剥削方式就难以承受了。所以，农民千方百计地摆脱地主的控制，这也是此一历史时期农民暴动频发的原因。

第二，世族地主与庶族地主的矛盾。世族掌握着政治特权和经济特权，而这些特权并不来源于自己家族的政绩也不来源于自身的德行，而完全依靠前辈的荫护。相反，庶族地主及其子弟，不论如何贤能都只能屈居低位。庶族地主为了提高身份，试图通过各种途径跻身世族行列，但这在当时的制度下是十分困难甚至是不可能的。为了保证自身的世袭利益，世族更设置了种种障碍以限制其他阶级跻身世族。如在社会生活中，宗法谱系将世庶两族严格地区分开来，世族的身份连同祖父两代的官爵，都登记在户口册黄籍上；世族庶族不能通婚，士庶之别，"实自天隔"，甚至皇权也不能消除它。庶族地主要改变身份，只能靠军功和事功，而最有效的办法就是改朝换代。所以，这一时期，社会严重动荡，政权频繁更迭。

第三，世族与国家的矛盾。国家与世族始终存在矛盾。这是由于国家以编户农民为经济基础，只有他们才能提供税赋和劳役。但是，随着世族的壮大，他们不仅占有大量地产，还将更多的农民变成自己的部曲或依附农，这就使国家的税赋基础遭到严重削弱。由于他们势力强大，具有能与国家抗衡的力量，所以还与皇室争夺政治权力。所以，世族与皇室始终处于矛盾之中。一方面，皇室依靠世族的势力来维持其政权，不得不将国家一部分权力的交给世族控制，因此才有东晋时期"王与马共天下"的局面。另一方面，皇室一有机会就试图削弱和打击世族势力。朝廷为了图存，或诏免田庄奴僮为兵，或限禁占山护泽，还常常搜括户口。隋唐时期，随着中央集权重振，政府实行输籍之法，大索貌阅，强令解除依附关系，以削弱世族的经济基础。事实上，各朝代实行屯田制、占田课田制、均田制等，尽管基本上是在兼顾世族地主利益基础上实施的，但从某种意义上看，也是政府与地主争夺劳动人手的手段。事实上，世族就是在皇室的挤压和农民起义的打击下逐渐走向衰弱和灭亡的。

四、世族地主阶级的衰落

世族阶级掌握国家政治是从魏晋开始的，九品中正制是世族政治的制度基础，到东晋时期一度出现"王与马共天下"的格局，此为世族阶级发展的极盛阶段。此后，尽管再没有出现类似的格局，但王朝政治始终是在世族掌控之下的。不过，世族对国家的掌控，并不体现为对于皇室的掌控，而是对整个官僚体系的掌控。但是，到了东晋后期，一方面是旧的世族贵胄陷于奢侈腐败而丧失力量，另一方面是寒族地主阶级力量上升并掌握国家权力，导致世族阶级走向衰落。这种变化出现于刘宋朝，并在南齐时期延续了这种趋势。但是，寒族地主阶级并不成熟，尽管能够在一定时期掌握政权，却不能形成自己独特的文化和传统，因而也就不能有自己独特的治理方式。更重要的是，在他们掌握政权以后，自己也沉浸在世族文化的氛围之中，并且也逐渐"世族化"了。所以，南朝帝王的进取之势，最多只能保持两代，而到第三代就完全腐化了。这是南朝国祚过短的根本原因。

皇室代表国家总是与世族阶级处于对立统一的矛盾之中。两者之间既有相互依存的关系，也存在着相互竞争和此消彼长的关系。在经济方面，两者所集中争夺的就是农民的赋税。所以，东晋和南朝一再进行"土断"或"却籍"，就是要把赋税的农民从世族地主的荫蔽之下夺回来。而世族地主则总是千方百计地抵制，有时甚至不惜与皇室武装对抗。不过总的来看，在皇室与世族争夺农民赋税的斗争中，更多的是皇室占据上风，而世族地主阶级不断遭受打击，并且不断走向衰落。但是一方面，在皇室势力不足的情况下，总是要依赖世族来维持统治，另一方面，皇室本身也不断地"世族化"，所以，两者事实上是一种一荣俱荣、一损俱损的共生关系。

南朝世族伴随着南朝的盛衰而盛衰，总的趋势是不断走向衰落。从内部原因看，主要是世族自身的腐化和堕落；从外部原因看，主要是受到寒族地主的各种挑战，还有来自农民阶级的反抗斗争。世族阶级通过对官场政治的掌控，可以世代为官，并且利用政治特权保持经济特权。这样，他们完全不靠自身努力就可以获得高官厚禄，并且世代相袭。这就决定世族阶级必然不断地退化，最终走向衰落和衰亡。各种外部挑战集中体现为"侯景之乱"。侯景出身于北方寒族，在南北之间游走，试图利用南北矛盾谋取个人利益。而在与南梁的矛盾不可调和的情况下，发动暴乱对南朝世族疯狂杀戮。而在侯景的疯狂杀戮面前，南朝世族根本没有自保能力，更谈不上反抗。这就使南朝世族遭受到毁灭性打击。随后，南朝世族随着南朝的灭亡而灭亡了。

不过，在南朝世族走向衰亡的同时，北方世族却形成并成长起来。北方世族包括两个部分。一个部分是留在北方的魏晋世族。他们的历史源远流长，在其生长之地根深蒂固，即便是新主也不能忽视他们的存在，并且必须利用他们的势力和影响。所以北朝各政权都尊重他们的存在，并且承认他们的世族地位。另一个部分是获得政权的新贵族。他们本源于氏族贵族，取得政权后则成为国家贵族。但他们缺乏文化和影响力，因而处处以中原世族为榜样，逐渐与中原世族合流，成为新的世族。反过来看，中原世族也受到北方民族的影响，减少了清谈与文粹习气，在一定程度上保留了健康质朴。这是北朝最终战胜南朝实现国家统一的根本原因。当然，北朝世族自身也处在不断更新的过程中，最终由关陇集团占据优势，并完成了统一国家的历史使命。也正是由于以关陇集团为代表的北朝世族的崛起，才使得几个世纪的世族阶级统治得以延续，并成就了隋唐大业。

第七章　隋唐经济

第一节　隋唐创制

魏晋南北朝延续了数百年的分裂和动荡，终于又回到了隋唐的大一统。隋唐时代是中国历史上较为辉煌的时代，国家完成了许多制度创设，实现了国力国势的提升，可谓是"隋唐盛世"。不过，隋唐时期的制度创设并非隋唐时期的创造，而是魏晋南北朝数百年动荡和探索的结果，不过是在隋唐时期完成并集大成而已。正是经历数百年的动荡和探索，并经隋唐两代的综合创新，完成了新的政经体制的创设，并在此基础上实现了历史上的"盛唐"。

一、隋文创制

隋朝国祚虽短，但创制不凡。这主要是因为魏晋南北朝以来，中国政局动荡，南北混融，呈"大争之世"，各个政权为了博取天下，实行了各个方面的制度创新。这些创制有的被历史所淘汰，而有的则经历实践检验而保留下来。隋朝总结数百年来制度变迁和各朝创制，创建了一套新的政治、经济、文化制度，将中国历史推向一个新的高峰。

1. 政治制度

隋朝的政治制度创新主要是中央和地方官僚机构的设置，以及选官制度和相关兵制的创设。事实上，这些制度创设在魏晋南北朝时即已在各个政权下实验并取得一定成效。隋朝在北朝改革和统一战争基础上建立，随后即将改革推向全国。

第一，确定三省六部制度。北周曾按周礼创制了一套官制。这种改制纯为腐儒之举，显然不适应时代需要。开皇元年（581年）二月，少内史崔仲方建议隋文帝将其废除，改依汉魏之旧。隋文帝于是"置三师、三公及尚书、门下、内史、秘书、内侍等省，御史、都水等台，太常、光禄、卫尉、宗正、太仆、大理、鸿胪、司农、太府、国子、将作等寺，左右卫、左右武卫、左右武侯、左右领、左右监门、左右领军等府，分司统职焉"（《隋书·百官下》）。其中的三师，"不主事，不置府僚，盖与天子坐而论道者也；三公，参议国之大事，依后齐置府僚"（《隋书·百官志》）。五省中秘书省类似于后来的馆阁，内侍省则是一个专门的宦官机构，主持中央政权的就是尚书、门下、内史三省。其中决策者为内史省，审议者是门下省，处理日常政务的机构是尚书省。尚书省下设吏、礼、兵、度支（后改称民部）、都官（后改称刑部）、工六部。这就是"三省六部"制度。三省六部制自汉魏以来逐步演变而最终定格于隋，又为后世各朝所沿袭。

第二，调整区划，罢郡为州。隋初依北朝旧制，地方行政区划分为州、郡、县三级，郡县数目几倍于古。度支尚书杨尚希上表曰：

自秦并天下，罢侯置守，汉、魏及晋，邦邑屡改。窃见当今郡县，倍多于古，或地无百里，数县并置，或户不满千，二郡分领。具僚以众，资费日多；吏卒人倍，租调岁减。清干良才，百分无一，动须数万，如何可觅？所谓民少官多，十羊九牧。琴有更张之义，瑟无胶柱之理。今存要去闲，并小为大，国家则不亏粟帛，选举则易得贤才，敢陈管见，伏听裁处。（《隋书·杨尚希传》）

隋文帝采纳杨尚希的建议，于开皇三年（583 年）十一月，下诏悉罢诸郡为州，并小州为大州，进行行政区划改革。隋文帝从撤郡入手，改三级行政区划为州县两级。这样既减少了层级，提高了行政效率，又减少了大量官吏，减轻了财政负担。

第三，首创科举制度。北朝继承了魏晋的九品中正制，同时也就继承了魏晋世族政治的各种弊端。隋初依北朝惯例，刺史多任用武将，类不称职。治书侍御史柳彧上表说："方今天下太平，四海清谧，共治百姓，须任其才。"（《隋书·柳彧传》）于是，隋文帝改换文臣担任各州刺史，并于开皇三年正月下诏举"贤良"之士，废除九品中正制，选官不分门第。开皇七年（587 年）一月十九日，隋令诸州每年贡士三人入朝。开皇十八年"诏京官五品已上，总管、刺史，以志行修谨、清平干济二科举人"（《隋书·高祖纪》），这是中国科举制度之始。

第四，改革府兵制度。平陈后，全国统一，战事结束，和平到来，府兵制也需要改革。开皇十年（590 年）文帝下诏："魏末丧乱，军人权置坊府，南征北伐，居处无定。家无完堵，地罕苞桑，朕甚愍之。凡是军人，可悉属州县，垦田籍账，一与民同，军府统领，宜依旧式。"（《隋书·高祖纪下》）府兵制改革主要是三个方面，一是建立健全府兵组织系统，中央设十二卫府，扩大府兵范围和实力；二是改革军民籍制度，实行兵农合一；三是士兵总称卫士，使其具禁卫军性质。这是个划时代的改变，标志着兵农合一的完成，但府兵本身归军府统领的组织系统不变。这是一种平战结合的兵制，既可以减少财政支出，也可以保证军备不懈。

2. 经济改革

随着政治制度的创建，隋初在经济方面也进行了较大规模的改革。这种改革大致仍是传统社会在重大变动之后的惯常做法，主要集中在两个方面：一是土地和赋税，重点是调节国家与世族之间的关系或利益分配；二是政府和市场，重点在于调节政府对于市场的干预程度。而改革的方向，就是增加中央政府对于资源的集中程度，同时增加市场的开放程度。前者的目的在于增强国力，而后者的意义在于恢复和发展经济。

第一，田制改革。均田经北魏、北齐和北周数代颁行已收到实际效果，其制度本身也日臻成熟。不过，这几朝的均田断断续续，并且经常遭到破坏，不能持续下来。这也正是每朝政权都要实行一次均田的原因。隋文帝再次下令均田，"自诸王已下，至于都督，皆给永业田，各有差。多者至一百顷，少者至四十亩。其丁男、中男永业露田，皆遵后齐之制。并课树以桑榆及枣。其园宅，率三口给一亩，奴婢则五口给一亩"（《隋书·食货志》）。隋初均田制度与前朝相比并没有本质变化，但重要的是，随着全国统一，均田制度在更大范围内推广，从而改变了国家土地制度，创造了大批自耕农民，也大大促进了土地的开发和利用。这是隋代开皇之治的重要原因。

第二，赋役改革。在均田制基础上，隋初进一步实行赋役改革，基本方向是减轻民众的赋役负担。开皇二年（582 年）新令规定：一夫一妇为一床，交纳租粟三石，调绢一匹（四丈）或布一端（五丈）、绵三两或麻三斤；单丁和奴婢、部曲、客女依半床交纳。还规定每丁每年服役三十日，有品爵及孝子、顺孙、义夫、节妇，并免课役。成丁年龄由十八岁提高为二十一岁，中男由十一岁提高到十六岁；每年服役期由一个月减为二十天。"九年，帝以江表初定，给复十年。自余诸州，并免当年租赋，十年五月，又以宇内无事，益宽徭赋。百姓年五十者，输庸停防。"（《隋书·食货志》）开皇十年（590 年）五月，以宇内无事，益宽徭赋，百姓年五十者免役收庸，允许交布帛以代替力役。以庸代役的制度开始部分推行。这就基本形成了租庸调制。

第三，大索貌阅。魏晋南北朝以来，由于世族兴起，农民依附世族地主，导致大量户口隐漏。如山东"尚承齐俗，机巧奸伪，避役惰游者十六七。四方疲人，或诈老诈小，规免租赋"（《隋书·食货志》）。隋文帝于开皇五年（585 年）"令州县大索貌阅，户口不实者，正长远配，而又开相纠之科。大功已下，兼令析籍，各为户头，以防容隐"（《隋书·食货志》）。所谓"大索"就是清点户口，并登记姓名、出生年月和相貌，目的在于搜括隐匿人口；所谓"貌阅"，则是将百姓与户籍上描述的外貌一一核对，目的在于责令官员亲自当面检查年貌形状，以便查出那些已达成丁之岁却逃避赋役的人。通过检查，大量隐漏户口被查出，"计账进四十四万三千丁，新附一百六十四万一千五百口"（《隋书·食货志》）。

第四，创建义仓。隋朝统一并建立中央集权政府后，必须集中资源特别是粮食来保证京城的供应。为此，隋文帝即位不久即开始大量设置官仓。同时，为发挥民间力量提高备荒能力，开皇五年（585 年）五月二十九日，隋文帝诏令州县置义仓，积谷备荒。义仓在开皇初年设置时属于群众积谷自救性质，后来归州统管，成为国家贮粮来源之一。

第五，开放市场。北周末年榷酒坊、盐池、盐井，开皇三年（583 年）尽皆罢去，听由百姓自采。这种自由经济政策在历史上是比较少见的，也为后世的唐朝开了先例。

3. 开皇之治

隋朝开国形势大好。国家经历数百年分裂和动荡，上下思安，南北思和，最后终于实现全国统一。隋初，由于隋文帝大力整饬吏治，改革行政，使政府效率大大提高；大索貌阅，改革税制，使国家财政收入大大增加；实行均田，蠲免赋税，使农民生产积极性提高，加速了农业的恢复。特别是，隋朝统一南方，将均田制推向全国，创造了大批国家自耕农，庶族地主的力量增强，并且开始充满活力。这就使社会出现了新的面貌，新的气象和新的精神，当然也就带来了新的经济社会发展。史称"开皇之治"。

由于国力增加，人民富庶，在此基础上，文炀二帝进行了一系列大规模的基础设施建设。

第一，营建新都。隋文帝最初定都在长安城。历经长期战乱，长安年久失修，破败狭小。开皇二年（582 年），隋文帝决定在长安城东南龙首原南建造新都，定名为"大兴城"。新城以朱雀大街为中轴线，道路街坊区划均衡对称，街衢宽广，绿树成行，渠水周流，显得宏伟壮观。开皇三年一月一日，隋文帝迁入新都。由于长安地处偏西，粮食供应困难，隋炀帝即位后又在伊洛建东京，并于大业二年（606 年）初建成迁都。

第二，开凿大运河。大运河的开凿始于文帝时代，当时引渭水从大兴城到潼关，长达三百里，名广通渠，转运关中进出物资。大规模的运河工程是在隋炀帝时期。大业元年（605 年）三月，炀帝发河南、淮北诸郡民夫百余万开通济渠。大业四年（608 年）正月，隋炀帝"诏发河北诸郡男女百余万，开永济渠，引沁水南达于河，北通涿郡"（《隋书·炀帝纪上》）。隋大业七年（611 年），隋炀帝发兵高丽，曾"发淮以南民夫及船运黎阳及洛口诸仓米至涿郡，舳舻相次千余里，载兵甲及攻取之具，往还在道常数十万人"。

第三，修长城驰道。隋开皇元年（581 年），征发汾州境内稽胡筑长城，以御突厥。开皇五年（585年），发丁三万，于朔方、灵武筑长城，连绵七百里。开皇六年（586年）发丁十五万，于朔方以东缘边险要之地筑数十城，以防备北边游牧民族的入侵。炀帝大业三年（607年），征调北方人民经太行山开凿驰道达并州，又"举国就役"，从榆林北境，东达于蓟（今北京市），开广百步、长三千里的驰道。四年（608年）又"发丁男百余万筑长城，西距榆林，东至紫河，二旬而罢，绵亘千里"（《隋书·炀帝纪上》）。

长城和驰道的修筑，对国家安全发挥了重要作用，但工程大量耗费民力，导致丁男死亡十之五六，对国民经济造成极大损害。尽管如此，也不能无视这些基础设施建设对于后世的作用。例如，两京建设大大推进了城市的发展，也拉动了商品经济的发展；长城的修筑为唐代防御突厥并最终征服突厥发挥了重要作用；大运河不仅保证了京都物资的供给，还沟通了南北经济大动脉，改变了中国经济地理格局。可以说，如果没有隋朝的"暴政"，就没有唐初的"仁政"，唐初的"仁政"是建立在隋朝"暴政"基础之上的。但隋初的经济繁荣在很大程度上是虚假繁荣，财富的积累主要是国家赋税的增加，而人民生活并没有多大改善，更经不起这样巨大的耗费。随着社会矛盾的激烈和激化，整个社会如干柴烈火一点就燃。终于，随着自然灾害的发生，农民起义爆发，并一举推翻了隋朝统治。

二、唐承隋制

隋朝统治的特点在于暴力，而唐承隋制必须纠正隋朝的暴力，实行执政方式的转变，也就是说，唐朝的政权合法性不能继续建立在暴力基础上。唐高祖吸取秦汉的历史经验，认为汉高祖"拨乱反正"，纠正了秦的错误，从而创造了汉初的繁荣景象，而要使唐朝走向繁荣富强，首先必须"拨乱反正"（《旧唐书·孙伏伽传》），纠正隋的错误。另外，隋朝国祚虽短，但其两代帝王通过暴力实现了诸多变革和创制，是对魏晋南北朝以来制度创新和演变的终结性革命。隋朝为了这个终结版制度变革付出了足够的代价，即其以速亡为代价完成了这场变革。因而对于唐来说，最好的政策就是"无为"，就是继承隋代通过暴力实现的创制，并在此基础上进行损益和再创新。这就是"唐承隋制"。

1. 三省六部

《新唐书·百官志一》："唐之官制，其名号禄秩虽因时增损，而大抵皆沿隋故。"三省六部的政治框架，在隋朝时已经基本形成，但隋文帝和隋炀帝时有一些差异，说明制度框架还不够稳定。到了唐代，三省六部二十四司的格局基本确定下来。《新唐书·百官志一》："唐因隋制，以三省之长中书令、侍中、尚书令共议国政，此宰相职也。"在新的官制中，"宰相事无不统，故不以一职名官"（《新唐书·百官志一》）。三宰相分管三省，即中书省、门下省和尚书省。尚书省掌管全国政令，是命令的执行机关，下属六部，即吏、户、礼、兵、刑、工。中书省负责皇帝诏书的起草，是决策机关。门下省则审核中书省起草的诏书，不合适的驳回修改。监察机关是御史台，职责是监督、弹劾文武百官。这就形成了"三省六部，皇帝称制"的格局。

武德元年（618 年）六月，唐高祖以赵公李世民为尚书令，黄台公李瑗为刑部侍郎，相国府长史裴寂为右仆射、知政事，司马刘文静为纳言，司录窦威为内史令，李纲为礼部尚书、参掌选事，殷开山为吏部侍郎，赵慈景为兵部侍郎，韦义节为礼部侍郎，陈叔达、崔民干并为黄门侍郎，唐俭为内史侍郎，录事参军裴晞为尚书左丞；以隋民部尚书萧瑀为内史令，礼部尚书窦琎为户部尚书，蒋公屈突通为兵部尚书，长安令独孤怀恩为工部尚书。这是唐代建国时的基本政治格局。

2. 合并州县

隋朝重新统一后，将全国划分九个州级区域，每州下设数郡，郡下设置县。唐朝建立后，改州为道，合并州县。《资治通鉴·唐纪八》：

> 唐兴，相帅来归，上皇为之割置州县以宠禄之，由是州县之数，倍于开皇、大业之间。上以民少吏多，思革其弊；二月，命大加并省，因山川形便，分为十道：一曰关内，二曰河南，三曰河东，四曰河北，五曰山南，六曰陇右，七曰淮南，八曰江南，九曰剑南，十曰岭南。

合并州县，革除"民少吏多"的弊端，有利于减轻人民负担，同时也有利于提高行政效率。

唐初也行"封建"。武德九年（626 年）十月，高祖定功臣实封制度，"凡有功之臣，赐实封者，皆以课户充。凡食封，皆传于子孙"（《旧唐书·职官二》）。

> 国之封爵，凡有九等。一曰王，正一品，食邑一万户。二曰郡王，从一品，食邑五千户。三曰国公，从一品，食邑三千户。四曰郡公，正二品，食邑二千户。五曰县公，从二品，食邑一千五百户。六曰县侯，从三品，食邑一千户。七曰县伯，正四品，食邑七百户。八曰县子，正五品，食邑五百户。九曰县男，从五品，食邑三百户。（《旧唐书·职官二》）

同时，高祖举宗正籍，弟侄、再从、三从孩童已上封王者数十人。太宗初重封功臣，于贞观元年封中书令房玄龄为邢国公，兵部尚书杜如晦为蔡国公，吏部尚书长孙无忌为齐国公，并为第一等，食邑实封一千三百户，而将宗室先封郡王其间无功者，皆降为县公。（《贞观政要·封建》）

朝内部分大臣对太宗的封建政策有不同意见。贞观五年（631 年），太宗与大臣商议封建，魏徵、李百药等都认为封建有害无益。但太宗坚持实封，下诏议定皇亲、宗室、勋贵大臣的等级，令他们各统一方，世代相传，除非犯有大罪，否则不得罢黜。贞观十一年（637年），太宗封荆州都督、荆王元景等21个王为世袭刺史，又以功臣长孙无忌等十四人为世袭刺史。左庶子于志宁上疏认为分封世袭刺史不是久安之道，长孙无忌等也都不愿前往受封之地。于是太宗于贞观十三年（639年）二月下诏停世袭刺史。（《旧唐书·太宗本纪下》）尽管如此，唐初的封建还是留下了后遗症，成为后来藩镇割据的制度依据。

3. 府兵制度

唐高祖李渊于618年入长安，下令沿用隋朝府兵制。贞观十年（636年），唐太宗设立十二卫和太子东宫六率为府兵的中央管理机关，从而通过兵部直接掌握了十二卫与六率所统府兵的发兵权，从而加强了对军队的控制。军府称折冲府，全国共设634府，关内有261府，分统于中央各卫。折冲府分上、中、下，上府1200人，中府1000人，下府800人。200人为一团，团有校卫；50人为队，队有队正；10人为火，火有火长。每人自备武器、粮食、衣服。20岁入军，60岁免役。每年冬季，折冲都尉率自己所属人马教战。府兵轮流到京城宿卫，按路程远近分番轮流，500里内为五番（五人一组互轮，每五个月上番一次），1000里内为七番，1500里内为八番，2000里内为十番，2000里外为十二番。每番一个月。（《新唐书·兵志》）

府兵制是兵农合一的制度，士卒平时在家生产，农闲时由兵府负责操练，战时出征。府兵的来源包括部分官僚和地主子弟，但仍以均田农民为主体。府兵的征发原则是先富后贫，先强后弱，先多丁后少丁。唐初规定三年一拣点以补充缺额，后改为六年一拣点，服役期限为21岁至59岁。府兵服役期间可免除课役，但军资、衣装、轻武器（弓箭、横刀）和"上番"赴役途中的粮食均须自备。每一伙还得共备六匹供运输的马，即所谓"六驮马"。（《新唐书·兵志》）府兵制从根本上减轻了国家的负担，也减少了财政收支环节，在一定程度上提高了兵政效率。

府兵制作为兵民合一制度，必须建立在地丁合一的均田制基础上，府兵征发对象主要是均田农民，有丁即有地，有地即有兵。但高宗以后，随着土地兼并日益严重，均田制遭到破坏，府兵制失去了赖以实行的经济条件。到玄宗统治初期，府兵逃散的情况日渐增多，以致番上卫士缺员，征防更难调发。而相应的制度调整并没有进行，导致国家兵力不足，战力减弱。事实上，这也是安史之乱时政府军战力不足的重要原因。

4. 租庸调制

在隋朝"大索貌阅"和"均田"基础上，唐初进一步实行均田和租庸调法。武德七年（624年）四月，唐初定均田和租庸调制。《旧唐书·食货上》：

丁男、中男给一顷，笃疾、废疾给四十亩，寡妻妾三十亩。若为户者加二十亩。所授之田，十分之二为世业，八为口分。世业之田，身死则承户者便授之；口分，则收入官，更以给人。

赋役之法：

每丁岁入租粟二石。调则随乡土所产，绫、绢、纯各二丈，布加五分之一。输绫、绢、纯者，兼调绵三两；输布者，麻三斤。凡丁，岁役二旬。若不役，则收其佣，每日三尺。有事而加役者，旬有五日免其调，三旬则租调俱免。通正役，并不过五十日。

与隋朝的相比，唐朝用庸代替服役的条件放宽了很多，更有利于农民从事农业生产。

均田法对于贵族土地做了一定限制，从亲王到公侯伯子男，授田数从一百顷到五顷不等。在职的官员从一品到九品，授田数从三十顷到二顷不等。此外，“凡天下诸州有公廨田，凡诸州及都护府官人有职分田。”（《旧唐书·职官二》）职分田的设置在于用地租来补充俸禄的不足，实际上是俸禄的一部分。均田作为国有土地一般不允许买卖，但规定官僚和贵族的永业田和赐田可以买卖，百姓在贫穷无法办理丧事时也可以卖永业田，从人多地少的地方往人少地多的地方搬迁时也可以出卖永业田。

为实行租庸调制和加强社会管理，贞观九年（635 年）“敕天下户立三等，未尽升降，置为九等”（《旧唐书·太宗本纪下》）。唐初还建立了乡党制度，“百户为里，五里为乡。四家为邻，五家为保。在邑居者为坊，在田野者为村。村坊邻里，递相督察。士农工商，四人各业。食禄之家，不得与下人争利。工商杂类，不得预于士伍”（《旧唐书·食货上》）。政府还规定每年一造计账，三年一造户籍。

唐代均田制度重建了国有土地基础上的农民自耕体制，农民直接向国家纳税，在一定程度上免除了地主的地租剥削，减轻了农民的负担。均田制实行初期，由于土地供应较为充足，土地买卖受到限制，土地兼并也自然受到制约，这就使农民自耕体制可以得到较长时期的维持，也使得国家能够保证充足的赋税来源。中唐陆贽对租庸调法十分称许，他说：

国朝着令，赋役之法有三：一曰租，二曰调，三曰庸。……此三道者，皆宗本前哲之规模，参考历代之利害，其取法也远，其立意也深，其敛财也均，其域人也固，其裁规也简，其备虑也周。有田则有租有家则有调，有身则有庸。天下为家，法制均一，虽欲转徙，莫容其奸。故人无摇心，而事有定制。以之厚生，则不堤防而家业可久；以之成务，则不较阅而众寡可知；以之为理，则法不烦而教化行；以之成赋，则下不困而上用足。（《全唐文》卷四百六十五）

事实上，唐初国力提高基本上依赖于均田基础上的租庸调制度。

5. 科举选官

隋朝统一全国后，隋文帝为了进一步削弱世族力量，加强中央集权统治，把选拔官吏的权力收归中央，用科举制代替九品中正制。不过，隋朝所创立的科举考试制度，仅属初创，相关制度尚不完备。唐朝建立后，在隋朝科举制度基础上进一步的完善。武德七年（624 年）正月，唐朝依照北齐和北周旧制，在各州设置大中正一人，掌管州内各种人物情况以及品秩、族望等。大中正要以各州门望高的人担当，但不是正式官职，也没有官品等级和俸禄，事实上是一种虚职。科举制度之初，仍是以世族子弟占据主要地位。唐太宗即位后，扩大了科举考生的来源，由各级学馆荐举生徒，经州县荐举乡贡，乡贡名额由中央分配，上郡岁 3 人，中郡 2 人，下郡 1 人。考生来源不受限制，不论门第等级和贫富，均可怀牒自列于州县参加考试，逐级选拔到京师，会同生徒参加尚书省考试。这个变化所产生的影响，就是世族子弟很难再垄断官场，而普通地主子弟和普通士子进入官僚机构的机会大大提高。科举制度的发展逐渐改变了官僚结构，也逐渐改变了社会阶级结构，结果是世族地主阶级加速衰亡和齐民地主阶级逐渐兴起。

6. 强化吏治

唐朝政府注重社会经济发展，发挥各级官吏对社会经济发展的促进作用。因此实行官吏经济监察制度，要求各级官吏加强对田地、户口、籍账、赋役、农桑、仓库等方面的监察。贞观八年（634 年）太宗李世民发布《遣使巡行天下诏》：

宜遣大使，分行四方，申谕朕心，延问疾苦，观风俗之得失，察政刑之苛弊。耆年旧齿，孝悌力田。义夫节妇之家，疾废茕嫠之室，须有旌贤赈赡，听以仓库物赐之。若有鸿材异等，留滞末班；哲人奇士，隐沦屠钓，宜精加搜访，进以殊礼。务尽使乎之旨，俾若朕亲觌焉。（《唐大诏令集》卷一○三）

贞观二十年（646 年），又遣巡察使二十二人，"以六条巡察四方，黜陟官吏"（《旧唐书·太宗本纪》）。所谓"六条"是：

其一，察官人善恶；其二，察户口流散，籍账隐没，赋役不均；其三，察农桑不勤，仓库减耗；其四，察妖猾盗贼，不事生业，为私蠹害；其五，察德行孝悌，茂才异等，藏器晦迹，应时用者；其六，察黠吏豪宗兼并纵暴，贫弱冤苦不能自申者。凡战伐大克获，则数俘馘、审功赏，然后奏之。屯田、铸钱，岭南、黔府选补，亦视功过纠察。（《新唐书·百官志》）

可见，在"六条"法中，很大部分内容属于经济监察。在进行经济监察活动中，不仅要求百官依律管理经济，即使御史察史也要依律行事。唐太宗在《纠劾违律行事诏》中指出："自今以后，官人行事，与律乖违者，仰所司纠劾，具以名闻。"（《唐大诏令集》卷八十二）可见，经济监察制度既具有促进经济社会发展的作用，也同时加强了吏治。[①]

三、贞观之治

"贞观"源于《易·系辞下》，即"天地之道，贞观者也"。唐太宗以"贞观"为年号表明他的执政要旨。唐太宗继承唐高祖制定的尊祖崇道国策，并进一步将其发扬光大，运用道家思想治国以促进社会经济发展，同时注重用儒家思想实行社会教化，用法家主张整饬吏治。唐太宗任人廉能，知人善用；广开言路，虚心纳谏；采取以农为本，厉行节约，休养生息，复兴文教，完善科举制度等政策，使得社会出现了安定的局面。在社会稳定和国力提高的前提下，大力平定外患，稳固边疆，最终取得天下大治的理想局面，史称"贞观之治"。

1. 轻徭薄赋

唐太宗目睹隋朝兴亡过程，深知"水能载舟，亦能覆舟"的道理。因此，在施政方面也吸取隋亡教训，纠正前朝弊端，厉行节约，轻徭薄赋，使百姓休养生息，以缓和阶级矛盾，稳定社会秩序，恢复民生经济。贞观十六年（643年），太宗以天下粟价率计斗值五钱，其尤贱处，计斗值三钱，因谓侍臣曰：

> 国以民为本，人以食为命。若禾黍不登，则兆庶非国家所有。既属丰稔若斯，朕为亿兆人父母，唯欲躬务俭约，必不辄为奢侈。朕常欲赐天下之人，皆使富贵，今省徭赋，不夺其时，使比屋之人恣其耕稼，此则富矣。敦行礼让，使乡闾之间，少敬长，妻敬夫，此则贵矣。但令天下皆然，朕不听管弦，不从畋猎，乐在其中矣！（《贞观政要·务农》）

2. 无为重农

唐初实行无为而治的基本国策。但无为并不是无所作为，而是偃武修文，发展

---

① 参见李青：《唐代经济监察法之分析》，《史学月刊》2004年第5期。

农业，恢复民生。贞观二年（628年），太宗说："凡事皆须务本。国以人为本，人以衣食为本，凡营衣食，以不失时为本。夫不失时者，在人君简静乃可致耳。若兵戈屡动，土木不息，而欲不夺农时，其可得乎？"时任谏议大夫的王珪对曰："昔秦皇、汉武，外则穷极兵戈，内则崇侈宫室，人力既竭，祸难遂兴。彼岂不欲安人乎？失所以安人之道也。亡隋之辙，殷鉴不远，陛下亲承其弊，知所以易之。然在初则易，终之实难。伏愿慎终如始，方尽其美。"太宗非常认可王珪的观点，说："公言是也。夫安人宁国，惟在于君。君无为则人乐，君多欲则人苦。朕所以抑情损欲，克己自励耳。"（《贞观政要·务农》）因此，太宗不以政府和皇室之事干扰农时。贞观五年，有司上书言："皇太子将行冠礼，宜用二月为吉，请追兵以备仪注。"太宗曰："今东作方兴，恐妨农事。"令改用十月。太子少保萧瑀奏言："准阴阳家，用二月为胜。"太宗曰："阴阳拘忌，朕所不行。若动静必依阴阳，不顾理义，欲求福祐，其可得乎？若所行皆遵正道，自然常与吉会。且吉凶在人，岂假阴阳拘忌？农时甚要，不可暂失。"（《贞观政要·务农》）

3. 提倡节俭

太宗时大力提倡节俭，尽力紧缩政府机构，以节省政府开支，减轻人民的负担。贞观元年（627年），太宗对侍臣说："自古帝王凡有兴造，必须贵顺物情。昔大禹凿九山，通九江，用人力极广，而无怨讟者，物情所欲，而众所共有故也。秦始皇营建宫室，而人多谤议者，为徇其私欲，不与众共故也。朕今欲造一殿，材木已具，远想秦皇之事，遂不复作也。古人云：'不作无益害有益。''不见可欲，使民心不乱。'固知见可欲，其心必乱矣。至如雕镂器物，珠玉服玩，若恣其骄奢，则危亡之期可立待也。自王公以下，第宅、车服、婚嫁、丧葬，准品秩不合服用者，宜一切禁断。"由是20年间，风俗简朴，衣无锦绣，财帛富饶，无饥寒之弊。（《贞观政要·俭约》）于是，太宗遣散宫女3000多人，并下令免去四方珍贡。太宗有哮喘病，因而怕潮湿。贞观二年，公卿上奏说："依《礼》，季夏之月，可以居台榭。今夏暑未退，秋霖方始，宫中卑湿，请营一阁以居之。"太宗说："朕有气疾，岂宜下湿？若遂来请，糜费良多。昔汉文将起露台，而惜十家之产，朕德不逮于汉帝，而所费过之，岂为人父母之道也？"（《贞观政要·俭约》）因而他一直没有批准这项提议。

4. 发展工商

唐朝总的来说并不歧视商人和商业。这种传统是贞观时期奠定的基础。唐初商税税种很少，税率很低，工商业者负担不重，这就给商业发展留下了空间。武德九年（626年），唐太宗即位后发布了《废潼关以东缘河诸关不禁金银绫绮诏》：

> 远至迩安，昔王令典，通财鬻货，生民恒业，关梁之设，襟带要冲，义止

惩奸，无取苛暴，近代掊刻，禁御滋彰，因山川之重，阻聚珍奇而不出，遂使商旅寝废，行李稽留，上失博厚之恩，下畜无聊之怨，非所以绥安百姓，怀辑万邦，化洽升平，克备至治，朕君临区宇，情深覆育，率土之内，靡隔幽遐，欲使公私往来，道路无壅，货宝交易，中外匪殊，思改前弊，以清民俗，其潼关以东，缘河诸关，悉宜停废，其金银绫绮等杂物，依格不得出关者，并不须禁。（《唐大诏令集》卷一百八）

太宗初定官品令，对房玄龄说："朕设此官员，以待贤士。工商杂色之流，假令术逾侪类，止可厚给财物，必不可超授官秩。"尽管商人没有资格做官，但却被鼓励经营本业，并"厚给财物"。在太宗的倡导下，贞观时期的商业经济有了迅速和长足进展，新兴的商业城市雨后春笋般地兴起。

总的来看，到贞观时期唐朝社会经济已经实现了很好的恢复和发展。唐初，继隋末大乱，民生凋敝，经济社会形势十分严重。根据《通典·食货七》，炀帝大业五年（609 年），户八百九十万七千五百三十六，口四千六百一万九千九百五十六，此隋之极盛也。隋末离乱，至武德有二百余万户。贞观时期，由于实行了一系列有利政策，经济社会繁荣发展，出现了一派太平富庶景象。《新唐书·食货一》记载："贞观初，户不及三百万，绢一匹易米一斗。至四年，米斗四五钱，外户不闭者数月，马牛被野，人行数千里不赍粮，民物蕃息，四夷降附者百二十万人。是岁，天下断狱，死罪者二十九人，号称太平。此高祖、太宗致治之大略，及其成效如此。"另据《贞观政要·政体》记载："官吏多自清谨。制驭王公、妃主之家，大姓豪猾之伍，皆畏威屏迹，无敢侵欺细人。商旅野次，无复盗贼，囹圄常空，马牛布野，外户不闭。又频致丰稔，米斗三四钱，行旅自京师至于岭表，自山东至于沧海，皆不粮，取给于路。入山东村落，行客经过者，必厚加供待，或发时有赠遗。此皆古昔未有也。"

初唐时期，高祖承隋创制到太宗具体实施，两代人奠定了大唐基业。高宗即位之初，由李勣、长孙无忌、褚遂良等一代贤臣共同辅政，继续执行太宗制定的各项政治经济政策。唐高宗事事遵循太宗遗训，并事事以太宗为榜样，唯恐有所不及。他勤勉执政，首先把太宗时的三日一朝改为一日一朝，对群臣宣布："朕初即位，事有不便于百姓者悉宜陈，不尽者更封奏。自是日引刺史十人入阁，问以百姓疾苦，及其政治。"（《资治通鉴·唐纪十五》）高宗也能够听从臣下的建议。乾封二年（667 年），高宗广造蓬莱、上阳、合璧等宫，频繁征伐百济、高句丽、吐蕃等四夷，又养厩马万匹，仓库因之渐虚。东台舍人张文瓘谏："殷鉴不远，近在隋朝，愿勿使百姓生怨。"高宗纳谏，减厩马数千匹。高宗勤于政事，虚心纳谏，故而"百姓阜安，有贞观之遗风"（《资治通鉴·唐纪十五》）。由此乃成"永徽之治"。

但永徽之治不过是贞观之治的自然延续而已。高宗也是个好皇帝，在太宗留下的政治遗产基础上，仍然取得了良好的政绩。这就使唐代统治者能够在较长时期都取得良好的政绩，从而加强了自身的合法性。但很快高宗就遇到了两个麻烦，一个是自然灾害频仍引起经济危机，另一个是朝廷内部矛盾激化导致权力转移。

第二节　开天盛世

一、武后改革

1. 永徽之变

高宗总章二年（669 年）是唐朝历史上最为辉煌的一年，王朝疆域扩大到极致。然而，这一年气候反常，灾荒四起。六月，冀州大雨，水深一丈以上。七月，剑南道益、泸、巂、茂等十九州大旱，总 367690 户受旱情困扰。九月，括州暴风雨，海溢，漂永嘉、安固二县城，损毁百姓庐舍 6000 多家。（《册府元龟·罗王部·惠民二》）是年，四十余州饥荒，关中尤其乏食。面对接二连三的自然灾害，除了依王朝惯例应对外，高宗显得无能为力。咸亨元年（670 年），天下灾荒频仍，百姓饥乏困顿。政府令百姓往诸州逐食。十月，又令雍、同、华州贫困之家，年 15 以下不能存活者，听任人收养为男女，供收养人驱使役用，但规定不得作为奴婢。至咸亨四年（673 年）正月七日，乃下诏咸亨初收养为男女及驱使者，可按所费衣食价值酬还主家，放还本处。仪凤二年（677 年）四月，诏以河南、北干旱，遣御史中丞崔谧等分道存问赈给。唐高宗永淳元年（682 年）四月，关中饥馑，斗米三百，高宗、武后赴东都逐食，留太子监国。五月，东都霖雨，"洛水溢，溺民居千余家。关中先水后旱、蝗，继以疾疫，米斗四百，两京间死者相枕于路，人相食"（《资治通鉴·唐纪十九》）。这就给高宗执政带来更大的挑战。

为了应对自然灾害所导致的饥荒，政府设置常平仓和常平署。高宗永徽二年（651 年）六月，敕："义仓据地收税，实是劳烦。宜令率户出粟，上上户五石，余各有差。"永徽六年（655 年），京东西二市置常平仓。显庆二年（657 年）十二月，京常平仓置常平署官员。（《旧唐书·食货上》）为了平抑粮价，政府动用中央谷仓的储备，拿出谷物以低价卖出。尽管如此，由于歉收、洪水、干旱、虫灾和饥馑接踵而来，导致粮价持续高涨，到永隆元年（680 年）达到前所未有的程度。唐政府认为高物价是流通货币过多的结果，因此大量减少铸造新币，并加大力度严惩私铸者。而这种南辕北辙的政策自然是事与愿违。另外，大批灾民从原户籍所在地区逃往其他地区，从而成为不登记、不纳税的人口，严重影响了财政收入。这种情况又进一步削弱了政府的调控能力。总之，严重的自然灾害和政府的不当政策，使唐初以来的大好国势发生转变，并引致了更深层的政治危机。

唐高宗时期，尽管表面上一切都是遵循太宗旧制，君臣上下，萧规曹随，貌似贞观遗风。但事实上，一些变化正悄悄发生。唐高宗在严重的自然灾害面前束手无策，并且出现严重的政策失误。这说明以唐高宗为代表的旧世族集团已经丧失了领导国家的能力。从北周到唐初，已经腐朽衰落的世族地主阶级，以关陇集团形式获得一个回光返照式的发展。唐太宗命修世族志，将唐代功臣置于前列，实际上是削弱旧世族而扶持新世族，即关陇贵族集团。唐朝宗室本源于关陇集团，并依靠关陇集团而得天下，所以唐初政治基本为关陇集团所掌控。但是，隋唐之际的变革趋势，特别是科举制度的扩大使得这种世族政治难以为继。这种变化在高宗朝开始激化起来，具体体现为关于改换皇后即"废王立武"的争论。王皇后出身名门大族，而武氏出身低微。高宗冒"违先帝之命"的风险，坚持"废王立武"。（《旧唐书·高宗本纪上》）显庆五年（660年）以后，高宗因病影响处理政务，武则天借机开始参与国家大事，以后逐渐掌握朝政。武后掌权后，极力打击世族残余势力，最后的结果是代表商人和庶族地主的武后取得政权，而关陇贵族集团基本上退出历史舞台。

2. 打击世族

上元元年（674年）八月，李治称天皇，武则天称天后。同年十二月，武则天建言十二事：一、劝农桑，薄赋徭；二、给复三辅地；三、息兵，以道德化天下；四、南北中尚禁浮巧；五、省功费力役；六、广言路；七、杜谗口；八、王公以降皆习《老子》；九、父在为母服齐衰三年；十、上元前勋官已给告身者无追核；十一、京官八品以上益禀入；十二、百官任事久，材高位下者得进阶申滞。（《新唐书·后妃上》）这十二条建议，也就是武则天的施政纲领。高宗李治下诏颁布施行。

武则天当政时期是唐代发展的重要阶段，上承"贞观之治"，下启"开元盛世"，在政治、经济和文化各方面政绩是较为突出的。不过，在经济政策方面武则天并无显著创举，她的历史作用体现在政治方面，即通过打击旧世族势力，改善了唐朝的政治结构，而政治结构的变化反过来影响了社会阶级结构。

唐初政治的基本特点是关陇集团统治。武则天被立为皇后以后，把反对她做皇后的长孙无忌、褚遂良等人一个个逐出朝廷，贬谪到边远地区。这标志着关陇集团从北周以来长达一个多世纪统治的基本终结。为进一步打击旧世族势力残余，显庆四年（659年）六月，高宗令礼部郎中孔志约等将原来体现旧世族地位的《氏族志》改为《姓氏录》，以后族为第一等，其余按照唐朝官品的高低，分为九等。这样，以军功被授官五品以上的都进入士流即为"勋格"。此外，为了彻底打破世族门第，高宗更下诏，后魏陇西李宝，太原王琼，荥阳郑温，范阳卢子迁、卢泽、卢辅，清河崔宗伯、崔元孙，前燕博陵崔懿，晋赵郡李楷，凡七姓十家，不得自为婚，甚至"悉索《氏族志》烧之"（《新唐书·高俭传》）。

唐代铨选，五品以上官由皇帝亲自任命或由宰相提名皇帝任命。六品以下文官由吏部任命，武官由兵部选拔。但所有的选拔都在京师进行。随着南方经济的发展，经济重心逐渐南移，文化也随之逐渐发展，南方地区也涌现出不少杰出的士人。上元三年（676年）八月，高宗敕称：桂、广、交、黔等都督府前直接选补士人，简择未精，是以委五品以上强明清正中央官往南选补，监察御史同往监察。令补选以外，有应任五品以上官者，选使和所在都督府宜向朝廷具报其品行、艺能、政术等情况，及其能承担之职务，并申明南选每四年一次。南选法的实行，也有助于改变原有的官僚结构，进一步消除北方世族的影响力。

随后，武则天进一步改革了选官制度，重视庶族地主阶层人才进入官僚机构。为了广揽人才，她发展和完善了隋朝创始的科举制度，特别是实行了殿试制度，还破例开了武举，将用人权直接掌握在皇帝手中。载初元年（690年），武则天在洛城殿对贡士亲发策问，遣"存抚使"十人巡抚诸道，推举人才，一年后共举荐一百余人，武则天不问出身，量才任用，或为试凤阁（中书省）舍人、给事中，或为试员外郎、侍御史、补阙、拾遗、校书郎等。这些改革措施最重要的影响，就是让大批出身寒门的子弟有了进阶的机会，如狄仁杰、张柬之、张仁愿、姚崇等。这些人很多是来自关东与江南的士人，最初为武则天所用时，被特许从玄武门出入禁中，因而称为"北门学士"。他们大多成为当时的名臣。

3. 发展经济

武则天时期的经济社会发展也是可圈可点的。武则天权力集中，杀伐决断集中于一人，因而行政效率大大提高。上元元年（674年），高宗根据武则天的建议，诏令全国施行劝农桑、薄赋徭，免除京畿地区徭赋，节省功费力役等十二事。光宅元年（684年），武则天下令奖励农桑，规定各州县"务在田蚕，虽则各解趋时，亦资官府敦劝。若能肃清所部，人无犯法，田畴垦辟，家有余粮，所由官人，宜加等第。功状尤异者，别外加擢。若为政苛滥，户口流移，盗发罕能自擒，逆谋为外境所告，轻者年终贬考，甚者非时解替"（睿宗：《诚励风俗敕》，《全唐文》卷十九）。垂拱二年（686年），武则天召集文学之士周思茂等撰《兆人本业》，内容包括农俗农事及四时种莳之法等，并颁发到州县，作为州县官劝农的参考。此后，唐代曾把每年二月一日进呈《兆人本业》定为制度，对后世劝农制度也有一定影响。

武则天比较重视兴修水利，曾在曲沃（今山西侯马）东北、临汾东北、符离（今安徽宿县北）修有新绛渠、沙渠、高梁堰等，灌溉田地。《新唐书·地理志三》："新绛渠，永徽元年，令崔翳引古堆水溉田百余顷。""高梁堰，武德中引高梁水溉田，入百金泊。贞观十三年为水所坏。永徽二年，刺史李宽自东二十五里夏柴堰引滴水溉田，令陶善鼎复治百金泊，亦引滴水溉田。""沙渠，仪凤二年（677年），诏引中条山水于南坡下，西流经十六里，溉涑阴田。"另外在九陇（今四川彭县）、巴西（今四川绵阳东）、营丘（今山东昌乐县东南）也兴修了一些引水工程。咸亨三年（672年），还于岐州陈仓县（今陕西宝鸡）东南开渠，"引渭水入升原渠，通长安故城"（《新唐书·地理一》）。

武则天时期开始出现重商倾向。武则天出身于商人家庭，而在其当权后也没有采取歧视商业和商人的政策。长安三年（703年），有司表税关市，凤阁舍人崔融深以为不可，上疏谏曰：

> 仕农工商，四人有业。学以居位曰仕，辟土殖谷曰农，作巧成器曰工，通财鬻货曰商。圣王量能授事，四人陈力受职。……天下诸津，舟航所聚，旁通巴、汉，前指闽、越，七泽十薮，三江五湖，控引河洛，兼包淮海。弘舸巨舰，千轴万艘，交贸往还，昧旦永日。今若江津河口，置铺纳税，纳税则检覆，检覆则迟留。此津才过，彼铺复止，非唯国家税钱，更遭主司僦略。船有大小，载有少多，量物而税，触途淹久。统论一日之中，未过十分之一，因此壅滞，必致吁嗟。一朝失利，则万商废业，万商废业，则人不聊生。……关为御暴之所，市为聚人之地，税市则人散，税关则暴兴，暴兴则起异图，人散则怀不轨。夫人心莫不背善而乐祸，易动而难安。一市不安，则天下之市心摇矣；一关不安，则天下之关心动矣。（《旧唐书·崔融传》）

武则天听从崔融的建议，遂放弃了征商关市的计划。

武则天统治时期，社会是相当安定的，农业、手工业和商业都有了长足的发展。一方面，国家掌握的户口增长很快，神龙元年（705年）户部奏报天下户615万，口3714万有奇。由唐高宗永徽三年（652年）的380万户增加到唐中宗神龙元年（705年）的615万户。但另一方面，武则天时期，均田制开始出现瓦解倾向，危机已在潜伏，农户的逃亡，使政府税收受到了损失，增加了社会的不稳定因素。而武则天为了称帝尊崇佛教，侵占小农土地大修庙宇，进一步加重了人民的负担。神龙元年，武则天病重，宰相张柬之等联合禁军将领李多祚，拥戴中宗李显复位。但此后8年的时间中，唐朝政局动荡不安，发生了7次政变，更换了4位皇帝。这种动荡也是不可持续的，最终的结果是通过"唐隆政变"，李隆基掌权后继位是为玄宗，唐朝开始中兴改革，并出现开元盛世。

二、玄宗改革

1. 整顿吏治

武则天执政时期，大大削弱了残余世族的影响，为庶族地主阶级兴起并进入国家官僚机构和决策中枢创造了条件。但武周后期，由于武氏当权创造了一个新贵族集团，也就是围绕在武氏周围的既得利益集团，他们依仗武后的威势，肆无忌惮地破坏秩序和制度，使吏治走向严重堕坏。因此，玄宗继位后以整顿吏治为首要。

开元二年（714年），唐玄宗敕令罢免所有的员外、试、检校官，严格控制官吏的选举，规定今后没有战功及别敕，吏部、兵部不得注官。他还明确宣布："官不滥升。才无虚受。惟名与器。不可以假人。左贤右戚。岂资于缪赏。"（《唐会要》卷八一）唐玄宗还采纳张九龄的建议，制定官吏的迁调制度，即从京官中选用有才识者到地方任都督、刺史，又从都督、刺史中选拔有政绩者任京官。赐曰："当于京官内简宏才通识堪致理兴化者，量授都督刺史等，久在藩屏有升进状者，量授京官，使出入常均，永为恒式。课最超等，必议升迁，循默守常，必裁贬黜，昭昭赏罚不可不慎。"（《唐大诏令集》卷一百十）这样内外互调，增进了中央与地方的沟通，以政绩论升贬，提高了官僚组织的效率。他特别重视县令的选任。开元四年（716年），新选任的县令被召入大明宫宣政殿，由皇帝亲自出题考试，考查县令是否通晓经国治民之道。结果"惟鄄城令韦济词理第一，擢为醴泉令。余二百余人不入第，且令之官；四十五人放归学问"（《资治通鉴·唐纪二十七》）。同时，还颁布了《整饬吏治诏》，每年十月委派各道按察使对刺史、县令的政绩进行考察，分为最、中间、殿三等，依次定为优劣，作为改转升降的依据。对科举制度作出改革，限制了进士科及第的人数，以减少冗官的出现，提高官吏整体的素质。恢复谏官和史官参加宰相会议的制度，让谏官和史官参与讨论国家大事，监督朝政。

2. 官俸改革

唐高祖武德元年（618年）制定文武官吏俸禄制度，设置公廨本钱，由各州令史经营，人称捉钱令史。每人以五万以下本钱交市肆贩易，每月收取息钱四千文，年息约达本金百分之百名"月料钱"。公廨钱制度对于保证官俸和办公费用，减少国家财务支出有一定作用。但随着公廨本钱的发展，其弊端也日益突显。开元六年（718年）八月，秘书少监崔沔奏议州县官月料钱状：

> 养贤之禄，国用尤先，取之齐民，未为剥下，何用立本息利，法商求资。皇运之初，务革其弊，托本取利，以绳富家，固乃一切权宜，谅非经通彝典。顷以州县典史，并捉官钱，收利数多，破产者众，散诸编户，本少利轻，民用

不休，时以为便，付本收利，患及于民。然则议国事者，亦当忧人为谋，临下立计，天下州县，积数既多，大抵皆然，为害不少。且五千之本，七分生利，一年所输，四千二百，兼算劳费，不啻五千，在于平民，已为重赋。富户既免其徭，贫户则受其弊。伤民刻下，俱在其中。

因此他建议：

> 未若大率群官，通计众户，据官定料，均户出资，常年发赋之时，每丁量加升尺，以近及远，损有兼无，合而筹之。所增盖少，时则不扰，简而易从。庶乎流亡渐归，仓库稍实，则当咸出正赋，罢所新加，天下坦然。十一而税，上下各足，其不远乎。（《唐会要》卷九十一）

这就是说，在百姓常赋之外增加一个附加税，以保证官员俸禄来源。开元十年（722年）正月二十一日，朝廷"命有司收公廨钱，以税钱充百官俸"（《资治通鉴·唐纪二十八》）。

官俸改革的另一项内容是收职田。"职田"即职分田，乃百官禄米所从出。自一品十二顷、二品十顷至八品二顷、九品一顷五十亩，各有等差。最初，职田分派民种，地租极高；贞观十一年后，以职田侵渔百姓，诏给逃还民户，每亩只纳粟二斗。

> 开元十年正月，命有司收内外官职田，以给逃还贫民户，其职田以正仓粟亩二升给之。其年六月敕，所置职田，本非古法，爰自近制，是以因循，事有变通，应须删改，其内外官所给职田地子，从今年九月以后，并宜停给。（《唐会要》卷九十二）

然则近七八年来，内外官职田地并职田粟均已停给。故开元十八年（730年）三月另敕："京官职田，将准令给受，复用旧制。"（《唐会要·卷九十二》）这项规定只限京官，外官职田仍未复给。开元二十四年（736年）六月二十三日敕："百官料钱。宜合为一色。都以月俸为名。各据本官。随月给付。其贮粟宜令入禄数同申。应合减折及申请时限。并依例程。"（《唐会要》卷九十一）

至此，官俸改革基本完成。"天宝元年六月敕，如闻河东河北官人职田，既纳地租，仍收桑课，田树兼税，民何以堪。自今以后。官人及公廨职田有桑，一切不得更征丝课。"（《唐会要》卷九十二）

3. 兵制改革

唐代府兵制在太宗和高宗统治前期曾经有效地实行，但自高宗后期以至武后时就逐渐被破坏。府兵征发对象主要是均田农民，高宗以后均田制遭到破坏，土地兼并日益严重，府兵制失去了赖以实行的经济条件。这样，玄宗统治初期，府兵逃散的情况日渐增多，以致番上卫士缺员，征防更难调发。为此，玄宗不得不实行兵制改革。《新唐书·兵志》：

> 自高宗、武后时，天下久不用兵，府兵之法浸坏，番役更代多不以时，卫士稍稍亡匿，至是益耗散，宿卫不能给。宰相张说乃请一切募士宿卫。十一年，取京兆、蒲、同、岐、华府兵及白丁，而益以潞州长从兵，共十二万，号"长从宿卫"，岁二番，命尚书左丞萧嵩与州吏共选之。明年，更号曰"彍骑"。又诏："诸州府马阙，官私共补之。今兵贫难致，乃给以监牧马。"然自是诸府士益多不补，折冲将又积岁不得迁，士人皆耻为之。十三年，始以彍骑分隶十二卫，总十二万，为六番，每卫万人。京兆彍骑六万六千，华州六千，同州九千，蒲州万二千三百，绛州三千六百，晋州千五百，岐州六千，河南府三千，陕、虢、汝、郑、怀、汴六州各六百，内弩手六千。其制：皆择下户白丁、宗丁、品子强壮五尺七寸以上，不足则兼以户八等五尺以上，皆免征镇、赋役，为四籍，兵部及州、县、卫分掌之。十人为火，五火为团，皆有首长。又择材勇者为番头，颇习弩射。又有习林军飞骑，亦习弩。凡伏远弩自能施张，纵矢三百步，四发而二中；擘张弩二百三十步，四发而二中；角弓弩二百步，四发而三中；单弓弩百六十步，四发而二中：皆为及第。诸军皆近营为堋，士有便习者，教试之，及第者有赏。

彍骑的产生，标志着府兵制向募兵制的转换。彍骑制与府兵制不同：府兵是由农户按规定出丁，而彍骑则是自由应募；府兵已有田亩，彍骑是应募后授田；府兵不但负责宿卫，还要负责征战，而彍骑则专门负责宿卫；府兵自备资粮，彍骑则由官府发给。事实上，府兵的经济社会基础是国家均田制，兵员则是均田制下的国家编户。而当均田制瓦解后，农民不是国家编户，而是私有土地上的农民，因而国家不能无偿地征役，需通过实行授田来招募。开元二十五年（737年），玄宗下诏命令诸镇节度使按照防务需要制定定额，在诸色征行人和客户中召募自愿长住镇戍的健儿，"锡其厚赏，便令常住"。"自今已后，诸军兵健，并宜停遣。其见镇兵，并一切放还。"（《全唐文》卷二十四）这就在法令上停止了调发府兵征防。

4. 检括逃户

玄宗继位后所面临的经济社会矛盾十分尖锐，主要是由于均田制度的瓦解，赋税沉重，逃户增加，致使国家编户减少，赋税来源锐减。玄宗政府只能采取措施维护均田制度，同时着手打击世族豪门势力。

唐代据户口行租庸调法，然日久户口逃移，田籍错综，赋税流失。开元二年（714年），针对富户强丁多削发入寺逃避徭役的情况，玄宗下令沙汰天下僧尼，迫令还俗，编入国家户籍。《旧唐书·姚崇传》：

> 先是，中宗时，公主外戚皆奏请度人为僧尼，亦有出私财造寺者，富户强丁，皆经营避役，远近充满。至是，崇奏曰："佛不在外，求之于心。佛图澄最贤，无益于全赵；罗什多艺，不救于亡秦。何充、符融，皆遭败灭；齐襄、梁武，未免灾殃。但发心慈悲，行事利益，使苍生安乐，即是佛身。何用妄度奸人，令坏正法？"上纳其言，令有司隐括僧徒，以伪滥还俗者万二千余人。

玄宗还规定，自此以后，各地不得新建佛寺，旧寺颓坏，也要报请官府查实，才许加以修葺。

开元九年（721年）正月，监察御史宇文融上言：天下户口逃移，巧伪甚众，请加检括。玄宗决定采纳宇文融的建议，诏制："州县逃亡户口，允许在百日内自首，或就地附籍，或解送故乡，各从所欲。过期不报，一经查出，就谪送边州。有包庇者，一律抵罪。"同时还规定，新附客户免六年赋、调。

然而，检括使者和州县官好大喜功，又逢迎上司，以为括得越多越好，于是虚报数额，并以本地实户为新附客户，实为享受免赋调六年的优惠政策。《新唐书·食货上》："诸道所括得客户八十余万，田亦称是。州县希旨张虚数，以正田为羡，编户为客，岁终，籍钱数百万缗。"如此严格的"检括"也产生相当大的负面效果。为此，开元十一年（723年）八月敕："前令检括逃人，难免烦扰。今天下大同，宜各从所乐，令所在州县安集，遂其生业。"这就是说，逃户可以随寓而安，不以逃户论。

但是，由于赋役较重，不仅仍有大量逃户存在甚至有再逃者。开元十五年（727年）二月制：诸州逃户，先经劝农使括定按比后，复有逃来者，随到准白丁例，输当年租庸，有征役者先差。开元二十四年（736年）正月十日敕："天下逃户，听尽今年内自首。有旧产者令还本贯，无者别俟进止。逾限不首，当命专使搜求，散配诸军。"（《资治通鉴·唐纪三十》）

通过这一系列措施，逃户减少，纳税户增加，国家财政开始逐渐充足起来。

5. 赋税改革

在检括户口基础上，玄宗进一步改革租庸调制度，尽力使赋役负担公平，并且更加便于输纳。首先是改革封户的租庸调制度。唐代实行实封制度，封户直接向户民征收租税。"凡是封户，不胜侵扰，或输物多索裹头，或相知要取中物，百姓怨叹，远近共知。"（《旧唐书·韦承庆传》）开元三年（715年），唐朝政府规定：封户的租庸调，改由政府统一征收，征收未完时，封主不得向封户催索和出放高利贷，而只能等到征收完毕后，到京城或州治领取。这一改革有效缓解了封主对封户的剥削和侵害。

其次是改革户等制度，使得赋税平均。唐初武德六年（623年）三月，令天下户量其资产，定为三等；至九年（626年）三月诏：天下户三等，未尽升降，宜为九等。永徽五年（654年）二月敕：天下二年一定户。由是开元十六年（728年）制："户籍三年一定，分为九等。"开元十八年（730年），敕："天下户等第未平，升降须实。比来富商大贾多与官吏往还，递相凭嘱，求居下等。自后如有嘱请，委御史弹奏。"（《文献通考·职役考一》）开元十八年，敕："诸户籍三年一造。起正月上旬。县司责手实计账。赴州依式勘造。乡别为卷。总写三通。其缝皆注某州某县某年籍。州名用州印。县名用县印。三月三十日纳讫。并装潢一通。送尚书省。州县各留一通。所须纸笔装潢。并皆出当户内口。户别一钱。其户每以造籍年预定为九等。便注籍脚。有析生新附者。于旧户后。以次编附。"（《唐会要》卷八十五）

最后是改革租调的输送制度以方便输纳。开元二十五年（737年）三月三日敕：

> 关辅庸调，所税非少，既寡蚕桑，皆资菽粟，常贱籴贵买，损费逾深。又江淮等苦变造之劳，河路增转输之弊，每计其运脚，数倍加钱。今岁属和平，庶物穰贱，南亩有十千之获，京师同水火之饶，均其余以减远费，顺其便使农无伤。自今已后，关内诸州庸调资课，并宜准时价变粟取米，送至京逐要支用。其路远处不可运送者，宜所在收贮，便充随近军粮。其河南、河北有不通水利，宜折租造绢，以代关中调课。所司仍明为条件，称朕意焉。（《旧唐书·食货上》）

6. 新漕仓法

开元二十一年（733年），关中久雨导致粮食价格高企，玄宗计划循例到东都就食。玄宗以问京兆尹裴耀卿，奏称：

> 昔贞观、永徽之际，禄廪未广，每岁转运，不过二十万石便足。今国用渐广，漕运数倍，犹不能支。从都至陕，河路艰险，既用陆运，无由广致。若能兼河漕，变陆为水，则所支有余，动盈万计。且江南租船，候水始进，吴人不

便漕挽，由是所在停留。日月既淹，遂生窃盗。臣望于河口置一仓，纳江东租米，便放船归。从河口即分入河、洛，官自雇船载运。三门之东，置一仓。三门既水险，即于河岸开山，车运十数里。三门之西，又置一仓，每运至仓，即般下贮纳。水通即运，水细便止。自太原仓溯河，更无停留，所省钜万。前汉都关中，年月稍久，及隋亦在京师，缘河皆有旧仓，所以国用常赡。（《旧唐书·食货上》）

玄宗深以为然，以耀卿为黄门侍郎、同中书门下平章事，充江淮、河南转运都使主管漕运事。《旧唐书·食货下》记载：

至二十二年八月，置河阴县及河阴仓、河西柏崖仓、三门东集津仓、三门西盐仓。开三门山十八里，以避湍险。自江淮而溯鸿沟，悉纳河阴仓。自河阴送纳含嘉仓，又送纳太原仓，谓之北运。自太原仓浮于渭，以实关中。

凡三年，运七百万石，省陆运之佣四十万贯。旧制，东都含嘉仓积江淮之米，载以大舆而西，至于陕三百里，率两斛计佣钱千。此耀卿所省之数也。明年，耀卿拜侍中，而萧炅代焉。二十五年，运米一百万石。

7. 敕禁恶钱

唐初武德四年（621年）铸开元通宝钱，以后盗铸渐起。到显庆五年（660年）官方以恶钱过多过滥，不得已采取购入的方法，以一善钱购五恶钱。而民间的对策则是藏恶钱以待禁弛。武后时开放，除穿孔以及铁、锡赤铜等钱外，都可以通用。于是盗铸复起，官莫能禁。"先天之际，两京钱益滥，郴、衡钱才有轮廓，铁锡五铢之属皆可用之。或熔锡摸钱，须臾百十。"（《新唐书·食货志四》）在这种状况下，玄宗朝不得不采取强烈的手段来禁止。开元六年（718年）正月敕禁恶钱，定重二铢四分以上乃得用；收民间恶钱熔之，另铸合格钱。禁令实施时，京城买卖几绝。政府拿出太府善钱二万缗（一缗千文）置于南北市，以平价买百姓滞销之物可充官用者；并许两京百官预借俸钱，以使善钱迅速流入民间。明年二月（青黄不接时），敕太府及府县出粟十万石粜之，以敛人间恶钱，送少府销毁。（《资治通鉴·唐纪二十八》）然而，由于武周时期私铸成风，恶钱既不易尽收，私铸亦难以尽禁。开元二十二年（734年）初，张九龄一度请不禁私铸，但遭到百官反对。秘书监崔沔曰："若税铜折役，则官冶可成；计估度庸，则私铸无利，易而可久，简而难诬。且夫钱之为物，贵以通货，利不在多，何待私铸，而后足用！"（《资治通鉴·唐纪三十》）玄宗以为然，遂仍禁私铸。

三、盛世危机

1. 开天盛世

经过一系列变革，唐朝经济社会迎来史上最繁盛的时代。根据《旧唐书》记载，唐武德元年（618年）有180万户，唐武德七年（624年）有219万户，唐贞观十三年（639年）有304万户，唐太宗贞观二十二年（648年）有360万户，唐高宗永徽三年（652年）有380户。到"（开元）二十年（732年），户七百八十六万一千二百三十六，口四千五百四十三万一千二百六十五"（《通典·食货七》）。可见人户之兴旺。史载"开元天宝之中，耕者益力，四海之内，高山绝壑，耒耜亦满，人家粮储，皆及数岁，太仓委积，陈腐不可校量"（《全唐文》卷三百八十）。另据《通典·食货七》：

> 至（开元）十三年封泰山，米斗至十三文，青、齐谷斗至五文。自后天下无贵物，两京米斗不至二十文，面三十二文，绢一疋二百一十二文。东至宋、汴，西至岐州，夹路列店肆待客，酒馔丰溢。每店皆有驴赁客乘，倏忽数十里，谓之驿驴。南诣荆、襄，北至太原、范阳，西至蜀川、凉府，皆有店肆，以供商旅。远适数千里，不持寸刃。

可见当时粮食布帛产量丰富，物价低廉，商业发展，城市繁华，道路畅通，行旅安全。对外贸易不断增长，波斯、大食商人纷至沓来，长安、洛阳、广州等大都市商贾云集，各种肤色、不同语言的商人身穿不同的服装来来往往，十分热闹。唐朝进入全盛时期。因当时年号为"开元"，史称"开元盛世"，如果加上天宝时期，可以合称为"开天盛世"。

2. 危机隐现

不同时代有不同的历史价值，贞观时期与开元时期比较：贞观时期还是制度创新时期，开元则主要是物质的成果了，所以贞观时代的特点是"治"，开元时代的特点是"盛"。当然，贞观时期并不是没有缺点，如太宗时期的"实封"本是倒退行为，在一定程度上延缓了世族贵族衰落的过程。而武则天的政策打击了世族势力，加速了世族的衰落。事实上，这正是开元盛世的前提条件。唐玄宗前期重用贤臣，励精图治，社会经济继续发展，出现了前所未有的盛世景象。在此期间，一方面是政治清明，吏治廉正，国家较少出现贪腐现象；另一方面，均田制度下自耕农发挥着重要作用，成为整个经济繁荣的基础。但在一派繁荣景象之下，矛盾和危机也在不断积累，盛衰转变也在静悄悄地发生。到开元晚期，天下承平日久，国家无事，唐玄宗更丧失了向上求治的精神，特别是改元天宝后，政治愈加腐败，社会愈加颓废，矛盾不断积累，危机逐渐隐现。

开元晚期和天宝时期的经济社会矛盾主要有以下三个方面。

第一，土地兼并。玄宗时，农户的分化日益严重，不少均田农民不得不出让自己的土地，这些土地大多为大大小小的地主买去，特别是不少贵族地主，加大了兼并土地的趋势。为此，玄宗下《禁官夺百姓口分永业田诏》：

> 王公百官，及富豪之家，比置庄田，恣行吞并，莫惧章程。借荒者皆有熟田，因之侵夺；置牧者惟指山谷，不限多少。爰及口分永业，违法卖买，或改籍书，或云典贴，致令百姓，无处安置。乃别停客户，使其佃食，既夺居人之业，实生浮惰之端。远近皆然，因循亦久，不有厘革，为弊虑深。……自今已后，更不得违法买卖口分永业田，及诸射兼借公私荒废地。无马妄请牧田，并潜停客户有官者私营农，如辄有违犯，无官者决杖四十，有官者录奏取处分。（《全唐文》卷三十三）

但事实上，世族贵族的土地兼并行为是很难制约的，玄宗尽管多次下诏限制兼并行为，但是这种不断下诏限制兼并本身就说明诏令作用的有限并不断递减，最终成了一纸空文。

第二，赋役不均。随着均田制瓦解带来的问题是国家编户减少，赋役严重不均。唐政府首将天下人户分为"课户"和"不课户"。《旧唐书·玄宗本纪》载天宝十三载户口云："口五千二百八十八万四百八十八。四千五百二十一万八千四百八十，不课；七百六十六万二千八百课。"不课口占 86%，为课者的 5.9 倍。《通典·食货》载天宝十四年户口时云："口五千二百九十一万九千三百九。不课口四千四百七十万九百八十八；课口八百二十万八千三百二十一。"（《通典·食货七》）不课口占 84%，亦在应课口的 5 倍以上。不课口包括宗室外戚、达官贵人、僧尼道士、义夫节妇等。全部赋税落在一小部分人身上，加之有些豪右转嫁负担，势必造成一些人的流亡。如《唐会要·卷八十五》所说："然流离之人，岂爱羁旅而忘桑梓，顾不得已也。然以年机屡兴、赋敛重教，上下逼促，因为游民"。如此大规模和大比例的"不课"人口，其影响不仅仅是赋役不均，也影响政府的财政收入。

第三，恶钱泛滥。随着商品经济发展和商人资本兴起，富商利用币制混乱之际滥用恶钱牟取暴利。政府本该禁止这种投机行为，但在利益集团的干预之下却采取了放任态度，致使市场货币乱象进一步加剧。天宝十一年（752 年）二月二十二日，玄宗"命有司出粟帛及库钱数十万缗于两市易恶钱。先是，江、淮多恶钱，贵戚大商往往以良钱一易恶钱五，载入长安，市井不胜其弊，故李林甫奏请禁之，官为易取，期一月，不输官者罪之。于是商贾嚣然，不以为便。众共遮杨国忠马自

言，国忠为之言于上，乃更命非铅锡所铸及穿穴者，皆听用之如故。"（《资治通鉴·唐纪三十二》）

经济社会矛盾进一步加剧了政治矛盾。开元晚期和天宝时期的政治矛盾主要是以下三个方面。

第一，吏治腐败。玄宗后期沉溺于开元盛世造成的永久繁荣的梦幻之中，不再励精图治，不再体恤民众，甚至姑息搜刮百姓的官员。玄宗以户部郎中王铁为户口色役使，并下敕免除百姓当年租庸调。王铁奏请征收百姓的运费，夸大钱数，又让用钱购买本地所产的贵重物品，这样百姓所交纳的比不免除租庸调时还多。按旧制，戍边者免其租庸，六年替换一次。此时边将征战，耻于言败，士卒战死者皆不申牒，所以籍贯不除。王铁一心聚敛，以有籍无人者皆视为避课，按籍戍边六年以后，一律征其租庸，有人被连征三十年而无处申诉。王铁岁贡额外钱帛百亿万，贮藏于内库，以供玄宗在宫中宴饮挥霍。王铁告玄宗说："此钱帛皆不出于租庸调。"玄宗由此认为王铁有富国之能，于天宝四年（745年）任命王铁为御史中丞、京畿道采访使。（《新唐书·王铁列传》）唐玄宗后期，李林甫为相，排斥异己，结党营私，把持朝政十九年。继他上台的杨国忠，更是一个"不顾天下成败"，只知搜刮民财、公行贿赂、妒贤嫉能、骄纵跋扈，以致群小当道、国事日非、朝政腐败。天宝十三年（754年）九月，玄宗忧淫雨连绵，伤田中禾稼。杨国忠取禾之善者献之，曰："雨虽多，不害稼也。"上以为然。扶风太守房琯言所部水灾，国忠使御史推之。是岁，天下无敢言灾者。高力士侍侧，上曰："淫雨不已，卿可尽言。"对曰："自陛下以权假宰相，赏罚无章，阴阳失度，臣何敢言！"上默然。（《资治通鉴·唐纪三十三》）玄宗对宠臣和佞臣的姑息由此可见。

第二，奢侈风盛。玄宗在位日久，用度日多，奢侈成风，沉湎于酒色，后宫赏赐无节制，当时诸贵戚竟以进食为时尚。天宝九载（750年）二月，玄宗遂命宦官姚思艺为检校进食使，所献水陆珍品数千盘，一盘费中人十家之产。玄宗使太子之妃兄韦坚督江淮租运。江淮南租庸等使韦坚为聚江淮运船，引浐水至禁苑望春楼下为潭，又役夫匠通漕渠，自江淮至京城，二年而成。天宝二年（743年）三月二十六日，玄宗幸望春楼观新潭。韦坚集新船数百艘，各榜郡名，并陈各郡中珍宝于船背。陕县尉崔成甫着半臂锦衣，以红抹额，在船前唱《得宝歌》云："得宝弘农野，弘农得宝耶，潭里舟船闹，扬州铜器多。三郎当殿坐，听唱《得宝歌》。"并使美妇人百数盛饰和唱。声势浩大，船樯数里。韦坚跪进诸郡珍货。玄宗设宴，竟日才散，观看者无数。四月，加韦坚左散骑常侍，并名其潭曰广运。（《旧唐书·韦坚列传》）可见玄宗昏庸如此。

第三，宦官始兴。先天二年（713年）七月太平公主即诛，功臣皆有封赏，宦官高力士以功授右监门将军，知内侍省事，官从三品。初，太宗定制，内侍不置三品官，职司守门传命而已。武后虽女主，宦官亦不用事。中宗时，嬖幸甚多，宦官七品以上千余人，然衣绯（四、五品）、典军者尚少。玄宗为藩王时，力士即倾心事奉；及为太子，奏为内给事（从五品下）；至诛萧（至忠）、岑（羲），乃使典军而知省事，官三品。自后宦官增至三千余人，除三品将军者渐多，衣绯、衣紫（三品以上）至千余人，宦官之盛自此始。

开元天宝时期的政治经济矛盾，使大唐帝国看似表面上强大，而实际上已经十分虚弱，很难经得起外部打击。所以，突如其来的安史之乱，犹如压倒骆驼的最后一根稻草，致使帝国元气大伤，并由此转衰。

四、安史之乱

随着唐太宗、唐高宗等在位期间屡次开疆拓土，先后平定辽东、东、西突厥、吐谷浑等地区，唐朝成为一个幅员辽阔的国家。同时，为了加强中央对边疆的控制、巩固边防和统理各少数民族，唐玄宗于开元十年（722年）在边地设十个兵镇，由九个节度使和一个经略使管理。节度使权力很大，不单管理军事，还兼管辖区内的行政、财政、户口、土地等。这就是说，节度使"既有其土地，又有其人民，又有其甲兵，又有其财赋，以布列天下"，这样，"方镇不得不强，京师不得不弱"。（《新唐书·兵志》）节度使因而雄踞一方，成为唐皇室隐忧。

唐代长期以来对边疆少数民族采取怀柔政策，节度使多任用胡人，边镇中的土卒也有很大一部分胡人，猛将精兵全集中在几个边防大镇。天宝年间，各节度使所掌兵力49万，而京畿中央只有12万彍骑。这样就形成了里轻外重的局面，与唐太宗时"集关中兵力可控四方"的格局完全不可同日而语。而安禄山一人更兼任平卢、范阳、河东三镇节度使。这三地之间地域相连，兵力又于诸镇之中最强，拥兵20万，实力强大。安禄山正是利用了这一形势，发动了叛乱，并由此形成藩镇割据的局面。

由于均田制瓦解，土地兼并加重，府兵制也随之瓦解被募兵制取代。募兵制实行初期，在一定程度上保证了兵员，但随着政治经济的变化，社会风气也有变化，唐初的尚武精神丧失殆尽，人们耻于当兵，子弟为武官者，父兄摈不齿，所应募者，皆是市井负贩等无赖子弟，导致军队风气大坏，自然缺乏战力。另外，随着均田制进一步瓦解，国家编户减少，政府财力有限，特别是中央政府财力有限，难以保证募兵的待遇。天宝以后，因为承平日久，人们都认为中国可以销兵，民间禁止携带兵器，人民早已解除武装。所以在安史之乱初期，中央军队毫无战力，一触即溃，致使唐王朝几近崩溃。

安史之乱使唐王朝自盛而衰，一蹶不振，影响极为深远。

第一，遭受战乱的整个黄河中下游受空前浩劫。"宫室焚烧，十不存一，百曹荒废，曾无尺椽。中间畿内，不满千户，井邑榛荆（榛应改为榛），豺狼所号。既乏军储，又鲜人力。东至郑、汴，达于徐方，北自覃、怀经于相土，为人烟断绝，千里萧条。"（《旧唐书·郭子仪传》）由于战乱，广大人民皆处在无家可归的状态中。

第二，削弱了中央集权统治，出现长时期的藩镇割据。特别是"河北三镇"逐渐把地方军事、政治、经济大权皆集于一身，相当于独立在唐王朝之外的地方政权。这些方镇有的自补官吏，不输王赋，有的不入贡于朝廷，甚至骄横称王称帝，与唐王朝分庭抗礼直到唐亡。

第三，战争造成劳动力严重不足，国家掌握的户口大量减少。如潼关和虎牢关之间，几百里内仅有"编户千余"，邓州的方城县，从天宝时的万余户，骤降至二百户以下。而政府却把赋役负担强加在这些农户上的农民。各个方镇更是"暴刑暴赋"，如田承嗣在魏博镇"重加税率"，李质在汴州搞得地区"物力为之损屈"。这就激起了农民的不断武装叛乱。

第四，为平定安史之乱，唐王朝将陇右、河西、朔方一带重兵皆调遣内地，造成边防空虚，西边吐蕃人乘虚而入，尽得陇右、河西走廊，唐朝仍然控制西域安西北庭；二十年后，约公元790年，唐朝失去西域安西北庭。

第五，安史之乱对北方生产造成了极大的破坏，大量北方人士南渡。南方相对较为稳定，北方人口的南迁，带去了大量的劳动力，先进的生产技术，促进了江南经济的发展，南方经济日益超过北方，南北经济趋于平衡。

事实上，安史之乱是对开元天宝时期政治经济矛盾的总清算。由于安史之乱对唐朝整体的打击过于严重，致使大唐再也没有恢复当时辉煌的能力。因而，安史之乱是唐朝历史的盛衰拐点。

第三节 食货之国计

一、田制

唐代田制渊源于北朝传统，但因为在中原土地上，所以具有南北朝混合特征。随着经济社会发展，田制也发生转变，即从混合型的国有土地制度转向全面的土地私有制。不过，这个过程比较漫长，并呈渐进之势。

1. 均田

唐初承袭隋制实行均田。但由于土地资源已较北朝和隋代少，所以均田也较前朝多了一些限制。但总的来说，还是实现了"耕者有其田"。《新唐书·食货一》：

> 度田以步，其阔一步，其长二百四十步为亩，百亩为顷。凡民始生为黄，四岁为小，十六为中，二十一为丁，六十为老。授田之制，丁及男年十八以上者，人一顷，其八十亩为口分，二十亩为永业；老及笃疾、废疾者，人四十亩，寡妻妾三十亩，当户者增二十亩，皆以二十亩为永业，其余为口分。永业之田，树以榆、枣、桑及所宜之木，皆有数。田多可以足其人者为宽乡，少者为狭乡。狭乡授田，减宽乡之半。其地有薄厚，岁一易者，倍受之。宽乡三易者，不倍授。工商者，宽乡减半，狭乡不给。凡庶人徙乡及贫无以葬者，得卖世业田。自狭乡而徙宽乡者，得并卖口分田。已卖者，不复授。死者收之，以授无田者。凡收授皆以岁十月。授田先贫及有课役者。凡田，乡有余以给比乡，县有余以给比县，州有余以给近州。

唐初田制分为口分田和永业田，事实上是实行了"双轨制"，即国有土地和私有土地并存。既然存在私有土地就不可避免地发生土地买卖。但国家对土地买卖有各种限制，一般来讲口分田属于国有土地不能买卖，而永业田属于私有土地允许买卖，在某些特殊情况下永业田也可以出卖。初期对土地买卖限制较严格。"初，永徽中禁买卖世业、口分田。其后豪富兼并，贫者失业，于是诏买者还地而罚之。"（《新唐书·食货一》）以后，随着社会经济的发展，对土地买卖的限制越来越放开，事实上是逐渐走向土地私有化了。不过这个过程较长，一直到中唐以后才开始加速。

2. 屯田与营田

与汉代西域战略类似，为了维护对西域的控制，唐朝也在这些地区实行屯田。唐朝在西域的屯田运动，从太宗贞观四年（630 年）开始到德宗贞元七年（791 年）结束，前后历经 161 年。唐代在西域的屯垦戍边主要有 11 大垦区，在新疆北疆地区 4 处、南疆地区 6 处，在碎叶城 1 处。这些都是驻军千人至万人的军镇屯田。此外还有很多小规模的屯田。唐朝在新疆的屯田由安西、北庭两大都护府统一管辖，以军屯为主，还有民屯和犯屯。唐代其他边疆地区也有屯田，在各道设营田使，州县设营田务。屯田的最基层单位为屯，每屯的屯田面积大小不等，隶司农寺者，每二十至三十顷为一屯；隶州、镇、诸军者每五十顷为一屯。每屯都设有屯官，"每屯主一人，屯副（一）人，五屯则署监及丞以统之"（《玉海》卷一二四）。开元二十五年（737 年）令："诸屯隶司农寺者，每三十顷以下，二十顷以上为一屯；隶州镇诸军者每五十顷为一屯。应置者，皆从尚书省处分。"（《通典·食货二》）

营田为屯田的一种，不同的是屯田以军屯为主，主要是军队经营，并供边防军士使用。而营田则是民屯为主，是将国家土地出租给农民耕种，以分成方式取得粮食以供军需。《新唐书·食货三》：

> 元和中，振武军饥，宰相李绛请开营田，可省度支漕运及绝和籴欺隐。宪宗称善，乃以韩重华为振武、京西营田、和籴、水运使，起代北，垦田三百顷，出赃罪吏九百余人，给以耒耜、耕牛，假种粮，使偿所负粟，二岁大熟。因募人为十五屯，每屯百三十人，人耕百亩，就高为堡，东起振武，西逾云州，极于中受降城，凡六百余里，列栅二十，垦田三千八百余顷，岁收粟二十万石，省度支钱二千余万缗。重华入朝，奏请益开田五千顷，法用人七千，可以尽给五城。会李绛已罢，后宰相持其议而止。宪宗末，天下营田皆雇民或借庸以耕，又以瘠地易上地，民间苦之。穆宗即位，诏还所易地，而耕以官兵。耕官地者，给三之一以终身。灵武、邠宁，土广肥而民不知耕。大和末，王起奏立营田。后党项大扰河西，邠宁节度使毕諴亦募士开营田，岁收三十万斛，省度支钱数百万缗。

3. 公廨田和职田

隋唐时期，为补充地方官府公费支出，政府设置公廨田和职田之类公田。隋开皇九年（589 年），诏给京官以职分田，外官亦各有职分田。又给公廨田以供公用。此为公廨田之始。唐代公廨田制度最健全，按内外各官署的等级高低，分别给予。凡京诸司各有公廨田，以司农寺为最高，给 26 顷；内坊等最低，只给 2 顷。凡天下诸州公廨田，以大都督府为最高，给 40 顷，互市监等最低，给 2 顷。内外公廨田租给农民耕种，所收地租，均充作办公经费。唐代武德元年（618 年）诏令内外官各给职分田，只授给职事官，数量亦以秩品高下为差。这些公田大多是租给农民耕种，取其租用于公事和补贴官吏俸禄。

二、赋税

1. 租庸调

隋唐两代的赋役制度是建立在均田制基础上的。均田为国有土地，国家将土地分配给农民，农民耕种国有土地并负担赋役。均田制的特点是在国有土地上的自耕农负担国家的租庸调。

租庸调制度并不是唐朝原创，而是从汉末开始经历了数百年演变而形成的，并在隋代基本定型。而唐代的租庸调制度是在隋代基础上重建的，除量变以外并无新的创制。但不同的是，隋朝早亡，而唐代却将租庸调制度贯彻了一百多年。

租庸调制是以均田制为基础的赋税制度。《新唐书·食货一》：

> 凡授田者，丁岁输粟二斛，稻三斛，谓之租。丁随乡所出，岁输绢二匹，
> 绫、绝二丈，布加五之一，绵三两，麻三斤，非蚕乡则输银十四两，谓之调。
> 用人之力，岁二十日，闰加二日，不役者日为绢三尺，谓之庸。有事而加役二
> 十五日者免调，三十日者租、调皆免。通正役不过五十日。

租庸调制度还规定了贵族以及其他特权者的免税免役规则，也规定了某些弱势
群体的免税免役规则。《新唐书·食货一》：

> 自王公以下，皆有永业田。太皇太后、皇太后、皇后缌麻以上亲，内命妇
> 一品以上亲，郡王及五品以上祖父兄弟，职事、勋官三品以上有封者若县男父
> 子，国子、太学、四门学生、俊士，孝子、顺孙、义夫、节妇同籍者，皆免课
> 役。凡主户内有课口者为课户。若老及男废疾、笃疾、寡妻妾、部曲、客女、
> 奴婢及视九品以上官，不课。

租庸调的征收并不取决于每户和每丁实际授田是否足额，在没有复除、蠲免情
况下，只要是在籍均田课户，户内有成年男丁，就要按照每丁每年相同的数额负担
租庸调，被称为丁租、丁调和丁庸。所以说，租庸调是按丁征收而不计田产的，实
际上是计丁课税，即人头税。这种计丁课税方法是基于均田制度有丁即有地的原
则，并且每丁所占有的土地都是"均田"，所以按丁征收也就是按土地资产征收。
但事实并不如此，各地土地资源不同，分配土地数也不同，每丁所占有的土地也有
很大不同，但仍按丁收税存在很大的不公平性。如果考虑到贵族和官员以及其他各
种人群的优免，赋税的不公平就更加严重。[①]

根据各地物产情况和政府具体需要，租庸调征收采取灵活多样的折纳制。开元
二十五年（737 年）定令：

> 诸课户一丁租调，准武德二年之制。其调绢绝布，并随乡土所出。绢绝各
> 二丈，布则二丈五尺。输绢绝者绵三两，输布者麻三斤。其绢绝为疋，布为
> 端，绵为屯，麻为缞。若当户不成疋端屯缞者，皆随近合成。其调麻每年支料
> 有余，折一斤输粟一斗，与租同受。其江南诸州租，并回造纳布。（准令，布
> 帛皆阔尺八寸、长四丈为疋，布五丈为端，绵六两为屯，丝五两为绚，麻三斤

---

① 参见刘玉峰：《论唐代税收体系和税收结构的发展变化》，《思想战线》2003 年第 3 期。

为绫。）诸丁匠不役者收庸，无绢之乡，绝布参糅。（日别绝、绢各三尺，布则三尺七寸五分。）三月敕："关内诸州庸调资课，并宜准时价变粟取米，送至京，逐要支用。其路远处不可运送者，宜所在收贮，便充随近军粮。其河南、河北有不通水利，宜折租造绢，以代关中调课。"（《通典·食货六》）

2. 户税

唐代租庸调之外还有户税。户税是按户等收税。《唐六典》有三年一大税，每年一小税以供军国传驿之用的记载。户税创自唐初。唐高祖武德二年制：每一丁租二石。若岭南诸州则税米：上户一石二斗，次户八斗，下户六斗；若夷獠之户，皆从半输。蕃人内附者，上户丁税钱十文，次户五文，下户免之；附经二年者，上户丁输羊二口，次户一口，下户三户共一口，凡水旱虫霜为灾，十分损四分以上免租，损六以上免租调，损七以上课役俱免。（《通典·食货六》）武德六年（623年）三月令：天下户量其资产，定为三等。至九年（626年）三月，诏：天下户立三等，未尽升降，宜为九等。到唐太宗贞观九年（635年）三月，又分天下户为上上、上中、上下、中上、中中、中下、下上、下中、下下九等（岭南户分五等）。永徽年间规定二年一定户。武则天长安元年（701年）十月诏：天下诸州王公以下，宜准往例税户。这是唐代户税最早的正式说法。

与租庸调制相比，户税不分课户、非课户，也不分主户、客户，王公以下的人户均要缴纳，纳税面十分宽泛，其中对工商业户的完税管理更为严格。开元十八年（730年）十一月敕："天下户等第未平，升降须实。比来富商大贾，多与官吏往还，递相凭嘱，求居下等。自今已后，不得更然。"（《唐会要》卷八十五）玄宗开元年间户税已每年分两次征收，定额不断扩大。"按天宝中天下计账，户约有八百九十余万，其税钱约得二百余万贯。"（《通典·食货六》）广泛地用于官俸等各类财政支出，特别是地方政府的财政支出，财政地位日渐重要。唐德宗建中元年（780年）以后，户税成为两税法两项内容之一。两税法规定纳钱部分就是户税，而且也是按户等高下征收的。

三、征榷

1. 盐铁

隋朝允许盐业私营。开皇三年（583年）正月，"罢酒坊，通盐池盐井与百姓共之。远近大悦"（《隋书·食货志》）。唐初的盐业生产直属于户部度支管辖，基本上采取征税制度。开元初年（713年），左拾遗刘彤建议唐朝政府对盐、铁、木等采取"官收兴利，贸迁于人"的政策，意即全面推行官营制，以增加政府财政收入。但由于反对官营的人很多，此议未能施行。直到开元十年（723年）八月十日，玄宗重申各地盐铁生产必须按规定纳税。就是说，刘彤盐铁官营的建议最后遭到否定，唐初以来的盐业政策照旧执行。天宝九年（750 年），政府为了增加财政收入，想对盐业实行新的政策，但仍然不敢全面实行官营，只是对销售食盐征收除陌钱。直到安史之乱，国家经济困难，才改盐法，把天下山海井灶之盐，一律收归国有，由政府官卖，始有"榷盐"。至于冶铁，贞观时期政府坚持允许矿冶民间经营政府征税。直到开元十五年（727 年）政府才初税伊阳五重山银、锡。设有冶监官营处的私营矿业，可以向当地冶监交纳矿税；不设冶监处的私营矿业，则向当地地方政府交纳矿税，也可以矿产向当地地方政府折充课役。德宗时，户部侍郎韩洄建议，山泽之利宜归王者，自是隶盐铁使。元和时，天下银冶废者四十，岁采银万二千两，铜二十六万六千斤，铁二百七万斤，锡五万斤，铅无常数。二年，禁采银，一两以上者笞二十，递出本界，州县官吏节级科罪。（《文献通考·征榷考五》）

2. 酒茶

隋文帝开皇三年（583 年）罢酒坊与百姓共之。（《通典·食货四》）唐初无酒禁，直到唐肃宗时，遭遇安史之乱，为了节约与严肃风气，曾规定京师禁止卖酒，非朝廷祭享宴会大典，不得饮酒。随着政府财政日益困难，到代宗广德二年（764 年），敕天下州各量定酤酒户，随月纳税，除此之外，不问官私，一切禁断。此为酒税之始。代宗大历末年时，由于征榷过重导致民生问题严重，到德宗建中元年（780 年）皇帝颁布《放天下榷酒敕》，恢复了先前听任官私酒业共存的政策。到了建中三年（782 年），又复制禁人酤酒，官自置店酤，收利以助军费，斛收置三千，州县总领，漓薄私酿者论其罪。（《文献通考·征榷考四》）到德宗贞元二年（786 年），天下开办酒肆出售酒的，每斗征收酒税五十钱，凡是代国家经营官卖的"酒户"免除徭役。宪宗元和六年（811 年），粮食大熟，酿酒风行，酒价下跌，斗酒纳税百五十元的旧政无法实施。于是政府"罢京师酤肆，以榷酒钱随两税青苗敛之"（《新唐书·食货四》）。文宗太和八年（834 年），遂罢京师榷酤。凡天下榷酒为钱百五十六万余缗，而酿费居三之一，贫户逃酤不在焉。到武宗时，酒榷又有加强，政府的惩戒措施严酷，以至于不得不明确界限。武宗会昌六年（846 年）九月敕：

> 扬州等八道州府，置榷麹，并置官店沽酒，代百姓纳榷酒钱，并充资助军用，各有榷许限。扬州、陈许、汴州、襄州、河东五处榷曲，浙西、浙东、鄂岳三处置官沽酒。如闻禁止私酤，过于严酷，一人违犯，连累数家，同里之间，不免咨怨。宜从今以后如有人私沽酒及置私曲者，但许罪止一身，并所由容纵，任据罪处分。乡井之内，如不知情，并不得追扰。其所犯之人，任用重

典，兼不得没入家产。(《旧唐书·食货下》)

到了晚唐，政令紊乱，时而官卖，时而民营，变易颇为复杂混乱。

唐朝人已经普遍饮茶，茶叶生产与交易量都很大，但在唐初并无茶税。安史之乱后，因赋税不足，国用匮乏，德宗贞元九年（793年）正月，盐铁使张滂奏请在主要产茶州郡及交通要塞，即茶商经过之地，普遍设置收税机构，按茶品分为三等估价收税，税率是茶价的十分之一。"每岁得钱四十万贯，茶之有税自此始。"(《文献通考·征榷考五》)"穆宗即位，两镇用兵，帑藏空虚，禁中起百尺楼，费不可胜计。盐铁使王播乃增天下茶税，率百钱增五十。江淮、浙东西、岭南、福建、荆襄茶，播自领之，两川以户部领之。天下茶加斤至二十两，播又奏加取焉"。(《文献通考·征榷考五》)文宗时设榷茶使，实行茶叶专卖。(《旧唐书·文宗纪》)当时的榷茶使王涯一度下令百姓将茶树移种于官场，由官府收茶造作，引起天下大怨，不得不下令取消。武宗即位，盐铁转运使崔珙又增江淮茶税。是时，茶商所过州县有重税，或掠夺舟车，露积雨中，诸道置邸以收税，谓之"拓地钱"，故私犯益起。

宣宗大中六年（852年）正月，盐铁转运使裴休奏：

> 诸道节度、观察使，置店停上茶商，每斤收揭地钱，并税经过商人，颇乖法理。今请厘革横税，以通舟船，商旅既安，课利自厚。今又正税茶商，多被私贩茶人侵夺其利。今请强干官吏，先于出茶山口，及庐、寿、淮南界内，布置把捉，晓谕招收，量加半税，给陈首帖子，令其所在公行，从此通流，更无苛夺。所冀招恤穷困，下绝奸欺，使私贩者免犯法之忧，正税者无失利之叹。欲寻究根本，须举纲条。(《旧唐书·食货下》)

裴休著条约：

> 私鬻三犯皆三百斤，乃论死；长行群旅，茶虽少亦死；顾载三犯至五百斤、居舍侩保四犯至千斤，皆死；园户私鬻百斤以上，杖脊，三犯加重徭；伐园失业者，刺史、县令以纵私盐论。庐、寿、淮南皆加半税，税商给自首之帖，天下税益增倍贞元。江淮茶为大模，一斤至五十两。诸道盐铁使于悰每斤增税五钱，谓之"剩茶钱"，自是斤两复旧。(《文献通考·征榷考五》)

3. 关市

商税主要包括关市之征和对商人征课的各种杂税。"隋文帝受禅，除入市之税。"（《文献通考·征榷考一》）唐前期"凡关呵而不征"（《旧唐书·职官二》）。长安二年（702 年），有司议税关市，主张凡行人尽征之。崔融以扰民太甚或致骚动为由，上疏反对，主张只税商贾，不税行人。武则天从其议。这种关税政策一直延续不变。

安史之乱后，国家财政困窘，加上藩镇割据，不得不改变政策。"德宗时，赵赞请诸道津会置吏阅商贾钱，每缗税二十，竹木茶漆税十之一，以赡常平本钱。帝纳其策。属军用迫蹙，亦随而耗竭，不能备常平之积。"（《文献通考·征榷考一》）后来这项关税的范围越来越广，不仅税及商人，而且税及旅客，不仅税及商品，而且税及非商品，发生扰民的现象，税制日滥。

四、平籴

1. 仓储

常平制度源于西汉，而义仓始于隋朝开皇五年，为隋文帝时所创。开皇三年（583 年），朝廷以京师仓廪尚虚，议为水旱之备，于是诏于蒲、陕、虢、熊、伊、洛、郑、怀、邵、卫、汴、许、汝等水次十三州，置募运米丁。又于卫州置黎阳仓，洛州置河阳仓，陕州置常平仓，华州置广通仓，转相灌注。开皇五年（585 年）隋文帝听从长孙平的建议，"奏令诸州百姓及军人，劝课当社，共立义仓。收获之日，随其所得，观课出粟及麦，于当社造仓窖贮之。即委社司，执账检校，每年收积，勿使损败。若时或不熟，当社有饥馑者，即以此谷赈给。自是诸州储峙委积。"（《隋书·食货志》）这是义仓之始。

唐代在隋朝常平制度基础上，普设义仓、常平仓。高祖武德元年（618 年）九月四日，置社仓。太宗贞观二年（628 年）诏天下州县，并置义仓。开元天宝时期，常平仓得到了较好的发展，普遍置仓，有籴有粜。据记载，天宝八载（749 年），全国常平仓贮粮为四百六十万二千二百二十石，平均每州万余石（《通典·食货十二》），对备荒赈济发挥了重要作用。

2. 和籴

唐建国初即行和籴。贞观初年，朔州刺史张俭请于晋北和籴，以充边储。唐政府陆续设置"和籴使""和籴副使"等专职官员管理和籴事务。唐都关中，而关辅土地所入不足以供军国之用，故常恃转漕东南之粟，而东南之粟必先至东都，然后浮河、渭，溯流以入关，是以其至也籴难。故开元以前，岁若不登，天子尝移跸就食于东都。《新唐书·食货三》：

> 贞观、开元后，边土西举高昌、龟兹、焉耆、小勃律，北抵薛延陀故地，缘边数十州戍重兵，营田及地租不足以供军，于是初有和籴。牛仙客为相，有

彭果者献策广关辅之籴，京师粮禀益羡，自是玄宗不复幸东都。天宝中，岁以钱六十万缗赋诸道和籴，斗增三钱，每岁短递输京仓者百余万斛。米贱则少府加估而籴，贵则贱价而粜。

中唐以后，和籴往往通过各府县按散户配人的方法强制进行。不仅没有公正的价格，而且在支付时多以"杂色匹缎"充数，使民户又受到一层剥削。和籴之粮还强令民户运到指定州县。尽管政府就此多次下令，力图消除和籴中的积弊，但成效不大。安史之乱后，由于国家财政困窘，常平和籴制度往往成为政府敛财聚财的工具，因而其弊端则更难避免，常平制度就逐渐丧失其本义。

五、钱法

1. 隋代币制

北周时期承继北朝制度，币制混乱，钱法不一，虽几经整顿仍不能解决。这主要是因为国家没有统一，政权不断更迭，各朝统治者利用不断变革的钱币搜刮人民所致。隋文帝实现国家统一后，力图实现货币统一，但事实证明这仍是一个艰难的过程。特别是隋朝国祚较短，钱币统一也只能是昙花一现。《隋书·食货志》：

> 高祖既受周禅，以天下钱货轻重不等，乃更铸新钱。背面肉好，皆有周郭，文曰"五铢"，而重如其文。每钱一千重四斤二两。是时钱既新出，百姓或私有熔铸。三年四月，诏四面诸关，各付百钱为样。从关外来，勘样相似，然后得过。样不同者，即坏以为铜，入官。诏行新钱已后，前代旧钱，有五行大布、永通万国及齐常平，所在用以贸易不止。四年，诏仍依旧不禁者，县令夺半年禄。然百姓习用既久，尚犹不绝。五年正月，诏又严其制。自是钱货始一，所在流布，百姓便之。是时见用之钱，皆须和以锡镴。锡镴既贱，求利者多，私铸之钱，不可禁约。其年，诏乃禁出锡镴之处，并不得私有采取。十年，诏晋王广听于扬州立五炉铸钱。其后奸狡稍渐磨锧钱郭，取铜私铸，又杂以锡钱。递相放效，钱遂轻薄。乃下恶钱之禁。京师及诸州邸肆之上，皆令立榜，置样为准。不中样者，不入于市。十八年，诏汉王谅听于并州立五炉铸钱。是时江南人间钱少，晋王广又听于鄂州白纻山有铜矿处，锢铜铸钱。于是诏听置十炉铸钱。又诏蜀王秀听于益州立五炉铸钱。是时钱益滥恶，乃令有司，括天下邸肆见钱，非官铸者皆毁之，其铜入官。而京师以恶钱贸易，为吏所执，有死者。数年之间，私铸颇息。

但是，这种钱币统一和稳定状况并没有维持多久。"大业已后，王纲弛紊，巨奸大猾，遂多私铸，钱转薄恶。初每千犹重二斤，后渐轻至一斤。或翦铁镟，裁皮糊纸以为钱，相杂用之。货贱物贵，以至于亡。"（《隋书·食货志》）

2. 唐初通宝

唐初期，社会安定，经济发展，外贸兴起，商品货币关系大大发展，这就导致货币经济复兴。唐代货币是铜钱与布帛并用，但实际效果已经与前代不同。尽管铜钱与布帛具有同样的法偿地位，但随着商品经济的发展，铜钱地位上升，布帛地位下降。这是由于唐代钱法比较完善，铜钱的质量良好，币制保持稳定。

唐朝立国以后，花大力气统一和稳定钱币。"高祖即位，仍用隋之五铢钱。武德四年七月，废五铢钱，行开元通宝钱，径八分，重二铢四絫，积十文重一两。一千文重六斤四两。"（《旧唐书·食货上》）"开元钱之文，给事中欧阳询制词及书，时称其工。其字含八分及隶体，其词先上后下，次左后右读之。自上及左回环读之，其义亦通。流俗谓之开通元宝钱。"（《旧唐书·食货上》）

唐以前的钱都是重量钱，以重量为名称，唐钱则改称"宝"或"通宝"，并冠以年号。从此，终唐之世，除高宗和肃宗时偶铸以年号为名的"乾封泉宝""乾元重宝"外，钱文均以"开元通宝"为定制。这是中国货币史上通宝制度的开始，这标志着我国金属铸币制度正式脱离以重量为名的五铢钱系统，而发展为"通宝"钱制度。自此以后，历代铜钱都不再以重量为名，而皆名之曰"通宝""元宝"等，金属铸币脱离了量名钱体系，而发展成为更高一级的铸币形式。"通宝"币制也反映人们对货币本质的进一步认识，即反映了货币作为商品交换工具和一般财富的意义。

3. 私铸泛滥

"开元通宝"一出，很受市场欢迎，但也遭遇盗铸的挑战。显庆五年（660年）九月，敕以恶钱转多，令所在官私为市取，以五恶钱酬一好钱。百姓以恶钱价贱，私自藏之，以候官禁之弛。高宗又令以好钱一文买恶钱两文，弊仍不息。至乾封元年（666年）封岳之后，又改造新钱，文曰"乾封泉宝"，径一寸，重二铢六分，仍与旧钱并行。新钱一文当旧钱之十（《旧唐书·食货上》）。但新钱并为受到市场欢迎，"及铸新钱，乃同流俗"，"乾"字直上，"封"字在左，很容易引起误解，又缘改铸，商贾不通，米帛增价。为此，政府又重新使用旧钱。但盗铸之风仍难禁止。仪凤四年（679年）四月，高宗令东都将远年糙米和粟谷向市场抛售，每斗另收恶钱百文，并令少府和司农将回收的恶钱进行鉴别，将其中符合标准的重新投入市场使用，将不合标准的加以回炉重铸。当时市场上米粟渐贵，人们认为是由于铸钱渐多导致钱贱而物贵。于是权停少府监铸钱，同时加大对私铸的打击力度。武则天执政期间，先是在市场上悬挂样品钱币，要求百姓依样使用。后来由于恶钱泛滥难以禁止，政府不得不对钱币使用放开，各种不足值的货币都不许汰除。

于是"盗铸蜂起，滥恶益众"，两京用钱尤甚滥恶，私铸小钱，才有轮廓，及铁锡之属，亦堪行用。可见，币制混乱是政府行为不当引起的。政府试图利用不足值的钱币实现买卖交易并从中获利，必然导致私铸蜂起和币制混乱。政府铸币权实际上是政府信用所在，政府允许足值钱币流通，可谓失信在先。

4. 开元币制

开元时唐玄宗稳定了政局后，逐渐把精力转向经济社会发展，并力图重建稳定的币制。《旧唐书·食货上》：

> 开元五年，车驾往东都，宋璟知政事，奏请一切禁断恶钱。六年正月，又切断天下恶钱，行二铢四絫钱。不堪行用者，并销破复铸。至二月又敕曰："古者聚万方之货，设九府之法，以通天下，以便生人。若轻重得中，则利可知矣；若真伪相杂，则官失其守。顷者用钱，不论此道。深恐贫窭日困，奸豪岁滋。所以申明旧章，悬设诸样，欲其人安俗阜，禁止令行。"时江淮钱尤滥恶，有官炉、偏炉、棱钱、时钱等数色。璟乃遣监察御史萧隐之充江淮使。隐之乃令率户出钱，务加督责。百姓乃以上青钱充恶钱纳之，其小恶者或沉之于江湖，以免罪戾。于是市井不通，物价腾起，流闻京师。隐之贬官，璟因之罢相，乃以张嘉贞知政事。嘉贞乃弛其禁，人乃安之。

由此可见，禁断恶钱的斗争可谓惊心动魄。开元十七年（729年），为了保证铸钱所需的铜料，政府实行铜禁政策，宣布"禁造铜器，所有采铜锡铅，官为市取，勿抑其价，务利于人"（《册府元龟·邦计部》）。但是恶钱仍私铸不止。由于恶钱难以禁断，开元二十二年（734年），中书侍郎张九龄提出开放铸钱，遭到众臣的反对，认为："钱者通货，有国之权，是以历代禁之，以绝奸滥。今若一启此门，但恐小人弃农逐利，而滥恶更甚，于事不便。"（《旧唐书·食货上》）因而政府仍旧坚持国家铸币权，但恶钱仍泛滥不止。至天宝之初，两京用钱稍好，米粟丰贱。数载之后，渐又滥恶。府县不许好钱加价回博，令好恶通用。富商奸人，渐收好钱，潜将往江淮南，每一钱货得私铸恶钱五文，假托公钱，将入京私用。京城钱日加碎恶，鹅眼、铁锡、古文、綖环之类，每贯重不过三四斤。为了稳定钱币，天宝十一载（752年）二月，政府出钱三数十万贯，分于两市，交易所用不堪久行用者，官为换取，仍限一月日内使尽。其过限辄敢违犯者，一事以上，并作条件处分。京城百姓久用恶钱，制下之后，颇相惊扰。政府又令于龙兴观南街开场，出左藏库内排斗钱，许市人博换。但贫弱者又争次不得，仍不可避免地引起市场混乱。然后，政府又宣布，除铁锡、铜沙、穿穴、古文，余并依旧行用。这种混乱状况持续了很久才逐渐稳定。

六、漕运

1. 隋代漕运

南北朝时期，由于南北分治，南北之间的运输比较少，而主要是东西之间的运输，特别是长安与洛阳作为国都，仍是粮食和物资的中心。隋朝实现了全国统一，南北之间的运输任务加大了，所以隋文帝和隋炀帝都十分重视南北水路的建设，调动了大规模的人力物力来开凿南北运河。《通典·食货典》：

> 隋文帝开皇三年，以京师仓廪尚虚，议为水旱之备，诏于蒲、陕、虢、熊、伊、洛、郑、怀、邵、卫、汴、许、汝等水次十三州，置募运米丁；又于卫州置黎阳仓，洛州置河阳仓，陕州置常平仓，华州置广通仓，转相灌注。漕关东及汾、晋之粟，以给京师。又遣仓部侍郎韦瓒向蒲、陕以东募人能于洛阳运米四十石，经底柱之险，达于常平者，免其征戍。其后以渭水多沙，流有深浅，漕者苦之。四年，诏宇文恺率水工凿渠，引渭水，自大兴城东至潼关，三百余里，名曰广通渠。转运通利，关内赖之。炀帝大业元年，发河南诸郡男女百余万，开通济渠，自西苑引谷、洛水达于河，又引河通于淮海，自是天下利于转输。四年，又发河北诸郡百余万众，开永济渠，引沁水南达于河，北通涿郡。

2. 唐初漕运

唐朝完全继承隋朝的水利建设基础，所以南北漕运比较容易，基本不需要大规模重新开凿运河，仅需要少数的渠道沟通工程。但由于唐建都长安，消费中心仍在西部，东西运输仍然是主要矛盾。唐初，政府机构还比较小，消费需求也较小，运输任务比较轻。随着长安人口的增加特别是官僚机构和皇室消费的扩大，漕运任务日益加重，成为政府必须严肃对待的问题。

高宗至玄宗前期，因河南至关中运道艰险，东南运路年久失修，故唐廷常驻东都（洛阳），"就食"太原、洛口仓的巨量积粮。开元中期，官府机构膨胀，特别是府兵制的瓦解，使粮物需求剧增。天下漕粮，愈益以江淮为重，唐廷组织数千漕船，年运百余万石江淮租粮北上。《新唐书·食货志》：

> 唐都长安，而关中号称沃野，然其土地狭，所出不足以给京师、备水旱，故常转漕东南之粟。高祖、太宗之时，用物有节而易赡，水陆漕运，岁不过二十万石，故漕事简。自高宗已后，岁益增多，而功利繁兴，民亦罹其弊矣。初，江淮漕租米至东都输含嘉仓，以车或驮陆运至陕。而水行来远，多风波覆

溺之患，其失常十七八，故其率一斛得八斗为成劳。而陆运至陕，才三百里，率两斛计佣钱千。民送租者，皆有水陆之直，而河有三门底柱之险。显庆元年，苑西监褚朗议凿三门山为梁，可通陆运。乃发卒六千凿之，功不成。其后，将作大匠杨务廉又凿为栈，以挽漕舟。挽夫系二鉝于胸，而绳多绝，挽夫辄坠死，则以逃亡报，因系其父母妻子，人以为苦。

3. 漕运改革

政府承担的漕运不是商业行为，主要是保证国都的供应和消费，因而也是不计成本的。漕运基础设施的建设或漕运制度的改革，也完全是政治第一，效率第二。开元裴耀卿主持漕政后，改"长运法"为转般法，按江南之舟不入黄河，黄河之舟不入洛口的原则，于沿河就势设仓，节级转运。水通则舟行，水浅则寓仓以待，则舟无停留，而物不耗失。《新唐书·食货志》：

> 是时，民久不罹兵革，物力丰富，朝廷用度亦广，不计道里之费，而民之输送所出水陆之直，增以"函脚"、"营窖"之名，民间传言用斗钱运斗米，其糜耗如此。及耀卿罢相，北运颇艰，米岁至京师才百万石。二十五年，遂罢北运。而崔希逸为河南陕运使，岁运百八十万石。其后以太仓积粟有余，岁减漕数十万石。

唐玄宗天宝元年（742 年）一月，陕郡太守李齐物开凿了三门峡附近的开元新河，运输比较畅通，以后漕运量逐年增长。同年，玄宗以韦坚为陕郡太守、水陆转运使。当时渭水曲折淤浅，不便漕运，他主持征调民工，在咸阳壅渭为堰以绝灞浐二水，向东作一条与渭水平行的渠道，在华阴县永丰仓附近复与渭水汇合，又在禁苑之东筑望春楼，下凿广运潭以通漕运，使每年至江淮载货之船舶在潭中集中。这项工程历时两年完成，既作为漕运设施也供游乐之用。

第四节　食货之民生

一、农业

1. 农业进步

唐代农业生产工具比前代有所进步，开元年间发明了曲辕犁。曲辕犁，因其在江东农村中使用，故又称江东犁。根据唐代陆龟蒙《耒耜经》记载：曲辕犁共由11个部件组成，犁镵（即犁铧）和犁壁是铁制的，其余的部件犁底、压镵、策额、犁箭、犁辕、犁梢、犁评、犁建、犁盘等都是木制的。犁身全长1丈2尺，曲辕前端设有能转动的犁盘，通过犁盘两端的绳索与牛轭连接，操纵灵活，可以一牛牵引，便于耕畜牵引时能自由摇动和改变方向，适合在江南田地面积较为狭小的水田中使用。由于曲辕犁构造上的改进，它虽然产生于江东地区，但能适应多种土壤和不同田块的耕作要求，既提高耕作效率又提高耕地质量。曲辕犁结构完备，轻便省力，是当时先进的耕犁。所以一直被后世沿用，历经宋、元、明、清各代，耕犁的结构没有明显的变化。

唐政府重视农田水利灌溉。从唐朝创立到安史之乱的130多年中，仅见于记载的重要水利工程就有160多项，分布于全国广大地区。《文献通考·田赋考·水利田》：

唐武德七年，同州治中云得臣开渠，自龙首引黄河溉田六十余顷。

贞观十一年，扬州大都督府长史李袭称以江都俗好商贾，不事农业，乃引雷陂水，又筑白城塘，溉田八百余顷，百姓获其利。

永徽六年，雍州长史长孙祥奏言："往日郑、白渠溉田四万余顷，今为富商大贾竞造碾硙，堰遏费水。"太尉长孙无忌曰："白渠水带泥淤，灌田益其肥美。又渠水发源本高，向下支分极众，若使流至同州，则水饶足。比为碾硙用水，泄渠水随入滑，加以壅遏耗竭，所以得利遂少。"于是遣祥等分检渠上碾硙，皆毁之。至大历中，水田才得六千二百余顷。

开元九年，京兆少尹李元纮奏疏：三辅诸渠，王公之家缘渠立硙，以害水田。一切毁之，百姓蒙利。

广德二年，户部侍郎李栖筠等奏拆京城北白渠上王公、寺观碾硙七十余所，以广水田之利，计岁收粳稻三百万石。

大历十二年，京兆尹黎干开决郑、白二水支渠，毁碾硙，以便水利，复秦、汉水道。

建中三年，宰相杨炎请于丰州置屯田，发关辅人开陵阳渠。

贞元八年，嗣曹王皋为荆南节度观察使。先是，江陵东北七十里有废田旁汉古堤，坏决凡二处，每夏则为浸溢。皋始命塞之，广良田五千顷，亩收一钟。楚俗佻薄，旧不凿井，悉饮陂泽。皋乃令合钱凿井，人以为便。

随着水利的发展，唐代的灌溉工具也有相应的进步。当时，除了以前已有的桔槔、辘轳、翻车还在普遍使用外，人们又创造了连筒、桶车、筒车和水轮等灌溉新工具，都大大提高了灌溉效率。比如，水转筒车以水为动力，可以昼夜不停地运转，汲水灌溉农田，节省了大量的劳动力。

南北朝时期，中国农业的重心已经逐渐向南转移。这主要是因为南北战事主要发生在北方和黄淮地区，而江南地区大致能够保持和平生产。到了唐代，这种农业区域变化的趋势基本保持下来，尽管关中和关东地区农业得到迅速的恢复和发展，但广大的长江流域却显示出更蓬勃的生机，其经济地位已经显示出超越黄河流域的趋势。

农业耕作体制也发生一些变化。唐代北方两年三熟的轮作复种制发展成熟，不少地区在麦子收获以后，继种禾粟等作物，可以两年三熟。南方的农业种植技术更有显著进步，水稻种植面积大大增加，广泛采取育秧、插秧的方法。这就为在同一土地上复种麦子或其他作物创造了条件，两年三熟的耕作制逐渐在南方推广。有些地方栽培早稻，六七月收割后还可以种一茬晚稻，一年两熟。

由于社会稳定、工具进步，农业经济十分发达，到玄宗开元年间（713—741年）发展到高峰。天宝八载（749年），官仓存粮达九千六百万石。农业生产发展的结果是粮价越来越便宜。开元十三年（725年），"东都斗米十五钱，青、齐五钱，粟三钱"（《资治通鉴·唐纪二十八》）。唐玄宗开元十四年（726年）时，每斗仅十三文，青州、齐州每斗仅五文。

2. 茶叶生产

唐代农业经济的较高水平，使得商品性农业发展的趋势有所增强，农产品的商品化也相当广泛。唐朝前期，经济作物主要是桑麻，到唐朝后期主要是茶和甘蔗。甘蔗主要在四川和广东大量种植，蔗糖也成为重要产品。棉花也在个别地区开始种植，但最重要的经济作物还是茶。

我国从西汉时期即有茶叶生产，但隋唐以前，茶叶的饮用有限，南人好饮之，北人初不多饮。入唐以后，饮茶之风风靡大江南北，远播塞外。《封氏闻见记》（卷六）："开元中，太山灵岩寺有降魔师大兴禅教，学禅务于不寐，又不夕食，皆恃其饮茶。人自怀挟，到处煮饮。从此转相仿效，逐成风俗。起自邹、齐、沧、棣，渐至京邑。城市多开店铺，煎茶卖之，不问道俗，投钱取饮。其茶自江淮而来，舟车相继，所在山积，色类甚多。"可见，饮茶已不再是王公贵族、官僚士人的特权，品茶啜茗之风已渐入寻常百姓家，茶叶开始进入了人们的日常生活，成为必需的消费品。"茶为食物。无异米盐。人之所资。远近同俗。既祛渴乏。难舍斯须。田间之闲。嗜好尤切。"（《唐会要·租税下》）

唐人饮茶之风兴盛，推动了茶叶的生产发展。唐时茶叶产地遍及今四川、云南、贵州、广东、广西、福建、浙江、江苏、江西、安徽、湖北、湖南、河南、陕西等省区。茶叶生产已是江南农业的重要部门。南方茶区出现了许多专事茶叶生产的"茶园户"。唐武宗开成五年（840年）十月盐铁司奏文有云："伏以江南百姓营生，多以种茶为业"（《册府元龟·邦计部·山泽》）；文宗时盐铁司奏文有云："江淮之人，什二三以茶为业"（《册府元龟·邦计部·重敛·希旨·交结》）。唐懿宗咸通年间张途《祁门县新修阊门溪记》载，祁门县"邑之编籍民五千四百余户，其疆境亦不为小。山多而田少，水清而地沃。山且植茗，高下无遗土。千里之内，业于茶者七八矣。由是给衣食，供赋役，悉恃此祁之茗。色黄而香，贾客咸议，愈于诸方。每岁二三月，赍银缗缯素求市，将货他郡者，摩肩接迹而至"（《全唐文·祁门县新修阊门溪记》）。

3. 江南农业

南方农业生产从武则天时期开始加速发展。唐朝中期之后，由于黄河中下游地区在安史之乱期间遭受破坏，而淮河以南地区遭受战争的破坏相对小得多，所以淮河以南地区的经济文化发展水平就在之后的发展之中超越黄河中下游地区。

江南地区农业发展的原因，首先是安史之乱导致大量人口向这些地区迁徙，增加了劳动力供给，也带来了资金和技术。安史之乱时，"两京蹂于胡骑，士君子多以家渡江东"（《旧唐书·权德舆传》）。这就使江南有些州如苏、鄂、洪、饶、吉、衡、邛等的人口都有所增加，有的州甚至增加到一倍以上。梁肃《吴县令厅壁记》："国家当上元之际，中夏多难，衣冠南避，寓于兹土，参编户之一。"（《全唐文·吴县令厅壁记》）其次是普遍实行的水利设施建设。江南地区有优越的修兴水利的条件，而当时的劳动人民利用这样的自然条件，克服了自然环境的困难，在当地政府的推动下进行不少水利工程。如扬州江都的爱敬陂水门，高邮的隄塘，楚州山阳（今江苏淮安）的常丰堰，淮阴的棠梨泾，润州丹阳的练塘，常州武进的孟渎，无锡的泰伯渎，苏州海盐的古泾、汉塘，湖州官池、陵波塘、蒲帆塘，杭州钱塘的沙河塘，余杭的上湖、下湖、北湖，于潜（今浙江昌化）的紫溪水，新城（今浙江桐庐）的官塘堰水、九澳，越州山阴的越王山堰、朱储斗门、新河、运道塘、新迳斗门，上虞的任屿湖、黎湖，明州鄮县鄮的广德湖、仲夏堰等。（《新唐书·地理志》）最后是技术进步和耕作制度的进步。曲辕犁是根据江东地区的耕地和耕作特点发明的，此时得到进一步的改进。江南水田较多，稻作发达，依赖于水利灌溉，而根据这种需要出现了不少灌溉技术。江南地区气候条件与北方不同，无霜期较短，作物可以两熟甚至三熟。这就通过提高土地复种的方法解决了人口增加和土地有限的矛盾。

总之，中唐以后江南地区农业发展起来，成为政府的粮仓和赋税的主要来源。唐宪宗上尊号时所下的赦书说，"天宝已后，戎事方殷，两河宿兵，户赋不入，军国费用，取资江淮，茧丝所收，宁免加厚"（《全唐文·上尊号赦文》）。韩愈说："赋出天下而江南居十九"。（《韩昌黎集·送陆歙州诗序》）后来的杜牧说："今天

下以江淮为国命"。(《全唐文·上宰相求杭州启》)

4. 均田农户

唐初实行均田制度，并由此奠定了以国家编户为基础的小农经济模式。这种小农经济具有先天的生命力和成长力，因而成就了唐初的经济恢复和发展，事实上构成了贞观之治的经济基础。这种均田农户是国家编户，耕种着国家的土地，因而为国家负担着租佣调和其他赋税。他们实际上是国有土地上的自耕农。由于免除了私有土地上的地租剥削，因而他们基本上能够实现简单再生产，如果遇到较好的年成，不仅可以自给自足，甚至还可以有一定剩余产品到市场上换取其他必需品。但是，唐初均田农户的这个"黄金时代"极其短暂，仅仅维持了三四十年就遭遇到分化、破产、失地和逃亡的命运。造成均田农户分化破产的原因，主要是均田初始分配中存在的弊端、国家赋役负担过重、贵族大户的竞争以及战争和天灾等意外事故打击等。

第一，受地不足。国家的均田制度规定了土地分配标准，针对"宽乡"和"狭乡"的不同情况还制定不同的标准和调剂方法。但事实上，这些土地分配数量是不能真正实现的。这是因为，唐代的均田是在北朝多年均田的基础上实施的，很多地方国家掌握的土地已经不够分配，而"宽乡"和"狭乡"之间的调剂也往往受到当地农民的抵制。所以，均田标准是不能满足的，也就是说很多农民并没有得到国家规定数量的土地。因此，均田制产生了大量耕种很小一块土地的农户，他们只能勉强维持生计。贞观十八年（644年）二月，唐太宗"幸灵口。村落逼侧，问其受田，丁三十亩。遂夜分而寝，忧其不给"（《册府元龟·邦计部·惠民》）。武周长寿元年（692年），狄仁杰说："窃见彭泽地狭，山峻无田，百姓所营之田，一户不过十亩、五亩，准例常年纵得全熟，纳官之外，半载无粮。今总不收，将何活路。"（《全唐文·乞免民租疏》）可见，这些小农户经济基础极为薄弱，经不起任何打击。

第二，赋役繁重。均田制将农民束缚在国有土地上，任何人都逃脱不了租佣调法。尽管赋税标准并不算高，但由于国家多事导致实际征收要远高于标准。事实上，历史上备受美誉的贞观时期赋役已很繁重。如贞观五年（631年），戴胄进谏有云："比见关中、河外，尽置军团，富室强丁，并从戎旅。重以九成（宫）作役，余丁向尽，去京二千里内，先配司农、将作。假有遗余，势何足纪？乱离甫尔，户口单弱，一人就役，举家便废。入军者督其戎仗，从役者责其糇粮，尽室经营，多不能济。"（《旧唐书·戴胄传》）贞观二十二年（648年）七月，为征伐高丽，唐太宗下令在剑南制造大船，"州县督促严急，民至卖田宅、鬻子女不能供，谷价踊贵，剑外骚然"（《资治通鉴》卷199）。为了逃避沉重的赋役，很多农民不得不选择逃离成为"逃户"。

第三，苛政压迫。唐代吏治在贞观时期还保持良好，而到永徽年间即已开始败坏。高宗《申理冤屈制》：

> 百姓虽事披论，官司不能正断，及于三司，陈诉不为究寻，向省告言，又却付州县，至财物相侵，婚田交争，或为判官受嘱，有理者不申，或以按主取钱，合得者被夺，或积嫌累载，横征非罪，或肆忿一朝，枉加杀害，或频经行阵，竟无优赏，或不当矢石，便获勋庸，改换文簿，更相替夺，或于所部凭情织作，少付丝麻，多收绢布，或营造器物，耕事田畴，即役履功，雇无半直。又境内市买，无所畏惮，虚立贱价，抑取贵物，实食贪利，以侵人力，乃据详估以放罪，或进退丁户等色，多有请讬，或解补省佐之流，专纳贿赂，或征科赋差点兵防，无钱则贫弱先充，行货则富强获免。亦有乡邑豪族，容其造请，或酒食交往，或妻子去还，假托威恩，公行侵暴。

第四，天灾战乱。小农经济在一般情况下能够维持简单再生产，但是经不起任何外来事故打击。这种外来事故主要是天灾和战乱。中国是多灾国家，水旱天灾尤以水灾重。《旧唐书·五行志》载，高宗永徽五年（654年）六月，恒州大雨，"损五千三百家"。总章二年（669年）六月，冀州暴雨，"坏屋一万四千三百九十区，害田四千四百九十六顷"。睿宗文明元年（684年）六月，温州大水，"漂流四千余家"。玄宗开元十五年（727年），"是岁，天下六十三州大水损禾稼、居人庐舍，河北尤甚"。（《旧唐书·五行志》）在天灾面前大多数小农基本上束手无策，毫无抵御能力，只能依靠国家的赈济和蠲免。但是，国家的赈济和蠲免往往来得很迟，并且不能保证小农恢复元气。至于战乱除唐朝历史上的数次对外征伐外，最严重的就是安史之乱。在安史之乱中，黄河流域都遭受严重破坏，乱兵过处，无不将农民财物扫荡一空，"东至郑、汴，达于徐方，北自覃、怀，经于相土，人烟断绝，千里萧条"（《旧唐书·郭子仪传》）。天宝十四载（755年），全国管户总八百九十一万四千七百九，战乱后的肃宗乾元三年（760年），仅剩下一百九十三万三千一百三十四户。（《通典·食货七》）

第五，土地兼并。就市场竞争来讲，均田小农一般拥有小块土地，并且这些土地往往碎片化地分散在多处，给耕作和经营带来不少困难。所以，多数情况下他们只能维持简单再生产，一旦遇到天灾人祸就不得不出卖土地。另外，高官贵胄往往通过均田制度占有大片土地，并且无不觊觎农民的零散土地，企图将这些土地集中起来纳入自己的田庄。所以，土地兼并从一开始就有发生。史载高宗永徽年间，"时豪富之家，皆籍外占田"（《旧唐书·贾敦颐传》）。安乐公主骄横，"请昆明池，上以百姓蒲鱼所资，不许。公主不悦，乃更夺民田作定昆池，延袤数里，累石象华山，引水象天津，欲以胜昆明，故名定昆"（《资治通鉴》卷 209）。玄宗一朝，"王公百官及富豪之家，比置庄田，恣行吞并，莫惧章程。借荒者皆有熟田，因之侵夺；置牧者惟指山谷，不限多少；爰及口分、永业，违法卖买，或改籍书，或云典贴，致令百姓无处安置，乃别停客户，使其佃食。既夺居人之业，实生浮惰之端。远近皆然，因循亦久"（《全唐文》卷三十三《禁官夺百姓口分永业田诏》）。大抵自唐高宗时开始，下至开元、天宝年间，兼并盛行的结果，令式逐渐失效，均田法逐渐归于废弃。

5. 地主田庄

在广大均田农户的对面是少数占有大片土地的高官贵胄以及其他各类地主。唐自开国时起，法令规定凡官员都有占田权，所占田地数量是巨大的。均田制度是按等级占有土地，勋爵越高，官位越高，所占有的土地就越多。《唐六典·尚书户部》：

> 凡官人受永业田：亲王一百顷，职事官正一品六十顷，郡王及职事官从一品五十顷，国公若职事官正二品四十顷，郡公若职事官从二品三十五顷，县公若职事官正三品二十五顷，职事官从三品二十顷，侯若职事官正四品十四顷，伯若职事官从四品十一顷，子若职事官正五品八顷，男若职事官从五品五顷；上柱国三十顷，柱国二十五顷，上护军二十顷，护军十五顷，上轻车都尉一十顷，轻车都尉七顷上骑都尉六顷，骑都尉四顷，骁骑尉、飞骑尉各八十亩，云骑尉、武骑尉各六十亩。其散官五品已上同职事给。

还规定：这类永业田"皆许传之子孙，不在此授之限。若未请受而身亡者，子孙不合追请。若袭爵者，祖、父未请地，其子、孙减初受封者之半"（《唐六典·尚书户部》）。可见，这些土地是明确的私有土地。另外，唐朝还推行赐田制，赐给贵族、官僚们大量土地，也具有明确的私有权。但地主所占有的大片土地更多的还是源于土地兼并，他们通过巧取豪夺的办法兼并农民的土地，千方百计地扩大自己的田产，建成大规模的田庄。

贵族地主将自己原有的土地和兼并取得的土地，按照阡陌相连成一片，组成一个个田庄，一般称为庄田、庄园、庄院、田园、田业、墅、别墅、别业等。到武周时，"高户之位，田业已成"（《全唐文·请停募关西户口疏》卷 272）。郭子仪前后受赐良田、名园、甲馆极多，自置的田业数量更大。京城南有一所别墅，林泉胜致，举世无比。孙樵《兴元新路记》说，自黄峰岭至河池关，中间百余里，都是郭子仪私田。权宦鱼朝恩在通化门外有一田庄，"连城带郭，林沼台榭，形胜第一"（《长安志》卷十引《代宗实录》）。权相元载在长安城南，"膏腴别墅，连疆接畛，凡数十所"（《旧唐书·元载传》），其中一所别墅，"以奴主务，自称郎将，怙势纵暴，租赋未尝入官"（《新唐书·柳子华传》）。裴度在洛阳午桥建别墅，种花木万株，筑凉台和避暑馆，名为绿野堂。李德裕在洛阳南置平泉庄，庄周围十余里，台榭百余所，有奇花异草与松石。懿宗朝，"相国韦宙善治生，江陵府东有别业，良田美产，最号膏腴，积稻如坻，皆为滞穗"（《太平广记·韦宙》引《北梦琐言》），占有的田产难以估计。宪宗时梓州刺史、剑南东川节度使严砺等籍设庆 63 所，归己所有的有庄 29 所。（《全唐文》卷四九七）文宗太和九年（835 年）左神策将军颍川郡陈君奕，有庄大小 7 所，其中风泊庄有 11 顷 50 亩。唐末，"司空图侍郎，旧隐三峰，（哀帝）天祐末，移居中条山王官谷。周回十余里，泉石之美，冠于一山。北岩之上，有瀑泉流注谷中，溉良田数十顷。至今子孙犹在，为司空之庄耳"（钱易：《南部新书》辛集，《丛书集成初编》本）。

地主田庄大多采取耕佃方式经营。田庄的劳动力大多是失去土地的农民，他们租种庄园主的土地，或交定额租，或交分成租。但他们与庄园主是一种租佃契约关系，一般来说不依附于庄园主，可以自行支配自己的劳动时间，甚至可以自主为户。如《唐会要·籍帐》所言："宝应二年（763 年）九月敕：客户若住经一年以上，自贴买得田地，有农桑者，无问于庄荫家住，及自造屋舍，敕一切编附百姓"。但客户要负担高额地租。陆贽说：

> 今制度弛紊，疆理堕坏，恣人相吞，无复畛限。富者兼地数万亩，贫者无容足之居，依托强豪，以为私属，贷其种食，赁其田庐，终年服劳，无日休息，罄输所假，常患不充。有田之家，坐食租税。贫富悬绝，乃至于斯。厚敛促征，皆甚公赋。今京畿之内，每田一亩，官税五升，而私家收租，殆有亩至一石者，是二十倍于官也。降及中等，租犹半之，是十倍于官税也。（《全唐文·均节赋税恤百姓六条》）

6. 农村治理

北魏的三长制后来成为北齐、隋、唐时期乡里组织的基础。北齐十家为邻，五十家为闾，百家为族党，以党族、党副各一人，闾正二人，邻长十人共领百家，并在城邑千户以上之处置里正二人，隅老四人。隋文帝即位之初，规定以五家为保，保五为闾，闾四为族，各置长正；京畿之外则置里正、党正，"以相检察焉"（《隋书·食货志》）。

唐代乡里组织基本继承隋制："诸户以百户为里，五里为乡，四家为邻，五家为保。每里置正一人掌按比户口，课植农桑，检察非违，催驱赋役。在邑居者为坊，别置正一人，掌坊门管钥，督察奸非。并免其课役。在田野者为村，别置正一人。其村满百家，增置一人，掌同坊正。其村如［不］满十家者，隶入大村，不需别置村正。"（《通典·食货三·乡党》）但与隋代相比，唐代的基层组织有两个变化。[①] 一是乡级组织的变化。杜佑《通典》卷三三载："大唐凡百户为一里，里置正一人；五里为一乡，乡置耆老一人，以耆年平谨者县补之，亦曰父老。贞观九年，每乡置长一人，佐二人，至十五年省。"（《通典·职官十五·乡官》）至此，乡级组织依然存在，但有乡而无长，虽有父老、耆老、耆寿诸名，仅是对乡村老者的尊称而非乡职。乡级的司法行政事务收归了县司，耆老负责礼仪教化之类的工作。"里"才是名副其实的基层政权机构，在基层行政中起重要作用，即"掌按比户口，课植农桑，检察非违，催驱赋役"。二是区别了村坊，将编入乡里的民户，再按其居住地域的不同分别归入不同的村坊，即"在邑居者为坊""在田野者为村"。

里正和村正的选任，据《大唐令》记载，"诸里正，县司选勋官六品以下、白丁清平强干者充。其次为坊正。若当里无人，听于比邻里简用。其村正取白丁充。无人处，里正等并通取十八以上中男、残疾等充"（《通典·食货三·乡党》）。就是说，里正的选任由县政府负责，选任的条件是勋官六品以下以及白丁中有德有才者，而村正则取白丁充当。关于里正的职责，《唐律疏议》载："里正及州、县官司，各于所部之内，妄为脱漏户口，或增减年状，以出入课役，一口徒一年，二口加一等，十五口流三千里。"又载："诸部内有旱涝霜雹虫蝗为害之处，主司应言而不言及妄言者，杖七十。……主司，谓里正以上。里正须言于县，县申州，州申省，多者奏闻。"（《唐律疏议·户婚》）村正的主要职责是村的治安，而村治的基础是邻保，即"村坊邻里，递相督察"。唐代"四家为邻，五家为保"。除治安外，邻保还有赋役上的连带责任。《唐户令》规定："诸户逃走者，令伍保追访，三年不获，除帐，其地还公。未还之间，邻保近亲（或四邻伍保三等以上亲），均分佃食，租庸代输。户内口逃者，同户代输，三年（或六年）不获，亦除帐，地准上法。"

二、工业

1. 官营作坊

隋唐时期，官营手工业仍占据主导地位，不论在技术上还是在规模上都领先于民营手工业。政府为管理这些手工业部门，设立了庞大的管理机构。工部是主管官营手工业的最重要部门，直接管理的机构有少府监、将作监、军器监。少府监主管精致手工艺品；将作监主管土木工程的兴建；军器监负责兵器的建造。监下设署，署下设作坊。此外还有铸钱监和冶监等。这些部门有明确的职能分工和严格的制

---

① 参见张国刚：《唐代乡村基层组织及其演变》，《北京大学学报（哲学社会科学版）》2009年第5期。

度。如少府监，《新唐书·百官志》记载，唐代官营手工业的分工很细，如少府监下的织染署，是专掌供天子、太子、群臣之冠冕的机构，共有作坊 25 个：

> 凡织纴之作有十，一曰布，二曰绢，三曰绝，四曰纱，五曰绫，六曰罗，七曰锦，八曰绮，九曰绢，十曰褐。组绶之作有五，一曰组，二曰绶，三曰绦，四曰绳，五曰缨。䌷线之作有四，一曰䌷，二曰线，三曰弦，四曰纲。练染之作有六。一曰青，二曰绛，三曰黄，四曰白，五曰皂，六曰紫。（《唐六典·少府军器监》）

对产品规格有明确要求。例如，锦、罗、纱等幅宽一尺八寸、长四丈为一匹；布幅宽一尺八寸、长五丈为一匹。若不按规格生产要受笞刑等处罚。为了明确生产责任，要求在产品上刻印生产者的姓名，生产年月，以便发现不合格时追查。唐代手工业有较大发展，与唐律的严格管理规定有一定关系。当时手工业产品之多，质量之精，技艺之巧，超过历代。不过，官营手工业的产品一般不对外销售，是专供皇室和衙门消费的。

唐代的工匠，按照服役的长短和待遇的差别，分为长上匠、短番匠及"和雇"工匠三种。长上匠来自奴婢和刑徒，长年服役，地位低下，待遇恶劣。这些工匠是从全国各地征调来的，"稽留不赴者，一日笞三十，三日加一等，罪止杖一百"（《唐律疏议》卷第十六）。短番匠来自番户、杂户和州县应征的一般工匠，"番户一年三番，杂户二年五番，番皆一月"（《唐六典·尚书刑部》）。而一般工匠按"岁役二十日"的规定轮番服役，服役期间不给任何报酬。武则天时期，少府监有"短蕃匠五千二十九人，绫绵坊巧儿三百六十五人，内作使绫匠八十三人，掖庭绫匠百五十人，内作巧儿四十二人，配京都诸司诸使杂匠百二十五人"（《新唐书·百官志三》注）。官营手工业中还始终存在"和雇"工匠劳动。如永徽五年（654年），唐王朝为修筑京师城郭，曾和雇 4 万多工匠。和雇的报酬没有一定的标准，大体"雇者日为绢三尺"。另外，对一些技艺水平较高的明资匠、巧儿匠等，也一般采取"和雇"的方式。这种方式到中唐以后渐渐增加起来，甚至出现以工代役的做法。和雇工匠身份虽较为自由，但他们往往被封建官府补为正式工匠（即番匠），而被束缚在官府中。官营作坊所用原材料除部分来自政府直接经营所得外，主要通过折役、官买、土贡和税收等途径获得。在这种官民交易中，垄断、强买、低价收购是极为常见的情况。此外，官府还控制了一批手工业专业户，如茶户、亭户（制盐）、池户（制盐）、坑冶户、船匠等，他们依附于官府，生产官府指定的产品。

唐代官府手工业门类众多，规模较大，各级各类生产部门均在政府的管理下，按照政府需要，所生产的产品，从军器兵仗到精美丝绸，从皇室珍玩到茵席床几，从金银器具到酱醋调料，几乎无所不有。由于规模较大，分工较细，又有最好的工匠从事生产，有利于生产发展和技术提高。所以，一些精美的手工业制品大都是官营作坊的产品。但官营作坊效率低下，所费不赀，从事不平等交易，破坏市场秩序，强迫工匠劳役，在一定程度上阻碍了民间手工业的发展。

2. 民间作坊

唐代民间手工业可以分为三种类型：一是与农业相结合的家庭手工业；二是小手工业者独立经营的作坊手工业；三是大手工业主和官僚、地主经营的大作坊手工业。唐代农村家庭手工业是最为普遍的手工业形式。一般情况下，小农户都可以生产自用的消费品和普通的生产工具，有时会将剩余产品拿到市场上出售并交换其他用品。唐代手工业产品中，有很大一部分来自农民家庭手工业。这些产品大多在城镇市场、墟市、草市交易。另外，朝廷赋税也征收农民的家庭手工业品。

民间手工业作坊大多集中在城市和市镇，有纸坊、毡坊、酒坊、铜坊、染坊、绫锦坊等。这些手工业作坊，自产自销，前店后厂，有的作坊称为"铺"或"作铺"。《三水小牍》卷上："巨鹿郡南和县街北，有纸坊，长垣悉晒纸。忽有旋风自西来，卷壁纸略尽，直上穿云，望之如飞雪焉。"《乐府杂录》："文宗朝有年人郑中丞，善琵琶，内库二琵琶号大小忽雷，郑尝弹小忽雷，偶匙头脱，送崇仁坊南赵家修理，大约造乐器悉在此坊，其中二赵家最妙。"这里所说的崇仁坊是制造乐器手工业集中的街巷。

经营作坊手工业的作坊主称为行东或师傅，由于所操的手工业不同，又有不同名称，如铸造剑的作坊主称为削师，经营染房的称为染师，在制药作坊中则称为长老。他们既是作坊主又是师傅，一般都是具有较高手艺的师傅利用自己的技术和资金开办作坊进行经营。每个作坊里都有帮工和徒弟，在师傅指导下操作。大多数作坊主也参加劳动，主要是技术指导和质量监督。师傅下面是徒工，是技术尚未学成的徒弟，而学成出徒的就是工匠了。有时候师傅的家眷也是学徒。他们在一起工作，一同食宿，不是简单的主雇关系。唐中叶后，随着作坊和行会的发展，雇佣工人渐渐增多，出现了专门从事雇工的佣作坊，还出现了按日计工资的"日佣人"和按月计工资的"月作人"。

唐代实行坊市制度，相同行业的手工业者组织了各种行会。《两京新记·东都》记载，长安有二百二十行。有东市、西市，西市如东市之制，甚有规则。宋敏求的《长安志》中也说唐代长安，东市"市内货财二百二十行"，有秤行，大衣行、织锦行、金银行、伍作行等。长安西市，店肆如东市之制，而繁荣还超过东市。工商业店坊按行业分片设立，如乐器工匠在崇仁坊，玉器工匠在延寿坊，毡匠在靖恭坊，造车工匠在通化门，这是前代没有的。不但两京有行，地方州郡也有行。每一行业都有统一的行规，同行都要遵守。每一行都有行头，一般由同行公推的有地位、有财力的人来充任，也被称为"行首"或"行老"。他们代表同行负责祭祀、庙会、联系官府，同时也负有产品销售和解决同行纠纷等职责。行会的出现，一方面便于官府的管理，官府通过行会来征集工匠或购买材料；另一方面民间手工业者通过同业组织保护自己的利益，防止同行之间的恶性竞争。手工业行会的出现，是民间手工业进一步发展的标志。

唐代还有少数官僚和地主经营的大作坊手工业。《太平广记》有不少关于大手工作坊的记载，如"广陵有贾人，以柏木造床，凡什器百余事，制作甚精，其费已二十万，载之建康，卖以求利"（《太平广记·鬼四十》）；"唐定州安嘉县人王珍，能金银作。曾与寺家造功德，得绢五百匹"（《太平广记·报应三十三》，"王珍"条引《广古今五行记》）；定州何明远大富，主官中三驿，每于驿旁起店停商，专以袭胡为业，资财巨万，家有绫机五百张（《太平广记·治生（贪附）》）。《太平广记》还记载了长安的一个大型制车作坊的情况：

> 上都通化门长店，多是车工之所居也。广备其财，募人集车，轮辕辐毂，皆有定价。每治片辀，通凿三窍，悬钱百文。虽敏手健力器用利锐者，日止一二而已。有奚乐山也，携持斧凿，诣门自售。（《太平广记·异人四》）

车坊主从事生产的组织和管理，主要是制定质量标准和价钱、召募工匠、监督工匠生产和保证质量、准备原料，最后将工匠生产的不同部件组合成完整的车辆。[①]《太平广记·韦公干》中引《投荒杂录》："郡守韦公干者，贪而且酷，掠良家子为臧获，如驱犬豕。有女奴四百人，执业者太半，有织花缣文纱者，有伸角为器者，有熔锻金银者，有攻珍木为什具者，其家如市，日考月课，唯恐不程。"但是，这类大手工业作坊数量并不多，因而在唐代手工业生产中不占有主要地位。

3. 部门状况

隋唐时期，中国的手工业布局发生了巨大的变化。在中唐之前，北方手工业占据一定优势，特别是关中地区手工业相当发达，黄河中下游地区是全国手工业经济的重心。但南方地区手工业也发展很快，逐渐有后来者居上的势头。安史之乱使北方经济遭受到严重摧残，而南方地区相对和平稳定，大量北方人口的南移带来先进技术，大大促进了南方地区的开发，南方地区的手工业因此迅速发展起来并超过北方。与此同时，产业结构也发生重要的变化。唐朝前期主要手工业有纺织业、陶瓷业和矿冶业，而唐后期，由于南方的发展和手工业进步，原有的纺织、陶瓷和矿冶

---

① 参见魏明孔：《唐代私营作坊手工业之管见》，《中国经济史研究》1998 年第 2 期。

继续发展，同时丝织业、造船业、造纸业和制茶业成为新兴的重要产业。

（1）纺织

唐代纺织业进一步发展。据《唐六典》记载，全国各地的纺织业的情况，大抵是北方黄河流域丝织业较为发达，盛产绫绢；而长江流域及其以南地区，织布业为多。丝织业主要产地分布在今河北、河南一带，主要品种有绢、绫、锦、罗、绮、纱等，花色繁多，图案精美，色彩鲜艳，织造精巧。还引进了波斯锦的织造技法，织出了质量很高的仿波斯锦。丝织品不仅是达官贵人的服饰，也成为民众的消费品，还有大量出口到世界各地。唐代河北定州是一大纺织业中心，据《通典》中记载，在全国州郡贡丝织品的数量上说，定州是第一。此外，青州纺织业也极为发达。《太平广记》说，"开元初……天下唯北海绢最佳"（《太平广记》卷三〇〇引《广异记》）。中唐以后南方地区丝织业迅速发展，甚至超过了北方地区。据《新唐书·地理志》记载，江南各州也都有著名产品，如润州有衫罗、水纹绫、方纹绫、鱼口绫、绣叶绫、花纹绫；湖州有御服乌眼绫；苏州有八蚕丝、绯绫；杭州有白编绫、绯绫；常州有绸绫、红紫绵巾、紧纱；睦州有文绫；越州有宝花罗、花纹罗、白编绫、交梭绫、十样花纹绫、轻容生縠等。四川是织造进贡丝织品的主要地方，唐朝廷规定两税征收实物，四川"每年两税一半与折纳重绢"。蜀地生产的蜀锦，益州生产的金银丝织物，是当时名贵产品。据《旧唐书·五行志》记载：

中宗女安乐公主，有尚方织成毛裙，合百鸟毛，正看为一色，旁看为一色，日中为一色，影中为一色，百鸟之状，并见裙中。凡造两腰，一献韦氏，计价百万。又令尚方取百兽毛为鞯面，视之各见本兽形。韦后又集鸟毛为鞯面。安乐初出降武延秀，蜀川献单丝碧罗笼裙，缕金为花鸟，细如丝发，鸟子大如黍米，眼鼻嘴甲俱成，明目者方见之。自安乐公主作毛裙，百官之家多效之。

可见当时工艺之发展。

一般民众以使用麻织品为主，所以麻纺织手工业普遍存在于民间。麻布生产主要分布在江南，史料记载豫章地区"一年蚕四五熟，勤于纺绩，亦有夜浣纱而旦成布者，俗呼为鸡鸣布"（《隋书·地理志》）。今湖北、江西、安徽、江苏、浙江等地都是麻织品的主要产地，其中黄州的赀布远近闻名。值得注意的是，唐代已经出现被称为白叠布的棉纺织品，主要产于高昌（今新疆吐鲁番）和岭南一带，在内地也有销售。

（2）陶瓷

隋唐时期是中国陶瓷业发展的重要阶段。此间陶瓷业最大的变化，是制瓷业已从陶瓷业中独立出来。这是因为制瓷工艺有很大的进步，产品种类大大增加，瓷窑遍布全国，出现了一批名窑，瓷器已成为人们日常生活所不可缺少的器皿。一方面，青瓷仍为瓷器的主流，其烧成火候和硬度都超过前代；另一方面，白瓷技术进步很快，进入成熟阶段，色调已比较稳定，白度较高，很受市场欢迎。如江西景德镇白瓷碗的白度，已在70度以上，接近现代高级细瓷水平。此外黑釉、黄釉、褐釉等瓷器也达到了很高水平。总的来看，唐代制瓷业已形成"南青北白"局面，越窑青瓷和邢窑白瓷分别代表了南北制瓷业的最高成就。北方瓷窑以白瓷为主，分布于河北、山西的平定、浑源，山东、河南、陕西等地。北方瓷窑还兼烧黑、青、酱、黄、白釉绿彩、黑釉蓝彩及搅胎、搅釉、三彩等。邢窑位于河北内丘和临城，以烧白瓷为主，是中国古代的名窑，也是最早烧造白瓷的瓷窑。安阳窑位于安阳市北郊洹河之滨，产品以碗、盆、钵、瓮、四系罐、高足盘为主，还有瓷俑等。巩县窑隋代始烧，唐代进入极盛，主要烧白瓷和三彩，器物种类繁多，马、象、狗、骆驼、鸟、狮等，有黄、绿、红釉和搅胎器等。南方以烧青瓷为主，窑址分布于浙江、江苏、江西、湖南、安徽、四川、福建、广东、广西等地。由于各地都采用本地瓷土为原料，产品的胎质、釉色略有差异，因而形成不同风格。越窑以浙江的上虞、余姚、慈溪最为兴盛，产品种类丰富，釉色以青泛黄为主，光泽晶莹，胎薄质细，类玉类冰；湖南长沙铜官窑，产品以壶、碗、盘为主，各式的壶是长沙窑最具特色的品种，釉下彩绘和在器物上题有文字也是长沙窑的产品特征；此外，昌南镇（今江西景德镇）的青瓷、白瓷，四川大邑的白瓷，都很有名。唐代的瓷器大量出口，主要是越窑和长沙铜官窑的产品。主要销往日本、朝鲜和南亚、印度和东南亚、西亚、非洲等地区。长沙铜官窑的产品是中晚唐时中国重要的外销瓷器。

（3）造纸与印刷

纸的使用在南北朝时已经比较普遍。到隋唐时期，造纸技术提高，造纸原料更加多样，成本不断降低，纸的品种增多，用途也更加广泛。过去普遍使用的麻纸、藤纸、楮皮纸、桑皮纸等继续发展，还新开发利用了竹、檀皮、麦秸、稻草等原料造纸，使产品种类进一步增加。麻纸是使用最为普遍的纸张，有"麻面""长麻"等种类。其中益州的麻纸最为有名，是当时官府文书的指定用纸。唐玄宗时，每月发给集贤书院学士的四川麻纸即达5000番，可见产量之大。楮皮造的纸成本较高，价格较贵，主要供政府文书使用。浙江剡溪所产的剡溪藤纸十分名贵，舒元舆《悲剡溪古藤文》称其地"多古藤"，"多纸工，万斧斩伐无时，擘剥皮肌，以给其业"，"东雒西雍见书文者皆以剡纸相夸"。（（宋）高似孙撰：《剡录》卷五）由于藤生长缓慢，藤纸原料供不应求，藤纸也比较难得。中唐时发明了竹纸，广东所产"韶之竹笺"已很有名，逐渐取代了藤纸。唐代造纸技术中，砑光、加矾、施胶、涂粉（或涂蜡）、洒金银、染色等技术有所提高。造纸手工业遍及全国，一些偏僻小县也有纸坊。有官办的，也有民办的，如四川、安徽、江西、江苏、浙江等地，有官府纸坊90余处。纸的品种繁多，产贡纸的有11个州。《唐六典》记载有"益府之大小黄、白麻纸、弓弩弦麻，杭、婺、衢、越等州之上细黄、白状纸，均州之大模纸，宣、衢等州之案纸、次纸，蒲州之百日油细薄白纸"（《唐六典·太府寺》）。由于造纸业的发展，造纸成本降低，纸张使用普遍，带动了印刷业的发展。唐代印刷业最重要的发明是雕版印刷。隋文帝曾"敕废像遗经，悉令雕撰"。唐太宗曾"令梓行之"，印刷长孙皇后的遗作《女则》10篇。不过，现存雕版印刷的最早实物是868年的《金刚经》。雕版印刷虽刻字费工，但由于工艺简单，因而得到迅速推广。中唐时雕版印刷已相当普遍，成为新兴的民间手工业部门。

（4）造船业

隋唐时期由于漕运和国内外贸易的发达，需要大量的船只，因而促进了造船业的发展。由于江南和沿海的交通运输以水运为主，所以造船业主要集中在江南特别是沿海地区。另外，造船所需的木材，如楠木和樟木等主要产自南方，就地取材之便也决定这些地区造船业的繁荣。当时，中国的造船业水平很高。隋文帝准备伐陈时，大造战船，其中的大舰名"五牙"，高百余尺，上有楼五层，前后左右设置六个拍竿，各高五十尺，可载战士八百人。他游江都时所乘龙舟高四十五尺，阔五十尺，长二百尺，上有四层楼，上层有正殿、内殿、东西朝堂，中间两层有房一百二十间，下层为内侍居处。唐代为进行漕运和建立舟师，在扬子县（扬州）、浙东、洪州、嘉州、金陵等地设立国营造船场。如唐初闫立德在洪州造大海船500艘，后刘晏在扬子县设立10个船场，造船2000艘，每艘用钱不下百万。造船技术也很高。德宗（780—805年）时，洪州观察使李皋"运心巧思为战舰，挟两轮踏之，翔风鼓浪，疾若挂帆席，所造省易而久固"（《旧唐书》列传第八十一）。这是史载最早的"轮船"。唐代还出现一种被称为"海鹘"的战船，"头低尾高，前大后小，如鹘之状，舷下左右置浮板，形如鹘翅，其船虽风浪涨天，无有倾侧"（《太白阴经·战具·水战具篇》），以良好的抗沉性和稳定性著称。除官府外，民间造船的也很多，尤其是吴、越、闽等地，滨临大海，善造大船。大船多为富商所有，"大历、贞元间，有俞大娘航船最大，居者养生、送死、嫁娶悉在其间，开巷为圃，操驾之工数百，南至江西，北至淮南，岁一往来，其利甚博，此则不啻载万也。洪鄂之水居颇多，与屋邑殆相半。凡大船必为富商所有，奏商声乐，众婢仆，以据舵楼之下，其间大隐，亦可知矣"（高彦休：《唐国史补》卷下）。江苏崇明创制了多桅多帆平底的沙船，可载重5000石左右。扬州施桥镇出土的唐代木船，已经采用了水密舱结构，大大增强了船只在远洋航行中的安全性。当时东海黄海一线，以及中国至朝鲜、日本和中国至波斯湾之间，往来的多为中国造的大海船。由于唐船体型巨大，结构合理，抗风力强，安全可靠，所以有不少外国商人选择搭乘。

三、商业

1. 商业兴起

汉代末期直到魏晋南北朝这数百年，中国大部分地区都处在动乱之中，经济凋敝，商品经济发展自然受到很大影响，总的来看是处于衰落的大趋势之下。尽管在相对稳定时期，商品经济仍能够有所发展，但时间都相对较短不能持久，总是处于破坏—重建—再破坏的简单循环状态而不能获得一个飞跃发展。

这种情况一直延续到隋唐时期。隋唐时期中国经济又回到了正常的轨道上，由于国家统一，政治开明，特别是均田制度下自耕小农经济的发展，为整个经济恢复和发展提供了基本的活力并奠定了良好的基础，所以，商品经济也发展起来。当然，这个过程十分漫长，大体上经历了百年以上。

唐王朝建立后，均田制度下的自耕农经济和地主经济都得到稳定发展，加上风调雨顺，频岁丰稔，"人家粮储皆及数岁，太仓委积，陈腐不可校量"（元结：《问进士第三》，《元次山文集》卷七）。一方面，农村有较多的剩余产品，如洪州胡某将多余之麦装船，遣子"溯流诣州市"出卖（《太平广记·灵异》）；另一方面，在农业生产率提高的情况下，有较多的农户将土地用于种植经济作物，特别是南方广种茶树，大大提高了农业的商品率。据张途《祁门县新修闾门溪记》记载："邑之编民五千四百余户""业于茶者七八"，而衣食、赋役"悉恃此"。手工业也有普遍发展，如纺织业已有绉织、麻织、毛织、棉织之分，分工很细。工艺也得到一定发展，如定州的细绫、瑞绫和特种花纹绫等，织品之精美冠居全国。这些都表明在和平稳定的社会环境下，商品经济已得到恢复并有所发展。

隋朝实现了全国统一，实行了一系列加强统一的措施。隋代修建了大运河，成为沟通南北的大动脉，唐代进一步加强驿道建设，从而实现了全国统一的交通网。水路交通则是以洛阳为中心的南北大运河为主。陆路交通以长安为中心，西向兰州，西南向成都，东南向襄州，东边向洛阳、汴州辐射，襄、汴以下，分通潭、广、洪、扬、杭等地，形成全国交通干道。这就方便了长途贩运，大大促进了全国范围内的商品流通。全国共有驿站一千四百六十三所，其中陆驿一千二百九十七所，水驿一百六十六所。商人用于存放商物的邸店因其利润之高，在交通枢纽周边发展开来。据《旧唐书·韦坚列传》记载：

（韦坚）奏请于咸阳拥渭作兴成堰，截灞、浐水傍渭东注至关西永丰仓下与渭合。于长安东九里长乐坡下、浐水之上架苑墙，东面有望春楼，楼下穿广运潭以通舟楫，二年而成。坚预于东京、汴、宋取小斛底船三二百只置于潭侧，其船皆署牌表之。若广陵郡船，即于枵背上堆积广陵所出锦、镜、铜器、海味；丹阳郡船，即京口绫衫段；晋阳郡船，即折造官端绫绣；会稽郡船，即铜器、罗、吴绫、绛纱；南海郡船，即玳瑁、真珠、象牙、沉香；豫章郡船，即名瓷、酒器、茶釜、茶铛、茶碗；宣城郡船，即空青石、纸笔、黄连；始安郡船，即蕉葛、蚺蛇胆、翡翠。船中皆有米，吴郡即三破糯米、方文绫。凡数十郡。

可见商品流通范围之广，种类之繁多。

由于生产发展，社会富庶，一些大的都市商业十分繁荣。长安、洛阳、扬州、益州等都设有东西两市，有的还增设了南市和北市。都城长安是国内外贸易的中心，城内有占地很大的东西对称的商业区：东市和西市，四面八方的商客和外国商人云集于此，进行交易。长安的商业活动渐渐突破了两市的限制，两市四周的各坊、重要的城门附近，以及大明宫前各坊也出现了大小工商行业。市内朱雀门大街东部集中居住着贵族和官僚，而西部则主要居住着商贾和其他居民，还有寄寓的流动人口以及波斯、大食等国的客商。因此，房屋、车、骑、舆、舟、婚丧礼具、游赏宴饮器具等租赁业迅速发展。唐玄宗《禁赁店干利诏》中说有人在"市及近场处，广造店铺，出赁与人，干利商贾"。唐代杜宝的《大业杂记》记载了东都洛阳的行肆状况：

> 市南临洛水，跨水有临廛桥，桥南二里有丰都市。周八里，通门十二，其内一百二十行，三千余肆，甍宇齐平，四望一如；榆柳交阴，通衢相注。市四壁有四百余店，重楼延阁，互相临映，招致商旅，珍奇山积。

这表明城市商业发展已开始突破原来的规制，并受到政府的高度关注。唐朝中期开始，由于大批士绅与工匠南迁，长江流域商业城市发展快速，苏州作为江南最大城市已逐渐超越扬州和洛阳，杭州、湖州等地的经济也得到了较快发展。而坊市分开的制度在苏州、扬州等商业城市被打破，还出现了夜市。

在大都市之外的一些地方，民间草市发展起来。由于商品经济发展，官府管制下的"市制"难以满足需要，因而民间自发的集市也发展起来，一些产地及水陆要冲，或形成专业市场，或形成综合市场。在这个过程中，政府在一定程度上采取了放任政策。如商品种类不禁，关津之征停废，市内铺肆之货物已可常置不撤，甚至出现了"夜市千镫照碧云"（王建：《夜看扬州市》）的景象。及至五代期间，许多设在城中的官市衰败，而草市反而发展起来，逐步演变为繁荣的商业集镇，有的突破了原有"诸非州县之所不得置市"的规定，升格为市镇建制。此外，南方数日一集的虚（或作墟）市也遍地出现。市内的店铺叫肆，出售同类货物的肆集中在一个区域内，组成"行"，行有"行头"。行是保护同行商人利益，应付官府交涉事务的组织。另外，唐代政府对商业的管理很严格，商业区和居民区分开，市场由市令、市丞等官吏负责管理，征收商业税。凡买卖奴婢、牲口等，都要订立契约，违者依法处罚。市场活动有时间限制，中午击鼓300声，开始贸易，日落前三刻击钲300下，停止贸易。政府也发挥了规范市场秩序的作用。如规定市籍租、营业税，并"书于县门、村场，与众知之"。政府还定期检校度量衡，要求商品一律明码标价，严禁粗制滥造的伪劣品入市，禁止"参市"的欺诈行为，将牟取超额暴利者按盗贼论处等。这也是商品经济和市场发展的重要条件。

2. 市场管理

唐律对市场管理、物价管理、度量衡管理等方面分别作出规定。市场管理机构为在市场内列店肆经营的商人建立专门的户籍，称为"市籍"。市籍详细登录商人的所有财产，作为征收资产户税、差以徭役的依据等，加强对这些商人的人身编制和直接控制。开市与闭市都有严格规定和管理，"凡市以日午，击鼓三百声而众以会；日入前七刻，击钲三百声而众以散"（《唐六典·太府寺》）。对入市商品进行严格管理，规定"以伪滥之物交易者，没官；短狭不中量者，还主"（《唐六典·太府寺》）。在度量衡管理方面，全国实行统一标准的度量衡制度，规定"每年八月，诣太府寺平校，不在京者，诣所在州县平校，并印署，然后听用"（《唐律疏议》卷第二十六）。凡使用不合格的度量衡者，或虽合格但未经官府加盖印署者，都要受到处罚，如给他人造成损失，要受更重的处罚。市场内的商品要按"行"分布，每个行内，再"陈肆辨物"，即进一步地陈列店肆。陈列的具体方法是"名相近者，相远也；实相近者，相迩也"（《唐六典·太府寺》），就是以商品名相近则相远、实相近则相迩的办法陈列店肆。每个店肆要"立标"，即"每肆立标，题行名"，如"绢行""布行""鞋行""米行""肉行""鱼行""铁行"等。在物价管理方面，各级市场管理机构要根据市场行情，对商品制定出"三贾时估"，即以精为上贾，次为中贾，粗为下贾。每隔十日都要调整一次，以此来指导和调控市场物价，即所谓"以三贾均市。贾有上、中、下之差"（《旧唐书·职官三》）。对强买强卖、欺行霸市、哄抬物价的行为，更要严厉惩罚，重者以盗论罪。

3. 商人资本

由于商品经济发展，唐代商人阶层人数也较前时为多，开始出现富商巨贾。《太平广记·杂录三》记载：

> 西京怀德坊南门之东，有富商邹凤炽，肩高背曲，有似骆驼，时人号为邹骆驼。其家巨富，金宝不可胜计，常与朝贵游，邸店园宅，遍满海内。四方物尽为所收，虽古之猗白，不是过也。其家男女婢仆，锦衣玉食，服用器物，皆

一时惊异。尝因嫁女，邀诸朝士往临礼席，宾客数千。夜拟供帐，备极华丽。及女郎将出，侍婢围绕，绮罗珠翠，垂钗曳履，尤艳丽者，至数百人。众皆愕然，不知孰是新妇矣。又尝谒见高宗，请市终南山中树，估绢一匹。自云："山树虽尽，臣绢未竭。"事虽不行，终为天下所诵。……

有王元宝者，年老好戏谑，出入里市，为人所知。人以钱文有元宝字，因呼钱为王老，盛流于时矣。又一说，玄宗尝召王元宝，问其家私多少。对曰："臣请以绢一匹，系陛下南山树，南山树尽，臣绢未穷。"又玄宗御含元殿，望南山，见一白龙横亘山间。问左右，皆言不见。令急召王元宝问之，元宝曰："见一白物，横在山顶，不辨其状。"左右贵臣启曰："何故臣等不见？"玄宗曰："我闻至富可敌贵。朕天下之贵，元宝天下之富，故见耳。"

最大的富商是经营高利贷的柜坊老板，他们既从事典当也帮助有钱人寄存钱财。他们勾结权贵，放债取息，盘剥百姓。开元十六年，唐玄宗下诏："比来公私举放，取利颇深，有损贫下，事须厘革。自今已后，天下负举、祇宜四分收利，官本五分取利。"（《唐会要》卷八十八）。次于柜坊的巨商是盐商、茶商及波斯珠宝商。唐太宗时，安州（湖北安陆县）人彭通献布五千段供攻辽东军费，唐高宗时，安州人彭志筠愿献出绢布三万段助军费，唐玄宗时，京城富商王元宝，被称为天下至富，唐德宗借长安富商钱，得八十余万缗，搜括僦柜的钱物，借四分之一，得一百多万缗。

四、对外贸易

魏晋南北朝时，由于战乱频仍，中国对外贸易受到很大影响，特别是作为东西方重要贸易通道的丝绸之路中断，中原地区与西方的贸易也基本停滞下来。直到隋唐统一后，对外贸易才重新发达起来。

1. 陆路贸易

唐代实行对外开放政策，十分重视对外通商。武德五年（622年），唐高祖宣布："方今六合宁晏，四海清平，玉帛既通，道路无壅。方申辑睦，永敦聘好，各保疆蓁，岂非盛美。"（《旧唐书·东夷传》）贞观元年（626年）八月，唐太宗即位后就下诏开放关禁："朕君临区宇，情深覆育，率土之内，靡隔幽遐，使公私往来，道路无壅，彩宝交易，中外匪殊。"（《唐会要·关市》）贞观四年，西域各国遣唐商使来朝，太宗派人迎接，"听其商贾往来，与边民交市"（《资治通鉴·唐纪九》）。唐太宗开放关禁和厚遇外商的政策，基本上为唐代政府继续执行。

唐代对外交往的通道主要有七条。据《新唐书·地理志》记载：

唐置羁縻诸州，皆傍塞外，或寓名于夷落。而四夷之与中国通者甚众，若将臣之所征讨，敕使之所慰赐，宜有以记其所从出。天宝中，玄宗问诸蕃国远近，鸿胪卿王忠嗣以《西域图》对，才十数国。其后贞元宰相贾耽考方域道里之数最详，从边州入四夷，通译于鸿胪者，莫不毕纪。其入四夷之路与关戍走集最要者七：一曰营州入安东道，二曰登州海行入高丽渤海道，三曰夏州塞外通大同云中道，四曰中受降城入回鹘道，五曰安西入西域道，六曰安南通天竺道，七曰广州通海夷道。

陆上贸易通道是随着国家统一和西北疆域的开拓而奠定的。贞观四年（630年），唐太宗率军击败了东突厥贵族政权，并和西突厥加强了友好联系，接着又扫除了高昌、焉耆、龟兹等分裂势力。贞观十四年（640年），唐朝在西域地区设立了安西大都护府，统辖了下属的各个都督府、州，进一步加强了西部边疆的军事和行政管理，保证了丝路的繁荣畅通。贞观二十年（646年），唐军乘其内乱攻入漠北，薛延陀政权瓦解，下属回纥等铁勒13部归附唐朝，并"请置唐官"。此后，唐朝应铁勒各部所请，特在回纥以南开辟了"参天可汗道"，沿途置邮驿68所，并备有驿马、酒肉等专供往来官吏和行贾。通过此"参天可汗道"，不仅加强了漠北与中原之间的联系，而且也开辟了西部与北部边疆往来的通道。从此以后，西部地区已和广大漠北连成一片，因而丝路向北面获得了显著扩展。唐代陆上丝路的发展，丝路沿线出现了一些新兴都市和贸易中心，其中著名的有庭州、弓月、轮台、热海、碎叶、垣逻斯等。然而，陆上丝路的繁荣被安史之乱所打断，这条丝路逐渐衰落下来。

2. 海上贸易

唐中期以后，经济中心逐渐南移，江南经济逐渐发展起来，东南和南海方向的海上贸易也发达起来。传统的海上贸易通路是沿山东半岛、朝鲜而至日本，而唐代的海上贸易更向南海方向拓展。唐代人已能熟练运用季风航行，天文、地理导航水平都有明显提高。造船技术已较发达。唐贞观时将作大匠阎立德在洪州造"浮海大航五百艘"（《新唐书·阎立德传》）。李皋"运心巧思为战舰，挟二轮蹈之，翔风鼓浪，疾若挂帆席，所造省易而久固"（《旧唐书·李皋传》）。唐代海船以体积大、载量多、结构坚固、抗风力强闻名于世。随着造船和航海技术的发展，通往东南亚、马六甲海峡、印度洋、红海，及至非洲大陆的航路的纷纷开通与延伸，成为对外贸易的主要通道。根据《新唐书·地理志》记载，唐时，东南沿海有一条通往东南亚、印度洋北部诸国、红海沿岸、东北非和波斯湾诸国的海上航路，这就是"广州通海夷道"。当时通过这条通道往外输出的商品主要有丝绸、瓷器、茶叶和铜铁器四大宗；往回输入的主要是香料、花草等一些供宫廷赏玩的奇珍异宝。这些物品有进口也有出口，因为外商把中国口岸作为交汇点，然后向东西方转运。唐中期以后，瓷器逐渐成为对外出口的大宗，海运的发展也为运输瓷器这类质重易损的商品提供了便利条件。资料表明，日本、朝鲜、印度尼西亚、马来西亚、斯里兰卡、巴基斯坦、伊朗、伊拉克、巴林、叙利亚、印度、埃及、坦桑尼亚等国家或地区，都有唐代丝织物与陶瓷品的发现。

3. 市舶管理

唐代的对外贸易主要有两种方式。一种是通过遣唐商使在朝贡形式下进行的官方贸易，另一种是民间的商舶贸易。到唐聘问的各国使节都要进贡方物，以各种珍奇异宝以及高级奢侈品为主，也有果类、蔬菜、花卉等等。唐对各国使节相应馈赠丝绸彩帛、金银精器等礼品。贡使贸易次数很多，据统计，日本十几次，大食三十七次，林邑二十四次，真腊十一次，波斯二十五次。[1] 朝贡贸易有利于中外之间的文化和物质交流，但真正影响社会生活的还是广泛的民间贸易。德宗时王锷出任广州刺史、岭南节度使，为官的同时从事外贸经营。当时，"西南大海中诸国舶至，则尽没其利。由是锷家财富于公藏。日发十余艇，重以犀象珍贝，称商货而出诸境。周以岁时，循环不绝。凡八年，京师权门多富锷之财"（《旧唐书·王锷列传》）。韩愈也记广州"蛮胡贾人，舶交海中，……外国之货日至，珠香、象犀、玩奇物，溢于中国"（《韩昌黎集·送郑尚书序》）。在 769 年至 770 年间，每年来广州的外国商舶达四千余艘。[2]

为加强对外通商，政府除设立互市监以"掌诸蕃交易之事"（《唐六典·诸互市监》），还设立了管理沿海贸易的市舶司，以适应海上贸易的发展。唐律规定，私人出入边境参加贸易活动，必须得到官府发给的证明——"过所"，方准出入，未经许可擅自出入境贸易者治罪。唐律还规定限制出口的商品，如兵器、金、银、铁等，违反规定擅自出口者，治罪。唐律还立有专门条款，调整涉外争讼。凡属同一国的外国人之间发生争讼，适用该国法律和习惯；凡不同国家的外国人的争讼，适用唐律。但外商只要不违反唐朝法律，贸易往来完全自由。政府对外商进出唐境实行比较宽松的政策，对他们的经营方式和经营内容也很少限制，并允许境外货币的流通。还对外商采取了税收优惠政策，规定他们每年只需向政府缴纳 5—10 文丁税，甚至能享受免交丁税的待遇。唐文宗太和八年（834 年）诏曰："其岭南、福建及扬州蕃客宜委观察节度使常加存问，除舶脚、外市、进奉外，任其来往流通，自为交易，不得重加率税。"（《唐大诏令集·太和八年疾愈德音》）

当时来华的外商很多，有不少长期居住。为了加强外商居住地管理，保护他们的财产，专设"蕃场"，允许他们设立本民族信仰的寺庙，并拥有自己的墓地等，

---

① 参见王仲荦：《隋唐五代史》（上），上海人民出版社 1988 年版。
② 参见林家劲：《唐代广州与南海的交通》，《学术研究》1979 年第 6 期。

对他们的在华生活给予一定照顾。长安城里有许多卖胡食的店肆（慧琳：《一切经音义》），有大批外商居住，包括西域各地商人、波斯和大食的商人，以及拂林和天竺等国的商人。他们大多居住在西市，并在那里开设了各种店肆。安史之乱后，留在长安的外商仍有四千余人。（《资治通鉴·唐纪四十八》）外商可以自由去内地贸易，许多大中城市都开着他们的邸店、酒家和饮食服务店铺，奢侈的舶来品深得富人喜爱。部分外商经过做珠宝、香料等买卖一跃成为暴发户。扬州有群胡以五万缗买宝珠（《太平广记》卷四百零二引《广异记》），有西国胡客以五十万买珠（《太平广记》卷四百零三引《原化记》）。唐朝中后期，随着广州入海夷道的发展，对外交通重心由西北陆路转向了东南海道，继之兴起了广州、扬州、泉州等三大港市，成为外商在沿海的云集之地。据苏莱曼《中国印度见闻录》记载，唐末在广州从事贸易活动的外商竟达 12 万人以上。阿拉伯人阿布赛特·哈桑在记述庞勋陷广州之后对西方国家的影响时说，"对外贸易完全停滞。……前此恃营商中国为生，至此破产者比比皆是"[1]，扬州"四会五达，此为咽颐"（《权载之文集·杜公淮南遗爱碑铭并序》），多富商大贾，珠翠珍怪之产丰富，也是对外贸易的重要港口，曾吸引大批"胡商离别下扬州"（《杜少陵集详注·柴门》）。此外，泉、漳、福诸沿海城市，均是国内外贸易的重要枢纽，也是外人乐于涉足侨寓之区。除商人外，来华居住的还有使者、职业军人、画师、乐工、舞伎、宗教神职人员等。他们的聚居区称作"蕃坊"，其长官由唐皇任命，与政府官员同等待遇，享有宗教、行政与有限司法权，既为自治，又促进与外商贸易的商务活动。[2] 除了上列之地外，岐州（凤翔）、凉州（武威）、睢阳（商丘）、登州（蓬莱）、楚州（淮安）、益州（成都）、洪州（南昌）、荆州（江陵）、润州（镇江）、明州（宁波）等地都有外商的足迹。[3]

五、城市复兴

1. 城市发展

隋唐时期，由于大运河的开凿，海外贸易的兴起和发展，以及江、浙、皖、赣等南方地区农业和手工业的发展，导致城市的兴起和城市经济的繁荣。不仅作为全国政治、经济、军事、文化中心的长安和东都洛阳较前代更加繁荣，一些地方性的政治军事中心，也发展成为较大的工商业城市；而在沿海市镇及内地水陆要冲，更出现一些新的重要的贸易都会。如西南的成都、桂林；南方的广州、交州；西北的兰州、凉州；黄河流域及其北部的开封、太原、定州、滑州；沿海地区的泉州、杭

---

① 参见方豪：《中西交通史》，岳麓书社 1987 年版，第 258 页。
② 参见孟彭兴：《唐代发达的内外贸易与唐人社会生活风貌的嬗变》，《学术月刊》1996 年第 6 期。
③ 参见介永强：《唐代的外商》，《晋阳学刊》1995 年第 1 期。

州、扬州、登州，以及荆州、相州、幽州、汴州、宋州等，都是政治经济中心城市。一般州县的城市和市镇则更多，加上新设的县城和少数民族地区发展起来的城市，唐朝城镇总数达到1000多个。

长安是隋唐两代的国都。隋文帝开皇二年（582年）命高颎、宇文恺等在汉代长安故城东南20里的龙首原之南规划创建新都，定名大兴城。长安是在隋朝大兴城基础上建立的，其规模、布局、坊市位置等，在隋朝时即已确立，唐朝对原有的宫阙楼观又进行了扩充加工，使之更加宏伟壮观。唐高宗永徽五年（654年）十一月，"和雇雍州夫四万一千人，修京罗城郭，三十日毕"。"长寿元年九月，神都改造文昌台，及造定鼎上东等城门，修筑外郭。开元十八年四月一日。筑京城。九十日毕"。（《唐会要》卷八十六）改造完成的长安，全城分宫城、皇城、外郭城三部分。宫城居北，为皇宫所在；皇城居宫城南，为各官衙所在；外郭城（京师城）居宫城、皇城的东、南、西三面，为官民住宅及工商市肆所在。全城有南北向大街11条，东西向大街14条。25条大街将全城分为108个坊（隋称里，大明宫、兴庆宫建后为109坊）及两个市，形成棋盘式网形方格。坊（里）是居民住宅区。坊以外还有东西两市，对称地坐落在皇城外的东南和西南。东市（隋称都会市）和西市（隋称利人市）为工商区，分设于皇城东南和西南。"开元十九年六月敕：京洛两都，是惟帝宅，街衢坊市，固须修筑，城内不得穿掘为窑，烧造砖瓦，其有公私修造，不得于街巷穿坑取土。"（《唐会要》卷八十六）安史之乱后，西北防线内缩，政治军事中心东移，长安地位也因而衰落，内外侵扰应接不暇，唐王朝更没有修整长安的余力了。

洛阳是唐朝东都。隋初至唐玄宗开元年间，洛阳逐渐繁荣走向极盛顶峰。首先是隋炀帝大业时放弃旧城修筑新城，到唐高宗和武则天时又进一步扩建。武则天长期居住洛阳，对洛阳的建设极为重视，长寿元年（692年），修神都等城门并修筑外郭。外郭城平面接近方形，南宽北窄，周长27.5公里。城墙外有宽13米、深2.5米的护城河。外郭城内由纵横街道组成里坊区，形成棋盘式格局。定鼎门大街北起皇城正南门端门，经洛水上的天津桥往南至定鼎门，是隋唐洛阳城南北中轴线上的主干大道。洛阳城的建设一直延续到开元末天宝初年，当时陆续进行了城墙、城门、罗城的修补工程。开元二十三年（735年），又重修诸门和城墙等。城内里坊，洛河以南有55坊，洛河以北有9坊。坊四周建有坊墙，坊内设十字街，四面开门。坊内往往居住达官贵族。如"唐贞观、开元之间，公卿贵戚开馆列第于东都者，号千有余邸"（（宋）吕祖谦：《宋文鉴·洛阳名园记》）。洛阳的市称为南市，有120行，3000多个肆。（（唐）杜宝：《大业杂记》）唐高宗时，又将临德坊立为北市，以后又设立西市，并称"三市"，市内店肆林立，商贾云集，极为繁荣。但在安史之乱后，洛阳"焚埃略尽，百曹榛荒，寰服不满千户，井邑如墟，豺狼群吼"(《新唐书·郭子仪传》)。

太原在唐代历史上具有特殊地位。隋代太原称并州，当时已是全国性的大城市。隋末，李渊驻守太原，因晋阳古有唐国之称，李渊定都长安后遂以"唐"为国号。唐初仍称并州，贞观年间升为大都督府，为唐初五大都督府之首。天授元年（690年），武则天把晋阳定为北都，与上都长安、神都洛阳并称。天宝元年（742年）唐玄宗改为北京，与西京长安、东京洛阳并称。上元二年（761年），唐肃宗复称北都。唐代的太原，城市规模空前扩大，西城修葺一新，英国公李绩在汾河东岸又新建了东城，崔神庆为并州长史时，"跨水联堞"，修建了跨越汾河、连接东西二城的中城。至此，沿汾河两岸形成了一个巨大的城市集群。整个城市周长四十二里，仅城门就多达二十四座，东、西二城并列汾河两岸，中城跨汾居中，西城内有大明城、新城、仓城三座子城，民间所谓"里三城、外三城"。西城中有并州治所、太原府治所及晋阳县治所，东城中有太原县治所。太原是唐代最大的铁器、兵器、玉器、铜器、葡萄酒生产基地，是全国三大商业中心之一，也是全国三大铸币中心之一。李白赞叹："天王三京，北都居一。其风俗远，盖陶唐氏之人欤？襟四塞之要冲，控五原之都邑。雄藩剧镇，非贤莫居。"(《李太白全集·秋日于太原南栅饯阳曲王赞公贾少公石艾尹少公应举赴上都序》)

隋唐时期特别是中唐以后，江南地区经济得到迅速发展，这些地区的城市也发展起来。江南城市在隋代就已经有一定发展。《隋书·地理志》记载了一些江南城市，如丹阳（江宁）、宣城（宣州）、毗陵（常州）、吴（苏州）、会稽（越州）、余杭（杭州）、新安（歙州）、东阳（婺州）、永嘉（处州）、遂安（睦州）等，这些城市既是江南州郡的政治中心，商业也很发达。进入唐代以后，江南又增加了一部分新的城市，如台州（武德四年）、温州（上元元年）、衡州（垂拱二年）、明州（开元二十六年）、池州（永泰元年）、秀州（天福五年）等。

江南城市中苏州的发展和繁荣是比较典型的。苏州处于江南运河的中段，面临太湖，北可出海，沿长江可到内地，史称"东吴繁剧，首冠江淮"(《全唐文·苏州刺史谢上表》)。苏州主要靠工商业兴起，市内各类商人云集，"合沓臻水陆，骄闠会四方，俗繁节又暄，雨顺物也康"(《韦江州集·登重玄寺阁》)。《吴郡志·杂志》云："唐时，苏之繁雄固为浙右第一矣。"苏州城周长达42里，有人口约20万—30万之间。[1] 刘禹锡为苏州刺史时说："伏以当州口赋，首出诸郡。"(《刘禹锡集·苏州举韦中丞自代状》)白居易说："当今国用，多出江南，江南诸州，苏最为大。兵数不少，税额至多。土虽沃而尚劳，人徒庶而未富。"(《白居易集·苏州刺史谢上表》)

---

[1]　参见张剑光：《略论唐五代江南城市的经济功能》，《上海师范大学学报（社科版）》2001年第3期。

杭州位处江南运河和钱塘江、浙东运河的交汇处，"当舟辐凑之会，是江湖冲要之津"（《金石萃编·镇东军墙隍庙记》）。杭州也是靠商业而兴，行商坐贾，热闹繁盛，异常繁华。杭州还是一个对外贸易港口，沿海贸易的一个集散地，从福建、浙南、浙东来的商人都得通过杭州沿运河前往北方，"南派巨流，走闽禺瓯越之宾货，而盐鱼大贾所来交会"（《全唐文·杭州场壁记》），"东昒巨浸，辏闽、粤之舟橹，北倚郭邑，通商旅之宝货"（《文苑英华·杭州罗城记》）。唐末五代时，杭州已是江南最大的城市，城周七十里，有二十多万人口。杜牧说："杭州大郡……今天下以江淮为国命，杭州户十万，税钱五十万。"（《樊川文集·上宰相求杭州启》）

2. 坊市制度

唐朝城市实行完善的坊市制。坊，在古代也称"里"，二者并称"里坊"。"里"的含义主要是指居民聚居的地方，所谓"里，居也"。《汉书·食货志》记载曰："在野曰庐，在邑曰里。"以后与"里"相应出现了"坊"。"坊"是专就城市而言。秦汉时期，坊制有了突出发展，当时城内居民区划被称作"闾里"。汉代长安有"闾里一百六十""街衢相经，廛里端直，寯宇齐平""室居栉比，门巷修直"。魏晋南北朝时，城坊规则更加向齐整发展。如北魏洛阳城内"庙社宫室府曹以外，方三百步为一里""合有二百二十里"（《洛阳伽蓝记》卷五）。每里"方三百步"，成正方形，棋盘式方正格局基本形成。此时的坊里开始混称，而且坊里管理也开始有了明确记载："里开四门，门置里正二人，吏四人，门士八人"，目的是"虽有暂劳，奸盗永止"。（《北史·魏太武五王·广阳建附子嘉传》）到唐代里坊关系开始明确。《唐六典》曰："两京及州县之郭内分为坊，郊外为村。"唐人苏鹗在《苏氏演义》中指明："坊者，方也，言人所在里为方。方者，正也。"可见，"坊"是一个正方形或长方形的地域空间。后人进一步明确了里坊之分："唐制，百户为里，五里为乡，居州县郭内者为坊，郭外者为村，里、村、坊皆有正。里正掌按比户口，课植农桑，检察非违，催驱赋役。坊正掌坊门管钥督察奸非。"（光绪《宁海县志》卷三）

隋代建大兴城，具有宫城、子城、外郭城的格局；东西为坊，中置肆署。隋代洛阳有北市、南市、西市，最大的市内有 120 行、3000 余肆。唐长安继承隋代大兴城格局，共 108 坊，分东西两街，置东西两市，各占两坊。坊的四周筑有坊墙，开四门，坊内设十字街。可见，坊和市有着明确的区域划分，坊是生活居住区，市是商品买卖区。商业交易活动被限制在同样封闭的东西两市，而坊内不得自由营业。城市都实行以"旗亭"坐商登录为市籍的制度，一方面巩固了官僚等级与旗亭工商等级的对立，另一方面限制了"市籍"以外的"贾客""逆旅"以及其他人经商。坊内实行严格的管理和监察制度。这就正式奠定了隋唐两代坊市制的城市格局。

从坊市的规划布局来看，既体现了严格的等级，又考虑市民生活起居和社会管理。如作为都城长安城，市坊布局相当规整。就坊的规划来看，《唐六典》记载："皇城之南，东西十坊，南北九坊；皇城之东、西各十二坊，两市居四坊之地；凡一百一十坊。"就市的规划来看，据宋人宋敏求的《长安志》记载：

> 东市，隋曰都会市，南北居二坊之地，东西南北各六百步，四面各开一门，各广百步。北街当皇城南之大街，东出春明门，广狭不易于旧，东西及南面三街，向内开北广于旧街市，内货财二百二十行，四面立邸，四方珍奇皆所积集。万年县户口减于长安，又公卿以下居止多在朱雀街东第宅所占甚多，由是商贾所凑，多归西市，西市户口少列律宽/自此之外繁杂稍劣于西市矣。

这就形成了棋局般的坊市布局。市坊的内部构造十分完善，坊内的十字街道分别称为东街、南街、西街、北街，由此划分出的四个区域内再设小十字街，形成了16个区块，也分别有专称。可见，市坊划分已成为城市一种基本的布局形式。其他城市也依据都城的坊市制规划和建设，不同的是，不同城市依据不同等级有不同的坊数，例如唐时长安有 108 坊，东都洛阳有 103 坊，而扬州和苏州可以有 60 坊，沙州则只能有四坊等。坊的命名都有一定的传统特色，如益州有金马坊、书台坊、锦浦坊、花林坊，扬州城有常乐坊、道化坊、临湾坊、道仁坊等。

唐代对坊市的管理十分严格。坊的四周有城墙，设有坊门，坊内除三品以上高级官员及权贵之家外，余者不得面街私开门向。每天统一以鼓声为准，由坊正负责坊门的启闭。早上五更二点自宫内"晓鼓"声起，诸街鼓顺序敲动，坊门开启，鼓要敲到天亮为止，每晚鼓声敲响关闭，不许出入。朱熹说："唐的官街皆用墙，居民在墙内，民出入处在坊门，坊中甚安。"（《朱子语类·杂类》）《唐六典·太府寺·两京诸市署》记载："凡市，以日中击鼓三百声而众以会，日入前三刻，击钲三百声而众以散"。《唐律疏议》记载，坊市必须按规定时间开放，"其坊正、市令非时开闭坊、市门者，亦同城主之法"，即徒一年；城市实行严格的宵禁制度，有"犯夜者，答二十"。为了保证坊市制度，政府严禁突破坊墙开店，规定："诸坊市街曲，有侵街打墙，接檐造舍等，先处分，一切不许，并令拆毁，……如有犯者，科为敕罪，兼须重罚。"可见，坊市制不但限制了城居者的行为自由，而且构筑了一个封闭的居住环境，给人们的生产、生活带了极大的不便。因而到唐中后期，随着城市商品经济的发展，坊市制逐渐瓦解直到废除。

3. 市民生活

在城市经济发展过程中，一方面，大量的流散劳动力涌向生存机会更多的长安、洛阳、扬州等大城市；另一方面，社会财富源源不断地向京城和一些大的都市积聚。据估测，长安城城内人口数量约为百万，其中官僚、军人、商人、手工业者以及各类服务和娱乐人员占有很大比例。他们成为市民，从而出现了市民生活。

随着财富的集中和市民的增加，城市服务业和娱乐业发展起来，城市中大量出现了旗亭、酒肆、妓馆、寺观、园囿等，还出现了戏场、球场等专门的公共娱乐场所，彰显出唐代城市文化娱乐生活的繁荣。一些自发性的群众文化娱乐活动也经常在这里举行，如长安市民经常在天门街举行民间音乐比赛活动。《开天传信记》记唐明皇观看百戏遭遇混乱："上御勤政楼大酺，纵士庶观看。百戏竞作，人物填咽，金吾卫士白棒雨下，不能制止。"可见人众之多，场面之大。唐代城市还出现了许多可供人们游赏休憩的花圃园囿，像曲江、杏园、乐游原等处都是人们最喜欢去的游赏宴集之地。中唐以后，北方士人南迁，将他们的爱好也带到江南，于杭州西湖边上的冷泉亭、观风亭、见山亭，湖州的白苹洲，常州的东山风景区，苏州的辟疆园、南园、东墅等等，均是中唐至五代时期建造。

唐初城市实行严格的坊市管理制度，城门和坊市门在夜间一律关闭，禁止居民在大街上自由活动。唐玄宗时下令，在正月十五日前后三日开放夜禁，让市民们纵情游乐观灯。届时，"盛饰灯影之会。金吾弛禁，特许夜行。贵游戚属，及下隶工贾，无不夜游，车马骈阗，人不得顾。王主之家，马上作乐，以相夸竞。文士皆赋诗一章，以纪其事"（《大唐新语》卷八）。到中唐以后，坊市宵禁制度逐渐被打破，城市居民的夜生活更加丰富多彩。在一些城市中还出现了夜市，人们的活动也由白天延伸到夜晚。苏州的夜间商业最为兴盛。白居易云："皋桥夜沽酒，灯火是谁家？"（《白居易集·夜归》）皋桥边白天商业活动兴盛，但到晚上仍有酒店在营业，看来夜晚经营早已不受政府法令的限制。

从唐代中叶开始，市民的自由度有了一定提高，同时，他们对社会活动的参与意识和程度、对公共舆论的影响力与日俱增，他们甚至可以通过"罢市"等途径或形式来表达自己的意愿。随着坊市制被逐渐突破和城市社会的转型，原来管理"市"及"市人"的体制已不能适应新的情况，于是新的机构与人员出现。随着城中工商业的发展，行会应运而生。这样，市民成为城市社会的主体人群，标志着市民阶层在唐代中后期正在形成。这就意味着城市已处于从士人社会到市民社会的转型过程之中。

六、寺院经济衰落

1. 佛寺兴盛

佛教自汉代传入中国，经魏晋南北朝，到隋代已经相当繁兴。据《法苑珠林》记载，当时有寺3985所，度僧尼236300余人，造像110430躯，译经82部。但遭隋末兵乱又一度中衰，"佛寺僧坊，并随灰烬，众僧分散，颠仆沟壑"（《续高僧传·法响传》）。唐初崇尚道教，对佛教采取了一定限制措施。武德四年（621年），高祖敕令："伪乱地僧，是非难识，州别一寺，留三十僧，余皆从俗"。（《续高僧传·慧乘传》）武德九年（626年）四月，高祖又颁布沙汰僧道诏："京城留寺三所、观二所。其余天下诸州各留一所，余悉罢之。"（《全唐文》卷三）太宗继位后又几次三番沙汰僧尼。

随着经济社会的恢复和发展，高宗永徽到玄宗开元之初，佛教逐渐走向繁荣。高宗大造佛寺。显庆二年（657年），建西明寺楼台厩庑四千区，于东都建敬爱寺，用钱各过二十万贯。又为诸王公主造资戒、崇敬、招福、福寿等寺共20余所。武则天时更"铸浮屠、立庙塔，役无虚岁"（《新唐书·苏环传》）。武则天天授二年（691年），"制颁天下，令诸州各置大云寺，总度僧千余人"（《旧唐书·则天皇后本纪》）。长安四年（704年），在洛阳城北邙山白司马陂铸造一尊特大佛像，敛天下僧钱十七万缗。唐中宗李显也是"造寺不止，费财者数百亿；度人无穷，免租庸者数千万"，以致"百姓劳弊，帑藏为之空竭"。（《旧唐书·辛替否传》）皇室之外，许多达官贵人也竞相向佛寺施舍田宅金钱。如玄宗开元年间，大宦官高力士施财为宝寿寺铸钟，钟成后"力士斋庆之，举朝毕至。凡击钟者，一击百千。有规其意者，击至二十杵，少尚十杵"（《旧唐书·高力士传》）。大官僚王缙把私宅舍为佛寺，凡遇有节度观察使入朝，都要把他们邀入寺内，讽令施财以助修缮庙宇。（《旧唐书·王缙传》）唐太宗时有寺3716所（《大慈恩寺三藏法师传》，《大正藏》卷五十），高宗时有4000所（《法苑珠林·兴福部》，《大正藏》卷五十三），玄宗时5338所（《唐会要》卷四九；《唐六典》卷四；《旧唐书》卷四三）。当时，载入国家簿籍的僧尼多达十几万人，而私度者更是不计其数。

皇室及百官的"广事弘持"推动了寺院经济的发达，佛寺财产也迅速膨胀。这一时期"营造寺观其数极多，皆务宏博，竞崇环丽，大则费一二十万，小则尚用三五万，略计都用资财，动至千万已上"（《唐会要》卷四十八）。"凡京畿之丰田美利，多归于寺院"（《旧唐书·睿宗纪》），"寺家巨富，谷麦烂仓，奴婢满坊，钱财委库"（《南海寄归内法传》卷四）。如京师化度寺内设有无尽藏院，"贞观之后，钱帛金绣，积聚不可胜计，常使名僧监藏。藏内所供天下伽蓝修理，燕凉蜀赵，咸来取给。每日所出，亦不胜数。或有举借，亦不作文约，但往至期送还而已"（《两京新记》卷三）。

唐代寺院经济的重要特点是农禅经济的出现和发展。禅者的独居使其得以成为独立的经济主体。禅者之初住于律寺，唯别院而居。以马祖道一禅师（709—788年）于唐大历年间开丛林安禅侣为标志，禅者从律寺中独立出来而使禅宗农业以独立的角色得到发展，既能得到社会和信众的土地供养，同时也形成了自己的特色农业生产。

安史之乱后，寺院农禅经济达到新的高峰。简陋寺院大量出现且多建在山野偏僻地区，聚集的人数动辄成百上千，他们以劳作为务，以疗治饥寒为教义，竞建禅院，自谋生计，成为富有特色的农禅经济。唐德宗兴元元年（784年），怀海禅师入百丈山（今江西省奉新县）开山建寺、大扬禅风，折中大小乘戒律而制"禅苑清规"。怀海禅师在清规中提出的"一日不作一日不食"的口号，成为禅者的生活信念和行为方式。这些禅林发展到一定规模时，其生产方式渐渐世俗地主化，多将土地出租给契约佃农，以直接收取地租。如庐山东林寺出租荆州田亩，"收其租入"；"长沙有大沩同庆寺，僧多而地广，佃户仅千余家"。（《五代史补·僧齐己》）

唐代寺院经济的基础是庄田地租收入，这和以往主要依靠信徒施舍钱粮布帛维持寺院大不相同。当时全国大小寺院一般都拥有庄田。如宁波天童寺有田1.3万亩，跨三郡五县，有庄36所，每年收租3.5万斛。（《天童志》卷八）陇川大象寺共有大小庄园6处，土地53顷56亩，另有生熟坡荒地共50多顷。（《金石萃编·重修大象寺记》）而且寺院庄田还在不断扩大，如天台山国清寺一次就购置庄田12顷（《宋高僧传·文举传》），杭州龙兴寺也"于众中募财置良田40顷"（《文苑英华·华严经社石记》）。

2. 政府限制

佛教寺院加入了当时世俗地主的土地兼并浪潮，加速了均田制的瓦解，减少了国家收入。佛教寺院享有免纳赋役的特权，"天下百姓，或冒为僧尼道士，苟避徭役"（《唐会要》卷五十），"富户强丁多削发以避役，所在充满"（《资治通鉴·唐纪二十七》），"户有三丁必令一丁落发，意在规避王徭，影庇资产"（《旧唐书·李德裕列传》）。这更是直接侵害了国家的经济利益。

寺院经济的扩张和膨胀，严重侵蚀国家土地制度和赋税制度。所以从一开始朝廷就有抑佛的主张。武则天时李峤的疏文写道："国计军防，并仰丁口。今丁皆出家，兵悉入道。征行租赋，何以备之。"（《新唐书·李峤传》）中宗时左拾遗辛替否上疏谏曰：

> 今天下之寺盖无其数，一寺当陛下一宫，壮丽之甚矣！用度过之矣！是十分天下之财而佛有七八，陛下何有之矣！百姓何食之矣！虽以阴阳为炭，万物为铜，役不食之人，使不衣之士，犹尚不给。况资于天生地养，风动雨润，而后得之乎！臣闻国无九年之储，国非其国。伏计仓廪，度府库，百僚供给，百事用度，臣恐卒岁不充，况九年之积乎！一旦风尘再扰，霜雹荐臻，沙门不可摄干戈，寺塔不足攘饥馑，臣窃痛之矣！

朝廷也不断颁布法令对寺院的土地扩张明确予以限制。如《唐会要》载："敕祠部：天下寺观田宜准法据，僧尼道士合给数外一切管收，给贫下欠田丁，其寺观常住田听以僧尼道士女冠退田充。一百人以上不得过十顷，五十人以上不得过七顷，五十人以下不得过五顷"。朝廷还一再诏令检括寺观的限外田。如中宗景龙元年敕："寺观广占田地，及人碾硙，侵损百姓，依令本州岛长官检括。依令式以外、及官人百姓将庄田宅舍布施者，在京并令司农即收，外州给贫下课户。"（《唐会要》卷五十九）开元二年（714年），应宰相姚崇奏言令有司对僧尼精加铨择，天下僧尼伪滥还俗者三万余人。针对许多僧尼"虚挂名籍，或权隶他寺，或侍养私门"的情况，敕令："自今已后，（僧尼）更不得于州县权隶，侍养师主父母，此色者并宜括还本寺观。"（《全唐文》卷二十八）同年，还诏令："天下寺观屋宇先成，自今以后，更不得创造，若有破坏，事须条理，仍经所司陈牒检验先后所详。"（《唐会要》卷四十九）开元十年（722年）正月二十三日，玄宗敕祠部：

> 天下寺观田，宜准法据僧尼、道士合给数外，一切管收，给贫下欠田丁。其守观常住田。听以僧尼、道士、女冠退田充。一百人以上。不得过十顷，五十以上，不得过七顷，五十人以下，不得过五顷。（《唐会要》卷五十九）

开元十五年（727年），"敕天下村坊佛堂，小者并拆，寺功德移入侧近佛寺，堂大者皆令封闭"（《佛祖统纪》卷五十五）。

3. 武宗毁佛

安史之乱期间，朝廷曾用鬻卖度牒的办法来筹措军费。如天宝十四载（755年），杨国忠"遣侍御史崔众至太原纳钱度僧尼道士，旬月得百万缗"（《新唐书·食货志》）。至德元载（756年），肃宗采用右仆射裴冕的建议，出卖僧道度牒，积聚钱财充作军费，"大府各置戒坛度僧，僧税缗谓之香水钱，聚是以助军须"（《宋高僧传·神会传》）。至德二载（757年）七月，宣谕使侍御史郑叔清奏：

> 诸道士、女道士、僧、尼如纳钱，请准敕回授余人，并情愿还俗，授官勋邑号等，亦听。如无人回授及不愿还俗者，准法不合畜奴婢、田宅、资财，既助国纳钱，不可更拘常格。其所有资财能率十分纳三分助国，余七分并任终身自荫，身殁之后，亦任回与近亲。

这些饮鸩止渴的措施，进一步刺激着寺院经济的扩张。而与此同时，寺院与政府之间的矛盾也趋于白热化。到文宗太和初年，全国纳税户却不过300万，而不在政府簿籍的僧尼就达70万人。这是朝廷无论如何都不能容忍的。文宗指斥寺院"蚕食生人，规避王徭，凋耗物力"（《文苑英华》卷四百二十八）。严令自今以后，"不得度人为僧尼"，"更不得创造寺院、普通兰若等"。（《唐大诏令集》卷一百一十三）到武宗时这种抑佛政策进一步转变为毁佛政策。会昌二年（842 年）十月九日，武宗颁布敕书，要求有异行和不守戒的僧尼还俗，"天下所有僧尼解烧练、咒术、禁气、背军、身上杖痕鸟文、杂文功、曾犯淫养妻、不修戒行者，并勒还俗。若僧尼有钱物及谷斗、田地、庄园，收纳官。如惜钱财，请愿还俗去，亦任勒还俗，充入两税徭役"[①]。会昌三年（843 年），下令销毁佛经、佛像，没有注册的僧尼一律还俗，送回原籍。不许僧尼借供养佛牙为名敛财；不许僧尼在街上公行；如有外出者，必须在晚钟敲响前还寺，更不许借宿他寺。十月，又敕令毁拆天下小寺，经像移入大寺，钟送道观。其被拆寺僧尼不依戒行者无论老少尽令还俗，递归原籍。会昌五年（845 年）三月，敕令不许天下寺院建置庄园，又令勘检所有寺院及其所属僧尼、奴婢、财产之数。四月，下敕灭佛，规定西京长安只能保留 4 座寺庙，每寺留僧 10 人，东京洛阳留 2 寺，其余节度使的治州共 34 州留 1 寺，其他刺史所在州不得留寺。其他寺庙全部摧毁，僧尼皆令还俗，所有废寺铜铸的佛像、钟磬全部销熔铸钱，铁铸的交本州销铸为农具。五月底，长安城内中外僧尼还俗殆尽。

《旧唐书·武宗本纪》：

秋七月庚子，敕并省天下佛寺。中书门下条疏闻奏："据令式，诸上州国忌日官吏行香于寺，其上州望各留寺一所，有列圣尊容，便令移于寺内；其下州寺并废。其上都、东都两街请留十寺，寺僧十人。"敕曰："上州合留寺，工作精妙者留之；如破落，亦宜废毁。其合行香日，官吏宜于道观。其上都、下都每街留寺两所，寺留僧三十人。上都左街留慈恩、荐福，右街留西明、庄严。"中书又奏："天下废寺，铜像、钟磬委盐铁使铸钱，其铁像委本州铸为农器，金、银、鍮石等像销付度支。衣冠士庶之家所有金、银、铜、铁之像，敕出后限一月纳官，如违，委盐铁使依禁铜法处分。其土、木、石等像合留寺内依旧。"

到当年八月，"天下所拆寺四千六百余所，还俗僧尼二十六万五百人，收充两税户，拆招提、兰若四万余所，收膏腴上田数千万顷，收奴婢为两税户十五万人"（《旧唐书·武宗本纪》）。

① 圆仁：《入唐求法巡礼行纪》，转引自俞钢：《圆仁闻见的会昌法难》，《上海师范大学学报（哲学社会科学版）》1999 年第 1 期。

第八章　晚唐五代经济

第一节　变革中兴

一、衰世变革

1. 财政危机

安史之乱后，唐朝中央政府始终为财政问题所困扰。因而，所有的经济政策大多围绕着解决财政问题而创设。同时，财政困难催生了不少制度变革，而正是这一系列改革，决定了安史之乱后的唐朝中兴和一百五十年国运。

唐代的经济基础是均田制下的农民自耕体制，在此基础上的租庸调制度保证了国家赋役的稳定性。这是唐前期经济社会发展的根本原因。但是，均田制度本身存在缺陷，一方面，所谓均田实际上并非平均，世族贵族占有的土地是普通农民土地的许多倍；另一方面，唐代均田制下的土地可以有条件地买卖，从而为土地兼并留下了制度缺口。所以，均田制下的农民自耕体制并不能长久地保持，在一定条件下必然发生分化，而随之而来的必然是土地兼并和土地集中。土地兼并的发展和均田制的破坏，使越来越多的农民失掉土地，脱离户籍，成为"逃户"。由于失去赖以为生的土地，他们或到处流亡，或成为私家地主的佣工、佃农。安史之乱以后，这一情况更加严重。肃宗上元元年（760年），国家控制的人口只有一千六百九十九万零三百八十六，其中纳税人口只有二百三十七万零七百九十九，与玄宗天宝十四载（755年）相比，国家控制的人口减少了三千五百九十三万八千七百三十三，纳税人口减少了五百二十一万零四百三十二。这种状况使国家的收入锐减，造成了严重的财政危机。

中唐以后的财政危机更是由皇室和官僚的奢侈靡费，以及各级官吏的中饱私囊造成的。《新唐书·食货志》：

（天宝二十六载）天下岁入之物，租钱二百余万缗，粟千九百八十余万斛，庸、调绢七百四十万匹，绵百八十余万屯，布千三十五万余端。天子骄于佚乐而用不知节，大抵用物之数，常过其所入。于是钱谷之臣，始事朘刻。太府卿杨崇礼句剥分铢，有欠折渍损者，州县督送，历年不止。其子慎矜专知太府，次子慎名知京仓，亦以苛刻结主恩。王鉷为户口色役使，岁进钱百亿万缗，非租庸正额者，积百宝大盈库，以供天子燕私。及安禄山反，司空杨国忠以为正库物不可以给士，遣侍御史崔众至太原纳钱度僧尼道士，旬日得百万缗而已。自两京陷没，民物耗弊，天下萧然。

财政危机还由藩镇割据截留赋税以及各级官吏营私舞弊造成。《旧唐书·杨炎传》：

> 迨至德之后，天下兵起，始以兵役，因之饥疠，征求运输，百役并作，人户凋耗，版图空虚。军国之用，仰给于度支、转运二使；四方征镇，又自给于节度、都团练使。赋敛之司数四，而莫相统摄，于是纲目大坏，朝廷不能覆诸使，诸使不能覆诸州，四方贡献，悉入内库。权臣狷吏，因缘为奸，或公托进献，私为赃盗者动万万计。河南、山东、荆襄、剑南有重兵处，皆厚自奉养，王赋所入无几。

为了解决这个问题，唐朝政府采取了各种措施。一是整顿均田制，把流民、客户重新安置在国家的均田土地上。但由于土地兼并迅速发展，通过整顿均田制来解决财政危机的措施收效甚微，最后不得不放弃整顿均田制的努力，租庸调制度也随之瓦解，政府转而实行两税法。二是加大征收各种苛捐杂税，如酒税、青苗钱、间架税、除陌钱、茶税、借商、白著等，扩大赋税剥削范围。但扩大赋税征收措施却使社会矛盾加剧，人民反抗越来越剧烈，国家财政也更加面临崩溃。

既然均田制和租庸调恢复不可能，增加各种税负必然加剧人民反抗，就只有在现存体制内进行有限改革。至德元载（756 年）八月，第五琦入蜀奏事，他对玄宗说："方今之急在兵，兵之强弱在赋。赋之所出，江淮居多。若假臣职任，使济军须（需），臣能使赏给之资，不劳圣虑。"（《旧唐书·第五琦传》）玄宗听后大悦，即以琦为监察御史、江淮租庸使。十月，第五琦见肃宗于彭原（今甘肃宁县），请以江淮租庸市轻货，溯长江、汉水而上至洋川（今陕西西乡），然后令汉中王瑀陆运至扶风以助军。当时，中央财经部门"职司久废，无复纲纪，徒收其名，而莫总其任，国用出入，无所统之"（《册府元龟·邦计部·总序》）。为改变这种混乱状况，肃宗分设度支、盐铁转运等专使，以第五琦任山南等五道度支使。肃宗命第五琦主持财政改革，一方面，取消了户部、司农、太府等部门的收支权，财政统归皇帝调度使用，初步改变了以前开支混乱、国库亏损严重、权臣作弊的局面。另一方面，改革盐业，作榷盐之法，即国家在"就山海井灶"之地设盐院，居民凡以产盐为业者，著其户籍为"亭户"，免其杂徭，所产盐由国家统购专卖，将盐价由每斗十文提高到一百一十文，同时严禁盗煮和私自买卖，凡私采私售盐者，以法处置。这样，仅盐业一项就使国库收入迅速增加，而"百姓除租庸外，无得横赋"（《旧唐书·第五琦传》），在一定程度上缓解了国家财政的困窘状况。

但随后第五琦的钱币改革却遭遇了失败。在天宝年间，货币泛滥，私自盗铸钱币现象屡禁不止。当时市场上流通的货币除开元通宝外，还有名之为鹅眼、古文、线环等多种伪币劣币。乾元元年（758 年），第五琦作为铸钱使主持铸造新币"乾元重宝"。"乾元重宝"法定直径一寸，每千枚法重十斤，一枚"乾元重宝"钱法定兑换十枚流通中的"开元通宝"钱。"开元通宝"钱法定直径八分，每千枚法重六斤四两。在直径和重量两方面，"乾元重宝"钱比"开元通宝"钱都要大一些。但是，一枚"乾元重宝"钱法定兑换十枚"开元通宝"钱，按含铜量计算，朝廷用十斤铜就可以从民间兑换六十四斤铜。所以，政府反复兑换反复重铸，成为朝廷增收和解决财政困境的重要措施。第二年，第五琦再铸新币"重轮乾元"钱，每枚兑换 50 枚"开元通宝"，较之与"乾元重宝"之间的比价更加不合理，朝廷仅用十二斤铜铸造一千枚"重轮钱"，就可以从民间兑换含铜总量高达三百二十斤的五万枚"开元通宝"钱，朝廷从中获利数十倍。这样，市场上就有三种法定货币共同流通，而不合理的比价导致私铸现象更加严重，市场上虚币大钱泛滥，引起严重的通货膨胀，每斗米的价格居然涨到七千钱。唐朝经济再次陷入危机，不得不继续变革。

2. 刘晏改革

刘晏改革在中唐以后的历史中具有重要地位。唐玄宗开元年间，刘晏以神童授太子正字，天宝年间开始办理税务，因政绩显著，官至侍御史。唐肃宗时，先任度支郎中，兼侍御史，领江淮租庸事。后任户部侍郎，兼御史中丞，充度支、铸钱、租庸等使。他一生经历了唐玄宗、肃宗、代宗、德宗四朝，长期担任财务要职，管理国家财政数十年。尤其在唐德宗即位后，总领全国财赋，针对当时中央控制地区缩小，军费不断增加，财政入不敷出，漕运破坏，关中粮荒，物价昂贵等弊病，提出"因民所急而税之，则国用足"的理财思想，实行一系列改革，挽救了大唐财政，为大唐中兴作出重要贡献。

第一，改革盐政。"刘晏广军国之用，未尝有搜求苛敛于民，而以榷盐为主。"（《读通鉴论·德宗》）大历时，刘晏主持盐政，对第五琦的盐法进行了改革。他首先大力削减了盐监、盐场等盐务机构，又调整了食盐专卖制度，改官收、官运、官销为官收、商运、商销，统一征收盐税。新盐法规定，盐官统一收购亭户（盐户）所产之盐，然后加价卖给盐商，由他们贩运到各地销售，而国家只通过统购和批发两个环节来掌控盐政。政府还实行常平盐法，在各地设立常平盐仓，派盐官运盐到边远地区存储，在食盐供应困难、价格上涨时以平盐出售。这就做到了"官获其利而民不乏盐"（《资治通鉴·唐纪四十二》）。关于刘晏的盐政改革，《新唐书·食货志》记曰：

> 刘晏以为因民所急而税之，则国足用。于是上盐法轻重之宜，以盐吏多则州县扰，出盐乡因旧监置吏，亭户粜商人，纵其所之。江、岭去盐远者，有常平盐，每商人不至，则减价以粜民，官收厚利而人不知贵。晏又以盐生霖潦则卤薄，暵旱则土溜坟，乃随时为令，遣吏晓导，倍于劝农。吴、越、扬、楚盐廪至数千，积盐二万余石。有涟水、湖州、越州、杭州四场，嘉兴、海陵、盐城、新亭、临平、兰亭、永嘉、大昌、候官、富都十监，岁得钱百余万缗，以当百余州之赋。自淮北置巡院十三，曰扬州、陈许、汴州、庐寿、白沙、淮西、甬桥、浙西、宋州、泗州、岭南、兖郓、郑滑，捕私盐者，奸盗为之衰息。然诸道加榷盐钱，商人舟所过有税。晏奏罢州县率税，禁堰埭邀以利者。晏之始至也，盐利岁才四十万缗，至大历末，六百余万缗。天下之赋，盐利居半，宫闱服御、军饷、百官禄俸皆仰给焉。

第二，改革漕运。安史之乱后，由于北方地区遭受战乱破坏，唐朝财政几乎全部仰赖于江南地区的赋税供给。但当时漕运废弛阻塞，关中粮食供应困难，缺粮上百万石，饥荒四伏，粮价暴涨。刘晏上任后，一方面组织人力逐段疏浚由江淮到高师的河道，另一方面改革漕运体制，即打造二千艘坚固的大漕船，以盐税雇用船夫，训练军士运粮，每十船为一队，军官负责押运，不再征发沿河州县的丁役。《新唐书·食货志》：

> 晏即盐利顾佣分吏督之，随江、汴、河、渭所宜。故时转运船繇润州陆运至扬子，斗米费钱十九，晏命囊米而载以舟，减钱十五；繇扬州距河阴，斗米费钱百二十，晏为歇艎支江船二千艘，每船受千斛，十船为纲，每纲三百人，篙工五十，自扬州遣将部送至河阴，上三门，号"上门填阙船"，米斗减钱九十。调巴、蜀、襄、汉麻枲竹筿为绹挽舟，以朽索腐材代薪，物无弃者。未十年，人人习河险。江船不入汴，汴船不入河，河船不入渭；江南之运积扬州，汴河之运积河阴，河船之运积渭口，渭船之运入太仓。岁转粟百一十万石，无升斗溺者。轻货自扬子至汴州，每驮费钱二千二百，减九百，岁省十余万缗。又分官吏主丹杨湖，禁引溉，自是河漕不涸。

漕运改革后，比过去用江南民工直运的方法提高了效率，减少了损耗，降低了运费，免除了部分劳役。江淮的粮食因此源源不断地输送到长安，每年运量达 40 万石至 110 万石，不仅解决了粮荒还可以有所储备。

第三，平抑物价。代宗时，刘晏任御史大夫，领东都、河南、江淮转运、租庸、盐铁、常平使。"时大兵后，京师米斗千钱，禁膳不兼时，甸农授穗以输。"（《新唐书·刘晏传》）刘晏认为："灾沴之乡，所乏粮耳，它产尚在，贱以出之，易其杂货，因人之力，转于丰处，或官自用，则国计不乏；多出菽粟，恣之粜运，散入村间，下户力农，不能诣市，转相沾逮，自免阻饥，不待令驱。"（《新唐书·刘晏传》）刘晏以巡院为基地，招募了许多疾走者，随时通报全国各地的物价，以便及时采取措施，平衡物价。在各重要城市设置粮仓，"以常平法，丰则贵取，饥则贱与，率诸州米尝储三百万斛"（《新唐书·刘晏传》）。同时他多购谷物菽粟运往歉收地区，贱价出售，换取农民的土产杂物转卖丰处，有效地防止了谷贱伤农、水旱民散，也防止了富商大贾囤积居奇，牟取暴利，使民得以安居乐业，国家增加了财政收入。《新唐书·刘晏传》评价刘晏：

> 王者爱人，不在赐与，当使之耕耘织纴，常岁平敛之，荒年蠲救之，大率岁增十之一。而晏尤能时其缓急而先后之。每州县荒歉有端，则计官所赢，先令曰："蠲某物，贷某户。"民未及困，而奏报已行矣。

3. 杨炎改革

与刘晏改革盐政和漕运等同时进行的改革，是杨炎主持的"两税法"改革。刘晏的盐政改革和漕运改革以及市场调节政策，仅仅是唐中期财政改革的一个部分，而更重要的改革是国家财政征收制度的改革。这就是两税法改革。两税法改革发生在唐德宗时期。德宗在位前期，以强明自任，坚持信用文武百官，严禁宦官干政。他在位期间最大的政绩就是用杨炎为相，废租庸调制，改行两税法，从而奠定了唐代中兴的基础。

大历十四年（779 年）德宗即位，杨炎被起用为银青光禄大夫、门下侍郎、同平章事。杨炎上任不久，就大刀阔斧地进行了经济改革。

杨炎首先重建国库制度。按照旧制，凡天下钱帛均贮存于"左藏"（国库之一），由太府一年分四季上报数额，由比部（掌核簿籍）核实钱帛的收支情况。第五琦担任度支使和盐铁使时，由于无法制止京城贵族豪绅的索取赏赐行为，不得不上奏朝廷，请将左藏的全部贮藏归大盈内库，由宦官来掌管，实际上是将国家公库归为皇家管理。这样，"天子以给取为便，故不复出。自是天下公赋为人君私藏，有司不得计赢少。而宦官以冗名持簿者三百人，奉给其间，根柢连接不可动。"

（《新唐书·杨炎传》）杨炎入相后提出，国家租赋不能变成皇帝私产，建议把大盈内库财赋仍拨归有关部门管理。杨炎说：

> 夫财赋，邦国之大本，生人之喉命，天下理乱轻重皆由焉。是以前代历选重臣主之，犹惧不集，往往覆败，大计一失，则天下动摇。先朝权制，中人领其职，以五尺宦竖操邦之本，丰俭盈虚，虽大臣不得知，则无以计天下利害。臣愚待罪宰辅，陛下至德，惟人是恤，参校蠹弊，无斯之甚。请出之以归有司，度宫中经费一岁几何，量数奉入，不敢亏用。如此，然后可以议政。惟陛下察焉。（《旧唐书·杨炎传》）

德宗听从杨炎的建议，下诏：“凡财赋皆归左藏库，一用旧式，每岁于数中量进三五十万入大盈，而度支先以其全数闻。”（《旧唐书·杨炎传》）这就恢复了安史之乱前国家公赋予皇帝私藏分管的制度，维护了国家公赋收支独立的原则。

唐代初期实行均田制，基本上实现了每户农民都有一块土地耕种的目标。在均田制度基础上，所有均田农户都耕种着国家的土地，同时负担着国家的租税和徭役即租庸调。但随着均田制的逐渐瓦解，沉重的赋役负担和官僚地主的土地兼并，使得大批农民破产逃亡。在逃户不断增加的情况下，政府不能免征逃户的租庸调，而是责成邻保代纳租庸调，结果迫使更多的农民逃亡。这样，租庸调制的维持已经十分困难，租庸调征收数额大大减少。至此，租庸调制积弊甚久，“天下之人苦而无告”（《旧唐书·杨炎传》）。《资治通鉴·唐纪四十二》载：

> 玄宗之末，版籍浸坏，多非其实。及至德兵起，所在赋敛，迫趣取办，无复常准。赋敛之司增数而莫相统摄，各随意增科，自立色目，新故相仍，不知纪极。民富者丁多，率为官、为僧以免课役，而贫者丁多，无所伏匿，故上户优而下户劳。吏因缘蚕食，民旬输月送，不胜困弊，率皆逃徙为浮户，其土著百无四五。

这就是说，大部分赋税负担都压在广大穷苦农户身上，加上官吏的借机侵夺，百姓无旬无月不在纳税，在被逼无奈情况下只有逃亡。特别是安史之乱期间以及后来藩镇割据期间，各地军政长官均以军费急需为由，用各种名目任意摊派，无须获得中央批准，中央不能检查诸使，诸使不能检查诸州，于是杂税林立，非常混乱。与此同时，按垦田面积征收的地税和按贫富等级征收的户税逐渐重要起来。这就使得赋税制度改革势在必行。

建中元年（780年），杨炎向德宗建议实行“两税法”：

凡百役之费，一钱之敛，先度其数而赋于人，量出以制入。户无主客，以
见居为簿；人无丁中，以贫富为差。不居处而行商者，在所郡县税三十之一，
度所与居者均，使无侥利。居人之税，秋夏两征之，俗有不便者正之。其租庸
杂徭悉省，而丁额不废，申报出入如旧式。其田亩之税，率以大历十四年垦田
之数为准而均征之。夏税无过六月，秋税无过十一月。逾岁之后，有户增而税
减轻，及人散而失均者，进退长吏，而以尚书度支总统焉。（《旧唐书·杨炎
传》）

掌管赋税的官吏反对两税法的实行，他们认为"租庸之令四百余年，旧制不
可轻改"。但唐德宗支持杨炎的改革，"上行之不疑，天下便之"。（《旧唐书·杨炎
传》）这就使改革得以贯彻实施。

两税法的主要内容是：（1）取消租庸调及一切杂徭、杂税，但保留丁额。
（2）不分主户（当地土著户）、客户（外来户），一律以当时居住地为准登入户
籍，交纳赋税。（3）不再按丁征税，改为按资产和田亩征税。根据资产定出户等，
按户等征收户税，定税计钱，折钱纳物，即以钱计算税额，折合成实物交纳；根据
田亩数量征收地税，地税以大历十四年（779 年）的垦田数字为准，交纳谷物。
（4）没有固定住处的行商也要纳税。税额初为其收入的三十分之一，后改为十分
之一。（5）每年分夏、秋两次征收，夏税要在六月交完，秋税要在十一月交完。
（6）"量出制入"。中央根据财政支出的需要先做预算，定出总税额，分配到各地
征收，全国没有统一的税率。

两税法的推行，在当时确有其一定的优越性，因此实行之后取得了一定成效。
《旧唐书·杨炎传》称：实行两税法"天下便之，人不土断而地著，赋不加敛而增
入，版籍不造而得其虚实，贪吏不诚而奸无所取，自是轻重之权始归于朝廷"。两
税法与租庸调不同，"两税以资产为宗，不以丁身为本，资产少者税轻，多者税
重"（《新唐书·食货志》）。这样就多少改变了贫富负担赋税不合理现象。同时，
贵族官僚和商人也要按财产纳税，扩大了纳税面，增加了国家的财政收入。"两税
法"颁布以后，建中元年（780 年）年末，就有了 1300 多万贯的两税收益，比
"两税法"以前唐王朝的全部财赋收入还要多出百万贯，唐王朝的全部财赋收入达
到 3000 余万贯。

两税法改革是中国赋税制度史上的重要转折。两税法改变了自战国以来以人丁
为主的赋税制度，而"唯以资产为宗，不以丁身为本"，使古代赋税制度由"舍地
税人"到"舍人税地"方向转变。两税法改变了租税徭役据丁口征收，而以财产
的多少为计税依据，按照纳税人负税能力大小征税，不仅拓宽了征税的广度，增加
了财政收入，而且改变了租税徭役主要由编户农民承担的做法，使税收负担相对地

公平合理。两税法还采用以钱定税的原则，除谷米外，均按田亩计算货币缴纳，反映了唐代中叶货币经济的发展。两税法简化了税目和手续，便利了租税的征收，免去了税吏许多催索的苛扰，不但使国家的财政收入增加，而且也减轻了人民负担，是一个历史进步。

4. 永贞革新

安史之乱以后，国家面临的最大挑战就是财政入不敷出。所以刘晏和杨炎的财政赋税制度改革最为历史所重，也的确在很大程度上解决了财政矛盾。但是，国家已经病入膏肓，深层的制度问题并不是财政改革所能够解决的。事实上，财政矛盾仍只是表面，而深层矛盾是宦官专权、藩镇割据和朋党之争这三个方面。正是在这种矛盾不断积累和日益纠结的情况下，永贞革新登上历史舞台。

永贞元年（805 年），唐德宗去世，李诵正式继承皇位，是为唐顺宗。顺宗为太子时，即有变革新政之志。由于面临这一系列亟待解决的问题，唐顺宗即位后立即进行改革。改革集团的核心是被称为"二王刘柳"的王叔文和王伾以及刘禹锡和柳宗元。他们主张加强中央集权，反对藩镇割据，反对宦官专权，并积极推行革新。参与改革的大臣还有程异、凌准、韩泰、韩晔、陈谏以及陆质、吕温、李景俭等。在他们主导下，在唐顺宗初期发动了"永贞革新"。由于这个改革集团中最主要的领导者是王叔文，因而这场改革运动也称为"王叔文改革"。

如果说中唐的刘晏改革和杨炎改革只是财经改革的话，那么王叔文主导的"永贞革新"就进入到政治层面了。实际上的"永贞革新"是包含经济内容的政治改革。

第一，罢宫市和五坊使。唐德宗以来，宦官经常借为皇宫采办物品为名，在街市上以买物为名公开抢掠，称为宫市。由于他们所出的买价要比市场价低得多，所以，虽名曰"和市"即双方愿意，但实际上是抑价"强买"。商人们往往由此赔本，甚至弄得倾家荡产。所以，宫市扰民已成为一大祸害。实际上，顺宗对宫市早有诟病，做太子时即建议德宗加以革除。所以，顺宗继位后立即将取消宫市制度作为永贞改革的内容之一。废除宫市制度的同时还废除了"五坊使"。五坊指雕坊、鹘坊、鹰坊、鹞坊、狗坊，这里的雕、鹘、鹰、鹞、狗是经过专门训练，专供帝王打猎时捕捉猎物之用。充任五坊小使臣的宦官，常以捕贡奉鸟雀为名，对百姓进行讹诈。宦官仇士良在"元和、大和间，数任内外五坊使，秋按鹰内畿，所至邀吏供饷，暴甚寇盗"（《新唐书·宦官列传》）。德宗时，宰相裴度极言五坊使的横暴，建议处之以法。但德宗不许，曰："姑议东军，此细事，我自处办。"度曰："兵事不理，止山东；中人横暴，将乱都下。"但五坊使一直未能废除。顺宗为太子时，"皆知其弊，故即位首禁之"（《资治通鉴·唐纪五十二》），下令禁止五坊小儿为害百姓，并要官府查办。这二项弊政的革除，受到广大群众的欢迎。另外，还

"出宫女三百人于安国寺，又出掖庭教坊女乐六百人于九仙门，召其亲族归之"（《旧唐书·顺宗本纪》）。

第二，取消刺史进奉惯例。节度使通过进奉钱物，讨好皇帝，有的每月进贡一次，称为月进，有的每日进奉一次，称为日进，后来州刺史，甚至幕僚也都效仿，向皇帝进奉。贪官们以进奉为名，向人民搜刮财富。《旧唐书·食货志》：

> 先是兴元克复京师后，府藏尽虚，诸道初有进奉，以资经费，复时有宣索。其后诸贼既平，朝廷无事，常赋之外，进奉不息。韦皋剑南有日进，李兼江西有月进。杜亚扬州、刘赞宣州、王纬李锜浙西，皆竞为进奉，以固恩泽。

唐德宗时，每年收到的进奉钱多则 50 万缗，少时也不下 30 万缗。顺宗下令："除上供外，不得别有进奉。"与此同时，还采取了一些惠民措施，如"诸道除正敕率税外，诸色榷税并宜禁断"；"百姓九十已上，赐米二石，绢两匹，版授上佐、县君，仍令本部长史就家存问；百岁已上，赐米五石，绢二匹，绵一屯，羊酒，版授下州刺史、郡君"。"诏二十一年十月已前百姓所欠诸色课利、租赋、钱帛，共五十二万六千八百四十一贯、石、匹、束，并宜除免。"（《旧唐书·顺宗本纪》）

第三，打击宦官，抑制藩镇。顺宗裁减宫中闲杂人员，停发内侍郭忠政等 19 人俸钱，其目的并非单纯减少支出，而是为了削弱宦官势力。革新派任用老将范希朝为京西神策诸军节度使，用韩泰为神策行营行军司马，意在从宦官手中夺回禁军兵权。史载，王叔文既以范希朝、韩泰主京西神策军，诸宦者尚未寤。会边上诸将各以状辞中尉，且言方属希朝。宦者始寤兵柄为叔文等所夺，乃大怒曰："从其谋，吾属必死其手。"（《资治通鉴·唐纪五十二》）他们密令诸将勿以军权授人。剑南西川节度使韦皋，派刘辟到京都对王叔文进行威胁利诱，想完全领有剑南三川，说："若能致某都领剑南三川，必有以相酬；如不留意，亦有以奉报。""叔文大怒，将斩辟以徇；韦执谊固止之，辟乃私去。"（《旧唐书·韦皋传》）这就使革新派与宦官集团和藩镇诸将的矛盾激化。

第四，打击贪官，任用廉臣。浙西观察使李锜，原先兼任诸道转运盐铁使，乘机贪污。《旧唐书·食货志》："李锜判使，天下榷酤漕运，由其操割，专事贡献，牢其宠渥。中朝柄事者悉以利积于私室，而国用日耗。"王叔文当政后，罢去他的转运盐铁使之职。京兆尹李实，是唐朝皇族，封为道王，专横残暴。《旧唐书·李实传》：

> 自为京尹，恃宠强愎，不顾文法，人皆侧目。二十年春夏旱，关中大歉，实为政猛暴，方务聚敛进奉，以固恩顾，百姓所诉，一不介意。因入对，德宗

问人疾苦，实奏曰："今年虽旱，谷田甚好。"由是租税皆不免，人穷无告，乃彻屋瓦木，卖麦苗以供赋敛。

百姓对李实恨之入骨。王叔文罢去其京兆尹官职，"贬通州长史。制出，市人皆袖瓦石投其首；实知之，由月营门自苑西出，人人相贺"（《旧唐书·李实传》）。同时用能吏，如任命杜佑摄冢宰并兼度支及诸道盐铁转运使，还召颇有清誉的被贬贤臣郑余庆等回京任职。

在实际不到两个月的时间里，王叔文就革除了多项虐政、弊政，可见"永贞革新"力度之大，办事之快。这些改革内容，都是老百姓迫切希望解决的问题，因而得到了民心和社会舆论的支持。但王叔文改革危及了宦官集团的权力利益，也在一定程度上触及了皇室特权利益，因而遭遇强烈反对。在此期间，唐顺宗因病不能主事，不得不于贞元二十一年（805年）八月禅位于太子李纯，即为唐宪宗，史称"永贞内禅"。唐宪宗即位后，改革被迫中断，王叔文被贬为渝州司户，其他主要改革派人物均被贬斥，史称"二王八司马事件"，永贞革新遂告失败。

前后持续了146天的永贞革新，打击了专横跋扈的宦官和藩镇割据势力，顺应了民心民意。但永贞革新的对手是强大的宦官集团和藩镇集团，更是多少年来形成的历史积弊，没有足够大的力量是难以除掉的。在改革过程中，王叔文主要依靠唐顺宗的支持，高估了改革派的实力，在短期内出台一系列改革措施，实际上是很难落实到位的，对宦官集团和藩镇集团的打击也很难奏效。而唐顺宗的意外发病更给顽固势力以可乘之机，从而导致改革的失败。

清初学者王夫之评价王叔文和永贞革新：

> 王伾、王叔文以邪名古今，二韩、刘、柳皆一时之选，韦执谊具有清望，一为所引，不可复列于士类，恶声一播，史氏极其贬诮，若将与赵高、宇文化及同其凶逆者，平心以考其所为，亦何至此哉！
>
> 自其执政以后，罢进奉、宫市、五坊小儿，贬李实，召陆贽、阳城，以范希朝、韩泰夺宦官之兵柄，革德宗末年之乱政，以快人心、清国纪，亦云善矣。顺宗抱笃疾，以不定之国储嗣立，诸人以意扶持而冀求安定，亦人臣之可为者也。所未审者，不能自量其非社稷之器，而仕宦之情穷耳，初未有移易天位之奸也。
>
> 所可憎者，器小而易盈，气浮而不守，事本可共图，而故出之以密，谋本无他奇，而故居之以险，胶漆以固其类，亢傲以待异己，得志自衒，身危不悟，以要言之，不可大受而已矣。因是而激盈廷之怒，寡不敌众，谤毁腾于天下，遂若有包藏祸心为神人所共怒者，要亦何至此哉！（《读通鉴论·顺宗》）

永贞革新与中唐后期的刘晏改革和杨炎改革不同。刘晏改革完全是经济改革，主要是梳理了财政乱象，提高了财政效率。杨炎改革是财政制度改革，主要是适应均田制度日益崩坏后的实际状况，建立了新的赋役制度而已。尽管杨炎将皇室财政与国家财政分离的尝试也在一定程度上触及皇室利益，但面临严重的财政危机，皇帝也是认同了这种改革。王叔文改革尽管并不是要革了宦官和藩镇的命，但毕竟是触及了这两个集团的核心利益。而这两个集团的势力，并不是一个新登基的皇帝和几个书生所能撼动的。另外，世族阶级的统治是整个中古时代的症结所在。尽管世族阶级的鼎盛之势在唐代已成为过去，但世族与庶族的矛盾始终存在。王叔文改革也同样存在世族与庶族的矛盾纠结，因而也脱离不了朋党之争。

"永贞革新"是一次失败的改革，革新运动被扼杀，唐朝政治更加黑暗。一方面，革新失败后创了一个新的恶例，即每位皇帝都将自己的阁员作为私属，而继位的皇帝对先帝的重臣，不论是非功过一概予以驱除。另一方面，宦官拥立皇帝，朝官分成朋党，这种相沿成习的趋势，在宪宗以后都开始表面化了。这就加快了大唐王朝衰亡的趋势。然而，王叔文改革却奠定了中唐以后政治经济发展的基本路径，即以不断的小改小革实现数次所谓"中兴"，从而使唐帝国不断衰落的大势得以延缓。但中唐以后的一系列改革，都是经济方面的改革，主要目的并不是解决均田制瓦解后的农民土地问题，而是在藩镇割据情况下如何重建和巩固中央集权，其中的主要措施还是改革财政，想方设法增加中央政府的财政收入，解决国用不足。但是，这都是治标不治本的改革，只能是暂时缓解危机，而社会经济的根本矛盾不仅不能够得到解决，反而是积重难返。

二、中兴之世

安史之乱以后，唐朝政权经过一系列改革和调整，尽管跌跌撞撞，历经波折，但还是取得了一定成果。表面上看，安史之乱所导致的重大危机已经过去，几个最大的经济社会难题已经得到缓解，统治者可以考虑经济社会恢复和发展问题，从而采取一些利国利民的措施，使中唐以后的社会经济重新出现繁荣景象。但是这种繁荣景象不过是历史发展的惯性而已，不过是唐初所确立的基本制度以及中唐时期的部分改革所带来的短暂动能而已，与贞观之治和开元盛世已经完全不可同日而语，充其量也只能说是"中兴"了。

1. 元和中兴

中唐以后出现的第一次"中兴"是唐宪宗在位时期。在皇帝和朝臣的共同努力下，国家政治一度回到正轨，称为"元和中兴"。唐宪宗是个奋发有为的皇帝，《旧唐书·宪宗本纪》说：

宪宗嗣位之初，读列圣实录，见贞观、开元故事，竦慕不能释卷，顾谓丞相曰："太宗之创业如此，玄宗之致理如此，既览国史，乃知万倍不如先圣。当先圣之代，犹须宰执臣僚同心辅助，岂朕今日独为理哉！"自是延英议政，昼漏率下五六刻方退。

他在位期间，任用贤相，整理财政，营田养兵，进一步裁制藩镇，平定藩镇的叛乱，"由是中外咸理，纪律再张，果能剪削乱阶，诛除群盗。睿谋英断，近古罕俦，唐室中兴，章武而已。任异、铸之聚敛，逐群、度于籓方，政道国经，未至衰紊"（《旧唐书·宪宗本纪》）。

宪宗所面临的最严峻的问题是藩镇割据。藩镇割据削弱中央权威，挑战集权政治，是朝廷之大患。而藩镇割据带来的最为现实的问题是财政问题，因藩镇将国家赋税收入掌握在自己手中，使中央财政收入大为减少，而要平定藩镇更需要增加财政收入。所以，宪宗朝与前几任皇帝一样，将解决财政收入作为头等大计。不过，经历刘晏和杨炎的改革，国家财政体系已经稍有理顺，要做的是进一步采取增收措施。

首先，整顿江淮财赋以增加财政收入。当时华北地区大多为藩镇所割据，朝廷收入主要靠江淮地区。但要增加政府财政收入必须使当地经济得以恢复和发展。因而唐宪宗任用裴垍为相，采取"养民"措施以减轻江淮人民的赋税负担。《资治通鉴·唐纪五十三》：

> 旧制，民输税有三：一曰上供，二曰送使，三曰留州。建中初定两税，货重钱轻。是后货轻钱重，民所出已倍其初。其留州、送使者，所在又降省估，就实估以重敛于民。及垍为相，奏："天下留州、送使物，请一切用省估。其观察使，先税所理之州以自给，不足，然后许税于所属之州。"由是江、淮之民稍苏息。

为了增加政府财政收入，宪宗任用了一批善于理财的能臣，想方设法增加财政收入。如元和元年（806年）以李巽为度支盐铁转运使，"巽掌使一年，征课所入，类晏之多岁，明年过之，又一年加一百八十万贯。旧制，每岁运江淮米五十万斛抵河阴，久不盈其数，唯巽三年登焉"（《旧唐书·李巽传》）。元和四年（809年）李巽上奏章荐举彬州司马程异，吏才明辨，请以为扬子留后，宪宗准许。程异是王叔文党，八司马之一。程异复为扬子留后、淮南等五道两税使，"厉己竭节，江淮钱谷之弊，多所铲革"（《旧唐书·程异传》）。元和六年（811年）四月，盐铁转运使王播奏："江淮河岭已南、兖郓等盐院，元和五年都收卖盐价钱六百九十八万五千五百贯。"(《旧唐书·宪宗本纪》)唐宪宗又任用李绛为相，元和七年李绛奏："振武、天德左右良田可万顷，请择能吏开置营田，可以省费足食，上从之。绛命度支使卢坦经度用度，四年之间，开田四千八百顷，收谷四千余万斛，岁省度支钱二十余万缗，边防赖之。"(《资治通鉴·唐纪五十五》)

在国家经济实力得到恢复的情况下，宪宗纳宰相杜黄裳之议，对仍旧保持割据的藩镇进行征讨。经过十多年的战争，终于在元和十五年（820年）将各藩镇一一征服。至此，"自广德以来，垂六十年，藩镇跋扈河南、北三十余州，自除官吏，不供贡赋，至是尽遵朝廷约束"(《资治通鉴·唐纪五十七》)。然而，宪宗能够平定藩镇，却不能消除割据的根源，所以很快又出现河朔三镇复叛。宪宗死后，各藩镇重又变乱或不禀朝命，且形成宦官专权的局面。

2. 会昌中兴

唐宪宗末年和文宗时期，牛李党争日益激烈，而宦官集团逐渐得势。武宗继位后重用李党首领李德裕，削弱宦官权力，使朝政出现较为清明的景象，这就使会昌年间经济得到一定恢复和发展，如户口比安史之乱期间增加了一倍多，史称"会昌中兴"。

第一，严惩贪腐，整肃政风，精简机构，提高行政效率。会昌元年（841年）正月，武宗下诏："朝廷刑罚，理当一视同仁，官吏贪赃枉法，不应该有特殊待遇，内外文武官如果收入赃物丝绢三十匹，全部处以极刑。"二月二十六日再次下敕，对官吏贪污满千钱的，即处以死刑。唐代官吏按规定都有宴会钱，这在某种程度上刺激了不正常的消费活动，一个很明显的表现，就是官员往往游宴无度。这不仅造成物质财富的巨大浪费，也助长了奢侈之风，堕败社会风气，在民众中造成恶劣影响。为整肃政风，武宗严禁官员无节制地游宴，并取缔了进士曲江集宴。会昌元年（841年）三月，武宗下诏：

> 州县官，比闻纵情杯酒之间，施行喜怒之际，致使簿书停废，狱讼滞冤。其县令每月暇日，不得辄会宾客游宴。其刺史除暇日外，有宾客须申宴钱者听之，仍须简省。诸道观察使任居廉察，表率一方，宜自励清规，以为程法。（《册府元龟·帝王部·诫励第三》）

会昌二年（842年），武宗任用李德裕为相，着力精简机构，以提高行政效率。李德裕认为"省事不如省官，省官不如省吏，能简冗官，诚治本也"(《新唐书·李德裕传》)。会昌四年（844年），他命吏部郎中柳仲郢裁减州县官吏，罢斥冗吏两千余人。这些措施大大提高了行政效率。

第二，提高官吏俸料，禁止官吏从事商业活动，廉洁官吏队伍。唐朝法律规定官吏不能经商。但唐朝官吏薪俸不足，不少官吏仍从事牟利活动，成为吏治腐败的重要原因。为此，武宗首先提高官吏俸料。开成五年（840年）三月，武宗下《条流百官俸料制》："诸道承乏官等，虽支假摄，当责课程。但霑一半料钱，不获杂给料例。自此手力纸笔，特委中书门下条流，贵在酌中，共为均济。"（《册府元龟·邦计部·俸禄第四》）为鼓励官吏到边远地区赴任，并解决长期存在的"京债"问题，会昌元年（841年）中书奏：

> 准元和七年敕，河东、凤翔、鄜坊、邠宁等道州县官，令户部加给课料钱岁六万二千五百贯。吏部出得平留官数百员，时以为当。自后户部支给零碎不时，观察使乃别将破用，徒有加给，不及官人，所以选人惮远，不乐注受。伏望令部都与实物，及时支遣。诸道委观察判官知给受，专判此案，随月支给，年终计帐申户部。又赴选官人多京债，到任填还，致其贪求，罔不由此。今年三铨，于前件州府得官者，许连状相保，户部各借两月加给料钱，至支时折下。所冀初官到任，不带息债，衣食稍足，可责清廉。（《旧唐书·武宗本纪》）

在增加官吏俸料以后，武宗着手解决官吏参与经济活动牟利问题，措施之一就是禁止官吏经营质库业，不准与民争利，以改善吏治和重建政府形象。会昌五年（846年）敕文："古者受禄之家，食禄而已，不与人争业，然后利可均布，人可家足。如闻朝列衣冠，或代承华胄，或在清途，私置质库楼店，与人争利。今日已后并禁断。仍委御史台察访闻奏。"（《全唐文》卷七十八）当然，武宗下敕断禁的重要原因，还是由于官吏私营高利贷业影响了政府的高利贷收入，但此举至少在客观上有廉洁官僚队伍的作用。

第三，改革科举制度，限制门荫特权，提高官吏队伍质量。唐朝科举制度已成为选官的重要途径，但与此同时门荫制仍然发挥着重要作用。一方面，随时间流转，科举制度效率递减，"进士科当唐之晚节，尤为浮薄，世所共患也"（《新唐书·选举志上》），其弊端日趋明显。另一方面，门荫制不仅使那些豪门子弟"自幼授官，多不求学，未详典法，颇有愆违"，导致"吏途太滥"。（《全唐文》卷七十八）武宗试图对这两种制度进行改造。会昌二年（842年）四月，武宗下敕：

> 京畿诸县太常乐人及金吾角子，皆是富饶之户，其数至多，今一身属太常金吾，一门尽免杂差役。今日已后，只放正身一人差使，获家下并不在影庇限。涉历吏事，盖崇理本，自因近制，却启幸门，太和九年十二月十八日敕，进士初合格，并令授诸州府参军及紧县簿尉，未经两考，不许奏职。……高秩

峻级，荣荫子孙，盖宠劳能，着存令式。近者渐寡廉朴，多补名身，不独假荫近房，兼有规求厚利。选曹既阙磨勘，长吏不闻纠绳，此弊公行，吏途太滥。自今后并须准格用荫，人数年限，不得逾越。委吏部及御史台严加觉察，据其选授官到本道本州，须审磨勘，稍疑稍滥，及察知冒卖资荫，便收禁牒报有司。（《全唐文》卷七十八）

对门荫特权加以限制，既有助于提高官僚队伍的素质，也可以扩大国家的财源，增加国家控制的编户齐民。

第四，会昌灭佛，促天下僧尼归农，增加国家编户。武宗时的另一项重大举措是"灭佛"。武宗灭佛的起因比较复杂，既有宗教方面的原因，也有经济方面的原因，还有政治方面的原因。首先是宗教矛盾。唐朝皇帝历来崇信道教，但并不抑佛，所以佛教也存在极大的发展空间。不过到中唐时期，佛教势力泛滥，在一定程度上影响了道教的统治地位。其次，由于国家对寺院给予免税免役的优惠，不少人为了逃避赋役，将土地捐给佛寺，从而使国家失去了大量税源，严重损害国库收入。另外，割据的藩镇大多在北方，他们沿袭北朝传统，崇信佛教，借佛教势力对抗中央政府。所以，在道士赵归真的鼓动和李德裕的支持下，武宗决定"废佛"。《新唐书·食货志》：

> 武宗即位，废浮图法，天下毁寺四千六百、招提兰若四万，籍僧尼为民二十六万五千人，奴婢十五万人，田数千万顷，大秦穆护、袄二千余人。上都、东都每街留寺二，每寺僧三十人，诸道留僧以三等，不过二十人。腴田鬻钱送户部，中下田给寺家奴婢丁壮者为两税户，人十亩。以僧尼既尽，两京悲田养病坊，给寺田十顷，诸州七顷，主以耆寿。

武宗灭佛沉重打击了寺院经济，增加了政府的纳税人口，扩大了国家的经济来源，有利于巩固中央集权。

不过武宗去世较早，没有把他的改革事业进行到底。武宗去世后，李德裕也遭到贬斥，牛李党争继续发酵。所以，中唐以后的"中兴"也就由此中断。王夫之评价说："武宗不夭，德裕不窜，唐其可以复兴乎！"（《读通鉴论·卷二十六·武宗》）

3. 大中之治

武宗之后是宣宗继位。宣宗是晚唐最后一位较有作为的皇帝。宣宗喜读《贞观政要》，试图以太宗为榜样，做出一番事业，有"小太宗"之称。一方面，他以太宗"至乱未尝不任不肖，至治未尝不任忠贤"为座右铭，明察果断，用法无私，从谏如流，处理天下事务；另一方面，勤俭治国，惠爱民物，体恤百姓，减少赋税，使本已十分衰败的朝政呈现出少有的"治世"局面，史称"大中之治"。然而，宣宗时的唐朝已经病入膏肓，并不是哪位伟人所能救治，加上天人都不作美，天下常发生水旱灾害，各藩镇也相继发生叛乱，这就使晚唐政局雪上加霜。而最大的问题还是财政，所以宣宗时也采取了财政变革措施。大中五年（851年）二月，宣宗任命户部侍郎裴休为盐铁转运使，实施一系列改革。

第一，改革漕法。唐宣宗大中年间（847—860年），唐中期刘晏改革所立漕法已经被毁殆尽，漕吏徇私现象日益严重，能够运达长安的粮食大为锐减。《旧唐书·食货下》："始者，漕米岁四十万斛，其能至渭仓者，十不三四。漕吏狡蠹，败溺百端，官舟之沉，多者岁至七十余只。缘河奸犯，大紊晏法。"这样的漕运量已经难以保证庞大的官僚机构需要。因此，漕运改革已成了决定国家命运的大事。大中五年（851年）二月，宣宗以户部侍郎裴休为盐铁转运使，次年八月又以本官平章事，着手进行改革。《旧唐书·食货下》："休使僚属按之，委河次县令董之。自江津达渭，以四十万斛之佣，计缗二十八万，悉使归诸漕吏。巡院胥吏，无得侵牟。举之为法，凡十事。"新的漕法不以漕运额作为激励指标，而是从调动漕运官吏的积极性入手，对漕运僚佐与州县官吏的责任进行明确划分，通过不同的漕运执法责任实现对不同类型漕吏的激励，并将每年的漕运佣金全部划归吏民，解决了吏民最为关注的"利"的问题。他将此次的改革方案归纳为漕法十条，获得较好的制度效果，"由是三岁漕米至渭滨，积一百二十万斛，无升合沉弃焉"（《旧唐书·食货下》）。

第二，整顿茶税。裴休任盐铁使时，各藩镇设置邸阁储存茶叶待价出售并以此获利，而对商人的其他货物，则额外强行征税，严重损害客商和行人的利益。"是时茶商所过州县有重税，或掠夺舟车，露积雨中，诸道置邸以收税，谓之'揭地钱'，故私贩益起。"（《旧唐书·食货下》）大中六年（852年）正月，盐铁转运使裴休奏：

> 诸道节度、观察使，置店停上茶商，每斤收揭地钱，并税经过商人，颇乖法理。今请厘革横税，以通舟船，商旅既安，课利自厚。今又正税茶商，多被私贩茶人侵夺其利。今请强干官吏，先于出茶山口，及庐、寿、淮南界内，布置把捉，晓谕招收，量加半税，给陈首帖子，令其所在公行，从此通流，更无苛夺。所冀招临穷困，下绝奸欺，使私贩者免犯法之忧，正税者无失利之叹。欲寻究根本，须举纲条。（《旧唐书·食货下》）

于是，大中六年五月，裴休立税茶之法十二条：

> 私鬻三犯皆三百斤，乃论死；长行群旅，茶虽少皆死；雇载三犯至五百斤、居舍侩保四犯至千斤者，皆死；园户私鬻百斤以上，杖背，三犯，加重徭；伐园失业者，刺史、县令以纵私盐论。庐、寿、淮南皆加半税，私商给自首之帖，天下税茶增倍贞元。江淮茶为大摸，一斤至五十两。诸道盐铁使于悰每斤增税钱五，谓之"剩茶钱"，自是斤两复旧。（《新唐书·食货四》）

第三，盐铁官营。为了增加财政收入，裴休建议恢复盐铁官营以供国用，"增银冶二、铁山七十一，废铜冶二十七、铅山一。天下岁率银二万五千两、铜六十五万五千斤、铅十一万四千斤、锡万七千斤、铁五十三万二千斤"（《新唐书·食货志》）。

这些措施对于增加国家财政收入是有效的，但这些治标不治本的政策，不过仅仅救一时之急而已，远远不能挽救大唐的颓势。从本质上说，无非是与地方割据势力和广大民众的利益分割而已，充其量不过是提高了中央政府的财政效率，而对于生产和市场效率的提高并无多大改善。所以，包括此前的一系列变革，都不能从根本上解决唐帝国日益加速的颓势。大中晚年唐朝已积重难返，国力衰退，社会经济千疮百孔，只依靠统治阶级枝枝节节的改革已无法改变唐帝国衰败的潮流，所谓的"大中之治"不过是王朝最后的回光返照，仅仅起到了延缓王朝覆灭的作用。宣宗死后，继位的懿宗李漼，吃喝玩乐，大中年间攒下的些许家底很快就被他耗尽了。与此同时，浙东农民裘甫发动农民起兵，反抗军迅速壮大，成为唐末大规模农民起义的开端，大唐帝国又苟延残喘了四十多年便覆亡了。

4. 牛李党争

唐朝是以高祖李渊和太宗李世民为核心的关陇贵族集团创建的，同时他们也不能不承认原有的山东世族势力并给予应有的地位。所以，唐初政权是关陇集团和山东世族集团合作的结果。不过，武则天当政时期专尚进士科，从而一批主要来源于南方的寒族逐渐崛起。到了唐德宗末年、唐顺宗时期，已形成了南方寒俊与原来的关中世族、山东世族相抗衡的局面。随着南方寒俊与北方世族之间的矛盾越来越尖锐，朋党之争的形势渐渐形成。这就是牛李党争。

"牛党"是指以牛僧孺为首的官僚集团，"李党"是指以李德裕为首的官僚集团。牛党大多是科举出身，属于庶族地主，门第卑微，靠寒窗苦读考取进士，获得官职。李党大多出身于世家大族，门第显赫，往往依靠父祖的高官地位而进入官场，称为"门荫"出身。两党分歧的焦点主要有两个：一是选官制度。牛党多科举出身，主张通过科举取士；而李党多门荫出身，反对废除门荫制度。二是藩镇政策。牛党反对对藩镇用兵，李党主张对藩镇用兵。李吉甫、李德裕父子出于公卿宗门，他们提出"朝廷显官须是公卿子弟"，与中央政权有着更紧密的联系，因而极力主张平定藩镇势力。但事实上，这些政策主张的区别并不是水火关系，"党争"的核心还是派系之间的权力和利益之争。总的来看，牛党大多属于进士出身的官僚，代表新兴的庶族地主利益，而李党多属北朝以来的世族官僚，代表没落的门阀世族利益。

安史之乱后藩镇割据，截留财政收入，导致中央财政匮乏，而要平定藩镇叛乱又急需经费支持。在这种情况下出现一批财经能臣，他们也因此扩充自己的势力，并使财政官衙的权限不断扩大，这也加剧了两党对财经大权的争夺。在唐穆宗、唐敬宗、唐文宗三朝，一党在朝，便排斥对方为外任，大体上是两党交替进退。唐文宗曾有"去河北贼易，去朝廷朋党难"的感慨。斗争从唐宪宗时期开始，到唐宣宗时期才结束，持续时间将近 40 年，最后以牛党执政并失去争斗对手而宣告结束。这个结果事实上也反映了世族与庶族之间的兴衰更替，而斗争的结果是随着唐朝的灭亡，世族阶级统治也最终走向消亡。

三、五代变迁

1. 五代政局

唐亡后中国进入五代十国时期。这一时代的特点是中原王朝更替而各地小国分立，事实上仍是晚唐藩镇割据局面的延续。安史之乱后一度出现藩镇割据，但最终还是被中央政府消灭了。所以，普遍的藩镇割据是唐末黄巢起义后发生的。由于中央政府实力不足以控制全国局面，部分实力雄厚的藩镇先后被封为王。唐朝灭亡后，这些藩镇纷纷自立，其中地处华北地区、军力强盛的政权先后控制中原地区，形成五代更替的历史。但这五个中原政权实力仍无力控制整个国家，事实上只是藩镇型的小朝廷。而其他割据一方的藩镇，有些奉五代为正朔，有些则自立为帝或称王称藩，其中有十个实力较强，存续时间较长的政权，即为"十国"。这一时期，北方中原地区政权更迭，战乱不已，武人专政，丧失了和平发展环境，经济基本停滞。但也有个别政权和个别帝王，如后唐明宗和后周世宗，注重民生，锐意改革，取得短暂的发展。南方广大地区政权分立，军阀割据，但基本处于均衡状态，所以也保持了相对和平稳定。在这种情况下部分政权注重经济民生，反而实现了一定程度的发展。这就进一步促进了南方经济超越北方的趋势。

2. 后唐：明宗之治

后梁一朝接续晚唐，政局一直不稳，经济政治基本没有建树，很快为后唐所取代。后唐明宗李嗣源本是沙陀族部民，被后唐庄宗李克用收为养子得以继位。当时，李嗣源年已六十，任用贤臣，奋发有为，"期年之间，府库充实，军民皆足，朝纲粗立"（《资治通鉴·后唐纪四》）。在此基础上，明宗实行了一定程度上的改革，社会经济趋于稳定，实现所谓"明宗之治"。

第一，赋税公平。根据当时制度，官宦大户一定数量的田地可以免除赋税。因此，许多富裕农户常与之订立虚假的卖地契约，将田地划归其名下，以此来逃避赋税。而地方官员为完成赋税指标，不得不将这部分赋税平摊到普通百姓身上，从而加重了百姓的负担。在征收夏秋两季的赋税时，地方官吏还每斗加征一升损耗。天成元年（926 年）四月，李嗣源继位后发布诏书，免征损耗、制定税收名目、禁止滥征捐税。对于违纪的官吏则严厉惩戒，如"供奉官丁延徽、仓官田继勋并弃市，坐擅出仓粟数百斛故也。教坊伶官敬新磨受贿，为人告，帝令御史台征还其钱而后挞之"（《旧五代史·唐书十四·明宗纪四》）。

第二，减免赋役。由于朝政混乱，诸道州府累计欠租税二百余万贯。天成二年（927 年）十月，明宗采纳安重海的奏请，诏："诸道州府，自同光三年已前所欠秋夏税租，并主持务局败阙课利，并沿河舟船折欠，天成元年残欠夏税，并特与除放。"长兴三年（932 年）十二月，"幸龙门，观修伊水石堰，赐丁夫酒食。后数日，有司奏：'丁夫役限十五日已满，请更役五日。'帝答曰：'不唯时寒，且不可失信于小民。'即止其役"（《旧五代史·唐书十四·明宗纪四》）。

第三，开放工商。首先是开放曲禁、铁禁。当时，酒曲和铁器都由国家专营垄断，百姓需向官府购买，不许私下制造。明宗于天成三年（928 年）开放酒禁，允许百姓制曲造酒。长兴二年（931 年），他下令诸道均平民间田税，又准许百姓民间自铸农具及杂铁器；每田二亩，夏秋只纳农具钱三文。这样，就撤除了国家对盐铁、造酒的专营垄断。他同时命各道节度使、防御使等不得阻挠留难商旅。他还对高利贷行为进行限制，规定，"应私债出利已经倍者，只许微本；已经两倍者，本利并放"（《旧五代史·唐明宗纪》）。

3. 后周：太祖改革

自唐末五代以来，由于藩镇割据，军阀混战，导致土地荒芜，水利失修，百姓流离失所，西起关中，东至青、齐，南及荆、襄，北亘卫、渭的北方地区，甚至出现"人烟断绝，荆棒蔽野""饥民相杀而食"的惨痛局面。951 年，出身低微的武人郭威取代后汉建立后周。后周政权的当务之急就是恢复生产，安定人民生活，缓和社会矛盾。为此，周太祖实行了大刀阔斧的改革，使得中国历史出现转机。

第一，土地改革。由于战乱不息，人口流亡，中原广大地区出现大片荒芜土地。政府募人耕种，量收租利，是为营田。"唐末，中原宿兵，所在皆置营田以耕旷土；其后又募高货户使输课佃之，户部别置官司总领，不隶州县，或丁无多役，或容庇奸盗，州县不能诘"。（《资治通鉴》卷二百九十《后周纪二》）"东南郡邑各有租牛课户，往因梁太祖渡淮，军士掠民牛以千万计，梁太祖尽给与诸州民，输租课，自是六十余载，时移代改，牛租犹在，百姓苦之。"（《旧五代史·周书·太祖纪》）广顺三年（953 年）春正月，太祖发布敕令：“诸道州府系属户部营田及租税课利等，除京兆府庄宅务、赡国军榷盐务、两京行从庄外，其余并割属州县，所征租税课利，官中只管旧额，其职员节级一切停废。应有客户元佃系省庄田、桑土、舍宇，便赐逐户，充为永业，仍仰县司给与凭由。应诸处元属营田户部院及系县人户所纳租中课利，起今年后并与除放。所有见牛犊并赐本户，官中永不收系。”（《旧五代史·周书·太祖纪》）这就是罢营田除牛租，自从唐文宗以来，存在了一百多年的营田务至此废止，牛租也一并废除，而营田土地转化成自耕农土地。同年，太祖又采取了另一项措施，即将系官田分给农民作为永业田。当时，由于长期战乱产生大量系官田产，有人建议将这批田产出售以充实政府财政。而太祖坚持把系官田分配给佃农，说：“苟利于民，与资国何异？”于是颁诏：“以天下系官左田仅万计，悉以赐见佃户充永业”。以上两项土地改革措施产生了大批新的自耕农，极大地刺激了农民的生产积极性，史载：“是岁出户三万余，要百姓既得为永业，此户欣然，于是葺屋植树，敢致功力”。（《旧五代史·周书·太祖纪》）社会经济渐现复苏迹象。

第二，减轻赋税。后梁至后汉各朝，统治者在奢靡消费和兼并战争压力之下，不断地巧立名目，与民争利，增加赋税，搜刮民众。周太祖认为，“利在于民，犹在国也”，一方面提倡节俭，减少消费支出，另一方面采取措施改变赋税厚敛积习。（1）禁罢斗余、称耗。广顺元年（951 年）春正月下诏，“天下仓场，库务，宜令节度使专切铃辖，掌纳官吏一依省条指挥，不得别纳斗余、称耗，旧来所进羡余物色，今后一切停罢”（《旧五代史·周书·太祖纪》）。这就禁绝了以“斗余”“称耗”为由头的榨取方式。（2）减轻盐税。五代时期经济凋敝，盐税成为国家的主要赋税来源，因而各朝政府不断提高盐税，到后晋时“过税每斤七文，往税每斤十文”，后汉时，青盐每石抽钱一千，盐一斗。同时，私盐之禁也日益严酷。为改变这一状况，周太祖于广顺二年（952 年）诏令，“今后每青盐一石，依旧抽税钱八百文，以八十五为陌，盐一斗；白盐一石，抽税钱五百，盐五升。此外更不得别有邀求。访闻边上镇铺，于蕃汉户市易枭荼，衷私有抽税，今后一切止绝”（《旧五代史·食货志》）。这样，就把盐税恢复到唐时数目，使人民的负担相对减轻。与此同时，对于犯禁行为的处罚也有所减轻。如后汉时“犯私盐、曲，无问多少抵死”，太祖规定“犯盐、曲者以斤两刑有差”，具体为：“诸色犯盐曲，所犯一斤已下至一两，杖八十，配役；五斤以下一斤以上，徒三年，配役；五斤以上，并决重杖一顿，处死。”（《旧五代史·食货志》）（3）降低牛皮税。五代时牛皮税是杂税的主要税目，成为农民的一项沉重负担。初始禁止农民私自买卖牛皮，令输给官府计价。到后晋天福中期，变为无偿交纳。广顺二年太祖更改旧法，规定：“应天下所纳牛皮，今将逐所纳数，三分内减二分，其一分于人户苗亩上配定。每秋夏苗共十顷纳连角皮一张，其黄牛纳干筋四两，水牛半斤，犊子皮不在纳限。牛马驴骡皮筋角，今后官中更不禁断，只不得将出化外敌境。"（《旧五代史·周书·太祖纪》）。这项改革把牛皮税移入田亩之中，一定程度上减轻下层贫困农民的负担。（4）均定税赋。均定税赋。在太祖赋税改革基础上，周世宗进一步采取措施，"念稼穑之忧，罢非理之差徭，去无名之侵耗"。他亲自制定垦田方案，"周显德三年十月，宣三司指挥诸道州府，今后夏税，以六月一日起征，秋税至十月一日起征，永为定制。五年七月，赐诸道《均田图》。十月，命左散骑常侍艾颖等三十四人，下诸州检定民租。六年春，诸道使臣回，总计检到户二百三十万九千八百一十二"（《旧五代史·食货志》）。

第三，发展经济。在当时社会动荡、田地荒芜、百姓流离的情况下，周世宗在经济政策上，坚持"民本"原则，首先解决了安辑流民的问题，鼓励百姓耕种荒地，招诱逃户回到家乡耕产。世宗显德二年（955年）二月帝曰："自古厚农宝？故家给人足近世以来俗尚轻巧。若使耕稼者有利游惰者无归则自然仓廪实衣食足浇浮之风当自息矣。宜令遍示天下厚农桑薄伎巧优力田之夫禁末游之辈以称朕意焉。"（《册府元龟·帝王部·务农》）他积极采取措施，收赎大批流民，使他们复归农亩，借以增加国家收入。其次，在发展农业生产的同时，周太祖还整顿了官营手工业。"先是，诸道州府，各有作院，每月课造军器，逐季搬送京师进纳。其逐州每年占留系省钱帛不少，谓之'甲料'，仍更于部内广配土产物，征敛数倍，民甚苦之。除上供军器外，节度使、刺史又私造器甲，以进贡为名，功费又倍，悉取之于民。帝以诸州器甲造作不精，兼占留属省物用过当，乃令罢之。仍选择诸道作工，赴京作坊，以备役使。"（《旧五代史·周书·太祖本纪》）从此，中央的军器作坊得到了改进，器甲制作逐渐好转，而且也减轻了人民的负担。另外，其后继者世宗柴荣在即位的第二年，废天下佛寺三千三百三十六。是时中国乏钱，乃诏悉毁天下铜佛像以铸钱，尝曰："吾闻佛说以身世为妄，而以利人为急，使其真身尚在，苟利于世，犹欲割截，况此铜像，岂其所惜哉？"（《旧五代史·周书·世宗本纪》）世宗还废除了曲阜孔氏的免税特权。废佛之举增加了国家赋税人口，有利于经济社会的发展。

第四，倡导朴素之风。周太祖出身贫寒之家，深知民间疾苦。广顺元年（951年）正月，后周太祖刚一即位，便诏罢四方贡献珍美食物，说："所奉止于朕躬，所损被于甿庶。"他对宰相王峻说："朕起于寒微，备尝艰苦，遭时丧乱，一旦为帝王，岂敢厚自奉养以病下民乎！"（《资治通鉴·后周纪一》）为减少皇家浪费，旋又下制令："应乘舆服御之物，不得过为华饰，宫闱器用，务从朴素，大官常膳，一切减损。诸道所有进奉，以助军国之费，其珍巧纤华及奇禽异兽鹰犬之类，不得辄有献贡，诸无用之物、不急之务，并宜停罢。帝王之道，德化为先，崇饰虚名，

朕所不取，苟致治之未洽，虽多端以奚为！今后诸道所有祥瑞，不得辄有奏献。"（《旧五代史·周书·太祖本纪》）

太祖郭威仅仅在位三年，利用个人权威强力推行改革，取得显著成果。其改革成果为其后继者世宗柴荣所继承并进一步推进。显德二年（955年）始，世宗柴荣采用王朴提出的"先易后难"的战略方针，致力于统一全国的大业，征服了大部分领土，但于显德六年（959年）病卒。后周两代君主的改革一共持续了近十年，为北宋统一全国和进一步的经济社会变革奠定了基础。

第二节　经济转型

一、田制变革

1. 均田崩坏

从北魏开始直到唐前期，中国一直实行均田制。均田制的本质是国家掌握土地的初始产权，通过国家分配的方式将国有土地分给地主和农户，在此基础上建立国家赋役制度，即收取租庸调。当时的具体情况是，经历长期战乱，人口稀少，存在大片的无主土地。国家希望通过均田，使无主土地得到耕种，特别是要将劳动力稳定在土地上。事实上，地广人稀是魏晋南北朝以来的基本状况，均田制正是在这种特殊的背景下实施的。但是，随着经济的恢复和人口的增加，国家逐渐可供均田的土地也随之减少。这种情况到唐代就已经开始显现了。例如，在唐太宗贞观年间（627—640年）全国户数不满300万户，到唐玄宗天宝十四载（755年），全国户数增至819余万户。农户增加近两倍，但耕地却不可能同时倍增，所以均田制无法继续实行，只能到此为止。

在均田制度下，大多数农户都得到了土地，一度造成自耕农的黄金发展。但是，随着国家赋税的增加，农民负担的加重，不得不弃地逃亡，导致"逃户"不断增加。事实上，即使在所谓"贞观之治"时期，农民的赋役负担也十分沉重，尤其是随着战事频仍而不断增加的徭役征发，严重打乱了农时农事，破坏了经济社会稳定。贞观十三年（639年），魏徵上疏说："顷年以来，疲于徭役，关中之人，劳弊尤甚。杂匠之徒，下日悉留和雇；正兵之辈，上番多别驱使；和市之物，不绝于乡间；递送之夫，相继于道路。"（《贞观政要·论慎终》）特别是当时河西地区战事不断，"兵役粮运，飞刍挽粟，十室九空，数郡萧然，五年不复"。（《贞观政要·议安边》）到武周时期，农民破产逃亡现象已十分严重，凤阁舍人韦嗣立曾说：

"今天下户口，亡逃过半，租调既减，国用不足。理人之急，尤切于兹。"（《旧唐书·韦嗣立传》）开元九年（721 年），唐玄宗命宇文融检括逃户和籍外田，同时规定，凡逃户自首，可在当地落户免除 6 年的租调和徭役。这项措施收到一定效果，到开元十二年得户 80 余万，得钱数百万贯，暂时缓解了财政困局。但是，国家赋役制度并未改变，地主兼并土地的趋势并未改变，因而，也就不能改变农民破产逃亡的局面。

均田农户破产的另一面是官僚地主的土地兼并。均田制度并非真正实现土地的平均占有，在均田实施过程中，官僚地主可占有数倍于农民的土地，特别是可以依据拥有的奴婢和耕牛数量更多地占有土地。这从一开始就造成土地占有的不均等。另外，对于土地买卖的限制也较以前各朝为宽。这就为土地兼并留下了很大余地。而当农民在沉重的赋税和徭役压迫下，特别是在遭遇天灾人祸的情况下不得不出卖土地时，土地兼并就愈演愈烈。尽管唐朝政府多次下诏禁止土地买卖以抑制土地兼并，但事实上土地兼并趋势已经不可阻挡。唐玄宗开元二十三年（735 年）九月敕："天下百姓口分永业田，频有处分，不准买卖典贴。如闻尚未能断，贫人失业，豪富兼并，宜更申明处分，切令禁止。若有违犯，科违敕罪。"（《册府元龟·邦计部·田制》）天宝十一载（752 年）十一月诏曰："如闻王公百官及富豪之家，比置庄田，恣行吞并，莫惧章程。借荒者皆有熟田，因之侵夺，置牧者唯指山谷，不限多少。爰及口分永业，违法卖买，或改籍书，或云：典贴致令百姓无处安置，乃别停客户，使其佃食，既夺居人之业，实生浮惰之端，远近皆然，因循亦久。"（《册府元龟·邦计部·田制》）类似这种土地买卖禁令在开元时期曾经多次颁布。但三令五申的禁止，更表明土地兼并的流行。此外，唐代佛教极盛，寺院经济发达，僧侣地主也扩充田产，兼并土地。及至唐代宗时，"凡京畿之丰田美利，多归寺观，吏不能制"（《旧唐书·王缙列传》）。于是，广大农民成为土地兼并的主要对象，日益陷入失去土地、贫困和破产的境地。

安史之乱之后，一切有关国家田制的典章制度均无法贯彻实施，均田制名存实亡，租庸调制度基本失效，国家财政也因而陷入危机。唐德宗建中元年（780 年），改行两税法，租庸调制随之废除，均田制也宣告最终瓦解。至此，自北魏孝文帝创建均田制以来，历经东魏、西魏、北齐、北周以至隋唐，共约三个世纪之久的均田制退出历史舞台，中国土地制度进入一个新的阶段。

2. 土地买卖

在均田制下，从原则上说土地属国家所有，不能随便买卖。根据规定，均田所获得的土地，除永业田外是要死后交还国家的，而国家根据土地和人口变化，将这些土地进行重新分配。这样做的目的是为了保证土地占有的相对均等。但是，随着人们对所占有土地的投入不断增加，加上其他各种客观因素，使这种"定期重分"

制度越来越无法实施，口分田也逐渐转为永业田，土地占有的时间延长，逐渐转变为实际上的长期占有。均田制下，土地在占有者之间的分布是分散的。这是因为实施均田要考虑原有土地的占有的实际状况，即承认原地主的土地为永业田，而只有无主土地才可以重新分配。这种土地分布的零散化影响土地利用。所以，既然土地占有已成为事实上的长期占有，那么就必然产生土地流转的需要。在土地重分不再实行以后，土地流转的方式就只能是土地买卖。

均田制限制土地买卖，但并非完全禁绝，特别是唐代的均田制度对土地买卖留下很大缺口。唐代均田制度规定：首先，永业田作为农户的私有土地是允许买卖的，但是有一些条件限制。如令文规定，"凡庶人徙乡及贫无以葬者，得卖世业田。自狭乡而徙宽乡者，得并卖口分田。凡庶人徙乡及贫无以葬者，得卖世业田"（《新唐书·食货志》）；"自狭乡而徙宽乡者，得并卖口分"；"诸田不得贴赁及质，若从远役外任无人守业者，听贴赁及质。官人守业田、赐田欲卖及贴赁者，不在禁限。诸给口分田，务从便近，不得隔越"（《文献通考·田赋考二》）。其次，经营商业的地主如果"卖充田宅、邸店、碾硙，虽非乐迁，亦听卖易"（《通典·食货二》）。另外，"官人永业田及赐田欲卖及贴赁者，不在禁限"（《册府元龟·邦计部·田制》）。既然没有完全禁止，土地买卖就必然发生。当然，在均田制实施初期，因为大多数农户都得到了土地，无地和少地的农户较少，所以土地买卖较少发生。随着农户的分化，土地在农户之间的流转就逐渐增加起来。先是买卖永业田，以后，买卖露田的现象也出现了。

土地买卖为土地兼并创造了条件。天宝十一载（752年）玄宗《禁官夺百姓口分永业田诏》曰：

> 其王公百官勋荫等家，应置庄田，不得逾于式令。仍更从宽典，务使宏通。其有同籍周期以上亲俱有勋荫者，每人占地顷亩，任其累计。某荫外有馀，如旧是无勋荫地合卖者，先用钱买得，不可官收，限敕到百日内，容其转卖。其先不合荫，又荫外请射兼借荒，及无马置牧地之内，并从合荫者，并不在占限，官还主。其口分永业地先合买卖。若有主来理者，其地虽经除附，不限载月近远，宜并却还。至于价值准格并不合酬备，既缘先已用钱，审勘责其有契验可凭，特宜官为出钱，还其买人。其地若无主论理，不须收夺，庶使人皆撝实，地悉无遗，百姓知复于田畴，荫家不失其价值。（《全唐文·禁官夺百姓口分永业田诏》）

这就是说，人们用钱买得的土地，即使超过合法的私有土地数量，也"不可官收"，而是"容其转卖"。可见，土地经过买卖过程，事实上已经转变为私有土地了。

当然，最初的土地私有只是事实上的，大多并没有正式得到法律的承认。安史之乱后，随着土地买卖的广泛发生，国家开始规范土地买卖契约。唐宪宗元和十四年（819 年）敕："如闻诸道州府长吏等，或有本任得替后，遂于当处买百姓庄园舍宅。或因替代情弊，便破定正额两税，不出差科。今后有此色，并勒依元额为定。"（《册府元龟·帝王部·革弊第二》）这道敕令实际上是承认官吏所购买的土地，只要按原额交纳赋税，即为私有。而普通百姓的土地买卖，"须经所部官司申牒"，"无文牒辄卖买，财没不追；地还本主"。（《册府元龟·邦计部·田制》）允许通过订立契约的形式买卖土地，事实上是承认了土地买卖的合法和土地私有的存在。

唐政府限制土地买卖和抑制土地兼并，尽管有保护农民利益的意义，但更重要的还是为了保证政府的租庸调收入。唐中叶以后，均田制崩坏已不可恢复，租庸调制也无法实行，政府不得不转行两税法。在这种新的制度下，国家的注意力转移到据地而税，即谁耕种土地就由谁纳税。在这种情况下，对土地的买卖即土地所有权的转移，没必要做过多的干预，基本上是"人从私契"，即国家承认并保护私契在土地买卖中的合法性。可见，从唐代后期开始，以土地和房宅等为主的不动产可以进行自由买卖和质典。

3. 租佃关系

安史之乱后，土地大片荒芜，尽管部分逃户回归田园，但仍有相当部分土地已成绝户。在这种情况下，一方面，政府采取鼓励耕种逃户土地的政策，同时将绝户土地收归国有，并租给农户耕种。另一方面，不少官僚地主乘机占有逃户土地，扩大自己的私有田庄，使大地产又一次兴盛起来。这就导致土地关系的又一次重大调整。

在长期的战乱中，大批农户逃亡，产生大量荒地。为恢复生产和政府税赋，政府采取措施鼓励开荒，鼓励逃户归业，鼓励无地、少地农民请射、耕种逃户田。对于逃户土地，唐肃宗乾元三年（760 年）四月敕："应有逃户田宅并须官为租赁，取其价值，以充租课。逃人归复，宜并却还。"（《文献通考·户口考》）唐代宗广德二年（764 年）与大历元年（766 年）诏敕规定："浮客情愿编附请射逃人物业……如二年以上，种植家业成者，虽本主到不在却还限"，逃户若复业，"委本州县取逃、死户田宅，量丁口充给"。（《文献通考·户口考》）宝历年间（825—826 年），唐敬宗诏令各地优恤客户，"给与闲地，二周年不得差遣"（《册府元龟·邦计部·户籍迁徙》）。唐武宗会昌元年（841 年），诏令将逃户田业"租佃与人，勿令荒废，据所得与纳户内征税，有余即官为收贮，待归还给付"；同时又规定"自今以后，二年不归复者，即仰县司召人给付承佃，仍给公验，任为永业"。

（《册府元龟·邦计部·田制》）大中三年（849年）宣宗诏令："如百姓能耕垦种莳，五年内不加赋税。五年已后重定户籍，便任为永业。"（《旧唐书·宣宗本纪》）五代时南方诸国也都致力于招集流散，垦辟荒闲土地。如南唐升平三年（939年）即先后诏令"民有向风来归者，授之田土，仍给复三岁"，"每丁垦田及八十亩者，赐钱两万，皆五年勿收租税"。（《南唐书·烈祖本纪》）可见，政府承认农民开垦荒地的合法占有权，在一定时期后"任为永业"，而对逃户土地，既要保护原有地主的土地产权，也要承认耕种者的权益。但总的看来是承认土地的私有性质。

地方政府设法利用闲置土地，将无主土地作为公田出租给农户收取租课。如德宗朝（780—805年）韶州刺史徐申"按公田之废者，募人假牛犁垦发，以所收半畀之"（《旧唐书·徐申传》）。后来，政府将无主荒地与没官田、绝户田等作为营田管理，招募浮客耕种。后周政府规定"应有客户元佃系省庄田、桑土、舍宇，便令充为永业，自立户名"（《五代会要·户部》），从而使原佃种营田的佃户获得部分土地所有权。此后，政府还进一步采取出卖公田的办法将公田私有化。

战乱造成大量无主荒地，这给大官僚地主扩大土地占有创造了条件。他们乘机圈占土地，建立自己的私人田庄。到两税法实行和均田制彻底废除以后，土地买卖和土地兼并不再受任何限制，从而迅速盛行起来，大官僚地主，包括原有的世族地主、新兴的贵族地主和商人地主，都起来扩大自己的地产，从而导致大地产制度的疯狂回潮。陆贽指出："今制度弛紊，疆理隳坏，恣人相吞，无复畔限，富者兼地数万亩，贫者无容足之居。"（《陆宣公集·均节赋税恤百姓》）

地主的大地产通常采取田庄方式经营，即把一片片相连的土地组成田庄，或自营把土地出租给佃户，收取实物地租。这种地产形式早在唐前期就已存在，唐中期时已很盛行，到唐代中后期一度出现新的高潮。魏晋南北朝时期的大地产经营，主要依靠的是奴婢和雇工的集中劳动。唐中期以后的田庄经营，也有一部分采取类似的方式，即驱使奴婢、僮仆等耕作。但是，随着商品货币关系的发展，社会发展的基本趋势是人身依附关系的松弛，特别是经过隋唐数百年的和平发展，奴婢劳动制度已经难以持续。因此，中唐以后大地主的地产经营不得不采取租佃方式，出租给农民耕作。耕种庄田的佃农都是失去土地的破产农民，"他们依托豪强，以为私属，贷其种粮，赁其田庐，终年服劳，无日休息。馨输所借，常患不充。有田之家，坐食租税"（《陆宣公集·均节赋税恤百姓》）。佃农所要承担的地租，在私庄每亩须交一石或五斗，而在官庄也要每亩租粟三斗、草三束、脚钱120文。可见私庄剥削重于官庄，但因私庄客受庄园主隐庇，可免去封建国家的差徭杂役等，故破产农民还是多数依附于私庄。

在敦煌吐鲁番文书中，保留有敦煌地区晚唐五代至宋初的租地契，时间为829

年至 985 年左右。从这些文书来看，契约条款已较完备，不仅包括双方的权利与义务，还规定双方违约要认罚或赔偿损失，以及契约执行过程中的某些细节。这些租佃契约不仅有地主与农民之间的契约，还有农民与农民之间的契约，由此可见契约租佃关系的普遍性。① 随着社会上契约租佃关系的普遍化，私人田庄上的租佃关系也自然发生变化，转为契约租佃关系。官僚地主对农民的非经济性强制也渐渐减少。到北宋时期，政府法令规定客户在契约期满后可以"起移"，标志着这种强制关系的最终废除。

二、市场复兴

1. 商业政策

从秦商鞅变法开始，中国一直实行重农抑商政策，尽管各朝的个别时期有所松动，但直到唐朝还有工商之家不得预于士的规定。这种政策在武则天执政期间开始有所变化。武则天是大商人之女，称帝后在一定程度上改变了国家的抑商政策，使一些贱商法令大多成为具文，商人阶层在政治上有了一定的地位。晚唐时集权制度出现颓势，朝纲混乱，对商人的约束自然更加松弛，不少商人子弟通过科举转变身份，进入官僚统治阶级甚至利用宫中势力参与党争。如代表庶族地主和商人利益的牛僧孺被讥为"行如市人"（《新唐书·牛僧孺传》），而作为没落世族贵族代表的李德裕则说"货殖厚者，可以回天机，斡河岳，使左右贵幸，役当世奸人"（《全唐文·货殖论》）。五代时进入大争之世，各个政权为了自己的存续和发展，无不唯利是图，商人也自然成为各方面争取和利用的对象。另外，有的统治者出身卑微，对商人本无歧视，甚至任用商人为官，或实行某些惠商政策。如后汉乾祐三年（950 年），郭威为邺都留守时，一度重用商人李彦颋，"置之左右，及即位，历绫锦副使、榷易使"，后又为沧州兵马留后。（《旧五代史·李彦颋传》）这类事例在五代十国时并不少见。由此可以看出，由于商人阶层的扩大，经济实力的增强，其社会地位亦有很大提高。

导致晚唐和五代商业政策转变的还有很多客观的原因，这就是商税不断扩大并在政府收入中占据越来越大的比重。唐代政府对商人实行轻税政策。有诗曰："小儿贩盐卤，不入州县征"（元稹：《估客乐》）；"官家不税商，税农服作苦"（姚合：《庄居野行》）；"行止皆有乐，关梁自无征"（刘禹锡：《贾客词》）。这是因为，唐代政府素来将财政收入的重点放在农民和土地上，而对商税重视不够，反过来讲，也正是由于对商税的忽视为商业发展留下了空间，从而导致了商业的繁荣。但是唐中期以后，一方面，租庸调制度瓦解，倚重于土地的赋税制度使政府财政捉

---

① 参见霍存福、武航宇：《敦煌租佃契约与古罗马租契的比较研究》，《法学家》2005 年第 1 期。

襟见肘；另一方面，由于商业的发展，商税在财政收入中所占的比重大大提高。这样，商税越来越受到政府的重视。当时，市场交易有每贯五十的除陌钱，关津渡口有通过税，茶商有"搨地钱""剩茶钱"等。政府不仅不断增加商税，还经常向商人借贷，有时还强行向商人出售各种空头名号或官衔、爵秩等。《新唐书·食货志》：

> 肃宗即位，遣御史郑叔清等籍江淮、蜀汉富商右族訾畜，十收其二，谓之率贷。诸道亦税商贾以赡军，钱一千者有税。于是北海郡录事参军第五琦以钱谷得见，请于江淮置租庸使，吴盐、蜀麻、铜冶皆有税，市轻货鬻江陵、襄阳、上津路转至凤翔。明年，郑叔清与宰相裴冕建议，以天下用度不充，诸道得召人纳钱，给空名告身，授官勋邑号；度道士僧尼不可胜计；纳钱百千，赐明经出身；商贾助军者，给复。

但总的来说，直到唐德宗建中元年（780年）实行两税法时，各种商税仍远低于农业税负。[1]

商人实力的增加也使政府不能轻视商人。德宗时期朝廷征敛商人，从长安两市取"僦柜纳质钱及粟麦粜于市者，四取其一"（《新唐书·食货志》），所获在二百万贯左右。"京辇自黄巢退后，修葺残毁之处。时定州王氏有一儿，俗号王酒胡，居于上都，巨富，纳钱三十万贯，助修朱雀门。"僖宗诏令重修安国寺毕，乃扣新钟十撞，舍钱一万贯，曰："有能舍一千贯文者，即打一槌。"（《太平广记·杂录七·王氏子》）王酒胡半醉入来，径上钟楼，连打一百下，便于西市运钱十万入寺。这两项之和达40万贯，几乎相当于唐政府一年的茶税。晚唐扶风窦乂极善治生，所经营无不盈利，年老时拥有"其余千产业，街西诸大市各千余贯"（《太平广记·治生·窦乂》）。这就使政府不能轻视商人的存在和地位。特别是在朝廷财政困难的时候，自然首先想到的就是商人，特别是那些富商巨贾，往往成为重要的财源亦即征敛对象。如僖宗乾符五年（878年）四月，"以东都军储不足，贷商旅富人钱谷以供数月之费，仍赐空名殿中侍御史告身五通，监察御史告身十通，有能出家财助国稍多者赐之"（《资治通鉴·唐纪六十九》）。

除了商人子弟可以参加考试和入仕为官外，政府还为商人进入政坛提供了其他机会。中宗时，出现过大量不按正式途径入仕的"斜封官"，其中就有不少商人。如洛阳商人赵仁奖，"得贩于殖业坊王戎墓北，善歌《黄獐》，与宦官有旧。因所托附，景龙中，乃负薪诣阙，遂得召见。云：'负薪助国家调鼎。'即日台拜焉。睿宗朝，左授上蔡丞。"（《太平广记》卷二百五十九《嗤鄙二·赵仁奖》）不过，

① 参见张泽咸：《唐五代赋役史草》，中华书局1986年版，第190—191页。

此时商人捐官大多为虚职。到了中晚唐这种情况有了变化。如长安两市巨商子弟有一些是在京洛和地方做官，由于太尉李晟的帮助，"各置诸道膏腴之地重职"（《太平广记·治生（贪附）》）。江陵有郭七郎者，其家资产甚殷，乃楚城富民之首。"是时唐季，朝政多邪，生乃输数百万于鬻爵者门，以白丁易得横州刺史。"（《太平广记·杂录七·郭使君》）可见当时商人不仅为官甚至可以任要职。五代时商人势力和地位更有提高。楚王"听人入财拜官，以财多少为官高卑之差。富商大贾，布在列位"（《资治通鉴·后晋纪四》）。吴越时内都监使杜昭达和明州刺史阚璠"皆好货。钱塘富人程昭悦以货结二人，得侍弘佐左右。昭悦为人狡佞，王悦之，宠待逾于旧将"（《资治通鉴·后晋纪六》）。

商人地位的提高还可以通过官员经商得以证明。商人传统上受到轻视，官僚和士人不屑于从事商业活动。但到了中唐以后，这种观念大大改变。一方面，商人经商不仅可以致富甚至可以致仕，这就改变了人们对商人的看法；另一方面，官僚和士人也看到了经商以获取财富的途径，将财富观念从土地向商品货币转移。因此，中唐以后有不少官僚士人从事商业活动。但是，他们从事商业活动的特点是利用自己的职务便利和政治权力。如"诸道节度观察使以广陵当南北大冲，百货所集，多以军储货贩。列置邸肆，名托军用，实私其利息"（《唐会要·市》）。尽管这种以官经商、中饱私囊的行为受到中央政府的禁止，但却难以禁绝，到了晚唐时期甚至流行起来。南楚马殷曾"自京师至襄、唐、郢、复等州置邸务以卖茶，其利十倍"，"又令民自造茶以通商旅，而收其算，岁入万计"，称"于中原卖茶之利，岁百万计"。（《新五代史·楚世家》）南吴徐知谔镇润州时，"作列肆于牙城西，躬自贸易"（《资治通鉴·后唐纪八》）。

2. 商品关系

随着唐代和平稳定的发展，特别是经过贞观之治和开元盛世，以农业为主的社会经济有很大的发展和进步。这是商品经济发展的基础性原因。因为农业经济的发展，特别是农业生产率的提高，必然产生剩余农产品和剩余劳动力，而这种剩余农产品和剩余劳动力必然通过交换和转移才能实现生产的平衡发展。另外，均田制衰落加速了传统体制的解体，两税法的实行加速了生产要素的流动，这都为商品经济发展创造了有利条件，从而促进了中唐以后直到五代的商品经济繁荣。

第一，进入流通的产品增加了。租庸调制度下，农民的剩余产品作为租调上交了国家，不可能经过市场和交换。两税法规定户税部分要折成货币缴纳。这就迫使农民的剩余产品必须经过市场交换成为货币，从而扩大了商品流通范围，也加速了货币经济的发展。另外，唐政府实行和籴制度，官府所需要的物资一律通过市场获得，按市场价格进行买卖。这样，就将传统的以无偿获取为特征的土贡制度，转变成一种市场交换行为。这种转变在唐初就开始了，如唐贞观时在京师已经设有许多和籴专官。尽管官民之间的交易在很多情况下，并不能实现完全的市场公平，但毕竟已经不是无偿攫取了。安史之乱后，政府财政困难，刘晏将和籴制度推而广之，"斡山海，排商贾，制万物低昂，常操天下赢赀，以佐军兴"（《新唐书·刘晏传》）。为此，他在"诸道各置知院官，每旬月，具州县雨雪丰歉之状白使司，丰则贵籴，歉则贱粜，或以谷易杂货供官用，及于丰处卖之"（《资治通鉴·唐纪四十二》）。刘晏的和籴法主要运用在粮食上，这就大大提高了农产品的商品率。

第二，货币使用范围扩大了。唐代的货币制度特点是布帛货币和金属货币并行，这决定了当时的财富形式为实物和钱币两种。随着商品货币经济的发展，财富形式发生变化，具体体现为人们积累财富由"积粟"和"积绢"转变为"积钱"。如天宝年间邺城富户王叟以积粟称富，拥有庄宅可以容纳200余户，家中"积粟近至万斛"（《太平广记·廉俭（吝啬附）》）。天宝以后情况变化，民间交易时仍然经常使用绢布，但是巨商的财产越来越多地以钱币衡量。如"永贞年，东市百姓王布，知书，藏镪千万，商旅多宾之"（《酉阳杂俎·天咫》）。可见，人们的财富观念已经从实物转变为货币。由于币材缺乏导致钱币不足，使得货币成为更好的保值升值的财富形式，所以，人们从原来的"积粟"和"积绢"转变为更倾向于积钱。由于币材缺乏和钱币不足，导致飞钱的出现。元和七年（812年），唐宪宗下令，飞钱事务统由朝廷的户部、度支、盐铁三司统一会办。唐代后期，长安、扬州等商业发达城市中，豪商巨贾为便利货币的存取，已出现了许多专营钱币存取与贷出的金融机构柜坊，官吏豪商在柜坊中存钱，少则数万贯，多则至数百万贯。飞钱和柜坊的出现，在一定程度上缓解了钱币的不足，方便了流通，也促进了商品经济的发展。

第三，劳动力作为商品出现了。早在秦汉就出现"庸工"现象，尽管不普遍但一直存在着。唐代的民间雇佣劳动已得到长足发展。到了中唐以后，一方面，均田制瓦解，土地兼并严重，失去土地的农民，如果不能租种地主土地成为佃客的话，就只能为人佣工。另一方面，两税法实施以后，将各种强制劳役改为募役，农民可以以钱代役，府兵制改为募兵制，农民的兵役负担可以通过缴纳钱币而得到部分解除。这样，农民们获得了自由支配自己劳动力的空间，从而促进了雇工的发展。另外，政府实行的和雇制度，也扩大了雇佣劳动范围。和雇亦称"募匠"。这种"募匠"首先出现于官营工场，即出钱雇用的明资匠。以后，"募匠"得以推广，其他政府劳役也采用和雇方式。天宝二年（743年）政府筑兴庆宫墙，"和雇京城丁户一万三千人"（《旧唐书·玄宗本纪》）。中唐以后，刘晏将和雇制度推而广之，把通常的"发男丁""劳郡县"以义务运送的转运事务，改变为出资雇佣船工水手运送。在他管辖的其他范围内也尽可能地采用和雇，连官炉铸钱、造船等需要的劳役也采用和雇方式。（《新唐书·食货志》）当时，和雇成为唐代官府使用民力劳动的一种主要方式。

第四，土地作为商品进入了流通领域。均田制瓦解后，土地买卖逐渐流行，土地作为最重要的生产要素进入市场，是商品经济发展的一个重要标志。中唐以前，政府实行均田制度，尽管土地买卖受到一定限制，但土地作为生产要素仍可以进入流通，通过买卖的方式流转。均田制逐渐崩溃之后，土地买卖逐渐流行起来。此时的土地买卖，已经与过去世族地主依靠超经济强制兼并土地有所不同，大量土地买卖是在平等主体之间进行的，政府还对这种买卖行为进行规范，通过契约来实行。这样就提高了土地的商品性质。而到了宋代，土地流转十分迅速，竟出现"千年地八百主"的情况，并且形成了比较规范的土地市场。

三、商业城市兴起

汉唐城市基本上是郡县城市，是作为政治统治中心而存在和发展的。一方面，这类城市基本上都是郡县治所，驻有官吏和军队；另一方面，城市管理主要是方便官吏和军民生活，对市场管理有严格规定。但是唐中叶以后，城市的性质和职能发生了很大的变化，即由郡县城市发展为多元城市，特别是出现了一批由商业而兴，以商业为主的城市。

1. 商业兴市

唐代中期以前的城市，有着严格的政治等级体系，不同等级的城市建设和管理也有着严格的规范，简单说来就是城市的政治地位决定着城市的等级，城市的等级决定城市的经济规模和特征。但随着工商业发展，特别是商品货币经济的发展，原有的规范制度被逐渐打破，一些地方性城市逐渐上升为全国性城市。例如，苏州和杭州都是因商而兴，唐中叶以后逐渐发展为拥有十万户居民的全国性城市，广州则因港而兴，成为全国最大的对外贸易城市。越来越多的城市因为经济地位的提高，自身的政治影响力也扩大了。这种变化既打破了原有的城市区域分工体系，也打破了原有的城市等级结构，中国城市开始从郡县城市进入工商城市的发展阶段。

唐朝政府掌握着市场的设置权和废止权。如"（中宗）景龙元年（707年）十一月敕，诸非州县之所，不得置市"（《唐会要·市》）。"宣宗大中五年（851年）八月敕，中县户满三千已上置市，令一人，史二人，不满三千户已上者并不得置市。官治要路，须置旧来交易繁者，听依三千户法置，仍申省，诸县在州郭下并置市官。"（《册府元龟·邦计部·关市》）但政府仍不能不顾人民的经济生活需要，因而对民间的自由交易场所也给予默许的开放政策。如根据农民生产生活需要而自发形成的草市，政府采取了放任政策，在某些情况下还给予支持。陈溪《彭州新置唐昌县建德草市歇马亭镇并天王院等记》记载：

以唐昌县中界接导江鄣城，东西绵远，不啻两舍，虽有村落，僻在荒塘，昔置邮亭，废毁将久，遂使行役者野食而泉饮，贸易者星往而烛归。……公恻然凝想，即日计成，遂陈于连帅，于其心而置草市，因其乡名，便以建德为号。（《全唐文》卷八百四）

草市建成之后，"百货咸集，蠢类莫遗，旗亭旅舍，翼张鳞次，榆杨相接，桑麻渐繁"（《全唐文》卷八百四）。

自中唐以后，草市作为一种新的市场形式陆续在各地出现，到五代时由于政权更迭，政令不一，对市场的规范也大为放松，草市更如雨后春笋般大批出现，特别是长江流域及其以南地区为数众多。① 这些草市的出现，突破了商品交易的法定区域范围，其中部分草市还进一步发展为集市和市镇，甚至发展成为县治所。如唐代宗时期有张桥店、观成店、清丰店，唐宪宗时期有黄台市，都是不在州县治所的比较大的市场，前三者发展为后来的永济县、观城县、清丰县，而黄台市则成为后来的鱼台县治所。②

中唐以后及至五代，商业城市主要兴起于江南，并以苏杭地区为主。白居易说："当今国用，多出江南，江南诸州，苏最为大。"（《白居易集·苏州刺史谢上表》）"杭州在唐，繁雄不及姑苏、会稽二郡，因钱氏建国始盛。"（（宋）王明清：《玉照新志》）杜牧说："今天下以江淮为国命，杭州户十万，税钱五十万。"（《全唐文》卷六百六十，杜牧：《上宰相求杭州启》）这些城市大多以商业兴市，所以都较早地突破了传统的坊市之制。湖州贞元时刺史李词开拓东郭门置闾门，"以门内空闲招辑浮客，人多依之"。元和时刺史辛秘在门前的运河上建了一座人依桥。由于水陆交通的便利，人们纷纷来这里做生意，最后"集商为市"，自发形成了一个较大规模的商品交易市场。（《嘉泰吴兴志·桥》；《浙江通志·关梁三》引《万历湖州府志》）

2. 坊市废除

唐代的城市仍保持着坊市制度，因而大多实行"宵禁"，夜间闭市。但事实上京城和其他商业发达的城市早就出现了夜市。这些规定在一些商业城市一再被打破。如苏州的夜市很早就兴盛起来，白居易有诗云："皋桥夜沽酒，灯火是谁家"（《白居易集》卷二十四《夜归》），杜荀鹤也有"夜市桥边火，春风寺外船"（《唐风集》卷一《送友游吴越》）的诗句。可见夜市是很普遍的。京城的坊市制废除较晚，夜市当然也一直被禁止。但事实上，即便是在京城，坊市制也早已无法继续下

---

① 参见张泽咸：《唐代工商业》，中国社会科学出版社1995年版，第236—242页。
② 参见岳纯之：《关于唐代市场的几个问题》，《中国社会经济史研究》2006年第1期。

去了。唐高宗时长安城商业高度发展，原有的两市已经不能满足新设店铺的需要，开始向附近的坊及其他地方延伸。这就必然突破坊市的界限，许多坊中出现了市场、店铺、作坊，并且出现了私自拆毁坊墙、临街开门的现象。随后夜市也出现了。为了安全考虑，政府则不断发布禁令来禁止，如文宗"开成五年十二月敕，京夜市宜令禁断"（《唐会要·市》）。但事实上根本无法禁止，最终不得不承认和默许。以后，"坊市街曲，侵街打墙，接檐结舍"的现象更加频繁，而坊门开闭以鼓声为准的规定也被废除了。到了唐后期，由于市坊围墙不断遭到损坏，政府又没钱修缮和重建，最终不得不废弃。这样，数百年的坊市制最后崩溃了，而坊市制度的废除，也加速了商业城市的兴起。

3. 市民生活

唐中后期，随着均田制的崩溃，大量人口溢出户籍，其中有相当一部分人涌入城市，特别是以京城长安和洛阳为主的大城市。由于皇室大兴土木，官僚贵族也不断打造宅邸，所以大量人力流入建筑行业。特别是长安附近的农民进城打短工的数量很大。那些原在京城服役或官府和雇的匠人或其他劳动者，在完成官府的任务后继续留下寻求其他工作机会。尽管最初他们没有固定的职业和居所，但即便是打工也比回乡从事农业生产所获得的回报要高。唐后期，随着城市人口的增加和商业的繁荣，长安城的餐饮业、旅店业、屠宰业、租赁业、小商品销售业、雇佣服务业、运输业、丧葬业、修理业、拾荒业等日益繁盛。这些行业起点低，市场需求大，正是适合于穷人从事并赖以生存的行业。反过来说，也正是因为这些人的从业，才使得这些产业发展和繁荣起来，并促进了城市的发展。

随着城市商业的发展和商品销售的专业化程度的提高，在一些较发达的城市出现了行肆。很多城市有专门的市场，如鱼市、橘市、药市、茶市等。市下设行，是同类商品集中进行贸易活动的场所。长安东西市中，有铁行、肉行、大衣行、鞭辔行、秤行、绢行、药行、金银行等。京城发达的市场内部，已经有了邸店行肆的区别。"邸"相当于仓房或者货栈，店就是店面，行肆则是售货摊，从四面八方赶来的购货者常常寄居"邸店"中。随后还出现了专业的旅店，以供商旅居住。另外，以手工业为主的各种小作坊逐渐兴起，它们有组织地按类别聚集于坊间，亦称为"行"。行也是一种组织，一方面作为商人和手工业者自己的组织，另一方面也成了政府管理的延伸。官方需要什么物品或者需要什么服务，都直接找行会，要求行会免费提供，行会按照官方的需求一一分派到每个个体头上。以后，行会的工作内容越来越多，比如协调内部纷争，平衡各方利益；抱团取暖，一起跟政府谈判，讲条件；跟对手谈判，形成某种意义上的垄断，为自己谋取更大利益。

第三节　社会转型

一、世族经济的衰亡

世族地主阶级生成于东汉，到魏晋南北朝发展到鼎盛，隋唐则基本衰落。世族的衰落首先是世族经济的衰落。世族的经济基础是大地产制度和相应的田庄经济。正是这种大地产保证了世族的经济地位，并使之能够利用这样的经济力量来维持其政治力量和政治地位。这种大地产制源于国家对土地产权的创设，包括汉初的名田制、西晋的占田制和北魏到隋唐的均田制。不论是名田还是占田或均田，其基本特点都是按"品级"占有土地，品级高者可以占有更多的土地，而品级低者或没有品级的百姓，只能占有较少甚至很少的土地。这种土地制度创设，一方面创造了大量小自耕农，另一方面也为土地兼并和大地产制的发展奠定了基础。大地产制度与人身依附制度紧密相关。因为大地产发展必然需要农民的强制耕作来实现，所以世族地主"占田"必须同时"荫客"，均田制下的大田庄发展也必须有大量依附性"客户"，两方面相辅相成。中唐以后，均田制由衰落到废除，两税法推广实施，国家根据农户的户等征税，世族地主的免税免役特权逐步取消，占有大量土地和部曲、荫客等劳动人手的制度条件逐渐不存在，世族地主的大地产经营优势也逐渐丧失。这就导致世族地主经济基础的消解。

其次，土地买卖和诸子平分的财产继承制度造成世族大地产的瓦解。按品级无偿获得土地的情况仅仅存在于国家创设产权过程中，而在这一过程完结后，地产的进一步转移就要通过土地买卖。事实上，出卖土地者并不完全是破产的小农。部分地主甚至世族地主也可能由于各种原因出卖土地以至于丧失土地。特别是一些世族后代，出身膏粱，既不懂经营，更不会节俭，全靠坐吃山空，最后不得不走上出卖土地的道路。另外，唐朝通过立法形式，厉行诸子平分家产之制，如果外部条件不变，世族子孙的经济地位必然会随着家产的不断均分而逐渐降低。事实上，初唐开始，世族地主的经济状况就已是江河日下了，社会上出现不少家境贫寒的没落世族。他们由于经济上陷于困窘，但又贪于奢侈生活，不得不与富人联姻。在当时的制度下这种婚姻是有悖于礼法的。所以唐太宗在贞观十六年（642 年）六月下诏说：

　　　　自有魏失御，齐氏云亡，市朝既迁，风俗陵替。燕、赵右姓，多失衣冠之绪；齐、韩旧族，或乖德义之风。名虽着于州间，身未免于贫贱，自号膏粱之胄，不敦匹敌之仪。问名惟在于窃赀，结祸必归于富室，乃有新官之辈，丰财之家，慕其祖宗，竞结婚姻，多纳货贿，有如贩鬻。或贬其家门，受屈辱于姻娅，或矜其旧族，行无礼于舅姑，积习成俗，迄今未已，既紊人伦，实亏名教。（《唐会要·嫁娶》）

史籍很早就有不少关于没落世族的记载。隋朝人崔廓出自博陵崔氏，"少孤贫而母贱，由是不为邦族所齿"（《隋书·崔廓传》）。唐朝开国宰相裴寂出自河东裴氏，但史载其"少孤"，家贫无以自业，每徒步诣京师，经华岳庙，祭而祝曰："穷困至此，敢修诚谒，神之有灵，鉴其运命。若富贵可期，当降吉梦。"（《旧唐书·裴寂传》）李揆为陇西李氏，失势后在江淮养疾，"既无禄俸，家复贫乏，孀孤百口，丐食取给"（《旧唐书·李揆传》）。这样的例子数不胜数。中唐以后，社会上更是"田亩转换，非旧额矣；贫富升降，非旧第矣"（《旧唐书·杨炎传》）。世族没落已经是非常普遍的现象了。

第三，商品经济和科举制度造成宗法世袭制的解体。世族的社会政治基础在于宗法世袭制度。尽管周朝的世卿世爵制度早在战国时代就废除了，但是世袭制度的残留却一直断续不绝。宗法世袭制对于世族具有两方面意义。一方面，宗族血缘关系成为世族家族内部和世族家族之间联系的纽带，将各个小家族联系成为大家族，从而壮大了世族的势力。另一方面，宗祧继承制度保证了世族官爵的延续。曹魏南北朝的九品中正制在演化过程中，逐渐成为世族世袭官职的制度。这样，世族地主与世族官僚结合为一体，经济政治相辅相成，成为势力强大的世族统治。但是，隋唐时期特别是唐中叶以后，随着商品经济的发展，土地买卖频繁，宗族血缘纽带关系松弛，聚族而居走向分户析产，门阀世族的经济地位越来越不稳定。随着不少世族走向贫困和破产，世族的家族体制也逐渐趋向消解。而世族在走向衰落的同时，还不断遭到皇权的打击和庶族地主阶级的挑战，特别是科举制取代九品中正制后，一些庶族地主乃至普通百姓也可以通过科举进入官僚体制内，从而逐渐打破了世族政治的统治。

第四，政治变动，农民起义，改朝换代，也是世族衰落的原因。皇室代表国家与世族始终处在矛盾之中，所以皇帝始终力图削弱世族的势力，并降低世族的地位。北魏孝文帝迁都洛阳后，下诏"制定姓族"，将鲜卑穆、陆、贺、刘、楼、于、嵇、尉八姓同于汉族门阀士族范阳卢、清河崔、荥阳郑、太原王四姓，位列士族之首，又将地方上的强宗豪族全部编入士族。到了唐朝，唐太宗修《氏族志》，"欲崇重今朝冠冕""不须论数世以前，止取今日官爵高下作等级"。（《旧唐书·高士廉传》）唐高宗、武则天修《姓氏录》，"各以品位高下叙之"（《新唐书·高俭传》），即按当时官爵高低作为排列等级，使军功入五品者，皆入士流。这些扩大士族范围的政府行为削弱了旧世族。另外，世族制度的起源和发展与魏晋南北朝的战争和动荡有关。因为广大农民需要大家族的保护不得不将土地投献于世家大族，成为部曲或佃客，荫附于大家族的保护之下。但是，世族地主的经济政治压迫，引起此起彼伏的农民反抗和剧烈动荡。魏晋隋唐时期发生的历次农民起义，如孙恩、卢循起义，北魏末年农民起义，隋末农民起义等，以及侯景之乱、安史之乱等社会大动荡，都不同程度地打击了门阀士族。唐末农民战争自然把打击矛头对准残余世族。李振屡举进士，竟不中第，故深疾搢绅之士，对朱全忠曰："此辈常自谓清流，宜投之黄河，使为浊流！"（《资治通鉴·唐纪八十一》）于是朱温在白马驿大肆屠杀唐朝旧臣30多人，史称"白马驿"之祸。至此，世族政治被彻底摧毁。

到五代十国时期，延续数百年的世族阶级，完全失去了经济政治势力，其影响力仅剩下门阀观念的残余了。事实上，在五代十国乱世中崛起的枭雄们，基本上都是平民出身，所建立的统治集团中也较少世族官僚，只有少数人希望借助于某个旧世族的残余影响来加强统治。如后梁、后唐重臣张全义，"家非士族，而奖爱衣冠，开幕府辟士，必求望实"（《旧五代史·唐书·张全义传》）。时人李专美，因系"名族之后"被张全义举荐入仕。后唐时，"庄宗在魏，议建唐国，而故唐公卿之族遭乱丧亡且尽，以革名家子，召为行台左丞相。庄宗即位，拜同中书门下平章事"（《新五代史·唐臣传》）。这些最后的世族到五代末也基本上消失了。宋代学者郑樵说："自五季以来，取士不问家世，婚姻不问阀阅。"（《通志·氏族略第一》）到赵匡胤称帝时，竟把例行使用的古代祭器俎豆之类统统废去，公然说："吾祖先岂识此乎！"至此，世族地主作为一个历史时期的统治阶级，在经历数百年辉煌后终于绝迹无存。南宋王明清说："唐朝崔、卢、李、郑及城南韦、杜二家，蝉联硅组，世为显著，至本朝绝无闻人。"（王明清：《挥麈前录》卷二）

二、身份等级的消解

汉唐社会仍然存在着身份等级制。这种身份等级制度是世族制度的组成部分，并在魏晋南北朝时发展到顶峰。身份等级制包括两个方面：一是士庶制度，二是良贱制度。中唐以后的社会变革，也导致这种身份等级制的衰落。就士庶制度来看，世族既丧失了政治特权也丧失了经济特权，世族地主转变为平民地主；而庶族地主在较为平等的竞争中，通过购买土地扩大了自己的地产和经济实力，并且较为平等地登上政治舞台。就良贱制度来讲，世族制度的瓦解必然导致良贱制度的瓦解。这是因为，世族土地所有制的瓦解，使原有的依世族地主而存在的奴婢、佃客和部曲等依附农无所依附，进而转变为庶族地主土地上身份相对自由的契约租佃制农民。

"士庶区别，国之章也"。这种士庶分隔是世族制度的组成部分。唐中叶以后随着均田制度崩坏，土地买卖和土地兼并导致土地的加速流转，使世族地主土地所有权的稳定性逐步丧失。《新唐书·高俭传》说：

> 古者受姓受氏以旌有功，是时人皆土著，故名宗望姓，举郡国自表，而谱系兴焉，所以推叙昭穆，使百代不得相乱也。遭晋播迁，胡丑乱华，百宗荡析，士去坟墓，子孙犹挟系录，以示所承，而阀阅显者，至卖昏求财，泪丧廉耻。唐初流弊仍甚，天子屡抑不为衰。至中叶，风教又薄，谱录都废，公靡常产之拘，士亡旧德之传，言李悉出陇西，言刘悉出彭城，悠悠世诈，讫无考按，冠冕皁隶，混为一区，可太息哉！

在世族时代，地产稳定，农民依附于世族地主，财产与身份都是世代相袭。但是到了唐中叶，均田制破坏，世族地主依据身份等级占有土地和劳动力的情况一去不复返了。而商品货币经济的迅猛发展，一方面加剧了土地财产的流动性，导致土地在不同所有者之间的转移；另一方面也必然瓦解宗族的血缘纽带，使世家大族分化为较小的家族。其结果就是世族制度的瓦解。

在世族制度瓦解的同时，地主之间的竞争却加剧了。由于丧失了世族特权，世族地主成了事实上的平民地主，他们不得不与庶族地主在相对平等的基础上竞争。但是，由于世族是一个处于颓败过程中的社会阶级，数代的养尊处优和依势生存，使他们丧失了竞争能力。他们在丧失了政治特权以后又进一步丧失了经济实力。唐中叶以后，"田亩移换，非旧额矣；贫富升降，非旧第矣"，世族地主世代相袭的地产大多转入庶族地主之手。这种"贫富升降"和"田亩移换"的加速，反映了世族地主土地所有制的衰败及庶族地主势力的壮大。尽管世族在社会观念、习俗和文化等方面的影响仍很深远，但贫与富的转变还是导致了贵与贱的转变，最终出现"至富可敌贵"的社会变化。

世族制度的瓦解同时也就是良贱制度的瓦解。唐代的贱民分为官贱民和私贱民两类。官贱民包括奴婢、官户、工乐户、杂户等，私贱民包括奴婢、客女、随身等。这里面私奴婢最为低贱，"律比畜产"，没有独立户籍，也没有独立的民事权利。《唐律疏议》中涉及良贱身份的多达一百余条。一方面，为维护世族利益，法律维护主人对奴婢的权利；另一方面，为维护小农经济发展，法律禁止将良人沦为奴婢、部曲等贱民。如《唐律疏议·贼盗》规定："诸略卖人为奴婢者，绞。"这些律文在唐初大体是有效的，但是唐中叶以后，由于现实的改变，唐律中关于良贱身份制度的许多法律规定已徒具行文了。奴婢的身份有较大提高。如唐前期主人杀死奴婢只给予轻微惩罚，"诸奴婢有罪，其主不请官司而杀者，杖一百。无罪而杀者，徒一年"（《唐律疏议》卷第二十二）。而唐中叶以后，杀人偿命成为社会的信条，即便是杀死奴婢也如此。如《太平广记》记载，女道士鱼玄机因笞杀婢女，"卒遂录玄机京兆，府吏诘之辞伏，而朝士多为言者。府乃表列上，至秋竟戮之"（《太平广记·报应二十九（婢妾）》）。

由于世族地主土地所有制的瓦解，佃客、部曲、奴婢等依附农丧失了所依附的世族和土地，随着土地制度的变化逐渐转变为租佃农民和雇佣劳动者。与此同时，随着纳资代役与和雇制的发展，魏晋以来官府手工业以官贱民劳动为主体的情况向以雇工人为主的体制转变，官奴婢手工业劳动的重要性日益下降，其数量也大大减少。此外，官府还以多种方式解放奴婢之类贱民，如唐武宗时从寺院一次就解放了15万奴婢。这样，一个稳定的贱民阶层已不复存在。

三、职业等级的演变

唐代社会除世族贵族和官私贱民外，都属于"良人"即平民。良人的构成就是士农工商。唐代令文中多次重申"四民"分业的规定。《旧唐书·职官志·户部》："辩天下之四人，使各专其业。凡习学文武者为士，肆力耕桑者为农，巧作器用者为工，屠沽兴贩者为商。工商之家不得预于士，食禄之人，不得夺下人之利。"《旧唐书·食货志》所录武德七年（624年）令："士农工商，四人各业。食禄之家，不得与下人争利。工商杂类，不得预于士伍。"可见此时士农工商的职业划分十分严格。

中唐以后，由于社会经济的剧烈变动，士农工商这一社会职业结构也在缓慢地发生着变化。尽管士农工商在法律上都属于"良人"，但实质上还有很大区别。在士农工商"四民"中，"农"是社会的主体，而"士"与"工商"两个职业等级的差别最大。唐太宗曾对大臣房玄龄说："朕设此官，以待贤士，工商杂色之流，假令术逾侪类，止可厚给财物，必不可超授官秩，与朝贤君子比肩而立，同坐而食。"（《旧唐书·曹确传》）可见，士农工商不仅是一种职业划分，还是一种社会等级，[①] 可以称之为等级职业制度。但是到了中唐以后，这种等级职业制度发生了一定变化。总的来看，这种变化的基本特点是职业的等级性差别在缩小或消弭，而趋向扁平化发展。

首先，士作为一个社会职业群体明显地扩大了，同时这个群体自身的阶级属性却更不鲜明。这里士的角色具有一定特殊性，他们一旦进入仕途，就可以根据官僚品级享有法定特权。在隋唐以后的社会中，进入官僚机构的途径比较多元，而科举成为一个最重要的途径。科举制度的优越性在于基本不讲出身，不问阀阅，除早期对商人科举入仕有一定限制外，对社会各个阶层人士机会均等。到了中唐时

---

① 参见林文勋：《商品经济与唐宋社会变革》，《中国经济史研究》2004年第1期。

期，商人也可以经科举入仕。这样，通过科举成为"士"，从而进入官僚队伍，可以说是对所有人来说都有平等机会。唐末王定保说："三百年来，科第之设，草泽望之起家，簪绂望之继世；孤寒失之，其族馁矣；世禄失之，其族绝矣。"（王定保：《唐摭言·好及第恶登科》）所以，在世族制度消解以后，士作为一个特殊的社会集团地位上升，成为官僚的主要成分。

隋唐以来科举进仕制度形成了一个相对独立的阶层。这个阶层来源多元，归宿也大相径庭，却有着共同的目标取向，即通过科举进仕。德宗朝礼部员外郎沈既济说："当时公卿百辟无不以文章达，因循遐久，浸以成风。……父教其子，兄教其弟，无所易业。大者登台阁，小者仕郡县，资身奉家，各得其足。五尺童子，耻不言文墨焉。"（《通典·选举典三·历代制下》）但是，士始终不能成为一个独立的阶级。这是因为他们没有稳定的经济基础。正如宋代袁采所说："士大夫之子弟，苟无世禄可守，无常产可依，而欲为仰事俯育之计，莫如为儒。其才质之关，能习进士业者，上可以取科第致富贵，次可以开门教授，以受束修之奉。其不能习进士业者，上可以事笔札，代笺简之役，次可以习点读，为童蒙之师。如不能为儒，则巫医、僧道、农圃、商贾、伎术，凡可以养生而不至于辱先者，皆可为也。"（袁采：《袁氏世范》卷中"子弟当习儒业"条）所以，士作为一个阶层，只能依附于某一个政治经济集团。中唐以后，世族阶级退出历史舞台，中小地主阶级掌握了政权，士遂成为新的地主阶级的代理人。

其次，商人的地位明显地提高了，其群体也明显地扩大了。尽管商人的政治和社会地位较低，但他们却有着较高的财富驾驭能力。伴随着财富力量的崛起，商人越来越多地与权贵交通、与士宦联姻，以及纳财买官，通过各种途径改变自身的地位。更重要的是，所谓"工商之家，不得预于士"的传统禁令逐渐被打破，工商业者及其子弟可以通过科举入仕。另一方面，贵族官僚对富商的态度也发生重要的转变，并出于各种目的寻求与商人交结，甚至皇家也不能无视商人的财富。由此可见当时商人地位的变化以及社会上富与贵的结合与转变。

普通工商业者的身份地位也发生了重要的变化。中唐以来，"市籍制"的松弛以及"和雇制"与"和市"的推广，都对工商业者产生了重要影响。这就使他们在很大程度上摆脱了政府劳役和工役的束缚，使各自的职业活动更加自由。由于身份的变化和职业自由度的扩大，他们大多集中在城市，并构成城市的中下层市民的主要部分。唐宪宗元和年间，政府的户籍中有了"城廓户"的设置，表明城市市民已经作为一个独立的社会阶层而存在了。五代时期，在军镇和偏镇一级也设置了坊郭户，甚至将草市居民也列入了坊郭户的行列，这就使市民阶级不断地扩大了。

至于农民，作为传统社会基本生产者的地位并未变化，但是其自身的成分和构成却发生了很大变化。唐初的农民以均田制度下的自耕农为主，但从事农业生产的还包括租种地主土地的佃客和在世族田庄里耕作的奴婢等。唐中叶以后，随着均田制的瓦解，自耕农的数量大大减少，他们转变为佃户或佃民。随着均田制的瓦解，原来的均田制下的农民大体上分成两类：一类是租种私人土地的佃户，一类是租种各种公田的佃民。私家佃户对地主仍存有一定依附关系却可以自立户籍，而各种公田上的承佃户，随着公田性质的变化，则有可能转变为国家编户。唐后期实行两税法，规定"户无主客，以见居为薄"，这就使原来的租地客户转变为国家编户，成为朝廷的征税对象。以后，随着城市工商业的发展，破产农民日益成为城市中雇佣人口以及工商业、搬运、建筑等行业的后备军。

第四节　唐宋变革：第三次经济社会转型

一、农业社会向农商社会转变

中唐以后经安史之乱和五代之动荡，中国经济社会发生了重要的变化。这种变化一直到北宋时渐趋稳定。这个时期的历史变化被概括为"唐宋变革"。唐宋变革是唐宋时期社会生产力不断发展，经济社会制度不断变化，并经中唐以后递变而最终形成的。

第一，农业转向以精耕细作为特点的生产。春秋战国到两汉时期，中国农业实现了以铁器牛耕为代表的重大技术变革。在铁器牛耕这一基本技术条件下，中国农业在耕作制度、农田水利、作物种植等方面实现了综合性发展与成长。但到了东汉晚期，这种农业模式所能提供的增长空间已到了极限，如果没有新的技术突破就只能通过继续扩大土地耕种面积来实现发展。魏晋南北朝时期，北方游牧民族南下，迫使中原人民继续向江淮和江南地区发展。而在新的农业区域面对新的资源条件，不能不开发新的农业技术。这样，经过隋唐和五代数百年积累，直到两宋时期出现以农田水利灌溉为基础和精耕细作为特点的江南农业革命。

第二，在农业发展基础上工商业发展起来。农业区域的变化和农业耕作技术的变化，缓慢但显著地提高了农业生产率，一方面使更多的土地从粮食生产脱离出来改种茶、桑、桐、甘蔗等经济作物，另一方面使更多的劳动力从粮食生产甚至从农业生产脱离出来，从事工商业活动。另外，中唐以后均田制瓦解和两税法实行，加速了土地私有化进程，土地买卖流行，农民更加容易摆脱国家土地和世族地主的束缚，从而获得更大的迁徙自由和经济生活自由。这样，晚唐和五代时期，工商业发展起来，而到两宋时期出现持续的工商业繁荣。

第三，工商业发展导致城市和集镇的发展。晚唐和五代时期，政府对于市场的限制开放了很多。如城市的坊市制大多废除了，城市商业由此繁荣起来；对于县和县以下市场设置的限制也大多解除了。这样，过去自发形成的地方草市逐渐成长为较有规模的集市，甚至发展成为市镇。这样，在旧有的城市体制之外，一个庞大的商业城市群出现了。这个商业城市群主要出现在江南地区，并以此为中心扩展，甚至出现数个小的城市群，涵盖了整个长江中下游地区。城市和市镇的发展形成新的经济形态即城市经济，同时也形成新的居住和生活形态，进一步造成城乡二元经济形态以及相应的矛盾。

第四，江南经济发展改变了中国经济布局。魏晋南北朝时期，受到北方游牧民族南下影响，特别是安史之乱后，中原地区遭到严重破坏，迅速转向衰落，而江南和南方区域由于保持着和平环境，因而经济获得发展并逐渐繁荣起来。这就导致中国经济布局的变化，出现"扬一益二"和"苏湖熟，天下足"的情况。经济区域变化进一步带来政治、文化等变化，南方以商品经济发展为特征，而北方仍以传统农业经济为主。这种经济差异导致南北文化观念差异，进一步导致南北政治势力的矛盾和彼此消长。这种矛盾关系集中反映在熙宁变法以及此后的党争中。新党与旧党实际上是南党与北党，也就是新兴农商经济的代表与传统农业经济的代表。尽管此后的党争多有变异，但基本格局则大致如此。

从农业社会向农商社会转变，是唐宋变革的基础性变化，其他各方面变化实际上都基于此。这一过程或趋势遭到蒙元和清初的冲击而有所停滞甚至倒退，但基本趋势并没有改变，一直延续到明末和清中叶，发展到至臻成熟的阶段。

二、等级社会向集权社会转变

封建社会是典型的等级社会，西周天子是处于最高等级的封建主，而各级诸侯以及卿大夫是处于中间等级和下级的封建主。战国时期，诸侯称王、大夫执国政，封建秩序被打破并最后消解。始皇革命实现封建制向郡县制的转变，但在以后一个相当长的历史时期，"封建主义"都在王朝初创时以不同方式重现，并留下不同形式的"等级"。实际上，秦始皇统一六国后，为了避免封建贵族势力复辟，将六国贵族和地方豪族迁徙至咸阳。这些贵族和豪族一直没有绝迹，而在汉代与新生的门阀士族融合，最终发展和演变为势力强大的世族集团。到魏晋南北朝时期，世族势力进一步壮大，并成为皇室与编户齐民之间一个实力强大的"中间等级"。中唐以后，这个世族作为皇室与齐民之间的"中间等级"逐渐衰落，而藩镇却作为与中央集权对立的地方分权势力出现。而经过唐宋变革，世族作为"中间等级"彻底消除了，社会分为两级，即代表中央集权的皇室和广大编户齐民，既不存在可以与皇室抗衡的世家大族，也不存在可以独霸一方的地方割据势力。

第一，唐宋变革以后再无"封建"。汉代以及以后历代都曾有过短暂的"封建"。如汉代实行郡国并存体制，西晋也曾封诸子为王，唐太宗曾不顾群臣反对实行功臣实封制等。中唐以后，藩镇割据将分权体制发展到极致，甚至发展到建立割据政权。实际上，中央集权与地方分权体制的矛盾，从根本上讲源于封建制度。但是到宋代，鉴于晚唐五代的藩镇割据教训，宋朝建国后从根本上消除了这种分权体制，建立了高度集中的君主独裁体制。可以说，封建制度最后彻底终结于宋代。这种中央集权体制又经过元明清三代的发展和完善，进一步发展到极致。

第二，唐宋变革以后再无世族。世族阶级形成于东汉，到魏晋南北朝发展到鼎盛，唐代逐渐衰落，而至五代彻底消亡。到宋代基本找不到世族踪迹。尽管宋代也有"形势户"和家族制度，但"形势户"并无特权，家族一般较小，形不成势力。特别是，宋代没有门荫制，科举考试成为主要的选官方式，官职不能世袭，"形势户"不能持续。另一方面，世族不能单独存在，必须依存于依附农民的强迫劳动，所谓"耕当问奴，织当问婢"。到宋代，大地产转向中小地产为主，家族不能做大，"贱民"基本得到解放，佃户可以自由选择耕种任一地主的土地。总之，到宋代，地主已无世庶之别，农民已无良贱之分，都是同等齐民。

第三，唐宋变革以后再无割据。分权源于世族，割据源于封建。世族势力强大足以瓜分皇权，封建残余复兴足以划地割据。汉唐时期，世族在政治上与皇帝"共天下"，在经济上"荫户"以避税，削弱专制集权；王朝初建大多封王，尽管多无治权，但却削弱中央财政；而在中央皇权势力削弱的时候，地方割据势力必然壮大。可见，皇权与世族势力，中央与藩镇割据，两者之间处于此消彼长的动态关系。安史之乱源于地方藩镇势力过大，而在此后的各次改革中，核心问题就是如何壮大中央力量。宋代继后周剪灭藩镇割据之势，进一步强化中央专制集权，建立了高度集中和高度统一的集权体制。

在唐宋变革之前，由于世族的存在，中央皇权与广大民众之间，有一个"中间等级"。在这种制度下，国家治理的人民是有限的，即限于国家编户人口。而在国家编户之外，还有大量的"贱口"存在，他们是在世家大族荫庇下的"荫户"。随着世族的衰落，世族荫庇人口解放成为国家编户齐民，社会则分为两级，一方面是以皇帝为代表的集权政府，另一方面是广大编户齐民。在这种变化过程中，可见各项权利向集权政府的集中，也可见各项权利向民间的扩散，也就是皇权的扩大和民权的普及。在这里，原来横在皇室和民众之间的庞大世族的作用，被官僚机构所取代。但官僚队伍并不是世袭贵族，他们是处于流动状态的社会精英，他们不可能取代皇帝的位置，却可能降为普通齐民。因为他们本就源于齐民。而由于世族阶级退出历史舞台，他们所代表的地方势力也必然大大削弱甚至消解，郡县政府只能是中央政府的分支机构而不可能成为割据势力。因而，唐宋变革理顺了中央集权与地方分权的关系。

三、身份社会向契约社会转变

唐宋变革前，中国历史上的身份之别是非常严格的。如商朝实行的亲贵制度，西周确立的宗法制度，而"封建亲戚"是身份制的具体实施。另外，周礼规定"刑不上大夫，礼不下庶人"，也是身份制度的体现。这种身份制度在汉唐时期都有存在。而到宋代，这种身份制度则基本消除，契约日益成为规范和调节人们关系的主要工具。所以，身份社会向契约社会转变，是唐宋变革的重要内容之一。

具体说，汉唐时期，社会上的身份制度主要有三个方面：一是士庶之别，二是良贱之分，三是四民分业。

首先，士庶制度的消解。士庶之别，实如天隔。这种情况到唐初时仍然如此，在社会的普遍观念中，建国之功甚至皇亲国戚都比不上世族的累世传承。这种情况自然不能被唐王朝所容忍。所以，唐太宗令重修《氏族志》，武则天时修《姓氏录》，尽管并不否认世族的势力，但却将他们排在皇室和功臣之后。这样，新世族就在很大程度上取代了旧世族的地位。另外，世族的经济基础是国家分土荫民政策下的大地产，到中唐以后，均田制逐渐瓦解，两税制代取租佣调制度，世族地主的经济特权和优势逐渐丧失。与此同时，由于土地买卖流行导致中小地产兴起，齐民地主逐渐取得经济优势。另外，科举制成为主要的选官途径，而门荫制不复存在。这样，世族通过世袭垄断官场的情况也不复存在。到五代时，"取士不问家世，婚姻不问阀阅"，到宋时人们已经不知世家故事。所以，世庶这种身份制度就不复存在了。

其次，良贱关系消除。贱民源于历史上的奴隶或奴婢。但中国历史上并不存在典型的奴隶制度，奴隶身份并不清晰。所以，良贱关系并不是严格意义上的主奴关系。魏晋南北朝时，世族兴起的同时出现大量依附农现象，包括部曲和佃客等，还有奴婢等各类"贱口"。他们不属于国家编户，没有自主的经济能力，不承担国家赋税，当然也没有独立的人权。唐中叶均田制逐渐瓦解，世族地主经营不善往往出卖土地导致不断析产，大地产变成中小地产，也就没有维持大量部曲和奴婢生产的经济实力。唐后期实行两税法，为扩大征税对象，规定"户无主客，以见居为簿"，这样就将世族土地上的客户改变为国家编户，从而摆脱贱民身份成为普通齐民。宋代更进一步解放奴婢，大量官奴和私家奴婢也都获得解放成为齐民。

最后，职业等级身份制度消亡。唐代令文中多次重申"四民"分业的规定。《旧唐书·职官志》规定："辩天下之四人，使各专其业。凡习学文武者为士，肆力耕桑者为农，巧作器用者为工，屠沽兴贩者为商。工商之家不得预于士，食禄之人，不得夺下人之利。"在"四民"中，"士"是最高等级的民，随时可以通过科举等途径进入官僚队伍。"农"是社会的主体，承担农业生产任务，更是国家纳税主力。"工商"两个职业的社会地位较低，是不能进入官僚队伍的。唐太宗曾说："工商杂色之流，假令术逾侪类，止可厚给财物，必不可超授官秩，与朝贤君子比肩而立，同坐而食。"（《旧唐书·曹确传》）所以，士农工商既是四民分业制度，也是职业等级身份制度。但是到了中唐以后，这种职业等级身份制度发生了一定变化：士人的范围大大扩大了，他们进入仕途的机会也扩大了；工商业者的地位大大提高了，不少人也进入官僚队伍，而广大农民的身份也可以通过各种方式得以改变。就是说，职业的等级身份差别在缩小或消弭，趋向扁平化发展。

在等级身份制度消解的同时，契约制度相应地发展起来。契约制度的发展，首先是商品经济发展的客观要求。商品是天生的平等派。唐中叶以后，商品经济获得较大发展，从而对以农业为主的传统经济构成冲击，使得不少陈旧的轻商贱商观念遭到摒弃。到宋代商品经济进一步发展，商税成为重要的财政收入来源，从而国家不能不重视工商业发展。在这种情况下，国家重视契约关系的发展，重视契约制度的建设。由于农业中土地买卖流行，租佃关系流行，所以，宋代的土地买卖契约和租佃契约十分普遍，政府对这两类契约也做了较为严密的规定。如土地买卖契约分为加盖官印的红契和私人自立的白契，前者效力高于后者；租佃契约不仅保护地主权益，也注意保护佃户权益。其他契约如合伙契约、借贷契约、信用契约等都十分丰富。政府承认民间私契的合法效力，并据此保护平等主体的权益，体现了齐民社会的契约性特点。另外，宋代乡约制度也得到发展，政府鼓励乡民自治，允许民间自主订立乡约。这也是宋代契约社会的重要标志。

四、国家意识形态向理学转变

国家意识形态转变也是唐宋变革的内容之一。汉武帝确定"罢黜百家，独尊儒术"的文化政策，儒学成为经学，成为国家意识形态。但是到东汉后期，经学成为名教，反而束缚人们的思想。这就有了魏晋玄学的出现。与此同时，佛教传入中原，并成为南北朝和隋朝的国家意识形态。而唐初实行三教并举、以道为先的文化政策。可见，魏晋南北朝直到隋唐，中国国家意识形态都没有回归正统。

文化多元性是文化发展过程中的一个特定阶段，而不是一贯的特征。文化的多元性有利于思想创新和文化更新，但是也可能产生负面的效应甚至影响到国家统一。如果在兼容外来文化的同时没有坚持本土文化的主体性，导致核心价值的缺失和主体文化的动摇，这不仅会导致意识形态混乱，还可能导致国家政治危机甚至危害到国家统一。中唐危机以后，韩愈挺身而出，力辟佛老，弘扬"道统"，开启了儒学自我改造和自我更新运动。但儒学长期衰落尚无新思想出现，还难以承担国家文化复兴之大任。历经五代战乱，社会生产和社会秩序遭到严重破坏，需要"与民休息"，所以到宋初仍提出"清静致治"的为政方针。但长期的"无为政治"使士大夫群体中出现因循持重，墨守成规，不思进取的习气，所以，官场上流行着"利不百，不变法"的说法，反对生事，反对变革，使北宋中期出现衰败迹象。在这种情况下，宋代一批有志之士，希望能通过变法来唤起社会的生力。这就是范仲淹主导的庆历新政和王安石主导的熙宁变法。

尽管庆历新政和熙宁变法都不够成功，但两次改革对宋代思想变革都产生了深远影响，其中最重要的是对儒家经学的变革。庆历年间，以范仲淹为代表的士人首开自由议论之风，从而导出了新的思想和新的学术。他们不仅对汉唐经师所作的注疏及所阐发的经义提出质疑，还进而对部分经书的作者甚至对经典本身提出疑义。王安石反对汉唐经学烦琐的章句传注陋习，主张打破疏不破注的成法，恢复经文本义，阐明经文义理。在此基础上，程颢、程颐等开辟理学，实现了儒学创新。到南宋朱熹时，理学发展达到了学术上的成熟阶段，并在民间广泛发展和流传。淳佑元年（1241 年）宋理宗下诏，以周濂溪、"二程"、张载、朱熹五人从祀孔庙。至此，理学确立了官学地位。

可见，唐宋时期也是中国思想文化的变革时期。这种变革就是在正统儒学衰落后，历经道家复兴，玄学兴起，以及佛教传入，释道合流，佛老思想浸透人们心脑并分化国家意识形态，而唐宋时期的新士人群体，以理学形式重建国家意识形态。

第四编 齐民经济

第九章　两宋经济

第一节　北宋经济

一、宋初创制

宋太祖继后周立国，没有经历大规模的夺权战争，后来的统一过程也比较顺利。特别是宋太祖通过"杯酒释兵权"方式，实现和平转型，转而实行政权建设和经济社会建设，从而实现了一系列制度创设。所以，宋朝立国特点是未经"逆取"而自然"顺守"，因而决定了宋初的制度创设的特点。

1. 道家治国

五代十国时期国家分裂，意识形态混乱，宋朝建立后面临意识形态重建任务。由于后周世宗时发生中国历史上第四次灭佛事件，使本已进入衰势的佛教受到极大的打击。所以到宋初时佛教依然不振而儒学却有所回潮。如宋太宗任用儒臣执政，而宋真宗则直接提出"礼乐并举，儒术化成"，大力提倡儒术。但儒学毕竟已经历长期衰落且尚无新思想出现，不足以取代佛老来填补人们的思想空间并承担国家文化复兴之大任。另一方面，历经五代战乱，社会生产和社会秩序遭到严重破坏，需要"与民休息"，所以道家也颇受器重。宋太祖曾多次下诏召见道士，广泛访求道经。真定龙兴观道士苏澄建议说："无为无欲，凝神太和，昔黄帝、唐尧享国永年，用此道也。"（《宋史·太祖本纪》）太祖对此颇为信服，遂实行"务农兴学，慎罚薄敛，与世休息"（《宋史·太祖本纪》）的政策。太宗和真宗两朝也都坚持这一政策。太宗还对吕端说："清静致治，黄老之深旨也。夫万务自有为以至无为，无为之道，朕当力行之。"（《续资治通鉴》卷三十四）真宗也说："希夷之旨，清静之宗，本于自然，臻于妙用，用之于政，政协于大中；用之治身，身跻于难老；施于天下，天下可以还淳；渐于生民，生民生其介福。"（（南宋）谢守灏：《混元圣纪》卷九）所以，宋初道家较为流行也就成为必然的了。

道家治国一方面体现为"不立田制""不抑兼并"。宋以前的各朝各代，大多在改朝换代之际都进行过土地制度的创设，如西汉初期的"名田"制改革，进行大规模的土地重分运动、东汉初的大规模度田运动、西晋初的占田制改革、北朝和隋唐的均田制等。尽管说战国到秦中国的封建土地制度已经瓦解，土地私有制已经出现，但事实上，土地私有制一直没有确定下来，而是在私有与国有和共有之间摆动。而宋代继承晚唐和五代的土地私有化结果，没有重新调整土地制度，对于土地市场交易也不进行干预。这一点与过去历朝历代都不同，仅仅是承认土地制度变迁的历史结果，类似秦始皇在实现国家统一后，承认春秋战国时期土地制度演变结果，采取"黔首自实田"的政策。

另一方面，道家治国体现为对市场的不干预政策，即重农而不抑商政策。过去的历朝历代在立国之初都采取重农抑商政策，因为改朝换代大多经历了战争的破坏，立国后首要任务是恢复农业生产，解决人民生计。但宋朝是在后周政权一系列经济社会改革基础上立国的，未经大规模的战争，而立国后统一的南方各政权，经过一个较长时期的商业繁荣，重商社会已经形成。所以，宋朝立国和统一后延续了这一传统，对市场较少干预而自身财政则更多依仗各种商税。为促进商业发展，宋初采取了较低的商税政策。如宋太宗时，废除淮南、江浙、荆湖、广南、福建等地的鱼税，又前后下诏废除或减轻"橘园、水碓、社酒、莲藕、鹅鸭、螺蚌、柴薪、地铺、枯牛骨、溉田水利等名"的税收。

2. 齐民社会

唐宋变革的终极推动力源于商品经济。商品是天生的平等派，商品经济发展必然要求交易各方处于平等地位。这就必然冲击传统的等级制度，促使社会趋向于"等齐化"。这种变革体现为自秦汉以来的编户齐民制度的转变，宋代集中唐以后直到五代历史变迁的累积成果，最终完成了这种变革，也就是"齐民革命"。

编户齐民制度源于战国，到汉代以后成为基本的户口管理制度。但是，经过唐宋变革，编户齐民制度的质点发生了转变，即汉唐时期，编户齐民制度的质点在于"编户"，而经唐宋变革后的质点在于"齐民"。汉唐时期造成更大社会差别的是士庶之别和良贱之分。这种情况经唐宋变革发生了重要的变化。

就士庶之别来讲，秦汉时期的国家编户以自耕农和庶族地主为主，他们是没有特权的人口。而除了这些自耕农和庶族地主外，社会上还有一小部分以士族地主为主的世族贵族。他们是大地产所有者，更是拥有特权的贵族，依靠世袭特权来保证他们的经济势力。在魏晋南北朝时期，世族地主的势力日渐强大，士庶之分十分严格，"实自天隔"。而到了唐中叶以后，由于均田制度崩坏，土地买卖和土地兼并导致土地的加速流转，使世族地主土地所有权的稳定性丧失，世族地主依据身份等级占有土地和劳动力的情况一去不复返了。而商品货币经济的迅猛发展，一方面加大了土地财产的流动性，导致土地在不同所有者之间的转移；另一方面也必然瓦解宗族的血缘纽带，使世家大族分化为较小的家族，其结果就是世族制度的瓦解。唐中叶以后，"田亩移换，非旧额矣；贫富升降，非旧第矣"（《旧唐书·杨炎列传》），世族地主世代相袭的地产大多转入新兴的庶族地主之手。这些新兴地主没有特权，是划归"齐民"的地主，而那些世族地主由于丧失了特权也与庶族地主"等齐"了。这样，整个地主阶级就转变为"齐民地主"阶级。

就良贱之分来讲，汉唐时期国家编户仅仅是人口的一个部分。在编户齐民之外，还存在大量的奴婢和依附民，统称为贱民。特别是魏晋南北朝时期，大批农民沦为世族地主的依附农和奴婢，丧失了独立身份和地位，从国家编户中脱离，编户齐民大大减少。中唐以后，特别是两税法"唯以资产为宗，不以丁身为本"（陆贽：《翰苑集》），以负担能力纳税。这意味着国家臣民不分贵贱，均为编户齐民。由于世族制度瓦解，良贱制度也随之废除。部曲、佃客等都进入国家户籍管理，转变成"良人"进入齐民队伍；债务奴婢不再属于贱籍，不能转卖，官奴婢劳作达到规定年限后准许从良；宋仁宗时赋予了私人奴婢编户齐民的法律地位，南宋高宗建炎三年（1129 年）官奴婢制度也废除了。总之，一方面世族贵族衰落而齐民地主兴起，另一方面良口数量增加贱民数量减少。这样，编户齐民制度的质点由"编户"制转向"齐民"制，编户齐民制度逐渐趋向于名副其实了。这就是说，经唐宋变革，享有特权的世族贵族不存在了，奴婢部曲等作为贱民不存在了，社会各阶层人民实现了在皇权之下的平等，从而使中国进入以"齐民"为主的社会。

3. 士人政治

唐宋变革使中国进入齐民社会。齐民社会的基础是广大自耕农和中小地主，而齐民地主是这个社会的生产力代表。随着中国社会进入齐民社会，中国政治结构也必然发生变化和转型，从世族政治转变为士人政治。具体说，就是士人作为广大齐民地主阶级的代表进入官僚机构实施统治。

魏晋南北朝中国政治的典型特征就是世族统治。世族地主阶级不仅占有大量地产，而且掌控了国家政治，占据大部分重要官职，并且世代相袭，成为事实上的世袭贵族。事实上，世族是在皇室之外的另一个统治势力，与皇室既相互依存也相互矛盾。中唐以后，世族统治变相以藩镇势力的形式出现，成为与中央皇权对抗的力量。藩镇与传统世族的区别在于，世族必须依赖皇权而存在，但藩镇则发展为脱离皇权的武装割据和地方政权。所以说，藩镇是世族统治的极端形式，也是世族的终极变种。五代时期，世族的残余势力在各种力量的碾压之下逐渐消失，而藩镇一度发展为地方割据政权后也被逐一消灭。

宋朝立国后，既要避免藩镇割据的再度出现，也要实现从世族统治的彻底转型。事实上，两者正是一块硬币的正反面。为避免藩镇割据的出现，宋太祖通过"杯酒释兵权"解除了武人政治，并通过"不杀士大夫"之誓，逐渐建立了士人政治。在晚唐五代的历史变迁过程中，世族统治已经彻底消解。汉武帝"罢黜百家，独尊儒术"政策，培养出一个世代读经进仕的士族阶级。而在东汉后期直到魏晋南北朝，这个士族逐渐与豪族结合而成为世族。世族阶级统治中国政治几个朝代达数百年之久。到晚唐五代时，世族衰落乃至最后消失，而代表庶族地主阶级的新士族却成长起来。到宋代，这个新士族取代旧世族成为中央皇权的依靠。过去，世族政治的特点是"王与马共天下"，而到了宋代士人政治特点是"君主与士人共治"。但士人即新士族与旧世族不同，他们没有庞大的地产，也没有政治特权，他们大多源于中小地主甚至普通农民，更重要的是他们不享有世袭权利。他们大多以耕读为业，通过科举进入官僚体系，而随时可能由于各种原因从这个体系游离出去，他们的地产也随时可能发生变化。因而他们很难成为"世族"。他们进入官僚体系则成为统治阶级，而当他们从这个体系游离出去时，就成为普通"齐民"。

世族时代和藩镇时代，世族和武人成为分权和割据力量，时时威胁皇权和中央权威。但士人不会成为威胁皇权和中央权威的力量。士人作为官僚必须依赖于政府机构而不是相反，所以，他们始终可以与皇室和平共处。但他们自身却容易分成党派，引起党争。北宋党争始于熙宁变法，而后一直延续到南宋灭亡，不能说不是士人政治的严重缺陷。

4. 咸平之治

太祖和太宗两朝，宋代以道家治国，实行与民休息，促使经济自由恢复，基本完成了制度创设。虽然太祖和太宗时期经济社会有较快的恢复，但由于中唐到五代时期中原地区一直处于混乱状况，国家经济实力十分虚弱，北方的党项和契丹趁机扩张南下，更使宋朝受到极大困扰。真宗继位后，实行了一系列调整和改革，制度清明，君臣和谐，社会稳定，国力猛增，史称"咸平之治"。可以说，"咸平之治"是宋初创制所产出的第一个成果。

景德元年（1004年），宋辽订立澶渊之盟，北方局势暂时稳定，政府开始将重点转向经济发展。宋初农民税负很重，不少农民无力按时缴纳，有的已拖了十几年甚至几十年。到真宗朝，欠税挂账问题已经积累到难以容忍的程度。咸平元年（998年）真宗下诏免除这些赋税，并将因欠税而入狱的百姓一律释放。此外，真宗时还免除了晚唐五代以来的"枯骨税"和"身丁钱"等苛捐杂税。景德二年，真宗下诏编制《景德农田敕》五卷，并规定由各路及各州县长官兼任"劝农使"，采取各种有效手段恢复和发展农业生产。为了进一步强化官员劝农职能，天禧四年（1020年）更专置劝农使、劝农副使，令兼提点刑狱公事。同时，大量印刷各种农业书籍分发给各地方官，让他们认识农事，辅导农民改革技术和改良农田，提高农业生产效率。为了恢复和发展农业，真宗政府积极鼓励农民多开沟渠，多种水田，大力推广高产作物占城稻，免除诸路农器税，帮助农民防治牛疫，减轻农民徭役，设常平仓等。为了发展商业，宋初政府采取了一些鼓励政策，同时对各种禁榷和所征收商税作了严密的规定，导致商税收入大幅度增加。

总的来看，北宋真宗时，政治统治日益稳固，国家管理日益完善，社会经济景象繁荣。后南宋王称在《东都事略》中记述：

> 宋兴，承五季之余，天下得离兵革之苦，至真宗之世，太平之治，洽如也。咸平以来，君明臣良，家给人足，刑措不用，契丹请和，示以休息，德明纳款，抚以恩信，于是朝帝陵、封岱宗、祀汾睢、谒亳社，绝代旷典莫不具举，礼乐明备，颂声洋溢，崇本报功以告神明，千载一时，岂不休哉。噫！守成之贤，致治之盛，周成康、汉文景可以比德矣。（《东都事略》卷四）

但是到后期真宗却"谨守成宪，不思更革"，安享"咸平之治"，致力于封祀之事，为粉饰太平，广建宫观，劳民伤财，侵蚀着前期取得的政绩。另外，真宗的内政处理得较为妥当，但"外患"却日趋严重，这种外部压力在很大程度上消耗着国力，致使北宋王朝出现衰退迹象。

二、嘉祐之治

仁宗是北宋在位时间最长的皇帝，长达四十二年之久。仁宗"天性仁孝宽裕，喜愠不形于色"（《宋史·仁宗本纪》），求文治而不重武功，体恤百姓生活，注重发展经济，实施了一系列有效的改革，使社会经济等得到全面复苏，被称为"嘉祐之治"或"仁宗盛治"。

1. 庆历新政

经过太祖、太宗和真宗三朝的恢复和重建，特别是由于农业的持续发展，整个国民经济达到一定水平，国家出现较为持久的繁荣。但是，随着经济发展，生活富足，开始出现闲适的社会作风。特别是士大夫群体，因循持重，墨守成规，不求进取，忌谈变革，愈益陷入懈怠状况，流行着"利不百，不变法"的说法。仁宗朝富弼曾评价说：

> 宋有天下九十余年，太祖始革五代之弊，创立法度，太宗克绍前烈，纪纲益明，真宗承两朝太平之基，谨守成宪。近年纪纲甚紊，随事变更，两府执守，便为成例。施于天下，咸以为非，而朝廷安然奉行，不思僄革。至使民力殚竭，国用乏匮，吏员冗而率未得人，政道缺而将及于乱。赏罚无准，邪正未分。西北交侵，寇盗充斥。师出无律，而战必败，令下无信，而民不从。如此百端，不可悉数。其所以然者，盖法制不立，而沦胥至此也。（《续资治通鉴

长编》卷一百四十三）

为解决这些矛盾积累，仁宗亲政后开始考虑变革，并于庆历三年（1043年）起用范仲淹推行新政。

庆历三年（1043年）范仲淹在呈给仁宗的《答手诏条陈十事疏》中说：

> 臣闻历代之政，久皆有弊。弊而不救，祸乱必生。何哉？纲纪浸隳。制度日削，恩赏不节，赋敛无度，人情惨怨，天祸暴起。惟尧舜能通其变，使民不倦。《易》曰："穷则变，变则通，通则久。"此言天下之理有所穷塞，则思变通之道。既能变通，则成长久之业。我国家革五代之乱，富有四海，垂八十年，纲纪制度，日削月侵，官壅于下，民困于外，夷狄骄盛，寇盗横炽，不可不更张以救之。然则欲正其末，必端其本；欲清其流，必澄其源。臣敢约前代帝王之道，求今朝祖宗之烈，采其可行者条奏。愿陛下顺天下之心，力行此事，庶几法制有立，纲纪再振，则宗社灵长，天下蒙福。

在这里，范仲淹明确指出了官场积弊之所在和原因，表达了对政治变革的要求和希望，其中最核心的就是整治吏治。《十事疏》所说的十事，分别为明黜陟、抑侥幸、精贡举、择官长、均公田、厚农桑、修武备、减徭役、覃恩信、重命令，其中的五项均为与吏治相关的内容，而经济方面的变革还在其次。庆历新政的切入点是正确的，即从政治改革入手，而在经济方面却也切中要害。

然而，由于仁宗之仁，在遇到一些阻力特别是影响到个人皇权的问题时，便弃改革大计于不顾，不能将改革进行到底，致使庆历新政仅仅持续了一年零四个月即告夭折。但是，仁宗的改革并没有完全停止，他起用能够体察圣意的文彦博为宰相，以更加务实的态度和措施推行新政，范仲淹的改革设想还是部分地实现了。更重要的是，庆历新政使朝野对变革的认识有了转变，即认识到不变革就没有出路，从而开辟了变革之风气。这也是仁宗朝能够实现"盛治"的重要原因。

2. 农业调整

经过宋初三朝的恢复和发展，农业发展已经达到一定水平，但与此同时，土地兼并重新出现并且日益严重起来。仁宗继位之初，"上书者言赋役未均，田制不立，因诏限田"（《宋史·食货志》）。事实上，土地私有制发展到宋代，已经不可能退回到"公有"或"国有"，这种"限田"之举并不符合经济社会发展规律，因而难以实施。所以，有宋一代的基本国策是"不立田制""不抑兼并"，政府的土地政策转移到租佃调整和均赋税问题。

第一，租佃调整。宋代的租佃关系调整，一方面要保证佃户的权利，另一方面也要保证地主的权利。这里，最重要的调整是佃户的"起移"权利。天圣五年（1027 年）十一月，宋仁宗下诏曰：

> 江、淮、两浙、荆湖、福建、广南州军旧条：私下分田客，非时不得起移，如主人发遣，给予凭由，方许别主。多被主人折勒，不放起移。自今后客户起移，更不取主人凭由，须每田收田毕日，商量去住，各取稳便，即不得非时衷私起移；如是主人非理拦占，许经县论详。（《宋会要辑稿·食货·农田杂录》）

可见，佃客可以根据契约获得承佃与退佃的自由权，如遇强制"勒令耕佃"则佃客可以告官申理，而在缴纳所约定地租情况下地主不得随意夺佃。这就在农民身份自由的同时保证了农民的有限地权。但是由于地租负担过重，仍有部分客户无法依约缴纳地租而不得不选择逃亡。为保护主户即地主利益，朝廷也限制未能满足契约规定义务的客户逃离。

第二，清查土地。北宋初期，由于土地买卖，兼并日久，导致地籍混乱进而赋役制度混乱。具体说，就是富者田产日增而田赋并未随之增加，贫者田产日少而田赋并没有随之减除。仁宗景祐年间，因"肥乡县田赋不平，岁久莫治，转运使杨偕遣（郭）谘摄令以往。既至，闭阁数日，以千步方田法四出量括，遂得其数，除无地之租者四百家，正无租之地者百家，收逋赋八十万，流民乃复"（《宋史·郭谘传》）。当时，三司议均税法，知谏院欧阳修认为方田法简而易行，建议进一步推广。但方田法招致豪强的强烈反对，郭谘等遭遇极大的阻力，不得不上书朝廷，提出全国各州县逃田太多，丈量田地相当困难，建议暂缓实行。清查田地工作不得不中止，千步方田法亦被废。

第三，诏限职田。宋初田制不立，土地兼并日益严重，其中官吏利用职权侵吞公田成为比较突出的问题。庆历三年（1043 年），国子博士王罕建议，作为公田的户绝田不应该分给各级官吏，如果各地官吏将户绝田所入占为己有，必须自觉投案自首。宋仁宗采纳了王罕的建议，仅仅在广南路各州，就查出违法侵占户绝田的官吏十七人，这十七人均因贪赃枉法而被罢黜。同时，朝廷对职田进行限制，规定各职官亩数，在一定程度上起到了限制土地兼并的作用。

第四，改革杂变之法。"自唐以来，民计田输赋外，增取他物，复折为赋，谓之'杂变'。"杂变之赋其输有常处，而以有余补不足，则移此输彼，移近输远，谓之"支移"。其入有常物，而一时所输则变而取之，使其直轻重相当，谓之"折变"。"支移、折变，贫弱者尤以为患。"景祐初年，仁宗诏免九等以外贫困户以及孤独户的杂变，以后，"又令折科为平估，毋得害农"。（《宋史·食货志》）另外，皇祐四年（1052年）仁宗"减漳州、泉州、兴化军丁米"（《宋史·仁宗本纪》），从而减轻了农民负担。

3. 商业调整

在农业发展的基础上，宋代经济发生了两个重要变化：一个是农业多种经营发展起来，商品流通也因而发展起来，政府税收重点也从农业税向商业税转移；另一个重要变化是，在商品农业发展基础上，手工业和商业发展起来，随之城市也发展起来，出现像东京汴梁这样的大都市以及遍地开花的市集和商业集镇。在这样的经济社会背景下，仁宗政府的关注点也向工商业和城市转移，并实施了一系列改革以适应这种变化。

第一，茶法改革。天圣元年（1023年）正月，为解决军供不足的问题，计置司讨论茶法利弊，建议废除原来实行的"三税法"实施"贴射法"。"三税法"就是商人到边境地区入中粮草，国家给予他们相同价值的钱、香药和象牙、茶引，就是所谓的"三税"。"贴射法"就是茶商向官府贴纳官买官卖应得的净利后，官府发给贴纳凭证，茶商持凭证直接向园户购茶贩茶。贴射法的弊端是商人专挑优质茶叶买，而致使劣质茶叶滞销堆积。因此，贴射法执行一年后即废除，依旧实行"三税法"。庆历八年（1048年）十二月，由于国家财政紧张，京师铜钱损失较多，因而朝廷改革原来的"三税法"，实行"四税法"，即商人入中一百贯价值的粮草，政府在京城支付给他们现钱三十贯，香药和象牙十五贯，在外地支付盐钞十五贯，茶引四十贯。这种反复调整的目的，一是要控制茶叶的产销，用以保证粮草入中；二是尽可能减少政府支出，避免商人暴利。

第二，盐政改革。庆历八年十月，宋仁宗任命屯田员外郎范祥为提点陕西路刑狱兼任制置解盐使。范祥到任后，着手改革解盐运销制度，实行"钞法"，即"令商人就边郡入钱四贯八百售一钞，至解池请盐二百斤，任其私卖，得钱以实塞下，省数十郡搬运之劳"（《梦溪笔谈·官政》）。范祥的解盐法改革实行后，一些大臣上书朝廷，认为范祥盐法对国家财政极为不利。仁宗派户部副使包拯进行调查。包拯认为原来的榷盐法役使士兵人数太多，服役者在运输食盐时往往赔本，甚至倾家荡产，而范祥通商之法解决了这些问题。即使范祥盐法目前在亏损盐利收入，但从长远看是有利可图的，至少可以让百姓获得实际利益。这样，范祥盐法改革得以继续推行下去。

第三，坊市改革。宋太祖乾德三年（965年），诏令开封府三鼓以后不禁夜市，百姓在三更前可以外出行走。太宗时期出现"侵街"现象，临街设邸店的事情时有发生，政府禁不胜禁，所以到仁宗时不得不改变政策。仁宗景祐年间（1034—1038年），政府首次允许临街开设邸店。（（清）徐松辑：《宋会要辑稿·舆服》）皇祐年间（约1050年），又进一步废除开封的街鼓制度，逐渐开放夜市和晓市，史载："二纪以来，不闻街鼓之声。"（（宋）江少虞：《宋朝事实类苑·典故沿革·街鼓》）为维护城市生活秩序，京城里设立了观火楼和消防队。这就使汴京商业愈益繁荣，成为"人口逾百万，富丽天下无"的超级都市。

第四，发行交子。北宋初年，四川成都出现了为不便携带巨款的商人经营现金保管业务的"交子铺户"。存款人把现金交付给铺户，铺户把存款数额填写在用楮纸制作的纸卷上，再交还存款人，并收取一定保管费。这种临时填写存款金额的楮纸券便谓之交子。景德年间（1004—1007年），益州知州张泳对交子铺户进行整顿，剔除不法之徒，专由16户富商经营。至此"交子"的发行正式取得了政府认可。后来，由于这些富户家道衰落，不能偿还民户钱款，导致纠纷频现。大中祥符末，薛田为转运使，"请官为置务，禁民私造"。于是，政府"始置益州交子务，以百二十五万六千三百四十为额"。（《续资治通鉴·宋纪三十六》）宋廷还任命京朝官一二人为监官主持交子发行，并"置抄纸院，以革伪造之弊"。这样，政府控制交子发行，成为"官交子"。

4. 三冗三费

经过改革和调整，仁宗时代经济社会得到较好的发展。后人曾巩评价说：

> 宋兴，承五代之敝，六圣相继，与民休息，故生齿既庶，财用有余。且以景德、皇祐、治平校之，景德户七百三十万，垦田一百七十万顷；皇祐户一千九十万，垦田二百二十五万顷；治平户一千二百七十万，垦田四百三十万顷。天下岁入，皇祐、治平皆一亿万以上，岁费亦一亿万以上。……自古国家之富，未有及此也。（《续资治通鉴长编》卷三百十）

然而，在一派繁荣景象之下，仍存在着种种隐忧。宋初，为防止官员权力过于集中，实行一职多官，但设官分职尚有定数。以后渐渐放松职数限制，导致官员数量增加即为"冗员"。自真宗时起"冗员"问题即开始显现，朝廷关于官员致仕的诏令日见增多甚至于三令五申。但由于大兴科举、沿袭恩荫制、奉行"恩逮于百官唯恐其不足"的笼络政策，导致官僚机构庞大而臃肿。为抵御北方民族南侵，宋初实行募兵制，而为了防止武将专权实行"更戍法"，导致兵多不精，形成大规模"冗兵"。为维持暂时的和平，不得不向辽国和西夏输出大量"岁币"，加上统治者大兴土木、修建寺观、靡费公用等，从而形成巨额"冗费"。而财政亏空迫使政府不断增加赋税，在"两税"之外增加了各种名目的苛捐杂税，给民众造成沉重负担。宝元二年（1039年），方陕西用兵，调费日蹙，宋祁曾上疏"三冗三费"问题，并试图提出解决之道。但是仁宗时期这些问题并没有得到解决，而是越积越多，到仁宗晚期遂积累成为国家之大患。

三、熙丰变法

1. 安石变法

庆历新政尽管没有成功，但是其历史影响却是极其深远的。通过庆历新政的实践，"利不百，不变革"的观念开始受到冲击而动摇，有越来越多的人认识到变革的必要性。仁宗嘉祐三年（1058年），王安石进京述职，作《上仁宗皇帝言事书》，阐述改革思想：

> 今天下之财力日以困穷，风俗日以衰坏，患在不知法度，不法先王之政故也。法先王之政者，法其意而已。法其意，则吾所改易更革，不至乎倾骇天下之耳目，嚣天下之口，而固已合先王之政矣。因天下之力以生天下之财，取天下之财以供天下之费，自古治世，未尝以财不足为公患也，患在治财无其道尔。在位之人才既不足，而闾巷草野之间亦少可用之才，社稷之托，封疆之守，陛下其能久以天幸为常，而无一旦之忧乎？愿监苟且因循之弊，明诏大臣，为之以渐，期合于当世之变。臣之所称，流俗之所不讲，而议者以为迂阔而熟烂者也。（《宋史·王安石传》）

这事实上就是王安石改革的指导思想，"后安石当国，其所注措，大抵皆祖此书。"（《宋史·王安石传》）但仁宗并没有起用王安石实施变革。

治平四年（1067年）神宗即位，大宋王朝表面上仍是一派繁荣，但其内部的矛盾和危机却已经非常严重。由于土地兼并现象严重，大批农民丧失土地，而富豪隐瞒土地以避税，导致财政收入锐减，出现了立国以来少有的财政赤字，"百年之积，惟存空簿"（《续资治通鉴·宋纪第六十五》）。在这种情况下，一度沉寂的改革呼声又高涨起来。

熙宁二年（1069年）二月，宋神宗起用王安石实行新政。为指导变法的实施，朝廷专门设立制置三司条例司，由王安石和陈升之共同掌管。王安石委任吕惠卿承担条例司的日常事务，派遣提举官四十多人以颁行新法。熙宁三年（1070年），王安石任同中书门下平章事，位同宰相，在全国范围内开始大规模的改革运动，"农田水利、青苗、均输、保甲、免役、市易、保马、方田诸役相继并兴，号为新法，颁行天下"（《宋史·王安石传》）。

王安石变法内容庞杂，是一个系统工程，大概可以概括为以下几个方面：

第一，青苗法。青苗法又称常平新法，熙宁二年九月由制置三司条例司颁布施行，"以常平籴本作青苗钱，散与人户，令出息二分，春散秋敛"（《宋史·王安石传》）。具体内容是：诸路以见存常平、广惠仓的一千五百万石钱各为本，如是粮谷，即与转运司兑换成现钱，以现钱贷给广大乡村民户，有剩余也可以贷给城市坊郭户。民户贷请时，须五户或十户结为一保，由上三等户作保，每年正月三十日以前贷请夏料，五月三十日以前贷请秋料，夏料和秋料分别于五月和十月随二税偿还，各收息二分。目的在于缓和民间高利贷盘剥的现象，同时增加政府的财政收入，达到"民不加赋而国用足"。

第二，免役法。熙宁四年（1071 年）由司农寺拟定，开封府界试行，同年十月颁布全国实施。"免役之法，据家赀高下，各令出钱雇人充役，下至单丁、女户，本来无役者，亦一概输钱，谓之助役钱。市易之法，听人赊贷县官财货，以田宅或金帛为抵当，出息十分之二，过期不输，息外每月更加罚钱百分之二。"（《宋史·王安石传》）农民从劳役中解脱出来，保证了劳动时间，促进生产发展；增加了政府财政收入。但免役法"据家赀高下"分配职役和担负役钱，损害了地主的利益。

第三，方田均税法。熙宁五年（1072 年）八月由司农寺制定颁布实施。"方田之法，以东、西、南、北各千步，当四十一顷六十六亩一百六十步为一方，岁以九月，令、佐分地计量，验地土肥瘠，定其色号，分为五等，以地之等，均定税数。"（《宋史·王安石传》）"方田"是每年九月由县长举办土地丈量，按土壤肥瘠定为五等，"均税"是以"方田"丈量的结果为依据，制定税数。王安石在京东、河北、陕西、河东等五路之地清丈了二百四十八万四千三百四十九顷田地，占当时全国征税田亩的 54%。

第四，农田水利法。熙宁元年（1068 年），遣使察农田水利，熙宁二年冬季颁布农田水利法。此法令规定各地兴修水利工程，用工的材料由当地居民户等高下分派，只要是靠民力不能兴修的，其不足部分可向政府贷款，取息一分，如一州一县不能胜任的，可联合若干州县共同负责。此法令在颁布之后，"自是四方争言农田水利，古陂废堰，悉务兴复"（《宋史·王安石传》）。《宋史·食货志》："神宗熙宁元年，襄州宜城令朱纮复修水渠，溉田六千顷，诏迁一官。""明年，分遣诸路常平官，使专领农田水利。吏民能知土地种植之法，陂塘、圩堤、堤堰、沟洫利害者，皆得自言；行之有效，随功利大小酬赏。"《宋史·食货志》："兴修水利田，起熙宁三年至九年，府界及诸路凡一万七百九十三处，为田三十六万一千一百七十八顷有奇。"

第五，市易法。宋神宗熙宁五年（1072 年）三月，颁行市易法，在汴京设都市易司，边境和重要城市设市易司或市易务，平价收购市上滞销的货物，并允许商贾贷款或赊货，按规定收取息金。这就限制了大商人对市场的控制，有利于稳定物价和商品交流，也增加了政府的财政收入。市易法有利于稳定物价和商品交流，在一定程度上限制大商人对市场的垄断，也增加了朝廷的财政收入。

第六，均输法。熙宁二年（1069 年）颁行淮、浙、江、湖六路均输法："均输法者，以发运之职改为均输，假以钱货，凡上供之物，皆得徙贵就贱，用近易远，预知在京仓库所当办者，得以便宜蓄买。"（《宋史·王安石传》）目的是协调供需关系，提高财政收支的效率，撙节购买、运输等开支，减轻农民负担，打击商人"擅轻重敛散之权"操纵市场的兼并行为，即所谓"便转输、省劳费、去重敛、宽农民"。

第七，免行法。"免行钱者，约京师百物诸行利入厚薄，皆令纳钱，与免行户祗应。"（《宋史·王安石传》）熙宁六年（1073 年）四月，宋廷下令在市易务下专门设立"详定行户利害所"机构，具体负责制定免行法。八月，详定行户利害所颁布了免行条例，按照各行获利的多寡向政府交纳免行钱，由吏人和免行户共同负责征收，免除各行对官府衙门的物资供应。此后，宫廷及官府衙门所需一切物资的买卖全由杂卖场、杂买务等根据市易所估物资价格的高低进行买卖。

针对北方民族侵扰问题，王安石还推行了一系列强兵之法，包括保甲之法、保马之法、裁兵法、置将法、军器监法等。"保甲之法，籍乡村之民，二丁取一，十家为保，保丁皆授以弓弩，教之战阵。保马之法，凡五路义保愿养马者，户一匹，以监牧见马给之，或官与其直，使自市，岁一阅其肥瘠，死病者补偿。"（《宋史·王安石传》）裁兵法就是整顿厢军及禁军，规定士兵五十岁后必须退役，测试士兵，禁军不合格者改为厢军，厢军不合格者改为民籍。置将法废除北宋初年订立的更戍法，把各路的驻军分为若干单位，每单位置将与副将各一人，专门负责本单位军队的训练，以提高军队素质。军器监法是督促制造兵器，严格管理，提高武器质量。

王安石推行的新法，几乎涵盖社会的各个方面，也抓住了神宗时代的主要矛盾。通过变法，王安石所确立的"富国强兵"目标在一定程度上实现了。北宋学者陆佃说："迨元丰间，年谷屡登，积粟塞上，盖数千万石，而四方常平之钱，不可胜计。余财羡泽，至今蒙利。"（陆佃：《陶山集·神宗皇帝实录叙录》）但是，新法过于庞大，涉及政治经济和社会的方方面面，而王安石却操之过急，结果利弊互见。新法在一定程度上限制了豪强兼并和高利贷活动，使皇室和中上级官员特权也受到一定制约，而乡村上户地主和下户自耕农则减轻了部分差役和赋税负担。但新法推行过急，大规模制度调整造成各方不便，短期内赋税增加，"由是赋敛愈重，而天下骚然矣"（《宋史·王安石传》）。

然而，各项法令颁行不足一年，围绕变法的党争就开始了。反对派诋毁新法，不惜诋毁王安石个人，少数反对派官员甚至辞官而去。由于改革措施实施过急，底层胥吏执法粗暴，产生了扰民和损民的情况。如免役法出，百姓都叫苦不迭，连担水、理发、茶贩之类的小买卖，不交免役钱都不许经营，税务向商贩索要市利钱，税额比本钱还多。保甲法推行时，为了逃避供养军队的高额赋税与被抽去当兵的双重威胁，民间发生了数起自残事件，严重者直至砍下了自己的手臂。为了坚定神宗的改革决心，王安石劝神宗"以先王之正道胜天下流俗"（《宋史·王安石传》）。然而，神宗不能够一边倒地支持王安石改革，总是在改革派和保守派之间权衡，最终未能将改革进行到底。熙宁九年（1076年），王安石被迫辞去宰相回归江宁隐居，各项新法亦陆续被废止。

神宗对于变法的失败并不甘心，并于元丰年间推进新的改革。但"元丰之政，多异熙宁"（《续资治通鉴·宋纪八十三》），一方面更加侧重于国家专利的分量，而发展经济、抑制兼并的成分则进一步弱化；另一方面是强调强兵的目的，因而加强了保甲法、保马法、将兵法等。为了加强国家官僚机构的效率，神宗对立国以来的官制进行改革，对部分冗官和冗闲机构进行了裁撤，每年可以节省两万缗的开支，史称"元丰改制"。神宗对此颇有满足感。但结果并不理想，行政效率没有因此得到显著提高，反而比过去更加拖沓。这是因为官员失去了"内在激励"往往"不作为"。这事实上违背了改革的初衷，因为机构改革的根本目的并不在于节省开支，而是要提高行政效率。减员是为了增效，但减员却并不一定增效。元丰八年（1085年），宋神宗病逝，严格意义上的王安石变法或熙丰变法最后画上了句号。

2. 绍圣绍述

宋神宗去世后，太子赵煦即位，是为哲宗。哲宗继位时年仅10岁，由宣仁太后垂帘听政。宣仁太后一直反对王安石变法，神宗去世后，她大权在握，起用司马光为宰相，着手废除新法。早在王安石变法期间，司马光因反对新法而辞官，"闲居"洛阳十五年。此间，反对新法的守旧派集聚在他的身边，被称为"洛阳耆英会"。宋神宗去世后，司马光到京城吊唁，民遮道聚观，马至不得行，曰："公无归洛，留相天子，活百姓。"（《宋史·司马光传》）随后，司马光上《乞开言路札子》，提出广开言路，废除新法，对农民施以"仁政"。随后司马光上疏，直接提出保甲法、免役法和将兵法是"病民伤国，有害无益"之法，主张悉数废除。元丰八年五月，司马光被任命为门下侍郎，"一旦起而为政，毅然以天下自任，开言路，进贤才。凡新法之为民害者，次第取而更张之，不数月之间，铲革略尽"（《宋史·司马光传》）。这样，人们又重新回到原来的政治经济秩序之下，民怨沸腾的状况也暂时平息下来，一度出现国家政通人和、人民安居乐业的局面，史称"元祐更化"或"元祐之治"。

但是，熙宁新政的影响仍是巨大和深远的。元祐之后，关于新法的争论并没有停息，特别是关于募役法和差役法的争论一直延续着。这是因为新法废除并没有使国家存在的经济社会矛盾得以解决。而为了解决这些矛盾，北宋朝臣意见分歧，基本上分成了两大派别，支持变法者被称为"元丰党人"，反对变法者被称为"元祐党人"。元祐更化时期以司马光为首的守旧派打击变法派，章惇、吕惠卿、蔡确等都遭到打击和贬谪。

元祐八年（1093年）九月，宣仁太后病卒，18岁的哲宗赵煦得以亲掌朝政。哲宗自负英明，素有变革之志，对王安石仰慕已久，亲政后跃跃欲试，试图重新发动变法实现富国强兵。他做的第一件事就是以章惇为相，并将反对王安石变法的礼部尚书苏辙贬知汝州。次年二月，哲宗将坚持变法的李清臣从真定府（今河北正定）召回京城，任命为中书侍郎。《宋史·李清臣传》：

> 绍圣元年，廷试进士，清臣发策曰："今复词赋之选而士不知劝，罢常平之官而农不加富，可差可募之说纷而役法病，或东或北之论异而河患滋，赐土以柔远也而羌夷之患未弭，弛利以便民也而商贾之路不通。夫可则因，否则革，惟当之为贵，圣人亦何有必焉。"主意皆绌元祐之政，策言悟其指，于是绍述之论大兴，国是遂变。

这是"绍圣绍述"的最早提出，事实上也是哲宗的执政宣言。四月，哲宗改元绍圣，意欲追随神宗之政，恢复熙宁、元丰以来的规章制度。随后哲宗全面恢复新法，李清臣自然充当了马前卒，"独颛中书，亟复青苗、免役法"（《宋史·李清臣传》）。免役法一律按元丰八年（1085年）以前的制度执行。此外，还废除十科取士法，改革元祐科举制度等。

新党把持朝政前后历时六年有余。然而，新法仅仅是简单的恢复，其实并无"新意"。王安石变法实际上存在诸多弊端，而在恢复新法时却没有加以调整和修正，因而所取得的成效十分有限。元符三年（1100年），宋哲宗去世，宋徽宗赵佶继位，向太后垂帘听政。在其近一年的听政期间，罢免了章惇与蔡卞、蔡京兄弟，起用了一批元祐旧臣。但这一过程仅仅延续了九个月，因而被称为"小元祐"。九个月后，向太后患病归政于宋徽宗，而徽宗的政治观念倾向于新党，因而旧党专政也就告一段落。但宋徽宗更是一个主张折中的皇帝，政策上左右摇摆。他在亲政之初追复旧党文彦博、王珪、司马光等三十三名元祐大臣官职，意欲调和熙丰与元祐党争。但不久又任用曾布为相，以绍述为名，排斥打击元祐大臣。崇宁元年（1102年）三月，蔡京被召入京，任翰林学士承旨，七月除尚书右仆射兼中书侍郎，新党开始执政，改革似乎又重新启动了。

但此时的新党已与王安石时期的新党完全不同，蔡京更与王安石完全不同。王安石是有理想的人，蔡京却是个功利小人，实际上并无稳定的政治观念，究竟是新还是旧，主要看是否对自己有利。崇宁元年九月，蔡京将与自己政见不合的一百二十人定为奸党，并由徽宗亲自书写姓名，刻于石上，竖于端礼门外，称之"元祐党人碑"。后来更增"元祐党人"为三百零九人。新旧党争扰乱了北宋朝政，政治生态遭到严重的破坏，是北宋政治瓦解和政权终结的重要原因。

第二节　南宋经济

一、绍兴中兴

1. 绍兴和议

北宋亡国后，1127 年，宋徽宗第九子康王赵构于应天府（今河南商丘）登基，改元建炎，重建宋王朝。此间南宋与金相互征伐，未有胜负，最终于绍兴十一年（1141 年）十一月达成《绍兴和议》。《绍兴和议》划定各自所辖区域，即东以淮河中流为界，西以大散关（在今陕西宝鸡西南）为界，南属宋朝，北属金国，割唐州（今河南唐河）、邓州（今河南邓县），以及商州（今陕西商县）、秦州（今甘肃天水）的大半予金；宋每年向金纳贡银二十五万两、绢二十五万匹，从绍兴十二年开始，每年春季送至泗州交纳。

《绍兴和议》对南宋政治经济格局产生了深远影响。《绍兴和议》确定"南自南，北自北"原则，即原籍在《绍兴和议》规定的南宋境内的汉人归南宋，原籍在《绍兴和议》规定的金国境内的汉人归金国。从此北方汉人不但完全在名义上成为金国臣民，而且不能南逃，否则将被遣返。这不仅使宋朝的版图大大缩小，人口也自然随之减少，国力受到极大削弱。此外，《绍兴和议》使宋朝失去了山西和关中的马场，致使军马供给严重不足，在战争中只能靠步兵与北方的精骑对阵，这是后来"隆兴北伐"和"开禧北伐"失败的重要原因。南宋被迫向金纳贡银贡绢，在一定程度上加重了南宋政府的财政压力，不得不进一步搜刮百姓，进而也加剧了社会矛盾。但和议后宋金之间维持了近二十年的和平，南宋政府利用这个时机实行必要的经济社会改革，为经济恢复和发展赢得了时间，特别在开发和发展江南地区经济方面取得进展，史称"绍兴中兴"。

2. 农业政策

南宋政府在一定时期里也曾试图恢复失地，但总是力不从心，而在失败后不得不将主要精力放在南方的开发和发展上。为了加快南部的开发，政府制定了一系列有利政策。

第一，蠲免政策。靖康事变后，大批北方汉人南迁，为了保证他们的生产和生活，稳住这些人口，政府给予他们很多优惠。高宗建炎元年，诏北来归正人、两淮复业人，在路不得收税。同年，诏"被虏之家蠲夏秋租税及科配"（《宋史·食货志》）。政府规定，南迁汉人（归正之人）可以在朝廷领到耕地，再贷款买到耕牛，本金八年还清，前三年免除租税；一无所有的流民（被虏之家）则可以在朝廷贷款，去买种子、买农具、安家置业，绍兴三十年前免除一切租赋。绍兴三十一年，分处归正人于淮南诸州，能自存者从便，愿为兵者籍之。（《宋史·高宗本纪》）

第二，营田江淮。南宋初，与金接壤的江淮等地屡遭兵火，地多荒废。宋政府遂广置屯田，然未见其效。绍兴五年（1135年），屯田郎中樊宾建言："荆湖、江南与两浙膏腴之田弥亘数千里，无人可耕，则地有遗利；中原士民扶携南渡，几千万人，则人有余力。今若使流寓失业之人，尽田荒闲不耕之田，则地无遗利，人无遗力，可以资中兴。"六年，右仆射张浚奏改江淮屯田为营田。凡官田、逃田并拘籍，以五顷为一庄，募民承佃。（《文献通考·田赋考》）政府给予营田户一定优惠，规定："客户五家相保共佃，一人为佃头。每客，官给牛五具，种子、农器副之。每家别给菜田十亩，又贷本钱七十千，分二年偿，勿取息，若收成日愿以斛斗折还者听。"（《续资治通鉴·宋纪一百十六》）绍兴七年（1137年）川陕宣抚使吴玠劝军民营田于梁泉（今陕西凤县西北）及洋州（今陕西洋县），当年夏秋所收粮近二十万石，缓解了军队供给。

第三，鼓励垦田。政府将招徕逃民和复垦土地作为各级官吏的政绩标准，并根据所取得的成果给予奖惩。绍兴五年五月，立《守令垦田殿最格》，规定：残破州县垦田增及一分，郡守升三季名次，增及九分，迁一官；亏及一分，降三季名次，亏及九分，镌一官。县令差减之。增亏各及十分者，取旨赏罚。（《宋史·食货志》）绍兴二十年（1150年）四月，高宗应新知庐州（今安徽合肥）吴逵所请，"置力田科，命江、浙、福建监司守臣募民往两淮开垦田地。岁收五百石归官庄者，免本户差役；七百石，补进义副尉；至四千石，补进武校尉，并作力田出身。其被赏后再开垦及元数，许参选如法，理名次在武举特奏名出身之上，遇科场许赴转运司应举"（《文献通考·选举考》）。

3. 卖断公田

宋代国家保有大量土地，包括没收不法官僚的土地、逃户和尽户等没人继续的田地、江河淤积的沙田，以及军队开垦的营田等。这些都是国有土地，通常称为"公田"。宋代国家不立田制，即不再创设土地产权，不再以国有化形式调整土地制度。南宋初期，政府不仅坚持了这一土地政策，还进一步将国家保有的土地私有化。宋高宗绍兴元年（1131年）开始，除将一部分公田划归寺院和学校外，还将其他公田全部卖断给私人经营。从初衷上看，政府卖断公田是财政方面的考虑，即通过变卖公田取得财政收入，既可以在一定程度上缓解军费紧张问题，也可以在一定程度上减轻人民的赋税负担。但买卖公田的深层原因，还在于公田的治理和经营中存在的弊端，一方面是官员营私舞弊，治理成本极高；另一方面是佃户欠输田租，田租流失严重。

政府鼓励私人买公田，并给予一些优惠政策。《宋史·食货志》：

> 绍兴元年，以军兴用度不足，诏尽鬻诸路官田。五年，诏诸官田比邻田租，召人请买，佃人愿买者听，佃及三十年以上者减价十之二。六年，诏诸路总领谕民投买户绝、没官、及江涨沙田、海退泥田。七年，以贼徒田舍及逃田充官庄，其没官田依旧出卖。
>
> 浙东刑狱使者邵大受亦乞承买官田者免物力三年至十年。一千贯以下免三年，一千贯以上五年，五千贯以上十年。于是诏所在常平没官、户绝田，已佃未佃、已添租未添租，并拘卖。三十年，诏承买荒田者免三年租。

在出卖官田过程中，也规定了对地方官吏奖惩措施。绍兴二十六年七月，"诏诸路提举常平官督察欺弊，申严赏罚。分水令张升佐、宜兴令陈以卖田稽违，各贬秩罢任。九月，浙东提举常平都絜以卖田最多，增一秩"（《宋史·食货志》）。

政府卖断公田政策，也遭到一些大臣的反对，并且大量土地无人购买。从宋高宗绍兴元年（1131年）开始卖断公田，到宋光宗绍熙四年（1189年）停止出卖。

4. 行经界法

北宋时期，"田制不立"原则导致土地兼并严重，因而地产状况比较混乱。由于战乱和迁徙，这种情况到南宋初期就更加严重，导致诉讼不断，在不同程度上影响了农业生产。绍兴十二年（1142年），左司员外郎李椿年奏言："兵火之后，文籍散亡，户口租税，虽版曹尚无所稽考，况于州县乎豪民猾吏咤缘为奸，机巧多端，情伪万状，以有为无，以强吞弱，有田者未必有税，有税者未必有田。富者日以兼并，贫者日以困弱，皆由经界之不正耳。"（《宋会要辑稿·食货六》）他进一步提出经界不正十害：侵耕失税；推割不行；衙门及坊场户虚供抵当；乡司走弄税名；诡名寄产；兵火后税籍不信，争讼日起；倚阁不实；州县隐赋多，公私俱困；豪猾户自陈，税籍不实；逃田税偏重，人无肯售。经界正则害可转为利。（《文献通考·田赋考五》）他认为行仁政当自正经界始，建议清查核实土地占有状况，实行经界法。

宋高宗听从李椿年建议，任命李为两浙路转运副使，措置经界。李椿年在转运司下设措置经界所，作为推行经界法的执行机关。根据文献所记，经界具体措施分为以下几个步骤：第一，打量步亩：以乡都为单位，逐丘进行打量，计算亩步大小，辨别土色高低，均定苗税。第二，造鱼鳞图：保各有图，大则山川道路，小则人户田宅，顷亩阔狭，皆一一描画，使之东西相连，南北相照，各得其实；然后合十保为一都之图，合诸都为一县之图。第三，置砧基簿：每户置簿，逐一标明田产的田形地段，亩步四至，以及得产缘由，赴县印押，永充凭证；遇有典卖交易，须各持砧基簿和契书对行批凿。

经界法从平江府（今江苏苏州）开始，逐渐推广至两浙，再推广至诸路。绍兴十四年（1144年），正在两浙推行经界法的李椿年以母忧去职。次年正月，高宗以权户部侍郎王铁措置经界。王铁请户部员外郎李朝正协助，造砧基簿，令逐保排定。所报如有不实，许人陈告，以隐田给以充赏。十七年，复以李椿年权户部侍郎，措置经界。到绍兴十九年（1149年）冬，江、浙、闽、川各路多数州军都已次第完成。因官吏豪绅的反对，漳、汀（今福建长汀）、泉三州行而复罢，绍熙二年（1191年）曾再度清丈，但也未成功。因此，绍兴经界不到百年，旧籍之在官者半已不存，甚至漫不可考，赋税隐漏走移愈益严重。

5. 商业政策

南宋所据之地域，大多资源丰富，特别是经唐五代时期的发展，商品经济较为发达。南宋朝廷较北宋更加开放，商业更加繁荣。南宋高宗时期，政府实施了一系列改革措施，以促进商业发展。

第一，榷场互市。绍兴和议带来暂时和平，正常贸易得以进行。次年（1142年）五月，宋军器监主簿沈该知盱眙军（今江苏盱眙），为开展双边贸易，始措置榷场之法，规定：小商人十人结保，每次携一半货物到对方榷场交易。大商人悉拘之，以待对方商贾前来，交易双方须由官牙人居中斡旋，不得直接接触。榷场领辖于所在地区的监司及州军长吏，又另设专官，稽查货物，征收商税。后又置场于光州（今河南潢川）、枣阳（今湖北枣阳）、安丰军花靥镇（今安徽寿县西北）等地，诸场皆以盱眙为准。而金国也先后于蔡州（今河南汝南）、泗州（今江苏境内）、唐州（今河南唐县）、邓州（今河南邓县）、秦州（今甘肃天水）、巩州（今甘肃陇西）、洮州（今甘肃临潭）、凤翔府（今陕西凤翔）设置榷场。在榷场贸易中，南宋向金输出的主要是农产品及手工业制品，如粮食、茶叶、布帛、瓷器、漆器以及海外香药之类；金输往南宋的大宗商品则有牲畜、皮货、药材、珠玉等。但双方交易的商品种类也有严格规定，如北方的战马，南方的钢铁、硫磺、焰硝之类军用物资，一般都严禁出境。

第二，整顿货币。吸取北宋交子制度失败的教训，南宋初坚持金属铸币政策。但币材缺乏仍是坚持金属货币政策所面临的最大困难。为此，政府实行禁铜政策。绍兴二十八年（1158年），高宗说："前后铜禁，行之不严，殆成虚文。铜器虽民间所常用，然亦可以它物代之。今若自公卿贵戚之家，以身率之，一切不用，然后申严法禁，宜无不成者。"随后，高宗带头，"出御府铜器千五百事送铸钱司，遂大敛民间铜器。其道、佛像及寺观钟磬之属并置籍，每斤收其算二十文；民间所用照子、带鐍之类，则官鬻之。凡民间铜器，阴一月输官；限满不纳，十斤已上徒二年，赏钱三百千，许人告，自后犯者，私匠配钱监重役。其后得铜二百万斤。"（《续资治通鉴·宋纪一百三十二》）同时，政府加强了对会子和交子的管理。绍兴三十一年（1161 年）二月，为管理会子印造发行事务，"置行在会子务，后隶都茶场，悉视川钱法行之。东南诸路凡上供军需，并同见钱，仍分一千、二千，三千凡三等。盖权户部侍郎钱端礼主行之，仍赐左帑钱十万缗为本。初命徽州造会子纸，其后造于成都"（《宋史·高宗本纪》）。三十二年十二月，诏定伪造会子之罚。会子初止行于两浙，后又诏通行于淮、浙、湖北、京西。"除亭户盐本并用见钱外，其不通水路去处上供等钱，许尽用会子解发。其沿流州军，钱、会中半。民间典卖田宅、牛畜、车船等如之，或全用会子者听。"（《文献通考·钱币考二》）

第三，发展贸易。南宋时传统的西北丝路中断，与金的榷场贸易也随战和关系时断时续。在北方游牧民族压力下，南宋经济中心转移到南方，东南沿海地区经济繁荣，成为发展海外贸易的基地。另一方面，西方发生十字军战争，阿拉伯商人把贸易方向转移到东方，努力开辟东方商路，越来越多地出入我国沿海口岸。高宗非常重视海外贸易。绍兴七年，高宗说："市舶之利最厚，若措置合宜，所得动以百万计，岂不胜取之于民！朕所以留意于此，庶几可以少宽民力尔。"（《宋会要辑稿·职官四四》）所以，南宋初期面向海外的贸易发展很快。

总的来看，高宗时期是南宋经济社会恢复并获得一定发展的时期。南宋政府的偏安政策是经济社会恢复和发展的重要条件。就是说，南宋基本放弃了国家统一大业，将主要精力放在南部经济社会发展方面。与此同时，南宋政府比较开明开放，实行较为自由宽松的经济政策，包括土地政策和市场政策，在农业恢复的基础上取得工商业发展和繁荣。

二、乾淳之治

南宋高宗时期，由于大片国土沦陷，北方威胁严重，面对的主要矛盾是国家安全和经济恢复。高宗所采取的政策是通过"和议"取得暂时的和平，同时恢复经济，稳定社会，而光复中原只能暂且不论了。正是利用三十多年的"和平"，南宋社会暂时稳定，经济获得恢复。绍兴三十二年（1162 年），高宗禅位于赵昚，是为孝宗。宋孝宗即位后，颇欲有番作为，试图改革朝政，力图恢复中原。所以，他继位后立即给岳飞平反，任主战的张浚为相，并且整顿吏治，裁汰冗官，惩治贪污，加强集权，同时重视农业生产，劝课农桑，兴修水利，导致民和俗静，家给人足，牛马遍野，余粮委田，出现了天下康宁的升平景象，史称"乾淳之治"。

1. 惠农减税

高宗时期，宋金关系仍是比较紧张的，所以国家财政也是紧张的。高宗时期的恢复和发展，给孝宗提供了政策调整空间。为了发展社会经济，孝宗屡次下诏，采取有效措施，减轻人民负担。具体说，主要有以下几项：

第一，鼓励农民归业。孝宗时期，受宋金战争影响，仍有不少土地荒芜，而大批南渡人民没有土地。所以，继续高宗时期的鼓励农民归业仍是一项重要任务。为此，政府制定了一些鼓励政策。《宋史·食货志》：

> 孝宗隆兴元年，诏："凡百姓逃弃田宅，出三十年无人归认者，依户绝法。"乾道元年正月，都省言："淮民复业，宜先劝课农桑。令、丞植桑三万株至六万株，守、倅部内植二十万株以上，并论赏有差。"二月，三省、枢密院言："归正人贫乏者散居两淮，去冬淮民种麦甚广，逃亡未归，无人收获。"诏诸郡量口均给，其已归业者毋例扰之。四年，知鄂州李椿奏："州虽在江南，荒田甚多，请佃者开垦未几，便起毛税，度田追呼，不任其扰，旋即逃去。今欲召人请射，免税三年；三年之后为世业，三分为率，输苗一分，更三年增一分，又三年全输。归业者别以荒田给之。又诏楚州给归正人田及牛具、种粮钱五万缗。"

第二，禁止夏税"预催"。南宋初年，为保证政府收入，经常提前征收本税季的田赋，称为"预催"。例如，按规定夏税是八月半纳毕，但户部却要求在七月底以前送到首都临安。到宋孝宗时更提前到五月甚至四月。淳熙四年（1177年）二月，孝宗说："既是违法病民，朝廷须别作措置。"茂良建议："户部每年八月于南库借六十万缗应副支遣，次年正月至三月拨还。今若移此六十万缗于四月五月支借，则户部自无阙用，可以禁止预催之弊。"孝宗认为："如此措置，不过移后就前，却得民力少宽，于公私俱便。"于是诏令诸路转运司行下所部州县："今后须管依条限催理，如有违戾去处，仰监司觉察按劾。"（《宋史·孝宗本纪》）

第三，禁止进献"羡余"。"羡余"源于唐代，是地方官员以赋税盈余的名义向朝廷的进献，意在博取皇帝的赏识。孝宗乾道五年（1169年），臣僚尝言："诸州所献羡余，类皆移易以觊恩幸。"孝宗说："今日财赋，安得有余，自今若有此献，朕当却之。"（《宋会要辑稿·崇儒七》）淳熙五年夏四月，"知绍兴府张津进羡余四十万缗，诏以代民输和买、身丁之半"。宋孝宗以之"警厉臣工，风动中外"。五月，诏"禁诸路州军责属县进羡余"。（《宋史·孝宗本纪》）孝宗通过这些举措使"羡余"之弊政得以禁除。

第四，取消"犹剩米"和"科杂钱"及无额上供赏格。宋代杂税极多，人民负担繁重。福建路兴化军（今福建莆田）自建炎三年起每年以"犹剩米"为名，额外征收 2.4 万多石供应福州。四十年间，水旱相仍，不复减损。乾道元年，孝宗蠲兴化军"犹剩米"之半，乾道八年又将剩余部分全部减免。（《宋史·食货志》）自唐末五代初陶雅任徽州郡守时增收额外"科杂钱"1.2 万多缗，以后一直沿征。乾道九年五月二日，孝宗诏："徽州将正额外创科杂钱一万二千一百八十余贯并行住罢，更不科催。"（《宋会要辑稿·食货六三》）沿征了 260 多年的科杂钱至此废除。无额上供属额外的摊派，税源庞杂，收入不固定，因当时并未立额，故称无额上供。宋初"有额上供四百万，无额上供二百万"（《宋史·食货志》），可见数额不小。宋有法律规定："监司、知州无额上供者赏。"对此孝宗说："既无名额，则是白取于民也，又立赏以诱之，使之多取于民，朕诚不忍也。可悉删去此赏格。"（《宋会要辑稿·帝系一一》）

2. 兴修水利

南宋偏安江南，农业生产十分依仗水利。因而宋孝宗非常重视水利建设，经常督促地方官兴修水利，"勉农桑，尽地利"。南方多湖泊水荡，有实力的地主往往在湖泊河川地带排水筑堤，围起一大片肥沃的土地，变为自己的园田。但在洪水泛滥之时围田妨碍排水，使广大农田受淹。所以，宋廷不断禁止地主围田行为。乾道二年（1166 年）四月，吏部侍郎陈之茂言围田堙塞泄水之道，侵占潴水之地，使地势较低的农田易遭水患。宋孝宗命两浙转运副使王炎会同州县官，开决浙西平江府（今江苏苏州）和湖州（今浙江嘉兴）等地新近围裹草荡、荷荡、菱荡及在陂湖溪港岸边筑塍所成之田。同时政府免除所开决围田中租户向田主所贷种粮及债负。为防权要之家修复已开之围，尚书省又命两浙转运司和渚县守令常加检察，不许违令再围。乾道五年（1169 年）九月，宋廷下令：凡积水草荡，今后一概不许请佃，即便是政府拨赐的草荡也不例外。

乾道六年（1170 年）五月，江东建康（今江苏南京）、宁国府（今安徽宣城）、太平州（今安徽当涂）大水，圩田多溃决。闰五月、六月和九月，姜铣、周操先后上言，建议修复圩田。十二月，监进奏院李结献《治田三议》：一曰务本，二曰协力，三曰因时。大略谓："浙西低田恃堤为固，若堤岸高厚，则水不能入。乞于苏、湖、常、秀诸州水田塘浦要处，官以钱米贷田主，乘此农隙，作堰增令高阔，则堤成而水不为患。方此饥馑，俾食其力，因其所利而利之。秋冬旱涸，泾滨断流，车畎修筑，尤为省力。"户部认为李结"三议切当，但工力浩瀚，欲晓有田之家，各依乡原亩步出钱米与租田之人，更相修筑，庶官无所费，民不告劳"（《宋史·食货上一》）。经数年兴修，至乾道九年（1173 年），宁国府旧圩四十余里，新筑圩岸九里，芜湖县圩周二百九十余里，合当涂县圩共四百八十余里，皆圩岸高厚坚固，足捍风涛，成绩颇为可观。

乾道九年（1173年），孝宗下诏大兴水利，令诸路浚治疏导陂塘川泽。诏令既下，各地闻风而动。至次年，江东提举潘甸报告："所部州县措置修筑浚治陂塘，今已毕工，计九州军四十三县，共修治陂塘沟堰凡二万二千四百五十一所，可灌溉田四万四千二百四十二顷有奇。"（《宋史·孝宗本纪》）

3. 经济改革

南宋的经济体制基本上沿袭北宋，自然北宋时期的各项弊端也带到南宋。所以，部分北宋时期的改革工程需继续进行。总的来看，在北宋经济体制改革的基础上，南宋的经济体制更加开放和宽松。

第一，屯田改革。乾道元年（1165年）三月，宋政府为恢复饱受战争破坏的两淮、京西和湖北的经济，安置流民、归正人和士兵，命淮西、湖北、荆襄帅臣措置屯田。乾道五年（1169年），因利州路营田政府得不偿费，民苦于差科抑派，政府下令罢诸州营田官兵，募民佃耕。随后又罢淮东屯田官兵，募民佃耕，命淮西安抚司参议官许子中招集淮西归正忠义人耕垦官田。至此，各地屯田大多改为民屯。乾道八年（1172年）十一月，为筹措军费，宋孝宗下令遣官出卖江浙闽广湖南八路官田。次年正月，又遣官出卖江浙营田及没官田。

第二，役法改革。宋室南渡之初，基本上袭用北宋末年免役法，后来改为令雇募人充役。孝宗时对役法进行改革，实行差役与义役并行。义役创于高宗时期。绍兴年间，婺州金华县长仙乡的一些"大姓"，因轮派保正役而时起纠纷。为解决这个矛盾，人们创议合伙捐田一百亩，由保正经管，以其收益作为应役之资。宋孝宗乾道时，范成大知处州（今浙江丽水西）时，遇松阳县（今浙江）民为职役争执至讼。乾道五年范成大对原义役进行改革，规定：民以都保为单位，据役户多少和职役情况，各家按贫富输钱买田称义田，以所收田谷助当役者，民户按次序轮流充役。义役既行，公私皆称便。但是，与役者或凭材智把持其事，或以气力凌驾众户，专利谋私，以致虐贫优富，凌寡暴孤，加以吏胥的阻挠和破坏，负担增重，以至破家荡产，因而义役成为"不义之役"。

第三，盐法改革。建炎年间，宋政府在福建实行钞盐法，商人用钱买钞，凭盐钞至产地领盐运销，但旋即废之，令福建转运司每年输钞盐钱二十万缗送行在榷货务，人民多苦于抑配。乾道四年（1168年）二月，宋廷免去福建漕司岁输钞盐钱十五万贯，只令岁输七万缗以充上供。漕司和州县财政负担因而大大减轻，不再抑售于民。乾道八年五月，宋廷因福建市舶陈岘之请，在福建复行钞盐法。岘按盐数量分五等造钞，以备商人请买。次年正月乙酉，因钞法敷扰害民，州郡岁计支用不足，宋廷又命福建漕司废钞法，诸州盐纲依旧官般官卖。淳熙九年（1182年）正月，"以福建盐自来运卖，近为钞法敷扰害民，于是诏福建转运司，诸州盐纲依旧官般官卖。"（《宋史·食货志》）广西盐法也经历福建一样的变迁。

4. 货币政策

南宋商品经济发达，但苦于币材缺乏，货币供给不足，严重影响经济发展。为此，政府延续北宋的货币政策，用铁钱代替铜钱流通，同时以国家信用保证会子的币值和流通。乾道初，宋孝宗有诏令淮南、京西悉用铁钱。乾道六年（1170 年）二月，宋复置舒州（今安徽潜山）同安监，以铸铁钱；并遣司农寺丞许子中赴淮西，措置铁钱事宜。四月，罢铸钱司，归属发运司。六月，置蕲州（今湖北蕲春）蕲春监、黄州（今湖北黄冈）齐安监，铸造铁钱。七月，置兴国军（今湖北阳新）兴国监。十二月，又置江州（今江西九江）广宁监、临江军（今江西清江西）丰余监、抚州裕国监，均铸造铁钱，其所铸大小铁钱通行于两淮。淳熙年间，江西、湖、广间多毁熔铜钱，夹以沙泥，重行冶铸，称砂毛钱。淳熙五年（1178 年）七月，政府下令严禁铸行此类钱币。淳熙九年（1182 年）九月，为防止金银外流，宋廷下令禁止蕃舶贩易金银，并著为法令。但法禁虽严，奸巧愈密。商人贪利而偷运，奸吏受赂而放行，金银外流的现象并未被禁绝。淳熙十年（1183 年）九月，宋廷下令禁止内地郡县行用铁钱。

在铸用铁钱的同时，政府还扩大会子的发行，并采取措施保持会子币值。孝宗隆兴元年（1163 年），诏会子以"隆兴尚书户部官印会子之印"为文，更造五百文会，又造二百、三百文会，并置江州会子务。乾道二年（1166 年）夏，规定会子只行用于两淮，不得过江。后因两淮禁用铜钱、交子，通行铁钱，交子印造数量太多，以致商贾不行，人民困乏。宋政府遂罢铜钱、会子不得过江之禁，允许民间交子作现钱输官。会子发行缓解了金属货币不足的问题，但更严重的问题是通货膨胀。

5. 推广社仓

隋唐已有社仓之设，但民办粮仓由南宋朱熹首创。孝宗乾道四年（1168 年），建宁府崇安县（今武夷山）因灾情严重，年成荒馑，饥民骚动。当时朱熹在崇安开耀乡五夫屏山居里祠禄养亲，提出创建社仓，以济乡里。淳熙八年（1181 年）十二月，朱熹在提举浙东常平茶盐公事任内，因逢荒年，饥民遍野，饿殍遍地，遂奏事延和殿，向孝宗献策救灾，建议推广社仓。孝宗派他回浙东赶办救荒大事。朱熹不负上望，当年尽缓灾情，使饥民无断炊之忧。第二年，南宋朝廷将朱熹呈请施行的《社仓法》"颁诏行于诸府各州"。《社仓法》规定：

> 凡借贷者，十家为甲，甲推其人为之首；五十家则择一通晓者为社首。每年正月，告示社首，下都结甲。其有逃军及无行之人，与有税钱衣食不阙者，并不得入甲。其应入甲者，又问其愿与不愿。愿者，开具一家大小口若干，大口一石，小口减半，五岁以下不预请。甲首加请一倍。社首审订虚实，取人人

手书持赴本仓，再审无弊，然后排定。甲首附都簿载某人借若干石，依正簿分两时给：初当下田时，次当耘耨时。秋成还谷不过八月三十日足，湿恶不实者罚。（《宋史·食货志·赈恤》）

社仓法的施行对救荒产生了良好效果。但因为社仓事务由富户主持，沿用日久不免弊端百出。社仓粮食要么被挪用，急需时无粮可借，要么向老百姓强行摊派征收，与正税毫无二致。

三、理宗改革

1. 端平更化

经高宗和孝宗两朝共62年的恢复和发展，南宋社会经济已经达到相当高的水平。嗣后的光宗和宁宗共在位35年，但基本没有什么建树，不过延续了高宗和孝宗的政策和趋势。宋光宗执政五年就禅位给宁宗，史称"绍熙内禅"或"光宗内禅"。宁宗一度想通过改革和北伐建功立业，并实施了"开禧北伐"。但因准备不足，实力不足，导致北伐失败。北伐失败后，宁宗放弃恢复失地的努力而转向经济社会发展，实施了一些有利于社会经济发展的改革措施，史称"嘉定更化"。但"更化"仍陷于新党旧党与主战主和的派系纠葛，尽管有较好的顶层设计，但实施起来却大打折扣，无法落实，最终无果而终，因而流行着"有更化之名，无更化之实"之说。事实上，南宋后期的几位帝王对国家的颓势都是有所认识的，也都试图阻止这种颓势，挽救宋朝的江山社稷，但都无奈于内部党争难解和北方民族南下之大势，而最终大多无所作为。

南宋后期试图有所作为的皇帝是宋理宗。宋理宗是赵匡胤之子赵德昭的十世孙。由于早已远离皇家世系，实际上与平民无异，因而与新旧党争也并无实际瓜葛，反而对社会生活和民众诉求有所了解。理宗登位后，任用了一批与党争无关的贤良之士实施改革。据《宋史·宰辅年表》记载，理宗在更化期间任用过37名宰执，大多为贤良之士，一时朝堂之上，人才济济，政风为之一变。从端平元年（1234年）到淳祐十二年（1252年）的近20年间，在理宗的主导下，政府采取了一系列改革措施，史称"端平更化"。

"端平更化"的内容主要是两个部分：一是澄清吏治。理宗亲自撰制《审刑铭》《训廉铭》等，把道德宣传与法律约束结合起来，规定官员犯赃与谋杀、故杀、放火列为同罪，贪赃移作他用者籍没其家，并严厉惩办了一批赃吏。与此同时加强了制度建设，如取消堂除陋规，减少官吏权摄，控制取士人数，严格升迁制度等。二是整顿财政。面对物价飞涨、国库空虚两大问题，政府停止发行新币，适当回收旧币，严禁伪造纸币，并动用库存黄金十万两、白银数百万两平抑物价。为遏制日渐严重的经济危机，政府严格会计制度，实行节用方针，并于端平元年下令编制《端平会计录》，以严格审计户部财赋收支。

端平更化对稳定理宗亲政后的政局与社会经济，产生了一定的积极效果。但此时的南宋气数已尽，大厦将倾，众臣"所请之事无一施行"，澄清吏治、整顿财政的各项措施也大多就事论事，治标不治本。所以，"端平更化"虽然声势很大，却没有实际功效，更没有改变南宋走向衰落的趋势。更重要的是，南宋朝面临着蒙古入侵的压力。宋理宗绍定五年（1233 年），南宋政府实行"联蒙灭金"战略，与蒙古结成盟友。端平元年（1234 年），宋蒙联军成功灭金，南宋收复了原北宋东京开封府（今河南开封）、西京河南府（今河南洛阳）和南京应天府（今河南商丘），史称"端平入洛"。但蒙古背信弃义，削减宋应得的土地，宋出兵强行要回土地，却惨败而归，并招致蒙古的大规模入侵。内外交困的局面使理宗受到极大的打击，完全丧失了当初勤政图治的锐气，怠于政事，朝纲大坏，宋朝国势加速崩溃。

2. 景定公田法

南宋晚期，政府为平抑粮价而实行"和籴"，要求官僚地主以平价将稻谷卖给国家。这不仅招致官僚地主阶级的反对，而且政府还不得不发行更多的纸币，用来购买这些稻谷，从而导致严重的通货膨胀。在纸币贬值、物价攀升、军费短缺等多重压力之下，南宋的财政极度困窘，到了山穷水尽的地步。而朝廷能够拿出的办法只有两个：一是饮鸩止渴式的滥发会子，一是竭泽而渔式的和籴。但这两种方法只能使国家经济进一步陷于困境，即"国计困于造楮，富户困于和籴"。面对这种局面，贾似道提出一个增加政府收入的办法，即"公田法"。

公田法的历史渊源是传统的限田政策。当时的设想是，"以官品计顷，以品级计数，下两浙、江东、西和籴去处，先行归并诡析，后将官户田产逾限之数抽三分之一，回买以充公田。但得一千万亩之田，则每岁可收六七百万石之米，其于军饷沛然有余，可免和籴，可以饷军，可以杜造楮币，可平物价，可平富室，一事行而五利兴矣"（《续资治通鉴·宋纪一百七十七》）。

公田法直接涉及官僚地主的利益，因而遭到朝野广泛抵制，理宗也下不了决心，说："永免和籴，无如买逾限之田为良法。然东作方兴，权俟秋成，续议施行。"贾似道以辞职相威胁，迫使理宗同意实施。而"似道首以己田在浙西者万亩为公田倡，荣王与芮继之，赵立奎自陈投卖；由是朝野无敢言者"（《续资治通鉴·宋纪一百七十七》）。

景定四年（1263 年）二月，国家正式成立官田所，专门负责回买公田事务。到六月即回买到公田三百五十余万亩。但品官超标的田亩远远不足公田的数额，于是，先是规定无官之家拥有的最高田额也限五顷，后来降至二百亩，最后无论官民，超出百亩以外的田地就必须回买三分之一为公田。但政府却拿不出足够的买地钱，只能采取以部分银钱和部分会子来支付："五千亩以上，以银半分、官告五分、度牒二分、会子二分半；五千亩以下，以银半分、官告三分、度牒二分、会子三分半；千亩以下，度牒、会子各半；五百亩至三百亩，全以会子。"《宋史·食货志》为了支付回买公田的货币，政府开动印钞机，每天加印十五万贯会子。首批公田回买以后，"分置庄官催租，州县督庄官及时交收运发。"庄官一般由财产丰饶者担任，两年一届，负责征收与运送租米。

公田法对暂时缓解财政危机来说起到了立竿见影的效果。景定四年（1263 年）七月，公田法实行不到半年，都省言："中外支用粗足，已行减造会子。今置公田，免籴本，又合减造。"诏每日更减五万。（《宋史·理宗本纪》）但公田法不可能从根本上解决财政危机，反而成为社会动荡的新源头。当时这个计划遭到大地主阶层的强力反对，但贾似道权倾一时，强力推行，公田法一直实施到他最后被罢免，由 1263 年至 1275 年，共计 12 年。

景定公田法的实施，造成严重的社会经济后果。《宋史·贾似道传》：

> 买公田以罢和籴，浙西田亩有直千缗者，似道均以四十缗买之。数稍多，予银绢；又多，予度牒告身。吏又恣为操切，浙中大扰。有奉行不至者，提领刘良贵劾之。有司争相迎合，务以买田多为功，皆缪以七八斗为石。其后，田少与硗瘠、亏租与佃人负租而逃者，率取偿田主。六郡之民，破家者多。

3. 经界推排法

景定五年（1264 年）九月，贾似道奏请在各路推行经界推排法，旨在厘正田税隐漏。当年十月，理宗死，度宗继位，于咸淳元年（1265 年）将经界推排法推行全国。所谓经界，就是逐户丈量土地，绘图造册。经界推排法与以往经界不同，并不履亩丈量，而是以县统都，以都统保，依据嘉定经界时的籍账，选任富厚公平的人，核实田亩税色，订正田主、佃户变动情况，记入图册，使民有定产，产有定税，税有定籍。但此次经界的目的主要不是清查隐田，抑制兼并，而只是为回买公田提供依据。由于不必丈量土地，只需根据原有田产记录，核查其后变动，故而称为推排。由于执行清查任务的多为当地富豪，他们核实自己的田产赋税时往往隐瞒漏报，而对一般贫弱民户则是锱铢必较，尺寸田地皆有税，甚至向寡弱户虚加赋税。这就导致进一步的赋税不均，民力益竭。时人作诗讽刺："三分天下二分亡，犹把山川寸寸量，纵使一丘添一亩，也应不似旧封疆。"（《嘲贾似道》，《全宋诗》卷一七三）

第三节　食货之国计

一、田制

宋朝的土地政策可以用"田制不立"和"不抑兼并"来概括。"田制不立"是说政府不进行土地制度的创设，"不抑兼并"是说政府不以行政手段干预土地市场。这是中国历史上土地制度的重要转变。但事实上，只要存在土地私有和土地买卖制度，土地的兼并就不可避免地要发生。宋初的数十年里，土地兼并还是出现了，而土地占有的不均更导致赋税不均。所以到仁宗朝，朝野出现抑制兼并和均平赋税的呼声，仁宗也发出限田诏书。但这些政策都遭到地主的抵制，地方政府则以各种借口推诿拖延，最后的结果就是不了了之。尽管如此，整个北宋时期，限田之议仍不断出现，甚至延续到南宋时期。但此时的限田之议，不过是迂腐文人的虚论而已。如建炎三年（1129 年），广州州学教授林勋献《本政书》十三篇，提出"宜仿古井田之制，使民一夫占田五十亩，其羡田之家毋得市田；其无田与游惰末作者，皆使为农，以耕田之羡"。不过，他的建议并没有得到朝廷的重视，仅仅赏给他桂州节度掌书记一个小官做。

但"田制不立"和"不抑兼并"政策的负面结果是影响国家赋税收入。《宋史·食货志》：

> 宋克平诸国，每以恤民为先务，累朝相承，凡无名苛细之敛，常加铲革，尺缣斗粟，未闻有所增益。一遇水旱徭役，则蠲除倚格，殆无虚岁，倚格者后或凶歉，亦辄蠲之。而又田制不立圳亩转易，丁口隐漏，兼并冒伪，未尝考按，故赋入之利视前代为薄。

不过，像这种通过隐匿田产来逃避赋税的情况在历朝历代都有，并且是最为普遍的方式。到南宋时，政府反复强调土地的私有制度。如高宗时期的买断公田政策、行经界法等，一方面是将国有土地出卖给私人，实行土地私有化改革；另一方面是明确土地产权，同时明确承担赋役和纳税主体。南宋时在淮河地区实行营田以保证军队供给，但由于国有土地经营不善，最终不得不采取租佃方式而放弃政府经营。

南宋时土地政策的最大变化是理宗时期实行的景定公田法，即国家回购官僚和地主的超标土地，实际上是部分土地的国有化。但事实上，这次大规模的公田运动，主要目的是通过没有价值的会子等纸币回购私人土地，然后将这些土地出租以收取地租解决国用。但是这次公田运动，既引起官僚地主的不满，也不能解决土地占有的不公平问题，反而加剧了社会矛盾。

二、赋役

1. 赋税

宋代税制基本上沿袭唐五代的两税制度，但有很多改进。

第一，确定税籍。《宋史·食货志》：

> 诸州税籍，录事参军按视，判官振举。形势户立别籍，通判专掌督之，二税须于三限前半月毕输。岁起纳二税，前期令县各造税籍，具一县户数、夏税秋苗亩桑功及缘科物为帐一，送州覆校定，用州印，藏长吏厅，县籍亦用州印，给付令佐。造夏税籍以正月一日，秋税籍以四月一日，并限四十五日毕。

第二，税物品类。宋朝两税的税物品类繁伙，有基本农产品和手工业品，还有品种繁杂的土特产。《宋史·食货志》：

> 宋制岁赋，其类有五：日公田之赋，凡田之在官，赋民耕而收其租者是也。日民田之赋，百姓各得专之者是也。日城郭之赋，宅税、地税之类是也。日丁口之赋，百姓岁岁输身丁钱米是也。日杂变之赋，牛革、蚕盐之类，随其所出，变而输之是也。岁赋之物，其类有四：日谷，日帛，日金、铁，日物产是也。谷之品七：一日粟，二日稻，三日麦，四日黍，五日稷，六日菽，七日杂子。帛之品十：一日罗，二日绫，三日绢，四日糸，五日绸，六日绸，七日杂折，八日丝线，九日绵，十日布葛。金铁之品四：一日金，二日银，三日铁、镴，四日铜、铁钱。物产之品六：一日六畜，二日齿、革、翎毛，三日茶、盐，四日竹木、麻草、刍菜，五日果、药、油、纸、薪、炭、漆、蜡，六日杂物。

第三，"支移"和"折变"。《宋史·食货志》："其输有常处，而以有余补不足，则移此输彼，移近输远，谓之'支移'。其入有常物，而一时所输则变而取之，使其直轻重相当，谓之'折变'。"支移和折变，往往增加了农民的赋税负担。为此，宋廷也设法加以改进。"明道中，帝躬耕籍田，因诏三司以类并合。于是悉除诸名品，并为一物，夏秋岁入，第分粗细二色，百姓便之。"（《宋史·食货志》）

第四，两税的税率。宋代张方平《食货论·税赋》记载："大率中田亩收一石，输官一斗。"(《乐全集》卷十四《食货论·税赋》)这里的亩税一斗应为平均数，不同地区有轻有重，还要根据耕地肥沃程度来确定。"熙宁初，神宗皇帝诏有司讲究方田利害，盖以土色肥硗别田之美恶，定赋调之多寡"。(《宋会要辑稿·食货四》)南宋初实行经界法，绍兴府萧山县"析田以六等，均税以三则"(《南涧甲乙稿·承议郎新通判兴国军孟君墓志铭》)，信州贵溪县税额"分为九等"(《宋史·叶颙传》)。《续资治通鉴长编·熙宁四年》记载："天下之田有一亩而税钱数十者，有一亩而税数钱者，有善田而税轻者，有恶田而税重者。"

2. 役法

农民不仅要承担两税，还要承担各种力役。在唐代以前，役主要是兵役和各种劳役，统称为"庸"。宋代将"庸"并入两税征收，各种差役改称职役作为正役。宋代职役大致分四类：保管且负责运解官物者，如衙前；主持基层行政且督课赋役者，如里正、户长、乡书手；逐捕贼盗、维护治安者，如耆长、弓手、壮丁等；供官府使唤的胥吏，如承符、人力、手力、散从等。对这些职役，"每岁以人丁物力定差"(《续资治通鉴长编·淳化五年》)，"各以乡户等第差充"(《文献通考·职役考》)，即按民户资产分列户等轮派。五个户等在担任差徭方面也有差别，"上户"担承统治者的辅助工作，性质近于胥吏，名称叫作"职役"；"下户"担承社会劳动，如浚河、防汛、筑城、运输军需物资等，性质近乎屯田士或隶农，名称叫作"杂徭"。应役之人履行职务时所需费用也都要由自己负担。到仁宗朝时，差役法的弊病日益显露，许多乡村上户在担任衙前期间，因丢失官物或为官吏敲诈等而倾家荡产。因此，乡村上户普遍视衙前役为畏途，想方设法逃避。仁宗至和二年（1055 年），改行"五则法"：

> 凡差乡户衙前，视赀产多寡置籍，分为五则，又第其役轻重放此。假有第一等重役十，当役十人，列第一等户百；第二等重役五，当役五人，列第二等户五十，以备十番役使。藏其籍通判治所，遇差人，长吏以下同按视之，转运使、提点刑狱察其违慢。(《宋史·食货志》)

神宗熙宁四年（1071 年），在全国范围实行新役法，改差法为雇法即募役法，当役人户交纳免役钱，坊郭户和官户等无役者交纳助役钱。不过在实行募役法的同时，也保留部分差役，如开封府界仍旧轮差下户充当壮丁，上户充当耆长。熙宁七年又恢复了乡役方面的差法，并与保甲法相结合，形成"保役法"。这时，即废除户长和坊正，又轮差城乡保丁充当"甲头"，使之催纳赋税、青苗钱和役钱。不久又废除壮丁、耆长，其职责归于都副保正、大保长；裁减各地弓手名额，用保丁补充原额的人数。尽管有各种变化，但募役法的基本改革方向是确定的。

南宋时兼行差雇二法。在这种体制下，尽管要照例征收免役钱，但仍有大量差乡户应役。保正承行文书，保长催税，不免赔累甚至破产，因而上户多将此役转嫁给中、下户。高宗绍兴年间（1131—1162 年），婺州金华县长仙乡的百姓，因轮派保正役而时起纠纷，乃创议合伙捐田一百亩，帮助当役者应差；每年三月旧保正将田移交给新保正，作为应役之资。此为"义役"之始，以后各地陆续仿效。乾道五年（1169 年），处州松阳县倡为义役，众出田谷，助役户轮充，自是所在推行。（《宋史·食货志·役法》）但义役也存在各种弊端。《宋史·食货志·役法》：

> 朱熹谓义役有未尽善者四事。盖始倡义役者，惟恐议之未详，虑之未周，而踵之者不能皆善人，于是其弊日开，其流日甚。或以材知把握，而专义役之利；或以气力凌驾，而私差役之权。是以虐贫扰富，凌寡暴孤。义役之名立，而役户不得以安其业；雇役之法行，而役户不得以安其居，信乎所谓未尽善之弊也。淳熙五年，臣僚奏令提举官岁考属邑差役当否，以词讼多寡为殿最；令役户轮管以提其役，置募人以奉官之行移，则公私便而义役立矣。

淳熙十一年（1184 年），御史谢谔言："义役之行，当从民便，其不愿者，乃行差役。"（《宋史·食货志·役法》）宋孝宗时，一度命官户跟民户一样，轮差保正。宋宁宗朝直至南宋末年，不少地区实行两浙路的义役，以保证差役的实行。

三、禁榷

1. 商税

宋代税制的另一个重大变化是商税具有越来越重要的地位。由于外部军事压力以及庞大的官僚队伍和常备军队，宋代国家财政支出一直很大。但以农业为基础的赋税增长空间有限，政府只能将重点向商税转移。而宋代工商业繁荣发展，也为扩大商税征收创造了经济基础。

北宋初，政府在四京（开封府、河南府、应天府、大名府）设"都商税院"，"凡州县皆置务，关镇亦或有之；大则专置官监临，小则令、佐兼领；诸州仍令都监、监押同掌"（《宋史·食货志》）。就是说，在各州、府设征收商税及其他税收的机构"都税务"，各军、县、镇也相应设置征收税务或税场，负责征收商税。税额多的州府商税务专设监税；县的商税务如税额较少，由县令或县尉等兼领，镇的商税通常由镇官"监镇"兼领，镇、市的商税也常由驻该地的县尉或巡检等兼管。政府征收的商税是公开透明的。各商税务普遍设置专栏，有拦头、书手等，负责确定应收商税的种类、税额及收税，并"诏榜商税则例于（商税）务门，无得擅改更增损及创收"(《文献通考·征榷考》)。宋代的税务机关甚至深入较小的集市或乡村，在这里设有"税场"或"税铺"，并派员流动收税。有的地方还由当地豪富"买扑"，承包税额，有的地方甚至私设"税铺"收税。

宋朝一改传统的重农抑商政策而实行重商主义政策。随着内外矛盾的加剧和政府财政日益趋紧，不得不加重对商税的征收。真宗即位以后，诏："三司经度茶盐酒税以充岁用，勿增赋敛以困黎元，诸色费用，并宜节约。"(《宋史·真宗本纪》)就是说，征收对象要从农业和农民转向工商业和商人。这就使商税种类大为增加，除盐、茶、酒、矾等传统禁榷品，还将香药、石炭和醋等划入禁榷范围，甚至恢复了铁及铁器的专卖，禁榷方法更加完备，商税收入也大大增加。

南宋时期尽管失去了大片领土和人民，但政府在克服了初期的财政困境后，利用"绍兴和议"所带来的和平发展机遇，努力恢复和发展经济，采取了不少减免商税的措施。《宋史·食货志·商税》：

> 高宗建炎元年诏，贩货上京者免税。明年又诏，贩粮草入京抑税者罪之；凡残破州县免竹木、砖瓦税，北来归正人及两淮复业者亦免路税。绍兴三年，临安火，免竹木税。然当时都邑未奠，兵革未息，四方之税，间有增置，及于江湾浦口量收海船税，凡官司回易亦并收税；而宽弛之令亦错见焉，如诸路增置之税场，山间迁僻之县镇，经理未定之州郡，悉罢而免之。又以税网太密，减并者一百三十四，罢者九，免过税者五，至于牛、米、薪、面民间日用者并罢。孝宗继志，凡高宗省罢之未尽者，悉推行之；又以临安府物价未平，免淳熙七年税一半。光、宁以降，亦屡与放免商税，或一年，或五月，或三月。凡遇火，放免竹木之税亦然。光、宁嗣服，诸郡税额皆累有放免。

尽管政府常常发布减免商税政策，但在执行过程中却大打折扣。特别是南宋偏安并不能持久，与金和蒙古的战事断断续续从未休止，政府不能不始终保持一定规模的军队和备战物资。所以，财政一直处于吃紧状态，商税也就不能不加紧征收。

2. 盐政

盐是历朝禁征榷的主要对象，宋朝也不例外，所以也精心设计了盐政，并几经调整改革以实现最大化的征收。中央财政机构主管盐政的是三司盐铁使，盐的专卖和盐课收入则由直属三司的京师榷货务主办。地方盐政由朝廷委派高级官员或当地官员兼管。徽宗崇宁年间（1102—1106 年）又在路一级设置提举茶盐司，主管盐的生产和销售。

食盐生产有两种方式，一是完全官制，即召募农民，给口粮工钱，按年完成官定课额，全部食盐归官府。二是民制官收，即专置盐户，官给煮盐工具和煎盐本钱，盐户产量由官府定额，全部按官价收买。政府免除盐户的科配徭役，盐户以盐货折纳二税。食盐销售，宋初实行"官鬻通商，随州县所宜"的政策，没有固定的制度。神宗熙宁时开始榷盐，部分地区实行国家专卖。《文献通考·征榷考》：

> 旧制，河南北曹、濮以西，秦、凤以东，皆食解盐。自仁宗时，解盐通商，官不复榷。熙宁中，市易司始榷开封、曹濮等州。八年，大理寺丞张景温提举出卖解盐，于是开封府界阳武、酸枣、封邱、考城、东明、白马、中牟、陈留、长垣、胙城、韦城，曹濮澶怀济单解州、河中府等州县，皆官自卖。未几，复用商人议，以唐邓襄均房商蔡郢随金晋绛虢陈许汝颍隰州、西京、信阳军通商，畿县及澶、曹、濮、怀、卫、济、单、解、同、华、陕、河中府、南京、河阳，令提举解盐司运盐卖之。

宋初大部分地区的食盐都实行官卖法即官运官销。但这种方法导致盐价提高，而"民不肯买"，于是官府便采取各种方法强制民户买盐，如"课民买官盐，随其贫富作业为多少之差"（《文献通考·征榷考》）。由于官卖法弊端百出，政府不得不考虑改革。宋仁宗庆历八年（1048年），范祥为制置解盐使，乃行盐钞法。关于盐钞之法，沈括《梦溪笔谈》曰：

> 陕西颗盐，旧法官自搬运，置务拘卖。兵部员外郎范祥始为钞法，令商人就边郡入钱四贯八百售一钞，至解池请盐二百斤，任其私卖，得钱以实塞下，省数十郡搬运之劳。异日辇车牛驴以盐役死者，岁以万计，冒禁抵罪者，不可胜数；至此悉免。行之既久，盐价时有低昂，又于京师置都盐院，陕西转运司自遣官主之。京师食盐，斤不足三十五钱，则敛而不发，以长盐价；过四十，则大发库盐，以压商利。使盐价有常，而钞法有定数。（《梦溪笔谈·官政》）

范祥盐钞法"行之数年，黠商贪贾，无所侥幸，关中之民，得安其业，公私便之"（《宋史·食货志》）。此后，北宋盐法基本沿用范祥之盐钞法，稍有损益但大致不改。崇宁以后，蔡京执政，盐钞法普遍推行于东南地区。然而，随着官府加紧聚敛，滥发盐钞，钞与盐失去均衡，商人持钞往往不能领盐。《宋史·食货志》："自崇宁来钞法屡更，人不敢信，京师无见钱之积，而给钞数倍于昔年。钞至京师，无钱可给，遂至钞直十不得一。"

徽宗政和二年（1112年），蔡京执政，大变盐法，"罢官般卖，令商旅赴场请贩，已般盐并封桩"（《宋史·食货志》）。政和三年（1113年）蔡京乃创行盐引法。用官袋装盐，限定斤重，封印为记，一袋为一引，编立引目号簿。商人缴纳包括税款在内的盐价领引，凭引核对号簿支盐运销。《宋史·食货志》：

> 以商人承前先即诸州投匀，乃请盐于场，留滞，罢之。若请盐大带斤重者，官为秤验，乃输钱给钞。时法既屡变，蔡京更欲巧笼商贾之利，乃议措置十六条，裁定买官盐价，囊以三百斤，价以十千，其鬻者听增损随时，旧加饶脚耗并罢。客盐旧止船贮，改依东北盐用囊，官袋鬻之，书印及私造贴补，并如茶笼篰法，仍禁再用。受盐、支盐官司，析而二之，受于场者管秤盘囊封，纳于仓者管察视引据、合同号簿。囊二十，则以一折验合同递牒给商人外，东南末盐诸场，仍给钞引号簿；有欲改指别场者，并批销号簿及钞引，仍用合同递牒报所指处给随盐引；即已支盐，关所指处籍记。中路改指者仿此。其引缴纳，限以一年，有故展毋得逾半年；限竟，盐未全售者毁引，以见盐籍于官，止听鬻其处，毋得翻改。

为了保证食盐专卖制度的贯彻执行，官府还规定了各产地食盐的贩卖区域，越界、私卖、私制和伪造盐引，超额夹带食盐者都予严惩。盐引法在南宋一直继续实行，一直是国家重要的财源。当时南宋军队的军饷甚至用盐钞来代替，为此也有了"南渡立国，专仰盐钞"一说。

3. 茶政

太祖建隆三年（962年），政府开始参与茶叶经营，对经春蕲北销的江南茶叶实行官府垄断收购。乾德三年（965年）始榷东南茶，在京师、建州、汉口、蕲口等设置榷货八务及十三场，官给园户本钱，茶叶运销通过场务，由官府专利。茶农除了以茶折税，还要将茶卖给官府，茶商贩茶需"入金帛京师，执引诣沿江给茶"，向朝廷购买。《文献通考·征榷考》："雍熙二年三月，令河东、北商人，如要折博茶盐，令所在纳银，赴京请领交引。"因茶商必须在京师或沿江榷货务缴纳茶款，领取交引，凭交引到指定地点取茶，所以这种榷茶制度被称作"交引法"。乾德五年始禁止私贩茶叶，不服从禁令者将受到严厉处罚。太宗太平兴国二年（977年），修订禁止私贩茶叶的法令条例，始定出科罪的等级以处罚犯禁者，规定匿不送官及私鬻者，没收茶叶并计值论罪，主管官吏私以官茶贸易，其价值达到一贯五百文的处死。

太宗端拱二年（989年），由于军队急需军饷粮草，榷茶制度开始实行折中法也称入中法。折中法就是商人在边郡入纳粮草等，经官府估价后发给交引，商人凭交引再赴京城或产地领取钱、茶、盐、香、矾等物抵偿，以此保证军队后勤的供应。由于茶利丰厚，茶商获取茶叶后转卖西北地区可以获得较高的利润，同时政府通过"加抬""虚高"等优惠价格手段吸引商人运送粮草，因此大量商人贩运粮草以换取榷货凭引。太宗至道二年（996年），宋夏战争爆发导致官茶陈积，政府为了缓解财政紧张，实行现钱法。所谓现钱法，即商人运送到边塞地区的粮草，直接以现钱折中换取钱财或者等价的茶引。真宗咸平五年（1002年）始行"三说法"，即以茶价为十分计算，四分支付香药，三分支付犀牛角和象牙，三分支付茶引。咸平六年，又改为六分支付香药、犀牛角和象牙，四分支付茶引。真宗景德二年（1005年），允许商人以钱、帛、金银入中。《宋史·食货志》："而塞下急于兵食，欲广储待，不爱虚估，入中者以虚钱得实利，人竞趋焉。及其法既弊，则虚估日益高，茶日益贱，入实钱金帛日益寡。而入中者非尽行商，多其土人，既不知茶利厚薄，且急于售钱，得券则转鬻于茶商或京师交引铺，获利无几；茶商及交引铺或以券取茶，或收蓄贸易，以射厚利。由是虚估之利皆入豪商巨贾，券之滞积，虽二三年茶不足以偿而入中者以利薄不趋，边备日蹙，茶法大坏。"

到真宗大中祥符九年（1016年），茶引越来越不值钱，朝廷采纳秦州知州曹玮的建议，在永兴军、凤翔府用国库钱收购商人手中的茶引，以挽救茶引的价格。在此之前还屡次增支加耗钱，到天禧二年（1018年），镇戎军缴纳大麦一斗，本价及加耗，总共支出现钱一贯二百五十四文。乾兴元年（1022年），又改变三分法，支付茶引三分、东南现钱（到东南地区领取的现钱）二分半、香药四分半。

宋代茶法转折始于贴射法。太宗淳化二年（991年），政府允许商人到种茶的园户买茶，官府在设置榷货务的茶场收取榷茶的利息，这就是贴射法。贴射法允许商人于园户直接交易，"令商人就出茶州官场算买，既大省车运，又商人皆得新茶"（《宋史·食货志》），榷货务和茶场不予干涉，而官府按榷茶净利收取息钱。贴射法解决了沿边折中法的虚估问题，但对于政府而言却减少了榷茶收入。淳化四年停止贴射法，又实行交引法，商人向西北边境输纳粮食即给以交引。至真宗咸平元年（998年），茶税钱以一百三十九万二千一百一十九贯三百一十九文为定额。直至嘉祐三年（1058年），凡六十一年行用这一定额，官府的本钱及各种杂费都计算在内，中间有的年份增收，有的年份亏损，年收入不固定。

仁宗嘉祐四年（1059年），诏罢十三茶场和六榷货务，"开江淮茶禁，听民自卖，通商收税"。实行通商法后，过去实行禁榷之地，"惟腊茶（建茶）禁如旧，余茶肆行天下矣"。神宗熙宁五年（1072年），政府以福建茶叶陈积，诏福建茶在京、京东西、淮南、陕西、河东禁榷，余路仍旧通商。到宋神宗元丰八年（1085年）东南和广东茶开始复榷，除汴京及开封府界、陕西路通商外，宋境均为榷茶地。至崇宁元年（1102年）蔡京变法后，嘉祐通商法彻底被取代。

宋徽宗崇宁元年，蔡京在东南地区恢复榷茶，对交引法和贴射法去弊就利，改行茶引法。《宋史·食货志》：

崇宁元年，右仆射蔡京言："祖宗立禁榷法，岁收净利凡三百二十余万贯，而诸州商税七十五万贯有奇，食茶之算不在焉，其盛时几五百余万缗。庆历之后，法制浸坏，私贩公行，遂罢禁榷，行通商之法。自后商旅所至，与官为市，四十余年，利源浸失。谓宜荆湖、江、淮、两浙、福建七路所产茶，仍旧禁榷官买，勿复科民，即产茶州郡随所置场，申商人园户私易之禁，凡置场地园户租折税仍旧。产茶州军许其民赴场输息，量限斤数，给短引，于旁近郡县便鬻；余悉听商人于榷货务入纳金银、缗钱或并边粮草，即本务给钞，取便算请于场，别给长引，从所指州军鬻之。商税自场给长引，沿道登时批发，至所指地，然后计税尽输，则在道无苛留。买茶本钱以度牒、末盐钞、诸色封桩、坊场常平剩钱通三百万缗为率，给诸路，诸路措置，各分命官。"

"茶引法"就是令商人交纳引税，凭引直接向茶园户买茶，到产茶州县合同场秤发、验视、封印，按规定的数量、时间、地点运销。引分长引和短引。长引行销外路，限期一年；短引行销本路，限期一季。政府规定，凡违反引法规定的条款，要受到没收茶货及笞、杖、徒、流等刑罚；伪造茶引和结伙持杖贸易私茶，遇官司擒捕进行抵抗者皆处死刑；无引私茶，许人告捕，官司给赏。官吏违法徇私，亦治其罪。茶引法革除了官府直接经营茶叶买卖的种种弊端，给予茶商和茶农一定程度的自由交易权，调动了茶叶的生产者和经营者的内在积极性，有利于茶叶的生产、流通和增加国家茶课收入。南宋高宗建炎二年（1128年），又将"茶引法"推广于四川地区。除两广外，全国统一实行引法，终宋之世，引法不改。

4. 榷酤

宋代的榷酒主要有官酿官卖的酒务制、特许经营的买扑制以及官曲民酿的榷曲等形式。北宋初年政府实施过禁酒，不许私人酿酒。但随着经济逐步发展，粮食产量增加，政府逐渐放宽酒业。但为了增加政府收入，宋太祖建隆二年（961年），开始尝试统一管理酒、曲，按照唐末五代时期的办法实行榷曲制，即官设"曲院"，酒户从曲院买曲酿酒，官府垄断造曲，但不禁民酿酒出售。宋真宗景德四年，诏曰："榷酤之法，素有定规，宜令计司立为永式。"全国各军州府县城中设立酒务，专管酿酒、卖酒。各地酒务不仅负责酿酒卖酒，还负责兼收各辖区的酒税。

但官营酒业"酝齐不良，酒多淡薄"，真宗大中祥符五年（1012年），政府不得不下令："诸州，军酒务委监官亲视兵匠，尽料酝酿，其有酸败不任酤者，官吏悉均偿之。"（《宋会要辑稿·食货二》）然而，官营酒厂还是难以继续经营。于是政府不得不改革，开始实施"买扑制度"，就是把酒务、坊场通过竞标形式转为官监民营。宋代买扑用实封投状，也就是招投标方式，各自写标实封，政府负责开封，"拆封日取价高者给之"。到宋神宗熙宁五年二月，政府全面放开酒类专营，"遍卖天下酒场"，出现前所未有的酒业买扑经营局面。

政府还通过控制酒曲来控制酒业。诸京酒户需要向曲院申请曲数，由"卖曲官、监管两称平卖，不得亏损官司"。酒户还可以赊请酒曲，但必须以家业为抵当，而且还要三五户连坐，给以期限，当月可以赊购来年卖曲，旧钱偿还清了"方称新曲"，所欠曲钱，即使卖产也必须偿还。"京师曲法，自熙宁四年更定后，多不能偿，虽屡阁未请曲数，及损岁额为百五十万斤，斤增钱至二百四十，未免通负。"（《宋史·食货志》）

南宋初期，政府酒业政策出现较大的变化，主要是政府垄断酒坊，允许民间自酿，政府收取一定费用。《宋史·食货志》：

> 渡江后，屈于养兵，随时增课，名目杂出，或主于提刑，或领于漕司，或分隶于经、总制司，惟恐军资有所未裕。建炎三年，总领四川财赋赵开遂大变酒法：自成都始，先罢公帑实供给酒，即旧扑买坊场所置隔酿，设官主之，民以米入官自酿，斛输钱三十，头子钱二十二。明年，遍下其法于四路，岁递增至六百九十余万缗，凡官槽四百所，私店不预焉，于是东南之酒额亦日增矣。四年，以米曲价高，诏上等升增二十文，上等升增十八文，俟米曲价平依旧。

四、常平

五代之乱，百废待兴，传统的义仓制度也几乎废弃。宋初，太祖很快将恢复义仓和常平制度提上日程。《宋史·食货志》：

> 乾德初，诏诸州于各县置义仓，岁输二税，石别收一斗。民饥欲贷充种食者，县具籍申州，州长吏即计口贷讫，然后奏闻。其后以输送烦劳，罢之。淳化三年，京畿大穰，分遣使臣于四城门置场，增价以籴，虚近仓贮之，命曰常平，岁饥即下其直予民。

真宗时期，经济社会已经实现了恢复和发展，出现"咸平之治"，政府也有条件加强常平制度。《宋史·食货志》：

> 咸平中，库部员外郎成肃请福建增置惠民仓，因诏诸路申淳化惠民之制。景德三年，言事者请于京东西、河北、河东、陕西、江南、淮南、两浙皆立常平仓，计户口多寡，量留上供钱自二三千贯至一二万贯，令转运使每州择清干官主之，领于司农寺，三司无辄移用。岁夏秋视市价量增以籴，粜减价亦如

之，所减不得过本钱。而沿边州郡不置。诏三司集议，请如所奏。于是增置司农官吏，创廥舍，藏籍帐，度支别置常平案。大率万户岁籴万石，户虽多，止五万石。三年以上不粜，即回充粮廪，易以新粟。灾伤州郡粜粟，斗毋过百钱。后又诏当职官于元约数外增籴及一倍已上者，并与理为劳绩。天禧四年，荆湖、川峡、广南皆增置常平仓。五年，诸路总籴数十八万三千余斛，粜二十四万三千余斛。

以后，政府对常平制度做进一步完善。《宋史·食货志》：

> 自景祐初畿内饥，诏出常平粟贷中下户，户一斛。庆历中，发京西常平粟振贫民，而聚敛者或增旧价籴粟，欲以市恩；皇祐三年，诏诫之。淮南、两浙体量安抚陈升之等言："灾伤州军乞籴常平仓粟，令于元价上量添十文、十五文，殊非恤民之意。"乃诏止于元籴价出粜。五年，诏曰："比者湖北岁俭，发常平以济饥者，如闻司农寺复督取，岂朝廷振恤意哉？其悉除之。"

政府还通过官田经营所得粮食充实常平仓。《宋史·食货志》：

> 庆历初，仁宗命"天下立义仓，诏上三等户输粟"。嘉祐二年，诏天下置广惠仓。初，天下没入户绝田，官自鬻之。枢密使韩琦请留勿鬻，募人耕，收其租别为仓贮之，以给州县郭内之老幼贫疾不能自存者，领以提点刑狱，岁终具出内之数上之三司。户不满万，留田租千石，万户倍之，户二万留三千石，三万留四千石，四万留五千石，五万留六千石，七万留八千石，十万留万石。田有余，则鬻如旧。四年，诏改隶司农寺，州选官二人主出纳，岁十月遣官验视，应受米者书名于籍。自十一月始，三日一给，人米一升，幼者半之，次年二月止。有余乃及诸县，量大小均给之。其大略如此。治平三年，常平入五十万一千四十八石，出四十七万一千一百五十七石。

五、漕运

1. 发运司

北宋实行"粟帛钱币咸聚五畿"的方针，以保障中央拥有充足的物资。因此，"国家于漕事最急最重"（《乐全集》卷二十三）。随着各地割据势力的相继被消灭，实现全国统一，北宋对运河进行一系列整治，恢复与完善坝闸制，并创建复式船闸，形成以都城开封为中心的漕运网。"宋都大梁，有四河以通漕运：曰汴河，曰黄河，曰惠民河，曰广济河，而汴河所漕为多。"（《宋史·食货志》）"先是，四河所运未有定制，太平兴国六年，汴河岁运江、淮米三百万石，菽一百万石；黄河粟五十万石，菽三十万石；惠民河粟四十万石，菽二十万石；广济河粟十二万石：凡五百五十万石。非水旱蠲放民租，未尝不及其数。至道初，汴河运米五百八十万石。大中祥符初，至七百万石。"（《宋史·食货志》）

为了有效地组织管理漕运，北宋吸取了唐代管理漕运的经验，设置了独立专职的漕运官职，并进而发展成完整的管理机构。整个漕政由中央三司使总领，各路转运司负责征集，发运司负责运输。"发运司始于仁宗。时许元自判官为副使，创汴河一百纲，漕荆湖、江、淮、两浙六路八十四州米至真、扬、楚、泗转般仓而止，复从通、泰载盐为诸路漕司经费。发运司自以汴河纲运米入京师。"（《文献通考·国用考》）发运司设置后，为了方便管理东南六路漕运，规定其级别在转运司之上，而发运判官也在转运判官之上。但六路转运司并不是发运司的下属机构，仅在漕运业务上受发运司领导，彼此的职责也很明确："若计度支移有失，即罪在转运使；般运亏额，即罪在发运使"。但在某些特殊情况下，发运司几乎将转运司变为自己的下属组织。如宋仁宗时，由于宋夏战事紧急，许元奏请宋廷同意，将六路转运司移交发运司，以加强发运司的管理权威，所谓："当如郡县上台省，不如是，漕事不集"。（《彭城集·翰林侍读学士给事中唐公墓志铭》）尽管此举的确提高了漕运效率，但仍遭到诸路转运使的一再反对，两年后两者恢复原来的关系，"仍旧以公牒往来"（《宋会要辑稿·职官·发运使》）。

2. 转般法

宋承唐制，漕运仍采用以"平籴"为基础的转般之法。《文献通考·国用考三·漕运》：

> 转般之法，东南六路斛斗，自江、浙起纲至于淮甸，以及真、扬、楚、泗，为仓七以聚蓄军储。复自楚、泗置汴纲般运上京，以发运使董之。故常有六百万石以供京师，而诸仓常有数年之积。州郡告歉，则折纳上等价钱，谓之额斛。计本州岁额，以仓储代输京师，谓之代发。复于丰熟以中价收籴。穀贱则官籴，不至伤农，饥歉则纳钱，民以为便。本钱岁增，兵食有余。国家建都大梁，足食足兵之法，无以加于此矣。

因汴河春冬两季不能通航，直运漕船沿途又多延搁，为保证京师（开封）粮食等物资供应，自开宝五年（972 年）起，陆续在漕运路上泗、楚、真、扬四州分设转般仓，卸纳东南六路漕粮，再换船转运至京师。此法实行后六路所需淮盐也可利用回空船只。《宋史·食货志》：

　　江、湖上供米，旧转运使以本路纲输真、楚、泗州转般仓，载盐以归，舟还其郡，卒还其家。汴舟诣转般仓运米输京师，岁折运者四。河冬涸，舟卒亦还营，至春复集，名曰放冻。卒得番休，逃亡者少；汴船不涉江路，无风波沉溺之患。后发运使权益重，六路上供米团纲发船，不复委本路，独专其任。文移坌并，事目繁伙，不能检察。操舟者赇诸吏，得诣富饶郡市贱贸贵，以趋京师。自是江、汴之舟，混转无辨，挽舟卒有终身不还其家、老死河路者。籍多空名，漕事大弊。

仁宗嘉祐后，官船数量减少，雇人运输须要长年运输，吏卒运输又多侵盗，转般法渐废。《宋史·食货志》：

　　转般，自熙宁以来，其法始变，岁运六百万石给京师外，诸仓常有余蓄。州郡告歉，则折收上价，谓之额斛。计本州岁额，以仓储代输京师，谓之代发。复于丰熟以中价收籴，谷贱则官籴，不至伤农；饥歉则纳钱，民以为便。本钱岁增，兵食有余。崇宁初，蔡京为相，始求羡财以供侈用，费所亲胡师文为发运使，以籴本数百万缗充贡，入为户部侍郎。来者效尤，时有进献，而本钱竭矣；本钱既竭，不能增籴，而储积空矣；储积既空，无可代发，而转般之法坏矣。

3. 直达法

崇宁三年（1104 年），政府正式下令在东南漕运中实行直达法，"六路转运司每岁以上供物斛，各于所部用本路人船般运，直达京师，更不转般。"（《宋会要辑稿·食货四三·漕运》）不久，又收缴了发运司数百万贯的籴本，从而瓦解了调济、补阙的代发制度。但是，直达法弊端颇多，到宣和以后问题日益暴露，加上管理混乱，导致东南漕运的危机。所以，恢复转般法的呼声渐起。靖康元年（1126 年），政府又规定，"东南六路上供额斛，除淮南、两浙依旧直达外，江、湖四路并措置转般"（《宋史·食货志》）。

南宋朝建立后，为显示收复故土的决心，南宋在杭州设立临安府，称之为行在。与此同时，在长期的战争状态下，为了保证军需供应，南宋设置了淮东、淮西、湖广和四川四个总领所，分别负责本地区粮食物资的征集和调运，从而形成了分区供应的格局。《宋史·食货志》：

　　高宗建炎元年，诏诸路纲米以三分之一输送行在，余输京师。二年，诏二广、湖南北、江东西纲运输送平江府，京畿、淮南、京东西、河北、陕西及三纲输送行在。又诏二广、湖南北纲运如过两浙，许输送平江府；福建纲运过江东、西，亦许输送江宁府。三年，又诏诸路纲运见钱并粮输送建康府户部，其金银、绢帛并输送行在。绍兴初，因地之宜，以两浙之粟供行在，以江东之粟饷淮东，以江西之粟饷淮西，荆湖之粟饷鄂、岳、荆南。量所用之数，责漕臣将输，而归其余于行在，钱帛亦然。

正因为南宋漕运出现了分区供应的格局，漕运区域仅局限于江南，并且路途短而运量小，故在漕运中仍主要实行直达法。

六、钱钞

1. 铸币

宋代的第一种铸钱是"宋元通宝"，铸于宋太祖建隆元年（960 年），钱文顺读，是国号加宝文的国号钱。为了统一货币，太祖皇帝建隆三年，禁诸州铁镴钱，民间有者悉送官。乾德五年，禁轻小恶钱，限一月送官。（《文献通考·钱币考》）太平兴国年间（976—984 年）铸"太平通宝"钱，为宋代第一种年号钱。淳化元年（990 年）铸"淳化元宝"钱，由太宗亲书，作真、行、草三体。自后每改元必更铸，以年号元宝为文。（《文献通考·钱币考》）五代末年，成都在后蜀始发行铁钱，与铜钱兼行。宋统一后，划川界为铁钱地分，只流通铁钱。开宝三年（970 年），雅州百丈县置监铸铁钱，禁铜钱入两川。后令兼行，铜钱一当铁钱十。太平兴国八年，以福建少铜钱，令于建州铸大铁钱，与铜钱并行，寻罢铸。（《文献通考·钱币考》）

政府垄断铸币，在全国分区铸造，设立钱监管理。《文献通考·钱币考》：

> 凡铸铜钱有四监：饶州曰永平，池州曰永丰，江州曰广宁，建州曰丰国。每千文用铜三斤十两，铅一斤八两，锡八两，成重五斤。惟建州增铜五两，减铅如其数。至道中，岁铸八十万贯，景德中，至一百八十三万贯。大中祥符后，铜坑多不发，天禧末，铸一百五万贯。铁钱有三监：邛州有惠民，嘉州有丰远，兴州有济众。大钱贯重十二斤两，以准铜钱。岁总铸二十一万余贯。

政府对于铸币有严格的标准，以保证币值稳定。但是由于币材缺乏，不得不以合金铸造，事实上是不足值的货币。《文献通考·钱币考》：

> 凡铸铜钱，用剂八十八两得钱千，重八十两十分。其剂，铜居六分，铅、锡居三分，皆有奇赢。铸大铁钱，用铁二百四十两得钱千，重百九十二两。此

其大法也。有许申者，为三司度支判官，建议以药化铁与铜杂铸，轻重如铜钱法，而铜居三分，铁居六分，皆有奇赢，亦得钱千，费省而利厚。诏铸于京师。然铸钱杂铅、锡，则其液流速而易成，申杂以铁，铁涩而多不就，工人苦之，后卒无成。

熙宁时期，"诸路铸钱总二十六监，每年铸铜、铁钱五百四十九万九千二百三十四贯。内铜钱十七监，铸钱五百六万贯；铁钱九监，铸钱八十八万九千二百三十四贯"（《文献通考·钱币考》）。

宋代铜钱和铁钱并行，以铜为主币。但事实上铁钱日增，而铜钱越少。所谓"劣币驱逐良币"规律在宋代即已呈现得淋漓尽致。《宋史·食货志》：

> 熙、丰间铜铁钱尝并行，铜钱千易铁钱千五百，未闻轻重之弊。及后铜钱日少，铁钱滋多。绍圣初，铜钱千遂易铁钱二千五百，铁钱浸轻。元符二年，下陕西诸路安抚司博究利害。于是诏陕西悉禁铜钱，在民间者令尽送官，而官铜悉取就京西置监。永兴帅臣陆师闵言："既拣毁私钱，禁铜罢冶，则物价当减。愿下陕西州县，凡有市买，并准度铜钱之直，以平其价。"诏用其言，而豪贾富家多不便。

2. 交子

宋代币制的最大特点是纸币的流通。由于铁钱较铜钱更重而币值较低，当时铁钱两万文重量可达 130 斤。可见，用铁钱的最大问题是流通不便。唐后期，随着商品货币发展，出现了"飞钱"和"便换"，在一些大城市里设有"柜坊""寄附铺"，经营铜钱寄存业务。宋初，政府还特置"便钱务"，掌管京师与外地的便换。《宋史·食货志》：

> 先是，太祖时取唐飞钱故事，许民入钱京师，于诸州便换。其法：商人入钱左藏库，先经三司投牒，乃输于库。开宝三年，置便钱务，令商人入钱诣务陈牒，即辇致左藏库，给以券，仍敕诸州凡商人继券至，当日给付，违者科罚。至道末，商人入便钱一百七十余万贯，天禧末，增一百一十三万贯。至是，乃复增定加饶之数行焉。

在社会信用制度发展的基础上，进一步产生了最早的纸币交子。《文献通考·钱币考》：

初，蜀人以铁钱重，私为券，谓之"交子"，以便贸易，富人十六户主之。其后富人赀稍衰，不能偿所负，争讼数起。寇准尝守蜀，乞禁交子。薛田为转运使，议废交子则贸易不便，请官为置务，禁民私造。诏从其请，置交子务于益州。

宋仁宗天圣元年（1023 年），宋廷设置"益州交子务"。次年二月起首书放交子。从此，交子成为宋朝川峡四路的法定货币，与铁钱相权而行。

熙宁年间，因西北战事，导致用度浩繁，政府曾企图在河东与陕西推行交子。虽旋行旋罢，但四川交子以入陕及其他支用之故，前界未满，而后界给用已多。《文献通考·钱币考》：

交子天圣以来，界以百二十五万六千三百四十缗为额。熙宁元年，始立伪造罪赏如官印文书法。二年，以河东公私共苦运铁钱劳费，诏置潞州交子务。明年，漕司以其法行则矾、盐不售，有害入中粮草之计，奏罢之。四年，复行于陕西，而罢永兴军盐钞务，文彦博言其不便，未几，竟罢其法。五年，交子二十二界将易，而后界给用已多，诏更造二十五界者百二十五万，以偿二十三界之数。交子之有两界自此始。九年，以措置熙河财利孙迴言："商人买贩，牟利于官，且损钞价。"于是罢陕西交子法。绍圣元年，成都路漕司言："商人以交子通行于陕西而本路乏用，请更印制。"诏一界率增造十五万缗。是岁，通旧额书放百四十万六千三百四十缗。崇宁元年，复行陕西交子。以后，给用数额越来越大，以致"界率增造"，"每岁书放亦无定数"。

于是交子大幅贬值，出现严重的通货膨胀。

3. 钱引

徽宗崇宁间，政府在长江以北诸路强制推行交子，并改称为"钱引"。钱引意为兑钱凭证，"不蓄本钱，而增造无艺，至引一缗，当钱十数。"（《宋史·食货志》）"钱引"与"交子"的最大区别是以"缗"为单位。"钱引"的纸张、印刷、图画和印鉴都很精良。但"钱引"不置钞本，不许兑换，随意增发，因此纸券价值大跌。"钱引"的发行是为了筹集战争所需物资。崇宁四年（1105 年）政府令诸路更用钱引，准新样印刷。大观元年（1107 年），政府改"交子"为"钱引"，改"交子务"为"钱引务"。除四川、福建、浙江、湖广等地仍沿用"交子"外，其他诸路均改用"钱引"。

南宋初期，由于财政紧张，不得不以钱引供籴本、给军需，"增引日多，莫能禁止"（《宋史·食货志》）。绍兴七年（1137 年），钱引通行三界，发行数达三千七百八十余万贯。末年，增至四千一百四十七万余贯，而所有铁钱仅及七十万贯。为了抑制交子发行过多过滥所导致的通胀，宋廷采取"称提"的办法，即以金属币收兑跌价的纸币，限制纸币发行量，规定纸币使用的界限以及按期调换等。但在财政紧张的情况下，仍不得不扩大发行，结果必然是通货膨胀。《文献通考·钱币考》记载：（孝宗乾道）三年（1167年），诏造新交子一百三十万，付淮南漕司分给州军对换行使，不限以年；其运司见储交子，先付南库交收。绍熙三年，诏新造交子三百万贯，以二百万付淮东，一百万付淮西，每贯准铁钱七百七十文足，以三年为界。宋宁宗庆元四年（1198年），诏两淮第二界会子限满，明年六月，更展一界。庆元五年（1199年），改两年一界为三年一界。宁宗嘉泰四年（1204年），两界发行凡五千三百余万缗，通三界书放则更多。

七、市舶

宋朝重视对外贸易，承唐制设市舶司加以管理。《宋史·食货志》：

> （太祖）开宝四年，置市舶司于广州，后又于杭、明州置司。凡大食、古逻、阇婆、占城、勃泥、麻逸、三佛斋诸蕃并通货易，以金银、缗钱、铅锡、杂色帛、瓷器，市香药、犀象、珊瑚、琥珀、珠琲、镔铁、鼊皮、玳瑁、玛瑙、车渠、水精、蕃布、乌樠、苏木等物。太宗时，置榷署于京师，诏诸蕃香药宝货至广州、交阯、两浙、泉州，非出官库者，无得私相贸易。

淳化三年（992年）移杭州市舶司于明州定海县（今镇海）。咸平三年（999年）九月，又令杭州、明州各置市舶司。北宋中期以后，为适应海外贸易日益发展的需要，于泉州和密州（今山东诸城）的板桥镇（今胶州）设置市舶司。1113年又在秀州的华亭县（今上海松江）设置二级机构"市舶务"。南宋时，由于北方失去大片国土，自然也失去大量赋税来源，所以更加倚重于对外贸易。绍兴元年（1131年），两浙路市舶司被移至秀州华亭县。另外临安、明州、温州、江阴等地也都设置了市舶务。当时，广州、泉州两处市舶司的对外贸易规模最大，两港主要通往东南亚、南亚、西亚、东北非。秀州、明州、杭州、板桥镇主要通向东北亚的日本和朝鲜半岛等地。

市舶司的主要职责，一方面是保护和招徕蕃商，另一方面是管理出海华商。政府要求市舶司尽力招徕外商，并对那些能招引外商的官吏实行奖赏，对外商利益加以保护，给予外商种种优待，如为外商祈风，为来去的商船祝福，作为洗尘或饯行等。凡中国商船出海，必须事先向市舶机构申请，经批准后由市舶司发给出国贸易凭证，商船回航时必须回至原出发地，并缴还公据。

市舶司还负责管制外货，检查蕃舶和实行缉私，以及管理蕃巷。对入口的蕃舶和出口的商船，市舶司要进行严格检查；买、卖、保管及运输货物，规定香料、药材及宝货为禁榷，禁止人民私自买卖。蕃舶进入中国领海，由巡检司护送抵达港口。所有蕃舶入港，当地官府即派兵监管，称为"编栏"，然后由市舶司及地方官检查，称为"阅实"，目的是防止奸人混入以及走私漏税。蕃舶回航出港，必须经市舶司或地方官亲自察看，检查船上有否铜器、战马、盐铁、书籍等违禁品，以防止蕃商偷运货物。徽宗时期，在市舶所属地区，划出空地，供蕃商居住，称"蕃巷"或"蕃坊"。蕃坊置蕃长一人，选举外商中有威望的人担任，并授予相应的官衔。蕃长的职责是管理蕃坊内部事务，并招徕外商。而市舶司则负责监督蕃巷、蕃坊内一切贸易活动，以及法律案件处理、遗产处理、蕃长拣选及日常活动管理。

宋朝市舶发展很快，通过市舶司征收的税款成为财政收入的一项重要来源。不论是否禁榷的商品，都必须率先由市舶机构进行抽分，即将全部货物分成十分，取其中若干分，名曰抽解，实为税收。《宋会要辑稿·职官》记载："将细色值钱之物，依法十分抽解一分，其余粗色并以十五分抽解一分"。其余部分由市舶司按比例收购，称为"博买"。市舶司设有"市舶库"，专门把部分粗重不易起落之货物留于库中，收息出卖。舶货经抽解和博买后，其余即许自行出售，不再课税，但限于本州岛范围内，且须有公凭引目，上载货物名及数量，若运销外州，则另有税。北宋仁宗皇祐年间（1049—1053年），市舶收入为53万贯；英宗治平时（1064—1067年），增至63万贯。南宋时，收入更多，高宗绍兴七年（1137年），"上曰：市舶之利最厚，若措置得宜，所得动以百万计"（《宋会要辑稿·职官四四》）。

第四节　食货之民生

一、农业

1. 技术进步

宋代的农业变革是在唐代长期稳定和发展基础上发生的，其基本特点是农业精耕细作传统的发展和更新。唐及五代时期，农业技术已经取得很大进步，主要体现在生产工具、耕作制度和水利设施方面。到宋代，由于国家统一，政府推动，这些技术得到进一步发展和推广，带动了整个农业的变革。

为适应精耕细作农业的需要，唐代出现的直辕犁和长曲辕犁被改造成短曲辕犁，因而变得更加轻巧灵活，从而使牛耕能够推广到山区甚至在梯田上使用。为适应南方水田中耕技术的需要，还发明了耘爪、耘荡、耘耙等中耕农具，还有耧锄、推镰、芟麦器等，都填补了农具史上的空白。水田农业的发展依赖于灌溉技术的进步，因而促进了水车、筒车等灌溉工具的普及，并发明了水转翻车和高转筒车等新的灌溉工具。

随着中国经济重心向南方转移，轮作复种、多熟种植有新的进展。唐和五代时期已有大量两熟制的记载。北宋初年，政府大力劝谕江南以至福建、广东等地种植原北方主要粮食品种，如粟、麦、黍、豆等。政府还大力推广从越南引进的"占城稻"，从而促进了南方麦稻两熟的双季稻的发展。大约在两宋之交，在长江三角洲、成都平原、苏皖平原和福建沿海，还有江西中部的吉泰盆地等农业区，一年两熟的复种制作为基本的耕作制度得以传承下来。华南的部分地方还开展了水稻三熟种植。此外，甘蔗、棉花、茶叶、桑麻等经济作物的种植范围也较前扩大。

两宋尤其是南宋时，东南地区出现围湖造田的热潮，长江中游鄱阳湖、洞庭湖、江汉平原及珠江三角洲地区的圩田开发取得很大成就，数量和规模都有扩大。所以《宋史·食货志》说："南渡后，水田之利，富于中原，故水利大兴。"宁宗嘉定时，卫泾尝慨叹说："三十年间，昔之曰江、曰湖、曰草荡者，今皆田也。"（《后乐集·论圈田札子》）

农业技术变革带来粮食产量的提高。江浙地区是主要稻米产区，亩产可以达到一般农田的两三倍，特别是早熟丰产的占城稻，上田亩产量最多可达六七石。因而有"苏湖熟，天下足"的说法。粮食产量的提高也为经济作物的种植腾出更多的耕地，如苎麻、桑梓、茶叶、甘蔗、果树、蔬菜，甚至药材、花卉等都得到广泛种植。而在市场的引导下，农业专业化倾向显现，专业茶农、蔗农、果农、菜农等大批涌现，商品性农业由是发展起来。

2. 租佃制度

宋代以前包括汉唐等季，除大量存在的小农自耕自营外，对于地主的大地产来说，比较流行的经营方式是自营田庄。但是这种经营方式必须以超经济剥削即在奴婢制度和强迫劳役的情况下才有效率。宋代以后，一方面，世族地主阶级消亡，大地产制度也随之衰落，中小地主成为主要的土地所有者；另一方面，由于奴婢制度废除，强迫劳役难以实行，较大规模的田庄经营已经不可能。所以地主的经营方式转为以租佃经营为主。

宋代以后，共有土地制度残余得以消除，土地私有制最终确立，土地买卖频繁，土地流转加速，出现"千年田，八百主"现象。如果单纯看这种土地买卖和地权流转，可能是不利于土地利用效率的。但是，在这种土地私有和土地买卖的基本制度下，为了保证土地上的耕者相对稳定，避免过度频繁地转换，就产生了以租佃契约为基础的各种形式的地权创新。就是说，地主可以改变，但耕者也可以是相对稳定的。

宋代以后的租佃契约制度是在世族地主特权和良贱制废除，社会各阶层人民基本权利相对平等的情况下建立的。这种租佃契约制度在一定程度上体现了平等契约精神。这种租佃契约，一方面要保证佃户的权利，另一方面也要保证地主的权利。佃户的权利基本可以概括为两个方面，一方面是可以"起移"，即在条件不合适的情况下能够脱离地主的控制另谋出路。天圣五年（1027 年）十一月，宋仁宗下诏曰：

> 江、淮、两浙、荆湖、福建、广南州军旧条：私下分田客，非时不得起移，如主人发遣，给予凭由，方许别主。多被主人折勒，不放起移。自今后客户起移，更不取主人凭由，须每田收田毕日，商量去住，各取稳便，即不得非时衷私起移；如是主人非理拦占，许经县论详。（《宋会要辑稿·食货·农田杂录》）

佃客根据契约获得承佃与退佃的自由权，如遇强制"勒令耕佃"，佃客可以告官申理，而且享有越诉权。另一方面是在缴纳所约定的地租情况下地主不得随意夺佃。关于地主的权利，主要是保证地主的土地所有权和收益权，即约束佃户必须按契约规定缴纳地租。宋法规定，佃户如不交地租，地主可以告官，由官府监纳。每年"十月初一日以后，正月三十日以前，皆知县受理田主词讼，取索佃户欠租之日"（黄震：《黄氏日钞·再申提刑司乞将理索归本县状》）。仁宗皇祐年间颁布"皇祐法"，禁止佃户在契约未满前逃离，如有逃离则须追回"令着旧业"。

3. 土地买卖

宋代以后，由于不立田制，不抑兼并，土地自由买卖，加速了土地市场的形成和土地的流转。地主土地兼并的强度进一步加大了，不仅官僚地主仍是土地兼并的主力，中小地主以及大小商人也都加入土地兼并的行列中。市场上可以见到大块土地交易的事例，一次交易就达几十亩、几百亩，乃至成千上万亩。这种较大规模购进土地的买主主要是一些权势豪门，通常是运用经济外的手段实现的。但更大量的土地交易还是小规模的，零散的，"贫富无定势，田宅无定主，有钱则买，无钱则卖"（袁采：《袁氏世范·富室置产当存仁心》）。所以，"人户交易田土，投买契书，及争讼界至，无日无之"（《宋会要辑稿·食货·营田杂录》）。

出卖土地的主要是小农户。小农经济抗风险能力很低，一旦遭遇自然灾害或市场风险，就可能丧失经营能力，另外其个人和家庭可能遭遇意外变故从而不得不出卖土地。"盖人之卖产，或以缺食，或以负债，或以疾病、死亡、婚嫁、争讼。"（袁采：《袁氏世范》卷三《富室置产当存仁心》）"民间典卖庄土，多是出于婚姻丧葬之急，往往哀求钱主，探先借钱。"（《宋会要辑稿·食货一三》）袁采说，正是由于这些窘迫因素，出卖土地者只能得到较低的价格。

除了小农是主要的出卖土地者外，地主也时常出卖土地。宋代以后，世族地主退出历史舞台而为齐民地主取代。齐民地主并没有世代相袭的权势可以依靠，完全可能因政治变故、经营不善或子孙不肖败落。不少家庭因为祖宗勤俭积累，遗有产业，但传至子孙，常转瞬立尽。所以"人家田产，只五六年间，便自不同，富者贫，贫者富"（《朱子语类·论取士》）。社会上常出现"再传而后，主佃易势"（《名公书判清明集》卷九《主佃争墓地》）的转化。

但是，宋代以后有更多的原因阻碍了土地兼并的进程，不仅导致土地集中的趋势受到遏制，甚至出现土地交易零碎化倾向。由于农业生产技术的改善，更适宜于精耕细作，小土地经营优势明显。对于小农来说，有时候出卖小块土地，也是应对风险并进一步恢复和延续再生产的途径。所以，土地买卖也使得小农生命力大大提高。有的"丁口蕃多，衣食有余，稍能买田宅三五亩"（（宋）胡宏：《五峰集·与刘信叔》），从而可以通过积累一定资本购买小块土地成为自耕农，而自耕农也可以通过购买土地上升为小地主。所以，更大量的土地买卖事件，主要发生在小农与中小地主、小农与小农之间。

二、工业

1. 煤铁革命

宋代中国的产业领域发生了一场重要变革，即煤铁革命。这场革命主要体现为煤炭能源的使用和冶铁技术的突破。这场技术革命所产生的社会经济后果，是铁产量的大幅度增加和更广泛的使用，从而进一步提高了生产工具的效率，包括农具和手工业生产工具，特别是推动了手工业内部的技术革新和工场手工业的发展。

煤铁革命首先是由煤的规模开采和工业利用所激发的。煤炭的发现和使用最早始于汉代，但成规模的开采和作为工业能源利用则从宋代开始。北宋时的河东（今山西）、河北、陕西等路的煤炭采掘业已相当发达。《猗觉寮杂记》载："石炭自本朝河北、山西、山东、陕西方出，逐及京师"。当时京都汴梁使用煤炭作为家用燃料十分普遍。庄季裕在《鸡肋篇》中记载："数百万家，尽仰石炭，无一家燃薪柴火者"。《宋会要辑稿》也有"京西软炭场、抽买石炭场"的记载。更重要的是煤炭用于炼铁的革新，解决了木材短缺问题并促进了炼铁技术进步，大大提高了铁的产量。

煤炭炼铁还促进了其他冶炼技术的提高，其中具有重要意义的是灌钢法的推广。"灌钢法"始创于魏晋南北朝时期而推广于宋代。这是一种"杂炼生铁"成钢的炼钢法，是中国冶金史上一项独创性发明。沈括《梦溪笔谈》记述："世间锻铁，所谓灌钢者，用柔铁屈盘之，乃以生铁陷其间，泥封炼之，锻令相人，谓之‘团钢’，亦谓之‘灌钢’。"这种钢铁最初主要用于武器制造，随着产量的增加也用于制造农具，使钢刃农具逐步得到应用。唐代很多农具还是生铁铸就，但到宋代，锄、耙等铁农具均为锻制，从而有助于荒地的垦辟和田土的深耕细作。农具制作由铸制改为锻制这一历史性转变，对宋代农业生产的发展起了重要作用。

在煤铁革命的推动下，宋代手工业技术出现全面革新的局面。除炼钢工艺中灌钢法的推广外，还有冶铜工艺中胆铜法的发明，金属加工工艺中"旋作"（即简易车床）的使用，掘井工艺中以"卓筒井"为代表的小口深井技术，纺织工艺中脚踏纺车的推广和轴架整经法的使用，造船工艺中水密舱的发明和航海罗盘的使用，造纸业中竹茎等硬纤维软化技术的成熟，以及印刷工艺中雕版的推广和铜版、活字版的发明等。

2. 手工作坊

宋代的手工业作坊分为官营作坊和民营作坊。官营作坊仍以生产供政府和宫廷使用的大宗产品和高级工艺品为主，而民营作坊分布在广大农村和城镇，生产日常生活用品和常用的生产工具。农村中的作坊大多是家庭式的，很多是作为农民家庭副业存在，但在一定条件下可能转为专业化和商品化生产。城镇中的小手工业作坊十分普遍，从糖果点心到衣服冠帽、家用什物、笔墨纸砚、建筑材料以至妇女装饰品、儿童玩具，都有专门的小作坊，其中造纸、制墨和制糖业最为兴盛。这些作坊有的同时也是店铺，即前店后坊式的经营，但也出现了不少规模较大的专业作坊。《梦粱录·铺席》所记的是作坊也是商店，而《梦粱录·团行》所记的则主要是专门的手工作坊。

在陶瓷业、丝织业和矿冶业等部门，有规模较大的官营作坊。如宋代有不少规模巨大的官窑，所产之瓷器主要供宫廷专用，往往集中了手艺高超的工匠，不计工本地生产一些精品。这些部门中也有大量民营作坊。据《陶录》所记，宋代民窑有开封的东窑，南阳的邓州窑、宿州窑等不胜枚举，所产瓷器底部都有商家姓氏标记。但政府对这些部门往往实行监管并与民户分利。徐州利国监"凡三十六冶，冶户皆大家，藏镪巨万"（《宋文鉴》卷五五）。

宋代废除了奴婢制度，大量用工则采取雇佣方式。所以，手工作坊中的工匠和其他工人大多是雇佣劳动。苏轼的《徐州上皇帝书》指出，徐州附近利国监所辖"三十六冶"中各有百余名工人，他们多是"饥寒亡命、强力鸷忍之民"。据神宗熙宁年间陵州知州文同的奏疏所言，当时井研县有百余家筒井作坊，每间作坊分别雇佣"四五十人至三二十人"，来自"他州别县"，"佣身赁力"，即靠出卖劳动力为生。他们的来去基本是自由的，受雇期间如对工作条件或待遇不满意，即与井主

"算索工值，偃蹇求去"，"又投一处，习以为业"。（文同：《丹渊集·奏为乞差京朝官知井研县事》）

3. 工业部门

煤铁革命是宋代全面技术革新的核心突破，是这一时期整个社会技术变革的标志。在煤铁革命带动下，其他各业也都出现技术革新，从而推动整个手工业的全面发展和繁荣。

（1）陶瓷业

宋代是我国陶瓷发展史上一个非常繁荣的时期，在产量、制作技术、革新等方面，都取得了极大的成就。陶瓷器皿是宋代最常用的生活用器。随着人口增长，陶瓷器的需求量不断增大，导致陶瓷生产规模的扩大以及生产技术的提高。宋代饮茶之风盛行，人们对陶瓷茶具有越来越高的要求，特别是士人官僚的"斗茶"习俗，促使陶瓷的工艺、造型和品种都有很大提高。宋代陶瓷在窑炉的改造和烧成技术上都有许多革新，特别是窑炉的改造和烧制技术的革新。同时，工匠已熟练掌握了配釉烧制技术，突破了青白二色，成功烧制出各色瓷器，釉色品种已五彩俱备。此外还制出了窑变、开片等具有特种工艺水平的产品。宋代陶瓷业大致有 6 个瓷窑系，它们分别是北方地区的定窑系、耀州窑系、钧窑系和磁州窑系；南方地区的龙泉青瓷系和景德镇的青白瓷系。景德镇是最早的瓷业城市，景德镇瓷业建筑及营造技艺堪称一绝。景德镇原名昌南镇，因北宋景德年间烧制青白瓷得名。青白瓷以光素居多，刻花者稀少，其釉色白而带青色，符合宋人品位，因此销量渐增，地位也日渐重要起来。

（2）纺织业

唐宋之间出现脚踏缲车，可以使人的双手解脱出来进行其他操作，并能同时捻纺三个锭子的纱线，从而大大提高了生产效率。南宋后期出现"水转大纺车"，是最早的以水为动力的纺织机械，工作时"弦随轮传，众机皆动，上下相应，缓急相宜，遂使绩条成紧，缠于轮上"（道光《浮梁县志》卷八）。水转大纺车专供长纤维加捻，主要用于加工麻纱和蚕丝。丝织业作为传统产业有突出发展。宋代纱、罗、绮、绫类织物产量大，质量也很高，如"亳州轻纱，举之若无，裁以为衣，真若烟雾"（陆游：《老学庵笔记》）。宋代的丝织业以江南和四川地区最为发达，苏州和杭州已发展成为著名的丝织中心。汴京设有官织绫院，有织机 400 余张。当时苏州的宋锦、南京的云锦、四川的蜀锦等都极负盛名。丝织品产量很大，北宋末年仅婺州一地的上供罗每年就达 5 万匹（《宋史·王居正传》），南宋高宗绍兴二年（1132 年）上供的绢、绮、绫、罗等更达 310 万匹。（《宋史·食货志》）

（3）印刷业和造纸业

隋唐时期雕版印刷技术的发明，大大促进了印刷业的发展。到宋代，雕印技术已经达到一个很高的水平，图书的写版、刻版、印刷、装帧质量都十分完美。在版式设计上，宋版书为后代提供了样板；在装帧方面，宋版书走出了唐五代以来的卷装历史，开始了册页装，并发展到散页装。宋代雕版印刷书籍规模很大，如当时被称为"四大官书"中的《太平御览》《册府元龟》《文苑英华》都是上千卷，《太平广记》也达到500卷。在四川成都雕版的《大藏经》规模更大，共有1046部，5048卷，雕版达13万块之多。雕印业几乎遍布全国，其中汴京、四川、浙江、福建号称四大刻书中心。叶梦得说："今天下印书，以杭州为上，蜀本次之，福建最下。京师（汴京开封）比岁印板，殆不减杭州，但纸不佳。蜀与福建多柔木刻之，取其易成而速售，故不能工；福建本几遍天下，正以其易成故也。"（叶梦得：《石林燕语》卷八）

印刷业的发达促进了造纸业的发展。宋代造纸技术获得了全面提高，尤其是竹纸兴起，其制造技术日臻成熟。施宿等在《嘉泰会稽志》中提到："然今独竹纸名天下，他方效之，莫能仿佛，遂掩藤纸矣"，"竹纸上品有三，曰姚黄，曰学士，曰邵公，三等皆佳"。当时竹纸的产量也很大，以致超过了其他纸种，成为图书典籍、官府文牒和私家信笺等的主要用纸。宋代造纸有几个中心：一为浙东路的会稽（今浙江绍兴）和郯县（今嵊县），二为江东路的徽州（今安徽歙县）和池州（今贵池），三为成都府路的成都（今属四川）及其附近的广都（今双流）。此外，还发明了多种造纸新工艺，纸张的砑光、砑花、涂粉、施胶、加蜡、泥金、染色等加工技术也得到了进一步的发展，出现了各种加工纸。

（4）造船业

宋代海外贸易发达，极大地推动了造船业发展，船舶种类和数量显著增加。造船业主要由国家经营。北宋时东京设有造船务，督造"纲船"（漕运船）、"座船"（官员坐的船）、战船、马船等类。北宋真宗末年，纲船年产量为2916艘，其中江西路虔州、吉州计1130艘，比例最大。（《宋会要·食货》）至北宋后期，两浙路温州和明州跃居第一，额定年产量各600艘，而江西路与湖南路的虔、吉、潭、衡四州共723艘。（《宋会要·食货》）民间造船业也很发达。宋代河湖沿海民众的生计与船舶联系十分紧密，因而内河、湖泊都有经营渔业或交通运输的以船为家者，沿海地区如广南蜑民、福建白水郎等也是以船为家者，而从事渔业和贸易的河湖近海居民为数更多。这类船只大多由民间生产。另外，宋代空前繁荣的海上贸易几乎全为民间经营，自然推动了海船的制造。南宋后期，整个沿海地区海船数量十分可观。当时福建和两浙都使用抵抗风浪能力较强、吃水较深的尖底海船。周去非《岭外代答》记载，广西航行于南海的民用海船，"舟如巨室，帆若垂天之云"。南宋《梦粱录》描述说："浙江乃通江渡海之津道，且如海商之舰，大小不等，大者五千料，可载五六百人；中等二千料至一千料，亦可载二三百人；余者谓之'钻

风'，大小八橹或六橹，每船可载百余人。"(《梦粱录》卷十二)

三、商业

1. 重商主义

长期以来中国实行重农抑商政策，但唐宋之间的经济社会转型导致国家政策的转型。一方面，由于农业技术的进步导致农业生产率的提高，农业能够养活更多的人口，使农业劳动力能够从土地上解放出来。另一方面，由于工商业发展在社会生产和生活中具有越来越重要的作用，社会对商业和商人的传统观念发生了转变。而对于政府来说，随着工商业活动能够提供的税收占财政收入比重的增加，越来越不能忽视工商业。此外，由于科举制度对商人子弟开放，商人阶层可以直接或间接地介入政治，既改变了士人的结构，也影响了士人的思想观念。这样，商品经济观念和重商思想开始进入主流社会。一些重要的政治家和思想家如范仲淹、欧阳修、李觏、王安石、苏轼等人，其思想观念开始向农商皆本转变。而王安石变法以经济改革刷新政治，削弱权贵与大商人的势力，使中小商人有了更多的发展机会，从而商业发展更具有社会普遍价值。

宋代改变了传统的"贱商"政策。长期以来，士农工商，商人处在"四民"社会的底层，工商业一直被看作"末业"，但是到了宋代这种观念发生了重要转变。宋人黄震说，"士、农、工、商，各有一业，元不相干"，但如今"同是一等齐民"。因此，政府实行一系列保护商人合法权益的政策。例如，在官田出租与工商业经营转让方面出现了"实封投状法"，"募民愿买坊场者，听自立价，实封其价状告，为扃钥，纳期启封，视价高者给之"(《续资治通鉴长编》卷二一七)，给商人以公平的竞争机会。到了南宋，中国思想界出现了反映重商主义的永嘉学派，提出"功利之学"，认为"既无功利，则道义者乃无用之虚语"(叶适：《习学纪言序目·汉书三》)。他们反对传统重农抑商政策，主张"通商惠工"，"以国家之力扶持商贾，流通货币"(叶适：《习学记言序目·史记平准书》)，大力发展工业与商品经济。因此，南宋的商业政策更加开放，并且严格保护商人合法利益，如制定了"民事被罪法"，严惩贪官污吏科挠商人，确保商人经济活动依法得到保护。

宋代实行了开放市场政策，打破坊市制，取消市场管制，开放夜市，首都和地方州县的治所都形成一定规模的集市。坊市制度早在五代时已经废除，宋时坊市界限则完全消失。如"太祖乾德三年四月十三日，诏开封府，令京城夜市至三鼓以来不得禁止"(《宋会要·食货》)。此后，开放夜市遂成定制。到南宋时，坊市制完全绝迹，京城临安除宫市外已经浑然成了一个大市场。南宋《咸淳临安志》记载，临安有很多专业集市，如药市、米市、肉市、菜市、花市、珠子市和鲜鱼市。《嘉泰会稽志》说，绍兴府有市九：照市坊市在城东南二百步，清道桥市在城西一里，大云桥东市在城南二里，大云桥西市在城北，梅市在城西十五里，还有古废市、龙兴寺前市、驿池市和江桥市。另外，由于县以下也可以设市，这样就在州县郊区和交通要道形成了草市。

2. 市场流通

宋代出现了中国商品经济发展的第二个高潮。尽管在此期间商品经济发展受到各种非正常因素的影响时有放缓，但基本趋势没有改变，一直延续到明清。宋代商品经济的发展表现为以下方面：

首先，随着市场的开放和发育发展，形成以大都市、州府市场、地方市镇等为交易中心的等级式市场架构，并在此基础上进一步形成区域性市场。宋代汴京、临安、南京、北京等大都市进一步发展和繁荣，成为全国商品经济中心。宋代的多数地区，都已形成以府、州、军等治所城市为核心的"州府市场"网络，它的地理范围往往以一个州府行政区或其部分地区为主体，也可以包括邻近州府的辖区。如北宋时以首都汴京（开封）为中心的北方市场、以苏杭为中心的东南市场、以成都为中心的川蜀市场和以陕西、河东一带为主的西北市场等。南宋时形成了以首都临安（杭州）为中心、以建康（南京）为枢纽，联结长江中下游和东南沿海一带的商业网络。宋代开始允许县以下设市引致市镇的发展，而市镇的发展，一方面突破了传统的"州府市场"架构，另一方面成为市场结构中的节点，连接着中心城市和广泛的城乡贸易。在州府治所之下，县镇沟通城乡市场，底层则是由集市、墟市、村市等构成的基层市场。

其次，在农业和手工业专业化生产发展基础上逐渐形成专业化市场。宋代农业中经济作物的种植越来越多，更多的农产品进入市场流通。例如，饮茶的习惯在唐代已经开始，到宋代逐渐风靡社会各个阶层，茶叶成为重要的经济作物。种桑养蚕随着丝绸工业发展而进一步扩大，棉花种植也随后出现并迅速蔓延，以后，烟草、甘蔗等纷纷成为农民的专业生产并形成专业化区域。随着经济作物扩大，越来越多的农民脱离粮食生产，专业化于某类经济作物生产，而粮食需求则越来越多需要市场供应。这就大大促进了农产品的商品化。如河北东路、京东西路一带的蚕丝，成都平原的蜀锦，湖州、杭州和越州的绢与罗，江西抚州的纱，福建和川蜀等地的麻布等，都出现了跨区域流通。

再次，由于政治统一和运输条件改善，一些大宗商品的流通范围更加广泛，逐渐形成统一市场格局。宋代众多的水陆交通干线、支线，将地区性中心城市与其他县、镇联结起来，形成了全国性的商业网络。北宋时期，由于实现全国统一，以东京汴梁为中心，以漕运系统为主干的运输网初步形成，全国统一市场初具雏形。南渡以后，受宋金战争影响，统一市场陷于分裂，但在南宋控制区域内，仍然形成一个"偏安"的统一市场，在南宋政府的精心经营之下，仍然获得较好的发展，从而推进了商业的繁荣。

3. 对外贸易

宋代以前，中国的对外贸易主要是经过西域与中亚和欧洲的贸易，即著名的"丝绸之路"贸易，而对海路贸易重视不够，对外贸易长期以欧亚陆路贸易为主。这主要是因为长期以来中国的经济重心在中西部，而东南沿海经济相对落后，与海外的经济交流也比较少，对中国经济没有产生较大的影响。经过长期的经济发展和变迁，特别是到唐和五代以后，中国经济重心基本实现了向东南的转移，与此同时，经历五代之乱中国国力受到削弱，中国西部贸易通道先被党项和契丹所阻，以后又被蒙古等民族所占据。这就迫使中国的对外贸易不得不转向东南而面向海洋。

宋朝立国之始就十分重视海外贸易。宋廷先后设置的市舶司计有广州、泉州、杭州、明州（今宁波）、温州、秀州（今松江）、江阴、密州（今山东胶县）八处，以后又在秀州、温州等港口设立二级机构"市舶务"，还在一些县镇如澉浦（今浙江海盐）设置三级机构"市舶场"。雍熙四年（987年），宋太宗"遣内侍八人，赍敕书金帛，分四纲，各往海南诸蕃国，勾招进奉，博买香药、犀、牙、真珠、龙脑。每纲赍空名诏书三道，于所至处赐之"（《宋会要·职官》）。目的是博买货物和招徕进奉，促进贸易往来。南宋时，政府还规定对招徕外商有成绩的市舶纲首，授予官职，以资奖励。同时，对设法增加市舶收入的市舶官吏，也晋升其官职。

宋政府将重点放在创造更好的营商环境方面，如在通商口岸建"蕃市"以方便外商经营，创办专门的驿所招待来华贸易的外商，如杭州有怀远驿，明州温州有来远驿等。为保护海上贸易与商人安全，打击海盗，宋政府还在广州、泉州等港口设立"望舶巡检司"，在海面上置寨兵。广东近海的㳇洲岛，便有寨兵哨望、守卫，商船每次行使到㳇洲岛附近的海域，"寨兵有酒肉之馈，并防护赴广州"（（宋）朱彧：《萍洲可谈》卷二）。蕃商入港后，市舶司派兵保护，专门设置押伴官员，沿途保护他们的财产，禁止途中被人强买强卖。他们还可以从泉州、广州贩运货物前往其他州郡做生意，"蕃商欲往他郡者，从舶司给券，毋杂禁物、奸人"，只要蕃商向市舶司申报、领取公据，并且没有夹带违禁品与暗藏奸细，宋政府就"听其往还居止"。（《宋史·食货志》）

蕃商可以在中国城市定居、经商、赚钱，过上侈靡的生活。宋政府还在泉州、广州等港口城市设有蕃坊，供外国商人居住，蕃坊自选蕃长，实行自治。宋朝的法律明确保护在华蕃商的财产权。如规定因遭风袭漂浮州界沿海的外舶，若损坏且船主不在，市舶司有责保存其货，以待其亲属召保认还。对长住我国的外商的遗产，按其遗嘱处置，若无遗嘱，暂由市舶司保管，待其家属或近亲收领。高宗建炎元年六月十三日，诏："市舶司多以无用之物枉费国用，取悦权近。自今有以笃耨香、指环、玛瑙、猫儿眼睛之类博买前来，及有亏蕃商者，皆重真其罪。令提刑司按举闻奏。"（《宋会要辑稿·职官》）绍兴十六年（1146年），三佛齐国王投书广州市舶司，称"近年商贩乳香颇有亏损"。宋高宗得悉，重申"市舶之利，颇助国用，宜循旧法以招徕远人，阜通货贿"，将广州市舶使袁复降了官职。（《宋会要辑稿·职官》）

据南宋福建路市舶使兼泉州市舶使赵汝适所著《诸蕃志》记载，同中国进行海路贸易的国家和地区多达50多个，其中以阿拉伯半岛和马来群岛的国家为主，东方以朝鲜和日本为主。海外诸邦进口的大宋宝货，多是珍珠、象牙、香料、药材、胡椒等天然产品，而大宋出口至诸蕃的商货，则主要为陶瓷、丝绸、纺织品等手工业制品，这完全是发达经济体与落后经济体之间的贸易结构。每一年，宋朝市舶司从海上贸易中抽税近二百万贯，以百分之十的税率计算，可以推算出，宋代每年的进出口总额约为二千万贯。当时，中国的进口货物以香料和药材为大宗，出口货物以瓷器和丝织品为主。宋代以后，海路已经取代陆路而成为中外经济交流的主要通道，被称为海上"丝绸之路"或"陶瓷之路"。

四、城市

1. 城市革命

随着农业生产的不断发展，有较多的劳动力和人口可以脱离土地农业而生存。在这一基本前提下，手工业和商业逐渐发展起来，以工商业为生的人口比例大大增加了。到宋代，工商业的积聚作用导致了城市的变革和革命。

第一，草市成长为市镇。宋代城市革命的一个重要标志是草市的兴起并成长为市镇。所谓草市，是指市郊或乡村地区自发形成的定期集市。这种草市最初出现于南北朝，隋唐时大量增加。由于政府规定县以下不能设市，这种集市只能是"草市"。入宋以后，关于市场设置的限令被取消了，草市取得合法性，因而获得更快的发展。草市的居民主要是各类商贩和手艺工匠，随着市场的发展和扩大，揽户、市驵之流也逐渐进入，甚至少量官商和豪贾也到这里居住。这样，很多草市就发展为城镇。这种情况在江南经济繁荣地区比较常见，有些市镇的规模和繁华程度甚至超过了州县府治。

第二，工商业城市的发展。汉唐的城市主要是郡县城市，一般是作为政府统治的中心发展起来的，是政治拉动经济的发展模式。五代以后及至宋代城市发展的一个显著特征，是单纯的工商型城市开始出现，并成为城市发展的主体。这些城市不是作为州县府治，而是作为商品集散地和加工制造中心而成长起来的。因此，这些城市大多处在交通要道或某些"三不管"地区，经历草市—市镇—城镇直至发展成繁华的工商城市。这类城市发展早期，基本上没有政府管理，因而也没有政府干预，所以能够自由发展。随着城市规模的扩大，政府往往在此设立管理机构甚至州县府治。在五代和两宋史籍中，常可见到升市为镇、升镇为县的记载。但作为工商型城市，其居民主体、经济社会模式等仍与传统城市不同。与此同时，即便是作为政治统治中心的国都和州府县治，其经济意义也大大增强。

第三，城市管理的开放。汉唐的城市大多作为郡县政府所在地，其政治、军事意义超过商业意义，所以有严格的坊市制度。晚唐五代以后，由于商业活动频繁，在社会经济生活中的作用日益提高，特别是商税在政府财政收入中占据越来越大的比重，导致政府商业政策逐渐放开。首先，由于人口膨胀，不少地方州府，突破城墙，向外发展。绍兴十一年（1141 年）五月，临安知府俞俟在上奏中说："府城之外南北三十里，人烟繁盛，各比一邑。"（周淙：《乾道临安志·城南北厢》）其次，原有的坊市制度被打破，商人开始破墙开店，侵街造舍，面街设铺。到了宋代，商人只要纳税便可在城内开设店铺，徽宗时正式征收"侵街房廊钱"，使"侵街"行为合法化。再次，宵禁制度被打破，政府允许开放夜市。这就大大延长了营业时间，促进了商业繁荣，也大大丰富了市民生活。

第四，独立市民的形成。由于城市发展，城市居民比较彻底地摆脱了农村和农业，成为一个独立而稳定的人群。为此，宋代设立与乡村户对称的"城廓户"身份，同样作为国家的编户齐民。随着市镇的发展，越来越多的居民被纳入城廓户管理，如南宋嘉定初年，湖州的四安、新市等镇在差役方面已实行坊郭法，而邻近的青墩镇居民也要求获得相同待遇并获批准。（《乌青镇志·著述志》）这表明市镇居民已从乡村户籍中分离出来成为市民，正式列入坊郭户范围。在两宋文献中，"城廓户"范围很广，户口繁杂，既包括"富商巨贾""磨户""冶家""茶培主""行老""市头"等，也包括"裨商细贩""杂作工匠""百姓绣夫""游手末作"等。这标志着我国历史上市民阶层的形成，也是城市发展的重要阶段。

2. 市民生活

中国传统社会基本上沿袭城乡分离制度，一直到魏晋隋及唐前期，城市居民都由皇族、官僚、军人和其他士人所构成。尽管有工商杂类等人口围绕在宫殿区周围，但并没有进入中心城区，大多居住在郭城。宋代以后，城市人口迅速增加，城市居民的构成也发生重要转变，工商人口成为城市居民的主要部分，他们的生活方式也逐渐成了城市生活的主流。

首先，城市生活的商业化。北宋以后，一方面，由于坊市制度破除，城市门面铺席和作坊市肆四处扩散，大大方便了人们的生产和生活；另一方面，随着商业发展，在一些较大城市中形成比较繁华的商业区。杭州自大街及诸坊巷，大小铺席连门俱是，无虚空之屋。苏州"洋货、皮货、绸缎、衣饰、金玉、珠宝、参药诸铺，戏园、游船、酒肆、茶店，如山如林"。同一行业又有众多专业性商店，如"南京罗缎铺、苏杭罗缎铺、潞州绸铺"。小商贩更是随处可见，例如，"卖生鱼则浅抱桶，以柳叶间串清水中浸，或循街出卖"（《东京梦华录》卷四）。"每日如宅舍宫院前，则有就门卖羊肉、头肚……衣箱、磁器之类；亦有扑上件物事者，谓之勘宅。"（《东京梦华录》卷三）

第二，市民生活的娱乐化。文化娱乐是市民生活的重要部分。宋代以后，几乎所有城市都有不同规模的商业娱乐场所和各种酒楼歌馆，由此集聚了一批专业艺人。早先在都市空阔处自发地形成的民间伎艺表演地点及相应的服务商业点，逐渐生长壮大，最后终于形成专门的娱乐场所，称为"瓦子""勾栏"等。《东京梦华录》记载："街南桑家瓦子，近北则中瓦，次里瓦。其中大小勾栏五十余座。内中瓦子、莲花棚、牡丹棚，里瓦子、夜叉棚、象棚最大，可容数千人。"（《东京梦华录》卷二）伎艺的种类有小唱、嘌唱、杂剧、杖头傀儡、悬丝傀儡、上索杂手伎、球杖踢弄、讲史、小说、散乐、舞旋、小儿相扑、影戏、弄虫蚁、诸宫调、商谜、合生、说浑话、杂剧、杂班、叫果子、装神鬼等，不可胜数。瓦中又多有货药、卖卦、喝故衣、探博、饮食、剃剪、纸画、令曲之类。终日居此，不觉抵暮。不仅在大的都市，甚至一些中小城镇，如临安城南的龙山市、城西的赤山市、城北的北郭镇等都有相当规模的"瓦子"（《咸淳临安志·市》）。

第三，休闲消费的大众化。从北宋开始，金吾松弛，诱导了饮食服务与娱乐业夜市的兴盛，酒楼歌馆，设戳耗篇幕，宴饮享乐，至夜则燃灯于上，望如星衡，四鼓后方静，而五鼓朝马将动，那些趁卖早市的已起身开张。就是说，城市开始有了夜生活。宋代以后，饮食繁荣，餐馆、酒楼、茶肆遍布大街小巷。《都城纪胜·市井》记载了各种饮食服务："包子酒店，谓卖鹅鸭包子、四色兜子、肠血粉羹、鱼子、鱼白之类，此处易为支费。宅子酒店，谓外门面装饰如仕宦宅舍，或是旧仕宦宅子改作者。花园酒店，城外多有之，或城中效学园馆装折。直卖店，谓不卖食次也。散酒店，谓零卖百单四、七十七、五十二、三十八，并折卖外坊酒。"两宋时汴京与临安都出现了被称为"正店"的大型酒楼，每楼各分小阁十余，酒器悉用银，以竞华侈。宋代以后饮茶之风更盛，茶肆不仅是饮茶之地，还成为交际、聚会和娱乐的场所。宋人饮酒、喝茶，常以金器为珍，以显示富贵，银杯银碗多为酒楼和茶肆的高档器皿，奢靡之风由此可见。

最后，市民活动的社会化。行业组织作为工商业者的组织是最常见和力量最强大的组织，具有加强同业者之间的联系、维持工商业秩序、协调市场活动等职能，还具有自我保护和排他性的作用。与此同时，这类行业组织同时承担协助官府分摊科配和进行行业管理的职能。此外，在商业性文化娱乐业中，"社"和"会"之类的组织，也具有行业组织的性质和作用。艺人组织一般称为"社"，从事市民文学创作的文人组织成为"会"。各种行业组织和"社""会"组织的兴起，既是市民按照不同行业分工的组合形式，也包含着市民对社会活动自主性的追求。

3. 行业组织

宋代商品经济发展促进了行会的发展。一方面，工商业者为了应付政府的"科索"，即官府对民间物品的无偿征调，不得不组织起来，每个人必须加入一个同业组织的行，以便共同与官府打交道；另一方面，官府为了便于对工商业者实行征调，也强制工商业者组织起来，使每一个工商业者不论大小，都必须"投行"。熙宁年间政府规定："元不系行之人，不得在街市卖坏钱纳免行钱人争利，仰各自诣官投充，行人纳免行钱，方得在市卖易，不赴官自投行者有罪，告者有赏。此指挥行，凡十余日之间，京师如街市提瓶者必投充茶行，负水担粥以至麻鞋头髪之属，无敢不投行者。"（《文献通考·市籴考一》）

因而宋代行会迅速发展起来，自京都到州县城镇，各行业都有行的组织，如汴京市上至少有 160 多行，行户 6400 多户。南宋时，行会更加成熟和普遍，有"行""团""市"等多种组织形式和名称。杭州城内有大小行业 414 行，各行中都有许多行户。每行都有一个行首，由同业公推，一般为本行中人，但行首必须经官府批准。凡是本行的事务都由行首来执行，凡涉及对外交涉或其他共同活动，都由行首率众共同应付。行首还要参加官府的物价会议，完成政府交办的各种任务，如缴纳免行钱等。各行均有固定的交易地点，雇用人力的接洽场所；各行有特殊的服饰、传统活动和经营方式；各行还有特殊的宗教信仰等。

行会成员间是不平等的，同行从业者的经济地位相差非常悬殊，每个人都凭自己的资本和经营才能，尽量追求最大财富；各行都是由行头大户把持，他们勾结官府，随意摊派，将各种负担转嫁到小工商业者身上；另外，行会并不限制竞争，各行大户甚至通过垄断市场，操纵物价，进行不正当竞争。

五、经济重心南移

中国经济中心的转移是一个长期存在的现象。在唐宋以前，中国经济中心转移体现为东西转移，即关中地区和中原地区之间的转移。殷商时期中国的经济中心是黄河中下游地区，即中原地区。由于黄河水患不断，中原地区经济不能实现持久繁荣发展，所以就有周族兴起于关中的历史。但是关中地区腹地过小，所能供养的人口有限，所以西周早期就有营建洛邑的构想和实践。从此，中国各个王朝大多以长安与洛阳为两都，物质资源和官僚机构在两都之间反复转移，经济中心也在东西之间转移。由于东西之间自然禀赋的差异并不大，因此这种变化也不显著。

南北朝时期，北方游牧民族大规模南下，驱使中原人口大规模南移，长江以南地区得到开发，经济重心第一次南移。安史之乱造成北方大部分地区的破坏，同时造成人口的大规模南迁，同时由于南方相对安定，经济得到一定的发展。这种趋势一直延续到五代十国，从而造成中国经济重心的第二次南移。实际上，从中唐到五代十国期间，中国经济重心南移的格局已经形成，因此有"扬一益二"的说法。两宋期间，中国经济重心发生第三次南移。这是因为北方，先是黄河中下游地区长期处于宋辽、宋夏战争状态，随后黄淮流域先后处于宋金、宋元战争状态，经济社会遭到持续的破坏而难以得到恢复。南方长期处于相对稳定的状态，因而有恢复和发展的机会。南宋政府由于失去北方大片领土和人民，从而也失去了赋税基础，不得不将精力放在南方，大力开发南方。

造成经济重心南移的原因除了战争推动外，更重要的是自然条件的变化。具体说就是北方气候变冷，造成无霜期缩短，不少农作物种植也不得不向南推移。事实上，驱使北方游牧民族南下的原因，很大程度上也是由于气候变冷。当中原王朝实力较强时，能够挡住游牧民族南下的压力，但是当中原王朝实力因内部原因减弱时，就被迫向南方转移，经济重心自然也随之南移。气候变化主要影响农业生产。唐五代时期气候较为温暖，北方农业区向周边扩展，水稻广泛分布，关中、伊洛河流域、河内、黄淮平原、幽蓟等地都大面积种植水稻。到宋代气候寒冷，北方农业区南退，水稻种植范围明显缩小，除河北平原淀泊地带、黄淮平原淤灌区在一段时期内较大面积地种植水稻外，北方其他地区的水稻分布均少而分散。但另一方面，转冷的气候却未能阻止南方水稻种植区域的扩大，除长江流域外，闽江、珠江流域也广植水稻。与此同时，气温降低却有利于小麦的春化，所以小麦种植也向南方转移，并且与其他作物构成两熟或三熟种植。南宋建炎、绍兴年间，江、浙、湖、湘、闽、广"竞种春稼（小麦），极目不减淮北"。总之，南方既未受政权更迭的影响，农业区又可自温带向亚热带扩展。凡此种种，都有利于南方农业的总体实力超过北方。

经济重心南移还与北方的过度开发、生态环境破坏，以及长期以来没能改变传统的农业开发模式有关。尽管北方由于土地条件比较容易开发而开发较早，但是在当时的条件下，人们缺乏环境生态意识和保护手段，所以开发较早也破坏较早。历史上各个王朝无不高度重视农业，农业的繁荣使北方中原地区成为全国的经济重心。但过度重农导致过度垦殖，过度垦殖又导致植被破坏，水土流失，最后的结果必然是生态环境破坏和自然灾害加重，农业持续发展的基础遭到破坏。而南方开发较晚，人地矛盾出现也较晚，加上南方地区资源特点，即便过度开发也比较容易得到恢复。长期以来，南方地区逐渐发展精耕细作农业，提高单位面积产量，尤其是两浙路，精耕细作发展到一个新的高度，所以有"苏湖熟，天下足"的说法。另外，南方资源较北方更加丰富，在农业发展基础上开展多种经营，发展手工业和贸易，可以大大提高交换的效率，因而南方经济能够持续发展并长期超过北方。

第五节 齐民社会的兴起

商品经济发展促进了唐宋时期的社会变革。商品是天生的平等派,商品经济发展必然要求交易各方处于平等地位。这就必然冲击传统的等级制度,促使社会趋向于"等齐化"。从而促使自秦汉以来的编户齐民制度发生转变,并导致齐民社会的兴起。

一、齐民社会的构成

所谓"齐民",就是将少数有特权的官僚地主和少数奴婢等排除在外,具有法律地位和自主经济的平民。经唐宋变革后的社会,士农工商的等级职业制度也发生了重要变化。唐代社会除世族贵族和官私贱民外,都属于"良人"即平民,亦即士农工商。唐代令文中多次重申"四民"分业的规定。《旧唐书·职官志》"户部"规定:"辨天下之四人,使各专其业。凡习学文武者为士,肆力耕桑者为农,巧作器用者为工,屠沽兴贩者为商。工商之家不得预于士,食禄之人,不得夺下人之利。"《旧唐书·食货志上》所录武德七年(624年)令:"士农工商,四人各业。食禄之家,不得与下人争利。工商杂类,不得预于士伍。"可见此时士农工商的职业划分十分严格。但是到了中唐以后,这种等级职业制度发生了变化,职业的等级性差别在缩小或消弭,趋向扁平化发展。到宋代,正如黄震所说的,"士、农、工、商各有一业","同是一等齐民"。(黄震:《黄氏日抄》卷七八)

第一,士与齐民地主。士并不是一个稳定的阶层。他们中的大多数来源于齐民地主,通过科举进仕,成为官僚阶级。所以,士、官僚、地主这几个角色既可以相互转换,也可以合而为一。齐民地主以经营农业为主,但也兼营商业和手工业,有时还放贷。但对他们来说,最终还要购买更多的土地。宋代以后直到明清时期,齐民地主成为社会的中坚力量。他们在农业生产、水利建设、地方治理等方面发挥着重要作用,从而构成了农村"士绅社会"。

第二,自耕农与佃农。宋代实行户等制,尽管有主户与客户之分,但正如司马光所说,主户客户"皆编户齐民,非有上下之势"(江少虞:《宋朝事实类范》卷十五)。主户中又分为上等户与下等户。乡村上户都是大小地主自不必说,乡村下户从"有常产"的角度讲,应为有小块耕地的自耕农或半自耕农。但宋朝政府将佃农也编入户籍,所以乡村下户中还包括佃农。佃农有的为客户,有的为主户下户。这是因为是否"有常产"的情况是处于不断变化之中的。总的来看，宋代自耕农的数量并不占优势，乡村农户以下户和客户为主，因而多数是半自耕农或佃农。

第三，市民即城市工商业者。随着工商业和城市发展，自然出现了一个新的阶层，即市民阶层。宋代的城市居民称为"城廓户"，不仅包括都城和州、府城内的居民，也包括县城内和镇上的居民，称为"县坊郭"和"镇坊郭"。城市居民也分为主户和客户，有房屋财产者为坊市主户，无房屋财产者为坊市客户。坊市主户又分为上户和中下户。坊郭户上户包括城居官户、吏户、地主、房主、大商人、贷主、手工业主等。构成城市人口的绝大多数是坊郭下户，包括小商小贩、手工业者，以及"极贫秀才"等。（朱熹：《朱文公别集》卷十《审实粜济约束》）坊郭户也要承担赋税和夫役，即"城郭之赋，宅税、地税之类是也"（《宋史·食货志》）。

总的来看，经历唐宋变革，中国传统社会发生了重要的转变，不仅士庶制度和良贱制度不存在了，而且作为等级职业制度的士农工商差别也淡化了，社会以士绅即齐民地主、自耕农与佃农以及以工商业者为主的城市市民为主体，他们在数量上占据社会的绝大多数，在法律身份上是"齐民"，在经济和社会角色上也是可以转换的。可见，经过唐宋变革，中国基本上完成了从世族社会向齐民社会的转变，形成齐民社会。

二、齐民社会的契约性

齐民社会的最根本特点是"等齐性"。经历唐宋变革后，士庶差别消失和良贱制度废除以及等级职业制度的演变，使社会朝向"等齐化"发展，为"从身份到契约的转变"创造了前提条件。而随着唐宋变革后齐民社会的兴起，出现契约普遍化趋势。与此同时，由于社会趋于等齐化，由等级身份决定的各种社会束缚有很大松动，社会流动性也扩大了。

宋代以后，社会的契约观念和契约制度有了长足发展。首先，由于商品经济发展，进入契约规范的商品范围扩大了，一些重要的日用品买卖也要制定契约。如"徽宗大观元年，凡典买牛畜舟车之类，未印契者，更期以百日，免倍税"（《宋史·食货志》）。其次，由于租佃制度的发展，租佃契约也越来越普遍。宋代以后，租佃契约大体上体现了平等契约原则。一般来说，由于主佃双方的身份相对独立，在契约文书中对双方权利义务的规定具体明确，对双方均有平等约束力。租佃契约成为宋代以后社会最基本的契约制度。再次，由于人身依附关系的逐渐解除，奴婢与雇佣者的界限日益模糊，主奴关系演变成雇佣关系。这就产生了雇佣契约。宋代家内雇佣奴婢称"人力"或"女使"，多订有契约，年满解雇。政府还对雇佣奴婢的年限作出明确规定，如北宋真宗时规定，"自今人家佣赁，当明设要契及五年"（《文献通考·户口考》）。此外，宋代官私手工业常用"和雇"方式使用劳力，农业中也有雇佣劳动。这类雇佣劳动关系有不少须订立契约，写明雇佣条件、工值和时限等。

随着商品经济发展，契约范围扩大，种类增多，为此，政府制定标准的契约样本，加强制度规范。为了确保私人土地所有权，宋太祖时规定，典卖人向官府纳税，契约上要加盖官印，谓之"红契"。宋太宗太平兴国八年（983年），国子监丞知开封府司录参军赵孚上言："庄宅多有争诉，皆由衷私妄写文契，说界至则全无丈尺，昧邻里则不使闻知，欺罔肆行，狱讼增益。请下两京及诸道州府商税院，集庄宅行人，众定割移、典卖文契各一本，立为榜样。"（李焘：《续资治通鉴长编》卷二十四）真宗乾兴元年（1022年）规定：契约一式四份，钱主、业主、商税院、本县府各持一份。徽宗政和元年（1111年）规定：契约写明标的物（数量、质量）钱主、业主、邻人、牙保、写契人，必经官府验明。（《宋会要·食货》）宋时还规定："在法，典田宅者，皆为合同契，钱、业主各取其一。此天下所通行，常人所共晓"（《名公书判清明集》）；"今后质典交易，除依例给据外，须要写立合同文契贰纸，各各画字，赴务投税。典主收执正契，业主收执合同。虽年深，凭契收赎，庶革侥幸争讼之弊"（完颜纳丹：《通制条格》卷十六《田令·典卖田产事例》）。南宋时更进一步规定："交易有争，官司定夺，止凭契约。"（《名公书判清明集》卷九）

三、齐民社会的流动性

汉唐时代，一方面，世族贵族制度存在严重的人身依附关系，世族地主将农民束缚在土地上，奴婢不能逃亡。唐代实行均田制度，为了保证政府的租庸调，也限制农民离开土地逃亡他乡或城市。另一方面，世族贵族制度的核心是严格的等级制，包括士庶之别、官僚的爵位和品级，以及士农工商的等级职业制度等。所以，世族贵族社会是严重固化的社会，缺乏流动性。随着唐宋变革的发生，人身依附关系的消解，社会流动性明显扩大。这种社会流动既有各类人群在地域空间上的流动，特别是城乡之间的流动，还包括社会不同等级阶层之间的流动以及不同职业人群的流动。

第一，地域上的流动性。由于人身解放，特别是佃户，他们在租期结束时完全可以离开原来的业主，甚至到其他地区谋生。宋仁宗天圣五年（1027年）十一月诏令："自今后客户起移，更不取主人凭由，须每田收田毕日，商量去住，各取稳便，即不得非时衷私起移，如是主人非理拦占，许经县论详。"（徐松：《宋会要辑稿·食货·农田杂录》）在这种情况下，"富民召客为佃户，每岁未收获间，借贷赒给，无所不至。一失抚存，明年必去而之他"（徐松：《宋会要辑稿·食货》）。由于工商业和城市的发展，宋以后的社会，一个显著的趋势是人口向城市转移。农民依靠自己的小块土地无法维持生产和生活，往往需要掌握农业之外的出路，或兼营商业或兼营手工业。这样，在他们失去土地以后，就有能力从事其他行业以进一步谋生，而城市的发展则为这种商业或手工业提供了广大的空间。所以，城市成为失地农民和其他从业者兼业和转营工商业的理想之地。

第二，阶层上的流动性。不论是地主还是佃农，不论是官僚还是平民，其社会地位并非固定不变，血缘关系基本上不再起作用，人们可以通过各种方式和途径改变自己的身份和地位。例如，佃农可以通过购买土地而成为自耕农甚至成为地主，农民可以通过读书参加科举成为政府官吏。尽管宋代也存在"形势户"，但由于官无定势、地无常主，所谓"形势"难以长久。宋代实行户等制，但这种户等与贵贱没有关系，基本上是根据土地占有和财产状况决定的。由于土地可以买卖，财产状况可以改变，人们的户等也会随之改变。主客户的地位不是一成不变的，在土地兼并过程中一些下等主户破产，丧失了土地，就不得不租种他人的土地，从而沦为客户。相反，一些客户也可能利用自己的积蓄购买土地，从而转为主户。宋人谢逸记述四十年间所见的变化："乡闾之间，曩之富者贫，今之富者，曩之贫者也。"（谢逸：《溪堂集·黄君墓志铭》）袁采也说："今不须广论久远，只以乡曲十年前二十年前比论目前，其成败兴衰何尝有定势。"（袁采：《袁氏世范》卷二）

第三，职业上的流动性。经唐宋变革，作为职业等级制的士农工商区别逐渐淡化和消失。宋代以后，由于商品经济发展，政府对于人们职业上的限制基本取消了。例如，完全以读书为业的士人事实上已不存在。不论是什么人，地主、佃农、庸工、商人，都可以读书和参加科举，一旦科举成功就可以改变身份成为士人。而士人也并不一定成为"仕人"，"仕人"也不可能世代为官。不论是地主还是佃农都不一定专营农业，大多还从事家庭手工业和商业贩运等，甚至进入城市成为专门的手工业者和商人。商业也不为专业商人所垄断，地主、官吏甚至皇室人员都可以进入商业领域。反过来，工商业者通过经营积累货币，也可以购买土地成为地主或自耕农，也可以通过科举甚至通过买官进仕。

齐民社会的流动性，是由两个互为因果的因素促成的，这就是官僚政治和地权变动。世族社会存在等级特权，一方面体现为政治上的世袭官僚体制，另一方面体现为经济上的世族土地所有制和各种经济特权。这两个方面相互促进，保证了世族统治的稳定性。宋代以后的社会并没有消除等级，但是这些等级不是固定的，基本上没有世袭特点。如宋朝的中高级官员虽有荫补特权，但不仅范围非常有限且有递降趋势。所以官户的成员经常处于流动状态，仕宦之家的子弟往往破落败家。"朝廷无世臣"，"无百年之家"（程颢等：《二程遗书》卷十五），由贱而贵或由贵而贱的事均为常见。这里一个重要的因素是科举，通过科举，齐民可以上升为官僚阶级，并成为大地主，即成为官户或形势户。但宦海沉浮官僚地主也可能因为政治斗争而失官乃至失地，从而加速地权转移。与此同时，由于土地是最可靠的财富形式，不论是商业资本、高利贷资本，还是手工业利润，都向地产化方向转化。"贫富无定势，田宅无定主"，所以《袁氏世范》说"富儿更替做"，楼钥更指出"朝为富室，暮为穷民"（楼钥：《攻媿集》）。朱熹说得更为严重："今日万钟，明日弃之；今日富贵，明日饥饿。"（朱熹：《近思录·出处》）

四、齐民地主阶级的统治

经唐宋变革，社会兴起一个新的地主阶级，成为占统治地位的阶级，即齐民地主阶级。齐民地主来自两个途径：一是地主齐民化，即世族地主衰落和庶族地主发展成为齐民地主；二是齐民地主化，即士农工商各类齐民通过购买土地成为地主。

中唐时实行两税法，"唯以资产为宗，不以丁身为本"（陆贽：《翰苑集》），品官从此开始负担两税和杂徭，世族地主丧失了免税免役特权，从承担国家赋役角度讲，国家臣民不分贵贱，均为编户齐民。尽管地主可以经过科举入仕从而成为官僚地主，但没有法定的政治特权，也不可能建立世族地主那样的宗法势力，因而就没有力量控制土地上的劳动者，只能以出租土地的方式获取地租等剥削收入。宋人曾说，大小地主"虽田连阡陌，家资钜万，亦只与耕种负贩者同是一等齐民"（黄震：《黄氏日钞·又晓谕假手代笔榜》）。这就是地主齐民化。另一方面，宋代以后，国家田制不立，不抑兼并，土地自由买卖，任何人都可以通过买进土地而成为地主。而随着土地兼并过程，土地趋于集中化，从而产生大地主。这就是齐民地主化趋势。

齐民地主是齐民社会的主导阶级，也是齐民社会占据统治地位的阶级。宋代以后的社会，工商业得到很大发展，但仍以农业为主。齐民地主主要经营农业，但他们并不是单纯的农业经营者，一般都兼营商业，也可能从事手工业生产。另外，齐民社会的一个重要特征，就是竞争相对平等。这种相对平等的竞争，刺激齐民地主积极改进生产技术和耕作方法，以取得竞争优势并获得更多的回报。另一方面，齐民地主不同于小农，他们具有更大的经济实力，能够成为大型农田水利设施建设的组织者和新的耕作方法的实验者。此外，齐民地主还是农业商品生产者，通过多种经营，提高土地利用率。所以，齐民地主成为宋代以后农业先进生产力的代表。作为主导阶级，齐民地主代表当时先进的生产力，作为统治阶级，齐民地主通过对经济生活的控制，通过官僚体系和基层组织，以及通过农村家族势力，实行方方面面的统治。

首先，齐民地主通过官僚政治实行统治。尽管宋代以后的社会残存着部分世袭官爵制度，但能够享受得到的只是一小部分皇亲贵胄，总体上来说所占比例很小，而且能够延续的时期也较短。齐民地主一般都是耕读结合，由于实行科举制度，他们可以通过这个途径，将其代理人输送到国家官僚体系中去。经过多年的这种新陈代换，新兴的齐民地主逐渐掌握了国家统治权。所以说，齐民社会的官僚制度是一个开放系统。并且，齐民地主也是一个开放的阶级。在土地自由买卖的制度下，各阶层的人都可能通过购买土地而成为地主。在这种制度下，善于经营的人可能进一步购入土地成为大地主，而那些不善经营的人则出卖土地从地主阶级退出。这样就可以保证土地向高效率的地主集中，也就保证了地主阶级的先进性，保证了国家官僚体系能够总是由新兴的齐民地主阶级控制。

其次，齐民地主通过胥吏制度实行统治。历代政府对基层社会的统治，都是通过基层胥吏实现的。就宋代来说，官与吏的流品区分甚严，贵官而贱吏。但官为流官，而吏却是世代为吏，所以有"官无封建，而吏有封建"（叶适：《水心别集·吏胥》）之说。公吏和乡胥一般都是由地方的形势户充任，他们有经济实力，并掌握基层组织的管理权，政府利用他们进行治安管理和组织完成国家赋役。所以，在广大农村，吏户的势力仅次于官户。但是，胥吏并非贵族，也没有法定的特权，所以仍为齐民地主。政府对他们也实行严格管理，建立专门的"形势版簿"，主要是让他们带头完成国家赋役。但他们往往利用自己的权势，将负担转嫁给农民。他们有时横行乡里，兼并田产，放高利贷，贪污、行贿、勒索，成为"土豪劣绅"。如北宋时"州县督税，上下相驱峻急，里胥临门，捕人父子兄弟，送县鞭笞，血流满身"（司马光：《涑水记闻》卷二）。南宋"房陵人李政为保正，顽猾健讼，侵人田园，夺人牛马，官司莫能治"（洪迈：《夷坚志·房州保正》），所以有"吏强官弱"之说。

最后，齐民地主还通过家族力量实行统治。世族制度衰落后，农村的大家族势力也随之衰落，但宗法传统并没有中断，而是通过齐民地主的小家族势力而兴起。世族时代只有世家大族才可以修族谱，但宋以后齐民地主也兴起族谱热。明嘉靖十九年（1540年）下令，天下臣民皆得建立家庙追祭始祖。事实上，这也是齐民地主拢聚力量的方法。齐民地主通过"宗子之法"，设族长和房长，建立家族组织。各家族都有一些成文和不成文的家法、家训、族规等。族长和房长一般都由仕宦者担任。族长和房长对于家族事务，包括立继、财产诉讼、掌管族产、收养孤幼等有很大的影响力。按宋朝法律，"户绝命继，从房族尊长之命"。齐民地主还通过建立族祭田的方式扩大家族势力。族田一般由"族长主其收支"，租谷收入除用以祭祖之外，主要用于赈济贫族。经学家陆九渊的宗族十分典型。该家族以"一人最长者为家长，一家之事听命焉。逐年选差子弟分任家事，或主田畴，或主租税，或主出纳，或主厨爨，或主宾客。公堂之田，仅足给一岁之食。家人计口打饭，自办蔬肉，不合食。私房婢仆，各自供给，许以米附炊"，"子弟有过，家长会众子弟，责而训之。不改，则挞之。终不可改，度不可容，则告于官，屏之远方"。（罗大经：《鹤林玉露·陆氏义门》）

五、齐民社会的矛盾转化

唐宋变革是中国传统社会历史上的重要变革，实现了春秋战国以后的又一次社会转型，使中国传统社会进入齐民社会阶段。较之此前的汉唐世族地主社会，齐民社会具有社会等齐性、契约普遍性和社会流动性三个方面的进步特征。社会等齐性意味着社会特权阶级大大缩小了，社会身份趋于等齐。社会等齐性为社会"从身份到契约的转变"创造了前提条件，导致契约的普遍化，并使人们摆脱了身份的束缚，可以自由地迁徙并从事各种不同的职业，这就大大提高了社会资源的配置效率。更重要的是，齐民社会为人们提供了相对平等的发展机会和相对平等的竞争条件，亦即为人们提供了一条可以上升的途径。这就成为齐民社会较之汉唐世族地主社会进步性的基本内涵。

齐民社会的基本构成是士农工商，而齐民地主和农民是两大基本阶级。齐民地主没有等级身份，不享有特权，他们占有更多的土地，但仍是"齐民"；另一方面，农民可能失去土地沦为"客户"即佃农，但他们却保有"齐民"的身份。没有等级特权的地主不可能把保有齐民身份的农民降为自己的农奴，但失地的农民又不能不忍受地主的剥削。结果是，齐民地主以无等级特权的身份剥削农民，农民以保有齐民的身份接受剥削。既然土地可以买卖，财富可以流转，人们对土地的追求更加强烈了。地主和农民之间的竞争集中在土地上。尽管从制度上讲任何人都可以参与土地兼并活动，但事实上却只有世家地主才可能进一步买进土地。所以，齐民地主的要求是尽可能地扩大和保有自己的地产，而农民的要求就是平均地权。所以说，齐民社会的基本矛盾是地主与农民的矛盾，具体说就是齐民地主与自耕农民和佃农的矛盾。

齐民地主是齐民社会的主导阶级。齐民地主亦农亦工亦商，代表了齐民社会的先进生产力。但齐民地主的地位是不稳定的，他们既可能上升为官僚地主，也可能沦为自耕农甚至佃农。这是因为齐民地主作为没有特权的阶级，需要通过竞争才能获得更多的土地和财产，必须经过科举进仕才能转变为官僚，也就是说必须通过竞争才能占据和保持在社会上的主导地位。这是其保持先进性的根本机制。但是在齐民社会后期，齐民地主阶级逐步向寄生地主转化。过去，地主占有大量土地，但他们或是自己经营，或是将土地出租实行租佃经营。但是到了齐民社会后期，由于地产制度的演变，特别是永佃制的发展，不断衍生出各种地权形式，产生了大批因地权孳生的土地食利者。不少地主基本上退出了经营活动，成为仅仅靠地租生活的寄生地主。而在广大农村，乡绅地主转变成了"土豪劣绅"，不仅加重了对农民的剥削，更利用他们所控制的基层政权，对农民施行多重盘剥和压迫，导致农民与地主的矛盾日益加剧。

租佃经营是齐民社会主要的农业经营方式。这种经营方式为地主和农民双方都提供了更多的选择机会，因而代表了进步的生产关系。但是人口增加和土地需求的扩大逐渐推高了土地的价格，土地作为生产要素的成本进一步提高。相反，人口增加和劳动力供给扩大导致劳动力价格的进一步降低。由于土地价格的提高趋势，土地成为最有利的投资品，官僚、地主和商人纷纷购买土地，致使土地兼并进一步加剧。但是土地兼并并没有导致土地经营的集中，相反是进一步零碎化。这是因为土地最好的经营方式就是出租，而土地租佃制度的日益严密和发达，地权形式的多样化，使地主的租佃经营更加游刃有余。而另一方面，小农为了保住自己的小块耕地或佃权，不得不忍受地主的各种盘剥，并加强向有限土地的劳动投入或资本投入，这必然导致土地经营的进一步零碎化和土地边际效率的进一步降低，农业长期保持着生存农业水平而无法取得突破。

工商业和城市发展以及城市市民的形成是齐民社会的重要方面。但是到了齐民社会后期，由于技术停滞，社会生产力没有实现新的突破，工商业和城市发展渐趋饱和，难以容纳更多的农业剩余劳动力。一方面，作为基础的农业不能取得突破性发展，不能为更多的工商业者和城市人口提供粮食和农产品；另一方面，由于工商业发展仍然是传统的生产和经营方式，其自身发展有很大的局限性，更不可能为农业发展提供更有效的生产工具和农产品流通渠道，这就使工商业和农业陷入封闭的低水平循环。事实上，清代中期以后，工商业和城市发展已经没有多大的空间，甚至或达到极限。这种状况必须由一种新的力量来打破，或是新的市场或是新的技术，否则仍将维持这种低水平循环，并且日益停滞。就是说，这种传统经济的低水平循环必须通过新的技术和新的制度来打破。

总的来看，齐民社会是中国传统社会发展中的一个阶段。这个历史阶段较之汉唐的世族贵族社会具有先进性，标志着中国传统社会发展到一个新的发展水平。这就是说，平抑贵族特权和社会等齐化既是构成社会进步的基本内容，也是促进社会进步的根本原因。但是齐民社会自身具有很大的局限性，在工商业和城市不能取得突破性发展的情况下，农民和地主对于土地的竞争必然日趋激烈，地主的寄生性更加剧了社会矛盾，最终走向历史终结。因而，反对身份特权和资源垄断，反对既得利益者集团的统治，促进社会的等齐性和生产者的资源共享性，应是社会历史发展的共同愿景。

第十章　元明经济

第一节　蒙元转制

一、辽金制度

北方游牧民族与中原农耕民族的矛盾，可以说一直贯穿中国传统社会始终，并在很大程度上影响了中国历史的走向。北方游牧民族一面南向发展，一面不断汉化，既构成对中原王朝和农耕经济的冲击和破坏，也不断给中原民族和传统文化以新鲜血液和新鲜因素，最终通过不断的融入而融合为一。这种冲击和融合，是以北方民族数次大规模南下的浪潮形式实现的，并以国家统一为最终结果而完成。

1. 辽制：斡鲁朵和头下军州

唐宋之际，北方的契丹、党项、女真、蒙古先后崛起，占据北方广大地区。其中，契丹是较早兴起的草原民族。尽管契丹在中国北方的统治面积并不大，历史并不算久，但仍留下对后世较为深远的影响，其中斡鲁朵和头下军州，影响了蒙元的政治经济制度。

斡鲁朵原义为帐幕。契丹是游牧民族，其君长习于帐居野处，车马为家，转徙随时，无城廓沟池宫室之固，故其宫帐之组成、管理、警卫与供给都有与之适应的特有制度。阿保机即皇帝位后，立即选取了诸部豪健两千人，组成宿卫亲军，号为"算"，建成一支直属于他本人的禁卫队伍，称为"斡鲁朵"。《辽史·营卫志·宫卫》：

> 有辽始大，设制尤密。居有宫卫，谓之斡鲁朵；出有行营，谓之捺钵；分镇边围，谓之部族。有事则以攻战为务，闲暇则以畋渔为生。无日不营，无在不卫。立国规模，莫重于此。作《营卫志》。

> 辽国之法：天子践位置宫卫，分州县，析部族，设官府，籍户口，备兵马。崩则扈从后妃宫帐，以奉陵寝。有调发，则丁壮从戎事，老弱居守。

可见，斡鲁朵既是军事制度也是经济制度。作为皇帝的禁卫制度，斡鲁朵负责皇宫和皇帝的保卫，随皇帝出征作战，在皇帝驾崩之后要负责皇陵的守卫。总的来说，就是"入则居守，出则扈从，葬则因以守陵"（《辽史·兵卫志中·御帐亲军》）。作为经济制度，在平时要进行生产，生产的成果要供给皇室以满足皇帝家族和皇宫的各种需要。因而，斡鲁朵也是国家财政即中央财政的组成部分。

斡鲁朵户亦称"官分户"，主要源于三个方面，即自愿投附的、罪犯籍没的和降俘人户。根据不同来源，斡鲁朵户分为正户和蕃汉转户。正户主要由契丹贵族和其他契丹人构成。部分贵族自愿投附于皇帝，他们成为正户中的权贵阶级，享有世代贵族地位和待遇。契丹正户中的"上户"，是斡鲁朵的中坚力量，也拥有较强的经济实力。更大多数的正户属于普通的契丹人民，他们主要靠渔猎和农耕为生，同时也是兵役和劳役的主要承担者。蕃汉转户主要来源于被征服的汉族、渤海族和室韦族人民，是皇帝直接领地上的生产者。史载："皇帝即位，凡征伐叛国俘掠人民，或臣下进献人口，或犯罪没官户，皇帝亲览闲田，建州县以居之，设官治其事。"（《辽史·礼志一·古仪》）可见，蕃汉转户属于各州县统治，而这些州县又属于皇帝的直接领地。

契丹贵族在初期的征服战争中，劫掠了大量的人口，他们将这些人口聚集起来，建立州县城堡等组织，称为"头下"，这些州就称为"头下军州"。《辽史·食货志》："各部大臣从上征伐，俘掠人户，自置郛郭，为头下军州。"规模次于军州的还有县（城）和堡，共分三等。只有亲王、国舅、公主的头下军州可以建筑城郭，其余的头下军州只是一些寨堡和农庄、牧场。最大的一个头下军州约有一万户，一般的头下军州每个只有一两千户或两三千户。《辽史·地理志序》："以征伐俘户建州襟要之地，多因旧居名之，加以私奴，置投下州。"

头下军州是契丹贵族通过征服战争创建的，但仍属于"王土"，即属于国家的地方行政组织。所以，头下军州的刺史由中央任免，体现皇帝即国家的管辖权，但军州以下的官吏则由各州贵族委派。头下军州的户口，一面依附本王，一面归政府统治，随着封建因素增长，头下户演变成"二税户"。《辽史·食货志》："凡市井之赋，各归头下，惟酒税赴纳上京，此分头下军州赋为二等也。"

在宋辽澶渊之盟前，由于战事频繁，征服土地扩大，战俘不断增加，因而头下军州较多。其后战争较少，土地征服减少，俘虏来源减少，很难再用俘掠人口来增置头下军州。因此，属于贵族的头下军州呈减少趋势，而同时属于皇帝的斡鲁朵的属邑却大大增加。到辽圣宗时，以前建立的一些头下军州，也逐渐归中央政府管理。由此，过去隶属于头下贵族的人口直接隶属于州县，成为向朝廷纳税的编户民。

2. 金制：猛安谋克

女真族历史悠久，有着较为深厚的文化积淀，其发展初期的制度创设，对民族兴起和后世中国具有深远影响，其中最为重要的就是猛安谋克制度。

猛安谋克是女真族在原始社会后期在围猎等生产活动中创设的组织，谋克是以血缘关系为纽带出现的基层组织，而猛安则是在血缘谋克基础上建立的地域性组织，以后逐渐发展为固定的军事组织。金国建立的前一年（1114 年），金太祖始定制以三百户为谋克，十谋克为猛安，从而确定猛安谋克制。《金史·兵制》：

> 金之初年，诸部之民无它徭役，壮者皆兵，平居则听以佃渔射猎习为劳事，有警则下令部内，及遣使诣诸孛堇征兵，凡步骑之仗糗皆取备焉。其部长曰孛堇，行兵则称曰猛安、谋克，从其多寡以为号，猛安者千夫长也，谋克者百夫长也。谋克之副曰蒲里衍，士卒之副从曰阿里喜。部卒之数，初无定制。至太祖即位之二年，既以二千五百破耶律谢十，始命以三百户为谋克，谋克十为猛安。继而诸部来降，率用猛安、谋克之名以授其首领而部伍其人。

至此，猛安谋克制度基本完备，成为女真国家制度的基础。

猛安谋克人户平时从事农业生产，闲暇时进行军事训练，有战事则丁壮接受征发，自置鞍马器械出征，其家口仍留下生产。猛安谋克的职责，最初只管训练士兵，指挥作战。后来，猛安还负责"劝课农桑，余同防御"；谋克则掌捉辑军户，"惟不管常平仓，余同县令"。可见，猛安谋克担负着率兵打仗和掌管生产、征收赋税等功能。

在猛安谋克制度基础上，金朝实行猛安谋克受田制。猛安谋克户有权从国家分得一份土地，由自己的家庭成员耕种，此即所谓牛头地。规定凡占有耕牛一具（三头），民口二十五，即受田四顷零四亩。所谓民口，包括奴隶和女真部落、氏族的平民。奴隶主占有奴隶和牲畜越多，就越可合法地多占土地，但最多不能超过四十具，土地一百六十多顷。天辅五年（1121 年），金太祖从各路猛安部中，抽取民户一万多，迁到新占领的泰州屯种，可以占有更多的土地。太宗天会三年（1125 年）十月，金太宗以岁稔，国家无储积以备女真部民之饥馑，诏"令每牛一具，纳粟一石"由各谋克立廪贮之，即所谓"牛头税"。天会五年（1127 年），诏女真内地"每耕牛一具，纳粟五斗"。

天会十一年（1133 年）左右，金创行屯田军，将在东北地区的女真猛安谋克徙入内地。他们自成组织，筑寨于村落之间，不属州县，计其户口，授以官田。与此同时，女真统治者把收降的契丹、渤海和汉人置为猛安谋克。后来又将归入猛安谋克的其他族人加以限制，目的是保证女真集团的特权利益。大定二十三年

（1183年）八月，"奏猛安谋克户口、垦地、牛具之数。猛安二百二，谋克千八百七十八，户六十一万五千六百二十四，口六百一十五万八千六百三十六，内正口四百八十一万二千六百六十九，奴婢口一百三十四万五千九百六十七。垦田一百六十九万三百八十顷有奇，牛具三十八万四千七百七十一"（《金史·食货志》）。

然而，这个特权阶级正是在这种特权制度下走向颓废和败落。他们"不亲稼穑，不令家人农作，尽令汉人佃莳，取租而已"（《金史·食货志》）。由于剥削严重，无人愿意耕种，他们的土地也逐渐荒废。在金世宗与金章宗期间，猛安谋克户的生产和生活日益陷入困窘，国家不得不采取各种措施加以救济。随着猛安谋克贵族的没落，金朝的灭亡也就在历史的必然之中了。

二、太宗转制

蒙古民族是典型的游牧民族，由于与中原汉族文化接触较晚，融合时间也较短。但是，蒙古的汉化是在辽金两代汉化基础上进行的，所以速度也很快。正是因为时间短和速度快，所以融合深度不够，更必然夹杂了不少矛盾和冲突。但是，在这些北方民族中，也只有蒙古族实现了全国统一，建立了统一的王朝。所以，对于中国历史来说，蒙元更具重要地位。

1. 分土分民

蒙古兴起于北方草原，立国后实行分封制度，称为"忽必—莎余儿合勒"。对蒙古宗室采取的分封方式称为"忽必"（Qubi）即"份子"。通过这种分封方式，产生了蒙古诸王，他们的封地称作兀鲁思（Ulus）。对功臣贵戚的分封方式称为"莎余儿合勒"（Soyurqal）即"恩赐"。"忽必"和"莎余儿合勒"的基本单位都是千户，每个千户都有自己的嫩秃黑（Nuntuq）即牧地。千户之下是百户、十户。根据成吉思汗颁发的"大札撒"，人们只能留在指定的百户、千户或十户内，不得随意迁徙或寻求其他领主庇护。民户不论贵贱都要出牛马、车仗、人夫、羊肉、马奶为"差发"。成吉思汗创立的"忽必—莎余儿合勒"，奠定了蒙古帝国分封制度的基础。

随着蒙古征服地区的扩大，对所征服地区的人众实行"投下制"。"投下制"源于金代，并主要在金朝旧地实行。蒙古在这些地区就地安置俘户，通过括户将民户分拨给诸王、贵族和功臣，受分者称"投下"或"位下"，人户称"投下户"或"位下户"。元太宗五年（1233年），窝阔台"以阿同葛等充宣差勘事官，括中州户，得户七十三万余"（《元史·太宗纪》）。六年（1234年），窝阔台任命失吉忽秃忽为中州断事官再次括户，史称"乙未籍户"。七年（1235年），窝阔台下诏括编中原户口，各地民户不论侨居土著，均在现住州县入籍；应属诸人的驱户，也通行立籍，附在本使户下，僧、道、驿站等户分别登记。八年（1236年），"复括中州户口，得续户一百一十余万。诏以真定民户奉太后汤沐，中原诸州民户分赐诸王、贵戚、斡鲁朵"（《元史·太宗纪》）。按照蒙古"忽必—莎余儿合勒"制度，窝阔台命将中原百姓七十六万户封赏给诸王、贵戚和功臣，如拖雷位受封真定路八万户，贵由位受封大名六万八千五百余户，余下的土地和民户归大汗政府。这就是"丙申分土分民"。随着所占据土地的扩大，蒙哥汗二年（1252年），蒙哥下令重新括户并分土分民，七年（1257年），再次括户、分民，使诸王后妃功臣在汉地投下数目大大增加。

2. 更定税制

窝阔台元年（1229年），蒙古初行税制。三年（1231年），耶律楚材奏立10路课税所，并奏准军、民、财分职，长吏专理民事，万户府总军政，课税所掌钱谷，各不相统摄。八年（1236年），"乙未籍户"完成后，蒙古重新制定赋税制度，史称"丙申更定税制"，基本上确立了蒙元在华北地区的财税体系。

新税法由耶律楚材主持制定，主要项目有：（1）税粮。税粮分地税、丁税两种。地税上田每亩三升半，中田三升，下田二升半，水田五升，以后一律改为亩输三升。丁税每丁纳粟一石，驱丁五斗，新户丁、驱各减半，老幼不征。各色户计分别按照不同的规定输纳丁税、地税之中的一种。地税少而丁税多者纳丁税，丁税少而地税多者纳地税。工匠、僧、道、也里可温、答失蛮、儒户等验地交地税，一般民户大多数交纳丁税。（2）科差。科差包括丝料、包银和俸钞三项。当时确定的只有丝料，分封给诸王、贵族和功臣的民户即投下户，每二户出丝一斤交给政府，每五户出丝一斤交给诸王、贵族和功臣即投下。合计每户共纳十一两二钱。属于政府的民户也按比数交纳，全归政府。包银每10户额当钞40两，此外还要按缴纳包银的数额，每四两增纳一两，以给诸路官吏俸禄。（3）诸课。定商税三十分之一，盐价每一两银四十斤，其他项目仍旧。丙申更定税制基本确立了蒙古在中原地区的赋税体系。忽必烈即位后，将"五户丝"全部归朝廷统一征收，上缴国库，各投下每年差人到中书省验数支取。这项改革既加强了中央政府的财政控制，也减少了诸位投下的"滥征"行为。

三、世祖盛治

1260年忽必烈即位建元后，蒙古政权的统治中心逐渐南移到中原汉地。至元十一年（1274年）元朝定都北京。忽必烈在位期间，重用汉臣，采用汉法，建立各项政治制度，同时，实行一系列促进经济社会发展政策，从而实现了"世祖盛治"。

1. 重农与灾免

蒙古本来是游牧民族，长期生活在草原上，"其俗不待蚕而衣，不待耕而食"

（《元史·食货志》），所以并无农桑之政。然而，元朝主要是在金宋故地建国和实行统治，这些地区不以畜牧为本而以农桑为本。所以，元朝建国后面临基本国策的转型，即转向以农为本。这种转型是元世祖实现的。他认为，"农桑，王政之本也"。所以在即位之初，即"首诏天下，国以民为本，民以衣食为本，衣食以农桑为本。于是颁《农桑辑要》之书于民，俾民崇本抑末"（《元史·食货志》）。

第一，设劝农官，置劝农司、司农司，并以农桑政绩作为考核官员的标准。《元史·食货志》：

> 中统元年（1260年），命各路宣抚司择通晓农事者，充随处劝农官。二年，立劝农司，以陈邃、崔斌等八人为使。至元七年，立司农司，以左丞张文谦为卿。司农司之设，专掌农桑水利。仍分布劝农官及知水利者，巡行郡邑，察举勤惰。所在牧民长官提点农事，岁终第其成否，转申司农司及户部，秩满之日，注于解由，户部照之，以为殿最。又命提刑按察司加体察焉。其法可谓至矣。

第二，颁农桑之制一十四条，用立法形式确定农业地位和制度。规定："凡种田者，立牌橛于田侧，书某社某人于其上，社长以时点视劝诫。不率教者，籍其姓名，以授提点官责之。凡河渠之利，委本处正官一员，以时浚治。或民力不足者，提举河渠官相其轻重，官为导之。田无水者凿井，井深不能得水者，听种区田。种植之制，每丁岁种桑枣二十株。土性不宜者，听种榆柳等，其数亦如之。种杂果者，每丁十株，皆以生成为数，愿多种者听。近水之家，又许凿池养鱼并鹅鸭之数，及种莳莲藕、鸡头、菱角、蒲苇等，以助衣食。凡荒闲之地，悉以付民，先给贫者，次及余户。每年十月，令州县正官一员，巡视境内，有虫蝗遗子之地，多方设法除之。"（《元史·食货志》）

第三，实行灾免之制，减轻农业负担。根据《元史·食货志》记载，世祖时多次因自然灾害实行蠲免："世祖中统元年，以各处被灾，验实减免科差。三年，以蛮寇攻掠，免三叉沽灶户一百六十五户其年丝料、包银。四年，以秋旱霜灾，减大名等路税粮。至元三年，以东平等处蚕灾，减其丝料。五年，以益都等路禾损，蠲其差税。六年，以济南、益都、怀孟、德州、淄莱、博州、曹州、真定、顺德、河间、济州、东平、恩州、南京等处桑蚕灾伤，量免丝料。七年，南京、河南蝗旱，减差徭十分之六。十九年，减京师民户科差之半。二十年，以水旱相仍，免江南税粮十分之二。二十四年，免北京饥民差税。是年，扬州及浙西水，其地税在扬州者全免，浙西减二分。二十五年，南安等处被寇兵者，税粮免征。二十六年，绍兴路水，免地税十之三。"这些蠲免措施，有助于减轻农民负担，使之休养生息。

2. 税粮与科差

世祖时基本完善了国家赋税制度。元代赋税主要包括税粮和科差。窝阔台汗在1236年曾宣布"依仿唐租庸调之法"（《经世大典序录·赋典·赋税》），制定赋税制度。元代税赋大体上采用唐制，但南北有所不同。《元史·食货志》："元之取民，大率以唐为法。其取于内郡者，曰丁税，曰地税，此仿唐之租庸调也。取于江南者，曰秋税，曰夏税，此仿唐之两税也。"北方地区由于金代统治，一度实行均田，所以采用类似租佣调的税赋制度，而南方地区土地私有制已经固定化，所以采用夏秋两税制度。这种区域差别事实上也是时代差别。

北方地区的丁税、地税之法，最早是阔窝台时期确定的。到元世祖时，一方面申明旧制不变，另一方面加强规范管理，"于是输纳之期、收受之式、关防之禁、会计之法，莫不备焉"（《元史·食货志》）。《元史·食货志》：

> 中统二年，远仓之粮，命止于沿河近仓输纳，每石带收脚钱中统钞三钱，或民户赴河仓输纳者，每石折输轻赍中统钞七钱。五年，诏僧、道、也里可温、答失蛮、儒人凡种田者，白地每亩输税三升，水地每亩五升。军、站户除地四顷免税，余悉征之。至元三年，诏窝户种田他所者，其丁税于附籍之郡验丁而科，地税于种田之所验地而取。十七年，遂命户部大定诸例：全科户丁税，每丁粟三石，驱丁粟一石，地税每亩粟三升。减半科户丁税，每丁粟一石。新收交参户，第一年五斗，第三年一石二斗五升，第四年一石五斗，第五年一石七斗五升，第六年入丁税。协济户丁税，每丁粟一石，地税每亩粟三升。随路近仓输粟，远仓每粟一石，折纳轻赍钞二两。富户输远仓，下户输近仓，郡县各差正官一员部之，每石带纳鼠耗三升，分例四升。凡粮到仓，以时收受，出给朱钱。权势之徒结揽税石者罪之，仍令倍输其数。仓官、攒典、斗脚人等飞钞作弊者，并置诸法。输纳之期，分为三限：初限十月，中限十一月，末限十二月。违者，初犯答四十，再犯杖八十。

南方广大地区实行两税制度，基本上沿用南宋旧例。这是由于南宋地区农作期长，实行两熟三熟制，手工业和商品经济较为发达，可折取棉绢和货币缴纳。《元史·食货志》：

> 秋税、夏税之法，行于江南。初，世祖平宋时，除江东、浙西，其余独征秋税而已。至元十九年，用姚元之请，命江南税粮依宋旧例，折输绵绢杂物。是年二月，又用耿左丞言，令输米三之一，余并入钞以折焉。以七百万锭为率，岁得美钞十四万锭。其输米者，止用宋斗斛，盖以宋一石当今七斗故也。

二十八年，又命江淮寺观田，宋旧有者免租，续置者输税，其法亦可谓宽矣。

科差主要包括三项：丝料，包银，俸钞。与丁税地税和夏秋两税不同，科差是按户征收的。由于户口类型不同并且多种多样，所以元朝政府制定了十分详细的科差条例。《元史·食货志》：

> 中统元年，立十路宣抚司，定户籍科差条例。然其户大抵不一，有元管户、交参户、漏籍户、协济户。于诸户之中，又有丝银全科户、减半科户、止纳丝户、止纳钞户；外又有摊丝户、储也速儿所管纳丝户、复业户，并渐成丁户。户既不等，数亦不同。元管户内，丝银全科系官户，每户输系官丝一斤六两四钱、包银四两；全科系官五户丝户，每户输系官丝一斤、五户丝六两四钱，包银之数与系官户同；减半科户，每户输系官丝八两、五户丝三两二钱、包银二两；止纳系官丝户，若上都、隆兴、西京等路十户十斤者，每户输一斤，大都以南等路十户十四斤者，每户输一斤六两四钱；止纳系官五户丝户，每户输系官丝一斤、五户丝六两四钱。交参户内，丝银户每户输系官丝一斤六两四钱、包银四两。漏籍户内，止纳丝户每户输丝之数，与交参丝银户同；止纳钞户，初年科包银一两五钱，次年递增五钱，增至四两，并科丝料。协济户内，丝银户每户输系官丝十两二钱、包银四两；止纳丝户，每户输系官丝之数，与丝银户同。摊丝户，每户科摊丝四斤。储也速儿所管户，每户科细丝，其数与摊丝同。复业户并渐成丁户，初年免科，第二年减半，第三年全科，与旧户等。然丝料、包银之外，又有俸钞之科，其法亦以户之高下为等，全科户输一两，减半户输五钱。于是以合科之数，作大门摊，分为三限输纳。被灾之地，听输他物折焉，其物各以时估为则。凡儒士及军、站、僧、道等户皆不与。

3. 钞法

窝阔台汗八年（1236年），蒙古始行交钞。年初，蒙古汉人官员于元向窝阔台建议印发交钞。中书令耶律楚材指出，金章宗时曾开始印发交钞与钱一并使用，但主管官司以出钞为利、收钞（兑换）为讳，到后来要万贯钞才能换得一饼，民力困竭，国用匮乏，应当引以为鉴，现在要发行交钞，以不过万锭为宜。窝阔台采纳这个建议，决定印造交钞，以通贸易，不超过万锭，以银为钞本。

中统元年（1260年）七月，元政府印造"中统元宝交钞"，以丝为本，以两为单位，规定丝钞2两易银1两。同年十月，又印造"中统元宝钞"，以银为本，以贯、文为单位，每一贯同交钞一两，两贯同白银一两。至元元年（1264年），忽必烈颁布法令，禁止民间自由买卖金银和使用铜钱，规定一切赋税征收都可使用纸币。《元史·食货志》：

> 世祖中统元年，始造交钞，以丝为本。每银五十两易丝钞一千两，诸物之直，并从丝例。是年十月，又造中统元宝钞。其文以十计者四：曰一十文、二十文、三十文、五十文。以百计者三：曰一百文、二百文、五百文。以贯计者二：曰一贯文、二贯文。每一贯同交钞一两，两贯同白银一两。又以文绫织为中统银货。其等有五：曰一两、二两、三两、五两、十两。每一两同白银一两，而银货盖未及行云。五年，设各路平准库，主平物价，使相依准，不至低昂，仍给钞一万二千锭，以为钞本。至元十二年，添造厘钞。其例有三：曰二文、三文、五文。初，钞印用木为版，十三年铸铜易之。十五年，以厘钞不便于民，复命罢印。

为了维护纸币的法币地位，元政府采取了多项措施进行管理，如规定纸币发行的准备金制度，严格控制纸币发行数量，设立纸币管理机构，颁布纸钞管理条例等。元朝的纸币开始比较有信用，在世祖前期约 20 多年的时间里，纸币流通状况至为良好，币值十分稳定，中统钞、至元钞钞值比较稳定的时期，管理较为良好，流通时间也最长。但到了至元十三年（1276 年），政府大量增发纸币，并将各路准备金银运往大都，遂引起纸币贬值，不得不发行新的钞票。至元二十四年（1287 年），政府改造至元钞，自二贯至五文，凡十有一等，与中统钞通行。每一贯文当中统钞五贯文。依中统之初，随路设立官库，贸易金银，平准钞法。每花银一两，入库其价至元钞二贯，出库二贯五分，赤金一两，入库二十贯，出库二十贯五百文。（《元史·食货志》）

4. 海运

"元都于燕，去江南极远，而百司庶府之繁，卫士编民之众，无不仰给于江南。"（《元史·食货志》）至元十三年，大将伯颜攻下临安（今浙江杭州），得宋库藏图籍，招行军千户朱清、张瑄由崇明洲（今上海崇明）入海运至直沽（今天津），最后转送大都。这是元代海运之始。当时，由于运河漕运不畅，大规模南粮北运采用运河与海道相结合的办法，但仍是"劳费不赀，卒无成效"。至元十九年（1282 年），伯颜追忆当年海运图籍之事，认为海运可行，建议漕运粮食改走海道。忽必烈采纳了这一建议，"命上海总管罗璧、朱清、张瑄等，造平底海船六十艘，运粮四万六千余石，从海道至京师"（《元史·食货志》）。罗璧等入海之后，因遇信风失时，只得在刘家岛（今山东蓬莱县境）停留，船队次年始达直沽。二十五年，第二批海运粮抵京师，共四十万石。

至元二十八年（1291年），罢江淮漕运，完全由海道运粮。是年，运出一百五十二万七千二百五十石，到达一百二十八万一千六百十五石。"盖至于京师者一岁多至三百万余石，民无挽输之劳，国有储蓄之富。"（《元史·食货志》）

尽管海运逐年增加，但海运的风险较高，有时损失巨大，并且受限于气候条件。所以，传统的漕运仍担负重任。但是以洛阳为中心的旧有隋唐大运河，不仅航线曲折，而且水源不足。为解决这一矛盾，从至元二十年至二十九年（1283—1292年），元世祖调动民力用将近10年时间在今山东省境内开凿济州河、会通河，在通州（今北京市通州区）与大都城之间开通惠河。三条新河道与原有运河相连，形成了南北相通的京杭大运河。开通后的京杭大运河全长超过1790公里，把海河、黄河、淮河、长江和钱塘江五大水系联结成一个水运网，成为我国古代南北交通的主动脉。

四、帝国衰亡

1. 成宗：守成之君

1295年成宗继位。成宗在位十三年（1295—1307年），延用世祖老臣，恪守世祖"成宪"，但没有太大的建树。蒙古作为游牧民族初入中原，有很多的不适应，太宗和世祖在极短的时间内，基本上完成了蒙元转制和重要的制度建构，实现了经济社会的恢复和发展，并且达到一定程度的繁荣。所以对于成宗来说，守成是最好的选择。就是说，历史并没有给他制度创设的使命。另外，成宗自认天赋不及世祖，最好的办法就是遵守祖制，延续世祖的政策，将这一大好形势保持下去。《元史》称他"承天下混一之后，垂拱而治，可谓善于守成者矣"。不过，成宗还是实行了一些政策调整和制度改进，如罢日本、安南之役，专力整顿国内军政；采取限制诸王势力、减免部分赋税、新编律令等措施，使日益激化的社会矛盾暂时有所缓和。同时，发兵击败西北叛王海都、笃哇等，都哇、察八儿归附，使西北长期动乱局面开始稳定下来。在此基础上，完善税制，减免税赋，使世祖时期的经济社会繁荣得以持续。然而，成宗守成也只守了13年，成宗以后，元朝的经济社会矛盾开始迅速暴露，如果后继之君不能实行变革，这种盛治局面不仅难以为继，甚至可能迅速转变为严重的政治经济危机。

继成宗之后的皇帝是武宗。武宗海山是元代中期最没有作为的帝王之一。他执政四年，一方面"封爵太盛，而遥授之官众，锡赍太隆，而泛赏之恩薄"（《元史·武宗本纪》）；另一方面，耽于享乐，奢侈挥霍，又大兴土木，建筑中都城，致使国家财政陷入困境，于是又不得不加强对民众的搜刮。为弥补财政亏空，他任意动用钞本，致使钞值下跌，导致物价腾贵，经济陷于窘境。

2. 仁宗：延祐经理

武宗去世后，仁宗爱育黎拔力八达继位。仁宗历来对吏弊深恶痛绝，主张"振纪纲，重名器"，改变武宗朝财政枯竭、经济制度混乱的局面。仁宗继位后，从解决财政问题入手，进行了一系列救弊改革，包括停止印制大银钞，停止浩大土木工程，限诸王驸马横行取民之行，裁朝廷冗员，减少俸禄开支等。但这些改革仍是治标不治本的办法，而元中期最严重的社会经济问题是土地问题。当时，不仅蒙古贵族占有大量田产，江南富户乃至寺观也大量隐占官民田产，"强者田多而税少，弱者产去而税存"（《元史·食货志》），导致赋役严重不均和赋税征收困难。仁宗延祐元年（1314年），平章章闾（张驴）建言"若行经理之法，俾有田之家，及各位下、寺观、学校、财赋等田，一切从实自首，庶几税入无隐，差徭亦均"（《元史·食货志》）。仁宗采纳此项建议，派章闾等往江浙，尚书你咱马丁等往江西，左丞陈士英等往河南经理田赋。这就是"延祐经理"，具体做法是："先期揭榜示民，限四十日，以其家所有田，自实于官。或以熟为荒，以田为荡，或隐占逃亡之产，或盗官田为民田，指民田为官田，及僧道以田作弊者，并许诸人首告。十亩以下，其田主及管干佃户皆杖七十七。二十亩以下，加一等。一百亩以下，一百七；以上，流窜北边，所隐田没官。郡县正官不为查勘，致有脱漏者，量事论罪，重者除名。"（《元史·食货志》）

然而，由于各级官吏贪刻，且与地方富豪互相勾结，延祐经理成了流毒三省的一项暴政。他们括田增税，敲诈勒索，无所不用其极。被派往江西的使臣你咱马丁，酷暴尤甚。仅信丰一个县，就被他拆毁民房一千九百多间，还到处乱挖坟墓，充作新增田亩，百姓们恨之入骨。当时各地吏治也十分腐败，"郡县并缘以厉民"，因此"经理考核多失其实"。于是民不聊生，盗贼并起，其弊反有甚于前者。延祐二年四月，赣州人蔡五九遂在宁都举兵反抗，进围州城，烧四关，杀贪官，除污吏，号令四方。铁木迭儿乃又遣章闾率兵往剿诛杀。在各地激烈反抗之下，仁宗被迫妥协，放弃经理改革。由于改革失败，元朝经济进一步恶化，濒于崩溃。仁宗本人受到极大创伤，并于延祐七年（1320年）去世。

3. 英宗：至治改革

仁宗的改革事业由其子硕德八剌即元英宗继续施行。英宗受中华文化影响较深，主张改革弊政，"以儒治国"，但却遭到太皇太后答己、右丞相铁木迭儿等贵族保守势力的阻挠。至治二年（1322年），铁木迭儿和答己先后病死，英宗得以亲政，立即大张旗鼓地实施新政，史称"至治改革"。

改革期间，他大量起用汉族官僚和士人，用儒家思想作指导，并任用主张变革的拜住为中书右丞相。《元史·拜住传》：

帝幸五台，拜住奏曰："自古帝王得天下以得民心为本，失其心则失天下。钱谷民之膏血，多取则民困而国危，薄敛则民足而国安。"帝曰："卿言甚善。朕思之，民为重，君为轻，国非民将何以为君？今理民之事，卿等当熟虑而慎行之。"

他以极大的力度打击贪腐行为，连续处斩前右丞相铁木迭儿之子八里吉思为首的多名高级贪官，没收已死右丞相生前贪污所得巨万家资。为了减少俸禄开支，裁减冗官，精减机构，英宗从至治二年（1322年）十一月起，罢世祖以后所置官，"锐然减罢崇祥、福寿院之属十有三署，徽政院断事官、江淮财赋之属六十余署"（《元史·英宗本纪》）。

在经济上，英宗改革重点在于节制财用，避免"用之无度，取而无节"现象。至治三年（1323年）四月，英宗下诏"行助役法，遣使考视税籍高下，出田若干亩，使应役之人更掌之，收其岁入以助役费，官不得与"（《元史·英宗本纪》）。助役法的具体措施是："凡民田百亩，令以三亩入官，为受役者之助。公委曲化导，人皆悦从，诡寄之弊既绝，亦以腴田来归。而中人之家自是不病于役"（《金华集·干文传神道碑》）。这就是说，要使拥有大量土地的地主按一定比例上缴一部分土地的岁收作为助役费，用于补偿一般农民劳役方面的负担。同时还采取了一系列减轻徭役的措施，规定："凡差役造作，先科富豪之家，以优农力"（《元史·英宗本纪》）；全免江淮科包银以及"两浙煎盐户牢盆之役"（《元史·王克敬传》）；免回回人户屯役戍河西者银税；罢上都等十处诸金银冶，听民采炼等。至治三年夏六月，拜住以海运粮比世祖时顿增数倍，"江南民力困极，而京仓充满，奏请岁减二十万石"（《元史·拜住传》）。英宗遂并铁木迭儿所增江淮粮免之。

元英宗的新政对于病入膏肓的元朝国势起到了强心剂的作用，一时间朝野风气大变，似乎看到了希望。但新政却极大地触及蒙古贵族的利益，引起了他们的强烈不满。至治三年八月，英宗和拜住自上都回大都途中驻营于南坡店，被铁木迭儿的义子铁失等刺杀，史称"南坡之变"。英宗改革仅仅持续了十个月就以失败告终。自此，元代社会经济从日益衰落转向急剧崩溃。

此后，元朝又经历了几任皇帝，其中只有文宗在位四年，其他如明宗和宁宗都只在位数月，基本再没有人提起改革话题。到元顺帝时，国家已经岌岌可危，不得不重启改革之政。至元六年（1340年），元顺帝驱逐权相伯颜，并以脱脱为中书右丞相，进行政治改革，史称"至正新政"。至正新政前后共有九年（1341—1349年），前四年由脱脱主持实施，主要是昭雪诸王冤狱，恢复至元元年被伯颜废除的科举，撰修辽、金、宋三史，实行开马禁和减盐额等措施。后五年由元顺帝亲政，颁行《至正条格》，以完善法制；定举荐守令法，以加强廉政；举逸隐之士，以选拔人才。虽然新政取得了部分效果，但未能根本解决积弊已久的社会问题，而各地农民起义此起彼伏，最终导致元朝灭亡。

第二节　洪永盛治

明太祖朱元璋统领，明军推翻蒙元统治，建立明朝。明代作为汉族政权，对于蒙元制度自然采取否定态度，所以建国后对元代部分不合理制度进行了破除，即拨乱反正。与此同时，朱元璋采取各种措施恢复和发展生产，百姓充实，府库衍溢，国力迅速增长。"盖是时，劝农务垦辟，土无莱芜，人敦本业，又开屯田、中盐以给边军，军饷不仰藉于县官，故上下交足，军民胥裕。"（《明史·食货志》）因其年号为"洪武"，所以史称洪武之治。在此基础上，明初治世一直延续到永乐时期，因而统称为"洪永盛治"。

一、洪武创制

1. 治国理念

1368 年正月，朱元璋于金陵应天府即皇帝位，是为明太祖，开启三百年的明朝历史。之后朱元璋通过北伐攻占大都（今北京）推翻元朝统治，并先后剪灭各地割据势力，天下至此初定。明太祖出身贫苦，了解大众诉求，在立国以后，立即着手改革前朝积弊，开创新朝制度。

明太祖的治国理念主要是两个方面，一是乱世重典，二是以民为本。明太祖通过胡惟庸案和蓝玉案等确立集权统治，将各种权力集中于皇帝一人。承元末腐极其败，明太祖认为必须"重典"治国，以刑政为救弊之药石。他力图"革前元姑息之政，治旧俗污染之徒"，他深知仕进之徒，多贿赂权要，邀买名爵，下至州县簿书小吏，不行贿赂，亦不得升迁。及至临位理事，便蠹政鬻狱，大为民害。此弊不除，难成善政，因此特别强调"重典治吏"。史载明太祖惩元政弛纵，用法太严，奉行者重足而立。官吏有罪笞以上，悉谪凤阳屯田，至万余人。洪武十八年，诏"尽逮天下官吏之为民害者，赴京师筑城"。还规定，凡守令贪酷者，许民赴京陈诉，赃至六十两以上者，枭首示众，仍剥皮实草，府州县卫之左，特立一庙以祀土地，为剥皮之场，名曰皮场庙，官府公座旁各悬一剥皮实草之袋，使之触目惊心。（《廿二史札记·明史》）可见其严惩贪官污吏态度之坚决和用法之严厉。他声称："吾治乱世，刑不得不重"。（《明史·刑法志》）在洪武年间，大批不法贪官被处死，包括开国将领朱亮祖，驸马都尉欧阳伦，其中郭桓案、空印案甚至杀死数万名官员。这就使官员腐败状况得到有效遏制，"吏治澄清者百余年"（《明史·循吏传》）。

元朝将人分为各个等级，而各个等级之间极其不平等。洪武十二年（1379年）三月初二日太祖与礼部尚书朱梦炎论治民之道，说：

> 君之于民，犹心于百体，心得其养，不为淫邪所干，则百体皆顺令矣。苟无所养，为众邪所攻，则百病生焉。为君者能亲君子、远小人，朝夕纳诲，以辅其德，则政教修而恩泽布人，固有不言而信、不令而从者矣。若惑于憸壬，荒于酒色，必怠于政事，则君德乖而民心离矣，天下安得而治？（《明太祖宝训》卷一）

每次府州县吏来朝，太祖都要谕曰："天下新定，百姓财力俱困，如鸟初飞，木初植，勿拔其羽，勿撼其根。"（《明史·循吏传》）

这里最重要的政策就是解放各种不平等制度对人的束缚。

第一，解放工匠。元代为了便于强制征调工匠服劳役，将工匠编入专门的"匠籍"。明初虽因袭元朝户籍制度，把手工业者编入匠籍，但对于他们的约束却大大松懈了。《明史·职官志》："工役二等，以处罪人输作者，曰正工，曰杂工。杂工三日当正工一日，皆视役大小而拨节之。凡工匠二等：曰轮班，三岁一役，役不过三月，皆复其家；曰住坐，月役一旬，有稍食。"可见，工匠们除分班定期服役外，其余时间可以回家，成为半自由的手工业者。

第二，主佃平等。元代法律规定，地主打死佃户仅杖一百零七，赔烧埋银五十，而不须抵命。明朝建立后，改变地主与佃农之间的不平等关系，国家不再承认佃农对地主的人身依附关系，而用宗法家长制的少长关系来取代。洪武五年（1372年）令，如佃户见佃主、不论序齿、并行以少事长之礼。若亲属、不拘主佃、止行亲属礼。（《大明会典·庶人礼》）尽管这种变化是有限的，但毕竟还是有了一定进步。

第三，奴婢放良。元末大乱，所在百姓到处流移，一些势孤力弱和贫不能存的人不得不投靠庶民之家为奴。洪武五年（1372年）五月，太祖诏告天下："诏书到日，即放为良，毋得羁留强令为奴，亦不得收养。违者依律论罪，仍没其家人口。"（《明实录·太祖实录》卷七四）当月，诏陕西、山西和河南等处，"军民先因饥荒逃移，将妻妾子女典卖与人者，许典卖之家首告，准给原价赎取归宗；其无主及愿留者听之"（王圻：《续文献通考·户口考》）。洪武十九年（1386年）四月十九日，诏河南府州县百姓"因水患而典卖男女者，官为收赎"（《明实录·太祖实录》卷一七七）。

2. 赋役制度

元代中后期，土地兼并日盛，赋税流失严重，至元末兵革动乱，百姓流离失所，户口版籍混乱。因此，明朝建国即面临重整赋役制度的任务。洪武元年（1368年）正月，太祖诏遣周铸等一百六十四人往浙西核实田亩。谓中书省臣曰："兵革之余，郡县版籍多亡，田赋之制不能无增损。征敛失中，则百姓咨怨。今欲经理，以清其源，无使过制，以病吾民。夫善政在于养民，养民在于宽赋。今遣周铸等往诸府县核实田亩，定其赋税。此外无令有所妄扰。"在周铸等临行前，太祖又告诫道："尔经理第以实闻，毋踵袭前弊，妄有增损，曲徇私情，以病吾民。否则国有常宪。"（《明太祖宝训·宽赋》）并各赐衣帽，遣往浙西。在核实田亩基础上，明初建立了新的赋役制度。

第一，黄册制度。太祖时创造了一套严密的户籍制度，以确保将农民与土地捆绑在一起，不产生二次流徙，这就是黄册制度。洪武三年（1370年），太祖命户部籍天下户口，每户给以户帖。（《明实录·太祖实录》卷五十八）在此基础上编制建立赋役黄册：

> 以一百十户为一里，推丁粮多者十户为长，馀百户为十甲，甲凡十人。岁役里长一人，甲首一人，董一里一甲之事。先后以丁粮多寡为序，凡十年一周，曰排年。在城曰坊，近城曰厢，乡都曰里。里编为册，册首总为一图。鳏寡孤独不任役者，附十甲后为畸零。僧道给度牒，有田者编册如民科，无田者亦为畸零。每十年有司更定其册，以丁粮增减而升降之。册凡四：一上户部，其三则布政司、府、县各存一焉。（《明史·食货志》）

黄册制度极大程度地减少了豪强的隐占和人口的流徙，大大增加了全国的赋税，并能大致公允地按照人户的实际情况分门别类，征发赋役，从而遏制了各类苛捐杂税。

第二，鱼鳞图册。为摸清地权状况，清理土地隐匿，洪武二十年（1387年），"命国子生武淳等分行州县，随粮定区。区设粮长四人，量度田亩方圆，次以字号，悉书主名及田之丈尺，编类为册，状如鱼鳞，号曰鱼鳞图册"（《明史·食货志》）。"鱼鳞图册以土田为主，诸原坂、坟衍、下隰、沃瘠、沙卤之别毕具。"《鱼鳞图册》经过汇总，形成以乡为单位的总图，再"合各乡之图，而成一县之图"。县图汇总之后，逐级上报到户部，户部则以各地汇总上报之图，管理全国土地征收田赋。这样，"鱼鳞册为经，土田之讼质焉。黄册为纬，赋役之法定焉"（《明史·食货志》）。

第三，税粮折纳。明初田赋每年分夏秋两次交纳。夏交麦，称"夏税"；秋交米，为"秋粮"。交粮的叫"本色"，折成银、钞、绢、布、棉、苎等交纳的，叫"折色"。《明史·食货志》：

> 洪武九年，天下税粮，令民以银、钞、钱、绢代输。银一两、钱千文、钞一贯，皆折输米一石，小麦则减直十之二。棉苎一疋，折米六斗，麦七斗。麻布一疋，折米四斗，麦五斗。丝绢等各以轻重为损益，愿入粟者听。十七年，云南以金、银、贝、布、漆、丹砂、水银代秋租。于是谓米麦为本色，而诸折纳税粮者，谓之折色。

第四，均役均徭。役法定于洪武元年（1368年），规定："田一顷出丁夫一人，不及顷者以他田足之，名曰均工夫。"随后政府编制应天十八府州，江西九江、饶州、南康三府均工夫图册。规定："每岁农隙赴京，供役三十日遣归。田多丁少者，以佃人充夫，而田主出米一石资其用。非佃人而计亩出夫者，亩资米二升五合。"还规定："一岁中诸岁杂目应役者，编第均之，银、力从所便，曰均徭。"政府严禁额外征用民役，规定"额外科一钱、役一夫者，罪流徙"（《明史·食货志》）。

第五，设置粮长。元末地方官吏，横征暴敛，侵扰百姓，是贫苦农民的最大祸害，也是农民起义的基本原因。明初太祖设立粮长，以避免田赋征收过程中郡县官吏侵渔百姓现象。洪武四年（1371年）九月下令地方有司，根据百姓土田以万石为率，其中田土多者为粮长，督理其乡赋税。粮长的主要任务是对田赋的催征、经收和解运，同时参与编制赋役黄册和鱼鳞图册。粮长制实行初期，大户慑于太祖猛政，曾取得一定的效果。

3. 农业政策

元末之际，中国灾荒连年，瘟疫流行，加上连年战争，社会生产遭到严重破坏，经济全面崩溃，人民流离失所。朱元璋说：

> 为国之道，以足食为本。大乱未平，民多转徙，失其本业。而军国之费，所资不少，皆出于民。若使之不得尽力田亩，则国家资用何所赖焉？今春时和，宜令有司劝民农事，勿夺其时。一岁之中，观其收获多寡，立为劝惩。若年谷丰登，衣食给足，则国富而民安。此为治之先务，立国之根本。（《明太祖宝训》卷三）

因而实行一系列休养生息、发展经济的措施。

第一，劝课农桑。洪武元年四月一日，户部尚书杨思义以农桑积储不足，奏请令民间皆种植桑、麻、木棉等经济作物。太祖批准施行，规定：

> 凡民田五亩至十亩者，栽桑、麻、木棉各半亩，十亩以上倍之。麻亩征八两，木棉亩四两。栽桑以四年起科。不种桑，出绢一疋。不种麻及木棉，出麻布、棉布各一疋。此农桑丝绢所由起也。（《明史·食货志》）

洪武五年（1372年）十二月，太祖令中书省，将农桑的种植作为对地方官考课的内容。洪武二十五年（1392年），令凤阳、滁州、庐州、和州等地百姓，每户种桑二百株，枣二百株，柿二百株。后又屡次诏谕，购买桑种拨给湖广诸郡，劝民种植，还派遣官吏予以督促。

第二，卫所屯田。太祖在平定江南时，即命诸将在龙江等处屯田，申明将士屯田之令，康茂才成绩卓著，因以申谕将士。洪武七年（1374年）规定：边地三分守城，七分屯种；内地二分守城，八分屯种。每人授田五十亩，给牛种，教树植，免租赋。洪武二十一年（1388年），敕五军都督府曰："养兵而不病于农者，莫若屯田。今海宇宁谧，边境无虞，若使兵坐食于农，农必受敝，非长治久安之术，其令天下卫所督兵屯种，庶几兵农兼务，国用以纾。"（《钦定续通典·食货六》）又命五军都督府更定屯田法：凡卫所系冲要之地及王府护卫军士，以十分之五屯田，余卫所以十分之四屯田。于是，卫所军士屯田全面开展。

第三，移民垦荒。明初实行大规模移民开发北部地区。当时河北诸处，自战争之后，田多荒芜，居民鲜少，而山东、山西之民，生齿日繁，土地有限。为此，明初政府实行大规模移民。为鼓励移民，政府除采取一些强制措施外，还给予一些优惠，如减免税赋和配给农具等。如洪武二十二年（1389年）四月，"命杭、湖、温、台、苏、松诸郡民无田者，许令往淮河迄南滁、和等处就耕，官给钞户二十锭，使备农具，免其赋役三年"（《明史·食货志》）。

第四，兴修水利。明太祖非常重视水利，"诏所在有司，民以水利条上者，即陈奏"（《明史·河渠志六》）。在太祖大力主张下，政府多次组织农民大规模兴修水利，广西的灵渠、四川的都江堰等，都曾在洪武年间先后修复。《明史·河渠志》：

> 洪武元年修和州铜城堰闸，周回二百余里。四年修兴安灵渠，为陡渠者三十六。六年发松江、嘉兴民夫二万开上海胡家港，自海口至漕泾千二百余丈，以通海船，且浚海盐澉浦。八年开登州蓬莱阁河。命耿炳文浚泾阳洪渠堰，溉泾阳、三原、醴泉、高陵、临潼田二百余里。九年修彭州都江堰。十四年筑海盐海塘。十七年筑磁州漳河决堤。决荆州岳山坝以灌民田。十九年筑长乐海

堤。二十三年修崇明、海门决堤二万三千九百余丈，役夫二十五万人。二十四年修临海横山岭水闸，宁海、奉化海堤四千三百余丈。筑上虞海堤四千丈，改建石闸。浚定海、鄞二县东钱湖，灌田数万顷。二十五年凿溧阳银墅东坝河道，由十字港抵沙子河胭脂坝四千三百余丈，役夫三十五万九千余人。

4. 工商政策

元末战乱使全国工商业遭到严重破坏，明初面临着尽快恢复工商业的任务。太祖曾"问文学之士，昔汉制，商贾技艺母得衣锦绣乘马，朕审之久矣，未识汉君之本意如何，中庸曰来百工也，又古者日中而市，是皆不可无也，况商贾之士皆人民也，而乃贱之，汉君之制意，朕所不知也"（（明）何乔远编：《皇明文征》卷二十三）。这表明，明太祖并不歧视工商业者，对传统的抑商政策产生疑问并有所调整。因而，明初政府采取了一系列鼓励工商的政策，促进了工商业的繁荣和发展。

第一，工匠轮班之制。明初，朝廷"议定工匠验其丁力，定以三年为班，更番复赴京输作，每月如期，名曰轮班匠"（（明）焦竑：《国朝献征录》卷五十）。此议于洪武十九年（1386年）实行。洪武二十六年（1393年）十月，太祖先分各色匠所业，而验在京诸司役作之繁简，更定其班次，率三年或二年一轮。使赴工者，各就其役，而无费日。（缪荃孙：《江苏省通志稿大事志·明洪武（三）》）这项规定大大减轻了工匠的负担，使他们能够有更多的自由时间从事本业。

第二，商税不立定额。明太祖为重建社会经济秩序，对商业采取低税政策。朱元璋称吴王前，收官店钱，税率是十五税一，立国后放宽到二十分取一，以后又放宽到三十税一，过者以违令论处。洪武初年，个别府县税及蔬果、饮食、畜牧诸物，朱元璋下令禁止。洪武十三年（1380年）六月，又下令军民嫁娶、丧祭之物，舟车、丝布之类，勿征其税，且罢天下抽分竹木场。太祖说："商税之征，岁有不同，若以往年概为定额，本年实际与往年不同，岂不扰害百姓？应随其多寡，从实征纳。"（《明实录·太祖实录》卷一百八十五）

第三，禁钱用钞之法。明初仍面临币材缺乏问题。太祖认为，宋有交、会法，元亦造交钞及中统、至元宝钞等，很为省便，易于流转，还能减少鼓铸之苦。所以决定法行宝钞。洪武八年（1375年）三月初一日，太祖诏令中书省印造大明宝钞，同时令军民、商贾所有铜钱，有司收归官，依数换钞，不许行使。洪武三十年（1397年）三月，以钞法阻滞，禁用金银交易。大明宝钞发行后，由于不设钞本，宝钞不能兑换金银，而且发行量过大，所以发行不久，即逐渐贬值。到洪武末年，宝钞仅限于颁赏、俸禄或估产计赃等官方活动中使用。

第四，边粮开中之法。明初，蒙元虽远遁草原，但仍不时侵扰，明朝不得不设重兵防御，所以粮草供应是个大问题。洪武三年（1370年）六月二十四日，山西行省臣上疏说："大同粮储，自陵县运至太和岭，路远费烦。请令商人于大同仓入米一石，太原仓入米一石三斗，给淮盐一小引。商人鬻毕，即以原给引目赴所在官司缴之。如此则转运费省而边储充。"（《明史·食货志》）太祖从其议，遂召商人往大同、太原仓输粮而给盐引，称之为"开中"。其后各行省边境多仿行。洪武四年二月十九日，户部定淮浙、山东中盐之例，盐法、边储相辅而行，誉为善政。

二、永宣盛世

1. 建文改制

洪武时期经济有较好的恢复，社会状况也比较稳定。但总的来看，洪武时期的经济社会发展水平是较低的，洪武晚期一系列社会矛盾也开始显现。这些矛盾主要集中在三个方面：一是刑罚过重。太祖主张"乱世用重典"，特别是"重典治吏"，使中央集权得到空前加强，国家吏治较为廉正，但其负面影响也不可小觑。二是江南赋税过重。明太祖迁徙豪富，重赋东南，引起江南地主和广大农民的不满。三是藩王势力过大。太祖打天下时分封诸子为王，却为后继者留下了麻烦，各藩王独霸一方，尾大不掉，直接影响中央的权威，这是必须解决的问题。

建文帝即位后希望通过改革，对太祖时期的政策进行调整，并解决太祖遗留下来的矛盾。他在即位诏中宣告："永惟宽猛之宜，诞布维新之政。"（《国榷》卷十一）首先是下诏赦免罪犯；其次是宣布蠲免逋（欠）租；第三是均江浙田赋；第四是改革官制。这些改革，目的在于纠正太祖时期的"苛政"，施惠于民以收买人心，争取社会各界对新君的支持，而最根本的目的还在于为削藩做准备。

建文帝改革深受明初大儒方孝孺的影响，儒家色彩过重。如建文帝改革以"宽仁"为核心，大大脱离了太祖时期的政策方针，与国家和社会实际并不相符；为改变贫富不均局面，竟试图恢复两千年前的井田制。方孝孺虽有满腔热血，却缺乏政治经验，建文帝虽为青年天子却统御能力不足，因而他们主持下的改革，最后以失败告终。

2. 永乐盛世

明初洪武时期结束以后，国家政策面临重要抉择，摆在朱元璋后继者面前有两个选项，一是改革，一是守成。政策调整肯定是必要的，但时机的选择很关键。建文帝选择了马上改革，而永乐帝选择了继续守成。永乐元年（1403年）九月初一日，明成祖朱棣敕谕中外文武群臣说：

> 为君难，为臣不易，创业难，守成不易。为治之道，在宽猛适中，礼乐刑政施有其序。……朕皇考太祖高皇帝奋起布衣，当胡俗沉浸百年之后，奸雄眈

晚反侧之余，拨乱反正，兢兢业业，劳心焦思，昼夜图惟，经权常变，不得已而用刑，特权一时之宜。及立为典常，既有定律颁行天下，复为祖训垂宪子孙，而墨劓腓宫，并禁不用。朕克遵成宪，仰思圣谟，夙夜祗服，惟欲兴礼乐，举贤才，施仁政，以忠厚为治。尔文武群臣尚思各共乃职，敬乃事，勿为朋比，勿事贪黩，勿恣情纵欲，以干匪彝。至于用刑，必钦必慎，期于刑措，用臻康理，不负皇考创业之艰。（《明太宗实录》卷三十三）

这实际上就是明成祖朱棣的执政方针，即以"守成"为主旨，延续洪武时期的政策，并做适时的调整，以达到"宽猛适中"的状态。他通过"靖难之役"取得皇位后，在很大程度上继承了明太祖的国家治理方针，对建文改革进行了"矫枉"或"反正"，建文帝所做的一切改变，全都推倒并恢复洪武旧制。另一方面，对太祖的高度集权制度也有所调整。朱棣登位后，"置殿阁大学士，以邵质、吴伯宗、宋讷、吴沉为之"（《明史·成祖本纪》），在大内殿阁直接参与机务，依照皇帝指示处理国政。这是内阁参与机务的开始。这个制度设计，一方面保证了皇帝的最高权威，同时也保证了国家管理的效率。以后，阁职渐崇，阁权益重。

尽管以"守成"为宗旨，但成祖时期还是做出了一系列大手笔的举措。

第一，迁都北京。成祖起家于燕云之地，继位后重点经营北平并加速向北平移民。永乐十四年（1416年）十一月十五日，成祖诏文武群臣集议迁都事宜。六部、都察院、大理寺、通政司、太常寺等衙门的尚书、都御史等官又上疏曰："北京圣上龙兴之地，北枕居庸，西崎太行，东连山海，南俯中原，沃壤千里，山川形胜，足以控四夷，制天下，诚帝王万世之都也。"（《明实录·太宗实录》卷一百八十二）成祖于永乐十八年（1420年）九月定都北京，并于次年正月初一正式迁都北京。明成祖迁都北京，对中国经济格局产生了重大影响，其中最为直接的影响就是改变了国家物资的流向，主要是南粮北运，并且拉动了北方的经济发展。

第二，保障京师。迁都北京是明成祖一项重大战略决策，但也带来一系列新的问题。其中最为棘手的就是京师军民的粮食和其他物资的供应。为此，成祖对漕运和开中法进行改革。一是实行"支运法"。支运法即百姓按指定就近粮仓纳租，由军伍负责支运。"支者，不必出当年之民纳；纳者，不必供当年之军支。通数年以为衰益，期不失常额而止。"（《明史·食货志》）具体规定：江西、湖广、浙江的税粮运到淮安仓，再分别派遣官军就近转运，自淮安到徐州之间由浙江、直隶的官军负责，自徐州到德州之间由京卫军负责，自德州到通州之间由山东、河南官军负责，依次递运，一年共四次，可运五百万余石粮。从此，海、陆二运皆废。二是专于京卫开中。"成祖即位，以北京诸卫粮乏，悉停天下中盐，专于京卫开中。惟云南金齿卫、楚雄府，四川盐井卫，陕西甘州卫，开中如故。不数年，京卫粮米充羡，而大军征安南多费，甘肃军粮不敷，百姓疲转运。迨安南新附，饷益难继，于是诸所复召商中盐，他边地复以次及矣。"（《明史·食货志》）三是加强仓储建设。永乐中，置天津及通州左卫仓，且设北京三十七卫仓。益令天下府县多设仓储，预备仓之在四乡者移置城内。会通河成，始设仓于徐州、淮安、德州，而临清因洪武之旧，并天津仓凡五，谓之水次仓，以资转运。既，又移德州仓于临清之永清坝，设武清卫仓于河西务，设通州卫仓于张家湾。

第三，郑和下西洋。永乐三年（1405 年）六月十五日，郑和帅舟师使西洋诸国。这是郑和第一次出使西洋。其船队总共二万七千八百多人，分乘二百零八艘船。船队由苏州刘家河（今江苏刘家港）渡海到福建，又从福州五虎门扬帆启航，开始了长达两年多的远航。以后，郑和继续率船队下西洋，28 年间共远航 7 次，曾到达的城市和国家共有 36 个：占城、爪哇、真腊、旧港、暹罗、古里、满剌加、勃泥、苏门答剌、阿鲁、柯枝、大葛兰、小葛兰、西洋琐里、苏禄、加异勒、阿丹、南巫里、甘巴里、兰山、彭亨、急兰丹、忽鲁谟斯、溜山、孙剌、木骨都束、麻林地、剌撒、祖法儿、竹步、慢八撒、天方、黎代、那孤儿、沙里湾尼（今印度半岛南端）、不剌哇（今索马里境内）。郑和下西洋的历史意义堪比张骞凿空西域。尽管郑和没有继续西行到达大西洋，但是却把中国与整个南洋和印度洋联系起来，特别是使一批南洋诸国成为藩属国，扩大了中国的势力范围。郑和下西洋消灭海盗，维护了海上安全，开辟了航线，促进和刺激了民间贸易。由于中国与这些地区资源禀赋的差异，造成交换的巨大盈利空间，使对外贸易成为重要的产业。郑和下西洋还肩负了"宣教化于海外诸番国，导以礼仪，变其夷习"的使命，促进了中华文明的传播。

3. 仁宣致治

明初经济恢复主要是在太祖时期，而成祖时国力已经达到较高水平。在此基础上，成祖实行积极扩张的政策，一方面继续北伐蒙古，另一方面积极南下西洋，尽管扩大了国家版图和海外影响力，但也大大耗费了国力。到成祖晚期国家财政吃紧，出现捉襟见肘情况。所以，仁宣二帝调整国家政策方向，就是要与民休息以恢复经济和积蓄国力。宣宗曾与侍臣论历代户口盛衰，说："户口之盛衰，足以见国家之治忽。其盛也本于休养生息，其衰也必有土木兵戈。汉武承文、景之余，炀帝继隋文之后，开元之盛，遂有安史之乱，岂非恃富庶不知儆戒乎？汉武末年乃悔轮台，炀帝遂以亡国，玄宗卒至播迁，皆足为世大戒。"（《明史纪事本末·仁宣致治》）

仁宣时期所实行的与民休息政策，主要包括以下方面：

第一，减税恤民。明仁宗告谕户部："农者生民食衣之原，耕耘收获，不可失时。自今一切不急之役，有当用人力者，皆侯农隙，前代盖有不恤农事而以徭役妨耕作召乱亡者矣。不可不谨。"（《明实录·仁宗实录》卷七）他非常关心提供直接的救济，数次下令对一些受灾区分发救济粮和减免税收。明宣宗在他统治的 10 年间，更多次下旨蠲免税额、积欠柴炭草，免除在京工匠中年老残疾和户内无丁力者的匠籍。

第二，蠲免逋税。永乐晚期，由于赋税负担沉重，人民频繁逃亡，国家也因此丧失大量收入。明仁宗颁布一份诏令，要逃亡者重返故里，并免除他们所欠的税，在他们所在地登记后另外还免除两年的税和劳役。宣德二年（1427 年），"帝以四方屡水旱，召士奇议下诏宽恤，免灾伤租税及官马亏额者。士奇因请并蠲逋赋薪刍钱，减官田额，理冤滞，汰工役，以广德意。民大悦"（《明史·杨士奇传》）。

第三，减轻江南赋税。江南赋税重是个老问题，多年不能解决。明仁宗登位后，派广西布政使周干赴苏、常、嘉、湖诸府进行详尽的调查。宣德五年，诏减苏州府税粮 70 余万石，其他州府也相应地做了减免。正统元年（1436 年）令苏、松、浙江等处官田，准民田起科，秋粮四斗一升至二石以上者减作三斗，二斗一升以上至四斗者减作二斗，一斗一升至二斗者减作一斗。（《明史·食货志》）至此，江南赋重问题稍有缓解。

第四，禁止乱贡买办。永乐时期，随着经济发展，宫廷用度日益奢靡，导致贡制和买办制度十分混乱。明仁宗登位后，连续颁布了几道诏令，禁止乱贡买办，代之以一种公平购买制度："敕自今更不许辄遣，自军器、军需外，凡买办者尽停止。"但"宽免之诏屡下，内使屡敕撤还，而奉行不实，宦者辄名采办，虐取于民。诛袁琦、阮巨队等十余人，患乃稍息"（《明史·食货志》）。

第五，停止下西洋。仁宗继位后，取消了郑和原定的海上远航。宣德五年，明宣宗以外番多不来朝贡为由，命令郑和再次出航。这是郑和第七次下西洋，也是最后一次下西洋。宣德八年四月，郑和在返航途中，因劳累过度在印度西海岸古里去世。船队由太监王景弘率领返航，宣德八年七月初六（1433 年 7 月 22 日）返回南京。至此，从 1405 年开始的长达 28 年的郑和远航结束。

仁宣时期，政府在发展经济方面发挥了重要作用，其中比较重要的就是军队屯田和兴修水利。仁宗对迁都北京存保留态度，在做太子期间一直留守南京，继位后即着手迁回南京的准备。但由于继位不到一年就病逝，迁都之事也就搁置下来。但迁都所带来的经济矛盾仍然存在，主要是京师和北方各处卫所的供应问题。为解决这类问题，宣宗采取了各种办法，除了继续"开中"外，其中之一就是大规模军队屯田。明宣宗元年（1426 年）二月，规定废除开荒田道税。二年正月，下诏申明屯田法，并令军队屯田。宣宗告谕户部及侍臣说："海内无事，军士量留守备，余悉屯种，所收足以给衣食，则国家可省养兵之费。"（《明实录·宣宗实录》卷二十四）与此同时，明宣宗时期完成了不少大规模的水利工程。宣德七年（1432 年）

九月十二日，苏州知府况钟奏言："苏、松、嘉、湖湖有六，曰太湖、庞山、阳城、沙湖、昆承、尚湖。永乐初，夏原吉浚导，今复淤。乞遣大臣疏浚。"（《明史·河渠志》）于是，宣宗命巡抚侍郎周忱与况钟共同治理。其间，修复泾阳洪渠堰、都江堰，修建济南运河、眉州新津通济堰，并疏浚了太湖入海水道，解除了苏松地区的水患。因此，此期间粮食产量继续增长，全国各地的仓储都极为充裕。

仁宣时期是中国历史上的盛世，这 11 年是明朝的黄金时代。仁宣二帝不仅继承了太祖成祖所开创的事业，而且还革除了洪永时期遗留下来的弊政。在发展社会经济方面，息兵养民，重视农桑，赈荒惩贪，使百姓安居，社会稳定，蔚然有治平之象。宣德十年（1435 年），年仅 38 岁的明宣宗朱瞻基去世，仁宣之治就此完结。

第三节　变革中兴

一、英宪中衰

明宣宗去世后，年仅九岁的朱祁镇继位，是为英宗。此时，明朝建国已经 66 年，经历了洪武之治和永宣盛世，明初创制的效率转而出现递减趋向。英宗、代宗和宪宗三代皇帝执政时期，其中代宗时间较短，可以称为英宪时期。英宗初年，"三杨"治国有道，使仁宣时期的国势仍延续了一段时间。但几年后"三杨"去世，宦官王振开始左右朝政，国家政治迅速走下坡路。特别是后来的土木之变和夺门之变，导致明朝政局动荡不安，一直延续到 1464 年宪宗继位。宪宗继位后，开始拨乱反正，为于谦平反，恢复代宗帝号，一度想有所作为。但其本人口吃内向，很少廷见大臣，宦官借机干政，甚至直接颁诏封官为传奉官，以至朝纲败坏。而在经济方面，这一时期存在两大弊政，一是皇庄的设立导致土地兼并的加剧，二是宦官利用国家盐政大肆牟利，导致民怨沸腾。这是"英宪中衰"的基本特征。

第一，皇庄泛滥，加剧土地兼并。明初，经元末农民战争后的土地占有还是比较平均的，大地产尚未发展起来。但是到仁宣之时，土地兼并和大地产发展的趋势已经出现，尤其是王公贵族和大臣的"乞请"现象，成为土地兼并的推手。但是仁宣之时，政治尚属清明，官员还算清廉，这种"乞请"还能够受到一定制约。"仁、宣之世，乞请渐广，大臣亦得请没官庄舍。然宁王权请灌城为庶子耕牧地，帝赐书，援祖制拒之。"（《明史·食货志》）就是说，尽管大臣乞请获允，但对于皇室和诸王的土地扩张还是有约束的。但是在英宗时，这种约束逐渐松弛，皇庄和诸王土地扩张大大加速了。对于皇庄之设，给事中齐庄言："天子以四海为家，何必置立庄田，与贫民较利。"（《明史·食货一》）但宪宗执意要做，很快皇庄就遍布顺义、宝坻、丰润、新城、雄县等处。皇庄的设立实开明代土地兼并之先河。从此，皇亲、勋戚、中官及番僧通过赏赐、乞请、侵占等方式大肆掠夺土地。

第二，中盐之弊，宦官利用盐政牟利。成化末年，明宪宗深溺于神仙佛老，声色货利，将方士和太监委以重任，权加内阁大臣之上，造成政治秩序的严重混乱。成化四年（1468年）冬，"太监潘洪奏两淮运司积有余盐五万九千引，乞令其侄潘贵中纳关支，时已得旨，户部覆奏言，先有诏旨禁防盐弊，凡内外食禄之家不得占中以侵商利损边储，今洪所请不惟沮坏定制，抑且启在位逐利之心，不宜赐允。上曰，朝廷存积盐课以待边用，祖宗明有禁例，食禄之家尚不可中，况内臣乎，内臣给事内廷，凡所以养生送死皆朝廷为之处置，固不必营利以殖生，况乃损国课以益私家乎，其勿与"（《明实录·宪宗实录》卷五十五）。但时过不久，宪宗赏太监陈玹两浙盐万引、潘午万引。（《弇山堂别集》卷九十二）自此以后，宦官奏乞盐引者日多，对国家经济造成严重影响，以致不得不制止。

第三，开矿与榷税，以补国用不足。政治腐败与奢靡之风相辅相成。当时，"万贵妃有宠，中官梁芳、陈喜争进淫巧；奸人屠宗顺辈日献奇异宝石，辄厚酬之，糜帑藏百万计。有因以得官者。都人仿效，竞尚侈靡，僭拟无度"（《明史·邱弘传》）。这种无度赏赐和靡费，导致国库空虚，边用不支，不得不采取开矿和榷税的办法。成化三年（1467年）三月十六日，内承运库因岁用赏赐之费不足，请于浙江等处旧罢银坑内如例开采。宪宗说，当今军民贫困，开采之数不宜过多，应如天顺二年（1458年）之数（此年此四处银坑采银十万零二千两）从省取之。成化七年（1471年）二月初九日，户部以京军岁用钞不足，遂议复设九江、苏州、杭州钞关。三月，工部尚书王复以在京盖造公署造成供应器物及外料造运船费用缺乏，建言添官分往直隶太平之芜湖、湖广荆州之沙市、浙江杭州城南三处，专理抽分竹木，变卖银两，解部以为营膳之费。初止取钞，后易以银，渐增至数万两。此举使商贾利益大受损害，怨言不已，但终不能免。到成化十七年（1481年），因赏赐过滥导致内府银两供应不足，便取太仓库之中库银三分之一以供内库之用。成化十八年（1482年）十月，复取太仓库银四十万两入内库。这种做法，不仅导致国库空虚，更严重的是破坏了原有的财政制度。

二、弘治中兴

英宪时期共52年，内斗不止，腐败日盛，奢侈无度，特别是土地兼并加剧，导致流民大增，社会动荡不止。成化二十三年（1487年）九月，明孝宗即位，成为明朝中兴的重要机会。明孝宗宽厚仁慈，躬行节俭，不近声色，勤于政事，励精图治，力图扭转朝政衰颓状况。但是，明宪宗留给孝宗的朝政局面极其糟糕，包括财政亏空、行政效率低下、自然灾害频仍等。面对这些棘手的问题，孝宗从政治整顿开始，开展大规模的官场清查，清除存在贪腐行为的官员，也罢免部分消极懒政的官员。同时，起用正直贤能之士，限制东厂和锦衣卫的行为，使之持法公允，用刑宽松。这一系列措施，使得朝中面貌和风气为之一新，文武百官纷纷上言，或痛陈时弊，或广进方略，时称朝序清宁。

1. 限制皇庄

英宪时期的皇庄泛滥加剧了土地兼并，成为明中期社会矛盾的焦点。因此，孝宗采取措施对皇庄加以限制。弘治二年（1489 年），户部尚书李敏等上言："畿内皇庄有五，共地万二千八百余顷；勋戚、中官庄田三百三十有二，共地三万三千余顷。管庄官校招集群小，称庄头、伴当，占地土，敛财物，污妇女。稍与分辩，辄被诬奏。官校执缚，举家惊惶。民心伤痛入骨，灾异所由生。乞革去管庄之人，付小民耕种，亩征银三分，充各宫用度。"（《明史·食货志》）孝宗命戒饬庄户，并罢仁寿宫庄，还之草场，且命凡侵牧地者，悉还其旧。为限制向皇庄和王府的献地行为，孝宗还规定献地王府者戍边。当时，奉御赵瑄献雄县地为皇庄，户部尚书周经劾其违制，孝宗将赵瑄下狱。孝宗还严厉告诫诸王的辅导官，凡诱导诸王奏请土地者有罪。尽管做了这些限制，但仍不能有效地遏止皇庄的扩大。"然当日奏献不绝，气请亦愈繁。徽、兴、岐、衡四王，田多至七千余顷。会昌、建昌、庆云三侯争田，帝辄赐之。武宗即位，逾月即建皇庄七，其后增至三百余处。诸王、外戚求请及夺民田者无算。"（《明史·食货志》）

2. 实征册制

明朝开国以来，赋税征收的一个难题就是欠税太多。明朝规定，如果一个地区出现欠税，欠到第二年就可以酌情减免。贪官污吏利用这项政策，即使有能力交税也故意拖欠到第二年，申请减免并将减免部分贪为己有。到弘治时期，这种情况已经十分严重，大大影响了国家税收。为此，明孝宗实施实征册制，以杜绝不合理的欠税行为。所谓的实征制度就是事先制定计划手册，每年秋粮征收，地方上八月出预算，九月造花户实征册，填写通知单，十一月起开始征粮，十二月征收结束。对照实征册，如有出入即着追责。这样就在一定程度上保证了国家赋税的稳定征收。

3. 开中改革

开中法是明朝初期创建的制度，对于运粮支边发挥了重要作用。但是到了明朝中期，粮食和食盐的比价发生变化，商人以粮换盐已经得不偿失，而不法商贩却利用盐引牟取暴利。特别是宪宗时期，权贵专擅盐利，官商勾结，旧引重用，假引冒领，导致盐引积压，官盐滞销，私盐盛行，盐价腾贵。这样一来，愿意送粮的商人越来越少，开中法名存实亡。弘治五年（1492 年）起，户部尚书叶淇主持开中法改革，主要内容是：商人如果要拿盐引，不必再辛苦地运粮，只要按照比价缴纳白银即可。这样就节省了原先输送粮食所需成本，直接按比价换成白银以取得盐引，使得贩盐利润大大提高。这就调动了商人的积极性，争相前来输银。这项改革使得国家获利八倍于永乐年间，但所造成的负面影响也是严重的。《明史·食货志》："迨弘治中，叶淇变法，而开中始坏。诸淮商悉撤业归，西北商亦多徙家于淮，边地为墟，米石直银五两，而边储枵然矣。"这就是说，此后赴边开中之法废，商屯亦撤销，菽粟翔贵，边储日虚。总之，政府和商人双双获利，但边防粮储制度却大大削弱。

三、嘉靖中兴

明朝在孝宗治下实现了弘治中兴，功莫大焉。但是总会有一些弊政留下来，如宠信权臣宦官，偏袒外戚宗亲，沉迷宫廷娱乐等。而这些弊政，不仅对当朝产生了不利影响，更为后继的武宗朝留下后患。明武宗在位16年，基本没什么政绩，反而重用刘瑾等宦官，不理政事，声色犬马，荒淫无度。这使明朝继"英宪中衰"之后第二次陷入历史低谷。正德十六年（1521年）明武宗去世，其堂弟朱厚熜继位，即为明世宗嘉靖帝。嘉靖帝继位前远离宫廷，与武宗朝臣没有多大瓜葛，而其继位也存在一定合法性争议。但嘉靖帝有一番志向，对武宗弊政也看得十分清楚。嘉靖帝即位后，立即下诏，提出改革弊政，共图新治，指出："兹欲兴道致治，必当革故鼎新。"（《明实录·世宗实录》）但要实施改革，必须首先解决人的问题。首先，明世宗严厉打压宦官集团，削弱司礼监实权，裁撤各地镇守太监，扭转了宦官弄权的政治局面，使明代朝政为之一新。其次，彻底废除外戚世封制度，通过大礼仪之争为其父母争名，由此提高自己的合法性。再次，为加强皇权打击文官势力，建立新的人事格局，为推行全面革新打下了政治基础。随后，世宗着手实行大刀阔斧的改革，正德年间的几大弊政都被革除，从而奠定了嘉靖中兴的基础。嘉靖帝在位45年，对明朝历史有很重要的影响。

1. 严禁奢靡

武宗时期宫廷靡费严重，这种情况到孝宗时一度有所改变，但到孝宗晚期又重新严重起来。嘉靖八年（1529年）二月初八日，鹰房内臣以太庙献艺为由，乞留鹰犬。礼部官奏言："奉先殿每年荐鹿、雁、雉、兔、猪、鹅、鸡、鸭等，《会典》有明确记载，早有定例。请全部纵放鹰犬。"嘉靖帝命按《会典》所定施行。同月二十日，又籍鹰房田，召民佃种。

嘉靖二十四年（1545年）闰正月二十六日，礼部核奏如议，上命严禁奢靡。但嘉靖帝本人喜好营建，中年以后更喜好珠宝奇珍，为此不惜耗费大量财力，形成新的奢靡，并导致支出大增。《明史·食货志》：

世宗营建最繁，十五年以前，名为汰省，而经费已六七百万。其后增十数倍，斋宫、秘殿并时而兴。工场二三十处，役匠数万人，军称之，岁费二三百万。其时宗庙、万寿宫灾，帝不之省，营缮益急。经费不敷，乃令臣民献助；献助不已，复行开纳。劳民耗财，视武宗过之。

2. 清理庄田

当时社会的主要矛盾是土地兼并严重，而加速土地兼并的始作俑者则是皇室，紧随其后的是王府和勋戚。他们侵占农民土地建立皇庄和各类田庄，导致大量农民失去土地，同时影响国家赋税征收。正德十六年，"差御史樊继祖等清查皇庄田土，自正德元年以后朦胧投献及侵占者悉给其主，该征租税"（《明实录·世宗实录》）。嘉靖元年（1522 年）冬，世宗令给事中夏言等查勘，指出：

> 但自正德元年以后、朦胧投献、及额外侵占的、尽行查出、各依拟给主召佃管庄人员、尽数取回、着管屯金事兼管该征租税、照依原定则例、折收钱银、原系皇庄的、解部类进、系皇亲功臣的、赴部关领、不许自行收受亦不许佃户人等拖欠。（《皇明经世文编·查处皇庄田土疏》）

但由于宦戚辈中挠，世宗手软，收效甚微。张璁入阁后坚决清理庄田，并由畿辅扩大到各省，由庄田兼及僧寺产业。至嘉靖九年（1530 年），查勘京畿勋戚庄田 528 处，计 57400 余顷，其中 26000 余顷分别还给业主等。同时，撤回管庄军校，严定禁革事例，不许再侵占或投献民田，违者问罪充军，勋戚大臣亦参究定罪。对于皇室和诸王的奏请，世宗大都予以拒绝。如"德王请齐、汉二庶人所遗东昌、兖州闲田，又请白云等湖，山东巡抚邵锡按新令却之，语甚切。德王争之数四，帝仍从部议，但存藩封初请庄田。其后有奏请者不听"（《明史·食货志》）。

3. 更定钱法

从嘉靖四年（1525 年）起，明朝宣课司正式改白银收税。此举的结果就是白银正式成为法定货币，对整个经济体系和后世经济发展都有重要影响。与此同时，由于民间私铸泛滥，恶钱充斥市场，致使物价日益腾贵，加上自然灾害，饥荒连年，"四方流民就食京师，死者相枕藉"。人们认为是"钱法不通使然"。于是御史何廷钰条奏，请许民用小钱，以六十文当银一分。然而这些滥恶小钱，以初禁之严，虽奉旨间行，竟不复用，而由于官定嘉靖钱七文可"当银一分"，兑换值高于其他制钱，导致民间竞相私铸嘉靖通宝钱，与官钱并行。嘉靖三十七年（1558 年）四月十一日，户部从御史钟沂奏请，行银钱兼用之法："除起运轻赍粮银外，凡存留、王府及官员折俸、折钞、问罪、纸赎等项，俱得银钱兼用。其民间贸易，许历代旧钱及洪武、嘉靖制式相兼行使，如有富豪阻坏及熔铸钱器者，则绳以重法。"（《明实录·世宗实录》）通过这些措施，币制混乱状况才有所改善。

4. 广开银矿

由于商品经济发展导致钱币和银的需求大增，同时，宫廷大兴土木和奢侈消费也需要大量银钱。为解决这个问题，嘉靖三十四年（1555年），嘉靖帝令内阁和各部商议广开银矿。嘉靖三十五年五月，蓟州王旺峪进紫矿砂一百五十斤。由于矿冶收益巨大，国家极为重视，"礼部议遣司官一员往既行，上以天地之宝不可不重，命追还原官而以（左通政）王槐等代之"（《明实录·世宗实录》）。当时，作为矿使一同派出的还有锦衣卫千户全天爵和内使一人。这是矿使之始。

矿使之设，既表明嘉靖帝对矿冶的重视，也是对采矿的监督。同年六月，户部主事张芹进山东宝山诸矿金二百七十两、矿银二百余两。嘉靖帝以为少，命从实开取，严禁官民隐匿侵盗，又派主事沈应干赴河南采矿。嘉靖三十六年（1557年）十二月：

> 以冬寒暂停山东、保定、山西采矿，召先差采办主事张芹、锦衣千户张钺回京。时一岁先后所入各矿金银：玉旺峪银七千五百两，保定金二十八两、银九百二十八两，山东金八百五十二两、银八千一百四十三两，河南银一万五百两，四川金七百两、银一万一千二百两，云南金四百两银一万两。（《明实录·世宗实录》）

采矿收入大大增加了，但矿使为民患者日甚。其后矿盗四起，采矿弊多利少。

四、万历中兴

嘉靖帝执政的前半期，是明朝极其繁荣的时代之一，国家财政稳定，储备充足，商品经济发达，每年富余白银就多达五百多万，粮草够支用十余年，民间经济也富庶，东南商品经济蓬勃发展。然而，在张璁之后的阁臣中无人能够担当继续推行改革的重任，嘉靖十八年（1539年）后，在"中兴盛世"之下，嘉靖帝从锐意进取转向消极昏聩，这就使国家又进入新一轮因循败政之中。

1. 隆庆改革

嘉靖帝去世后，三子朱载垕继位，即明穆宗，改元隆庆。嘉靖帝去世时，内阁首辅徐阶和张居正起草明世宗遗诏和新帝的登基诏书，明确宣称要"拨乱反正"，"革弊施新"。隆庆元年（1567年），明穆宗诏告群臣说："先朝政令有不便者，可奏言予以修改。"第一，平反冤狱，宣布"自正德十六年四月以后至嘉靖四十五年十二月以前，建言得罪诸臣，遵奉遗诏，存者召用，殁者恤录"（《明实录·穆宗实录》)。第二，罢除一切斋醮，撤西苑内大高玄殿、国明等阁、玉熙等宫及诸亭台斋醮所立匾额，停止因斋醮而开征的加派及部分织造、采买。第三，内阁首辅高拱主持吏治整顿，加强对官吏的考察，每个官员每月的情况都要汇总，年终统一考核，廉政官员给予奖赏和提拔，贪官给予罢免官职，"赃多迹著者部院列其罪状，奏闻处治"（《大明穆宗庄皇帝宝训》卷二）。

整饬吏治为经济方面的改革创造了条件，随后，隆庆帝采取措施，限制勋戚土地，改革赋税制度，实行开关贸易等。第一，限勋戚五世庄田数额，规定"勋臣五世限田二百顷，戚畹七百顷至七十顷有差"（明史·食货志）。隆庆二年（1568年）有规定"世勋二百顷，兼勋戚一百五十顷"（《明实录·穆宗实录》）。第二，改革赋税，试行"一条鞭法"，将夏税、秋粮、存留、起运之额，与均徭、里甲、土贡，雇募加增之数，归为一条，一切计亩征银。第三，隆庆元年（1567年），隆庆帝宣布解除海禁，允许民间私人远赴东洋日本、西洋各国贸易，史称"隆庆开关"。至此大批的中国商人走出国门，扩展海外市场，民间对外贸易获得了合法的地位，东南沿海各地商品经济发展进入一个新时期。

隆庆时期实为大改革的始创期，更是为其后万历朝进一步改革奠立基础和确定政策走向的关键性时期。由张居正主持的万历十年改革，基本上是隆庆时期改革方案的延续和发展。

2. 万历新政

张居正原为隆庆帝的侍讲侍读。隆庆帝登基后（1567年）张居正擢为吏部左侍郎兼东阁大学士，进入内阁，参与朝政。隆庆六年（1572年），隆庆帝崩，年仅十岁的神宗继位，张居正任首辅从旁协助。史称："居正为政，以尊主权、课吏职、信赏罚、一号令为主。虽万里外，朝下而夕奉行。"（《明史·张居正传》）万历元年（1573年），张居正建议实行"考成法"，即以六科控制六部，再以内阁控制六科，对于要办的事，进行层层考试，明确责任，赏罚分明，从而使朝廷发布的政令"虽万里外，朝下而夕奉行"。这就改变了以往"上之督之者虽谆谆，而下之听之者恒藐藐"（《明实录·神宗实录》卷十九）的拖拉现象，提高了各级部门的办事效率。在张居正主持下，明王朝的政治、经济、军事等多方面进行了改革，整顿了吏治，巩固了边防，使明朝军事振兴，国家财政收入也有明显的好转。据记载，万历初年太仓的积粟达1300万石，可支用十年，国库的储蓄多达四百余万，国泰民安，国力臻于极盛。每况愈下的明王朝日见转机，是明朝中叶以来最好的时期，史称"万历中兴"。

3. 万历清丈

明朝中叶，兼并土地的情况相当严重。突出的表现是皇族、王公、勋戚、宦官利用政治特权，以投献、请乞、夺买等手段侵吞土地，导致土地高度集中。更为严重的是，全国纳税土地约有一半为大地主所隐占，他们拒不缴税，出现"豪民有田不赋，贫民曲输为累，民穷逃亡，故额顿减"（《明史纪事本末·江陵柄政》）的状况，严重地影响了国家收入。但另一方面，国家支出日增，就使财政危机逐渐加重。为了增加政府赋税收入，要限制勋戚庄田数目，更要将地主官僚们隐占的土地清查出来，令他们为国家纳税。

万历五年（1577年）十一月，张居正上疏请丈量全国土地。万历八年（1580年）十一月，户部根据张居正的建议，拟定《清丈条例》，其内容如下：明清丈之例，谓额失者丈，全者免；议应委之官，以各布政使总领之，分守兵备分领之，府州县官则专管本境；复坐派之额，谓田有官民屯数等，粮有上、中、下数则，宜逐一查勘，使不得诡混；复本征之粮，如军种屯地即纳屯粮，军种民地者即纳民粮。明神宗批准依其议，"令各抚按官悉心查核，着实举行，毋得苟且了事，及滋劳扰"（《明实录·神宗实录》）。这样就在全国各地揭开清丈田粮的序幕。

万历九年（1581年），顺天八府州县和南京锦衣卫屯田、山东、江西先后报告丈量完毕；万历十年，保定、大同、蓟辽、山西、广西、应天、宣府、浙江、贵州、淮安、扬州、徐州、河南、延绥、湖广、四川、陕西、两广等陆续报告清丈完毕；十一年（1583年），宁夏、甘肃、云南亦报告清丈事竣。至此，历时二年多的全国范围内普遍开展的"丈田亩、清浮粮"运动始告结束。

由于大部分州县清丈彻底，革豪右隐占，查出大量隐田。隐占田土被查清后，"以多余之地补失额之粮"，减少了"民间虚粮赔累之弊"。如北直隶沧州，"清丈之后，田有定数，赋有定额，有粮无地之民得以脱虎口矣"。在山东，"清丈事极其妥当，粮不增加而轻重适均，将来国赋既易办纳，小民如获更生"。清丈田地"用开方法，以径围乘除，畸零截补。于是豪猾不得欺隐，里甲免赔累，而小民无虚粮。总计田数七百一万三千九百七十六顷，视弘治时赢三百万顷"（《明史·食货志》）。由于隐田减少，额田大有增加，田赋收入大为增加，在一定程度上缓解了财政困难，大大增强了国家实力。"自正（德）、嘉（靖）虚耗之后，至万历十年间，最称富庶。"（《明史·张学颜传》）到万历十年（1582年）"太仓粟可支十年，冏寺积金至四百余万"（《明史纪事本末》）。另一方面，清丈田亩使朝廷比较全面准确地掌握全国的额田，为不久后推行"一条鞭法"的赋税改革创造了条件。

4. 推行"一条鞭法"

为了进一步改变严重的赋役不均，减轻无地或少地的农民的浮税，适应社会经济发展的新形势，张居正在清丈土地的基础上，实行赋役制度改革，即推行"一条鞭法"。早在嘉靖中期，由于边防供亿浩繁，国库空竭，不得不以"提编""加编"等名目增加赋税，但地主也以各种方式规避，结果是逋欠更多，规避更巧，征税困难。为均平赋役负担，增加财政收入，万历九年张居正上奏在全国范围推广

"一条鞭法"。"一条鞭法者，总括一州县之赋役，量地计丁，丁粮毕输于官。一岁之役，官为佥募。力差，则计其工食之费，量为增减；银差，则计其交纳之费，加以增耗。凡额办、派办、京库岁需与存留，折办于官，故谓之一条鞭。"（《明史·食货志》）具体说主要有三项内容：一是田赋除收实物外，可以银两折纳；二是可以钱代役；三是丁粮由地方官吏直接办理。基本精神是，通计一省丁粮，均派一省徭役，将均徭、里甲与夏秋两税合而为一，亦即摊丁入亩，里地计丁，按亩征银。只是由于各地情况不同，丁、地摊派的比例各有不同，有的以田为主，丁为辅；有的以丁为主，田为辅；有的丁田各居其半。"一条鞭法"的实行，增加了国库收入，在一定程度上也产生了赋役均平的效果。因而豪民大户多对张居正不满。实行一条鞭法，简便了赋役手续，是自唐朝行"两税法"以来，中国赋税史上的又一次大改革。张居正死后十余年，"一条鞭法"虽然停止实行，但是以钱银代赋代役的做法并没有随之终止，其精髓犹在，未完成的步骤实际上到清代逐步实现。

5. 治理黄淮运河

万历六年（1578 年）夏，神宗令潘季驯治理黄河、淮河，并兼治运河。潘季驯根据多年的治河经验，对三条河道进行详尽查勘，向朝廷献上《两河经略疏》，并"条上六议：曰塞决口以挽正河，曰筑堤防以杜溃决，曰复闸坝以防外河，曰创滚水坝以固堤岸，曰止浚海工程以省靡费，曰寝开老黄河之议以仍利涉"（《明史·河渠志》）。总之是修浚黄河故道，"导河归海"，"束水攻沙"，"蓄清刷黄"，使河水不倒灌入淮。至万历七年（1579 年）十月，两河工成。"是役也，筑高家堰堤六十余里，归仁集堤四十余里，柳浦湾堤东西七十余里，塞崔镇等决口百三十，筑徐、睢、邳、宿、桃、清两岸遥堤五万六千余丈，砀、丰大坝各一道，徐、沛、丰、砀缕堤百四十余里，建崔镇、徐升、季泰、三义减水石坝四座，迁通济闸于甘罗城南，淮、扬间堤坝无不修筑，费帑金五十六万有奇。"此后，"高堰初筑，清口方畅，流连数年，河道无大患"（《明史·河渠志》）。

五、走向衰亡

1. 万历怠政

万历十年（1582 年），张居正去世。万历十五年（1587 年），万历帝宣布实行"静摄"，从此很少上朝理政，每遇朝讲之日，多令内使传免，直到万历十八年（1590 年）永罢讲筵。万历帝的"静摄"之政最初并非怠政，而是对张居正十年改革后的调整。张居正改革将朝中上下折腾得筋疲力尽，万历帝试图有所改变，即从折腾到不折腾，再进一步实现无为而治。事实上，万历皇帝的"无为"也在一定程度上实现了"而治"。在此期间，整顿吏治、平定叛乱、治理河道、赈济荒灾、发展经济等工作，都在有序进行。

万历皇帝的怠政时期，国家面临着来自内部和外部的双重挑战。内部看，土地兼并日益严重，张居正改革期间遭到一定限制的勋戚庄田又重新扩大，并日益侵蚀着国家赋税，导致国家财力严重不足。外部看，蒙古鞑靼小王子不断对内地实行侵扰，东北女真的势力更是迅速地发展壮大。为应对这些挑战，国家必须把主要精力放在发展经济方面。但万历帝对此并无清醒认识，反而将张居正改革的历史遗产挥霍殆尽，并采取各种措施搜刮民财。而在面对各种危机已经无力回天后，他便转而弃国家社稷于不顾，开始真正的怠政了。

对于万历帝的怠政，不少大臣不断进谏，希望他能有改变，但却遭到严厉的惩戒甚至惩罚。万历二十三年（1595 年）监察御史马经纶进谏：

> 陛下数年以来，深居静摄，君臣道否，中外俱抱隐忧。所恃言路诸臣，明目张胆为国家裁辨邪正，指斥奸雄。虽庙堂处分，未必尽协舆论，而缙绅公议，颇足维持世风，此高庙神灵实鉴佑之。所资台省耳目之用大矣，陛下何为一旦自涂其耳目邪？（《明史·马经纶传》）

万历帝怒，将其一贬再贬，最终贬为平民。由此群臣无奈，只好听之任之。万历帝的怠政，使中央政府几乎陷于瘫痪，而大部分朝政落入宦官手中，明王朝从此再无回天之力，只有一天天走向衰亡。

2. 奢侈靡费

万历中后期面临的严重问题是财政空虚。财政空虚的原因，一方面是"万历三大征"产生的大规模军费支出，另一方面是皇室的奢侈和靡费支出。如果说连年战争是国家安全必须承担的代价，那么皇室的奢侈和靡费就是腐败的代价了。

万历期间发生过"国本之争"，即万历帝欲立三子福王朱常洵为太子，因遭到群臣反对而未成。万历帝为了弥补福王而给他以极大的福利，不仅数量过大，而且违背常制，不仅导致奢侈靡费，更破坏了国家经济制度，加重了对民众的搜刮。《明史·诸王列传》：

> 二十九年始立光宗为太子，而封常洵福王，婚费至三十万，营洛阳邸第至二十八万，十倍常制。廷臣请王之藩者数十百奏。不报。至四十二年，始令就藩。先是，海内全盛，帝所遣税使、矿使遍天下，月有进奉，明珠异宝文毳锦绮山积，他搜括赢羡亿万计。至是多以资常洵。临行出宫门，召还数四，期以三岁一入朝。下诏赐庄田四万顷。所司力争，常洵亦奏辞，得减半。中州腴土不足，取山东、湖广田益之。又奏乞故大学士张居正所没产，及江都至太平沿江获洲杂税，并四川盐井榷茶银以自益。伴读、承奉诸官，假履亩为名，乘传

出入河南北、齐、楚间，所至骚动。又请淮盐千三百引，设店洛阳与民市。中使至淮、扬支盐，干没要求辄数倍。而中州旧食河东盐，以改食淮盐故，禁非王肆所出不得鬻，河东引遂不行，边饷由此绌。廷臣请改给王盐于河东，且无与民市。弗听。

万历帝对皇室宗亲和宠臣等大肆封赐，除了金银财宝外主要是土地。他们获得土地后即建立自己的庄田和庄园，从而进一步加速了土地兼并和集中，也进一步加强了对民众的剥削。《明史·食货志》：

> 神宗赉予过侈，求无不获。潞王、寿阳公主恩最渥。而福王分封，括河南、山东、湖广田为王庄，至四万顷。群臣力争，乃减其半。王府官及诸阉丈地征税，旁午于道，扈养厮役廪食以万计，渔敛惨毒不忍闻。驾帖捕民，格杀庄佃，所在骚然。给事中官应震、姚宗文等屡疏谏，皆不报。时复更定勋戚庄田世次递减法，视旧制稍宽。其后应议减者，辄奉诏姑留，不能革也。熹宗时，桂、惠、瑞三王及遂平、宁德二公主庄田，动以万计，而魏忠贤一门，横赐尤甚。盖中叶以后，庄田侵夺民业，与国相终云。

3. 财政危机

万历中期财政危机日趋严重。工科大臣王德完极陈国计匮乏，言："近岁宁夏用兵，费百八十余万；朝鲜之役，七百八十余万；播州之役，二百余万。今皇长子及诸王子册封、冠婚至九百三十四万，而袍服之费复二百七十余万，冗费如此，国何以支？"（《明史·王德完传》）可见，三大征是万历朝陷入严重财政危机的原因之一，却不是唯一原因，万历本人消费膨胀亦是重要原因。万历中期皇帝一人每年膳食费增至三十万两，修造定陵寿宫费银八百万两，修三大殿，仅采木一项即费银九百三十余万两。御史马经纶直言指斥其"好货成癖"。《明史·食货志》：

> 神宗初，内承运库太监崔敏请买金珠。张居正封还敏疏，事遂寝。久之，帝日黩货，开采之议大兴，费以钜万计，珠宝价增旧二十倍。户部尚书陈蕖言库藏已竭，宜加撙节。中旨切责。而顺天府尹以大珠鸦青购买不如旨，镌级。至于末年，内使杂出，采造益繁。内府告匮，至移济边银以供之。
>
> 居正卒，添织渐多。苏、杭、松、嘉、湖五府岁造之外，又令浙江、福建、常、镇、徽、宁、扬、广德诸府州分造，增万余匹。陕西织造羊绒七万四千有奇，南直、浙江纻丝、纱罗、绫绸、绢帛，山西潞绸，皆视旧制加丈尺。二三年间，费至百万，取给户、工二部，搜括库藏，扣留军国之需。部臣科臣

屡争，皆不听。末年，复令税监兼司，奸弊日滋矣。

臣僚们不断上本，请万历帝豁免房税，停买金、珠，减免织造。万历一概留中，不予理睬，甚至将进谏者贬职。

不断增多的开支造成了严重超支。万历三十年（1602年）户部右侍郎赵世卿《题国用匮乏有由疏》：

> 年来征哰之费、此神庙中末年浮费之额用过银一百余万两。两次征倭之费。用过银五百九十五万四千余两。征播之费。用过银一百二十二万七千余两。铺宫典礼之费。用过银三百六十万余两。节年添进买办。共享过银五百余万两。入者如彼。出者如此即全盛之世。所不能堪。而况今日乎。老库将穷、京粮告竭、太仓无过岁之支、漕运有目前之阻、九塞之兵、动言鼓噪、徐颖一带、近有揭竿、从古以来、未有公私匮竭、如今日之穷者、皇上聪明绝世、事事周知、试察臣兹所条、有一字欺妄否。（《皇明经世文编》卷四百十一）

4. 增加商税

为了应对国库空虚不足和战争急需，政府不得不进一步增加赋税。中国传统的财政来源主要是田赋即农业税。但农业税长期以来已成定制，难以随意增加，更重要的是农业税增加空间极其有限。这是因为农业经济增长空间有限，增加农业税的结果只能增加农民负担而至搜刮之效，亦即越刮越贫。所以，日益庞大的国用支出只能转向新兴的工商业。《明史·食货志》：

> 神宗初，令商货进京者，河西务给红单，赴崇文门并纳正、条、船三税；其不进京者，河西务止收正税，免条、船二税。万历十一年革天下私设无名税课。然自隆庆以来，凡桥梁、道路、关津私擅抽税，罔利病民，虽累诏察革，不能去矣。迨两宫三殿灾，营建费不赀，始开矿增税。而天津店租，广州珠榷，两淮余盐，京口供用，浙江市舶，成都盐茶，重庆名木，湖口、长江船税，荆州店税，宝坻鱼苇及门摊商税、油布杂税，中官遍天下，非领税即领矿，驱胁官吏，务朘削焉。

为了保证税收的征解，万历时期朝廷大量派出榷税之使，肆意设税，导致杂税满天飞。《明史·食货志》：

> 榷税之使，自二十六年千户赵承勋奏请始。其后高寀于京口，暨禄于仪

真，刘成于浙，李凤于广州，陈奉于荆州，马堂于临清，陈增于东昌，孙隆于苏、杭，鲁坤于河南，孙朝于山西，丘乘云于四川，梁永于陕西，李道于湖口，王忠于密云，张晔于卢沟桥，沈永寿于广西，或征市舶，或征店税，或专领税务，或兼领开采。奸民纳贿于中官，辄给指挥千户札，用为爪牙。水陆行数十里，即树旗建厂。视商贾懦者肆为攘夺，没其全赀。负戴行李，亦被搜索。又立土商名目，穷乡僻坞，米盐鸡豕，皆令输税。所至数激民变，帝率庇不问。诸所进税，或称遗税，或称节省银，或称罚赎，或称额外赢余。又假买办、孝顺之名，金珠宝玩、貂皮、名马，杂然进奉，帝以为能。甚至税监刘成因灾荒请暂宽商税，中旨仍征课四万，其嗜利如此。

5. 矿税之弊

明代矿税也称坑冶之课，包括金、银、铜、铁、铅、汞、朱砂、青绿（矿质颜料）等矿产物质课税，以金、银为主，其他皆微不足道。明初政府不主张开矿，矿税也不高，因而也不受重视。明中期后，随着商品货币经济的发展，政府开始重视矿冶，广泛组织开采，"税由此大兴矣"。由于矿税收入可观，政府派出税监以督税收。因此，矿监也就成了一个极大的肥缺，而这种肥缺往往被万历帝的近臣特别是宦官所得。这些大多由宦官担任的矿监税监，承旨四出勘查，趁机勒索钱财，横行天下。

矿监所到之处，"富者编为矿头，贫者驱之垦采，绎骚凋敝，若草菅然"。他们不市而征税，无矿而输银，敲诈勒索，无恶不作。《明史·食货志》：

> 矿脉微细无所得，勒民偿之。而奸人假开采之名，乘传横索民财，陵轹州县。有司恤民者，罪以阻挠，逮问罢黜。时中官多暴横，而陈奉尤甚。富家钜族则诬以盗矿，良田美宅则指以为下有矿脉，率役围捕，辱及妇女，甚至断人手足投之江，其酷虐如此。帝纵不问。自二十五年至三十三年，诸珰所进矿税银几及三百万两，群小借势诛索，不啻倍蓰，民不聊生。

自万历二十五年至万历三十三年（1597—1605年）近十年间，各矿监所进矿银不足三百万两，至于不计其数的金珠、宝玩、貂皮、名马则俱为皇上所有。

自万历二十四年（1596年）设矿监税使以来，廷臣上疏谏阻者不下百余次。但神宗俱不听，以致矿税使四出，大肆虐民，流毒全国，结果是民穷财竭，各地骚动，甚至激起民变。

6. 三饷加派

正赋之外的加派早已有之。弘治时对蒙古用兵，兵部尚书马文升提议，"苏松折粮银价轻，宜稍增之"（（明）陆树声：《长水日抄》），但未能成行。正德时因修乾清宫，"加天下赋一百万两"（《明史·武宗本纪》）。嘉靖中期，以俺答入寇，户部侍郎孙应奎已议加派自北方诸府及广西、贵州外，增银一百五十万。（《明史·刘纫传》）嘉靖三十一年（1552 年）以后，"东南被倭，南畿、浙、闽多额外提编，江南至四十万。提编者，加派之名也。其法，以银力差排编十甲，如一甲不足，则提下甲补之，故谓之提编"（《明史·食货志》）。万历二十五年（1597 年），因朝鲜之役，在山东加派，每亩征银二三厘，每丁加银三四分，二年并征。但直到万历中期前，田赋加派数额并不太大。

万历四十六年（1618 年），因辽东战事明廷实行加派开征"辽饷"，"总计实派额银二百万三十两四钱三分八毫零"（《明实录·神宗实录》）。当时，神宗承诺"辽饷事宁即为停止"。但辽东战事一年紧似一年，不仅先后四次加征，还实行了辽饷预征制。另外，万历三十八年（1610 年），"知府木增以征蛮军兴，助饷银二万余两"（《明史·云南土司传》）。崇祯十年（1637 年），兵部尚书杨嗣昌上疏崇祯皇帝，提出对农民义军的围剿计划，要求"增兵十二万，增饷二百八十万"。这就是"剿饷"，于崇祯十年开始征收。剿饷原定以一年为期，但战事越来越紧，明廷不得不增饷练兵，并于崇祯十二年增派"练饷"。三饷加派是依军需决定征收额，因战事趋紧，"旧征未完，新饷已催；额内难缓，额外复急。村无吠犬，尚敲催追之门；树有啼鹃，尽洒鞭扑之血"（《侯方域四忆堂诗集校笺》卷一）。这就引起广泛的社会不满，加速了明朝的灭亡。

7. 东林党争

明朝万历时期政治经济矛盾的焦点就是东林党争。从表面上看，东林党争是士族与宦党之争，但其背后则是不同经济利益集团的竞争。中国传统社会的赋税来源主要是农业。不论以丁征税还是以土地征税，目的都是保持赋税的稳定，而农业社会的财政支出也相对稳定。正因如此，农业税长期基于定制，并不容易提高或改变。但是，国家为了应对战争等国用支出时，农业税往往难以满足需要，这就需要从其他方面开拓财源。张居正改革前，明代财政仍以农业为主。张居正改革的成功之处，就在于开发了工商税源，使明朝的财政状况有了明显的改善。事实上，宋代开始中国的工商业发展就已经上了一个新台阶，税收从农业转向工商业是历史必然。明代的工商业比宋代又有了进一步的发展，将国家税收转向工商业更是大势所趋。但是，这种转变却严重影响了工商业者的利益。中国的工商业发展状况是南方较之北方更发达，增加工商税负表现为对南方税负的增加，所以遭到代表南方工商业者利益的东林党人的反对。

张居正死后，东林党人积极主张减少甚至废除工商税收。就当时的财政制度来说，农业税属于"正税"，由户部管理，纳入外库，而工商税收不属于"正税"，因而纳入由皇室管理的内库。皇室内库由宦官掌管，这样就形成了东林党人与宦党的矛盾。实际上，皇家内库的钱财并不是完全用于皇室，在国家需要的时候往往用作国家支出。这种情况历代都有先例。事实上，万历三大征所用的钱，正是内库的工商税。万历帝坚持矿税自然有满足皇室支出的想法，但事实上也是国家需要。这就是国事需要和人民税负的矛盾交织，解决不好就会导致社会危机。

万历皇帝死后，东林党终于把持了朝政，他们逼迫泰昌帝废除了多项工商税收，而面对日益吃紧的辽东战事只能进一步搜刮农民。所以，"辽饷"只能是向农民征派。"辽饷"始征于万历四十六年（1618 年），到四十八年为止，全国除少数地区外，平均每亩土地加征银九厘，计五百二十万零六十二两。当然，工商税收也是要加的，如天启时并征榷关、行盐及其他杂项。崇祯四年（1631 年），又把田课由九厘提高到一分二厘，派银六百六十七万余两，除兵荒蠲免，实征银五百二十二万余两，而关税、盐课及杂项，共征银七百四十万八千二百九十八两。从晚明的实际情况来看，增加工商税收仍有空间，但东林党人坚决不允，而增加农民税负实际早已到了极限，进一步增加只能导致农民起义。事实上，明末的税负不仅仅是"辽饷"，还有"剿饷"和"练饷"，三饷加派的总额超过明朝正赋的一倍以上。在这种情况下，大批农民失去土地，或沦为佃户，或成为流民，其结果必然是大规模的农民起义。

第四节　食货之国计

一、田制

1. 民田与公田

明代的土田制度，分为二类：一是官田，二是民田。官田主要是宋元时入官的土地。以后有因故归还给政府的土地即"还官田"，被政府没收的土地即"没官田"；有因土地纠纷被判归政府的土地即"断入官田"；还有学田、皇庄、牧马草场、城壖苜蓿地、牲地、园陵坟地、公占隙地，以及诸王、公主、勋戚、大臣、内监、寺观赐乞庄田，百官职田，边臣养廉田，军、民、商屯田等，"通谓之官田"。这些类型的官田之外的大量土地为民田，也就是私有土地。弘治十五年（1502年），天下土田四百二十二万八千五十八顷，官田视民田得七之一。万历六年（1578 年），张居正清丈土地，总计田数七百一万三千九百七十六顷，视弘治时赢三百万顷。（《明史·食货志》）

2. 公田之屯田

屯田是最主要的官田。太祖初期，立民兵万户府，寓兵于农，又令诸将屯兵龙江诸处。这是明代最早的军屯。《大明会典》：

> 国初兵荒之后。民无定居。耕稼尽废。粮饷匮乏。初命诸将分屯于龙江等处。后设各卫所。创制屯田。以都司统摄。每军种田五十亩、为一分。又或百亩、或七十亩、或三十亩、二十亩不等。军士三分守城。七分屯种。又有二八四六一九中半等例。皆以田土肥瘠、地方冲缓为差。又令少壮者守城，老弱者屯种。余丁多者亦许、其征收则例、或增减殊数、本折互收。（《大明会典》卷十八）

以后，屯田制度进一步完善，一方面确定"科则"，另一方面制定"赏罚"。《明史·食货志》：

> 其制：移民就宽乡，或召募或罪徙者为民屯，皆领之有司，而军屯则领之卫所。边地，三分守城，七分屯种。内地，二分守城，八分屯种。每军受田五十亩为一分，给耕牛、农具，教树植，复租赋，遣官劝输，诛侵暴之吏。初亩税一斗。三十五年定科则：军田一分，正粮十二石，贮屯仓，听本军自支，余粮为本卫所官军俸粮。永乐初，定屯田官军赏罚例：岁食米十二石外馀六石为率，多者赏钞，缺者罚俸。又以田肥瘠不同，法宜有别，命官军各种样田，以其岁收之数相考较。

然而，随着边疆逐步安定，屯田制度也逐渐松懈堕坏。军屯田原由各卫所的军人耕种，但宣德以后屯政逐渐败坏，有的屯田就交给那些没有军籍的"军余"耕种，实际上是承包或变相出租。有的屯军把自己的分地转租给别人耕作，有的屯军大批逃亡，卫所不得不将屯田招民承佃。

军屯和民屯外还有商屯。商屯亦称"盐屯"。由于运粮入边耗费浩繁，所以创商屯来济军事之不足，即所谓"开中"。最初是为政府召商输粮而与之盐，后各行省边境亦多召商中盐以为军储、盐法、边计相辅而行。洪武二十八年（1395年），改为由商人直接纳米之法。永乐年间（1403—1424年）每盐一引输边粟二斗五升，于是盐商大贾悉于三边自出财力招游民垦地，这就是"商屯"。弘治中，叶淇变法，商人无须纳米于边，而是直接纳银即可取得盐引，因而商屯衰落。

3. 公田之庄田

明初，太祖曾赐诸王和功臣以庄田。这是因为建国初期财政制度和官员俸禄制度尚未建立，不得不赐以庄田以保证他们的生活和利益。但是，随着俸禄制度确立，部分庄田则收归国有。以后，大量庄田的出现是在仁宣时代。当时的"乞请"十分普遍，不仅诸王和贵戚甚至大臣也可以乞请被没官的田地为庄田。英宗时，诸王、外戚、中官采取各种手段掠夺民田作为自己的庄田。为了禁止这种现象，朝廷多次下诏禁夺民田及奏请畿内土地并强令还田。但权贵宗室庄田坟茔，或赐或请，仍不可胜计。此外，御马太监刘顺家人将蓟州草场进献于主人，从此进献也成为贵族地主掠夺土地的重要方式。洪熙时（1425 年），宦官田庄有仁寿宫庄，其后又有清宁、未央宫庄等，田庄土地迅速膨胀。"天顺三年，以诸王未出阁，供用浩繁，立东宫、德王、秀王庄田。二王之藩，地仍归官。"（《明史·食货志》）成化以后开始大量赐田。根据《明实录》记载，自洪熙元年（1425 年）到万历四十二年大致有赐诸王田地并记有赐地亩数者共 36 起，计 1296 万余亩。明代亲王就藩的有五十人，而上举各起仅二十余人，不足半数。所以，实际藩王赐地规模可能更大。估计到明后期，诸藩王的庄田不下 2000 万亩。[①]

天顺八年（1464 年），宪宗即位，以没入曹吉祥地为宫中庄田，皇庄之名由此始，随后迅速扩大，庄田遍布郡县。自正德二年至九年（1507—1514 年）增设 21 处，共计占地 376 万亩。（《续通典·食货三》）最初的皇庄是抄没田以及草荡，以后就是强占民田了。《明史·食货志》：

> 弘治二年，户部尚书李敏等以灾异上言："畿内皇庄有五，共地万二千八百余顷；勋戚、中官庄田三百三十有二，共地三万三千馀顷。管庄官校招集群小，称庄头、伴当，占地土，敛财物，污妇女。稍与分辩，辄被诬奏。官校执缚，举家惊惶。民心伤痛入骨，灾异所由生。乞革去管庄之人，付小民耕种，亩征银三分，充各宫用度。"帝命戒饬庄户。又因御史言，罢仁寿宫庄，还之草场，且命凡侵牧地者，悉还其旧。

二、赋役

1. 赋税

中国传统社会的赋役制度，自中唐两税法改革以来，基本确定下来，各代相沿不变。明初赋役的主要特点是赋役分开，实物与货币兼收以及民收民解。朱元璋出身贫贱，理解农民苦情，基本上采取轻徭薄赋政策。朱元璋做吴王时制定的赋役是"赋税十取一，役法计田出夫。县上、中、下三等，以赋十万、六万、三万石下为

---

① 参见许涤新、吴承明主编：《中国资本主义的萌芽》第一卷，人民出版社 2003 年版，第 54 页。

差。府三等，以赋二十万上下、十万石下为差。"（《明史·食货志》）

明朝建立后即定赋役法，规定：

> 一以黄册为准。册有丁有田，丁有役，田有租。租曰夏税，曰秋粮，凡二等。夏税无过八月，秋粮无过明年二月。丁曰成丁，曰未成丁，凡二等。民始生，籍其名曰不成丁，年十六曰成丁。成丁而役，六十而免。又有职役优免者，役曰里甲，曰均徭，曰杂泛，凡三等。以户计曰甲役，以丁计曰徭役，上命非时曰杂役，皆有力役，有雇役。府州县验册丁口多寡，事产厚薄，以均适其力。（《明史·食货志》）

明朝沿用两税制度。《明史·食货志》：

> 两税，洪武时，夏税曰米麦，曰钱钞，曰绢。秋粮曰米，曰钱钞，曰绢。弘治时，会计之数，夏税曰大小米麦，曰麦荍，曰丝绵并荒丝，曰税丝，曰丝绵折绢，曰税丝折绢，曰本色丝，曰农桑丝折绢，曰农桑零丝，曰人丁丝折绢，曰改科绢，曰棉花折布，曰苎布，曰土苎，曰红花，曰麻布，曰钞，曰租钞，曰税钞，曰原额小绢，曰币帛绢，曰本色绢，曰绢，曰折色丝。秋粮曰米，曰租钞，曰赁钞，曰山租钞，曰租丝，曰租绢，曰粗租麻布，曰课程棉布，曰租苎布，曰牛租米谷，曰地亩棉花绒，曰枣子易米，曰枣株课米，曰课程苎麻折米，曰棉布，曰鱼课米，曰改科丝折米。万历时，小有所增损，大略以米麦为主，而丝绢与钞次之。夏税之米惟江西、湖广、广东、广西，麦荍惟贵州，农桑丝遍天下，惟不及川、广、云、贵，余各视其地产。

太祖时确定天下官、民田赋标准：凡官田亩税五升三合五勺，民田减二升，重租田八升五合五勺，没官田一斗二升。（《明史·食货志》）对于苏、松、嘉、湖等地区，太祖将当地豪族和富民的土地没收为官田，但按私租簿为税额。此后，司农卿杨宪又"以浙西地膏腴增其赋，亩加二倍，故浙西官民田视他方倍蓰，亩税有二三石者"（《续通典·食货典》）。这种特殊的历史背景，导致江南地区赋税重于其他地区。这种情况到宣宗时期才有所改变。宣德五年二月诏："旧额官田租，亩一斗至四斗者各减十之二，四斗一升至一石以上者减十之三。著为令。"（《明史·食货志》）

2. 役法

明代役法定于洪武元年，规定："田一顷出丁夫一人，不及顷者以他田足之，名曰均工夫。"（《明史·食货志》）随后，政府编造了应天十八府州，江西九江、饶州、南康三府均工夫图册。当时的规定是："每岁农隙赴京，供役三十日遣归。田多丁少者，以佃人充夫，而田主出米一石资其用。非佃人而计亩出夫者，亩资米二升五合。"（《明史·食货志》）"均工夫"徭役制度是一种过渡的役法。赋役黄册编成后，即依赋役黄册所载，按丁出役："以一百十户为一里，里分十甲曰里甲。以上、中、下户为三等，五岁均役，十岁一更造。一岁中诸岁杂目应役者，编第均之，银、力从所便，曰均徭。他杂役。凡祗应、禁子、弓兵，悉金市民，毋役粮户。"政府还规定禁止额外加征，"额外科一钱、役一夫者，罪流徙"（《明史·食货志》）。

关于劳役的种类，《明史·食货志》：

> 凡役民，自里甲正办外，如粮长、解户、马船头、馆夫、祗候、弓兵、皂隶、门禁、厨斗为常役。后又有斫薪、抬柴、修河、修仓、运料、接递、站铺、插浅夫之类，因事编金，岁有增益。嘉、隆后，行一条鞭法，通计一省丁粮，均派一省徭役。于是均徭、里甲与两税为一，小民得无扰，而事亦易集。然粮长、里长，名罢实存，诸役卒至，复金农氓。条鞭法行十余年，规制顿紊，不能尽遵也。

除一般的农户承担的各种劳役外，还有军户、匠户和灶户的劳役规定：

> 凡军、匠、灶户，役皆永充。军户死若逃者，于原籍勾补。匠户二等：曰住坐，曰轮班。住坐之匠，月上工十日。不赴班者，输罚班银月六钱，故谓之输班。监局中官，多占匠役，又括充幼匠，动以千计，死若逃者，勾补如军。灶户有上、中、下三等。每一正丁，贴以馀丁。上、中户丁力多，或贴二三丁，下户概予优免。他如陵户、园户、海户、庙户、幡夫、库役，琐末不可胜计。（《明史·食货志》）

3. 折色

明代商品经济的长足发展，特别是白银作为通货的普遍使用，对国家财政赋税产生了重要影响，其中之一即为"折色"。所谓"折色"就是"折收本色"。本色指的是明政府征收的米、麦、丝等实物，折色即将原本应按额征收的粮食，折合成银两、丝绢等实物。折色是随着商品经济发展逐渐出现的。国家幅员辽阔，运输成本极大，加上不少贡赋产品不适合远途运送。所以，政府将本色折成金银等通货或准通货征收，而具体实物需求往往通过市场解决。《明史·食货志》：

洪武九年，天下税粮，令民以银、钞、钱、绢代输。银一两、钱千文、钞一贯，皆折输米一石，小麦则减直十之二。棉苎一疋，折米六斗，麦七斗。麻布一疋，折米四斗，麦五斗。丝绢等各以轻重为损益，愿人粟者听。十七年，云南以金、银、贝、布、漆、丹砂、水银代秋租。于是谓米麦为本色，而诸折纳税粮者，谓之折色。越二年，又令户部侍郎杨靖会计天下仓储存粮，二年外并收折色，惟北方诸布政司需粮饷边，仍使输粟。三十年谕户部曰："行人高稹言，陕西困遭赋。其议自二十八年以前，天下遭租，咸许任土所产，折收布、绢、棉花及金、银等物，著为令。"于是户部定：钞一锭，折米一石；金一两，十石；银一两，二石；绢一疋，石有二斗；棉布一疋，一石；苎布一疋，七斗；棉花一斤，二斗。帝曰："折收遭赋，盖欲苏民困也。今赋重若此，将愈困民，岂恤之之意哉。金、银每两折米加一倍。钞止二贯五百文折一石。馀从所议。"

永乐时期，明政府征税范围进一步扩大，征收实物也更加多样化，这就给征收带来一定困难。为此，政府进一步扩大折色范围，因而也进一步扩大货币和市场的作用。《明史·食货志》：

永乐中，既得交阯，以绢，漆，苏木，翠羽，纸扇，沉、速、安息诸香代租赋。广东琼州黎人、肇庆瑶人内附，输赋比内地。天下本色税粮三千余万石，丝钞等二千余万。计是时，宇内富庶，赋入盈羡，米粟自输京师数百万石外，府县仓廪蓄积甚丰，至红腐不可食。岁歉，有司往往先发粟振贷，然后以闻。

在赋税折色的发展中，白银发挥了重要作用。明初钱钞兼行，禁官民用金银交易。"禁民间不得以金银物货交易，违者罪之。"（《明会典》）至洪武末年，明廷宝钞提举司发行的大明宝钞急剧贬值，民间交易陆续用银，官府的税赋征收也开始用银。随着折色的扩大，国家的白银储备有很大增加，但作为通货使用仍然有限。永乐年间，"虽岁贡银三十万两有奇，而民间交易用银，仍有厉禁"（《明史·食货志》）。白银流通趋于合法化。《续通典·食货》记载："英宗正统初，收赋有米麦折银之令，遂减诸纳钞者而以米银钱当钞，弛用银之禁，朝野率皆用银，其小者乃用钱，惟折官俸用钞，钞壅不行。"此后，内府库中金花银的数字最大。万历六年以后，每年又增银二十万两，除折放武官月俸外，主要用于皇帝赏赐。金花银的种类很多，各地、各时间段也存有差别，并且有五十两、二十两、十两、五两之分。在明代中后期银锭上还有谷价银、秋粮折银、粮银、仓米银、谷银等其他折粮银的称谓，都是由金花银派生出来的。可以说，"金花银"的出现，是明朝赋税货币化的开始，也是白银货币化的重要节点。

4. "一条鞭法"

明初的赋税制度的核心仍是以户等为征收标准，基本上是一种累进税制。这种制度在一定程度上体现了税负公平原则，但在具体实践中却并非如此。这是因为官僚地主和地方士绅们往往通过勾结里胥，改变田则、户等，伪造赋役文书等各种办法豁免和逃税。到明中期，洪武年间制定的黄册和鱼鳞图册早已混乱不堪，各地征收赋役的依据，并非上报中央的黄册，而是地方政府根据具体情况另行编撰的"白册"。既然不用上报中央政府，那么地方政府就不可避免地舞弊，从而造成严重的赋役不均。

明朝中期以后，土地兼并日趋激烈，皇庄、藩王田庄遍布各地，地方富豪居室也纷纷兼并土地，这就导致地产状况十分混乱，一方面农民赋税沉重，社会矛盾十分尖锐；另一方面严重影响了国家赋税收入。为了缓和社会矛盾和增加国家财政收入，明神宗起用张居正担任内阁首辅，实行了一系列旨在富国强兵的改革，其主要内容有整顿吏治、整饬边防、兴修水利、清丈土地、实行"一条鞭法"。

"一条鞭法"是嘉靖时大学士桂萼首先提出的，海瑞等在东南部分地区曾经试行。《明史·食货志》：

> 一条鞭法者，总括一州县之赋役，量地计丁，丁粮毕输于官。一岁之役，官为佥募。力差，则计其工食之费，量为增减；银差，则计其交纳之费，加以增耗。凡额办、派办、京库岁需与存留、供亿诸费，以及土贡方物，悉并为一条，皆计亩征银，折办于官，故谓之一条鞭。立法颇为简便。嘉靖间，数行数止，至万历九年乃尽行之。

"一条鞭法"是针对先前赋役制度的弊端而进行的重要改革。"一条鞭法"化繁为简，或各种赋、各种役各合一条，或赋与役合为一条。赋役的催征、收纳、解运，从原来差派人民改为由政府统筹办理。这里，将力役部分摊入田赋，减轻了无地少地农民的负担；把力役改为折银，使农民对封建国家的人身依附关系有所松弛；赋役一概征银和"雇役应付"，有助于商品经济的发展。总的来看，一条鞭法使赋役制度从此进入役并入赋时期。但由于各地做法不统一、不彻底，役并入赋的改革实由清代的摊丁入地完成。[①]

新税法实行后也的确产生了良好的效果。《明史》记载："行一条鞭法，通计

---

① 参见方行：《中国封建经济发展阶段述略》，《中国经济史研究》2000年第4期。

一省丁粮，均派一省徭役。于是均徭、里甲与两税为一，小民得无扰，而事亦易集。"（《明史·食货志》）另外，"自条鞭之法行，则夏税、秋粮、均徭、带征，确有定额。里胥无由飞洒，奸豪无从规避，简易均平"（《东阿县志·贡赋》）。因此，新税法受到民众的欢迎。

但是这种改良并没能维持多久，"然粮长、里长，名罢实存，诸役卒至，复佥农氓。一条鞭法行十余年，规制顿紊，不能尽遵也"（《明史·食货志》）。这就是说，"一条鞭法"原以征银入官、取用于官，但一条鞭法施行后，旧的摊派并没有消除，人民负担并没有减轻。所以，大体上在万历末天启初，"一条鞭法"就被废弃不用。

三、漕运

1. 三运法

蒙元时期，定都北京，而粮食产地主要在江南，漕运负担很重。元朝政府开发了海运，很大一部分漕粮和其他物资通过海运完成，而运河运输受到忽视，不少运河河段长期未得到维护。明初"太祖都金陵，四方贡赋，由江以达京师，道近而易"。（《明史·食货志》）但洪武时期北方和辽东战事未平，河运不堪重负，仍有大量运输任务通过海运完成。所以，洪武时期是河运与海运并举。洪武二十年（1387年），明军消灭了北元在东北的军队，辽东局势渐趋稳定，加上当地军民屯田的发展，能够实现一定程度上的自给，海运逐渐减少，到洪武三十年（1397年）停罢。

永乐十八年（1420年）明朝迁都北京，南粮北运的任务相当巨大。为此，朝廷重新开启了海运。但由于运输规模太大，"海运不给，于是陆运以济之，陆之为劳盖不减海之险也"（（明）黄训编：《名臣经济录》卷二十二）。户部尚书郁新建议，"用浅船载三百石者，自淮河、沙河运至陈州颍溪口跌坡下，复用浅船载二百石者运至跌坡上，别用大船运入黄河。至八柳树诸处，令河南车夫陆运入卫河，转输北京"（《明史·郁新传》）。由于这条运道在黄河与卫河之间有一段车运，故当时谓之"陆运"。当年十一月，一百五十七万余石的漕粮，首次沿这条运输线运往北京。这样，"淮、海运道凡二，而临清仓储河南、山东粟，亦以输北平，合而计之为三运。惟海运用官军，其余则皆民运云"（《明史·食货志》）。

2. 支运法

明代漕运体制随着政治经济需要而不断变革。"自成祖迁燕，道里辽远，法凡三变。初支运，次兑运、支运相参，至支运悉变为长运而制定。"（《明史·食货志》）漕运最初采用支运法。所谓"支运"，就是各地将应缴纳的粮食就近运至四仓，再由运军分段接运至通州和北京。《明史·食货志》：

> 江西、湖广、浙江民运粮至淮安仓，分遣官军就近挽运。自淮至徐以浙、

直军，自徐至德以京卫军，自德至通以山东、河南军。以次递运，岁凡四次，可三百万余石，名曰支运。支运之法，支者，不必出当年之民纳；纳者，不必供当年之军支。通数年以为衰益，期不失常额而止。由是海陆二运皆罢，惟存遮洋船，每岁于河南、山东、小滩等水次，兑粮三十万石，十二输天津，十八由直沽入海输蓟州而已。不数年，官军多所调遣，遂复民运，道远数愆期。

支运法漕运主要由运军负责，农民参与运粮则免纳当年税粮。后来，由于军队调遣，难以承担运输任务，又恢复民运。《明史·食货志》：

宣德四年，瑄及尚书黄福建议复支运法，乃令江西、湖广、浙江民运百五十万石于淮安仓，苏、松、宁、池、庐、安、广德民运粮二百七十四万石于徐州仓，应天、常、镇、淮、扬、凤、太、滁、和、徐民运粮二百二十万石于临清仓，令官军接运入京、通二仓。民粮既就近入仓，力大减省，乃量地近远，粮多寡，抽民船十一或十三、五之一以给官军。惟山东、河南、北直隶则径赴京仓，不用支运。寻令南阳、怀庆、汝宁粮运临清仓，开封、彰德、卫辉粮运德州仓，其后山东、河南皆运德州仓。

3. 兑运法

由于江南民运粮诸仓，往返需要大约一年，误农业。所以到宣德年间，政府改支运法为兑运法，"令民运至淮安、瓜洲，兑与卫所，官军运载至北，给与路费耗米，则军民两便"（《明史·食货志》）。就是说，农民可以不再参与运粮，而由官军承担，农民承担军运费用。当时规定，"每石湖广八斗，江西、浙江七斗，南直隶六斗，北直隶五斗，民有运至淮安兑与军运者止加四斗。"但由于当时官军兑运能力不足，部分"兑运不尽"的粮米，仍由民运至各仓，然后官军支运。这样就存在着"兑运、支运相参"的情况。不过，总的情况是："兑运者多，而支运者少矣。"以后，这种兑运比例有所调整，减轻了农民的负担。

然而，军与民兑米，往往恃强勒索，成为兑运法的一大弊端。到成化年间，漕运都御使滕昭又将其兑运改为长运，即"免民远运，就同本处兑军粮运赴水次，与官军领运"，并根据远近，量加耗米。就是说，由兑运的军官过江，径赴江南各州县粮食生产区交兑公粮，农民不再参与运粮，但要增纳所谓的过江费用。

时应天巡抚滕昭令运军赴江南水次交兑，加耗外，复石增米一斗为渡江费。后数年，帝乃命淮、徐、临、德四仓支运七十万石之米，悉改水次交兑。由是悉变为改兑，而官军长运遂为定制。（《明史·食货志》）

四、盐政与茶政

1. 盐政

元代起于漠北，太祖时政事简易，对食盐实行征税制。"太宗庚寅年，始行盐法，每盐一引重四百斤，其价银一十两。"（《元史·食货志》）世祖至元十三年（1276 年）既取南宋，遂复宋制，专用引法，实行民制、官收、官卖、商运、商销的就场专卖制，整个运销过程，凡卖引、批引、验引、缴引均有规定程序，立法较宋代更加严密。

明初太祖即立盐法，置局设官，令商人贩鬻，二十取一，以资军饷。洪武年间，为抵御外患，筹备边储，仿宋折中之制而行"开中法"。《明史·食货志》：

> （洪武四年）定中盐例，输米临濠、开封、陈桥、襄阳、安陆、荆州、归州、大同、太原、孟津、北平、河南府、陈州、北通州诸仓，计道里近远，自五石至一石有差。先后增减，则例不一，率视时缓急，米直高下，中纳者利否。道远地险，则减而轻之。编置勘合及底簿，发各布政司及都司、卫所。商纳粮毕，书所纳粮及应支盐数，赍赴各转运提举司照数支盐。转运诸司亦有底簿比照，勘合相符，则如数给与。

以后，各行省边境，多召商中盐以为军储。

开中法大致分为报中、守支、市易三步。报中是盐商按政府的招商榜文要求，把粮食运到指定的边地粮仓，向政府换取盐引；守支是盐商换取盐引后，凭盐引到指定的盐场守候支盐；市易是盐商把得到的盐运到指定的地区销售。开中法以场盐官收为基础，仍属民制、官收、官卖、商运、商销的就场专卖制。开中法施行后，商人为便于纳粮报中盐引，各就边地召民垦荒种粮，并建筑台保，自相保聚，谓之"盐屯"，收到节省转运、充实边饷、开发边疆之效。

盐场的盐民仍编灶籍，官发盘铁，实行团煎；盘铁之外，复有锅锨，为团煎轮次未到时一家一户煮盐之具；所煮之盐，交场官收纳入仓，以备商支，场官付给工本米粮或工本钞。商人凭引支盐，例有定场，不得越场支盐；所赴销区，亦有定岸，不得越界侵销；还有验引放盐、查引截角、销毕缴引等手续。

全国盐政归属户部；在产盐大区设都转运盐使司，掌管一区盐政；盐场设场署，谓之盐课司，掌督产收盐；一区所属盐场甚多，乃于运司之下，增设分司，作为运司的派出机构，对分辖的盐场实行就近管理；复于运盐使之上，设巡盐御史一职，由皇帝按年特遣大臣，综理一区盐政大事。

永乐以后，开中的方式随着社会经济发展由纳米中盐、纳钞中盐发展为纳银、纳铁、纳麦豆、纳茶马、纳丝绢、纳棉布中盐等 12 种，从而使盐在产品交换中充当重要媒介。开中法不仅使晋商迅速崛起，而且带动了明中后期黄河流域、长江三角洲、珠江三角洲工商业的发展。史称"有明盐法，莫善于开中"（《明史·食货志》）。

2. 茶政

明代"有官茶，有商茶，皆贮边易马。官茶间征课钞，商茶输课略如盐制"。（《明史·食货志》）官茶行于陕西汉中和四川地区，设茶马司以主其政。汉中茶叶，官征十分之一，其余全部官买；无主茶园，由军士种植，官取十分之八。官府将茶运往秦州（今甘肃天水市）、河州（今甘肃临夏市西北）、洮州（今甘肃临潭县）、西宁等地易马。四川茶叶，官征十分之一外，须定官买课额，于永宁（今四川叙永）、雅安等地设茶局，立仓收储官茶市马。额外之茶始给引许商人贩卖，是为商茶。商茶行于江南，实行开中法即所谓"中茶"。《明史·食货志》载："太祖令商人于产茶地买茶，纳钱请引。引茶百斤，输钱二百，不及引曰畸零，别置由帖给之。""后又定茶引一道，输钱千，照茶百斤；茶由一道，输钱六百，照茶六十斤。既，又令纳钞，每引由一道，纳钞一贯。""洪武末，置成都、重庆、保宁、播州茶仓四所，令商人纳米中茶。宣德中，定官茶百斤，加耗什一。中茶者，自遣人赴甘州、西宁，而支盐于淮、浙以偿费。商人恃文凭恣私贩，官课数年不完。"又据《大明会典·茶课》载：

> 上引五千斤。中引四千斤。下引三千斤。每七斤、蒸晒一篦。运至茶司。官商对分、官茶易马。商茶给卖。每上引、仍给附茶一百篦。中引、八十篦。下引、六十篦。名曰酬劳。经过地方、责令掌印官盘验。佐贰官催运。若陕之汉中、川之夔保、私茶之禁甚严。凡中茶有引由。出茶地方有税。贮放有茶仓。巡茶有御史。分理有茶马司、茶课司。验茶有批验所。

明朝政府严禁私茶贩卖，对西北、西南边境的茶叶走私防范甚严，定期派遣官员巡查关隘，捕捉私茶。对私茶出境与关隘失察，处罚甚重。《大明会典·茶课》：

> 官给茶引，付产茶府、州、县。凡商人买茶，具数赴官，纳钱给引，方许出境货卖。每引照茶一百斤。茶不及引者、谓之畸零。别置由帖付之。仍量地远近、定以程限、于经过地方执照。若茶无由引、及茶引相离者、听人告捕。其有茶引不相当、或有余茶者、并听挐问。卖茶毕、即以原给引由、赴住卖官司告缴。

还规定："凡犯私茶者，与私盐同罪。私茶出境，与关隘不讥者，并论死。"（《明史·食货志》）直到明世宗嘉靖（1522—1566 年）年间，才减私茶通蕃之罪，止于充军。到后来，"奸弊日生。洎乎末造，商人正引之外，多给赏由票，使得私行。番人上驷尽入奸商，茶司所市者乃其中下也。番得茶，叛服自由；而将吏又以私马窜番马，冒支上茶。茶法、马政、边防于是俱坏矣。"（《明史·食货志》）

五、钱钞与白银

1. 钱钞并行

明朝仿元制也发行纸币，但实行的是钱钞并行制度。《明史·食货志》：

太祖初置宝源局于应天，铸"大中通宝"钱，与历代钱兼行。以四百文为一贯，四十文为一两，四文为一钱。即位后，颁"洪武通宝"钱，其制凡五等：曰"当十"、"当五"、"当三"、"当二"、"当一"。"当十"钱重一两，余递降至重一钱止。各行省皆设宝泉局，与宝源局并铸，而严私铸之禁。

由于无法解决币材不足问题，政府不得不于洪武七年发行宝钞。发行"宝钞"之始，即严禁以金银和实物进行交易，至洪武二十七年（1394 年）进一步收缴和禁用铜钱，这样，"宝钞"就成为唯一合法流通的货币。《明史·食货志》：

七年，帝乃设宝钞提举司。明年始诏中书省造大明宝钞，命民间通行。以桑穰为料，其制方，高一尺，广六寸，质青色，外为龙文花栏。横题其额曰"大明通行宝钞"。其内上两旁，复为篆文八字，曰"大明宝钞，天下通行"。中图钱贯，十串为一贯。其下云"中书省奏准印造大明宝钞与铜钱通行使用，伪造者斩，告捕者赏银二十五两，仍给犯人财产"。若五百文则画钱文为五串，余如其制而递减之。其等凡六：曰一贯，曰五百文、四百文、三百文、二百文、一百文。每钞一贯，准钱千文，银一两；四贯准黄金一两。禁民间不得以金银物货交易，违者罪之；以金银易钞者听。遂罢宝源、宝泉局。越二年，复设宝泉局，铸小钱与钞兼行，百文以下止用钱。商税兼收钱钞，钱三钞七。十三年，以钞用久昏烂，立倒钞法，令所在置行用库，许军民商贾以昏钞纳库易新钞，量收工墨直。会中书省废，乃以造钞属户部，铸钱属工部，而改宝钞文"中书省"为"户部"，与旧钞兼行。十六年，置户部宝钞广源库、广惠库；入则广源掌之，出则广惠掌之。在外卫所军士，月盐皆给钞，各盐场给工本钞。十八年，天下有司官禄米皆给钞，二贯五百文准米一石。

宝钞发行之初，明朝政府就规定，百姓可用金银兑换宝钞，金 1 两兑钞 4 贯，银 1 两兑钞 1 贯，但宝钞不许兑换金银。而随着政府财政支出的大量增加，宝钞大规模流向市场，从而导致宝钞贬值。洪武二十三年十月，户部尚书赵勉报告："近闻两浙市民有以钞一贯折钱二百五十文者。"（《明实录·太祖实录》）但太祖仍坚持宝钞初发行时原定官价，即"凡钞一贯准钱一千"。但在实际流通中，老百姓重钱轻钞，多行折使，至有以钱百六十文折钞一贯者。

为了推行宝钞，明朝政府很少铸钱。永乐六年（1408 年）开铸永乐通宝，永乐九年由浙、赣、粤、闽铸造，皆小平钱、光背，制作精致，版别少。宣德八年（1433 年）铸造宣德通宝（小平），以后数十年不铸铜钱。正统十三年（1448 年）政府进一步禁止使用铜钱。这样，宝钞就成了唯一的法定货币。不过这个时期较短，到天顺年间（1457—1464 年）政府又开放了钱禁。这一时期，原则上银、钱、钞都是法定货币。但事实上，由于宝钞持续贬值，加上民间铜钱私铸盛行，市场上人们越来越多地使用白银交易，弘治以后纸币和铜钱均不大流通。到弘治十六年（1503 年）政府又恢复鼓铸铜钱，铸造了弘治通宝。以后又多有鼓铸，如嘉靖六年（1527 年）铸造嘉靖通宝，嘉靖二十二年铸造该通宝折二、折三、折五、当十共四种，隆庆四年铸造隆庆通宝，万历四年（1570 年），铸造万历通宝。万历年间宝钞停用，但支付增加，故铜钱制造量也随之增加，民间私铸也增加了。

2. 白银本位

明初政府为了实行宝钞政策，禁民间用银。但宝钞发行过滥导致大幅贬值，而铜制钱也受到币材不足的限制，所以，尽管政府反复颁布禁银令，但在民间仍大量使用白银，白银逐渐成了民间交易的主要通货。永乐九年（1411 年），金银铜钱曾一度准许同时使用，洪熙元年（1425 年）禁金银交易但并未产生社会效果。

到明代中期以后，白银逐渐成为主要通货。《明史·食货志》："英宗即位，收赋有米麦折银之令，遂减诸纳钞者，而以米银钱当钞，驰用银之禁。朝野率皆用银。"当年（1435 年），"南畿、浙江、江西、湖广、福建、广东、广西米麦共四百余万石，折银百万余两，入内承运库，谓之金花银。其后概行于天下。自起运兑军外，粮四石收银一两解京，以为永例。"这是官方首次认可白银作为货币使用。正德元年（1506 年），官方又正式承认"银差"，允许部分徭役折征银两，官俸十分之九支付白银，十分之一付铜钱。嘉靖四年（1525 年），"令宣课分司收耗，钞一贯折银三厘，钱七文折银一分。是时钞久不行，钱亦大塑，益专用银矣"。至此，农商税收都已基本征银。

由于制钱简滥，加上私铸严重，钱钞混乱，铜钱丧失了价值尺度职能。至嘉靖四十三年（1564 年）政府停止大规模鼓铸。自后凡国家赋税收之于民者几乎全部用银，官给予民者银钱兼用。税课三两以下小额收钱，余则用银。这样，铜钱正式降为白银的辅助货币，铜钱也是用白银比价。万历九年（1581年），张居正进行财政税收制度改革，全面推行"一条鞭法"，一切赋税徭役，土贡方物，"悉并为一条，皆计亩征银，折办于官"。（《续通典·食货九》）"一条鞭法"的全面实行，表明中央政府正式承认白银的本位货币地位。

当时国内市场上流通的白银主要是银锭即元宝，一般以50两为主，最大的可达500两，还有各种小锭。除了元宝外，金银还被用来铸造器物及钱币等。明代还铸有银牌，分五钱和一两两种。由于金银成为流通货币，明代大官僚地主大量存藏金银。刘瑾藏金一千二百万两，藏银二万五千余万两；严嵩藏金三万余两，藏银二百余万两。由于与西方的贸易扩大，银圆开始流入中国。最早流入中国的是西班牙银圆，而流入最多的是墨西哥银圆。据估计，隆庆（1567—1572年）以来，墨洋每年流入达数十万至一二百万元之巨，从此墨洋也一度成为中国的流通货币。

六、商税与关市

1. 商税

明初，太祖为恢复社会经济，曾对商业采取低税政策，规定："凡商税三十而取一，过者以违令论。"（《明史·食货志》）成祖永乐元年（1402年），"凡军民之家，嫁娶丧祭、时节送礼物，染练自织布帛及买已税之物，或船只车辆载运自己货物，并农用之器、各处小民挑担蔬菜、各处溪河小民货卖杂鱼、民间家园池塘采用杂果非兴贩者，及民间常用竹木蒲草器物并常用杂物、铜锡器物、日用食物，俱免税"（《续文献通考·关市》）。永乐十年，令各处巡按御史及按察司官、体察闸办课程。"凡有以该税钞数倍增收、及将琐碎之物一概勒税者、治以重罪。"（《大明会典·商税》）政府的三令五申迫使税务官有所收敛，不敢乱征、苛征，从而保障了商税的简明额轻。

经过明初的恢复和发展，仁宣以后，城镇商业贸易繁荣，商品长途贩运活跃。丰厚的商业利润使政府意识到榷商以资国用的必要和可能。从仁宗洪熙元年开始，市肆门摊税、钞关税相继开征，此后，英宗正统九年征门税，成化、弘治年间正式确定京城九门税目，嘉靖末期又增加竹木抽分和过坝税。尽管这一阶段税目增加了五项，但尚能保持税目清楚，较少税外苛征。但明中叶以后，朝廷纲纪败弛，加之国用激增，国库空虚，政府不断开设税种，各种商税多如牛毛。到万历时期，从朝廷到地方官府，乃至皇亲国戚、达官显贵都可借名目向商人征税，如天津店租、广州珠榷、门摊商税、油布杂税等。当时，商船进京，除原有的船料钞外，还要征收正、条两税，共计三项。更为恶劣的是，万历二十六年以后，神宗向全国各地派出矿监、税使，他们或征市舶，或征店税，或专领税务，在全国各地水陆交通要道私自树旗建厂，攘夺商贾的资产，甚至还对乡村小贩小商征税，穷乡僻壤，米盐鸡泵，都要征税，出现了所谓"无物不税，无处不税，无人不税"的混乱状况。到崇祯时期，内忧外患并起，国家财政枯竭，关税每两增一钱。崇祯二年，又每两增至二钱，商税正额由三十税一变为十税一，"商民益困矣"。

2. 市舶制度

市舶制度在宋代即已十分完善，市舶司的职能是"掌番货、海舶征榷贸易之事，以来远人，通远物"。但明朝的市舶制度与宋代有所不同，主要是"掌海外诸蕃朝贡市易之事，辨其使人表文勘合之真伪，禁通番，征私货，平交易，闲其出入而慎馆谷之"（《明史·职官志》）。这种变化表明宋明两朝国势不同，对海外政策的认识也不同。

1364年，明太祖在太仓黄渡设立市舶司，俗称"六国码头"，其主要目的不是收税，而是管理朝贡，"通夷情，抑奸商"。至洪武七年（1374年）九月，"罢太仓黄渡市舶司，凡番舶至太仓者，令军卫有司同封籍其数，送赴京师"（《明实录·太祖实录》）。随着朝贡贸易制全面实行，前来朝贡的国家增多了，朝贡船舶已不可能全部集中于太仓一港。于是，明政府不得不沿袭前代的做法，在朝贡船舶经常出入的宁波、泉州、广州三地设置市舶司，以宁波通日本，泉州通琉球，广州通占城、暹罗、西洋诸国。《明史·食货志》：

> 海外诸国入贡，许附载方物与中国贸易。因设市舶司，置提举官以领之，所以通夷情，抑奸商，俾法禁有所施，因以消其衅隙也。洪武初，设于太仓黄渡，寻罢。复设于宁波、泉州、广州。宁波通日本，泉州通琉球，广州通占城、暹罗、西洋诸国。琉球、占城诸国皆恭顺，任其时至入贡。惟日本叛服不常，故独限其期为十年，人数为二百，舟为二艘，以金叶勘合表文为验，以防诈伪侵轶。后市舶司暂罢，辄复严禁濒海居民及守备将卒私通海外诸国。

明成祖即位后，一方面坚持海禁政策，另一方面大力发展朝贡贸易。为了加强对附带货物前来交易的朝贡使者的管理，永乐元年（1403年）八月命令吏部按照洪武初制，在浙江、福建、广东复设市舶司。永乐初，西洋剌泥国回回哈只马哈没奇等来朝，附载胡椒与民互市，有司请征其税。成祖说："商税者，国家抑逐末之民，岂以为利。今夷人慕义远来，乃侵其利，所得几何，而亏辱大体多矣。"（《明史·食货志》）永乐三年，"以诸番贡使益多，乃置驿于福建、浙江、广东三市舶司以馆之。福建曰来远，浙江曰安远，广东曰怀远。寻设交趾云屯市舶提举司，接西南诸国朝贡者"（《明史·食货志》）。这次重新设置市舶司，明确规定其职责是管理朝贡贸易，接待朝贡使者。这表明市舶司的职能从原来管理市舶转变为管理贡舶。永乐六年正月，明成祖又在云南和交趾分别设立市舶司，以接待西南诸国贡使，十月再增设新平、顺化两市舶司。

嘉靖时期，日本处于混乱状态，各诸侯国争相来明朝入贡，而明朝管理市舶的太监索贿，导致日本朝贡商人劫掠中国沿海。为此，明朝遂中断市舶贸易。中止市舶贸易的目的是禁止外商朝贡，以求获得沿海地区的安宁。但"市舶既罢，日本海贾往来自如，海上奸豪与之交通，法禁无所施，转为寇贼"（《明史·食货志》）。这就迫使明朝实行严格的海禁，并进行了一个较长时期的抗倭战争。以后，明廷多次议复市舶司之复设，并开市贸易和征税，但终究没有结果。隆庆元年（1567年），明廷宣布解除海禁，允许民间私人远赴东洋日本、西洋各国贸易。

3. 茶马互市

明朝推翻蒙元，蒙古退回草原，但在和平时期双方保持着互市贸易，其中最主要的互市就是茶马互市。不过，明朝与蒙古的互市，自始至终都以双方关系而转移。在这种互市贸易中，明朝始终处于主动地位，对互市的或关或闭，也成为对付蒙古各部的政策武器。茶马互市也包括明朝对西南各民族的互市，大致的情况也如北方与蒙古各部的互市。由于明朝地大物博，物品多样，互市对于明朝来说是拾遗补阙，而对于边疆各民族来说则是生活必需，但他们对茶叶的需求却经常受到明廷的限制。

明朝政府制定了更加完备的茶马市易制度，并设置茶马司管理互市。但互市常开常闭，既反映双方互市的需求，也反映明朝与边疆各部关系的反复变化。洪武中，置洮州、秦州、河州三茶马司，后来还一度置四川永宁茶马司、雅州碉门茶马司，以及广西庆远裕民司等。（《明史·职官志》）永乐间，设马市三：一在开原南关，以待海西；一在开原城东五里；一在广宁，皆以待朵颜三卫。（《明史·食货志》）正统三年（1438年），设大同马市，巡抚卢睿请令军民平价市驼马。十四年，都御史沈固请支山西行都司库银市马。当时也先贡马互市，中官王振裁其马价，也先大举入寇，遂致土木之变。

明初，互市规模不大，互市的茶叶主要是来自汉中和四川的官茶，其他各地的商茶不允许进入互市。后来互市规模扩大，自弘治三年（1490年）后，朝廷将主要面向内地市场的部分商茶也投入边贸互市。正德年间（1506—1521年）又将湖南、湖北茶叶大批量地输进互市。这样，晋陕商人和湖广商人纷纷投入茶马互市，将所运茶叶的40%归官，用于购马，其余60%归己，自由销售，使西北边地的互市进一步扩大。

围绕互市，明朝政府与蒙古各部的合作与冲突时断时续，互市的利益刺激双方合作开市，而互市中的矛盾也常常引起矛盾和冲突，甚至爆发战争。嘉靖三十年，嘉靖帝诏于宣府、大同开马市，蒙古俺答汗所部旋入劫掠。但诸部受马市利益刺激，尽管不敢大举进行贸易，而小规模交易仍在进行。隆庆四年，俺答孙把汉那吉来降，"于是封贡互市之议起。而宣、大互市复开，边境稍静"（《明史·食货志》）。

第五节 食货之民生

一、农业与农村

1. 农业技术

明初，凭借安定的社会环境和政府农业政策的推动，农业恢复得很快。生产技术方面并没有多少创新和改进，仍然是犁、锄、镰、锹等传统工具，沿袭着古老的类型。大抵自宪宗成化以后，农业技术和经营方式的落后状况才逐渐改变，嘉靖以后才日益呈现出明显的进步，如深耕犁的出现、代耕架的发明、漏锄的创造以及风力水车、风力筒车的发明等。这些农具的改进和推广使用，促进了耕作制度、耕作技术及田间管理方面的改进，使精耕细作农业进一步深化和发展。

自明朝中期起，高产作物番薯和玉米自海外传入中国，对中国农业发展具有重要意义。番薯传入中国大概是在明万历十一年至十二年（1583—1584年），由海上传到晋江，第二年在泉州推广种植。甘薯传入中国以后，人们很快就发明了甘薯的无性繁殖技术，解决了甘薯藏种越冬的问题，还出现了多种的育苗和扦插方式，使甘薯栽培很快就趋于成熟并得到广泛传播。为了推广甘薯，徐光启编写了《甘薯疏》，相关著作还有陈世元的《金薯传习录》和陆耀的《甘薯》等。玉米最迟到16世纪中期传入中国，最早记载玉米的文献是杭州人田艺蘅的《留青日札》："御麦出于西番，旧名番麦，以其曾经进御，故名御麦"。番薯和玉米不仅单位亩产量大，而且适应性强，旱地、山地等处皆可种植，因此得到广泛传播，在一定程度上缓解了人口增长对土地造成的压力。另外，明代传入中国的作物还有烟草和花生等，这些经济作物的引进和推广种植，进一步丰富了农产品结构。

明代中国传统农业的耕作栽培技术又得到进一步的发展和完善。耿荫楼在《国脉民天》中提出"亲田法"。这种方法就是在大块土地选出小块土地进行较为密集的人力物力投入，以获得较高的产量，以后逐年轮换。这种方法综合了区田法和代田法的某些特点，既提高了产量也可以起到改良土壤的作用。江南地区则发展了堤塘耕作法："堤之功，莫利于下乡之田。……明农者因势利导，大者堤，小者塘，界以埂，分为膛，久之皆成沃壤。今吴江人往往如此法，力耕以致富厚。余目所经见，二十里内有起白手致万金者两家。"（朱国祯：《涌幢小品·堤利》）棉花的栽培管理技术也日臻完善，如著名的"张五典种棉法"，对棉花的制种、栽种气温、土壤选择、根株行距、田间管理、定苗锄耘、打叶掐尖等生产技术都有科学的规定。（《农政全书·木棉》）

农业技术进步带来生产率的提高，这就促使农业突破单一的生产经营方式，开展多种经营，进一步提高农业生产效益。这种进步在江南地区比较突出。这是因为江南地区自然禀赋多样，无霜期较长，加上前几代人的经营，使多种经营的效益越来越显著。农业多种经营可以分为两种模式：一种是分工基础上的农户专业化经营，一种是田庄发挥规模优势的多种经营。前者主要是各种经济作物的发展，如棉、麻、桑、蓝靛、茶树、甘蔗、蔬菜、果木、花卉等品种的种植日益广泛。很多农民在种植经济作物时还往往进行一些初级加工，或兼营相关副业，既可以获取更多的收入，也用以补粮食生产之不足。所以，尽管三吴地区赋税苛重，然而"间阎不困"，就是因为当地人"射利无微不析，真所谓弥天之网，竞野之罘，兽尽于山，鱼穷于泽者矣"（谢肇淛：《五杂俎·地部一》）。

2. 地主与农民

经历元末农民战争后，明初的土地占有状况得到一定改善，自耕农有所增加，小农经济一度得到发展。但是到仁宣时期就出现土地兼并趋势，特别是皇室成员和勋爵贵族大肆掠夺农民土地建立田庄，进一步带动了土地兼并。在他们的带动下，官僚和乡官（退休官僚）以及有功名的士绅，都利用各自的特权和影响力，利用各种手段巧取豪夺，兼并大量土地。这样，到明代中叶就形成一个缙绅地主阶级。另外还有那些人数更多的生员，他们也利用自己的有利条件买进土地，一般来说会获得价格上的"优惠"。与此同时，庶民地主也不断地壮大起来。尽管他们没有任何特权以取得市场上的有利条件，但通过精明的头脑和精心的经营，在有利的时机也可能通过购买土地而扩大自己的地产规模。

缙绅地主买进土地扩大地产，尽管可能利用特权甚至采取巧取豪夺的手段，但终究还是要通过土地市场。明代土地市场更加开放，土地买卖更加自由，"田宅无分界，人人得以自买自卖"（《海忠介公全集·使毕战问井地》）。黄册制度弛废后，朝廷对农民只好"任他自贫自富，自有自无，惟知有田则有租，有身则有庸而已"。因此，"田连仟陌由他，无置锥之地亦由他"（（明）蔡清：《虚斋集·寄李宗一书》）。于是，土地交易频仍，田地来去无常，家业兴亡不定。通过土地买卖，地主和农民都会发生分化，特别是到明朝后期，地产变化加剧，越来越多的自耕农贫困破产，不得不出卖自己的土地，成为地主土地上的佃户，或者为人佣工，或者加入流民队伍。

土地集中的另一个方面是土地的零碎化。这种趋势与土地集中趋势并不矛盾。

到明末,一方面极少数大地主通过土地兼并集中了大量地产,另一方面广大中小地主和农民频繁地买进或卖出土地,导致地产零碎化。这种地产变化最终产生一种均衡的结果,即除极少数贵族地主占据特大型地产外,大部分存在的还是中小地产。明末钱士升上疏说:"就江南论之,富家数亩以对,百计者什六七;千计者什三四;万计者千百中一二耳。"江浙是大地产比较发达的地区,如浙江会稽"富人往往累千至百十〔亩〕"。北方地区大地产不够发达,地产分散,中小地主和小农户仍占据统治地位。不过到了明后期,土地兼并加剧,大量的自耕农转化为佃农,所以租佃制度也发达起来。

不论是缙绅地主还是一般的中小地主,最普遍的经营方式还是租佃。宋代消除了良贱制度,佃农的地位有很大提高,但是元代佃农的地位有所下降。明初,太祖朱元璋在"乡饮酒"的仪礼中规定佃户向田主行"以幼事长之礼",意在提高佃农地位。明后期,佃农在承佃、退佃、迁徙等方面有了较多的自由。一条鞭法规定徭役征银,力差改为以银代役,徭役银亦由地亩承担,佃户的负担有所减轻。《沈氏农书》说,田主之家"要宽恤佃户,不敢退佃",说明到明末佃户的地位进一步提升了。随着佃农地位的提高,明代永佃制在少部分地区流行起来。永佃制即佃农享有耕作权,在履行租佃义务的前提下,地主不能随意夺佃。

明朝后期农业领域出现经营地主。他们拥有土地,但并不采取租佃方式经营,而是亲自组织经营,不仅亲自参与生产过程,而且改良土壤,兴修水利,进行集约式投入,进行细致的经济核算,以提高生产效率。他们一般不是从事单一的粮食生产,而是面向市场进行多种经营,不仅种植经济作物,而且从事副、牧、渔业生产和经营。另外,他们虽然不出租土地,却要雇用农工,并亲自组织生产经营。为了调动农工的生产积极性,雇主还必须注意改善待遇,制定合理的薪酬,"饱其饮食,然后责其工程,彼既无词谢我,我亦有颜诘之"(张履祥:《补农书》卷上)。《庞氏家训》说:"雇工人及僮仆,除狡滑玩惰斥退外,其余堪用者,必须时其饮食,察其饥寒,均其劳逸。……其有忠勤可托者,尤宜特加周恤。"这类经营地主的经营方式可能取得明显的效益。

3. 农业与雇工

明朝中后期,由于商品经济发展,人身依附关系松弛,特别是土地兼并促进了土地流转,无地少地农民增加,有的不得不成为各种类型的农民工。另外,农业生产过程中,不同生产种类和不同季节,都有雇佣农工的需要,不仅经营地主需要雇佣农工,即使自耕农和佃农也都有一时之需。所以,雇工市场就发展起来。不仅在江南地区,在北方以至四川的一些地方志书中,也常有关于农村雇工的记载。雇工的形式也可谓多样,出现了长工、短工、忙工、伴工等名称。

由于雇工现象增多,雇佣纠纷也增多起来。为此,政府不得不建立规范,确定雇工的身份地位。当时的雇工地位并不高，与佃户、奴仆等同属一类，都类似"贱民"。但雇工与奴仆仍有所不同。万历十六年（1588 年）规定："奴婢，官民之家，凡倩工作之人，立有文券、议有年限者，以雇工论；只是短雇，受值不多者，以凡人论。其财买义男，恩养年久、配有室家者，同子孙论；恩养未久、不曾配合者，士庶家以雇工论，缙绅家以奴婢论。"（《明实录·神宗实录》）这种法律上的二元定位是非常智慧的。

二、工场与制造

1. 轮班匠制

明代仍然延续元代的匠籍制，即工匠必须到官营工场服役，并且世代不得脱籍，即凡入匠籍的工匠子孙必须世代承袭，不得脱籍改行。不过，除少量为在京住坐匠外，大部分工匠都无须始终在官营工场服役，只要依规定每隔几年轮班到京城服役一次即可，称为轮班匠。洪武十九年（1386 年）四月，朝廷颁令："量地远近以为班次，且置籍为勘合付之〔工匠〕，至期赍至工部听拨，免其家他役"（《明实录·太祖实录》卷一七七）。根据规定，全国各地被划入匠籍的工匠分为若干班，轮流到京师服役，每次服役时间定为三个月。这一制度变革，大大便利了工匠。洪武二十六年（1393 年）对轮班制进行了改革，打破三年一班的硬性规定，而按各部门实际需要定为五年一班、四年一班、三年一班、二年一班、一年一班五种轮班法。根据《明会典》记载，洪武二十六年（1393 年）发给勘合的轮班工匠共有 62个行业 232089 名。（《明会典·工匠二》）新的制度"使赴工者各就其役而无费日，罢工者得安家居而无费业"（《明实录·太祖实录》）。景泰五年（1454 年）后，全国班匠划一为四年一班。[①]

到明中期以后，官营工业逐渐衰落，私营工业成为工业发展的主流。官营工场衰落的原因主要是管理不善，官员舞弊，工匠没有积极性。另外，民营工业在市场需求的刺激之下不断发展，不论在规模上还是在技术上，都有一个较大的发展。为此，政府对匠籍制度进一步改革，在部分手工业部门实行以银代役。成化二十一年（1485 年），工部奏准："轮班工匠有愿出银者每名每月南匠出银九钱，免赴京，所司类勘合，赴部批工；北匠出银六钱，到部随即批放，不愿者依旧当班。"（《明会典·工匠》）随着商品货币关系的发展，特别是白银成为通用货币以后，到嘉靖四十一年（1562 年），政府决定一律以银代役。这年工部题准："行各司府：自本年春季为始，将该年班匠通行征价类解，不许私自赴部投当。仍备将各司府人匠总数

---

① 参见陈诗启：《明代的工匠制度》，载陈诗启：《从明代官手工业到中国近代海关史研究》，厦门大学出版社 2004 年版。

查出：某州县额设若干名，以旧规四年一班，每班征银一两八钱，分为四年，每名每年征银四钱五分。"（《明会典·工匠》）轮班制从此废除。这样，工匠可以纳银代役，身份趋于自由。被解放出来的工匠，可以加入民间工场，或自立门户，成为独立的手工业者。

2. 民营工场

明代在官营手工业衰落的同时，民营手工业有了迅速发展。尤其是苏杭的丝绸业、广东佛山的冶铁和铁器铸造业、江西景德镇的制瓷业以及其他地方的棉纺织业，无论在生产技术还是生产规模上，都有了相当大的发展。明朝后期，在若干手工业部门中出现了使用雇工生产的较大规模工场。苏州织绢为生的"机户"多达数万家，其中大部分是家庭手工业，但已经出现较大规模的工场。部分机户由于经营比较成功，通过增加机器和雇用机工，不断扩大生产规模，成为工场场主。有的工场已经达到拥有织机数十张、雇佣工人数十上百名的规模。工场中的"织工"基本没有自己的生产资料，完全以出卖劳动力为生。史载："吴民生齿最烦，恒产绝少，家杼轴而户纂组，机户出资，织工出力，相依为命"，这些织工完全靠出卖手艺为生，因而完全依赖于机户，"得业则生，失业则死"（缪荃孙：《江苏省通志稿大事志》卷三七《明万历》）。总的来看，他们基本上都是"自食其力之良民"，是"利其雇募"而来的自由劳动者。明后期南方一些地区的榨油、制瓷、矿冶、造纸等行业中均有较大规模的手工工场出现。

3. 部门状况

（1）棉纺织业

明代中叶，松江府的土地大半种植棉花。到万历时，棉花大面积种植在山东、河南地区，而且北方棉花已经向南方倾销。南北棉花产量的激增，直接促使棉纺业的发展。明代的棉纺业工具有明显的改进。如元代以来的"三繀"纺车，到明末已经逐步改进为"四繀"乃至"五繀"纺车，有的地方还使用水转大纺车，从而大大提高了纺纱功效。（《农政全书》卷三十五）松江府各乡镇"俗务纺织，他技不多"，几乎家家户户都投入棉纺织生产中。正德年间，"乡村纺织，尤尚精敏，农暇之时，所出布匹，日以万计。以织助耕，女红有力焉"，"里媪晨抱纱入市，易木棉以归；明旦复抱纱以出"。（正德《松江府志》卷四《风俗》）从事棉纺织的不仅是妇女，部分男子也将纺织作为主业。不仅农村，城里也从事棉纺织生产，并将棉纺织作为主业。棉布很受消费者欢迎，有十分广阔的市场。如松江府上海县生产的"标布"，销路甚好，"富商巨贾操重资而来市者，白银动以数万计，多或数十万两，少亦以万计"（（清）叶梦珠：《阅世编·食货》）。苏州的木棉布、浙江嘉善县棉纱，质量好，产量大，有"买不尽松江布，收不尽魏塘纱"（《浙江通志·物产》）之谣。松江棉纺织业的发展，使松江经济进入历史上最繁荣的时期。

松江成为中央政府财政收入的主要来源地。

（2）丝织业

明代丝织业生产技术不断提高，从养蚕、缫丝到纺织及纺机工具，都有新的改进。从养蚕看，人们在蚕种的选择、蚕病的防治、桑叶的培植、育蚕的工艺等方面都有进步。从缫丝看，缫车比元代更精良和完善，已出现"一人执，二人专打丝头，二人主缫"的大缫车。丝织技术有很大的进步。比较常见的织机是一种"腰机"，只需一人操作，专织平面的丝织品，技艺高的机工也可以织出精品。《天工开物》记载一种称为"花机"的提花织机，工匠可以用"花本"上机，"梭过之后，居然花现"（《天工开物》卷二）。这种"花机"由两人共同操作，提花小厮坐在花楼上提花，织工门楼下织丝，两人配合可织出各种花纹的上等丝织品。万历时，江南濮院镇机户沈大德采用一种"纱绸机"，专用于织纱绸。当时织机的专业化程度提高，织各种丝织品大都有专用织机。这些织机多为专业制作，并且在专业市场上出售。随着棉纺业的发展，染坊和踹坊也兴盛起来，芜湖是南方棉布染织业的中心。染坊专业染布，踹坊专业用大元宝石压平布匹。从事两业的工人甚多，产品销行南北各地。

（3）造纸和印刷

明代造纸业十分发达，遍布福建、江西、浙江、河南、四川等省。万历时，江西铅山县的石塘镇有"纸厂槽户不下三十余槽，各槽帮工不下一二千人"（康熙《上饶县志》卷十）。纸张的品种繁多，有用竹为原料的"竹纸"，有用竹麻及秸秆制成的"火纸""糙纸"，有用细竹料制成的"柬纸"，也有用白矾水浸过、染上红色即成为喜庆用的"吉柬"，用楮皮竹麻为原料制成的"皮纸"或"棉纸"等。蒸煮纸浆多用石灰，提高了纸浆的质量。福建等地的纸坊，多用水碓来破碎原料，大大提高了功效。

纸张生产在产量和质量上的显著发展，为印刷业提供了条件。明代印刷技术的创新是铜、铅活字印刷，彩色套印和饾板、拱花等工艺。弘治年间（1488—1505年），无锡华氏会通馆、兰雪堂和嘉靖年间无锡安氏桂坡馆等，都应用铜活字排印各类书籍。常州、苏州、南京也都有铜活字印刷业。另外，万历年间流行木活字印书，如《太平御览》《太平广记》等大部头书籍都是木活字印本。崇祯年间又用木活字印行《邸报》，可能是中国活字版报纸的源头。明代印刷术另一大发展是套印术的应用，以及饾板、拱花等工艺。明代中后期，私人刻书业越加繁荣，到万历时期发展到顶峰。明末的印书作坊，规模相当大。到天启、崇祯时，常熟虞山富翁毛子晋开办很大的印书作坊，专营出版古籍。

（4）制瓷业

明代制瓷业十分发达，生产规模日益扩大，产品的数量和质量都有明显的提高。明代制瓷业工艺上的创造是用陶车磃刀代替以前的竹刀磃坯，吹釉代替了以前的蘸釉。此前的瓷器大多为单色釉，此时大量制出青花、釉里红及三彩、五彩等多彩瓷器。瓷器的种类增加，除普通用品如碗、盘、碟、钟、瓯、盏、盒、杯等之外，还有酒海、炉、瓶、半边葫芦瓶、罐、坛、花缸、渣斗、醋注、烛台、花尊、笔筒、笔架、凉墩、扇匣等。江西的景德镇一直是重要的制瓷业中心，有上万家的制瓷工匠和作坊，拥有多年积累和不断发展的制瓷技术，到明代可以说发展到鼎盛阶段。宋应星说："合并数郡，不及江西饶郡产"。除景德镇外，浙江处州、福建德化、河南禹州、北直隶曲阳、南直隶宜兴等地的制瓷业也很发达，生产各具特色的瓷器。陶瓷工场分为官窑和民窑。各地的官窑大都资本雄厚，巧匠众多，生产供皇家御用或祭坛陈列的瓷器。官窑的生产一般都是不计成本的，产品精益求精，大多是高档的艺术品，其瓷釉用色或形制禁民间使用。民窑主要生产商品瓷器，大多是民间实用的生活用瓷器，产量甚大，行销国内外。民窑发展非常快，容量也比官窑大得多，以青窑为例子，官窑每座烧盘，碟样器二百多件，尺碗三十多件，大覃十六七件，小酒杯五六百件，而民间青窑每座可烧器皿千余件。部分民窑也能生产出精美的瓷器，如崔公窑的主人崔国懋，善制仿宣德、成化制品，谓之"崔公窑瓷"。

（5）矿冶业

明初实行矿禁政策，限制民间开采各类矿藏，特别是金银和铜等贵金属矿。但事实上所执行并不严格，偷采情况非常严重，地方官由于得到好处往往听之任之。但是到宣德年间，矿禁政策有所改变，除金银矿仍实行矿禁外，其他矿开放民采。宣德十年（1435 年）诏："各处山场、园林、湖池、坑冶及花果树木等件，原系民业，曾经官府采取，见有人看守及禁约者，自今听民采取，不许禁约，其看守内外官员人等，各回原职役。"由于白银日益成为流通中的重要货币，国家为了垄断币材而禁止民间开采金银矿，但民间盗采的情况遍及全国。他们有的是在深山偷挖，有的则凭借势力占领官家的矿场，有的更建立武装公然和官府对抗。铜和铅都属币材，因而国家实行矿禁，只允许官采，但事实上很早就有民营出现。比较普遍发展的是采煤业。明代的煤已广泛应用于普通居民的日常生产和生活，成为一种重要燃料。煤矿基本为商民自采，国家征税。洪武二十六年（1393 年）规定对民煤十分取二，永乐十三年（1415 年）改定为三十分取一，其税远低于金属矿。各地开采的煤矿有南直隶和州的含山县牛头山煤矿、北直隶顺天府昌平州白羊口煤矿、京师的西山煤矿、山西太原府平定州煤矿。

炼钢冶铁业有长足的进步。山西冶铁业发达，明初山西铁课官定额为一百一十四万六千九百十七斤。（《明会典》卷一九四）天顺五年（1461 年），官营铁厂有著名的遵化铁厂，规模很大，有烧炭人匠七十一户，该木炭一十四万三千七十斤，淘沙人匠六十三户，该铁沙四百四十七石三斗，铸铁等匠六十户，附近州县人夫六百八十三名，每年十月上工至次年四月放工，每年该运京铁三十万斤，遵化三卫一所一县十万斤，蓟州三卫一州七万，斤三河二卫二县六万斤，通州四卫一州七万斤。（《明会典》卷一百五十七）不过官营铁厂一般经营不善，民营冶铁反倒发展很快。福建蒲城大户"招集四方无赖之徒，来彼间冶铁，每一炉多至五、七百人"（《皇明经世文编》卷九十五）。福建所产"建铁"，质量优良，可以用来制造火炮、鸟枪等。广东南海县的佛山镇，景泰时已发展为冶铁集中地。

三、商业与外贸

1. 市场兴起

在宋元两朝发展基础上，明代商业达到了一个较高的发展水平。元末战争使社会经济遭到严重破坏，明初的首要任务是恢复农业和人民的基本生活。所以，明太祖采取重农抑商政策，对农业采取轻徭薄赋政策，对商业则采取了一定程度的抑制措施。但是由于宋元时期商业已经发展到一定水平，所以很快就得到恢复并转向发展。

随着商品经济的发展，人们的价值观发生了潜移默化的变化，社会各阶层对商人的看法也在发生转变。大学士丘濬说："今天下之人不为商者寡矣。士之读书将以商禄，农之力作将以商食，而工而隶而释氏而老子之徒，孰非商乎吾见天下之人，不商其身，而商其志者，比比而然。"（《丘文庄公集》卷三）在这里，他把社会各界的行为比作商人，虽不商其身而已商其志，表明经商已成社会风气，商人的经营和牟利行为自然名正言顺。嘉靖时归有光说："古者四民异业，至于后世而士与农商常相混。""虽士大夫之家，皆以畜贾游于四方，倚顿之盐，乌倮之畜，竹木之饶，珠玑犀象瑇瑁果布之珍，下至卖浆贩脂之业，天下都会所在，连屋列肆，乘坚策肥，被绮縠，拥赵女，鸣琴跕屣。"（《归先生文集·白庵程翁八十寿序》）张居正充分肯定商业的作用，并提出"欲物力不屈，则莫若省征发以厚农而资商，欲民用不困，则莫若轻关市以厚商而利农"（《皇明文征·赠水部周汉浦榷竣还朝序》）。因此，明朝大部分时期都是重商的，采取的政策基本上都是有利于商业发展的。当然，明朝的重商政策也包括对商税的高度重视和不同时期的征敛。

永乐帝迁都北京并将南京作为留都，促进了南北沟通和统一市场的形成。永乐九年（1411年），工部尚书宋礼、侍郎金纯等主持重浚会通河，永乐十三年由平江伯陈瑄等主持开凿淮安附近的清江浦，从此漕船直达通州，实现了南北方物资大流通。在漕粮官物通过运河转输的同时，数量更为可观的民间商品也经由运河南北贩运。同时，政府特别注意北部及边防路线的道路修建，北边与内地的交通贯通便捷，由肃州通向西域的道路也通行无阻。交通条件大为改观，为大规模商品流通创造了条件。宣德年间，随着社会经济的恢复和发展，大量剩余农产品尤其是经济作物产品和手工业产品进入流通领域，刺激了市场的迅速发展，促使明朝商业发生重要的转变。所以，到明中叶以后，商业活动更加频繁，各地市场繁荣并日臻成熟。宋应星《天工开物》中说："滇南车马，纵贯辽阳，岭徼宦商，衡游蓟北"。《李长卿集》描述："燕赵、秦晋、齐梁、江淮之货，日夜商贩而南；蛮海、闽广、豫章、南楚、瓯越、新安之货，日夜商贩而北"。这就促进国内市场从封闭的地区性市场走向国内统一市场。

2. 商帮组织

晋商和徽商是明代最重要的商帮。明初实行的"纳粮中盐"制度给山西商人创造了先机。由于山西南部有盐池，卖盐、取盐都非常方便，晋商通过运输军粮获得"盐引"，因此累积大量资本，"挟资大者巨万，少者千百"（（明）林希元：《林次崖先生文集·王政附言疏》），成为最有势力的商人群体。随着开中制向多元化延伸，除纳粮外，还出现了纳棉、纳布、纳马、纳铁中盐等方式，山西商帮不仅靠多种经营垄断了北方的军需贸易，其势力范围亦向两淮、河东等全国所有的盐产地扩张，达到了所谓"贸迁四方"的全国性影响。这一制度的实行，让晋商迅速崛起，独享盐业之利长达120年之久，成为明代中叶之前实力最强的商人集团。在实行开中制的同时，明政府还实行屯田制，力图实现军粮军饷在边区就近解决。晋商也就近参与屯田活动，并获得国家政策支持。另外，明中期，政府在辽东和张家口分别开放东西马市，促使晋商由以盐业为主转向多种经营，并进一步壮大实力。

令徽商迅速崛起的是弘治时期实行的折色制。明初实行的开中制使晋商利用地利迅速崛起，而徽商偏居一隅，远离北边，难以利用开中的机会。弘治五年（1492年），淮安籍的户部尚书叶淇改革盐法，用折色制替代开中制，盐商不必再运送粮食等物资到指定的边境地区换取盐引，而是可以在内地到盐运司纳粮或直接用银子换取盐引。这样，徽商在内地就可以花钱买到盐引，再以盐引经销食盐以获取盐利。从弘治到万历年间，徽州盐商成群结队地赶赴仪征、扬州和淮安等盐场，徽州盐商的经营，一时取得突飞猛进的发展。嘉靖、万历时人张瀚说："自安、太至宣、徽，其民多仰机利，舍本逐末，唱棹转毂，以游帝王之所都。而握其奇赢，休、歙尤伙，故贾人几遍天下"（（明）章潢：《图书编·三吴风俗》）。明代中叶以后直到清乾隆末年，无论营业人数、活动范围、经营行业与资本，都居全国各商人集团的首位。

3. 海外贸易

明太祖立国之初，在东部沿海地区面临着倭寇和其他海盗的骚扰，他们"出没海上，焚民居，掠货财。北自辽海、山东，南抵闽、浙、东粤，滨海之区，无岁不被其害"（（清）谷应泰：《明史纪事本末·沿海倭乱》）。为此，明初实行较为严厉的海禁政策。洪武四年（1371年）十二月，明太祖宣布"禁濒海民不得私出海"（《明实录·太祖实录》卷七十）。但事实上，海禁并不如禁令所规定的那么严格，中国对外经济联系也并未中断，国家朝贡贸易仍在进行，而私人海外贸易也从未断绝。

在海禁时期，明朝合法的海外贸易就是朝贡贸易。郑和在下西洋过程中，大力推行朝贡贸易，每到一处，必宣谕皇帝诏书，向其国王颁赐银印、冠服、礼品等，希望他们派遣使者入明朝贡。所以，在郑和下西洋期间，海外诸国的朝贡使者络绎不绝地来到中国，既朝贡也贸易。朝廷设广州、宁波、泉州等市舶司作为朝贡贸易的管理部门。市舶司通过向海外来使发凭证，限制其两三年以至更长时间来华一次，来时须在港口勘合凭证，所有商货运京师开市。《续文献通考》："凡外夷贡者，皆设市舶司领之，许带他物，官设牙行与民贸易，谓之互市。是有贡舶即有互市，非入贡即不许其互市。"（《续文献通考·市籴考·市舶·互市》）

朝贡贸易存在不少弊端。海外国家所贡物品必须由地方负责运送至京师，长途运输不仅耗费民力而且造成贡品的破坏和损失。另外，海外诸国贡使随船载运来交易的方物，大多是东南亚各地所产的胡椒、苏木等香料。各国所贡物品往往并不符合朝廷需要，有时更是供过于求，不得不堆积在仓库里，造成大量浪费。因此，朝贡贸易逐渐走向衰落。到隆庆帝时（1567年）实行开关政策。尽管仍有不少限制，但由于各种条件已经具备，海外贸易还是大大扩展了。

海外贸易范围主要是南洋，其次是日本。南洋贸易主要有两个区域。一个是以越南（安南）、柬埔寨（占城）、暹罗为主，主要进口苏木、胡椒、犀角、象牙等天然产物；出口则以丝绸、瓷器、银器、漆器等工艺品为主，还有铜、汞等矿产。另一个是吕宋（佛郎机），进口品种有限，多是以银钱换取中国出口品，"湖丝百斤，值银百两者，至彼得价二倍"（顾炎武：《天下郡国利病书·请开洋禁疏》），因而利润丰厚。对日本的贸易，主要输出的是日用工艺品，包括丝绸、瓷器、棉布、布席、扇、脂粉等。由于朝廷对倭寇十分反感和警惕，对日贸易并未完全开放，并且严禁硝黄、铜、铁等物品出海，以防这些物品流入日本。但日本对中国商品的依赖性很大，"大抵日本所需皆产自中国，如室必布席，杭之长安织也；妇女须脂粉，扇、漆诸工需金银箔，悉武林造也。他如饶之瓷器，湖之丝棉，漳之纱绢，松之棉布，尤为彼国所重"（姚叔祥：《见只编》卷上）。所以，不少海商冒险经营对日贸易，并获得很高的回报。明末清初人王胜时曾言及漳、泉人赴日贸易的情况："先朝禁通日本，然东之利倍蓰于西，海舶出海时，先向西洋行。行既远，乃复折而入东洋。嗜利走死，习以为常，以是富甲天下。"（（明）王胜时：《漫游纪略》）

海外贸易发展，对东南沿海地区特别是福建和广东两地经济发展，产生了较为重要的影响。当地的农产品和手工业制品，大量出口到海外。例如，由于对日贸易发展，在东南地区出现了"倭锦""倭缎""倭绒"等新产品。据《天工开物》记载："凡倭缎制起东夷，漳、泉海滨，效法为之。……其织法亦自夷国传来。"（《天工开物·乃服》）万历时王世懋的《闽部疏》说："福之绸丝，漳之纱绢，泉之蓝，延之铁，福兴之荔枝，泉、漳之矿，顺昌之纸……其航大海而去者尤不可计。"如福州、漳州、宁波、广州等城市，既是对外贸易商港，又是商业都会，这些城市的经济在很大程度上依赖海外贸易的发展。

明代的海外贸易长期保持顺差。因为明朝经济发达，物品丰富，海外对明朝产品有着持续的大量需求。而日本和南海诸国来明交易的方物较少，大多是奇珍异宝，并没有多大市场，而葡西两国除了少量的毛织品、玻璃、枪炮以外，也没有多少物品可与中国交换，只好用白银购买。所以，他们往往是带着大量白银而来，满载各种货物而去，明朝的海商也是满载货物出海，而买回来的物品较少，较多的情况是带回白银。这样，大量白银就流入中国市场，解决了明朝通货不足的困难，促进了商品经济发展。

四、城市与市民

1. 城市发展

明代的城市发展，无论在数量上还是在规模上都大大超过了前代。很多城市是宋元时期就已经比较发达，虽经战火破坏，但在明初得到恢复并发展为较大的城市。到明中期，随着经济发展，还出现了一些新的城市，并且发展到一定规模。15世纪初，全国著名的工商业城市有30多个，如应天（南京）、顺天（北京）、镇江、苏州、松江、常州、扬州、仪征、杭州、嘉兴、福州、建宁、武昌、荆州、南昌、吉安、临江、清江、广州、开封、济南、济宁、德州、临清、桂林、太原、蒲州、成都、重庆、泸州、泉州、宁波等。到明中期，随着经济的进一步发展和繁荣，又出现一批中等城市，如淮安、九江、芜湖、许墅、遵化、浮桥、天津、廉州、沙市、河间、保定、宣化、西安、东昌、徽州、池州、徐州、阆中、潞安、铅山、上海、大同、衡阳、益州等。[①]

明代城市大致可分为几种类型：

第一类是政治性大城市，如北京和南京。这些城市历史悠久，主要是作为政治中心而兴起。如北京是明代国都，皇城和中央机构都在这里，因而人口规模大，消费需求大，商业贸易极为发达。南京地处江南经济发达地区，农业和工商业都十分

---

① 参见何一民：《中国城市史》，武汉大学出版社2012年版，第352页。

繁荣，构成城市发达的基础。另外，明初实行分封制，各藩王在住所城市修建王府，发展各自的势力，因而促进了城市发展，如西安、太原、武昌、长沙、成都、桂林、大同、洛阳等。

第二类是工商型城市，有苏州、扬州、杭州、济宁州、天津、通州、武昌、芜湖、上海、南昌、吉安、西安、成都、汾州、太原、仪真（征）、常熟和汉阳等。这类城市不是官僚政治中心，但随着工商业发展，成为区域性的经济中心，因而也成长为较发达的城市。如苏州城的商业和手工业蓬勃发展，成为全国最大的商业城市。王世贞称，苏州城无论就"财赋之所出"，还是"百技淫巧之所凑集"，"驵侩诪张之所倚窟"，都堪称天下"繁雄邑者"。（《弇州续稿·贺太守斗山朱公考绩奏留序》）

第三类是交通型城市。这些城市大多分布在水路交通线上，因商贸而兴。如临清处于南北大运河交通枢纽位置，明成祖迁都北京后，南北运输量大大增加，景泰时期更进一步设临清卫，这就使临清从一个微不足道的小县城，逐渐发展成为一个工商业极为繁荣、人口高度密集的都市。

第四类是对外贸易型城市，如广州、泉州、海澄（月港）等。明初实行海禁和朝贡贸易，这些城市由于设置市舶司，管理朝贡贸易，在开禁后成为重要的贸易口岸，因而城市兴起。

第五类是边塞城市，有大同、宣府（今河北宣化）、辽东（今辽宁北镇）、肃州（今甘肃酒泉）、甘州（今甘肃张掖）、兰州、宁夏（今宁夏银川）等。明初为了防御蒙古的侵扰，设置了一系列卫所，其中重要的有九个重镇，每个都集中了较大规模的军队。另外，明朝还设了 136 个卫所，每个卫所都集中一定规模的军队，这就带动了周边经济和镇卫的发展。

第六类是各种"镇市"。如江西的景德镇、广东的佛山镇、山东青州府益都县的颜神镇、湖广的汉口镇，这些著名大镇与城市没有什么两样，有的人口和规模甚至超过一般的城市。这些镇市是由于某种特殊的原因而兴起的，如景德镇因陶瓷而兴，佛山镇由冶铁而兴，颜神镇由煤炭而兴，汉口镇由长江港口贸易而兴。这些镇市的经济基础主要是民营经济，因而基本上是自然形成的，并不受政府特殊政策影响，因而发展很快。

2. 城市人口

随着经济社会发展，到明中期出现一些集中了大规模人口的特大型城市。如南京和北京以及苏州、扬州和广州等。北京作为国都自然是最大的城市，人口超过百万。南京是明朝的留都，由于历史悠久，地处江南经济繁荣的地域中心，所以工商业非常发达，一直保持着高度繁荣，人口超过北京。"明初户口登记，上元、江宁两县47.32 万人，如果加上京城军籍移民人数 70.6 万，当时南京城区人口应达百万以上。"① 万历《杭州府志》说"（杭州）城有四十里之围，居有数百万之众"②。从嘉靖时期，广州城市人口已经溢出了城外，到了崇祯时期，似乎最繁华富丽、人口最密集的商业区、娱乐区都已经是在新城内了，则人口密度当已接近饱和。

根据不同的政治经济地位，城市中人口可以分为以下几类：

第一是权贵势要之家，主要是那些皇族、功臣、各级文武官员、地主。皇族贵戚以及文武官僚本来就是居住在城市的，他们为了自身的生活消费和安全，不断加强城市基础设施建设以及城市管理。随着城市的发展，城市各种设施的建设和完善，决定城市生活方式和生活质量与乡下不可同日而语。这就吸引了不少住在乡间的官绅豪强、地主绅士、世家大族等纷纷向城市移居。他们凭借其掌握的权力，到处兼占田产，成为贵戚地主。如嘉靖时"赐景王土地四万顷"、万历时"福王就藩时，赐山东、河南、湖广地二万顷"、天启时"赐桂、惠、瑞三王三万顷"。他们凭借自己所占有的财富，进行各种各样的奢侈消费。另外，在明代出现了长期居住在城市的"城居地主"，他们的地产都在乡下，通过租佃方式经营，有稳定的地租收入，而自己居住在城市享福。

第二是富商巨贾，包括商人、作坊主和高利贷者。这些人不论是经营自己的商铺还是作坊，都需要居住在城市。城市有他们所需要的市场，也有较便利的交通条件，以保证他们生产资料的供应。他们面向贵族官僚市场，经营金银珠宝等奢侈品。万历二十七年（1599 年）五月，户科给事中李右策说："近日派买珠宝杂料，召商估价，比旧价有增至五六倍，甚至有一十倍者。"（《明实录·神宗实录》卷三百三十五）同时他们还向权贵势要进贡一些华而不实的手工艺品，通过狯子"转相售受，以欺富人公子，动至重资，浸淫至士大夫间"（（明）袁宏道：《瓶花斋杂录》），并造成互相追捧哄抬价格，牟取暴利。另外，实力比较雄厚的徽商和晋商等，在各大都市都建有会馆，如"徽人辐都下者，已以千万计"（许承尧：《歙事闲谭》）。

第三是城市劳动者，包括小工商业者、奴婢、工奴等。他们是城市人口的主要部分，正是他们通过各种方式的劳动，维持着整个城市的运转，如各项土木工程的兴建，街道沟渠的治理、货物的运输、水火、疾病的防治以及文化娱乐生活等。小工商业者包括店铺经营者、手工业者、游走商贩等。他们资本较小，获利微薄，很少雇工，基本靠自己的劳动。明中叶以来，蓄奴现象增多，官僚权贵和富商巨贾蓄奴成风，有的甚至畜养着数百上千人。城市中还有大量自由职业者，如医生、教师、戏子、卜士等。另外，各类产业中都存在着各种形式的雇工，如店铺学徒、家

---

① 参见杨新华主编：《南京明城墙》，南京大学出版社 2006 年版，第 31 页。
② 转引自韩大成：《明代城市研究》，中华书局 2009 年版，第 73 页。

庭佣工、脚夫、轿夫、码头搬运工等。

第四是无业游民、乞丐、妓女等。这部分人口是城市中的最底层，他们没有固定的职业，也没有稳定的收入，居无定所，来去自由。他们在城市中所占比例甚微，但却有日益发展的趋势。这是因为农村土地兼并产生了越来越多的失地农民，他们中的一部分流入城市，既无资本也无技艺，无以为生，只好到城里流浪，有些人就误入歧途就堕落成为"莠民"。

3. 城市生活

明朝是中国历史上城市发展的重要时期。尽管明初朝廷对城市管理仍十分严格，但由于商品经济发展，日益突破了那些陈旧的意识和禁锢，也突破了传统的管理模式，明朝的城市生活更加丰富多彩，商民行会作用突出，市民意识开始觉醒。

第一，城市管理。明朝政府为管理城市，特设了专门的机构，即五城兵马指挥使司，职责是"巡捕盗贼，疏理街道沟渠及囚犯、火禁之事。凡京城内外，各画境而分领之。境内有游民、奸民则逮治。若车驾亲郊，则率夫里供事"。"洪武元年，命在京兵马指挥司并管市司，每三日一次校勘街市斛斗、秤尺，稽考牙侩姓名，时其物价。"（《明史·职官志》）地方上各城市也都驻有数目不等的军队，还要强迫百姓参与巡夜。政府还对城市街道分别按坊厢隅所进行编制，设坊（厢）之长，实行分片管理，坊（厢）长一般要由有身家的富户充当。

第二，行会会馆。一般来说，比较重要的行业都建立了自己的行会，并且在各地城市建起自己的会馆。明代北京是商业会馆出现最早又比较集中的城市之一，"京师五方所聚，其乡各有会馆"（《万历野获编》卷二十四），其他城市甚至不少县城都有建会馆的记载。如徽商会馆几乎遍布全国各个城市。商业会馆的建设，既推进了城市发展和物质文化交流，也成为城市经济和文化的重要部分。

第三，市民生活。随着城市的发展，市民生活呈现出勤劳和富足景象。两京由于聚集着皇室和官僚贵胄，生活自然一派奢侈。而江南城市由于工商业发达，富民聚集，民风也体现出富庶景象。张瀚《松窗梦语》："民间风俗，大都江南侈于江北，而江南之侈尤莫过于三吴。自昔吴俗习奢华、乐奇异，人情皆观赴焉。吴制服而华，以为非是弗文也；吴制器而美，以为非是弗珍也。四方重吴服，而吴益工于服；四方贵吴器，而吴益工于器。是吴俗之侈者愈侈，而四方之观赴于吴者，又安能挽而之俭也。"王士性《广志绎》："杭俗儇巧繁华，恶拘检而乐游旷，大都渐染南渡盘游余习，而山川又足以鼓舞之，然皆勤劬自食，出其余以乐残日。男女自五岁以上无无活计者，即缙绅家亦然。城中米珠取于湖，薪桂取于严，本地止以商贾为业，人无担石之储，然亦不以储蓄为意。即舆夫仆隶奔劳终日，夜则归市肴酒，夫妇团醉而后已，明日又别为计。"

第四，社会风尚。市民由于生活富足，不免附庸风雅，追求时尚。王士性

《广志绎》说姑苏人"善操海内上下进退之权，苏人以为雅者，则四方随而雅之，俗者，则随而俗之，其赏识品第本精，故物莫能违。又如斋头清玩、几案、床榻，近皆以紫檀、花梨为尚，尚古朴不尚雕镂，即物有雕镂，亦皆商、周、秦、汉之式，海内僻远皆效尤之，此亦嘉、隆、万三朝为盛。至于寸竹片石摩弄成物，动辄千文百缗，如陆子匡之玉马，小官之扇，赵良璧之锻，得者竞赛，咸不论钱，几成物妖"。张翰《松窗梦语》说："自金陵而下控故吴之墟，东引松、常，中为姑苏。其民利鱼稻之饶，极人工之巧，服饰器具，足以炫人心目，而志于富侈者争趋效之。"

4. 市民意识

商品货币关系的发展导致社会风气的变化。万历《歙志·风土》记述，明代初期，人们还安于男耕女织，民风淳朴，而至正德、嘉靖时，随着商业活动的增多，"东家已富，西家自贫。高下失均，锱铢共竞。互相凌夺，各自张皇。于是诈伪萌矣，讦争起矣"。而到了嘉靖末隆庆间，更是"末富居多，本富尽少。富者愈富，贫者愈贫。志者独雄，落者辟易。资爱有属，产自无恒。贸易纷纭，诛求刻核。奸豪变乱，巨滑侵牟"。这种"风俗薄恶轻义重财"（康熙《龙游县志》卷八）的现象，事实上正是市场经济意识增强的表现。另外，市民作为一个相对独立的利益群体，开始以实际行动维护自身利益。叶绍袁在《启祯纪闻录》里记载，某县百姓和生员认为县令"腐儒登第，不善为政"，聚众到衙门去对其羞辱并要求将其罢免，"为民父母者取侮至此，大可愧矣，邹令不久罢去"。[①] 另外，工业发达的苏州城一再发生工人罢工事件："吴民轻心易动，好信讹言。浮食奇民，朝不谋夕，得业则生，失业则死。臣所睹记，染坊罢而染工散者数千人，机户罢而织工散者又数千人。"（《明实录·神宗实录》卷四）

---

① 参见于浩主编：《明清史料丛书八种》（影印本）第7册，国家图书馆出版社2005年版，第432页。

第十一章　清代经济

第一节　清初创制

一、八旗制度

八旗制度源于女真人长期流行的牛录制。牛录是以族寨为基础组合而成的临时性武装组织，围猎和打仗时组合起来，兵猎完毕即解散。这种组织形式比较原始，符合渔猎时代的生活，但起不到民族聚合作用。努尔哈赤在统一女真各部的过程中，在牛录基础上建立了八旗制："原旗有黄白蓝红四色，将此四色镶之为八色。成八固山。"（《满洲实录》卷四）由此正式确立八旗制度。根据八旗制度，所有女真必须编入八旗，分隶各牛录，禁止隐匿丁口，更不准离旗外逃。这就将数十万分散各地的族众统一编制起来。

首先，八旗制度是兵民合一的组织。八旗的"诸申"亦兵亦民，平时耕猎为民，战则披甲上阵，所以八旗也就是生产和军事合一的组织。八旗人丁在汗、贝勒和各级额真的管辖下，耕田种地，猎捕兽禽，牧放牛羊，生产迅速发展，从渔猎为生发展为以"耕田食谷为生"（《满文老档·太祖》），实现了经济社会发展的重要跨越。

其次，八旗是政权的特殊组织形式。在这里，牛录是基层政权机构，上为甲喇，再上为固山，也就是旗。八旗的固山额真即旗主、甲喇额真和牛录额真，除了执行汗的指示，金派人夫、屯田服役、披甲当兵外，还要遵照汗和旗主贝勒的命令，治理所属的族众。这样就建立了三个层级的政权组织。

最后，八旗制度是赋役征敛的基础。努尔哈赤两次迁都筑城，并在多处筑造城堡，都是按旗分牛录金丁服役，官用粮谷也是由八旗各牛录的诸申提供。努尔哈赤规定，每牛录出十丁四牛，于空闲地方屯垦田土，所获粮谷全部纳入国库。后金国的其他用费，包括临时征战急需的军马等，也都由各牛录备办。

八旗制度与金朝的猛安谋克制有很深的渊源。八旗与猛安谋克都是女真人的制度，不论是创制之缘起还是后来的衰落过程，都惊人地相似。早期的八旗制度具有很多优越性，其中一个重要方面是制度成本较低。正是因为建立在传统氏族制度基础上，对原有层级组织加以改造即可有效运行，传统习惯大大抵减了创制和制度维护需要的成本；诸申亦兵亦民，兵民之间的职业转换十分灵活，只需较少的专门军费。随着后金国力的发展壮大，八旗逐渐演变为专业的政治和军事组织，八旗旗人成为专门从事军事征战和享有政治特权的贵族，并成为清朝创建和早期发展的基础。

二、封建转化

八旗制度建立后，组织性大大提高，从而大大加快了满族经济社会的发展。努尔哈赤令八旗人丁大力屯垦境内荒熟田土，还越边"侵耕"汉地，从而加速了农业发展，从"地颇硗瘠，粮料时苦不足"状况，转变为"土地肥饶，禾谷甚茂"，实现了自给有余。手工业也进步很快，不仅"有棉、丝绵、布、葛布，复有金、银、铁。凡此皆有，衣食之资，皆可得之"（《满文老档·太祖》）。另外，他们还采参摘松，捕狐捉貂，捞取珍珠，并用自己的土特产品与明朝交换，换回各种手工业产品。这就使后金进入一个重要的转折期，即通过生产技术进步和经济社会发展向封建制度转化。这个过程主要发生在天命六年三月进入辽沈以后，其重要标志是计丁授田的推行、《离主条例》的实施和按丁征赋金役。

首先是"计丁授田"。天启元年（1621 年，后金天命六年），即后金进入辽沈地区的当年，努尔哈赤下令对满汉人等实行"计丁授田"。这就是将海州、辽阳一带明朝官僚丢失的土地收归后金所有，分给八旗士兵。当时规定：一男种粮田五垧，种棉田一垧，在牛录额真统一管理下进行以户为单位的独立生产。还规定：每三男耕种一垧贡赋的田，二十男当中一人当兵，同时二十男中一人应出差。[1] 在生产力提高和八旗人员"计丁授田"、按丁征赋金役的条件下，各个牛录的诸申变成了领种汗、贝勒所有旗地的封建依附农民，各级额真转化为催征属下诸申赋谷的封建官将。

其次是《离主条例》。所谓离主，就是奴仆与牛录等告发主人审实后，按法律制裁主人以应得之罪，而原告可以离开主人，拨与其他牛录。事实上，早在努尔哈赤时期，即有讦告诸贝勒准其"离主"的规定。天聪五年（1631 年），皇太极正式颁发《离主条例》，明确规定："凡讦告不入八分贝勒私行采猎、隐匿出征所获、擅杀人命、奸属下妇女、冒功滥荐、压制讦告该管之主等六项罪行者，均准其离主。"（《清朝通志》卷七十七《刑法略三》）离主之奴仆，有的即摆脱奴仆身份，

---

[1] 参见《明清史料》甲编第八册，中华书局 1985 年版，第 765 页。

转为自由民，成为正身旗人，但更多的是脱离原主后，拨与其他贝勒，并未取得自由身份。崇德三年（1638年），皇太极下令直接解放部分占领辽东时被俘为奴仆的人，扩大了人身自由，削弱了原有的奴隶制度，加速了封建化过程。

最后是按丁征赋金役。随着统治地区的扩大，后金的农业生产越来越依赖汉人。为保护汉民生产，皇太极采取了一些保护措施。天命十一年（1626年），"令汉人与满洲分屯别居。先是汉人十三壮丁为一庄，给满官为奴。至是，每备御止留八人，馀悉编为民户，处以别屯，择汉官廉正者理之"（《清史稿·太宗本纪》）。皇太极禁止满人到汉人居住地擅取庄民牛、羊、鸡、豚等财物，对缺少耕牛的汉民给以牛具，取消以前不许汉民迁移的禁令等。从天聪年间开始实行"三丁抽一"，即三个男丁中一人披甲出征，二人留家生产。留家从事农业生产的丁男称为"余丁"，"余丁"生产以供披甲人之生计，披甲人所得战利品也分给"余丁"。

皇太极注重农业发展，提出"田畴庐舍，民生攸赖，劝农讲武，国之大经"（《太宗文皇帝圣训·恤民》）的耕战方针。他多次发布发展和保护农业的政令，强调"工筑之兴"不应"有妨农务"，要求军民"专勤南亩，以重本务"（《太宗文皇帝实录》卷一），"务农积贮，为足食之本"（《太宗文皇帝实录》卷三）。他还下令禁止宰杀耕牛，要求管理屯地的官员讲求树艺之法，实行纳粟赎罪制度，允许粮食自由买卖等。由于这些政策的影响，在屯监禁军的庄田中，出现了"私赁田"的封建租佃关系。这样，在皇太极统治时期，满族社会基本上完成了农业化和封建化过程。

三、财赋整理

清军大规模入关后，多尔衮于顺治元年（1644年）七月十七日宣布："自顺治元年为始，凡正额之外，一切加派，如辽饷、剿饷、练饷及召买米豆尽行蠲免"，规定赋税的征收，以万历初年《赋役全书》所载为正额，其余各项加增尽行免除。事实上，由于连年战争，支出不断扩大，一些"杂费"征派不得不逐年增加。在横征暴敛之下，百姓不得不以逃避来应对，这就导致赋税征收困难而无法支付军费。但越是征收困难，就越是不得不加紧征收，从而形成恶性循环。所以，顺治入关后必须尽快着手解决财政问题，就是说，要尽快治理明末弊政，建立完备的财政制度和征收系统。

第一，编审人丁地土之制。顺治五年（1648年），清廷为周知天下"生民之数"以征收丁赋，制定编审人丁之制。规定每三年编审一次（顺治十三年又改定为五年），责成州县印官照旧例造册。规定民年六十以上免除丁赋，十六岁以上（俗称丁）起征。凡户籍有四种：军、民、匠、灶，各分上中下三等。丁分民丁、站丁、土军丁、卫丁、屯丁，总其丁之数而登黄册。（《清朝通典·食货九》）顺治十一年（1654 年）十一月三十日，命各省自顺治十三年为始编审人丁地土，规定：办纳钱粮地土为民地；不纳钱粮的地土，不论有主无主俱为官地。同时又制定丈量土地规制。（《清朝通典·食货·田制》）

第二，重修《赋役全书》。顺治三年（1646 年），谕户部"稽覈钱粮原额，汇为赋役全书，悉复明万历间之旧"（《清史稿·食货志》）。十一年（1654 年），订正赋役全书，先列地丁原额，次荒亡，次实征，次起运存留。起运分别部寺仓口，存留详列款项细数。其新垦地亩，招徕人丁，续入册尾。赋税册籍，有丈量册，又称鱼鳞册。有黄册，岁记户口登耗，与赋役全书相表里。有赤历，令百姓自登纳数，上之布政司，岁终磨对。有会计册，备载州县正项本折钱粮，注明解部年月。（《清史稿·食货志》）从《赋役全书》的规定来看，与明朝万历时期相比，顺治时农民的赋税负担有所减轻。

第三，赦免隐匿土地者，扩大赋税来源。由于长期战乱，不仅出现地荒丁逃的现象，还有隐匿土地及占垦明代藩王勋戚地产不报的情况，以致官府所掌握的土地数量很少，严重影响了国家赋税收入。顺治帝亲政后立即赦免隐匿土地者，规定："直省报荒地方有隐漏田粮以熟作荒者，许自行出首，尽行免罪。其出首地亩，即以当年起科，以前隐漏钱粮概不追究。"这一政策的公布，出首报垦者开始大量增加。

第四，以土地代俸禄，减轻财政负担。入关后，清廷开始建立俸禄制度。顺治元年（1644 年）十月十七日，清廷制定了岁给诸王以下俸禄：摄政王每年俸银三万两，辅政王一万五千两，亲王一万两，郡王五千两，贝勒二千五百两，贝子一千二百五十两，公六百二十五两。俸禄制度增加了国家财政负担。为减轻财政负担，清廷实行以土代米政策。顺治七年（1650 年），清廷定出王以下园田数目：亲王八所，郡王五所，贝勒四所，贝子三所，公二所，每所有田一百八十亩。将军给田具体数目：镇国将军二百四十亩，辅国将军一百八十亩，奉国将军一百二十亩，奉恩将军六十亩。同时规定，凡给过园地的王、将军将停止供应其家口粮米。

四、恢复经济

清军入关后，满族贵族在京畿附近进行了大规模圈地。圈地的目的主要是为保障八旗士兵的给养和满足八旗贵族的劫掠欲望。顺治元年十二月二十三日，清廷下圈地令，将圈得的土地按爵级分配给八旗贵族。在他们获得土地后，朝廷便"停支口粮"，并规定："拨给地亩以现在为准，嗣后虽增丁不添给，减丁不退出，各官虽升迁不添给，亡故降革不退出。"（《钦定八旗通志·土田志》）随着圈地的大规模进行，许多丧失土地的汉族农民被迫投向满族贵族为奴，这就出现了所谓"投充"现象。顺治二年（1645 年）清廷颁布《投充法》，即准许八旗官兵招收失业农民屯垦耕地，甚至准许汉人地主"带地投充"。为了防止投充人逃亡，顺治三年（1646 年）清政府实行更严厉的《逃人法》，规定："隐匿满洲逃人，不行举首，或被旁人讦告、或察获、或地方官察出，即将隐匿之人、及邻佑九家、甲长、乡约人等，提送刑部。勘问的确将逃人鞭一百，归还原主。"（《清实录·顺治朝实录》）自圈地之风兴起之日起，朝廷内外的反对声便从未停歇。在这些反对人士中，又不乏噶达宏、苏纳海、图赖这样的八旗满洲人士。所以，清廷在颁布圈地令后，遂又颁布"禁圈令"，还有相应的"退地"和"免圈"政策。但圈地运动一直到康熙八年（1669 年）才最终停止，延续了几十年，对社会经济造成严重的破坏。

在大规模圈地的同时，顺治朝也采取了一系列恢复社会经济的政策措施。

第一，实行蠲免，发内帑赈济饥民。顺治帝为不"苦累小民"，多次免除一些省份的土特产贡品，并一再蠲免受灾地区的钱粮，以令民休养生息。顺治十一年（1654 年）二月二十四日，顺治帝鉴于畿辅房屋田土多被圈占，加之去年水灾严重、仓廪无备，决定发内帑赈济饥民，户、礼、兵、工四部发库贮银十六万两，皇太后宫中"节省银"四万两，皇帝宫中"节省银"四万两，共二十四万两，差满汉大臣十六员，分赴畿辅八府地方赈济饥民。（《清实录·顺治朝实录》）

第二，建常平仓和平粜制度，平抑各地粮价。清初，各省由省会至府、州、县，均建有常平仓，"或以便民，或以给军"。顺治十一年正月二十六日，清廷制定了仓粮考成则例，以各省常平、义社各仓积谷多寡，定有司功罪。顺治十一年，清廷命道员专管常平仓，每年造册报部。顺治十七年，户部议定常平仓谷粜籴之法：每年春夏出粜，秋冬籴还，平价生息；如遇灾荒，即按数给散灾户贫民。

第三，鼓励垦荒，恢复农业生产。顺治十年以后清廷开始大力推行屯田垦荒。重点地区是受战争破坏严重的四川及北方各省，由政府发给牛犋籽种，招民开垦，实行三年起科。顺治十三年（1656 年），清廷宣布："各省屯田荒地，已行归并有司，即照三年起科事例，广行招垦，如有殷实人户能开至二千亩以上者，照辽阳招民事例，量为录用。"凡是应招的官民，都可以任意耕种，每户给牛一只及犁具、谷种等。顺治十四年夏，公布督垦荒地劝惩则例，规定督抚按及道府、州县、卫所等各级官员在一年内，按垦荒数量给以记录或加升一级的奖励，同时还规定了文武乡绅及贡监生民人等垦荒的奖励办法。

第四，开放市场，恢复工商经济。清朝入据北京后，"军民商贾，各归其业"（谈迁：《国榷》卷一〇二），"一应满汉人民，或商或贾，各听其便"（《续文献通考》卷三二《市籴考》）。顺治元年宣布，凡故明一切加增税额，尽行豁免。又宣布"将前朝召买粮料诸弊，尽行蠲除，自时厥后，凡市籴皆因商民所便，时地所宜，废物货、平市价、劝商贾、敦节俭、抑豪强、禁科派"（《续文献通考·市籴考》）。顺治二年令户部告知满汉官民，彼此交利贸易宜公，一切买卖，"俱从公交易，不许争斗启衅，致误生理"，"如遇此等妄行之人，即拿送该部，治以重罪"。（《清世祖实录》卷一五）

第五，俱除匠籍，鼓励私营工业。顺治二年（1645年）四月二十四日，清廷明令各省"俱除匠籍为民"，免征"京班匠价"。（《清世祖实录》卷一八）自是而后，官府手工业及官府需用的匠役，一律实行计工给值的雇募制。顺治八年，江宁、杭州、苏州三织造局革去机户，由各织造局自行购买原料，直接从民间招募工匠，按工给值，采用计时和计件两种办法支付。顺治十一年（1654年）正月罢织造官。（《清史稿·世祖本纪》）

第六，整顿币制，统一度量衡。顺治元年（1644年），清廷设立户部宝泉局和工程宝源局，铸钱发行，文曰"顺治通宝"，每文重一钱。顺治十年（1653年）七月二十二日，清廷制定铸钱法：铸钱务照定式，每文重一钱二分五厘，背面铸一厘两字；每千文作银一两，内外划一通行；现行旧钱难以强齐，一切贸易暂从民便；严禁私铸，官炉夹带私铸者照枉法赃坐罪。针对各地度量衡不一状况，顺治十二年，由国家统一制造铁斛，作为标准量具。直隶及各省皆发一具，令其仿制施行。

第七，禁止高利盘剥。顺治初年，高利贷在农村十分活跃，地主、官僚、商人大肆进行高利贷剥削，往往利倍于本，利复起利。顺治五年（1648年）闰四月十三日，清廷下令禁止高利贷。规定：今后一切债负。每银一两、止许月息三分。不得多索。及息上增息。并不许放债与赴任之官。及外官放债与民。如违，与者取者，俱治重罪。禁止诸王府商人，及旗下官员家人，外省贸易。（《清实录·顺治朝实录》）

第二节　康乾盛世

一、康熙之治

康熙时代是清代从乱世到治世转变的时代。顺治时满族贵族实行大规模的圈地运动，对关内经济造成严重破坏。到康熙时期，一方面，大规模的圈地在一定程度上满足了满族贵族的掠夺和占有欲望。另一方面，他们对圈地的破坏性已经有了一定的认识。他们开始意识到，不是要关内广大地区适应他们的生活方式和生产方式，而是要他们自己适应关内的生活方式和生产方式。康熙代表满族贵族的利益，同时顾及广大汉民的利益，对顺治朝的许多做法进行了必要的调整，采取了一系列有利于社会经济恢复和发展的措施。康熙九年（1670年）颁布了"圣谕十六条"，强调要建立一个勤俭节约、丰衣足食、安定和睦的社会。他认为，"务本足国，首治农桑"，"民为邦本，必使家给人足，安生乐业，方可称太平之治"。（《清实录·康熙朝实录》）康熙帝把发展农业生产放在重要地位，关心农事，奖励稼穑，兴修水利，减免徭役和赋税，到康熙中叶以后，清朝社会即呈现出一派"盛世"景象。

1. 土地政策

康熙帝即位后，清朝面临的极为紧迫的问题是贵族圈地对农业生产的破坏和社会矛盾的激化。康熙帝排除贵族势力的干扰，一方面禁止圈地，另一方面着手解决长期存在的土地问题。

首先，停止圈地。康熙帝即位时，权臣鳌拜等大肆圈地，造成非常恶劣的后果。当时，"旗地待换，民地待圈，所在荒废不耕，农人环诉失业"（《钦定八旗通志》卷一百五十八）。康熙八年（1669年），康熙帝颁旨，命永远停止圈地。他谕户部："比年以来，复将民间房地圈给旗下，以致民生失业，衣食无资，深为可悯，嗣后圈占民间房地，永行停止，其今年所已圈者，悉令给还民间。"（《圣祖仁皇帝圣训》卷六）康熙二十四年（1685年）四月，康熙又一次明确下旨：凡属民间开垦的土地，"嗣后永不许圈"，如旗下有应拨给者，以户部现存的旗下余田分给。至此，清初圈地运动基本结束。

其次，将明朝藩王的庄田改为"更名田"。清初，原明朝"藩封之产"，或因战乱荒芜，或因藩王勋戚逃亡后，田地仍由原来的佃户耕种，并向地方官府缴纳田赋，但土地所有权并未明确。顺治元年（1644年）起朝廷曾几次下诏，将这些土地收归国家所有。康熙初年，户部建议由占有者向政府缴纳地价，并派出部员到各省，会同督、抚办理此事。这就加重了耕种者的负担。康熙说："今思既以地易价，复征额赋，重为民累，着免其变价，撤回所差部员，将现在未变价田地，交与该督抚，给与原种之人，令其耕种，照常征粮，以副朕爱养民生之意。"（《皇朝文献通考·田赋考》）康熙八年，清政府决定免除明代各省废藩田产的变价做法，将未变价田交与该省督抚，"给予原种之人，改为民户，号为'更名地'，承为世业"（《皇朝通典》卷一）。

康熙帝禁止圈地和"更名地"政策，前者遏制了贵族大地产的扩张，后者扩大了自耕农数量，实际上为清代土地制度奠定了基础。特别是"更名地"作为无偿获得国有土地的政策，在康熙时期基本得到实施，从而造就了一大批自耕小农，奠定了"康熙之治"的基础。

2. 赋役改革

康熙二十年（1681 年）三藩平定后，清政府首先取消康熙十三年（1674 年）以后所加一切杂税，并停止田赋预征，对纳赋限期也有放松，一变以往"不苦于正额之有定，而苦于杂派之无穷"和"无日不追呼，无时不敲扑"的横征暴敛情况。在各地行政归于正常状态后，康熙政府开始整理田赋，进行赋役改革。

第一，停征练饷，蠲免钱粮。顺治晚年因财政困难试图加派练饷。都察院左都御史魏裔介在《计兵食以恤民力疏》中建议合计天下兵粮，如有足用，加派练饷"即应全部停止"。疏后两日，清廷即从其言，决定除本年已派外，自康熙元年起一律停止。这是康熙即位后的第一件大事。康熙秉持"藏富于民"的思想，在陕、云、贵、川、粤二十多个省区蠲免钱粮丁银、通赋，其中重大蠲免计 32 次，并从康熙五十一年（1712 年）开始，在全国范围内普免天下钱粮，下令"凡遇蠲免之年，免业主七分佃，户三分"。这一政策使佃农也能得到好处。

第二，重修《顺治赋役全书》。明末农民战争和明清战争，对经济社会造成极大的破坏，土地和人口数字已经发生很大变化。但康熙亲政时，田赋制度承袭前朝，征收赋役也仍以《顺治赋役全书》为据，这不仅存在大量田赋流失而且造成赋役负担的严重不公平。康熙二十四年（1685 年）十二月，史科给事中杨周宪条奏：《简明赋役全书》中应当删除钱粮丝忽以下尾数。经研究论证，新修《简明赋役全书》删繁就简，只载起运、存留、槽项、河工等切要项目，删去丝杪尾数。这在一定程度上有助于减轻农民的赋税负担。

第三，缩小绅衿贡监户优免特权。明末赋役不均问题已经非常严重，官僚地主不仅享有赋税优免特权，还利用特权把别人的田地诡寄自己名下以规避赋役。在这种情况下，政府不得不将赋役负担转嫁给中小地主和广大农民。康熙二十九年（1690 年）规定："嗣后凡绅衿等田地，与民人一例当差。"康熙说："绅衿等优免丁银、原有定例。其乡绅豪强、诡寄滥免、以致徭役不均、偏累小民、积弊已久。今该抚所奏改正厘剔、具见实心任事、并不瞻徇。直省应一体行。"（《清实录·康熙朝实录》）这就使赋役不均的现象有所纠正。

第四，改革田赋制度和征收手续。顺治以后，征收赋税使用二联票，一联给纳户，一联存在官府。这种做法存在很多漏洞，官吏和大户从中舞弊，造成赋税不均。经过一系列改革，最终于康熙三十九年（1700 年）实行"滚单法"，规定每里中以 5 户或 10 户为一单位，使用滚单催赋，单上逐户写明田亩数和银米数，以及应分期缴纳的数量和期限，由官府发给甲首，依次催征，纳粮时，粮户亲自缴纳。至此形成了清代特有的田赋催科四法："以分限（分期征输）之法纾民力，以输催（滚单）之法免追呼，以印票（三联票）之法征民信，以亲输（自封投柜）之法防中饱"（《乾隆会典·田赋》）。这些方法的推行，对经受长期战乱蹂躏的农村秩序的再建立和农业生产的恢复与发展具有促进作用。

第五，盛世孳生人丁，永不加赋。清朝沿袭明朝制度，地税、丁银分征。清政府虽然多次实行蠲免钱粮，但田赋蠲免不等于丁银减轻。康熙年间，人丁增长很快，但大都不入户籍，因而丁银也就无从征收。康熙五十一年（1712年）二月二十九日，康熙帝谕大学士九卿等："朕览各省督抚奏编审人丁数目、并未将加增之数、尽行开报。今海宇承平已久、户口日繁。若按见在人丁、加征钱粮、实有不可。人丁虽增、地亩并未加广。应令直省督抚、将见今钱粮册内、有名丁数、勿增勿减、永为定额。其自后所生人丁、不必征收钱粮。"（《清实录·康熙朝实录》）清政府规定："嗣后编审人丁，据康熙五十年丁册定为常额，其新增者，谓之盛世滋生人丁，永不加赋。"（《清朝通典·食货·户口丁中》）人丁遇有减少时，用新增人丁抵补，保持原额不变。这一重要措施的实行，把全国丁银总额基本固定，从中央到地方不得随意增加，使广大农民负担相对稳定，逃亡人口减少，有利于农业生产的发展。

3. 垦荒与治河

顺治朝实行积极垦荒政策，但"行之二十余年而无效"（《清实录·康熙朝实录》）。到康熙初年，农业生产萧条凋敝的现象依然存在。康熙即位之初，即对垦荒事业做出规划目标和政策，于康熙元年（1662年）规定，自是年始，要求五年内将全国荒地全部开垦，对垦荒成绩突出的省、府、州、县及当地官员给予奖励，否则，将处以重罚。（《康熙会典·户部开垦》）康熙十年（1671年），清政府为鼓励垦荒，规定垦田二十顷以上者，试其文义，通者授县丞，不通者授百总；垦田一百顷以上者，照例授知县、守备之职。康熙十三年（1674年）清廷定招民垦田酌量录用制，规定凡属贡生、监生、生员及百姓垦田三十顷以上者，奏过吏、兵二部，试其文艺程度，分别授予知县、县丞、守备、百总等官。

此外，康熙帝还令地方政府给予资助和税收优免。康熙七年（1668年），根据云南御史徐旭龄疏奏，"令流移者给以官庄，匮乏者贷以官牛，陂壤沟洫修以官帑"（《皇朝通典·食货·田制》）。康熙十年，政府规定，对新垦荒地免税的年限，由过去的三年放宽到四年，又宽到六年，最后宽到了十年。康熙十二年（1673年），康熙帝谕户部：

自古国家久安长治之谟、莫不以足民为首务。必使田野开辟、盖藏有余。而又取之不尽其力。然后民气和乐、聿成丰亨豫大之休。见行垦荒定例、俱限六年起科。朕思小民拮据开荒、物力艰难。恐催科期迫、反致失业。朕心深为轸念。嗣后各省开垦荒地、俱再加宽限、通计十年、方行起科。其所司官员、原有议叙定例。如新任官自图纪叙、掩袭前功、纷更扰民者、各督抚严行稽

察、题参治罪。(《清实录·康熙朝实录》卷之四十四)

除对垦荒事业给予免税优惠和财政支持外，康熙非常重视垦荒者的产权保护，规定开垦后的地田归开垦者所有，并保障垦荒者的经济利益。如康熙十九年规定：盛京满洲自垦地"勿入官"（王先谦：《东华录》卷二十六）；次年又规定：凡数年无人耕种之地即算荒地，允许人们开垦，原主"不得复问"（《清实录·康熙朝实录》卷九十六）。康熙四十五年规定："不分旗民南北之人、有情愿开垦者，亦令照丁给与，如有用官员捐助牛种耕种者，三年后升科，如自备牛种耕种者、六年后升科，其田给与开垦之人为业。"（《清实录·康熙朝实录》）

康熙的一系列措施对垦荒确实起了促进作用，使得"自古以来，无从开垦"的地区也有大量"迁民"垦种，增加了耕地面积，农业生产得到较快的恢复发展。康熙末年的全国耕田面积比顺治十八年增加了一百七十四万余顷，超过了明代万历年间的耕田面积。（《续文献通考》）

康熙时期对黄河的治理取得重要进展。清初，黄河多次泛滥成灾，在河南、安徽一带经常决口，后来竟改道与淮河合流，从苏北地区入海，既影响了漕运，又使许多良田成了沙洲。康熙帝高度重视黄河治理，史载"圣祖初亲政，以三藩、河务、漕运为三大事，夙夜廑念，爰亲书大略，悬之宫中柱上"（《清稗类钞·帝德类》）。康熙十六年（1677 年）二月二十四日，任靳辅为河道总督负责治理黄河。靳辅于四月五日抵达宿迁，旋即开印任事，并亲往淮阳灾区实地勘察。他任用著名治河专家陈潢为助手，堵固决口，广修堤坝，经过十年的辛苦经营，终于使黄河、淮河永归故道，漕运无阻，而且几百年被淹的低洼之区，"山阳、宝应、高邮、江都四州县潴水诸湖，逐渐涸出"（《清史稿·靳辅传》）。

除治理黄河外，康熙时期还修治了近畿诸河。永定河原名浑河，向有"小黄河"之称，从卢沟桥以下"冲激震薄，迁徙弗常"，时常和畿南诸水汇流，泛滥成灾，给予直隶中、东部地区以重大危害。康熙三十七年（1698 年），招募了十几万民夫，在卢沟桥附近的良乡到东安，开掘了一条 200 里长的新河道。康熙帝把它视作治黄以外的第二大工程，曾经多次亲自去督修，并将其命名为"永定河"。康熙四十四年（1705 年）巡幸时，"见直隶自苑家口以下，向年永定河冲决之处，今百姓皆筑舍居住，斥卤变为膏腴，不下数十百顷"（《清实录·康熙朝实录》）。

4. 工商业政策

满族人来自关外，尽管源自渔猎民族并很快发展为农业民族，但并未形成重农抑商观念，反而在其兴起过程中，利用关外的人参、皮毛等特产与关内贸易获得很大的利益。所以，清初并没有实行特别的重农抑商政策。到康熙时，在手工业和商业以及海外贸易诸问题上，能够跳出重农抑商的传统框框，推行了一些有利于工商业发展的政策。

康熙认为"商人为四民之一"（王先谦：《东华录》卷二十八），应当保护工商业者正当利益。康熙五年，康熙帝令直隶各省设立关税之处，应"多刊木榜，昭示商民，照额征收，如有不肖官吏于定额之外私行滥收者，令该督抚不时查察据实题参，依律治罪"，随后"又停罢崇文门出京货物税课"。（《皇朝文献通考》卷二十六《征商关市》）康熙六年规定以"不亏行户"为整饬吏治的标准之一，如扰害商人的首恶，要以光棍例治罪。康熙八年（1669年）正月，户科给事苏拜疏言：地方官管理关税多有不便，如惧怕上司，希图定额，势必向商民增派税银等，建议差部员直接管理。经户部研究后，清政府决定：关税税额多者由各部派遣满汉官员前往，税额少者仍由地方官征收。康熙十二年（1673年），又下令严直省官吏私税市货之禁。此外，对传统的牙行制度进行了改革。康熙四十八年（1709年），御史张莲言奏请："凡市集设立牙行，例给官帖，使平物价，乃地方土棍于瓜果菜蔬细物，亦私立牙行名色，勒掯商民。"康熙帝从其奏请，"除应立牙行，一切私设，尽数革除"（《清朝通志》卷九十《食货志·杂税·行帖》）。

康熙年间，清廷对工商业实行了不少有利政策，减少规制，逐渐开放，促进了工商业的发展。首先，改革匠籍制度。顺治时废除了匠籍和班银，但事实上并未严格执行，工匠的劳役和班银仍然存在。康熙十九年（1680年），首先在陶瓷业中实行改革，取消明代遗留下来的各处"当官科派"的规定，凡土匠物料，俱按工给值，悉照市价采买。康熙三十九年（1700年），康熙下令将班匠银并入田赋中征收，从而使工匠们摆脱了人身控制。

其次，取消机户织机数量限制。《江宁府志》：

> 江宁机房，昔有限制，机户不得逾百张，张纳税当五十金。织造批准注册给文凭，然后敢织，此抑兼并之良法也。国朝康熙间尚衣监曹公寅深恤民隐，机户公吁奏免额税，公曰："此事吾能任之，但奏免易，他日思复则难，慎勿悔也。"于是得旨永免。机户感颂，遂祀公于雨花冈，此织造曹公祠所由建也。自此有力者畅所欲为，至道光间遂有开五六百张机者。

最后，开放盐井开采。明代四川井盐，多由官营，后改招灶户，设官监督。清初则任民自由开采，对于灶丁开凿井盐，比照开荒则例，三年以后起科。这些政策都较之明朝更加合理。

康熙时鼓励开矿。康熙十四年（1675年），清廷颁定开采铜铅制，规定：凡各省出产铜铅处，有民具呈愿行开采者，由该省总督、巡抚派官监督管理。采出的铜铅，二分入官，八分由民出售。其八分中，四分由官定价收取，另外四分才准听民贩运。此外，也有抽课一分，余皆官买；抽课三分，余准自售之例。康熙二十一年（1682 年），云贵总督蔡毓荣上《筹滇理财疏》，建议"广示招徕，或本地有力之家，或富商大贾，悉听自行开采。每十分抽税二分，仍委廉干官监收，务绝额外诛求额内侵隐之弊。凡有司招商开矿，得税一万两者，准其优升；开矿商民，上税三千至五千两者，酌量给与顶带，使知鼓励。又严禁别开官硐，严禁势豪霸夺民硐，斯商民乐于趋事，而成效速矣"（《皇朝经世文编·理财上》）。不过到康熙四十三年（1704 年）时又实行矿禁。禁矿引起矿民失业，地方收入减少，遭到了广大人民群众和地方官的反对。康熙五十二年（1713 年）后，矿禁政策又有所松弛。

5. 海禁与弛禁

为了打击郑氏台湾，康熙初年实行了迁界禁海政策，规定沿海 30 里的居民内迁，片板不准下水。禁海政策先是在福建沿海实行，随后又推广到广东和浙江沿海。康熙五年（1666 年）明令，自是年起，不是贡朝，一概不准外国来中国进行贸易。海禁政策限制了东南沿海地区的海外贸易，严重影响了这些地区的人民生计，也限制了朝廷的财源。因此不断有朝臣建议弛禁。康熙十九年（1680 年），给事中李迥条奏船只出海贸易事，内阁大学士冯溥也上奏出海贸易对民生有利。康熙二十一年（1682 年）正式停止海禁政策。

康熙二十三年（1684 年）六月，康熙帝认为，海洋贸易对民生实为有益，但收税如不定例，恐为商民所累。为此，"传谕九卿詹事科道集议以闻"（《圣祖仁皇帝圣训·恤民》）。最后决定：凡属海洋贸易，设专门官员收税，并酌定则例。康熙二十四年（1685 年），朝廷又于澳门、漳州、宁波、云台山设海关四处，以为粤海、闽海、浙海和江海等四海贸易和设官收税。

为了区分国内商税和海关贸易货税，康熙二十四年，两广总督吴兴祚、广东巡抚李士桢和粤海关监督宜尔格图共同商议，以本省内陆交易之一切落地货物为住税，由税课司征收；以外洋贩来货物及出海贸易货物为行税，由粤海关征收，并相应建立两类商行以分别经理贸易税饷。前者称金丝行，后者称洋货行即十三行。作为官设的对外贸易特许商，十三行经营"外洋贩来货物及出海贸易货物"，向海关承担代缴进口出洋船各项税饷，并代官府管理外商和执行外事任务。从此，洋货十三行便成为经营外贸的专业商行。

6. 盛世与危机

康熙时代可分为两个阶段。从康熙元年（1662 年）到康熙二十年（1681 年），由于战争不断，国力耗竭，难以顺利恢复。平定三藩后，基本实现了和平，可以将精力转到经济建设方面来。所以，从康熙二十一年（1682 年）至六十一年（1722 年），社会经济发展大大加速了，出现所谓"康熙盛世"。但总的来看，清初社会经济的恢复得相当缓慢，从顺治元年（1644 年）至康熙六十一年（1722 年），历时 70 余年才出现初步繁荣局面。这一方面是因为明末农民战争和明清战争造成的破坏十分严重，不仅消耗了大量的人力、物力和财力，而且战事所及，往往城乡废弃，土地荒芜，人民死亡流散。但更重要的是满族在短时期内迅速兴起，入关后将落后的生产方式带进关内，对明朝故地的统治不适合当地发展，这导致清初政府在政策上出现一系列严重失误，从而拖延了经济社会的恢复进程。

康熙在位半个多世纪，是历史上少有的长寿皇帝，也是历史上少有的实现长期统治的皇帝。一方面，因为在位时间久而保证了政局的稳定；但另一方面，也正是由于稳定，社会矛盾不能及时解决，造成越积越深的隐患。第一，贫富差距扩大。清初社会的主要任务是尽快恢复社会经济，所以一切经济社会政策都要以此为中心。但是，随着各种秩序的重建和经济社会的恢复，传统社会的老问题也重新出现。这就是贫富差距的扩大，除少数满族贵族和明朝遗臣外，大部分人民普遍处于贫穷状态。第二，八旗生计困难。八旗贵族享受着国家优厚的俸禄待遇，锦衣玉食而不知生计之艰难。但是，随着战事的减少，八旗无用武之地，闲暇无事，日益颓废，生计日益困难。为解决八旗生计，康熙政府采取了一系列措施，但仍解决不了八旗的堕落趋势。第三，奢靡之风蔓延。康熙中后期，社会经济基本恢复，但绝达不到繁荣水平。康熙帝早期对皇族和官僚的奢侈消费限制极其严格，但中后期开始逐渐懈怠，以至奢靡之风盛极。第四，财政亏空严重。康熙中后期，康熙帝数次南巡，肆意挥霍，至康熙四十九年（1710 年）十月，江南总计亏空五十余万两，从而导致国库空虚。康熙帝也意识到了问题的严重性，并于康熙五十九年（1720 年）下谕："嗣后各州县钱粮，随征随解。若州县批解后，而布政司抵充杂派，扣批不发，许州县径申督抚。"（《清史稿·食货志》）但是，有关措施并没有真正地贯彻执行，最终积累的矛盾被交给了继任者雍正皇帝。

二、雍正改革

清代经康熙数十年的励精图治，经济社会得到恢复和发展，但由于和平日久，制度效率出现严重的递减趋势。康熙帝为政崇尚"宽仁"，特别是在其执政后期，吏治松弛，贪腐盛行，钱粮亏空，社会矛盾严重积累。康熙帝去世后，把这些问题留给了雍正帝。面对这些棘手问题，雍正帝即位后，全面纠正康熙的执政方针，积极实行改革。他针对康熙帝晚期"政事务为宽大"执政弊端，提出"务期振数百年颓风，以端治化之本"。（《世宗皇帝上谕内阁》卷五十二）他在位 13 年，承前启后，继往开来，不但将康熙帝开创的"盛治"推进到一个新的高度，还为后继者执政铺平道路，给乾隆盛世奠定了基础。

1. 整饬吏治

雍正帝认为，康熙后期各种矛盾的焦点在于吏治。他说："朕惟国家首重吏治"，"吏治不清，民何由安！"（《清实录·雍正朝实录》卷三）所以，一切改革必须从整顿吏治入手。雍正元年（1723 年）正月初一日，雍正帝连续颁发了十一道训谕，申明官僚职掌及为官之道，历数官场积弊和官吏肆意侵吞的严重罪行，要求采取一切手段，惩治官员犯罪，并对文武百官提出了明确的要求。内容如下：

> 告诫总督，身为封疆大吏，乃澄清吏治之本，应竭忠尽职，不负皇恩。告诫巡抚，绥辑兆民，乃抚臣之责，应同心协力，以尽职守，不得贻害地方。告诫督学，身为学官，须廉洁持身，精勤集事，更要启迪士子人品端正。告诫提督，要倡率将弁，简任卒伍，整理器械，操练技勇。告诫总兵官，要以宁谧地方为念，且应文武辑睦，军民调剂，各得其平。告诫布政司，职居方伯，责任重大，自当益矢公忠。告诫按察司，既要严刑立法，又要执法公正。告诫道员，职居协理，各有专责，凡事应亲身经历，以杜营私舞弊之陋规。告诫副将、参将、游击等官，虽身居偏裨，亦应预定练兵之法，亲校骑射，严试技勇，洁己律公。告诫知府，既为督抚监司之耳目，又为州牧县令之表率，承流于上，宜化于下，必须廉洁自持，屏绝贿赂，奉公尽职。告诫知州、知县，身为亲民之官，乃吏治之始基也，品秩虽卑，职任甚重，务以爱民为先务，周察所属，安辑乡里。这十一道上谕反映了雍正帝整顿吏治的决心，揭开了雍正朝整顿吏治的序幕。（《清实录·雍正朝实录》）

2. 清查亏空

康熙在位 61 年，号称盛世，但官员贪腐之风已愈演愈烈，使得从中央到地方的财政日益虚溃，钱粮短缺，国库空虚，国家收支严重失衡。雍正帝严厉地谕示户部官员：

> 皇考好生知天，不忍即正典刑，故伊等每恃宽容，毫无畏惧，恣意亏空，动辄盈千累万。督抚明知其弊，曲兼容隐，及至万难掩饰，往往改侵欺为那移，勒限追补，视为故事，而全完者绝少。迁延数载，但存追比虚名，究竟全无着落。新任之人，上司逼受前任交盘，彼既畏大吏之势，虽有亏空，不得不受。又因以启效尤之心，遂借此挟制上司，不得不为之隐讳。任意侵蚀，辗转相因，亏空愈甚，一旦地方或有急需，不能支应，关系匪浅。朕深悉此弊，本应即行彻底清查，重加惩治，但念已成积习，姑从宽典，除陕西省外，限以三年，各省督抚、将所属钱粮，严行稽查，凡有亏空，无论已经参出、及未经参出者，三年之内，务期如数补足。毋得苛派民间。毋得借端遮饰。如限满不完。定行从重治罪。三年补完之后。若再有亏空者。决不宽贷。（《清实录·

雍正朝实录》）

雍正元年（1723 年），清查亏空工作在全国各地普遍开展起来。正月十四日，雍正帝谕令成立会考府，由怡亲王允祥主持，隆科多及大学士白潢、左都御史朱轼会同办理，成为清查退赔、察核钱粮、纠参贪腐的权威机构。雍正谕总理事务王大臣等：

> 向来地方官奏销钱粮、不给部费，则屡次驳回，恣行勒索。朕欲革除此弊，特设会考府衙门前降谕旨甚明。近见各处奏销之事，并不送会考府、各部有擅行驳回者，则勒索之弊、尚未革除。嗣后有应驳之事，定须送会考府查看，如果应改驳，会考府王大臣官员列名驳回。（《清实录·雍正朝实录》）

雍正帝还令允祥亲自管理户部三库，以整顿财政。他对允祥说："尔若不能清查，朕必另遣大臣；若大臣再不能查，朕必亲自查出。"

雍正二年（1724 年）八月，加重处罚力度："那（挪）移一万两以上至二万两者，发边卫充军；二万两以上者，虽属那（挪）移，亦照侵盗钱粮例拟斩。"畏罪自杀的，人死债不烂，仍由其家属亲戚代偿。对因贪污勒索而造成亏空的官员实行革职抄家，用其家产赔偿亏空。雍正也因此得到"抄家皇帝"的绰号。雍正帝对贪腐之官继续穷追不舍，在抄家籍没之外，自雍正三年起，又加上严刑诛戮，规定：凡侵欺钱粮白银一千两以上者，照监守自盗律处斩，贪污军饷者一律处斩，不准特赦。在清查亏空的同时，对于那些仍不收手的新贪者更是严惩不贷，不但革职抄家，有的还被杀了头。在此过程中，雍正帝还采取了一些措施，如命赃官亲友帮助赔偿，禁止地方官和百姓代赃官赔偿等。在户部查明亏空二百五十万两，雍正帝责令该部历任堂官、司官和部吏赔偿一百五十万，另一百万由户部逐年弥补。内务府官员李英贵等人冒支正项钱粮百余万两，雍正帝抄其家产来抵偿。即使是王公贵族、高级官员，他也决不放过。康熙第十二子允祹曾管过内务府事务，亏空钱粮，积欠甚多，事发后被责令将家中器物铺列大街上变卖以赔补。康熙第十子允䄉因赔不起亏欠亦被抄家。

地方上的清查，也在雍正元年普遍开展起来。由于前朝实行"留任补亏"制度，贪官们得以勒索百姓补亏。对此弊端，雍正坚持先罢官后索赔，一定要贪官们自包赔补，不能留在任上假公济私。原山西巡抚苏克济被人告发贪赃四百五十万两，雍正帝抄没其家产外，责令其家人赵七帮助赔补二十万两。原河道总督赵世显克扣治河工料，侵蚀钱粮，被告发后下刑部狱，家财充公。这一年，不断有官员被革职查封家产，如湖广布政使李世仁、江安粮道王舜、前江南粮道李玉堂、湖南按察使张安世、原直隶巡道宋师曾、广西按察使李继谟等。由于查处力度极大，范围极广，一时之间，各地大员因亏空革职、查封家产者比比皆是，仅雍正元年一年里，被查处的地方官即达数百之多。雍正二年（1724年），闽浙总督满保奏称："浙闽属吏已劾多员，若再题参，恐至无人办事。"湖南巡抚魏廷珍亦奏一省属员"参劾已大半"。雍正十年（1732年），直隶总督李卫上奏：通省府厅州官员，在任三年以上者已寥寥无几了。

经过三年的清查，取得了一定的效果，各省都清偿了一部分亏空，也惩治了一些贪官。有些省份虽也获得一些效果，但虎头蛇尾，企图草草了结。雍正帝对此极为不满，下令展限三年，务期彻底搞清，否则重治督抚之罪。经过多年努力，康熙朝遗留的亏空基本追缴完毕。各级官员也大受威慑，不敢轻易以身试法。

3. 耗羡归公

清初承明旧制，官俸极低，州县官员甚至不能借以维持生计。所以，各地在征收钱粮正税的同时加收"火耗银"，亦称耗羡。在实际征收中，地方官常常于每两正额银之外加收一钱以上，有的达到四五钱，更有甚者超过正额的数倍。这些"火耗银"不在上交正额之内，因而给官员侵贪留下漏洞，成为官场公行的陋习。"康熙间，有议归公者，圣祖虑官俸薄，有司失耗羡，虐取于民，地方公用无从取办，寝其议不行。"（《清史稿·诺岷传》）这样，到康熙末年，各地官员以火耗为名肆意中饱的现象已无法制止。

雍正继位后，立即着手解决耗羡问题。雍正二年，山西巡抚诺岷疏请将通省一岁所得耗银提存司库，以二十万两留补无着亏空，余分给各官养廉。雍正帝指出："州县火耗原非应有之项，因通省公费、各官养廉不得不取给于此。朕非不原天下州县丝毫不取于民，而势有所不能。州县征收火耗分送上司，州县借口而肆贪婪，上司瞻徇而为容隐，此从来之积弊所当削除者也。与其州县存火耗以养上司，何如上司拨火耗以养州县。至请先于山西试行，此言尤非。天下事惟有可行不可行两端。譬如治病，漫以药试之，鲜有能愈者。今以山西为试，朕不忍也。提解火耗，原一时权宜之计；将来亏空清楚，府库充裕，有司皆知自好，各省火耗自渐轻以至于尽革，此朕之深原。各省能行者听，不行者亦不强也。"（《清史稿·诺岷传》）山西实行后，各省相继仿效，以火耗补完亏空的钱粮，并分拨州县养廉。这就是所谓的"耗羡归公"。耗羡归公后，作为政府正常税收，统一征课，存留藩库，酌给本省文职官员养廉。雍正五年（1727年），雍正帝又命各省督抚，就该省情形酌议具奏，着为定额："耗羡既归公，不得巧立名目，复有所取于民。给养廉，资公用，尚有所余，当留备地方公事。"（《清史稿·诺岷传》）

耗羡提解的目的就是要制止官吏乱征附加税，降低火耗率，以减轻税民负担。雍正帝要求各地的耗羡率，只许减少，不许增多。他说，如地方官员"于应取之外，稍有加重者，朕必访闻，重治其罪"（《清实录·雍正朝实录》卷四十九）。耗羡归公后，大多数地区耗羡率都有很大降低，大致在正额钱粮的一至二成之间，从而扭转了地方官狂征滥派的情况。这一措施集中了征税的权力，减轻了人民的负担，对整顿吏治、减少贪污、产生了一定的作用。在雍正朝，由于清查亏空和实行养廉银制度，官场确实较前清廉了许多。

4. 摊丁入地

清初赋役沿袭明制，采用一条鞭法，地有地税银，丁有丁税银。丁税银有的按地征收，有的按丁征收，以按丁征收为主。康熙五十一年（1712年）规定的"盛世滋生人丁，永不加赋"政策，旨在把全国征收丁税的总额确定下来，不再随着人口的增加而增加，但并没有解决丁役负担不均问题。随着经济社会发展，人口流动扩大，政府已很难控制户口，五年一次的编审早已徒具形式，导致编审册籍数十年不变，"鬼名累累，空缺纷纷，按册则姓名俱有，点丁则踪迹全无"（赵凤诏：《龙冈纪笔·条陈编审陋弊详文》，《赵氏世德录》第13册）。在这种情况下按丁征收税银，结果必然是地少人多的农户承担更多的丁税，而地多人少的富户只负担的较少的丁税。相当一部分无地少地农民无力负担丁税，不得不采取逃亡的方式来规避沉重的丁税。这就产生严重的漏籍情况，进一步加剧了丁册失额。如陕西丁册原额民丁2675047丁（系折算的下下则人丁数，下同），康熙二年（1663年）实在数只有2185520丁，雍正时又减少到2140809丁，只及原额的80%，比康熙二年还少2%。失额最严重的兴安州只有原额的19.3%，比康熙二年少28%。（康熙《陕西通志·贡赋》；雍正《陕西通志·贡赋一》）这就严重影响国家赋税的征收。因而一些地区，如四川、广东、浙江等省在短期内采取了将丁税摊入地亩征收的措施，并且收到了"民困以苏"的效果。但这一措施遭到地主富户的反对，没能向全国推广。

雍正元年（1723年）七月，直隶巡抚李维钧奏请"摊丁入地"。雍正帝遂令户部等讨论。九月，户部同意李维钧的意见。雍正帝遂命李维钧详细规划具体办法，原则是对国课无损于穷黎有益。李维钧遵命筹划，准备把地亩分为三等，丁银按地亩等级摊入，不至于好坏地负担轻重不均。十一月，雍正帝认为他"筹度极当"，办法完善，命他于次年开始实行。（《朱批谕旨·李维钧奏折》雍正元年十月十六日折朱批，第五册）自雍正二年（1724年）起，全国陆续将丁税摊入地亩征收。具体办法是：

将丁银随地起征，每地赋一两，摊入丁银二钱二厘，嗣后直省一体仿行。于是地赋一两，福建摊丁银五分二厘七毫至三钱一分二厘不等；山东摊一钱一分五厘；河南摊一分一厘七毫至二钱七厘不等；甘肃，河东摊一钱五分九厘三毫，河西摊一分六毫；江西摊一钱五厘六毫；广西摊一钱三分六厘；湖北摊一钱二分九厘六毫；江苏、安徽亩摊一厘一毫至二分二厘九毫不等；湖南地粮一石，征一毫至八钱六分一厘不等。自后丁徭与地赋合而为一，民纳地丁之外，别无徭役矣。惟奉天、贵州以户籍未定，仍丁地分征。又山西阳曲等四十二州县，亦另编丁银。（《清史稿·食货志》）

摊丁入亩结束了地、户、丁等赋役混乱的现象，完成了人头税并入财产税的过程。乾隆《济宁州志》在评论"摊丁入地"的意义时说："济之改九则即三等九则制行条鞭已百年矣。……然时役在赋中，时或役在赋外。《会典》云：直省丁徭有分三等九则者，有一条鞭者，有丁随甲派者，有丁从丁派者，一省之内，则例各殊。……至此始归划一，从古未有之善政也。"浙江《嘉兴府志》评价说："田亩起丁，田多则丁多，田少则丁少，计亩科算，无从欺隐，其利一；民间无包赔之苦，其利二；编审之年，照例造册，无须再加稽核，其利三；各完各田之丁，无不能上下其手，其利四。"由于征税的对象是土地，政府放松了对户籍的控制，无地少地的农民摆脱了丁役负担，不再被强制束缚在土地上，从而可以自由流动进入劳动力市场，同时也减轻了对土地的压力。

"摊丁入地"是中国赋税制度史上一次重大改革。实行"摊丁入地"，将丁银均摊地粮之内，按人们占有土地的数量征收田赋，"于穷民有益，而于缙绅富户不便"，因此被称为"损富益贫利国"的政策。但"摊丁入地"在全国实施后，立即遭到了地主富户的强烈反对，浙江、直隶、山西等地都发生了地主富户闹事的情况，但最终还是转向农民加租。由于雍正帝决心很大，这项改革得以贯彻到底。到乾隆后期，全国范围内的摊丁入地基本完成，但山西省的某些州县直到光绪时才最后解决。

5. 农商政策

雍正帝重视国计民生的实际问题，首重农业。雍正二年（1724年），他对臣下说："朕自临御以来，无刻不廑念民，重农务本。但我国家休养生息，数十年来，户口日繁，而土田止有此数，非率天下农民，竭力耕耘，兼收倍获，欲家室盈宁，必不可得。"（《清实录·雍正朝实录》）因而，他继续执行奖励垦荒，修治河道等，还采取许多新的措施，发展农业生产，繁荣社会经济，为后来的乾隆盛世奠定了基础。

雍正二年春，雍正帝首行亲耕礼。雍正帝认为："盖国以民为本。民以食为天。农事者、帝王所以承天养人、久安长治之本也。"（《清实录·雍正朝实录》）雍正帝下谕各直省督抚，要求所属各州县于每乡选择一两个勤劳俭朴、无过失的老农给以奖赏，以示鼓励。十一天后，再次下谕，明确规定，所选老农授予八品顶戴，而且每年选举一次。这一制度，意在树楷模，奖励稼穑，同时也赋予老农督课农民生产的现任。雍正主张农业以粮食为主，但提倡多种经营。雍正五年（1727年），他说："至于各省地土，其不可以种植五谷之处，则不妨种他物以取利。其可以种植五谷之处，则当视之如宝，勤加垦治，树艺菽粟，安可舍本而逐末，弃膏腴之沃壤而变为果木之场，废饔飧之恒产，以幸图赢余之利乎。"（《清实录·雍正朝实录》）他命州县官劝谕农民在村旁种植枣树栗树，在河堤植柳，池塘种菱藕养鱼，适合种桑麻的地区，更要重视栽植。雍正也考虑到粮食的市场问题，指出："昔人有谷贱伤农之说。谚语所谓熟荒者。此则不必过虑。假若小民勤于耕作。收获丰盈。至于价贱而难于出粜。朕必多发官价以籴买之。使重农务本之良民、获利而有余赀也。"（《清实录·雍正朝实录》）另据《清史稿·世宗本纪》，他在位13年，免了12年灾区的赋税和一些地区的漕粮。

雍正帝在位期间，疏浚了卫河、淀河、子牙河、永定河。其他水利工程已完成的有直隶营田工程、浙江和江南海塘工程，修建了黄河、运河堤岸。雍正三年（1725年）夏，直隶大水成灾。清政府在赈济霸州、保定等七十二州县厅水灾饥民的同时，决定经营畿辅水利，兴办水利田。为此，清廷设立了营田水利府，下辖四个营田局，负责兴办直隶水利营田事。营田工程有两项，一为修治河道，疏浚建闸，一是营造水田。雍正帝还调来江南、浙江老农教授水田耕作技术。营田很快收到效果，当年，官私垦田八千多顷，每亩可收稻谷五至七石。对于京畿营田，雍正帝一直坚持，收效明显。

雍正帝认为："农为天下之本务，而工贾皆其末也。今若于器用服玩、争尚华巧，必将多用工匠，市肆中多一工作之人，则田亩中少一耕稼之人。且愚民见工匠之利多于力田，必群趋而为工；群趋为工，则物之制造者必多；物多，则售卖不易，必致壅滞而价贱。是逐末之人多，不但有害于农，而并有害于工也。小民舍轻利而趋重利，故逐末易而务本难。"（《清实录·雍正朝实录》）因而他始终遵奉重农业、轻工商的信条，并依此制定工商政策。首先是实行矿禁政策。随着社会经济的发展，清代的矿冶业也日渐兴旺。但矿夫聚集，易生事端，导致地方治安问题。雍正二年（1724年），两广总督孔毓珣奏请于广东采矿，以济穷民。对此，雍正帝坚决反对，认为开矿必然"聚众藏奸，则断不可行也"（《清实录·雍正朝实录》）。但随着商品经济的发展，货币需用量猛增。由于作为币材的黄铜不足，严重制约铸钱数量，以致出现钱贵银贱现象。为了增加币材供给，雍正帝鼓励和扶植云南采铜业。其次是永禁机匠叫歇。苏州的纺织业比较发达，各类工匠达两万余人。这些工匠工价低廉，受到作坊包头的盘剥和压迫，因此，他们为了增加工银，改善待遇，不断进行"叫歇"（停工）斗争。雍正十二年（1734年），苏州府长洲县机匠"齐行叫歇"，他们联合起来，统一行动，以"叫歇"形式与作坊主（机户）进行斗争，要求增加工银，反对无故解雇工匠。机户不能平息事态，只好求助于地方官府。官府出面干涉，胁迫机匠复工，并竖了"永禁机匠叫歇碑"严禁"叫歇"行为。最后是有限开放海禁。雍正前期严格执行海禁政策。雍正四年（1726 年），福建浙江总督高其倬疏请开放海禁。雍正认为应如所请，令该督详立规条、严加防范。雍正七年（1729 年），禁海开放又进一步从福建扩大到浙江。不过，全民的海禁弛禁是在乾隆时期。

6. 调整社会关系

经唐宋变革，中国社会发生了重要的变化，自宋以来，中国进入齐民社会，既无世庶之分，也无良贱区别，基本实现了社会"等齐"。但宋亡以后，蒙元统治，一度将中国社会进步拖后，重新出现了人身依附、等级制度、身份制度等。明代将这些落后制度部分废除，但也部分继承了下来，同时，其自身也产生了享有一定特权的绅衿地主阶级。清朝统治者继承了中国社会进步的宋明遗产，但也继承蒙元等草原文明的部分遗产。随着经济社会发展，到雍正时，这些落后的制度残余，已经到了必须加以调整或彻底消除的时候了。

第一，规范士民关系。清初，绅衿地主享有法定的豁免杂项差徭的权利，还通过各种手段谋求种种非法特权，从而造成平民与绅衿的对立。雍正深知这些不法绅衿的种种劣行及其对社会的危害，一方面试图通过教化以端正士风，另一方面则采取措施以限制绅衿特权。雍正元年河南巩县知县张可标发布告示，令"生员与百姓一体当差"，次年河南巡抚田文镜把这种办法推广到全省。雍正二年（1724 年）二月，谕直隶各省总督巡抚严查不肖生员监生，毋得姑贷。（《清实录·雍正朝实录》）雍正五年（1727 年）规定，凡贡监生员包揽钱粮而有拖欠的，不管多少，一律革去功名；拖欠至八十两的，以赃或枉法论处。雍正八年（1730 年）定例，州县官要把生员应纳钱粮造册送学官，由学官协助督促完纳。河南进士王辙伙同伊伯武生王允彝、武生王旬极等包揽词讼，诈骗钱财，雍正帝革其进士，并严行审判。政府还规定，每年年底，生监要五人互保没有抗粮包揽等事，生员完粮后，方准应试。

第二，调整主佃关系。不法绅衿横行乡里，而虐待佃户尤甚。雍正帝采取措施打击不法绅衿，维护佃户权利，规范主佃关系。雍正五年，田文镜上疏："豫省绅衿、苛虐佃户。请定例严行禁止。嗣后不法绅衿、如有苛虐佃户者。地方官详报题参乡绅照违制例议处。衿监吏员、革去职衔。"雍正帝认为："凡立法务得其平，本内但议田主苛虐佃户之非。傥有奸顽佃户、拖欠租课。欺慢田主者。何以并不议及。着再议具奏。"于是补充规定："奸顽佃户、拖欠租课，欺慢田主者，请照不应重律论杖。所欠之租，勒追给主。"（《清实录·雍正朝实录》）雍正十二年（1734 年）进一步加以改定："凡不法绅衿，私置板棍，擅责佃户，勘实，乡绅照违制律议处，衿监吏员革去衣顶职衔，照律治罪。……如将佃户妇女占为婢妾，皆革去衣顶职衔，按律治罪。至于奸顽佃户，拖欠租课，欺慢田主者，照律治罪，所欠之租，照数追给田主。"（光绪《大清会典事例》卷100《吏部·擅责佃户》）清律规定：凡人之间拷打监禁，罪止杖八十。雍正帝为严禁绅衿凌虐佃农，更定律例将绅衿擅责佃户以满刑论处。这种主佃关系的律例，既保护地主收租，又保障农民人身地位，对绅衿特权有所抑制。

第三，全面豁贱为良。贱民制度是中国封建社会的一大弊病。雍正时，贱民的存在仍比较普遍，如山、陕之乐府"乐户"（官妓），绍兴之堕民，徽州之伴当，宁国府之世仆，广东之蜑户，苏州之丐户等。他们被排斥在国家编户之外，并被剥夺了种种权力。雍正帝继位之后，即听取了大臣们的建议，先后于雍正元年（1723年）四月除山西、陕西教坊乐民籍，九月除绍兴堕民丐籍，雍正五年（1727年）四月削除江南徽州府伴当，宁国府世仆。雍正七年（1729年），雍正帝专门就广东"蜑户"谕广东督抚：

蜑户本属良民，无可轻贱摈弃之处，且彼输纳鱼课与齐民一体，安得因地方积习强为区别，而使之飘荡靡宁乎。着该督抚等转饬有司，通行晓谕：凡无力之蜑户，听其在船自便，不必强令登岸。如有力能建造房屋、及搭棚栖身者，准其在于近水村庄居住，与齐民一同编列甲。（《清实录·雍正朝实录》）

雍正八年（1730年）五月，江苏巡抚尹继善奏称："苏州府属之常熟、昭文二县，旧有丐户，不得列于四民。迩来化行俗美，深知愧耻，欲涤前污。"于是，户部乐籍惰民之例，除其丐籍，列于编氓。（《清实录·雍正朝实录》）至此，清代的各类贱民与良民一体编户，成为一般平民。到乾隆三十六年（1771年），清政府又允许已削除贱籍的人四世之后可以"报捐应试"。

三、乾隆盛世

1. 为政方针

清代历经顺治和康熙两朝，一方面实现了国家统一和社会安定，另一方面也实现了经济社会的恢复和发展。但是到康熙朝后期，经济社会发展的同时，吏治腐败现象开始加剧，到了不可不治的地步，所以才有了雍正帝的强力整治。这种强力整治不可避免地产生矫枉过正的问题，而对"矫枉过正"的纠正，则由后继的乾隆帝执行了。

乾隆帝即位时宣称：

治天下之道，贵得其中，故宽则纠之以猛，猛则济之以宽。而记称一张一弛，为文武之道，凡以求协乎中，非可以，矫枉过正也。皇祖圣祖仁皇帝、深仁厚泽、垂六十年，休养生息，民物恬熙，循是以往，恐有过宽之弊。我皇考绍承大统，振饬纪纲，俾吏治澄清，庶事厘正，人知畏法远罪，而不敢萌徼幸之心。此皇考之因时更化，所以导之于至中。而整肃官方，无非惠爱斯民之至意也。皇考尝以朕为赋性宽缓，屡教诫之。朕仰承圣训，深用警惕。兹当御极之初，时时以皇考之心为心，即以皇考之政为政。惟思刚柔相济，不竞不絿，以臻平康正直之治。(《清实录·乾隆朝实录》卷四)

这事实上是乾隆帝的施政宣言。尽管他一再说明"朕与皇祖皇考之心，原无丝毫间别"，但事实上，乾隆针对雍正时期的弊端，对乃祖乃父的各项政策措施有所调整或改变。如雍正帝的政治观念是实行改革，所谓"雍正改元，政治一新"，公开倡导移易风俗，改变官场积习和民间弊俗，进行了涉及贵族、官员、旗人、绅衿、平民的社会各阶层的政治经济文化更新。雍正执政的特点是，一方面以强力推行改革纠正不少前朝弊政，使行政效率大大提高，百姓自然也会获得一定实惠；另一方面是通过严刑峻法实行高压政策以整饬吏治，必然出现苛政甚至暴政，同时也不可避免造成不少冤案。这就导致官场和社会充满恐惧气氛。效率和实惠自然不错，但人们并不一定愿意为此付出过多的代价。乾隆帝针对这类矛盾，提出"宽严相济"的施政方针，并纠正雍正朝的某些极端政策。乾隆初年，乾隆帝不讳言自己"赋性宽缓"，公开提出"政尚宽大"，宽比严好。乾隆元年（1736 年）五月说："朕御极以来，所办之事，虽有数件从宽，特因体恤下情，于应从宽者，始行从宽耳。"但他说不能宽大无边，要济之以严，"宽以济猛，严以济宽，政是以和"，即"宽严相济"，相辅相成。这就赢得了朝野的广泛支持和响应，人们议论说，"纯皇帝（即乾隆）即位，承宪皇（即雍正）严肃之后，皆以宽大为政，罢开垦、停捐纳、重农桑、汰僧尼之诏累下，万民欢悦、颂声如雷"（《御制诗五集·偶园》）。当然，乾隆并非否定雍正时期的方针，恰恰相反，乾隆施政及其所取得的成绩，正是建立在雍正改革基础之上，雍正的改革成果基本被继承下来。事实上，这正是"乾隆盛世"的基本原因。

2. 农业政策

乾隆帝继承康雍两朝的政策，十分重视农业生产。就传统社会来说，最重要的重农恤民政策就是减免赋税。乾隆在即位诏书中宣布："天下之本农为重，各府州县卫，果有勤于耕种，务本力作者，地方官不时加奖，以示鼓励。""各省民欠钱粮，系十年以上者，着户部查明候旨豁免。"（《清实录·乾隆朝实录》）事实上，这是历代帝王继位后都要采取的政策措施，其目的既是收买天下民心，也是实实在在的惠民之举。除即位恩诏的例行减免而外，以后又陆续有所减免，到乾隆十三年（1774年）九月，乾隆帝又下谕：

> 各省民欠钱粮，十年以上者，已于恩诏内概予蠲免。其余未完民欠，尚系应征者。朕思缵绪方初，惟当继述我皇考惠养黎元之至德，俾服畴力穑之人，均沐恩膏，积逋全释。若未蠲之项，尚事征收，民间不无烦扰。兹特再行降旨，于恩诏外，将雍正十二年以前，各省钱粮、实欠在民者，一益宽免。（《清实录·乾隆朝实录》卷三）

乾隆帝执政期间，先后五次普免天下钱粮，三免八省漕粮，减轻了农民的负担。据统计乾隆时期蠲免了正额赋银两亿两，加上历年"灾蠲"等的一亿多两，共计三亿两以上。同时还取消了一些不合理的商业税收和其他杂税。

乾隆朝随着人口不断增加，土地渐渐不足，为此，乾隆帝采取了一系列措施来缓解人地矛盾。由于不能改变康熙帝"滋生人丁永不加赋"的承诺，所以只能是增加土地供应。康熙时期由于战乱导致的荒芜土地差不多已经完成了复垦，到雍正时就已经没有多大潜力了，所以，只能是一方面调整土地关系，提高土地利用率，另一方面开发边疆地区的土地。

第一，准卖旗地。清入关后，为了保证旗人利益，曾大肆圈占土地，从而形成"旗地"。旗地为公产，主要采取租佃的方式利用，大多利用率低，产出效率更低。乾隆三年（1738年）二月十六日，乾隆帝谕示："其旗人自置有粮之民地，现在入官者，如有愿售之人，不论旗民，一体准照原估价值变卖，将银两交解司库，陆续咨解户部，交各旗料理生息，分给旗人，俾沾惠泽。"（《清实录·乾隆朝实录》卷六十三）这是旗地"民化"和公产"私化"的重要措施，一方面提高了土地利用效率，另一方面也满足了旗人的货币需要。

第二，满洲屯垦。满洲地区为满族发源地，清入关后将广阔的满洲地区作为"保护地"禁止开发。但是到了乾隆时期，土地日益稀缺，不得不考虑开放和开发这些地区。较早得到开放和开发的地区是宁古塔。宁古塔是清朝流放地，尽管远离京师，但却与京师保持着较为频繁的信息沟通。乾隆七年（1742年）五月初七，大学士查郎阿等疏奏，宁古塔一带，平畴沃壤，五谷皆宜，建议实行屯垦。此项建议得到乾隆帝的首肯，并制定具体措施，定边界，置庄屯，查丈应给地亩，筹划积贮，设员管辖。这事实上是满洲地区大规模开放开发的开始。

第三，移民实边。在实现统一天山南北地区之后，乾隆帝积极推行移民实边政策，用以发展新疆地区的土地和资源。乾隆二十五年（1760年）五月，乾隆说："朕规画此事，更有深意。国家生齿繁庶，即自乾隆元年、至今二十五年之间，滋生民数，岁不下亿万。……今乌鲁木齐、辟展、各处，知屯政方兴，客民已源源前往贸易，茆檐土锉。各成聚落。将来阡陌日增，树艺日广，则甘肃等处无业贫民，前赴营生耕作，污莱辟而就食多，于国家牧民本图，大有裨益。"（《清实录·乾隆朝实录》卷六百十二）清廷实行移民实边政策后，新疆屯田迅速发展，计有兵屯、回屯、民屯、旗屯等，总计十余万人，都归乌鲁木齐管辖。

第四，兴修水利。乾隆帝十分重视水利建设。他说：水利为"国计民生所关也。果使水道疏通，脉络流注，陂泽非沮洳之薮，堤防有蓄泄之方，旱涝有备，而田庐无虞，其有裨于闾阎，诚非浅鲜"（《清实录·乾隆朝实录》卷二十）。在乾隆元年（1736 年）六月，乾隆帝命定江南水利岁修，指出："与其岁久浚筑，事难费倍，不若逐年疏葺，事易费省。着江南督抚暨河道总督令管理水利河务各官及滨河州县，各于所属境内，相视河流浅阻，每岁农隙，募夫挑挖，定为章程，逐年举行，必令功施可久，惠济生民。"（《清实录·乾隆朝实录》卷二十）他在位期间完成的水利工程主要有：河南南阳至商丘黄河河堤新筑 170 余里，清口及江南运河疏浚，江南淮阳运河挑浚，清河千里堤岸培筑。此外，在他关心下，修筑了江苏宝山至金山 242 里长的块石篓塘和浙江金山至杭县 500 里海塘得以修筑，起到防洪和保护农业生产的作用。

第五，推广番薯。番薯对于乾隆时期的中国具有重要意义。"有闽县监生陈世元、从前游历河南，曾经运种试栽有效，该生情愿挈同孙仆，前往教种。"（《清实录·乾隆朝实录》）乾隆五十年（1785 年）十月初六日，陈世元因感受风寒，在河南省病故。乾隆帝闻讯后，决定赏予国子监学政职衔，以示其身后之荣。乾隆五十一年（1786 年）冬，敕直省广劝栽植，以为救荒之备。在官方大力支持下，番薯在华北地区很快推广开来，1733 年番薯传到四川，1735 年传至云南，1752 年传至贵州。此后，番薯踪迹遍布西南。在全国广为传种的番薯，成为仅次于稻米、小麦和玉米的第四大粮食作物。

3. 工商业政策

乾隆时期，在农业发展基础上商业贸易和手工业都有所发展，到乾隆时期清廷的工商业政策也有所调整，采取了较为宽容的政策，也采取了一些恤商政策。首先，减免了一些杂税。如裁革田地买卖、小商小贩的一些杂税，废黜契纸契根之法，禁革民间田房过户中的滥收税契银。乾隆二年（1737 年）四月，进一步免去澎湖渔艇陋规，即取缔水师衙门在这里所收的规礼；六月豁免桂林府厂鱼税，临桂县墟税，灵川、永宁小税，平乐府糖油鱼苗税。乾隆时对外商也采取了优免商税政策。乾隆元年十月，乾隆帝下命取缔外商的"缴送"，即正税之外百分之十的附加税。其次，对市场的规制有所放松。如规定商人到歉收的地方销售粮食，可以免关榷米税，还接受给事中曹一士的建议，允许老年人在本县范围之内贩卖不超过四十斤的盐。乾隆七年（1742年）四月初二，清廷决定永免直省关口米征税。

乾隆十三年（1748年），乾隆帝指出：

> 大概市井之事，当听民间自为流通，一经官办，本求有益于民，而奉行未协，转多捍格。曩者京师办理钱价，屡更其法，迄无成效。后乃以不治治之，即小有低昂，亦不见其骤长，至于倍价。此其前车也，可传谕巡抚方观承、令其度量时势，斟酌办理，务令便民，使市价日渐平减。而密察牙行蠹棍，以防流弊，勿使多设科条。纵用胥役，致滋扰累，此民生日用切要之图，故谆谆谕及。该抚其善体此意，并将此旨、传谕江南督抚知之。（《清实录·乾隆朝实录》卷三百十四）

乾隆朝还采取了一些保护工商业者权利的措施。江浙地方，一应百工技艺，奉官役使，名为"当官"。朝廷久经严禁，而地方官并不遵照功令，凡有工作，不论公私，总以当官为名，短发工食，并有竟不给发者。如匠役不能亲身应差，则暗中敛钱相助，名为贴费，官则徇私，吏则中饱。种种弊规，累民实甚，不仅增加工商业者的负担，还影响他们的正常经营。"夫百工勤手足之力，一日所得，仰事俯畜，仅足资给，何堪私役滋扰。"乾隆元年（1736年）六月，乾隆帝责督抚严行禁止，"除公事照例给发工食，不得短扣外。总不许以当官名色扰累斯民，倘不肖有司阳奉阴违，或经访闻，或经题参，朕必将大小官员分别处分。"（《清实录·乾隆朝实录》卷二十一）

清初矿禁较严，乾隆初年，在提出各方面新政策的同时，也就矿政问题进行了几次重要的讨论，并作出较大调整。乾隆五年（1740年）二月初六，大学士赵国麟奏请在直省允许民间采煤，得到乾隆帝谕准。乾隆八年（1743年），广东布政使托庸奏请开矿，随后两广总督马尔泰议复，但遭到御史卫廷璞、欧堪善的反对，认为矿工容易聚众滋事，有碍安全稳定，且采矿业聚数十万工丁会导致地方米贵。乾隆九年（1744年）九月，乾隆帝令大学士张廷玉等人，召集九卿就矿政问题进行庭议，最终决定：各省凡有可采之山厂，俱经该地方官查明保题，先后开采，以济民用。

4. 一口通商

乾隆时期中国国力和对外影响力达到历史的巅峰。这种状况进一步强化了大清朝野的盲目自信。所以，清朝对于与世界的经济交流，仍坚持以朝贡贸易方式进行。这就是说，对外经济交往在很大程度上不是出于经济社会发展的需要，而是为了满足大清王朝特别是皇帝的奢侈消费和自尊需要。乾隆时期，清朝的藩属国扩充到东南亚地区的安南（即越南）、南掌（今老挝）、暹罗（今泰国）、缅甸以及南洋群岛的兰芳共和国；西南喜马拉雅山有廓尔喀（尼泊尔）、哲孟雄（锡金）、不丹等国；中亚地区有哈萨克汗国、布鲁特汗国、浩罕汗国、布哈拉汗国、爱乌罕（今阿富汗）、巴达克山、乾竺特与拉达克等国。另外，大清满朝文武对于正在兴起的西方世界基本上一无所知，仍旧沉湎于大国天朝和康乾盛世的梦幻之中，对前来贸易的国家，大致都以藩属国对待，由此而导致的礼仪之争，直接影响了外交和贸易的发展。

清朝政府设立海关管理的通商口岸有 4 个，但实际上对外通商的口岸超过 100 个，"各国番商，俱有一定口岸"（《清实录·乾隆朝实录》卷一千一百四十一），即根据地理位置不同而分工有所不同。江、浙、闽三个海关历来管理的重点在于日本、朝鲜、琉球等国的东洋贸易，粤海关的重点在于管理西洋、南洋各国贸易。来自西洋的英商，自然要由粤海关管理。但英商发现浙海关关税比粤海关低，于是指派商人洪任辉带领商船前往宁波开展贸易活动。由于英商行为导致粤海关收入减少，两广总督杨应琚在各方要求下，奏请乾隆帝，希望提高浙海关的关税，以便迫使英国东印度公司的商船重新回到广州。乾隆二十二年（1757 年）经过闽浙总督、两广总督、户部和皇帝之间的反复讨论，最终决定把西洋"番商"限制在广州一个口岸。乾隆南巡回京后发布圣旨："嗣后口岸定于广东。不得再赴浙省。"（《清实录·乾隆朝实录》卷五百五十）这道谕旨关闭了宁波等地的口岸，只留广州一口通商。同时，清政府又实行商行制度，规定洋商不得直接与官府交往，而只能由"广州十三行"办理一切有关外商的交涉事宜。

为了防止外商侵扰，除实行"一口通商"政策外，乾隆帝还认为必须加强对外商的管理与防范。乾隆二十四年（1759 年），两广总督李侍尧奏请制定《防范外夷规条防范夷商规条》，规定"防夷五事"，即永行禁止外国商人在广州过冬，必须冬住者只准在澳门居住；外商到粤，"宜令寓居行商管束稽查"；禁止中国商人借领外商资本及外商雇请汉人役使；严禁外商雇人传递消息；于外国商船停泊处拨营员弹压稽查。（《清实录·乾隆朝实录》卷六百二十）"防夷五事"将对外贸易严加管理，有了明确的法规，使闭关政策成为制度。

乾隆晚期，西方国家工业革命方兴未艾，大量商品亟须出口，因此希望打开中国市场。乾隆五十七年（1792 年），英王以补祝乾隆帝八十大寿的名义，派出以马戛尔尼为首的使团访清，并于次年到达北京，旋即前往承德避暑山庄，参加乾隆帝八十三岁寿辰庆典。英使带来的礼品共 19 宗、590 余件，都是当时英国先进科技的代表作，有座钟、天球仪、地球仪、望远镜，还有能够测报气象的仪器、手枪、步枪、榴弹炮等。乾隆帝看过礼单，一方面在震惊之余仍谕示臣下说：

单内所载物件，俱不免张大其词，此盖由夷性见小。自为独得之秘，以夸炫其制造之精奇。现已令选做钟处好手匠役前来，俟该国匠役安装时随同学习，即可谙悉。着征瑞于无意之中向彼闲谈，以大皇帝因尔等航海来朝，涉万里之遥，阅一年之久，情殷祝嘏，是以加恩体恤。至尔国所贡之物，天朝原亦有之。如此明白谕知庶该使臣等不敢居奇自炫。是亦驾驭远人之道。（《清实录·乾隆朝实录》卷一千四百三十一）

另一方面，乾隆帝本着"薄来厚往"的原则，分别赏赐英王及使臣、随员一行丝绸绒、瓷器、玉器及各类工艺品三千多件。

英使团参加完庆典返京后，马戛尔尼递送的表文由在京的传教士翻译出来。马戛尔尼曾经向清朝提出六项要求，包括英国货船能到浙江、天津等地收泊；允许英国商人仿俄罗斯例在北京设一个货栈买卖货物；取消澳门和广州之间的转口税，或照 1782 年的税率减免；确定关税条例，禁止向英国商人在海关关税之外另行勒索；在舟山占一岛屿，以便英国人居住和收存货物；在广州附近划出一块地方允许英商居住，并自由往返澳门；允许英国人自由传教；等等。乾隆帝以谕旨的形式断然拒绝了这个要求，指出：

向来西洋各国及尔国夷商。赴天朝贸易。悉于呑门互市。历久相沿。已非一日。天朝物产丰盈。无所不有。原不藉外夷货物。以通有无。特因天朝所产茶叶磁器丝觔。为西洋各国及尔国必需之物。是以加恩体恤。在呑门开设洋行。俾得日用有资。并沾余润。今尔国使臣于定例之外。多有陈乞。……天朝尺土，俱归版籍，疆址森然，即岛屿沙洲，亦必划界分疆，各有专属。况外夷向化天朝。交易货物者。亦不仅尔英咭利一国。若别国纷纷效尤。恳请赏给地方居住买卖之人。岂能各应所求。且天朝亦无此体制。此事尤不便准行。（《清实录·乾隆朝实录》卷一千四百三十五）

马戛尔尼等此行之结果，自赍还文绮珍玩等赏赉品致诸国王以外，其他毫无所获。唯其随行员等，以途中所见中国内地实情，笔之于书，归而布诸全国，则实为英人莫大之利益云。（（清）佚名：《外交小史》）然而，47 年后的道光二十年（1840 年）鸦片战争爆发，道光二十二年（1842 年）清政府被迫与英国签订《南京条约》，其内容与马噶尔尼所递交的英王信件中的要求何其相似。乾隆时期英国使团想得到而没有得到的东西，通过后来的鸦片战争基本都得到了。大清不能适应世界发展主动打开大门，只能被西方列强的坚船利炮打开了。

5. 盛世危机

清代国势在康雍两朝基本上都呈上升之势，并为"乾隆盛世"奠定了基础。

乾隆前期，借康雍之势，社会经济仍保持了高度繁荣且蒸蒸日上，但是到了中后期则出现明显颓势，社会矛盾越来越暴露。

第一，人口增长危机。康熙和雍正朝实施的一些政策导致人口快速增加。康熙时期"滋生人丁，永不加赋"和雍正时期"摊丁入亩"政策，都降低了家庭添丁进口的成本，十分有利于人口增长。康熙和雍正时期，还有大量荒地可以开垦，到乾隆时期就只能向较为遥远的边疆实施土地开发了，因而经济上取得的成就被庞大的人口增长所抵消。乾隆五十六年（1891 年），皇帝不得不承认："国家承平日久，生齿日繁，物产只有此数，而日用日渐加增。康熙年间，朕在冲龄时，即闻乳保等因物价昂贵度日艰难之语，今又七十余年，户口滋生，较前奚啻倍蓰？是当时一人衣食之需，今日且供一二十人之用，欲使家给人足，比户丰盈，其势断所不能。"（《清实录·乾隆朝实录》卷一千三百七十）可见，乾隆帝对人口增加和民生拮据问题深为担忧。

第二，八旗贵族没落。八旗制度创立于关外时期，适应战事情况，是清朝的根本制度。清军入关后，随着统治的确立，八旗子弟被清朝帝国供养起来，"以清语骑射为本务"，不工、不农、不商。当兵者按一定标准发放钱粮，然而兵额有限，钱粮标准是祖宗定下的，不能调整。乾隆帝致力于保存满族的文化习俗和尚武精神，认为这是清王朝长治久安的保证。然而，八旗贵胄生活骄奢，浸梁汉俗，废弃武事的趋势愈演愈烈，竟不可遏止。而一般旗人，虽有额俸，但清廷禁其从事生产和经商，致使日益孳生繁衍的旗人衣食无着，发生严重的生计问题。为此，国家采取了一些措施，但总之还是一个"养"字，反而助长了八旗子弟"等靠要"的心态。

第三，阶级矛盾加剧。吏治的腐败又给人口压力、土地兼并等社会矛盾火上浇油，导致农民暴动频发。乾隆十一年（1746 年）七月，福建省上杭县发生群体抗租事件。对此乾隆帝谕示：

> 朕普免天下钱粮，原期损上益下，与民休息。至佃户应交业主田租，惟令地方官劝谕有田之家，听其酌减。以敦任恤之谊，初未尝限以分数，使之宽减，即如朕之蠲租赐复，出自特恩，非民间所能自主。田户之与业主，其减与不减，应听业主酌量，即功令亦难绳以定程也，岂有任佃户自减额数，抗不交租之理。且轻徭薄赋，原以培养善良，使之常享乐利，庶习尚日渐淳庞，若莠民顽梗不驯，转恃上恩，以逞其凶恶，此乃国法之所难宥，断不可稍存宽纵者。（《清实录·乾隆朝实录》卷二百七十三）

以后，各地农民的反抗斗争不断发生，乾隆刚一退位，就爆发了持续九年的白莲教起义，致使清朝元气大伤，迅速走向衰落。

第四，吏治日益腐败。清代的贪污问题是长期的，雍正时大力改革使得吏治稍得改善，乾隆时奢靡之风又卷土重来且愈来愈甚。由于乾隆帝好大喜功，生活奢侈，放松吏治，致使贪污成风，政治腐败。乾隆五十五年（1790年）十一月，内阁学士尹壮图上疏奏陈吏治腐败，而乾隆认为，自己五十五年来"勤政爱民"，若尹氏所说，则"朕五十余年来竟系被人蒙蔽"。于是，乾隆命户部侍郎庆成和尹壮图一起出察府库亏空。而庆成已受和珅指使，处处掣肘，各督抚"闻钦差起程信息，早已设法弥补，名曰盘查，仍属有名无实"。调查自然毫无结果。壮图复奏，言目见商民乐业，绝无蹙额兴叹情事，并自承虚诳，奏请治罪。乾隆的这种纵容和讳疾忌医态度，只能进一步加剧官僚腐败。

第五，财政极度紧张。乾隆六年（1741年）五月二十日，户部侍郎梁诗正奏：财政"入不敷出，盖因八旗兵饷浩繁，所出既多，各省绿旗兵饷日增，所入愈少"（《清实录·乾隆朝实录》卷一百四十三）。事实上，兵费支出属于经常费用，尽管日益增多但总有常额。乾隆时期财政紧张是由于乾隆帝好大喜功，不仅四处征伐，大兴土木，还多次巡游。表面上看，乾隆朝国力强盛，财政充盈，而皇帝爱好园林建筑，故大兴土木，扩建御园。乾隆帝说："方今帑藏充盈，户部核计已至七千三百余万。每念天一地生财只有此数，自当宏敷渥泽，俾之流通，而国用原有常经，无庸更言樽节。"（《御制诗三集·降旨普元天下正供，诗以志事》）乾隆帝曾六次南巡，耗费巨大，每到一处都耗光了当地的财政。另外，乾隆晚期自然灾害也不断发生，灾后赈济也耗费了大量钱财，进一步加剧了财政紧张。但直到晚年乾隆帝仍不自省，甚至变本加厉地挥霍，从而促使大清从"康乾盛世"迅速转向"道咸衰世"。

第六，西方挑战。乾隆时期，在"盛世"之下积累了各种矛盾和潜伏的危机，但最大的危机还是来自西方的挑战。乾隆时代，中国在政治、经济、军事、文化方面均有许多成绩，用传统社会的标准来看可以称之为"盛世"。但是，就在中国沉湎于"盛世"幻象之时，西方已经开始了如火如荼的工业革命，从传统的农业社会中脱出进入工业社会，中国与西方大大地拉开了距离，产生了巨大的"代差"，即工业时代和农业时代的"代差"，从而成为两个不可同日而语的社会经济体。但是，对这一切变化，清朝朝野都丝毫没有察觉。随着西方国家工业的发展和市场的局限，本土资源已经不能满足需要，所以到处扩张，传教士、外交官、商人陆续来到中国，引起了种种摩擦、纠纷。而在处理这些矛盾和冲突过程中，乾隆帝并不是采取积极的态度，而是仍旧以大国天朝的观念为基础，从而使中国错失了走向现代的机会。

第三节　嘉道中衰

一、嘉庆守成

1. 敬天法祖

乾隆六十一年（1796 年），皇帝禅位给太子颙琰，是为仁宗，年号嘉庆。嘉庆继位与乾隆继位有根本不同。乾隆所继承的是雍正改革所留下的吏治清明和财政充裕的良好基础，而嘉庆所继承的是乾隆晚期严重堕坏的政治和经济基础。乾隆可以不改革，可以坐拥雍正改革的遗产延续数十年，而嘉庆却面临严峻的改革任务，不改革就没有出路，就必然走向衰亡。

然而，嘉庆并不是一个改革进取之君，而是个中庸守成的皇帝。乾隆去世前给嘉庆留下"敬天法祖，勤政爱民"八字方针。嘉庆十年（1805 年）九月，他率宗室及重臣，经过艰苦跋涉，来到满族的龙兴之地，亲自祭奠了新宾永陵、盛京的福陵和昭陵，以表明"法祖"和"守成"的决心。嘉庆十六年（1811 年），他在《守成论》中说："夫成者，列圣所遗之成规也，守者世世子孙守而不易也。盖创业之君，继前朝弊坏之余，开盛世兴隆之业，殚心竭虑，陈纪立纲，法良意美，无不详尽。后世子孙当谨循法则，诚求守成至理，以祖宗之心为心，以祖宗之政为政，率由典常，永绥宝祚，咸有一德，守之不变，丕基至于万世可也。……我大清圣圣相承，度越前古，典章制度，巨细毕该，敬守成宪，何取稍易乎？"他还说："守成大旨，在于勤修欲废之章程，莫为无益之新图，成法不变不坏，屡更屡敝，徒自贻戚耳。况不守祖宗成宪，先不以祖宗为是，其心尚可问乎？若存此念，天必降殃，亡国之君皆由于不肯守成也。守成二字所系至重，敬天法祖、勤政爱民体在是，岂浅鲜哉。"（《清仁宗圣训》卷十五）[①]

事实上，他所讲的并不完全错误。在中国历史上不乏改革失败的例子，而康乾盛世所取得的巨大成就更令他觉得无法超越。康乾时代基本上达到了经济繁荣和社会稳定，大多数年份国库充实，所谓"国家全盛，内外度支有盈无绌，府库所贮，月羡岁增"（王庆云：《石渠余纪》卷一）。但嘉庆所处的历史时代与以往完全不同，大清到了嘉庆时期也与康乾时代不同。在中国，传统的农业社会已经走到尽头，传统农业已经达到顶点，生产力发展已到极限；在西方，工业革命方兴

---

① 赵之恒：《大清十朝圣训》，燕山出版社 1998 年版，第 5117—5118 页。

未艾，就是说，世界变了，中国也必须变。总之，嘉庆时期处于人类社会历史和中国历史的交叉转折处。但是嘉庆却没有认识到这个历史变化，在这个千古变局之际，不能与时俱进改革创新，而是坚持守成政策，不能不将大清王朝加速带入衰落的轨道。

2. 整顿吏治

嘉庆坚持守成政策，但是面对乾隆留下的危机四伏局面，仍不得不在亲政后打出"咸与维新"旗号，诏求直言，广开言路，祛邪扶正，整饬内政，整肃纲纪。看起来雷厉风行，大有一扫前朝弊政之势。

嘉庆四年（1799 年）正月初八，嘉庆帝颁布谕旨，革大学士和珅职，下狱治罪，随后令其在狱中自尽。嘉庆五年（1800 年），他在上谕中指出："整饬吏治，以清廉为本，盖必有守然后可责以有为。若操守先不可问，则一切措施，皆属昏瞀，不能治己，焉能治人。此贪墨之风，首当严惩也。"（《清实录·嘉庆朝实录》卷七十五）随后，嘉庆帝连续处死了数位贪污腐化的重臣。

对于官员的玩忽职守之风，嘉庆帝首先从自己做起，学习先帝，勤于政事。他每天一大早就起身阅读祖宗实录，批阅奏章，早饭后还召见大臣，对于拖拉延搁的现象严斥不贷。嘉庆五年，嘉庆帝发谕旨，要求地方官员对民隐民情"纤悉无隐"，据实陈报，力戒欺隐、粉饰、怠惰之风。嘉庆二十三年（1818 年）十一月，他下令查部院疲玩现象，十二月初九规定部院行查时间逾限处分：嗣后逾限 11 到 20 案，罚俸 6 个月；逾限 21 到 40 案，罚俸 2 年；逾限 40 到 60 案，降一级留任。

嘉庆一方面整顿吏治，但另一方面却复开捐官例。当时，清廷军需、河工各项动用，均出常年经费之外，国家收入有一定数额，而支出浩繁，财政竭绌。嘉庆十九年（1814 年）正月，从侍郎吴璥奏请复开捐官例。嘉庆帝无可奈何地承认，这是万不得已之举，并非认为捐例是必须实行的。他说：诸臣食君之禄，皆当忠君之事。各大臣果有真知灼见，能为裕国之策，必须字字确切，毫无流弊，不准泛论纸上空谈，仍犯议论多而成功少的毛病。如确有把握，立能济军需、河工之用，这样的措施上奏后，立即将捐官例停止。如果只说捐官例弊害，而无筹款良策，这种奏疏等于没用。

3. 经济政策

嘉庆帝坚持"敬天法祖"的执政方针，在经济政策方面必然不肯越雷池一步。但是，面对严峻的经济社会矛盾，又不得不做一些调整。这正是嘉庆帝的尴尬之处。

康雍乾三朝都实行矿禁，但都有断续的弛禁开放。嘉庆四年，宛平百姓潘世恩和汲县百姓苏廷禄呈请在直隶邢台等县境内开采银矿，给事中明绳据以入告。而嘉庆帝仍依据祖制于四月十九日颁布谕旨：

　　圣训煌煌，可为万世法守。……夫矿藏于山，非数人所能采取，亦非数月所能毕事。必且千百为群，经年累月，设立棚厂，凿砂煎炼，以谋利之事，聚游手之民，生衅滋事，势所必然。纵使官为经理，尚难约束多人，若听一二商民集众自行开采，其毙将无所不至。……且国家经费，自有正供常赋，川陕余匪，指日即可殄平，国用本无虞不足，安可穷搜山泽，计乃锱铢。（《清实录·嘉庆朝实录》卷四十三）

这样，嘉庆帝不仅一下子就将开矿之议否决，还对奏议的大臣加以贬斥。

嘉庆时期，人多地少的矛盾愈发严重，人民普遍吃不饱饭。事实上，当时的大清还有东北大片土地没有开发。长期以来，满族统治者将东北地区作为"龙兴之地"禁止汉人迁居开发，而坚持"祖制"的嘉庆帝也未想到要改变这一政策。嘉庆八年（1803年）五月，嘉庆帝就禁止贫民携眷出口制定章程一事谕示：

山海关外，系东三省地方，为满洲根本重地，原不准流寓民人杂处其闲，私垦地亩，致碍旗人生计，例禁有年。自乾隆五十七年京南偶被偏灾，仰蒙皇考高宗纯皇帝格外施恩，准令无业贫民出口觅食，系属一时权宜抚绥之计，事后即应停止。乃近年以来，民人多有携眷出关，并不分别查验，概准放行，即因嘉庆六年秋闲，畿南州县被水成灾，闲有穷黎携眷出口之事。迨至上年，直隶收成丰稔，民气已复，何以直至今春尚有携眷出关者数百余户。……嗣后民人出入，除只身前往之贸易佣工、就食贫民、仍令呈明地方官给票、到关查验放行、造册报部外，其携眷出口之户，概行禁止。即遇关内地方、偶值荒歉之年贫民亟思移家谋食、情愿出口营生者，亦应由地方官察看灾分轻重，人数多寡，报明督抚据实陈奏，候旨允行后始准出关。仍当明定限期，饬令遵限停止，毋得日久因循，致滋生事端。（《清实录·嘉庆朝实录》卷一百十三）

嘉庆时期皇族堕落严重，他们受朝廷包养而不思进取，犯法后还不受司法制裁。而在皇族堕落的同时，其他八旗贵族也日益走向没落，不仅不思进取反而陷于生计困难。由于八旗子弟由国家供养，"以清语骑射为本务"，不仕不农不工不商，一无所能，腐化堕落。对此，嘉庆帝也只能延续祖先的做法，一方面用政府的钱替八旗子弟还债，一方面筹划八旗生计。嘉庆二十一年（1816年）十一月，御史罗家彦建议可令八旗人士纺织为生。嘉庆大不以为然，特召见诸皇子军机大臣等，明白宣谕：

我八旗满洲，首以清语骑射为本务，其次则诵读经书，以为明理治事之用。若文艺即非所重，不学亦可，是以皇子等在内廷读书，从不令学作制艺，恐类于文士之所为，凡以端本务实，示所趋向。我朝列圣垂训，命后嗣无改衣冠，以清语骑射为重，圣谟深远，我子孙所当万世遵守。若如该御史所奏，八旗男妇皆以纺织为务，则骑射将置之不讲，且营谋小利，势必至渐以贸易为生，纷纷四出，于国家赡养八旗劲旅、屯住京师本计，不大相刺谬乎。近日旗人耳濡目渐，已不免稍染汉人习气，正应竭力挽回，以身率先，岂可导以外务，益远本计矣。（《清实录·嘉庆朝实录》卷三百二十四）

嘉庆帝之"守成"可见一斑，实为保守之极。

4. 闭关政策

"一口通商"政策是乾隆帝确定下来的，嘉庆帝自然要严格遵守。但嘉庆时期又遇到新问题，即英国走私鸦片开始扩大，不仅仅导致贸易逆差，更逐渐演变成严重的社会问题。对于鸦片的危害性清廷早有认识并一再宣布禁止。嘉庆帝严禁鸦片，对英人在沿海活动保持高度警惕。嘉庆二十一年（1816年），清廷拒绝了英国提出的建立外交关系、开辟通商口岸、割让浙江沿海岛屿的要求。嘉庆十四年（1809年）五月十九日，清政府制定《民夷交易章程》，付诸实行，主要内容有：

> 嗣后各国护货兵船，俱不许驶入内港，夷商销货，令即依限回国，并令洋商早清夷欠。其澳内西洋人，不准再行添屋，民人眷口，亦不准再有增添。引水船户，给照销照，俱责成澳门同知办理。夷商买办，选择殷实之人，始准承充。至向来夷货到粤，皆由该国自行投行，公平交易，以顺夷情。（《清实录·嘉庆朝实录》卷二百十二）

嘉庆十九年（1814年）八九月间，英国护货兵船，不遵定制停泊外洋，竟驶至虎门。后经两广总督蒋攸铦示以兵威，派员诘责，方才退出。蒋攸铦将这些情况密奏给嘉庆帝，提出要整饬洋行事宜。嘉庆帝览奏后，非常赞同，并表示今后不可不严申禁令，说：

> 该夷船所贩货物，全藉内地销售，如呢羽钟表等物，中华尽可不需，而茶叶土丝在彼国断不可少，倘一经停止贸易，则其生计立穷。书云、不宝远物，则远人格。该督等当深明此意，谨守定制，内固藩篱，不可使外夷轻视。嗣后所有各国护货兵船，仍遵旧制，不许驶近内洋。货船出口，亦不许逗遛，如敢阑入禁地，即严加驱逐，倘敢抗拒，即行施放枪炮，慑以兵威，使知畏惧。所

有该督等请严禁民人私为夷人服役，及洋行不得搭盖夷式房屋、铺户不得用夷字店号，及清查商欠、不得滥保身家浅薄之人承充洋商、并不准内地民人私往夷管之处，均照所议行。（《清实录·嘉庆朝实录》卷三百）

嘉庆二十一年（1816年），英国派遣使节前来中国。在英使到来之前，嘉庆帝即循考旧典，爱饬百司，一切都要仿照乾隆朝礼仪举行。然而，双方在天津的觐见宴会上，英使并不遵照清朝礼节行事，不行三跪九叩礼。嘉庆帝先是以远国小臣，未娴仪度，可从矜恕，但强调英使在北京瞻觐时必须行此礼。然而在瞻觐之时，英使仍拒绝行此礼。嘉庆帝遂责令英使回国，强调说：

天朝不宝远物，凡尔国奇巧之器，亦不视为珍异。尔国王其辑和尔人民，慎固尔疆土，无闲远迩，朕实嘉之。嗣后毋庸遣使远来，徒烦跋涉，但能倾心效顺，不必岁时来朝始称向化也。俾尔永遵，故兹敕谕。（《清实录·嘉庆朝实录》卷三百二十）

二、道光萧条

嘉庆二十五年（1820年）七月二十五日，嘉庆帝颙琰在热河避暑山庄去世，终年六十一岁。八月二十七日，旻宁御太和殿即皇帝位，是为道光皇帝。道光帝是嘉庆帝第二子，年幼时勤奋好学，精于骑射，总的来看也算是一位合格的皇帝。但时运不济，道光即位时大清王朝已经日薄西山，病入膏肓，基本上已无药可治了。所以，道光帝在位期间，不仅经济凋敝，而且灾祸连连，最后还受到鸦片战争的打击，致使中国历史出现新的拐点，进入另一个历史阶段。

1. 癸未大水

道光三年（1823年），全国发生大范围水灾，史称"癸未大水"。据史料记载，道光癸未年受灾最为严重的省份为直隶、江苏、浙江、安徽、山东、河南、湖北、江西和湖南，云南、贵州、四川、广东、陕西和山西等省亦有灾情。林则徐描绘江南受灾情形："苏属被灾之重，为从来所未有……此数十万饥饿余生，将何术以处之哉……总之灾分太重，灾民太多，灾区太广。"（光绪《松江府续志·田赋志赈恤》）。《清史稿·食货志》称："国初以来承平日久，海内殷富，为旷古所罕有……至道光癸未大水，元气顿耗，然犹勉强枝梧者十年。逮癸巳大水而后，无岁不荒，无县不缓，以国家蠲减旷典，遂为年例。"（《清史稿·食货志·赋役》）

水灾发生后，政府积极组织救灾和赈济，其中京师是赈济的重头。七月，道光帝喻示：京畿自入夏以来，雨水过多，现在市集粮价增昂，贫民口食维艰，"着于五城分设厂座，发给仓贮米五万石，平价粜卖，以济民食。"（《清实录·道光朝实录》卷五十五）随后，御史程矞采奏，请调剂京畿觅食贫民："本年京畿雨水过多，市集粮价增昂，前降旨令于五城分设厂座，发给仓贮米五万石，平价粜卖。小民就近赴籴，自可糊口有资，惟近城觅食贫民，人数众多，仍恐未能周给。着如该御史所奏、即于卢沟桥、黄村、东坝、清河、四处分设饭厂，照五城煮赈之例，发给京仓米石。着顺天府尹派委诚实干员、分投办理，务令实惠及民，毋致一夫失所，其一切经费，准其作正开销，所有四乡灾民，即由该处就近领赈，无令纷纷进城，致形拥挤。"（《清实录·道光朝实录》卷五十五）

赈济水灾活动导致政府大规模支出。嘉道时期清廷的常年财政收入保持在 4500 万两左右。而此次赈灾的直接财政损失包括赈济 950 万两，河工 250 万两，计 1200 万两，占全部财政收入的 26.67%；间接财政损失包括遭受水灾省份的短征地丁银 696 万两，短征漕粮 100 万两，短征盐课 400 万两，短征关税 40 万两，计 1236 万两，占全部财政收入的 27.47%。合计直接财政损失和间接财政损失，已达 2436 万两，占全部财政收入的 54.13%。[①] 这还只是政府的财政损失。至于水灾引发的人口锐减、财产损失、农业歉收、土地肥力骤降等，则远远超过政府财政损失的数额。因此，从某种程度上说，这场水灾的确可以看作是清朝甚至是中国由盛转衰的标志之一。

2. 道光萧条

癸未大水是促使清朝国势迅速转衰的重要因素。同治时江苏巡抚李鸿章说："至道光癸未大水，元气顿耗，商利减而农利从之。于是民渐自富而之贫，然犹勉强支吾者十年。迨癸巳大水而后，始无岁不荒，无县不缓。以国家蠲减旷典，遂为年例。夫癸巳以前，一二十年而以歉，癸巳以后，则无年不歉。"（李鸿章：《请减苏松太浮粮疏》（同治二年），《皇朝经世文续编·政九赋役四》）所以，癸未大水之后，清朝经济陷入长期萧条之中，史称"道光萧条"。

但事实上，经济萧条并不是癸未大水以后发生的，各种萧条迹象早在嘉庆末年就已经显现。当时龚自珍即明确指出："自京师始，概乎四方，大抵富户变贫户，贫户变饿者，四民之首，奔走下贱，各省大局，岌岌乎皆不可以支月日，奚暇问年岁？"（龚自珍：《西域置行省议》）然而，这场严重水灾受灾面积广，持续时间久，特别是在清朝国势已衰，农业生产不景气，财政拮据的情况下发生的，因此十分严重，影响深远。首先，市场萧条，表现为银贵钱贱，物价下跌，交易停滞，商民皆困。其次是农业生产无利可图，民生日蹙，农事益艰，"失业之农，填沟壑、为饿

---

① 参见倪玉平、高晓燕：《清朝道光"癸未大水"的财政损失》，《清华大学学报（哲学社会科学版）》2014 年第 4 期。

殍者，不知凡几"（姜皋：《浦泖农咨》自序）。农村棉纺织业也濒临破产，"往年农之不匮乏者多赖之。自近今十数年来，标布不消，布价遂贱，加以棉花地荒歉者及今四年矣。棉本既贵，纺织无赢，只好坐食，故今岁之荒，竟无生路也"（（清）姜皋：《浦泖农咨》）。道光十三年（1833年）江苏巡抚林则徐说："粮价日昂，实从来所未见，来岁青黄不接，不知更当何如。""窃维尽职之道，原以国计为最先。而国计与民生实相维系，朝廷之度支积贮，无一不出于民。故下恤民生，正所以上筹国计，所谓民惟邦本也。"（《皇朝经世文续编·户政十七·荒政中》）

3. 颓世改革

在经济萧条面前，道光帝也试图通过变革来摆脱困境。当然，道光帝并不是一个改革家，与其父相比，他同样是一个"守成者"，不过是在更严峻的局面下不得已而为之罢了。所以，他在位期间还是做了一些小改小革，但全都无伤大体，也自然都不成气候，至于扭转大清的颓势，那更是不可能的。

第一，清查陋规。清代陋规是个老问题。雍正执政期间曾大力清理陋规，但以后又不断出现新的陋规。至道光时期，陋规较之雍正时期不知多了多少倍。道光试图从清查陋规入手，改变官场风气。所以他执政仅半月，即于九月十一日下诏清查陋规。然而，面对长期形成的陋规和既得利益集团，他却拿不出具体的办法来，未免徒托空言。

第二，漕粮海运。过去从两江和湖广等地征来的漕粮，都是从大运河运到目的地，一路上遭受无数漕运官员的刮扣，加上运河受水患破坏，造成严重损失和极高的运费。道光五年（1825年）二月，道光帝命江、浙试办海运。为杜绝经纪人的需索、无端阻留、刁难，道光帝还下令在上海设海运总局，令理藩院尚书穆彰阿会同仓场侍郎驻天津验收。道光六年（1826年）春夏，第一批海运漕粮抵达天津，900只船运输漕粮160余万石。这种运法坚持到光绪二十六年（1900年）。

第三，纲盐法改为票盐法。清朝盐政向来沿用明制采用纲盐法，即由固定的盐商凭盐引行销纲盐，而盐引完全为盐商垄断。盐商垄断盐业，又须维持庞大的销盐机构，导致盐价提高，引起销售困难。由此私盐泛滥，盐引滞销，盐税减少，盐商遭受打击。这样，纲盐法即难以继续运行。道光十一年（1831年）根据包世臣的建议，以票代纲，允许私贩经销。从此，官府对淮盐的垄断被打破，任何人只要纳税，都可以领票运销食盐。这种新制度避免了官员利用盐政营私的途径，有利于降低盐价，促进盐的销售，同时也增加了盐税。

第四，筹划八旗生计。经济越是萧条，财政越是困窘，八旗生计问题也就越突出。道光元年（1821年）初，清廷再次筹划解决八旗生计问题。道光元年初，清廷制定《移驻京旗闲散章程》，命驻京旗人三千户到吉林屯垦。十月，喀什噶尔参赞大臣武隆阿等，奏请将各省绿营马兵入半数作为旗缺，令驻防旗人子弟就近送补，但未被道光帝接受，反以乱政罪将莠方降职处分。八旗生计问题终未获解决。

三、鸦片危机

嘉道时期，鸦片走私问题已经十分严重。据《鸦片事略》记载：

> 嘉庆二十二年至道光四年，每年入中国大小鸦片，约计四千四百五十五箱，大箱约值洋银一千四百四十六圆，小箱约值一千七十三圆。道光五年至十一年。每年入中国大小鸦片，约计一万一千九百五十三箱，大箱约值九百六十五圆，小箱约值八百六十二圆。前后十五年中，大箱价值最贵在道光二三年间，每箱值二千五百五十圆；最贱在道光十一年间，每箱值七百九十圆。小箱价值最贵在嘉庆二十五年道光元年间，每箱值一千八百圆；最贱在道光十一年间，每箱值五百二十圆。（（清）李圭：《鸦片事略》）

对于鸦片的危害，清政府还是非常清醒的，因而一直坚持严禁政策。鸦片烟之来，俱由福建、浙江、江南海口地方私带，而以广东为最。对此，道光二年（1822年）十二月，清政府决定在通海各口岸及关津渡口，无论官船民载，都要认真查拿，如有私运夹带鸦片者，立即从严惩办。道光三年（1823年）八月初二，清政府再次命严禁洋船夹带鸦片烟进口，并定官员失察鸦片烟，一百斤以上者罚俸一年，一千斤以上者降一级留任，五千斤以上者降三级调用。但由于清朝官员从鸦片贸易中大获其利，从而形成一个庞大的利益集团，他们以各种对策来应对皇帝的禁令，采取各种方法来应对禁烟政策，结果是越查禁越泛滥，京官吸鸦片的十之一二，外官不过十之二三，官员身边幕僚随从是十之五六，到普通吏胥则不可计数，从满蒙王公贵族到宫廷太监、护卫，还有军队士兵都有。

鸦片走私带来的严重问题之一，是白银外流进而导致银贵钱贱，而银贵钱贱进而导致物价下跌，交易萎缩，商民皆困。同时，由于政府采用以白银缴纳的定额税制，而银贵钱贱则大大加重了百姓的税负。为此，道光帝采取限制白银外流措施。道光九年（1829年）正月二十三日，御史章沅奏称，来广州通商的外国商人，卖物则必索官银制钱，买物则概用番银夷钱。银低钱薄，仅当内地银钱之什七。或仍以番银给还，则断不收纳，是以番银之行日广，官银之耗日多。至鸦片烟一物，流毒尤甚。该处伪标他物名色，夹带入粤，每岁易银至数百万两之多，非寻常偷漏可比。因此，建议朝廷重申禁令，"嗣后该省通市，务当恪遵定例。只准易货，毋许易银。其番银之在内地者，行用已久，自难骤加遇绝。至内地官银，则分毫不准私出。其违禁货物，尤应随时稽察，不准私入"（《清实录·道光朝实录》卷一百五十）。道光帝准其所奏，并命两广总督李鸿宾、广东巡抚卢坤等妥议具体章程。七月，李鸿宾等奏上《查禁官银出洋及私货（鸦片）入口章程》七条。次年七月，李鸿宾等又奏上《查禁纹银出洋及内地分销鸦片章程》六条。虽然再三重申禁令，但白银外流问题始终未能解决。

为彻底解决鸦片贸易问题，道光十八年（1838 年）十一月，道光帝派湖广总督林则徐为钦差大臣、节制广东水师，赴广东主持禁烟事务。道光十九年（1839年）二月初四，林则徐命外商三天内将所有鸦片尽数交出，"计二万二百八十三箱，值英金三百万磅，核银约八百万两"（（清）李圭：《鸦片事略》）。与此同时，林则徐在广东省内大力禁烟，颁布《禁烟章程十条》，严惩贩卖、吸食鸦片者，两个月内捕获贩卖、吸食者一千六百多名，收缴烟土、烟膏四十六万多两，烟枪四万余只。根据皇帝旨意，林则徐将这些鸦片集中于虎门销毁。

第四节 食货之国计

一、田制

八旗是满族人入关之前最重要的制度创设。尽管八旗制度是清朝取得政权和创建国家的物质和军事保障，但显然无法适应建立全国统一政权后的社会状况，因此不得不效仿明朝推行的较为成熟与完善的土地制度。具体说，就是恢复明朝地主的土地所有权，并在此基础上承袭了明朝的赋税制度。但由于满族人起自关东，并且在较短的时期内灭明和入主中原，不可能迅速地消除自身的制度文化遗存，所以清代土地制度也有自己的特点。

1. 旗地

清代土地制度最大的特点是旗地。旗地是清代政府拨归皇室、赐予勋贵，或授予八旗官兵等的土地的总称，大致包括盛京旗地、畿辅旗地、驻防旗地三部分。盛京旗地是清军入关前，把所占据的沈阳附近的一大片土地赐给旗人，成为最早的旗地；入关后，从顺治元年（1644 年）到康熙八年（1669 年），清政府在北京附近500 里以内进行了三次大规模圈地，总计约 20 万顷，这就是畿辅旗地；与此同时，清廷将全国各地八旗驻防地附近的土地拨给驻防旗人，从而造成各地的驻防旗地。

盛京旗地主要集中在盛京即沈阳周围。天命十年（1625 年），努尔哈赤迁都沈阳，嗣以尊称天眷盛京。顺治入关后定都北京后仍将沈阳作为留都。为了保证留都旗人生产和生活，清廷将沈阳附近土地留作旗地，主要分布于兴京、辽阳、开原、熊岳、凤凰城、复州、锦州、岫岩、广宁、义州等地，分设协领、城守尉以辖旗人。《钦定大清会典则例》：

> 康熙十九年，定奉天地东自抚顺起，西至宁远州老君屯止，南自盖平县阑石起，北至开原县止，共丈出荒甸地三十四万八千八十五顷二十六亩，除烧甎及打草甸马场甸羊草甸地共万九千三十五顷九十六亩，实丈出三十二万九千四十九顷三十亩，分定旗界内地二十七万六千三百二十二顷八十亩，余系民界内地。

畿辅旗地是入关后通过大规模"圈地"形成的，主要以各类"官庄"形式存在，称为"庄田"。清代的官庄田分别为皇帝、贵族、旗人占有，包括皇室庄田、宗室庄田和八旗庄田。清朝的官庄拨给八旗王、公、宗室，出租给农民耕种，由内务府统一管理，所收地租分给王公宗室。《清史稿·食货志》：

> 考各旗王、公、宗室庄田，都万三千三百余顷。分拨各旗官兵，都十四万九百余顷。凡王公近属，分别畀地，大庄给地亩四百二十至七百二十，半庄二百四十至三百六十，园给地亩六十至百二十或百八十，王府管领及官属壮丁人三十六亩，不支粮。凡拨地以现在为程，嗣虽丁增不加，丁减不退。

2. 屯田

清代屯田始于顺治时期。《清史稿·食货志》：

> 顺治初元，令山西新垦田免租税一岁；而河南北荒地九万四千五百余顷，允巡抚罗绣锦言，俾兵课垦。二年，顺天行计兵授田法，每守兵予可耕田十亩，牛具、籽种官资之。又直隶、山东、江北、山西，凡驻满兵，给无主地令种。

这就使得华北、华中地区先后着令准垦，而一些边疆如新疆、青海、海南、台湾等省于清朝中叶先后实行开垦政策，东北地区直到清朝后期才准许大量汉人前往开垦。

清代的屯田分军屯和民屯两种。另外还有一种漕运屯田。漕运屯田本源于明末，是官府以屯田所得地租，作为支付漕运运丁的报酬。清代继承了这一做法，按照漕运船分配屯田，或按运丁人数分配屯田，由运丁自行耕种或者出佃租取，或是由不出运的屯丁耕种，然后按亩缴纳津贴。屯田土地为国有土地，有政府设置机构和官员管理。《清史稿·食货志》：

> 顺治元年，遣御史巡视屯田。三年，定屯田官制。卫设守备一，兼管屯
> 田。又千总、百总，分理卫事。改卫军为屯丁。六年，定直隶屯地输租例。其
> 时裁屯田御史，继裁巡按，由巡抚主之。十三年，定屯军贴运例。浙江各卫有
> 屯无运与无屯有运者，均征拨帖，屯户困始少苏。康熙十五年，以各卫荒田在
> 州县辖境，军地民田多影射，令檄所司清厘。雍正二年，从廷臣请，并内地屯
> 卫于州县，裁都司以下官。惟带运之屯，与边卫无州县可归者，如故。九年，
> 令屯卫田亩可典与军户，不得私典与民。

清代政府为倡导水利建设，设置一种水利田，又曰"营田水利"。这种水利田
主要在直隶、陕西等省，用于开发水利以种稻。《清史稿·食货志》：

> 圣祖时，垦天津荒地万亩为水田。世宗于滦、蓟创营田，设营田水利府，
> 命怡亲王董其事。王与大学士硃轼汇上事例四端。寻于天津等属分立营田四
> 局，领以专官。因地势潴流筑圩，建闸开渠，民人原耕者，官给工本，募江、
> 浙老农，予月饩，教耕获，翌年，得熟田百五十余顷。至雍正七年，营成水田
> 六千顷余，虽糜帑不赀，而行之有验，惜功未竟，后渐废弛。独磁州沟洫如
> 故，岁常丰稔。

水利田是政府倡导农田水利建设的模范工程。营田是官督民种，民人愿意种稻
的，官给工本，政府又从江南、浙江招募老农，给予月粮，指导北方种水田。

3. 祭田与学田

清代作为公田的土地，还有祭田、学田、井田等多种形式。祭田是作为祭祀古
圣先贤庙、墓、祠堂之用的田地；学田是专用于办学的田地。政府拨给国子监和各
省府州县设置的书院以一定数量的土地，以其租佃所得支付办学费用。《清史稿·
食货志》：

> 凡京师坛壝官地，暨天下社稷、山川、厉坛、文庙、祠墓、寺观、祭田公
> 地，一切免征。建国初，赐圣贤裔祭田。其孔林地、四氏学学田、墓田地、坟
> 地，咸除租赋。学田，专资建学及赡恤贫士，佃耕租而租率不齐，旧无常额。
> 乾隆中，都天下学田万一千五百八十余顷。光绪变法，直省遍兴学堂，需费无
> 艺，则又拨所在荒地，划留学田以补剂之。耤田行于首都先农坛。坛地凡千七
> 百亩。雍正间，令疆吏饬所属置耤田。

二、赋役

1. 赋役整理

清代的田赋制度，承袭明朝典制。顺治三年（1646 年），清政府根据明朝万历年间的旧籍，编纂《赋役全书》，全面记载地亩、人丁、赋税定额及荒地开垦、招徕的数目等。顺治八年（1651 年），顺治帝分命御史巡行各省，察民间利病。苏松巡按秦世桢条奏八事：

> 曰，田地令业主自丈，明注印册；曰，额定钱粮，俱填易知由单，设有增减，另给小单，以免奸胥借口；曰，由单详开总散数目，花户姓名，以便磨对；曰，设立滚单，以次追比；曰，收粮听里户自纳簿柜，加钤司府印信；曰，解放先急后缓，勒限掣销；曰，民差查田均派，与排门册对验；曰，备用银两，不得额外透支，征解银册，布政司按季提取，年终报部。自后钱粮积弊，厘剔渐清。（《清史稿·食货志》）

这里提出了国家建立赋役制度的基本纲领，得到顺治帝首肯。

顺治十四年（1657 年）《赋役全书》完成，并与鱼鳞册、黄册互为表里，从而基本确定了清代的赋役制度。《清史稿·食货志》：

> 十一年，命右侍郎王宏祚订正赋役全书，先列地丁原额，次荒亡，次实征，次起运存留。起运分别部寺仓口，存留详列款项细数。其新垦地亩，招徕人丁，续入册尾。每州县发二本，一存有司，一存学宫。赋税册籍，有丈量册，又称鱼鳞册，详载上中下田则。有黄册，岁记户口登耗，与赋役全书相表里。有赤历，令百姓自登纳数，上之布政司，岁终磨对。有会计册，备载州县正项本折钱粮，注明解部年月。复采用明万历一条鞭法。一条鞭者，以府、州、县一岁中夏税秋粮存留起运之额，均徭里甲土贡雇募加银之额，通为一条，总征而均支之。至运输给募，皆官为支拨，而民不与焉。颁易知由单于各花户。由单之式，每州县开列上中下则，正杂本折钱粮，末缀总数，于开征一月前颁之。又佐以截票、印簿、循环簿及粮册、奏销册。截票者，列地丁钱粮实数，分为十限，月完一分，完则截之，钤印于票面，就印字中分，官民各执其半，即所谓串票也。印簿者，由布政司颁发，令州县纳户亲填入簿，季冬缴司报部。循环簿者，照赋役全书款项，以缓急判其先后，按月循环征收。粮册者，造各区纳户花名细数，与一甲总额相符。奏销册者，合通省钱粮完欠支解存留之款，汇造清册，岁终报部核销。定制可谓周且悉矣。

自顺治间订正赋役全书，二十余年后，户口土田，视昔有加，按户增徭，因地加赋，条目纷繁，易于淆混。为此，政府进一步制定了"串票"制度。《清史稿·食货志》：

> 二十八年，令各省巡抚于每年奏销时，盘查司库钱粮。先是各州县催征用二联串票，官民分执，不肖有司勾结奸胥，以已完作未完，多征作少征，弊窦日滋。至是议行三联串票，一存有司，一付役应比，一付民执照。其后更刊四联串票，一送府，一存根，一给花户，一于完粮时令花户别投一柜以销欠。未几，仍复三联串票之制。各省绅衿本有优免丁银之例，而豪强土著，往往诡寄滥免，更有绅衿包揽钱粮耗羡，尽入私橐，官民交累。有诏，诡寄地亩，悉退还业户。三十年，以由单既停，令直省州县卫所照赋役全书科则输纳数目，勒石署门外。复谕民间隐匿地亩，限两年内自首，寻又展限两年。谕福建清丈沿海地亩，厘定疆界，湖南幅员辽阔，先饬民人自行丈量，官府再事抽丈，隐漏者罪之。

2. 摊丁入亩

清初的赋役征派按地亩、人丁两重标准进行。清政府虽然通过丈量田地，并每五年编审一次人丁户口，但地亩、人丁的准确数仍然难以查清，特别是人丁数更难查清。这主要是因为无地农民为了拒纳丁银而大量逃亡，丁额自然也难以征收，往往是一户有五六人，只有一人交纳丁税，有九丁、十丁之户，也只一二人交纳丁税。这种因人丁逃亡而征不足额的情形，从清初至康熙五十年间，始终存在。这种情况非常普遍，因而成为一大社会经济问题。为此，康熙五十二年（1713 年），特诏各省停止编审户口，以康熙五十年（1711 年）所调查的全国人丁数为定额征收丁银，以后"滋生人丁，永不加赋"。此项政策意味着以后新增人丁不再交纳丁银，但政府又要保证丁银不能减少。所以，康熙五十五年（1716 年），户部议定的执行条例中，规定了"新增人丁补足旧缺额数"的具体办法。《清史稿·食货志》：

> 五十一年，谕曰："海宇承平日久，户口日增，地未加广，应以现在丁册定为常额，自后所生人丁，不征收钱粮，编审时，止将实数查明造报。"廷议："五十年以后，谓之盛世滋生人丁，永不加赋。仍五岁一编审。"户部议："缺额人丁，以本户新添者抵补；不足，以亲戚丁多者补之；又不足，以同甲粮多之丁补之。"

这种办法也遭到人们的非议，认为这是"丁倒累户，户倒累甲"，"在官谓之补，在民谓之累"。另外的办法就是不管有没有新增人丁，应除之丁根本不予开除。如云南省，一直到雍正二年（1724 年）实行摊丁入地之前，"寸椽尺土"之丁，"虽老病故绝，编审时从不除减"。这样，便以康熙五十年（1711 年）全国著籍人丁 2462 万余丁、额征丁银 335 万余两为准，把全国丁银总额固定下来。

然而，将全国丁银总额固定下来，仍不能保证丁银如数完纳，也不能消除丁银贫富负担不均等弊端，只要丁银编征继续进行，就会滋生舍富就贫乃至丁银负担不均的现象，而最终还是影响国家对丁银的征课。所以，雍正即位后，许多官员纷纷上奏请求变通丁银的征收方法，将丁银摊入地亩。具体做法是："通计人丁若干，地亩若干，按亩均派，其有转相买卖者，地去而丁亦随之，总使丁不离地，地即有丁，既免贫富不均之叹，亦免逃亡转赔之苦，更免吏胥贿嘱之弊，有裨国计，有便民生"。（《宫中档雍正朝奏折》第 1 辑）雍正元年（1723 年）摊丁入亩办法推广全国，把康熙五十年固定下来的丁银额共计 335 万余两，全部摊入地亩，与田赋一体征收。

实行摊丁入地之后，一方面保证了原有丁银的征收，亦即保证了政府财政收入不减；另一方面，无地或少地的农民，可以免除或减少丁银的负担，再无须以脱逃的方式避免丁税，也就保证了土地上的劳动人口，对发展农业生产有一定的积极作用。

摊丁入地改革的推行并不顺利，事实上延续了一个很长的过程。这主要是因为此项政策遭到"有力之家"的"阻遏"。山西省从雍正九年（1731 年）开始试办，一直到乾隆三十年（1765 年）全省一百零四州县中，只有四十一州县实现了丁粮合一，仍有二十六州县实行丁粮分征，其余三十七州县，有的只将丁银一半或三分之一摊入地亩，有的将丁银统按下下则征收，以余额归入地亩。贵州至乾隆四十二年（1777 年）才开始通省施行摊丁入地，吉林省有些地方，一直到光绪八年（1882 年）还在等待地方官来"摊丁于地，以甦民困"。但总的来看，历经康熙、雍正、乾隆、嘉庆四朝一百余年，除盛京外，摊丁入亩改革基本在全国各地完成。

摊丁入亩是一条鞭法的延续和发展，是中国赋税制度的又一次重大改革，它对清朝的统治和以后中国社会的发展产生了重大的影响。首先，摊丁入地将原丁役银平均摊入地亩计征，这样丁役税"均之于田，可以无额外多取，而催科易集，其派丁多者，必其田多者也，其派丁少者，亦必有田者也"。（（清）王庆云：《石渠余纪》卷三）这样就改变了"丁自为丁、地自为地"的地丁分征、丁役单独作为一个税种的状况，使无地的农民可以不负担丁役银，而且以后新生的人口皆为无赋之丁，这标志着数千年来困扰农民的徭役从此消失。其次，摊丁入亩简化了税收原则，只按土地的单一标准收税。这样，不但稳定了清政府的财政收入，有助于封建统治秩序的正常运行，而且还减轻了劳动人民的负担，削弱了封建国家对农民的人身控制，农民有了更多的人身自由。最后，摊丁入亩取消了中国历史上几千年来的人头税，在客观上起到了鼓励人口增殖的作用。此后，中国人口数量急剧增长，而人口增长在一定时期内为社会提供了大批新生劳动力，这种"人口红利"成为"乾隆盛世"的重要因素。

3. 役制改革

丁银是力役的代金，在丁银与田赋分别征收之时，"通计一省丁粮，均派一省徭役"。摊丁入地以后，丁徭与地赋合一，无地农民理应别无徭役。《清史稿·食货志》：

> 雍正初，令各省将丁口之赋，摊入地亩输纳征解，统谓之"地丁"。先是康熙季年，四川、广东诸省已有行之者。至是准直隶巡抚李维钧请，将丁银随地起征，每地赋一两，摊入丁银二钱二厘，嗣后直省一体仿行。于是地赋一两，福建摊丁银五分二厘七毫至三钱一分二厘不等；山东摊一钱一分五厘；河南摊一分一厘七毫至二钱七厘不等；甘肃，河东摊一钱五分九厘三毫，河西摊一分六毫；江西摊一钱五厘六毫；广西摊一钱三分六厘；湖北摊一钱二分九厘六毫；江苏、安徽亩摊一厘一毫至二分二厘九毫不等；湖南地粮一石，征一毫至八钱六分一厘不等。自后丁徭与地赋合而为一，民纳地丁之外，别无徭役矣。

摊丁入地政策实行后，国家严禁无偿摊派劳役，各种劳役都要求通过"募役"方式进行。《清史稿·食货志》：

> 乾隆元年，复有诏申禁。又谕各处岁修工程，如直隶、山东运河，江南海塘，四川堤堰，河南沁河、盂县小金堤等工，向皆于民田按亩派捐，经管里甲，不无苛索，嗣后永行停止。凡有工作，悉动用帑金。十年，川陕总督庆复奏兴修各属城垣，请令州县捐廉，共襄其事。帝曰："各官养廉，未必有馀，名为帮修，实派之百姓，其弊更大。"不许。乃定各省城工千两以下者，分年修补，土方小工，酌用民力，馀于公项下支修。二十二年，更定江西修堤力役之法。凡修筑土堤，阖邑共摊，夫从粮征，听官按堤摊分，募夫修筑。从巡抚胡宝瑔请也。二十五年，御史丁田树言："自丁粮归于地亩，凡有差徭及军需，必按程给价，无所谓力役之征。近者州县于上官迎送，同僚往来，辄封挐车船，奸役藉票勒派，所发官价，不及时价之半，而守候回空，概置不问，以致商旅裹足，物价腾踊。嗣后非承办大差，及委运官物，毋得减发官价，出票封挐，违者从重参处。"得旨允行。三十二年，以用兵缅甸，经过各地，夫马

运送，颇资民力，特颁帑银，每省十万，分给人民。

丁银摊入地税，并不意味着地方差役摊派的停止。但由于国家社会有不时之需，仍难免有各种劳役科派。"雍正元年以后，各省丁徭皆陆续摊入地亩，惟编审人丁以供差役。"（《皇朝文献通考》卷二十一）这就是说，尽管名义上"民纳地丁之外，别无徭役；官有兴作，悉出雇募"，但实际上，无地或少地的农民，对力役之征，照旧"有赴功之差"，而田连阡陌的富豪之家，反得依仗权势，"不应差徭"。另外，地方官吏违背规定的各种科派从未禁绝。"大小衙署，遇有公事需用物件，恣行科派，总甲串通奸胥，从中渔利；凡工作匠役，皆设立总甲，派定当官，以次轮转；又设贴差名目，不原赴官者，勒令出银，大为民害。诏并禁止。然日久玩生，滋扰益甚。"（《清史稿·食货志》）可见，摊丁入地以后，农民仍要承担必要的科差劳役，而役负不均现象依然存在。

三、漕运

1. 漕粮储运

清朝入主中原定都北京。由于大规模的皇家和官僚机构，完全依靠漕运供给。正如《漕运全书》所说："京师满汉军民所仰给者，东南数百万漕粮也"。所以清代漕粮被称为"天庾正供""朝廷血脉"（光绪《户部漕运全书·兑运额数》），漕运"为一代之大政"（《清朝续文献通考·国用·漕运》）。为此建立了庞大的官僚管理体系。

清代政府规定，江苏、浙江、安徽、江西、湖北、湖南、河南、山东八省承担漕粮的完纳任务，漕粮总额为400万石，各省府州县承担的漕粮数额基本固定，并且需实物缴纳。清代漕粮征收的名目繁多，其主体部分为正兑、改兑、改征、折征等。《清史稿·食货志》：

> 漕运初悉仍明旧，有正兑、改兑、改征、折征。此四者，漕运本折之大纲也。顺治二年，户部奏定每岁额征漕粮四百万石。其运京仓者为正兑米，原额三百三十万石：江南百五十万，浙江六十万，江西四十万，湖广二十五万，山东二十万，河南二十七万。其运通漕者为改兑米，原额七十万石：江南二十九万四千四百，浙江三万，江西十七万，山东九万五千六百，河南十一万。其后颇有折改。至乾隆十八年，实征正兑米二百七十五万余石，改兑米五十万石有奇，其随时截留蠲缓者不在其例。山东、河南漕粮外有小麦、黑豆，两省通征正兑。改耗麦六万九千五百六十一石八斗四升有奇，豆二十万八千一百九十九石三斗一升有奇，皆运京仓。黑豆系粟米改征，无定额。凡改征出特旨，无

常例。

"折征",指原征实物,但折成银钱交纳。系指某地受灾,不能征本色实物,而改征折色,即银两。或者将离水次最远县份的漕粮,酌量减去,分拨其他县份征收。另有所谓"民折官办",指对民户征收银钱,而由官府用其他办法以实物交公。

清承明制,也在江南五府征白粮,专供宫廷和京师官员食用。这是朝廷征用的额外漕粮,为田赋附加。《清史稿·食货志》:

> 漕粮之外,江苏苏、松、常三府,太仓一州,浙江嘉、湖两府,岁输糯米于内务府,以供上用及百官廪禄之需,谓之白粮。原额正米二十一万七千四百七十二石有奇。耗米,苏、松、常三府,太仓一州每石加耗三斗,以五升或三升随正米起交,余随船作耗,共二万七百七石有奇;嘉、湖二府每石加耗四斗,以五升或三升随正米起交,余随船作耗,共万三千四百八十八石有奇。

漕粮运至北京后,需在运河码头等处存放,因而建有大规模粮仓。雍正年间,每年运达京城粮食,分储在北京城的"天子内仓"(京仓)和通州的"天子外仓"(通仓)。各省漕粮运抵通州,按粮石种类与支放用途,分别储入京、通十三仓。除十三仓外,户部还单设"内仓"。清室内务府也单设"恩丰仓"(太监米石)、"官三仓"(储米石、麦等)。不属户部,归内务府会计司管辖。"漕粮"支出有严格规定,绝不准许平民食用。只有三种情况下才可以变通卖给平民:"廒底成色米"(过期霉变)、"扫收零撒土米"和"仓粮有余"。

明代漕运主要由各地卫所军士承担。清代取消卫所制,将军士编为漕运运军。《清史稿·食货志》:

> 清初沿明卫所之制,以屯田给军分佃,罢其杂徭。寻改卫军为屯丁,毋得窜入民籍,五年一编审,粮道掌之。康熙初,定各省卫所额设运丁十名。三十五年,定漕船出运,每船金丁一名,馀九名以谙练驾驭之水手充之。

2. 漕运之弊

漕运是清朝政府的一大工程,复杂浩繁,制度严密,但也难免疏漏。经过长时期运行后,也难免弊端百出。首先是漕运成本。漕运从南到北,需要花费巨大的成本,才能完成一次完整的征运。清初名儒陆世仪《漕兑揭》:

闻之官军运粮，每米百石，例六十余石到京，则官又有三十余石之耗。是民间出米三百石，朝廷止收六十石之用也。朝廷岁漕江南四百万石，而江南则岁出一千四百万石。四百万石未必尽归朝廷，而一千万石常供官旗及诸色蠹恶之口腹。其为痛哭可胜道耶。是以江南诸县，无县不逋钱粮。（陆世仪：《漕兑揭》，《皇朝经世文编·户政二十一·漕运上》）

这里说的是清初的情况。随着制度松弛，漕运腐败，问题则更加严重。嘉庆时，江南漕米运抵京仓，每石费用需银十八两。当时粮价，每石在一两左右，一石漕粮的费用超过当时商品粮价十六七倍。光绪《户部漕运全书》的估算是：

惟起运本色每正粮一石，加耗三斗、四斗不等。此外有补润、加赠、淋尖、饭食等米，又有踢解、稳跳、倒箩、舱垫等银，在旗丁则有行月，在船只则需修理、打造，在起纳则多轻赍、席板，而衙役之需诈与粮里之藉端科扰，水次之挑盘脚价，犹不与焉。总计公私耗费，大约共需粮一石五、六斗，银五、七钱各不等，方得兑发一石正粮。（光绪《户部漕运全书·漕粮原额·历年成案》）

其次是漕运腐败。自乾隆中后期开始，漕运腐败越来越严重。漕运衙门在淮安。漕船每到淮安都要经总漕盘查，对运丁处处刁难，无理科索，大大增加了漕运成本。乾隆七年，江南船每帮索银 20—24 两，浙江船每帮索银 24—30 两，白粮船加倍，江西、湖广船每帮索银 40—50 两。嘉庆十五年，漕船过淮每帮花费陋规银增至 500 两。漕费之重，一方面是由于漕运官制复杂，官僚系统庞大，管理成本极高，更重要的原因还在于漕吏腐败和无端科索所致。漕运衙门有漕运总督、巡漕御史、督抚、粮储道、监兑官、催漕官等，较低层级的有书吏家人等。这些官员无不拥有极大的权力，甚至小小的书吏士兵也照例上船查验漕粮并索取银两。为了养活这些大小官员和官吏，必然生出各种各样的陋规和规费，这就必然导致漕运费用的增高。

3. 漕运终结

河漕施行以来，经费拮据，弊窦丛生，复行海运的呼声日趋高涨。《清史稿·食货志》：

嘉庆中，洪泽湖泄水过多，运河浅涸，令江、浙大吏兼筹海运。两江总督勒保等会奏不可行者十二事，略谓，"海运既兴，河运仍不能废，徒增海运之费。且大洋中沙礁丛杂，险阻难行，天庾正供，非可尝试于不测之地。旗丁不谙海道，船户又皆散漫无稽，设有延误，关系匪细"。上谓"海运既多窒碍，惟有谨守前人成法，将河道尽心修治，万一赢绌不齐，惟有起剥盘坝，或酌量截留，为暂时权宜之计，断不可轻议更张，所谓利不百不变法也"。

道光四年（1824 年），洪泽湖大堤决口，漕粮运输受阻。协办大学士、户部尚书英和建言："河道既阻，重运中停，河漕不能兼顾，惟有暂停河运以治河，雇募海船以利运，虽一时之权宜，实目前之急务。"（《清史稿·食货志》）道光五年（1825 年），清廷"设海运总局于上海，并设局天津。复命理藩院尚书穆彰阿，会同仓场侍郎，驻津验收监兑"（《清史稿·食货志》）。道光六年（1826 年）正月，各州县剥运之米，以次抵上海受兑，分批开行。计海运水程四千余里，逾旬而至。米石抵通后，转运京仓。以后，随着运河疏通，河运有所恢复，但基本上还是海运河运并行。

清朝晚期，由于黄河泛滥，增加了运河疏通的困难，特别是鸦片战争和太平天国农民起义的爆发，致使运河漕运多处被迫中断。光绪二十七年（1901 年），皇帝颁布诏令，停止运河漕运，三十年（1904 年）裁撤漕运总督，数千年的漕运历史至此终结。1911 年，津浦铁路全线通车，大规模运粮任务由铁路承担，京杭大运河以及沿线城市也因之迅速衰落。

四、币制

1. 银两

明中叶起白银成为国家法定货币，逐渐确立了银两制度。清朝仍沿袭明制的银两制度。一般情况下，国家财政收入、官员俸禄、兵饷、商人大笔交易多使用白银，而民间零星交易则使用铜钱。顺治十四年（1657 年）户部疏言："直省征纳钱粮，多系收银，现今钱多壅滞，应上下流通，请嗣后征纳钱粮，银钱兼收，以银七钱三为准，永为定例。"（《清朝通典·食货·钱币》）乾隆元年（1736 年），谕旨"用银为本，用钱为末"（《皇朝经世文编·户政二十八·钱币下》），直省各州县赋税主要征收白银。乾隆十年（1745 年）规定："凡一切行使，大抵数少则用钱，数多则用银。其用银之处，官司所发，例以纹银。至商民行使，自十成至九成、八成七成不等。"（《清朝文献通考·钱币四》）

由于中国银矿储藏量很少，开采亦少，不足以铸造统一的银币，所以白银只能作为称量货币流通，而对于其成色和重量，政府基本上没有制定统一标准。但政府赋税所收纳的白银却规定成色，民间各种形制的银两，须由州县政府销熔成锭后上缴。由于民间用银成色不一，如何熔银铸锭就成为涉及官民利益的交叉点，而火耗银成为官府腐败的技术条件。早期的做法是由政府指定官银匠负责铸锭。但官银匠苛估成色，侵害百姓利益，随意规定火耗比例。到雍正时进行改革，令地方官酌量钱粮之多寡，择其信实有身家者，选用数人或十余人，听民随便赴铺倾镕，不许银匠包揽代纳。到乾隆元年（1736 年），政府更规定各州县应发给辖内各银匠以名字戳记，纳税人可随意去银匠处倾熔，并规定每两银工费 3 至 5 文。各州县在起解时查明工匠名戳，足数发销，不得克扣。这种做法取消了官银匠的垄断，也方便了群众熔银缴税；但另一方面，各地官炉、私炉任意熔铸，事实上等于对银两铸造与发行采取放任政策。由于政府赋税收取名目繁多，为对应于各种名目的银两也就多种多样。例如，可见于《清朝文献通考》的有直省解银，由布政使起解的地丁银，由运司起解的盐课银，由粮道起解的漕项银，由关监督起解的关税银等。另外，由于各州县都可以自由铸造，银两形制也就因地而异，如山西地丁银为五十两宝银，陕西为五两圆锭和一两、二两半的银稞，江西有十两的椭圆锭"镜面银"，四川有十两圆锭元丝银等。这就导致银两名称、形式、成色、重量纷繁复杂，也就是币制混乱。

银两形制多样、成色各异的情况，是不利于市场经济发展的。事实上，不仅民间用银五花八门，甚至政府对于钱粮规定也不统一，如以库平银为户部出纳单位，以漕平银为漕折征收单位，以关平银为海关税收单位等。因此，银两在流通时必须计算其成色，很不利于市场交易和发展。为此，清政府规定了一种全国性的假想标准即纹银，其成色是 935.374‰，它是清朝法定的一种银两的标准成色，仅是一种标准，实际上并无实银。民间完纳钱粮，即以纹银为标准，其他银两须各按成色折合计算。这就出现了仅仅作为实银价值符号和计算单位的虚银两的产生。虚银两"徒有其名，并无实物"，是实银的价值符号，只规定其名称、重量和成色，并按照当地的习惯规定其行用方法，属中央或地方、政府或商民所公认的一种通行标准银。然而，长期以来，作为货币标准的虚银两也有多种，前有纹银，后有九八规元、炉银、洋列银、行化银、海关银等。如纹银是康熙年间清政府法定的一种银两的标准成色，属虚银中最早的一种，成色约为 935.374，即每一千两纹银含有935.374 两纯银。习惯是每百两纹银须升水六两等于足银。乾隆十年（1745 年）规定："遇有交易，皆按照十成足纹，递相核算。"（《清朝文献通考·钱币四》）道光年间，由于现银缺乏，上海南市的豆商欲得现银，不惜以九八折算，以后豆行交易据此为列。咸丰八年（1858 年）秋，由上海的外国银行及商界共同决定，将来往账目一律以九八规元结算。

2. 制钱

清政府沿袭明代遗留下来的货币制度，即白银和制钱两种货币同时在市场上流通，具有同等合法性。白银和铜钱不仅是两种货币，而且又是两种金属商品。银和铜自身的商品价格，决定两种货币的价值，同时也产生了两种货币的市场比价。为了垄断货币权，清政府规定银钱固定比价，如顺治四年（1647年）"更定钱直，每十文，准银一分，永著为令"（《清朝通典》卷十）。由于白银政策是自由的，而白银数量的增加也就需要制钱数量相应增加，这样才能维持银钱的固定比价。政府努力维持银钱官定比价的操作，体现在对市场上流通钱币数量的调控，同时也是政府推行货币政策的过程。所以，政府一直掌握着制钱的铸造权。

中央铸钱机构为工部宝源局和户部宝泉局，地方铸钱机构是在各省会、镇或府设立铸局。顺治元年（1644年），两个中央直属的铸币局设在京师，户部的宝泉局和工部的宝源局。这是终清一代一直延续的格局。另外，各省铸造的铜钱，一般只在本地流通，因此各省对货币调整的措施具有地方特色，且在同一时期内，各地又有不同。对于京城两个铸钱局，政府规定每年生产制钱的数额，采取增减铸币数量和增减铸炉数量的方法进行控制。从顺治至嘉庆年间，京局大约增减铸币数量十四次，以后因库存铜材不足，每月逐渐少铸。同时，政府还收购私钱和官方减重的小制钱，用来回炉铸造成标准制钱。《清史稿·食货志》：

> 世祖定鼎燕京，大开铸局，始定一品。于户部置宝泉局，工部置宝源局。"顺治通宝"钱，定制以红铜七成、白铜三成搭配鼓铸。钱千为万，二千串为一卯，年铸三十卯。每钱重一钱。二年，增重二分，定钱七枚准银一分，旧钱倍之。民间颇病钱贵，已更定十枚准一分。各省、镇遵式开铸，先后开山西、陕西、密云、蓟、宣、大同、延绥、临清、盛京、江西、河南、浙江、福建、山东、湖广及荆州、常德、江宁三府铸局。五年，停盛京、延绥二局。六年，移大同局于阳和。七年，开襄阳、郧阳二府铸局。八年，停各府、镇铸。十年，复开密云、蓟、宣、阳和、临清铸局。初户部以新铸钱足用，前代惟崇祯钱仍暂行，徐准废铜输官，偿以直，并禁私铸及小钱、伪钱，更申旧钱禁。嗣以输官久不尽，通令天下，限三月期毕输，逾限行使，罪之。——是年廷议疏通钱法，以八年增重一钱二分五厘为定式，幕左汉文"一厘"二字，右宝泉铸一字曰"户"，宝源曰"工"，各省、镇并铸开局地名一字，如太原增"原"字、宣府增"宣"字之类，钱千准银一两，定为画一通行之制。

康熙元年（1662年）官局铸"康熙通宝"钱，同时令停各省铸钱，只留宝泉局、江宁局收买厘字钱，每斤六分。康熙六年（1667年）复开各省炉，添苏州、巩昌等处铸局，照式铸字。康熙九年（1670年）停江宁、苏州、江西、湖广、福建、山东、山西、河南、陕西、甘肃、四川、广东、广西、云南、贵州厂局。康熙十年（1671年）停蓟、密、宣镇局。废钱尽数交官，每斤给价六分五厘。雍正年间后，清朝铸钱就只按顺治五式即钱背面标满汉文局名而铸造，此后又铸造了乾隆通宝，嘉庆通宝，道光通宝等。咸丰年间，正值太平天国起义，清政府因财政紧张而开铸大钱，导致通货膨胀。分为三类，一是通宝，是小平的铜铁铅钱。一为重宝，为当四至当五十的大钱。还有一种是元宝，为当百及当千的大钱，这些货币各地都有铸造。光绪初年，只铸通宝小钱和重宝当十钱，后慈禧下令从国外进口造币机器，用机器铸造制钱。宣统年间，全国各省几乎都已停铸制钱，仅宝泉局铸过一种重一钱的"宣统通宝"小平钱，数量也不多，分为大小两种。另外，新疆地区铸有"宣统通宝"红钱，以及宝广、宝福两局出过机制币。

3. 官票和大钱

咸丰年间清代币制发生重要变化。早在清初，有一些金融机构就使用和发行一些具有纸币性质的会票、钱票、银票等。而政府发行纸币始于顺治年间，但数量少，范围小，流通时间短。咸丰年间，由于大量白银外流，导致银贵钱贱，特别是为剿灭太平军和各地反清起义，并且要支付鸦片战败后的战争赔款，导致支出大幅增加，政府财政拮据。为此，咸丰三年（1853年），清廷议铸行大钱，同时发行纸币。

大钱就是不足值的劣质铜铁钱币，纸币主要是通行的官票。《清史稿·食货志》：

先是道光中叶，银外泄而贵，朝野皆欲行大钱以救之。广西巡抚梁章钜疏言其利。文宗即位，四川学政何绍基力请行大钱以复古救时。上意初不谓然，卒与官票、宝钞行焉。钞尝行于顺治八年，岁造十二万八千有奇。十年而罢。嘉庆间，侍讲学士蔡之定请行钞。咸丰二年，福建巡抚王懿德亦以为请。廷议以窒碍难行，却之。是时银亏钱匮重，而军需河饷糜帑二千数百万，筹国计者，率以行官票请。次年，命户部集议。惠亲等请饬部制造钱钞与银票相辅并行。票钞制以皮纸，额题"户部官票"，左满、右汉，皆双行，中标二两平足色银若干两，下曰"户部奏行官票"。凡原将官票兑换银钱者，与银一律，并准按部定章程，搭交官项。伪造者依律治罪。边文龙。钞额题"大清宝钞"，汉字平列，中标准足制钱若干文，旁八字为"天下通宝，平准出入"，下曰"此钞即代制钱行用，并准按成交纳地丁钱粮一切税课捐项，京、外各库一概收解"。边文如票。当时规定：定议票银一两抵制钱二千，钞二千抵银一两，票钞亦准是互相抵，民间完纳丁粮税课及一切官款，亦准五成，京、外应放库款如之。大钱上下通行如票钞，抵银如制钱之数，输官以三成，铁钱通用如大钱。阻挠罪以违制，伪造钞票斩监候，私铸加严。通饬京、外设置官钱局。寻以直省延不奉行，嗣后议于各府置钞局，发大钱于行店，俾钱钞通融互易以便民，丁粮搭收票钞，零星小户银钞尾零，搭交铜铁大钱，皆先从直隶、山东实行。官吏折勒斟法，商民交易不平价，从严处治。七年，令顺天直隶各属钱粮，自本年上忙始，以实银四成、宝钞三成、当十铜铁大钱三成搭交，一切用项，亦按成搭放。寻从户部议，自本年下忙始，直隶照银七票三征收，大钱三成即纳在钞票三成内，交票交钱听便。

政府对大钱的币值和形制做了严格规定：

> 大钱当千至当十，凡五等，重自二两递减至四钱四分。当千、当五百，净铜铸造，色紫；当百、当五十、当十，铜铅配铸，色黄。百以上文曰"咸丰元宝"，以下曰"重宝"，幕满文局名。四年，以乏铜，兼铸当五铁钱及制钱。已而更铸铅制钱。（《清史稿·食货志》）

尽管政府有严格规定，但由于有的省份就不受约束，任意决定，导致咸丰大钱十分混乱复杂。当值等次，大小轻重，铸造材质，铸造工艺，文字书体，钱文等，在各局甚至在同一局监内铸造时，都差异很大。如最大的"元宝"达 2.9 公斤（江苏宝苏局），最小的"通宝"形似鹅服，不足 1 克；有的因不断减重而造成当值大小和钱体大小轻重倒置，当五十的重于当百的，当百的轻于当五十的。

纸币和大钱发行后，给工商民众带来极大不便，加上盗铸风起，使得市场极为混乱，因而也遭到各种方式的抵制。由此可见，大钱和纸币破坏了自顺治以来的制钱制度。从大钱来看，以少量的钱币材料，铸成量当值高出制钱若干倍的大钱投入流通，以"虚钱"来代替"实钱"，必然造成货币贬值，从而必然导致经济生活的混乱。就纸币来看，尽管说在一定程度上顺应了历史趋势，但咸丰时的纸币政策同样是为了应对财政危机而采用的，从一开始就决定了失败的结果。

五、盐政

1. 纲法

"清之盐法，大率因明制而损益之。"（《清史稿·食货志》）明万历四十五年（1617 年），废开中法实行"纲盐法"，实行民制、商收、商运、商销的"商专卖制"。清初盐法，沿明旧制，全国盐务政令归户部统管，户部掌理盐引的印刷和盐课的奏销。政府遣派巡盐御史总理一区盐政，后改归各省督抚兼理。各区盐商、灶户归由运司统辖，运司具体办理卖引、放盐、征课等事宜，其余盐运使司、分司、盐课司之设置及职掌一如明旧。

清代中国产盐区的分布是："蒙古、新疆多产盐地，而内地十一区，尤有裨国计。十一区者：曰长芦，曰奉天，曰山东，曰两淮，曰浙江，曰福建，曰广东，曰四川，曰云南，曰河东，曰陕甘。"（《清史稿·食货志》）在各个产盐区，灶户都编入盐籍，专事煮盐。政府规定灶户产额，给每个灶户颁发锅鐅，实行一家一户独立生产。灶户所产之盐要全部交盐商收购，以所得价银完纳灶课。

"凡商有二：曰场商，主收盐；曰运商，主行盐。其总揽之者曰总商，主散商纳课。"（《清史稿·食货志》）每年开征盐课时，运商向运司按引数纳课领引，至指定盐场向场商买盐，然后运至指定销区销售。清初，各地运司通过招商，确定销和引盐，并认纳相应的盐课，所认销岸及引数视为"根窝"，以后按年照窝认办，享有世袭垄断专利。《清史稿·食货志》：

> 凡引有大引，沿于明，多者二千数百斤。小引者，就明所行引剖一为二，或至十。有正引、改引、馀引、纲引、食引、陆引、水引。浙江于纲引外，又有肩引、住引。其引与票之分，引商有专卖域，谓之引地。当始认时费不赀，故承为世业，谓之引窝。后或售与承运者。买单谓之窝单，价谓之窝价。

运商所认根窝，起初皆须实运，并严格管理，亏欠国课者论罪，无力办运者革退。后商人借窝本之说，专引岸之利，将此项专利子孙相承，成为世袭产业。这样，占岸者曰"业商"，租引者曰"租商"，代租商办运者曰"代商"。业商得以凭一纸虚根坐收巨利，而租、代各商亦层层剥削以致暴富。运司官吏更借此中饱私囊，反过来允准盐商"加价""加耗"，结果是盐价越高，正盐壅滞。由于盐利巨大，"窝价"越高，"道光、咸丰间，两淮每张仅银五百两。后官商竞买，逮光绪间，至万金以上"（《清史稿·食货志》）。这样，就使得上至皇帝下至盐务和地方官吏，无不以盐商为利薮，竞相分肥，每遇军兴、庆典、营建，辄令盐商捐资"报效"。于是浮费日增，成本日重，盐价日昂，销路日滞，课额日亏。《清史稿·食货志》：

> 或遇军需，各商报效之例，肇于雍正年，芦商捐银十万两。嗣乾隆中金川两次用兵，西域荡平，伊犁屯田，平定台匪，后藏用兵，及嘉庆初川、楚之乱，淮、浙、芦、东各商所捐，自数十万、百万以至八百万，通计不下三千万。其因他事捐输，迄于光绪、宣统间，不可胜举。盐商时邀眷顾，或召对，或赐宴，赏赉渥厚，拟于大僚；而奢侈之习，亦由此而深。或有缓急，内府亦尝贷出数百万以资周转。帑本外更取息银，谓之帑利，年或百数十万、数十万、十数万不等。商力因之疲乏，两淮、河东尤甚。

2. 票法

道光年间，两淮私枭日众，盐务亦日坏。其在两淮，岁应行纲盐百六十余万引。及道光十年（1830 年），淮南仅销五十万引，亏历年课银五千七百万。淮北销二万引，亏银六百万。江苏巡抚陶澍奉命整理两淮盐政。道光十一年（1831 年），陶澍本着欲增课必先畅销，欲畅销必先敌私，欲敌私必先减费，欲敌私、畅销、增课必先废除专商的宗旨，在淮北废除纲法，改行"票法"。《清史稿·食货志》：

　　　　澍周历各场，拟行票盐法于淮北，奏定章程十条。一，由运司刷印三联票，一留为票根，一存分司，一给民贩行运。立限到岸，不准票盐相离及侵越到岸。二，每盐四百斤为一引，合银六钱四分，加以诸杂费，为一两八钱八分。三，各州县民贩，由州县给照赴场买盐。其附近海州者，即在海州请领。四，于各场适中地立局厂，以便灶户交盐，民贩纳税。五，民贩买盐出场，由卡员查验，然后分赴指销口岸。六，委员驻扎青口。七，严饬文武查挐匪棍。八，防河。九，定运商认销法，以保畅岸。十，裁陋规。"是法成本既轻，盐质纯净，而售价又贱，私贩无利，皆改领票盐。"

　　道光十三年（1833 年），淮北地区一律改票。道光三十年（1850 年），两江总督陆建瀛又将行票法在淮南实行，所运盐斤，准在淮盐界内行销，并不指定专岸。总的来看，票法的好处在于取消引窝，无论官绅商民皆可承运；且在销界以内，无论何县，听其转贩流通，用以革除专商专岸之弊。[①]

　　同治年间，两江总督曾国藩及其后任李鸿章都试图整顿票法，改革盐政。《清史稿·食货志》说：

　　　　国藩更张盐法，与陶澍不同者，澍意在散轮，与玉庭、若霖同。国藩意在整轮，与全德、曾燠同。然玉庭、若霖筹办散轮，必前两月之轮卖毕，再开后两月续到之轮，未尝不以散寓整，澍实师其意。故国藩鉴于抢售之弊而主整轮，爰有总栈督销之设，一以保场价，一以保岸价。

　　嗣后两江总督李鸿章为筹备饷需，令现运之商报效巨额捐款作为"票本"，准其继续递运，作为世业，不复再招新商，谓之"循环给运"。《清史稿·食货志》：

　　　　其法以认引之事并归督销，俾商贩售出前档之盐，即接请后档之引。初行之淮南，后及于淮北。盖参纲法于票法之中，以旧商为主而不易新商。商有世业，则官有责成，视以前验赏擎签流弊为少，自是历任循之。

---

　　① 参见张荣生：《中国历代盐政概说》，《盐业史研究》2007 年第 4 期。

自此盐制虽仍称票法，与纲法已无实质区别。曾国藩和李鸿章对盐业的整顿和改革，是晚清有关盐业的最后一次变革，尽管作用有限，仍不失为一次有益的变革。光绪年间，盐政渐趋紊乱，因事立目，迭行加价，盐价日贵，私盐愈甚。这种状况一直延续到清朝灭亡。

第五节　食货之民生

一、农业

1. 农业生产

中国传统农业到清代早已进入衰落期，除了新作物的推广基本上没有什么进步。农具没有什么发展，大部分农具都是明代以前就已经出现并广泛使用过的。元代《王祯农书》收录农具和农业设施 235 种，明代《农政全书》收录 184 种，清代《授时通考》收录 192 种。其中除《农政全书》收录了西洋灌溉农具外，《农政全书》和《授时通考》所收录的全是《王祯农书》中收录过的。清代陈玉璸的《农具记》所收的农具也都是《王祯农书》中所收的农具。可见清代没有出现新农具。总的来看，清代农业发展主要是通过耕地面积扩大和新作物的推广实现的。

第一，耕地面积扩大。清朝建立初期，面临着土地荒芜、农业残破的局面，"一户之中止存一二人，十亩之田止种一二亩者"（《清史稿》），几于随处可见。从顺治元年（1644 年）起，政府便陆续颁行开垦荒地的法令。顺治六年（1649 年）四月，谕旨规定：各道、府、州、县官对各处逃亡人民，不论原籍别籍，必广加招徕编入保甲。由州县官给以印信执照，开垦耕种，永准为业。俟耕至六年之后，方议征收钱粮。经过广大农民的辛勤开垦，康熙时期已经是"地无弃土"，到乾隆时期"凡有可耕之地，耕种已无不遍"。

第二，耕作制度进步。清代农业生产工具没有多少改变，但耕作方式却有较大改进，主要是发展了二年三熟制，一年二熟制，一年三熟制。复种指数在全国范围内普遍提高的情况，在历史上是前所未有。二年三熟制地区主要是黄河中下游，主要特点是禾谷类作物和豆类作物轮作，把用地和养地巧妙地结合起来。长江流域大部分地区都发展了一年二熟制，有两种形式，一是水稻同旱作物一年二熟，二是种植双季稻。到 19 世纪中叶，双季稻已发展到长江流域各省。而闽广地区更发展了二熟制和三熟制。清代多熟制的发展和推广，提高了土地利用率，相对扩大了耕种面积，从而提高了粮食的亩产量。

　　第三，农作物增加。清代统一局面的实现，大大促进了作物的推广，特别是水稻、甘薯和玉蜀黍三种高产作物的推广。在清前期水稻种植进一步北移。如陕西稻田由原来的汉中、关中扩展到榆林等高寒地带（道光《榆林府志》卷二三），直隶、山东、山西、河南等地都开市种植水稻。山东有些州县，在康熙时期就曾试种水稻，河南在乾隆初期也有将旱田改种水稻的试验，甚至在京畿地区也开始有种植。玉米在乾隆时期由福建传至江苏、安徽，又由两江传至川、陕、云、贵等地，道光时期已成为云、贵两省的主要粮食作物。甘薯也是在乾隆年间由福建传播于山东、陕西，其后又传至河南、直隶，不久即遍行各省。这两种作物的优点是耐寒耐旱并高产，从而使传统农业区之外的山区、半山区、丘陵地区干旱贫瘠的土地单产大大提高。[1]

　　第四，经济作物扩大。清代的经济作物主要是烟草、棉花、甘蔗和蚕桑。种烟之利，倍于百蔬，而三倍于五谷。乾嘉时期，江南、山东、直隶等省，上腴之地无不种烟。西北的陕西、甘肃等地，原来的粮食作物地区，出现大面积烟草种植。福建某些地区的烟草种植，甚至达到耕地的百分之六十以至百分之七十。棉花的推广，主要在长江以北地区。康熙时期，华北植棉已经相当普遍。乾隆时期，直隶宁津种棉者几半县。在乾隆后期，棉田所占耕地面积，超过豆田、麦田的总和。同一时期，苏北海门、南通等地，种稻者不过十之二三，种棉者则有十之七八。甘蔗的推广，以台湾最为显著。康熙三十年（1691年）间，有人说：这里"旧岁种蔗，已三倍于往昔；今岁种蔗，竟十倍于旧年"（《台湾使槎录》卷一）。蚕桑的种植历来作为官府的"劝农"项目。乾隆一朝，出现了相当多的以提倡蚕桑而著称的地方官吏，他们取得的成绩也是值得称道的。

2. 地权状况

　　明末大规模农民起义使社会经济遭到严重破坏，也使原有的地主土地占有制度造成破坏。清王朝建立后，对土地制度进行了部分调整，既部分承认战争期间农民对土地的占有，也着手恢复和重建地主土地所有制。例如在清初的招垦条例中，不但规定开垦民田，"先尽业主"，"有主者令原主开垦"（《皇朝通典》卷一），而且还规定，"私垦之田实系无主，给与原垦之人起科，若有主给还原主起科"（《钦定大清防典则例·田赋二》）。但总的来看，清初和清前期，土地占有比明末时较为平均，加上清初政府大力鼓励垦荒，并承认农民垦荒土地的所有权，使得自耕农有所增加。这是清初和清前期农业恢复和发展的主要原因。但是，随着经济社会发展和人口不断增加，人口与土地的矛盾逐渐紧张起来，这就促进了人们对土地占有的追求，土地买卖和流转更加频繁，土地兼并逐渐加强。康熙帝在四十三年（1704

---

[1]　参见陈树平：《玉米和番薯在中国传播情况研究》，《中国社会科学》1980年第3期。

年）巡行七省以后说："蠲免钱粮，原为加恩小民；然田亩多归播绅豪富之家，小民所有几何？从前屡颁蠲诏，穷民未必均沾惠泽，约计小民有恒业者十之三四耳，余皆赁地出租，所余之粮，仅能度日，加之贪吏苛索，盖藏何自而积耶？"（（清）王先谦：《东华录》康熙卷七十三）

有清一代，兼并土地的主要是大地主，特别是贵族地主和官僚地主。这是历朝历代的普遍现象。而清代土地兼并的一个重要特点是商人积极加入土地买卖和土地兼并。这是商品经济和商人资本发展到一定程度的必然结果。特别是号称足迹遍布大江南北的徽商和晋商，纷纷在客居地购置田产，成为亦商亦农的兼业地主。乾隆五十一年（1786年），曾下喻对扬州、汉口、徽州等地商人越境买产的行为加以制止。嘉庆十九年（1814年），嘉庆帝指出："直隶大名等府属三十余州县，前因连年荒歉，民闲地亩，多用贱价出售，较丰年所值，减至十倍。本处富户及外来商贾，多利其价贱，广为收买。本年雨水调匀，而失业之民，已无可耕之地，流离迁徙。"（《清实录·嘉庆朝实录》卷二百九十六）当然，商人们同时也是土地的出卖者，他们或是逢有利的市场机会而出卖地产以获得资本转投于商业，或遭遇市场风险经商失利而出卖土地换取商业资本。

另一方面特点是土地买卖的频率加大和土地交易进一步零碎化。乾隆时钱咏说："俗语云：'百年田地转三家。'言百年之内，兴废无常，必有转售其田至于三家也。今则不然，农民日惰，而田地日荒，十年之间，已易数主。"（（清）钱泳：《履园丛话·水学》)清代山东章邱县太和堂李家，从乾隆二十六年到咸丰十年整一百年间共买进土地57笔，计260.38亩，平均每笔4.5亩，最大的一笔不过11.6亩。另据《萧山朱家坛朱氏宗谱》的记载，萧山朱氏自乾隆五十九年至咸丰九年增置的32处田地，每次增置绝大部分都是几分或一二亩地，最少的仅半分，最多的只有3.8亩。《练西黄氏宗谱》卷十三记载，江苏黄氏宗族在嘉定、宝山、昆山拥有616亩多处田地，各县80%—90%以上都是三四亩以下的小块田地。[①]

3. 租佃制度

清代地主的土地经营仍然以租佃为主。租佃关系可以分为不同类型。清初满族贵族在京畿和华北地区进行过大规模圈地，从而形成大片"旗地"。这些"旗地"大多采取租佃方式经营。但这里的租佃关系与关内长期形成的租佃关系不同，一般称为"佃仆"制度，主奴关系十分明确，依附性极强。随着经济社会发展，这种"佃仆"关系逐渐淡化，渐渐与中原地区的租佃制度相一致。雍正五年（1727年）规定："即已赎身，其本身、及在主家所生子孙、仍应存主仆名分。其不在主家所生者，应照旗人开户之例，豁免为良。至年代久远，文契无存，不受

---

① 参见景甦、罗仑：《清代山东经营地主的社会性质》，山东人民出版社1959年版，第51—52页。

主家豢养者，概不得以世仆名之，永行严禁。"（《清实录·雍正朝实录》卷五十六）这就使落后的依附关系逐渐消除。

随着租佃制度的发展，在许多地区甚至出现了永佃制。永佃制源于民间的"买佃"即卖断佃权行为。"买佃"行为一经发生，地主就不能随意取消佃农的佃耕权，只要佃农不提出退押，地主没有退押，佃农就可以永远耕种下去。交了佃银的农民可以将田"遂居为业"，田主"不得召耕"（乾隆《龙溪县志·赋役》），甚至田地易主也不能换佃，佃种权可以在佃农家庭内世代继承，成为"永业"。不仅如此，取得永佃权的农户，还可以将佃权进行各种方式的交易，如出卖、典当和出租等。在苏州，"俗有田底、田面之称。田面者，佃农之所有，田主只有田底而已，盖与佃农各有其半。故田主虽易，而佃农不易；佃农或易，而田主亦不与"（（清）陶煦：《租核·重租论》）。佃农购买所得经营权与田主保留的所有权，各地有专门的对应语，如田面—田底；田皮—田骨；根田—面田；或获取小苗—大苗；小租—大租等。既然佃权作为相对独立的产权进入市场，就必然产生独立的市场价格，即"田面价"或"田皮价"，而土地本身的价格就成了"田底价"或"田骨价"。两种交易并行不悖，也就同行着两种自成体系的价格。由于土地稀缺，供给有限，有时田面价甚至超过田底价。

可见，清代的永佃权已成为佃农的重要财产，既可以用来从事生产经营，也可以留给子孙作为遗产，因而也是分家析产的重要内容。这就不仅产生了一个完全依靠地租为生的寄生地主阶级，还产生了一批垄断和买卖佃权的"二地主"。所以，永佃权的意义要从两个方面来看，既是保护和保障佃农佃权的一种有效制度安排，也是导致土地产权复杂化和经济寄生性的重要根源之一。

清代定额租制有很大发展，分成制的情况相对减少。在定额租下，"田中事，田主一切不问，皆佃农任之"，地主与佃农之间，"交租之外，两不相问"。佃农对租种的土地，是"偿租而外，与己业无异"，"勤则倍收，产户不得过而问焉"。在定额租发展的基础上押租制也流行起来。[①] 押租制就是佃农需先交纳押金，然后才能佃种地主土地。押租制的流行，一方面使佃农通过货币取得了更有保障的土地经营权，但另一方面也增加了佃农的经济负担。押租基本上都以货币形式出现，即交付一定数额的"佃银"。所以，押租制的流行又促进了货币租的发展。货币租首先从公田开始实行，如一些地区的旗地、漕运屯田等以货币形式收取地租，族田、祠堂、善堂、书院等也开始收取货币租。如浙江山阴（绍兴）王氏宗祠将祭田实物租改为货币租，其理由是"旱涝不时，多寡不等，计米收租，殊难画一"，而改行货币租，则可保证丰欠"无盈缺"。（《中南王氏宗谱·条规》）随后，货币租进一

---

　　① 参见方行：《略论中国地主制经济》，《中国史研究》1998 年第 3 期。

步在其他民田中流行。清后期陶煦说：苏州地区"纳租收钱而不收米，不收米而故昂其米之价，必以市价一石二三斗或一石四五斗之钱作一石算，名曰'折价'。即有不得已而收租米者，又别有所谓'租斛'，亦必以一石二三斗作一石"（陶煦：《租核·重租论》）。根据清代乾嘉年间刑部档案资料统计，这时货币地租占各种地租总额的30%左右，直到鸦片战争前，实物租仍占居统治地位。

清代最普遍的地租率是50%以上，"贫民无业，贷田于富人，获之时，计其入，而以半为租"（同治《霍邱县志·物产》）。江南水稻地区各省米的产量是常年每亩2石左右，实物租额是每亩米1.0—1.5石，大多数情况是地主和佃户各半，另有不少是"四六派分"或"业六佃四"。[①] 顾炎武在《日知录》中提到，苏州自己有田的人只占十分之一，无田而佃耕者十分之九，田租重者每亩一石二三斗，轻者八九斗。北方各地的租率，按每亩5—10斗的产量和2—5斗租额计算，一般也是生产物的5成。如崔述《崔东壁遗书》："有田而佃于人，与佃人田，而取其半。"（（清）崔述：《无闻集》）可见剥削率是很高的。

二、工业

1. 官营工场

官营手工业早在明代即已衰落，手工业的发展主要体现为民营工场的发展。清代这一趋势进一步发展。不过，清代政府仍保留部分必要的官营工场。这些官营工场主要是为宫廷需要而生产的奢侈品，以及专门为政府需要而生产的各类产品。但是清代的官营工场与前代已经有很大不同，除主要生产环节外，许多部分已经开始市场化。如清朝织造实行买丝招匠，完全采用雇佣劳动方式进行生产。在江南三大织造局中，最迟从康熙初年开始，即正式实行领机给帖式的买丝招匠制，即织局选定领机机户，发给机张执照，作为领机凭据，同时织局备好丝料，责令领机机户雇募工匠进局织造，而应募工匠经领机机户之手，从官局那里领取工银和口粮。由于工匠待遇较丰，一般都乐于应募，官局生产相当稳定。另一方面，官营手工业也存在某些特殊的优势。官营工场生产的产品大多是供应宫廷需要和国家特殊需要的产品，为追求产品质量往往不惜工本。所以，官营工场生产出不少精品。随着这些产品流入社会和市场，往往成为人们模仿的对象，这就推进了产品的创新。例如，《清稗类钞·工艺类》记载：

> 江西景德镇原有御窑一所，创始于明万历时，专造进贡瓷器以供皇室之

---

① 参见李文治编：《中国近代农业史资料（1840—1911）》第1辑，生活·读书·新知三联书店1958年版，第72—73页。

用，岁费国帑十余万金。吾国瓷业，干、嘉前多精品，道、咸以降，日渐退化，其间能保持历代古瓷之精华，流传不绝，使得摹仿者，皆御窑之力。盖美术古瓷，成本甚巨，商办者无此厚力，御厂非营业，乃绝对以美观为目的，故花样不厌精良，成本不计轻重也。

其他官营部门也有类似的情况。

但是总体上官营工场还是效率低下，其中的主要原因是官员腐败，毫不珍惜皇上的银子，大肆挥霍，严重浪费，损公肥私。所以，清廷不得不缩减官营工场的数量。如康熙时，苏州、南京、杭州三地的官营丝织业有织机2140张，到乾隆十年（1745年）减为1863张。（光绪《大清会典事例·内务府库藏织造》）不过，在某些特殊部门，还是官营工场生产为主，如部分矿冶部门，特别是银矿开采和冶炼，因为是生产银两所需的币材，政府采取垄断生产方式，另外如钱币铸造、武器生产等都是官营部门，是不许民间生产的。这些部门一般规模都较大，采取较为细致的分工，政府设有专门的官署管理。

2. 民营工场

随着商品经济的发展，在某些部门和地区也出现了不少大的作坊甚至有内部分工的手工工场。如冶铁和铁器铸造业。康乾年间直到乾嘉年间，大城市如汉口，中等城市如芜湖，小城市如山西陵川，都有不少的铁厂，有的规模也不小。比较典型的工场有陕西山区的冶铁工场和广东佛山镇的铁厂。

陕南山区富于铁矿，冶铁业发达。这里的冶铁工场多采取综合经营方式，包括采木烧炭、开山采煤、矿石冶炼、器具铸造等生产环节，尽管各个生产阶段相对独立，但这些生产单位通过生产经营形成联合组织。每个工场自身都有较细致的内部分工。炼铁的高炉高一丈七八，每炉匠人一名，辅助工人数十人，再加上运输、开石、挖矿的工人，一座高炉用工百数十人。有的工场拥有高炉六七座，匠作佣工不下千人。铁板炼成后，就近作锅，作农器，余皆铸成铁条、铁锭，贩运各处。（严如熤：《三省边防备览》卷十）

广东佛山是传统的冶铁和铸造中心，聚集着数十家铁厂，生产规模都很大。清初广东文人屈大均著有《广东新语》，记载了广东佛山铁业发展盛况和铁厂生产状况：

> 凡一炉场，环而居者三百家，司炉者二百余人，掘铁矿者三百余，汲者、烧炭者二百有余，驮者牛二百头，载者舟五十艘。计一铁场之费，不止万金。日得铁二十余版则利赢，八九版则缩，是有命焉。然诸冶惟罗定大塘基炉铁最良，悉是锴铁，光润而柔，可拔之为线，铸镬亦坚好，价贵于诸炉一等。诸炉

之铁冶既成，皆输佛山之埠。

传统的陶瓷业也属于规模型产业，既有大量的小手工作坊，也有较大型的手工工场，内部实行着严密的分工。景德镇瓷窑无论是按照产品类别在各窑户之间进行分工，或是按照生产过程中不同工序在工人之间进行分工，都很细密。（蓝浦：《景德镇陶录》卷三）清代乾隆八年（1743 年）唐英所著《陶冶图说》20 幅，描绘了制瓷业的 20 道工序；《浮梁县志》记载 20 多道工序的工人，包括淘泥工、拉坯工、印坯工、旋坯工、画坯工、舂灰工、合釉工、上釉工、挑槎工、抬坯工、装坯工、满掇工、烧窑工、开窑工、乳料工、砂土工、乳颜料工、画样工、绘事工、配色工、填彩工、烧炉工。而在每道工序中又有分工，如画坯工中，学画者只学画不学染，学染者也不学画，"画者、染者各分类聚处一堂，以成其画一之功"（道光《浮梁县志》卷五）。

此外，炼糖业作坊也有一定规模。如台湾制糖工场，"每廊用十二牛，日夜硖蔗；另四牛载蔗到廊，又二牛负蔗尾以饲牛。一牛配园四甲或三甲余。每园四甲，现插蔗二甲，留空二甲，递年更易栽种。廊中人工：糖师二人、火工二人（煮蔗汁者）、车工二人（将蔗入石车硖汁）、牛婆二人（鞭牛硖蔗）、剥蔗七人（园中砍蔗，去尾，去箨）、采蔗尾一人（采以饲牛）、看牛一人（看守各牛），工价逐月六、七十金"（《台海使槎录·赤嵌笔谈》）。四川制盐业中，在盐场内部出现了司井、司牛、司车、司篾、司梆、司砖、司涧、司锅、司火、司饭、司草，又有医工、井工、铁匠、木匠等诸多工种。

3. 工业劳动

顺治二年（1645 年），清廷宣布，"除豁直省匠籍，免征京班匠价"（《皇朝文献通考》卷二一）。这样，匠人才获得一般民户的地位，延续四百多年的匠户制度正式终结，也标志着手工业生产徭役时代的结束。而由于匠籍制度的废除，大部分匠人都可以摆脱政府劳役制度的束缚而自由择业。这些工匠中的小部分人可能自己开业，成为作坊主或工场主。但清代工匠都要受到手工业行会的约束，匠人开设新的铺户作坊，除基本的资金外，还须向行会交纳一笔"会银"，也称作"入会钱"或"牌费钱"。行会规定这个费用的目的，就是限制行业规模，限制人们的自由经营。所以，不能实现自由开业的匠人，只能受雇到现有作坊或工场中做"客师"。但要成为"客师"也须交纳一笔费用。如长沙《衬铺业条规》（乾隆五十二年四月）规定："一议远方来做客师，出钱二串四百文入公。倘客师不遵，同行不得顾（雇）请，如违罚戏一台。"又，长沙《木行条规》（道光三十年）写明，外来帮做客师，"必须照例当差入会，出上会钱六百四十文"。除受到行会的规范外，"客师"与雇主之间要签订比较严格的合同，规定双方的权利义务。

在作坊和工场中劳动的还有大量的普通雇工，包括学徒工和其他各类工人。由于农业发展和人均土地减少，越来越多的农民作为剩余劳动力从农业中转移出来，加入雇佣劳动大军。另一方面，随着手工业的发展，特别是有些部门手工工场规模扩大，雇佣工人也越来越多。清代集中工人最多的行业是纺织、制茶、制盐和铜铁开采、冶炼行业。在棉织业中，苏州踹布工匠，在康熙后期人数将近两万。丝织业中，苏州的散处机匠人数，嘉庆初年已在一万以上。苏州每天早晨都有大批织工在一定地方待雇，如花缎工聚于花桥，素缎工聚于白蚬桥，纱缎工聚于广化寺桥，锦缎工聚于金狮子桥，根据市场需要或聚或散。在制盐业中，大盐厂如犍、富等县，灶户、佣作、商贩各项，每厂之人以数十万计，而沿边之大宁、开县等厂，众亦以万计。（严如煜：《三省边防备览》卷十）从事海盐生产的劳动者为数更多，如淮盐参加制盐以及捆盐等辅助劳动的人，估计在五十万以上。矿冶业也是规模较大雇工较多的部门。如乾隆初年，云南铜矿，"大厂矿丁六、七万人，次亦万余"，有的甚至说，"大厂动辄十数万人小厂亦不下数万。非独本省穷民凡川、湖、两粤力作工苦之人，皆来此以求生活"。（《皇朝经世文续编》卷四九）湖北汉口的十三家铁行，每家平均雇铁匠四百人。佛山炒铁炉房中的劳动者，就已达到数千。陕西终南山区，有数以万计的劳动者，分散在纸厂、木厂和其他各种工场中。雇主和雇工之间基本上是平等的契约关系，一方以"资本取利"，另一方"自食其力"；一方可以"辄屏弃之"，另一方可以"辞工不做"。但工价始终是双方矛盾的关键，在一般情况下，工价是由市场决定的，都是"计工受值"，"按日按工给发"，既取决于工匠本人技术水平和生产量，但也受到经济周期的影响。

三、商业

1. 市场发展

清代商业发展首先建立在农业经济的基础之上的。清代农业在技术方面并没有显著的进步，但是由于农业区域扩大和新作物种植扩大，在农业多样性方面取得明显的变化。这就使农业商品化得到很大发展。番薯和玉米种植的扩大，显著提高了粮食作物的产量，使更多的土地可以用来种植各种经济作物，如茶、棉花、甘蔗等。而种植经济作物的地区所需要的粮食，大多从市场上取得。这样，粮食和茶等农产品都成为大宗交易的对象，从而使农业商品化率大大提高。其次，清代实现了全国统一局面，疆域也大大拓展了，直省与边疆地区如内外蒙古地区、西域地区、西南地区的商品交易也得到拓展。如北方商路的开拓成就了晋商集团，西南方向的茶马古道更加繁荣，而西北方向的丝绸之路也恢复了生机。海禁弛禁后东南沿海的对外贸易发展，进一步带动了这些地区的经济发展，不少商品源源不断地从内地流向沿海，并进一步出口到海外。再次，南北交通和各个方向的交通得到显著改善。南北交通除传统的大运河外，海运得到发展并在清中叶后日渐超过运河。而随着海运的日益扩大，天津进一步成为华北最重要的对外联系港口，而上海的崛起更具有划时代的历史意义。[①] 清代长江航运发展起来，成为承载东西方向交通运输的主要通道。这样，全国主要的交通运输构架就基本形成，成为商业流通的基础。最后，乾隆时是清代商业最为繁荣的时期。由于政局稳定，国力强盛，乾隆帝采取了一些"惠商"政策，如开放海禁、矿禁，降低盐税、关税、酒税，实行"米粮免税"，重新颁行税课则例等。这也是清中期以后商业繁荣的重要原因。

随着商业发展，形成了全国性的市场流通。如山东兖州府，"服食器用，鬻自江南者十之六七矣"（于慎行：《兖州府志·风土志》）；广东英德县墟市，"苏杭杂货齐备"；宣化府大市中，南京罗缎铺、苏杭罗缎铺为商贾竞相争占；宁夏的苏杭杂货集于毓秀坊内。由于全国市场流通的形成，各地商品的供求关系直接影响了商品的市场价格。最典型的是全国的粮食市场。乾隆曾说，"浙西一带地方所产之米，不足供本地食米之半，全藉江西、湖广客贩米船，由苏州一路接济。向来米船到浙，行户接贮栈房，陆续发粜，乡市借以转输。即客贩偶稀，而栈贮乘时出售，有恃无恐。是以非遇甚欠之岁，米价不致腾涌。向来情形如此"（《清实录·乾隆朝实录》）。

在经济作物和工矿业发展刺激下，全国各地市镇迅速发展，其市场规模与作用甚至大大超过县城和州府治所，成为区域经济中心。这些商业市镇，一方面，作为当地商品集散地和流通枢纽发挥重要作用，并连接着全国各地的市场；另一方面，则作为专业市场的中心，带动了个区域专业化生产，成为重要的区域经济中心。这些发达的市镇还发挥了连接各个区域市场的作用。如清代文献描述："食货富于南而输于北，由广东佛山镇至湖广汉口镇，则不止广东一路矣。由湖广汉口镇至河南朱仙镇，又不止湖广一路矣。"（乾隆《祥符县志》卷六）与此同时，几个传统的超区域的市场中心，如华北的北京，华东的苏州，华南的广佛，华中的汉口，仍有效地发挥着全国市场中心的功能。

2. 商人资本

商业发展成就了一批商人和商人资本。清代最大的商人资本是与清廷有紧密联系的"政商"，其中最为典型的是山西介休范氏。范氏在明末经营张家口贸易起家，比较早进入辽东发展后金贸易。清初，范氏加强了与清廷的联系，一面继续经营边疆贸易，同时深入国内市场进行绸布茶粮贸易。"康熙中，师征准噶尔，输米馈军，率以百二十金致一石。六十年，再出师，毓畐兄毓馣请以家财转饷，受运值

[①] 参见龙登高：《中国传统市场的整合：11—19世纪的历程》，《中国经济史研究》1997年第2期。

视官运三之一。"（《清史稿·范毓馪传》）由于国内铜斤严重短缺，清廷允准商人赴日本购买铜斤。范氏经内务府奏请，承担部分贩运洋铜的业务，并成为洋铜商中的大户，从中获取了巨大利益。

清代最有实力的商人资本主要是经营盐业的盐商。两淮盐商中，有二三十名所谓"纲总"的大盐商，包揽了一百六十八万多引的两淮盐运。他们有一半以上来自安徽歙县。这些居于散商之上的总商，多"富以千万计"，至于"百万以下者，皆谓之小商，彼纲总者，得嬉笑而呼叱之"。（《清朝野史大观·清代述异》）四川井盐的企业主，大多是湖南、湖北、陕西和广东的客籍商人，而租引行盐的行商，则主要为"陕西大贾"。

广州行商也是重要的商人资本。潘正炜是广州十三行外贸行商潘家第三代继业者。祖父潘振承，早年出洋，在广州十三行获得"旨准"开设同文洋行，包揽丝茶经营商务。父亲潘有度，继承祖业主理同文洋行。潘正炜继承两代家业后，又以潘绍光名义开设同孚行，是潘氏生意贸易最为鼎盛时期，仍居于十三行领袖地位。1783年伍国莹成立怡和行，经营对外贸易。1801年，伍秉鉴继承父业，将怡和行的业务进一步扩大，并成为广州行商总商。伍秉鉴不但在国内拥有地产、房产、茶园、店铺等，而且还投资美国的铁路、证券、保险等领域，并成为英国东印度公司的最大债权人。

另外，粮商、茶商、矿商乃至经营纸业的纸商，也都集资巨万。嘉庆时期，上海、崇明、通州、海门一带，已不乏拥有沙船四五十只的船商。当时造船一只，需银七八千两。这些大船商的资本，单是投在造船之上，至少在三四十万两之间。江浙粮商在镇江、苏州、杭州、湖州等处，遍设粮仓，各仓经常积谷至数十万石。在云南开采铜矿的商人，多为"三江、两湖、川、广富商大贾"，本省之人，反"不过零星伙办"。同治时湘乡朱紫桂，执爨于米肆，"积千余金，遂业红茶，岁盈万金"，"逐岁贸茶，积资近百万，湘皋、汉浒，几无不知有朱紫桂名矣"。（（清）徐珂编：《清稗类钞·农商类》）茶马古道上有不少从事西藏贸易的茶商。位于山涧的广西容县纸篷，在康熙年间，就有"闽、潮来客"开始创建，到乾隆时期发展到二百余槽的福纸，因而兴起不少专营纸业的纸商。

3. 商人集团

明清时期兴起的商帮还有安徽商帮、陕西商帮、广东商帮、浙江商帮、江苏商帮等。清代《清稗类钞》记载："客商之携货远行者，咸以同乡或同业之关系，结成团体，俗称客帮，有京帮、津帮、陕帮、山东帮、山西帮、宁帮、绍帮、广帮、川帮等称。"这些商帮都有各自的历史渊源和活动领域，并形成各自的经营特点和商业文化。例如，徽商"贾而好儒"，一方面，他们在经营中讲究商业道德，提倡以诚待人，以信接物，义利兼顾，"诚信为本、以义取利"；另一方面，商人子弟一般都把读书和致仕作为经营商业的辅助之道，一些徽商本人不能跻身官僚队伍，就督促子弟应试为官，自己也就成为官商。

清代最有影响力的商人集团是晋商。晋商的兴起缘于明代的"开中"政策，而明中叶的盐政改革更有利于徽商，而晋商的发展受到一定影响。清代晋商重新崛起，一举超过徽商成为最大的商业集团。晋商兴起首先因于地利。山西南部有盐池，卖盐、取盐都非常方便，晋商通过运输军粮获得"盐引"，因此累积大量资本，"挟资大者巨万，少者千百"（林希元：《林次崖先生文集·王政附言疏》）。清代中期，山西商人进入内外蒙古草原和松辽平原经营贸易。当时，张家口作为蒙汉贸易的必经之地主要被晋商垄断，其中八大名商都是山西人。北京的粮食米面、油盐酒店、纸张商店、布行等多为晋商经营，"都一处""六必居""乐仁堂"等著名商号都来自山西；四川、云南、贵州、湖北、湖南、江西、安徽、广东等地都有来自山西的商号。此外，晋商还开拓了国外市场，在莫斯科和彼得堡等十多个俄国城市开办商号或分号，并且活跃在朝鲜和日本。

晋商首创票号。最早的票号为平遥日升昌票号，创立于道光初年，专门经营汇兑业务。到道光三十年（1850年）日升昌票号已在北京、苏州、扬州、重庆、三原、开封、广州、汉口、常德、南昌、西安、长沙、成都、清江浦、济南、张家口、天津、河口18个城镇建立了分号。此后，山西商人纷纷投资票号，从而形成了著名的山西票号，并出现平遥、祁县、太谷三大帮，其中以平遥帮最大，日升昌、蔚泰厚、日新中等著名票号的总号都在平遥。除专门经营汇兑业务外，山西票号还兼营存款、放款业务，并把汇兑、存款和放款结合起来，利用承汇期客户的现金放贷获得极高的利润。

四、外贸

1. 贸易政策

明清两朝都曾经实行过海禁政策，但每次的海禁都是有客观原因的，实施海禁的时间也都不长。所以，海禁政策与闭关政策并不等同。自清军入关到鸦片战争的196年中，清代前期只有顺治十二年（1655年）至康熙二十二年（1683年）实行了比较严格的海禁，康熙五十六年（1717年）至雍正五年（1727年）实行了部分地区海禁，总计不过39年，其余157年基本上都是开放的。征台期间，朝廷禁止沿海居民出海经商以防资敌，但对于来华贸易的外国商船并不在禁止之列。康熙二十三年（1684年），清王朝收复台湾，海内一统，寰宇宁谧，立即宣布解除海禁，开海通商，"无论满汉人等一体，令出洋贸易以彰富庶之治"（《皇朝政典类纂》卷一一七）。第二年（1685年）又指定江苏松江、浙江宁波、福建泉州、广东广州为外商来华通商口岸，设立江、浙、闽、粤四个海关，作为管理对外贸易和征收关税的机构。

但有清一代的朝野观念却基本是封闭的。清朝入关立国之时，英国的重商主义流行，并影响着英国的贸易政策。但清代朝野仍长期保持着传统的重农主义。而清政府开海贸易政策的初衷，并不是看到了海外贸易的经济利益，而主要考虑的是民生，既包括本国的民生也包括国外的民生，所以基本上是利他的。如在乾隆五十七年的恰克图市约中说："恰克图互市，于中国初无利益，大皇帝普爱众生，不忍尔国小民困窘，又因尔萨那特衙门吁请，是以允行。"（《清实录·乾隆朝实录》卷一千四百三十五）一年以后，乾隆帝回复英国国王要求开展贸易的信中说："天朝物产丰盈，无所不有，原不藉外夷货物以通有无。特因天朝所产茶叶磁器丝勋，为西洋各国及尔国必需之物，是以加恩体恤，在奥门开设洋行，俾得日用有资，并沾余润。"（《清实录·乾隆朝实录》卷一千四百三十五）嘉庆皇帝也曾说过："向准各国夷船前来贸易。该夷商远涉重洋，懋迁有无，实天朝体恤之恩，然怀柔之中，仍应隐寓防闲之意。"（《清实录·嘉庆朝实录》卷三百）大清皇帝高度自信乃至傲慢如此，而对于政府收益完全可以忽略不计，所以一直采取低关税政策。当时对外国进口商品所征的货税大约是货物价值的1%—2%（北京第一历史档案馆档案：《道光二十六年十月十五日两广总督耆英、广东巡抚黄思彤奏》），最多是6%。[①] 乾隆十六年（1751年），英国商船运来毛哔叽100匹，只收税银206两，平均每匹收税银二分六厘。乾隆三十三年（1768年）中国的一艘出口商船，计有二等蚕丝1240斤，收税银15.9两，平均每斤收税银二分；上等茶叶5560斤，收税银33.36两，平均每斤六厘；白糖11800斤，税银11.8两，平均每斤一厘。[②] 实际上，低关税政策也正是外商来华贸易的原因之一。

2. 行商制度

尽管开放海禁并实行低关税政策，但清政府对海外贸易实行严格的管理，并采取了垄断性的行商管理体制。康熙二十四年（1685年），清廷在江南、浙江、福建和广东四省分别设立了江海关、浙海关、闽海关和粤海关四个海关。其中粤海关可以说是清朝对外贸易体制的典型，对清代外贸体制具有极其深远的影响。广州是传统的外贸口岸，具有悠久的历史和丰富的经验，并形成较为发达的行业规范。康熙开放海禁以后，清廷即将外贸经营管理权赋予广州的行商。行商所起的作用就是中介，其性质类似于牙行，因为其主要业务是外贸，因而称为"洋行"。根据清廷的规定，外商来到中国设关港口后，需入住洋行商馆，并由行商评定物价和代交关税，签订贸易合同。康熙时，洋行的主要职能还只是评定进出口货物的价格及承揽

---

① 参见 H. B. Morse, *The Chronciles of the East India Company Trading to China*, 635-1834, Vol. I, Harvard University Press, 1926, Chap7。

② 参见韦庆远：《档房论史文编》，福建人民出版社1984年版，第10页。

进出口货物的关税。随着海外贸易的发展，行商制度不断完善成为清政府垄断和统制对外贸易的工具。

乾隆二十年（1755 年）以洪任辉事件为由，清廷于乾隆二十二年（1757 年）下令关闭广州以外各口，只许西方商人在广州贸易，即所谓"一口通商"政策。此后，清廷逐渐将外贸经营垄断权赋予广州的行商即"十三行"，同时连续颁布章程，对洋商加强管理和防范，而这些责任基本上也赋予行商实行。乾隆二十五年（1760 年），潘振成等九家行商呈请设立公行，专办夷船，批司议准。嗣后外洋行不兼办本港之事。与此同时，再"别设本港行，专管暹罗贡使及贸易纳饷之事，又改海南行为福潮行，输报本省潮州及福建民人诸货税。是为外洋行与本港、福潮分办之始"（《粤海关志·行商》）。在这种体制之下，行商基本上垄断了与来华外商的主要贸易业务，自然限制了外商与行外商人的自由交易。同时，行商经营的业务范围也在不断扩大，他们除了评估进出口货物的价格和承揽进出口货税之外，还代外商收购丝茶，以供出口；对外商的进口货物"代为运往各省发卖"的同时，他们还要充当外国商人的"保商"。[①] 这就是说，官方认为行商能够并应当管理驻广州商馆的洋人与泊在黄埔的船只，行商有保证他们守法的责任，洋船或其代理商如违犯通商章程，均由行商负责。

3. 关税制度

海禁政策放开后，清政府调节海外贸易的手段主要是关税和贸易管制措施。对于清政府来说，关税收入本身并不是目的，所以关税并不高。当然，这也是因为清廷并没有认识到海外贸易可能带来的巨大收益。康熙开海时所确立的关税，有货税和船钞两类。货税即按照进出口货物所征收的关税，完全按照货值征收，不论本国商民出海和外国商人的来华，税率完全相同，体现了"天下主义"的平等原则。而在减免货税待遇上，反倒对外国商人更加优惠。如雍正二年（1724 年）和雍正六年（1728 年），曾下旨准许暹罗商人运米来华时，所载其他货物可以免税。（席裕福：《皇朝政典类纂·市易》）这主要是鼓励稻米进口，以缓解沿海地区粮食不足问题。直到乾隆十七年（1752 年），经有关官员的多次奏请，本国出海商民才可享受到同样的免税待遇。船钞是对货船的征税，一般按船只体积大小分等计算。康熙时期曾规定船钞是分本国和外国以及商船的等级征收。一般来说，同一等级的本国商船税率要比外国商船税率低。如规定外国二等船每平方丈征船钞银的标准为57.1 两，而本国二等商船每平方丈则征 13 两；外国三等商船每平方丈的征收标准为 40 两，而本国商船每平方丈所征收的标准仅为 11 两。但事实上，由于外国商船尤其是西方商船吃水较深，同等尺寸面积亦即同一等级的商船，其载重量却远远大

---

① 参见萧国亮：《清代广州行商制度研究》，《清史研究》2007 年第 1 期。

于本国商船，因而它贸易额也远远高于本国商船。所以，同等税率的船钞，国内商船所负担的税率并不一定比外国商船低。例如，根据研究，同是一等船，西方商船所负担的船钞占贸易额的 0.75%，而本国商船所负担的船钞则占贸易额的 0.85%。[①]

关税包括货税和船钞之外，清朝的海关进出口费用还有所谓"规礼银"。规礼银也称规费。是粤海关官吏向外国商人征收的一种私费。"规礼银"包括海关开舱、验货、丈量、贴写、放关、押船等各种"辛苦费"，统一叫规费。这种费用弹性大，没具体标准，只有习惯做法。"规礼银"从雍正时期开始正式征收，为 1950 两。乾隆二十九年（1764 年）清廷曾经下令查处过地方大员的这种违法行为。《清高宗实录》记载："谕军机大臣等，前因闽海关有陋规番圆，各衙门朋分收一案，因命舒赫德等前往查办，并有旨传询杨应琚、福增格，令其据实具奏。"不久却又恢复，但有所减少，至道光十年减至 1719 两。[②]

4. 贸易顺差

清代的对外贸易比以前也有很大发展。中国出口的货物有茶叶、陶瓷器、生丝、绸缎、棉布、纸张、纸伞、干果、线香、烟草、铁锅、家具、糖、人参、牛马、谷物、豆、羊肉、麦粉等。其中茶、丝、土布的出口占有重要地位，尤以茶叶占第一位。进口的商品多为毛织品、五金、玻璃、珊瑚、玳瑁和各种香料、海味等奢侈品，所以进口量始终难以扩大。在鸦片战争前，中国人对西方商品的需求不大，而中国的很多产品都是欧洲各国人民所喜爱的，特别是当饮茶成为习惯以后，甚至产生了对华贸易的依赖。所以，当年往来中国与欧洲之间的商船，来到中国时，除少量的商品外，主要装载的是黄金和白银等贵金属，而离开中国时则是满满的货物。如 18 世纪的 100 年中，英国因购买中国货物而输入中国的银圆达到 2.089 亿元。[③]

大规模的白银流入中国，应该是从明末清初开始的。当时英国人率先开拓对华贸易，其他国家也不甘落后，到 18 世纪前期，西欧主要国家都卷入了对华贸易之中。18 世纪初期的欧洲风行饮茶，英国尤甚，茶叶需求极大，茶叶贸易利润也极大。到 19 世纪美国也成了饮茶大国，开始大规模进口茶叶。但是，中国经济结构上的自给自足特性，使中国进口需求有限，这就导致西欧国家必须出口贵金属来偿付巨额贸易逆差。另一方面，中国自实行"一条鞭"法后，白银成了主要的支付手段，市场上白银需求大幅增加。与此同时，欧洲国家通过对美洲的掠夺，积累了

---

① 参见陈希育：《中国帆船与海外贸易》，厦门大学出版社 1991 年版，第 350 页。

② 参见［美］马士：《东印度公司对华贸易编年史》第四卷，区宗华译，广东人民出版社 2016 年版，第 396 页。

③ 参见千家驹：《东印度公司的解散与鸦片战争》，《清华周刊》第 37 卷第 9—10 期，1932 年。

大量白银，可以支付对华贸易的逆差。这样，就形成了这样一种贸易模式：欧洲用白银交换中国的茶叶和其他手工业产品，而白银流入中国后则沉淀下来成为流通中的通货。

从明代到鸦片战争前，这种贸易格局基本没有变化，因而有大量白银流入中国。如果我们将 16 世纪 40 年代作为日本白银的大量流入的起点，至 19 世纪 20 年代美洲白银停止持续性大量流入为止，明清时期白银大量持续性流入的时间，大约为 280 年。据研究，明清时期，流入中国的日本白银约 2 亿两，流入中国的美洲白银约 4 亿两，其中经由马尼拉流入中国的美洲白银及经由欧洲和美国流入中国的白银数量各 2 亿两。据此加总得出整个明清时期流入中国的白银数量约 6 亿两。[①]

大量白银流入中国，对中国社会经济发展产生了深远的影响。首先，西方白银的流入，促使中国货币体系完成从铜钱到白银再到银圆的转化。中国长期缺乏币材，铜钱早已不能满足市场需要。白银的流入为中国增加了币材，从而可以确立货币白银本位。这是中国货币史上的重要转变。其次，白银的大量流入和中国货币制度的转变，使中国货币制度与国际接轨，从而促进了我国对外贸易。当时西方实行金银复本位制度，而我国独实行铜本位制。铜钱单位币值较低，只适应零散的小额交易。而国际贸易动辄千万，铜钱无法满足。白银的单位价值大大高于铜钱，比较适合用于国际贸易。另外，中国长期以来受制于币材不足。不仅白银不足，铜材也不丰富，导致我国纸币较早发明和使用。但明宝钞贬值所造成的危害，使人们为之色变。而白银流入极大地解决了币材缺乏的问题，因而刺激了中国经济的发展。

① 参见刘军：《明清时期白银流入量分析》，《东北财经大学学报》2009 年第 6 期。

第十二章　晚清变革

第一节　道咸变局

一、市场开放

1. 鸦片战争

18 世纪中西贸易的基本结构，是西方国家以其殖民地所产出的产品，主要是白银、棉花、胡椒等交换中国的传统产品，如茶、丝、瓷器等，中西贸易严重不平衡，西方国家存在较大逆差，而中国存在巨额顺差。英国商人较早进入中国市场，但中英贸易进展并不顺利。英国在掠夺殖民地的竞争中未占先机，因而并未获得白银、棉花、胡椒这些产品的产地，只有传统的毛棉纺织品和其他杂货出口。而这些物品在中国难以打开市场。但英国市场对中国产品特别是茶的需求极大。所以，中英贸易始终不平衡，英国不得不向中国输出大量白银来支付进口，这种长期的巨额贸易逆差甚至使双方贸易难以为继。为了扭转对华贸易的巨额逆差，英国商人发动了罪恶的鸦片贸易。乾隆三十八年（1773 年）以后，英国东印度公司垄断了鸦片专卖权，向中国大规模输出鸦片。英国人通过对华鸦片输出，使长期以来对华贸易逆差得以扭转，不仅再也用不着运送白银到中国，还有大量盈余将白银运出中国。

鸦片贸易对中国经济社会造成严重损害。首先，鸦片输入严重毒害了中国国民。同治年间，各地烟馆林立，上自官府缙绅，下至工商优吏，甚至大量妇女、僧尼、道士等无不吸食。吸食鸦片者又以衙门中人最多，"幕友、官亲、长随、书办、差役，嗜鸦片者十之八九"（《林文忠公政书》乙集卷五）。其次，鸦片输入导致中国贸易逆差和白银外流。道光十六年（1836 年），时任鸿胪寺卿的黄爵滋在奏疏中指出：

> 自道光三年至十一年，岁漏银一千七八百万两；十一年至十四年，岁漏银二千余万两；十四年至今，漏至三千余万两之多。福建、浙江、山东、天津各

海口合之，亦数千万两。以中土有用之财，填海外无穷之壑，易此害人之物，渐成病国之忧。年复一年，不知伊于胡底！（《清史稿·黄爵兹传》）

再次，白银外流又进一步引起银贵钱贱和社会税负加重。19 世纪初银一两约合铜钱 1000 文，到鸦片战争前夕竟达钱 1600 文。百姓平时所得为铜钱，而交付赋税则需折成白银，这就使税负大大加重。税负加重给各地赋税征收造成困难，从而使政府财政陷于困境。最后，吸食鸦片降低了社会购买力。道光十八年（1838 年），林则徐在调查苏州和汉口等商埠后上疏，"近来各种货物销路皆疲，凡二三十年以前，某货约有万金交易者，今只剩得半数。问其一半售于何货，则一言以蔽之曰：鸦片烟而已矣"（《林文忠公政书》乙集卷五）。

鸦片泛滥引起清政府的恐慌。1729—1834 年，清政府前后颁布了十五次禁令，但都无济于事。林则徐提出：

吸鸦片者每日除衣食外，至少亦须另费银一钱，是每人每年即另费银三十六两。以户部历年所奏，各直省民数计之总不止于四万万人，若一百分之中仅有一分之人吸食鸦片，则一年之漏即不止于万万两，此可核数而见者，目下吸食之人又何止百分中之一分乎？……若犹泄泄视之，是使数十年后，中原几无可以御敌之兵，且无可以充饷之银。（《林文忠公政书》乙集卷五）

在一片惊慌之中，林则徐被任命为钦差大臣，到广州专门办理禁烟之事。

但是对于英国来说，鸦片贸易决不能停止。鸦片贸易提供了英属印度政府七分之一的财政收入，且鸦片能代替白银以支付大量的茶叶进口并带来可观的关税收入。当林则徐严禁鸦片的消息传到英国时，立即引起英国当局、英印当局，尤其是鸦片贩子们的极大恐慌。英国、印度等地的商人纷纷上书请愿，要求英国政府"利用这次机会，把这项贸易安置在前所未有的更加安全与永恒的基础之上"[1]。一些与鸦片贸易有关的人物或开会，或致信，或请愿，或散发小册子，或面谒外交大臣巴麦尊，敦促政府早日对华采取战争行动。[2] 1840 年 4 月开始的英国议会关于对华战争的争辩，经过几个月时间的激烈交锋，最后以 271 票对 262 票通过决议，决定借鸦片禁运发动对华战争。[3]

鸦片战争以中国战败和签订不平等条约告终。马克思在谈到 1840 年鸦片战争对中国历史进程的巨大影响时指出："所有这些同时影响着中国的财政、社会风

---

[1] 中国科学院历史研究所第三所：《近代史资料》，科学出版社 1958 年版，第 21—27 页。
[2] 参见刘存宽：《试论英国发动第一次鸦片战争的双重动因》，《近代史研究》1998 年第 4 期。
[3] 参见肖一山：《清代通史》第 2 卷，中华书局 1986 年版，第 914 页。

尚、工业和政治结构的破坏性因素，到 1840 年在英国大炮的轰击之下得到了充分的发展；英国的大炮破坏了皇帝的权威，迫使天朝帝国与地上的世界接触。与外界完全隔绝曾是保存旧中国的首要条件，而当这种隔绝状态通过英国而为暴力所打破的时候，接踵而来的必然是解体的过程"。[1] 正是这种"解体的过程"，促使中国出现了"数千年未有之大变局"。

2. 开放通商

道光二十二年（1842 年）8 月 29 日，清政府被迫签订了历史上第一个不平等条约——《中英江宁条约》（即《南京条约》）。《中美望厦条约》和《中法黄埔条约》也随即签订。许多欧洲小国，如葡萄牙、比利时、瑞典，荷兰、西班牙等也都纷纷要求和清政府订约，清政府一概应允。第二次鸦片战争之后，1858 年中国与英、法、美、俄分别订立了《天津条约》，1860 年与英、法、俄分别订立了《北京条约》。这样，经过两次鸦片战争，中国的大门向整个西方世界开放了。

不平等条约的内容非常广泛，除割地赔款外，更重要的是这些国家在中国获得许多政治、军事和经济特权。

第一，协定关税权。《江宁条约》中规定：英国商人"应纳进口、出口货税、饷费，均宜秉公议定则例"。这事实上是一种"协定关税"，中国海关因此丧失了关税自主权。第一次协定税则签订于道光二十三年（1843 年），规定进口税率在5%—6%上下，比鸦片战争前大大降低了。1858 年《中英天津条约》订立后，明文规定了值百抽五原则，主要进口货物税率比 1843 年税率又降低了 13%—65%。1858 年重修税率，许多货物的税率还不到 5%。1858 年《中英天津条约》对中国内地税也作了严格限制：

> 英商已在内地买货，欲运赴口下载，或在口有洋货欲进售内地，倘愿一次纳税，免各子口征收纷繁，则准照行。此一次之课其内地货，则在路上首经之子口输交，洋货则在海口完纳给票，为他子口毫不另征之据。所征若干，综算货价为率，每百两征银二两五钱。（《筹办夷务始末选辑》卷二十八）

这就是说：洋货进入内地、或洋商从内地收购土货出口，只需缴纳一次 2.5%的子口税就可"遍运天下"，不必像中国商品一样"逢关抽税，遇卡抽厘"了。

第二，海关行政权。咸丰三年（1853 年），英、美、法三国驻上海领事与上海道台吴健章议定："兹因关监督深稳中有降难得诚敏干练熟悉外国语言人员，执行约章关章上一切事务，唯有加入洋员，以资襄助。此项人员，应由道台慎选遴委。

---

[1] 《马克思恩格斯选集》第 1 卷，人民出版社 2012 年版，第 780—781 页。

道台亦应予以信任事权，俾资改良一切。"① 1853 年 7 月 12 日，由英、美、法各国各派一人组成税务司掌管上海海关。第二次鸦片战争后，《中英（中美、中法）通商章程》第十条中，有任凭总理大臣邀请英（美、法）人帮办税务，并严查漏税等规定。据此，英人李泰国（H. N. Lay）被委任为"中国总税务司"。当年李泰国即按照上海海关建立广州海关税务司，1860 年至 1863 年又设潮州、宁波、福州、镇江、天津、九江、厦门、汉口、烟台（东海）等关。1863 年至 1907 年英人赫德继任总税务司期间，更设关 30 余处。中国海关行政权从此被英国人控制。

第三，沿海贸易权、内河航行权与内地通商权。《江宁条约》第二款规定，允许英人在五口"贸易通商无碍"，意即允许英国船自由航行于五口之间。随后在中法、中美《天津条约》中正式承认了外国商船可以自由在各通商口岸转口，而不重复课税。1861 年上海总税务司制定的《沿海贸易法》更明文规定：外商在一口纳税后，即可进行沿海贸易、自由出入。《天津条约》第十款规定："长江一带各口，英商船只俱可通商。……自汉口溯流至海口各地，选择不逾三口，准为英船出进货物通商之区。"《中英天津条约》第九款规定：准许英人前往内地各处游历、通商。《中法天津条约》也有相同的规定。这些条款订立后，根据"利益均沾"原则，其余未订约国家也同样享受。

第四，商埠开放和租界土地权。鸦片战争以后，每次缔约必增辟若干商埠。到第二次鸦片战争后，中国开放的商埠，沿海沿江有广州、汕头、琼州、福州、厦门、台湾、宁波、上海、烟台、天津、营口、镇江、九江、汉口等 14 埠，陆路上为俄国开辟的有伊犁、塔尔巴哈台、喀什噶尔、库伦、张家口等五埠。外国人在这些商埠不仅经常往来通商，而且租地建房，自成一特殊居留区。《中英天津条约》第十二款："英国民人，在各口并各地方意欲租地盖屋，设立栈房、礼拜堂、医院、坟茔，均按民价照给，公平定议，不得互相勒掯。"这些外人居留区，因有领事裁判权的保护，都成为中国法权不能行使的特殊区域，后来又发展为"租界"。

第五，最惠国待遇。1843 年 7 月和 10 月，作为《南京条约》的补充条款，中英签订《五口通商章程》和《五口通商附粘善后条款》，即《虎门条约》。在《虎门条约》中，英国提出，中国将来如"有新恩施及各国，亦应准英人一体均沾"。后来的《中美望厦条约》和《中法黄埔条约》等都有类似的规定。以后，最惠国待遇的相关条款的适用范围又进一步扩大，当中国政府对本国商民有何种优待的时候，外国人也可以"一体均沾"。除英、法、美之外，许多资本主义小国，如葡萄牙、比利时、瑞典、荷兰、西班牙等国家也纷纷要求和清政府订约，都获得英、美、法所享有的特权。

---

① 马士：《中华帝国对外关系史》第 2 卷，生活·读书·新知三联书店 1957 年版，第 24 页。

此外，英美等国积极推行鸦片贸易合法化。1858 年 11 月，继《天津条约》签订之后，英美又强迫清政府签订了《通商章程善后条约》作为补充条款，规定：洋药"准其进口，每百斤纳税银三十两。惟该商只准在口销售，一经离口，即属中国货物。只准华商运入内地，外国商人不得获送。"（（清）李圭：《鸦片事略》卷下）至此，鸦片名正言顺地成为合法的进口商品。此后，鸦片输入一度猛增，直到西方工业革命展开后，鸦片贸易的地位才被其他工业品所取代。

3. 贸易转型

尽管西方通过一系列不平等条约打开了中国大门，但真正打开中国市场并向中国大规模商品输出却并非一帆风顺。第一次鸦片战争后到第二次鸦片战争前，中国对各个列强贸易盈余的状况并没有出现变化，中国进口货物的数量增长不大，出口却有明显增长。《南京条约》签订后的头几年，英国对华出口一度有较明显的增长，但很快就停滞下来。另一方面，中国对外出口却迅速增加。中美贸易也大致类似。

但这种局面并没有持续多久。一方面，英国的棉纺织品工业革命取得了成功，大量廉价棉纱开始进入中国；另一方面，第二次鸦片战争后至甲午战争前，英美等国通过不平等条约扩大了中国市场的开放度，商品可以更容易地进入内地市场。这就使英美等国商品在中国市场上逐渐取得竞争优势。1842 年，在中国常年进口的物品总值中，鸦片占第一位，占 55.2%；棉花为第二位，占 20%，棉制品居第三位，占 8.4%。1867 年，棉制品跃居第二位，占 21%，鸦片虽仍居第一位，但比重已下降到 46%。到 1885 年，棉制品已经居进口商品的第一位。在进口的棉制品中，棉纱进口增长的速度又远远超过棉布，是增长最快的商品。19 世纪 60 年代，每年进口棉纱不过数万担，价值多在 200 万海关两以下。1875 年以后，棉纱进口开始急剧增长。1872 年棉纱进口量为 5 万担，到 1890 年增为 1082000 担，为 1872 年的 2164%。1872 年棉布进口量为 12241000 匹，到 1890 年增为 15561000 匹，为 1872 年的 127.1%。输入棉布最多的是 1888 年，共计 18664000 匹，为 1872 年的 152.5%。[①] 另外，在中国的进口商品中，还有煤油、糖类、粮食、钢铁，以及各种装饰品和奢侈品。这类工业制品虽然价值不大，但是由于品种繁多，进口数量也十分庞大。从 19 世纪 80 年代开始，这类"杂货"的进口也以惊人的速度增加。

在中国的出口中，主要是农产品，其中以丝茶为大宗。在整个 19 世纪下半期，丝茶两项占到出口总值的 50%—90%。[②] 由于愈往后出口物资的种类愈多，还由于在国际市场上受到竞争，出口丝茶的绝对值虽然也有较大增长，但是在出口总值中

[①]　参见严中平：《中国棉纺织史稿》，科学出版社 1955 年版，第 8、9、38 页。
[②]　参见严中平等编：《中国近代经济史统计资料选辑》，科学出版社 1955 年版，第 76 页。

的比重却逐渐降低下来，其中又以茶的比重下降得最厉害。出口的货物中，除丝茶以外，还有棉花、豆类和糖类等。其中棉花和豆类增长得很快。如 1871—1873 年输出的棉花为 8486 公担，豆类为 57506 公担，到 1891—1893 年，棉花增为 290417 公担，豆类则增为 760522 公担。[①] 这是因为，此时资本主义国家的工业发展，特别是日本的棉纺织业和化学工业的发展，大大提高了对棉花和豆类的需求量。

中国的进口商品绝大部分是工业制品。这主要是因为随着资本主义国家工业革命的成功，大量工业制成品向中国低价倾销并迅速占领中国市场。这种"工业西方、农业中国"的格局，必然使中国的贸易条件持续恶化。中国贸易盈余一直持续到 1864 年，而在 1865 年第一次出现了贸易赤字。随后，除了 1872—1876 年这五年内曾经一度转为小量贸易盈余之外，就一直处于逆差状态，而且愈往后赤字愈大。甲午战争前 20 年间，入超总额为 32903 万关两，年均入超额为 1600 多万关两；而甲午战争后 17 年间，入超总额增加到 164596 万关两，年均入超额约为 9700 万关两，1905 年一年的入超额就高达 21921 万关两。[②] 对外贸易的长期巨额入超，对于晚清政府而言无疑是一个沉重的经济负担，中国的对外贸易出现了前所未有的被动格局，更使中国经济陷于半殖民地状况。

二、传统经济

1. 自然经济解体

鸦片战争后，一方面，越来越多的外国工业制造品大量涌入中国市场，从沿海通商口岸到内地广大城镇，从繁华的城市到贫困乡村，几乎到处都充斥着各式"洋货"。另一方面，西方国家从中国掠夺大量的廉价农副产品和工业原料。这样，中国被卷入世界资本主义市场体系之中，传统经济开始解体，并日益成为西方国家的原料产地和商品销售市场。

小农业与家庭手工业相结合的经济结构是中国传统经济的基础。在鸦片战争前，这种耕织相结合的小农经济，是中国传统经济的典型形态，在中国社会经济中占主要地位。但是鸦片战争以后，由于外国资本主义的侵入，这种耕织结合的经济结构开始了逐步分解的过程。

这种分解过程可以分为两个阶段。第一个阶段是纺与织的分离，即西方机器纺纱大量涌入中国，使个体小农被迫放弃了通过家庭纺纱以织布的方法，开始购买西方机纱并在家庭中织布。这就使农业家庭手工业中纺与织发生分离。洋纱代替土纱

---

① 参见严中平等编：《中国近代经济史统计资料选辑》，科学出版社 1955 年版，第 74—75 页。

② 1875—1894 年数字参见姚贤镐《中国近代对外贸易史资料》第 3 册（中华书局 1962 年版，第 1591 页）；1895—1911 年数字参见杨端六、侯厚培《六十五年来中国国际贸易统计表》（中央研究院 1931 年版，第 1 页）。

关键是价格，19 世纪 70 年代以后，进口棉纱的价格逐渐下降，1872—1890 年期间，最低时曾下跌 1/3 以上。这就使得洋纱的价格远远低于土纱。例如，1887 年牛庄每包（300 斤）洋纱售价仅为白银 57 两，而同期每包土纱却要售白银 87 两，一包相差 30 两。[①] 随着机器纺纱技术的不断提高，洋纱的质量也大大提高了，很快超过了土纱。加上中国国内市场由于棉花供求紧张，价格上涨，土纱更无法与洋纱竞争，手织业者自然舍弃土纱而改用洋纱。到同治、光绪年间，广东、闽南、江浙苏松杭及长江流域各省手工纺纱业纷纷停业破产，山东土纱纺织业也"几乎全部停歇"[②]。到甲午战争前后，全国各地"无一省不有大批手工纺纱业破坏的情形"[③]。1894 年张之洞说："江、皖、川、楚等省，或有难销洋布之区，更无不用洋纱之地。"这样，纺织结合的家庭手工业结构逐渐解体了。

第二个阶段是耕与织的分离。在早期，农村手工纺织家庭由于使用进口廉价棉纱，手工织布业还出现了一个短暂的繁荣。但好景不长，随着洋布大量销至中国，土布市场不断缩小。据海关统计，从 19 世纪 70 年代至 80 年代末，进口的洋纱布单位售价下降了 25% 左右，棉布的进口量增加了 27%。[④] 1889 年奕䜣曾讲："棉布为中国自有之利，本无须取给于外洋，乃洋人以机器织成，幅宽质细价廉，而适于用，人皆便之，反弃土布而不用，其夺我之利，实为最巨。"[⑤] 如果说小农原来是织布以自给，或有余出卖，现在则不但无以自给，无剩余可卖，而且还变成了棉布的购买者。在这种情势下，中国的手工织布不可避免地没落下去。如浙江鄞县，所产土布因结实、耐用而闻名，"为民间家庭工艺之最普泛者"（《鄞县通志·博物志》）。但是，"迨至光绪十年后……则巡行百里，不闻机声"（蔡藏卿、马厓民：《鄞县通志·博物志》）。在江苏，同治中期以前"土布遍销内地，为土民出产之大宗。……十年之后，逐渐稀少。又十年而通都大邑，竟至绝迹"（《书徐侍御请减土布落地厘捐后》，光绪二十四年八月十五日《中外日报》）。这样原来与农业结合在一起的家庭手织业就必然衰落下去，手工业与农业开始分离。

2. 传统农业的分化

传统农业种植结构在近代也发生了重要变化。中国传统农业以单一粮食作物种植为主，经济作物种植因市场狭小、需求不足而发展缓慢。鸦片战争以来，由于西方工业国对中国农副产品需求的急剧增加，为工业特别是轻工业提供原料的经济作物种植不断扩大。包括丝、豆类、棉花、油类、芝麻、烟叶等经济作物都有显著增

---

① 参见严中平：《中国棉纺织史稿》，科学出版社 1955 年版，第 77 页。
② 《海关贸易报告册》（英文本），1887 年，第 43 页。
③ 樊百川：《中国手工业在外国资本主义侵入后的遭遇和命运》，《历史研究》1962 年第 6 期。
④ 参见严中平：《中国棉纺织史稿》，科学出版社 1955 年版，第 72 页。
⑤ 彭泽益编：《中国近代手工业史资料（1840—1949）》第二卷，生活·读书·新知三联书店 1957 年版，第 222 页。

长。这就促使中国以单一粮食作物种植为主的农业结构开始改变。

鸦片战争以后，中国商业性农业有了一定程度发展，这主要是外国资本加强对中国农业原料的掠夺，使农产品出口迅速增加而引起的。此外，19 世纪 50 年代以后，外国资本在中国经营了若干农产品加工工厂和轻工业工厂，增加了对原料的需要，从而刺激了商业性农业的发展。这时期商业性农业的发展，主要表现在棉花、蚕桑，罂粟、茶等经济作物的种植有了发展，以及小麦、谷物、豆类等粮食作物的商品率有了提高，同时还表现为某些商品性农产品的生产，开始受资本主义世界市场波动的影响。

在鸦片战争以前，棉花早已被大量投入市场。到 19 世纪 60 年代以后，由于资本主义国家棉纺织业的发展，棉花出口增加，棉花价格提高，这就刺激了棉花种植面积的扩大。在第二次鸦片战争以后，蚕桑种植面积也扩大了。不仅南方扩大了养蚕，北方如河北、山东、山西、陕西、河南等省也纷纷栽桑养蚕。由于茶叶出品的增加，从 60 年代到 80 年代初，福建、台湾、安徽、江西、湖南、广东等地茶园的面积逐渐扩大。但 80 年代以后，由于印度、锡兰和日本茶叶的竞争，茶叶的输出量逐渐减少，茶农亏本，茶园荒废，茶叶生产衰退。花生的种植从闽广一带的个别地区，扩大到直隶、山东、江苏、安徽、江西、湖南等省，其中又以直隶最多。鸦片战争以前，广东、福建、台湾、四川等省已大规模种植甘蔗，手工制糖业已经相当发达。到 19 世纪 70—80 年代，蔗糖仍是我国重要的出口商品之一，英国和美国都是中国蔗糖的重要市场。但从 80 年代起，由于欧洲、马尼拉和爪哇糖的大量输入，中国糖受到打击并导致甘蔗生产的衰落。

鸦片战争后，我国农村自然经济的加速分解，主要不是由于生产力的发展和相应的社会分工造成的，而是由于资本主义商品入侵和农产品掠夺造成的，是一种被动的和强制性的分解。这种分解，虽然也有利于商品经济的扩大，但它未能触动传统的土地所有制，未能改变小农经济的生产方式。并且，由于这种分解所形成的商品市场是一种半殖民地型的市场，商品量和价格水平都受国际市场支配。因而，自然经济分解的结果，农民生产的经济效益鲜有增进，反而增加了生产的不稳定性，还增强了对外国商业资本的依附性。

3. 传统工业的分化

在西方工业制品的大规模倾销中，中国传统手工业生产也出现了前所未有的危机和分化。一方面，凡与外国进口工业品构成竞争，能被进口品取代的手工业生产，都遭到严重的冲击而走向衰落；另一方面，部分为外国工业生产提供廉价原料或适应外国消费市场需要的传统手工业出现畸形繁荣。

中国传统冶炼业曾一度十分发达，这时因西方钢铁制品大量输入而衰落。特别是从 19 世纪 60 年代以后，铁及铁制品进口日益增多。《历年海关报告》记：同治六年（1867 年）进口铁为 113441 担，光绪十一年（1885 年）增加到 1202881 担，不到 20 年增加了近 10 倍。而光绪十七年（1891 年）更剧增至 1726056 担[①]。进口的铁多为钉条铁、条铁和旧铁，质量虽然不如土铁，但是价格比土铁便宜，加上使用加工便利，可以大大地节省时间和劳力，因而很受欢迎。这就导致土铁不断被洋铁代替，炼铁作坊不断倒闭。例如，享有盛名的广东佛山冶铁业，原有铁砖行 10 余家，后来全部关闭；10 余家铁线行也仅剩不多的几家；原本极兴盛的铁钉行，其营业也十分冷落。[②] 湘潭的苏钢以前也较有名。咸丰年间，这里的钢坊有 40 余家，以后相继停闭，到宣统二年仅剩 3 家，不久也全部停顿了[③]。其他手工业部门也不同程度地受到冲击而逐步衰落。例如，煤油的进口打击了中国的榨油业。用煤油照明具有显著的优点，一是价钱便宜，二是光度更大。这样，民间照明就逐渐改用煤油而不用植物油了。此外，进口洋糖排挤国内的制糖业，进品的火柴代替打火石和铁片，洋针代替土针，洋染料代替土染料，肥皂代替皂荚等，不胜枚举。由于洋货大量输入，打击了旧有的手工业部门，从而使千千万万的手工业者失业。

与棉纺织业和钢铁业不同，生丝和制茶等传统手工业部门却出现繁荣。这是因为，棉纺织业和炼铁业是西方工业革命最早发生的两个部门，也是最急于向外输出的两个部门，因而对中国同类部门构成竞争和冲击。而西方国家工业革命对某些传统原料和传统消费品的需求却大大增加，从而带动了中国这类传统部门的生产和出口。丝、茶两项是中国传统出口商品的大宗，一直占据重要地位。同光之际，两项出口值占全部出口货物总值的 90% 左右，到甲午战争前后仍占 60%。[④] 丝、茶出口的扩大，直接拉动了缫丝业和制茶业的发展。浙江乌程县南浔镇出产的辑里丝，以前其销路仅限于国内。五口通商后，"外商需求既殷，收买者踊跃赴将，于是辑里丝价雀起，蚕桑之业乃因之而愈盛"[⑤]。到光绪二十年（1894 年）前后，"南浔附近各乡居民，及震泽、黎里一带，约有车户二三千家。每家平均约有车四部"[⑥]。湖南平江县"道光末红茶大盛，商民运以出洋，岁不下数十万金……凡山谷间向种红薯之处，悉以种茶"（同治《平江县志·物产》）。广东"鹤山山多田少，山地最适于茶树之栽培，故植茶者较多。清道光年间，为中国茶叶之全盛时代，全年出口有二百万担之多。时该县无论土著客家，多以植茶为业"[⑦]。

① 参见彭泽益编：《中国近代手工业史资料（1840—1949）》第 2 卷，生活·读书·新知三联书店 1957 年版，第 164 页。

② 参见冼宝榦纂，佛山市图书馆整理：《民国佛山忠义乡志》卷 6，岳麓书店 2017 年版，第 15 页。

③ 参见民国实业部国际贸易局：《中国实业志（湖南省）》第 7 编，1935 年，第 349—350 页。

④ 参见姚贤镐：《中国近代对外贸易史资料（1840—1895）》第 3 册，中华书局 1962 年版，第 1609 页。

⑤ 中国经济统计研究所：《吴兴农村经济》，文瑞印书馆 1929 年版，第 122 页。

⑥ 姚贤镐：《中国近代对外贸易史资料（1840—1895）》第 3 册，中华书局 1962 年版，第 11—12 页。

⑦ 陈兴琰：《广东鹤山之茶业》，《国际贸易导报》第 8 卷第 5 号，1936 年，第 130 页。

但是，出口丝、茶的收购基本上被洋商及其买办所操控，出口贸易更是完全掌握在外国人手中，并受到外国市场波动的影响。因而，尽管市场开放和出口贸易扩大刺激了中国丝茶手工业的发展，但同时也使之陷入对外商和外国市场的依附境地。另外，随着日本和英属印度等工业革命的展开，中国传统的丝茶出口也受到竞争，加上国际市场的波动，往往陷于破产境地。这种情况也发生在同光之际。如九江一地，过去茶庄林立，每年或五六十家，或三四十家，此时仅存 10 余家，甲午战争前后更只剩四五家。①

三、殖民经济

1. 外商企业

帝国主义国家向中国输出商品和掠夺中国资源的同时，还对中国进行资本输出。不过在甲午战争以前，外国资本主义在中国的投资数量不大，主要集中在银行业和交通运输业上。

《南京条约》规定废除中国对外贸易的公行制度。当时，在华外国洋行仅有不到 40 家，活动范围和经营内容都很狭窄，主要集中于沿海口岸城市。公行制度废除后，中国的对外贸易逐渐被洋行控制，洋行急剧增加，在中国经营贸易的外商人数也大大增加。这一时期进入中国的重要洋行有：同孚洋行、旗昌洋行、怡和洋行、琼记洋行、宝顺洋行、沙逊洋行、新沙逊洋行、美孚洋行等，其中影响力最大的是怡和洋行和旗昌洋行。洋行的经营内容也逐步变化，一方面继续从事罪恶的鸦片贸易贸易，大力推销机制纺织品、石油、食品的机器制造品；另一方面，大量掠夺中国的生丝和茶叶。

为了方便进出口贸易，外国资本在港沪等地先后开办了一些轮船公司，比较大的有美国的旗昌轮船公司（1862 年设立）、英国的太古洋行（1872 年设立，1875 年开始长江航运）和怡和洋行（1881 年设立，同年开始长江航运）。这些轮船公司很快就垄断了中国的远洋和内河航运，势力扩张得很快。从 1865—1894 年，外国在华出口的商船吨位增加了 3 倍以上。1877 年，外国轮船占各通商口岸进出中外轮船总吨位的 63.3%，1892 年则占到 77.8%。吨位实数，1877 年是 6727591 吨，1892 年增至 22101633 吨②。1877 年轮船招商局高价买下旗昌轮船公司后，中国才有了自己的轮船。在这一年中国各通商口岸进出中外轮船吨位中，外国船只占 63.3%，中国船只仅占 36.7%；1887 年，外国轮船占 74%，中国轮船只占 26%；1897 年，外国轮船占 76.8%，中国船只降为 23.2%。③

---

① 参见《茶事近闻》，《农学报》第 29 册，1898 年。
② 参见严中平等编：《中国近代经济史统计资料选辑》，科学出版社 1955 年版，第 221 页。
③ 参见严中平等编：《中国近代经济史统计资料选辑》，科学出版社 1955 年版，第 221 页。

在中国开设的第一家外国银行是英国的"丽如银行"（1845年），又叫英国东方银行。从那时起到1894年中日甲午战争为止，在上海设立分行的还有英国的有利银行（1854年）、麦加利银行（1858年）、汇丰银行（1865年）、日本的横滨正金银行（1893年）和德国的德华银行（1890年）等。此外，1896年沙俄在中国设华俄道胜银行，1894年法国的东方汇理银行进入中国。它们控制中国的进出口贸易，操纵金融，也是向中国输出资本的枢纽。在1897年以前，中国还没有本国的银行，外国银行独霸了中国的银行业。在众多外国银行中以汇丰银行的势力最为雄厚，它在1880年，就攫取到了在中国贸易中发号施令的地位，成为外国贸易洋行的庇护人。从1875—1886年间，英国对华投资，绝大部分都由汇丰银行经手，而这些投资，主要是对中国政府的贷款，其中最重要的就是1877年500万银两贷款，指定广州、上海、汉口三地的海关税收作担保。从此开了把中国海关税收作为外债担保品的先例。外国银行还利用中国旧式金融业为其服务，特别是利用钱庄来为他们推销洋货和购买土特产的进出口贸易服务。因为外国商人不便与广大中国商人直接接触，也无法互相信任，中国钱庄就起了沟通信用的作用。中国商人从钱庄取得"庄票"形式的商业信用，这种庄票为外国银行所接受。这样通过银行与钱庄的信用关系，外国资本主义就能在中国顺利地倾销商品和掠夺资源。

外国资本还投资了各种工业企业，主要有三种类型：（1）为方便各国航运业而设立的船舶修造厂。道光二十五年（1845年），英国人柯拜于在广州黄埔设置船坞，专事船舶修理。同治元年（1862年）英商在上海浦东创办和记洋行，并迅速发展为拥有大型船坞和机器厂的大型企业，光绪十七年（1891年）改组为股份有限公司，资本达80万两。（2）为出口服务的各种原料加工厂，如砖茶厂、缲丝厂、制糖厂、制蛋粉厂、轧花厂、打包厂等。[①] 咸丰十一年（1861年）英商怡和洋行在上海创办了第一家机器缲丝厂。[②] 光绪四年（1878年），随美商"旗昌丝厂"试办成功之后，大型机器缲丝厂"怡和""公平""纶昌""信昌""瑞纶""乾康"等相继在上海开办。同治二年（1863年）俄国商人在汉口投资设立"顺丰砖茶厂"。到光绪朝中期以后，汉口已有"阜昌""新泰"等若干大型砖茶工厂。光绪元年（1875年）英商怡和洋行在香港设立的"中华火车糖局"、光绪九年（1883年）太古洋行在香港设立"太古糖房"等，都是当时比较大的企业。（3）为在中国就地利用廉价原料和劳动力和就近销售的一些轻工业，如火柴、肥皂、制药、玻璃、制革、造纸、纸烟、轧花、豆饼、打包、铁器等工厂。如1881

---

① 参见孙毓棠编：《中国近代工业史资料》第1辑（1840—1895年）上册，科学出版社1957年版，第20—26页。

② 采孙毓棠说。参见孙毓棠编：《中国近代工业史资料》第1辑（1840—1895年）上册，科学出版社1957年版，第67页注③。

年英商建立的上海熟皮公司，1889 年日商建立的轧花公司，以及制造火柴业的
"燧昌自来火局"、造纸业的"华章造纸厂"、加工木材的"祥泰本行"、生产饮料
的"泌药水厂"、制药的"屈臣氏药房"、生产啤酒的"福利公司酒厂"等。到甲
午战争前夕，外国资本在我国开办的企业达 191 个，其中船舶修造和各种加工工业
占到总数的 60%。① 外资企业投资总额估计约达 2800 万元②，利润一般在 10% 至
24% 之间，雇佣工人约达 34000 人，占当时我国工人总数的 34.6% 至 37%。③

2. 买办制度

买办也叫"康白度"（Comprador），是专门替外国资本家在本国市场上服务的
中间人和经理人。鸦片战争前在中外贸易中就出现了买办，但那时他们还属于中国
公行的雇员，主要任务是代理外国商人推销商品、买进货物，基本受政府控制和委
托，管理和监督外国商人。此时，买办需要行商、通事保充，不能由外商任意选
雇，并且人数和职能也有一定的规定。鸦片战争后公行制度废止，外商自由贸易，
可以自行雇用中国人充当买办。1844 年中美《望厦条约》中规定，洋行雇佣买办
应各听其便，中国地方官毋庸经理。这时的买办不受清政府任何约束，完全受外商
支配，成为外商自由雇佣的雇员。

起初买办的职责仍沿袭商馆旧例，限于行内事务的管理。随着洋行业务的开
展，买办开始参与业务的经营。常常代表洋行深入内地，进行购销业务，同中国商
人商事实上，买办是外国公司在中国的实际经营者，而不仅仅是公司的雇员。定价
格，订立交易合同，逐步取得了双方的信任，这些买办不仅是洋行的总管、账房和
银库保管员，而且还是大班的机要秘书。他们成为洋商和华商之间不可缺乏的中介
人和代理人。随着捐客商人的加入以及外国商行直接培训和提升仆役人员，买办的
队伍日益扩大，买办也越来越成为独立的经营者。买办与洋行订立保证书和合同，
并向洋行提供现金和信用保证。在洋行中，大买办一般附设有自己的"买办间"，
为自负盈亏的独立组织。洋行付给买办一定薪水作为雇佣的象征，但买办的主要收
入为合同规定的佣金和其他额外收入。洋行也允许买办自营商业，双方还可能互相
交易。可见，买办具有洋行雇员和独立商人的双重身份。具有外国洋行雇员身份的
买办能够得到外国的庇护，有时还可以从不平等条约中分享"赔偿金"。作为中国
公民，买办又可代洋行在内地买卖货物或出面租赁房屋、购置地产。许多从官商巨
贾转化来的大买办，一方面分享外国资本带来的好处，同时利用有利条件经营自己

---

① 参见汪敬虞：《十九世纪外资对中国工矿企业的侵略活动》，《经济研究》1965 年第 12 期。
② 参见孙毓棠编：《中国近代工业史资料》第一辑（1840—1895 年）上册，科学出版社 1957 年版，第
247 页。
③ 参见孙毓棠编：《中国近代工业史资料》第一辑（1840—1895 年）上册，科学出版社 1957 年版，按
第 1201 页统计表计算。

的商业和其他企业。进入 20 世纪后，由于国内民众对外国资本的强烈反感，有的洋行把买办改称为"华经理"，有的把洋行改组为中外合资企业，但控制权仍然掌握在外国洋行手中。

随着资本主义经济势力对中国市场的渗透，外资银行不仅开办起来而且渗入中国的钱庄，使钱庄出现买办化倾向。钱庄买办化始于外国银行接受钱庄庄票作为抵押向钱庄进行信用放款。同治朝末年以后，这种信用业务成为经常而大量的现象。随后，钱庄还为进出口贸易提供信用便利，这就使钱庄的买办化进一步发展。钱庄既协助洋货内销，又协助洋商搜购土产。如光绪七年（1881 年）福州茶区由外商向茶贩贷出的预购款项只占贷款总额的 10%，其余 90% 的贷款绝大部分来自钱庄。买办资本还通过钱庄进行广泛的商业活动，从而把许多商人纳入自己的控制范围，促使华商资本向买办转化。

买办和买办化商人在为外商服务的过程中，不断积累自己的资本成为买办资本。买办资本主要来源于三个方面。首先是佣金收入，即外商根据买办所完成的营业额，付给 1%—2% 甚至 5% 的佣金，有时则采取"销价差额佣金"的方式鼓励买办活动，以为他们攫取高额利润。一般买办薪金只数十元、数百元，但是一年的佣金收入却常在数千元甚至几万元。其次是买办兼营企业的收入。不少买办本来就是国内的商人或钱庄老板，投靠外商后，一方面利用外商享有的特权，另一方面利用自身的市场和官场条件，赚两头的钱，因而大发其财。最后，"附股搭办"外商企业获得股息收入。如中法战争前后，上海的外国公司有大约 4% 股票是由中国人投资的，其中多数都是外国洋行的买办。

3. 海关制度

《南京条约》签署之前，清政府已经发展了榷关系统，对海外贸易进行调节、控制和征税。鸦片战争后，中国已失去关税自主权，但海关行政仍由中国管理。道光二十五年（1845 年），根据南京条约和英国领事巴富尔的要求，上海海关监督在洋泾浜（今延安东路）设置了"西洋商船盘验所"。1845 年 12 月 31 日，上海道台宫慕久撤销这个盘验所，在上海县城租界内设置了"江海北关"，并为之增设了两个稽查关卡。因和原来江海关差异较大，通常称"新关""洋关"，主要办理新式轮船征收关税等事。咸丰三年（1853），上海小刀会起义占领上海县城，迁设租界外滩的江海关也被捣毁。这时，外商船舶自由出入上海港，江海关无法恢复征税工作。1854 年，时任英国驻上海领事的阿礼国（Rutherford Alcock）主张在不取代清朝官员的前提下指派外国人作为税务监督，以重建贸易秩序。上海道吴健彰与英、法、美驻沪领事签订协定，允由三国各派税务司一人，掌管江海关。就这样，英方上海副领事威妥玛（Thomas F. Wade）、法方领事馆译员史亚实（Arthur J. Smith）、美方领事馆贾流意（Lewis Carr）成为外籍关税管理委员会成员。1858 年清政府与英、美、法签订的《通商章程善后条款》规定："任凭总理大臣邀请英（美）人帮办税务，毋庸英（美）官指荐干预"，并"各口划一办理"。1861 年恭亲王正式任命李泰国为第一任总税务司，管理各海关雇佣的外籍税务司及其他外国职员。从此，外籍税务司管理中国海关便成为定制。

同治二年（1863 年），李泰国拒绝去北京讨论关务，恭亲王将其免职，任命赫德为总税务司。赫德继任后，引入了英国的文官制度、现代财物管理制度和管理理念，将英语作为海关内部的工作语言，一切报表、公文都以英语起草。他从全欧洲招聘海关人员，要求他们全体学习汉语，并定期考试，将晋升资格与考试结果挂钩。通过这些措施逐步建立起近代海关管理制度。最初海关的职责仅仅是对外国轮船运来的货物估税。不久之后，海关集多种功能于一体，超越了单纯的税收机构。在 1885 年写给英国外交大臣格兰维尔伯爵的信件里，他希望中国海关成为"革新政府中各个部门的核心"。他多次呼吁建立一个中央铸币厂，建议进行财政和金融改革，建立国家邮政局，组建现代海军，成立铁路以及矿业建设部门。海关呼吁政府对内政、外交、军事进行改革，并为洋务运动提供了理论支持。在 19 世纪 70—80 年代，海关深涉清政府的现代军舰购置和外交事务之中。

在甲午战争和庚子之变后，根据《马关条约》和《辛丑条约》议定的对外赔款，已经超过了清政府的税收总额，因而不得不向国际银行财团贷款。而如此巨额贷款不得不以海关税收作担保。赫德通过与汇丰银行合作，设计了一套跨国程序，由汇丰银行在伦敦管理债券发行，由中国海关准时偿还债券利息，从而构建了一个对中国贷款的小范围资本市场。这个设计一方面为清政府获得了更多的贷款，另一方面也为外国资本瓜分清政府税收资源创造了条件。1911 年辛亥革命爆发，赫德也在英国去世，由安格联接任总税务司。

4. 租界制度

1842 年《南京条约》规定，准许英国商人带家眷在五通商口岸居住、贸易，准许英国政府在五口岸派驻领事、管事官"专理商贾事宜"。次年 10 月，中英两国政府签订的《五口通商附粘善后条款》（《虎门条约》），又具体规定由大清地方官与英国领事会同商定英人在通商口岸租地建屋的区域。1843 年 11 月 8 日英国首任驻上海领事巴富尔来沪，并于 11 月 17 日正式宣布上海开埠。经过多次谈判，1845 年 11 月 29 日，巴富尔（G. Balfour）与上海道台宫慕久签订《上海土地章程》，规定："将洋泾浜（今延安东路）以北，李家场（今北京东路）以南之地，准租与英国商人，为建筑房屋及居留之用。"① 这是外国租界之始。1848 年 11 月 27 日，英国驻沪领事阿礼国（R. Alcock）与上海道道员麟桂商定，扩展地区西北

① 上海人民出版社编：《上海公共租界史稿》，上海人民出版社 1980 年版，第 44 页。

至苏州河，西至洋泾浜，占地 2820 亩。这片英人居住地也就是后来所称的英租界。此后，美租界、法租界相继辟设。1854 年 7 月，英法美 3 国成立联合租界。1862 年，法租界从联合租界中独立；1863 年，英美租界正式合并为公共租界。随后其他国家也在中国各通商口岸开辟租借地，到 1901 年，各国在上海、广州、厦门、天津、镇江、九江、汉口、重庆、杭州、苏州、福州、沙市、厦门鼓浪屿等 13 个城市，共划有租界 27 处。在划有租界的城市中，以天津的租界为最多，共有八国租界；以上海的租界对我国各方面的影响为最大。[①]

　　殖民当局在租界建立起独立的行政、警察和司法机构，并驻扎本国的正规军和其他武装。租界当局还刻意以水道、围墙、铁栅栏、木马、铁丝刺网以及持枪站岗的士兵和巡捕把租界和市区隔开。租界最主要的特点是内部自治管理，并不由租借国派遣总督，而是成立市政管理机构工部局，担任市政、税务、警务、工务、交通、卫生、公用事业、教育、宣传等职能，兼有西方城市议会和市政厅的双重职能。1846 年 12 月 22 日，在首任英国驻沪领事巴富尔爵士的召集下，英租界召开第一次租地人会议。会议决定此后每年 1 月举行租地人会议，负责听取道路码头委员会对于过去一年租界经费收支和市政建设的报告，同时选举新一年度的道路码头委员会负责人员，并处理和讨论与租界地产相关的其他事务。1854 年，英、法、美租界在道路码头委员会基础上成立工部局，最初掌管工程、水利、交通等事务，后逐渐被赋予行政和一定的立法权力。1869 年，租地人会议通过《上海英美法租界土地章程》。根据章程规定，凡在公共租界租赁房屋并且每年缴纳相应标准捐税的纳税人，均拥有选举工部局董事会董事的资格。由此，租地人会扩大为纳税人会议。当年拥有选举权的选民由原先的 340 人，增至 467 人，但拥有选举权的仅限于外国侨民和驻沪外籍官员。根据《土地章程》的规定，纳税人会议主要负责七大方面的事务：修订并审核《土地章程》，批准工部局关于本财年的预算，审核工部局董事会提交的上一年度的财政支出报告，负责制定相关税制、估价辖境内的地产房屋和发放执照，选举地产委员，选举工部局董事会成员，其他事务。纳税人会议通过年会和特别会议掌管工部局预算、执照发放、确定特征捐税、选举地产委员等重大事宜，是租界内具有立法和监督职能的实际的最高权力机关。透过这些管理机构，外国人将西方城市的市政管理制度引入上海。这些管理制度涵盖了工程、建筑、交通规则、食品检验、粪便管理、垃圾倾倒和处理等方面的规定，租界内的巡捕监督其执行。

[①]　参见刘敬坤、邓春阳：《关于我国近代租界的几个问题》，《南京大学学报（哲学社会科学版）》2000 年第 2 期。

第二节　同光中兴

一、同治新政

1. 辛酉之变

咸丰晚期的中国，遭遇国内和海外的两大事件冲击，一个是两次鸦片战争，一个是太平天国运动。鸦片战争后，中国闭关锁国状态被打破，随着西方商品的输入，涉外事务不断增多。与此同时，西方文化思想影响也逐渐扩大，中国国内出现对外开放思潮，清廷内部也出现主张开放的洋务派和顽固保守势力的矛盾。太平天国沉重打击了清朝的统治，造成江南大部分地区的破坏，所提出的土地纲领和其他政治经济构想，更是对清朝统治提出挑战。而在镇压太平军过程中，汉族地方势力迅速崛起，他们秉持儒家经世主张，也代表了清廷中的改革力量。所以，咸丰晚期政治经济变革已经提到重要的日程上来。但是，清廷仍被顽固守旧势力把持水，两方面的斗争最终导致咸丰初年的辛酉政变。

第二次鸦片战争期间，清廷派奕䜣为全权大臣议和，签订中英、中法《北京条约》。咸丰十年十二月初一（1861年1月11日），奕䜣与文祥、桂良上《通筹夷务全局酌拟章程六条折》，认为太平天国和捻军是心腹之患，英、俄是肢体之患，应以灭内患为先，然后对付俄国和英国。折子还提出一系列建议，如成立总理各国事务衙门；设南北口岸管理大臣；添各口关税；要求将军督抚办理国外事件互相关照，避免歧误；要求广东、上海各派两名懂外语的人到京以备询问；将各国商情和报纸汇集总理处等。事实上，这是奕䜣为代表的洋务派的施政主张。咸丰十一年（1861年）慈禧太后和奕䜣携手发动政变，奕䜣被授予"议政王大臣"辅佑政务，兼管军机处，同任总理衙门首席总理大臣。通过这次政变，洋务派掌握了清廷的中央权力，并与通过镇压太平军而迅速崛起的曾国藩、李鸿章、左宗棠等汉族地方经世派结合，组成新的政治集团。慈禧命曾国藩统辖苏、皖、浙、赣军务，节制巡抚、提督以下各官。曾国藩又保荐门下李鸿章署江苏巡抚、左宗棠为浙江巡抚。（《清史稿·文宗本纪》）随后他们相继进入清朝的中枢行政机构执掌机要。可见，辛酉政变的结果是加速了奕䜣、曾国藩等洋务派上台，由此展开了以"洋务"为核心的"同治新政"。

2. 同治新政

同治新政的内容，基本上是在《六条折》中提出的，而在实行过程中又有所调整和增进，包括：

第一，设立总理衙门。咸丰十年十二月初十日（1861 年 1 月 20 日），总理衙门正式成立，全称为总理各国通商事务衙门，一般称作"总理各国事务衙门"。总理衙门由亲王一人总领，实为首席大臣，其他大臣从军机大臣、大学士、尚书、侍郎等中指派充任。总理衙门分设英、俄、法、美和海防五股，下设南、北洋通商大臣。南洋大臣管理长江及江苏以南沿海各省通商口岸，驻上海，后移南京。北洋大臣管理北方各通商口岸，驻天津。自此，总理衙门取代理藩院，成为专门的外事机构，使清代的外交产生重大突破。奕䜣为首任总理大臣，掌管总理衙门长达 28 年。总理衙门最初主持外交与通商事务，后来职能越来越大，不仅掌管清廷与各国间的外交事务，而且包括对外贸易、海关税务、边疆防务、海军建设、新式工矿业，以及建新式学校、兴修铁路、矿务等，实际上相当于清廷的内阁兼外交部，总览同治新政并推行洋务运动，它的出现是中国走向近代化的一个标志。

第二，派员出洋考察。这对于清廷来说也是破天荒的。过去，大国天朝思想使他们根本就无视西方，而经两次鸦片战争失败，使他们不得不重视起来。所以，奕䜣等提出出洋考察的建议立即得到慈禧的批准。同治五年（1866 年）正月二十一日，由斌椿为首一行 5 人，离京从上海乘轮船出洋，经过一个月零八天的航程，首先到了法国的马赛，随后在欧洲游历 110 多天，访问了法、英、荷兰、丹麦、瑞典、芬兰、俄国、普鲁士、挪威、比利时等国，于九月十八日回到北京。他们在巴黎参观了凡尔赛宫，在英国考察了英国的议会，参观了机器印刷，坐了火车，看到了电报、电话，又考察了兵工厂、造船厂、工厂、学校等。这是中国人第一次亲眼看到西方文明。回国后，斌椿写出《乘槎笔记》介绍了他们在西方的见闻。清朝官方游团欧洲之行，实现了中国与欧洲各国交往的历史性突破。

第三，开设同文馆。根据奕䜣的建议，清廷开设两宫、皇帝洋务学堂同文馆，直属总理衙门，主要培养外语翻译人才，训练中外交流外语人才。当时，人们受科举制的影响，很少报考同文馆，1862 年第一期仅招到 10 名学生。为此，奕䜣采取免学费和食宿费，并对学习成绩优秀者给予重奖的办法，吸引了一批学子。同治五年，奕䜣又奏请在同文馆内添设天文、算学馆。这一建议遭到大学士倭仁的反对，认为这种"奉夷为师"的做法会导致"用夷变夏"的严重后果。但慈禧太后支持奕䜣的意见，并命令倭仁立即"酌保数员，另行择地设馆"。同文馆设管理大臣、专管大臣、提调、帮调及总教习、副教习等职。聘有外籍教习，如包子腾、傅兰雅、欧礼雯等，开设有英文、法文、俄文、算学、化学、布文、天文、格致、东文等馆。同文馆除了聘请洋人教授外语，同时也请汉学教习教授儒家经典。学生毕业后可任政府译员、外交官员、洋务机构官员、学堂教习等。同文馆外，同治时期开设的新式学校，还有江南制造局附设的机械学堂、福州船政局附设的船政学堂等。

第四，选派留学生出国。经容闳建议，曾国藩和李鸿章会同奏请选派学生留美，得到慈禧太后和奕䜣的支持。同治九年（1870年）容闳被任命为留学事务所监督，主持选派留学生事务。同治十一年（1872年）八月，容闳率领中国首批30名"幼童"奔赴美国留学。此后，清政府前后共选派四批120人到美留学。他们被分别安排在美国平民家庭中生活，不仅学习西方文化和科技，而且学习西方的生活方式。为保证留学生的学业，清政府派陈兰彬等官员前往美国考察监督，发现留学生不穿长袍马褂而穿西服，不行跪拜礼而行握手礼，甚至于有的学生剪了辫子等，认为"他们纵能学成归国，非特无益于国家，亦且有害于社会"。因此，1881年清政府下令召回所有留学生。尽管他们在美国未完成计划的学业，但都受到西方的教育，后来逐步成为中国政界、军界、学界和工商界等方面的骨干和精英。

第五，开办洋务。同治新政的重要内容是开办洋务。主张洋务的官僚，在中央主要是奕䜣和文祥等满族官僚，在地方主要是曾国藩、李鸿章和左宗棠等汉族官僚。奕䜣强调学习"西学"，制造"西器"，认为"采西学""制洋器"早在清初康熙大帝时就进行过了，如今再搞是发扬光大祖制和传统。曾国藩、李鸿章和左宗棠等是在镇压太平军过程中认识到了"西器"的重要性，并首先使用西洋机器建立了新式工厂。道光十一年（1861）底曾国藩创办安庆军械所，是为洋务运动开始。同治二年（1863年），曾国藩委托容闳赴美采购机器，并于次年创建了第一个洋务企业江南制造总局。随后，清政府增设大型兵工厂，计有江南制造局、金陵制造局、福州船政局、天津机器局、西安机器局等20余个。而规模大、有典型性的为江南、金陵、福州、天津、汉阳等几个兵工厂。这些洋务企业，多聘请洋员充当技术指导，除制造武器外，还设有学校和翻译馆，培养洋务人才，翻译西方书籍和文献等。清政府的洋务运动，还包括与对外关系有关的一切事务，以及一切与外国有关的事情，如外事交流、签订条约、学习外国科学知识、购买军火、兴办厂矿，及铁路、航运、电报、翻译西方书籍等事项。

同治新政是在慈禧和奕䜣以及朝中的"洋务派"大臣主持和推动下实施的。同治十二年（1873年），18岁的同治帝亲政。他亲政后要做的第一件事，就是重修被英法联军焚毁的圆明园，但遭到群臣的反对。御史言官上折建议缓修，被同治帝斥退罢官。奕䜣联络了十大臣联名上奏缓修圆明园，同治帝一怒之下全部罢免十大臣。慈禧也不赞成重修圆明园。在慈禧压力下，同治帝不得不收回成命。同治十三年（1874年），年仅19岁的同治帝病死，"同治新政"也就此终结。但洋务运动并没有终止，而是蓬勃发展构成传统中国的最后一次"中兴"，即"同光中兴"。

二、洋务运动

1. 指导思想

鸦片战争前，清政府长期坚持闭关锁国政策，对于西方发生的工业革命和出现的资本主义制度以及先进科学技术一无所知，甚至根本就不想去了解。清朝皇帝坚持认为，天朝的物质文化和典章制度，乃至思想意识形态等，都是完美无缺的。但鸦片战争的失败，惊醒了统治者中那些勇于面对现实的人。林则徐、魏源、冯桂芬等人，是最早放眼看世界的人，他们从中外经济特别是军事对峙中看到了中国与西方存在的差距，希望学习西方的科学技术尤其是军事装备，以缩小与西方国家的差距，实现"以夷制夷"的设想。

在镇压太平天国的战争中，清廷出现一批主张洋务的官僚，包括曾国藩、左宗棠、李鸿章、张之洞等。曾国藩认为，中国应该向西方学习，"精通其法，仿效其意，使西人擅长之事，中国皆能究知，然后可以徐图自强"（《曾文正公全集》奏稿卷四）。左宗棠认为应鼓励私人创办企业，并提出"以官办开其先，而商办承其后"（《左文襄公全集》书牍卷二三）的政策主张。李鸿章是洋务运动最主要的代表人物。他认为中国"处数千年未有之奇局，自应建数千年未有之奇业，若事事必拘守成法，恐日即于微弱，而终无以自强"（《李文忠公全集》卷二四）。1862年他在上海看到西方兵舰和武器装备情况，对西方"大炮之精纯、子药之细巧、器械之鲜明"（《李文忠公全集》卷二）大感惊异，下决心"虚心忍辱，学得西人一二秘法"（《李文忠公全集》卷二）。随着洋务运动的深入，他进一步认识到，"古今国势必先富而后能强，尤必富在民生，而国本乃可益固"（《李文忠公全集》卷43），就是要兴办近代民用工业扩大财源。张之洞是后期洋务运动的重要代表人物。他系统地提出"旧学为体，新学为用"的政策思想，主张在创办近代工业过程中，实行"官督商办"和"官商合办"，并以官护商，由官疏通商务。

总的来看，早期洋务派的思想核心是"师夷之长技以制夷"，而后期洋务派的思想核心是"中学为体，西学为用"，而具体的方法都是学习西方先进技术，创办近代工业。但他们所主张的"变法"，并不是要改变自己的根本制度，而是要改变对科技和工业的态度，并采取有利于科技和工业发展的体制。在他们看来，中国要想强大起来，必须向西方学习"船坚炮利"。所以，洋务运动就从购买洋枪洋炮开始，继而创办军工企业自己制造，到后来进一步发展民用工业，从而掀起了中国历史上第一次现代化浪潮。

2. 军事工业

咸丰十一年（1861年），曾国藩在安庆创设安庆内军械所，主要制造子弹、火药、炸炮等。所谓"内"是表示这个军械所属于安庆军内的设置。从1862年起，用三年时间研制成功的我国第一艘轮船"黄鹄"号。这是洋务派创办的仿制西式武器的第一个军事工业。此后，洋务派以"自强"为旗号，采用西方先进生产技术，创办了24个近代军事企业。在这些军事企业中，以江南制造局、金陵制造局、福州船政局、天津机器局和湖北枪炮厂的规模为较大，所发挥的作用较为重要。

（1）江南制造总局。同治四年（1865年）李鸿章在上海创办。全厂约2000余人，主要制造枪炮、弹药、水雷等军用品，同时还制造轮船，1867年后开始制造船舰。它是洋务派开办的最大的近代工业，它用自炼钢材仿制的毛瑟枪，赶上19世纪后期德国新毛瑟枪的水平，它研制的无烟火药达到世界先进水平。到中日甲午战争前夕，江南制造总局已拥有十几座大厂和一座中型船坞，雇用工人二千数百人，成为清政府开办的十几个军火工厂电规模最大、经费比较充足的一个，是清军武器装备的重要供给基地。到中日甲午战争前后，江南制造局已拥有各式车床、刨床、锯床、钻床662台；大小蒸汽动力机361台，总马力4921匹；大小汽炉31座，总马力6136匹。

（2）金陵制造局。同治六年（1867年），李鸿章在上海松江创办小兵工厂，主要制造炮弹和子弹。1863年工厂移往苏州并加以扩充，购进一批机器并雇用了外国匠人，由英国退役军医马格里（Ma. Cartney Samuel）总管，名曰苏州洋炮局。1865年李鸿章从江苏巡抚升两江总督赴南京就职，把苏州洋炮局迁往南京聚宝门（今中华门）外扫帚巷东首的西天寺废墟上，更名为金陵制造局。到1879年，金陵制造局的规模包括有机器厂三家（正厂、左厂、右厂）、火箭局、火箭分局、洋药局、水雷局四局及翻砂、熟铁、炎铜、卷铜、木作各厂，形成"其熔铸锻炼，无一不需机器"的大机器生产。

（3）福州船政局。闽浙总督左宗棠创办。同治三年（1864年），他在杭州时就仿造过小火轮试行于西湖，1866年在福州马尾创办福州船政局，成为早期和江南制造总局并立的洋务派两大军工企业。福州船政局，主要由铁场、船场和学堂三部分组成，聘用外国人担任技师。全厂约1700余人，以制造大小战舰为主。这是清政府经营的设备最齐全的新式造船厂。

（4）天津机器制造局。同治六年由三口通商大臣崇厚创设于天津，初名"军火机器总局"，开办经费二十余万两，规模仅次于江南制造局。同治九年（1870年）由直隶总督李鸿章接办，易名"天津机器制造局"。该局分为东、西两局。东局设城东贾家沽，以制造火药、枪炮、子弹和水雷为主。西局设城南海光寺，以制造军用器具、开花子弹及布置水雷用的轮船和挖河船为主。此外，东局还附设有水师、水雷、电报学堂。

（5）湖北枪炮厂。由湖广总督张之洞于光绪十六年（1890年）开办。湖北枪炮厂的设备是当时全国兵器制造工厂中最新式的，主要设备购自德国力佛厂和格鲁森厂，可铸造连珠毛瑟枪（口径为7.9毫米）和克虏伯山炮，还生产枪弹、炮弹，以及与其配套的炮架、铜壳、底火等产品。

3. 民用工业

随着学习西方热潮的高涨和举办军事工业所遇到的种种困难，洋务派进一步认识到，西方之所以强大，除"船坚炮利"之外，还在于他们拥有雄厚的经济实力，要达到"富国强兵"的目的，只有在引进西方军工技术、设备的同时，大力举办民用工业，才能达到"稍分洋商之利"的目的。从19世纪70年代开始，洋务派大力兴办近代民用工业，采取官办、官督商办和官商合办等方式，开办轮船招商局、开平矿务局、天津电报局、唐山胥各庄铁路、汉阳铁厂、上海机器织布局、兰州织呢局等20多个规模较大的近代民用工业企业。

（1）轮船招商局是李鸿章于同治十一年（1872年）在上海招商筹办的，1873年1月成立。这是中国第一家近代轮船公司，也是洋务派兴办的第一个民用企业。它成立时买轮船3艘，到1877年收买了美国旗昌轮船公司，拥有轮船30多艘，形成一支实力较强的商船队。总局设上海，在烟台、汉口、天津、福州、广州、香港以及横滨、神户、吕宋、新加坡等地设有分局。光绪十一年（1885年）改为官督商办。

（2）开平矿务局。光绪四年（1878年）正式成立，由李鸿章招商集股创办，唐廷枢任总办，至光绪七年（1881年）正式投产。雇工三千人，当年产煤三千六百余吨，到光绪二十四年（1898年）更增至七十三万吨。该局不断扩充设备，改善运输条件，光绪十二年（1886年）成立了开平铁路公司，光绪十五年购买一艘运煤船，往来于天津、牛庄、烟台等地。该局产煤主要供应轮船招商局和天津机器局，也大量销售市场，获利甚厚。到19世纪末，总资产已近六百万两，是洋务派所办采矿业中成效最著者。

（3）天津电报局。光绪五年（1879年）李鸿章首先架设了大沽至天津的电报线。光绪六年（1880年），又在天津设立电报总局，盛宣怀为总办，同时附设电报学堂。光绪八年（1882年）改为官督商办，募集商股80万元。光绪十年（1884年）总局迁往上海，各地电局分为分局、子局、子店、报房四级。电报局创设以来发展迅速，至光绪二十一年（1895年）基本形成了联系全国各行省重要城市的电线网，经营富有成效，光绪二十一年（1895年）营业收入高达1155000余两。

（4）上海机器织布局。于光绪四年（1878年）由李鸿章主持筹建，是中国第一家机器棉纺织工厂。织布局从弹花、纺纱到织布全部设备均从美国引进，并请美国技术人员担任总工程师。光绪十五年十二月初七日（1889年12月28日）正式开工投产。1893年10月一场大火将整个工厂烧毁，损失惨重。火灾重建后扩大了规模，织布机达到750台。后取名"华盛"，仍为官督商办，还在上海、宁波、镇江等处设立10个分厂。

（5）汉阳铁厂。光绪十五年（1889年）湖广总督张之洞创办，于光绪二十年（1894年）投产，共有六个大厂，四个小厂，炼铁炉两座。开始均为官办，从筹办起至1895年，共用经费五百八十余万两。中日甲午战争后，清政府因无力筹措经费，于1896年改为"官督商办"。辛亥革命前夕，汉阳铁厂工人约3000人，每年可产钢7万吨。[①]

江南制造总局、金陵制造局、福州船政局、天津机器局、湖北枪炮厂以及其他中小军事工业企业，都引进了西方的生产船炮和枪支弹药的机器设备。如开办江南制造总局时，购买了美国旗记铁厂中的生产机器。在建设天津机器局的过程中，清政府陆续拨出经费从英国购买了大量制造武器所用的机器。在兴办民用企业的过程中，也从西方国家引进了不少机器设备。如开平矿务局从英国购进了采煤设备，上海机器织布局从英国和美国购进了包括轧花机、纺纱机和织布机等设备在内的全套纺织机器。

洋务派军用工业是中国人最早经营的近代工业。当时中国在经济上和科技上非常落后，兴办这样的企业，势必要依赖外国的机器设备，外国的生产技术，以至外国的人员和信贷。又因当时中国并无近代基础工业，钢、铁、铜等金属器材，多种部件和仪表，油料以至某些木料和炼铁、汽机用煤焦，都要依赖进口。同时这些企业的创建人是中国洋务派官员，工厂管理采取的是在市场没有发育情况下的传统管理模式。经费由政府调拨，产品一般也是由政府无偿地调拨给指定的军事单位，企业的发展与它的经营情况无关。尽管这些军事工业不完全按照市场的运作方式运行，但它们是中国最早的工业化文明，在中国经济史上具有里程碑的作用。

4. 官督商办

洋务派企业，就其体制而言，有官办、官督商办和官商合办三种类型。一般来说，洋务派所创办的军事工业都是采取官办形式。这类工厂完全由政府出资，并由政府派官员进行管理，也没有所谓的成本核算。所以，这种工厂除了使用机器进行生产外，与过去官营手工业没什么区别。后来，洋务派创办民用工业的时候，由于财政资金不足，难以承担大规模的资本投资，因而提出利用民间资本的想法。另一方面，对外通商以来，买办商人通过代理进出口贸易，积累了相当规模的资本，其他社会阶层如地主、官僚等也有投资于工业的愿望和能力。他们都希望利用政府的权力获得利益。这样就产生了官商结合的投资形式。但洋务官员普遍不相信商人能有对此等重要事业的创始能力，更没有对国计民生负责的精神，更重要的是，他们不愿轻易放松对新兴企业的控制权，认为"官督"的作用不可或缺。"此等创举，

---

① 参见姜铎：《张之洞对近代企业的贡献》，《社会科学》1998年第1期。

责之民办，而民无此力；责之商办，而商无此权"，"非官督不能经始"。① 所以官商结合企业的早期形式是官督商办。

同治十一年（1872 年）李鸿章在上海成立轮船招商局。在向总理衙门函送的轮船招商局条规中，李鸿章指出："目下既无官造商船在内，自毋庸官商合办，应仍官督商办。"（《李文忠公全集》卷一《论试办轮船招商》）这是中国近代官督商办企业之始。19 世纪七八十年代，中国出现官督商办企业热潮。当时采取这种方式所创办的企业主要有轮船招商局、开平矿务局、天津电报局、上海机器织布局等。另外，还有一些"官帽子"企业，它们大都由商人和地方官员出资筹办，但为了争取官僚的庇护，也都以官督商办名义出现，如安徽池州煤矿（1877 年），山东峄县煤矿（1880 年），山东平度、招远金矿等。

官督商办企业的指导原则源于李鸿章，即"由官总其大纲，察其利病"②，"所有盈亏全归商人，与官无涉"③。这类企业的资金来自民间招募的商股，有时政府也预先垫款以做资本，但开办以后要陆续归还。他们认为，创办各类企业"盖国家所宜与商民公之者利，所不能听民专之者权"④，因此必须"由官总其大纲，察其利病"⑤。具体说就是企业的用人、行政和理财大权由洋务派委派的总办或督办掌握，即所谓"商为承办，官为维持"（《皇朝经世文新编·商政》）。光绪二十二年（1896 年）汉阳铁厂改为官督商办时，张之洞特别在章程里规定："用人、理财，筹划布置……及一切应办情宜，遵照湖广总督札饬，均由督办一手经理，酌量妥办，但随时择要汇报湖广总督查考"，而"督办"则由"湖广总督奏派"⑥。但企业盈亏"全归商认，与官无涉"。

从表面看，商人在企业中没有决策权，只能分享红利，但要承担经营风险。而经营权是掌握在政府委派的官员手里的，是盈是亏只能听天由命。从另一方面看，商人投资入股的出发点也是希望利用政府的特权，分享政府的"官利"。如果商人自办企业，在当时的体制下无疑是障碍重重，而官督商办企业，在创办过程中基本上是一路绿灯，而在经营中又往往享受到政府的许多特权和优惠。如轮船招商局垄断漕粮运输；上海机器织布局获得了"十年之内只准华商附股搭办，不准另行设局"⑦的"专利"；开平矿务局成立时，清政府批准"距唐山百里内不准他人采

---

① 参见李玉：《晚清公司制度建设研究》，人民出版社 2002 年版，第 8 页。
② 李鸿章：《论试办轮船招商》，《李文忠公全集》，译署函稿，卷一，清末金陵刻本，第 40 页。
③ 李鸿章：《试办招商轮船折》，《李文忠公全集》，奏稿，卷二十，第 33 页。
④ 《张文襄公奏稿》，第四三卷，第 10 页。
⑤ 中国史学会主编：《洋务运动》（六），上海人民出版社 1962 年版，第 44 页。
⑥ 《张文襄公奏稿》，第二八卷，第 8 页。
⑦ 李鸿章：《试办织布局折》，《李文忠公全集》，奏稿，卷四三，第 44 页。

煤"，"不准另立煤矿公司"[1]；天津电报局也获得了经营商用电线和架设国内电线的专项特权[2]。政府给予的优惠也很可观。如轮船招商局自创办便享有从上海到天津随漕运货、免天津进口税二成的权利，上海机器织布局的产品在上海地区销售，不付任何税厘，分销内地则免抽厘金，等等。

当时社会上对官督商办企业期望值极高，在政府和企业宣传引招下，一时出现"公司热"和"股份热"。1882年，上海报纸描述说："股分风气大开，每一新公司起，千百人争购之，以得股为幸。"[3] "自春徂冬，凡开矿公司，如长乐、鹤峰、池州、金门、承德、徐州等处，一经禀准招商集股，无不争先恐后，数十万巨款，一旦可齐。"[4] 所以，企业创办时招股十分容易。而企业在经营过程中也曾经历过"黄金时期"，取得成功的发展并获取可观的利润。但是，这些企业不可避免地带有时代特征。如组织机构类似衙门，设总办、会办、帮办、提调等职，行政色彩很重。官场的营私舞弊，推诿扯皮习惯，严重影响了企业的效率。而在市场上，不仅要应对外资企业的竞争，还要应对清政府的官方勒索和贪官污吏的敲诈。例如，企业经常要给政府以报效。轮船招商局自1899年至1906年，共向清政府报效65万余两，其中以企业折旧基金垫付的即达20余万两。[5] 1894年慈禧太后60岁生日之时，轮船招商局一次就拿出报效银5.5万两，开平煤矿一次报效3万两。[6] 这种体制下，企业不可能有效率，经常陷于亏损状态。所以到80年代末以后，已很难招徕民间资金。

尽管如此，洋务企业还是仿照西方采取公司制度，已经具备了初步的企业性质。如轮船招商局在其章程中明定，"轮船之有商局，就外国之有公司也"[7]；上海机器织布局为"中国试行西法"而创立的"公司"[8]；漠河金矿"仿照西国公司之法，招集股本二十万两"[9]；等等。这些企业在集资经营方面确实采取了许多西方股份有限公司的做法，诸如发行股票，公布公司章程，并在章程中规定了公司的运作程式和股东的权利与义务等。各企业在企业章程的议定、股本的筹措、日常的经营管理等方面也部分地体现了公司企业民主管理的原则。所以，这些企业成为中国近代史上第一批"现代企业"，并为后来的商办企业提供了样板。

① 周叔媜：《周止庵先生别传》，民国丛书第三编，第26页。
② 参见《交通史路政编》第1册，1931年，第11页。
③ 《申报》1882年8月12日。
④ 《字林沪报》1883年1月22日。
⑤ 参见复旦大学历史系等联合编辑：《近代中国资产阶级研究》，复旦大学出版社1984年版，第85页。
⑥ 参见《捷报》1894年4月6日。
⑦ 聂宝璋编：《中国近代航运史资料》第一辑（1840—1895）下册，上海人民出版社1983年版，第771页。
⑧ 《李文忠公全集》，奏稿，卷四三，第45页。
⑨ 中国史学会主编：《洋务运动》（七），上海人民出版社1961年版，第318页。

然而，官督商办企业在中法战争以及 1883 年秋上海金融风潮中遭到重大打击，一些中小型企业因集资不足陷于停顿或破产，而几家大型企业也因运营资本的困难被迫进行重大改组。官督商办企业的信誉因此下降，一度出现招商困难。甲午战争之后，"官督商办"企业经过二三十年的经营实践，各种弊端日益暴露，已进入普遍衰败的状态，清廷不得不承认，原办各局"经营数载，糜币实多，未见明效"。清政府决定对原有各局"从速变计，招商承办"，并强调"一切仿照西例，商总其事，官为保护，若商力稍有不足，亦可借官款维持"。①

5. 商办工业

在洋务派创办近代工业的同时，中国民间资本也试图创办自己的近代工业企业。从同治年间到光绪二十四年中日战争前的 20 多年间，中国陆续出现了一些近代商办企业。这些企业主要是由部分官员、地主、买办、商人投资创办的，也有一些是从原来的手工业工场、作坊采用机器生产转化而来。这些企业一般规模较小，资本大都在 10 万元以下，有的只有几千元。这是近代中国民营企业的发端。

早期的民营工业企业主要有船舶机器修造业、缫丝业、棉纺业、火柴业等。同治五年（1866 年），方举赞创办上海发昌机器厂，并于同治八年（1869 年）开始采用车床，主要为外商船坞锻造修配轮船的零件。缫丝业是民营工业中最重要的一个部门，主要集中在广东和上海。同治十二年（1873 年），华侨商人陈启源在广东南海县设立继昌隆缫丝厂，以蒸汽机为动力，使用机器缫丝，雇用女工六七百人。两年后南海又出现 4 家机器缫丝厂。19 世纪 90 年代初，广东的机器缫丝厂已发展到五六十家，少数规模较大的企业雇工可达 800 多人。光绪七年，浙江丝商黄宗宪在上海建立公和永缫丝厂，开办时有丝车 100 部，后来发展到 858 部，可见规模已经不小。到光绪二十年（1894 年），上海又相继建立了 5 家缫丝厂。光绪八年（1882 年），上海源记轧花公司创立，资本 20 万两；光绪十二年（1886 年），宁波通久源轧花厂创立，资本 5 万元，有 40 台新式轧花机，雇用工人三四百人，主要为出口棉花服务。② 光绪十三年（1887 年），唐松岩在上海创办轧花纺纱新局，有纱锭约 7000 枚，布机 50 台。光绪十九年（1893 年），朱鸿度创办上海裕源纱厂，有纱锭 2.5 万枚，规模已很可观。19 世纪 70 年代以后，在广东佛山、天津、上海、重庆等地相继出现火柴厂。光绪十二年（1886 年），官绅杨宗瀚、买办吴懋鼎等人成立天津自来火公司，资本 1.8 万两。光绪十六年（1890 年）前后，上海成立了燮昌火柴公司，资本 5 万两，职工约 800 人。此外，还有一些面粉、印刷、玻璃制造、制糖、制茶、造纸等商办企业。

---

① 朱寿朋编纂：《光绪朝东华录》（四），中华书局 1958 年版，总第 3637 页。

② 参见孙毓棠：《中国近代工业史资料》第一辑（1840—1895 年）下册，科学出版社 1957 年版，第 973—1000 页。

总的来看，民营工业企业规模普遍较小，技术水平较低，很难与外国企业竞争。企业在机器、技术等方面都依赖外国，在原料来源和产品销售方面也受到严重挤压，甚至难免被外国资本吞并的命运。另外，当时的商办企业还没有得到政府法律的承认，中国还没有一部保护私人投资的法律，更没有公司法。商办企业在设厂、经营和产品销售等方面，完全听任官吏处置，并受到重重干扰和阻挠以及各种克扣勒索。在这种艰难处境下，民营资本往往投靠官办企业，采取官督商办形式，即便没有任何官股和政府背景，也要"挂靠"一个政府部门，以取得"官方身份"。另一条出路，就是投靠外国资本，贴上外资的标签，以规避政府官僚的无端干扰。

三、戊戌变法

1. 改革论辩

1895年甲午战败和《马关条约》签订，对中国的冲击远远大于两次鸦片战争。当时的清廷，"大臣争于上，庶僚争于下，台臣争于内，疆臣争于外，以及防边之将帅，上计之公车，泣血抑膺，合词呼吁。下至农工商贾之流，废业奔号，辍耕太息"①。面对险峻形势和舆论压力，光绪二十一年（1895年）四月十七日，即《马关条约》在烟台互换后第四天，光绪皇帝下谕旨，宣布和局已定，望"天下臣民"共谅"此中万分为难情事"，"嗣后我君臣上下，惟期坚苦一心，痛除积弊，于练兵筹饷两大端尽力研求，详筹兴革，勿存懈志，勿骛虚名，勿忽远图，勿沿故习，务期事事核实，以收自强之效"②。光绪帝根据广西臬司胡燏棻《条陈变法自强折》、康有为《上清帝第三书》，参照陈炽、徐桐、张百熙、桂良、信恪等人的有关奏折，拟就14项新政，发布令臣僚条陈时务上谕：

> 自来求治之道，必当因时制宜，况当国事艰难，尤应上下一心，图自强而弭隐患。朕宵旰忧勤，惩前毖后，惟以蠲除痼疾，力行实政为先。叠据中外臣工条陈时务，详加披览，采择施行。如修铁路、铸钞币、造机器、开矿产、折南漕、减兵额、创邮政、练陆军、整海军、立学堂，大抵以筹饷练兵为急务，以恤商惠工为本源，皆应及时举办。至整顿厘金，严格关税，稽察荒田，汰除冗员各节，但能破除情面，实力讲求，必以国计民生两有裨益。著各省将军督抚将以上诸条，各就本省情形，与藩臬两司暨各地方官悉心筹划，酌度办法，限文到一月内分晰复奏。当此创巨痛深之日，正我君臣卧薪尝胆之时，各将军

---

① 《御史王鹏运奏应相机收复辽台以系人心而维国脉折》，光绪二十一年四月十七日，见戚其章主编：《中国近代史资料丛刊续编·中日战争》第3册，中华书局1991年版，第355页。

② 朱寿朋编纂：《光绪朝东华录》（四），中华书局1984年版。

督抚受恩深重，具有天良，谅不至畏难苟安，空言塞责。原折片均著钞给阅看，将此由四百里各谕令知之。（《光绪朝东华录》（四））

各省官吏接奉上谕，先后分析复奏，从而开启甲午战后改革大论辩。顽固派将甲午战败归咎为洋务的失败，并乘机发难，攻讦维新，诋毁变法。维新派则认为开展了数十年的洋务，"利未一见，弊已百出"，其根源在于"大抵皆务增其新，而未尝一言变旧"[1]。当权的洋务派对洋务运动和甲午战败也进行了深刻的反思，积极主张推进变革。胡燏棻认为，日本之得在于"力行西法"，而中国之失则在于"仅袭绪余，未窥精奥"，一得一失，成败显然。而"倭与我本同文之国，彼以能自得师而效著，我何难幡然改计以维新？"（《皇朝经世文编三·增附时事洋务》卷二十）由此，他便提出了"变法自强"的主张。张之洞进一步提出："法者，所以适变也，不必尽同"，"救时必自变法始"，"不变其习不能变法，不变其法不能变器"。（《张之洞全集》）将"变法"视为"富强"的前提。在此基础上，洋务派提出一系列经济改革措施，试图将失败的洋务运动再次启动。

第一，国企改革。为了筹饷练兵，清政府仍要大力发展军事工业。对于武器的生产坚持官办，不过是靠增加经费投入而已。但此时清政府财政已困窘至极，无力加大投入，试图"仿照西例，改归商办"（《东华续录》光绪朝卷一百二十八）。而在民用工业生产中开展官商合办改革，如将汉阳铁厂交由商人盛宣怀承办，责成盛宣怀选择殷商，招集股本，合力兴办中国通商银行等。

第二，路矿改革。路政和矿政就成为战后清政府的两项要政，其中最重要的变化一是开放商办，二是公司化管理。1896年，为修筑芦汉铁路，政府成立铁路总公司，以盛宣怀为督办，招股借债。实行招股开矿，并可以引进外资，采取公司形式。1898年8月，矿务铁路总局在北京成立，并制定了《矿务铁路公共章程》，尝试运用法规指导、管理全国的路矿工作。

第三，恤商惠工。甲午战后，洋务派官员对过去的"官办"和"官督商办"政策进行反思，提出劝商、护商、奖商等一系列主张，同时针对过去的"征商"弊政，提出了"护商""恤商""劝工"等建议。光绪二十一年（1895年）七月十九日，清朝上谕称"以恤商惠工为本源"，表明清政府从限制私人资本转向鼓励和扶植私人资本。1896年初，张之洞奏准动用息借商款60万两，另加息借官款，设立苏州商务局，支持民营企业发展。像业勤、大生、通久源、通益公等纱厂，在创办之初曾得到过官款的扶持，有的被授予垄断经营特权或者税收上的优惠。

总的来看，甲午战后清政府为实现筹饷练兵、恤商惠工的目标，在国企改革和

① 《严复集》第1册，中华书局1986年版。

支持民营企业方面采取了一些措施。但这些措施受到顽固的旧势力制约而不能有效地实施，更谈不上在制度上实施变革。所以，这些变革措施的效果是十分有限的。因此，甲午战后一度的开新之风渐趋低落，多数大员则是乐得奉行故事，而维新派则酝酿着新的变革。

2. 戊戌变法

维新派是在甲午战败后迅速发展起来的。1895 年马关条约签订，消息传来，恰逢康有为与学生到北京参加会试，便联合 1300 多名举人，"公车上书"，痛陈民族危亡的严峻形势，提出拒和、迁都、练兵、变法的主张。当年 5 月底，他第三次上书，提出汰冗兵而和营勇、广学堂而练将才、厚海军以威海外等六条变法建议，得到光绪帝的赞许。7 月，康有为和梁启超创办《中外纪闻》，不久又在北京组织强学会，积极进行宣传和组织活动，著书立说，介绍外国变法经验教训，在各地创办报刊、学会、学堂，为变法制造舆论。一时间，维新变法运动逐渐在全国蓬勃兴起。

光绪二十三年（1897 年），德国强占胶州湾，康有为再次上书请求变法，建议"择法俄、日以定国是，愿皇上以俄国大彼得之心为心法，是日本明治之政为政法"，认为非采法俄、日"不能为天下雄也"。1898 年 1 月，光绪皇帝令康有为条陈变法意见，他呈上《应诏统筹全局折》，又进呈所著《日本明治变政考》《俄罗斯大彼得变政记》二书。他指出，世界各国皆以变法而强，中国要想救亡图存，必须全面变法。4 月，他和梁启超组织保国会，参加者有在京官员和各省举人 200 多人。保国会以救亡图存相号召，其宗旨是"保国、保种、保教"。经过康有为等人不断催促，还有帝党官员的积极活动，光绪帝决定利用不断高涨的维新运动来实行变法。1898 年 6 月 11 日，光绪帝召见全体军机大臣，颁诏"明定国是"，宣布变法。

"明定国是"诏提出改革的指导思想：

> 以中国大经大法而论，五帝三王不相沿袭，譬之冬裘夏葛，势不两存。用特明白宣示，嗣后中外大小诸臣，自王公以及士庶，各宜努力向上，发愤为雄，以圣贤义理之学，植其根本，又须博采西学之切于时务者，实力讲求，以救空疏迂谬之弊。（《清实录·光绪朝实录》卷一百四十八）

6 月 16 日，光绪帝在颐和园勤政殿召见康有为，任命他为总理衙门章京，准其专折奏事。康有为以著书进是方式，参与政事，指导变法。康有为强调中国必须以工商立国，才能富国养民。他主张设铁路矿务总局、农工商总局，并在各省设分局、广泛开设农会，刊印农报，购买农具，订立奖励学艺、农业程序，编译外国农学书籍，采用中西各法切实开垦、颁发制器及振兴工艺给奖章程、在各地设立工厂、在各省设商务局、商会，保护商务，推广口岸商埠、开放八旗经商，命其学习士农工商自谋生计、倡办实业，促进生产、鼓励私人开办工矿企业等。百日维新期间，康有为自己上奏和代别人草拟奏折共 37 个，其中有关改革文教的 15 个。[①] 这些建议均被光绪采纳，并颁发了谕旨。在康有为的呈请下，清廷谕令刘坤一、张之洞试办商务局事宜。两个月后，张之洞奏准设汉口商务局，并拟定了 8 条"应办之事"。[②] 1898 年 7 月，颁布《振兴工艺给奖章程》，规定凡能制造新器，发明新械新法，或能兴办学堂、藏书楼、博物院，建造枪炮厂者，可以呈明总理衙门请奖，予以专利或奖给官衔。8 月，清廷在北京设农工商总局，任命端方等人为督理，具奏农工商事务。清廷还谕令沿海各省设立保商局，保护回国侨商。

戊戌变法与甲午后的新洋务不同，基本上是按照维新派的思想进行设计的，变法措施不仅与守旧派直接冲突，与洋务派也有很大不同，政策措施过于激进。所以，变法不仅没有得到更广泛的支持，反而导致朝野上下一片恐慌。事实上，慈禧太后并不是反对变法，早在变法活动酝酿之初，她即对光绪表示："变法乃素志，同治初即纳曾国藩议，派子弟出洋留学，造船制械，以图富强也。""苟可致富强者，儿自为之，吾不内制也。"[③] 但是，当变法超出了社会的实际承受力，特别是危及她的个人权利和大清王朝的基本国体时，就不能不出手干预，最终导致变法失败。

戊戌变法失败后，一百多道诏书中所提出的改革措施大多数被废止，顽固思潮卷土重来，反攻倒算，改革派噤若寒蝉。李鸿章说，当时"主张变法者即指为康党，臣无可逃，实是康党"[④]。张之洞说，"不但本心之事不能做一件，即本心之话亦不能说一句"[⑤]。这就使晚清的改革进程大大受挫。

3. 官办企业转制潮

尽管改革失败了，但社会进步仍在缓慢地进行，特别是经济界的进步不可能完全停止。清政府签订的《马关条约》，有允许外国在华设厂投资的条款，于是不便继续禁止民间设厂。但是从禁止转向倡导和鼓励，还有一个艰难的过程。甲午战争的惨败，引起了中国社会的巨大震动，一些有识之士认为像日本那样发展私营企业才是强国的根本。清政府中有些大臣，如张之洞、胡燏棻、刘坤一、褚成博等，对商民投资设厂表示出倡导的态度。清廷也进行了反思："通商惠工为古今经国之要

---

① 参见汤志钧：《戊戌变法史》，人民出版社 1984 年版，第 357—368 页附表一。
② 参见朱寿朋编：《光绪朝东华录》，中华书局 1958 年版，总第 4160 页。
③ 费行简：《慈禧传信录》，见中国史学会主编：《戊戌变法》（一），上海书店出版社 2000 年版，第 464 页。
④ 中国史学会主编：《戊戌变法》（一），上海书店出版社 2000 年版，第 540 页。
⑤ 中国史学会主编：《戊戌变法》（一），上海书店出版社 2000 年版，第 334 页。

政"，而中国却"积习相沿，视工商为末务，国计民生日益贫弱，未始不因乎此。亟应变通尽利，加意讲求"（《清实录·光绪朝实录》）。他们认识到，"泰西各国商政，首重设立公司"，中国"欲使商力日有起色，不致坐失利权，紧要之图，莫如筹办各项公司，力祛曩日涣散之弊"①。可见，清政府已将"振兴实业"作为解救生存危机的"切要之途"。由此，清政府对民营公司的态度开始有了转变，终于允诺"以恤商惠工为本源"，要求各级官员劝工兴商，号召民间兴办实业。光绪二十一年（1895年）七月十九日，清政府发了一道上谕："近中外臣工条陈时务，如修铁路，铸钞币，造机器，开矿产，折南漕，减兵额，创邮政，练陆军，整海军，立学堂，大抵以筹饷练兵为急务，以恤商惠工为本源，皆应及时兴举。"（《光绪朝东华录》卷四）以这一圣旨为标志，清政府的经济政策从压制私人资本即剥夺国民的经济活动自由，转变为"恤工惠商"即力求保护和扶植私人资本。阻力和困难仍然不少，但大体是朝着这个方向前进的。8月，光绪皇帝颁布诏书，敕令官办企业"从速变计，招商承办"，从而开启了清末官办企业私有化之端绪。

甲午战争以前，洋务派官僚创建了一批官办企业和官督商办企业。甲午战争以后，面对外国商品和外资企业的激烈竞争，加之清政府财政拮据和企业自身的经营不善，许多官办和官督商办企业的经营每况愈下，有的干脆办不下去，只好改弦更张，实行转制：一方面，将原有的官办企业转为官督商办；另一方面，将原有的官督商办企业转为商办。

官办转为官督商办的例子可见于部分军工企业。甲午战争后，政府财政吃紧，拿不出更多的银子来养军工企业，纯粹的军工生产很难维持。这样就产生了"军民两用"的想法，部分军工企业在"制造军火之暇，兼造各种机器"（《东华续录》光绪卷二百），部分实行"军转民"。如光绪三十一年（1905年），江南制造总局将船坞、轮船厂、机器厂等划出另组"江南船坞"，归海军督察，采用商办方式。这种改制也收到了较好的效果，到1912年4月"江南船坞"共制造各式兵轮、商轮130多艘，打破了外国船厂垄断上海造船业的局面。

由官办转为官督商办，又进一步转为商办的例子，是张之洞的汉阳铁厂和大冶铁矿以及萍乡煤矿转为盛宣怀汉冶萍煤铁厂矿公司。汉阳铁厂和大冶铁矿是张之洞用官款开办的。自开办到1896年5月，已耗费官款近568万余两，但经营效率不够理想。甲午战争后，官款难以为继，不得不由盛宣怀先后招股200万两接办，是为官督商办。此后，经营总算有了起色。到1907年生铁的年产量比1894年投产之初提高了11倍多，达到6.2万余吨，并年产钢8538吨。为了保证炼铁厂的燃料供应，企业又投资500多万两开采江西萍乡煤矿，到1908年时日产煤量达1300吨，

---

① 《大清光绪新法令》第十类，实业，第1页。

炼焦 600 吨。但企业并没有因此转亏为盈。为了进一步提高经营效率，1908 年又将三个厂矿合并扩充改为商办，组成"汉冶萍煤铁厂矿公司"。改为商办后，企业虽未摆脱亏损，但经营效率有所改善，生产规模进一步扩大了，到 1911 年时，年产钢达 7 万吨、铁砂 50 万吨、煤 60 万吨，成为当时亚洲规模最大的钢铁联合企业。

这一时期企业转制的例子主要是由官督商办转为商办。这种情况主要发生在轻纺工业部门。华盛纺织总局是李鸿章奏准朝廷发起，由盛宣怀主办的官督商办企业，在当时是规模最大的棉纺织企业。光绪二十年（1894 年）建成并部分投产，同时在上海招股购机筹设华新、裕源、裕晋、大纯 4 个分厂。甲午战争后，该厂面临洋商激烈竞争，经营顿入困境。到 1901 年，盛宣怀借口亏损奏准添加商股，改组为商办的"集成"纺织厂，后又改名"又新"，实际上被盛宣怀控制为己有。辛亥革命时，盛宣怀怕被政府查抄，聘英国人为总理，一度在香港注册，挂英国招牌。1913 年又改名为"三新"。

从部分企业转制的例子来看，有的是经由承租而逐步转变为完全商办的。如湖北纺织四局，包括湖北织布官局、缫丝局、纺纱局和制麻局，均为官办企业。四局动用经费近 400 万两，利用本地原料，采用机器生产。后因经费不足，产品滞销，生产停顿，经营严重亏损，于光绪二十八年（1902 年）租给粤商韦应南的应昌公司经营。当时的租赁合同规定：租金每年 10 万两，租期 20 年，经营资金由承办人自行集股；原有外债欠款由承租者归还，原有吸纳的商股由官府自行理清；承租期内，无论亏盈，官府"不得抑勒收回，商亦不得辞退"[1]。改归商办以后，该四局经过整顿，逐渐扭亏为盈。宣统三年（1911 年）转归张謇等人的"大维公司"承租，1913 年又归"楚兴公司"承租。楚兴公司承租时，议定每年租金 11 万两，租押 25 万两，租期 10 年。其生产的纱、布在武汉销售，概免厘税，如转运它埠，在江汉关只完正税，沿途概免厘税，仍保留湖北官局名义。租办期间，由于经营得法，扣除租金及机械修理费用外，"每年的净利，据说都在 15% 以上"[2]。由张之洞发起建成于 1896 年和 1897 年的苏经丝厂和苏纶纱厂，名义上是官督商办，但实际上官府不入股，不问盈亏，亦很少干预。到 1898 年，两厂由商务局招商承租，企业取得更大的经营自主权，到 1908 年完全改归商办。

4. 民营资本创业潮

甲午战争后的改革和戊戌变法的改革，都有鼓励创办工商企业的内容。所以，

① 江敬虞编：《中国近代工业史资料》第二辑（1895—1914 年）上册，科学出版社 1957 年版，第 580 页。
② 汪敬虞编：《中国近代工业史资料》第二辑（1895—1914 年）上册，科学出版社 1957 年版，第 591 页。

此后中国出现新的创办企业热潮，当时的官方口号是"官为商倡"。清政府一方面采取各种措施改造和扩张国家资本，同时也放宽了对私人资本的限制，允许他们在一些领域中的发展，并采取了一些鼓励政策，个别的还给予一定的资助与扶持。1895 年 7 月，清廷令张之洞招商，多设织布织绸等局，广为制造。同年底，又就芦汉铁路兴建一事颁谕，允许能集资千万两以上的富商设立公司筑路，赢绌自负。1896 年，总理衙门又根据王鹏运准民招商集股开矿、官吏认真保护不得阻挠的奏折，咨令有关省份厘定章程，地方官不得勒索。少数企业在创办之初还得到过官款的扶持。如杭州的通益公纱厂多次获得政府"选拨官款，以为提倡"的支持，累计可达到 40 万两之巨。[①] 政府还给予这些企业以关税上的优惠，某些纱厂一经设立即按上海机器织布局从前的成案，在海关报完正税一道，其余厘税概行宽免。[②]如宁波的通久源纱厂，运货入内地时，按厘金规则每年纳银 7000 元，而不需在海关呈验运照，并按每担七钱缴纳关税。[③]

为了适应振兴实业的需要，中央政府于光绪二十四年（1898 年）设立了矿务铁路总局和农工商总局，于光绪二十九年（1903 年）设立了商部，1906 年又改商部为农工商部，并设立邮传部主管铁路和电报事宜。此外，清廷还谕令沿海各省设立保商局，保护回国侨商。光绪二十二年（1896 年）初，御史王鹏运奏请通饬开办矿务，建议清廷"特谕天下，凡有矿之地，一律准民招商集股，呈请开采，地方官认真保护，不得阻挠"[④]。清政府一方面准予民间集股开采，一方面要求有关省份制定章程加强管理。光绪二十四年（1898 年），清政府颁布了《振兴工艺给奖章程》，这是中国历史上第一次用法规形式鼓励民间工艺发展。1904 年 1 月 21 日，清政府颁布《公司律》，为中国历史上第一部公司法。《公司律》规定："无论官办、商办或官商合办各项公司，均应一体遵守商部定例办理"，各公司的"附股人不论官职大小，或署己名，或以官阶署名，与无职之附股人均只为股东，一律看待，其应得余利暨议决之权以及各项利益，与（其他）股东一体均沾，无稍立异"。（《大清光绪新法令·实业》）这就使中国民营资本较以前开始有了快速的发展，出现了一个兴办新式工业的高潮。在政府有关政策鼓励下，也靠的是一腔爱国热情，民间资本纷纷"仿西国公司集股"，走上了资本联合的道路。据不完全统计，从光绪二十一年至二十四年（1895—1898 年），新设立了 62 家商办企业，资

---

① 参见《申报》1909 年 3 月 19 日。

② 参见《通海设立纱厂请免税厘片》，《张文襄公全集》卷 42，奏 42。

③ 参见汪敬虞编：《中国近代工业史资料》第二辑（1895—1914 年）下册，科学出版社 1957 年版，第 689—690 页。

④ 中国史学会主编：《戊戌变法》（二），神州国光社 1953 年版，第 291 页。

本总额达 1240 多万元①。这远远超过了甲午战争前 20 多年民族资本的总和。从光绪二十一年（1895 年）到 1913 年，资本在万元以上的民间机器工业约产生 463 家②，涵盖了矿冶、纺织、缫丝、食品加工、水电、火柴等诸多类别。

这一时期，中国的民营企业仍以轻纺工业为主，发展较快的有织布业、缫丝业，其他各业如针织业、毛麻纺织业、榨油业、碾米业、造纸业、制革业、皂烛业、水泥业、制瓷业、玻璃业、酿造业、制糖业、印刷业等，都有一定程度的发展。其中棉纺织、面粉加工、火柴、卷烟等发展较快，也较成规模。

棉纺织业是这一时期发展最显著的行业。光绪二十年（1894 年），张謇考取"状元"，但他放弃了作官的机会，选择了"实业救国"。从光绪二十一年（1895 年）冬开始，他利用自己的特殊身份筹办大生纱厂。由于民间集资极不顺利，张謇不得不与刘坤一和张之洞合作，吸收部分官股，最终集成 195100 两股金，采取"绅领商办"形式，官股只领取"官利"不过问经营。大生纱厂于光绪二十五年（1899 年）正式建成投产。此外，光绪二十二年（1896 年），陆润庠等在苏州创办了苏纶纱厂，二十三年（1897 年），杨宗濂、杨宗翰在无锡开办业勤纱厂，庞元济在杭州创办了通益公纱厂，陈光颖在浙江萧山创办了通惠公纱厂；二十四年（1898 年），朱幼鸿在上海创办了裕通纱厂，等等。1905 年后，在收回利权运动和抵制洋货运动中，商办棉纺织工业开始了新的发展高潮。到 1910 年时又有 10 家新厂建成，共计办成新纱厂 19 家，投资总额 1035.9 万元纱锭数 304024 枚，布机数 516 台。③

面粉工业绝大多数工厂创设于光绪三十年（1904 年）之后。1896 年到 1903 年期间只有 9 家新厂开办。其中由绅士创办的，只有孙多森在上海创办的阜丰面粉公司，张謇在南通开设的大兴面粉厂，后者仅有资本 2.8 万元。1904 年的日俄战争导致面粉需求大增，而随后的抵制洋货运动使外国面粉进口减少，这就激励了华商对面粉工业的投资，不仅原有工厂增加资本，扩大规模，新设之厂也大大增加。到 1911 年时，8 年内共设新厂 49 家，加上前一阶段的 9 家，共达到 58 家，投资总额达到 895.6 万元。④

火柴工业的发展主要集中在光绪三十一年（1905 年）之后，基本由一般商人创办。光绪二十年（1894 年）前，我国仅有 12 家火柴厂，资本额约为 40 万元左

---

①　参见汪敬虞编：《中国近代工业史资料》第二辑（1895—1914 年）下册，科学出版社 1957 年版，第 870—919 页。

②　参见汪敬虞编：《中国近代工业史资料》第二辑（1895—1914 年）下册，科学出版社 1957 年版，据第 869—920 页资料统计。

③　参见杜恂诚：《民族资本主义与旧中国政府（1840—1937）》，附录，上海社会科学院出版社 1991 年版。

④　参见杜恂诚：《民族资本主义与旧中国政府（1840—1937）》，附录，上海社会科学院出版社 1991 年版。缺 2 家资本数。

右。其后发展逐步加速，到 1913 年达到 52 家，资本 294 万多元。[①] 1897 年，长沙和丰火柴公司和汉口燮昌火柴厂创办，是最早的 2 家火柴厂。但此后发展缓慢，到 1904 年时仅有 4 家企业成立。光绪三十一年（1905 年）以后，火柴厂迅速增加，到 1911 年创建了 27 家新厂。至此，中国的火柴厂达 31 家，资本总额 144.2 万元。[②]

卷烟业是完全在这一时期中产生的新工业部门。华商投资创办卷烟厂，始于光绪二十四年（1898 年）的天津北华制造烟草公司和宜昌茂大卷叶烟制造所。光绪三十一年（1905 年）简照南、简玉阶兄弟在香港创办南洋兄弟烟草公司，资本 10 万元，机器购自日本。宣统元年（1909 年）该公司改组后，产品质量日渐提高，产量逐年上升，成为规模最大的烟草公司。自光绪二十五年至三十四年（1899—1908 年），私人投资烟草业达 18 家，资本约 126.8 万元。[③]

除了轻纺工业外，这一时期的民营机器制造、轮船航运、铁路修筑、以及矿冶业等，都有一定发展。甲午战争以后，新设的机器和船舶修造厂，仅资本在万元以上的就有 22 家，资本总额达 277.9 万元。其中，光绪二十八年（1902 年）设立的上海求新机器轮船制造厂资本 70 万元；1907 年成立的汉口扬子机器厂资本 49 万元；1909 年在大连开办的顺兴铁工所资本 59 万元。[④]

甲午战争之后，对民间资本开设轮船公司的各种禁令逐步解除，商办轮船公司获得较快发展。到宣统三年（1911 年）时，新设资本在 1 万元以上的商办轮船公司共计达 181 家，其中有资本数记载的公司 84 家，共计 664 万元。[⑤] 这些轮船公司大部分规模很小，资本均在 10 万元上下，规模较大的只有虞洽卿等在光绪三十四年（1908 年）创办的宁绍商轮公司（资本 100 万元）、陈昭常等在 1910 年创办的上海图长航业公司（资本 67.2 万元）、盛昆山在 1911 年创办的天津直东轮船公司（资本 50 万元）。

光绪二十九年（1903 年），在收回路权运动激励下，清政府颁布《铁路简明章程》，规定："无论华洋官商"都可请办铁路，从而引致了民营资本创办铁路的热潮。1903 年，印尼华侨商人张煜南集资 302 万余元设立潮汕铁路公司；同年，绅士乔树枏于发起创设川汉铁路有限公司；次年，美国华侨陈宜禧集资 500 万元创设新宁铁路公司。到 1910 年，有四川、湖南、江西、云南、安徽、山西、浙江、福

① 参见祝慈寿：《中国近代工业史》，重庆出版社 1989 年版，第 531 页统计表。
② 参见杜恂诚：《民族资本主义与旧中国政府（1840—1937）》，附录，上海社会科学院出版社 1991 年版。缺 1 家资本数。
③ 参见吴承明：《中国资本主义与国内市场》，中国社会科学出版社 1985 年版，第 125 页。
④ 参见杜恂诚：《民族资本主义与旧中国政府（1840—1937）》，附录，上海社会科学院出版社 1991 年版。
⑤ 参见樊百川：《中国轮船航运业的兴起》，四川人民出版社 1985 年版，第 503—509 页。

建、广东、江苏、广西、河南、黑龙江、陕西、湖北等 15 省，都设立了铁路公司，实际筑成铁路 422 公里。①

采矿业中私人投资较为活跃。自 1896—1900 年，资本额在万元以上的商办采矿企业，新增 14 家，远远超过甲午战争前 20 年的数量。② 光绪三十四年（1908年），由绅商刘懋赏、冯济川等筹集商股 236.4 万元，赎回英商福公司的矿权设立保晋公司；1908 年华商收回中兴煤矿矿权改为自办，资本约 200 万元。此外，福建安溪煤铁矿亦有资本 200 万元。该三家大型煤矿的资本占该业资本总额的一半多。③

尽管政府实行开放和鼓励民营企业的政策，但民营企业的设立和发展还是存在诸多的障碍，事实上的"玻璃门"无处不在。当时创办企业一律实行批准制，同时设置一定时期的市场禁入，民营企业往往被挡在外面。光绪六年（1880年），为创办上海机器织布局，李鸿章特地上奏，并经皇帝批准，给予该局十年专利，"十年之内只准华商附股搭办，不准另行设局"。（李鸿章：《试办织布局摺》，《李文忠公全集·奏稿卷 43》）1888 年张之洞在广东筹设织布官局，不得不致电李鸿章协商："阅《申报》载，上海布局经尊处奏准：'十年之内，不准另行设局'；是否专指上海而言？粤设官局本与商局有别；且进口布多消旺，断非沪局所能遍给，粤给粤用，犹恐不给；当不至侵沪局之利。望速电复。"（张之洞：《致天津李中堂》，《张文襄公全集》卷 131）李鸿章的答复是："粤设官局，距沪较远，似无妨。"（《李中堂来电》，《张文襄公全集》卷 131）这是两位极有权势的洋务名臣之间进行的交流和协商，该企业尚能获得批准创办。但著名外交官郭嵩焘，回国退休后筹集资本两万余，希望创办轮船公司，但遇到重重阻力。于是写信给李鸿章抱怨："轮船之为便利，天下所共知也。愚劣如湘人，亦习焉而知其利。是以十年以前，阻难在士绅；十年以来，阻难专在官。凡三次呈请……独不准百姓置造。"④ 至于普通商人创办企业所遇到的困难就是可想而知的了。

---

① 参见宓汝成：《中国近代铁路史资料（1863—1911）》第 3 册，中华书局 1963 年版，第 1147 —1150 页。

② 参见杜恂诚：《民族资本主义与旧中国政府（1840—1937）》，附录，上海社会科学院出版社 1991年版。

③ 参见虞和平：《辛亥革命的经济基础——甲午战争后中国资本主义经济的走向》，见中国辛亥革命研究会、民革中央孙中山研究学会、民革广东省委员会：《"辛亥革命与 20 世纪中华民族振兴"学术研讨会论文集》，2001 年。

④ 《致李傅相》，《郭嵩焘诗文集》，岳麓书社 1984 年版，第 240—241 页。

第三节　新政与革命

一、清末新政

1. 启动新政

戊戌变法失败，晚清改革暂时停顿，腐朽王朝倒行逆施的结果是引起更大的反弹。仅仅过了两年，中国爆发了义和团运动和八国联军侵华战争，即"庚子之变"。"庚子之变"引成中国政治经济的巨大变局。四万万两白银的赔款，使中国人民背上了沉重的债务负担，清政府的财政主权和其他各项主权均遭到严重破坏。庚子之变后，清廷中的政治势力发生重要变化。一方面，顽固派或自杀，或被杀，或监禁，已经构不成政治势力；另一方面，庚子之败对国人的震惊比甲午之败更是有过之而无不及，变革成为社会普遍共识，而清廷上下也"人人欲避顽固之名"（胡思敬：《退庐笺牍》卷1），变法呼声再度兴起。如《汇报》发表文章称："中国之制度在祖宗创立之初，非不尽善尽美也，待奉行日久，不能无弊"。（《汇报》114号，第二册）"愿自至以往，维新者当实事求是，守旧者毋至死不变，同心以谋富强。"（《汇报》131号，第二册）而清廷内部的改革势力则主要来自转型的洋务派。当时的洋务派领袖刘坤一、张之洞、袁世凯等，在危机的形势下，不断从内部敦促清政府实行新政。张之洞说"今日国土日蹙，国权日夺，群强日逼"，"当此危如累卵之国势"，如不急起推行新法，"以屡败之国威，积弱之人才"，"以此而望自强久存，必无之势也"。（《张之洞致刘坤一电》，《张文襄公全集·电牍》卷50）当时尚在西安的慈禧，也发出"推积弱之由来，恨振兴之不早"（《清实录·光绪朝实录》卷四百一十八）的感叹，表示要进行改革，以期渐图富强。光绪二十六年（1901年）一月三十日，慈禧太后以光绪皇帝的名义颁布了变法诏书。

诏书首先从中国传统价值观念出发，说明变革是符合历史潮流的行为，并强调变革正是慈禧的懿旨：

> 世有万古不易之常经，无一成不变之治法。穷变通久，见于大《易》；损益可知，著于《论语》。盖不易者三纲五常，昭然如日星之照世；而可变者令甲令乙，不妨如琴瑟之改弦。伊古以来，代有兴革。当我朝列祖列宗，因时立制，屡有异同。入关以后，已殊沈阳之时。嘉庆、道光以来，渐变雍正、乾隆之旧。大抵法积则敝，法敝则更，惟归于强国利民而已。自播迁以

来，皇太后宵旰焦劳，朕尤痛自刻责，深念近数十年积习相仍，因循粉饰，以致成此大衅。现正议和，一切政事，尤须切实整顿，以期渐图富强。懿训以为取外国之长，乃可补中国之短，惩前事之失，乃可作后事之师。（《清实录·光绪朝实录》卷四百一十六）

诏书也指出了中国阻碍变革的因素：

> 中国之弱，在于习气太深，文法太密，庸俗之吏多，豪杰之士少。文法者庸人借为藏身之固，而胥吏恃为牟利之符。公事以文牍相往来，而毫无实际。人才以资格相限制，而日见消磨。误国家者在一私字。祸天下者在一利字。晚近之学西法者，语言文字制造机械而已，此西艺之皮毛，而非西学之本源也。居上宽，临下简，言必信，行必果，服往圣之遗训，即西人富强之始基。中国不此之务，徒学其一言一话一技一能，而佐以瞻徇情面，肥利身家之积习，舍其本源而不学，学其皮毛而又不精，天下安得富强邪？总之，法令不更，锢习不破，欲求振作，须议更张。（《清实录·光绪朝实录》卷四百七十六）

诏书还提出，命军机大臣、大学士、六部九卿、出使各国大臣及各省督抚，"各就现在情形，参酌中西政要，举凡朝章国故、吏治民生、学校科举、军政财政，当因当革，当省当并，或取诸人，或求诸己，如何而国势始兴？如何而人才始出？如何而度支始裕？如何而武备始修？各举所知，各抒所见，通限两个月，详悉条议以闻"，然后再"斟酌尽善，切实施行"（《光绪朝东华录》）。

光绪二十七年（1901年）四月二十一日，慈禧太后又下令成立以庆亲王奕劻为首的"督办政务处"，明确规定："政务处之设，为自强计。"（沈桐生辑：《光绪政要》卷二十七。宣统元年上海崇义堂刊本）李鸿章、荣禄、昆冈、王文韶、鹿传霖被任命为督办政务大臣，刘坤一、张之洞为参予政务大臣，总揽一切新政事宜。随后，由刘坤一领衔与张之洞一起上奏《江楚会奏变法三折》，请求清廷实行"新政"。

《江楚会奏变法三折》是清末新政的纲领性文件，由《变通政治人才为先遵旨筹议折》《遵旨筹议变法拟整顿中法十二条折》《遵旨筹议变法拟采用西法十一条折》以及《请筹巨款举行要政片》即三折一片组成。第一折提出参考古今，会通文武、育才兴学，包括设立文武学堂、酌改文科、停罢武试、奖励游学等；第二折提出法必应变通整顿者十二，包括崇节俭、破常格、停捐纳、课官重禄、去书吏、考差役、恤刑狱、改选法、筹八旗生计、裁屯卫、裁绿营、简文法等；第三折提出西法必应兼采并用者十一，包括广派游历、练外国操、广军实、修农政、劝工艺、定矿律路律商律及交涉刑律、用银圆、行印花税、推行邮政、官收洋药、多译东西各国书籍等。他们认为："揆之今日时势"，变法图强，已"悍无可悍，缓无可缓"。慈禧肯定他们的建议，指示"其中可行者，即着按照所陈，随时设法，择要举办。各省疆吏，亦应一律通筹，切实举行"。（《清实录·光绪朝实录》卷四百八十六）

2. 工商政策

清末新政延续洋务运动和戊戌变法的价值理念和基本思路，仍是试图政策变革，发展经济，实现国家富强。因而新政以一系列鼓励工商业的政策为重要内容。

第一，设立商部和邮传部。甲午战争后，中国民营企业发展形成第一次高潮，也因此增加了政府的工商税收，使清廷意识到振兴工商的重要意义。光绪二十九年（1903 年）9 月，光绪谕令设立商部。为调动商人积极性，在各商埠选取"行谊诚实、熟悉商务"（《大清光绪新法令》）的商董为商部委员。光绪三十二年（1906 年）11 月，又从商部分出邮传部。1907 年，决定在各省设立劝业道，掌全省农工商业及交通事务。到 1910 年，除山西、江苏、甘肃、新疆、黑龙江外，其余 18 省均已设置劝业道。

第二，建立工商企业制度。商部设立后，制定了一系列工商法规，包括《商人通例》《公司律》《商标注册试办章程》《破产律》等。《商人通例》规定了商人的身份、权利与经商规则；《公司律》规定："凡设立公司赴商部注册者，务须将创办公司之合同、规条、章程等一概呈报商部存案。"[1] 就是说，办企业仅须登记注册即可，从而实现了创办企业自由。商部还制定颁布了一些行业性法规，有《矿务暂行章程》（1904 年）、《重订铁路简明章程》（1903 年）、《改良茶叶章程》等。这些法律章程有助于约束地方官府的勒索，保护华商的经济、司法权益，鼓励工商业者的投资热情。

第三，鼓励实业社团。1904 年 1 月，清政府批准《奏定商会简明章程二十六条》，规定其职能是企业的信用公证、专利考核和申报、调解商业纠纷、账本发行以及推动和支持创办公司等。因此，商会成了工商企业家颇具权力的自治组织。随后，由上海商业会议公所改组的上海商务总会正式成立，是中国第一个新式商会。此后，商会以每年一百个左右的速度增长，到 1911 年全国已有大小商会达835 家。[2]

第四，奖励创办实业。光绪二十九年（1903 年），商部在《奖励公司章程》中规定，对集股 50 万元至 5000 万元以上兴办公司者（后降低为 20 万元至 2000 万

---

① 中国人民大学法律系法制史教研室：《中国近代法制史资料选编》第一分册，1980 年，第 128 页。
② 参见刘克祥主编：《清代全史》（第 10 卷），辽宁人民出版社 1993 年版，第 421 页。

元），分 10 等给予顾问官、议员，加授顶戴并赐给牌、匾，准子孙世袭议员等奖励。同时还颁布了《华商办理实业爵赏章程》，以资本大小和工人多寡，将奖励分 14 等，对资本在 2000 万元以上至 10 万元以上者，分别授以不同等爵衔，并加花翎、顶戴。另一方面，政府还对"有创制新法、新器以及仿造各项工艺，确能挽回利权，足资民用"（《光绪朝东华录》（五））的项目予以奖励。1906 年制定的《奖给商勋章程》规定，凡能制造轮船、机车、电机等新式机器者，奖以三等至一等商勋，赏加四品至二品顶戴；凡能在中国原有工艺基础上翻新花样、精工制造者，奖以四等至五等商勋，赏加五品至六品顶戴。1906 年，农工商部设京师劝工陈列所，主要展览括天产和工艺两类，对陈列的自制物品，如"系独出心裁，创制新法新式，足以提倡土货抵制洋货者"，该部按等级"发给商勋以资奖励"。

第五，财政金融制度改革。光绪二十三年（1897 年）盛宣怀在上海组建了近代中国第一家银行即中国通商银行。1905 年 8 月，户部银行在北京正式成立，1908 年改组为大清银行。1907 年清政府又组建了中国交通银行。与此同时，各省的官银钱号有的直接上升为地方银行。到 1911 年底，中国已有银行 12 家。[1] 为了加强对各地银行及官银钱局的管理，清政府相继制定了《银行通行则例》等一系列金融法规。1910 年资政院会同度支部制定了"统一国库章程"，提出由大清银行统一经理中央及地方国库。宣统二年（1910 年）清廷首次编制全国预算。宣统二年（1910 年）颁布《国币则例》二十四条，划一银币及铜币之重量和成色，并积极筹备币制改革，但终因政局动荡而计划流产。

3. 新政危机

尽管有各种缺陷并遭到多方面诟病和攻击，但从总的发展趋势来看，新政是朝着现代化方向发展的，新政初期也取得了可观的成效。1904 年和 1905 年，中国民营资本所设厂矿数目与投资总额都迅速增长。1895—1898 年民营资本所设厂矿万元以上者年均不过 20 家，投资总额年均 445.25 万元；而 1904 年与 1905 年两年就猛增到年均设厂 43 家，是前者的 2 倍有余，投资总额年均 712.95 万元，是前者的 1.6 倍。[2]

但是另一方面，新政所带来的结构性变革也损害了不少人的利益。新政不能在短期内实现对广大群众的利益诉求，而新政所需的各项费用反倒增加了他们的负担。如新政中的练兵、办学、派遣留学生、兴办各项实业都需要大量经费。但是政府财力已经非常有限，加上支付赔款、偿还外债及利息等，财源进一步枯竭。为了筹集新政经费，清政府不得不经常向下派款，广设名目，以多方索获。1903 年 12 月 24 日，清政府的上谕中说："现在国步艰虞，百废待举。而国储一空如洗。无

---

① 参见杨端六：《清代货币金融史稿》，生活·读书·新知三联书店 1962 年版，第 378 页。
② 参见汪敬虞编：《中国近代工业史资料》，第二辑（1895—1914 年）下册，科学出版社 1957 年版，第 1042 页。

米何能为炊，如不设法经营，大局日危，上下交困，后患何堪设想。"（《清实录·光绪朝实录》）同日，清朝政府发布的两个派款上谕，每年向各省派款共达 960 万两之多，这就迫使各地方进一步增加捐税。这就导致苛捐杂税满天飞。甚至"一盏灯、一斤肉、一瓶酒，无不有税"①。与此同时，各种税率也有所提高，有的是由户部决定在全国公开加收的，也有是由各地方任意提高的，因而到处怨声载道，民变四起。新政实施后，全国各地不断发生自卫性的抗粮、抗捐、抗税等群体事件，愤怒的民众不仅冲击厘卡警局，甚至连新式学堂也加以捣毁。这样，人民群众反而成了"新政"的反对力量。

二、辛亥革命

1. 抵制美货

19 世纪中叶，大批华工远赴美国，参加了加利福尼亚的淘金和横跨大陆的铁路工程建设，为美国开发作出了重要贡献。但随着大规模工程的结束，华工作用降低，美国于 1882 年出台了《排华法案》，规定在十年内禁止那些被雇佣为矿工的华人劳工进入美国。光绪二十年（1894 年）清政府与美国签订《中美会订限制来美华工保护寓美华人条款》，规定：居美华工离美期限超过一年者，不得再入美境；不准华人入美国籍；居美华工都须按照美国国会通过的苛待华工条例进行登记。此约以十年为期。光绪三十年（1904 年）条约期满，清政府照会美国政府，声明禁约到期立即废止。但美国拒绝废约，并要求以禁约的原有内容为基础续订新约。美国政府继续侵犯中国公民和国家权利的行为，立即引起了以上海商务总会为首的中国商人的强烈反对，引起声势浩大的抵制美货运动。

光绪三十一年（1905 年）五月，上海商务总会决定以抵制美货为手段，迫使美国政府改变禁约。随后，上海商务总会召开特别大会，讨论抵制续订《华工禁约》问题，1905 年 5 月，当地绅商聚于商务总会，要求清政府拒约，制定抵制美货的具体步骤。会长曾铸倡议"以两月为期，如美国不允将苛例删改而强我续约，则我华人当合全国誓不运销美货以为抵制"②。接着，上海商务总会一方面致电外务部、商部，要求坚决拒绝签约，电请南北洋大臣合力抗拒，另一方面通电全国各商会，号召一致行动抵制美货，以迫使美国改约。

7 月 20 日，为时两个月的限期已到，但是美方未见行动，上海商务总会随即于当天下午召集各帮商董开会，决定正式实行抵制美货。会上当场有铁业、火油业、木业、机器业、五金业、洋布业、面粉业等主要销售洋货行业的代表率先签

---

① 《论近日民变之多》，《东方杂志》1904 年第一卷第 11 期。
② 苏绍柄编：《山钟集》，1906 年，第 11 页。

字，不订购美货。同时以上海商务总会的名义通电全国35个重要通商口岸的商会，宣告抵制美货正式开始。上海各界对商会的倡议纷起响应，各省会馆、各业公所、各学堂等众多社会团体，都相继投入抵制美货的行列。随之，全国各地的商会也积极领导了本地的抵制美货运动。上海、广州成为运动的中心。上海先后建立了24个团体，参与的行业达76个。广州地区成立了"拒约会"，商、学各界等百余单位参与，展开了广泛的活动。家家户户的门前，几乎都贴上了"不买美货"的纸揭。海外侨胞也积极配合国内的反美爱国运动。据统计，全国大约有160多个城市的商人，在商会的领导响应了这次运动，影响之大，传布之广，为历来所罕见。

抵制美货运动的蓬勃发展，使美国对华出口受到严重损害。美国总统、驻华公使和驻沪总领事对清政府施加压力。英、法、日、俄等国竟然向清政府提出"劝告"。在列强的压力下，6月29日清外务部令各省"实力开导"，限制抵制活动。8月下旬，又连续向各省督抚下令，要求"从严查究"，以严阻抵货运动的继续发展。在中国人民的压力之下，美国政府最终放弃了续约要求。在随后的两个月内，罗斯福颁布了几个行政命令，要求改善华工以外的中国人所受到的不公正对待，要求移民官员善待允许入境的中国人。10月以后，抵制美货运动逐渐平息。

2. 橡皮风潮

20世纪初，美国和欧洲各国汽车工业迅速兴起，引起对橡胶制品的大规模需求及其价格的不断上涨。在需求和价格的推动之下，世界各地的橡胶产业公司不断成立并发行股票，上海的金融市场也开始热炒橡皮股票。据《泰晤士报》估计，在开发南洋的122家橡胶公司中，至少有40家公司开设在上海，大多由上海的洋行经办并代售股票，并在上海的外国银行开户，40家公司的资本总额达2500万两。1903年，英国商人麦边他在上海创设了兰格志拓植公司并发行股票，通过欺骗性热炒，使该公司股票不断上涨。另有一家"地傍橡树公司"的股票，也在1910年2月到4月6日之间上涨了一倍。在这两家公司股票的带动下，其他橡胶公司和相关公司的股价也随之上涨。这就导致一场全民炒股的热潮，上至重要官员，下至难以计数的各地钱庄人员、各业的一般商人乃至一般职员均有介入。

为了在股市热潮中获利，上海的钱庄、票号等金融机构纷纷降低贷款门槛，不仅给投机者提供信用贷款，还接受股票质押贷款，间接地参与炒股。他们利用自己的信贷优势，大发庄票，直接参与股票炒作。当时上海最有实力的钱庄正元钱庄、兆康钱庄和谦余钱庄，三家联合发出庄票600万两，其中有359张远期庄票放在外资银行，总价值约140万两。此后越来越多的中国钱庄、票号卷入，并且通过他们遍布全国的经营网络，吸纳着中国各个角落里的资金。

1910年中期，美国实行限制橡胶消费的政策，导致国际市场橡胶价格的持续下跌，并进一步带动全球橡胶公司的股价下跌。1910年7月21日，正元、兆康、谦余 3 家钱庄倒闭，造成 500 余万两的损失。而与这 3 家钱庄关系密切的森源、元丰、会丰、协丰、晋大 5 家钱庄也在随后倒闭。随后，上海 91 家钱庄有 48 家关门歇业，占总数的 53%，亏欠款总额 1933 万两。在大面积的倒闭风潮中，上海两家最大的金融机构即源丰润和义善源仍然稳定。源丰润是一家银号，义善源是一家票号，历来是上海银钱业的领袖，实力不在大清银行和交通银行之下。每逢市面不稳，两家机构都会联手救市，官府也会调剂款项，增强这两大机构的力量，以稳定市面。在 7 月风潮发生时，上海道台蔡乃煌立即向南京和北京报告，希望国家出手救市。7 月 27 日，宣统皇帝批准向外国银行紧急借款。8 月 4 日，蔡乃煌与 9 家外国银行签订"维持上海市面借款合同"，借款 350 万两白银，其中汇丰 80 万两、麦加利 50 万两、德华 50 万两、道胜 40 万两、正金 30 万两、东方汇理 30 万两、花旗 30 万两、荷兰 25 万两、华比 15 万两。同时蔡乃煌拨出上海官银 300 万两，其中包括上海海关的税款"沪关库款"，存放于源丰润和义善源及分属庄号。这样，在风潮发生两个月后，上海市面渐趋平静。

1910 年 9 月，清政府按照惯例要上海方面从源丰润、义善源等庄号提取 190 万两"沪关库款"，用以支付当年到期的"庚子赔款"。"沪关库款"是属于国库性质的上海海关的税款，历来由上海道台经手，存放于源丰润和义善源，以备中央财政不时之需。鉴于这笔钱已经用作救市且上海金融市场尚未稳定，蔡乃煌上奏朝廷，请求暂不从源丰润等钱庄中提取这笔巨款，改由大清银行拨银 200 万两垫付"庚子赔款"。度支部没有同意蔡乃煌的意见，反而参他妄称市面恐慌，恫吓政府，不顾朝廷颜面，拖付"庚款"。蔡乃煌被迫从源丰润等钱庄提回款项 200 多万两以交还政府。而失去这笔巨额款项的源丰润当即倒闭，共亏欠公私款项高达 2000 万两。源丰润的倒闭，又带倒了 9 家银号和钱庄，造成 30 家钱庄歇业。

源丰润垮掉之后，上海数十家工厂立即停工，30 多万产业工人顿时失业，形势陡然变得十分严峻，报警和请示的电报雪片般地发往南京的两江总督衙门和北京的军机处。度支部电令大清银行紧急调运 100 万两白银至上海。12 月 11 日，由两江总督张人骏出面，向汇丰、东方汇理和德华三家银行借款 300 万两，年息 7 厘，期限 6 年，以江苏盐厘担保。但仍无济于事，至 1910 年春节前，又有 30 余家钱庄倒闭。1911 年 3 月 21 日义善源宣布倒闭。源丰润和义善源这两家钱庄的倒闭，使上海金融业顿时崩溃。由于这两家钱庄的分号遍布全国，它们的倒闭引致全国性金融恐慌，北至北京、营口，南至广州，西至汉口、重庆，全国各大工商业城市陷入一片恐慌之中。江浙地区所受冲击最大，南京、镇江、扬州、苏州、杭州、宁波等六大经济重镇倒闭了 18 家著名钱庄和票号，受它们的牵连，除苏州外，上述五大城市的民营资本金融机构几乎全被冲垮。

由于上海是全国的金融中心，橡胶风潮迅速波及全国。各地源丰润，义善源的分号全部倒闭，与他们结成联盟的钱庄也受到牵连，随之纷纷关门倒闭。全国金融系统经受了上海恐慌的冲击，又丧失了当地官款的接济和大量的存款，于是大量钱庄和票号倒闭，全国金融系统陷入瘫痪，经济受到重创，清末新政六年来经济增长取得的成果毁于一旦。更为严重的是，橡胶风潮导致清政府财政危机，不得已将地方铁路由商办变为国有，以路权作抵押向列强借款，这就进一步引发轰轰烈烈的保路运动。

3. 保路运动

庚子事变以后，上自朝廷下至士绅平民，已经越来越清楚地认识到铁路对于经济发展与民族振兴的重要性。由于商股与官股不易筹集，清政府的铁路总公司不得不通过举借外债的方式筹集资本，为此，不得不把铁路的管理权、用人权、稽核权、购料权出让给外国的债权公司。但是，广大国民并不赞成将路权转让给外资，而主张独立自主依靠民间资本建铁路。1903 年，四川总督锡良提出铁路商办的奏议，得到朝野上下一致赞同。随后，"拒外债、废成约、收路自办"成为全国士绅的口号。1904 年，张之洞根据湖南士绅王先谦的建议，用 650 万美元的巨资，亦即以高于原价近一倍的资金，从美国人手里赎回原先由美国合兴公司发行的股票，从而赎回粤汉铁路的修筑权。这一举动引起全国各地赎回路权的热潮。光绪三十二年（1906 年），广东民众争废广九路约；四川、云南、吉林等地人民先后成立保路会要求自办铁路；山东、河北、江苏等省人民也发动了从英、德两国手中收回津镇路权；光绪三十三年（1907 年），江苏、浙江人民为收回沪宁铁路、苏杭甬铁路。与此同时，全国各地还展开了收回矿权的斗争。光绪三十三年山西绅商成立保晋矿务公司，收回英商福公司霸占的煤矿；黑龙江省收回拉林河金矿；次年，奉天收回锦西暖池塘煤矿；山东收回峄县煤矿。随后，四川集资组织江合公司，收回江北厅煤矿；安徽收回铜官山煤矿；湖南收回醴陵锑矿；云南收回七府锡矿等。

然而，商办铁路也存在一系列困难。首先是资金筹集并不顺利。如川汉铁路自商办以来，数年间的集款只及全路所需款数的十分之一。其次是管理问题。商办铁路公司不但缺乏合格的工程技术人才与经营管理人才，而且也同样缺乏经营管理的监督机制。所以，商办铁路公司经营管理不善，任人唯亲，贪污严重，效率低下。另外，商办铁路各自为政，各省和地区在干线上的统筹和协调难以解决。针对铁路商办的这些弊端，清政府主张将铁路路权收归国有，由国家统一筹划，向西方银行借款，并聘请西洋工程技术人员来建造铁路。宣统元年（1909 年）四月十九日，张之洞代表中国政府与美、英、德、法四国银行签订了借款合同，总计借款为 550 万英镑，利息五厘，以建造湖广境内粤汉与川汉铁路。张之洞去世后，新任邮传部大臣盛宣怀继续推进铁路国有化政策。宣统三年（1911 年）四月七日，给事中石长信建议把铁路划分为"干路"与"支路"两种类型，贯通全国的干路归由政府借款兴办，而其余支路则由各省绅商集股商办。

宣统三年（1911年）五月九日，宣统皇帝颁发"上谕"，实行"铁路国有"政策。该上谕指出：

> 国家必待有纵横四境诸大干路，方足以资行政而握中央之枢纽。从前规画未善，并无一定办法，以致全国路政错乱纷歧，不分支干，不量民力，一纸呈请，辄行批准。商办数年以来，粤则收股及半，造路无多。川则倒帐甚巨，参追无著。鄂则开局多年，徒资坐耗。竭万民之膏，或以虚糜，或以侵蚀，旷时愈久，民困愈深，上下交受其害，贻误何堪设想。用特明白晓谕，昭示天下，干路均归国有，定为政策。所有宣统三年以前各省分设公司集股商办之干路，延误已久，应即由国家收回，赶紧兴筑。除支路仍准商民量力酌行外，其从前批准干路各案，一律取消。（金毓黻：《宣统政纪》卷三十三）

1911年5月18日，清政府任命满族贵族端方为"督办粤汉、川汉铁路大臣"，要他去强行接收湖南、湖北、广东、四川4省的商办铁路公司。5月20日，盛宣怀与英、法、美、德的银行团缔结《湖北湖南两省境内粤汉铁路、湖北境内川汉铁路借款合同》借款合同，规定：借款总额六百万英镑，九五折付款，年息五厘，四十年还清；以铁路收入和湘、鄂厘金、盐税、赈粜捐作抵押；四国银行团享有该两段铁路的修筑权；如铁路延长，四国银行团有继续借款修筑的优先权。这样就把湖北、湖南、广东3省人民在1905年收回路权运动中从美国手中赎回的粤汉铁路和川汉铁路的修筑权，又转手出让给四国。

铁路国有政策遭到广泛的抵制，四川、湖南、湖北与广东四省士绅反映较为强烈，其中尤以四川为最。此前，1903年12月清政府颁布《铁路简明章程》，改变铁路只准官办或外国人办的状况。在1903—1907年的5年间，全国有15个省份先后创设了18个铁路公司。其中13个商办，4个官商合办或官督商办，坚持官办的只有1个。[1] 有的股金是按亩收取的，股权极其分散，群众性很强。清政府将铁路收归国有，造成与民众的广泛对立。加上政府手中没钱，打算借外债来办，更引发强烈的民族情绪。因此，与粤汉、川汉两干线相关的湖南、湖北、广东、四川4省发生了大规模的保路斗争。

政府要将已经交由商办的铁路收归国有，就必须回购商股。四川铁路公司总共募集了1400万两的股款，其中的一半，即大约700万两，可以用来换取政府的股

---

[1] 参见杨勇刚：《中国近代铁路史》，上海书店出版社1997年版，第56—58页。

票。但其中另外 700 万的股款中有大约 300 万两被公司经理施典章违规挪用，用于上海橡胶股票投机并基本亏掉了。因此，政府只同意发给四川铁路公司股东大约 400 万两的国家保利股票，而不承担投机亏损的 300 万元。盛宣怀明确指出，政府的钱来自全国百姓，政府没有权力慷全国百姓之慨，来弥补四川商办铁路公司自己造成的投机损失。① 四川修筑铁路的股东，不仅来自绅士、商人、地主，还有大量农民并占很大比例。而盛宣怀的补偿政策致使他们很大一部分投资遭受损失。1911 年 6 月 1 日，邮传部尚书盛宣怀和督办大臣端方联名向川督王人文发出"歌电"，告以度支部决定的川汉铁路股款处理办法：对公司已用之款和公司现存之款，由政府一律换发给国家铁路股票，概不退还现款。如川人定要筹还现款，则必借洋债，并将以川省财政收入作抵。此电明示，不许川省股东保本退款，而只允换发铁路股票，即政府不但收路，而且夺款。电文公开，全省舆论大哗。

宣统三年农历五月二十一日（1911 年 6 月 16 日），四川商办铁路总公司召开大会，讨论决定，川路为光绪皇帝批准川人自办，不能收回国有，要求政府收回成命。大会以后，成都成立"保路同志会"，各州县的保路组织也纷纷建立，保路运动在四川广泛开展起来，并成为辛亥革命的前奏。

4. 辛亥革命

清末新政的主旨是变法图强，但大多政策措施仍触及"标"而未涉及"本"，政治改革仍讳莫如深。当新政遭到各种阻力而困难重重时，改革派的主张自然会深入到政治层面，宪政改革也就不得不提上议事日程了。

1905 年 7 月 2 日，直隶总督袁世凯、湖广总督张之洞、署两江总督周馥，联衔奏请立宪，并要求派遣大臣出洋考察各国政治。慈禧采纳了这一建议，决定派遣五大臣出洋考察，同时设立"考察政治馆"，专门研究各国宪政，为宪政改革提供咨询。五大臣先后考察欧美及日本等十几个国家的政治制度，以及这些国家的工业、交通、文化、教育等方面情况。第二年夏秋之际，考察团提交"强国必须宪政"的考察报告，并上折请慈禧太后准备立宪。经一番激烈辩论后，慈禧发布懿旨："各国之所以富强者，实由于实行宪法，取决公论，君民一体，呼吸相通，博采众长，明定权限，以及筹备财用，经划政务，无不公之于黎庶。又在各国相师，变通尽利，政通民和，有由来矣。时处今日，惟有及时详晰甄核，仿行宪政。大权统于朝廷，庶政公诸舆论，以立国家万年有道之基。"（《清实录·光绪朝实录》）1906 年 9 月 1 日，清政府颁布《仿行立宪上谕》，宣布预备立宪。

"预备立宪"谕旨颁布后，各地纷纷建立立宪团体，海外的立宪派也积极响应，鼓吹"预备立宪"。以后，立宪派发动了几次召开国会的请愿，将立宪运动逐

---

① 参见《邮传部、度支部、督办铁路大臣会奏折》，宣统三年五月，《愚斋存稿》卷十七。

步推向高潮。1907年9、10月，清廷下诏筹设资政院和谘议局，允许资产阶级通过选举取得向清政府提出建议等部分权力。1908年8月27日，清廷颁布《钦定宪法大纲》，规定大清帝国万世一系，为"君主立宪政体"；规定臣民中有合于法律命令所定资格者，得为文武官员及议员；所有言论著作出版及集会结社等事，均准其自由；臣民之财产及居住，无故不加侵扰等等。宣统元年（1909年），各省谘议局选举。宣统二年（1910年）九月初一，资政院举行第一次开院礼。宣统三年（1911年）四月初十清政府批准设立新内阁：亲王奕劻为内阁总理大臣，部院首长共有13名成员，其中满人8名、汉人4名、蒙古人1名，8名满人当中有6人为宗室、1人为觉罗。因此被人们讥为"皇族内阁"。"皇族内阁"出台遭到了各省谘议局的谴责，认为它"不合君主立宪公例，失臣民立宪之希望"。但他们得到回答是："黜陟百司，系皇上大权，议员不得妄加干涉。"立宪派纷纷感到失望，一部分人开始转向革命阵营。10月10日晚，新军工程第八营的革命党人发动武昌起义。在此后的短短两个月内，湖南、广东等十五个省纷纷宣布脱离清政府独立。12月25日，中华民国南京临时政府成立。1912年2月12日，清朝皇帝发布退位诏书，清政府宣告终结。

第四节 中国传统社会的总危机

一、传统社会的制度变革周期

中国历史起源于伏羲—神农—炎黄二帝，他们都是农业文明的先驱。而尧舜时代直到"夏禹革命"，中国实现了国家制度的奠基，开始了真正文明历程。从夏禹开始，中国经历夏商周三代，使封建主义发展到极盛。此间，商代"盘庚迁殷"结束了长期的"游农"模式，因而土地产权制度得以创设，临时聚落得以发展为城邑，封建成为稳定的国家制度，总之，定居生活使文明得以沉淀和积累。在此基础上，到西周初期，文武周公大行封建，扩充殖民，导致第一次"中国化"浪潮，也是中华文明第一个集大成之世。而在至臻完善的封建主义制度下，周朝经历了250多年的全盛，到"平王东迁"出现一个重要的转折点，从而进入春秋战国时代。这就是"夏禹革命"以后中国历史的第一个制度周期即封建时代。

春秋战国是一个变革的时代。春秋时代的制度特点是旧制度即封建主义衰落，体现为礼崩乐坏和井田瓦解。战国时期的制度特点是新制度的萌芽、成长和发展，经历一系列变法运动，到秦汉时期最后得以完成。这个新制度就是大地产和小土地所有制共存，自耕农民和大小地主共存，而在土地私有制基础上，通过土地买卖和土地兼并，最后形成世族地主的经济政治统治。世族地主是东汉时期形成的，并在魏晋南北朝发展到极盛，甚至形成"王与马共天下"的格局。但是，世族作为特权阶级，越是享有特权就越是走向败落。结果，南朝世族亡于"侯景之乱"而北朝世族经隋唐终于"安史之乱"。与此同时，随着工商业的发展，传统农业商品化率也不断提高，农商社会倾向日益凸显，出现新的经济社会转型。这是中国历史的第二个制度周期即世族时代。

晚唐到五代也是一个变革的时代。中唐以后，唐朝经历数次变革，使王朝颓势得以延缓，但最终仍避免不了灭亡的命运。在这个过程中，世族残余最后消亡，到宋代经历一系列制度创设，社会逐渐走向"齐民化"。元明清时代，基本上是中小地产和中小地主占主导地位，大地产和缙绅地主势力几度消长，却始终被限制在一定范围之内。齐民地主既经营农业，也从事工商业，并且通过科举进入官僚队伍。所以，齐民地主作为社会先进生产力的代表，主导着这个时代的社会经济发展。到晚明时，商品农业已十分显著，工商业发展趋势明显，工商业城市发展起来，市民成为一个相对独立的经济社会群体，并代表着一种新的价值取向。这就是中国历史的第三个制度周期即齐民时代。

然而，明清时期的工商业发展，仍没有脱出传统经济的窠臼，技术变革并没有实现突破。因而，工商业没有成为新的经济增长点，更没有实现产业从农业向工商业的升级，不断增长的人口仍局限于有限的土地上。这就使中国传统社会进入人口与土地矛盾的"死循环"。工业革命是打破这个"死循环"的根本手段。但是，作为工业革命核心的机器技术却被西方率先获得。西方国家为了推销其工业产品，不惜用炮舰和鸦片打开中国大门。鸦片战争是中国历史的又一个转折点，中国历史由此进入新的变革时代。

在制度变革的同时，中国历史上经历了几次治乱周期。三代以及之前的经济社会史料有限，但可以将秦汉以来中国历史上的经济波动分为五个大的阶段：

第一阶段：秦汉到三国时期。这一时期，中国经历了秦末农民战争和楚汉战争、西汉末年的农民战争，以及三国之间的战争，共有三次大的破坏。秦的暴虐导致秦末农民大起义。西汉时期，政府实行"与民休息"的政策，社会经济逐渐得到恢复，出现所谓"文景之治"。尽管西汉到东汉的政权更迭出现天下大乱局面，但时间比较短，造成的破坏也较小。所以，两汉期间保持了较长时期的稳定，社会经济得到充分发展。这是中国历史上第一个黄金时期。这个黄金发展时期直到东汉末期国家分裂为三国才结束。

第二阶段：魏晋南北朝时期。曹魏时期，"天下户口减耗，十裁一在"（《三国志·魏志张绣传》）。直到西晋初年，经济才出现恢复景象。但西晋的统一实在太短暂，很快就被内乱和北方游牧民族南下所打断。此后，经"五胡十六国"和南北朝直到隋文帝开皇九年（589年）全国统一，混乱长达280多年之久，社会经济遭到严重破坏。尽管说这是中国历史上最黑暗的时期，但同时也是制度文化的创新和变革时期，许多新制度正是在这个时期酝酿而成形，最后到隋唐集为大成。

第三阶段：隋唐五代时期。隋朝国祚极短，但是在其仅存37年中，通过国家暴力实现了一系列创制。隋亡之后，这些创制被唐所继承并成为大唐盛世的制度条件。唐朝经历贞观之治和开宝盛世，社会经济得到高度发展。这是中国历史上的第二个黄金发展时期。但这种繁荣景象被"安史之乱"打破。"安史之乱"后，唐朝实行了一系列变革并实现了一系列"中兴"，但终抵不过世道之衰落。

第四阶段：宋代到元末。北宋和南宋时期，尽管战争不断，中国社会经济仍然获得了发展，并出现过几个持续的繁荣时期，如咸平之治、仁宗盛世、绍兴中兴等。与此同时，在北方民族压力下，中国经济重心加速南移，江南经济兴起已成大势所趋。元统一中国以后，社会经济的恢复和发展都是很有限的，阶级矛盾和民族矛盾导致元末农民大起义。这使刚刚有所恢复的社会经济遭到严重破坏。

第五阶段：明清时期。明清时期是中国历史上维持和平统一时间较长的时期，出现一系列"盛治"或"中兴"，社会经济有一个长期的恢复和发展，所以被称为中国历史上第三个黄金时期。这个时期，中国传统经济社会已进入十分成熟阶段，宋元明清一脉相承，并没有发生过重大的制度变革。另一方面，这个时期发生过两次大规模战争，一次是明亡清兴战争，另一次是太平天国战争。这两次大规模战争对中国社会经济造成严重破坏，加速了传统社会经济的衰落。

总的来看，中国传统社会的历史中，真正稳定和经济社会发展的时期，主要集中在两汉和唐代，明清两代也曾出现较长时期的稳定和发展，其他时期都充满战争和动乱。从中国传统社会两三千年的历史来看，只要社会稳定，经济就获得充分发展，而社会稳定的基础是农民自耕体制的存在，而不稳定的因素主要是土地兼并。而每个王朝的经济社会政策，也是影响经济社会发展的重要因素。但王朝经济社会政策也往往是由客观的经济状况，包括生产水平、生产关系亦即不同社会阶级的利益诉求等决定的，某个帝王以及官僚集团的好恶仅仅起到较小的作用。另外，中原的农耕民族与北方的游牧民族的矛盾与冲突，也是影响中国经济社会周期波动的重要因素。唐宋以后，由于商品经济的发展，兴起的商业文明与传统的农耕文明也出现不断的矛盾和冲突，并影响经济社会周期波动和历史走向。

二、对传统社会的反思与批判

中国传统社会到唐代发展到鼎盛。所以唐宋变革不仅仅是世族社会向齐民社会的转变，也是传统社会由盛到衰的转折点。所以，从宋代开始，中国士人就开始反思传统社会并进行必要的批判。而这种反思和批判，到明清时期开始具有近世启蒙的意义，并与传统思想文化构成矛盾和冲突。但这种反思和批判的思想力量太小太弱，远不足以冲破传统社会的思想障碍，从而使中国传统社会的转化陷于僵局。

中国传统社会的盛衰转变，体现在思想意识形态方面就是儒学的兴衰转变。传统儒学在汉代发展到顶峰，到魏晋就已经出现衰势，因而玄学兴起。到南北朝和隋唐时，儒学的统治地位即已丧失，出现儒释道并存局面。中唐开始，中国士人开始了重建儒学的努力。宋代以后，理学成为国家和社会的主流意识形态。理学在北宋初兴时，一方面大破汉唐传注，从"舍传求经"到"疑经改经"，另一方面吸收释老之学的思想和方法，集儒释道之大成，最终至朱熹建立起一套以"理"为基础的完整的理论体系。但随着理学的官学化，即转变成为官方意识形态，理学的辩护性及其自身的缺陷，导致其走向僵化。到明代，王阳明提出"致良知"之说，把外在的"天理"纳入内在的"人心"之中，理学转变为心学，一方面导致中国传统思想的进一步"内敛化"，另一方面，导致理学进一步与礼教相融合，成为束缚人们思想和行为的禁锢。在这种社会思想和国家意识形态指导下，中国社会和经济发展不能不逐步走向衰落。

对于传统社会的批判和反思，早在明晚期就出现了，其中最具代表性的是李贽。他指责道学家借道学"以欺世获利"，认为他们"口谈道德而心存高官，志在巨富"。（《焚书·又与焦弱侯》）他认为孔子"亦庸众人类也"（《焚书·答周柳塘》），"耕稼陶渔之人即无不可取，则千圣万贤之善，独不可取乎？又何必专门学孔子而后为正脉也"（《焚书·答耿司寇》）。他们认为，如果以孔子的是非为是非，"则千古以前无孔子"，提出"颠倒千万世之是非"。他反对"存天理灭人欲"，并给人的私欲正名，指出："天下曷尝有不计功谋利之人哉！若不是真实知其有利益于我，可以成为之大功，则乌用正义明道为耶？"（《焚书》卷五）又说："夫欲正义，是利之也；若不谋利，不正可矣。吾道苟明，则吾之功毕矣；若不计功，道又何时而可明也？"（《藏书》卷三二）李贽的这些先进思想，在当时传统礼教统治下的晚明思想界引起轩辕大波，但很快遭到无情的压制以致泯灭。

明末清初，中国士人总结明亡清兴的历史教训，出现一些"反思传统"的思想家，如顾炎武、黄宗羲等，他们进一步将批判直指传统社会的政治经济制度。黄宗羲在《原君》中阐述了自己的反传统思想。他认为，人类设立君主是为了"使天下受其利""使天下释其害"。"古者以天下为主，君为客，凡君之毕世而经营者，为天下也"。但事实上，君主却"以为天下利害之权益出于我，我以天下之利尽归于己，以天下之害尽归于人"，并且更"使天下之人不敢自私，不敢自利，以我之大私，为天下之大公"，"视天下为莫大之产业，传之子孙，受享无穷"。他说："凡天下之无地而得安宁者，为君也。是以其未得之也，屠毒天下之肝脑，离散天下之子女，以博我一人之产业，曾不惨然，曰：我固为子孙创业也。其既得之也，敲剥天下之骨髓，离散天下之子女，以奉我一人之淫乐，视为当然，曰：此我产业之花息也。然则为天下之大害者，君而已矣，向使无君，人各得自私也，人各得自利也，呜呼！岂设君之道固如是乎！"（黄宗羲：《明夷待访录·原君》）

顾炎武对当时存在的土地兼并和赋税繁重不均等社会积弊进行了有力的揭露。而在探索这些社会积弊的历史根源的同时，表达了他的社会改革思想。他指出"郡县之弊已极"，症结就在于"其专在上"。他指出，"法不变不可以教今……而姑守其不变之名，必至于大弊"（顾炎武：《文集》卷六）。他针对程朱理学的传统义利观进行了批判，他说："自天下为家，各亲其亲，各子其子，而人之有私，固情之所以不能免矣。……合天下之私以成天下之公，此所以为王政也。"（顾炎武：《日知录》卷四）这就把人之有私看作是完全合乎情理的现象，并且认为"用天下之私，以成一人之公而天下治"（顾炎武：《文集》卷一）。他认为问题不在于是否言财言利，而在于利民还是损民，在于"民得其利"还是"官专其利"。"民得其利，则财源通而有益于官；官专其利，则财源塞而必损于民。"（顾炎武：《日知录》卷十二）他的这种利民富民和"财源通畅"的主张，以及对"私"的肯定，都反映了当时资本主义生产关系萌芽状态下新兴市民阶层的思想意识。

到清代，中国思想文化出现了一次大的综合或总结性发展。清代朴学一扫宋明学术的文粹之风，讲求实事求是，对中国数千年学术成果进行系统整理，出现传统学术最后一次"繁荣"局面。但这是一个学术繁荣而思想贫乏的时代。此时的传统社会已至晚期，社会停滞不前，制度没有创新，朝野上下都沉浸在"大国天朝"的幻梦之中，传统学术已经不能为社会发展提供有效的思想资源，唯有衰落一途。

三、清代中期各种矛盾的结集

中国传统社会到明清时总体上已经进入衰世乃至末世。但来自关外的满族人民又为衰世中国带来不同的文明因素，从而使中国传统社会出现回光返照和新的繁荣。但是，清代中国经济社会的繁荣，完全是传统社会的繁荣，毫无现代因素。清代经济繁荣仍是以农业为基础，所有的进步都是通过传统技术的外延扩大取得的。如开垦荒地，大力兴修水利，扩大灌溉范围，大力修造各种梯田、围田、沙田，更加注重农田改造与挖潜、土地利用率与丰度的提高等，而真正的突破性技术变革并没有出现。另一方面，由于取消了中国历史上几千年来的人头税，在客观上起到了鼓励人口增殖的作用，使有清一代中国人口数量急剧增长。这种发展必然导致"富"与"庶"的矛盾转化，即经济恢复和发展导致人口的增加，而人口增加必然导致土地资源与人口和劳动力过剩的矛盾，从而进一步引起经济社会矛盾的加剧。

地主阶级的寄生性日益严重，对农民的剥削日益苛重。地主阶级是传统社会先进生产力的代表，在历史上曾经发挥了重要的进步作用。但是，到了明清时期，地主阶级的这种进步作用逐渐减退，寄生性和腐朽性导致其日益走向没落。过去，地主占有大量土地，但他们或是自己经营，或是将土地出租实行租佃经营。但是到了清代，不少地主基本上退出了经营活动，成为仅仅靠地租生活的寄生地主。在这种转变中，永佃制产生了重要的作用。永佃制在明代已有一定发展，到了清代则进一步完备，佃农可以在保证交纳地租的情况下，将土地的佃权转让、馈赠甚至出卖。永佃权成了农民的一项重要的财产形式。永佃权不仅有效地防止了地主"增租夺佃"，而且使他可以参与地租和剩余产品的分割，因而促进了佃农的生产积极性，他们会投入更多的时间和资本，通过改良土壤和改善经营方式，不断提高土地的收益。但另一方面，在这种复杂的土地财产关系下，有时一地二主、三主甚至一地多主，产生了大批因地权孳生的土地食利者。他们根本不从事农业土地经营，而是生活在城里，成为"城居地主"，依靠地租过着优哉游哉的生活。而在广大农村，乡绅地主转变成了"土豪劣绅"，不仅加重了对农民的剥削，更利用他们所控制的基层政权，对农民施行多重盘剥和压迫，导致农民与地主的矛盾日益加剧。

小农经济日益陷入困境，再生能力进一步减弱。随着经济的恢复和发展，特别是人口的增加导致人口与土地的矛盾重新显现出来。到清代中期，能够开垦的土地基本上得到了开垦，土地要素增加受到严格限制。土地供给有限，而由于人口增加导致土地需求扩大，这就必然推高土地的价格，土地作为生产要素成本进一步提高。相反，由于人口增加和劳动力供给扩大，则导致农业劳动力的价格进一步降低，人民生活不可能得到改善，而只能是进一步下降。由于土地价格的提高趋势，土地成为最有利的投资品，官僚、地主和商人纷纷购买土地，致使土地兼并进一步加剧。但是土地兼并并没有导致土地经营的集中，相反是进一步零碎化。这是因为土地最好的经营方式就是出租，而土地租佃制度的日益严密和发达，地权形式的多样化，使地主的租佃经营更加游刃有余。而另一方面，小农为了保住自己的小块耕地或佃权，不得不忍受地主的各种盘剥，并加强向有限土地的劳动投入或资本投入，这必然导致土地经营的进一步零碎化和土地边际效率的进一步降低，农业长期保持着生存农业水平而无法取得突破。

工商业和城市发展已经饱和，难以容纳更多的农业剩余劳动力。明清时期，中国工商业和城市已经有了长足的发展。但是这种发展仍是建立在传统经济基础之上的，一方面，由于作为基础的农业开始衰落，不能为更多的工商业者和城市人口提供粮食和农产品，这就从根本上制约了工商业和城市的进一步发展；另一方面，由于工商业发展仍然是传统的生产和经营方式，其自身发展有很大的局限性，更不可能为农业发展提供更有效的生产工具和农产品流通渠道，从而使工商业和农业陷入一个封闭的低水平循环系统。事实上，到了清代中期，工商业和城市发展已经没有多大的空间，甚至或已达到极限。这种状况必须由一种新的力量来打破，或是新的市场或是新的技术，否则仍将维持这种低水平循环，并且日益停滞。

官僚阶级日益腐朽，吏治更加腐败，政府的赋役和苛捐杂税日益加重。康熙时宣布滋生人丁，永不加赋，整个康乾时期政府选择时段实行免除农业税政策。可见此时的税赋负担是比较轻的。但是到乾隆后期，皇室的奢侈腐化之风迅速蔓延，而大官僚、大地主、大商人竞相效仿。当时，吏治严重败坏，权臣专擅，结党营私，欺蒙粉饰；官吏昏聩无能，贪赃枉法。各级官员层层受贿，狼狈为奸，几乎是无官不贪污，无吏不行贿。清中叶以后的官员，廉与不廉的分别，只在于"廉者有所择而受之，不廉者百方罗致，结拜师生、兄弟以要之"（冯桂芬：《厚养廉协》，《皇朝经世文编》卷16）。特别是以后内乱不断发生，如白莲教起义，从嘉庆元年（1796年）开始，历时九年，使清廷耗银二万万两。在这种情况下政府不得不增加税赋，于是五花八门的苛捐杂税就不断产生，人民负担不但加重。事实上，清代由盛转衰就发生在乾嘉时期。而到了道光朝，清代盛世就成为永远的幻梦了。

四、外来挑战与传统社会危机

宋代中国始终受到来自北部和西北的游牧民族的压力，传统的陆上丝绸之路中断了，中国与外国的交流不得不转向东南方向的海洋。所以，宋代中国海上贸易开始发达起来。元代陆上丝绸之路重新开放，中国与西方的交流进一步扩大。但是由于元帝国的分裂和瓦解，这种局面最终被打破。明代中国继承了宋元的开放政策。明成祖时期，中国完成了历史上最大规模也是最后一次的远洋探险。

到明中叶以后，特别是到了清代，随着中国经济社会发展的盛极而衰，对外开放政策开始逐渐转向封闭。明代建国初期曾实行"海禁"政策。1381年明太祖正式宣布"禁濒海民私通海外诸国"，1394年又下令"禁民间用番香、番货"，1397年再次重申各地人民"不得擅出海与外国互市"。明成祖朱棣即位后，国内政治渐趋稳定，社会生产得到恢复与发展，扩大与加强对海外的联系，被提到日程上，郑和七下西洋的壮举就出现于这一时期。到15世纪末16世纪初，西方殖民主义者络绎东来，倭寇之患也日渐严重，中外局势发生历史性转变。面对殖民者的猖狂掠夺与频繁骚扰，明政府重又实行海禁。这一时期，陆续制定了许多较从前更为严厉的海禁条例，而海禁实行的结果，是海外贸易极度萧条，沿海人民生活陷于贫困，也影响了政府财政收入。

　　清兵入关后，为了镇压东南沿海人民的反抗，切断据守台湾的郑成功政权与内地的联系，再次实行海禁政策。从 1655 年至 1675 年清政府先后 5 次颁布海禁令，规定"寸板不许下水"，严禁官民出海贸易。清统一台湾后，曾有过一段时间的开放，但为时不长，更没有成为固定的国策，一直到鸦片战争前，中外贸易一直被严格限制在广州一带进行。乾隆二十二年（1757 年），清政府规定，凡外国商船只准在广州一地通商贸易。凡外国商人来广州贸易，只能同清政府特许的行商打交道。清政府还规定，凡出海商船装载不得超过五百石，如有打造装载五百石以上的船出海者，一律发到边境充军。这种政策长期推行的结果，使清朝统治集团更加闭目塞听，保守自大，拒绝进步，形成一种顽强地阻碍中国社会发展的反动势力；也使中国的社会发展长期处于停滞状态。

　　就在中华民族陶醉在这种民族优越感的时候，一个落后的西方，我们对其知之甚少的西方却悄悄地发展起来，并在很多方面超过了中国。事实上，近代向中国挑战的这个"西方"，在中国开放的汉代并未与中国遭遇，在中国的盛唐时期仍处于纷争和战乱之中。而正是在中国根本就不知其存在的情况下，这个"西方"却在以后的数百年里发展起来。东西方盛衰更替的转折点就是 15 世纪，即中国的明代。如果中国在明代能够认识到这种世界局势的新发展，虚心向西方学习，实行开放的政策，那么中国就不至于在近代历史上落后。但是，本已腐朽的传统社会制度和文化，由于满族人入关带来了新鲜的血液，就像被注入了强心剂，又实现了新的繁荣。所以，中华民族一直没有意识到自己的落后，所以也就没有产生开放意识。即使在清中叶，中华民族也没有遇到真正强有力的竞争者。事实上，西方国家在技术、制度和文化上全面超过中国仅仅是在清中叶以后。从根本上讲，是市场经济制度、现代科学技术和工业革命三个因素，改变了东西方力量对比。

　　在中国明清之际，西方正进行着重大的社会经济变革。此时，西方已经历了文艺复兴，宗教革命也基本完成，科学革命正在进行，工场手工业长足发展已接近工业革命。与此同时，西方资产阶级积极向外扩张，一方面，他们极力扩大市场，为销售自己的产品而走遍世界，并在世界各地殖民；另一方面，他们还试图将其思想文化输出到东方和世界各地。这就出现了所谓的"西风东渐"。从 15 世纪起，世界对茶、丝、棉、蔗糖等的需求都大大刺激着中国几种主要经济作物的种植和手工业制品的发展，输出急剧增长。与此同时，外国白银已开始大量流入中国。这就是说，中国与世界的经济已经联系起来。然而，西方以殖民为目的进入中国，导致中国朝野的极大反感，因而政府开始实行闭关政策。但是，这种"鸵鸟"主义并不能阻挡外来思想的侵入。最早来到中国的是西方传教士，他们带来了崭新的技术产品、科学思想和宗教信仰。但是这些新事物不仅与中国本土"不服"，更与传统社会的制度和思想构成严重的冲突，因而遭到强烈的抵制。

对付外来挑战可以通过闭关以求暂时自保，而内部矛盾和危机却不得不面对。清代经历了康乾盛世后，严重的经济社会矛盾很快就凸显出来。这些矛盾包括传统社会的痼疾即土地兼并重新开始并加剧，地主阶级的寄生性不断扩大，政府赋役负担日益加重，民族矛盾从和缓转向激化，以反清为旗号的农民起义不断爆发等。而对于这些问题，政府拿不出有效的解决办法，思想界更无一丝的新气。龚自珍把晚清社会称为"衰世"，并作了深刻而形象的描绘："衰世者，文类治世，名类治世，声音笑貌类治世。黑白杂而五色可废也，似治世之太素。宫羽淆而五声可铄也，似治世之希声。道路荒而畔岸隳也，似治世之荡荡便便。人心混混而无口过也，似治世之不议。左无才相，右无才史，阃无才将，庠序无才士，陇无才民，廛无才工，衢无才商。抑巷无才偷，市无才驵，薮泽无才盗；则非但鲜君子也，抑小人甚鲜。"（《乙丙之际箸议第七》）魏源将造成现实社会危机的各种祸患称为"六荒"，即"堂陛玩惕""政令丛琐""物力耗匮""人材觑荼""谣俗浇漓""边场驰警"（《默觚·治篇十一》）。马克思写道："一个人口几乎占人类三分之一的大帝国，不顾时势，安于现状，人为地隔绝于世并因此竭力以天朝尽善尽美的幻想自欺。这样一个帝国注定最后要在一场殊死的决斗中被打垮。"[①] 1840 年，鸦片战争爆发，中国在西方坚船利炮打击下被迫开放市场。鸦片战争以后，西方资本主义侵入，既冲击了中国传统经济结构，也带来了全新的现代性因素，从而使中国出现"三千年未有之大变局"。

---

① 《马克思恩格斯选集》第 1 卷，人民出版社 2012 年版，第 804 页。

中国经济通史

（下 卷）

高德步◎著

人民出版社

目　录

第五编　中华民国经济

第七编　进行改革开放和社会主义现代化建设

第八编　开创中国特色社会主义新时代

第五编　中华民国经济

第十三章　民初经济

第一节　民初创制

一、三民主义

孙中山是中国民主革命的先行者。孙中山认为"知难行易"，主张首先要实现思想观念上的革命，然后才能够付诸革命实践，取得革命的成功。为此，孙中山创造性地提出了三民主义，成为中国民主革命的指导思想。1923 年 12 月 30 日，孙中山发表《国民党奋斗之法宜兼注重宣传不宜专注重军事》演说，明确指出：三民主义，简单地说，便是"民有、民治、民享"；详细地说，便是"民族主义、民权主义和民生主义"。

1. 民族主义

孙中山首先是个民族主义者。他的民族主义先是对内的，实际是"汉族主义"，即推翻满清王朝的统治；然后是对外的，即"中华民族主义"，也就是反对帝国主义的侵略和压迫，取得民族独立和自强。随着清王朝的覆灭，孙中山的民族主义转变为反对帝国主义压迫以实现民族独立和自强的强烈诉求。孙中山具有强烈的民族主义情怀。他说："观中国历史之所示，则知中国之民族，有独立之性质与能力，其与他民族相遇，或和平而相安，或狎习而与之同化；其在政治不修及军事废弛之时，虽不免暂受他民族之蹂躏与宰制，然率能以力胜之。""余之民族主义，特就先民所遗留者，发挥而光大之。"[①] 他认为，中国几千年以来的社会民情风土习惯和欧美大不相同，所以管理社会的政治自然也是和欧美不同，不能完全仿效欧美，照样去做，像仿效欧美的机器一样。欧美的机器，我们只要是学到了，随时随地都可以使用。至于欧美的风土人情和中国不同的地方是很多的，如果不管中国自己的风土人情是怎么样，便像学外国的机器一样，把外国管理社会的政治

---

① 《孙中山全集》第七卷，中华书局 1985 年版，第 60 页。

硬搬进来，那便是大错。① 所以他主张"发扬吾固有之文化，且吸收世界之文化而光大之"，"恢复我一切国粹之后，还要去学欧美之所长，然后才可以和欧美并驾齐驱"。②

2. 民权主义

孙中山是一个共和主义者。他提出民权主义作为三民主义的重要内容。在1894 年 11 月制定的《檀香山兴中会盟书》中，他明确提出"驱除鞑虏，恢复中华，创立合众政府"的革命纲领。他还多次表示："革命成功之日，效法美国选举总统，废除专制，实行共和。"③ 孙中山强调宪法的重要性，指出，"宪法者，国家之构成法，亦即人民权利之保障书也"，"中华民国必有好宪法，始能使国家前途发展，否则将陷国家于危险之域"。他说："诸君皆知近世一二百年以来，世界政治潮流趋于立宪。"立宪"二字，在我国近一二十年内亦闻之熟矣。到底什么叫做宪法？所谓宪法者，就是将政权分几部分，各司其事而独立。"④ 1906 年 11 月 15日，孙中山在同俄国人的交谈中，第一次提出了五权宪法思想。他指出，"希望在中国实施的共和政治，是除立法、司法、行政三权外还有考选权和纠察权的五权分立的共和政治。"后来，他将"考选权"和"纠察权"改为"考试权"和"监察权"，五权宪法说于是完备。他说："将来中华民国的宪法，是要创一种新主义，叫作五权分立。"他认为，"必以五权宪法为建设国家底基础。我们有了良好底宪法，才能建立一个真正底共和国家。"他还进一步提出，"要把国家的政治大权分成两个，一个是政权，要把这个大权交到人民的手中，要人民有充分的政权可以直接去管理国事，这个政权便是民权。一个是治权，要把这个大权完全交到政府的机关之内，要政府有很大的力量治理全国事务。这个治权，便是政府权。"⑤

3. 民生主义

民生主义是孙中山民主革命思想中最具特色的部分。1924 年孙中山作《民生主义》的系列演讲，正式提出以"民生"为社会历史发展原因和动力的理论，从而确立了他的民生史观。孙中山指出："民生就是人民的生活——社会的生存、国民的生计、群众的生命便是"。⑥ 他认为，"国民党所提倡的民生主义，不但是最高的理想，并且是社会的原动力，是一切历史活动的重心。民生主义能够实行，社会问题才可以解决，人类才可以享很大的幸福。"⑦ 孙中山的民生主义可以概括为

---

① 参见《孙中山全集》第九卷，中华书局 1986 年版，第 320 页。
② 《孙中山全集》第九卷，中华书局 1986 年版，第 251 页。
③ 《孙中山全集》第一卷，中华书局 1981 年版，第 226 页。
④ 《孙中山选集》，人民出版社 1981 年版，第 485 页。
⑤ 《孙中山选集》下卷，人民出版社 1956 年版，第 763 页。
⑥ 《孙中山全集》第九卷，中华书局 1986 年版，第 355 页。
⑦ 《孙中山文粹》上卷，广东人民出版社 1996 年版，第 959 页。

"平均地权"和"节制资本"两项具体政策。孙中山认识到，土地占有的不平等是中国传统社会的基本矛盾，所以他提出平均地权的主张。受共产党影响，到国民党一大时，他进一步提出"耕者有其田"主张。孙中山主张大力发展实业，但希望通过发展国家资本来避免欧美垄断资本主义的各种弊端。他认为，"大公司之出现，系经济进化之结果，非人力所能屈服。如欲救其弊，只有将一切大公司组织归诸通国人民公有之一法。故在吾之国际发展实业计划，拟将一概工业组成一极大公司，归诸中国人民公有，但须得国际资本家为共同经济利益之协助。"[①] 1912 年孙中山在上海答文汇报记者说："民国政府拟将国内所有铁路、航业、运河及其他重要事业，一律收为国有。"[②] 1918 年，孙中山发表建国方略之《实业计划》，提出"中国实业之开发应分两路进行，（一）个人企业，（二）国家经营是也。凡夫事情之可以委诸个人，或其较国家经营为适宜者，应任个人为之，由国家奖励，而以法律保护之。……至其不能委诸个人及有独占性质者，应由国家经营之"[③]。1912 年到 1924 年间，他在宣讲民生主义时强调说："中国今日单是节制资本，仍恐不足以解决民生问题，必要加以制造国家资本，才可解决之。何谓制造国家资本呢？就是发展国家实业是也。"[④]

孙中山"平均地权"和"节制资本"的主张，在国民党第一次全国代表大会上被全党接受，成为国民党的重要纲领：

国民党之民生主义，其最要之原则不外二者：一曰平均地权；二曰节制资本。盖酿成经济组织之不平均者，莫大于土地权之为少数人所操纵。故当由国家规定土地法、土地使用法、土地征收法及地价税法。私人所有土地，由地主估价呈报政府，国家就价征税，并于必要时依报价收买之，此则平均地权之要旨也。凡本国人及外国人之企业，或有独占的性质，或规模过大为私人之力所不能办者，如银行、铁道、航路之属，由国家经营管理之，使私有资本制度不能操纵国民之生计，此则节制资本之要旨也。举此二者，则民生主义之进行，可期得良好之基础。于此犹有当为农民告者：中国以农立国，而全国各阶级所受痛苦，以农民为尤甚。国民党之主张，则以为农民之缺乏田地沦为佃户者，国家当给以土地，资其耕作，并为之整顿水利，移殖荒徼，以均地力。农民之缺乏资本至于高利借贷以负债终身者，国家为之筹设调剂机关，如农民银行等，供其匮乏，然后农民得享人生应有之乐。又有当为工人告者：中国工人之

① 《孙中山全集》第六卷，中华书局 1985 年版，第 397 页。
② 《孙中山全集》第二卷，中华书局 1982 年版，第 332 页。
③ 《孙中山全集》第六卷，中华书局 1985 年版，第 253—254 页。
④ 《孙中山全集》第九卷，中华书局 1986 年版，第 393 页。

生活绝无保障，国民党之主张，则以为工人之失业者，国家当为之谋救济之道，尤当为之制定劳工法，以改良工人之生活。此外如养老之制、育儿之制、周恤废疾者之制、普及教育之制，有相辅而行之性质者，皆当努力以求其实现。凡此皆民生主义所有事也。[①]

此外，孙中山认为，民生主义是社会主义或共产主义，而不是资本主义。他说，"民生主义者，即社会主义也"，"故民生主义就是社会主义，又名共产主义，即是大同主义"。[②]他还明确指出，"民生主义和资本主义根本不同的地方，就是资本主义是以赚钱为目的，民生主义是以养民为目的"[③]。事实上，正是由于孙中山对民生主义的这种阐释，才构成国共合作的基础。

二、民主共和

1. 宪政运动

1911 年 10 月 10 日，武昌起义爆发。1912 年 1 月，中华民国临时政府在南京成立，孙中山宣誓就任临时大总统。从 1912 年 2 月 7 日起，在孙中山的主持下，南京临时参议院召开了制订约法的会议，确定由著名革命党人、法制局局长宋教仁主稿。后经过两次起草，32 天的讨论，通过二读、三读手续，于 3 月 8 日获得通过。3 月 11 日，即袁世凯在北京就任临时大总统之后的第二天，《中华民国临时约法》正式公布。《中华民国临时约法》以宪法形式规定："中华民国由中华人民组织之"；"中华民国之主权属于国民全体"。这就用根本法的形式否定了"朕即国家"的君主专制制度，确立了民主共和作为国家基本制度。

《中华民国临时约法》是中国历史上第一个民主宪法，标志着中国宪制的开始。但在一个具有两千多年专制传统的国度里，宪政之路不可能是平坦的。由于南方革命势力的妥协，使袁世凯登上临时大总统之位，《中华民国临时约法》将原来《临时政府组织大纲》规定的总统制改为内阁制，规定国务员负有实际责任，总统颁布命令须由内阁副署才能发生效力。这一改变的目的，是要通过限制总统权力的办法来限制袁世凯可能实行的专制独裁，从而保卫民主共和制度。然而，对于一个掌控专制权力并有足够实力为后盾的大总统来说，并不是一纸《中华民国临时约法》就可以制约得了的。所以，在北京政府时期，中国的宪政运动几经波折，经历了 1913 年的《中华民国宪法草案》（"天坛宪草"）、1914 年的《中华民国约

---

① 《中国国民党第一次全国代表大会宣言》，收录于《孙中山选集》下卷，人民出版社 2011 年版，第 616—617 页。

② 《孙中山选集》下卷，人民出版社 1981 年版，第 802 页。

③ 《孙中山全集》第九卷，中华书局 1986 年版，第 410 页。

法》（俗称"袁记约法"）、1923 年的《中华民国宪法》（即"曹锟宪法"或"双十宪法"），以及 1924 年的《中华民国宪法草案》。可见宪政之路的艰难曲折，而究竟谁主中国，最终都是通过武力来决定的。此间，围绕着《中华民国临时约法》发生过数次战争和武装冲突，政权几经更迭，国家动荡不已。

2. 民权初立

民主宪政的核心就是人民的民主权利，即人民拥有独立人格、经济自立、自由经营，并且拥有参与国家政治的权能。具体来说主要是四个方面，即人权、产权、经营权和政治参与权。

第一，人权。中国传统社会法律只有身份概念却无人权概念。创建民国的资产阶级革命家们，从西方引来人权概念，并直接用于《中华民国临时约法》。《中华民国临时约法》第六条规定：

> 人民得享有左列各项之自由权。
>
> 一、人民之身体非依法律，不得逮捕、拘禁、审问、处罚。
>
> 二、人民之家宅非依法律不得侵入或搜索。
>
> 三、人民有保有财产及营业之自由。
>
> 四、人民有言论、著作、刊行及集会结社之自由。
>
> 五、人民有书信秘密之自由。
>
> 六、人民有居住迁徙之自由。
>
> 七、人民有信教之自由。

南京临时政府内务部制定并颁布《禁止买卖人口暂行条例》，宣布"国人咸属平等""嗣后不得再有买卖人口情事""从前所结买卖契约，悉与解除，视为雇主雇人之关系，并不得再有主奴名分"。南京临时政府公报称：

> 自法兰西人权宣言书出后，自由、博爱、平等之义，昭若日星，各国法律，凡属人类一律平等，无有阶级；其有他国逃奴入国者，待以平民，不问其属于何国。中国政治，代主开放，贵族、自由民之阶级铲除最早。此历史之已事，足以夸示万国者。前清入主，政治不纲，民生憔悴，逃死无所，妻女鬻为妾媵，子姓沦于皂隶，不肖奸人从而市利，流毒播荼，由来久矣。尤可痛者，失教同胞，艰于生计，乃有奸徒诱以甘言，转贩外人，牛马同视，终年劳动，不得一饱。如斯惨毒，言之痛心！今查民国开国之始，凡属国人咸属平等。背此大义，与众共弃。为此令仰该部遵照，迅即编定暂行条例，通饬所属，嗣后不得再有买卖人口情事，违者罚如令。其从前所结买卖契约，悉与解除，视为

雇主雇人之关系，并不得再有主奴名分。此令。①

　　这是在中国几千年历史上，第一次宣布人身的解放和法律上的全面平等，因而具有划时代意义。

　　第二，产权。人权之下须有产权。没有产权的保证，人权就难以实现。尽管清朝存在有关私有财产的法律，但所保护的财产主要是传统社会的土地、房屋、钱粮等，而对于工商业者的私有财产保护一直被忽视；另一方面，国家自始至终都凌驾于私人之上，对于私有财产保有各种形式的权力，缺乏私有财产不受政府侵犯的法律制度。孙中山就任临时大总统后，即下达了保护私有财产的五条命令：

　　（一）凡在民国势力范围之人民，所有一切私产，均应归人民享有。

　　（二）前为清政府官产，现入民国势力范围者，应归民国政府享有。

　　（三）前为清政府官吏所得之私产，现无确实反对民国证据，已在民国保护之下者，应归该私人享有。

　　（四）现虽为清政府官吏，其本人确无反对民国之实据，而其财产在民国势力范围下者，应归民国政府保护，俟该本人投归民国时，将其财产交该本人享有。

　　（五）现为清政府官吏，而又为清政府出力，反对民国政府，虐杀民国人民，其财产在民国势力范围内者，应一律查抄，归民国政府享有。②

　　《中华民国临时约法》更从宪法层面上规定，"人民有保有财产及营业之自由"，明确国民私有财产以及运用各自财产从事经营活动的合法性。

　　第三，经营权。清政府限制民间资本从事近代工业生产，既是从官营资本垄断市场考虑，也是从限制民营资本力量发展考虑。这种制度和政策受到新兴资本力量的强烈反抗。尽管甲午战争后清政府实行了一系列"新政"，但并未从根本意义上取得进展。这是因为这类"新政"并未从人权和产权角度做根本的改变，因而真正的经营权也就无从谈起。民国临时政府成立后，孙中山就任临时大总统，即布告国民，号召参加民国建设，推广商务，以协助国家进步。1912年3月10日，临时政府参议院通过的《中华民国临时约法》，明确规定人民有保有财产及营业之自由。孙中山又在《对外宣言书》中强调："吾人当更张法律，改订民、刑、商法及采矿规则；改良财政，蠲除工商各业种种之限制。"③在短短的存续期内，南京临

---

　　① 《孙中山全集》第二卷，中华书局1982年版，第156页。

　　② 《内务部通饬保护人民财产令》，中国第二历史档案馆藏，南京临时政府档案二十六。

　　③ 《孙中山全集》第二卷，中华书局1982年版，第10页。

时政府颁布了一系列鼓励和保护工商业的法令。这些新的政策法令，一度极大地激励了中国工商界，出现了一个短暂的投资热潮。北京政府主持召集了全国第一次工商会议，邀请工商界人士共商国是，以后陆续颁布了一系列工商法规，对于工商经营权给予进一步保证，大大促进了工商业发展。

第四，参政权。中国传统社会百姓从无参政权，政府管理人民常以"牧民"言之。百姓对朝廷的任何不满，最终都只能通过起义和实现改朝换代来实现诉求。南京临时政府成立后，立即宣告："今者由平民革命以建国民政府，凡为国民皆平等以有参政权。大总统由国民共举。议会以国民公举之议员构成之，制定中华民国宪法，人人共守。敢有帝制自为者，天下共击之！"① 所以说，民国初创在中国历史上第一次宣布了人民的参政权。

三、财经体制

1. 财经机构

中国传统社会政府的财经机构经历多次变迁，到清代主要集中到户部和度支部，其职责即征税和管理财赋。清末新政时设立商部和邮传部，主管实业发展，又在各省设立劝业道，掌全省农工商业及交通事务。但这些机构并未发挥作用清政府就垮台了。南京临时政府初创即设立机构以推动经济发展，有财政部、内务部、实业部和交通部等。这四个部门有较为科学的分工：财政部管理会计、库币、赋税、公债、钱币、银行、官产事务，监督所辖各官署及府县与公共之会计财产；内务部管理警察、卫生、宗教、礼俗、户口、田土、水利工程等；实业部管理农、工、商、矿、渔、林、牧及度量衡事务；交通部管理道路、铁路、航行、邮信、电报、航舶并运输、制船等事务。在这四个部门中，实业部作为执掌实业要务的最高领导机关，受到特别重视。1912 年 2 月初，实业部要求各省设立实业司，视之为发展农工、商矿各业的"富国裕民之计"，并通电各省都督阐明："本部司理本国农工、商矿、山林、渔猎及度量衡，窃念实业为民国将来生存命脉，今虽兵战未息，不能不切实经营，已成者当竭力保存，未成者宜先事筹画。今外省官制，虽未画一，而各省之实业司，当速行成立，隶属本部。"

不过，南京临时政府存续时间较短，财政非常困难，财政收入主要依靠借债，因而难以持久，其各项政策的实行也大打折扣，难以发挥实际作用。尽管如此，南京临时政府所建立的财经系统，仍具有很大的象征性意义，标志着现代财经体制的初创。1914 年，北京政府修正财政部组织，确定财政部内设一厅四司，即总务厅、

---

① 中国第二历史档案馆编：《中华民国史档案资料汇编》（第二辑），江苏人民出版社 1981 年版，第297 页。

赋税司、会计司、泉币司、库藏司，后又增设税务处、盐务署。随后，各省相继成立国税司，随后更名为财政厅，至此，地方财政机构也逐渐建立起来。

北京政府的财政收入主要是税收。当时，政府税收主要包括关税、常关税、盐税、田赋、厘金、统捐、工商税、各种杂捐等，其中以关税、常关税、盐税、田赋为主。北京政府虽为中央政府，但实际控制地区有限，不少区域为地方军阀所割据，他们各自为政，不接受中央管辖，财政收入自然也不能按规定上缴。例如，关税本是中央政府的收入来源，但由于政权未实现真正统一，北京政府从关税收入中直接得到的只是关余而已，其他部分则被地方截留。另外，1919年以后，田赋收入更多为地方截留。尽管北京政府两次清丈土地，以图整顿田赋，但收效甚微。总之，由于北京政府的财政体制不统一，效率更十分有限，财政收支往往捉襟见肘。在这种情况下，北京政府不得不大量举借内外债。袁世凯政府为了向日本借债，秘密签订卖国的"二十一条"，段祺瑞政府也向日本举借数额巨大的"西原借款"。

2. 国家银行

孙中山等民主革命先驱们，十分重视金融对国家经济发展的作用，对国家中央银行的意义更有足够的认识。因而，南京临时政府创立之初，即决定把原大清银行改组为中国银行作为国家的中央银行。但袁世凯的北京政府不承认中国银行的中央银行地位，于1912年重建中国银行。1913年4月15日，北京政府首次颁布《中国银行则例》，规定：中国银行为股份有限公司，股本总额为银元6000万元，计分60万股，每股银元100元，政府认垫30万股，其他由人民认购。中国银行业务包括：国库证券、商业期票及汇票之贴现或买入；办理汇兑及发行期票；买卖生金、生银及各国货币；经收各种存款，并代人保存证券、票据及其他一切贵重物件；代素有交易之银行、公司、商号及个人收取各种票据之款额；以金银货及生金银作抵押为借款等。中国银行具有经理国库券及募集或偿还公债、代理发行国家货币之责。《中国银行则例》公布后，财政部于1913年5月23日咨请外交部转知各国银行：中国银行"实系国家之中央银行"。中国银行号称拥有资本6000万元，现收资本2000万元，初始实际资本不过300万元。1915年中国银行进行商股招募，到1920年实收资本扩充到1229万元，其中官股占500万元。私股中以江浙财阀投资最多。1914年7月，北京政府为加强对中国银行的控制，将其改归财政部直接管辖。9月，袁世凯下令将中国银行总行改为北京分行，另成立中国银行总管理处，同时增加南京、黑龙江、浙江、陕西、四川、安徽、山西、江西、广东等分行，并明令总管理处位于全国各分支行之上。至此，中国银行确定了作为国家中央银行的地位。

北京政府另一家具有中央银行性质的银行是交通银行。交通银行原为清政府邮传部设立的国有银行。1914年3月，交通部另呈颁《交通银行则例》，规定该行不仅经管路、电、邮、航四项款项，并得"受政府之委托经理国库""受政府之特许，发行兑换券"等，因而也成为具有国家中央银行性质的银行。交通银行为股份有限公司，股本总额由 500 万两扩大为 1000 万两，分为 10 万股，其中官股占四成。除继续发行钞票外，交通银行还获得分理国库权力，即中国银行、交通银行两行大致按七三比例处理，中国银行占七成，交通银行占三成。1922 年后，交通银行又增收资本，增强了经济实力。当时，中国银行增收商股，总资本已近 2000 万元，交通银行拥有国币 1000 万元。

除了中国银行、交通银行两行外，北京政府还设立了 7 家专业银行，集资达 7000 万元。1912 年，北京政府在上海兴办了兴华汇业银行，初定资本 1000 万元，主要从事国内外汇兑及货物押汇、各种放款、兑换外国货币及买卖生银，以及其他国际银行应有之营业。该银行后因资金不足而关闭。以后还设立了殖边银行、劝业银行、中国农工银行、中国惠工银行、新华储蓄银行、中国实业银行等。同时，各省也纷纷将原清政府设立的银号改为地方银行，其中势力比较雄厚的有广东省银行、江苏银行、山西省银行、浙江地方银行、湖北省银行、陕西省银行、河北省银行、河南农工银行、四川地方银行、江西民国银行、湖南省银行、广西银行、福建东南银行等。

3. 国币制度

清末货币制度混乱，既有长期广泛流通的制钱和银两，也有从国外流入和各地自铸的银元，还有大量外国银行发行的纸币。这种混乱的币制严重影响统一市场的形成和经济发展。为此，民初政府试图建立统一的国币制度。南京临时政府成立后，立即将前清江南造币厂收归国有，建立中华造币总厂，下令铸造开国纪念币。临时政府还多次就确定币制本位、货币式样、重量、成色等进行商议，筹备铸造统一新币。尽管这些计划都没有付诸实施，但毕竟显示出南京临时政府对现代货币制度的高度认知。

北京政府时期为改变币制混乱状况也做了一些努力。1914 年 2 月 8 日，北京政府颁布《国币条例》，宣称"国币之铸发权专属于政府"，并规定了国币单位与重量、种类、成色以及流通办法等，试图统一货币发行市场，禁绝地方及私人铸币。同时颁布施行的《国币条例施行细则》规定，"凡公款出入必须用国币"，旧有各官局所铸发之一元银币政府以国币兑换改铸，而以往通行之旧银角、旧铜圆、旧制钱政府以国币收回改铸，凡在中国境内以国币授受者无论何种款项概不得拒绝。

作为中央银行的中国银行和交通银行，承担了推行国币兑换旧币的任务。各地中国银行会同交通银行回收旧银币改铸"袁大头"（银元），后来改以生银铸造，新币产量日益增加，逐渐成为流通主币。1915 年 7 月，中国银行与交通银行曾致函上海钱业公所收兑龙洋，取消龙洋行市以推行新币。1919 年 6 月 11 日上海钱业公会决议取消鹰洋行市只开国币。因此，外币在国内市场的地位急剧下降，银元行市得以统一，国币成为流通主币。当时的"袁头币"铸造量很大，估计在 5.9 亿元以上。[①]

银币发行统一后，政府试图治理市场流通的纸币。当时，除中国银行、交通银行、殖边银行等国家特许银行外，一些商业银行如中国实业、中国通商、中国农工、中国恳业、浙江兴业、四明商业、北四行（盐业、金城、中南、大陆）联合准备库等都发行纸币。而长期在华发行纸币的外国银行也有 21 家，如麦加利、汇丰、德华、横滨正金、华俄道胜、东方汇理、花旗、荷兰银行等都有大量纸币发行。这就造成中国纸币不统一且极度泛滥的情况。为此，1915 年 10 月，北京政府颁布《取缔纸币条例》，规定：禁止新设的金融机构发行纸币，停止原有的金融机构增发纸币，之前"业已设立之银钱行号有特别条例之规定准其发行纸币者于营业年限内仍准发行，限满应即全数收回"，无授权发行者自条例规定之日起"以最近三个月平均数目为限不得增发并由财政部酌定期限"陆续收回；在中国银行内设置货币交换所，负责货币和纸币的兑换；实行领用兑换券制度，使原有发券的私营行庄，得领用中国银行券；等等。至此，币制改革在制度上的设置已经基本完备。但由于当时处于军阀分裂割据状态，所有这些良好的制度设计都只能是设计而已，难以切实地实施。

四、商事立法

民国作为现代型国家，必然将法制作为立国基础。因而，民国初期政府在商事立法方面做了不少工作。民国初期商事立法大致延续了清末新政的一系列商事法规，但由于国体政体的改变，新的法规就性质来说也就发生了改变。民国初期的商事立法活动可以分为两个阶段：一个阶段是南京临时政府时期，由于时间仓促，立法质量也比较粗糙，但却明确显示了新兴资产阶级的诉求；另一个阶段是袁世凯控制的北京政府时期，由于国家形势相对稳定，中央政府的行政效力也较好，所以做了大量的立法工作。当时业者多以赞赏的语气肯定这一时期的商事法律体系建设，称："民国政府厉行保护奖励之策，公布商业注册条例、公司注册条例，凡公司、商店、工厂自注册者，均妥为保护，许各专利。一时工商界踊跃欢庆，咸谓振兴实业在此一举，不几年而大公司大工厂接踵而起。"[②] 但是在后袁世凯时期，时局混

---

① 参见《中国银行成为南京临时政府和北洋政府的中央银行（1912—1928 年）》，中国银行网站，见 http://www.boc.cn/aboutboc/ab7/200809/t20080926_ 6930. html。

② 张怡祖编：《张季子九录·政闻录》，中华书局 1931 年版。转引自虞和平：《商会与中国早期现代化》，上海人民出版社 1993 年版，第 373 页。

乱，军阀割据，立法工作就难以进行了。

1. 南京临时政府的商事立法

清末新政曾颁布了一系列商事法令法规，但没有来得及实行即遭废弃。南京临时政府存续时间较短，但在建立伊始即开展立法活动，一批商事法律和法规应运而生。但由于南京临时政府存续时间较短，商事立法工作只能是"急就章"而已。此时的商事立法贡献主要包括两个方面：

一是商业注册章程。清末新政曾规定了企业注册制度，但清政府对申请注册者"敲肤吸髓，有至一帖恒纳千金左右"，加上官吏贪腐，处处设障，致使投资者望而却步，视为畏途。南京临时政府颁布的商业注册章程，完全减免注册费用，准许各类商号自由注册。对此，实业部解释说："今以恤商起见，减其征额，亦归商业注册一律办理，以免纷淆。此外尚有独出资本之商号，每亦有至请注册之时，似宜一体允其自由呈注，不令偏枯，方与共和政体宗旨不悖。"为鼓励民间资本创办各类公司和企业，临时政府"对于有利于国计民生的工矿企业，一经申请，临时政府无不一一批准立案，其中包括煤矿、银行、航运、军械制造、缝工、皮工、铁工、鞋工、制革、磨面、轧米、榨油、工艺、渔业诸方面。遇有地方官司侵夺私产、破坏营业者，即令有关部门彻底清查，妥为解决"[1]。

二是制定银行条例。南京临时政府重视银行业发展，力图通过制定有关条例加以保护和促进。1912年3月，财政部即援引钱法司呈文向孙中山阐明："军兴以来，财政竭蹶，若不速图救济，恐民国虽建，而民力已疲。顾救济之策，抉本探源，尤在疏通金融，维持实业。此商业银行之组织所以万不容缓也。"随后，财政部"俾企业者有所遵循，而监督者有所依据"，参照各国现行法规，斟酌中国商业现状，拟定《商业银行则例》，并于1912年3月30日颁布。[2] 在商业银行条例之外，南京临时政府还曾制定其他各类银行的条例，包括《海外汇业银行条例》32条、《兴农银行则例》53条、《农业银行则例》44条、《殖边银行则例》32条、《中华惠工银行则例》32条、《贮蓄银行则例》12条以及《庶民银行则例》66条。至此，"农、商各银行，业已拟订则例，先后呈请咨交参议院决议施行在案"。尽管这些法律规则并没有真正实施，但却为后来的北京政府商事立法工作提供了基本样板。

2. 全国临时工商会议

民国北京政府成立后，很快把商事立法工作提上议事日程。袁世凯对振兴实业十分重视。1912年4月16日，袁世凯发布《劝农保商令》："现在国体确定，组织

---

① 章开沅、林增平主编：《辛亥革命史》下册，人民出版社1981年版，第311页。
② 参见中国科学院近代史研究所史料编译组：《辛亥革命资料》，中华书局1961年版，第301页。

新邦，百务所先，莫急于培元气，兴实业。"4 月 29 日，袁世凯在临时参议院发表演说称："民国成立，宜以实业为先务，故分设农林、工商两部，以尽协助提倡之义。凡学校生徒，尤宜趋重实业，以培国本。吾国实业尚在幼稚时代，质言之，中国农业国也。垦荒森林，牧畜渔业，茶桑富藏于地，类多未辟之菁华。愿我国民毋从空中讨生活，须从脚底下着想。即以矿产言之，急须更改矿章，务从便民，力主宽大，以利通行。且商律与度量衡，亦应迅速妥订实行。"① 随后，民国北京政府即设立工商、农林两部（后合并为农商部），先后任用革命党人陈其美、刘揆一和工商界代表张謇、周学熙为工商（农商）总长。1912 年 5 月 14 日，袁世凯指示工商部："从速调查中国开矿办法及商事习惯，参考各国矿章、商法，草拟民国矿律、商律，并挈比古今中外度量衡制度，筹订划一办法。"②

1912 年 8 月，刘揆一出任工商总长。刘揆一是同盟会元老，工商界人士普遍认为他是"全国人望所归之人，必能见信于国民"③。他上任伊始即着手进行工商部官制改革，并拟订了"选择基本产业""划定保育期间""解决资本问题"三大发展实业政策。然而，由于民国初创，百废待兴，"言之匪艰，行之维难"。他意识到自身"见闻有限，知虑难周，无研究机关则难图进取，非结合团体恐事鲜实功""非合全国之人，合力以谋不可"。④ 于是他提出召开全国临时工商会议，召集全国工商界人士商讨发展实业之大事。1912 年 9 月 6 日，工商部即致电各省都督、商会以及驻各国领事，通报定于 10 月 15 日在京师召开临时工商会议，饬请各举代表届时赴京。由于人们对北京政府信任程度有限，最初工商各界反映并不积极。10 月 9 日工商部再次致电各省都督和各埠领事，通知会议延期至 11 月 1 日举行，并"务望转饬该管官厅团体知照，迅促代表如期到会，勿再延误"。这样才招致各地工商团体始对此次会议予以重视，并积极推举代表赴京议事。

1912 年 11 月，全国临时工商会议在北京召开，到会的正式代表 152 人，其中商会代表 77 人，其他工商团体代表 46 人。⑤ 参会的工商界代表认为，民国建立之后已续订刑事、民事两法，而"独于商事尚付缺如"，要求"工商部长咨商司法部，参酌中国工商习惯，速订商法、公司律，颁布施行，以资遵守，俾固有之工商可以逐渐改良，而后来之工商自能及时兴起"，否则"工商必日就衰，永无振兴之一日"。⑥ 会议期间，工商界代表分别提交了"请速定商律以救时弊案"，"请速订

---

① 白蕉：《袁世凯与中华民国》，见荣孟源、章伯锋主编：《近代稗海》第 3 辑，四川人民出版社 1985 年版，第 38 页。
② 《大总统府秘书厅交工商部拟订矿律商律等文》，《政府公报》1912 年 5 月 14 日，第 14 号。
③ 赵秉钧署：《工商会议报告录》第 1 编，"开会式及演说"，工商部 1913 年版，第 35 页。
④ 赵秉钧署：《工商会议报告录》第 1 编，"文牍"，工商部 1913 年版，第 2—3 页。
⑤ 参见徐鼎新：《上海总商会史（1902—1929）》，上海社会科学院出版社 1991 年版，第 190—192 页。
⑥ 赵秉钧署：《工商会议报告录》第 2 编，"议案"（参考案），工商部 1913 年版，第 87 页。

商法、公司律以资保护而图振兴案"和"请速定商政、严订商律以维持内外贸易案",后将这三个提案合并为"速订商法案",获全体与会代表赞同。在讨论其他议案时,代表们也反复提到应制定相应的经济法规,包括交易所法、工人法、工厂法、奖励章程、商埠章程、注册章程、市场章程等。所有这些议案,无疑都对推动政府颁行经济法规起了促进作用。① 此外,代表们还提出改变以往不合理的垄断政策,投资设厂"务使全国一体,毋相倾轧","毋分畛域";改良以前的税则,裁撤厘金常关,否则"工商业决无发达之希望";要实行重点产业政策,尤其是"纺织、制铁、采矿三者,均宜用积极的保护政策",对茶、丝、棉、铁、土布等业,减免其原料进口税和产品出口税,对规模巨大的棉纺织厂、茶叶公司、丝业公司和制铁厂,给予资本援助、补贴和利润保息待遇;等等。② 此次工商会议审议的73件议案中,包括议决案31件、参考案16件、否决案9件、未决案17件。对此,刘揆一指出:"议决各案,如度量衡、如商会法、如商事裁判所、如裁厘加税数事,皆极重要……本总长必积极的负执行之责任。"③

3. 北京政府的商事立法

1913年10月,张謇始任农商总长。张謇既是实业家也是政治活动家,对商事立法有更为清晰的认识。他认为,以往中国实业之所以难以振兴的一个主要原因,就在于没有齐备经济法制。他说:"二十年来,所见诸企业之失败,推原其故,则由创立之始,以至于业务进行,在在皆伏有致败之衅,则无法律之导之故也。将败之际,无法以纠正之,既败之后,又无法以制裁之,则一蹶而不可复起。或虽有法而不完不备,支配者及被支配者,皆等之于具文。前仆后继,累累粗望,而实业于是大隳。"所以,"农林工商部第一计划,即在立法。"为加快立法进程,他建议由工(农)商部代替法制局制定经济法规:

> 本部职任在谋农工商业之发达。受任以来,困难万状,第一问题,即在法律不备。非迅速编纂公布施行,俾官吏与人民均有所依据,则农工商政待举百端,一切均无从措手。为此,夙夜图维,惟有将现在农工商各业急需应用之各种法令,督饬司员从速拟订,如法公布。即其中有关涉法典范围,向归法制局编纂,如待全部法典完成,非数年不能竣事。拟由本部择其尤要,如公司法、破产法等,分别定成单行法令,作为现行条例,以应时势之要求。④

---

① 参见朱英:《论民元临时工商会议》,《近代史研究》1998年第3期。
② 参见《时报》1913年12月30日。
③ 赵秉钧著:《工商会议报告录》第1编,工商部1913年版,第29页。
④ 沈家五:《张謇农商总长任期经济资料选编》,南京大学出版社1987年版,第14—15页。

1914 年 1 月 13 日，北京政府颁布《公司条例》。《公司条例》第 1 条对公司的定义是：本条例所称公司，谓以商行为为业而设立之团体。公司种类分为四种，分别为无限公司、两合公司、股份两合公司与股份有限公司。《公司条例》规定："凡公司均认为法人"，有照章招集和运用资本之权，其财产受政府保护，非因依法解散、退股，任何人不得随便侵占、处置；股东有依法投入、撤退、出售、转让、清偿自己股份的权利。在经营上，各公司均有按照其注册之营业范围自主经营的权利。《公司条例》规定："执行业务者为股东之全体或其中数人""代表公司之股东，凡关于公司营业事务……均有处理之权限"。另外，《公司条例》还增加了公司债的规定等许多新的内容。①

1914 年 3 月 2 日，北京政府颁布《商人通例》。《商人通例》分为商人、商人能力、商业注册、商号、商业账簿、商业使用人及商业学徒、代理商等共 7 章 73 条。《商人通例》把商人的范围界定为"商业之主体之人"，包括买卖、赁贷、制造、加工、水电煤气、出版印刷、金融、信托、劳务承揽、旅店、堆栈、保险、运输、托运、牙行、居间、代理等业之厂店行号的业主，此外"凡有商业之规模布置者，自经呈报该管官厅注册后，一律作为商人"。也就是说，凡经注册设立之所有企业的主要开办者均属商人。而商人能力则设专章规定，无论男女（未嫁之女），"凡有独立订结契约负义务之能力者，均得为商人"②。无能力者则引入代理人制度，从而使商人能力得以扩张。《商人通例》还规定：商人"有独立订结契约负担义务之能力"；"得以其姓名或其它字样为商号"；"如有他人冒用或以类似之商号不正之竞争者，该号商人得呈请禁止其使用，并得请求损害赔偿"。

1914 年 3 月 31 日，北京政府颁布《矿业条例》。该条例首次提出矿业权概念，并将其视为物权，规定：凡中国国民或法人均有"依本条例取得矿业权"的资格。矿业权一经取得，即被"视为物权，准用关于不动产诸法律之规定"，地面业主或任何他人不得抗拒或侵犯。《矿业条例》规定：凡金、银、铜、铁、煤等经济价值较高的一类矿产，无论是否拥有地面的土地所有权，"应以呈请矿业权在先者，有优先取得矿业权之权"，只有那些经济价值较低的三类矿产如青石、石灰石、花岗石等，才"应由地面业主自行探采，或租与他人探采"。

张謇在其任内的三年（1913 年 10 月至 1915 年 9 月）里，先后组织制定和颁布了 20 多个关于农、林、工、渔、牧、副等方面的法律法规，如《商会法》《权度法》《森林法》《狩猎法》《证券交易所法》《公司条例》《矿业条例》《公司保息条例》《国有荒地承垦条例》等，还制定和颁布了有关这些法规条例的施行细

---

① 参见王志华：《中国商法百年（1904—2004）》，《比较法研究》2005 年第 2 期。
② 王志华：《中国商法百年（1904—2004）》，《比较法研究》2005 年第 2 期。

则，不仅使实业家们经营企业时有法可依、有章可循，也为民族资本主义的发展实施了种种保护鼓励政策，从而为中国实业发展奠定了法律基础。

第二节　实业发展

一、实业政策

武昌起义爆发时，孙中山正在回国途中。他从巴黎致电国民军政府，指出"此后社会当以工商实业为竞点，为新中国开一新局面"①。孙中山就任临时大总统后，即布告国民："中华民国缔造之始……建设之事，更不容缓"，号召参加民国建设，推广商务，以协助国家进步。南京临时政府特设实业部，并令各省设立实业司，以发展农工、商矿各业，作为"富国裕民之计"。尽管南京临时政府存续时间较短，但其所宣布之工商政策，的确对工商界是一大激励和鼓舞。因此，工商界一度为之振奋，掀起投资办厂热潮。袁世凯任民国大总统后，也接过南京临时政府和孙中山的振兴实业口号，表示，"民国成立，宜以实业为先务"②，并任命刘揆一为工商总长，着手改革管理机构，制定工商法规，开始进行各种制度建设。1913年，张謇接替刘揆一任工（农）商总长，进一步制定鼓励工商业发展的政策。两人的先后努力促成了民国初期的工商实业政策，并进而促进了实业发展的第一波高潮。

刘揆一认为："民国初立，建设万端，皆赖经济力之发展，方有以善其后，是民国之巩固与否，政治之善良与否，皆吾实业家负其责任。"他说："夫国民经济之发达，一出于自然，一出于人为，而经济政策者，则必以人为之发达为目的，而行之以干涉政治者也。"这就是说，必须发挥政府的作用。他提出发展实业的三大政策：一是"选择基本产业"，即确定丝、茶、磁等原有产业以及煤铁业、纺织业、煤油业等新式工业，为"吾国之基本产业，切实提倡，全力注之"。二是"划定保育期间"，即"拟于简易之事业以普及全国为要义，繁重之事业则以政府经营为提倡"。仿效日本在矿业上"由政府新法采冶，及有赢利，仍归诸民"的保育办法。三是"解决资本问题"，由于"资本缺乏实为吾国企业家最痛苦之事"，因而"拟于腹地则斟酌利用外资，于边地则实行门户开放"。③

刘揆一特别强调对工商实业实行保护政策，同时也提出保护工商的范围：

① 《孙中山全集》第一卷，中华书局1981年版，第547页。
② 袁世凯：《莅参议院宣言》，载徐有朋编：《袁大总统书牍汇编》，广益书局1920年版。
③ 刘揆一：《工商政策》，《湖南实业杂志》1913年第9期。

保护政策，非可蒙少数专制之嫌也，立于二十世纪之国家，未有行政不谋统一，而能富且强者，未有不施行干涉政治，而行政能谋统一者。保护政策，固非纯于为干涉之治，而如废止内地之关税，取缔营业之资本，规定制造之程式，整齐工场之管理，检查货物之出入，皆以干涉而行保护之实。至于奖励补助，则亦如严师之诱掖，非放任为治之国所能有也。予平生渴慕自由，非不欲吾国民克自治自助，全体不受政府之裁制，以几于熙嗥文明之盛，而无如内察国情，外观世局，皆不能不行少数政治，使明达者立于指导监督之地位，如治丝然，去其乱者，毋使再棼；如治水然，决其淤者，毋使再塞，狱市不扰，无动为大，甚非所以生存竞争之道也。故予于保护政策，尤竞竞加之意焉。[1]

1913 年 10 月，张謇接任农商总长。张謇是著名的实业家，在南京临时政府时即任实业总长，对推进商事立法和制定工商政策发挥了重要作用。他就任北京政府农商总长后不久，即发表《实业政见书》，提出棉铁主义的实业路线，主张制定农工商法案、整顿金融机关、裁撤厘金常关、奖励民办实业、改官办企业为民办企业等等。

第一，加强实业管理部门。张謇建议将农林、工商两部合并，改称农商部，把原来两部所设的 8 个司，改设为农林、工商、渔牧 3 个司，另专设一矿政局，共三司一局。在各司局的职责规定中，都把提倡、奖励、改良农工商矿事项列在首位。[2] 此后，张謇又增设和完善一系列部属专职机构，包括：（1）巴拿马赛会事务局，"直隶于工商总长，筹备赴美赛会一切事务"，开展有关"调查审查赛品事务"；（2）矿务监督署，在全国拟设立 8 署，先在 5 个矿产较为发达地区设立；（3）棉、糖、林、牧试验场，直属于农商部，掌管各相关事业的试验事宜，它们的主要任务，一是采集良种，二是培育和推广良种，三是评定品种质量，旨在推进相关产品的品种改良；（4）"工业品化验处"，旨在促进国货改良，"必使所制之物，不劣于外国者"，适应工商界的需要，鉴定产品质量，指导产品改良；（5）商品陈列所，除了承担平时的商品展览之外，还根据需要负责举办大型的全国商品展览会；（6）权度委员会，其主要任务是"研究关于权度一切重要事项"，如推行新制、编订法规、筹设权度检定所、新旧权度替换、准备加入万国权度公会等。[3]

---

① 刘揆一：《工商政策》，《湖南实业杂志》1913 年第 9 期。

② 参见张謇：《解散农林工商两部组合农商部复国务院文》《农商部官制》《修正农商部官制》，转引自沈家五：《张謇农商总长任期经济资料选编》，南京大学出版社 1987 年版，第 1—7 页。

③ 参见张謇：《农商部呈组织权度委员会拟具章程请核准施行文并批（附清折）》，《政府公报》第 1030 号，1915 年 3 月 22 日。

第二，实行奖励和保息政策。为促进实业发展，颁布了一系列奖励工商企业的规章制度，如《暂行工艺品奖励章程》《公海渔业奖励条例》《海轮护洋缉盗奖励条例》《植棉制糖牧羊奖励条例》等，规定对于振兴实业卓有贡献的各工商企业和个人则给予种种的荣誉和物质奖励。如《植棉制糖牧羊奖励条例》规定，凡扩充植棉者，每亩奖银二角；凡改良植棉者，每亩奖银三角；凡种植制糖原料者，蔗田每亩补助苗银三角、肥料银六角，甜菜田每亩补助菜种银1角、肥料银三角；凡牧场改良羊种者，每百头奖银三十元；等等。① 政府还颁布了《公司保息条例》，规定拨存公债券 2000 万元作为基金，对棉纺织业、毛纺织业、制铁业、制丝业、制茶叶、制糖业等六类新办企业给予三年保息，前三类资本在 70 万元以上的企业按资本额保息 6 厘，后三类资本在 70 万元以上的企业保息 5 厘。此外，1915 年 7 月农商部制定颁布了《奖章规则》，对成绩突出的企业和企业家授予荣誉奖励，以弥补"实际上之补助"的不足。② 1915—1916 年内，有 18 家著名企业、10 名企业家和 20 名华侨企业家获得各种荣誉奖。

第三，减免税厘政策。1913 年 5 月颁布的《公司注册暂行章程》规定，所有公司一律按资本数额定注册费之多少，且"从轻规定"注册费标准。1914 年 7 月 19 日颁布的《公司注册规则》和《商业注册条例》，其所定各等公司注册费又较前所定标准降低了 33%—80% 不等。③ 政府还实行各种减免税厘政策。1914 年 3 月，政府颁布《矿业条例》，矿税较清政府大为减轻，矿区税（每亩每年），贵重矿由 0.42 元减至 0.30 元，一般矿由 0.28 元减至 0.15 元；矿产税（按值抽税），贵重矿由 10% 降至 1.5%，一般矿由 5%—3% 降至 1%；9 月，将土布运销中原有的常关税、海关税、落地捐一律豁免。据统计，1915—1916 年间，以机器仿制洋货物品例而享受减免税厘的有：各华商机器面粉厂和棉纺织厂、广东德利锑矿公司、广东江门制纸公司、上海宝源造纸厂、上海美华利时钟厂、上海泰半罐头公司、官办汉口造纸厂、官办教育品制造所、官办东三省呼兰制糖厂等④。1916—1921 年间，享受减免税厘的仍有北京老天利珐琅厂、北京贻来牟面粉厂、哈尔滨双合盛面粉厂、长沙升茂化学工场、中华国民制糖公司、"江苏全省凡省县市乡公款开办之

① 参见中国第二历史档案馆编：《中华民国史档案资料汇编》第三辑，江苏古籍出版社 1991 年版，第 514 页。

② 参见《农商公报》（13 期）；沈家五：《张謇农商总长任期经济资料选编》，南京大学出版社 1987 年版，第 274 页。

③ 参见《政府公报》第 389 号（1913 年 6 月 6 日）、第 729 号（1914 年 7 月 20 日）。

④ 参见《农商公报》（10、20 期）；《中华全国商会联合会会报》（1914 年第 1 期）；《民国日报》（1920 年 7 月 29 日）；《中华新报》（1915 年 12 月 8 日）。

各工场厂所出各色仿造洋货布匹"①。对某些新设的棉纺织厂给予"免纳机器入口税"的优待，如 1920 年创办的天津裕大纱厂、宝成纺织公司设于上海和天津的三个纱厂，均有获得这一优待的明确记载②。

第四，消除垄断实行专利。政府颁布《暂行工艺品奖励章程》，规定：凡关于工艺上之物品及方法首先发明者和改良者，可以享受 3 年或 5 年的生产经营专利，如在享受专利期限内又有发明和改良，仍可再请专利。自《暂行工艺品奖励章程》颁布以后，一方面，过去长达十年乃至数十年的经营垄断被取消。如华昌公司在 1908 年创办时，曾获得在全国专办十年的"专利"权，而民国成立后未能延续；华新纺织公司在 1915 年筹建时，曾通过财政总长周学熙而获取了直鲁豫三省专办三十年的特权，但由于遭到工商界强烈反对而被农商部依法取消③。另一方面，许多民营企业被授予合理的专利权。1914 年 8 月至 1916 年 6 月期间约计 26 家企业获得专利权④。如 1920 年北京开源织呢工厂所制造的油垫，由农商部"准予专利五年"⑤。1914 年 10 月，商人梁鹤巢发明七色美术玻璃制造法申请"专利二十年"，而农商部"准照工艺品奖章给予专利五年"⑥。

第五，奖励出口政策。1914 年农商部曾两次组团分别参加日本东京的大正博览会和巴拿马国际博览会，其中大正博览会参展商品达 8000 余种，展厅面积达 85 坪，70 余人获纪念奖章⑦。为了鼓励出口，1914 年分别对土布、茶叶免征税厘和降低出口税率。1914 年 10 月，对土布实行减免出口税政策，规定"专恃人工之棉织土布，无论是何种花色种类，所有常关、海关、厘金、落地捐、崇文门等各项税厘，一律免除"。1914 年 10 月 15 日，对茶叶减轻出口税，"从前每担付一两二钱五分者，尔后减至一两"。1915 年 2 月实行对其他自制工业品减免出口税的规定，对出口草帽辫和地席实行减半征税，对于通花边抽、通花绸中抽、通花夏布、发织髻网、蜜汁果品等五项土产品，"无论运往何处，所有出口及复进口各税，一律暂行免税"。⑧ 此后，又将减半征税之两种产品的出口税再次减少，草帽辫"每担付银三钱五厘"，地席"每捆付银一钱"；其他五种出口品明确规定"均免税"。⑨

---

① 吴匡时：《稿本实业调查记》，第 1、2 册；《实业杂志》（湖南，新刊 9 号）；《民国日报》（1921 年 4 月 10 日）；《农商公报》（9 期）。转引自虞和平：《民国初年经济法制述评》，《近代史研究》1992 年第 4 期。

② 参见《时报》（1920 年 7 月 28 日）。

③ 参见《中华全国商会联合会会报》（1914 年第 1 期）。

④ 参见《农商公报》（1—23 期）记载。

⑤ 吴匡时：《稿本实业调查记》，第 1 册。

⑥ 《中华全国商会联合会会报》（1913 年第 2 期）。

⑦ 参见《政府公报》第 958 号（1915 年 1 月 8 日）。

⑧ 沈家五编：《张謇农商总长任期经济资料选编》，南京大学出版社 1987 年版，第 179 页。

⑨ 《中华实业界》（卷 2 第 6 期）。

第六，保护民族工业。为了防止外国资本侵占中国矿权和民族资本，政府规定只有"与中华民国有约之外国人民"，并"证明其愿遵守本条例及其他关系诸律"，才能参与中国公司合资开采矿山，且"外国人民所占股份不得逾全股份十分之五"，其法人代表"须以中华民国人民充之"，而且"所有工人概用中华民国人民"。① 民国初年政府多次发布文告，号召人们购用国货，抵制洋货，特别是规定国家机关和事业单位尤应"以公家力量，限定购用，以重国货"。农商部每年都将全国各种商品按国产、进口两类，"列表汇登，按年编制"，以便人们对于国货与洋货对比的严峻形势一目了然，以鼓励人们抵制洋货，保护国货的爱国热情，规定对于仿制洋货的工厂"尤应特别保护"。②

二、民营工业

1914 年到 1919 年是中国民营工业大发展的时期。中华民国成立，大大激发了资产阶级和人民群众的爱国热情，"提倡国货，抵制外货"成为时代的呼声，人人皆以购买国货为荣。第一次世界大战期间，欧美国家忙于战争，暂时放松了对中国商品倾销和经济掠夺，从而使中国民营工业获得了极好的发展机会。1912 年至 1914 年 7 月，新开设的工矿企业即达 99 家，资本总额约 2455 万元，平均每年开设新式企业近 40 家，资本总额近 1000 万元。在 1914 年 8 月到 1918 年的近四年半时间，新设工矿企业 377 家，资本总额约 11832 万元，平均每年开设工矿企业达 84 家，资本总额超过 2692 万元。第一次世界大战结束以后的二年半时间（1919 年到 1921 年 6 月），中国民族资本新设工矿企业 318 家，总额达 17896 万多元，平均每年开设 127 家之多，资本总额达 7158 万多元。在 1912 年至 1921 年 6 月，总共新开设民族资本企业 794 家，资本总额 32182.7 万元。③ 此外还有不少企业没有在农商部登记注册，如果加上这些没有注册的企业，在 1914—1920 年间，中国近代工厂已有 1759 家，资本达 50062 万元。④

民国初期，民族工业发展的特点是轻工业获得显著发展。这是因为轻工业需要的资本较少、资本周转较快，获利比较容易；而轻工业中又以战前输入较多的日用工业品工业发展最快，包括纺织业、面粉业、火柴业、卷烟业等。此时，部分产品已经可以替代进口了。

---

① 中国第二历史档案馆编：《中华民国史档案资料汇编》第三辑，江苏古籍出版社 1991 年版，第 40、41、42、54 页。

② 沈家五编：《张謇农商总长任期经济资料选编》，南京大学出版社 1987 年版，第 273、274 页。

③ 参见中国社会科学院近代史研究所、中国第二历史档案馆史料编辑部编：《五四爱国运动档案资料》，中国社会科学出版社 1980 年版，第 6—11 页。转引自史全生：《辛亥革命与民国初年的"产业革命热"》，《南京晓庄学院学报》2001 年第 3 期。

④ 参见陈真、姚洛编：《中国近代工业史资料》，生活·读书·新知三联书店 1957 年版，第 56 页。

第一次世界大战前，国内火柴主要依靠进口或在华的外国企业生产。第一次世界大战期间，英法等国火柴不敷内销甚至从日本进口，日本火柴对中国的出口大大减少，加上国内抵制外货运动，国产火柴非常畅销，于是国内火柴业就借机发展起来。这一时期国内华商设立的火柴厂主要有：1914年的济南振业，资本40万元；凤阳淮上第一，资本12万元；吉林时宜，资本3万元。1915年的昆明丽日，资本8万元；营口关东，资本5万元；四川江北集义，资本1万元。1916年的福州国华，资本5000元。1917年的南郑益汉，资本1万元；汉口遂华，资本20万元；北京丹华，资本120万元。据统计，1914—1920年新开设的火柴厂有65家，资本额共约385万元，到1920年，华商火柴厂累计129家，资本额共约746万元。[①] 第一次世界大战结束后，国内火柴业仍不断发展，1920年一年又增设23家，到1921年，华商新开设的火柴厂已经达到88家，比战前增加了57家。此外，国内火柴业还发展了梗片厂，开始摆脱依赖日货的局面。1920年，刘鸿生在苏州创办鸿生火柴厂，资本20万元，后来买进历史较久的燮昌火柴厂，并与资本最大的荣昌厂和中华厂合并，组建大中华火柴公司，被誉为中国"火柴大王"。

这一时期中国的卷烟业发展也很快，到1920年卷烟厂资本额达1680.4万元，比第一次世界大战前增加一倍以上。[②] 1915年，南洋兄弟烟草公司仅资本100万元，1916年在上海设厂，并于广州、北京、汉口等地设分公司，在内地各省设代销处。1914年公司获利17万余元，1915年和1916年盈余高达32万元和115万元，1916—1919年每年的盈利均在10万元以上。[③] 1918年南洋兄弟烟草公司进一步增资为500万元，1919年再增资为1500万元，成为当时民营资本最大的烟草公司。1912年，该公司的销售额仅43万余港元，1920年增至2500万港元，增长50多倍，同期公司盈利由5.2万港元增至480余万港元，猛增90多倍。

造纸业也发展起来。1915年新设的上海宝源造纸厂资本100万元，1917年设立的济南成业造纸厂资本5万元，1918年设立的河北及久利造纸厂资本50万元。1921年以后还设立了北京初起造纸厂、杭州武林造纸厂、嘉兴大中造纸厂、上海卡纸造纸公司等。玻璃业、制革业、针织业、肥皂业等都有很大发展，制油、碾米、罐头、蛋粉等食品工业也建立起来。一些新兴工业也有所发展，如制盐业、制碱业、橡胶业等。1914年塘沽久大精盐公司设立，1916年范续东筹建天津永利制碱公司，1918年山东鲁丰化工机器制碱公司设立，这是中国化工业的开始。1917年广东南洋兄弟树胶公司设立，1919年又有怡怡橡皮制造公司、广州实业树胶公

① 参见黄逸峰等：《旧中国民族资产阶级》，江苏古籍出版社1990年版，第193页。

② 参见许涤新、吴承明主编：《中国资本主义发展史》第二卷，人民出版社2003年版，第880页。

③ 参见中国科学院上海经济研究所、上海社会科学院经济研究所编：《南洋兄弟烟草公司史料》，上海人民出版社1958年版，第36、264页。

司、中华树胶公司等设立。到 1920 年，广州的橡胶工厂已经有 20 余家。

钢铁工业开始起步。1917 年上海建立和兴钢铁厂，月产生铁约千吨。同年，山西阳泉铁厂建立，资本 50 万元，日产熟铁 16 吨。1919 年扬子机器公司建起一座化铁炉，并于 1920 年出铁，日产可达万吨左右。1903—1913 年，上海开设的机械工厂有 34 家，而 1914—1921 年则多达 98 家。1919 年设立的和兴机器制造厂，能够制造轮船和修理机器。1920 年设立的中国铁厂，专门制造各种纺织机械，还有一些比较小的机械厂，甚至可以制造纺织机械、磨面机械，以及轮船锅炉引擎等。1917 年设立的上海效大电机厂，可以生产直流电动机；华生电器厂初创时资本千余元，1918 年资本即增至 10 万元，可以生产直流电机和发电机。与此同时，采矿业发展起来。1913 年中资企业采煤仅 580 万吨，1920 年就达到 1080 万吨，8 年间增长 66%。不过，机器开采的煤不到 10%，大多为土法开采。其他矿业锑、钨等也发展迅速。1917 年全国产锑 15000 吨，居世界之首，钨产量达万吨，也是世界第一。[1]

随着民营工业的迅速发展，资本集中现象很快出现，先后涌现了以南通张謇为核心的大生资本集团，以上海、无锡为据点的荣家企业集团，以简明南、简玉阶兄弟为首的南洋兄弟烟草公司，孙多森的通阜丰资本集团，周学熙的华新企业集团，东北的双合盛企业集团等。在辛亥革命以前，张謇的大生企业集团即有 900 万元资本，至 1921 年又增资达 2480 余万元，纱锭总数已达 16 万枚，布机 1300 多台。[2] 南洋兄弟烟草公司创办于 1905 年，1915 年在农商部注册时已增资达 100 万元，1918 年扩大改组为有限公司时，又增资达 500 万元，1919 年再次扩大改组，增资达 1500 万元，10 年间，资本增加了 114 倍以上。[3] 随着资本的进一步集中，在这些资本集团的基础上，逐步形成了华北、江浙和华南三大财团。

但从 1922 年开始，西方资本卷土重来，大举进入中国市场，而国内军阀混战，政局动荡，经济发展受到极大影响，以棉纺织和面粉工业为代表的轻工业部门遇到严重困难。从 1921 年秋季开始，上海纱厂已无利可图，1922 年每生产一包 16 支纱，竟亏损 14.75 元，1922 年 12 月，全国纱业资本就决定从 18 日起停工，1923 年又决定停工半数。华资面粉厂同样遭到厄运，大批中小面粉厂经营陷入困境，甚至连规模最大的荣氏家族面粉厂也出现停工现象。从 1922 年以后，中国面粉业又恢复了入超状况。1922 年至 1925 年间，中国资本的纱锭数只增加

① 参见齐大云、任安泰：《百年沉浮：近代中国民族工商业的发展道路》，中国广播电视出版社 1991 年版，第 69—76 页。
② 参见大生系统企业编写组：《大生系统企业史》，江苏古籍出版社 1990 年版，第 109 页。
③ 参见中国科学院上海经济研究所、上海社会科学院经济研究所编：《南洋兄弟烟草公司史料》，上海人民出版社 1958 年版，第 4、7、10、140 页。

了 20%。① 但另一方面，水泥、火柴、机器制造、卷烟、缫丝、榨油等工业部门仍然保持着较好的发展势头。1925 年发生的五卅运动，引致全国范围的抵制洋货和提倡国货运动，广大爱国同胞争购国货，使陷入萧条的棉纺织和面粉工业出现转机并有所发展。总的来说，在 1922—1927 年这段时期里，整个民营工业仍在继续发展。

三、民营银行

1. 基本状况

清政府对银行的作用认识有限，金融活动主要依赖于传统的钱庄和票号。中国人自己创办的第一家银行是通商银行。1897 年，盛宣怀向清朝政府"奏准"，招商 500 万两和商借户部库银 100 万两，在上海以私营名义开设通商银行，盛宣怀自任董事长，陈笙郊任副董事长，并聘任英国人美德伦任洋经理。同年，通商银行在北京、天津、汉口、广州、汕头、烟台、镇江等地设立分行，后又在各省设立分行。通商银行名义上是商办，但实际上却是特权银行，规定"权归总董，利归股商"，因而处处享有特权。通商银行成立以后，除经营存贷款业务外，清政府还授予其发行纸币的特权。次年，该行即发行 1—100 元面额不等纸币和银两票。

但清末的工商政策很不开放，商办银行创设存在很大的制度障碍，所以，银行一直以官办或官商合办为主。但商办的民营银行还是产生出来。1906 年，无锡人周虞卿在上海创办信成银行，资本 110 万元；1907 年镇江人尹寿人创办信义银行，同年浙江铁路公司筹建了浙江铁路兴业银行，资本 100 万两；1908 年宁波人在上海创办四明银行。辛亥革命前，全国共有银行 15 家，除中国银行、交通银行等官办、官商合办银行外，民营银行屈指可数。民国建立后，南京临时政府和北京政府都非常重视银行业发展，制定了《商业银行则例》等相关法律法规，加上民间资本积累和民营企业发展需要，民营资本创办银行积极性大增，仅 1912 年一年就开设 24 家。袁世凯时期的北京政府，将中国银行和交通银行确定为国家中央银行，但这两个国家中央银行却采取了官商合办的方式，尽管官股占多数并且受官方控制，但商股的影响力也不小。这种情况在京钞风潮中表现十足。总的来看，以政府为后台的官办银行经营不善，发展停滞，在全国银行业中的地位也有较大下降。到1920 年，全国共开设银行 133 家，大多属于民营。全国银行资本额由 1911 年的2712 万元增至 1920 年的 8782 万元，增加 2.2 倍，平均年增长率为 15.8%。②

---

① 参见严中平：《中国棉纺织史稿》，科学出版社 1955 年版，第 188 页。
② 参见许涤新、吴承明主编：《中国资本主义发展史》第二卷，人民出版社 2003 年版，第 914 页。

1921—1925 年新开业的商办银行达 87 家，而同期新开业的官办或官商合办银行只有 5 家。1925 年，全国商办银行总数已达到 130 家，实收资本 9309 万元，比 1912 年增长 11 倍还多，超过了全国华资银行实收资本总额的半数，而同时期官办与官商合办银行资本总额只增长了不到 3 倍。[①] 在这期间，颇具实力的民营银行包括"北四行"（盐业银行、金城银行、大陆银行、中南银行）和"南三行"（浙江兴业银行、浙江实业银行、上海商业储蓄银行）等。1917 年，北京成立了全国第一家由私营银行组织的银行公会。此后，上海、汉口、天津、苏州、杭州、哈尔滨等地银行公会相继成立。此后又有一些银行兴办或停业，到 1927 年仍在经营的有 51 家。这些银行主要集中在上海、天津、北京、广州等地。

2. 北四行

"北四行"是指盐业银行、金城银行、大陆银行、中南银行。这四家银行前三家总行设在天津，另中南银行的主要业务范围集中于京津，因而合称"北四行"。

盐业银行由河南省都督张镇芳于 1915 年创办于天津。张镇芳是袁世凯的表弟，盐业银行成立时其受邀任经理。该行开办时，"以辅助盐商维护盐民生计、上裕国税、下便民食为宗旨"，系盐务专业银行。创办之初，计划由盐务署拨给官款，实行官商合办，经收全部盐税收入；并"得代理国库金的一部分"。但第二年袁世凯病死，盐务署不仅不拨官款，而且又将前拨资金调回，所以不得不改为商办。1917 年张镇芳因参与张勋复辟事被捕，该行即被段祺瑞派天津造币厂厂长吴鼎昌接收。由于在盐务区的业务开展不畅，经收盐税业务也未能成功办理，该行不得不裁撤部分网点，转为普通商业银行，经营普通商业银行业务。嗣后张镇芳虽复任董事长，但实权一直操于吴鼎昌之手。吴鼎昌担任盐业银行总经理后，首先是充实股本，以扩大盐业银行在社会上的影响。成立时实收资本 125 万元，1925 年增至 650 万元，1933 年增至 750 万元。在北京政府时期，盐业银行营业发达，存款吸收甚多。它凭借天津水陆通达的地理优势，盐业为主的经济条件，通商口岸的开放格局，吸纳民间游资，利用北洋背景，发展业务，扩张势力。以抵押、收购等方式掌控大批纺织、航运、外贸、盐业、化工等企业，金融触角遍及国内外，成为当时商业银行中执牛耳者。在北京政府时期，盐业银行与浙江兴业银行交替为私营银行之首。

金城银行由周作民与军阀倪嗣冲及其幕僚王郅隆等于 1917 年创办，周作民长期任总经理。金城银行"名曰金城，盖取金城汤池永久坚固之意"，最早总行设于天津，先后在京、沪、汉等地开设分行。金城银行创办时实收资本 50 万元，1927 年增至 700 万元，军阀官僚及金融权要所占股本额居绝对支配地位。金城银行创建

---

① 参见中国第二历史档案馆编：《中华民国史档案资料汇编》第三辑，第 556—589 页；唐传泗、黄汉民：《试论 1927 年以前的中国银行业》，见中国近代经济史丛书编委会编：《中国近代经济史研究资料》（4），上海社会科学院出版社 1985 年版。

后，存款业务开展很快，1917 年为 404 万元，至 1920 年增至 1198 万元。其存款来源大多为军阀官僚和机关大户，放款集中于少数重点户，主要投放于与投资方有关的企业和自营企业。在工业放款中，主要投放于四个行业，即棉纺织、化学、煤矿和面粉工业。永利化学工业公司试制洋碱时期，该行曾单独予以 60 万元巨额放款进行扶植，使水利公司的"红三角"牌纯碱进入国际市场。金城银行曾经明确地指出：银行与工商业本来有着绝对紧密的关系，工商业发达，银行才可能发达。金城银行在扶持近代民族工业方面所起的积极作用得到了后世的肯定与推崇。

大陆银行于 1919 年由谈丹崖、许汉卿、万弼臣、曹心谷等人发起成立，总行设于天津。最初资本为 200 万元，实收 100 万元，1920 年 7 月续收股本 100 万元，1922 年增加股本为 500 万元。大陆银行除办理一般商业银行业务外，兼办储蓄、保管、信托、仓库事宜。该行存款来源以个人存款为主，工商业及对外贸易次之；放款对象以各种工业放款为主，商业及对外贸易次之；汇出汇款以上海为多，北京次之，青岛、汉口又次之；汇入汇款以北京为多，汉口次之，上海、青岛又次之。工业中与化学染料、水泥等工厂联系较密切；商业中与五金电料及进出口贸易等商家联系较为密切，存款亦均以此为重点。1919 年，该行存放款额分别为 475.6 万元和 415.7 万元，到 1925 年上升到 2038.9 万元和 1399.5 万元，分别增长 3.85 倍和 2.36 倍。

中南银行由华侨商人黄奕住和上海报业资本家史量才等人创办于 1921 年，聘胡笔江任总经理。中南银行开业后，先在上海总行设立业务部，主要经营存放款业务，继而开办储蓄部吸收储蓄存款提供给业务部放款。以后又成立信托部代客户保管贵重物品及买卖有价证券，还涉足贸易、保险、信托、工业管理等业。1922 年 7 月，中南银行首先在天津设立分行，以后又在北京、厦门、汉口、广州、南京、杭州、苏州、无锡、重庆、香港等地增设了分行、支行。中南银行虽在上海，但营业重心却在京津，依附于北京政府。中南银行在开业后不久，便争取到了钞票发行权。中南银行联合盐业、金城和大陆银行成立四行联合营业事务所，随后又筹建四行准备库，制定了"十足准备"的发钞原则，联合发行中南银行钞票。

民国时期，盐业银行、金城银行、大陆银行、中南银行被金融界统称为"北四行"，在一定程度上控制了华北的金融业务。在北四行的资金运用中，盐业银行总经理吴鼎昌喜欢购买公债和外币债券；大陆银行总经理谈荔孙侧重于购置房地产；金城银行总经理周作民则把投资工商业视为"天职"。该四行于 1921 年成立联合营业事务所，标志四行联营集团的形成。由于这四家银行业务以北方为主，故称为"北四行"。"北四行"的组织机构除了四行联合营业事务所，还有四行准备库、四行储蓄会以及四行信托部、企业部和调查部。"北四行"的联合经营模式，在中国金融史上是个创举。

3. 南三行

"南三行"包括上海商业储蓄银行、浙江兴业银行和浙江实业银行。这三家银行总行都设在上海，故称为"南三行"。

上海商业储蓄银行创设于 1915 年 6 月。由庄得之、陈光甫、李馥荪、王晓赉等人创办。总行设在上海，最初资本额为 10 万元，实收 8 万余元，办事人员六七人，由于规模小而被称为"小小银行"。第一届董事会推定庄得之为总董事，陈光甫为总经理。陈光甫说："本行的命名，是'上海商业储蓄银行'，社会上通常简称为'上海银行'。所以标明'商业储蓄'四字，是在确定本行经营业务的范围"。该行在业务上打出"服务社会"的旗号，强调走入社会、接近工商、以服务取胜。该行在经营方式上采取许多革新措施，如推行银两、银元并用，开办小额储蓄，以1 元为起储点，倡导对物信用，提倡铁路押汇，开拓国外汇兑，创办旅行事业等。1915 年底，银行开业仅半年，资本就翻了一番，存款亦增加迅速，分行遍于津、浦、沪、宁各商埠。1921 年，资本额由最初的 10 万元增至 250 万元，增加 24 倍，进入大银行行列。到 20 世纪 30 年代初，上海总行已设有储蓄、信托、外汇、证券、农业、盐业、仓库等专项业务部，并在全国重要城镇设立 100 多个分支机构，职工 2775 人，存款总额近 2 亿元，均居私营银行首位。

浙江兴业银行成立于 1907 年，原由浙江铁路公司创议设立并为最大的股东。开办时总行设在杭州，次年在上海设立分行。1914 年浙江铁路公司收归国有，股份出让，承购者多为工商业者，而以杭州丝绸商蒋海筹、蒋抑卮父子为最巨。1915年，浙江兴业银行进行大改组，把全行的行政和业务中心移到上海，改上海分行为"本行"，叶景葵任董事长。银行以"准备充足，信用为上"为经营方针，业务稳扎稳打，1918—1927 年间存款总额曾五度位居全国各大银行之榜首。在放款方面，浙江兴业银行强调振兴实业，如近代著名企业家张謇创办的大生纱厂，浙兴银行一直列为重点放款户。20 世纪 30 年代初期，上海 13 家重要商业银行的工矿企业放款中，该行贷出数约占总数的 1/4，如大生纱厂、永利制碱公司、宝成纱厂、恒丰纱厂、大中华纱厂、中兴煤矿、商务印书馆等，都曾得到过该行的资金支持。

浙江实业银行前身是官商合办的浙江银行，创办于 1910 年，后改组为浙江地方实业银行。1923 年，官商两方达成协议，决定将浙江境内的杭州、海门、兰溪三行划为官股，定名为浙江地方银行；上海、汉口两行划归商股，定名为浙江实业银行。1923 年 4 月 23 日，浙江实业银行正式在上海挂牌，实收资本为 180 万元，随后又补足为 200 万元。第一届董事会推举胡济生为董事长，李馥荪为总经理。该行在经营上有两个特点：一是业务主要面向外商，着重兜揽在沪外商企业的存、汇款；二是发展国外汇兑业务。在第一次世界大战结束后，该行以与德商交往为主，德商西门子、美最时、礼和、谦信洋行等提供外汇以作进口押汇，所获利润极为丰厚，积累了可观的外汇资金。

"南三行"有许多共同点，如基本政治态度是反对北洋军阀，与外资企业和银行联系较多，从而在开展业务上和获取利润方面得到便利，经营管理上致力于银行近代化。"南三行"没有像"北四行"那样成立联营组织，其主要联营方式是三行之间相互代理、相互开户、相互投资、联合放款。这种联合方式不仅促进了"南三行"业务的发展，而且对后来江浙金融财团的形成也起了促进作用。

北四行和南三行外，上海还有被称为"宁波帮"的中国通商银行和四明银行，天津有被称为"安徽帮"的中孚银行和中国实业银行等。另外，一些传统的金融机构钱庄和票号也经过改制成为现代银行。如1915年重庆的聚兴诚商号（实为票号）改组为股份两合公司形式的聚兴诚银行，1916年蔚丰厚票号增资改制为股份有限公司形式的蔚丰商业银行，此后又有镇江通惠银号（1917年）、上海豫园钱庄（1919年）、北京大成银号（1921年）、长春益发钱庄（1926年）、青岛中鲁钱庄（1926年）等传统银行增资改制为银行公司。

四、国货运动

南京临时政府建立以后，发布了建元改历、限期剪辫、改变称呼、劝禁缠足等一系列除旧布新的法令。在辞旧迎新的社会改革浪潮中，人们"首议变更冠服章制"，以冲击清朝的旧制度和旧习俗。这股随政治革命而来的改易服式的浪潮，对与衣帽业有关的民族工商业产生巨大的影响。为维护国产衣帽的生产和销售，1911年12月，上海工商界10多个团体成立中华国货维持会，其宗旨为"提倡国货，发展实业，改进工艺，推广贸易"。鉴于南京临时政府提交参议院的《服制案》中有"主张绸呢并用"的提法，中华国货维持会认为，中国的制呢业尚且幼稚，无法与外国呢绒竞争，多用一分呢绒，就少用一分国货。所以他们推举代表赴南京请愿，要求政府颁布明令，采用国货衣料，以维持国货，希望政府将"绸呢并用"改为"用中国自制之呢"。1912年10月通过的《服制案》明确规定：各种大礼服、常礼服、大礼帽等"料用本国纺织品"。

中华国货维持会在成立后的一年里，为倡导国货开展了大量的活动，包括：通函上海各大商店，请销各种国货产品；调查各种国货新产品，提倡宣传；调查各国货行业，并加以劝导改良；召开国货宣传大会，并定期举行国货宣讲会等。除了中华国货维持会，上海还有一些其他的国货团体从事国货宣传活动，除上海以外，杭州、安庆、福州、长沙、哈尔滨等其他城市也出现了国货团体。

在民间的推动下，政府也对国货运动作出积极反应。中华国货维持会在筹备之初就受到上海地方政府的支持，1911年12月20日，沪军都督陈士英表示："个人常服，自以多用国货为宜。惟我国丝绸不合于制造西服，因之呢绒畅销，利权外溢，本都督亦心焉忧之。尚望绸业各商，力谋改良，务求适合于制造新式衣装之用，则不但流行于国内，即外人见之，亦当乐于购买。"① 孙中山参加上海商界举行的倡导国货活动并发表讲演，倡导"民国成立，国民须人人有爱国心则知中华民国乃自己的民国，非政府的民国，各行各业，改良提倡，尽应尽之义务，政府更扶助而掖励之，则将来之富强，可操券而得。"② 在任临时大总统期间，孙中山对中华国货维持会的来函十分重视，及时给予答复。1912 年北京政府召开全国临时工商会议，上海总商会提出的要点请愿之一就是"维持国货"。农商部成立后，农商总长张謇于 1914 年 10 月呈文请免土布税厘，1915 年又呈文请免 7 种自制工业品关税，以有利于国货产品出口和参与国际市场竞争。张謇还进一步提出整饬国货办法，"凡日用品向由国外供给，而为本国能仿制者，此类工厂，尤应特别保护"，劝令政府各部"所辖局、署、厂校等以公家力量，限定购用，以重国货"。③

1915 年，农商部在北京举办规模空前的国货展览会，全国共有 28 个省选送了展品参加展出。为加强国货的销售，一批由中华国货维持会会员主持组织或协助支持的国货商店先后开张，例如，1912 年王汉强开办的上海华粹国货公司，1913 年天津宋则九开办的天津工业售品所，俞植权创设的上海女子植权公司，1915 年王文典创办的隆泉公记号等。此外，在苏州、嘉兴、宁波、芜湖、福州、温州、北京、汉口以及南洋的新加坡、三宝垄等地，也形成一大批专销国货的店号。在这些国货商店中，以天津宋则久创办的天津工业售品所（国货售品所）办得最成功。在宋则久的积极努力下，通过指导供货企业改良产品，提供新货源，1913 年天津工业售品所销售的国货品种由 300 种增加到 500 种，1914 年又增加到 750 种。在第一次世界大战期间，工业售品所快速发展，到 1918 年所售国货品种以达到 3100 种，1919 年，该所正式改名为国货售品所。④

20 世纪 20 年代是国货运动蓬勃发展时期。1920 年，宋则久筹办了唐山国货公司。同时，他的天津国货售品所积极组织货源，四处联络，吸引了全国各地不少国货产品运销天津，到 1923 年时，所售国货品种已经达到 4800 多种。1921 年，上海总商会商品陈列所正式开办，在第一次商品展览会上，包括上海在内的 870 家厂商积极参加展出，展示的品种达 33400 多件。商品展览会还发起物品研究会，一些

① 潘君祥主编：《近代中国国货运动研究》，上海社会科学院出版社 1998 年版，第 11 页。
② 孙中山：《国民须从有爱国心》，孟庆鹏编：《孙中山文集》（下），团结出版社 1997 年版，第 694 页。
③ 沈家五：《张謇农商总长任期经济资料选编》，南京大学出版社 1987 年版，第 9 页。
④ 参见潘君祥主编：《中国近代国货运动》，中国文史出版社 1998 年版，第 10、11 页。

国货企业热情高涨，提出不少改进国货产品的积极建议。1921 年到 1923 年，上海市民提倡国货会组织会员工厂成立国货旅行团，分赴南京、长沙、镇江、无锡、常州、苏州、杭州等地，举办国货展览会达 34 次，以此来引导国民认识国货，培养购用国货的习惯。该会还在上海的老北门、南京路、小东门等地开设国货商场，大力推销国货，这些小型国货商场成为进一步开设大型国货商场的先声。1925 年五卅运动后，30 多家国货生产厂家联合成立上海国货团，1928 年上海国货团改称为上海市国货工厂联合会，进行国货宣传，举办国货展览，并将这些展览举办到杭州、嘉兴、广州、南京等地。

第三节　对外经济

一、争取关税自主

民国建立后，中国出现兴办实业热潮。但由于鸦片战争后丧失了关税自主权，不能利用关税武器对民族实业实行保护，中国刚刚兴起的工业实业受到西方进口产品的极大压制。所以，中国政府力图改变协定关税制度，恢复关税自主权。另外，因为协定关税和海关行政权的旁落，也严重影响政府的财政收入，从增加税收的目的出发，北京政府也希望关税制度有所更张。

1912 年，北京政府根据 1902 年清政府与西方列强订立的《通商进口税则》中"以 10 年为期限"的条款，提出与西方各国谈判以改订税则，但遭到列强的拒绝。1917 年，中国借参加欧战之机再次要求各国修正海关税则。为争取中国参战，各协约国同意修订进口税率，以便将税率提高到切实值百抽五的水平。12 月 25 日，中国制定和颁布了近代史上第一个国定进口税则《国定进口税则条例》，主要针对断绝德、奥等条约国和无约国货物的进口。《国定进口税则条例》规定：必需品征税 5%—10%，资用品征税 10%—20%，无益品征税 20%—30%，奢侈品征税 30%—100%。但由于海关受控于洋人，海关税务司强调统计困难，加上北京政府矛盾缠身，新税则并未实际执行。后经由 14 国参加的"修改进口税则委员会"近一年的讨论，中国于 1919 年 8 月 1 日正式执行新海关税则。新税则增加了税则号列，即商品分类编号，便于准确及时清楚地报关纳税。由于制定了货物分等级标准，货物分类更加科学合理。新税则增列了禁运品条款，即鸦片烟、罂粟子、吗啡烟、海洛因、大麻等。新税则以平均货价较低的 1912—1916 年的数据为年度标准"牵算估价"。这是日本强迫"修改进口税则委员会"采纳的。1912—1917 年中国海关平均税率约为 3.59%①，新税则执行后，海关税率提高到 3.6%，提高极为有限，影响也极为有限。1919 年巴黎和会期间，中国政府代表正式提出关税自主的议案：（1）凡优待之处，必须彼此交换；（2）课税须有区别，奢侈品课税须重，日用品次之，原料又次之；（3）日用品之税率不得轻于 12%，以补 1903 年商约所订废止厘金的短收；（4）新条约应规定期限，期限届满时，中国不仅可自由改订货物之价目，并可改订税率。② 但这些正义要求均遭到列强的无理拒绝。

尽管两次争取关税自主的努力都以失败告终，但"中国人民要求修改条约与关税自主的志愿，却已藉此大白于天下"③，并由此拉开中国关税自主运动的序幕。1921 年华盛顿会议期间，中国代表发表《对于中国关税问题之宣言》，顾维钧于 11 月 23 日在太平洋及远东问题总委员会上提出关税自主案。此案提出中国有自行规定及区分该国税率的完全自由。议案一经提出即遭到英、美、法、日等国反对，日、英两国反映最为强烈。后来经过 6 次会议的激烈讨论，9 国代表最终签署《关于中国关税税则之条约》，规定：立即修改现行进口税则，以期达到切实值百抽五；由特别会议筹备废除厘金，并履行 1902 年、1903 年中英、中美、中日各商约所开条件，以期征收各该条款内所规定的附加税；特别会议需考虑过渡时期税则，对普通货物准征 2.5% 的附加税，对奢侈品征收附加税不得超过 5%；4 年后税则再行修改；以后每 7 年修改 1 次，以代替现行条约每 10 年修改的规定；中国海陆各边界划一征收关税之原则，即应予以承认。④ 但这个条约仍是协定关税条约，整个条约并没有丝毫涉及关税自主的内容。对此，顾维钧提出保留案声明："将来遇适当机会，再求考虑自主权问题。"根据该条约，新修税则于 1923 年 1 月 17 日实施。这次修订是以 1921 年 10 月到 1922 年 3 月的半年平均货价作为标准，比较符合实际，修订后海关税率为 4.29%，比 1919 年海关税率 3.6% 上升了 0.69 个百分点。⑤

1921 年华盛顿会议后，北京政府国务院除开准外交部提议设立关税特别会议筹备处积极筹划外，财政农商各部亦筹开全国财政讨论委员会及关税临时研究会，就裁厘加税一事细加研商，以备特别会议召开时因应采择。经过将近 4 年的准备，1925 年 8 月，北京政府向在约 8 国发出照会，邀请至北京参加定于 10 月 26 日召开的关税特别会议。在美国的建议下，北京政府还邀请西班牙、挪威、丹麦及瑞典诸国出席会议。

1925 年 10 月 26 日，关税特别会议在北京召开。参加会议的国家包括美国、

---

① 参见叶松年：《中国近代海关税则史》，上海三联书店 1991 年版，第 202 页。
② 参见赵淑敏：《中国海关史》，"中央文物供应社" 1982 年版，第 30 页。
③ 武育干：《中国关税问题》第 1 册，文海出版社 1928 年版，116 页。
④ 参见王铁崖：《中外旧约章汇编》第 3 册，生活·读书·新知三联书店 1957 年版，第 221 页。
⑤ 参见赵淑敏：《中国海关史》，"中央文物供应社" 1982 年版，第 69 页。

英国、日本、法国、意大利、荷兰、比利时、葡萄牙、西班牙、挪威、丹麦及瑞典。会议的主要议程是：（甲）关税自主：（1）制定国定税则；（2）裁撤厘金。（乙）过渡期间临时办法：（1）征收临时附加税；（2）征收奢侈品附加税；（3）陆海边界划一关税税运办法；（4）估定货价。（丙）有关事项：（1）证明洋货出产地办法；（2）关税存款问题。

关税特别会议第一次大会于 1925 年 10 月 26 日，在北京中南海居仁堂举行，13 国代表先后受邀致辞。会上，王正廷代表中国政府提出了恢复中国关税自主权的提案，即实行关税自主之办法五条，其中以前两条为中国的核心诉求："一、与议各国向中国政府声明尊重关税自主，并承认解除现行条约中关于关税之一切束缚；二、中国政府允将裁废厘金与《国定关税定率条例》同时实行，但至迟不过民国十八年一月一日。"各国代表最初坚决反对中国"关税自主"，后来由于中国各地群众反对关税会议的强烈呼声和发起要求"关税自主"的示威游行，迫使列强改变了态度。他们表示可以考虑北京政府的提案，但强调必须以裁厘为中国实行"关税自主"的先决条件。但实际上，由于中国当时处在军阀割据局面，中央政府裁厘是办不到的。这就使会议一度陷入僵局。后经关税自主委员会和过渡办法委员会数次讨论，于 11 月 19 日由两委员会联合会议通过"关税自主案"，各国同意中国从 1929 年 1 月 1 日起废除厘金制，同时实现关税自主：

参与本会议各国代表议决通过下列所拟关税自主条款，以便连同随后议定之其他事项，加入本会议将来所缔条约以内：除中国外，各缔约国兹承认中国有享受关税自主之权力，应允解除各该国与中国间现行条约内之关税束缚，并允许中国国定关税定率条例于 1929 年 1 月 1 日发生效力。中华民国政府声明，裁撤厘金应与中国国定关税定率条例同时施行，并声明于民国十八年一月一日（即 1929 年 1 月 1 日）实行裁厘。[①]

同时，中国拟定的七级税则，实际上得到了各国的承认。但在过渡时期征收各种附加税的问题上，各国代表对中国提出的附加税率极力反对，中外双方一时僵持不下。

后来冯玉祥的国民军驱逐了段祺瑞，随后奉军进驻北京，会议被迫中止。1926 年春，由于北伐战争节节胜利，列强纷纷借口"中国内中乱"，指使其代表回国，关税会议于 1926 年 7 月 3 日宣告停顿。

---

① 彭明主编：《中国现代史资料选辑》第一、二册补编（1919—1927），中国人民大学出版社 1991 年版，第 376 页。

北京政府时期有关关税的另一个问题，是海关征税权和税款保管权。晚清中国丧失了关税自主权和海关管理权，税款的保管则由清政府任命的海关监督掌握。辛亥革命后，各国为了保证偿债和赔款的交付，总税务司将海关税款分存于汇丰、德华、道胜三家外国银行的总税务司账户。从此，税款保管权也落入外国人掌控之下，中国政府甚至连关余也无权动用。此后，人们把中国海关称为"新关"或"洋关"，原来国内的税关称"旧关"或"钞关"。1915 年北京政府把旧关改称"常关"，以示与海关的区别。尽管海关关税被洋人所控制，但关税收入仍是政府重要的收入来源。因此，北京政府一直希望收回海关征税权和税款保管权，但一直未能如愿。而最先收回这部分权力的是广东革命政府。1917 年，广东军政府成立后，即与外交团、总税务司谈判，要求按比例分取关余，并进一步要求关税自主和收回海关管理权。1926 年 10 月，广州革命政府外交部公布《征收出产运销物品暂行内地税条例》，第一次自行征收产销税。随后，各地方势力也趁机征收货物附加税。因而，海关外籍税务司制度开始受到冲击。而关税自主和海关管理权是由南京国民政府彻底收回的。

二、对外贸易发展

1. 对外贸易增长

从民国初年开始，对外贸易在一系列因素刺激之下出现新的扩张。首先，由于外商在中国投资量增加，经营网从沿海渗入到内地，由城市渗入农村，一方面加强了对中国农副产品的收购，另一方面也增加了洋货的销售量。例如，被称为"五洋"的洋布、洋油、洋碱（肥皂）、洋烟、洋火等日用洋货已经深入到中国的边远农村和山区。同时这些地方的土货也经由商人之手大量出口。其次，现代交通运输业的发展，特别是铁路、轮船、汽车等运输工具，大大地扩大了商品的购销范围和经销量。例如，原来进口的煤炭转为出口，矿山的开采导致矿石的出口，猪鬃、烟叶等土特产品出口也大量增加；同时进口货也越来越深入地进入内地市场。据《上海总商会月报》报道，京汉铁路通车后，河南的货物通过汉口输出，每年增加一倍以上；沪宁铁路通车后，上海出口额成倍增长；大连铁路修通后，输出额由 1909 年的 2200 万两增加到 1920 年的 1.11 亿两；京张铁路修通后，山西的亚麻也可以大量从天津出口。再次，近代工业发展扩大了对原料和设备的需求。这一时期，我国的近代工业有了一定发展，一方面扩大了进口原料和设备的需求，另一方面也初步发展了自己的出口。如在 1921 年前，中国棉花的出口量大于进口量，到1927 年，情况发生变化，原棉从出口转为进口。这是由于棉纺织业发展扩大了对棉花的需求，而中国国产棉花不论从质量上还是从数量上都不能满足这种需要，所以必须从国外进口。与此同时，发展棉纺织业所需的机器设备，也都依赖进口，这也促进了进口的增加。

这一时期中国的对外贸易增长迅速，不论是出口额还是进口额，都有较大增长。据估计，1901—1914年，中国进出口贸易总额为494.8万美元，其中出口总值为210万美元，进口总值为293.8万美元。1915—1919年5年间，进出口总值增至1092万美元，增长120%，其中出口净值为521万美元，增长159.3%，进口净值为570.8万美元，增长94.3%。1920—1929年，中国进出口总值增至1418.6万美元，较1901—1914年增长186%，其中出口净值619.6万美元，增长208%，进口净值为799万美元，增长292%。[①]

由于外贸总量的增长，使中国占世界贸易总额中的比重也有所上升，1914年为1.5%，到1920—1929年增加到2.4%。根据国联的统计，中国进口总值占世界进口总值的比重1913年为2.14%，1926年上升至2.74%，1927年又降至2.07%；中国的出口总值占世界出口总值的比重1913年为1.6%，1926年上升至2.26%，到1927年又降至2.02%。不过，中国在世界贸易中的地位仍是极低的，如按人口计算的每人平均贸易额则更为微小。1913年中国每人平均进口额为0.94美元，1926年为1.90美元，1927年为1.55美元；每人平均出口额分别为0.67美元、1.46美元、1.49美元。[②]

表13-1　中国进出口净值、物量及价格比值（1913—1925年）

年度	进出口净值（1000关两）			物量指数		出口货购买力指数
	出口	进口	(-) 入超	进口	出口	
1913	403306	570163	-166857	100.0	100.0	100.0
1914	356227	569241	-213014	91.6	83.8	96.8
1915	418861	454476	-35615	70.3	96.5	95.4
1916	481797	516407	-34610	73.7	102.3	95.6
1917	462932	549519	-86587	73.4	108.3	81.0
1918	485883	554893	-69010	66.1	105.5	77.9
1919	630809	646998	-16189	75.4	140.0	74.6
1920	541631	762250	-220619	75.9	119.3	64.3
1921	601256	906122	-304866	94.7	126.9	70.3
1922	654892	945050	-290158	112.6	130.5	85.0
1923	752917	923403	-170486	108.5	137.3	91.7
1924	771784	1018211	-246427	119.9	136.6	94.9
1925	776353	947865	-171512	109.9	132.9	96.6

资料来源：郑友揆：《中国的对外贸易和工业发展：1840—1948》，上海社会科学院出版社1984年版，第336页。出口货购买力指数据《1936年南开指数年刊》（天津南开大学经济研究所1937年版，第38页）数据算出，即出口货购买力=出口物价指数÷进口物价指数。此表转引自许涤新、吴承明：《中国资本主义发展史》第二卷，人民出版社2003年版，第731页。

[①] 参见杨端六、侯原培：《六十五年来中国国际贸易统计》，中央研究院社会科学研究所1931年版，第32—33页。

[②] 参见鲁传鼎：《中国贸易史》，"中央文物供应社"1985年版，第126—127页。

2. 贸易结构变化

这一时期，中国对外贸易结构仍十分落后，反映出中国近代工业的性质和中国工业化的缓慢进程。从进口贸易来看，中国进口品以制造品为主，占进口总额的一半以上，其次为食物和烟草类，占进口额的1/5到1/4，原料及半制品占不到1/5，其他为杂货。这种进口品位次的变化说明中国的工业开始发展。鸦片原是19世纪外国侵略势力向中国输入的最大宗商品，直至19世纪80年代它始终占据中国进口商品的第一位。但是民国年间鸦片进口量大幅减少，1901—1903年32003公担，1909—1911年22596公担，1919—1921年126公担，1929—1931年478公担。清末民初，棉布曾多年占据洋货进口值的首位，其所占全部进口值的比重往往在30%以上，棉纱年进口量在第一次世界大战前也都在百万担以上。第一次世界大战爆发后，棉纱年进口量明显减少，出口量则跳跃性的上升，到1927年棉纱已由入超变成出超。这是中国国内棉纺织业较快发展的结果，也表明了工业化初期的进口替代效果。

随着外国对华资本输出的扩大，以及中国新式工业、交通业的发展，煤油和汽油的进口逐年增加，1920年煤油进口值约5432万关两，汽油进口值134万关两，到1928年两项合计已逾7000万关两。机器、化学产品、电器材料、燃料、钢铁及其他金属等生产资料成倍或数倍增长。这六项商品占进口净值的比重，1913年为11.6%，1936年时达到33.7%。

随着国内轻纺工业的发展，棉花、烟叶、小麦等农产原料的进口数量大幅度增长。1920年后棉花进口猛增，开始由出超转为入超。棉花进口主要来自美国，其他依次为印度、埃及等国。1921年棉花进口量增至168万担，价值3586万关两。1926年棉花进口量已增至274万担，价值几近1亿关两，入超值达0.64亿关两；1931年棉花进口量高达465万担，价值1.79亿关两，入超值达1.52亿关两。从1922年开始，外粮大量进入中国，面粉及粮食总的贸易都由出超转为入超，1923—1927年粮食进口净值年均约12239万关两，占商品进口净值的比重达到12%左右，这5年间粮食入超量年均3842万担；1929年后世界经济危机爆发，大量外粮向中国市场倾销，1932年中国稻米入超3832万担，小麦入超4617万担。作为一个农业大国，入超如此之多的粮食和棉花，必然对本国农业产生极大的冲击。[1]

从出口结构来看，中国出口以原材料和半制品为主，如丝、茶、植物油、豆类、棉花、丝织品、兽皮、羽毛、蛋等。丝是中国的传统出口品，这一期间一直保

---

[1] 参见陈争平：《1912—1936年中国进出口商品结构变化考略》，载《中国经济史探索：陈争平文集》，浙江大学出版社2012年版，第31、33页。

持第一位，但在出口额中的比重却不断下降，1913 年占 20%，而到 1928 年则降至 16%；茶叶也是中国的传统出口品，在第一次世界大战前一直保持占出口比重的第二位，但战后由于受到印度茶和日本茶的竞争而逐渐衰落，到 1928 年在出口额中的占比已由 1913 年的 8%降至第五位，仅占 4%；豆及杂粮在出口中占有一定地位，1913 年占第三位，占出口比重的 6%，到 1928 年上升到第二位，占 15%；植物油和蛋类出口发展较快，1928 年，蛋类占出口的比重为 5%，占第三位，同期植物油的出口地位由第八位上升至第四位，比重不变，仍为 4%；丝织品在战前具有重要的地位，占出口值比重为 5%，居第四位，但是由于技术落后，逐渐丧失国际市场。①

这一期间，中国的对外贸易方向也发生重要变化，这种变化的基本特点是英国在中国贸易中的特殊地位逐渐丧失，日本和美国特别是日本地位的迅速上升。中国的外贸直到 19 世纪末都掌握在英国人手中，但从甲午战争后，日本加强对中国的经济侵略，在中国贸易中的地位显著上升，很快超过英国占到第一位。例如，1898 年中国进口中英国占 16%，香港地区占 44%，两地共占 60%，而日本仅占 13%。到 1913 年，英国所占比重仍为 16%，但香港地区所占比重却下降到 29%，两地相加占 45%，而日本所占比重上升到 20%，超过英国占第二位；到 1928 年，日本所占比重进一步上升到第一位，占 26%，而英国所占比重下降到 9%，香港地区所占比重下降到 19%。与此同时，美国在中国进口贸易中所占的地位也迅速上升，1913 年美国在中国进口中所占比重为 6%，居第五位，到 1928 年则上升到第三位，占 17%。从出口情况看，也发生大致相同的变化。1913 年，中国出口市场中，香港地区第一位，占 29%；日本第二位，占 16%；俄国和法国分别占 11%和 10%，居第三位和第四位；美国第五位，占 9%；德国第六，占 4.2%；而英国为第七位，仅占 4%。到 1928 年，相应的位次是：日本第一，占 23%；香港地区第二，占 18%；美国第三，占 13%；俄国和法国分别居第四和第五，占 9%和 7%；而英国为第六位，占 6%。②

表 13-2　中国主要进出口商品所占比重（1913—1925 年）

（单位:%）

		1913 年	1916 年	1920 年	1925 年
进口主要商品	棉纱及棉织品	32.0	26.5	32.4	20.7
	米、麦、面粉	5.1	6.8	1.1	8.4

① 参见鲁传鼎:《中国贸易史》，"中央文物供应社" 1985 年版，第 131 页。
② 参见鲁传鼎:《中国贸易史》，"中央文物供应社" 1985 年版，第 131 页。

续表

		1913 年	1916 年	1920 年	1925 年
进口主要商品	糖	6.4	7.1	5.2	9.5
	烟叶	2.9	5.8	4.7	4.1
	煤油及液体燃料	4.5	6.4	7.5	7.9
	化学品及颜料	5.6	4.1	6.4	5.6
	交通器材	0.8	4.0	2.6	1.9
	钢铁和机械	6.7	6.4	11.5	6.5
	其他	36.0	32.9	28.6	35.4
	合计	100.0	100.0	100.0	100.0
出口主要产品	丝及丝制品	25.3	22.3	18.6	22.5
	茶叶	8.4	9.0	1.6	2.9
	豆类及豆饼	12.0	9.3	13.0	15.9
	籽仁及油	7.8	8.4	9.1	7.9
	蛋及蛋制品	1.4	2.6	4.0	4.3
	皮革及皮货	6.0	6.0	4.3	4.0
	矿砂及金属	3.3	6.3	3.2	2.9
	棉花	4.0	3.6	1.7	3.8
	其他	31.8	32.5	44.5	35.8
	合计	100.0	100.0	100.0	100.0

资料来源：郑友揆：《中国的对外贸易和工业发展：1840—1948》，上海社会科学院出版社 1984 年版，第 41、43—44 页。转引自许涤新、吴承明：《中国资本主义发展史》第二卷，人民出版社 2003 年版，第 734 页。

3. 对外贸易增长中的矛盾

首先是入超问题。自从对外通商以后，中国的对外贸易基本上是处于入超地位。第一次世界大战期间，由于西方各国忙于战事，没有力量向中国输出大量商品，所以，中国的工业加快了替代进口，对外贸易入超状况有所缓解。但是战争结束后，各国又加强了对中国市场的争夺，中国进口大增，对外贸易入超状况进一步加剧。根据郑友揆的资料，1912 年中国贸易入超为 10257.7 万海关两，1914 年上升至 21301.4 万海关两，1915 年开始下降，到 1919 年下降到 1618.9 万海关两，为此间最低。不过到 1926 年重又上升至 25992.6 万海关两。

表 13-3　1912—1926 年中国进出口值

（单位：千海关两）

年份	出口值	折美金（千美元）	进口值	折美金（千美元）	进出口总值	入超
1912	370520	274185	473097	350092	843617	102577

续表

年份	出口值	折美金 （千美元）	进口值	折美金 （千美元）	进出口总值	入超
1914	356227	238672	569241	381392	925468	213014
1915	418861	259964	454476	281775	873337	35615
1919	630809	876825	646998	899327	1277807	16189
1926	864295	656864	1124221	854408	1988516	259926

资料来源：郑友揆：《中国的对外贸易和工业发展：1840—1948》，上海社会科学院出版社 1984 年版，第 226—337 页。折美金，数据是根据该书第 342 页汇率计算得出。此表转引自王方中：《中国经济通史》第九卷，湖南人民出版社 2002 年版，第 55 页。

　　其次，中国的外贸基本上是由外商控制。例如，作为中国外贸中心的上海，抗战前有进出口商行 800 多家，其中 80% 以上为外商，而中国经营进出口贸易的商行不到 20%，由于中国的商行经营规模比较小，所以从贸易额角度看，实际上还不足 20%。一般情况下，商品进口由设立在各口岸的外商自国外输入，然后批发给中国的中间商，再由中间商分销到全国各地的城市和农村。商品出口则部分由外商直接派人到内地的分支机构向当地的中间商收购，然后集中到口岸出口；部分商品需要加工后再出口，外商往往在各口岸设立加工厂，经过加工后再出口到世界各地。中国的外贸之所以控制在外商手中，是由于以下几方面原因：第一，对外贸易交易量大，风险较大，需要巨额资金，中国商行一般实力有限，经营规模小，承担风险的能力不足，所以竞争不过外商；第二，经营外贸需要比较丰富的国际贸易知识及经验，例如，必须熟悉国际贸易惯例，了解国际市场行情，而中国商人从事国际贸易的时间比较短，外贸知识和经验都有限；第三，外商凭借不平等条约，享有种种特权，导致国内商人处于种种不利地位；第四，外商有各种辅助机构的支持，如外国银行提供资金支持，外国运输公司承担货物运输，外商保险公司提供海上运输保险等，而中国商人则缺乏这些支持。

　　最后，洋货对中国市场构成严重冲击。中国自鸦片战争丧失关税自主权后，等于国门大开，对外国商品的倾销没有最基本的防御能力，全靠民族工业自己在市场中与各种对手竞争。第一次世界大战期间，由于列强忙于战争，无力向中国出口更多的商品，在这种情况下，中国的民族工业获得了一个难得的发展机会。但是第一次世界大战结束后，资本主义各国将大量战争剩余物资向中国倾销，导致中国民族工业企业大批倒闭。在外国资本加紧渗入，洋货充斥中国市场的时候，中国掀起了抵制洋货运动，这次运动从 1904 年到 1919 年，经历了 15 年左右。但通过关税手段保护民族产业，直到国民政府建立基本实现了关税自主后才有可能。

三、外商投资增长

　　《马关条约》签订之后，投资合法化诱发了外国在华投资的热潮。1895 年以后，中国经济的一个重要特点，就是外国资本成为国民经济中的一种经济成分并居重要地位。此后，中国海关被牢牢控制在外国人手里，进口税率仅限于值百抽五，几十个沿海和内地城市被迫对外开放，大部分通商口岸都设有外国租界，在中国居住的外国人享有治外法权。所有外国人都可以在中国兴办企业和从事其他有关活动，甚至可以得到"超国民待遇"。各国在中国都确定了势力范围，在经济力量许可的范围内，通过贸易和投资，越来越深入地开发中国市场。另外，中国国内资金缺乏，而资源丰富，特别是拥有大量廉价劳动力。所以，凡是在中国的投资，大都可以获得极高的回报。例如，在 20 世纪初，纺织工业正常的年利润率可达20%—30%，经营成功的银行年利润率可达 36%，即使仅经营汇兑业务的银行，也可从资金周转中获得 15%—20% 的利润。20 世纪 20 年代后期，外资企业的年利润率为 10%—20%，[①] 虽有下降，仍然很高。

表 13-4　外国人在华投资情况（1914 年）

用　　途	金额（百万美元）	所占百分比（%）
政府普通外债	330.3	20.5
运输业	531.1	33.0
交通业及公用事业	26.6	1.7
矿业	59.1	3.7
制造业	110.6	6.9
银行及金融业	6.3	0.4
地产	105.5	6.5
进出口业	142.6	8.8
杂项	298.2	18.5
租界市政债款		
总计	1610.3	100.0

资料来源：［美］雷麦：《外人在华投资》，商务印书馆 1959 年版，第 55 页。

民国政府对外商投资采取积极支持态度。由于国内经济落后，资本缺乏，在短期内难以筹集到足够的资金来支持工业化和经济发展，所以民初时人们大多倾向于利用国外资本。孙中山明确指出过，"共和成立之后，当将中国内地全行开放，对于外人不加限制，任其到中国兴办实业"[②]。1914 年，张謇在主持农商部期间，曾向袁世凯提交了"利用外资，振兴实业"的呈文，提出"以振兴实业为挽救贫弱

---

① 参见郑友揆：《中国的对外贸易和工业发展：1840—1948》，上海社会科学院出版社 1984 年版，第116 页。

② 《孙中山全集》第一卷，中华书局 1981 年版，第 560 页。

之方，又以开放门户，利用外资为振兴实业之计"①。当时的熊希龄内阁非常赞同他的这种主张，先后促成了《公司条例》和《矿业条例》等相关法律的颁行，准许外国资本根据《公司条例》设立股份公司。在工商界代表人物的引导和民国政府政策引导下，引进外资的活动迅速开展起来。

20 世纪初，英、俄、德三国共占外国在华投资的 90%。第一次世界大战期间，英、法、德、意等国忙于战事，暂时放松了对华投资事务，而日、美两国却抓住时机扩大对华投资，并排挤英、法等国在华势力。战后，欧洲诸国重新加大在华投资，规模逐步超过以前，投资出现新的浪潮。据估计，1914—1930 年，各国在华投资每年约增长 6000 万美元。②

北京政府时期，外国对华贷款 645 笔，总额 1571185312 银元；其中日本贷款 696268668 银元，占 44.32%；其次是英国和法国，贷款总额为 203645250 银元和 188240594 银元，分别占 12.96% 和 11.98%。比利时在铁路贷款方面具有一定实力，为第四大对华贷款国，贷款总额为 114509072 银元，占 7.29%。其他如德国占 6.77%，奥国占 6.03%，美国占 3.87%，其他国家占 2.15%。③

1931 年以前，英国一直是在华最大的投资国。1841—1911 年，英国在华投资兴建工厂 107 家，1911—1923 年又增设 51 家，1927 年英国在华大小企业达 150 家左右，主要包括纺织、食品、航运、发电、采矿等行业。其中对煤矿的投资增加很大，先后兼并了开滦煤矿和河南煤矿，并控制了中国 16 家煤矿、铁矿和有色金属矿的开采权。英国在华企业还形成几个大的垄断集团，如怡和、太古、沙逊、英美等，垄断了中国食品、航运、房地产等业。据雷麦的估计，1930 年英国在华直接事业投资达 96338 万美元，几乎等于日本在华投资的 3 倍。④

第一次世界大战期间，美国在华投资活动有了大幅增长。美国政府高度重视在华投资设厂，1913 年前美国总共在华开设 17 家工厂，1913—1931 年又增设 55 家工厂，主要投资于毛纺织、化学、食品和电力等业。1914 年，美国在华直接投资达到 4200 万美元。1914—1920 年，美孚石油公司机构已遍布中国各地。战前，美国只有花旗银行在中国设立分支机构，战后，美丰、运通、大通等都来中国设立分支机构。花旗银行在中国有分支行 7 处，1919 年在中国吸收的存款合计 4170.3 万美元。⑤

日本在华投资活动比其他西方国家迟了许多。1914 年以前，日本在华投资极

① 张謇：《张季子九录·政闻录》，载《张謇全集》第 2 卷，江苏古籍出版社 1994 年版，第 272 页。
② 参见夏泰生：《中国投资简史》，中国财政经济出版社 1993 年版，第 200 页。
③ 参见王渭泉等编：《外商史》，中国财政经济出版社 1996 年版，第 15 页。
④ 参见陈真：《中国近代工业史料》第二辑，生活·读书·新知三联书店 1957 年版，第 397 页。
⑤ 参见许涤新、吴承明主编：《中国资本主义发展史》第二卷，人民出版社 2003 年版，第 754 页。

其有限。第一次世界大战期间，日本后来居上，利用有利时机大规模进行对华投资。首先，日本企业大批来中国投资设厂，1912—1919 年，日本商户从 733 家增加到 4878 家。间接投资方面，日本是向中国提供借款数量最多的国家。铁路借款，西原借款就发生在这个时期。这期间，日本在中国的银行总分支行不下 100 家，住友银行、三菱银行、三井银行就是在这一时期进入中国。1915—1918 年，外国对华贷款共 139 笔，总额为 2.93 亿银元，其中日本对华贷款 68 项，总额为 1.94 亿银元，占这一时期外国对华贷款的 66%。[1] 直接投资方面，日本在贸易业、轻重工业、交通运输业、金融业、房地产业等行业都有了很大扩充，在东北尤其突出。1913 年日本在华开设纱厂仅 3 家，而到 1925 年增设到 30 多家，拥有纱锭 127 万枚、布机 7000 多台，超过英国在华纱厂数。日本还垄断了中国几乎全部铁矿开采权、东北的全部冶金工业和有色金属矿、东北的 12 家煤矿和关内的几家煤矿，仅在煤矿中的投资就达 18324 万元，占全国煤矿资本的一半以上。1913 年日本在华工厂仅 154 家，1922 年达到 222 家，1922—1931 年又增加 53 家，估计在 1927 年时达 260 多家，投资总额由 1913 年的 4.9 亿元，到 1930 年达到 174826 万日元。[2]

俄国由于国内革命，除了中东铁路以外，基本上没有对华投资，德国因第一次世界大战战败而丧失在华的一切特权。法国作为第一次世界大战的主角，已无能力管理国外的投资，对在华投资只能听之任之。第一次世界大战结束以后，法国虽重新对中国进行投资，但投资大不如前。

四、各种政府外债

民国北洋政府存续了 16 年。由于军阀割据，财政困窘，为应对战事和维持日常经费，不得不大量举借外债。北洋政府共举借外债 633 笔，加上前清政府延续下来的未偿外债，债务总额达 15.56 亿银元。[3]

1. 善后大借款

在南北对峙时期，北洋政府的财政极其困难，据不完全统计，北京政府岁入为 4 亿—5 亿元左右，而岁出达 5 亿—6 亿元，每年财政赤字达 1 亿元左右。[4] 所以，北洋政府通过各种途径向国外借债，以解决巨额赤字。财政部于 3 月 1 日与德商瑞记洋行达成了第一笔 30 万英镑的借款，年息 6 厘，折扣九五，以崇文门商税为抵押，期限五年。4 月 10 日，又由瑞记洋行借出第二笔 45 万英镑，年息 6 厘，九五

---

① 参见王渭泉等编：《外商史》，中国财政经济出版社 1996 年版，第 6 页。
② 参见陈真等：《中国近代工业史料》第二辑，生活·读书·新知三联书店 1957 年版，第 393、429 页。
③ 参见许毅主编：《从百年屈辱到民族复兴》，经济科学出版社 2003 年版，第 1 页。
④ 参见贾士毅：《民国财政史》下册附录，商务印书馆 1917 年版，第 39—45 页。

折扣，期限十年。这两项借款以政府维持北京市面的名义借出，后来全部作为北京政府的行政经费。此外，北洋政府还向德国和美国的商人商借过几笔小额借款。其中向德国商人借款800万马克，向美国商人借款30万英镑。

1912年，袁世凯上台后，急需充实国库作为国内军费之用，即与英、美、德、法四国银行团谈判借款以解燃眉之急。当时商议中的善后借款总额达6000万英镑。银行团提出各种苛刻的条件，如，银行团则要求"倘若中国自他处借款之条件不能优于四国银行团所提之条件，则中国之善后大借款亦应由四国银行团优先供给"。袁世凯未深思即亲函接受，中国政府由此失去了借款对象的选择权。[①] 此后中国政府需要的垫款，四国银行团有优先供给权，中国政府与他处借款的条件，不得优于银行团的条件，中国善后借款也由四国银行团提供，在善后借款债票未来发行前，中国不得于他处借款。四国银行团在对华借款方面取得的优势利益，遭到日俄两国的嫉妒，因而提出强烈反对。所以，1912年5月，日、俄两国也加入银行团，四国银行团成为六国银行团。后美国退出，六国银行团又变为五国银行团。

1913年4月26日夜至27日凌晨，袁世凯派国务总理赵秉钧、外交总长陆征祥、财政总长周学熙为全权代表，在北京汇丰银行大楼与英、法、德、俄、日五国银行团作最后的谈判，签署了2500万英镑的《中国政府善后借款合同》。合同规定借款2500万英镑，年息5厘，年限47年。中国政府"即以中国之盐务收入之全数作为担保"，并"独占优先权"；关税中应付款项后的余额"应尽先作为本借款之担保"；将直隶、山东、河南、江苏四省所指定的中央税款担保。这次借款去除首期利息及其他费用为八四折扣，实收2038万英镑，再扣除各项转交款项等，净得不足1000万英镑，而到期偿还利息达4285万英镑，加上本金，共6785万英镑。借款以中国盐税、海关税及直隶、山东、河南、江苏四省所指定的中央政府税项为担保。特别条件是：今后未经五国银行团允许，不得向他国借债。

在五国银行团善后大借款之前，瑞记洋行借款、比利时借款、英德借款、克利浦斯借款等，都以盐税为担保，但就中国主权丧失而言，都不及善后大借款。如强迫中国政府在盐务所内设稽核总所，除中国总办外，设洋会办一人，共同掌管盐税收入大权。在审计处设洋稽核员，凡关于借款项之凭单必须由他签押才可生效。至此中国盐税大权全数落入洋人之手，直接控制了中国的盐税征收与管理，所收盐税一律存入五国银行。盐税收入在扣除应摊还外债、内债本息、拨付各省协款（或截留）以及盐务行政经费后所剩少量余额为中央财政收入，被称作"盐余"。盐税

---

① 参见刘常山：《善后大借款对中国盐务的影响（1913—1917）》，《逢甲人文社会学报》2002年第5期。

权的丧失加上以前关税权的丧失，使中国的财政大权进一步落入洋人之手。另外，本息总共 6800 多万英镑的借款，按当时每英镑兑银元 12 元计算，合银元 8.17 亿多，是甲午战争赔款和庚子赔款以后中国最大的一笔负债。

2. 西原借款

日本借第一次世界大战的有利时机加快发展，经济迅速膨胀，结果战后出现大规模过剩资本亟须输出。1917 年，段祺瑞出任北洋政府国务总理，为实现武力统一中国的野心，需要大笔财政资助。于是段祺瑞通过他的日本顾问西原龟山与日本寺内政毅内阁谈判，签订一系列秘密借款协定，总称"西原借款"。

西原借款主要包括三类：

第一类，经济借款。主要有：（1）银行借款。首先是交通银行借款，第一次为 500 万日元，期限三年，年息 7.5 厘，由陇海铁路债券、政府国库券和交通银行债务证书担保；第二次借款为 2000 万日元，期限 3 年，年息 7.5 厘；另有中国银行借款 200 万元。（2）铁路借款。包括：吉长铁路借款，由本路各项财产及其收入担保，由南满州铁路公司承借。合同规定：本铁路在借款期限内，委托公司代为指挥经理营业，共同协商所有中日职员的任免，铁路净利的 20% 分于公司。此外，还有四郑铁路短期借款、吉会铁路借款、满蒙四铁路借款、济（南）顺（德）和高（密）徐（州）铁路借款、满蒙山东吉会各路借款第二次、第三次和第四次付息垫款，以及京奉铁路盈余借款等。（3）金矿森林借款。包括：吉黑两省金矿及森林借款以及林矿电信的几次付息垫款。（4）电台电报借款。包括：无线电借款和交通部电话借款。（5）实业借款。包括：陕西实业借款、财政部印刷局借款、三菱公司汉口造纸厂借款，还有中日实业公司汉口造纸厂借款、汉口水电工厂借款、闽沪船厂借款，广东士敏土厂借款、加入中美运河借款等。

第二类，政治借款。主要有：（1）善后借款垫款。包括：善后借款第一次垫款，金额 1000 万日元，期限 1 年，年息 7 厘，以盐余为担保，规定待善后大借款成立，由善后借款额内偿还；善后借款第二次垫款，金额 1000 万日元，条件同前；善后借款第三次垫款，条件同前。三次善后借款垫款都由横滨正金银行承担。此外，还有日本政府青岛公产及盐业偿价库券，主要用于收回青岛公产盐业偿价；以及驻日武官经费借款、台湾银行留日学费借款等。（2）财政部借款。包括：第一次和第二次财政部证券借款，订立于 1918 年，金额共 2000 万日元；以及七年公债券借款和九六公债日本部分。（3）地方借款。包括：东三省借款、直隶省借款、直隶水灾借款。

第三类，军事借款。主要有：（1）参战借款，以将来整理新税收入担保；参战借款付息借款。（2）军械军火借款，包括：泰平公司第一次购械价款和第二次购械价款，以及以上两次借款的付息垫款，还有陆军部军火价款、西北军械保险费库券款、汉阳兵工厂借款等。①

日本政府拟定对华贷款的方针是：先以稳妥条件提供贷款，然后再谋求有利的权益。因此，借款条件十分优越，而借款的担保品往往十分空泛，如以尚未建筑的铁路的财产和收入为担保，所以成了无确实担保的借款。日本是企图借中国过度负债的机会使中国进一步扩大对日本的负债，从经济上控制中国，并进一步提出更高的要求。当时的寺内正毅就说，大隈内阁提出二十一条激起中国人民的反抗，而在他任内从中国得到的权益，要比二十一条多十倍。但由于中国过度负债，根本无还款能力，加上政局混乱，大部分借款最后都成了烂账。

表 13-5　五种西原借款的用途（1918 年）

（单位：1000 日元）

	电信借款	吉会铁路借款	吉里金矿林业借款	满蒙四铁路借款	山东二铁路借款	合　计
行政费	1445		1811	7141	135	10532
付外债本息	4082	375	7385	3268	1459	16569
陆海军费	6300	1000	12375	5982	2931	28588
付内债本息	3515	8625	2729	727	13184	28780
交通部支用	4917					4917
军火费			3822	1226	2293	7341
国会经费			329	206		535
其　他	238		1538	1507		3283
合　计	20500（1）	10000	30000	20060（2）	20000	100560

注：（1）包括从中华汇业银行临时借入 50 万日元。
　　（2）包括预支利息 6 万日元。

资料来源：［日］狭间直树：《五四运动研究序说》，同朋舍 1982 年版，第 23 页，转引自［日］冈部三郎：《西原借款を论ず》。此表转引自许涤新、吴承明：《中国资本主义发展史》第二卷，人民出版社 2003 年版，第 752 页。

3. 各种实业借款

五国银行团虽然通过善后大借款，取得了对华贷款的垄断权和独占优先权，但是列强之间仍然为争夺在华利益而矛盾不断。日本、法国和比利时分别和北京政府单独接触，进行贷款谈判。而美国在退出银行团后，于 1913 年 6 月向北京政府借出 20 万美元。形势发展至此，五国银行团遂于 1913 年 9 月在巴黎召开国际财团会议，决定"实业借款"不必经银行团联合投资，分别由各国财团"自由竞争"。②与此同时，由于袁世凯出卖中国主权举借大笔外债遭到全国人民的强烈反对，于是

① 参见刘秉麟：《近代中国外债史稿》，生活·读书·新知三联书店 1962 年版，第 125—156 页。
② 参见陈争平：《外债史话》，社会科学文献出版社 2000 年版，第 72 页。

北洋政府改以创办实业旗号借款。

这期间中国的实业借款主要是铁路借款。1912 年 7 月，因资金不足，袁世凯向日本东亚兴业株式会社筹借 500 万元，用于南浔铁路继续施工。同月因津浦路北段急需临时垫款向德国德华银行筹借 4 万英镑。9 月，交通部和比利时电车铁路公司签订因赎回汴洛铁路和修筑陇秦豫海铁路借款合同，借款 2.5 亿法郎（合 400 万英镑），年息 5 厘，40 年为限，条件是比利时方面取得陇秦豫海铁路的筑路权和行车管理权等。1913 年 7 月，袁世凯为镇压二次革命急需军费，与法比两国银行团，签订（大）同成（都）铁路借款合同，借款 1000 万英镑，年息 5 厘，中国政府将大同到成都的铁路修筑权让与法比财团。事实上，袁世凯政府在取得这笔借款后，大部分作为军费花掉。1914 年北京政府与中法实业银行订立自广州到钦州经广西南宁、百色至昆明再到重庆的钦渝铁路借款合同，借款 6 亿法郎，年息 5 厘，50 年为限。1913 年以修建浦口到信阳段铁路为名，向英国借款 300 万英镑。1914 年以修筑南京至长沙的宁湘铁路为名，向英国借款 800 万英镑。

北京政府还以兴建工矿为名举借外债，主要向日本、英国和法国借款。1912 年长江流域最大的钢铁冶炼企业汉冶萍公司与日本横滨正金银行签订了《汉冶萍预借矿砂价值合同》，借款 300 万日元，汉冶萍公司以大冶矿山、公司产业和所产矿石为抵押。1913 年汉冶萍公司资金紧张，面临破产，向日方借款 1500 万日元，而日方借此机会控制了该公司。1913 年北洋政府与法国签订中法实业借款合同，借款 1 亿法郎，大部分被用作军费和行政费。1916 年与日本签订 500 万元兴亚公司实业借款合同，名义是经营水口山矿业资金，实际也被用作行政费；其余还有广东士敏土厂借款合同，向日本借款 300 万日元。1917 年和美国签订大陆商业托拉斯银行借款合同，借款 600 万美元；与美国广益公司签订整理运河七厘金币借款合同，借款 600 万美元。1918 年与日本签订陕西实业借款合同，借款 300 万日元。1919 年和 1920 年与英国签订的两次飞机借款合同，借款 280 万英镑。

1912—1916 年，北京政府在袁世凯统治时期，实业性借款为 20 笔。在这 20 笔中，有 2 笔借款明显是用于军政开支，甚至被挪用作复辟帝制的活动经费，真正的实业性外债 18 笔，共计 1.3 亿余银两。[1] 其中，铁路借款 11 笔，电信借款 2 笔，矿务借款 2 笔，其他实业借款 3 笔。[2] 这些实业贷款成为列强攫取在华利益，获得路权和矿权的手段。譬如，汉冶萍公司滥借日债，使得公司的生产经营方针受到日

---

① 参见徐义生：《中国近代外债史统计资料》，中华书局 1953 年版，第 114—128 页。
② 参见许毅：《从百年屈辱到民族复兴》，经济科学出版社 2003 年版，第 372 页。

本人的干涉，而且公司销往日本的生铁和矿石价格被人为压低，极大地损害了公司的经济利益。日本八幡制铁所利润率 1913 年时为 11.4%，到 1918 年已递增为112.6%，增幅如此之大，其中有很大一部分是来自汉冶萍公司低价提供的矿石和生铁的转化。[1] 1912—1927 年，中国新增铁路 4264 公里，除少数铁路由股东集款或交通部拨款外，都是借外债修筑的。除了铁路之外，中国当时的电讯业、航运业、金融业和大型棉纺织业的兴建投产，有不少都是通过举借外债实现的。[2]

4. 借新债还旧债

北京政府统治时期是我国近代史上借债次数最多、最滥的时期。北京政府统治的 16 年共举借各种外债 633 笔，平均每年 37 笔，债务总额达到 15.55 亿银元，远高于清代的 208 笔外债和南京国民政府的 108 笔外债。[3]

整个北京政府时期，严格意义上的借新债还旧债共有 78 笔，债务总额累积达到 4.31 亿银元，占北洋政府债务总额的 27.7%，也就是说，每借 3.7 元，就有 1元还不起，需要靠借新债来还旧债，这里还不包括拖欠和展期的外债。1912—1928 年，北京政府借新还旧的规模还不大，除 1913 年因善后大借款扣除了大量前清债务，1915 年因债款量较小，1916 年奥国债务展期到期，借新债还旧债的比例分别为 24.37%、32.55%、32.3%外，一般都在 17%以下。但是在 1921 年以后，情况发生变化，北洋政府所借的外债纷纷到期，借新债还旧债成为家常便饭，最高的 1922 年借新债还旧债比例达到 84.48%。北京政府不仅不能还本，就是付息都困难。所以，只有依靠借债还息。所以借新债还旧息，占全部借新债的 25.64%。[4]这种借新还旧，对国内的生产经济发展，毫无助益可言，只是使政府在债务泥沼中不断深陷，明知是饮鸩止渴，却不得不为之，最终陷入恶性循环，"仰给外债以度岁月"。

表 13-6　北洋政府时期外债情况表

	借款总额	军政借款	实业借款	教育借款	借新债还旧债
金额（亿银元）	15.55	6.70	4.49	0.05	4.31
占比（%）	100.0	43.1	28.9	0.3	27.7

资料来源：根据《民国外债档案史料》整理而成，转引自许毅：《北洋政府外债与封建复辟》，经济科学出版社 2000 年版，第 338 页。

---

[1] 参见陈争平：《外债史话》，社会科学文献出版社 2000 年版，第 111 页。
[2] 参见许毅：《从百年屈辱到民族复兴》，经济科学出版社 2003 年版，第 15 页。
[3] 参见许毅：《北洋政府外债与封建复辟》，经济科学出版社 2000 年版，第 337 页。
[4] 参见隆武华：《北洋政府外债的借新还旧及其经验教训》，《中国社会经济史研究》1997 年第 3 期。

第四节　社会阶级结构

一、资产阶级

1. 新兴资产阶级

民国初期，随着工商业兴起和繁荣，国内资产阶级的数量持续增加，力量不断壮大。例如，1911 年全国加入商会的资产阶级有 52630 人，据估计当年全国资产阶级人数达到 10 万人左右。1912 年，全国加入商会的会员有 20 余万人，加上非商会人数，资产阶级人数应高于 20 万。1918 年，全国加入商会的会员有 27 万人，加上未加入商会人数，资产阶级人数高于此人数。[①]

北京政府时期，中国资产阶级的主要诉求包括经济和政治两个方面。在经济上主要是追求经济自由，寻求企业的平等机会和公平竞争，获得更多的资产和收益；在政治上，要建立一种自由、平等、民主的新秩序，追求国家的独立和国家主权，进行立法改革和制度的改革，建立资本主义制度。资产阶级为了表达和实现自己的诉求，采取了各种不同的方式，包括建立各种组织机构、经营或创办报纸和杂志、参与政治或寻求参与政治、进行资产阶级革命和参与社会运动。资产阶级在其经营的各主要行业建立了同业公会或者行业协会。例如，银行业建立了上海银行公会、汉口银行公会、苏州银行公会、杭州银行公会、北京银行公会、天津银行公会、哈尔滨银行公会等各地的银行公会以及全国银行总会；纺织业建立了中国华商纱厂联合会及各地分会等。上海、天津等各地的商会、全国商会、商会公团联合会等也是资产阶级争取权利的重要组织机构。资产阶级以经营或者创办报纸作为其进行舆论影响的重要方式。1912 年张謇等五人买下《申报》、胡适等人创办了《努力周报》等，用以发表其政治观点、诉说阶级诉求、进行舆论影响。部分资产阶级上层，能够直接参与政治并在政府中担任要职。例如，周学熙在 1912—1913 年和 1915—1916 年两度担任财政总长，张謇在 1912 年担任农商总长兼全国水利总长，在 1914 年担任全国水利局总裁，张弼士担任过袁世凯总统府顾问，任立法会议员、参政院参政，荣德生担任过北洋政府的国会议员等。但总体来看，参与政治的资产阶级数量少，少量参与政治并拥有一定权力的资产阶级是为当权政府服务的，并没有掌握

---

① 参见虞和平：《中国近代资产阶级的产生和形成》，中华工商联合出版社 2015 年版，第 261 — 263 页。

核心权力，无法实现资产阶级的政治诉求。

2. 官僚资本集团

北京政府时期，掌握政权的是官僚资本集团。这个集团在清政府时期就已经形成良好基础，此间则通过政治和经济特权进一步获得资本积累和发展，形成了多个大的官僚资本集团。例如梁士诒、曹汝霖为首的新旧交通系官僚资本集团，张作霖父子为首的奉系军阀官僚资本集团，冯国璋、曹锟为首的直系军阀官僚资本集团，段祺瑞为首的皖系军阀官僚资本集团等。

交通系是典型的官僚资本集团。交通系的形成可以追溯至清末新政时期。1901—1905 年袁世凯开始逐步控制铁路事业，并任用唐绍仪、梁士诒、叶恭绰等人协助其垄断铁路、电政。1906 年清政府成立邮传部，1907 年清政府成立提掉处，后改为铁路总局，梁士诒先后任提调和局长。清政府被推翻后，交通系在北京政府时期继续发展壮大，成为最大的官僚资本集团。作为资本集团，交通系经营和控制的产业包括金融业、交通业、矿业、工业等。交通系官僚资本集团通过对这些产业的经营和不断的投资使得资本规模不断扩大。

交通系官僚资本集团经营和控制的银行，主要包括交通银行、中国银行、中华汇业银行、新华储蓄银行、中华银公司。交通银行是 1907 年由梁士诒奏请设立的，属于官商合办，大量商股为官僚资本所掌控。在北京政府时期，交通银行以轮、路、电、邮"四政"存款业务为专权，财政部亦委托其分理国库租税出纳，并且为北京政府筹措公债作出了重要贡献。中国银行不直接属于交通系官僚资本集团，但交通系成员吴鼎昌、梁士诒等在任财政总长期间，对中国银行人事实施控制。新华储蓄银行于 1915 年由交通银行拨款 5 万元筹办设立，定资本额 100 万元，是为北洋政府发债设立，资本规模相对较小，是交通系官僚资本集团直接控制的银行之一。此外，交通系还控制了中日合办的中华汇业银行。1919 年，梁士诒提议组织中华银行团，广泛发动在京银行家筹办中华银公司，主要的营业内容是承募国家公债、地方债券和公司债券。

交通系官僚资本集团还在矿业、工业、交通业等产业进行大规模投资。交通系官僚资本集团在矿业方面的投资主要是投资煤炭产业，而投资煤炭的直接目的是为了给火车提供动力煤。1919 年梁士诒投资 200 万元创办同宝煤矿公司。1921 年交通部投资 200 万元，募集商股 300 万元成立北票煤矿公司，交通部徐世昌等担任官股董事，叶恭绰担任董事长。1917 年曹汝霖任六河沟煤矿主任董事，曹汝霖、陆宗舆为主要股东。徐世昌、朱启玲以私人名义投资了山东中兴煤矿。1918 年成立龙关铁矿公司，陆宗舆担任督办，属于交通系官僚资本集团对铁矿业的投资。交通系不仅以政治的形式控制了全国半数以上的铁路公司，还以官僚私人资本的形式投资交通行业。1917 年梁士诒联合赵庆华等在天津创办五大公司，资本额 50 万元，用于经营商品出口和航运业务。1919 年梁士诒、曹汝霖、任凤苞等筹资 120 万元创办戊通航运公司，经营黑龙江和松花江流域的航运，兼营渔业，成为 20 世纪初东北最大的股份制航运公司。

交通系官僚资本集团与北京政府关系紧密，多次为北京政府完成借款。1912—1916 年北京政府发行的 7000 余万元公债多为交通系协助发行。1914 年成立的内国公债局主要是梁士诒等交通系人员在管理。1912—1926 年，经由交通系筹借的外债共 65 笔，共筹借 200 万两白银，460 万余银元，1792 万余英镑，2.18 亿余日元，1.82 亿余法郎，4515 万佛朗，5000 万弗鲁令，546 万余美元，100 万卢布，前期借款的主要国家是欧美等国，后期借款的主要国家为日本。[1] 著名的西原借款也基本上由交通系筹办。

在北京政府后期尤其是 1924 年以后，交通系开始在政治上失势，交通系官僚资本集团也开始有衰落趋势。南京国民政府成立以后，原来由交通系控制的交通银行、中国银行被四大家族兼并，交通系官僚资本集团的其他资产也被四大家族逐渐兼并，交通系官僚资本集团力量大不如从前。

3. 民营资本集团

民国北京政府期间，受到国内良好的实业、经济政策和有利的国际环境的影响，民族资本意识觉醒，民族资本主义迅速发展，进入民族资本主义发展的"黄金时期"。在这一时期，全国范围内出现多个大型的民营资本集团，如江浙财团、华北财团、华南财团等。

（1）江浙财团

江浙财团从根源上可以追溯至 1902 年上海总商会成立，在北京政府统治时期兴起并不断发展壮大。江浙财团是民国时期资本最雄厚、金融机构最多的民营资本集团，以上海为中心，辐射江浙地区，主要是江浙籍资本，其中宁波帮为核心，代表性的资本集团有荣氏家族集团、张謇企业集团、刘鸿生企业集团、孙氏企业集团、三北航运集团等，代表人物有荣宗敬、荣德生、张謇、刘鸿生、孙多森、虞洽卿等。

金融资本是江浙财团的主要组成部分。钱业公会、银行业公会和上海保险公会是江浙财团金融资本的主要组织形式。1917 年，上海钱业公会成立。1926 年，为钱业公会会员的上海钱庄共 87 家，资本总额 1875.7 万银元[2]。1918 年，上海银行业同业公会成立。1925 年共有 22 家国内银行和 20 家国外银行加入银行业公会，其中 22 家国内银行中 14 家为江浙财团直接支配。[3] 江浙财团的控制的主要银行有

① 参见贾熟村：《北洋军阀时期的交通系》，河南人民出版社 1993 年版，第 177—181 页。

② 参见中国人民银行上海市分行编：《上海钱庄史料》，上海人民出版社 1960 年版，第 190—191 页。

③ 参见徐寄庼编：《最近上海金融史》上册，上海书店 1930 年版，第 6—10 页。

中国银行上海分行、上海商业银行储蓄银行、中国通商银行、浙江实业银行等。1917年，上海华商水火险公会成立，1928年更名为上海保险公会，有20家保险公司入会，主席为宁波帮商人傅其林。除了发展金融业，江浙财团的资本大量投资于工商业和航运产业等。北京政府时期，江浙财团的政治参与度不高，对政治的影响不大。但北京政府的倒台和南京国民政府的建立离不开江浙财团对南京国民政府的财政支持。

（2）华北财团

华北财团也叫"北方财团"或"北洋财团"，以北京、天津为投资中心，活动范围覆盖北方的大部分省份，是北方民营资本集团的重要代表。相比江浙财团，华北财团资本规模较小，官僚色彩较为浓厚，财团的核心人物大部分为北洋官僚人物，资本大多为官僚以及其亲属的私人资本。其起源可追溯至清末新政时期官僚的私人资本进行实业投资形成的资本集团，如周学熙资本集团。从清末至北京政府时期，华北财团在不断发展，作为其组成部分的资本集团也越来越多，其中规模较大、比较有代表性的有周学熙资本集团、曹氏家族资本集团、张作霖家族资本集团，代表人物包括周学熙、张作霖、曹锟、段祺瑞、刘子山等。

北京政府时期，华北财团以北京和天津为中心，资本涉及的范围遍布北方各地，包括北京、天津、河北、山东、河南、东北等北方地区。华北财团资本的主要代表形式为金融业，并对房地产、矿业、工业、商业等产业进行广泛的投资。华北财团的金融业主要包括银行和银号，并实控"北四行"。华北财团在东北、河北、天津等地大量购买土地，成为大地主，在城市购买房屋作为私用或者出租。北京政府时期，华北财团的资本大量向实业投资，包括纺织、面粉、火柴、化工等轻工业，以及建筑、砖瓦制造、矿业等重工业均有所涉及，其中以纺织工业投资最多。奉天纺纱厂、华新纺织公司、裕元纱厂、天津恒源纱厂、北洋纱厂是当时规模较大的纺织工厂。华北财团在化工行业主要是对久大精盐公司和永利制碱公司的投资，在造纸印刷行业投入资本的代表为华兴造纸公司、光华美术印刷公司等，在电力行业投资了华北唐山电力厂、芦台企业电灯公司等电力企业。

（3）华南财团

华南财团以广州、香港为中心，集中在华南、南洋地区，从事广泛的经济活动。华南财团的规模和实力与江浙财团和华北财团相比略逊一筹，相对而言，其资本活动的海外性较强，与帝国主义资本联系相对密切，与政府和官僚的关系较远，商业性强。华南财团兴起于民国北京政府时期，最早可追溯至1881年创立的香港中华汇理银行，1912年广东银行成立是华南地区华资银行兴起的开端。内部比较有代表性的资本集团包括新新商业资本集团、先施商业资本集团、永安商业资本集团、大新商业资本集团等。华南财团的主要代表人物多为侨商，如李煜堂、马应彪、简东浦、郭乐、蔡兴、陆蓬山、林秉祥等。

香港、广东、福建这些华南地区的经济发展的商业性强，从事商业活动多意味着金融业的发达。民国北京政府时期，华南财团的金融业以现代银行为主，另有一些保险公司。华南财团的现代银行多为华侨创办，大型银行包括广东银行、东亚银行、和丰银行、中兴银行等。华南财团的保险行业的业务包括水火险、寿险等，其中以中国康年人寿保险公司、香安保险有限公司、永安水火保险公司、冠球联保公司、广东人寿等几家保险公司较为著名。在实业资本方面，华南财团主要投资方向是百货、纺织、烟草等。先施百货公司、永安百货公司、上海新新百货公司、大新百货公司是华南财团投资经营的四家百货公司，被称为"中国四大百货公司"。上海永安纺织公司、汉口穗丰纺织公司、华洋织造厂等是华南财团投资的一些著名的纺织企业。南洋兄弟烟草公司是华南财团投资的最大的烟草公司，在全国都享有盛名。华南财团一直保持商办性质，与官员和政府的关系浅，受到国内政治风波的影响小。

二、工人阶级

1. 产业工人

在北京政府时期，工人阶级随着近现代工业发展而壮大，工人的数量逐渐增加，工人在各个行业内分布广泛，在全国范围内广泛存在。同时，产业工人在各工业行业分布并不平均，工厂工人主要集中分布在织染等轻工业行业，矿务行业、交通行业以及建筑行业的工人数量都比较多，其他行业工业相对较少。产业工人在全国各个地区和城市的分布也不均衡，产业工人集中分布在工业发达的东部沿海地区和交通便利的工业城市。

民国北京政府时期，尤其是初期，工人的数量随着工业的发展不断扩大。1913年，据估计，包括工厂工人和非工厂工人在内全国产业工人共有1176400人。其中，织染、食品、化工等工业行业的工厂工人630890人，织染工业工人249304人，食品工业工人181732人，化学工业工人94745人，其他轻工业工人64352人，机械器具工业工人36697人，金属冶金工业工人3648人，电气自来水工业工人392人；非工厂工人包括矿业工人、铁路工人、邮电工人和海员，矿业是工人人数最多的工业行业，共407192人，铁路工人57318人，邮电工人11000人，海员7000人。[1] 第一次世界大战期间，全国工业繁荣，产业工人数迅速增加。1919年，包括工厂工人和非工厂工人在内全国产业工人共约有261万人，其中中外工厂工人共约83.5万人，非工厂工人中矿业工人共约70万人，是工人人数最多的行业，建筑工

---

[1] 参见刘明逵：《中国工人阶级历史状况》，中共中央党校出版社1985年版，第89页。

人共约 40 万人，搬运工人共约 30 万人，铁路工人 16.5 万人，海员 15 万人，邮电工人 3 万人，汽车、电车工人 3 万人。[1] 第一次世界大战之后，外国资本又开始大量在中国设厂，工人数量进一步增加。据估计，1927 年的中国工人人数达 275 万人，其中矿务工人 54 万人，纱厂和丝厂工人共 44 万人，运输工人 30 万人，市政和盐业工人各 25 万人，海员 16 万人，铁路工人 12 万人，电气工人 8 万人，粮食工人 6 万人，印刷和五金工人各 5 万人，烟草工人 4 万人，其他制造业工人 12 万人。[2]

产业工人在各地的分布并不均衡。从全国来看，工人分布的地域主要集中在沿海地区和东部地区，西部地区尤其是西北地区工人较少。上海及江浙地区是中国工人最多的地区，集中了大量的轻工业工人和交通运输业工人。广东及香港地区主要经营缫丝工业，香港是英国在远东的贸易中心，这一地区的工人以轻工业工人和海员等贸易工人居多。两湖地区以煤矿、钢厂等重工业工人为主，另外有一些纺织、食品等轻工业工厂，包括矿业工人、冶炼工人、纺织工人、码头工人和搬运工人等行业在内工人约有 10 万人。山东地区、直隶地区和东北地区的工人人数也较多，但是无法与上海等地区相比。在四川、云南、江西、河南、山西、陕西、甘肃等地均有一定量的工人存在。从城市来看，工人主要分布在沿海或者水陆交通沿线的城市，例如上海、武汉、天津、香港、广州等城市。据估计，1920 年上海共有工人约 30 万人，占当时上海城市人口的 20%[3]，1924 年上海纱厂工人约有 11 万人，占全国纱厂工人的 56.1%，1924 年至 1928 年，上海纱厂工人均占到全国纱厂工人的 50%[4]。

虽然产业工人在全国人口中的占比仍然很小，但随着中国近代工业的不断发展，中国的产业工人逐渐发展壮大起来并作为工人阶级广泛活跃于社会各界。在工业发达的大城市，产业工人在城市人口中的比重较高，工人阶级是工业发达大城市中的一股重要力量。

2. 生活状况

民国初期，工人的劳动时间长，每天的劳动时间普遍在 10—12 小时，有些工人的劳动时间最长可以达到 20 小时。染织工厂工人劳动时间尤其长，1925 年上海等地工厂工人中，纺织工工作时间在 11—18 小时之间，印刷工、电器工、面粉工等工作时间在 10—12 小时之间，1926 年北京农商部调查天津染织工厂工人工作时间大多为 12 小时，有些工厂达 14 小时，北京染织工厂工人工作时间在 9—14 小时

---

① 参见刘明逵：《中国工人阶级历史状况》，中共中央党校出版社 1985 年版，第 122 页。
② 参见李达：《中国产业革命概观》，上海昆仑书店 1929 年版，第 207—209 页。
③ 参见刘明逵：《中国工人阶级历史状况》，中共中央党校出版社 1985 年版，第 201、204 页。
④ 参见方显廷：《中国之棉纺织业》，商务印书馆 2011 年版，第 141 页。

之间。① 机械工业工人的工作时间在 8.5—14.5 小时，大多数为 10—12 小时，天津机械工厂工人大多工作时间为 12 小时，北京机械工厂工人大多工作 10 或 11 小时。② 化学工厂工人工作时间为 8—14 小时，大多在 10 或 12 小时，天津地区的化学工厂劳动时间大多为 10 小时，最长 14 小时。食品工厂工人的工作时间在 9—12 小时之间，全国大多数食品工厂工人的工作时间在 10 小时左右。③ 矿业工人的工作时间为每天 12 小时，有的矿场因出入不便，甚至每天工作 24 小时。④ 铁路工人的劳动时间基本在 8—10 个小时，最长为 12 小时。根据调查，1925 年，京奉路铁路职工有 41.06% 的职工工作时间为 10 小时⑤，京奉路唐山车场工人劳动时间在 7—10 小时，除匠目外其他工种均工作 10 小时⑥，京汉路职工大多数的工作时间为 10—12 小时⑦。

工人的劳动条件差，大多数工人都没有劳动安全保障。工厂工人的劳动条件恶劣，工人在拥挤狭窄的厂房中工作，没有座椅等必要的工作设备，厂房通风差，空气质量差，没有相应的卫生设备。矿业工人的劳动条件更加恶劣，矿业工人在矿坑里劳动，空气流通差，空气是煤气、水汽、硫黄气等的混合，温度高，不见阳光，照明设备落后，环境昏暗，工作地方狭窄，并且缺乏水，有的矿场不管饭食，需矿工自备，有些矿场虽管饭，但仅有主食，没有菜。工人在恶劣的条件中工作，劳动安全得不到保障，在工作时导致工伤非常常见，有些机器工厂或者煤矿工业中因安全保障不到位等原因导致工人死亡的事情也时有发生。

工人的收入普遍不高。相同工种的工人，南方的工资普遍高于北方，沿海工人工资普遍高于内地工人工资。不同工业行业中，金属工人工资最高，矿业工人工资居中，纺织和缫丝工人工资最低。同企业内，技术工人工资高于非技术工人，熟练工人工资高于非熟练工人。女工工资普遍低于男工，童工工资低于成年工人工资。民国初期，工人每日普遍的工资为两三角，最低的不足一角。与当时世界各国的工资水平相比更加能反映当时中国工人工资低下。工人的名义工资水平低下，但是物价水平上升的速度却高于工人名义工资上升的速度，即工人实际

---

① 参见《保工汇刊》，第 138—139 页。转引自刘明逵：《中国工人阶级历史状况》，中共中央党校出版社 1985 年版，第 242—245 页。

② 参见《保工汇刊》，第 146—147 页。转引自刘明逵：《中国工人阶级历史状况》，中共中央党校出版社 1985 年版，第 248—249 页。

③ 参见刘明逵：《中国工人阶级历史状况》，中共中央党校出版社 1985 年版，第 250—252 页。

④ 参见刘明逵：《中国工人阶级历史状况》，中共中央党校出版社 1985 年版，第 259—261 页。

⑤ 参见《铁路职工教育委员会会报》第 3 期，第 9 页。转引自刘明逵：《中国工人阶级历史状况》，中共中央党校出版社 1985 年版，第 264 页。

⑥ 参见《唐山劳动状况》（一），《新青年》7 卷 6 号，1920 年 5 月 1 日。转引自刘明逵：《中国工人阶级历史状况》，中共中央党校出版社 1985 年版，第 265 页。

⑦ 参见《铁路职工教育委员会会报》4 卷 14 期。转引自刘明逵：《中国工人阶级历史状况》，中共中央党校出版社 1985 年版，第 265 页。

工资水平还在下降。

3. 工人运动

辛亥革命之后，随着工人阶级队伍的壮大和工人阶级意识的觉醒，全国各地爆发多次工人运动。可以以 1919 年为时间节点将北京政府时期的工人运动分为两个时期。1919 年之前的工人运动属于自发工人运动时期。1919 年，五四运动爆发，工人阶级开始以独立的姿态登上历史舞台，工人运动开始进入自觉斗争阶段。受到辛亥革命的影响，辛亥革命之后全国经济罢工次数增加，出现了同盟罢工。据不完全统计，1905—1911 年全国发生罢工 55 次，平均每年 8 次，1912—1913 年两年全国罢工达 24 次，平均每年 12 次，1914 年至 1919 年 5 月，全国共发生罢工 108 次，平均每年 18 次，其中 1916 年罢工 17 次，1917 年罢工 21 次，1918 年罢工 30 次，罢工次数逐年增加。[①]

五四运动时期的"六三"运动是工人运动的新起点。"六三"运动时，工人进行大规模的罢工等工人运动，上海约有 6 万名工人参与罢工[②]，随后全国 22 个省 150 多个城市的工人响应进行罢工[③]。自此，工人阶级开始作为一支独立的政治力量登上历史舞台。此后工人运动发生的次数和参与的人数都变得更多。据不完全统计，1919 年全国共发生罢工 66 次，26 次记载人数的罢工中记录到参与人数为 91000 余人，1920 年全国共发生罢工 46 次，19 次记载人数的罢工中记录到参与人数 461000 余人。[④] 1922 年 1 月至 1923 年 2 月，出现了中国第一个罢工潮，13 个月共罢工 100 多次，参与工人达 30 万余人。[⑤] 1925 年五卅惨案引发的工人大罢工，上海罢工人数达 20 万以上，全国罢工人数达 50 万以上。[⑥]

三、地主与农民

1. 土地占有状况

辛亥革命之后，土地占有形式发生一些变化。就农村的土地而言，土地占有形式的变化主要表现在以下三个方面：（1）官田、公田逐渐变为私有土地，主要为地主占有。从 1917 年到 1919 年，黑龙江和吉林两省的官田由 43% 降为 27.9%，公田由 7% 增为 8.6%，私有田由 50% 增加到 63.5%。[⑦] 四川有约三分之一的官田进入

---

① 参见王建初、孙茂生：《中国工人运动史》，辽宁人民出版社 1987 年版，第 36—38 页。
② 参见王建初、孙茂生：《中国工人运动史》，辽宁人民出版社 1987 年版，第 47 页。
③ 参见荀方杰：《中国工人运动简史》，山东大学出版社 1988 年版，第 23 页。
④ 参见刘立凯：《1919—1927 年的中国工人运动》，工人出版社 1957 年版，第 15 页。
⑤ 参见洪安琪、何布峰：《中国工人运动简史》，陕西人民教育出版社 1987 年版，第 42 页。
⑥ 参见刘立凯：《1919—1927 年的中国工人运动》，工人出版社 1957 年版，第 35—36 页。
⑦ 参见瞿明宇：《日本移民急进中的东北农民问题》，《东方杂志》32 卷 19 号，1935 年 10 月，第 67 页。转引自章有义：《中国近代农业史资料》第二辑（1912—1927），生活·读书·新知三联书店 1957 年版，第 75 页。

自由市场买卖，变为私人所有的田地，江苏各县的大多数军田被地主和豪绅通过各种手段归为私有。（2）土地赎回制没落。土地赎回制原是中国传统土地市场的一种习惯，在土地卖出后原所有者有权利以原价或者一定的价格将其赎回。随着土地买卖更加频繁，买卖自由化程度更高，土地价格存在波动，出现诸多新土地所有者不愿意将土地赎给原所有者的情况。这就加剧了农民失地和土地集中现象。（3）永佃制崩溃瓦解。数百年来形成的永佃制并无法律保障。随着土地市场的变化，地主不再只拥有收租的权利，也拥有耕种、退租的权利，法律对地主的这种权利予以确认，原来的永佃制度不复存在。1915 年大理院判决书显示，"佃权人屡经催告，仍怠于支付佃租者，地主得令其退租"[1]。

民国初期，农村中地主人数或户数是最少的，但占有的土地最多。农村的大部分土地被地主占有，富农占有一部分土地，中农、贫农、佃农、雇农、游民占有土地数量少，有的阶层甚至不拥有土地。从全国的统计情况和各地的情况都可以看出农村土地占有不均衡的情况。除了数量上的差别，不同阶层占有的土地的质量同样存在差异，地主和富农多占有上等田或者优质的水田，贫农占有的多为中下等田。1927 年，占农民总数 55% 的佃农、雇农和游民不占有任何土地。在占有土地的人中，地主占有的土地数量最多。占全国农村人数 6.3% 的地主占有了全国农村 62% 的耕地，其中，占有 100 亩以上土地的大地主占据了将近一半的农村土地，占据的土地占农村土地的 43%，大地主的人数占农村人数的 2.25%；占有 50—100 亩土地的中小地主占有 19% 的农村土地，中小地主人数占农村人数的 4.05%。占有 30—50 亩土地的富农占据了农村 19% 的土地，富农的人数占农村人数的 8.1%。占有 10—30 亩土地的中农占据了农村 13% 的土地，中农的人数占农村人数的 10.8%。占有 1—10 亩土地的贫农仅占有农村 6% 的土地，贫农的人数占到了农村人数的 19.8%。

表 13-7　中国国民党中央执行委员会农民部土地委员会 1927 年 6 月农村土地占有状况分析

成　　分	占有亩数	人数百分比（%）	土地百分比（%）
佃农、雇农、游民	0	55	0
贫农	1—10	19.8	6
中农	10—30	10.8	13
富农	30—50	8.1	19
中小地主	50—100	4.05	19
大地主	100 以上	2.25	43

资料来源：《中国国民党中央执行委员会农民部土地委员会报告》（1927 年 6 月），转引自郭德宏：《中国近现代农民土地问题研究》，青岛出版社 1993 年版，第 2 页。

---

[1]　《大理院判例要旨汇览》第一卷，大理院 1926 年再版，第 109 页。

2. 地主阶级

辛亥革命之后，中国的大地主人群发生了一些变化，除了原有的地主人群之外，大地主由清朝贵族和官僚后裔、北洋军阀官僚和少量在农村购买土地的城市富商组成。从总体上来看，地主的人数少，在全国农业人口中占比较小，据估计，全国大地主（拥有 500 亩以上）约有 32 万人，约占全部农民总数的千分之一，小地主约有 200 万人以上[①]，少量的地主占据了全国大量的土地。在辛亥革命之后，中国的地主阶级中传统租佃地主和经营地主两类地主的分化更加明显，经营地主的数量明显增加。

传统租佃地主将土地出租给无地或少地的农民，通过向农民收取地租获得收入。传统租佃地主的人数占地主的绝大多数。传统租佃地主的分布范围广泛，在全国各个地区都有分布。租佃地主的一大收入来源为收取的佃农的地租。地主收取的地租的形式包括纳租谷制（包括纳谷和纳金）、分租制和帮工佃田制三种，每种形式地主收取地租的量在下文佃农部分有详细说明，这里主要说明在辛亥革命之后地主收取的地租上涨的趋势。1914 年，广东省海丰县第三区林姓地主每亩收租额为 5—7 石，到 1924 年上涨到 20 石[②]。与 1905 年相比，江苏南通 1914 年钱租上涨为 2.07 倍，分租额上涨为 1.55 倍，1924 年钱租上涨为 3.16 倍，分租额上涨为 2.72 倍。[③] 1912 年辽中县第一、八、九区中地每一天地租额为 20 小洋，1921 年上涨为 30 小洋。[④] 与 1911 年相比，1923 年黑龙江流域各地地主收取的地租出现了 0.2—2 倍左右的上涨[⑤]。地租的上涨意味着地主的财富不断增加，而佃农的负担不断加重。1922 年的调查显示，在直隶、山东、江苏、安徽、浙江各地，有时候地主收的一块地的地租就能赚到该田地。

经营地主自己指挥生产，通过使用雇工（长工和短工）和少量家工耕种自己所拥有的土地，土地上的收获物归地主所有，经营地主自己耕种的面积大，相对劳动生产率比较高。地主选择自己经营土地的最大动力是自己经营土地带来的收益大于出租土地带来的租金。经营地主会选择经营质量上乘的土地，同时，经营地主的财力比较雄厚，可以雇用到更多更好的农工，拥有较多的牛等牲畜作为动力，拥有比普通农民更先进的农具设备，在耕种土地的过程中重视施肥，因而土地的生产率

---

① 参见毛泽东：《中国农民中各阶级的分析及其对于革命的态度》，《中国农民》1926 年第 1 期。

② 参见彭湃：《关于海丰农民运动的一封信》，《向导周报》1924 年 6 月第 70 期。

③ 参见卜凯：《中国农田所有及租佃制度》（英文本），第 9 页。转引自章有义：《中国近代农业史资料》第二辑（1912—1927），生活·读书·新知三联书店 1957 年版，第 329 页。

④ 参见伪满国务院产调资料：《1934—1936 年度农村实态调查报告书：满洲的租佃关系》，1936 年，第 295 页。

⑤ 参见章有义：《中国近代农业史资料》第二辑（1912—1927），生活·读书·新知三联书店 1957 年版，第 332 页。

比较高,可以获得比普通农户更好的收成,经营地主除了种植谷物,还多会选择种植棉花、花生、大豆、姜等经济作物,这些农产品的商品性更强,将这些经济作物放到市场上售卖可获得更多的收益。

传统租佃地主使用土地获取收益的方式是出租,经营地主使用土地获取收入的方式主要为自己耕种。此外,租佃地主和经营地主有一些相同的获得收入方式,诸如放高利贷、经营商业、操纵农村粮食价格等。以高利贷为例。根据 1926 年的估计,在江苏昆山、南通、安徽宿县分别有 66.4%、3.3%、41.2% 的佃户向地主借债。[①] 地主放债的月利息大多为 3%—4%,农民以土地或房屋作为抵押,若农民无法偿还,其抵押物归地主所有。出租牲畜是高利贷的一种,地主将一头牛同时出租给两三家农户可以获得多倍收益。地主依靠向农民放高利贷等手段占有了农民更多的土地和财富。

3. 农民阶级

农民阶级可以分为三大类:自耕农、租佃农、富农。这三种不同类型的农民面临的负担和经营情况各不相同。总的来说,佃农和自耕农的负担较重,富农的土地经营状况相对较好。

租佃农民不占有或者仅占有特别少量的土地,必须向地主付出一定的地租以租用土地来满足自己的需要。租佃农民是民国北京政府时期农民阶级中数量最大的群体,也是最贫困的农民群体。1917 年,全国 4900 户农户中约 2400 户为佃农或者半佃农。1917—1921 年全国大多数地方的佃农比例可以达到半数,福建、浙江、广东的佃农比例均在 60% 以上,直隶、山东、山西、新疆、热河、察哈尔几地佃农比例相对较低,在 30% 上下,1917 年湖南 18 个县的佃农比例高达 80%。[②] 佃农缴纳的地租的形态有三种:(1)纳租谷制,每年缴纳一定量的租谷或者折成相当量的金钱,即纳谷和纳金两种;(2)分租制,地主和佃农按一定比例分配土地收获物;(3)帮工佃田制,佃农将自己的劳动作为地租,给地主提供免费无偿的劳动力。有些地方地主会同时采取两种或者多种地租形态收租。除了按时定量向地主缴纳地租之外,佃农还面临押租、预租和其他附加地租等负担。

自耕农拥有一定量的土地,通过耕种基本可以满足其自身需求。辛亥革命之后,自耕农依然在全国范围内广泛分布。自耕农的数量一直少于佃农,北京政府期间,自耕农出现没落倾向,不断沦为佃农或半佃农。

---

① 参见乔启明:《江苏昆山南通安徽宿县农佃制度之比较以及改良农佃制度之建议》,金陵大学农林科《农林丛刊》第 30 号,1926 年 5 月,第 52—53 页。转引自严中平:《中国近代经济史统计资料选辑》,科学出版社 1955 年版,第 334 页。

② 参见郭德宏:《中国近现代农民土地问题研究》,青岛出版社 1993 年版,第 64—65 页。

表 13-8　昆山、南通和宿县自耕农、半佃农、佃农数量占比变化（1905—1924 年）

年度	昆山			南通			宿县		
	自耕农	半佃农	佃农	自耕农	半佃农	佃农	自耕农	半佃农	佃农
1905	26.0	16.6	57.4	20.2	22.9	56.9	59.5	22.6	17.9
1914	11.7	16.6	71.7	15.8	22.7	61.5	42.5	30.6	26.9
1924	8.3	14.1	77.6	13.0	22.6	64.4	44.0	30.5	25.5

资料来源：乔启明：《江苏昆山南通安徽宿县农佃制度之比较以及改良农佃制度之建议》，金陵大学农林科
　　　　　《农材丛刊》第 30 号，1926 年 5 月，第 9 页。转引自严中平：《中国近代经济史统计资料选辑》，
　　　　　科学出版社 1955 年版，第 276 页。

　　以江苏昆山、南通和安徽宿县三地自耕农、半佃农、佃农在 1905 年至 1924 年
的数量占比变化为例，可以看出自耕农的数量占比不断下降，佃农的数量不断上
升，自耕农的数量减少，沦为佃农或半佃农。除江苏外，全国其他地区也有这种趋
势。在 1921 年至 1926 年，广东省佃农和半佃农数量增加，这意味着有越来越多的
自耕农失去土地，自耕农数量下降。1920 年之前，湖北自耕农占比为 45%，半自
耕农占比为 30%，1921 年后，自耕农占比变为 10%，半自耕农占比变为 20%[①]，
自耕农数量明显下降。自耕农的负担主要为向政府缴纳的田赋，包括正税和附加
税。辛亥革命没有使农民的负担减轻，连年田赋的增加使得自耕农的田赋负担更
重。自耕农承担的正税有少许上升，总体来看变化不大，但自耕农承担的各项附加
税的税额连年增加，且增加数量较多，有时自耕农还需要承担预征的田赋，这进一
步加重了自耕农的负担。

　　与自耕农相比，富农拥有的土地数量相对较多，人数在农民中最少，一些富
农由半佃农或者自耕农转化而来。富农的土地较多、较好，同时拥有一定量的资
金，会选择多种方式经营自己的土地。一般情况下，富农亲自参加劳动，但大多
数富农会雇工耕种土地，刨去雇工工钱，土地所得收入全归富农。有一些富农会
选择将自己多余的土地进行出租以获得地租收入，这可以为他们带来一些租金收
入，这种富农类似小地主。在经营土地的农作物选择上富农与自耕农和佃农有所
不同，有些富农会选择种植果树、棉花、姜、树木、茶树等一些经济作物，或者
饲养牛、羊、马等牲畜来提高自己经营土地的收入。为了获得更多的收入，富农
不仅只经营自己的土地，还会经营一些其他的产业。例如广东的富农会经营商
业、企业、高利贷，有些富农担任"二地主"的角色，即将大块土地从地主手
中租下，再加价转租给无地或少地的农民。作为农民，富农面临着和自耕农一样

　　① 参见监生：《鄂西农民痛苦状况与土匪问题》，《双十月刊》1928 年第 4 期。转引自章有义：《中国
近代农业史资料》第二辑（1912—1927），生活·读书·新知三联书店 1957 年版，第 56 页。

的田赋负担，需要向政府缴纳正税和附加税，除了与自耕农面临一样的田赋负担，有些地方的富农还面临着其他负担，如张宗昌统治下的山东富农需要缴纳"富捐"。

4. 农民运动

虽然辛亥革命推翻了清王朝，但并没有实现"平均地权"，大多数农民都没有拥有可以维持其生存的土地，农民的生存和生活得不到保障，农民问题没有得到解决。北洋政府期间，全国各个地区爆发多次农民运动。

1921 年之前，农民运动有许多是在辛亥革命时全国性的革命浪潮下进行的，与传统的农民起义相似，多为自发的农民起义的性质，规模较小，组织相对松散，诉求的表达不明确，最终都被军阀镇压，以失败告终。1921 年以后，中国共产党领导了农民运动。早期，农民运动在浙江、广东等少数地区兴起，主要骨干为贫雇农和自耕农，组织形式为农民协会、农总会等，但最终都被军阀镇压，以失败告终。国共合作期间，中国共产党领导的许多农民运动都有国民党的参与，农民运动更加有组织性，成立农民武装，组织更多的农民协会，举办农民运动讲习所，培养农民运动干部，与地主豪绅进行斗争，进行减租减息和清债等活动，取得了一些阶段性成果。1927 年 3 月，全国有组织的农民人数达 600 余万人，其中湖南 200 万人，湖北 110 万人，广东 11 万余人，江西 40 余万人，河南 30 余万人，其余各省共 100 余万人[1]，1927 年 6 月武汉农政部统计的农民协会会员有 900 多万人。[2] 农民运动要求解决土地问题的诉求更加明确和强烈，1927 年春天湖南农民着手自行分田。

---

[1] 参见高熙：《中国农民运动纪事（1921—1927）》，求实出版社 1988 年版，第 224 页。
[2] 参见高熙：《中国农民运动纪事（1921—1927）》，求实出版社 1988 年版，第 261 页。

第十四章 "南京十年"

第一节 国民革命

一、建国方略

辛亥革命之后，为了反对帝国主义支持的军阀统治，以孙中山为首的民主革命力量，领导和发动反袁斗争和护法运动，但屡遭失败。为了总结中国长期民主革命的经验和失败的教训，探讨继续前进的道路和方法，寻找救国救民的真理，孙中山经过大量艰苦的探索，最终形成他的《建国方略》。《建国方略》出版于1922年，是《孙文学说》《实业计划》《民权初步》三部书的合集，基本构成孙中山的建国思想。《建国方略》是孙中山为中国国民党制定的指导思想和基本原则，也是孙中山构建的资产阶级共和国蓝图，是他一生为之追求的理想目标。《建国方略》对国民政府的创建和国民党的执政，具有深刻影响。

1. 《孙文学说》：心理建设

《孙文学说》又名《知难行易学说》，于1919年春夏间出版，后编为《建国方略之一：心理建设》。孙中山写作《孙文学说》的背景，他自己的说法是："不图革命初成，党人即起异议，谓予所主张者理想太高，不适中国之用；众口铄金，一时风靡，同志之士亦悉惑焉。是以予为民国总统时之主张，反不若为革命领袖时之有效而见之施行矣。此革命之建设所以无成，而破坏之后国事更因之以日非也。"[①]当时，革命党人大多对革命成功没有信心，认为孙中山的革命理论太过高远，不合实际，难以实现。孙中山认为，这种思想的根源，在于中国传统的"知之非艰，行之惟艰"理论。他认为，这种思想的流弊是：因为"知易"，所以就想先求知而后行，但一遇困难，就不去求知了；因为"行难"，所以不知就固然不去行，而知之又不敢行，则天下事就无可为者了。结果是，既不能求得真理，又不能有所行

---

① 黄彦编：《孙文选集》上册，广东人民出版社2006年版，第2页。

动。因而他认为，当务之急是从认识论的高度搞好革命党的"心理建设"即思想建设问题。

为此，他提出"知难行易"学说，来推进革命党的心理建设。孙中山指出："凡百事情，知了之后才去行，是很容易的。如果不知也要去行，当中必走许多'之'字路，经过很多的错误，是很艰难的。"[①] "知中国事向来之不振者，非坐于不能行也，实坐于不能知也；及其既知之而又不行者，则误于以知为易，以行为难也。倘能证明知非易而行非难也，使中国人无所畏而乐于行，则中国之事大有可为矣。"[②] 这就是孙中山的"知难行易"学说。孙中山认为，民主革命实践应当在明确民主主义革命和科学的道理之后，并在一定理论指导下才能取得成功。在孙中山看来，一旦人们能够毅然打破"知之非艰，行之惟艰"的迷信，进而奋起以行动，推行革命三民主义，革命成功将会易如反掌。所以在他看来，"知"比"行"要重要得多，并且是取得民主革命成功的关键。事实上，就孙中山所处的时代而言，从专制帝制到民主共和的转变，首先是认识上的转变，而最困难的转变也正是这种认识的转变。一旦认识到这种转变的历史必然性，就会树立起革命胜利的信心，才能为之去奋斗，革命才能取得成功。

2. 《实业计划》：物质建设

《实业计划》这部洋洋十万余言的著作，集中体现了孙中山对中国现代化的宏大设想，其中包括把经济建设放到首位，通过对外开放加快中国发展等先进思想，是全面发展中国经济的宏伟纲领。

《实业计划》共包括六大计划。第一计划：开发北部资源，以北方大港为中心，造西北铁路系统；第二计划：开发中部资源，以东方大港为中心，整治长江水道；第三计划：开发南部资源，以南方大港（广州）为中心，造西南铁路系统；第四计划：铁路建设计划，造中央、东南、东北、扩张西北、高原等五大铁路系统；第五计划：生活之物质原件工业；第六计划：矿业。可见建设规划和设想之宏大。正由于这个计划过于庞大，因而在很大程度上带有梦想成分，成为最早的中华民族复兴之梦。

《实业计划》前四大计划主要围绕交通建设展开。他提出：修建 10 万英里的铁路，以五大铁路系统把中国的沿海、内地和边疆连接起来；修建 100 万英里的公路，建成遍布全国的公路网；开凿、整修全国的水道和运河，大力发展内河交通和水力、电力事业；在中国北部、中部及南部沿海各修建一个"如纽约港"那样的世界水平的大海港；其中南方大港可选定在广州，东方大港可选杭州湾或改造上海

---

① 《孙中山全集》第六卷，中华书局 1985 年版，第 73 页。
② 《孙中山全集》第六卷，中华书局 1985 年版，第 198 页。

黄浦江港，北方大港选址在天津塘沽以东滦河口附近。孙中山还提出修建三峡大坝的理想，"当以水闸堰其水，使舟得以逆流而行，而又可资其水力"。第五计划是发展个人及家庭生活所必需之实业，孙中山先生称之为"工业本部者"。他提出要广泛采用各种现代农业技术，实现农业机械化，移民垦荒，建设边疆。在此基础上，发展轻工业，使粮、棉、油、纺织、日用品、印刷、蚕丝、茶等加工制造业，做到在自给有余的基础上外销出口。第六计划是发展矿业计划。他提出全面开采煤、铁、石油、有色金属等矿藏，生产钢铁、石油、机械、水泥等各种"工业之粮"为当世之急。孙中山尤为重视钢铁工业，认为"今日之钢铁世界，欲立国于地球之上，非讲求制造不可"。于是他提出在全国钢铁储量较丰富的海南、四川、云南等省开办工厂，对于已建厂的河北、山西、湖北、辽宁等地钢铁工业加大投资。孙中山认为，"铁路、道路之建筑，运河、水道之修治，商港、市街之建设"是"实业之利器"，而农矿工业则是"其他种种事业之母"。同时，又认为吃饭、穿衣、居住、旅行是人民生活的基本需要。因此，实业建设应把这些行业作为发展重点和主导部门，带动整个经济建设"万端齐发"。

他提出对外开放，利用外资和引进技术，加快经济建设的思想。他说："我无资本，可利用外资，我无人才，可利用外国人才，我无良好办法，可利用外国人办法。"但他坚持民族主义立场，认为利用外资必须以不损害中国主权为前提，"发展之权，操之在我则存，操之在人则亡"。他说："夫以中国之地位，中国之富源，处今日之时会，倘吾国人民能举国一致，欢迎外资，欢迎外才，以发展我之生产事业，则十年之内吾实业之发达必能并驾欧美矣。"[①]

3.《民权初步》：社会建设

《民权初步》原名《会议通则》，包括结会、动议、修正案、动议之顺序、权宜及秩序问题等内容，叙述了政府管理和群众在社会生活中应掌握的民主原则、程序和方法，反映了孙中山倡导民主政治的思想。出版于1917年，后编为《建国方略之三：社会建设》。

孙中山思想的主旨是组织人民，行使民权，复兴民族。《民权初步》序言中，他对民权进行了阐释："民有选举官吏之权，民有罢免官吏之权，民有创制法案之权，民有复决法案之权，此之谓四大民权也。"而《民权初步》的目的，是教育国民如何去行使民权。孙中山在《民权初步》序言中说：

> 盖国民为一国之主，为统治权之所出；而实行其权者，则发端于选举代议士。倘能按部就班，以渐而进，由幼稚而强壮，民权发达，则纯粹之民国可指

① 《孙中山选集》，人民出版社1981年版，第190页。

日而待也。民权何由而发达？则从固结人心、纠合群力始。而欲固结人心、纠合群力，又非从集会不为功。是集会者，实为民权发达之第一步。然中国人受集会之厉禁，数百年于兹，合群之天性殆失，是以集会之原则、集会之条理、集会之习惯、集会之经验，皆阙然无有。以一盘散沙之民众，忽而登彼于民国主人之位，宜乎其手足无措，不知所从，所谓集会则乌合而已。是中国之国民，今日实未能行民权之第一步也。

他说：本书的目的，就是"教吾国人行民权第一步之方法"。

倘此第一步能行，行之能稳，则逐步前进，民权之发达必有登峰造极之一日。语曰："行远自迩，登高自卑。"吾国人既知民权为人类进化之极则，而民国为世界最高尚之国体，而定之以为制度矣，则行第一步之工夫万不可忽略也。苟人人熟习此书，则人心自结，民力自固。如是，以我四万万众优秀文明之民族，而握有世界最良美之土地、最博大之富源，若一心一德，以图富强，吾决十年之后，必能驾欧美而上之也。

二、建国实践

1. 一大宣言

中华民国建立后，袁世凯在北京建立政权，在制宪过程中反复纠结于内阁制与总统制，而最终又回到了帝制。后袁世凯时期的北京政权，一直动荡不止，战乱不息，困难重重。在这一时期，孙中山反复思考革命的方向和路径，最后在共产党的帮助下，决定学习俄国革命的经验，改组国民党，通过振兴国民党进而振兴国家。在这种背景下，以孙中山为代表的国民党在广州建立军政府，一方面改组国民党，另一方面准备北伐。

1924年初，孙中山在广州发表系列演讲，阐释三民主义，为国民党确立三民主义纲领做准备。1924年1月20日至30日，国民党第一次全国代表大会在广州召开。孙中山在开幕词中说："此次国民党改组，有两件事：第一件，改组国民党；第二件，就是用政党的力量去改造国家。"

大会重申三民主义为国民党的纲领：

国民党之主义维何？即孙先生所提倡之三民主义是已。本此主义以立政纲，吾人以为救国之道，舍此末由。国民革命之逐步进行，皆当循此原则。此次毅然改组，于组织及纪律特加之意，即期于使党员各尽所能，努力奋斗，以求主义之贯彻。……对于三民主义为郑重之阐明。盖必了然于此主义之真释，然后对于中国之现状而谋救济之方策，始得有所依据也。

但作为国民党纲领的三民主义已与过去有很大不同。大会对孙中山的三民主义做了新的阐释：第一，民族主义主张"一则中国民族自求解放"，即反对帝国主义，"二则中国境内各民族一律平等"，即废除国内的民族压迫。大会提出反对帝国主义和军阀的革命任务，号召各民族共同努力，争取革命成功，废除民族压迫，组织自由平等统一的国家。第二，民权主义主张"把政权放在人民掌握之中"，实行民主政治；指出国家政权"为一般平民所共有，非少数者得而私也"，表明要发展各革命阶级联合的共和制度。第三，民生主义主张平均地权，节制资本。平均地权就是由国家制定土地法、土地使用法、土地征收法及地价税法，以防止"土地权之为少数人所操纵"；"农民之缺乏田地沦为佃户者，国家当给以土地，资其耕作"。节制资本就是反对私有资本"操纵国计民生"，主张将本国人和外国人在华举办的独占性或规模过大的企业改为国家经营管理。

大会通过了《中国国民党第一次全国代表大会宣言》（以下简称《宣言》），其中的"国民党之政纲"部分，提出了对内对外的基本政策和实行新三民主义的具体方针。

第一，提出反对帝国主义的对外政策：

（一）一切不平等条约，如外人租借地、领事裁判权、外人管理关税权以及外人在中国境内行使一切政治的权力侵害中国主权者，皆当取消，重订双方平等、互尊主权之条约。（二）凡自愿放弃一切特权之国家，及愿废止破坏中国主权之条约者，中国皆将认为最惠国。（三）中国与列强所订其他条约有损中国之利益者，须重新审定，务以不害双方主权为原则。（四）中国所借外债，当在使中国政治上、实业上不受损失之范围内，保证并偿还之。

第二，确定国民党的政治制度目标：

（一）关于中央及地方之权限，采均权主义。凡事务有全国一致之性质者，划归中央；有因地制宜之性质者，划归地方；不偏于中央集权制或地方分权制。（二）各省人民得自定宪法，自举省长；但省宪不得与国宪相抵触。省长一方面为本省自治之监督，一方面受中央指挥，以处理国家行政事务。（三）确定县为自治单位。自治之县其人民有直接选举及罢免官吏之权，有直接创制及复决法律之权。土地之税收，地价之增益，公地之生产，山、林、川、泽之息，矿产、水力之利，皆为地方政府之所有，用以经营地方人民之事业，及应育幼、养老、济贫、救灾、卫生等各种公共之需要。各县之天灾富源及大规模之工商事业，本县资力不能发展兴办者，国家当加以协助。其所获纯利，国家与地方均之。各县对于国家之负担，当以县岁入百分之几为国家之收入，其限度不得少于10%，不得超过于百分之50%。

第三，规定实施三民主义的各项政治制度：

（一）实行普通选举制，废除以资产为标准之阶级选举。（二）厘定各种考试制度，以救选举制度之穷。（三）确定人民有集会、结社、言论、出版、居住、信仰之完全自由权。

第四，确定平均地权和节制资本的具体措施：

由国家规定土地法、土地使用法、土地征收法及地价税法。私人所有土地，由地主估价呈报政府，国家就价征税，并于必要时依报价收买之。企业之有独占的性质者，及为私人之力所不能办者，如铁道、航路等，当由国家经营管理之。

第五，提出有利于工农的政策：

严定田赋地税之法定额，禁止一切额外征收，如厘金等类当一切废绝之；清查户口，整理耕地，调正粮食之产销，以谋民食之均足；改良农村组织，增进农人生活；制定劳工法，改良劳动者之生活状况，保障劳工团体，并扶助其发展。

《宣言》最后申明："以上所举细目，皆吾人所认为党纲之最小限度，目前救济中国之第一步。"可见，这个《宣言》所提出的只是国民党的最低纲领，目的在于解决当下中国最急迫的问题。至于国民党的最高纲领，就是孙中山的三民主义。孙中山多次强调，三民主义就是社会主义。因而，国民党人此时与共产党人的目标是大致一致的。

2. 建国大纲

孙中山提出联俄、联共、扶助农工的"三大政策"，接受了中国共产党提出的"反帝反封建"口号，确立了打倒帝国主义、打倒军阀的民主革命基本纲领和目标，重新解释"三民主义"，从而实现了指导思想的伟大转变。

当时的现实是，辛亥革命后已经过了十几年，民主革命目标迟迟没有实现。孙中山在《制定建国大纲宣言》中说："然至于今日，三民主义之实行犹茫乎未有端绪者，则以破坏之后，初未尝依预定之程序以为建设也。"对此，孙中山进行了深刻反思。他说："辛亥革命以至于今日，所获得者，仅中华民国之名。国家利益方面，既未能使中国进于国际平等地位。国民利益方面，则政治经济牵牵诸端无所进步，而分崩离析之祸，且与日俱深。"民国以来，"国可谓不兴，民可谓不幸"。他认为，中国迫切需要一个适合国情的可行性较强的规划和纲领，以领导革命胜利，建设民国富强，推进中国的近代化历程。为此，孙中山"制定国民政府建国大纲二十五条，以为今后革命之典型"。

《建国大纲》在国民党一大上获得通过，成为国民党的建国指导方针。《建国大纲》共二十五条，其中第一至四条，宣布革命之主义及其内容，第五条以下则为实行方法与步骤。主要内容有：第一，国民政府本革命之三民主义、五权宪法以建设中华民国。第二，建设之首要在民生。政府应训导人民的政治知识能力，以行使其选举权、罢官权、创制权、复决权。第三，抵御国外强权，以恢复中国国际平等和国家独立，扶植国内弱小民族，使之能自决自治。第四，建设之程序分为军政、训政和宪政3个阶段。军政，即为实现国家统一，用武力解决割据混战的状态。训政，即为以一先进政党或集团来训导国民学会当家做主，学会管理国家事务，本质上是"以党代政"。第三阶段的宪政，就是让人民真正当家作主管理国家，政党还权与民，实现真正的民有、民享、民主的国家。《建国大纲》第二十五条规定："国民政府则于选举完毕之后三个月解职，而授政于民选之政府，是为建国之大功告成。"《建国大纲》的中心思想，就是把中国建成资产阶级共和国。1924年4月12日，孙中山亲笔誊写《建国大纲》，并对原件稍加修改，成为后来国民政府的纲领性文件。

国民党《制定建国大纲宣言》：

综括言之，则建国大纲者，以扫除障碍为开始。以完成建设为依归，所谓本末先后，秩然不紊者也。夫革命为非常之破坏，故不可无非常之建设以继之。积十三年痛苦之经验，当知所谓人民权利与人民幸福，当务其实，不当徒袭其名。倘能依建国大纲以行，则军政时期已能肃清反侧。训政时代，已能扶植民治。虽无宪政之名，而人民所得权利与幸福，已非借口宪法而行专政者所可同日而语。且由此以至宪政时期，所历者皆为坦途，无颠蹶之虑；为民国计为国民计，莫善于此。本政府郑重宣布：今后革命势力所及之地，凡承本政府之号令者，即当以实行建国大纲为唯一之职任。

国民党一大的召开标志着第一次国共合作正式形成，改组后的国民党成为工人、农民、城市小资产阶级和民族资产阶级四个阶级的民主革命联盟。这次大会对中国新民主主义革命具有重大意义，成为新的革命高潮的起点。

3. 北伐战争与国共分裂

1926 年 1 月，中国国民党第二次全国代表大会在广州召开，会议提出"对内当打倒一切帝国主义之工具，首为军阀"的口号。5 月 21 日，中国国民党二届二中全会召开，通过北伐战争决议案。1926 年 7 月 6 日，在广州，国民党中央临时全体会议通过《国民革命军北伐宣言》，陈述了进行北伐推翻北洋政府的理由。宣言主要内容：

> 本党从来主张用和平方法，建设统一政府，盖一则中华民国之政府，应由中华人民自起而建设；一则以凋敝之民生，不堪再经内乱之祸。故总理北上之时，即谆谆以开国民会议，解决时局，号召全国。孰知段贼于国民会议，阳诺而阴拒；而帝国主义者复煽动军阀，益肆凶焰。迄于今日，不特本党召集国民会议以谋和平统一之主张未能实现，而且卖国军阀吴佩孚得英帝国主义者之助，死灰复燃，竟欲效袁贼世凯之故智，大举外债，用以摧残国民独立自由之运动。帝国主义者复饵以关税增收之利益，与以金钱军械之接济，直接帮助吴贼压迫中国国民革命；间接即所以谋永久掌握中国关税之权，而使中国经济生命，陷于万劫不复之地。吴贼又见国民革命之势力日益扩张，卖国借款之狡计，势难得逞，乃一面更倾其全力，攻击国民革命根据地，即使匪徒扰乱广东，又纠集党羽侵入湘省。本党至此，忍无可忍，乃不能不出于出师之一途矣。

在北伐战争早期，国共两党共同奋斗，战争形势势如破竹，北洋势力很快土崩瓦解。然而，就在革命即将成功之际，国共两党政见分歧最终导致刀兵相见。事实上，国共分裂是必然的。这是因为，国共合作的基础是孙中山联俄、联共和扶助农工的"三大政策"。但"三大政策"是在共产国际和中国共产党影响之下形成的，事实上并未成为国民党的共识。所以，在 1925 年孙中山去世后，国共两党的统一战线很快出现裂痕并迅速扩大。从根本上说，国共两党的组成成分是不同的，共产党代表的是工农，而国民党代表的是资产阶级。两党的目标也是不一样的，共产党要发动工农革命，而国民党要建立资产阶级政权。在面对北洋军阀反动统治时，两党可以实现统一战线，但是，在北洋军阀面临垮台之时，两党的分裂和敌对就是必然的了。

中国共产党作为无产阶级政党，重要任务就是动员工人阶级并联合农民群众参加革命运动。中国共产党作为以工农为基础的政党，在开展工农运动中，比之国民党具有先天优势。所以工农运动开展得如火如荼，极大地支持了北伐战争，在很多地区反倒成了运动的主体。例如，到 1926 年底，湖南、湖北的工会会员已经发展到 30 余万人，在许多地区，工人还建立了自己的武装纠察队。1927 年 1 月，汉口、九江工人群众举行了声势浩大的反帝示威，先后收回了汉口、九江的英租界。上海工人阶级在中国共产党领导下，先后举行了三次武装起义，为北伐军占领上海作出了巨大的贡献。农民运动更是蓬勃发展。在北伐革命战争期间，农民运动席卷了大半个中国。到 1927 年 6 月，全国已有 201 个县成立了农民协会，人员发展到1000 多万人，对农村的封建势力进行了一次空前的扫荡与冲击。在《湖南农民运动考察报告》中，毛泽东依据自己的观察，断言"农民成就了多年未曾成就的革命事业，农民做了国民革命的重要工作"，这是对农民运动革命性、正义性的总体肯定，彰显了农民在国民革命中的作用。但是国民党的工农运动却未能展开。这是由于，国民党开展工农运动并不是为了工农解放，充其量不过是"扶助农工"而已，而本质上是利用工农作为取得政权的工具。实际上，国民党的目标与工农大众的利益是矛盾的。所以，当上海工人通过武装起义帮助北伐军成功占领上海之后，蒋介石随即发动"四一二"反革命政变，将工人运动镇压下去。共产党领导农民运动，把土豪劣绅戴上高帽游街，毛泽东对此大加赞赏认为"好得很"，而国民党却认为"糟得很"。所以，国民党通过胜利北伐在南京建立新政权后，很快对农民运动进行反攻倒算。国共两党完全分裂。

三、训政体制

1. 训政纲领

1906 年孙中山在亲撰的《中国同盟会革命方略》中，将中国革命与建设划分为"军法之治""约法之治""宪法之治"三个阶段，"俾我国民循序以进，养成自由平等之资格，中华民国之根本胥在乎焉"①。1923 年 1 月 29 日，孙中山于《申报》五十周年纪念专刊上发表《中国革命史》一文，称："从事革命者，于破坏敌人势力之外，不能不兼注意于国民建设能力之养成，此革命方略之所以必要也。余之革命方略，规定革命进行之时期为三：第一为军政时期，第二为训政时期，第三为宪政时期。"② 1924 年国民党一大通过的《建国大纲》明确规定："在军政时期，一切制度悉隶于军政之下。政府一面用兵力扫除国内之障碍；一面宣传主义以开化全国之人心，而促进国家之统一"；"凡一省完全底定之日，则为训政开始之时，

① 《孙中山全集》第一卷，中华书局 1981 年版，第 298 页。
② 《孙中山全集》第七卷，中华书局 1985 年版，第 62 页。

而军政停止之日"。

1928 年国民党完成全国统一，按照《建国大纲》规定，军政时期已经结束，国家将进入训政时期。1928 年 6 月 12 日，国民政府发表了对内对外的宣言，宣告北伐告竣，统一完成，军政时期结束，训政时期开始。同时发布了对内施政方针通电，声称北伐完成后，将立即施行厉行法制、澄清吏治、肃清匪盗、减免苛税、裁减兵额 "五要政"。1928 年 8 月，国民党二届五中全会通过了《政治问题决议案》，决定依照《建国大纲》设立立法、行政、司法、考试和监察五院，实施 "训政"。1928 年 10 月国民党中央第 172 次常会通过胡汉民起草的《中华民国训政纲领》（以下简称《训政纲领》）：

中国国民党实施总理三民主义，依照建国大纲之训政时期，训练国民使用政权，至宪政开始完成全民政治，制定左之纲领：

第一条 中华民国于训政时期开始，由中国国民党代表大会，代表国民大会，领导国民行使政权。

第二条 中国国民党全国代表大会闭会时，以政权付托中国国民党中央执行委员会执行之。

第三条 依照总理建国大纲所定选举、罢免、创制、复决四种政权，应训练国民逐渐行使，以立宪政之基础。

第四条 治权之行政、立法、司法、考试、监察五项，付托于国民政府总揽而执行之，以立宪政时期民选政府之基础。

第五条 指导监督国民政府重大国务之施行，由中国国民党中央执行委员会政治会议行之。

第六条 中华民国国民政府组织法之修正及解释，由中国国民党中央执行委员会政治会议议决行之。

《训政纲领》的核心在于施行 "党治"，即规定在训政时期，"由中国国民党代表大会，代表国民大会，领导国民行使政权"，中国国民党全国代表大会闭会期间，"付托" 国民党中央执行委员会 "执行"；"训练国民逐渐行使" 选举、罢免、创制、复决四种权力；由中国国民党中央执行委员会政治会议 "指导监督国民政府重大国务之施行"。[①]

1928 年 10 月 26 日，国民政府通过《国民政府训政时期施政宣言》。宣言声

---

① 中国第二历史档案馆编：《中华民国史档案资料汇编》第 5 辑第 1 编政治（二），江苏古籍出版社 1994 年版，第 55—57 页。

称，目前军政时期已经结束，训政时期已经开始。训政时期由中国国民党"代行政权，而以治权授之于国民政府"，并由中国国民党"为之制定其组织，设立五院，分负责任"。

1929 年 3 月，国民党第三次全国代表大会召开。这次大会是国民党执政后的第一次全国代表大会，因而是国民党将"党治"原则合法化和确定实施的重要程序。这次大会追认了《训政纲领》，并在决议案中指出：其一，总理遗教认定由国民革命所产生之中华民国人民，在政治的知识与经验之幼稚上，实等于初生之婴儿；中国国民党者，即产生此婴儿之母；既产之矣，则保养之，教育之。其二，总理所定五权宪法之基本原则，其目的在于造成人民行使四种政权，政府行使五种治权之国家。其三，确定孙中山所著三民主义、五权宪法、建国方略、建国大纲及地方自治开始实行法，为训政时期中华民国最高之根本法。总之，这次大会所制定的法令规章，确定的"以党治国"的基本政策，成为以后国民党一系列政治制度的开端。

2. 《训政时期约法》

1931 年 5 月 5 日到 6 月 17 日，国民会议在南京正式召开。这次会议通过了五项议案，但中心议案是通过《中华民国训政时期约法》（以下简称《约法》）。这部《约法》是 1928 年 10 月公布的《训政纲领》的具体化和法律化，是国民政府的第一部宪法性文件。《约法》最核心的内容，就是确定"以党治国"体制和"以党代政"原则。《约法》第三十条规定：训政时期由中国国民党全国代表大会代表国民大会行使中央统治权。中国国民党全国代表大会闭会时，其职权由中国国民党中央执行委员会行使之。《约法》第八十五条规定：本约法之解释权，由中国国民党中央执行委员会行使之。

从《约法》可见，政府由党直接组织，中央所有政府机构领导官员皆由国民党中央执行委员会选任；法律的制定、修正和解释权，一切立法原则的决定权，均由党的机构执掌，党的决议具有法律效力；国家行政决策权亦属党的机构，中央政府本身无权决定重大问题，一切听命于党的机构，政府实为一党专政的一介工具而已。

《约法》自1931 年 6 月公布实施至 1947 年 1 月《中华民国宪法》公布时为止，共 16 年，是中华民国史上使用时间最长的国家根本法。它以根本大法的形式把国民党训政的各项制度及措施确定下来，从法律上确立了国民党训政时期的政治制度，标志着国民党训政体制的正式形成。但另一方面，《约法》也开宗明义声称："国民政府本革命之三民主义五权宪法以建设中华民国，既由军政时期入于训政时期，允宜公布约法共同遵守，以期促成宪政，授政于民选之政府。"说明国民党在理论上承认宪政是自己的政治目标，训政是为达到宪政的一种过渡政治。这就是抗战期间以及抗战胜利后，中国宪政运动的依据，也是 1947 年国民大会和实行宪政的依据。

3. 民生政策

国民政府的经济方略基本上源于孙中山的民生主义。民生主义的核心，即"平均地权"和"节制资本"，强调政府与人民协力解决食衣住行问题，使民生幸福。孙中山的这些思想先后体现在《建国方略》《建国大纲》等重要文献中。国民政府建立后，在此基础上进一步扩充并具体化为制度、政策和措施。但国民党在"平均地权"方面淡化了，而在"节制资本"方面则强化了国家资本的作用。

《约法》专设《国民生计》一章，包括第三十三条至第四十六条：

第三十三条　为发展国民生计，国家对于人民生产事业应予以奖励及保护。

第三十四条　为发展农村经济、改善农民生活、增进佃农福利，国家应积极实施下列事项：

一、垦殖全国荒地，开发农田水利。

二、设立农业金融机关，奖励农村合作事业。

三、实施仓储制度，预防灾荒，充裕民食。

四、发展农业教育，注重科学实验，厉行农业推广，增加农业生产。

五、奖励地方兴筑农村道路，便利物产运输。

第三十五条　国家应兴办油、煤、金铁矿业，并对于民营矿业予以奖励及保护。

第三十六条　国家应创办国营航业，并对于民营航业予以奖励及保护。

第三十七条　人民得自由选择职业及营业，但有妨害公共利益者，国家得以法律限制或禁止之。

第三十八条　人民有缔结契约之自由，在不妨害公共利益及善良风化范围内，受法律之保障。

第三十九条　人民为改良经济生活及促进劳资互助，得依法组织职业团体。

第四十条　劳资双方应本协调互利原则，发展生产事业。

第四十一条　为改良劳工生活状况，国家应实施保护劳工法规。

妇女儿童从事劳动者，应按其年龄及身体状态施以特别之保护。

第四十二条　为预防及救济因伤病废老而不能劳动之农民工人等，国家应施行劳动保险制度。

第四十三条　为谋国民经济之发展，国家应提倡各种合作事业。

第四十四条　人民生活必需品之产销及价格，国家得调正或限制之。

第四十五条　借贷之重利及不动产使用之重租，应以法律禁止之。

第四十六条　现役军人因服务而致残废者，国家应施以相当之救济。

这是国民党和国民政府基本的经济政策。但以孙中山民生主义原则来看，中国最基本的农民土地问题未能涉及，反而更加强调了节制私人资本。1928 年 10 月的《训政时期施政宣言》直接指出："夫产业之有独占性质，而为国家之基本工业，则不得委诸个人，而当由国家经营之。"这就为以后国民政府实行统制经济提供了依据，并确立了国家官僚资本主义的发展道路。

第二节　经济改革

一、关税自主

1926 年 6 月 15 日，国民党政府发表对外宣言，提出在建设新国家之际，"国民政府对外之关系。自应另辟一新纪元。中国八十余年间倍受不平等条约之束缚，此种束缚给予国际相互尊重主权之原则相违背，以为独立国家所不许"。[①] 因此，"今当中国统一告成之时，应进一步而尊正当之手续实行重订新约，以副完成平等及相互尊重主权之宗旨。" 1927 年 4 月 21 日国民政府发布公告，决定"采取攻势外交策略，先就关税自主自动地宣布独立"。7 月 20 日国民政府宣布：自该年 9 月 1 日起实行关税自主。随后，国民政府公布了《固定进口关税暂行条例》，规定进口关税税率，除现行值百抽五外普通货另征 7.5%，奢侈品则依品类另征 15% 或 25%，烟酒税率为 57.5%。然而，国民政府关税自主的动议，立即遭到各国列强的强烈反对。日本驻华代公使芳泽谦吉访晤蒋介石和伍朝枢，明确表示不同意中国实施自定的关税税则，甚至以武力相威胁。英美等国也表示反对。国民政府被迫同意关税自主原则上仍于 9 月 1 日实行，但具体的增征关税则另订日期实行。

1928 年 1 月 27 日，宋子文代表南京国民政府发表对海关的态度，称："国民政府现统辖 21 省之 16 省，所收关税约占百分之七十。北京政府又非前所承认之法律继承者，国民政府自不能承认任何团体有单独行使管理关税之权，或有派任何代理人行使此种管理之权。" 1 月 29 日，南京国民政府外交部代理部长郭泰祺接见路

---

① 中国第二历史档案馆：《中华民国档案资料汇编》第 5 辑第 1 编，江苏古籍出版社 1994 年版，第 33 页。

透社代表，解释宋子文 27 日宣言："此举并无干涉以海关续付外债之意。"2 月，署理总税务司英国人易执士从北京南下，在上海与宋子文谈关于关税问题。但由于南京国民政府并未统一全国，北京政府从中作梗，海关自主问题暂被搁置。

1928 年 6 月，北伐军占领北京，关内基本实现了统一。国民政府于 6 月 15 日发表宣言，郑重声明应废除不平等条约，呼吁签订平等、互相尊重主权的新条约。1928 年 7 月 7 日，国民政府外交部发表宣言，宣布废除一切不平等条约，表明之原则是：第一，中华民国与各国间条约已届期满者，当然废除，另订新约；第二，其尚未期满者，国民政府应即以正当之手续解除而重订之；第三，其旧约业已期满而新约尚未订立者，应由国民政府另订适当临时办法，处理一切。同时颁布旧约已废、新约未订之前适用之临时办法 7 条，其第五条规定：由外国或外国人输入中国及由中国向外国输出之货物，应征之关税，在国定税则未实行之前，照旧章办理。

废约谈判从美国开始突破。1928 年 7 月 24 日，美国国务卿凯洛格照会中国外交部，提出："对于中美间条约关于关税之规定，即时商议，以期缔成新约。"1928 年 7 月 25 日，南京国民政府财政部长宋子文与美国驻华公使马克谟在北平签订《中美关税新约》，规定：

> 历来中美两国所订立有效之条约内所载关于在中国进出口货物之税率、存票、子口税并船钞等项之各条款，应即撤销作废，而应适用国家关税完全自主之原则。惟缔约各国对于上述有关系之事项，在彼此领土内享受之待遇，应与其他国享受之待遇毫无区别。缔约各国不论以何借口，在本领土内，不得向彼国人民所运输进出口之货物勒收关税或内地税或何项捐税超过本国人民或其他国人民所完纳者，或有所区别。①

接着，英国、法国、荷兰、瑞典、挪威五国也相继与南京国民政府签订了《关税条约》，各国声明承认中国有完全的关税自主权。与此同时，西班牙、意大利、葡萄牙、丹麦、比利时五国也与中国签订了《友好通商条约》，承认中国的关税自主权。

在与中国签有不平等条约的国家中，只有日本拒不同意签订新约。日本的蛮横态度遭到中国人民的强烈反对，全国掀起了声势浩大的抵制日货运动，使日本商人遭受严重损失。为了在对华问题上不至过于孤立，日本派芳泽来中国谈判。经过多次交涉，在解决"济案"和"宁案"问题以后，日本才于 1930 年 5 月 6 日与中国签订《中日关税协定》，同意"关于进出口之税率、存票、通过税、船钞等一切事

---

① 《中美关税新约》，《中央日报》1928 年 7 月 27 日。

宜，完全由中日两国彼此国内法令规定之"。但在附件中规定：中国准许对日本有重要关系的特定物品，如棉货类、鱼介、海产品、麦粉等，于三年内维持最高的现行税率；另在一年内不改变日本进口杂货现行最高税率。至此，中国基本实现了关税自主权。

为了制订新的税则，南京国民政府财政部设立国定税则委员会，专门负责将历年施行的进出口税则统筹修订。1928 年 12 月 6 日，南京国民政府颁布了第一个国定税则即《海关进口税则》，并声明自 1929 年 2 月 1 日起实行，该税则是按照 1926 年 3 月北京关税特别会议上各国提议的税率原则制定的，税率共分为 7 级，分别为 7.5%、10%、12.5%、15%、17.5%、22.5%、27.5%。[①] 至此，历时八十多年的协定税则终于结束，中国收回了关税自主权。关税自主权的恢复，改变了均一值百抽五的协定关税，改为国定的差等税率，进口货物分为不同的等级，按不同的税率征收关税，其税率最高的达 80%。另外，纠正了海陆关税不统一的弊病，过去陆路关税比海路关税少纳 1/3，经过交涉，所有陆路进口货物所课之优待税率，予以废止。

不过，这个税则施行时，由于中国的厘金尚未撤除，所以具有过渡性质。1930 年 12 月 29 日，国民政府税则委员会公布了新的国家进口关税税则，并定于 1931 年 1 月 1 日起实行。这是中国的第二个国定关税税则，按照这个税则，进口货物的税率分为 12 个等级，分别为 5%、7.5%、10%、12.5%、15%、20%、25%、30%、35%、40%、45%、50%。[②] 由于该税则有片面优惠日本倾向，因而遭到英美反对。国民政府于 1933 年 5 月又修订了全部进口关税税则，提高了原来对日本商品的特惠税率，并于 1933 年 5 月 22 日起实行。这就是中国第三个国定税则。其税率分为 14 级：5%、7.5%、10%、12.5%、15%、17.5%、20%、25%、30%、40%、50%、60%、70%、80%。[③] 此税则比 1931 年的第二个国定税则税率又大大提高了。1934 年 7 月，南京国民政府修改并颁布了第四个国定税则。其分类与税率与第三个税则相同，只是税率作了有利于日本货进口的调整，税率还是由 5% 至 80%，分为 14 级。在对进口关税调整的同时，国民政府还分别于 1931 年、1934 年和 1935 年对出口税则进行了 3 次修改，大幅降低了出口物品的税率。

通过不平等条约的废除和国定税则的修订，中国基本上实现了关税自主，对中国国内工业发展产生了积极影响。在 1928 年关税改革之前，中国的关税属于半殖民地性质的"自由贸易"关税。若将进口的洋货分为有国货竞争的竞争性进口商品和无国货竞争的非竞争性进口商品，则在 1928 年关税改革的前一年，非竞争性

① 参见叶松年：《中国近代海关税则史》，上海三联书店 1991 年版，第 306、312、331 页。
② 参见叶松年：《中国近代海关税则史》，上海三联书店 1991 年版，第 306、312、331 页。
③ 参见叶松年：《中国近代海关税则史》，上海三联书店 1991 年版，第 306、312、331 页。

进口商品税率合计为 5.1%，其中工业原料 4.9%、机械 5.5%、交通工具 5%、必需品 5.1%、奢侈品 5%、杂类 2.9%，竞争性进口商品税率合计为 4.1%。进口商品的进口税率极低，非竞争性进口商品税率高于竞争性进口商品税率，而且国内工业生产必不可少的机械进口税率又是非竞争性进口商品中最高的。关税改革以后，这种不合理状况得到一定改善：竞争性进口商品的总税率由关税改革前的 4.1% 上升为 1934 年的 28.9%，比 1928 年增长了近 6 倍；在非竞争性进口商品中，关税提高幅度最大的是奢侈品和必需品，税率分别从关税改革前的 5% 和 5.1% 上升为 1934 年的 42.6% 和 50.8%，1936 年的 50.4% 和 54.0%。[①] 总的来看，南京国民政府在 20 世纪二三十年代的关税改革提高了进口税率同时降低了出口税率，在一定程度上保护了国内市场，抵制了洋货的倾销，对中国民族工业的发展起到了一定的推动作用。

二、财政改革

1. 全国经济会议

南京国民政府成立后，全国经济十分混乱，迫使政府必须尽快着手整顿工业、农业、财政、税收、金融等，建立物质基础以稳定其统治。各省工商界人士也向政府呼吁财政问题的重要性和迫切性，促使政府于同年 10 月成立了财政整理委员会，并积极筹备召开全国经济会议和全国财政会议。

1928 年 6 月 20 日，全国经济会议在上海召开。参加会议的代表 120 名，其中有著名的实业家、银行家、经济学家、会计师等。如中国银行的贝祖诒、张嘉璈和交通银行的胡孟嘉、金城银行的吴蕴斋、上海总商会的冯少山、纱布交易所的顾馨一、面粉交易所的王亭亿，以及荣宗敬、虞洽卿等都参加了会议。会议的主要议题有三项：第一，整顿财政，统一币制，巩固金融；第二，巩固国内外公债信用；第三，改革税收。在"让人民参与政府决策的制定"气氛下，许多工商界、纳税人代表在会上畅所欲言，批评政府，并提出建议。会议提出复兴经济的原则是"社会秩序人民权利必须有确实保障""必须缩减军费确立健全之财政制度"。会议决定裁减全国军队，把每年军费压缩至 1.92 亿元；设立兵工建设委员会，实行兵工政策；统一财政，划定国家和地方各省的收支标准；清理公债以提高证券信用；"从速收回关税自主权"；保护商人财产，整理劳资纠纷，废除苛捐杂税；整理金融，规定中央和地方银行的职权，统一币制等。这次会议开了 10 天，于 6 月 30 日闭幕。会议结束后发出通电，提出了"欲求经济问题之解决，在于财务行政之统一及全国预算之实行"。通过全国经济会议，宋子文加强了同金融界、实业界的联系，为召开全国财政会议准备了条件。

---

① 参见潘君祥主编：《近代中国国货运动研究》，上海社会科学院出版社 1998 年版，第 260 页。

紧接着，国民政府又于 1928 年 7 月 1 日至 10 日在南京召开了第一次全国财政会议。财政部直属机关、各省政府、各集团军代表等百余人参加。财政部部长宋子文指出：要全面整顿财政，就必须解决财政不统一的积弊，而财政统一的方法，第一，凡关于国税范围内之财政规章用人行政，概归财政部处理；其各省任命之中央税收，未遵本部规章办理者，应一律遵办；至各省任命中央征收人员有成绩者，均由部加委，以后归本部任免考核。第二，中央税收，一律径解本部金库，支出一律由本部支付，命令饬金库照发。会议围绕统一财政、革新税制、划分地方收支、厉行预算决算、改革金融制度等议题，审议通过了 138 个提案。会议决定：1931 年 1 月 1 日实行裁厘；1929 年 1 月 1 日起实行关税自主；国地税划分后，中央和地方各省固定税收，地方不得截留国税或任意增加税收；设立中央银行；废两改元，统一币制。

全国经济会议和全国财经会议后，政府即开始着手财政改革。

2. 分税制度

1913 年，北京政府财政部在初步明确中央行政和地方行政的范围、界限的基础上，颁布《国家税法与地方税法草案》和《国家费目地方费目标准案》。这里所谓"国家"，是指中央政府，所谓"地方"，则包含省县两级。由于中国历史惯性所致，这一税法划分仍偏重于中央。但是，当袁世凯垮台以后，各地军阀割据，财政分权倾向占据了上风。所以，国民党建立南京国民政府初期，由于各级政府收支混乱，尤其是国家和地方财政收支的界限不清，地方截留严重，导致中央财政非常困难。据财政部 1928 年报告称："溯自十七年夏，北伐军恢复北平后，形式上全国既臻统一，事实上某种行政权亦已统一。但依国家方面财政观察，川、滇、黔、秦、陇、晋、热、察、绥、东三省及宁夏诸事，除海关收入外，实际上犹未入于财政范围。至若两湖两广，约在十八年春夏平定桂系以后，始陆续收回。鲁豫两省，亦复于十八年夏日兵及奉军撤退后隶属中央。在本年初及大部分会计年度中，政府虽负全国责任。但除关税外，仅五省财政受中央之支配。……上年度之支出，有数目中 3/4 而强，均就两省挪借。"①

所以，划分国家与地方财政收支界限，统一财政基础，成为迫切需要解决的问题。1927 年，财政部部长古应芬提出《划分国家收入地方收入暂行标准案》及《划分国家支出地方支出暂行标准案》。当年七月，由国民政府公布，并先在苏、浙、皖、赣、闽等省试行。1928 年宋子文出任财政部部长，并于 7 月召开全国财政会议，通过对古应芬方案的修订，最后通过了《划分国家支出地方支出标准案》。主要内容是：

---

① 秦孝仪：《中华民国经济发展史》上册，台北近代中国出版社 1983 年版，第 382 页。

第一，明确国家收入和地方收入的划分。列入国家收入的有：盐税、海关税及内地税、常关税、烟酒税、卷烟税、煤油税、厘金及一切类似厘金之通过税、邮包税、印花税、交易所税、公司及商标注册税、沿海渔业税、国有财产收入、国有营业收入及其他属于国家性质之现有收入，共 16 种。列入地方收入的有：田赋、契税、牙税、当税、屠宰税、内地渔业税、船捐、房捐、地方财产收入、地方营业收入及其他属于地方性质之现有收入，共 11 种。将来新增收入项目：国家收入有所得税、遗产税、特种消费税、出厂税及其他合于国家性质之收入；地方收入则有营业税、市地税、所得税之附加税及其他合于地方性质之收入。[①]

第二，明确国家支出与地方支出的划分。属于国家支出的主要有 21 项：中央党务费、中央立法费、中央监察费、中央考试费、政府及所属机关行政费、海陆军及航空费、中央内务费、中央外交费、中央司法费、中央教育费、中央财务费、中央农矿工商费、中央交通行政费、蒙藏事务费、中央任务费、中央移民费、总理陵墓费、中央官业经营费、中央工程费、中央年金费、中央内外各债偿还费等项。属于地方支出项目有 13 项：地方党务费、地方立法费、地方行政费、公安费、地方司法费、地方教育费、地方财务费、地方农矿工商费、公有事业费、地方工程费、地方卫生费、地方救恤费、地方债款费等项。[②]

国地收支标准的划分，理顺了过去的混乱现象，为国民政府统一财政奠定了基础。新的标准将主要税源划归中央，从而保证了中央财政的稳定。由于田赋正式划给了地方，也使地方财政有了稳定的收入来源。但是这个财政制度并没有设置县级财政，县财政依附于省财政。所以，各县为了各自的支出而不得不设立各种明目来增加收入。这就是苛捐杂税的主要根源。1934 年，财政部部长孔祥熙提出《财政收支系统法》，经第二次全国财政会议通过施行。该法案的改革，主要是将过去的中央与地方两级制，改为中央、省、县市三级制。这样就在一定程度上限制了省一级的财权，有利于建立以县为基础的财政收支系统。

3. 整理盐税

在全国财政会议上，宋子文提出就场征税的整理盐税总思路。随后，他又提出统一收入、统一税率、整理盐产、推广销运四点改革建议。整理盐税首要的是废除包商制。所谓包商制度就是某商人向政府先缴纳一定数量的金钱，然后凭引票在盐场购取一定数量的食盐，再运到某个指定的地区销售，并主管该地区的盐税征收。收税后，按照双方约定的数量，上缴一部分税金。盐政的弊端还包括分区和引岸制度，以及盐务稽核所。1929 年 1 月国民政府成立盐务稽核总所，在产区设立分所，

---

① 参见吴兆莘：《中国税制史》，商务印书馆 1937 年版，第 129—131 页。
② 参见李权时：《国地财政划分问题》，世界书局 1929 年版，第 51 页。

在销区设稽核处或收税局，负责征收、存储盐务收入。1930年12月，国民政府决定于1931年3月1日起将各省盐税附加一律收归中央，并逐步减轻。

1931年3月，国民政府公布《盐法》，主要规定是：第一，对盐采取人民自由买卖制。盐由私人制造，制盐人须经政府许可；所制之盐存放在政府指定之仓坨，由政府管理，以防私运。第二，废除盐商专卖之"引岸制"，实行就场征税。第三，盐的场价由制盐人代表按照盐的等级及供求状况议定公告。购盐者先纳税、后购盐。第四，盐分为食盐、渔盐和工农业用盐三类。工业用盐以规定的13项工业生产为限；农业用盐限于饲畜、选种和肥料用盐。第五，盐税税额：食盐每100公斤征税5元，不得重征或另行附加；渔盐每100公斤征税3角；工业用盐及农业用盐一律免征盐税。第六，盐务机关由中央设盐政署和稽核总所，直属财政部；各产盐场区设盐场公署及稽核分所，直属盐政署和稽核总所领导。盐政署及其所属盐场公署主管盐的生产、放销和仓坨管理；稽核总所及其所属分所主管盐税征收和查缉私盐。[①]

1932年，行政院稽核总所总办兼任盐务署长，并将两淮、两浙、山东等14区的稽核机关与行政机关合并，由各省稽核所长兼任盐运局长。同年，财政部归并了盐税名目，凡在场缴纳的场税和中央附税统称为正税；凡在销岸缴纳的岸税及中央附税统称为销税；地方税附加称为附加税，同时对各产盐区的税率也进行了初步调整。盐务的整顿和盐税的改革，使全国盐产量有所增加，由1934年产盐4478.7万市担增加到1936年的4827.2万市担；盐税收入也大大增加，1936年达到21750万元，成为国民政府的第二大税源。

4. 裁厘改统

所谓厘金，又名厘捐或厘金税，是地方政府在主要水陆交通要道设立关卡，向过往客商征收的货物通过税，是清政府的一种商业税。民国初年，不仅沿袭清朝厘金旧制，各地割据军阀甚至任意提高税率，严重地阻碍了社会经济发展。1927年7月18日，国民政府宣布，自9月1日起实行裁厘加税，即裁撤厘金改征特种消费税。所谓特种消费税是指特种货物税，而不是物物课税。特种消费税的税率为：奢侈品自值百抽12到值百抽17.5，半奢侈品自值百抽7.5到值百抽10；日用品自值百抽2.5到值百抽5。特种消费税原则上施行一物一税，较之厘金有一定进步意义。但国民政府为填补入不敷出的财政开支，除不断发行各种公债外，还增添了各种名目的苛捐杂税，严重阻碍工商业的发展。为此，1929年初，上海、南京、厦门等地商会上书国民政府，请废各种杂税。1929年11月7日，全国商会联合会代表各地商会上书国民政府，要求裁撤厘金，废除苛捐杂税，实行工商救国。1930

---

① 参见吴兆莘：《中国税制史》下册，商务印书馆1937年版，第127—131页。

年 7 月 3 日，财政部裁厘委员会办事处发表裁厘方案，声称在本年 11 月底前将各种局卡一律撤销。1930 年 12 月 15 日，财政部发出通电，指出"厘金制度，病国厉民，腾讥中外寝成万恶之薮"，"裁厘事在必行，义无反顾，无论若何困难，必当躬行实践，贯彻主张"；宣布："全国厘金及由厘金变名之统税、统捐、专税、货物税、铁路货捐、邮包税、落地税及正杂各税中之含有厘金性质者，又海关五十里外常关税及其他内地常关税、子口税等，均应于本年 12 月 31 日一律永远废除，绝对不得再行存在"。至此，长达 78 年历史的厘金制度终于废除。

南京国民政府在废除厘金和类似厘金等苛捐杂税的同时创办了统税。所谓"统税"，是政府为增加财源而新开办的一种以"一物一税"为原则的新税。这种新税制所征税的商品与货物，"系选择工厂制造或巨量农产品，为人民消费较大，且与社会经济无妨者"[1]。国内产品的统税征收，一般在其生产厂家或出产地进行；进口商品，则由入口处海关或入口第一道统税征收机关稽征；出口商品，或征或免，或征收 1/2，视货物性质而定。根据一物一税的原则，一次性收税后，即可通行全国，凡已缴纳统税的货物，如遇有重征时，可准许商人申请退税。1932 年 1 月国民政府成立统税署，统一管理统税事务。裁厘改统后，税目简化，税收渐趋合理，课税范围以国家法律上制定的特种物品为限，较之物物课税范围缩小，在一定程度上顾及了人民生活；实行一物一税原则，所有应纳统税货物一税征足后，即可通行全国，改变了过去关卡林立，重征苛敛的陋规，减轻了商人的负担，有利于货物流通和工商业发展。

5. 整理国债

南京国民政府初建时期，所承继的外债多达 200 余笔，严重影响国家信用。1928 年 7 月，国民政府财政会议宣布全面整理外债。为了整理外债，南京国民政府在接收北京政府时，即将前财政整理会收隶于财政部内，缩小范围，并派专人负责办理。以后，宋子文也两次发表声明，承认清偿过去的外债极为重要，是维护国家信用的根本方面。1930 年 11 月 6 日，国民政府召开各国债权人代表会议，共商解决办法。财政部财政整理会秘书长曾熔甫对记者谈，内外国债及铁路交通等各项债款，共有 200 余种，债额总数为 20 亿元，外债 12 亿元，内债 8 亿元。[2] 当时与中国有债务关系的国家有美、比、丹、法、英、意、荷、瑞、日 9 国，出席会议的有比、法、意、美、日、英、荷 7 国代表。会议最后达成一些整理外债的原则。

南京国民政府的外债政策可以概括为：包下旧债，续借新债。这一工作的准备步骤可以分为三部分：第一，从盐税内摊派拨还外债。过去有部分外债是以盐税担

---

[1] 中国文化建设协会编：《抗战十年前之中国》，文海出版社 1948 年版，第 110 页。

[2] 参见中国二十世纪通鉴编辑委员会：《中国二十世纪通鉴（1902—2000）》第 2 册，线装书局 2002 年版，第 1932 页。

保的，如英法借款、湖广铁路借款、克利斯浦借款等。但这些担保收入大多为北京政府截留而没能照拨。1928 年国民政府通令全国征收盐税机关，每月按一定成数，解交财政部指定的银行，以偿还外债。第二，从关税内指定整理外债基金。关于无担保外债，南京国民政府要求 9 个债权国出席外债整理委员会，提出证据，以资整理。并决定在关税新增项下，包括二五附加税与新税率增加的收入，每年提出 500 万元，作为整理外债之用。第三，组织整理国债委员会，专门审核无确实担保的外债，提出整理办法。南京国民政府通过对外债的整理，减轻了政府的财政负担，简化了偿还手续，在一定程度上提高了债信，为以后举借新的外债创造了条件。

1936 年 10 月 10 日，孔祥熙说："惟近来政府对于维持债信，较前益加重视，从未衍期，不惟国际市场，对于我国债券较前增加信任，即国家地位声誉因此大为提高。"到 1937 年，南京国民政府已将 1928 年以前拖欠的大部分债务偿还了。这样，就使国民党政府在国际上的信用大大提高，从而可以实行有利的外资政策。

三、币制改革

1. 废两改元

中国原来使用白银作为货币，以两为单位。鸦片战争以后，各国银元大量流入中国，1882 年中国也开始铸造银元，银元越来越成为主要流通货币。1914 年北京政府公布《国币条例》，铸造袁世凯头像银币，俗称"袁大头"。这就造成中国市场上银两与银元共同流通的混乱状况。1928 年全国经济会议提出整理纸币与硬币和废两改元的提案，在后来召开的全国财政会议上也通过了改革币制的方针。1932 年 7 月 7 日，宋子文在上海召开银行界会议，讨论废两改元问题。这次会议确定了废两改元的原则：第一，废除银两，完全采用银元，以统一币制；第二，采用银元制度时，旧铸银元仍照旧使用；第三，每元法价重量决定后，即开始铸造新币。1932 年 7 月 22 日，财政部决定组织废两改元研究会，由中央银行副总裁陈建庵为主任委员，就废两改元进行研究。1933 年 3 月 1 日，国民政府发布废两改元令："为准备废两，先从上海实施，特规定上海市面，通用银两与银本位币 1，或旧有 1 元之合原定重量成色者，以规元 7 钱 1 分 5 厘合银币 1 元，为一定之换算率，并自本年 3 月 10 日起施行。"上海从 3 月 10 日起，各行各业的交易往来，一律改用银币计算，各种行市改标银元单位。

继上海废两改元后，国民政府又于 1933 年 4 月 5 日和 6 日，先后发布废两改元布告和训令，规定从 4 月 6 日起，所有公司款项之收付与所订契约票据及一切交易，须一律改用银币。为使废两改元顺利实施，政府还采取以下措施：第一，财政部委托中央银行、中国银行、交通银行三银行代为兑换银币。中央造币厂得铸厂条，以适应市面巨额款项收付之用。第二，对各行庄宝银进行登记兑换。至 1933

年 12 月 15 日，登记宝银总计 14621 万两，即按成开兑。至 1934 年 7 月，共兑进宝银 2794 万两，兑出新币 3907 万元。第三，撤销炉房公估局。第四，经财政部批准，暂时设立冶金小炉，将碎杂银冶炼成银饼，送到中央银行进行估价兑换。

废两改元在客观上起到统一货币发展经济的作用，并扩大了中央银行活动的规模和作用，为日后的法币改革奠定了基础。但是，当时世界基本上通行的是金本位制，而废两改元后中国仍实行银本位制。另外，中国不是产银国而是用银国，而在实行银本位制后银的价格控制于外国人手中，白银的流入流出都是由伦敦、纽约银市场来决定。所以，外国投机商人从印度、香港地区向中国内地倾销大量白银，收购黄金，偷运出口。例如，日本在东北和山东等地积极收购黄金。这样就导致中国市场上黄金价格上涨，白银大量流入，金贵银贱。南京国民政府在关税、外债、汇兑、贸易等方面，都是以银为单位，而抵债却须以金为单位，这样就要遭受巨大的损失。在贸易方面，市场货物，大半是进口品，购货以金为单位，金价上涨必然导致物价上涨，以致全国工商业的衰落。所以，中国面临进一步币制改革的任务。

2. 白银危机

1929—1933 年，资本主义世界爆发历史上最严重的经济危机。这场危机对中国经济也造成深远影响。1933 年 12 月至 1934 年 5 月，美国政府通过《银购入法》和《白银法案》，推行白银政策：即宣布白银国有，由财政部发行银券，以白银为准备，并计划向国外高价收购白银 13 亿盎司。美国的目的在于改善美国在银币国家中的贸易地位，用提高银价来刺激银本位国家的进口。1934 年 7 月到 1935 年 6 月间，美国总共向国外收购白银 2.94 亿盎司。美国的这种大举收购白银的政策，引起世界白银价格的持续上涨。由于国际市场白银价格高于国内，导致大量白银出口和白银外流。据海关报告册记载，1934 年中国一年内所流出的白银共计达 25990 万元以上。特别是西方在华银行更是充分利用这一机会大量运出白银，牟取暴利。据统计，1934 年 1 月，上海外商银行库存白银共计有 2.75 亿元，约占当时上海中外银行存银总数量的 49.2%；但是到 1934 年底时，上海外商银行的存量竟下降为 0.54 亿元，一年内存银减少了 2.2 亿元。[①]

中国是当时世界上使用白银数量最大的国家，世界白银价格上涨，内地大量现银流到上海，再从上海流到国外。由于白银价格暴涨，出口利大，致使大批持纸币证券者向上海各银行钱庄大量挤兑现银，造成上海金融市场的严重混乱与恐慌。上海银行总经理资耀华描述当时的情形说："金融恐慌由上海波及全国，几十家银行和上百家钱庄倒闭，其他勉强生存的银行、钱庄，有的钞票挤兑应接不暇，有的流动资金周转不灵，以致人心浮动、惶惶不可终日，所以当时上海各大银行的总部都

---

① 参见郭家麟编：《十年来中国金融史略》，中央银行经济研究处 1943 年版，第 40—41 页。

纷纷急电外埠各地分行，命令尽量将现金汇往上海支援总行，先巩固总行基础，否则总行一垮，分行当然不能存在了。因此，各地分行只要有点余利即尽量汇往上海支援总行。"① 中国白银大量外流以后，中国市面银根奇紧，物价下跌。1935 年，全国银行倒闭或停业的达 20 家，仅上海就有 12 家，钱庄纷纷倒闭，仅上海就有 10 家。民族工商业所受打击更为严重。国内白银挤兑、银行提取存款风潮迭起，利率上扬，同时商品滞销，物价猛跌，工商业和金融机构纷纷歇业。所以，中国面临再次进行币制改革的任务。

3. 法币改革

为了进行币制改革，南京国民政府企图获得外国的财政援助。当时，日本接连拒绝对中国给予财政援助，所以，国民政府不得不转向英美国家。1934 年夏秋之际，财政部部长孔祥熙到英国探寻借款的可能性，但遭到冷遇。这样，蒋介石和孔祥熙只好请宋子文直接出面同英国交涉。1934 年 12 月 14 日，宋子文同英国商务参赞谈话时，以个人名义谈了关于挽救金融局势的看法。几天以后，宋子文就以国民政府代表身份同英国进行关于借款和币制改革等事项。1935 年 2 月间，英国政府意识到中国经济有濒临崩溃的危险，与美国、法国和日本政府进行商谈，以期商得一个对中国实行国际援助的办法。美国的态度比较积极，但是日本却表示反对对中国实行财政援助的计划。由于没有取得一致意见，所以，英国决定派李兹·罗斯来中国进行调查。1935 年 6 月，李兹·罗斯来到中国，共同研究中国的币制改革方案。到 1935 年 10 月中旬，宋子文、孔祥熙已同李兹·罗斯基本谈妥英国对华贷款以帮助中国实行币制改革的方案。但由于美国不合作，日本激烈反对，英国政府迟迟没有实施对华贷款的承诺。1935 年 10 月 22 日，英国财政部电告李兹·罗斯："币制改革的方案，从技术角度而言看来对我们甚为有利，但我们的困难在于政治方面。"所谓政治方面就是美国和日本的态度。

正当宋子文和孔祥熙与英国谈判贷款问题，而英国迟迟不作决定的时候，中国国内金融局势急剧恶化。1935 年 10 月中下旬，金融市场谣言纷纷，传说币值将贬 35%，进而中央银行、中国银行、交通银行三行的纸币将停止兑现。于是，上海出现标金飞涨的恐慌局面。如果中国不进行币制改革，中国的金融体系可能很快崩溃。在这种情况下，中国不得不决定自行实施币制改革。1935 年 10 月 29 日，宋子文告知李兹·罗斯，中国将在 1935 年 11 月 4 日宣布币制改革方案，包括纸币不可兑现、白银国有、提高白银出口税。

1935 年 11 月 3 日，宋子文在上海最后审定了币制改革法令各条款的文字，当

---

① 中国人民政治协商会议全国委员会文史资料研究委员会编：《法币、金元券与黄金风潮》，文史资料出版社 1985 年版，第 6—7 页。

晚由孔祥熙以财政部部长名义公布。11 月 4 日，中国政府宣布币制改革。财政部部长孔祥熙在宣言中指出：

> 自各主要国家放弃金本位，以及世界银价暴涨以来，我国货币之价值，经其过度抬高，国内通货紧缩之现象至为显著而失业增加，破产迭出，资金外流，国库收入短少，国际收支不利，种种状况，纷然并起。自去岁 7 月起，仅三年半之期间，国内现银流出，在二万万元以上，苟政府当时不迅采有效措施，则国内现银存底必有外流罄尽之虞，此为国人所昭见者。幸政府于同岁 10 月 15 日下令征收银出口税及平衡税，借以制止对外汇率之上腾及银货之公开流出，而紧急危机，得以幸免。顾此种举措，其效只限于一时。苟货币价值始终昂贵，则通货紧缩将继续存在，且日益加厉；苟币值下跌，使世界银价与我国外汇价格之差额继长增高，一如迩来事实所表现，则现银之大举私运出境为必然之结果。政府为保存全国准备金，并为巩固币制与改善金融起见，特参照近年各国之先例，颁布紧急法令，颁布紧急法令，自本月 4 日起有效。

币制改革的主要内容是：（1）以中央银行、中国银行、交通银行所发行的钞票定为法币，所有完粮、纳税和一切公私款项之收付，概以法币为限，不得行使现金；（2）法币准备金之保管及其发行收换事宜，设发行准备管理委员会办理；（3）持有银本位币或其他银类者，交由发行准备管理委员会或其指定之银行兑换法币；（4）为稳定法币对外汇价，由中央银行、中国银行、交通银行三银行无限制买卖外汇。

1935 年 11 月 3 日晚，财政部部长孔祥熙致电国民党四届六中全会主席团，说明实施法币政策的缘由及其办法。同时财政部颁布《发行准备管理委员会章程》，并在上海设立发行准备管理委员会，专司办理法币准备金的保管以及发行收换事宜，规定该委员会由财政部、中央银行、中国银行、交通银行三行以及银钱业、商界代表组成。宋子文、胡笔江、陈光甫、钱永铭、李觉 5 人任常委。随后，又在天津、汉口、广州、西安、济南、长沙等地设立分会。接着财政部又颁布《兑换法币办法》《兑换法币收集先进办法》《收兑杂币杂银简则》，要求各地钱庄银号、商店、公共团体及个人，凡有银币、厂条、生银、银锭、银块等，必须与 1935 年 11 月 4 日起，在 3 个月内兑换成法币。[①]

币制改革方案公布后，全国各地相继行动起来，贯彻执行新的法币制度。至 1937 年 6 月，南京国民政府共计发行法币 14.07 亿元。收兑国内存银 5 亿盎司左

---

① 参见中国第二历史档案馆编：《中华民国金融法规选编》上册，档案出版社 1989 年版，第 401—407 页。

右，中央银行、中国银行、交通银行、农业银行四行原存 1.3 亿盎司，从境内其他中外银行收兑 2 亿盎司，从民众手中收兑 1.7 亿盎司，这些白银就是南京国民政府发行法币的全部准备金。[①]

四、金融改革

1. 中央银行

南京国民政府建立后，为控制全国经济命脉，巩固政治和军事统治，积极建立中央银行。宋子文出任财政部部长后不久就着手筹办中央银行。1928 年初，宋子文曾考虑将中国银行改组为中央银行，但遭到张嘉璈的婉拒，遂决定另组中央银行。1928 年全国经济会议通过了建立中央银行的提案，决定组建国家银行，以代理国库、发行钞币、整理金融为唯一任务。1928 年 10 月，国民政府颁布《中央银行章程》，规定：中央银行为国家银行，资本总额为 2000 万元，财政部以建设金融事业的名义，于 10 月发行民国 17 年金融短期公债 3000 万元。最后拨给中央银行的，除现款 1040 万元外，即为民国 17 年金融短期公债票 1110 万元。中央银行设于上海，除经营一般业务外，可享受以下特权：（1）遵照兑换条例发行兑换券；（2）铸造及发行国币；（3）经营国库；（4）募集或经理国内外公债业务。中央银行设理事会，由国民党政府特派理事 9 人组成；设监事会，由国民政府特派 7 人组成；设总裁、副总裁总理全行事务。宋子文为中央银行总裁。

中央银行建立后，业务发展极为迅速。从 1928 年到 1933 年，资产总额增加 8 倍，钞票发行额增加 7 倍，存款额增加 15 倍以上，放款数目增加约 35 倍，纯益为 75 倍，公积金（与 1930 年末相比）增加 15 倍。1933 年末，中国重要银行 28 家，其中纯益和实际资本金的百分率平均为 15.42%，而中央银行纯益和实际资本之比则为 53.67%。[②] 到 1933 年，除了上海总行外，中央银行在南京、汉口、天津、济南、厦门、杭州设立了分行，在南昌、福州、洛阳、九江、芜湖、蚌埠、镇江、扬州、郑州等地设支行。另在国内普设了办事处、代理处，在纽约、柏林、日内瓦、伦敦、巴黎设代理处。但此时的中央银行，其资本额只有 2000 万元，在发行钞票和存放款的绝对数目方面还低于中国银行、交通银行两行，就控制全国金融的目标来说仍觉力不从心。所以，国民政府一直希望增加中央银行的股本。1934 年 4 月，财政部部长兼中央银行总裁孔祥熙提议，因中央银行"近年业务迈进，建树繁多，效能之发展益速，资金之用途自广"，而"原有资本两千万元，不敷支配"，遂提

---

① 参见魏永理：《中国近代经济史纲》（下卷），甘肃人民出版社 1990 年版，第 289 页。

② 参见［日］宫下忠雄：《中国中央银行的发展》（上），《经济评论》第 3 卷第 8 号。转引自邱松庆：《南京国民政府初建时期财经政策述评》，《中国社会经济史研究》1996 年第 4 期。

出将资本增至 1 亿元。但由于当时国库支绌，没有实现。1935 年 3 月，南京国民政府以救济金融为名，发行民国二十四年金融公债 1 亿元，其中 3000 万元拨给中央银行，加上经理棉麦事务处解交国库银 1320 万元、中央银行历年盈余拨出 1500 万元、国库拨付 180 万元，中央银行的资本增为 1 亿元。这样，中央银行成为国内资本额最大的银行。

1935 年 5 月 23 日，国民政府公布《中央银行法》，同时宣布废止原《中央银行条例》。《中央银行法》第一条规定"中央银行为国家银行由国民政府设置之"。第二条规定：中央银行由国民政府授予左列特权：

一、发行本位币及辅币之兑换券。

二、经理政府所铸本位币辅币及人民请求代铸本位币之发行。

三、经理国库。

四、承募内外债并经理还本付息事宜。

1935 年 10 月，中央银行又奉令调拨资本 1000 万元，成立中央信托局，办理购料、储蓄、信托、保险诸事宜。币制改革以后，中央银行与中国银行、交通银行所发钞票被指定为法币，因之发行额又迅速增加，势力急剧扩展。此时中央银行除代理国库经付债券本息、经收关税、盐税、债税、印花烟酒各税外，还负责管理外汇，并代理财政部经收所得税。至 1936 年底，中央银行设于各地的分行及办事处计达 45 处。

表 14-1 中央银行在全国抗战前的发展情况

（单位：元）

		1928 年下期	1934 年下期	1935 年下期	1936 年上期
资产总额	金额	47470796.35	478240245.53	931542769.20	1099944571.82
	指数	100	1107	1962	2318
各项存款	金额	11712923.00	86048616.93	179923545.81	300382598.61
	指数	100	735	1536	2564
纯益	金额	239360.13	4821505.46	9048339.64	5209393.71
	指数	100	6108	3780	2176

资料来源：陆仰渊、方庆秋编：《民国社会经济史》，中国经济出版社 1991 年版，第 315 页。

2. 四行两局

中国银行与交通银行本来是清政府户部和邮传部设立的两个银行，1927 年以前，其资本主要是商股，实权掌握在江浙财团手中。南京国民政府力图强行加入官股，改变其纯私股的成分，将二者改造成国家银行。但是两行商股势力很大，常常并不听命于政府，这对全国金融管控极为不利。孔祥熙担任财政部部长时，秉承蒋介石的"旨意"办事，对军费采取按需分配、实报实销的办法，实行赤字财政政策。但银行家要维护自身利益，对财政部的要求不能"事事听命"，批评当局"拿银行当国库"。特别是中国银行总经理张嘉璈认为，要使银行有所发展，只有摆脱政府的控制，保持其独立性，才能保障不被挤垮拖垮。中央银行建立后，对全国金融实行管控，推行国家意志。但中交两行仍常与中央银行掣肘。蒋介石声称，国内财政危机的原因是由于中交两行不与中央合作，所以决心断然矫正，务使三行绝对听命于中央。

中央银行采取各种措施，对中国银行、交通银行两大商业银行加以控制。1928年9月26日，国民政府公布《中国银行条例》，11月17日股东大会又通过《中国银行章程》。改组后的中国银行资本定为2500万元，其中官股500万元，董事15人内有官股代表3人。1928年11月，国民政府公布《交通银行条例》，将该行改组为"发展全国实业之银行"，资本总额为1000万元，其中官股200万元，该行董事制设董事15人，由财政部指派董事3人，设常务董事5人，由董事互选。两行改组后，行址迁往上海。但改组后的中交两行，由于官股比重不大，董事会中官方代表不多，实际经营权仍掌握在江浙财团手中。由于两行业务发展很快，到1934年底，两行的资本分别达97575万元和42500万元，相当于中国全部银行资本的2/3，为中央银行资产的3倍。

1935年初，美国大量收购白银，造成"白银风潮"，上海银根紧缩，货币市场奇紧，很多工商企业面临倒闭破产的危险，强烈要求政府提供救济。1935年3月，孔祥熙、宋子文等以救济国内金融为名，发行金融公债1亿元，主要用来增加中央银行、中国银行、交通银行三行的官股，以图控制中交两行。1935年3月22日，蒋介石给孔祥熙的电报指出：

国家、社会皆频破产，致此之由，其结症乃在金融、币制与发行之不能统一，其中关键全在中交两行固执其历来吸吮国脉民膏之反时代之传统政策，而置国家、社会于不顾。若不断然矫正，则革命绝望，而民众亦被中交二行所断送，此事实较军阀割据破坏革命为尤甚也。今日国家险象，无论为政府与社会计，只有使三行绝对听命于中央，彻底合作，乃为国家、民族统一之生路。

至于对张嘉璈的处理，考虑到他的声望和影响，蒋介石建议委以虚名，将其调任中央银行副总裁，但必须离开中国银行。[①]

1935 年 3 月 23 日，国民政府以救济金融为名，突然宣布对中交两行实行管制，发行 1 亿元金融公债强行增资，增加了政府在两银行中的官股比例，相应地也就增强了政府在两银行中的实力，使商股势力有明显的削弱。1935 年 3 月 28 日，财政部训令中国银行，增加官股，并召开董事会，修整《中国银行条例》。在国民政府的压力下，中国银行被迫接受官股 1500 万元，加上原有官股 500 万元，为 2000 万元，与商股比例相同。同时，中国银行董事长李馥荪、总经理张嘉璈宣布辞职，其职务分别被宋子文、宋汉章继任。同时，国民政府又增加交通银行的官股 1000 万元，加上原有的 200 万元官股，官股占了 3/5，由蒋介石、孔祥熙的心腹胡笔江和唐寿民分别担任董事长和总经理，宋子良为常务董事。随后，国民政府又相继修正中国银行、交通银行条例。至此，中交两行则完全为政府控制。这样，孔祥熙只凭几张金融公债的预约券，不用一分现金，就掌握了中交两行的主宰权，史称"大上海银行界事变"。1935 年 6 月，又用同样的方法控制了上海另外三家重要的商业银行，史称"银行小事变"。孔祥熙说，政府举措之重要者，莫如改组中、交两行，增加政府资本，俾于救济改革币制之实施上得与中央银行通力合作，借收事半功倍之效数。蒋介石说：三行之增加官股，即统制经济之实施。[②]

1933 年春，国民政府在农村金融处的基础上设立豫鄂皖赣四省农民银行。根据《四省农民银行条例》规定，设总行于汉口，资本额为 1000 万元，收足 1/4 即开业。集资方式为国库券 300 万元，另四省各投资 50 万元，招募商贾 500 万元。四省农民银行成立后，业务发展很快，实际经营范围早已超出四省之外。1935 年 4 月 1 日，四省农民银行易名为中国农民银行，蒋介石自任董事长。同时制定《中国农民银行条例》。根据条例规定，中国农民银行为股份有限公司，资本额为 1000 万元，并制定为供给农民资金、复兴农村经济的专业银行，其主要业务为吸收存款、办理汇兑等一般业务外，还享有发行兑换券、农业债券和土地债券等特权。

此外，1930 年 3 月 15 日，国民政府在上海设立邮政储金汇业总局，直接隶属于交通部，以全国邮政收入为担保，专司办理储汇业务，并在上海、南京、汉口三地设邮政储金汇业局。邮政储金汇业局的主要业务为举办活期储蓄与定期储蓄、经办邮政汇票、电报汇款等汇兑业务，抵押放款、购买公债等。1935 年 9 月，中央信托局在上海成立，由中央银行出资 1000 万元，独立会计。设立信托、储蓄、保险、购料四处，后增设保险部和中央储蓄会。由张嘉璈任局长，后叶琢堂继任，孔祥熙任理事长。根据《中央信托局章程》，其主要业务为办理公务员及军人储蓄、

① 参见中国银行总行、中国第二历史档案馆合编：《中国银行史史料汇编》上编（1912—1949），档案出版社 1991 年版，第 385 页。

② 参见石毓符：《中国货币金融史略》，天津人民出版社 1984 年版，第 289 页。

保险等事项，办理公有财产及政府或公共机关重要文件、契据之保管、经理国营事业或公用事业债券、股票之募集和发行等。

至此，中国"四行两局"的国家金融体系基本建立。

第三节　实业发展

一、工业战略

国民政府的工业化战略思想源于孙中山。在《实业计划》中，孙中山明确地设计了以国家工业化为中心，实现经济全面现代化的蓝图。孙中山把发展中国工业分为两大类，一是"关键及根本工业"，指交通运输及采矿、冶炼、燃料、动力等基础工业；二是"工业本部"，指满足人们衣、食、住、行及文化生活需要的工业。孙中山提出：

> 中国实业之开发应分两路进行，（一）个人企业，（二）国家经营是也。凡夫事物之可以委诸个人，或其较国家经营为适宜者，应任个人为之，由国家奖励，而以法律保护之……至其不能委诸个人及有独占性质者，应由国家经营之。[①]

1924年，孙中山将其国家资本思想进一步表述为：

> 凡本国人及外国人之企业，或有独占的性质，或规模过大为私人之力所不能办者，如银行、铁道、航路之属，由国家经营管理之，使私有资本制度不能操纵国民之生计，此节制资本之要旨也。[②]

之后不久，在其题为《三民主义》的长篇连续演讲中指出：

> 中国不能和外国比，单行节制资本是不足的。因为外国富，中国贫，外国生产过剩，中国生产不足，所以中国不单是节制私人资本，还是要发达国家资本。[③]

[①] 《孙中山全集》第六卷，中华书局1985年版，第253—254页。
[②] 《孙中山全集》第九卷，中华书局1986年版，第120页。
[③] 《孙中山全集》第九卷，中华书局1986年版，第391页。

总的来看，孙中山的发展工业思想可以概括为"节制私人资本，发达国家资本"。

国民政府建立后，根据孙中山的基本思想，先后制定了一系列关于工业建设计划。1928 年 8 月，工商部部长孔祥熙在国民党二届五中全会上提出兴办国家资本工业的方针案，主张把钢铁、机器、水电、纺织、化工、制盐、造纸等九种工业列入由政府投资创办的范围：

> 一为举办国营钢铁事业，谋国防及交通上原料至供给，且为社会工商业梳理基础。二为举办国营水利电事业，以减轻动力至代价，并增进工业发展之机会。三为设立国营机器制造厂以谋自制各种工业需要之机器。四为设立国营精盐厂，注意制造方法，改良人民食盐之卫生。五为设立国营酸碱工厂，以谋化学工业基本原料之自给。……七为设立国营纸浆工厂改良纸业，以塞漏邑而维文化。八为设立国营酒精厂，以谋医药给化学工业之进步，并补助燃料用途。[1]

1928 年 10 月，国民党的《训政时期施政宣言》指出：

> 惟进行经济建设之原则，必以个人企业与国家企业之性质而定其趋向。凡夫产业之可以委诸个人经营或其较国家经营为适宜者，应由个人为之，政府当予以充分之鼓励及保护，使其获得健全发展之利益……若夫产业之有独占性质，而为国家之基本工业，则不得委诸个人，而当由国家经营之。此类事业，乃政府今后努力建设之主要目标，并将确定步骤，以求实行。[2]

1928 年 11 月 7 日，国民党中央政治会议原则通过由孙科提出的《建设大纲草案》。该草案提出：

> 凡关系全国之交通事业，如铁路、国道、电报、电话、无线电等；有独占性质之公用事业，如水电、商港、市街、城市公用事业等；关系国家之前途之基本工业，如钢铁业、基本化学工业、大煤矿等，悉由国家经营之；

---

[1] 转引自张忠民、朱婷：《略论南京政府抗战前的国有经济政策（1927—1937）》，《社会科学》2005 年第 8 期。

[2] 中华民国建设委员会丛刊编辑委员会编：《国家建设丛刊》第 6 册，台北正中书局 1971 年版，第 39 页。

国营事业（国有产业）中有属于地方性质者，国民政府得委诸地方政府经营管理之；

国营事业（国有产业）在可能范围内应尽量采用公司管理制。[1]

1929 年 3 月，国民党第三次全国代表大会在南京召开，宣布"军政时期"结束，"训政时期"开始。国民党三大还通过《训政时期经济建设实施纲要方针案》，进一步明确了建立国家强有力的物质基础的重要意义，指出：

物质建设实施程序之标准，应以交通之开发为首要。其主次顺序为，在国家物质建设方面：一为铁道、国道及其他交通事业；二为煤铁及基本工业；三为治河、开港、水利、灌溉、垦荒、移民等事项。在地方物质建设方面：一为省道及地方交通事业；二为农林、畜牧、垦荒、水利等事业；三为都市改良及公用、卫生建设事业。要求以全国税收之半，为中央建设费，以地方收入之半，为地方建设费。

显然，这种方针是企图把交通发展和开发资源性工矿业放在首位，并逐步由国家经办。

1930 年 3 月国民党三届三中全会上通过了《关于建设方针案》，规定：注重铁道建设及水利、电气建设；应特别注意农业的发展，开展农民教育，提倡农业合作，限期成立农业银行，辅助农村经济之发展；煤铁矿无逆产关系者，准备继续开采，有逆产关系者，只收其逆股，作为公私合办，惟规定该项矿地为国家公有，在若干年内不收租金，以后每年纳租金，逐步收归国有。矿产未开采者，均由国家经营，在一定范围内准许外人投资或合办。普通工业在政府之提倡农业增加原料，减轻原料之价格及政府实行保护税则的范围内，准其自由发展。特种工业均由政府计划办理。政府在两年内，筹建一大规模制铁、炼钢工厂、一造船厂、一电机制造厂，并可以借外资兴办。

1931 年九一八事变以后，国民党四届七中全会通过《国防建设初期方案》，开始强调以国防为中心，有限举办煤、铁、石油等原材料工业，以"立国家之基础"，为"国家民族生存"。[2] 1933 年实业部制定了《实业四年计划》，计划兴

---

① 孙科：《建设大纲草案及其说明》，《革命文献》第二十二辑，第 368 页。转引自张忠民、朱婷：《略论南京政府抗战前的国有经济政策（1927—1937）》，《社会科学》2005 年第 8 期。

② 中国国民党中央委员会党史委员会：《革命文献》第七十六辑，中央文物供应社 1978—1979 年版，第 151 页。转引自张忠民、朱婷：《略论南京政府抗战前的国有经济政策（1927—1937）》，《社会科学》2005 年第 8 期。

建国有的中央机器厂、中央钢铁厂、酒精厂、造纸厂和植物油厂，还拟利用外资兴建大型硫酸厂和一个炼糖厂。此外，建设委员会也提出了建立国营电厂计划，并拟定在西安建立西京电厂作为示范。

1935年以后，由于战争危险日益迫近，国民政府的经济政策开始重点强调国有重化工业、资源工业和国防工业。1935年6月，在国民党中央执行委员会上，王祺、付汝霖、王陆一等提出了《关于集中全力从事于国防重工业的根本建设》的提案，建议政府确定国防工业建设五年计划，选定国防工业区，筹款贷款，聘请与培养技术人才，集中力量建设国防。1935年11月5日，在国民党四届六中全会上，孔祥熙等倡导兴办重工业，认为"为工业发展计，对于重工业，应特别注意"①。1935年11月15日，在国民党第五次全国代表大会上，杨锦昱等21人提出《在困难严重时期应集中一切力量充实国防建设》的议案，主张优先发展重工业。南京国民政府也认识到"重工业为现代立国骨干，一切工业发展之基础"，"为从事经济建设，应速完成重工业"。② 为此，在国民党第五次全国代表大会上通过了《请积极发展民营重工业以充实国力案》和《西北国防之经济建设案》，提出了发展重工业的方法，并制定了煤炭开采、石油勘测与开采、钢铁及机械制造的发展等计划，认为石油"需用迫切"，"钢铁为一切工业之本"③，都必须重点发展。

1937年2月，国民党五届三中全会通过《中国经济建设方案》，重申中国经济建设的首要目标是"充实国防需要"，并明确提出"中国经济建设之政策，应为计划经济。即政府根据国情与需要，将整个国家经济，如生产、分配、交易、消费诸方面，制成彼此互相联系之精密计划，以为一切经济建设进行之方针"。关于国有经济与民营经济的范围则进一步具体化为：（1）"交通事业其属于全国交通干线，如铁路、公路干线、主要水道航线及航空线，应由中央政府负责建设。至地方局部之筑路浚河，则由地方官民合力举办之。"（2）"全国水利事业应由中央负责办理。至地方局部水利事业由地方负责办理。惟需款较大者，中央亦可与地方合力办理。"（3）"实业之建设，凡有关全国计划，如重工业、基本化学工业，基本矿业及需要高深之技术者，原则上由中央政府举办。但若干部分亦得斟酌情形，与地方政府及人民合办。（4）至地方局部农事改良之推广，造林、筑路、合作事业与地方公用工业，原则上由地方政府负责举办；但资本较大者，中央亦可与地方政府及人民合办。（5）至一般普通轻工业，各种农产加工事业、农业、垦殖、渔牧等营利事业，及本方案未列举事业，原则上由人民投资经营；中央与地方政府处于监督

① 郑鹤声：《中华民国建国史》第三编，正中书局1948年版，第1261、1247页。
② 《中国国民党历史会议宣言决议案汇编》第二分册，浙江省中共党史学会1980年编印，第192页。
③ 《中国国民党历史会议宣言决议案汇编》第二分册，浙江省中共党史学会1980年编印，第195—196页。

保护之地位。惟政府有时为提倡起见，中央与地方政府与人民得合资举办某项大轻工业及其他资本巨大之事业，以官资为事业保障与民股保息之用，以资奖励。待事业相当成功时，官股即可逐渐让与人民，完全由人民经营，腾出资力以举办新事业。"（6）"各经济区之大小轻工业，得由中央政府、地方政府与人民合作推行，照公司法组织经营。"①

总之，按照国民政府的计划，中央经济建设之实施工作，如重工业、基本化学工业、铁道交通及大规模水利建设等，应由中央各主管机关，分别担任执行。各经济区之大小轻工业，得由中央政府、地方政府与人民合力推进，照公司法组织经营。至于地方经济建设实施工作如地方局部之公用、交通事业，农工建设，地方合作事业等，则由地方政府举办，或地方官民合力举办。②

可见，国民政府的经济战略，具有以下特点：一是强调国家作用。这是因为中国作为后发国家，人口多，底子薄，社会资本积累有限，不得不通过国家机制来动员资源，发动工业化。二是计划方式。国家要在工业化过程中发挥先导作用，比如动用国家资源，开动行政机器，一方面作为工业化的第一引擎，另一方面引导社会资本，有必要采取计划方式，而不能单纯通过市场机制。三是强调重工业和国防。这是由于在当时的战争威胁下，必须尽快建立自己的国防工业基础。这样就形成了20世纪30年代中国国家工业化战略和基本模式。

二、工业建设

为实施工业政策和计划，南京国民政府先后设立了一批部门和机构，大规模工业建设和交通建设也就在这些部门和机构的组织下展开。

第一是实业部系统。1928年2月，南京政府设立了工商、农矿两部，作为建立初期全国主要的经济行政机构。工商部的工业司负有"关于国营工业之管理事项"，商业司负有"关于国营商业之管理事项"，农矿部的矿业司负有"关于国营矿业及炼冶工厂事项"。③ 1930年12月，农矿部、工商部合并为实业部，作为管理全国工矿农商等实业行政事务的最高机关。实业部下设在原工商部拟办基本工业的基础上，聘请一批专家成立了国营基本工厂设计委员会。

1933年，实业部制定并公布了一个《实业四年计划（1933—1936）》。这个计

---

① 中国国民党中央委员会党史委员会编：《革命文献》第三十辑，"中央文物供应社"1978—1979年版，第915—918、923页。转引自张忠民、朱婷：《略论南京政府抗战前的国有经济政策（1927—1937）》，《社会科学》2005年第8期。

② 参见张其昀：《党史概要》，"中央文物供应社"1979年版，第1497—1500页。

③ 中国国民党中央委员会党史委员会编：《革命文献》第二十二辑，"中央文物供应社"1978—1979年版，第219—225页。转引自张忠民、朱婷：《略论南京政府抗战前的国有经济政策（1927—1937）》，《社会科学》2005年第8期。

划的核心是政府要把谷物、棉花和煤的生产国有化，还计划建立钢铁工厂、化学工厂、造纸厂以及庞大的为农业服务的业务。具体来说包括以下几个方面：确定在政府通盘筹划下，将粮食、棉花、煤炭等重要产业物资统制起来，达到生产与消费、供与求的平衡，而后由国内市场注意到国际市场，以谋对外竞争。试图通过统制经济达到所谓"以民族经济代替封建经济，实现现代式的国家"。可见，四年计划的中心思想是利用国家权力，实行经济统制，以巩固中央集权。计划集合资金16亿元，投放于工矿与农林两方面：其中4.9亿元用于工矿建设，11.3亿元用于农林建设，其余用于交通建设。资金来源除靠税收收入外，另外通过"国家自筹""特许外资""官商合办""人民私营"等多种渠道筹集。确定选择一个适当的地方新建一个新的国家经济中心，并以扬子江为首始建设的中心，以其达到经济中心和政治中心连成一气的目的。

1934年1月，国民党四届四中全会通过了《确定今后物资建设及心理建设根本方针案》，对《实业四年计划》的实施方针作了补充，认为建立一个新的国民经济中心，必须是富有自然蓄积并不受外国商业、金融支配之内地。这一计划在后来的实施过程中遇到各种困难而大多没有实现。但是实业部在1936年和1937年间，还是组织了很多贸易和生产计划。例如，1936年，实业部与六个省共同建立了中国植物油料厂股份公司，1937年公司出口交易量达到1300万元。1937年开办了中国茶叶股份有限公司。该公司资本为200万元，实业部和六个省份购买了公司股票，然后又将这些股票中的一半卖给私人。在各省的支持下，公司也将茶叶贸易控制起来。

第二是建设委员会系统。1928年2月1日，国民党中政会决议设立中华民国建设委员会，以"计划指导及提倡建设之方法，而尤在根据总理建国方略，实行经营一切国有事业，以树训政、宪政之基础"[1]。《建设委员会组织法》规定：建设委员会"本总理三民主义建国方略及建国大纲之精神"，旨在"研究筹备及实行关于全国之建设计划"。2月18日，建设委员会在南京成立，并通过《对于政治报告之决议案》，认为，"从前行政久不统一，国家财政与地方财政之分配素不确定，国家耗费过滥，而军事尤为膨胀；本国币制紊乱，而外币充斥市场，内外积债过巨，而信用乃日益低落；全国税制杂乱，而系统破坏无余"。认为政府当前之急务，是确定财政具体计划与政策。建设委员会附设有全国电气事业指导委员会、电气试验所等，实际上是一个筹办、经营国营电气事业，并监督、指导民营电气事业，同时兼顾水利和矿业的经济管理机构。建设委员会接收和新建了一批国营或带

---

[1] 中国国民党中央委员会党史委员会编：《革命文献》第二十六辑，"中央文物供应社"1978—1979年版，第55页。转引自张忠民、朱婷：《略论南京政府抗战前的国有经济政策（1927—1937）》，《社会科学》2005年第8期。

有国有性质工矿企业，包括首都电厂、戚墅堰电厂（二厂合组为扬子电气公司）以及长兴煤矿、淮南煤矿（合组淮南路矿局）等。建设委员会还设有振兴农村设计委员会、公务员补习教育委员会，以及预算、法规、统计、图书、训育等委员会。

第三是经济委员会系统。全国经济委员会成立于 1931 年 9 月，以蒋介石、宋子文、孔祥熙、张静江等 10 余人为委员。1933 年 9 月，国民党中政会决定扩大全国经济委员会执掌范围，直隶于国民政府。10 月 4 日，改组后的全国经济委员会通告成立。主要职责为：关于国家经济建设或发展计划之设计审定；国家经济建设或发展计划应须之经费之核定；各项既定经济建设或发展计划之直接实施或督促等事项。全国经济委员会工作由宋子文主持，成为当时"统筹全国经济事业的总机关"。委员会下设华北水利委员会、导淮委员会、黄河水利委员会、扬子江水利委员会，以及江汉工程局、泾洛工程局、珠江水利局、中央水工实验所等，成为统一水利行政的机构。全国经济委员会成立后，积极主持交通建设：公路方面，从1933 年 10 月到 1935 年 9 月，在苏、皖、赣、鄂、湘、豫、闽、陕、甘等 10 省，共有联络公路 2.9 万公里；铁路方面，粤汉铁路即汉口到韶关段于 1936 年底通车，陇海铁路即潼关到西安段于 1934 年底通车，西安到兰州段于 1935 年初开始航测，计划修筑粤滇川陕铁路并开始勘测，浙赣铁路已分段进行。宋子文集合国内 10 多家最大的银行，如中央银行、中国银行、交通银行、金城银行等，以及当时国内政界、商界、金融界最有名望和地位的人物，如宋子文本人以及孔祥熙、张公权、陈光甫、李馥荪等人，集股组建了"中国建设银公司"，作为实际上与经济委员会联系密切的投资机构，并由中国建设银公司出面投资建立了川黔铁路特许公司、华南米业公司、中国国货联营公司等，并控制了广东银行、中国保险公司、南洋兄弟烟草公司等一批官营或民营的企业。

1935 年，在全国经济委员会的推动下，蒋介石发起国民经济建设运动。1935 年 4 月 1 日，蒋介石宣称，欲挽救今日民族之危急与解除全国民众之痛苦，需有一个运动继新生活运动而起，其名为国民经济建设运动。该运动"以振兴农业，改良农产，保护矿业，开发矿产，扶助工商，调节劳资，开辟道路，发展交通，调整金融，流通资金，促进实业为宗旨"；而"以革除苛捐杂税，减免出口税，与要求新宪法之实施，禁止纸币之滥发，为建设国民经济之初步。今日政府增加中央、中国与交通三行之资本，以谋社会经济之安定，与农工商之进步，亦即此国民经济建设运动之一种"。1936 年 6 月 3 日，蒋介石通电发起设立国民经济建设运动委员会，并自任会长。1936 年 10 月 10 日蒋介石发表《国民经济建设运动之意义及其实施》，正式提出运动的目标和要求等。

国民经济建设运动开展后，国民政府采取了一系列发展经济的措施。在农业方面：举办了一些短期训练班，训练农业人才；在一些地区推广稻、麦、棉的优良品种；编印了一些农业技术推广刊物；设立农本局，作为全国性农业金融与农产供销业务之促进机关；等等。在林垦渔牧业方面：拟订了造林实施计划，开展植树造林运动；研究树木病虫害防治方法；拟订垦荒方案，提倡开荒；加强沿海地区渔政建设，注意渔业保护；发展种畜场或畜牧改良场，繁殖和推广优良种畜，训练兽医人员，防治牲畜疾病；等等。在工矿业方面：发展国营工业，奖励扶助民营工业，开发矿产，整理矿业等。在商业和对外贸易方面：提倡国货，推行商品检验，促进商品运销，调节关税，发展外贸等。在交通方面：积极建设铁路、公路，并推行征工制度，征调大批民工修筑铁路、公路。

第四是资源委员会系统。在国民政府的经济机构中，最重要的是资源委员会。资源委员会的前身是成立于1932年11月的国防设计委员会，开始时隶属于参谋本部，由蒋介石亲任委员长，地质学家翁文灏任秘书长。国防设计委员会集中了近50名国内知名专家学者，他们"呼吁以统制经济去建立一个对日具有军事抵御能力的工业基础"[1]。他们计划在华中建立一个新的"经济中心"，开发由国家经营的重工业和矿产业，并由经过训练的专家朝"计划经济"方向去进行管理。[2] 从1932年底到1934年，国防设计委员会主要进行了全国资源和工业情况的调查，并研究涉及与国防有关的工业建设方案，提出一旦战争爆发后的战时管制、燃料及铁路运输等方案。1934年9月，国防设计委员会增设"计划部"，开始着手制定《重工业建设计划》《战时燃料及石油统制计划》《四川水利建设计划》《运输动员与统制初步计划》《粮食存储与统制计划》等计划。

1935年4月，国防设计委员会与兵工署资源司合并，正式改为"资源委员会"，翁文灏、钱昌照为正副委员长，直接隶属于军事委员会，负责调查和控制全国国防资源以及经营国家重要工矿企业，成为最重要的国有经济经营和管理机构。1935年资源委员会拟就重工业建设五年计划，预算计需经费2.712亿元。1936年南京国民政府拨款1000万元；1937年又拨款2000万元，作为筹建重工业的经费。1936年度筹建的企业主要有10家；1937年度又陆续增设了11家企业或筹备机构[3]。同时从国防考虑和准备应付日本帝国主义全面侵略出发，这些企业均远离沿海地区，大部分设在湖南、湖北、江西、云南、四川、陕西等内地省份。这些企业大部分在抗战前已动工兴建。

1936年资源委员会制定了《中国工业发展三年计划》和《重工业五年建设计划》，计划投资2.7亿元用于建立国家经营的重工业工矿企业，其中包括钢铁、有

---

① ［美］柯伟林：《蒋介石与纳粹德国》，中国青年出版社1993年版，第112页。
② 参见［美］柯伟林：《蒋介石与纳粹德国》，中国青年出版社1993年版，第117页。
③ 参见孙拯：《资源委员会经过述略》，《资源委员会月刊》第1卷第1期。

色金属的开采和冶炼、制酸、制碱等基础化学工业、机械和船舶制造工业、煤的采掘和发电厂以及电器制造工业。这些计划是与蒋介石的军事需要相配合的，建设项目大多分布于在湖南、湖北、四川、陕西和江西等省份。全国资源委员会的计划中最雄心勃勃的工程，是想要在湖南省的长沙和湘潭建设各种工业区。这个工业区内的企业主要是钢铁工厂、无线电设备器材制造厂、水电设备制造厂等，为了适应这些大厂的需要，在湖南、湖北两省周围地区，还要建设起相关的企业，包括增开一些煤、铁、铜和锌矿，以及发电厂，所以要在江西发展煤矿，在四川发展铜矿、锡和油田等。全国资源委员会的项目大都如期开工，如设立钨业管理处、锑业管理处，筹备茶陵铁矿、高坑煤矿以及大冶、阳新、彭县铜矿，开发云南锡矿、青海、四川金矿、湘潭天河煤矿、灵乡铁矿、四川油矿、水口山铅锌矿等。资源委员投资兴建了中央钢铁厂、中央机器厂、中央电工器材厂、中央无线电机制造厂、中央炼铜厂以及一批有色金属矿厂、煤矿、发电厂等。抗战爆发后，资源委员会以国防重工业建设为目标，实际上成为兴办、建设国有矿业和基本工业的唯一机构。[1]

三、交通建设

孙中山在规划"关键及根本工业"中把发展交通事业放在首位。他说："予之计划，首先注重于铁路、道路之建筑；运河水道之修治；商港市、街之建设。"没有交通事业的发展，其他工业建设"亦无由发展也"。[2] 可见，孙中山认为中国的近代化必须从铁路建设开始。南京国民政府建立后也大力发展铁路。1928年10月，国民政府把铁路的行政管理从交通部划出，另行成立铁道部，负责办理全国铁路的修筑计划以及铁路行政事宜，并任命孙科为铁道部部长。同年11月，国民政府颁布《铁路建设大纲》准备在十年内兴建铁路32000公里，平均每年建筑铁路3200公里。1929年1月，孙科向国民党中政会提出"庚关两款筑路计划"，要点是：利用英、俄、意三国退还庚款的2/3和根据当时关税新则例净增额的半数为基金，发行公债，作为铁路建筑经费；选线则以能以最小劳费发生最大效用者为标准，以求政治统一与经济发展。结果选定四组：第一组，粤汉的株（洲）韶（关）、陇海的潼（关）兰（州）和沧（州）石（家庄）线；第二组，京（南京）湘（萍乡）、京（南京）粤（广州）、韶（州）昌（南昌）、福（州）昌（南昌）、粤（广州）滇（大理）线；第三组，包（头）宁（夏）、成（都）渝（重庆）、道（口）济（南）和同（大同）蒲（州）线；第四组，宝（庆）钦（州）线。

① 张忠民、朱婷：《略论南京政府抗战前的国有经济政策（1927—1937）》，《社会科学》2005年第8期。
② 《国父全集》第二卷，"中央文物供应社"1961年版，第168页。转引自朱宝琴：《论南京国民政府的工业政策（1927—1937年）》，《南京大学学报（哲学人文社科版）》2000年第1期。

后经 1929 年 2 月 6 日的审议修改，从发展实业巩固国防出发，将第二组的京粤、粤滇两线和韶昌、福昌两线，分别编入第四组和第三组，把第三组的同蒲线和第四组的宝钦线列入第二组，另在第四组添列渝（重庆）柳（州）等线。

1929 年 3 月 23 日，国民党第三次代表大会通过了由中央执行委员会通过的《训政时期经济建设实施纲要方针案》，决定以交通之开发为首要，在五年内用国家总收入的 1/4 来兴建铁路。接着于 6 月 17 日国民党三届二中全会又通过《拨用庚款发展建设事业案》，决定用退还庚款的 2/3 发展铁路事业，并限定铁道部分别于 1932 年底、1934 年底和 1937 年底先后完成粤汉、陇海、新陇绥三线。但这些计划通过之时，正是军阀各派混战之时，铁路计划并没有能顺利实施。1931 年 5 月 2 日，国民党中央第三届第一次临时全体会议通过由蒋介石等人提出的《实业建设程序案》。该方案将铁路建设作为国民政府未来六年内首项建设工程，并规定自 1932 年起到 1936 年底，应先后完成粤汉路株洲至韶关段、陇海路包头至宁夏段、京湘路南京至株洲段，以及沧石路沧州至石家庄段。11 月 17 日，国民党第四次全国代表大会又通过《依据训政时期约法关于国计民生之规定确定其实施方针案》，该提案规定今后的铁路建设政策，第一应整理现有铁路，第二应迅速完成已建设一半的粤汉、陇海两铁路，第三应迅速进行由广东至云南、由云南至四川、由四川至陕西与陇海线联络的铁路。其余线路由国民政府视实际情况从事规划。

1935 年 12 月，张嘉璈任铁道部部长。国民政府希望利用他在金融界和经济界的影响整理铁路债务，并由他带领政府银行和部分有影响的商业银行，与欧洲各国进行铁路投资谈判。1936 年 1 月，在华北解决维持各铁路行政完整问题后，张嘉璈认为，今后铁道部工作与其徒费心力，周旋于华北当局，不如转移方向，集力量建筑新路，以作为将来国防及长江封锁之准备。建议国民政府在中日局面未破裂之际，先就华中及西南各省之铁路交通，预为规划。蒋介石采纳了这个建议，并于 1936 年底提出"五年铁道计划"。该计划提出，五年内需修筑铁路 8139 公里，平均每年修筑 1628 公里。主要线路为：西北铁路网，包括天（水）宝（鸡）、陕（天水）甘（兰州）和川（成都）陕（天水）三线；西南线路网，包括成（都）渝（重庆）、湘（株洲）黔（贵阳）、川（隆昌）滇（昆明）、黔（贵阳）桂（柳州）、桂（桂林）粤（三水）和湘（衡阳）桂（桂林）六线；东南线路网，包括南（昌）萍（乡）、京赣（宣城—贵溪）、广（州）梅（县）、粤（梅县）赣（贵溪）、杭（州）曹（娥）、樟（树镇）赣（县）、黄埔支线（黄埔—西村）七线；中部东西线路网，包括蚌（埠）正（阳关）、正（阳关）信（阳）两线和平汉两支线（花园口—劳涢江、道口—内黄）等。当时修筑这些铁路的目的，是加强西南、西北与东南地区的联系，同时也是为了寻找新的出海口，以便战时从国外输入给养，支持抗战。

1937 年 2 月，蒋介石又提出，今后五年铁路建设应以国防运输及沟通经济中心为原则，并拟筹款 99480 万元用于铁路建设。1937 年 3 月，在得知英国有可能大量投资于中国铁路时，铁道部又重新拟定五年建设计划，其线路为：广州至赣州、广州至梅县、贵阳至昆明、自成渝线之隆昌至贵阳、自粤汉线之衡阳至桂林、自贵阳至柳州至桂林、海南岛之海口至榆林、粤汉路之黄埔支线，及津蒲路之蚌埠至正阳关支线。该计划连同已动工的线路共计 8500 余公里。在 1936 年至 1937 年 7 月的一年半中，国民政府共建成铁路 2030 公里。

在铁路建设的同时，国民政府还加紧公路、航运和航空事业发展。1935 年前，国民政府建成了七省联络公路。1935 年 11 月 25 日，国民党五届六次会议，对交通运输建设的政策原则和主要措施，作了较为明确的部署。此后，公路建设加快了步伐，在原有基础上新建了九大干线，到 1936 年 6 月，除部分尚未竣工外，85%以上均已通车。1936 年，全国经济委员会拨款 300 万元，兴筑西北公路。到 1937 年，全国公路通车路线已达 11 万公里，形成了布局较为合理的全国公路网。抗战前，南京国民政府加强了航运的建设和整理，建成了连云港和黄埔两港口，并对长江航道进行了疏通。战前以上海为中心，拥有 3 家航空公司，开辟航线 12 条，通航里程约 15300 公里。①

四、民营工业

国民政府实行孙中山"节制私人资本，发达国家资本"的基本政策。1928 年的《国民政府宣言》表示，"进行经济建设之原则，必依个人企业与国家企业之性质而定其趋向。凡夫产业之可以委诸个人经营或其较国家经营为适宜者，应由个人为之，政府当予以充分之鼓励及保护，使其获得健全发展之利益"②。国民政府划分了国营工业和民营工业的范围，规定水利、电气、钢铁、酸碱、煤、糖、煤油、汽车等基本工业为国营工业，其余由私人投资兴办，而政府给予协助和奖励。

国民政府贯彻"节制私人资本，发达国家资本"的基本国策，但在政权建立前后，都得到三大民营资本集团的支持，特别是江浙财团给予了很大的财力支持。所以，国民政府建立后也制定了一系列有利于民营资本发展的政策。国民政府建立伊始，即着手制定政策和立法，一方面保护私人资本基础，另一方面支持私人资本发展。为了解决民营资本在发展中的困难，1930 年 11 月 1 日，国民政府在南京召开全国工商会议。工商界知名人士 100 多人参加了会议。工商部部长孔祥熙在开幕式上提出了会议的六大议题，即巩固工商金融、协谋工业建设、改进工商组织、推

① 参见周绍英：《抗战前南京国民政府经济建设举措述评》，《重庆师范学院学报（哲学社会科学版）》1998 年第 1 期。
② 《中华民国法规汇编》第一编，中华书局 1935 年版，第 43—44 页。

行科学管理、振兴固有国产和发展国外贸易。会议分六组经七次大会审议议案 406 件，通过了《拟集中全国力量发展海外直接贸易案》《规定工业品之统一标格案》《实现劳资协作方案》《国内工商业联合进行案》《提倡国货案》以及失业救济、工商业救济等议案。但这些议案并没有得到真正落实。

国民政府于 1929 年 7 月和 1930 年 2 月公布了《特种工业奖励法》及《奖励特种工业审查暂行标准》，以鼓励人民投资兴办工业。《特种工业奖励法》所界定"特种工业"，是指"基本化学工业、纺织工业、建筑材料工业、制造机器工业、电料工业及其他重要工业"。《奖励特种工业审查暂行标准》则界定了这些工业类别的制造内容，如"其他重要工业"就具体指使用机器制纸、钟表、科学仪器、改良陶瓷、珐琅、制革、金属板片条管及线缆、橡胶、香料、机器车辆、船舶、飞机等制造业；凡创办以上工业的国民，可以获得专制权、减免运费和税收的奖励。1934 年将《特种工业奖励法》修改为《工业奖励法》，取消"特种"二字，扩大受奖工业之范围，并增加奖励金一项，规定：创办具有基本性质的工业；制品能在国际市场上大宗推销的工业；自己发明或输入新发明，并首先在一定区域内制造的工业；应用机械或改良手工制造品在国内能替代洋货的工业。奖励方法为：无价给予固有土地或建筑物；授予专利权；由国库按年发给补助费；或减免各税捐；减低水路运输费等。

1929 年国民政府还颁布《华侨回国兴办实业奖励办法》，奖励华侨回国兴办实业。1931 年实业部颁布《小手工业及手工艺奖励规则》，规定"凡出品优良者，给予奖金、奖励、奖章以及匾额"，受奖者有 30 余起。1932 年 9 月国民政府又颁布《奖励工业技术暂行条例》，凡受奖者，得享有专利权 10 年或 5 年。此外，还有《奖励民营电气事业暂行办法》《奖励实业规程》以及《工业奖励法》和《奖励实业规程》等。这些奖励法规涉及从特种工业到一般工业、小工业和手工工场，从工业制品到工业技术，从发明到仿制改良，从企业到个人、集体，还有总体性的奖励法规；奖励方式也由给予奖金、奖章增加到减免税费、给予专利等多种方式。

至 1936 年底，经审查获得专利的有纬成股份有限公司、中业化工股份有限公司、福建造纸股份有限公司等 13 件；减免税款的有商务印书馆股份有限公司、汉黎公司、天原电化股份有限公司等 41 件；减低国营交通事业运输费的，有江南制纸股份有限公司、章华毛绒纺织股份有限公司等 27 件；对于小手工业及手工艺，也有不少获得各种奖励。但是这些奖励政策所起的作用是非常有限的。

总的来看，这一时期的营商环境较好，民营工业得以迅速发展。据估计，1920—1928 年，新投入的工业资本在 3 亿元左右。20 世纪 20 年代中国民族工业平均每年投资额，折合 1913 年币值，并不低于第一次世界大战时期，每年新设企业数目还高于第一次世界大战时期。1929 年世界经济危机爆发，但危机并没有立即波及中国，相反，中国由于实行银本位币制，世界银价下跌有利于产品出口而不利于产品进口。这就导致中国民族工业一度出现了繁荣局面。如 1914—1920 年 7 年间，新设工矿企业 884 家，平均每年 126 家，平均每家资本 18.3 万元（1913 年币值）。而 1928—1934 年（6 月止），新设企业 984 家，平均每年 151 家，平均每家资本 19.9 万元（1913 年币值）。[1] 另以棉纺织业为例，第一次世界大战期间，即 1919 年比 1916 年纱锭增加 21%，布机增加 18%。而 1931 年的纱锭比 1915 年增长了近 4 倍，比 1927 年增长了 46%；布机比 1915 年增长 9 倍，比 1927 年增长了 68%。[2]

表 14-2　1915—1931 年华商纱厂的纱锭数和布机数

年　　度	纱锭数（枚）	布机数（台）
1915	544010	2254
1919	659721	2560
1922	159034	7871
1926	1982272	11121
1927	1878023	12283
1928	2145300	15642
1930	2499000	15955
1931	2730000	20599

资料来源：朱斯煌：《民国经济史》，上海银行学会银行周报社 1948 年版，河南人民出版社 2016 年影印版，第 251 页。

但是，世界经济大危机对中国经济的滞后影响还是到来了。自 1931 年起，资本主义世界相继放弃金本位，导致世界银价上升。中国作为银本位国家，银价上升所带来的影响是市场物价下跌。同时，美国实行的白银政策，导致中国大量白银外流，银根奇紧。这就使物价进一步下跌，市场一片萧条。加上九一八事变导致东北沦陷，国内市场缩小；"一·二八"淞沪抗战中民族资本损失严重；日本向关内扩张，日货走私泛滥以及长江流域大水灾，很多地区农村破产，农民购买力急剧下降等，这就使国内工商经济陷入空前困难。20 世纪 30 年代初，中国出口商品锐减而进口大增，出现前所未有的入超局面。1931 年和 1932 年两年入超分别达到 8.1 亿元和 8.6 亿元以上。同时，各国在华投资也大大增加。九一八事变前，外国在华资本已经达到 34.8 亿美元，而在此之后的 6 年中，又迅速增长了 23%，每年增长 1.3 亿美元。到 1936 年，各国在华投资总额达到 42.8 亿美元。[3] 在这种

① 参见许涤新、吴承明主编：《中国资本主义发展史》第三卷，人民出版社 2005 年版，第 120 页。
② 参见邱松庆：《南京国民政府初建时期财经政策述评》，《中国社会经济史研究》1996 年第 4 期。
③ 参见吴承明：《中国资本主义与国内市场》，中国社会科学出版社 1985 年版，第 25 页。

背景下，中国民营工业一度陷入困境，大批工厂破产倒闭。与 1931 年相比，1933 年中国民营工业的 16 个行业中，只有 3 个行业有所发展，13 个行业下降，包括棉纺、面粉、针织、橡胶等行业下降幅度都在一半以上。根据国民政府实业部发布的资料，1928 年到 1934 年间注册的工厂，不论工厂数还是资本额都呈明显的下降趋势。1932—1936 年间中国的民族纱厂能够始终维持营业，没有停工、改组和出售的，恐怕不到 10 家。如大生纱厂负债累累，到 1936 年负债已经达到 500 万元之巨，相当于创业时的 6 倍多。1936 年大生二厂被迫拍卖，结果没有买主，不得不以相当于废铁的价格由其债主中国银行、交通银行接收。其他行业也大致如此。直到 1935 年底中国实行币制改革以后，物价回升，1936 年全国各地农产品普遍丰收，市场转趋活跃，民族资本主义经济得到喘息，又开始出现复苏并进而趋向繁荣。

在此期间，中国民营工业发展出现资本集中趋势，并且产生少数企业联盟和企业集团。这既是中国民营资本发展到一定阶段的结果，也是在外国资本竞争和市场不景气下所作出的反应。在 20 世纪 20 年代市场规模受外资强压而变狭小情况下，工业生产和资本的集中与联合已成趋势，至 20 世纪 30 年代更因内外因素造成的市场危机而形成高潮，其中在纺织、面粉、火柴、水泥、造纸、制药、电器、机械等工业行业尤为突出。

这种集中和联合，首先以销售同盟或产销联营方式出现。如 1925 年启新、华商两个水泥厂达成的水泥联营；1930 年荧昌、中华、鸿生三个火柴厂合并为大中华火柴股份有限公司；1936 年以大中华火柴公司为中心成立了中华全国火柴产销联营社等。大隆机器厂为解决本厂生产的纺织机械的销路，1925 年以洽记公司名义租办苏州苏纶纺织厂（1927 年以后全部收买），以后大隆生产的纺织机械主要销给苏纶厂使用，而苏纶厂的机械维修及人才培训则主要依赖大隆。到 1937 年，与大隆实行"铁棉联营"的纺织企业达到 7 个。[①]

在企业联合的基础上，民营资本组建了企业集团。纺织业中，以大生纱厂（设在南通）、大生二厂（设在崇明）等棉纺织企业为基础的大生企业集团，到 1921 年又建成大生三厂（设在海门），有 40 多家企业，所控制的资金总额总计 2480 余万两，各纺织厂拥有纱锭 16 万枚，布机 1300 余台。[②] 荣宗敬兄弟的申新纺织公司，通过租办和收买方式兼并其他企业，至 1936 年已拥有 9 家纱厂，纱机 57 万锭，布机 5304 台，资产总值达 8555 万元，势力扩展到无锡、汉口等地，成为当时中国最大的民营棉纺织工业企业集团。面粉业中，荣宗敬兄弟所属的茂新和福新两系统，通过租办和收买其他面粉厂等方式不断扩张，到 20 世纪 20 年代已有 12

①　参见陈争平：《中国近代民族工业"白银时代"的组织调整》，载《中国经济史探索：陈争平文集》，浙江大学出版社 2012 年版，第 238 页。
②　参见《大生系统企业史》编写组：《大生系统企业史》，江苏古籍出版社 1990 年版，第 204—208 页。

家厂，分布于上海、无锡、汉口、济南等地，共拥有粉磨 301 部，日生产面粉能力为 76000 袋，占全国民族资本粉厂生产能力的 31.4%，占全国粉厂（包括外商在华粉厂）生产能力的 23.4%。20 世纪 30 年代日产面粉能力仍占关内面粉工业的三分之一左右。[①]

民营资本还产生了少数跨行业的企业集团。如滦州煤矿、启新洋灰公司、京师自来水公司、华新纱厂、秦皇岛耀华玻璃公司以及中国实业银行等，都是周学熙集团的关系企业。其中启新洋灰股份有限公司年生产能力达 30 万吨水泥，曾一度垄断国内水泥市场，华新纺织公司 1922 年时共有纱机 10.8 万锭，是北方一大棉纺集团。刘鸿生企业集团除各火柴厂外，还有上海水泥厂、章华毛绒纺织厂、中华煤球公司、华丰搪瓷公司、大华保险公司、华东煤矿公司、中国企业银行等，也是跨行业经营的企业集团。[②]

此外，新兴产业的发展，也出现企业集团形式。1922 年范旭东在塘沽创办黄海化学工业研究社，除为久大、永利两企业提供技术支持外，还从事理论研究和资源调查，在盐卤、轻金属、肥料、细菌学等方面的研究都有一定成就。1924 年范旭东在青岛创办永裕盐业公司，并于 1933 年在江苏大浦建立久大分厂。1934 年范旭东将永利制碱公司改组为永利化学工业公司，并在南京成功创办永利硫酸铵厂。这样，范旭东的永久黄集团，包括久大盐业公司、永利化学工业公司和黄海化学社，成为生产科研一体化的新型企业集团。

第四节　农村经济

一、"土地改革"失败

孙中山先生提出"平均地权"和"耕者有其田"主张。"平均地权"是"使地产价值的增值额，成为创造这一价值额的人民的财产，而不是成为那些侥幸成为土地私有者的个别资本家的财产"。[③] 国共合作后，孙中山突出强调了"耕者有其田"，他说："对于地主，要解决农民问题，便可以照地价去抽重税；如果地主不

---

① 参见许维雍、黄汉民：《荣家企业发展史》，人民出版社 1985 年版，第 20、127 页。

② 参见陈争平：《中国近代民族工业"白银时代"的组织调整》，载《中国经济史探索：陈争平文集》，浙江大学出版社 2012 年版，第 241 页。

③ 《孙中山全集》第二卷，中华书局 1982 年版，第 326 页。

纳税，便可以把他的田地拿来充公，令耕者有其田，不至纳租到私人，要纳税到公家。"① "农民问题真是完全解决，是要'耕者有其田'，那才算是我们对于农民问题的最终结果。"②

孙中山的土地思想部分成为国民党的土地政策。1924 年 7 月，国民党一大宣言将孙中山"平均地权"的思想，以正式文件形式规定下来，使其成为《建国大纲》和《对内政策》的重要施政方针。1926 年 10 月，国民党第二届中央执行委员会及各省区联席会议《关于本党最近政纲决议案》，开始提出比较具体的措施，如"减轻佃农田租百分之二十五"，即"二五减租"政策，以及"设立省县农民银行，以贷款给农民"等。1927 年南京国民政府建立后，即开始着手制定各项土地法规，准备进行土地改革，以实现"平均地权、耕者有其田"的目标。1930 年 6 月南京国民政府颁布《土地法》，此外，1927—1937 年 10 年间所颁布的"地政法规及各省地政单行章则不下 240 种"。

南京国民政府 1930 年颁布的《土地法》分为总则、土地登记、土地使用、土地税及土地征收 5 编，共 397 条，对于土地所有权的确定和保障、私人或团体所有土地面积的限制、土地使用的统制、国家对于私有土地的征收等，都有详密的规定。《土地法》明确规定："中华民国领域内之土地，属于中华民国人民全体，其经人民依法取得所有权者，为私有土地。"对于平均地权方面，《土地法》规定："直辖市或县（市）政府对于私有土地，得斟酌地方情形，按土地种类及性质，分别限制个人或团体所有土地面积之最高额。前项限制私有土地面积之最高额，应经中央地政机关之核定。""私有土地受前条规定限制时，由该管直辖市或县（市）政府规定办法，限令于一定期间内，将额外土地分划出卖。不依前项规定分划出卖者，该管直辖市或县（市）政府得依本法征收之。前项征收之补偿地价，得斟酌情形搭给土地债券。"可见，《土地法》明确土地私有制，并且保护土地私有权，而平均地权则通过赎买方式。

但事实上，《土地法》到 1936 年才公布实施，而第二年就爆发了全国抗战，国民政府完全没有机会实施《土地法》，更不可能按照孙中山的思想切实实行土地改革。首先，国民党执政后，其执政核心和执政基础都发生了根本的变化。国民党取得政权后，其高级官员都进入城市，"在首都及其他大城市，已买进大批土地建筑大厦，甚至经营房地产生意，因之更牵涉到本身利害关系"③。所以就逐渐放弃了当年的革命目标，将孙中山的遗志抛到九霄云外去了。其次，国民党所依赖的农村基层政权，主要掌握在地主豪绅手中。"农村行政，为地主的广大势力所渗透，

① 《孙中山全集》第十卷，中华书局 1986 年版，第 558 页。
② 《孙中山全集》第九卷，中华书局 1986 年版，第 399 页。
③ 《土地改革五十年——萧铮回忆录》，"中国地政研究所"1980 年印行，第 72 页。

税收、警务、司法、教育，统统建立在地主权力之上"①，他们成为土地改革的主要障碍。据陈翰笙等人 1930 年对无锡 104 个村长的调查，地主占 91.3%，富农占 7.7%，商人占 1%。② 同年，江苏省民政厅对该省 374 个占有千亩以上土地的大地主主要职业的统计表明，各级军政官吏占 44.39%，高利贷者占 34.49%，商人占 17.91%，经营实业者占 3.21%。③ 在这种情况下，国民党的土地改革是不可能真正实行的。对此，蒋介石说得极为明确："如果我们从地主手里拿走土地，赶走共产党岂不多此一举？"④ 国民党不可能打倒自己赖以生存的地主阶级，更不会革自己的命。1941 年 6 月，蒋介石在第三次全国财政会议上说："我们民生主义的土地政策，不是和共产党一样，要来没收土地，也不是现在就要地主的地盘，尽归公家所有；而只是由地主自行报价，政府只依照法规定税率，照价纳税而已……而土地仍归原主所有，至土地定价以后将来的收益，才归于社会国家所公有。如此就是对于地主固有的权利与现在已得的利益，并无丝毫损失，而且藉此可以获得永久的保障。"⑤

但面对广大农村十分严重的阶级矛盾和冲突，特别是共产党领导土地革命对国民党统治的冲击，国民党不得不对农村土地问题采取一定改革措施。1935 年 11 月，国民党五大通过《积极推行本党土地政策案》，提出了"实行土地统制、迅速规定地价、实现耕者有其田、促进垦殖事业、活动土地金融"五项措施。1936 年 7 月，国民党五届二中全会提出《改革租佃制度案》，1937 年 5 月，国民党中央政治委员会通过了《修正土地法原则》。但不久全国抗战爆发，该方案于是搁置。1938 年 3 月，国民党临时全国代表大会制定《战时土地政策决议案》，提出战时土地政策之目的，规定非常时期的土地分配"应逐步改进，不能操之过急，积渐施行、稳健推进"。1941 年 4 月，国民党五届八中全会提出"为实现本党土地政策，应从速举办地价申报决议案"。1941 年 12 月，国民党五届九中全会提出《土地政策战时实施纲要》和《设置地政署案》。在抗战胜利前夕，国民党六大提出了《土地政策纲领》《农民政策纲领》《土地资金化方案》《战士授田案》等一系列方案来调整土地政策。1945 年 10 月，地政署修订《扶植自耕农实施办法草案》。1946 年 4 月，国民政府修正《土地法》，规定"私有农地所有权之转移，承受人以承受后能自耕者为限；省或院辖市政府得限制每一自耕农之耕地负担最高额"等。从这

① 《陈翰笙文集》，复旦大学出版社 1985 年版，第 61 页。
② 参见《陈翰笙文集》，复旦大学出版社 1985 年版，第 62 页。
③ 参见萧铮：《民国二十年代中国大陆土地问题资料》，台北成文出版社、美国中文资料中心 1966 年版，第 46155 页。转引自高璐：《论国民党大陆时期土地改革未能成功的原因》，《安徽史学》1998 年第 3 期。
④ 章有义：《中国近代农业史资料》第 3 辑，生活·读书·新知三联书店 1957 年版，第 345—346 页。
⑤ 张其昀：《先总统蒋公全集》第 2 册，台湾"中华文化大学"1984 年版，第 1522—1523 页。转引自高璐：《论国民党大陆时期土地改革未能成功的根本原因》，《安徽史学》1998 年第 3 期。

些陆续颁布的"方案"可以看出，国民政府不断改进的土地政策，总的来说还是朝着"平均地权"方向调整的。但可悲的是这些"方案"却从来没有切实地施行过。国民党在其统治时期，大多数时间都是处在战争状态之下，或是抗战或是"戡乱"，总有比土地改革更大的事，所以土改的事总是一拖再拖。1947年3月，国民党六届三中全会通过《农民运动实施纲领》，在承认和检讨农民运动的失败的基础上，要求制定新的实施纲要，改进土地制度，如"迅办地籍整理及土地估价、发行土地债券、倡办合作农场、清理荒地、保障佃权"[①]等。但这仍然只是说说而已，真正的土改还是国民党败退台湾以后的事。

二、"二五减租"失败

由于土地制度是社会基本经济制度，国民党迟迟没有下决心改革，而任何些许的调整都十分困难。在这种情况下，国民党试图实行改良，即推行减租政策。北伐时国民党即宣布其农村政策："改良农村组织，整理耕地，制定最高租额之法律，增进农人生活。"1926年10月，国民党在广州召开中央和各省区代表联席会议，通过《关于本党最近政纲决议案》，规定减轻佃农田租百分之二十五，统称"二五减租"。

南京国民政府成立后，宣称继续实行"二五减租"。1927年5月，南京国民政府颁布《佃农保护法》，规定"佃农缴纳租项不得超过所租地收获量百分之四十""佃农对于地主除缴纳租项外，所有额外苛例一概取消""佃农对于所耕土地有永佃权"。[②]根据这些精神，广东、湖南、湖北、江苏、浙江五省发布减租法令。但随着国共两党政治上的决裂，是年年底，广东、湖南和湖北三省的减租改革被正式取消，江苏省的减租一直停留在租额标准的制定上，未予实行。只有浙江从1927年11月份开始，发布了一系列减租条例，并予以实施。

1928年，国民党浙江省党部和省政府联席会议通过《浙江省十七年佃农缴租章程》，规定"正产物全收获百分之五十为最高租额""佃农依最高租额减百分之二十五缴租"。这样，佃农只需向地主交纳收获量的百分之二十五，自己则可得百分之七十五。《浙江省十七年佃农缴租章程》同时规定："副产业之收入，概归佃农所有。"《浙江省十七年佃农缴租章程》一方面对地主撤佃作了比较严格的规定，但另一方面对佃农"不缴租"行为也做了严格的规定。[③]同时颁布的还有《佃业理事局暂行章程》，规定省、县两级设佃业理事局，由省县党部、省县政府、省县农民协会等三方组成，处理农民和地主之间出现的纠纷。

---

① 何莉萍：《南京国民政府土地政策和土地立法之评析》，载《法史学刊》2006年第1卷，社会科学文献出版社2006年版。

② 朱汇森：《土地改革史料》，"国史馆"1988年印行，第33—34页。

③ 参见朱汇森：《土地改革史料》，"国史馆"1988年印行，第37—38页。

浙江省"二五减租"施行后，立即遭到城乡地主阶级的强烈反对。他们或诬指减租农民为共产党报警，或借口收回自种，有的更以撤佃相威胁，甚至有的贿使地痞流氓及暴徒以武力抗拒减租。天台、遂安、武义等县都发生了县党部指导员因推进减租而被殴打或杀害事件。还有不少地主纠集在一起，联名向省政府及南京国民政府请愿，要求废止减租。如1928年10月，永嘉县董士钧等以全体民众名义上书，指责减租之举"苦乐不均，倒置主佃名义"[1]。有势力的地主甚至以"不缴田赋"相威胁[2]。在地主阶级的压力下，浙江省政府委员会随即召开会议，认为减租办法"洵属有弊无利"，决定暂时取消，此后田租多寡，由佃业双方根据《佃农保护法》关于租额不得超过收获总量的40%范围以内自行协定。但浙江省政府的这一决定遭到广大国民党党员的反对。国民党浙江省党部召开常务委员会讨论，认为"二五减租"为党政双方共同决议，不能由省政府单方取消。

1929年5月2日，国民党中央召开第三届中央执行委员会常务会议。会议决定接受戴季陶建议：第一，核准浙江省政府的要求，取消《二五减租暂行办法》，但认为浙江省政府只是因实行上的困难而暂时停止，并非取消"二五减租"之原则，要求浙江省政府修正文字，以除误解。第二，已实行减租的地方，而又无纠纷者，不得再将租额复旧，以免再起业佃两方的第二次纠纷。第三，浙江省政府应于今后两年间，将乡村自治机关组织完全，土地调查办理清楚，并将"二五减租"之办法规定详密，以便施行。[3] 其后，浙江省又制定《浙江省佃农二五减租暂行办法》和《佃业争议处理暂行办法》，规定"土地收获除副产应全归农民所有外，由业佃双方就各该田亩情形，以常年正产全收获量百分之三十七点五为缴租额，自行协定新租约"。可见，这是一个折中的办法，即在百分之四十和百分之二十五之间取了一个中间值。但这个新的减租办法仍遭到地主的反对，他们勾结警吏，压迫佃农，无端撤佃、追租、补租等事件频繁发生。许多县政府和区乡长阳奉阴违，甚至"伪造省府训令"，宣称"实行二五减租即以共匪论罪"[4]。最后，浙江省的"二五减租"运动不了了之，各种条例都成了一具空文。

浙江省之外，江苏省也有一些动作，但因经办减租的各县县长"为结好于彼等起见，故决不愿厉行此项法令，是以毫无成绩可言"[5]。其他各省的减租计划均未实行，大部分省份连装模作样的减租条文都没有。在湖北，1927年9月30日省政府发布的文件说：省政府关于减租的文告"业布已经月余，其切实执行者固多，

① 朱汇森：《土地改革史料》，"国史馆"1988年印行，第50页。
② 参见萧铮：《中华地政史》，商务印书馆1984年版，第273页。
③ 参见杨天石：《国民党在大陆"二五减租"的失败》，《炎黄春秋》2009年第5期。
④ 益圃：《新土地政策的实施问题》，《中国农村》第3卷第7期，1937年7月。
⑤ 马寅初：《中国经济改造》（下），商务印书馆1935年版，第678页。

而借故迁延，意存观望者，亦复所在多有，甚至将所颁布布告，匿不张贴，藐视法令，违反党纲，显系土豪劣绅，把持操纵，流氓地痞，顽抗阻挠"①。事实上，政府当局明知地主阶级劣迹斑斑，但国民党大多数领导人与乡村地主"利益一致，思想感情相通"②，又因税源所系，常与他们互相利用，互相掩饰。事实上，地主抵制减租改革是在情理之中的，但政府依靠他们实施这项重大的改革，表明国民党政府并非真正希望实施改革，不过是为了争取民众而"作秀"罢了。总之，国民党取得政权后，抛弃了北伐时期"打倒土豪劣绅"的口号，转而依靠地主豪绅建立保甲制度，控制乡村政权，稳定乡村局势，不得不向阻碍、抗拒土地改革的地主豪绅让步。直到1948年，国民党的有识之士才终于认识到："我们20年来的政治基础是建筑在地主身上的"③。在这种情况下，"平均地权"和"耕者有其田"不过是国民党的"乌托邦"而已。

三、"复兴农业"计划

国民政府成立伊始即面临严重的农业危机。由于长期战乱以及20世纪30年代世界经济危机的影响，加上严重的自然灾害，国民党统治时期农村经济陷于崩溃边缘。农村经济凋敝的原因，从根本上讲是农村地主大量占有土地造成的，但是国民党并不能切实地实行"平均地权"和"耕者有其田"政策，甚至"二五减租"也由于遭到地主的强烈反对而无法实施，所以，中国农村经济陷入一个"死结"而不能解。但中国作为农业国，国民经济对于农业的依赖程度很大，广大农民的生存状况及其政治态度，关系到政权的稳定。中共在苏区进行的土地革命，很大程度上是与国民党争夺农民。与此同时，民间自发的农村建设运动也对国民党内外舆论造成影响。此外，农业和农村发展还涉及一些具体经济问题，如数量庞大的粮食进口，成为贸易逆差的重要原因。例如，1921—1925年大米年平均进口1850万市担，到1931—1935年增加为年平均2129万市担。④ 而农产品出口则大幅度下降。1933—1936年农产品出口仅为1931年以前的半数。⑤ 在这种情况下，国民政府提出"复兴农业"的口号，采取了一系列措施，试图复兴农业和拯救凋敝的农村。

---

① 《中华民国史事纪要》，"中央文物供应社"1929年版，第609—610页。
② [美]杨格：《1927年至1937年中国财政经济情况》，陈泽宪等译，中国社会科学出版社1981年版，第337页。
③ 《土地改革》第1卷第1期，1948年4月。转引自高璐：《论国民党大陆时期土地改革未能成功的根本原因》，《安徽史学》1998年第3期。
④ 参见许道夫编：《中国近代农业生产及贸易统计资料》，上海人民出版社1983年版，第147—148页。
⑤ 参见章有义编：《中国近代农业史资料》第3辑（1927—1937），生活·读书·新知三联书店1957年版，第606页。

南京国民政府主管农业的机构，先是农矿部，后划归农业部，部内设农业司。为表示对农业的重视和对农业复兴事业的重视，1933 年 5 月，行政院特设立农业复兴委员会，"作农村复兴之设计，并联络全国与农业有关机关，推进农村复兴之设施"。农业复兴委员会规格极高，由行政院长兼任委员长，内政、财政、实业、铁道、交通、教育各部部长以及几个委员会负责人为当然委员，蒋介石、汪精卫、孙科、宋子文、孔祥熙 5 人为常委。

农村复兴委员会成立后，首先对全国农业情况进行有组织的调查研究，推动设立一系列改良农业的相关组织机构。1931 年，在农村复兴委员会的积极推动下，设立中央农业实验所，专事农业改良，对于推广改良种子、防治病虫害、垦殖荒地及水利农具改良等方面起到积极作用。1935 年，实业部成立全国稻麦改进所，主要从事水稻和小麦品种的改良及病虫害的防治研究。1934 年实业部成立中央农业推广委员会，根据 1929 年农产、教育、内政三部公布的《农业推广规程》，推广农业实验机构的研究成果。为推广农业科研成果，农业推广委员会与中央大学农学院合办"中央农业推广区"，开展改良稻麦和畜渔种养的新技术推广。农村复兴委员会还与实业部合作，在南京设立南京新农场，采用最新式的耕种方法，为国家大规模农业建设提供经验。农村复兴委员会积极倡导设立中央模范农业仓库，执行农产品储押、共同贩卖及加工包装，对农产品调剂及增加农业附加值起到积极作用。另外，政府还着力推动粮食的统制与囤积，在华北地区推广植棉、改进棉业，在华南地区统制蚕丝、改良蚕种，以及在全国范围内统制农产物。

1933 年，有鉴于豫、鄂、皖三省战区内的人民久经兵灾，农村经济极端凋敝，急待拯救，于是国民政府拨款 250 万元创办鄂豫皖赣四省农民银行。因其他各省农村也急需救济，于是增加资金，扩大组织，成立中国农民银行。中国农民银行的主要任务是：供给农村资金，复兴农村经济，促进农产运销之改良进步。中国农民银行不但积极办理农村放款，同时推进合作社贷款工作，经营仓库业务，以期达到活跃农村经济之目的。

1936 年，农村复兴委员会积极促成农本局的设立。农本局的主要职责是"以金融之力量，扶助农业生产；以统筹之方法，畅通农产之运销"。农本局的具体业务是负责经营农产、抵押、运销和仓库等，辅助各县及各村创办农业银行、合作社及典当行。农本局对民国时期经济，尤其是农村经济，以及抗战时期后方棉花纱布的购销调剂、手工业纺织等方面都发挥了重要作用。1941 年，农本局售出棉花的 74.90%用于厂用和民用。农本局在为农业提供资金，促进农产品流通等方面发挥了重要作用。

此外，南京国民政府还采取了一些措施兴修水利。南京国民政府建立后，先后成立了导淮委员会、黄河水利委员会、广东治河委员会、华北水利委员会、扬子江水道整治委员会、太湖流域水利委员会、海河整理委员会等。1934年南京国民政府把重叠的机构加以合并改组，统一归全国经济委员会领导。全国经济委员会主持制定水利建设方案，提出"兼顾治本治标，分年进行"的方针。在治本方面，分期实施导淮和永定河的治本工程，并对黄河及长江流域进行水利整治。但由于抗日战争爆发，这些计划大多没有实施。

四、农村合作运动

国民政府颁布的《训政时期约法》规定："设立农业金融机关，奖励农村合作事业"，"为谋国民经济之发展，国家应提倡各种合作事业"。1927年，国民政府提出"救治农村"和"调剂农村金融"的口号，随即开展合作立法活动。1928年2月，国民党中央第四次执监会通过《组织合作运动委员会建议案》，同年10月，国民党中央又将合作运动列为七项国策运动之一。1931年，国民政府公布《农村合作社暂行规定》，并规定每年7月的第一个星期六为国际合作纪念日。1933年9月，国民党中央政治会议规定了"合作社法十大原则"，据此，立法院起草《合作法草案》，并于1934年2月17日公布。1935年9月，国民政府实业部又颁布了《合作法施行细则》，将合作事业进一步纳入法制轨道。

为推进全国的合作事业，1935年11月，国民政府实业部正式设立合作司。1936年，合作司主持全国各地公私团体组建的合作社组织，向其所在地政府申请登记，从而将各级各类合作社组织纳入全国统一的行政管理系统。为迅速推进合作事业，政府在各省分别设立合作人员训练班，培养合作指导人员，还在金陵、燕京、南开等大学开设合作课程，在中央政治学校设立合作学院，在中央党部设立中央合作指导人员训练所，培养各级合作人员。同时还在各级合作行政指导机关兴办合作讲习会，指导合作社的工作。

在国民政府的积极推动下，全国各地农村合作社组织得到迅速发展，到1934年6月底，全国各省市合作社总数为9948个，除西藏、新疆、内蒙古等地及东北三省外，其他地区基本上都组建了合作社。合作社的种类也有所扩大，除信用合作社外，尚有生产、消费、利用等合作社组织形式。到1936年全国各地农村合作社组织已达到37318个。[①]

---

① 参见朱英、石柏林：《近代中国经济政策演变史稿》，湖北人民出版社1998年版，第425—426页。

表 14-3　1936 年国统区合作社组织分布状况

	合作社数 （个）	比重 （%）	社员数 （人）	比重 （%）
河　北	6663	17.8	140202	8.5
山　东	4965	13.3	131133	8.0
安　徽	4125	11.1	206613	2.6
江　苏	3305	8.9	147653	8.9
河　南	3221	8.6	202202	12.3
江　西	3209	8.6	312028	19.0
陕　西	2066	5.5	82455	5.0
湖　南	1985	5.3	67048	4.1
福　建	1946	5.2	67380	4.1
湖　北	1932	5.2	103456	6.3
浙　江	1518	4.1	51870	3.2
四　川	1322	3.6	61496	3.7
合　计	36257	97.2	1572536	95.7
其他地区	1061	2.8	70224	4.3
全国总计	37318	100.0	1643760	100.0

资料来源：中国社会科学院农村发展研究所：《大变革中的乡土中国——农村组织与制度变迁问题研究》，社会科学文献出版社 1999 年版，第 251—252 页。

国民政府认为，农村合作运动有两大使命，一是繁荣农村，二是解放农民，进一步讲，还能使全国人民组织化、经济权利大众化、生产分配合理化、社会关系情感化。就是说，农村合作运动能够实现经济社会的综合效果。在农村合作运动推进下，广大农村还是取得一些进步的。首先，农村信用合作社的开展，在一定程度上遏制了农村高利贷行为，部分缓解了农村金融危机，特别是在灾荒时期，灾民得到部分救急赈款，得以免遭破产和尽快恢复生产。其次，许多合作社开展了品种改良、技术改进、农业知识推广等活动，还成立了棉花、蚕业、烟草、茶叶、柑橘等生产运销合作社，政府的"农业改良补助费"及保育家畜补助费，通过合作社放贷给农民，促进了改良作物的推广及物产品质的改进。最后，合作社还开展了不少促进生产发展和社会进步的工作，在合作生产方面，如合作掘井、合作制造肥料、合作修盖房屋、合作养猪等简单的互助合作；在合作公益方面，如进行协力修路、协力救灾、协力植树等；在农村教育方面，如设立民众学校与社员训练班、提高社员的文化知识。

总的看来，农村合作运动有利于克服农民狭隘自私的特性，培养合作精神，发展集体生产，推动中国农村近代化的历史进程。但是，农村合作运动存在很大的局限性，忽视农民的根本利益和根本诉求，也没有给农民带来真正的实惠。一方面是由于合作社发展并不普及，入社人员少，地区分布极不平衡。战前多集中在江、浙、冀、鲁等省，战时多集中于川、桂、黔等地，并且多集中在商业比较发达，交通比较便利的地方，而在偏僻穷困地区很少见到。另一方面，合作社大多被地主豪绅把持，他们掌握了合作社理事和监事的位置，常常滥用职权，垄断社务，甚至将从银行借得的资金转变成高利贷资本。

在政府推进合作项目的同时，民间自发的合作活动也得到一定发展。这里较为典型的是华洋义赈会开展的合作活动。华洋义赈会的全称为"中国华洋义赈救灾总会"，正式成立于1921年，是由中外人士共同组织成立的民间救灾团体，1922年起在农村开展合作事业，以信用合作为主。1923年6月，华洋义赈会在河北香河县成立了第一个信用合作社。此后，河北省的信用合作社在华洋义赈会的倡导之下得到了迅速发展，唐县、定县等地相继成立了乡村信用合作社。华洋义赈会规定，信用合作社一般至少由7人以上组成，借款数量根据信用合作社社员的数量来确定，社员40人以上的合作社最多只能借800元，40人以下的每社最多只能借200元。贷款形式较为多样，主要有信用贷款、保证贷款、抵押贷款、贴现贷款、农业信用贷款和特别贷款等。信用合作社贷款的对象仅限于社员，通过对社员借款用途进行考察，对社员进行信用评定，以此来确定贷款的金额。华洋义赈会作为一个民间救灾团体，在资金有限、人力不足的情况下，始终坚持在农村推行信用合作，在一定程度上确实改善了农民的生产和生活问题。华洋义赈会的活动也得到国民政府的认可，并接受政府委托在部分地区组建合作社组织。到1933年，华洋义赈会在安徽省发展合作社组织1700多个，江西省建立300多个，湖北省建立100多个。[①] 可以说，中国农村合作化运动的发展与华洋义赈会是分不开的。

五、乡村建设运动

对于农业和农村问题，民国初期的部分知识分子已经有所认识。他们认为，作为传统的农业国，中国不可能脱离农业而实现工业化，农村和农民问题不解决，中国的问题就不能得到解决。因此，他们组成各种社团，尝试以各种方式来推动农业的转型和发展，并逐步实现农村社会的改良和进步。这其中以晏阳初和梁漱溟以及企业家所开展的乡村建设运动最为著名，影响最为深远。

农村社会改良运动始于民国初年。1914年定县知事孙绳斋在翟城村搞农村自

---

① 参见中国社会科学院农村发展研究所：《大变革中的乡土中国——农村组织与制度变迁问题研究》，社会科学文献出版社1999年版，第250页。

治活动。1916 年孙莼斋任山西省省长，于是将农村自治带到山西推行。而他在定县翟城村的实验则被北平中华平民教育促进会接手继续进行。这可以视为农村社会改良运动之始。国民政府建立后，一方面，由官方组织和倡导来推行农业复兴和农村合作运动，另一方面对民间的农村社会改良运动也给予支持，部分地方官员也出于各种动机允许他们在其辖地实验。如山西阎锡山推进了"土地村公有"运动，韩复榘在河南和山东也支持农村社会改良活动。这样，到 20 世纪 30 年代各种农村社会改良运动在部分地区蓬勃开展起来。

在各种农村社会改良活动中，有着数量众多团体和派别，也出现了一大批著名的活动家。其中最有代表性的是被誉为"乡村建设运动三杰"的晏阳初、梁漱溟和卢作孚。他们以自身的文化思想背景为出发点，对乡村建设的使命、步骤及内容提出了自己独到的看法，并在各自的实验区进行实践，形成了民国时期乡村建设的三种模式。

从 1926 年开始，晏阳初选择在河北定县开展平民教育试验，并扩展到以农民教育为重点实现民族再造的乡村建设运动。晏阳初主张，平民教育的目标是适应实际生活，改良实际生活，创造实际生活，实现民族再造。他在河北定县推行平民教育并扩大到农村治理，都是从农民的切身需求出发，采取农民易于接受并能够获得实际效果的方式。如为减少饮用水途径传染的疾病，指导农民修建井盖与围圈，适时消毒灭菌；训练公立师范学生与平民学校学生进行免疫接种；训练助产士代替旧式产婆，向旧式产婆普及医学常识；建立各区保健所，培训合格医生；从平民学校毕业生中培训各村诊所的护士与公共卫生护士；为村民引入优良棉花和蛋鸡品种；组织成立平民学校同学会，建立村民自治组织；改组县乡议会，改造县乡政府等。定县乡村建设的实验，在短短两年时间里就收到显著效果，并受到国民政府的高度重视。20 世纪 30 年代初，国民政府将晏阳初的平民教育和乡村建设经验向全国推广，设立了乡村建设育才院，在中国各省分别划出一个县进行乡村教育试点，期间先后成立了定县实验县、衡山实验县、新都实验县和华西试验区等乡村教育实验区。随后，这种乡村建设模式遍布全国各地。

梁漱溟在同时期效法晏阳初在河南和山东等地进行"乡村建设实验"。1929 年梁漱溟在北平创办"村治月刊社"倡导"乡村建设运动"。他认为，中国社会是"以乡村为基础，并以乡村为主体的"，中国的前途"必走乡村建设之路者，即谓必走振兴农业以引发工业之路，换言之，即必从复兴农村入手"。他认为，中国的大患是民众的贫、愚、弱、私"四大病"，必须"要用教育改造他"。① 因而他提出以"学校式、社会式、家庭式"三大方式结合并举，"以文艺教育攻愚，以生计

① 参见梁漱溟：《我们的两大难处》，《乡村建设》卷 6 第 14 期，1937 年 4 月。

教育治穷,以卫生教育扶弱,以公民教育克私"四大教育连环并进的农村改造方案。同年,梁漱溟到河南辉县百泉村创办河南村治学院,内设农村组织训练部和农村师范部,以及农业实验部和村长训练部,"专造农村行政及技术人员"。1931年,梁漱溟在韩复榘支持下,在山东邹县创办山东乡村建设研究院,内设乡村建设研究部和乡村服务训练部。1933年,邹县全县被划为试验区,后来菏泽县也被划为县政实验县。两县都以乡村学校为实施乡村建设工作的中心,以乡学代区公所,以村学代乡公所,施行"政教合一的主张,实施全民教育"。① 同时,他还借鉴丹麦等国的经验,相继组织成立了棉花运销、机织、林业、蚕业等生产合作社帮助农民增收,并成立了农村金融流通处、农村信用合作社和邹平卫生院等,面对面地为民众服务。

1927年,卢作孚出任峡防局局长,开始着手他以重庆北碚为中心的乡村建设实验。卢作孚的目标十分明确:"目的不只是乡村教育方面,如何去改善或推进这乡村的教育事业;也不只是在救济方面,如何去救济这乡村里的穷困或灾变",而是要"将这一个乡村现代化起来"以供中国"小至乡村,大至国家的经营参考"。② 为此,他创办民生公司,把实业和乡村建设结合起来,通过民生公司为乡村建设提供必要的支持。卢作孚的实验主要从三个方面着手进行:首先是大力兴办各种实业。他先后投资和参与兴办北川铁路公司、天府煤矿公司、三峡染织厂、农村银行等,不仅增强了北碚的经济实力,也因而扩大了当地的就业,使民众获得实惠。其次是生态环境的改善和城市建设,包括整治环境卫生、拓宽道路、广植花草树木,如1927年到1935年北碚的植树量达7万余株。这就使北碚从一个穷乡僻壤变成了一个"具有现代化雏形"的城市。在北碚的综合经济实力迅速增长的基础上,他还创办文化事业和社会公共事业,包括地方医院、图书馆、公共运动场、平民公园、各类民众学校等。卢作孚在乡村建设中,十分重视乡村民主,培养民众的自治能力。他倡导并积极主持成立"北碚里(市)民代表大会"。市民代表,不是由上级指派,而是由市民直选产生。这就从制度上保证了民众对公共事务的参与权。

据国民政府实业部的调查,20世纪20年代末至30年代中期,全国从事乡村建设工作的团体和机构有600多个,先后设立的各种实(试)验区1000多处。这些团体和机构,性质不一,情况复杂,诚如梁漱溟所言,"南北各地乡村运动者,各有各的来历,各有各的背景。有的是社会团体,有的是政府机关,有的是教育机关;其思想有的'左'倾,有的右倾,其主张有的如此,有的如彼"。但关心乡

---

① 参见方悴农:《农村建设实施纪要》,大华书局1935年版,第128页。
② 参见《卢作孚文集》,西南师范大学出版社1989年版,第196页。

村，立志救济乡村，则是这些团体和机构的共同点。为整合乡村建设队伍，1933年，乡村建设学会在邹平成立，其任务主要是负责筹备和主持乡村工作讨论会。乡村建设学会成立后，除筹备和主持乡村工作讨论会外，还在《大公报》开创《乡村建设》副刊，以扩大乡村建设的影响，加强各地乡村工作者的联络和经验交流。此后，乡村建设运动更加广泛，并出现行政化态势，如梁漱溟整合乡村建设研究院、乡村教育机关、县政研究会、农业金融机关、农业改良试验推广机关，成立乡村建设委员会。与此同时，国民政府也加强了对乡村建设运动的规范和指导。1937年，实业部提出《促进乡村建设方案》，从而将乡村建设运动纳入官方轨道。

第五节　对外经济

一、海关税则

"关税自主"以后，国民政府对税则进行了多次改动。进口税则方面共有四次较大的变动。1929年税则是国民政府根据关税特别会议中各国代表七级附加税的提案，再分别加上5%的正税而制定的，最低税率为7.5%，最高税率为27.5%。[1]这一税则打破了长期以来实行的均一税制，确立了等差税制，一定程度上体现了关税自主原则。同时废除了陆路税减免1/3的不合理规定，统一了海陆关税。该税则平均税率为8.5%，近代以来中国进口税率终于有了实质性的提高，但同当时世界上大多数国家相比还是较低，如美国平均税率为26%、西班牙为40%、阿根廷为22%、日本为17%，[2]而且对本国不能生产的"非竞争性进口商品"的税率水平明显高于本国大量生产或将来可以大量生产的"竞争性进口商品"的税率，对国内产业保护作用微弱。

1931年国民政府重新修订关税税则，该税则将税率分为12级，从5%—50%不等。实行1931年税则的同时，南京国民政府宣布裁撤厘金，复进口税改征转口税。1931年8月1日对税则进行了调整，提高了34个号列的奢侈品税率，将最高税率提高到80%。1931年12月1日起开征10%的救灾附加税，从1932年8月1日起该税税率降为5%。1932年8月1日起，还征收关税附加税，税率为进出口税率的5%。[3]1931年税则虽然受到列强的约束，但税率有了大幅度的提高，尤其是

①　参见陆仰渊、方庆秋主编：《民国社会经济史》，中国经济出版社1991年版，第297页。
②　参见尉亚春：《中国海关关税税率的变迁》，新疆大学出版社2000年版，第33页。
③　参见孙文学：《中国关税史》，中国财政经济出版社2003年版，第254页。

烟、酒、丝制品、麻制品、火柴、陶瓷品、玻璃、高级食品的进口税，对国内同类产业起到了一定的保护作用。同时对经济建设急需的机械装备产品征收较低的关税，有利于中国工业的发展。由于该税则有片面优惠日本的倾向，遭到英美的反对。

1933 年 5 月，南京国民政府借《中日关税协定》期满的机会，宣布废止 1931 年税则，实施 1933 年税则。与 1931 年税则相比，有 380 种货物的税率增高了，430 种维持不变，92 种降低了。平均税率为 19.7%，1931 年税率最高为 50%，最低为 5%，而 1933 年税率最高为 80%，最低为 5%。[①] 增税品大部分为日本对中国输出的重要货物，如人造丝原税率一般在 45% 以下，此次一律增为 80%。减税品大部分为英美对中国输出的货物。税则一经颁布实施，就遭到日本政府和民间的强烈反对。"日本政府曾于五月三十一日对中国采取新关税率，令日本驻南京总领事向中国国民政府提出抗议……日外务省方面再事抗议。"[②] 总的来说，1933 年税则摆脱了《中日关税协定》束缚，具有较强的自主精神。该税则对日本实行高额关税，具有惩罚性质。它反映了"九一八"事变后，国民政府依靠英、美压制日本的意图。该税则增税货品的进口额大于减税货品进口额 9 倍，财政作用十分显著。但实际上，它摆脱了日本牵制，却又受到英、美干扰，仍然不是完全自主。

1933 年的白银风潮和日本在华北地区的猖狂走私，给南京国民政府造成了严重的财政危机和重重压力。1934 年 7 月，南京国民政府宣布施行新税则。该税则的分类、税目、税率级别与 1933 年税则相同。只是对某些货物税率作了调整，平均税率为 25.3%。[③] 减少税率的大多是《中日关税协定》日方享受优惠的物品，日本在棉布类、海产类、纸类三种减税货物中所占比重分别为 61%、46%、13%。[④] 在增税货物中，棉花、日用杂品等对美国影响大，而金属品、化学产品、机器及工具的增税，英国受影响较大。据统计，在主要减税物品贸易额中，日本占 13.11%，美国仅占 0.54%；而在主要增税物品贸易额中，美国占 60%，日本占 46.28%[⑤]。日本受益最大，美国受损最大。1934 年税则有利于日本，不利于英、美，在一定程度上又回到了《中日协定关税》时代。该税则是当时国民政府行政院长兼外交部部长汪精卫奉行"对日妥协"路线的结果。该税则执行后，1934 年关税收入比 1933 年增加了 11.4%，约 4500 万元，财政作用十分显著[⑥]，但保护实业和调剂海外贸易实际并未做到。所以，中国民族工业特别是棉纺织业反而遭到毁灭

① 参见孙玉琴：《中国对外贸易史》，对外经济贸易大学出版社 2004 年版，第 206 页。
② 叶松年：《中国近代海关税则史》，上海三联书店 1991 年版，第 322 页。
③ 参见叶松年：《中国近代海关税则史》，上海三联书店 1991 年版，第 367 页。
④ 参见孙玉琴：《中国对外贸易史》，对外经济贸易大学出版社 2004 年版，第 207 页。
⑤ 参见尉亚春：《中国海关税税率的变迁》，新疆大学出版社 2000 年版，第 39 页。
⑥ 参见叶松年：《中国近代海关税则史》，上海三联书店 1991 年版，第 462 页。

性打击,因而受到实业界、工业界人士普遍指责和反对。

二、对外贸易

国民政府时期所采取的经济模式，基本上是一种以自由市场为基础的计划经济，特别是国民政府建立之初，就面临着严重的世界经济危机和日本侵略的威胁，所以，必须通过国家的力量尽快发展国民经济，以实现自立自强。在对外贸易方面国民政府也希望通过国家政策来施加影响，为整个国民经济建设服务。因此，国民政府试图对贸易进行有益的指导，这一时期国民政府采取了一些促进贸易的政策措施，[①] 如设立贸易促进机构、建立商品检验制度、出口奖励和限制外国商品倾销政策、易货偿债政策和贸易管制等。

与此同时，在恢复关税自主权以后，中国开始逐渐提高关税。但由于是在存在近百年的不平等条约的前提下刚刚争取到关税自主，所以关税不可能一下子提得很高。另一方面，这一时期提高关税目的主要是为了增加财政收入，而不是保护国内工业，所以，关税也不能很高。1933 年以后，各国的汇率战愈演愈烈，中国的经济受银价提高影响，不得不采取关税手段来保护国内工业，所以才有关税较大幅度的提高。中国关税水平由 1926 年的 3.8%提高到 1936 年的 29.7%（其中 1935 年最高，达 29.9%）。[②] 这么高的关税，在客观上不可能不影响对外贸易，特别是进口贸易。

这一时期，国际国内经济环境都发生了很大的变化，就国际经济来讲，发生了资本主义历史上最大、影响最深刻的经济危机，世界贸易体制发生了根本的变化，即从自由贸易转向保护主义，各国为自身利益展开了旷日持久的贸易战；就国内情况看，中国关税自主权的恢复、法币制度的实施，特别是九一八事变和中日之间全面战争的危险等，都对这一时期的中国外贸产生了重要影响。

由于这些复杂因素，中国这一时期的对外贸易可以分为两个阶段。1926 年到 1931 年，中国进口值为 175154 万元法币，1931 年增加到 223338 万元，出口由 134657 万元增加到 141696 万元，入超值 81642 万元。此后，进出口贸易出现衰退，到 1937 年，进口值为 95339 万元，出口为 83826 万元，入超 11513 万元。[③]

与此同时，中国贸易结构发生较大变化。从进口来看，第一，棉花进口大量增

---

① 参见郑友揆：《中国的对外贸易和工业发展：1840—1948》，上海社会科学院出版社 1984 年版，第 421 页。

② 参见郑友揆：《中国的对外贸易和工业发展：1840—1948》，上海社会科学院出版社 1984 年版，第 75 页。

③ 参见《民国二十五年第三季第四季贸易报告、附全年贸易报告》，载《国际贸易导报》第 9 卷第 4、5、6 号，1937 年 4、5、6 月。转引自王方中：《中国经济通史》第九卷，湖南人民出版社 2002 年版，第 558—559 页。

加，而棉布进口大幅度减少。这是由于中国棉纺织业的发展导致棉花需求的大增，同时替代了棉布的进口。这里应该指出的是，由于日本在中国内地大量设厂生产棉纺织品，就地销售，导致日本棉纺织品进口的减少；另外，日本占领中国东北，对该地区的出口不在中国贸易结构中反映，这也是导致中国棉布进口减少的重要原因。第二，五金、机器、化学产品进口大量增加，这种变化反映了中国工业化的迅速进展。这期间，中日全面战争危险日益迫近，中国政府加紧实施实业发展计划，一方面为发展中国经济，另一方面也考虑到战争需要。正是出于这种考虑，中国政府很强调重工业发展，所以导致这一期间五金、机器、化工产品进口的增加。第三，洋米进口也发生大起大落，在 1932 年，洋米进口曾上升到进口额的第二位，但是到 1936 年，由于洋米进口税的提高，国产米大量运往广东代替洋米进口，一年之间就减少进口额 70%，使洋米在中国进口贸易中下降到十名以外。第四，洋糖进口下降。1929 年洋糖进口曾在中国进口贸易中占第二位，但由于广东实行蔗糖统制提高进口税，洋糖进口锐减。实际上走私活动却极为猖獗，所以洋糖进口并未有多大减少。

仍以原料和半成品为主。从出口来看，中国的出口变化主要有：第一，生丝。生丝本是中国的传统出口产品，1930 年和 1931 年在出口中处于第一位。但是这时中国的生丝受到日本生丝的竞争，还受到人造丝的竞争，所以出口下降无法避免，到 1936 年在出口中的地位已经降到第五位。第二，大豆。大豆本来是中国最主要的出口产品，但是中国大豆的主要产区在东北，而在东北沦陷后，大豆出口自然失去重要地位，到 1933 年就已退出前十位。第三，蛋类。蛋类在中国出口中一直处在第三位，蛋类主要出口到英国和德国等欧洲国家。第四，茶叶和桐油。这两种出口品中，茶叶波动较大，基本上处于下降之中，但是在 1934 年却升到第一位；而桐油由于属于战略物资，以出口美国为主，市场稳定，到 1935 年和 1936 年，上升到出口第一位。

这一时期，中国的贸易方向也发生重要的变化。在九一八事变前，日本即是中国最大贸易对象。例如，1931 年，日本占中国进口贸易的 20.4%，出口贸易的 29.9%，同年美国占我国进口贸易的 22.2%，出口贸易的 13.2%。九一八事变之后，日本对东北的贸易大大增加，再加上对中国内地的贸易，其总量是任何其他国家所不能比的。与此同时，美国在中国贸易中的地位也大大提高。1928 年，美国占中国进口贸易的 17%，出口贸易的 13%；到 1932 年，美国占中国进口贸易的比重增加到 25.4%，占中国出口贸易的比重保持在 12.1% 的水平上。德国与中国开展易货贸易，使德国在中国贸易中的地位上升到第三位。1936 年，中国从德国进口的商品已经达到 9643 万海关两，对德出口达到 2514 万海关两，分别占中国进口额和出口额的 15.7% 和 5.5%。中英贸易地位稍逊于中德贸易。中法贸易变化不大。此外，中国同南亚国家和地区的贸易一直保持发展，1919年，中国从这一地区的进口占中国进口总额的7.4%，向这一地区的出口占中国出口总额的4.8%，到1935年，占比则分别达到21.3%和9.1%。①

三、外资与外债

国民政府成立之后确定了利用外资的政策方针。但起初几年，处于大危机之中的欧美各国无力对华贷款或投资，加上以前政府旧债未尝、信用低下等不利因素影响，国民政府引进外资和利用外资十分困难，大危机之后外国对华投资才有了快速增长。1920—1923年外商在华总投资额为16620万美元，1928年为9660万美元，1929年为17000万美元，1930年为20200万美元。到1930年，外商投资总额达到364880万美元，为1914年的2.1倍，为1920年的1.9倍。② 1930—1936年，各国在华投资每年增长133000多万美元，为1930年以前的22倍。③

这一时期，外资企业资本的集中和大托拉斯活动比较活跃。外商大规模的工业企业如美国德士古公司（1929年）、上海电力公司（1929年）等均在此时期建立。据统计，到全国抗战以前，中国大约有2800个外商企业，但处于绝对统治地位的是十几家公司和银行。如英国的对华投资，集中在怡和洋行、太古洋行、沙逊洋行3大系统。怡和洋行在中国有7大企业，在香港有12家企业，其投资的"中英银公司"掌握了中国铁路和矿业借款。沙逊洋行掌握着25家公司，在地产业中具有优势。美国的对华公共事业投资，则由"美国电气债券公司"和"国际电报电话"两个托拉斯掌握。美国杜邦化学公司、福特汽车公司、西屋电气公司等十大托拉斯，也都在中国设立了机构。1930年，美国在华17家大公司的投资额，几乎占了美国在华投资总额的82%。④

1931年九一八事变后，日本在东北投资增长很快，除南满铁道株式会社外，日本又相继成立南满矿业开发株式会社、满洲重工业开发株式会社，对东北大工矿业和运输业实行全面控制和垄断。据估计，九一八事变前夕，日本在东北的直接企业投资为55020万美元，到1936年，日本在东北的投资达145523万美元，其中企业投资为132423万美元。短短5年企业投资增长了2.4倍。20世纪30年代初，日本在华投资超过英国而居首位。由于外交政策的倾向性，美国在华投资在1936年也达到一个高峰。相应地，英法等国对华投资也有很大增长，但增幅趋缓，

---

① 参见郑友揆：《中国的对外贸易和工业发展：1840—1948》，上海社会科学院出版社1984年版，第56页。

② 参见许涤新、吴承明主编：《中国资本主义发展史》，人民出版社1993年版，第39、56、57页。

③ 参见夏泰生：《中国投资简史》，中国财政经济出版社1993年版，第200页。

④ 参见王渭泉等编：《外商史》，中国财政经济出版社1996年版，第9页。

到 1937 年，投资基本停止。

从间接投资看，20 世纪 30 年代日本对东北以外中国其他地区的贷款基本上停止，而德国对华贷款居于领先地位。同时，南京国民政府先后派财政部部长宋子文、孔祥熙到英美洽谈借款事宜，寻求英美的财政支持。美国对华贷款有明显的增加，继美麦借款后，棉麦借款也于 1933 年成立。英国对华贷款则居美国之后居于第三位。自 1931—1937 年全国抗战爆发前，南京国民政府共借款 53 笔，总数达 267823111 银元，其中德国 99836786 银元、美国 73275044 银元、英国 48838033 银元。①

---

① 参见王渭泉等编：《外商史》，中国财政经济出版社 1996 年版，第 10 页。

第十五章 战时经济

第一节 战时体制

一、战时经济体制

1. 抗战建国纲领

1937 年 7 月 7 日抗日战争全面爆发，全国各党派、团体、各界人士纷纷发表自己的政治主张，呼吁国民党制定全国上下一致遵守的政治纲领，有效动员全国的人力、物力、财力，进行战时国防经济建设，坚持持久抗战。国民政府对战争的规模之大和持续之久是有足够估计的，并且在战前即有所准备。所以，战争一开始就立即着手确立战时经济体制。1937 年 8 月至年底，国民政府紧急颁布了《非常时期安定金融办法》《增进生产及调整贸易办法大纲》《战时粮食管理条例》《战时农矿工商管理条例》等一系列法令，对这些关键经济部门实行非常措施。

1938 年 3 月，国民党召开临时全国人民代表大会，重点就是确立战时经济体制。4 月 1 日大会通过《中国国民党抗战建国纲领》（以下简称《抗战建国纲领》），作为抗战时期最重要的纲领性文件。《抗战建国纲领》包括总则、外交、军事、政治、经济、民众运动等几方面，共 32 条。《抗战建国纲领》称：

> 中国国民党领导全国从事于抗战建国之大业，欲求抗战必胜，建国必成，固有赖于本党同志之努力，尤须全国人民勠力同心，共同担负。因此本党有请求全国人民捐弃成见，破除畛域，集中意志，统一行动之必要，特于临时全国代表大会制定外交、军事、政治、经济、民众、教育各纲领，议决公布，使全国力量得以集中团结，而实现总动员之效能。

《抗战建国纲领》第一条规定："确定三民主义暨总理遗教为一般抗战行动及建国之最高准绳。""发动全国民众，组织农、工、商、学各职业团体，改善而充实之，使有钱者出钱，有力者出力，为争取民族生存之抗战而动员。"《抗战建国纲领》第十七至二十四条规定了战时经济政策：

（十七）经济建设应以军事为中心，同时注意改善人民生活。本此目的，以实行计划经济，奖励海内外人民投资，扩大战时生产。

（十八）以全力发展农村经济，奖励合作，调节粮食，并开垦荒地，疏通水利。

（十九）开发矿产，树立重工业的基础，鼓励轻工业的经营，并发展各地之手工业。

（二十）推行战时税制，彻底改革财务行政。

（二十一）统制银行业，从而调整工商业之活动。

（二十二）巩固法币，统制外汇，管理进出口货，以安定金融。

（二十三）整理交通系统，举办水陆空联运，增筑铁路公路，加辟航线。

（二十四）严禁奸商垄断居奇，投机操纵，实施物品平价制度。[①]

大会还通过了《非常时期经济方案》作为《抗战建国纲领》的实施方案，[②]主要内容包括：

第一，推进农业以增生产。要求农民生活应使安定；有用作物之生产应使增加；大宗农产品应设法积储调剂；农村经济应使活动；土地分配应逐步改进。

第二，发展工矿以应供需。要求固有工矿设备，应设法保存，以充实内地生产能力；国防急需之工厂，应积极筹设，政府除保全原有生产力之外，更应创造新生产能力；燃料及动力应妥筹供给；农村手工业应提倡促进；民营事业应扶持奖导；资本与劳动之利益应兼重并顾。

第三，筹办工垦以安难民，以使逃难后方的战区民众不至流离失所。要求使彼等从事于生产工作，以增加抗战力量，并以垦荒为主。为此，政府在西北的甘、宁、青和西南的川、滇、黔、桂以及湘鄂西部安排了一些垦区，并要求各省政府于最短期内即将勘定各省荒地，办理难民移垦登记。

第四，发展交通便利运输。要求国内交通线路应加速添设，如铁路方面的湘桂铁路、成渝铁路、咸阳至甘肃段铁路等；公路方面的兰州经天水、南郑至老河口各段，陕甘新宁各干线，使与铁路公路联络；水道方面要改善旧水道，多辟内河航线，使与铁路公路联络等。要求开辟扩充国际交通通讯线，铁路方面的镇南关至安

---

① 中国第二历史档案馆藏中国国民党中央执行委员会档案。
② 参见秦孝仪主编：《中华民国经济发展史》，"近代中国出版社" 1983 年版，第 608—611 页。

南段、昆明至安南段、新疆通中亚等；公路方面的昆明至缅甸段；电信方面包括在重庆、成都、昆明设强大电台；航空方面要求开辟兰州经迪化到达边境以与苏联航线相连，开辟昆明到缅甸和仰光航线以与英国欧亚航线相连。

第五，分别地区调剂金融。共划分四个区域进行处置：沦陷区、接近地区、距敌远区、复兴根据区域。要求以政府各种有关规定办法为经，而以行区施行为纬，切实推行，以安定金融，稳定外汇，发展生产，活跃贸易。

第六，管理贸易以裕外汇。规定应通过限制进口和增加出口，以平衡国际收支。对非必需品与奢侈品，必须限制进口。以改善出口环境和发展出口产品生产，鼓励大量增加出口，以所得外汇巩固战时金融，发展国内贸易和生产事业。

第七，厉行节约以省物力。要求凡政府机关不必要之开支，不能即生效果之建设费用，均宜切实核减；私人经济，应尽量节省物力财力，贡献国家，用于抗战。

大会《宣言》进一步规定了战时经济建设的指导方针：

> 政府必当根据民生主义之信条，实行计划经济，凡事业之宜于国营者，由国家筹集资金，以事兴办，务使趋于生产合理化，且必节制谨度树立楷模；其宜于私人企业者，由私人出资举办，于国家的整个计划之下，受政府的指导及奖励，以为有利的发展。

《抗战建国纲领》和《非常时期经济方案》的发布和施行，标志着国民政府战时统制经济政策的经济方针已经基本确立。1939 年 3 月，国民党五届五中全会明确宣布"依于战时人民生活之需要，分别轻重，斟酌缓急，实行统制经济"①。此后一直到 1941 年，在 3 年时间里，国民政府陆续颁布了数十个有关经济统制的具体法令，其范围涉及国民经济的生产、流通、消费各个环节，对包括工矿、农商、粮食、金融、外汇、物价、物资等国民经济各个重要部门进行全面统制。

2. 调整中央行政机构

全国抗战爆发以后，为配合和保证统制经济政策的全面施行，国民政府对原有国家经济行政机构陆续进行了调整。首先是确定战时最高决策指挥机构。1937 年 8 月设立国防最高会议，随即将原中央政治会议下的财政、经济、交通三委员会移交国防最高会议管辖。1939 年 1 月，作为战时党政最高权力机构的国防最高委员会成立，下设中央设计局以主持全国政治、经济设计的审核，形成最高政治、经济决策机构。

---

① 浙江省中共党史学会编著：《中国国民党历次会议宣言决议案汇编》第二分册，浙江省中共党史学会 1984 年印行，第 416 页。

1938 年 1 月 1 日，国民政府颁布《调整中央行政机构令》，规定：凡工作因战事影响不能继续进行之机关，暂时停办或裁撤；凡工作因与战事无关，不必继续进行之机关，暂时停办或裁撤；凡某一机关之工作与另一机关工作性质重复者合并之；凡工作有继续进行之必要之机关加强之；凡工作有进行之必要，而尚无机关办理者创设之。

孔祥熙就任行政院长后，根据上述规定，对经济体制进行了较大调整，以建立适应战时的经济体制。具体措施是：将原实业部改组为经济部，并将建设委员会、全国经济委员会水利部分，以及军事委员会资源委员会第三部、第四部并入经济部；将原属军委会管辖的贸易调整委员会改隶财政部，改名为贸易委员会，并将国际贸易局改归财政部贸易委员会管理；设立交通部，将铁道部及全国经济委员会公路部分并入交通部，将军事委员会农产、工矿及贸易调整委员会下属运输联合办事处改隶交通部；将农业调整委员会、四省合作事业办事处并入农本局。

1941 年 2 月，在行政院内正式成立了"经济会议"，1942 年"经济会议"又改为"国家总动员会议"，成为战时最高统制机构。国家经济行政管理部门经过一系列调整和改组，改变了过去系统纷杂、政出多门的现象，确保了战时国民政府在实施统制经济政策的总目标下，逐步确立国家资本在战时后方经济中的主导地位，从而使国民政府的各项战时经济措施得以顺利推行。

3. 战时经济体系基本纲领

随着战争的发展，国民政府财政日益趋紧。这主要是由于军费支出巨大，占据了整个国家财政的主要部分。在战争进入相持阶段后，国民政府不得不重新考虑国家的财经体制，以应对持久战争。1941 年 3 月 24 日至 4 月 2 日，国民党在重庆召开五届八中全会。会议通过一系列财经法案，包括《积极动员人力物力财力确立战时经济体系案》《动员财力，扩大生产，实行统制经济，以保障抗战胜利案》《国防工业战时三年计划纲要案》《请迅速实施战时计划经济以加强抗战力量奠定基础案》等。这一系列法案的核心就是制定战时经济体系的基本纲领。全会指出："国家在战时，其经济力之能否持久，为最后胜利之关键。而经济力之能否配合军事之发展，有赖于其机关之健全独立以及灵活运用"，还必须建立各经济部门政策法规的坚强基础。因此，全会要求，"今后对策，实应积极动员全国人物财力，加强战争体系，以求生产之增加，分配之公允，并厉行消费节约，务使一切经济力量，得收全盘控制之运用"[1]。

国民党五届八中全会通过的《积极动员人力物力财力确立战时经济体系案》，

---

① 秦孝仪主编：《中华民国经济发展史》，近代中国出版社 1983 年版，第 612—613 页。

制定了"战时经济体系基本纲领"十则。[1] 具体内容是：

一、确认当前对敌经济斗争为胜利之主要关键，放弃一切陈腐不合时代之经济观念，而代之以军事第一与经济国防化之基本信念，确立战时经济体系努力之方针。

二、全党同志应深切了解新时代国防经济政策之重要，领导全国全民，不避任何艰苦与代价，全力推行，达成抗战最后胜利之目的。

三、决定统一步骤，限定最短时间充实并调整各级经济机构，特别注重基层组织，如金融及税务机关、合作机关、运输机关、缉私机关、盐粮管理及仓储机关等，务须建立健全之经济有机体，以为实行全面经济统制之据点。

四、动员全国专门人才，分配于各级经济机构中，使之担任管理及技术工作，确定其权责，保障其地位，使成为经济抗战之干部。

五、动员全国优秀青年，施行短期训练，充任经济抗战之战斗员，应认定其重要性，等于前线浴血苦战之将士。国家当予以前方将士同样之优遇与奖进。

六、动员全国工人农民及妇女，分期加以组训，积极从事生产。

七、经济机构均依军事部门与科学管理，统一指挥，分层负责，简化手续，以达军令式之迅速切实化并确定效率标准，厉行定期考核，对各级人员之待遇，应加调整，使其合理化，必要时以实物支付之。

八、对于人民经济活动，从生产过程以迄最后消费，应作有体系之计划统制，并逐渐加强，使能全盘控制，以配合军事之运用。

九、对于金融贸易运输生产等关键事业，以扩大国营联合民营加强联系等手段，力求分配之公允，对于过分利得及不劳收益实行收归国有，对于人民生活最低需要，由政府统筹，平定物价，并以公营合作方式分配之，同时发动民众，厉行节约，并逐渐养成集体生活之习惯。

十、厉行对敌经济斗争，凡军事及后方迫切需要之物资，鼓励爱国商人，透过敌人封锁线，售交公营贸易机关，不需要之奢侈品或敌货应由缉私机关，绝对严格予以查禁。

《战时经济体系基本纲领》的确立，对当时实现战时经济的全面转轨、支持持久的抗战起了一定的积极作用。

通过一系列机构调整和政策调整，国民政府的战时体制逐渐确立起来，加强了

---

[1] 参见刘建业主编：《中国抗日战争大辞典》，"战时经济体系基本纲领"条，北京燕山出版社1997年版。

战争动员的力量，成为抗日持久战的制度基础。

二、战时物资统制

为保证抗战得到最优先的供应以及国计民生的基本要求，国民政府通过行政手段直接干预社会经济生活，统制生产、流通和消费。这里，最重要的是各种战争物资的统制，特别是粮食等必需品的统制。

1. 田赋征实

随着战争扩大，华北产麦区、东南产米区相继沦陷；大批壮丁从军，农村劳动力不足，不少地区粮食减产；加之后方人口激增、商人囤积居奇等原因，市场上的粮食短缺问题日渐严重。另外，此时英法两国相继关闭了滇越、滇缅铁路，粮食进口也很困难。这一系列原因导致 1940—1941 年间粮价飞涨。为稳定粮价，保证军需民食，1940 年 8 月 1 日，国民政府成立了全国粮食管理局，开始对粮食进行统一管制。该局成立后，采取派售余粮、平价配购、取缔囤积、平价购销等办法，以控制粮价。但平抑粮价难以解决粮食供应紧张问题。于是国民政府决定采取田赋征实措施。1939 年，田赋征实最早在山西实行。同年秋天，闽、浙两省也开始实行。1940 年 7 月 28 日，国民政府颁布《本年秋收后军民粮食统筹办法》，规定"以征购与实谷折征田赋两者并行"。接着，蒋介石签发命令："以后征购粮，应以谷米为准，而不以货币为主。"1940 年 11 月，行政院通过各省田赋得酌征实物的议案，实行全面的田赋征实政策。

1941 年初，粮食问题更加严重，粮价暴涨，军粮民食更难筹应，各大城市出现米荒，时有抢米风潮发生。1941 年 3 月，蒋介石在国民党五届八中全会上说："今后的抗战，军事与经济实应同时并重，而且就现代战争的特质而言，我们毋宁说今后敌我成败的决定力经济要占七分，军事仅占三分。"所以，须"将田赋之一部或全部征收实物"。1941 年 3 月 29 日，国民政府行政院颁布了《田赋改征实物办法暂行规则》，规定：田赋改征省份，应自即日起，尽量征收实物，各省征得的粮食，应尽先充作军粮；田赋改征或加征后，人民所增加的负担不得超过物价增加数 60%。1941 年 4 月 1 日，国民党五届八中全会决定，为适应战时需要，拟将各省田赋暂归中央接管，得依各地生产交通状况，将田赋之一部或全部征收实物。1941 年 6 月 16 日至 24 日，财政部召开第三次全国财政会议，通过了田赋征实的四项原则：第一，凡军粮民食亟待解决调剂的地方，其田赋自 1941 年下半年起，战时一律征收稻谷、小麦或杂粮等实物，产粮不足地方，呈经中央核准者仍征国币；第二，田赋征收实物的标准，依本年度已附税总额，以战前粮价与原纳货币数，法币每元折征稻谷 2 市斗（产麦区得征等价小麦，产杂粮区得征等价杂粮）；第三，各省征实办法及细则，由各省财政厅于 1941 年 7 月 31 日以前拟订呈准实施；第四，各省征收实物，采经征和经收划分制度，经征事项，均由税务机关负责，经收事项，由粮食机关经手办理。会议又议决发行粮食库券办法，用库券去征购粮食。1941 年 7 月 23 日，国民政府明令公布施行《战时各省征收实物暂行通则》，对田赋征实的四项原则作进一步确认。

为推行田赋征实，政府在财政部设置了整理田赋委员会，统筹一切田赋征实事宜。同时，国民政府设立粮食部，负责军粮民食的收购、仓储、运输、调拨等事务，监督各地方行政长官有关粮食事务的工作。

田赋征实政策对于保证抗战期间的粮食供应发挥了重要作用。田赋征实的第一年，粮食部为各省所定征收数额为稻谷 2293.8 万市石（1 市石为 50 千克），其中四川配额最多，占到四分之一。至 1942 年 10 月，21 省征收谷物，折合稻谷 2345.9 万市石，超出所定额征数。1941 年度田赋征实总数约 2400 万市石，以市石 100 元计算，约值法币 24 亿元，比较战前中央全部预算每年不过 10 亿元之数，超过二倍以上。[1]

田赋收归中央政府并改征实物，加强了国民政府统筹支配的物力和财力，能够在较大程度上保证军民粮食供应。另外，田赋由征收货币改为缴纳实物，有助于缓和通货膨胀压力。但这项改革措施与地方军阀的利益相冲突，所以遭到一些地区的抵制。最大的阻力来自云南省的龙云和西康省的刘文辉，他们将田赋视为各自的财源而不愿上缴中央。对此，蒋介石还是做了一些妥协，所以财政部在最终的草案中特意加有一句："其赋额较重之省份，请由财政部酌量减轻。"

与田赋征实同时实行的政策是粮食征购和征借。征购始于 1938 年，具体办法是以所购额的三成按平价付给现金、七成付给粮食库券。粮食库券从征购后的第三年起，每年以面额 1/5 抵缴田赋应征之实物，五年全数抵清。由于粮价不断上涨，政府用现款支付征购粮食颇感困难，遂于 1943 年将征购改为征借，所有征借粮食一律发给粮食库券。实际上征购和征借都是征实，主要目的是保证战时军民粮食供应，并稳定市场粮食价格。从 1941 年到 1945 年，共征田赋稻谷 10460 万担，麦子 2110 万担，征借稻谷 3820 万担，麦子 650 万担，合计征借购稻谷 21090 万担，麦子 3400 万担。[2]

表 15-1　全国抗战时期的粮食征实、征购、征借

	实收粮食（百万担）	估计价值（百万元）	征粮费用（百万元）
1941—1942 年	45.80	5224	1458

---

[1] 参见陈开国：《徐堪其人其事》，载《文史资料选辑》（合订本）第 41 卷，中国文史出版社 2011 年版。

[2] 参见杨荫溥：《民国财政史》，中国财政经济出版社 1985 年版，第 119 页。

续表

	实收粮食（百万担）	估计价值（百万元）	征粮费用（百万元）
1942—1943 年	66.18	14169	3040
1943—1944 年	64.78	49628	8590
1944—1945 年	54.29	100976	13869

资料来源：许涤新、吴承明主编：《中国资本主义发展史》第三卷，人民出版社 2003 年版，第 479 页。

2. 花纱布管制

日用必需品的管制，主要是棉花、棉纱和棉布。1939 年 6 月，国民政府行政院经济部农本局在重庆建立福生庄，并在各省采购及供应中心分别设立分庄，负责花纱布的管制。福生庄是商业机构，其管制内容仅限于以调节供需为手段管理市场价格。农本局在棉花产地设收花处收购棉花，以保证后方纺织生产所需原料。为推动后方农村手工纺织业的发展，农本局还在川黔等省设立手纺办事处，组织和动员民间纺纱织布，以供应军需民生。1939 年 12 月，经济部成立平价购销处，负责纱布的平价工作。由于纱布的价格高涨，平价收购处于 1940 年 8 月 11 日公布《放纱收布办法》，以定量的棉纱，供给重庆及近郊织布机户，加工织布后推向市场，以遏制市价涨风，起到了一定效果。

1942 年经济部成立物资局，进一步加强对花纱布的统制，制定了"以花控纱，以纱控布，以布控价"的政策。具体管制办法是，物资局对厂商的存货进行登记，对厂商的棉纱进行限价统购并分配供应给织布厂和机户，而各厂和机户织成的布由物资局统购。物资局在掌握货源情况下，对军民实行定价定量供应制度。政策规定，凡中央党政机关公务员及军事学校之官佐、公私立学校之教员、文化学术团体之职员，及各地方军政机关驻重庆办事处职员工役，每人可购买平价布一丈五尺，以一次为限。这就是棉纱和棉布的统购统销政策。

1942 年底，物资局撤销，农本局改组为花纱布管制局，继续沿用以上政策。1944 年该局制定《管理小型动力纱厂花纱交换办法》，对工厂实施棉花配给，由工厂按数交还棉纱。各机纱厂商须将其所产全部棉纱交农本局统购，再行核配。各纺织机户必须一律领花交纱，领纱交布，以彻底掌握他们手中原料来源和产品销路。管制局还采取多种办法争取掌握纱布物资，包括以棉花向纱厂换机纱，或向手纺换土纱，并以棉纱向织厂换棉布。管制局还到四川、湖北、河南和陕西各省民间收购土纱土布，并渗透到各游击区去抢购纱布等。为鼓励民间的棉花生产，管制局还向农户发放棉贷，到 1944 年棉贷已发放 5 亿元。对花纱布的管制，使政府掌握了棉花、棉纱、布足这几种重要物资，保证了花纱布的战时供应，同时也保证了花纱布的生产。随着抗战的胜利，花纱布的管制也宣告结束。

3. 工业物资统制

全国抗战爆发后，鉴于钢铁、机械设备、化工产品等工业物资供应紧张的局面，国民政府一面积极向国外采购，一面对国产工业物资进行统制。进口工业物资由经济部工矿调整处掌握。1939年5月和1940年1月，国民政府分别设立钢铁、水泥两个管理委员会，并制定规则，开始对国产工业物资进行管制。1940年12月，两管理委员会归并入经济部工矿调整处。

太平洋战争爆发后，大陆交通线被切断，物资来源减少，经济部工矿调整处对工业物资实施全面统制。1942年1月后，经济部先后核准公布《管理工业材料规则》《钢铁材料登记办法》《管理钢铁材料实施办法》《管理工业机器规则》等一系列管制法令，规定将三大类工业物资纳入统制：第一类是金属材料，包括锭、板、条、丝、管等金属初级品，小五金杂件，机器配件及工具，电气材料等；第二类是非金属材料，包括染料及助染剂等，鞣剂，水泥，酸碱等；第三类是工业设备，包括动力机、工具机、作业机器等。对于个别工业原料，还另设机构进行统制，如对川康铜业，由资源委员会川康铜业处管理。1942年4月，经济部工矿调整处进一步扩大管制范围，将后方划为5区，除由该处直接办理川鄂区的物资管制事项外，中南、西南、西北三区则于桂林、昆明、西安分别设立办事处，并于成都、金鸡、兰州、贵阳、衡阳、沅陵、曲江等地设立专员办事处，以加强对大后方工业物资的统制。经济部工矿调整处先后指定管制的工业物资计200余种。1944年，战时生产局成立，逐渐接手工业物资统制任务。

对工业物资的统制，主要是对工业物资进行存货总登记掌握货源；发放准购证，严格控制物资购买，掌握物资去向和数量；发放运输护照，掌握物资流向；统制价格，属统制之列的工业物资的价格均由政府核定，不得随意涨价，目的是节制物资虚耗，稳定市场。战时工业物资统制政策的实施，对稳定市场、保证军工和生产建设的物资供应，起了一定的作用。战时稀缺的工业物资首先保证国有企业，然后才是民营企业。因此，民营企业常常受到缺乏原料物资的困扰。

4. 外销产品统制

战时外销物资，基本上属于易货偿债性质，主要用于国民政府抵偿外债。这些物资分为两类：第一类为特种矿产品，第二类为指定统销之特产品。1939年12月2日，经济部颁布《矿产品运输出口管理规则》，规定：钨、锑、锡、汞、铋、钼各矿产品收购运销之管理，由经济部指定资源委员会执行之；桐油、猪鬃、茶叶、生丝、羊毛等外销农产品，由复兴、富华和中国茶叶三大公司统购统销，不准其他任何机关、商号或个人经营。

国民政府对特种矿产的统制从战前即已开始。1935年资源委员会成立时即被授权"通盘整理国内钨锑矿业"。国民政府提出，以外国借款关系，极力增进出口矿产品的生产；以为偿债和易货之用其对特种矿产进行统制，不得不加强钨、锑、锡、汞之统制及产运工作，以供出口。为此，资源委员会首先成立了江西钨业管理处、湖南锑业管理处对钨、锑施行统制。抗战全面爆发后，为保证偿付外债的特种矿产的生产和出口，1937 年 10 月，政府正式将钨、锑、锡、汞划归经济部管理。1939 年 12 月，经济部颁发《矿产品运输出口管理规则》，规定钨、锑、汞、铋、钼矿产品的收购运销之管理，由资源委员会负责。资源委员会先后成立了生产、管理有色金属的相关处、厂、矿共 24 个单位，对特种矿产的统制也随之扩大到锡、汞、铋、铜、钼等多种矿产。从统一收购、组织运销，到建立厂、矿直接生产；从抵押、易货换取信贷和物资，到开拓内销市场，资源委员会对这些特种矿产实行全面统制，几乎完全垄断了特种矿产的全部生产、运输和销售。为便于特种矿产的出口，资源委员会还专设一个国外贸易事务所及其纽约分所和西北分所，两分所分别办理对美、苏出口特种矿产的交货业务。1937—1945 年，四种特种矿产的收购量分别为：钨 82032 公吨，锑 56676 公吨，锡 38444 公吨，汞 789 公吨，出口量分别为：钨 68324 公吨，锑 40160 公吨，锡 66753 公吨，汞 594 公吨。[①] 指定统销之特产品，由财政部贸易委员会负责统制。抗战时期，贸易委员会共收购茶叶 100 余万公担，桐油 180 余万担，猪鬃 8 万余公担，生丝、蚕茧合计 7 万余公担，羊毛（包括驼毛）约 44 万余公担。

从 1938 年至 1945 年 8 月，大后方国统区出口总值为 20078 万美元，进口总值为 44331.5 万美元。[②] 在出口值中，输出的属统制范围的农、矿、金属产品总值为 15068 万美元，占 75%。由此可见，战时对外销物资的统制对于抗战期间国民政府偿付外债和平衡贸易的作用。

三、财政金融改革

1. 税制改革

全国抗战爆发以前，国民政府财政收入主要依靠关、盐、统"三税"，而这"三税"主要源自东南沿海地区。全国抗战爆发后这些地区首先沦陷，从而使国民政府的财政收入大大减少，到 1939 年"三税"收入比全国抗战前下降了 60 个百分点。[③] 1937 年，关税收入为 2.39 亿元，盐税收入为 1.41 亿元，统税收入为 3000 万元。1938 年，关税收入降为 1.28 亿元，盐税收入降为 4800 万元，统税收入降

---

① 参见抗日战争时期国民政府财政经济战略措施研究课题组：《抗日战争时期国民政府财政经济战略措施研究》，西南财经大学出版社 1988 年版，第 434 页。

② 参见郑友揆：《中国的对外贸易和工业发展：1840—1948》，上海社会科学院出版社 1984 年版。根据第 116 页表 40、第 169 页表 42、第 19 页表 55 有关数字。

③ 参见杨荫溥：《民国财政史》，中国财政经济出版社 1985 年版，第 106 页。

为 1600 万元。[①] 另外，随着战争的延续，军费支出越来越大，国家财政日益趋紧。同时，国民政府以"抗战建国同时并重"相号召，大力推进后方的开发与建设，最终导致财政支出猛增，财政赤字迅速扩大，甚至高达财政总支出的 70% 以上。[②]

因此，国民政府不得不设法改革财政体制，寻找新的税源，扩大征收范围，以保证财政收入和军费支出。1941 年 3 月，国民党五届八中全会重点讨论财政改革问题。会议通过了四个有关财政的议案，包括：《为适应战时需用拟将各省田赋暂行收归中央接管以便统筹而资整理案》《改进财政系统统筹整理分配以应抗战需要而奠自治基础藉使全国事业克臻平均发展案》《为平衡粮价调节民食拟利用并改善健全现有之民间粮盐交易基层机构及其经营方法以奠立粮盐专卖制度基础案》《筹备消费品专卖以调节供需平准市价案》。为落实国民党五届八中全会部署，1941 年 6 月国民政府召开第三次全国财经会议。这次会议的主要议题有两个：一是改订财政收支系统，将全国财政分为国家财政与自治财政两大系统；二是将田赋收归中央并改征实物。财政收支系统重新划分的目的是加强国民政府的中央集权，田赋征实政策则是为了解决抗战时期军民粮食供应问题。这是抗战时期最重要的财政改革。蒋介石在会上讲话指出：政府嗣后必须依赖土地税与粮食税为国家税收之主要来源，以代关税与盐税。政府将于本年秋收后立即实行粮食统制。政府现正努力推进新县制，以便早日实行地方自治，并对战事担负作公允之调整，使富有者代贫民负担税之主要部分。此外，将努力加速实行国父所定之土地与粮食政策等。[③] 1941 年 6 月 22 日，蒋介石又在大会上作了《本届财政会议之任务与实施土地政策之必要》的训词。会议通过了《战时财政改革决议案》23 条，成为国民政府战时各项财政政策调整的依据。

全国抗战时期，由于关、盐、统三税损失很大，不得不将税收重点转移至直接税方面来。国民政府税项中属于直接税的有所得税、印花税、非常时期过分利得税、营业税和遗产税 5 种。所得税已于 1936 年 10 月开征。1938 年 3 月召开的国民党临时全国代表大会通过了《推行战时税制》议决案，决定提高所得税税率并扩大其征课范围，举办遗产税及开办战时利得税。1938 年 7 月公布《非常时期过分利得税税率条例》，定于 1939 年 1 月 1 日起正式开征；1938 年 10 月公布《遗产税条例》，1939 年 12 月公布《遗产税暂行条例施行细则》，并于 1940 年正式开征。1943 年 2 月，政府复公布《所得税法》与《非常时期过分利得税法》，将旧条例予以废止。新税法对于所得税税率酌为提高，将《非常时期过分利得税税率条例》中关于财产租赁利得的条文删除另定单行法规，将利得税累进税率最高提至 60%。

① 参见杨荫溥：《民国财政史》，中国财政经济出版社 1985 年版，第 104、107 页。
② 参见杨培新：《旧中国的通货膨胀》，生活·读书·新知三联书店 1963 年版，第 43 页。
③ 参见《全国财政会议开幕》，《银行周报》第 25 卷第 24 期（1941 年 6 月）。

印花税已于民国初年举办，1940 年后印花税收入收归中央，当年收入 800 万元，次年收入增至 1500 万元[①]，后多次修改税率，收入有所增加。营业税原为省税，自 1941 年财政收支系统改制后，营业税遂由财政部直接税处接管。至此，直接税体系逐渐完备。但由于直接税税源有限，对于弥补财政赤字意义不大。

为维持战时财政，1938 年 6 月 9 日国民政府颁布《公库法》，并于次年 10 月正式施行。《公库法》规定：财政部为国库主管机关、负责国库行政事务，地方政府相应设省库、市库和县库，以财政厅、局为主管机关。国库自成系统，分总库、分库、支库及收支处四级。总库设于中央政府所在地，办理全国财政收支业务；分库设于省府，除办理所在省国库出纳业务外，并负责处理及承转总库事务；支库及收支处负责办理当地国库收支事务。政府各机关的一切收入，均集中于各级公库，不得各自为政，以消除虚伪、中饱之积弊。公库统一出纳一切税款收入和一切经费支出，过去的收解领发、坐支抵解及互相拨解等办法，一律作废。自 1943 年起，增加税收经收处和驻地收税员职能机构，专门办理税收业务和解转税收；省（市）、县公库亦分作总库、分库。省总库综理全省一切库务，其分库分布所属各地，办理各地省（市）库务。县总库综理全县库务，其分库分设于所属各乡镇，办理当地县库事务。中央公库事务由中央银行代理，地方公库事务则由上级政府主管机关核准的银行代理，在未设银行的地方，指定邮政机关代理。

为掌握战时物质生产和供应，并增加财政收入，稳定市场物价，1941 年 4 月 1 日，国民党五届八中全会决定对盐、糖、烟、酒、茶叶、火柴 6 种重要消费品实行专卖。但实际实行专卖的只有盐、糖、烟、火柴 4 种。为实行专卖政策，1941 年成立国家专卖事业设计委员会，并在财政部下增设专卖事业司。4 种专卖品种食盐最为重要，由盐务总局主办，采用民制、官收、官运、官专卖制度，规定制盐人非经政府许可不得产制，制成的盐全部由专卖机关核定价格予以收购，盐的运输以盐的专卖机关自办为原则，除自运外，也可招商代运或委托商运；盐的销售是先由专卖机关参考场价（收购价）、运费及必要费用，加入专卖利益，核定仓价发售，再按各城镇人口的需盐量，就地督导商民设立食盐公卖店或合作社，发给销盐许可证，核定其售价，承办零售业务。糖和烟类的专卖另设专卖局管理，而火柴专卖则由特设的专卖公司主办，规定为民制、官收、官运、官专卖，但事实上只由专卖机关将已核定价格的品种按数配给各承销商号，由承销商号直接向制造厂商承购，并向专卖机关缴纳专卖利益，逐包领贴专卖凭证作为证明。这就是说，专卖政策的目的就是增加财政收入而并非物资控制。但专卖政策实行的结果并不理想，对财政增收贡献有限，1944 年以后国民政府遂先后将各项专卖取消。

[①] 参见虞宝棠：《国民政府与国民经济》，华东师范大学出版社 1998 年版，第 370 页。

2. 金融管制

全国抗战爆发后，在战前初步形成的国有金融资本体系的基础上，国民政府进一步构建战时金融体制。1937年七七事变发生后，财政部立即采取应急措施，于1937年7月27日授权中央银行、中国银行、交通银行、中国农民银行四大银行在上海合组联合贴放委员会，联合办理战时贴现和放贷事宜，以"活泼金融，安定市面"。1937年8月13日，日军向上海大举进攻，上海和南京出现挤兑风潮。当时的行政院长孔祥熙正在国外访问，闻讯后即电令财政部采取措施。8月15日财政部颁布《非常时期安定金融办法》，规定：8月16日起，银行、钱庄各种活期存款，必须向原存银行、钱庄支取者，每户只能照其原存款余额，每星期提取5%，至多不能超过法币150元。还规定：定期存款未到期者不得通融提取，到期后，如不欲转定期者，须转做活期存款，但以原银行、钱庄为限。定期存款，未到期前，如存户商得银行或钱庄同意做抵押者，每存户至多以法币1000元为限，其在2000元以内存额，得以对折作押，但以一次为限。① 这些措施对于安定金融和经济起到了重要作用。

除这些安定金融的非常措施外，国民政府进一步建立金融管制机构。1937年8月，为应付紧急情况，由国民政府财政部长宋子文，代表行政院长孔祥熙，主持组成中央银行、中国银行、交通银行和中国农民银行四家银行联合办事处，简称"四联办事处"。其职责是联系洽商联合贴放业务，在南京、汉口、芜湖、杭州、宁波、无锡、济南、郑州、长沙、广州等城市设立分支机构，同时设立贴放分会，联合办理贴放业务。

1938年11月，"四联办事处"在汉口恢复办公，随后又于当年秋迁往重庆。1939年9月8日，国民政府颁布《战时健全中央金融机构办法纲要》，决定改组"四联办事处"，规定"中央、中国、交通、中国农民四行合组联合办事总处，负责办理政府战时金融政策有关特种业务"。联合办事总处（以下简称"四联总处"）设理事会，由中央银行总裁、副总裁及中国银行、交通银行两行董事长和总经理、中国农民银行理事长和总经理暨财政部代表组成。四联总处理事会设主席一人、常务理事三人，由国民政府委派。理事会下设战时金融委员会、战时经济委员会、秘书处、全国节约建国储蓄劝储委员会等机构。四联总处的职权包括：实施各有关主管机关制订的经济三年计划和与之相适应的金融三年计划；调节法币流通，管理地方银行货币发行，集中法币发行权于中央银行；吸收存款，举办各种贷款；管理内外汇兑，收兑金银，促进黄金生产；平抑物价，管理粮食；对敌经济斗争等。财政部授权四联总处理事会主席可在非常时期内，对中央、中国、交通、中

---

① 参见中国第二历史档案馆：《中华民国金融法规选编》，档案出版社1989年版，第627页。

国农民四行可为便宜之措施，并代行其职权。中央、中国、交通、中国农民四行总行联合总处对于财政金融等重大事项，得随时向财政部密陈意见。10 月 1 日，四联总处正式成立，蒋介石担任理事会主席，总揽一切事务，孔祥熙、宋子文、钱永铭三人任常务理事。理事会的组成包括军事委员会委员长、行政院院长、财政部部长、经济部部长和四行领导人。至此，四联总处成为战时的中枢决策机构，凌驾于四行之上，可以任意指挥和操控四家银行，成为战时金融最高统制机构。

四联总处成立后，中央、中国、交通、中国农民四行纳于其监督指导之下，四行的专业化体制也基本形成，对外加强了金融经济垄断，对内加强了中央银行的地位，强化了国民政府对金融的统制。1942 年 3 月，国民政府从美国借到 5 亿美元，使国家外汇基金得以暂时充实。在此情况下，蒋介石向四联总处提出将钞票发行集中于中央银行。四联总处、财政部、中央银行随即商议具体办法。经与中国、交通、中国农民三行协商，确定中国、交通、中国农民三行交出发行权后，中央银行采取重贴现、同业拆借、财政部垫款划抵、将四联总处核定的贷款转做抵押办法，从优供应三行资金。1942 年，四联总处进行改组，进一步将中央信托局和邮政储金汇业局划归四联总处管理。通过四联总处的扶植，中央银行实力迅速增长。1942 年 5 月 28 日，四联总处临时理事会通过了《中、中、交、农四行业务划分及考核办法》，规定中央银行的主要业务是：集中钞券发行；统筹外汇收付；代理国库；汇解军政款项；调剂金融市场。

1942 年 9 月，按照国防最高委员会第 85 次会议通过的修正案，四联总处实行第二次改组。在机构设置上，原战时金融委员会和战时经济委员会合并为战时金融经济委员会。原两委员会下设各处一律撤销，在战时金融经济委员会下设储蓄、放款、农贷、汇兑和特种 5 个小组委员会，分别审查各项有关业务。秘书处增设发行、储蓄、放款、农贷、汇兑 5 科。1943 年 9 月添设会计处，下设统计科。根据《修正中、中、交、农四银行联合办事总处组织章程》，四联总处的职权是：全国金融网之设计、分布；各行、局人员之训练、考核与调整；各行、局开支之审核与各项预决算之复核；法币发行之调度与发行准备之审核；各行、局悉后存款，推行储蓄之指导、考核；各行、局投资、放款之审核与查考；各行、局农贷之审核与查考；各行、局汇款之审核；协助财政部管理一般金融事项；其他与战时金融政策有关事项。修正后的章程不再提负责政府战时金融政策有关各特种业务，其具体任务由以前的 13 项减为 10 项，主要是监督指导国家行局的业务。至于其他金融事宜，系协助财政部管理。第二次改组后，四联总处的工作主要限制在金融领域，在督导国家行局、管理商业行庄和金融市场方面，仍然发挥了重要作用。

1942 年底，四联总处面对资金紧张、物价上涨、储蓄业务清淡的情势，拟定了强制储蓄办法，从 1943 年起实行强制储蓄，由中国、交通、中国农民三行和中央信托局、邮政储蓄汇业局办理。具体办法是：完纳田赋的地主、完纳土地增值税的受益者、完纳营利事业所得税的所得者、非常时期过分利得税的利得者、完纳遗产税的遗产继承人或受遗赠人、其他由政府以命令指定者，按其所应缴纳额的百分之三十，实行强制储蓄，缴付储款；受理此项储蓄者，发给三年期节约建国储蓄券。1943 年 8 月，四联总处理事会决定，由中央银行委托其他三行两局，举办黄金存款和法币折合黄金存款，以稳定法币币值。黄金存款先在重庆举办，后在成都、昆明、贵阳、桂林、兰州、西安等地相继举办。原定以十足纯金市两为单位，两以下之零数不予计算，存期分半年、一年、二年、三年四种，到期以黄金还本、以法币付息。1945 年 3 月 29 日，国民政府内定提高金价，每两黄金合法币价由 2 万元提高为 3.5 万元。但提价前一天内情已经泄出，有权有势的抢先购存黄金投机，掀起黄金存款风潮。在群众愤怒声中，财政部于 1945 年 7 月 30 日公布黄金购户存户献金办法，强制规定：凡向四行两局购买黄金及以法币折合黄金存款者，在兑现黄金时，须按兑取量的 40% 捐献给政府。1945 年 12 月 27 日四联总处又借口各地金价不一，决定按官价以法币支付到期的存款本息，此举更是自毁四行二局声誉。

四联总处还制定了一些支持后方工矿生产的政策。1943 年 4 月 15 日，四联总处理事会制定《办理工矿生产事业贷款纲要》，确定以 20 亿元为专用基金，办理与国防和民用有关的工矿生产事业有关的贷款。7 月 22 日，四联总处理事会通过《战时生产事业贷款实施办法》，主要支持经济部所属的国有企业生产活动。不过，总的来说，四联总处的主要业务是通过金融统制，来实现战时金融的安全稳定。在这个过程中，进一步加强了政府对金融的控制，并壮大了国有经济的垄断力量。

全国抗战以来，国民政府为活跃地方金融，采取鼓励银行发展的政策，所以，大后方的地方银行和商业银行得到较大发展。全国抗战前，全国共有各种银行1716 家，其中西南、西北各省有银行 254 家，占总数的 14.8%。到 1941 年，新设立的银行总行及分支机构有 543 所，裁撤归并 33 所后，还有 764 所，仍为过去的三倍。[1] 1940 年 8 月，财政部公布《非常时期管理银行暂行办法》，要求建立银行存款准备金制度，限制银行存款资金的随意运用，银行每旬应造具存款、放款、汇款报告表，呈送财政部查核。还规定"银行不得直接经营商业或囤积货物，并不得以代理部、贸易部或信托部等名义，自行经营或代客买卖货物"[2]。但很多银行并未严格执行规定，而是以存款囤积货物，从事投机活动。1941 年 12 月，国民政

---

① 参见陆仰渊、方庆秋主编：《民国社会经济史》，中国经济出版社 1991 年版，第 568 页。

② 中国第二历史档案馆：《中华民国金融法规选编》，档案出版社 1989 年版，第 641—643 页。

府又公布《修正非常时期管理银行暂行办法》，规定银行承做以货物为抵押之放款，放款期限最长不得超过 3 个月，每户放款不得超过该行放款总额的 5%，银行非经财政部特准，不得买卖外汇，银行不得经商或囤积货物；银行服务人员利用行款经营商业，以侵占论等。[①] 此法案公布后，财政部当即会同有关机关，派员到重庆和西南、西北 14 个城市，对银钱业进行检查，发现问题立即纠正，在一定程度上保证了金融秩序。但事实上，金融行业的腐败行为比比皆是，甚至四行两局及其分支机构，也大做投机买卖，实为当时金融乱象之根源。

3. 通胀政策

全国抗战初期，尽管东南沿海城市很快沦陷，但国民政府的财政危机并未立现，全国抗战第二年度的财政赤字仅占国库货币支出的 37%，还不需要用增发纸币作为筹措军费的主要手段。甚至到 1939 年初，国统区也还没有出现通货膨胀。但随着战争的不断升级，国民政府军费支出急剧扩大，而财政收入不断减少，抗战进入相持阶段后，财政收支入不敷出的情况日趋严重。1939 年 1 月，国民党五届五中全会指出，"为供应军费收购物资，使用多量法币，则筹码之流通自无不足之虑"[②]。自 1939 年下半年开始，国民政府批准中央、中国、交通三行辟另账发行法币，规定"是项发行数额特许全部以保证充准备"[③]。1939 年 9 月公布《巩固金融办法纲要》，规定法币准备除原有之金银外汇外，"得加入短期商业票据、货物栈单及生产事业之投资三项"[④]。这是国民政府实行通货膨胀政策的开始，从此，法币发行不再受币制改革时所规定的"现金准备 60%，保证准备 40%"的发行准备制度之约束，走上通货膨胀之路。从 1939 年下半年开始，法币发行的真实数额已被隐瞒起来，定期公布的都是一些虚假数字。实际上，1939 年国库支出中银行垫款即高达 76%。[⑤] 1940 年 6 月，共发行法币 39.6 亿元，其中中央银行占 41%，中国银行占 27.8%，交通银行占 18.3%，中国农民银行占 12.9%。[⑥] 后来四联总处规定，1942 年起，所有法币发行统一由中央银行办理，就更无所谓缴存准备金了。此后，法币发行迅速增加，1942 年法币发行 343.6 亿元，1944 年为 1894.6 亿元，1945 年达 10319.3 亿元。[⑦] 法币大规模超发必然引起物价上涨。从 1940 年开始，后方物价直线上升，对生产和生活造成严重影响。为此，重庆国民政府采取了一些

---

① 参见军事委员会委员长侍从室档案（七六二）1622，中国第二历史档案馆藏。

② 财政部财政年鉴编纂处：《财政年鉴续编》，商务印书馆 1945 年版，第 67 页。

③ 世界知识出版社编：《中美关系资料汇编》第一辑，世界知识出版社 1957 年版，第 441 页。

④ 世界知识出版社编：《中美关系资料汇编》第一辑，世界知识出版社 1957 年版，第 190 页。

⑤ 参见中国人民政治协商会议全国委员会文史资料研究委员会编：《法币、金圆券与黄金风潮》，文史资料出版社 1985 年版，第 93 页。

⑥ 参见《中央银行月报》10 卷 5 号（1941 年），第 720 页。转引自许涤新、吴承明主编：《中国资本主义发展史》第三卷，人民出版社 2003 年版，第 481 页。

⑦ 参见许涤新、吴承明主编：《中国资本主义发展史》第三卷，人民出版社 2003 年版，第 482 页。

措施，如制定《非常时期评订物价及取缔投机操纵办法》《限价议价物品补充办法》，电令各地方组织设立"平价委员会"，实行全国性的限价政策等。但是，一方面为弥补战争财政赤字不得不扩大法币发行，另一方面又煞有介事地采取各种措施限制物价，实际上不过是表面文章而已，无济于事。

4. 公债发行

抗战时期，国民政府为解决财政问题而发行各类公债，包括"救国公债""建设公债""军需公债""国防公债""赈济公债"等。据统计，国民政府在全国抗战的八年间，共发行内债 18 种共计 150 亿元法币。其中 1937 年发行 5 种债券，面额 10 亿元，实收 25600 万元；1938 年发行一种，面额 3000 万元，实收 1800 万元；1939 年发行 2 种，面额 12 亿元，实收 2.5 亿元；1940 年发行 3 种，面额 12 亿元，实收 8000 万元；1941 年发行 2 种，面额 24 亿元，实收 12700 万元；1942 年发行 2 种，面额 10 亿元，实收 15600 万元；1943 年发行 2 种，面额 31.75 亿元，实收 38.71 亿元；1944 年发行 1 种，面额 50 亿元，实收 16.47 亿元。8 年中实收公债面额 61.08 亿元，为发行面额的 40%。[1] 其余 60% 的公债没有直接向社会发行，而是由银行垫支。公债的发行在一定程度上弥补了财政赤字。1937 年到 1938 年，国库赤字有 40% 是用出售外汇和认购公债弥补的。[2] 但由于全国抗战爆发前国民政府曾两次将应偿债款展本减息，使自己的债信受损，加上全国抗战爆发后，东南沿海富庶地区沦陷，内地民众贫困不堪，发行公债遇到很大困难，其作用也越来越有限。全国抗战爆发前，公债占国民政府财政赤字的比重一般都在 80%—90% 以上[3]，而在全国抗战开始后公债收入与财政赤字之比逐年下降，最低一年仅为 3.7%。这说明国家信用越来越低，发债越来越困难。

1942 年，全国抗战进入第五个年头，军政两费日益困难。全国节约建国劝储委员会以提倡节约、吸收游资为名，向西南的川、康、滇、黔和西北的陕、甘、宁、青等省，推销"同盟胜利美金公债"。1942 年 3 月 24 日下午，财政部部长孔祥熙举行记者招待会，正式宣布国民政府的决定，即以 5 亿美元为准备金，发行 1942 年度同盟胜利美金公债 1 亿元。此项公债可以法币购买，每百元可以购美金公债 6 元，到期还本时，或者可在纽约换取美金，或者可以市价出售。国民政府短期内还将发行 1942 年美金节约建国储蓄券 1 亿元，此储蓄券可以法币购买，每百元法币可购买美金储蓄券 5 元，期限分 1 年、2 年、3 年。孔祥熙称，此两项重要举措，是工商界购买美金的好机会，待将来中美交通恢复时，可用于购入生产机器及物资以利业务。

---

① 参见杨荫溥：《民国财政史》，中国财政经济出版社 1985 年版，第 149—150 页。

② 参见张公权：《中国通货膨胀史（1937—1949 年）》，文史资料出版社 1986 年版，第 4 页。

③ 参见王磊：《抗战时期国民政府内债研究》，《中国经济史研究》1993 年第 4 期。

上述公债的发行，本可以成为利国利民之举，但在发行过程中政府官员大肆舞弊，不仅效果大打折扣甚至引起民众的反感，使国家信用受到损害。美金储蓄券发行手续，在形式上是由蒋介石以全国节约建国劝储委员会主席名义，函电各省分会主任委员、副主任委员等，遵照规定指标，向各阶层人民摊派认购，照比率折交国币，上解各省劝储分会，向中央银行兑发美金储蓄券。但在实际操作上都由财政部交由中央银行，由总行国库局分发各地银行经售。当时有钱人大多抢购物资，囤积居奇，而一般百姓无力购买美金储蓄券，所以各地完成情况都不好。尽管仍有部分人购得，又由于对政府缺乏信任，不知何时才能兑到美金，多愿折本脱手。这就导致美金储蓄券价格一度跌落。后因通货膨胀日趋严重，美金储蓄券价格大幅度上涨。在这种情况下，财政部认为不利继续出售，突然于1943年10月15日密函国库局，命令停售美金储蓄券，剩余的5000万元由中央银行业务局购进。然而，中央银行国库局局长吕咸秉承孔祥熙的指示，转令各省中央银行分行迅速将未出售的余额美金储蓄券，如数解交国库局。按规定，美金储蓄券解交国库局后，应转交业务局，然后缴呈国库。但是吕咸却拟一签呈说：拟请特许所属职员按官价购进，这符合政府吸收游资原旨，以调剂同人战时生活。他选定了一个最"利市"的日期送请孔祥熙审批，孔祥熙批了一个"可"字，但并不书名，盖上中央银行总裁的官印。吕咸取得合法手续后，第一批购买美金储蓄券余额350万元，照官价合法币7000万元，由孔祥熙一人独吞。以后又如法炮制独吞了第二批美金储蓄券800万元，照官价合法币1.6亿元。而实际上黑市价格早已翻倍。这种情况后来被披露出去，国家信用因而受损，国家公债的销售更难进行。

四、外贸外汇管制

全国抗战爆发后，外国投资和贷款基本停顿，依靠外资和贷款来弥补贸易逆差的计划基本落空。以前侨汇一直是中国弥补贸易逆差的主要资源，而战争爆发后，侨汇也减少。中国外汇和黄金储备严重不足，截至1937年6月30日，中国国民政府持有的外汇与黄金、白银总和，除去中央银行在国外的银行资金约7500万美元和中国、交通两行在国外的银行资金共2200万美元外，总共有37890万美元。[①] 而这其中还有大量白银被日本封锁在华北，无法动用，同时中国还欠有巨额外债。所以，中国在全国抗战爆发时，国内的黄金与外汇储备非常有限。在这种情况下，国民政府必须实行贸易和外汇统制政策。

1938年3月，国民党发布《抗战建国纲领》，第一次将外贸政策规定为"整理

---

① 参见［美］杨格：《一九二七至一九三七年中国财政经济状况》，陈泽宪等译，中国社会科学出版社1981年版，第279页。

进出口货，以安定金融"，而在《非常时期经济方案》中对外汇问题提出两条具体办法：第一，加强添设国内交通线路，开辟扩充国际交通线路，发展交通机构，使各种物资之运输得以畅通，更进而改进对外贸易；第二，管理贸易，增加国产品出口，减少奢侈品及非必要品进口，以裕外汇。这是抗战时期国民政府对于外贸和外汇管制的基本指导方针。

全国抗战爆发后，东南沿海很快沦陷，原有 47 个海关仅存内陆的 12 个。为了恢复和管理进出口，政府又新设 5 个海关，都是在西南、西北内地。为加强外贸管理，在军委会下设贸易调整委员会，统管全国的贸易行政，管理和统制外汇，对重要出口商品实施统购统销。1938 年贸易调整委员会改为贸易委员会，隶属财政部，并将国际贸易局并入，从而完全统一了外贸行政。

1936 年，中德两国曾签订易货贸易协定，德国供应中国作战物资，而中国则以矿砂输往德国抵偿。1938 年，中国与苏联签订易货借款协定，苏联供应中国战争物资，而中国以茶叶偿还。此外，中国与英国有三个信用借款协定，规定中国以猪鬃、茶叶、丝制品偿还。中国与美国也有几个易货借款协定，即桐油借款、钨砂借款和滇锡借款等，都要求中国以相应的物资偿还。为了保证战时外贸出口，以确保偿付外债，国民政府创办或改组三大国营贸易公司，即复兴商业公司、富华贸易公司和中国茶叶公司，统一经营出口货物和易货物资的收购、存储、运输及销售业务。

全国抗战爆发初期，中国面临的最大危机，就是资金外逃以及外汇紧缺。中国在外国设立的银行不多，大部分外汇为外国银行控制，实行外汇管理比较困难。七七事变后，仅 1937 年 7 月 10 日到 8 月 12 日之间，各银行售出的外汇就达 750 万英镑，而在淞沪会战发生的前一星期，外汇售出就达 1502 万英镑。由于民营银行的抵制，国民政府一直未实行外汇管制，中央、中国、交通三行与战前一样负无限制买卖外汇责任，法币汇率一直稳定在法币 1 元合 1 先令 2 便士又 1/4 的水平。这就使中国的外汇市场处于高度风险之中。1938 年 3 月，北平伪政府设立联合准备银行，发行无担保不兑现的伪钞，企图换取在华北流通的法币，并以此来套取外汇。这就使中国的外汇市场处在更大的压力之下。为此，1938 年 3 月 12 日，国民政府颁布《外汇请核办法》，规定从 3 月 14 日起，由中央银行总行在政府所在地办理外汇卖出，并得由该行在香港设立通讯处以司承转；各商业银行需要外汇时，须向中央银行提出申请，中央银行按照《外汇请核办法》核定后，按法定汇率售予外汇。实行这一政策的主要目的，在于防止日伪套取外汇，因而对于商业银行正常外汇需要仍充分供给，但对于非必需品进口实行限制。

为保证外汇的可靠来源，1938 年 4 月，财政部颁布《商人运货出口及售结外汇办法》，经营指定准予出口货物的商人，应将出口货物获得的外汇交由中国、交通两行承购。但是，我国出口货物主要通过游击区海关出口，政府无法保证所有出口所获外汇都向中国、交通两行结汇。5 月，财政部又颁布《出口货物应结外汇之总类及其办法》，规定 24 种大宗出口货物必须结售外汇于政府指定的银行，方允许出口。1939 年 1 月，为简便手续，财政部对部分出口商品实行免结外汇，应结汇的出口品减至 13 类。

在外汇管制之下，法定汇率与黑市汇价之间有一定差距，出口商按法定汇价结汇不如在黑市出售有利，所以出口商要求政府予以补偿或按照市价结汇。因此，国民政府于 1938 年 6 月实行减轻出口成本和调整出口货物市价两项办法：以保险费记账并免转口税，给予运输上的便利；另由贸易委员会按照货物成本尽量收买，以减轻商人负担。为了打击外汇黑市买卖，1939 年 7 月，国民政府颁布《出口货物结汇领取汇价差额办法》，使出口商在按照法定汇价结售外汇给中国、交通两行外仍可由两行取得与挂牌汇价的差额。这样，出口商在汇率上的不利因素减少，政府外汇来源也有所增加。同时，国民政府还颁布《进口物品申请购买外汇规则》和《非常时期禁止进口物品办法》两项法令，禁止部分奢侈品和非必需品进口，但对于禁止或限制进口以外的必需品，仍供给其所需外汇。

1941 年 6 月，依据中英、中美平准基金协定，国民政府在香港成立平准基金委员会，并解散以往的平准基金委员。随后，国民政府又成立外汇管理委员会，将原有的外汇管理机构并入新的机构。凡政府机关、国营公营事业、官商合办事业，以及一切公用事业进口物品，须向外汇管理委员会申请；一般民营工厂、商店以及私人所需外汇，则向平准基金委员会申请。1941 年 12 月，太平洋战争爆发后，外汇管理委员会管理范围一再缩小，大部分业务归贸易委员会办理。

随着战时物资专卖与统购统销政策的实施，在对外贸易中国家资本的支配地位逐步确定。据估计，1938—1941 年资源委员会和贸易委员会出口的矿产品和农产品已占本期出口总值的 75%。[①] 1942 年 5 月 11 日，国民政府将各种进出口物资管理规章一律废止，颁布《战时管理进口出口物品条例》，规定数种进口的物品，不以敌友取舍标准，其须限制或禁止进口者分成三类：第一，军用器材及麻醉药品等经主管机关批准后准予进口；第二，奢侈品 60 号列物品，须经财政部批准进口；第三，违禁物品 12 项及奢侈品 24 号列物品，绝对禁止进口。出口货物须加限制及禁止者分为两大类，第一类中的猪鬃、桐油、茶叶、矿产等 5 项须由政府机关报运出口，蛋品、油蜡、子仁、药材、木材等 7 项须经结汇方准出口，肠衣、皮革、蚕丝、麻、皮毛等 5 项须特许方准出口，盐、糖、火柴等 10 种须经特许出口，金属、石油、煤炭、磷矿、硝矿、石棉、瓷土、佛石等 10 种须经专管机关批准出口；第二类物品 18 种，或为后方急需，或为特产，或为古物，绝对禁止出口。

---

① 参见许涤新、吴承明主编：《中国资本主义发展史》第三卷，人民出版社 2003 年版，第 458 页。

第二节　战时生产

一、国有工业

1. 国家资本投资

全国抗战爆发之前，国民政府对日本大举侵华是有所预判的，所以在"九一八"之后就开始在工业发展方面做准备，一方面积极发展以军事工业为核心的重工业，另一方面加紧在内地布局。全国抗战爆发后，国民政府组织沿海工业向内地迁移，但仍不能满足战争发展的需要。1938 年 4 月，国民党临时全国代表大会通过的《抗战建国纲领》提出，"以军需工业为中心""开发矿产，树立重工业的基础"。在这一方针指导下，国民政府进行了较大规模的国营工矿业投资，建立了一批国营企业。

1936 年 3 月，资源委员会根据历年调研资料，制订了"重工业五年建设计划"，要求 5 年内投资 2.7 亿多元，兴建钢铁、有色冶金、机械、电力、电器化工、燃料等工业的 30 余座大、中型厂矿。计划完成时，这些企业将达到年产煤 150 万吨，钢 30 万吨，铜、锌、铅各 5000 吨，汽油 5000 万加仑，以及其他许多重工业产品，可以基本满足当时中国对这些基本工业原材料的需求。经过一年多的时间，资源委员会成立厂矿单位 21 家，其中包括煤矿、石油矿、铁矿、铜矿、铅锌矿、锡矿、金矿、炼钢厂、炼铜厂、钨铁厂、机器制造厂、电工器材厂、无线电机制造厂、电瓷制造厂、水力发电厂等。由于考虑到国防建设，这些厂矿都分布在湖南、湖北、江西、云南、四川、青海等内陆省。

全国抗战爆发后，由于战局急速恶化，正在加紧建设的各项工程被迫停顿。1938 年 6 月，江西钨铁厂 90% 的厂房建筑均已完工，在德国采购的部分机械设备也已运抵工地开始安装。但由于日军突进很快，逼近江西，工厂不得不将机器拆卸转移，来不及运走的设备甚至在途中落入日军之手，钨铁厂建设也就半途而废。其他工厂也转移或停工，如中央机器厂迁至昆明，中央电工器材厂分迁至桂林和昆明两地，中央钢铁厂则全部停工。到 1938 年底，资源委员会所制订的战前重工业建设计划完全被打乱。

1938 年，国民政府战时机构调整，资源委员会的地位愈加重要，其职能定位为创办及管理经营基本工业、开发及管理重要矿业、创办及经营管理动力事业等。[①] 资源委

---

① 参见郑友揆、程麟荪、张传洪：《旧中国的资源委员会（1932—1949）——史实与评价》，上海社会科学院出版社 1991 年版，第 48—49 页。

— 810 —

员会就成了抗战期间国家资本工矿业建设的主要机构，资源委员会所属企业得到迅速扩张。全国抗战开始时，资源委员会所属企业仅24家，到抗战结束时已达130家，其中115家是生产企业。这115家生产企业，由资源委员会独资经营的有57家，占总数的50.9%，以资源委员会为主与私人或其他机关合办的有41家，占总数的34.7%，其余17家是资源委员会参与投资而不主办的企业。①

由于国内资本匮乏，资源委员会建立之初即提出"尽量利用外国资本"的建议。1936年，资源委员会派顾振、王守竞等人赴德国签订了1亿金马克的中德信贷合同，其中90%用于购买军火及兵工设备，余下的用于购买重工业设备。但项目执行很不顺利，收到的效果也不够显著。抗战期间，资委会的资金来源主要是政府财政拨款，还有部分外汇借款和银行贷款。从1936年到1945年，资源委员会历年从国库得到的库拨资金高达法币11.7亿元。其中电力、煤炭、钢铁、机械行业居投资额的前四位，所获资金都在总投资额的10%—20%以上。② 抗战期间国家银行的工矿业贷款，很大部分为资源委员会所得。如1940年，经四联总处核准贷放给资源委员会的贷款总额高达5495万元，而其他公营工矿业为1145万元，民营工矿业仅得到2524万元。③ 此外，抗战期间，国民政府同苏联签订的易货合同以及向美国的借款，主要由资源委员会通过统制产销贸易的特种金属产品偿还，而这些外汇借款和经营所得利润基本上都被资源委员会用于投资和经营。1936—1943年，资源委员会由"钨锑盈余项"下投资企业的专款至少达3356万元。④

资源委员会的投资主要集中在重工业部门，主要包括：石油、钢铁、电力、电工、金属、机械、煤炭、化工等。电力工业在资源委员会投资中占据第一位。这是由于战争期间后方工业对电力需求极大，不加大投资难以满足这些需求。1937年资源委员会所属电厂发电1533千度，1945年增至70136千度，增长45倍。到1945年，资源委员会所属电厂已达19家，装机容量34024千瓦，在整个后方电业中所占比重达52%。⑤ 石油工业投资在资源委员会投资中占据第二位。抗战前中国没有石油工业，石油燃料完全依靠进口。全国抗战爆发后对石油燃料的需求大增，而国外进口越来越困难，所以不得不努力自己解决。资源委员会从抗战初期就投入力量进行石油勘探，并在甘肃玉门取得突破。1941年3月成立

---

① 参见郑友揆、程麟荪、张传洪：《旧中国的资源委员会（1932—1949）——史实与评价》，上海社会科学院出版社1991年版，第107页。

② 参见《资源委员会历年库拨资金总表》，中国第二历史档案馆藏档案二八（2）415—1。

③ 参见重庆市档案馆、重庆市人民银行金融研究所合编：《"四联总处"史料》（上），档案出版社1993年版，第27、445—446页。

④ 参见《资源委员会投资数目表》，中国第二历史档案馆藏档案二八（2）415—1。

⑤ 参见郑友揆、程麟荪、张传洪：《旧中国的资源委员会（1932—1949）——史实与评价》，上海社会科学院出版社1991年版，第82—83页。

甘肃油矿局，开发玉门油矿，取得重大成果。1939 年至 1945 年间，共钻井 61口，生产原油 7867 万加仑，抗战结束时已能日炼原油 5 万加仑。① 钢铁工业在资源委员会投资中占据第三位。资源委员会和四川省政府双方在四川内江投资合办酒精厂，1938 年 9 月建成投产，以糖蜜为原料，日产 95% 纯度酒精 1000 加仑，1941年增至 1500 加仑。② 资源委员会收购了陕西省政府 1937 年开办但亏损严重的陕西（咸阳）酒精厂，并于 1938 年 12 月迁至原料丰富的四川资中，因管理得当，产量较高，成为大后方重要的酒精工厂之一。资源委员会在云南昆明和甘肃徽县各办了一个化工厂，昆明化工材料厂以制造纯碱、烧碱为主，甘肃徽县化工厂主要生产硫酸和碱。

1937 年 1 月，兵工署接管并成立了重庆炼钢厂筹备处。重庆钢铁工业主要服务于以重庆为中心的兵工生产系统。1938 年 3 月，资源委员会与兵工署负责迁运汉阳钢铁厂、大冶铁厂、六河沟铁厂和上海钢铁厂，在此基础上在重庆以南建立大渡口钢铁厂。此外，还建立了 5 家钢铁企业。1938 年至 1945 年，资源委员会所属企业共生产生铁 76331 吨，钢料 24077 吨，分别占后方全部产量的 15.9% 和51.1%。③ 战时大后方共有钢铁骨干企业 12 家，其中 9 家位于重庆，1 家位于四川，2 家位于云南。战时大后方钢年产量约 5 万吨，重庆 1943 年的钢年产量为 4万吨，占大后方年钢产量的 80%。④

此外，抗战期间资源委员会共设有 5 家电工器材厂、5 家电器厂，还开办了 26家煤矿以及一些其他企业。这样，以资源委员会所属企业为主体的国有企业基本上确立了在重工业、基础工业领域中的主导地位。

表 15-2　1936—1945 年间资源委员会分业投资额

单位：千元（1936 年币值）

	合计	电力	石油	钢铁	电工	金属	机械	煤炭	化工	其他
投资额	71815	12824	12408	11636	8920	8014	7939	4958	3335	1880
占比（%）	100	17.9	17.2	16.2	12.3	11.2	11.1	6.9	4.6	2.6

资料来源：郑友揆、程麟荪、张传洪：《旧中国的资源委员会（1932—1949）——史实与评价》，上海社会科学院出版社 1991 年版，第 116 页。

除资源委员会投资办厂外，国民政府的其他系统也投资办厂。这些系统包括军

① 参见郑友揆、程麟荪、张传洪：《旧中国的资源委员会（1932—1949）——史实与评价》，上海社会科学院出版社 1991 年版，第 95—96 页。
② 参见谭刚：《抗战时期大后方交通与西部经济开发》，中国社会科学出版社 2013 年版，第 353、354 页。
③ 参见郑友揆、程麟荪、张传洪：《旧中国的资源委员会（1932—1949）——史实与评价》，上海社会科学院出版社 1991 年版，第 56 页。
④ 参见谭刚：《抗战时期大后方交通与西部经济开发》，中国社会科学出版社 2013 年版，第 350 页。

事系统、交通系统、经济部系统、财政系统、粮食系统，以及国家银行系统等。这些系统承担着不同的军事经济任务，也有着不同的部门经济利益，各系统都极力争夺资源，争相投资，扩大地盘，但也推进了当地工业的发展。

2. 军工投资生产

国民政府在西南大量投入资金建设了兵工企业。事实上，鉴于东部地区兵工企业易受战争威胁，国民政府军事委员会参谋本部在战前就制订了兵工整理计划，提出迁移东部军事前沿的兵工厂，扩充国防相对安全区域的兵工厂。根据计划，上海兵工厂、上海龙华火药厂、济南兵工厂等企业先后迁移合并于汉阳兵工厂和四川第一兵工厂。全国抗战爆发后，兵工署主持了一批军事工业投资并组织战时生产。兵工署在西部地区形成了以重庆为中心，由分布在四川、云南、贵州等省的32家兵工厂组成的兵工生产系统，军火产量与抗战前相比有了大幅度提高。其中，厂址设在重庆的有11家，设在四川（不含重庆市）的有6家，设在贵州的有4家，设在云南的有4家，另外有1家设在陕西。[①] 这些兵工厂克服原料供应不足、运输等困难，坚持生产，为抗日前线提供了源源不断的武器弹药。

另外，航空委员会兵工系统还投资兴建飞机厂，包括：位于昆明的空军第一飞机制造厂，位于重庆南川的空军第二飞机制造厂，位于成都的空军第三飞机制造厂，位于云南瑞丽垒允的中央垒允飞机制造厂，以及航空委员会1939年在贵州省大定设立的航空发动机制造厂。这些飞机制造厂在抗战期间制造了一定数量的飞机及航空发动机，并承担了大量的飞机修理、组装、改装任务，比如，空军第一飞机制造厂抗战时期先后生产双翼轻型飞机20多架、苏联E-15型飞机30多架，中央垒允飞机制造厂在1939年7月至1940年10月期间，制造、组装、改装包括战斗机在内的100多架飞机，大定航空发动机制造厂在抗战时期生产了30多台塞克隆G-105型发动机。[②]

3. 地方国企发展

全国抗战期间，除资源委员会进行了大规模工矿业投资外，其他各部门和地方政府也进行了较大规模的投资活动，以接办、合办、创办、参股等形式，投资参与了一些工矿企业。据不完全统计，战时中央其他部门下辖的工矿企业至少还有几十家之多，如交通部下属有19家，军事委员会下有3家，教育部下有2家，中央工业试验所有4家，兵工署下有24家。[③] 同时，国民政府也鼓励地方政府投资创办企业，以满足当地军民抗战和生活需要。因此，各省以省营企业公司的形式，通过

---

① 参见张守广：《抗战大后方工业研究》，重庆出版社2012年版，第198、199、200页。

② 参见张守广：《抗战大后方工业研究》，重庆出版社2012年版，第206、207页。

③ 参见陈真编：《中国近代工业史资料》第3辑，生活·读书·新知三联书店1961年版，第916—939页；章伯锋、庄建平主编：《抗日战争》第五卷，四川大学出版社1997年版，第444—445页。

官商合办等方式，经营地域内各种重要的工矿、商、农、金融、贸易事业。如贵州企业公司在战时先后创办的企事业单位共计多达 42 家，其中自办单位 12 家，合办单位 14 家，参与投资单位 16 家。所办企业涉及机械制造、煤矿开采、电力工业、公路运输、化学工业、水泥工业、制糖业、机制面粉、火柴工业、丝织业、陶瓷业等 40 多个主要行业。[①] 到 1942 年，据经济部省营公司监理委员会的统计，这一中国抗战以来的新兴企业组织或筹备机构已经遍设于贵州、云南、四川、西康、广西、广东、福建、江西、湖南、湖北、陕西、甘肃、宁夏、山西、山东及安徽等 16 省区，超出全国省份的半数以上，并且逐渐居于各省省营经济事业的中心。其中资本最多者 1 亿元，最少的也有 500 万元，一般多在 3000 万—5000 万元之间，合计资本高达 3 亿元以上。[②] 总的来看，到 1942 年底已建和筹建的各省省政府经营的工厂总数已经达到 141 个；各战区经济委员会经营的已建和筹建的工厂也达到了 50 家之多。[③]

4. 国家资本垄断

总的来看，由于战争需要，国民政府在战前和战争期间，在后方进行了大规模投资，目的在于用最快的速度建立以国防为中心的工业基础。在抗战进入相持阶段以后，国民政府进一步认识到战争的持久性，并认识到战争胜负最终取决于经济对战争的支持。而中国工业基础薄弱，有必要由政府通过国有资本投资来实现这一目标。尽管国民政府最初就确立了"节制资本"原则，但的确是战争给国有企业发展创造了机会。1942 年，经济部编制的《后方工业概况统计》表明，公营企业事业在水电、冶炼、机械、电器、化学等领域已占绝对优势，全部铁路、公路、水运和空运等交通运输业领域由国民政府独占，而在纺织、建材等方面与民营经济相当。

表 15-3　国家资本企业与私人资本企业类别比较（1942 年）

企业类别	国企(%)	私企(%)	企业类别	国企(%)	私企(%)	企业类别	国企(%)	私企(%)
水电工业	89	11	木材及建筑工业	4	96	土石品工业	49	51
冶炼工业	90	10	化学工业	75	25	服饰品工业	8	92
机器制造工业	73	27	饮食品工业	23	77	文化工业	16	84

① 参见何长风编：《抗战时期贵州企业股份有限公司》，前言，贵州民族出版社 2005 年版。
② 参见杨及玄：《省营公司发展声中的川康兴业公司》，《四川经济季刊》第 1 卷第 4 期；彭湖：《论省营企业》，载《贵州企业公司成立三周年纪念特刊》。转引自张忠民、朱婷：《抗战时期国民政府的统制经济政策与国家资本企业》，《社会科学》2007 年第 4 期。
③ 参见《省营事业监理概况》，中国第二历史档案馆馆藏档案四/34741。

企业类别	国企(%)	私企(%)	企业类别	国企(%)	私企(%)	企业类别	国企(%)	私企(%)
电器制造工业	89	11	纺织工业	49	51	杂项工业	6	94

资料来源：经济部统计处编：《后方工业概况统计》（1942年度），上海社会科学院经济研究所所藏资料，A074《关于论述中国事业建设报刊资料（1936—1947）》。

二、民营工业

1. 工厂内迁

全国抗战爆发前中国的工业主要分布在东南沿海，内地和边疆省份分布极少。据1937年国民政府实业部工厂登记统计，全国合乎工厂法规定标准的，即有动力或工人30人以上的工厂总数3935家（不包括东北），分布于冀、鲁、苏、浙、闽、粤六省及天津、威海卫、青岛、上海四市者达2998家，占总数的76%，而居于长江中下游三角洲地带苏、浙、沪三省市者达2336家，占总数的56%，上海一地即有1235家，占总数的31%。① 这种工业布局是近代历史造成的，非常不利于战时经济。尽管战前国民政府已经注意到问题所在，但内陆地区工业基础薄弱，发展起来并非一日之功。

全国抗战爆发后，上海的社会舆论呼吁拆迁民营工业。1937年8月9日，资源委员会致函行政院，提议补助上海工厂内迁工作案。1937年8月10日，国民政府行政院决定由资源委员会、财政部、军政部、实业部组成上海工厂迁移监督委员会，以资源委员会为主办机关。国民政府还成立了中央迁厂委员会，具体负责上海工厂内迁工作。各兵工厂以及由资源委员会负责的国营厂矿拆迁工作，分由军政部兵工厂署、军需署、资源委员会负责。"迁委会"决定各厂在武昌徐家棚附近集中，再分配西迁宜昌、重庆，南下岳阳、长沙，分别在镇江、苏州设分站，协助转运工作。这样，上海工厂内迁工作随即展开。上海一部分工厂的机件集中在闵行、北新泾或南市准备启运，另一部分靠近租界的工厂，先行抢拆至租界装箱，由苏州河或南市水路启运。由于敌机不断轰炸，火车运输已经无法进行，长江下游要塞封锁后，大轮船也无法启运，汽车也大多供军队使用。所以，工厂搬迁工作只有利用江南水路，用木船经苏州河到镇江，然后再换船西去武汉。到9月12日，上海已经运出工厂21家，其中包括顺昌机器厂、上海机器厂、新民机器厂、合作五金厂、

① 参见中国人民政治协商会议全国委员会文史资料研究委员会编：《工商经济史料丛刊》第2辑，文史资料出版社1983年版，第63页。转引自赵德馨：《中国经济通史》第九卷，湖南人民出版社2002年版，第837页。

大鑫钢铁厂、启文机器厂、新中机器厂等。

由于迁厂工程巨大，时间紧迫，经费不足，9月18日，资源委员会向行政院提出《迁移工厂扩充范围请增经费办法》。经行政院决议，由新设立的工矿调整委员会取代资源委员会负责工厂内迁工作，并把迁移工厂分为军需厂矿和普通厂矿两种，政府不再负责普通厂矿的内迁需用，但其自愿内迁者，得予以免税免验、便利运输、代征地亩等便利。上海国货联合会、中华工业总联合会联名致函工矿调整委员会，指出民生日用品之轻工业亦为战时所必需，要求政府对各地工厂的迁移通盘筹划。9月27日，工矿调整委员会主任委员翁文灏召集各有关单位开会，决定增拨工厂内迁的经费和地亩额度，增迁8家工厂，另外还有中华书局等十余家文化企业。截至11月12日上海失陷，12月10日镇江撤守前，上海共计迁出民营工厂146家，机件1.46余万吨，技工2500人。其中有顺昌、上海、新民等机器厂66家，三北等造船厂4家，天原等化工厂19家，以及大鑫钢铁厂、龙章造纸厂等，而棉纺、面粉等大厂无一家迁出。[1]

1937年9月，上海内迁各厂器材开始运抵武汉，武汉成为迁移工厂工作的新中心。相继有42家内迁的民营机器厂在武汉临时复工，生产出大批手榴弹、迫击炮弹、地雷、水雷及其他军用器材。到1938年3月，日本军队相继占领南京、安庆、九江，并沿长江西进，迅速逼近武汉。工矿调整委员会奉蒋介石的电令："筹划战时工业，以川滇湘西为主"，"将各厂继续内迁，以策后方生产之安全"。1938年1月14日，以工矿调整委员会为首的厂矿迁移监督委员会宣告成立，开始全面负责战区厂矿的内迁工作。工矿调整委员会修订的《工厂迁移协助办法》，扩大了迁移范围。规定：迁移工厂分为两种，一为军需厂矿，二为普通厂矿。对于军需厂矿给予各种优惠，普通厂矿也规定予以各种便利。到1938年4月初，继续内迁到西南的工厂已有68家，物资11403.9吨，工人1416名。

1938年6月29日，武汉战事危急，国民政府下令武汉各业工厂不论大小，凡后方军工和民生有用的，一律内迁，连56家手工织布厂也在内迁之列。迁汉的工厂及武汉原有的工厂，分三路内迁：一路迁往湘西、湘南、桂林；一路迁往陕西宝鸡地区；第三路迁往四川。1938年6月武汉会战即将开始时，内迁的中心已经转到重庆，宜昌成了中转站。还有一部分工厂则迁往湖南、陕西、云南等地。入川运输由民生公司承担。民生公司动用全部可用的船只，连续40个日夜，冒着敌机轰炸和三峡激流，终于将内迁工厂和人员全部运至四川。据国民政府经济部统计，到1938年底共迁出304厂，1939年再迁出114厂。[2] 到1940年宜昌陷落时，工厂的

---

① 参见许涤新、吴承明主编：《中国资本主义发展史》第三卷，人民出版社2003年版，第544页。

② 参见许涤新、吴承明主编：《中国资本主义发展史》第三卷，人民出版社2003年版，第545页。

第二次内迁告一段落。各内迁工厂到达目的地后，经过选址、购地、建房、装机等筹建工作，到1940年底相继复工。

根据经济部《经济统计月报》记载，内迁厂1938年底复工81家，1939年底复工274家，1940年底308家。[①] 上海方面由于发动较早，所以内迁的工厂较多，其他各地不如上海顺利。如无锡只迁出公益铁工厂，常州仅迁出大成纱厂的部分设备。杭州的5家机器厂虽已将重要设备装箱，但因日军追踪而至，来不及运走，只抢出50箱运至浙东内地，未及再行西运。郑州豫丰纱厂先迁运武汉，再迁重庆。此外，太原、济南、青岛、嘉兴等地也迁出少数工厂。事实上，成功迁出的工厂只是一小部分，即便是动手较早的上海，也仅仅迁出一小部分工厂。抗战初期，沿海地区流入内地的资金总共不过5亿元，而自上海租界成为"孤岛"后，躲在上海租界和香港的游资就达10多亿元。

1944年春天，日军向长沙进攻。1944年5月底，工矿调整处发动湘桂一带的工厂再次内迁。6月初，中南区办事处派员到衡阳，协助各厂办理搬迁。但由于事起仓促，国民党政府机关只顾自己的撤退，对工厂内迁没有提供有效的安排与帮助。运输条件极为恶劣，日军又紧紧追迫，只能边走边弃，迁出器材不过万余吨，到金城江（今广西河池）时，只剩下5000吨，再到独山时，只剩下775吨，到贵阳只有720吨。[②] 1945年春，少数工厂迁到重庆，由于流动资金耗尽，员工死亡者不少，已经很难复工了。

2. 内迁工厂复工

经过此次工业大迁移，民营工业遭受巨大损失，机器设备能够完全到达内地的企业几乎是不存在的。另外，内地工业基础薄弱，基础设施不配套，技工缺乏，加上资金奇缺，工厂重新恢复生产遇到极大的困难。为了帮助这些工厂复工并鼓励民营工业发展，国民政府颁布一系列政策措施，如先后颁布了《非常时期工业奖助暂行条例》《经济部小型工业贷款暂行办法》《战时领办煤矿办法》等法律法规，对新建民营厂矿实行低息贷款甚至财政援助等。另外，由于战争对于工业产品的需要似乎完全没有极限，对于民营企业来说只要生产出来就一定有销路，这也刺激了民营资本的投资行为。例如，因为大量工厂内迁，电力需求激增，工矿调整处鼓励民间资本投资各种发电机，如蒸汽发电机、汽发电机、煤气发电机、柴油机、桐油机等。由于电力不敷调配，还督促各工厂自行发电，在同一个地区建立几个电厂，互相连通，救济应用。余名钰创办大鑫钢铁厂，迁到重庆后与卢作孚合作，改名渝鑫，成为后方最大的民营钢铁厂。胡厥文迁新民、合作机器厂于重庆，又在湖南和

---

① 参见许涤新、吴承明主编：《中国资本主义发展史》第三卷，人民出版社2003年版，第549页。
② 参见许涤新、吴承明主编：《中国资本主义发展史》第三卷，人民出版社2003年版，第546页。

广西设厂。上海顺昌机器厂本为上海一个面粉厂的机修厂，迁到重庆后，积极进行技术改造升级，添置各种设备，很快建立了生产工作母机，成为一个万能厂，为后方工厂提供了大量机床。范旭东和侯德榜组织入川的工程技术人员，建立化工和科研基地，实验完成举世闻名的侯式制碱法。

在内迁过程中损失严重而不能恢复生产的工厂，将有限的机器设备出租使用，也发挥了一定作用。《内迁工矿复工办法》规定：内迁企业必须尽快复工，复工期限已满没有复工的，工矿调整处将拒绝其协助请求，届满3周没有复工的工厂，工矿调整处将强制移用其基料之全部或一部。这项规定的目的，主要是为了充分利用内迁工厂的设备，而不允许因配套不足或因流动资金不足而导致的闲置。事实上，各厂商也尽力提高设备利用率，通过各种方式使闲置设备利用起来，包括转让、重组或租赁等。如汉昌机器厂出售给裕华机器厂；中国无线电社出售给中国兴业部，成为其下属电业部，专门生产手提式发电机和广播设备等；既济水电公司和沙市电灯厂出售给资源委员会；龙章造纸厂出售给财政部并被改为中央造纸厂；重庆本地的三峡布厂与常州大成纺织厂、汉口隆昌染厂三厂合并组建大明织染厂，并进一步购进先进设备，成为重庆棉纺织业的龙头，带动了整个重庆棉纺工业的发展。

3. 民营资本投资

总的来看，抗战时期民营企业在后方的投资主要集中在1938年和1939年，其中以内迁工厂复工为主。以后设厂数量增多，但投资规模有限，以小型企业为主。这是由于战争使民营资本遭受严重损失，而战争的持续更带来诸多不确定性，加上机器设备进口困难，使民营资本无法扩大投资。而政府的资金支持和设备进口，首先要满足以基础工业和重工业为主的国有工厂，对于民营工业的需要往往难以顾及。尽管如此，民营资本一方面以民族大义为首要，另一方面根据市场需要，也更多地向重工业领域投资，如冶炼、机器、五金、电器、化学5个行业，已占民营工业资本总额的60%。在战争期间，民营企业也接受了大量军需订货，甚至包括弹药、引信、枪械零件等，而新的投资往往扩大了机器设备的需求。这样就导致民营资本转向此类工业的发展。

表15-4 抗战后方的民营工业（1944年，按设立年份分类）

设立年份	厂数（个）	资本额（百万元）	折战前币值（百万元）	平均每厂资本（百万元）
1936年前	270	91.3	91.3	33.8
1937	60	21.9	21.3	35.5
1938	182	91.4	69.7	38.3
1939	346	118.2	53.7	15.5
1940	496	155.6	30.3	6.1

设立年份	厂数（个）	资本额（百万元）	折战前币值（百万元）	平均每厂资本（百万元）
1941	738	280.8	21.7	2.9
1942	1077	331.7	8.5	0.8
1943	977	1149.3	9.2	0.9
1944	533	75.3	8.4	9.9
合计	4679	2315.5	314.1	

表 15-5 抗战后方的民营工业（1944 年，按经营行业分类）

经营行业	厂数（个）	资本额（百万元）	折战前币值（百万元）	工人数（人）
冶炼	136	136.2	18.1	19263
机器	965	418.7	32.4	33425
五金	326	110.1	11.9	11178
电器	104	100.3	16.3	3563
化学	1353	1112.7	110.8	64530
纺织	880	560	58.9	79877
服饰品	173	61.9	5.2	11964
饮食品	588	427.4	31.1	17254
印刷文具	144	79.9	16.2	9004
杂项工业	95	118.0	15.2	4539
合计	4764	3125.2	316.1	254597

资料来源：许涤新、吴承明主编：《中国资本主义发展史》第三卷，人民出版社 2003 年版，第 547—548 页。

三、交通事业

抗战期间，国民政府克服在资金、技术、地质条件、战事恶化等方面的诸多困难，在西南、西北地区进行了大规模的交通建设，在铁路、公路、航运、航空等交通建设方面都取得了显著的成绩，西南、西北的交通都获得了较快的发展，一定程度上改善了大后方的交通条件。

在铁路方面，国民政府先后修建了湘桂、滇缅、黔桂、叙昆、咸同、宝天等铁路。为恢复后方与沿海出海口的联系，打通国际援华物资运输海上通道，国民政府着手抢修湘桂铁路和湘黔铁路。由衡阳至镇南关全长 1029 公里的湘桂铁路是全国抗战爆发后修筑的第一条铁路。由于日军攻占南宁，湘桂铁路未能全线贯通，只能是建成一段使用一段。1937 年 9 月，湘桂铁路衡阳至桂林段开工修建，1938 年 10 月建成通车。1938 年 8 月，湘桂铁路桂林至柳州段开工，1938 年 12 月建成通车。1939 年 4 月，由柳州至贵阳的黔桂铁路开工修建，1944 年全线通车。1939 年 12

月，自昆明经曲靖至四川叙府的叙昆铁路开工修建，1940 年 8 月，叙昆铁路在昆明与滇缅、滇越铁路接轨，1941 年 3 月通车至曲靖。作为陇海铁路支线、从咸阳至同官的咸同铁路，1939 年 4 月开工修建，1941 年 11 月建成通车后，有效解决了同官煤炭的运输问题。作为陇海铁路延长线，从宝鸡至天水的宝天铁路 1939 年 5 月开工修建，由于工程施工难度大，工程进展缓慢，1945 年才竣工。

公路方面，在整修改造原有公路的同时，先后修建了滇缅、中印、汉白、甘新、青藏、康青等公路。全长 959 公里的滇缅公路（昆明至畹町）1937 年 12 月开始动工修建，1938 年 8 月竣工通车，是全国抗战阶段最重要的国际交通运输线之一，是西南地区对外交通的大动脉。中印公路，又被称为"史迪威公路"，由印度阿萨姆邦的列多经过缅甸的密支那、八莫，在中缅边境的南帕卡与滇缅公路连接，可直达昆明。这条公路于 1942 年 11 月开工，到 1945 年 1 月竣工通车。此后，大量援华物资经印度、通过中印公路运抵云南。汉白公路（汉中至白河）的汉中至安康段始建于 1934 年，1938 年 3 月竣工通车，安康至白河段 1937 年 8 月开工，1938 年 11 月竣工通车。1937 年底，在整修改造西兰公路基础上延筑了兰州至迪化（乌鲁木齐）的甘新公路，两年后全线竣工通车。西宁至玉树全长 797 公里的青藏公路 1943 年开始修建，1944 年 9 月竣工通车。全长 792 公里的康青公路由西康的康定至青海的歇武，与青藏公路衔接，1942 年开始修建，1944 年 10 月竣工通车。

全国抗战爆发后，为配合沿海工厂内迁工作，国民政府交通部组织沿海地区船舶向内地撤退、抢运撤退物资。此后，国民政府在开辟内河新航线的同时积极进行港口建设。截至 1942 年，新开辟航线 4777 公里，其中轮船航线 2492 公里，木船航线 2285 公里。[1] 新航线增辟以后，轮船航运企业逐渐发展起来。此外，国民政府还从实施水陆联运、建造轮船、维修船只、扶持民营轮船公司等方面促进轮船航运业的发展。

航空运输方面，国民政府在大量修建军民用机场的同时，积极开辟新的航线，其中包括重庆至缅甸仰光、重庆经昆明至越南河内、重庆至苏联阿拉木图等多条国际航线，1945 年全国航线增加至 21783 公里。[2] 值得一提的是，这一时期开辟了中国和盟军主要的空中运输通道——驼峰航线，通过这条空中航线，中国向印度运送派往境外对日作战的远征军士兵，再从印度运回大量的汽油、武器装备等援华军用物资。

经过国民政府和西部地区地方政府的积极努力，战时交通建设取得了较大的成绩。截至 1945 年抗战胜利前夕，西南、西北地区的铁路和公路交通、轮船航运以

---

① 参见谭刚：《抗战时期大后方交通与西部经济开发》，中国社会科学出版社 2013 年版，第 2 页。
② 参见谭刚：《抗战时期大后方交通与西部经济开发》，中国社会科学出版社 2013 年版，第 2 页。

及航空运输情况较全国抗战爆发前有较大程度的改善。

四、农业状况

战争导致大批农民背井离乡、流离失所、沦为难民，大量土地荒芜。日军还大肆抢劫粮食、种子、耕牛，野蛮破坏农业生产工具和农舍，严重影响了农业生产。同时，大量农村青壮年劳动力奔赴前线，致使农业劳动力大幅减少，严重影响了农业生产的正常进行。为保证农村经济稳定和战时农产品供给，国民政府对农事机构进行了多次调整，将农业生产纳入战时轨道。1937 年，在军事委员会下设立了农产调整委员会；1938 年 1 月，在经济部内设置主管农、林、牧、副、渔事务的农林司；1940 年 7 月，在经济部农林司的基础上成立了农林部，直接隶属于国民政府行政院，全面负责管理全国农、林、牧、副、渔事务。

第一，积极兴办农业教育，大力培养农业科技人才。全国抗战前，我国有 17 所高等学校设立了农学院，这些学校大部分位于东部沿海地区，全国抗战爆发后这些学校大多数内迁至西南、西北地区继续办学。除了鼎力支持内迁院校农学院以外，国民政府还在大后方新办了一批高等农业院校，例如，内迁至重庆的复旦大学在 1938 年增设农学院，设垦殖专修科、农艺系、园艺系和茶叶专修科。地方政府也很重视兴办农业教育，以广西为例，为适应战时农业发展的需要，广西省政府于 1940 年在柳州沙塘成立省立高级农业职业学校，1944 年成立了省立南宁高级农业职业学校。①

第二，建立农业研究机构，推动农业科研成果的广泛应用。1937 年，中央农业实验所内迁至四川荣昌，1938 年迁至重庆北碚，对提高战时全国的农业科研水平、促进战时农业科研成果的应用推广等方面发挥了关键作用。大后方各省先后成立农业改进所，相当一部分县也相应成立了农业推广所，这些机构设立的目的是传播先进农业知识、推动农业科研成果应用，但效果极其有限。

第三，修缮原有渠堰并新建水利灌溉工程。抗战初期的水利事业由经济部水利司主管，1941 年行政院成立水利委员会，与农林部协同办理农田水利事业、兴修农田水利，具体内容包括：筑坝引水、开渠饮水、凿塘蓄水、筑堰、疏浚河流等。例如，重庆所辖的潼南县、大足县、合川县、垫江县在 1937 年至 1941 年兴办了以下农田水利项目：潼南县凿塘 675 个，筑堰 4 个，灌溉 43713 亩；大足县筑堰 10 个，灌溉 10708 亩；合川县筑堰 18 个，灌溉 10000 亩；垫江县筑堰 6 个，灌溉 8520 亩。②

---

① 参见谭肇毅主编：《抗战时期的广西经济》，广西师范大学出版社 2011 年版，第 32 页。
② 参见戴逸、张世明主编：《中国西部开发与近代化》，广东教育出版社 2006 年版，第 360 页。

第四，组织难民进行垦荒，增加耕地面积。战时大后方各地收容所收容的难民人数，从 1937 年 10 月至 1939 年底约为 670 万人，1940 年约为 174 万人，1941 年约为 184 万人，累计超过 1000 万人。[①] 国民政府组织难民开垦西北、西南的荒地，形成了陕西黄龙山垦区、甘肃岷县垦区、四川东西山屯垦实验区、西康省西昌垦牧实验场、甘肃河西永昌垦区、贵州六龙山屯垦实验区等规模较大的垦区，其中陕西黄龙山垦区是战时大后方面积最大的垦区。黄龙山垦区南北长约 300 里，东西平均宽约 130 里，1939 年 8 月至 1941 年 6 月期间，黄龙山垦区安置难民 5 万多人，垦殖山地 6600 多公顷。[②] 1941 年 2 月，国民政府在农林部内设立垦务总局，统一领导推进大后方的垦荒工作。

第五，扩大棉花、甘蔗、油菜等经济作物种植面积，保证战时工业发展的原料供应。通过优良棉花品种推广和防治病虫害等技术改良，大后方的棉花种植发展很快，陕西、甘肃等西北地区以及四川、贵州等西南地区的产量均有大幅增长。甘蔗是酒精工业的原料，而酒精又是战时极度稀缺的汽油的最佳替代品。油菜可作为炼油厂的重要原料，因此也需要扩大种植面积。抗战期间，广西、四川、云南、贵州、陕西、甘肃、青海等大后方的甘蔗和油菜的种植面积都有较大增长。1938 年至 1940 年四川省棉花的种植面积由 1.9% 增加到 4.7%，甘蔗的种植面积由 1.1% 增加到 1.7%，油菜的种植面积由 10.5% 增加到 15%。[③]

第六，扩大农业贷款，完善农村金融服务。为促进战时农业的发展，国民政府通过加强农村金融机构、建设农村金融网，来扩大对农业的贷款，实现了农业贷款的大幅增长。农业贷款包括农业生产贷款、农田水利贷款、农业推广贷款、土地改良贷款等。以农业贷款规模最大的中国农民银行为例，其在 1942 年至 1945 年 10 月期间的农业贷款中，农业生产贷款增加 6.8 倍，农田水利贷款增加 15.2 倍，农村副业贷款增加 5.3 倍。[④]

总体看来，抗战期间国民政府采取的上述政策形成了一个比较系统的促进农业发展的政策体系，取得了比较显著的成效，农业总体实现了增产增收，有力地支持了前方抗战，保证了前线抗战将士衣食供应的需求，同时也基本满足了后方居民生活最低需要。另外，战时农业的发展为战时工业的发展提供了稳定的原料供应，出口农副土特产品换取了相当数额的外汇和国内急需的军事物资。

---

① 参见谭刚：《抗战时期大后方交通与西部经济开发》，中国社会科学出版社 2013 年版，第 428 页。
② 参见戴逸、张世明主编：《中国西部开发与近代化》，广东教育出版社 2006 年版，第 664、665 页。
③ 参见谭刚：《抗战时期大后方交通与西部经济开发》，中国社会科学出版社 2013 年版，第 377 页。
④ 参见中国人民政治协商会议西南地区文史资料协作会议编：《抗战时期西南的金融》，西南师范大学出版社 1994 年版，第 17 页。

第三节 经济总崩溃

一、宪政主义破产

根据孙中山提出的《建国大纲》，国家统一和国民政府建立后，须从军政时期转为训政时期，但训政仅仅是向宪政过渡的形式，最终目标则是实现宪政。国民政府于 1929 年宣布训政期限为 6 年，承诺在 6 年后召开国民大会，制定宪法，实现宪政。国民党的训政遭到各方面的强烈抨击，对"一党专政"和"以党治国"的批评一直不断。1931 年 10 月，孙科提出"速开党禁，实行民治"的主张，引发了一场关于宪政与训政的全社会讨论。1932 年 12 月 20 日，国民党四届三中全会通过孙科等人的提案：积极推行地方自治，并于 1935 年 3 月召开国民大会。1933 年 1 月，立法院组建以孙科为首的宪法起草委员会，正式开始宪法草拟工作。1934 年 10 月，宪法草案于立法院二读通过。

1935 年 10 月，国民党召开了第五次全国代表大会，大会宣言提出："开宪治，修内政，以立民国确实巩固之基础"，并决定于 1936 年召开国民大会。1936 年 4 月 23 日，国民党中常委通过了《宪法草案修正原则》《国民大会组织法》《代表选举法修改原则》。5 月 5 日，国民政府准时公布了《中华民国宪法（草案）》（即《五五宪草》）。5 月 14 日，国民政府公布《国民大会组织法》和《国民大会代表选举法》。1937 年 2 月 20 日，国民党五届三中全会决定于 1937 年 11 月 12 日召开国民大会。然而，由于抗日战争全面爆发，中国进入战时状态，国民大会无法按时召开，中国的宪政之路暂时中断。

全国抗战时期，国共之间以及各政党之间关于民主问题争论不断，但因处于民族存亡的抗战之际，不少问题不得不暂时搁置。抗战后期，胜利指日可期，民主宪政问题重新提上议事日程。1945 年 5 月 5 日至 21 日，国民党第六次全国代表大会召开，在大会上蒋介石宣布于 1945 年 11 月 12 日召集国民大会，通过宪法，结束训政，还政于民。1946 年 1 月 10 日，政治协商会议在重庆召开，有国民党、共产党、青年党、民主同盟以及社会贤达等五方面参加，最后通过《和平建国纲领》。但与此同时，蒋介石却积极准备内战，试图消灭共产党。1946 年 6 月，国民党军队大举进攻中原解放区，全面内战爆发。1946 年 7 月 3 日，蒋介石以国防最高委员会名义，下令召开制宪国民大会。7 月 4 日，国民政府第六次国务会议通过蒋介石交议的《厉行全国总动员，以戡平"共匪"叛乱，扫除民主障碍，如期实行宪政，贯彻和平建国方针案》。7月18日，国民政府委员会明令公布《动员戡乱完成宪政实施纲要》："为达成戡乱之目的，行政院得依国家总动员法制规定，随时发布之命令"，政府可征用一切之"兵役、工役"及其他有关人力、军粮、被服、药品、油煤、铜铁、运输、通讯器材及其他军用物资等。11月15日，第一次国民大会在南京召开。大会于12月25日通过《中华民国宪法》。《中华民国宪法》规定采取责任内阁制，总统为国家元首，统率全国海陆空军，权力不受国民大会制约，而直接受立法院制约。

但事实上，根据1946年政治协商会议的决定，国民大会必须在改组政府、内战停止、训政结束之后进行。由于各方面条件并不具备，"制宪国大"遭到各界反对。不仅中共和民盟代表缺席大会，国民党内部嘘声也很大。因此，国民政府的宪政，并没有确立国民党统治的合法性，反而导致国民党内外分化和矛盾激化。

二、国家资本膨胀

1945年8月15日，日本无条件投降。抗战胜利后，摆在国民政府面前的一个重要任务，就是接收敌伪产业。所谓敌伪产业是指原日本和伪满、汪伪以及其他汉奸组织的公私财产。由于抗战胜利的突然到来，国民政府来不及制定有关接收的具体步骤和制度，最初只能指定陆军总部监督接收事宜。由于没有接收制度，手续也难以健全，接收成为各部门和各大员扩大势力范围和扩充私人财产的机会。不仅重庆派出接收大员主持接收，原沦陷区的军统特务机构、各地军政机关甚至反正的伪军，都积极参与接收，导致大规模的混乱。当时，接收大员涌入收复区，以接收日伪财产为名，大肆劫掠侵吞国家和人民的资财。许多大员视接收为"劫收"的良机，他们每到一处，就抢占房子、车子、条子（黄金）、女子、票子（钞票），被人民称为"五子登科"。

为迅速结束接收工作的混乱状况，1945年10月下旬，经行政院院长宋子文签请蒋介石批准，成立行政院收复区全国性事业接收委员会，由行政院副院长翁文灏主持，并首先在上海设立敌伪产业处理局，接收各机关所封存的物资。上海是敌伪产业最为集中的地区，为规范各部门和各地接收工作，宋子文签发了《上海区敌伪产业处理办法》，规定：（1）产业原属本国、盟国或友邦人民而为日方强迫接收者，应发还原主；（2）产业原属华人与日伪合办者，其主权均收归中央政府；（3）产业原为日侨所有，或已归日伪出资收购者，其产权均为中央政府所有。

1945年11月20日，行政院通过《收复区敌伪产业处理办法》，适用于全国各收复区。《收复区敌伪产业处理办法》规定各级机关接收职权范围及资产处理原则，其总的接收原则是分系统接收，根据所接收产业的不同性质，分别交资源委员会、纺织业管理委员会、面粉业管理委员会接办；规模较小者或其他产业，则标价出售；已接收的工厂，由经济部负责复工。随后，又设立了苏浙皖区、河北平津区、粤桂闽区、山东青岛区敌伪产业处理局，同时设立处理敌伪产业审议委员会以配合工作。由于东北情况特殊，所以设立敌伪产业处理局隶东北"剿总"，台湾设立日产清理处隶台湾省政府。另外，敌伪金融机构由国家银行接收，铁路、公路、航运、邮电等由交通部门接收。这样就形成由陆军总司令部负责接收军事，行政院收复区全国性事业接收委员会负责全国政治、经济接收，各省市敌伪物资产业处理局负责接收各省市地方性事业的三条接收渠道。但接收工作的混乱状况并没有根本改变，军政部门、中央与地方、地方割据势力谁都不愿放弃敌产这块肥肉，无不试图插足进来参与接收，从而产生纵横交叉的接收机关，有的敌产甚至被接收数次，"一接再接，甚至三接四接""行如一洗再洗，如梳如篦"[1]。蒋介石对接收工作极为不满，说：此次接收，"系统紊乱，权责不明，有利相争，遇事相诿，形成无组织状态"[2]。

对敌伪财政金融机构的接收涉及国家经济的命脉，所以受到特别的重视。国民政府在修正后的《收复区敌伪财政金融机构财产接收办法》中规定："凡收复区内所有敌伪财政金融机构财产由财政部各区财政金融特派员商请各该收复区接收委员会核发接收证件接收之。""所接收之财产属于现金、票据、证券及珍贵物品者，应交当地国库或指定之当地财政、金融机关保管之；其为民生日用或易于腐败之物品，得经报部核准，公开拍卖，保管其现金。"[3] 根据以上办法，由中央银行接收伪中国联合储备银行、中央储备银行、满洲中央银行上海分行、省市银行、日本朝鲜银行。中国银行接收日本横滨正金银行、德国德华银行。交通银行接收了日本住友银行、劝业银行、上海银行株式会社、汉口银行株式会社。中央信托局接收日本三菱银行、伪中央信托局、中央保险公司、中央储蓄会。邮政储金汇业局接收伪中国实业银行、中日实业银行、伪邮政储金汇业局。其中伪中央储备银行交出黄金50余万两，白银763万两，银元37万枚；伪满洲中央银行上海分行交出黄金8万余两，白银31万余两，银元24万枚。[4] 对敌伪时期设立的私营行庄也进行了停业清理处理，计上海296家，北京、天津84家。在接收敌伪金融机构的同时，对这些金融机构进行了重组和归并，最后并入国民政府金融机构，从而使国有金融力量得到大大扩充。1946年11月1日，为发展合作事业，国民政府成立中央合作金

---

① 《接收处理敌伪物资工作清查团报告》，中国第二历史档案馆藏。转引自陆仰渊、方庆秋主编：《民国社会经济史》，中国经济出版社1991年版，第730页。

② 1945年12月19日蒋介石致宋子文电报，中国第二历史档案馆藏。转引自陆仰渊、方庆秋主编：《民国社会经济史》，中国经济出版社1991年版，第731页。

③ 《经济部等制发接收处理日伪财政金融机构财产有关法令》，国民政府经济部档案，中国第二历史档案馆藏。转引自陆仰渊、方庆秋主编：《民国社会经济史》，中国经济出版社1991年版，第731页。

④ 参见《中国近代金融史》编写组编：《中国近代金融史》，中国金融出版社1985年版，第290页。

库。这样，原来的"四行两局"的国家金融体系就成了"四行两局一库"的体系，国家资本基本控制了金融业。到 1946 年 6 月底，在国统区的 3489 家银行中，官营银行达 2446 家，占总数的 70.1%。①

资源委员会负责接收日伪资产的范围是：采矿、电力、钢铁、机械、电子、建筑材料、化工、糖和纸等。到 1946 年底，资源委员会共接收敌伪产业 292 个单位，技术和管理人员近 3000 人，资产折合战前币值 3.36 亿元。在东北，资源委员会接收了 216 个单位，其中有著名的鞍山钢铁公司、本溪煤矿、抚顺矿务局、东北电力公司等。经过接收处理，东北 100% 的电力、煤矿、钢铁、电工、石油、造纸、金属矿和 87% 的机械、75% 的水泥纳入资源委员会掌管之下。② 在接收敌产基础上，结合原有厂矿进行部分重组，设立了许多专业性公司管理各厂矿，还新辟一些事业。到 1947 年底，资源委员会共有 11 个生产部门，96 个管理机构，所属厂矿 291 个，职工 223775 人。③ 1947 年，资源委员会所控制的各行业产值占全国各行业产值的比重为：煤 38.8%，电力 83.3%，钢 90%，水泥 51%，石油、铁矿石、锑、锡、铜等有色金属矿产品和食糖的 95% 以上。这样，大部分重要企业都是在资源委员会所控制之下。

国民政府经济部接收了一批日伪经营的纺织、缫丝、制糖、造纸等工业企业。1945 年秋，在国民政府行政院第 722 次会议上，宋子文提出将这些企业分别组建几家由国家统一经营的公司。于是一批国家垄断资本企业相继建立，其中以中国纺织建设公司规模最大，资本仅次于资源委员会。中国纺织建设公司设总部于上海，下设 7 个职能处和 5 个委员会，所属产业由接收的上海、青岛、天津和东北的日本纺织、毛纺、制麻、绢纺、印染、针织及其他相关的机械、化工、木工等工厂 112 个单位组成。1947 年，中国纺织建设公司拥有纱锭 177 万多枚，线锭 33 万多枚，布机 4 万多台，分别占全国纱锭的 39.26%，线锭的 70.7%，布机的 60.9%。④ 此外，中国纺织建设公司还垄断了全国一半左右的棉花收购和进口，纱布的销售和出口业务，是当时世界上规模最大的纺织企业。

交通部从日伪手中接收了铁路、公路、航运、邮电等交通运输相关产业。接收日伪时期修筑的铁路，计东北 4536 公里、华北 1200 公里、台湾 981 公里、海南岛 289 公里；收回沦陷区铁路，计东北 5311 公里、关内 8943 公里。以上合计 21260 公里。共接收日伪修筑公路计东北 8448 公里、台湾 3690 公里，关内沦陷区公路

---

① 参见《中国近代金融史》编写组编：《中国近代金融史》，中国金融出版社 1985 年版，第 291 页。

② 参见郑友揆、程麟荪、张传洪：《旧中国的资源委员会（1932—1949）——史实与评价》，上海社会科学院出版社 1991 年版，第 155—157 页。

③ 参见许涤新、吴承明主编：《中国资本主义发展史》第三卷，人民出版社 2003 年版，第 626—227 页。

④ 参见简锐：《国民党官僚资本发展的概述》，《中国经济史研究》1986 年第 3 期。

24544 公里，总计 36682 公里。招商局接收船舶 314 只计 81297 吨，省级运输机关接收 226 只计 63192 吨，总计 144489 吨。另接收邮政局 35845 所，员工 1.4 万人；电信局 245 所，员工 8043 人。[①] 招商局作为国营交通运输企业也参与了接收工作。1945 年接收的敌伪船舶合计 1335 只，129510 吨；1946 年继续接收，截至 1946 年 7 月，累计接收敌伪船舶 2158 只，239141 总吨。招商局接收的敌伪船只，除部分留局自用外、或发还原主、或标价让卖、或拨交其他机关、或租予其他航运公司使用。到 1947 年，招商局留用的船只共 314 只，81297 吨，留局待处理的船只 39 只，1550 吨。另外，招商局还购买了大批外国剩余船只，到 1948 年 6 月时，招商局已拥有大小船舶 490 只计 409200 总吨，其中江海大轮 108 只计 315184 总吨，达到该局成立以来船舶拥有量的最高点。[②]

在接收过程中，由于接收秩序混乱，出现大量贪污腐败现象，各界反映强烈。为此，国民政府不得不对收复区接收处理敌伪物资工作进行一次"全面清查"。1946 年 7 月底，"接收处理敌伪物资清查团"成立，清查团分七区十八组，于 8 月赴各地，也查处了少数贪腐案例。但事实上，清查工作不过是走走形式而已，受到处理的案件风毛麟角，国民党腐败之风一发而不可收，由此愈演愈烈，直至政权倾覆。

与此同时，通过接收敌产，国家资本迅速膨胀，从而垄断了大部分产业和行业。在这种情况下，民营企业基本上就没有什么生存空间了。国家资本企业通过垄断经营，压制民营企业，但更恶劣的是这些国有资本实际上被少数官僚所控制，他们将国有资本为己所用，使之转变成为官僚私人资本。这些官僚私人资本，仰仗自己在政府中掌握的权力，在市场上兴风作浪，操纵股市，买卖投机，并进一步将国有资产收入私囊。他们一方面是国民党统治的基础，另一方面也正是他们颠覆了国民党的统治。

表 15-6　1947 年国家资本企业产品占国民党统治区比重

产品名称	占国民党统治区比重（%）	产品名称	占国民党统治区比重（%）
钢铁	98	烧碱	65
机械（1942 年资本数）	72	硫酸	80
电	78	纺锭	60
煤	80	机制糖	90
钨、锑、锡、汞、电冶铜、石油	100	漂白粉	41

---

① 参见简锐：《国民党官僚资本发展的概述》，《中国经济史研究》1986 年第 3 期。
② 参见张后铨主编：《招商局史（近代部分）》，人民交通出版社 1988 年版，第 512、523 页。

产品名称	占国民党统治区 比重（％）	产品名称	占国民党统治区 比重（％）
水泥	67	肥料	67
机制纸	50	盐酸	45
出口植物油	70		

资料来源：陈真编：《中国近代工业史资料》第三辑，生活·读书·新知三联书店1961年版，第1446页。

三、民营经济衰落

从1943年开始，后方的民营经济就开始出现衰退。1945年8月胜利突然来临，市场物价迅速跌落，而战时订货又大多停止，企业纷纷回归，资本大举东流，这就使后方工业生产顿时陷入困境。沿海城市民营工业在抗战胜利初期曾一度景气。一方面，战时转移到后方的人口和资金又大举回流到这些地区，导致市场需求大增，促使民营资本纷纷复业开工，新开设的企业也不少。据经济部的工厂开业登记统计，1945年下半年273家，1946年1992家，1947年9285家，平均每年4620家，超过历史纪录。[①] 但这些企业大部分为复工生产企业，资本规模都不大。事实上，不论是战后复工的企业还是新设立的企业，都遭遇到各种意想不到的困难，致使抗战胜利给他们带来的喜悦很快烟消云散。另一方面，在大规模接收敌产过程中，国有资本企业实力迅速地膨胀起来，已经远远不是民营企业能够与之竞争的水平，而新兴起的官僚资本企业，更是公权私用，为一己之私不惜给民营企业设置各种障碍，甚至设法侵占侵吞。而随着内战的爆发，各种不确定性和投资风险扩大，不少资本开始考虑外逃。所以，民营经济迅速地衰落下去。

而严重影响民营资本发展的新的因素，是战后美国商品的倾销。抗战结束后，中国所面对的国际经济关系发生了重大变化。日本由于战败其在华资产全部被没收，欧洲各国由于在战争中损失大量财产，更无力恢复对华的投资和贸易，只有美国，不仅利用战争对中国实行大举的经济控制，更在战后加紧对中国的全面控制。战后，中美之间签订的各类经济协议达25项，主要有两类：一类是中国向美国购货或进口协约，如1946年3月14日签订的《美麦贷款合同》，同年6月签订的《铁道购料借款合约》《处置租借法案物资协定》，8月签订的《购买轮船贷款合约》《采煤贷款合约》《剩余物资购买合约》等。这类经济协约特点属于典型的商业买卖借款合同。另一类是中美双边经济关系协约，包括1946年签订的《中美友好通商航海条约》、12月20日签订的《中美空中运输协定》和中国参加的《关税

---

① 参见许涤新、吴承明主编：《中国资本主义发展史》第三卷，人民出版社2003年版，第654页。

及贸易总协定》。这些协定和条约都为美国资本和商品进入中国市场大开方便之门。一方面，美国在战争期间迅速膨胀起来的生产力由于战争结束而陷入困境，极力向中国倾销；另一方面，中国与美国签订的不平等条约给美国货进入中国市场提供了极大的方便。例如，中美《国际关税与贸易一般协定》签订后，对最主要的110项美国货物减免了进口税，有的货物名曰减税，但纳税额仅为普通税率的1/6，近乎免税。另外，国民政府还实行低汇率政策，使美国商品在价格上极为有利。这样，美国商品大举进入中国市场，对中国民营工业造成严重冲击。例如，1946年美国过剩药品的涌入，使上海的120多家药厂停工，全国的药厂和生产原料的工厂几乎倒闭了一半以上。1946年中国的毛纺织业销售额仅及产量的一半，国产毛纺织品堆积如山而无人问津。上海180家民营资本食品罐头厂到1947年仅余30家。著名的民营火柴厂九福火柴厂因无力与美国火柴竞争，在1946年春季之前停工关门。1946年重庆的中小企业差不多倒闭了80%。其他各地的民族工业的情况大部分相同，处境极为困难。

战后国民政府的信用政策也是民营经济衰落的原因。国民政府本来就有节制私人资本的政策，而在战后国家财政困难，通货膨胀严重的情势之下，为保证国家对国民经济的控制，必然采取有所差别的信贷政策，即膨胀国家信用而紧缩民间信用。经过抗战和战后敌产接收，国家银行已经完全实现了对金融业的垄断，而国家银行不仅很难关照民营产业的发展，还进一步紧缩对民营工商业的贷款。1945年国家行局普通放款余额为14131亿元，1946年达79921亿元，1947年12月达511950亿元，1948年6月达373877亿元。[①] 这些贷款绝大多数是贷给官营企业，部分贷给官僚私人资本，极少放给一般民营工商业。这样，民营企业的信贷需求只能依靠少数商业行庄。但是，国民政府的金融政策是紧缩商业行庄信用，提高商业行庄的存款准备率，规定各商业行庄把占活期20%、定期15%（1946年10月起改为15%与10%）的存款准备金缴存中央银行，使原本存款不多的商业行庄资金更紧张，无法满足工商业的正常资金营运和贷款业务需求。结果市场利率高涨，打击了民营工商业，进一步导致生产萎缩。

与民营工商业萧条状况相反，民营资本的投机活动却十分活跃。抗战胜利后，大量资本回流到东部地区，但由于企业复业遇到各种困难，所以就产生大量游资在资本市场上活动。有人估计，抗战胜利后的头3个月，各地流入上海的法币大约有6000亿元，加上上海原有的2000亿元，折合美元达4亿元之巨。[②] 以后，随着内

---

① 参见杨培新：《旧中国的通货膨胀》，生活·读书·新知三联书店1963年版，第68页。

② 参见华洪涛：《解放战争时期上海华商进口行的暴兴暴衰》，载上海社会科学院经济研究所：《经济学术资料》1981年第8期。转引自许涤新、吴承明主编：《中国资本主义发展史》第三卷，人民出版社2003年版，第685页。

战不断升级，通货膨胀加剧，市场前景渺茫，民营资本根本无心投资实业，只能投入资本市场进行各种投机活动。投机的对象主要是黄金、外币、证券、棉纱、棉布、五金、西药、粮食、百货等商品。1946 年 3 月 4 日中央银行开始抛售黄金。由于黄金出售有配额、有黑市，随后金价暴涨，酿成黄金风潮。国民政府为抑制通货膨胀，挽救法币，企图用美元救市，也导致美元黑市价格暴涨。其他如证券投机和期货投机都十分活跃。在投机活动中，官僚资本充当弄潮者角色，影响国家政策，操纵市场活动，是最大的获利者。大的民营资本集团也占有一定优势，而普通的民营资本不仅获利甚少，有的甚至血本无归。"中小工商业，没有豪门背景，分不到生产'贷款'，为了保本保值，就只好丢开生产，设法把流动资金移来购进一些与生产无关的物资，好多企业都在风潮中破了产。"[1] 事实上，这一时期民营资本的衰落也是民营资本自身的投机活动造成的。当然，在当时的情势之下，经营实业艰难，投机成为他们的无奈选择。更有甚者是通过投机，将不动产转变成动产，随时准备逃离。

四、农村经济凋敝

近来抗战胜利的中国农民，并没有迎来和平与安定的生活。随着内战的爆发，一方面由于战争波及的地域极其广泛，使农民不能正常从事生产，造成大量土地荒芜；另一方面，国民政府为了搜刮战争费用，不断地增加田赋和各种苛捐杂税。抗战胜利之年，国民政府曾宣布收复区与大后方先后在 1945 年度和 1946 年度各免田赋 1 年。但国民党发动内战，需要更多的军费支出，又通过各种方式将减免的田赋部分收回来，如"献金""献粮""慰劳""劝售"等。即便是田赋部分实际上也是有增无减。如 1946 年征收 5900 万担，1947 年征收 1 亿 1756 万担，一年中田赋增长一倍。1948 年又进一步提高。田赋本来是按土地的数量征收的，但那些有粮的大地主通过买通地方官吏等手段，往往少缴税甚至不缴税，把他们应负担的税额很多转嫁到小农身上。除了田赋之外，还有各种苛捐杂税，实在名目繁多。据 1947 年《大公报》记载：老百姓从乡里挑一两担米到市镇上去卖要缴纳进口税，而买点布回家做衣服要缴纳出口税。据 1947 年《四川经济月刊》载，四川有名目的捐税共为 240 种，还有各种公债、代金、保长津贴等苛杂多如牛毛。尽管田赋和各种税收对广大农民而言已经是不堪重负，但还是远远满足不了战争的需要。随着国统区的日益缩小和粮食的不断减产，这种情况就更加严重。于是便对百姓搞强行摊派和征借，其额度绝不比田赋少。1948 年，曾实行"征一借一"（即征收多少田

① 中国人民政治协商会议全国委员会文史资料研究委员会编：《法币、金圆券与黄金风潮》，文史资料出版社 1985 年版，第 139 页。

赋就再"借"多少粮食），承诺五年偿还，却不发任何款券，不给利息。内战三年，农民的负担不仅没有丝毫减轻，而且日重一日。

在战争破坏和沉重的赋税负担之下，农村经济迅速衰落。各种农产品产量，除少数有所发展外，大多数都没有达到战前水平。据国民政府全国经济委员会统计：皮棉战前平均产量为 1618.5 万市担，1946 年为 743 万市担，为战前平均产量的 45.9%；1947 年为 1087.7 万市担，为战前平均产量的 67.2%。猪战前平均产量为 6633.8 万头，1946 年为 5423.6 万头，为战前平均产量的 81.76%；1947 年为 5743.6 万头，为战前平均产量的 85.6%。稻谷战前平均产量为 100424 万市担，1946 年为 97388 万市担，为战前产量的 96.94%；1947 年为 96688.6 万市担，为战前的 96.28%。小麦战前平均产量为 44424.1 万市担，1946 年为 43103.5 万市担，为战前的 97.3%；1947 年为 12592.9 万市担，为战前的 97.83%。[①]

五、财政金融危机

战后第一轮通货膨胀是法币与中储券兑换造成的。上海光复时，市场上法币奇缺，出现 1 法币兑换 200 储备券的情况。事实上，这是由于日本投降导致人们对中储券信用丧失造成的。1945 年 9 月 27 日，财政部公布了《伪中央储蓄银行钞票收换办法》，将法币与中储券的兑换率确定为 1：200。中储券的购买力显然被严重低估了，而法币的购买力无形中增加了好几倍。这样，国统区来的人，凭着本不值钱的法币在光复区大发横财。此举实际上是对光复区人民财产的掠夺，因而使"中央"的形象大为减损。更为严重的是，光复区人民竞相抢购大量法币，形成供不应求之势。国民政府不得不大量增加法币供应以应急需。但是，法币需求的迅速膨胀完全是暂时的特殊现象，大量法币充盈市场，很快就实现了供需平衡，随后就导致通货膨胀和物价上涨。于是，不到 8 个月南京城里最基本的生活物资价格暴涨数百倍之多，法币信用自此开始丧失。

抗战胜利后，国民政府一方面接收大量敌产，各地光复也增加了税源，另一方面战事稍息，军费支出本可以减少。所以，国民政府的财政应该是逐渐向好的。但事实上并非如此。一方面是战后经济恢复需要一定时间；另一方面蒋介石一心消灭共产党，不仅不能减少军费，反而要大规模增加军费。所以，战后财政并没有从战时财政转为"和平建国"财政，而是迅速转变为内战财政。这就导致政府财政支出的迅速扩大。1946 年财政预算收入为 18478 亿元，预算支出为 25249 亿元，其

[①]　参见国民政府经济委员会档案，中国第二历史档案馆藏。转引自陆仰渊、方庆秋主编：《民国社会经济史》，中国经济出版社 1991 年版，第 846 页。

中军费列支 10990 亿元，占全部预算支出的 43.52%，预算赤字达 6771 亿元。[①] 但实际执行结果，这一年收入增加有限，支出却达 7.5 万亿元，赤字猛增到 4.7 万亿元，超过全年预算收入的 1.6 倍，占整个预算支出的 62%。巨大的财政赤字，使国民政府不能不依赖增发通货来弥补。1946 年，法币增发 26942 亿元，1947 年增发 294524 亿元，一年就扩大了 10 多倍。1948 年仅 1 月到 7 月就增发了 3415737 亿元，又比上年扩大了十几倍。这种货币增发必然导致严重的通货膨胀。从此，治理通货膨胀就成为国民政府最为棘手的任务之一。

表 15-7　内战期间国民政府财政收支和法币发行

（单位：亿元法币）

	支 出	收 入	赤 字	赤字占支出（%）	军费占支出（%）	法币增发额
1946 年	75748	28770	46978	62.1	59.9	26942
1947 年	433939	140644	293295	67.6	54.8	294524
1948 年 1—7 月	6554711	2209055	4345656	66.3	68.5	3415737

资料来源：张公权：《中国通货膨胀史（1937—1949 年）》，文史资料出版社 1986 年版，第 102、110、244 页。

国民党的内战财政造成的巨额赤字，是通货膨胀的主因。但更基础的原因还是国民政府统治区自身的经济矛盾。首先，抗战胜利的突然到来，国民政府面对大量的光复任务，原来日伪政权建立的政治经济秩序完全颠覆，而国民政府并没有做好接收的准备。加上国民党的腐败导致光复区接收过程的混乱，给这些地区经济秩序造成严重的破坏，严重阻滞了国民经济的顺利恢复，从而使国民党丧失国民经济的稳定基础。其次，战后通货膨胀的原因还在于国民政府实行的自由经济政策。战时国民政府实行统制经济政策，对生产和生活的方方面面实行严格的管制。这种政策对于保证战争期间的供给发挥了重要作用。但是战后国民党总的政策出现转向。在政治方面宣扬从训政转为宪政，相应地在经济方面则放弃统制政策。事实上，在国家政治、经济秩序尚未恢复常态以前，过早地放弃对物价、分配、资金等管制是极为有害的，必然使社会经济迟迟不能走出无序状态。此外，由于内战不断升级，经济秩序混乱，人们对前途悲观失望，不愿意对实体经济进行投资，只能将资本投向投机市场。人们炒黄金、炒美元、炒各种期货，囤积居奇，将动产转变为不动产

[①]　参见《国民政府财政部对国民党六届二中全会所作财政金融口头报告》，国民政府财政部档案，中国第二历史档案馆藏。转引自陆仰渊、方庆秋主编：《民国社会经济史》，中国经济出版社 1991 年版，第 794 页。

等，这些都加剧了法币贬值和通货膨胀。

国民政府对于通货膨胀的危害性是有足够认识的。1945 年 11 月 26 日，国防最高委员会成立全国最高经济委员会，由宋子文担任委员长，翁文灏兼任副委员长，主持全国经济政策制定。全国最高经济委员会的任务首先是平衡财政。通货膨胀的原因很清楚，就是财政赤字导致的货币增发。所以，治理通货膨胀首先要平衡财政。平衡财政不外是两种办法，一是减少支出，二是增加收入。从减少支出方面看，实际上是做不到的。蒋介石一心打内战，军费支出无论如何都是减不下来的。而在增加收入方面，国民政府还是采取了不少办法，包括增加税收和处理敌产等。1946 年，国民政府的税收收入比上年增加了 81%，这主要是因为光复区扩大税源的结果。同年，国民政府出售敌伪产业和剩余物资的收入，约为 7845 亿元，抛售外汇和黄金约赚 7000 亿元左右，[1] 合计 14845 亿元，约占 1946 年度财政实际总收入的一半。但这些增收办法都不能弥补内战财政的巨额赤字。1947 年度，出售剩余物资的预算收入为 11200 亿元，占总支出的 12%，实际收益为 11910 亿元，但仅占实际支出的 2.7%。[2]

黄金政策是国民政府应对通货膨胀的重要措施。抗战胜利后，国民政府拥有黄金、美汇多达 9 亿美元，超过以往任何一个时期。1945 年 7 月 20 日，财政部部长宋子文在国民参政会上自信地说："我们的政策，不一定将所有的黄金都脱售，但是无论如何，政府有力量在手，就是黄金一项，也就可以控制金融。"[3] 美国顾问杨格也建议实行抛售黄金政策。1946 年 3 月，国民政府宣布黄金市场开放，由中央银行在上海配售黄金，配售价格随市价变动。配售方式为明配和暗售，对银楼业正式配售，同时在市场上暗地抛售。抛售黄金从 1946 年 3 月 4 日开始，黄金价格直线上升。中央银行不得不大量抛售黄金，其中仅 1946 年 12 月 23 日一天，就抛出黄金 5 吨。当时中央银行在上海库存的黄金快要售罄，只好将重庆的黄金紧急运来上海。由于市面上发现由重庆造币厂铸造的金条，人们以为中央银行的金条已经售罄，引起争购风潮，并进而导致黄金、美元黑市价格失控狂涨，法币猛跌，物价飞升。1947 年 2 月 17 日，黄金价格每市两高达 611 万元。政府不得不停止黄金出售。从 1946 年 3 月到 1947 年 2 月，国民政府因财政赤字而增发的法币为 32483 亿元，[4] 而同时期中央银行抛售黄金 353 万余市两，占库存黄金 60%，共收回法币

---

① 参见狄超白主编：《中国经济年鉴》（1947 年），香港太平洋经济研究社 1947 年版，上编第 77 页。
② 参见张公权：《中国通货膨胀史（1937—1949 年）》，文史资料出版社 1986 年版，第 108 页。
③ 杨培新：《旧中国的通货膨胀》，生活·读书·新知三联书店 1963 年版，第 72 页。
④ 参见吴冈编：《旧中国通货膨胀史料》，上海人民出版社 1958 年版，第 96 页。以 1947 年 1 月底之法币发行额减去 1946 年 2 月末之发行额，作为黄金政策执行时期的法币增发额。

9989 亿余元，① 约占同时期法币增发额的 31%。在抛售黄金期间，官僚和资本家们抢购了大量黄金存入国外银行，而中小企业则因争购黄金而停止了生产。而通货膨胀更是迭创新高，物价飞涨已经完全失控。上海米市有价无货，米店关门拒售，许多中小工商业者纷纷破产。许多民众无以为生，迁怒于米店、银楼，上海发生捣毁米店的事，南昌和徐州有的银楼被捣毁。国民政府的黄金政策还不到一年便宣告失败。

为抑制通胀而实行的外汇政策也是失败之举。抗战胜利后，中央银行掌握着空前的外汇储备，因而国民政府确信有足够的力量控制市场。1946 年 3 月 4 日，上海外汇市场正式开放，中央银行奉命无限制地按官价汇率（法币 2020 元等于美金 1 元）买卖外汇，实行自由外汇政策，同时在实际上实行了自由进出口贸易政策。国民政府的思维逻辑是：通过自由买卖外汇，稳定汇率，从而稳定法币币值，维持民众对法币的信心；通过大量抛出外汇，吸收游资，回笼法币，减少市场上的法币数量，压制物价上涨，缓和通货膨胀。另外，通过大量进口美货，满足国内需求，抑制物价上涨。但此项政策的实施却收到相反的结果。由于人们对法币失去信心，无不急于抛售法币而换得美元。因而美元在市场上总是供不应求的。所以，在外汇市场开放后，立即出现抢购美元的风潮。从 1946 年 3 月 4 日到 11 月 17 日，共售出外汇约 45500 万美元。② 但是，外汇增加却无更多的来源。国民政府的外汇储备主要源自美国的贷款，而这笔贷款尽管不少但终归是有限的。由于国内经济萧条，出口创汇完全指望不上，加上侨汇减少，从而导致外汇储备迅速下降。中央银行外汇、黄金和白银的持有量从 1946 年 2 月的 833587121 美元剧减至 1947 年 2 月的 346977036 美元。③ 国民政府不得不放弃自由的外汇、外贸政策。1946 年 11 月 17 日公布《修正进出口贸易暂行办法》，对一切进口物品采用输入许可证制度，限制进口和外汇供应。外汇和贸易政策也宣告失败。

六、经济总崩溃

由于内战不断升级，军费大幅增加，财政赤字不断攀升难以避免，因而通货膨胀也一发而不可收，大有一泻千里之势。为此，1947 年 2 月 16 日，国民政府颁布《经济紧急措施方案》，主要内容包括：第一，关于平衡预算事宜，规定：本年度政府各部门预算内，凡非迫切需要之支出，均应缓发；严格征收各种税收，以裕库收，特别注意切实征收直接税并加辟新税源；政府所控制之敌伪剩余物资，应由各

---

① 参见中国人民政治协商会议全国委员会文史资料研究委员会编：《法币、金圆券与黄金风潮》，文史资料出版社 1985 年版，第 156 页。

② 参见杨培新：《旧中国的通货膨胀》，生活·读书·新知三联书店 1963 年版，第 73 页。

③ 参见张公权：《中国通货膨胀史（1937—1949 年）》，文史资料出版社 1986 年版，第 200 页。

主管机关加紧标售；凡国营生产事业，除必须由政府经营者外，分别缓急以发行股票方式公开出售，或售与民营。第二，关于取缔投机买卖、稳定金融市场事项，规定：即日起禁止黄金买卖，取缔投机；即日起禁止外国币券在国境内流通；加强对于金融业务之管制，以控制信用，配合政府经济政策，稳定金融市场。第三，关于发展贸易事项，规定：改变外汇牌价，自即日起以法币 12000 元合美金 1 元；估计全年需进口原料及机器等总值达 47259 万美元。其中 1—6 月需外汇约 2 亿美元，即由中央银行准备支付。第四，关于物价工资事项，规定：由行政院制定若干地区为严格管制物价之地，指定地一切日用必需品严格议价；指定地职工之薪金，按生活指数计算者，以本年 1 月生活指数为最高限额。第五，关于日用品供应事项，规定：食米、面粉、纱布、燃料、食盐、食油由政府限价供应，并就南京、上海两地先行试办。1947 年 2 月 17 日，国民政府发布命令，要求严格实行经济紧急措施，违者"严予处罚"。

1947 年 3 月 24 日，国民党六届二中全会通过《经济改革方案》，规定：保障并扶植农业、工业、贸易及盐业等，以确保田赋收入和各项税收；调整直、货、关、盐四税税率；尽速出售敌伪产业及剩余物资；裁撤机关、节约开支等。该方案于 1947 年 7 月 24 日修正颁布时，进一步强调推行公债政策，吸收游资等。1948 年 1 月 28 日，国民政府公布《主要财政经济改革计划》，要旨为尽量节省政府法币和外币支出；改善国税、省税与地方税的税制管理，以增加收入与平均负担。然而，这一系列政策措施都没有收到预期效果。由于内战战况危急，军费进一步增加，财政赤字仍旧庞大，物价飞涨，经济萧条，投机疯狂，情势日日窘迫。蒋介石认为"经济险恶，物价飞涨，以通货膨胀不能压阻为最可虑""应速谋彻底改革之道，方能挽救此危局"。

1948 年 5 月，国民政府改组，地质学家翁文灏出任行政院院长，出版家王云五出任财政部部长。王云五上任后立即奉蒋旨意，进行币制改革。1948 年 8 月 19 日，政府发布《财政经济紧急处分令》，同时公布《金圆券发行办法》等项规定，宣布实行币制改革，主要内容为：第一，以金圆券取代法币，金圆券 1 元折合法币 300 万元；第二，禁止黄金、白银和外币的流通、买卖或持有，所有个人和法人拥有之黄金、白银和外币，应兑换为金圆券；第三，国人存于国外的所有外汇资产，凡超过 3000 美元者，应申报登记并移存于中央银行或其委托银行；第四，严格管制物价，所有物品及劳务以 8 月 19 日价格为准，惩处囤积居奇者。另外，关于财政政策的调整规定：各种税收凡低于战前标准者，均应参照战前标准调整，同时提高奢侈品税率；国营公用及交通事业之收费凡低于战前标准者，一律参照战前标准调整；严格核定文武机关员工的名额，并裁汰冗员；再次重申加速敌伪产业剩余物资的出售。

为执行这项法令，南京政府向上海、天津、广州、西南、西北派出督导专员。蒋介石派蒋经国任上海经济特派员，负责平抑物价，全权在握。蒋经国组建了"戡建大队"，于中央银行内设置办公室，开始"打老虎"。由于蒋经国的努力，上海的物价暂时被控制住了。但是，由于金圆券没有信用，上海市民于1948年10月2日起纷纷持币购买各种货物，造成抢购风潮。这种抢购风潮很快波及其他城市以至全国。1948年10月31日，行政院召开了一次特别会议，通过了经济改革方案的"补充措施"，并于11月1日宣布放弃限价政策。此项决定一出，许多绝迹1个月之久的日用必需品又在市场上出现，但价格比1948年8月19日限价前要贵3—5倍，以后全国各地物价猛涨。与此同时，金圆券发行额原规定不超过20亿元，至此改为无限额发行。国民政府限价政策进入1949年，物价一日数涨，到1949年5月上海解放，物价比1948年8月19日时已经上涨了1200万倍。

1949年2月23日，国民党政府迁至广州后不久，行政院通过了一项《金融改革案》，规定以银圆和所谓关元为军费开支和关税征收的计算单位，部分货物税和盐税改征实物，允许各地方政府自由征收等做法。此案实际上宣布了金圆券的彻底破产。1949年7月2日，行政院公布改革币制令，规定以银圆为本位，发行银圆兑换券，并允许银圆与银圆券同时流通。7月4日，银圆券开始发行，其券面分1元、5元、10元、50元和100元共5种。但这个方案没有来得及实施，国民党政府就垮台了。

第十六章 新民主主义经济

新民主主义经济是中国共产党领导新民主主义革命的经济基础。新民主主义经济具有经济成分多元化、社会主义因素占主导、以争取战争胜利为目标、以农业生产为中心、相对独立自成体系等特点。新中国成立前新民主主义经济的发展为新中国成立后新民主主义经济形态在全国范围内的推广提供了重要的经验。

第一节 苏区经济

1927年大革命失败后，中国共产党开始领导人民进行土地革命。1927年10月，毛泽东率领秋收起义部队来到井冈山，创建了井冈山革命根据地，以后全国各地又创建了大大小小十几个农村革命根据地（简称"苏区"）。1931年11月，中华苏维埃共和国临时中央政府成立。在这一时期，中国共产党积累了土地革命的初步经验，形成了自己的财政、金融机构，并制定了相应的财政、金融制度；农业合作社初见雏形；创建了一批小型的公营工厂和公营商业，初步形成新民主主义经济形态。

一、土地革命

由于蒋介石叛变革命，国共分裂，共产党不得不放弃旧民主革命的目标，转而开展独立的革命运动，将中国革命推向一个新的阶段。1927年7月20日，中共临时中央发出《中央通告农字第九号——目前农民运动总策略》，宣布"中国革命进到一个新阶段——土地革命的阶段"。11月上旬，中共临时中央政治局召开扩大会议，通过了《中国共产党土地问题党纲草案》，规定一切地主的土地无代价没收，一切私有土地完全归组织成苏维埃国家的劳动平民所公有，土地实际使用权归农民。《中国共产党土地问题党纲草案》：

中国共产党认为要彻底变革中国的土地制度，必须肃清一切崩溃浸乱的旧社会关系，所以主张为解决农民问题和土地问题起见，必须实行下列的办法：

一、一切地主的土地无代价的没收，一切私有土地完全归组织成苏维埃国家的劳动平民所公有。

二、一切没收的土地之实际使用权归之于农民。租田制度与押田制度完全废除，耕者有其田。

三、农民代表会议（苏维埃），是乡村中的革命政权机关，他要按照土地之肥瘠水旱位置而分配土地，使旧时佃农中的富裕者不能变成富农，并使革命军队的战士及无地的农民能够分到土地耕种。同时，共产党要努力实行革命的土地改良。

四、寺院教会的土地，皇族旗地官地公产等类的土地，一概归农民代表会议支配。此等土地的租田制度，亦一律取消。

五、祠产旗产的土地一律归农民代表会议支配。共产党要赞助农民去根本消灭这一种陈腐恶化的土地制度。

六、官荒沙田湖田等的土地，亦一律归农民代表议会〔会议〕支配；并且要努力设法，使实行垦殖政策时得有土地分给无地的农民以及工农军的兵士。

七、一切豪绅反革命派的财产完全没收。[①]

更重要的是，中国共产党认为，只有用最"民众式"的阶级斗争的方法，才能完成土地革命，才能真正实行革命的变革土地制度，组织乡村中的农民代表会议政权，建立全国的苏维埃政府。

此后，中国共产党一面开展武装斗争，一面开展土地革命。1928年3月，毛泽东率工农革命军第一团在桂东沙田一带进行没收分配土地的试点。之后，湘赣边界各县、区、乡普遍建立了土地革命委员会以分配土地。1928年10月，毛泽东主持召开湘赣边界党的第二次大会，总结了一年来土地斗争的经验，并于12月颁布了《井冈山土地法》。《井冈山土地法》规定：

（一）没收一切土地归苏维埃政府所有，用下列三种方法分配之：

（1）分配农民个别耕种；

（2）分配农民共同耕种；

（3）由苏维埃政府组织模范农场耕种。

---

① 《布尔塞维克》第1卷第6期（1927年11月28日），宣讲家网，见 http://www.71.cn/2011/0930/630572.shtml。

以上三种方法，以第一种为主体。遇特别情形，或苏维埃政府有力时，兼用二三两种。

（二）一切土地，经苏维埃政府没收并分配后，禁止买卖。

（三）分配土地之后，除老幼疾病没有耕种能力及服公众勤务者以外，其余的人均须强制劳动。[1]

《井冈山土地法》用法律形式否定了封建地主土地所有制，肯定了农民的土地耕种权，有着划时代的意义。然而，《井冈山土地法》中也存在着一些原则错误，如毛泽东指出的："没收一切土地而不是只没收地主土地"；"土地所有权属政府而不是属农民，农民只有使用权"；"禁止土地买卖"。[2] 对于这些错误，根据地政府在苏区就根据实际情况做了相应调整：

第一，不没收一切土地，对没收土地合理分配。1929 年 4 月，中央根据地颁发的《兴国县土地法》，将《井冈山土地法》中规定的"没收一切土地"，改为"没收一切公共土地及地主阶级土地"。同年 7 月，在中共闽西第一次代表大会作出的《土地问题决议案》中又进一步规定："没收一切收租的田地山林，随即分给农民。在农民的要求下没收富农多余的土地。"在土地分配方面，《政治决议案》和《土地问题决议案》中指出：（1）没收一切地主的土地，对大中地主区别对待，并给以生活出路，对在乡地主"将酌量分与田地"。（2）"中立"富农，"不打击富农"，在土地革命的不同时期，对富农采取不同的政策。在初期，"不没收其土地并不派款，不烧契，不废除其债务"，在分配土地过程中，"富农田地自食以外的多余部分，在贫农群众要求没收时应该没收"。（3）对中农"田地不没收，田契不烧毁"，"对自耕农的中农不要有任何的损失"，争取其参加革命。（4）在分配土地中，提出"以乡为单位由某乡农民将他们在本乡及邻乡所耕田地总合起来共同分配"；分田时实行"抽多补少"，而不采取打乱平分的办法。

第二，农民对分得的土地拥有所有权。1930 年 9 月，中共六届三中全会提出"不禁止土地买卖"的政策，并提出没收的土地应分配给农民，归农民所有的主张。1930 年 10 月，湘鄂西第二次工农兵贫民代表大会通过的《土地革命法令》，已写明"不禁止买卖"。1930 年 11 月，毛泽东提出"新租田制"的政策主张，允许农民之间租佃土地和买卖。1930 年 12 月，闽西根据地颁布了《租田条例》，规定：凡老弱残废、红军士兵及无人无耕牛农具的贫苦农民等"无法维持生活者"，都可以"出租田地"。1931 年 3 月 15 日，江西省苏维埃政府发布文告，宣布

① 《毛泽东文集》第一卷，人民出版社 1993 年版，第 49 页。
② 《毛泽东文集》第一卷，人民出版社 1993 年版，第 51 页。

"土地一经分定，土地使用权所有权统归农民"。1931 年 4 月，闽西苏维埃政府在《土地委员会扩大会议决议》中明确规定："农民领得田地，即为自己所有，有权转租或变卖、抵押，苏维埃不禁止。"① 1933 年 6 月，苏区政府颁布了《关于实行土地登记》的公告，规定"登记好了，苏维埃发给土地证与农民，用这个土地证去确定农民的土地所有权，确定某块土地归某人所有，他人不得侵占，政府不得无故没收"②。

到 1931 年，中国共产党在苏区进行土地革命的短短几年时间，关于土地革命的路线、方针和政策已经全面确立和趋于完善。基本内容可概括为：依靠贫雇农，联合中农，中立和限制富农，保护工商业者，消灭地主阶级，变封建地主土地所有制为农民的土地所有制。土地以乡为单位按人平均分配，以原耕为基础，抽多补少，抽肥补瘦。③

然而，苏区的土地政策受到"左"倾路线干扰。1931 年 1 月，王明在中共六届四中全会上指责毛泽东执行的是"富农路线"，提出"平分一切土地""按劳动力和人口混合原则分配土地""地主不分田，富农分坏田"等"左"倾政策。1931 年 11 月，中华工农兵苏维埃第一次全国代表大会上通过的《中华苏维埃共和国土地法》，规定：所有封建地主、豪绅、军阀、官僚，以及其他大私有主的土地，无论自己经营或出租，一概无任何代价地实行没收。被没收来的土地，经过苏维埃由贫农与中农实行分配。中国富农性质是兼地主或高利贷者，对于他们的土地也应该没收。富农在被没收土地后，如果不参加反革命活动，而且用自己劳动耕种这些土地时，可以分得较坏的土地。从 1932 年春开始，苏区开展了持续两年多的查田运动，以确认没收和分配是否存在遗漏和偏差，随后又进一步扩大到查阶级，"左"倾错误愈演愈烈，严重挫伤了广大农民革命和生产的积极性，并导致根据地经济形势恶化。

二、财政金融

根据地成立之初，财政收入主要靠打土豪筹款和战争缴获，随后增加了税收、公营企业收入、财政动员以及货币发行。随着革命根据地的发展和扩大，逐渐建立起自己的财政制度，先后建立银行并发行货币，初步建立了根据地金融。

① 刘克祥、吴太昌主编：《中国近代经济史（1927—1937）》下册，人民出版社 2010 年版，第 2186 页。
② 中国社会科学院经济研究所中国现代经济史组：《第一、二次国内革命战争时期土地斗争史料选编》，人民出版社 1981 年版，第 731 页。
③ 参见刘克祥、吴太昌主编：《中国近代经济史（1927—1937）》下册，人民出版社 2010 年版，第 2187 页。

1. 财政

根据地建设初期，财政收入的主要来源就是打土豪筹款和战争缴获。中共湖南省委在 1927 年 10 月紧急会议决议案和 1928 年 6 月给湘赣边界红四军的信中，要求暴动的经费和农军、革命政府的经费，都要用没收地主豪绅的财产和战争缴获来解决。随着革命根据地财政制度的初步创立，财政收入增加了四个来源：第一是税收。《井冈山土地法》中规定，土地税"依照生产情形分为三种：即百分之十五、百分之十和百分之五"。中华苏维埃共和国成立后，明确以税收作为国家财政收入的主要来源，宣布废除国民党军阀的田赋丁粮、苛捐杂税、厘金等，实行统一的累进税制。被剥削的与最苦阶层的群众，免除纳税义务。[①] 1931 年 12 月 1 日颁布的《中华苏维埃共和国暂行税则》规定了商业税、农业税和工业税三个税种。第二是公营经济的收入以及"红军公田"收入。第三是群众性收入。如发行公债、借谷子、捐献等，其中主要是公债。1931—1934 年，中央苏区共发行战争公债两次，经济公债一次，分别是 60 万元、120 万元和 300 万元。[②] 1933 年和 1934 年，苏区广大群众为支援革命战争，保卫胜利果实，开展各种捐献运动，如每人每月节省三升米运动、每人每天节省一个铜板运动、退还革命战争公债券和借谷票，以及向红军捐献各种慰劳品运动，对缓解苏区财政紧张，鼓舞红军英勇作战起了很大作用。另外，发行货币也是苏区财政的重要来源。1930 年 11 月 27 日，江西省苏维埃政府发出《秘字第四号通令》："为了这一决战的胜利之需，本政府财政部以一百万现金创设大规模的江西工农银行，同时财政部为着要使金融有广泛的流动，使我革命群众与红军在经济上有绝大的充裕，因此发行钞票一百万元。""该钞票在赤区一律通用。"[③]

财政支出主要是红军的战争供给和行政费用，如各级政府工作人员的生活费和办公费、教育费、交通运输费等。其中又以战争供给为主。红军官兵生活费供给是根据地财政最大的支出项目。井冈山根据地的红四军官兵，除口粮外每人每天五分钱的油盐柴菜钱，每月需要现洋 1 万元以上。[④] 关于各级政府的办公费，井冈山根据地规定，乡政府每月 20—40 元，区政府每月 50—60 元，县政府略高于区政府；同时规定县、区、乡三级政府的办公经费不得超过当地打土豪筹款总额的 5%。[⑤]

[①] 参见刘克祥、吴太昌主编：《中国近代经济史（1927—1937）》下册，人民出版社 2010 年版，第 2259 页。

[②] 参见万立明：《中央苏区的公债发行述论》，《苏区研究》2017 年第 3 期。

[③] 张孝忠：《中央苏区的红色金融》，《党史文苑》2014 年第 5 期。

[④] 参见毛泽东：《井冈山的斗争》（1928 年 11 月 25 日），载《毛泽东选集》第一卷，人民出版社 1991 年版，第 65 页。

[⑤] 参见《井冈山根据地经济斗争编写组同吉安市干部休养所革命老人座谈记录》（1977 年 1 月 15 日），载赵效民主编：《中国革命根据地经济史（1927—1937）》，广东人民出版社 1983 年版，第 120 页。

其次是举办各种必要的经济、文化、教育、卫生事业等费用，如兴办公营工商业，拨款补助农民兴修水利，投资学校教育等，还有敌军俘虏的遣散费。井冈山根据地投资兴建了军械处（兵工厂）、红军医院、被服厂、印刷厂、造纸厂等。这些投资都是政府的财政开支。此外，红军实行优待战争俘虏政策，愿意者可参加红军，不愿参加红军者可发给3—5元的路费让其回家。有的根据地还设立社会救济金，举办养老和救济残疾人事业；还有上缴上级党组织的经费。①

1931年11月，中华苏维埃共和国临时中央政府成立，同时设立中央财政部以统管整个财政工作。财政部下分设行政和军队两个系统的财政机构，并初步建立起预决算制度、国库制度、会计制度和审计制度等。1931年12月，中央人民委员会发布的《中央人民委员会训令（财字第2号）——统一财政、编制预决算制度》②，详细规定了各级苏维埃政府的财政预算经费编报要求，制度明确规定："一切国家税收概由国家财政机关（中央及各省、县区财政部及城市财政科）按照临时中央政府所颁布的税则征收。地方政府不得自行规定税则或征收。""各级行政经费、各军伙食杂用等经费，统由各该部分的财政机关造具预算，交它的上一级的财政机关审查，并报告中央财政部批准。"1932年10月，临时中央政府颁发了《国库暂行条例》，规定中央财政部国库管理局负责管理国库，国库业务由国家银行负责代理，苏区政府的所有款项收支事宜均由国家银行掌管，国家税收及其他罚款等一切收入，都必须及时缴入国库。各种经费支出，先由各机关提前编定预算，按级送财政人民委员部审计处审查，然后请财政人民委员部批准，再交国库管理局签发支票，各金库照票支款，无支票者不得支付。③ 1932年12月，中央财政部发出《统一会计制度》的第12号训令，要求建立统一的会计制度，要把收钱的、管钱的、领钱的、支配的四个机关分开，不再混在一起；要把各级的收入与开支分开，收支两条线。④ 1934年2月20日，苏维埃中央执行委员会发布"中字第2号命令"，颁布《审计条例》，规定各苏维埃收入的预算决算，必须经中央审计委员会审查；中央审计委员会及分会对于下级苏维埃财政收支认为有必要时，派遣审计员实地调查；中央审计委员会及分会随时检查各种机关现有簿记等。⑤

---

① 参见刘克祥、吴太昌主编：《中国近代经济史（1927—1937）》下册，人民出版社2010年版，第2200页。

② 参见江西省税务局、福建省税务局、江西省档案馆、福建省档案馆编：《中央革命根据地工商税收史料选编（1929.1—1934.2）》，福建人民出版社1985年版，第64—66页。

③ 参见柯华主编：《中央苏区财政金融史料选编》，中国发展出版社2016年版，第7—8页。

④ 参见江西省档案馆、中共江西省委党校党史教研室：《中央革命根据地史料选编》（下），江西人民出版社1981年版，第324页。转引自周金堂等：《井冈山斗争与中央苏区时期党的经济工作研究》，社会科学文献出版社2018年版，第30页。

⑤ 参见江西省档案馆、中共江西省委党校党史教研室：《中央革命根据地史料选编》（下），江西人民出版社1981年版，第324页。

2. 金融

革命根据地还创立了自己的银行。1928 年 2 月，海陆丰根据地建立劳动银行。这是革命根据地最早设立的一家银行。此后相继建立的银行有：赣西南的东固平民银行（1928 年 8 月，1930 年上半年扩充为赣西南银行）、闽西工农银行（1930 年 9 月）、赣东北特区苏维埃银行（1930 年 10 月）、江西省工农银行（1930 年 11 月）、湘鄂西根据地鄂西农民银行（1930 年 11 月）、鄂豫皖特区苏维埃银行（1931 年 5 月）等。① 中华苏维埃共和国成立后，于 1932 年 2 月 1 日成立了中华苏维埃共和国国家银行，并将各根据地的银行改为其下属分行。② 国家银行总行直接受临时中央政府的领导，各分行受同级根据地政府领导，其机构的设置，人员的配备，方针、政策、任务的确定等，都由政府决定。

1928 年春，湖南耒阳县政府开始印发面额为壹元的劳动券（纸币）。同年 5 月，井冈山根据地在上井村创办了红军造币厂，铸造和发行"工字银元"，每元重七钱二分，成色颇佳，深受群众欢迎，总数约铸造一万多块。③ 1930—1931 年间，几个主要根据地银行都先后发行了纸币，少的二三万元，多的达 100 万元。为了提高纸币的信用，各银行均以一定数量的黄金、白银作为储备基金，可以随时兑现。④ 中华苏维埃共和国国家银行成立后，于 1932 年 7 月 7 日开始正式发行货币，有五分、一角、二角、五角、一元共 5 种面额的纸币，以及银币一元、一角和铜币五分、一分几种铸币，称"苏维埃国币"。此外，还用新币兑换闽西工农银行和江西工农银行原来发行的纸币。国家银行和省一级银行发行的货币是根据地唯一的法定货币。最初发行的纸币，是根据拥有多少基金决定发行量，保证随时兑现，币值也比较稳定。1933 年以后，因财政收支无法平衡，不得不靠增发纸币来满足急剧增长的财政需要，货币发过多，无法兑现，造成纸币贬值。⑤

苏区政府成立后，提出"废除一切债务"的口号。1931 年 1 月，临时中央政府发布《借贷条例》⑥，规定：取消和废止一切高利贷形式的借贷，今后的借贷利率，短期的不得超过一分二厘，长期的同年不得超过月息一分。为解决群众经济生

---

① 参见刘克祥、吴太昌主编：《中国近代经济史（1927—1937）》下册，人民出版社 2010 年版，第 2202—2203 页。

② 参见王同兴：《抗日战争和解放战争时期革命根据地的金融建设》，《中共党史研究》1990 年第 3 期。

③ 参见《访问邹干林、邹来林、邹亚皇记录》（1977 年 5 月 4 日）、《访问邹文楷、罗东祥、林仁贵等老人记录》（1975 年 6 月），载赵效民主编：《中国革命根据地经济史（1927—1937）》，广东人民出版社 1983 年版，第 140 页。

④ 参见刘克祥、吴太昌主编：《中国近代经济史（1927—1937）》下册，人民出版社 2010 年版，第 2204—2205 页。

⑤ 参见赵德馨原著，瞿商、张连辉改编：《中国近现代经济史》，高等教育出版社 2016 年版，第 168 页。

⑥ 参见《红色中华》第 7 期（1932 年 11 月 27 日）。转引自柯华主编：《中央苏区财政金融史料选编》，中国发展出版社 2016 年版，第 11 页。

活中的融资问题，根据地开始发展信用合作。1930 年 3 月，闽西第一次工农兵代表大会通过的《经济问题决议案》决定，普遍发展信用合作社，以吸收乡村存款。1932 年 4 月，临时中央政府颁布了《合作社暂行组织条例》，明确信用合作社宗旨是 "使工农平民得到低利无抵押的借款，免除资本家地主的重利盘剥"①。1934 年 1 月，《第二次全国苏维埃代表大会关于苏维埃经济建设政策的决议》② 特别指出 "在群众中发展信用合作社，是解决群众缺乏资本的主要办法，而且也是同城乡高利贷做斗争的有力武器"③。江西根据地还建立了 "农民借贷所"，青黄不接时，借贷所将粮食借给缺粮的贫苦农民，春借秋还，④ 既解决了农民困难也有效地抵制了高利贷剥削。

三、工农业生产

1. 农业生产

苏区基本上是较为贫困的农业地区，农业人口占总人口的 90%。所以，必须把农业发展放在经济建设的第一位。毛泽东指出："在目前的条件之下，农业生产是我们经济建设工作的第一位，它不但需要解决最重要的粮食问题，而且需要解决衣服、砂糖、纸张等项日常用品的原料即棉、麻、蔗、竹等的供给问题。"⑤ 中央苏区政府考虑到当地的自然条件和军民需要，确定作物种植的重点依次是：谷米、杂粮（番薯、豆子、花生、麦子、高粱等）、蔬菜、棉花。中央苏区农民原来很少种植棉花，棉花和布匹需要向白区购买。由于敌人加紧经济封锁，1933 年 2 月 1 日中央土地部发布春耕计划，向各根据地发出 "要种植棉花" 的号召，提出 "凡高原干燥地方，及沙坝园土山地等都可种棉"。⑥

经过战争破坏后的根据地，常常面临劳动力和耕牛不足的困难。1930 年春，苏区才溪乡出现互助合作的耕田队。一般的做法是：农户按当地传统的换工习惯，自愿报名，以村为单位成立耕田队，每队分若干耕田小组，每组由四五户或七八户自愿结合组成。1930 年 6 月，毛泽东到才溪乡视察工作，充分肯定了耕田队这种农业组织形式，并提议将耕田队扩大为 "互助社"。1930 年 11 月，在总结才溪乡经验的基础上，中华苏维埃共和国临时中央政府颁布了《耕田队条例》，使劳动互助组织在苏区迅速推广。第二年，劳动合作社扩大到全乡范围。具体办法是：一村

---

① 《遂川县工农县政府临时政纲》，载井冈山革命根据地党史资料征集编研协作小组、井冈山革命博物馆编：《井冈山革命根据地》（上），中共党史资料出版社 1987 年版，第 73 页。
② 参见《红色中华》第 150 期（1934 年 2 月 16 日）。
③ 柯华主编：《中央苏区财政金融史料选编》，中国发展出版社 2016 年版，第 12 页。
④ 参见《寻邬县苏维埃政府通令新字第三号》（1933 年 5 月 24 日）。
⑤ 《毛泽东选集》第一卷，人民出版社 1991 年版，第 131 页。
⑥ 《红色中华》第 52 期（1933 年 2 月）。

之中，劳动力有余之家，帮助不足之家，一乡之中，劳动力有余之村，帮助不足之村，红军家属优先。劳动互助需要支付报酬，群众间的互助，一般每天工钱两毫，男女一样，忙时平时一样。如果是群众帮助红军家属，需要自带饭包和农具，不需支付工钱。红军家属帮助红军家属，每天一角半，红军家属帮助群众，每天两角。[①] 为解决耕牛缺乏的问题，根据地提倡耕牛互助和允许租牛。湘鄂西根据地从1931年开始，设立"公共犁牛站"，湘鄂赣根据地设有"牲畜农具经理处"。将没收地主的耕牛和富农的多余的耕牛收归政府所有，租给或借给缺牛的农民使用。[②] 毛泽东曾指出，解决耕牛缺乏的办法，"莫妙于领导群众组织犁牛合作社，共同集股买牛"[③]。劳力和耕牛互助，有效地解决了根据地农户劳力和耕牛短缺的困难，促进了农业生产的恢复和发展。[④]

根据地政府还采取鼓励开荒、兴修水利和改进耕作技术等措施以发展农业生产。针对战争破坏造成土地大量荒芜的情况，根据地政府发出了"彻底消灭荒田荒地""不让一寸土地荒废"的号召，并采取鼓励垦荒的政策措施。1933年2月25日，临时中央政府颁发《开垦荒地荒田办法》，制定了对已分配的荒地荒田督促本人开垦等办法。1933年5月25日，中央土地部又发布《开垦规则》，明确宣布：群众对开发的无主荒田，"有永远支配之权"。各根据地还组织各种开荒队，大力开展垦荒，扩大耕地面积。根据地还组织群众兴修水利，进行农业基础建设。1934年1月，毛泽东在中华苏维埃第二次全国工农兵代表大会所做的报告中提出"水利是农业的命脉"。[⑤] 苏区组织民众修复、兴建沟渠、堤坝、水塘、水车、筒车等。根据江西、福建、粤赣和闽浙赣四个省的不完全统计，到1934年9月，完成的水利工程达一万多座。根据地还大力推广精耕细作和农业生产技术，号召农民因地制宜，广开肥源，增施肥料。还开办农业试验场和其他农业技术研究机构。中央土地部设有瑞金农事试验场，下设保管、田园家畜、山林、水利四科。其主要人物是搜集棉稻生产技术经验，在全苏区推广。[⑥]

2. 工业生产

由于根据地大多属于经济落后地区，工业基础极其薄弱，加上敌人封锁和战争摧残，导致工业生产基本上处于衰落状态，工业品极其缺乏。为扭转这种局面，根

---

① 参见《毛泽东农村调查文集》，人民出版社1982年版，第343页。
② 参见刘克祥、吴太昌主编：《中国近代经济史（1927—1937）》下册，人民出版社2010年版，第2210—2211页。
③ 《毛泽东农村调查文集》，人民出版社1982年版，第313页。
④ 参见刘克祥、吴太昌主编：《中国近代经济史（1927—1937）》下册，人民出版社2010年版，第2210—2211页。
⑤ 《毛泽东选集》第一卷，人民出版社1991年版，第132页。
⑥ 参见刘克祥、吴太昌主编：《中国近代经济史（1927—1937）》下册，人民出版社2010年版，第2237—2238页。

据地政府采取多种措施，主要通过发展公营工业和合作社工业，使工业出现了生机。1932年后，中央苏区的烟、纸、钨砂、樟脑、农具等业开始恢复，在一定程度上满足了军民需要。

根据地工业生产有公营、合作社经营和私营三种组织形式。公营工业发展是从军事工业开始的，以后又兴办了若干民用工业。1934年1月，中央苏区有公营工厂32个，其中大部分是军需工厂，包括兵工厂、子弹厂、炸弹厂、被服厂、炼铁厂、斗笠厂等，如莲花兵工厂、中央军委兵工厂、闽北兵工厂、中央被服厂等。另一部分是民用工厂，如中华钨砂公司、中华纸业公司、中华樟脑厂等，所生产的钨砂、纸张和樟脑主要用于出口。另外还有纺织和煤炭，主要是根据地民用。[1] 1933年后，国民党加紧了经济封锁，根据地食盐极端缺乏。闽浙赣边区为了解决食盐的缺乏，率先进行了硝盐的制造，其他根据地也开展了熬制硝盐活动。据不完全统计，中央根据地江西7个县有熬盐厂581个，闽浙赣根据地有熬盐厂1335个。[2]

根据地工业生产绝大多数是手工生产，所以，建立手工业生产合作社成为根据地工业的重要形式和主要措施。1931年前，根据地处于创建阶段，缺乏办社经验，手工业生产合作社发展缓慢。1931年后，根据地政府先后颁布了《合作社暂行组织条例》《合作社工作纲要》《生产合作社标准章程》，对合作社的组织原则、社员权利、民主管理、盈利分配等作了较具体的规定，促进了手工业生产合作社的发展。到1934年2月，中央苏区的17县有手工业生产合作社176个，社员32761人。[3] 这些工业主要分布在造纸、农具、采矿、冶炼、烧瓷、纺织、酿造、木器、编织、缝纫、造船、熬盐等30多个行业中。

中华苏维埃共和国成立后，根据地逐渐出台了一些保护私营工商业的措施。第一次全国苏维埃代表大会时，苏维埃临时中央政府在《关于经济政策的决议案》中就明确规定：苏维埃对于中国资本家的企业及手工业，现尚保留在手工业主手中，而并不实行国有。1932年1月又颁布了《工商业投资暂行条例》，鼓励私人资本的投资，在法律上保护私人营业自由。毛泽东在总结根据地经济建设经验时指出："我们对于私人经济，只要不出于政府法律范围之外，不但不加阻止，而且加以提倡和奖励。因为目前私人经济的发展，是国家的利益和人民的利益所需要的。私人经济，不待说，现时是占着绝对的优势，并且在相当长的期间内也必然还是优势。"[4] 因此，苏区的私营工业也获得了一定的发展。

① 参见刘克祥、吴太昌主编：《中国近代经济史（1927—1937）》下册，人民出版社2010年版，第2242页。
② 参见《闽浙赣省的经济建设》，《红色中华》第145期（1934年1月19日）。
③ 参见朱伯康、施正康：《中国经济史》下卷，复旦大学出版社2005年版，第706页。
④ 《毛泽东选集》第一卷，人民出版社1991年版，第133页。

3. 商业贸易

各革命根据地建立初期，一些地区一度出现商品流通阻塞、工业品短缺、工农业产品价格剪刀差扩大的趋势。为了尽快改变这种困难局面，根据地政府采取了各种措施恢复根据地商业和对外贸易。

首先，确定正确的工商业政策，恢复私营商业和民间贸易活动，1929年2月5日，中共中央在《关于闽西斗争经验教训问题给福建省委的指示信》中指出：没收和平分商人财产是农民意识的表现，要保护小商人以作为商品流通的媒介。从而确定了土地革命中保护中小工商业者利益的政策。此后，各解放区大都允许商贩去敌对区采购工业品、销售农产品和敌对区商人来解放区做生意，实行免税或低税政策。与此同时，各根据地采取措施，恢复和发展农村集市贸易，并改造、恢复、开设圩场。例如，草林圩场是遂川县境临近井冈山的一个有名的农村集市，红四军到达遂川后，废除了苛捐杂税，采取保护中小商人的政策，迅速打开了草林圩场的局面。毛泽东在《井冈山的斗争》一文中说："草林圩上逢圩（日中为市，三天一次），到圩两万人，为从来所未有。"[1] 此外，红军还在黄洋界脚下的大陇镇开设了新圩场。在根据地政府组织和管理下，这里商品丰富，价格公道，秩序井然，吸引大量白区商人和农民，冒着生命危险，冲破敌人封锁，担盐、运药，把稀缺物资送到根据地大陇圩场上出售。

其次，积极发展公营商业。发展公营商业主要是为了抑制不法奸商的中间盘剥，克服敌人经济封锁带来的生活困难。1928年5月，工农民主政府在井冈山茨坪创立"公卖处"，为最早的公营商业机构。公卖处的商品价格便宜，不少是政府派人到白区购买，或红军、赤卫队缴获的稀缺物资（如盐、布、铁器等）。[2] 同时，大陇圩场也办起了区政府公营商店。公卖处和公营商店的物资去掉了中间剥削，进价比较便宜，出价也不贵，买卖公平，深受群众欢迎。为了稳定粮食价格，1930年6月闽西根据地成立了粮食调剂局。其主要任务是收购粮食，储存粮食，调剂粮食，组织出口。随后，苏维埃中央—省—县—区纷纷设立了各级粮食调剂局。苏维埃临时中央政府于1933年底成立了中央粮食部。[3]

再次，建立合作社商业。合作社商业是群众自愿集资兴办的具有集体所有制性质的商业。根据地政府在商品流通领域内组织了消费合作社和粮食合作社等多种商业合作社，它们通过收购和销售两方面的活动，使群众得到实惠。消费合作社为缩

---

① 《毛泽东选集》第一卷，人民出版社1991年版，第78页。
② 参见刘克祥、吴太昌主编：《中国近代经济史（1927—1937）》下册，人民出版社2010年版，第2215页。
③ 参见刘克祥、吴太昌主编：《中国近代经济史（1927—1937）》下册，人民出版社2010年版，第2254页。

小工农业产品价格剪刀差而创办，以"便利工农的消费，抵制投机者操纵和剥削为宗旨"[1]。粮食合作社是集合雇农、贫农、中农以及其他农村中的贫苦群众的股份而成立的，主要任务是预储粮食，调剂价格，增加生产量，充裕红军以及政府机关的给养。到1934年2月，中央苏区有消费合作社1140个，社员近30万人，股金32.25万元。粮食合作社1071个，社员近24.39万人，股金24.21万元。[2]

最后，开展对外贸易。1928年底，井冈山革命根据地成立了竹木委员会，小井通过有组织地、有渠道地向国统区输送各种根据地盛产的竹、木、油、茶等物资，购进根据地所需要的工业品。[3] 毛泽东提出："有计划地组织人民的对外贸易，并且由国家直接经营若干项必要的商品流通，例如食盐和布匹的输入，粮食和钨砂的输出，以及粮食在内部的调剂等，现在是异常需要的了。"[4] 在毛泽东的领导下，1933年4月，中华苏维埃临时中央政府正式成立了中央国民经济部对外贸易总局，其任务就是扩大对内对外贸易，发展苏区的国民经济，打破敌人的经济封锁。此外，根据地政府还在一些临近敌占区的县设立对外贸易分局、采办处、代办处、采购站，[5] 建立起一个对外贸易网络。以苏区富余的生产品如谷米、钨砂、木材、茶叶、烟、纸等，换回白区的工业品如食盐、布匹、煤油、火柴、药材等。[6]

通过土地革命和各项有利政策，根据地经济逐渐恢复和发展起来。闽西根据地1929年分配土地后，1930年的早稻就获得好收成，龙岩、连城的产量比上年增加二成，上杭、长汀比上年增加一成。[7] 中华苏维埃共和国成立后，积极发展农业生产，粮食产量1933年普遍比1932年有所增加。中央苏区的粮食生产1933年比1932年增长了15%，1934年继续增长10%左右。赣南闽西区域1933年比1932年增加了15%，闽浙赣根据地增加20%，湘赣根据地增长20%以上。[8] 到1934年，大部分苏区农业生产都超过了革命前的水平。经济建设解决了老百姓的吃饭问题，也改善了百姓生活。赣西南根据地农民在土地革命后，"不还租、不还债、不完粮、不纳捐税，工人增加了工资，农民分得了土地，好像解下了一种枷锁，个个都喜形于色"[9]。江西兴国县的长冈乡、福建上杭的才溪乡，过去农民有九个月要吃

---

① 刘克祥、吴太昌主编：《中国近代经济史（1927—1937）》下册，人民出版社2010年版，第2257页。

② 参见赵德馨原著，瞿商、张连辉改编：《中国近现代经济史》，高等教育出版社2016年版，第166—167页。

③ 参见刘克祥、吴太昌主编：《中国近代经济史（1927—1937）》下册，人民出版社2010年版，第2216页。

④ 《毛泽东选集》第一卷，人民出版社1991年版，第133页。

⑤ 参见赵德馨原著，瞿商、张连辉改编：《中国近现代经济史》，高等教育出版社2016年版，第166页。

⑥ 参见周金堂等：《井冈山斗争与中央苏区时期党的经济工作研究》，社会科学文献出版社2018年版，第28页。

⑦ 参见《六安霍山暴动的经过》，《红旗周报》第29期（1930年9月12日）。

⑧ 参见《毛泽东选集》第一卷，人民出版社1991年版。

⑨ 赵效民主编：《中国革命根据地经济史（1927—1937）》，广东人民出版社1983年版，第164页。

杂粮，有的还吃不饱，现在都能吃饱，六个月吃米饭，六个月吃杂粮，吃肉增加一倍，工人吃肉增加二倍。农民买布比以前多了一倍，食油大大增加，且吃有剩余。这些都证明土地革命后人民生活的改善。

第二节　边区经济

1935年10月，红军长征到达陕北革命根据地。1937年8月22日至25日，中共中央政治局在陕北洛川召开了扩大会议，作出《中央关于目前形势与党的任务的决定》，并制定了《抗日救国十大纲领》，提出"财政政策以有钱出钱及没收汉奸财产作抗日经费为原则。经济政策是整顿与扩大国防生产，发展农村经济，保证战时农产品的自给。提倡国货，改良土产，禁绝日货，取缔奸商，反对投机操纵"[①]。还提出废除苛捐杂税，减租减息，救济失业，调节粮食，赈济灾荒等重要条款。1937年9月6日，陕甘宁边区政府在延安正式宣布成立。1937—1945年间，中国共产党以陕甘宁边区为中心，开辟了十余个抗日根据地，新民主主义经济取得了广阔的发展空间。

一、减租减息

全国抗日战争时期，为了团结全民族一致抗日，中国共产党依据抗日民族统一战线的总政策，停止土地革命，转而推行减租减息政策。1937年2月10日，中国共产党为了促成抗日民族统一战线的建立，致国民党五届三中全会电中提出"在全国停止没收地主土地"的主张，并在陕甘宁根据地停止了没收地主土地的运动。1937年8月25日，洛川会议通过《抗日救国十大纲领》，决定以减租减息作为解决农民土地问题的基本政策。这标志着中共减租减息土地政策的形成。

减租减息包括两重含义：一方面，减少地租额与高利贷利息额，减轻剥削，改善农民生活，以提高农民抗战和生产的积极性；另一方面，交租交息，承认地主的土地所有权和债主的债权，使地主、债主仍有一定的经济收入。由于各根据地实际情况不同，早期的减租减息标准有所不同。事实上，各地执行减租减息政策力度也不同。1938年2月至1940年11月，晋察冀边区、晋西北根据地、山东根据地分别颁发了《减租减息单行条例》，对减租减息的标准进行了规定。为了统一政策，1942年，中共中央在总结减租减息经验教训的基础上，于1月28日发布了《关于抗日根据地土

---

① 《解放日报》1937年9月13日。

地政策的决定》，重申了中国共产党减租减息政策。《关于抗日根据地土地政策的决定》指出：抗战以来，中国共产党在各抗日民主根据地实行的土地政策，是抗日民族统一战线的土地政策，也就是地主减租减息，农户交租交息的土地政策。

> 政府法令应有两方面的规定，不应畸轻畸重，一方面，要规定地主应该普遍的减租减息，不得抗不实行。另一方面，又要规定农民有交租交息的义务，不得抗不缴纳。一方面，要规定地主的土地所有权与财产所有权仍属于地主，地主依法有对自己土地出卖、出典、抵押及作其他处置之权。另一方面，又要规定当地主作这些处置之时，必须顾及农民的生活。一切有关土地及债务的契约的缔结，须依双方自愿，契约期满，任何一方有解约之自由。①

由于各根据地情况不同及在同一根据地内情况也有差别，关于解决土地问题的具体办法，不能统一施行整齐划一的制度。因此，中共中央在发布关于土地政策决定的同时，还发布了《关于地租和佃权问题》《关于债务问题》《关于若干特殊土地的处理问题》三个附件，对这些原则提出了具体施行办法，以供各地采用。

《关于地租和佃权问题》规定了地租标准：

> 一切尚未实行减租的地区，其租额以减［租］低原租额百分之二十五（二五减租）为原则，即照抗战前租额减低百分之二十五，不论公地、私地、佃租地、伙种地，也不论钱租制、物租制、活租制、定租制，均适用之。各种不同形式的伙种地，不宜一律规定为依地主所得不超过十分之四，或十分之六，应依业佃双方所出劳动力、牛力、农具、肥料、种子及食粮之多寡，按原来租额比例，减低百分之二十五。在游击区及敌占点线附近，可比二五减租还少一点，只减两成，一成五或一成，以能相当发动农民抗日积极性及团结各阶层抗战为目标。②

《关于债务问题》规定了减息标准：

> 减息是对于抗战前成立的借贷关系，为适应债务人的要求，并为团结债权人一致抗日起见，而实行的一个必要政策。应以一分半为计息标准。如付息超过原本一倍者，停利还本，超过原本二倍者，本利停付。至于抗战后的息额，听任民间自行处理，政府不应规定最低息额，致使借贷停滞，不利民生。③

---

① 《解放日报》1942年2月6日。
② 《解放日报》1942年2月6日。
③ 《解放日报》1942年2月6日。

《关于抗日根据地土地政策的决定》发布以后，各根据地遵照标准执行，减租减息运动逐渐走向正规，在各抗日根据地全面展开，有的根据地掀起了减租减息高潮。

减租减息政策实施后，封建剥削制度有所削弱，使广大农民获得了实际利益。1944—1945 年太行地区的黎城、平定等 9 个县广大农民获得的实际利益有：恢复佃权的土地 4435.5 亩，新订租约的土地 7413 亩；新减租的土地 2266.7 亩；清债退粮 98 石，退款 52321 元（银元）；地租率有较大幅度的下降，如黎城县 30 个村的统计，平均地租率由 35.7% 减少至 16.52%。[1] 另外，租佃期限大多改为 5 年以上，农民佃权获得了较多保障；落后的租佃形式基本被废除，租佃形式趋向单一化；农民还抽回或赎回了大量的典地、押地。[2] 由于地租和利息的变化，导致在土地关系方面的变化，土地所有权转移，土地由集中走向分散，中农占有土地增多。另外，出租土地和放高利贷的地主与旧式富农的户数下降，部分贫农上升为中农，中农户数增多。

表 16-1　晋冀鲁豫太行区 12 个县 15 个典型村减租减息前后各阶层土地占有变化情况

（单位：%）

	地主	经营地主	富农	中农	贫农	雇农
1942 年 5 月前	23.04	1.59	18.68	37.02	18.98	0.25
1944 年查减后	3.64	0.58	17.18	60.85	17.01	0.18

资料来源：齐武编著：《一个革命根据地的成长：抗日战争和解放战争时期的晋冀鲁豫边区概况》，人民出版社 1957 年版，第 127 页。

表 16-2　晋冀鲁豫太行区 12 个县 15 个典型村减租减息前后各阶级占总户数的比例变化情况

（单位：%）

	地主	经营地主	富农	中农	贫农	雇农
1942 年 5 月前	2.75	1.59	7.25	37.80	48.95	1.88
1944 年查减后	1.65	0.58	5.99	55.20	33.33	0.49

资料来源：齐武编著：《一个革命根据地的成长：抗日战争和解放战争时期的晋冀鲁豫边区概况》，人民出版社 1957 年版，第 127 页。

1939 年 1 月，陕甘宁边区第一届参议会在延安召开，通过了《陕甘宁边区抗战时期施政纲领》，并于 1939 年 4 月 4 日公布施行。施政纲领在民生问题上：确定私有财产所有权，保护人民由土地改革所得的利益；开垦荒地，兴修水利，增加农业生产；发展手工业及其他可能开办之工业，奖励商人投资，提高工业生产；保护商

---

① 参见赵德馨：《中国近现代经济史（1842—1949）》，厦门大学出版社 2017 年版，第 379 页。

② 参见李占才：《中国新民主主义经济史》，安徽教育出版社 1990 年版，第 199 页。

人自由营业，发展边区商业；厉行开源节流办法，增加收入，减少开支；废止高利贷，政府举办低利借贷，奖励合作社发展。

二、财政金融

1. 边区财政

全国抗战初期，陕甘宁边区的经济政策是"力争外援，休养民力，医治创伤，积蓄力量，支持长期抗战"。为了使边区人民休养生息，边区政府在征收方面实行合理负担，有钱出钱，有力出力，税收很轻，财政收入主要靠外援。外援由两部分构成，一部分是国民政府给八路军的军饷，一部分是海外华侨和后方进步人士的捐款。外援占边区财政收入的 50%—86%。如 1937 年外援占 77.2%，1938 年占 51.69%，1939 年占 85.79%。[①] 而最主要的外援来自国民政府。红军改编为八路军以后，国民政府每月发饷 80 万元。当时，"十八集团军三个师四万五千人的军饷补给列入第一战区的预算"[②]，在西安的国民党中央军委会后方勤务部江北统监部领取。除此以外，还发放一些犒劳费、河防工事费、枪支弹药、服装药品，每月面粉 1 万袋，大米 3000 包。1939 年边区的财政总收入是 8847427 元（法币），其中国民政府拨款达 7933315 元（法币），占 89.66%。[③] 1941 年后，国民政府停止给八路军、新四军供应军饷，根据地财源主要通过大生产运动取得。1943 年陕甘宁边区全年财政支出 60 亿元，其中机关生产自给 38 亿元，占 64%，公营企业收入占 19%，税收等占 10%，银行垫支 7%。[④]

《陕甘宁边区施政纲领》中指出："实行合理的税收制度，居民中除极贫者应予免税外，均须按照财产等第或所得多寡，实施程度不同的累进税制，使大多数人民均能负担抗日经费。"[⑤] 根据地的税收以农业税为主，以工商业税为辅。农业税主要通过征收公粮实现。1937 年 9 月，陕甘宁边区政府颁布《救国公粮征收条例》及附则，建立起征收公粮的制度。征收公粮以每人实际收获量为计征标准，收入各种粮食合计不满 300 斤（次年改为 350 斤）者免征，从 300 斤（次年改为 351 斤）起征 1%，累进至 1501 斤以上征 5%（次年改为累进至 1300 斤以上征 7%）为最高税率。地主所收租粮不满 300 斤者征收 1%，300 斤以上按税率加倍征收，佃户按

---

① 参见陕甘宁革命根据地工商税收史编写组、陕西省档案馆：《陕甘宁革命根据地工商税收史料选编》第 7 编，陕西人民出版社 1987 年版，第 59 页。转引自黄正林：《陕甘宁边区社会经济史（1937—1945）》，人民出版社 2006 年版，第 82 页。

② 赵荣声：《回忆卫立煌先生》，文史资料出版社 1985 年版，第 159 页。

③ 参见边区财政厅：《财政工作报告》（1941 年 10 月 26 日），载中国财政科学研究院：《抗日战争时期陕甘宁边区财政经济史料摘编》第六编财政，长江文艺出版社 2016 年版，第 41 页。

④ 参见朱伯康、施正康：《中国经济史》下卷,复旦大学出版社 2005 年版,第 714 页。

⑤ 《陕甘宁边区施政纲领》，《新中华报》1941 年 5 月 1 日。

税率减半征收。从 1940 年起，根据地废除一切原有税目，实行统一累进税。统一累进税是一种融合财产税、所得税和营业税的直接税，分为农业累进税和工商业累进税。统一累进税规定，对极贫苦的工农可以免征，中农贫农基本群众适当负担，富者应多负担。免征者不应超过人口的 10% 至 20%，负担面扩大到人口的百分之 80% 至 90%。[1] 这样每人每户的负担数额相对减轻。

公营收入也构成边区财政的收入部分。在陕甘宁边区，公营工厂收入增长快，上缴最多。1938 年的财政收入中，公营工厂收入占 8.45%，1944 年上升到 36.2%。其他根据地条件较差，公营经济发展有限，收入甚微。另外，1941 年陕甘宁边区边币财政性发行占 62%，1942 年占 49%。[2] 1941 年，陕甘宁边区决定发行建设救国公债 500 万元，由于广大群众拥护，公债实销 618 万元。[3]

1939 年，随着国共关系紧张，边区机关学校也增多，外来经费不够用。中共中央面对日渐严峻的财政形势，号召边区全体党政军学人员从事生产自给。2 月 2 日，中共中央在延安举行了生产动员大会。毛主席提出自己动手，开展生产运动，并动员各机关部队学校参加开荒运动。1941 年皖南事变后，国民政府对边区停发经费、实行军事包围和经济封锁，边区财政经济形势严峻，一如毛泽东所说"我们的困难真是大极了"[4]。在这种情况下，边区军民开展了大生产运动。随着大生产运动的开展和取得成效，可以给边区政府提供更多的收入，渐渐成为最重要的财政收入来源。

在陕甘宁边区的财政开支中，保卫边区的军费占第一位，培养革命干部的教育费占第二位，行政费则尽量缩减。另外，还尽可能地投资于经济建设。从 1942 年起，陕甘宁边区实行"精兵简政"政策，在简政纲要中明确规定：不急之务不举，不急之钱不用，急务急用要力求合理经济；除保证必需给养外其他消费概须厉行节约。并采取一系列节约措施，如严格控制编制，紧缩财政开支；监理严格的财政管理制度（预决算制度、金库制度、会计审计制度、供给标准制度、部队机关学校生产自给的收支报告审查制度、统筹统支制度）；加强财政监督检查，对经济事业实行经济核算；坚持廉洁节约作风，开展反对贪污腐化和浪费的斗争；废除薪金制实行津贴制；减少马匹和杂务人员的使用，精简会议，减少应酬，降低办公费标准等措施，省省财政开支。1945 年，陕甘宁边区节约达 20 亿元。杨家岭中央机关共 1022 人，1944 年共减少开支 5249 万元，按当时市价折小米 2624.5 石。精兵简政的结果，解放区脱产人员一般只占全人口的 3% 左右，大大节省了财政开支，而部

---

[1] 参见朱伯康、施正康：《中国经济史》下卷，复旦大学出版社 2005 年版，第 711—712 页。
[2] 参见赵德馨：《中国近现代经济史（1842—1949）》，厦门大学出版社 2017 年版，第 395 页。
[3] 参见李占才：《中国新民主主义经济史》，安徽教育出版社 1990 年版，第 235 页。
[4] 《毛泽东选集》第三卷，人民出版社 1991 年版，第 892 页。

队机关精简后更加精干，更有战斗力。①

2. 边区金融

红军到达陕北后，原中央苏区国家银行改名为中华苏维埃共和国国家银行西北分行，1937年10月1日，又进一步改组为陕甘宁边区银行。随后，其他各抗日根据地也纷纷建立各自的银行：如晋察冀边区银行、北海银行、冀南银行、西北农民银行、淮南银行、淮北银行、盐阜银行、大江银行等。各银行除发行货币，进行对敌货币斗争外，积极开展银行业务，进行各种贷款、放款，在活跃经济、代理国库、筹划财务、扶持生产、支持抗战等方面发挥了重要作用。

全国抗战初期，根据国共两党的协议和国内形势，边区银行不公开对外，亦不发行货币，因此银行的工作主要是代理金库，办理汇兑。与此同时，银行还承担了积累资金，壮大本身资金力量，同时利用发军饷的法币组织物资进口、保障公私需要的主要任务。1938年3月，边区银行成立了下属商业机构光华商店，并将所吸收部分资金投入到光华商店。当时在边区流通的多为大额法币，找零不便，影响交易。边区政府令光华商店发行代价券（简称"光华券"），作为法币的辅币，与法币等值使用，面值有二分、五分、一角、二角、五角五种。1941年1月皖南事变后，国民政府停发八路军军饷，并对边区实行经济封锁。边区政府决定停止法币流通，授权边区银行发行面值为一元、五元、十元三种纸币（简称"陕甘宁边币"）。同时陆续收回光华券。② 此后，其他各根据地银行也纷纷发行各自的货币，晋察冀边区发行"晋察冀边币"；晋冀鲁豫边区发行"上党币""冀南币""鲁西币"；晋绥边区发行"西农币"；山东发行"北海币"；华中根据地发行的纸币（习称"抗币"）有"江淮币""豫鄂边币""淮海币""淮南币""盐埠币""淮北币""大江币""浙东币""江南币"，1945年华中根据地各银行合并为华中银行后，发行"华中币"，并陆续收回各行号发行的抗币。③

由于经济困难，边区不得不依靠发行货币支持财政。到1943年下半年，边币发行增加10多倍，物价上涨20多倍。物价上涨速度超过边币发行增长速度，边币大幅贬值，物价上涨，人民生活受到影响。边区政府采取果断措施：停止发行边币，停发经费三个月，积极组织土特产出口，所有法币要兑给边区银行，公营商店统一管理，组织抛售商品，无限制兑出法币，并由银行对财政实行临时周转，到1944年底基本扭转危机。

边区银行发行货币初期，根据地货币市场十分混乱，法币、日伪币、各地方省钞和土杂钞充斥市场。为此，各根据地积极展开对敌货币斗争。根据地政府颁布有

---

① 参见李占才：《中国新民主主义经济史》，安徽教育出版社1990年版，第240页。
② 参见朱伯康、施正康：《中国经济史》下卷，复旦大学出版社2005年版，第715—716页。
③ 参见叶世昌：《中国古近代金融史》，复旦大学出版社2001年版，第354—368页。

关的政策、法令，明令推行本根据地银行发行的货币，禁止伪币、法币流通。同时采取经济手段，如掌握一定的物资（粮食、棉花、布匹、食盐等），严格管理对外贸易，配合政治、军事斗争，稳定边区货币的币值。

除发展银行金融外，边区重视农村信用合作的发展。延安南区沟门信用合作社是边区第一个规模完备的信用合作社。沟门合作社原是一个消费合作社，1943 年 3 月进行了改制，转为信用合作社，开始试办信用放款和存款。[①] 起初有社员 128 人，股金 11.5 万元，存款近 2 万元，放款 8.7 万元。1944 年 5 月发展到社员 648 人，股金 435 万元，存款 772 万元，放款 1428 万元，并带动了边区其他信用合作社的发展。到 1944 年底，全陕甘宁边区已有 30 多个信用社，存款总额 5 亿元。[②] 信用合作社在组织农村闲散资金，活跃农村金融，杜绝高利贷剥削，帮助政府对农民发放生产贷款等方面起了重要的作用。

三、工农业生产

1. 农业生产

在发展抗日根据地的经济问题上，中国共产党始终主张以农业为主的发展思想。为此，中国共产党提出了一系列发展农业生产的措施，除减租减息、实行累进税之外，还积极推行农业互助、开垦荒地、兴办水利、改良农业技术、增加农贷、赈济灾荒、奖励劳动英雄等措施。在提倡发展农业生产的同时，还提倡发展畜牧业、林业，共同促进抗日根据地农村经济的发展繁荣。[③]

第一，互助合作。中国共产党十分重视合作经济，把它作为抗日根据地经济构成的重要内容。毛泽东在《论合作社》《组织起来》等著作中，集中反映了中国共产党关于合作经济的思想。毛泽东认为，发展生产的中心环节是组织劳动力，目前在经济上组织群众的最重要的形式是合作社。1943 年，毛泽东在陕甘宁边区高干会议上作《论合作社》的讲话，提出要大力组织变工、札工等民间劳动互助组织，把广大农民组织在集体互助劳动之中。"劳动互助"一般以一个自然村或行政村为单位，有组织，有领导人，有制度和纪律，劳动量的计算也趋向严格和公平。劳动互助范围由耕作、农业运输、打场，扩展到变工修水利、运盐等，发生了部分质的变化。

第二，奖励开荒。为了扩大耕地面积，增加农业生产，各根据地都制定了奖励

---

① 参见《中共中央西北局文件汇集》（1944 年），甲 5，第 428 页。转引自黄正林：《陕甘宁边区社会经济史（1937—1945）》，人民出版社 2006 年版，第 560 页。

② 参见星光等：《抗日战争时期陕甘宁边区财政经济史稿》，西北大学出版社 1988 年版，第 451、454 页。

③ 参见李占才：《中国新民主主义经济史》，安徽教育出版社 1990 年版，第 186—187 页。

开荒的政策，积极鼓励和组织群众开荒。晋察冀边区 1938 年 2 月颁布了《垦荒单行条例》，规定："凡本边区的未垦之地及已垦而连续两年未经耕种者，不论公有私有，一律以荒地论，准许人民无租垦种。"边区政府大力组织垦荒，规定以自力开垦的公荒，给予地权。还移民开荒，规定移民开垦的荒地 3 年不缴公粮，并解决其实际困难。边区政府还向农户借贷种子、农具、耕牛、现金以帮助其垦荒垦种。

第三，水利建设。各根据地组织农民兴修水利，水利建设事业很快发展起来。在晋察冀边区，1938 年颁布了奖励兴办农田水利办法，1939 年提出"变旱田为水田"的口号，1941 年又提出发展"开水渠运动"。1942 年内，边区开渠 724 道，灌溉面积 16 万亩，增产粮食 4.6 万多石。全国抗战八年间，边区共凿井 22425 眼，开新渠 3961 条，整旧渠 2798 条，加上开河、修坝、修堤等工程，新成水田和受益农田共达 2137433 亩。据估计，仅因兴修水利而每年增产的粮食约在 100 万石以上。[①]

第四，救灾渡荒。为了帮助农民进行生产，各边区政府积极量力而行地发放农业贷款。这种农贷在春耕、救灾渡荒、兴修水利等方面尤多。农民通过农贷购买急需的种子、肥料、农具、牲畜等，渡过难关或扩大生产。每当发生自然灾害，根据地政府也积极进行救灾渡荒工作，扶助农民恢复生产。

在党政军民共同努力下，根据地农业生产得到迅速恢复和发展。粮食产量大大增加，植棉面积扩大，畜牧业发展了起来，林业也有了发展，农民收入不断增加。1939 年，陕甘宁边区举办农业展览会，陈列的展览品就有 2000 多种，除了粮食、棉花以外，还有各种牲畜、林产、菜蔬、果品、药材等，此后举办的农业展览会上，展品数量和种类更多，反映了边区农业的发展。

2. 工业生产

1938 年以前，陕甘宁边区工业近乎空白，工业方面的一切日用品几乎全靠输入。中国共产党提出了以自力更生为主的发展工业和手工业的战略方针，一方面大量发展公营工业和建立手工生产合作社，另一方面保护私营工业和积极提倡农村手工业，充分激发根据地工业生产的潜力，使边区工业有了很大发展。

第一，大力发展公营工业。1938 年，陕甘宁边区创办了难民纺织厂、振华造纸厂、兴华制革厂、被服工厂、农具工厂及八路军制药厂等。1939 年，中共中央提出了"自己动手""自力更生"的号召，又先后设立了新华化学厂、光华制药厂等，公营工厂的职工增至 700 人左右。1940 年，中共中央提出"半自给"政策与"集中领导，分散经营"方针，以轻工业为主要发展对象，机关学校部队纷纷筹设工厂。1941 年，中共中央提出"由半自给过渡到全自给"的号召，边区政府和银

---

① 参见李占才：《中国新民主主义经济史》，安徽教育出版社 1990 年版，第 214 页。

行对工业建设进行了大量投资和贷款，工业生产迅速发展。1941 年，中共中央直属机关学校新办工厂 27 所。陕甘宁边区的公营工厂发展到 97 个，职工人数 7000余人。包括纺织厂 36 个、造纸厂 12 个、化学厂 11 个、木工厂 10 个、机械修理厂 6 个、瓷窑 4 个、印刷厂 3 个，此外还有石油、火柴、制药、被服、炼铁、皮革、面粉等工厂。[1] 1942 年为集中力量、提高经营管理水平，将 97 个公营工厂调整为 62 个。到 1944 年，公营工厂又增加到 103 个，职工人数达到 12000 人。经过多年努力，边区许多产品，如煤、石油、肥皂、火柴、工具制造等达到基本自给，纸张、布匹达到半自给，其他产品如纸烟、陶器、皮革、制药、三酸、玻璃等也能不同程度地满足军民需要。在边区工业局领导下的公营机器厂，能制造修理机器和武器的大部分机件。关中炼铁厂 1944 年产铁量超过 150 万斤。[2] 陕甘宁边区政府创办的难民纺织厂，在开始时，只有手织机 4 台，使用手工操作。到 1941 年，该厂技术室已能制造合股机、打纬机、本织机、织布卷经机等多种纺织机具。不仅改良了本厂的机器设备，而且能大量供给外厂所需。[3]

第二，积极促进手工合作社。1939 年，陕甘宁边区组织起纺织、榨油、陶瓷等生产合作社。[4] 纺织合作社由边区建设厅帮助其训练工人，供给织机，投放资本，调剂供销。此后，边区合作社工业便日益发展起来。1942 年，边区生产合作社已有 51 个，股金 250 万元，遍布边区 19 个县市。[5] 其中纺织生产合作社有 27 个，生产线毯、毛巾、袜子等；制粉合作社 9 个，榨油合作社 5 个，染色合作社 5 个，制毡合作社 4 个，瓦窑合作社 1 个。到 1945 年 7 月，边区各种工业、手工业生产合作社增加到 253 个，社员 2920 人，股金 45000 万元，月产值 43750 万元。[6] 在晋察冀根据地，1941 年，人民以合作形式经营纸厂 29 处，1942 年增至 43 处。各县普遍成立了农具制造所或农具合作社。山东根据地，至 1944 年底，仅胶东区就有纺织合作社 740 处，缫丝合作社 740 处，油业合作社 40 处，鞋袜合作社 6 处，渔盐业合作社 20 处，农具合作社 18 处，还有数目不等的蚕丝、石灰、印刷、编席、骨粉等合作社组织。[7] 冀南根据地土布生产合作社，1940 年 10 月有 663 个，1941 年猛增至 3600 余个。手工生产合作社成为根据地工业生产的一支重要力量。[8]

第三，保护私营工商业。1935 年 12 月 25 日，中共瓦窑堡会议通过的《中央

① 参见李占才：《中国新民主主义经济史》，安徽教育出版社 1990 年版，第 219—220 页。
② 参见朱伯康、施正康：《中国经济史》下卷，复旦大学出版社 2005 年版，第 707—708 页。
③ 参见祝慈寿：《中国近代工业史》，重庆出版社 1989 年版，第 905 页。
④ 参见朱伯康、施正康：《中国经济史》下卷，复旦大学出版社 2005 年版，第 708 页。
⑤ 参见李占才：《中国新民主主义经济史》，安徽教育出版社 1990 年版，第 221 页。
⑥ 参见李占才：《中国新民主主义经济史》，安徽教育出版社 1990 年版，第 221—222 页。
⑦ 参见李占才：《中国新民主主义经济史》，安徽教育出版社 1990 年版，第 226 页。
⑧ 参见赵德馨：《中国近现代经济史（1842—1949）》，厦门大学出版社 2017 年版，第 391 页。

关于目前政治形势与党的任务的决议》，提出用比较过去宽大的政策对待民族工商业资本家，在双方有利的条件下，欢迎他们投资，开设工厂与商店，保护他们的生命财产之安全，尽可能地减低税租条件。1941 年 5 月，陕甘宁边区中央局颁布的《陕甘宁边区施政纲领》明确规定："发展工业生产与商业流通，奖励私人企业，保障私有财产，欢迎外地投资。"在边区政府正确政策的鼓励下，私营工业逐渐恢复并有所发展。1944 年，陕甘宁边区私营纺织厂增至 50 家，职工 3100 人。私营工厂较大的有万合毛织厂、米脂民生纸厂等。在晋察冀根据地，私营工业遍及皮革、陶瓷、炼油、熬盐、编织业等。

第四，发展农村个体手工业。1942 年，边区政府确定了"巩固现有公营工厂，发展农村手工业"的方针，采取了一系列促进农村手工业发展的措施。如发放无息纺织贷款，供给纺车、棉花，传授纺织技术，优价收购产品等，使农村个体纺织业得到迅速发展。个体手工业主要是农村手工纺织业。1942 年，陕甘宁边区有纺车 68000 架，织机 12000 台，纺妇 75000 人，织工 13000 人，年产布 5 万余匹，1943 年增加到 6 万余匹。1943 年，陕甘宁边区家庭手工纺纱妇女 13.35 万人，纺车 12.02 万多架，年纺纱 80 万余斤，家庭织布业在该年纺织业总产量中占 56% 以上。1944 年纺纱妇女 15 万人，纺纱 166 万余斤，织布妇女 6 万人。[1]

3. 商业贸易

中国共产党在根据地的商业贸易上，以"对外统制，对内自由"为原则，对外实行贸易管制，掌握外贸主动权；对内实行贸易自由，在发展公营商业和合作商业的同时，保护正当的私营商业。

第一，公营商业。公营商业是根据地商业中的一支重要力量，在贯彻中国共产党和边区政府的贸易政策，与敌人进行经济斗争，调整和稳定物价，领导合作商业和私营商业等方面，发挥了巨大的作用。1937 年陕甘宁边区设立光华商店，到1941 年，该店有总店一个，分店 22 个。1942 年建立盐业公司（到 1944 年，下辖123 个骡马店）、土产公司（下辖 8 个分公司）、南昌公司（下辖 12 个分公司）和陇东联合商店。这几个规模较大的公营商业单位，经营盐、毛皮、药材、棉花、棉布、纸张、肥皂等主要物资，控制了区内市场和区外贸易。各单位办的小规模的公营商店，1944 年有 348 家，职工 2500—3000 人。[2]

第二，商业合作社。1936 年，尤其是 1942 年以后，根据地政府实行合作社"民办公助"的方针，政府不包办合作事业，合作商业发展加速。1939—1943 年，陕甘宁边区的供销合作社数量增加 130%，股金增加 1349 倍，营业额增长 1085 倍。

① 参见李占才：《中国新民主主义经济史》，安徽教育出版社 1990 年版，第 222—233 页。
② 参见赵德馨：《中国近现代经济史（1842—1949）》，厦门大学出版社 2017 年版，第 399 页。

在晋察冀边区，1940 年上半年仅五个专区就有合作社 1188 个，其中 80%—90%是消费合作社。[1] 1942 年，延安县南区 90%以上的户数都加入了南区消费合作社。消费合作社不仅经营消费事业，还经营供销、运输、生产、借贷等项事业，发展到群众经济生活的各个方面。

第三，私营商业。1936 年以后，根据地实行由允许到鼓励商业的政策，私营商业迅速发展起来。延安 1938 年有私营商店 90 家，1943 年增至 473 家。[2] 私营商业主要活跃在城乡集市上。延安、安塞等地，1938 年建立新集市 30 多个，反映了商业的发展。[3]

第四，对外贸易。抗战初期，根据地在对外贸易中处于严重的入超局面。为此，根据地对外实行管制贸易，禁止一切奢侈品和非必需品的输入，禁止内部必需品的输出，奖励必需品的输入与内部多余物品的输出。同时，政府贸易机关与合作社、私商紧密合作，用各种方法从敌占区贩来人民必需的物品。根据地对对外贸易的管制，打破了敌人的经济封锁，至 1944 年，边区出入口额已接近平衡。

4. 人民生活

持久战争加上自然灾害，给根据地人民生活带来了巨大的灾难和损失。但是在中国共产党和抗日民主政府的领导下，广大群众自力更生，开展了大生产运动，使生产得到恢复和发展，人民生活逐步改善。首先，农民生活有了很大改善。1946 年 4 月，林伯渠在三届边区参议会第一次大会上的工作报告中说："人民方面：一方面是收入增加。以产粮为例，三十年（1941 年）产量为基数 100，三十三年（1944 年）即达 124.1，增加 1/4；又一方面是负担减轻，以征收农业税为例，三十年为基数 100，三十三年减至 80，减轻 1/5，三十四年（1945 年）更减至 60，减轻 2/5。这就是说，不仅相对改善，而且绝对改善了。"[4] 边区内大半数以上的农户已成了小康之家，而且中农、贫农的经济水平和过去的中农、贫农相比也大大提高了。其次，工人生活有了一定提高。到 1944 年，陕甘宁边区城市手工业工人，实际工资比战前提高 149.8%—400%，公营企业工人的实际工资提高 58.7%—84%。不但不存在失业，而且还经常发生劳动力缺乏的现象。边区公营工厂工人的生活，比一般机关、部队工作人员生活标准高。第三，部队、机关、学校的物质生活也不断地得到改善。例如战士的衣食供给标准，如以 1939 年为 100，至 1944 年

---

[1]　参见赵德馨：《中国近现代经济史（1842—1949）》，厦门大学出版社 2017 年版，第 399 页。

[2]　参见李占才：《中国新民主主义经济史》，安徽教育出版社 1990 年版，第 228 页。

[3]　参见赵德馨：《中国近现代经济史（1842—1949）》，厦门大学出版社 2017 年版，第 400 页。

[4]　陕甘宁边区财政经济史编写组、陕西省档案馆：《抗日战争时期陕甘宁边区财政经济史资料摘编》第 9 编，陕西人民出版社 1981 年版，第 61 页。转引自中国抗日战争史学会、中国人民抗日战争纪念馆编：《抗战时期的经济》，北京出版社 1995 年版，第 585 页。

已提高到 125.5。[①] 北岳区机关部队通过 1944 年一年的生产，部队生活得到很大改善，每人每日 5 钱油盐，1 斤以上的蔬菜，每人每月 1 斤半肉。工作人员和战士一般的日常生活用品（牙刷、牙粉、肥皂等）大体上解决了，战士还都有了学习用的文具。[②]

四、大生产运动

1940 年秋，国民政府停发了八路军的军饷，并对抗日根据地实行经济封锁，陕甘宁边区的外援完全断绝。与此同时，陕甘宁边区遭受了严重的自然灾害，灾情几乎波及每一个县。在这种情况下，毛泽东响亮地发出了"自己动手，丰衣足食"的号召。毛泽东说：我们到陕北来是干什么的呢？是干革命的。现在日本帝国主义、国民党顽固派要困死、饿死我们，怎么办？我看有三个办法：第一是革命革不下去了，那就不革命了，大家解散回家。第二是不愿解散，又无办法，大家等着饿死。第三是靠我们自己的两只手，自力更生，发展生产，大家共同克服困难。[③] 为了战胜困难，巩固根据地，坚持持久抗战，1942 年 12 月，毛泽东在中共中央西北局高干会议期间，为会议写题为《经济问题与财政问题》的报告，提出"发展经济，保障供给，是我们的经济工作和财政工作的总方针"[④]。毛泽东批评了不从发展经济、开辟财源而企图从收缩必不可少的财政开支去解决财政困难的保守观点，也批评了离开具体实际条件搞空洞的不切实际的大发展计划的冒险思想。毛泽东还对根据地财经工作提出了一系列具体政策和原则：在上下级关系上，根据人力物力分散的特点，提出生产和供给"统一领导，分散经营"的原则；在公私、军民关系上，提出"公私兼顾""军民兼顾"，使公营经济和民营经济都有所增长，把军队的劳动力和人民的劳动力都组织起来以从事生产，"加重军队的粮食生产"，军民生活都得到改善；在工农商关系上，提出"把农业放在第一位"的原则，工业和运输业为第二位，商业为第三位；在战斗和生产关系上，提出"劳力和武力相结合"的原则；在开源和节流关系上，提出"发展生产，厉行节约"的原则。这些方针为根据地财经问题指出了方向。

根据地最大的问题是粮食问题。最初，陕甘宁边区各部门的用粮主要来源于两个方面：一个是征粮，征收的对象主要是地主和富农，中农负担很轻，贫农全无负担；另一个是靠边区政府拨款采购。1940 年，外援断绝后，边区政府没有足够的财力购粮，只有靠征粮。1940 年所征收的粮食供应到 1941 年 3 月时，在部分地区

---

① 参见李占才：《中国新民主主义经济史》，安徽教育出版社 1990 年版，第 237 页。
② 参见李占才：《中国新民主主义经济史》，安徽教育出版社 1990 年版，第 206 页。
③ 参见《萧劲光回忆录》，解放军出版社 1987 年版，第 298、299 页。
④ 中共中央文献研究室编：《毛泽东年谱（一八九三——一九四九）》（修订本）中卷，中央文献出版社 2013 年版，第 419 页。

已出现断粮现象。不久，各地粮食供应普遍发生恐慌。边区政府先后买粮一次，借粮两次，才勉强支撑下来。所以，大生产运动最初是从解决粮食危机开始的。

当时，朱德提出"屯田军垦"的建议，得到毛泽东的支持。陕甘宁留守兵团从 1938 年秋季开始进行生产运动，以补助生活必需上的不足。办法是开合作社、种菜、开磨坊、喂猪养羊、做豆腐、生豆芽、做鞋子、打毛衣等。同时提倡节约、防止浪费。经过半年努力，保证了蔬菜自给，每周可吃两餐猪肉；部分地解决了毛衣、毛袜、手套、鞋子、挎包、子弹袋、皮带等衣物，战士的生活有所改善。1939 年，中共中央及时总结了陕甘宁留守兵团生产运动的经验，号召全体军民开展大生产运动，进行生产自给。1939 年 1 月，毛泽东在陕甘宁边区第一届参议会上提出"自力更生，发展生产"的口号。2 月，党中央在延安召开了生产动员大会，毛泽东、张闻天、李富春等领导人到会并作了重要讲话。毛泽东在大会上作了《自己动手，丰衣足食》的动员讲话，决定将大生产运动推行于边区所有部队、机关和学校，并组成了生产委员会，作为大生产运动的指导机关。李富春代表中央作《加紧生产，坚持抗战》的动员报告，指出：克服困难首先依靠我们自己的力量，换句话，就是要我们自力更生，要我们自己参加劳动，用我们自己的劳动力，发展我们边区的农工业生产和商业贸易，保证我们后方和前方在财政经济物资上的供给，不受战争破坏的影响，而能自给自足。同时要求边区党、政、军各机关、团体、学校按伙食单位分别成立领导生产的指导机关。

在李富春的具体主持下，中央秘书处、宣传部、组织部、敌区工委及马列学院、鲁艺等单位首先成立了中央直属机关总生产委员会，接着，拟就了具体的生产计划，并按行政工作部门组织了便于开展生产的队、班、组。各单位在延安附近的山坡、山沟的荒地上，划出了各自的开垦区域。中组部组织了劳动协助队，首先跨入开荒生产的先进行列，倡导了三项纪律，即：一不迟到早退，二不损坏农具，三听从指挥。1940 年，朱德倡导了纺毛线和南泥湾开荒，从而把大生产运动推向高潮。他认为，边区土壤不宜种棉，而养羊业则较发达，边区现有 200 万只以上的羊，单是绵羊，如果利用春毛，每年就有 250 万斤以上的羊毛可供纺织，不仅可以节省大量购进棉纱所需要的资金，而且为边区工业发展奠定基础。1941 年边区自产布约 10 万匹，占全区军民穿衣用布量的 40%。

大生产运动取得了巨大成绩。陕甘宁边区留守兵团各部队提出了"背枪上战场，荷锄到田庄"的战斗口号，展开了南泥湾、槐树庄、大凤川等地的屯田运动。1939 年秋，从华北调回陕甘宁边区担负保卫党中央和保卫边区的 120 师 359 旅，在旅长王震的率领下，开赴荒无人烟的南泥湾，开荒生产，很快成为生产战线上的一面旗帜。南泥湾有造纸厂、木工厂、铁工厂，有五六十户商家，有合作社，有私人营业，还有休养的楼房，出现闹市。开垦出的土地上种有水稻、麻、蔬菜、烟叶、糜子、洋芋及杂粮。水草半荒地饲养了成群的羊、牛、马匹，还大批地养猪。到1942年，359旅的蔬菜、肉、油及鞋袜全部自给，粮食自给可供3月之需；1943年起，部队粮食已自给有余；1944年全部经费、物资自给，粮食不仅能储备一年用量，而且还向边区政府上缴粮食。南泥湾变成到处是庄稼，遍地是牛羊的"陕北江南"。1943年9月，毛泽东到南泥湾视察时，看到他们取得的成就，非常兴奋，他说："困难，并不是不可征服的怪物，大家动手征服它，它就低头了。大家自力更生，吃的、穿的、用的都有了。目前我们没有外援，假定将来有了外援，也还是要以自力更生为主。"①

除了359旅之外，八路军炮兵团、中央组织部，中央管理局、后勤经建部、西北局、边府财政厅、中央党校、延安大学，驻守边区的部队，在大生产中都取得了显著的成绩。他们提出向359旅看齐，把驻地变成南泥湾第二的口号。机关和学校的生产也卓有成效，达到绝大部分自给。1943年10月，根据地进一步推行大生产运动，号召一切机关、学校、部队，必须于战争条件下厉行种菜、养猪、打柴、烧炭、发展手工业和部分种粮。除各大小单位应一律发展集体生产外，同时奖励一切个人（军队除外）从事小部分农业和手工业的个人业余生产（禁止做生意），以其收入归个人所有。

大生产运动取得巨大的成绩，在一定程度上满足了自给。1943年，仅延安一地就生产了6000石细粮。1944年，陕甘宁边区政府直属机关生产总额达28800余石，机关经费自给51%；中共中央直属机关生产总额达64000石，自给65.6%。1943年部队种植作物面积从1942年的45236亩激增至215000亩，产粮3万石，产蔬菜1150万公斤。1944年，谷物种植达83万亩，产量9万余石，收草1050余万公斤，其他副业如手工、畜牧等收获亦值粮不下20余万石，不但伙食、办公和装备费用达到部分或大部分自给，粮草也达到部分或大部分自给。②

大生产运动由农业开始，逐步扩展到商业、工业和运输业。1944年时布匹已能自给陕甘宁边区需要的1/3以上，纸张已能自给全边区需要的一半；石油、肥皂不但能自给，而且还能接济邻近地区的和前方的需要；工农业所需工具，大部分已能自造；火柴已全部自给。到1945年日本投降前，陕甘宁边区已能炼铁、炼油、修造机器、配制军需品，制造硝酸、盐酸、硫酸、玻璃和陶瓷等。

大生产运动取得的丰硕成果，改变了抗日根据地的财政局面。1944年，陕甘宁边区增产细粮20余万石，除去军粮民食节余28万石。收获棉花300万斤，可满足需要的三分之二。日用工业品如毛巾、肥皂、火柴、袜子、纸张、卷烟等全部自

① 西北五省区编纂领导小组等编：《陕甘宁边区抗日民主根据地》（回忆录卷），中共党史资料出版社1990年版，第209页。
② 参见李占才：《中国新民主主义经济史》，安徽教育出版社1990年版，第205页。

给或大部分自给，减少输入 30 亿元。① 财经状况好转后，政府立即减轻了人民的税收。陕甘宁边区农民所交的公粮，1941 年占总收获量的 13.58%，1942 年降至11.14%，1943 年更降为不足 9%。②

　　大生产运动从陕甘宁边区开始，推广到各根据地。从 1943 年起，敌后各根据地的机关一般能自给两三个月甚至半年的粮食和蔬菜，满足了"自己动手，丰衣足食"的要求。晋冀鲁豫边区部队 1943 年以后每人种地 3 亩，自给一季粮食。晋绥边区部队 1944 年开荒 16.6 万亩，收粮 2 万余石。战斗在晋察冀、山东、华中各抗日根据地的军民在"劳武结合"的口号下，一面战斗，一面生产。新四军直属部队 1944 年能自给 8 个月的蔬菜，10 个月的食盐与全年肉食。在大生产运动中，边区军民依靠"自己动手"，实现了"丰衣足食"的目的。③ 不仅克服了财政经济的严重困难，为抗战胜利奠定了物质基础，还创造了克服财政困难的新模式，锻炼了一大批经济建设干部，积累了经济工作经验，培养了一种延安精神。

第三节　解放区经济

　　1946 年 6 月，国民党全面发动内战。随着人民解放军的节节胜利，解放区不断扩大，由分散变成统一，新民主主义经济扩展到全国。

一、土地改革

　　抗战胜利后，解放区继续执行"减租减息"政策，农业生产得到一定恢复和发展。1946 年 4—5 月，内战危机形势严峻，中国共产党需要发动农民，同时解放区的广大农民也不再满足减租减息的要求。为适应这种新形势，中共中央于 1946 年 5 月 4 日发出《关于清算减租及土地问题的指示》（即《五四指示》），对减租减息政策做了重要改变，提出以"土地改革"的方式实现"耕者有其田"的目的。

　　1946 年 5 月 4 日，中共中央会议召开，讨论关于土地问题的指示。毛泽东在会上讲话指出："解决土地问题的方针，七大讲的是减租减息，寻找适当方法实现

　　① 参见财政科学研究所编：《革命根据地的财政经济》，中国财政经济出版社 1985 年版，第 327—328 页。
　　② 参见赵德馨：《中国近现代经济史（1842—1949）》，厦门大学出版社 2017 年版，第 396 页。
　　③ 参见李占才：《中国新民主主义经济史》，安徽教育出版社 1990 年版，第 206 页。

耕者有其田。当时七大代表多数在延安时间太久，各地新的经验没有能够充分反映。现在中央的这个指示，就是群众所创造的适当方法，为中央所批准的。"毛泽东说："解决土地问题，是一个最根本的问题，是一切工作的基本环节，全党必须认识这一点。""不要怕农民得到土地，推平平均分配一次不要紧。农民的平均主义，在分配土地以前是革命的，不要反对，但要反对分配土地以后的平均主义。平均分配土地一次不要紧，但不能常常平分下去。旧式富农实际上要侵犯一些的，新式富农则不应侵犯。"①

《五四指示》的主要内容有：（一）在广大群众要求下，我党应坚决拥护群众从反奸、清算，减租、减息、退租、退息等斗争中，从地主手中获得土地，实现耕者有其田。（二）坚决用一切方法吸收中农参加运动，并使其获得利益，决不可侵犯中农土地，凡中农土地被侵犯者，应设法退还或赔偿，整个运动必须取得全体中农的真正同情和满意，包括富裕中农在内。（三）一般不变动富农的土地，如在清算退租土地改革时期，由于广大群众的要求，不能不有所侵犯时，亦不要打击得太重。应使富农和地主有所区别，应着重减租而保存其自耕部分。如果打击富农太重，即将影响中农发生动摇，并将影响解放区的生产。《五四指示》要求集中注意于向汉奸、豪绅、恶霸作坚决的斗争，使他们完全孤立，并拿出土地来。但仍应给他们留下维持生活所必需的土地，即给他们饭吃。对于汉奸、豪绅、恶霸所利用的走狗之属于中农、贫农及贫苦出身者，应争取分化政策，促其坦白反悔，不要侵犯其土地。在其坦白反悔后，并须给以应得利益。

《五四指示》的发布，标志着中国共产党土地政策的又一次重大转变，即由抗日战争时期的减租减息，向没收、分配地主土地和废除封建地主土地所有制过渡。《五四指示》下达后，各解放区纷纷开展了土地改革运动。各根据地经过改革、复查等运动，到1947年春天，全解放区约有2/3的地区解决了土地问题，实现了耕者有其田。这极大激发了广大农民的政治觉悟，也提高了他们的生产积极性。所以，解放区人民加紧生产支援前线热情非常高涨。

不过，土地改革运动初期发展不够平衡，造成土地改革不彻底的局面。这是由于《五四指示》没有明令废除封建性及半封建性剥削的土地制度，没有废除一切地主的土地所有权；对地主富农照顾过多，对农民如何能分得土地，只提出"公平合理"的分配原则，而未能制定正确的详尽的办法，也未明确提出以贫雇农为骨干进行斗争。随着人民解放军由战略防御转入战略进攻，1947年7—9月，中国共产党召开了全国土地会议，制定了《中国土地法大纲》，并于1947年10月10日

---

① 中共中央文献研究室编：《毛泽东年谱（一八九三——一九四九）》（修订本）下卷，中央文献出版社2013年版，第78—79页。

公布实施。

《中国土地法大纲》共 16 条，贯穿了"废除封建性及半封建性剥削的土地制度，实行耕者有其田的土地制度"的彻底改革精神。《中国土地法大纲》的主要内容有：

> 第一条　废除封建性及半封建性剥削的土地制度，实行耕者有其田的土地制度。
>
> 第二条　废除一切地主的土地所有权。
>
> 第三条　废除一切祠堂、庙宇、寺院、学校、机关及团体的土地所有权。
>
> 第四条　废除一切乡村中在土地制度改革以前的债务。

《中国土地法大纲》第六条还规定："乡村中一切地主的土地及公地，由乡村农会接收，连同乡村中其他一切土地，按乡村全部人口，不分男女老幼，统一平均分配，在土地数量上抽多补少，质量上抽肥补瘦，使全乡村人民均获得同等的土地，并归各人所有。"第十一条规定："分配给人民的土地，由政府发给土地所有证，并承认其自由经营、买卖及在特定条件下出租的权利。土地制度改革以前的土地契约及债约，一律缴销。"

《中国土地法大纲》颁布以后，解放区掀起新的土地改革高潮。但在土改高潮中也发生了侵犯中农利益，破坏工商业，对待地主和富农不区别或很少区别，对待新区、半老区以及老区没有区别等现象。1947 年 12 月的中央会议，对土地改革中出现的"左"倾错误进行纠正。12 月 3 日，中央工委发出了《关于纠正划分阶级上"左"倾错误的指示》，指出："划分阶级应该只有一个标准，即是否占有生产手段（在农村中主要是土地），占有多少与占有的关系，以及相连带的生产关系（剥削关系）。如再提出其他标准，都是错误的。"对此，毛泽东指出：

> 随着斗争之深入，"左"倾现象势将发生。此项文件发至各地，决不应成为妨碍群众斗争的借口，而应在放手发动农民群众彻底平分土地的坚决斗争中，适当地纠正业已发生与业已妨碍群众利益的过左行动，以利团结雇农、贫农，坚决保护中农（这是确定不移的政策），正确地执行土地法大纲，消灭封建半封建制度。[①]

1948 年 2 月，中共中央发布了《老区半老区的土地改革与整党工作》的指示

---

① 中共中央文献研究室编：《毛泽东年谱（一八九三——一九四九）》（修订本）下卷，中央文献出版社 2013 年版，第 255 页。

和《新解放区土地改革要点》的指示，5 月 25 日又发布了《1948 年的土地改革工作和整党工作》的指示，明确指出必须根据不同的情况具体地、有步骤地进行土地改革工作。1948 年 4 月 1 日，毛泽东在贺龙主持的晋绥干部会上指出："依靠贫农，团结中农，有步骤地、有分别地消灭封建剥削制度，发展农业生产，这就是中国共产党在新民主主义革命时期，在土地改革工作中的总路线和总政策。"①

由于各个解放区正确贯彻执行了中国共产党的土地改革方针、路线、政策，土地改革取得了巨大的成就。到 1949 年 6 月，东北、华北、西北（除宜川、洛川以南的新区外）以及华东的山东、苏北等老区、半老区及其所包围的小块新区的农村，除一些零散的村庄和小块地区外，封建半封建土地制度废除，土地大体平分，在拥有 2.7 亿人口、面积约 230 万平方公里的解放区内，有约 1.5 亿人口的地区完成了土地改革。到全国解放，约有 1.6 亿人口的地区完成了土地改革。② 正是由于土地改革运动在革命战争时期的伟大作用，毛泽东在中国共产党第七届中央委员会第三次全体会议上指出："有了土地改革这个胜利，才有了打倒蒋介石的胜利。"③

二、城市工作

1927 年土地革命战争以来，中国共产党主要工作重心在农村。随着解放战争的节节胜利，特别是越来越多的城市获得解放，城市工作也日渐提上日程。1947 年 11 月 12 日，华北重镇石家庄获得解放。作为解放军武装攻克的第一座大型城市，石家庄成为全国解放战争的重大战略基地和后勤支援地，并成为中国共产党城市工作的试验田，在城市接管与改造方面进行了有益的探索，并为全党工作重心从农村转向城市提供了样本。1948 年 2 月 19 日，刘少奇起草了《中央工委关于收复石家庄的城市工作经验》，并作为正式文件报给中共中央，同时发给有关地区和领导同志，作为"现在及将来进行城市工作的参考"。中共中央接到刘少奇的报告后，于 1948 年 2 月 25 日，向各中央局、分局、前委发出注意总结城市工作经验的指示，指出"像石家庄这样重要的经验""必须引起全党注意"。要求今后"管理城市的工作方针及方法"，应即以"攻占石家庄初期管理石家庄的方针及方法为基本方针及方法"。中央指示：城市工作"应当作长期打算，方针是建设而不是破坏"。因此，收复城市以后，"必须注意保护机器、物资及一切建设物资""除政府及公安局依法逮捕与没收财产外，禁止任何团体和个人没收财产及逮捕殴打任何人"，坚决反对无政府主义。

---

① 中共中央文献研究室编：《毛泽东年谱（一八九三——一九四九）》（修订本）下卷，中央文献出版社 2013 年版，第 299 页。

② 参见李占才：《中国新民主主义经济史》，安徽教育出版社 1990 年版，第 290 页。

③《毛泽东文集》第六卷，人民出版社 1999 年版，第 73 页。

1948 年 6 月 10 日，中共中央东北局发出《关于保护新收复城市的指示》，进一步指出：

> 我们长期没有城市，感受没有城市的痛苦。现在我们有了城市，就应当爱护城市，发挥城市的作用，使城市产生更多的军需品和日用品来支援战争，来繁荣解放区的经济，现在的战争没有城市的支援，没有铁路的运输，是不能取得最后胜利的。每个革命军人、地方党政人员、解放区人民，都应该把城市看作是人民革命战争取得最后胜利决不可少的力量，应该严格遵守党和政府的工商业政策、城市政策和法令，反对乱抓物资的本位主义，反对片面的所谓群众观点，防止破坏城市，破坏工商业。[①]

《关于保护新收复城市的指示》规定：在新占领城市实行短期的军事管理制度。规定攻城部队只有保护城市工商业之责，无没收处理之权。攻城部队无论对蒋伪公营企业、银行、商店、市政机关、医院、学校、仓库及私人企业、商店等，均无没收处理之权。相反的，在战斗中及战斗结束后，攻城部队应派出必需的队伍加以保护，禁止任何人擅自进去搬运机器、物资和器材。攻城部队在战斗结束后，除需要维持城市秩序的一定数量的部队外，其他部队均应撤出城外，在撤出前，必须将看守之工厂、仓库、银行、市政机关等移交清楚。所有部队，一律不准驻在工厂、医院、学校和教堂。

1948 年 8 月中旬，中共中央东北局在哈尔滨市召开了首次城市工作会议。会议就如何认识城市的地位；如何动员一切力量，发展城市生产；如何集中统一，加强领导等问题展开了热烈而认真的讨论。东北局常委张闻天受东北局委托作总结报告。报告指出：要加强城市工作，把注意力向这方面转移。为此，全党要树立"城市地位的新认识"。过去我们说"城市要为乡村服务"，现在我们要增加一条："乡村也要为城市服务"，城市和乡村要互相合作。但是，一般地说城乡互助合作还不够，还应该指出，"城市领导农村"。城市在城乡互助合作中领导乡村，其实质就是：工业与农业并重，工业领导农业；工农联盟，工人阶级领导农民。离开了代表先进生产力的城市工业和城市工人阶级，社会不能前进。会议集中研究了城市工作的方针，提出：城市工作应依靠工人阶级，集中力量，发展生产，逐渐变消费城市为生产城市，充分发挥城市领导农村、工业领导农业的作用，以便更好地支援战争和在可能的范围内尽量满足生产与群众生活的需要。会议通过了张闻天的总

结，并由他于 9 月 15 日为东北局起草了《关于东北经济构成及经济建设基本方针的提纲》，提纲于 9 月 30 日上报中共中央。

各地城市接管和恢复生产的经验，经中央的总结而确定为党的城市工作方针。1949 年 3 月 5 日，毛泽东在中共七届二中全会上的报告指出：

> 从我们接管城市的第一天起，我们的眼睛就要向着这个城市的生产事业的恢复和发展。务须避免盲目地乱抓乱碰，把中心任务忘记了，以至于占领一个城市好几个月，生产建设的工作还没有上轨道，甚至许多工业陷于停顿状态，引起工人失业，工人生活降低，不满意共产党。这种状态是完全不能容许的。为了这一点，我们的同志必须用极大的努力去学习生产的技术和管理生产的方法，必须去学习同生产有密切联系的商业工作、银行工作和其他工作。只有将城市的生产恢复起来和发展起来了，将消费的城市变成生产的城市了，人民政权才能巩固起来。[1]

在中共中央的指导下，全国的城市管理和经济恢复工作迅速开展起来，一方面有力地支持了全国的解放战争；另一方面积累了城市工作经验，为新中国的建立准备了条件。

三、财政金融

人民解放战争规模空前，是一场巨大的消耗战，如何动员解放区的人力、财力、物力，保障战争供给，是解放区财政占首位的、极为艰巨的任务。这一时期，随着解放区面积和人口的扩大，特别是越来越多的城市得到解放，使解放区财政发生了一系列重要变化。

第一，统一财政建立。解放战争初期，各解放区仍处于分割状态，财政只能分散自给。随着解放区逐渐连成一片，财政走向更大范围内的集中统一。到 1948 年底，华北、东北、华东和西北等几个大解放区首先实现了区内的财经统一。12 月，各解放区联合财经会议的召开，标志着整个解放区财政进入全面统一的新阶段。

第二，税收制度变化。由于各解放区相继进行了土地改革，土地大体上已经平分，所以有必要将原有的"统一累进税制"改变为"比例税制"。1948 年 12 月 25 日，华北人民政府公布实施了有免税点的比例税则，规定凡常年产量十市斗之土地为一标准亩，所有农业人口，一律扣除一个标准亩，作为免税点（用于农业的大

---

[1] 《毛泽东选集》第四卷，人民出版社 1991 年版，第 1428 页。

牲口也扣除一定的标准亩作为免税点），然后按各户的标准亩数征收一定数量的农业税。从此，在已土改地区，除了极少数贫苦农民和无劳动力的烈军属户以外，都负担了公粮和战争勤务，负担面扩大到95%以上。[①]

第三，财政收支结构变化。由于工商业城市相继解放，各类公营经济得以迅速扩大，公营企业的利润与工商业税所占比重逐步上升，使原有的财政收入结构发生重大变化。到1949年，随着平津等大城市的解放，在华北老解放区的财政收入中，城市征收的工商业税已和农业税并重了。但另一方面，由于对国民党军政人员采取"包下来"的政策，工业生产和交通运输都亟待恢复，使军费以外的财政支出大大增加。

抗战胜利后，新开辟的解放区又成立了本地银行，如东北银行、关东银行、长城银行、中州农民银行、内蒙古银行等。这些银行在本区内各成系统，各自经营，各自发行货币。1948年后，随着军事形势的迅速发展，被分割的各解放区逐渐连成一片，各解放区的货币或货币发行权需要统一起来。1948年4月，晋察冀边区和晋冀鲁豫边区合并为华北解放区，冀南银行和晋察冀边区银行于同年5月合并成立了华北银行，发行统一的冀南钞；山东解放区和华中解放区组成华东解放区，1948年11月开始统一流通山东解放区的北海币，使华东解放区实现了货币统一；晋绥边区与陕甘宁边区统一为西北解放区，陕甘宁边区银行与晋绥边区的西北农民银行合并为西北农民银行，统一发行西北币，统一了西北解放区的货币；随着东北解放区连片发展，东北各地银行陆续统一于东北银行，于1949年6月统一了东北全境货币；中原解放区于1948年6月成立了中州农民银行，以中州农民币取代了中原各地区货币；华南解放区1949年7月成立了南方人民银行，将1948年底成立的裕民银行和1949年5月成立的新陆银行合并，发行南方币；1948年6月内蒙古银行改为内蒙古人民银行，发行新币，该地区货币得到统一。[②]

1948年秋，北方各解放区逐渐连成一片，全国解放即将到来。在这种形势下统一金融成为迫切的需要。1948年12月1日，以华北银行为基础，合并北海银行、西北农民银行，在河北石家庄组建了中国人民银行。华北人民政府当天发出布告，原华北、华东、西北三个解放区所发行的货币停止使用，由中国人民银行发行的人民币在三区统一流通，所有公私款项收付及一切交易，均以人民币为本位货币。以后，各解放区银行陆续改组为中国人民银行所属机构。从此，一个新的国家银行组织体系形成。1949年2月，中国人民银行由石家庄市迁入北平。为了统一货币，1949年5月5日，中国人民银行总行发出《收兑旧币通令》，要求各级银行

① 参见李炜光、赵云旗：《中国财政通史》第九卷,湖南人民出版社2013年版，第946页。
② 参见王同兴：《抗日战争和解放战争时期革命解放区的金融建设》，《中共党史研究》1990年第3期。

收兑各解放区货币。到中华人民共和国成立时，除东北和新疆外，各解放区发行的地方性货币已经收回，从而形成了一套崭新的货币体系。1949年9月，中国人民政治协商会议通过《中华人民共和国中央人民政府组织法》，把中国人民银行纳入政务院的直属单位系列，接受财政经济委员会指导，与财政部保持密切联系，赋予其国家银行职能，承担发行国家货币、经理国家金库、管理国家金融、稳定金融市场、支持经济恢复和国家重建的任务。

在解放战争期间，国共之间的斗争还通过人民币与法币之间的货币战争展开。从1946年以后，各根据地开始把法币作为外汇来管理。在1947年上半年以前，解放区还需要利用法币到国统区去购买物资，因此，一方面禁止法币在解放区市场上流通，同时还需要适当吸收一些法币，用以到国统区去采购物资。如1947年6月27日，晋冀鲁豫边区曾修正公布《外汇管理暂行办法》，规定出口商人换回的法币，须至冀南银行按价兑换，不许自由流通。到1947年下半年，一方面，由于国统区通货膨胀日甚一日，法币大幅度贬值，逐渐失去信用和购买力；另一方面，随着解放战争进展顺利，国统区面积日益缩小，法币流通范围也随之缩小，法币的作用也越来越小。因此，解放区对法币采取了尽量少吸收，积极设法推出的办法。冀中解放区还规定了一个"出汇顺序"，依照这个规定，凡公私商店对外采购的时候，必须先用法币汇票和法币，然后使用现金、白银。1948年8月19日，国民党政府实行"货币改革"发行金圆券以后，晋察冀和晋冀鲁豫两解放区旋即于8月26日联合发出《关于匪货币改革对象的指示》，规定自9月1日起银行停收法币，同时也拒绝收纳金圆券。通过货币斗争，提高了解放区本币的币值。1948年1月上旬，在冀中各地，晋察冀边币每元换伪法币5.1元，到8月下旬，就可以换775元了，1948年8月19日，晋察冀边币和金圆券的比价是1∶25，到11月30日就变为1∶30了。由于进行了货币斗争，使解放区的市场摆脱了伪法币的影响，物价相对稳定，有力地保障了工农业生产的恢复和发展。[①]

解放战争过程中，由于战争的大规模消耗，财政支出急剧增大。解放区掌握的物资不足以供应战争需要，不得不在一定程度上靠发行货币弥补，这使得通货膨胀一度达到相当严重的程度。但由于解放区掌握了一定数量的粮食、布匹等重要物资，得以保持了物价大体平稳，避免剧烈波动。

四、恢复生产

解放区广大农民在土地改革后，获得了土地，成为土地的主人，生产积极性空前高涨，大大促进了农业生产的发展，也有力地支持了全国的解放战争。但小农经

---

① 参见李占才：《中国新民主主义经济史》，安徽教育出版社1990年版，第305—306页。

济在发展生产上有很大的局限性，不是缺少耕畜就是缺少农具，特别是战争仍在继续，不少解放军家属缺少劳动力的情况非常严重。为了解决这些问题，解放区在党的领导下大力开展互助合作运动。由于战争导致劳动力缺乏是当时比较严重的问题，因此，互助合作运动主要以劳动合作为主。劳动互助均贯彻自愿互利原则和等价交换原则，所以开展得比较顺利，效果也很显著。如晋冀鲁豫的太行区，1946年组织起来的劳动力是1945年的2倍多；组织起来的劳动力已占全区劳动力的78%。晋察冀解放区，1948年大部分地区完成土改后，据冀中18个县的统计，建有互助组35000个，到1949年达75000个，一年之内增加了1倍以上。东北新解放区1947年下半年，农业互助组已在黑龙江、嫩江、松江、吉林、辽北、合江、牡丹江和南部等地区普及开来，吉林省85%以上的劳动力参加了互助组。[①]

为了尽快地消除战争创伤，恢复经济支援前线，各解放区采取了各种恢复和发展生产的措施。一些老解放区农民组织起来兴修水利。如1946年晋察冀解放区，修筑了大小渠道557条，100万亩旱地变成了水田。苏皖解放区浚河97条，使200万亩耕地受益。[②] 据统计，1949年全东北动员民工13万多人，用工600多万个，修补堤岸1800多里，挖排水沟900余里，挖土方1800万立方米。受益面积连同1948年的44万垧在内，达百万余垧，保证了低洼地区农业生产的收成。党和政府还号召广大农民通过改良农具提高农业技术。例如，1948年，东北局提出："提倡制造与逐渐地、逐次地改良农具，以省为单位，有重点地兴办农具工厂，小的县份与市镇，利用铁匠炉，制造简单工具，以供农民的需要。"吉林省1949年共推广农具4090台，其中，由农林部发放马拉农具10套，省农具厂推广308台，各县修理和购入推广的有3772台。松江省推广除草机800余台，打稻机200余台。[③] 这些措施促进了农业生产力的提高。

由于解放战争的进展，越来越多的城市获得解放，接管各类企业和恢复生产成为重要的任务之一。对于接管的工矿企业，一方面进行民主改革，另一方面积极采取恢复生产的措施。与此同时，人民政府积极修复水陆交通，沟通城乡贸易，举办工业贷款等，使恢复生产中的资金、原料、销路等困难基本上得到解决，这就使工商业得到迅速恢复。如天津解放初期，人民政府接收了69个国营工厂，人民政府首先给各厂预支一部分资金和粮食，暂时解决职工的工资问题，又采取互相借贷调剂的办法，暂时解决原料的困难，解放后一个半月即全部复工。人民政府严格地执行保护民族工商业的政策，在解放区积极鼓励私人经营，并在价格、税收政策方面适当地照顾私营厂商的利益。对于经营有困难的私人企业，政府也采取措施多方扶

---

① 参见李占才：《中国新民主主义经济史》，安徽教育出版社1990年版，第292页。

② 参见史敬棠：《中国农业合作化史料》上册，生活·读书·新知三联书店1962年版，第773页。

③ 参见陈廷煊：《中国新民主主义农业经济史》，中国社会科学出版社2012年版，第142—143页。

助。如 1948 年 12 月 12 日唐山解放时，启新洋灰公司处于十分困难的境地，积存的大量的洋灰卖不出去，发不出工资，工人生活十分困难，人民政府以收购洋灰、发放贷款等方式对它进行了大力扶助，该公司生产迅速恢复，1948 年 12 月生产了洋灰 4300 吨，到 1949 年 3 月增加到 11300 多吨。1947 年 11 月石家庄解放时，全市仅有私营工业和手工业 700 多家，一年以后，就发展到 1700 余家。北平工业开业户数，1949 年比 1948 年增长了 60%；1949 年 12 月比 2 月增加了 51.8%。天津私营工厂在政府的大力扶助下，解放后两个月内，有 90% 以上开工生产；1949 年底，私营工厂、作坊达 11600 余家，职工 79882 人，比刚解放时的工厂、作坊 8943 户，职工 60731 人，分别增加了 29% 和 19%。从 1948 年 2 月哈尔滨进行的工业登记来看，在登记的 12092 家工业中，一年来盈利的占 62%，收支相抵的占 30%，亏损的只占 7.5%；在登记的 9276 家商业中，获利的占 74%，收支相抵的占 19%，亏损的只占 7%，其中铁业、皮革、印刷、纺织、电料、制粉、磨粉、制酱等行业获利最丰。[①]

随着解放区的不断扩大，解放区逐渐连成一片，国内市场统一扩大，为商业的发展奠定了良好的基础。1948 年以后至 1949 年初，随着石家庄、济南、沈阳、北平、天津等大城市的解放，国营商业不断发展。为了保障供给、调控市场，解放区国营商业进入统一化和专业化经营。例如，1947 年 8 月东北贸易总管理局在哈尔滨成立，开始进入统一经营时期。华北解放区于 1948 年 4 月成立了冀鲁豫区贸易公司，积极开展商业经营活动，效果显著。1948 年 5 月，华北解放区成立华北贸易总公司，并在各城镇设立分支机构，领导公营商业开展业务经营活动。与此同时，中共中央采取了很多措施促进解放区私营商业的发展。各地通过各种方式诸如政府同工商资本家、各行业代表座谈、走访、成立商会组织等方式，宣传中国共产党的工商业政策，倾听工商业者的心声，解决他们的困难，规范公私关系，协调劳资关系，消除私营工商业者的思想顾虑；银行实行低利贷款；税收采取单一税制，废除苛捐杂税，原则上从轻就简，对于一些确有困难的行业予以适当减免；禁止机关、学校、部队经营商业，平抑物价，打击投机行为，整顿市场。

---

① 参见李占才：《中国新民主主义经济史》，安徽教育出版社 1990 年版，第 301—302 页。

第六编 完成社会主义革命和推进社会主义建设

第十七章　经济重建

第一节　共同纲领

一、新民主主义

1939 年 12 月，毛泽东在《中国革命和中国共产党》中首次公开提出"新民主主义革命"概念。在深刻分析中国殖民地、半殖民地和半封建的社会特点，以及中国社会各阶级的状况后，毛泽东指出：中国革命的对象是帝国主义和封建主义，革命的任务是"对外推翻帝国主义压迫的民族革命和对内推翻封建地主压迫的民主革命"[①]。但是由无产阶级领导的革命只能是资产阶级的民主革命，即新民主主义革命。为完成这些革命的任务，在经济上必须走新民主主义的经济建设道路。新民主主义革命，"在经济上是把帝国主义者和汉奸反动派的大资本大企业收归国家经营，把地主阶级的土地分配给农民所有，同时保存一般的私人资本主义的企业，并不废除富农经济。因此，这种新式的民主革命，虽然在一方面是替资本主义扫清道路，但在另一方面又是替社会主义创造前提。中国现时的革命阶段，是为了终结殖民地、半殖民地、半封建社会和建立社会主义社会之间的一个过渡阶段，是一个新民主主义的革命过程"[②]。

1940 年 1 月，毛泽东发表《新民主主义论》，全面阐述了新民主主义革命理论，并初步提出了新民主主义经济纲领。毛泽东认为，将来要建立的人民共和国，在政治上必须是新民主主义的，在经济上也必须是新民主主义的。新民主主义经济由国营经济、合作社经济、私人资本主义和劳动人民个体经济四种经济形态组成。"大银行、大工业、大商业，归这个共和国的国家所有。"在无产阶级领导下的"新民主主义共和国的国营经济是社会主义的性质，是整个国民经济的领导力量，

[①]《毛泽东选集》第二卷，人民出版社 1991 年版，第 637 页。
[②]《毛泽东选集》第二卷，人民出版社 1991 年版，第 647 页。

但这个共和国并不没收其他资本主义的私有财产，并不禁止'不能操纵国民生计'的资本主义生产的发展，这是因为中国经济还十分落后的缘故"。在抗日战争时期，并不实行土地改革政策，而是实行减租减息的政策，并保护地主土地私有制，但是随着中国革命的发展，将来建立了无产阶级领导的新民主主义共和国，就应该进行土地改革，在农村则是"没收地主的土地，分配给无地和少地的农民，实行中山先生'耕者有其田'的口号，扫除农村中的封建关系，把土地变为农民的私产。农村的富农经济，也是容许其存在的"①。中国新民主主义的经济的发展前途，必定是社会主义，而不是资本主义。

1945年4月，毛泽东在党的七大作《论联合政府》的政治报告，再一次对新民主主义经济政策的具体内涵进行了完整的表述："我们主张的新民主主义的经济，也是符合于孙先生的原则的。在土地问题上，孙先生主张'耕者有其田'。"在工商业问题上，也完全同意孙中山的主张，"凡本国人及外国人之企业，或有独占的性质，或规模过大为私人之力所不能办者，如银行、铁道、航路之属，由国家经营管理之，使私有资本制度不能操纵国民之生计，此则节制资本之要旨也"②。按照孙中山提出的原则和中国革命的经验，"在现阶段上，中国的经济，必须是由国家经营、私人经营和合作社经营三者组成的"③。

解放战争时期，新民主主义的经济理论和政策更加完善。1947年12月25日至27日，中共中央召开扩大会议，毛泽东作《目前形势和我们的任务》的报告，提出新民主主义的三大经济纲领："没收封建阶级的土地归农民所有，没收蒋介石、宋子文、孔祥熙、陈立夫为首的垄断资本归新民主主义国家所有，保护民族工商业。"④ 毛泽东指出：

> 新中国的经济构成是：（1）国营经济，这是领导的成分；（2）由个体逐步地向着集体方向发展的农业经济；（3）独立小工商业者的经济和小的、中等的私人资本经济。这些，就是新民主主义的全部国民经济。而新民主主义国民经济的指导方针，必须紧紧地追随着发展生产、繁荣经济、公私兼顾、劳资两利这个总目标。一切离开这个总目标的方针、政策、办法，都是错误的。⑤

1948年9月，中共中央在河北省建屏县（今平山县）西柏坡村召开了政治局

---

① 《毛泽东选集》第二卷，人民出版社1991年版，第678页。
② 《毛泽东选集》第三卷，人民出版社1991年版，第1057页。
③ 《毛泽东选集》第三卷，人民出版社1991年版，第1058页。
④ 《毛泽东选集》第四卷，人民出版社1991年版，第1253页。
⑤ 《毛泽东选集》第四卷，人民出版社1991年版，第1255—1256页。

扩大会议，又称中共中央政治局"九月会议"。毛泽东在此次会议上所作的《在中共中央政治局会议上的报告和结论》中指出，在民主革命取得胜利，建立人民民主专政的条件下，"在我们社会经济中起决定作用的东西是国营经济、公营经济，这个国家是无产阶级领导的，所以这些经济都是社会主义性质的"，"我们国营经济、公营经济，在数量上较小，但它是起决定作用的。我们的社会经济的名字还是叫'新民主主义'好"。[①] 毛泽东认为，从整体来看，新民主主义经济并不完全等同于社会主义经济，它是"社会主义经济领导之下的经济体系"，我们要"完成新民主主义到社会主义的过渡的准备"，"努力发展经济，由发展新民主主义经济过渡到社会主义"。[②]

二、七届二中全会

1948 年，解放战争形势大好。中共中央作出迁至华北的决定。1948 年 5 月 26 日，毛泽东到达西柏坡。此后，中共中央不仅指挥三大战役取得了胜利，而且为筹建新中国进行了精心谋划，以一系列战略性部署，为迎接革命胜利做好准备。1949 年 1 月，中共中央政治局会议提出：北平解放后，必须召集七届二次中央全体会议。2 月 11 日，中共中央向各中央局和各前委工作的负责同志发出《关于召开七届二中全会的通知》，分散在各地的委员、候补委员先后于 2 月底之前到达西柏坡。党的七届二中全会于 3 月 5 日召开至 13 日闭幕。毛泽东向大会作报告，阐述了促进革命取得全国胜利的方针，阐述了革命胜利后党在政治、经济、外交方面的基本政策和建设新中国的总任务。这次会议围绕党的工作重心由乡村转移到城市、取得胜利后的革命转变等重大问题进行了讨论，确定了新中国成立后的一系列重大决策，成为中国共产党历史上最重要的会议之一。

1. 工作重点转移

党的七届二中全会确定了党的工作重心由乡村移到城市，党的中心任务从革命转向生产和建设。毛泽东在报告中指出：

> 从一九二七年到现在，我们的工作重点是在乡村，在乡村聚集力量，用乡村包围城市，然后取得城市。采取这样一种工作方式的时期现在已经完结。从现在起，开始了由城市到乡村并由城市领导乡村的时期。党的工作重心由乡村移到了城市。在南方各地，人民解放军将是先占城市，后占乡村。城乡必须兼顾，必须使城市工作和乡村工作，使工人和农民，使工业和农业，紧密地联系起来。决不可以丢掉乡村，仅顾城市，如果这样想，那是完全错误的。但是党

---

① 《毛泽东文集》第五卷，人民出版社 1996 年版，第 139 页。
② 《毛泽东文集》第五卷，人民出版社 1996 年版，第 141、146 页。

和军队的工作重心必须放在城市，必须用极大的努力去学会管理城市和建设城市。①

毛泽东在报告中要求全党：从我们接管城市的第一天起，即开始着手我们的建设事业，一步一步地学会管理城市，恢复和发展城市中的生产事业，城市中的其他一切工作，都是围绕着生产建设这一中心工作并为这个中心工作服务的。报告指出：

> 城市中其他的工作，例如党的组织工作，政权机关的工作，工会的工作，其他各种民众团体的工作，文化教育方面的工作，肃反工作，通讯社报纸广播电台的工作，都是围绕着生产建设这一个中心工作并为这个中心工作服务的。如果我们在生产工作上无知，不能很快地学会生产工作，不能使生产事业尽可能迅速地恢复和发展，获得确实的成绩，首先使工人生活有所改善，并使一般人民的生活有所改善，那我们就不能维持政权，我们就会站不住脚，我们就会要失败。②

同样，在一切老解放区，党的中心任务"是动员一切力量恢复和发展生产事业，这是一切工作的重点所在"③。

2. 经济政策纲领

关于新中国成立后党的经济政策，毛泽东首先深刻论述了它的基本出发点，在报告中指出：

> 中国的工业和农业在国民经济中的比重，就全国范围来说，在抗日战争以前，大约是现代性的工业占百分之十左右，农业和手工业占百分之九十左右。这是帝国主义制度和封建制度压迫中国的结果，这是旧中国半殖民地和半封建社会性质在经济上的表现，这也是在中国革命的时期内和在革命胜利以后一个相当长的时期内一切问题的基本出发点。从这一点出发，产生了我党一系列的战略上、策略上和政策上的问题。对于这些问题的进一步的明确的认识和解决，是我党当前的重要任务。④

---

① 《毛泽东选集》第四卷，人民出版社1991年版，第1426—1427页。
② 《毛泽东选集》第四卷，人民出版社1991年版，第1428页。
③ 《毛泽东选集》第四卷，人民出版社1991年版，第1429页。
④ 《毛泽东选集》第四卷，人民出版社1991年版，第1430页。

第一，现代性的和进步的工业经济与分散的个体的和落后的农业经济和手工业经济并存，是我们面临的基本国情。报告指出：

一方面，

中国已经有大约百分之十左右的现代性的工业经济，这是进步的，这是和古代不同的。由于这一点，中国已经有了新的阶级和新的政党——无产阶级和资产阶级，无产阶级政党和资产阶级政党。无产阶级及其政党，由于受到几重敌人的压迫，得到了锻炼，具有了领导中国人民革命的资格。谁要是忽视或轻视了这一点，谁就要犯右倾机会主义的错误。[1]

另一方面，

中国还有大约百分之九十左右的分散的个体的农业经济和手工业经济，这是落后的，这是和古代没有多大区别的，我们还有百分之九十左右的经济生活停留在古代。古代有封建的土地所有制，现在被我们废除了，或者即将被废除，在这点上，我们已经或者即将区别于古代，取得了或者即将取得使我们的农业和手工业逐步地向着现代化发展的可能性。但是，在今天，在今后一个相当长的时期内，我们的农业和手工业，就其基本形态说来，还是和还将是分散的和个体的，即是说，同古代近似的。谁要是忽视或轻视了这一点，谁就要犯"左"倾机会主义的错误。[2]

第二，没收官僚资本归无产阶级领导的人民共和国所有，使现代性国营经济成为整个国民经济的领导成分。报告指出：

中国的现代性工业的产值虽然还只占国民经济总产值的百分之十左右，但是它却极为集中，最大的和最主要的资本是集中在帝国主义者及其走狗中国官僚资产阶级的手里。没收这些资本归无产阶级领导的人民共和国所有，就使人民共和国掌握了国家的经济命脉，使国营经济成为整个国民经济的领导成分。这一部分经济，是社会主义性质的经济，不是资本主义性质的经济。谁要是忽视或轻视了这一点，谁就要犯右倾机会主义的错误。[3]

---

[1] 《毛泽东选集》第四卷，人民出版社1991年版，第1430页。
[2] 《毛泽东选集》第四卷，人民出版社1991年版，第1430—1431页。
[3] 《毛泽东选集》第四卷，人民出版社1991年版，第1431页。

第三，在一个相当长的时期内，还需要尽可能地利用城乡私人资本主义的积极性，同时采取恰如其分的有伸缩性的限制政策。报告指出：

> 中国的私人资本主义工业，占了现代性工业中的第二位，它是一个不可忽视的力量。中国的民族资产阶级及其代表人物，由于受了帝国主义、封建主义和官僚资本主义的压迫或限制，在人民民主革命斗争中常常采取参加或者保持中立的立场。由于这些，并由于中国经济现在还处在落后状态，在革命胜利以后一个相当长的时期内，还需要尽可能地利用城乡私人资本主义的积极性，以利于国民经济的向前发展。在这个时期内，一切不是于国民经济有害而是于国民经济有利的城乡资本主义成分，都应当容许其存在和发展。这不但是不可避免的，而且是经济上必要的。但是中国资本主义的存在和发展，不是如同资本主义国家那样不受限制任其泛滥的。它将从几个方面被限制——在活动范围方面，在税收政策方面，在市场价格方面，在劳动条件方面。我们要从各方面，按照各地、各业和各个时期的具体情况，对于资本主义采取恰如其分的有伸缩性的限制政策。①

第四，通过合作社经济积极引导个体的农业经济和手工业经济向着现代化和集体化的方向发展。报告指出：

> 占国民经济总产值百分之九十的分散的个体的农业经济和手工业经济，是可能和必须谨慎地、逐步地而又积极地引导它们向着现代化和集体化的方向发展的，任其自流的观点是错误的。必须组织生产的、消费的和信用的合作社，和中央、省、市、县、区的合作社的领导机关。这种合作社是以私有制为基础的在无产阶级领导的国家政权管理之下的劳动人民群众的集体经济组织。中国人民的文化落后和没有合作社传统，可能使得我们遇到困难；但是可以组织，必须组织，必须推广和发展。单有国营经济而没有合作社经济，我们就不可能领导劳动人民的个体经济逐步地走向集体化，就不可能由新民主主义社会发展到将来的社会主义社会，就不可能巩固无产阶级在国家政权中的领导权。谁要是忽视或轻视了这一点，谁也就要犯绝大的错误。②

第五，新民主主义的经济形态是多种经济形式并存。报告指出：

---

① 《毛泽东选集》第四卷，人民出版社1991年版，第1431页。
② 《毛泽东选集》第四卷，人民出版社1991年版，第1432—1433页。

国营经济是社会主义性质的，合作社经济是半社会主义性质的，加上私人资本主义，加上个体经济，加上国家和私人合作的国家资本主义经济，这些就是人民共和国的几种主要的经济成分，这些就构成新民主主义的经济形态。①

第六，由落后的农业国变成先进的工业国，解决建立独立的完整的工业体系问题，必须实行对外贸易统制。报告指出：

人民共和国的国民经济的恢复和发展，没有对外贸易的统制政策是不可能的。从中国境内肃清了帝国主义、封建主义、官僚资本主义和国民党的统治（这是帝国主义、封建主义和官僚资本主义三者的集中表现），还没有解决建立独立的完整的工业体系问题，只有待经济上获得了广大的发展，由落后的农业国变成了先进的工业国，才算最后地解决了这个问题。而欲达此目的，没有对外贸易的统制是不可能的。中国革命在全国胜利，并且解决了土地问题以后，中国还存在着两种基本的矛盾。第一种是国内的，即工人阶级和资产阶级的矛盾。第二种是国外的，即中国和帝国主义国家的矛盾。因为这样，工人阶级领导的人民共和国的国家政权，在人民民主革命胜利以后，不是可以削弱，而是必须强化。对内的节制资本和对外的统制贸易，是这个国家在经济斗争中的两个基本政策。谁要是忽视或轻视了这一点，谁就将要犯绝大的错误。②

以上六个方面是党的七届二中全会上确定的新民主主义经济总纲领。毛泽东在报告中还表示了对中国经济恢复和经济复兴的乐观看法：

中国的经济遗产是落后的，但是中国人民是勇敢而勤劳的，中国人民革命的胜利和人民共和国的建立，中国共产党的领导，加上世界各国工人阶级的援助，其中主要地是苏联的援助，中国经济建设的速度将不是很慢而可能是相当地快的，中国的兴盛是可以计日程功的。对于中国经济复兴的悲观论点，没有任何的根据。③

3. 人民民主专政

在《新民主主义论》中，毛泽东提出新民主主义共和国的"国体——各革命

---

① 《毛泽东选集》第四卷，人民出版社 1991 年版，第 1433 页。
② 《毛泽东选集》第四卷，人民出版社 1991 年版，第 1433 页。
③ 《毛泽东选集》第四卷，人民出版社 1991 年版，第 1433—1434 页。

阶级联合专政""政体——民主集中制""并由各级代表大会选举政府"。① 后来，在《论联合政府》中，他又对这些原则作了更加具体的论述。在 1948 年 1 月起草的《关于目前党的政策中的几个重要问题》中，毛泽东指出：新民主主义的政权是工人阶级领导的人民大众的反帝反封建的政权。所谓人民大众，包括工人阶级、农民阶级、城市小资产阶级、民族资产阶级，而以工人、农民和其他劳动人民为主体。这个人民大众组成自己的国家并建立代表国家的政府，工人阶级经过自己的先锋队中国共产党实现对于人民大众的国家及其政府的领导。这个人民共和国及其政府所要反对的敌人，是外国帝国主义、本国国民党反动派及其所代表的官僚阶级和地主阶级。② 在"九月会议"上，毛泽东指出：要"建立无产阶级领导的以工农联盟为基础的人民民主专政""我们采用民主集中制，而不采用资产阶级议会制"，要"建立民主集中制的各级人民代表会议制度"。在党的七届二中全会报告中，毛泽东进一步指出：

> 无产阶级领导的以工农联盟为基础的人民民主专政，要求我们党去认真地团结全体工人阶级、全体农民阶级和广大的革命知识分子，这些是这个专政的领导力量和基础力量。没有这种团结，这个专政就不能巩固。同时也要求我们党去团结尽可能多的能够同我们合作的城市小资产阶级和民族资产阶级的代表人物，它们的知识分子和政治派别，以便在革命时期使反革命势力陷于孤立，彻底地打倒国内的反革命势力和帝国主义势力；在革命胜利以后，迅速地恢复和发展生产，对付国外的帝国主义，使中国稳步地由农业国转变为工业国，把中国建设成一个伟大的社会主义国家。③

4. 独立自主的外交政策

旧中国是一个被帝国主义所控制的半殖民地国家。中国人民民主革命彻底的反帝国主义性质，遭到帝国主义的反对。国民党依靠美国打内战，更加激起了中国人民对于帝国主义深刻的愤怒。第二次世界大战使帝国主义势力大大地削弱了，反帝国主义阵线的力量空前地增长了。这就使得我们可以采取和应当采取有步骤地彻底地摧毁帝国主义在中国的控制权的方针。因而，毛泽东在党的七届二中全会报告中宣布：

> 不承认国民党时代的任何外国外交机关和外交人员的合法地位，不承认国

---

① 《毛泽东选集》第二卷，人民出版社 1991 年版，第 677 页。
② 参见《毛泽东选集》第四卷，人民出版社 1991 年版，第 1272 页。
③ 《毛泽东选集》第四卷，人民出版社 1991 年版，第 1436—1437 页。

民党时代的一切卖国条约的继续存在，取消一切帝国主义在中国开办的宣传机关，立即统制对外贸易，改革海关制度，这些都是我们进入大城市的时候所必须首先采取的步骤。在做了这些以后，中国人民就在帝国主义面前站立起来了。剩下的帝国主义的经济事业和文化事业，可以让它们暂时存在，由我们加以监督和管制，以待我们在全国胜利以后再去解决。对于普通外侨，则保护其合法的利益，不加侵犯。[①]

后来毛泽东把此项政策称为"另起炉灶"。毛泽东又指出：

关于帝国主义对我国的承认问题，不但现在不应急于去解决，而且就是在全国胜利以后的一个相当时期内也不必急于去解决。我们是愿意按照平等原则同一切国家建立外交关系的，但是从来敌视中国人民的帝国主义，决不能很快地就以平等的态度对待我们，只要一天它们不改变敌视的态度，我们就一天不给帝国主义国家在中国以合法的地位。关于同外国人做生意，那是没有问题的，有生意就得做，并且现在已经开始做，几个资本主义国家的商人正在互相竞争。我们必须尽可能地首先同社会主义国家和人民民主国家做生意，同时也要同资本主义国家做生意。[②]

后来毛泽东把这项政策比喻为"打扫干净屋子再请客"。

总之，党的七届二中全会提出了促进革命迅速取得全国胜利和组织这个胜利的各项方针；说明了在全国胜利的局面下，党的工作重心由乡村转移到城市；规定了革命在全国胜利后，党在政治、经济、外交方面应采取的基本政策，以及使中国由农业国转变为工业国、由新民主主义转变为社会主义社会的总任务和主要途径。

三、《共同纲领》的形成

1. "四面八方"

在1945年党的七大报告《论联合政府》中，毛泽东提出"采取调节劳资间利害关系的政策……使公私、劳资双方共同为发展工业生产而努力"[③]。1947年中共中央十二月会议上，毛泽东作《目前形势和我们的任务》报告，提出"新民主主义国家经济的指导方针，必须紧紧地追随着发展生产、繁荣经济、公私兼顾、劳资

---

① 《毛泽东选集》第四卷，人民出版社1991年版，第1434—1435页。
② 《毛泽东选集》第四卷，人民出版社1991年版，第1435页。
③ 《毛泽东选集》第三卷，人民出版社1991年版，第1082页。

两利这个总目标"①。1948 年，随着石家庄、天津、北平等华北大城市先后被解放、接管，出现一些新的过去始料不及的问题：工商业资本家不了解党的工商业政策，出现资本逃离和消极停产等现象，从而导致生产严重下滑。这些情况引起毛泽东和党中央高度警惕，并考虑对私营资本的政策调整。1949 年 3 月下旬，中共中央迁入北平香山，毛泽东住进双清别墅。4 月 3 日的会议上，毛泽东决定让刘少奇赴天津调研。

1949 年 4 月 10 日晚，刘少奇到达天津，立即听取天津市领导工作汇报并于次日开始考察工厂和召开工人、民族工商业家等各界人士座谈会。刘少奇发现，不少工商资本家顾虑重重，感到发展生产没有出路；而工人队伍中则存有不切实际的要求；加上战争造成的城乡联系中断、内外贸易阻滞问题亟待恢复。于是，他写下《天津工作问题》调查提纲，鲜明地指出："为在党的总路线之下实现发展生产的目的，必须正确建立与改善以下各方面的关系：即公私关系，劳资关系，城乡关系，内外关系。这四面八方的关系即全面关系都必须很好地照顾到。"② 刘少奇又提出"四个必须"，即"必须切实组织对外贸易""必须切实迅速通畅城乡关系，物畅其流""必须贯彻公私兼顾的政策""必须贯彻劳资两利的政策"。在调查提纲的最后，他还再次提出要解决好"劳资、公私、内外、城乡"八个方面的问题。③

毛泽东十分赞同刘少奇的意见。1949 年 4 月 15 日，毛泽东、朱德在香山接见来北平参加华北局会议的太行区党委书记陶鲁笳一行三人。④ 毛泽东与他们谈起经济问题，指出：

我们的经济政策可以概括为一句话，叫做"四面八方"。什么叫"四面八方"？"四面"即公私、劳资、城乡、内外。其中每一面都包括两方，所以合起来就是"四面八方"。这里所说的内外，不仅包括中国与外国，在目前，解放区与上海也应包括在内。我们的经济政策就是要处理好四面八方的关系，实行公私兼顾、劳资两利、城乡互助、内外交流的政策。

关于劳资两利，许多同志只注意到其中的一方，而不注意另一方。你们看二中全会决议中讲到我们同自由资产阶级之间有限制和反限制的斗争。目前的侧重点，不在于限制而在于联合自由资产阶级。那种怕和资本家来往的思想是不对的。如果劳资双方不是两利而是一利，那就是不利。为什么呢？只有劳利而资不利，工厂就要关门；如果只有资利而劳不利，就不能发展生产。公私兼

① 《毛泽东选集》第四卷，人民出版社 1991 年版，第 1256 页。
② 黄小同等：《刘少奇与天津讲话》，河南大学出版社 1998 年版，第 63 页。
③ 参见黄小同：《"四面八方"经济政策思想源于刘少奇》，《中共党史研究》1999 年第 1 期。
④ 参见陶鲁笳：《毛主席教我们当省委书记》，中央文献出版社 1996 年版，第 128—129 页。

顾也是如此，只能兼顾，不能偏顾，偏顾的结果就是不顾，不顾的结果就要垮台。四个方面的关系中，公私关系、劳资关系是最基本的。二中全会决议中提出要利用城乡资本主义的积极性，不这样就不行。新富农是农村的资产阶级，要发挥他们的积极性，现在他们要求发展生产，是适合我们需要的。

"四面八方"缺一面，缺一方，就是路线错误、原则的错误。世界上除了"四面八方"之外再没有什么"五面十方"。照顾到"四面八方"，这就叫全面领导。在工厂开展生产运动，不单要召集工人开会，把工人群众发动起来；也要召集资本家开会，和他们说通，把他们也发动起来。合作社也要公私兼顾，只顾公的方面，不顾私的方面，就要垮台。

实行"四面八方"的经济政策，要注意到，我们现在是工人阶级、农民阶级、小资产阶级和自由资产阶级的联盟。这四个阶级联合起来反对封建主义、帝国主义、官僚资本主义。国民党就是帝国主义、封建主义、官僚资本主义三者的集中代表。全国胜利以后，还要集中力量对付帝国主义。

当然，在实行"四面八方"的经济政策时，对投机商业不加限制是不对的。应当在政策上加以限制，但限制不是打击，而是要慢慢引导他们走上正当的途径。我们要团结资本家，许多同志都不敢讲这个话。要了解，现在没有资本家是不行的。[①]

"四面八方"政策提出后，周恩来和刘少奇又做了进一步阐释，并收到各个方面的积极响应。1949 年 4 月 22 日，周恩来在新民主主义青年团第一次全国代表大会上说：毛主席最近给大家讲了四面八方的问题。"生产的关键就是要了解毛主席所提出来的四面八方的问题——劳资关系、公私关系、城乡关系和内外关系。"[②] 4 月 24 日，刘少奇在天津干部会议上解释"四面八方"政策时说："什么是照顾四面八方呢？就是公私兼顾，劳资两利，城乡互助，内外交流。'公私兼顾'中的公、私有两种意义，一是工人对厂主、雇主，一是个人利益对国家人民利益、党的利益。""公私关系、劳资关系、城乡关系、内外关系，是毛主席要我们在城市工作中照顾的四面八方的关系，这四面八方都照顾好了，关系正确地建立了，改善了，城市工作就做好了。四面八方的关系就是全面的关系。照顾到四面八方就是照顾到全面，所以也叫全面关系，如果哪一方哪一面照顾不到，就犯严重错误，就不能在党的总路线下实现发展生产的目标。"[③] 1949 年 5 月 1 日国际劳动节，北平数十万职工举行庆祝游行活动，市委书记彭真来到工人中间，号召全体职工以实际行

---

① 逢先知、金冲及主编：《毛泽东传》（1949—1976）上，中央文献出版社 2003 年版，第 64—65 页。

② 《周恩来经济文选》，中央文献出版社 1993 年版，第 10 页。

③ 中共中央文献研究室编：《刘少奇论新中国经济建设》，中央文献出版社 1993 年版，第 80 页。

动庆祝节日，坚决拥护毛泽东提出的"发展生产、繁荣经济、公私兼顾、劳资两利"政策。5月27日上海解放，市长陈毅按照"四面八方"政策，与工商界交朋友，扶持私营企业发展，让民族工商业家看到了出路和希望，一些出走香港、欧美的萌生回国之念，陆续回到上海。[①] 10月广州解放，市长叶剑英迅疾实施"四面八方"政策，稳定了城市生产。"四面八方"政策与1950年党的七届三中全会提出的"不要四面出击"方针一道，给民族工商业家吃了"定心丸"，提高了工人、农民的生产热情，对于解放初期尽快恢复经济、发展生产，起到不可估量的作用。

"四面八方"政策成为稳定城市和工商业经济的基本方针，随后在政治协商会议上又被写入《共同纲领》，对新民主主义经济发展产生了重要影响。

2. 新政协会议

中华人民共和国成立前夕，由于还没有实现全国解放，还不能立即召开由普选产生的全国人民代表大会，因而也就不能制定正式宪法。在这种情况下，中国共产党邀请各民主党派、人民团体、人民解放军、各地区、各民族以及国外华侨等各方面的代表组成中国人民政治协商会议，代表全国各族人民的意志，代行全国人民代表大会职权。

1949年6月，中共中央决定由中央政治局常委周恩来主持起草《中国人民政治协商会议共同纲领》（以下简称《共同纲领》）。随后，毛泽东、周恩来、胡乔木等对纲领草稿进行修改，形成了《共同纲领（草案）》初稿。1949年9月17日下午，新政协筹备会第二次会议在中南海勤政殿举行，审议并通过了《共同纲领（草案）》。此后，周恩来先后7次召开会议对《共同纲领（草案）》初稿进行讨论。在此期间，出现是否写入社会主义问题的讨论。有人提出，既然新民主主义是一个过渡性质的阶段，一定要向社会主义阶段发展，应该总纲中明确地把这个前途规定出来。但中国共产党代表认为，对于社会主义这个前途，应该经过解释、宣传特别是实践来证明给全国人民看。只有全国人民在自己的实践中认识到这是唯一的最好的前途，才会真正承认它，并愿意全心全意为它而奋斗。所以现在暂时不写出来，不是否定它，而是更加郑重地看待它。而且这个纲领中经济的部分里面，已经规定要在实际上保证向这个前途走去。[②] 9月22日，周恩来在中国人民政治协商会议第一届全体会议上，就纲领草案形成经过向大会作了报告，并就纲领中不写入"社会主义"等问题向大会作了说明。最后，政协会议于9月29日正式通过了《共同纲领》。

---

① 参见韩勤英：《"四面八方"政策形成的台前幕后》，《学习时报》2019年3月22日。

② 参见《建国以来重要文献选编》第一册，中央文献出版社1992年版，第16、17页。

3. 《共同纲领》

《共同纲领》是新中国成立初期具有临时宪法性质的国家根本大法，它明确规定了中华人民共和国的国体和政体、中国人民政治协商会议的性质和职权、国家的军事制度，以及新民主主义的经济政策、文化政策、民族政策、外交政策，是全体代表在总结中国人民近百年来反对帝国主义、封建主义和官僚资本主义的革命斗争经验的基础上，制定出来的一部新民主主义建国纲领。它在 1954 年宪法颁布前起到了临时宪法的作用。毛泽东指出："我们现时的根本大法即共同纲领。"[①]

第一，《共同纲领》[②] 规定了新中国政权的性质：

> 中华人民共和国为新民主主义即人民民主主义的国家，实行工人阶级领导的、以工农联盟为基础的、团结各民主阶级和国内各民族的人民民主专政。中华人民共和国必须取消帝国主义国家在中国的一切特权，没收官僚资本归人民的国家所有，有步骤地将封建半封建的土地所有制改变为农民的土地所有制，保护国家的公共财产和合作社的财产，保护工人、农民、小资产阶级和民族资产阶级的经济利益及其私有财产，发展新民主主义的人民经济，稳步地变农业国为工业国。

第二，规定了新中国经济建设的根本方针：

> 中华人民共和国经济建设的根本方针，是以公私兼顾、劳资两利、城乡互助、内外交流的政策，达到发展生产、繁荣经济的目的。国家应在经营范围、原料供给、销售市场、劳动条件、技术设备、财政政策、金融政策等方面，调剂国营经济、合作社经济、农民和手工业者的个体经济、私人资本主义经济和国家资本主义经济，使各种社会经济成分在国营经济领导之下，分工合作，各得其所，以促进整个社会经济的发展。

同时规定了不同经济成分的不同性质及相应政策：

> 土地改革为发展生产力和国家工业化的必要条件。凡已实行土地改革的地区，必须保护农民已得土地的所有权。凡尚未实行土地改革的地区，必须发动农民群众，建立农民团体，经过清除土匪恶霸、减租减息和分配土地等项步

---

① 《建国以来毛泽东文稿》第一册，中央文献出版社 1987 年版，第 417 页。
② 参见《中国人民政治协商会议共同纲领》，人民出版社 1952 年版。

骤，实现耕者有其田。

国营经济为社会主义性质的经济。凡属有关国家经济命脉和足以操纵国民生计的事业，均应由国家统一经营。凡属国有的资源和企业，均为全体人民的公共财产，为人民共和国发展生产、繁荣经济的主要物质基础和整个社会经济的领导力量。

合作社经济为半社会主义性质的经济，为整个人民经济的一个重要组成部分。人民政府应扶助其发展，并给以优待。

凡有利于国计民生的私营经济事业，人民政府应鼓励其经营的积极性，并扶助其发展。

国家资本与私人资本合作的经济为国家资本主义性质的经济。在必要和可能的条件下，应鼓励私人资本向国家资本主义方向发展，例如为国家企业加工，或与国家合营，或用租借形式经营国家的企业，开发国家的富源等。

第三，规定了国家实行经济计划的方向：

中央人民政府应争取早日制定恢复和发展全国公私经济各主要部门的总计划，规定中央和地方在经济建设上分工合作的范围，统一调剂中央各经济部门和地方各经济部门的相互联系。

第四，《共同纲领》还对各个经济部门的经济恢复方针作出规定：（1）关于农林渔牧业，规定：人民政府应组织农民及一切可以从事农业的劳动力以发展农业生产及其副业为中心任务，并应引导农民逐步按照自愿和互利的原则，组织各种形式的劳动互助和生产合作。人民政府应根据国家计划和人民生活的需要，争取于短时期内恢复并超过战前粮食、工业原料和外销物资的生产水平，应注意兴修水利，防洪抗旱，恢复和发展畜力，增加肥料，改良农具和种子，防止病虫害，救济灾荒，并有计划地移民开垦。（2）关于工业，规定：应以有计划有步骤地恢复和发展重工业为重点，例如矿业、钢铁业、动力工业、机器制造业、电器工业和主要化学工业等，以创立国家工业化的基础。同时，应恢复和增加纺织业及其他有利于国计民生的轻工业的生产，以供应人民日常消费的需要。（3）关于交通，规定：必须迅速恢复并逐步增建铁路和公路，疏浚河流，推广水运，改善并发展邮政和电信事业，有计划有步骤地建造各种交通工具和创办民用航空。（4）关于商业，规定：保护一切合法的公私贸易。实行对外贸易的管制，并采用保护贸易政策。在国家统一的经济计划内实行国内贸易的自由，但对于扰乱市场的投机商业必须严格取缔。国营贸易机关应负调剂供求、稳定物价和扶助人民合作事业的责任。人民政府应采取必要的办法，鼓励人民储蓄，便利侨汇，引导社会游资及无益于国计民生的商业资本投入工业及其他生产事业。（5）关于合作社，规定：鼓励和扶助广大劳动人民根据自愿原则，发展合作事业。在城镇中和乡村中组织供销合作社、消费合作社、信用合作社、生产合作社和运输合作社，在工厂、机关和学校中应尽先组织消费合作社。（6）关于金融，规定：金融事业应受国家严格管理。货币发行权属于国家。禁止外币在国内流通。外汇、外币和金银的买卖，应由国家银行经理。依法营业的私人金融事业，应受国家的监督和指导。凡进行金融投机、破坏国家金融事业者，应受严厉制裁。（7）关于财政，规定：建立国家预算决算制度，划分中央和地方财政范围，厉行精简节约，逐步平衡财政收支，积累国家生产资金。《共同纲领》还规定：国家的税收政策，应以保障革命战争的供给、照顾生产的恢复和发展及国家建设的需要为原则，简化税制，实行合理负担。

毛泽东在中国人民政治协商会议第一届全国委员会第二次会议上的开幕词中说：我们有伟大而正确的《共同纲领》以为检查工作讨论问题的准则。《共同纲领》必须充分地付之实行，这是我们国家现时的根本大法。[1] 而他在闭幕词中说：要达到巩固革命统一战线的目的，必须采取批评与自我批评的方法。采取这种方法时所用的标准，主要是我们现时的根本大法即《共同纲领》。[2]

第二节　经济革命

一、废除封建土地制度

1947 年 7 月中共中央工作委员会召开全国土地会议，9 月通过《中国土地法大纲》，规定：废除封建性及半封建性剥削的土地制度，实行耕者有其田的土地制度。废除一切地主的土地所有权。乡村中一切地主的土地及公地，由乡村农会接收，连同乡村中其他一切土地，按乡村全部人口，不分男女老幼，统一平均分配，在土地数量上抽多补少，质量上抽肥补瘦，使全乡村人民均获得同等的土地，并归各人所有。乡村农会接收地主的牲畜、农具、房屋、粮食及其他财产，并征收富农的上述财产的多余部分分给缺乏这些财产的农民及其他贫民，并分给地主同样的一

---

① 参见毛泽东在中国人民政治协商会议第一届全国委员会第二次会议上的开幕词，载《中华人民共和国宪法学习参考资料》，法律出版社 1957 年版，第 164 页。

② 参见毛泽东在中国人民政治协商会议第一届全国委员会第二次会议上的闭幕词，载《中华人民共和国宪法学习参考资料》，法律出版社 1957 年版，第 168 页。

份。分给各人的财产归本人所有，使全乡村人民均获得适当的生产资料及生活资料。

根据《中国土地法大纲》，解放区开展轰轰烈烈的土地改革运动。

《共同纲领》第二十七条规定：

> 土地改革为发展生产力和国家工业化的必要条件。凡已实行土地改革的地区，必须保护农民已得土地的所有权。凡尚未实行土地改革的地区，必须发动农民群众，建立农民团体，经过清除土匪恶霸、减租减息和分配土地等项步骤，实现耕者有其田。

新中国成立之初，新解放区有约 3.1 亿人口，在这样广大的地区用三年的时间完成土地改革，是一场规模空前的反对封建土地制度的运动。用毛泽东的话说，"这是中国人民民主革命继军事斗争以后的第二场决战"[1]。但新中国成立后的土地改革与新中国成立以前有很大不同。它是在取得全国政权并且与资产阶级合作的条件下进行的，它的直接任务主要是解放和发展农村社会生产力，恢复和发展国民经济。这就提出了新的问题，即如何对待富农问题。

早在 1949 年 11 月，中共中央政治局就讨论过富农政策问题，但并没有作出有关决定。1950 年 6 月初，中共中央召开七届三中全会，毛泽东在会上把土地改革作为国家财政经济状况根本好转的首要条件，并且指出，对富农的政策要有所改变，即由征收富农多余土地财产的政策改变为保存富农经济的政策，以利于早日恢复农村生产，有利于孤立地主、保护中农和保护小土地出租者。对此，毛泽东解释说：解放战争期间，就是要动富农，不动富农，那是不可设想的事情。现在全国除了台湾、西藏尚待解放，战争都停了，因此给了我们一个可能，对富农可以现在不去搞他。[2] 1950 年 6 月 14 日至 23 日，中国人民政治协商会议第一届全国委员会举行第二次会议。会议的中心议题是讨论改革封建土地制度问题。会上，刘少奇作了《关于土地改革问题的报告》，阐明了土地改革的重大意义和党的方针政策，指出：土地改革的这一个基本理由和基本目的，是着眼生产的。"正由于这个基本理由和基本目的，所以中共中央提议在今后的土地改革中保存富农经济不受破坏。因为富农经济的存在及其在某种限度内的发展，对于我们国家的人民经济的发展，是有利的，因而对于广大的农民也是有利的。""我们所采取的保存富农经济的政策，当然不是一种暂时的政策，而是一种长期的政策。这就是说，在整个新民主主义的阶

---

① 《毛泽东文集》第六卷，人民出版社 1999 年版，第 25 页。

② 参见中共中央文献研究室编：《毛泽东年谱（一九四九——一九七六）》第一卷，中央文献出版社 2013 年版，第 155 页。

段中，都是要保留富农经济的。只有到了这样一种条件成熟，以至在农村中可以大量地采用机器耕种，组织集体农场，实行农村中的社会主义改造之时，富农经济的存在，才成为没有必要了，而这是要在相当长远的将来才能做到的。"① 毛泽东在此次会议闭幕词中号召包括民族资产阶级、各民主党派在内的各阶层人士积极支持土地改革，做一个完全的革命派。会议讨论和同意了刘少奇的报告及中共中央建议的土地改革法草案。6 月 28 日，中央人民政府委员会第八次会议讨论并通过了《中华人民共和国土地改革法》（以下简称《土地改革法》）。

《土地改革法》总结了中国共产党过去领导土地改革的经验和教训，又适应新中国成立后的新形势，确定了新的土地改革政策，成为指导新解放区土地改革的基本法律依据。《土地改革法》共五章四十条，即总则、土地的没收和征收、土地的分配、特殊土地问题的处理、土地改革的执行机关和执行方法。《土地改革法》总则规定："废除地主阶级封建剥削的土地所有制，实行农民的土地所有制，借以解放农村生产力，发展农业生产，为新中国的工业化开辟道路。"对于地主土地，《土地改革法》规定："没收地主的土地、耕畜、农具、多余的粮食及其在农村中多余的房屋。但地主的其他财产不予没收。"同时规定："保护工商业，不得侵犯。地主兼营的工商业及其直接用于经营工商业的土地和财产，不得没收。不得因没收封建的土地财产而侵犯工商业。工商业家在农村中的土地和原由农民居住的房屋，应予征收。但其在农村中的其他财产和合法经营，应加保护，不得侵犯。"

《土地改革法》根据全国解放后的新情况，将过去征收富农多余土地财产的政策，改变为保存富农经济的政策。《土地改革法》第二章第六条规定："保护富农所有自耕和雇人耕种的土地及其他财产，不得侵犯。富农所有之出租的小量土地，亦予保留不动。半地主式的富农出租大量土地，超过其自耕和雇人耕种的土地数量者，应征收其出租的土地。富农租入的土地应与其出租的土地相抵计算。"第七条还明确规定："保护中农（包括富裕中农在内）的土地及其他财产，不得侵犯。"新解放区土地改革中实行保存富农经济的政策，无论是在政治上还是经济上都是必要的。一方面，新解放区土地改革中实行的保存富农的这些政策，是为了更好地保护中农，有利于分化和孤立地主阶级，减少土改运动的阻力，还有利于稳定民族资产阶级；另一方面，在整个新民主主义阶段，保存富农经济，也就是保护和利用私营经济。《土地改革法》颁布后，立即在各阶层中引起了比较强烈的反响。农村干部和农民群众反映："没收地主阶级的土地，天经地义，保存富农经济，完全应

① 刘少奇：《关于土地改革问题的报告》，载《建国以来重要文献选编》第一册，中央文献出版社1992年版，第293、299—300页。

该。"中农反映："富农都不动，我们更安心了。"新的富农政策还起到了"富农放哨，中农睡觉"的积极作用。[①]

为了推动土地改革的顺利进行，1950 年 8 月，中央人民政府政务院重新发布了经过修改的《怎样分析农村阶级》和《关于土地斗争中一些问题的决定》两个文件。文件把只有小量土地出租者明确称为小土地出租者，并规定不能把他们与地主同等看待。对于出租土地超过了自耕和雇人耕种的土地数量的那部分富农，文件把他们称为"半地主式的富农"，并规定"应征收其出租的土地"。关于富农和富裕中农的界限，文件规定：（1）凡经常雇请一个长工者，或有其他剥削，但其剥削分量相当于雇请一个长工以下者，均不得认为富农；（2）凡经常雇请两个长工，或有其他剥削，其剥削分量的总和相当于雇请两个长工以上者，一般可以算作富农，但家庭消费人口多，生活并不富裕者，仍不应算作富农；（3）凡经常剥削分量在相当于雇请一个长工以上，但不到雇请两个长工者，则应仔细计算其剥削收入是否超过其总收入的 25%，超过者为富农，不超过者为中农或富裕中农；（4）每年雇请零工或月工 120 工者，作为雇请一个长工计算；（5）在计算剥削分量时，其直接受别人剥削部分应与剥削别人部分相抵计算。[②] 这些规定有利于防止土地改革过程中错划阶级成分，争取更多的政治支持，防止在土地改革中发生大规模的动乱。

经过分期分批地和有计划、有领导、有秩序地开展土改运动，到 1952 年底，全国除一部分少数民族地区外，土地改革全部完成。在整个土地改革中，全国没收和征收的土地共 7 亿亩，分给了 3 亿无地或少地的农民，占农村人口的 60%—70%，同时他们还免除了过去每年向地主交纳的约 3000 万吨以上粮食的苛重地租。[③] 就土地改革前后每人平均占有土地数量而言，贫雇农增加较多，中农也有所增加。据华东地区调查，贫雇农在土改前每人平均只有 0.6 亩土地，土改后每人平均有 2.4 亩土地。中农在土改前每人平均是 2.01 亩土地，土改后每人平均是 3 亩土地。富农人均占有土地减少了 0.8 亩，但仍达到 3.82 亩，比当地平均占有数高 43.6%；地主也分得一份土地，每人平均 2.12 亩，为当地平均占有数的 79.6%。[④] 土地改革铲除了中国封建主义的根基，解放了农村生产力，极大地调动起亿万农民的生产积极性。这是在中国土地上发生的一场规模广大、内容深刻的社会大变革，使古老的中国农村空前地焕发出新的青春活力。

① 参见吴承明、董志凯主编：《中华人民共和国经济史（1949—1952)》，社会科学文献出版社 2010 年版，第 224 页。
② 参见《建国以来重要文献选编》第一册，中央文献出版社 1992 年版，第 339 页。
③ 参见廖鲁言：《三年来土地改革运动的伟大胜利》（1952 年 9 月 26 日），载《1949—1952 中华人民共和国经济档案资料选编·农村经济体制卷》，社会科学文献出版社 1992 年版，第 403 页。
④ 参见华东军事委员会土改委员会编：《华东区土地改革成果统计》，1952 年 12 月。转引自吴承明、董志凯：《中华人民共和国经济史（1949—1952)》，社会科学文献出版社 2010 年版，第 178 页。

表 17-1　全国土改结束时各阶级占有耕地情况

	农村各阶级户数比重（%）	各阶级占有土地比重（%）
贫雇农	52.2	47.1
中农	39.9	44.3
富农	5.3	6.4
地主	2.6	2.2
合计	100.0	100.0

注：农村各阶级户数是根据当时 21 个省、自治区的 9900 户调查资料推算。其他则是根据 1954 年 23 个省、自治区 15000 多户农家收支调查计算。

资料来源：国家统计局编：《建国三十年全国农业统计资料（1949—1979）》，中国统计出版社 1980 年版。

二、建立国营经济

中国社会主义的公营经济最早产生于革命根据地时期。这主要是为革命战争服务的一些军用工业，如兵器、弹药、被服、炼铁等，还有一些民用工业如煤炭、盐，以及纺织、造纸、皮革等，当时还建立了公营商业和银行。这些公营经济的建立和发展，为新中国提供了最基本的国营经济管理经验，并培养了一批经济管理干部。随着新民主主义革命的胜利，官僚资本主义经济转变成新民主主义国家所有的国营经济。另外，新中国政府也投资兴办了部分国营企业和公营事业。这些共同构成新中国成立初期的国有经济。

没收官僚资本主要是没收国民党政府的财产。1949 年 4 月 25 日公布的《中国人民解放军布告》中明确规定："没收官僚资本。凡属国民党反动政府和大官僚分子所经营的工厂、商店、银行、仓库、船舶、码头、铁路、邮政、电报、电灯、电话、自来水和农场、牧场等，均由人民政府接管。"[1] 随着全国的解放和新中国的建立，人民政府没收了全部官僚资本，包括国民政府和国民党所属的银行和金融机构、各种交通设施、厂矿企业、商贸公司等。

第一，接收国民党政府的经济核心"四行二局一库"（即中央银行、中国银行、交通银行、中国农民银行、中央信托局、邮政汇业局、合作金库）系统，国民党统治区的省市地方银行系统 2400 多家；官商合办的中国通商、中国实业、四明、新华等银行则派员监理，继续营业，其中官股产权归国家所有。

第二，接收国民党政府交通部、招商局所属全部运输企业，计有铁路 2.18 万公里，机车 4000 多台，客车约 4000 辆，货车 4.7 万辆，铁路车辆和船舶修造厂约 30 个，各种船舶 20 多万吨。人民政府还没收了政记轮船公司、大陆航运公司和三

————————
[1] 《毛泽东选集》第四卷，人民出版社 1991 年版，第 1457 页。

北公司中的官僚资本股份。此外，中国航空公司、中央航空公司的 12 架飞机，由于职工起义也回归国家所有，招商局香港分局和在港 13 艘海轮也宣布起义回归国家所有。①

第三，没收资源委员会系统企业、中国纺织建设公司系统企业、国民党兵工系统和军事后勤系统企业、陈立夫和陈果夫"CC"系统的党营企业，以及各省市地方官僚系统的企业等。这些工业企业合计 2858 家，职工 129 万人，其中发电厂 138 个，采煤、采油企业 120 个，铁锰矿 15 个，有色金属矿 83 个，炼钢厂 19 个，金属加工厂 505 个，化学加工厂 107 个，造纸厂 48 个，纺织厂 241 个，食品企业844 个。②

第四，没收了复兴、富华、中国茶叶、中国石油、中国盐业、中国植物油、孚中、中国进出口、金山贸易、利泰、扬子建业、长江中美实业等 10 多家垄断性的贸易公司。

没收官僚资本，把官僚资本所有制的经济变为社会主义全民所有制的经济，这就构成了国营经济的最主要部分。1949 年，新中国的国营经济已经在金融和现代工业、交通等领域占据主导地位。在工业方面，国营企业的产量在全国总产量中所占比重为：发电机容量占 73%，煤炭占 70%，铁占 60%，钢占 90%，水泥占 60%，工作母机占 50% 左右。在金融、铁路、港口、航空等产业，国营经济更占绝对优势。③

除没收国民党政府的财产外，还没收了战犯、汉奸、官僚资本家及反革命分子的财产，并进行了公股清理工作。1948 年 4 月，中共中央在给洛阳前线指挥部的电报中指出："对于官僚资本要有明确界限，不要将国民党人经营的工商业都叫作官僚资本而加以没收。……对于著名的国民党大官僚所经营的企业，应该按照上述原则和办法处理。对于小官僚和地主所办的工商业，则不在没收之列。"④ 1951 年1 月，政务院发布《企业中公股公产清理办法》，规定：清理的对象为公私合营企业及有公股公产的私营企业。企业中的公股公产，不论已否由政府接管、代管或监管，均应予以清理。公股及公产包括：一、国民党政府及其国家经济机关、金融机关等在企业中的股份及财产；二、前敌国政府及其侨民在企业中的股份及财产；三、业经依法没收归公的战犯、汉奸、官僚资本家等在企业中的股份及财产，以及

---

① 参见吴承明、董志凯主编：《中华人民共和国经济史（1949—1952）》，社会科学文献出版社 2010 年版，第 139 页。

② 参见吴承明、董志凯主编：《中华人民共和国经济史（1949—1952）》，社会科学文献出版社 2010 年版，第 139 页。

③ 参见中财委：《中国经济简报（1949）》，1950 年。转引自吴承明、董志凯主编：《中华人民共和国经济史（1949—1952）》，社会科学文献出版社 2010 年版，第 139 页。

④ 《毛泽东选集》第四卷，人民出版社 1991 年版，第 1323—1324 页。

其他依法没收归公的股份及财产。解放后人民政府及国家经济机关、企业机关对企业的投资，也应转作公股，合并处理。公股公产的清理，由中财委按照企业性质及规模大小，分别指定主管机关，或委托大行政区或省（市）财委指定主管机关负责进行。清理方案呈经财委批准后，先改组旧董事会及监察人，使其暂时行使董监职权，除负责主持经常业务外，立即组织有公私双方人员共同参加的清估小组，清查公私股权、产权、点估财产、协商确定经营方式及公私双方投资比例，并调查该企业全盘情况，呈报指定的主管机关核定。所有公股董监代表由政府另行选派。企业中的公私股权、产权清估完毕，双方投资比例确定后，于两个月内召开股东会，私股股东均应依法参加，公股代表由政府选派。公私合营企业经股东会产生新董事及监察人，负责执行及监察该企业的业务经营及财务状况。同日，政务院发布《关于没收战犯、汉奸、官僚资本家及反革命分子财产的指示》，规定：凡公私合营企业和私营企业中有战犯、汉奸、官僚资本家的股份和财产，应予依法没收，一般土匪、特务、恶霸、反革命分子在企业中的股份和财产，经县（市）人民法庭或人民法院判决没收时，应由省人民政府（或省人民政府特令指定之专署）批准执行。

人民政府没收全部官僚资本以后，在企业内部又通过民主改革建立了民主管理制度。人民政府派出的军代表进驻企业后，撤销厂警队、劳工课，取缔反动党团，解散伪工会，并从选调干部加强企业的领导工作。在结束军事接管状态后，由政府直接委任厂长管理生产，逐步建立起厂长负责制的领导制度。1950年2月中央财经委员会发布的《关于国营、公营工厂建立工厂管理委员会的指示》等文件指出：解放后，国营企业中的工人阶级已经成为企业的主人。1950年2月6日《人民日报》发表《学会管理企业》的社论，提出实行民主管理，是"改造旧企业，管好人民企业的根本环节"。企业建立起工厂管理委员和职工代表会议。工厂管理委员会由行政、技术负责干部的代表和同等数量的职工代表组成，由厂长任主席，讨论决定工厂生产和管理的各项重大问题。在200人以上的大中型工厂中，由职工代表组成职工代表会议，传达讨论工厂的生产计划和各项决定。工人群众参与企业决策，行使民主管理权力，培养了工人主人翁责任感，激发自觉的劳动热情，推动了企业各项工作的进行。国营企业中发挥工程技术人员的作用。1951年3月东北工业部发布了《工程技术人员职责暂行条例》，规定了企业中技术人员的职称、责任、权力，使他们在生产建设中更好地发挥作用。一些企业对职员工人工资差别过大的现象进行了某些调整，主要是调高工人和低薪职员的工资以缩小差别。然后，随着企业生产的发展，进一步建立起八级工资制和相应的计件工资制。

三、保护民族资本

1947年12月25日，毛泽东在《目前形势和我们的任务》一文中指出，对于民族资产阶级，包括上层小资产阶级和中等资产阶级，"必须坚决地毫不犹豫地给以保护"，这是新民主主义革命的三大经济纲领之一。1949 年 3 月，毛泽东在党的七届二中全会会议上指出：

> 在革命胜利以后一个相当长的时期内，还需要尽可能地利用城乡私人资本主义的积极性，以利于国民经济的向前发展。……但是中国资本主义的存在和发展，不是如同资本主义国家那样不受限制任其泛滥的。它将从几个方面被限制——在活动范围方面，在税收政策方面，在市场价格方面，在劳动条件方面。[①]

党的七届二中全会的决议指出：

> 对于占现代工业经济第二位的私人资本主义经济，必须采取利用和限制的政策。就是说，要利用它的积极性，以利于国民经济的恢复和发展，但必须限制它的消极方面，将其纳入国家经济政策和经济计划的轨道。[②]

北平、天津接管不久，中共中央华北局书记薄一波向中央提交了《平、津财经情况报告》，认为经济恢复和城市接管工作中存在着一些突出的问题，如财经方面的困难，工业生产面临的困难，以及公私关系和劳资关系的处理等。这些问题在辽沈和平津战役之后，人民解放军陆续接管的城市，如沈阳、石家庄、北平和天津等都不同程度地存在着。天津是华北最大的工业城市，也是当时中国仅次于上海的第二大工商业城市。但由于种种原因，天津的工业生产恢复缓慢。当时不少工人误以为革命成功之后要像消灭地主一样消灭资本家，就自发开展了对资本家的清算斗争，同时大部分资本家由于对中国共产党关于民族资产阶级的政策不甚了解，担心企业被没收，不敢开工，有的甚至把资金转到香港，全市私营企业开工率较低，致使大批工人失业，上百万人生活没有着落。在这种情况下，1949 年 4 月 10 日到 5 月 12 日，中央政治局委员、中央书记处书记刘少奇受中共中央和毛泽东的委托，到天津进行一次广泛的调查研究。

1949 年 5 月 2 日，刘少奇召集天津的资本家座谈。在座谈会上，资本家表示有"三怕"：一怕清算；二怕共产党只顾工人利益；三怕管不了工人，无法生产。刘少奇指出，工人和资本家是两个阶级，要从根本上调和使其没有矛盾是不可能

---

① 《毛泽东选集》第四卷，人民出版社 1991 年版，第 1431 页。
② 姜华宣等主编：《中国共产党重要会议纪事》，中央文献出版社 2001 年版，第 153 页。

的，根本的解决办法，只有搞社会主义，搞社会主义就一定要革命。现在形势很好，大门的钥匙放在自己的口袋里，要开多少关多少，都由自己决定。中国人民不再受帝国主义压迫了，中国工商业发展有了保障，目前的主要问题便是恢复与发展生产。共产党和人民政府的政策，既要发展国营经济，也要发展私营经济，从原料到市场，国营私营共同商量，共同分配，这叫有饭大家吃，有钱大家赚，就是贯彻公私兼顾的政策。① 刘少奇还指出，今天的中国资本主义还在年轻时期，还可以发挥它的历史作用，尤其是当前我们要求工商界发挥积极性来发展生产力，建设新中国。今天不是工厂开得太多，工人受剥削太多，而是太少，有本事多剥削，对国家和人民有利，恢复和发展生产，除国家之外，还有私人的；国营与私营之间，可能有竞争，但政府的方针是使国营和私营合作配合。既要发展国营生产，也要发展私营生产，要采取限制政策，以避免旧资本主义前途。公私兼顾是限制，劳资两利也是限制。刘少奇指出：我们对资产阶级的政策是又联合又斗争，在经济上联合他们恢复生产和发展生产；只在经营范围、税收政策、价格政策、对外贸易上限制他们、引导他们，使他们的经营符合国计民生经济发展的需要。与资产阶级有联合、有限制，也有斗争。但这种斗争，以不破坏联合为准则，否则工厂减少，生产下降，工人失业，对工人和国家都不利。② 刘少奇的天津之行和谈话，无论对干部、对工人还是对资产阶级，都引起了热烈的反响，大家都感到心里亮堂了，生产的积极性大为提高。刘少奇讲话后一个月，天津的工商业很快得到恢复，财政收入比前一个月增加 1.5 倍，两个月后，天津的进出口总值达到了解放前的最高水平。

上海的民营资本在全国历史最悠久，数量最集中，规模最庞大。1949 年，上海私人资本拥有工厂 20149 家，工业总产值 24.59 亿元（折算成新币，下同），职工 42.83 万人，工业总产值和职工人数分别占全国同类工业企业总数的 36.2% 和 26.1%。③ 上海解放初期，资本家对共产党的政策缺乏了解，因而抽逃资金，停工停产，劳资关系也非常紧张。1949 年 6 月 2 日，中共华东局和上海市委领导人召集上海工商界开座谈会，宣传中国共产党对私营工商业的政策。陈毅市长提出，欢迎工商业主回到上海，带回抽离的资金设备，尽快恢复生产，为新中国经济建设贡献力量。④ 同时，上海市政府为了帮助私营工商业恢复生产经营，采取了一系列有效措施，除解决原料、资金等问题外，还对一些面临严重困难的企业实行收购产品的办法。到 1949 年底，在轻纺工业方面，占上海全市 60% 以上的纺织印染厂、

---

① 参见中共中央文献研究室编：《刘少奇年谱（一八九八——一九六九）》下卷，中央文献出版社 1996 年版，第 204 页。

② 参见黄小同、李文芳：《刘少奇与天津讲话》，河南大学出版社 1998 年版，第 177—185 页。

③ 参见《中华人民共和国经济档案资料选编·工商体制卷（1949—1952）》，中国社会科学出版社 1993 年版，第 720 页。

④ 参见《解放日报》1949 年 6 月 21 日。

30%以上的绸厂、70%以上的面粉厂，以及一部分毛纺、针织、肥皂、火柴、造纸、橡胶等私营工厂，都受到国营企业或其他国家单位供给原料和半成品委托加工、订货，收购产品和配售原料等不同方式的扶植。为了帮助私营工商业克服资金、原料和销售上的困难，政府有计划地指导和支持私营企业组织各种形式的联营，还组织金融业成立私营银钱信托业联合放款处。随后，上海的社会生产呈现了上升势头，私营工商业开始走向恢复。

1950 年 4 月，第一次全国统战工作会议召开，毛泽东参加了工商组的讨论，并对会上的一份发言记录稿做了详细的边批。① 在发言记录稿谈到"今天斗争对象，主要是资产阶级"处，毛泽东批语认为，今天的斗争对象主要是帝国主义、封建主义及其走狗国民党反动派残余，而不是民族资产阶级。对于民族资产阶级是要斗争的，但必须团结它，是采用既团结又斗争的政策，以达团结它共同发展国民经济之目的。在发言记录稿谈到"对私营工商业的限制和排挤"处，毛泽东的批语是：应限制和排挤的是那些不利于国计民生的工商业，即投机商业，奢侈品和迷信品工商业，而不是正当的有利于国计民生的工商业，对这些工商业当它们困难时应给以扶助使之发展。在发言记录稿谈到"'与民争利'，表现在粮食、花纱布、火柴、百货、盐的控制"处，毛泽东批语：除盐外，应当划定范围，不要垄断一切。只能控制几种主要商品（粮布油煤）的一定数量，例如粮食的三分之一等。1950 年 5 月 25 日，毛泽东在中共中央政治局会议上专门针对私营工商业问题作了讲话，认为"资本主义工商业对社会是需要的，有利的。私营工商业统统要拿到政府的翅膀之下来，是有理由的，因为适应了人民的需要，改善了工人的生活。当然，资本家要拿走一部分利润，那是必需的。私营工商业是会长期存在的，我们不可能很快实行社会主义"②。

四、发展合作经济

1949 年 3 月 5 日，毛泽东在党的七届二中全会的报告中指出："单有国营经济而没有合作社经济，我们就不可能领导劳动人民的个体经济逐步地走向集体化，就不能由新民主主义社会发展到将来的社会主义社会，就不可能巩固无产阶级在国家政权中的领导权。"③ 同年 9 月，在中国人民政治协商会议第一届全体会议通过的《共同纲领》中规定："合作社经济……为整个国民经济的一个重要组成部分，人民政府应扶助其发展，并给以优待。"

1950 年 7 月，中财委召开了中华全国合作工作者第一次代表会议，总结了解

---

① 参见《毛泽东文集》第六卷，人民出版社 1999 年版，第 49—51 页。
② 《毛泽东文集》第六卷，人民出版社 1999 年版，第 61 页。
③ 《毛泽东选集》第四卷，人民出版社 1991 年版，第 1432 页。

放区和新中国成立初期合作社工作的经验，提出了先整顿后发展，引导合作社走上正轨的方针。薄一波提交会议讨论的《中华人民共和国合作法（草案）》中明确规定：在市民和工人中组织消费合作社，农民中组织供销合作社，城乡独立生产的手工业者和家庭手工业者组织手工业生产合作社。组织手工业生产合作社的目的，是"联合起来，凑合股金，建立自己商业的和生产的组织，去推销自己的手工业产品，并购买原料和其他生产资料""避免商人的中间剥削，提高产品的数量和质量"。[①] 会议选举产生了中华全国合作社联合总社作为全国合作事业的领导机关。

为了推动手工业合作的发展，1951 年 6 月和 1952 年 8 月，中华全国合作社联合总社先后召开了全国合作社第一次手工业生产工作会议和第二次全国手工业生产合作会议。在第一次手工业生产工作会议上，拟定了《手工业生产合作社示范章程（草案）》和《手工业生产合作社联合社章程》，作为各地组社工作的参考。第二次全国手工业生产合作会议提出了要着重总结组织和管理合作社的经验，并强调组织一个，巩固一个。根据中央指示精神，国民经济恢复时期的手工业合作事业，一方面，在一些同国民经济关系最密切并有发展前途的行业中，选择觉悟较高又具有代表性的手工业劳动者，重点试办合作社；另一方面，对一般个体手工业者，从他们最困难的供销上给予帮助，采取从供销入手，组织加工订货，给予银行贷款等措施，支持和帮助他们恢复生产。

在党的七届二中全会的报告中，毛泽东曾明确地指出，对于占国民经济总产值 90% 的分散的个体的农业经济和手工业经济，"必须谨慎地、逐步地而又积极地引导它们向着现代化和集体化方向发展"[②]。全国解放后，随着土地改革的进行和逐步完成，广大农民获得了土地，农业生产恢复和发展很快，但也出现了一些新的现象，包括小农破产、贫富差距扩大，甚至出现新的地主。为此，党和政府大力推进互助合作。1950 年，全国农村有互助组 272.4 万多个，参加农户 1131.3 万多户。到 1951 年，互助组发展到 467.5 万多个，参加农户有 2100 万户，增加了将近 1 倍。农业生产合作社也从 1950 年的 19 个，增加到 1951 年的 130 个。[③]

1951 年 9 月，中共中央召开第一次全国互助合作会议，通过了《中共中央关于农业生产互助合作的决议（草案）》。作为农业互助合作运动的第一个指导性文件，《中共中央关于农业生产互助合作的决议（草案）》指出：土改后的农民中存在着发展个体经济和实行互助合作的两种积极性，中央应特别注意发挥农民的这两个积极性，一方面不能忽视和粗暴地挫伤农民个体经济的积极性；另一方面要在农民

---

① 罗平汉等：《中国共产党执政历程》第二卷（1949—1976），人民出版社 2011 年版，第 125 页。
② 《毛泽东选集》第四卷，人民出版社 1991 年版，第 1432 页。
③ 参见《中国农业年鉴》编辑委员会编：《中国农业年鉴（1980 年）》，农业出版社 1981 年版，第 4 页。

中提倡"组织起来"，按照自愿和互利的原则，发展农民互助合作的积极性，这种劳动互助是建立在个体经济基础上（农民私有财产的基础上）的集体劳动，其发展前途就是农业集体化或社会主义化。《中共中央关于农业生产互助合作的决议（草案）》还对发展互助合作的指导原则、形式、防止的错误倾向等作了规定。《决议（草案）》指出，发展农业互助合作要根据生产发展的需要与可能的条件而稳步前进；初级社是农业互助合作运动继续前进的重要环节，是走向社会主义农业的过渡形式；必须贯彻自愿和互利的原则，采取典型示范、逐步推广、由小到大、由少到多、由低级到高级，逐步引导农民走集体化道路。农民互助合作主要有三种形式：简单的临时性的劳动互助、常年的互助组和以土地入股为特点的农业生产合作社。此外，《决议（草案）》还指出，关于农业互助合作的问题，要反对两种错误的倾向：一种倾向是采取消极的态度对待互助合作运动；另一种倾向是采取急躁的态度，不顾农民自愿和经济准备的各种必须的条件，过早地、不适宜地企图在现在就否定或限制参加合作社的农民的私有财产。

1952年，全国农业互助组发展到802.6万个，参加农户4536.4万户；试办的农业生产合作社（初级社）增加到3634个，入社农户57188户。这样，组织起来的农户已经占全国农户的40%左右。[1] 为推进和规范互助合作的发展，1952年8—9月，中共中央召开全国第二次互助合作会议，对《中共中央关于农业生产互助合作的决议（草案）》进行了修改，并于1953年2月15日正式通过。在新的决议公开发表前，毛泽东对决议又作了重要修改和补充：一是放宽了对试办高级社的条件限制，将试办少数社会主义性质的集体农庄需要"有机器条件"，改为"有适当经济条件"；二是强调在发展农业互助合作中间，必须十分注意对单干农民的政策问题，指出要充分地满腔热情地没有隔阂地去照顾、帮助和耐心地教育单干农民，必须承认他们的单干是合法的，不要讥笑他们，不要骂他们落后，更不允许采用威胁和限制的方法打击他们。

合作经济还包括手工业合作社、供销合作社、消费合作社、农村信用合作社等。1952年，全国手工业从业人员为736.4万人，加上农民兼营手工业生产人员有1200多万人，合计约为2000万人。从产值上看，全国手工业总产值1949年为32.37亿元，1952年增为73.17亿元，分别占全国工农业总产值的6.9%和8.8%，占工业总产值的23.09%和21.36%。[2] 经过重点试办，这一年，手工业合作组织由

---

① 参见陈吉元等主编：《中国农村社会经济变迁（1949—1989）》，山西经济出版社1993年版，第121、122页。

② 参见中华全国手工业合作总社、中共中央党史研究室编：《中国手工业合作化和城镇集体工业的发展》第一卷，中共党史出版社1992年版，第1页。

300 多个发展到 2700 多个，社员人数从 8 万多人增加到 25 万多人。[①] 1950 年，全国供销社 39427 个、社员 2468.1 万人，消费合作社 4530 个、社员 497.1 万人；到 1952 年，供销社发展到 32788 个、13820.7 万人，消费合作社发展到 2380 个、974.9 万人。据 1950 年底统计，全国共有手工业生产合作社 1300 个，社员 26 万人，股金 151 万元；到 1952 年底，全国手工业生产合作社达到 2600 个，股金 443 万元，全年总产值 30976 万元。1951 年全国农村金融会议以前，信用合作组织有 776 个，在会议后发展很快，1952 年 11 月已经发展到 8124 个，其中信用合作社 1764 个，信用互助组 5239 个，供销社的信用部 1121 个。[②]

表 17-2　1949—1952 年供销合作社、消费合作社发展情况

| 年份 | 社数（个） | | 社员数（万人） | | 股金数（万元） | | 社员占人口比重（%） | |
	供销合作社	消费合作社	供销合作社	消费合作社	供销合作社	消费合作社	农村	城市
1949	23406	2592	1037.3	298.5	1346.1	469.7	—	—
1950	39427	4530	2468.1	497.1	2870.3	636.3	5.0	11.5
1951	34172	3527	7900.6	836.6	9113.8	1276.6	15.6	21.2
1952	32788	2380	13820.7	974.9	22433.1	1934.6	27.8	18.3

资料来源：《1949—1952 中华人民共和国经济档案资料选编·工商体制卷》，中国社会科学出版社 1993 年版，第 428—431 页。

五、实行国家资本主义

实行国家资本主义是中国共产党的既定方针。1948 年 9 月，张闻天根据东北解放区的具体情况，起草了《关于东北经济构成及经济建设基本方针的提纲》（以下简称《提纲》）。《提纲》认为：东北经济基本上由五种经济成分构成，这就是国营经济、国家资本主义经济、私人资本主义经济、小商品经济和合作经济。它们在新民主主义国家中的地位、性质、发展方向及其相互关系是不尽相同的。[③]《提纲》还指出：国家资本主义经济，是国家为了经济上的需要，提供私人资本家以一定的生产或经营的条件，而私人资本家则利用这些条件从事生产或经营，这是一种国家和资本家自愿和两利的合作。在这种合作中，资本家可以取得一定的利润，

---

① 参见薄一波：《若干重大决策与事件的回顾》上卷，中共中央党校出版社 1991 年版，第 445 页。

② 参见吴承明、董志凯主编：《中华人民共和国经济史（1949—1952）》，社会科学文献出版社 2010 年版，第 190 页。

③ 参见中央党史研究室张闻天选集传记组：《张闻天文集》（四），中共中央党史出版社 1995 年版，第 29 页。

国家则可以对资本家的生产或经营进行必要的管理。这种形式是私人资本主义经济中最有利于新民主主义经济发展的，应该成为私人资本主义发展中的有利方向。1949年3月，中共七届二中全会吸取了张闻天的上述思想，明确提出了国家资本主义是国家同私人资本合作的经济，是新民主主义国家五种经济成分之一。

国家资本主义经济分为初级形式和高级形式。初级形式的国家资本主义经济就是国家或国营企业对私营企业的加工订货、统购包销；高级形式的国家资本主义经济就是公私合营。1950年4月，中央人民政府委员会第七次会议作出全面调整工商业的决定。1950年5月，中财委召开全国七大城市工商局长会议，具体讨论和研究了物价稳定后出现市场萧条、私营工商业大批停工歇业的原因和解决的办法，确定了调整工商业中公私关系问题的主要原则，即五种经济成分统筹兼顾、各得其所、分工合作、一视同仁。对私人资本主义工商业，政府以国家资本主义方式，扩大私营工业的加工订货和产品收购，调整公私商业的经营范围和调整价格，对私营工商业发放贷款，调整税负，在市场采取一些办法活跃城乡物资交流等。

从1950年6月至9月，中央人民政府有关部门先后召开了粮食加工、橡胶工业、毛麻纺织工业、印染业、卷烟业、进出口贸易等全国性专业会议，按照以产定销的原则具体拟订了各行各业的产销计划。针对当时产销不平衡主要发生在轻工业部门，特别是纺织品和日用百货等问题较多的实际情况，政府有关部门召开了一系列有私营工业代表参加的专业会议，协商公私关系，制订各行业的产销计划，有步骤地组织私营工厂的生产和销售。与此同时，对于供不应求并对国计民生和市场产生重要影响的产品，由国家实行统一收购。如1951年对棉纱的统购、对私营进出口商的某些进口商品的收购，1952年对机制纸张、色布、轮胎等产品的统购等。这就加强了国家对这类产品的调控能力。

表17-3　1949—1952年私营工业总产值中政府加工订货、统购包销的比重

（单位：%）

项　　目	1949 年	1950 年	1951 年	1952 年
私营工业总产值	100.0	100.0	100.0	100.0
政府加工订货、统购包销产值	11.88	28.83	42.71	56.04
自产自销产值	88.12	71.17	57.29	43.96

资料来源：中国社会科学院经济研究所：《中国资本主义工商业的社会主义改造》，人民出版社1978年版，第183页。

公私合营是国家资本主义经济的高级形式。1950年4月，为了鼓励私人资本

投资生产事业，保障投资人的合法利益，中央私营企业局草拟了《私营企业暂行条例》。《私营企业暂行条例》规定：

> 同一行业，或虽非同一行业而在生产上或业务上有联系者，得依自主自愿的原则，在保持原有组织的基础上联合经营其业务的一部分或数部分，订立联营章程，报经当地主管机关核准。公营企业及公私合营企业亦得参加联营组织。

《私营企业暂行条例》还规定：为克服盲目生产，调整产销关系，逐渐走向计划经济，政府得于必要时制订某些重要商品的产销计划，公私企业均应遵照执行。企业应切实执行政府一切有关劳动法令。

当时政府对发展公私合营工业企业还是比较慎重的，主要是不希望影响了私营企业的积极性。1949 年，公私合营主要存在于被没收的国民政府留下的合营企业，企业中的公股一般都委托国家银行代持并实施管理。1950 年起，国家在各地曾倡导成立了一批公私合营性质的投资公司，但国家股份一般不超过 25%。1949 年到 1952 年，公私合营工业企业由 193 家增加到 997 家，增长 4.2 倍；产值由 2.20 亿元增加到 13.67 亿元，增长 5.2 倍。[①]

最早实现全行业公私合营的是金融业。早在 1950 年初，一些含有公股（没收的官僚资本股份）的私营行庄鉴于经营困难，请求国家派人参加经营管理，实行公私合营。上海的新华、中国实业、浙江兴业等 9 家私营银行改组为公私合营银行后，业务有很大的发展，引起其他含有公股的私营行庄的羡慕，也纷纷要求公私合营。1952 年 4 月，中共中央发出对私营金融业社会主义改造的指示。1952 年下半年，中国人民银行根据中财委指示，具体实施了对金融业进行全面改造的政策。政府根据不同情况，对私营银行分别给予合并或淘汰。对于资产大于负债的行庄，清理资产，将其并入公私合营银行，取消原名号；对于资不抵债的行庄，则予以淘汰，令其停业清理；对于自愿停业转业的行庄则予以批准，并提供适当的指导和帮助。考虑到对整个资产阶级的影响及其在国外的影响力，淘汰了在 17 个城市的 50 家钱庄，对华侨商业银行等 3 家侨资银行仍予保留营业。对于已实行公私合营的银行，在其劳资双方酝酿成熟后，对原已合并的十二行联合总管理处、北五行联合总管理处、公私合营上海银行和上海中小行庄第一联营总管理处、第二联营总管理处等 5 个系统及 60 家行庄，进行了人员整编和机构合并，组成公私银行总管理处。

[①] 参见吴承明、董志凯主编：《中华人民共和国经济史（1949—1952）》，社会科学文献出版社 2010 年版，第 193 页。

在中国人民银行的具体领导之下，经过认真酝酿和协商，全国公私合营银行和所有的私营行庄决定实行集中、合并，在此基础上组织统一的公私合营银行。到1952年底，全国60多家金融业企业实现了全行业公私合营，成立了统一的公私合营银行。1952年12月，根据公私合营银行总管理处和中国人民银行的指示，决定裁撤部分商业银行在各地的办事处，其余各合营银行分支机构经理由中国人民银行指派，成为中国人民银行办理私人业务的机构，在各地中国人民银行领导和统一计划下开展各项金融业务。

第三节　经济恢复

一、上海财经会议

早在党的七届二中全会上毛泽东就提出，在推翻了国民党统治，建立起人民政权，并且根本解决了土地问题以后，党的中心任务就是动员一切力量恢复和发展生产事业，这是一切工作的重点所在。1949年7月31日，毛泽东明确地提出为争取国民经济的恢复和发展，必须完成三项根本性质的工作。这就是：（一）消灭封建势力，使农民得到土地；（二）实行精兵简政，简省国家开支；（三）在上列两项基础上初步地恢复和发展一切有益的工业和农业生产。[①]

但新中国建立面临着经济领域的重大考验。由于解放战争仍在继续，全国各地并未实现统一，加上帝国主义的封锁，国内城乡交通未通，物资进出不畅，这就使财政经济遇到了严重困难。1949年3月，中共中央决定委派陈云着手组建中央财经委员会（以下简称"中财委"），目的是加强对整个解放区，特别是华北、西北、华东、华中各解放区财经工作的领导和协调。1949年7月12日，中财委正式成立。中财委由中共中央财政经济部与华北财经委员会合并组成，陈云任主任，薄一波任副主任。中财委除了从党的各部门抽调一批干部外，还吸收了大批民主人士和国民党政府的专家，如马寅初、章乃器、孙晓春、钱昌照、孙越崎等。中财委成立之后，立即承担起组织和协调全国财经工作的重任。

当时，作为旧中国经济中心的上海问题最为严重，出现物质流通遇阻，工厂停工、工人失业，人民生活用品供应困难。为此，1949年7月22日至8月15日，党中央派陈云赴上海主持召开全国财经会议。参加会议的有华东、华北、华中、西

---

① 参见《毛泽东文集》第五卷，人民出版社1996年版，第315页。

北、东北 5 区负责财经工作的领导人，并邀请即将进军两广、西南的野战军的代表等。在听取各解放区和上海代表的情况汇报后，会议组成金融、贸易、财政、综合 4 个组进行讨论，提出既要保障解放战争顺利进行，又要保证人民基本生活的经济方针；研究了人民币占领市场，控制市场和物价，保证城市供给等一系列迫切经济问题，最后形成了《关于若干问题的共同意见》，成为保证解放战争胜利和新中国成立后经济顺利恢复的工作指导方针。8 月 15 日，陈云为这次会议作了《目前财经工作中应注意的问题》的总结，提出以下具体措施：

第一，提出解决上海困难的指导思想和措施。陈云提出：解决当下上海的经济困难，要千方百计打破帝国主义封锁，树立自力更生思想，面向国内，恢复和发展城乡物资交流把农产品和工业原料从全国各地运进上海，把工业产品从上海运到全国各地，要搞活这个重要的工业城市。为此，向上海调进大米、棉花、煤炭，组织好交通运输，促进生产的恢复和发展。陈云还指出，不要因暂时的生活资料和生产资料供给困难就疏散人口和工厂搬迁，各解放区要互相支援，实行物资大调运，保证上海的粮食、棉花和煤炭的供应。为此，要取消各解放区之间、城乡之间的贸易限制，组建中央直接领导的贸易公司和进出口公司，以集中有效地使用有限的物资、资金和外汇。

第二，制订克服财经困难的计划和安排。陈云在报告中指出：要战胜目前的困难，要有全局观点、长远观点。要掌握全国财政经济情况，从实际出发，就财政收支、物资收购、货币发行、控制物价等方面作出预测和安排。为保证 1949 年秋季支出，会议建议 1949 年 8 月到 10 月，每月的人民币发行指标增加 58%。[①] 陈云指出：解决财政赤字和抑制物价的根本措施是收支平衡。减少赤字应着重从整理税收、增加收入考虑，可以适当发行公债来解决当务之急。"节流很重要，开源更重要。所谓开源，就是发展经济。"[②]

第三，作出对 1950 年财政经济情况的对策。为了解决 1950 年财政出现的赤字问题，陈云指出：要求银行开展国内汇兑；建立统一的发行库；同时决定组织一个花纱布公司，在中财委的领导下，组织棉花、纱布的供应和销售；组织统一的土特产品的出口，由中财委管起来，做到及时供应资金、支持土特产品的生产；统一组织出口，集中使用外汇，换回需要的物资，支持经济的发展。

1949 年 9 月 2 日，陈云将会议情况报告中央，次日得到毛泽东的批复。上海财经会议的召开，为新中国的财政经济的恢复和发展奠定了基础，意义十分重大。在这次会议的指引下，对平稳全国物价、制止通货膨胀和统一全国的财经工作，恢

---

① 参见《陈云文选（1949—1956）》，人民出版社 1984 年版，第 5—6 页。

② 《陈云文选（1949—1956）》，人民出版社 1984 年版，第 18 页。

复国民经济，实现全国财政经济状况的根本好转发挥了重要作用。

二、治理通货膨胀："银元之战"和"粮棉之战"

1949年，解放战争取得了决定性胜利，在全国范围内建立了人民政权。但是，由于经历了长期的战争，新中国面临十分严峻的挑战。首先是工农业生产凋敝。1949年同历史最高年份相比，工业总产值减少了一半，煤炭产量减少48%，钢铁产量减少80%，粮食产量减少25%，棉花产量减少48%，无法满足人民生活必需品的供应。其次是市场投机势力十分猖獗，他们公开地买卖银元、黄金、美钞，搞乱金融；套购重要物资，囤积居奇，哄抬物价，严重破坏了市场秩序。再次是财政负担加重，支出庞大，不得不靠发行货币来弥补财政上的亏空，这就不可避免地出现通货膨胀和物价上涨。从1949年4月到1950年2月，在不到一年的时间里，全国出现了四次大的涨价风，其中以1949年10月到11月的一次最为严重。据天津、西安、上海、汉口四大城市统计，在1949年10月10日到11月20日的40天中，天津的面粉价格上涨2.4倍，大米价格上涨2.1倍，白布价格上涨2.5倍，棉纱价格上涨3.8倍；西安的面粉价格上涨3.6倍，大米价格上涨3倍，白布价格上涨2.5倍，棉纱价格上涨2.1倍；上海的面粉价格上涨1.5倍，大米价格上涨1.7倍，白布价格上涨2.6倍，棉纱价格上涨3.6倍；汉口的面粉价格上涨2.1倍，大米价格上涨2倍，白布价格上涨2.3倍，棉纱价格上涨2.5倍。从全国看，1949年一年内，物价指数平均上涨19倍。物价如脱缰野马猛烈上涨，使市场处于动荡不定和严重失控的局面。

物价猛涨，市场动荡，极大地损害了人民群众的利益，严重阻碍了国民经济的恢复。能不能稳定物价，是对新中国的一次严峻的考验。

为了统一货币，中央政府规定人民币为唯一法定货币。各地在解放后立即颁布有关金银外币管理办法，严禁金银买卖。但上海解放后，出现了一个奇怪的现象，人民币进不了上海市场。不少商人拒用人民币，或者拿到人民币后马上换回商品。常常是中国人民银行早上发出的人民币，晚上又如数回到银行。投机分子更无视政府法令，进行金银投机，导致市场上金银价格不断上涨，带动物价也不断上涨。为了打击投机商，上海市政府采取果断措施，捣毁金银投机的大本营"证券大楼"，并逮捕了238名投机分子。第二天，每块银元的价格由2000元人民币降为1200元，大米价格下跌一成左右。其他城市也同时采取行动，很快就刹住了金银投机风。

投机资本在金银方面投机失败后，将投机目标转移到粮食、棉纱、棉布、煤炭等关系国计民生的重要物资方面。1949年11月1日，中财委召开常务会议，决定由财政部拨一部分粮食给贸易公司，用粮食收购棉花，减少货币的投放，迅速运输棉花供给上海，以平抑纱布价格。11月下旬，当市场物价在投机商人的哄抬下达到顶点时，中财委连续发出指示，指导各地集中时间、集中物资统一向市场抛售。大量粮食和物资进入市场，使投机商措手不及，一时无法吞下。从 11 月 25 日起，全国各地国营商业连续集中抛售 10 天后，粮棉等商品价格下跌30%—40%。在物价急剧下跌时，囤积商品已经无利可图，而且导致严重亏本，不少投机商因而破产。

为了控制市场，制止和打击投机商人的违法活动，人民政府还运用行政力量和法制手段加强对市场的管理，制定和公布了一系列有关私营工商业和市场交易的管理条例和办法。如规定私营工商业必须向有关部门登记，未经允许不得开业；建立市场管理机构，设立交易所，实行入场交易制度；交易场内一律现金交易，禁止买空卖空和场内转账；对市场价格实行核价议价制度，禁止哄抬物价；对大宗采购实行管理，对违反有关法令、囤积居奇的投机倒把者严加惩处。1949 年 11 月 13 日，政府逮捕了 16 家粮食投机商，对"粮老虎"王震廷做了公开审判，还逮捕了庄丰等 7 家粮食投机商。严格的法制管理和对投机商人的打击，使混乱的市场得到初步稳定。

然而，要根本治理通货膨胀，还必须解决财政赤字问题。对此，陈云建议通过发行公债的办法加以解决。中共中央对发行公债十分谨慎。当陈云提出发行 2400 亿元折实公债时，中央于 8 月 17 日致电陈云：公债问题关系重大，请陈云立即回来向中央报告，加以讨论然后决定。经过研究和讨论，中央同意陈云的意见，决定发行公债。1949 年 12 月 2 日，中央人民政府委员会第四次会议听取了陈云所作的关于发行公债的报告。陈云指出，财政赤字很大，弥补的办法是增发钞票和发行公债。从全体人民的利益来说，发行公债要比增发钞票好。人民购买公债在全国经济困难下也是一种负担，但负担比起因增发钞票纸币币值下跌要小，因币值下跌部分是全部损失了，而购买公债只是一时负担，终究可得到本息，不是损失。1950 年 1 月 5 日，人民胜利折实公债如期发行，全国各地成立了公债推销委员会，广泛地宣传发行公债的意义。由于发行人民币折实公债兼顾了国家利益和个人利益，受到广大人民的拥护，各界人士踊跃购买，超额完成了计划。这笔公债的发行，对于解决当时国家财政困难，发挥了重要的作用。

三、统一财经工作

新中国成立之初，面临的是一个生产遭到破坏、经济陷于混乱的烂摊子，整个社会经济处于生产凋敝、交通阻梗、贸易滞塞、物价飞涨的衰败局面。1950 年 2 月 13 日至 25 日，中财委召开全国财政会议，集中讨论财政、贸易和现金管理等重大经济问题。会议认为：要迅速克服财政经济困难、稳定物价，必须平衡财政收支、平衡信贷进出、平衡物资供求。要达到这三大平衡，关键是统一财经管理。3 月 3 日，政务院通过并颁布了《关于统一国家财政经济工作的决定》，规定：

（1）统一全国财政支出。将国家财政收入的主要部分集中到中央，除批准征收的地方税收外，所有农业税（公粮）、关税、盐税、货物税、工商税收入均归中央人民政府财政部统一调度使用。（2）统一全国物资调度。成立全国仓库物资清理调配委员会，所有仓库物资统由政务院财政经济委员会统一调度、合理使用，各地国营贸易机关的物资调动均由中央人民政府贸易部统一指挥。（3）统一全国现金管理。指定中国人民银行为国家现金调度的总机构，一切军政机关和公营企业的现金除留若干近期使用外，一律存入国家银行，由国家银行统一管理、集中调度，外汇牌价、外汇调度由中国人民银行统一管理。

为争取财政收支平衡，节约开支，政务院决定成立以薄一波、聂荣臻为正副主任的全国编制委员会，整编全国各级机构，紧缩军政公教人员的编制和开支。此外，政务院还颁布了《关于统一管理一九五〇年度财政收支的决定》《关于统一国家公粮收支、保管、调度的决定》《关于统一全国国营贸易实施办法的决定》《中央金库条例》等，规定了统一财政经济工作的具体方法。事实证明，统一全国财政收支的措施是非常有效的。1950年财政收入接近支出而略有赤字，1951年和1952年收入超过了支出，而使国家财政达到平衡并稍有结余。

由于统一了财政经济工作，统一的现金管理和转账制度的实施，使原来留在机关和国营企业中的现金和流通领域中的大批货币，源源不断地流回国家银行，缩减了市场货币流通量，增加了国家能够运用和控制的资金，从根本上扭转了通货膨胀的局面。从1950年3月开始，物价呈下跌趋势。6月以后，人民政府采取各种措施，使物价下跌趋势停止，基本上做到了财政收支平衡和物价稳定，并建立了人民币的信誉。人们开始改变"重货轻市"的心理，愿意把钱存入银行，银行存款开始逐步增加。金融市场趋于稳定，人民币真正成为计价手段和流通手段，而金银外币价值开始下跌，外汇牌价也不断降低。1950年3月以后的几个月中，中国人民银行收兑了流通在中国各大城市的各种外币的75%以上，外币在我国金融市场上的破坏作用逐步趋于消失。这就使国家银行现金出纳达到平衡并略有结余，金融市场走向稳定。

统一全国物资调度，国营贸易机关把一切重要物资，如粮食、纱布、工业原料和器材尽可能充分集中掌握起来，充分供应生产者和消费者，有力地制止了投机者掀起的抢购风。国营商业部门还根据市场情况，有计划有组织地调整了多种产品的地区差价、批零差价和工农业产品比价等，使价格趋向合理、稳定。据统计，全国批发物价总指数，以1950年3月为基期，1950年12月为85.4%，1951年12月为96.6%，1952年12月为90.6%。①

---

① 参见杨坚白：《我国八年来的经济建设》，人民出版社1958年版，第25—26页。

由于市场稳定，人民群众不为物价一日三涨而担心，不必有钱就去抢购商品，而可以放心地存于银行。所以，从 1950 年 3 月以后，银行存款节节上升，市场游资相对减少。截至 1950 年 6 月，中国人民银行存款总额比 2 月底增加 4 倍以上，超过货币发行总额的 82%。1950 年 6 月 6 日，毛泽东在中共七届三中全会上指出：我们现在在经济战线上已经取得一批胜利，例如财经收支接近平衡、通货停止膨胀和物价趋向稳定等，表明财政经济情况的开始好转。[①] 从此，国民经济进入良性循环。

表 17-4　1950—1952 年的财政收支状况

（单位：亿元）

	1950 年	1951 年	1952 年	1952 年相对于 1950 年的比重（%）
财政收入	65.2	133.1	183.7	281.7
财政支出	68.1	122.5	176.0	258.4
差额	-2.9	+10.6	+7.7	

资料来源：依据《中国统计年鉴（1984）》的资料整理。

四、调整工商业

全国财政经济统一，是我国财政经济工作的一个历史性转折。但由于各级政府没有把握好与私营企业的关系，对私营工商业经营空间的过分排挤，在打击商业投机的过程中，采取了"四面出击"的策略，使私营工商业在生产和经营方面出现暂时困难。一方面是商品滞销，价格倒挂，工厂生产的产品卖不出去，商店的货物难以脱手，市场成交量远远低于商品的上市量，产地价格大于销地价格。另一方面是全国范围内的私营企业生产减少，开工不足，歇业和失业增加，反而加重了工人失业的痛苦。

1950 年春，毛泽东提出"目前财政上已经打了一个胜仗，现在的问题要转到搞经济上，要调整工商业"，"和资产阶级合作是肯定了的，不然《共同纲领》就成了一纸空文，政治上不利，经济上也吃亏。'不看僧面看佛面'，维持了私营工商业，第一维持了生产；第二维持了工人；第三工人还可以得些福利。当然中间也给资本家一定的利润。但比较而言，目前发展私营工商业，与其说对资本家有利，不如说对工人有利，对人民有利"。[②] 4 月 13 日，毛泽东在中央人民政府委员会第七次会议上提出了合理调整工商业的建议。毛泽东强调："今后几个月内政府财经领导机关的工作重点，应当放在调整公营企业与私营企业以及公私企业各个部门的

---

① 参见《毛泽东文集》第六卷，人民出版社 1999 年版，第 70 页。
② 薄一波：《若干重大决策与事件的回顾》上卷，人民出版社 1991 年版，第 98 页。

相互关系方面，极力克服无政府状态。"①

1950 年 5 月，中财委召开全国七大城市工商局长会议，具体讨论和研究了物价稳定后出现市场萧条、私营工商业大批停工歇业的原因和解决的办法，确定了调整工商业中公私关系问题的主要原则，即五种经济成分统筹兼顾、各得其所、分工合作、一视同仁；对私营工业企业，组织加工订货，鼓励出口滞销物资，指导私营企业联营，国家根据可能进行必要的收购，并区别情况确定工缴费的标准；在国营商业的指导下，允许私营商业的存在并使其有利可图，私人行庄仍可保留；在税收方面，一律按税率征收，并简化税目，改革征收办法。

1950 年 6 月，党的七届三中全会在北京召开。毛泽东向全会作了《为争取国家财政经济状况的基本好转而斗争》的报告，指出：全党在国民经济恢复时期的重要任务，是为争取国家财政经济状况的基本好转而斗争。毛泽东认为，应该巩固财政收支的平衡和物价的稳定。在此方针下，调整税收，酌量减轻民负。"在统筹兼顾的方针下，逐步地消灭经济中的盲目性和无政府状态，合理地调整现有工商业，切实而妥善地改善公私关系和劳资关系，使各种社会经济成分，在具有社会主义性质的国营经济领导之下，分工合作，各得其所，以促进整个社会经济的恢复和发展。有些人认为可以提早消灭资本主义实行社会主义，这种思想是错误的，是不适合我们国家情况的。"② 毛泽东在会上还作了《不要四面出击》的讲话，指出：为了完成土地改革这样一个伟大的社会和经济变革，以及民主革命的遗留任务，就要缓和和处理好与工人、农民、手工业者、小资产阶级、民族资产阶级等方面的关系。"要在工人阶级领导下，以工农联盟为基础，把小资产阶级、民族资产阶级团结起来。民族资产阶级将来是要消灭的，但是现在要把他们团结在我们身边，不要把他们推开。我们一方面要同他们作斗争，另一方面要团结他们。"毛泽东提出："我们不要四面出击。四面出击，全国紧张，很不好。我们绝不可树敌太多，必须在一个方面有所让步，有所缓和，集中力量向另一个方面进攻。"③

1950 年下半年起，中央政府和各地方根据党的七届三中全会的指示精神，从调整银根、税收和公债等方面，采取了各种具体措施，开展了调整工商业的工作。

工商业调整主要包括三个方面：

第一，调整公私关系。就是以"公私兼顾"为原则，五种经济成分在国营经济领导下统筹办理，其主要措施是扩大私营工业的加工订货和产品收购，调整公私商业的经营范围和调整价格，对私营工商业发放贷款，调整税负，在市场采取一些办法活跃城乡物资交流等。

① 《毛泽东文集》第六卷，人民出版社 1999 年版，第 52 页。
② 《毛泽东文集》第六卷，人民出版社 1999 年版，第 71 页。
③ 《毛泽东文集》第六卷，人民出版社 1999 年版，第 75 页。

第二，调整劳资关系。就是根据"劳资两利"的原则，承认工人的民主权利，从有利于生产出发，由劳资双方协商解决劳资问题，协商不成由政府仲裁。在劳资关系上，一方面要采取保护劳动的政策，另一方面又要对资方给予适当的利润，但是对于私人资本取得利润要有两个条件，一是不允许有非法的利润，只允许有合法的利润；二是不能有过分的利润，只能有合理的利润。

第三，调整产销关系。就是要逐步克服生产中的无政府状态，使产销之间趋于平衡。从 1950 年 6 月至 9 月，中央人民政府有关部门先后召开了粮食加工、橡胶工业、毛麻纺织工业、印染业、卷烟业、进出口贸易等全国性专业会议，按照以产定销的原则具体拟订了各行各业的产销计划。为此，政府有关部门召开了一系列有私营工业代表参加的专业会议，协商公私关系，制订各行业的产销计划，通过加工订货有步骤地组织私营工厂的生产和销售。

调整工商业的任务到 1950 年 9 月基本完成。经过几个月的调整，中央人民政府不仅帮助私营工商业克服了困难，使其得到恢复和发展，扭转了私营工商业在生产和经营方面的困境。如上海市的工业生产方面开工比例比调整之前有大幅度增加，电机业开工达 90%，轧钢业 85%，化学原料工业 80%，钢铁炼冶业 90% 以上。[①] 商业方面也同样大有起色，物价不断趋于稳定。金融业方面则因工商业的好转，放款呆账逐渐收回。工厂商店关门停业的现象逐渐减少。天津、北京、太原、武汉、济南等地的私营工商业户，歇业户数逐月减少，开业户数逐月增加。调整工商业的各种政策措施收效以后，全国经济开始步入正轨。

五、国民经济的全面恢复

1949 年 11 月 29 日，毛泽东在全国政协一届常委会第二次会议的讲话中，首次提出关于国民经济恢复和发展的总体设想，即"三年五年恢复，十年八年发展"。12 月 2 日，他在中央人民政府委员会第四次会议上说："我们的情况会一年比一年好起来，估计明年要比今年好。在三年五年的时间内，我们的经济事业可以完全恢复；在十年八年的时间内，我们的经济就可以得到巨大的发展。"[②] 到 1951 年 2 月，在中央政治局扩大会议上，毛泽东进一步把这个设想明白地概括为"三年准备、十年计划经济建设"，被中共中央正式确定为我国恢复和发展国民经济的长期发展战略。这里所说的"三年准备"，就是用三年的时间恢复国民经济。

由于封建土地制度改革的基本完成，私营工商业的初步合理调整，企业内部民主改革和生产改革的进行，统一全国财政、金融和物资的管理等重大措施的贯彻落

①　参见中国社会科学院、中央档案馆编：《1949—1952 中华人民共和国经济档案资料选编·综合卷》（1949—1952），中国城市经济社会出版社 1990 年版，第 768 页。
②　《毛泽东文集》第六卷，人民出版社 1999 年版，第 24 页。

实，为中国国民经济各部门的全面恢复和发展，形成了适当的环境。1949 年 7 月，周恩来在全国工会工作会议上指出，"我们要恢复生产，首先就得恢复农业生产"，并将恢复经济的大致顺序列为：农业、交通运输、工业。[①] 政府对农业、交通和基础工业进行了有效的投入，这就使生产快速恢复起来。到 1952 年，全国工农业生产总量已超过历史最好水平的 1936 年。工业主要产品和部分农业主要产品的产量均超过了历史最好水平，国民经济在总量上的恢复基本完成。

这三年间，我国社会总产值出现了恢复性的高速增长，由 1950 年的 557 亿元增长至 1015 亿元，年均增长率达到 22.8%。工农业总产值也由 466 亿元增长至 810 亿元，年均增长率也超过了 20%。国民收入则从 1949 年的 358 亿元增长至 1952 年的 589 亿元，这三年每年的增速分别达到了 19.0%、16.7% 和 22.3%。[②]

在农业生产方面出现了很多积极因素：首先，土地改革之后，广大农民群众的生产积极性高涨，投入到生产性活动的总劳动时间明显增加，农业互助运动的开展也使得一些缺少生产资料的农村家庭的生产潜能得到充分挖掘；其次，新中国成立以后，我国高度重视流域治理工程建设和农田水利设施建设，大量的农田水利投资使超过 1.8 亿亩农田的供水条件得以改善；最后，这一时期农业的生产条件和生产技术都有所提高，新式农具得到推广，化肥施用量逐年增加。在这些因素的推动下，从 1949 年到 1952 年，我国的耕地面积从 9788.13 万公顷扩大至 10791.87 万公顷，增加了 9.3%。粮食产量则从 11318 万吨增长至 16391 万吨，增长了 44.8%，超过了历史最好水平。[③] 其他主要农产品产量也均出现了较大幅度的增长。农业的快速恢复发展为人民生活水平的提高和国民经济整体的恢复打下了坚实的基础。

表 17-5　1949—1952 年主要农产品产量

（单位：万吨）

	粮 食	棉 花	油 料	糖 料	茶 叶	水 果
1949 年	11318	44.4	256.4	283.3	4.1	120
1950 年	13212.5	69.2	297.2	337.8	6.5	132.5
1951 年	14368.5	103.1	362	498.9	7.9	156.4
1952 年	16391.5	130.4	419.3	759.5	8.2	244.3

资料来源：国家统计局国民经济综合统计司：《新中国六十年统计资料汇编》，中国统计出版社 2010 年版。

① 参见《周恩来选集》上卷，人民出版社 1980 年版，第 361 页。
② 参见《中国统计年鉴（1983）》，中国统计出版社 1983 年版。
③ 参见国家统计局国民经济综合统计司：《新中国六十年统计资料汇编》，中国统计出版社 2010 年版。

在工业生产方面，三年间我国工业总产值从 140 亿元增长至 349 亿元，年均增长达到了惊人的 34.8%，远快于同期农业部门的 14.1% 的年均增长率。主要工业产品都出现了大幅增产，其中：原煤产量由 0.32 亿吨增长至 0.66 亿吨，增长 1 倍以上；原油产量由 12 万吨增至 44 万吨，增长了 3 倍以上；发电量由 43 亿千瓦时增长至 73 亿千瓦时，增长近 1 倍；生铁产量和成品钢材产量则从 25 万吨和 13 万吨增长至了 193 万吨和 106 万吨，分别增长了 6.7 倍和 7.2 倍；化肥产量则从 0.6 万吨快速提高至 3.9 万吨，增长 5 倍以上；纱、布的增幅相对较小，分别从 32.7 万吨和 18.9 亿米增长至 65.6 万吨和 38.3 亿米。[1] 工业产品产量提高的同时，我国工业产品的种类也在不断丰富，产品质量也出现了一定程度的提高，这与这一时期生产技术的提高和工艺流程的优化密不可分。仅以钢铁工艺为例，以前国内不能生产的钢轨、大型钢材和无缝钢管等产品在本时期均实现了国产化和批量生产。

这一时期我国工业的恢复发展速度显著高于农业。工农业不同的恢复发展速度使这一时期我国的产业结构出现了重要变化。根据资料统计，1949 年当年我国农业、工业、建筑业、运输业、商业之比为 68.4：12.6：0.3：3.3：15.4，到 1952 年则变为 57.7：19.5：3.6：4.3：14.9，农业占国民收入的比重下降超过 10 个百分点，而工业、建筑业和运输业的比重则提高了近 10 个百分点。而在工业内部，重工业的发展速度则领先于轻工业，三年间我国轻工业总产值共增长了 115.5%，而重工业总产值则增长了 230%，工业内部轻重工业的比例由 73.6：26.4 变为了 64.5：35.5。[2] 应该说，这一时期我国重工业一马当先式的发展所带来的第一产业和第二产业中轻工业在国民收入体系中地位的相对下降，是符合一个国家开启工业化道路初期的发展规律的，因此是相对合理的。

伴随着工农业的繁荣、交通运输的发展以及城乡物资交流的开展，这一时期我国的商品市场出现了一定的繁荣。特别是各级政府组织的物资交流会和土产展览会成为城乡物资远距离交换的重要媒介。1950—1952 年，我国商品零售总额增长了 62.3%，农副产品采购额增长了 62.1%。

农工商业的快速发展为我国这一时期财政状况的改善创造了可能。1950 年，我国财政总收入为 65.2 亿元，总支出为 68.1 亿元，赤字数额为 2.9 亿元。1952 年，我国财政总收入则达到了 183.7 亿元，总支出 176.0 亿元，盈余 7.7 亿元。值得注意的是，在这三年间，我国财政支出提高了两倍以上，仍保持了财政收支的基本平衡。这背后的一个重要原因是统一财经工作的完成，该工作大大提高了社会主义国家的财政汲取能力，使财政收入占国民收入的比例从 1950 年的 15.3% 迅速提升至

---

① 参见国家统计局国民经济综合统计司：《新中国六十年统计资料汇编》，中国统计出版社 2010 年版。

② 以上数字整理自《中国统计年鉴（1983）》。

了 1952 年 25.9% 的水平，为我国即将开始的大规模经济建设创造了财政可能。①

这一时期，我国人民生活有了很大改善。在农村，广大农民在土地改革中无偿获得了 7 亿亩土地和其他生产资料，再加上这一时期农业重要产品产量的增加，农民的人均收入出现了比较大的增长。全国按农村人口平均的人均乡村社会商品零售额，1950 年为 21.7 元，到 1952 年提高到 30.7 元，平均每年递增 18.9%。1952年，全国农村居民人均消费粮食 192 公斤，仞用植物油 1.7 公斤，食糖 0.6 公斤，猪肉 5.5 公斤，棉布 4.6 米。② 在城市，职工生活也得到很大改善。新中国成立之初，全国城市失业者达到 400 万人。到 1952 年约有一半失业者得到了就业。1952年，全国职工总数已经达到 1603 万人，比 1949 增长 1 倍。③ 1952 年进行了新中国第一次工资改革，国家机关工作人员工资增加了 15%—31%、文教卫生工作者增加了 18.6%。由于收入增加，1952 年城镇居民的储蓄额比 1950 年增加 5.5 倍。④ 然而，这一时期城乡居民的收入差距比较明显，1952 年城镇居民平均收入为 154 元，而农村居民收入只有 65 元，不足城镇居民的一半。⑤

经济恢复促进了社会事业的发展。在教育方面，我国各级学校在校学生人数在这三年间都出现了大幅度的增加，普通高等学校在校学生人数从 1949 年的 11.7 万人增长至 1952 年的 19.1 万人，增长了 63.2%；普通中学在校生人数由 103.9 万人增长至 249.0 万人，增长了 139.7%；普通小学在校学生人数由 2439.1 万人增长至5110.0 万人，增长了 109.5%。除适龄青少年儿童入学率大幅提高之外，群众性的扫盲运动和职业教育的开展，大大提高了国民文化素质，为社会主义现代化建设提供了充足的智力资源。⑥

在医疗方面，三年间我国医疗机构数量和医疗人员数量均出现了较快的增长。医疗卫生机构总数量，从 1949 年的 3670 个大幅增长至 1952 年的 38987 个，增长了 10 倍。这其中医院数量从 2600 个增长至 3540 个，大部分的增长则来自门诊部所数量的扩张。⑦ 原本医疗资源只集中于部分城市的局面逐渐被打破，广大农村地区和偏远地区居民的基本医疗逐渐得到普及。与此同时，我国在这一时期开展的爱国卫生运动，对于改善居住环境、普及医疗知识、控制主要群体性传染病也起到了重要作用。医疗方面的成就直接反映在了我国人均预期寿命的提高和人口死亡率

---

① 以上数字整理自《中国统计年鉴（1983）》。

② 参见国家统计局社会统计司编：《中国社会统计资料（1990）》，中国统计出版社 1990 年版，第 84—85 页。

③ 参见《中国统计年鉴（1984）》，中国统计出版社 1984 年版。

④ 参见严忠勤主编：《当代中国的职工工资福利和社会保险》，中国社会科学出版社 1987 年版，第153—154 页。

⑤ 参见国家统计局国民经济综合统计司：《新中国六十年统计资料汇编》，中国统计出版社 2010 年版。

⑥ 参见国家统计局国民经济综合统计司：《新中国六十年统计资料汇编》，中国统计出版社 2010 年版。

⑦ 参见《中国统计年鉴（1983）》，中国统计出版社 1983 年版。

的下降上。据统计，1952 年我国人口死亡率比 1949 年下降了近 15%。[①]

总体来看，1949—1952 年间，我国经济建设在各个方面取得的成就是巨大的，但是在快速增长的背后，我们还应清醒地认识到我国在这一时期各项指标实现跨越是经济恢复性质的。而且，这种恢复是总量恢复，而不是全面恢复。如果考虑到人口增长的因素，1952 年我国的相当一部分产品的人均占有量还没有恢复到 1949 年前的最高水平，如表 17-6 所示，这其中大部分都是农产品。所以，对于新中国来说，经济发展还任重而道远。

表 17-6　1952 年部分工农业产品人均产量与历史最高水平

（单位：公斤）

产　品	历史最高水平	1952 年水平	差　额
粮食	333	285	-48
油料	13.49	7.29	-6.2
原煤	137.78	114.82	-22.96
生铁	4	3.31	-0.69
水泥	5.09	4.98	-0.11

资料来源：《中国统计年鉴（1983）》，中国统计出版社 1983 年版。

第四节　政策转向

一、增产节约运动

1951 年 10 月，中国共产党召开中央政治局扩大会议，重点研究抗美援朝战争发展的趋势及对策。会议根据毛泽东提出的"战争必须胜利，物价不许波动，生产仍需发展"[②] 的战略方针，确定了解决财政经济困难的办法，即"节约兵力，整训部队；精简机关，缩编人员；紧缩开支，清理资财"，要求各地从 11 月开始全面开展增产节约运动。

增产节约必然要反对贪污、浪费，以及反对出现贪污和浪费现象的体制性因素——官僚主义。1950 年 11 月，东北局向中央呈报了关于开展增产节约运动，进一步反贪污、反浪费、反官僚主义斗争的报告。报告列举了运动中揭发出来的一些

---

① 数据整理自国家统计局网站。
② 薄一波：《若干重大决策与事件的回顾》上卷，中共中央党校出版社 1991 年版，第 139 页。

贪污、浪费和官僚主义现象。中共中央将东北局报告转发全国，要求党政军各级领导"在此次全国规模的增产节约运动中进行坚决的反贪污、反浪费、反官僚主义的斗争"①。

1951年11月29日，毛泽东和中共中央的其他领导同志听取了中共中央华北局第一书记薄一波、第三书记刘澜涛关于天津地委严重贪污浪费情况的书面报告，包括时任天津地委书记兼专员张子善和前地委书记刘青山，利用职权直接盗骗155亿元（旧币）的案情。毛泽东为此夜不能寐，亲自批准了处决二人的决定。毛泽东指出："必须严重地注意干部被资产阶级腐蚀发生严重贪污行为这一事实，注意发现、揭露和惩处，并须当作一场大斗争来处理。"②

1951年12月1日，中共中央发布了《中共中央关于精兵简政、增产节约、反对贪污、反对浪费和反对官僚主义的决定》。这个决定是经毛泽东修改审定的。他在加写的一段话中指出："自从我们占领城市两年至三年以来，严重的贪污案件不断发生，证明一九四九年春季党的二中全会严重地指出资产阶级对党的侵蚀的必然性和为防止及克服此种巨大危险的必要性，是完全正确的，现在是全党动员切实执行这项决议的紧要时机了。再不切实执行这项决议，我们就会犯大错误。"③

二、"三反""五反"运动

1951年12月8日，毛泽东为中共中央起草了《中共中央关于"三反"斗争必须大张旗鼓进行的指示》，指出："应把反贪污、反浪费、反官僚主义的斗争看作如同镇压反革命的斗争一样的重要，一样的发动广大群众包括民主党派及社会各界人士去进行，一样的大张旗鼓去进行，一样的首长负责，亲自动手，号召坦白和检举，轻者批评教育，重者撤职，惩办，判处徒刑（劳动改造），直到枪毙一大批最严重的贪污犯。"他甚至估计，"全国可能须要枪毙一万至几万贪污犯才能解决问题"。④ 从此，增产节约运动转变为"三反"运动。

1952年1月19日，中直总党委召开有1000人参加的高级干部会议，会上宣布集中力量打"老虎"。1952年1月30日，政务院财经委员会副主任李富春在中财委党组会议上指出"大老虎"的标准：个人贪污在1亿元（旧币）以上者；贪污不满1亿元，对国家损失很大者；满1亿元以上的集体贪污案的组织者、主谋者；

---

① 中共中央文献研究室编：《毛泽东年谱（一九四九——一九七六）》第一卷，中央文献出版社2013年版，第422页。

② 《毛泽东文集》第六卷，人民出版社1999年版，第190—191页。

③ 《毛泽东文集》第六卷，人民出版社1999年版，第208页。

④ 根据安子文1952年10月25日关于结束"三反"运动和处理遗留问题的报告，在"三反"运动中，被判处死刑的贪污分子共42人（内有杀人犯5人），死缓9人。参见中共中央文献研究室编：《建国以来重要文献选编》第二册，中央文献出版社1992年版，第500—501页。

贪污5000万元以上，但性质严重，如扣救济粮，侵吞抗美援朝捐款者；坐探分子，与私商勾结窃取经济情报者，或利用职务自肥，使国家损失在1亿元以上者；全国解放时隐瞒各级国家财产或官僚资本未报，价值在1亿元以上者。

在毛泽东的反复指示下，全国党政军各部门都展开打"大老虎"的斗争。北京市委市政府召集各单位首长开会，自报公议，规定打虎指标，责成各级首长亲自动手打虎，限期具报，如果哪个单位首长认为本单位没有老虎，应签字向党和政府负责保证，上级派人复查。华北军区重新组织队伍，组成打虎队，建立指挥部，专案专人，包打包查。各地出现了自上而下地压"打虎"指标甚至有层层加码现象，一些地方出现严重的偏差，甚至用逼供信的办法打出了一些假"老虎"。

为了处理运动中出现的打击面过宽的问题，1952年3月6日，中共中央发布了《中共中央关于处理贪污浪费问题的若干规定》，以便正确地和统一地处理运动中所发现的有关贪污、浪费的若干具体问题。3月12日，中共中央发布了《关于处理贪污浪费问题的若干规定的修改通知》。3月31日，政务院公布了《中央节约检查委员会关于追缴贪污分子赃款赃物的规定》。4月21日，颁布了《中华人民共和国惩治贪污条例》。这些条例和规定，使"三反"运动中那种"无限制性"的过火行为得以一定程度的制止。

随着"三反"斗争的深入，发现一些贪污分子的违法行为和不法资本家的违法活动有密切联系。1951年11月1日东北局给党中央的电报中说："从两个月来所揭发的许多贪污材料中还可看出：一切重大贪污案件的共同特点是私商和蜕化分子相勾结，共同盗窃国家财产。"华东局和西南局的报告都反映了贪污分子与奸商相勾结，给国家造成严重损失的事实。这些事例使毛泽东受到极大震动。

1952年1月5日，北京市委报告，北京工商业界已有1659户坦白检举了2923人有贪污或行贿行为。[①]毛泽东当天以中共中央名义转发了这个报告，指出："一定要使一切与公家发生关系而有贪污、行贿、偷税、盗窃等犯法行为的私人工商业者，坦白或检举其一切犯法行为，特别注意在天津、青岛、上海、南京、广州、武汉、重庆、沈阳及各省省城用大力发动这一斗争，借此给资产阶级三年以来在此问题上对于我党的猖狂进攻（这种进攻比战争还要危险和严重）以一个坚决的反攻，给以重大的打击。"[②]

1952年1月26日，毛泽东为中共中央起草的《中共中央关于首先在大中城市

---

① 参见中国社会科学院、中央档案馆编：《1949—1952中华人民共和国经济档案资料选编·综合卷》，中国城市经济社会出版社1990年版，第462页。

② 《毛泽东文集》第六卷，人民出版社1999年版，第192页。

开展"五反"斗争的指示》，指示说：

> 在全国一切城市，首先在大城市和中等城市中，依靠工人阶级，团结守法的资产阶级及其他市民，向着违法的资产阶级开展一个大规模的坚决的彻底的反对行贿、反对偷税漏税、反对盗骗国家财产、反对偷工减料和反对盗窃经济情报的斗争，以配合党政军民内部的反对贪污、反对浪费、反对官僚主义的斗争。[①]

1952年2月15日《中央关于五反中对各类资本家的处理意见的指示》中指出：对"五毒"行为不太严重者，应采取只退不罚的政策，以安定绝大多数资本家，可以组成更大的"五反"统一战线。3月5日，《中共中央关于在"五反"运动中对工商户分类处理的标准和办法》规定对工商户处理应该分别不同的情况分为五类，即守法户、基本守法户、半守法半违法户、严重违法户和完全违法户。处理的原则是过去从宽，今后从严；多数从宽，少数从严；坦白从宽，抗拒从严。从经济上来说是指资本厚、店员多、经营大的工商户，从政治上来说是指资产阶级的上层人士，或参加各级协商机关、政府机关担任工作的资产阶级代表性的人物被认为是大户，予以保护。对于解放前对民主运动曾有贡献者，或者解放后在历次运动中表现积极者；经营对国计民生有利的主要工业，其工厂大、工人多、设备佳、技术好、生产丰、纳税多、作用大者，或解放后积累资金或自国外调回资本扩大设备积极经营者；在技术上有一定成就，为今后建设需要的专家；在"五反"中表现积极，交代彻底，并帮助他人或检举有功者；在全国或地方有政治地位属于全国性的或地方性的代表人物，被列入守法户或基本守法户。

1952年3月23日，中共中央发布了《中共中央关于在"五反"斗争中及其以后必须达到八项目的给各地的指示》，说明了此次"五反"斗争所要达到的目的：

（一）彻底查明私人工商业的情况，以团结和控制资产阶级，进行国家的计划经济。

（二）明确划分工人阶级和资产阶级的界限，肃清工会中的贪污现象和脱离群众的官僚主义现象，清除资产阶级在工会中的走狗。

（三）改组同业公会和工商业联合会，开除那些五毒俱全的人们及其他业已完全丧失威信的人们出这些团体的领导机关，吸引那些在五反中表现较好的人们进来。

---

① 《毛泽东文集》第六卷，人民出版社1999年版，第192—193页。

（四）帮助民主建国会的负责人整顿民主建国会，开除那些五毒俱全的人及大失人望的人，增加一批较好的人，使之成为一个能够代表资产阶级主要是工业资产阶级的合法利益，并以共同纲领和五反的原则教育资产阶级的政治团体。

（五）清除五毒，消灭投机商业，使整个资产阶级服从国家法令，经营有益于国计民生的商业；在国家划定的范围内，尽量发展私人工业（只要资本家愿意和合乎共同纲领），逐步缩小私人商业，国家逐年增加对私营产品的包销订货计划，逐年增加对私营工商业的计划性，重新划定私资利润额，既要使私资感觉有利可图，又要使私资无法夺取暴利。

（六）废除后账，经济公开，逐步建立工人店员监督生产和经营的制度。

（七）从补退罚没中追回国家及人民的大部分经济损失。

（八）在一切大的和中等的私营企业中建立党的支部，加强党的工作。[①]

以上八条，概括了"五反"运动的基本方针，不仅有经济意义，而且有政治意义。它使"五反"运动同整个国家社会经济的发展紧密地结合起来，以实现国家控制资本主义工商业的局面。

到 1952 年 5 月以后，"五反"运动进入审理定案和补税、退财、罚金、没收阶段。为了善始善终，圆满结束"五反"斗争，中共中央于 5 月 9 日发出《关于五反定案补退工作的指示》，指出：对资本家违法所得算得过高的必须合理地降下来。6 月 11 日，陈云在全国统一战线工作汇报会议上，就退财补税问题提出两条原则：一是"先活后收"，让资本家先开工、开业，有了利润再收；二是"先税后补"，让资本家先缴税，然后随着收入的增加再逐步收缴退补款，以保证其正常的生产和经营。

1952 年 10 月 25 日，中共中央批准了安子文、廖鲁言关于结束"三反"和"五反"运动的两个报告，"三反"和"五反"运动结束。据统计，全国政府系统参加"三反"运动的达 850 万至 900 万人，受到处分的占 4.5% 左右。县以上党政机关参加运动的有 383.6 万人，查处有贪污行为 1000 万元（旧币）以上者 10.5 万人，约占参加运动总数的 2.7%。经审理定案，绝大部分免于处分，部分给予行政处分，对少数贪污数额巨大，手段恶劣，态度顽固，给国家造成严重损失者，给予严厉制裁。判处有期徒刑的 9942 人，判处无期徒刑的 67 人，判处死缓的 9 人，判处死刑的 42 人。根据华北、东北、华东、西南、中南五大区的 67 个城市和西南全

---

① 毛泽东为中共中央起草的《中共中央关于在"五反"斗争中及其以后必须达到的八项目的的指示》手稿，1952 年 3 月 23 日。参见《毛泽东文集》第六卷，人民出版社 1999 年版，第 200—201 页。

区的统计，参加"五反"运动的工商户总共有 99.9707 万户，受到刑事处分的有 1509 人，占工商户总数的 0.15%。[①]

三、商业调整

"五反"运动打击了城市私营经济中存在的不法行为，但是在公私关系、劳资关系以及社会经济生活方面也产生了一些消极后果。工人中出现一些"左"的行为，如反对资本家不劳而食，不让资本家管事，对工资和福利的要求过高。在商业领域，出现盲目限制和排挤私商的现象。一些公营单位加工订货条件过于严格，验货时过度挑剔，工人审查也失之过严，使资本家不敢大量订货。在生产过程中，资本家普遍感到流动资金不足；还有一些技术低，设备差的小厂或酝酿联营，或在联营招牌下抽身退出市场。这就导致私营工商业的萎缩趋势。因此，"三反"和"五反"运动后，工商业政策面临重大调整。

由于"五反"运动侧重于商业，工业方面的问题小一些，所以这次调整重点就在商业领域。经过几个月的商讨，1952 年 11 月 12 日，中共中央发布了《中共中央关于调整商业的指示》[②]。《关于调整商业的指示》明确指出：商业领域存在着严重的盲目冒进倾向。尽管全国各地的营业总额亦有相应的增加，但公私经营的比重有了显著变化，即公营商业与合作社商业的比重一般增加了，私营商业的比重一般下降了。私营商业营业金额的过急下降或过早下降，导致在广大区域内公私关系的紧张，失业人员大量增加。由于此次调整工作的重心在于解决商业方面公私关系存在的问题，故又将此次调整称为"调整商业"。具体的调整办法包括以下几个方面：

（一）调整价格，主要是调整批零差价。为了使私商可以经营零售业务，日用品批零差价一般应扩大到百分之十至百分之十八。批零差价扩大的办法，有的商品，要适当降低其批发价格，有的商品，要适当提高其零售价格，估计工业品价格调整的结果，是降低者少，提高者多。在提高日用必需品的零售价格时，国营商店与合作社要步调一致，同时提高。提高日用必需品的零售价格，虽免不了要增加城乡消费者的负担，但为避免店员和商贩的失业，对于全局来说，是必要的。对于地区差价与季节差价，亦应加以适当的调整。对于农业产物和农业削产物的收购价格，当然必须照顾到产地的成本与生产情况，但是同时又必须照顾到销地售价。

---

① 参见中国社会科学院、中央档案馆编：《1949—1952 中华人民共和国经济档案资料选编·综合卷》，中国城市经济社会出版社 1990 年版，第 501—502 页。

② 参见中国社会科学院、中央档案馆编：《1949—1952 中华人民共和国经济档案资料选编·工商体制卷》，中国社会科学出版社 1993 年版，第 928—933 页。

（二）划分公私间的经营范围。国营经济和合作社，在巩固了主要阵地的前提之下，容许私人资本经营零售业务和贩运业务。国营商业在大城市的零售店，要加以缩减；县镇的国营商店要适当地但是坚决地收缩零售业务，多做批发；某些地区下乡的零售推销小组应停止活动；国营商店的批发起点，要合理调整，克服过去那种变批发为零售的现象；供销合作社已经发展了的地区，其当前的任务是巩固并提高已成立的合作社，对于土改刚完成的地区，要稳步地适当的发展。国营贸易公司与合作社，应减少那些不必要的经营，如在城市里，国营商店与合作社要减少次要商品的经营；在农村中，合作社所要收购的，主要应是粮食、主要经济作物与若干种主要出口物资，至于其他的次要土产，应当让出来给私商经营。在零售方面，公私商业的比重，就全国平均数来说，应按中央财政会议所规定的百分之二十五和七十五的比例，如有增减，应报中央批准。

（三）为了保障人民利益，畅通城乡交流，为了提高私商经营的积极性，除了合理调整价格与适当划分经营范围之外，还应取消各地对于私商的各种不适当的限制，禁止各地交易所的独占垄断行为。必须认识正当的私商在今天有其存在的必要，必须给正当私商以经营的可能。在全国范围内调整公私商业之后，仍须重视这两个方面：一方面给正当私商以经营的可能，另一方面防止私商的投机倒把。

《关于调整商业的指示》还指出：执行调整公私商业，并不是要恢复解放以前那种私商一统天下的局面。全国商业营业额的增加部分，大部应归于国营商业与合作社商业。调整公私商业的方案，应该是保持目前私营商业的一般营业额，不使其下降。

《关于调整商业的指示》发布之后，各地区及时召开会议作了检查和部署，全国各大城市根据中央的指示逐步施行。中财委还对货物税暂行条例作了修订。[①] 经过深入和细致的市场和公私关系的调整之后，私营商业的营业额均逐渐上升，上海的米、酱油、酒、百货等业上升较为显著。北京、武汉、湖南等地的粮、油、百货等的营业额均有增加。一般物价保持平稳，劳资关系有了某些改善，私商经营的信心也有所回升。

这次商业调整是新中国成立后第二次工商业调整，是对"三反"和"五反"运动所造成的消极影响的一次修正。在这次调整中，私营工商业发生了结构性的重组，其中私营金融业率先进行了全行业的社会主义改造，初级形式的国家资本主义经济得到了初步的发展，加工、订货、统购、包销产品的产值大幅度增加，公私合营经济亦有发展。1952年6月6日，在运动即将结束的时候，毛泽东提出："在打

---

① 参见中国社会科学院、中央档案馆编：《1949—1952中华人民共和国经济档案资料选编·工商体制卷》，中国社会科学出版社1993年版，第953页。

倒地主阶级和官僚资产阶级以后，中国内部的主要矛盾即是工人阶级与民族资产阶级的矛盾，故不应再将民族资产阶级称为中间阶级。"[1] 这是对主要矛盾认识的一种变化，也预示着中国共产党的政策将有所调整。

四、修正税制

1953 年，依据"保证税收、简化税制"原则，我国对原工商税制作了若干修正。这次"修正税制"，原本是工商税收方法和政策的调整，却引起一场轩然大波，成为新中国成立后第一场激烈的党内思想斗争和政策转向的标志。

1. 修正税制：公私一律平等纳税

新中国成立前我国税制比较混乱。1949 年全国陆续解放，各解放区在城市解放后一般都暂时沿用国民党的旧税法征收，或作部分修正，或部分停征，或加以调整合并。因此，有的税种不同，有的税率不一。新中国成立后，迅速统一全国的税种、税目和税率，成为新生政权的重要任务。1949 年 11 月 24 日至 12 月 9 日，中央人民政府财政部在北京召开了首届全国税务会议，主要讨论了统一全国税政、税法和税率等问题。会议根据《共同纲领》第四十条"国家的税收政策，应以保障革命战争的供给、照顾生产的恢复发展及国家建设的需要为原则，简化税制，实行合理负担"的精神，讨论和解决了统一全国税政、制定统一税法、确定城市税收工作统一管理的组织原则等问题，并废除了国民党统治时期的苛捐杂税，确定了全国范围的十四种税收。经过商讨，会议拟订了统一税政的《全国税政实施要则》，并于 1950 年 1 月 31 日开始执行。

1950 年 6 月，为了解决统一财经后出现的市场呆滞、私营工商业经营困难问题，党和政府决定调整工商业政策，作为其中重要内容的"调整税收"，是将原定货物税的 1136 个征税品目，免征 387 个，合并 391 个，保留 358 个；将印花税的 30 个税目减为 25 个；同时还调整了税率，简化了一些征收手续。

统一后的税制大体上仍沿用旧的复税制，在全国开征的税种是从生产、销售、所得、财产等各个环节征收。这样，在征税过程中税种多、征收手续繁杂等问题没有得到根本解决。另外，统一后的税制对不同的纳税对象采取了不同的政策。例如，在《工商业税暂行条例》中规定："公营企业应纳之工商业税，其属于所得额计算部分者，另按提取利润办法，缴解国库，不再征税"；"合作事业应纳之工商业税，其合于合作法之规定者，得酌于减免，征税办法另订之"。[2] 1950 年 3 月 3 日和 1950 年 9 月 6 日通过的《公营企业缴纳工商业税暂行办法》和《清算一九五

---

[1] 《毛泽东文集》第六卷，人民出版社 1999 年版，第 231 页。

[2] 中国社会科学院、中央档案馆编：《1949—1952 中华人民共和国经济档案资料选编·财政卷》，经济管理出版社 1995 年版，第 301 页。

〇年上半年合作社应纳工商税办法》中，还对国营和合作社经济作了一些特殊规定："国营工商业总分支机构内部调拨货物不纳税；委托私营企业加工只就工缴收益按工业税率纳税，私营为国营企业代购代销产品，按实际所得的手续费征税；新成立的供销合作社免纳 1 年所得税，营业税按 2% 的税率征收，并打八折优待；新成立的手工业生产合作社免纳营业税和所得税 3 年；等等。"[1] 总体上看，这些政策有利于国营和合作社经济，不利于私营工商业者；有利于工业，不利于商业。

经过新中国成立前三年的恢复和发展，国民经济取得了初步成就，工农业生产总值和国家财政收入也有了较大幅度的提高。然而，尽管工商税收收入的绝对额在这三年内有大幅度的增长，但在国家财政总收入中所占的比重却逐年下降。1950年工商税收收入为 23.6 亿元，占财政总收入的 36.2%；1951 年为 47.5 亿元，占财政总收入的 35.7%；1952 年为 61.5 亿元，只占财政总收入的 33.5%。另外，1952 年的税收也并不太顺利，只是勉强完成了 6 月份的调整计划（完成100.75%），但占全国税收约 70% 的华东、中南、西南三区，则未完成计划，如再把各区寅吃卯粮（1952 年 12 月份的营业税、第四季度所得税及货物税的预征）及国营企业、合作社自查补报与罚没收入的数字减除，则总数也未完成（只能完成97% 左右）。从税种上看，货物税、棉纱统销税、私营营业税、临商税和利息所得税，没有完成计划，其中货物税完成 92.2%，私营营业税只完成 82.4%。[2]

为了保税、增税和适当地扶持私营企业，1952 年 9 月 21 日至 27 日召开的全国财经会议作出了修正税制的决定，并以"保证税收，简化手续"作为此次修正税制的原则。随后，在 11 月 2 日至 12 日财政部召开的第四届全国税务会议上，着重讨论了修正税制、试行商品流通税，以及品目选定、征收原则、税率、征税环节、纳税期限等具体问题。税务总局局长李子昂还在会上作了《改革现行税制，提高工作效率，迎接新的任务》的报告，对"经济日益繁荣，税收相对下降"情况及产生的原因进行了分析。经过讨论，会议作出了简化货物税和工商业税、调整营业税的纳税环节和税率的决定。此后，经税务部门和其他相关部门协商，对营业税的纳税环节进行了变更，按照商品流转的顺序，征收工厂、批发、零售三道营业税，批发环节的营业税转到工厂一次缴纳。

修正税制关系到商品的出厂价格、批发价格和零售价格，关系到工商、批零和地区之间的利益分配等。为了顺利地推行修正后的税制，必须协调好各方面的关系。1952 年 11 月 19 日，财政部副部长吴波邀请有关主管部门的局、司长级

---

① 薄一波：《若干重大决策与事件的回顾》上卷，中共中央党校出版社 1991 年版，第 232 页。
② 参见武力：《一九五三年的"修正税制"及其影响》，《中国社会科学》2005 年第 5 期。

干部作了 1953 年重点试行商品流通税的报告。此后，税务总局又与中财委、商业部、合作总社、各工业部、对外贸易部、出版总署、专卖公司等 41 个单位进行会商。通过连续召开 22 次会议，到 1952 年 12 月 3 日，会商达成了一致意见，主要内容包括：商品流通税税目选定的依据、税率的设计以保证国家收入和合理负担为原则；商品流通税的小部分综合了三道营业税，大部分为两道营业税，相当一部分只按一道营业税确定综合税率；新设计的税率和税负同原来相比，"基本不增不减"。①

在这期间，为了宣传和推行修正后的税制，财政部专门征求了全国工商联负责人及工商界知名人士的意见。1952 年 12 月 16 日至 20 日，全国工商联筹委会召开常委临时扩大会议，对此进行专门讨论，财政部副部长吴波到会并解答问题。会后，全国工商联发表了拥护修正税制的声明。

经过反复的研究和拟定，1952 年 12 月，中财委正式向政务院和周恩来总理作了汇报。周恩来总理对方案逐字逐句进行了修改。12 月 26 日，政务院召开的 164 次政务会议批准了修正税制方案。12 月 31 日，财政部党组向中共中央和毛泽东主席作了《关于税制若干改革的方案》的报告，对修正税制的主要内容、工商业税条例的若干修改、试办商品流通税、裁并税种和税率的调整等问题作了说明。这个报告在 1953 年 1 月 3 日由中财委党组转报上去。为了配合推行修正后的税制，1952 年 12 月 31 日，《人民日报》发表了题为《努力推行修正了的税制》的社论和《全国工商联筹委会拥护修正税制》的报道。社论论述了修正税制的原因、必要性，并明确表明修正税制是为了"保税"而不是"加税"。还提到修正后的税制继续保持"公私一律平等纳税"的原则，并说明国营商业、合作社和私营商业在按税法规定纳税上处于同等待遇等，以消除疑虑，使新税制顺利实行。

1953 年修正税制的重点是对"多种税，多次征"的复税制进行修正，其主要内容有以下几个方面：（1）试行商品流通税。对卷烟、烟叶、酒等 22 种产品，将原来在生产和销售各个环节缴纳的货物税、工商营业税、工商营业税附加和印花税等，合并为商品流通税，一次征收。取消棉纱统销税，将原来的棉纱统销税、交易税并入商品流通税的"棉纱"税目课征。贯彻"就物征税"和"税不重征"的原则，对交纳过商品流通税的商品，可以行销全国，不再交纳其他各税。（2）修订货物税。除上述 22 种商品外，其余产品原来缴纳的印花税、营业税及营业税附加合并在货物税内征收，相应调整货物税税率。将货物税的计税价格由原来按不含税款的价格改为按包含税款在内的价格，并由原来依市场批发价格计税为主改为按国营公司牌价计税为主。（3）修订工商业税。将工商企业原来缴纳的营业税、营业

---

① 参见武力：《一九五三年的"修正税制"及其影响》，《中国社会科学》2005 年第 5 期。

税附加和印花税，并入营业税内缴纳，相应调整营业税税率。已纳商品流通税的商品，不再缴纳营业税；已纳货物税的货物，也只在商业零售时缴纳营业税。但对不纳商品流通税和货物税的商品，无论是工业出售或商业贩卖，都仍照纳营业税。对于代购、代销或包销，一律按进销货计征营业税。在工商所得税方面，将地方附加并入正税缴纳。临时营业的地方附加及印花税也并入临时营业税缴纳。对小型工商业户及摊贩应纳的营业税、所得税，采用简化办法，合并计算，按月缴纳；每月营业额不满起征点的，免纳工商业税。（4）修订其他各税。取消特种消费行为税，将其中电影、戏剧及娱乐部分的税目改征文化娱乐税；其余税目并入营业税内征收。交易税中只保留牲畜交易税，停征药材交易税，粮食、土布交易税改征货物税。屠宰商应纳的印花税、营业税及营业税附加，全部并入屠宰税内，按照当地实际售价计算缴纳。将房地产税附加并入正税征收，并相应调整了税率。

修正税制的通告发出后，商业部调整了部分商品的价格。但是，由于商品流通税的实施细则没有同时公布，商人对各种商品的税率如何调整及纳税手续欠缺了解，致使商人不敢放手经营，市场在短时期发生了混乱现象。1953 年 1 月 3 日，河南财委向中央报送了《中央公布税法修正后的问题》；1 月 9 日，山东分局向明等人报送了《关于在执行新税制过程中物价调整草率造成市场混乱情况的报告》；1 月 11 日，北京市委和天津市委分别报送了《关于新税制施行的反映报告》和《新税制公布后的市场物价情况和意见》。这些报告反映了在执行新税制过程中遇到的困难和问题，认为"在执行新税制当中物价的调整过于仓促草率，因而造成了严重的市场混乱"[①]。

上述报告引起了毛泽东主席的重视。1 月 15 日，他写信给周恩来、邓小平、陈云和薄一波，信中写道：

> 新税制事，中央既未讨论，对各中央局、分局、省市委亦未下达通知，匆率发表，毫无准备。此事似已在全国引起波动，不但上海、北京两处而已，究应如何处理，请你们研究告我。此事我看报始知，我看了亦不大懂，无怪向明等人不大懂。究竟新税制与旧税制比较利害如何？何以因税制而引起物价如此波动？请令主管机关条举告我。[②]

根据毛泽东的意见，财政部和税务总局派出若干个小组分赴各大中城市进行检查，并对新税制中出现的较大问题采取了补救措施。1953 年 2 月 10 日，财政部吴

---

① 中国社会科学院、中央档案馆编：《1953—1957 中华人民共和国经济档案资料选编·财政卷》，中国物价出版社 2000 年版，第 430 页。

② 《建国以来毛泽东文稿》第四卷，中央文献出版社 1990 年版，第 27 页。

波、商业部姚依林和粮食部陈希云联名写信给毛泽东和党中央，就修正税制的目的、新税制对物价的影响和在执行过程中发生的问题等作了说明。此后，吴波又向毛泽东和政治局汇报了修正税制的内容、出现的问题和解决的办法等。但毛泽东的这次批评更为严厉，认为"'公私一律平等'违背了七届二中全会的决议；修正税制事先没有报告中央，可是找资本家商量了，把资本家看得比党中央还重；这个新税制得到资本家的叫好，是'右倾机会主义'的错误"[①]。

在 1953 年夏季召开的全国财经会议继续讨论新税制。8 月 6 日，在第 29 次扩大的领导小组会议上，陈云明确指出：解放以后，到去年为止，加工订货、代购代销的比重逐渐增加。这样一来，就相对地减少了买卖关系，税收也随之减少，需要想办法来补救。在这种情况下提出新税制是有理由的。但是采取什么办法应该考虑。新的税制对税收减少缺乏分析，因此提出的补救办法是错误的。新税制的错误，其结果是很明显的：不利于社会主义经济，有利于资本主义经济。周恩来在会议的结论报告中指出："修正税制实施的结果，使税负公重于私，工重于商，打击了工业，特别是落后工业，帮助了私营商业，特别是大批发商，并使市场一度混乱，造成群众不满。这样，就有利于资本主义经济，不利于社会主义经济和半社会主义经济"，"是违反党的二中全会决议在这个方面所规定的原则的错误"。[②]

2. 税收政策的转变：对公私企业区别对待

鉴于对修正后的税制的上述批评，有关部门对新税制进行了重新调整。

首先，纠正了新税制所确定的"公私一律平等"的纳税原则，加快了对私营经济的改造。1953 年 8 月，周恩来在全国财经会议上所作的结论指出：

> 税收任务：一方面要能更多地积累资金，有利于国家重点建设，另一方面要调节各阶级收入，有利于巩固工农联盟，并使税制成为保护和发展社会主义、半社会主义经济，有步骤、有条件、有区别地利用、限制、改造资本主义工商业的工具。[③]

周恩来还指出：税收政策对公私企业应区别对待，简繁不同。对公私合营企业应视国家控制的程度逐渐按国营企业待遇。

其次，恢复了对公营企业和合作社的税收优惠和扶持政策。1953 年 2 月 20 日，政务院财经委发出了《关于修正税制后国营企业纳税若干具体问题的规定》，

---

① 薄一波：《若干重大决策与事件的回顾》上卷，中共中央党校出版社 1991 年版，第 235 页。

② 中国社会科学院、中央档案馆编：《1953—1957 中华人民共和国经济档案资料选编·财政卷》，中国物价出版社 2000 年版，第 485 页。

③ 武力：《一九五三年的"修正税制"及其影响》，《中国社会科学》2005 年第 5 期。

明确指出：国营工矿产品应按中财委核定的调拨价格核税，全部税款由生产部门负担；调拨给商业部门的，一律按国营贸易公司批发价格核税，生产部门只负担原核定价格内所含的税款，其余部分由商业部门负担。对于合作社，新税制曾规定对代购、代销或包销，一律按进销货计税。1953 年 4 月 15 日，税务总局发出了《关于合作社代理购销及经营农产品纳税问题》的通知，区别不同情况，也改变了规定。

最后，恢复了对私营批发商的征税。1953 年 7 月 22 日，财政部发出了《关于已批准不纳营业税的私营批发商自八月一日起一律照纳营业税的通告》，恢复了对私营专营批发商的征税；同时，也恢复了对小型工厂和非全能工厂的照顾，并重新加强了对商业的限制力度。

1953 年修正税制风波，是在毛泽东考虑和酝酿过渡时期总路线过程中发生的。这次风波的根源，在于修正税制实行"公私一律平等纳税"，而没有区分国营经济和私营经济的不同性质，以及国家对这两种经济成分的不同政策。对新税制的批评实质上也就成为在全党范围内进行的第一次关于过渡时期总路线比较集中的讨论，也预示着我党对私营工商业政策的转向。

第十八章 三大改造

第一节 重大转变

一、"过渡时期"的探讨

1945 年 4 月，毛泽东在党的七大报告《论联合政府》中指出，中国共产党"将来纲领或最高纲领，是将中国推进到社会主义和共产主义社会去的"，但是"只有经过民主主义，才能到达社会主义，这是马克思主义的天经地义"，而在中国，为"民主主义奋斗的时间还是长期的"。[①] 1949 年 3 月，中共七届二中全会指出："在革命胜利以后，迅速地恢复和发展生产，对付国外的帝国主义，使中国稳步地由农业国转变为工业国，把中国建设成为一个伟大的社会主义国家。"[②]

可见，在新中国成立以前和初期，中国共产党并没有尽快建立社会主义的计划，而是清醒地认识到新民主主义是一个相当长的历史阶段，是一个过渡时期。至于这个过渡时期有多长，当时毛泽东和其他领导人的估计基本是一致的，即大约需要 10 年、15 年或者更多一些时间。1951 年 2 月，中共中央政治局扩大会议提出"三年准备，十年建设"的发展战略。这里所讲的"十年建设"指的还是新民主主义经济建设。刘少奇把"三年准备，十年建设"称为党的总计划，但当时具体的计划还没有。毛泽东建议刘少奇向各部门讲述这个问题。1951 年 5 月 7 日，刘少奇在第一次全国宣传工作会议上说：

> 三年准备从前年（1949 年）十月一日算起，即中华人民共和国成立以后，头三年做准备工作，以后十年就是建设，这是我们自己心里的算盘。三年准备，去年一年，今年已经过了四个多月，今天是五月七日，十九个月零七天过

---

① 《毛泽东选集》第三卷，人民出版社 1991 年版，第 1060 页。
② 《毛泽东选集》第四卷，人民出版社 1991 年版，第 1437 页。

去了，还有十六个多月做准备工作。现在是准备时期，十六个多月做好准备工作以后，就开始建设工作。准备什么呢？军事的准备，政治的准备，文化的准备，经济的准备，各方面的准备要在这三年之内准备好，以便于今后好建设。

十年以后，新中国的面貌就要改变一下。我们不但有庞大的农业，而且还有不少工业。那时我们就做到了自给自足，使中国变成一个比现在富足的国家。到那时我们的国家才可以考虑到社会主义去的问题。现在还不能提这个问题。现在就有人讲社会主义，我说这是讲早了，至少是早讲了十年。当然，作为理论和理想，我们做宣传工作还要讲，而作为实践的问题，十年建设之内社会主义是讲不到的。十年以后建设得很好，那时我们看情况，就可以提一提这个问题：社会主义什么时候搞呀？[①]

此时，抗美援朝战争仍在进行，国民经济恢复尽管比较顺利，但仍面临不少困难，所以，党和国家领导人不会轻言向社会主义过渡问题。

但是到 1952 年下半年，国际国内形势发生了一些根本性的变化。第一，国际形势转向有利。一方面是中苏之间的经济合作稳步开展，苏联专家已经着手帮助中国编制第一个五年计划；另一方面是抗美援朝战争谈谈打打，但和平有望。这就为我国开展大规模经济建设提供了良好的外部条件。第二，国民经济恢复较为顺利，财政经济情况已经根本好转。1952 年 8 月 6 日，中央人民政府委员会第 16 次会议批准财政部 1951 年度国家预算执行情况和 1952 年国家预算草案。报告表明，1952 年预算收入和支出均为 158.8 亿元。这是新中国成立以来国家预算在编制时出现的第一个财政收支平衡年度。而收支平衡、经济恢复与物价稳定，标志着我国财政经济情况已经根本好转，提前完成了毛泽东在 1950 年 6 月 6 日党的七届三中全会报告中提出的，用三年时间或者更多一点时间实现"国家整个财政经济情况的根本好转"目标。[②] 第三，在国民经济恢复过程中，社会主义性质的国营经济和半社会主义性质的合作经济都发展很快，并且在国民经济中的比重大大提高。如在全国工业（不包括手工业）总产值中，国营工业从 1949 年的 34.2% 上升到 1952 年的 52.8%（合作社营、公私合营工业占 8.2%），私营工业从 63.3% 下降到 39%。在社会商品批发总额中，国营商业从 1950 年的 23.2% 上升到 1952 年的 60.5%，私营商业从 76.1% 下降到 36.3%（只是在零售方面，私营商业仍占 57.2%）[③]。私营工商业逐渐纳入国家资本主义轨道，国家可以有效地对其进行监督和管理；土地改革

---

① 中共中央文献研究室编：《刘少奇论新中国经济建设》，中央文献出版社 1993 年版，第 214 页。

② 参见中国二十世纪通鉴编辑委员会：《中国二十世纪通鉴 1902—2000》第三册，线装书局 2002 年版，第 3391 页。

③ 参见中共中央党史研究室：《中国共产党历史》第二卷上册，中共党史出版社 2011 年版，第 184 页。

在全国范围内完成，农业互助合作已经开展起来。这就是说，在国民经济恢复过程中，某些方面的社会主义改造已经在进行。第四，国民经济中出现一些新的矛盾。如工业建设需要农业提供更丰富的粮食和原料，而个体农业扩大再生产存在很大的局限性；私人资本主义与国家经济建设的总体目标存在一定矛盾，而这些问题在"三反""五反"运动中有所暴露。这就促使党和国家领导人重新考虑原来确定的"三年准备，十年建设"的战略方针，考虑提前向社会主义过渡问题。

1952年8月4日，毛泽东在政协第一届全国委员会常委会第38次会议上宣布，过去想国民经济是否三年可以恢复，经过两年半的奋斗，现在国民经济已经恢复，而且已经开始有计划的建设。① 他还指出，我们要争取十年工夫建设工业，打下强固的基础。这里是毛泽东思想转变的开始。毛泽东认为，在经济恢复的过程中，"有计划的建设"已经开始，社会主义改造事实上也在进行。毛泽东认为，仅仅在已有的新民主主义政治和经济条件下实现工业化还是不够的，还必须立即把新民主主义推进到社会主义，要在对资本主义工商业和个体农业、手工业进行社会主义改造的同时实现社会主义的工业化。

1952年9月24日，中央书记处召开会议，讨论"一五"计划的方针和任务。在听取了周恩来关于"一五"计划轮廓问题同苏联商谈情况的汇报后，毛泽东说：

> 我们现在就要开始用10年到15年的时间基本上完成到社会主义的过渡，而不是10年或者以后才开始过渡。七届二中全会提出限制与反限制的斗争问题，现在这个内容更丰富了。工业中，私营占32.7%，国营占67.3%，是三七开；商业零售是倒四六开。再发展五年，私营比例会更小，但绝对数字仍会有些发展，这还不是社会主义。5年之后如此，10年以后会怎么样，15年以后又会怎么样，要想一想。到那时私营工商业的性质也变了，是新式的资本主义，公私合营、加工订货、工人监督、资本公开、技术公开、财务公开，他们已经挂在共产党的车头上，离不开共产党了。他们的子女们也将接近共产党了。农村也要向合作互助发展，前五年不准地主、富农参加，后五年可以让他们参加。②

这是毛泽东第一次正式提出向社会主义过渡。这是毛泽东依据新中国成立后形势发展变化做出的新的判断。这一判断，改变了原定"三年准备，十年建设"，然后再考虑向社会主义过渡的战略方针，重新考虑向社会主义过渡问题。在会上，中

---

① 参见中共中央文献研究室编：《毛泽东年谱（一九四九——一九七六）》第一卷，中央文献出版社2013年版，第582页。

② 薄一波：《若干重大决策与事件的回顾》上卷，中共中央党校出版社1991年版，第213—214页。

央其他领导人没有提出异议，于是，在毛泽东的推进下，现在就向社会主义过渡的想法开始转变为全党的意志。

二、"三大改造"的提出

自从毛泽东提出向社会主义过渡的意见后，中央高层对这个问题进行了多次讨论，并征求苏联意见。1952 年 10 月 20 日，刘少奇在率中共代表团参加苏共十九大后在苏联继续访问期间写信给斯大林，介绍中共中央关于对农业、手工业和资本主义工商业进行社会主义改造，逐步过渡到社会主义的设想。信中说：

在十年以后，中国工业将有百分之九十以上是国有的，私人工业不到百分之十，而这些私人工业又大体都是依赖国家供应原料、收购和推销它们的成品及银行贷款等，并纳入国家计划之内，而不能独立经营。

在十年至十五年内将中国多数农民组织在农业生产合作化和集体农场内，再基本上实现中国农业经济集体化。

我们准备用力帮助小手工业者组织生产合作化，并鼓励手工作坊主联合起来用机器生产。[①]

斯大林收到刘少奇的信后，于 10 月 24 日接见了中共代表团，表示赞同中国向社会主义过渡的认识和意见。[②] 这就进一步增强了中共中央向社会主义过渡的信心。此后，中共中央和毛泽东继续更为深入地讨论和阐述党的过渡时期的任务。

在 1952 年 11 月 3 日的会上，毛泽东提出要消灭资产阶级，消灭资本主义工商业。但要分步骤，一是要消灭，一是还要扶持一下。1953 年 1 月 31 日，毛泽东在中央书记处会议上说：对资产阶级，还有几个问题没有解决，一是税收，二是劳资，三是商业调整，四是资金短缺，这些要解决。在 2 月 1 日的会上，他表示不同意一个文件上所写的我国"社会经济结构已经大规模地改组"的提法。他认为，现在只是国营工业、运输业、批发商已经改组了，其他像农业、手工业、资本主义商业、资本主义工业才刚开始改组。国营商业零售面有待逐步扩大。从农业上看，农民从地主方面拿到土地，从封建所有制变成个人所有制是改组，但从个体所有制变成集体所有制，刚正在开始。[③] 之后，毛泽东到湖北孝感等地视察。在 2 月 27

---

① 中共中央文献研究室编：《刘少奇年谱（一八九八——一九六九）》下卷，中央文献出版社 1996 年版，第 304—305 页。

② 参见中国二十世纪通鉴编辑委员会：《中国二十世纪通鉴 1901—2000》第三册，线装书局 2002 年版，第 3402 页。

③ 参见薄一波：《若干重大决策与事件的回顾》上卷，中共中央党校出版社 1991 年版，第 214—215 页。

日的会上，毛泽东说：

> 什么叫过渡时期？过渡时期的步骤是走向社会主义。我给他们用扳指头的办法解释，类似过桥，走一步算是过渡一年，两步两年，三步三年，十年到十五年走完。我让他们把这话传到县委书记、县长。在十年到十五年或更多一点时间内，基本上完成国家工业化及对农业、手工业、资本主义工商业的社会主义改造。要水到渠成，防止急躁情绪。①

毛泽东指出："新民主主义是向社会主义过渡的阶段。在这个过渡阶段，要对私人工商业、手工业、农业进行社会主义改造"，"国家对农业、手工业和私营工商业的社会主义改造，从现在起大约需要三个五年计划的时间，这是和逐步实现国家工业化同时进行的"。② 这已明确讲到了过渡时期要完成的任务。在1953年2月19日同中南局负责人的谈话中，毛泽东进一步提出了过渡的办法："个体农业，要用合作社和国营农场去代替，手工业要用现代工业去代替"，"对民族资产阶级，可以采取赎买的办法"。③ 这样，毛泽东关于过渡时期总路线的思想已经酝酿成熟，对这条总路线的比较准确的表述也基本形成了。④

三、过渡时期总路线的确定

1953年三四月间，中央统战部部长李维汉带领包括国家计委和工商管理局参加的调查组，到武汉、上海、南京、无锡、济南等地进行调查研究。5月，李维汉向中央提交了《关于资本主义工业中的公私关系问题的调查报告》。报告中说，新中国成立三年以来，我国私人资本主义经济经历了深刻的改组和改造，国家资本主义已经有了相当的发展，呈现出从统购、包销、加工、订货至公私合营等一系列从低级到高级的形式。经过各种形式的国家资本主义，我们可以不同程度地改变资本主义企业的生产关系，逐步地使私营企业过渡到社会主义去。

李维汉的报告受到毛泽东的高度重视。毛泽东亲自打电话给李维汉，要将这个报告交中央政治局讨论。毛泽东还专门写了一个发言提纲：

> 总路线是照耀一切工作的灯塔
> 有所不同和一视同仁，公私兼顾。劳资两利和发展生产。繁荣经济，前者

---

① 薄一波：《若干重大决策与事件的回顾》上卷，中共中央党校出版社1991年版，第214—215页。
② 中共湖北省委党史资料征编委员会编：《毛泽东在湖北》，中共党史出版社1993年版，第2—3页。
③ 中共湖北省委党史资料征编委员会编：《毛泽东在湖北》，中共党史出版社1993年版，第4页。
④ 参见逄先知、金冲及主编：《毛泽东传（1949—1976）》（上），中央文献出版社2003年版，第250页。

管着后者。

几点错误观点：（一）确立新民主主义的社会秩序；（二）由新民主主义走向社会主义；（三）确保私有财产。党的任务是在十年至十五年或者更多一些时间内，基本上完成国家工业和社会主义改造。

所谓社会主义改造的部分：（一）农业；（二）手工业；（三）资本主义企业。

对于从资本主义逐步过渡到社会主义的认识——社会主义成分是可以逐年增长的，资产阶级基本部分是可教育的。①

1953 年 6 月 15 日，中央政治局召开会议，讨论李维汉的报告和社会主义改造问题。毛泽东在会议上讲话，把完成国家工业化和对以农业、手工业、资本主义工商业的社会主义改造作为党在过渡时期的总路线和总任务提了出来，并对总路线作了一个比较完整的表述："从中华人民共和国成立，到社会主义改造基本完成，这是一个过渡时期。党在过渡时期的总路线和总任务，是要在十年到十五年或者更多一些时间内，基本上完成国家工业化和对农业、手工业、资本主义工商业的社会主义改造。"② 毛泽东指出，"党在过渡时期的总路线是照耀我们各项工作的灯塔。不要脱离这条总路线，脱离了就要发生'左'倾或右倾的错误"。之后，毛泽东分别对"左"的和右的错误倾向及其表现进行了批评。他说："我们提出逐步过渡到社会主义，这比较好"，"走得太快，'左'了；不走，太右了。要反'左'反右，逐步过渡，最后全部过渡完"。③

毛泽东关于过渡时期总路线的建议，为中央政治局所接受，并开始作为党的总路线正式向下传达。1953 年 8 月 11 日，在怀仁堂召开的全体大会上，周恩来做结论。结论引述了毛泽东关于过渡时期总路线的比较完整的表述。这个结论是经毛泽东修改定稿的，把过渡的时间改为"是要在一个相当长的时期内"④。

1953 年 9 月 8 日，周恩来在政协常委扩大会议上作了题为《过渡时期的总路线》的报告，对过渡时期总路线作了全面阐述。他说："从中华人民共和国成立时起，我们就认定新民主主义要过渡到社会主义。""在我们的人民民主的国家制度和社会制度中，不是要等到那么一天，由国家宣布所有的生产资料都归国家所有，而在这一天以前，一切都原封不动毫无变化。这是不可能的。……由新民主主义到

① 毛泽东：《总路线是照耀一切工作的灯塔》，《党的文献》1988 年第 5 期。
② 逄先知、金冲及主编：《毛泽东传（1949—1976）》（上），中央文献出版社 2003 年版，第 253—254 页。
③ 逄先知、金冲及主编：《毛泽东传（1949—1976）》（上），中央文献出版社 2003 年版，第 255 页。
④ 《毛泽东文集》第六卷，人民出版社 1999 年版，第 316 页。

社会主义虽然是一场革命，但可以采取逐步的和平转变的办法，而不是在一天早晨突然宣布实行社会主义。在过渡时期中，要使社会主义成分的比重一天一天地增加。……就是说采取逐步过渡的办法，做到'水到渠成'。"[1] 9 月 11 日，周恩来在总结报告中进一步指出："我国新民主主义建设时期，就是逐步向社会主义过渡的时期，也就是社会主义经济成分在国民经济比重中逐步增长的时期。"[2]

1953 年 9 月 24 日，政协全国委员会在庆祝中华人民共和国成立四周年的口号中，向全国正式公布了过渡时期总路线。9 月 25 日，《人民日报》也正式发布了过渡时期总路线。过渡时期总路线的完整表述是：

> 从中华人民共和国成立，到社会主义改造基本完成，这是一个过渡时期。党在这个过渡时期的总路线和总任务，是要在一个相当长的时期内，逐步实现国家的社会主义工业化，并逐步实现国家对农业、手工业和资本主义工商业的社会主义改造。这条总路线是照耀我们各项工作的灯塔，各项工作离开它，就要犯右倾或"左"倾的错误。[3]

1953 年 12 月 28 日，中共中央批准并转发中共中央宣传部编写，经毛泽东修改的《为动员一切力量把我国建设成为一个伟大的社会主义国家而斗争——关于党在过渡时期总路线的学习和宣传提纲》。在《宣传提纲》中毛泽东指出：

> 党在过渡时期的总路线的实质，就是使生产资料的社会主义所有制成为我国国家和社会的唯一的经济基础。我们所以必须这样做，是因为只有完成了由生产资料的私人所有制到社会主义所有制的过渡，才利于社会生产力的迅速向前发展，才利于在技术上起一个革命，把在我国绝大部分社会经济中使用简单的落后的工具农具去工作的情况，改变为使用各类机器直至最先进的机器去工作的情况，借以达到大规模地出产各种工业和农业产品，满足人民日益增长着的需要，提高人民的生活水平，确有把握地增强国防力量，反对帝国主义的侵略，以及最后地巩固人民政权，防止反革命复辟这些目的。要完成这个任务，大约需要经过三个五年计划，就是大约十五年左右的时间（从一九五三年算起，到一九六七年基本上完成，加上经济恢复时期的三年，则为十八年，这十八年中已经过去了四年），那时中国就可以基本上建设成为一个伟大的社会主

---

① 《周恩来选集》下卷，人民出版社 1984 年版，第 104—106 页。

② 逄先知、金冲及主编：《毛泽东传（1949—1976）》（上），中央文献出版社 2003 年版，第 265 页。

③ 中共中央文献研究室编：《建国以来重要文献选编》（第四册），中央文献出版社 1993 年版，第 700—701 页。

义国家。①

1954年2月6日至10日，党的七届四中全会在北京举行。2月6日，刘少奇受中央政治局和毛泽东的委托，向七届四中全会作报告说：1953年我国进入有计划的经济建设时期，并开始执行第一个五年计划。党中央认为，在这个时候提出党在过渡时期的总路线是必要的和适时的，因此，根据毛泽东的提议，确定了党在过渡时期的总路线。2月10日，全会通过决议，批准了中共中央政治局提出的党在过渡时期的总路线。这次会议还一致通过了根据毛泽东的建议而提出的《关于增强党的团结的决议》。

1954年9月15日至28日，第一届全国人民代表大会一次会议在北京召开。毛泽东指出：这次会议是标志着我国人民从1949年新中国成立以来的新胜利和新发展的里程碑。在这次会议上，通过了中华人民共和国第一部宪法，即"五四宪法"，并将国家过渡时期的总任务写进宪法。《宪法》序言中说：

> 从中华人民共和国成立到社会主义社会建成，这是一个过渡时期。国家在过渡时期的总任务是逐步实现国家的社会主义工业化，逐步完成对农业、手工业和资本主义工商业的社会主义改造。我国人民在过去几年内已经胜利地进行了改革土地制度、抗美援朝、镇压反革命分子、恢复国民经济等大规模的斗争，这就为有计划地进行经济建设、逐步过渡到社会主义社会准备了必要的条件。

《宪法》总纲部分写进了"三大改造"的内容，第四条规定：中华人民共和国依靠国家机关和社会力量，通过社会主义工业化和社会主义改造，保证逐步消灭剥削制度，建立社会主义社会。对于个体农民和手工业者的政策，宪法规定：国家指导和帮助个体农民增加生产，并且鼓励他们根据自愿的原则组织生产合作、供销合作和信用合作；国家指导和帮助个体手工业者和其他非农业的个体劳动者改善经营，并且鼓励他们根据自愿的原则组织生产合作和供销合作；国家保护合作社的财产，鼓励、指导和帮助合作社经济的发展，并且以发展生产合作作为改造个体农业和个体手工业的主要道路。对于资本主义工商业的政策，《宪法》规定：国家对资本主义工商业采取利用、限制和改造的政策。国家通过国家行政机关的管理、国营经济的领导和工人群众的监督，利用资本主义工商业的有利于国计民生的积极作用，限制它们的不利于国计民生的消极作用，鼓励和指导它们转变为各种不同形式的国

---

① 《毛泽东文集》第六卷，人民出版社1999年版，第316页。

家资本主义经济，逐步以全民所有制代替资本家所有制。《宪法》还规定：国家用经济计划指导国民经济的发展和改造，使生产力不断提高，以改进人民的物质生活和文化生活，巩固国家的独立和安全。

与此同时，《宪法》还包括了保护各种形式的财产的规定。如规定：国家依照法律保护农民的土地所有权和其他生产资料所有权；国家依照法律保护手工业者和其他非农业的个体劳动者的生产资料所有权；国家依照法律保护资本家的生产资料所有权和其他资本所有权。

第二节　农业合作化

一、互助合作

根据马克思的设想，在小农经济普遍存在的国家里，农业要走合作化的道路。早在民主革命时期，中国共产党就在根据地首先组织了变工队、互助组和合作社等。1943 年 10 月，毛泽东在陕甘宁边区高干会议上作《论合作社》的报告，高度评价农业生产中的互助合作运动。同 11 月，毛泽东又在陕甘宁边区劳动英雄大会上发表了《组织起来》的演讲，进一步主张农业合作。全国解放后，随着土地改革的进行和逐步完成，农业中不断出现新的问题，包括小农破产、贫富差距扩大，甚至出现新的地主等。所以，农业合作问题又提上议事日程。

1951 年 4 月，中共山西省委向中央、华北局写了一个题为《把老区互助组提高一步》的报告。在报告中，山西省委提出扶植与增强互助组内的公共积累和按劳分配两个新因素，以逐步战胜农民的自发趋势，引导互助组走向更高一级的形式。他们的意见是：公共积累，按成员享有，一人一票，出组不带；按土地分配的比例不能大于按劳动分配的比例。刘少奇不赞成山西省委的意见，他在与华北局和薄一波谈到这个问题时表示：现在采取动摇私有制的步骤，条件不成熟。没有拖拉机，没有化肥，不要急于搞农业生产合作化。5 月 4 日，华北局按照刘少奇的意见，对山西省委的报告作了批复，否定了山西省委的意见。但山西省委仍然坚持自己的观点。此后，刘少奇又在几个不同场合对山西省委报告中的观点进行了批评。7 月 25 日，华北局向中央作了《关于华北农村互助组合作会议的报告》，提出不同意山西省委的意见，认为当前的互助组织是以个体经济为基础的，是自愿两利的集体劳动组织，所以不能在这个基础上逐步地直接地发展到集体农场。

但毛泽东看到山西省委的报告后大加赞赏。当他得知刘少奇等人的观点后，便找刘少奇等人谈话，明确表示不同意华北局的意见，而支持山西省委的意见。① 毛泽东批评了互助组不能生长为农业合作化的观点和现阶段不能动摇私有基础的观点。

1951年9月20日至30日，根据毛泽东的提议，中央召开了全国第一次农业互助合作会议。会议经过研究讨论，制定了《中共中央关于农业生产互助合作的决议（草案）》（以下简称《决议（草案）》）。这个《决议（草案）》以毛泽东关于发展农业合作社的阐述为指导，同时吸收了应重视农民对个体经济的积极性、组织起来的工作应适合生产发展的需要等党内意见，明确提出了发展农业生产互助合作的基本方针、政策和指导原则。《决议（草案）》指出，根据已有的经验，农业生产上的互助合作大体上有三种主要形式：第一种是季节性的互助组，第二种是常年互助组，第三种是以土地入股为特点的农业生产合作社。中央要求，根据发展农村生产力的必要性，各地发展农业互助合作运动应采取不同的步骤：在全国各地，特别是新解放区和互助运动薄弱的地区，有领导地大量地发展临时性的季节性的劳动互助；在有初步互助运动基础的地区，必须有领导地逐步地推广有更多内容的常年互助组；在群众有比较丰富的互助经验并有比较坚强的领导骨干的地区，有重点地发展土地入股的农业生产合作社。此外，在农民完全同意并有机器条件的地方，可试办少数社会主义性质的集体农庄。总之，党在农村发展互助合作运动的方针是根据生产发展的需要与可能的条件而稳步前进的方针。《决议（草案）》要求，在农业互助合作运动中，必须随时注意纠正和防止强迫命令和放任自流这两种错误的领导方法。正确的领导方法应该是：采取典型示范，由少到多，由低级到高级，逐步推广；及时研究群众的经验，教育群众发扬正确的东西，避免重复错误的东西。《决议（草案）》也强调了坚持自愿与互利的原则。

1951年12月15日，中共中央将这个《决议（草案）》发给各级党委试行。中央在通知中指出：这是在一切已经完成了土地改革的地区都要解释和实行的，全党要把农业生产互助合作"当作一件大事去做"。根据这个《决议（草案）》，农业生产互助合作运动很快在全国范围开展起来。但由于发展太快，工作粗糙，导致一些意想不到的问题出现。例如，有些干部为了加快合作化发展，不坚持自愿两利的原则，不去耐心教育农民，而是采取简单生硬的办法，威胁和强迫群众加入互助组或合作社。有的地区提出发展合作社"越大越好，越多越好"，"宁多勿少，宁大勿小"等这些做法造成一些恶劣影响，有的地区出现宰杀牲口、砍掉树木、大吃大喝等情况。对这种情况，有人称之为"小冒进"。这就不可避免地影响了合作化

---

① 参见中共中央文献研究室编：《刘少奇年谱（一八九八——一九六九）》下卷，中央文献出版社1996年版，第283页。

的进程。

1952 年 8—9 月，中共中央委托中央政策研究室召开全国第二次互助合作会议，对《决议（草案）》进行修改。修改后的《中共中央关于农业生产互助合作的决议》指出，党在目前对于发展互助合作运动的方针是根据生产发展的需要和可能，稳步前进。具体说有三个方面：（1）在新区和互助组薄弱的地区，应有领导地大量发展临时性的、季节性的互助组；（2）在有初步互助运动基础的地区，应逐步推广常年的互助组；（3）在群众有比较丰富的互助经验，而又有比较坚强的领导骨干的地区，应有领导地、有重点地发展土地入股的农业生产合作社。并认为，在农业互助合作问题上，必须批判两种错误倾向：一是消极的态度，否认现在业已出现的各种农业互助合作组织是走向农业社会主义化的过渡形式，否认他们带有社会主义因素，这种右的倾向，必然表现为落后在实际后面的尾巴主义；一是急躁态度，不顾农民自愿和当前经济条件，过早地企图否定或限制农民的私有财产，实行绝对平均主义，或企图兴办更高级的社会主义化的集体农庄，这种"左"的倾向，必然表现为超越实际可能性的冒险主义。

为了指导和组织农业合作化工作，1952 年 11 月，中共中央决定在中央、中央局、分局和省委一律建立农村工作部。中央农村工作部由邓子恢任部长。邓子恢完全同意毛泽东关于农民必须走合作化道路的观点，但是在农村合作化的一些具体问题上，如方式、方法，特别是速度问题，有自己的不同见解。他认为，农业合作化必须采取稳步发展的方针。他认为，1952 年的互助合作运动是冒进了，必须进行整顿，以利于继续前进。1953 年 3 月 8 日，中共中央在听取了中央农村工作部关于当前农村情况的汇报后，决定对农村的互助合作运动进行整顿，当天就发出《中共中央对各大区缩减农业增产和互助合作发展的五年计划数字的指示》，指出：

> 目前无论在老区（如华北等地）或新区（如四川等地），均已发生了"左"倾冒进的严重现象，如不立即有效制止，将招致生产的破坏。因此，中央现正考虑将互助合作的发展计划，五年之内，组织起来的农户，老区控制在占农村总户数的百分之八十左右，新区控制在百分之七十左右。其中农业生产合作社老区平均控制在占农村总户数的百分之四十五左右，新区平均控制在百分之十二左右；常年组新区控制在占农村总户数的百分之三十左右。

随后，中共中央又于 1953 年 3 月 26 日发表了《关于春耕生产给各级党委的指示》，并公布了《中共中央关于农业生产互助合作的决议》，3 月 26 日，《人民日报》发表题为《领导农业生产的关键所在》社论。4 月 1 日，中共中央为纠正工作中出现的偏差，将不久前发布的《中共中央关于农业生产互助合作的决议》和其他有关文件汇编成小册子下发各地学习，毛泽东还亲自为这小册子定名为《当前农村工作指南》。4月3日，中央农村工作部召开第一次全国农村工作会议，主要议题是讨论如何把"从小农经济现状出发"和过渡时期内要达到的远大目标联系起来。邓子恢在会上的总结报告中指出：互助合作运动必须采取稳步前进的方针，绝不能操之过急，必须由小到大，由少到多，由点到面，由低级到高级，发展一步巩固一步，决不能一哄而起。会后，在中央农村工作部的部署下，各地开始纠正冒进工作。经过几个月的努力，1953年的互助组由1952年底的802.6万个减少到745万个，但参加农户有所增加，常年互助组有所增加；初级农业生产合作社经整顿后有1.5万个，参加农户27.5万户，平均每社18.3户。[1]

二、初级社

农业合作运动的暂时减速，事实上是合作运动健康发展所需要的。但是到1953年下半年出现新的情况，粮食问题日益突出起来，特别是统购统销政策的出台，促使毛泽东的想法发生重大转变。他认为，粮食问题、农业问题已经成为我国工业化的一大障碍，而消除这一障碍的办法，就是引导农民走合作化的道路。因此，毛泽东决定加速农业合作化的进程。

1953年10月15日和11月4日，毛泽东同中央农村工作部副部长陈伯达、廖鲁言同志谈话，指出：

个体农民，增产有限，必须发展互助合作。对于农村的阵地，社会主义如果不去占领，资本主义就必然会去占领。难道可以说既不走资本主义的道路，又不走社会主义的道路吗？资本主义道路，也可增产，但时间要长，而且是痛苦的道路。我们不搞资本主义，这是定了的，如果又不搞社会主义，那就要两头落空。

"确保私有财产""四大自由"，都是有利于富农和富裕中农的。为什么法律上又要写呢？法律是说保护私有财产，无"确保"字样。现在农民卖地，这不好。法律不禁止，但我们要做工作，阻止农民卖地。办法就是合作社。互助组还不能阻止农民卖地，要合作社，要大合作社才行。大合作社也可使得农民不必出租土地了，一二百户的大合作社带几户鳏寡孤独，问题就解决了。小合作社是否也能带一点，应加研究。互助组也要帮助鳏寡孤独。合作社不能搞

---

[1]　参见中共中央党史研究室：《中国共产党历史》第二卷（1949—1978）上册，中共党史出版社2011年版，第223页。

大的，搞中的；不能搞中的，搞小的。但能搞中的就应当搞中的，能搞大的就应当搞大的，不要看见大的就不高兴。一二百户的社算大的了，甚至也可以是三四百户。在大社之下设几个分社，这也是一种创造，不一定去解散大社。所谓办好，也不是完全都好。各种经验，都要吸取，不要用一个规格到处套。

生产合作社的发展计划提出来了，今冬明春，到明年秋收前，发展三万二千多个，一九五七年可以发展到七十万个。但是要估计到有时候可能突然发展一下，可能发展到一百万个，也许不止一百万个。总之，既要办多，又要办好，积极领导，稳步发展。①

1953 年 10 月 26 日到 11 月 5 日，中共中央委托中央农村工作部召开全国第三次互助合作会议。这期间，邓子恢外出，会议由副部长陈伯达和廖鲁言主持。廖鲁言传达毛泽东关于到 1957 年要发展 70 万到 100 万个合作社的指示。按照毛泽东的指示，会议讨论并通过了《中国共产党中央委员会关于发展农业生产合作社的决议（草案）》。1953 年 12 月 16 日，中共中央通过了《中国共产党中央委员会关于发展农业生产合作社的决议》（以下简称《决议》），并于 1954 年 1 月 8 日正式发布。《决议》指出：党在过渡时期的总路线，就是要逐步实现国家的社会主义工业化，逐步实现对农业、手工业和资本主义工商业的社会主义改造。根据党的这个总路线，我国的国民经济建设不但要求工业经济的高涨，而且要求农业经济要有一定的相适应的高涨。但孤立的、分散的、守旧的、落后的个体经济限制着农业生产力的发展，它与社会主义的工业化之间日益暴露出很大的矛盾。这种小规模的农业生产已日益表现出不能够满足广大农民群众改善生活的需要，不能够满足整个国民经济高涨的需要。为着进一步地提高农业生产力，党在农村中工作的最根本的任务，就是要善于用明白易懂而为农民所能够接受的道理和办法去教育和促进农民群众逐步联合组织起来，逐步实行农业的社会主义改造，使农业能够由落后的小规模生产的个体经济变为先进的大规模生产的合作经济，以便逐步克服工业和农业这两个经济部门发展不相适应的矛盾，并使农民能够逐步完全摆脱贫困的状况而取得共同富裕和普遍繁荣的生活。根据我国的经验，农民这种在生产上逐步联合起来的具体道路，就是经过简单的共同劳动的临时互助组和在共同劳动的基础上实行某些分工分业而有某些少量公共财产的常年互助组，到实行土地入股、统一经营而有较多公共财产的农业生产合作社，到实行完全的社会主义的集体农民公有制的更高级的农业生产合作社（也就是集体农庄）。这种由具有社会主义萌芽到具有更多社会主义因素再到完全的社会主义的合作化的发展道路，就是我们党所指出的对农业逐步实现

---

① 《建国以来毛泽东文稿》第四册，中央文献出版社 1987 年版，第 350—358 页。

社会主义改造的道路。

《决议》指出：农业生产互助合作、农村供销合作和农村信用合作是农村合作化的三种形式。这三种合作互相分工而又互相联系和互相促进，从而逐步地把农村的经济活动与国家的经济建设计划联结起来，逐步地在生产合作的基础上，改造小农经济。《决议》还提出各地区合作化的计划指标：

> 按照各大行政区党的领导机关关于发展当地农业生产合作社所拟定的计划数字，从一九五三年冬季到一九五四年秋收以前，全国农业生产合作社应由现有的一万四千多个发展到三万五千八百多个。其中，华北由六千一百八十六个发展到一万二千四百多个；东北由四千八百一十七个发展到一万个；华东由三千三百零一个发展到八千三百多个；中南由五百二十七个发展到三千六百多个；西北由三百零二个发展到七百多个；西南由五十九个发展到六百多个。中央批准这些计划数字，并责成各地党委努力去完成这个计划。根据逐年互助合作运动发展的基础，在第一个五年计划内，即到一九五七年，全国农业生产合作社应争取发展到八十万个左右，参加的农户应争取达到农村总农户数的百分之二十左右。当第一个五年计划完成时，农业生产合作社在有的地区可能发展为农业生产的主要形式或者接近于成为主要形式，而在另一些地区则还只能有一定程度的发展。①

这个《决议》是农业合作运动发展的重要转折点，在该《决议》指引下，农业生产合作社从试办时期开始进入发展时期。《决议》发布后，各地积极宣传落实《决议》精神，与党在过渡时期总路线的宣传教育同时展开，很快就在农村掀起大办农业社的热潮。不久，全国农业生产合作社发展到 9.5 万个。1954 年 4 月，中央农村工作部召开工作会议，总结各地办社经验，议定在下一个冬春农业生产合作社发展到 30 万至 35 万个。1954 年 10 月，全国第四次互助合作会议又追加指标，要求 1955 年春农业社发展到 60 万个，1957 年组织 50% 以上的农户加入合作社，使初级社在全国主要农业区成为主要的生产组织形式。会议强调，合作社的发展，应该是全年准备，分批建社，避免冬季短期突击。此时合作社已由 1954 年中的 13 万个增加到 22.5 万个。到 12 月，中央将全国第四次互助合作会议的文件批发下去的时候，建社要有"充分准备"的精神还未来得及传达，全国农业生产合作社总数到 1954 年底已增加到 48 万个。②

---

① 中共中央文献研究室编：《建国以来重要文献选编》（第四册），中央文献出版社 1993 年版，第 678 页。

② 参见中共中央党史研究室：《中国共产党历史》第二卷（1949—1978）上册，中共党史出版社 2011 年版，第 231 页。

1954年秋，长江流域水灾严重，粮食歉收，国家实行粮食统购，不少地区下达指标时层层加码，造成农村群众生活困难。由于有相当部分新社在建立时没有准备，或者准备很差，因而在许多地区陆续出现新建社垮台散伙和社员纷纷退社的现象。农民对合作化政策普遍不满，农村出现宰杀和出卖牲口的情况，而且非常严重。这些情况都造成农村生产力的破坏。

在这种情况下，中央不得不对农业合作运动实行整顿。1955年1月10日，中共中央发出《关于整顿和巩固农业生产合作社的通知》，提出一方面要对农民"反复进行思想教育"，另一方面要认真解决社内的重要经济问题，"组织好当前生产活动"。中央决定，合作化运动基本上转入控制发展、着重巩固的阶段，凡基本上完成或超过原定发展农业生产合作社计划的地方，应停止发展，全力转向巩固。离完成原定发展计划尚远的地方，应认真巩固已经建立起来的新社，有准备地在巩固中继续发展。原定计划过高，可适当收缩。要强调自愿原则。一些有名无实的挂名合作社，可允许改为互助组。

但各地农业生产合作社发展势头仍未减退，1955年3月已达到60万个。3月中旬，毛泽东从外地回到北京以后，找中央农村工作部的负责同志汇报工作。毛泽东肯定了这一时期农村工作中采取的措施，并予以总结说：方针是三字经，一曰停，二曰缩，三曰发。当场共同议定：浙江、河北两省收缩一些；东北、华北一般停止发展；其他地区再适当发展一些。这就是所谓的"停、缩、发"方针。1955年4月20日，刘少奇在第三次全国农村工作会议前夕召集中央书记处会议，指出：今后一年农业合作化的总方针是停止发展，全力巩固。现在全面停下来，秋后看情况再定。6月中央政治局在刘少奇主持下开会，听取邓子恢关于第三次全国农村工作会议的情况报告，提出到1956年底，合作社要达到100万个，达到100万个以后就关一下门，等中农主动来敲门。经过整顿，到1955年夏收，全国保留的农业生产合作社65万个，其中80%以上实现了增产。

在此期间，毛泽东到南方视察，受到沿途广大农民要求合作化的积极性和热情的极大鼓舞，感到合作社发展应该再快点，认为"停、缩、发"方针影响了广大群众的积极性。他约邓子恢谈话，指出发展100万个合作社太少，要发展到130万个。邓子恢认为还是要维持100万个为好。1955年7月31日，中共中央召开各省、市、自治区党委书记会议，毛泽东在会上作《关于农业合作化问题》的报告，说：在全国农村中，新的社会主义群众运动的高潮就要到来。我们的某些同志却像一个小脚女人，东摇西摆地在那里走路，老是埋怨别人说：走快了，走快了。毛泽东指出"目前农村中合作化的社会改革的高潮，有些地方已经到来，全国也即将到来。这是五亿多农村人口的大规模的社会主义的革命运动，带有极其伟大的世界意义。

我们应当积极地热情地有计划地去领导这个运动，而不是用各种办法去拉它向后退"①。毛泽东提出，要采取逐步前进的办法，以 18 年的时间完成合作化，即从中华人民共和国成立到第三个五年计划最后一年即 1967 年完成。

1955 年 10 月 4 日至 11 日，党的七届六中全会在北京召开，专门讨论农业合作化问题。在会上，发言者大多表示拥护毛泽东的报告，批判合作化运动中的右倾保守思想。10 月 11 日，毛泽东做了《农业合作化的一场争论和当前的阶级斗争》的讲话，把邓子恢的观点概括为 13 条并逐条批驳。会议最后通过了《关于农业合作化的决议》，对合作化运动作了新的规划，提出在全国大多数地方，大体上可以在 1958 年春季以前，先后基本上实现半社会主义的合作化。

党的七届六中全会是农业合作化运动新的重大转折。1955 年下半年，出现了全国的农业合作化高潮。到 1955 年 10 月底，初级农业生产合作社增长到 127.7 万个，入社农户 3813.3 万户，占总农户的 32%；11 月底，又上升到 158.3 万个，入社农户 4939.6 万户，占农户总数的 41.4%；到年底，再上升到 190.5 万个，入社农户 7545.2 万户，占农户总数的 63.3%。半年间农业生产合作社（初级社）增加了一倍，入社农户增加了 3.44 倍。② 毛泽东对当时的形势作过这样的描述："一九五五年，在中国，正是社会主义和资本主义决胜负的一年。这一决战，是首先经过中国共产党中央召集的五月、七月和十月三次会议表现出来的。一九五五年上半年是那样的乌烟瘴气，阴霾满天。一九五五年下半年却完全变了样，成了另外一种气候，几千万户的农民群众行动起来，响应党中央的号召，实行合作化。"③

三、高级社

初级农业生产合作社仍然保留了入社农户的生产资料所有制，实行土地入股，统一经营，产品统一分配，入社农民除按劳动工分得到报酬外，入股的土地和交社使用的耕畜和农具等均得到一定的报酬。所以说这是"半社会主义性质的"。而毛泽东的理想是在农村实现完全的社会主义，所以，高级社才是目标。不过，对于办高级社，毛泽东一直是比较慎重的。要不要很快就办高级社，在一个相当的时间里，党内也不很清楚。直到中共七届六中全会，毛泽东才作出明确回答：在最近一个时期就应当办一批高级社。尽管他交代说，条件成熟了的就可以办，条件不成熟的不要办，而且开头办少数，以后逐步增加。但是这个口子一开，许多地方很快就动手做起来。不但办高级社，还办大社；不但由初级社转高级社，甚至由互助组直

---

① 《毛泽东文集》第六卷，人民出版社 1999 年版，第 418 页。

② 参见董志凯等主编：《中华人民共和国经济史（1953—1957）》（上），社会科学文献出版社 2011 年版，第 206 页。

③ 中共中央办公厅编：《中国农村的社会主义高潮》中册，人民出版社 1956 年版，第 729、730 页。

接跳到高级社。

1956 年 1 月，农业合作化运动进入了一个新阶段，即由办初级社为主转变为办高级社为主。为推进农业合作化进程，毛泽东亲自编辑了《中国农村的社会主义高潮》一书。该书共收集各地材料 176 篇，被称为农业合作化的百科全书，毛泽东亲自为此书写了两篇序言，并为其中 104 篇材料写了按语。毛泽东指出：几个月时间就有五千几百万农户进入了合作社。这件事告诉我们，"只需要 1956 年一个年头，就可以基本上完成农业方面的半社会主义的合作化，再有三年到四年，即到 1959 年，或者到 1960 年，就可以基本上完成由半社会主义到全社会主义的转变"①。他着重指出：人们的思想必须适应已经变化了的情况。现在的问题是经过努力本来可以做到的事情，却有很多人认为做不到。因此，不断地批判那些确实存在的右倾保守思想，就有完全的必要了。1956 年 1 月，毛泽东亲自主编的这本书出版，一下子就发行了 150 万册。

1956 年下半年，毛泽东为广大农民及基层干部走合作化道路的积极性和热情所鼓舞，但对合作化的进度仍感到不满意，一再要求加快发展。这样，在短短的几个月内，我国农村就一举实现了高级形式的合作化，许多地方没有经过初级社，甚至也没有经过互助组，就在个体农民基础上直接组织了高级社。

1956 年 6 月 30 日，第一届全国人民代表大会第三次会议通过了《高级农业生产合作社示范章程》。章程规定：

> 农业生产合作社按照社会主义的原则，把社员私有的主要生产资料转为合作社集体所有，组织集体劳动，实行"各尽所能，按劳取酬"，不分男女老少，同工同酬。（第二条）
>
> 入社的农民必须把私有的土地和耕畜、大型农具等主要生产资料转为合作社集体所有。社员私有的生活资料和零星的树木、家禽、家畜、小农具、经营家庭副业所需要的工具，仍属社员私有，都不入社。社员土地上附属的私有的塘、井等水利建设，随着土地转为合作社集体所有。（第十三条）
>
> 农业生产合作社应该制定全面的生产计划，有计划地进行生产。合作社应该制定三年以上的长期计划，全面地规划这个时期内的各项生产和建设。（第二十九条）

1956 年 6 月末，全国农村高级农业生产合作社达到 31.2 万个，入社农户占农

---

① 《建国以来毛泽东文稿》第五册，中央文献出版社 1991 年版，第 485 页。

户总数的 63.2%。到 1956 年底，高级农业生产合作社增加到 54 万个，入社农户总计 10742.2 万户，占农户总数的比重上升到 87.8%。基本实现了高级形式的农业生产合作化。这样，原来预计 15 年完成的农业合作化，仅仅用了 4 年就完成了，提前了 11 年。到 1957 年底，全国高级农业生产合作社总数达到 75.3 万个，入社农户 11945 万户，平均每个社 158.6 户，占总农户比重达到 96%。[①]

农业合作化运动在一定意义上摆脱了个体土地私有制的束缚，走上合作经济的发展道路，为农田基本建设、采用农业科学技术、发展农业生产创造了条件。但是，农业合作化出现了要求过急、工作过粗、改变过快、形式过于简单划一的"四过"现象，以致遗留许多问题。

第四节　手工业改造

一、重点试办

近代以来，中国的传统手工业一直面临现代工业的竞争，基本上处于逐渐衰落状态，所以在国民经济中所占比重也不大。1949 年，在全国工农业总产值在中，传统的个体手工业仍占 6.9%，1952 年则占 8.8%。[②] 另外，传统的个体手工业与人民生活也息息相关，所以仍是国民经济中不可忽视的部分。

个体手工业的社会主义改造是过渡时期总任务的一个组成部分，就是根据自愿互利的原则，采取典型示范、逐步推广的方法，通过合作化的道路，将手工业个体所有制逐步改造成为社会主义的集体所有制。在国民经济恢复时期，手工业合作化主要是典型试办，摸索前进，并没有积极向前推进，更没有大规模进行。

1951 年 6 月，全国合作总社召开第一次全国手工业生产合作会议，讨论组织手工业合作社的方针、步骤和方法。会议决定，手工业生产的组织方向应基本上面向农村，工作重点应放在中小城镇和农村。根据地方经济条件，有重点地选择几个行业，就地取材，就地加工，组织一些手工业生产合作社。手工合作社的组织对象是广大分散的手工业独立劳动者和家庭副业生产者，广泛采用发材料、收成品的方

---

① 参见董志凯等主编：《中华人民共和国经济史（1953—1957）》（上），社会科学文献出版社 2011 年版，第 209 页。

② 参见董志凯等主编：《中华人民共和国经济史（1953—1957）》（上），社会科学文献出版社 2011 年版，第 227 页。

式，把手工业者组织起来。针对当时手工业行业状况，会议确定"先整理，后发展"的方针。会议拟定了《手工业生产合作社示范章程（草案)》和《手工业生产合作社联合社章程》，作为各地组社工作的参考。经过整社，到1951年底，全国社员由1950年的26万人减少到13.7万人。到1952年，全国各地的手工业合作社发展很快，到1952年6月，全国社员就增加到23万人，社数2000多个。与此同时，合作社的规模也有所扩大，每社平均社员20人以上的已经占到80%。①

1952年8月，全国合作总社在北京召开第二次全国手工业生产合作会议。会议提出，根据中央指示精神，国民经济恢复时期的手工业合作事业，一方面，在一些同国民经济关系最密切并有发展前途的行业中，选择觉悟较高又具有代表性的手工业劳动者，重点试办合作社；另一方面，对一般个体手工业者，从他们最困难的供销上给予帮助，采取从供销入手，组织加工订货，给予银行贷款等措施，支持和帮助他们恢复和发展生产。这次会议讨论修订了手工业生产合作社章程准则，明确规定合作社提缴盈余的一部分给上级联合社。这表明手工业合作社开始形成全国性组织，同时也开始纳入政府的规划之中。这次会议上提出要着重总结组织和管理合作社的经验，强调组织一个，巩固一个。在这次会议的推动下，各地手工业合作社有了较快的发展。1952年，手工业合作组织发展到2700多个，社员人数增加到25万多人。②合作社也促进了整个手工业的发展，这一年，全国手工业从业人员为736.4万人，加上农民兼营手工业生产人员有1200多万人，合计约为2000万人。全国手工业总产值1949年为32.37亿元，1952年增为73.17亿元，分别占全国工农业总产值的6.9%和8.8%，占工业总产值的23.09%和21.36%。③

二、普遍发展

1953年，随着党在过渡时期总路线的逐步确立，对个体手工业的社会主义改造也正式展开，合作化由重点试办进入全面发展的新阶段。为了加快合作社的发展，1953年11月20日至12月17日，全国合作总社召开第三次全国手工业生产合作会议。会议总结了新中国成立以来试办手工业合作组织的经验，明确提出手工业合作组织的三种形式：（1）手工业生产小组是组织手工业者的低级形式，也是手工业者最容易接受的组织形式，其特点是原有的生产关系没有改变，仍然是分散生产，只是从供销方面把手工业者组织起来；（2）手工业供销生产合作社是对手工业者进行社会主义改造的过渡形式，其特点是生产资料仍为私有，一般也是分散生

---

① 参见季龙主编：《当代中国的集体工业》（上），当代中国出版社1991年版，第127—129页。

② 参见薄一波：《若干重大决策与事件的回顾》上卷，中共中央党校出版社1991年版，第445页。

③ 参见中华全国手工业合作总社、中共中央党史研究室编：《中国手工业合作化和城镇集体工业的发展》（第一卷），中共党史出版社1992年版，第1页。

产，在供销环节上组织起来，但它已在有些生产环节上开始集中生产，并开始购置公有的生产工具；（3）手工业合作社是手工业社会主义改造的高级形式和主要形式，它的生产由分散变为集中，实行按劳分配，根据生产资料公有程度的不同，区分为完全社会主义性质的和半社会主义性质的两种。对手工业的社会主义改造，只有达到完全社会主义性质即生产资料全部公有了才算完成。会议提出，手工业合作组织必须根据生产需要和手工劳动群众的觉悟程度，采取群众所能接受的形式，由群众自愿地组织起来，坚持"积极领导，稳定前进"的方针。到 1954 年年底，全国手工业合作组织达到 4.17 万多个，比 1953 年增加 7 倍多，社（组）员 113 万多人，比 1953 年增加 2.7 倍；当年产值 11.6 亿元，相当于 1953 年的 1.2 倍。①

为推进手工业合作的开展和加强手工业合作社的管理，1954 年 11 月，在全国合作总社生产局的基础上，国务院专门建立了手工业管理局，归口国务院第四办公室领导。省、县级的领导关系也照此相应改变，到 1954 年底，全国已有 14 个省、市和 60 个省辖市建立了手工业合作社联合社或筹委会，20 个省、市建立了手工业管理局。1954 年 12 月 8 日至 1955 年 1 月 6 日，手工业管理局在北京召开了第四次全国手工业生产合作会议。会议总结了 1954 年对手工业进行社会主义改造工作，布置了 1955 年手工业社会主义改造的中心任务。陈云专门作了《解决私营工业生产中的困难》的发言，指出："对手工业合作社生产的发展，要加以管理和控制。手工业合作社是一定要发展的，但要防止产量超过需要，并注意原料是否有保证。要防止新的手工业基地排挤老的基地，组织起来的工人排挤未组织起来的工人。这种情况在工业和商业中都发生过，比如在商业中曾发生过批购户排挤非批购户的情况。手工业合作化宁可慢一点，使天下不乱。如果搞得太快了，就会出毛病。"②会议确定了 1955 年手工业社会主义改造的中心任务，即继续摸清主要行业的基本情况，整顿、巩固、提高现有合作组织，在此基础上，从供销入手适当发展新社。1955 年 5 月，中央批转了这次会议的报告，同时指出，对于手工业供产销和手工业改造，要同时考虑，要贯彻"统筹兼顾，全面安排，积极领导，稳步前进"的方针。手工业计划应纳入地方工业计划之内。手工业的生产方向，应是面向农业，为农业生产服务，并为城乡人民生活需要及国家工业建设和出口需要服务，即"四服务"的方针。

通过 1955 年的全面整顿以后，全国手工业合作组织得到巩固发展，水平也有一定提高。全国手工业原来供产销不平衡的混乱状况有所改善，一部分主要手工业

---

① 参见中华全国手工业合作总社、中共中央党史研究室编：《中国手工业合作化和城镇集体工业的发展》（第一卷），中共党史出版社 1992 年版，第 9 页。

② 《陈云文选（一九四九——一九五六）》，人民出版社 1984 年版，第 269—270 页。

产品，有的开始纳入地方工业计划之内。1955 年年底，全国手工业合作社（组）达到 6.46 万个，比 1954 年增加了 2.29 万个，社（组）员达到 220.6 万人，比 1954 年增加了近 100 万人，合作组织的总产值达到 20.16 亿元，比 1954 年增长 74%。①

三、推向高潮

1955 年 12 月，毛泽东发表《中国农村的社会主义高潮》，文中序言说："中国的手工业和资本主义工商业的社会主义改造，也应当争取提早一些时候去完成，才能适应农业发展的需要。这件事告诉我们，中国的工业化的规模和速度，科学、文化、教育、卫生等项事业发展的规模和速度，已经不能完全按照原来所想的那个样子去做了，这些都应当适当地扩大和加快。"毛泽东还指出："手工业的社会主义改造速度问题，在一九五六年上半年应当谈一谈，这个问题也会容易解决的。"②毛泽东的指示，给手工业社会主义改造工作造成很大压力。1955 年 12 月 5 日，中共中央召开座谈会，刘少奇批评手工业社会主义改造"不积极，太慢了"，并要求手工业合作化到 1957 年达到 70% — 80%。12 月 20 日，刘少奇在听取手工业管理局负责人的汇报之后提出，"手工业改造不应比农业慢""与其怕背供销包袱，还不如把供销包袱全部背起来好搞些"。他还要求手工业合作化要在 1956 年、1957 年两年搞完，"时间拉长了，问题反（而）多"。③

1955 年 12 月 21 日至 28 日，手工业管理局和中华全国手工业合作总社在北京召开了第五次全国手工业生产合作会议。根据中共中央指示，会议着重批判怕背供销包袱而不敢加快手工业合作化步伐的右倾保守思想，提出要更迅速地把个体手工业者组织起来。根据中共七届六中全会的精神和社会主义高潮的新形势，会议研究确定了在第一个五年计划期间要基本完成全国手工业合作化任务的目标，并提出对手工业社会主义改造的全面规划。规划要求 1956 年组织起来的社（组）员达到全国手工业从业总数的 70%，1957 年达到 90%，1959 年最迟 1960 年要全部组织起来。其中生产合作社社员占全部社（组）员的比重：1956 年要求达到 40%，1957 年达到 60%，1959 年达到 95%，1960 年为 100%。④

第五次全国手工业生产合作会议之后，全国手工业合作化掀起了一个高潮。1956 年 3 月 5 日，毛泽东听取手工业管理局负责人汇报时说：

---

① 参见季龙主编：《当代中国的集体工业》（上），当代中国出版社 1991 年版，第 186—187 页。
② 《中共中央文件选集（一九四九年十月——一九六六年五月）》第 28 册，人民出版社 2013 年版，第 15 页。
③ 薄一波：《若干重大决策与事件的回顾》上卷，中共中央党校出版社 1991 年版，第 316 页。
④ 参见季龙：《当代中国的集体工业》（上），当代中国出版社 1991 年版，第 190 页。

个体手工业社会主义改造的速度，我觉得慢了一点。今年一月省市委书记会议的时候，我就说过有点慢。一九五五年底以前只组织了二百万人。今年头两个月就发展了三百万人，今年基本上可以搞完，这很好。手工业的总产值，你们设想在三个五年计划期间平均每年增长百分之十点九，似乎低一点。第一个五年计划定低了，吃了点亏，现在可以不更改，你们要在工作中掌握。

手工业生产的劳动生产率，同半机械化、机械化生产比较，最高最低相差达三十多倍。每人每年平均产值，国营现代化工业是二万元到三万元，半机械化、机械化的合作社是五千元，百人以上的大型合作社是二千元，小型合作社是一千五百元，个体手工业是八百至九百元。把劳动生产率作一个比较，就清楚了：手工业要向半机械化、机械化方向发展，劳动生产率必须提高。

合作社和国家企业不一样，社会主义集体所有制和社会主义全民所有制有区别。合作社开始时期经济基础不大，需要国家帮助。国家将替换下来的旧机器和公私合营并厂后多余的机器、厂房，低价拨给合作社，很好。"将欲取之，必先与之"。待合作社的基础大了，国家就要多收税，原料还要加价。那时，合作社在形式上是集体所有，在实际上成了全民所有。[1]

在毛泽东和刘少奇等中央领导人的推动下，全国迅速掀起手工业合作化高潮。到1956年6月底，组织起来的手工业者已占手工业者总数的90%。同年底，全国组织起来的手工业合作社（组），经过调整为9.91万个，其社（组）员达到509.1万人，占全部手工业从业人员的92%。[2] 至此，手工业合作化的任务也基本完成。

1957年3月21日至4月25日，手工业管理局召开了社会主义改造座谈会，讨论手工业向全民所有制过渡的问题。会议提出，经省、市、自治区批准，选个别有条件的手工业合作社进行试点，将其转变为全民所有制。9月1日，中共中央批转了这个报告。此后，在1958年3月召开的成都会议上通过的《关于发展地方工业问题的意见》中进一步指出：手工业合作社在条件成熟的时候，可以转为县的手工业联合社经营的合作工厂，取消分红制，改用工资制。随后，许多地方出现手工业合作社转厂过渡的热潮。

① 薄一波：《若干重大决策与事件的回顾》上卷,中共中央党校出版社1991年版, 第449页。
② 参见薄一波：《若干重大决策与事件的回顾》上卷,中共中央党校出版社1991年版, 第449页。

第四节　工商业改造

一、政策转向

1940年1月，毛泽东在《新民主主义论》一文中明确表示新民主主义共和国并不禁止"不能操纵国民生计"的资本主义生产的发展。① 1945年4月，毛泽东在《论联合政府》中指出："拿资本主义的某种发展去代替外国资本主义和本国封建主义的压迫，不但是一个进步，而且是一个不可避免的过程。它不但有利于资产阶级，同时也有利于无产阶级，或者说更有利于无产阶级。现在的中国是多了一个外国的资本主义和本国的封建主义，相反地，我们的资本主义是太少了。"② 所以，"中国也要发展资本主义"③。

1949年3月，中共七届二中全会正式提出和确立了对私人资本主义采取"利用和限制"的政策。毛泽东指出："在革命胜利以后一个相当长的时期内，还要尽可能地利用城乡私人资本主义的积极性，以利于国民经济的向前发展。但是中国资本主义的存在和发展，不是如同资本主义国家那样不受限制任其泛滥的，它将在活动范围、税收政策、市场价格和劳动条件等方面受到限制。"④ 中共七届二中全会的决议指出："对于占现代工业经济第二位的私人资本主义经济，必须采取利用和限制的政策。就是说，要利用它的积极性，以利于国民经济的恢复和发展，但必须限制它的消极方面，将其纳入国家经济政策和经济计划的轨道。"⑤

1950年5月25日，毛泽东在中共中央政治局会议上专门就私营工商业问题作了讲话，认为"资本主义工商业对社会是需要的，有利的。私营工商业统统要拿到政府的翅膀之下来，是有理由的，因为适应了人民的需要，改善了工人的生活。当然，资本家要拿走一部分利润，那是必需的。私营工商业是会长期存在的，我们不可能很快实行社会主义"⑥。6月23日，毛泽东在全国政协一届二次会议上的闭幕词中提到"实行私营工业国有化"⑦，但并没有明确提出怎样实行私营工业国

① 参见《毛泽东选集》第二卷，人民出版社1991年版，第678页。
② 《毛泽东选集》第三卷，人民出版社1991年版，第1060页。
③ 《毛泽东文集》第三卷，人民出版社1996年版，第385页。
④ 《毛泽东文集》第四卷，人民出版社1996年版，第1431、1432页。
⑤ 姜华宣等主编：《中国共产党重要会议纪事》，中央文献出版社2001年版，第153页。
⑥ 《毛泽东文集》第六卷，人民出版社1999年版，第61—62页。
⑦ 《毛泽东文集》第六卷，人民出版社1999年版，第80页。

有化。

"三反""五反"运动中，毛泽东对私营工商业的"利用"态度并没有改变，但"限制"政策却有所加强，并强调了计划性。毛泽东指出：消除"五毒"主要是"消灭投机商业，使整个资产阶级服从国家法令，经营有益于国计民生的工商业；在国家划定的范围内，发展私人工业（只要资本家愿意和合乎《共同纲领》），逐步缩小私人商业；国家逐年增加对私营产品的包销订货计划，逐年增加对私营工商业的计划性；重新划定私资利润额，既要使私资感觉有利可图，又要使私资无法夺取暴利"①。

从 1952 年开始，在过渡时期总路线的酝酿过程中，对私营工商业进行社会主义改造的任务提上日程，毛泽东和中共其他领导人都在思考，采取什么形式和方法将资本主义工商业转变为社会主义企业。1952 年 9 月 24 日，毛泽东在中共中央书记处会议上讲话，指出：通过公私合营、加工订货、工人监督、资本公开、技术公开、财务公开等，私营工商业的性质将发生变化，变为新式的资本主义。同年 10 月 20 日，刘少奇在给斯大林的信里说："在征收资本家的工厂归国家所有时，我们设想在多数的情形下可能采取这样一种方式，即劝告资本家把工厂献给国家，国家保留资本家消费的财产，分配能工作的资本家以工作，保障他们的生活，有特殊情形者，国家还可付给资本家一部分代价。"② 同年 10 月 25 日，周恩来在全国工商联筹备委员会第二次常委会后，同一些资本家代表座谈时说："将来用什么方法进入社会主义，现在还不能说得很完整，但总的来说，就是和平转变的道路。中国经过了反帝、反封建的流血革命后，不会再流第二次血。和平转变，是要经过一个相当长的时间，而且要转变得很自然，'水到渠成'。如经过各种国家资本主义的方式，达到阶级消灭，个人愉快。现在谈'献厂'，没有必要。"③ 1953 年 2 月 19日，毛泽东在武汉同中南局的几位负责人谈话时提出："对民族资产阶级，可以采取赎买的办法。"④

1953 年春，中共中央统战部组织调查组，在部长李维汉带领下，先后到资本主义工商业比较集中的武汉、南京、上海等地进行调查。在调查过程中，有关公私合营以及加工、订货、统购、包销等经济工作的情况，越来越多地反映出来。5 月，调查组写出调查报告《资本主义工业中的公私关系问题》，并于 5 月 27 日报送毛泽东和中共中央。调查报告指出：新中国成立三年来，私人资本主义经济经历了深刻的改组和改造，国家资本主义已有相当的发展，呈现从统购、包销、加工、订货至公私合营等

①　《毛泽东文集》第五卷，人民出版社 1999 年版，第 201 页。
②　中共中央文献研究室编：《建国以来重要文献选编》（第三册），中央文献出版社 1992 年版，第 368 页。
③　《周恩来经济文选》，中央文献出版社 1993 年版，第 125、126 页。
④　中共湖北省委党史资料征编委员会编：《毛泽东在湖北》，中共党史出版社 1993 年版，第 4 页。

一系列从低级到高级的形式，在国民经济中的地位已凌驾于纯粹资本主义经济之上，仅次于国营经济，居于现代工业的第二位；指出经过各种形式的国家资本主义，不同程度地改变了资本主义企业的生产关系，其中高级形式的国家资本主义公私合营，是最有利于将私营企业过渡到社会主义的形式。调查报告明确指出：

> 国家资本主义的各种形式（其中一部分将由低级向高级发展），是我们利用和限制工业资本主义的主要形式，是我们将资本主义工业逐步纳入国家计划轨道的主要形式，是我们改造资本主义工业使它逐步过渡到社会主义的主要形式，是我们利用资本主义工业来训练干部、并改造资产阶级分子的主要环节，也是我们同资产阶级进行统一战线工作的主要环节。抓住了这个主要形式和主要环节，在经济和政治上都有利于领导和改造资本主义和资产阶级分子的其他部分。[1]

李维汉的调查报告，受到中共中央和毛泽东的高度重视。为此，中央政治局在1953年6月中旬连续召开两次扩大会议进行讨论。参加会议的有中央政治局委员、中央有关负责人，还有十个大城市的中共市委书记。毛泽东、刘少奇、周恩来、邓小平等都一致肯定了这个调查报告。在6月15日第一次讨论中，毛泽东正式宣布党在过渡时期的总路线。毛泽东指定李维汉为中央起草一个对资本主义工商业具有政策性的报告。李维汉在调查报告基础上起草了《关于利用、限制和改组资本主义工商业的若干问题》的文件。毛泽东在审阅这个文件时做了不少修改，其中一个重要修改，就是把题目中的"改组"改为"改造"。当时，毛泽东把对资本主义工业的改造，同对资本主义商业的改组是区别开来的：对工业，采用加工订货、公私合营两种方式加以改造；对商业，则是"逐年把它挤掉，使商业资本家转为工业家"[2]。至此，利用、限制和改造作为对资本主义工商业的总方针，最后完善起来。根据会议讨论中提出的意见，该文件三易其稿，毛泽东准备把它作为中共中央的决议提交中共全国代表大会讨论通过。后来，毛泽东觉得还不太成熟，改为李维汉向全国财经会议作报告。这样，作为对资本主义工商业利用、限制和改造的政策方针，就基本上确定下来。

为了加强对私营工商业社会主义改造的统一领导，中央决定由中央统战部部长李维汉兼任政务院财经委员会副主任，并在财经委员会下设立第六办公厅，具体负责有关工作，许涤新任主任。为了宣传落实中央精神，1953年9月，全国政协举行第四十九次常务委员会扩大会议，中央人民政府委员会举行第二十四至二十八次

---

① 中共中央文献研究室编：《建国以来重要文献选编》第四册，中央文献出版社1993年版，第212页。

② 毛泽东在中共中央政治局会议上的讲话，1953年6月15日。参见《关于过渡时期总路线问题文献选载》，《党的文献》2003年第4期。

会议。全国政协常务委员会扩大会议还邀请部分工商界代表人物参加。周恩来在这两个会议上作了关于过渡时期总路线的报告，针对资产阶级对社会主义改造的顾虑，系统阐述了中国共产党关于社会主义改造的方针、步骤，以及资本主义工商界的前途问题。

1954年9月20日，第一届全国人民代表大会第一次会议通过了《中华人民共和国宪法》，其中第十条规定：

> 国家对资本主义工商业采取利用、限制和改造的政策。国家通过国家行政机关的管理、国营经济的领导和工人群众的监督，利用资本主义工商业的有利于国计民生的积极作用，限制它们的不利于国计民生的消极作用，鼓励和指导它们转变为各种不同形式的国家资本主义经济，逐步以全民所有制代替资本家所有制。

宪法从国家根本大法的角度，确定了对资本主义工商业实行"利用、限制、改造"的政策。从此，对资本主义工商业"利用、限制、改造"在法律地位上得到确立。

二、政策阐释

对资本主义工商业的社会主义改造，较之农业和手工业合作化更为复杂，涉及中国共产党对资本主义工商业政策的根本转变，也涉及新中国成立时确定的《共同纲领》的有关规定，而最根本的阻力可能还是来源于资本主义工商界本身。为了消除民主人士和工商界所存有的顾虑，减少资产阶级对过渡时期总路线和对资本主义工商业改造的抵触，1953年9月7日，毛泽东亲自邀请民主党派负责人和一部分工商界代表在颐年堂进行座谈，参加这次会谈的党外人士有陈叔通、黄炎培、李济深、章伯钧、程潜、傅作义、章乃器、李烛尘、盛丕华、张治中等，周恩来、陈云、陈毅和李维汉也参加了本次座谈会。

在座谈会上，毛泽东着重讲了中国共产党在过渡时期对资本主义工商业进行社会主义改造的方针政策。首先，毛泽东提出，占有大约380万工人、店员的私营工商业，是国家的一项大财富，在国计民生中有很大的作用。党确定的方针是经过国家资本主义，逐步完成私营工商业的社会主义改造。毛泽东指出："有了三年多的经验，已经可以肯定：经过国家资本主义完成对私营（工商业）的社会主义改造，是较健全的方针和办法。"[1] 毛泽东还指出："公私合营、全部出原料收产品的加工

---

[1]　逄先知、金冲及主编：《毛泽东传（1949—1976）》（上），中央文献出版社2003年版，第428页。

订货和只收大部分产品，是国家资本主义在私营工业方面的三种形式。"其次，关于改造的步骤，毛泽东指出："稳步前进，不能太急。将全国私营工商业基本上（不是一切）引上国家资本主义轨道，至少需要三年至五年的时间，因此不应该发生震动和不安。""至于完成整个过渡时期，即包括基本上完成国家工业化，基本上完成对农业、对手工业和对资本主义工商业的社会主义改造，则不是三五年能办到的，而需要几个五年计划的时间。"① 再次，关于利润分配，毛泽东列了一个表：所得税为 34.5%，福利费 15%，公积金 30%，资方红利 20.5%，总计 100.0%。② 这就是所谓的"四马分肥"的分配比例。后来在 1953 年 9 月 8 日的全国政协常务委员会扩大会议的报告中，周恩来指出："关于资本家的所得，还可以再多一些，如能达到百分之二十五上下就更合适一些。"③ 最后，毛泽东专门讲到了"一视同仁，有所不同"的方针。他说："一个是领导者，一个是被领导者，一个是不牟私利者，一个是还要某一部分私利者，等等，这些是不同的。但私营工商业基本上是为国计民生服务的（就利润分配上说，约占四分之三左右），因此可以和应当说服工人，和国营企业一样，实行增产节约、劳动竞赛，提高劳动生产率，降低成本，提高数量质量，这样对公私、劳资都有利。"④

　　1953 年 9 月 8 日到 11 日，全国政协召开常务委员会扩大会议，邀请部分工商界代表参加。周恩来在会上讲话，指出：只要引导上国家资本主义，就可以因势利导，水到渠成。将来在实行国有化的时候，可以不流血，可以和平长入社会主义。这种过渡，会是"阶级消灭，个人愉快"的。会后，中国民主建国会中央副主任委员盛丕华对资本家现在有利润可得、将来有工作可做表示满意。中国民主同盟中央主席黄炎培也形容中国共产党的社会主义改造方针是"同登彼岸、花团锦簇"。9 月 15 日，中央人民政府委员会第二十五次会议散会后，毛泽东在怀仁堂又约请盛丕华、荣毅仁、包达三、郭棣活、胡厥文等工商界领袖谈话。毛泽东指出：三年来，政府在对私营工商企业方面，做了许多工作，但也有缺点。工商界看一看政府，政府也要看一看工商界，彼此都看一看。三五年的时间，看明白了，事情也做出个样子来了，就好了。永利、久大合营得就不算好，有"有职有权"问题，有"红利"问题。先不忙讲社会主义。一看人心归向，不只看工农同意，工商界也要同意，要看百分之九十以上的赞同；二看工作安排。慢慢讲，讲几个月，讲一年，讲几年，讲清楚，彼此有益的事。毛泽东还指出，在实行改造之后，"将来要安排

① 《毛泽东选集》第五卷，人民出版社 1999 年版，第 291、293 页。
② 参见《毛泽东文集》第六卷，人民出版社 1999 年版，第 291、292 页。
③ 《周恩来选集》下卷，人民出版社 1984 年版，第 115 页。
④ 逢先知、金冲及主编：《毛泽东传（1949—1976）》（上），中央文献出版社 2003 年版，第 430—431 页。

人员。安排即是吃饭，其次是地位，即是选举"。"将来开第二届全国政协会，选举还可以扩大一些。""过去在革命中，民族资产阶级中立过、参加过，从历史上看，现在从企业情况看，我们没有理由排斥。"[1]

过渡时期总路线和对资本主义工商业改造的方针传开以后，广大工商业者普遍感到震动和不安。一部分人惊呼上了贼船，有的资本家宁愿拿出一个企业抵债，也不愿合营，说"宁砍一指，勿伤九指"，少数人则以停工、停伙、停薪、抽逃资金、破坏生产等手段反抗社会主义改造。针对这种情况，1953年10月至11月召开了中华全国工商业联合会会员代表大会。在大会上，李维汉阐述过渡时期总路线和对资本主义工商业利用、限制、改造政策的内容、意义和步骤。经过学习和讨论，大多数人受到教育，程度不同地接受了过渡时期总路线和国家资本主义的方针。许多人感到"社会主义是大势所趋，不走也得走"。有的提出要"积极经营，争取利用，不犯五毒，接受限制，加强学习，欢迎改造"。黄炎培在大会发言中说：在过渡时期，资产阶级只要接受改造，将是"风又平，浪又静，平平安安到达黄鹤楼""到社会主义都有一份工作，有饭吃"。只要遵循总路线，就可以稳步进入社会主义，可以"过文昭关"，"像剃头一样，只要不乱动，不会流血"。[2]

三、公私合营

过渡时期总路线的明确提出，指明了党的资本主义工商业政策的主导思想，加速了对资本主义的社会主义改造进程。从1953年7月起，政府开始采取一系列措施对一些主要物资和主要工业原料等进行控制，包括主要农产品和煤、铁、钢材、铜、硫酸等，同时，国家对进口原料也加强了管理。在这种情况下，私营工业的产品绝大部分都已经实行了加工订货、统购包销等形式的国家资本主义。据统计，到1953年年底，私营和公私合营工业总数为15万户，产值131万亿元（旧币）。在这个总产值中，加工订货、收购、包销等形式的国家资本主义已经上升到53.6%，自产自销部分下降为33%。在15万户中，公私合营企业1036户，其产值占13.3%。[3] 毛泽东在1953年夏季全国财经工作会议上对此作了总结性的论述，他说："中国现在的资本主义经济，其绝大部分是在人民政府管理之下的，用各种形式和国营社会主义经济联系着的，并受工人监督的资本主义经济。这种资本主义经济已经不是普通的资本主义经济，而是一种特殊的资本主义经济，即新式的国家资本主义经济。"因此，"这种新式国家资本主义经济是带着很大的社会主义性质的，

---

① 逄先知、金冲及主编：《毛泽东传（1949—1976）》（上），中央文献出版社2003年版，第434页。

② 叶介甫：《访中央统战部原部长李维汉秘书黄铸》，《世纪风采》2014年第8期。

③ 参见沙健孙主编：《中国共产党和资本主义、资产阶级》（上），山东人民出版社2005年版，第649页。

是对工人和国家有利的"。①

为了加快对资本主义工商业的改造，1953 年 12 月，中财委第六办公厅召开了全国第一次扩展公私合营工业计划会议，会议经过讨论最后形成《关于有步骤地将十个工人以上的资本主义工业基本上改造为公私合营企业的意见》（以下简称《意见》），提出在两个五年计划内基本完成对雇佣 10 个工人以上私营工厂的公私合营。1954 年 1 月 30 日，中财委将《关于一九五四年扩展公私合营工业计划会议的报告》和《意见》两个文件提交了中共中央。1954 年 3 月 4 日，中共中央批发了中财委《关于有步骤地将十个工人以上的资本主义工业基本上改造为公私合营企业的意见》，指出：经过四年来的利用、限制和改造，从产值说，资本主义工业大部分已经纳入各种形式的国家资本主义轨道。但国家资本主义高级形式的比重还小，低级形式的比重在下降着，目前占主要地位的是中级形式。将私营企业改造为合营企业的条件正在成熟。一方面，工人阶级的政治优势（包括私营企业中工会和党的工作）和经济优势日益壮大，对国家资本主义有了四年工作的基础和经验，公私合营的优越性日益显著，总路线的宣传起更大的推动作用；另一方面，资本主义的体系日益被割裂和打乱，私营工业矛盾百出，资产阶级日趋孤立，大势所趋，资本家只有走这条路，而走这条路，对他们的现实和前途都有利，所以出现了一批进步分子，愿意公私合营的日渐增多。

《意见》提出了公私合营的进度：

要在今后若干年内（两个五年计划时期，可能更短一点。需要多少年，要作进一步研究才能决定；各地区情况不同，时间长短也会不同），积极而稳步地将国家需要的、有改造条件的十个工人以上的私营工厂，基本上（不是一切）纳入公私合营轨道（视国家需要、企业改造条件及资本家情况的不同，决定纳入步骤之先后，但并非所有资本主义工业的改造，都要经过公私合资的步骤），然后在条件成熟时，将公私合营企业改造为社会主义企业。

《意见》规定了公私合营的主要方式，包括：

（1）国家投入资金和干部于私营工厂（主要是大厂和重要厂），实行合营；（2）先经私私联营或合并，再进行公私合营；或私私合并与公私合营同时进行；（3）国营小厂与私营大厂合并，实行合营；（4）公私合营大厂吸收私营小厂，实行合营；（5）公私合营厂或公私合营投资公司投资私营厂，实

① 《毛泽东文集》第六卷，人民出版社 1999 年版，第 282 页。

行合营；(6) 国营大厂投资若干私营小厂，作为附属厂；(7) 公私合资筹建新厂。此外，还可能有其他方式。

中共中央还批发了中财委《关于一九五四年扩展公私合营工业计划会议的报告》(以下简称《报告》)。《报告》提出：

> 一九五四年是有计划地扩展公私合营工业的第一年。但一般说，对情况了解和工作经验都很不够，对已有的合营工业还需加以整顿，对今后的工作则需要预为规划与部署。因此，一九五四年的工作方针必须是巩固阵地，重点扩展，作出榜样，加强准备。

《报告》对公私合营的许多政策问题，即清产定股，人员的安排、使用，私方代表（资本家及其代理人）的地位、职权、利润的分配等问题，也作了具体规定。原则规定私方的股息与红利占四分之一左右。

1954 年 7 月，为规范公私合营企业，中财委第六办公厅制定《公私合营工业企业暂行条例》。该《条例》规定：

> (1) 由国家或者公私合营企业投资并由国家派干部，同资本家实行合营的工业企业，是公私合营工业企业。公私合营企业不是普通的合股企业，它是在社会主义经济直接领导下的、社会主义成分和资本主义成分直接合作的半社会主义企业，合营企业应当遵守国家计划。(2) 对资本主义工业企业实行公私合营，应当根据国家的需要、企业改造的可能和资本家的自愿。(3) 私方代表的合法权益受到保护，并负责参加企业的经营管理。(4) 工资制度和福利设施，应逐步向相当的国营企业看齐。(5) 合营企业应当采取适当的形式，实行工人代表参加管理的制度。(6) 股东股息红利，加上董事、经理和厂长等人的酬劳金，共可占到全年盈余总额的百分之二十五左右；私股分得的股息红利，由私股股东自行支配。(7) 合营企业的董事会是公私双方协商议事的机关，应当定期开会，听取合营企业的生产经营情况和年度决算报告，对企业章程的拟定或者修改、投资和增资、企业盈余分配方案等事项进行协商。①

在上述文件的规范和指导下，扩展公私合营工作取得了很大的进展。1954 年，全年计划合营 500 家（17 亿元产值），结果合营了 905 家（当年产值 25.6 亿元），

---

① 《公私合营工业企业暂行条例》，《人民日报》1954 年 9 月 6 日。

改组合并 793 家。经过 1954 年的扩展，公私合营工业大为发展。连同以前公私合营的企业，到 1954 年年底共有 1746 家，产值占全部私营工业总产值的 33%，公私合营工业在全国工业总产值所占的比重，由 1953 年的 5.7% 上升到 1954 年的 12.3%。①

四、改造完成

1954 年底以后，私营企业的经营面临严重的困难。一方面，国家实行工业品和重要工业原料的统购统销政策，使私营企业原料供应来源近乎断绝；另一方面，1952 年底国家完成了对私营金融业的改造，银行贷款全部由国家控制起来，对私营企业实行"以存定贷"政策，使他们贷款资金也几乎断绝。这就使私营企业经营几乎难以持续。所以，不少私营企业开始转向欢迎公私合营。

1955 年下半年开始，北京市的公私合营步骤逐渐加快，实行公私合营的企业范围、数量都在迅速增加。1955 年 9 月起，上海等大城市开始出现全行业公私合营的势头。到 11 月，上海轻工业中就有棉纺、毛纺、卷烟、搪瓷、面粉等行业整个行业实行公私合营；重工业中的船舶、轧钢、机器、电器等行业也已经或者正在进行整个行业的公私合营。天津、广州、杭州等城市的部分行业也出现全行业的公私合营。

1955 年 10 月 27 日和 29 日，毛泽东、刘少奇等党和国家领导人，两次邀请工商界代表座谈。第一次在颐年堂，只有黄炎培和陈叔通等少数人参加。第二次在怀仁堂，参加人数较多。毛泽东讲话中指出：工商业社会主义改造，我们的宪法已经规定得很清楚。工商业者要认清社会发展规律，掌握自己的命运，接受社会主义改造。毛泽东说：共产主义这个问题要讲开，好像怕鬼一样，大家一谈就不怕了。我看共产主义是好事，没什么可怕。不是今天说了明天就共产，而是要讲准备共产。并向他们宣传和解释国家将用"定息"的办法来"赎买"资产阶级的资产和股金的政策。他说：社会主义改造，其实就是马克思、恩格斯和列宁说的"赎买"政策，是"善转"，不是"恶转"，是和平的转，不是强力的转。赎买的时间，从 1949 年算起，可以拖到 15 年、18 年，经过许多过渡步骤，经过许多宣传教育。安排人员，主要是两个，一个是工作岗位，一个是政治地位，把两个统统都安排好，究竟哪一年国有化，不是一个原子弹扑通下地，总是要与你们商量的。大家要安下心来，不要十五个吊桶打水，七上八下。工商界人士对毛泽东的讲话很受感动。李浊尘先生当场表示，要积极推动民建和工商联的会员，搞高级形式的公私合营，要

---

① 参见沙健孙主编：《中国共产党和资本主义、资产阶级》（上），山东人民出版社 2005 年版，第 656 页。

掀起一个高潮。对此，毛泽东还给他泼了一点冷水，说：那样搞太厉害，不要太急了。要瓜熟蒂落，水到渠成，要有秩序，有步骤地来，不要搞乱了。[①]

为了贯彻座谈会的精神，1955年11月1日至16日，全国工商联在北京举行了一届执委会第二次会议。许多人在会上结合自己的发家史和办企业的坎坷经历，讲述资本主义是大鱼吃小鱼的一条死路，只有下决心走社会主义道路才能获得光明前途。会议讨论了中央提出的"逐步地、和平地改造资本主义工商业"的方针，对资产阶级私有生产资料的"赎买政策"，以及在公私合营企业中逐步推行定息办法等问题。会议期间，周恩来、陈云和陈毅等中共中央领导就资本主义工商业社会主义改造问题作了报告。周恩来指出：我们可以在大约十五年左右的时间，用和平的方法进行社会主义改造，把资产阶级所有制转变成为全民所有制，把小生产者的个体所有制转变成为集体所有制。陈云在讲话中指出，要好好安排资方人员的工作，不能让他们坐"冷板凳"，应该让所有的资方实职人员和资方代理人有妥善的职业。工商界朋友的道路是宽广的，饭碗是有的，不仅本厂、本公司可以安排，而且只要适当还可以到其他行业中去。因为政府需要工商界的人帮助工作，工商界的朋友们可以把今后努力的方向转到这一方面来。

会议一致通过了《全国工商联执委会会议告全国工商界书》，充满激情地发出倡议：

> 我们应该认识：资产阶级作为一个阶级来说，肯定最后是要被消灭的，这是对国家对社会有利无害的；但是我们工商业者个人，并不随着阶级的消灭而消灭。人是可以变的，是可以逐步改造的。我们许多人在这几年中都有了不同程度的进步。今后，只要我们积极接受社会主义改造并继续在社会主义改造的道路上不断前进，逐步加强自己热爱国家、热爱人民的思想觉悟，严格地遵守国家的法律，逐步培养自己的劳动热情和劳动技能，我们就有可能对国家的社会主义建设事业作出更多的贡献，就有可能逐步地改造和提高自己，最后参加到工人阶级的光荣行列。[②]

1955年11月16日至24日，中共中央政治局召开资本主义工商业改造会议。各省、市、自治区党委代表出席会议。陈云在会上作了《关于资本主义工商业改造的新形势和新任务》的报告。会议认真讨论并通过了《中共中央关于资本主义工商业改造问题的决议（草案）》（以下简称《决议（草案）》）。《决议（草案）》

---

① 参见中共中央文献研究室编：《毛泽东年谱（一九四九——一九七六）》第二卷，中央文献出版社2013年版，第459页。
② 《全国工商联执委会会议告全国工商界书》，《人民日报》1955年11月22日。

指出：我们现在已经有了充分有利的条件和完全必要把对资本主义工商业的改造推进到一个新的阶段，即从原来在私营企业中实行的由为国家加工订货，为国家经销代销到个别实行公私合营的阶段，推进到在一切重要行业中分别在各地区实行全部或大部公私合营的阶段。《决议（草案）》强调：

> 我们对于资产阶级，第一是用赎买和国家资本主义的方法，有偿地而不是无偿地，逐步地而不是突然地改变资产阶级的所有制；第二是改造他们的同时，给予他们以必要的工作安排；第三是不剥夺资产阶级的选举权，并且对于他们中间积极拥护社会主义改造而在这个改造事业中有所贡献的代表人物给以恰当的政治安排。

《决议（草案）》还指出："准备由原来的按企业所得利润的一定比例分配给资本家的办法，逐步过渡到有分别地按资本定息的办法。""这种定息的办法，实际上是将企业交给国家的专业公司直接管理，而生产关系发生根本性的改变。"从而决定了把对私营工商业的社会主义改造推进到一个新的阶段，这是由资本主义私有制向完全社会主义公有制过渡具有决定意义的重大步骤。《决议（草案）》对原定三个五年计划基本完成资本主义工商业改造的部署，作出重要调整，规定在第一个五年计划期间内，即在1956年和1957年，全行业公私合营的争取达到百分之九十左右；并且准备在第二个五年计划期间内，争取逐步地使公私合营的企业基本上过渡到国有化。这就是说，完成资本主义工商业改造的时间比原定计划提前了五年。

1956年1月8日，中共中央批转商业部党组《关于全面改造城市私营商业的初步规划报告》。报告提出：预定在1957年底以前，做到将城市中全部资本家商店改造为合营商店；改造的主要形式是全行业公私合营，并辅之以代销形势。将小商小贩中的坐商部分的70%以上改造为公私合营商店或合作商店；将小商小贩中摊贩部分的50%以上组织合作小组。对私营商业的一切从业人员，原则上采取包下来的办法。估计在1960年以前，可随时根据中央决定将城市私营商业改造为国营商业。1956年2月中共中央政治局对《关于资本主义工商业改造问题的决议（草案）》作出个别修改后，追认为正式决议，提出了资本主义工商业全行业采取公私合营的改造和销售工业、小商业采取合作化及其他形式的改造，在第一个五年计划期间，即在1956年和1957年争取达到90%左右的新的要求。这样，关于资本主义工商业改造的政策基本完备。

随即，全国出现了资本主义工商业全行业公私合营的高潮。决定性的变化发生在1956年1月。1956年1月1日，北京市的私营工商业者首先向政府提出实行全行业公私合营的申请，并得到政府批准，然后，仅用十天就实现了全行业公私合营。1 月 10 日，北京市人民委员会召开了资本主义工商业公私合营大会，宣布本市 35 个工业行业、3990 家工厂（包括 4 人至 9 人的小工厂）和 42 个商业行业、13973 户坐商，共 17963 户全部被批准实行公私合营。从 1 月 11 日开始，全市工商业者又积极地进行各行业、各户的清产核资工作，并在 1 月 14 日基本完成。到 1 月 15 日，全市私营工商业批准公私合营户数为 19248 户，完成清产核资的有 19233 户，占合营总户数的 95%。[①] 1956 年 1 月 10 日，《人民日报》发表了《改造私营工商业的伟大胜利》的社论，认为"北京市的工商业已经全部过渡到国家资本主义的高级形式，这是全国第一个全市资本主义工商业实行公私合营的城市"[②]。1 月 15 日下午，北京市各界 20 多万人（包括工商界人士 1 万多人）在天安门广场集会，庆祝实现全市工商业全行业公私合营和农业、手工业实现合作化。毛泽东和其他中央领导同志出席了大会。北京市市长彭真在大会上宣布"我们的首都已经进入了社会主义"。

公私合营的"北京模式"迅速在全国范围推广。全国各地都出现了私营工商业者包括部分企业职工天天敲锣打鼓，要求批准公私合营的情况。形势的发展完全打乱了预期的计划和工作部署，政府只好采取先承认公私合营，以后再进行清产核资、生产安排、企业改组和人事调整的办法。1956 年 1 月 21 日，上海市各界举行庆祝社会主义改造胜利大会，宣告上海市的资本主义工商业全部实现公私合营，手工业也实现了合作化，郊区已经实现了高级社，上海已经进入社会主义社会。到 1956 年 1 月底，全国 50 多个资本主义工商业比较集中的大中城市都相继宣布实现全市的全行业公私合营。到 1956 年年底，全国私营工业户的 98.7%，私营商业户的 82.2%，都分别纳入了公私合营或合作化的轨道。

1956 年初，全国原有私营工业 88000 余户，职工 131 万人，总产值 726600 万元，到 1956 年底，已有 99% 户数、98.9% 的总产值，实现了所有制的改造。在总户数中，有 10% 转入地方国营工业，15.6% 划归手工业改造，64.23% 实行公私合营，7.1% 归入其他改造形式。全国原有私营商业 242.3 万户，从业人员 313.8 万人，资本额 84100 万元，到 1956 年底，已有 82.2% 的户数、85.1% 的从业人员、99.3% 的资本额，实现了所有制的改造。在总户数中，有 6.1% 转入国营商业和供销社，4.9% 实行不定息的公私合营，11.6% 实行定息的公私合营，35.6% 改造为合作商店，24% 改造为合作小组。私营饮食业有 86%、服务业有 77.6% 实现了改

---

① 参见郎冠英、许顺主编：《中国资本主义工商业的社会主义改造》（北京卷），中共党史出版社 1991 年版，第 586 页。

② 《改造私营工商业的伟大胜利》，《人民日报》1956 年 1 月 10 日。

造，私营轮船业和汽车运输业实现了全行业公私合营。① 到 1956 年底，全国 7 万户私营工业、200 万私营商业实现了全行业公私合营。至此，私人资本主义工商业的领导权和管理权完全掌握在人民民主专政的国家手中，胜利完成了国家对资本主义工商业的社会主义改造。

但是，在对工商业改造过程中，由于进行得过快，所以出现一些偏差和问题。对此，毛泽东也是及时发现了的。1956 年 12 月，全国工商联召开会员大会。毛泽东花了 3 个晚上找陈叔通和全国工商联正副主任、各省市工商界代表谈话。毛泽东的谈话中心内容是说可以实行一段"新经济政策"。毛泽东指出：现在我国的自由市场，基本性质仍是资本主义的，虽然已经没有资本家。它与国家市场成双成对。上海地下工厂同合营企业也是对立物。因为社会有需要，就发展起来。要使它成为地上，合法化，可以雇工。现在做衣服要三个月，合作工厂做的衣服一长一短，扣子没抠眼，质量差。最好开私营工厂，同地上的作对，还可以开夫妻店，请工也可以。这叫"新经济政策"。关于小业主、小商贩戴的"资本家"帽子问题，毛泽东指出，现在资本家当中大体有 70% 到 90% 对定息没兴趣。一个月拿几毛钱，他们要求放弃定息，摘帽子进工会，享受劳保待遇。我看可以放弃吧。把小的，占 80% 到 90% 不划入资产阶级范围，叫上层的小资产阶级。关于定息问题，毛泽东的意见是，除了小的可以取消外，大资本家继续维持定息，而且定息要延长，拖到三个五年计划，带个尾巴进工会。他说，全行业公私合营，谁也没想到这样快，下一步的国有化就不要这样快了。快了对国家对民族都不利。②

通过对农业、手工业和资本主义工商业的社会主义改造，中国国民经济结构发生根本性的变化，1956 年，在国民收入中，全民所有制经济占 32.2%，集体所有制经济占 56.4%，公私合营经济占 7.3%，个体经济占 4.1%，资本主义经济已经基本消灭。社会主义和半社会主义性质的经济在国民收入中的比重已由 1952 年的 21.3% 上升为 92.7%，标志着中国已经由多种经济成分并存的新民主主义经济转变为公有制经济占绝对优势的社会主义经济。在全国工业总产值中，全民所有制工业产值占 54.5%，集体所有制工业占 17.1%，公私合营工业占 27.2%，私营工业仅占 0.04%，个体手工业仅占 1.2%。社会主义和半社会主义性质的工业在工业总产值中的比重由 1952 年的 48.8% 上升为 98.8%。③ 此外，在商业和交通运输业等部门，国营经济和集体经济也占绝对优势。另据统计，1956 年全国公私合营工业总

————

① 参见中央工商行政管理局、中国科学院经济研究所编：《中国资本主义工商业的社会主义改造》，人民出版社 1962 年版，第 219—221 页。
② 参见中共中央文献研究室编：《毛泽东年谱（一九四九——一九七六）》第三卷，中央文献出版社 2013 年版，第 44—49 页。
③ 参见董志凯等主编：《中华人民共和国经济史（1953—1957）》（上），社会科学文献出版社 2011 年版，第 309 页。

— 962 —

产值达 191.1 亿元，较 1955 年这些企业的总产值增加了 32%，1957 年又比 1956 年增长 8%，1956 年全国公私合营商店、合作商店和合作小组零售总额较 1956 年这些企业的零售总额增加了 15% 以上。① 1956 年底，全国私营工商业的公私合营基本完成。到 1957 年，在国民收入的比重中，国营经济占到 33%，合作社经济占58%，公私合营经济占 8%，个体经济占 3%，资本主义经济占 0.1%。② 至此，资本主义工商业的社会主义改造工作基本完成，中国进入社会主义阶段。

五、定息政策

为了适应私营企业实行全行业公私合营的新情况和进一步进行社会主义改造的需要，1956 年 2 月 8 日，国务院全体会议第 24 次会议通过了《国务院关于在公私合营企业中推行定息办法的规定》，指出：定息，就是企业在公私合营时期，不论盈亏，依据息率，按季付给私股股东以股息。定息的息率为年息 1 厘到 6 厘。个别公私合营企业，如果情况特殊，息率需要高于 6 厘的，由省、自治区、直辖市人民委员会核报国务院批准。公私合营企业实行定息的时候，应该由公私双方在当地业务主管机关、工商行政机关的领导下，按行业进行协商，提出对本行业定息的意见。根据上述原则，中共中央、国务院指示各地：确定定息率的精神为"根据资本家过去几年实得利润，参照他们在'四马分肥'办法下应得的股息来决定，并使定息后的资本家所得不少于过去的实得"。实际上，在 1956 年以前，除 1953 年外，私营工业企业股息没有超过 5 厘的，而资本家的股息红利还低于这个数。③ 所以，资本家大多抱着"坐三望四"的想法，而政策出台后却使他们大喜过望。与此同时，国务院还通过了《关于私营企业在合营时的财产清理估价几项主要问题的规定》和《关于目前私营工商业和手工业的社会主义改造中若干事项的决定》，并于 2 月 11 日公布执行。文件根据"公平合理、实事求是"的原则，对公私合营后原私营企业机器、设备、房屋、土地的估价和公积金、债务等其他财产关系的处理，作了原则规定。还规定，私营企业和手工业在社会主义改造的时候，一般应在半年左右时间内，照旧生产经营，不要轻易地改变原来的生产和运销规律、经营制度和服务制度等。只要在充分准备，经过仔细考察研究，统筹规划的条件下，才能妥善地对他们逐步逐业地进行必要的经济改组、企业改造等工作。1956 年 6 月，在第一届全国人大三次会议上，陈云就资本主义工商业改造问题讲话，着重谈小商贩的生活困难和业务安排问题，指出：小商贩是我国商业今后长期需要的一种经营

① 参见中央工商行政管理局、中国科学院经济研究所：《中国资本主义工商业的社会主义改造》，人民出版社 1962 年版，第 240 页。
② 参见沙健孙主编：《中国共产党和资本主义、资产阶级》（上），山东人民出版社 2005 年版，第 538 页。
③ 参见李定主编：《中国资本主义工商业的社会主义改造》，当代中国出版社 1997 年版，第 263 页。

服务方式。安排小商贩的原则是既要方便居民消费，又要使他们获得适当的收入，保持他们经营的积极性。他在发言中还对公私合营企业的定息问题，提出了新的办法，即不分工商、不分地区、不分行业，统一规定私股股息一律为年息 5 厘。大中资本家原先对定息是"坐三（3 厘）、望四（4 厘）"，实际上是"得五（5 厘）"。1956 年年底，全国公私合营的私股为 24 亿元人民币，其中工业 17 亿元、商业 4 亿元、交通运输业 1 亿元。按照政府与工商联商定的意见，对上述私股实行定息，年息 5 厘，由政府统一发放，先规定发 10 年。1957 年，全国拿定息的私方在职人员有 81 万余人，平均每人每年拿定息 148 元。①

另外，全行业公私合营以后，国家对原私营企业的所有在职人员采取了"包下来"的政策，进行了全面的人事安排。根据 1957 年的统计，全国拿定息的 71 万在职私方人员和 10 万左右的资本家代理人，全部安排了工作。据几个大城市的统计，安排直接参加生产经营的占 40%—65%，安排为管理人员的占 35%—40%。②对部分资产阶级上层分子，国家安排了政治职务，如荣毅仁为上海市副市长、乐松生为北京市副市长、周叔弢为天津市副市长。据统计，1957 年底，民建和工商联会员被选为全国人大代表的有 70 人，被选为全国政协委员的有 65 人。③

第五节　计划经济

一、计划体制

1. 初步创立

我国高度集中的计划经济体制，是在新中国成立后到社会主义改造基本完成时逐步形成的。而在新中国成立初期到 1952 年期间，为加快国民经济恢复，初步建立了部分计划机构并实行了简单的经济计划。在此期间，东北地区由于国营经济比例较高，作为重要工业基地对全国经济的影响较大，因而实行了计划管理，而在全国大部分地区和行业只是为有计划的经济建设做准备。

1949 年 9 月，根据中央人民政府组织法，在原有的中央财政经济委员会的基础上，成立中央人民政府政务院财政经济委员会（仍简称"中财委"），负责指导财经各部门、人民银行及海关总署等一切有关经济部门的工作。中财委内设财经计

---

① 参见武力主编：《中华人民共和国经济史》，中国时代经济出版社 2010 年版，第 245 页。
② 参见李定主编：《中国资本主义工商业的社会主义改造》，当代中国出版社 1997 年版，第 268 页。
③ 参见武力主编：《中华人民共和国经济史》，中国时代经济出版社 2010 年版，第 242 页。

划局、技术管理局、财经统计局、私营企业管理局、外资企业管理局、合作事业管理局、财经人事局、编译室等。在中财委之下，设立了财政部、贸易部、重工业部、燃料工业部、纺织工业部、食品工业部、轻工业部、铁道部、邮电部、交通部、农业部、林垦部、水利部、劳动部、人民银行总行、海关总署。以后，又相继成立了其他专门性的负责计划管理的中央机构。如全国编制委员会、全国仓库物资清理调配委员会，指定人民银行为国家现金调度的总机构等。地方政府也设立了与中央各经济部门相对应的经济管理机构。

通过这些机构，国家开始对某些经济活动实行行政指令的直接管理。1949 年冬，中央确定实行全国财政经济统一管理的方针，并通过 1950 年 2 月召开的全国财政会议，以指令性方式提出了"六个统一"：财政收支统一、公粮统一、税收统一、编制统一、贸易统一、银行统一。这一时期已开始提出发展国民经济的某些计划和措施。如粮食、皮棉、煤炭等安排了 1950 年生产的计划指标。在此期间还进行了某些年度计划的试编工作。如 1949 年底编制出《1950 年全国财政收入概算草案》，1950 年 5 月，政务院财经委员会在汇总各部的专业计划基础上，试编出《1950 年国民经济计划概要》。内容包括：粮棉增产、水利建设、林业、钢铁工业、化学工业、有色金属工业、地址调查及探矿、棉纺工业、造纸工业、铁路运输及修建、航务公路建设、邮电建设、粮食供应、花纱布供应、食盐产销、文教卫生费及社会建设费等 20 多项实业发展的概括要求，并统筹安排了各方面投资。[①]

中共七届三中全会（1950 年 6 月 6 日至 9 日）以后，开始在全国范围内创造有计划地进行经济建设的条件。1950 年 8 月，中央召开了第一次全国计划工作会议，讨论编制 1951 年计划和 3 年的奋斗目标。要求各部门先订出 3 年奋斗目标和 1 年计划，然后由中央综合拟出全国计划纲要。会后，3 年奋斗目标虽然没有形成计划文件，但已初步形成了我国计划经济体制决策等级结构的雏形，即决策权归国家，决策权力的分配采取行政方式形成条块分割的等级结构。以后，中央首先加强了对国营工业生产和基本建设的计划管理。在工厂内，以实行生产计划为中心，实行党政工团的统一领导。在基本建设方面，把建设单位划分为"限额以上"和"限额以下"两种具体投资额，并确定把重点摆在交通运输的建设上。与此同时，还积极推广生产互助组与供销合作社的"结合合同"制度的经验，使互助组有计划地生产和消费，供销社实现有计划地经营；要求各地将组织和发展手工业生产合作社的计划，纳入地方工业计划，并以国家和上级合作社的订货作为发展手工业生产的关键。另外，在市场管理方面，国家指令要求国营贸易公司正确地执行价格政策。

---

① 参见《当代中国的计划工作》办公室编：《中华人民共和国国民经济和社会发展计划大事辑要（1949—1985）》，红旗出版社 1987 年版，第 7 页。

总的来看，在国民经济恢复阶段，由于实行新民主主义经济政策，存在着多种经济成分，所以计划经济还不能覆盖所有方面，市场因素还在一定程度上发挥着作用，体现了计划与市场双重因素发挥作用的格局。但实际的趋势是计划的比重越来越大，市场比重越来越小。在国家的集中统一领导下，以制定指令性的经济发展计划的形式，对国民经济各方面开始实行全面的计划管理，计划经济体制已初步形成。到1952年8月，中共七届三中全会提出的任务已提前完成，毛泽东在政协第一届全国委员会常务委员会上宣布：经过两年半的奋斗，现在国民经济已经恢复，而且已经开始有计划地建设了。1952年9月，毛泽东提出了"10年到15年基本上完成社会主义"的目标。为了实现这一目标，计划经济体制进一步健全并得到法律的确认。11月国家计划委员会成立。1952年底，中财委下达1953年工农业生产、交通运输及贸易控制数字，包括：工业总产值、公私比重、生产资料和消费资料的比重、主要产品产量、铁路货运量、国营贸易国内收购商品总值、销售总值和零售额、国营外贸出口和进口总值的增长幅度等。这应该被视为中国计划经济之始。1954年我国制定和颁布了第一部宪法，其第十五条规定："国家用经济计划指导国民经济的发展和改造，使生产力不断提高，以改进人民的物质生活和文化生活，巩固国家的独立和安全。"这表明，计划经济体制已成为我国法定的经济体制。

2. 基本形成

国民经济恢复工作完成后，随着社会主义改造的进行，中国开始逐步建立社会主义计划经济体制。1952年1月，中财委颁布《国民经济计划编制暂行办法》，根据中国具体情况并参考苏联经验，开始建立计划经济体制。这种高度集中的计划经济体制包括国民经济计划管理体制、财政金融和投资管理体制、物资供应与物价管理体制，劳动用工和工资管理体制以及外贸管理体制等。

第一，计划管理体制。1952年11月16日，中共中央决定成立国家计划委员会。1953年2月13日，中央发出各国民经济部门和文教部门、各省市和各大行政区建立相应计划机关的通知。到1954年底，全国形成了自上而下、条块结合的完整的计划管理体制。在国家计划委员会的领导下，通过编制和执行国民经济发展计划，具体制定了各部门、各省市、各企业的主要经济活动及其指标。对国营经济实行"统一计划，分级管理"的原则，对整个经济实行直接计划和间接计划相结合的制度。对于国营企业和公私合营企业实行直接计划，国家下达指令性计划指标，对农业、手工业、私营企业实行间接计划，国家通过各种经济政策和措施，以及经济合同等方式，将其纳入国家计划。随着计划经济的发展，国家计委统一下达的指标不断增加，从1953年到1956年，国家计委统一管理、下达计划的产品，由115种增加到380种。从产值看，1956年，中央直属企业在工业总产值中占49%，其中，在各部门所占的比重不一样，纺织、轻工业部门占 23.8%，机械部门占 47.2%，化工部门占 57%，煤炭部门占 72.2%，电力部门占 83%，有色金属部门占 87%，钢铁部门占 94%。[1]

第二，财政、金融和投资管理体制。1953 年建立了中央、省（市、自治区）和县三级财政，实行分级管理，地方财政结余一律上交。从 1953 年起开始实行"统存统贷"的信贷管理体制，信贷业务高度集中于人民银行系统，各级银行吸收的存款全部上交总行。各级银行发放的贷款由总行统一核定指标，严格按计划发放，基层银行不能自行决定对企业的贷款。基本建设项目中绝大部分直属中央各部门管理，投资和建设任务由中央各工业部门直接安排，大型项目由国家建设委员会审核，报国务院批准，中型项目由各主管部门或省市自定审批程序。在"一五"计划期间，预算基本建设拨款中，属于中央项目的占 79%，属于地方项目的占 21%。

第三，物资供应和物价管理体制。根据物资的性质和产需特点分为三类：国家统一分配物资、国务院各部门统一分配物资和地方管理物资。从 1953 年到 1957 年，国家计委统配物资的数量由 112 种增加至 231 种，由中央各部门管理的数量由 115 种增至 301 种。实行物价统一领导和分级管理，其中重工业产品的价格实行统一定价，由国家计委成本物价局管理；农产品收购价格和市场价归商业部统一管理；大宗消费品和进口商品由商业部规定价格和掌握地区差价，进销差价、批零差价、季节差价等。

第四，劳动用工和工资管理体制。1954 年后，职工人数计划由国家逐年批准下达，劳动计划和劳动管理权逐渐集中到中央。对技术人员、高校和中专技术毕业生、干部、复员军人、工人由国家统一分配，取消"介绍就业与自行就业相结合"的制度。职工人数计划由国家逐年批准下达，停止从社会上招工。对城市职工工资也集中到中央劳动部门统一管理。1955 年改供给制为工资制，统一了国家机关工作人员的工资制度。1956 年 6 月，国务院第 32 次全体会议通过《关于工资改革的决定》和《关于工资改革中若干具体问题的规定》，取消了工资分制度和物价津贴制度，直接以货币规定工资，工业工人实行 11 级工资制。企业职员实行职务等级工资制，划分 13 类。机关事业单位实行职务等级工资制，工资标准分 30 个等级。此后，职工定级、升级、增资幅度均由中央统一规定。

第五，外贸管理体制。1952 年成立对外贸易部，集中领导和同时管理全国的对外贸易。进口计划由国家计委根据需要与可能制定，出口计划由外贸部根据国家计委关于经济计划的要求，由中央各部、各地区进行协商后编制。计划是指令性

---

[1] 参见柳随年、吴群敢主编：《中国社会主义经济简史》，黑龙江人民出版社 1985 年版，第 171 页。

的，不得任意变动。

3. 统购统销

我国人口多，耕地少，这一基本国情决定我国粮食始终都是一个大问题。虽然新中国成立以后特别是通过土地改革，农业生产迅速恢复和发展，但是粮食问题仍不能得到解决，粮食供需矛盾十分突出。1953 年我国小麦大面积受灾，粮食购销形势十分严峻。当时，粮食市场是自由市场，农民除纳农业税外，粮食可以在自由市场上出售。经营粮食的除国营的粮食公司和合作社外，还有私营的粮商。私营粮商与国有粮食购销组织争夺粮源的斗争十分激烈，私商甚至囤积居奇，伺机抬高粮价。所以，粮食市场上价格波动很大。

1953 年上半年，由于粮食供销矛盾突出，毛泽东要求中财委拿出办法来。陈云经过广泛地征求意见，反复权衡，认为唯一的办法就是实行粮食征购和配给，即农村征购、城市配售的办法。1953 年 10 月 10 日，全国粮食会议召开，陈云指出：我现在是挑着一担炸药，前面是"黑色炸药"，后面是"黄色炸药"。如果搞不到粮食，整个市场就要波动；如果采取征购的办法，农民有可能反对。两个中间要选一个，都是危险家伙。两害相权取其轻。选择农村征购、粮食配售的办法，危险性可能小一点。据此，陈云提出实行"统购统销"的建议。10 月 16 日，中共中央做出关于实行粮食的计划收购和计划供应的决议。11 月 19 日，政务院第 194 次会议通过《关于粮食计划收购和计划供应的命令》并下达执行，从 12 月初开始，除西藏和台湾外，全国城乡开始实行粮食统购统销。

统购统销政策包括四个方面：计划收购、计划供应、市场管理和中央对粮食统一管理。计划收购就是生产粮食的农民应按国家规定的收购粮种、收购价格和计划收购的分配数字将余粮售给国家；计划供应是指县以上城市、农村集镇、缺粮的经济作物区、一般地区缺粮户和灾区农民，实行计划供应；市场管理是指所有经营粮食的商店和工厂，统一归当地粮食部门领导，私商一律不准经营粮食；中央对粮食统一管理是指，所有方针政策、所有收购量和供应量、收购标准和供应标准、收购价格和供应价格，都必须由中央统一规定或经中央批准。

统购统销政策实行后，立即扭转了粮食市场上国家购少销多的局面。到 1953—1954 年粮食年度末，国家全年粮食征购量比上年增加近 30%，超过历年征购粮食的最高水平。之后的四年中，国家的粮食征购计划得以顺利完成，做到了粮食收支平衡并有结余。这对于保证国民经济的稳定发展，特别是保证第一个五年计划的完成，发挥了重要作用。

但是在统购统销政策实行过程中，出现了强迫命令、乱批乱斗、征过头粮、粮食供应紧张等问题。到 1955 年春，许多地方几乎是"家家谈粮食，户户要统销"的局面。为此，1955 年 3 月和 8 月，国务院分别发布《关于迅速布置粮食销售工作，安定农民生产情绪的紧急指示》和《农村粮食统购统销暂行办法》，在全国实行"三定"，即定产、定购、定销，并规定定产、定购指标从 1955 年起三年不变。毛泽东指示：粮食定产要低于实产，要使农民多留一点，多吃一点，多喂一点，多自由一点，做到人不叫，猪不叫，牲口不叫。[①] 这就是"四多三不叫"。另一方面，1955 年 8 月，国务院发布《市镇粮食定量供应暂行办法》，规定城镇居民应按劳动差别、年龄大小及不同地区的粮食消费习惯，分别规定每月口粮定量标准，并发放粮票。

在粮食实行统购统销的同时，中共中央于 1953 年 11 月 15 日作出《关于在全国实行计划收购油料的决定》，对食油、油料也进行了统购统销。随后，对棉布、棉花实行统购，并开始发行布票。1956 年 10 月，国务院在有关农村市场管理的文件中重申：除粮油棉统购外，烤烟、黄麻、苎麻、大蒜、甘蔗、茶叶、家蚕茧、生猪、羊毛、牛皮、土糖、土纸、废铜、废铝、废锡、若干种药材、供应出口的水果和水产品，都必须由国营商业或供销社统一收购。这样，有关国计民生的重要产品就大部分纳入国家计划管理了。

二、"一五"计划

1. 计划编制

党在过渡时期的总路线包括两个方面：一方面是发展生产力，即实现社会主义国家工业化；另一方面是完成生产资料的社会主义改造，建立社会主义经济制度。这里把发展经济实现国家工业化的任务放在了首要位置。尽管经过三年时间中国完成经济恢复工作，但总的来讲经济还是十分落后，现代工业在国民经济中所占的比重很小，国家经济还建立在农业基础上，而农业还停留在手工劳动水平上。要改变这种落后面貌，就必须实现社会主义国家工业化。然而，在这种十分落后的经济状况下，要想尽可能地动员各方面的资源，尽快实现工业化，就必须通过国家的经济计划。

随着国民经济恢复工作的顺利进行，中国即开始着手编制第一个五年计划。当时，抗美援朝战争正在进行，中央确定了"边打、边稳、边建"的方针，并积极组织力量着手"一五"计划的编制工作。中央指出，今后的五年是我国长期建设的第一阶段，其基本任务是：为国家工业化打下基础，以巩固国防，提高人民的物质与文化生活，并保证我国经济沿着社会主义道路前进。根据毛泽东以重工业为中心的意见，明确五年建设的方针是：（1）工业建设以重工业为主、轻工业为辅。重工业优先建设钢铁、煤炭、电力、石油、机械制造、军事工业、

---

① 参见薄一波：《若干重大决策与事件的回顾（修订本）》上卷，人民出版社 1997 年版，第 283 页。

有色金属及基本化学工业。轻工业优先发展纺织、造纸和制药工业。（2）工业的建设速度在可能条件下力求迅速发展。（3）工业的地区分布应有利于国防和长期建设，并结合实际情况充分发挥东北及上海原有工业基地的作用，继续培养与利用已有工业基础与技术条件，为建设新厂矿、新工业基地创造条件。（4）铁路建设以沟通西南、西北和中南为主要任务，以适应在国防安全条件下长期建设的需要。

由于缺乏计划编制的经验，第一个五年计划编制工作从1951年开始，到1954年9月基本定案，先后共编制了五次。

第一次编制。1951年春，中财委在陈云的组织领导下，试编了一个五年计划的粗略纲要。这也就是我国第一个五年计划的首次编制。这次试编提出了五年计划的初步设想，虽然十分粗糙，但为以后的编制工作奠定了初步基础。1952年初，中央决定成立由周恩来、陈云、薄一波、李富春、聂荣臻、宋劭文6人组成的领导小组，负责领导"一五"计划的编制工作。在周恩来、陈云的领导下，当年4月，政务院各部门提出各自的第一个五年计划的设想或轮廓。到8月份，中财委根据这些材料编制了《五年计划轮廓草案》。不过这个草案并不是一个完整的计划，而主要是说明要求得到苏联援助的愿望。

第二次编制。1952年8月，仍由中财委负责编制。8月11日，周恩来亲自主持起草《中国经济状况和五年建设的任务（草案）》，内容包括：（1）中国经济状况；（2）五年建设方针；（3）五年建设的主要指标和主要项目；（4）长期建设的准备工作；（5）请苏联援助事项。同时，形成了《三年来中国国内主要情况及今后三年建设方针的报告提纲》。两个文件分析了国内状况，提出了五年建设的基本任务、指导方针和主要经济指标。尽管这个计划草案还比较粗略，但作为我国首个中长期经济发展计划的雏形，不仅为与苏联政府谈判援助我国第一个五年计划项目提供了基本依据，而且也为即将展开的有计划、大规模的经济建设勾画出一幅宏伟蓝图。

为了学习苏联计划经济建设的经验，1952年8月，以周恩来为首的我国政府代表团赴莫斯科，与苏联领导人商谈两国友好合作和中国第一个五年计划有关问题。当时的代表团阵容庞大，包括工、农、林、军事等部门主要负责人及相关工作人员。当时，苏特意派遣3架军用飞机和1架民航飞机接载中方代表团。苏联领导人对中国的计划草案提出了一些有益的建议，并同意帮助中国设计一批企业，提供必要的设备和贷款，派专家帮助中国进行建设。9月中旬，斯大林会见了周恩来、陈云和李富春，就援助中国的"一五"计划问题，谈了三点意见：（1）经过第一个五年计划，中国应当能制造汽车、飞机、军舰。（2）中国工业的发展速度一定很快，但是做计划应留有余地，要有后备。（3）苏联对中国的援助，价格便宜，技术也是头等的。斯大林的意见，实际上表达了苏方援助我国"一五"计划的总方针。①

1952年12月，中共中央发出《中共中央关于编制一九五三年计划及长期计划纲要的指示》（以下简称《指示》）。为了使五年计划正确地反映经济发展的客观规律，《指示》确定了"边打、边稳、边建"的经济建设方针，并要求以此来考虑工业建设的"投资、速度、重点、分布和比例"。《指示》强调指出，必须以科学的态度从事计划工作。离开科学的根据和不具体分析实际状况以及不正确地估计我们主观力量增长的可能性，是不能做好计划工作的。这些都是编制"一五"计划的重要原则，具有重大的指导作用。

第三次编制。1953年初，陈云组织中财委会同国家计委，对"一五"计划进行了第三次编制。因为1952年编制计划草案的资料不够充足，特别是在各个经济部门和各个年度互相配合方面、基本建设投资在各个部门的分配方面，都需要做进一步的修改。为此，在广泛收集资料的基础上，对原计划草案做了必要的充实和调整。

第四次编制。1953年4月，苏联政府经过研究，就中国"一五"计划的有关问题提出了正式的答复意见。国家计划委员会根据这些意见，对"一五"计划进行了第四次编制。6月，李富春从苏联回国，向中央递交了《在苏联商谈我国五年计划问题的几点体会（提纲草案）》。在这份报告中，李富春结合苏方的意见，就五年计划编制中存在的缺点进行了较系统的总结，并提出关于我国五年计划的方针任务的意见。他提出，我们编制的计划在基本建设方面存在冒进情绪。他认为，计划一经编制，就一定要完成，所以，必须建立在可靠的基础上；作为五年计划的发展速度来说，工业每年递增20.4%，农业每年递增7%是过高的；计划对工业注意过多，而对农业和其他方面则注意较少。另外，他还提出了计划过于注重苏联的援助。他认为，苏联对我国的建设是全力援助的，其目的是扶持我们的工业能自力更生地站起来，但我国的建设毕竟是我们自己的事，苏联人不能代替包办。我们不能过于依赖苏联。所以，1953年6月，根据中央的要求，参考苏联国家计委对我国"一五"计划的意见，再次做了修改。在修改中，按照计划指标应当留有余地的精神，把工业平均每年增长速度改为14%—15%，并要求加快发展农业和交通运输业。

第五次编制。1954年，"一五"计划的编制工作进入最后阶段。这时党在过渡时期的总路线已明确提出来，苏联援助中国的建设项目也基本上定下来。4月，根据工作发展的需要，中央决定由陈云、高岗、李富春、邓小平、邓子恢、习仲勋、

---

① 参见史真：《第一个五年计划制定中的周恩来》，《党史文汇》2019年第1期。

贾拓夫、陈伯达组成编制五年计划纲要的八人工作小组，由陈云任组长，加快"一五"计划的编制。1954年6月计划初稿完成。6月30日，陈云向中央汇报计划编制情况，透彻地分析了经济建设中各主要项目之间及其内部比例关系和增长速度，指出存在的问题，说："我们编制计划的经验很少，资料也不足，所以计划带有控制数字的性质，需要边做边改。"8月，在陈云主持下，八人小组连续举行了17次会议，对国家计委提出的《中华人民共和国发展国民经济的第一个五年计划草案（初稿）》逐章逐节进行讨论和修改。9月向中央提出《中华人民共和国发展国民经济第一个五年计划草案（初稿）》。10月，毛泽东、刘少奇、周恩来3人在广州集中了一个月的时间，共同审核了修改后的"一五"计划草案。11月由陈云主持召开中央政治局会议，用了11天时间，仔细讨论了"一五"计划的方针、任务、发展速度、投资规模、工农业关系、建设重点和地区布局，又提出了许多修改意见和建议。中央政治局会议后，中共中央决定将整个计划草案发给各省、市委以及国务院各部委党组讨论，征询意见，并提出"请各省委特别注意发展本省的农业生产的计划"。

第一个五年计划一方面初步编制和开始执行，一方面继续不断讨论修改，先后历时四年，五易其稿，到1954年9月基本定案。后来人们把这种具有浓厚的探索色彩的编制过程，形象地称为"五年计划，计划五年"。1955年3月31日，中共全国代表会议对"一五"计划草案进行了审议，决定原则通过《关于中华人民共和国发展国民经济第一个五年计划（草案）的决议》。6月，中央委员会根据会议提出的意见，对草案进行了必要的修改。6月27日，周恩来在第一届全国人大常委会第17次会议上，对将要提请一届全国人大二次会议审定的《关于中华人民共和国发展国民经济第一个五年计划（草案）》作了说明。7月30日，全国人大一届二次会议审议并正式通过"一五"计划。全国人民代表大会一致认为：中共中央主持拟定的这个计划"是全国人民为实现过渡时期总任务而奋斗的带有决定意义的纲领，是和平的经济建设和文化建设的计划"。至此，我国第一个五年计划编制工作基本结束。

2. 计划内容

第一个五年计划的基本任务，概括地说来就是：

> 集中主要力量进行以苏联帮助我国设计的一五六个建设单位为中心的、由限额以上的六九四个建设单位组成的工业建设，建立社会主义工业化的初步基础；发展部分集体所有制的农业生产合作社，并发展手工业生产合作社，建立对于农业和手工业的社会主义改造的初步基础；基本上把资本主义工商业分别地纳入各种形式的国家资本主义的轨道，建立对于私营工商业的社会主义改造

的基础。这是中国共产党和中华人民共和国国家机关领导全国人民为实现过渡时期总任务而奋斗的带有决定意义的纲领。①

第一个五年计划规定：五年内经济和文化教育建设总支出为766.4亿元，折合黄金7亿多两。这在中国过去的历史上是从来没有过的。在这个总支出中，基本建设投资占55.8%，达427.4亿元。基本建设投资427.4亿元的分配是：工业占58.2%，248.5亿元，其中生产资料工业投资占88.8%，消费资料工业投资占11.2%。五年内工业新建、改建单位共694个，加上农村水利项目252个，运输邮电220个，文教卫生160个，全部限额以上单位共1600多个。②

第一个五年计划规定：工农业总产值由1952年的827.1亿元增加到1957年的1249.9亿元，增长51.1%，平均每年增长8.6%。工业总产值由1952年的270.1亿元增加到1951年的535.6亿元，平均每年增长速度14.7%。其中生产资料生产的年增长率为17.8%，消费资料生产的年增长率为12.4%。手工业总产值，计划由1952年的73.1亿元增加到1957年的117.7亿元。农副业总产值，计划由1952年的483.4亿元增加到1957年的596亿元，平均每年增长4.3%。粮食产量年增长率为3.3%，棉花产量年增长率4.6%。③

第一个五年计划的编制期间，正是我国社会主义过渡时期总路线的形成期间。因而，第一个五年计划还体现了社会主义改造的方向。如在工业的社会结构方面，国营工业年增长率定为18.1%，超过整个工业年增长率3.4个百分点（工业年增长率为14.7%），从而公私工业比重将发生显著变化：国营工业将由52.8%上升到61.3%；合作社营工业由3.2%上升到4.4%；公私合营工业由5%上升到22.1%；④ 私营工业比重将在产值有所增长的同时，比重明显下降。另一方面，计划对不同所有制经济也区别对待，对于国营经济是直接计划、指令性计划，要求国营企业对于国家的计划必须努力完成和超额完成；对于个体经济和资本主义经济则是间接计划，即对个体经济通过合作的道路，对资本主义经济通过国家资本主义的经营方式，并通过国家的价格政策和各种具体政策，对其起调节作用；对于集体经济则是指导性计划。

中国经济技术落后，新中国建立后希望尽快实现工业化和国民经济的快速增长。在最初试编五年计划概要时未经过严格的计算，对工业生产的发展速度要求过快，安排平均每年递增20%，其中国营工业平均年递增24%左右。对于这种高速增长的计

---

① 《中华人民共和国发展国民经济的第一个五年计划（1953—1957）》，人民出版社1955年版，第18—19页。

② 参见刘国光主编：《中国十个五年计划研究报告》，人民出版社2006年版，第61页。

③ 参见刘国光主编：《中国十个五年计划研究报告》，人民出版社2006年版，第61页。

④ 参见刘国光主编：《中国十个五年计划研究报告》，人民出版社2006年版，第61页。

划，苏联领导人和专家提出不同意见并给予良好的建议。后来经过反复测算，在五年工业总产值中，靠原有企业生产的比重占 70%，只有 30% 靠新建企业。此后，在具体指标的计算上，计划安排工农业总产值平均每年递增 8.6%，其中工业产值每年递增 14.7%，生产资料的生产每年递增 17.8%。最初的计划草案对农业生产的增长也安排了过高的指标，要求平均每年递增 7%。这是基于土地改革和农业互助发展能够带来农业生产的提高和发展。但事实上，在没有新技术因素引进和推广的传统农业，是不可能有持续的高增长的。后来在修改计划过程中，考虑到农业生产 1953 年、1954 年连续两年都没有完成年度计划的主要指标，又作了适当的调整。最后确定农业总产值平均每年增长 4.3%。这种计划安排，较充分地考虑了现实条件的制约，体现了综合平衡与充分留有余地的战略思想，是比较现实的选择。

在第一个五年计划中，生产资料工业特别是重工业发展得到优先考虑，不论从投资规模上还是增长速度上，都高于其他部门。在投资总额中，工业的比重占第一位，共 248.5 亿元，占 58.2%；在工业投资中，苏联帮助设计的主要是重工业的建设单位的投资占 44.3%，加上直接配套的建设投资，则占 51.5%，而轻工业投资比例较低。重工业基本建设的具体单位，限额以上的建设单位共 15 个，其中包括鞍钢、武钢和包钢三大钢铁基地建设。电力工业共有限额以上建设单位 107 个，煤矿工业限额以上建设单位共 194 个，石油工业建设单位共 13 个。机器制造工业，以发展冶金、发电设备、采矿设备以及运输机械和农业机械为重点，限额以上和以下的建设单位主要的有 80 多个。对此，当时产生过不同的意见。刘少奇在 1951 年 7 月 5 日对马列学院一班学员作《中国共产党今后的历史任务》报告时，提出关于农轻重次序的观点。有些同志包括一些党外人士，认为中国经历了 22 年的战争，经济亟待恢复，不能再打仗了，应该多搞轻工业。毛泽东把这种思想称为"小仁政"。他说，所谓仁政有两种：一种是为人民当前的利益；另一种是为人民的长远利益，例如抗美援朝、建设重工业。前一种是小仁政，后一种是大仁政。两者必须兼顾，但重点应该放在大仁政上。他指出：要建设，就要资金。所以，人民的生活虽然要改善，但一时又不能改善很多。就是说，人民生活不可不改善，不可多改善；不可不照顾，不可多照顾。照顾小仁政，妨碍大仁政，这是施仁政的偏向。①

"一五"计划事实上是一个以投资为主的计划，安排了 766.4 亿元的投资。这在中国历史上是不曾有的。但由于中国技术水平低，缺乏大规模设备的制造能力，所以，整个计划围绕苏联的援助而设计。在解决资金问题上，坚持自力更生为主、争取外援为辅的方针。"一五"时期，国家财政收入共 1354.9 亿元，国外贷款为

---

① 参见中共中央文献研究室编：《毛泽东年谱（一九四九——一九七六）》第二卷，中央文献出版社 2013 年版，第 163—164 页。

36.4 亿元，外债仅占总收入的 2.7%。这个比例说明，主要依靠内部积累来取得经济建设所需资金。1952 年 8 月制定的《中国经济状况和五年建设任务》草案中，明确提出资金积累的四个主要来源：（1）靠有计划地提高生产，降低成本，增加国营工商业的收入；（2）靠私人资本主义工商业的工商税；（3）在增加农业生产条件下，增加农业税收入；（4）适当节约行政费用的支出。此外，国家还通过发行公债增加建设资金，从 1954 年到 1957 年共发行 4 次，实际发行额 27.5 亿元；同时，在城乡大力吸收储蓄存款，以补充建设资金的不足，1952 年底城乡居民存款余额约为 19 亿元，到 1957 年底达到 38 亿元。中国人民的勤俭传统，决定了中国较高的储蓄率，成为国家大规模投资的保障基础。

3. 重点工程

中国第一个五年计划的实行，得到苏联的大力支持。1949 年底到 1950 年初，毛泽东访苏，斯大林主动提出，这次远道而来，不能空着手回去，咱们能不能搞个东西？毛泽东回答说，恐怕要经过双方协商搞个什么东西，这个东西应该又好看又好吃。后来斯大林提出借款 3 亿美元，分 5 年还清，每年还 6000 万美元，年息 1 分。1950 年 2 月 14 日，中苏两国正式签订了《中华人民共和国中央人民政府苏维埃社会主义共和国联盟政府关于贷款给中华人民共和国的协定》，其中规定苏联以年利率 1% 的优惠条件贷款给中国 3 亿美元，用以偿付为恢复和发展中国经济而由苏联购买的机器设备与器材，中华人民共和国政府以原料、茶、现金、美元等分十年偿还贷款及利息。1950 年 9 月 30 日，两国互换协议批准书。随后，中国在编制"一五"计划的同时，一方面不断征求苏联领导人和专家的意见，另一方面与苏联进行有关经济援助的谈判。"一五"计划的编制与执行与苏联援助密切相关。

1953 年 5 月，中苏两国政府签订了《关于苏维埃社会主义共和国联盟政府援助中华人民共和国中央人民政府发展中国国民经济的协定》，规定苏联援助我国建设或改建 91 个企业，包括 2 个百万吨钢铁联合企业、8 个有色冶炼企业、8 个矿井、1 个煤炭厂、1 个百万吨炼油厂、32 个机器制造厂、16 个动力及电力机器厂、7 个化工厂、10 个火力发电站、2 个药厂及 1 个食品厂。上述 91 个企业，加上 1953 年 4 月以前，在 1950—1952 年 3 年中陆续委托苏联设计，并经苏方同意援助我国建设与改建的 50 个企业，共 141 个企业。中国政府为偿付以上设备和技术援助，将按质按量对苏联供给钨精矿 16 万吨、锡 11 万吨、钼精矿 3.5 万吨、锑 3 万吨、橡胶 9 万吨以及羊毛、黄麻、大米、猪肉、茶叶等。1954 年 9 月赫鲁晓夫首次来华访问，决定在前述 141 项工程的基础上再增加 15 项工程，并提升技术含量。这样，苏联援助中国的工程项目就增加到 156 项。这些项目在确定以后，又随着发展和变化有所调整，但在公开宣传中仍称为"156 项工程"。这些项目中最大、最重要的包括：湖北武汉和内蒙古包头的两个钢铁厂、经过重建扩建的东北鞍山钢铁厂、长春汽车制造厂、洛阳拖拉机厂、哈尔滨轴承厂以及兰州炼油厂等。

156 项工程对于改变中国工业落后局面，初步建立起比较完整的基础工业体系，具有重要意义。苏联援助实际施工的 150 项项目的构成是：军事工业 44 个（航空工业 12 个、电子工业 10 个、兵器工业 16 个、航天工业 2 个、船舶工业 4 个）；冶金工业企业 20 个（钢铁工业 7 个、有色金属工业 13 个）；化学工业 7 个；机械加工业 24 个；能源工业 52 个（煤炭工业和电力工业各 25 个、石油工业 2 个）；轻工业和医药工业 3 个。从地区分布来看，这些建设项目主要分布在东北、中部和西部地区。其中，106 个民用工业东北有 50 个、中部地区有 32 个，在 44 个军事工业中中部和西部有 35 个。从 156 项工程的结构来看，主要出于以下三种考虑：一是针对朝鲜战争爆发后的国际形势和中国国防工业极端薄弱的情况，将国家安全放在紧迫的地位加以考虑。所以，部分项目是军工项目或与军工联系紧密的项目。二是旧中国重工业基础非常薄弱，已经成为工业化中的瓶颈部门，所以重工业项目占了较大的比重。三是既考虑到利用原来的工业基础，又考虑到备战和改善过去地区布局不平衡，所以不少项目安排在了内陆地区。至 1957 年底，156 项工程中有一半以上的项目已按期全部建成或部分建成投产。通过这些项目的建设，改变了我国的工业布局，建立了比较完整的工业体系和国防工业体系的框架，为我国的工业化建设奠定了基础。

4. "一五"计划总结

三年国民经济恢复期结束后，我国国内经济得到了总体恢复和初步发展，政治秩序、经济秩序和社会秩序均趋于稳定，加快经济发展速度成为全国人民的一致要求。面对这样难得的历史机遇，在中共中央的直接领导下，我国制定了发展国民经济的第一个五年计划。从 1951 年中财委试编五年计划纲要开始，到 1955 年一届人大二次会议正式通过，"一五"计划草案五易其稿，足见社会主义新政权在开启大规模经济建设时创业之艰难、权衡之审慎。

"一五"计划的两大基本任务是直接根据过渡时期总路线提出的：第一是要集中力量进行工业建设。以苏联帮助我国设计的 156 个建设单位为中心、由限额以上的 694 个建设单位为补充，建立我国社会主义工业化的初步基础。第二是要加快对各行业的社会主义改造。具体来说，发展部分集体所有制的农业生产合作社，并发展手工业生产合作社，建立对于农业和手工业的社会主义改造的初步基础；基本上把资本主义工商业分别地纳入各种形式的国家资本主义的轨道，建立对于私营工商业的社会主义改造的基础。到 1956 年，这两大基本任务的主要指标已提前完成。到 1957 年，"一五"计划得到了全面实现。

在社会主义改造方面，"一五"期间，我国对个体农业、手工业和私营工商业的社会主义改造任务基本完成，社会主义的生产关系基本确立。首先，在个体农业方面，到 1956 年底，全国参加农业合作社的农户占农户总数的比例已达到 96.3%，农业生产基本实现了合作化；其次，在手工业方面，到 1956 年底，全国手工业生产合作社发展到了 10 万多个，社员总数达到手工业从业人员总数的 91.7%，手工业生产基本实现了合作化；最后，在资本主义工商业方面，公私合营的程度不断加深，1955年底从个别企业的公私合营推进到了全行业的公私合营，到 1956 年底，私营工业产值占比已达不到全国工业总产值的千分之一，工商业的社会主义改造也基本完成。总体上看，到 1957 年底，国营经济、合作经济和公私合营经济在国民收入中的比重已由 1952 年的 21.3% 上升到了 92.9%，社会主义生产关系得到了基本确立。[①]

表 18-1　1952—1957 年国民收入公私比重

（单位:%）

年份	国营经济	合作社经济	公私合营经济	资本主义经济	个体经济	总计
1952	19.1	1.5	0.7	6.9	71.8	100
1953	23.9	2.5	0.9	7.9	64.8	100
1954	26.8	4.8	2.1	5.3	61.0	100
1955	28.0	14.1	2.8	3.5	51.6	100
1956	32.2	56.4	7.3	—	4.1	100
1957	33.2	56.4	7.6	—	2.8	100

资料来源：中国科学院经济研究所、中央工商行政管理局编：《中华人民共和国私营工商业社会主义改造统计提要（1949—1957）》，1958 年 10 月。转引自董志凯等：《中华人民共和国经济史（1953—1957）》上卷，社会科学文献出版社 2011 年版，第 309 页。

在基本建设方面，"一五"期间，我国共完成投资总额 550 亿元，其中对经济和文教部门的基本投资总额为 493 亿元，超过原计划的 15.3%。在新中国成立初期的国内外环境下，国家提供了基本建设的绝大部分投资。根据统计，"一五"时期我国基本建设投资的资金来源有 90.3% 来自国家投资，由企业自筹和其他投资的比例只有 9.7%。"一五"期间我国施工的工矿项目达 1 万多个，其中大中型项目达到 921 个，比原计划增加了 32.7%，苏联援建实际施工的 150 项工矿业基本项目中有 146 项在"一五"期间施工，其中有 68 个已经全部建成或部分建成投入生产。这些项目的投产直接推动了我国飞机制造业、汽车制造业、新式机床制造业、发电设备制造业、新型金属冶炼业等新工业部门从无到有的发展，建立了我国社会主义工业化的初步基础。[②]

"一五"计划的顺利完成不仅在实践上证明了我国以重工业为主导的工业化发展战略的成功，也为后来的经济建设积累了许多宝贵的经验。

第一，从实际出发，以严谨、审慎的态度编制经济计划。"一五"计划在制定过程中充分考虑到了当时我国大规模经济建设启动时遇到的困难和阻力，认识到了

① 参见赵德馨：《中国近现代经济史（1842—1991）》，厦门大学出版社 2013 年版，第 78—91 页。
② 数据来自《中国统计年鉴 1982》。

尽管全国人民对于经济发展存在着迫切需要，但仍应尊重自身发展条件限制和苏联及其他社会主义国家的发展经验。因此，是在国民经济基本恢复、基本人才培养初具规模、苏联等国经济技术援助条件基本具备的情况下优先发展重工业的，做到了主观需要和客观存在相结合。

第二，注重国民经济发展的协调性。在借鉴苏联和其他社会主义国家发展经验的基础上。我国认识到应有比例、按计划地开展经济建设。追求重工业部门和其他经济部门、建设计划同资金积累程度、中央和地方、原有工业基地和新建设工业基地、积累资金和改善人民生活之间的适当比例，避免出现彼此脱节的现象。这一原则在一定程度上减少了在计划执行中犯错误的可能，对于"一五"计划的顺利实施具有重要意义。

第三，积极借助外部有利条件。"一五"计划期间，我国在国际战略上采取"一边倒"的策略，在自力更生的大原则下，积极寻求社会主义阵营国家的援助。首先，"一五"计划在编制过程中就得到了苏联专家的宝贵意见，作为世界上第一个实行五年计划并取得巨大成功的国家，苏联积累了组织大规模经济建设的经验和教训。这些经验和教训，对于我国第一份五年计划的制定起到了重要的借鉴作用。另外，苏联等社会主义国家"一五"计划期间还给予了中国更多实际性的支持。除上文提到的156项工程之外，苏联还派出了3000多名技术专家直接来华指导建设，并于1954年向我国提供了5亿卢布的长期低息贷款，在技术上和资金上对于中国"一五"计划实施提供了大力援助。

但是，"一五"计划并不是完美的，在执行过程中出现了几个较为严重的问题。第一，社会主义改造过急过快。毛泽东曾将过渡时期总路线中的工业化比喻为鸟的本体，把对个体农业、手工业的社会主义改造和资本主义工商业的社会主义改造比喻为鸟的两翼，认为两翼要带动主体飞行。在这样的思想指导下，我国在"一五"期间社会主义改造的步子越迈越大，在一定程度上使生产关系的发展背离了生产力的实际发展水平，为后来相当长一段时期的社会主义建设留下了隐患。第二，我国在计划执行期间出现了经济运行过热、投资效率降低的现象，特别是在1953年和1956年出现了两次全局性的急躁冒进，基本建设投资总额激增，造成了系统性的财政困难和流通困难，反映了在经济建设的过程中存在着急于求成、不实事求是的错误思想。第三，重工业狂飙突进，农业生产增长速度较为缓慢，使经济结构出现了进一步的失衡。尽管，党和政府在制定计划之初就认识到了应在优先发展重工业的同时兼顾轻工业、农业等其他经济部门的发展。但由于必须集中力量办大事，投入农业部门的资金和技术人员数量都远远低于农业发展的实际需要，工业支农的成效实际上并不十分显著。"一五"计划的成功客观上对于之后我国采取集中度更高的重工业优先发展道路起到了推波助澜的作用。

总的来说，"一五"计划在总体上的成就是巨大的，对于我国工业化强国之路具有决定性的加速作用。在国际范围内，我国"一五"计划的制定和实施更是成为 20 世纪 50 年代后发国家工业化的成功案例。

三、经济增长

1. 总体概况

1952 年到 1957 年，伴随着"一五"计划的制定和顺利实施，我国的经济总量出现了大幅增长。国内生产总值按照当年价格计算从 679.0 亿元增长到了 1069.3 亿元，增幅达到 57.5%。人均国内生产总值从 119 元/人增至 168 元/人，提高了 41.2%。分部门看：第一产业产值由 346.0 亿元增长至 433.9 亿元，增幅 25.4%；第二产业产值由 141.8 亿元增长至 317 亿元，增幅 123.6%；第三产业产值由 191.2 亿元增长至 318.4 亿元，增幅 66.5%。第二产业的增长幅度和增长速度均明显领先于第三产业和第一产业。五年间，第一产业产值在国民经济中所占比重由 51% 下降至 40.6%，而第二产业所占比重则由 20.9% 提升至 29.6%。[1]

在工业部门内部，重工业优先的发展战略使重工业和轻工业之间的比例发生了剧烈变化，1952 年到 1957 年，轻工业产值增长了 83.3%，而重工业产值则增长了 201% 以上，二者之间的比例也从 37.3∶62.7 变为 45∶55。另外由于"一五"计划期间对于重工业内部制造工业的高度重视，制造业在重工业产值中所占的比重也出现上升，由 41.9% 提升至 47.4%。"一五"期间，我国经济结构出现了"工业快于农业，工业内部重工业快过轻工业。重工业内部制造业快于其他重工业"的重大转变，给我国未来的经济发展模式打上深刻的烙印。[2]

在经济效益上，由于生产技术升级较快、计划编制相对严谨、生产过程厉行节约、在经济过热出现之后调整及时，这一时期我国经济发展并没有出现过于粗放的现象，社会各部门的生产效率均有不同程度的提高，在工业部门尤其明显。据统计，以 1952 年为基准，1957 年我国全民所有制工业企业全员劳动生产率提高了 50% 以上。另外，1952 年到 1957 年，我国固定资产交付使用率除 1956 年之外均高于 80% 的水平，其中 1957 年更是达到新中国成立以来最高的 93.4%。大中型施工项目的建成投产率历年平均都在 13% 以上，其中 1957 年达 26.4%，也达到了历史最高水平。这些都是经济效益较高的具体表现。[3]

---

① 参见国家统计局国民经济综合统计司编：《新中国六十年统计资料汇编》，中国统计出版社 2010 年版。

② 参见《中国统计年鉴（1983）》。

③ 参见《中国统计年鉴（1983）》。

2. 部门状况

（1）农业部门

"一五"计划期间，我国对于农业生产的投入不断增加。首先，在基本建设投资方面，五年间国家用于农业的投资总额达 42.99 亿元，其中有三分之一为水利投资。其次，在国家财政方面，五年间国家财政支农的金额达到 99.58 亿元。再次，在银行贷款方面，我国国家银行增加了对农业生产建设的贷款，1957 年底农业贷款余额达到 27.7 亿元，比 1952 年增长了 5.6 倍。最后，在农用生产资料供给方面，我国大幅度地增加了对农用生产资料的投放数量，五年间我国农业机械总动力增长了近 5 倍，化肥施用量增加了 3.8 倍，农药使用量增加了 8.9 倍，农用柴油增长了 11.9 倍，农业大中型拖拉机数量从 1307 台增长至 14674 台，联合收割机从 284 台增长至 1789 台，农村用电量从 0.5 亿千瓦时增长至 1.4 亿千瓦时。我国农业生产条件出现了较大改善。[①]

表 18-2　农村农业生产条件改善情况

年　份	耕地面积（千公顷）	农业机械总动力（万千瓦）	有效灌溉面积（千公顷）	化肥施用量（万吨）	农村用电量（亿千瓦时）
1952	107918.7	18.4	19959.0	7.8	0.5
1957	111830.0	121.4	27339.0	37.3	1.4

资料来源：国家统计局国民经济综合统计司编：《新中国六十年统计资料汇编》，中国统计出版社 2010 年版。

1952 年到 1957 年，我国农业生产进一步恢复和发展。全国农业总产值由 417 亿元增长至 536.7 亿元，增幅达 24.8%。主要农产品产量均有不同幅度的增长。其中最主要的粮食产量由 16391.5 万吨增长至 19504.5 万吨，增长率达到 19.0%。人均粮食占有量由 285.2 公斤增长至 306.8 公斤，增长了约 7.6%，增长速度较三年经济恢复期出现了一定程度的放缓。棉花产量在播种面积相对不变的情况下由 130.4 万吨增至 164 万吨，亩产量从 31 斤增长至 38 斤，提高 22.6%。油料作物产量 1952 年产量为 419.3 吨，到 1957 年为 419.6 吨，产量没有出现增长。[②]

在种植业发展的同时，我国畜牧业、林业和渔业也取得了一定的增长成绩。畜牧业方面，大牲畜总头数从 1952 年的 7646 万头增长至 1957 年的 8382 万头，增长 9.6%。全国猪牛羊肉总产量从 338.5 万吨增长至 398.5 万吨，增长 17.7%；林业方面，林业产值出现了快速增长，从 1952 年的 2.9 亿元增长至 1957 年的 9.3 亿元，增长了两倍以上。"一五"期间，我国造林成就斐然，新造林总面积达到 2.1 亿亩；渔业方面，五年间我国渔业产值从 1.3 亿元增至 2.9 亿元，增长一倍以上。全

---

① 数据整理自《新中国六十年统计资料汇编》和《中国统计年鉴（1983）》。

② 参见国家统计局国民经济综合统计司编：《新中国六十年统计资料汇编》，中国统计出版社 2010 年版。

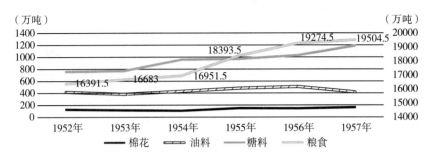

图 18-1　主要农产品产量

资料来源：国家统计局国民经济综合统计司编：《新中国六十年统计资料汇编》，中国统计出版社 2010 年版。

国水产品产量由 166.6 万吨增至 311.6 万吨，增长了 87%。①

　　农林牧渔的全面发展有力地支援了我国的整体经济建设。首先，用作轻工业生产原料的农产品产量的增加满足了我国轻工业的发展需要。据统计，1957 年以农产品为原料的轻工业产值占轻工业总体的 81.6%。从 1952 年到 1957 年，我国以农产品为原料的轻工业产值增长了 70.6%。其次，农业生产发展为我国工业化建设贡献了大量资金，这些资金一部分来自农民上缴的农业税，另一部分来自农产品及其加工品的出口创汇。根据统计，1952 年到 1957 年，农副产品出口累计达到 106.72 亿元，占我国总出口的比例达到 45.65%，农副加工品出口累计达到 68.56 亿元，占总出口的 29.33%，两项之和达到了 136.05 亿元，为我国工业化建设换回了大量重要的设备。②

　　这一期间我国农业部门发生的最大变化出现在生产关系上，到 1956 年底，我国第三阶段的农业社会主义改造基本完成，所有制上完成了从农民个体所有制向社会主义集体所有制的改变。农业合作组织的建立在初期通过补充农业劳动力、改善生产工具、推广农业技术等方式促进了农业生产的发展，但随着国家和农民投入的增加，劳动力不足和资本不足等制约我国农业增长的因素被破除，农业集体化在长期中的效率问题逐渐凸显。③

　　（2）工业部门

　　"一五"计划期间，国家财政对工业部门给予了宏大的投资。五年内全国投资额共计 549.93 亿元，其中对工业投资就达到了 250.26 亿元，占到了总体的 45.5%。④

————————

　　① 参见《中国统计年鉴（1983）》。
　　② 参见《中国统计年鉴（1983）》。
　　③ 具体参见匡家在（2013）对 Lardy（1983）和林毅夫（1990）等观点的讨论。匡家在：《1952—1957 年农业生产绩效研究述评》，《中国经济史研究》2013 年第 3 期。
　　④ 参见《中国统计年鉴（1981）》。

由于当时国际局势不明朗，在编制"一五"计划时中共中央认为我国当时的形式比苏联开始国民经济计划时的形势更为严峻，因此做出了必须加快发展国防工业和重工业的判断。因此在"一五"期间，我国工业投资额中的85%都用在了发展重工业上。而在重工业内部，冶金、机械、国防工业等部门的实际完成投资则占到了重工业投资的90%以上。

在国家财政的大力支持下，"一五"期间我国共上马施工了1万多个建设单位，其中大中型项目921个。到1957年底，全部建成投产的有428个，部分投产的有109个。① 我国工业产值也从119.8亿元增长至271亿元，整体增长率达到128.6%。其中轻工业总产值增加了83.2%，重工业增长了210.7%。轻重工业在工业中的地位发生了实质性的改变。②

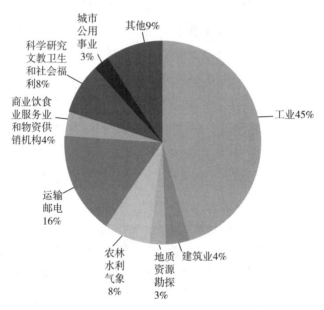

图18-2 "一五"期间我国国民经济各部门基本建设投资比例

资料来源：《中国统计年鉴（1981）》。

1957年底，我国主要工业产品产量较1952年均出现了大幅度的增长，其中：能源产品天然气、原油、发电量和原煤产量分别增长了775.0%、231.8%、164.4%和98.5%；冶金工业产品也出现了大幅增长，生铁、钢和成品钢材增幅均超过了200%；制造业消费品缝纫机由6.6万架增加至27.8万架，自行车由8.0万辆增加至80.6万辆，也出现了较大幅度的增长；这一阶段，我国轻工业产品产量也有所增长，其中轻工业产品纱由65.6万吨增加至84.4万吨，布由38.3亿米增

---

① 参见叶扬兵：《论"一五"时期优先发展重工业的战略》，《社会科学研究》2002年第5期。

② 参见《中国统计年鉴（1981）》。

加至 50.5 亿米，但同主要重工业产品的增速相比稍显缓慢。

表 18-3　主要工业产品产量

	1952 年	1957 年	增　幅
天然气（亿立方米）	0.08	0.7	775.0%
钢（万吨）	135	535	296.3%
成品钢材（万吨）	106	415	291.5%
原油（万吨）	44	146	231.8%
生铁（万吨）	193	594	207.8%
发电量（亿度）	73	193	164.4%
水泥（万吨）	286	686	139.9%
原煤（亿吨）	0.66	1.31	98.5%

资料来源：《中国统计年鉴（1981）》。

冶金工业在这一时期接收了基本建设投资 46.61 亿元，新增固定资产 38.13 亿元。[1] 钢铁工业方面，鞍山钢铁公司高炉、轧钢厂、无缝钢管厂以及本溪钢铁公司、吉林铁合金公司等的新建、改建和扩张，巩固了以鞍山为中心的我国东北钢铁工业的地位。而这一时期华北的包头钢铁公司和中南的武汉钢铁公司也在施工当中，对于我国未来工业格局的优化和钢铁生产能力的提升埋下了伏笔。有色金属冶炼方面，云南锡业公司、白银有色金属公司、江西大吉山钨矿、杨家杖子钼矿等重点工程的施工和建成，使我国有色金属冶炼实现了从无到有的发展，摆脱了历史上只能依赖于进口的尴尬局面。一批有色金属加工企业，如哈尔滨铝加工厂、吉林炭素厂和山东铝氧厂的建立则为我国国防工业，特别是新兴的飞机制造业等提供了重要支撑。

机械工业这一时期共接收基本建设投资 38.47 亿元，新增固定资产 30.25 亿元。[2] 机械工业在"一五"期间创造了我国现代工业史上的多个第一：我国第一座年产 3 万辆载重汽车的长春汽车制造厂、第一座生产机床的沈阳第一机床厂、第一座生产锅炉的哈尔滨锅炉厂、第一座制造精密仪器的哈尔滨量具刃具厂、第一座生产电子管的北京电子管厂、第一座制造喷气式飞机的沈阳飞机厂均在此期间先后投产，实现了巨大跨越式的发展。数十个机械制造系统的形成和完善使我国的机械设备自给率从新中国成立初期的 20% 左右提升到了 1957 年的 60% 左右。4000 多项机械工业新产品投入生产。一个门类齐全、初具规模的机械工业基础基本实现。[3]

---

[1]　参见《中国统计年鉴（1983）》。

[2]　参见《中国统计年鉴（1983）》。

[3]　参见中华人民共和国国家经济贸易委员会编：《中国工业五十年——新中国工业通鉴》第二部（1953—1957）上卷，中国经济出版社 2000 年版，第 99 页。

化学工业这一时期共接受基本建设投资 13.61 亿元，新增固定资产 8.75 亿元。[①] 化学药品生产能力从 0.01 万吨增长至 0.22 万吨，硫酸生产能力从 19.0 万吨增长至 50.6 万吨，纯碱生产能力由 19.2 万吨增至 50.6 万吨，纯碱生产能力由 7.9 万吨增至 19.8 万吨，农药生产能力由 3.9 万吨增至 15.1 万吨，其中值得一提的是磷肥产量由 0 吨增长至 2.2 万吨。[②] 包括吉林化学公司、太原氮肥厂、华北制药厂、兰州合成橡胶厂等一批化学工业重点工程相继投产，使我国开始具备了生产高级化学药品、航空油漆和特种橡胶制品等新型化学工业制品的能力。其中，由苏联援建的华北制药厂生产的青霉素已基本能够满足我国的国内需求，青霉素基本不再需要进口。

能源工业在此期间共接受基本建设投资 71.44 亿元，新增固定资产 57.18 亿元。[③] 无论是基本建设投资额还是新增固定资产都领先于其他工业部门。其中石油工业中兰州炼油厂等的筹备和建立，使我国的石油化工业开始起步；煤炭工业方面，五年内黑龙江鹤岗和鸡西、辽宁抚顺和新海州、陕西王石凹等九大煤矿建成投产，使我国煤炭开采能力提高了 6000 余万吨，同时新建和恢复洗煤厂 24 座，年处理原煤能力超过 2000 万吨；电力工业方面，分布各省、直辖市、自治区的 76 个大型水、热电站也陆续完工，五年内新增发电机组量达到 246.88 万千瓦。到 1957 年，我国年发电量已达到 193.35 亿千万时，在世界上的排名上升到第 13 位。[④]

此外，建材工业、森林工业、食品工业、造纸工业和纺织工业在这一时期也有一批重点工程投产。其中食品工业累计接受基本建设投资额 10.15 亿元，造纸工业 3.79 亿元，纺织工业 15.98 亿元。[⑤]

"一五"期间，我国的工业技术水平得到了迅速提高，经济增长并不仅依靠投资额的增长，全要素增长率的提高在这一过程中也扮演了重要的角色。

首先，我国政府积极支持技术创新，鼓励发明创造。具体举措包括：学习推广来自苏联的先进技术、我国已有的先进经验以及征集合理化建议；政府通过物质奖励等方式鼓励全社会的技术发明、技术改进和合理化建议；下达新产品试制计划等。这些举措均显著地提高了企业管理水平、提高了企业员工劳动生产率。

---

① 参见《中国统计年鉴（1983）》。
② 参见国家统计局国民经济综合统计司编：《新中国六十年统计资料汇编》，中国统计出版社 2010 年版。
③ 参见《中国统计年鉴（1983）》。
④ 参见中国社会科学院、中央档案馆编：《1953—1957 中华人民共和国经济档案资料选编·工业卷》，中国物价出版社 1998 年版。
⑤ 参见《中国统计年鉴（1983）》。

表 18-4 全国各产业部门合理化建议的提出与执行情况

（单位：千件）

	1953 年	1954 年	1955 年
提出	656	849	533
执行	293	463	233
执行比率	44.7%	54.5%	43.7%

资料来源：中国社会科学院、中央档案馆编：《1953—1957 中华人民共和国经济档案资料选编·综合卷》，中国物价出版社 2001 年版，第 1040 页。

其次，政府增加了工业设备与技术装备的投入。"一五"期间，我国工人装备的生产用固定资产从人均 3525 元增长至 5138 元，增长率达 47%；工业企业工人平均耗电量从 1397 千瓦时增长至 2649 千瓦时，增长了 77%；国营工业企业工人使用的动力机械总能力从人均 1.73 马力增至 3.19 马力，增加了 79%。工业设备与技术装备水平得到了大幅提高。[1]

最后，我国行业机械化程度和生产设备的利用率不断提升。部分劳动力密集型工业的机械化水平有了较快增长，资料显示，"一五"期间煤炭工业和木材工业的主要生产工序中的机械化比重都有一定程度增加，以煤炭企业回采工作面运煤一项为例，1952 该工序的机械化程度为 54.39%，而到 1957 年这一数字提高至 75.14%。另外，我国工业企业的生产设备利用率在此期间出现了一定程度的提高，其中钢铁工业中大中型高炉的利用系数从 1952 年的 1.02 吨/立方米/天，提高到 1957 年的 1.32 吨/立方米/天，电子工业的发电设备的利用由 3800 个小时提高至 4794 个小时等。这些方面的改进使企业的经济效率和经济效益都出现了进一步的提升。[2]

（3）交通邮电

"一五"期间，我国交通运输业和邮电业的计划管理和整体观念都是围绕为重工业发展服务展开的。面对工业生产的庞大需求和自身运力的不足之间的矛盾，我国政府和交通运输业、邮电业工作者开展了积极的探索和卓绝的努力。

五年间，我国对交通和邮电部门的基本建设总投资为 82.1 亿元，整体偏低。其中交通运输业 78.49 亿元，包括对铁道部投资 56.7 亿元，对分管公路运输、水运的交通部投资 13.39 亿元，对民用航空局投资 1.1 亿元，对地方交通投资 7.39 亿元。投资于邮电部门的金额为 3.61 亿元，只占到总体的 4.4% 左右。[3]

---

[1] 参见《中国统计年鉴（1983）》。
[2] 参见《中国统计年鉴（1983）》。
[3] 参见国家统计局国民经济综合统计司编：《新中国六十年统计资料汇编》，中国统计出版社 2010 年版。

从总体来看，1952—1957 年间我国主要运输部门的运输量都出现了一定程度的增长。整体货运量从 3.15 亿吨增长到 8.04 亿吨，5 年间增长了 155%，其中铁路货物量增长 107%，公路货运量增长 185%，水运货物量增长 200%，民用航空货运量则增长了 300%。整体客运量从 248.4 亿人公里增长至 496.3 亿人公里，增长了 99.8%，其中铁路旅客周转量增长 79.6%，公路增长 288.1%，水运增长 89.4%，民用航空增长 300%。[①]

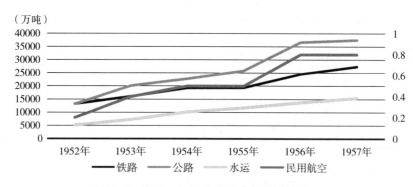

图 18-3　1952—1957 年我国货运量增长情况

资料来源：国家统计局国民经济综合统计司：《新中国六十年统计资料汇编》，中国统计出版社 2010 年版。

在铁路方面，我国实行高度集中和半军事化的管理建设模式。"一五"期间，除上文提到的货运量和客运量的增长之外，我国铁路经营效益出现了明显提高，万吨公里用煤量五年间下降了 1/4，运营人员的劳动生产率提高了 3/4，客货车的运行准点率都提升了 10% 以上。到 1957 年底，我国铁路通车里程达到 2.99 万公里，比 1952 年增长了 22%。整个"一五"期间，我国共新建铁路 33 条，总计 4861 公里；恢复铁路 3 条，共 474 公里，新建复线、修复复线共 1317 公里。宝成线、鹰厦线两条当时施工难度最大、铺设里程最长的线路于 1957 年底相继开通，成为"一五"时期我国铁路建设的代表性成就。除此之外，武汉长江大桥铁路、公路也在 1957 年 10 月正式开通，将京汉线和粤汉线两线连为一体，"天堑变通途"的设想成为现实。在铁路装备上，这一时期我国的铁路车辆制造能力也有所提高，成都机车车辆厂、长春客车厂、大同机车厂等都在"一五"期间顺利开工，其中成都厂于 1955 年已经投产，整个"一五"期间我国共建造铁路机车 551 台，客车 1958 辆，火车 33603 辆。[②]

在公路方面，我国公路建设长期滞后，远远不足以满足人民的生产生活需要。

---

① 参见国家统计局国民经济综合统计司编：《新中国六十年统计资料汇编》，中国统计出版社 2010 年版。

② 整理自国家统计局国民经济综合统计司编《新中国六十年统计资料汇编》（中国统计出版社 2010 年版）和《中国统计年鉴（1983）》。

据统计，到 1955 年我国不通公路的县还有 336 个，为了扭转这一现象，在"一五"期间我国开展了"有计划、有重点、有标准"的公路建设。公路总通车里程从 1952 年的 126675 公里增长到了 1957 年的 250000 公里，平均每年增长 14%左右。全国不通公路的县数量在 1955 年到 1957 年两年时间减少到 151 个。康藏、青藏公路的相继开通结束了我国物资进藏困难的局面。与此同时，在短途运输上，我国在广大中小城市和农村之间修建了许多简易公路。①

在邮电业方面，"一五"期间面对资金不足的障碍，我国邮电部门集中力量办大事，加强了以北京为中心的全国邮电通信网建设，初步建立了比较完整的通信网，五年间邮路总长度从 128.97 万公里增至 222.26 万公里，增长 72%。我国农村地区和少数民族地区的邮路线路有了较快增长，中央"乡乡通邮路"的号召得到了基本实现。在城市中，市内电话数量从 31.2 万门增至 64.7 万门，增长 110%，城市居民的通信便利程度有了大幅提高。从 1952 年起，邮电行业整体扭亏为盈，"一五"期间全部门净缴利润达到 3.71 亿元。②

四、社会发展

1. 劳动就业

"一五"时期，伴随人口的快速增长以及社会风尚和生活观念的急剧转变，劳动年龄内人口特别是家庭妇女大量进入劳动力市场，导致我国劳动参与率的显著提高。1951 年到 1957 年，我国劳动力资源总数从 26710 万人增至 29000 万人，共有 2000 多万人新进入劳动力市场。这就使我国劳动就业面临严峻的考验。③ 为此，国家采取了一系列措施来统筹就业人口。在城市，"一五"计划期间，为配合国民经济计划的开展，我国政府将劳动者就业自主权和企事业单位的招、用工逐步收紧到劳动部门和中央集中，劳动力统一招收和调配制度逐步从建筑业扩大到所有行业全面施行，形成了城市劳动就业计划体制。在农村，由于经济恢复时期城市生活水平较农村提高较快，农民自发进城成为较为普遍的现象，但是由于我国当时城市安置能力有限，政府对农民进城高度警惕，规定各单位未经劳动部门许可不得去农村招收工人。到 1955 年我国户籍制度正式建立，并规定了粮食计划供应与城镇户口挂钩之后，我国农村劳动力向城市就业流动的可能性已微乎其微。

与城市劳动就业计划体制建立几乎同时，我国在劳动力管理上的微观机制逐步

---

① 整理自国家统计局国民经济综合统计司编《新中国六十年统计资料汇编》（中国统计出版社 2010 年版）和董志凯等主编《中华人民共和国经济史（1953—1957）》（下）（社会科学文献出版社 2011 年版）。
② 参见董志凯等主编：《中华人民共和国经济史（1953—1957）》（下），社会科学文献出版社 2011 年版，第 613 页。
③ 参见《中国统计年鉴（1983）》。

形成，通过实行劳动定额工作和编制定员管理制度，形成了我国国营企业劳动管理制度的雏形。"一五"期间，劳动定额工作逐步健全，定额面不断扩大，定额水平不断提高，并逐步制定和实行了全国统一的劳动定额，为实行计件工资，贯彻按劳分配原则创造了条件，在设立初期对劳动者生产效率的提高起到了一定的促进作用。另外，在"一五"计划执行过程中，部分上马项目招工人数过高，企业冗员现象严重。据估计，1955年初重工业、铁路等10个部门企业过剩员工多达20余万人。为解决企事业单位人浮于事、劳动力浪费的现象，我国严格执行了严格控制企事业单位人员编制、加强编制管理制度的政策。至此，我国在宏观和微观层面的劳动力计划管理体制基本形成。

整个"一五"期间，我国工业生产能力增长迅速，创造了大量劳动岗位，就业人员数量明显增加，失业率明显下降，就业结构发生了较大改变。

第一，就业人数。从1952年到1957年我国社会劳动者人数由2.07亿人增加至2.38亿人，增加近15%。职工人数由1603万人增加至3101万人，增加93.45%，除吸纳经过社会主义改造后的城镇个体劳动者之外，还吸纳了800万农村劳动力。"一五"期间，我国职工平均货币工资也有较大提高。我国国有企业员工1957年平均工资为637元，比1952年提高了42.8%；城镇集体员工平均工资1957年为571元，比1952年提高了64.1%。[1]

第二，失业率。1957年我国基本解决了旧中国遗留的城市失业问题，通过实行介绍就业和自行就业相结合的方针，从1952年到1957年，我国城镇失业人数从376.6万人减少到了1957年的200.4万人，城镇人口失业率从13.2%降低到了5.9%。[2]

第三，劳动力就业结构。城乡结构上，我国城镇就业增长速度领先于农村，五年间城镇劳动者比例从12.0%增长至13.5%，而农村劳动者比例则从88.0%降低到86.5%；产业结构上，"一五"期间，我国重工业就业人数增长较快，轻工业就业人数出现下降，农业就业人数有所增长，但所占比例基本持平。具体来说，从1952年到1957年，我国农业就业人数占工农业劳动者总人数比例从93.3%变为93.2%，轻工业占比从4.7%下降到4.1%，而重工业占比则从2.0%提高到2.7%；[3]地区结构上，由于我国基本建设投资和项目建设地选址向中西部地区倾斜，在统招统配的劳动力管理制度下，这一时期我国工程技术人员和建筑工人等出现了向内地的转移，全社会劳动就业的比例中东部地区和沿海地区所占份额出现了

① 参见《中国统计年鉴（1983）》。
② 参见国家统计局社会统计司编：《中国劳动工资统计资料（1949—1985）》，中国统计出版社1986年版。
③ 参见《中国统计年鉴（1983）》。

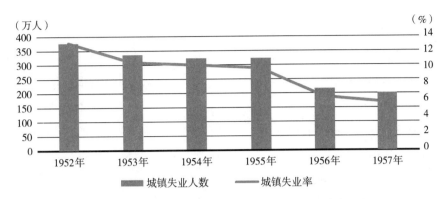

图 18-4　1952—1957 年我国城镇失业人数和城镇失业率

资料来源：国家统计局社会统计司编：《中国劳动工资统计资料（1949—1985）》，中国统计出版社 1986 年版。

一定下降，中西部地区则略有上升。

2. 人民生活

"一五"时期，我国经济建设开展顺利，为我国城乡居民收入水平和生活水平的提高打下了坚实的物质基础。五年间，全国人民平均消费水平从 1952 年的 80 元增长到了 1957 年的 108 元，增长了 35%。其中城镇居民消费由 154 元增至 222 元，增长 44.2%；农村居民消费由 65 元增至 82 元，增长 26.2%。总体来看，这一时期我国城乡居民收入水平和消费水平都出现了显著的提高，但城镇居民生活改善程度远超农村居民。[①]

城市方面，这一阶段我国城镇人口数量增加较快。但由于城镇居民就业面扩大、职工工资水平逐年提高、劳动保险和社会福利范围扩大，城镇居民生活水平有了大幅提升，过上了基本温饱的生活。据调查资料显示，1957 年我国城镇居民家庭平均每人每月全部收入 21.13 元，平均每人每月生活费支出 18.50 元，每月收入尚有结余，因而城镇居民的储蓄额在此期间还出现了较快增长，从 8.6 亿元提高到了 27.9 亿元，增长了 224%。购买手表、自行车和收音机"三大件"逐渐成为城镇家庭的新风尚。

农村方面，这一阶段我国农业生产继续恢复发展，农民收入有所增长，穿衣吃饭的问题得到了部分解决，但由于我国经济基础较薄弱，农业生产力水平较低，广大农民群体的生活水平仍相对较低。这一期间，随着主要农产品产量的增长，农村地区的人均消费量有所增长。另外，国家还适当调高了农副产品的收购价格，在此期间粮食类价格提高了 17%，经济作物类价格提高了 13.2%，禽畜产品类价格提

---

① 参见国家统计局国民经济综合统计司编：《新中国六十年统计资料汇编》，中国统计出版社 2010 年版。

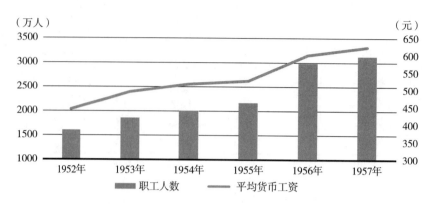

图 18-5　1952—1957 年我国职工人数和平均货币工资

资料来源：国家统计局国民经济综合统计司编：《新中国六十年统计资料汇编》，中国统计出版社 2010 年版。

高了 39.3%，而这一时期提供给农村的工业产品价格基本不变，因此工农业之间的剪刀差有所缩小，农村居民得到了一定的实惠。[1] 与此同时，整个"一五"期间，我国农业税收比例相对稳定，农业税占实际产量的比例从 1952 年的 12.2% 微跌至 1957 年的 11.6%，这也促进了农民收入的提高。但由于限制农民进城政策、主要农产品国家统购政策、农业集体化政策的推行，农民的收入增长和生活改善受到了极大的制约，导致了城乡收入差距和工农生活差距的逐渐拉大。

分配制度上，"一五"期间我开始实行粮票、布票等同钞票并用的分配制度。工农业生产的发展使我国城乡购买力在"一五"期间出现了较大幅度的增长，人民的物质需求增长速度超过消费品生产的增长速度，因此出现了大部分商品供不应求、城市物价上涨迅速的情况。为解决消费品短缺、供需关系紧张的问题，我国采取了对居民生活必需品实行计划供应的政策，开始用"凭票、凭证、限额、限量"的办法供应生活必需品。在为保证工业化发展的前提下，最大可能地保证了人人享有获取维持基本生活必需品的权利。这一制度对于当时城乡居民的生活产生了深刻影响，但在当时的历史条件下，是具有充分合理性的。

3. 社会保障

"一五"期间，我国社会保障的主要发展集中于职工劳保福利领域，企业劳动保险制度和国家机关事业单位公费医疗制度有了长足进步。

（1）企业职工劳动保险制度

在 1953 年修订的《中华人民共和国劳动保险条例》推行下，"一五"期间，我国企业职工劳动保险制度取得了全方位的发展。

首先是实施范围不断扩大。新修订的劳动保险条例规定将劳动保险的实施范围

---

[1]　参见董志凯等主编：《中华人民共和国经济史（1953—1957）》（下），社会科学文献出版社 2011 年版，第 868 页。

从 1951 年规定的百人以上的工矿企业和其他交通运输企业扩展到全体厂矿和交通事业、建筑业的全部生产大类。到 1956 年，这一范围继续扩大，将商业、外贸、粮食、金融、民航、石油系统等 13 个部门纳入其中。全国各类生产企业均享受到不同程度的劳动保险待遇，实行劳动保险和享受公费医疗待遇的职工人数增长迅速。

表 18-5 我国实行劳动保险和享受公费医疗职工人数

（单位：万人）

	1952 年	1957 年	增 幅
实行劳动保险的人数	330	1150	248.5%
享受公费医疗的人数	400	657.2	64.3%

资料来源：中国社会科学院、中央档案馆编：《1953—1957 中华人民共和国经济档案资料选编·劳动工资和职工保险福利卷》，中国物价出版社 1998 年版。

其次，是保险待遇标准全面提高。根据修订的《中华人民共和国劳动保险条例》，企业职工退休工资由本人工资的 35%—60% 提高到 60%—80%；病假工资和疾病救济标准提高，其中 6 个月以内的短期病假工资待遇从 30% 左右提高到了 40%—60%；死亡丧葬费从企业 2 个月的平均工资提高到了 3 个月；放宽可退休时对本企业工龄规定的条件。[①]

劳动保险制度的建立和推进为减轻我国企业职工的生活困难，特别是面对事故、疾病等突发风险的能力，为有需要的职工搭建了社会安全网。

（2）国家机关和事业单位社会保险制度

按照 1952 年颁布的《关于全国各级人民政府、党派、团体及所属事业单位的国家工作人员实行公费医疗预防的指示》精神，我国初步建立了机关事业单位的公费医疗制度和抚恤制度，这些制度在"一五"期间有了进一步的完善。

首先，补充了国家工作人员患病期间的待遇和子女的医疗问题。确定了国家工作人员享受高于一般企业职工医疗待遇，并为国家机关工作人员解决子女医疗问题提供了解决方案，要求有能力的单位集中进行单位统筹，没有统筹能力的，由国家工作人员自理，生活困难的由单位提供一定福利补助。

其次，建立了国家工作人员生育保险制度。规定了女工作人员正常享受 56 天的生前生后产假，并对一些特殊情况给予特殊规定。女工作人员孕期的检查费和生育的接生费都由国家负担，产假期间的工资照常发放，待遇同企业女职工基本相同。

最后，确立了国家工作人员养老保险制度。工作人员享受退休的标准得到明

---

① 参见董志凯等主编：《中华人民共和国经济史（1953—1957）》（下），社会科学文献出版社 2011 年版，第 842 页。

确，按照规定：男性满 60 岁、女性满 55 岁且工作时间超过 15 年的可以退休；因劳丧失工作能力且工作年限满 10 年的可以退休。工作人员退休之后退休金由所在县一级单位从优抚费中拨出，直至员工死亡。退休工资比例稍低于一般企业职工。[①]

（3）福利设施建设和福利补贴制度

除制度建设之外，我国还为企事业单位职工修建了大量包括生活服务机构和文化娱乐设施等的集体福利设施。生活服务机构方面，企业兴建了托儿所、幼儿所保障员工子女健康成长，解放妇女劳动力，并举办食堂、浴室、理发室、休息室等方便员工和员工亲属的生活需要。据统计，仅工矿企业 1957 年底就开办了 1.1 万家托儿所，比"一五"计划开始时提高了近十倍。文化娱乐设施方面，企业兴建了大量文化宫、图书馆、电影院、俱乐部等，丰富职工生活，提供职工家庭科学文化修养。据统计，各级工会修建的文化宫和俱乐部到 1957 年达到 1.9 万个，比 1952 年增加了 160%。[②]

这一时期我国福利补贴制度也有所发展，对企业职工发放职工住房补贴、冬季取暖补贴和生活困难补助。其中，以住房补贴为例，"一五"期间，我国投资于企业职工住房建设的金额达到 40 多亿元，共新建职工住宅面积 9400 多万平方米。另外我国还鼓励企业职工自建自住，修建了一批简易住宅，解决了数十万职工的住房问题。但从总体看，政府兴建和职工自建仍无法满足全体职工的实际需要，据估计，仍有 20% 的职工住房问题未得到解决。[③]

[①] 参见董志凯等主编：《中华人民共和国经济史（1953—1957）》（下），社会科学文献出版社 2011 年版，第 843—844 页。

[②] 参见董志凯等主编：《中华人民共和国经济史（1953—1957）》（下），社会科学文献出版社 2011 年版，第 845—847 页。

[③] 参见董志凯等主编：《中华人民共和国经济史（1953—1957）》（下），社会科学文献出版社 2011 年版，第 845—847 页。

第十九章　十年探索

第一节　新的探索

一、"十大关系"

1956 年，中国基本完成了生产资料所有制的社会主义改造，建立了社会主义经济制度，开始进入社会主义建设时期。然而，由于我们缺乏社会主义经济建设的经验，在很多方面不得不学习、模仿和借鉴苏联模式。但中国的国情与苏联不同，经过"一五"计划实践，尽管取得不少有益的经验，但一些矛盾也开始暴露出来。所以，以毛泽东为代表的中国共产党人希望在总结成功经验的同时，也对苏联模式进行反思。

从 1955 年 11 月到 1956 年 1 月，毛泽东由京汉、粤汉线南下，又经沪杭、沪宁、津浦线回京，沿途找地方干部谈话，所到各省的负责同志都反映中央对经济统得过死，严重束缚地方和企业的手脚，要求中央放权。差不多与此同时，刘少奇等中央负责同志找了中央工业部门有关负责人汇报、座谈，也发现许多类似问题。国家建设委员会主任薄一波把这一情况向毛泽东作了汇报。毛泽东听后很高兴，指示薄一波组织一下，他要亲自听一听。随后，他亲自听取了中央工业、农业、运输业、商业等 34 个部门的工作汇报。汇报开始不久，国家计委主任李富春向中央建议，要求公交部门约 200 个到 300 个重要工厂、建设工地也写一书面报告给中央。毛泽东采纳了这个建议。接下来的就是各省、直辖市、自治区的汇报。毛泽东亲自为中共中央起草关于各省、直辖市、自治区党委向中央汇报的提纲，强调汇报"要突出地批评中央工作和地方工作中的缺点错误，揭露矛盾（包括中央和地方的矛盾），并提出解决意见"。在此期间，毛泽东几乎每天起床就听汇报，听完汇报才上床休息。毛泽东把自己的这段工作状况称为"床上地下，地下床上"。这是新中国成立以来毛泽东就经济问题所做的一次时间最长的调查研究。各部门的汇报工作进行了两个多月，毛泽东一边听取汇报，一边发表意见和指示，对全国经济工作的改革开始有了一个大致的构想。

1956年2月14日，毛泽东听取主管重工业的国务院第三办公室汇报，开始时说了一段话：

> 我去年出去了几趟，跟地方同志谈话。他们流露不满，总觉得中央束缚了他们，地方同中央有些矛盾，若干事情不放手让他们管。他们是块块，你们是条条，你们无数条条往下达，而且规格不一，也不通知他们。他们的若干要求，你们也不批准，约束了他们。[1]

2月24日，毛泽东听取重工业部汇报时说：

> 我国工业化，工业建设，完全应该比苏联少走弯路。我们不应该被苏联前几个五年计划的发展速度所束缚。我们有可能超过它，理由有四：国际条件不同；国内条件不同；技术水平不同；中国人口多，农业发展快。同样，即使在技术发展方面，在现代技术发展方面，也可以超过苏联，有社会主义的积极性，群众路线，少搞官僚主义。[2]

3月23日在中南海召开中央书记处扩大会议，毛泽东说：

> 不要再硬搬苏联的一切了，应该用自己的头脑思索了。应该把马列主义的基本原理同中国社会主义革命和建设的具体实际结合起来，探索在我们国家里建设社会主义的道路了。[3]

4月4日，毛泽东召集刘少奇、周恩来、邓小平等开会，最后一次讨论修改《关于无产阶级专政的历史经验》一文，提出马克思主义与中国具体实际"第二次结合"的思想。他指出：

> 最重要的是要独立思考，把马列主义的基本原理同中国革命和建设的具体实际相结合。民主革命时期，我们吃了大亏之后才成功地实现了这种结合，取

---

[1] 中共中央文献研究室编：《毛泽东年谱（一九四九——一九七六）》第二卷，中央文献出版社2013年版，第528页。

[2] 中共中央文献研究室编：《毛泽东年谱（一九四九——一九七六）》第二卷，中央文献出版社2013年版，第537页。

[3] 中共中央文献研究室编：《毛泽东年谱（一九四九——一九七六）》第二卷，中央文献出版社2013年版，第550页。

得了新民主主义革命的胜利。现在是社会主义革命和建设时期，我们要进行第二次结合，找出在中国怎样建设社会主义的道路。这个问题，我几年前就开始考虑。先在农业合作化问题上考虑怎样把合作社办得又多又快又好，后来又在建设上考虑能否不用或者少用苏联的拐杖，不像第一个五年计划那样搬苏联的一套，自己根据中国的国情，建设得又多又快又好又省。现在感谢赫鲁晓夫揭开了盖子，我们应该从各方面考虑如何按照中国的情况办事，不要再像过去那样迷信了。其实，我们过去也不是完全迷信，有自己的独创。现在更要努力找到中国建设社会主义的具体道路。①

4 月 19 日，毛泽东听取李富春关于第二个五年计划的汇报，指出：

不仅原有的轻工业绝大部分在沿海，就是造船、机械、钢铁、水泥、化工等重工业也多在沿海，也必须充分利用。

三个关系都必须很好地解决，即沿海与内地关系、轻工业与重工业关系、个人与集体关系。真想建设内地，就必须充分利用沿海；真想建设重工业，就必须建设轻工业；真想搞好集体所有制，就必须搞好个人所得。②

1956 年 4 月 24 日，毛泽东与刘少奇、周恩来等继续听取李富春关于第二个五年计划的汇报。毛泽东根据之前两个多月听取经济工作部门汇报的情况，归纳出六大矛盾，也就是六大关系：（1）轻工业与重工业：为了发展重工业，就必须注意在轻工业上多投些资。（2）沿海与内地：为了建设内地，就必须充分利用沿海。（3）国防、行政与经济文化：要尽可能地减少国防和行政的费用，来扩大经济和文教的建设。（4）个人与集体：要发展集体利益就必须照顾个人利益。增加工人工资，正是为了提高工人的积极性，达到增产。农民中有两重关系，即国家与合作社、社与社员，必须照顾社员的收入能年年增加，才能提高社员增产的积极性。（5）地方与中央：分权正是为了集权，不注意地方，削弱地方的权限，对中央是不利的。（6）少数民族与汉族：搞好少数民族的工作，对汉族大有好处。少数民族虽然人口只占十四分之一，而土地却占百分之五六十。③

在充分调查研究并且与中央其他领导人和部门负责人交流的基础上，毛泽东认

① 中共中央文献研究室编：《毛泽东年谱（一九四九——一九七六）》第二卷，中央文献出版社 2013 年版，第 557 页。

② 中共中央文献研究室编：《毛泽东年谱（一九四九——一九七六）》第二卷，中央文献出版社 2013 年版，第 560 页。

③ 参见中共中央文献研究室编：《毛泽东年谱（一九四九——一九七六）》第二卷，中央文献出版社 2013 年版，第 566 页。

真总结新中国成立以来在经济建设方面的经验教训，以苏联几十年社会主义建设为借鉴，经过中共中央政治局的研究和讨论，最后形成《论十大关系》的思想。1956 年 4 月 25 日，毛泽东在中共中央政治局会议上作《论十大关系》的长篇报告。毛泽东在报告的开头指出："最近苏联方面暴露了他们在建设社会主义过程中的一些缺点和错误，他们走过的弯路，你还想走？过去我们就是鉴于他们的教训，少走了一些弯路，现在当然更要引以为戒。"毛泽东说：这十种关系，都是矛盾。我们的任务，是要正确处理这些矛盾。我们一定要努力把党内外、国内外的一切积极的因素，直接的、间接的积极因素，全部调动起来，把我国建设成为一个强大的社会主义国家。5 月 2 日，在中南海勤政殿召开的最高国务会议第七次会议上，毛泽东发表讲话，又一次系统阐述十大关系问题。[①]

二、科技规划

"一五"计划期间，在苏联援助的 156 项工程带动下，我国初步建立了门类较为齐全的工业体系和相对齐全的科研机构和部门。国家设想在第二、第三个五年计划时期，全面大规模地开展经济建设，全部或部分完成国民经济各部门的技术改造，实现社会主义工业化。这个总目标的实现有赖于科学技术的发展，这就使制定科学技术发展规划的工作提到议事日程上来。

为动员一切积极因素，发展我国的科学技术和文化事业，1956 年 1 月 14 日至 20 日，中央召开关于知识分子问题的会议。在会上，周恩来代表中央作报告，充分肯定了知识分子在社会主义建设中的地位和作用，宣布他们绝大部分"已经是工人阶级的一部分"，从而奠定了社会主义时期对知识分子政策的基础。周恩来还指出：世界科学技术在近二三十年中有了特别大的进步，已经把我们远远地抛在后面，我们必须急起直追。他代表中央发出"向现代科学进军"的号召。

为了系统地引导科学研究为国家建设服务，知识分子问题会议后，在周恩来总理的领导下，国务院成立科学规划委员会，组织数百位著名科学家着手制定新中国第一个中长期科技规划——《1956—1967 年科学技术发展远景规划》（以下简称《规划》）。《规划》草案在几经讨论修改后，于 1956 年 12 月由中共中央、国务院批准后执行。

《规划》确定了"重点发展、迎头赶上"的方针和"以任务为经、以科学为纬"的原则，确定了今后 12 年科技发展的主要目标。《规划》从自然条件及资源、矿冶、燃料和动力、机械制造、化学工业、土木建筑、运输和通信、新技术、国防、农业林业牧业、医药卫生、仪器计量和国家标准、若干基本理论问题与科学情

---

① 参见中共中央文献研究室编：《毛泽东年谱（一九四九——一九七六）》第二卷，中央文献出版社 2013 年版，第 569、574 页。

报等 13 个方面，提出了 57 项重大科学技术任务、616 个中心问题，并综合提出原子能的和平利用、无线电电子学中的新技术、喷气技术、生产过程自动化和精密仪器等 12 个重点任务。《规划》采取"全面考虑、重点规划"的方针，对数学、力学、天文学、物理学、化学、生物学、地质学、地理学 8 个基础学科做出了系统的规划。为填补我国在一些急需的尖端科学领域里的空白，《规划》还提出了 1956 年的 4 项紧急措施。此外，为了组织落实和实现《规划》制定的目标和各项任务，国家还对科学技术工作体制、科学研究机构的合理设置、科技干部的使用、培养及国际合作、科学研究事业良好环境条件的创造、规划的组织管理程序、年度科学技术的制定等做了一般性规定。

这个《规划》是新中国的第一个科学技术发展规划，是国家发展科学技术事业的一次成功管理实践。《规划》的实施对我国科研机构的设置和布局、高等院校学科及专业的调整、科技队伍的培养方向和使用方式、科技管理的体系和方法，以及我国科技体制的形成起了决定性作用。通过《规划》的实施，我国初步建立了一支具有较高素质的科学技术研究工作队伍，科学技术水平发生了显著的变化，对我国各项科技事业的发展产生了极其深远的影响。

知识分子问题会议和"向现代科学进军"号召发出后，中共中央进一步确定"百花齐放，百家争鸣"作为发展科学文化事业的指导方针。1956 年 4 月 28 日，毛泽在中共中央政治局扩大会议上说，"百花齐放，百家争鸣"，我看这应该成为我们的方针。艺术问题上百花齐放，学术问题上百家争鸣。5 月 2 日，毛泽东又在最高国务会议第七次会议上正式提出实行"双百方针"。他说：

> 现在春天来了嘛，一百种花都让它开放，不能只让几种花开放，还有几种花不让它开放，这就叫百花齐放。百家争鸣，是说春秋战国时期，有许多学派，诸子百家，大家自由争论。现在我们也需要这个。

毛泽东随后又说：

> 在大的范围内，让杜威来争鸣好不好？那就不好嘛。让胡适来争鸣好不好呢？也不好……只有反革命议论不让发表，这是人民民主专政。[①]

1956 年 5 月 26 日，中共中央宣传部部长陆定一向自然科学家、社会科学家、

---

① 中共中央文献研究室编：《毛泽东年谱（一九四九——一九七六）》第二卷，中央文献出版社 2013 年版，第 574 页。

医学家、文学家和艺术家们系统地阐述了中共中央提出的"双百方针"，他指出：要使文学艺术和科学工作得到繁荣发展，必须采取"百花齐放，百家争鸣"的政策。我国的历史证明，如果没有对独立思考的鼓励，没有自由讨论，那么，学术的发展就会停滞。反过来说，有了对独立思考的鼓励，有了自由讨论，学术就能迅速发展。我们所主张的"百花齐放，百家争鸣"是提倡在文学艺术工作和科学研究工作中有独立思考的自由，有辩论的自由，有创作和批评的自由，有发表自己的意见、坚持自己的意见和保留自己的意见的自由。在学术批评和讨论中，任何人都不能有什么特权，以"权威"自居，压制批评，或者对资产阶级思想熟视无睹，采取自由主义甚至投降主义的态度，都是不对的。学术批评和讨论，应当是说理的，实事求是的。这就是说，应当提倡建立在科学基础上的尖锐的学术论争。批评和讨论应当以研究工作为基础，反对采取简单、粗暴的态度。应当采取自由讨论的方法，反对采取行政命令的方法。应当容许被批评者进行反批评，而不是压制这种反批评。应当容许持有不同意见的少数人保留自己的意见，而不是实行少数服从多数的原则。[①]

"双百"方针确定后，在文艺界和科学界引起了强烈的反响，人们的眼界开阔了，思想活跃起来，学术文化各部门都比过去表现得更加活跃，出现新中国成立以来最为活跃的景象。

三、党的八大路线

社会主义改造基本完成之后，社会主义制度就基本上建立起来，这时的根本任务就是全面建设社会主义。毛泽东指出："从一九五六年以来，情况就根本改变了。就全国说来，反革命分子的主要力量已经肃清。我们的根本任务已经由解放生产力变为在新的生产关系下面保护和发展生产力。"[②] 至此，全国中心任务真正开始了从革命向建设的转变。然而，以经济建设为中心的社会主义建设，对于中国来说是全新的课题。由于缺乏经验只能按照苏联的模式去做。但是，苏联的经验并不完全适合于中国。因此在一个时期里，各种各样的矛盾逐渐显露出来。所以，探索适合中国的社会主义建设道路作为一个重大的课题摆在中国共产党面前。经过一系列探索，中国共产党对生产资料的社会主义改造完成后经济建设领域出现的新形势和新问题，以及新时代经济社会发展道路，有了一个比较确定的认识。在此基础上，召开了中国共产党第八次全国代表大会。

党的八大于 1956 年 9 月 15 日到 27 日在北京召开。毛泽东在开幕词中开宗明

---

① 参见陆定一：《百花齐放，百家争鸣》，《人民日报》1956 年 6 月 13 日。
② 《毛泽东文集》第七卷，人民出版社 1999 年版，第 218 页。

义地指出："我们这次大会的任务是：总结从七次大会以来的经验，团结全党，团结国内外一切可以团结的力量，为了建设一个伟大的社会主义的中国而奋斗。"①

刘少奇代表中央委员会作政治报告。这个政治报告以《论十大关系》为指导思想，突出经济建设的主题，集中了中国共产党在探索过程中提出的新的理论观点和方针政策。中共八大政治报告完全肯定了党中央从七大以来的路线是正确的，同时正确地分析了社会主义改造基本完成以后，中国阶级关系和国内主要矛盾的变化，确定把党的工作重点转向社会主义建设。大会提出，生产资料私有制的社会主义改造基本完成以后，国内的主要矛盾不再是工人阶级和资产阶级之间的矛盾，而是人民对于建立先进的工业国的要求同落后的农业国的现实之间的矛盾，是人民对于经济文化迅速发展的需要同当前经济文化不能满足人民需要的状况之间的矛盾。这一矛盾的实质，在中国社会主义制度已经建立的情况下，也就是先进的社会主义制度同落后的社会生产之间的矛盾。解决这个矛盾的办法是发展社会生产力，实行大规模的经济建设。为此，大会作出了党和国家的工作重点必须转移到社会主义建设上来的重大战略决策。尽管在当时的认识水平下，对中国社会主义建设道路仍存在某些误区，但全党获得的基本统一的认识就是，在社会主义改造已经基本完成的情况下，国家的主要任务已经由解放生产力变为在新的生产关系下保护和发展生产力，全党要集中力量去发展生产力。这个着眼点，历史证明是正确的。

党的八大突出经济建设主题，对于经济政策问题进行了充分的创造性的讨论。大会的报告、发言和决议都指出：必须坚持优先发展重工业的方针，必须集中力量扩大冶金工业、机器制造工业、电力工业、煤炭工业、石油工业、化学工业和建筑材料工业的建设，积极建立和发展我国重工业中目前还缺乏的或者薄弱的而又是最急需的部分。同时，又必须根据原料、资金的可能和市场的需要，积极发展轻工业。大会分析了我国农业发展的困难条件和优越条件，指出了今后实现农业增产的主要途径和正确方针。大会提出了进一步发展运输业和商业的任务，并且在商业工作中提出了在统一的社会主义市场内保持一定范围的国家领导下的自由市场的任务和在继续稳定物价的基础上逐步调整某些不合理的价格的任务。关于提高产品和工程的质量问题，在重工业部门中加强新产品设计力量的问题，工业和其他经济事业的布局问题，产品中列入计划部分和不列入计划部分的相互关系以及企业的集中经营和分散经营的相互关系问题，国民收入中积累部分和消费部分的正确比例问题，国民经济的既要积极又要稳妥可靠的发展速度问题，大会都作了深刻的讨论。

党的八大坚持了1956年5月党中央提出的既反保守又反冒进，即在综合平衡

① 中共中央文献研究室编：《毛泽东年谱（一九四九——一九七六）》第二卷，中央文献出版社2013年版，第626页。

中稳步前进的经济方针。在这一方针指导下，中共八大通过了《关于发展国民经济第二个五年计划（1958—1962）的建议》（以下简称《建议》）。《建议》要求我国工农业总产值在第二个五年内比原定的 1957 年水平增长 75% 左右，工业总产值（包括手工业产值）增长一倍左右，农业总产值增长 35% 左右。为了实现这些指标，为了使工农业生产在第三个五年计划时期能有更大的发展，第二个五年计划期间必须用比第一个五年计划更大的规模来进行基本建设工作。《建议》中规定第二个五年内的基本建设投资额比第一个五年计划增加一倍左右。《建议》对于运输业、商业、教育科学文化卫生事业的发展，也都提出了相应的指标。为了集中使用资金在建设事业方面，《建议》规定把国家财政支出中的经济文化支出的比重提高到 60%—70%，而把国防和行政支出的比重降低到 20% 左右。《建议》要求全国劳动人民继续努力提高劳动生产率，在工业部门和建筑部门要求在第二个五年内各提高 50% 左右；而在生产发展和劳动生产率提高的基础上，工人和职员的平均工资将增加 25%—30%，农民的全部收入也将有大致相近的增加。① 很明显，《建议》向全国人民提出了一个鼓舞人心的伟大建设纲领。

党的八大根据我国社会主义改造基本完成后的形势，提出国内主要矛盾已经不再是工人阶级和资产阶级的矛盾，而是人民对于经济文化迅速发展的需要同当前经济文化不能满足人民需要的状况之间的矛盾，全国人民的主要任务是集中力量发展社会生产力，实现国家工业化，逐步满足人民日益增长的物质和文化需要。党提出努力把我国逐步建设成为一个具有现代农业、现代工业、现代国防和现代科学技术的社会主义强国，领导人民开展全面的大规模的社会主义建设。经过实施几个五年计划，我国建立起独立的比较完整的工业体系和国民经济体系，农业生产条件显著改变，教育、科学、文化、卫生、体育事业有很大发展。②

四、"二五"计划

1955 年 8 月，在第一个五年计划正式颁布后，国家计委即开始制定第二个五年计划和十五年远景规划。8 月，国家各部委在国务院召开的北戴河会议上，提出了第二个五年计划的各项指标。在此基础上，国家计委开始编制整体的"二五"计划，提出控制数字的初步设想：到 1962 年，工农业总产值达到 2700 亿元，粮食产量达到 4600 亿斤，棉花产量达到 4300 万担。按照 1957 年计划数字，在第二个五年计划期间，工农业总产值、粮食、棉花每年分别以 9.9%、3.6%、5.6% 的数字增长。③ 这些指标对于刚刚实现国民经济恢复后两年的中国经济来说，应该是比

① 参见《一次有伟大历史意义的大会》，《人民日报》1956 年 9 月 29 日。
② 参见《中共中央关于党的百年奋斗重大成就和历史经验的决议》，人民出版社 2022 年版。
③ 参见刘国光主编：《中国十个五年计划研究报告》，人民出版社 2006 年版，第 115 页。

较稳妥和符合实际的。但是，1955 年夏季以后，国内形势发生巨大的变化，到第二年"三大改造"出乎人们意料地迅速完成，这就给原来设想的计划指标体系造成严重的冲击。所以，第二个五年计划的编制也必须重新考虑重新拟定。

此时，中国经济所面临的形势已经与"一五"期间有很大的不同，这就决定"二五"计划的目标和任务以及实施战略与"一五"计划有很大的不同。

第一，三大改造基本完成。党在过渡时期的总路线提出"一化三改"任务，此时已经基本完成了"三改"，而"二五"计划正是在"三改"完成的前提下进行的，一方面"一化"即工业化上升为主要任务，另一方面可以在公有制经济特别是国营经济基础上实施工业化任务。所以，在"二五"计划制定过程中，体现了国家目标和国家意志。高指标、高速度、高积累成了"二五"计划的基本特点。

第二，工业基础基本奠定。"一五"计划顺利完成，在苏联的援助下，一些重大的工程项目完成或顺利进行，基本奠定了比较完整的工业体系。这就使国家领导人产生过于乐观的心理，认为依靠党的领导和群众的热情，可以在"二五"期间实现更高的目标。因此，"二五"计划提出了后人看来根本无法实现的高指标，这些高指标尽管可以鼓舞人心，但真正实施起来却十分困难，就是说，中国的经济基础仍很薄弱，经不起这种万马奔腾式的经济增长考验。

第三，国际环境发生变化。随着两极格局的逐渐稳固，国际形势日趋缓和。毛泽东当时认为：新的侵华战争与新的世界大战，估计短时期内打不起来，可能有十年或者更长一点的和平时期。世界局势的相对缓和与各国致力于经济建设的国际形势，为中国提供了一个相对安定和平的经济建设环境，"我们一定要争取这个和平建设的时间"①。但另一方面，中苏关系裂痕出现，中国也试图摆脱对苏联模式和苏联援助的依赖。所以，自力更生成为制定计划的原则之一。周恩来报告说：像我们这样一个人口众多、资源较富，需要很大的国家，仍然有必要建立自己的完整的工业体系。这是因为，从国内的要求来说，我们必须迅速改变国民经济长期的落后状态；从国际的要求来说，我国建立起强大的工业，可以促进社会主义各国经济的共同高涨，并且可以增强保卫世界和平的力量。因此，那种以为不用建立我国自己的完整的工业体系而专门靠国际援助的依赖思想是错误的。

中央认为，编制第二个五年计划，应该以第一个五年计划可能达到的成就作为出发点，联系到大约在第三个五年计划期末我国要完成过渡时期的总任务这个基本要求，实事求是地估计到第二个五年计划期间国内外的各种条件，进行全面的规划。这样，才有可能使计划既积极而又稳妥可靠。1955 年 9 月 24 日，国家计委召开专门会议，计委主任李富春提出，根据国家在过渡时期的总路线和总任务编出

---

① 中共中央文献研究室编：《建国以来重要文献选编》（第七册），中央文献出版社 1993 年版，第 310 页。

15 年远景计划草案，再根据 15 年远景计划编制出第二个五年计划轮廓草案。在具体的编制过程中，"三大改造"正高歌猛进，全国人民热情高涨，党内领导极度乐观，在这样的背景之下，"积极"成为制定计划工作的主要倾向，而"稳妥"却被忘到脑后。在这一过程中，毛泽东数次谈到，我们不能继续模仿苏联模式，我们的发展速度可更快些。1956 年，在周恩来总理主持下，《关于发展国民经济的第二个五年计划的建议》（以下简称《建议》）完成，并于 9 月交中国共产党第八次全国代表大会讨论通过。

《建议》确定我国社会主义工业化的主要要求，就是要在大约三个五年计划时期内，基本上建成一个完整的工业体系。这样的工业体系，能够生产各种主要的机器设备和原材料，基本上满足我国扩大再生产和国民经济技术改造的需要。同时，它也能够生产各种消费品，适当地满足人民生活水平不断提高的需要。

《建议》提出第二个五年计划的基本任务是：

（1）继续进行以重工业为中心的工业建设，推进国民经济的技术改造，建立我国社会主义工业化的巩固基础；（2）继续完成社会主义改造，巩固和扩大集体所有制和全民所有制；（3）在发展基本建设和继续完成社会主义改造的基础上，进一步地发展工业、农业和手工业的生产，相应地发展运输业和商业；（4）努力培养建设人才，加强科学研究工作，以适应社会主义经济文化发展的需要；（5）在工业农业生产发展的基础上，增强国防力量，提高人民的物质生活和文化生活的水平。[①]

按照这些任务，《建议》提出：

在第二个五年计划期间，在财政收入增加的基础上，国家的基本建设投资在全部财政收入中所占的比重，将由第一个五年的百分之三十五左右增加到百分之四十左右，因而第二个五年的基本建设投资额，就将比第一个五年增长一倍左右。在工农业生产方面，初步计算，一九六二年比一九五七年，工业总产值将增长一倍左右，其中，生产资料和消费资料的产值都会有很大的增长，但是生产资料产值增长的速度将会更快一些；农业总产值将增长百分之三十五左右。到一九六二年，我国工农业总产值将比第一个五年计划规定的一九五七年的数字增长百分之七十五左右。[②]

[①] 周恩来：《关于发展国民经济的第二个五年计划的建议的报告》，人民出版社 1956 年版。
[②] 周恩来：《关于发展国民经济的第二个五年计划的建议的报告》，人民出版社 1956 年版。

总的来看，尽管这些指标是本着"既积极又稳妥可靠"的原则确定的，但对于经济基础还比较薄弱的中国来说，在很大程度上仍然是超越当时能力的。但更为严重的是，由于中共八大后冒进思想的影响，在"二五"计划制定和执行中，许多关键性指标又被不断修正和大幅度提高。

第二节　"大跃进"与人民公社化运动

一、社会主义建设总路线

1. 多快好省

1955 年 7 月，毛泽东感到农业合作化的速度太慢，指责有的人像"小脚女人"。1955 年 12 月，毛泽东《中国农村的社会主义高潮》这本书的序言，把反对右倾保守主义思想，从社会主义改造方面转到经济建设领域，提出各行各业都要反对建设中的右倾保守思想。他说，这篇序言"节约起来就是要搞多快好省"。1956 年人民日报发表社论《为全面地提早完成和超额完成五年计划而奋斗》，明确提出"又多、又快、又好、又省"的要求。[1]

随着"多快好省"口号的提出，中共党内于 1955 年底开展了批判右倾思想的斗争，结果使 1956 年各项工作出现了不切实际的冒进倾向，各生产部门纷纷开始修改自己原定的生产计划。1956 年初，各部专业会议在批判右倾保守主义、提前完成工业化的口号激励下，大都要求把 15 年远景设想和《农业发展纲要四十条》中规定 8 年或 12 年完成的任务，提前在 5 年甚至 3 年内完成。1956 年 2 月，全国第一次基建会议将"一五"基建项目由原定的 694 个增加为 745 个。6 月，又猛增到 800 个，增长了 15.3%。基建投资由原定的 112.7 亿元猛增到 147 亿元，占"一五"计划总投资的 33%，大大超过了国家人力、物力、财力的负担能力。此外，还出现了职工增加过多、信贷计划突破等问题。

2. 社会主义建设总路线的确定

党内出现的这种急躁情绪，立即引起了刘少奇、周恩来等中央领导人的警觉，他们试图加以纠正。于是就导致 1956 年开始的反冒进。2 月 8 日，周恩来在国务院全体会议上指出：现在有点急躁的苗头。这需要注意。社会主义积极性不可损害，但超过现实可能性和没有根据的事，不要乱提，不要乱加快，否则就很危险。

---

① 逄先知、金冲及：《毛泽东传》，中央文献出版社 2013 年版，第 1730 页。

领导者头脑发热了的，用冷水洗洗，就可能清醒些。他还指出：各部专业会议提出的数字都很大，各部门定计划要实事求是。①进入4月份，国民经济建设上的急于求成，齐头并进，已经使国民经济出现相当紧张的局面。5月，刘少奇主持中共中央召集的会议，正式讨论这方面的问题。会上决定了一条重要的方针：经济发展要既反保守又反冒进，即在综合平衡中稳步前进。刘少奇还指示参加会议的中宣部部长陆定一组织写一篇《人民日报》社论，讲一讲这个问题。②

对于中央其他领导同志提出的反冒进，毛泽东很不认同。1957年10月9日党的八届三中全会闭幕会上，毛泽东批评1956年反冒进扫掉了"多快好省"和《农业发展纲要四十条》，提议恢复"多快好省"口号。12月12日，《人民日报》发表毛泽东主持起草的《必须坚持多快好省的建设方针》，批评反冒进起到了消极的"促退"作用。③1958年1月1日，《人民日报》发表元旦社论指出："不仅要又多又快又好又省地进行各项建设工作，而且必须鼓足干劲，力争上游，充分发挥革命的积极性创造性。"2月18日，在中央政治局扩大会议上，毛泽东明确指出：多、快、好、省，这是代表中央的，是党的一个路线，是我们搞建设的一个路线。1958年3月，中央召开成都会议，毛泽东在提到"鼓足干劲，力争上游"时发了不少感慨。他说：社会主义建设有两条路线，一条多、快、好、省，一条少、慢、差、费。社会主义建设有两种方法，一种鼓足干劲，轰轰烈烈，坚持群众路线；另一种"寻寻觅觅，冷冷清清、凄凄惨惨戚戚"，这也是一条路线。④他把"多快好省，鼓足干劲，力争上游"并提，称为"总路线"。这样就形成了社会主义建设总路线的完整概念。

1958年5月5日至23日，党的八大二次会议召开，中央将"总路线"提交大会讨论。在这次会上，毛泽东说，"鼓足干劲，力争上游"，看来这两句话也是非要不可。没有一点劲，或者劲不足，那不好办事。所以要鼓足干劲。毛泽东说，"多快好省"是从哪里来的？就是因为群众里头出现了多快好省，工厂、农村、商店、机关、学校、军队里都出现了多快好省。这是积累了许多经验形成的，有苏联的经验，也有中国多少年的经验。他还说：要鼓足干劲，力争上游，就是要跟先进看齐。鼓足干劲，力争上游，这两个口号跟多快好省合起来，我看很好。这样一个

① 参见中共中央文献研究室编：《周恩来年谱（一九四九——一九七六）》上卷，中央文献出版社1997年版，第545页。
② 参见中共中央文献研究室编：《刘少奇年谱（一八九八——一九六九）》下卷，中央文献出版社1996年版，第368页。
③ 参见中共中央党史研究室：《中国共产党历史》第二卷（1949—1978）上册，中共党史出版社2011年版，第464页。
④ 参见中共中央党史研究室：《中国共产党历史》第二卷（1949—1978）上册，中共党史出版社2011年版，第465页。

提法恐怕也是一个新鲜的提法。这是反映了人民的干劲，反映了人民要争上游。这个干劲有个量的问题。现在用"鼓足"这两个字，恐怕比"鼓起"好。鼓起，早已鼓起来了，你还要起？问题是足不足。"鼓足干劲"，这个话是个新话。"力争上游"是从前就有的，但是现在有新鲜意义。毛泽东还认为，这次大会，反映了人民的情绪，反映了人民的干劲。人民要求"鼓足干劲，力争上游，多快好省"地建设社会主义。5月23日，会议作出《关于中央委员会的工作报告的决议》，指出："会议一致同意党中央根据毛泽东的创议而提出的鼓足干劲、力争上游、多快好省地建设社会主义的总路线"。①

二、"大跃进"

1. "大跃进"缘起

随着社会主义建设总路线的确定和实施，"大跃进"运动也随即兴起。1955年12月，毛泽东在《中国农村的社会主义高潮》序言中提出："中国的工业化的规模和速度，科学、文化、教育、卫生等项事业发展的规模和速度，已经不能完全按照原来所想的那个样子去做了，这些都应当适当地扩大和加速。"② 这是毛泽东对中国经济高速发展趋势的基本判断。1957年6月26日，周恩来在第一届全国人大四次会议上作《政府工作报告》，在肯定1956年的成绩时说，1956年"采取了跃进的步骤""有了一个跃进的发展"。1957年9月，党的八届三中全会通过的《1956年到1967年全国农业发展纲要（修正草案）》，号召农业和农村工作"实现一个巨大的跃进"。这是中共中央第一次向全国人民发出"大跃进"的信号。1957年11月13日，《人民日报》发表社论《发动全民讨论四十条纲要，掀起农业生产的新高潮》，批评右倾保守倾向，认为农业合作化以后，我们就有条件也有必要在农业战线上来一个大跃进，这是符合规律的。这篇社论受到毛泽东的赞赏，特别赞赏社论中使用的"大跃进"一词。他说，如果要颁发博士头衔的话，我建议第一号博士赠予发明这个伟大口号的那一位（或几位）科学家。又说：自从"跃进"这个口号提出以后，反冒进论者闭口无言了，"冒进"可反，当然可以振振有词。"跃进"呢？那就不同，不好反了。要反那就立刻把自己跑到一个很不光彩的地位上去了。③

1958年1月，毛泽东提出《工作方法六十条（草案）》（简称《六十条》），对

---

① 中共中央党史研究室：《中国共产党历史》第二卷（1949—1978）上册，中共党史出版社2011年版，第465—468页。

② 中共中央办公厅编：《中国农村的社会主义高潮》，人民出版社1956年版。

③ 参见中共中央文献研究室编：《毛泽东年谱（一九四九——一九七六）》第三卷，中央文献出版社2013年版，第361页。

社会主义经济建设的领导方法问题进行了探索。毛泽东提出，社会主义建设的核心是工业和农业建设，指导思想是抓住时机，实现经济跃进和不断革命。提出全党要加强各级党委的建设，要以整风来提高领导干部的思想与作风，特别是要求各级领导干部都要掌握科学的工作方法。为了促进工作进行，《六十条》提出全面规划、几次检查、年终评比。认为这是三个重要方法。这样一来，全局和细节都被掌握了，可以及时总结经验，发扬成绩，纠正错误，又可以激励人心，大家奋进。《六十条》要求生产计划三本账。中央两本账，第一本是必成的计划，这一本公布；第二本是期成的计划，这一本不公布。地方也有两本账。地方的第一本就是中央的第二本，这在地方是必成的；第二本在地方是期成的。从指标来看，地方的第二本账高于中央的第二本账，中央的第二本账高于中央的第一本账。评比以中央的第二本账为标准。评比不仅比经济、比生产、比技术，还要比政治，就是比领导艺术，看谁领导得更好。《六十条》提出：十年决于三年，争取在三年内大部分地区的面貌基本改观。其他地区的时间可以略为延长。口号是：苦战三年；方法是：放手发动群众，一切经过试验。① 在 1958 年 2 月召开的一届全国人大五次会议上，很多省、市、自治区纷纷表决心，要用五六年或七年时间完成《农业发展纲要四十条》规定的 12 年内完成的任务。

当时有一种流行的说法：工业每年增长 20% 以上就是跃进，增长 25% 以上就是大跃进，增长 30% 以上就是特大跃进；农业每年增长 20% 以上就是特大跃进。总之，大跃进就意味着高速度。1958 年 2 月 2 日，《人民日报》发表社论《我们的行动口号——反对浪费，勤俭建国！》，提出国民经济"全面大跃进"的口号，并强调指出："我们的国家现在正面临着一个全国大跃进的新形势，工业建设和工业生产要大跃进，农业生产要大跃进，文教卫生事业也要大跃进。"

2. 农业"大跃进"：高产卫星

1955 年 11 月间，毛泽东在杭州和天津分别同 14 个省、区党委书记共同商定《农业十七条》。随后中央将这个文件发各省份征询意见，并在此基础上形成了《一九五六年到一九六七年全国农业发展纲要》（简称《农业发展纲要四十条》），并于 1956 年 1 月 25 日由最高国务会议讨论通过，以草案形式公开发布。后经进一步修订，于 1957 年 10 月在中共八届三中全会（扩大）上获得基本通过。《农业发展纲要四十条》规定：

从 1956 年开始，在 12 年内，粮食每亩平均年产量，在黄河，秦岭、白龙江、黄河（青海境内）以北地区，由 1955 年的 150 多斤增加到 400 斤；黄河

---

① 参见《毛泽东文集》第七卷，人民出版社 1999 年版，第 344—348 页。

以南、淮河以北地区，由 1955 年的 208 斤增加到 500 斤；淮河、秦岭、白龙江以南地区，由 1955 年的 400 斤增加到 800 斤。

这一目标成了全国农业最重要的目标之一。为此，全国各地农村开始了"超纲要"运动，并成为农业"大跃进"的内容之一。

1957 年冬至 1958 年春，全国开展大规模的农田水利建设和积肥运动。当时，全国投入水利建设的劳动力，从两三千万人迅速增加到 1 亿人。在水利建设的高潮中，中央召开了南宁会议。毛泽东亲自提出以跃进的速度提前实现《农业发展纲要四十条》确定的目标。南宁会议后，浙江、广东、江苏、山东等省委提出，5 年或者稍多一点时间粮食生产达到纲要规定的指标。河南省委更是跃进得惊人，要求当年实现 12 年内规定的目标。这就使因工业集中而依靠吃外调粮的辽宁省有些坐不住了，提出当年实现粮食、猪肉、蔬菜三自给。1958 年 6 月 19 日，华东地区召开农业协作会议。7 月份，西北地区、华北地区和中南地区也先后召开农业协作会。这些会议都提出了本地区农业生产"大跃进"的目标。1958 年 7 月 22 日，农业部发布《1958 年夏收粮食作物生产丰收公报》，公布：1958 年夏收粮食作物总产量达到 1010 亿斤，比上年增加 413 亿斤，增长 69%；其中冬小麦总产量达到 689 亿斤，比上年增加 279 亿斤，增长 68%。《人民日报》发表题为《今年夏季大丰收说明了什么》的社论。《人民日报》连续报道粮食"高产"消息，并发表社论，宣传"人有多大胆，地有多大的产"等观点。1958 年 8 月 4 日，毛泽东参观徐水，《人民日报》于 8 月 11 日发表文章《毛主席到了徐水》。这就极大地激励了徐水地区的干部和农民，于是连续不断地"发射卫星"：一亩山药 120 万斤，一棵白菜 500 斤，小麦亩产 12 万斤，皮棉亩产 5000 斤。全国各地的农业生产也争相"发射卫星"。

1958 年 8 月 17 日至 30 日，中共中央在北戴河召开中央政治局扩大会议。当时的领导人非常乐观，估计 1958 年农业生产的"大跃进"，将使粮食总产量达到 6000 亿斤至 7000 亿斤，比 1957 年增产 60%—70%，全国每人占有粮食的平均数将达到 1000 斤左右；棉花将达到 7000 万担左右，比 1957 年增产一倍以上。会议指出：如果说全国男女老少平均每人 1500 斤到 2000 斤是粮食需要量的饱和点，1958 年就有一部分省区接近或达到这个饱和点，个别省区超过这个饱和点。会议认为我国的粮食问题可以过关了，当前的工作重心要转到工业方面来。因此会议决定，全国的省和自治区党委的第一书记，从现在起就必须首先注意对工业的领导，但同时不应当放松对农业的领导。

3. 工业"大跃进"：大炼钢铁

农业"大跃进"激励了工业"大跃进"。当时的工业"大跃进"是以全党全民大办钢铁为标志的。1957 年 11 月，毛泽东率中国代表团访问苏联，参加十月革命胜利 40 周年庆典，随后参加 64 个共产党和工人党代表会议。11 月 17 日，毛泽东接见在莫斯科学习的中国留学生和实习生，说：

> 我们现在生产力还很低，钢只有 520 万吨。过了第二个五年计划后，将有 1200 万吨。再过一个五年计划，钢的产量可以到 2200 万吨到 2400 万吨。到第四个五年计划完成时，就会有 4000 多万吨。我问过波兰特同志，再过 15 年英国的钢产量可以到多少？他说现在是 2000 万吨，再过 15 年顶多达到 3000 万吨。那么，再过 15 年，苏联超过美国，中国超过英国，那时候世界的面貌就要大大改变了。[①]

12 月 2 日，刘少奇在中国工会第八次全国代表大会上正式宣布了毛泽东在莫斯科提出的"15 年赶上和超过英国"这一口号。1958 年元旦，《人民日报》发表社论，进一步宣传了"15 年赶上和超过英国"的口号。

1958 年 5 月，党的八大二次会议通过了社会主义建设总路线，通过了 15 年赶上和超过英国的目标，通过了提前 5 年完成《农业发展纲要四十条》的目标，通过了"苦干三年，基本改变面貌"等口号。会后，"大跃进"浪潮迅速席卷全国。而在形势一片大好的情况下，中共中央进一步推动了这一热情高涨的群众运动。5 月 18 日，在题为《卑贱者最聪明，高贵者最愚蠢》的批语中，毛泽东指出："破除迷信，振奋敢想、敢说、敢做的大无畏创造精神，对于我国七年赶上英国、再加八年或者十年赶上美国的任务，必然会有重大的帮助。"[②] 这样就把超英赶美的计划时间又大大提前了。

6 月 17 日，薄一波向中共中央政治局提交关于 1958 年国民经济形势和 1959 年经济发展展望的提要，说：一九五九年我国主要工业产品的产量，除电力外，生铁、钢、原煤、铜、铝、原油、水泥、化肥、金属切削机床、棉纱等都将超过英国的生产水平。6 月 22 日毛泽东批示："超过英国，不是十五年，也不是七年，只需要两年到三年，两年是可能的。这里主要是钢。只要一九五九年达到二千五百万吨，我们就在钢产量上超过英国了。"同一天，毛泽东看到冶金部提交的关于 1962 年钢可以达到 6000 万吨的报告，批示说："只要一九六二年达到六千万吨钢，超过美国就不难了。必须力争在钢的产量上在一九五九年达到二千五百万吨，首先超过

---

① 中共中央文献研究室编：《毛泽东年谱（一九四九——一九七六）》第三卷，中央文献出版社 2013 年版，第 241 页。

② 中共中央文献研究室编：《毛泽东年谱（一九四九——一九七六）》第三卷，中央文献出版社 2013 年版，第 352 页。

英国。"①

为了决定 1959 年的钢产量,毛泽东指示薄一波带各大钢铁企业的党委书记和厂长去开会,当被问及今年钢产量指标能否完成时,到会人员都说能行。当时,8个月过去了,全国钢产量只有 400 万吨。要在后 4 个月完成余下的 700 万吨,事实上是不可能的。1958 年 8 月 8 日,《人民日报》发表题为《土洋并举是加速发展钢铁工业的捷径》的社论,指出:最近一两个月来,全国各省市先后召开了地方工业会议或钢铁工作会议,打掉了对钢铁工业的神秘思想,确立了钢铁工业的"元帅"地位,订出了发展钢铁工业的跃进规划和措施,吹起了全党全民向钢铁工业大进军的号角。一个以钢为纲,带动工业全面发展的工业建设的新高潮已经形成。

8 月 17 日,毛泽东在北戴河主持中共中央政治局扩大会议全体会议。毛泽东说:今年(1958 年)要搞 1100 万吨钢,去年是 535 万吨,要翻一番。这个东西有完不成的危险。今天是 8 月 17 日,只有 4 个月零 13 天了。中心问题是搞到铁。还要抓紧一点。今年一定要把 1100 万吨钢搞到手。② 会议正式通过当年钢产量翻一番的指标,确定了全党大办钢铁工业的方针,号召全党和全国人民用最大的努力,为在 1958 年生产 1070 万吨钢而奋斗。1958 年 9 月 1 日,《人民日报》发表题为《立即行动起来,完成把钢产量翻一番的伟大任务》的社论,社论指出:全力保证实现钢产量翻一番,是全党全国人民当前最重要的任务。

1958 年 8 月,中央政治局北戴河会议确定 1958 年钢产量要达到 1070 万吨指标时,实际上前 8 个月只生产了 400 万吨,而要在余下的 4 个月内完成 600 多万吨钢的生产任务,按常规的做法是根本不可能的。9 月 10 日,毛泽东在湖北视察,当谈到钢铁生产时,指出:发展钢铁工业一定要搞群众运动,什么工作都要搞群众运动,没有群众运动是不行的。在毛泽东的大力提倡下,全国各地开始了大炼钢铁的群众运动。1958 年 9 月 14 日新华社报道:2000 万大军为 1070 万吨钢日夜奋战。9 月 15 日新华社报道:河南省鲁山县 1300 多座炼铁炉全部炼铁,8 月 28 日达到日产铁 1068 吨的惊人纪录;《人民日报》发表短评:向日产千吨铁的鲁山人民致敬。9 月 17 日,《人民日报》发表《祝河南大捷》的社论,宣传河南放"生铁卫星"的情况。10 月 1 日,《人民日报》发表《"卫星"齐上天,跃进再跃进》的社论,继续宣传大放"钢铁高产卫星"的情况。10 月 7—9 日,冶金部在天津召开全国地方土法炼钢现场促进会。10 月 11 日,又在河南商城县召开全国土法炼钢现场会。这两次现场会介绍土法炼钢方法,宣传炼钢也要搞小(小转炉、小平炉)、土(土铁炼钢)、群

---

① 中共中央文献研究室编:《毛泽东年谱(一九四九——一九七六)》第三卷,中央文献出版社 2013 年版,第 373—374 页。

② 参见中共中央文献研究室编:《毛泽东年谱(一九四九——一九七六)》第三卷,中央文献出版社 2013 年版,第 411 页。

（群众运动）。10 月 15—21 日，全国各地开展"钢铁生产周"，一周共生产钢 43.7 万吨、铁 176 万吨。《人民日报》发表社论：《群众威力无穷》和《钢铁高产周胜利以后》。10 月 30 日，《人民日报》报道，国务院副总理薄一波在徐州视察钢铁机械工业时，赞扬徐州人民大搞钢铁工业的干劲，说明了全民炼钢的十大好处。

在各级领导干部带领下，越来越多的人力投入大炼钢铁运动中去。1958 年 8 月底，投入大炼钢铁的劳动力达到几百万人，9 月底增加到 5000 万人，10 月底又增至 6000 万人，年底更达到 9000 多万人，直接和间接参加大炼钢铁的人力占全国人口总数的 1/6 左右。小高炉、土高炉的数量，8 月底为 17 万座，9 月底增至 60 多万座，10 月底增至几百万座。不仅工厂、农村、部队、学校到处建立起小高炉，甚至中央和国家机关的一些部门也在机关大院里建起了小高炉。由于原料缺乏，各地到处收集废钢废铁，甚至连金属的农具和家用器具也拿来炼铁；焦炭不足，就用木炭代替，于是就出现了大举砍伐树木破坏森林的做法。经过几个月的蛮干，加上虚报和浮夸，到年底钢的产量达到 1108 万吨，生铁达到 1369 万吨。事实上，其中合格的钢只有 800 万吨，仅仅炼成铁疙瘩的"钢铁"更是比比皆是。[①] 12 月 22 日，《人民日报》报道：一年之间钢产量加番，在世界钢铁史上写下辉煌的一章。但这场土法炼钢炼铁的"大跃进"运动，给国家的人力、物力、财力造成了巨大浪费。

三、人民公社化运动

1. 公社缘起

公社之名源于英国空想社会主义者欧文在美洲所进行的社会主义实验，而在马克思和恩格斯的文献中，也常把自己设想的共产主义社会的基层单位称为公社。我国古代的农村基层自治组织也称为"社"。陆定一在党的八大二次会议上以《马克思主义是发展的》为题发言，提到毛泽东和刘少奇谈到几十年后我国的情景时曾经这样说，那时我国的乡村中将是许多共产主义的公社。每个公社有自己的农业、工业，有大学、中学、小学，有医院，有科学研究机构，有商店和服务行业，有交通事业，有托儿所和公共食堂，有俱乐部，也有维持治安的民警等等。若干乡村公社围绕着城市，又成为更大的共产主义公社。这期间，陆定一受命编辑《马克思、恩格斯、列宁、斯大林论共产主义社会》一书，收入书的第一条语录中有两个地方提到共产主义社会的基层组织叫作公社。毛泽东一再向全党推荐这本书。[②]

1956 年底，全国有 96% 的农户入了社，加入高级社的农户高达 87%，基本上

---

① 参见中共中央党史研究室：《中国共产党历史》第二卷（1949—1978）上册，中共党史出版社 2011 年版，第 490—491 页。

② 参见贺吉元：《"三面红旗"出台的内幕揭秘》，《党史文苑》2007 年第 23 期。

实现了完全的社会主义改造，完成了由农民个体所有制到社会主义集体所有制的转变。但与标准的社会主义比较，还存在很大的距离，这种集体经济组织也存在一定局限性。1957年冬至1958年春，全国农村大搞农田水利建设，受到小社的局限。为此，1958年初，毛泽东和《红旗》杂志总编辑陈伯达谈话，说乡社合一，将来就是共产主义雏形，什么都管，工农商学兵。1958年3月，中共中央成都会议通过了《关于小型农业合作社适当地并为大社的意见》，指出"我国农业正在迅速的实现农田水利化，并将在几年内逐步实现耕作机械化，在这种情况下，农业生产合作社如果规模过小，在生产的组织和发展方面势将发生许多不便。为了适应农业生产和文化革命的需要，在有条件的地方，把小型的农业合作社有计划地适当地合并为大型的合作社是有必要的"①。此后，各地迅速开展了并社工作。辽宁、广东两省最快，辽宁于1958年5月下半月即将9297个社合并为1551个社，基本是一乡一社，平均每社1855户左右，最大的为18000多户。②紧接着，河南、河北、江苏、浙江也都相继完成并社。在1958年6月底7月初的郑州农业协作会议上，谭震林把河南省遂平县嵖岈山卫星农业社称为"共产主义公社"。1958年7月1日《红旗》杂志第3期发表陈伯达的文章《全新的社会，全新的人》，第一次在中共中央的刊物上出现了"人民公社"4个醒目的字。7月，河南在并大社的基础上，迅速掀起了人民公社化热潮。

2. "一大二公"

8月6日，毛泽东到河南新乡县七里营公社，看到"新乡县七里营人民公社"的牌子，说"人民公社这个名字好！"毛泽东对陪同视察的河南省委第一书记吴芝圃说：

> 看来"人民公社"是一个好名字，包括工农兵学商，管理生产，管理生活，管理政权。"人民公社"前面加上一个地名，或者加上群众所喜欢的名字。公社的特点，一曰大，二曰公。公社的内容，有了食堂，有了托儿所，自留地的尾巴割掉了，生产军事化了，分配制度变化了，一个小并大，一个私并公，乡社统一了。人民公社还是社会主义性质的，但比合作社高了一级。③

1958年8月9日，山东省委书记谭启龙汇报有人准备大办农场时，毛泽东说：

---

①　国家农委办公厅：《农业集体化重要文件汇编（1958—1981）》下册，中共中央党校出版社1981年版，第15页。

②　参见罗平汉：《天堂试验：人民公社化运动始末》，中共中央党校出版社2006年版，第21页。

③　中共中央文献研究室编：《毛泽东年谱（一九四九——一九七六）》第三卷，中央文献出版社2013年版，第403页。

"还是办人民公社好，它的好处是可以把工、农、商、学、兵结合在一起，便于领导"①，并指出公社的特点是"一大二公"。大，就是人多（几千户、一万户、几万户），人多势众，办不到的事情就可以办到；地多，地大物博，综合经营，工农商学兵，农林牧副渔，样样都有；大，好管，好纳入计划；公，就是比合作社更要社会主义，把资本主义残余（比如自留地、自养牲口）都可以逐步搞掉。② 8月13日，毛泽东视察三省，特别是"还是办人民公社好"的谈话消息，在《人民日报》发表，全国各地立即掀起了办人民公社的热潮。8月10日，河南新乡地委向中央电话汇报，已办起354个人民公社，平均每社5345户，其中7月18日成立的修武县人民公社是一县一社，共29193户。8月13日河南省委又汇报，全省已建立公社1463个，占计划数的52.42%。③

1958年8月中下旬，中共中央政治局在北戴河召开扩大会议，8月29日通过《中共中央关于在农村建立人民公社问题的决议》，要求在农村普遍建立人民公社。该《决议》指出："看来，共产主义在我国的实现，已经不是什么遥远将来的事情了。我们应该积极运用人民公社的形式，摸索出一条过渡到共产主义的具体途径。"④ 9月1日《红旗》杂志第7期发表了《迎接人民公社化高潮》的社论和《嵖岈山卫星公社简章（草稿)》。9月4日，《人民日报》就该简章发表社论，赞扬嵖岈山卫星公社"在若干方面突破了集体所有制的框框，取消了生产资料私有制的某些最后残余"。9月10日，《中共中央关于在农村建立人民公社问题的决议》公开发表，《人民日报》同时发表社论《先把人民公社的架子搭起来》。这样，一个大办人民公社的全民运动，迅速在全国农村广泛开展起来。1958年8月中共中央政治局北戴河会议一个月后，全国农村基本上实现了公社化。除西藏外，在全国27个省市区共建立人民公社23384个，入社农户占总农户的90.4%。有几个省达到100%，平均每社4797户，其中河南、吉林等13个省，有94个县以县为单位，建立起县人民公社或县联社。到年底，全国74万个农业合作社被2.6万个人民公社代替，全国农户的99%以上参加了公社。⑤ 全国范围内的农村已基本实现了人民公社化。

嵖岈山卫星人民公社是人民公社运动的样板。1958年8月17日，毛泽东审阅了《嵖岈山卫星人民公社简章（草稿)》，作了批示和几处修改。批示是："此件请

---

① 薄一波：《若干重大决策与事件的回顾》下册，中央党校出版社1993年版，第740页。
② 参见薄一波：《若干重大决策与事件的回顾》下册，中央党校出版社1993年版，第742页。
③ 参见薄一波：《若干重大决策与事件的回顾》下册，中央党校出版社1993年版，第739页。
④ 刘武生主编：《刘少奇与中共党史重大事件》，中央文献出版社2001年版，第312页。
⑤ 参见中共中央党史研究室：《中国共产党的九十年：社会主义革命和建设时期》，中共党史出版社2016年版，第501页。

各同志讨论。似可发各省、县参考。"① 《嵖岈山卫星人民公社简章（草稿）》规定：

在已经基本上实现了生产资料公有化的基础上，社员转入公社，应该交出全部自留地，并且将私有的房基、牲畜、林木等生产资料转为全社公有，但可以留下小量的家畜和家禽，仍归个人私有。社员私有的牲畜和林木转为全社公有，应该折价作为本人的投资。单干户加入公社，除了留下小量的家畜和家禽以外，应该将全部土地、牲畜、林木、大农具等生产资料转归公社所有，这些生产资料，要按照原农业合作社的规定，折价抵交股份基金，多余部分作为本人的投资。

公社按照乡的范围建立，一乡一社。为了便利工作，实行乡社结合，乡人民代表大会代表兼任公社社员代表大会代表，乡人民委员会委员兼任公社管理委员会委员，乡长兼任社长，副乡长兼任副社长，公社管理委员会的办事机构，兼任乡人民委员会的办事机构。

公社在收入稳定、资金充足、社员能够自觉地巩固劳动纪律的情况下，实行工资制。按照每个劳动力所参加工作的繁重和复杂程度，以及本人的体力强弱、技术高低和劳动态度好坏，由群众评定他们的工资等级，按月发给不同的一定的工资，有特殊技术的，可以另加技术津贴。逐月所发的工资可以有多有少。在公社收入较多和社员需要较大的月份，工资可以多发，其余的月份可以少发。遇到特大的灾害，可以酌情少发工资。

在粮食生产高度发展、全体社员一致同意的条件下，实行粗食供给制。全体社员，不论家中劳动力多少，都可以按照国家规定的粗食供应标准，按家庭人口得到免费的粮食供应。实行粮食供给制，必须使家中劳动力较多的社员，仍然比过去增加收入。

嵖岈山卫星人民公社推广了公共食堂；同时成立了托儿所、幼儿园、敬老院、缝纫组；设立了农业、林业、畜牧、工交、粮食、供销、卫生、武装保卫等若干部或委员会，下设生产大队和生产队，实行统一领导，分级管理和组织军事化、生产战斗化、生活集体化。

1958 年 9 月，中共中央政治局北戴河会议通过《中共中央关于在农村建立人民公社问题的决议》，《嵖岈山卫星公社简章（草案）》作为北戴河会议文件印发，并发表在 9 月 1 日出版的《红旗》杂志第七期。随后，全国各大报纸争相转载，

---

① 中共中央文献研究室编：《毛泽东年谱（一九四九——一九七六）》第三卷，中央文献出版社 2013 年版，第 413 页。

一时成为全国人民公社化运动的指导性文件，嵖岈山卫星人民公社成为全国人民公社化运动的样板。

3. 公共食堂

人民公社的特点是"一大二公"，而公共食堂是体现"一大二公"的典型事物。毛泽东在各地视察人民公社时，对公共食堂和"吃饭不要钱"这些情况大加赞赏，使公共食堂迅速发展，成为人民公社的一大标志。1958年7月8日，《人民日报》发表社论《农业社办食堂促进生产发展和集体主义思想成长》，总结了公共食堂的八大好处。[1] 同年10月25日，《人民日报》发表题为《办好公共食堂》的社论，提出"办好公社的集体福利事业，特别是办好公共食堂，已经成为当前人民公社化运动中的一项十分重要的工作，成为巩固人民公社的一个基本关键"[2]。之后，各地都开始取消家庭伙食，开办食堂。至1958年10月底，全国农村已办公共食堂265万多个，参加食堂吃饭的人占农村总人口的70%至90%。[3]

然而，席卷全国的人民公社化运动，很快就暴露出各种矛盾。从根本上讲，这些矛盾都源于"一大二公"的人民公社体制。公社一般都规模庞大，由四五千个农户组成，有的是一乡一社甚至数乡一社，并且是政社合一组织，人民公社就是一级政权。公社办社会现象严重，办托儿所、办养老院、办医院，甚至办大学。这就给管理带来极大的困难。公社实行全部生产资料公有，由公社统一核算、统一管理，不仅给管理带来困难，也限制了农户和社队作为生产组织的积极性和主动性，也就自然限制了生产力发展。公社实行工资制和供给制，有的公社对社员生活实行"七包""十包"甚至"十五包""十六包"，包衣食住行、生老病死、婚丧嫁娶、教育医疗等。到1958年10月底，全国农村建立公共食堂265万个，在食堂吃饭的人占农村总人口的70%到90%。[4] 公社基本消灭了私有制，有的农民说："除了一双筷子、一只碗是个人的，其他全归公了。"为了更快地向共产主义过渡，出现严重的平调现象。中央农村工作部1961年8月24日向中央报告，几年来全国平调物资折款总值为250亿元，如按当时全国乡村总人口53152万计算，平均每人被平调物资48.89元。[5] 这样，里里外外的"共产风"就把人民公社搞垮了。

[1] 参见国家农委办公厅：《农业集体化重要文件汇编（1958—1981）》下册，中共中央党校出版社1981年版，第40页。

[2] 中共中央文献研究室编：《建国以来重要文献选编》（第十一册），中央文献出版社1995年版，第517页。

[3] 参见中共中央党史研究室：《中国共产党的九十年：社会主义革命和建设时期》，中共党史出版社2016年版，第502页。

[4] 参见中共中央党史研究室：《中国共产党历史》第二卷（1949—1978）上册，中共党史出版社2011年版，第498页。

[5] 参见薄一波：《若干重大决策与事件的回顾》下卷，中共中央党校出版社1993年版，第765页。

四、从初步纠"左"到继续"跃进"

1. 初步纠"左"

1958 年秋冬，人民公社化的严重后果开始显现出来，毛泽东和党中央也有所察觉。从 1958 年 10 月中旬起，毛泽东赴河北、河南、湖北等地调研，并于 11 月 2 日至 10 日在郑州召开第一次郑州会议，开始纠正人民公社由集体所有制过渡到全民所有制，由社会主义过渡到共产主义，以及废除商品生产等错误主张。这次会议还针对当时全民大办钢铁、大兴水利、深翻耕地等连续苦战需要休整的实际情况，规定了要实行劳逸结合，既抓生产又抓生活的方针。11 月 21 日至 27 日，毛泽东在武昌主持召开中央政治局扩大会议，对急于由集体所有制向全民所有制过渡、由社会主义向共产主义过渡，企图取消商品生产和商品交换的错误倾向，进行进一步的批评和纠正。

1958 年 11 月 28 日至 12 月 10 日，党的八届六中全会召开。在这个会议上通过了毛泽东主持起草的《关于人民公社若干问题的决议》：

> 供给范围目前不宜过宽。实行供给制并不是使人们的生活清一色。在社会主义和共产主义制度下，人们的需要总是大体相同而又各有不同的。因此，无论在目前和将来，在供给的范围内，必须注意尽可能使社员有适当选择的自由。

> 应当向群众宣布：社员个人所有的生活资料（包括房屋、衣被、家具等）和在银行、信用社的存款，在公社化以后，仍然归社员所有，而且永远归社员所有。社员多余的房屋，公社在必要时可以征得社员同意借用，但是所有权仍归原主。社员可以保留宅旁的零星树木、小农具、小工具、小家畜和家禽等；也可以在不妨碍参加集体劳动的条件下，继续经营一些家庭小副业。

> 要办好公共食堂。要保证所有的社员吃得饱、吃得好、吃得干净卫生，并且适合民族习惯和地方习惯。公共食堂要有饭厅，要经营好菜园、豆腐坊、粉坊、酱园，要养猪羊、养鸡鸭、养鱼等。饭菜要多样化，要有味道。要同营养学家商量，使食品当中包含有生理上必需的含热量和营养分。对老人、小孩、病人、孕产妇和哺乳的母亲，在伙食上要给以必要和可能的照顾，并且可以允许某些社员在家做饭吃。公共食堂要实行管理民主化。

> 人民公社应当实行统一领导、分级管理的制度。公社的管理机构，一般可以分为公社管理委员会、管理区（或生产大队）、生产队三级。管理区（或生产大队）一般是分片管理工农商学兵、进行经济核算的单位，盈亏由公社统一负责。生产队是组织劳动的基本单位。在公社管理委员会的统一领导下，应

当使管理区（或生产大队）和生产队在组织生产和基本建设、管理财务、管理生活福利事业等方面，有必要的权力，以利于发挥他们的积极性。①

为了加快纠"左"的步伐，中共中央政治局于 1959 年 2 月 27 日至 3 月 5 日在郑州召开扩大会议，会议确定 14 句话，重点纠正人民公社运动中的"共产风"："统一领导，队为基础；分级管理，权力下放；三级核算，各计盈亏；分配计划，由社决定；适当积累，合理调剂；物资劳动，等价交换；按劳分配，承认差别。"②紧接着在 1959 年 3 月 25 日至 4 月 1 日，又在上海召开了一次中共中央政治局扩大会议，肯定了生产队为基本核算单位，而且承认大体相当于初级社规模的生产队的部分所有制；同时决定清算公社成立以来的账目，退赔平调的资金物资。1959 年 4 月 29 日，毛泽东直接给省以下直到生产小队的各级干部写了一封《党内通信》。他用通俗生动的语言，切中时弊地谈到包产、密植、节约粮食、播种面积、机械化、讲真话等影响农业的几个关键问题。他说：包产能包多少，就讲能包多少；收获多少，就讲多少，不可以讲不符合实际情况的假话。"老实人，敢讲真话的人，归根到底，于人民事业有利，于自己也不吃亏。爱讲假话的人，一害人民，二害自己，总是吃亏。应当说，有许多假话是上面压出来的。上面，一吹，二压，三许愿，使下面很难办。因此，干劲一定要有，假话一定不可讲。"③

在纠正农村人民公社"共产风"的同时，对工业部门特别是钢铁生产中不切实际的指标进行了调整。在 1958 年 11 月下旬的武昌会议期间，毛泽东对 1958 年 8 月北戴河会议提出的 1959 年钢产量 1700 万—3000 万吨的高指标能否完成放心不下，经反复考量，决心将指标降低到 1800 万吨。而中共八届六中全会在"压缩空气"方针下，将 1959 年钢产量确定为 1800 万—2000 万吨。1959 年初，高指标引起的比例失调和原材料供应紧张等问题愈加严重，工业生产大幅下滑，对整个经济运行和发展造成严重威胁。在这种情况下，1959 年 4 月初召开的党的八届七中全会将当年钢产量指标调整为 1650 万吨。5 月中旬，经陈云建议又将指标进一步调整为 1300 万吨。与此同时对农村的政策也进行了进一步调整，如恢复自留地制度，允许社员喂养家畜家禽，鼓励社员充分利用屋前屋后的零散土地种植庄稼和树木，不征公粮，不归公有等。这样，经过近 9 个月纠"左"的紧张努力，"共产风"、浮夸风、高指标和瞎指挥受到初步遏制，形势开始有所好转。

2. 庐山会议

对于共产风和浮夸风现象，中央是有所发觉的。但由于存在认识上的误区，对

---

① 中央档案馆、中共中央文献研究室编：《中共中央文件选集（1949 年 10 月——1966 年 5 月）》第 29 册，人民出版社 2013 年版，第 310—312、315 页。

② 《毛泽东文集》第八卷，人民出版社 1999 年版，第 14 页。

③ 《毛泽东文集》第八卷，人民出版社 1999 年版，第 50 页。

"理想王国"的向往，加上群众不断高涨的热情，给纠偏工作造成困难和时滞。为此，中共中央决定在庐山召开政治局扩大会议解决这些问题。1959年7月2日，毛泽东在庐山召集中共中央部分领导人和各协作区主任开会，主要谈经济工作。关于经济形势，毛泽东认为：有些坏，但还不到"报老爷，大事不好"的程度。过去一年的经验主要是：综合平衡，群众路线，统一领导，注意质量。关于国民经济的安排方针问题，毛泽东指出：过去安排经济计划的次序是重轻农，今后恐怕要倒过来，现在是否提农轻重？也就是要强调把农业搞好，要把重、轻、农、商、交的次序改为农、轻、重、交、商。关于经济管理体制问题，毛泽东认为，现在有些半无政府主义，"四权"（人权、财权、商权和工权）过去下放多了一些，快了一些，造成混乱。应当强调一下统一领导，中央集权。下放的权力要适当收回。对于公共食堂问题，毛泽东指出：按人定量，分配到户，自愿参加，结余归己。在几个原则下把食堂办好，不要一哄而散。吃饭基本要钱。供给制不要否定。关于浮夸问题，毛泽东说，1959年指标定高了，现在陷于被动，找个适当的时机改过来。总的来说，对1958年的估计，有伟大成绩，有不少问题，前途是光明的。[①]

中央政治局会议于1959年7月2日召开。会议开始时，毛泽东提出问题，讲了自己的看法，在肯定"大跃进"、人民公社化运动的前提下，指出执行政策中的一些缺点错误，总结了一些经验。从7月3日起，与会人员按地区分为华北、华东、华中华南、西南、西北、东北六个大区进行讨论。在讨论过程中，与会同志摆情况、谈意见、边开会、边学习，自由交谈，各抒己见，轻松愉快，生动活泼，没有一点紧张气氛，大家称之为"神仙会"。

在会议结束前夕即7月14日，彭德怀写信给毛泽东，陈述了他对1958年以来"左"倾错误及其经验教训的意见，信中使用了"浮夸风""共产风""小资产阶级狂热性"等词语，并且认为，我们在建设工作中所面临的突出矛盾，就其性质来说"是具有政治性的"。两天后毛泽东把彭德怀的信印发全体与会者，并召集大家讨论。彭德怀的意见引起部分与会者的共鸣，因而在发言中对"大跃进"中的错误做了进一步的深刻批评。根据毛泽东的建议，8月2日至16日，紧接着在庐山召开中共八届八中全会。全会开展了对所谓彭德怀、黄克诚、张闻天、周小舟"反党集团"的斗争，通过了《为保卫党的总路线，反对右倾机会主义而斗争》和《关于以彭德怀同志为首的反党集团的错误的决议》。

3. "继续跃进"

1959年8月16日，中共中央发布《中国共产党第八届中央委员会第八次全体

---

① 中共中央文献研究室编：《毛泽东年谱（一九四九——一九七六）》第四卷，中央文献出版社2013年版，第84—86页。

会议的公报》，公报主要两个方面内容，一是经济指标的调整，二是对右倾思想的批判。

从经济指标的调整看，党的八届八中全会认为，1959 年钢、煤、粮、棉四大指标应该作如下的调整：钢的产量为 1200 万吨；煤的产量为 3.35 亿吨；粮食和棉花的产量，在 1958 年核实产量的基础上，各增产百分之十左右。中共八届八中全会公报指出：

> 调整后的一九五九年国民经济计划，仍然是一个继续跃进的计划。钢的产量将比去年的八百万吨增加四百万吨，即增长百分之五十；煤的产量将比去年增加六千五百万吨，即增长百分之二十四；粮食和棉花的增产速度，都将大大超过第一个五年计划期间的每年平均递增速度（即粮食为百分之三点七，棉花为百分之四点七）。调整后的今年国民经济计划的完成，将使我们在钢、原煤、原木、冶金设备、发电设备、金属切削机床、棉纱、机制纸、原盐、粮食、棉花等方面，完成、超额完成或者接近完成第二个五年计划原定在一九六二年完成的指标。这样，我们就可以在今后三年中把原定的第二个五年计划指标大大提高，并且可以腾出手来，用较多的力量来加强国民经济中的某些薄弱环节，从而使"十五年内在主要工业产品产量方面赶上英国水平"的口号，可以争取在十年左右的时间内基本实现，并且使原定在一九六七年实现的十二年农业发展纲要可以争取大大提前超额完成。

公报对右倾思想进行了批判：

> 对于实现今年的继续跃进来说，当前的主要危险是在某些干部中滋长着右倾机会主义的思想。他们对于那些根据客观条件和主观努力本来可以完成的任务，不去千方百计地努力完成。他们对于几亿劳动人民和革命知识分子在大跃进运动和人民公社运动中所取得的伟大成绩估计过低，而对于这两个运动中由于经验不足而产生并且已经迅速克服的若干缺点，则估计过于严重。他们对于在党的领导下几亿劳动人民轰轰烈烈地进行的大跃进和人民公社运动，污蔑为"小资产阶级狂热性运动"。这是完全错误的。他们看不见党领导下的一切人民事业，成绩是主要的，而缺点错误则是第二位的，不过是十个指头中的一个指头而已。全会要求各级党委坚决批判和克服某些干部中的这种右倾机会主义的错误思想，坚持政治挂帅，充分发动群众，鼓足干劲，努力完成和超额完成

今年的跃进计划。①

1959 年 9 月 1 日，《人民日报》发表题为《"得不偿失"论可以休矣》的社论，同时红旗杂志发表题为《驳"国民经济比例失调"的谬误》的社论。这两篇社论根据中共八届八中全会反右倾精神，对认为大炼钢铁不算经济账、不讲经济效果的意见进行了严肃的批判，把持有这种看法的同志说成是鼠目寸光，只算眼前账，不算长远账。

9 月 24 日，为贯彻庐山会议"反右倾，鼓干劲"的精神，国家计委、建委确定新上一批基本建设项目。两委提出，在今后几个月里，要新开工限额以上项目 230 个。这样就把 8 月 26 日确定的缩减项目的计划冲销了，使全年施工的限额以上项目又达到 1000 个以上。增加了大批项目以后，11 月 22 日又确定追加 13.6 亿元基本建设投资。这些追加投资，加上 8 月 26 日调整计划 248 亿元和上年结转投资 20 亿元，国家投资总额增长又达到 281 亿元，重新回到了 4 月上海会议确定的水平上。1959 年，计划执行结果是：钢产量达到 1387 万吨，煤产量达到 3.69 亿吨，生铁产量达到 2191 万吨，均超过了原定计划指标。但是轻工业生产连续下降，农业歉收严重。轻工业生产下降影响人民消费水平，但农业歉收则威胁人民生命。据后来统计，1959 年核实的粮食产量只有 3393.6 亿斤，仅完成计划的 62%，比 1958 年实际产量减少 559.4 亿斤，仅相当于 1954 年水平。②

1960 年《人民日报》元旦社论，提出"开门红、满堂红、红到底"的号召，要求各行各业、各个地区第一季度的平均产量应不低于或略高于上年第四季度水平，实现月月红、季季红，实现产量、质量、品种、成本、安全样样红，全面跃进。1960 年 1 月在上海召开的中共中央政治局扩大会议，要求在连续两年"大跃进"基础上，实现"比上年更好的大跃进"。1 月 30 日，中共中央批转国家计委《关于 1960 年国民经济计划的报告》，要求各地区、各部门照此安排工作。报告指出，1960 年发展国民经济的任务，总的来说是：更好地贯彻执行党的鼓足干劲、力争上游、多快好省地建设社会主义的总路线，更好地贯彻执行党的发展工业和发展农业同时并举的根本方针，在 1958 年和 1959 年连续"大跃进"的基础上，争取国民经济的继续跃进。1960 年国民经济计划制定一套新的高指标：钢产量 1840 万吨，比上年公布的数字增长 38%；生铁 2750 万吨，增长 34%；煤炭 4.25 亿吨，增

---

① 《中国共产党第八届中央委员会第八次全体会议的公报》，新华社 1959 年 8 月 26 日讯。
② 参见中共中央党史研究室：《中国共产党历史》第二卷（1949—1978）下册，中共党史出版社 2011 年版，第 560 页。

长 22%；粮食 5940 亿斤，增长 10%；棉花 5300 万担，增长 10%。[1]但这仅仅是中央定的指标，而各部门和各地区还层层加码，制定出"第二本账"和"第三本账"，更使指标进一步提高。如此高指标的计划，无论如何也是完不成的。但是在反右倾的政治高压之下，各部门和各地区的领导干部，一方面不得不弄虚作假，进一步搞浮夸，更大规模地搞群众运动，各省纷纷大办县、社工业，大办水利，大办养猪场等，致使"共产风"重新泛滥起来。

工业领域重新发起大炼钢铁运动。当时认为工业问题主要是钢、铁、煤，办法就是发展"小土群""小洋群"。要有一两千万人上山，否则就冷冷清清。在基本建设方面必须坚决贯彻大中小相结合以中小为主，以"小洋群"为主的方针，发展"小洋群"是我国加速社会主义建设的一个长期战略方针。要求在 1960 年内全国所有有煤铁资源的县、市，至少搞起一个以煤铁为中心的"小土群""小洋群"基地，有条件的人民公社也要尽可能举办"小土群"的采煤、采矿、炼铁企业。当时还提出要使小煤窑、小铁矿、小高炉、小转炉、小铁路"五小成群"。据统计，当时 21 个省、直辖市、自治区，"小洋群""小土群"职工占职工总数的 55.2%。

由于国民经济全面紧张，基本建设已经难以为继。1960 年 8 月 19 日，中共中央统一批准国家计委、国家建委党组提出的《关于缩短基本建设战线保证生产的措施》。据国家统计局统计，1960 年上半年，我国实际施工的大中型建设项目达到 1500 多个，小型项目达 4.3 万个。到 6 月份，全国实际的投资规模达到 450 亿元以上，比国家安排的第二本账还多 50 亿元左右。中央指出，缩短基本建设战线保证生产，是当前国民经济中的一项极为重要的措施，必须坚决执行，刻不容缓。根据 1960 年下半年基本建设计划安排方案，应当停建和推迟的项目，必须坚决停建和推迟；继续施工的项目，也应当集中力量，保证重点，分批分期打歼灭战。

总的来看，1960 年的"持续'大跃进'"，把高指标、瞎指挥、浮夸风、"共产风"的错误，继续推向一个新的高潮。这次错误比 1958 年更加严重，对国民经济的破坏更大。因为这次投资的规模更大，通过反右倾强制推行的压力更大，又是在大伤元气尚未恢复的情况下进行的，这就导致国民经济的全面危机。

4. 紧急救济

"大跃进"导致国民经济严重比例失调，主要表现为基建规模过大，通货膨胀，市场供应紧张，粮食缺乏，人民生活困难。1958 年我国积累率从上年的 24.9%一下跃到 33.9%，严重挤压消费，使人民的基本生活资料得不到保证；同时

---

[1] 参见中共中央党史研究室：《中国共产党历史》第二卷（1949—1978）下册，中共党史出版社 2011 年版，第 557 页。

基本建设拨款预算从1957年的40.7%增加到1958年的56%，使原料、设备、能源过度分散使用。1958年重工业产值增长78.8%，农业产值仅增2.4%。工业和交通运输之间比例失调，以及工业内部，重工业与轻工业之间，重工业内部采掘工业、原材料工业、加工工业之间等矛盾重重。企业管理混乱，工业产品质量严重下降，就钢铁质量来说，产品合格率很低。更为严重的是，广大人民群众的正常生活受到严重影响。农村高估产量带来的高征购，加上在公共食堂吃"大锅饭"，使得农村粮食极度缺乏，人员外流严重，得浮肿病和"非正常死亡"人数不断增加。城市也发生严重的缺粮缺菜问题，市场供应紧张，各地纷纷告急。在此情况下，中央连续发出关于解决粮食问题的紧急指示，以应付全国范围内的饥荒局面。

当时最大的困难是粮食缺乏。进入1960年后，各地粮食紧张问题很快出现，国家不得不动用库存。但由于粮食调运不畅，5月份各调出省所调出的粮食仅完成计划的一半，京、津、沪和辽宁的大工业城市调入的粮食不够销售。为此，中央采取了一系列紧急措施，增加粮食供应和恢复农业生产。5月28日，中共中央发出《关于调运粮食的紧急指示》，指出："近两个月来，北京、天津、上海和辽宁省调入的粮食都不够销售，库存已几乎挖空了，如果不马上突击赶运一批粮食去接济，就有脱销的危险。"6月6日，中共中央又发出《关于为京、津、沪和辽宁调运粮食的紧急指示》说：入夏以后，北京、天津、上海、辽宁等大城市和工业区的粮食库存非常薄弱，北京只能销7天，天津只能销10天，上海已经几乎没有大米库存，辽宁10个城市只能销八九天。8月10日，中共中央发出《全党动手，大办农业，大办粮食的指示》，指出当前的中心任务是：鼓足革命干劲，掀起一个群众性的增产节约运动的高潮，缩短基本建设战线，保证生产，保粮、保钢。加强农业战线是全党的长期首要任务。中央要求：全党全民一致努力，大办农业，大办粮食。另一方面是压低口粮标准。1960年9月7日，中共中央发出《关于压低农村和城市的口粮标准的指示》，要求淮河以南直到珠江流域的地区，应当维持平均每人全年原粮360斤，遭灾的地方应当更低一些。丰收的地方，口粮标准最多不超过原粮400斤。淮河以北地区的口粮标准，应当压低到平均每人原粮300斤左右。东北等一部分高寒地区可以稍高一些，而各省的重灾区，则应当压低到平均每人300斤以下。城市供应标准也必须相应地降低。除高温、高空、井下和担负重体力劳动的职工外，其余的全部城市人口，每人每月必须压低商品口粮标准2斤左右。以后，城乡居民口粮标准进一步降低。

由于食品严重匮乏，严重危害了人民的健康和生命。作为浮夸的代价，许多城乡居民出现浮肿病。人口再生产也受到影响，1960年全国总人口比上年减少

1000 万。[①] 1960 年 11 月 8 日，中共中央批转李先念 10 月在全国财贸书记会议的总结发言提纲。李先念在发言中指出：认真做好粮食工作，切实安排人民生活。吃饭第一，粮食问题是当前国民经济的突出问题。根据现有的生产水平，必须坚决采取："低标准"与"瓜菜代"相结合的办法，安排好 6.5 亿人民的生活，保证国民经济的继续跃进。下定决心，节衣缩食，作几年打算，决不动摇。但当务之急是千方百计搞吃的。中央要求各地大搞小秋收运动，大搞农产品加工和农业资源综合利用，努力增产副食品，特别是努力增产蔬菜。

第三节　经济调整

一、八字方针

1. 十年总结

在反右倾政治压力下强行推进的继续"跃进"，无论如何是不可能继续下去的。很快，经济各个领域都出现极度紧张的局面，财政资金告急，原材料供应告急，最严重的是粮食告急。在这种情况下，1960 年 6 月 14 日，中共中央在上海召开政治局扩大会议，讨论第二个五年计划后三年的补充计划。毛泽东讲话提到钢的生产，指出：指标要修改，讲质量、品种、规格，把这个提到第一位，把数量放到第二位。还指示其他指标也都要实事求是地修改，"真正留有余地，这个气就可以鼓，干劲有鼓的余地，不然干劲就鼓不上去"[②]。在 6 月 18 日下午的闭幕会上，毛泽东作《十年总结》的讲话，说：对于我国的社会主义革命和建设，我们已经有了十年的经验了。

但是我们对于社会主义时期的革命和建设，还有一个很大的盲目性，还有一个很大的未被认识的必然王国，我们还不深刻地认识它。我们要以第二个十年时间去调查它，去研究它，从其中找出它的固有的规律，以便利用这些规律为社会主义的革命和建设服务。

---

① 参见中共中央党史研究室：《中国共产党历史》第二卷（1949—1978）下册，中共党史出版社 2011 年版，第 563 页。

② 中共中央文献研究室编：《毛泽东年谱（一九四九——一九七六）》第四卷，中央文献出版社 2013 年版，第 415—416 页。

毛泽东说："我本人也有过许多错误。有些是和当事人一同犯了的。"他谈到高指标是"忘记了实事求是的原则"，高指标要下决心改，改过来就完全主动了。①

这是毛泽东首次就三年"大跃进"进行系统回顾和反思，也是他第一次承认自己在"大跃进"和人民公社运动中有错误。这就为纠正"大跃进"错误提供了重要契机，是"大跃进"运动的一个转折。此后，中共中央其他领导和各部门开始实事求是地考虑经济计划，并考虑对陷于严重危机的国民经济进行调整。

2. 八字方针

1960 年 7 月 5 日至 8 月 10 日，中共中央在北戴河举行工作会议，批准李富春、薄一波提出的《1960 年第三季度工业交通生产中的主要措施》，制定《关于全党动手，大办农业、大办粮食的指示》《关于开展以保粮、保钢为中心的增产节约运动的指示》等文件，确定压缩基本建设战线，保证钢铁等工业生产；认真清理劳动力，加强农业第一线，保证农业生产等措施；并决定以后计划不再搞两本账，只搞一本账，不搞计划外的东西，不留缺口。8 月 19 日，中共中央批准国家计委党组、国家建委党组《关于缩短基本建设战线保证生产的措施》的报告。该报告对当年计划内建设项目逐项作了审查，提出除少数关系重大的项目外，一般不再开工；集中力量确保一批重点项目尽快建成投产，其余项目停建或推迟；计划外限额以上项目，要严格审查，坚决削减。8 月下旬，国家计委按照这个精神向国务院提交了《关于 1961 年国民经济计划控制数字的报告》，报告提出，1961 年国民经济计划的方针应以整顿、巩固、提高为主，增加新的生产能力为辅；压缩重工业生产指标，缩短基本建设战线，加强农业和轻工业的生产建设，注重改善人民生活。

1960 年 8 月底，国家计委主任李富春在向国务院汇报工作时，提出对国民经济进行"调整、巩固、提高"的方针。周恩来支持李富春的意见，并将报告提出的对国民经济实行"调整、巩固、提高"的方针增加了"充实"两个字，从而形成了"调整、巩固、充实、提高"的八字方针。八字方针的基本内容是：调整国民经济各部门的比例关系，主要是农轻重、工业内部、生产与基建、积累与消费等比例关系；巩固已经取得的经济建设成果；充实那些以工业品为原料的轻工业和手工业品的生产，发展塑料、化纤等新兴工业；提高产品质量，改善企业管理，提高劳动生产率。

1960 年 9 月 30 日，中共中央批转了国家计委《关于 1961 年国民经济计划控制数字的报告》，报告确定安排 1961 年计划的具体方针是：第一，以农业为基础，

---

① 参见中共中央文献研究室编：《毛泽东年谱（一九四九——一九七六）》第四卷，中央文献出版社 2013 年版，第 419—422 页。

全党、全民大办农业、大办粮食；第二，工业的发展，着重注意增加品种、提高质量、填平补齐、设备维修和产品配套；第三，基本建设以中小为主，继续缩短战线，集中力量打歼灭战；第四，在全面安排劳动力和人民生活的条件下，安排国家生产和建设，保证群众过好日子，保证灾区群众休养生息；第五，有重点、有计划地发展科学技术。报告特别强调：在1961年，我们要把农业放在首要地位，"使各项生产、建设事业在发展中得到调整、巩固、充实和提高"。这个报告第一次完整地提出"调整、巩固、充实、提高"八字方针。

1961年1月14日，党的八届九中全会在北京举行。会议听取和讨论了李富春作的《关于1960年国民经济计划执行情况和1961年国民经济计划主要指标的报告》，正式批准对国民经济实行"调整、巩固、充实、提高"八字方针。会议发表的公报指出：

鉴于农业生产连续两年遭到了严重的自然灾害，1961年全国必须集中力量加强农业战线，贯彻执行国民经济以农业为基础，全党全民大办农业、大办粮食的方针，加强各行各业对农业的支援，尽最大努力争取农业生产获得较好的收成。在农村中必须进一步巩固人民公社，贯彻执行关于人民公社和农村经济的各项政策，切实安排好社员的生活，帮助社员渡过由于自然灾害所造成的困难，并且为今年农业的增产做好准备，轻工业部门应当努力克服由于自然灾害所造成的原料不足的困难，开辟新的原料来源，增加生产，尽可能地保证人民生活必需品的供应。重工业方面，由于三年来已经有了巨大的发展，主要产品的产量已经大大超过了第二个五年计划后两年即1961年和1962年的原定的水平，1961年应当适当地缩小基本建设的规模，调整发展的速度，在已有的胜利的基础上，采取巩固、充实和提高的方针。这就是说，应当努力提高产品的质量，增加产品的品种，加强生产中的薄弱环节，继续开展群众性的技术革新运动，节约原材料，降低成本，提高劳动生产率。

此后，全国经济进入调整时期。

二、五年调整

1. 初步调整

1960年的"继续跃进"被事实证明是不可行的。所以，毛泽东在6月提出《十年总结》进行自我批评。与此同时，"继续跃进"事实上也在慢慢地刹车，国民经济调整也在缓慢地进行。1961年1月中共八届九中全会确定八字方针后，调整的步伐开始加快了。

人民公社化运动对农业生产造成严重的破坏，粮食大幅减产造成严重的饥荒。所以调整首先从农业开始。从 1960 年 10 月起，中央开始部署整风整社，以肃清人民公社化运动中出现的"五风"："共产风"、浮夸风、强迫命令风、生产瞎指挥风和干部特殊化风。1960 年 11 月 3 日，中共中央发出《关于农村人民公社当前政策问题的紧急指示信》（简称"12 条"），其核心是要求全党用最大的努力来纠正"共产风"，并作出 12 条规定，重申"三级所有，队为基础，是现阶段人民公社的根本制度"，至少 7 年不变；彻底清理一平二调；加强生产队的基本所有制；允许社员经营少量自留地和小规模的家庭副业，鼓励社员养猪；坚持按劳分配原则；有领导有计划的恢复农村集市；但公共食堂仍然坚持。"12 条"对于扭转当时农村形势起了积极作用。

1961 年 3 月，中共中央在广州召开会议，毛泽东主持讨论和制定了《农村人民公社工作条例（草案）》（简称"农业 60 条"）。条例强调了农村人民公社实行各尽所能、按劳分配、多劳多得、不劳动者不得食的原则。根据部分地区的经验，采用"三包一奖四固定"的办法，处理生产大队与生产队之间的经济关系问题，即：生产大队把劳动力、土地、耕畜、农具固定给生产队使用；生产大队对生产队实行包产、包工、保成本，超过"三包"指标的给予奖励。生产队对于社员的劳动，应该按照劳动的数量和质量，付给合理的报酬，避免社员和社员之间在计算劳动报酬上的平均主义。条例还主张社员自身发展家庭副业。同时，国家在人力、物力和财力上加强了对农业的支持，增加农村社队所需贷款和物资，提高粮食等农副产品的收购价格，促进农业生产的恢复，增加农民的收益。

尽管国民经济调整的八字方针"调整、巩固、充实、提高"在 1960 年 9 月就提出来了，但工业方面减速度、降指标工作尚未落实。中共八届九中全会通过的 1961 年计划数字仍然不切实际。第一季度计划执行结果也很不理想，证明计划规定的增长指标是不可能完成的。所以，国家计委不得不对经济计划指标做进一步的调整。1961 年 7 月 17 日至 8 月 12 日，国家计委召开全国计划会议，讨论 1961—1962 年国民经济计划的控制数字。李富春提出工业要退下来，而且要退够，只有退下来，才能主动。会议指出，这两年计划的安排，必须坚决地、认真地贯彻执行八字方针，并且以调整为中心。具体调整的内容主要是：（1）坚决缩短重工业战线，适当降低重工业的发展速度，加强农业和轻工业战线。（2）在重工业内部，要逐步加强采掘和采伐工业战线，并且使重工业生产适应支援农业、轻工业和增强国防工业的需要。（3）坚决缩短基本建设战线。（4）讲究经济效果，努力提高产品产量，增加品种，减少物资消耗。1961 年 8 月 23 日至 9 月 16 日，中共中央在庐山举行工作会议，通过《中共中央关于当前工业问题的指示》，强调：我们已经丧失了一年多的时机。现在再不能犹豫了，必须当机立断，该退的就坚决退下来。为此，国家计委对中共八届九中全会所确定的 1961 年、1962 年的计划指标做了较大的调整，核心内容就是缩短基建战线，降低重工业速度。

在调整工业计划指标的同时整顿企业秩序。这是因为"大跃进"给企业管理带来极度混乱，为了完成高指标，企业往往置成本和效益于不顾，核算制度废弛，设备严重损坏，产品质量下降。经调查研究最后形成《国营工业企业工作条例（草案）》（简称"工业 70 条"）。9 月 16 日。"工业 70 条"经庐山中央工作会议通过。"工业 70 条"中对中国工业企业的计划管理、技术管理、劳动管理、工资管理、奖励和职工福利、经济核算、企业财务、生产协作、责任制度、党委领导下的厂长负责制，工会和职工代表大会、党的工作等重大问题作了明确的规定和说明。它是中国工业企业管理的第一个总章程。"工业 70 条"对于总结过去三年"大跃进"中国营工业企业管理工作的经验，巩固已经取得的成绩，改正工作中的缺点；对于贯彻执行调整、巩固、充实、提高的方针；对于我国工业的今后发展，都具有很重要的意义。

2. 七千人大会

经过一年多的调整，"大跃进"导致的严重经济困难已经开始转变，可以说基本稳住了局面。但是整个经济形势仍然十分严峻。1961 年，按可比价格计算的农业总产值比上年下降 2.4%，轻工业总产值比上年减少 37.8%，重工业总产值比上年下降 46.5%。财政收入比上年减少 37.8%，社会商品零售总额比上年减少 12%。全国城乡居民人均粮食、食油、布的消费量，在 1959 年、1960 年连年下降的情况下，连续第三年下降。[①] 当时最突出的问题是粮食产量比 1960 年又有下降，广大人民处于饥饿半饥饿状态。更为严重的是，中共党内认识并不统一，尽管出现如此严重的经济危机，但仍有部分领导认为经过短期调整还会继续跃进。为了统一思想和认识，更加有力地贯彻"八字方针"，将国民经济调整到正确的轨道上来，1962 年 1 月 11 日至 2 月 7 日，中共中央在北京召开扩大的工作会议。出席会议的有中央、中央局、省、地、县（包括重要厂矿）五级领导干部，共 7118 人，人们习惯地称这次会议为"七千人大会"。

这是中国共产党在执政后召开的一次空前规模的总结经验大会。会上刘少奇代表中共中央作书面报告和讲话，初步总结了 1958 年以来社会主义建设的基本经验教训，分析了几年来工作中的主要缺点错误。讲话指出：当前经济困难的原因，除了由于自然灾害造成农业歉收外，还有一条，就是从 1958 年以来，我们工作中的

---

① 参见中共中央党史研究室：《中国共产党历史》第二卷（1949—1978）下册，中共党史出版社 2011 年版，第 593 页。

缺点和错误。刘少奇在口头报告中指出：

> 过去我们经常把缺点错误和成绩，比之于一个指头和九个指头的关系。现在恐怕不能到处这样套。有一部分地区还可以这样讲。在那些地方虽然也有缺点和错误，可能只是一个指头，而成绩是九个指头。可是，全国总起来讲，缺点和成绩的关系，就不能说是一个指头和九个指头的关系，恐怕是三个指头和七个指头的关系。还有些地区，缺点和错误不止是三个指头。如果说这些地方的缺点和错误只是三个指头，成绩还有七个指头，这是不符合实际情况的，是不能说服人的。我到湖南的一个地方，农民说是"三分天灾，七分人祸"。你不承认，人家就不服。全国有一部分地区可以说缺点和错误是主要的，成绩不是主要的。[①]

刘少奇讲话的核心，一是对"大跃进"成绩和错误的判断，即"三个指头"和"七个指头"的关系；二是国民经济遭遇到严重困难，究竟是"天灾"还是"人祸"。由于人们对经济困难的严重性认识不足，对党的一贯的工作模式的依赖，特别是对毛泽东的个人崇拜，与会领导和干部对刘少奇的说法并没有普遍认同，不少干部仍对新的"大跃进"有所希冀。

1962年1月30日下午，毛泽东在大会上作了讲话。毛泽东在讲话中指出，必须健全党的民主集中制，必须在总结正反两个方面的经验的基础上，加深对社会主义建设规律的认识。他在讲话中作了自我批评，并且说："凡是中央犯的错误，直接的归我负责，间接的我也有份，因为我是中央主席。我不是要别人推卸责任，其他一些同志也有责任，但是第一个负责的应当是我。我们这几年工作中的缺点、错误，第一笔账，首先是中央负责，中央又是我首先负责"。[②] 这是毛泽东继《十年总结》后的再一次公开自我批评并直接承担责任。所以，尽管观念的分歧仍在，但国民经济调整的方针还是坚持下来，最后的决定仍是坚持八字方针，加大调整力度。

七千人大会进一步确定了国民经济调整的重大决策，但具体方案还需最后研究确定。七千人大会上，国家计委和财政部提交的1962年工农业生产计划和财政预算，尽管已经做了压缩，但仍留有不小的缺口，如1962年钢产量定为750万吨，基建投资定为59.5亿元。会后，财政部门向中央反映，按照这个计划，

---

① 中共中央文献研究室编：《毛泽东年谱（一九四九——一九七六）》第五卷，中央文献出版社2013年版，第74页。

② 中共中央文献研究室编：《毛泽东年谱（一九四九——一九七六）》第五卷，中央文献出版社2013年版，第78页。

当年财政将有 30 亿元赤字，1958 年至 1961 年每年都有很大的赤字，如果核实下来恐怕会更大。① 这样一个严重问题，七千人大会对此还是估计不足。为此，1962 年 2 月 21 日至 23 日，刘少奇在中南海西楼主持召开中央政治局常委扩大会议研究应对方案。陈云分析了当时的经济困难并提出系统的解决办法。陈云提出将十年经济规划分为两段，前面为恢复阶段，从 1960 年算起，大体上要五年；后面为发展阶段，也应该适当放慢速度。还提出减缩城市人口，进行"精兵简政"；采取各种办法，回收过量发行的纸币，稳定物价；尽力保证人民最低生活需要；集中力量用于农业增产，激励农民从事农业活动积极性；把计划机关的注意力从工业、交通方面，转移到农业增产和制止通货膨胀方面来。中南海西楼会议后，中共中央决定重新设立中央财经小组。1962 年 5 月 7 日至 11 日，刘少奇主持中央工作会议（后称"五月会议"），讨论中央财经小组提出的《关于讨论 1962 年调整计划的报告（草案）》，制定了大幅度调整国民经济的具体方针、办法和措施。会后，按照中共中央的部署，国民经济调整工作大刀阔斧地展开。

3. 全面调整

"五月会议"以后，全国上下，各条战线，都迅速行动起来，调整工作大步前进，并且很快见效。

首先，1962 年 5 月 27 日，中共中央国务院发出《关于进一步精简职工和减少城镇人口的决定》，规定：全国职工人数应当在 1961 年年末的 4170 万人的基础上，再减少 1056 万人至 1072 万人。分部门的指标为：工业减少 500 万人；基本建设减少 230 万人；交通运输邮电减少 40 万人；农林减少 50 万人；财贸减少 80 万人；文教卫生减少 60 万人；城市公用事业减少 2 万人；国家机关和党派团体减少 94 万人至 110 万人。全国城镇人口应当在 1961 年年末 12000 多万人的基础上，再减少 2000 万人（包括从城镇减到农村去的职工在内），同时相应地减少吃商品粮的人口。《关于进一步精简职工和减少城镇人口的决定》要求，上述精简任务在 1962 年、1963 年内基本上完成，1964 年扫尾。到 1963 年 7 月 31 日，中央决定结束精简工作。至此，一年半的精简工作，全国共减少职工 1887 万人。周恩来当时说：下去这么多人，等于一个中等国家搬家，这是史无前例的。

其次，压缩基本建设规模，停建缓建大批基本建设项目。1962 年同 1960 年相比，基本建设投资由 388.69 亿元减少到 71.26 亿元，积累率由 39.6% 降为

---

① 参见李先念：《揭露矛盾，严格制度，加强管理》（1962 年 2 月 26 日），载《李先念论财政金融贸易》下卷，中国财政经济出版社 1992 年版，第 7—8 页。

10.4%，施工项目减少 2/3 以上。同时，缩短工业战线，实行必要的关、停、并、转。全国工业企业数 1962 年比 1959 年减少 38%，还降低了大多数重工业的生产指标。按可比价格计算，同 1960 年相比，1962 年工业总产值下降 48.48%，其中重工业产值下降 58.64%，钢产量由 1866 万吨下降为 667 万吨，煤产量由 3.97 亿吨降为 2.2 亿吨。[①]

第三，重视农业生产，解决粮食危机。在"大跃进"和人民公社化过程中，农业受到严重损害，缺粮成为当时最严重的经济问题。为此，中央要求工业部门尽可能地挤出部分原料，增产农业所需的生产资料。化肥、农机、农用电力等，都比以前有大大地增加。

到 1962 年底经济形势开始复苏，农业生产比上年增长 6.2%，刹住了连续三年下跌的势头。当年财政收支平衡，略有结余，结束了连续四年的赤字。市场上的东西开始多了起来，自由市场的价格下降了 35%。人民生活有所改善，国民经济最困难的时期已经过去，许多方面都出现了迅速恢复的转机。到 1963 年，国民经济开始好转，主要表现是：第一，农业继续增产，1963 年虽然南北部分省区遭受了自然灾害，但全国粮食产量仍达 3400 亿斤，比上年增长 6.3%。第二，工业生产稳步上升，1963 年工业总产值，比上年增长 8.5%，许多工业产品的品种增加，质量提高。第三，商品供应量增加，城乡人民生活得到改善。由于物价下降和 8 月份调整工资，城市居民得到 20 亿元的好实惠。第四，财政收支略有结余，1963 年结余 2.7 亿元，货币加快回笼。

1963 年 9 月中共中央在北京举行工作会议着重讨论工业发展问题。会议认为，尽管 1963 年的经济形势很好，但还存在一系列问题，包括：农业生产还没有恢复到 1957 年的水平，粮食在几年内还要进口，穿的也很紧张；整个工业和交通，特别是基础工业，要再提高质量。增加品种，设备更新问题上，还需要做大量工作；许多企业的经营管理，还要大力进行整顿。所以，会议决定，从 1963 年起，再用三年的时间，继续进行调整、巩固、充实、提高的工作，把这三年作为第二个五年计划（1958—1962 年）到第三个五年计划（1966—1970 年）的过渡阶段。

国民经济进一步调整，主要从几个方面入手：第一，着重加强现有工业能力的填平补齐，成龙配套的工作，即继续调整工业内部的比例关系。具体做法是加速发展采掘业，在加工业中优先发展维修工业，在机械工业中优先搞好配套产品的生产等。第二，开始进行加工工业中的专业化生产和协作，改革"大而全""小而全"

[①] 参见中共中央党史研究室：《中国共产党历史》第二卷（1949—1978）下册，中共党史出版社 2011 年版，第 602 页。

的企业生产组织形式。第三，进行企业的整顿，在实行关、停、并、转的同时，加强企业的管理，实行责任制和经济核算，提高产品质量，提高企业效率。第四，对工业部门、新企业和基地进行填平补齐，成龙配套工作。第五，实行经济体制改革，包括企业管理改革、劳动体制改革和价格体制改革等，并对中央与地方的关系进行必要的调整。第六，加强物价管理。1962年5月成立全国物价委员会，薛暮桥任主任，统管全国物价工作，负责全国物价水平的综合平衡。1963年5月，经全国人大常务委员会批准，全国物价委员会为国务院直属机构。

1963年至1965年，是国民经济继续实行"调整、巩固、充实、提高"方针的三年，由于方针正确，实施得力，取得了巨大的成效。1964年12月，周恩来在三届人大一次会议上所作的《政府工作报告》中指出："经过调整，工业和农业的关系比例协调了，工业内部的关系也比较协调了，工业支援农业的能力进一步加强了，企业内部的生产能力绝大部分已经填平补齐、成龙配套、设备损坏和失修的情况已经改善。"他宣布：现在，"调整国民经济的任务已经基本完成，工农业生产已经全面高涨，整个国民经济已经全面好转，并且将要进入新的发展时期"。报告指出：1965年要继续完成国民经济调整工作中某些尚未完成的任务，为1966年开始的"三五"计划做好准备。

三、农村改革尝试

1. "包产到户"试验

为了恢复农业生产，在中央所定的农业调整方针之外，当时农村还出现了一些新的情况，如有的地方实行"包产到户""责任到田""五统一"等。实际上，以"包产到户"为主的各种农业组织形式，是与合作化和人民公社共同出现的。由于合作化速度太快，严重损伤了农民的生产积极性，导致农业生产的下降。所以，各地农民在集体所有制条件下自发地进行试验和探索，具体方式就是包产到户。但是，1956年和1957年出现的包产到户很快就夭折了。1958年，人民公社化和"大跃进"使农村经济遭到空前的破坏，农民饱尝"大锅饭"和"一大二公"之苦后，于1959年以后开始进行包产到户的尝试。

1959年至1960年间，安徽农村出现严重的"饿、病、逃、荒、死"问题，省委第一书记曾希圣自认为难辞其咎，试图用自己的实际行动来弥补过去的错误。他认为，要复兴农村经济，光靠反"五风"是不够的，必须改变农村经济体制，解决人民公社"一大二公"问题。1961年2月，他主持召开地市委会议，正式提出农业生产责任制问题。他选择了合肥市蜀山公社井冈大队南新庄生产队作为试点，具体做法是：包产到队，定产到田，以产记工，大农活包产到组，小农活包产到人，按大小农活的用工比例计算奖赔，简称"责任田"。1961年3月6日，安徽省委做出《关于包产到队、定产到田、责任到人的试行办法草案（第一次修改稿）》，将责任田试验逐步推广，收到良好的效果。3月中旬，中央政治局常委扩大会议研究《农村人民公社工作条例（草案）》，曾希圣将责任田的事向毛泽东汇报。毛泽东听说实行责任田能够较快地增加粮食产量，说："你们试验嘛！搞坏了检讨就是了。如果搞好了，能增产几亿斤粮食，那就是一件大事。"[①] 曾希圣立即将责任田进一步推广。7月，毛泽东到南方考察路过蚌埠，在专列上与曾希圣谈话。曾希圣汇报安徽试行责任田的情况。毛泽东指示说："你们认为没有毛病就可以普遍推广。又说，如果责任田确有好处，可以多搞一点。"[②] 当年，安徽粮食总产量实际上达到180多亿斤，不仅超额完成了征购任务，非正常死亡现象也基本上没有了，责任田被称为"救命田"。

邓子恢看到关于安徽省责任田的调查报告，认为，生产队责任田不涉及所有制性质，只是集体经济经营管理的一种形式，应总结经验，加以提高。他派工作组到淮北宿县再作调查。调查报告说：由于粮食显著增产，群众感到"包产到户责任制"越干越有奔头，最好一辈子不要改变。邓子恢认为，安徽的做法不仅不是单干，而且正是搞好集体生产、防止单干的好办法。1961年6月下旬，中央书记处开会，听取华东局农村办公室关于对安徽责任田的汇报。邓子恢表示，责任田没有改变集体经济性质，是社员劳动和产量直接结合起来，加强了社员的责任心，是找到了一条发展集体生产的好出路。

但毛泽东认为，责任田作为解决当时经济困难的办法可以试验，但当经济形势好转以后，还应该实行集体经济。毛泽东认为，将农村基本核算单位下放到小队，就可以解决农村中的平均主义问题，所以责任田这种东西就不必搞了。1962年6月，陶铸在广西龙胜县召开巩固集体经济问题座谈会，结论认为包产到户是走资本主义道路，是行不通的。7月22日，毛泽东看了陶铸报来的座谈会记录，批示说："这个文件所作的分析是马克思主义的，分析之后所提出的意见也是马克思主义的。"[③] 7月25日到8月24日，在中共中央北戴河会议期间，邓子恢向毛泽东极力推荐安徽的责任田。毛泽东说：包产到户搞了几千年，还要搞吗？如果搞包产到户，不用几年就有人雇工，讨小老婆。你怎么又动摇了，波兰搞自由化，还不敢解散合作社。他批评邓子恢等人支持包产到户是代表富裕中农要求单干，甚至是站在地主、富农、资产阶级的立场上反对社会主义。毛泽东还点名批评了带头搞包产到

---

① 中共中央文献研究室编：《毛泽东年谱（一九四九——一九七六）》第四卷，中央文献出版社2013年版，第558页。

② 中共中央文献研究室编：《毛泽东年谱（一九四九——一九七六）》第五卷，中央文献出版社2013年版，第3页。

③ 中共中央文献研究室编：《毛泽东年谱（一九四九——一九七六）》第五卷，中央文献出版社2013年版，第118页。

户的安徽省委书记曾希圣。之后，邓子恢遭到批判，被迫作了检讨。党的八届十中全会以后，中央撤销了中央农村工作部，理由是中央农村工作部 10 年没有干过一件好事。

2. 公社体制调整

"大跃进"和人民公社化运动，对农业生产造成严重破坏。在"共产风"席卷全国农村的时候，中共中央采取措施进行纠正。1960 年 11 月《关于农村人民公社当前政策问题的紧急指示信》和 1961 年 3 月的《农村人民公社工作条例（草案）》的发布，对于规范人民公社组织，防止"共产风"进一步泛滥发挥了重要作用。然而，农业的情况并没有很快好转，人民公社组织需要进一步规范。为此，1962年 2 月，经过充分讨论后，中共中央发出《关于改变农村人民公社基本核算单位问题的指示》，决定农村人民公社一般以生产队（即小队，相当于初级社）为基本核算单位，实行以生产队为基础的三级集体所有制。这样，从高级社以来就存在着的束缚生产队积极性的平均主义，得到了一定程度的克服。六七月间，中共中央对《农村人民公社工作条例（草案）》进一步修改，并于 9 月 27 日在中国共产党第八届中央委员会第十次全体会议上通过。《农村人民公社工作条例（修正草案）》再一次肯定了人民公社这种以生产队为基本核算单位的"三级所有，队为基础"的制度，进一步将基本核算单位下放到规模只有二三十户左右的生产队，并且实行独立核算，自负盈亏，直接组织生产，组织收益的分配。① 《农村人民公社工作条例（修正草案）》规定："生产队是人民公社中的基本核算单位。他实行独立核算，自负盈亏，直接组织生产，组织收益的分配。这种制度定下来以后，至少三十年不变。"为了保护生产队的权益，第二十一条规定：生产队范围内的土地都归生产队所有，任何单位和个人都不得占用；生产队范围内的劳动力，都归生产队支配，不经生产队同意不许抽调；生产队所有的大牲畜、农具，公社和大队都不能抽调。第二十二条规定：生产队对生产的经营管理和收益的分配，有自主权。在克服社员之间的平均主义方面，新条例要求生产队坚持按劳分配、多劳多得的原则。第三十四条规定：生产队"可以采取基本口粮和按劳动工分分配粮食相结合的办法，可以采取按劳动工分分配加照顾的办法"；但同时须"确实保证烈士家属、军人家属、职工家属和劳动力少、人口多的农户能够吃到一般标准的口粮"。可见，《农村人民公社工作条例（修正草案）》是对人民公社"一大二公"的模式的重大突破。

四、计划体制改革

1. 第一次放权改革

"一五"时期，中国的计划经济管理体制基本上是按照苏联的管理体制建立

---

① 参见薄一波：《若干重大决策与事件的回顾》（下），中共中央党校出版社 1993 年版，第 943 页。

的。从 1953 年起中国开始大规模的经济建设。为了尽快动员人力、物力和财力，保证重点建设，解决国民经济中的主要矛盾，尽快建立起工业化的初步基础，中国在工业、基本建设和物资管理等方面实行了类似苏联的计划管理体制。但是，由于还存在多种经济成分，中国没有完全照搬苏联那一套，而采取了不少从实际出发的做法。在计划管理上，采取了灵活多样的形式，直接计划的范围不大，只限于少数国营企业、关系国计民生的主要物资和重点基本建设项目。1953 年，直属中央各部、实行直接计划管理的国营企业，产值占全国工业总产值的 40% 左右，中央统配部管物资有 227 种。对于占工农业总产值大部分的其他四种经济成分，主要通过经济政策和价格、税收、信贷等经济杠杆，实行间接的计划管理。如对其中尚未公私合营的资本主义工商业，采取了经济恢复时期行之有效的加工订货、经销代销等方法，把原材料供应和成品销售前后两个流通环节掌握在国家手中，切断私营工厂同市场的联系，以此控制和引导其生产过程，使各种非社会主义经济成分也分别纳入计划经济轨道。这种多种形式的计划管理制度，既有统一性，也有灵活性，既保证了国民经济的综合平衡，又使经济杠杆的调节作用得以发挥，并给市场调节以较大的余地。这些制度措施较好地体现了管而不死、活而不乱的要求。

但是，随着社会主义改造的基本完成，采取直接计划的企业大量增加，统得过死的情况开始出现，国民经济的重大比例关系也出现了不协调。从 1955 年 12 月起，毛泽东等中共中央领导人抽出大量时间进行调查研究，对计划经济体制的弊端有所认识。1956 年 4 月，毛泽东在《论十大关系》中说："特别值得注意的是，最近苏联方面暴露了他们在建设社会主义过程中的一些缺点和错误，他们走过的弯路，你还想走？"① 毛泽东指出：

> 应当在巩固中央统一领导的前提下，扩大一些地方的权力，给地方更多的独立性，让地方办更多的事情。这对我们建设强大的社会主义国家比较有利。我们的国家这样大，人口这样多，情况这样复杂，有中央和地方两个积极性，比只有一个积极性好得多。我们不能象苏联那样，把什么都集中到中央，把地方卡得死死的，一点机动权也没有。②

《论十大关系》讲话发表后，毛泽东继续思考集权与分权的关系问题，不仅要解决中央与地方权力配置的问题，还要解决企业自主权的问题。他说：

---

① 《毛泽东文集》第七卷，人民出版社 1999 年版，第 23 页。
② 《毛泽东文集》第七卷，人民出版社 1999 年版，第 31 页。

关于企业的独立自主，列宁所说的独立自主，应搞到什么程度，请大家注意研究。我想，企业无非是这样两类：一类是生产过程的企业，工业是厂矿，农业是生产合作社；一类是流通过程的企业，就是运输业和商业。这些企业应当有怎么样一种独立性呢？我这里是随便这么讲，表述不是很准确，叫做要有点"独立王国"。①

后来（1960年2月），毛泽东在读苏联《政治经济学教科书》时说：

我们对各省的提法一向是：凡是自己能够生产的，就自己尽可能地发展，只要不妨碍全局。欧洲的好处之一，是各国林立，各搞一套，使欧洲经济发展较快。我国自秦以来形成大帝国，那时以后，少数时间是分裂、割据，多数时间保持统一局面。缺点之一是官僚主义，统治很严，控制太死，地方没有独立性，不能独立发展，大家拖拖沓沓，懒懒散散，过一天算一天，经济发展很慢。②

1956年5月，国务院召开全国体制会议，检查中央集权过多的问题，提出了《关于改进国家行政体制的决议（草案）》，决定1956年着手准备，1957年试办，到"二五"时期全面实施。按照这个步骤，在调查研究基础上，1957年9月中共八届三中全会通过《关于改进工业管理体制的规定（草案）》《关于改进财政体制和划分中央和地方对财政管理权限的规定（草案）》《关于改进商业管理体制的规定（草案）》。这三个文件经国务院提请人大常委会通过后，于1957年11月15日正式公布。这三个文件总的精神，是调整中央和地方、国家和企业的关系，把一部分工业管理、商业管理和财政管理的权力下放给地方和企业，以利于发挥地方和企业的主动性和积极性，完成国家的统一计划。

1958年中央举行的春节团拜会上，毛泽东谈到经济管理体制改革时指出："中央集权太多了，是束缚生产力的。这就是上层建筑和经济基础的关系问题。我是历来主张'虚君共和'的，中央要办一些事情，但是不要办多了，大批的事放在省、市去办，他们比我们办得好，要相信他们。""一个工业，一个农业（本来在地方），一个财，一个商，一个文教，都往下放。"③在毛泽东推动下，中央开始了向地方大规模放权，包括企业管辖权、计划权、财权等等都迅速下放。在这次向地方

① 《毛泽东文集》第七卷，人民出版社1999年版，第53页。

② 中共中央文献研究室编：《毛泽东年谱（一九四九——一九七六）》第四卷，中央文献出版社2013年版，第319—320页。

③ 薄一波：《若干重大决策与实践的回顾》（上），中共中央党校出版社1991年版，第559页。

放权中，中央企业下放给地方的力度非常大，轻工部达 96.2%，纺织工业部达 100%，化工部达 91%，其他各部下放企业均超过 60%。"大跃进"期间，一度把包括许多重工业大型骨干企业在内的中央直属企业的 88%约 8000 个，都下放给地方管理，并且扩大了地方在计划、基本建设、财政、物资等方面的权力。这样，中央支配的财力降到仅占全部预算的 20%；国家统一分配的物资，减少到 132 种。基本建设项目的审批权也相应下放，国家预算内安排的省、市、地方投资的比重，第一个五年计划是 10%，到 1958 年底增加到 50%。这些变动，虽对调动地方积极性、发展地方工业发挥了一定作用，但是由于是在"左"的思想指导下采取政治运动的形式进行的，转变过急，特别是对投资规模和职工总额等放弃控制，破坏了必要的集中统一，使生产建设出现了盲目性和无政府状态，造成国民经济比例严重失调，经济秩序混乱。

2. 第二次放权改革

为了进一步调整国民经济，中共中央重新强调集中统一，重申经济管理大权必须集中。1961 年 1 月 20 日，中共中央发布《关于调整国家管理体制的若干暂行规定》指出：根据党中央提出的"大权独揽、小权分散"的民主集中制原则，根据三年"大跃进"的经验和调整、巩固、充实、提高的方针，对管理体制进行调整，规定：（1）经济管理的大权应该集中到中央、中央局和省（市、自治区）委三级。最近两三年内，应该更多的集中到中央和中央局。地区计划应当在中央的统一领导下，以大区为单位，由中央局进行统一安排。（2）1958 年以来，各省（市、自治区）和中央各部下放给专、县、公社和企业的人权、财权、商权和工权，放得不适当的，一律收回。（3）中央各部直属企业的行政管理、生产指挥、物资调度、干部安排的权力，统归中央主管各部。中央局、省（市、自治区）委需要调整时，应当取得中央主管部的同意。（4）根据"统一领导、分级管理"的原则，凡属需要在全国范围内组织平衡的重要物资，均由中央统一管理、统一分配；在计划内应该调出的物资，各部门、各地方必须服从国家的统一调度。（5）财权必须集中。各级的预算收支必须平衡，不许有赤字预算。切实整顿预算外资金的收支。（6）货币发行权归中央。人民银行应该按期编制货币发行计划和现金出纳计划，经中央批准，严格执行。（7）国家规定的劳动计划，各部门、各地方不许突破。（8）所有生产、基建、收购、财务、文教、劳动等各项工作，都必须执行全国一盘棋、上下一本账的方针，不得层层加码，都必须集中力量，努力完成和超额完成国家计划。

1961 年 8 月，中央规定按照统一计划，分级管理原则，实行中央集中领导下的条条与块块相结合的管理体制。于是上收了一批企业，加强了对计划、基本建设、财政、信贷、物资的集中统一管理。到 1965 年，中央直属企业增加到 10533 个，其产值占工业总产值的 42.2%，其中属于生产资料的产值占 55.1%。中央直接掌握的财政收入由原来的 50% 提高到 60% 左右。由于强调集中统一，把关系国民经济全局的计划决策大权集中在中央手里，便大大增强了国家对宏观经济的控制能力，保证了国民经济调整任务的顺利完成。

这些措施对于解决当时国民经济面临的严重困难，调整国民经济重大比例关系起了重要作用。但是原有的计划经济体制本身的弊端并没有得到真正解决。随着国民经济的恢复，集中过多的矛盾仍旧要逐渐暴露出来。1964 年以后，毛泽东再次密集地批评中央集权式的管理体制，促使各部门陆续采取下放经济管理权限的措施，扩大地方对物资、财政、投资等方面的权力。具体措施是把 19 个非工业部门的基本建设投资由中央各部安排改为由地方统一安排。1966 年 3 月在致信刘少奇谈农业机械化时，毛泽东明确指出："一切统一于中央，卡得死死的，不是好办法。"[①] 在稍后的中共中央政治局扩大会议上，他再次强调："上边管得死死的，妨碍生产力的发展，是反动的。中央还是虚君共和好，只管大政、方针、政策、计划。中央叫计划制造工厂，只管虚，不管实，也管点实，少管一点实。"[②] 在毛泽东的大力推动下，1966 年又把小钢铁厂、小水泥厂、小煤矿等地方小型企业的产品划归地方支配，财政方面把地方企业基本折旧基金全部留给企业和地方支配。

3. 工业托拉斯试验

20 世纪 60 年代初，刘少奇提出"按经济办法管理经济"的重要观点，提出要学习和借鉴资本主义国家办托拉斯的经验，通过组织专业公司和联合企业的办法来管理企业。1960 年 5 月 2 日，他在成都听取四川省委负责人的工作汇报时就指出：在搞钢铁、煤和矿石企业设计时，要符合经济核算原则。每一个钢铁基地组成一个托拉斯。1962 年 1 月，刘少奇在扩大的中央工作会议上的报告中，强调"凡是产品在全国范围内统一调度的重点工业企业"应由中央直接管理，已经下放给地方的，应逐步收回。1963 年 3 月，为解决烟草行业中存在的争原料、争市场等问题，中央根据刘少奇的建议，决定对烟草工业实行集中管理，从而建立了第一个具有托拉斯性质的联合企业——中国烟草工业总公司。他认为，"企业要搞经济核算，组织专业公司管理企业，可能比行政机构管得好一些"。他设想将中央有关部的局要"统统改成公司，无非是几十个、百把个公司，有的部可以组成几个公司"。1963 年 10 月、12 月刘少奇两次听取了国家经委负责人的汇报，指出应当学习垄断资本主义管理企业、组织现代化大生产的有效经验，批评现在各级行政部门用超经济的办法干预经济，是封建主义的办法。同时，就我国托拉斯的性质、特点、托拉斯对

---

① 中共中央文献研究室编：《毛泽东年谱（一九四九——一九七六）》第五卷，中央文献出版社 2013 年版，第 564 页。

② 中共中央文献研究室编：《毛泽东年谱（一九四九——一九七六）》第五卷，中央文献出版社 2013 年版，第 569 页。

原经济管理体制可能产生的影响发表了重要意见。1963年9月和1964年初，中央又先后批准成立中国盐业公司和华东煤炭工业公司两个具有托拉斯特点的联合企业，进一步扩大了托拉斯试点工作。①

刘少奇关于创办托拉斯的主张，得到了毛泽东的首肯。1964年1月，毛泽东在听取全国工交工作会议中有关试办托拉斯问题讨论的情况汇报时，便明确指出：我们"目前这种按行政方法管理经济的办法不好，要改"②。1964年8月17日，中共中央、国务院批准了国家经委《关于试办工业、交通托拉斯的意见的报告（草案）》，正式决定：除已建立起来的中国烟草工业总公司、中国盐业公司和华东煤炭工业公司完全按照托拉斯的办法进行管理之外，再行试办汽车工业公司、拖拉机内燃机配件公司、纺织机械公司、制铝工业公司、橡胶工业公司、医药工业公司、地质机械仪器公司、京津唐电力公司、长江航运公司九个托拉斯。1965年又试办了黄金工业公司、石油工业公司、仪器仪表公司和木材加工工业公司4个全国性的托拉斯。此外，还有6个省、市试办了一些地方性的托拉斯，如：西北电力机械工业公司、北京玻璃总厂、上海标准紧固件工业公司、浙江糖业公司、天津机床工业公司以及重庆皮革工业公司等。

试办托拉斯的工作取得了一些成绩，积累了经验也发现了不少新的矛盾：专业性越强的行业，托拉斯的成效越显著；反之，协作关系越复杂的行业，则存在的问题越突出。为了进一步抓好托拉斯的试点工作，中央于1965年6月专门召开了托拉斯试点工作座谈会，在认真总结前一阶段试点工作的基础上，布置了下一阶段拟在全国扩大试办一批区域性托拉斯的工作。但次年开始的"文化大革命"，使得试办托拉斯的工作刚刚起步便被迫中断。

四、"四清"运动

随着人民公社体制的调整和趋于稳定，农村经济也逐渐有所恢复。但农村出现的包产到户试验使毛泽东极为警惕，担心地主阶级复辟，更担心中央出修正主义。1962年9月24日，党的八届十中全会在北京举行。毛泽东在会上作了关于阶级、形势、矛盾和党内团结问题的讲话，提出阶级斗争必须年年讲、月月讲、天天讲。再一次批判了所谓"单干风""翻案风""黑暗风"，提出了"千万不要忘记阶级斗争"的号召。全会发表的公报指出：

在无产阶级革命和无产阶级专政的整个历史时期，在由资本主义过渡到共

① 参见张宏志：《六十年代初我国试办工业、交通托拉斯的历史回顾》，《党的文献》1993年第2期。
② 中共中央文献研究室编：《毛泽东年谱（一九四九——一九七六）》第五卷，中央文献出版社2013年版，第302页。

产主义的整个历史时期（这个时期需要几十年，甚至更多的时间）存在着无产阶级和资产阶级之间的阶级斗争，存在着社会主义和资本主义这两条道路的斗争。

这种阶级斗争是错综复杂的、曲折的、时起时伏的，有时甚至是很激烈的。这种阶级斗争，不可避免地要反映到党内来。国外帝国主义的压力和国内资产阶级影响的存在，是党内产生修正主义思想的社会根源。在对国内外阶级敌人进行斗争的同时，我们必须及时警惕和坚决反对党内各种机会主义的思想倾向。

会上，毛泽东接受了刘少奇的建议，提出：不要因强调阶级斗争放松了经济工作，要把经济工作放在第一位，党仍然把主要注意力放在调整经济上。

1962 年冬到 1963 年初，毛泽东外出视察工作，走了 11 个省，认为社会主义教育运动并未引起党内许多同志的高度重视。为此，1963 年 2 月 11 日至 28 日，中共中央在北京召开工作会议。会上，毛泽东介绍了湖南开展社会主义教育运动及河北保定地区清理账目、清理仓库、清理财物、清理工分（简称"四清"）的经验，强调"阶级斗争，一抓就灵"。刘少奇说："八届十中全会讲阶级、阶级斗争，现在要正式部署一个行动，搞一个阶级斗争。这个阶级斗争的对象是投机倒把、贪污盗窃，还有一些严重的铺张浪费、严重的蜕化变质、违法乱纪、分散主义。"[①] 会议决定以抵阶级斗争为中心，在农村开展以"四清"为主要内容的社会主义教育运动，在城市开展反对贪污盗窃、反对投机倒把、反对铺张浪费、反对分散主义、反对官僚主义的"五反"运动。

1963 年 5 月 2 日至 12 日，毛泽东在杭州召集有部分政治局委员和大区书记参加的小型会议，讨论制定了《关于目前农村工作中若干问题的决定（草案）》（简称"前十条"）。"前十条"指出，社会主义教育运动是一场"向着正在对我们猖狂进攻的资本主义势力和封建势力作尖锐的针锋相对的斗争，把他们的反革命气焰压下去，把这些势力中间的绝大多数人改造成为新人的伟大的运动"。

"前十条"颁布后，各地根据中央和毛泽东的指示，开始进行社教运动的试点工作，城市"五反"运动也进一步展开。一些地区出现了打人、捆绑罚跪、吊人等极端现象，影响了农村社会的稳定。1963 年 9 月，中共中央又通过《关于农村社会主义教育运动中的一些具体政策问题》（简称"后十条"）。"后十条"针对前一阵试点中出现的问题，从政策上作了一些具体规定，如突出强调团结 95% 以上的干部、群众；"四清"运动必须同生产结合，不能耽误生产；工作队的任务主要

---

① 薄一波：《若干重大决策与事件的回顾》（下），中共中央党校出版社 1993 年版，第 1107 页。

是给基层干部当"参谋"，出主意，进行指导和帮助，而绝不能包办代替等。但"后十条"首次在中共中央的文件中使用了"以阶级斗争为纲"的提法①，从而使阶级斗争的弦越绷越紧。

随着运动的铺开，中央领导人的看法也发生了改变，把农村存在的问题看得很严重，强调要追上面的根子。1964年5月15日至6月17日，中央全国工作会议召开。毛泽东在会上说：全国有1/3左右的基层单位，领导权不在我们手里，而在敌人和他们的同盟者手里。刘少奇提出，恐怕有些地方1/3还打不住。② 中央决定成立"四清""五反"指挥部，由刘少奇主持修改"后十条"。9月18日，中共中央正式发出《农村社会主义教育运动中一些具体政策的规定（修正草案）》（后称第二个"后十条"），提出：敌人拉拢腐蚀干部，"建立反革命的两面政权"，是"敌人反对我们的主要形式"；认为"这次运动，是一次比土地改革运动更为广泛、更为复杂、更为深刻的大规模的群众运动"；强调有些地区还要"认真地进行民主革命的补课工作"；强调必须把放手发动群众放在第一位，首先解决干部中的问题；并规定整个运动都由工作队领导。

1964年12月27至28日，中央工作会议讨论并通过了《农村社会主义教育运动中目前提出的一些问题》（简称为"十七条"）。"十七条"规定：运动的性质是"社会主义与资本主义的矛盾"；今后城市乡村的社会主义教育运动，一律简称"四清"，即清政治、清经济、清思想、清组织；还规定3年内搞完1/3的地区，7年内全国搞完。1965年元旦后中央召开工作会议，主要内容是修改"十七条"。经过一个星期的讨论、修改，原来的"十七条"变成了"二十三条"，并于1月14日通过。"二十三条"明确提出"这次运动的重点，是整党内那些走资本主义道路的当权派"。与此同时，"二十三条"肯定干部的多数是好的或比较好的，要尽快解脱他们；强调"四清"工作队必须依靠群众大多数，依靠干部大多数，实行群众、干部、工作队三结合；对犯轻微错误的"四不清"人员要加以教育而不是抛弃，经济退赔根据情况可以减、免、缓；"四清"要落在建设上面，运动中始终要抓生产。③ 之后城市中社会主义教育运动通称"四清"运动，取消"五反"的提法。

---

① 参见逄先知、金冲及主编：《毛泽东传（1949—1976）》（下），中央文献出版社2003年版，第1329页。

② 参见中共中央党史研究室：《中国共产党的九十年：社会主义革命和建设时期》，中共党史出版社2016年版，第529页。

③ 参见中共中央文献研究室编：《刘少奇年谱（一八九八——一九六九）》下卷，中央文献出版社1996年版，第609页。

第四节 增长与发展

一、经济增长

1. 增长速度

按照当年价格计算，从 1958 年到 1965 年，我国国内生产总值由 1308.2 亿元增长到 1873.1 亿元，增长 43.18%。人均国内生产总值从 189.2 元增长至 258.2 元，增长 36.47%。同 1957 年相比，1965 年我国主要工业产品产量均有大幅提高，其中：钢产量达到 1223 吨，增长 129%；原煤产量达到 3.23 亿吨，增长 77.1%；发电量达到 676 亿度，增长 2.5 倍；原油和天然气产量分别为 1131 万吨和 11 亿立方米，增长了 6.75 倍和 14.71 倍。[①]

表 19-1 1957 年和 1965 年主要工业产品产量对比

品　名	单　位	1957 年	1965 年	增长倍数
自行车	万辆	80.6	183.8	1.28
缝纫机	万架	27.8	123.8	3.45
手表	万只	0.04	100.8	2519.00
原煤	亿吨	1.31	2.32	0.77
原油	万吨	146	1131	6.75
发电量	亿度	193	676	2.50
钢	万吨	535	1223	1.29
成品钢材	万吨	415	881	1.12
水泥	万吨	686	1634	1.38
木材	万立方米	2787	3978	0.43
金属切削机床	万台	2.8	3.96	0.41

资料来源：《中国统计年鉴（1983）》。

但这一时期的经济增长缺乏平稳性，经济运行"过热"和"过冷"的现象时有发生。1958 年我国国内生产总值增长率高达 22%，而 1960 年则几乎是零增长，1961 年和 1962 年甚至出现了连续两年的负增长，但随着党和政府及时进行调整，

[①] 参见当代中国研究所：《中华人民共和国史稿》第二卷，人民出版社、当代中国出版社 2012 年版。

从 1963 年起国民经济开始复苏，增长速度大幅提高，经济总量又超过了 1958 年的水平。[①]

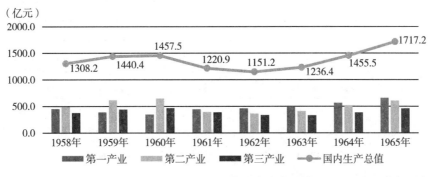

图 19-1　1958—1965 年国内生产总值

资料来源：国家统计局国民经济综合统计司编：《新中国六十年统计资料汇编》，中国统计出版社 2010 年版。

2. 经济结构

1958—1965 年间我国的经济结构也经历了剧烈的变化。如图 19-2 所示，1958—1960 年，受"大跃进"的影响，第二产业在国民经济中的比重出现了剧烈的上升，1960 年达到了惊人的 44.5%，但 1961 年迅速下降至 31.9%，随后稳定在 30%—35% 之间。

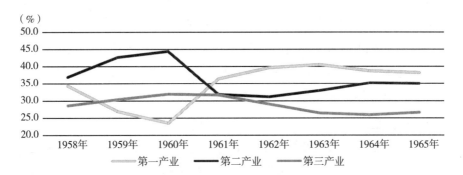

图 19-2　1958—1965 年国内生产总值构成

资料来源：国家统计局：《中国统计年鉴（1981）》，中国统计出版社 1982 年版。

　　第二产业的波动最为直接地反映在了钢铁工业的产量变化上：在"大跃进"达到高潮的 1960 年，全国钢产量达到了这一时期内的峰值 1866 万吨，超过 1957 年产量 535 万吨两倍以上。使用的铁矿石数量和焦炭数量也于 1960 年都达到了这一时期的最高点，并在 1962 年前后随钢产量下降到了接近 1958 年的产量水平。

[①]　参见国家统计局国民经济综合统计司编：《新中国六十年统计资料汇编》，中国统计出版社 2010 年版。

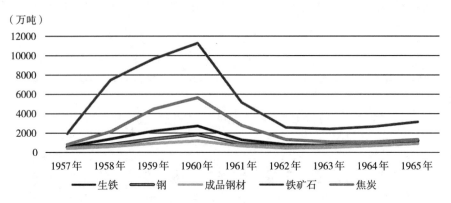

图 19-3　1957—1965 年钢铁工业主要产品产量

资料来源：《中国钢铁工业年鉴（1985）》。

与第二产业相反，第一产业在"大跃进"期间出现了大幅滑坡，从 1958 年占国内生产总值的 34.4%下降到 1960 年的 23.6%，但在之后几年出现了持续的回升，反弹并稳定在了 40%左右，基本上接近 1957 年的水平；第三产业在"大跃进"期间出现了小幅上升，但在调整期出现了一定程度的下降，总体上相对稳定。

"大跃进"期间的经济失衡不仅仅表现在第一产业和第二产业、农业和工业之间，同时也体现在工业内部重工业与轻工业的失衡：按照 1957 年不变价格计算，1957 年我国的农轻重的比例为 43.3：30.1：26.6，到 1962 年这一比例变为 33.6：30.9：35.5，到 1965 年则调整为 29.8：35.4：34.8。[1] "大跃进"期间由于坚持"以钢为纲"，钢铁及其配套行业扩张迅速，重工业发展速度明显超过轻工业，因此轻工业占工业总产值的比重持续下降，但在全面调整时期这一现象得到了一定扭转，到 1965 年轻工业总产值又反超了重工业总产值。

3. 经济效益

经济结构失衡伴随的是经济效率的下降。"大跃进"期间大行高指标之风，提出只算"政治账"，不算"经济账"，片面追求基础设施建设和重工业增长速度，导致基建规模剧烈膨胀，重工业项目迅速增加，国民经济比例严重失调。从 1958 年到 1960 年，积累率始终保持在 33%以上，最高点的 1959 年更是达到了惊人的 43.9%，严重影响了居民的正常消费。高强度投资带来的另一个负面影响是投资质量和投资效率的下降，固定资产交付使用率在几年中持续下滑，到 1960 年只有 68.8%，为新中国成立以来的最低点。由于大量重工业项目匆忙上马，造成企业职工人数大幅上升。据统计，1957 年全国共有全民所有制单位职工人数 2451 万人，其中城镇集体所有制单位 650 万人，到 1960 年则分别飙升至 5044 万人和 925 万

---

① 参见国家统计局：《中国统计年鉴（1981）》，中国统计出版社 1982 年版。

人，增幅分别为 105.8% 和 42.3%。大量新增的企业职工和城镇人口给国民经济带来了沉重的负担，同时由于他们大部分是从农业部门快速转移出来的，因此也影响到了农业生产的正常进行，粮食供应紧张的状况日益严重。①

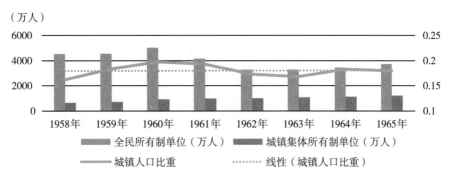

图 19-4　1958—1965 年职工人数和城镇人口比重

资料来源：国家统计局：《中国统计年鉴（1981）》，中国统计出版社 1982 年版。

面对经济结构的严重失衡和经济效率的持续恶化，1960 年中共中央和国务院果断开展了对国民经济的全面调整：首先，在农轻重关系上，重新确立了农业、轻工业、重工业的发展次序，保障充实农业生产劳动力，提高农业投资在社会投资中的比重，提出加强工业对农业的支援；其次，调整工业政策，压缩基建规模，降低积累率，并对"大跃进"期间发展起来的中小企业实行关停并转，切实缩短工业战线；最后，为配合农业政策和工业政策的调整，减少城镇人口，压缩企业职工规模。经过 1961—1965 年的艰苦奋斗，工农业生产得到了全民的恢复和发展，经济结构失衡以及经济效率低下的问题都得到了遏制和改善。到 1965 年，农业生产总值和工业生产总值都出现了较大幅度的增长，其中农业增长了 8.3%，工业增长了 26.4%；固定资产交付使用率达到 93.6%，为新中国成立以来最高水平；全民所有制企业全员劳动生产率比上年提高了 22.5%。②

二、主要成就

1. 工业

全面建设社会主义时期，我国工业在三个方面取得了巨大成就：第一是在"一五"计划完成的基础上建设了独立的、比较完整的工业体系；第二是兴建了一批新型的工业部门，填补了工业体系的空白；第三是改善了原有的工业布局，内地和边疆地区的工业得到了一定程度的发展。

---

①　数据整理自《中国统计年鉴（1981）》和《新中国六十年统计资料汇编》。

②　参见当代中国研究所：《中华人民共和国史稿》第二卷，人民出版社、当代中国出版社 2012 年版，第 196 页。

第一，建立了独立的、比较完整的工业体系。全面建设社会主义时期，我国新建和扩建了一大批重要的工业企业，到 1966 年，建成并投产的限额以上大中型项目已达到 1198 个，在国际环境不利的背景下，独立自主、自力更生地建立了一套比较完整的工业体系。① 在钢铁工业方面，武汉、包头、攀枝花等钢铁基地都是在此期间建立起来的，当时中国最大的钢铁基地鞍山钢铁厂也得到了大幅扩建。1964年生产钢品种和钢材品种分别达到了 900 个和 9000 个，均比 1957 年增长了一倍以上。与此同时，产品质量也得到了一定程度的提升。据统计，1965 年的生铁合格率达到 99.85%，钢材合格率达到 98.39%，以前不能炼制的一些特种钢材都可以炼制，已经基本能够满足交通业和机械制造业的各项需要。在能源工业方面，几十家煤炭企业在这期间先后建立，煤炭工业的现代化水平不断提高。电网覆盖范围逐步扩大，电力供应量逐渐增加，特别是农村用电量在此期间增长了近 70 倍；石油工业方面，随着大庆等新油田的勘探、开发和稳定投产，到 1965 年已基本能够实现自给自足。在机械制造业方面，建立了包括工业设备制造以及飞机、汽车和工程机械制造等十几种基本行业的门类齐全的机械制造体系。到 1964 年，我国主要机械设备自给率提升到了 90% 以上，这意味着我国基本具备了独立的工业生产能力。一些特殊的机械，比如纺织机械，不仅能够满足国内的需要，还能出口至 30 多个国家和地区。②

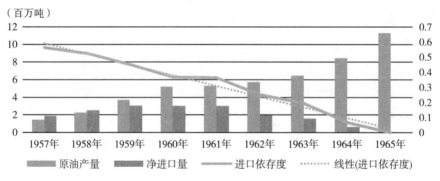

图 19-5　1957—1965 年原油产量和净进口量

资料来源：温厚文：《百年石油》，当代中国出版社 2002 年版。

第二，兴建了一批新型的工业部门。这一阶段，我国科技人员和其他行业建设者一道，筚路蓝缕，从无到有地发展起了一批新兴的工业部门，其中以电子工业、石油化工业、原子能工业和航天工业最具代表性。这些工业部门的快速发展和壮大不仅填补了我国工业发展上的空白，更迅速成长为我国国民经济体系和工业体系的重要组成部分。到 1965 年，我国已经能够独立自主生产出"雷达、广播电视发射

---

① 参见梁柱：《党在社会主义建设时期的巨大成就不容抹杀》，《红旗文稿》2017 年第 16 期。

② 参见当代中国研究所：《中华人民共和国史稿》第二卷，人民出版社、当代中国出版社 2012 年版，第 222—223 页。

设备、电视中心设备、无线电通信设备、原子射线仪、各种气象仪、水声设备、电话交换机、电子计算机、电视机"等先进工业制成品。[①] 在石油化工方面，1962 年兰州化学工业公司生产出了国内第一批合格的乙烯，标志着我国石油化工业的起步。到 1965 年，我国的石油产品品种已增加到 636 个，石油产品自给率达到 100%。[②]

第三，工业布局明显改善。在这一阶段，广大内地和边疆地区现代化工业和现代化交通运输业取得了较大的发展，改善了原有工业集中于东北和东南沿海地区的旧工业格局。从数据上看，内地工业占全国工业总产值的比重从 1957 年的 32.1%增加至 1965 年的 35%。[③] 特别是在 1964 年中央确立"三线"建设总目标之后，一批工业大中型项目在西北、西南、中南等地陆续新建、扩建和续建。1965 年国家计划安排用于"三线"的投资占到了基建总投资的一半。据不完全统计，1964 年下半年到 1965 年一年多的时间，在西北、西南地区的建设项目数量就超过了 300个，范围涵盖石油化工、钢铁、机械制造、铁路、邮电等多个方面，形成了一批包括攀枝花钢铁基地、酒泉钢铁基地、成昆铁路、成都航空工业基地、西北航空航天工业基地在内的大型工业基地。一、二线省份也各自在省内开展了"小三线"的建设部署。少数民族地区的工业发展也开始起步，主要工业指标，如钢产量、发电量、化肥施用量等均有大幅提高。

2. 农业

"大跃进"期间，我国农业生产遭受了严重破坏，如图 19-6 所示，主要农产品产量均有不同程度的下滑。其中最为重要的粮食产量在 1959 年、1960 年和 1961年出现了连续的负增长，从 1958 年的 19766.3 万吨下降至 16969.2 万吨、14385.7万吨和 13650.9 万吨，下降幅度高达 14.15%、15.22%和 5.11%。在条件最恶劣的1961 年，人均粮食产量只有不足 207 公斤。油料产量和棉花产量的下降更为剧烈，1958 年到 1961 年，前者下滑了 61.97%，后者下滑了 62.05%。

随着国民经济调整的开始，我国农业生产得到了一定程度的恢复，1962 年到1965 年粮食产量实现"四连增"，基本恢复到了 1957 年的水平。其中猪、牛、羊肉等副食品及甜菜、甘蔗、棉花等经济作物产量超过了 1957 年的水平。但茶叶、油料作物等到 1965 年仍未恢复到 1957 年的产量。但农业表现整体上乏善可陈。

---

① 参见当代中国研究所：《中华人民共和国史稿》第二卷，人民出版社、当代中国出版社 2012 年版，第 222 页。

② 参见尚真、向泽、姚国欣等：《新中国石油石化工业 50 年大事记》，《国际石油经济》1999 年第6 期。

③ 参见当代中国研究所：《中华人民共和国史稿》第二卷，人民出版社、当代中国出版社 2012 年版，第 223 页。

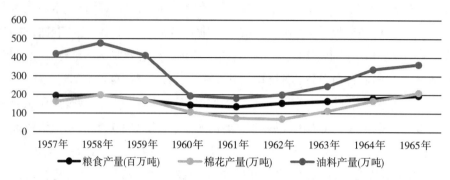

图 19-6　1957—1965 年历年粮食产量、棉花产量和油料产量

资料来源：国家统计局国民经济综合统计司：《新中国六十年统计资料汇编》，中国统计出版社 2010 年版。

表 19-2　1957 年和 1965 年主要农产品指标

	单　位	1957 年	1965 年	变化幅度
猪、牛、羊肉	万吨	398.5	551	38.27%
甜菜	万吨	150.1	198.4	32.18%
甘蔗	万吨	1039.2	1339.1	28.86%
棉花	万吨	164	209.8	27.93%
水果	万吨	324.7	323.9	-0.25%
粮食	万吨	19505	19453	-0.27%
水产品	万吨	312	298	-4.49%
茶叶	万吨	11.2	10.1	-9.82%
油料	万吨	419.6	362.5	-13.61%

资料来源：《中国统计年鉴（1983）》，中国统计出版社 1984 年版。

3. 交通

这一阶段我国交通运输发展较快，但也出现了波动剧烈的现象。"大跃进"期间为解决"多干快上"带来的运输紧张的问题，我国交通运输业在这三年里建设规模大幅扩张，基本建设投资额超过 143 亿元，超过"一五"计划五年时间完成投资额的 58.95%，1960 年同 1958 年相比整体货运量和客运量则分别增加了51.91% 和 42.01%，扩张之剧烈历史罕见。[①] 在国民经济调整时期，运输业紧缩投资规模、停建了大量项目，同时注重质量提升，加强了对运输设备的整修和运输秩序的整顿，各项指标到 1965 年基本恢复到 1957 年的水平，其中客、货列车的运行准点率更是达到了历史最佳水平。初步形成了铁路、航运为骨干，多种运输方式组成的交通运输网络。

---

　　① 　参见国家统计局国民经济综合统计司编：《新中国六十年统计资料汇编》，中国统计出版社 2010 年版。

表 19-3　1958—1965 年整体运量

年份	货运量（万吨）	客运量（万人次）
1958	112300	75136
1959	149916	91200
1960	170600	106700
1961	110600	119835
1962	92185	122154
1963	88200	97538
1964	104320	94300
1965	133253	96334

资料来源：《中国交通年鉴（2017）》。

第一，铁路方面。首先，营业里程有了稳步增长，1965 年全国铁路营业里程达到 3.8 万公里，比 1958 年增加了 0.78 万公里。其次，一批新建线路在此期间建成通车，使铁路系统延伸至西北地区和西南地区。如 1965 年 10 月全线通车的川黔线与成渝线相连接，沟通了广西、贵州、四川三省区，社会效益巨大。再次，铁路技术装备的数量和技术本身都有了大幅提升。1958 年和 1959 年两年我国第一台内燃机车和第一台电力机车试制成功，1958 年到 1960 年铁路机车数量增长了 50%。最后，运输能力出现一定增长。尽管从过程上看，无论是铁路客运量还是货运量都出现了大起大落，尤其是货运量上波峰值基本达到了波谷的两倍，但是从结果上看，1965 年的两项指标较 1958 年还是有所增长，其中客运量增长了 19.31%，货运量增长了 28.84%。[1]

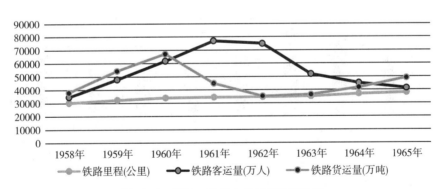

图 19-7　1958—1965 年铁路里程和运量

资料来源：《中国交通年鉴（2017）》。

第二，公路方面。1965 年我国公路里程达到 51.45 万公里，比 1958 年增长了 9.27 万公里，这其中既包括依靠国家投资建设的有路面的公路，也包括依靠"全

----

① 参见《中国交通年鉴（2017）》。

民大办"修建的简易公路。全国绝大部分的县和大部分重要集市都通了公路和汽车。在此期间，公路客运人数增长较快，1965 年累计输送旅客 4.3693 亿人次，比 1958 年增长了 40.66%。货运量上也出现了小幅提升，整体增长了 13.02%。与此同时，我国公路运输布局也得到了一定改善，东北、华南地区公路的通车里程占比 1965 年降至 31%，而西北、西南地区则上升到 33%。①

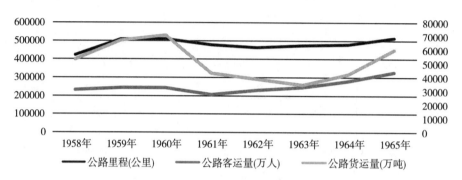

图 19-8 1958—1965 年公路里程和运量

资料来源：《中国交通年鉴（2017）》。

第三，水运方面。1958—1965 年，我国水运行业整体有所提高。首先是总货运量从 21096 万吨增长至 22993 万吨，增幅达到 8.99%；其次是在港口建设方面，秦皇岛、上海、塘沽等港口在此期间均进行了扩建，货物吞吐能力得到增强；最后是在海洋运输方面，我国远洋货轮从 1957 年的 10 艘增加到 1965 年的 63 艘，载重量由 9.9 万吨增加至 60.2 万吨，并开辟了欧、非、亚多条远洋航线，整体运量提升了近三倍。

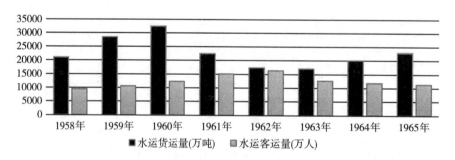

图 19-9 1958—1965 年水运运量

资料来源：《中国交通年鉴（2017）》。

第四，航空方面。这一阶段我国民航通航里程有了较大发展，从 1958 年的 32995 公里增长至 1965 年的 39436 公里，增幅达 19.52%，其中绝大部分增长来自国内航线。在此期间，北京首都机场、上海虹桥机场、广州白云机场和成都双流机

---

① 参见《中国经济发展史》编写组编：《中国经济发展史（1949—2010）》第三卷，上海财经大学出版社 2014 年版。

场等大中型民用机场相继投入使用。到 1965 年底，国内民航航线已有 52 条，通航城市达到 69 个。民航货运量从 1958 年的 1.5 万吨上升到 1965 年的 2.5 万吨，出现了较大幅度的增长。

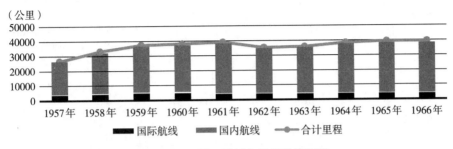

图 19-10　1957—1966 年民航航线里程

注：数据均为不重复距离。

资料来源：国家统计局工业交通统计司编：《中国工业交通能源 50 年统计资料汇编》，中国统计出版社 2000 年版，第 218 页。

4. 水利

1958—1965 年，我国开展了规模宏大的水利基本建设，尤其是在农村地区掀起了兴修水利的热潮。八年时间里我国水利基建投资额高达 125.56 亿元，其中"二五"时期投资额占到全部投资的将近 80%；水利部门新增固定资产 83.44 亿元，其中"二五"时期占比 70% 左右；共兴建大中型项目 290 个，实际完成项目 150 个；共完成实物土方 100.36 亿立方米，石方 5.94 亿立方米，混凝土 1765.45 亿立方米，比"一五"期间分别增加了 4.7 倍、21.8 倍和 5.7 倍。[①]

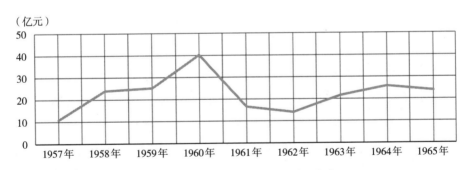

图 19-11　1957—1965 年水利财政支出

资料来源：《中国水利年鉴（1990）》，中国水利水电出版社 1990 年版。

在此期间，我国还修建了一批不同规模的灌溉工程和排灌站：1957—1965 年，我国农业灌溉面积迅速扩大，其中有效灌溉面积从 37507 万亩增长至 48054 万亩，提高了 28.12%；人均占有效灌溉面积从 0.58 亩/人提高到了 0.66 亩/人；机电灌

---

① 参见国家统计局：《中国统计年鉴（1981）》，中国统计出版社 1982 年版。

溉面积增速更为惊人，从 1803 万亩增长至 12140 万亩，机电灌溉面积占有效灌溉面积的比重则随之提高到了 25.3%。

表 19-4　1957—1965 年灌溉面积

年　　份	耕地面积（万亩）	有效灌溉面积（万亩）	有效灌溉面积占耕地面积（%）	人均占有效灌溉面积（亩/人）	机电灌溉面积（万亩）	机电灌溉面积占有效灌溉面积（%）
1957	167745	37507	22.4	0.58	1803	4.8
1962	154355	43045	27.9	0.64		
1965	155391	48054	30.9	0.66	12140	25.3

资料来源：《中国水利年鉴（1990)》，中国水利水电出版社 1990 年版。

全国水电站数量从 1957 年的 562 座增加至 1963 年的 6226 座，年底设备容量也从 2.02 万千瓦增长至 33 万千瓦。

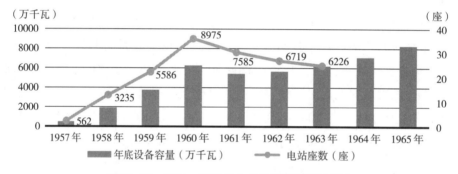

图 19-12　1957—1965 年水电站数量和设备容量

资料来源：《中国水利年鉴（1990)》，中国水利水电出版社 1990 年版。

八年间，我国还开展了重点流域治理、兴建了大批重要的水利工程，并涌现出了一大批具有代表性的项目。在流域治理方面，除了巩固淮河治理的成果以外，我国还进行了对黄河、海河、长江支流等许多大江大河的治理。在黄河流域，修建了三门峡枢纽工程作为根治和综合开发黄河的主体工程，同时还修建了刘家峡、青铜峡、东平湖等大型水库和山东截流引黄工程；在海河流域，建设了海河拦河大坝合龙工程，在上游山区修建了密云等大型水库，并于 1963 年开启了大规模的开挖和疏浚，将海河的泄洪能力比历史上提高了十倍以上；在长江支流流域，则建成了丹江口水库、鸭河口水库等长江水系综合工程。

除这些大型项目以外，一些小水系治理也取得了十分突出的成绩，红旗渠的修建就是其中杰出的代表。在历史上，河南省林县人民长期饱受干旱、缺水的困扰，生活十分困苦。1959 年，林县又遭遇了罕见的大旱，"水渠无水可引，水库无水可蓄"，面对自然危机，林县党委下定决心带领林县人民"引漳入林"，从太行山腰把县外的浊漳河引进林县来。1960 年 2 月，红旗渠工程（原"引漳入林"工程）正式开工。到 1966 年，三条干渠才全部完成。整个工程总投资达到 12504 万元，共削平山头 1000 余座，架设渡槽 151 座，开凿隧洞 211 个，挖砌土石 0.2 亿立方米。红旗渠的建成不仅改善了林县人民的生存环境，解决了人畜的吃水难问题，还使林县的 54 万亩耕地得到了灌溉，农业产量得到了大幅提升。同时，修建红旗渠中凝聚产生的自力更生、艰苦创业的红旗渠精神更成为不可磨灭的精神财富。①

5. 科技

为满足经济建设和国防建设的需要，1956 年我国制定并实施了新中国成立以来第一个中长期科技规划《1956—1967 年科学技术发展规划》（简称《十二年科技规划》）。国务院科学规划委员会和国家科学技术委员会于 1958 年和 1960 年两次对该规划进行了调查和评估。1960 年的评估结果显示，规划中 57 项国家重点科学技术任务中有 50 项达到了预期标准，整体完成率达到 87.7%，基本完成了既定任务。我国科学技术在各个领域都取得了新的发展，大体上达到了"国际上 20 世纪40 年代的水平"。在《十二年科技规划》和其完成后 1963 年制定的《1963—1972年科学技术发展规划》的引领下，1958—1965 年，我国在科技方面迎头赶上，取得了较为突出的成绩。②

第一，科学技术队伍不断壮大。到 1965 年底，我国自然科学技术人员数量达到245.8 万人，其中具有大学及以上学历人数 114.6 万人，在全国 1714 家专门性研究机构专门充实科学研究的人员数量达到 12 万人，形成了一只实力强大的科研队伍。③

第二，科学技术有了较全面的发展。这一时期我国科学技术的整体水平和应用推广都出现了较为全面的发展。首先在农业方面，我国完成了对全国耕地土壤的初步普查，并通过选种、灌溉、施肥等综合技术大幅提高了粮食复种指数；利用生物技术选育了 169 种优良的作物品种，使作物单位面积产量普遍提高了 10% 到 15%；对于我国常见的 11 种病虫害的预防和治理的研究取得了重要进展，特别是对危害极大的东亚飞蝗的预报能力显著增强；应用于家畜的疫苗数量不断增多，保障了畜牧业的平稳发展；林业、渔业等部门的研究也从无到有取得了一定程度的发展。④

---

① 参见红旗渠官方网站，见 http://www.hqq.org.cn。
② 参见当代中国研究所：《中华人民共和国史稿》第二卷，人民出版社、当代中国出版社 2012 年版，第 274—275 页。
③ 参见当代中国研究所：《中华人民共和国史稿》第二卷，人民出版社、当代中国出版社 2012 年版，第 276 页。
④ 参见当代中国研究所：《中华人民共和国史稿》第二卷，人民出版社、当代中国出版社 2012 年版，第 277 页。

其次在工业方面，科技的进步突出地表现在我国的工业制造能力，特别是在机械工业大型成套设备的研发和生产上。这一时期我国已具备建设年产150万吨钢铁企业、年产100万吨炼油厂、年产5万吨合成氨厂的能力。主要的工业产品种类也从1957年的1.5万余种增加至3.8万种。同"一五"计划完成时相比，我国生产高级、精密、大型设备的能力有了大幅提高。① 最后在基础研究领域，原来规模不一、研究水平参差不齐的各基础学科门类均出现了成建制、较全面的发展。在以中国科学院为核心的全国科研工作系统的领导下，基础科学的研究成果与技术科学和应用技术的研究产生联动。一大批现代科学的新分支，如：分子生物学、地球动力学、射电天文学、高能物理等在这期间也均出现了较为明显的发展，没有被国际平均水平明显甩开。其中1965年，中国科学院上海生物化学研究所、有机化学研究所、北京大学化学系的科研团队成功实现了人工合成牛胰岛素，成为世界上第一个由人工合成的蛋白质，产生了巨大的国际反响。

第三，尖端国防科技有了较快发展。这一阶段，我国尖端国防科技出现了关键性突破，其中最具代表性的是原子能技术的发展和原子弹试爆的成功。在《十二年科技规划》中，原子能科学技术被列为12项重点任务的优先发展行列。1958年我国原子能研究所正式成立，到1960年研究人员人数已突破4000人，建立了涵盖核物理、反应堆物理、同位素分离等60个分支学科的完整的研究体系。② 经过我国科研人员长达6年的艰苦奋斗和其他相关部门人员的全力配合，我国第一颗原子弹于1964年10月成功爆炸，打破了新中国成立以来长期面临的"核威胁"。

三、社会发展

1. 劳动就业

1958—1965年，我国社会劳动者人数从2.660亿人增长至2.867亿人，增长了7.78%。其中全民所有制企业职工人数从5194万人下降到4965万人，下降了4.41%；城镇个体劳动者从106万人增长至171万人，增幅61.32%；乡村劳动者数量则从2.130亿人上升到2.253亿人，增长了10.49%。"大跃进"期间出现的农村劳动力短缺和企业职工人数增长过快等问题在全面调整时期过后基本上得到了纠正。

---

① 参见当代中国研究所：《中华人民共和国史稿》第二卷，人民出版社、当代中国出版社2012年版，第277—278页。
② 参见当代中国研究所：《中华人民共和国史稿》第二卷，人民出版社、当代中国出版社2012年版，第279页。

表 19-5　1958—1965 年全国社会劳动者年末人数

年　份	合计 （万人）	职工人数 （万人）	城镇个体劳动者 （万人）	乡村劳动者 （万人）
1958	26600	5194	106	21300
1959	26173	5275	114	20784
1960	25880	5969	150	19761
1961	25590	5171	165	20254
1962	25910	4321	216	21373
1963	26640	4372	231	22037
1964	27736	4601	227	22908
1965	28670	4965	171	23534

资料来源：国家统计局社会统计司、劳动部综合计划司编：《中国劳动工资统计年鉴（1989）》，劳动人事出版社 1989 年版。

2. 人民生活

1958—1965 年，人民生活受到了社会主义建设探索带来的巨大影响，特别是在 1958—1960 年间，出现了生活水平的大规模下降，这三年间我国人口死亡率出现了大幅提高，从 1958 年的 11.98‰恶化到 1960 年的 25.43‰，1960 年更是出现了罕见的人口负增长。

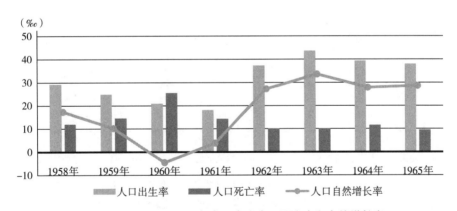

图 19-13　1958—1965 年人口出生率、死亡率和自然增长率

资料来源：国家统计局网站。

"大跃进"期间"高积累、低消费"的发展模式及其造成的国民经济困难严重威胁到了人民群众基本物质需求的保证。1958—1961 年，我国粮食产量出现了大幅下降，人均占有粮食量只有 207 公斤，但征购粮食数量却没有相应缩减。直到 1961 年，国民经济调整开始之后，政府和全国人民"勒紧腰带过日子"，生活水平才逐渐恢复到 1957 年的水平。

表 19-6　1958—1965 年主要消费品零售量

年　份	粮食（万吨）	食用植物油（万吨）	肥猪（万头）	布（亿米）	呢绒（万米）
1958	4269	103	3886.20	54.2	899
1959	4649	91	2462.10	63.8	1488
1960	4884	87	1613.80	54.9	1192
1961	4018	60	783.3	18.8	939
1962	3295	39	1505.70	24.6	1469
1963	3333	44.5	3532	27.8	2652
1964	3723	58.5	5545	35.8	3064
1965	3682	74	6857	44.4	2444

资料来源：国家统计局编：《中国统计年鉴（1981）》，中国统计出版社 1982 年版。

　　我国城镇居民消费水平从 1958 年的 212 元增长至 1965 年的 259 元，在不考虑通货膨胀的前提下增加了 22.17%；农村居民的消费水平则从 86 元增长至 104 元，增幅达 20.93%。从城乡差距来看，这一时期，我国的城乡消费比从 2.47 变为 2.49，前后基本持平。但在过程中出现了明显的前期拉大、后期收窄的变化势头：在国民经济运行最困难的几年中，农村居民的消费水平出现了大幅度的下降，而城市居民的消费水平从数据上看甚至出现了小幅增长。

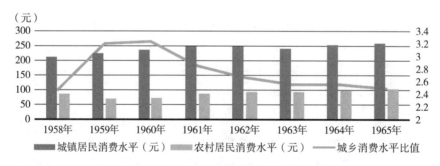

图 19-14　1958—1965 年城乡居民消费水平变化

资料来源：国家统计局国民经济综合统计司编：《新中国六十年统计资料汇编》，中国统计出版社 2010 年版。

3. 社会保障

　　1958—1965 年间，我国社会保障制度也有所发展。首先，国家在贫困救助和自然灾害救济方面的财政投入稳步增长，8 年间投入社会福利救济费 17.89 亿元、自然灾害救济费 40.79 亿元，并建立了"政府拨款、灾民自救、社会互助"的灾荒赈济机制。

　　其次，建立了保障鳏寡孤独残疾人基本生活的"五保"制度。1956 年中央以草案的形式发表了《一九五六年至一九五七年全国农业发展纲要》，该《纲要》明

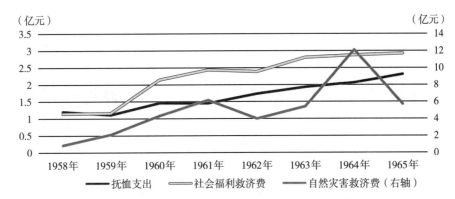

图 19-15 1958—1965 年国家财政用于抚恤和社会救济的资金

资料来源：国家统计局编：《中国统计年鉴（1986）》，中国统计出版社 1987 年版。

确规定给予生产合作社中的缺乏劳动力、生活没有依靠的鳏寡孤独社员生活上的照顾，做到"保吃、保穿、保烧、保教、保葬"，该《纲要》最终于 1960 年在第二届全国人大二次会议上通过，成为我国的社会保障领域的一项正式制度。"大跃进"开始后，集体照料"五保"老人的敬老院数量激增，仅 1958 年一年就兴办了14 万余座敬老院，收养老人数量超过 300 万。但随着国民经济困难的出现，敬老院数量和供养老人数量迅速下降，集体供养模式出现了一定挫折。①

最后，建立了城乡基本医疗网。国家公务人员、大学生和工矿企业员工享受免费医疗制度和医疗上的劳动保护制度。免费医疗制度无法覆盖的农村地区，在流行病等治疗上也采取了减免的办法。这一时期，我国农村的基层卫生医疗机构数量出现了大幅增长，到 1965 年大部分公社都建立了卫生院，常设半农半医人员。从全国范围来看，卫生技术人员的数量大幅提升，从平均每千人口 1.61 人提升至了2.11 人。② 到 1965 年，卫生防疫站和妇幼保健站已覆盖到县一级单位，我国城乡医疗网的建立基本实现。

---

① 参见宋士云：《新中国农村五保供养制度的变迁》，《当代中国史研究》2007 年第 14 期。

② 参见国家统计局编：《中国统计年鉴（1981）》，中国统计出版社 1982 年版。

第二十章 "文化大革命"时期的经济

第一节 经济发展受到严重干扰

一、"文化大革命"的发动

"大跃进"遭受严重挫折之后,中国经济经过调整逐渐恢复,在恢复的过程中通过加强计划管理,使经济增长速度和经济效益都有了很大改善,广大人民开始感受到生活水平的缓慢提高。然而,有关中国经济发展道路之争以及相应的经济社会矛盾仍不断积累,最后导致"文化大革命"十年内乱。

1. "五一六通知"

"文化大革命"源于思想文化领域的意识形态之争,初期的争论也仅限于文化思想界。1966 年 2 月 7 日,以彭真为组长的文化革命五人小组向中共中央提出《关于当前学术讨论的汇报提纲》(简称"二月提纲"),指出:学术讨论"要坚持实事求是,在真理面前人人平等的原则,要以理服人,不要像学阀一样武断和以势压人",试图对文化思想界中"左"的倾向加以适当约束。3 月 20 日,毛泽东在谈到学术界、教育界的问题时说:过去我们是蒙在鼓里的,许多事情不知道,事实上是资产阶级,小资产阶级掌握的。① 5 月 4 日至 26 日,中共中央召开政治局扩大会议。因毛泽东在外地,会议由刘少奇主持。5 月 16 日,会议通过由毛泽东主持制定的《中国共产党中央委员会通知》(简称"五一六通知"),决定撤销"二月提纲",撤销原来的"文化革命五人小组",成立中央文化革命小组(简称"中央文革小组")。"五一六通知"说:

> 全党必须遵照毛泽东同志的指示,高举无产阶级文化革命的大旗,彻底揭露那批反党反社会主义的所谓"学术权威"的资产阶级反动立场,彻底批判

---

① 此后,毛泽东数次批评"二月提纲"。

学术界、教育界、新闻界、文艺界、出版界的资产阶级反动思想,夺取在这些文化领域中的领导权。而要做到这一点,必须同时批判混进党里、政府里、军队里和文化领域的各界里的资产阶级代表人物,清洗这些人,有些则要调动他们的职务。

"五一六通知"还指出:"我们对他们的斗争也只能是一场你死我活的斗争,我们对他们的关系绝对不是什么平等关系,而是一个阶级压迫另一个阶级的关系,即无产阶级对资产阶级实行独裁或专政的关系。"这样,"五一六通知"就将文化思想界的意识形态斗争扩大到社会各界,将学术争论提高到阶级斗争和政权争夺的高度,斗争性质甚至是"你死我活"的斗争。"五一六通知"反映了毛泽东关于"文化大革命"的主要论点,为"文化大革命"确定了理论、路线、方针和政策,是发动"文化大革命"的纲领性文件,它的通过和贯彻标志着"文化大革命"的开始。

2. "十六条"

6月1日,《人民日报》发表《横扫一切牛鬼蛇神》的社论,号召"彻底破除几千年来一切剥削阶级所造成的毒害人民的旧思想、旧文化、旧风俗、旧习惯"。同日,中央人民广播电台广播了毛泽东批示的北京大学聂元梓针对北京大学党委和北京市委的大字报。第二天,《人民日报》配发了欢呼这张大字报的评论员文章,号召造党委的反,彻底摧毁"黑帮、黑组织、黑纪律"。6月4日,《人民日报》公布中共中央关于改组北京市委的决定。同时发表北京新市委决定,改组北京大学党委,派工作组领导"文化大革命"。在这些事件的影响下,各地青年学生首先响应号召,纷纷起来"造修正主义的反",导致许多混乱现象的发生。

"文化大革命"运动来势迅猛,使许多人始料未及,这就使国家正常的政治经济秩序和生产建设工作都受到严重冲击。在这种情况下,当时主持中央工作的刘少奇和邓小平写信给正在南方的毛泽东,建议"文化大革命"主要在文教和机关进行,以免干扰工交和基本建设战线的正常秩序,还起草了《关于工业交通企业和基本建设单位如何开展文化大革命运动的通知》,要求一切工业交通企业和基本建设部门,必须坚决把无产阶级文化大革命进行到底,同时,必须坚决地贯彻执行备战、备荒、为人民的战略方针,加快大小三线建设,力争提前完成第三个五年计划。

至此,"文化大革命"仍被限于一定范围内,并未向工交和基本建设单位扩展。

1966年8月1日至12日,党的八届十一中全会在北京召开。会议期间,毛泽东公布了8月1日给清华大学附中红卫兵的一封信和8月5日写的《炮打司令部

（我的一张大字报）》，并作为会议文件发给到会同志讨论。

8月8日，全会讨论通过《关于无产阶级文化大革命的决定》（即"十六条"）。"十六条"指出："当前开展的无产阶级文化大革命，是一场触及人们灵魂的大革命，是我国社会主义革命发展的一个更深入、更广阔的新阶段。"

"这次运动的重点，是整党内那些走资本主义道路的当权派。"

"十六条"指出："文化大革命"方式是革命群众的运动：要充分运用大字报、大辩论这些形式，进行大鸣大放，以便群众阐明正确的观点，批判错误的意见，揭露一切牛鬼蛇神。

于是，轰轰烈烈的无产阶级"文化大革命"运动全面发动起来。

二、"三五"计划

"二五"计划受到"大跃进"的干扰而执行得不理想。在之后经济调整期间没有制订新的国家计划。当经济调整基本完成后，国家开始考虑制订新的五年计划即第三个五年计划。"三五"计划的构想有两个背景：一个是"大跃进"导致经济严重困难后，最严重的问题是全国人民的基本生活需要保证；另一个是国际关系出现新的变局，即中苏交恶和越南战事趋紧。

从第一个背景出发，"三五"计划将是一个解决吃穿用的计划。1962年西楼会议上，陈云提出："增加农业生产，解决吃、穿问题，保证市场供应，制止通货膨胀，在目前是第一位的问题。"1962年国家计委主任李富春给毛泽东写信，提出农业的发展是第一位的任务，必须按照农轻重的次序，根据首先解决吃穿用的原则来安排国民经济建设方针。1963年8月，邓小平在题为《立足现实，瞻望前途》的报告中，曾提出自己的设想：

> 制定发展工业的方针和规划，要考虑农业基础，工业基础，科学技术基础，加上管理水平。按照农、轻、重的次序安排，从长远看会发展得快一些、好一些。我考虑，在一定时期内，我们工作的重点，必须按照以农业为基础的方针，适当解决吃、穿、用的问题（当然是低水平）；工业本身必须着力解决基础工业薄弱的问题。[1]

邓小平的意见得到周恩来的赞同。周恩来提出，首先，按照低标准解决吃、穿、用问题。全国平均每人应当有600斤以上的原粮，16尺布。此后，国家计委即按照这个原则研究编制"三五"计划。1964年4月下旬，国家计委提出了《第

---

[1] 《邓小平文选》第一卷，人民出版社1993年版，第355页。

三个五年计划（1966—1970）的初步设想（汇报提纲）》，规定出的基本任务是：

> 一、大力发展农业，基本上解决人民的吃穿用问题；二、适当加强国防建设，努力突破尖端技术；三、与支援农业和加强国防相适应，加强基础工业，继续提高产品质量，增加产品品种，增加产量，使我国国民经济建设进一步建立在自力更生的基础上。相应地发展交通运输业、商业、文化、教育、科学研究事业，使国民经济有重点、按比例地向前发展。[①]

1964 年 4 月 25 日，军委总参作战部提出一份报告，对经济建设如何防备敌人突然袭击问题进行了分析，认为，国家经济建设如何防备敌人突然袭击问题很多，有些情况还相当严重，比如工业、人口、交通设施过于集中在 14 个 100 万人口以上的大城市及附近，遇到空袭，将遭受严重损失。总参的报告引起毛泽东的重视，8 月 12 日批示："此件很好，要精心研究，逐步实施。"[②] 于是，三线建设开始抓紧筹划，而"三五"计划的指导思想也因此改变。

5 月 15 日到 6 月 17 日，中央工作会议召开，重点讨论国家计委提出的《第三个五年计划（1966—1970）的初步设想》。5 月 27 日，毛泽东在菊香书屋主持中央政治局常委会议，提出两个问题，一个是对第三线建设注意不够，一个是对基础工业注意不够。毛泽东说：第一线是沿海，包钢到兰州这一条线是第二线，西南是第三线。攀枝花铁矿下决心要搞，把我们的薪水都拿去搞。在原子弹时期，没有后方不行的，要准备上山，上山总还要有个地方。[③] 7 月 2 日，毛泽东在一次会议上指出：各省要搞兵工厂，先搞修理，再搞制造。8 月，美国在越南制造了北部湾事件，又轰炸越南北方，国际形势发生急剧变化。这就促使中央加快"三五"计划和三线建设决策。

8 月中旬，中央书记处召开会议，决定首先集中力量建设"三线"，作为全国的战略后方。毛泽东在会议上讲话指出：要准备帝国主义可能发动战争。现在工厂都集中在大城市和沿海地区，不利于备战。工厂可以一分为二，要抢时间搬到内地去。各省都要搬家，而且学校、科学院、北京大学都要搬家。成昆、川黔和滇黔三条铁路要修好，铁轨不够，可以拆其他的路线。根据这一指示方针，会议决定，首先集中力量建设内地，在人力、物力、财力上给予保证。新建的项目都要摆在内

---

① 国家计委档案：《第三个五年计划（1966—1970）的初步设想（汇报提纲）》第二部分。转引自刘国光等：《中国十个五年计划研究报告》，人民出版社 2006 年版，第 259 页。

② 《六十年代三线建设决策文献选载》，《党的文献》1995 年第 3 期。

③ 参见中共中央文献研究室编：《毛泽东年谱（一九四九——一九七六）》第五卷，中央文献出版社 2013 年版，第 354—355 页。

地。沿海能搬迁的项目要搬迁，一两年内不能见效的续建项目一律缩小建设规模，沿海所有部门要求增加的投资一律要顶住。①

1964 年底，毛泽东决定成立一个被称为"小计委"的专门制订计划的班子，由余秋里负责。"小计委"根据"国防、农业、工业、科技"的次序重新考虑"三五"计划。1964 年 12 月 26 日、27 日上午，李富春和薄一波、李先念、余秋里邀集各中央局和直辖市市委的负责人座谈计划工作如何革命和编制长期计划的问题。李富春传达了毛泽东对计划工作的批评并对计划工作如何革命问题讲了一些意见。经过讨论，共同商定：第三个五年计划和十五年远景规划的重点，是准备战争，依靠一、二线，努力建设第三线。农业，第一是靠大寨精神，抓见效快的，第二是抓三线的农业。计划工作的革命要走群众路线，鼓励大家创造经验。关于中央和地方在经济、计划工作上的分工，一般说来，中央只管投资、设备、材料的分配和规划方案的审批，各项计划的具体安排，由各中央局同各省、市、自治区负责。②

1965 年 6 月 16 日，周恩来带余秋里向毛泽东汇报。毛泽东指示说：必须立足于战争，从准备打仗出发，把国防放在第一位；加快三线建设，改变工业布局，发展农业，大体解决吃、穿、用，加强基础工业和交通运输，把屁股坐稳，发挥一、二线生产潜力，有目标有重点地积极发展新技术。③ 1965 年 9 月初，"小计委"重新草拟了《关于第三个五年计划安排情况的汇报提纲》，明确提出："三五"计划必须立足于战争，从准备大打、早打出发，积极备战，把国防建设放在第一位，加快三线建设。"三五"计划的具体任务是：把国防建设放在第一位，加快三线建设，逐步改变工业布局；发展农业，逐步改善人民生活。强调国防建设，加快三线建设是"三五"计划实施的重要特征。9 月 18 日至 10 月 12 日，中央工作会议批准了《关于第三个五年计划安排情况的汇报提纲》。但第二年"文化大革命"爆发，"三五"计划始终是草案形式，并没有形成正式的计划，也没有提交全国人大批准。

"三五"计划执行情况很不理想。虽然指标本身制定得相对稳妥，但第二年就爆发了"文化大革命"，政治、经济失控，计划无法执行，不少项目搁置未动或半途而废。而到"三五"计划的最后一年即 1970 年，为了完成计划，又掀起了一场经济建设的"大跃进"。总的来看，"三五"计划时期我国国民经济增长速度较快，但同样出现大起大落。工农业总产值增长率为 9.6%，完成计划数的 164%；工业

① 参见中共中央文献研究室编：《毛泽东年谱（一九四九——一九七六）》第五卷，中央文献出版社 2013 年版，第 391—392 页。
② 参见中共中央文献研究室编：《毛泽东年谱（一九四九——一九七六）》第五卷，中央文献出版社 2013 年版，第 471 页。
③ 参见金冲及主编：《周恩来传》（下），中央文献出版社 1998 年版，第 1803 页。

总产值增长率为 11.7%，完成计划数的 146%。与此同时，国民经济的增长也经历了第一年的上升和随后两年的全面下滑，到最后两年增长又呈现剧烈波动的局面。但是另一方面，强制上马的三线建设，尽管耗费极大，却也取得了不小的成就，主要是改变了过去的工业布局，内地工业产值的比重上升。这一时期国防科技取得了一系列重要突破，成功进行了我国第一颗氢弹爆炸试验，发射了第一颗科学试验卫星。

三、三线建设

20 世纪 60 年代初，由于中苏关系趋紧，美国发动越战，迫使中国不得不在经济工作中考虑备战需要。1964 年 5 月 15 日—6 月 17 日，中共中央在北京举行工作会议。会议期间，毛泽东从存在着新的世界战争的严重危险的估计出发，指出在原子弹时期，没有后方不行。他提出把全国划分为一、二、三线的战略布局，要下决心搞三线建设，首先把攀枝花钢铁基地以及与此相联系的交通、煤、电建设起来。[①] 8 月 17 日、20 日，毛泽东在中央书记处会议上两次指出，要准备帝国主义可能发动侵略战争。现在工厂都集中在大城市和沿海地区，不利于备战。各省都要建立自己的战略后方。这次会议决定，首先集中力量建设三线，在人力、物力、财力上给予保证。第一线能搬迁的项目要搬，明后年不能见效的项目一律缩小规模。

1964 年 8 月 19 日，李富春、薄一波、罗瑞卿联名向毛泽东和中央提出了《关于国家经济建设如何防备敌人突然袭击的报告》，内容有：（一）建议成立由李富春、李先念、薄一波、罗瑞卿等十三人组成的国务院专案小组。（二）一切新的建设项目，不在第一线，特别是十五个一百万人口以上的大城市建设；第一线，特别是十五个大城市的现有续建项目，除即可完工投产见效的以外，其余一律要缩小规模，尽早收尾；在第一线的现有老企业，特别是有关军工和机械工业的，能一分为二的，分一部分到三线、二线，能迁移的迁移；在一线的全国重点高等学校和科学研究、设计机构，凡能迁移的，移到三线、二线，不能迁移的，应一分为二；今后，一切新建项目不论在哪一线建设，都应贯彻执行分散、靠山、隐蔽的方针，不得集中在某几个城市或点。1964 年 10 月 30 日，中共中央批准和下达 1965 年国民经济计划。中央指出，1965 年计划工作的基本指导思想是，争取时间，大力建设战略后方，防备帝国主义发动侵略战争。

一、二、三线的地区划分，是为了适应备战需要，根据全国各个地区战略位置不同确定的。"一线"指地处战略前沿的地区。"三线"指的是全国战略大后方，指长城以南、京广线以西的非边疆省区，包括西南、西北的川、云、贵、陕、甘、

---

① 参见中共中央文献研究室编：《毛泽东年谱（一九四九——一九七六）》第五卷，中央文献出版社 2013 年版，第 355 页。

宁、青 7 个省区，中南的豫西、鄂西以及华南的湘西、粤北、桂西北和华北的山西和冀西地区。"二线"是处于"一线"和"三线"之间的地区。1965 年 1 月 23 日，在中央政治局常委扩大会议上，毛泽东指出：两个阵地，三线是一个阵地，一、二线是一个阵地，以一、二线的生产来支援三线建设。[①]

为加强三线建设的规划工作，毛泽东指派余秋里等组成的"小计委"全面负责。此外，还成立了以西南局书记李井泉为主任的西南三线建设委员会，对整个三线建设进行具体领导。1964 年下半年，国务院会同有关部门联合组织的国防工业、铁路、矿山等几支庞大的考察选厂址工作队，先后在西北、西南和中南地区勘察，初步选定一批厂址和线路，大体确定了三线地区的工业布局。1965 年 2 月 26 日，中共中央和国务院发布《中共中央、国务院关于西南三线建设体制问题的决定》，指出：西南三线建设现在日益展开，任务艰巨。为了调动各方面的积极性，集中力量，大力协作，使三线建设进行得又快又好。决定的主要内容是：第一，凡是在一个地区建设的综合项目，都要采取集中领导、各方协作的办法，以中央主管部门为主负责统一指挥，统一管理，有关省、市、自治区各部门协助进行。第二，西南的中央直属建设项目，建设的施工力量、技术力量、设备和材料，由有关部门统一安排，并由国家计委督促检查执行情况；所需要的地方材料、地方协作产品、粮食和副食品供应、临时工等其他问题，由有关省、市、自治区负责安排。第三，成立西南三线建设委员会，加强对整个西南建设的领导。

1965 年 8 月 21 日，国家建委在北京召开了全国搬迁工作会议。会议主要讨论了 1966 年的搬迁计划和第三个五年计划期间的搬迁规划。会议提出，搬迁工作必须立足于应付侵略战争。从准备大打、准备早打出发，对搬迁项目要实行大分散、小集中的原则。少数国防尖端项目，要按照"分散、靠山、隐蔽"的原则建设，有的还要进洞。会议还认为，大规模的搬迁，实质上是一次国民经济的大调整。会议制定了 1966—1970 年搬迁的项目。从此拉开了大规模三线建设的序幕。

1965 年 11 月 13—19 日，毛泽东先后到山东、江苏、安徽和上海视察。毛泽东在视察中强调要做好备战工作。他说，打起仗来，不要靠中央，要靠地方自力更生。要争取快一点把后方建设起来，三五年内把这件事搞好。粮食和棉布都要储备一些，要自己搞点钢，制造武器。要修工事、设防，多挖一些防空洞。这样，在一、二线的省区，又依据各地的情况，划出若干地方为本省、区内的"三线"地区，习惯上称为"小三线"。1968 年，国防工办、国家计委、国家建委在北京召开"小三线"工作会议。会议讨论了 1968 年"小三线"生产、试制、建设计划。全

---

① 参见中共中央文献研究室编：《毛泽东年谱（一九四九——一九七六）》第五卷，中央文献出版社 2013 年版，第 473 页。

年计划投资 8 亿元，安排原则仍以地方军工为骨干，集中力量突击开工项目，力争尽快建成投产。已建成的工厂，着重组织试制和成批生产。会议还对以后三年"小三线"建设的任务、方针和布局等问题提出了意见。

为保证三线建设，国家采取有力措施，组织了最强大的建设队伍。首先，从沿海地区借调建筑力量支援三线建设。1965 年，从河北、北京等 10 个省、市借调了 11 个建筑工程公司，共 24 万职工，到西北和西南地区参加建设，规定 3—5 年为期，家属不搬迁。但借调期满后，因三线建设需要，这部分职工继续留在三线建设地区。其次，将部分施工队伍整编为基本建设工程兵。从 1966 年下半年到 1972 年上半年，中央各直属部的施工队伍共有 15.6 万人完成了"工改兵"的整编。经过整编的施工队伍，年轻力壮，战斗力强，机动灵活。另外，还组织了数以百万计的民工队伍。1969 年 7 月竣工的湖北丹汉输变电工程，全长 415 公里。在一无公路、二缺安装设备的条件下，10 万民工不计报酬，不畏艰苦，与工程兵战士肩扛背驮，翻山越河，保证了工程如期完工。

在三线建设过程中，沿海地区部分相关企业也搬迁到三线地区。1964—1971 年，全国共有 380 个项目，14.5 万人，3.8 万台设备，从沿海地区迁到三线。1971 年后，又有一批项目迁到三线。在实际建设过程中，首先采取由沿海地区企业包建的做法，从干部到技术人员和工人，从基建、设备到生产出产品，一包到底，后来实行"老基地带新基地，老厂矿带新厂矿，老工人带新工人"的建设方针。

从 1964 年开始，三线建设占有特殊地位。以 1966 年为例，在基本建设方面全国计划安排国家预算内投资为 155.7 亿元，比上年增加 6.1 亿元；用于三线建设特别是国防工业、备战工程的投资，占预算内投资的 50.1%；在当年计划施工的 846 个大中型项目中，三线地区占 48.2%；国家进口的机器设备，只有一台的，放在三线；有两台的，沿海地区和三线地区平分；全国上下宣传"好人好马上三线"；毕业的大学生大部分到三线企业；许多工人、技术人员主动放弃城市优越的生活与工作环境，投身到位于深山荒野的三线。由此形成三线建设的第一个高潮。据统计，这一时期内地建设投资实际达 611.15 亿元，占全国基本建设投资的 66.8%，其中三线地区的投资为 482.43 亿元，占基本建设投资总额的 52.7%。1969 年 3 月 2 日，苏联在中苏边境地区制造流血事件，中苏关系极度紧张。中共中央认为，必须大力发展兵器工业，加快三线建设的步伐。1969 年 4 月，在中国共产党第九次代表大会以后，中共中央决定由部队管国防工业，在军委办事组下，先后设立了国防工业领导小组、常规兵器工业领导小组及相应的办事机构。6 月，军委办事组提出一个庞大的脱离实际的国防建设计划。11 月，在有各大军区司令员参加的会议上，在讨论研究规划方案时，仅兵器工业就要求在 3 年内新建 95 个项目，改建扩建 93 个项目，总投资 120 亿元。会议确定在 1970 年全面展开这个计划。由于扩大国防工业生产，1969 年的国防费比 1968 年增加 34%；1970 年、1971 年又分别增加 15% 和 17%，形成由国防工业带动整个基本建设规模膨胀的局面。

总的来看，三线建设从 1964 年到 1980 年，跨越三个五年计划，动员 400 多万军民参加。从投资的部门结构上看，在累计投资约 1300 亿元中，国防工业投资 280 亿元，占三线基本建设投资额的 21.5%，形成固定资产原值 270 亿元，占三线地区累计固定资产原值的 19.3%（占全国军工的 61.2%）。与此相配套，机械工业投资 130 亿元，占三线基本建设投资总额的 10%。同时，能源工业投资 224 亿元，占 17.2%；冶金工业投资 140 亿元，占 10.8%；化学工业投资 80 亿元，占 6.2%；电子工业投资 26 亿元，占 2%；交通运输业投资 100 亿元，占 7.7%。这 7 大部门基本建设投资额合计占三线基本建设投资总额的 75.4%。[①] 大规模的三线建设，在过去比较落后和闭塞的西南、西北及湘鄂豫三省西部地区，初步形成了能源、钢铁、机械、电子、化工、汽车、军工等门类齐全的工业体系，建起了一批具有高度文化和科技含量的科研院所，造就了攀枝花、六盘水、德阳、十堰、金昌、酒泉等一批新兴工业城市，自贡、绵阳、遵义、宝鸡、汉中、襄樊等古老城镇焕发了青春，成都、重庆、昆明、西安、太原、银川等西部的中心城市，经济和科技能力也因三线建设而显著增强。从 1965 年起，陆续建成的川黔、贵昆、成昆、湘黔、襄渝、阳安、太焦、焦枝和青藏铁路西宁至格尔木段等交通干线，基本上打通了西部发展的脉络。这些成就，极大地改变了西部经济社会发展面貌，也使三线地区的生活方式和思想观念发生很大变化。1984 年，国务院三线办公室曾经开展全面调查，认为在所有 1945 个三线企业和科研院所中，建设成功的占 48%，基本成功的占 45%，没有发展前途的仅占 7%。这大体表明，三线建设这根"扁担"，确实挑起了两个战略要求的重担。[②]

四、工业学大庆，农业学大寨

旧中国石油工业基础极其薄弱，1949 年全国原油产量仅 12 万吨。在"一五"计划中，我国即把勘察石油资源、发展石油工业作为一项重要内容。1952 年 2 月，毛泽东亲自发布命令，决定中国人民解放军 19 军 57 师转为石油工程第一师，支援石油工业建设。1958 年，在李四光的地质理论指导下，地质部和石油工业部在东北、华北等几个大盆地展开了区域勘探。1959 年 9 月 6 日，在东北松辽盆地陆相沉积岩中发现工业性油流。时值国庆 10 周年，这块油田因此命名为"大庆"。1960 年 2 月 13 日，石油工业部党组在《关于东北松辽地区石油勘探情况和今后工

---

① 参见曾培炎主编：《中国投资建设 50 年》，中国计划出版社 1999 年版，第 83 页。
② 参见陈晋：《三线建设战略与西部梦想》，《党的文献》2015 年第 4 期。

作部署问题的报告》中，向中央提出集中石油系统一切可以集中的力量，以大会战的方式，以最快的速度拿下大庆油田。1960 年 5 月，在余秋里、康世恩等的领导下，石油工业部集中全国 30 多个石油厂矿、院校的 4 万名职工，调集 7 万多吨器材设备，迅速投入大庆油田的开发建设。经过三年多艰苦奋斗，大庆石油会战取得了重大成功，使中国石油工业的发展实现了历史性的转变。1963 年 11 月 19 日，余秋里在全国人大二届四次会议上，向人大代表汇报了我国石油工业的现状。12 月 3 日，周恩来在这次会议上庄严宣告："我国经济建设、国防建设和人民生活所需要的石油，不论在数量或者品种方面，基本上都可以自给了！中国人民使用'洋油'的时代，即将一去不复返了！"

大庆油田的开发，不仅结束了中国人靠"洋油"过日子的时代，更培养出一支能打硬仗的石油工业队伍，涌现出"铁人"王进喜这样一批工业战线上的榜样。1963 年 12 月 24 日，大庆油田负责人康世恩应邀向北京市一万多名干部报告了大庆石油会战的情况。1964 年 2 月 5 日，中共中央发出《关于传达石油工业部关于大庆石油会战情况的报告的通知》，号召全国其他部门学习大庆油田的经验，指出："它是一个多快好省的典型。它的一些主要经验不仅在工业部门中适用，在交通、财贸、文教各部门，在党、政、军、群众团体的各级机关中也都适用。"[1] 2 月 13 日，毛泽东在人民大会堂的春节座谈会上发出号召："要鼓起劲来，所以，要学解放军、学大庆。要学习解放军、学习石油部大庆油田的经验，学习城市、乡村、工厂、学校、机关的好典型。"1964 年 4 月 20 日，《人民日报》发表《大庆精神大庆人》通讯，报道了大庆人吃大苦、耐大劳，为让祖国抛掉贫油帽子而忘我拼搏的感人事迹。1964 年 12 月 21 日，第三届全国人民代表大会第一次会议在北京召开，周恩来总理在会上作《政府工作报告》，报告中总结了大庆油田的典型经验，并向全国人民发出"工业学大庆、农业学大寨、全国学解放军"的号召。

中央号召开展"工业学大庆"运动，是要求学习大庆自力更生、艰苦奋斗的精神，以推动全国工矿企业和社会主义建设向前发展。在石油大会战和油田开发期间，大庆人发扬了自力更生、艰苦创业的革命精神并形成了"三老四严""四个一样"的优良作风。"三老"就是：对待革命事业，要当老实人、说老实话、办老实事；"四严"就是：对待工作，要有严格的要求、严密的组织、严肃的态度、严明的纪律。"四个一样"就是：对待革命工作要做到黑天和白天一个样、坏天气和好天气一个样、领导不在场和领导在场一个样、没有人检查和有人检查一个样。这些精神和经验，成为我国工业战线广大工人学习的榜样。在工业学大庆运动过程中，我国工业战线广大职工，以大庆为榜样，开展比学赶帮、实行增产节约；像大庆人

---

① 《建国以来重要文献选编》第 18 册，中央文献出版社 1998 年版，第 136 页。

那样吃大苦、耐大劳，开展社会主义劳动竞赛；学习大庆人、争当五好职工，掀起生产建设新高潮，涌现出一大批自力更生、艰苦奋斗的"大庆式企业"。

"文化大革命"期间，大庆经验遭到"四人帮"的无端攻击，把大庆说成是"唯生产力论"的典型，把大庆的基本经验说成是"修正主义"的东西，"三老四严""四个一样""生产工人岗位责任制"是套在工人脖子上的精神枷锁等，鼓吹"不搞科研照样出油"，从而造成了油田生产管理上的混乱。在毛泽东和周恩来的支持下，大庆精神得以充分肯定。1977 年 4 月至 5 月，全国工业学大庆会议先后在大庆和北京召开。在这次会议上，党中央、国务院授予"全国大庆式企业""全国先进企业"称号 2126 个，表彰"全国先进生产者"385 人。这次会议肯定了大庆的成绩和经验，肯定了工业学大庆运动的作用和意义，提出在第五个五年计划期间，全国至少有三分之一的企业办成大庆式企业，要求石油部门为创建十来个大庆而奋斗。

山西省昔阳县大寨公社大寨大队，位于昔阳东南，"七沟八渠一面坡"，自然条件很差。农业合作化以后，大寨大队闸坝垒堰，把山沟淤成良田，把坡地修成水平梯田，粮食亩产从解放前的 100 多斤增加到 700 斤，社员生活得到改善，集体积累逐年增加。1964 年 2 月 10 日，《人民日报》发表题为《大寨之路》的长篇通讯和《用革命精神建设山区的好榜样》的社论，指出：每一个地方，不论是山区还是平原，都要很好地学习大寨的经验，也要很好地总结推广自己的"大寨"经验。同年，毛泽东发出"农业学大寨"的号召，农业学大寨运动在全国兴起。

1965 年 10 月，全国农业大寨式农业典型展览在北京举行，《人民日报》发表社论《农业靠大寨精神》，指出：学大寨的榜样，走大寨的道路，是发展我国农业生产，建设社会主义新农村的唯一正确道路。大寨经验的主要特点，是以生产大队为基本核算单位，强调粮食生产，忽视多种经营；取消自留地，限制家庭副业和集市贸易；采取平均主义分配方式。1968 年 1 月，农业部在大寨召开全国学大寨劳动管理经验现场会议，高度评价大寨"一心为公劳动，自报公议工分"为特点的管理经验，指出这是毛泽东思想的产物，是管理社会主义集体经济的方向。会议要求各地彻底批判以"工分挂帅""物质刺激"为核心的"修正主义"管理制度，推行大寨实行的大队核算、取消自留地和限制社员家庭副业的做法。

1970 年国家编制"四五"计划，对农业投资安排很少，农业发展只能靠学大寨运动。但许多地区照搬大寨经验，放弃经济作物种植，砍掉多种经营，改变耕作制度。为追求粮食自给，许多非传统农作物区，大搞围湖造田、毁林开荒、滥垦草原，破坏了生态平衡。在农田水利建设方面，很多地方追求规模和影响，往往通过大会战方式，忽视工程的科学论证和经济效益，不计成本地追加投入，造成严重的浪费和破坏。有的地方在陡坡上开荒，建造水平梯田，结果导致严重的水土流失。

当年8月至10月，国务院在昔阳县召开北方地区农业会议，一方面继续宣传和推广大寨经验，同时也重申了"农业六十条"等农村政策，提出加快农业生产的任务和具体要求。这次会议对扭转农村工作中的混乱状态和恢复农业生产发展起到了一定积极作用。

在农业学大寨运动中，农村出现合队并社、向大队核算过渡的情况，严重影响了农民的生产积极性。对此，1971年12月16日，中共中央作出关于农村人民公社分配问题的指示，要求各地从实际出发，总结当地好的经验，坚持那些为群众所欢迎的简便易行的办法；强调农业要全面发展，不能把党的政策允许的多种经营当作资本主义去批判；规定了有利于集体增产个人增收、减轻农民负担和使分配兑现的一些具体政策。1975年9月15日，全国学大寨会议召开，提出随着建设大寨县运动的普及和提高，人民公社与大队两级经济的壮大，以生产队为基本核算单位的制度，将过渡到大队或公社为基本核算单位的制度。会议以后，全国又开始一场"穷过渡"风，一些生产队为减少过渡中的平调损失，纷纷杀猪砍树，吃光分光储备粮和公积金，对农村经济造成一定程度的破坏。

这种状况一直到党的十一届三中全会以后才得到逐步改变。1980年初，农业部全国农牧局（厅）长会议宣布，今后不再开展搞大寨县的运动，不再评学大寨先进单位和个人。1980年11月23日，中共中央在转发中共山西省委《关于农业学大寨运动中经验教训的检查报告》，并在批语中指出：全国各地学大寨的农业先进典型绝大多数在生产上、建设上都是有成绩的，有贡献的。同样，大寨和昔阳县的绝大多数干部和群众，在农业战线上作出过贡献。"文化大革命"以前，大寨的确是农业战线上的先进典型。"文化大革命"以来，在大寨和昔阳县推行"左"倾路线，造成严重后果。中央认为，在推广先进经验的时候，必须分析它是在什么情况下产生的，适合于哪些条件，哪些是带有普遍性的东西，哪些是不带普遍性的具体做法，绝对不能生搬硬套，强迫命令。任何先进技术经验或经营管理经验，都必须同当地农民的经济利益联系起来，重视经济效果，在农民自愿接受的基础上，经过试验逐步推广，切不可用一阵风的运动方式一哄而起。

第二节 经济建设的艰难推进

一、"四五"计划

经历1966—1968年的三年严重动荡，从1969年开始，国内形势稍趋安定，国民经济有所恢复。1968 年的"夺权"斗争以各地"革委会"相继建立而基本结束，作为临时的政权机构，革委会对于经济社会的稳定还是发挥了一定作用。1969 年 4 月，中共九大召开，随后开始重建党的组织，国内形势从严重动荡趋于相对稳定。在这种情况下，国家计划部门开始着手制订第四个五年计划。

"文化大革命"前三年政治动荡，经济秩序混乱，国民经济计划也被打乱了，中国经济成分进一步单一化，在"需要就是计划""打仗就是比例"的口号下，计划工作陷入瘫痪。所以，当务之急是恢复计划工作。1969 年和 1970 年都制订了较为严格的经济计划。1970 年 2 月 15 日—3 月 21 日，国务院召开全国计划工作会议，拟定了 1970 年国民经济计划，并着手研究第四个五年计划纲要草案。会议提出了"以阶级斗争为纲、狠抓战备，促进国民经济的新飞跃"的口号，要求"集中力量建设大三线战略后方"。会议规定：1970 年比 1969 年工业总产值增长 17%；基本建设投资增长 46%。这些投资主要用于军工和为军工配套的项目。会议还规定，1975 年要达到：粮食 6000 亿斤到 6500 亿斤；钢 3500 万吨到 4000 万吨；煤 4 亿吨到 4.3 亿吨等。

1970 年 8 月 23 日—9 月 6 日，党的九届二中全会在庐山举行。会议将经过修改的"四五"计划纲要草案作为会议参考文件印发。该纲要确定的主要任务是：狠抓战备，集中力量建设大三线强大的战略后方，改善布局；大力发展农业，加速农业机械化的进程；狠抓钢铁、军工、基础工业和交通运输的建设；建立经济协作区和各自特点、不同水平的经济体系，做到各自为战，大力协同；大力发展新技术，赶超世界先进水平；初步建成我国独立的、比较完善的工业体系和国民经济体系，促进国民经济新飞跃。该纲要提出的计划指标是：工业增长速度平均每年要达到 12.8%，1975 年工业总产值达到 3800 亿—4000 亿元，钢产量要达到 3500 万—3800 万吨，平均每年增长 15%—18.1%，煤达到 4 亿—4.3 亿吨，铁路货运量 9 亿—10 亿吨，粮食 6000 亿—6500 亿斤，棉花 6500 万—7000 万担，国家预算内基本建设投资为 1200 亿—1300 亿元。[①]

"四五"计划比"三五"计划更加强调备战和三线建设。第一，根据毛泽东提出的"备战、备荒、为人民"的战略方针，和"要准备打仗"的号令，集中力量继续建设三线，要求到 1975 年，大三线地区建成一个比较齐全、工农业协调发展的强大的战略后方；三线地区的农产品基本自给，钢生产能力达到 2000 万吨，占全国的一半。第二，根据备战的需要，决定以大军区为依托，将全国划分为西南、西北、中原、华南、华东、华北、山东、闽赣、新疆等 10 个经济协作区，并要求建立不同水平、各有特点、工农业协调发展的经济体系。第三，为了实现各地区建

---

① 参见刘国光：《中国十个五年计划研究报告》，人民出版社 2006 年版，第 308 页。

立自给自足的经济体系,计划将立脚点放在调动地方积极性上,鼓励地方大力发展中小企业,全面进行以权力下放等为主的经济体制改革,扩大地方权限。

二、经济重整

1. "虚君共和"

"文化大革命"期间,中央一度提出打倒"条条专政"的口号,常委采取下放经济权力的措施。1966年3月20日,毛泽东在杭州召开的中央政治局扩大会议上讲话,在谈到中央与地方的经济关系时,提出"虚君共和"的主张。毛泽东说:

> 地方积累要搞,不能都集中到中央而地方不能扩大再生产。苏联就吃了这个亏。现在就是不让人家有积极性,上边管得死死的,妨碍生产力的发展,是反动的。中央还是虚君共和好,只管大政方针、政策、计划。中央叫计划制造工厂,只管虚、不管实,也管点实,少管一点实。中央局、省、地、县,也层层征求下边的意见,经过大家的同意,然后制造出来,那就比较可靠了。要靠典型,脑子出计划,实践出好材料。这样地方与中央合作,制造出方针、政策、计划。中央只生产精神。中央计划要同地方计划结合,中央不能管死,省也不能完全统死,计划也不要统死。总而言之,不能太死。要卡,不能卡死。不论农业扩大再生产也好,工业扩大再生产也好,都要注意中央和地方分权,不能竭泽而渔。[①]

毛泽东还指出,中央部门收上来的太多,凡是收的都叫他们出中央,到地方上去,连人带马都出去。

毛泽东的这些想法,在1969年以后正式实施。1969年2月16日到3月24日,全国计划工作座谈会在北京举行。会议提出,经济管理在处理条块关系上,要以块块为主,中央直属企业可以分为地方管理、中央管理和双重领导三类,生产短线产品的大集体手工业可以改为全民所有制企业。2月27日,座谈会印发了关于《改革财政管理体制》《中央各部企业管理体制下放》《改革物资管理体制》三个文件,其目的在于使中央政府机构和编制与事权大幅下放相适应,力图从机制上防止管理过死过细而抑制地方和企业的积极性。这一年,经毛泽东批示,将原来由冶金部管的鞍山钢铁公司下放给辽宁省管理,表明毛泽东决心将"虚君共和"付诸实施。

---

① 中共中央文献研究室编:《毛泽东年谱(一九四九——一九七六)》第五卷,中央文献出版社2013年版,第569—570页。

1970 年 3 月 5 日，国务院拟定《关于国务院工业交通各部直属企业下放地方管理的通知（草案）》，要求国务院工业交通各部的直属企业、事业单位绝大部分下放给地方管理；少数由中央和地方双重领导，以地方为主；极少数的大型或骨干企业，由中央和地方双重领导，以中央为主。该《通知（草案）》要求下放工作于 1970 年内进行完毕。除鞍山钢铁公司于 1969 年已下放给辽宁省外，在很短的时间内，包括大庆油田、长春汽车制造厂、吉林化学工业公司等关系国计民生的大型骨干企业在内的 2600 多个中央直属企业、事业和建设单位，都下放给各自所在的省、市、自治区管理，有的甚至又层层下放到专区、市、县。

企业下放的目的，一方面是为调动地方积极性，另一方面也是从战备考虑。大批中央部属企业下放地方后，中央各部属工业企业由 1965 年的 10533 个减少到 1976 年的 1600 多个，在工业总产值中的比重由 42.2% 降到 6%。但实际上地方管不了这样大的企业，结果有许多事情还是中央部门在管，这就形成企业多头领导，扯皮的现象很多。全国统一计划、生产建设的合理布局，以及重要产品的供销平衡都难以实现。此外，这一时期还试行物资、财政大包干，以扩大地方的物权、财权、投资权、计划权等；还一度下放价格、税收、信贷的管理权，造成许多地方草率投资以扩大地方财政基础，导致重复建设，基本建设规模膨胀，积累率越来越高。地方各自为政、自成体系所形成的封闭式地方经济，加剧了国民经济生活的混乱和企业经济效益的下降。

2. "三个突破"

1971 年，"九一三"事件后，周恩来主持中央日常工作，借"批林批孔"运动的机会批判极左思潮。1971 年 12 月 16 日到 1972 年 2 月 12 日，全国计划会议在北京举行。这次计划会议提出批林要联系经济战线的实际，批判林彪一伙鼓吹的"空头政治"，解决由于他们的干扰破坏而造成的恶果。会前，周恩来在 1971 年 12 月 5 日听取国家计委汇报会议情况时指出，现在我们的企业管理乱得很，要整顿。随后，国务院主持起草了《一九七二年全国计划会议纪要》，提出了若干整顿的措施，其中包括加强统一计划，整顿企业管理，落实党对干部、工人和技术人员的政策，坚持又红又专，反对"空头政治"，反对无政府主义等。在企业的管理上，明确规定企业要恢复和健全岗位责任制、考勤制度、技术操作规程、质量检验制度等七项制度；企业要抓产量、品种、质量、原材料、燃料、动力消耗、劳动生产率等七项指标。这个会议纪要经周恩来主持讨论定稿后，国务院领导提请中央批转下发。张春桥对这次会议的主基调极为不满，他反对批"空头政治"，声称批"空头政治"就是批"文化大革命"。但随着对"左"倾思潮的批判，经济的重整工作还是相应展开了。

在这次全国计划会议期间，周恩来发现，由于中央企业下放导致"1970 年大膨胀",造成了"三个突破",即职工人数突破了 5000 万人,工资支出突破了 300 亿元,粮食销量突破了 800 亿斤。周恩来指出,这"三个突破"对国民经济各方面带来一系列的问题,不注意解决,就会犯错误。国家计委在《一九七二年全国计划会议纪要》中提出,必须十分重视发展农业和轻工业、国防工业要同国民经济的发展相适应、要下决心控制基建规模和职工人数等 10 个措施。但是,这个计划并没有顺利下达。长期形成的追求发展速度的高指标战略的惯性,一直没有得到根本改变。这就使国民经济重大比例关系进一步失调,经济效益进一步下降。1972 年 8 月 19 日,国家计委将《关于当前国民经济中几个问题的报告》报送中共中央。这个报告认为,当前国民经济存在两个比较突出的问题:一是基建战线长了,设备、材料、投资跟不上,出现许多问题。二是职工人数增加多了,消费品供应跟不上。《关于当前国民经济中几个问题的报告》提出:解决上述问题,一方面要积极增加生产,抓好农业和基础工业,特别是原材料工业;另一方面要严格控制基本建设规模,严格控制职工人数。

到 1973 年,"三个突破"不仅没有解决,反而更加严重。2 月 26 日,周恩来气愤地说:确实没有王法了,不止"三个突破",货币发行也突破了。票子发多了,到了最大警戒线,"三个突破"不如这一个突破。[1] 1973 年 1 月 7 日—3 月 30 日,全国计划会议在北京举行,研究解决"三个突破"问题的具体措施。国家计委起草了《关于坚持统一计划,加强经济管理的规定》,提交这次会议讨论。2 月 16 日,周恩来在听取文件起草情况的汇报时,指出:鉴于 1970 年大膨胀,1972 年没有抓,1973 年要"经常检查"。"整顿的方针要写清楚"。他还强调要贯彻按劳分配的原则,实行必要的奖励制度;并批评了不说老实话等不正之风。这个文件草稿从纠正生产建设上存在的极左思潮和无政府主义出发,规定了十条不得违反的纪律。于是,国务院采取坚决措施,解决"三个突破"问题。严格控制增加职工人数,所有企事业的劳动力都要服从中央和省、市、自治区的统一调动,要把 1972 年自行招收的职工减下来。同时,严格控制基建规模,把当年的大中型项目从 1500 多个压缩到 1200 个左右。

1973 年 7 月 1 日,国家计委根据中共中央工作会议对"四五"计划提出的意见,拟订了《第四个五年国民经济计划纲要(修改草案)》。该修正草案适当注意了备战与各项经济建设的比例关系,把"狠抓军工"改变为"继续加强军工";以备战和三线建设为中心的经济建设思想,提出有重点建设内地战略后方的同时,必须充分发挥沿海工业基地的生产潜力并且适当发展,如把沿海支援内地作为主要任

---

① 参见中共中央文献研究室编:《周恩来年谱(一九四九——一九七六)》下卷,中央文献出版社 1997 年版,第 580 页。

务改变为"重要任务"；把发展农业放在第一位，把从备战角度强调发展农业改变为从农轻重比例关系角度发展农业；其他还有把钢铁的品种、质量放在第一位，经济协作区由 10 个改为 6 个。同时，还对一些计划指标进行了调整。这样基本建设投资随之变化，沿海地区的经济发展又受到重视。1973 年，用于沿海和内地的投资比重大体持平。1974—1975 年用于沿海地区的投资则大大超过三线地区。三线建设的大部分精力转向建成企业的配套和生产组织上来。但是，由于当时的历史条件所限，对计划不可能实行有力的调整措施。"四五"期间，国民经济主要比例严重失调，经济效益不断下降，人民生活问题积累成堆。

三、"四三方案"

第一个五年计划期间，我国通过引进苏联的先进技术和设备，大大加快了技术进步，缩小了与发达国家的差距。但是，由于"大跃进"造成的经济崩溃和受"文化大革命"动乱的影响，我国与发达国家在技术方面的差距又拉大了。1971 年"九一三"事件以后，国内形势稍有稳定，周恩来主持日常工作；同时中国恢复了在联合国的合法席位，对外关系打开了一个新的局面。在这种情况下，引进先进技术设备又被提上议事日程。

1972 年 1 月 22 日，国家计委报送了《关于进口成套化纤、化肥设备的报告》，建议利用西方国家在经济危机中急于寻找出口市场、商品与技术价格较低的有利时机，引进国内急需的化纤新技术成套设备 4 套、化肥设备 2 套以及部分关键设备和材料，约需 4 亿美元，投产后每年可生产化纤 24 万吨、化肥 400 万吨。2 月 5 日，毛泽东批准了该报告。

1972 年 5 月 5 日，冶金部向国家计委建议从国外进口并消化吸收先进的一米七大型钢板冷轧机以及配套的热轧机等国内钢铁工业急需的设备技术。8 月 6 日，国家计委报送《关于进口一米七连续式轧板机问题的报告》，项目资金约需 4 亿美元。8 月 21 日，中共中央、国务院批准该项目在武汉钢铁公司兴建，其中连铸和冷轧设备是从联邦德国引进，热轧和硅钢片设备是从日本引进。这是新中国成立以来最大的引进项目之一，具有 20 世纪 70 年代先进水平。此项工程从 1975 年 6 月正式施工，到 1978 年 12 月基本建成。

1972 年 11 月 7 日，国家计委报送《关于进口成套化工设备的请示报告》，涉及 23 套化工设备约需 6 亿美元。获得毛泽东和周恩来的批准。1973 年 1 月 2 日，根据周恩来指示，国家计委向国务院报送《关于增加设备进口、扩大经济交流的请示报告》，报告反映上述引进计划远远不能满足国内生产需要的情况，提出从国外进口成套设备和单机的新方案。这一方案包括前一方案的所有内容外，增加 43 套综合采煤机组和其他一些关键单机等，合同总价计 43 亿美元，所以称为"四三方案"。这些引进项目，除了单机按现汇交易外，成套设备项目大部分采用延期付款方式。

1974 年 1 月 22 日，国务院批转国家计委、国家建委、财政部《关于做好进口成套设备项目建设工作的报告》。国务院强调，从国外进口成套设备，目的是为了争取时间，加快我国社会主义建设，要确保按合同规定的期限，高质量、高水平地把这批项目建成投产。之后在这个方案的基础上又追加了一批项目，到 1977 年与西方国家谈成了 222 个项目，进口总额 51.4 亿美元。这是中国继 20 世纪 50 年代“156 项工程”引进苏联援助的技术之后，第二次大规模的技术引进。中国利用“四三方案”引进的设备，结合国产设备配套，至 1982 年建成了 26 个大型工业项目，总投资约 214 亿元人民币，成为 20 世纪 80 年代中国经济发展的重要基础。[①]

在“四三方案”实施的同时，国内政治仍不平静，使技术引进工作受到一定干扰。一是“蜗牛事件”。1973 年，经国务院批准，四机部派代表去美国考察。美国康宁公司赠给我代表团成员每人一件玻璃蜗牛工艺品作为纪念礼品。1974 年，江青认为美方送蜗牛是“骂我们，侮辱我们，说我们爬行”。周恩来指示外事部门进行调查研究，得知蜗牛不过是当地人喜欢的礼物。外交部专门为此事给周恩来写了《关于美国人送“蜗牛”礼品等事的报告》，周恩来将报告呈毛泽东。尽管此事并没有发展成为严重的政治和外交事件，但是使 1973 年就开始谈判的年产 75 万套彩色显像管的生产线的引进工程推迟了几年。其他引进项目都受到不同程度影响。另外还有 1974 年的“风庆轮事件”。风庆轮是我国自行设计制造的万吨级远洋货轮。1974 年 5 月 4 日，风庆轮首次由上海港远航欧洲并胜利返航。交通部派遣两名干部到船上协助工作，分别担任政委和政治干事。“四人帮”在上海的党羽对两人歧视打击，提出要他们批判国务院在造船问题上“洋奴哲学”和“崇洋媚外”，被两人拒绝。“四人帮”在上海的党羽整理了近万字的诬告材料，江青等将此事定为“反动的政治事件”。在风庆轮返航后，将两人扣留在上海批判，并扬言要揪后台。但他们的做法遭到周恩来和邓小平的坚决抵制，也遭到毛泽东的反对。这样，“风庆轮事件”总算告一段落。但这些做法还是对引进外国先进技术工作造成影响。

第三节　全面整顿

1974 年 6 月 18 日，国家计划委员会向中央政治局汇报：上半年不少地区工业

---

① 参见中共中央党史研究室：《中国共产党历史》第二卷（1949—1978）下册，中共党史出版社 2011 年版，第 865 页。

生产有所下降。主要问题是煤炭和铁路运输情况不好，钢铁、化肥等产品和一些军工产品也欠账较多，对整个国民经济和战备影响较大。为此，7月1日，中共中央发出《关于抓革命、促生产的通知》，要求各地不准揪干部，不准打人抓人，擅离职守的领导和其他人员必须返回工作岗位，对把打内战、停工停产的行为说成是"反潮流""不为错误路线生产"的错误言论必须加以批驳。10月4日，毛泽东提议邓小平任国务院第一副总理。1975年1月13—17日，第四届全国人民代表大会第一次会议在北京举行。周恩来在政府工作报告中重申了三届人大提出的发展我国国民经济的两步设想：第一步，在1980年以前，建成一个独立的比较完整的工业体系和国民经济体系；第二步，在20世纪内实现农业、工业、国防和科学技术的现代化，使我国国民经济走在世界前列。2月1日，周恩来主持国务院常务会议，确定第一副总理邓小平"主管外事，在周恩来总理治病疗养期间，代总理主持会议和呈批主要文件"。此后，邓小平实际上开始主持国务院日常工作。2月10日，中共中央发出《批转1975年国民经济计划的通知》，要求全党"坚持抓革命、促生产、促工作、促战备的方针，把国民经济搞上去"，指出："把国民经济搞上去，当前特别要把交通运输和煤炭、钢铁生产搞上去。"在这样的背景下，邓小平开始大刀阔斧地实施治理整顿。

一、交通整顿

1975年2月25日到3月8日，中共中央召开全国各省、市、自治区党委主管工业的书记会议，着重解决铁路运输问题。经过与会者讨论，中共中央作出《关于加强铁路工作的决定》，要求全国所有铁路单位必须贯彻"安定团结"方针，实行以铁道部为主的管理体制。重申全路由铁道部统一管理，集中指挥，反对资产阶级派性，建立健全必要的规章制度，整顿运输秩序，同各种破坏行为作斗争，加强组织性纪律性，确保运输安全正点。3月5日，邓小平作《全党讲大局，把国民经济搞上去》的报告。邓小平在会议的讲话中指出：现在有一个大局，全党要多讲。发展我国国民经济的两步设想，建设四个现代化的社会主义强国，就是大局。全党全国都要为实现这个伟大目标而奋斗。他说：当前的薄弱环节是铁路。铁路运输的问题不解决，生产部署统统打乱。整个计划都会落空。所以中央下决心要解决这个问题。解决铁路问题的方针是贯彻中央《关于加强铁路工作的决定》，加强集中统一，反对派性，建立必要的规章制度。他批评一些同志存在不敢抓生产的思想，指出这是大错特错的，要讲清楚这些大是大非问题。

当时，铁路运输的症结集中于徐州铁路分局，这里的派性矛盾几乎使津浦、陇海两条铁路主干线陷入瘫痪。邓小平决定以徐州铁路局为突破口。1975年3月9日，万里率铁道部工作组到徐州铁路局，3月10日即召开徐州铁路分局全体职工、家属参加的万人动员大会。同时，逮捕几个破坏铁路运输的造反派头目，坚决打击蓄意制造铁路交通事故以及哄抢、盗窃铁路物资和交通器材的犯罪分子，调整领导班子，恢复和建立健全规章制度。3月15日万里又在徐州召集济南、上海、郑州三个铁路局领导干部会议，商讨解决津浦、陇海、京广三条干线不畅通的问题。经过整顿，很快使津浦、陇海两条铁路干线恢复了通车，徐州分局结束了连续21个月完不成运输任务的局面，4月份提前3天完成了运输计划。随后，整个铁路交通运输状况都得到好转。到1975年4月，堵塞严重的几条铁路线都疏通了，全国20个铁路局中有19个超额完成运输计划，全国日装车平均达到53700多车，比2月份平均日装车多10000多车。煤炭日装车达7800多车，是5年来第一次完成计划。到6月底，全国铁路形势变化显著，安定团结局面逐步形成，一批老大难单位的问题得到初步解决。在20个铁路局中，有10个局做到时间过半任务完成过半。①

1975年3月下旬，邓小平主持召开国务院会议，专门检查了《关于加强铁路工作的决定》的贯彻情况。这次会议提出：《关于加强铁路工作的决定》精神，除了体制问题外，不仅适用于铁路工作，也适用于一切工业部门。这样，在铁路整顿的带动下，整顿工作迅速在整个工交战线展开。3月31日晚，国家计委向各省、市、自治区发出电话通知并印发工交、农林、国防工业各部，要求迅速把《关于加强铁路工作的决定》精神传达到整个工交战线广大干部群众中去，务必做到家喻户晓。要解决好领导班子的问题，促进安定团结，把交通运输和工业生产尽快搞上去。于是，整顿工作在整个工交战线开展起来。

二、工业整顿

铁路的治理整顿带动了整个工业整顿工作。工业部门的矛盾焦点是钢铁工业。为扭转钢铁生产被动局面，1975年2月18日至3月11日，冶金部召开了"八大钢座谈会"。"八大钢"指的是鞍钢、武钢、包钢、太钢、本钢、首钢、攀钢、马钢八大企业，占全国钢产量的50%，铁产量的65%。当时几大钢铁企业欠产严重，影响整个钢铁工业生产，而钢铁如果上不去，农机、军工、基建等都要被拖住。在1975年3月25日的国务院会议上，邓小平指出："下一步中心是要解决钢的问题。"1975年5月8日至29日，中央召开钢铁工业座谈会。5月29日，邓小平在钢铁工业座谈会上讲话指出，当前，钢铁工业重点要解决四个问题：第一，必须建立一个坚强的领导班子。钢铁生产搞不好，关键是领导班子问题，是领导班子软、散、懒。这个问题解决得不好，就是开步走都困难。第二，必须坚决同派性作斗

---

① 据铁道部档案处存《上半年铁路运输情况汇报提纲》（1975年7月22日）。

争。对于派性，领导上要有个明确的态度，就是坚决反对。对坚持闹派性的人，该调的就调，该批的就批，该斗的就斗，不能慢吞吞的，总是等待。第三，必须认真落实政策。我们讲落实政策，不仅要解决戴上帽子的那些人的问题，而且要解决他们周围受到牵连的那些人的问题。第四，必须建立必要的规章制度。这也是加强组织纪律性的问题。过去一个时期，根本谈不上什么规章制度，出了不少问题。对这些现象，现在不许可再存在了。在这次讲话中，邓小平明确地把毛泽东 1974 年 8 月到 12 月对国内问题所作的三项重要指示联系在一起，作为今后各项工作的总纲。他说：毛主席最近有三条重要指示，一条是关于理论问题的重要指示，要反修防修，再一条是关于安定团结的指示，还有一条是把国民经济搞上去。这就是我们今后一个时期各项工作的纲。这三条重要指示，是互相联系的，不能分割的，一条都不能忘记。这就是"三项指示为纲"。

1975 年 6 月 4 日，中央发出《关于努力完成今年钢铁生产计划的批示》，指出："这一点，必须引起全党各级领导同志的充分注意。钢铁工业没有一个大的发展，就不可能实现农业、工业、国防和科学技术的现代化。"针对当时钢铁生产计划完成得不好的情况，指示各省、市、自治区党委必须加强对钢铁工业的领导，提出"思想政治路线是不是端正了""一个强有力的领导核心是不是建立起来了""资产阶级派性是不是克服了""党的政策是不是真正落实了"等"七个是不是"，要求生产上不去的企业领导人认真对照检查。鞍钢、武钢、包钢等企业都向中央写了有具体措施的《保证完成今年钢铁生产计划的报告》。会后，由国家计委、国家建委、冶金部、煤炭部、铁道部等 10 个单位派出负责人组成"保钢小组"，以加强领导，大力协同，发动群众，按质、按量、按品种、按合同，确保全年钢铁计划任务的实现。经过治理整顿钢铁生产立即显著回升。6 月，钢的平均日产量达到 72400 吨，超过年计划平均日产水平，开始补还日产。1975 年全年钢产量达到 2390 万吨，比 1974 年的 2112 万吨增加 278 万吨。

到 6 月底，原油、木材等实现了时间过半、任务完成过半。原油、原煤、发电量、化肥、水泥、内燃机、纸及纸板、铁路运输量等，5、6 月创造了历史月产最高水平。全国工业总产值上半年完成全年计划的 47.4%，财政收入完成全年收入的 43%，收支平衡，略有节余。① 这说明邓小平主持党中央工作以来对工业战线实行整顿取得显著成效。

1975 年 6 月 16 日至 8 月 11 日，国务院召开计划工作务虚会，通盘研究整个经济工作的整顿问题。会议由主管日常事务和经济工作的副总理李先念、谷牧、纪登

---

① 据《国务院关于今年上半年工业生产情况的报告》。转引自程中原：《1975：邓小平主持各方面的整顿》，《当代中国史研究》2004 年第 2 期。

奎、华国锋、王震等主持，先后开了18次，前后将近两个月。务虚会认为，当前经济生活中的主要问题是散和乱，必须狠抓整顿，强调集中。务虚会对计划体制、企业管理体制、物资管理体制、财政体制的整顿以及整顿领导班子、加强职工训练、建立各项生产管理制度等提出了具体意见。务虚会按照邓小平的指导思想，决定搞一个关于工业整顿的文件，认真总结铁路、钢铁整顿的经验，概括计划务虚会讨论的成果，对加快发展工业中存在的重要问题提出一个切实的解决办法，作出一些必要的规定。这个文件通称《工业条例》，由国家计委负责起草，后几经修改，成为《关于加快工业发展的若干问题》。8月18日，邓小平主持国务院会议对《关于加快工业发展的若干问题》初稿进行讨论。邓小平在会上发表重要谈话，认为这个文件应是工业问题的章程，总的精神是加快速度。

1975年8月18日，国务院讨论国家计委起草的《关于加快工业发展的若干问题》，邓小平在会上讲话指出，过去的"工业七十条"，基本上是好的，是修改问题，不是要废除。这个文件应是工业问题的章程，总的精神是加快速度。邓小平就加快发展工业的几个关键问题发表了指导性意见，提出：第一，确立以农业为基础、为农业服务的思想。工业支援农业，促进农业现代化，是工业的重大任务。农业现代化不单单是机械化，还包括应用和发展科学技术等。工业越发展，越要把农业放在第一位。第二，引进新技术、新设备，扩大出口。这是一个大政策。第三，加强企业的科学研究工作。这是多快好省地发展工业的重要途径。现在有一些知识分子用非所学，原来学的技能没有发挥出来，要改进这方面的工作。第四，整顿企业管理秩序。第五，抓好产品质量。质量第一是个重大政策。第六，恢复和健全规章制度。关键是建立责任制。第七，坚持按劳分配原则。如果不管贡献大小、技术高低、能力强弱、劳动轻重，工资都是四五十块钱，表面上看来似乎大家是平等的，但实际上是不符合按劳分配原则的，这怎么能调动人们的积极性？

会后，国务院政研室按邓小平谈话精神对文件进行修改，从最初的14条增加为20条，简称"工业二十条"。具体内容是：（1）全面地贯彻毛主席的办工业路线；（2）深入进行党的基本路线教育；（3）加强党的领导；（4）依靠工人阶级；（5）整顿企业管理；（6）工业学大庆；（7）统一计划；（8）发挥两个积极性；（9）以农业为基础；（10）以钢为纲；（11）立足于挖潜、革新、改造；（12）把质量、品种、规格放在第一位；（13）增加积累，厉行节约；（14）基本建设要打歼灭战；（15）加强社会主义协作；（16）尽量采用先进技术；（17）又红又专；（18）各尽所能，按劳分配；（19）关心职工生活；（20）工作方法。"工业二十条"提出："工业的发展速度问题，是一个重大的尖锐的政治问题"，"决不能把革命统帅下搞好生产，当作'唯生产力论'和'业务挂帅'来批判"。规定要整顿企业，建立强有力的能独立工作的生产管理指挥系统，"调整那些没有得到改造的小知识分子和'勇敢分子'当权的领导班子"，"把坏人篡夺了的权力夺回来"；"生产管理和规章制度，什么时候都需要"；要引进国外的先进技术，加快国民经济的发展；"限制资产阶级法权，决不能脱离现阶段的物质条件和精神条件，否定按劳分配"。

这个文件概括了国务院计划工作务虚会讨论的成果和工交战线初步整顿的经验，它简明有力地论证了加快工业发展是全党和全国人民的迫切任务，突出了同资产阶级派性作斗争这个整顿的重点，对企业整顿作出了比较系统的规定，把采用先进技术、赶超世界先进水平放到重要位置，在要求更好地发挥中央和地方两个积极性的前提下强调集中统一，对整顿企业、加快发展工业的政策、措施作出了一系列具体的规定。可以说，这个文件是在"文化大革命"的条件下，试图系统地纠正工业战线上的"左"倾错误的一个重要文件。尽管文件受"四人帮"的阻挠未能下发，但在实际工作中产生了积极的影响。

三、科技整顿

"文化大革命"以来，中国科学院及其所属科研机构一直处于瘫痪状态。为改变这种局面，邓小平提出必须对科技工作进行整顿，尽快把科技搞上去。1975 年 7 月中央批准了国务院关于中国科学院要整顿的报告，随即派胡耀邦等到科学院去工作。胡耀邦到任后，立即召集各种座谈会，提出实现四个现代化是"伟大的新长征"。针对当时存在的把知识分子当作异己力量看待，科研人不敢钻研业务情况，他强调科学技术是生产力，科研工作是科学院的中心工作，主张在科技战线不提对资产阶级全面专政的口号。他说"搞业务的台风要刮起来"，"刮八级不行，得刮十二级"；他坚决否定"开门办所"的口号和"知识私有""白专道路""技术挂帅"等提法，鼓励科技人员钻研业务。同时采取各项措施，落实政策，加强后勤工作，解决科技人员生活困难。

经过二十多天调查研究，胡耀邦等形成了对科技工作长远规划的初步设想，并起草了《关于科技工作的几个问题（汇报提纲）》（以下简称《汇报提纲》）。《汇报提纲》明确肯定新中国成立以来科技战线上成绩是主要的，绝大多数科技人员是好的和比较好的，特别指出"科学技术也是生产力。科研要走在前面，推动生产向前发展"，强调要引进国外的先进技术和设备，加强自然科学的理论研究。《汇报提纲》明确提出中科院今后十年科学研究的三项基本任务：积极承担国民经济和国防建设中的若干综合性的重大科研任务，开辟一批新兴的科学技术领域，大力发展基础科学研究。《汇报提纲》从十个方面阐述了关于科技工作的具体路线、方针和政策，辩证地分析了政治与业务、群众路线与专业队伍、理论与实际、对知识分子的教育与使用、哲学与自然科学等五个关系，并提出加强学习、落实政策、批判派性、调整班子、整顿机构等从思想上、政治上、组织上进行整顿的内容和方法。①

9月26日，邓小平等听取胡耀邦关于科学院工作的《汇报提纲》的说明。邓小平肯定了《汇报提纲》所提的观点和措施，说：科学研究是一件大事。"科学技术叫生产力，科技人员就是劳动者！"他说，现在连红专都不敢讲，实际上是不敢讲"专"字。科研工作能不能搞起来，归根到底是领导班子问题。对于那些一不懂行，二不热心，三有派性的人，为什么还让他留在领导班子里？要给有培养前途的科技人员创造条件，关心他们，支持他们，首先要解决这些人的房子问题，家庭有困难的也要帮助解决。邓小平还强调要办好教育，要解决教师地位问题，指出："我们有个危机，可能发生在教育部门。把整个现代化水平拉住了。"

这一期间还对国防科技实施了治理整顿。受"文化大革命"影响，国防科技部门存在严重的混乱，国防尖端科技发展陷入停步不前的局面，严重影响我国国防实力的加强。1975年初，邓小平、叶剑英主持国务院、中央军委工作后，立即将整顿国防科技事业、狠抓导弹、核武器研制的任务提上了紧迫的日程。1975年3月8日，中央军委正式任命张爱萍为国防科委主任，对国防科技部门进行整顿，并制定出"三步走"的战略规划：第一步是在1977年前拿出洲际导弹"东5"，同时搞"东4"；第二步是1978年拿出潜地导弹；第三步是1980年拿出通信卫星。其中，1977年前拿出射程为8000公里的洲际导弹是必须完成的重点。会后，张爱萍又同钱学森等反复商量论证，确定把"三步走"规划作为正式方案上报中央专委、中央军委、中共中央。1975年5月25日，中央批准了国防科委关于导弹核武器的研制规划，6月30日又批发了国防科委《关于解决七机部问题的报告》（中共中央1975年第14号文件）。7月，国务院、中央军委决定成立导弹工业总局（简称"八机总局"），对导弹的生产研制工作统一管理。经过整顿，七机部战略导弹、运载火箭和卫星的研制取得很大进展，二机部核武器研制也有新的突破。1975年下半年，接连成功发射了三颗人造卫星，被誉为"三星高照"。在核武器研制试验方面，也打破了多年的沉寂，取得第二次平洞地下核试验的爆炸成功。

四、农业整顿

1975年8月20日至9月7日，国务院召开生猪生产座谈会，讨论修改了《国务院关于大力发展养猪业的通知（草稿）》。该通知指出，"积极发展集体养猪，继续鼓励社员养猪"的方针，是毛主席批准的现阶段发展养猪业的正确方针，不能改变。社员饲养公猪、母猪，应当允许。只能用积极发展集体养猪的办法提高集体

---

① 参见程中原：《转折年代：邓小平在1975—1982》，当代中国出版社2014年版，第57页。

养猪的比例，决不能用限制社员养猪的办法来提高这个比例。该通知于9月16日下达，产生了积极作用，社员养猪得到一定的发展。

9月15日至10月19日，国务院召开全国农业学大寨会议。邓小平在开幕式上讲话，总结了新中国成立25年来农业的成就，着重强调了农业的基础地位和实现农业现代化的艰巨性，提出实现四个现代化关键是农业现代化的看法。邓小平指出：实现四个现代化，照我个人的看法，关键是农业现代化。四个现代化，比较起来，更加费劲的是农业现代化。毛主席向来讲我们的国家建设要按农、轻、重的次序安排。为什么要把农字放在第一位？农业是基础。我们今后25年时间达到四个现代化目标，必须认真注意这个问题。不管工业发展得怎样快，不管我们科学技术的水平提高到怎么样，要有农业这个基础的发展，才能够推动另外三个现代化的前进。如果农业搞得不好，很可能拉了我们国家建设的后腿。邓小平在报告中阐述了农业整顿的必要性和具体内容。他指出：一要巩固和发展集体经济；二要调整现有若干方面的政策；三是关键在领导。领导第一是省委，然后是地委、县委，特别要注意县委。县委相当于军队的团，又是领导机关，又是执行机关。有一个好的县委领导班子，就可以带动公社、带动大队，就可以很好地选择公社、大队的领导干部。领导干部要稳定，不稳定，农业发展不起来。要把那些思想好，联系群众，能够带头干，能够艰苦奋斗的人提起来，不管过去是这一派那一派，不管过去犯了点什么错误，要用，用这种党性强的人。选好了人就有希望。没有好的带路人能带好路吗？不解决这个问题，空喊口号，天天喊学大寨，也没有希望。

9月23日至10月21日，按照毛泽东批示精神，中共中央在北京召开农村工作座谈会，讨论陈永贵提出的关于人民公社的基本核算单位迅速由生产队向大队核算过渡的建议。会上，由于赵紫阳、谭启龙等人的抵制，始终未能形成一致意见。1975年9月27日，毛泽东把有关支持发展社队企业的三份材料交给邓小平在农村工作座谈会上印发。参加座谈会的部门和地方负责人都支持发展社队工业。10月11日，《人民日报》发表评论《满腔热情地办好社队企业》。10月16日，《人民日报》又以《希望就在这里——全国农业学大寨会议讨论发展社队企业、壮大集体经济的问题》为题发表"记者述评"，肯定社队企业"这一具有强大生命力的社会主义新事物，为我国农村的社会主义革命和社会主义建设开辟了广阔的道路"。在毛泽东、邓小平的明确肯定和积极支持下，农村社队企业得到蓬勃发展。

五、整顿被迫中断

1975年9月15日上午，邓小平在全国农业学大寨会议开幕式上的报告中，向全国提出了"各方面要整顿"的任务。邓小平说："现在全国存在各方面要整顿的问题。毛主席讲过，军队要整顿，地方要整顿。地方整顿又有好多方面，工业要整顿，农业要整顿，商业也要整顿，文化教育也要整顿，科学技术队伍也要整顿。文艺，毛主席叫调整，实际上调整也就是整顿。"邓小平强调对各方面工作都要整顿的方针，实际上就是要系统地纠正"文化大革命"的"左"倾错误。

由于各方面进行了整顿，1975 年成为"文化大革命"十年中经济发展状况最好的一年。此外，1975 年是"四五"计划的最后一年，按照《第四个五年国民经济计划纲要（修正草案）》规定的 1975 年指标来检查计划执行的结果：工农业总产值完成计划的 101.7%，其中农业完成 104.5%，工业完成 100.6%。主要产品产量完成的结果：粮食 103.5%，棉花 96.5%，钢铁 79.7%，原煤 109.5%，原油 110.1%，发电量 103.1%，棉纱 96.8%，铁路货运量 98.7%，预算内基本建设投资完成 101.6%，财政收入完成 98%。[①]

治理整顿对于中国经济发展具有重要意义。"文化大革命"头三年的剧烈动荡，使国家政治经济秩序遭到严重破坏，尽管毛泽东多次提出要"抓革命，促生产"，但"造反派"为争夺权力只顾"革命"而不顾"生产"，对他们来说，夺权才是第一需要，而人民生活只能放在脑后了。"九一三"事件后，周恩来主持中央工作，进行了经济重整工作，使混乱的经济形势有所改善，不少正常工作得以进行。在此期间，"四五"计划、三线建设、"四三方案"等得以实施。但随着"左"倾势力又占据主流声音，经济恢复工作遭到严重阻碍。1975 年邓小平主持日常工作后进行了强有力的治理整顿，使经济秩序得以暂时重建，经济形势大为好转。这就为改革开放后中国经济的重建奠定了良好基础。

但另一方面，极左势力仍在兴风作浪，他们所利用的是毛泽东关于无产阶级专政理论的谈话。1974 年 10 月 20 日，毛泽东会见丹麦首相保罗·哈特林时，谈到无产阶级专政理论问题。他说："中国属于社会主义国家。以前跟资本主义差不多。八级工资制，按劳分配，货币交换，这些跟旧社会没有多少差别。所不同的是所有制变更了。"[②] 1975 年 2 月 18 日，中共中央向全国发出通知，要求在全国开展学习无产阶级专政理论的运动。1975 年 4 月 1 日，《红旗》杂志又发表了张春桥的文章《论对资产阶级的全面专政》。文章认为，在工、农、商业中都还有部分的私有制，全民所有制在作为国民经济基础的农业方面还很薄弱。商品生产，货币交换，按劳分配是不可避免的，"只能在无产阶级专政下加以限制"；城乡资本主义因素的发展，新资产阶级分子的出现，也就是不可避免的。如果不加限制，资本主义和资产阶级就会更快地发展起来。文章提出"破除资产阶级法权""打土

---

① 参见柳随年、吴敢群主编：《"文化大革命"时期的国民经济》，黑龙江人民出版社 1986 年版，第 90—91 页。

② 中共中央文献研究室编：《毛泽东年谱（一九四九——一九七六）》第六卷，中央文献出版社 2013 年版，第 553 页。

围子""在一切领域、在革命发展的一切阶段始终坚持对资产阶级全面专政"，以避免"卫星上天，红旗落地"。于是，全国范围内，一个认真学习无产阶级专政理论的热潮迅速兴起，各地纷纷"打土围子"和"割资本主义尾巴"。

邓小平主持的治理整顿工作，事实上在一定程度上是否定了"文化大革命"中的一些错误做法，而毛泽东认为"文化大革命"是他一生中所做的两件大事之一，无论如何是不容否定的。因此，邓小平主持的治理整顿中有些做法引起毛泽东的不满。1975年底，极左势力重新占据上风，治理整顿的各项措施和取得的成果都遭到否定。1975年11月，根据毛泽东的意见，中央政治局部分委员几次开会，对邓小平作了错误的批评，并且停止了他的大部分工作，让他"专管外事"。随后，"批邓、反击右倾翻案风"开始，整顿工作被迫中断，中国经济又陷入混乱。

第四节　新的"跃进"

一、"走向大治"

粉碎"四人帮"后，全国人民普遍心气十足，决心在党中央领导下，把被"文化大革命"十年耽误的时间夺回来，提出"生产越多越好，越快越好"。在1976年12月召开的第二次全国农业学大寨会议上，华国锋代表党中央提出1977年将是"走向大治的一年"。他说：

> 革命就是解放生产力。粉碎"四人帮"这场大革命，清除了破坏生产力、阻碍生产力发展的大祸害，被"四人帮"长期压抑的广大工农群众的革命积极性正在迸发出来，我国国民经济的迅速发展大有希望了。我们一定要切实贯彻执行"备战备荒为人民"的战略思想和"以农业为基础、以工业为主导"的方针，充分发挥中央和地方两个积极性，充分发动群众，下大决心，花大力气，首先把农业搞好，也要把轻工业搞好，把市场安排好，同时抓好交通运输，抓好燃料动力、石油化工、钢铁和其他原材料等重工业的生产，把工业生产的全局搞活；还要大搞增产节约运动，开展技术革新，挖掘潜力，降低成本，提高产品质量，提高劳动生产率，增加积累，充分发挥现有企业的生产能力，掀起一个抓革命、促生产的高潮。务必使我国国民经济在新的一年里扎扎

实实地前进一步，为第五个五年计划后三年国民经济的大发展做好准备。[①]

华国锋在讲话中要求 1980 年全国有三分之一的县建成大寨县，各省、市、自治区都实现粮、棉、油、猪超计划，基本上实现全国农业机械化等。1977 年 1 月 19 日，中共中央转发国务院《关于一九八〇年基本上实现农业机械化的报告》。中央在通知中指出，国务院和各省、市、自治区要迅速把农业机械化领导小组建立健全起来，进一步修订和落实农业机械化规划，保证在 1980 年基本上实现农业机械化。

1977 年初，国家计划委员会在酝酿制定《关于一九七七年国民经济计划几个问题的汇报提纲》时提出："一九七七年是很重要的一年。做好这一年的工作，使国民经济扎扎实实地前进一步，就可以为第五个五年计划后三年大发展做好准备。由于'四人帮'的干扰破坏，当前国民经济中的一些比例关系不很协调。有些问题，需要在调整长远规划时研究解决。有些问题，在一九七七年计划中，就要认真着手解决。"[②] 为此，针对当时国民经济发展中突出的农业和轻工业不适应生产建设和人民生活的需要问题，工业生产中燃料、动力和原料短缺问题，基本建设规模过大过长问题，国家计委提出了一条先调整稳住阵脚再前进发展的方案，并着手对 1977 年的国民经济计划做出调整。华国锋在听取国家计委的汇报时指出：今年（1977 年）基本建设要集中力量打歼灭战，除了已经达成的协议外，都要压缩。这样会给安排上带来一些困难，但如果建成了项目没有煤、没有电，还不是停在那里？要压缩科室人员、非生产人员，压缩的决心可以再大一些。工业如此，农业也如此。即将召开的计划会议既要鼓劲，也要留有余地。[③] 可见，当时中共中央对经济形势的估计还是比较客观的，对经济计划的安排也希望留有余地。

然而，1977 年初的经济形势发展很好，从 3 月份开始，工业生产、交通运输、商品购销、财政收入全面上升，并且相继超过了历史同期最好水平[④]。实际上，经济形势的这种好转，仍然带有大乱之后的恢复性质，国民经济的基础还是十分脆弱。但是这种情况的出现，却使部分领导对形势的估计乐观起来，认为"四人帮"打倒了，可以理直气壮抓经济了，经济形势可以更快地好转起来。华国锋在讨论《关于一九七七年国民经济计划几个问题的汇报提纲》最终修订稿的总结讲话中指出：今年（1977 年）有调整的意思在里面。但考虑来考虑去，没有提调整，今年

---

① 《人民日报》1976 年 12 月 28 日。

② 国家计划委员会：《关于一九七七年国民经济计划几个问题的汇报提纲》。

③ 参见黄一兵：《一九七七年中央工作会议研究》，《中共党史研究》2010 年第 2 期。

④ 参见中共中央转发国务院《关于今年上半年工业生产情况的报告》（1977 年 7 月 30 日）。

经过努力，要前进一步，而且为今后三年更好地完成五年计划打基础。一说调整，好像五年计划又要调整了。还要积极一点。在指导思想上，首先要看到目前存在的困难。不看到，采取不承认主义不对。要看到困难，但也不要把困难看得过重了。① 所以，在制定 1977 年经济计划时，放弃了原来设想的经济调整，而代之以更加积极的方针。1977 年 3 月 10 日至 22 日，中共中央在北京召开了有各省区市负责人参加的中央工作会议。这次会议是粉碎"四人帮"后召开的第一次中央工作会议。这次会议第一次较为系统地提出了"走向大治"的基本方针，并讨论通过了国家计委提出的《关于一九七七年国民经济计划几个问题的汇报提纲》。

二、十年规划

粉碎"四人帮"后对于国民经济发展的急躁情绪，集中体现在 1976—1985 年十年远景规划的制订过程中。1974 年 1 月 12 日，国家计委向国务院提出关于拟定长远计划的报告。报告指出，为在 20 世纪内实现毛泽东提出的用几个五年计划的时间赶上和超过世界水平的战略思想，国家计委拟定的是 1976—1985 年十年远景规划，其重点放在 1976—1980 年的第五个五年计划上。根据国家计委的设想，从第五个五年计划开始，国民经济的发展按两步来考虑：第一步，建立一个独立的比较完整的工业和国民经济体系；第二步，全面实现农业、工业、国防和科学技术的现代化，使我国经济走在世界前列。国家计委设想：1980 年以前，建成我国独立的比较完整的工业和国民经济体系，有步骤地建设经济协作区，基本上实现农业机械化；1985 年，基本建成六个大区不同水平、各有特点、工农业协调发展的经济体系，并为在 20 世纪全面实现农业、工业、国防和科学技术的现代化打下牢固的基础。随着生产的发展，逐步提高人民物质文化生活水平。②

十年规划的编制，采用了条块结合、块块为主、自上而下、上下结合的方法。1974 年 8 月，国家计委向各省、市、自治区和国务院各部、委发出《关于拟定十年规划的通知》，全面开展编制工作。1975 年 1 月，四届全国人大一次会议后，邓小平主持中共中央、国务院的日常工作，全国经济形势开始好转，计划编制工作加快进行，基本形成了 1976—1985 年发展国民经济十年规划纲要草案，其中包括第五、第六两个五年计划的设想。1975 年 3 月 16 日，国家计委召开长远规划工作会议。会议提出 1980 年的工农业生产指标为：粮食 6500 亿斤；棉花 5700 万—6200 万担；钢 4000 万吨；煤炭 5.5 亿—5.8 亿吨；石油 1.5 亿吨；电 3000 亿度；乙烯 120 万吨；1976—1980 年第五个五年计划期间，基本建设投资 2400 亿元，财政收

① 参见黄一兵：《一九七七年中央工作会议研究》，《中共党史研究》2010 年第 2 期。
② 参见刘国光主编：《中国十个五年计划研究报告》，人民出版社 2006 年版，第 379 页。

入 500 亿元。[1]

1975 年 10 月,国家计划拟定了《1976—1985 年发展国民经济十年规划纲要(草案)》,"五五"计划没有单独编制,而是安排在十年规划之中。1975 年 10 月 26 日至 1976 年 1 月 26 日,国务院召开全国计划会议,重点讨论发展国民经济的十年规划和 1976 年计划。会议期间,中央政治局对规划草案进行了审议,决定略加修订后试行一年,再作进一步修改。1976 年是实施"五五"计划的第一年。但当年政治经济形势动荡不定,唐山大地震和毛泽东逝世两个大事件,使国民经济计划受到冲击,十年规划未能进行修改。因此,第五个五年计划与十年规划均未公布。

1977 年 11 月 21 日至 12 月 11 日,全国计划会议在京举行,会议重点讨论了长远规划问题。国家计委向中央政治局提交了《关于经济计划汇报要点》,该汇报要点中提出了"五五"后三年以及"六五"计划的设想和安排,连同《1978 年国民经济计划主要指标》于 1978 年 2 月经中共中央同意后一起下发。后来,经过修改的《1976—1985 年发展国民经济十年规划纲要》在 1978 年 3 月 5 日闭幕的第五届全国人大第一次会议上获得通过。

《1976—1985 年发展国民经济十年规划纲要》规定 1980 年、1985 年工农业生产的主要指标是:

粮食,由一九七五年的五千六百九十亿斤,增加到一九八〇年的六千七百亿斤,一九八五年的八千亿斤。

棉花,由一九七五年的四千七百六十万担,增加到一九八〇年的六千万担,一九八五年的七千二百万担。

钢,由一九七五年的二千三百九十万吨,增加到一九八〇年的三千六百万吨,一九八五年的六千万吨。

原煤,由一九七五年的四亿八千万吨,增加到一九八〇年的六亿五千万吨,一九八五年的九亿吨。

原油,由一九七五年的七千七百万吨,增加到一九八〇年的一亿三千万至一亿五千万吨,一九八五年的二亿五千万吨。

发电量,由一九七五年的一千九百五十八亿度,增加到一九八〇年的三千亿度,一九八五年的四千八百亿至五千亿度。

纱,由一九七五年的一千一百六十万件,增加到一九八〇年的一千四百万至一千四百五十万件,一九八五年的一千六百五十万至一千八百万件。

铁路货运量,由一九七五年的八亿六千七百万吨,增加到一九八〇年的十

---

① 参见刘国光主编:《中国十个五年计划研究报告》,人民出版社 2006 年版,第 379 页。

一亿五千万至十二亿吨，一九八五年的十六亿至十七亿吨。

一九七六年的工农业生产，由于"四人帮"的干扰破坏，几乎没有增长。从一九七七年到一九八五年，工农业总产值计划平均每年增长百分之九点五，其中农业总产值增长百分之四点七，工业总产值增长百分之十。

为实现这一目标，还规划要建设十来个大庆、八大煤炭基地、十大钢铁基地、九大有色金属基地等。在 1977 年之后的八年里，计划在燃料、动力、钢铁、有色、化工和铁路、港口等方面，共新建和续建 120 个左右大型项目。

三、新的"跃进"

在十年规划制订过程中，"大干快上"的气氛同时也酝酿起来。1977 年 4 月 20 日至 5 月 13 日，全国工业学大庆会议先后在大庆和北京举行。华国锋在讲话中提出，中国国民经济必将出现一个全面跃进的新局面。第五个五年计划期间，全国至少要有 1/3 的企业办成大庆式企业。在 1977 年 8 月举行的中国共产党第十一次全国代表大会上，把 20 世纪内实现四个现代化规定为新时期的总任务。

1977 年 9 月 11 日，华国锋召集国务院领导和有关部委负责人研究加快经济建设速度问题，批评国家计委提出的工业增长速度"太保守"，强调"今后工业部门要开足马力，挽起袖子大干""明年的积累要加快"。1977 年 10 月 30 日至 11 月 18 日，普及大寨县工作座谈会在北京召开。会议认为"农业生产新跃进的形势正在到来"。华国锋在会议上指出，要抓住揭批"四人帮"这个纲，抓革命、促生产，来一个高速度。农村的基本核算单位实现由生产队向大队过渡，这是我们前进的方向。

1978 年 2 月 26 日至 3 月 5 日，第五届全国人民代表大会第一次会议在北京召开。华国锋代表国务院作政府工作报告，总结了 16 个月以来的工作，提出了在 20 世纪内把我国建设成为农业、工业、国防和科学技术现代化的伟大的社会主义强国的任务。政府工作报告具体地描述了这个目标：中国的农业将成为世界上第一个高产国家，许多省的工业水平要赶上和超过欧洲某些工业发达国家；农业生产的主要部分要自动化，交通运输要实现高速化；各项经济技术指标要分别接近、赶上和超过世界先进水平。这次会议通过的《1976—1985 年发展国民经济十年规划纲要》，严重脱离国情、国力，具体指标规定统统偏高，远远超出了当时国家的财力水平，是很不切实际的。这个十年规划草案，在人大会上讨论后，没有公布和下达，但在实际工作中却起到了很大的作用，助长了急躁冒进的倾向。

为了加快实现这一系列目标，自 1978 年下半年开始，不断强调加快建设速度，追加基本建设投资，扩大国外引进规模。甚至提出开辟"第二战场"，即由引进项目自借自还,同计划财政脱钩的想法。在这种思想指导下,1978年7月至9月国务院务虚会提出,要组织国民经济"新的大跃进",要求放手利用外资,大量引进国外先进设备。1978年共打算引进以上海宝山钢铁厂、上海金山石油化工总厂二期工程、大庆石油化工厂(30万吨乙烯一套生产设备)、北京东方红化工厂(30万吨乙烯一套生产装置)、南京石油化工总厂(两套30万吨乙烯生产设备)为主的22个项目。这批引进项目全部生产能力是:炼铁650万吨,炼钢670万吨,轧钢650万吨,铜矿采选日处理能力13万吨,电解铝8万吨,合成橡胶8万吨,塑料88.5万吨,乙烯120万吨,甲醇、乙醇、丁醇等有机化工原料近50万吨,烧碱40万吨,尼龙66浸胶帘子布1.3万吨,合成纤维71万吨,三聚磷酸钠7万吨,彩色显像管96万支,入洗原煤1200万吨,100套综合采煤能力200万吨。[①] 这22个项目共需外汇130亿美元,按当时汇率约合人民币390亿元,加上国内配套资金200多亿元,总投资600多亿元。用汇过多,投资过大,造成外汇、内资两缺口。

第五节 增长与发展

一、经济增长

1. 增长速度

1966—1978年间,受政治风潮的影响,我国经济运行出现了几次大起大落,但从整体来看,这一时期我国国民经济的发展速度还是比较快的。13年间,我国国内生产总值由1873.1亿元增长至3645.2亿元,总体增长94.6%,年均增长7.9%。[②] 其中农业总产值由910亿元增至1567亿元,总体增长72.2%,年均增长6.0%;工业总产值由1624亿元增至4067亿元,总体增长150.0%,年均增长12.5%。[③]

如图20-1所示,1966—1978年间,受几次政治风潮的影响,我国经济增长速度波动剧烈,在1967年、1968年和1976年三年甚至出现了两次经济发展的严重倒退:

第一次是1967年和1968年。1966年底,"文化大革命"的范围从机关和学校

---

① 参见曾培炎主编:《中国投资建设50年》,中国计划出版社1999年版,第91—92页。

② 参见国家统计局国民经济综合统计司编:《新中国六十年统计资料汇编》,中国统计出版社2010年版。

③ 参见国家统计局编:《中国统计年鉴(1983)》,中国统计出版社1983年版。

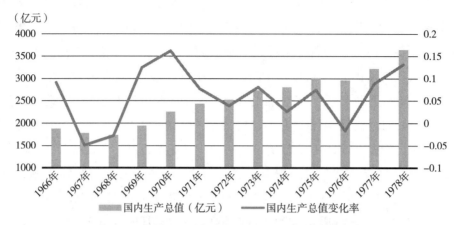

图 20-1　1966—1978 年我国国内生产总值变化情况

资料来源：国家统计局国民经济综合统计司编：《新中国六十年统计资料汇编》，中国统计出版社 2010 年版。

扩展至农村和企业，正常的经济秩序受到严重冲击，"三五"计划的良好开局也被突然打破。在社会实际陷入无政府状态的 1967 年和 1968 年两年，我国在"大跃进"之后的增长势头被迫中断，国民经济的各项指标均出现大幅滑坡。据统计，全国工农业总产值从 1966 年的 2534 亿元下降到 1967 年的 2306 亿元、1968 年的 2213 亿元，同 1966 年相比分别下降了 9.1% 和 12.7%。[1] 作为一个实行计划经济的国家，1968 年全年竟然没有年度经济计划。

第二次是 1976 年。1976 年全年我国天灾人祸频仍：1976 年上半年由邓小平主持的经济整顿受到了所谓"反击右倾翻案风"的冲击和破坏，生产秩序再次陷入混乱；7 月，河北省唐山市发生了 7.8 级强烈地震，波及京津，给人民生命财产带来了巨大的损失，全国遭受经济损失超过 100 亿元以上；[2] 9 月，毛泽东逝世，"四人帮"抢班夺权的阴谋被及时粉碎。重大的社会创伤下，1976 年我国经济步履蹒跚，国内生产总值增长率较经济整顿的 1975 年还下降了约 1.7%，全国工农业生产总值只比上年增长了不足 70 亿元，事实上也呈倒退的状态。主要工农业指标多数未能完成计划。其中棉花和钢铁都只完成计划的 79%。[3]

这一时期，我国经济还出现了运行过热的"跃进"现象。从 1970 年到 1971 年，也即"三五"计划完成和"四五"计划开始的两年，我国经济投入高歌猛进，基本建设投资额由 1969 年的 186 亿元增长到 1970 年的 295 亿元，增幅达到惊人的 58.6%。[4] 在巨额投资的推动下，1970 年和 1971 年我国国内生产总值增长率分别

①　参见国家统计局编：《中国统计年鉴（1983）》，中国统计出版社 1983 年版。
②　参见陈东霖主编：《1966 年—1976 年中国国民经济概况》，四川人民出版社 2016 年版，第 49 页。
③　参见国家统计局编：《中国统计年鉴（1983）》，中国统计出版社 1983 年版。
④　参见国家统计局编：《中国统计年鉴（1983）》，中国统计出版社 1983 年版。

达到了 16.2% 和 7.7%，全国工农业生产总值增长率分别达到 20.1% 和 11.0%。但这一时期的快速增长显然建立在过大的基建规模和过高的积累率之上，超过了国家财力、物力正常的承受范围，对于国民经济发展产生了诸多不利的影响。其中最直接地体现在了"三个突破"的问题。[①] 1971 年，我国职工人数突破 5000 万人，工资支出突破 300 亿元，粮食销量突破 800 亿斤，给国家财政和经济运行造成了极大的困难，军事干部接管地方经济，盲目开展大而全、小而全建设项目的后果得到了充分暴露。总体来看，这一时期，我国经济运行经历了数次大起大落，在"左"的错误泛滥的局面下，正常的经济建设受到了严重干扰，如果没有 1969 年、1973 年和 1975 年的三次调整、整顿，我国国民经济可能已经很早走到崩溃的边缘。经济增长的"急停急起"使原本就不坚固的国民经济体系变得更加脆弱，经济结构进一步畸形，经济发展效益出现了全面的降低。

2. 经济结构

这一时期我国经济结构出现了进一步的失调。这种失调具体表现在四个方面：

第一，在三次产业比例中第二产业畸高。据统计，第二产业占比从 1966 年的 37.9% 提高到了 1978 年的 47.9%，除 1967 年和 1968 年两年第二产业产值大幅下降导致其占比下挫之外，其余年份第二产业在国民经济中的比重均处于扩张状态。

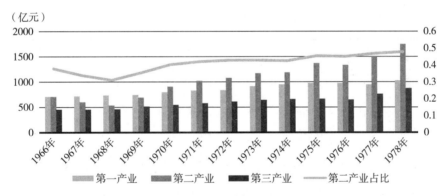

图 20-2　1966—1978 年我国三次产业占比变化情况

资料来源：国家统计局国民经济综合统计司编：《新中国六十年统计资料汇编》，中国统计出版社 2010 年版。

第二，农轻重比例，从 1966 年的 35.9：31.4：32.7 变为 1978 年的 27.8：31.1：41.1，工业整体增长速度快于农业，尤其是 1970 年、1971 年的新跃进时期，工业产值比例的迅速提高，从 1968 年的 58.1% 增长至 1971 年的 68.2%。[②] 而

---

① 参见当代中国研究所：《中华人民共和国史稿》第三卷，人民出版社、当代中国出版社 2012 年版，第 113 页。

② 参见国家统计局编：《中国统计年鉴（1983）》，中国统计出版社 1983 年版。

在工业内部，重工业发展增长速度显著快于轻工业，其占比从 1966 年的 51% 增长至 1978 年的 56.9%，变化最为剧烈的 1970 年和 1971 年，增长速度分别达到了17.8% 和 12.6%。

第三，这一时期我国的积累率平均达到 30.28%，整体水平较高，另外在 1970 年当年我国积累率迅速从前一年的 23.2% 提高至 32.9%，提升过于猛烈。在积累内部，生产性积累和非生产性积累比例也同样出现了失调的现象，"一五"期间我国开启大规模经济建设时生产性积累占比不足 60%，而在"大跃进"和"二五"期间生产性积累占比达到了惊人的 87.1%，在三年经济调整期间这一数字下降到了 65% 左右，然而在"文化大革命"期间，"先生产后生活"，这一数字又出现了大幅提高，从 1966 年的 68.9% 增至 1976 年的 79.3%，1977 年才开始逐步降低，过高的生产性积累率造成了我国社会功能的不完整并严重影响到了企业职工的身体健康和生产积极性。[①] 在这种依赖高投资和高积累的发展模式下，我国的经济效益自"大跃进"之后再一次出现了全面滑坡。

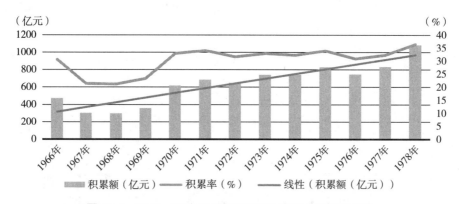

图 20-3　1966—1978 年我国经济建设的积累额和积累率

资料来源：国家统计局编：《中国统计年鉴（1983）》，中国统计出版社 1983 年版。

第四，这一时期我国的投资和建设重点集中于中西部地区，根据统计，我国"三五"时期投资于三线地区 482.44 亿元，占全国投资额的 49.43%，投资主要流向了西南和西北地区。"四五"时期投资于三线地区提高到 703.91 亿元，占全国投资额的 39.91%。[②] 这一时期，三线建设的开展速度是与国际局势变化和国际安全形势变化密切相关的。"四五"计划开展时期，由于国际环境趋于缓和，三线投资的相对比例出现了一定程度的下降。在充分肯定三线建设的历史背景和历史意义的前提下，必须指出的是，这一时期对中西部地区的大规模投资存在着较为严重的

---

① 参见国家统计局编：《中国统计年鉴（1983）》，中国统计出版社 1983 年版。

② 参见国家统计局固定资产投资统计司编：《中国固定资产投资统计年鉴（1950—1995）》，中国统计出版社 1997 年版，第 73 页。

问题：首先，是过高地估计了爆发大规模战争的可能性，过高要求了后方战备能力的发展，片面追求各省、地市、县的小而全的独立工业体系，在大力推进县及县以下"五小"工业的过程中严重背离了经济发展规律，出现了一哄而上、不顾效益的现象。其次，在发展中西部地区工业的同时过于忽视原有工业优势区的正常发展需要。传统工业区的产能优势和技术优势没有得到充分发展，甚至存在一定的倒退。这一期间，东北和华东的工业基地资金投入明显减少，设备更新速度明显放缓，出现了中西部地区工业显性增长，东部沿海地区工业隐性下降的局面，国家从东部地区的财政汲取实际上出现了下降，转移给西部地区建设的能力也随之下降，不利于中西部地区的开发。最后，由于中西部地区工业发展在自然条件和人文条件上都存在一定的劣势，其建设和发展都主要依赖于中央的财政转移，当政府大规模投资出现了下降时，企业的生产和发展都会遇到严重挑战。

3. 经济效益

这一时期，在"左"倾思想的指导下，我国缓慢的经济增长主要是依靠高强度的资本、能力和人力投入实现的，经济效益出现了十分明显的下降。

第一是基本建设经济效益出现下降。大中型项目的投产率从"一五"计划时期的15.5%下降到"三五"时期的11.5%和"四五"时期的9.4%。[1] 固定资产交付使用率从"一五"时期的83.6%下降到"三五"时期的59.4%和"四五"时期的61.4%，甚至比"大跃进"时期还要低。[2] 这一时期每增加1元国民收入的所需投资数从"一五"时期的1.68元，增加到"三五"时期的2.32元和"四五"时期的3.76元，分别增加了38.1%、123.8%。[3] 经济增长消耗之高触目惊心。

第二是工农业生产劳动生产率下降。工业方面，全民所有制独立核算工业企业出现下降，每百元固定资产原值实现产值从1966年的110.4元下降到1975年的105.2元；每百元固定资产原值实现的利税从34.5元下降到1975年的24.0元；资金利润率从1966年的24.2元下降到1975年的14.1元，产值利税率从31.3%下降到1975年的22.8%。[4] 农业方面，由于农业边际报酬递减性质的制约，这一时期我国农业产量的提高主要是人力投入增加带来的。据统计，从1965年到1975年，我国每一标准日的农业产量基本没有变化，这一时期农业学大寨运动扩大化等运动化的农业发展模式影响了正常农业生产秩序，农村集市贸易和社员

---

① 参见国家统计局编：《中国统计年鉴（1984）》，中国统计出版社1984年版。

② 参见国家统计局固定资产投资统计司编：《中国固定资产投资统计年鉴（1950—1995）》，中国统计出版社1997年版，第178页。

③ 参见马泉山：《新中国工业经济史（1966—1978）》，经济管理出版社1998年版，第280页。

④ 参见国家统计局工业交通统计司编：《中国工业经济统计年鉴1998》，中国统计出版社1998年版，第53页。

家庭副业被限制甚至取消，过于追求农田水利建设等，都直接影响到农业的经济效益。

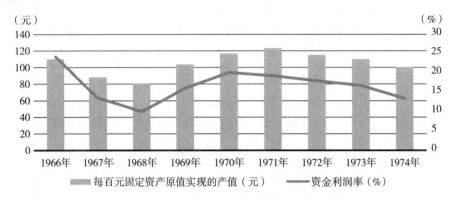

图 20-4　1966—1974 年我国工业企业固定资产原值实现产值变化情况

资料来源：国家统计局工业交通统计司编：《中国工业经济统计年鉴 1998》，中国统计出版社 1998 年版，第 53 页。

二、部门状况

1. 农业

这一时期我国农业在波折中取得了一定的发展，主要农业产品指标出现了一定提高，农业生产条件出现了一定改善。尽管遭受"文化大革命"期间的多次破坏，农业正常的发展速度受到了巨大影响，但这一时期我国的农业生产并没有出现"濒临崩溃"的局面，即使是最为混乱的 1967 年和 1968 年以及"三年经济困难"时期也没有出现农业减产造成的大规模恶性事件。

第一，农业生产指标出现了一定增长。在主要农产品指标上：这一时期我国粮食总产量从 1966 年的 21400 万吨增长到 1978 年的 30476.5 万吨，增长 42.4%，单位面积产量从每公顷 1768.8 千克提高到了 2524.1 千克，增长了 42.7%，在粮食面积相对不变的情况下粮食的单产出现了较大的提高；我国油料作物的产量从 391.9 万吨增长到了 521.8 万吨，增长 33.1%；糖料作物产量从 1403.5 万吨增至 2381.9 万吨，增长 69.7；棉花产量则出现了小幅下降，从 233.7 万吨降至 216.7 万吨，降幅 7.3%。[①] 从人均数量上看，1965 年到 1978 年，我国人均粮食占有量从 271.99 千克提高到了 318.74 千克，人均油料作物从 5.07 千克提高到了 5.46 千克，人均糖料占有量从 21.50 千克提高到了 24.91 千克，人均棉花占有量从 2.93 千克下降到了 2.27 千克。[②] 除棉花之外，这一时期我国的主要农产品的人均占有量均有不

---

① 参见国家统计局国民经济综合统计司编：《新中国六十年统计资料汇编》，中国统计出版社 2010 年版。

② 参见中华人民共和国农业部编：《新中国农业 60 年统计资料》，中国农业出版社 2009 年版。

同程度的增长,人民的基本物质生活需求得到了部分改善。

第二,农业生产条件出现了部分改善。在农业生产条件上,这一时期我国开展了大规模的农田水利基础设施建设和农业科技推广,从总体上对于我国农业的发展起到了较为积极的促进作用。一方面,在农业学大寨的风潮影响下,1966 年到1976 年,我国的农田水利基本建设规模出现了大幅扩张,据报道,1970—1971 年水利年度我国就有近百万名干部和 1 亿多农民投入到水利建设中,而到 1971—1972 年度,19 个省市的不完全统计显示去冬以来各地就兴建了超过 100 万处水利设施,建设密集程度超越了"大跃进"时期。① 另一方面,这一时期我国的农业技术水平出现了较大革新,如化肥施用量出现明显增长,从 1965 年到 1978 年我国化肥施用量从 194.2 万吨提高到了 884.0 万吨,增长超过 3 倍;培养和推广了以籼型杂交水稻为代表的大量优质作物;与此同时,我国在这一时期还积极在推广复种技术,在南方大力推广双季稻等的种植,对于粮食增产也起到了积极作用。这一时期,除水利工程之外作为农业学大寨的另一项"运动"内容,发展农业机械化成为当时地方追逐的重要目标,大量"五小"工业开足马力大力生产农业机械。从1965 年到 1978 年,我国农业机械总动力增长了 8 倍以上,农用大中型拖拉机增长了 5 倍以上,农用小型及手扶拖拉机更是从不足 4000 台增长到了 127.3 万台,增长超过了 300 倍,大大提高了我国的农业生产效率。而这一时期农用排灌动力机械的增长更是直接提高了我国农业抗旱抗涝能力,特别是面对局部旱灾时,排灌机械引水提水大大降低了旱灾成灾率。

表 20-1 1965 年和 1978 年我国主要农业机械拥有量

类　　别	1965 年	1978 年	增长率
农业机械总动力（万马力）	1494	15975	969.3%
农用大中型拖拉机（混合台）	72599	557358	667.7%
农用小型及手扶拖拉机（台）	3956	1373000	34606.8%
大中型机引农具（万台）	25.8	119.2	362.0%
农用排灌动力机械（万台）	55.8	502.6	800.7%
农用排灌动力机械（万马力）	907.4	6557.50	622.7%
联合收割机（台）	6704	18987	183.2%
农用载重汽车（辆）	11063	73770	566.8%

注:大中型拖拉机包括 20 马力及以上的。

资料来源:国家统计局编:《中国统计年鉴(1981)》,中国统计出版社 1982 年版。

---

① 参见《人民日报》1972 年 2 月 23 日。

第三，农业整体实际上处于停滞和徘徊状态。但是这一时期农业上的成就总体是不大的，按照邓小平的评价，"实际上处于停滞和徘徊状态"①。特别是在"文化大革命"期间存在着极为突出的问题：一是农业学大寨运动出现偏差，从早期的学习大寨人民艰苦奋斗、自力更生的精神转变为后期的在农业领域开展全面的阶级斗争，在生产关系上强行推广"穷过渡"，破坏按劳分配政策的形式主义和平均主义运动。二是在"三五"和"四五"期间，我国投入到工业部门的基本建设资金达 1519.48 亿元，而投入农业部门的只有 277.35 亿元，不足工业的 1/5，去除掉水利投入，剩余的农业投入只占到工业投入的 5.8%。② 农业发展的相对滞后问题迟迟没有得到解决，对于我国轻工业发展的制约效应也越来越严重。

2. 工业

"文化大革命"期间的动乱给我国工业经济的发展造成了巨大的破坏，但这一时期我国在工业部门仍取得了一定成就。

第一，在主要工业产品指标上出现了一定增长。1965 年到 1978 年，我国工业企业单位数量从 15.77 万个增至 34.84 万个，增长了 1.21 倍；工业劳动者年末人数从 1828 万人增至 5009 万人，增长了 1.74 倍；工业固定资产原值从 1040.0 亿元增至 3193.4 亿元，增长了约 2.1 倍。在各种资源的大力投入下，这一时期我国的工业新增生产能力巨大，如表 20-2 所示，主要工业指标均出现了不同程度的增长。其中，生活耐用品的增长速度最为瞩目，电视机、手表、自行车、缝纫机等的年均增长速度都超过了 20%。而能源产品中原油的年均增长率高达 63.1%，发电量和原煤产量的年均增长率也达到了 21.5% 和 12.8%。相比之下，一些传统轻工业产品的增长速度则相对缓慢。③ 在国际范围内看，从 1965 年到 1978 年，我国的钢产量从世界第 8 提高到了第 5，煤产量从世界第 5 提高到了第 3，原油产量从第 12 提高到了第 8，发电量从第 9 提高到了第 7，棉布产量从第 3 提高到了第 1，应该是存在一定进步的。④

表 20-2　1965 年和 1978 年我国主要工业品生产指标

工业产品	1965 年	1978 年	增长率	年均增长率
电视机（万部）	0.44	51.73	11656.8%	896.7%
手表（万只）	100.8	1351.10	1240.4%	95.4%

① 《邓小平文选》第三卷，人民出版社 1993 年版，第 237 页。
② 参见国家统计局编：《中国统计年鉴（1983）》，中国统计出版社 1983 年版。
③ 参见国家统计局工业交通物资统计司编：《中国工业经济统计资料（1949—1984）》，中国统计出版社 1985 年版。
④ 参见蒋建华等主编：《中华人民共和国资料手册》，社会科学文献出版社 1999 年版，第 495 页。

续表

工业产品	1965 年	1978 年	增长率	年均增长率
原油（万吨）	1131	10405	820.0%	63.1%
自行车（万辆）	183.8	854	364.6%	28.0%
水泥（万吨）	1634	6524	299.3%	23.0%
缝纫机（万架）	123.8	486.5	293.0%	22.5%
发电量（亿度）	676	2566	279.6%	21.5%
原煤（亿吨）	2.32	6.18	166.4%	12.8%
钢（万吨）	1223	3178	159.9%	12.3%
布（亿米）	62.8	110.3	75.6%	5.8%
糖（万吨）	146	227	55.5%	4.3%
木材（万立方米）	3978	5162	29.8%	2.3%

资料来源：国家统计局工业交通物资统计司编：《中国工业经济统计资料（1949—1984）》，中国统计出版社 1985 年版。

第二，三线建设取得了巨大成就，我国工业区域布局进一步改善。从 1966 年到 1978 年，尽管中途出现了几次较大的波折，但我国这一时期发展工业的主体思路是紧密围绕三线建设展开的，一系列的大中型工业、交通项目在三线地区生根发芽，使三线地区成为我国整体工业体系，特别是国防工业体系的根基性力量。"三五"期间，三线建设的基本建设投资占到了全国基本建设投资总额的 52.7%，"四五"期间虽然略有下降，但也达到了 41.1%。"三五""四五""五五"（1980 年完成）三个五年计划期间我国共新增固定资产 3409.78 亿元，其中三线地区 1145 亿元，占比 33.58%，比 1953 年到 1965 年间年均新增固定资产增长了 92.66%。[①] 这还只是大三线的新增固定资产情况，不包括各省独立开展的"小三线"建设。在国家的大力支持下，这一时期我国中西部地区的国防工业、钢铁工业、机械制造业等随着重庆常规兵器工业基地、攀枝花钢铁公司、中国第二汽车制造厂等工业项目的投产实现了崛起。在这一过程中，三线地区的成昆铁路、川黔铁路等开通也起到了非常重要的作用。我国的工业布局和交通运输布局出现了大幅改善。

第三，关键工业部门有所发展，国防工业部门尤为展突出。这一时期我国的石化工业和电子工业发展迅速。石油工业方面，我国原油产量从 1965 年的 1000 多万

---

① 参见国家统计局固定资产投资统计司编：《中国固定资产投资统计年鉴（1950—1995）》，中国统计出版社 1997 年版，第 176 页。

吨增长到 1978 年的 1 亿多吨，增长 10 倍以上，其中大庆油田 1976 年的年产量就突破了 5000 万吨，居功至伟。这一时期我国在华北地区又陆续开发了胜利油田、大港油田、渤海油田等新油田，巩固了我国石油开采量的增长势头。在石油化工产品产量上，从 1966 年到 1978 年，我国乙烯产量从 0.54 万吨增至 38 万吨，增长了 69 倍；塑料产量从 12.9 万吨增至 67.9 万吨，增长了 3.9 倍；合成氨产量从 212.4 万吨增至 1183.5 万吨，增长了 4.6 倍；合成橡胶产量从 3.06 万吨增至 12.06 万吨，增长了 2.9 倍；化学纤维产量从 7.58 万吨增至 28.46 万吨，增长了 2.8 倍。[①] 石油化工行业的发展与 1972 年实行的"四三方案"密不可分，我国利用几十亿美元和 200 元人民币引进的 26 套大型成套技术设备建成了北京石化总厂等多个大型石化企业，推动了石化产品产量的增长。而在电子工业方面，我国研究并掌握了一系列先进的技术，在远程测控、导弹预警、红外激光、敏感元件、集成电路等多个领域取得了重大突破。在此期间，我国电子科技发展在国民经济中的应用也越来越普遍，一些军民结合产品的研发直接地服务于当时的四个现代化建设以及工农业生产。如果仅以产品数量来看的话，电子工业在这时期的发展也是颇为迅速的，其中集成电路产量从 2 万块激增到了 1975 年的 579 万块，收音机、电视机等电子产品的增长幅度也同样惊人。

同其他民用工业部门相比，这一时期我国国防工业取得的成就更为突出。其中最具代表性的当属航空航天工业和核工业的发展。航空航天工业方面，这一时期我国在西北、西南、中南地区修建了酒泉和西昌两个航天发射基地以及贵州歼击机生产基地、陕西汉中运输机生产基地、江西直升机生产基地，使我国的航空航天工业布局大为改观，国防应对能力大幅增强。1970 年，我国第一颗人造卫星"东方红一号"由酒泉发射基地顺利升空并完成了既定任务，我国成为继苏、美、法、日后第五个完全依靠自身力量成功发射人造卫星的国家，标志着我国航空工业正式迈入一流国家行列。而在核工业方面，我国继 1964 年第一次成功试爆原子弹之后，陆续于 1966 年成功完成导弹核武器试验，于 1967 年成功完成氢弹爆炸试验，于 1971 年成功下水第一艘核潜艇。核工业的快速发展在质的层面提高了我国的国防实力，并为下一步的核能民用打下了坚实的基础，"两弹一星"成就的巨大光芒至今仍在闪耀。

从 1966 年到 1978 年，我国工业总产值年均增长 12.5%，同"一五"计划开局之年 1953 年到 1965 年间平均 12.3% 的增速相比基本持平。如果去掉增长迅速的 1977 年和 1978 年，"文化大革命"十年间我工业生产也保持了年均 9.5% 的增长，虽然略低于之前的平均水平，但也超过了当时发展中国家的平均水平。

---

① 参见国家统计局工业统计司编：《中国工业统计年鉴 2015》，中国统计出版社 2015 年版。

因此这一时期,我国工业部门发展的主要问题不是速度问题,而是效益问题。"文化大革命"期间我国工业生产领域"左"的错误严重泛滥:在指导思想上,以阶级斗争为纲,讲政治账,不算经济账;在工作作风上急于求成、折腾蛮干;在组织管理上,匆忙下放生产领域和企业管理权,使原有经济管理和企业管理体制受到严重冲击,大部分企业陷入了"五无"① 状态。这些错误的存在使我国工业效益未能延续整顿时期的良好态势,在"文化大革命"期间的大部分年份都出现了滑坡。1966 年到 1978 年,13 年间我国全民所有制工业企业全员劳动生产率只提高了 9.6%,在"文化大革命"期间更是有 6 年都出现了负增长,到"文化大革命"结束的 1976 年整体水平还未恢复到 1966 年的水平。同新中国成立之初三年恢复时期年均 11.5% 和"一五"时期年均 8.7% 的增速相比,"三五"时期年均 2.5% 和"四五"时期-0.3% 的增速显然难以令人满意。工业整体劳动生产率的变化也呈现了相似的情况,"三五"时期我国的工业劳动生产率年均增长率只有 4% 左右,而"四五"时期继续恶化到了-1.2%;工业职工平均实际工资的年均增长率在"三五"时期和"四五"时期则分别为-1.8% 和-0.8%,长期处于停滞和下降的状态。②

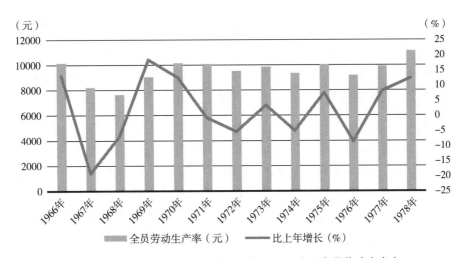

图 20-5　1966—1978 年我国全民所有制工业企业全员劳动生产率

注:按 1980 年不变价格计算。
资料来源:国家统计局工业交通物资统计司:《中国工业经济统计资料(1949—1984)》,中国统计出版社1985 年版。

以钢铁工业为例,"文化大革命"期间,我国钢铁技术和效益无论是与世界主要国家的相对水平还是自身的绝对水平都出现了下降。钢铁工业的劳动生产率据统

① "五无"包括:办事无程序、管理无制度、经济无核算、生产无计划、操作无规程。
② 参见国家统计局工业交通物资统计司:《中国工业经济统计资料(1949—1984)》,中国统计出版社1985 年版。

计在"文化大革命"期间下降了37%，利税总额下降了48%。在具体的技术经济指标上，高炉利用系数下降了34%，生铁合格率下降了5.2%，高炉炼钢工人劳动生产率下降了63.7%，平炉炼钢工人劳动生产率下降了60.6%。[①] 工业产值的增加主要依赖物力和人力投入消耗的增加。

表 20-3　1965 年和 1975 年我国钢铁行业高炉部分主要经济技术指标变化情况

	利用系数 （吨/立方米· 昼夜）	入炉焦比 （公斤/吨）	生铁合格率 （%）	工人实物劳动 生产率 （吨/人·年）
1965 年	1.44	586	99.85	1574
1975 年	1.09	638	94.18	802
变化	-24.3%	8.9%	-5.7%	-49.0%

资料来源：国家统计局工业交通物质统计司编：《中国工业经济统计资料（1949—1984）》，中国统计出版社1985年版。

　　这一时期我国在工业领域动用举国之力开展的三线建设成就巨大，所付出的代价也同样巨大。首先，三线建设的部分工程修建地点过于分散，不利于经济效益和配套水平的发挥，但因为与国防效益和社会效益挂钩，我们不能求全责备；其次，在三线建设的开展过程中存在无视经济规律和自然规律的情况，过分强调"革命加拼命"，造成了大量的经济浪费和人民群众生命财产的损失；最后，三线建设的投资效果整体不佳，在固定资产利用率、劳动生产率、资金利润率等体现投资效果的指标上三线地区都落后于东部沿海地区。按照四川和陕西两省开展的调查，三线建设的投资有将近一半没有得到充分利用，存在着不少"胡子"工程、"半拉子"工程，即使是顺利建成投产的工程中也有相当比例没有完全达到设计的生产能力。[②] 考虑到三线建设占到了"文化大革命"时期我国工业投资的极为重要的比例，因此可以说，三线建设的问题也是这一时期我国工业的整体问题。

三、社会发展

1. 生活

　　"文化大革命"期间，在"重积累轻消费"的投资模式和"先生产后生活"的指导思想的影响下，我国农业、轻工业整体产品数量增长缓慢，满足生活需要的物质长期处于匮乏状态。再加上"文化大革命"前期，由于我国没有采取行之有

[①]　参见周传典等主编：《当代中国的钢铁工业》，当代中国出版社1996年版，第112页。
[②]　参见《当代中国》丛书编辑部：《当代中国经济》，中国社会科学出版社1987年版，第386页。

效的人口政策，全国人口数量快速增长，增长速度超过了同期生活物资增速，因此人民群众的生活消费增长受到了极大限制，在个别年份甚至出现了下降。这一时期我国人民生活水平的停滞具体表现为以下四个方面：第一，城市职工工资收入和农民收入增长缓慢；第二，国家物资供应紧张，人均消费水平增长基本停滞；第三，住房困难问题未得到进一步解决，人均住房面积很小；第四，商业、服务业萎缩，人民日常生活的基本需要无法得到满足。

第一，城市职工工资增长缓慢。"文化大革命"期间，我国企业职工工资增长停滞，从1966年到1976年，国有企业职工工资从636元下降到了605元；城镇集体企业职工工资从423元提高到了464元，虽然出现了增长，但年均增长率不足1%。整体来看，"文化大革命"十年我国企业职工的工资增长基本停滞。另外，在这一时期"左"的错误体现在分配领域就是绝对的平均主义，不实行计件工资，不实行奖金制度，对企业职工的分配激励基本不存在。受职工人数激增带来的财政压力的影响，我国在1974年到1976年几次提高职工工资的设想均未能实现。而收入条件更为恶劣的农村地区，农民家庭的生活水平只能在温饱线上下徘徊，据统计，到1978年我国农村地区仍有2.5亿人口生活在温饱水平以下，还没有解决吃饭穿衣的问题。

表20-4 1966—1978年我国公有制企业职工人数和平均货币工资

年份	职工人数（万人）			平均货币工资（元）		
	合计	国有	城镇集体	合计	国有	城镇集体
1966	5198	3934	1264	583	636	423
1967	5305	4006	1299	587	630	455
1968	5504	4170	1334	577	621	441
1969	5714	4335	1379	575	618	439
1970	6216	4792	1424	561	609	405
1971	6787	5318	1469	560	597	429
1972	7134	5610	1524	588	622	465
1973	7337	5758	1579	587	614	489
1974	7651	6007	1644	584	622	441
1975	8198	6426	1772	580	613	453
1976	8673	6860	1813	575	605	464
1977	9112	7196	1916	576	602	478
1978	9499	7451	2048	615	644	506

资料来源：国家统计局国民经济综合统计司编：《新中国六十年统计资料汇编》，中国统计出版社2010年版。

第二，物资供应紧张。受当时物资资料生产能力和生产方式的制约，这一时期我国的物资供应一直处于十分紧张的状态，在调整巩固期间一度取消的部分票证不得不重新回到人们的生活中。在票证时代，我国的人均消费水平是十分低下的：首先，在粮食消费上，1976 年我国人均消费 381 斤，同 1966 年的消费量相当，比 1956 年少了 28 斤；其次，在食用油消费量上，1976 年为人均 3.2 斤，比 1966 年减少了 0.3 斤，比 1956 年下降了 1.9 斤；再次，在棉布消费上，1976 年人均消费 22.7 尺，比 1966 年增加了 3.6 尺，但比 1956 年下降了 6.5 尺。从以上数字中我们可以看到"文化大革命"期间我国的人均消费水平是基本停滞的，大部分指标还落后于二十年前的水平。[①]

第三，住房严重短缺。这一时期我国的住房紧张情况进一步恶化。"文化大革命"期间我国住宅建设投资占全国非生产性投资的比例只有 4%，尚不足"一五"时期比例的一半。而且受"先生产后生活"的思想指导，从 1966 年到 1978 年我国平均的非生产性积累率只有 24.8%，人民正常的住房需求遭到了选择性的无视。据统计，在全国 182 个城市中，城镇居民人均居住面积 1952 年为 4.5 平方米，到 1977 年降到了 3.6 平方米，下降了 20%。[②] 主要大城市中都有超过百万的"缺房户"。

第四，商业和服务业萎缩。"文化大革命"期间，我国商业完全采用国营模式，自由市场被关闭，个体商贩被清除，工业自销也被勒令停止。在国营模式下，经营的商品数量不足、种类单一、质量没有选择余地，且随着国营商店数量的裁撤，购买商品的便利程度每况愈下。在服务业方面，由于对社会公平的过分解读，受所谓的破四旧、大批判运动的冲击，我国人民各项生活基本需要都受到了严重影响，城市内部出现了"洗澡难""理发难""吃饭难""住店难""出行难"等诸多"难"事。

2. 人口

从新中国成立到"文化大革命"前期，除极少数人口出现负增长的年份以外，我国的年均人口自然增长率长期维持在 1.5% 以上，从 1962 年到 1973 年更是保持了超过 2% 的人口增长速度。如图 20-6 所示，我国总人口从 6 亿增长到 7 亿，一共花了 10 年；从 7 亿到 8 亿，用了 6 年；从 8 亿到 9 亿，只用了 4 年。人口的急剧扩张给我国的经济运行带来了巨大的压力，也使人民生活水平的提高背上了沉重的包袱。以此为背景，我国从 20 世纪 60 年代末 70 年代初就开始了计划生育政策在城乡范围内的大力宣传和逐步推行。

1971 年到 1978 年，我国计划生育政策取得了初期的显著成果，人口自然增长

---

① 参见《新中国六十年统计资料汇编》《农业经济资料（1949—1983）》等。

② 参见中华人民共和国国家经济贸易委员会编：《中国工业五十年——新中国工业通鉴》第五部（1966—1976.10）上卷，中国经济出版社 2000 年版，第 85 页。

图 20-6　1949—1978 年我国人口数量及增长率

资料来源：国家统计局编：《中国统计年鉴 1983》，中国统计出版社 1983 年版。

率从 2.69% 下降到了 1.35%，人口再生产类型逐渐从"高出生率、低死亡率、高自然增长率"的"高低高"模式转变为"低出生率、低死亡率、低自然增长率"的"三低"模式，对于我国未来经济发展和社会发展产生了深远而持久的影响。

3. 医疗

这一期间人民群众的医疗需求满足度有了一定的提高。1965 年到 1978 年，我国卫生机构从 22.43 万个减少到 16.97 万个，但医院数量从 4.27 万个增至 6.44 万个，增长了 50%，其中县及县以上医院数量从 5445 个增至 8841 个，增长 62%；卫生机构的人员数从 187.2 万人增至 310.6 万人，增长了 65.9%，每千人口医生数从 1.05 人提高到了 1.08 人。

"文化大革命"期间，我国医疗方面最重要的成就有两个：一是普及了农村合作医疗制度，由集体和农民个人集资，承担患病农民部分的医疗费用的方式得到了较为迅速的推广。以安徽为例，从 1969 年初出现第一个村办合作医疗，到 1976 年底，全省 264241 个生产大队中已有超过 94% 的生产大队实现了合作医疗。[1] 二是农村不脱产卫生人员，即"赤脚医生"的数量快速增长，在"文化大革命"期间基本上每个生产队都有一名到三名赤脚医生为农民提供医疗服务。据统计，1975 年底，我国赤脚医生的数量已超过 150 万。[2] 到 1980 年赤脚医生总人数仍有 146.3 万人，其中女性赤脚医生人数达 48.9 万人，占比达到 33.4%。无论是"合作医疗"还是"赤脚医生"都是我国在面临医疗资源严重紧缺、农民大部分医疗需求无法实现的困难下采取的次优措施，二者的推行部分地解决了我国农村地区看病难

---

① 参见安徽省卫生志编纂委员会编纂：《安徽卫生志》，黄山书社 1993 年版，第 560—561 页。

② 参见刘继同：《中国乡村医生的未来与医务社会工作者队伍建设工程》，《中国卫生人才》2007 年第 3 期。

和缺医少药的问题，并在很大程度上弥补了城乡医疗之间存在的差距及其所带来的社会问题，对于我国农业地区人口健康素质的提高起到了一定的作用。因此，应给予较为积极的评价。

第七编 进行改革开放和社会主义现代化建设

第二十一章 改革开放

第一节 伟大转折

一、真理标准讨论

粉碎"四人帮"后，国内政治倾向并未实现根本转变。1977年2月7日，《人民日报》、《红旗》杂志、《解放军报》发表社论《学好文件抓住纲》，提出"凡是毛主席作出的决策，我们都坚决维护；凡是毛主席的指示，我们都始终不渝地遵循"。1977年4月10日，尚未恢复领导职务的邓小平给中共中央写信，针对"两个凡是"观点提出："我们必须世世代代地用准确的、完整的毛泽东思想来指导我们全党全军和全国人民，把党和社会主义事业，把国际共产主义运动的事业，胜利地推向前进。"[①] 5月24日，邓小平同王震、邓力群谈话，明确指出："两个凡是"不行。毛泽东思想是个思想体系。我们要高举旗帜，就是要学习和运用这个思想体系。[②] 9月28日，《人民日报》发表陈云的文章《坚持实事求是的革命作风》指出，实事求是不是一个普通的作风问题，而是马列主义唯物主义的根本思想路线问题。实事求是的一个重要内容，就是要提高对建设社会主义的客观规律的认识。

1978年5月11日，《光明日报》发表题为《实践是检验真理的唯一标准》的特约评论员文章。这篇文件在5月10日的中央党校内部刊物《理论动态》上率先发表。文章论述了马克思主义的实践第一观点，指出任何理论都要接受实践检验：

> 马克思主义的基本原理，马克思主义的立场、观点和方法，必须坚持，决不能动摇；但是，马克思主义的理论宝库并不是一堆僵死不变的教条，它要在

---

① 中共中央文献研究室编：《邓小平年谱（一九七五——一九九七）》（上），中央文献出版社2004年版，第157页。

② 参见中共中央文献研究室编：《邓小平年谱（一九七五——一九九七）》（上），中央文献出版社2004年版，第159—160页。

实践中不断增加新的观点、新的结论，抛弃那些不再适合新情况的个别旧观点、旧结论。

马克思主义强调实践是检验真理的标准，强调在实践中对于真理的认识永远没有完结，就是承认我们的认识不可能一次完成或最终完成，就是承认由于历史的和阶级的局限性，我们的认识可能犯错误，需要由实践来检验，凡经实践证明是错误的或者不符合实际的东西，就应当改变，不应再坚持。

文章提出，当前，依然存在着"圣经上载了的才是对的"错误倾向，这种精神枷锁必须坚决打碎。

新华社当天转发了这篇文章，第二天《人民日报》和《解放军报》同时转载。这篇文章引发了关于真理标准问题的讨论。然而，由于"左"倾思潮的深刻影响，对真理标准讨论出现很强大的抵触和反对声音。1978 年 6 月 2 日，邓小平在全军政治工作会议上发表重要讲话，公开支持真理标准问题的讨论。他指出："我们说的做的，究竟能不能解决问题，问题解决得是不是正确，关键在于我们是否能够理论联系实际，是否善于总结经验，针对客观现实，采取实事求是的态度，一切从实际出发。我们只有这样做了，才有可能正确地或者比较正确地解决问题，而这样地解决问题，究竟是否正确和完全正确，还需要今后的实践来检验。如果我们不这样做，那我们就一定什么问题也不可能解决，或者不可能正确地解决。"[①] 随后，中央党政军各部门、全国绝大多数省、市、自治区和大军区的主要负责同志都发表文章或讲话，认为坚持实践是检验真理的唯一标准这一马克思主义原则，具有重大的现实意义。

1978 年 9 月 13 日至 20 日，邓小平在东北地区和天津市视察，其间多次发表谈话指出："两个凡是"不是高举毛泽东思想的旗帜。这样搞下去，要损害毛泽东思想。毛泽东思想的基本点就是实事求是，毛泽东思想的精髓就是这四个字。我们高举毛泽东思想的旗帜，就要在每一时期，处理各种方针政策问题时，都坚持从实际出发。现在中央提出的方针、政策是真正的高举。实事求是，开动脑筋，下大决心切实加速前进的步伐，是最好的高举。离开这些，是形式主义的高举，是假的高举。[②] 他还说：实践是检验真理的唯一标准，这是马克思主义，是毛主席经常讲的。现在这个问题还要引起争论，可见思想僵化。我们要根据现在的国际国内条件，敢于思考问题，提出问题，解决问题。千万不要搞"禁区"。"禁区"的害处

---

① 《邓小平文选》第二卷，人民出版社 1994 年版，第 113—114 页。
② 参见《邓小平文选》第二卷，人民出版社 1994 年版，第 126—128 页。

是使人们思想僵化，不敢根据自己的条件考虑问题。①

经过激烈的讨论，"实践是检验真理的唯一标准"最终战胜了"两个凡是"，思想理论界长期形成的噤若寒蝉的僵化状况从而有了极大改善。1978 年 9 月下旬的中央政治局常委会上，叶剑英提议开一个理论务虚会。10 月 14 日，邓小平在同韦国清谈话时，对叶剑英的提议表示支持。1979 年 1 月 18 日至 2 月 15 日，中共中央宣传部和中国社会科学院在北京召开理论工作务虚会，对"两个凡是"的错误主张和思想僵化现象进行了尖锐批评。胡耀邦在《理论工作务虚会引言》中说："这场讨论的重要意义，是使全党和全国人民的思想重新统一到毛泽东同志的实践论的基础上来，重申毛泽东同志一贯强调的社会实践在辩证唯物论的认识论中的第一的地位，重申只有千百万人民的革命实践，才是检验真理的尺度。"会议还对多年来被歪曲的一些重大理论问题，如关于社会主义时期阶级斗争的一些提法、关于无产阶级专政下继续革命的口号等进行了深入讨论，进一步解放了思想。

二、十一届三中全会

1978 年 11 月 10 日至 12 月 15 日，中共中央召开工作会议，就中央政治局根据邓小平建议提出的全党工作重点转移问题，进行了认真的讨论。陈云在会上发言，提出六条意见，要求解决"文化大革命"中遗留的一大批重大问题和一些重要领导人的功过是非问题，以发展安定团结的政治局面，保证党的工作重点顺利转移。12 月 13 日的闭幕会上，邓小平作题为《解放思想，实事求是，团结一致向前看》的重要讲话。邓小平在讲话中，就经济管理体制改革问题指出：

> 现在我国的经济管理体制权力过于集中，应该有计划地大胆下放，否则不利于充分发挥国家、地方、企业和劳动者个人四个方面的积极性，也不利于实行现代化的经济管理和提高劳动生产率。应该让地方和企业、生产队有更多的经营管理的自主权。我国有这么多省、市、自治区，一个中等的省相当于欧洲的一个大国，有必要在统一认识、统一政策、统一计划、统一指挥、统一行动之下，在经济计划和财政、外贸等方面给予更多的自主权。

> 当前最迫切的是扩大厂矿企业和生产队的自主权，使每一个工厂和生产队能够千方百计地发挥主动创造精神。一个生产队有了经营自主权，一小块地没有种上东西，一小片水面没有利用起来搞养殖业，社员和干部就要睡不着觉，就要开动脑筋想办法。全国几十万个企业，几百万个生产队都开动脑筋，能够

---

① 参见中共中央文献研究室编：《邓小平思想年谱（一九七五——一九九七）》（上），中央文献出版社 2004 年版，第 379—381 页。

增加多少财富啊！为国家创造财富多，个人的收入就应该多一些，集体福利就
应该搞得好一些。不讲多劳多得，不重视物质利益，对少数先进分子可以，对
广大群众不行，一段时间可以，长期不行。

在经济政策上，我认为要允许一部分地区、一部分企业、一部分工人农
民，由于辛勤努力成绩大而收入先多一些，生活先好起来。一部分人生活先好
起来，就必然产生极大的示范力量，影响左邻右舍，带动其他地区、其他单位
的人们向他们学习。这样，就会使整个国民经济不断地波浪式地向前发展，使
全国各族人民都能比较快地富裕起来。

这个讲话不但提出和回答了在历史转折关头党面临的根本性问题，明确了党在今后
的主要任务和前进方向，而且也为即将召开的中共十一届三中全会确立了指导
方针。

1978 年 12 月 18 日至 22 日，党的十一届三中全会在北京举行。这次全会的主
要任务是：讨论通过中央政治局提出的关于从 1979 年 1 月起把全党工作着重点转
移到社会主义现代化建设上来的问题。全会根据中央工作会议的精神，围绕把全党
工作重点转移这个中心议题进行深入讨论。全会确立了解放思想、实事求是的思想
路线；否定了"两个凡是"的错误方针，果断地停止使用"以阶级斗争为纲"的
错误口号。全会决定从 1979 年起把全党工作重点转移到社会主义现代化建设上来。
这是中国共产党第一次明确解决了从 1957 年以来一直未能解决好的工作重点转移
问题，标志着中国共产党开始全面地纠正"文化大革命"中和以前的"左"倾错
误，是中国共产党在政治路线上的根本性转变，是一个具有历史意义的伟大转变。

全会讨论了 1979 年、1980 年两年的国民经济计划安排，提出我国国民经济中
还存在不少问题。一些重大的比例失调状况没有完全改变过来，生产、建设、流
通、分配中的一些混乱现象没有完全消除，城乡人民生活中多年积累下来的一系列
问题必须妥善解决。我们必须在这几年中认真地逐步地解决这些问题，切实做到综
合平衡，以便为迅速发展奠定稳固的基础。基本建设必须积极地而又量力地循序进
行，要集中力量打歼灭战，不可一拥而上，造成窝工和浪费。全会指出：现在我国
经济管理体制的一个严重缺点是权力过于集中，应该有领导地大胆下放，让地方和
工农业企业在国家统一计划的指导下有更多的经营管理自主权；应该着手大力精简
各级经济行政机构，把它们的大部分职权转交给企业性的专业公司或联合公司；应
该坚决实行按经济规律办事，重视价值规律的作用，注意把思想政治工作和经济手
段结合起来，充分调动干部和劳动者的生产积极性；应该在党的一元化领导之下，
认真解决党政企不分、以党代政、以政代企的现象，实行分级分工分人负责，加强
管理机构和管理人员的权限和责任，减少会议公文，提高工作效率，认真实行考

核、奖惩、升降等制度。[①]

全会还深入讨论了农业问题。全会提出了发展农业生产的一系列政策措施和经济措施，包括：人民公社、生产大队和生产队的所有权和自主权必须受到国家法律的切实保护；不允许无偿调用和占有生产队的劳力、资金、产品和物资；公社各级经济组织必须认真执行按劳分配的社会主义原则，按照劳动的数量和质量计算报酬，克服平均主义；社员自留地、家庭副业和集市贸易是社会主义经济的必要补充部分，任何人不得乱加干涉；人民公社要坚决实行三级所有、队为基础的制度，稳定不变。为了缩小工农业产品交换的差价，全会建议国务院作出决定，粮食统购价格从 1979 年夏粮上市的时候起提高 20%，超购部分在这个基础上再加价百分之五十，棉花、油料、糖料、畜产品、水产品、林产品等农副产品的收购价格也要分情况，逐步作相应的提高。农业机械、化肥、农药、农用塑料等农用工业品的出厂价格和销售价格，在降低成本的基础上，在 1979 年和 1980 年降低 10%—15%，把降低成本的好处基本上给农民。

会议高度评价了关于实践是检验真理的唯一标准问题的讨论，认为这对于促进全党同志和全国人民解放思想，端正思想路线，具有深远的历史意义。一个党，一个国家，一个民族，如果一切从本本出发，思想僵化，那它就不能前进，它的生机就停止了，就要亡党亡国。全会确定了"解放思想、开动脑筋、实事求是、团结一致向前看"的指导方针。全会认为：只有在马列主义、毛泽东思想的指导下，解放思想，努力研究新情况、新问题，坚持实事求是、一切从实际出发、理论联系实际的原则，我们党才能顺利地实现工作中心的转移，才能正确解决实现四个现代化的具体道路、方针、方法和措施，正确改革同生产力迅速发展不相适应的生产关系和上层建筑。

党的十一届三中全会是新中国成立以来中国共产党历史上具有深远意义的伟大转折。全会形成新的中央领导集体，承担起艰巨的历史使命，实现了伟大的历史性转折，开创了我国社会主义事业发展的新时期。

三、新"八字方针"

党的十一届三中全会提出解决国民经济比例失调的任务。对此，中共中央领导人深入调查，分析现状，总结历史经验，研究解决办法。1979 年 1 月 6 日，邓小平指出：我们要从总方针来一个调整，先搞那些容易搞，上得快，能赚钱的，减少一些钢铁厂和大的项目。1979 年计划中的一些指标要压一下，不然就不踏实、不可靠。3 月 8 日，陈云总结苏联及东欧一些国家和中国过去计划工作中的经验教

---

① 参见中共中央文献研究室编：《三中全会以来重要文献选编》上卷，人民出版社 1982 年版，第 6 页。

训，提出整个社会主义时期经济必须有两个部分：计划调节部分，这是基本的主要的；市场调节部分，这是从属的次要的，但又是必需的，是有益的补充。这关系到中国计划经济体制改革的方向。1979年3月14日，李先念、陈云就财经工作致信中央，建议对国民经济实行调整，认为前进的步子要稳，从长期来看国民经济能做到按比例发展就是最快的速度；现在国民经济没有综合平衡，要有两三年的调整时期把各方面的比例失调情况大体上调整过来。

1979年3月21日至23日，中共中央召开政治局会议，讨论1979年计划和国民经济调整问题。陈云在会上提出，搞四个现代化必须从国情出发。按比例发展是最快的速度。不能认为指标上去是马克思主义，下来就是修正主义，在一定情况下，踏步也可能是马克思主义。现在的比例失调比1961年、1962年严重得多，要有两三年调整时间，最好是三年，调整的目的，是要达到比较按比例地前进。邓小平在会上指出：现在的中心任务是调整，首先要有决心，东照顾、西照顾不行。过去提以粮为纲，以钢为纲，是到该总结的时候了。[①] 他还说：现在搞建设，也要适合中国国情，走出一条中国式的现代化道路。必须从中国的特点出发，深入研究中国实现四个现代化所遇到的新情况、新问题，做出有重大指导意义的答案。中央政治局同意陈云、邓小平的意见，决定用三年时间调整国民经济。

1979年4月5日至28日，中共中央召开工作会议，主要讨论经济调整问题。李先念代表中央在讲话中分析了经济形势，论述了调整经济的必要性，提出了"调整、改革、整顿、提高"八字方针。6月召开的五届全国人大二次会议，通过了全国工作重点转移和对国民经济实行"调整、改革、整顿、提高"八字方针的重大决策。会议提出，在社会主义制度下，我们的根本任务已经由解放生产力变为在新的生产关系下面保护和发展生产力；把我国目前很低的生产力水平迅速提高到现代化水平，为此而改革我国目前生产关系和上层建筑中那些妨碍实现四个现代化的部分，扫除一切不利于实现四个现代化的旧习惯势力，这就是我国现阶段所要解决的主要矛盾。

但是，由于经济体制改革并没有跟上来，长期的计划经济形成的惯性力量仍具有极大的推动力。所以，国民经济调整并不顺利，特别是基本建设的总规模没有压下来。针对这种情况，1980年12月，中共中央召开工作会议，确定在经济上实行进一步调整的方针。陈云在会上作了题为《经济形势与经验教训》的讲话，主要内容是：我们要改革，但步子要稳；好事要做，又要量力而行；对实现四个现代化，决不要再作不切实际的预言；开国以来经济建设方面的主要错误是"左"的

---

① 参见中共中央文献研究室编：《邓小平年谱（一九七五——一九九七）》上卷，中央文献出版社2004年版，第497页。

错误；目前的调整意味着某些方面的后退，而且要退够，不要害怕这个清醒的健康的调整。邓小平作《贯彻调整方针，保证安定团结》的讲话，强调这次调整，在某些方面要后退，而且要退够。他还强调，为保证调整的顺利进行，必须坚定不移地执行党的十一届三中全会以来一切行之有效的方针、政策、措施，继续把经济搞活，执行对外开放政策。

根据中共中央工作会议关于对国民经济实行进一步调整的建议，1981 年 2 月，国务院向五届人大常委会第十七次会议提出了关于进一步调整国民经济的报告，对原定的 1981 年国民经济计划和国家预算进行了必要的修订和重要的调整。首先是解决财政收支平衡和信贷收支平衡，不再搞财政性货币发行；把物价基本稳定下来，而关键是基建规模要压下来。1981 年基本建设总规模由原来的 550 亿元调减了 300 亿元，其他各项开支也都作了相应的调减，同时适当控制消费支出，使之与国家财力物力相适应。为了实现财政平衡，国家发行了 40 亿元到 50 亿元的国库券，以增加中央政府的收入。1981 年国家财政经济状况有所好转，财政赤字减少到 25.5 亿元。其次是调整国民经济结构，既解决消费品供应不应求，解决燃料动力供应不足，实现经济结构合理化。这里的主要措施是大力发展农业和轻工业，调减某些重工业产品的生产，对重工业内部结构也进行了调整，冶金、化工、机械等重工业部门要转向消费品生产服务的轨道。再次是提高经济效益，提出要从实际出发，走出一条速度比较实在、经济效益比较好，人民可以得到更多实惠的新路子。

第二节　农村突破

一、家庭承包

党的十一届三中全会以后，中国的经济体制改革首先从农村家庭联产承包责任制改革实现突破。农村家庭联产承包责任制改革，不仅冲破了人民公社的旧体制，解放了农村生产力，而且成为全面改革开放的关键突破口。

1. 安徽六条

粉碎"四人帮"后，中共中央派万里担任安徽省委第一书记。1977 年 6 月，万里到任后即不断收到邻省发来的电报和信函，反映安徽省大批灾民外出逃荒，涌进当地的城市，影响了城市的社会治安。万里立即着手了解农村情况，研究解决办法。11 月 15 日至 22 日，中共安徽省委召开农村工作会议，制定了《关于当前农村经济政策几个问题的规定（试行草案）》（简称"省委六条"）。这个文件主要内容是：搞好人民公社的经营管理工作，积极地有计划地发展社会主义大农业，减轻生产队和社员负担；分配要兑现，粮食分配要兼顾国家、集体和社员个人利益；允许和鼓励社员经营正当的家庭副业，其收获除完成国家任务之外，可以到集市上出售；尊重生产队的自主权，生产队可以实行定任务、定质量、定工分的责任制，只需个别人完成的农活可以责任到人。

"省委六条"发布后，受到广大农民和基层干部的热烈欢迎，大多数生产队都建立了常年的或临时的生产小组。生产小组普遍建立了比较严格的生产责任制，其中有不联产和联产的两种。不联产的实行定额记工和按时记工加评议的办法；联产的采用定产到组、以产记工或田间管理责任到人，田头估产，超奖减赔。另外还有的采用小宗作物定产到田、责任到人等办法。总之，在一个生产队内，各种责任制办法同时并存，互相间开展竞争，发挥各自的优势，并很快见到效果。

这份文件是在粉碎"四人帮"后，处于迷茫徘徊的中国，突破"左"倾禁区的第一份开拓性文件。1978年2月3日，《人民日报》以《一份省委文件的诞生》为题，报道了安徽省落实农村经济政策的经验。邓小平在看到安徽的"省委六条"后，表示非常支持。1978年春天，他在出国访问路过成都时，对当时的四川省委第一书记赵紫阳说，在农村政策方面，你们的思想要解放一些，万里在安徽搞了个"六条"，你们可以参考。邓小平还亲手将一份安徽"六条"交给了赵紫阳。不久，四川省委借鉴安徽"六条"，制定了关于农村经济政策的十二条规定，推动了四川农村改革的起步。6月13日《人民日报》报道了四川省落实农村经济政策的经验。

1978年12月，党的十一届三中全会制定了《中共中央关于加快农业发展若干问题的决定（草案）》和《农村人民公社工作条例（试行草案）》。这两个文件一方面强调放宽农村政策，建立农业生产责任制，允许"包工到作业组，联系产量计算报酬，实行超产奖励"，另一方面则明确规定"不许包产到户，不许分田单干"。当时，各地出现的比较普遍的联产计酬责任制形式就是包产到组。包产到组使农业生产责任制发展为联系产量（包产）的责任制，它一方面实际缩小了生产单位和基本核算单位，另一方面使农民在生产中的权利、责任和物质利益结合起来，但包产到组没有彻底破除大锅饭，同时也没有使农民真正拥有自主权。

2. 联产承包责任制

1978年，安徽发生特大旱灾，安徽省委果断做出了"借地给农民种麦"的决定，部分地区为克服严重困难，采取了包产到组、包产到户等责任制形式。

20世纪70年代末，安徽省凤阳县梨园公社小岗村，农民自发地实行了包产到户。生产队长严宏昌把18户农家召集到一块，做出"把土地分了"的决定。他们对天发誓，立下一份"契约"，21个长年累月在土里刨食却得不到温饱的农民，在一张"契约"上按下自己鲜红的手印：

我们分田到户，每户户主签字盖章，如今后能干好，每户保证完成全年上缴的公粮，不再向国家伸手要钱要粮，如不行，我们干部坐牢杀头也甘心，大家社员们保证把我们的小孩养活到18岁。

1979年春，小岗村的农民把全队的517亩土地按人分包到户，10头耕牛评好价两户一头，国家农副产品交售任务、公共积累等也按人包干到户。包干任务完成后，剩余多少全归自己。1979年6月15日，万里在安徽省凤阳县农村调查时，肯定了当地实行的"大包干"生产责任制（即保证国家的，留足集体的，剩下都是自己的）。8月8日，《安徽日报》发表《凤阳县在农村实行"大包干"》一文，向全省介绍了这一做法。这一年，小岗村的农业获得大丰收，粮食、油料和生猪产量都超过历史上任何一年。

1979年3月12日至24日，国家农委邀请广东、湖南、四川、江苏、安徽、河北、吉林7省农村工作部门和安徽全椒、广东博罗、四川广汉3县的负责人召开座谈会，讨论建立健全农业生产责任制问题。会上围绕联产计酬特别是包产到户问题进行了热烈争论，最后达成的意见是：目前多数地方实行包产到组、定额计酬；深山、偏僻地区的孤门独户，可以包产到户；现在春耕已到，不论采用什么形式的责任制，都要很快定下来，以便全力投入春耕。与此同时，根据党的十一届三中全会提出的建议，国务院决定从3月份起，提高粮、油、猪等18种主要农副产品的收购价格，其中粮食统购价格从夏粮上市起提高20%，超购部分在这个基础上再加50%；18种农副产品的收购价格平均提高24.8%。这个措施使农民的收入得到大幅度增加，极大地调动了农民发展生产、交售农副产品的积极性。

1979年9月25日至28日，党的十一届四中全会在北京举行，正式通过《中共中央关于加快农业发展若干问题的决定》（以下简称《决定》）。《决定》充分肯定了联产承包责任制，指出"可以按定额记工分，可以按时记工分加评议，也可在生产队统一核算和分配的前提下，包工到作业组，联系产量计算劳动报酬，实行超产有奖"。《决定》把中共十一届三中全会制定的《农村人民公社工作条例（试行草案）》"不许包产到户"的规定改为"除某些副业生产的特殊需要和边远山区、交通不便的单家独户外，也不要包产到户"，即允许某些副业生产特殊需要和边远山区、交通不变的单家独户"包产到户"。这实际上是为"承包制"在政治上正了名，口子开的虽小，却是明确地给了包产到户一块立足之地，标志着全党对包产到户在认识上有了一个发展，也标志着包产到户至此终于合法地站稳了脚跟，意义非常重大。

1980年1月11日至2月2日，国家农委在北京召开全国农村人民公社经营管理会议。是否允许包产到户又一次引起与会代表的热烈讨论。安徽省代表以《联系产量责任制的强大生命力》为题介绍了安徽农村实行包产到户的情况和好处。1980 年 5 月 31 日，邓小平同中央负责同志谈农村政策问题指出，一些适宜搞包产到户的地方搞了包产到户，效果很好，变化很快。现在农村工作中的主要问题还是思想不够解放，除表现在集体化的组织形式这方面外，还有因地制宜发展生产的问题，就是说那里适宜发展什么就发展什么，不适宜发展就不要去硬搞。

1980 年 9 月 14 日至 22 日，中共中央召开各省、市、自治区党委第一书记座谈会，讨论加强和完善农业生产责任制问题。9 月 27 日，中央印发《关于进一步加强和完善农业生产责任制问题》的会议纪要。该纪要肯定了党的十一届三中全会以来各地建立的各种形式的农业生产责任制，同时指出：集体经济是我国农业向现代化前进的不可动摇的基础；加强和完善农业生产责任制，在不同的地方、不同的社队，要根据实际情况，采取各种不同形式，不可拘泥于一种模式，搞"一刀切"；在边远山区和贫困落后地区，实行包产到户，是联系群众，发展生产，解决温饱问题的一种必要的措施。该纪要还指出："要求包产到户的，应当支持群众的要求，可以包产到户，也可以包干到户"。这是中央首次正式肯定包产到户和包干到户，打破了多年来形成的包产到户等于资本主义复辟的僵化观念，大大促进了农村经济改革。

二、"一号文件"

1982 年至 1986 年，根据不同时期的不同任务，中央连续出台了五个"一号文件"，指导农村的改革与发展。这五个"一号文件"的制定，一般都是在年初布置调查题目，到秋季总结，冬天起草文件，次年年初发出。由各省份农口的党政部门和研究机构负责组织每年一次的调查，随后是中央农村工作会议（由各省份主管农业的书记和省农委主任参加）大讨论，再由起草小组归纳执笔，最后上报中央决策，并形成文件下发。

1. 1982 年"一号文件"：肯定包产到户实验

鉴于包产到户、包干到户给全国农村带来大变化的现实，1981 年 12 月，中共中央召开农村工作座谈会，着重讨论了农业生产责任制问题，形成了《全国农村工作会议纪要》。1982 年 1 月 1 日，中共中央批转了这个会议纪要。这是改革开放后第一个中央"一号文件"，其主要内容是突破了传统的"三级所有、队为基础"的体制框框，肯定多种形式的责任制，明确指出包产到户、包干到户或大包干"都是社会主义生产责任制"，其根本意义就是正式承认包产到户的合法性。文件强调尊重群众的选择，不同地区，不同条件，允许群众自由选择。同时还提出疏通

流通领域，把统购统销纳入改革的议程，有步骤地进行价格体系的改革。[①] 1982 年
"一号文件"对包产到户、包干到户的肯定，对推动"双包"（包产到户、包干到户）的全面推广起了主要作用，是中国农业经营体制改革的转折点。到 1982 年 6 月，全国农村实行"双包"责任制的生产队已达到 71.9%，其中实行包干到户的生产队占全国生产队总数的 67%。[②]

2. 1983 年"一号文件"：放活农村工商业

1983 年 1 月 2 日　中共中央印发《当前农村经济政策的若干问题》。这份文件提出了"两个转化"，即促进农业从自给半自给经济向较大规模的商品生产转化，从传统农业向现代农业转化。文件提出，我国农村应走农林牧副渔全面发展、农工商综合经营的道路；适应商品生产的需要，发展多种多样的合作经济，合作经济的生产资料公有化程度，按劳分配方式以及合作的内容和形式，可以有所不同；要坚持计划经济为主，市场调节为辅的方针，调整购销政策，改革国营商业体制，放手发展合作商业，适当发展个体商业。因此，这个文件的意义在于放活农村工商业。

3. 1984 年"一号文件"：疏通流通渠道

1984 年 1 月 1 日，中共中央发出《关于 1984 年农村工作的通知》。如果说前两个"一号文件"着力解决农业和农村工商业微观经营主体问题，那么，此后的"一号文件"则要解决发育市场机制的问题。《关于 1984 年农村工作的通知》指出：1984 年农村工作的重点是：在稳定和完善生产责任制的基础上，提高生产水平，疏通流通渠道，发展商品生产。《关于 1984 年农村工作的通知》提出的相应政策是：延长土地承包期，土地承包期一般应在 15 年以上，生产周期长的和开发性的项目，承包期应当更长一些；允许有偿转让土地使用权；鼓励农民向各种企业投资入股；继续减少统派购的品种和数量；允许务工、经商、办服务业的农民自理口粮到集镇落户。

4. 1985 年"一号文件"：取消统购派购

农产品统购派购制度，在计划经济时期，曾起了保证供给、支持建设的积极作用。但随着生产的发展，它的弊端就日益表现出来。1985 年 1 月 1 日，《中共中央国务院关于进一步活跃农村经济的十项政策》发布，中心内容是：调整农村产业结构，取消 30 年来农副产品统购派购的制度，对粮、棉等少数重要产品采取国家计划合同收购的新政策，将农业税由实物税改为现金税。文件指出：打破集体经济中的"大锅饭"以后，农村的工作重点是，进一步改革农业管理体制，改革农产品统购派购制度，在国家计划指导下，扩大市场调节，使农业生产适应市场需要，

①　参见中共中央党史研究室等编：《中国新时期农村的变革》中央卷（上），中共党史出版社 1998 年版，第 174—175 页。

②　参见董辅礽主编：《中华人民共和国经济史》下卷，经济科学出版社 1999 年版，第 55 页。

促进农村产业结构的合理化，进一步把农村经济搞活。

5. 1986 年"一号文件"：调整工农城乡关系

1986 年 1 月 1 日，中共中央、国务院发出《关于 1986 年农村工作的部署》，明确指出：我国是十亿人口、八亿农民的大国，绝不能由于农业情况有了好转就放松农业，也不能因为农业基础建设周期长、见效慢而忽视对农业的投资，更不能因为农业占国民经济产值的比重逐步下降而否定农业的基础地位。文件指出：我国农村已开始走上有计划发展商品经济的轨道。农业和农村工业必须协调发展，把"无工不富"和"无农不稳"有机地结合起来。文件规定 1986 年农村工作总的要求是：落实政策，深入改革，改善农业生产条件，组织产前产后服务，推动农村经济持续稳定协调发展。

1982—1986 年五个中央"一号文件"，确定了我国农村改革的基本格局，调动了广大农民的生产积极性，同时通过不断的制度调整，使相关政策日趋完善，为农业稳定和发展奠定了制度基础。

三、撤社建乡

农村人民公社是在 1958 年人民公社化运动中产生的，最大的特点是公社所有制和政社合一，一乡一社，实行单一的公社所有制。人民公社在管理上过分集中，无法调动农民的生产积极性；经营方式上过于单一，影响了农村生产力的发展；分配上的平均主义，被当时的人们形象地称为"大锅饭"。家庭联产承包责任制在全国范围内的推行，也冲击了人民公社"政社合一"的体制，从根本上动摇了人民公社体制存在的基础。所以，"撤社建乡"势在必行。

人民公社改革试点首先在四川广汉县进行。1979 年，四川广汉向阳公社成立工业公司，设立董事会，替代了公社的经济管理职能，人民公社实际上仅留下了一个空架子。随后，广汉县委剖析了人民公社的"病理"和"病相"，并写出研究报告送到省里。中共四川省委常委会讨论，最终形成的意见是：不作文字批复，只由省委办公厅电话告知广汉县委，同意广汉试点。1980 年 5 月下旬，在中共四川省委的支持下，中共广汉县委在向阳公社进行人民公社体制改革试点，撤销向阳人民公社，恢复建立向阳乡党委、向阳乡人民政府。1980 年 6 月 18 日，"向阳人民公社"牌子，换上了"向阳乡人民政府"牌子。[①]

接着，吉林、河北、浙江、广东、料定、安徽等省也在小范围进行试点。1982 年 11 月至 12 月，五届全国人大第五次会议通过经修改的新《宪法》，肯定了"包产到户""包干到户"等是社会主义的生产责任制，予以保护长期实行不变，并废

[①] 参见刘文耀：《四川广汉向阳人民公社撤社建乡的前前后后》，《中共党史研究》2000 年第 2 期。

除人民公社"政社合一"体制。

1983 年 10 月 12 日，中共中央、国务院发出《关于实行政社分开，建立乡政府的通知》，规定建立乡（镇）政府作为基层政权，同时普遍成立村民委员会作为群众性自治组织。此后，人民公社政社分开，建立乡政府的工作在全国陆续展开。到 1984 年底，全国各地基本完成了政社分设，建立了 9.1 万个乡（镇）政府，92.6 万个村民委员会。1985 年 6 月 4 日，新华社报道，全国农村人民公社政社分开，建立乡政府的工作已经全部结束。建乡前全国共有 5.6 万多个人民公社，镇、政社分开后，全国共建 9.2 万多个乡（包括民族自治乡）、镇人民政府，同时建立村民委员会 82 万多个。① 与此同时，原来由人民公社承担的农村经济工作的管理和服务职能由社区性合作经济组织承担，有的叫农业合作社，有的叫经济联合社，有的叫农工商联合公司等。至此，农村人民公社制度已经不复存在。这项工作的完成，有利于农村基层党组织和基层政权建设，促进农村经济的发展。

四、乡镇企业

乡镇企业的前身是人民公社时期的社队企业。社队企业诞生于人民公社时期。1958 年党的八届六中全会通过《关于人民公社若干问题的决议》，提出"人民公社必须大办工业"。在当时大办钢铁的宏观背景下，公社工业的发展基本是围绕钢铁行业，兴办小炼铁厂、小煤窑、小矿山、小水泥以及小农机修造等。1962 年，"三级所有，队为基础"的人民公社体制确立后，公社工业也相应地转变为社队企业。1970 年，国务院北方地区农业会议提出 1980 年基本实现农业机械化，同时要求各地建立县、社、队三级农机修造厂，发展小钢铁、小煤窑、小水电、小化肥、小机械修造等地方"五小"工业。到 1971 年年底，全国 96% 的县建立起了农机修造厂，各地人民公社办起了农机修理（配）厂（站），大队一级则办起了修理点。这其中有一部分企业逐步发展起来，成为拥有自身定型产品的独立企业。

1984 年 3 月 1 日，中共中央、国务院转发农牧渔业部《关于开创社队企业新局面的报告》，将农民户办、联户办的企业与原有社队集体企业统称为乡镇企业，明确提出鼓励户办、联户办企业与乡村所属集体企业共同发展，并要求各级政府对乡镇企业与国营企业同等对待，给予必要的扶持。这是乡镇企业发展的重要转折点，乡镇企业迅速发展起来。1984 年乡镇企业的数量从上一年的 134.64 万户猛增到 606.52 万户。此后，乡镇企业不断发展，出现了多种多样的经济形式和经营方式，如以集体经济为主体的苏南模式、以家庭经济为主体的温州模式、以外向型为

---

① 参见胡绳主编：《中国共产党七十年》，中共党史出版社 1991 年版，第 552 页。

导向的珠江模式、以侨资为依托的晋江模式和城郊型的沪郊模式等。部分集体企业完成了原始积累，开始向技术、质量、规模型转变。由于环境的宽松，农民向非农领域的拓展比较顺利，较大规模地动员了农村地区的资源、人力和群众智慧，创造出可观的物质财富。在国家资金投入和银行贷款都很少的情况下，乡镇企业依靠自己的力量创造了全国近五分之一的工业总产值，到 1991 年乡镇企业的总产值突破了 1 万亿元大关。

第三节　国企改革

一、扩权让利改革

农村经济体制改革的突破，为城市和企业经济体制改革提出了要求，也为城市和企业经济体制改革提供了经验。所以，在农村经济体制改革取得突破性成就之后，中国经济体制改革迅速从农村转向城市和企业。在这方面，国有企业改革具有核心地位。

1978 年 10 月，经国务院批准，中共四川省委、四川省人民政府选择了不同行业具有代表性的重庆钢铁公司、成都无缝钢管厂、宁江机床厂、四川化工厂、新都县氮肥厂和南充丝绸厂 6 家地方国营工业企业，率先进行了"扩大企业自主权"试点。试点的内容十分简单，即逐户核定企业的利润指标，规定当年的增产增收目标，发动职工群众实行增产节约，而在增产节约的基础上，企业可以提取一定数额的利润留成，职工个人可以得到一定数额的奖金。这种做法调动了企业和职工的积极性，结果各企业都超额完成了第四季度的计划指标。

1979 年 1 月 31 日，中共四川省委发出《关于地方工业扩大企业权力，加快生产建设步伐的试点意见》，把试点的工业企业由 6 户扩大到 100 户，同时在 40 户国营商业企业中也进行了扩大经营管理自主权的试点，并制定了 14 条扩大企业自主权的办法，主要包括：第一，在计划管理上，允许企业在国家计划之外，可以根据市场需要自行制定补充计划，对于国家计划中不适合市场需要的品种规格也可以修改；第二，在物资管理上，除少数关系国计民生的产品、短线产品和炸药等危险产品仍由国家统购统配外，大部分生产资料可以进入市场，企业与企业之间可以不经过物资部门直接订立供货合同，也可以通过市场采购来满足自己需要，企业也可以自销一部分产品；第三，在国家与企业的利润分配上，在保证国家利益的前提下，企业可以根据自己经营的好坏分享一定的利润，并可用于企业的挖潜、革新改造、集体福利和职工的奖金；第四，在劳动人事管理上，企业有权选择中层干部，招工择优录取和辞退职工。四川省的"扩大企业自主权"试点，基本上都取得比较满意的效果，因而成为国有企业改革乃至城市经济体制改革起步的标志。

1979 年 4 月 5 日，中共中央召开工作会议。为了在全国范围内搞好国营企业改革试点，会议明确提出要扩大企业自主权，把企业经营好坏同职工的物质利益挂起钩来，要按照统一领导、分级管理的原则，明确中央和地方的管理权限。根据中央精神，4 月 13 日至 20 日，国家经委召集首都钢铁公司、天津自行车厂、上海柴油机厂等八家企业和有关部门负责人在北京召开座谈会，讨论企业管理体制改革问题。5 月 25 日，原国家经委、财政部等 6 部委联合发出通知，确定在 8 户企业中进行扩大经营管理自主权的改革试点。该通知要求，通过改革，要着重解决 11 个问题：主管部门要在今年内对企业实行"五定"（即定生产方向、生产规模、燃料动力、原材料来源和协作关系）；企业的人财物、产供销，由企业主管部门综合平衡，统一安排；主管单位安排生产建设计划时，对所需要的物质条件必须保证；试行企业利润留成；从 1979 年起，企业计提的折旧基金，70% 留给企业；新产品试制费用按一定比例，在企业利润中留用；企业有权申请产品出口，参与外贸谈判，并取得外汇留成；企业在招工计划内择优录取职工；职工提出合理化建议，有经济效益者，企业可予以奖励，职工失职造成重大经济损失，企业可予以处分直至开除；经营管理好的企业，在调整工资时，职工的升级面可以略高于平均水平；在定员、定额内，企业有权决定机构设置，并任免中层以下干部。

为了规范迅速推开的扩大企业自主权试点，1979 年 7 月，国务院颁发《关于扩大国营工业企业经营管理自主权的若干规定》，同时颁发的还有《关于国营企业利润留成的规定》《关于开征国营企业固定资产税的暂行规定》《关于提高国营工业企业固定资产折旧率和改进折旧费使用办法的暂行规定》《关于国营工业企业实行流动资金全额信贷的暂行规定》共 5 个文件。这些文件把经济效益、经济效果、经济责任结合起来，扩大了企业自主权，特别是财权，使企业的手脚能够放得开一些，可以办更多的事情。这对于调动职工的积极性，把工业生产、交通运输搞得更活，使经济效果更好，对于推动经济体制改革，都有重要意义。这 5 个文件是改革开放以来关于企业改革的第一批文件，对各地的企业改革起到了极大的促进作用。到 1979 年底，全国试点企业扩大到 4200 个，1980 年 6 月发展到 6600 个，约占全国预算内工业企业的 16%，产值和利润分别占 60% 和 70% 左右。①

---

① 参见中共中央党史研究室：《中国共产党的九十年：改革开放和社会主义现代化建设新时期》，中共党史出版社、党建读物出版社 2016 年版，第 695 页。

二、企业经济责任制

"扩权让利"改革调动了企业和职工的生产积极性，但在实行过程中，某些企业往往单纯以利润为核心，以多留利润为目标，多占多分，财政上缴任务难以保证。所以，国营企业放权让利改革的负面效果就是国家收入减少，财政赤字增加。针对这类问题，国家决定在全国实行企业经济责任制。

1980 年 12 月中央工作会议召开，邓小平充分肯定扩大企业自主权试点工作。他说："今年扩大企业自主权的试点单位，已经达到六千多个。这些单位的产值占到全部工业总产值的百分之六十左右。怎样把国家利益、企业利益、职工利益比较好地结合起来，调动各方面积极性，我们开始找到了门路。试点的面明年不再扩大，重点放在总结经验、巩固提高方面。"[①] 此后，在总结经验基础上，从中央到地方，逐步把改革推向经济责任制方面。

1981 年春季开始，经济责任制首先在山东企业中试行。经济责任制是在国家计划指导下，以提高社会经济效益为目的，实行责、权、利紧密结合的生产经营管理制度。工业经济责任制的主要内容有两个，一是国家对企业实行经济责任制，处理好国家与企业的关系，尤其是分配关系，实践中的形式主要有利润留成、盈亏包干、以税代利等；二是建立企业内部的经济责任制，处理好企业和职工的关系，特别是分配关系，实践中的主要形式有计分计奖、计件工资、超产奖、浮动工资等。

1981 年 10 月 29 日，国务院批转国家经委、国务院体制改革办公室《关于实行工业生产经济责任制若干问题的意见》，并发出通知指出，工业生产经济责任制不仅要和利润挂钩，而且要和产量、质量、品种、成本等挂起钩来。这就要求企业建立健全明确而又具体的岗位责任制，实行全面经济核算，改善经营管理，实现各项技术经济指标，全面完成国家计划。1982 年 11 月国务院批转了国家经委等部委拟定的《关于当前完善工业经济责任制的几个问题的报告》，报告指出：实行经济责任制，首先要明确企业对国家的经济责任，并赋予企业一定的自主权限，使企业的经济利益与企业生产经营成果直接联系，把责、权、利三者统一起来。其中责是第一位的。企业的责任，首先是全面完成国家计划。企业要顾全大局，勇于承担任务，不仅要完成国家利润指标，而且要完成产量、质量、品种、消耗、成本等各项技术经济指标。另一方面，企业要根据国家宏观计划的要求和对国家承担的经济责任，制定一个以提高经济效益为中心的奋斗目标。按照责、权、利相结合，责字当头的原则，逐项分解，层层落实到科室、车间、班组直到个人。建立起一套纵横配套、上下结合的比较完整的岗位经济责任制。整顿奖励制度，在严格考核的基础

---

① 《邓小平文选》第二卷，人民出版社 1994 年版，第 362 页。

上，克服奖金分配上的平均主义，真正使奖金起到鼓励先进、鞭策落后的作用。要做到限额不突破，单位不拉平，个人能升降。

实行经济责任制，使长期以来管理体制过分集中、统得过死的状况有所改变，企业有了一定的经营管理自主权。贯彻物质利益原则，调整了国家、企业、职工三者的利益关系，在一定程度上克服了吃"大锅饭"、平均主义的弊病，调动了企业的积极性，增强了职工的主人翁责任感，改善了经营管理，提高了经济效益。对于促进国民经济的调整、争取实现财政状况的好转起了积极作用，同时，为工业管理体制的改革探索到一条途径。[①]

1984 年 10 月 20 日，党的十二届三中全会通过《中共中央关于经济体制改革的决定》，城市经济体制改革围绕搞活国有大中型企业全面展开。1984 年 5 月，国务院做出了《关于进一步扩大国营工业企业自主权的暂行规定》，在生产经营计划、产品销售、产品价格、物资选购、资金使用、资产处理、机构设置、劳动人事、工资奖金和联合经营 10 个方面，进一步扩大了企业的自主权。该规定提出：企业在确保完成国家计划和国家供货合同的前提下，可以自行安排增产国家建设和市场需要的产品。在执行国家计划中，如遇供需情况发生重大变化时，企业有权向主管部门提出调整计划。除国家特殊规定不准自销者外，以下产品都可以自销：企业分成的产品，国家计划外超产的产品，试制的新产品，购销部门不收购的产品，库存积压的产品。工业生产资料属于企业自销的和完成国家计划后的超产部分，一般在不高于或低于 20% 幅度内，企业有权自定价格，或由供需双方在规定幅度内协商定价。企业可将留成所得的资金，按主管部门规定的比例，分别建立生产发展基金、新产品试制基金、后备基金、职工福利基金和奖励基金，并有权自行支配使用。企业在执行国家统一规定的工资标准、工资地区类别和一些必须全国统一的津贴制度的前提下，可以根据自己的特点自选工资形式。厂长有权给有特殊贡献的职工晋级，每年的晋级面，可以从目前实行的 1% 增加到 3%，这部分工资开支计入成本。企业对提取的奖励基金有权自主分配。

企业自主权的扩大特别是利润留成制度的建立，在一定程度上调动了企业的生产积极性，初步改变了企业只按国家计划生产，不了解市场需求，不关心产品销路，不关心盈利亏损的状况，开始树立和增强经营观念、市场意识、竞争意识和服务观念，使企业的活力得到初步增强，促进了生产发展、技术进步和产品质量的提高。在这种新体制下，企业增产增收，国家和企业都增加了收入。

---

① 参见国家经委、财政部：《关于当前完善工业经济责任制的几个问题的报告》（1982 年 11 月 8 日），《中华人民共和国国务院公报》1982 年第 19 期。

三、两步"利改税"

扩大企业自主权的目的，是以利益驱动方式调动企业生产积极性，一方面增加职工收入，另一方面增加国家财政收入。就后一方面目的来说，就是调整调节企业与国家的利益关系，具体方法则经历了企业利润留成到利改税的变化。

为了适当扩大企业的财权，加强企业的经济责任，把国家、企业和个人三者的利益结合起来，以利于进一步调动企业和职工群众的主动性和积极性，切实搞好经济核算，挖掘增产节约潜力，为国家多积累资金，国家对企业逐步实行利润留成办法。1979 年 7 月国务院颁发《国营企业实行利润留成的规定》，规定：所有实行独立经济核算的企业，经营有盈利的，可以按国家核定的比例留用一部分利润，用于建立生产发展基金、职工福利基金和职工奖励基金。企业利润留成的比例，按照下列各项费用与开支占利润总额的百分比，分别予以核定：（一）企业按规定从利润中提取的新产品试制费；（二）国家拨给企业和企业主管部门的科研经费和职工技术培训经费；（三）按工资总额的百分之十一从成本或费用中提取的职工福利基金；（四）按国家规定从成本或费用中开支的奖金。实行利润留成制度，扩大了企业的财权，也加重了企业的责任。企业必须对经营成果负责，对利润留成资金的合理使用负责。1980 年 1 月国务院批准财政部和国家经济委员会《关于国营工业企业利润留成试行办法的通知》，把原规定的全额利润留成办法改为基数利润留成加增长利润留成办法。基本内容是：将企业当年利润分为基数利润和增长利润两部分，分别规定留成率。企业当年实现利润不超过上年实现利润的，按基数利润留成率提取留利；企业当年实现利润总额高于上年利润的，其增长部分按增长利润留成率提取留利，增长利润留成率按不同行业分别规定为 10%、20%、30%，一定几年不变。随着改革的进行和企业制度的变化，利润留成制度被利改税取代。

国营企业利改税早在 1979 年就开始试点。1979 年，根据经济形势需要和全国税务会议的要求，在一些国营企业实行"独立核算，国家征税，自负盈亏"，即企业向国家上交利润改为缴纳税金的试点。这次试点工作大体上可分为两个阶段：第一阶段从 1979 年起，在湖北光化县、广西柳州市、上海市和四川省的部分国营企业中进行利改税的试点；第二阶段从 1980 年第四季度起，在全国 18 个省、直辖市、自治区的 400 多户国营企业中，扩大"利改税"试点。到 1981 年年底全国已在 18 个省、市、自治区的 456 个国营工交企业中进行了试点，试行以所得税为主要税种，国家通过征收 50% 左右的所得税参与企业的利润分配。总的来看，试点都取得了一定的成效，较好地处理了国家、企业、职工三者的利益关系，为全面推行利改税及工商税制全面改革打下了基础。

1983 年 3 月，国务院在北京召开全国工业交通会议，强调当前主要是对国营企业推行以税代利的改革。1983 年 4 月 27 日，经国务院批准，由财政部下发《关于国营企业利改税试行办法》，规定：自 1983 年 6 月 1 日起，国营企业普遍推行"利改税"制度。这次利改税事实上是税利并存，即在企业实现的利润中，先征收一定比例的所得税和地方税，然后对税后利润采取多种形式在国家和企业之间进行分配。根据规定，凡是有盈利的国营大中型企业，其所实现的利润按 55% 的税率交纳所得税，其税后利润，一部分上交国家，一部分按照国家核定的留利水平留给企业。到这年年底，92.7% 的国营企业实行"利改税"，向国家缴纳所得税。

1984 年 9 月 18 日，国务院发出通知，同意财政部报送的《关于在国营企业推行利改税第二步的报告》和《国营企业第二步利改税试行办法》，规定自 1984 年 10 月 1 日起，实行第二步利改税。其主要内容是：（1）把原来的工商税按性质划分为产品税、增值税、营业税和盐税四种。（2）对某些采掘企业开征资源税。（3）开征城市维护建设税，恢复开征房产税、土地使用税、车船使用税。（4）对有盈利的国营企业征收国营企业所得税。大中型国营企业按 55% 的比例税率征收，小型国营企业按新的八级超额累进税率征收。（5）对国营大中型企业还要征收国营企业调节税，其税率按企业的不同情况分别核定，一户一率。第二次利改税由"利税并存"过渡到完全的"以税代利"，税后利润留给企业使用。1984 年 9 月 18 日，全国人大常委会也通过《关于授权国务院改革工商税制发布有关税收条例草案试行的决定》。此后，一系列工商税收的暂行条例由国务院逐渐出台，十多种工商税先后开征。

实行利改税是解决国家和企业在分配关系上的一条新的、正确的、有效的途径。它通过设置税种、税制和进一步改善税制，可以充分运用税收的调节作用，更好地调节国家与企业、企业与企业之间的关系。利改税后，所有国有企业和其他非国有企业一样，平等纳税，公平竞争，这是个十分巨大的进步。

四、承包经营责任制

1986 年年底起，承包责任制成为一种主要的企业改革形式。1986 年 12 月 5 日，国务院发出《关于深化企业改革增强企业活力的若干规定》。该规定根据党的十二届三中全会《中共中央关于经济体制改革的决定》精神，提出"推行多种形式的经营承包责任制，给经营者以充分自主权"。1987 年 3 月，六届全国人大五次会议通过的《政府工作报告》强调，为了进一步深化企业改革，除了已经规定下放企业的权力必须坚决给企业以外，要把改革的重点放到完善企业的经营机制上，根据所有权与经营权分开的原则，认真实行多种形式的承包经营责任制，使企业真正成为独立的、自主经营、自负盈亏的经济实体。

这样，国有企业改革进入承包经营责任制阶段。截至 1987 年上半年，全国已有 75% 的大中型国营企业实行了各种承包经营责任制，这些企业的生产增长和实现税利情况普遍好于未实行的企业。承包经营责任制不仅适用于大中型国营企业，而且适用于某些行业，例如石油、石油化工、煤炭、冶金、有色金属、铁道、邮电和民航等部门，也已分别参照上述办法实行投入产出包干。

1988 年 2 月，国务院发布《全民所有制工业企业承包经营责任制暂行条例》，对国有企业实行承包经营责任制作出了具体规定：

> 承包经营责任制，是在坚持企业的社会主义全民所有制的基础上，按照所有权与经营权分离的原则，以承包经营合同形式，确定国家与企业的责权利关系，使企业做到自主经营、自负盈亏的经营管理制度。
>
> 实行承包经营责任制，必须兼顾国家、企业、经营者和生产者利益，调动企业经营者和生产者积极性，挖掘企业内部潜力，确保上交国家利润，增强企业自我发展能力，逐步改善职工生活。
>
> 实行承包经营责任制，应当按照责权利相结合的原则，切实落实企业的经营管理自主权，保护企业的合法权益。

承包经营责任制的基本形式是"两保一挂"，即企业保证完成承包合同规定的上缴税利指标，保证完成国家规定的技术改造任务，工资总额与实现利税挂钩。在国家与企业的分配关系上，确立了"包死基数，确保上交，超收多留，欠收自补"的原则。承包上交国家利润的形式有：（1）上交利润递增包干；（2）上交利润基数包干，超收分成；（3）微利企业上交利润定额包干；（4）亏损企业减亏（或补贴）包干；（5）国家批准的其他形式。承包经营责任制通过合同形式，界定了国家与企业之间的权、责、利关系，跳出了行政性收权和放权，使企业与国家之间的关系由传统的行政隶属关系转变为以盈利为核心内容的经济契约关系。承包经营责任制的优势是：（1）有利于企业所有权与经营权分离，理顺企业所有者、经营者和生产者的关系，促使企业加强管理，完善内部经营机制，达到增产节约和增收节支；（2）有利于推进技术进步，增强企业发展的后劲；（3）有利于国家财政收入稳定增长；（4）有利于控制积累基金和消费基金的不合理增长。

1988 年，承包经营责任制作为一种主要的改革形式，在全国迅速推广开来。到 1988 年底，全国预算内工商企业承包面已经超过 90%，其中大中型企业达到 95%。[①] 承包经营责任制在保证国家利益的前提下，对调动企业经营者的积极性、促进国民经济的发展有着积极作用。但这一制度安排尚未真正能触及国有企业的所

---

① 参见苏星：《新中国经济史》，中共中央党校出版社 2007 年版，第 550 页。

有权，没有改变所有者相对虚置的根本弊端，加上承包制所固有的承包指标确定随意、承包人行为短期化等因素，如企业包盈不包亏的问题，重生产、轻投资、拼设备、轻技改，缺乏长远发展规划等，这些短期行为并不是承包经营责任制能够完全解决的。因此它必然被更加深刻的制度变革所替代。

第四节　市场发育

一、价格改革

改革开放前，我国实行的是计划价格体制，价格从属于计划，仅作为经济核算的工具，价格管理权限集中于中央和省两级政府。在这种体制下，价格的配置资源、调节供求、协调利益的功能基本不能发挥。更为严重的是，由于各种原因，价格不能适应市场需要而及时调整，几年甚至十几年"一贯制"，结果导致价格体系的严重扭曲，商品价格不仅不能随市场供求的变化，甚至不能反映生产成本的变化。这种情况在"文化大革命"期间更加严重，差不多十年期间价格基本冻结，农产品、矿产品、原材料等价格严重背离价值，比价关系极不合理，工农产品价格"剪刀差"进一步扩大。

1. 价格调整

中国价格体系的扭曲，集中于农产品购销价格，主要是农产品收购价格过低，严重挫伤了农民生产积极性。为此，中国价格调整从农产品收购价格开始。1979年3月1日，根据党的十一届三中全会提出的建议，国务院决定从3月份起，提高粮、油、猪等18种主要农副产品的收购价格。其中粮食统购价格从夏粮上市起提高20%，超购部分在这个基础上再加50%；18种农副产品的收购价格平均提高24.8%。这个措施使农民的收入得到大幅度增加，极大地调动了农民发展生产、交售农副产品的积极性。1979年9月24日，中共中央、国务院批转《全国物价工资会议纪要》，鉴于部分农副产品收购价格提高后出现的购销倒挂、经营部门赔钱等问题，决定从11月1日起，提高8种副食品及其加工产品的销售价格，平均提价幅度为30%。在提高价格的同时，对职工实行物价补贴，并给40%的职工增加工资。这是"文化大革命"以来第一次较大规模的价格调整，从而使长期不变的价格体系开始松动，并且在价格体制方面开始变化。

从1979年到1984年，价格改革的目标是解决不合理的价格问题，理顺价格关系，改革的方式是"以调为主，以放为辅"。这一阶段除大幅度提高农副产品价格外，还有重点地调整了部分生产资料出厂价格和交通运输价格。1979 年提高了统配煤矿的煤炭出厂价格，平均提高 32%，初步扭转了煤炭部门亏损局面。自 1983 年起，对开滦煤矿等 22 家统配煤矿实行超产加价，凡 1983 年实际产量超过核定能力部分，可在现行价格基础上加价 25%，以后年度的产量比 1982 年实际产量再增加部分，可在现行价格基础上加价 50%。[1] 随后，又陆续提高了铁矿石、焦炭、生铁、钢锭、钢坯、部分钢材、有色金属、水泥、平板玻璃等产品的出厂价格，降低了汽车、通用机械和配件、仪器仪表、量具、刃具等加工产品价格，从而缩小了采掘工业和原材料工业同加工工业的比价，在一定程度上缓解了重工业内部产品比价不合理的状况。1982 年 8 月，还调整了部分铁路运价和水运运价，修订了港口计费方法等。1981 年和 1983 年，两次降低化纤织品价格，同时调整了棉纺织品价格，还适当调整了烟酒价格。同时，对价格管理体制改革也做了一些初步探索，先后放开了三类农副产品价格和小商品价格，扩大了议价范围，对部分电子产品和机械产品价格试行浮动，允许地方和企业制定机械新产品的试销价格，从而出现了政府定价、浮动价、协议价和集市贸易价等多种价格形式。

2. 双轨价格

1984—1988 年价格改革进入第二阶段。1984 年 10 月 20 日，党的十二届三中全会在北京召开，作出《中共中央关于经济体制改革的决定》，指出：我国价格体系不合理的主要表现是：同类商品的质量差价没有拉开；不同商品之间的比价不合理，特别是某些矿产品和原材料价格偏低；主要农副产品的购销价格倒挂，销价低于国家购价。必须从现在起采取措施，逐步改变这种状况。《中共中央关于经济体制改革的决定》指出：

> 改革价格体系关系国民经济的全局，涉及千家万户，一定要采取十分慎重的态度，根据生产的发展和国家财力负担的可能，在保证人民实际收入逐步增加的前提下，制定周密的切实可行的方案，有计划有步骤地进行。改革的原则是：第一，按照等价交换的要求和供求关系的变化，调整不合理的比价，该降的降，该升的升；第二，在提高部分矿产品和原材料价格的时候，加工企业必须大力降低消耗，使由于矿产品和原材料价格上涨而造成的成本增高基本上在企业内部抵销，少部分由国家减免税收来解决，避免因此提高工业消费品的市场销售价格；第三，在解决农副产品购销价格倒挂和调整消费品价格的时候，必须采取切实的措施，确保广大城乡居民的实际收入不因价格的调整而降低。

---

① 参见苏星：《新中国经济史》，中共中央党校出版社 2007 年版，第 550 页。

从 1985 年开始，价格改革加快了步伐。1985 年的价格改革方案是"放调结合，小步前进"。改革的重点是转换价格形成机制；改革方式是调放结合，以放为主。这一阶段放开了大部分农产品价格和多种工业消费品价格，对工业生产资料价格实行双轨制。具体说，第一，放开除国家定购的粮食、棉花、油料、糖料等少数品种以外的绝大多数农副产品购销价格。到 1985 年 5 月，全国各地生猪收购价格均已放开，大部分地区的猪肉销售价格也已放开，大中城市的蔬菜价格全部或部分放开。第二，放开大部分工业消费品价格。1984 年 10 月，除各级政府必要管理的小商品价格外，其余全部放开。1985 年 4 月，放开缝纫机、国产手表、收音机、电风扇以及除三大名牌以外的自行车价格，1986 年 9 月，进一步放开名牌自行车、电冰箱、黑白电视机、收录机、洗衣机、中长纤维织品等价格。第三，1984 年，国务院对国家统配的几种主要工业生产资料的自销规定：钢材，属于各年计划内的部分可自销 2%，超计划生产的全部可以自销；生铁、铜、铝、锡、煤炭、水泥、硫酸、橡胶等，属于国家计划的不能自销，超计划部分全部可以自销。自销的产品价格，一般在不超过 20% 的幅度内，企业可以自行定价。1985 年，取消对超产自销的生产资料加价幅度不得高于国家定价 20% 的限制，放开了计划外生产资料的价格。这样就出现了价格"双轨制"。第四，将进出口商品价格与国际市场挂钩。此外，这一阶段对价格结构也作了部分调整，适当提高了粮食、棉花等农产品的国家定购价格，提高了煤炭、交通运输等商品和服务的计划价格。

3. 价格闯关

1987 年党的十三大以后，举国上下加快改革和发展的呼声很高。1988 年 5 月 19 日，邓小平在人民大会堂会见朝鲜政府军事代表团时指出，中国的改革要"过五关斩六将"，物价改革虽然风险很大，但是"非搞不可"，"要迎着风险、迎着困难上"。他说："过一关很不容易，要担很大风险。……这就要求我们每走一步，都兢兢业业，大胆细心，及时总结经验，发现问题就做些调整，使之符合实际情况。"他还说，十全十美的方针、十全十美的办法是没有的，面临的都是新事物、新问题，经验靠我们自己创造，不要怕冒风险，胆子还要再大些。如果前怕狼后怕虎，就走不了路。[①] 6 月 9 日，《人民日报》发表评论员文章《改革有险阻 苦战能过关》，文章认为：中国的改革发展到今天，已经到了一个关键性阶段，到了非解决物价问题不可的时刻。

1988 年 8 月 15 日至 17 日，中共中央政治局第十次全体会议在北戴河召开，通过了《关于价格、工资改革的初步方案》。会议提出，价格改革的总方向是，除少数重要商品和劳务价格由国家管理外，绝大多数商品价格放开，由市场调节，以转

---

① 参见《邓小平文选》第三卷，人民出版社 1993 年版，第 262—263 页。

换价格形成机制，逐步实现"国家调控市场、市场引导企业"的要求。根据各方面的条件和现实的可能，今后五年左右的时间，价格改革的目标是初步理顺价格关系，即解决对经济发展和市场发育有严重影响，突出不合理的价格问题。工资改革总的要求是，在价格改革过程中，通过提高和调整工资、适当增加补贴，保证大多数职工实际生活水平不降低，并随着生产发展而有所改善，同时进一步贯彻按劳分配原则，解决工资分配中一些突出不合理的问题。会议认为，进行价格、工资改革时机是有利的，尽管面临的问题不少，但克服困难的潜力和回旋余地很大。会议还决定，在1988年9月召开的中央工作会议和党的十三届三中全会上将进一步讨论和审议这一方案。在此之前，还要在党外人士和有关专家中就这一方案广泛征求意见。

1988年8月下旬，即将进行价格改革的消息迅速传开，各阶层群众将价格改革理解为新一轮大幅度涨价，因而在各大中城市出现抢购风潮。抢购之初，人们主要是抢购肥皂、卫生纸、洗衣粉、皮箱、皮鞋、毛毯、毛线、毛衣、洗衣机、电视机、火柴，进而发展到抢购米、面、食盐、食油、肉、蛋，有的人一下子买200公斤食盐，买500盒火柴，不少商店被抢购一空。在抢购高潮时，各地涨价风也席地而起。由于物价飞涨，使储蓄利率出现明显的负利率状态，居民储蓄人民币的倾向大幅度下降，纷纷从银行取出钱购物以求保值，部分城市甚至出现挤兑未到期的定期存款情况。继抢购风潮之后，全国又出现了更加严重的通货膨胀。1988年全国零售物价总指数比1987年上升18.5%，职工生活费用价格总指数上升20.7%。物价大幅度上涨，超过了群众、企业和国家的承受能力。

人民群众对物价上涨的敏感及其反应，使这次价格闯关遭受重大挫折，也充分表明经济形势中的各种矛盾为改革带来的巨大阻力。中央重新审视和调整决策，原有计划不得不实行大转弯，急刹车。1988年8月30日，国务院常务会议认真讨论和分析了当时的市场和物价形势，发出《关于做好当前物价工作和稳定市场的紧急通知》，强调价格改革是指经过五年或更长一点时间的努力才能达到的长远目标，目前改革方案还在进一步修订和完善之中，并郑重宣布下半年不出台新的调价措施。

4. 治理整顿

1988年9月12日，邓小平在听取关于价格和工资改革初步方案汇报时强调，中央要有权威。改革要成功，就必须有领导有秩序地进行。1988年9月26日至30日，党的十三届三中全会在北京举行。全会批准了中央政治局提出的治理经济环境、整顿经济秩序、全面深化改革的指导方针和政策、措施。会议指出：

当前，我国总的经济形势是好的，但存在的困难和问题也不少，突出的是物价上涨幅度过大。为了创造理顺价格的条件，为了经济建设持续、稳步、健康地发展，必须在坚持改革、开放总方向的前提下，认真治理经济环境和整顿经济秩序。治理经济环境，主要是压缩社会总需求，抑制通货膨胀。整顿经济秩序，就是要整顿目前经济生活中特别是流通领域中出现的各种混乱现象。在这两方面都要采取坚决有力的措施。治理经济环境，整顿经济秩序，必须同加强和改善新旧体制转换时期的宏观调控结合起来，必须同努力增加农副产品、适销的轻纺产品以及能源原材料等方面的有效供给结合起来。

党的十三届三中全会确定，在坚持改革开放总方向的前提下，把 1989 年和 1990 年两年改革和建设的重点突出地放到治理经济环境和整顿经济秩序上来，以扭转物价上涨幅度过大的态势，创造理顺价格的条件，使经济建设持续、稳步、健康地发展。会议原则通过了《关于价格、工资改革的初步方案》，建议国务院在今后 5 年或较长一些时间内，根据严格控制物价上涨的要求，并考虑各方面的实际可能，逐步地、稳妥地组织实施。

围绕 1988 年开始的国民经济治理整顿，价格改革的重点是建立和完善价格调控体系；改革的方式是控中求改，相机调放。在这一阶段，初步建立健全了价格总水平的监测与调控体系以及某些重要商品的储备制度、价格调节基金制度。同时，在宏观经济压力缓解的情况下，有计划有步骤地调整了粮、棉、糖料，统配煤、原油、客货物运输等 5 大类 20 多个系列的产品价格。特别是 1991 年较大幅度地提高了 25 年都不敢动的粮油统销价格。经过这几年的改革，高度集中的计划价格体制受到极大冲击，市场形成价格的机制框架初步形成，78% 左右的农副产品收购价格、86% 左右的零售商品价格实行了市场调节，价格结构也趋向合理，价格对生产、流通和消费的调节作用日渐明显。到 1992 年以后，一般商品的市场价格基本上取代了计划价格。

二、金融改革

1. 中央银行制度

1979 年以前，中国实行"大一统"的金融体制，全国只有一家银行，即中国人民银行。"文化大革命"时期，人民银行曾一度并入财政部，构成典型的"财政金融"体制。就是说，在计划经济时期，中国不存在现代意义上的金融体系。1978 年，五届人大一次会议决定，中国人民银行总行从财政部分离出来，这标志着中国独立金融体系建设的开始。1979 年，中国人民银行开办中短期设备贷款，打破了只允许银行发放流动资金贷款的旧制，开始了"金融"业务。但是在 1983 年以前，按照一切信用归国家银行的原则，人民银行充当着"信贷中心、现金中心和结算中心"的角色，承担着为国家"守计划、把口子"的资金供应和货币监督任务。也就是说，中国人民银行不但要行使中央银行的职能，还要对企业单位和居民个人办理存、贷款等业务。1983年9月17日，国务院做出《关于中国人民银行专门行使中央银行职能的决定》，指出：随着经济体制的逐步改革和对外开放、对内搞活经济政策的贯彻实施，经济发展了，社会资金多了，银行的作用日益重要。为了充分发挥银行的经济杠杆作用，集中社会资金，支持经济建设，改变目前资金管理多头、使用分散的状况，必须强化中央银行的职能。为此，国务院决定，中国人民银行专门行使中央银行职能，不再兼办工商信贷和储蓄业务，以加强信贷资金的集中管理和综合平衡，更好地为宏观经济决策服务。《关于中国人民银行专门行使中央银行职能的决定》规定：

> 中国人民银行是国务院领导和管理全国金融事业的国家机关，不对企业和个人办理信贷业务，集中力量研究和做好全国金融的宏观决策，加强信贷资金管理，保持货币稳定。其主要职责是：研究和拟订金融工作的方针、政策、法令、基本制度，经批准后组织执行；掌管货币发行，调节市场货币流通；统一管理人民币存贷利率和汇价；编制国家信贷计划，集中管理信贷资金；管理国家外汇、金银和国家外汇储备、黄金储备；代理国家财政金库；审批金融机构的设置或撤并；协调和稽核各金融机构的业务工作；管理金融市场；代表我国政府从事有关的国际金融活动。

这就确立了中国人民银行的性质与地位，即：作为发行的银行、政府的银行、银行的银行，是领导和管理全国金融事业的国家机关。同时决定成立中国工商银行，办理有关商业银行业务。从1984年1月1日起，中国人民银行不再办理针对企业和个人的信贷业务，成为专门行使金融管理、制定和实施货币政策等职能的中央银行。至此，中央银行制度的基本框架初步确立。

1984年，中国人民银行发布《信贷资金管理试行办法》，并决定于1985年1月起，实行"统一计划，划分资金，实贷实存，相互融通"的管理办法，人民银行与各专业银行的资金往来由计划指标分配关系改为借贷关系。这就使人民银行完全摆脱了具体银行业务，专门行使中央银行职能。1986年1月，国务院发布《中华人民共和国银行管理暂行条例》，使中国银行业监管向法制化方向迈出了重要的一步。1993年12月，《国务院关于金融体制改革的决定》进一步明确中国人民银行的主要职能是制定和实施货币政策，保持货币币值的稳定；对金融机构实行严格的监管，维护金融体系安全、有效地运行。

2. 商业银行体系

由于中国人民银行作为中央银行，将各种专业银行业务和存贷款业务分离出来，所以必然要相应地建立有关的专业银行和商业银行。1979 年 3 月 13 日，中国农业银行重新得以恢复成立，集中办理农村信贷，并负有领导农村信用社的职能。1979 年 3 月，中国银行从中国人民银行中分离出去，作为国家指定的外汇专业银行，统一经营和集中管理全国的外汇业务；同时设立国家外汇管理局。1983 年，中国建设银行重建。1984 年，中国工商银行从中国人民银行分离，承担了原有中国人民银行办理的金融经营业务。至此，四大专业银行业务严格划分，分别在工商企业流动资金、农村、外汇和基本建设四大领域执行资金分配和融通职能。

四大国有专业银行，一方面执行国家金融政策职能，另一方面也具有商业银行功能，所以既是政策银行也是商业银行。随着改革开放的发展，需要专业银行转向商业化经营。为此，中国于 1980 年开始对这些银行实行经济核算。1983 年，银行系统开始实行"全额利润留成制度"，把各项指标考核与利润留成挂钩。随后，中国又开始探索专业银行向商业银行转轨的途径，允许专业银行向综合化经营方向发展。这种业务的相互交叉和竞争，为专业银行深化改革和商业化经营奠定了良好的基础。

在四大国有专业银行向商业银行转化的同时，从 1986 年起陆续建立了一批新型股份制商业银行。1986 年，中国第一家股份制商业银行即交通银行重新营业，1987 年，第一家由企业集团发起设立的银行即中信实业银行宣告成立，同年，第一家以地方金融机构和企业共同出资的区域性商业银行即深圳发展银行开始营业。此外，中国光大银行、华夏银行、广东发展银行、招商银行、上海浦东发展银行、福建兴业银行、海南发展银行、烟台住房储蓄银行和蚌埠住房储蓄银行等相继建立。1980 年，第一家城市信用社在河北省挂牌营业，并很快在全国引发了组建城市信用社的高潮。在此期间，中国的许多中心城市都建立了城市信用社。农村信用社的数目也迅速增长，最多的年份超过 5 万家。

3. 资本市场发育

与银行类金融机构飞速发展相适应，诸如信托投资公司、财务公司和投资基金等非银行金融机构开始出现。1979 年 10 月，第一家信托投资公司中国国际信托投资公司成立。随后，政府部门、地方政府和各家银行纷纷组建信托投资公司，在全国兴起了组建信托投资公司的热潮。1981 年 4 月，中国东方租赁有限公司成立，标志着融资租赁业开始进入中国的金融体系。1987 年，以企业集团为依托的财务公司开始出现。同年，中国银行和中国国际信托投资公司联手首创"中国投资基金"，标志着中国投资基金市场的诞生。

1981 年，为了弥补财政赤字，国家决定恢复发行国库券。1983 年，为了补充资金来源，一些国有银行发行了金融债券。从 1984 年开始，一些企业发行了类似于企业债券形式的有价证券。政策性金融机构也开始利用债券市场筹集资金，国家开发银行、进出口银行和农业发展银行相继发行了自己的债券。1993 年，中国人民银行为了调控市场资金余缺曾经发行过融资债券。

1984 年 11 月 14 日，经人民银行上海分行批准，由上海飞乐电声总厂、飞乐电声总厂三分厂、上海电子元件工业公司、工商银行上海市分行信托公司静安分部发起设立上海飞乐音响股份有限公司，向社会公众及职工发行股票。所发行的股票，没有期限，不能退股，可以流通转让。① 这是中国改革开放后发行的第一只真正意义上的股票，标志着中国资本市场的产生。随着资本市场的发育，1990 年底上海证券交易所设立，1991 年初深圳证券交易所挂牌，成为全国性的股票交易场所。1991 年 10 月，"武汉证券投资基金"和"南山风险投资基金"分别由武汉市人民银行和深圳南山区政府批准成立。同年，中国农村发展信托投资公司也在山东省私募 5000 万元设立淄博基金，并首先获得中国人民银行批准。这三家机构成为中国资本市场中最早的机构投资者。② 1992 年，我国成立了国务院证券委员会和中国证监会，开始对证券业实行专业化监管。

三、城市综合改革

1. 沙市改革试点

沙市是湖北省的一个小城市，原有的地方工业是靠小队伍、小厂房、小设备、小批量起步发展起来的，长期以来，由于体制僵化，企业不能灵活适应市场变化，大量产品不能适销对路，导致产品滞销，效益下降。中共十一届三中全会以后，沙市通过解放思想，进行了城市经济体制改革，主要内容是通过组建企业性公司（总厂），进行工业联合改组，并在此基础上实行扩权改革。1979 年至 1980 年，沙市先后分 3 批在全市 42 个国营企业中进行了扩大企业自主权的试点，实行工业联合、改组、放权。具体做法是：由集体企业组建的公司（总厂）则参照国营企业扩权的办法，将税后利润留给企业以建立公积金、公益金和奖金。同时，还扩大了公司（总厂）部分生产计划权、部分产品销售权、内部价格制定权、留成资金使用权、中层干部任免权、机构设置和人事管理权等。这样，就使公司（总厂）成为名副其实的经济组织，初步具有了生产经营自主权，并调动了企业和职工的生产积极性。

1981 年 7 月，国务院确定在沙市进行城市经济体制综合改革试点。国务院和

---

① 参见秦其斌、汪建强：《"小飞乐"开创新中国股份制先河始末》，《档案春秋》2008 年第 5 期。

② 参见李扬：《中国金融改革开放 30 年：历程、成就和进一步发展》，《财贸经济》2008 年第 11 期。

湖北省沙市体制改革试点工作组与沙市经济体制改革委员会一起，研究确定了《沙市市经济体制综合改革试点的初步方案》。主要内容是：简政放权，打破原有条块管理，按照生产经营活动的需要，大力推进企业的改组联合、改革工业管理体制；建立科技发展基金，促进科技与生产的联合；开放市场，逐步形成多渠道、少环节、城乡开放的流通体制。经过几年的大胆探索，沙市摸索出了不少可资借鉴的新经验，如组织科研、生产、经济联合体，改革科技管理体制，推行劳动合同制，改革用工制度以及财税、银行、城建体制等。沙市按照国务院批准的经济改革试点总体方案，在生产、流通、分配、城建、科技、教育等方面开展改革试验，实行"综合试点、纵横推进、突出中心、渐进展开"的方式，加快沙市经济发展的进程。到 1983 年，沙市的综合经济体制改革取得明显成效，为全国城市经济体制综合改革提供了经验。

1982 年 3 月，国务院还确定常州为全国经济体制综合改革试点城市，批准了《常州市经济体制综合改革初步规划》。根据改革规划，常州全市上下从制定总体规划，从发挥中心城市作用、促进城乡互助互利、实现部门和地区有机结合、促进政企分开、实现经济和科技及各项事业协调发展等方面进行综合改革，并取得不少有益的经验。

2. 重庆改革试点

重庆是长江上游的经济中心，也是重要的内河口岸。但在计划体制下，重庆的经济中心作用被大大削弱了。改革就是要打破现行的行政区划，打通重庆对海外的直接经济联系，加强重庆作为长江上游经济中心的地位和作用，逐步形成以重庆为依托的，工业、农业、交通运输业、内外贸易、科学技术、金融事业等综合发展的开放型的经济区。为此，1983 年 2 月 8 日，中共中央、国务院批准四川省委、省人民政府《关于在重庆市进行经济体制综合改革试点意见的报告》，提出重庆经济体制综合改革试点的基本方向是：第一，改革城乡分割、条块分割、领导多头的管理体制，实行以大中城市为中心的、城乡结合、条块结合的经济管理体制。第二，在不改变省辖市的行政关系的条件下，给市以相当于省的经济管理权力，由市直接承担完成国家的计划和上缴财政任务的责任。第三，在全国统一计划下，国家对市实行计划单列，由市负责计划的综合平衡，按照计划经济为主、市场调节为辅的原则，积极发挥各种经济杠杆的作用。第四，坚持以社会主义公有制经济为主体，统筹安排全民、集体、合营和个体经济，发展多种经济形式和多种经营方式。第五，按照专业化协作的原则和经济合理的要求，发展多种形式的经济联合，形成合理的产业结构、产品结构和企业组织结构。第六，打破地区、部门、城乡的分割状态，在重庆建立商业、物资中心，按经济合理流向组织商品流通，做到货畅其流。第七，全面实行利改税的体制，改善国家与企业的关系，进一步健全经济责任制，改革工资奖励制度，克服统收统支"吃大锅饭"、平均主义的弊病。第八，按照党政企合理分工的原则和以大中城市为中心管理经济的要求，改革行政管理机构。

上述文件下发不久，国务院办公厅又专门发了一个文件，要求中央和国家有关部门大力支持重庆改革。此外，中央还给了一些特殊政策，其中最重要的有四条：一是同意重庆在计划体制、企业管理体制、流通体制、财政税收金融体制、劳动工资体制以及工资奖励制度上率先进行改革；二是赋予重庆相当于省一级经济权力，国家对重庆实行计划单列；三是原则上中央和四川省在渝企业下放市管；四是扩大重庆面积，永川地区与重庆合并，实行市带县体制。这些带有突破性质的政策，为重庆的改革提供了更为广阔的空间，也为重庆搭建了一个特殊平台。

3. 改革试点扩大

农村改革的成功经验，农村经济发展对城市的要求，为以城市为重点的整个经济体制的改革提供了极为有利的条件。当时，一部分省已相继确定了一些中等城市作为本省经济体制改革试点，这些城市是：辽宁省丹东市、黑龙江省牡丹江市、湖南省衡阳市、河南省安阳市、安徽省蚌埠市、广东省佛山市和江门市。1984年4月16日至25日，国家体改委在常州市召开城市经济体制改革座谈会。会议认为，沙市、常州、重庆等市的实践表明，搞好城市综合改革试点具有重要意义，它对于打破条块、城乡分割，形成合理的经济组织结构，促进科技进步；对于搞活企业、搞活流通，推动整个经济体制改革，都有着很大的促进作用，是建立具有中国特色的社会主义经济体制的有益探索。会议认为，搞好城市的改革试点，需要相应地扩大试点城市的权力和责任。中央有关部门和省要把一部分权力和责任下放给试点城市，热情地支持城市打破条块界限，统一组织经济活动；城市也要服从国家政策和计划的指导，完成上级部门下达的任务。国家提出的改革设想和初步方案，试点城市可先行试验，还应该从自身实际情况出发，大胆进行改革的探索。城市管理经济，不能沿用过去的老办法，不能变成新的"块块"。要简政放权，把应该放给企业的权力，真正放给企业，以经济办法为主管理经济，使城市成为生产、流通、金融、科技、文教和信息中心。以城市为依托，逐步形成不同类型、不同规模、不同水平的开放型的经济区和经济网络。[①]

在城市综合改革试点的基础上，1984年10月20日，党的十二届三中全会在北京召开，作出《中共中央关于经济体制改革的决定》，强调加快城市改革的步伐，指出：

---

① 参见国家体改委：《关于印发〈城市经济体制改革试点工作座谈会纪要〉的通知》（1984年5月10日）。

目前，城市企业经济效益还很低，城市经济的巨大潜力还远远没有挖掘出来，生产、建设和流通领域中的种种损失和浪费还很严重，加快改革是城市经济进一步发展的内在要求。城市是我国经济、政治、科学技术、文化教育的中心，是现代工业和工人阶级集中的地方，在社会主义现代化建设中起着主导作用。只有坚决地系统地进行改革，城市经济才能兴旺繁荣，才能适应对内搞活、对外开放的需要，真正起到应有的主导作用，推动整个国民经济更好更快地发展。

党的十二届三中全会以后，城市经济体制改革全面展开，加快了整个改革的进程。

第五节　非公经济

非公经济主要包括个体经济、私营经济和其他各种类型的民营经济。"三大改造"完成后，我国建立了社会主义生产资料公有制，包括全民所有制和集体所有制，而非公经济已经十分弱小，后来经过"大跃进"和"文化大革命"，甚至连小商小贩都几乎消失殆尽。改革开放后，非公经济是从无到有地产生并发展起来的，但其间经历了十分曲折的历程。

一、个体经济

1956 年我国"三大改造"完成以后，非公经济基本不复存在，只剩下数量极少的商贩和小手工业者。而在"文化大革命"期间，他们大部分又被作为资本主义尾巴割掉。新中国成立初期我国有城镇个体劳动 900 万人，1966 年仍有近 200 万人，1978 年底只剩下 15 万人。[1] 所以，改革开放前的中国基本上没有非公经济。改革开放以后，非公经济从无到有、由小到大发展起来，而其最早的源头可以追溯到知青返城后的个体经营。

上山下乡运动结束后，国家政策允许知青回城。然而，当时国家经济仍很凋敝，不可能吸收大批回城青年就业。此外，还有大批其他人员等待就业安排。据统计，截止到 1979 年上半年，全国需要安排就业的人数高达 2000 多万人，其中包括

———————————————

[1]　参见《中共中央关于转发全国劳动就业会议文件的通知》（1980 年 8 月 17 日）。

大专院校、技校毕业生和家居城市的复员转业军人 105 万人，按政策留城的知识青年 320 万人，插队知识青年 700 万人，城镇闲散劳动力 230 万人，反右派斗争和"文化大革命"中处理错了需要安置的 85 万人。[1] 如何解决劳动就业已经成为党和政府所面临的迫在眉睫的问题。

1979 年 2 月，国家工商行政管理局召开了"文化大革命"结束后的第一次工商行政管理局长会议。会议提出并经中共中央、国务院批转的报告指出："各地可以根据当地市场需要，在取得有关业务主管部门同意后，批准一些有正式户口的闲散劳动力从事修理、服务和手工业等个体劳动，但不准雇工。" 1979 年 9 月 29 日，叶剑英在国庆讲话中明确指出，"目前在有限范围内继续存在的城乡劳动者的个体经济，是社会主义公有制经济的附属和补充"[2]。政策放开后，个体经济迅速出现和发展，到 1979 年底，全国的个体工商户发展到 31 万人（户），比 1978 年增长了一倍多。[3]

1980 年 7 月，《中共中央办公厅关于召开全国劳动就业工作会议问题的通知》明确指出，为了解决劳动就业的突出矛盾，必须全面改革现行的劳动制度。应当允许劳动力在一定范围内流动，实行劳动部门介绍就业与自谋出路相结合，拓宽就业的途径。劳动者可以按照自己的能力、条件和兴趣选择工作岗位，可以从事个体工商业……要使个体经济有一个适当的发展。[4] 1980 年 8 月，中共中央在《进一步做好城镇劳动就业工作》的文件中明确提出要鼓励和扶植城镇个体经济的发展，并指出：

> 宪法明确规定，允许个体劳动者从事法律许可范围内的，不剥削他人的个体劳动。这种个体经济是社会主义公有制经济的不可缺少的补充，在今后一个相当长的历史时期将发挥积极作用，应当适当发展。有关部门对个体经济要积极予以支持，不得刁难、歧视。一切守法的个体劳动者，应当受到社会的尊重。[5]

1980 年底，全国从事个体经济人数迅速发展到 81 万人。[6]

---

[1]　参见中共中央整党工作指导委员会编：《十一届三中全会以来重要文献简编》，人民出版社 1983 年版，第 29 页。

[2]　中共中央文献研究室编：《三中全会以来重要文献选编》，人民出版社 1982 年版，第 211 页。

[3]　参见张厚义等主编：《中国私营企业发展报告（1978—1998）》，社会科学文献出版社 1999 年版，第 93 页。

[4]　参见《中共中央办公厅关于召开全国劳动就业工作会议问题的通知》（1980 年 7 月 2 日），中办发〔1980〕42 号。

[5]　《进一步做好城镇劳动就业工作》（1980 年 8 月 7 日），中办发〔1980〕64 号。

[6]　参见张厚义等主编：《中国私营企业发展报告（1978—1998）》，社会科学文献出版社 1999 年版，第 93 页。

1981 年 6 月，党的十一届六中全会讨论通过的《中共中央关于建国以来党的若干历史问题的决议》指出："社会主义生产关系的变革和完善必须适应于生产力的状况，有利于生产的发展。国营经济和集体经济是我国基本的经济形式，一定范围的劳动者个体经济是公有制经济的必要补充。"[①] 该《决议》的通过，标志着中国共产党在对社会主义所有制结构的探索方面迈出了具有重要历史意义的一步。

1981 年 7 月，国务院发出《关于城镇非农业个体经济若干政策性规定》，该文件第一次较为全面、系统地阐明了我国的个体经济政策。该文件还具体规定了城镇个体经济的经营范围，适当放宽了个体经济市场准入的条件。个体经济所能经营的行业主要包括：各种小型的手工业、零售商业、饮食业、服务业、修理业、非机动工具的运输业、房屋修缮业等，以及那些群众需要而国营和集体未经营或经营不足的行业。该文件适当放宽了对个体经济从业人员的限制并首次具体规定了雇工的数目，指出："个体经营户，一般是一人经营或家庭经营；必要时，经过工商行政管理部门批准，可以请一至两个帮手；技术性较强或者有特殊技艺的，可以带两三个最多不超过五个学徒。"[②]

1981 年 10 月 17 日，《中共中央、国务院关于广开门路，搞活经济，解决城镇就业问题的若干规定》发布，指出：

> 在我国，国营经济和集体经济是社会主义经济的基本形式，一定范围的劳动者个体经济是社会主义公有制经济的必要补充。国营经济在各种经济形式中起着主导作用，为了适应生产力发展的状况，以及人民群众多方面的需要，还必须同时发挥集体、个体等多种经济形式的积极作用。在社会主义公有制经济占优势的根本前提下，实行多种经济形式和多种经营方式长期并存，是我党的一项战略决策，决不是一种权宜之计。只有这样，才能搞活整个经济，较快较好地发展各项建设事业，扩大城镇劳动就业。

该文件还要求各部门采取积极的态度，坚决地迅速地改变那些歧视、限制、打击、并吞集体经济和个体经济的政策措施，代之以引导、鼓励、促进、扶持的政策措施。特别重要的是，该文件还规定了对个体劳动者财产权的保护政策：

> 集体企业和个体劳动者的财产所有权，正常的经营活动和正当的收入，应当受到法律的保护，任何部门和单位不得非法干涉、平调、升级和并吞。他们

---

① 中共中央文献研究室编：《三中全会以来重要文献选编》，人民出版社 1982 年版，第 840—841 页。
② 中华全国工商业联合会信息中心编：《个体私营经济政策法规选编》，企业管理出版社 1996 年版，第 62—65 页。

除按国家税法和各省、市、自治区人民政府的有关规定，交纳税款和费用以外，任何部门和单位不得再以任何名义收取费用。

1982年9月，党的十二大报告提出，要在坚持国营经济主导地位的前提下发展多种经济形式，"在农村和城市，都要鼓励劳动者个体经济在国家规定的范围内和在国家工商行政管理下适当发展，作为公有制经济的必要的有益的补充，只有多种经济形式的合理配置和发展，才能繁荣城镇经济，方便人民生活"①。1982年12月，五届全国人大五次会议通过的《宪法》第11条作了如下规定："在法律规定范围内的城乡个体劳动者经济，是社会主义公有制经济的补充。国家保护个体经济的合法权利和利益。国家通过行政管理，指导、帮助和监督个体经济。"②

1983年4月13日，国务院发布《关于城镇劳动者合作经营的若干规定》和《〈关于城镇非农业个体经济若干政策性规定〉的补充规定》。根据这一规定，进一步放宽了对个体工商业在市场准入方面的限制，扩大了个体经济的经营范围和权限。例如，该规定允许个体工商户使用机动车船承揽客、货运输；有条件地允许个体工商业户从事长途贩运、批量销售等。与此同时，该规定还针对个别地方对个体工商户乱收费、乱摊派的现象，要求各部门采取有效措施，切实保护个体工商户的合法权益。

在一系列政策支持下，个体经济迅速发展。1981—1984年，个体工商户由183万户增长到933万户，增加4.1倍；从业人员由227万人增长到1304万人，增加4.7倍；注册资金由5亿元增长到100亿元，增加19倍。1984—1992年，个体工商户由933万户增长到1534万户，增长了64.4%；从业人员由1304万人增长到2468万人，增长了89.3%；注册资金由100亿元增长到601亿元，增长了501%。当然，这期间个体经济伴随国民经济调整，各个年份的经济增长速度也有波动。③

二、私营企业

1. 雇工经营

改革开放后的私营经济，最初大多是从个体经济发展而来。因而，对个体经济的肯定事实上就为私营经济的产生提供了必要的前提。在个体经济的恢复和发展过程中，一些善于经营的个体劳动者，不仅积累了较多的资金，而且有了一定的经营管理经验，他们需要进一步扩大经营规模。20世纪80年代初期，在全国各地有一

---

① 中共中央文献研究室编：《十二大以来重要文献选编》（上），人民出版社1986年版，第20—21页。

② 中华全国工商业联合会信息中心编：《个体私营经济政策法规选编》，企业管理出版社1996年版，第3页。

③ 参见国家统计局贸易外经统计司编：《中国市场统计年鉴》（1981—1992年），中国统计出版社1981—1992年版。

批个体工商户，通过雇工经营，逐步扩大规模而成为私营企业。

这些企业雇工的方式多种多样。最初是雇佣家人和亲属，然后是雇佣亲戚和朋友，总之是扩大用人的数量，甚至出现一些雇工大户。这种情况与国家"不许雇工"的政策是相矛盾的，因此也常常受到管理部门的限制。而究竟能否雇工，雇工数量要如何限制，理论界曾展开激烈的讨论。1983 年 1 月 2 日，中共中央印发《当前农村经济政策的若干问题》（1983 年中央"一号文件"），明确指出：

> 我国是社会主义国家，不能允许剥削制度存在。但是我们又是一个发展中的国家，尤其在农村，生产力水平还比较低，商品生产不发达，允许资金、技术、劳力一定程度的流动和多种方式的结合，对发展社会主义经济是有利的。因此，对农村中新出现的某些经济现象，应当区别对待。例如，农户与农户之间的换工，丧失劳动能力或劳力不足者为维持生活所请的零工，合作经济之间请季节工或专业工、技术工，等等，均属群众之间的劳动互助或技术协作，都应当允许。农村个体工商户和种养业的能手，请帮手、带徒弟，可参照《国务院关于城镇非农业个体经济若干政策性规定》执行。①

2. 私营企业

私营经济最初是与个体经济联合并称的，即个体私营经济。在当时的政策制度下，个体工商户都是以个人或家庭为单位从事经营的，他们以个人或家庭全部财产承担责任。这些个体工商户并不是法人企业也没有法人资格。所以，尽管他们构成个体私营经济，但并不能称之为私营企业。这种制度极大地限制了个体工商户扩大经营的努力，更严重影响了私营经济的发展。

第一个私营企业产生于 1985 年。大连摄影个体户姜维试图与港商合作创办合资企业。但根据当时的规定，只有法人企业才能与外商合作创办企业。为此，姜维跑遍了有关机构都不能解决问题。最后在胡耀邦的亲自过问下，经国家工商行政管理总局直接指示终于取得私营企业营业执照。1985 年 4 月，国家工商行政管理总局局长任仲林指示大连市工商局，授权他们向姜维颁发私营企业执照。4 月 17 日，《人民日报》报道："辽宁省大连市摄影个体户姜维与香港华源投资有限公司合资成立的全国第一家个体户与港商合办企业——大连光彩实业有限公司，经国务院批准，4 月 13 日正式营业。"② 这是改革开放后中国第一个私企执照，成为新中

---

① 王瑞璞主编：《中南海三代领导集体与共和国经济实录》，中国经济出版社 1998 年版，第 903 页。

② 《经济短波》，《人民日报》1985 年 4 月 17 日。

国民营经济史上的重要事件。

1987年10月，中共十三大报告指出：

> 社会主义初级阶段的所有制结构应以公有制为主体。目前全民所有制以外的其他经济成分，不是发展得太多了，而是还很不够。对于城乡合作经济、个体经济和私营经济，都要继续鼓励它们发展。在不同的领域，不同的地区，各种所有制经济所占的比重应当允许有所不同。

报告还指出：改革中出现的股份制形式，包括国家控股和部门、地区、企业间参股以及个人入股，是社会主义企业财产的一种组织方式，可以继续试行。一些小型全民所有制企业的产权，可以有偿转让给集体或个人。私营经济一定程度的发展，有利于促进生产，活跃市场，扩大就业，更好地满足人民多方面的生活需求，"是公有制经济必要的和有益的补充"。这是党的正式文件中第一次承认私营经济。

1988年4月，第七届全国人民代表大会第一次会议通过《中华人民共和国宪法修正案》，以国家根本大法的形式确立了私营经济的合法地位、合法权益及合法发展，承认了私营经济发展的合法性。修改后的《宪法》规定："国家允许私营经济在法律规定的范围内存在和发展，私营经济是社会主义公有制经济的补充，国家保护私营经济的合法权利和利益，对私营经济实行引导、监督和管理。"

1988年7月国务院发布《中华人民共和国私营经济暂行条例》，对私营经济的主体——私营企业作了质的规定："私营企业是指企业资产属于私人所有，雇工在八人以上的赢利性经济组织。"① 针对私营经济的经营范围，《中华人民共和国私营经济暂行条例》指出："私营企业可以在国家法律、法规和政策规定范围内从事工业、建筑业、交通运输业、商业、饮食业、服务业、修理业和科技咨询等行业的生产经营。"《中华人民共和国私营经济暂行条例》同时对于私营经济的经营范围作出了限制，即"不得从事军工、金融业的生产经营，不得生产经营国家禁止经营的产品"。《中华人民共和国私营经济暂行条例》允许"私营企业按照国家法律、法规的规定，可以同外国公司、企业，同其他经济组织或个人举办中外合资企业、中外合作经营企业，可以承揽来料加工、来样加工、来件装配，从事补偿贸易"②。

总的来看，私营企业在20世纪80年代初就已开始恢复，但从法律意义上来说，是在1988年4月宪法修正案通过后才进入合法发展的阶段。1988年在各地工商行政管理机关办理注册登记的私营企业大大增加，到1988年底，全国（除西藏、

---

① 《中华人民共和国私营经济暂行条例》，人民出版社1988年版，第2页。
② 《中华人民共和国私营经济暂行条例》，人民出版社1988年版，第33、34页。

山西、黑龙江外）已注册的私营企业发展到 40638 家，雇工人数达到 723782 人。[①] 1987 年，私营企业统计数据正式公布是，有私营企业 9.6 万户，投资者 21.4 万人。到 1992 年，私营企业数已达到 13.96 万户，投资者人数达 30.31 万人。[②]

表 21-1　1989—1993 年我国私营企业户数及增长率

年份	户数（万户）	增长率（%）	投资者人数（万人）	增长率（%）
1989	9.06	—	21.42	—
1990	9.81	8.3	22.41	4.6
1991	10.78	9.9	24.14	7.7
1992	13.96	29.5	30.31	25.6
1993	23.79	70.4	51.38	69.5

资料来源：大成企业研究院：《民营经济改变中国》，社会科学文献出版社 2018 年版，第 41 页。

三、民营科技企业

改革开放后，党和政府十分重视科技的作用，注重发挥科技人员的力量。一些科技人员放弃研究机构或机关中的稳定工作，通过创办技工贸紧密结合的经济实体（起初称为"民办科技机构"），迈出了科技人员进入市场发展科技产业的第一步。1979—1980 年，率先开创兴办以科技人员为主体的民营科技企业的有：1979 年，云南科技人员何文柱在云南宣威县创办宣威银耳研究所；1980 年春，四川科技人员郑启明在四川泸县创办泸县茶叶精加工厂；1980 年 10 月，杭州市科委管理干部金宝庆等创办杭州应用技术研究所等。[③]

民营科技企业兴起最早并且最为集中的地方，就是北京中关村电子一条街。1980 年 10 月，中国科学院研究员陈春先率 7 名科技人员，在中关村创办了第一个民营科技机构——北京等离子先进技术服务部。陈春先在三次考察美国"128 号公路"后，提出在中关村建立"技术扩散区"，探索一条适应我国国情的扩散新技术、将科研成果迅速转化为生产力的路子。[④] 陈春先等人与北京市海淀区工业公司合作，成立了华夏新技术研究所，在此基础上，又成立了华夏电气厂和电气服务公

①　参见陆百甫：《大重组——中国所有制结构重组的重大问题》，中国发展出版社 1998 年版，第 170 页。

②　参见大成企业研究院：《民营经济改变中国：改革开放四十年民营经济主要数据简明分析》，社会科学文献出版社 2018 年版，第 40—41 页。

③　参见中华人民共和国科学技术部政策法规与体制改革司编：《中国民营科技企业发展报告（1978—2001 年）》，中国经济出版社 2002 年版，第 11 页。

④　参见于维栋：《希望的火花——中关村电子一条街调查》，中国人民大学出版社 1988 年版，第 2 页。

司。1982年12月，中科院计算技术研究所研究工程技术人员王洪德辞职下海，与7名科技人员一起，带领几十名知青，在中关村创办全国第一家机房工程公司，即北京市京海计算机机房技术开发公司。1983年5月，北京市海淀区和中国科学院联合创办科海新技术公司。1984年，联想、四通、信通等公司也相继成立。随后，中关村出现了许多销售电脑，提供软件开发和应用服务的公司，到1984年年底时已发展到40家。[①] 创业初期，这些民办科技机构主要从事以技术咨询、技术转让、技术服务、技术中介为内容的技术经营与技术贸易活动。

1985年3月，《中共中央关于科技体制改革的决定》发布，指出：科技体制改革的根本目的是使科学技术成果迅速地广泛应用于生产，使科学技术人员的作用得到充分发挥，大大解放科学技术生产力，促进经济和社会的发展。该《决定》明确规定："允许集体和个人建立科学研究和技术服务机构。地方政府要对他们进行管理，给予指导和帮助。"[②] 这个《决定》给中关村民营科技企业以合法身份和地位，从而大大促进了中关村民办科技企业的发展，并进而引发了中关村第一次科技创业潮。1985年中国新技术开发公司、北京华海新技术开发公司、中国科学院希望高级电脑技术公司（后改名为北京希望电脑公司）（简称"希望公司"）、大地矿业新技术公司、中国自动化技术公司、康华电力电子技术公司、华燕电脑公司、通联公司、石化院科技开发公司、北京长城钛金公司（简称"长城钛金公司"）等企业相继成立。1986年又有一批科技民营企业创办，包括海威公司、动物所成果推广中心、北京大学新技术公司（方正）、中国长城西门子电讯设备维修中心、北京市海淀区永明电源技术研究室等，达到近百家。截止到1987年末，中关村电子一条街的各类科技企业达148家，比1986年的100家增长48%，从业人员达5000多人，技工贸总收入超过9亿元，是1986年的3倍，已占北京市海淀区社会总收入的37%。电子、电脑产品的销售额达4亿多元，形成全国较大的微机与电子元器件和信息产业技术市场。[③]

1987年1月20日，国务院发布了《关于进一步推进科技体制改革的若干规定》，提出了"两放"政策，即进一步放活科研机构和进一步放宽放活科技人员。1988年5月3日国务院发布《关于深化科技体制改革若干问题的决定》，在继续鼓励和促进民办科研机构发展的同时，进一步提出"科研机构以多种形式长入经济，发展成新型的科研生产经营实体。科研机构可以和企业互相承包、租赁、参股、兼并，实行联合经营，或进入企业、企业集团，或发展成科研型企业等"。"要充分发挥民办科技机构自筹资金，自主经营，自负盈亏，以市场为导向，以技术为依

---

①　参见于维栋：《希望的火花——中关村电子一条街调查》，中国人民大学出版社1988年版，第2页。
②　杨荣兰：《中国"硅谷"——来自中关村的前沿报道》，北京邮电大学出版社2000年版，第13页。
③　参见于维栋：《希望的火花——中关村电子一条街调查》，中国人民大学出版社1988年版，第14页。

托，技工贸、技农贸一体化运行机制等方面的优势，逐步形成国家、集体、个人一起兴办科技事业的新局面"。[①] 在这些政策的有力推动下，民办科研机构进入新一轮发展高潮，截至 1989 年 4 月底，经全国县、区以上科委批准，并经同级工商部门注册的"民办科技机构"约有 15000 余家，专职的从业人员约 30 多万人，企业年技工贸总收入超过 40 亿元。[②]

第六节　对外开放

一、开放决策

在第一个五年计划期间，我国积极发展对外经济贸易和技术合作关系，除与苏联签订 156 项成套设备合同外，还同东欧社会主义国家签订 108 项成套设备合同，与其他西方国家有 3 项，此外还有进口单项设备 120 余项。我国还同苏联和东欧国家建立了几个合资公司，如与苏联合资经营的新疆有色金属公司、大连中苏友好修船造船股份有限公司、与波兰合资经营的中波轮船股份公司、与捷克斯洛伐克合资经营的中捷国籍海运股份公司等。由于以美国为首的西方国家对中国实行经济技术封锁，我国与西方国家的经济关系极为有限。中苏关系破裂后，我国与苏联东欧国家之间的经济贸易往来大大减少，但与资本主义国家的经济贸易关系有所开展。1962 年我国从日本进口两套维尼仑设备，接着从法国、英国、意大利等国先后进口了石油、化工、冶金、矿山、电子和精密机械等设备和技术共 80 多项，包括一部分单项设备和专利权。同时，我们也利用了一部分外资，其形式有短期的买方信贷、延期支付以及通过中国银行吸收香港和其他海外存款等。1973 年，我国开始实施"四三方案"，从国外引进 43 亿美元的成套设备和单机，以后又开展了其他技术引进活动。70 年代，我国从日本、美国和西欧国家引进了一大批成套设备和技术，包括 13 套化肥装置、4 套化纤设备，上海金山和北京燕山的石油化工设备，武钢一米七轧机，以及采煤、火电等项目。但由于受到固有的思想观念和法律制度的限制，还受到西方封锁和禁运，对外经贸易关系发展非常有限。

党的十一届三中全会，决定把工作重点转向经济建设上来，同时确定了对外开放的方针。会后，中央多次进行讨论，并阐述了一个指导思想：我国社会主义现代

---

① 《国务院关于深化科技体制改革若干问题的决定》（1988 年 5 月 3 日），新华网。

② 参见中华人民共和国科学技术部政策法规与体制改革司编：《中国民营科技企业发展报告（1978—2001 年）》，中国经济出版社 2002 年版，第 17 页。

化建设，要利用两个资源——国内资源和国外资源；打开两个市场——国内市场和国外市场；学会两套本领——组织国内经济建设和发展对外经济关系。1982年五届全国人大五次会议通过的《中华人民共和国宪法》序言中规定："发展同各国的外交关系和经济、文化的交流"；第十八条规定："允许外国的企业和其他经济组织或者个人依照中华人民共和国法律的规定在中国投资，同中国的企业或者其他经济组织进行各种形式的经济合作……它们的合法权利和利益受中华人民共和国法律的保护。"这就把中国的对外开放政策以宪法形式确定下来。

1984年10月11日，邓小平会见日本公明党委员长竹入义胜时说：

> 我们要一心一意地搞建设，争取一个和平的国际环境，进行国际交流，实行对外开放政策，以便实现我们规定的本世纪达到的目标。在以后的50年内，中国将继续实行对外开放政策，实现更伟大的目标，接近世界发达国家的水平。

> 中国的经济要发展，就不能闭关自守，要实行对外开放政策。……中国的这个政策，本世纪不会变，下一个世纪前50年不会变，后50年也难以改变。中国同各国的经济、贸易关系发展了，更密切了，要变也变不了。①

邓小平还认为，中国是社会主义国家。坚持社会主义道路，发展社会主义经济，吸收外资，合资经营，不可能损害社会主义中国的主权，只会有助于发展社会主义经济。

二、特区突破

1978年4月，国家计委、外贸部派遣的经济贸易代表团赴港澳进行考察后向中央建议，把靠近港澳的广东宝安、珠海划为出口基地，力争经过三五年时间，在内地建设具有相当水平的对外生产基地、加工基地和吸引港澳同胞的游览区。1979年1月6日，广东省和交通部共同起草《关于我驻香港招商局在广东宝安建立工业区的报告》。1月31日，李先念在报告上批示："拟同意，请谷牧同志召集有关同志议一下，就照此办理。"同月，广东省决定将宝安县改为深圳市，珠海县改为珠海市，用以开发建设出口基地。

1979年4月下旬，广东省委第一书记习仲勋向中央政治局汇报工作时提出：希望中央下放若干权力，让广东在对外经济活动中有较多的自主权和机动余地；允许在毗邻港澳的深圳和珠海以及属于重要侨乡的汕头举办出口加工区。邓小平对这

---

① 《人民日报》1984年10月12日。

项建议表示赞成和支持，并指示说："还是叫特区好，陕甘宁开始就叫特区嘛！中央没有钱，可以给些政策，你们自己去搞，杀出一条血路来。"[①] 中央工作会议讨论了这一重大问题，并形成了《关于大力发展对外贸易增加外汇收入若干问题的规定》，决定在沿海少数有条件的省市划出一定的地区，如广东省深圳、珠海、汕头以及福建省厦门和上海市崇明岛等单独进行管理，作为华侨和港澳商人的投资场所。深圳、珠海两地可以先办。对广东、福建两省采取特殊政策和灵活措施。

这次中央工作会议后，中共中央、国务院派主管外经贸工作的中央书记处书记、国务院副总理谷牧带领国务院工作组前往广东、福建，同两省的领导干部和专家共同进行深入细致的调查研究。1979年6月6日和6月9日，中共广东、福建省委分别向中央呈送关于对外经济活动中实行特殊政策和灵活措施的报告。1979年7月15日，中共中央、国务院批转广东省委和福建省委《关于对外经济活动实行特殊政策和灵活措施的两个报告》。中共中央和国务院原则同意试行在中央统一领导下大包干的经济管理办法，两省在计划、物资供应、物价政策等方面也实行新的经济体制和灵活政策。并决定，先在深圳、珠海两市划出部分地区试办出口特区，取得经验后，再考虑在汕头、厦门设置。

1980年3月，受中共中央、国务院委托，国务院副总理谷牧在广州召开广东、福建两省会议，检查总结中央关于特殊政策、灵活措施和试办出口特区的执行情况，讨论研究了当前的问题和措施。会议指出：特区在坚持四项基本原则和不损害主权的条件下，可以采取与内地不同的体制和政策，特区主要是市场调节。在这次会议上，与会者提出了将"出口特区"改名为"经济特区"的建议。1980年5月16日，中共中央和国务院批转《广东、福建两省会议纪要》，正式将"特区"定名为"经济特区"，并明确指出，特区要积极吸引侨资、外资，吸引国外先进技术和管理经验；必须采取既积极、又慎重的方针，逐步实施；特区的管理，在坚持四项基本原则和不损害国家主权的条件下，可以采取与内地不同的体制和政策；特区经济主要实行市场调节。这个决定进一步确定了特区的地位，同时也明确了特区的社会主义性质。1980年8月，五届全国人大常委会第十五次会议正式批准国务院提出的在广东、福建的4个市设立经济特区的建议，同时批准《广东省经济特区条例》，完成了设立经济特区的立法程序。这标志着中国经济特区的正式诞生。

1981年5月27日至6月14日，中共中央、国务院在北京召开广东、福建两省和经济特区工作会议。会议由谷牧副总理主持，会议的任务和指导思想就是从理论到实践系统地把特区过去两年的工作加以总结，统一思想，解决矛盾，同心同德，

---

① 中共中央文献研究室编：《邓小平年谱（一九七五——一九九七）》（上），中央文献出版社2004年版，第510页。

继续前进，更好地执行中央的决定。这次会议统一了对经济特区的认识：第一，试办经济特区是有充分理论根据的，这就是列宁关于利用外国的资金、技术和管理经验为社会主义建设服务的理论和实践；第二，办特区是利用外资，引进技术，发展经济，促进四化的一种特殊形式；第三，特区办好了，可以起到稳定港澳人心，促进台湾回归祖国的作用；第四，办经济特区与过去的"租界""殖民地"有本质的区别。在统一了对办特区的认识的基础上，会议制定了一整套适合特区性质和要求的政策措施，共十个方面：（1）特区的规划和建设要因地制宜、注意实效，各有侧重地发展；（2）海关对特区进口的货物、物品，要给予特殊的关税优惠；（3）简化入出境手续，方便人员往来；（4）特区的劳动工资要实行新制度；（5）特区市场需要的国家出口商品，可由特区向有关外贸公司提出订货，以外汇结算；（6）特区的货币、金融问题；（7）积极筹措特区建设资金；（8）特区的机场、海港、铁路、电讯等企事业，允许引进外资，由特区自营或与外资合营，自负盈亏；（9）必须抓紧制定特区的各项单行法规；（10）对特区的行政体制和管理机构的改革问题。1981年7月19日，党中央和国务院批发了《广东、福建两省和经济特区工作会议纪要》。这个文件为四个特区的全面建设统一了思想，提供了具体指导，对特区的建立与发展起了重要作用。特区的整套特殊政策和灵活措施，就是在此基础上逐步形成的。

1982年12月3日，中共中央、国务院批转《当前试办经济特区工作中若干问题的纪要》，肯定了试办特区三年来的成绩。该《纪要》强调要赋予特区更多自主权，特区的各种税收应实行优惠待遇，要加速制定和完善经济立法等。1984年1月24日至29日，邓小平视察了深圳、珠海两个经济特区，2月7日至10日视察了福建厦门市和正在建设中的厦门经济特区。视察期间，邓小平为深圳特区题词："深圳的发展和经验证明我们建立经济特区的政策是正确的。"2月24日，邓小平就办好经济特区和增加对外开放城市的问题同中央几位负责同志谈话。他说：我们建立经济特区，实行开放政策，有个指导思想要明确，是"放"而不是"收"。特区是个窗口，是技术的窗口，管理的窗口，知识的窗口，也是对外政策的窗口。除现在的特区之外，可以考虑再开放几个港口城市，如大连、青岛。我们还要开发海南岛。这样，深圳和其他特区的建立和发展，为中国对外开放打开通道，积累了重要经验。随后，中国通过几大步骤扩大对外开放，并逐渐走向全面开放。

三、区域开放

1. 沿海开放

1984年2月24日，邓小平和中央几位领导人谈话时指出，除现在的特区外，还可以考虑再开放几个点，增加几个港口城市，如大连、青岛。这些地方不叫特区，但可以实行特区的某些政策。1984 年 3 月 26 日至 4 月 6 日，中共中央书记处和国务院在北京召开沿海部分城市座谈会。根据邓小平的建议，会议确定：进一步开放大连、秦皇岛、天津、烟台、青岛、连云港、南通、上海、宁波、温州、福州、广州、湛江、北海等 14 个沿海港口城市和海南岛。国务院决定在这些城市和地区实行经济特区的某些政策，扩大它们的自主权。所谓进一步开放，一是扩大这些城市开展对外经济活动的某些权力，二是对投资办厂的外国人士、华侨、港澳同胞、台湾同胞及其公司、企业给予优惠待遇。扩大 14 个城市的自主权，主要是放宽利用外资建设项目的审批权限。国务院还决定在这些城市创办 13 个经济技术开发区，积极引进先进技术，特别是知识密集性的新兴工业项目。5 月 4 日，中共中央、国务院转发《沿海部分城市座谈会纪要》，并发出通知指出：沿海开放城市的建设，主要靠政策，一是给前来投资和提供先进技术的外商以优惠待遇；二是扩大这些城市的自主权，让他们有充分的活力去开展对外经济活动。

1985 年 1 月，国务院决定将长江三角洲、珠江三角洲和闽南的厦门、漳州、泉州三角地区开辟为沿海经济开放区，要求这三个地区根据国家要求，建立贸—工—农型的生产结构，即按出口需要发展加工工业，按加工工业的需要发展农业和其他原材料的生产，以此为中心任务，合理调整农业结构，认真搞好技术引进和技术改造，使产品不断升级换代，生产名优产品，使这些地区成为对外贸易的基地和对外经济联系的窗口。

1988 年初，国务院作出实施沿海地区经济发展战略的决定，主要内容是：充分利用国际产业结构调整带来的机会以及沿海地区劳动力资源丰富等多种优势，在沿海地区大力发展外向型经济，包括注意发展劳动密集型产业，加工业实行"两头在外""大进大出"，鼓励外商投资，积极兴办三资企业等，以加快沿海地区的经济发展并带动全国经济。

2. 海南特区

20 世纪 80 年代初，在开放深圳、珠海、汕头、厦门四个经济特区的同时，中央高层把目光投向了中国第二大岛海南岛。1983 年 3 月，国务院副总理谷牧从海南调研回京，组织国务院有关部门与广东省、海南岛有关人员具体讨论，提出综合意见，报请中央审议。4 月 1 日，中共中央、国务院批转《关于加快海南岛开发建设问题讨论纪要》，并发出通知，决定加快海南岛的开发建设，在政策上放宽，给予海南行政区较多的自主权，并指示中央各有关部门采取积极态度，从人、财、物方面给海南岛以必要的直接支持。

1984 年 2 月 24 日，邓小平在视察深圳、珠海等经济特区回京后，邀请几位中央领导同志座谈，强调要开发海南岛，并坚定地说，如果能把海南岛的经济发展起来，那就是很大的胜利。1984 年 5 月，中共中央书记处和国务院在北京召开沿海部分城市座谈会，5 月 4 日，中共中央、国务院转发《沿海部分城市座谈会纪要》指出：中央和国务院考虑到海南岛孤悬海外，经济落后，1983 年专门发出文件，确定以对外开放促进岛内发展的方针，授予海南行政区在对外经济活动方面较多的自主权。5 月 31 日，六届全国人大二次会议审议并通过了国务院关于撤销广东省海南行政公署、成立海南行政区人民政府的建议。

1984 年 10 月，《中央扩大海南对外经济贸易主权八项规定》出台。根据《中央扩大海南对外经济贸易主权八项规定》，海南岛可以自主进口 17 种国家控制的商品，其中主要是汽车，这是其他经济特区没有的特权，而且规定海南岛组织出口所得的全部外汇得以留用。在海南与大陆腹地之间没有海关的情况下，使海南得以将国家控制的商品进口并转卖到大陆腹地。当年，转卖汽车可以赚取暴利，海南岛成为全国炒卖汽车的"天堂"，酿成了举国震惊的"海南倒卖汽车事件"。这一事件使海南的开放和发展受到严重阻滞，本已经确定的"八项规定"也没有进一步落实。

1986 年 5 月，谷牧专程前往广东，与有关同志仔细研究和讨论，提出了《关于海南岛进一步开放的一些初步设想》报送中央。该《设想》建议，将原来的海南行政区（包括所辖南海诸岛）单独建省，同时将海南全省办成经济特区，在经济政策和经济管理体制上更放开一些。1987 年 6 月 12 日，邓小平同志在接见南斯拉夫客人时明确提出：要搞一个"更大的特区"，这就是海南经济特区。

1987 年 9 月 26 日，中共中央、国务院发出《关于建立海南省及其筹建工作的通知》，指出：海南的开发建设，必须立足于海南的资源优势，充分挖掘内部潜力，同时大力吸引外资，特别是要注意引进港澳的资金，逐步建立起具有海南特色的外向型经济结构。为此，国务院将给海南省更多的自主权，规定更为优惠的政策，使海南省成为我国最大的经济特区。

1987 年 12 月 8 日至 11 日，国务院在海口市召开了由海南省筹建组、国务院所属 16 个部门、广东省、新华社香港分社和香港中资集团负责人参加的专门会议。会议形成部分共识，即通过特殊政策，加大海南的对外开放。1988 年 4 月 13 日，第七届全国人民代表大会第一次会议通过了国务院提出的关于设立海南省和建立海南经济特区的议案。4 月 26 日，海南省委省政府正式挂牌。5 月 4 日，国务院批准和公布了谷牧主持制定的《关于海南岛进一步对外开放加快经济建设座谈会纪要》和《关于鼓励投资开发海南岛的规定》。1988 年 8 月 4 号，海南省政府公布了《关于贯彻国务院〔1988〕26 号文件加快海南经济特区开发建设的若干规定》（简称《三十条》），其中第十一条规定，凡在海南注册的企业，均享有进出口经营权，企业凭营业执照办理进出口业务；第二十四条规定，本省的人民币外汇汇率由省内外汇调剂市场自由调节，各类企业、事业单位、机关和个人均可通过外汇调剂市场自由买卖和兑换外汇；第二十九条规定，凡是国家法律、法规及省政府的条例规章没有明文禁止的，有利于生产力发展的生产经营活动，企事业单位、团体和个人均可放开经营、大胆试验。① 1988 年 9 月，海南召开了第一届党代会，会上提出，海南实施市场经济体制，企业不分经济成分，一律实行平等竞争。

3. 浦东新区

在沿海地区开放的基础上，中国进一步开放开发上海浦东，成为中国对外开放的战略举措。浦东新区位于上海黄浦江的东岸，面积 1210.40 平方公里，既拥有上海经济技术发展的良好基础，也具有对外开放的地理优势。1990 年 2 月 18 日，邓小平在上海发表谈话，提出开发浦东的建议。他指出，浦东的开发对于上海活力的恢复、长江流域乃至整个国家的发展将是一个具有深远意义的关键步骤。4 月 18 日，中共中央、国务院宣布开发和开放上海浦东，并对浦东新区实行经济技术开发区和某些经济特区的政策。中央的决定指出，浦东的开发开放将加快上海产业结构调整，增强城市综合服务功能，尽快促进中国这个最大的工商口岸成为国际性经济、贸易、金融、航运中心，进而带动长三角及整个长江流域的经济起飞。

1990 年 4 月 30 日，上海市政府召开新闻发布会，宣布中央部委有关减免三资企业所得税、生产建设器材免关税以及允许外资经批准兴建第三产业、增设外资银行等开发浦东的 10 项政策。1992 年 3 月 10 日，根据发展需要，国务院又给予浦东新区扩大五类项目审批权限，增加五个方面的资金筹措渠道。② 这些政策力度很大，整合了经济技术开发区和特区的相关政策，有些政策如外资兴办第三产业等"比特区还特"。

为加快浦东开发开放，国务院和上海市政府迅速出台了浦东开发开放的法规文件。1990 年 9 月 10 日，国务院有关部门和上海市政府向中外记者宣布了《上海外资金融机构中外合资金融机构管理办法》《关于上海浦东新区鼓励外商投资减征、免征企业所得税和工商统一税的规定》等开发开放浦东的九个法规文件。③ 1991 年 9 月 18 日，上海市人民政府又公布了三个新的政策规章，包括《鼓励外地投资浦东新区的暂行办法》，以及关于外高桥保税区进出海关和外汇管理的两个施行细则。④

浦东的开发开放，对于吸引更多跨国企业进入中国，带动长三角地区乃至全国开放发展都具有重大意义，成为 20 世纪 90 年代我国进一步扩大对外开放的战略举措。浦东新区的开发开放，成为吸收外商投资的热点。浦东开发仅一年，浦东新区就批准设立 8 家外资银行分行、一家中外合资国际银行和 2 家中外合资财务公司，

---

① 参见海南省统计局编：《海南统计年鉴 1988》，中国统计出版社 1988 年版。
② 参见《国务院给浦东新增五项优惠政策》，《解放日报》1992 年 3 月 11 日。
③ 参见《宣布浦东开发开放九个法规文件》，《解放日报》1990 年 9 月 11 日。
④ 参见《上海推出浦东开发三项新政策》，《解放日报》1991 年 9 月 19 日。

初步形成了金融先行的产业规划。这一年，浦东新区新批准设立外资企业 138 家，是该地区开发开放前 10 年的 4 倍多，而且接待 2 万多国外客商到区考察。从 1990 年到 2014 年，浦东地区经济总量从 60 亿元增长到 7110 亿元、增长了 118 倍，财政收入从 10 亿元增长到 2900 亿元、增长了 290 倍，地方财政收入从 5 亿元增长到 685 亿元、增长了 136 倍。①

三、市场开放

1. 外贸体制改革

1979 年以前，中国一直实行对外贸易的国家统制，全国进出口都由外贸部门管理和外贸专业公司统一经营。1979 年 10 月 4 日，邓小平在中央召开的各省、市、自治区第一书记座谈会上说："过去我们统得太死，很不利于发展经济。有些肯定是我们的制度卡得过死，特别是外贸。好多制度不利于发展对外贸易，对增加外汇收入不利。"在邓小平的推动下，外贸体制改革开始启动。

1979 年，经国务院批准，适当扩大地方和企业的外贸权限，实行了出口外汇留成试点，对以进养出的进口原辅材料给予优惠待遇，大力推行"三来一补"等贸易方式。1982 年 1 月 15 日，中共中央、国务院批转《沿海九省、市、自治区对外经济贸易工作座谈会纪要》，指出，正确处理沿海和内地的关系，是我国社会主义经济建设中的一个战略性问题。在新形势下，要发挥沿海地区的优势，在内外统筹安排的原则下，努力增加出口比重；抓住当前有利时机，大胆利用外资；加强国际经济合作和技术交流；积极地、有步骤地改革经济贸易管理体制，为全国提供经验。到 1984 年 5 月，国家决定，天津、上海、大连等 14 个沿海开放城市和 7 个计划单列市都相应给予外贸经营权。至 1984 年，全国已批准各类经营外贸企业 8349 家（不包括三资企业），比 1979 年上半年以前的 205 个增加了近 40 倍。

外贸经营权的下放打破了几十年来由少数外贸专业公司垄断经营的格局，对于调动部门、地方、企业发展出口的积极性和促进我国对外贸易的发展起到了积极作用。但就整个外贸体制而言，仍存在外贸管理体制上的政企合一，经营体制上的收购制、分配制，财务体制上统负盈亏的"大锅饭"等根本性问题，工贸结合的实质性问题没有解决，企业仍受行政部门的束缚，其积极性不能得到充分发挥。1984 年 9 月 15 日，国务院批转对外经济贸易部《关于外贸体制改革意见的报告》（国发〔1984〕122 号文件），提出外贸体制改革的主要内容是：（1）通过简政放权，实行政企分开，以及对外贸易两级管理，经贸部专门执行行政管理职能，制定了一

---

① 参见中华人民共和国商务部网站，见 http：//history. mofcom. gov. cn/？newchina＝上海浦东新区的开发开放。

系列规定、条例和办法，对外贸业务实行有效的管理和指导；外贸企业在经营管理方面有了一定自主权，这就为外贸企业的内部改革提供了有利条件。（2）加强工贸结合、技贸结合，密切出口生产企业和外销部门的关系。（3）实行进出口代理制，进一步打破外贸财务上吃"大锅饭"，国家统负外贸盈亏的体制。（4）在外贸经营单位中实行经济责任制，即外贸总公司接受向外贸部门承包的出口创汇计划、出口成本以及盈亏等指标，再将这些指标向下层层承包。到1991年1月1日，国家调整和改革汇率机制，执行汇率双轨制，统一外汇留成，取消对外贸企业的出口补贴，外贸全行业实行自负盈亏。这次外贸体制改革，是我国经济体制的一项重大改革。对我国实行对外开放，对内搞活经济、充分调动各方面的积极性，进一步发展我国对外贸易具有重大意义。

1986年7月，中国正式向关贸总协定递交《中华人民共和国对外贸易制度备忘录》，提请恢复中国在关贸总协定的原始缔约国地位，我国外贸体制改革也开始以符合国际规则作为导向。根据党的十三大关于加快和深化经济体制改革的精神，为了适应我国进一步对外开放和加速发展对外贸易事业的需要，国务院决定全面推行对外贸易承包经营责任制。1987年9月，国务院批转对外经济贸易部《一九八八年外贸体制改革方案》，提出"当前外贸体制的改革，要实行自负盈亏，放开经营，加强管理，联合对外，以进一步促进对外贸易的发展。1988年，轻工、工艺、服装三个行业进行了承包经营试点，在自主经营、自负盈亏，打破统负盈亏的外贸财务体制上迈出了重要的一步"。1988年2月27日，国务院颁布《国务院关于加快和深化对外贸易体制改革若干问题的规定》（国发〔1988〕12号文件），加快和深化对外贸易体制改革的基本内容是：

全面推行对外贸易承包经营责任制，主要由各省、自治区、直辖市、计划单列市人民政府（以下简称各地方）向国家承包出口收汇基数、上缴外汇额度基数、出口收汇基数内人民币补贴基数、外汇额度挂账数额，超过出口收汇基数的外汇收入实行分成，自负盈亏；少数商品由外贸和工贸进出口总公司承包并统一经营，不下放的部分工贸总公司仍由其承包经营。各外贸进出口总公司和部分工贸进出口总公司的地方分支机构（经营国家统一经营出口商品的有关企业除外）与总公司脱钩，作为企业法人，下放地方管理，财务上与地方财政挂钩。

为配合对外贸易经营责任制的推行，国家还实行了一系列相关措施：第一，改革了外汇管理制度，放宽外汇管制，在外汇留成方面，由过去按地区实行差别留成改为按大类商品的差别计算外汇留成比例；第二，根据1988年确定的"征多少，退多少，不征不退"和"彻底退税"的基本原则，全面实行出口退税政策；第三，逐步允许大部分商品的进出口放开经营，逐步取消进出口指令性计划，并较大范围降低了进口关税。1991 年，国家进一步取消财政对出口的补贴，按国际通行的做法由外贸企业综合运筹，自负盈亏。20 世纪 80 年代，我国进出口贸易额持续增长，增长速度加快，由 1978 年的 206 亿美元扩大到 1988 年的 1028 亿美元。此后速度不断加快，5 年后的 1993 年发展到近 2000 亿美元。①

2. 三资企业发展

在 1978 年 7 月的国务院务虚会议上，李先念提到了引进外资问题，强调要放手利用国外资金，大量引进国外先进技术设备。1978 年底，党的十一届三中全会确定了对内改革、对外开放的战略。但当时的中国尚无外商投资企业。1979 年 2 月 2 日，邓小平访美期间，在休斯敦的一次聚会上，与美国西方石油公司董事长哈默先生交谈，并向他提出访华邀请。1979 年 5 月，哈默来到中国访问，并与中国达成关于石油勘探、煤炭开发、杂交水稻和化学肥料方面的协议。1984 年哈默在山西北部开始兴建当时中国最大的合资企业——安太堡露天煤矿。

从 1979 年到 20 世纪 90 年代初，中国初步形成了以全国人大颁布的法律、国务院发布的行政法规和有关部门的规章，以及地方立法作为补充的吸收和利用外资的法律体系。1979 年 7 月，五届全国人大二次会议通过并正式公布《中华人民共和国中外合资经营企业法》。同年 8 月，为加强对利用外资的领导工作，国务院设立外国投资管理委员会，主要任务是会同有关部门制定吸收外资的政策法规；制定中外合资经营企业的管理办法，组织有关部门审批合资经营企业的协议、合同和章程；统筹管理各部门、各地方利用外资工作。1982 年 4 月，第五届全国人民代表大会第二十三次会议把中国利用外国投资政策写入宪法修正案，从根本法上确立了外商投资企业在中国的法律地位。《中华人民共和国宪法》第十八条规定："允许外国的企业和其他经济组织或者个人依照中华人民共和国法律的规定在中国投资，同中国的企业或者其他经济组织进行各种形式的经济合作。""在中国境内的外国企业和其他外国经济组织以及中外合资经营的企业，都必须遵守中华人民共和国的法律。它们的合法权利和利益受中华人民共和国法律的保护。"

1983 年 9 月 20 日，中国通过了《中外合资经营企业法实施条例》，对于合资经营企业的法律地位、组织形式、出资方式、设立与登记程序、内部管理以至解散与清算、争议的解决等方面都作了具体规定，使得企业的经营活动基本上有法可依。1986 年 4 月，第六届全国人民代表大会第四次会议又通过了《中华人民共和

---

① 参见国家统计局：《改革开放 30 年我国经济社会发展成就系列报告》，见国家统计局网站。

国外资企业法》，1988 年颁布实施《中华人民共和国中外合作经营企业法》。至此，包括《中外合资经营企业法》在内的利用外资三部法律全部完成。为了保证有关外资的三部法律的实施，全国人民代表大会常务委员会和国务院组织有关部门草拟与之配套的法律和实施细则，在较短的时间内完成了一批基本的涉外经济法律、法规的起草工作。

尽管制定和颁布了一系列相关法律和法规及其实施细则，但由于中国改革开放刚刚起步，市场条件和基础设施等条件限制，外商投资并不踊跃。为了加快开放和吸引外资的步伐，1986 年 10 月，国务院发布了《关于鼓励外商投资的规定》（即《二十二条》），改变了过去对外商投资企业同样对待的做法，强调给产品出口企业和先进技术企业以特别优惠。如《关于鼓励外商投资的规定》第二条：

> 国家鼓励外国的公司、企业和其他经济组织或者个人，在中国境内举办中外合资经营企业、中外合作经营企业和外资企业（以下简称外商投资企业）。国家对下列外商投资企业给予特别优惠：一、产品主要用于出口，年度外汇总收入额减除年度生产经营外汇支出额和外国投资者汇出分得利润所需外汇额以后，外汇有结余的生产型企业；二、外国投资者提供先进技术，从事新产品开发，实现产品升级换代，以增加出口创汇或者替代进口的生产型企业。

具体优惠主要包括：产品出口企业和先进技术企业，除按照国家规定支付或者提取中方职工劳动保险、福利费用和住房补助基金外，免缴国家对职工的各项补贴。产品出口企业和先进技术企业的场地使用费，除大城市市区繁华地段外，按下列标准计收：一、开发费和使用费综合计收的地区，为每年每平方米五元至二十元；二、开发费一次性计收或者上述企业自行开发场地的地区，使用费最高为每年每平方米三元。（第三条）前款规定的费用，地方人民政府可以酌情在一定期限内免收。（第四条）产品出口企业和先进技术企业的外国投资者，将其从企业分得的利润汇出境外时，免缴汇出额的所得税。（第七条）产品出口企业按照国家规定减免企业所得税期满后，凡当年企业出口产品产值达到当年企业产品值 70% 以上的，可以按照现行税率减半缴纳企业所得税。经济特区和经济技术开发区的以及其他已经按 15% 的税率缴纳企业所得税的产品出口企业，符合前款条件的，减按 10% 的税率缴纳企业所得税。（第八条）先进技术企业按照国家规定减免企业所得税期满后，可以延长三年减半缴纳企业所得税。（第九条）外国投资者将其从企业分得的利润，在中国境内再投资举办、扩建产品出口企业或者先进技术企业，经营期不少于五年的，经申请税务机关核准，全部退还其再投资部分已缴纳的企业所得税税款。经营期不足五年撤出该项投资的，应当缴回已退的企业所得税税款。

与此同时，中国政府还加入了世界知识产权组织和保护工业产权的巴黎公约，外经贸部同 30 多个国家签订了关于相互促进和保护投资，以及避免双重征税和偷漏税协定。中国利用外资有了充分的法律保障，投资环境进一步完善。这些措施受到外国投资者的普遍欢迎，中国迎来第一次外资引入潮。

3. 加工贸易发展

"三来一补"指来料加工、来样加工、来件装配和补偿贸易。1978 年 8 月，香港永新企业有限公司董事长曹光彪先生与珠海地方合作，创办香洲毛纺厂，承接来料加工。1978 年 9 月，太平镇与香港信孚手袋有限公司商人张子弥达成协议，由张租用镇办企业太平竹器厂的场地，采取来料加工形式加工生产手袋，并于当年 9 月 7 日正式挂牌开工。这是最早的有关"三来一补"的记载。

1979 年，在总结各地经验的基础上，国务院在 3 月和 9 月分别颁布了《以进养出试行办法》和《发展对外加工装配和中小型补偿贸易办法》，从政策和法规上确认了这种新的贸易方式，正式实施"三来一补"的加工贸易政策。这就使加工贸易在我国沿海地区得到迅速发展和壮大，成为当时利用外资和扩大出口的一种主要方式。"三来一补"企业主要的经营结构是：由外商提供设备（有的也包括新建厂房）、原材料、来样，并负责全部产品的外销，由中国企业提供土地、厂房、劳力。中外双方对各自的投入不作价，以提供条件方式组成一个"三来一补"企业；中外双方不以"三来一补"企业名义核算，而是各自记账，以工缴费结算，对"三来一补"企业各负连带责任。补偿贸易是指国外厂商提供或利用国外进出口信贷进口生产技术、设备和原材料、零部件，由我方企业进行生产，以返销其产品的方式分期偿还对方技术、设备和料件的价款或信贷本息的贸易方式。

1987 年底，我国政府制定了沿海地区经济发展战略，于 1988 年出台了一系列鼓励外向型经济发展的政策，也称为"大进大出，多头在外"的政策，抓住亚洲"四小龙"转移劳动密集型产业的有利机遇，积极参与国际分工，振兴劳动密集型出口产业。这一时期，为鼓励企业开展进料加工，国家先后颁布了《中华人民共和国海关对进料加工进口货物管理办法》《对外经济贸易部关于加强进料加工复出口管理工作的通知》等一系列规定，进一步强化了对进料加工的鼓励和支持。由此外商投资企业逐渐成为我国进料加工贸易的主体，同时进料加工逐步成为我国加工贸易的主导方式。20 世纪 90 年代后期，一些纯"三来一补"企业逐步由中方开办的出口加工厂演变为完全由外商经营管理的，拥有一定财产和管理人员及固定场所的外向型企业。[1]

---

① 参见中华人民共和国商务部网站，见 http：//history. mofcom. gov. cn/？ newchina＝加工贸易的快速发展。

第七节　增长与发展

一、发展规划

1."六五"计划（1981—1985 年）

"六五"计划是改革开放后实施的第一个五年计划。1979 年到 1982 年期间，由于落实"调整、改革、整顿、提高"的方针，经济产业比例关系得到调整，积累和消费的关系趋于正常，1982 年财政收入由下降转为上升。1980 年邓小平提出两个杠杠：一是在 20 世纪实现四个现代化，使人们的生活水平达到小康水平；二是积累和消费的比例，长期积累率划在 25% 的杠杠上。根据这两个杠杠，部委、地方的计划部门开始制定长期规划，与经济界、科技界的专家学者一起调查研究中国发展的实际情况，力求摆脱过去不切实际的规划思路。1982 年 12 月五届全国人大五次会议讨论并通过了"六五"计划，此时计划的要求已经执行了两年。

"六五"计划的基本任务是：继续贯彻执行"调整、改革、整顿、提高"的方针，进一步解决过去遗留下来的阻碍经济发展的各种问题，取得实现财政经济状况根本好转的决定性胜利，并且为第七个五年计划期间的国民经济和社会发展奠定更好的基础，创造更好的条件。在这一方针指导之下，"六五"期间国民经济稳定快速增长，各项经济指标均超额完成。1985 年国内生产总值达到 7780 亿元，与 1980 年相比，扣除物价上涨因素，年均增长 10%。同期，工业总产值年均增长率为 10.8%，农业总产值年均增长率为 11.7%。国民收入 6765 亿元，财政收入平均每年增加 159 亿元，年递增 12%，实现收支平衡。但在"六五"后期，固定资产投资规模过大，货币发行过多，引发经济过热和物价上涨；部分企业尤其是乡镇企业污染环境、浪费资源、占用耕地现象严重；农业生产出现重副轻粮的倾向等，对经济稳定增长产生了不利影响。

2."七五"计划（1986—1990 年）

"七五"计划处于全面改革经济体制的关键时期。1983 年中共中央开始制定"七五"计划的准备工作，1985 年 9 月党的全国代表会议通过《中共中央关于制定国民经济和社会发展第七个五年计划的建议》，提出将"七五"期间的主要奋斗目标确定为：争取基本上奠定有中国特色的新型社会主义经济体制的基础，大力促进科学技术进步和智力开发，不断提高经济效益，使 1990 年的工农业总产值和国民生产总值比 1980 年翻一番或者更多一些，使城乡居民的人均实际消费水平每年递增 4%—5%，使人民的生活质量、生活环境和居住条件都有进一步的改善。1986 年 4 月六届全国人大四次会议讨论并通过了"七五"计划。

1990 年底，"七五"计划规定的各项指标绝大部分都超额完成。国民生产总值 17400 亿元，年均增长 7.8%，国民收入 14300 亿元，年均增长 7.5%，工农业总产值年均增长 11%，均超过"七五"计划的要求，提前实现了第一步战略目标。工业总产值 23851 亿元，年均增长 13.1%，超过计划增长 7.5%的目标；其中，轻工业产值 11799 亿元，重工业产值 12052 亿元。这一时期的主要问题是：一度忽视思想政治教育；在经济发展中求成过急，一度造成经济过热、通货膨胀；国民经济的某些方面过于分散，国家宏观调控能力减弱。

二、基础建设

1. 建设项目

"六五"计划施工的大中型建设项目共 890 个，原计划"六五"期间全部建成 400 个，其余转到"七五"计划期间继续建设。实际上"六五"期间全部建成投产大中型项目 496 个，完成一大批骨干项目，其中能源、交通等重点建设成就卓著，完成项目 103 个。1985 年，建成单机容量最大的内蒙古元宝山电厂 60 万千瓦汽轮发电机组；北京到秦皇岛、太原到焦作、成都到重庆、贵阳到昆明四条铁路电气工程全线或部分建成开通；兖石铁路新线和新荷铁路提前建成，打通晋煤外运的南通道；吞吐能量 2000 万吨的秦皇岛煤码头二期工程建成投产；建成上海宝山钢铁总厂一期工程；葛洲坝水利枢纽工程基本建成，总装机容量 175 万千瓦的大江电站准备投产。此外，北京—武汉—广州中同轴通信电缆、浙江镇海石化总厂化肥厂、湖北第二汽车制造厂、河南洛阳玻璃厂均建成（扩建）投产。[①]

"七五"时期，国家安排重点建设项目 306 个，总投资规模达 2955 亿元。1990 年已建成投产项目 121 个，主要有：山西大同、古交、河北开滦和山东兖州矿区的 4 对年产原煤 400 万吨的矿井，总装机容量 271.5 万千瓦的湖北葛洲坝水电站，建成投产 4 台 32 万千瓦机组的青海龙羊峡水电站，装机总容量 120 万千瓦的山西大同第二电厂一期工程和上海石洞口一电厂，6 条 50 万伏超高压输变电工程，年产纯碱 60 万吨的唐山碱厂，扬子、齐鲁、大庆、上海四大乙烯工程，宝山钢铁总厂一期工程，中英合资上海耀华玻璃公司的浮法玻璃生产线，大同至秦皇岛双线电气化铁路一期工程，年吞吐量 3000 万吨的秦皇岛煤码头三期工程。此外，北京亚运会工程、北京图书馆、中央电视台彩电中心、中国科技情报中心、气象卫星资料接

---

① 参见《中华人民共和国年鉴（1986 年）》，中华人民共和国年鉴社 1986 年版，第 348—349 页。

受处理系统等一批科学文化设施项目也相继建成投产。[①]

2. 科技发展

1986 年 3 月，王大珩、王淦昌、杨嘉墀、陈芳允四位科学家给中共中央写信，向国家提出要跟踪世界先进水平，发展中国高技术的建议，得到邓小平的高度重视。11 月，国务院批准了《高技术研究发展计划纲要》，即"863"计划。"863"计划选择了 7 个技术领域 15 个主题方向，即生物技术、航天技术、激光技术、自动化技术、信息技术、能源技术和新材料技术。第一期 863 计划实施时间是 15 年，总经费 100 亿元。1991 年之后，863 计划开始越来越重视高技术成果的产业化，不断探索产业化的方法。[②]

与 863 计划着眼于长远发展和国家安全的高技术前沿不同，国家五年规划中的"科技攻关计划"针对的是国民经济需要，解决行业的重大技术问题，以促进科技快速转化为生产力为目标。"六五"科技攻关计划国家拨款 15 亿元，加上各部门和地方投入，总计 25 亿元，共取得 3900 项科技成果，成果转换率达 80%以上，获得直接经济效益 127 亿元，建成 122 条试验生产线、297 个中试车间和中间试验基地。"七五"科技攻关计划累计投入 74 亿元，获得专题成果 10462 项，直接经济效益达 406.8 亿元。[③]

3. 交通事业

1978—1992 年，运输线路总里程的增速并不快，铁路营运里程复合增速仅 0.8%，而全国交通运输量却增长迅猛，整体货运量从 31.94 亿吨增加到 104.59 亿吨，年均增速 9.6%，客运量也从 25.4 亿人次上升到 86.09 亿人次，年均增速 9.2%。这一方面归功于航空里程的快速增长；另一方面得益于建设施工技术进步，提升了铁路的运输效率。1990 年末，全国铁路复线里程占营业总里程的比重为 24.4%，其中主要干线复线率已达 90%以上，铁路电气化里程占营业里程的比重达 13%。为减轻铁路负担，水陆运输合理分流，运输结构有所调整。在货物周转量中，铁路所占比重下降到 40.3%；公路所占比重上升到 13.1%；水运所占比重上升到 44.3%。同时，邮电通信事业发展迅速，1990 年邮电业务总量达 80 亿元，已有 296 个市县电话可直拨世界 180 多个国家和地区，传真、用户电报、特快专递等新兴邮电业务成倍增长。[④]

---

① 参见国家统计局：《关于"七五"时期国民经济和社会发展的统计公报》，1991 年 3 月 13 日，见 http://www.stats.gov.cn/tjsj/tjgb/ndtjgb/qgndtjgb/200203/t20020331_ 30004.html。

② 参见郭金明、杨起全、王革：《我国高技术研究发展计划（863 计划）的历史沿革和新时期面临的问题》，《自然辩证法研究》2012 年第 9 期。

③ 参见《"七五"国家科技攻关计划》，见 http://www.zgkjcx.com/Article/ShowArticle.asp? ArticleID=986。

④ 参见国家统计局：《关于"七五"时期国民经济和社会发展的统计公报》，1991 年 3 月 13 日，见 http://www.stats.gov.cn/tjsj/tjgb/ndtjgb/qgndtjgb/200203/t20020331_ 30004.html。

4. 水利建设

1980 年，国家压缩基本建设投资规模，水利的基础性作用受到忽视，"六五"时期水利基建投资只完成 93 亿元，相当于"五五"时期的 59%。水利基建投资减少既拖慢了水利建设的发展，也使原有的部分水利工程无法正常维持。农村水利设施长期处在疏于管理、年久失修的状态，同时由于基建占地、人为破坏等原因，1981—1988 年全国灌溉面积保有量净减少 1620 万亩。"七五"时期国家重新重视起水利基础建设，投资逐渐增加，全国水利基建完成 155 亿元，与"五五"时期持平，其中，1989 年水利基建投资完成 35.5 亿元，接近 1979 年 37 亿元的历史最高水平。

供水方面，建设了一批水源工程，包括引滦入津工程、引黄济青工程等，使全国总供水能力由 1980 年的 4432 亿立方米增加到 1990 年的 5000 亿立方米。但是由于人口增长，工业农业发展，供水工程建设投资不足，水资源供需紧张的情况长期存在。水电建设方面，1983 年国务院批准 100 个县试点小水电供电，各级政府积极推进农村电气化，充分发挥中小河流的水能优势，就地开发、就地供电，取得良好的效果。1990 年底，全国建成大中小型水库共 8.3 万座，水库库容总量达 4660 亿立方米，水库灌溉面积 1577 万公顷；建成灌溉区 5363 处，有效灌溉面积 2123 万公顷；治理水土流失面积 53 万平方公里，占流失总面积 39%；治理盐碱耕地面积 499 万公顷，占盐碱地总面积 66%；堤防长度达 22 万公里，保护面积 3200 万公顷。[①] 防洪方面，1989 年底，黄河、淮河、海河、长江、珠江、辽河、松花江 7 大江河，已经构建形成包括水库、堤防、闸涵等在内的完整防洪工程体系。

三、宏观调控

1. 调控背景

经济体制改革和价格改革激发了地方和企业的生产积极性，但是也刺激了投资和消费的扩张冲动。从 1984 年下半年开始，经济运行出现不稳定、不协调的情况，突出表现为经济过热。一是全社会固定资产投资规模过大，二是信贷资金和消费资金增长过快，三是物价急剧上涨，四是外汇结存大幅下降，五是出现大额财政赤字。

针对经济过热问题，1985 年 2 月至 10 月，国务院先后四次召开省长会议，解决消费基金增长过猛信贷规模过大、外汇使用过多以及控制固定资产投资规模等问题，主要措施包括紧缩银根，控制货币投放；冻结工资奖金总额；压缩固定资产投

---

① 参见《中华人民共和国年鉴（1991）》，中华人民共和国年鉴社 1991 年版。

资规模；降低人民币汇率等。这次"小调整"初步缓解了过热问题，投资规模暂时得到控制，同比增速从 6 月的 56.6% 下降到 9 月的 23.7%。但是，紧缩银根压缩的是企业流动资金，反而影响了供给，最后不得不适当放宽货币控制；预算外的投资增长依然旺盛，9 月同比增速为 56.3%，国民经济不平衡问题依然存在；"双轨制"价格体系下市场秩序混乱，投机倒把、官倒腐败现象严重，加上预算外投资过热，物价始终稳定不下来。1985—1987 年，全国零售物价指数分别上涨 8.8%、6.0%、7.3%。[1] 1988 年前三个季度零售物价涨幅超过 16%，通胀预期强烈一度引发抢购狂潮和银行挤兑。[2]

1988 年 9 月，党的十三届三中全会提出其后两年以治理经济环境和整顿经济秩序为重点，强调价格改革不能孤军突出，必须全面配套改革。一方面控制社会总需求，另一方面努力增加有效供给。1989 年 10 月，党的十三届五中全会作出《关于进一步治理整顿和深化改革的决定》，将原定的两年延长到三年，提出整顿治理的主要目标是：逐步降低通货膨胀率，将全国零售物价上涨幅度逐步下降到 10% 以下；扭转货币超经济发行的状况；逐步消灭财政赤字；逐步建立符合计划经济与市场调节相结合原则的，经济、行政、法律手段综合运用的宏观调控体系。实施措施包括：继续控制社会需求和坚持财政信贷双紧方针，加强农业等基础产业和调整经济结构，认真整顿经济秩序特别是流通秩序，继续深化改革和扩大对外开放，加强党对治理整顿和深化改革的领导。这次整顿治理是国民经济的又一次重大调整。

2. 财政政策

中央在意识到体制改革阶段稳定经济的必要性后，从 1985 年到 1987 年期间，都出台过财政紧缩的政策，压缩社会总需求增加有效供给，以缓解社会总供给和总需求的矛盾。解决问题的思路是一贯清晰的，但是在落实过程中都出现了这样那样的问题，政策方向存在反复，经济不平衡、物价通胀等问题只有缓解而没有解决。

1988 年 9 月治理整顿正式被提出后，前期的紧缩政策得到落实，清理固定资产投资项目加速，压缩非生产性项目，限制已经超额完成计划的机电产品生产。1989 年 3 月国务院发布《关于整顿税收秩序，加强税收管理的决定》，清理全国范围内各项不合理的减免税优惠待遇，并对彩电、汽车等高档耐用高消费品征收特别消费税。

1988 年开始的治理整顿，到 1989 年底初见成效。社会最终需求的快速增长

---

[1]　参见国家统计局编：《中国统计年鉴 1988》，中国统计出版社 1988 年版。

[2]　参见张卓元：《中国价格改革三十年：成效、历程与展望》，《经济纵横》2008 年第 12 期。

得到控制，全社会固定资产投资规模逐渐减少，国家预算资金从 497 亿元下降到 366 亿，自筹资金投资稳定在 2900 亿元，居民消费和集团消费增速出现回落。但是在此期间，财政赤字进一步加大，为控制物价国家财政补贴迅速增加，财政收入因为企业效益不好增长缓慢。尽管努力节约增产，1989 年全年财政赤字仍然高达 159 亿元，从 1986 年开始四年累计财政赤字达 439 亿元。

根据党的十三届五中全会要求，1990 年、1991 年都要继续压缩投资总规模，维持在 1989 年水平，调整投资结构，大幅度压缩一般性建设的投资，保证基础产业必不可少的投资需要。在治理整顿期间，一律不准建设新的楼堂馆所，不搞高能耗、超前消费的产品的建设项目，优先安排好农业、煤炭、原油、电力、铁路和一些原材料工业的建设项目。逐步把部分预算外资金转入预算内，提高国家财政收入占国民收入的比重和中央财政收入占整个财政收入的比重。对财政支出特别是事业费和行政管理经费进行不同程度的压缩，撤掉一批重叠的行政事业摊子和可有可无的学会、协会、中心，精简机构，裁减冗员。

表 21-2　1981—1992 年我国全社会固定资产投资及国家财政收支情况

（单位：亿元）

年份	全社会固定资产投资				财政收支		
	国家预算资金	国内贷款	外资	自筹和其他	一般公共预算收入	一般公共预算支出	财政盈余
1981	270	122	36	533	1175.79	1138.41	37.38
1982	279	176	61	715	1212.33	1229.98	-17.65
1983	340	176	67	848	1366.95	1409.52	-42.57
1984	421	258	71	1083	1642.86	1701.02	-58.16
1985	408	510	91	1534	2004.82	2004.25	0.57
1986	456	658	137	1869	2122.01	2204.91	-82.90
1987	497	872	182	2241	2199.35	2262.18	-62.83
1988	432	978	275	2969	2357.24	2491.21	-133.97
1989	366	763	291	2990	2664.90	2823.78	-158.88
1990	393	885	285	2954	2937.10	3083.59	-146.49
1991	380	1315	319	3580	3149.48	3386.62	-237.14
1992	347	2214	469	5050	3483.37	3742.20	-258.83

资料来源：国家统计局编：《中国统计年鉴 2018》，中国统计出版社 2018 年版。

1989 年四季度到 1991 年 9 月是进一步治理整顿阶段，主基调是力求稳定，在继续控制总量的基础上适当放松需求。在税收增长缓慢的情况下，为了防止再度出现经济过热，政府极力压缩各项支出，然而前期的债务进入偿还高峰，因此不得不通过增发国库券和专项债券协助渡过难关。1991 年新增财政借款 266.8 亿元，同比增长 129%。① 中央提高了商业零售营业税税率，加强征收税款，减少对地方的补贴，以缓解中央财政负担过重的困难。在强有力的紧缩政策下，经济过热势头得到遏制，工业总产值增速从 1987 年、1988 年的 17.69%、20.79% 下降到 1989 年、1990 年的 8.54%、7.76%。② 在此基础上，国家适当放松了控制，追加部分投资拉动最终需求，保持经济平稳较快增长。

3. 货币政策

信贷规模曾是中国的货币政策中介目标，又是实施货币政策的重要手段之一。因为商品经济不发达，存款准备金率和利率调节对抑制信贷扩张的机制不够成熟，因此 1984 年开始中国人民银行将信贷规模作为实行货币政策的中介目标，对贷款规模给予指导性计划指标。1985 年以及 1988—1991 年调整期间，对信贷规模实行指令性控制。

1984 年年底经济过热势头首次出现，中国人民银行就对分行和专业银行实行信贷控制，要求将 1985 年的贷款规模限制在 710 亿元左右，除了计划中的基本建设和技术改造项目外，其他固定资产投资一律不予贷款。对专业银行实行"统一计划、划分资金、实贷实存、相互通融"的信贷资金管理办法，限制专业银行盲目扩张信贷的行为。通过一系列调控手段，信贷规模得到控制。

"七五"计划实施期间，全社会固定资产投资旺盛，刺激信贷和货币大量投放。1988 年和 1989 年出现了改革开放以来最严重的通货膨胀，由于物价上涨幅度高于银行存款利率水平，居民银行储蓄大幅下滑。1988 年 9 月和 1989 年 2 月，中国人民银行两次提高城乡居民定期储蓄利率，一年期利率由 7.2% 提高到 8.64%。改变过去按存款者性质确定不同利率的做法，统一了个人、企业事业单位的存款利率，以吸引储蓄，稳定金融流动。

1988 年年底采取的紧缩政策，银行控制信贷规模抽紧银根，在社会最终需求仍然高速增长的情况下，生产性企业资金周转出现困难。为了规避银行结算和监管，维持生产经营，企业一方面采用现金结算，增加了资金的"体外循环"，一方面大量发债发股，拖欠贷款和税款，反过来使得银行资金周转陷入困境。面对年底工商企业大量的贷款周转需求，中国人民银行不得不增拨贷款给专业银行，维持经济正常运行。为此，全年货币投放量达到 679.5 亿元，比 1987 年增长 188%，加剧了通货膨胀程度，商品零售价格指数涨幅达 17.8%。

1989 年 11 月，党的十三届五中全会召开并通过了《中共中央关于进一步治理

---

① 参见中国金融学会编：《中国金融年鉴 1992》，中国金融年鉴编辑部 1992 年版。
② 参见国家统计局编：《中国统计年鉴 1999》，中国统计出版社 1999 年版。

整顿和深化改革的决定》，要求中央银行必须管住票子，控制住信贷总规模，次年的新增贷款总额和货币发行量维持在 1989 年的水平。新发放的银行贷款，严格按照国家的产业政策，优先保证重点产业、重点产品、重点项目和骨干企业资金的需要。进一步清仓利库，减少不合理的资金占用。企业要按规定比例增补自有流动资金。加强现金管理，积极清理各种拖欠款项，扭转资金"体外循环"现象。

1989 年起，中国人民银行对金融机构贷款实行"限额控制，以存定贷"和"全年亮底、按季监控、按月考核、适时调节"的办法，整顿规范金融市场的投融资行为，强化监督管理，按规定补充流动资金，对不合理占用资金的单位拒绝给予贷款。经过整顿治理后，宏观金融形势得到稳定。1989 年现金投放量得到控制，全年投放 210 亿元。1990 年储蓄存款大幅增加，存款总额增加了 2600 亿元，其中居民储蓄增加了 1800 亿元。

表 21-3 1979—1992 年我国货币流通增长速度同相关指标增长速度的比率

年　份	国民收入	农业、轻工业总产值	社会商品零售总额	社会农副产品收购总额
1979	0.69	0.99	0.95	1.71
1980	0.46	0.74	0.85	0.82
1981	0.28	0.58	0.41	0.56
1982	0.62	0.68	0.72	1.03
1983	0.58	0.46	0.56	0.87
1984	0.77	0.63	0.73	0.55
1985	0.57	0.47	0.65	0.39
1986	0.63	0.74	0.79	0.98
1987	0.69	0.79	0.65	0.71
1988	0.71	0.85	0.76	0.73
1989	0.45	0.6	0.32	0.47
1990	0.59	0.81	0.16	0.62
1991	0.72	0.76	0.8	0.73
1992	0.56	0.59	0.47	0.17

注：本表按当年价格计算，货币流通增长速度为 1。

资料来源：国家统计局编：《中国统计年鉴 1993》，中国统计出版社 1993 年版。

4. 通胀治理

1987 年的计划会议原本主张把稳定经济放在第一位，1988 年的改革计划中并没有安排价格改革。到 1988 年初，主持中央工作的领导同志对形势的认识发生变化，急于推进价格改革。当时经济学界认为适度通货膨胀可以实现国民收入的强制性储蓄，"双紧"方针以降低经济增速为代价是不必要的。这种观点对中央领导产生了重要影响，认为当时的物价问题是食品问题，不是货币发行过多，而是收购价格违反了价值规律，价格改革过于谨慎引起的。1988 年 8 月 17 日，中共中央政治局讨论和通过《关于价格、工资改革的初步方案》，引起国内外的广泛关注。实际上，在中共中央政治局会议通过价格和工资改革方案之前，单项的价格改革措施已经陆续出台。这些改革应当说是完全必要的，但时机不当，又过于集中，而且幅度过大。据后来统计，国家定价和指导价的变动，使物价上涨约 7.7%，比 1987 年全年物价上涨幅度还高。这些措施集中出台后，物价加速上升，6 月涨幅达到 16.5%，7 月上升到 19.33%，使越来越多的城镇居民不仅担心政府是否有稳定物价的手段和能力，甚至怀疑政府稳定经济、稳定物价的诚意和决心。因而局部性的银行挤兑和市场抢购时有发生。8 月 17 日中共中央政治局会议讨论并原则通过《关于价格、工资改革的初步方案》，触发了突击提取存款，大量抢购的全国性风潮。后通过压缩社会总需求和实行财政信贷"双紧"方针，治理整顿取得良好效果，经济过热的情况逐渐得到遏制，供给紧张的局面缓解，通货膨胀回落到正常水平。

四、经济增长

1. 增长速度

党的十一届三中全会以后，中国经济经过一段时期的调整，逐渐恢复了秩序，通过改革调动了各个方面的积极性，因而推动国民经济高速增长。按照当年价格计算，从 1979 年到 1992 年，中国国内生产总值由 4100.5 亿元增长到 27194.5 亿元，14 年翻了 6.63 倍，年平均增长率高达 15.67%；人均国内生产总值从 423 元增长至 2334 元，翻了 5.51 倍，年平均增长率达 14.04%。

改革开放以来，中国农产品供给能力取得了巨大进步。1978 年中国粮食产量为 3.04 亿吨，1984 年超过 4 亿吨，1992 年增加到 4.43 亿吨，"六五"和"七五"期间，年均增长速度超过 3%，人均粮食占有量也从 1978 年的 318.74 公斤增加到 1992 年的 379.97 公斤。棉花产量 1978 年只有 216.70 万吨，1992 年翻了一番，升至 450.84 万吨，"六五"期间的年平均增长速度高达 8.91%。油料产量 1978 年是 521.79 万吨，1992 年发展到 1641.15 万吨，是 1978 年的 3.15 倍。甘蔗产量也从 1978 年的 2111.6 万吨增加到 1992 年的 7301.1 万吨。

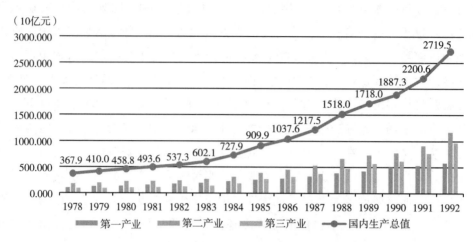

图 21-1　1978—1992 年我国国内生产总值增长情况

资料来源：国家统计局编：《中国统计年鉴 2018》，中国统计出版社 2018 年版。①

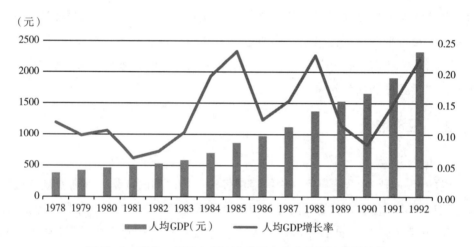

图 21-2　1978—1992 年我国人均国内生产总值及其增长率

资料来源：国家统计局编：《中国统计年鉴 2018》，中国统计出版社 2018 年版。

　　同 1978 年相比，1992 年中国主要工业产品产量均有大幅提高，其中：钢产量达到 0.67 亿吨，增长 303%；原煤产量达到 11.16 亿吨，增长 181%；发电量达到 7539.4 亿千瓦时，增长 2.94 倍；原油产量为 1.42 亿吨，增长 137%。

---

　　① 2016 年，国家统计局改革研发支出的核算方法，将能够为所有者带来经济利益的研发支出不再作为中间消耗，而是作为固定资本形成处理。根据新的核算方法，国家统计局修订了 1952—2015 年国内生产总值历史数据。2018 年中国统计年鉴中的数据是修订后的数据。

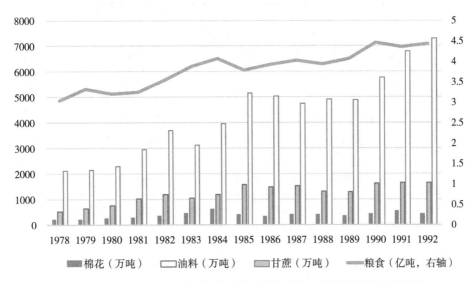

图 21-3 1978—1992 年我国粮食产量、棉花产量、甘蔗产量和油料产量

资料来源：国家统计局编：《中国统计年鉴1993》，中国统计出版社1993年版。

表 21-4 1978 年和 1992 年主要工业产品产量对比

品　名	单　位	1978 年	1992 年	增长倍数
原煤	百万吨	618.00	1116.39	1.81
原油	百万吨	104.05	142.10	1.37
发电量	十亿千瓦时	256.55	753.94	2.94
钢材	百万吨	22.08	66.97	3.03
农用氮、磷、钾化肥	百万吨	8.69	20.48	2.36

资料来源：国家统计局编：《中国统计年鉴1993》，中国统计出版社1993年版。

2. 产业结构

党的十一届三中全会后，国家开始改变长期以来优先发展重化工业的战略，转向优先发展轻工业，采取改善人民生活第一、工业全面发展、对外开放和多种经济成分共同发展的工业化战略。产业结构逐步完善，经历了以农产品为原料的轻工业增长为主导的时期和以非农产品为原料的轻工业增长为主导的时期，摆脱了改革开放之前"农业基础薄弱，农轻重比例失衡"的局面，逐渐趋于协调。

1979—1992 年，中国宏观经济总量及其各个产业均有较快发展，GDP 年均增长 9.5%，其中，第一产业增加值年均增长 12.47%，第二、第三产业增加值年均分别增长 14.91% 和 19.87%。到 1992 年底，三次产业增加值在国民经济总量中的比例关系从 1978 年的 27.7∶47.7∶24.6 变为 21.3∶43.1∶35.5。

中国经济通史（下卷）

表 21-5 1978 年和 1992 年我国三次产业增加值结构变化

	GDP（亿元）	第一产业		第二产业		第三产业		人均GDP（元）
		增加值（亿元）	占比（%）	增加值（亿元）	占比（%）	增加值（亿元）	占比（%）	
1978 年	3678.7	1018.5	27.7	1755.2	47.7	905.1	24.6	385
1992 年	27194.5	5800.2	21.3	11725.3	43.1	9668.9	35.5	2334
"六五"时期平均	6541.5	2021.1	31.2	2868.2	44.1	1652.2	24.7	637.2
"七五"时期平均	14756.7	3809.0	25.9	6288.4	42.8	4659.4	31.3	1334.6

资料来源：国家统计局编：《中国统计年鉴2018》，中国统计出版社2018年版。"六五""七五"时期平均值由笔者计算。

　　三次产业不同的增长速度使得产业结构发生了明显的变化，从年度间的连续变化上观察，三次产业增加值所占比重的变动规律并不相同。第二产业增加值在GDP中的占比虽然最高，但是自改革开放初期到20世纪80年代末期呈现出了非常明显的下降趋势，1991年开始止降转升。与第二产业相反，第三产业在国民经济中的比重持续增加，1985年超过第一产业，到1992年底占比已经达到了35.5%。第一产业比重从改革开放初期到20世纪80年代中期保持上升趋势，1985年开始下降，此后基本呈现了稳步下降的趋势。

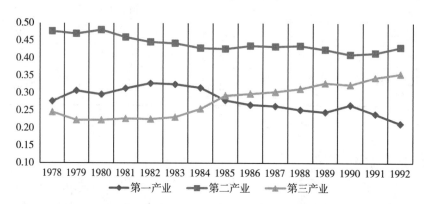

图 21-4 1978—1992 年我国国内生产总值构成

资料来源：国家统计局编：《中国统计年鉴1993》，中国统计出版社1993年版。

　　1978年开始，中国轻重工业生产增长经历了"轻工业有限发展—轻重工业同步发展—加强基础工业建设—重工业加快发展"的变化过程[1]：改革开放初期到20世纪80年代中期，中国采取了优先发展轻工业的政策，相应的，这一阶段工业结构向轻工业倾斜，轻工业的比重从1978年的43.1%增加到1981年的51.5%。此

---

　　① 参见国家统计局编：《成就辉煌的20年》，中国统计出版社1998年版，第26页。

后，整个 20 世纪 80 年代，轻重工业比重呈现出"平分秋色"的稳定局面。

表 21-6　1978—1991 年我国工农业总产值中农、轻、重的比例关系变化

（单位:%）

	1978年	1979年	1980年	1981年	1982年	1983年	1984年	1985年	1986年	1987年	1988年	1989年	1990年	1991年
农业	24.8	26.6	27.2	28.8	29.9	29.9	29.7	27.1	26.4	25.3	24.3	22.9	24.3	22.4
轻工业	32.4	32.1	31.3	36.7	35.2	34	33.3	34.3	35	36	37.3	37.7	37.1	37.9
重工业	42.8	41.3	38.5	34.5	34.9	36.1	37	38.6	38.6	38.7	38.4	39.4	38.3	39.7

资料来源：国家统计局编：《中国统计年鉴 1993》，中国统计出版社 1993 年版。

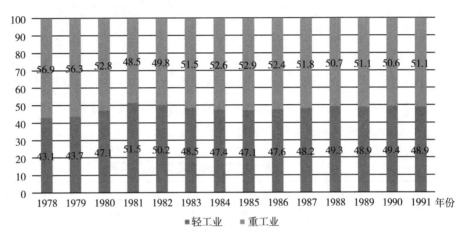

图 21-5　1978—1991 年我国轻重工业总产值比重变化（以工业总产值为 100）

资料来源：国家统计局编：《中国统计年鉴 1992》，中国统计出版社 1992 年版。

3. 经济效益

1978 年以后，随着经济体制改革的推进，宏观经济效益整体上得到提升。1978 年到 1992 年，每个劳动者创造的国内生产总值从 1607.9 元增加到 3652.5 元，复合增速达到 5.96%。但这一时期由于经济转型，劳动生产率增速不稳定，经常出现大起大落。1981—1984 年增长呈加速态势，增速从 1.2% 上升到 11.1%；1989—1991 年为经济整顿治理阶段，劳动生产率增速迅速下滑，增速分别为 2%、1.9%、4.9%；随着整顿治理任务完成，价格并轨，经济市场化进入了新阶段，1992 年社会劳动生产率增速猛增至 10.3%。劳动生产率的波动变化与经济体制改革进程密切相关。与此同时，单位能耗生产的国内生产总值不断提高。得益于节约能耗技术的进步和管理水平的提高，1980—1990 年，每吨能源消耗生产的国内生产总值从 748.4 元增加到 1079.7 元，相应的，每万元国内生产总值能源消费量从 13.36 吨标准煤下降到 9.26 吨标准煤。需要指出的是，能源利用效率的提高同样和国民经济运行状况相关，整顿治理期间效率的提升有所下滑，整顿完成后重新恢复增长。

五、对外经济

1. 对外贸易

党的十一届三中全会以后，中国加快了对外开放的步伐，积极利用国内国外两种资金，开拓国内国际两种市场，实施出口导向型战略，减少国家对出口商品的管制，给予政策优惠鼓励各种形式的出口创汇，实行出口退税，同时限制外资企业内销，提高进口关税，实施配额限制、外汇管制限制进口。

20世纪80年代出口商品结构逐渐由以初级产品为主，转变成以工业制成品为主。食品、矿物燃料等初级产品出口占比从50.3%下降到1992年的20%，相应地，轻纺产品、橡胶制品、矿冶产品等工业制成品占比由49.7%上升到1992年的80%。加工贸易产业大多是劳动密集型，一方面为中国创造了大量的就业岗位，另一方面国内低廉的劳动力价格使加工贸易模式能够实现贸易顺差。1980年中国出口额为271亿元，占国内生产总值比重为6.1%，在世界出口中排名第26位；到1992年大幅提升到4679.4亿元，占国内生产总值的比重为19.5%，排名上升到第11位，对外出口成为拉动国民经济增长的重要"马车"。

表 21-7　1978—1992 年我国进出口贸易情况

年　份	进出口总额（亿元）	出口总额（亿元）	出口同比增速	进口总额（亿元）	进口同比增速	净出口总额（亿元）
1978	355	167.6	20.0%	187.4	41.1%	−19.8
1979	454.6	211.7	26.3%	242.9	29.6%	−31.2
1980	570	271.2	28.1%	298.8	23.0%	−27.6
1981	735.3	367.6	35.5%	367.7	23.1%	−0.1
1982	771.3	413.8	12.6%	357.5	−2.8%	56.3
1983	860.1	438.3	5.9%	421.8	18.0%	16.5
1984	1201	580.5	32.4%	620.5	47.1%	−40
1985	2066.7	808.9	39.3%	1257.8	102.7%	−448.9
1986	2580.4	1082.1	33.8%	1498.3	19.1%	−416.2
1987	3084.2	1470	35.8%	1614.2	7.7%	−144.2
1988	3821.8	1766.7	20.2%	2055.1	27.3%	−288.4
1989	4155.9	1956	10.7%	2199.9	7.0%	−243.9
1990	5560.1	2985.8	52.6%	2574.3	17.0%	411.5
1991	7225.8	3827.1	28.2%	3398.7	32.0%	428.4
1992	9123.6	4679.4	22.3%	4444.2	30.8%	235.2

注：1979 年以前为外贸部门业务统计数，1980 年后为海关统计数。

资料来源：《1994 年中国对外经济统计年鉴》，中国统计出版社 1995 年版。

2. 外资引进

1979 年国家开始积极地引进吸收国外资金，主要通过外商直接投资和对外借款两种途径。1979 年 10 月颁布《中华人民共和国中外合资经营企业法》，鼓励外商在中国境内直接投资，通过引进外资解决中国资金短缺问题。1982 年底，已成立合资企业 83 家，合作经营企业近 800 家。到 1987 年，已批准成立的外资企业达到 8516 家，1989—1991 年更进一步，批准外资企业 26005 家。外商直接投资项目数量迅速增加，1983 年共计 470 个，到 1992 年猛增至 48764 个，翻了 10 倍多，直接投资金额也从 6.36 亿美元增长到 110.07 亿美元，年均增速 37.27%。

表 21-8　1979—1992 年我国实际利用外资情况

（单位：亿美元）

年　份	实际利用外资总额	对外借款	外商直接投资	外商其他投资额
1979—1982	124.57	106.9	11.66	6.01
1983	19.81	10.65	6.36	2.8
1984	27.05	12.86	12.58	1.61
1985	46.47	26.88	16.61	2.98
1986	72.58	50.14	18.74	3.7
1987	84.52	58.05	23.14	3.33
1988	102.26	64.87	31.94	5.45
1989	100.59	62.86	33.92	3.81
1990	102.89	65.34	34.87	2.68
1991	115.54	68.88	43.66	3
1992	192.02	79.11	110.07	2.84

资料来源：国家统计局编：《中国统计年鉴1993》，中国统计出版社1993年版。

3. 国际收支

1982—1984 年，我国经常账户出现顺差，其中货物进出口金额变化不大。1985—1989 年，由于松动银根、扩大财政支出的"双松"，政策和物价水平持续提高，高通胀预期形成，国内投资和消费大热，电视机、洗衣机等家电和相关生产线进口，导致进口额大幅增加；1985 年后政府有意识地运用汇率政策对人民币汇率作了持续下调，1986 年起人民币放弃钉住一篮子货币的做法，改为管理浮动，出口额缩水；两者共同造成经常账户逆差（1987 年经常项目的微小顺差只是偶然情况）。1990—1992 年间，虽然人民币汇率继续下行，但国家以一系列优惠政策鼓励企业出口创汇，使得出口增长迅速，经常账户实现了顺差。

1982—1984 年，由于外商直接投资额较小，在证券项目上的融资能力非常有限，所以金融账户呈现逆差。1985—1992 年，随着经济体制改革进一步推进，对外开放程度逐渐加深，投资环境不断改善，招商引资优惠力度不断加大，外国投资者的信心增强，直接投资金额迅速扩大，由 1985 年的 13 亿美元增长到 1992 年的 72 亿美元，金融账户基本保持顺差。国家外汇储备呈阶梯式上升态势，1979—1984 年外汇储备从 21.54 亿美元增加到 144.2 亿美元，随后两年回落至 105.14 亿美元，1987 年开始回升，到 1991 年增加到 426.65 亿美元。

六、社会发展

1. 劳动就业

1978—1992 年，中国通过发展经济和改革就业管理体制，创造了大量的就业岗位，就业总规模尤其是非农产业的就业规模迅速扩大。到 1992 年末，全国从业人员达 59432 万人，比 1978 年增加 19280 万人，平均每年增加 1377 万人，年均增长 2.84%。其中，乡村从业人员从 1978 年的 30638 万人增加到 1988 年的 40067 万人，到 1992 年已经有 43802 万人，平均每年增加约 940 万人，年均增长 2.59%；相比较之下，城镇从业人员增长更快，1978 年，全国城镇从业人员仅有 9514 万人，1980 年突破了 1 亿人，到 1992 年已经发展到了 1.56 亿人，比 1978 年增加 6116 万人，年均增长 3.61%。这一时期，城镇失业人口数从 1978 年的 530 万人下降到 1992 年的 363.9 万人，城镇失业人口数减少了 166 万人，相应地，城镇失业率也大幅下降，1978 年城镇失业率高达 5.3%，到 1983 年就已经下降到了 2.3%，此后一直在 2% 左右徘徊，1985 年的 1.8% 失业率是这一时期的最低点。

表 21-9　1978—1992 年我国从业人员行业与城乡分布

（单位：万人）

年份	合计	第一产业	第二产业	第三产业	城镇	乡村
1978	40152	28313	6970	4869	9514	30638
1980	42361	29117	7736	5508	10525	31836
1983	46436	31145	8711	6580	11746	34690
1984	48197	30862	9622	7713	12229	35968
1985	49873	31105	10418	8350	12808	37065
1986	51282	31212	11251	8819	13293	37990
1987	52783	31614	11762	9407	13783	39000
1988	54334	32197	12188	9949	14267	40067
1989	55329	33170	12012	10147	14390	40939
1990	56740	34049	12158	10533	14730	42010
1991	58360	34876	12469	11015	15268	43093
1992	59432	34769	12921	11742	15630	43802

资料来源：国家统计局编：《中国统计年鉴 1993》，中国统计出版社 1993 年版。

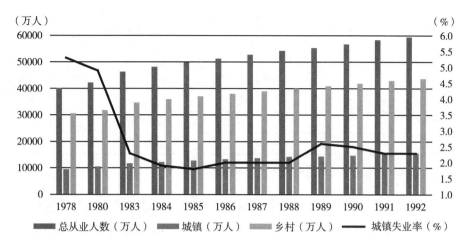

图 21-6　1978—1992 年我国从业人员城乡分布及城镇失业率

资料来源：国家统计局编：《中国统计年鉴 1993》，中国统计出版社 1993 年版。

2. 人民生活

1978 年改革开放之初，人民群众的生活水平虽然与新中国成立之初积贫积弱的状态相比有所改善，但仍旧处于温饱不足的状态。经过 14 年的发展，到 1992年，人民生活水平有了很大提高，消费水平和消费质量显著提高，消费环境明显改善，居民生活模式从生存型转向温饱型，并且逐渐向小康目标迈进。

1978—1992 年，中国城乡居民收入水平呈现出大幅增长的态势，农村居民家庭人均纯收入从 1978 年的 133.6 元提高到 1992 年的 784 元，扣除价格因素，实际增长了 2.28 倍，平均每年增长 8.9%，比 1953—1978 年平均每年实际增长 3.3%快5.6 个百分点。城镇居民家庭人均生活费收入从 1978 年的 316 元提高到 1992 年的1826.1 元，扣除价格因素，实际增长 1.28 倍，平均每年增长 6.1%。

表 21-10　1978—1992 年我国城乡居民家庭人均收入及指数增长情况

年　份	农村居民家庭人均纯收入		城镇居民家庭人均生活费收入	
	绝对数（元）	指数 （1978 年＝100）	绝对数（元）	指数 （1978 年＝100）
1978	133.6	100	316	100
1980	191.3	138.1	439.4	127
1985	397.6	261.2	685.3	161.6
1986	423.8	267.9	827.9	182.5
1987	462.6	278.4	916	185.6
1988	544.9	289.6	1119.4	187.9
1989	601.5	285.8	1260.7	181.7

年　份	农村居民家庭人均纯收入		城镇居民家庭人均生活费收入	
	绝对数（元）	指数 （1978 年＝100）	绝对数（元）	指数 （1978 年＝100）
1990	686.3	300.7	1387.3	197.8
1991	708.6	317.8	1544.3	209.5
1992	784	328.1	1826.1	228.3

资料来源：国家统计局编：《中国统计年鉴1993》，中国统计出版社1993年版。

消费水平大幅提高，消费结构明显优化。收入水平迅速增长带动了消费水平的大幅提高。1978 年，全国居民消费水平仅为 175 元，此后逐年增长，1992 年达到了 935 元，年均增长 12.72%。分城乡来看，农民消费水平从 1978 年的 132 元提高到 1992 年的 648 元，翻了 4.9 倍，年均增长 12.04%；非农业居民的消费水平从 1978 年的 383 元增加到 1992 年的 1983 元，增加了 1600 元，年均增长 12.46%。从社会商品零售总额来看，全国社会商品零售总额从 1978 年的 1558.6 亿元增加到 1992 年的 10993.7 亿元，增长了 6.05 倍，年均增长 14.97%。

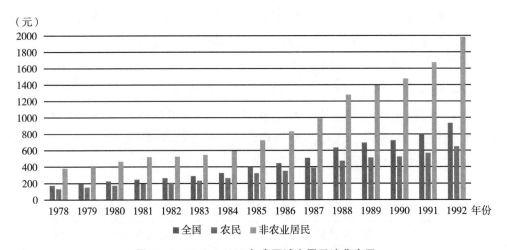

图 21-7　1978—1992 年我国城乡居民消费水平

资料来源：国家统计局编：《中国统计年鉴1993》，中国统计出版社1993年版。

随着收入和消费水平的提高，城乡居民家庭恩格尔系数显著下降。农村居民家庭恩格尔系数从 1978 年的 67.7%下降到 1992 年的 57.6%，其中，1983 年首次降到 60%以下，农村居民生活基本上摆脱了贫困，进入温饱阶段。城市居民家庭的恩格尔系数也从 1978 年的 57.5%下降到 1992 年的 53%。

3. 社会保障

改革开放后，中国开始了以社会保险为重点的社会保障改革探索阶段，养老保险制度方面，1984 年中国各地开始试行退休费用社会统筹，建立了企业缴费制度，1991 年国务院发布了第一个企业养老保险制度改革的决定，规定了职工个人按本人工资的 8%缴纳养老保险费，企业按工资总额的 20%缴费。1989 年，中国参加基本养老保险的在职职工人数是 4816.9 万人，1992 年达到了 7774.7 万人，增加了 2957.8 万人，增长了 61.4%。参加基本养老保险的离休、退休、退职人员人数也从 1989 年的 893.4 万人增加到 1992 年的 1681.5 万人，年均增长 23.47%。失业保险方面，1986 年国务院颁布的《国营企业职工待业保险暂行规定》，构建了失业保险制度的基本框架，标志着中国正式建立了失业保险制度。

第二十二章　全面改革

第一节　经济体制转型

一、社会主义计划经济

在马克思的设想中，社会主义实现了生产资料公有制，而在生产资料公有制条件下不存在商品和货币，因而也就不可能是市场经济。他认为，成熟的社会主义社会应该是计划经济，社会有计划地组织生产，即按照每个社会成员的需要对生产进行有计划的调节，实现全社会有计划按比例地生产。在社会主义实践中，列宁曾认识到社会主义的商品生产问题，并最早探索了社会主义与市场经济关系。斯大林分析了生产资料全民所有制和集体所有制的区别，论证了社会主义条件下仍然存在商品生产、货币交换，把商品生产和社会主义经济制度内在地联系在一起，认为社会主义也可以运用商品生产为自己服务。

毛泽东把马列主义与中国具体实际相结合，创造性地提出了新民主主义理论，并认为新民主主义的未来一定是社会主义。因此，在新民主主义时期也需要部分计划经济。《中国人民政治协商会议共同纲领》中规定："中央人民政府应争取早日制定恢复和发展全国公私经济各主要部门的总计划，规定中央和地方在经济建设上分工合作的范围，统一调剂中央各经济部门和地方各经济部门的相互关系。"还提出"有计划地移民开垦。保护森林，并有计划地发展林业"。"应以有计划有步骤地恢复和发展重工业为重点，例如矿业、钢铁业、动力工业、机器制造业、电器工业和主要化学工业等，以创立国家工业化的基础。""必须迅速恢复并逐步增建铁路和公路，疏浚河流，推广水运，改善发展邮政和电信事业，有计划有步骤地建造各种交通工具和创办民用航空。""保护一切合法的公私贸易。实行对外贸易的管制，并采用保护贸易政策。在国家统一的经济计划内实行国内贸易的自由，但对于扰乱市场的投机商业必须严格取缔。"

社会主义计划经济体制被写入宪法。1954 年《宪法》第十五条规定："国家用经济计划指导国民经济的发展和改造，使生产力不断提高，以改进人民的物质生活和文化生活，巩固国家的独立和安全。"第四十九条规定国务院行使的职权包括："执行国民经济计划和国家预算"。第九十一条规定："国家通过国民经济有计划的发展，逐步扩大劳动就业，改善劳动条件和工资待遇，以保证公民享受这种权利。"

1975 年《宪法》第十条规定：

> 国家实行抓革命，促生产，促工作，促战备的方针，以农业为基础，以工业为主导，充分发挥中央和地方两个积极性，促进社会主义经济有计划、按比例地发展，在社会生产不断提高的基础上，逐步改进人民的物质生活和文化生活，巩固国家的独立和安全。

1978 年《宪法》第十一条规定：

> 国家坚持鼓足干劲、力争上游、多快好省地建设社会主义的总路线，有计划、按比例、高速度地发展国民经济，不断提高社会生产力，以巩固国家的独立和安全，逐步改善人民的物质生活和文化生活。

从 1953 年第一个五年计划开始，直到 1979 年改革开放，中国已经先后实行了五个五年计划。通过这几个五年计划，中国建立了比较完整的工业体系和国民经济体系，为中国的工业化和现代化奠定了基础。但计划经济本身存在一系列矛盾和缺陷，其中最大的问题是权力过于集中，不能发挥多方面的积极性，在经济状况发生变化时不能及时调整和纠正，而最终的结果是导致经济效率低下，经济发展停滞。由于中国缺少编制经济计划的经验，所以在计划经济初期借鉴了苏联模式。毛泽东较早发现苏联模式过于集中的缺陷，所以一直试图摆脱苏联模式的禁锢走自己的道路。但是囿于传统社会主义理念和模式，对于经济体制的改革总是在中央与地方关系上打转，而最终也打不破计划经济体制的禁锢和局限。

二、有计划的商品经济

1. 计划经济为主，市场调节为辅

党的十一届三中全会上中央提出，要"根据新的历史条件和实践经验，采取一系列新的重大经济措施，对经济管理体制和经营管理方法着手进行认真的改革"。党的十一届三中全会公报指出：

现在我国经济管理体制的一个严重缺点是权力过于集中，应该有领导地大胆下放，让地方和工农业企业在国家统一计划的指导下有更多的经营管理自主权；应该着手大力精简各级经济行政机构，把它们的大部分职权转交给企业性的专业公司或联合公司；应该坚决实行按经济规律办事，重视价值规律的作用，注意把思想政治工作和经济手段结合起来，充分调动干部和劳动者的生产积极性；应该在党的一元化领导之下，认真解决党政企不分、以党代政、以政代企的现象，实行分级分工分人负责，加强管理机构和管理人员的权限和责任，减少会议公文，提高工作效率，认真实行考核、奖惩、升降等制度。采取这些措施，才能充分发挥中央部门、地方、企业和劳动者个人四个方面的主动性、积极性、创造性，使社会主义经济的各个部门各个环节普遍地蓬蓬勃勃地发展起来。

1981年11月召开的五届全国人大四次会议，提出经济体制改革的目标是"计划经济为主、市场调节为辅"。1982年9月1日，胡耀邦在党的十二大报告中专门就"计划经济为主、市场调节为辅"原则进行了阐释：

我国在公有制基础上实行计划经济。有计划的生产和流通，是我国国民经济的主体。同时，允许对于部分产品的生产和流通不作计划，由市场来调节，也就是说，根据不同时期的具体情况，由国家统一计划划出一定的范围，由价值规律自发地起调节作用。这一部分是有计划生产和流通的补充，是从属的、次要的，但又是必要的、有益的。国家通过经济计划的综合平衡和市场调节的辅助作用，保证国民经济按比例地协调发展。

党的十二大报告指出：

正确贯彻计划经济为主、市场调节为辅的原则，是经济体制改革中的一个根本性问题。我们要正确划分指令性计划、指导性计划和市场调节各自的范围和界限，在保持物价基本稳定的前提下有步骤地改革价格体系和价格管理办法，改革劳动制度和工资制度，建立起符合我国情况的经济管理体制，以保证国民经济的健康发展。

这一时期的计划体制改革，主要从调整计划与市场关系方面展开：

第一，适当缩小指令性计划的范围，适当扩大指导性计划的范围。对农业实行指导性计划，取消统购、派购，改为合同定购和市场采购；缩小工业生产指令性计划范围，扩大企业自主权，企业在保证完成国家计划的前提下，可以承担协作任务、来料加工等，自行安排市场需要的产品等；减少国家指令性计划直接管理的物资品种，采用多种方式组织流通，国家把部分统配物资改由物资企业经营，生产资料直接进入市场，缩小计划分配的范围等；从 1984 年开始，基本建设按资金来源渠道分为指令性计划和指导性计划，由国家负责平衡。

第二，综合运用经济杠杆，包括价格杠杆、税收杠杆、利率杠杆等。1979 年后，国家先后大幅度调整了农副产品的收购价格，提高原煤、生铁、水泥、钢材等产品的价格，对部分消费品价格也作了调整。从 1982 年起，对煤炭、生铁、桐油等商品开征出口税，开征特别烧油税以及能源交通基金等。1979 年 4 月，以调整利率总水平作为利率改革的突破口，调高了城乡储蓄存款利率；1981 年又提高了贷款利率，以后根据市场变化又进行几次调整。

第三，实行价格改革，促进社会主义市场建设。1979—1983 年，有计划地调整了部分商品价格，同时适当放开部分商品价格；1984 年以后的价格改革以放开价格为主。在价格改革的同时，还对商业流通体制进行了改革。以后又进一步放开生产资料价格，建立生产要素市场，包括资金市场、技术市场、劳动市场等。

在此期间，中共中央和国务院针对改革的进程作出一系列重要决策和指示，使得以城市为重点的整个经济体制改革的步伐进一步加快，改革的范围进一步扩大。由此整个改革思想和战略也酝酿着一次战略性的突破。[1]

2. 有计划的商品经济

重要的突破发生在党的十二届三中全会。1984 年，在党的十二届三中全会召开之前，邓小平说："最理想的方案是通过一个改革的文件。十一届三中全会无论在政治上、经济上都起了很好的作用，这次三中全会能否搞一个改革文件？这个文件将对全党起巨大的鼓舞作用。就搞这个文件，别的就不搞了。"[2] 为此，中央成立了以胡耀邦为首的文件起草领导小组。经过多次研讨，大家一致认为，发展商品经济是个必然的途径，社会主义经济必须要经过商品经济的阶段，决定在党的十二届三中全会上把"有计划的商品经济"作为重要的决定内容。

1984 年 10 月 20 日，党的十二届三中全会通过《中共中央关于经济体制改革的决定》，明确指出：

改革计划体制，首先要突破把计划经济同商品经济对立起来的传统观念，明确认识社会主义计划经济必须自觉依据和运用价值规律，是在公有制基础上

---

① 参见高尚全：《亲历中央若干重要改革文件的起草过程》，《中共党史研究》2018 年第 6 期。

② 高尚全：《亲历中央若干重要改革文件的起草过程》，《中共党史研究》2018 年第 6 期。

的有计划的商品经济。商品经济的充分发展，是社会经济发展的不可逾越的阶段，是实现我国经济现代化的必要条件。只有充分发展商品经济，才能把经济真正搞活，促使各个企业提高效率，灵活经营，灵敏地适应复杂多变的社会需求，而这是单纯依靠行政手段和指令性计划所不能做到的。同时还应该看到，即使是社会主义的商品经济，它的广泛发展也会产生某种盲目性，必须有计划的指导、调节和行政的管理，这在社会主义条件下是能够做到的。因此，实行计划经济同运用价值规律、发展商品经济，不是互相排斥的，而是统一的，把它们对立起来是错误的。

根据历史的经验和党的十一届三中全会以来的实践，《中共中央关于经济体制改革的决定》还对我国计划体制的基本特点进一步作出概括：

第一，就总体说，我国实行的是计划经济，即有计划的商品经济，而不是那种完全由市场调节的市场经济；第二，完全由市场调节的生产和交换，主要是部分农副产品、日用小商品和服务修理行业的劳务活动，它们在国民经济中起辅助的但不可缺少的作用；第三，实行计划经济不等于指令性计划为主，指令性计划和指导性计划都是计划经济的具体形式；第四，指导性计划主要依靠运用经济杠杆的作用来实现，指令性计划则是必须执行的，但也必须运用价值规律。按照以上要点改革的计划体制，就要有步骤地适当缩小指令性计划的范围，适当扩大指导性计划的范围。对关系国计民生的重要产品中需要由国家调拨分配的部分，对关系全局的重大经济活动，实行指令性计划；对其他大量产品和经济活动，根据不同情况，分别实行指导性计划或完全由市场调节。计划工作的重点要转到中期和长期计划上来，适当简化年度计划，并相应改革计划方法，充分重视经济信息和预测，提高计划的科学性。

《中共中央关于经济体制改革的决定》提出"社会主义经济是公有制基础上的有计划的商品经济"，这是对传统计划经济理论一次新的重大突破，突破了把计划经济与商品经济对立起来的传统观念，表明党对社会主义经济基本特征的认识达到了新的高度。在《中共中央关于经济体制改革的决定》通过的当天，邓小平说："我的印象是写出了一个政治经济学的初稿，是马克思主义的基本原理和中国社会主义实践相结合的政治经济学。我有这么一个评价。"[1] 邓小平说：

---

[1] 高尚全：《亲历中央若干重要改革文件的起草过程》，《中共党史研究》2018年第6期。

　　这次经济体制改革的文件好，就是解释了什么是社会主义，有些是我们老祖宗没有说过的话，有些新话。我看讲清楚了。过去我们不可能写出这样的文件。没有前几年的实践不可能写出这样的文件。写出来，也很不容易通过，会被看作"异端"。我们用自己的实践回答了新情况下出现的一些新问题。不是说四个坚持吗？这是真正坚持社会主义。[①]

　　此后，中国的经济体制改革大大加速了，理论上也取得渐进的成果。党的十三大报告指出："必须把计划工作建立在商品交换和价值规律的基础上。""计划和市场的作用范围都是覆盖全社会的。新的经济运行机制，总体上来说应当是'国家调节市场，市场引导企业'的机制。国家运用经济手段、法律手段和必要的行政手段，调节市场供求关系，创造适宜的经济和社会环境，以此引导企业正确地进行经营决策。"这里的进步意义在于，将计划与市场都作为手段和工具了，并且作用范围都是覆盖全社会的，这就是说，社会主义有计划的商品经济体制是计划与市场内在统一的体制。

　　后来的党的十四大报告也高度评价这一突破，说："十二届三中全会通过了关于经济体制改革的决定。这个决定提出我国社会主义经济是公有制基础上的有计划商品经济，突破把计划经济同商品经济对立起来的传统观念，是对马克思主义政治经济学的新发展，为全面经济体制改革提供了新的理论指导。"

三、社会主义市场经济

1. 艰难探索

　　社会主义的根本标志是什么，社会主义与计划经济和市场经济的关系究竟是怎样的，归根到底什么是社会主义？这些问题长期困扰着中国道路选择和经济发展。对于这些重大的理论和实践问题，邓小平一直在思考和探索。1979 年 11 月 26 日，邓小平在会见美国不列颠百科全书出版公司编委会副主席吉布尼和加拿大麦吉尔大学东亚研究所主任林达光等人的谈话中指出：

　　　　我们不要资本主义，但是我们也不要贫穷的社会主义，我们要发达的、生产力发展的、使国家富强的社会主义。我们相信社会主义比资本主义的制度优越。它的优越性应该表现在比资本主义有更好的条件发展社会生产力。
　　　　说市场经济只存在于资本主义社会，只有资本主义的市场经济，这肯定是不正确的。社会主义为什么不可以搞市场经济，这个不能说是资本主义。我们

---

① 《邓小平文选》第三卷，人民出版社 1993 年版，第 91 页。

是计划经济为主，也结合市场经济，但这是社会主义的市场经济。①

1985 年 10 月 23 日，邓小平在会见美国时代公司组织的美国高级企业家代表团时再次指出：

　　社会主义和市场经济之间不存在根本矛盾。问题是用什么方法才能更有力地发展社会生产力。我们过去一直搞计划经济，但多年的实践证明，在某种意义上说，只搞计划经济会束缚生产力的发展。把计划经济和市场经济结合起来，就更能解放生产力，加速经济发展。②

1989 年我国的政治风波以及 20 世纪 90 年代初的苏东剧变，引发了激烈的思想冲突和意见分歧，产生了关于市场经济的激烈论争，改革进程出现短暂的停滞。在这种情况下，邓小平坚持改革开放，并将市场经济思想大大地推进一步。1990 年 12 月 24 日，邓小平指出：

　　我们必须从理论上搞懂，资本主义和社会主义的区别不在于是计划经济还是市场经济这样的问题。社会主义也有市场经济，资本主义也有计划控制，资本主义就没有控制，就那么自由？最惠国待遇也是控制嘛！不要以为搞点市场经济就是资本主义道路，没有那么回事。计划和市场都得要。不搞市场，连世界上的信息都不知道，是自甘落后。③

1992 年 1 月，邓小平在南方视察时发表重要讲话，指出：

　　计划多一点，还是市场多一点，不是社会主义与资本主义的基本区别。计划经济不等于社会主义，资本主义也有计划，市场经济不等于资本主义，社会主义也有市场，计划和市场都是经济手段。④

这一精辟论断，从根本上解除了把计划经济和市场经济看作属于社会基本制度范畴的思想束缚，使我们在计划与市场关系问题上的认识有了根本性突破。人们对社会主义经济本质的认识越来越深刻，社会主义市场经济体制也就呼之欲出了。

---

① 《邓小平文选》第二卷，人民出版社 1994 年版，第 231、236 页。
② 《邓小平文选》第三卷，人民出版社 1993 年版，第 148—149 页。
③ 《邓小平文选》第三卷，人民出版社 1993 年版，第 364 页。
④ 《邓小平文选》第三卷，人民出版社 1993 年版，第 373 页。

2. 根本突破

1992 年 3 月 9 日至 10 日，中共中央政治局在北京召开全体会议，讨论我国改革和发展的若干重大问题。会议完全赞同邓小平的南方谈话，认为谈话不仅对当前的改革和建设，对开好十四大，具有十分重要的指导作用，而且对整个社会主义现代化建设事业具有重大而深远的意义。4 月 1 日，国家体改委主任陈锦华接到江泽民的电话，说现在改革开放正处在一个非常重要的时刻，下一步怎么办，大家都在等待，也有一些着急，要求体改委好好研究一下，向中央提出建议。陈锦华召集几个省的体改委主任进行了座谈。4 月 21 日，陈锦华给江泽民和李鹏写信，建议明确提出建立和发展社会主义市场经济。① 4 月 30 日，江泽民表示：十四大在计划与市场的关系上要前进一步。5 月，中共中央下发了当年的 4 号文件《中共中央关于加快改革，扩大开放，力争经济更好更快地上一个新台阶的意见》，提出了一系列加快改革、扩大开放的新措施。

6 月 9 日，江泽民在中共中央党校省部级干部进修班上作《深刻领会和全面落实邓小平同志的重要谈话精神，把经济建设和改革开放搞得更快更好》的讲话。他在讲话中指出了加快经济体制改革的根本任务，就是要尽快建立社会主义的新经济体制。而建立新经济体制的一个关键问题，是要正确认识计划与市场问题及其相互关系，就是要在国家宏观调控下，更加重视和发挥市场在资源配置中的作用。他列举了关于对计划与市场和建立新经济体制问题上的几种不同的提法，并说，我个人的看法，比较倾向于使用"社会主义市场经济"这个提法。他指出了社会主义的新经济体制的主要特征，把"市场经济和计划经济的长处有机结合起来，充分发挥各自的优势作用"，作为社会主义市场经济的三个主要特征之一。他说："市场也有其自身的明显弱点和局限性。因此，这就要求我们必须发挥计划调节的优势，来弥补和抑制市场调节的这些不足和消极作用，把宏观经济的平衡搞好，以保证整个经济全面发展。"他还提出，"在那些市场调节力所不及的若干环节中，也必须利用计划手段来配置资源。同时，还必须利用计划手段来加强社会保障和社会收入再分配的调节，防止两极分化"。②

1992 年 10 月 12 日至 18 日，中国共产党第十四次全国代表大会在北京举行。江泽民作《加快改革开放和现代化建设步伐，夺取有中国特色社会主义事业的更大胜利》的报告。报告总结了党的十一届三中全会以来 14 年的实践经验，决定抓住机遇，加快发展；确定中国经济体制改革的目标是建立社会主义市场经济体制。报告指出：

---

① 参见彭森、陈立：《中国经济体制改革重大事件》下卷，中国人民大学出版社 2008 年版，第 388 页。
② 《江泽民文选》第一卷，人民出版社 2006 年版，第 201 页。

改革开放十多年来，市场范围逐步扩大，大多数商品的价格已经放开，计划直接管理的领域显著缩小，市场对经济活动调节的作用大大增强。实践表明，市场作用发挥比较充分的地方，经济活力就比较强，发展态势也比较好。我国经济要优化结构，提高效益，加快发展，参与国际竞争，就必须继续强化市场机制的作用。实践的发展和认识的深化，要求我们明确提出，我国经济体制改革的目标是建立社会主义市场经济体制，以利于进一步解放和发展生产力。

报告还规定了社会主义市场经济体制的基本特征：

我们要建立的社会主义市场经济体制，就是要使市场在社会主义国家宏观调控下对资源配置起基础性作用，使经济活动遵循价值规律的要求，适应供求关系的变化；通过价格杠杆和竞争机制的功能，把资源配置到效益较好的环节中去，并给企业以压力和动力，实现优胜劣汰；运用市场对各种经济信号反应比较灵敏的优点，促进生产和需求的及时协调。同时也要看到市场有其自身的弱点和消极方面，必须加强和改善国家对经济的宏观调控。我们要大力发展全国的统一市场，进一步扩大市场的作用，并依据客观规律的要求，运用好经济政策、经济法规、计划指导和必要的行政管理，引导市场健康发展。

党的十四大最终确定了建立社会主义市场经济的目标，标志着中国社会经济体制改革取得根本突破。

3. 目标与架构

1993 年 11 月，党的十四届三中全会召开，通过了《中共中央关于建立社会主义市场经济体制若干问题的决定》，勾画出社会主义市场经济体制的基本框架，认为社会主义市场经济体制的基本框架由市场主体、市场体系、宏观调控体系、收入分配制度和社会保障制度"五大支柱"构成，要求在 20 世纪末初步建立社会主义市场经济制度，明确提出"整体推进、重点突破"的改革战略。《中共中央关于建立社会主义市场经济体制若干问题的决定》指出：

建立社会主义市场经济体制，就是要使市场在国家宏观调控下对资源配置起基础性作用。为实现这个目标，必须坚持以公有制为主体、多种经济成分共同发展的方针，进一步转换国有企业经营机制，建立适应市场经济要求，产权清晰、权责明确、政企分开、管理科学的现代企业制度；建立全国统一开放的市场体系，实现城乡市场紧密结合，国内市场与国际市场相互衔接，促进资源的优化配置；转变政府管理经济的职能，建立以间接手段为主的完善的宏观调控体系，保证国民经济的健康运行；建立以按劳分配为主体，效率优先、兼顾公平的收入分配制度，鼓励一部分地区一部分人先富起来，走共同富裕的道路；建立多层次的社会保障制度，为城乡居民提供同我国国情相适应的社会保障，促进经济发展和社会稳定。这些主要环节是相互联系和相互制约的有机整体，构成社会主义市场经济体制的基本框架。必须围绕这些主要环节，建立相应的法律体系，采取切实措施，积极而有步骤地全面推进改革，促进社会生产力的发展。

根据党的十四届三中全会的决定，从 1994 年开始，中国在财税、金融、外汇管理、企业制度、社会保障体系等方面采取了一系列重大的改革措施。由此，中国改革进入了一个整体推进的新阶段。

2002 年 10 月，党的十六大宣告我国社会主义市场经济体制初步建立。党的十六大报告提出：

在更大程度上发挥市场在资源配置中的基础性作用，健全统一、开放、竞争、有序的现代市场体系。推进资本市场的改革开放和稳定发展。发展产权、土地、劳动力和技术等市场。创造各类市场主体平等使用生产要素的环境。深化流通体制改革，发展现代流通方式。整顿和规范市场经济秩序，健全现代市场经济的社会信用体系，打破行业垄断和地区封锁，促进商品和生产要素在全国市场自由流动。

2003 年召开的党的十六届三中全会，通过了《中共中央关于完善社会主义市场经济体制若干问题的决定》，标志着中国经济体制改革进入完善社会主义市场经济体制的新时期。

第二节　财政金融改革

一、财税体制改革

1. 三项任务
1993 年党的十四届三中全会通过的《中共中央关于建立社会主义市场经济体

制若干问题的决定》，对财税体制改革提出了三项任务：一是把现行地方财政包干制改为在合理划分中央与地方事权基础上的分税制，建立中央税收和地方税收体系。将维护国家权益和实施宏观调控所必需的税种列为中央税；将同经济发展直接相关的主要税种列为共享税；充实地方税税种，增加地方税收入。通过发展经济，提高效益，扩大财源，逐步提高财政收入在国民生产总值中的比重，合理确定中央财政收入和地方财政收入的比例。实行中央财政对地方的返还和转移支付的制度，以调节分配结构和地区结构，特别是扶持经济不发达地区的发展和老工业基地的改造。二是按照统一税法、公平税负、简化税制和合理分权的原则，改革和完善税收制度。推行以增值税为主体的流转税制度，对少数商品征收消费税，对大部分非商品经营继续征收营业税。在降低国有企业所得税税率，取消能源交通重点建设基金和预算调节基金的基础上，企业依法纳税，理顺国家和国有企业的利润分配关系。统一企业所得税和个人所得税，规范税率，扩大税基。开征和调整某些税种，清理税收减免，严格税收征管，堵塞税收流失。三是改进和规范复式预算制度。建立政府公共预算和国有资产经营预算，并可以根据需要建立社会保障预算和其他预算。要严格控制财政赤字。中央财政赤字不再向银行透支，而靠发行长短期国债解决。统一管理政府的国内外债务。

2. 分税制改革

党的十二大以后，中国经济体制改革以国有企业经营承包制为核心进行。而承包制在财政方面则具体体现为"包干制"。财政"包干制"调动了地方积极性，但也带来了诸多问题：一方面，被"包"死的税收，使财政收入难以随经济增长而同步增长；另一方面，地方的财政包干制，使中央难以分享地方经济发展的成果。当时，财政收入占 GDP、中央财政收入占全部财政收入这两个比重连年下降。前者从 1984 年的 23% 下降到 1992 年的 13%，后者从 1984 年的 41% 下降到 1992 年的28%。与此同时，财政开支却大幅增长，财政资金不到位的情况屡屡出现。1989年政治风波后，我国经济增长速度趋缓，这些问题难以通过经济增长得到消解，这就使财税改革成为极为迫切的任务。

分税制是市场经济国家普遍实行的财税制度，是处理中央政府与地方政府间分配关系的规范方法。党的十四届三中全会决定实施分税制改革，奠定适应市场经济基本要求的中央地方财政关系框架基础，成为整个经济体制改革的突破口。1993年 12 月 15 日，国务院作出《关于实行分税制财政管理体制的决定》，确定从 1994年 1 月 1 日起改革现行地方财政包干体制，对各省、自治区、直辖市以及计划单列市实行分税制改革。

分税制财政体制的主要内容是：

第一，按照中央政府和地方政府的"基本事权"，划分各级财政的支出范围。

中央财政支出包括：国防、外交、武警、重点建设（包括中央直属企业技术改造和新产品试制费、地质勘探费）、中央财政负担的支农支出和内外债还本付总，以及中央直属行政事业单位的各项事业费支出。地方财政主要承担本地区政权机关运转所需支出以及本地区经济、事业发展所需支出，具体包括地方统筹的基本建设投资、地方企业的技术改造和新产品试制费、支农支出、城市维护和建设费，以及地方各项事业费支出。

第二，根据财权事权相统一的原则，合理划分中央政府和地方政府收入。将维护国家权益、实施宏观调控所必需的税种划为中央税；将与地方经济社会发展关系密切、适宜地方征管的税种划为地方税；将涉及经济发展全局的主要税种划为中央与地方共享税。具体划分如下：中央固定收入包括：关税、海关代征消费税和增值税，中央企业所得税，非银行金融企业所得税，铁道、银行总行、保险总公司等部门集中交纳的收入（包括营业税、所得税、利润和城市维护建设税）、中央企业上交利润等。外贸企业出口退税，除现在地方已经负担的20%部分外，以后发生的出口退税全部由中央财政负担。地方固定收入包括：营业税（不含银行总行、铁道、保险总公司的营业税），地方企业所得税，地方企业上交利润，个人所得税，城镇土地使用税，固定资产投资方向调节税，城市维护建设税（不含银行总行、铁道、保险总公司集中交纳的部分），房产税，车船使用税，印花税，屠宰税，农牧业税，耕地占用税，契税，遗产税和赠予税，房地产增值税，国有土地有偿使用收入等。中央财政与地方财政共享收入包括：增值税、资源税、证券交易税。增值税中央分享75%，地方分享25%。资源税按不同的资源品种划分陆地资源税作为地方收入，海洋石油资源税作为中央收入。证券交易税，中央和地方各分享50%。通过以上改革，中央与地方直接组织财政收入的格局将发生较大变化。按照上述分税体制测算，中央财政直接组织的收入将占到全国财政收入的60%左右，中央财政支出约占40%，还有20%的收入通过建立规范化、科学化的转移支付制度向地方转移。

第三，中央对地方税收返还的确定。中央财政对地方税收返还数额以1993年为基期年，按照1993年地方实际收入，以及税制改革和中央地方收入划分情况，核定1993年中央从地方净上划的收入数额，并以此作为中央对地方税收返还基数，保证地方既得财力。1994年以后，中央对地方的税收返还在1993年基数上逐年递增，递增率按全国增值税和消费税平均增长率的1：0.3系数确定，即上述两税全国平均每增加1%，中央财政对地方的税收返还增加0.3%。

第四，原包干体制有关事项的处理。实行分税制以后，原体制分配格局暂时不变，过渡一段时间后，再逐步规范化。原体制中央对地方的补助继续按规定补助。原体制地方上解仍按不同体制类型执行。实行递增上解的地区，按原规定继续递增上解；实行定额上解的地区，按原确定的上解额，继续定额上解；实行总额分成地区和原分税制试点地区，暂按递增上解办法，即按1993年实际上解数和核定递增率，每年递增上解。

1994年的分税制改革构建了市场经济体制下财政管理体制的基本框架，初步理顺了中央与地方、国家与企业的分配关系。此后，随着经济社会发展与体制改革深化，有针对性地对财政管理体制运行中的某些方面进行了必要的调整。一是调整中央与地方收入安排。1997年调整金融保险营业税收入划分；1997年、2000年、2001年、2002年多次调整证券交易印花税中央与地方分享比例；2002年实施所得税收入分享改革，按市场经济原则，将企业所得税由按企业隶属关系划分改为中央、地方统一按比例分享；2004年，按照"新账不欠、老账要还、完善机制、共同负担、推动改革、促进发展"的原则改革出口退税负担机制，建立了由中央与地方共同负担出口退税的新机制。二是完善政府间转移支付制度。1995年起，中央对财力薄弱地区实施了过渡期转移支付，2002年实施所得税分享改革后，合并因分享增加的收入，统一为一般性转移支付；2000年起，实施民族地区转移支付；1999年至2004年，安排调整工资转移支付资金；2005年开始，实行对县乡"三奖一补"财政奖补转移支付制度。同期，根据我国经济社会发展的阶段性目标要求，为配合实施中央宏观政策目标和推动重大改革，新增了一些专项转移支付项目，如对农村税费改革、天然林保护工程、社会保障制度建设专项补助等，初步建立了比较规范的专项转移支付体系。

3. 工商税制改革

1992年党的十四大提出了建立社会主义市场经济体制的改革目标后，为适应市场经济的内在要求，1994年我国启动了工商税制改革。

1993年10月31日，全国人民代表大会常务委员会发布《关于修改〈中华人民共和国个人所得税法〉的决定》。12月13日，国务院发布《中华人民共和国增值税暂行条例》《中华人民共和国消费税暂行条例》《中华人民共和国营业税暂行条例》《中华人民共和国企业所得税暂行条例》《中华人民共和国土地增值税暂行条例》。12月25日，国务院批转国家税务总局报送的《工商税制改革实施方案》，发布《中华人民共和国资源税暂行条例》。12月29日，全国人民代表大会常务委员会发布《关于外商投资企业和外国企业适用增值税、消费税、营业税等税收暂行条例的决定》。1994年1月23日，国务院发出《关于取消集市交易税、牲畜交易税、烧油特别税、奖金税、工资调节税和将屠宰税、筵席税下放给地方管理的通知》。至此，中国的税制一共设立25种税收，即增值税、消费税、营业税、关税、企业所得税、外商投资企业和外国企业所得税、个人所得税、土地增值税、房产税、城市房地产税、遗产税、城镇土地使用税、耕地占用税、契税、资源税、车船使用税、车船使用牌照税、印花税、证券交易税、城市维护建设税、固定资产投资方向调节税、屠宰税、筵席税、农业税和牧业税。

从一系列税改方案来看，1994年工商税制改革的主要变化是：第一，全面改革流转税。以实行规范化的增值税为核心，相应设置消费税、营业税，建立新的流转税课税体系，对外资企业停止征收原工商统一税，实行新的流转税制。第二，改革企业所得税制。取消原来分别设置的国营企业所得税、国营企业调节税、集体企业所得税和私营企业所得税，同时，国营企业不再执行企业承包上缴所得税的包干制。第三，改革个人所得税制。将过去对外国人征收的个人所得税、对中国人征收的个人收入调节税和城乡个体工商业户所得税合并为统一的个人所得税。第四，大幅度调整其他税收。调整资源税、城市维护建设税和城镇土地使用税；取消集市交易税、牲畜交易税、烧油特别税、奖金税和工资调节税；开征土地增值税、证券交易印花税；盐税并入资源税，特别消费税并入消费税。

这次工商税制改革的重点是增值税的实行。我国增值税是1979年下半年引进的，首先在上海、柳州和长沙少数城市试行。从1983年1月起，在全国范围内对机器机械、农业机具制造两大行业和电风扇、缝纫机、自行车三种产品试行增值税。结合国营企业第二步利改税对原工商税进行了改革，将其划分为产品税、增值税和营业税。1984年10月，全国人大常委会授权国务院发布《中华人民共和国增值税条例（草案）》，标志着增值税制度在我国正式确立。1986年，财政部颁发《关于完善增值税征税办法的若干规定》，完善了增值税的计税方法，使增值税向着统一和简化的方向迈进了一步。但是从1984年到1993年，我国增值税一直局限于生产环节并且仅对部分工业产品征税，并实行产品税、增值税不交叉征收的税制结构，并不是真正意义上的增值税。

1993年12月13日，国务院发布了《中华人民共和国增值税暂行条例》；12月25日，财政部下发了《中华人民共和国增值税暂行条例实施细则》，二者同时于1994年1月1日起施行。新增值税对原有增值税进行了全面彻底的改革，按照国际通行做法建立了规范化的"生产型增值税"，并以增值税改革为核心建立了新的流转税制格局。1994年实行新税制后，增值税征收范围扩展到所有工业领域，并扩展到部分流通领域和少数的劳务。增值税比重发生很大变化，1994年增值税收入占总税收的45%，考虑到税制改革过渡期的因素，实际比例也在35%左右，形成一税独大的局面，对财政收入增加发挥了重要作用。

1994年起步的税制改革，是新中国成立以来规模最大、范围最广泛、内容最深刻的税制改革。改革的目的是构建与社会主义市场经济体制相适应的税收体系，为财政体制改革及其他各项改革奠定税收制度基础，为资源配置从政府计划向市场决策跃迁、形成全国统一市场、保证生产要素充分流动、维护市场主体公平竞争、促进对外开放和区域协调发展创造政策环境。通过这些改革，中国的税制进一步简化、规范，税负更加公平，宏观调控作用增强，在促进经济持续快速增长的基础上实现了税收的连年大幅度增长。2002 年全国税收收入（冲减出口退税部分）比1993 年增长了 3.14 倍，年均增长 17.1%，与同期财政收入年均增长数基本同步，其中 1994—1997 年年均增收 995 亿元，1998—2002 年年均增收 1880 亿元。

4. 复式预算制度

复式预算是在单式预算基础上发展演变而成的一种经济分析预算，是为现代大多数国家所采用的国家预算技术组织形式。长期以来，我国一直采用的是单式预算组织形式。改革开放之后，随着我国市场经济的发展，国民经济的分配格局发生了巨大变化，国家对经济管理和财政管理提出了更高的要求。为此，1991 年国务院颁布了《国家预算管理条例》，规定从 1992 年起国家预算按复式预算编制。党的十四届三中全会《决定》指出要改进和规范复式预算制度。1994 年我国出台的《预算法》中规定，"中央预算和地方各级政府预算按照复式预算编制"。1994 年的分税制改革规范了央地关系，各级政府的预算盘子变得确定。地方政府结合本地区实际情况，在细化预算编制、加强预算管理方面作出诸多贡献。到 1998 年，全国人大常委会预算工作委员会正式成立，主要负责协助财政经济委员会承担全国人大及其常委会审查预决算方案、调整方案及监督执行职能。法律法规的出台和预算审查及监督的强化，推动了我国预算管理在法制化轨道上加速前行。我国所采用的复式预算结构是两式结构：经常性预算和建设性预算。经常性预算收入是国家以社会管理者的身份取得的各项税收收入和其他一般性收入；经常性预算支出是国家用于维持政务活动、保障国家安全和社会秩序、发展各项事业以及用于人民生活和社会保障等方面的开支。建设性预算收入是经常性预算结余、专项建设性收入；建设性预算支出是指国家预算中各项经济建设活动的支出。实行复式预算制度，是适应市场经济发展所带来的预算资金分配格局的变化，有助于对国家预算资金进行成本效益的分类、分析和控制，可以清晰地反映预算平衡状况和预算赤字的原因，以便区别情况，有选择地采取有效手段进行调整。

二、金融体制改革

1993 年 12 月 25 日，国务院作出《关于金融体制改革的决定》，提出建立在国务院领导下，独立执行货币政策的中央银行宏观调控体系；建立政策性金融与商业性金融相分离，以国有商业银行为主体，多种金融机构并存的金融组织体系；建立统一开放、有序竞争、严格管理的金融市场体系。

1. 央行制度的完善

党的十四届三中全会《决定》指出：

　　中国人民银行作为中央银行，在国务院领导下独立执行货币政策，从主要依靠信贷规模管理，转变为运用存款准备金率、中央银行贷款利率和公开市场业务等手段，调控货币供应量，保持币值稳定；监管各类金融机构，维护金融秩序，不再对非金融机构办理业务。银行业与证券业实行分业管理。组建货币政策委员会，及时调整货币和信贷政策。按照货币在全国范围流通和需要集中统一调节的要求，中国人民银行的分支机构为总行的派出机构，应积极创造条件跨行政区设置。

　　国务院《关于金融体制改革的决定》进一步明确：中国人民银行的主要职能是制定和实施货币政策，保持货币币值的稳定；对金融机构实行严格的监管，维护金融体系安全、有效的运行。1995 年 3 月 18 日，《中华人民共和国中国人民银行法》通过，以立法形式赋予中国人民银行两大职能：一是"在国务院领导下，制定和执行货币政策，防范和化解金融风险，维护金融稳定"。明确规定"货币政策目标是保持货币币值的稳定，并以此促进经济增长"。二是对金融机构实施监督管理。《中国人民银行法》明确规定："中国人民银行在国务院领导下依法独立执行货币政策，履行职责，开展业务，不受地方政府、各级政府部门、社会团体和个人的干涉。"这就赋予了中央银行相对独立与集中性的金融领导权。同时，还规定"中国人民银行不得对政府财政透支，不得直接认购、包销国债和其他政府债券""不得向地方政府、各级政府部门提供贷款，不得向非银行金融机构以及其他单位和个人提供贷款"。这个规定应当看作是中国建立具有真正意义上的中央银行制度的重要一步。此外，为执行货币政策制定和金融监管职能，1997 年以来，中国人民银行发布了《中国人民银行货币政策委员会条例》《票据管理办法》《支付结算办法》等条例和规章。1998 年 11 月，中国人民银行撤销了 31 个省级分行，组建了 9 个跨省分行，同时与所办的证券公司、融资中心和各种经济实体彻底脱钩。至此，中国的中央银行制度得到了进一步的完善。

2. 商业银行的发展

　　党的十四届三中全会《决定》指出："建立政策性银行，实行政策性业务与商业性业务分离。组建国家开发银行和进出口信贷银行，改组中国农业银行，承担严格界定的政策性业务。发展商业性银行。""现有的专业银行要逐步转变为商业银行，并根据需要有步骤地组建农村合作银行和城市合作银行。商业银行要实行资产负债比例管理和风险管理。"

　　随着专业银行之间的业务交叉，"专业银行"的称谓逐渐消亡，由"国有（独资）商业银行"所取代。与此同时，商业银行体系建立起来。但长期以来，政策性金融任务都由四大专业银行执行。随着专业银行向商业银行转变，需要建立专门承担国家政策性金融业务的政策银行。1994 年，国务院确立了政策性业务和商业性业务相分离，以及银行业、信托业和证券业分业经营和分业监管的改革原则。为此，1994 年，先后成立了国家开发银行、中国进出口银行和中国农业发展银行三家政策性银行。与此同时，原专业银行的政策性业务逐步划转到政策性银行。

1995 年颁布的《中华人民共和国商业银行法》明确规定了商业银行"自主经营、自担风险、自负盈亏、自求平衡"的经营原则，并且以其全部法人财产独立承担民事责任。1994 年到 1995 年期间，中国人民银行已将各级分支机构的资金管理权上收到总行，只对各银行总行发放再贷款，而不再承担对专业银行分支机构以及非银行金融机构发放再贷款的责任。四大国有专业银行逐步完成了改组成国有独资商业银行的过程，专业银行商业化也进入了实质性的实施阶段。1998 年，国有商业银行改革进一步深化，具体内容包括：改革和完善国有商业银行资本金补充机制以及呆账、坏账准备金提取和核销制度；扩大贷款质量 5 级分类法的改革试点；全面实行资产负债比例和风险管理；加强中央财政对国有商业银行的支持，通过发行 2700 亿元特种国债筹措资金，以增加国有商业银行的资本金；对国有商业银行的某些贷款实际用于财政支出的部分予以补救或改变；将现行金融会计制度中不符合金融业谨慎原则的内容加以修正。为加速国有专业银行的商业化进程，整理原四大专业银行的不良贷款，1999 年国务院先后成立了四家直属国务院的资产管理公司：中国华融资产管理公司、中国长城资产管理公司、中国东方资产管理公司、中国信达资产管理公司，负责对应解决中国工商银行、中国农业银行、中国银行、中国建设银行不良资产问题，为四大银行发展成为大型商业银行奠定了基础。

在此期间，新建的商业银行也有所增加。1995 年，组建了以民营经济为服务对象的中国民生银行和面向海南经济特区的海南发展银行。此外，原隶属于首都钢铁公司的华夏银行也改组为独立的公司制银行。1997 年，中国光大银行成为首家吸收外国金融机构股份的商业银行。中国投资银行也改组为公司制银行。1996 年，在总体的商业化、规范化的改革精神下，中国人民银行要求，在治理整顿的基础上，将有条件的城市信用社逐渐改造成为城市合作银行。1998 年城市合作银行更名为城市商业银行。在经济比较发达的北京、深圳和上海，先后出现了以城市命名的现代商业银行。随后，中国各主要城市掀起了新一轮建设地方商业银行的浪潮。金融机构的改革在农村也在向纵深推进。从 1996 年 9 月开始，全国 5 万多个农村信用社和 2400 多个县联社逐步与中国农业银行脱钩，农村信用社的业务管理和金融监管分别由县联社和中国人民银行承担。

3. 金融业对外开放

银行保险等金融业是关系国民经济的关键部门，长期以来完全保持在国家资本掌控之下，更不允许外资染指。改革开放后，中国通过渐进的方式对外开放金融市场，允许外资有限的进入，一方面学习外资银行的管理经验，同时也在一定程度上引进竞争。

第一，外资银行在华设立经营性分支机构。1982—1985 年，中国批准了部分外资金融机构在经济特区设立营业性分支机构试点，并允许它们从事各项外汇金融业务。1985 年，中国政府颁布了《经济特区外资银行、中外合资银行管理条例》，确立了外资金融机构在中国经济特区设立营业性分支机构的法律地位。1990 年 9 月，国务院批准上海成为中国除经济特区以外率先引进营业性外资金融机构的沿海开放城市。此后，中国引进外资金融机构的数量和规模不断增长，质量不断提高，地域不断扩展。

第二，开放外资进入保险行业。从 1992 年起，在上海进行开放保险市场的试点，陆续批准了美国友邦保险公司、日本东京海上保险公司、瑞士丰泰保险公司等 4 家保险公司在上海开设营业性分公司。1998 年，又批准英国和澳大利亚的两家保险公司来华开展业务。

第三，资本市场的开放。1995 年，中国建立了第一家中外合资投资银行——中国建设银行与美国摩根·斯坦利合资的中国国际金融有限公司。至 2000 年底，已取得外资股业务资格的证券经营机构有 40 家，外资证券类机构在华代表处达 61 家。

第四，外资银行经营人民币业务。1996 年底，中国人民银行颁布了《上海浦东外资金融机构经营人民币业务试点暂行管理办法》，并开始审批符合条件的外资金融机构在上海浦东经营人民币业务。1997 年，中国人民银行批准了 9 家外资银行在浦东试办人民币业务。1998 年 10 月，增加 8 家外资银行在上海浦东经营人民币业务试点，随后又批准深圳为第二个允许外资银行试点经营人民币业务的地区。至 2000 年 3 月，获准经营人民币业务的外资银行已达 32 家。

第三节　国有企业改革

一、现代企业制度

计划经济时期的国有企业制度的特点，一是生产计划完全由政府计划部门决定，二是企业盈利全额上缴财政。这种体制，一方面限制了企业面向市场的自主经营，所生产的产品往往并不适销对路，导致产品积压；另一方面企业缺乏生产经营的积极性，干好干坏一个样，结果是效率低下。所以，国企改革初期从"扩权让利"入手。"扩权"之举使得企业可以根据市场需要进行生产，"让利"之举则调动企业的生产积极性。而后来的企业经济承包责任制改革，在一定程度上解决了企业短期行为和负盈不负亏问题，但仍不能形成企业自主经营、自负盈亏、自我发展的有效机制。这两轮改革经历了十几年，改革所获收益大部分为企业和企业职工所得，而企业自身的资产和发展能力却在日益消耗，企业发展后劲日渐匮乏。在这种情况下，企业经过一定时期的没有发展的经营，只能是越来越陷于困境。特别是大批处于竞争性行业的中小型国企，没有能力与迅速崛起的民营企业竞争，也就越来越陷于被动。

1993 年，党的十四届三中全会通过的《中共中央关于建立社会主义市场经济体制若干问题的决定》指出，"以公有制为主体的现代企业制度是社会主义市场经济体制的基础"。该《决定》为国有企业改革指明了方向：

> 建立现代企业制度，是发展社会化大生产和市场经济的必然要求，是我国国有企业改革的方向。其基本特征，一是产权关系明晰，企业中的国有资产所有权属于国家，企业拥有包括国家在内的出资者投资形成的全部法人财产权，成为享有民事权利、承担民事责任的法人实体。二是企业以其全部法人财产，依法自主经营，自负盈亏，照章纳税，对出资者承担资产保值增值的责任。三是出资者按投入企业的资本额享有所有者的权益，即资产受益、重大决策和选择管理者等权利。企业破产时，出资者只以投入企业的资本额对企业债务负有限责任。四是企业按照市场需求组织生产经营，以提高劳动生产率和经济效益为目的，政府不直接干预企业的生产经营活动。企业在市场竞争中优胜劣汰，长期亏损、资不抵债的应依法破产。五是建立科学的企业领导体制和组织管理制度，调节所有者、经营者和职工之间的关系，形成激励和约束相结合的经营机制。所有企业都要向这个方向努力。

至此，我国国有企业改革进入以产权改革为核心的制度创新时期。

在国企改革的目标确定之后，整个 20 世纪 90 年代基本上是国企产权改革循序渐进全面推开的攻坚时期。为了推进企业建立起"产权清晰、权责明确、政企分开、管理科学"的现代企业制度，从 1994 年开始，国务院决定按照"重点突破，整体推进，经过试点，全面推开"的原则，首先在百家企业进行建立现代企业制度试点。并依托城市进行配套改革，为突破企业改革的重点和难点问题创造条件。1997 年 9 月，党的十五届一中全会明确提出，用三年左右的时间，使大多数国有大中型亏损企业摆脱困境，力争在大多数国有大中型骨干企业初步建立现代企业制度。这一重大决策大大加快了国有企业改革的步伐。为了推进国有企业战略性改组，坚持"抓大放小"的改革战略：一方面大力培育实力雄厚、竞争力强的大型企业和企业集团，在技改贴息、股票上市等方面给予支持；另一方面对于量大面广的国有中小企业，采取了改组、联合、兼并、股份合作制、租赁、承包经营和出售等多种形式逐步放开搞活。

二、百家改革试点

1994 年 11 月 2 日至 4 日，国务院召开全国建立现代企业制度试点工作会议，确定在百家企业开展以"产权清晰、权责明确、政企分开、管理科学"为特征的现代企业制度试点工作。会后，国务院出台《关于选择一批国有大中型企业进行现代企业制度试点的方案》，指出："国有企业实行公司制，是建立现代企业制度的有益探索。公司制企业以清晰的产权关系为基础，以完善的企业法人制度为核心，以有限的责任制度为主要特征。"① 随后，百家国有企业建立现代企业制度试点工作全面展开。与此同时，还有 2343 家地方国有企业进行建立现代企业制度的试点。

为国有企业建立现代企业制度试点改革顺利进行，国家制定了一系列相关的法律法规。1993 年 12 月，《中华人民共和国公司法》颁布出台，大大加快了国有企业规范的公司制改革特别是境内外重组上市的步伐，推动国有资本进入市场。1994 年 7 月颁布的《中华人民共和国劳动法》规定，"生产经营状况发生严重困难"的用人单位，"可以裁减人员"，且"应当按照国家有关规定给予经济补偿"。1994 年 10 月 25 日，国务院发出《关于在若干城市试行国有企业破产有关问题的通知》；1998 年 6 月 9 日，中共中央、国务院发出《关于切实做好国有企业下岗职工基本生活保障和再就业工作的通知》，为国企改革创造有利条件和保障。

1995 年 5 月 4 日，国家经济贸易委员会印发《关于 1995 年深化企业改革搞好国有大中型企业的实施意见》，提出一系列改革措施和要求。

第一，依照《公司法》进行改制，加强企业国有资产监管。对百户现代企业制度试点企业中拟改制为有限责任公司或股份有限公司的企业要明确国家授权投资的机构，依《公司法》规范改制，按《国有企业财产监督管理条例》向国家授权

---

① 国家经贸委企业司：《全国建立现代企业制度试点工作会议文件汇编》，改革出版社 1995 年版，第 120 页。

投资的机构（国有独资公司）派出监事会；拟改制为国有独资公司的试点企业，要依照《公司法》经批准设立，按《国有企业财产监督管理条例》向其委派监事会，确保国有资产的保值增值。在公司制企业中，探索建立责权明确的权力机构、决策机构、监督机构和执行机构等科学的领导体制与组织制度；探索建立权责明确的国有资产监督、管理、运营体系。

第二，精减企业富余人员，实现减人增效。试点企业要在进行内部劳动、人事、分配制度改革的基础上，有步骤地分流富余职工，建立减人增效机制。百户试点企业的富余职工，可依据企业开具的名单和有关证明到当地劳动部门登记，享受失业保险待遇，各地劳动部门应予以接收，并运用现有失业保险基金保障其基本生活，开展再就业服务。同时，探索逐步分离企业自办中小学和医院等办社会职能的形式和途径。

第三，坚持"三改一加强"（改革、改组、改造相结合，加强企业管理），把建立新机制和增加新投入有机地结合起来，壮大企业实力。通过增资、合资、注资、交叉投资等多种形式，调整、改善企业的资产负债结构。支持和鼓励具有优势的试点企业，通过企业兼并，形成规模效益，在加速结构调整、强化经营管理、推动技术进步、提高经济效益等方面取得明显进展。

第四，建立破产机制，增强企业在市场竞争中的压力和动力。贯彻落实《破产法》，对不能清偿到期债务、扭亏无望的国有企业要依法实施破产，以免国有资产遭受更大的损失。裁定企业破产，要各方协商，取得一致意见，严格按法律程序进行。为加快试点工作步伐，提高部门间的协调、办事效率，在试点城市国有企业实施破产协商中意见不一致时，由国家经贸委牵头，在充分听取中国人民银行、中国工商银行及有关专业银行、财政部等有关方面意见的基础上，进行仲裁。

第五，积极探索建立权责明确的国有资产监督、管理和运营体制，实行政企分开。按照政府的社会经济管理职能与国有资产所有者职能分开，国有资产监督管理职能与国有资产经营职能分开的方向，探索实现政企职责分开、出资者所有权与企业法人财产权分离的形式和途径。在试点的基础上，总结经验，促使有条件的试点城市积极慎重地推进此项改革。

该《实施意见》还要求继续抓好国务院确定的 56 家企业集团及 3 户国家控股公司试点工作。要求试点企业集团制定或修订集团的发展战略。规范企业集团中母子公司的产权关系，建立、完善产权联结纽带。通过改革、改组、改造和加强管理，壮大企业集团实力，使之在调整、优化结构及国内外市场竞争中发挥更大作用。通过"三改一加强"，使企业集团在形成规模效益、增强竞争实力上迈出新步伐。

到 1996 年底，百户试点企业的改革方案都已经批复并开始实施。100 户试点企业中的 98 户，分别按以下 4 种形式进行改制：（1）17 户由工厂制直接改制为多元股东持股的公司制，其中，股份有限公司 11 户、有限责任公司 6 户。（2）有 69 户由工厂制改为国有独资公司。其中，先改制为国有独资公司，再由国有独资公司作为投资主体，将生产主体部分改制为股份有限公司或有限责任公司的有 29 户。（3）由原行业主管厅局"转体"改制为纯粹控股型国有独资公司的有 10 户。（4）按照先改组后改制的原则进行结构调整、实行资产重组改组的有 2 户。在 100 户试点企业中有 84 家成立了董事会，有 72 家成立了监事会。①

地方政府抓的 2343 户现代企业试点也取得重大进展。到 1997 年上半年，已经有 540 户改造成股份有限公司，占 23%；改造成有限责任公司的企业 540 户，也占 23%；改造成国有独资公司的企业 909 户，占 38.8%；尚未完成改造的有 307 户，占 13.2%。在已改制为公司的 1989 家企业中，有 71.9% 的企业已组建了董事会，63% 的企业成立了监事会，总经理由董事会聘任的已占 61%，多数试点企业的总经理已能够行使《公司法》赋予的职权。②

三、股份制改革

国有企业的公司制改造中，股份制是其中的重要形式。不少国有企业改造成股份公司，大多数成为有限责任公司。在国有企业股份制改革的同时，也吸收了部分外资和民资，既加强了国有企业的控制能力，也有助于实现资本多元化。另外，股份制和股份合作制也为乡镇企业改制和民营经济发展提供了重要的企业组织形式。

1. 股份制试验

股份制是现代企业制度的重要形式，也是国有企业改革的重要途径。1984 年 7 月 20 日，北京天桥百货股份有限公司成立，成为全国第一家正式注册的商业股份制企业，也是全国第一家由国营企业转制为股份制的企业。1986 年 10 月 15 日，深圳市政府颁布了《深圳经济特区国营企业股份化试点暂行规定》。这项《暂行规定》成为 20 世纪 80 年代后期深圳股份制改造的重要依据。1986 年 12 月，国务院颁布《关于深化企业改革增强企业活力的若干规定》，指出："各地可以选择少数有条件的全民所有制大中型企业，进行股份制试点"。此后，除了较早进行试点的北京、广州、上海之外，四川、武汉、沈阳、深圳等许多地方都陆续选择国有大中型企业进行各种类型的股份制试点。1987 年 10 月，党的十三大报告提出："改革中出现的所有制形式，包括国家控股和部门、地区、企业间参股以及个人入股，是

---

① 参见《中国经济年鉴（1997）》，中国经济年鉴社 1997 年版，第 679 页。转引自汪海波：《对国有经济改革的历史考察——纪念改革开放 40 周年》，《中国浦东干部学院学报》2018 年第 3 期。

② 参见汪海波：《对国有经济改革的历史考察——纪念改革开放 40 周年》，《中国浦东干部学院学报》2018 年第 3 期。

社会主义企业财产的一种组织方式，可以继续试行。"

对于股份制问题，邓小平 1992 年在南方谈话中指出："允许看，但要坚决地试。"1992 年 4 月 28 日，国务院发出关于批转国家体改委、国务院生产办公室《关于股份制企业试点工作座谈会情况的报告》的通知，指出股份制企业试点工作是一项政策性强、涉及面广的重要改革，因此必须加强领导，既要大胆试验，又要稳步推进，严格按照规范化的要求进行。下一步进行股份制试点的指导思想是：坚决试，不求多，务求好，不能乱。严格按照基本规范进行试点，试出效果来。该报告同时指出：向社会公开发行股票、股票上市交易的股份制企业的试点，目前仅限于上海、深圳两市；向社会公开发行股票、股票不上市交易的股份制企业的试点，目前限定在广东、福建、海南三省；其他地方主要进行法人持股的股份制企业和企业内部职工持股的股份制企业的试点。

1992 年 5 月 15 日，国家经济体制改革委员会发出关于印发《股份制企业试点办法》的通知。同日，国家经济体制改革委员会发出关于印发《股份有限公司规范意见》和《有限责任公司规范意见》的通知。1992 年，全国各城市经批准建立了近 400 家股份制试点企业，使全国股份制企业达到 3700 多家。[①] 同时，国务院还批准 9 家国有企业改组为股份公司，并到香港和境外上市。

1993 年八九月间，国家体改委、国家证券委、国家经贸委联合对国有企业股份制改造较集中的深圳、海南、上海、四川的上市公司转换企业经营机制情况进行了专题调研。调查报告说，上市公司通过理顺产权关系，摆脱了传统附属关系的束缚，实现了政企分开，达到了自主经营。主要表现是：理顺了与政府的利益关系，从只对主管部门负责，变为向全体股东负责。向国家交税，向所有者交利，实现了利税分流，企业对资产有完全的使用权；改变了过去由政府任命企业领导人的做法，由董事会聘任；企业的投资决策、项目发展由董事会提出投资方案经股东大会决定，企业既有了自主权，又有了自主钱。上市公司的经理们一个共同的感慨是：《全民所有制工业企业转换经营机制条例》所规定下放给企业的 14 项权力中，除了拒绝摊派权难以落实外，其余权力我们都得到了。这是改制之前无法相比的。

1993 年 11 月初，国家体改委、国家证券委、国家经贸委三委联合召开上市公司转换经营机制座谈会，形成的共识是：上市公司经营机制的转换走在了前面。三委联合调查组的调查结果表明，股份制这一现代企业组织形式使上市企业获得了巨大的活力，显示出极强的自我发展能力。所调查的上海 12 家上市公司 1992 年实现利润比上年同期提高，最少者提高 35%，最多者提高达 400%；1993 年上半年实现

---

① 参见马建堂、刘海泉：《中国国有企业改革的回顾与展望》，首都经济贸易大学出版社 1999 年版，第 102 页。

利润与去年同期相比，提高最少的为 44%，最多的为 274%。海南 1993 年上市的 5 家公司，1992 年全年税后利润为 2.53 亿元，而 1993 年上半年税后利润就达 3.31 亿元，比 1992 年全年税后利润增长了 30.83%。[①]

2. 股份制改革

党的十四大确定要建立社会主义市场经济体制，各种形式的股份制改革加快了速度。1993 年，党的十四届三中全会《中共中央关于建立社会主义市场经济体制若干问题的决定》指出，"公司制股份制是建立现代企业制度的有益探索"。可见，股份制仍处于试验和探索阶段。这个过程经历了四五年，其间各种相关法律法规不断建立，资本市场逐渐发育和发展，沪深两市也逐渐走向规范。到 1997 年党的十五大，股份制改革才正式作为国有企业改革的方向和主要方式。党的十五大报告指出：

> 股份制是现代企业的一种资本组织形式，有利于所有权和经营权的分离，有利于提高企业和资本的运作效率，资本主义可以用，社会主义也可以用。不能笼统地说股份制是公有还是私有，关键看控股权掌握在谁手中。国家和集体控股，具有明显的公有性，有利于扩大公有资本的支配范围，增强公有制的主体作用。目前城乡大量出现的多种多样的股份合作制经济，是改革中的新事物，要支持和引导，不断总结经验，使之逐步完善。劳动者的劳动联合和劳动者的资本联合为主的集体经济，尤其要提倡和鼓励。

党的十五届三中全会通过的《中共中央关于国有企业改革和发展若干重大问题的决定》指出：国有经济的作用既要通过国有独资企业来实现，更要大力发展股份制，探索通过国有控股和参股企业来实现。要积极探索公有制的多种有效实现形式。国有资本通过股份制可以吸引和组织更多的社会资本，放大国有资本的功能，提高国有经济的控制力、影响力和带动力。对于国有大中型企业尤其是优势企业，宜于实行股份制的，要通过规范上市、中外合资和企业互相参股等形式，改为股份制企业，发展混合所有制经济，重要的企业由国家控股。而对于中小型国有企业，要从实际出发，继续采取改组、联合、兼并、租赁、承包经营和股份合作制、出售等多种形式，放开搞活。

在国家一系列方针政策的引导下，我国国有企业的股份制改革取得了重大进展。2000 年底，国务院确定的 512 家国有重点企业（集团）中，已有 430 家完成

---

① 参见《股份制，我们要坚定地试下去——中国企业股份制改造的调查与思考》，《人民日报》1993 年 12 月 16 日。

了公司制改革。根据国家统计局统计，至 2001 年底，全国 4371 家大中型国有及国有控股企业，按照《公司法》实行股份制改革的有 3322 家，改制面为 76%；从企业净资产上看，3322 家改制企业占全国大中型国有及国有控股企业的比例超过了 50%。据国务院国资委统计，至 2003 年底，在全国 4223 家国有大中型骨干企业中，有 2514 家通过多种形式改制为多元持股的股份制企业，占这些企业总数的 60%。国有企业现代企业制度改革在不断规范的基础上取得了重大进展。

四、战略性改组

20 世纪 80 年代，我国企业基本上都是国有企业。20 世纪 90 年代最后几年，国有企业的体制转换和结构调整进入攻坚阶段，一些深层次矛盾和问题集中暴露出来。当国有企业的公司化改革基本完成以后，国有企业就成为市场上的平等主体，与其他企业处于同等的竞争地位。在这种体制下，国有企业要真正地面向市场，当然也就要面对竞争。由于传统体制的长期影响、历史形成的诸多问题、多年以来的重复建设以及市场环境的急剧变化，相当一部分国有企业还不适应市场经济的要求，经营机制不活，技术创新能力不强，债务和社会负担沉重，富余人员过多，生产经营艰难，经济效益下降，有的企业严重亏损，甚至资不抵债，一些企业职工生活困难。当时，打破"大锅饭"和"减人增效"成为国有企业中流行的口号，但对于部分百病缠身甚至病入膏肓的国有企业来说，通过这些改革措施仍不能走出困境。为了使国有企业真正走出困局，党的十五大提出"三年脱困"目标，即通过抓大放小，实现国有企业的战略性重组，"力争到本世纪末大多数国有大中型骨干企业初步建立现代企业制度，经营状况明显改善，开创国有企业改革和发展的新局面"。

党的十五大报告还认为，公有制实现形式可以而且应当多样化：

一切反映社会化生产规律的经营方式和组织形式都可以大胆利用。要努力寻找能够极大促进生产力发展的公有制实现形式。股份制是现代企业的一种资本组织形式，有利于所有权和经营权的分离，有利于提高企业和资本的运作效率，资本主义可以用，社会主义也可以用。不能笼统地说股份制是公有还是私有，关键看控股权掌握在谁手中。国家和集体控股，具有明显的公有性，有利于扩大公有资本的支配范围，增强公有制的主体作用。目前城乡大量出现的多种多样的股份合作制经济，是改革中的新事物，要支持和引导，不断总结经验，使之逐步完善。劳动者的劳动联合和劳动者的资本联合为主的集体经济，尤其要提倡和鼓励。

党的十五大提出通过国有经济的战略性改组，从整体上搞活国有经济，具体说就是"抓大放小"：

> 把国有企业改革同改组、改造、加强管理结合起来。要着眼于搞好整个国有经济，抓好大的，放活小的，对国有企业实施战略性改组。以资本为纽带，通过市场形成具有较强竞争力的跨地区、跨行业、跨所有制和跨国经营的大企业集团。采取改组、联合、兼并、租赁、承包经营和股份合作制、出售等形式，加快放开搞活国有小型企业的步伐。

1999 年 9 月，党的十五届四中全会通过《中共中央关于国有企业改革和发展若干重大问题的决定》，对国有企业改革提出具体部署，提出"坚持有进有退，有所为有所不为"：

> 目前，国有经济分布过宽，整体素质不高，资源配置不尽合理，必须着力加以解决。国有经济需要控制的行业和领域主要包括：涉及国家安全的行业，自然垄断的行业，提供重要公共产品和服务的行业，以及支柱产业和高新技术产业中的重要骨干企业。其他行业和领域，可以通过资产重组和结构调整，集中力量，加强重点，提高国有经济的整体素质。

对国有企业实施战略性改组，"坚持有进有退，有所为有所不为"，意味着国有资本可以从企业实物资产中退出，转向其他的资本形态。国有资本可以采取包括独资、控股、参股等多种形式存在于企业，不要只拘泥于独资这一种形式。国有经济还应与国家的发展战略联系在一起，充分考虑其产业和行业的分布情况。从一般情况看，需要国有经济进入的领域有：具有显著外部性的领域，如大型交通运输和水利设施以及环境保护工程等；具有自然垄断性的领域，如城市供水、供电、煤气、通信以及某些严重稀缺的自然资源生产部门；具有信息严重不对称的领域，如部分金融和医药生产部门；仅靠市场力量难以筹措大量资金的，具有较高风险的某些幼稚工业、基础产业和支柱产业等。对一般性的竞争性行业，国有资本可参与也可不参与，而对一般性的竞争性行业中的中小企业，国有资本可考虑以适当的方式退出。

改革开放的历史进程，使国有企业体制发生了深刻的变化，使国有经济获得了迅速的发展，国有企业所面临的经济环境也已发生了深刻的改变。第一，除石油、铁路、电力、煤炭等为数不多的行业还保留部分指令性计划外，绝大多数国有企业已被推入市场，市场价格信号已成为调节包括国有企业在内的整个社会经济运行的主要信号，市场竞争机制已开始成为调节企业行为的基本机制；第二，财税体制改革经过利改税、包税制、分税制，在税赋上，不仅国有企业的体制性优惠不再存在，而且其体制性负担已成为影响国有企业竞争力的重要因素；第三，伴随经济开放程度的提高，关税和市场准入条件的逐步降低，外国商品和资本流入量不断增大，不仅加剧了外资在我国国内市场上与国有企业的竞争，而且事实上开始把国有企业推向国际市场竞争；第四，从"拨改贷"到资本市场的逐渐发育，再到金融体制的逐步改革，国有企业的投融资体制和融资方式及条件发生了根本性变化，间接融资的市场约束力度逐渐加强，直接融资的渠道也逐渐形成。

通过"三年脱困"改革，国有经济布局和结构调整方面已经取得重要成就，国有经济布局趋于优化。一方面，经营性国有资产向基础产业和大型企业集聚。2001年，国有基础产业资产占国有工商企业资产总量的62.2%，比重较1995年提高7.3个百分点；国有大型工商企业资产总量占国有工商企业国有资产总量的76.9%，比重较1995年提高16.6个百分点。与此同时，在国有经济布局调整过程中，国有资产继续增加。2001年底我国国有净资产总量比1995年增长91.4%，年均增长11%多。但国有经济对国内生产总值的贡献率则逐步降低，从1978年占56%降低到1997年的42%。①

一些国有大型公司、优势企业在国家政策的扶持下，在市场竞争中不断成长壮大。2001年，在石油石化行业中，中石油、中石化、中海油3家企业的资产和利润占整个行业的72.7%和68.3%；一汽、上汽和东风3家企业在国内汽车市场的占有率达到47%，销售收入和利润占39%和63%。海尔集团2001年全球营业额突破600亿元，产品销往160多个国家和地区，在同年美国《家电》杂志列出的全球十大家电制造商中，海尔集团居第九位，成为全球增长最快的家电企业。2003年，中国海运集装箱运输股份有限公司进入世界前10名，被美国航运杂志评为2003年国际航运公司收入利润全球第一。1996年，世界500强企业中，我国仅有金融和贸易3家企业列入；2002年至2003年我国进入世界500强的企业有11家，但尚没有制造业企业进入；2004年我国进入世界500强的企业已达18家，在制造业中，宝钢集团、一汽、上汽和东风汽车四家企业首次进入世界500强。②

另一方面，在"抓大放小"的战略下，大批中小型国有企业开始了非国有化改制。为此，国家经贸委于1996年7月颁发了《关于放开搞活国有小型企业的意见》，以推动各地放开搞活国有小型企业工作健康发展。相对于国有大中型企业改制来说，小型企业改制难度较小，因而获得了迅速的进展。1997年后，小企业改制采取了公司制改组、股份制合作制和出售3种主要形式。1998年，多于80%的地方国企和集

① 参见《十六大报告辅导读本》，人民出版社2002年版，第171页。
② 参见曲卫彬编著：《国有股权管理与运营》，清华大学出版社、北京交通大学出版社2005年版，第31页。

体企业进行了改制，大多数小企业转为了私人或者民营企业。到 2000 年底，国有小型企业已经实现改制的有 51698 户，改制面已经达到了 81.4% 以上。[①]

1997 年提出"三年脱困"目标时，国有及国有控股工业实现利润 806.5 亿元，大中型亏损企业 6599 户，12 个省区市整体亏损。但通过"三改一加强"以及扭亏为盈工作和加强宏观经济调控，到 2000 年国有及国有控股工业实现利润 2391.9 亿元，同比增长 1.4 倍。全国 31 个省区市整体盈利。6599 户国有大中型亏损企业减少 4800 户，脱困率 72.7%，这些企业有些实现了扭亏为盈，有些通过破产关闭退出了市场，还有的被兼并或进行了改制。2000 年国有小型企业实现利润 48.1 亿元，从而结束了连续 6 年净亏损的局面。[②]

第四节　民营经济发展

一、政策演变

1992 年党的十四大明确了我国经济体制改革的目标是建立社会主义市场经济体制，并提出"在所有制结构上，以公有制包括全民所有制和集体所有制经济为主体，个体经济、私营经济、外资经济为补充，多种经济成分长期共同存在和发展"。

1992 年，党的十四大在确定建立社会主义市场经济体制目标的基础上，阐明了所有制结构与社会主义市场经济的关系，进一步肯定了非公有制经济存在和发展的必要性。党的十四大报告指出：

> 社会主义市场经济体制是同社会主义基本制度结合在一起的。在所有制结构上，以公有制包括全民所有制和集体所有制为主体，个体经济、私营经济、外资经济为补充，多种经济成分长期共同发展，不同经济成分还可自愿实行多种形式的联合经营。国有企业、集体企业和其他企业都进入市场，通过平等竞争发挥国有企业的主导作用。

党的十四大以后，国家统计局和国家工商行政管理局发布《关于经济类型划

---

① 参见《中国经济年鉴（2001）》，中国经济年鉴社 2001 年版，第 800 页。
② 参见《中国经济年鉴（2001）》，中国经济年鉴社 2001 年版，第 101—102 页。

分的暂行规定》，将我国经济分为以下九种类型：国有经济；集体经济；私营经济；个体经济；联营经济；股份制经济；外商投资经济；港、澳、台投资经济；其他经济。其中第七条规定：私营经济是指生产资料归公民私人所有、以雇佣劳动为基础的一种经济类型。包括所有按照《中华人民共和国私营企业暂行条例》规定登记注册的私营独资企业、私营合伙企业和私营有限责任公司。第八条规定：个体经济是指生产资料归劳动者个人所有，以个体劳动为基础，劳动成果归劳动者个人占有和支配的一种经济类型。包括所有按照《民法通则》和《城乡个体工商户管理暂行条例》规定登记注册的个体工商户和个人合伙。第十条规定：股份制经济是指全部注册资本由全体股东共同出资，并以股份形式投资举办企业而形成的一种经济类型。股份制经济主要有股份有限公司和有限责任公司两种组织形式。这事实上是给予个体私营经济以合法身份。

1997年召开的党的十五大，在科学总结新中国成立近五十年尤其是近二十年所有制改革实践和理论探索的基础上，对社会主义市场经济条件下我国的所有制结构问题的认识取得重大突破，即将以公有制为主体、多种所有制经济共同发展作为社会主义初级阶段的一项基本经济制度确立下来。党的十五大更加明确了非公有制经济的地位和作用，指出：

> 非公有制经济是我国社会主义市场经济的重要组成部分。在坚持公有制为主体，并且国营经济控制了关系国民经济命脉的部门和行业，国有经济控制力增强和国有资产整体质量提高的前提下，非公有经济的发展不会改变我国经济制度的社会主义性质。要继续鼓励、引导个体、私营和外资等非公有经济的健康发展，以达到调动各方面积极性，充分利用社会资源，发展生产力，扩大就业的目的。

1999年3月5日至15日，九届全国人大二次会议通过了《中华人民共和国宪法修正案》，明确非公有制经济是中国社会主义市场经济的重要组成部分，大大促进了社会生产力的发展。

1999年8月30日，《中华人民共和国个人独资企业法》出台。这是我国继制定公司法、合伙企业法之后，制定的第三部涉及规范私营企业市场主体的法律，至此，我国关于私营经济三种主要形式——独资企业、合伙企业、有限责任公司的主体法律已经基本齐备。1998年9月，国家统计局公布《关于统计上划分经济成分的规定》，将我国经济成分划分为两大类别，共五种成分类型：第一大类为公有经济，包括国有经济和集体经济两种成分类型；第二大类为非公有经济，包括私有经济、港澳台经济、外商经济三种成分类型。其中关于非公有经济的定义，是指资产归我国内地公民私人所有或归外商、港澳台商所有的经济成分,包括私有经济、港澳台经济和外商经济。而关于私有经济的定义,是指资产归我国内地公民私人所有的经济成分。关于企业经济成分的推算办法,《关于统计上划分经济成分的规定》说明:根据企业实收资本中的国家资本、集体资本、个人资本、港澳台资本和外商资本确定经济成分。即实收资本中的国家资本作为国有经济成分,集体资本作为集体经济成分,个人资本作为私有经济成分,港澳台资本作为港澳台经济成分,外商资本作为外商经济成分。《关于统计上划分经济成分的规定》对私营企业给出定义:私营企业是指由自然人投资设立或由自然人控股,以雇佣劳动为基础的营利性经济组织。包括按照《公司法》《合伙企业法》《私营企业暂行条例》规定登记注册的私营有限责任公司、私营股份有限公司、私营合伙企业和私营独资企业。这事实上是给予私有经济和个人资本以合法身份和合法地位,并给予在此基础上建立的私营企业以合法身份和地位。

二、二次创业

经过近十年的发展,到 20 世纪 90 年代初,各类民营企业已经具有相当规模,通过企业制度的改造,越来越多的企业成长为规范的现代企业。但不少民营企业自身仍存在各种各样的矛盾,如不规范的经营、粗放式的管理、家族式的股权结构,以及使用高耗能技术、处于重度污染行业等,不仅束缚着企业的发展和成长,也导致社会成本外溢等。

1992 年,邓小平南方谈话和党的十四大后,全国各地相继出台了进一步发展民营经济的措施,放宽经营者的资格,所有停薪留职人员均可开办私营企业,允许机关、事业单位的编余人员,国有、集体企业的富余人员从事私营经济;放宽经营范围,凡国家放开经营的,非禁止经营、非专营和非指定单位经营的行业和项目都允许经营;放宽审批、登记条件。部分省市规定,一般企业法人的注册资本由原来的最低额 3 万元减少到 5000 元,老、少、边、贫地区还可放宽。① 这就使私营经济走出了缓慢发展阶段,进入了加速发展的轨道。与此同时,各类民营企业加快产权改造和现代企业制度建设,加速技术革新和设备更新换代,并且加速管理升级和产业升级,在全国范围内出现"二次创业"浪潮。

在这一过程中,私营企业呈现出了与"第一次创业"截然不同的发展特点。②

首先,企业发展动因和生存发展的环境不同。"第一次创业"尚处在前期创业阶段,大部分私营企业尚处在筹资建厂和资本初始积累阶段,整体发展水平不高;

---

① 参见王林昌:《我国私营经济二次创业研究》,工商出版社 2001 年版,第 54—55 页。

② 参见黄孟复主编:《中国民营经济史·纪事本末》,中华工商联合出版社 2010 年版。

而"二次创业"则是私营经济在前期创业基础上的进一步发展。如果说私营企业第一次创业的目标是"求生存"，那么二次创业的目标就是"求发展"。私企"第一次创业"大多是抓住了短缺经济中的机会，通过拾遗补阙迅速做大；而"二次创业"之时，市场供求关系已由短缺转向饱和，市场环境发生了变化，企业内部结构、经营模式、管理理念、发展方向等也要相应地进行变革以适应新的形势。

其次，企业组织形式发生变化。"第一次创业"阶段，企业的组织形式以独资企业和合伙企业为主。1990年，在全国私营企业的组织结构中，独资企业与合伙企业各占54.5%和41.1%，有限责任公司相对较少。但随着私营经济的进一步发展，有限责任公司迅速增长，1995年底，全国私营有限责任公司达23.5万户。部分私营企业走上了股份合作制的道路，组建了股份合作制企业。少数私营企业开始向股份有限公司转变，一些企业还在境外发行了股票。总的趋势是由小而全、小而散向专业化协作和公司化、集团化转变。

再次，企业的家族色彩开始淡化。"第一次创业"时期，私有企业半数以上属于独资企业，因此，这些企业带有浓厚的家族色彩，多以家族、亲属为纽带，主要由企业主本人或其家庭成员掌管，代理人也多是沾亲带故，形成浓厚的家族管理体制。一部分合伙企业或有限责任公司的合伙人或股东也有亲缘关系。1992年以后，这种家族式管理得到了一定程度的改观。如1995年私营企业内人际关系状况和员工进入企业的渠道中，社会招聘比例从总体上有所提高。

最后，企业员工的素质大大提高。私营企业发展初期，企业主多是农村村民、待业青年、无业人员及"两劳"释放人员，总体素质不高。随着私营经济的发展，离退休科技人员、停薪留职科技人员、企事业单位离退休人员、党政机关和企事业单位的富余人员以及大学教授、大学生、研究生也纷纷投身私营企业，使得企业主素质不断提高。

三、进入资本市场

中国的大多数民营企业无论是在初创时期还是在发展时期，都严重依赖内源性融资渠道，即以自我融资为主。而这一方式所筹集的资金极其有限，制约了中国民营企业的进一步发展。因此，筹集发展资金是民营企业上市的最主要动因。1992年6月2日，"深华源A"在深圳交易所挂牌上市。这是中国第一只不存在国家股的上市公司，标志着中国民营企业上市融资开始了艰难起步。1994年，东方集团和万向钱潮在上海证券交易所上市。但1993年的《公司法》中对股份有限公司申请上市的要求做了明确规定。包括公司股本总额不少于5000万元；持有股票面值达1000元以上股东不少于1000人，向社会公开发行的股份要在25%以上。而对于刚起步的民营企业，这两个条件几乎把大部分企业挡在门外。当时股本总额达到

5000 万元的民营企业可以说是凤毛麟角，所以能够上市的民营企业很少。1998 年 3 月，民营企业新希望完成股份制改造上市，标志着民营企业进入证券市场有了实质性突破。这一年就有 20 家民营企业上市。[1] 1999 年浙大海纳股份上市，自然人首次出现在发起人当中，四名自然人"发起人"股东共占了 2% 的股份。到 2000 年，民营上市公司数量达到了 249 家，占全部上市公司的 24.8%，比重基本稳定在 25% 左右。[2]

2000 年 5 月开始，我国公司上市方式从审批制转为核准制，由主承销商选择、辅导和推荐企业，由股票发行审核委员会进行审核。核准制以市场供给调节为主，取消了股票发行的额度与指标。核准制的实施，加快了股票市场发行制度的市场化进程，同时为民营企业上市提供了有利的制度安排。2000 年 12 月 19 日，经营业务主要面向中国的民营企业、中小企业、高科技企业的民生银行，作为我国首家主要由民营企业入股的全国性股份制商业银行正式上市，进一步拓宽了民营企业利用资本市场进行融资的渠道。同时随着资本市场的逐步开放和国家扶持民营企业发展政策的纷纷出台，民营企业直接上市和买壳上市的现象风起云涌。2001 年 1 月 18 日大通股份上市，成为第一家由自然人控股充任"发起人"并拥有控制权的 A 股公司。这是完全意义上的民营企业，成为中国证券市场里程碑式的事件。2001 年上半年首次公开发行股票的 38 家公司中，有 6 家为民营上市公司[3]。

买壳上市是民营企业进入资本市场的重要途径之一。截止到 2003 年上半年，直接上市民营企业有 169 家，占整个民营上市公司总量的 37.89%，而买壳上市民营企业达到 277 家，所占比例达到 62.11%。[4] 而在这一阶段，与前几年不同的是，以自然人作为主发起人的公司数量明显增加了。海通集团、安泰集团、华海药业、三房巷、士兰微等五家以自然人为主发起人发行上市，共融资 19.2 亿元[5]，占到 2003 年一季度首发融资总额 29.7 亿元的 64%[6]。其中安泰集团、士兰微是继天通股份、精伦电子、腾达建设之后全自然人发起设立的上市公司。

从沪深两市的年报来看，民营上市公司大部分表现良好。2000 年共有 26 家民营上市公司进入沪深两市主营业务增长率排行榜前 100 名，15 家进入沪深两市每股收益排行榜前 100 名。2001 年度托普软件和太太药业每股收益分别进入了沪深

---

①　参见秦锂、姚晓芳：《中国民营企业上市现状及分析》，《科学学与科学技术管理》2001 年第 11 期。

②　参见黄孟复主编：《中国民营经济发展报告 No.6（2008—2009）》，社会科学文献出版社 2009 年版，第 158 页。

③　参见黄勇民、张雪：《民营企业上市的现状、趋势与对策分析》，《广西大学学报》2002 年第 6 期。

④　参见丁瑞玲：《我国中小企业板块的设立对民营企业融资的影响》，《中央财经大学学报》2005 年第 2 期。

⑤　参见李文：《上市的民营企业》，《银行家》2003 年第 10 期。

⑥　参见黄孟复主编：《中国民营经济发展报告 No.1（2003）》，社会科学文献出版社 2004 年版，第 549 页。

两市每股收益前十名，广汇股份则名列沪深净资产收益率的第 3 名。①

第五节　全面对外开放

一、全方位开放

党的十四大报告强调，实行对外开放是改革和建设必不可少的，应当吸收和利用世界各国包括资本主义发达国家所创造的一切先进文明成果来发展社会主义，封闭只能导致落后。根据这些年来对外开放所取得的成就和经验，以及新的国际国内经济形势发展需要，党的十四大报告提出我国新的对外开放方针，指出：

> 对外开放的地域要扩大，形成多层次、多渠道、全方位开放的格局。继续办好经济特区、沿海开放城市和沿海经济开放区。扩大开放沿边地区，加快内陆省、自治区对外开放的步伐。以上海浦东开发开放为龙头，进一步开放长江沿岸城市，尽快把上海建成国际经济、金融、贸易中心之一，带动长江三角洲和整个长江流域地区经济的新飞跃。加速广东、福建、海南、环渤海湾地区的开放和开发。力争经过二十年的努力，使广东及其他有条件的地方成为我国基本实现现代化的地区。

党的十四届三中全会《决定》对全方位开放提出了具体的政策：

> 实行全方位开放。继续推进经济特区、沿海开放城市、沿海开放地带，以及沿边、沿江和内陆中心城市的对外开放，充分发挥开放地区的辐射和带动作用；加快主要交通干线沿线地带的开发开放；鼓励中、西部地区吸收外资开发和利用自然资源，促进经济振兴；统筹规划，认真办好经济技术开发区、保税区，形成既有层次又各具特点的全方位开放格局。拓宽对外开放的领域，扩大生产要素的流动和交换，在注重工业和贸易领域国际联系的基础上，加快其他产业的对外开放，促进服务贸易的发展。改进海关、商检、运输等各项口岸工作。加强对境外中资企业的管理。认真总结经验，不断提高对外开放程度，引导对外开放向高层次、宽领域、纵深化方向发展。

---

① 参见黄勇民、张雪：《民营企业上市的现状、趋势与对策分析》，《广西大学学报》2002 年第 6 期。

1992 年，以上海浦东为龙头，开放芜湖、九江、黄石、武汉、岳阳、重庆 6 个沿江城市和三峡库区，实行沿海开放城市和地区的经济政策。开放哈尔滨、长春、呼和浩特、石家庄 4 个边境和沿海地区省会城市。开放珲春、绥芬河、黑河、满洲里、二连浩特、伊宁、塔城、博乐、瑞丽、畹町、河口、凭祥、兴东 13 个沿边城市。鼓励沿边城市发展边境贸易和与周边国家的经济合作。开放太原、合肥、南昌、郑州、长沙、成都、贵阳、西安、兰州、西宁、银川等 11 个内陆省会城市。随后几年，又陆续开放了一大批符合条件的内陆县市。到 2000 年，伴随着西部大开发战略的实施，对外开放进一步扩大到广大西部地区。至此，全方位对外开放地域格局基本形成。

另一方面，我国积极加入世界多边和双边贸易体系。2001 年 12 月正式成为世界贸易组织（WTO）的成员，使我国对外开放跨入一个新的历史阶段。随即，我国又与东盟 10 国就 10 年内建立自由贸易区达成协议，并首先启动了"早期收获计划"，关税水平大幅降低乃至为零，非关税措施进一步减少，贸易更加便利化，贸易自由化程度超越了 WTO 多边贸易体系。我国还商签了几个自由贸易区协定，如中国—智利自贸区、中国—巴基斯坦自贸区的"早期收获计划"，都是我国对外开放向深层次推进的具体行动，也是目前世界上开放程度较高的一种形式。这些自由贸易区涵盖了我国 2006 年对外贸易总额的 1/4。同时，中国还在开展与印度、韩国的自由贸易协定联合可行性研究，并且正在启动与哥斯达黎加、挪威、瑞士的自由贸易协定联合可行性研究，与更多国家和地区寻求更广泛领域、更深层次的合作，实现互利共赢、共同发展。

这一时期对外开放的最重要成就是加入 WTO。1986 年 7 月 10 日，中国驻日内瓦代表团大使钱嘉东代表中国政府正式提出申请，恢复中国在关贸总协定中的缔约方地位。20 世纪 90 年代，尽管中国一再被西方国家刁难，"复关"和自动成为 WTO 成员的努力先后受挫，但中国从自身对外开放发展的需要和世界发展的需要出发，坚定不移地作出自己的努力。从 1995 年起，中国重新启动了与 WTO 中要求与其进行双边谈判的 37 个成员的拉锯式谈判。其中，中美、中欧谈判分别进行了 25 轮和 15 轮，而完成与最后一个对手的谈判时间是 2001 年 9 月 13 日。2001 年 11 月 10 日，在卡塔尔的多哈，WTO 第四届部长级会议以全体一致的方式审议通过了《关于中国加入世界贸易组织的决定》。11 月 11 日，中国对外贸易经济合作部部长在多哈签署了中国加入 WTO 的议定书，并向 WTO 总干事穆尔递交了中国国家主席江泽民签署的《中国加入世界贸易组织批准书》。12 月 11 日，中国正式成为世贸组织第 143 个成员，标志着中国的对外开放进入了一个新阶段，为融入全球经济一体化打开了通道。

以加入 WTO 为标志，我国对外开放进入了新阶段。从此，我国的对外开放由有限范围、领域、地域内的开放，转变为全方位、多层次、宽领域的开放；由以试点为特征的政策性开放，转变为在法律框架下的制度性开放；由单方面为主的自我开放市场，转变为我国与 WTO 成员之间的双向开放市场；由被动地接受国际经贸规则的开放，转变为主动参与制定国际经贸规则的开放；由只能依靠双边磋商机制协调经贸关系的开放，转变为可以多双边机制相互结合和相互促进的开放，为我国参与经济全球化开辟了新的途径，为国民经济和社会发展开拓了新的空间。

二、外贸体制改革

邓小平 1992 年南方谈话明确了建立社会主义市场经济体制的改革取向，推动了外贸体制进一步市场化改革。1992 年 10 月，江泽民在党的十四大所作报告中明确提出：

> 积极开拓国际市场，促进对外贸易多元化，发展外向型经济。扩大出口贸易，改善出口商品结构，提高出口商品的质量和档次，同时适当增加进口，更多地利用国外资源和引进先进技术。深化外贸体制改革，尽快建立适应社会主义市场经济发展的、符合国际贸易规范的新型外贸体制。赋予有条件的企业、科技单位以外贸自营权。积极扩大我国企业的对外投资和跨国经营。

1994 年 1 月 11 日，国务院作出《关于进一步深化对外贸易体制改革的决定》，提出中国对外贸易体制改革的目标是：统一政策、开放经营、平等竞争、自负盈亏、工贸结合、推行代理制，建立适应国际经济通行规则的运行机制。

第一，改革外汇管理体制，促进对外贸易发展。根据国务院决定，从 1994 年 1 月 1 日起，国家实行新的外汇管理体制，实行以市场供求为基础的、单一的、有管理的人民币浮动汇率制；建立银行间外汇交易市场，改进汇率形成机制，保持合理及相对稳定的人民币汇率；实行外汇收入结汇制，取消现行的各类外汇留成、上缴和额度管理制度；实行银行售汇制，实现人民币在经常项目下有条件可兑换；对向境外投资、贷款、捐款等汇出继续实行审批制度。改革外汇管理体制是创造外贸平等竞争环境、深化外贸体制改革的一项重要措施。这对我国与国际经济接轨，推动对外贸易持续发展具有重要意义。

第二，运用法律、经济手段，完善外贸宏观管理。国家主要运用法律、经济手段调节对外贸易活动，使对外贸易按客观经济规律运行，充分利用国际国内两个市场、两种资源，优化资源配置。国家不再给各省、自治区、直辖市及计划单列市和进出口企业下达外贸承包指令性计划指标，对进出口总额、出口收汇和进口用汇实行指导性计划管理，对企业的经营目标进行引导。对少数重要的进出口商品实行配额控制，协调平衡内外销关系。进一步放开外贸经营权。加快授予具备条件的国有生产企业、科研单位、商业物资企业外贸经营权，鼓励和扶持获得进出口自营权的企业积极从事出口经营。国家继续采取鼓励出口的政策措施，促进出口增长。完善出口退税制度，实行有利于外贸出口发展的信贷政策，促进机电产品和高科技产品的出口。发挥进口对国民经济发展的促进作用，改革和完善进口管理。按产业政策调整关税税率，引导进口商品结构的适时调整。

第三，转换外贸企业经营机制，逐步建立现代企业制度。按照现代企业制度改组国有专业外贸企业，使其成为真正自主经营、自负盈亏、自我发展、自我约束的经营主体，加强凝聚力，充分发挥企业和职工的积极性，不断扩大进出口贸易，保证国有资产的保值和增值，增强企业实力。同时要加强企业管理和完善企业考核办法，以此引导对外贸易健康发展。外贸企业要加快转换经营机制，由国家计划的单纯执行者真正转变为国家宏观政策指导下的进出口商品经营者；从单纯追求创汇指标转变为在坚持经济效益的基础上，实行一业为主，多种经营，努力扩大出口创汇；坚持"以质取胜"，多元化开拓市场；走实业化、集团化、国际化经营的发展道路；积极推行进出口代理制，转变经营作风，搞好代理服务。

第四，强化进出口商会的协调服务职能，完善外贸经营的协调服务机制。充分发挥进出口商会在外贸经营活动中的协调指导、咨询服务作用。进出口商会的主要职责是：维护进出口经营秩序和会员企业的利益；组织对国外反倾销的应诉；为会员企业提供信息和咨询服务；调解会员之间的贸易纠纷；向政府反映企业的要求和意见，并对政府制定政策提出建议；监督和指导会员企业守法经营；根据政府主管部门的授权，参与组织进出口商品配额招标的实施；参与组织出口交易会、出国展览会；对外开展业务交流与联络，进行市场调研；向政府有关执法部门建议或直接根据同行协议规定，采取措施惩治违反协调规定的企业；履行政府委托或根据会员企业要求赋予的其他职责。

第五，保持外贸政策的统一性，增强外贸管理的透明度。全国实行统一的对外贸易制度和政策，是建立全国统一大市场的客观要求，也是国际贸易规范之一。为此，必须确保我国对外贸易制度的统一性，统一对外贸易立法和法律实施，统一管理对外贸易，对外统一承担国际义务。凡涉及对外贸易的全国性的法规、政策，国务院授权外经贸部统一对外公布。目前地区间实行的涉及对外贸易方面的不同政策，要逐步统一规范。各类进出口企业均应逐步实行统一的外贸政策。保持外贸政策的统一性，增强外贸管理的透明度。确保我国对外贸易制度的统一性，统一对外贸易立法和法律实施，统一管理对外贸易，对外统一承担国际义务。

这一轮外贸体制改革加强了市场经济机制的调节作用，促进了中国对外贸易市场化的进程。从此，外贸体制逐渐向社会主义市场经济体制和国际贸易规范方向调整，开创了我国对外贸易的新篇章。

三、外汇体制改革

党的十四届三中全会《决定》明确要求："改革外汇管理体制，建立以市场供求为基础的、有管理的浮动汇率制度和统一规范的外汇市场，逐步使人民币成为可兑换货币。"按照要求，1994年1月1日，中国对外汇管理体制进行了重大改革，其主要内容有：

第一，实现汇率并轨，实行以市场供求为基础的、单一的、有管理的浮动汇率制。1981—1993年间，我国实行官方牌价与市场价（内部结算价或外汇调剂市场价）并存的外汇制度。这种双重汇率制度既造成价格体系扭曲，也不断遭到国际金融机构的诟病。1994年1月1日起，重新实行单一的汇率。

第二，实行银行结售汇制度，取消外汇上缴和留成，取消用汇的指令性计划和审批，对境内机构经常项目下的外汇收支实行银行结汇和售汇制度。自1994年起大部分外汇必须卖给国家指定结汇银行，部分外汇允许在指定银行开立现汇账户。新结售汇制及经常项目下有条件的可兑换，增加了外汇储备。1994年4月18日中国外汇交易中心在上海成立，标志着全国统一的外汇交易网络的形成。

第三，对外商投资企业的经常项目外汇收入实行意愿结汇制度，但不允许外商投资企业在外汇指定银行办理结售汇，外商投资企业要卖出外汇或者购汇都必须在外汇调剂中心进行。1996年下半年将外商投资企业外汇买卖纳入银行结售汇体系，提高个人因私用汇供汇标准，取消尚存的非贸易非经营汇兑限制，并于同年12月1日正式接受国际货币基金协定第八条款，取消所有经常项目汇兑限制，实现了人民币经常项目完全可兑换。至此，中国在市场汇率基础上，正式确立了"人民币经常项目可兑换，资本项目外汇实行管制"的现行外汇管理框架，符合国际惯例的银行结售汇体系运行良好。

第四，在汇率决定方面，各外汇指定银行以中国人民银行每日公布的人民币对美元及其他主要货币的汇率为依据，在中国人民银行规定的浮动幅度之内自行挂牌公布汇率。为了保持各银行挂牌汇率的基本一致和相对稳定，中国人民银行向外汇交易市场吞吐货币，并由计算机联网，将外汇指定银行之间的交易沟通起来，加快运作速度。

第五，外商投资企业的外汇收入，允许在外汇指定银行或境内的外资银行开立现汇账户，在国家规定允许的范围内对外支付和偿还境内金融机构外汇贷款本息，可在现汇账户余额中直接办理；超出现汇账户余额的生产、经营、还本付息和红利的用汇，由国家外汇管理部门根据国家授权部门批准的文件及合同审批后，向外汇指定银行购买。

　　1996 年 4 月，我国实施新的《中华人民共和国外汇管理条例》，对经常项目下的外汇收支规定了比较宽松的条件，但仍属于人民币在经常项目下有条件可兑换。1996 年 7 月，我国在全国范围内对外商投资企业实行银行结售汇制度，并逐步取消尚存的某些经常项目的汇兑限制。1996 年 12 月 1 日，中国开始接受国际货币基金组织协定第八条款，实行人民币经常项目下的可兑换。

　　过去长期以来我国人民币对外汇率实行高估政策，这大大影响了我国商品的出口竞争力。20 世纪 80 年代，我国根据国民经济整体发展需要和国际市场变化，逐渐调低人民币汇率。这种政策大大制约了进口而刺激了出口。90 年代，我国人民币基本保持稳定。1997 年东南亚金融危机发生后，这些国家的货币竞相贬值，严重冲击我国的出口。在这种情况下，人民币进一步贬值的呼声很大。但是，为了国内外市场的稳定，我国宣布人民币保持稳定的政策。在国际市场上一片货币贬值浪潮中，人民币一枝独秀，几乎成为唯一不贬值的货币。在金融危机冲击下我国坚持人民币稳定政策，虽然遭受了一定的经济损失，但维护了中国政府的形象，大大提高了人民币的地位。

　　由于人民币国际地位的提高，特别是我国与周边国家和地区经济贸易的发展，人民币境外流通的范围很广数量很大。在部分周边国家和地区人民币享有"第二美元"的美誉，成为主要的边贸结算货币。20 世纪末在我国与周边国家和地区的边境贸易中，人民币已经被普遍作为支付和结算的硬通货，人民币与这些国家和地区的货币可以自由的兑换。在泰国、越南、缅甸、朝鲜、蒙古、俄罗斯等国家和地区，人民币可以全境或局部通用，一些国家和地区的居民还将人民币作为一种储藏手段加以保存，而一些国家甚至官方正式承认和公开宣布人民币为自由兑换货币，并逐日公布人民币与本币的比价。因此，在一定程度上说，人民币已经成为一种区域性的国际货币。

　　在这种情况下，我国积极推进外汇市场的开放，构建宽松的外汇环境。例如，我国实行资本项目法人对外开放，并逐步实现了人民币资本项目部分可兑换。对照国际货币基金组织确定的资本项下 43 个交易项目，我国完全可兑换和基本可兑换（经登记或核准）的有 12 项，占 28%；有限制的 16 项，占 37%；暂时禁止的有 15 项，占 35%。1997 年 1 月 1 日起，开始进行远期银行结售汇试点，为企业提供规避汇率风险、降低交易成本的保值手段；同年 10 月 15 日，允许符合一定条件的中资企业开立外汇账户，保留一定限额经常项目外汇收入。各地外汇管理部门努力提高服务水平，不断探索，开办了"红色通道""首问负责制""免费咨询电话"等新的服务项目，为中、外资企业和个人提供优质服务。在个人因私用汇方面，也在真实性需求的基础上逐步向便捷宽松的方向发展。1997 年个人出境旅游换购外汇数额由 1994 年的 60 美元提高到 2000 美元。2001 年初允许中国境内居民从事 B 股投资，为国内持有外汇的居民提供了新的投资渠道。

1980 年，中国开始试编国际收支平衡表；1982 年起正式编制国际收支平衡表。经过十几年的实践探索，参照国际惯例，我国从 1996 年 1 月 1 日起实施新的国际收支统计申报制度，从 1998 年起按照国际货币基金组织《国际收支手册》第五版公布国际收支平衡表，2001 年起由过去每年公布一次国际收支平衡表改为按半年公布。至此，中国基本建立和健全了国际收支申报、监测体系，有力地促进了国家宏观监测系统的加强和完善。

四、外资政策变化

1992 年，邓小平视察南方并发表重要讲话，明确了大胆利用外资是一项全新的事业，吸收外资势头大大加快。1992 年当年全国新批合同外资金额超过前 13 年的总和，1993 年实际吸收外资比 1992 年增长 1.5 倍。此后，中央确定了积极合理有效利用外资的方针，在扩大规模的同时，拓宽利用外资领域，采取更加灵活的方式，引导外资投向基础设施、工业、农业和部分服务业，我国吸收外资进入了高速发展的新时期。1997 年底，党中央、国务院召开了全国利用外资工作会议，总结了 20 年来我国吸收外资的经验，提出了进一步扩大对外开放、提高利用外资水平的指导思想。从 1996 年到 2000 年，我国实际吸收外资保持在年均 400 亿美元以上的规模。

党的十四届三中全会《决定》指出：

积极引进外来资金、技术、人才和管理经验。改善投资环境和管理办法，扩大引进规模，拓宽投资领域，进一步开放国内市场。创造条件对外商投资企业实行国民待遇，依法完善对外商投资企业的管理。引导外资重点投向基础设施、基础产业、高新技术产业和老企业的技术改造，鼓励兴办出口型企业。发挥我国资源和市场的比较优势，吸引外来资金和技术，促进经济发展。

根据上述要求，有关部门陆续出台了引导外资投向基础设施、基础产业和企业技术改造，投向中西部地区的政策和措施。1995 年 6 月，国务院批准发布《指导外商投资方向暂行规定》和《外商投资产业指导目录》。

《指导外商投资方向暂行规定》将外商投资项目分为鼓励、允许、限制和禁止四类。第一，鼓励类外商投资项目包括：（一）属于农业新技术、农业综合开发和能源、交通、重要原材料工业建设的；（二）属于高新技术、先进技术，能够改进产品性能、节约能源和原材料、提高企业技术经济效益或者生产适应市场需求而国内生产能力不足的新设备、新材料的；（三）属于适应国际市场需求，能够提高产品档次，开拓新市场，扩大产品外销，增加出口的；（四）属于综合利用资源和再生资源以及防治环境污染的新技术、新设备的；（五）属于能够发挥中西部地区的人力和资源优势，并符合国家产业政策的；（六）属于国家法律、行政法规规定鼓励的其他项目。鼓励类外商投资项目，除依照国家有关法律、行政法规的规定享受优惠待遇外，从事投资额大、回收期长的能源、交通基础设施（煤炭、电力、地方铁路、公路、港口）建设并经营的，经批准可以扩大与其相关的经营范围。

第二，限制类外商投资项目包括：（一）属于国内已开发或者已引进技术，生产能力已能满足国内市场需求的；（二）属于国家吸收外商投资试点或者实行专卖的产业的；（三）属于从事稀有、贵重矿产资源勘探、开采的；（四）属于需要国家统筹规划的产业的；（五）属于国家法律、行政法规限制的其他项目。限制类的中外合资经营项目，必须约定企业经营期限；中方投资中的固定资产部分必须使用中方投资者自有资金或者属于中方投资者所有的资产。

第三，禁止类外商投资项目包括：（一）属于危害国家安全或者损害社会公共利益的；（二）属于对环境造成污染损害，破坏自然资源或者损害人体健康的；（三）属于占用大量耕地，不利于保护、开发土地资源，或者危害军事设施安全和使用效能的；（四）属于运用我国特有工艺或者技术生产产品的；（五）属于国家法律、行政法规规定禁止的其他项目。

第四，《指导外商投资方向暂行规定》还具体规定了允许类投资项目，以及相关的条件。

《指导外商投资方向暂行规定》和《外商投资产业指导目录》的颁布，表明中国外资政策的进一步开放和提升，是我国外资发展的新阶段。此后，我国通过修订《外商投资产业指导目录》来引导和鼓励外资投资方向，促进了外商投资的积极性。1997 年 12 月，国务院批准了对《外商投资产业指导目录》的修订，2002 年、2004 年和 2007 年又先后三次修订了《外商投资产业指导目录》。修订后的《外商投资产业指导目录》扩大了国家鼓励外商投资的范围，减少了限制外商投资的条目。这意味着我国对外资的开放程度越来越大，并且更加有效率，对我国经济发展产生了重要的推进作用。

在一系列有利政策的引导下，招商引资和兴办"三资"企业也呈现出前所未有的高潮局面。1992—1996 年批准"三资"企业共计 241253 个，其中合资企业 149330 个，合作企业 30423 个，独资企业 61497 个。自 1993 年以来，我国一直是发展中国家中最大的外资流入国。经济合作与发展组织（OECD）报告说，2003 年中国接受的外商直接投资（FDI）达到 530 亿美元，首次成为全球接受外商直接投资最多的国家。《2006 年世界投资报告》指出，中国在 2005 年成为继英国（1650 亿美元）和美国（1200 亿美元）之后的全球第三大 FDI 接受国，外资流入量增至 724 亿美元。[1] 在发展中国家吸引 FDI 的排名中，中国一直位列第一。

外商投资数量增加的同时质量也不断提高，外资企业由劳动密集型加工向资本技术密集型制造转变。2001 年，我国高技术产业中"三资"企业数从 1996 年的 7000 家增加到 1 万余家，年均增长 6.9%，分别比全部"三资"企业和全部高技术产业企业增长速度快 2.3 个和 0.3 个百分点；从业人员从 109 万人增加到 196 万人，年均增长 12.4%，分别比全部"三资"企业和全部高技术产业企业增长速度快 7 个和 10.5 个百分点；营业收入从 1787 亿元增加到 6462 亿元，年均增长 29.3%，分别比全部"三资"企业和全部高技术产业企业增长速度快 16.4 个和 11.8 个百分点。[2] 外商投资主要集中于电子及通信设备制造业、汽车制造业、集成电路制造业、化学原料及化学制品制造业等资金技术密集型行业，与之配套的高端服务业投资也大量跟进，设立了大量的研发机构，截至 2005 年底，在华设立的研发机构已超过 750 家。[3]

第六节　增长与发展

一、发展规划

1. "八五"计划（1991—1995 年）

1990 年 1 月初，国务院着手编制"八五"计划和十年规划，制定工作明确把十年规划远景和五年中期安排结合起来，致力于经济社会发展问题的长期矛盾，避免局限在短期目标和具体指标上。《中华人民共和国国民经济和社会发展十年规划和第八个五年计划纲要》于 1991 年 4 月 9 日经七届全国人大四次会议批准通过。

"八五"计划是在国民经济整顿期间制定的，在以稳为主的基调下设定的发展指标并不高，经济体制的构想仍然维持"计划为主，市场调节"的思路。《中华人民共和国国民经济和社会发展十年规划和第八个五年计划纲要》提出，要在今后十年实现第二步战略目标，基本要求是：在大力提高经济效益和优化经济结构的基础上，使国民生产总值按不变价格计算，到 20 世纪末比 1980 年翻两番。按照这个

---

① 参见田泽、武博：《我国外资引进与利用的现状、问题及对策》，《理论探讨》2008 年第 1 期。

② 参见国家统计局普查中心：《基普分析之十三："三资"企业已成为我国高技术产业发展的主导力量》，国家统计局网站，见 http：//www. stats. gov. cn。

③ 参见张天宝、陈柳钦：《外商在华直接投资决定因素的阶段性差异研究》，《当代经济科学》2008 年第 2 期。

目标要求，到 2000 年，以 1990 年价格计算的国民生产总值达到 31100 亿元，10 年平均每年增长 6%。工农业总产值平均每年增长 6.1%。其中：农业总产值平均每年增长 3.5%；工业总产值平均每年增长 6.8%。[①] 1991 年即"八五"计划的第一年，国民经济和社会发展速度远远超出"八五"计划的设想，全年国民生产总值 19580 亿元，增速达到 7%，全社会固定资产投资完成 5279 亿元，比上年增加 829 亿元，增长 18.6%，1991 年出口总额 719 亿美元，增长 15.8%，1991 年新签利用外资协议金额 178 亿美元，比上年增长 47.6%。[②] 这说明原定计划对于经济增长的潜力估计得偏保守。1993 年 3 月 7 日，党的十四届二中全会通过了中央政治局提交的意见，对"八五"计划的若干指标作出调整：平均每年增长速度由原计划的 6% 调整为 8%—9%。[③]

在整个"八五"计划期间，中国经济年均增长速度达 11% 左右，比"七五"时期的年均增速高出近 4 个百分点，经济波动不到 5 个百分点。统计资料显示，在中国执行的 8 个五年计划中，"八五"计划是中国历次五年计划中增长最快、波动最小的一个五年计划。1995 年中国的国民生产总值达到 57600 亿元，扣除物价因素，是 1980 年的 4.3 倍，提前五年完成了到 2000 年实现国民生产总值比 1980 年翻两番的战略目标。这在中国经济发展史上是一个重要的里程碑。"八五"时期中国的一些主要产品的产量稳步增长。总量居世界第一位的有煤炭、水泥、棉布、电视机、粮食、棉花、肉类，居世界第二位的是钢和化学纤维，发电量居世界第三位。

2. "九五"计划（1996—2000 年）

1996 年 3 月，八届全国人大四次会议审议并通过了《国民经济和社会发展"九五"计划和 2010 年远景目标纲要》（以下简称《纲要》）。《纲要》指出，"九五"国民经济和社会发展的主要奋斗目标是：全面完成现代化建设的第二步战略部署，到 2000 年实现人均国民生产总值比 1980 年翻两番；基本消除贫困现象，人民生活达到小康水平；加快现代企业制度建设，初步建立社会主义市场经济体制，为 21 世纪初开始实施第三步战略部署奠定更好的物质技术基础和经济体制基础。《纲要》明确指出，"抓住机遇、深化改革、扩大开放、促进发展、保持稳定"，是必须要长期坚持的基本方针；要正确处理改革、发展、稳定三者的关系，重点解决关系全局的重大问题。

---

① 参见《中华人民共和国国民经济和社会发展十年规划和第八个五年计划纲要》，1991 年 4 月 9 日，见 http://www.npc.gov.cn/wxzl/gongbao/2000-12/28/content_ 5002538. htm。

② 参见国家统计局：《关于 1991 年国民经济和社会发展的统计公报》，1992 年 2 月 28 日，见 http://www.stats.gov.cn/tjsj/tjgb/ndtjgb/qgndtjgb/200203/t20020331_ 30005.html。

③ 参见《中共中央关于调整"八五"计划若干指标的建议》，1993 年 3 月 7 日，见 http://cpc.people.com.cn/GB/64184/64186/66685/4494248.html。

《纲要》不仅提出了短期五年内的建设目标，还针对长期发展做了具体规划，提出 2010 年国民经济和社会发展的主要奋斗目标是：实现国民生产总值比 2000 年翻一番，人口控制在 14 亿以内，人民的小康生活更加宽裕，形成比较完善的社会主义市场经济体制。经过 15 年的努力，国民经济整体素质将有较大提高，国际竞争力将大为增强，社会生产力、综合国力、人民生活水平再上一个大台阶，社会主义精神文明建设和民主法制建设取得明显进展，为 21 世纪中叶实现第三步战略目标、基本实现现代化奠定坚实基础。

"九五"计划是 20 世纪的最后一个五年计划，主要经济增长指标基本完成，国内生产总值增长率为 8.3%，大大高于世界平均 3.8% 的增长速度。2000 年国内生产总值达到 8.94 万亿元，按当年汇率折合成美元，突破 1 万亿美元。在 1997 年比预期目标提前 3 年实现了人均国民生产总值比 1980 年翻两番的目标，人民生活总体上达到了小康水平，为进一步实现第三步战略目标奠定了良好的基础。

二、基础建设

1. 工交

"八五"期间全部建成投产的基本建设大中型项目约为 845 个，建成投产的限额以上的重点技术改造项目约为 374 个，改善了相关行业产业的生产设备水平，提高了企业的生产效率和能力。

（1）"八五"时期重点加强了铁路建设，是中国铁路建设史上投资多、建设规模大、建成铁路长的大发展时期，33 个铁路重点项目安排投资 841 亿元，约占同期全部铁路投资的 60%。"八五"期间，建成京九、宝中、兰新复线等重要铁路干线，以及南昆线南宁到百色段等重要铁路干线，京广线武昌到广州段扩能改造工程、大秦线二期配套工程，侯月线、广深准高速铁路、北京西站等相继建成投产，改善了交通布局和运输能力。

（2）"八五"期间，邮电通信建设方面，重点安排了以通信光缆为主体的重点项目 11 个，投资 35 亿元，先后有南沿海、京太西兰乌、京沈哈、杭福贵成、京呼银兰等 11 个光缆项目建成投产，完成铺设光缆通信干线 22522 公里，占同期全国铺设光缆总数的 95%。

（3）电力建设方面，共确定 70 个电力国家重点项目，在同期全部重点项目总数中占到四分之一，投入建设资金 1090 亿元，先后有漫湾水电站、岩滩水电站、隔河岩水电站等 52 个重点项目和重点单项工程建成投产，新增发电装机容量 2675 万千瓦。其中，秦山和大亚湾两大核电站的建成投产，标志着中国自行开发建设核电站进入一个新的历史阶段。

（4）农林水利和化肥等支农工业项目建设方面，投资力度得到强化，主要确定了"三北"防护林二期工程、黄河小浪底水利枢纽工程、治淮和治太工程、引大入秦工程、陕西大化肥、海南大化肥、黄麦岭磷肥工程等 22 个重点项目，安排投资 300 亿元，通过这些项目的重点建设，增强了大江大河的防洪能力，增加了农田有效灌溉面积，大大改善了农业生产条件，为保证农业的稳定发展和粮食产量的稳定增长作出积极贡献。石化、汽车、机械电子等支柱产业方面主要安排了 18 个国家重点项目，投资 258 亿元。到"八五"末，已建成投产了上海 30 万吨乙烯、扩建了无锡微电子、一汽、二汽、一汽大众轿车及天津夏利轿车等企业产能。

进入"九五"时期以后，重点项目建设领域为适应国家适度从紧、"保投产、保收尾"的宏观调控政策，项目个数逐年减少，前三年共安排国家重点建设项目 192 个，投资 4434 亿元。由于建设规模得到控制，资金供应更加集中，保证了重点项目建设进展顺利。长江三峡工程和黄河小浪底水利枢纽工程分别于 1997 年 11 月 8 日和 10 月 28 日成功实现截流；南昆铁路 1997 年底全线开通；陕西大化肥工程、海南大化肥工程、黄麦岭磷肥工程、茂名 30 万吨乙烯工程、大连造船新厂、成昆线电化、兰西拉光缆、天荒坪抽水蓄能电站、二滩水电站等重点项目和重点单项工程先后建成投产，这些项目新增生产能力在全国基本建设新增生产能力中占有很大比重，对国民经济的持续发展具有强大的支撑作用。

2. 科技

1992 年 3 月，国务院公布了《国家中长期科学技术发展纲要》和《中华人民共和国科学技术发展十年规划和"八五"计划纲要》，提出到 2000 年我国工业主要领域大体达到经济发达国家 20 世纪 70 年代或 80 年代初的技术水平，到 2020 年达到经济发达国家 21 世纪初的技术水平，在总体上缩短与世界先进水平的差距。1995 年 5 月，《中共中央、国务院关于加速科学技术进步的决定》正式提出科教兴国战略。1997 年，中国政府采纳科学家的建议，制定国家重点基础研究发展规划，即"973 计划"。"973 计划"围绕农业、能源、信息、资源环境、人口与健康、材料、综合交叉与重要科学前沿等领域进行战略部署。从 1998 年到 2002 年，"973计划"先后启动了 132 个项目，其中农业领域 17 项，能源领域 15 项，信息领域17 项，资源环境领域 24 项，人口与健康领域 21 项，材料领域 19 项，重要科学前沿 19 项。"九五"期间，中国每年平均取得科技成果 3 万余项。两系法杂交水稻技术、水稻基因图谱的绘制、体细胞克隆羊的诞生、转基因试管牛的问世以及重大疾病的基因测序和诊断治疗等技术的突破，使中国生物技术总体水平接近发达国家；高清晰度电视、"神威"计算机、12 英寸单晶硅材料、6000 米无缆自制水下机器人的研制成功、皮肤干细胞再生技术、纳米技术等重大成就的取得，使中国在相应领域跃入世界先进行列。①

3. 水利

1992—2002 年，水利建设事业卓有成效，建成水库数量由 84130 座增加到 85288 座，其中大型水库增加比例最多，从 367 座增至 445 座，水库库容总量也大幅增加，由 4248 亿立方米增至 5595 亿立方米，其中 829 亿立方米的库容增量是大型水库建设贡献的。有效灌溉面积稳步增加，达到 2503 万公顷，新增 576.5 万公顷，节水灌溉面积达 1862.7 万公顷，水土流失治理面积达 8541 万公顷。到 2002 年，建成堤防长度 27 万公里，保护面积达 4286.2 万公顷，比 1992 年增加 1329.7 万公顷。同期，国家加大了对大型水利项目的重点建设，先后有葛洲坝水电站、漫湾水电站、隔河岩水电站等重点项目建成投产；三峡水利枢纽工程是世界上最大的水电站，具有防洪、发电、航运等巨大的经济和社会效益，2002 年顺利实现大江截流，开始二期工程建设，黄河小浪底、二滩水电站等也相继建成发电。2002 年，水电生产电力量达到 2879.7 亿千万时，达到电力总产量的 17.4%，大型水电站的建设开发不仅提高了能源产量，还缓解了火电燃煤引起的污染问题，促进航运、灌溉、防洪、供水以及旅游业的发展。

4. 环境

从 20 世纪 90 年代起，中央开始重视经济发展中的环境保护问题，一方面投入大量资金启动一系列环境保护工程，另一方面重点清理煤炭、钢铁等污染严重行业，加强环保监管。1992—2002 年，污染治理项目资金使用额从 64.7 亿元增加至 188.4 亿元，工业废水排放达标率从 52.9% 提升至 88.3%，工业固体废物综合利用率从 41.3% 提升至 51.9%，"三废"综合利用产品产值从 119.9 亿元增加到 385.6 亿元，复合增速 12.4%。在增加治理的同时，国家加强了环保机构和队伍建设，环境管理、科研、监测网络体系逐步完善。1998—2002 年，环保监测站数量从 1926 个增加到 2356 个，环保系统人员从 10.6 万人增加到 15.4 万人，其中检测人员从 3.5 万人增加到 4.7 万人。到 2002 年，建成城市烟尘控制区 3369 个，控制区面积 2.6 万平方公里，建成城市噪声达标区 3128 个，达标区面积 1.6 万平方公里。国家还加大了天然林资源保护和林草植被建设力度，全国推行退耕还林还草政策，积极开展了野生动植物保护及自然保护区建设工程，到 2002 年，全国设立自然保护区共计 1757 个，总面积达 1.3 亿公顷，其中有 188 个国家级自然保护区。②

---

① 参见国家统计局：《科学技术事业取得辉煌成就——"九五"时期国民经济和社会发展系列分析报告之十六》，2001 年 3 月 21 日，见 http://www.stats.gov.cn/ztjc/ztfx/jwxlfxbg/200205/t20020530_35921.html。
② 参见中国国家统计局：《中国统计年鉴》（1993 年、2003 年），中国统计出版社 1993 年版、2003 年版。笔者整理。

三、宏观调控

1. 调控背景

1992 年邓小平南方谈话和党的十四大召开以后，宏观经济政策基调从治理整顿时期稳定经济为主向加快经济发展转变，中央增强了对外开放力度，加快经济建设速度，国民经济和加工工业迅速出现高增长。然而，在调控机制尚未健全、市场规范仍待完善、监管体系不够到位的情况下贸然加速，经济过热的情况再次出现，通货膨胀、过度投资和消费成为后续几年国民经济发展面临的主要问题。全社会固定资产投资增长过快，1992—1994 年，增速分别是 44.4%、61.8%、36.4%。过度投资使工业增长速度过快，基础设施和基础工业供应跟不上，交通运输特别是铁路运力紧张，电力、油品供应缺口扩大，钢材等原材料价格快速上涨。1993 年商品零售价格涨幅上升到 5.4%，随后三年都是两位数涨幅，分别达到 13.2%、21.7%、14.8%。

面对经济过热，朱镕基在 1993 年 7 月召开的金融工作会议上强调，前进中发生的问题，通过加快和深化改革就可以解决。因此，1993 年后续的通货膨胀治理一直着力于加快改革步伐，加强和改善宏观调控，实行"软着陆"的方针，将整顿经济和改革步调协同起来。到 1996 年，国民经济成功实现"软着陆"。

2. 财政政策

1993 年 6 月 24 日，《中共中央、国务院关于当前经济情况和加强宏观调控的意见》（即"国十六条"）出台，针对当时总需求过度膨胀的经济情况，提出加强和改善宏观调控。财政方面，一是加强税收征收，减少减免税优惠的漏洞，加强对非国有经济单位各项税收和个人收入调节税、所得税的征管；二是加强对建设项目的审核，严格控制新开工项目，对不符合产业政策、资金来源不落实的问题项目，特别是高档宾馆、写字楼、度假村，勒令停建缓建，保证国家计划项目和重点项目的资金供应；三是严格控制社会集团购买力过快增长，精简各种会议流程，压缩各地区和部门无实效的活动经费。1993—1996 年三年从紧的财政政策，有效遏制了经济过热，促使国民经济平稳着陆。

经过 1994 年分税制改革，中央财政收入大幅提高，占全部财政收入的比重从 1993 年的 22.0% 跃升至 1994 年的 55.7%，此后中央一般公共预算收入占比都维持在 50% 左右。一般公共预算支出占比方面，1992—2002 年中央和地方的比例一直维持在 30：70 左右，这意味着通过分税制改革，中央的宏观调控能力大大增强了，预算、公债、税收、政府间转移支付等手段更加灵活，成为政府应对经济过热、亚洲金融危机、通货紧缩等问题的财政能力基础。

1998 年，亚洲金融风暴、南方特大洪涝、企业改革工人下岗分流，社会有效需求不足，国民经济形势愈发严峻。为继续保持经济平稳增长，国家开始实施积极

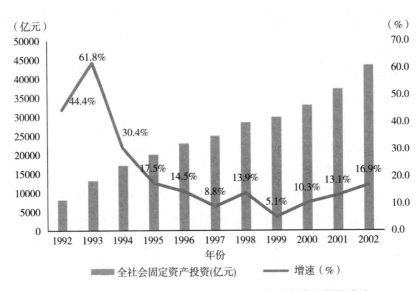

图 22-1　1992—2002 年我国全社会固定资产投资总额及增速

资料来源：国家统计局数据库-年度资料-固定资产投资。

的财政政策，增加基础产业和基础设施投资。1998 年全社会固定资产投资达 28406.2 亿元，同比增长 13.9%。1998—2000 年，国家共发行了 3600 亿元国债，用于基础设施项目、重大项目装备国产化和高技术产业化、环保与生态建设以及科技教育等基础设施及西部开发等方面的支出，直接带动地方、部门、企业投入配套资金和银行安排贷款 7500 亿元。[①] 1998—2002 年，累计发行了 6600 亿元长期建设国债，这些资金主要用于农业、水利、交通、通信、城市基础设施、城乡电网改造、中央储备粮库等基础设施项目，另外有部分技改贴息资金用于一些基础产业的技术改造项目。这五年基础产业和基础设施投资 73380 亿元，年均增长 13.1%，比同期全社会投资年均增幅高 2.2 个百分点。通过发行国债增加基础建设投资的财政手段，有力地带动了全社会投资的增长，也使国民经济平稳度过困难时期。

3. 货币政策

1993 年治理经济过热、加强宏观调控的"国十六条"中，虽然也包括了对固定资产投资和集团购买力等社会需求的控制，但重点在于金融领域的秩序整顿，增强货币和信贷控制是增强宏观调控的核心。金融领域问题主要出在货币市场中的同业拆借市场和股票市场。有关部门违反非金融机构不能参与同业拆借活动规定，使拆借市场成为金融机构弥补信贷资金不足的渠道，一些金融机构从中收取回扣和好

---

① 参见国家统计局：《宏观调控政策成效显著　投资需求扩大促进经济增长——"九五"时期国民经济和社会发展系列分析报告之八》，2001 年 3 月 9 日，见 http://www.stats.gov.cn/ztjc/ztfx/jwxlfxbg/200205/t20020530_ 35913.html。

处费；拆借资金进入房地产市场或股票市场，银行资金违规参与股票炒作；等等。除了对金融机构进行重点整顿，规范金融市场行为外，国家还从资金源头入手，提高利率，收紧银根，控制货币投放。

金融机构货币投放量自1994年起加大回笼力度，减少了货币净投放量，1995年进一步减少货币投放，物价涨幅开始回落。1995年下半年，市场资金紧张的呼声很高，国家清醒地分析了经济各项因素，明确要实现年初定下物价涨幅15%的目标，必须坚持适度从紧的货币政策不动摇，最终实现了物价涨幅目标。1996年物价得到控制，央行根据具体情况适度放宽了货币供应，刺激经济需求。货币政策在保证"从紧"的前提下，针对局部性、结构性的资金周转困难进行适度调节，较好地把握了力度和尺度，保证了1993—1996年国民经济稳定增长，且波动幅度维持在一两个百分点，避免了过去"通货膨胀控制住了，经济也大滑坡了"的问题。

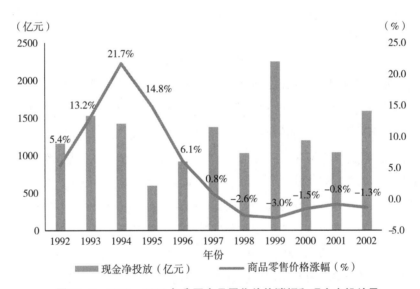

图22-2 1992—2002年我国商品零售价格涨幅和现金净投放量

资料来源：国家统计局编：《中国统计年鉴2003》，中国统计出版社2003年版。

1997年受亚洲金融危机冲击，国内经济出现投资力度不足、资本金不够的情况，物价涨幅降至0.8%，1998年中国首次出现通货紧缩的情况。为此，国家扩大了国债发行规模，1998年增发10年期建设国债1000亿元，银行配套增加了1000亿元贷款用于基础建设。适度从紧的货币政策转向稳健的货币政策，1999年现金净投放量达2251.3亿元，同比翻了一倍多。1998—2000年，连续四次下调金融机构本外币存贷款利率，两次下调法定存款准备金率，相应增加金融机构可用资金8000亿元，同时鼓励商业银行发展个人住房、助学和汽车消费信贷，增加消费需求拉动经济增长。

4. 产业政策

为贯彻党的十四大精神和十四届三中全会决定，根据我国经济发展的现状和趋势，国务院 1994 年 4 月颁布了《90 年代国家产业政策纲要》，作为制定各项产业政策的指导和依据。20 世纪 90 年代国家产业政策要解决的重要课题是：不断强化农业的基础地位，全面发展农村经济；大力加强基础产业，努力缓解基础设施和基础工业严重滞后的局面；加快发展支柱产业，带动国民经济的全面振兴；合理调整对外经济贸易结构，增强我国产业的国际竞争能力；加快高新技术产业发展的步伐，支持新兴产业的发展和新产品开发；继续大力发展第三产业。同时，要优化产业组织结构，提高产业技术水平，使产业布局更加合理。

《90 年代国家产业政策纲要》提出要努力缓解基础设施和基础工业严重滞后的矛盾，使之逐步与整个经济发展相适应。要本着"统筹规划、合理布局、突出重点、尽力而为、量力而行、注重效益"的方针，加快基础设施建设和基础工业发展。为了加快基础设施建设和基础工业的发展，《90 年代国家产业政策纲要》提出充分发挥中央和地方两个积极性，建立明确的各级政府责任分工制度；制定基础设施和基础工业的专项规划，促进其健康发展；建立和完善政策性长期投融资体系，向国家鼓励发展的建设项目提供政策性金融支持；鼓励和引导社会各方面资金参与基础设施和基础工业建设，股票和债券的发行要优先考虑基础设施和基础工业建设需要；扩大利用外资的规模和领域，鼓励外商直接投资基础设施和基础工业。

《90 年代国家产业政策纲要》确定的支柱产业包括机械电子、石油化工、汽车制造和建筑业。为加快发展支柱产业，国家制定和发布统一的产业政策，并以法律、法规等形式保证实施；逐步建立有利于促进支柱产业发展的投融资体系和规范化的企业直接融资机制，国家在年度股票和债券发行规模中对支柱产业优先予以安排；政府将从财力、物力上支持支柱产业中某些重要领域的技术开发，经国务院批准，赋予少数大型企业集团与其资本和收益比例相适应的海外直接融资权和担保权。

5. 区域战略

从"九五"时期开始，中央政府强调区域经济协调发展的重要性，对区域发展战略和区域政策作出调整。1999 年，中央提出西部大开发战略，国务院及有关部门先后制定实施了一系列政策措施，包括《关于实施西部大开发若干政策措施的通知》《关于进一步推进西部大开发的若干意见》《关于促进西部地区特色优势产业发展的意见》等。随着西部大开发战略的贯彻实施，国家在资金安排、项目审批等方面注意向中西部倾斜，中央财政向中西部地区增加转移支付，1999 年增加了 358 亿元，2000 年达到 600 亿元左右。这就使西部地区基础设施投资增长速度逐年加快，其投资占全国的比重不断上升。以 2000 年为例，西部地区投资 3943 亿元，增长 14.4%，高于全国平均速度 5.1 个百分点，分别比东中部地区投资增速快 6.1 和 0.6 个百分点。进入 21 世纪，在西部大开发战略指导下，项目建设对西部更进一步倾斜。2000 年西安—南京铁路、重庆—怀化铁路、西部公路建设、西部地区机场建设、青海钾肥工程等 10 项重点工程启动，总投资 1000 多亿元；2001 年青藏铁路、西电东送工程、青海公伯峡水电站、兰渝输油管线工程等 12 项重点工程启动，总投资 2000 多亿元；2002 年西气东输工程、兰武铁路复线、西部机场、涩北气田开发、三峡库区污染治理等 14 项重点工程启动，总投资 3300 多亿元。[①] 大批具有战略意义的西部重大工程建设，把西部丰富的资源变成现实的经济效益，促进西部的经济发展，为缩小东西部差距，促进区域协调发展，实现国民经济健康可持续发展起到了良好的作用。到"九五"末期，东、中、西部的发展速度大体协调，GDP 增速基本持平，但中东西部经济发展水平差距仍然很大。

四、经济增长

1. 增长速度

1990—2002 年间，国民经济持续快速增长，GDP 以年均 9.3% 的速度增长，总体表现出先下降再上升的态势，从 1992 年的 14.3% 下降到 1996 年的 9.9%，再降到 1999 年的 7.7%，此后开始增长，2002 年达到 9.1%。分阶段来看，1992—1996 年由于发生了较为严重的通货膨胀，不变价 GDP 年均增长率为 12.4%，是改革开放后经济增长最迅速的时期，1998—2002 年增速回落，年均增速 7.7%。GDP 的高增长伴随着投资的高增长，1990—2002 年，全社会固定资产投资总额年均增长 21.5%。其中，1992—1996 年固定资产投资完成额年均增长 25%，1998—2002 年全社会固定资产投资总额年均增长回落至 10.9%。分行业来看，1990—2002 年，第一产业年均增长 3.9%，第二产业年均增长 12%，第三产业年均增长 8.4%；1998—2002 年三次产业的年均增长略有放缓，第一、二、三产业的年均增速分别是 2.9%、8.9% 和 8%。

按照当年价格计算，从 1992 年到 2002 年，我国 GDP 由 27194.5 亿元增长到了 121717.4 亿元，其中，1995 年超过 5 万亿元，2000 年超过 10 万亿元，10 年翻了 4.48 倍，1996 年我国的 GDP 在世界各国中的排位从 1991 年的第 10 位上升至第 7 位，2000 年超过意大利排第 6 位，2002 年上升到第 5 位。GDP 从 1986 年的 1 万亿元上升到 1991 年的 2 万亿元，用了 5 年时间，此后到 2000 年平均每年上升近 1 万亿元。人均 GDP 从 1992 年的 2334 元迅速攀升至 2002 年的 9506 元，翻了 4.07 倍，年均增长 15.08%。

① 参见武力：《中华人民共和国经济史》，中国时代经济出版社 2010 年版，第 1014 页。

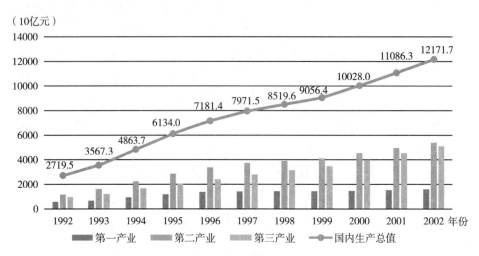

图 22-3　1992—2002 年我国国内生产总值增长情况

资料来源：国家统计局编：《中国统计年鉴 2018》，中国统计出版社 2018 年版。①

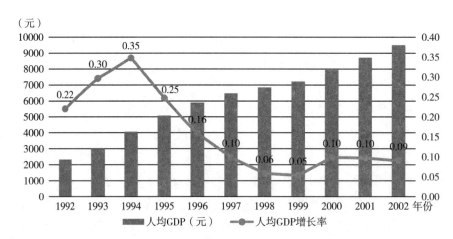

图 22-4　1992—2002 年我国人均国内生产总值及其增长率

资料来源：国家统计局编：《中国统计年鉴 2018》，中国统计出版社 2018 年版。

我国农产品供给能力稳步提高。改革开放以来，确保农业特别是粮食等主要农产品的供给始终是党和政府关注的重点，第一产业的增加值 1991 年是 5800 亿元，1995 年超过 1 万亿元，2002 年增长到 16190 亿元。1992 年我国粮食产量为 4.43 亿吨，1996 年首次超过 5 亿吨，此后在 5 亿吨上下波动，到 2000 年开始回落，2002 年我国粮食产量为 4.57 亿吨，比 1992 年增加了约 1440 万吨，年均增长 0.32%，其中，1998—2002 年的年均增速为-1.5%，2000 年的粮食产量受严重旱灾和结构

①　2016 年，国家统计局改革研发支出的核算方法，将能够为所有者带来经济利益的研发支出不再作为中间消耗，而是作为固定资本形成处理。根据新的核算方法，国家统计局修订了 1952—2015 年国内生产总值历史数据。2018 年中国统计年鉴中的数据是修订后的数据。

调整因素的影响减产9%。整个"九五"时期，粮食产量比"八五"时期累计增加23575万吨，平均每年增加4715万吨，国家储备量达到历史最高水平。棉花产量1992年是450.84万吨，2001年达到了532.35万吨，2002年回落至491.62万吨，比1992年增加了40.78万吨，年均增长0.87%。油料产量1992年是1641.15万吨，1995年超过2000万吨，2002年发展到2897.2万吨，是1992年的1.77倍，年均增长5.85%。甘蔗产量也从1992年的7301.1万吨增长到2002年的9010.7万吨，年均增长2.13%。2002年水果产量6952万吨，是1992年2440.1万吨的2.85倍。

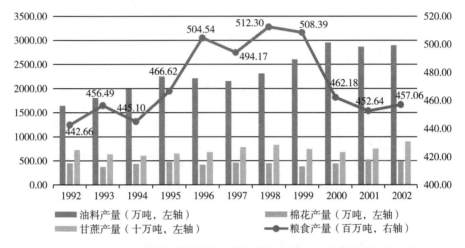

图22-5　1992—2002年我国粮食产量、棉花产量、甘蔗产量和油料产量

资料来源：国家统计局编：《中国统计年鉴2003》，中国统计出版社2003年版。

工业生产能力迅速扩张，第二产业增加值1992年是11725.3亿元，1994年超过2万亿元，次年超过3万亿元，1999年超过4万亿元，2002年达到54105.4亿元，是1992年的4.61倍。主要工业产品产量增长迅猛。1992年，我国原煤产量11.16亿吨，原油产量1.42亿吨，发电量7539.4亿千瓦时，钢产量0.67亿吨，农用氮、磷、钾化肥的产量是0.20亿吨。到2002年，原煤产量15.50亿吨，原油产量1.67亿吨，发电量16540亿千瓦时，钢产量1.93亿吨，农用氮、磷、钾化肥的产量0.38亿吨，年均增长率分别是3.34%、1.63%、8.17%、11.14%和6.35%。需要特别指出的是，从1997年开始，我国主要工业产品由卖方市场转为买方市场，大量低档次的产品库存积压，生产能力利用不足，产品结构性矛盾突出。此外，彩色电视机、家用电冰箱、家用洗衣机的产量分别从1992年的1333.08万台、485.76万台和707.93万台增长到2002年的5155万台、1598.87万台和1595.76万台。

表 22-1 1992 年和 2002 年我国主要工业产品产量对比

品名	单位	1992 年	2002 年	年均增长率
原煤	百万吨	1116.39	1550.40	3.34%
原油	百万吨	142.10	167.00	1.63%
发电量	十亿千瓦时	753.94	1654.00	8.17%
钢材	百万吨	66.97	192.52	11.14%
农用氮、磷、钾化肥	百万吨	20.48	37.91	6.35%

资料来源：国家统计局编：《中国统计年鉴 2003》，中国统计出版社 2003 年版。

2. 结构变化

改革开放以来，我国坚持巩固和加强第一产业、提高和改造第二产业、积极发展第三产业，促进三次产业结构不断优化升级，农业基础地位不断加强，工业和服务业快速发展。到 2002 年底，三次产业增加值在国民经济总量中的比例关系从 1992 年的 21.3∶43.1∶35.5 变为 13.3∶44.5∶42.2，第三产业在国民经济中的地位越来越重要。1992—2002 年，我国各个产业均有较快发展，第一产业增加值年均增长 10.81%，第二、第三产业增加值年均分别增长 16.52% 和 18.19%。

表 22-2 1992 年和 2002 年我国三次产业增加值结构变化

	GDP（亿元）	第一产业		第二产业		第三产业		人均 GDP（元）
		亿元	构成(%)	亿元	构成(%)	亿元	构成(%)	
1992 年	27194.5	5800.2	21.3	11725.3	43.11	9668.9	35.56	2334
2002 年	121717.4	16190.2	13.3	54105.4	44.45	51421.7	42.24	9506
"八五"时期平均	38970.1	7893.8	20.3	17691.8	45.4	13384.6	34.3	3289
"九五"时期平均	85513.7	14405.7	16.8	38427.7	46.1	31680.3	37.0	6882

资料来源：国家统计局编：《中国统计年鉴 2018》，中国统计出版社 2018 年版。"八五""九五"时期平均值由笔者计算。

三次产业不同的增长速度使得产业结构发生了明显的变化。第二产业增加值在 GDP 中的占比呈现出先上升后下降的变化，1992—1997 年，从 43.11% 增加到 47.10%，此后开始回落，到 2002 年降至 44.45%，但是与 1992 年相比，还是提高了 1.34 个百分点。与第二产业相反，第三产业在国民经济中的比重表现出先下降再上升的态势，1992—1996 年，占比从 35.56% 降至 33.57%，此后开始迅速回升，2001

年首次超过 40%，达到了 41.22%，2002 年占比为 42.24%，与 1992 年相比提高了 6.68 个百分点。第一产业比重延续了 1985 年开始的下降趋势，占比从 1992 年的 21.33%下降到 2002 年的 13.30%。三次产业对经济增长的贡献率也随着其在国民经济中的比重变化而发生变化，1992 年第一产业的增长贡献率为 8.1%，2002 年已经降至 4.1%，第二产业的增长贡献率也从 1992 年的 63.2%下降到 2002 年的 49.4%，与第一、第二产业相反，第三产业的增长贡献率从 1992 年的 28.7%上升至 2002 年的 46.5%，开始与第二产业平分秋色。现代经济的结构性特征越来越明显。

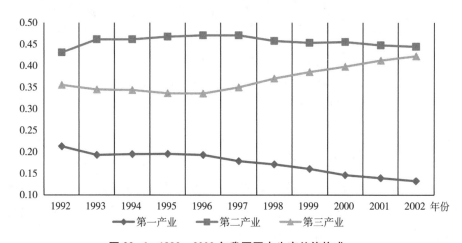

图 22-6　1992—2002 年我国国内生产总值构成

资料来源：国家统计局编：《中国统计年鉴 2018》，中国统计出版社 2018 年版。

三次产业就业结构也发生了明显的变化，全社会从业人员总量从 1992 年的 6.6 亿人发展到 2002 年的 7.4 亿人，10 年增加了 7588 万人，其中第一产业就业减少了 1829 万人，第二、三产业就业分别增加了 1425 万人和 7992 万人，相当比例的人口由从事农业转向从事工业和服务业。第一产业从业人员比重由 1992 年的 58.5%下降到 1998 年的 49.8%，此后缓慢回升，2002 年占比是 50%，与 1978 年的 70.5%相比，减少了 20.5 个百分点；第二产业从业人员比重先上升后下降，1992 年占比为 21.7%，增长到 1997 年的 23.7%，此后逐年下降，2002 年回落至 21.4%，与 1992 年基本持平；第三产业从业人员比重逐年上升，从 1992 年的 19.8%增长到 2002 年的 28.6%，1994 年起超过第二产业。

3. 经济效益

1992—2002 年，经济效益显著提高。首先，社会劳动生产率增长迅速。1990 年全社会劳动生产率是每人 2920 元，1997 年发展到每人 10665 元，2002 年已经达到了每人 14211 元，年均增长 14.15%。分三次产业来看，第一产业的劳动生产率从 1990 年的每人 1306 元增长到 2002 年的每人 4371 元，年均增长 10.59%；第二产业的劳动生产率从 1990 年的每人 5652 元增长到 2002 年的每人

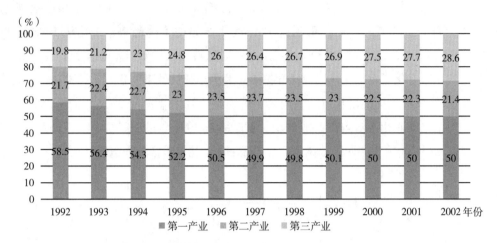

图 22-7 1992—2002 年我国三次产业从业人员分布结构变化

资料来源：国家统计局编：《中国统计年鉴 2003》，中国统计出版社 2003 年版。

33929 元，年均增长 16.11%；第三产业的劳动生产率从 1990 年的每人 4915 元增长到 2002 年的每人 16658 元，年均增长 10.71%。其次，单位能耗生产的 GDP 不断提高。得益于节约能耗技术的进步和管理水平的提高，每万元 GDP 能源消耗量从 1990 年的 5.2 吨下降到 1996 年的 2 吨，2002 年每万元 GDP 能源消耗量已经降至 1.4 吨。

五、对外经济

1. 对外贸易

20 世纪 90 年代，我国外贸体制进行了重大改革，从 1992 年底启动大幅度的自主降税进程后，截至 2001 年加入世界贸易组织前，关税总水平由 43.2% 降至 15.3%，降幅达 65%，与发展中国家的平均关税水平一致。我国对外经济关系也取得重大进展，如 1999 年中美达成双边协议、2000 年中欧达成双边协议、2001 年加入世界贸易组织等。这就使中国对外贸易取得了巨大进步。1992—2002 年，进出口总额由 9119.6 亿美元增加至 51378.2 亿美元，增长 3.4 倍，平均年增速 18.9%；净出口由 233 亿美元增加至 2517.6 亿美元，增长 9.8 倍，平均年增速 26.9%。

表 22-3 1992—2002 年我国进出口总额和净出口

（单位：亿元）

年　　份	进出口总额	净出口
1992	9119.6	233
1993	11271	−701.4
1994	20381.9	461.7

续表

年　　份	进出口总额	净出口
1995	23499.9	1403.7
1996	24133.8	1019
1997	26967.2	3354.2
1998	26849.7	3597.5
1999	29896.3	2423.3
2000	39273.2	1995.6
2001	42183.6	1865.2
2002	51378.2	2517.6

资料来源：国家统计局编：《中国统计年鉴2003》，中国统计出版社2003年版。

　　受国内改革和国外经济环境影响，这一时期我国贸易出口总额增速不够稳定，1994年增速最快时达到31.9%，1998年增速仅0.8%，快慢交替。出口总额占世界出口额比重由1992年的2.3%提升至2002年的5.1%，排名由第11名上升到第5名。出口商品结构有了改善，初级产品占比从1992年的20%下降到2002年的8.8%，工业制成品占比从80%上升到91.2%。技术密集程度较高、附加值较大的机电产品和高新技术产品出口额快速提高，机电产品成为第一大类出口产品。

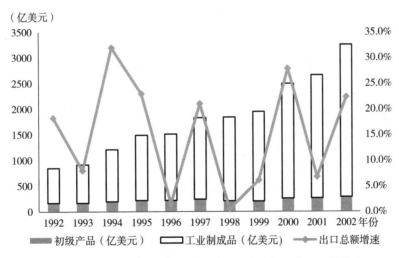

图22-8　1992—2002年海关出口商品分类金额及出口总额增速

资料来源：国家统计局编：《中国统计年鉴2003》，中国统计出版社2003年版。

2. 外资引进

　　得益于对外开放力度的进一步加强，1992—2002年，中国吸收外资进入了快速发展期，实际利用外资由 192 亿美元增至 550.1 亿美元，年平均增速11.1%，累计利用外资 5439.8 亿美元。其中增长的主要推动力来自外商直接投资，其金额由 110.1 亿美元增至 527.43 美元，占比由 57.3% 提升到 95.9%。1993 年签订合同利用外资金额达到 90 年代的高峰，83595 个项目共计 1232.7 亿美元，其中外商直接投资达到 1114.36 亿美元。自 1993 年起，中国吸收外商投资的流量已居世界第二、发展中国家第一，成为仅次于美国的吸收外商直接投资最多的国家。

外商投资已成为中国经济建设特别是沿海地区经济快速发展的重要资金来源。1997 年外商投资和港澳台投资达到 2893 亿元，占全社会固定资产投资总额的11.6%。全国外商投资企业工业产值迅速增长，1991 年为 542.1 亿元（1990 年不变价，下同），约占全国工业总产值的 4.4%；1997 年为 13311.8 亿元，占 22.8%，年平均增长 70.5%。外商投资企业工业增加值、出口额、税收、银行结售汇顺差值等主要经济指标的增长速度均高于全国平均水平，对国民经济持续、健康发展促进作用明显增强。

外资引进项目规模不断扩大，外商投资平均规模由 1992 年的 119 万美元增至2002 年的 242 万美元。跨国公司投资增多，世界著名的 500 家大型跨国公司已有200 多家在华投资。到 2001 年底，中国已批准外商投资企业 39 万多个，在华外商投资企业的出口额和进口额占全国的比重，均首次超过 50%。大量外商投资企业的建立和投产开业，为国家增加了财政收入来源。自 1992 年开始，涉外税收就一直是增长最快的税源之一，"九五"时期涉外税收占全国工商税收总额的比重达到 15.1%。到 1999 年，已开业投产的外商投资企业达 15 万家，直接从业人员1750 多万人，约占全国非农业劳动人口的 10%，成为中国解决就业问题的重要渠道。[1]

3. 国际收支

自 1994 年以来，由于外贸体制改革和有利的吸引外资政策，一方面，我国产品出口竞争力增强，出口贸易大幅度增长；另一方面，外国来华直接投资快速增长，除了 1998 年资本和金融项目出现逆差之外，我国的经常项目与资本和金融项目都为顺差，即"双顺差"。经常项目顺差的金额虽然略有波动，但自 1997 年以来始终保持了较大数额。而资本和金融项目在亚洲金融危机前后，都保持了较大额度顺差。伴随着"双顺差"格局，我国的外汇储备逐年上涨，储备量已位居世界前列。

---

[1] 参见国家统计局：《新中国 50 年系列分析报告之十四：对外经济与合作成绩喜人》，1999 年 9 月 28日，见 http://www.stats.gov.cn/ztjc/ztfx/xzg50nxlfxbg/200206/t20020605_35972.html。

表 22-4　1994—2002 年我国"双顺差"额和外汇储备额

（单位：亿美元）

年份	经常项目顺差	资本和金融项目顺差	外汇储备
1994	76.58	326.44	516.2
1995	16.18	386.75	735.97
1996	72.42	399.67	1050.49
1997	297.17	229.59	1398.90
1998	293.24	-63.21	1449.59
1999	156.67	76.42	1546.75
2000	205.19	19.22	1655.74
2001	174.05	347.75	2121.65
2002	354.22	322.91	2864.07

资料来源：各年《中国统计年鉴》。

六、社会发展

1. 住房改革

1994 年 7 月国务院作出《关于深化城镇住房制度改革的决定》，提出建立与社会主义市场经济相适应的新的城镇住房制度，实现住房商品化、社会化，加快住房建设，改善居住条件。住房制度改革的主要内容是改革住房分配制度。这就是逐步实行住房商品化，使住房作为消费品直接进入市场；实行住房分配货币化，最终形成以个人产权为主的住房产权结构。1996 年起普遍建立住房公积金制度，1998 年下半年开始停止住房实物福利分配，这是我国住房制度发展史上的重大转折点。到 2000 年底，70% 的可出售公有住房已向居民出售，商品住房的供应已占城镇住房供应的 40%。与此同时，加快发展住房金融，商业银行优先发放经济适用房开发建设贷款，积极向个人发放住房抵押贷款。

住房制度改革的稳步推进，使城镇住房建设速度加快，居民人均住房面积迅速增加。1992—2002 年，城市新建住宅面积从 2.4 亿平方米扩张到 5.98 亿平方米，人均建筑面积从 14.8 平方米发展到 22.8 平方米；农村新建住宅面积从 6.19 亿平方米增长到 7.42 亿平方米，人均住房面积从 18.9 平方米增加到 26.5 平方米。"九五"期间，竣工城镇居民住宅面积比"八五"期间多出 50%，2000 年底城镇居民人均居住面积比 1995 年底扩大了近 2 平方米。城镇居民生活质量大大改善。

2. 劳动就业

1992—2002 年，我国通过所有制结构、产业结构和市场化改革，创造了大量的就业岗位，就业总规模尤其是非农产业的就业规模迅速扩大。2002 年末，全国从业人员达 73740 万人，比 1992 年增加 7588 万人，年均增长 1.09%。其中，乡村从业人员先增加后下降，从 1992 年的 48291 万人增加到 1998 年的 49021 万人，此后开始回落，2000 年前后有一次小的波动，2002 年降至 48960 万人。相比较之下，城镇从业人员持续增长，1992 年全国城镇从业人员 17861 万人，1997 年突破了 2 亿人，到 2002 年已经发展到了 2.48 亿人，比 1992 年增加 6919 万人，年均增长 3.33%。这一时期，城镇登记失业人口数从 1992 年的 363.9 万人逐年增长到 2002 年的 770 万人，城镇登记失业人口数增加了 406.1 万人，相应地，城镇失业率也持续攀升，1992 年城镇失业率是 2.3%，1996 年提高到 3%，2002 年底攀升至 4%。

表 22-5　1992—2002 年我国从业人员行业与城乡分布

（单位：万人）

年份	合计	第一产业	第二产业	第三产业	城镇	乡村
1992	66152	38699	14355	13098	17861	48291
1993	66808	37680	14965	14163	18262	48546
1994	67455	36628	15312	15515	18653	48802
1995	68065	35530	15655	16880	19040	49025
1996	68950	34820	16203	17927	19922	49028
1997	69820	34840	16547	18432	20781	49039
1998	70637	35177	16600	18860	21616	49021
1999	71394	35768	16421	19205	22412	48982
2000	72085	36043	16219	19823	23151	48934
2001	73025	36513	16284	20228	23940	49085
2002	73740	36870	15780	21090	24780	48960

资料来源：国家统计局编：《中国统计年鉴 2003》，中国统计出版社 2003 年版。

就业结构变化显著，第三产业发展迅速，农村富余劳动力从第一产业中剥离，逐渐向第二、三产业转移。1992—2002 年，第一产业从业人员数量减少了 1829 万人，第二、三产业分别增加了 1425 万人和 7992 万人。同时，非公有制经济迅速崛起，在劳动就业领域所占份额不断增加。到 1999 年末，股份合作单位、联营单位、有限责任公司、股份有限公司从业人员已发展到 1213 万人；外商和港澳台商投资经济单位从业人员达 612 万人；私营个体单位从业人员达 8263 万人。由于非公有制经济的不断发展，其占全部从业人员的比例逐年增加。这种变化在城镇从业人员中更为明显，1999 年国有单位从业人员有 8572 万人，城镇集体单位从业人员 1712 万人，城镇其他单位从业人员已达 1846 万人，比 1995 年已翻一番，比例已达 11.8%，已超过城镇集体单位，城镇私营个体劳动者 3467 万人，比例达 22.23%[①]。

3. 人民生活

1992—2002 年，我国城乡居民收入水平呈现出大幅增长的态势。农村居民家庭人均纯收入从 1992 年的 784 元提高到 2002 年的 2475.6 元，平均每年增长12.19%。城镇居民家庭人均可支配收入从 1992 年的 2026.6 元提高到 2002 年的7702.8 元，平均每年增长 14.28%。

表 22-6 1992—2002 年我国城乡居民家庭人均收入及恩格尔系数

年 份	农村居民家庭人均纯收入		城市居民家庭人均可支配收入		农村居民家庭恩格尔系数（%）	城市居民家庭恩格尔系数（%）
	绝对数（元）	指数（1978年=100）	绝对数（元）	指数（1978年=100）		
1992	784	336.2	2026.6	232.9	57.6	53
1993	921.6	346.9	2577.4	255.1	58.1	50.3
1994	1221	364.4	3496.2	276.8	58.9	50
1995	1577.7	383.7	4283	290.3	58.6	50.1
1996	1926.1	418.2	4838.9	301.6	56.3	48.8
1997	2090.1	437.4	5160.3	311.9	55.1	46.6
1998	2162	456.2	5425.1	329.9	53.4	44.7
1999	2210.3	473.5	5854	360.6	52.6	42.1
2000	2253.4	483.5	6280	383.7	49.1	39.4
2001	2366.4	503.8	6859.6	416.3	47.7	38.2
2002	2475.6	528	7702.8	472.1	46.2	37.7

资料来源：国家统计局编：《中国统计年鉴 2003》，中国统计出版社 2003 年版。

收入水平迅速增长带动了消费水平的大幅提高。1992 年，全国居民消费水平为 1070 元，1995 年超过 2000 元，1999 年超过 3000 元，2002 年增加到 3791 元，年均增长 13.48%。分城乡来看，农村居民消费水平从 1992 年的 718 元发展到2002 年的 2259 元，增长了 3.15 倍，年均增长 12.14%；城镇居民消费水平从 1992年的 2356 元增加到 2002 年的 7972 元，增加了 5616 元，年均增长 12.96%。从社会消费品零售总额来看，全国社会消费品零售总额从 1992 年的 10993.7 亿元增加到 2002 年的 48135.9 亿元，增长了 3.38 倍，年均增长 15.91%。

消费结构的优化表现在城乡居民家庭恩格尔系数的显著下降。农村居民家庭恩格尔系数从 1992 年的 57.6% 下降到了 2002 年的 46.2%，其中，2000 年首次降到

[①] 参见国家统计局：《"九五"系列分析报告，就业结构优化，工资水平提高》，2001 年 3 月 19 日，见 http://www.stats.gov.cn/ztjc/ztfx/jwxlfxbg/200205/t20020530_35919.html。

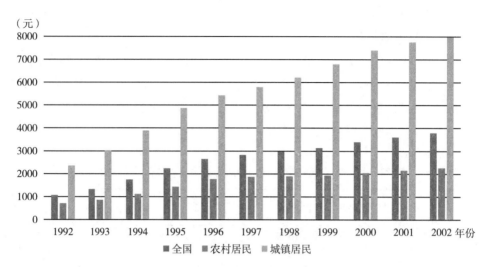

图 22-9　1992—2002 年我国城乡居民消费水平状况

资料来源：国家统计局编：《中国统计年鉴 2003》，中国统计出版社 2003 年版。

50%以下；城市居民家庭恩格尔系数也从 1992 年的 53%下降到 2002 年的 37.7%，其中，1996 年首次降到 50%以下，2000 年降至 40%以下。根据《全国人民小康生活水平的基本标准》测算，到 2000 年，全国小康生活水平实现程度达 95.6%，城乡居民生活基本实现了总体小康[①]，相应的发展和享受型消费支出在城乡居民生活消费支出的比重上升。

4. 社会保障

党的十四大以来，我国以失业、养老、医疗保险为重要内容的社会保障制度改革基本推开，社会保障水平明显提高。1996 年底，全国城镇企业在职职工参加失业保险的人数是 8333.1 万人，占全部企业职工的 74.6%；参加养老保险费用统筹的职工 8758.4 万人，占全部企业职工的 78.8%，离退休人员 2358.3 万人，占企业离退休人员总数的 93%；参加大病医疗费用社会统筹的在职职工 791.2 万人，参加离退休人员医疗费用统筹的离退休人员 64.5 万人；有 107 个城市建立了最低生活保障制度。1996 年底，建立农村社会保险网络的乡镇数量达到了 15751 个，农村社会保障网络覆盖率为 35%，比 1991 年提高 11 个百分点，农村养老保险投保人数 6594 万人，保费收入 44.1 亿元。1997—2002 年，参加基本养老保险职工人数从 8671 万人增加到 11129 万人，参加基本养老保险离退休退职人数从 2533 万人增加到 3608 万人，参加失业保险职工人数从 7961 万人增加到 10182 万人，参加基本医疗保险的人数从 1762 万人增长到 9401 万人。2002 年底，农

---

① 参见国家统计局：《庆祝新中国成立 60 周年系列报告之四：城乡居民生活从贫困向全面小康迈进》，2009 年 9 月 10 日，见 http://www.stats.gov.cn/ztjc/ztfx/qzxzgcl60zn/200909/t20090910_68636.html。

村养老保险投保人数是 5462 万人。

表 22-7　1994—2002 年我国城镇居民社会保障参保情况

（单位：万人）

年　份	失业保险		基本医疗保险		养老保险	
	年末参保职工人数	全年发放失业救济金人数	在职职工	离退休、退职人员	在职职工	离退休、退职人员
1994	7968	196.5	374.6	25.7	8494.1	2079.4
1995	8238	261.3	702.6	43.3	8737.8	2241.2
1996	8333.1	330.8	791.2	64.5	8758.4	2358.3
1997	7961.4	319	1588.9	173.1	8671	2533.4
1998	7927.9	158.1	1508.7	369	8475.8	2727.3
1999	9852	271.4	1509.4	555.9	9501.8	2983.6
2000	10408.4	329.7	2862.8	924.2	10447.5	3169.9
2001	10354.6	468.5	5470.7	1815.2	10801.9	3380.6
2002	10181.6	657	6925.8	2475.4	11128.8	3607.8

资料来源：国家统计局编：《中国统计年鉴 2003》，中国统计出版社 2003 年版。

　　社会救助和社会福利事业稳步发展。1996 年全国城乡共有各种福利院、敬老院等收养性单位 4.3 万个，床位 100.8 万张，收养人员 76.9 万人。1996 年国家救助贫困户 4149 万人次，灾民 8430 万人次，救灾款 30.8 亿元，全国兴办各类社区服务设施已达 12.7 万处，便民利民网点 25.9 万个。2002 年，全国收养性福利事业单位总计 89766 个，从业人员 189.56 万人，社会福利救济全国总计支出 181.98 亿元，其中国家支出的部分 113.41 亿元，集体供给的部分 68.57 亿元。1998—2002 年，优抚对象补助金额从 68.01 亿元增加到 112.17 亿元，城乡各种福利院支出金额从 20.25 亿元增长到 40.53 亿元。

第二十三章　科学发展

第一节　发展理念

一、全面小康

当人类社会跨入 21 世纪的时候，我国进入全面建设小康社会、加快推进社会主义现代化的新阶段。经过改革开放 20 多年的发展，到 2001 年，我国国内生产总值达到 95933 亿元，比 1989 年增长近两倍，年均增长 9.3%，经济总量已居世界第六位。城乡居民收入稳步增长，城乡市场繁荣，商品供应充裕，居民生活质量提高，衣食住用行都有较大改善；社会保障体系建设成效明显；"八七"扶贫攻坚计划基本完成。总之，人民生活总体上实现了由温饱到小康的历史性跨越。这是社会主义制度的伟大胜利，是中华民族发展史上一个新的里程碑。但是，当时所达到的小康还是低水平的，是刚刚脱离温饱的小康。党的十六大报告指出：

> 我国正处于并将长期处于社会主义初级阶段，现在达到的小康还是低水平的、不全面的、发展很不平衡的小康，人民日益增长的物质文化需要同落后的社会生产之间的矛盾仍然是我国社会的主要矛盾。我国生产力和科技、教育还比较落后，实现工业化和现代化还有很长的路要走；城乡二元经济结构还没有改变，地区差距扩大的趋势尚未扭转，贫困人口还为数不少；人口总量继续增加，老龄人口比重上升，就业和社会保障压力增大；生态环境、自然资源和经济社会发展的矛盾日益突出；我们仍然面临发达国家在经济科技等方面占优势的压力；经济体制和其他方面的管理体制还不完善；民主法制建设和思想道德建设等方面还存在一些不容忽视的问题。巩固和提高目前达到的小康水平，还需要进行长时期的艰苦奋斗。[①]

---

① 江泽民：《全面建设小康社会　开创中国特色社会主义事业新局面——在中国共产党第十六次全国代表大会上的报告》（2002 年 11 月 8 日），人民出版社 2002 年版，第 18 页。

党的十六大立足于中国已经解决温饱、人民生活总体达到小康水平的基础，进一步提出了全面建设小康社会的构想，即在 21 世纪头 20 年，集中力量，全面建设惠及十几亿人口的更高水平的小康社会，使经济更加发展、民主更加健全、科教更加进步、文化更加繁荣、社会更加和谐、人民生活更加殷实。

具体来看，党的十六大，党中央面对新世纪新阶段对未来全面建设小康社会的目标提出了新的历史定位，其中包括如下四个方面：[①]

第一，对经济社会发展势态的整体要求。党的十六大制定的"小康目标"中，对未来国内生产总值的期望是"在优化结构和提高效益的基础上，国内生产总值到 2020 年力争比 2000 年翻两番，综合国力和国际竞争力明显增强"；在经济体系构建方面追求"基本实现工业化，建成完善的社会主义市场经济体制和更具活力、更加开放的经济体系"；在城乡协调发展方面实现"城镇人口的比重较大幅度提高，工农差别、城乡差别和地区差别扩大的趋势逐步扭转"；在人民生活方面努力做到"社会保障体系比较健全，社会就业比较充分，家庭财产普遍增加，人民过上更加富足的生活"。

第二，对社会主义民主化发展的要求。党的十六大"小康目标"中关于社会民主建设目标要求的内容为"社会主义民主更加完善，社会主义法制更加完备，依法治国基本方略得到全面落实，人民的政治、经济和文化权益得到切实尊重和保障。基层民主更加健全，社会秩序良好，人民安居乐业"。

第三，关于全民综合素质的培养目标与要求。党的十六大"小康目标"中提出提升人民整体文化素质的要求，期望在未来的时间内基本实现"全民族的思想道德素质、科学文化素质和健康素质明显提高，形成比较完善的现代国民教育体系、科技和文化创新体系、全民健身和医疗卫生体系"；并努力做到"人民享有接受良好教育的机会，基本普及高中阶段教育，消除文盲。形成全民学习、终身学习的学习型社会，促进人的全面发展"。

第四，关于经济社会发展方式与道路的完善。党的十六大中提出的"小康目标"对未来经济社会发展理念提出明确要求。未来的经济社会发展特征应该是"可持续发展能力不断增强，生态环境得到改善，资源利用效率显著提高，促进人与自然的和谐，推动整个社会走上生产发展、生活富裕、生态良好的文明发展道路"。

党的十七大适应国内外形势的新变化，顺应各族人民过上更好生活的新期待，在党的十六大确立的全面建设小康社会目标的基础上，对我国发展提出新的更高要求。包括：增强发展协调性，努力实现经济又好又快发展。转变发展方式取得重大

[①] 参见江泽民：《全面建设小康社会 开创中国特色社会主义事业新局面——在中国共产党第十六次全国代表大会上的报告》（2002 年 11 月 8 日），人民出版社 2002 年版，第 19—20 页。

进展，在优化结构、提高效益、降低消耗、保护环境的基础上，实现人均国内生产总值到 2020 年比 2000 年翻两番。党的十七大报告指出：

> 到二〇二〇年全面建设小康社会目标实现之时，我们这个历史悠久的文明古国和发展中社会主义大国，将成为工业化基本实现、综合国力显著增强、国内市场总体规模位居世界前列的国家，成为人民富裕程度普遍提高、生活质量明显改善、生态环境良好的国家，成为人民享有更加充分民主权利、具有更高文明素质和精神追求的国家，成为各方面制度更加完善、社会更加充满活力而又安定团结的国家，成为对外更加开放、更加具有亲和力、为人类文明作出更大贡献的国家。

二、科学发展

改革开放以来，中国经济高速增长，取得举世瞩目的成就。但在经济高速增长的同时，也带来不少矛盾和问题。主要是：经济实力显著增强，同时生产力水平总体上还不高，自主创新能力还不强，长期形成的结构性矛盾和粗放型增长方式尚未根本改变；社会主义市场经济体制初步建立，同时影响发展的体制机制障碍依然存在，改革攻坚面临深层次矛盾和问题；人民生活总体上达到小康水平，同时收入分配差距拉大趋势还未根本扭转，城乡贫困人口和低收入人口还有相当数量，统筹兼顾各方面利益难度加大；协调发展取得显著成绩，同时农业基础薄弱、农村发展滞后的局面尚未改变，缩小城乡、区域发展差距和促进经济社会协调发展任务艰巨；等等。这就要求我们必须始终保持清醒头脑，立足社会主义初级阶段这个最大的实际，科学分析我国全面参与经济全球化的新机遇新挑战，全面认识工业化、信息化、城镇化、市场化、国际化深入发展的新形势新任务，深刻把握我国发展面临的新课题新矛盾，更加自觉地走科学发展道路。

2003 年春天发生"非典"疫情。4 月 10 日至 15 日，胡锦涛在广东考察工作时提出要坚持全面的发展观。7 月 28 日，胡锦涛在全国防治"非典"工作会议上发表讲话，对防治"非典"工作的重大胜利进行总结，提出"坚持以人为本，树立全面、协调、可持续的发展观，促进经济社会和人的全面发展"，按照"统筹城乡发展、统筹区域发展、统筹经济社会发展、统筹人与自然和谐发展、统筹国内发展和对外开放"的要求推进各项事业的改革和发展。8 月 28 日至 9 月 1 日，胡锦涛在江西考察工作时，明确提出要牢固树立协调发展、全面发展、可持续发展的科学发展观。

2003 年 10 月 11 日至 14 日举行的党的十六届三中全会通过了《中共中央关于

完善社会主义市场经济体制若干问题的决定》，提出坚持以人为本，树立全面、协调、可持续的发展观和"五个统筹"的思想，明确了完善社会主义市场经济体制的目标和主要任务。党的十六届三中全会《决定》指出：

> 完善社会主义市场经济体制的目标和任务。按照统筹城乡发展、统筹区域发展、统筹经济社会发展、统筹人与自然和谐发展、统筹国内发展和对外开放的要求，更大程度地发挥市场在资源配置中的基础性作用，增强企业活力和竞争力，健全国家宏观调控，完善政府社会管理和公共服务职能，为全面建设小康社会提供强有力的体制保障。主要任务是：完善公有制为主体、多种所有制经济共同发展的基本经济制度；建立有利于逐步改变城乡二元经济结构的体制；形成促进区域经济协调发展的机制；建设统一开放竞争有序的现代市场体系；完善宏观调控体系、行政管理体制和经济法律制度；健全就业、收入分配和社会保障制度；建立促进经济社会可持续发展的机制。

2003年11月27日至29日中央经济工作会议召开，强调牢固确立和认真落实全面、协调、可持续的发展观，保持宏观经济稳健运行，切实转变经济增长方式，促进城乡、区域、经济社会协调发展，坚持经济发展和资源环境相协调。此后，历次中央经济工作会议都就贯彻落实科学发展观提出明确要求，并作出部署。2006年3月14日，十届全国人大四次会议表决通过了《关于国民经济和社会发展第十一个五年规划纲要的决议》。《国民经济和社会发展第十一个五年规划纲要》指出：发展必须是科学发展，要坚持以人为本，转变发展观念、创新发展模式、提高发展质量，落实"五个统筹"，把经济社会发展切实转入全面协调可持续发展的轨道。

2007年10月，党的十七大报告对科学发展观进行了全面阐述，指出：科学发展观，第一要义是发展，核心是以人为本，基本要求是全面协调可持续，根本方法是统筹兼顾。

> ——必须坚持把发展作为党执政兴国的第一要务。发展，对于全面建设小康社会、加快推进社会主义现代化，具有决定性意义。要牢牢扭住经济建设这个中心，坚持聚精会神搞建设、一心一意谋发展，不断解放和发展社会生产力。更好实施科教兴国战略、人才强国战略、可持续发展战略，着力把握发展规律、创新发展理念、转变发展方式、破解发展难题，提高发展质量和效益，实现又好又快发展，为发展中国特色社会主义打下坚实基础。努力实现以人为本、全面协调可持续的科学发展，实现各方面事业有机统一、社会成员团结和

睦的和谐发展，实现既通过维护世界和平发展自己、又通过自身发展维护世界和平的和平发展。

——必须坚持以人为本。全心全意为人民服务是党的根本宗旨，党的一切奋斗和工作都是为了造福人民。要始终把实现好、维护好、发展好最广大人民的根本利益作为党和国家一切工作的出发点和落脚点，尊重人民主体地位，发挥人民首创精神，保障人民各项权益，走共同富裕道路，促进人的全面发展，做到发展为了人民、发展依靠人民、发展成果由人民共享。

——必须坚持全面协调可持续发展。要按照中国特色社会主义事业总体布局，全面推进经济建设、政治建设、文化建设、社会建设，促进现代化建设各个环节、各个方面相协调，促进生产关系与生产力、上层建筑与经济基础相协调。坚持生产发展、生活富裕、生态良好的文明发展道路，建设资源节约型、环境友好型社会，实现速度和结构质量效益相统一、经济发展与人口资源环境相协调，使人民在良好生态环境中生产生活，实现经济社会永续发展。

——必须坚持统筹兼顾。要正确认识和妥善处理中国特色社会主义事业中的重大关系，统筹城乡发展、区域发展、经济社会发展、人与自然和谐发展、国内发展和对外开放，统筹中央和地方关系，统筹个人利益和集体利益、局部利益和整体利益、当前利益和长远利益，充分调动各方面积极性。统筹国内国际两个大局，树立世界眼光，加强战略思维，善于从国际形势发展变化中把握发展机遇、应对风险挑战，营造良好国际环境。既要总揽全局、统筹规划，又要抓住牵动全局的主要工作、事关群众利益的突出问题，着力推进、重点突破。①

科学发展观，是立足社会主义初级阶段基本国情，总结我国发展实践，借鉴国外发展经验，适应新的发展要求提出的重大战略思想。强调认清社会主义初级阶段基本国情，不是要妄自菲薄、自甘落后，也不是要脱离实际、急于求成，而是要坚持把它作为推进改革、谋划发展的根本依据。

三、和谐社会

2004 年 9 月 19 日，党的十六届四中全会通过的《中共中央关于加强党的执政能力建设的决定》第一次明确提出，共产党作为执政党，要"坚持最广泛最充分地调动一切积极因素，不断提高构建社会主义和谐社会的能力"。党的十六届四中

---

① 胡锦涛：《高举中国特色社会主义伟大旗帜 为夺取全面建设小康社会新胜利而奋斗——在中国共产党第十七次全国代表大会上的报告》（2007 年 10 月 15 日），人民出版社 2007 年版，第 15—16 页。

全会《决定》指出：

> 形成全体人民各尽其能、各得其所而又和谐相处的社会，是巩固党执政的社会基础、实现党执政的历史任务的必然要求。要适应我国社会的深刻变化，把和谐社会建设摆在重要位置，注重激发社会活力，促进社会公平和正义，增强全社会的法律意识和诚信意识，维护社会安定团结。

随后，建设"和谐社会"成为中国全社会的共识，"民主法治、公平正义、诚信友爱、充满活力、安定有序、人与自然和谐相处"是和谐社会的主要内容。

2006年10月8日至11日，党的十六届六中全会通过《中共中央关于构建社会主义和谐社会若干重大问题的决定》。该决定指出：社会和谐是中国特色社会主义的本质属性，是国家富强、民族振兴、人民幸福的重要保证。构建社会主义和谐社会，是我们党以马克思列宁主义、毛泽东思想、邓小平理论和"三个代表"重要思想为指导，全面贯彻落实科学发展观，从中国特色社会主义事业总体布局和全面建设小康社会全局出发提出的重大战略任务，反映了建设富强民主文明和谐的社会主义现代化国家的内在要求，体现了全党全国各族人民的共同愿望。党的十六届六中全会《决定》指出：

> 到二〇二〇年，构建社会主义和谐社会的目标和主要任务是：社会主义民主法制更加完善，依法治国基本方略得到全面落实，人民的权益得到切实尊重和保障；城乡、区域发展差距扩大的趋势逐步扭转，合理有序的收入分配格局基本形成，家庭财产普遍增加，人民过上更加富足的生活；社会就业比较充分，覆盖城乡居民的社会保障体系基本建立；基本公共服务体系更加完备，政府管理和服务水平有较大提高；全民族的思想道德素质、科学文化素质和健康素质明显提高，良好道德风尚、和谐人际关系进一步形成；全社会创造活力显著增强，创新型国家基本建成；社会管理体系更加完善，社会秩序良好；资源利用效率显著提高，生态环境明显好转；实现全面建设惠及十几亿人口的更高水平的小康社会的目标，努力形成全体人民各尽其能、各得其所而又和谐相处的局面。

2007年10月党的十七大再次强调了构建社会主义和谐社会的重要性，并对改善民生为重点的社会建设作了全面部署，指出：社会建设与人民幸福安康息息相关。必须在经济发展的基础上，更加注重社会建设，着力保障和改善民生，推进社会体制改革，扩大公共服务，完善社会管理，促进社会公平正义，努力使全体人民学有所教、劳有所得、病有所医、老有所养、住有所居，推动建设和谐社会。和谐社会要靠全社会共同建设。我们要紧紧依靠人民，调动一切积极因素，努力形成社会和谐人人有责、和谐社会人人共享的生动局面。具体包括：优先发展教育，建设人力资源强国；实施扩大就业的发展战略，促进以创业带动就业；深化收入分配制度改革，增加城乡居民收入；加快建立覆盖城乡居民的社会保障体系，保障人民基本生活；建立基本医疗卫生制度，提高全民健康水平；完善社会管理，维护社会安定团结。

在中国共产党的历史上第一次把"提高构建社会主义和谐社会的能力"作为党执政能力的一个重要方面明确提出，这一重要论断的提出，是对马克思主义理论的重要丰富和发展，是中国共产党对什么是社会主义、怎样建设社会主义的又一次理论升华。

第二节 深化改革

一、财产保护

1. 保护私有财产入宪

财产保护是经济制度的核心。长期以来，我国的财产保护集中在公有制财产保护，而对于私有财产却没有明确的法律保护制度。这是由于我国社会主义改造完成以后，只存在生产资料的全民所有制和集体所有制，而生产资料的私有制基本绝迹了，因而从生产资料角度看，不存在私有财产的保护问题。改革开放后，由于个体经济和私营经济的产生和发展，重新出现了私有的生产资料，而对于这部分财产的保护问题也被提上议事日程。但长期以来，受意识形态约束，私有财产保护一直是不可触碰的禁区。由于缺乏私有财产的法律保护特别是宪法保护，个体经济和私营经济发展一直处在"可"与"不可"之间，国家政策也存在相当程度上的摇摆性。

1997年党的十五大报告提出："公有制为主体、多种所有制经济共同发展，是我国社会主义初级阶段的一项基本经济制度。""非公有制经济是我国社会主义市场经济的重要组成部分"。就是说，随着社会主义基本经济制度的确定，也就确定了"非公"经济的合法性，而在宪法法律中明确私人财产的保护，也就顺理成章了。因而，党的十五大报告还提出"要健全财产法律制度，依法保护各类企业的合法权益和公平竞争，并对它们进行监督管理"。不过，建立私人财产的法律保护过程仍很缓慢，直到 2002 年党的十六大才明确提出"完善保护私人财产的法律制度"。党的十六大报告提出"两个毫不动摇"，即毫不动摇地巩固和发展公有制经济和毫不动摇地鼓励、支持和引导非公有制经济发展。指出：

> 充分发挥个体、私营等非公有制经济在促进经济增长、扩大就业和活跃市场等方面的重要作用。放宽国内民间资本的市场准入领域，在投融资、税收、土地使用和对外贸易等方面采取措施，实现公平竞争。依法加强监督和管理，促进非公有制经济健康发展。完善保护私人财产的法律制度。

党的十六届三中全会通过的《中共中央关于完善社会主义市场经济体制若干问题的决定》，进一步明确提出"保护私有财产权""建立健全现代产权制度"：

> 产权是所有制的核心和主要内容，包括物权、债权、股权和知识产权等各类财产权。建立归属清晰、权责明确、保护严格、流转顺畅的现代产权制度，有利于维护公有财产权，巩固公有制经济的主体地位；有利于保护私有财产权，促进非公有制经济发展；有利于各类资本的流动和重组，推动混合所有制经济发展；有利于增强企业和公众创业创新的动力，形成良好的信用基础和市场秩序。这是完善基本经济制度的内在要求，是构建现代企业制度的重要基础。要依法保护各类产权，健全产权交易规则和监管制度，推动产权有序流转，保障所有市场主体的平等法律地位和发展权利。

2003 年 12 月 12 日，中共中央向全国人民代表大会常务委员会提议修改宪法，包括将"公民的合法的私有财产不受侵犯"载入宪法。2004 年 3 月 14 日，第十届全国人民代表大会第二次会议通过了宪法修正案，并于当日公布施行。

宪法修改内容具体如下：

《宪法》第十一条第二款："国家保护个体经济、私营经济的合法的权利和利益。国家对个体经济、私营经济实行引导、监督和管理。"修改为："国家保护个体经济、私营经济等非公有制经济的合法的权利和利益。国家鼓励、支持和引导非公有制经济的发展，并对非公有制经济依法实行监督和管理。"

《宪法》第十三条："国家保护公民的合法的收入、储蓄、房屋和其他合法财产的所有权。""国家依照法律规定保护公民的私有财产的继承权。"修改为："公民的合法的私有财产不受侵犯。""国家依照法律规定保护公民的私有财产权和继承权。""国家为了公共利益的需要，可以依照法律规定对公民的私有财产实行征收或者征用并给予补偿。"

宪法修正案对保护私有财产的规定，适应了改革开放后个体私营经济发展和社会主义所有制结构的变化，扩大了私有财产的保护范围，进一步完善了私有财产保护制度，有利于坚持和完善基本经济制度，促进非公有制经济发展；有利于调动广大人民群众的积极性和创造性，全面建设小康社会。

2. 《物权法》艰难出台

2004 年宪法修正案完善了私有财产保护的法律制度，提升了私有财产保护的法律地位，为民法、行政法、刑法等部门法对私有财产保护作出具体规定提供了宪法依据，特别是促进了《物权法》的出台。

从 20 世纪 50 年代开始，我国曾数次起草民法典，但在高度集中的社会主义计划经济体制下，缺乏制定民法典的社会条件和经济基础。改革开放后随着人民经济生活的巨大变化，物权立法成为立法工作中的重点。1986 年 4 月 12 日六届全国人大四次会议通过的民法通则，专门有一节规定了财产所有权和与财产所有权有关的财产权，但有关物权的规定还很不完整。1992 年党的十四大确定建立社会主义市场经济体制，这就要求我们必须建立起符合市场经济要求的民事法律体系。按照国家立法规划，到 2010 年我国要出台《民法典》，目标是基本建成中国特色的社会主义法律体系。而《物权法》是民法典的重要组成部分，为了实现立法目标，必须早日制定《物权法》。为此，全国人大常委会法工委专门成立了两个课题小组，分别从事《物权法》的起草工作。1993 年物权法开始起草，并于 1994 年正式列入立法计划。1998 年 3 月，民法典研究小组正式成立，并立即开始物权法的研究和讨论工作。2002 年 1 月，《物权法（征求意见稿）》公布。2002 年 12 月 23 日，《民法（草案）》被首次提请审议，《物权法》作为其中的一编也同时提请审议。2004 年，经过对《民法（草案）》之第二编《物权法》的修改完善形成了《物权法（草案）》。从 2004 年 10 月至 2006 年 10 月，十届人大常委会先后六次对《物权法（草案）》进行审议。直至 2006 年 12 月 29 日，全国人大常委会终于高票通过了有关议案，决定将《物权法（草案）》提请 2007 年 3 月举行的十届全国人大五次会议审议。2007 年 3 月 16 日，《中华人民共和国物权法》经十届全国人大五次会议审议，最后以高票通过。同日，国家主席胡锦涛签署第六十二号主席令予以公布，并自 2007 年 10 月 1 日起施行。

这部事关国计民生、历时十三年才诞生的法律，第一次以国家法律的形式明确规定对公有财产和私有财产给予平等保护，是中国民事立法史上的一项伟大成果，受到了中国公众的高度关注。物权法草案历经九届全国人大常委会、十届全国人大及其常委会八次审议，是中国立法史上审议次数最多的一部法律。

最后通过的《物权法》共 5 编，19 章，247 条。据全国人大法律委员会主任委员杨景宇分析概括①，《物权法》主要涵括 9 个方面的内容：关于坚持社会主义基本经济制度；关于平等保护国家、集体和私人的物权；关于国有财产；关于集体财产；关于私人财产；关于公共利益和征收补偿；关于建设用地使用权；关于担保物权；关于物权的保护。其中，"公有财产和私有财产平等保护"是核心内容之一。《物权法》第一编第一章规定："国家实行社会主义市场经济制度，保障一切市场主体的平等法律地位和发展权利"；"国家、集体、私人的物权和其他权利人的物权受法律保护，任何单位和个人不得侵犯"。除对公私财产进行平等保护外，《物权法》还加大了对公有财产的保护力度，规定"国家所有的财产受法律保护，禁止任何单位和个人侵占、哄抢、私分、截留、破坏"。此外，《物权法》还回答了住宅建设用地使用期和土地承包期届满如何处理、征地拆迁如何补偿，小区车位、车库如何确定归属等与公民个人、企事业单位的生产生活密切相关的问题。

《物权法》适应了社会主义市场经济体制的基本要求，奠定了依法治国、保护人权的基础，其颁布与实施具有里程碑的意义，对坚持社会主义基本经济制度，规范市场经济秩序，维护人民群众切身利益和构建社会主义和谐社会产生深远影响：这是推动形成中国特色社会主义法律体系的重要步骤，是贯彻依法治国基本方略、建设社会主义法治国家的重要举措。制定和实施物权法，完善中国特色社会主义物权制度，对于坚持和完善国家基本经济制度、完善社会主义市场经济体制，对于实现好、维护好、发展好最广大人民的根本利益和激发全社会创造活力，对于全面建设小康社会、加快构建社会主义和谐社会，具有十分重要的意义。②

二、金融改革

1. 资本市场改革

党的十四届三中全会以来，我国资本市场发展迅速并且初具规模，市场基础设施不断改善，法律法规体系逐步健全，市场规范化程度进一步提高，已经成为社会主义市场经济体系的重要组成部分。但是，我国资本市场是伴随着经济体制改革的进程逐步发展起来的。由于建立初期改革不配套和制度设计上的局限，资本市场还存在一些深层次问题和结构性矛盾，制约了市场功能的有效发挥。这些问题是资本市场发展中遇到的问题，也只有在发展中逐步加以解决。

党的十六大提出推进资本市场的改革开放和稳定发展。党的十六届三中全会通过的《中共中央关于完善社会主义市场经济体制若干问题的决定》指出：

---

① 参见杨景宇：《全面理解和正确实施物权法》，《今日中国论坛》2007 年第 10 期。

② 参见胡锦涛：《认真学习全面实施物权法开创社会主义法治国家新局面》（胡锦涛总书记 2007 年 3 月 23 日在中共中央政治局第四十次集体学习时的重要讲话），《党建》2007 年第 5 期。

积极推进资本市场的改革开放和稳定发展，扩大直接融资。建立多层次资本市场体系，完善资本市场结构，丰富资本市场产品。规范和发展主板市场，推进风险投资和创业板市场建设。积极拓展债券市场，完善和规范发行程序，扩大公司债券发行规模。大力发展机构投资者，拓宽合规资金入市渠道。建立统一互联的证券市场，完善交易、登记和结算体系。

为贯彻落实党的十六大和十六届三中全会精神，围绕全面建设小康社会的战略目标，积极推进资本市场改革开放和稳定发展，2004年1月31日国务院颁布《关于推进资本市场改革开放和稳定发展的若干意见》（简称"国九条"）。

"国九条"具体包括：第一，充分认识大力发展资本市场的重要意义。第二，推进资本市场改革开放和稳定发展的指导思想和任务。第三，进一步完善相关政策，促进资本市场稳定发展。包括：资本市场的稳定发展需要相应的政策引导和支持；重视资本市场的投资回报；鼓励合规资金入市；积极稳妥解决股权分置问题；完善资本市场税收政策。第四，健全资本市场体系，丰富证券投资品种，建立多层次股票市场体系。要着力积极稳妥发展债券市场、稳步发展期货市场、建立以市场为主导的品种创新机制、研究开发与股票和债券相关的新品种及其衍生产品。第五，进一步提高上市公司质量，推进上市公司规范运作，提高上市公司质量，规范上市公司运作，完善市场退出机制，切实保护投资者的合法权益。第六，促进资本市场中介服务机构规范发展，提高执业水平，把证券、期货公司建设成为具有竞争力的现代金融企业。第七，加强法制和诚信建设，提高资本市场监管水平，健全资本市场法规体系，加强诚信建设。第八，加强协调配合，防范和化解市场风险，营造良好的资本市场发展环境。第九，积极稳妥地推进对外开放，严格履行我国加入世贸组织关于证券服务业对外开放的承诺。

"国九条"规定了推进资本市场改革开放和稳定发展的任务是：

以扩大直接融资、完善现代市场体系、更大程度地发挥市场在资源配置中的基础性作用为目标，建设透明高效、结构合理、机制健全、功能完善、运行安全的资本市场。要围绕这一目标，建立有利于各类企业筹集资金、满足多种投资需求和富有效率的资本市场体系；完善以市场为主导的产品创新机制，形成价格发现和风险管理并举、股票融资与债券融资相协调的资本市场产品结构；培育诚实守信、运作规范、治理机制健全的上市公司和市场中介群体，强化市场主体约束和优胜劣汰机制；健全职责定位明确、风险控制有效、协调配合到位的市场监管体制，切实保护投资者合法权益。

为促进资本市场稳定发展，"国九条"提出进一步完善相关政策，具体包括：

完善证券发行上市核准制度。健全有利于各类优质企业平等利用资本市场的机制，提高资源配置效率。

重视资本市场的投资回报。要采取切实措施，改变部分上市公司重上市、轻转制、重筹资、轻回报的状况，提高上市公司的整体质量，为投资者提供分享经济增长成果、增加财富的机会。

鼓励合规资金入市。继续大力发展证券投资基金。支持保险资金以多种方式直接投资资本市场，逐步提高社会保障基金、企业补充养老基金、商业保险资金等投入资本市场的资金比例。要培养一批诚信、守法、专业的机构投资者，使基金管理公司和保险公司为主的机构投资者成为资本市场的主导力量。

拓宽证券公司融资渠道。继续支持符合条件的证券公司公开发行股票或发行债券筹集长期资金。完善证券公司质押贷款及进入银行间同业市场管理办法，制定证券公司收购兼并和证券承销业务贷款的审核标准，在健全风险控制机制的前提下，为证券公司使用贷款融通资金创造有利条件。稳步开展基金管理公司融资试点。

积极稳妥解决股权分置问题。规范上市公司非流通股份的转让行为，防止国有资产流失。稳步解决目前上市公司股份中尚不能上市流通股份的流通问题。在解决这一问题时要尊重市场规律，有利于市场的稳定和发展，切实保护投资者特别是公众投资者的合法权益。

完善资本市场税收政策。研究制定鼓励社会公众投资的税收政策，完善证券、期货公司的流转税和所得税征收管理办法，对具备条件的证券、期货公司实行所得税集中征管。

"国九条"提出，要认清形势，抓住机遇，转变观念，大力发展资本市场，提高直接融资比例，创造和培育良好的投资环境，充分发挥资本市场在促进资本形成、优化资源配置、推动经济结构调整、完善公司治理结构等方面的作用，为国民经济持续快速协调健康发展和全面建设小康社会作出新的贡献。

2. 股权分置改革

股权分置是我国经济体制转轨过程中形成的特殊问题。在我国证券市场设立之初，国有股、法人股上市时承诺不流通，因此各股票只有流通股在市场中按照市场股价进行交易，因此也造就了法人股市场和二级市场（流通股市场）两个割裂的、相对独立运行的价格体系。在这个体系之下，A股市场上的上市公司的股份被划分为流通股与非流通股。股东所持向社会公开发行的股份，且能在证券交易所上市交易的，称为流通股；而公开发行前暂不上市交易的股份，称为非流通股。在 A 股市场上，上市公司非流通股达 4462.59 亿股，流通股为 2516.85 亿股，分别占总股本的 64% 和 36%。[①]

股权分置造成二元结构市场，扭曲资本市场定价机制，制约资源配置功能的有效发挥；公司股价难以对大股东、管理层形成市场化的激励和约束，公司治理缺乏共同的利益基础；资本流动存在非流通股协议转让和流通股竞价交易两种价格，资本运营缺乏市场化操作基础。可见，股权分置不能适应资本市场改革开放和稳定发展的要求，成为制约股市和资本市场发展的重要因素。业内人士把股权分置问题形容成悬在中国证券市场上的"达摩克利斯之剑"，只有落下来才能化剑为犁，但却没人知道何时落下。因此，通过股权分置改革，消除非流通股和流通股的流通制度差异，有利于资本市场的健康发展。

为推动国有企业战略性改组，1999 年国务院部署开展减持部分国有股充实社会保障资金的试点。2001 年国务院出台《减持国有股筹集社会保障资金管理暂行办法》，但两次国有股减持工作均因股市剧烈波动而停止。党的十六大以后，股权分置改革重新被提上议事日程，"国九条"提出积极稳妥解决股权分置问题，既要防止国有资产流失，又要切实保护投资者特别是公众投资者的合法权益。2005 年 4 月 29 日，中国证监会发布了《关于上市公司股权分置改革试点有关问题的通知》，宣布启动股权分置改革试点工作。经过两批试点，取得了一定经验，具备了积极稳妥推进的基础和条件。经国务院批准，2005 年 8 月 23 日，中国证监会、国资委、财政部、中国人民银行、商务部联合发布《关于上市公司股权分置改革的指导意见》。9 月 4 日，中国证监会发布《上市公司股权分置改革管理办法》，我国的股权分置改革全面铺开。

解决股权分置问题，是中国证券市场自成立以来影响最为深远的改革举措，为中国证券市场的健康发展打下坚实基础，其历史意义甚至不亚于创立中国证券市场。《关于上市公司股权分置改革的指导意见》指出：要将股权分置改革、维护市场稳定、促进资本市场功能发挥和积极稳妥推进资本市场对外开放统筹考虑。改革要积极稳妥、循序渐进，成熟一家，推出一家，实现相关各方利益关系的合理调整，同时要以改革为契机，调动多种积极因素，维护市场稳定，提高上市公司质量，规范证券公司经营，配套推进各项基础性制度建设、完善市场体系和促进证券产品创新，形成资本市场良性循环、健康发展的新局面。

随着试点方案的陆续发布，试点工作有序进行。股权分置问题的解决促进了证券市场制度和上市公司治理结构的改善，可实现证券市场真实的供求关系和定价机

[①] 参见安青山：《股权分置改革回顾与启示》，《中国证券》2018 年第 12 期。

制，有利于改善投资环境，有助于保护投资者特别是公众投资者合法的权益，提高投资者信心，促进证券市场的健康发展。

3. 商业银行改革

（1）剥离不良资产

20世纪90年代，中国四大国有专业银行完成了商业化改造，成为大型国有商业银行。不过这类银行由于其"国有"性质，作为国有银行要执行国家各项金融政策，支持国有经济是首要的责任和义务。但是，由于当时很多国有企业经营不善，各地政府为了保证国有企业经营而干预银行业务，导致国有商业银行资产不良率居高不下。当时，大型商业银行报告的不良资产率是25%，市场的估计基本在35%—40%，还有一些人指出，如果按照贷款的科学分类，大型商业银行的不良资产比例可能超过50%。这种状况与国有银行自身经营不善有关，但更重要的原因还是国有商业银行的体制造成的。具体来看，大型国有商业银行的不良贷款，约30%是受到各级政府干预导致的；约30%是对国有企业的信贷支持所形成的；约10%是国内法律环境不到位、法制观念薄弱以及一些地区执法力度较弱所致；约10%是政府通过关停并转部分企业进行产业（包括军工产业）结构调整所形成；大约有20%的不良贷款是大型国有商业银行自身经营不善造成的。[①] 长期以来，国有商业银行的经营事实上是依赖于长期积累的国家信誉，而银行的资产充足率事实上已经严重不足。

1997年亚洲金融危机使不少国家的银行破产。尽管中国的国有银行依靠国家信誉和正确的金融政策而免于破产危机，但金融危机还是大大地警示了中国的银行业，如果不加快改革，尽快解决严重的不良资产问题，将面临更加严重的危机。事实上，国外不少金融研究机构认为中国的国有银行已经面临"技术性破产"。为此，中央和国务院加快了国有商业银行改革的步伐。1998年，通过财政发行2700亿元特别国债补充大型国有商业银行资本金。1999年，中国先后组建了中国信达资产管理公司、中国东方资产管理公司、中国华融资产管理公司和中国长城资产管理公司，分别购买或托管中国建设银行、中国银行、中国工商银行和中国农业银行的不良贷款。这几大资产管理公司均为具有独立法人资格的国有独资金融企业，其主要任务是负责接收、管理、处置对口银行划转的不良贷款，最大限度地保全资产，减少损失。四家大型商业银行共核销、剥离处置不良资产约2万亿元。[②] 另外，从2001年起我国逐步推行贷款五级分类制度，实行审慎的金融会计原则、逐步降低商业银行营业税等。总体而言，这一阶段的改革主要在处置不良资产、加强

---

① 参见周小川：《大型商业银行改革的回顾与展望》，《中国金融》2012年第6期。

② 参见周小川：《大型商业银行改革的回顾与展望》，《中国金融》2012年第6期。

内部管理等技术层面上进行，尚未触及体制机制等深层次问题。

（2）股份制改造

2003 年 10 月，党的十六届三中全会通过《中共中央关于完善社会主义市场经济体制若干问题的决定》，提出深化金融企业改革，选择有条件的国有商业银行实行股份制改造，加快处置不良资产，充实资本金，创造条件上市，使国有商业银行成为资本充足、内控严密、运营安全、服务和效益良好的现代金融企业。根据党的十六届三中全会精神，2003 年底政府启动了对国有商业银行实行股份制改造的进程。

国有商业银行的股份制改造，第一步是在银行不良资产剥离基础上进行注资以提高银行的资本充足率。2003 年 12 月 16 日，中央汇金投资有限责任公司注册成立。这是为解决国有商业银行资本充足率问题专门成立的国家金融机构，成为国有商业银行的股东企业，负责对国有商业银行的注资工作。2004 年 1 月 6 日，中央政府创造性地运用外汇储备注资大型商业银行：由汇金公司以 450 亿美元外汇储备（合计 3724.65 亿元人民币）注资中国银行和中国建设银行。2004 年 8 月 24 日，中国银行股份有限公司正式成立。2004 年 9 月 21 日，中国建设银行股份有限公司正式对外挂牌。这标志着中国银行和中国建设银行的股份制改造基本完成。2005 年 4 月，中央汇金公司以 150 亿美元外汇储备对中国工商银行注资。2008 年 11 月，中央汇金公司对农业银行注资 190 亿美元。总的来看，自 2003 年 12 月起，国家运用外汇储备先后向中国银行、中国建设银行、中国工商银行和中国农业银行注资近 800 亿美元。[①] 通过政府注资，国有商业银行的资本金得到了很大的补充，增强了市场竞争力。此外，通过注资引入外部审计，也增大了国有商业银行资产状况的透明度，为广大公众的监督创造了条件。另外，2004 年交通银行通过定向募股方式补充资本金 191 亿元，其中财政部、汇金公司和社保基金分别投资 50 亿元、30 亿元、100 亿元。交通银行通过财务重组由股份制商业银行改制为国有股份制商业银行，为建立真正的现代金融公司治理结构积累了经验，奠定了基础。

（3）引进战略投资者

成立股份公司之后，在金融监管部门的协调下，国有商业银行开展了极富创意的引进战略投资者的工作。2004 年 8 月 6 日，交通银行与汇丰银行（HSBC）正式签署战略合作协议：汇丰银行以每股 1.86 元人民币的价格购入交行 19.9% 的股权，即 77.75 亿股，成为仅次于财政部的第二大股东，投资金额达 17.47 亿美元。

2005 年 6 月 17 日，中国建设银行和美国银行签署了关于战略投资与合作的最终协议。根据协议，美国银行将分阶段对建行进行投资，最终持有股权可达到

---

① 参见周小川：《大型商业银行改革的回顾与展望》，《中国金融》2012 年第 6 期。

19.9%。首期投资 25 亿美元购买汇金公司持有的建行股份。2005 年 7 月 1 日,建行和新加坡淡马锡旗下的全资子公司亚洲金融控股私人有限公司签署了关于战略投资的最终协议,亚洲金融以 14.66 亿美元购入建行 5.1%的股权。

2005 年 8 月,中国银行与英国苏格兰皇家银行、新加坡淡马锡,9 月与瑞银集团,10 月与亚洲开发银行,2006 年 3 月与全国社保基金,分别签署协议。5 家机构作为新的战略投资者。苏格兰皇家银行出资总计 31 亿美元,购入中行 10%的股权,其中将一半股权卖给了高盛、李嘉诚私人基金;淡马锡购得中行 5%的股份。

2006 年 1 月 27 日,中国工商银行与高盛投资团签署了战略投资与合作协议,高盛投资团出资 37.8 亿美元购买工行新发行的股份。2006 年 4 月 28 日顺利完成资金交割。这笔当时最大的境外投资者对中国金融业的单次投资,约占工行股份比例的 8.89%。

2009 年农业银行股份公司成立之后,根据当时国内外资本市场的情况,没有延续前期经验引进境外战略投资者,只引进了几家财务投资者。

(4)商业银行上市

在成功改制和引进战略投资者的基础上,国有商业银行随即展开首次公开发行和股票上市工作。股票上市是彻底改造大型商业银行公司治理机制的重要环节。通过发挥资本市场的外部约束、监督和促进作用,将建立一整套新的市场激励和约束机制,从而促使大型商业银行进一步转换经营机制,成为真正的市场化经营的主体。从 2005 年 10 月起,几家大型商业银行相继启动首次公开发行工作。2005 年 10 月,中国建设银行在香港上市,2006 年成功回归 A 股市场。2006 年 6 月和 7 月,中国银行也先后在香港 H 股和境内 A 股成功上市。2006 年 10 月,中国工商银行在香港和内地资本市场同时上市,当时创下全球有史以来最大规模 IPO。2010 年 7 月,中国农业银行先后在上海和香港两地上市。至此,国有商业银行股份制改革圆满完成。

在此过程中,一方面,我国银行业整体实力大幅提升,资本实力、资产质量和经营效益不断提高,几家商业银行跻身全球大银行之列。截至 2011 年末,我国银行业总资产达到 111.5 万亿元,是 2003 年改革前的 4 倍多;银行业金融机构不良贷款余额和比率实现持续"双降",不良贷款比率从 2002 年末的 23.6%下降到 2011 年末的 1.8%。2011 年末,中国工商银行、中国农业银行、中国银行、中国建设银行、交通银行 5 家大型国有商业银行的资本充足率分别达到 12.0%、11.7%、12.9%、12.9%和 12.4%,均高于 11.5%的监管要求;不良贷款率分别为 0.9%、1.5%、1.1%、1.1%和 0.86%,并呈逐年下降趋势。[①]

---

① 参见周小川:《大型商业银行改革的回顾与展望》,《中国金融》2012 年第 6 期。

三、国有资产管理改革

党的十四届三中全会以后，国有企业通过建立现代企业制度，实现了公司化改革，成为产权清晰、权责明确、政企分开、管理科学的独立法人企业。在这一过程中，通过股份制改造，实现了国有资产的战略性改组，提高了大型国有企业的效率，而不少中小企业通过出售、租赁、股份制改造、管理者收购等方式，转化为民营企业或混合所有制企业。到 21 世纪初，国企改革的主要任务转变为国有资产管理，即通过国有资产的改组、改造、买卖等，实现国有资产的保值增值，并实现对国民经济的宏观调控。

2002 年 11 月，党的十六大报告提出：继续调整国有经济的布局和结构，改革国有资产管理体制，是深化经济体制改革的重大任务；中央政府和地方政府分别代表国家履行出资人职责，权利、义务和责任相统一，管资产与管人、管事相结合；中央政府和省、地市两级地方政府设立国有资产监管机构。从此，建立符合市场经济要求的新的国有资产管理体制的改革全面启动。

2003 年 10 月，党的十六届三中全会《中共中央关于完善社会主义市场经济体制若干问题的决定》指出：

> 建立健全国有资产管理和监督体制。坚持政府公共管理职能和国有资产出资人职能分开。国有资产管理机构对授权监管的国有资本依法履行出资人职责，维护所有者权益，维护企业作为市场主体依法享有的各项权利，督促企业实现国有资本保值增值，防止国有资产流失。建立国有资本经营预算制度和企业经营业绩考核体系。积极探索国有资产监管和经营的有效形式，完善授权经营制度。建立健全国有金融资产、非经营性资产和自然资源资产等的监管制度。

党的十六届三中全会《决定》进一步提出，"大力发展国有资本、集体资本和非公有资本等参股的混合所有制经济，实现投资主体多元化，使股份制成为公有制的主要实现形式""需要由国有资本控股的企业，应区别不同情况实行绝对控股或相对控股""坚持政府公共管理职能和国有资产出资人职能分开""建立归属清晰、权责明确、保护严格、流转顺畅的现代产权制度，是构建现代企业制度的重要基础"。这些理论上的发展和创新，进一步完善了股份制改革和国有资产管理体制改革的指导方针，进一步推动了市场化改革的深化。

第一，国有资产管理体制的重大变革。为建立适应社会主义市场经济需要的国有资产监督管理体制，进一步搞好国有企业，推动国有经济布局和结构的战略性调整，发展和壮大国有经济，实现国有资产保值增值，2003 年 5 月国务院颁布《企业国有资产监督管理暂行条例》。该《条例》规定：企业国有资产属于国家所有。国家实行由国务院和地方人民政府分别代表国家履行出资人职责，享有所有者权益，权利、义务和责任相统一，管资产和管人、管事相结合的国有资产管理体制。国务院代表国家对关系国民经济命脉和国家安全的大型国有及国有控股、国有参股企业，重要基础设施和重要自然资源等领域的国有及国有控股、国有参股企业，履行出资人职责。地方各级人民政府分别代表国家对由国务院履行出资人职责以外的国有及国有控股、国有参股企业，履行出资人职责。国有资产监督管理机构根据授权，依法履行出资人职责，依法对企业国有资产进行监督管理。到 2006 年底，从中央到地市全部组建了国有资产监督管理机构，出台了 1200 多个相关监管规章和条例，涉及企业产权管理、企业资产和财务监督、企业负责人业绩考核和选聘薪酬制度、法律事务管理等各个方面。

第二，国有经济布局和结构调整取得积极进展。尽管国有资产管理体制改革取得重大突破，国有经济布局和结构调整取得重要进展，国有企业改革不断深化、经济效益显著提高，但从整体上看，国有经济分布仍然过宽，产业布局和企业组织结构不尽合理，一些企业主业不够突出，核心竞争力不强。因而，有必要进一步推行国有资本调整和国有企业重组，完善国有资本有进有退、合理流动的机制。2006 年底，国务院国资委出台《关于推进国有资本调整和国有企业重组的指导意见》，明确国有资本调整和国有企业重组目标：进一步推进国有资本向关系国家安全和国民经济命脉的重要行业和关键领域集中，加快形成一批拥有自主知识产权和知名品牌、国际竞争力较强的优势企业；加快国有大型企业股份制改革，完善公司法人治理结构，大力发展国有资本、集体资本和非公有资本等参股的混合所有制经济，实现投资主体多元化，使股份制成为公有制的主要实现形式；大多数国有中小企业放开搞活；到 2008 年，长期积累的一批资不抵债、扭亏无望的国有企业政策性关闭破产任务基本完成；到 2010 年，国资委履行出资人职责的企业调整和重组至 80—100 家。党的十七大进一步明确通过公司制股份制改革优化国有经济布局，随后国有企业进一步集中。到 2006 年，全国国有工商企业数量为 11.9 万家，已经比 1998 年减少了一半。中央企业的数量已经从 2003 年的 196 家下降到 2012 年的 112 家。

第三，垄断性行业国有企业改革继续深化，几大垄断性行业形成了多家竞争的市场格局。党的十六大报告提出："推进垄断行业改革，积极引入竞争机制。通过市场和政策引导，发展具有国际竞争力的大公司大企业集团。"党的十六届三中全会《决定》指出："加快推进和完善垄断行业改革。对垄断行业要放宽市场准入，引入竞争机制。有条件的企业要积极推行投资主体多元化。继续推进和完善电信、电力、民航等行业的改革重组。加快推进铁道、邮政和城市公用事业等改革，实行政企分开、政资分开、政事分开。对自然垄断业务要进行有效监管。"根据中央决策，国有企业垄断性行业的改革逐渐展开。2002年国家电力监管委员会成立，电力行业按照厂网分开、竞价上网的思路从国家电力公司分拆出国家电网、南方电网和五大发电集团。2003年，93个机场归地方管理，9大航空公司和服务保障企业联合重组为国航、南航和东航三大运输公司和三大服务公司；2007年，空管职能与行业监督职能分离。

第四，国有企业公司制股份制改革进一步推进，混合所有制经济取得长足发展。党的十六大报告提出："除极少数必须由国家独资经营的企业外，积极推行股份制，发展混合所有制经济。"党的十六届三中全会进一步提出："要适应经济市场化不断发展的趋势，进一步增强公有制经济的活力，大力发展国有资本、集体资本和非公有资本等参股的混合所有制经济，实现投资主体多元化，使股份制成为公有制的主要实现形式。"党的十七大报告提出："以现代产权制度为基础，发展混合所有制经济。"根据国家出资企业产权登记数据，截至2013年底，已有约90%的国有企业实现了公司制、股份制；国有企业引入非公资本的户数占比达到42%，其中中央企业及子企业引入非公资本的户数已占总户数的52%。根据中央企业产权结构与布局现状分析报告统计，截至2012年底，登记企业中国有独资和国有全资的企业有21828户，引入民间投资、外资等社会各类投资的混合所有制企业23226户，分别占登记总数的48.45%和51.55%。[1]

通过产权改革与公司治理改革的协同推进，国有企业发展效果显著，从2003年到2011年，全国国有及国有控股企业（不含金融类企业）营业收入从10.73万亿元增长到39.25万亿元，年均增长17.6%；净利润从3202.3亿元增长到1.94万亿元，年均增长25.2%；上缴税金从8361.6亿元增长到3.45万亿元，年均增长19.4%。在"走出去"方面，国有企业不断加快步伐，国际化经营能力明显增强。截至2011年底，中央企业境外资产总额3.1万亿元，营业收入3.5万亿元，实现净利润1034.5亿元，分别占全部中央企业资产总额、营业收入和净利润的11%、16.9%和11.3%。[2]

四、非公企业市场准入

党的十六大明确提出"毫不动摇地鼓励、支持和引导非公有制经济发展"，并提出公私财产平等保护的理念。党的十六大报告指出：

---

[1] 参见陈永杰等：《民营企业发展与混合经济改革》，浙江大学出版社2016年版，第127页。
[2] 参见《受国务院委托，国务院国资委主任王勇24日向十一届全国人大常委会作〈国务院关于国有企业改革与发展工作情况的报告〉》，《新华每日电讯》2012年10月25日。

充分发挥个体、私营等非公有制经济在促进经济增长、扩大就业和活跃市场等方面的重要作用。放宽国内民间资本的市场准入领域，在投融资、税收、土地使用和对外贸易等方面采取措施，实现公平竞争。依法加强监督和管理，促进非公有制经济健康发展。完善保护私人财产的法律制度。

党的十六届三中全会《决定》指出：

清理和修订限制非公有制经济发展的法律法规和政策，消除体制性障碍。放宽市场准入，允许非公有资本进入法律法规未禁入的基础设施、公用事业及其他行业和领域。非公有制企业在投融资、税收、土地使用和对外贸易等方面，与其他企业享受同等待遇。支持非公有制中小企业的发展，鼓励有条件的企业做强做大。

尽管中央出台一系列相关政策，但民营企业仍然受到不少"非公平"待遇，"玻璃门"现象十分普遍。另外，民营企业自身发展也出现一些问题，如孙大午事件、陕北油田事件以及铁本事件等，而在社会上还出现有关"原罪"的讨论。为解决民营经济的市场准入问题，经多方调研和讨论，2005 年国务院颁布了《关于鼓励支持和引导个体私营等非公有制经济发展的若干意见》（简称"非公经济 36 条"）。"非公经济 36 条"按照党的十六大、十六届三中和四中全会精神以及宪法修正案要求，着力消除影响非公有制经济发展的体制性障碍，确立平等的市场主体地位，明确提出鼓励、支持和引导非公有制经济发展的总体要求，从放宽非公有制经济市场准入、加大对非公有制经济的财税金融支持、完善对非公有制经济的社会服务、维护非公有制企业和职工的合法权益、引导非公有制企业提高自身素质、改进政府对非公有制企业的监管、加强对发展非公有制经济的指导和政策协调七个方面具体提出了促进非公有制经济发展的重要政策措施。

"非公经济 36 条"最主要的部分是放宽非公有制经济市场准入。"非公经济 36 条"规定：

第一，贯彻平等准入、公平待遇原则。允许非公有资本进入法律法规未禁入的行业和领域。允许外资进入的行业和领域，也允许国内非公有资本进入，并放宽股权比例限制等方面的条件。在投资核准、融资服务、财税政策、土地使用、对外贸易和经济技术合作等方面，对非公有制企业与其他所有制企业一视同仁，实行同等待遇。

第二，允许非公有资本进入垄断行业和领域。加快垄断行业改革，在电力、电信、铁路、民航、石油等行业和领域，进一步引入市场竞争机制。对其中的自然垄断业务，积极推进投资主体多元化，非公有资本可以参股等方式进入；对其他业务，非公有资本可以独资、合资、合作、项目融资等方式进入。在国家统一规划的前提下，除国家法律法规等另有规定的外，允许具备资质的非公有制企业依法平等取得矿产资源的探矿权、采矿权，鼓励非公有资本进行商业性矿产资源的勘查开发。

第三，允许非公有资本进入公用事业和基础设施领域。加快完善政府特许经营制度，规范招投标行为，支持非公有资本积极参与城镇供水、供气、供热、公共交通、污水垃圾处理等市政公用事业和基础设施的投资、建设与运营。在规范转让行为的前提下，具备条件的公用事业和基础设施项目，可向非公有制企业转让产权或经营权。鼓励非公有制企业参与市政公用企业、事业单位的产权制度和经营方式改革。

第四，允许非公有资本进入社会事业领域。支持、引导和规范非公有资本投资教育、科研、卫生、文化、体育等社会事业的非营利性和营利性领域。在放开市场准入的同时，加强政府和社会监管，维护公众利益。支持非公有制经济参与公有制社会事业单位的改组改制。通过税收等相关政策，鼓励非公有制经济捐资捐赠社会事业。

第五，允许非公有资本进入金融服务业。在加强立法、规范准入、严格监管、有效防范金融风险的前提下，允许非公有资本进入区域性股份制银行和合作性金融机构。符合条件的非公有制企业可以发起设立金融中介服务机构。允许符合条件的非公有制企业参与银行、证券、保险等金融机构的改组改制。

第六，允许非公有资本进入国防科技工业建设领域。坚持军民结合、寓军于民的方针，发挥市场机制的作用，允许非公有制企业按有关规定参与军工科研生产任务的竞争以及军工企业的改组改制。鼓励非公有制企业参与军民两用高技术开发及其产业化。

第七，鼓励非公有制经济参与国有经济结构调整和国有企业重组。大力发展国有资本、集体资本和非公有资本等参股的混合所有制经济。鼓励非公有制企业通过并购和控股、参股等多种形式，参与国有企业和集体企业的改组改制改造。

第八，鼓励、支持非公有制经济参与西部大开发、东北地区等老工业基地振兴和中部地区崛起。西部地区、东北地区等老工业基地和中部地区要采取切实有效的政策措施，大力发展非公有制经济，积极吸引非公有制企业投资建设和参与国有企业重组。东部沿海地区也要继续鼓励、支持非公有制经济发展壮大。

"非公经济36条"另一部分重要内容是加大对非公有制经济的财税金融支持。规定：第一，加大财税支持力度。逐步扩大国家有关促进中小企业发展专项资金规模，省级人民政府及有条件的市、县应在本级财政预算中设立相应的专项资金。加快设立国家中小企业发展基金。第二，加大信贷支持力度。有效发挥贷款利率浮动政策的作用，引导和鼓励各金融机构从非公有制经济特点出发，开展金融产品创新，完善金融服务，提高对非公有制企业的贷款比重。第三，拓宽直接融资渠道。非公有制企业在资本市场发行上市与国有企业一视同仁。第四，鼓励金融服务创新。改进对非公有制企业的资信评估制度，对符合条件的企业发放信用贷款。改进保险机构服务方式和手段，开展面向非公有制企业的产品和服务创新。第五，建立健全信用担保体系。支持非公有制经济设立商业性或互助性信用担保机构。鼓励有条件的地区建立中小企业信用担保基金和区域性信用再担保机构。

"非公经济36条"是推动非公有制跨入历史发展新阶段的纲领文件。全国政协副主席、全国工商联主席黄孟复指出，"非公经济36条"明确规定了进一步放宽非公有制经济的市场准入，加大对非公有制经济的财税金融支持，完善对非公有制经济的社会服务，维护非公有制企业和职工的合法权益，积极引导非公有制企业提高自身素质，改进政府对非公有制企业的监管，加强对发展非公有制经济的指导和政策协调等措施。"非公经济36条"的出台，将进一步消除影响非公有制经济发展的体制性障碍，对我国非公有制经济的发展必将产生巨大的促进作用，推动我国非公有制经济进入新的发展阶段。[①]

"非公经济36条"的颁布在推动民间资本进入垄断行业方面取得了一定成效。"非公经济36条"颁布以来，民营经济开始向航空、石油、铁路等昔日的垄断领域伸展，在这些垄断行业取得了一些突破。例如，2005年3月11日，中国大陆第一家民营航空运输企业——奥凯航空有限公司在天津滨海国际机场实现首次载客航行，航线由天津经停长沙，抵达昆明，奥凯航空由北京奥凯交能投资有限公司、大地桥投资（北京）有限公司、深圳环宇物流有限公司和三名自然人共同出资组建，经营航空货邮和旅客运输等业务。2005年6月29日，中国规模最大的民营综合性石油业实体长联石油控股有限公司成立，"长联石油"是由30多家民营石油企业共同发起成立的以从事石油勘探开采、炼油化工、进口贸易、批零销售为主业的联合经营实体，发起时已有近五十家民营企业入股，涉及资本约50亿元。2006年8月23日，《南方日报》报道了国有罗定铁路产权的成功转让，这是我国民营企业首次全资收购国有铁路公司的100%股权，意味着我国首条民营资本绝对控股的铁路诞生，铁路向民营资本开放程度进一步加大。2006年12月，上海组建了一家民营飞机装备制造企业——上海上飞飞机装备制造有限公司（简称"上飞"），在国有企业"一统天下"的飞机装备制造领域，首次出现了民营资本企业。

总之，随着"非公经济36条"以及一系列保障和鼓励民营经济的行业性政策法

---

① 参见杨维汉：《非公有制经济迎来发展新机遇》，《人民日报》2005年3月2日。

规相继出台，民营经济获得了一个前所未有的良好发展环境，民营企业开始向原来被国有经济垄断的经济领域进军，进入了一个新的发展阶段。1992—2000 年，个体工商户由 1534 万户增加到 2571 万户，增长了 67.6%；从业人员由 2468 万人增加到 5070 万人，增长了 105.4%；注册资金由 601 亿元增加到 3315 亿元，增长了 451.6%。这期间私营企业也高速发展，私营企业户数由 139633 户增长到 1761769 户，增长了 11.61 倍；从业人员由 232 万人增长到 2406 万人，增长了 9.4 倍；注册资金由 221 亿元增长到 13307 亿元，增长了 59.2 倍；产值由 205 亿元增长到 10739 亿元，增长了 51.4 倍；消费品零售额由 91 亿元增长到 5813 亿元，增长了 62.9 倍。这期间私营企业中有限责任公司的比重上升很快，占有主要地位。2000 年，在 1761769 户私营企业中，独资企业、合伙企业和有限责任公司分别占 28.4%、9.9% 和 61.7%。私营企业虽然仍以小型企业为主，但规模迅速扩大，大型企业增速很快。1992—2000 年，私营企业户均注册资金由 15.7 万元增加到 75.6 万元。[①]

第三节　农村经济发展

一、"三农"问题

中国经济体制改革从农村开始突破。党的十一届三中全会以来，农村实行家庭联产承包责任制，废除人民公社，突破计划经济模式，发展社会主义市场经济，极大地调动了亿万农民的积极性，解放和发展了生产力，带来了农村经济和社会发展的历史性巨大变化。这场伟大变革带动和促进了国家的全面改革，进而探索出一条适合国情的建设有中国特色社会主义道路，并为国民经济持续快速增长和保持社会稳定作出了重要贡献。然而，我国社会主义初级阶段是不发达的阶段，农村尤其不发达。表现在：生产力落后，主要靠手工劳动；市场化程度低，自给半自给经济占相当比重；农业人口多，就业压力大；科技教育文化落后，文盲半文盲数量较大；农民生活水平比较低，还有几千万人没有解决温饱；城乡差别大，农村发展也很不平衡。这些特点决定了，必须始终把发展农村经济、提高农业生产力水平作为整个农村工作的中心，一切政策都要有利于增强农村经济活力，放手依靠农民改变落后面貌，不断提高农民的物质文化生活水平。

---

① 参见国家统计局贸易外经统计司编：《中国市场统计年鉴》（相关各年）；国家统计局编：《中国统计年鉴》（相关各年）。转引自汪海波：《对发展非公有制经济的历史考察——纪念改革开放 40 周年》，《中国经济史研究》2018 年第 3 期。

改革开放和工业化现代化过程中出现的这类矛盾，集中体现为农业、农村、农民问题即"三农"问题。事实上，"三农"问题不是现代中国所特有，是农业文明向工业文明过渡中的必然现象，无论是发达国家还是发展中国家都有过类似的经历，只不过发达国家完成了工业化和现代化，在此基础上较好地解决了"三农"问题。在我国"三农"问题一直存在，不同的是，作为一个传统的农业大国，工业化和现代化起步较晚，并且是引进的技术和模式，从而导致"三农"问题更为突出。"三农"概念是在 20 世纪 90 年代中期被提出并被广泛使用的，这也表明，随着我国现代化的突飞猛进，"三农"问题显得尤为突出。这主要表现在：一是中国农民数量多，规模特别庞大；二是中国的工业化进程单方面独进，"三农"问题积攒的时间长，解决起来难度大；三是中国城市政策设计带来的负面影响和比较效益短时间内凸显，解决起来更加复杂。

1998 年 10 月 12 日至 14 日，党的十五届三中全会专门研究农业和农村问题，并通过了《中共中央关于农业和农村工作若干重大问题的决定》。该《决定》指出：以公有制为主体、多种所有制经济共同发展的基本经济制度，以家庭承包经营为基础、统分结合的经营制度，以劳动所得为主和按生产要素分配相结合的分配制度，必须长期坚持。家庭承包经营，不仅适应以手工劳动为主的传统农业，也能适应采用先进科学技术和生产手段的现代农业，具有广泛的适应性和旺盛的生命力。要坚定不移地贯彻土地承包期再延长三十年的政策，同时抓紧制定确保农村土地承包关系长期稳定的法律法规，赋予农民长期而有保障的土地使用权。要积极探索实现农业现代化的具体途径，大力发展产业化经营。继续完善所有制结构，在积极发展公有制经济的同时，采取灵活有效的政策措施，鼓励和引导农村个体、私营等非公有制经济有更大的发展。要深化农产品流通体制改革，在国家宏观调控下充分发挥市场对资源配置的基础性作用。党的十五届三中全会以后，根据《中共中央关于农业和农村工作若干重大问题的决定》提出的战略和政策，农村改革和发展进一步深入。

二、新"一号文件"

党的十六大提出全面建成小康社会目标，但建成全面小康社会的最大难点和重点都在农村。2002 年党的十六大之后筹备中央农村工作会议，当时胡锦涛总书记提出的指导思想，就是加强对农村的倾斜投入，把财政资金新增部分用到县以下的农村公共开支，把国家的农业投资主要用到村以下和农民相关的项目。到 2003 年 1 月，中共中央提出"三农"问题是重中之重，明显表现出中央调整战略方向的意图。要想实现全面小康，就得把重点放在最大的弱势群体即农民的发展上。从 2004 年开始，中共中央连续发布"一号文件"，不断调整农村政策，表明中央对

"三农"问题的高度重视。

2004年2月初，针对全国农民人均纯收入增长缓慢的情况，中央下发《中共中央国务院关于促进农民增加收入若干政策的意见》。这是时隔18年之后，中共中央、国务院再一次发出针对"三农"问题的"一号文件"。这个文件是针对全国农民人均纯收入增长缓慢的情况而发出的，文件提出：按照统筹城乡经济社会发展的要求，坚持"多予、少取、放活"的方针，调整农业结构，扩大农民就业，加快科技进步，深化农村改革，增加农业投入，强化对农业支持保护，力争实现农民收入较快增长，尽快扭转城乡居民收入差距不断扩大的趋势。文件还提出进一步加大扶贫开发力度，强化扶贫工作责任制，继续增加扶贫资金投入，提高扶贫成效。

2005年1月30日，《中共中央国务院关于进一步加强农村工作提高农业综合生产能力若干政策的意见》发布。文件要求坚持"多予、少取、放活"的方针，稳定、完善和强化各项支农政策。第一，继续加大"两减免、三补贴"等政策实施力度。第二，在国家扶贫开发工作重点县实行免征农业税试点，在其他地区进一步降低农业税税率。在牧区开展取消牧业税试点。第三，继续对种粮农民实行直接补贴，有条件的地方可进一步加大补贴力度。第四，继续对短缺的重点粮食品种在主产区实行最低收购价政策，逐步建立和完善稳定粮食市场价格、保护种粮农民利益的制度和机制。第五，文件还要求加强农业基础设施建设，加快农业科技进步，提高农业综合生产能力。

2006年2月，中共中央、国务院下发《中共中央国务院关于推进社会主义新农村建设的若干意见》。文件提出：全面贯彻落实科学发展观，统筹城乡经济社会发展，实行工业反哺农业、城市支持农村和"多予、少取、放活"的方针，按照"生产发展、生活宽裕、乡风文明、村容整洁、管理民主"的要求，协调推进农村经济建设、政治建设、文化建设、社会建设和党的建设。要完善强化支农政策，建设现代农业，稳定发展粮食生产，积极调整农业结构，加强基础设施建设，加强农村民主政治建设和精神文明建设，加快社会事业发展，推进农村综合改革，促进农民持续增收，确保社会主义新农村建设有良好开局。

2007年1月29日，中共中央、国务院下发《中共中央国务院关于积极发展现代农业扎实推进社会主义新农村建设的若干意见》。文件要求把发展现代农业作为新农村建设的着力点，要用现代物质条件装备农业，用现代科学技术改造农业，用现代产业体系提升农业，用现代经营形式推进农业，用现代发展理念引领农业，用培养新型农民发展农业，提高农业水利化、机械化和信息化水平，提高土地产出率、资源利用率和农业劳动生产率，提高农业素质、效益和竞争力。7月，国务院发出在全国建立农村最低生活保障制度的通知，要求将符合条件的农村贫困人口全部纳入保障范围。

2008 年 1 月 30 日，中共中央、国务院下发《中共中央国务院关于切实加强农业基础建设进一步促进农业发展农民增收的若干意见》。文件提出：加快构建强化农业基础的长效机制；切实保障主要农产品基本供给；突出抓好农业基础设施建设；着力强化农业科技和服务体系基本支撑；逐步提高农村基本公共服务水平；稳定完善农村基本经营制度和深化农村改革；扎实推进农村基层组织建设；加强和改善党对"三农"工作的领导。同年 7 月 14 日，中共中央、国务院发布《中共中央国务院关于全面推进集体林权制度改革的意见》，决定在集体林地所有权不变的前提下，将林地经营权和林木所有权承包到户，承包期为 70 年，期满可以续包。

2009 年 2 月 1 日，《中共中央国务院关于 2009 年促进农业稳定发展农民持续增收的若干意见》发布。文件指出：扩大国内需求，最大潜力在农村；实现经济平稳较快发展，基础支撑在农业；保障和改善民生，重点难点在农民。文件提出：把保持农业农村经济平稳较快发展作为首要任务，围绕稳粮、增收、强基础、重民生，进一步强化惠农政策，增强科技支撑，加大投入力度，优化产业结构，推进改革创新，千方百计保证国家粮食安全和主要农产品有效供给，千方百计促进农民收入持续增长，为经济社会又好又快发展继续提供有力保障。

2010 年 1 月 31 日，《中共中央国务院关于加大统筹城乡发展力度　进一步夯实农业农村发展基础的若干意见》发布。文件提出：按照总量持续增加、比例稳步提高的要求，不断增加"三农"投入。要确保财政支出优先支持农业农村发展，预算内固定资产投资优先投向农业基础设施和农村民生工程，土地出让收益优先用于农业土地开发和农村基础设施建设。预算内固定资产投资要继续向重大农业农村建设项目倾斜。耕地占用税税率提高后，新增收入全部用于农业。

2011 年 1 月 29 日，《中共中央国务院关于加快水利改革发展的决定》发布。文件提出：把水利作为国家基础设施建设的优先领域，把农田水利作为农村基础设施建设的重点任务，把严格水资源管理作为加快转变经济发展方式的战略举措，注重科学治水、依法治水，突出加强薄弱环节建设，大力发展民生水利，不断深化水利改革，加快建设节水型社会，促进水利可持续发展，努力走出一条中国特色水利现代化道路。

2012 年 2 月 1 日，《中共中央国务院关于加快推进农业科技创新持续增强农产品供给保障能力的若干意见》发布。文件指出：农业科技是确保国家粮食安全的基础支撑，是突破资源环境约束的必然选择，是加快现代农业建设的决定力量，具有显著的公共性、基础性、社会性。必须紧紧抓住世界科技革命方兴未艾的历史机遇，坚持科教兴农战略，把农业科技摆上更加突出的位置，下决心突破体制机制障碍，大幅度增加农业科技投入，推动农业科技跨越发展，为农业增产、农民增收、农村繁荣注入强劲动力。

21世纪关于"三农"的中央"一号文件"，其核心思想是城市支持农村、工业反哺农业，通过一系列"多予、少取、放活"的政策措施，使农民休养生息，重点强调了农民增收，给农民平等权利，给农村优先地位，给农业更多反哺。只有解决好"三农"问题，中国经济的长久稳定发展才能有所保障，中国形成以内需拉动为主导的经济模式才有坚实的基础。

三、废除农业税

农业税是1958年6月3日开征的，依据是《中华人民共和国农业税条例》。当时，中国工商业比较落后，农业是重要的税源，在国家财政中占据重要地位。1983年，根据《农业税条例》的规定，国务院发布了《关于对农林特产收入征收农业税的若干规定》，开始征收农林特产农业税，1994年改为农业特产农业税（简称"农业特产税"）。对于牧区省份，则根据授权，对牧区、半农半牧区从事牧业生产有牧业收入的单位和个人征收牧业税。长期以来，我国的农业税实际上主要包括农业税、农业特产税和牧业税三种。

经过20多年的改革开放，我国的国民经济和社会事业获得了巨大发展，国家财政实力不断增强，财政收入稳定增长的机制已经基本形成，农业税占国家财政收入的比重不断下降，2004年农业税占各项税收的比例仅为1%。随着减免农业税进程的加快，据初步统计，2005年全国剩下的农业税及附加约15亿元。因此，取消农业税对财政减收的影响不大。这就是说，我国已经具备了取消农业税的财力条件。

事实上，根据中央决定，从2004年开始就逐步实施减免农业税的政策。如2004年免征了除烟叶外的农业特产税，同时在吉林、黑龙江两省进行了免征农业税改革试点，其他省份进行了降低农业税税率试点，其中北京、天津、上海、浙江、福建、西藏6个省份自主决定免征了农业税。2005年，中央继续大范围、大幅度减免农业税，全面取消牧业税，并明确2006年在全国全部免征农业税。按照中央改革精神，2005年有20个省份自主决定免征农业税，使免征农业税的省份达到了28个。这些省份根据各自的实际情况，进行了免征农业税的实践，为取消农业税积累了经验。农业税为地方税，取消农业税后减少的地方财政收入，沿海发达地区原则上由自己负担，粮食主产区和中西部地区由中央财政通过转移支付补助。2004年减免农业税中央财政安排转移支付216.6亿元，2005年新增加转移支付140亿元，为农村税费改革和全面取消农业税提供了财力保证。[①]

[①] 参见2005年12月24日全国人大财政经济委员会副主任委员刘积斌在第十届全国人民代表大会常务委员会第十九次会议上关于废止《中华人民共和国农业税条例》议案的说明。

中共中央经过认真研究和评估，认为在农民收入水平总体偏低、农民负担过重，国家财政收入结构发生根本变化的情况下，全面取消农业税，有利于广大农民更多地分享改革开放和现代化建设的成果。据统计，免征农业税、取消除烟叶外的农业特产税可减轻农民负担 500 亿元左右，2005 年已有约 8 亿农民受益，使农民从改革中得到实实在在的利益，有利于加快构建社会主义和谐社会，维护国家长治久安，促进全面建设小康社会的进程。2006 年 1 月 1 日，在新中国实施了 50 多年的《农业税条例》宣布废止，一个在中国延续两千多年的税种宣告终结，9 亿农民彻底告别了"皇粮国税"。2 月 17 日，中国农民又告别农业特产税和屠宰税。这是一个具有历史意义的大事。更重要的是，取消农业税是加强农业基础地位、增强农业竞争力、提高农业综合生产能力的重大措施。我国农业基础仍显薄弱，粮食增产、农民增收、农业增效的基础还不牢固。随着我国加入世界贸易组织过渡期结束和市场化改革的深入，我国农业面临着严峻的挑战。取消农业税，有利于进一步增加农业生产投入，提高农业综合生产能力和农产品的国际竞争力，促进农村经济健康发展。另外，取消农业税是逐步消除城乡差别、促进城乡统筹发展的客观需要。取消农业税，有利于加快公共财政覆盖农村的步伐，逐步实现基层政权运转、农村义务教育等供给由农民提供为主向政府投入为主的根本性转变；有利于促进城乡税制的统一，推进工业反哺农业、城市支持农村；有利于落实科学发展观和统筹城乡发展、加快解决"三农"问题。

四、推进农村改革

尽管新世纪以来，中共中央、国务院从 2004 年开始每年连续发布有关"三农"问题的"一号文件"，但相关问题并没有得到有效解决甚至有效缓解。截至 2008 年城乡收入差距仍然在扩大，2007 年全国城乡收入比是 3.3∶1，农业和农村经济发展还面临着一系列新旧问题急需破解。

党的十七大进一步提出农村发展的四大任务：走中国特色农业现代化道路、城乡经济社会一体化发展新格局、以农村为重点改善民生、依法改善农民的平等权利。为了具体落实党的十七大精神，2008 年中共中央定于 10 月 9 日至 12 日召开党的十七届三中全会，专题研究新形势下推进农村改革发展问题。为此，胡锦涛在国庆前夕专程前往安徽省考察农村改革发展情况。9 月 30 日，胡锦涛来到安徽省凤阳县小岗村调研。在谈到乡亲们希望农村基本经营制度能够保持长期不变时，胡锦涛说，我要明确告诉乡亲们，以家庭承包经营为基础、统分结合的双层经营体制是党的农村政策的基石，不仅现有土地承包关系要保持稳定并长久不变，还要赋予农民更加充分而有保障的土地承包经营权。同时，要根据农民的意愿，允许农民以多种形式流转土地承包经营权，发展适度规模经营。胡锦涛表示，随着国家经济发展和财力增加，中央将不断加大强农惠农政策力度，大幅度增加对农业、农民、农村的投入，促进农业发展、农民增收、农村繁荣。中央对提高广大农民生活水平高度重视，将继续采取一系列有效的政策措施，积极推动社会主义新农村建设，不断改善农民生产生活条件，不断提高农民收入水平，让广大农民共享改革发展成果，最终实现共同富裕。[①]

2008 年 10 月 19 日，党的十七届三中全会通过了《中共中央关于推进农村改革发展若干重大问题的决定》。该《决定》指出：实现全面建设小康社会的宏伟目标，最艰巨最繁重的任务在农村，最广泛最深厚的基础也在农村。把建设社会主义新农村作为战略任务，把走中国特色农业现代化道路作为基本方向，把加快形成城乡经济社会发展一体化新格局作为根本要求，坚持工业反哺农业、城市支持农村和"多予、少取、放活"方针，创新体制机制，加强农业基础，增加农民收入，保障农民权益，促进农村和谐，充分调动广大农民的积极性、主动性、创造性，推动农村经济社会又好又快发展。

党的十七届三中全会《决定》提出，根据社会主义新农村要求，农村改革发展基本目标任务是：到 2020 年，农村经济体制更加健全，城乡经济社会发展一体化体制机制基本建立；现代农业建设取得显著进展，农业综合生产能力明显提高，国家粮食安全和主要农产品供给得到有效保障；农民人均纯收入比 2008 年翻一番，消费水平大幅提升，绝对贫困现象基本消除；农村基层组织建设进一步加强，村民自治制度更加完善，农民民主权利得到切实保障；城乡基本公共服务均等化明显推进，农村文化进一步繁荣，农民基本文化权益得到更好落实，农村人人享有接受良好教育的机会，农村基本生活保障、基本医疗卫生制度更加健全，农村社会管理体系进一步完善；资源节约型、环境友好型农业生产体系基本形成，农村人居和生态环境明显改善，可持续发展能力不断增强。

为加快新农村建设，党的十七届三中全会《决定》提出了一系列政策措施，包括：

第一，稳定和完善农村基本经营制度，赋予农民更加充分而有保障的土地承包经营权，现有土地承包关系要保持稳定并长久不变；同时加强土地承包经营权流转管理和服务，建立健全土地承包经营权流转市场，按照依法自愿有偿原则，允许农民以转包、出租、互换、转让、股份合作等形式流转土地承包经营权，发展多种形式的适度规模经营。

第二，健全农业投入保障制度，调整财政支出、固定资产投资、信贷投放结构，保证各级财政对农业投入增长幅度高于经常性收入增长幅度，大幅度增加国家对农村

---

① 参见《胡锦涛考察安徽凤阳小岗村》（记者孙承斌），新华社合肥 2008 年 9 月 30 日电。

基础设施建设和社会事业发展的投入，大幅度提高政府土地出让收益、耕地占用税新增收入用于农业的比例，大幅度增加对中西部地区农村公益性建设项目的投入。

第三，创新农村金融体制，放宽农村金融准入政策，加快建立商业性金融、合作性金融、政策性金融相结合，资本充足、功能健全、服务完善、运行安全的农村金融体系。加大对农村金融政策支持力度，拓宽融资渠道，综合运用财税杠杆和货币政策工具，定向实行税收减免和费用补贴，引导更多信贷资金和社会资金投向农村。各类金融机构都要积极支持农村改革发展。

第四，尽快在城乡规划、产业布局、基础设施建设、公共服务一体化等方面取得突破，促进公共资源在城乡之间均衡配置、生产要素在城乡之间自由流动，推动城乡经济社会发展融合。统筹土地利用和城乡规划，统筹城乡产业发展，优化农村产业结构。统筹城乡基础设施建设和公共服务，全面提高财政保障农村公共事业水平，逐步建立城乡统一的公共服务制度。统筹城乡劳动就业，加快建立城乡统一的人力资源市场，引导农民有序外出就业，鼓励农民就近转移就业，扶持农民工返乡创业。

五、新农村建设

2005 年 10 月 11 日，党的十六届五中全会通过《中共中央关于制定国民经济和社会发展第十一个五年规划的建议》，提出了建设社会主义新农村的重大历史任务。该《建议》指出：坚持把解决好"三农"问题作为全党工作的重中之重，实行工业反哺农业、城市支持农村，推进社会主义新农村建设，促进城镇化健康发展。建设社会主义新农村，要按照生产发展、生活宽裕、乡风文明、村容整洁、管理民主的要求，坚持从各地实际出发，尊重农民意愿，扎实稳步推进新农村建设。

第一，坚持"多予、少取、放活"，加大各级政府对农业和农村增加投入的力度，扩大公共财政覆盖农村的范围，强化政府对农村的公共服务，建立以工促农、以城带乡的长效机制。

第二，要加快农业科技进步。加强农业设施建设，调整农业生产结构，转变农业增长方式，提高农业综合生产能力。提高农业机械化水平，加快农业标准化，健全农业技术推广、农产品市场、农产品质量安全和动植物病虫害防控体系。

第三，全面深化农村改革。稳定并完善以家庭承包经营为基础、统分结合的双层经营体制，有条件的地方可根据自愿、有偿的原则依法流转土地承包经营权，发展多种形式的适度规模经营。巩固农村税费改革成果，深化农村金融体制改革，规范发展适合农村特点的金融组织，探索和发展农业保险，改善农村金融服务。深化农村流通体制改革，积极开拓农村市场。

第四，大力发展农村公共事业。加快发展农村文化教育事业，重点普及和巩固农村九年义务教育，对农村学生免收杂费，对贫困家庭学生提供免费课本和寄宿生活费补助。加强农村公共卫生和基本医疗服务体系建设，基本建立新型农村合作医疗制度，加强人畜共患疾病的防治。

第五，千方百计增加农民收入。采取综合措施，广泛开辟农民增收渠道。充分挖掘农业内部增收潜力，扩大养殖、园艺等劳动密集型产品和绿色食品的生产，努力开拓农产品市场。加大扶贫开发力度，提高贫困地区人口素质，改善基本生产生活条件，开辟增收途径。

2010年党的十七届五中全会《中共中央关于制定国民经济和社会发展第十二个五年规划的建议》（以下简称《建议》）再次提出：推进农业现代化，加快社会主义新农村建设。在党的十七届三中全会《决定》基础上，"十二五"规划进一步提出在工业化、城镇化深入发展中同步推进农业现代化，坚持把解决好农业、农村、农民问题作为全党工作的重中之重，统筹城乡发展，坚持工业反哺农业、城市支持农村和"多予、少取、放活"方针，加大强农惠农力度，夯实农业农村发展基础，提高农业现代化水平和农民生活水平，建设农民幸福生活的美好家园。为此，《建议》提出了以下具体措施：

第一，加快发展现代农业。加快转变农业发展方式，提高农业综合生产能力、抗风险能力、市场竞争能力。推进农业科技创新，完善现代农业产业体系，发展高产、优质、高效、生态、安全农业，促进园艺产品、畜产品、水产品规模种养，加快发展设施农业和农产品加工业、流通业，促进农业生产经营专业化、标准化、规模化、集约化。

第二，加强农村基础设施建设和公共服务。以水利为重点，大幅增加投入，完善建设和管护机制，推进小型病险水库除险加固，加快大中型灌区配套改造，搞好抗旱水源工程建设，完善农村小微型水利设施，全面加强农田水利建设。继续推进农村电网改造，加强农村饮水安全工程、公路、沼气建设，继续改造农村危房，实施农村清洁工程，开展农村环境综合整治。提高农村义务教育质量和均衡发展水平，加强农村三级医疗卫生服务网络建设，完善农村社会保障体系，逐步提高保障标准。

第三，拓宽农民增收渠道。鼓励农民优化种养结构、提高效益，完善农产品市场体系和价格形成机制，健全农业补贴等支持保护制度，增加农民生产经营收入。引导农产品加工业在产区布局，发展农村非农产业，壮大县域经济，促进农民转移就业，增加工资性收入。

第四，完善农村发展体制机制。发展多种形式的适度规模经营，支持农民专业合作社和农业产业化龙头企业发展，加快健全农业社会化服务体系，提高农业经营组织化程度。深化农村综合改革，推进集体林权和国有林区林权制度改革，完善草原承包经营制度。认真总结统筹城乡综合配套改革试点经验，积极探索解决农业、农村、农民问题新途径。

第四节 全面对外开放

一、"入世"新格局

2001 年 11 月 10 日，在卡塔尔多哈举行的世界贸易组织（WTO）第四届部长级会议上，通过了中国加入世界贸易组织法律文件。这标志着经过 15 年的艰苦努力，中国终于成为 WTO 新成员。加入 WTO 以后，中国国门已经完全打开，中国的对外开放进入了一个新阶段，因而，全面对外开放也面临着完全不同的形势和任务。加入 WTO 后，中国政府遵守 WTO 规则，信守在加入时所作出的广泛承诺，对贸易体制和政策进行了全面的调整。从此，中国对外开放也进入一个以多边规则为基础、全面提升开放水平的新阶段。

党的十六大报告指出：

> 适应经济全球化和加入世贸组织的新形势，在更大范围、更广领域和更高层次上参与国际经济技术合作和竞争，充分利用国际国内两个市场，优化资源配置，拓宽发展空间，以开放促改革促发展。

党的十六届三中全会审议通过的《中共中央关于完善社会主义市场经济体制若干问题的决定》指出：

> 按照市场经济和世贸组织规则的要求，加快内外贸一体化进程。形成稳定、透明的涉外经济管理体制，创造公平和可预见的法制环境，确保各类企业在对外经济贸易活动中的自主权和平等地位。依法管理涉外经济活动，强化服务和监管职能，进一步提高贸易和投资的自由、便利程度。建立健全外贸运行监控体系和国际收支预警机制，维护国家经济安全。

就是说，加入 WTO 对于中国开放提出新的要求，因而成为我国对外开放的新的起点。我国根据 WTO 要求和我国入世承诺，对国内原有的贸易体制、投资体制、市场准入等各个方面进行了全面的改革，并通过全面改革实现了全面开放，从而形成一个开放促改革、改革促开放的新局面。

第一，法律法规建设。党的十六大报告提出"提高法规和政策透明度"。根据

WTO 规则和所作承诺，我国对与贸易有关的法律、行政法规、部门规章等进行了广泛的调整。1999—2007 年，中国中央层面制定、修订、废止了 3000 余件法律、行政法规和部门规章。这些法律、法规和规章的内容涉及货物贸易、服务贸易、与贸易有关的知识产权保护以及透明度、贸易政策的统一实施等各个方面。通过法律、法规和规章的立、改、废工作，中国的贸易制度与 WTO 规则和中国所作承诺保持了一致，《WTO 协定》和《中国加入 WTO 议定书》的各项原则、规则和要求在中国得到了全面、统一实施。[①]

第二，货物贸易开放。按照入世承诺，我国的货物进口税率从 2001 年加入时的 15.3% 逐步降低到 2007 年的 9.8%。同时，我国还对粮、棉、油、糖、羊毛、化肥等关系国计民生的大宗商品的进口，建立了完整、公开、透明的关税配额管理体制。关于进口配额、进口许可证和特定招标等非关税措施，到 2005 年 1 月 1 日已按所承诺的时间表全部取消。从 2004 年 7 月 1 日起，提前半年履行了放开外贸权的承诺，取消实行了 50 年的外贸权审批制，开始实行外贸经营权登记制。

第三，服务贸易开放。党的十六大报告提出逐步推进服务领域开放。我国认真履行加入 WTO 的承诺。在 WTO 分类的 160 多个服务贸易部门中，到 2008 年已经陆续开放了 100 多个，接近发达成员水平（发达国家开放的部门数为 108 个）。在银行领域，截至 2006 年底，74 家外资银行在中国设立了 200 家分行和 14 个法人机构，186 家外资银行在中国设立了 242 家代表处，115 家外资银行机构获准经营人民币业务，中资商业银行共引进 29 家战略投资者，投资总额 190 亿美元。从 2004 年 12 月 11 日开始，外资保险公司可以在中国任何地区提供保险服务，放开了除有关法定保险以外的全部业务。2006 年，外资保险公司数量已增加到 47 家，国际上的主要跨国保险公司均已进入中国。在分销领域，根据加入 WTO 关于商业（分销）领域开放的有关承诺，中国对 1999 年制定的《外商投资商业企业试点办法》进行全面修订，于 2004 年 4 月颁布了《外商投资商业领域管理办法》，按期实现了商业（分销）领域的对外开放。2005 年底，中国政府取消了对外商投资商业企业的数量、地域和股权比例限制，全面开放市场。[②]

第四，开放投资限制。从 2002 年 1 月 1 日起，我国正式开始履行 WTO 项下的各项义务，逐步放宽投资领域、减少投资障碍、加强投资保护、放松投资管制、减少政府干预。2002 年，为适应国民经济结构调整和中国加入 WTO 的新形势，中国颁布了新修订的《指导外商投资方向的规定》和《外商投资产业指导目录》。2004 年和 2007 年，中国政府又两次对《外商投资产业指导目录》进行修订。特别是

---

① 参见陈文敬：《中国对外开放三十年回顾与展望》，《国际贸易》2008 年第 3 期。
② 参见陈文敬：《中国对外开放三十年回顾与展望》，《国际贸易》2008 年第 3 期。

《外商投资产业指导目录（2007年修订）》，在2004年版的基础上，进一步扩大了开放领域，如列入鼓励、限制和禁止类条目共有478条，其中鼓励类351条，比原目录增加了94条，占总条目比重由原来的69%提高到73%；限制类87条，占比从21%减少为18%；禁止类40条，占比由原来的9%下降到8%。2002年11月4日，中国发布了《关于向外商转让上市公司国有股和法人股有关问题的通知》，标志着暂停多年的外资并购上市公司正式解冻，为外商直接收购中国上市公司非流通股打开了大门。2003年4月12日，正式施行《外国投资者并购境内企业暂行规定》，这是涉及外资并购的标志性法规，是中国外资并购政策法规的一个突破。[①]

第五，知识产权保护。在加入WTO前后，中国政府对与知识产权保护相关的几乎所有法律法规和司法解释都进行了修改，使其与WTO《与贸易有关的知识产权协定》以及其他保护知识产权的国际规则相一致。与此同时，中国政府把打击侵犯知识产权的执法行动作为知识产权保护工作的重点。中国海关已经与欧盟成员国、美国等国家共同签署了关于行政法律执行的多边协助协议。2006年12月29日，全国人民代表大会常务委员会通过了关于加入《世界知识产权组织版权条约》的决定，进一步表明中国政府保护知识产权的决心和行动。

二、"走出去"战略

中国对外开放初期，主要的目的是从国外引进资金和技术，加速自身的建设和发展。但是，扩大外资和技术的引进，是以同等的出口产品和服务为条件的。所以，在注重"引进来"的同时，也同样离不开"走出去"。不过，早期的"走出去"还是以产品出口为重点，以后又开始劳务输出，而不是以对外投资为重点。这是因为我国资本稀缺，技术较落后，对外投资并不多。尽管如此，利用"两个市场"和"两种资源"是改革开放以来就确定的基本战略，因而，"走出去"仍是不可或缺的战略方向。

1984—1992年，中国开始形成对外投资管理体制的雏形，主要标志是1984年和1985年分别颁布了《关于在国外和港澳地区举办非贸易性合资经营企业审批权限和原则的通知》和《关于在境外开办非贸易性企业的审批程序和管理办法的试行规定》，初步实现了由个案审批向规范性审批的转变。20世纪80年代后半期，我国的对外投资规模有所扩大，领域延伸到工业、工程、渔业等方面，投资地域扩展到主要发达国家、南亚、中东和部分非洲国家，投资主体出现多元化，少数大型国有生产企业开始尝试境外投资，地方政府和国务院各部委纷纷在港澳地区及欧、美、日设立"窗口"企业，对外承包工程和对外劳务合作业务规模逐步扩大，经

---

① 参见陈文敬：《中国对外开放三十年回顾与展望》，《国际贸易》2008年第3期。

营领域日益拓宽。20 世纪 90 年代，我国对外承包工程和对外劳务合作业务成倍增长，合作地域遍及 180 多个国家和地区，合作领域涉及各个行业。1993—1998 年，对外投资步入进一步强化管理阶段。1993 年，原外经贸部起草了《境外企业管理条例》，并被授权作为境外投资企业审批和归口管理部门。1997 年还颁布了《关于设立境外贸易公司和贸易代表处管理办法》，明确了各有关部门的分工及配套政策措施，有力地促进了这一时期我国各类对外直接投资的迅速发展。

1996 年 7 月 26 日，江泽民访问非洲六国回来后，在河北省唐山市考察工作时提出：要加紧研究国有企业如何有重点有组织地走出去，做好利用国际市场和国外资源这篇大文章。广大发展中国家市场十分广阔，发展潜力很大。我们要把眼光放远一些，应着眼于未来、着眼于长远，努力加强同这些国家的经济技术合作，包括利用这些国家的市场和资源搞一些合资、合作经营的项目。[1] 1997 年秋，党的十五大提出并确定了"鼓励能够发挥我国比较优势的对外投资，更好地利用两个市场、两种资源"的战略方针。12 月 24 日，江泽民在接见全国外资工作会议代表时，首次把"走出去"作为一个重要战略提出来，并把它置于国家发展战略的重要位置。[2] 1998 年江泽民在党的十五届二中全会上明确指出，在积极扩大出口的同时，要有领导有步骤地组织和支持一批有实力有优势的国有企业走出去，到国外，主要是到非洲、中亚、中东、中欧、南美等地投资办厂，从事境外加工贸易，扩大出口，实现成熟产业的国际转移。

为贯彻中央"走出去"战略的实施，1999 年 2 月，国务院办公厅转发原外经贸部、国家经贸委、财政部《关于鼓励企业开展境外带料加工装配业务的意见》。这份文件从指导思想、基本原则、工作重点、鼓励政策、审批程序、组织实施等方面，提出了支持我国企业以境外加工贸易方式"走出去"的具体政策措施。在2000 年 3 月召开的九届全国人大三次会议上，江泽民再次强调指出，随着我国经济的不断发展，我们要积极参与国际竞争，努力掌握主动权，必须不失时机地实施"走出去"战略，把"引进来"和"走出去"紧密结合起来。2000 年 10 月，党的十五届五中全会《中共中央关于制定国民经济和社会发展第十个五年计划的建议》明确指出："实施'走出去'战略，努力在利用国内外两种资源、两个市场方面有新的突破。鼓励能够发挥我国比较优势的对外投资，扩大经济技术合作的领域、途径和方式，支持有竞争力的企业跨国经营，到境外开展加工贸易或开发资源，并在信贷、保险等方面给予帮助。"

2002 年，"走出去"战略被正式写进党的十六大报告。十六大报告指出：实施

---

[1] 参见陈扬勇：《江泽民"走出去"战略的形成及其重要意义》，《党的文献》2009 年第 4 期。
[2] 参见陈扬勇：《江泽民"走出去"战略的形成及其重要意义》，《党的文献》2009 年第 4 期。

"走出去"战略是对外开放新阶段的重大举措，鼓励和支持有比较优势的各种所有制企业对外投资，带动商品和劳务输出，形成一批有实力的跨国企业和著名品牌，在更大范围、更广领域和更高层次上参与国际经济技术合作和竞争。与此同时，按照中央的部署，国务院相关部门又分别制定了具体实施的配套措施，各地区、各部门共同努力，加快建立"走出去"战略的促进体系、保障体系、监管体系和服务体系；设立外贸发展基金支持中小企业开拓国际市场、为企业走出去建立信息平台、开辟"境外经济合作区"，大力发展境外投资办厂加工装配、境外资源开发、对外工程承包与劳务合作等，有力地促进了我国"走出去"战略的实施，开创了对外开放的新格局。

随着"走出去"战略的付诸实施，对外投资也出现了强劲的增长势头。1976年，我国的对外承包劳务队伍第一次走向国际舞台。1981年以后，我国的对外经济合作队伍开始逐步壮大，到2007年已发展成为一支由1000多家企业组成的门类比较齐全、具有较强国际竞争力的队伍，业务范围向技术性较强的领域不断扩展，经济效益和社会效益明显提高。2002—2007年，对外经济合作签订合同累计48.6万份，合同金额2577亿美元，完成营业额1633亿美元，分别是1976—2001年对应项目总和的1.9倍、2倍和1.8倍。我国企业对外直接投资起步于1979年改革开放初期。当时经国家批准，只有少数国有企业主要是贸易公司走出国门，开办代表处或设立企业。经过30年的探索和发展，我国对外投资的规模虽依然较小，但已取得积极进展。加入WTO以来，我国企业对外投资步入较快发展期。2002年我国对外直接投资仅有27亿美元，到2007年已经上升到265亿美元，2002—2007年6年间年均增速25.1%。截至2007年底，7000多家境内投资主体设立的境外直接投资企业已超过1万家。企业对外投资已覆盖170多个国家和地区，主要集中在亚洲和拉丁美洲地区。截至2007年底，我国对外直接投资存量达到1179亿美元，其中，金融类企业存量167亿美元，非金融类企业存量1012亿美元。[①]

第五节　增长与发展

一、发展规划

1. "十五"计划（2001—2005年）

"十五"计划是21世纪我国实施的第一个五年计划。经过20多年的改革开放

---

① 参见国家统计局：《改革开放30年我国经济社会发展成就系列报告》，国家统计局网站。

和发展，我国的生产力水平迈上了一个大台阶，人民生活总体上达到了小康水平，开始实施第三步战略部署。但另一方面，随着经济的快速发展，产业结构不合理、地区发展不协调、城镇化水平低、国民经济整体素质不高等问题依然需要进一步解决。[①]

"十五"计划突出了战略性、宏观性、政策性，减少了实物指标，增加了反映结构变化的预期指标。"十五"期间将要实现的经济社会发展目标为：经济增长速度预期为年均7%左右，到2005年按2000年价格计算的国内生产总值要达到12.5万亿元左右，人均国内生产总值达到9400元。这个速度虽然比"九五"实际达到的速度低一点，但仍然是一个较高的速度。"十五"计划坚持把结构调整作为主线，强调必须在发展中调整结构，着力调整产业结构、地区结构和城乡结构，特别要把产业结构调整作为关键。要巩固和加强农业基础地位，加快工业改组改造和结构优化升级，大力发展服务业，加快国民经济和社会信息化，继续加强基础设施建设。

"十五"期间，我国经济总量、综合国力、人民生活和对外开放均又上了一个新台阶，为"十一五"规划的制订和实施奠定了良好的基础，也为21世纪前20年我国全面建设小康社会开了一个好局。"十五"期间，我国经济增长速度达到9%以上，2005年国内生产总值超过15万亿元。经济结构战略性调整取得重要进展，农业特别是粮食生产出现重要转机，能源、交通、重要原材料等基础产业和基础设施建设明显加快，高新技术产业得到较大发展。

2. "十一五"规划（2006—2010年）

"十一五"时期是全面建设小康社会承前启后的关键时期，也是把经济社会发展转入科学发展轨道的关键时期。《国民经济和社会发展第十一个五年规划（2006—2010年）》，是全面建设小康社会进程中的重要规划。2005年10月11日，党的十六届五中全会通过《中共中央关于制定国民经济和社会发展第十一个五年规划的建议》，提出"十一五"期间要坚持"六个必须"的原则：必须保持经济平稳较快发展，必须加快转变经济增长方式，必须提高自主创新能力，必须促进城乡区域协调发展，必须加强和谐社会建设，必须不断深化改革开放。该《建议》提出"十一五"时期经济社会发展和改革开放的主要任务是：建设社会主义新农村；推进经济结构调整和经济增长方式转变；促进区域协调发展；增强自主创新能力和加快科技教育发展；深化体制改革和提高对外开放水平；加强和谐社会建设。"十一五"时期要实现经济和社会发展目标是：国内生产总值年均增长7.5%，实现人

---

① 参见《中华人民共和国国民经济和社会发展第十个五年计划纲要》，2001年3月15日，见 http://www.gov.cn/gongbao/content/2001/content_60699.htm。

均国内生产总值比 2000 年翻一番。[①]

"十一五"时期，中国经济社会发展取得了非凡的成就。"十一五"前期，我国经济快速增长，2006 年增长 12.7%，2007 年加速到 14.2%，增速仅次于改革开放后最高的 1984 年。2008 年，受百年不遇的国际金融危机的冲击和影响，经济增速陡然回落到 9.6%。2009 年经济增长 9.2%，与世界经济下降 0.6% 形成鲜明对照。2010 年经济增长进一步回升到 10.3%，明显快于世界主要国家的平均增速。2006—2010 年，我国国内生产总值年均实际增长 11.2%，不仅远高于同期世界经济年均增速，而且比"十五"时期年平均增速快 1.4 个百分点，是改革开放以来增长最快的时期之一。2010 年，我国国内生产总值达到 397983 亿元，扣除价格因素，比 2005 年增长 69.9%。经济总量居世界位次稳步提升。2008 年，我国国内生产总值超过德国，位居世界第三位。2010 年，我国国内生产总值按平均汇率折算达到 58791 亿美元，超过日本，成为仅次于美国的世界第二大经济体。[②]

二、基础建设

1. 工业

2003—2011 年全社会固定资产投资累计完成 144.9 万亿元，年均增长 25.6%；其中，基础设施投资 25.7 万亿元，2004—2011 年年均增长 21.9%。投资规模之大、增速之快为历史所少有。青藏铁路、京沪高铁等一批关系国计民生的重大项目建成投产，西气东输、南水北调、长江三峡等重大工程进展顺利。为应对国际金融危机冲击，国家实施了 4 万亿元投资计划，主要投向国民经济和社会发展的重点领域和薄弱环节，形成了一批利于长远发展的优良资产，增强了经济社会发展的后劲。[③]

工业生产能力大大增强。2011 年，规模以上工业主营业务收入达到 84.2 万亿元，比 2002 年增长 6.7 倍；资产总计达到 67.6 万亿元，增长 3.6 倍；利润总额达到 6.1 万亿元，增长 9.6 倍。主要工业产品规模扩张迅速。据初步统计，2011 年，微型计算机产量达到 3.2 亿台，比 2002 年增长 20.9 倍；移动通信手持机 11.3 亿台，增长 8.3 倍；集成电路 720 亿块，增长 6.5 倍；家用电冰箱 8699 万台，增长 4.4 倍；房间空气调节器 1.4 亿台，增长 3.4 倍；彩色电视机 1.2 亿台，增长 1.4 倍；粗钢 6.8 亿吨，增长 2.8 倍；生铁 6.3 亿吨，增长 2.7 倍；水泥 20.9 亿吨，

---

① 参见《中华人民共和国国民经济和社会发展第十一个五年规划纲要》，《人民日报》2006 年 3 月 17 日。

② 参见国家统计局国民经济综合统计司：《十一五经济社会发展成就系列报告之一：新发展新跨越新篇章》，国家统计局网站，见 http://www.stats.gov.cn/ztjc/ztfx/sywcj/201103/t20110301_71313.html。

③ 参见国家统计局综合司：《新世纪实现新跨越　新征程谱写新篇章——从十六大到十八大经济社会发展成就系列报告之一》，国家统计局网站，见 http://www.stats.gov.cn/ztjc/ztfx/shfzhghglbg/200709/t20070918_60530.html。

增长 1.9 倍；平板玻璃 7.4 亿重量箱，增长 2.1 倍；纱 2900 万吨，增长 2.4 倍；布 837 亿米，增长 1.6 倍；汽车 1842 万辆，增长 4.7 倍；发电量达到 4.7 万亿千瓦小时，增长 1.8 倍。[①]

据美国经济咨询公司环球通视数据，2010 年我国制造业产出占世界的比重为 19.8%，超过美国成为全球制造业第一大国。据中国社科院相关资料，在世界 500 种主要工业品中，我国有 220 种产品产量居全球第一位，其中粗钢、电解铝、水泥、精炼铜、船舶、计算机、空调、冰箱等产品产量都超过世界总产量的一半。据德勤和美国竞争力委员会发布的《2010 全球制造业竞争力指数》报告，2010 年我国制造业竞争力指数在被评的 26 个国家中排名第一。

2. 科技

2002 年，全年科学研究与试验发展（R&D）经费支出 1161 亿元，比上年增长 11.3%，占国内生产总值的 1.1%，其中基础研究经费 74 亿元。全年国家安排了 219 项科技攻关计划项目和 1812 项 "863" 计划项目，组织了 1318 项重点技术创新项目和 1288 项重点新产品试产计划项目，完成了 105 项重大技术装备的研制及鉴定验收。新安排高技术产业化示范工程项目 347 项。全年共取得省部级以上科技成果 2.9 万项。2005 年，全年科学研究与试验发展（R&D）经费支出 2367 亿元，比上年增长 20.4%，占国内生产总值的 1.30%，其中基础研究经费 135 亿元。全年共取得省部级以上科技成果 3.6 万项。全年受理国内外专利申请 47.6 万件，其中国内申请 38.3 万件，占 80.5%；受理国内外发明专利申请 17.3 万件，其中国内申请 9.3 万件，占 53.8%。[②]

在 2006 年至 2010 年期间，中央政府投资要重点支持 "自主创新" 领域的工程，其中包括知识创新工程，重大科学工程及科技基础设施，高技术产业化，重大技术装备自主研发及国产化，资源节约技术研发和推广等的示范工程。2007 年，全年科学研究与试验发展（R&D）经费支出 3664 亿元，占国内生产总值的 1.49%，其中基础研究经费 180 亿元。全年授予专利权 35.2 万件，其中国内授权 30.2 万件，占 85.7%。2008 年，全年科学研究与试验发展（R&D）经费支出 4570 亿元，占国内生产总值的 1.52%，其中基础研究经费 200 亿元。全年共签订技术合同 22.6 万项，技术合同成交金额 2665 亿元，比上年增长 19.7%。2009 年，全年科学研究与试验发展（R&D）经费支出 5433 亿元，占国内生产总值的 1.62%，其

---

① 参见国家统计局工业司：《工业经济实力大幅提升经济结构不断优化——从十六大到十八大经济社会发展成就系列报告之八》，国家统计局网站，见 http：//www.stats.gov.cn/ztjc/ztfx/shfzhgxlbg/200709/t20070927_ 60537.html。

② 参见《中华人民共和国国民经济和社会发展统计公报》，2002 — 2005 年，见 http：//www.stats.gov.cn/tjsj/tjgb/ndtjgb/。

中基础研究经费 272 亿元。全年共签订技术合同 21.4 万项，技术合同成交金额 3039 亿元。2010 年，全年科学研究与试验发展（R&D）经费支出 6980 亿元，比上年增长 20.3%，占国内生产总值的 1.75%，其中基础研究经费 328 亿元。截至 2010 年底，有效专利 221.6 万件，其中境内有效专利 173.2 万件，占 78.2%；有效发明专利 56.5 万件，其中境内有效发明专利 23.0 万件，占 40.7%。2010 年全年共签订技术合同 23.0 万项，技术合同成交金额 3906 亿元，比上年增长 28.5%。[①]

3. 交通

中国 2002 年至 2012 年期间的公路建设投资取得了显著成效，项目高效落地实施，陆地交通运输网络体系逐步完善。中国公路总里程由 2002 年的 176.52 万公里增长至 2012 年的 423.75 万公里，其中包括市、县、乡、村铺修的区间公路和省际之间的高速公路。中国公路总里程数在 2004 年到 2005 年发生了一个明显的"跃升"，这主要源于中央政府在 2005 年对公路建设投资加大了力度。2005 年，全国公路里程由 2004 年的 187.07 万公里迅速增加至 334.52 万公里。中国铁路运行里程由 2002 年的 7.19 万公里增长至 2012 年的 9.76 万公里。其中，以 2008 年为分水岭，2008 年之前中国铁路运营里程增速较慢，而 2008 年之后铁路运营里程增速有了明显的提高。2002—2012 年，中国高速公路的建设始终处于快速发展状态，十余年的时间，中国高速公路营运里程从 2002 年的 2.51 万公里增加至 2012 年的 9.62 万公里，且增速较为稳定。

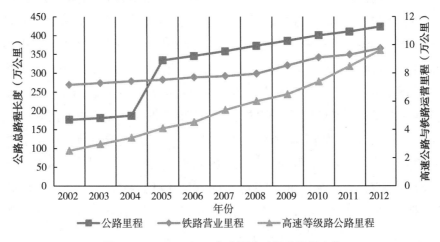

图 23-1 2002—2012 年中国公路运营里程变化

资料来源：根据国家统计局编各年度《中国统计年鉴》相关数据绘制。

---

① 参见 2006—2010 年《中华人民共和国国民经济和社会发展统计公报》，见 http：//www.stats.gov.cn/tjsj/tjgb/ndtjgb/。

4. 水利

这一时期的水利工程，最重大的就是三峡工程和南水北调工程。2002 年，三峡导流明渠截流前验收工作正式启动；三峡大坝最关键的泄洪坝段已经全部建成；三峡左岸大坝全线封顶，整段大坝都已升高到海拔 185 米设计坝顶高程；世界上最大的水轮发电机组转子在三峡工地成功吊装，标志着三峡首台机组大件安装基本完成，并进入总装阶段。2004 年 7 月 8 日，三峡船闸已经通过正式通航验收，由试通航转为正式通航。2006 年，三峡大坝全线建成，成为世界上规模最大的混凝土重力坝。2009 年，整个三峡工程的建筑工程全部竣工，至此，三峡工程正式进入生产过程。

南水北调东线工程在 2002 年 12 月 27 日正式开工。2003 年 12 月 30 日，南水北调中线京石段应急供水工程动工。2005 年 9 月 26 日，南水北调中线标志性工程——中线水源地丹江口水库大坝加高工程正式动工。2008 年 9 月 28 日，南水北调中线京石段应急供水工程建成通水。2009 年 2 月 26 日，南水北调中线兴隆水利枢纽工程开工建设，标志着南水北调东、中线七省市全部开工。2010 年 3 月 31 日，丹江口大坝 54 个坝段全部加高到顶，标志着中线源头——丹江口大坝加高工程取得重大阶段性胜利。2012 年 9 月，南水北调中线丹江口库区移民搬迁全面完成。[①]

三、宏观调控

1. 调控背景

在经济社会取得优异发展成果的同时，中国经济社会在进入新世纪之后依然存在着亟待解决的问题——居民整体生活水平不高、农民收入水平低，1998 年一批国企下岗工人的就业问题尚未完全妥善解决，从而造成内需不足；人口红利需要进一步释放能量，生产力水平需要继续提高；经济结构尚待优化，工业化进程需要进一步推进；居民收入分配不均，存在贫富差距持续加大的风险；过去的粗放型经济发展模式逐渐走入困境，环境约束压力、能源紧张等问题凸显。着眼于中国"九五"时期积累的物质基础以及丰富的经济生产要素供给，加上中国拥有巨大的消费市场以及加入 WTO 为中国带来的巨大的世界消费市场，这些优势决定了中国经济仍具有较大的发展潜力。面对新世纪、新追求、新挑战，党的十六大与十七大分别以"全面建设小康社会"和"夺取全面建设小康社会新胜利"为中国 2002 年至 2012 年期间的社会发展目标，以"持续推动经济发展"为落脚点，进一步制定和实施了促进经济快速增长的宏观调控政策。

2. 财政政策

2002 年至 2012 年期间是中国进行超大型基础工程建设项目较为集中的一个时

---

① 参见《南水北调大事记》，2014 年 12 月 28 日，见 http://politics.people.com.cn/n/2014/1228/c1001-26286675.html。

段。在这期间，三峡工程、南水北调、西气东输、青藏铁路等一大批项目陆续进入到主工程建设阶段或完成阶段；同时，中国"十五"计划和"十一五"规划时期也是集中进行全面基础设施建设的阶段，其中包括城市交通体系、农村水利工程与生活基础设施、工业基础工程、西部大开发、东北老工业基地振兴等；此外，汶川地震灾害之后地区重建、奥运会工程、上海世博会工程等都是在这一时期进行的。大型基建工程的开展可以大大刺激内需，同时也需要国家实施积极的财政政策才能够完成。

中国在2002年至2012年期间，随着国内生产总值的快速增加，财政收入也在逐年递增，同时，财政支出在数额上连续大于财政收入（除了2007年）。就财政赤字数额来看，中国在"十五"计划和"十一五"规划期间基本上保持着"柔和型"的财政赤字，国债发行量处于国际警戒线以内。积极的财政赤字安排在一定程度上扩大了国内需求，其中降税政策促进了企业经济的发展、提升了居民的消费能力，政府投资直接刺激了经济总需求的扩张。

表23-1　2002—2012年中国财政收支

年份 类别	2002	2003	2004	2005	2006	2007	2008	2009	2010	2011	2012
财政收入 （万亿元）	1.89	2.17	2.64	3.16	3.88	5.13	6.13	6.85	8.31	10.39	11.73
财政支出 （万亿元）	2.21	2.46	2.85	3.39	4.04	4.98	6.26	7.63	8.99	10.92	12.60
收入增速 （%）	15.4	14.9	21.6	19.9	22.5	32.4	19.5	11.7	21.3	25	12.9
支出增速 （%）	16.7	11.8	15.6	19.1	19.1	23.2	25.7	21.9	17.8	21.6	15.3
赤字数额 （万亿元）	0.31	0.29	0.21	0.23	0.17	—	0.13	0.78	0.68	0.54	0.87

资料来源：根据国家统计局编各年度《中国统计年鉴》相关数据整理绘制。

2002年开始我国施行一系列大规模的财税体制改革，降低了部分经济部门与经济活动的税率，因此2002年之后的税收收入在整个财政收入中的占比呈现出逐年下降的趋势（见图23-2）。积极的财税政策首先是通过减少经济单位的税赋以降低经济社会的生产成本，进而促进经济生产活动的扩张。同时，国家的财政收入结构也在发生调整，税收在国家财政收入中的比重变得越来越小。

此外，自2004年开始，中国的政府消费快速增长。如图23-3所示，2004年中国政府消费22499.1亿元；2005年的中国政府消费为26215.4亿元，比2004年增长16.52%；2006年中国政府消费3.06万亿元，比2005年增长16.76%；之后，

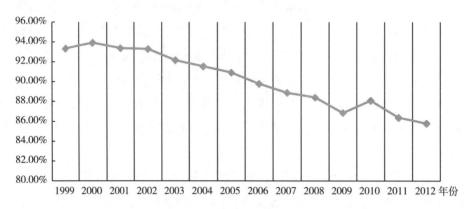

图 23-2　1999—2012 年中国税收在财政收入中的占比

资料来源：根据国家统计局编各年度《中国统计年鉴》相关数据整理绘制。

中国政府消费持续保持较快的增长。另外，就中国政府消费在全社会最终消费中的占比来看，2004 年是一个明显的阶段转折点（见图 23-3 中折线所示），2005 年政府消费/最终消费为 25.84%，比 2004 年上升了 0.58 个百分点；2006 年为 26.68%，比 2004 年上升了 1.42 个百分点。从 2006 年开始，中国政府消费在全社会最终消费中的占比稳定在 26.6% 以上，而就整体来看，以 2004 年至 2006 年为政府消费变化的显著阶段，作为一个过渡期，经过 2005 年与 2006 年，中国政府消费规模上升到了一个更高的台阶。2006—2012 年，中国政府消费在全社会最终消费中的占比从 2004 年之前平均 25.6% 的水平上升到了 2006 年之后平均 26.7% 的水平，体现了中国扩大政府消费规模的积极财政政策的影响。

3. 货币政策

伴随着 2003 年至 2004 年期间积极的财政政策和一些刺激经济投资活动的财税体制改革政策出台，固定资产投资增长迅速，货币信贷投放过多，经济社会中的投资规模已经达到一定的水平，投资的活跃引致投资品价格和最终产品价格的上升，加之财政赤字在一定程度上也增加了通货膨胀的风险，全社会的通胀上行压力明显，因此央行在 2003 年与 2004 年采取了"稳健略紧"的货币政策。中国 2003 年至 2004 年"稳健略紧"的货币政策内容主要是"提升准备金率同时进行贷款基准利率加息"。经过 2003 年、2004 年的货币政策调控，CPI 指数得到了有效控制，为了调节加入 WTO 为中国带来的巨大国际收支失衡状态和稳定国内潜在的通货膨胀趋势，2005 年中国采取了"稳健中性"的货币政策，主要通过发行央行票据回收外汇占款，进行汇率改革，使用汇率价格调控，达到平衡国际收支的目标。2006 年，一批大型基础设施建设逐渐进入关键阶段，农业税全面取消，企业经济发展迅猛，国外主要经济体发展形势良好。面对着国内外良好的经济环境，中国内部投资的需求不断高涨，投资过热进一步激发了投资品价

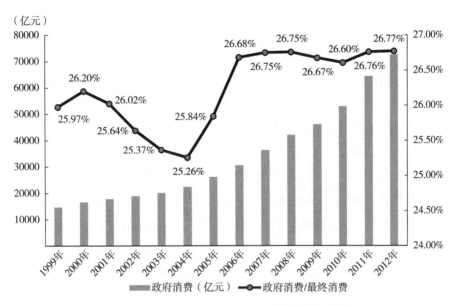

图 23-3　1999—2012 年中国政府消费变化趋势

资料来源：根据国家统计局编各年度《中国统计年鉴》相关数据整理绘制。

格的上升潜力。此外，居民消费能力的上升进一步推动了通胀的潜在风险，因此，中国在 2006 年又重新回到"稳健略紧"的货币政策。2006 年，央行连续提升了准备金率，同时进行了贷款基准利率加息。然而，2006 年的经济形势依然大热，保持了较快的经济增速，社会投资热度不减，以往隐形的通货膨胀已经初见端倪，加上 2007 年的能源价格波动与 2008 年的金融危机、南方雪灾，2007年与 2008 年的通胀压力已经到了阶段性的高峰，为将未来可能发生的通货膨胀遏制在萌芽状态，中国在 2007 年与 2008 年采取了"稳健偏紧"的货币政策，连续快速提升准备金率和进行更大的力度加息。2008 年的金融危机是货币政策的分水岭，为应对金融危机给中国宏观经济带来的冲击，中国货币政策从 2008 年 7 月迅速进行了大规模的调整，开始施行"宽松"的货币政策，以稳定就业和经济增长为目标，连续快速降准降息，并减少和暂停央行票据的发行，同时，全年新增贷款预期目标提高至 4 万亿元左右，引导金融机构扩大信贷总量。随后，为防止货币过多供给而引致较高的通货膨胀，2010 年与 2011 年央行及时采取防范措施，开始施行"稳健略紧"的货币政策，连续提升法定存款准备金率和加息并通过公开市场操作回收流动性，以稳定物价。2012 年，全球经济发生了新的变化，美国经济增长动力减弱，欧元区主权债务危机继续升温，全球经济不确定性增加，经济活动受到人们消极心理预期的影响，经济发展动力不足，央行为应对国内外经济发展阻力，采取"稳健稍宽松"的货币政策，通过"降息降准"以刺激经济的投资需求，稳定经济增长。

4. 产业政策

自 2002 年始，为了引导第二产业中重点行业的快速发展，政府陆续出台了一些具有指导性的产业政策文件，其中主要包括钢铁、电石、水泥、煤炭、铝、电力、纺织等行业的结构调整政策，包括《汽车产业发展政策》《钢铁产业发展政策》《水泥工业产业发展政策》《船舶工业中长期发展规划》等。2005 年，政府针对产业结构优化问题颁布了《促进产业结构调整暂行规定》（以下简称《规定》）。《规定》中指出，产业结构调整的目标是：推进产业结构优化升级，促进一、二、三次产业健康协调发展，逐步形成农业为基础、高新技术产业为先导、基础产业和制造业为支撑、服务业全面发展的产业格局，坚持节约发展、清洁发展、安全发展，实现可持续发展。《规定》提出产业结构调整的方向和重点：一是巩固和加强农业基础地位，加快传统农业向现代农业转变；二是加强能源、交通、水利和信息等基础设施建设，增强对经济社会发展的保障能力；三是以振兴装备制造业为重点发展先进制造业，发挥其对经济发展的重要支撑作用；四是加快发展高技术产业，进一步增强高技术产业对经济增长的带动作用；五是提高服务业比重，优化服务业结构，促进服务业全面快速发展；六是大力发展循环经济，建设资源节约和环境友好型社会，实现经济增长与人口资源环境相协调；七是优化产业组织结构，调整区域产业布局；八是实施互利共赢的开放战略，提高对外开放水平，促进国内产业结构升级。[①] 2008 年国际金融危机之后，为了应对国内产生的经济发展新约束，政府号召发展新兴产业，转变经济发展方式，着力转向发展"技术含量高、能耗低、污染小、附加值高"的产业。国务院于 2010 年 9 月颁布了《国务院关于加快培育和发展战略性新兴产业的决定》，将新兴产业范围定在节能环保、新一代信息技术、生物、高端装备制造、新能源、新材料、新能源汽车等产业，并将它们作为战略性产业进行重点发展，同时，配套指导政策为"加大财税金融政策扶持力度，引导和鼓励社会投入"，"推进体制机制创新，加强组织领导"。2012 年，国务院发布了《"十二五"国家战略性新兴产业发展规划》，提出未来产业发展方向与发展重点要落在七大产业：节能环保产业、新一代信息技术产业、生物产业、高端装备制造产业、新能源产业、新材料产业、新能源汽车产业。[②]

5. 区域战略

（1）西部大开发

在 2002 年至 2006 年期间，一系列基础设施建设工程在西部地区全面展开并逐

---

① 参见《促进产业结构调整暂行规定》，2005 年 12 月 21 日，见 http：//www.gov.cn/zwgk/2005-12/21/content_ 133214. htm。

② 参见《"十二五"国家战略性新兴产业发展规划》，2012 年 7 月 20 日，见 http：//www.gov.cn/zwgk/2012-07/20/content_ 2187770. htm。

渐完成，例如连接东中西部地区的基础交通体系的建设、水电工程建设等，其中主要有青藏铁路、西气东输、西电东输等工程。2006 年，国务院出台了《西部大开发"十一五"规划》，强调继续完善西部基础设施建设，加强区域产业结构的优化调整；着力发挥西部地区特色经济资源优势，发展区域特色经济与优势产业；建立高效的人才引进机制，促进人才向西部流动；进一步提高西部地区教育、科技、卫生等方面的事业发展水平，不断提升西部地区社会整体发展水平与人们生活保障服务水平；同时，要兼顾西部地区的环境保护与资源节约，在美好环境的基础上高效发展经济。

（2）东北振兴

2002 年，党的十六大报告提出"支持东北地区老工业基地加快调整和改造"。2003 年 10 月，中共中央、国务院出台《关于实施东北地区等老工业基地振兴战略的若干意见》，围绕加快体制机制创新、推进工业结构优化升级、发展现代农业、发展第三产业、推进资源型城市经济转型、加快基础设施建设、进一步扩大对外开放、加快发展科技教育文化事业等重要领域，提出了一系列政策措施，要求"将老工业基地调整改造，发展成为技术先进、结构合理、功能完善、特色明显、机制灵活、竞争力强的新型产业基地，使之逐步成为中国经济新的重要增长区域"。这标志着东北地区等老工业基地振兴正式上升为国家战略。2003 年 12 月成立国务院振兴东北地区等老工业基地领导小组，2004 年 4 月设立国务院振兴东北地区等老工业基地领导小组办公室。此后，国家先后制定实施一系列政策，重点支持解决东北老工业基地历史遗留问题，深化国有企业体制机制改革，促进经济结构调整优化升级，促进资源型城市转型，扩大对外开放，加强社会保障和民生改善等。2007 年 8 月国务院批复《东北地区振兴规划》，2009 年 9 月国务院出台《关于进一步实施东北地区等老工业基地振兴战略的若干意见》，2012 年 3 月国务院批复《东北振兴"十二五"规划》。

（3）中部崛起

在 2004 年的国务院政府工作报告中，国务院总理温家宝首次强调要促进中部地区经济崛起。在《中华人民共和国国民经济和社会发展第十一个五年规划纲要》中，中共中央对中部崛起战略作出了具体的工作部署与规划建议。2009 年 9 月 23 日，国务院总理温家宝主持召开国务院常务会议，讨论通过了《促进中部地区崛起规划》；2010 年 8 月，国家发改委印发了《促进中部地区崛起规划实施意见的通知》，制定了中部崛起战略到 2020 年将要完成的总体目标与任务要求。2012 年，《关于大力实施促进中部地区崛起战略的若干意见》出台，提出要推动中部重点地区加快发展、不断深化改革、努力创新，全方位扩大开放等新举措。历经 2004 年至 2012 年 8 年的努力发展，中部地区经济增长成效显著，生态环境得到改善，人们生活水平不断提高，产业结构优化升级顺利进行，城镇化建设持续推进，经济可持续发展能力大大增强。

四、经济增长

1. 增长速度

2002—2012 年，世界 GDP 增长率平均值为 2.9%，中国 GDP 增长率平均值为 10.4%，美国 GDP 增长率平均值为 1.8%。中国经济在 2002—2007 年实现了连续 6 年的经济快速增长，并且增速在逐年提高，即由 2002 年的 9.1% 连续上升到 2007 年的 14.2%。受美国金融危机的影响，中国经济增速在 2008 年和 2009 年也出现了减缓趋势，但仍然达到 9.7% 和 9.4% 的增长速度。2009 年，中国政府采取财政政策与货币政策"双宽松"的举措，引导社会投资，刺激总需求，在 2010 年仍实现了 10.6% 的高增长。但由于世界经济环境的整体向弱，中国政府经济刺激政策效应也逐渐减弱，2011 年，中国经济增速由上一年的 10.6% 降到 9.5%。随之，2012 年降低为 7.9%。[①] 尽管如此，中国经济增速依然远远领先于世界经济增速。

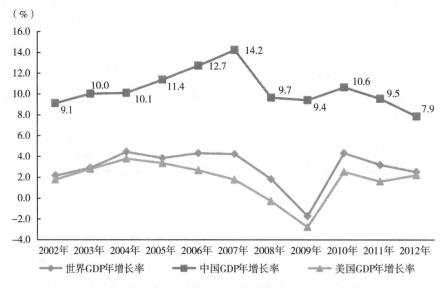

图 23-4　2002—2012 年世界、中国与美国 GDP 增长率

资料来源：根据国家统计局编各年度《中国统计年鉴》相关数据绘制。

中国经济在 2002—2012 年持续保持着较高的增长速度，使得中国经济总量不断壮大。2002 年中国国内生产总值为 12.17 万亿元，到 2012 年达到 53.86 万亿元，十年间增长了 4 倍多，翻了两番。就数量规模而言，2002—2012 年中国国内生产

---

① 由于国内生产总值增长率会因时间和计算方法变化而改变，此处的国内生产总值增长率来自 2018 年版中国统计年鉴，采用最新统计制度框架所得的结果。

总值逐年增长，在 2008 年首次突破 30 万亿元，超过德国成为世界第三大经济体；2010 年，中国国内生产总值突破 40 万亿元规模，达到 41.21 万亿元，超过日本成为世界第二大经济体；在 2012 年，中国国内生产总值首次突破 50 万亿元大关，达到 53.86 万亿元，按照 2012 年的汇率计算，超过 8 万亿美元。

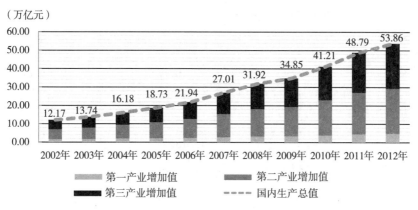

图 23-5　2002—2012 年中国国内生产总值与三次产业增加值

资料来源：根据国家统计局编各年度《中国统计年鉴》相关数据绘制。

2. 产业结构

2002—2012 年，中国第二产业增加值规模最大，直到 2012 年，第三产业增加值规模超过第二产业，成为新的国民经济支柱。具体如表 23-2 所示，2002 年，第一产业增加值为 1.62 万亿元，第二产业增加值为 5.41 万亿元，第三产业增加值为 5.14 万亿元；2006 年，第二产业增加值首次突破 10 万亿元规模，达到 10.44 万亿元，随后，第三产业在 2007 年增加值首次突破 10 万亿元规模，达到 11.58 万亿元。2002—2008 年，第二、三产业增加值之和在国内生产总值中的占比稳定在 80% 以上；2007 年，第一产业增加值占比为 10.2%，第二产业增加值占比为 46.9%，第三产业增加值占比为 42.9%；2008 年，第二产业占比上升至 47%，第三产业占比不变；2009 年，第二、第三产业增加值之和在国内生产总值中的占比开始超过 90%，在这一年，第一产业增加值占比为 9.6%，第二产业增加值占比为 46.0%，第三产业增加值占比为 44.4%，第二、三产业增加值之和占国内生产总值的 90.4%。在增加值总量方面上，2012 年，第三产业增加值超过第二产业增加值，其中，第二产业增加值为 24.46 万亿元，第三产业增加值为 24.49 万亿元，相差约 300 亿元。整体来看，中国第一、二、三产业增加值比例在 2002 年为 1.3∶4.5∶4.2；到 2006 年，中国第二产业增加值规模取得最高比例，达到 48%，三次产业比例变为 1.1∶4.7∶4.2；在 2012 年，三次产业增加值之比大致为 0.9∶4.5∶4.6，第三产业增加值规模首次超越第二产业，成为国民经济的主力产业。

表 23-2 2002—2012 年中国三次产业增加值

（单位：万亿元）

年份	第一产业增加值	第二产业增加值	第三产业增加值
2002	1.62	5.41	5.14
2003	1.70	6.27	5.78
2004	2.09	7.43	6.66
2005	2.18	8.81	7.74
2006	2.33	10.44	9.18
2007	2.77	12.66	11.58
2008	3.25	15.00	13.68
2009	3.36	16.02	15.48
2010	3.84	19.16	18.21
2011	4.48	22.70	21.61
2012	4.91	24.46	24.49

资料来源：根据国家统计局编各年度《中国统计年鉴》相关数据绘制。

3. 经济效益

在生产活动方面，就业人员的劳动生产率在 2002—2012 年间取得了较大的提高。如表 23-3 所示，2002 年，中国第一产业就业人口占总就业人口的 50%，产业增加值占比为 13.3%；第二产业就业人口占总就业人口的 21.4%，产业增加值占比为 44.5%；第三产业就业人口占总就业人口的 28.6%，产业增加值占比为 42.2%。数据说明，第二产业单位劳动力产业增加值处于较高的水平，第三产业次之，第一产业最低。进一步地，中国产业就业人口结构在 2002—2012 年间变动较为明显，即第一产业人口迅速向第二产业、第三产业转移。同时，第一产业就业人口生产率也在不断提升，2002—2012 年，第一产业就业人员占比从 50% 降至 33.6%，减少了 16.4 个百分点，而产业增加值占比从 13.3% 降至 9.1%，仅下降 4.2 个百分点，若不考虑资本的贡献，则说明劳动生产率有了很大的提高。由于第一产业劳动力的大规模转移，可以看到第二产业、第三产业就业人员数量在逐年增长。2002—2012 年，第二产业、第三产业就业人员占比从 2002 年的 21.4% 与 28.6% 演变为 2012 年的 30.3% 与 36.1%，分别增长了 8.9 个与 7.5 个百分点。从产业就业人员结构变迁与增加值占比来看，10 余年的产业人口转移极大地推动了第二、三产业的生产规模，产业结构不断得到优化。同时，单位劳动力的经济产值在产业转移过程中得到迅速提升，从而促进了宏观经济效益的提高。

表 23-3 2002—2012 年中国三次产业就业人员与增加值结构变化

年份	产业就业人员（占比）			产业增加值（占比）		
	第一产业	第二产业	第三产业	第一产业	第二产业	第三产业
2002	50.0%	21.4%	28.6%	13.3%	44.5%	42.2%
2003	49.1%	21.6%	29.3%	12.3%	45.6%	42.0%
2004	46.9%	22.5%	30.6%	12.9%	45.9%	41.2%
2005	44.8%	23.8%	31.4%	11.6%	47.0%	41.3%
2006	42.6%	25.2%	32.2%	10.6%	47.6%	41.8%
2007	40.8%	26.8%	32.4%	10.2%	46.9%	42.9%
2008	39.6%	27.2%	33.2%	10.2%	47.0%	42.9%
2009	38.1%	27.8%	34.1%	9.6%	46.0%	44.4%
2010	36.7%	28.7%	34.6%	9.3%	46.5%	44.2%
2011	34.8%	29.5%	35.7%	9.2%	46.5%	44.3%
2012	33.6%	30.3%	36.1%	9.1%	45.4%	45.5%

资料来源：根据国家统计局编各年度《中国统计年鉴》相关数据绘制。

五、对外经济

1. 对外贸易

2002 年是中国加入 WTO 以后的开局之年，在这一年，中国对外贸易取得了显著的发展。2001 年，中国进出口贸易总额为 42183.62 亿元，2002 年迅速增长至 51378.15 亿元，同时，2001 年进出口贸易总额增长率为 7.4%，2002 年进出口贸易总额增长率上升为 21.8%，可谓有了质的提升。此外，2002—2012 年，中国对外贸易持续了 10 余年的"顺差"，且整体顺差规模呈逐年扩张状态，表现出中国贸易产品在世界市场上具有较强的竞争力。尤其在 2005 年以后，中国贸易顺差规模超过了千亿美元的规模，在 2008 年，中国国际贸易顺差接近 3000 亿美元的水平，达到 2981.31 亿美元。在进出口贸易总额增长方面，2002—2007 年是中国进出口贸易增长最快的阶段，2002—2007 年的进出口贸易额增长率依次为 21.8%、37.2%、35.5%、22.4%、20.6%、18.4%。随后，受国际金融危机的影响，中国 2008 年的进出口贸易总额增速由上年的 18.4% 迅速跌落至 7.8%，紧接着，国际金融危机的影响快速在全世界范围内蔓延，中国进出口贸易总额增速在 2009 年出现负值，进出口贸易总额规模由 2008 年的 17.99 万亿元减少至 2009 年的 15.06 万亿元，同时，2009 年的进出口贸易差额比 2008 年减少了 1000 多亿美元，顺差规模大幅度缩小。

表 23-4　2001—2012 年中国对外贸易额变化

年份	进出口总额（亿元人民币）	进出口差额（百万美元）	进出口总额增长率
2001	42183.62	22545	7.4%
2002	51378.15	30426	21.8%
2003	70483.45	25468	37.2%
2004	95539.09	32097	35.5%
2005	116921.77	102001	22.4%
2006	140974.74	177517	20.6%
2007	166924.07	263944	18.4%
2008	179921.47	298131	7.8%
2009	150648.06	195689	−16.3%
2010	201722.34	181507	33.9%
2011	236401.95	154897	17.2%
2012	244160.21	230309	3.3%

资料来源：根据国家统计局编各年度《中国统计年鉴》相关数据绘制。

2010 年，中国对外贸易规模的增长又开始回到以往的正常水平，进出口贸易总额从 2009 年的 150648.06 亿元迅速上升至 2010 年的 201722.34 亿元，进出口贸易总额增速达到了 33.9%。2011 年与 2012 年，中国对外贸易规模持续增长，进出口贸易总额分别高达 23.64 万亿元和 24.42 万亿元，进出口贸易总额增长率分别为 17.2% 与 3.3%。其中，2011 年进出口贸易差额为 1548.97 亿美元，顺差规模比 2010 年有所减小，在数量上大致减少近 300 亿美元；2012 年，中国对外贸易顺差规模重新回到较高的水平，达到 2303.09 亿美元。

2. 外资引进

在 2002 年，中国合同利用外资项目 34171 个，实际利用外资 550.11 亿美元，其中实际利用外商直接投资金额 527.43 亿美元，其他投资额 22.68 亿美元，实际利用外商直接投资金额比 2001 年增长了 10.75%；2003 年，中国合同利用外资项目数量迅速增加，达到 41081 个，比 2002 年增加了 6910 个，首次达到 4 万个的规模，实际利用外资 561.4 亿美元，比上年略有增加，其中实际利用外商直接投资金额 535.05 亿美元，其他投资额 26.35 亿美元，实际利用外商直接投资金额比 2002 年增长了 2.05%；2004 年，中国引进外资规模增长开始加速，中国合同利用外资项目上升至 43664 个，实际利用外资 640.72 亿美元，其中实际利用外商直接投资金额 606.3 亿美元，其他投资额 34.42 亿美元，实际利用外商直接投资金额比 2003 年增长了 14.13%；从 2006 年起，中国合同利用外资项目数量开始下降，并于 2007 年跌破 4 万个的规模，2007 年为 37871 个，但实际利用外资有所增长，达到

783.39 亿美元，其中实际利用外商直接投资金额 747.68 亿美元，其他投资额为 35.72 亿美元，实际利用外商直接投资金额比 2006 年增长了 16.79%；2008 年，中国合同利用外资项目下降幅度进一步增大，直接跌破 3 万个的规模，仅保持 27514 个，但实际利用外资额增长明显，达到 952.53 亿美元，其中实际利用外商直接投资金额 923.95 亿美元，其他投资额 28.58 亿美元，实际利用外商直接投资金额比 2007 年增长了 21.59%；2010 年，中国实际利用外资首次达到千亿美元规模，为 1088.21 亿美元，其中实际利用外商直接投资金额 1057.35 亿美元，其他投资额为 30.86 亿美元，合同利用外资项目为 27406 个；2011 年，中国合同利用外资项目数量比 2010 年略有增长，达到 27712 个，2012 年比 2011 年稍有减少，降至 24925 个；2011 年与 2012 年，中国实际利用外资额分别为 1176.98 亿美元与 1132.94 亿美元，基本稳定在千亿美元的规模水平。[①]

就行业来看，中国引进外资中总体占比较大的主要是制造业、房地产业、批发和零售业、租赁和商务服务业。在变化趋势方面，制造业引进外资额占比呈下降趋势，房地产业、批发和零售业、租赁和商务服务业引进外资额占比总体呈上升趋势。2002 年，中国制造业实际利用外商直接投资金额约为 368 亿美元，占实际利用外商直接投资总额的 69.77%；房地产业实际利用外商直接投资金额约为 56.6 亿美元，占比为 10.74%，电力、燃气及水的生产和供应业占比为 2.61%，农、林、牧、渔业占比为 1.95%，交通运输、仓储和邮政业占比为 1.73%，建筑业占比为 1.34%。2002—2008 年，中国行业实际利用外资额增长较快的有批发和零售业、房地产业、科学研究、技术服务和地质勘查业、信息传输、计算机服务和软件业，实际利用外资额占比下降幅度较大的是制造业。其中，批发和零售业实际利用外资额从 2005 年的 10.39 亿美元增加到 2008 年的 44.33 亿美元，占比由 1.72% 上升至 4.80%；房地产业实际利用外资额从 2002 年的 56.63 亿美元增加到 2008 年的 185.9 亿美元，占比由 10.74% 上升至 20.12%；科学研究、技术服务和地质勘查业实际利用外资额从 2005 年的 3.4 亿美元增加到 2008 年的 15.06 亿美元，占比由 0.56% 上升至 1.63%；信息传输、计算机服务和软件业实际利用外资额从 2005 年的 10.1 亿美元增加到 2008 年的 27.7 亿美元，占比由 1.68% 上升至 3%；制造业实际利用外资额从 2002 年的 368 亿美元增加到 2008 年的 499 亿美元，占比由 69.77% 下降至 54%。2009—2012 年，制造业实际利用外资额占比继续保持下降趋势，而上升较为明显的是批发和零售业、金融业、租赁和商务服务业、科学研究、技术服务和地质勘查业。其中，制造业实际利用外资额占比从 2008 年的 54% 下降至 2012 年的 43.74%；批发和零售业实际利用外资额占比从 2008 年的 4.8% 上升至

---

① 以上数据源于各年度《中国统计年鉴》。

2012 年的 8.47%；金融业实际利用外资额占比从 2008 年的 0.62% 上升至 2012 年的 1.9%；租赁和商务服务业实际利用外资额占比从 2008 年的 5.48% 上升至 2012 年的 7.35%；科学研究、技术服务和地质勘查业实际利用外资额占比从 2008 年的 1.63% 上升至 2012 年的 2.77%。[①] 从 2002—2012 年中国行业引进外资总额占比的变化来看，中国行业引进外资结构变化与中国产业结构的演进具有较强的关联性，可以说，国外资金的引进对中国产业经济的发展起到了积极的推动作用。

3. 对外投资

对外开放，一方面是"引进来"，另一方面是"走出去"。党的十六大报告中强调："坚持'引进来'和'走出去'相结合，全面提高对外开放水平。适应经济全球化和加入世贸组织的新形势，在更大范围、更广领域和更高层次上参与国际经济技术合作和竞争，充分利用国际国内两个市场，优化资源配置，拓宽发展空间，以开放促改革促发展"。[②] "十一五"规划纲要中专门制定了关于对外开放的"走出去"战略，支持有条件的企业对外直接投资和跨国经营。[③] "十一五"规划对中国企业对外投资活动具有明显的刺激作用，显著地推动了中国对外投资规模的提升。2007—2012 年中国主要行业对外投资净额具体变化情况如表 23-5 所示。

表 23-5　2007—2012 年中国主要行业对外直接投资净额

（单位：亿美元）

年份	总净额	采矿业	金融业	批发和零售业	制造业
2007	265.06	40.63	16.68	66.04	21.27
2008	559.07	58.24	140.48	65.14	17.66
2009	565.29	133.43	87.34	61.36	22.41
2010	688.11	57.15	86.27	67.29	46.64
2011	746.54	144.46	60.71	103.24	70.41
2012	878.04	135.44	100.71	130.49	86.67

资料来源：根据国家统计局编各年度《中国统计年鉴》相关数据编制。

2007 年，中国对外承包工程合同金额达 776.21 亿美元，比 2006 年增长了 116.16 亿美元，对外直接投资净额达 265.06 亿美元，其中，采矿业对外直接投资净额为 40.63 亿美元，交通运输、仓储和邮政业对外直接投资净额为 40.65 亿美

---

① 以上数据源于各年度《中国统计年鉴》。

② 江泽民：《全面建设小康社会　开创中国特色社会主义事业新局面——在中国共产党第十六次全国代表大会上的报告》（2002 年 11 月 8 日），人民出版社 2002 年版，第 29 页。

③ 参见《中华人民共和国国民经济和社会发展第十一个五年规划纲要》，2006 年 3 月 14 日，见 http：//www.gov.cn/gongbao/content/2006/content_ 268766.htm。

元，金融业对外直接投资净额为 16.68 亿美元，批发和零售业对外直接投资净额为 66.04 亿美元，制造业对外直接投资净额为 21.27 亿美元，租赁和商务服务业对外直接投资净额为 56.07 亿美元。2007 年之后，2008 年是中国对外投资变化较大的一年。2008 年，中国对外承包工程合同金额首次冲破千亿美元，从 2007 年的 776.21 亿美元猛增至 1045.62 亿美元，对外直接投资净额为 559.07 亿美元，其中增长最多的行业是金融业和租赁与商务服务业，净额分别高达 140.48 亿美元与 217.17 亿美元。随后，由于受到 2008 年国际金融危机的影响，2009 年中国对外直接投资净额增幅较小，比 2008 年仅增长 6.2 亿美元。此外，行业对外投资结构也发生了变化，采矿业对外直接投资净额从 2008 年的 58.24 亿美元骤升为 2009 年的 133.43 亿美元，金融业、租赁与商务服务业出现了不同幅度的下降。其中，金融业从 140.48 亿美元下降至 87.34 亿美元，到 2012 年，金融业对外直接投资净额才重回到 100 亿元美元的规模。总体来看，2007—2012 年，中国对外直接投资净额整体呈上升趋势，从 2007 年的 265.02 亿美元上升至 2012 年的 878.04 亿美元。而从行业来看，行业对外投资结构发生了明显的变化，主要以采矿业与金融业较为明显。在对外投资总净额中，租赁和商务服务业的投资规模最大，在 2007 年之后，该行业对外投资净额始终稳定在 200 亿美元以上，其中最高的一年是 2010 年，高达 302.81 亿美元。①

4. 国际收支

自从加入 WTO 之后，中国对外贸易取得了迅速发展，国际收支经常项目中的货物与服务贸易额持续呈现"顺差"状态。2002 年，中国经常项目货物和服务贸易差额为 373.83 亿美元，2003 年为 358.21 亿美元，比 2004 年略有降低。2004 年之后，"WTO 效应"在中国经济发展过程中逐渐得到了显著的发挥。2005 年，中国经常项目货物和服务贸易差额从 2004 年的 511.74 亿美元迅速跃升至 1246.27 亿美元；之后，中国经济"乘胜而上"，2006 年中国经常项目货物和服务贸易差额达到 2089.19 亿美元，突破了 2000 亿美元；进一步地，2007 年中国经常项目货物和服务贸易差额在一年的时间内突破了 3000 亿美元，高达 3080.36 亿美元；2008 年比 2007 年有所增长，达到了 3488.33 亿美元，处于阶段性的顶点水平。由于 2008 年国际金融危机对世界经济的不良冲击，中国所面对的世界市场逐渐趋弱，对外贸易开始降温，在 2009 年，中国经常项目货物和服务贸易差额从 2008 年的 3488.33 亿美元减少至 2201.3 亿美元；2010 年为 2230.24 亿美元，比上一年略有增长；在 2011 年，中国经常项目货物和服务贸易差额发生大幅度的跌落，下滑至 2000 亿美元以内，但仍然达到 1819.04 亿美元的顺差水平；2012 年，中国对外贸易开始有

---

① 以上数据源于各年度《中国统计年鉴》。

起色，中国经常项目货物和服务贸易差额重新回到 2000 亿美元水平，高达 2318.45 亿美元。[①]

六、社会发展

1. 劳动就业

2001—2012 年，中国总的就业人员数量在规模水平上已经固定且接近饱和，大约徘徊在 7.5 亿左右的水平。而社会的发展主要体现在就业人口结构的变化，如图 23-6 所示，两条折线呈"一降一升"的趋势而逐渐趋于相交。其中，乡村就业人口占比呈不断下降趋势，而城镇就业人口占比呈逐渐上升趋势。这说明在 2002—2012 年，中国的劳动就业水平发生了逐步升级的过程，越来越多的劳动力在城镇就业，越来越少的人工作在乡村，劳动力的单位产值逐渐提高，同时，劳动就业环境与生活环境也在同步改善，城镇化进程取得了显著的成效。

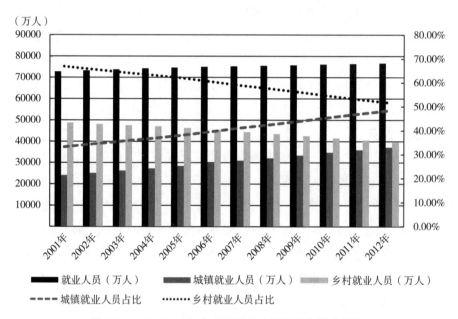

图 23-6 2001—2012 年中国就业人员数量与城乡结构

资料来源：根据国家统计局编各年度《中国统计年鉴》相关数据绘制。

2. 人民生活

2002 年，中国城镇居民家庭人均可支配收入为 7652.4 元，农村居民家庭人均纯收入为 2528.9 元。当年的中国城镇居民家庭恩格尔系数下降为 37.7%，农村居民家庭的恩格尔系数下降为 46.2%，城乡人民消费水平上升至一个新的台阶。2003 年与 2004 年，中国城镇居民家庭人均可支配收入平均每年增加约 1000 元；到 2005

---

① 以上数据源于各年度《中国统计年鉴》。

年，中国城镇居民家庭人均可支配收入首次超过 1 万元，达到 10382.3 元，农村居民家庭人均纯收入为 3370.2 元，恩格尔系数分别下降为 36.7% 与 45.5%。2006—2012 年，中国城镇居民家庭人均可支配收入与农村居民家庭人均纯收入快速增长，分别由 2006 年的 11619.7 元和 3731 元上升至 2012 年的 24126.7 元和 8389.3 元，其中，中国城镇居民家庭人均可支配收入在 2011 年开始超越 2 万元的水平，高达 21426.9 元，比 2010 年增长 2647.8 元。同时，在 2012 年，农村居民家庭的恩格尔系数取得了重大突破，首次跨越了 40% 的水平线，下降为 39.3%，农村居民消费质量再上新水平。[1]

在收入提高的同时，城镇居民与农村居民的消费水平有了大幅度的提升。在 2002 年，全社会居民消费水平为 4301 元，比 2001 年增长 8.4%。其中农村居民消费水平为 2157 元、城镇居民消费水平为 7745 元，分别比 2001 年增长 6.6% 与 6.3%。2006 年的居民消费水平为 6416 元，其中城镇居民消费水平首次突破 1 万元，高达 10739 元，农村居民消费水平也实现同步增长，达到 3066 元，城镇与农村居民消费水平比 2005 年分别增长了 6.6% 与 7.3%。2010 年，中国整体居民消费水平超过了 1 万元，达到了 10919 元，其中农村居民消费达到 4941 元，基本达到了 5000 元的水平。2012 年，中国城镇居民消费水平开始突破 2 万元，高达 21861 元，农村居民消费水平为 6964 元，理论上达到了 7000 元的消费水平。[2]

3. 社会保障

2005 年 12 月 3 日，国务院发布了《国务院关于完善企业职工基本养老保险制度的决定》，进一步完善了企业职工基本养老保险制度，主要是确保基本养老金按时足额发放，保障离退休人员基本生活；逐步做实个人账户，完善社会统筹与个人账户相结合的基本制度；统一城镇个体工商户和灵活就业人员参保缴费政策，扩大覆盖范围；改革基本养老金计发办法，建立参保缴费的激励约束机制；根据经济发展水平和各方面承受能力，合理确定基本养老金水平；建立多层次养老保险体系，划清中央与地方、政府与企业及个人的责任；加强基本养老保险基金征缴和监管，完善多渠道筹资机制；进一步做好退休人员社会化管理工作，提高服务水平。[3]

2007 年 7 月 10 日，国务院出台了《国务院关于开展城镇居民基本医疗保险试点的指导意见》，有效地解决了城镇非从业居民的医疗保障问题，逐步实现了覆盖

---

① 以上数据源于各年度《中国统计年鉴》。

② 以上数据源于各年度《中国统计年鉴》。

③ 参见《国务院关于完善企业职工基本养老保险制度的决定》，2005 年 12 月 14 日，中华人民共和国中央人民政府网站，见 http://www.gov.cn/zwgk/2005-12/14/content_127311.htm。

城乡全体居民医疗保障体系的基本建立。2009 年中共中央、国务院专门出台了《中共中央国务院关于深化医药卫生体制改革的意见》，提出了深化医药卫生体制改革的原则、目标与方向，通过医药卫生体制改革而努力实现人人享有基本医疗卫生服务的目标，从而提高全民健康水平。

2007 年 7 月 11 日，国务院颁发了《国务院关于在全国建立农村最低生活保障制度的通知》，加强了对农村居民生活的保障力度，切实做好农村最低生活保障工作，解决了农村部分处于贫困中的人群的生活问题。2009 年，政府继续加强了农村居民的社会保障体系建设，国务院于当年 9 月 1 日发布了《国务院关于开展新型农村社会保险试点的指导意见》，旨在全面保障农村老年人的基本生活，全面实现农村居民的"老有所养"。

2011 年 6 月 7 日，国务院出台了《国务院关于开展城镇居民社会养老保险试点的指导意见》，建议各地政府建立个人缴费、政府补贴相结合的城镇居民养老保险制度，实行社会统筹和个人账户相结合，与家庭养老、社会救助、社会福利等其他社会保障政策相配套，保障城镇居民老年基本生活。2011 年 7 月 1 日启动试点工作，实施范围与新型农村社会养老保险试点基本一致，2012 年基本实现城镇居民养老保险制度全覆盖。①

七、环境整治

中国政府对环境的整治主要体现在对环境工程建设的投资和对污染环境的产业的政策性规制。2001 年，全国用于整治环境污染的投资总额达到 1106.7 亿元，其中城市环境基础设施建设投资 595.8 亿元、工业污染源治理投资 174.5 亿元、"三同时"项目建设投资 336.4 亿元。从 2002 年开始，政府对于环境整治的投资逐渐加速，总体呈现逐年增长的趋势。2005 年，政府用于环境整治的投资总额首次超过 2000 亿元，达到 2388 亿元，其中城市环境基础设施建设投资 1289.7 亿元、工业污染源治理投资 458.2 亿元、"三同时"项目建设投资 640.1 亿元。从 2006 年开始，政府在环境整治方面的投资进一步大幅度的增长，2007 年投资总额开始突破3000 亿元规模，高达 3387.3 亿元，比 2006 年增长了 821.3 亿元，而 2008 年的投资总额比 2007 年增长了 1549.7 亿元，增量巨大。此后，中国环境整治投资规模继续保持较高的水平，到 2012 年，直接跃升至 8000 亿元的水平，高达 8253.5 亿元，其中包括 5062.7 亿元的城市环境基础设施建设投资和 2690.4 亿元的建设项目"三同时"环保投资。

---

① 参见《国务院关于开展城镇居民社会养老保险试点的指导意见》，2011 年 6 月 13 日，见 http://www.gov.cn/zwgk/2011-06/13/content_ 1882801.htm。

表 23-6　2001—2012 年中国环境治理投资

（单位：亿元）

年份	整治污染投资总额	城市环境基建投资	工业治理	项目"三同时"投资
2001	1106.7	595.8	174.5	336.4
2002	1367.2	789.1	188.4	389.7
2003	1627.7	1072.4	221.8	333.5
2004	1909.8	1141.2	308.1	460.5
2005	2388.0	1289.7	458.2	640.1
2006	2566.0	1314.9	483.9	767.2
2007	3387.3	1467.5	552.4	1367.4
2008	4937.0	2247.7	542.6	2146.7
2009	5258.4	3245.1	442.6	1570.7
2010	7612.2	5182.2	397.0	2033.0
2011	7114.0	4557.2	444.4	2112.4
2012	8253.5	5062.7	500.5	2690.4

资料来源：根据国家统计局编各年度《中国统计年鉴》相关数据编制。

第八编　开创中国特色社会主义新时代

第二十四章 走进新时代

第一节 新发展理念

一、新常态的经济增长

2014年5月，习近平总书记在考察河南时说：我国发展仍处于重要战略机遇期，我们要增强信心，从当前我国经济发展的阶段性特征出发，适应新常态，保持战略上的平常心态。7月29日，习近平总书记在党外人士座谈会上重申，正确认识我国经济发展的阶段性特征，进一步增强信心，适应新常态。11月9日，习近平总书记在亚太经合组织（APEC）工商领导人峰会上作题为《谋求持久发展 共筑亚太梦想》的主旨演讲，他说：中国经济保持稳定发展态势，城镇就业持续增加，居民收入、企业效益、财政收入平稳增长。更重要的是，结构调整出现积极变化，服务业增长势头显著，内需不断扩大。随后，习近平总书记向包括130多家跨国公司领导人在内的世界工商领袖们，阐述了什么是经济新常态、新常态的新机遇、怎么适应新常态等关键点，他说：

中国经济呈现出新常态，有几个主要特点。一是从高速增长转为中高速增长。二是经济结构不断优化升级，第三产业、消费需求逐步成为主体，城乡区域差距逐步缩小，居民收入占比上升，发展成果惠及更广大民众。三是从要素驱动、投资驱动转向创新驱动。新常态将给中国带来新的发展机遇。

第一，新常态下，中国经济增速虽然放缓，实际增量依然可观。经过30多年高速增长，中国经济体量已今非昔比。2013年一年中国经济的增量就相当于1994年全年经济总量，可以在全世界排到第十七位。即使是7%左右的增长，无论是速度还是体量，在全球也是名列前茅的。

第二，新常态下，中国经济增长更趋平稳，增长动力更为多元。有人担心，中国经济增速会不会进一步回落、能不能爬坡过坎。风险确实有，但没那么可怕。中国经济的强韧性是防范风险的最有力支撑。我们创新宏观调控思路和方式，以目前确定的战略和所拥有的政策储备，我们有信心、有能力应对各种可能出现的风险。我们正在协同推进新型工业化、信息化、城镇化、农业现代化，这有利于化解各种"成长的烦恼"。中国经济更多依赖国内消费需求拉动，避免依赖出口的外部风险。

第三，新常态下，中国经济结构优化升级，发展前景更加稳定。今年前 3 个季度，中国最终消费对经济增长的贡献率为 48.5%，超过投资；服务业增加值占比 46.7%，继续超过第二产业；高新技术产业和装备制造业增速分别为 12.3% 和 11.1%，明显高于工业平均增速；单位国内生产总值能耗下降 4.6%。这些数据显示，中国经济结构正在发生深刻变化，质量更好，结构更优。

第四，新常态下，中国政府大力简政放权，市场活力进一步释放。简言之，就是要放开市场这只"看不见的手"，用好政府这只"看得见的手"。比如，我们改革了企业登记制度，前 3 个季度全国新登记注册市场主体 920 万户，新增企业数量较去年增长 60% 以上。

同时，我们也清醒认识到，新常态也伴随着新矛盾新问题，一些潜在风险渐渐浮出水面。能不能适应新常态，关键在于全面深化改革的力度。[①]

2014 年 12 月 5 日，习近平总书记主持召开中央政治局会议，分析研究 2015 年经济工作。会议强调，中国进入经济发展新常态，经济韧性好、潜力足、回旋空间大。同时，经济发展新常态下出现的一些趋势性变化使经济社会发展面临不少困难和挑战，要高度重视、妥善应对。

12 月 9 日至 11 日，中央经济工作会议在北京举行。会议认为，科学认识当前形势，准确研判未来走势，必须历史地、辩证地认识我国经济发展的阶段性特征，准确把握经济发展新常态：模仿型排浪式消费阶段基本结束，个性化、多样化消费渐成主流；基础设施互联互通和一些新技术、新产品、新业态、新商业模式的投资机会大量涌现；我国低成本比较优势发生了转化，高水平引进来、大规模走出去正在同步发生；新兴产业、服务业、小微企业作用更凸显，生产小型化、智能化、专业化将成产业组织新特征；人口老龄化日趋发展，农业富余劳动力减少，要素规模驱动力减弱，经济增长将更多依靠人力资本质量和技术进步；市场竞争逐步转向质量型、差异化为主的竞争；环境承载能力已达到或接近上限，必须推动形成绿色低

---

① 习近平：《谋求持久发展 共筑亚太梦想——在亚太经合组织工商领导人峰会开幕式上的演讲》（2014 年 11 月 9 日），《人民日报》2014 年 11 月 10 日。

碳循环发展新方式；经济风险总体可控，但化解以高杠杆和泡沫化为主要特征的各类风险将持续一段时间；既要全面化解产能过剩，也要通过发挥市场机制作用探索未来产业发展方向。

这些趋势性变化说明，我国经济正在向形态更高级、分工更复杂、结构更合理的阶段演化，经济发展进入新常态，正从高速增长转向中高速增长，经济发展方式正从规模速度型粗放增长转向质量效率型集约增长，经济结构正从增量扩能为主转向调整存量、做优增量并存的深度调整，经济发展动力正从传统增长点转向新的增长点。认识新常态，适应新常态，引领新常态，是当前和今后一个时期我国经济发展的大逻辑。

而面对我国经济发展新常态，观念上要适应，认识上要到位，方法上要对路，工作上要得力。要增强加快转变经济发展方式的自觉性和主动性。要坚持发展、主动作为。要更加注重满足人民群众需要，更加注重市场和消费心理分析，更加注重引导社会预期，更加注重加强产权和知识产权保护，更加注重发挥企业家才能，更加注重加强教育和提升人力资本素质，更加注重建设生态文明，更加注重科技进步和全面创新。

二、坚持新发展理念

新常态下，我国经济发展表现出速度变化、结构优化、动力转换三大特点。增长速度要从高速转向中高速，发展方式要从规模速度型转向质量效率型，经济结构调整要从增量扩能为主转向调整存量、做优增量并举，发展动力要从主要依靠资源和低成本劳动力等要素投入转向创新驱动。这些变化不以人的意志为转移，是我国经济发展阶段性特征的必然要求。在我国经济发展新常态阶段，经济发展必须建立新的发展理念。

2015年10月，党的十八届五中全会召开，习近平总书记在《关于〈中共中央关于制定国民经济和社会发展第十三个五年规划的建议〉的说明》中指出：

> 面对经济社会发展新趋势新机遇和新矛盾新挑战，谋划"十三五"时期经济社会发展，必须确立新的发展理念，用新的发展理念引领发展行动。古人说："理者，物之固然，事之所以然也。"发展理念是发展行动的先导，是管全局、管根本、管方向、管长远的东西，是发展思路、发展方向、发展着力点的集中体现。发展理念搞对了，目标任务就好定了，政策举措也就跟着好定了。为此，建议稿提出了创新、协调、绿色、开放、共享的发展理念，并以这五大发展理念为主线对建议稿进行谋篇布局。这五大发展理念，是"十三五"乃至更长时期我国发展思路、发展方向、发展着力点的集中体现，也是改革开

放 30 多年来我国发展经验的集中体现，反映出我们党对我国发展规律的新认识。

《中共中央关于制定国民经济和社会发展第十三个五年规划的建议》指出：坚持创新发展、协调发展、绿色发展、开放发展、共享发展，是关系我国发展全局的一场深刻变革。全党同志要充分认识这场变革的重大现实意义和深远历史意义，统一思想，协调行动，深化改革，开拓前进，推动我国发展迈上新台阶。

2017 年党的十九大报告进一步指出：

> 发展是解决我国一切问题的基础和关键，发展必须是科学发展，必须坚定不移贯彻创新、协调、绿色、开放、共享的发展理念。必须坚持和完善我国社会主义基本经济制度和分配制度，毫不动摇巩固和发展公有制经济，毫不动摇鼓励、支持、引导非公有制经济发展，使市场在资源配置中起决定性作用，更好发挥政府作用，推动新型工业化、信息化、城镇化、农业现代化同步发展，主动参与和推动经济全球化进程，发展更高层次的开放型经济，不断壮大我国经济实力和综合国力。

习近平总书记明确指出，按照创新、协调、绿色、开放、共享的发展理念推动我国经济社会发展，是当前和今后一个时期我国发展的总要求和大趋势。新发展理念深刻揭示了实现更高质量、更有效率、更加公平、更可持续发展的必由之路，是关系中国发展全局的一场深刻变革。

党的十八大以后，创新驱动发展战略深入人心，中国坚持走中国特色自主创新道路，培育壮大新动能，加快发展新产业，持续推进大众创业、万众创新，全社会的创新活力和创造潜能得到激发，取得了一批具有标志性意义的重大科技成果，如载人航天、探月工程、量子通信、射电望远镜、载人深潜、超级计算机等实现重大突破，带动了劳动生产率稳步提高。

协调发展为中国拓展了更加广阔的发展空间。中国大力推进京津冀协同发展、长江经济带建设和一系列区域发展战略，高铁、高速公路、西气东输、南水北调等重大项目打造了日益紧密的城市"朋友圈"，推动了各地的协调发展。除区域结构不断优化外，在教育、文化、医疗、体育领域加大投入，全面深化文化体制改革，创新公共文化服务运行机制，深入实施"健康中国"战略，着力增强人民科学文化和健康素质，加快建设人力资本强国，社会建设不断取得新进步，经济社会发展的协调性明显增强。

绿色发展步伐加快，生态文明建设取得新成效。通过贯彻绿色发展理念，中国加大环境治理力度，着力改善生态环境，全面节约和高效利用资源，构建生态安全屏障，主要污染物排放总量得到控制，资源节约型、环境友好型社会建设取得了积极进展。

对外开放向纵深推进，高水平对外开放呈现新格局。我国适应经济全球化新形势，实行更加积极主动的开放战略，加快构建开放型经济新体制，加快转变对外贸易和对外投资方式，坚持出口和进口、货物贸易和服务贸易、利用外资和对外投资协调发展，对外开放的深度和广度进一步拓展，开放型经济活力日趋增强。同时，全球经济治理话语权提升。我国深入参与全球治理进程，在全球经济制度建设中不断贡献中国智慧、中国方略。

共享发展惠及全国民众，民生事业持续改善，人民群众获得感显著增强。中国坚持民生优先，加大收入分配调节力度，努力实现居民收入增长和经济增长同步，坚决打好脱贫攻坚战，全面提高社会保障水平，城乡居民获得新实惠，人民生活实现新改善。居民收入保持较快增长，居民生活质量不断提升，精准扶贫成效卓著，社会保障覆盖面持续扩大。2016 年，全国居民人均可支配收入 23821 元，比 2012 年增加 7311 元，年均实际增长 7.4%。

第二节　高质量发展

历经改革开放以来 40 多年的高速增长，我国综合国力大幅提升，人民生活水平显著提高。但另一方面，我国的人口结构、供需结构、产业结构、进出口贸易结构，以及投资率、储蓄率、生态环境等因素，都已经发生了根本性变化，难以进一步支持我国经济的持续高速增长。党的十八大以来，我国经济发展迈入由大向强转变的新阶段，进入全面建成小康社会决胜期，并将在全面建成小康社会的基础上，乘势而上开启全面建设社会主义现代化国家新征程。社会主义现代化国家的经济基础是社会生产能力水平的明显提升，核心是经济发展的高质量。如果说改革开放之初我国经济发展要解决的首要问题是数量不足，需要"快"字当头，那么，在新时代要解决的首要问题则是实现高质量发展，必须"好"字当头。这就决定我国经济必然从高速增长转向中高速增长，相应地，这种转变要求我国经济发展动力从传统增长动能转向新的增长动能，从根本上说，就是从高速增长向高质量发展转变。

2014 年 5 月，习近平总书记在河南考察工作时提出了质量领域著名的"三个转变"，即推动中国制造向中国创造转变、中国速度向中国质量转变、中国产品向中国品牌转变。2017 年 1 月，习近平总书记在中共中央政治局第三十八次集体学习时强调："必须把改善供给侧结构作为主攻方向，从生产端入手，提高供给体系质量和效率，扩大有效和中高端供给，增强供给侧结构对需求变化的适应性，推动我国经济朝着更高质量、更有效率、更加公平、更可持续的方向发展。"

习近平总书记强调，现阶段我国经济发展的基本特征就是由高速增长阶段转向高质量发展阶段。实现高质量发展，是保持经济社会持续健康发展的必然要求，是适应我国社会主要矛盾变化和全面建设社会主义现代化国家的必然要求。2017 年党的十九大报告中 16 次提到质量，并首次提出"质量第一"和"质量强国"的口号。党的十九大报告指出：

> 我国经济已由高速增长阶段转向高质量发展阶段，正处在转变发展方式、优化经济结构、转换增长动力的攻关期，建设现代化经济体系是跨越关口的迫切要求和我国发展的战略目标。必须坚持质量第一、效益优先，以供给侧结构性改革为主线，推动经济发展质量变革、效率变革、动力变革，提高全要素生产率，着力加快建设实体经济、科技创新、现代金融、人力资源协同发展的产业体系，着力构建市场机制有效、微观主体有活力、宏观调控有度的经济体制，不断增强我国经济创新力和竞争力。

中国经济要实现高质量发展，不仅要健康还要有高效率，必须加快相关指标、政策、标准、统计等体系建设，创建和完善与高质量发展相适应的制度环境。2017年 12 月 18 日至 20 日，中央经济工作会议在北京举行，会议明确提出：

> 中国特色社会主义进入了新时代，我国经济发展也进入了新时代，基本特征就是我国经济已由高速增长阶段转向高质量发展阶段。推动高质量发展，是保持经济持续健康发展的必然要求，是适应我国社会主要矛盾变化和全面建成小康社会、全面建设社会主义现代化国家的必然要求，是遵循经济规律发展的必然要求。推动高质量发展是当前和今后一个时期确定发展思路、制定经济政策、实施宏观调控的根本要求，必须加快形成推动高质量发展的指标体系、政策体系、标准体系、统计体系、绩效评价、政绩考核，创建和完善制度环境，推动我国经济在实现高质量发展上不断取得新进展。

会议指出，要围绕推动高质量发展，做好 8 项重点工作①。

第一，深化供给侧结构性改革。要推进中国制造向中国创造转变，中国速度向中国质量转变，制造大国向制造强国转变。深化要素市场化配置改革，重点在"破""立""降"上下功夫。大力破除无效供给，把处置"僵尸企业"作为重要抓手，推动化解过剩产能；大力培育新动能，强化科技创新，推动传统产业优化升级，培育一批具有创新能力的排头兵企业，积极推进军民融合深度发展；大力降低实体经济成本，降低制度性交易成本，继续清理涉企收费，加大对乱收费的查处和整治力度，深化电力、石油天然气、铁路等行业改革，降低用能、物流成本。

第二，激发各类市场主体活力。要推动国有资本做强做优做大，完善国企国资改革方案，围绕管资本为主加快转变国有资产监管机构职能，改革国有资本授权经营体制。加强国有企业党的领导和党的建设，推动国有企业完善现代企业制度，健全公司法人治理结构。要支持民营企业发展，落实保护产权政策，依法甄别纠正社会反映强烈的产权纠纷案件。全面实施并不断完善市场准入负面清单制度，破除歧视性限制和各种隐性障碍，加快构建亲清新型政商关系。

第三，实施乡村振兴战略。要科学制定乡村振兴战略规划。健全城乡融合发展体制机制，清除阻碍要素下乡各种障碍。推进农业供给侧结构性改革，坚持质量兴农、绿色兴农，农业政策从增产导向转向提质导向。深化粮食收储制度改革，让收储价格更好反映市场供求，扩大轮作休耕制度试点。

第四，实施区域协调发展战略。要实现基本公共服务均等化，基础设施通达程度比较均衡，人民生活水平大体相当。京津冀协同发展要以疏解北京非首都功能为重点，保持合理的职业结构，高起点、高质量编制好雄安新区规划。推进长江经济带发展要以生态优先、绿色发展为引领。要围绕"一带一路"建设，创新对外投资方式，以投资带动贸易发展、产业发展。支持革命老区、民族地区、边疆地区、贫困地区改善生产生活条件。推进西部大开发，加快东北等老工业基地振兴，推动中部地区崛起，支持东部地区率先推动高质量发展。科学规划粤港澳大湾区建设。提高城市群质量，推进大中小城市网络化建设，增强对农业转移人口的吸引力和承载力，加快户籍制度改革落地步伐。引导特色小镇健康发展。

第五，推动形成全面开放新格局。要在开放的范围和层次上进一步拓展，更要在开放的思想观念、结构布局、体制机制上进一步拓展。有序放宽市场准入，全面实行准入前国民待遇加负面清单管理模式，继续精简负面清单，抓紧完善外资相关法律，加强知识产权保护。促进贸易平衡，更加注重提升出口质量和附加值，积极

① 参见《中央经济工作会议在北京举行》，《人民日报》2017 年 12 月 21 日。

扩大进口，下调部分产品进口关税。大力发展服务贸易。继续推进自由贸易试验区改革试点。有效引导支持对外投资。

第六，提高保障和改善民生水平。注重解决结构性就业矛盾，解决好性别歧视、身份歧视问题。改革完善基本养老保险制度，加快实现养老保险全国统筹。继续解决好"看病难、看病贵"问题，鼓励社会资金进入养老、医疗等领域。着力解决网上虚假信息诈骗、倒卖个人信息等突出问题。做好民生工作，要突出问题导向，尽力而为、量力而行，找准突出问题及其症结所在，周密谋划、用心操作。

第七，加快建立多主体供应、多渠道保障、租购并举的住房制度。要发展住房租赁市场特别是长期租赁，保护租赁利益相关方合法权益，支持专业化、机构化住房租赁企业发展。完善促进房地产市场平稳健康发展的长效机制，保持房地产市场调控政策连续性和稳定性，分清中央和地方事权，实行差别化调控。

第八，加快推进生态文明建设。只有恢复绿水青山，才能使绿水青山变成金山银山。要实施生态保护修复重大工程。启动大规模国土绿化行动，引导国企、民企、外企、集体、个人、社会组织等各方面资金投入，培育一批专门从事生态保护修复的专业化企业。加快生态文明体制改革，健全自然资源资产产权制度，研究建立市场化、多元化生态补偿机制，改革生态环境监管体制。

推动高质量发展，是我国确定发展思路、制定经济政策、实施宏观调控的根本要求。高质量发展，它会推动中国经济迈上一个新的台阶，这是一次新的"凤凰涅槃"。成功地实现这个转型，中国经济的质量，无论是微观的产品和服务的质量，还是宏观的效率，都会像中国速度一样，得到世界的赞誉。

第三节　全面深化改革

一、十八届三中全会

1992 年，党的十四大确定我国建立市场经济体制。经过十多年的改革，我国社会主义市场经济体制从基本建立到不断完善，使中国经济实现了飞跃式发展，到 2010 年成为世界第二大经济体。但随着经济高速增长一些负面效应也越来越突出，日益成为经济社会矛盾的焦点，而这些矛盾只有通过进一步改革和发展才能得到解决。为此，党的十八大提出坚持全面深化改革：

　　必须坚持推进改革开放。改革开放是坚持和发展中国特色社会主义的必由之路。要始终把改革创新精神贯彻到治国理政各个环节，坚持社会主义市场经济的改革方向，坚持对外开放的基本国策，不断推进理论创新、制度创新、科技创新、文化创新以及其他各方面创新，不断推进我国社会主义制度自我完善和发展。[①]

在党的十八大设定的全面深化改革的总目标之下，中共中央开始考虑十八届三中全会议题。

改革开放以来，历届三中全会研究什么议题、作出什么决定、采取什么举措、释放什么信号，是人们判断新一届中央领导集体施政方针和工作重点的重要依据。所以，党的十八大以后，中共中央就着手考虑十八届三中全会的议题。党的十八大提出了全面建成小康社会和全面深化改革开放的目标，强调必须以更大的政治勇气和智慧，不失时机深化重要领域改革，坚决破除一切妨碍科学发展的思想观念和体制机制弊端，构建系统完备、科学规范、运行有效的制度体系，使各方面制度更加成熟更加定型。中共中央认为，要完成党的十八大提出的各项战略目标和工作部署，必须抓紧推进全面改革。

2013 年 4 月，中共中央政治局经过深入思考和研究、广泛听取党内外各方面意见，决定党的十八届三中全会研究全面深化改革问题。中共中央政治局认为，面对新形势新任务新要求，全面深化改革，关键是要进一步形成公平竞争的发展环境，进一步增强经济社会发展活力，进一步提高政府效率和效能，进一步实现社会公平正义，进一步促进社会和谐稳定，进一步提高党的领导水平和执政能力。由于经济体制改革仍然是全面深化改革的重点，经济体制改革的核心问题仍然是处理好政府和市场关系。所以，党的十八届三中全会决定在如何发挥市场在资源配置中的作用和如何发挥政府的作用方面有所突破。

关于市场的作用，根本性的突破是在 1992 年党的十四大。党的十四大提出了我国经济体制改革的目标是建立社会主义市场经济体制，提出要使市场在国家宏观调控下对资源配置起基础性作用。此后的 20 多年间，就市场在资源配置中的作用以及政府和市场关系问题，我们不断地根据实践拓展和认识深化寻找新的科学定位。党的十六大提出"在更大程度上发挥市场在资源配置中的基础性作用"；党的十七大提出"从制度上更好发挥市场在资源配置中的基础性作用"，党的十八大提出"更大程度更广范围发挥市场在资源配置中的基础性作用"。经过 20 多年实践，我国社会主义市场经济体制已经初步建立，市场化程度大幅度提高，我们对市场规

---

① 胡锦涛：《坚定不移沿着中国特色社会主义道路前进　为全面建成小康社会而奋斗——在中国共产党第十八次全国代表大会上的报告》（2012 年 11 月 8 日），人民出版社 2012 年版，第 14 页。

律的认识和驾驭能力也不断提高，宏观调控体系更为健全。但仍存在不少问题，主要是市场秩序不规范，以不正当手段谋取经济利益的现象广泛存在；生产要素市场发展滞后，要素闲置和大量有效需求得不到满足并存；市场规则不统一，部门保护主义和地方保护主义大量存在；市场竞争不充分，阻碍优胜劣汰和结构调整；等等。这些问题不解决好，完善的社会主义市场经济体制是难以形成的。因此，中央认为对这个问题从理论上作出新的表述条件已经成熟，应该把市场在资源配置中的"基础性作用"修改为"决定性作用"。对此，习近平总书记指出：

> 进一步处理好政府和市场关系，实际上就是要处理好在资源配置中市场起决定性作用还是政府起决定性作用这个问题。经济发展就是要提高资源尤其是稀缺资源的配置效率，以尽可能少的资源投入生产尽可能多的产品、获得尽可能大的效益。理论和实践都证明，市场配置资源是最有效率的形式。市场决定资源配置是市场经济的一般规律，市场经济本质上就是市场决定资源配置的经济。健全社会主义市场经济体制必须遵循这条规律，着力解决市场体系不完善、政府干预过多和监管不到位问题。作出"使市场在资源配置中起决定性作用"的定位，有利于在全党全社会树立关于政府和市场关系的正确观念，有利于转变经济发展方式，有利于转变政府职能，有利于抑制消极腐败现象。[①]

市场在资源配置中起决定性作用，但并不是起全部作用。发展社会主义市场经济，既要发挥市场作用，也要发挥政府作用，但市场作用和政府作用的职能是不同的。党的十八届三中全会决定对更好发挥政府作用提出了明确要求，强调科学的宏观调控、有效的政府治理是发挥社会主义市场经济体制优势的内在要求。党的十八届三中全会决定还对健全宏观调控体系、全面正确履行政府职能、优化政府组织结构进行了部署，强调政府的职责和作用主要是保持宏观经济稳定，加强和优化公共服务，保障公平竞争，加强市场监管，维护市场秩序，推动可持续发展，促进共同富裕，弥补市场失灵。

2013 年 11 月 12 日，党的十八届三中全会审议通过《中共中央关于全面深化改革若干重大问题的决定》，明确全面深化改革的五大体制改革要点，包括经济体制、政治体制、文化体制、社会体制、生态文明体制，其中经济体制改革是全面深化改革的重点。党的十八届三中全会提出：

---

① 习近平：《关于〈中共中央关于全面深化改革若干重大问题的决定〉的说明》，《人民日报》2013 年 11 月 16 日。

　　建设统一开放、竞争有序的市场体系，是使市场在资源配置中起决定性作用的基础。必须加快形成企业自主经营、公平竞争，消费者自由选择、自主消费，商品和要素自由流动、平等交换的现代市场体系，着力清除市场壁垒，提高资源配置效率和公平性。要建立公平开放透明的市场规则，完善主要由市场决定价格的机制，建立城乡统一的建设用地市场，完善金融市场体系，深化科技体制改革。[①]

　　党的十八届三中全会是一次具有重大意义的会议。这次会议在一些基本制度和理论问题上取得了新的突破，如首次定义市场在资源配置中的"决定性作用"；更加明确强调了公有制经济和非公有制经济的同等重要性；提出"完善产权保护制度"，特别提出了"赋予农民更多财产权利"；提出"推进国家治理体系与治理能力现代化"；建立全国和地方资产负债表制度、自然资源资产负债表制度、股票发行注册制度、权力清单制度；等等。这些重大突破，对于进一步巩固和发展社会主义市场经济体制和中国的改革、开放、发展都具有深远的影响。

　　党的十八届三中全会决定成立中央全面深化改革领导小组，负责改革总体设计、统筹协调、整体推进、督促落实。2014 年 1 月 22 日，中央全面深化改革领导小组召开第一次会议。习近平强调，要把握大局、审时度势、统筹兼顾、科学实施，坚定不移朝着全面深化改革目标前进。会议决定下设经济体制和生态文明体制改革、民主法制领域改革、文化体制改革、社会体制改革、党的建设制度改革、纪律检查体制改革 6 个专项小组。2016 年 12 月 30 日上午，习近平在全国政协茶话会上发表重要讲话，明确提出在 2016 年"我们继续推进全面深化改革，完成 97 个重点改革任务，中央和国家机关有关部门还完成了 194 个改革任务，各方面共出台 419 个改革方案，主要领域四梁八柱性质的改革主体框架已经基本确立"。同日下午，在中央全面深化改革领导小组第三十一次会议上，习近平强调，"经过 3 年多努力，一批具有标志性、关键性的重大改革方案出台实施，一批重要领域和关键环节改革举措取得重大突破，一批重要理论创新、制度创新、实践创新成果正在形成，全面深化改革的主体框架基本确立"。翌日，在 2017 年新年贺词中，习近平再次指出，"我们积极推进全面深化改革，供给侧结构性改革迈出重要步伐，国防和军队改革取得重大突破，各领域具有四梁八柱性质的改革主体框架已经基本确立"。

二、供给侧结构性改革

　　改革开放以来，中国经济持续高速增长，成功步入中等收入国家行列，已成为

---

　　① 《中国共产党第十八届中央委员会第三次全体会议公报》，人民出版社 2013 年版，第 9—10 页。

名副其实的经济大国。但随着人口红利衰减、"中等收入陷阱"风险累积、国际经济格局深刻调整等一系列内因与外因的作用，经济发展正进入"新常态"。2015年11月10日，习近平总书记主持召开中央财经领导小组第十一次会议，研究经济结构性改革和城市工作。习近平总书记在讲话中首次提及供给侧结构性改革，指出：推进经济结构性改革，是贯彻落实党的十八届五中全会精神的一个重要举措。要牢固树立和贯彻落实创新、协调、绿色、开放、共享的发展理念，适应经济发展新常态，坚持稳中求进，坚持改革开放，实行宏观政策要稳、产业政策要准、微观政策要活、改革政策要实、社会政策要托底的政策，战略上坚持持久战，战术上打好歼灭战，在适度扩大总需求的同时，着力加强供给侧结构性改革，着力提高供给体系质量和效率，增强经济持续增长动力，推动我国社会生产力水平实现整体跃升。

在2015年12月18日至21日召开的中央经济工作会议上，习近平总书记进一步阐述了供给侧结构性改革思想，明确了"三去一降一补"和"五大政策支柱"。他说：着力加强结构性改革，在适度扩大总需求的同时，去产能、去库存、去杠杆、降成本、补短板，提高供给体系质量和效率，提高投资有效性，加快培育新的发展动能，改造提升传统比较优势，增强持续增长动力。着力加强供给侧结构性改革，实施相互配合的五大政策支柱。第一，宏观政策要稳，就是要为结构性改革营造稳定的宏观经济环境。第二，产业政策要准，就是要准确定位结构性改革方向。第三，微观政策要活，就是要完善市场环境、激发企业活力和消费者潜力。第四，改革政策要实，就是要加大力度推动改革落地。第五，社会政策要托底，就是要守住民生底线。①

2016年1月18日，习近平总书记在省部级主要领导干部学习贯彻党的十八届五中全会精神专题研讨班上的讲话中说：我们提的供给侧改革，完整地说是"供给侧结构性改革"。"结构性"三个字十分重要，简称"供给侧改革"也可以，但不能忘了"结构性"三个字。供给侧结构性改革，重点是解放和发展社会生产力，用改革的办法推进结构调整，减少无效和低端供给，扩大有效和中高端供给，增强供给结构对需求变化的适应性和灵活性，提高全要素生产率。我们讲的供给侧结构性改革，既强调供给又关注需求，既突出发展社会生产力又注重完善生产关系，既发挥市场在资源配置中的决定性作用又更好发挥政府作用，既着眼当前又立足长远。推进供给侧结构性改革，要从生产端入手，重点是促进产能过剩有效化解，促进产业优化重组，降低企业成本，发展战略性新兴产业和现代服务业，增加公共产品和服务供给，提高供给结构对需求变化的适应性和灵活性。②

2016年1月26日和27日，中央财经领导小组举行第十二次会议，研究供给侧

---

① 参见《中央经济工作会议在北京举行》，《人民日报》2015年12月22日。

② 参见习近平：《在省部级主要领导干部学习贯彻党的十八届五中全会精神专题研讨班上的讲话》（2016年1月18日），人民出版社2016年版，第29—30页。

结构性改革方案。会议分别听取了国家发展改革委、财政部、住房城乡建设部、人民银行、国务院国资委关于去产能、去库存、去杠杆、降成本、补短板的 8 个工作方案思路的汇报。习近平在讲话中指出,制定好方案是做好供给侧结构性改革的基础,要把思想认识统一到党中央关于推进供给侧结构性改革的决策部署上来。去产能、去库存、去杠杆、降成本、补短板是工作重点,关系到供给侧结构性改革的开局、关系到"十三五"的开局。各地区各部门要坚定信心、坚决行动,抓紧抓好抓实,切实取得实效。习近平总书记强调,供给侧结构性改革的根本目的是提高社会生产力水平,落实好以人民为中心的发展思想。

根据中央安排,各地区各部门以推进供给侧结构性改革为主线,全力落实去产能、去库存、去杠杆、降成本、补短板五大任务,着力提升供给体系质量,供给侧结构性改革取得实质性进展。①

第一,去产能。2016 年 2 月 1 日,国务院分别印发《关于钢铁行业化解过剩产能实现脱困发展的意见》《关于煤炭行业化解过剩产能实现脱困发展的意见》。运用市场化、法治化手段化解过剩产能,严控新增产能,加快低端、落后产能出清。2016 年,钢铁、煤炭产能分别退出 6500 万吨以上和 2.9 亿吨以上,超额完成目标任务。截至 2017 年 5 月末,钢铁、煤炭去产能已完成当年任务的 84.8% 和 65%。

第二,去库存。坚持分类调控,因城因地施策,房地产库存持续减少。2016 年,全国商品房销售面积比上年增长 22.5%,其中住宅销售面积增长 22.4%。2016 年末,全国商品房待售面积同比下降 3.2%,其中住宅待售面积同比下降 11.0%。

第三,去杠杆。积极推动市场化兼并重组,实施市场化债转股试点,强化企业负债自我约束,企业杠杆率持续降低。2016 年末,规模以上工业企业资产负债率为 55.8%,比上年下降 0.4 个百分点。

第四,降成本。2016 年 1 月,我国全面实施营业税改征增值税试点,试点范围从交通运输业和部分现代服务业等扩大到建筑业、房地产业、金融业、生活服务业,并将所有企业新增不动产所含增值税纳入抵扣范围,确保所有行业税负只减不增。同步实行中央和地方增值税"五五分享"。2016 年全年实现降低企业税负成本 5700 多亿元;规模以上工业企业每百元主营业务收入的成本为 85.52 元,比上年下降 0.1 元。2017 年 2 月 8 日,国务院常务会议决定进一步清理和规范涉企收费,持续为实体经济减负。2013—2016 年,已累计为企业减轻负担 2 万多亿元。

---

① 参见中共中央党史研究室编:《党的十八大以来大事记》,人民网,见 http://cpc.people.com.cn/n1/2017/1016/c64387-29588357.html。

第五，补短板。各地区各部门从制约经济发展的重要领域和关键环节入手，围绕中小水利治理加固、重大软硬基础设施和脱贫攻坚等领域，扩大有效投资，加快建设进度。2016年，城市地下综合管廊建设累计开工447个项目，总长度2005公里；城镇棚户区改造和公租房基本建成658万套，新建高速铁路投产里程1903公里，新增高速公路0.74万公里。全年实现农村贫困人口脱贫1240万人，超额完成1000万人的目标任务。[①]

供给侧结构性改革扎实推进减少了低端供给和无效供给，产能过剩行业市场加速出清，使市场供求关系明显改善，企业经营状况好转、经济效益得以回升。2016年9月，工业生产者出厂价格首次由降转升，结束了连续54个月同比下降的局面。在价格回升、成本下降、销售好转的共同作用下，企业盈利状况明显改善，市场信心不断增强。2016年，规模以上工业企业利润比上年增长8.5%，上年为下降2.3%；主营业务收入利润率为5.97%，比上年提高0.19个百分点。另外，供给侧结构性改革扩大了中高端供给和有效供给，推动新技术新产业新产品不断涌现，为经济持续健康发展注入了新的动力，有力支撑市场需求升级和宏观经济企稳。2016年，我国经济增速为6.7%，继续保持中高速增长。[②]

三、国有企业分类改革

改革开放以来，国有企业改革发展不断取得重大进展，总体上已经同市场经济相融合，运行质量和效益明显提升，在国际国内市场竞争中涌现出一批具有核心竞争力的骨干企业，为推动经济社会发展、保障和改善民生、开拓国际市场、增强我国综合实力作出了重大贡献。但国有企业仍然存在一些亟待解决的突出矛盾和问题，一些企业市场主体地位尚未真正确立，现代企业制度还不健全，国有资产监管体制有待完善，国有资本运行效率需进一步提高；一些企业管理水平不高，甚至有内部人控制、利益输送、国有资产流失等问题，另外，长期存在的企业办社会职能和历史遗留问题还有不少未完全解决。

2013年11月，习近平总书记在党的十八届三中全会所作《关于〈中共中央关于全面深化改革若干重大问题的决定〉的说明》中指出：

> 国有企业是推进国家现代化、保障人民共同利益的重要力量。经过多年改革，国有企业总体上已经同市场经济相融合。同时，国有企业也积累了一些问

① 参见国家统计局：《供给侧结构性改革深入推进 转型升级步伐持续加快》，2017年7月28日，见http://www.stats.gov.cn/ztjc/ztfx/18fzcj/201802/t20180212_1583221.html。
② 参见国家统计局：《供给侧结构性改革深入推进 转型升级步伐持续加快》，2017年7月28日，见http://www.stats.gov.cn/ztjc/ztfx/18fzcj/201802/t20180212_1583221.html。

题、存在一些弊端，需要进一步推进改革。

党的十八届三中全会决定提出了一系列有针对性的改革举措，包括国有资本加大对公益性企业的投入；国有资本继续控股经营的自然垄断行业，实行以政企分开、政资分开、特许经营、政府监管为主要内容的改革，根据不同行业特点实行网运分开、放开竞争性业务；健全协调运转、有效制衡的公司法人治理结构；建立职业经理人制度，更好发挥企业家作用；建立长效激励约束机制，强化国有企业经营投资责任追究；探索推进国有企业财务预算等重大信息公开；国有企业要合理增加市场化选聘比例，合理确定并严格规范国有企业管理人员薪酬水平、职务待遇、职务消费、业务消费。这些举措将推动国有企业完善现代企业制度、提高经营效率、合理承担社会责任、更好发挥作用。

2015 年 6 月 5 日，习近平总书记主持召开中央全面深化改革领导小组第十三次会议并表示，把国有企业做强做优做大，不断增强国有经济活力、控制力、影响力、抗风险能力，要坚持党的建设与国有企业改革同步谋划、党的组织及工作机构同步设置，实现体制对接、机制对接、制度对接、工作对接，确保党的领导、党的建设在国有企业改革中得到体现和加强。防止国有资产流失，要坚持问题导向，立足机制制度创新，强化国有企业内部监督、出资人监督和审计、纪检巡视监督以及社会监督，加快形成全面覆盖、分工明确、协同配合、制约有力的国有资产监督体系。2015 年 7 月 17 日，习近平在吉林考察时表示，我们要向全社会发出明确信息：搞好经济、搞好企业、搞好国有企业。要坚持国有企业在国家发展中的重要地位不动摇，坚持把国有企业搞好、把国有企业做大做强做优不动摇。同时提出"三个有利于"标准：推进国有企业改革，要有利于国有资本保值增值，有利于提高国有经济竞争力，有利于放大国有资本功能。

为更好地贯彻落实党的十八届三中全会决定精神，按照中央全面深化改革领导小组的部署，在国务院的直接领导下，国务院国资委会同国家发展改革委、财政部等有关部门通过深入调查研究和充分听取意见，起草了《关于深化国有企业改革的指导意见》。文件稿经多次研究修改后，先后提请国务院常务会议、中央全面深化改革领导小组会议和中央政治局常委会审议通过，并于 2015 年 9 月 13 日以中共中央、国务院的名义公布实施。

《中共中央国务院关于深化国有企业改革的指导意见》（以下简称《指导意见》）是新时期指导和推进中国国企改革的纲领性文件。《指导意见》提出，国企改革的目标是：到 2020 年，在国有企业改革重要领域和关键环节取得决定性成果，形成更加符合我国基本经济制度和社会主义市场经济发展要求的国有资产管理体制、现代企业制度、市场化经营机制，国有资本布局结构更趋合理，造就一大批德才兼备、善于经营、充满活力的优秀企业家，培育一大批具有创新能力和国际竞争力的国有骨干企业，国有经济活力、控制力、影响力、抗风险能力明显增强。

《指导意见》提出分类推进国有企业改革，即根据国有资本的战略定位和发展目标，结合不同国有企业在经济社会发展中的作用、现状和发展需要，将国有企业分为商业类和公益类。通过界定功能、划分类别，实行分类改革、分类发展、分类监管、分类定责、分类考核，提高改革的针对性、监管的有效性、考核评价的科学性，推动国有企业同市场经济深入融合，促进国有企业经济效益和社会效益有机统一。

对于商业类国有企业改革，《指导意见》规定：商业类国有企业按照市场化要求实行商业化运作，以增强国有经济活力、放大国有资本功能、实现国有资产保值增值为主要目标，依法独立自主开展生产经营活动，实现优胜劣汰、有序进退。主业处于充分竞争行业和领域的商业类国有企业，原则上都要实行公司制股份制改革，积极引入其他国有资本或各类非国有资本实现股权多元化，国有资本可以绝对控股、相对控股，也可以参股，并着力推进整体上市。对这些国有企业，重点考核经营业绩指标、国有资产保值增值和市场竞争能力。主业处于关系国家安全、国民经济命脉的重要行业和关键领域、主要承担重大专项任务的商业类国有企业，要保持国有资本控股地位，支持非国有资本参股。对自然垄断行业，实行以政企分开、政资分开、特许经营、政府监管为主要内容的改革，根据不同行业特点实行运网分开、放开竞争性业务，促进公共资源配置市场化；对需要实行国有全资的企业，也要积极引入其他国有资本实行股权多元化；对特殊业务和竞争性业务实行业务板块有效分离，独立运作、独立核算。对这些国有企业，在考核经营业绩指标和国有资产保值增值情况的同时，加强对服务国家战略、保障国家安全和国民经济运行、发展前瞻性战略性产业以及完成特殊任务的考核。

对于公益类国有企业改革，《指导意见》规定：公益类国有企业以保障民生、服务社会、提供公共产品和服务为主要目标，引入市场机制，提高公共服务效率和能力。这类企业可以采取国有独资形式，具备条件的也可以推行投资主体多元化，还可以通过购买服务、特许经营、委托代理等方式，鼓励非国有企业参与经营。对公益类国有企业，重点考核成本控制、产品服务质量、营运效率和保障能力，根据企业不同特点有区别地考核经营业绩指标和国有资产保值增值情况，考核中要引入社会评价。

以《指导意见》为统领，中共中央、国务院及有关部门陆续出台了有关国有企业分类、发展混合所有制经济、完善国资监管体制、防止国有资产流失、完善法人治理结构等多个配套文件。包括：（1）2015 年 10 月 13 日，十八届中央全面深化改革领导小组第十七次会议审议通过了《关于国有企业功能界定与分类的指导意见》，根据主营业务和核心业务范围，将国有企业界定为商业类和公益类，分类推进改革、分类促进发展、分类实施监管、分类定责考核。（2）2015 年 10 月 25日，国务院印发了《关于改革和完善国有资产管理体制的若干意见》，对推进国有资产监管机构职能转变、改革国有资本授权经营体制、提高国有资本配置和运营效率、协同推进相关配套改革提出原则性的要求。时隔一年半，又发布了《国务院国资委以管资本为主推进职能转变方案》，明确了国资监管事项，迈出了从以管企业为主的国资监管体制向以管资本为主的国资监管体制转变的重要一步。（3）2015 年12 月 29 日，国资委、财政部、发展改革委三部委联合对外发布《关于国有企业功能界定与分类的指导意见》，随后，与之相配套的《中央企业功能界定与分类实施方案》也于 2016 年 8 月颁布。各地方政府普遍开展了对国有企业的功能界定工作，并积极研究制定和出台国有企业分类监管办法。（4）2016 年 12 月5 日，十八届中央全面深化改革领导小组第三十次会议审议通过了《关于深化国有企业和国有资本审计监督的若干意见》《国务院国资委以管资本为主推进职能转变方案》，要求深化国有企业和国有资本审计监督，改进监管方式手段，更多采用市场化、法治化、信息化监管方式。（5）2017 年 6 月 26 日，十八届中央全面深化改革领导小组第三十六次会议审议通过了《中央企业公司制改制工作实施方案》，要求在 2017 年底前基本完成国有企业公司制改制工作。

2016 年 7 月 4 日，习近平总书记再次对国企改革作出重要指示：国有企业是壮大国家综合实力、保障人民共同利益的重要力量，必须理直气壮做强做优做大，不断增强活力、影响力、抗风险能力，实现国有资产保值增值。要坚定不移深化国有企业改革，着力创新体制机制，加快建立现代企业制度，发挥国有企业各类人才积极性、主动性、创造性，激发各类要素活力。要按照创新、协调、绿色、开放、共享的发展理念的要求，推进结构调整、创新发展、布局优化，使国有企业在供给侧结构性改革中发挥带动作用。

在习近平总书记系列重要讲话精神和治国理政新理念新思想新战略的指引下，国有企业改革取得重大进展，"1+N" 文件顶层设计构建完成，重大改革举措落地见效，国有企业体制机制发生了重大变革，与市场经济的融合更加紧密，规模实力和竞争力进一步增强，国有经济主导作用有效发挥。截至 2016 年底，全国国有企业（不含金融、文化国有企业）资产总额达到 154.9 万亿元，比 2012 年底增长了73.1%，进入《财富》世界 500 强的国有企业达到 82 家。但也应看到，国有企业仍然存在改革推进不平衡、体制机制不健全、布局结构不合理等问题。必须以更大的决心、更大的气力把国有企业改革发展推向前进，形成更加符合中国特色社会主义新时代要求的国有资产管理体制、现代企业制度和市场化经营机制。①

四、混合所有制改革

2013 年 11 月 9 日，党的十八届三中全会通过《中共中央关于全面深化改革若干重大问题的决定》，提出要积极发展混合所有制经济，强调国有资本、集体资本、非公有资本等交叉持股、相互融合的混合所有制经济，是基本经济制度的重要实现形式，有利于国有资本放大功能、保值增值、提高竞争力。习近平总书记指出：这是新形势下坚持公有制主体地位，增强国有经济活力、控制力、影响力的一个有效途径和必然选择。②

2015 年 8 月，《中共中央国务院关于深化国有企业改革的指导意见》提出：

> 推进国有企业混合所有制改革。以促进国有企业转换经营机制，放大国有资本功能，提高国有资本配置和运行效率，实现各种所有制资本取长补短、相互促进、共同发展为目标，稳妥推动国有企业发展混合所有制经济。对通过实行股份制、上市等途径已经实行混合所有制的国有企业，要着力在完善现代企业制度、提高资本运行效率上下功夫；对于适宜继续推进混合所有制改革的国有企业，要充分发挥市场机制作用，坚持因地施策、因业施策、因企施策，宜独则独、宜控则控、宜参则参，不搞拉郎配，不搞全覆盖，不设时间表，成熟一个推进一个。改革要依法依规、严格程序、公开公正，切实保护混合所有制企业各类出资人的产权权益，杜绝国有资产流失。

为了推进国有企业混合所有制改革，《中共中央国务院关于深化国有企业改革的指导意见》提出三个方面措施：

> 第一，引入非国有资本参与国有企业改革。鼓励非国有资本投资主体通过出资入股、收购股权、认购可转债、股权置换等多种方式，参与国有企业改制重组或国有控股企业上市公司增资扩股以及企业经营管理。实行同股同权，切实维护各类股东合法权益。在石油、天然气、电力、铁路、电信、资源开发、公用事业等领域，向非国有资本推出符合产业政策、有利于转型升级的项目。依照外商投资产业指导目录和相关安全审查规定，完善外资安全审查工作机制。开展多类型政府和社会资本合作试点，逐步推广政府和社会资本合作

---

① 参见肖亚庆：《深化国有企业改革》，《人民日报》2017 年 12 月 13 日。
② 参见习近平：《关于〈中共中央关于全面深化改革若干重大问题的决定〉的说明》，《人民日报》2013 年 11 月 16 日。

模式。

第二，鼓励国有资本以多种方式入股非国有企业。充分发挥国有资本投资、运营公司的资本运作平台作用，通过市场化方式，以公共服务、高新技术、生态环保、战略性产业为重点领域，对发展潜力大、成长性强的非国有企业进行股权投资。鼓励国有企业通过投资入股、联合投资、重组等多种方式，与非国有企业进行股权融合、战略合作、资源整合。

第三，探索实行混合所有制企业员工持股。坚持试点先行，在取得经验基础上稳妥有序推进，通过实行员工持股建立激励约束长效机制。优先支持人才资本和技术要素贡献占比较高的转制科研院所、高新技术企业、科技服务型企业开展员工持股试点，支持对企业经营业绩和持续发展有直接或较大影响的科研人员、经营管理人员和业务骨干等持股。员工持股主要采取增资扩股、出资新设等方式。完善相关政策，健全审核程序，规范操作流程，严格资产评估，建立健全股权流转和退出机制，确保员工持股公开透明，严禁暗箱操作，防止利益输送。

2015年9月，国家发改委牵头起草的《关于国有企业发展混合所有制经济的意见》和《关于鼓励和规范国有企业投资项目引入非国有资本的指导意见》正式颁布。2016年，又先后出台了《国有科技型企业股权和分红激励暂行办法》和《关于国有控股混合所有制企业开展员工持股试点的意见》。截至2016年底，中央企业及其下属企业中混合所有制企业占比将近70%，省级国有企业及其下属企业中混合所有制企业占比达到47%。石油、电力、电信、军工重点行业和领域均有个案式的改革探索。2017年9月，中国联通混合所有制改革方案正式实施。到2018年11月，国有企业混合所有制改革进入新阶段，大多数国有企业已在资本层面实现混合。数据显示，国资委监管的中央企业及各级子企业中，产权层面的混合所有制户数占比超过69%，各地省级国有企业混合所有制户数占比达到56%。其中，充分竞争领域的国有企业混合程度更高。商业一类中央企业四级及以下子企业超过85%实现了混改，建筑、房地产、制造、通信和批发零售5个行业混改户数占比分别达到87%、80%、75%、74%和72%。开展混改的省属国有企业中，商业一类企业占比达到88%，二至四级企业占比超过90%。混合所有制改革是双向的，2013年至2017年，民营资本以各种方式参与央企混改，投资金额超过1.1万亿元，省级国企引入非公有资本超过5000亿元；同期，国有企业积极投资入股非国有企业，其中省级国企投资参股非公有企业金额超过6000亿元。中央企业为突出主业而"压减"的11650户法人中，超过2000户的控股权转让给了非国有资本。截至2017年底，央企资产总额共计54.5万亿元，其中约65%已进入上市公司，比

2012 年底的 54% 增长了 11 个百分点。省级国企约 40% 的资产进入了上市公司，其中上海、重庆、安徽等地均超过了 50%。①

到 2018 年 4 月，国家发展改革委、国务院国资委已推出 3 批混合所有制改革试点示范项目，涵盖了中央企业和部分地方国企，实现了电力、石油、天然气、铁路、民航、电信、军工 7 大重要领域全覆盖，并延伸到国有经济较为集中的重要行业。在试点项目外，也有不少国有企业主动作为，精心谋划，有计划、有步骤地引入具有战略协同性的民营资本和外资，优化股权结构，提高治理能力。

首先，通过产权和股权转让、增资扩股、上市公司增发、投资组建新公司等多种方式，民营资本、外资等作为战略投资、产业投资进入国有企业，有效解决了过去国有股"一股独大"的问题。股权结构的调整带动治理结构更加有效制衡、规范运转，进而带动企业管理理念、运营机制、企业文化等各领域深刻转变，为公司科学治理、高效决策创造了条件。第一批混改企业东航物流，成功引入了普洛斯、德邦快递等外资和民营资本，迅速完成授权管理、行政议事、分类考核等内部机制改革，并与民资及外资股东实现了战略资源的有效连接，提升了企业的产业整合能力、经营能力和可持续发展能力。

其次，通过"引资本"促进"转机制"，混合所有制企业在完善市场化激励约束机制方面进行了富有成效的多样化探索。市场化选人用人制度日趋完善，职业经理人制度、高级管理人员社会化选聘制度等为企业源源不断输送高质量人力资本。按劳分配、按要素分配、按贡献分配取代了曾经的平均主义"大锅饭"，公开透明的员工晋升、流动和退出机制充分调动了员工的积极性与创造力，员工能进能出、管理人员能上能下、薪酬能增能减的目标得以实现。混合所有制企业还通过绩效薪酬、弹性薪酬、员工持股、模拟股份制等激励约束机制，最大限度地唤醒沉睡的人力资本，实现激励相容，打造资本所有者与劳动者利益共享、风险共担的责任共同体，激发企业内生活力与动力。第二批试点企业中国联通，共引入包括腾讯、百度、阿里、京东等在内的 14 家战略投资者，联通集团持股比例由 62.7% 降至 36.7%。随着非公有资本的进入，中国联通自上而下开展瘦身健体和精简机构，实现了组织扁平高效、资源内耗大幅减少。同时，中国联通向 7800 余名核心员工授予占总股比 2.7% 的限制性股票，实现了核心骨干人员的稳定，调动了最核心要素的积极性。②

最后，企业核心竞争力进一步增强。通过撬动数量可观的优质非公有资本，引

① 参见《国企混合所有制改革通气会：央企混改户数占比超 69%》，中国日报网，2018 年 11 月 15 日；《国有企业混合所有制改革步伐加快》，新华网，2018 年 11 月 14 日。

② 参见顾阳：《国企混合所有制改革取得重要成效 推动各类所有制资本实现共赢发展》，《经济日报》2018 年 4 月 12 日。

入产业链价值链的战略协同力量和升级要素，有机融合国有资本的规模、技术优势和民资、外资的创新能力、管理优势，混合所有制改革实现了企业资产效益和劳动生产率的大幅提升，增强了企业的核心竞争力，为打造具有全球竞争力的世界一流企业探索出了成功的路径。比如，分步骤推进混改的中信集团 2011 年以集团 90%以上的核心资产发起设立中信股份，2014 年通过借壳集团旗下公司中信泰富实现在香港上市，同时引入淡马锡、卡塔尔投资局等境外机构和腾讯、泛海、雅戈尔等国内民企作为战略投资者；2015 年，中信股份继续向泰国正大集团、雅戈尔进行股权转让，继续扩大战略投资者股比，深化混合所有制改革，实现了与战略投资者在金融、制造等多领域的协同共赢，成为国有企业混合所有制改革成功的典范。

五、农村经济体制改革

中国改革从农村开始。40 多年来，尽管农业取得巨大的发展，农民生活有了很大改善，但传统农业中的固有问题仍没有解决。这些问题从制度上讲是农民的土地问题，而从民生意义上讲，是农民的增收问题。

2013 年 12 月 23 日至 24 日，中央召开农村工作会议，针对上述问题进行研究决策。在会议上，习近平总书记阐述了推进农村改革发展若干具有方向性和战略性的重大问题，李克强总理就重点任务作出具体部署。会议强调，小康不小康，关键看老乡。一定要看到，农业还是"四化同步"的短腿，农村还是全面建成小康社会的短板。中国要强，农业必须强；中国要美，农村必须美；中国要富，农民必须富。我们必须坚持把解决好"三农"问题作为全党工作重中之重，坚持工业反哺农业、城市支持农村和多予少取放活方针，不断加大强农惠农富农政策力度，始终把"三农"工作牢牢抓住、紧紧抓好。

1. 土地三权分置改革

土地是农民安身立命之本。处理好农民与土地的关系，是农村改革持久的主题。从农业农村的现实情况看，随着富余劳动力转移到城镇就业，各类合作社、农业产业化龙头企业等新型经营主体大量涌现，土地流转面积不断扩大，规模化、集约化经营水平不断提升，呈现"家庭承包，多元经营"格局。农业产业化、水利化、机械化及科技进步等，都对完善农村生产关系提出新的要求。[1] 2013 年 7 月 22 日，习近平总书记来到武汉农村综合产权交易所，了解涉农产权尤其是土地流转交易情况，对土地流转中的某些做法表示支持。2014 年底，中国开始新一轮农村土地制度改革，包括农村征地制度改革、农村集体经营性建设用地入市、宅基地制度

---

[1] 参见 2017 年 10 月 31 日全国人大农业与农村委员会副主任委员刘振伟《关于〈中华人民共和国农村土地承包法修正案（草案）〉的说明》，中国人大网，见 http://www.npc.gov.cn/npc/xinwen/2018-12/29/content_2068326.htm。

改革，即所谓"三块地"改革在全国 33 个地区开始试点。随着改革的深入推进，一系列从基层发起的创新经验，形成了一批可复制、可推广、利修法、惠民生的制度创新成果。

2014 年，中共中央办公厅、国务院办公厅发出《关于引导农村土地经营权有序流转发展农业适度规模经营的意见》，对规范土地流转作出明确要求。为此，农村改革试验区安排了山东枣庄、贵州湄潭等地开展该项改革试验，并取得成功的经验。2015 年，国务院办公厅发出《关于加快转变农业发展方式的意见》，提出探索引导农民依法自愿有偿退出土地承包经营权等农村权益。按照中央的部署要求，农村改革试验区安排重庆梁平、四川成都等地进行试验，探索各具特色的农村土地承包经营权自愿有偿退出办法，建立了相应的退地风险补偿机制和权益保障机制并取得初步经验。2015 年 10 月，党的十八届五中全会明确提出完善土地所有权、承包权、经营权分置办法。2016 年，中共中央办公厅、国务院办公厅《关于完善农村土地所有权承包权经营权分置办法的意见》要求落实集体所有权，稳定农户承包权，放活土地经营权，形成层次分明、结构合理、平等保护的"三权分置"格局。

三权分置办法，顺应了农民保留土地承包权、流转土地经营权的愿望，理顺了"变"与"不变"的关系，是继家庭联产承包责任制之后又一重大制度创新，即在坚持集体所有制的前提下，一方面要保障农民的基本权益，稳定承包权；另一方面要提高土地要素配置效率，放活经营权。为稳定农户承包权，政府开始进行确权颁证工作，通过"确实权、颁铁证"，让农民吃上"定心丸"。同时，农村土地征收、集体经营性建设用地入市、宅基地制度改革也在稳步推进，与社会主义市场经济体制相适应的土地制度正在加快形成。

2. 集体产权制度改革

改革开放以来，农村实行家庭联产承包责任制，但土地的集体所有制性质并没有改变，农村集体经济也仍然存在。不仅如此，随着工业化和城镇化进程，农村集体经济也以不同形式和不同程度地获得发展。2016 年，全国农村集体经济组织拥有土地等资源性资产 66.9 亿亩、各类账面资产 2.86 万亿元，大体上全国平均每个村是 500 万元，东部地区的村有近千万元。这些资产是农村农业发展的重要物质基础。[①] 然而，这部分庞大的集体资产，却长期面临权属不清、权责不明、保护不严、流转不畅等问题。更严重的是，在某些地区，由于各种原因，农村集体资产不断被侵蚀，并且还面临流失风险。为了使这部分资产盘活，并发挥更大的效益，有必要通过改革明晰产权归属，完善各项权能，激活农村各类生产要素潜能。

---

① 参见《国新办召开新闻发布会 积极稳妥推进农村集体产权制度改革》，《金融时报》2017 年 1 月 19 日。

改革集体产权制度，就是要把集体的经营性资产确权到户，实现农民对集体资产的占有使用和收益分配的权利，以利于拓宽农民的增收新渠道，让农民共享农村改革的发展成果。2016 年 12 月 26 日，《中共中央国务院关于稳步推进农村集体产权制度改革的意见》（以下简称《意见》）正式发布，农村集体产权制度改革试点开始在全国推开。《意见》规定的改革目标是：

> 通过改革，逐步构建归属清晰、权能完整、流转顺畅、保护严格的中国特色社会主义农村集体产权制度，保护和发展农民作为农村集体经济组织成员的合法权益。科学确认农村集体经济组织成员身份，明晰集体所有产权关系，发展新型集体经济；管好用好集体资产，建立符合市场经济要求的集体经济运行新机制，促进集体资产保值增值；落实农民的土地承包权、宅基地使用权、集体收益分配权和对集体经济活动的民主管理权利，形成有效维护农村集体经济组织成员权利的治理体系。

第一，《意见》提出农村集体产权制度改革，重点在于集体经营性资产。经营性资产改革就是在清产核资的基础上，将集体经营性资产确权到户，然后发展多种形式的股份合作制。第二，《意见》提出农村集体产权制度改革，首先是明确集体资产所有权。这就是在清产核资基础上，把农村集体资产的所有权确权到不同层级的农村集体经济组织成员集体，并依法由农村集体经济组织代表集体行使所有权。第三，《意见》提出经营性资产实行股份合作制。就是将农村集体经营性资产以股份或者份额形式量化到本集体成员，作为其参加集体收益分配的基本依据。第四，《意见》提出农村集体产权制度改革，还要发挥农村集体经济组织功能作用，发挥好农村集体经济组织在管理集体资产、开发集体资源、发展集体经济、服务集体成员等方面的功能作用。

按照中央统一部署，到 2021 年底，我国将基本完成农村集体经营性资产股份合作制改革。由于各地改革进展不平衡，个别地方改革程序不规范，这些问题都需要尽快捋顺和解决。从全面深化农村改革的大布局来讲，农村集体产权制度改革可以说是继农村土地"三权分置"重大制度创新之后，中央部署的又一项管长远、管全局的重大改革。

3. 新型农业经营主体

2017 年 5 月，中共中央办公厅、国务院办公厅印发了《关于加快构建政策体系培育新型农业经营主体的意见》，提出，综合运用多种政策工具，引导新型农业经营主体提升规模经营水平、完善利益分享机制，更好发挥带动农民进入市场、增加收入、建设现代农业的引领作用。第一，发挥政策对新型农业经营主体发展的引导作用，包括引导新型农业经营主体多元融合发展，支持发展规模适度的农户家庭农场和种养大户，鼓励农民以土地、林权、资金、劳动、技术、产品为纽带，开展多种形式的合作与联合；鼓励农民按照依法自愿有偿原则，通过流转土地经营权，提升土地适度规模经营水平。第二，建立健全支持新型农业经营主体发展政策体系，包括完善财政税收政策，加大新型农业经营主体发展支持力度，针对不同主体，综合采用直接补贴、政府购买服务、定向委托、以奖代补等方式，增强补贴政策的针对性实效性；鼓励新型农业经营主体合建或与农村集体经济组织共建农业设施；支持龙头企业建立与加工能力相配套的原料基地；加大对新型农业经营主体、农村产业融合发展的信贷支持。第三，确定到 2020 年，基本形成与世界贸易组织规则相衔接、与国家财力增长相适应的投入稳定增长机制和政策落实与绩效评估机制，构建框架完整、措施精准、机制有效的政策支持体系，不断提升新型农业经营主体适应市场能力和带动农民增收致富能力，进一步提高农业质量效益，促进现代农业发展。

截至 2016 年底，全国纳入农业部门名录的家庭农场 44.5 万户，依法登记的农民专业合作社 179.4 万家，各类农业产业化龙头企业 13 万个，各类农业社会化服务组织 115 万个，在推进农业供给侧结构性改革、促进现代农业建设、带动小农户发展等方面，发挥着越来越重要的引领作用。①

第四节　全面开放新格局

一、开放型经济新体制

1. 创新对外开放模式

中国对外开放经历了特区突破、沿海开放、浦东新区建设、加入世贸组织、实施"走出去"战略和全面开放几个历史阶段。通过对外开放，我国引进了国外先进技术，利用了国外资本和市场资源，学习了国外先进管理经验，加速我国市场经济体制改革，并使我国成长为贸易大国、外资引进大国和资本输出大国。至此，我国的对外开放已经基本实现了全面和有一定深度的开放。然而，在新的历史格局下，如何进一步开放就成为一个新的课题。为此，中共中央提出实行积极主动的开

---

① 参见《2018 年农业部将重点从五个方面对新型农业经营主体政策支持》，见 http://www.sohu.com/a/211534511_776128。

放，创新开放模式，推进建设开放型经济。

党的十八大报告指出：

> 适应经济全球化新形势，必须实行更加积极主动的开放战略，完善互利共赢、多元平衡、安全高效的开放型经济体系。要加快转变对外经济发展方式，推动开放朝着优化结构、拓展深度、提高效益方向转变。创新开放模式，促进沿海内陆沿边开放优势互补，形成引领国际经济合作和竞争的开放区域，培育带动区域发展的开放高地。坚持出口和进口并重，强化贸易政策和产业政策协调，形成以技术、品牌、质量、服务为核心的出口竞争新优势，促进加工贸易转型升级，发展服务贸易，推动对外贸易平衡发展。提高利用外资综合优势和总体效益，推动引资、引技、引智有机结合。加快走出去步伐，增强企业国际化经营能力，培育一批世界水平的跨国公司。统筹双边、多边、区域次区域开放合作，加快实施自由贸易区战略，推动同周边国家互联互通。提高抵御国际经济风险能力。

2. 构建开放型经济新体制

党的十八届三中全会决定提出构建开放型经济新体制，指出：适应经济全球化新形势，必须推动对内对外开放相互促进、引进来和走出去更好结合，促进国际国内要素有序自由流动、资源高效配置、市场深度融合，加快培育参与和引领国际经济合作竞争新优势，以开放促改革。

第一，放宽投资准入。实行高水平的贸易和投资自由化便利化政策，全面实行准入前国民待遇加负面清单管理制度，大幅度放宽市场准入，扩大服务业对外开放，保护外商投资合法权益。凡是在我国境内注册的企业，都要一视同仁、平等对待。为此，需要统一内外资法律法规，保持外资政策稳定、透明、可预期。推进金融、教育、文化、医疗等服务业领域有序开放，放开育幼养老、建筑设计、会计审计、商贸物流、电子商务等服务业领域外资准入限制，进一步放开一般制造业。加快海关特殊监管区域整合优化。

第二，加快自由贸易区建设。坚持世界贸易体制规则，坚持双边、多边、区域次区域开放合作，扩大同各国各地区利益汇合点，以周边为基础加快实施自由贸易区战略。改革市场准入、海关监管、检验检疫等管理体制，加快环境保护、投资保护、政府采购、电子商务等新议题谈判，形成面向全球的高标准自由贸易区网络。首先建立的是上海自由贸易试验区。是中共中央在新形势下推进改革开放的重大举措，要切实建设好、管理好，为全面深化改革和扩大开放探索新途径、积累新经验。在推进现有试点基础上，选择若干具备条件的地方发展自由贸易园（港）区。

第三，扩大内陆沿边开放。抓住全球产业重新布局机遇，推动内陆贸易、投资、技术创新协调发展。创新加工贸易模式，形成有利于推动内陆产业集群发展的体制机制。支持内陆城市增开国际客货运航线，发展多式联运，形成横贯东中西、联结南北方对外经济走廊。推动内陆同沿海沿边通关协作，实现口岸管理相关部门信息互换、监管互认、执法互助。加快沿边开放步伐，允许沿边重点口岸、边境城市、经济合作区在人员往来、加工物流、旅游等方面实行特殊方式和政策。建立开发性金融机构，加快同周边国家和区域基础设施互联互通建设，推进丝绸之路经济带、海上丝绸之路建设，形成全方位开放新格局。

第四，以"一带一路"建设为重点，坚持引进来和走出去并重，遵循共商共建共享原则，加强创新能力开放合作，形成陆海内外联动、东西双向互济的开放格局。扩大企业及个人对外投资，确立企业及个人对外投资主体地位，允许发挥自身优势到境外开展投资合作，允许自担风险到各国各地区自由承揽工程和劳务合作项目，允许创新方式走出去开展绿地投资、并购投资、证券投资、联合投资等。加快同有关国家和地区商签投资协定，改革涉外投资审批体制，完善领事保护体制，提供权益保障、投资促进、风险预警等更多服务，扩大投资合作空间。扩大对香港特别行政区、澳门特别行政区和台湾地区开放合作。

3. 推动形成全面开放新格局

党的十九大报告提出"推动形成全面开放新格局"。习近平总书记强调，开放是实现国家繁荣富强的根本出路；要主动参与和推动经济全球化进程，发展更高层次的开放型经济。所谓全面开放，一方面是主动开放，把开放作为发展的内在要求，更加积极主动地扩大对外开放，推动形成陆海内外联动、东西双向互济的开放格局；另一方面是双向开放，"引进来"与"走出去"相结合，拓展经济发展空间，在开放过程中推动经济全球化朝着普惠共赢方向发展；包容开放，探索求同存异、包容共生的国际发展合作新途径。习近平总书记提出的"一带一路"倡议，坚持以共商共建共享为原则，是推动构建人类命运共同体的实践平台，是全面开放实践的重大创新。

在各方面、各领域推进和扩大开放的同时，政府全力推动全方位的外交布局，营造了良好外部条件，以推进我国经济全面开放新格局。为此，我国政府提出共建"一带一路"倡议，发起创办亚洲基础设施投资银行，设立丝路基金，举办首届"一带一路"国际合作高峰论坛、亚太经合组织领导人非正式会议、二十国集团领导人杭州峰会、金砖国家领导人厦门会晤、亚信峰会等。

二、"一带一路"国际合作

2013年9月和10月，中国国家主席习近平在出访中亚和东南亚国家期间，先后提出共建"丝绸之路经济带"和"21 世纪海上丝绸之路"（以下简称"一带一路"）的重大倡议，得到国际社会高度关注。"一带一路"倡议旨在依靠中国与有关国家既有的双多边机制，借助既有的、行之有效的区域合作平台，高举和平发展的旗帜，积极发展与沿线国家的经济合作伙伴关系，共同打造政治互信、经济融合、文化包容的利益共同体、命运共同体和责任共同体。中国国务院总理李克强参加2013 年中国—东盟博览会时强调，加快"一带一路"建设，有利于促进沿线各国经济繁荣与区域经济合作，加强不同文明交流互鉴，促进世界和平发展，是一项造福世界各国人民的伟大事业。此后，我国大力推进实施共建"一带一路"倡议，发起创办亚洲基础设施投资银行，设立丝路基金，举办首届"一带一路"国际合作高峰论坛、亚太经合组织领导人非正式会议、二十国集团领导人杭州峰会、金砖国家领导人厦门会晤、亚信峰会等。这样，"一带一路"建设逐渐从理念转化为行动，从愿景转变为现实，使中国对"一带一路"国家和地区以及对世界影响进一步扩大。

2014 年 12 月 2 日，中共中央、国务院印发《丝绸之路经济带和 21 世纪海上丝绸之路建设战略规划》，对推进"一带一路"建设工作作出全面部署。2015 年 3 月 28 日，国家发展改革委、外交部、商务部联合发布了《推动共建丝绸之路经济带和 21 世纪海上丝绸之路的愿景与行动》，以政策沟通、设施联通、贸易畅通、资金融通、民心相通为主要内容。

第一，政策沟通。加强政策沟通是"一带一路"建设的重要保障。加强政府间合作，积极构建多层次政府间宏观政策沟通交流机制，深化利益融合，促进政治互信，达成合作新共识。沿线各国可以就经济发展战略和对策进行充分交流对接，共同制定推进区域合作的规划和措施，协商解决合作中的问题，共同为务实合作及大型项目实施提供政策支持。

第二，设施联通。基础设施互联互通是"一带一路"建设的优先领域。在尊重相关国家主权和安全关切的基础上，沿线国家宜加强基础设施建设规划、技术标准体系的对接，共同推进国际骨干通道建设，逐步形成连接亚洲各次区域以及亚欧非之间的基础设施网络。强化基础设施绿色低碳化建设和运营管理，在建设中充分考虑气候变化影响。

第三，贸易畅通。投资贸易合作是"一带一路"建设的重点内容。宜着力研究解决投资贸易便利化问题，消除投资和贸易壁垒，构建区域内和各国良好的营商环境，积极同沿线国家和地区共同商建自由贸易区，激发释放合作潜力，做大做好合作"蛋糕"。

第四，资金融通。深化金融合作，推进亚洲货币稳定体系、投融资体系和信用体系建设。扩大沿线国家双边本币互换、结算的范围和规模。推动亚洲债券市场的开放和发展。共同推进亚洲基础设施投资银行、金砖国家开发银行筹建，有关各方就建立上海合作组织融资机构开展磋商。加快丝路基金组建运营。支持沿线国家政府和信用等级较高的企业以及金融机构在中国境内发行人民币债券。

第五，民心相通。民心相通是"一带一路"建设的社会根基。传承和弘扬丝绸之路友好合作精神，广泛开展文化交流、学术往来、人才交流合作、媒体合作、青年和妇女交往、志愿者服务等，为深化双多边合作奠定坚实的民意基础。

中国政府提出，共建"一带一路"致力于亚欧非大陆及附近海洋的互联互通，建立和加强沿线各国互联互通伙伴关系，构建全方位、多层次、复合型的互联互通网络，实现沿线各国多元、自主、平衡、可持续的发展。"一带一路"的互联互通项目将推动沿线各国发展战略的对接与耦合，发掘区域内市场的潜力，促进投资和消费，创造需求和就业，增进沿线各国人民的人文交流与文明互鉴，让各国人民相逢相知、互信互敬，共享和谐、安宁、富裕的生活。

创立亚洲基础设施投资银行是"一带一路"倡议中的重要内容。亚洲经济占全球经济总量的1/3，是当今世界最具经济活力和增长潜力的地区，拥有全球六成人口。但因建设资金有限，一些国家铁路、公路、桥梁、港口、机场和通讯等基础建设严重不足，这在一定程度上限制了该区域的经济发展。亚洲开发银行和世界银行不能完全满足亚洲地区基础设施建设需要。为此，作为亚洲最大的发展中国家，中国提出创立亚洲基础设施投资银行（简称"亚投行"），以亚洲国家和地区自身的力量，加速建设和发展。亚投行于2013年10月2日由习近平主席提出筹建倡议，2014年10月24日，包括中国、印度、新加坡等在内21个首批意向创始成员国的财长和授权代表在北京签约，共同决定成立亚投行。2015年12月25日，亚投行正式成立。根据《筹建亚投行备忘录》，亚投行的法定资本为1000亿美元，初始认缴资本目标为500亿美元左右，中国出资50%，为最大股东。各意向创始成员同意将以国内生产总值（GDP）衡量的经济权重作为各国股份分配的基础。2015年试运营的一期实缴资本金为初始认缴目标的10%，即50亿美元，其中中国出资25亿美元。亚投行的宗旨是：通过在基础设施及其他生产性领域的投资，促进亚洲经济可持续发展、创造财富并改善基础设施互联互通；与其他多边和双边开发机构紧密合作，推进区域合作和伙伴关系，应对发展挑战。到2019年4月，亚投行成员已经达到97个。

2014年11月8日，加强互联互通伙伴关系对话会在北京举行。习近平主持并讲话，强调要深化亚洲国家互联互通伙伴关系，共建发展和命运共同体；同时宣布中国出资400亿美元成立丝路基金，为"一带一路"共建国家基础设施、资源开发、产业合作和金融合作等与互联互通有关的项目提供投融资支持。2014年12月29日，丝路基金有限责任公司在北京注册成立，并正式开始运行。丝路基金将秉承商业化运作、互利共赢、开放包容的理念，尊重国际经济金融规则，通过以股权为主的多种市场化方式，投资于基础设施、资源开发、产业合作、金融合作等领域，促进共同发展、共同繁荣，实现合理的财务收益和中长期可持续发展。丝路基金定位为中长期开发性投资基金，通过股权、债权、贷款、基金等多元化投融资方式，为"一带一路"建设和双边、多边互联互通提供投融资支持，运作中将遵循对接、效率、合作、开放四项原则。丝路基金的投资要与各国发展战略和规划相对接，在"一带一路"建设过程中寻找机会，通过投融资服务实现互利共赢。同时，丝路基金将坚持效率原则，实现市场化、标准化、专业化运作，并将严格遵守投资所在国法律、国际标准、商业规则，投资有效益的项目，实现中长期合理的投资回报。

2019年4月26日至27日，第二届"一带一路"国际合作高峰论坛在北京举行。习近平出席开幕式并发表《齐心开创共建"一带一路"美好未来》的主旨演讲，总结了几年来"一带一路"建设所取得的成果：

> 在各方共同努力下，"六廊六路多国多港"的互联互通架构基本形成，一大批合作项目落地生根，首届高峰论坛的各项成果顺利落实，150多个国家和国际组织同中国签署共建"一带一路"合作协议。共建"一带一路"倡议同联合国、东盟、非盟、欧盟、欧亚经济联盟等国际和地区组织的发展和合作规划对接，同各国发展战略对接。从亚欧大陆到非洲、美洲、大洋洲，共建"一带一路"为世界经济增长开辟了新空间，为国际贸易和投资搭建了新平台，为完善全球经济治理拓展了新实践，为增进各国民生福祉作出了新贡献，成为共同的机遇之路、繁荣之路。事实证明，共建"一带一路"不仅为世界各国发展提供了新机遇，也为中国开放发展开辟了新天地。

三、对外开放新格局

党的十八大以来，以习近平同志为核心的党中央准确把握和平、发展、合作、共赢的时代潮流和国际大势，从中国特色社会主义事业"五位一体"总布局的战略高度，从实现中华民族伟大复兴中国梦的历史维度，以开放促改革、促发展、促创新，加快建设开放型经济强国。

2013年3月底，国务院总理李克强在上海考察位于浦东的外高桥保税区，并表示鼓励支持上海积极探索，在现有综合保税区基础上，研究如何试点先行在28平方公里内建立一个自由贸易试验区，进一步扩大开放，推动完善开放型经济体制机制。2013年9月18日，国务院下发关于印发中国（上海）自由贸易试验区总体方案的通知。该总体方案就总体要求、主要任务和措施、营造相应的监管和税收制度环境、扎实做好组织实施等主要环节作出了明确的要求。方案规定了一系列扩大开放措施，包括：在上海自贸区先行先试人民币资本项目下开放，并逐步实现可自由兑换等金融创新；未来企业法人可在上海自贸区内完成人民币自由兑换，个人则暂不施行；上海自贸区也很可能采取分步骤推进人民币可自由兑换的方式，比如先行推动境内资本的境外投资和境外融资。2013年9月29日，中国（上海）自由贸易试验区正式挂牌成立。该自贸试验区成立时，以上海外高桥保税区为核心，辅之以机场保税区和洋山港临港新城，成为中国经济新的试验田，实行政府职能转变、金融制度、贸易服务、外商投资和税收政策等多项改革措施，并将大力推动上海市转口、离岸业务的发展。2014年6月28日，国务院批准了《中国（上海）自由贸易试验区进一步扩大开放的措施》。这将有利于自贸试验区抓住国际产业重新布局的机遇，发挥好促进我国产业发展转型升级和培育国际经济合作竞争新优势的"试验田"作用。

在上海自由贸易试验区经验基础上，国家进一步在全国各地有条件的城市和地区设置自由贸易试验区。2015年1月29日，国务院发出《关于推广中国（上海）自由贸易试验区可复制改革试点经验的通知》（以下简称《通知》），对中国（上海）自由贸易试验区可复制改革试点经验在全国范围内的推广工作进行了全面部署。《通知》明确，上海自贸试验区可复制改革试点经验，原则上，除涉及法律修订、上海国际金融中心建设事项外，能在其他地区推广的要尽快推广，能在全国范围内推广的要推广到全国。此后，自由贸易试验区在各地出现。

2017年10月，习近平总书记在党的十九大报告中指出，赋予自由贸易试验区更大改革自主权，探索建设自由贸易港。最大的自由贸易试验区是中国（海南）自由贸易试验区，同时海南也是最早的自由港试验区。2018年10月16日，《中国（海南）自由贸易试验区总体方案》正式发布，海南作为南海上的一颗明珠，将凭借独特的地理区位优势，全域对外开放，再次释放中国扩大开放的重大信号。2018年4月11日，《中共中央国务院关于支持海南全面深化改革开放的指导意见》发布，该《指导意见》提出：坚持全方位对外开放，按照先行先试、风险可控、分步推进、突出特色的原则，第一步，在海南全境建设自由贸易试验区，赋予其现行自由贸易试验区试点政策；第二步，探索实行符合海南发展定位的自由贸易港政策。

2018年4月13日，庆祝海南建省办经济特区30周年大会在海南省人大会堂举行。习近平总书记出席大会并发表重要讲话。习近平总书记指出：

> 海南是我国最大的经济特区，地理位置独特，拥有全国最好的生态环境，同时又是相对独立的地理单元，具有成为全国改革开放试验田的独特优势。海

南在我国改革开放和社会主义现代化建设大局中具有特殊地位和重要作用。海南要坚持开放为先，实行更加积极主动的开放战略，加快建立开放型经济新体制，推动形成全面开放新格局。党中央决定支持海南全岛建设自由贸易试验区，支持海南逐步探索、稳步推进中国特色自由贸易港建设，分步骤、分阶段建立自由贸易港政策和制度体系。这是党中央着眼于国际国内发展大局，深入研究、统筹考虑、科学谋划作出的重大决策，是彰显我国扩大对外开放、积极推动经济全球化决心的重大举措。海南建设自由贸易港要体现中国特色，符合中国国情，符合海南发展定位，学习借鉴国际自由贸易港的先进经营方式、管理方法。我们欢迎全世界投资者到海南投资兴业，积极参与海南自由贸易港建设，共享中国发展机遇、共享中国改革成果。①

从自由贸易实验区政策开始，中国的市场准入全面采用负面清单制度。2018年6月，国家发改委和商务部出台了《外商投资准入特别管理措施（负面清单）（2018年版）》，比2017年版的63条减少了15条，22个领域大幅放宽外商投资市场准入。

2018年4月10日上午，习近平主席在博鳌亚洲论坛2018年年会开幕式上发表主旨演讲，向全世界承诺："中国开放的大门不会关闭，只会越开越大!"② 习近平主席指出：实践证明，过去40年中国经济发展是在开放条件下取得的，未来中国经济实现高质量发展也必须在更加开放条件下进行。这是中国基于发展需要作出的战略抉择，同时也是在以实际行动推动经济全球化造福世界各国人民。为此，习近平主席宣布了中国在扩大开放方面的一系列重大举措：

第一，大幅度放宽市场准入。在服务业特别是金融业方面，放宽银行、证券、保险行业外资股比限制的重大措施要确保落地，同时要加大开放力度，加快保险行业开放进程，放宽外资金融机构设立限制，扩大外资金融机构在华业务范围，拓宽中外金融市场合作领域。在制造业方面，尽快放宽外资股比限制特别是汽车行业外资限制。

第二，创造更有吸引力的投资环境。加强同国际经贸规则对接，增强透明度，强化产权保护，坚持依法办事，鼓励竞争、反对垄断。完成修订外商投资负面清单工作，全面落实准入前国民待遇加负面清单管理制度。

第三，加强知识产权保护。将重新组建国家知识产权局，完善执法力量，加大

---

① 《习近平在庆祝海南建省办经济特区30周年大会上发表重要讲话强调 党中央支持海南全面深化改革开放 争创新时代中国特色社会主义生动范例》，《人民日报》2018年4月14日。

② 《开放共创繁荣 创新引领未来——习近平在博鳌亚洲论坛2018年年会开幕式上的主旨演讲》，《人民日报》2018年4月11日。

执法力度，把违法成本显著提上去，把法律威慑作用充分发挥出来。鼓励中外企业开展正常技术交流合作，保护在华外资企业合法知识产权。

第四，主动扩大进口。中国不以追求贸易顺差为目标，真诚希望扩大进口，促进经常项目收支平衡。将相当幅度降低汽车进口关税，同时降低部分其他产品进口关税，努力增加人民群众需求比较集中的特色优势产品进口，加快加入世界贸易组织《政府采购协定》进程。

习近平指出，经过努力，中国金融业竞争力将明显提升，资本市场将持续健康发展，现代产业体系建设将加快推进，中国市场环境将大大改善，知识产权将得到有力保护，中国对外开放一定会打开一个全新的局面。

第五节 增长与发展

一、发展规划

1. "十二五"规划（2011—2015 年）

"十二五"时期（2011—2015 年），是全面建设小康社会的关键时期，是深化改革开放、加快转变经济发展方式的攻坚时期。经过"十一五"时期经济发展，中国经济增长动力的可持续性已经进入瓶颈期，部分主要产业出现产能过剩，环境约束进一步收紧，投资和消费关系失衡，收入分配差距较大，内需市场扩大有限，科技创新能力不强，产业结构不合理，农业基础仍然薄弱，城乡区域发展不协调。总之，发展中不平衡、不协调、不可持续问题依然突出。因此，"十二五"时期的主要战略性任务是加快转变经济发展方式，着力推进经济增长动力的转换。

2010 年 10 月，党的十七届五中全会通过了《中共中央关于制定国民经济和社会发展第十二个五年规划的建议》。根据该《建议》有关部门制定了《国民经济和社会发展第十二个五年规划纲要》（以下简称《纲要》）。《纲要》以科学发展为主题，以加快转变经济发展方式为主线，勾勒出未来五年中国产业路线图，围绕发展现代农业、传统制造业转移和升级、培育和发展新兴产业、提升现代服务业规模和效率四条主线，构建下一阶段中国经济的支点。《纲要》把经济结构战略性调整作为主攻方向和核心任务，对需求结构、供给结构、城乡结构、区域结构等进行全方位调整，推动经济转型升级：通过实施扩大内需战略，促进经济增长向依靠消费、投资、出口协调拉动转变；进一步发展现代产业体系，促进经济增长向依靠第一、第二、第三产业协同带动转变。同时，《纲要》要求在工业化、城镇化深入发展中同步推进农业现代化，积极稳妥推进城镇化；实施区域发展总体战略，调整国土空间开发结构，促进区域协调互动发展。

"十二五"时期，中国经济积极适应"新常态"，不断创新和完善宏观调控，推动形成经济结构优化、发展动力转换、发展方式转变加快的良好态势，经济保持持续较快发展，经济总量稳居世界第二位，人均国内生产总值增至49351元（折合7924美元）。经济结构调整取得重大进展，农业稳定增长，第三产业增加值占国内生产总值比重超过第二产业，居民消费率不断提高，城乡区域差距趋于缩小，常住人口城镇化率达到56.1%，基础设施水平全面跃升，高技术产业、战略性新兴产业加快发展，一批重大科技成果达到世界先进水平。[①] 新增就业持续增加，贫困人口大幅减少，人民生活水平和质量进一步提高。对外开放不断深入，成为全球第一货物贸易大国和主要对外投资大国，人民币纳入国际货币基金组织特别提款权货币篮子。社会发展的总体要求已经从以往的"全面建设小康社会"转变为"全面建成小康社会"。

2. "十三五"规划（2016—2020 年）

2013 年底，中央经济工作会议召开，习近平总书记强调要着手启动"十三五"规划前期准备工作。2014 年起，国家发展改革委开展基础调查、信息搜集、重点课题调研以及纳入规划重大项目的论证等前期工作，并于当年年底形成基本思路。2015 年 10 月，党的十八届五中全会审议和通过《中共中央关于制定国民经济和社会发展第十三个五年规划的建议》。该《建议》提出全面建成小康社会新的目标要求：经济保持中高速增长，在提高发展平衡性、包容性、可持续性的基础上，到2020 年国内生产总值和城乡居民人均收入比 2010 年翻一番，产业迈向中高端水平，消费对经济增长贡献明显加大，户籍人口城镇化率加快提高。农业现代化取得明显进展，人民生活水平和质量普遍提高，我国现行标准下农村贫困人口实现脱贫，贫困县全部摘帽，解决区域性整体贫困。国民素质和社会文明程度显著提高。生态环境质量总体改善。各方面制度更加成熟更加定型，国家治理体系和治理能力现代化取得重大进展。中共十八届五中全会提出：到 2020 年全面建成小康社会，为实现第二个百年奋斗目标、实现中华民族伟大复兴的中国梦奠定更加坚实的基础。2016 年 3 月 16 日，最终完成的"十三五"规划纲要经十二届全国人大四次会议审查通过。

"十三五"时期经济社会发展的主要任务和重大举措包括：第一，不断创新和完善宏观调控，积极促进消费升级，着力扩大有效投资，保持经济中高速增长；第

---

① 参见《中华人民共和国国民经济和社会发展第十三个五年规划纲要》，《人民日报》2016 年 3 月18 日。

二，实施创新驱动发展战略，塑造更多依靠创新驱动、更多发挥先发优势的引领型发展；第三，推动产业迈向中高端水平，培育壮大新兴产业，改造提升传统产业，推进农业现代化，加快构建现代产业新体系；第四，促进城乡区域协调发展，大力推动以人为核心的新型城镇化，深入实施区域发展总体战略，全面推进"一带一路"建设、京津冀协同发展、长江经济带发展；第五，构建发展新体制，在重点领域和关键环节改革上取得突破性进展，形成有利于引领经济发展新常态的体制机制；第六，构建全方位开放新格局，进一步健全对外开放新体制，发挥"一带一路"建设对新时期对外开放的引领作用，深入推进国际产能和装备制造合作；第七，以解决生态环境领域突出问题为重点，加快改善生态环境质量；第八，着力保障改善民生，普遍提高人民生活水平和质量，实现全体人民共同迈入全面小康社会。[①]

"十三五"规划纲要是我国全面建成小康社会的收官规划，具有特别重要的意义。所以，从规划编制的一开始，中共中央、国务院就明确提出，要编一个"耳目一新、务实管用"的规划。同时要求要做深做实"三个重大"，即重大政策、重大工程、重大项目。所以，纲要明确规划了165项重大工程项目。165项重大工程项目作为一个集合体，充分体现了适应把握引领经济发展新常态，贯彻落实创新、协调、绿色、开放、共享的新发展理念，推进供给侧结构性改革的要求。其内容涉及经济社会发展方方面面，既包括重大建设项目，也包括重大行动、重大计划、重大改革等重大任务，都关乎经济社会发展全局，在各领域发展中具有基础性、关键性、引领性、战略性作用。2016年7月，国家发展改革委印发了《关于加快推进国家"十三五"规划〈纲要〉重大工程项目实施工作的意见》，对165项重大工程项目的落地作出了具体部署。[②]

二、宏观调控

1. 调控背景

进入21世纪的第二个十年，中国经济已经迈进"中等收入水平"发展阶段。钢铁、煤炭、水泥等基础建设生产材料行业出现严重的产能过剩，如过往依靠产业投资而拉动经济增长的条件与空间已经愈发紧张，资本边际效益已经走向滑落趋势。随着居民收入水平的不断提升，人们的消费需求水平也在随之上扬，然而国内的产品品质与居民的需求水平出现明显"错位"，一方面是低端产品过剩供给，另

---

① 参见《"展望十三五"系列报告会首场报告举行 我国发展站在更高起点上（展望"十三五"）》，《人民日报》2016年4月6日。

② 参见《发展改革委就充分发挥重大工程项目牵引作用，推动"十三五"规划〈纲要〉全面实施举行发布会》，中国政府网，2016年8月23日，见http://www.gov.cn/xinwen/2016-08/23/content_5101584.htm。

一方面是居民消费需求质量提升，从而产业经济陷入供需"质"矛盾与无效"量"供给的双重困境。从 2012 年开始，中国经济增速逐渐出现下行趋势，人口红利日益消融、资源环境约束不断趋紧、国外产业竞争激烈，这些不利因素所形成的阻力使得中国经济的发展进一步受到掣肘。中央政府深刻认识到，眼前所遇到的经济发展问题不再是数量型的矛盾，而是质量型的深层次的矛盾。因此，中央政府通过深化经济体制改革、科学进行宏观调控，以"供给侧结构性改革"为主题，立足于经济新常态的独特背景，以新的思路与新的视角调整了宏观经济政策。2018 年 12 月 19 日至 21 日，中央经济工作会议在北京召开，提出"巩固、增强、提升、畅通"八字方针，对于指导当前和今后一个时期深化供给侧结构性改革、推动经济高质量发展意义重大。

2. 财政政策

2013—2016 年，中央政府用于补助地方专项扶贫资金年均增长 20% 以上，这部分资金主要投向贫困地区的农业、教育、文化、医疗、卫生、交通等领域。[①] 与此同时，财政政策在"积极有效"层次上作了深化调整，其中主要是以"减税降费"为基本手段，以大规模、深层次、调结构为基本风格减轻企业的税费负担，减低企业的生产经营成本，促使企业有更多的资金用于创新发展和更多的动力进行扩大再生产。2013 年，"营改增"税制试点逐步落地，并在 2016 年全面推开。征收营业税改为征收增值税这一税制改革大幅度地减少了企业的重复纳税，同时也激励了服务业的快速发展，为产业结构优化升级提供了重要的助力。截至 2017 年 6 月，"营改增"税制的实施直接为企业减税 8500 多亿元，全面实现所有行业的税负只减不增。此外，为支持中小企业发展，中央政府持续扩展了对规模小、利润薄的企业征收所得税的优惠政策范围，并将年应纳税所得额上限从 6 万元提高到 50 万元；进一步扩大企业研发费用加计扣除范围，其中，科技型中小企业研发费用税前加计扣除比例由 50% 提高至 75%；出台股权激励和技术入股递延纳税政策，完善固定资产加速折旧优惠政策；清理规范政府性基金和行政事业性收费，共取消、免征、停征和减征 1368 项。[②]

3. 货币政策

2013—2018 年的货币政策依然延续了"谨慎稳健"原则，同时也根据经济运行需要进行灵活调整。2013 年，中央政府采取稳健的货币政策，避开短期刺激措施，合理安排赤字，控制货币发行量，通过增加有效供给，释放潜在需求，沉着应

---

① 参见中共财政部党组：《更好发挥财政在国家治理中的基础和重要支柱作用——党的十八大以来我国财政政策的理论与实践》，《中国财政》2017 年第 19 期。

② 参见中共财政部党组：《更好发挥财政在国家治理中的基础和重要支柱作用——党的十八大以来我国财政政策的理论与实践》，《中国财政》2017 年第 19 期。

对市场短期波动，保障经济运行不滑出合理区间，财政赤字控制在合理预算区间范围内。2014年，货币政策坚持稳健有效原则，同时也灵活运用各种货币政策工具，采取定向降准、定向再贷款、非对称降息等措施，加大对经济社会发展薄弱环节的支持力度，小微企业、"三农"贷款增速比各项贷款平均增速分别高4.2个和0.7个百分点。2015年，政府继续保持松紧适度的稳健货币政策，创新货币政策工具，改革存贷比管理，多次降息降准，进一步加大对实体经济支持力度。2016年，货币政策适度灵活调控，综合运用多种货币政策工具，支持实体经济发展，政府出台鼓励民间投资等政策，投资出现企稳态势，同时加强金融风险防控，分类调控房地产市场，努力稳定在合理均衡水平。2017年，货币政策向经济发展的薄弱环节倾斜，采用"数量"与"价格"相互协调的政策运作，灵活运用货币政策工具，尤其是公开市场操作，有效调节了市场资金的流动性，运用市场手段引导资金利率在合理区间波动，调整定向降准机构存款准备金率，支持金融机构对重点领域与薄弱环节信贷投放，着力推动经济供给侧结构性改革进程。2018年，货币供给适度松紧、灵活调控，重点引导金融资金支持实体经济，为解决融资难融资贵问题，央行先后进行了4次降低存款准备金率，实施多方面的举措以缓解民营与小微企业资金紧张状况，融资成本上升势头得到初步遏制，并有效平复了股市、债市异常波动。[①]

4. 产业政策

政府首先明确新兴产业是战略高地，要实施高端装备、信息网络、集成电路、新能源、新材料、生物医药、航空发动机、燃气轮机等重大项目，把一批新兴产业培育成主导产业；制定"互联网+"行动计划，推动移动互联网、云计算、大数据、物联网等与现代制造业结合，促进电子商务、工业互联网和互联网金融健康发展，引导互联网企业拓展国际市场，国家设立400亿元新兴产业创业投资引导基金，要整合筹措更多资金，为产业创新加油助力。[②] 2016年，政府深入推进"互联网+"行动和国家大数据战略，全面实施《中国制造2025》，落实与完善了"双创"政策措施；部署启动面向2030年的科技创新重大项目，支持北京、上海建设具有全球影响力的科技创新中心，新设6个国家自主创新示范区。[③]

5. 区域协调

（1）京津冀协同发展。中央政府在京津冀一体化发展基础上进一步提出了京津冀协同发展战略，打造以北京为引领的京津冀经济圈。习近平对推动京津冀协同

---

① 参见《政府工作报告》，2013—2019年，中国政府网，见 http：//www. gov. cn/guowuyuan/baogao. htm。

② 参见《2015年政府工作报告》，中国政府网，2015年3月16日，见 http：//www. gov. cn/guowuyuan/ 2015-03/16/content_ 2835101. htm。

③ 参见《2017年政府工作报告》，中国政府网，2017年3月16日，见 http：//www. gov. cn/premier/ 2017-03/16/content_ 5177940. htm。

发展提出了 6 个方面的要求：第一，紧紧抓住"牛鼻子"不放松，积极稳妥有序疏解北京非首都功能。第二，保持历史耐心和战略定力，高质量高标准推动雄安新区规划建设。第三，以北京市级机关搬迁为契机，高质量推动北京城市副中心规划建设。第四，向改革创新要动力，发挥引领高质量发展的重要动力源作用。第五，坚持绿水青山就是金山银山的理念，强化生态环境联建联防联治。第六，坚持以人民为中心，促进基本公共服务共建共享。要着力解决百姓关心、涉及切身利益的热点难点问题。①

（2）长江经济带发展战略。2016 年 9 月，中央政府正式印发了《长江经济带发展规划纲要》，立足于新发展理念，以"绿色发展"为基本方针，针对长江沿岸产业经济发展中的问题，确立了长江经济带"一轴、两翼、三极、多点"的发展新格局，为战略发展整体布局定下基调。其中，"一轴"是以长江黄金水道为依托，发挥上海、武汉、重庆的核心作用，推动经济由沿海溯江而上梯度发展；"两翼"分别指沪瑞和沪蓉南北两大运输通道，这是长江经济带的发展基础；"三极"指的是长江三角洲城市群、长江中游城市群和成渝城市群，充分发挥中心城市的辐射作用，打造长江经济带的三大增长极；"多点"是指发挥三大城市群以外地级城市的支撑作用。②

（3）新一轮东北振兴战略。2016 年 4 月，《中共中央、国务院关于全面振兴东北地区等老工业基地的若干意见》对外发布，标志着新一轮东北振兴战略正式启动实施，也标志着东北振兴进入全面振兴的新阶段。2016 年 11 月，国务院出台《关于深入推进实施新一轮东北振兴战略加快推动东北地区经济企稳向好若干重要举措的意见》，并批复《东北振兴"十三五"规划》。党的十九大报告提出"深化改革加快东北等老工业基地振兴"，党中央、国务院对支持东北地区深化改革创新推进高质量发展作出重要部署，提出新的要求。2018 年 9 月，习近平总书记在东北三省考察并主持召开深入推进东北振兴座谈会，强调东北地区是我国重要的工业和农业基地，维护国家国防安全、粮食安全、生态安全、能源安全、产业安全的战略地位十分重要，关乎国家发展大局。新时代东北振兴，是全面振兴、全方位振兴，要瞄准方向、保持定力，扬长避短、发挥优势，一以贯之、久久为功，形成对国家重大战略的坚强支撑。2021 年 9 月，国务院批复《东北全面振兴"十四五"实施方案》。

（4）粤港澳大湾区发展战略。2019 年 2 月 18 日，中共中央、国务院发布了

---

① 参见《习近平在京津冀三省市考察并主持召开京津冀协同发展座谈会》，中国政府网，2019 年 1 月 18 日，见 http：//www.gov.cn/xinwen/2019-01/18/content_ 5359136. htm。

② 参见《〈长江经济带发展规划纲要〉正式印发》，国家发展和改革委员会网站，2016 年 10 月 11 日，见 http：//www.ndrc.gov.cn/fzgggz/dqjj/qygh/201610/t20161011_ 822279. html。

《粤港澳大湾区发展规划纲要》，对粤港澳大湾区的经济开发与产业布局以及发展理念、原则、目标作了具体规划。国家将粤港澳大湾区定位为充满活力的世界级城市群、国际科技创新中心、"一带一路"建设的重要支撑、内地与港澳深度合作示范区。2023 年 4 月，习近平总书记在广东考察时再次对粤港澳大湾区建设作出指示和要求：粤港澳大湾区在全国新发展格局中具有重要战略地位。广东要认真贯彻党中央决策部署，把粤港澳大湾区建设作为广东深化改革开放的大机遇、大文章抓紧做实，摆在重中之重，以珠三角为主阵地，举全省之力办好这件大事，使粤港澳大湾区成为新发展格局的战略支点、高质量发展的示范地、中国式现代化的引领地。

（5）长江三角洲一体化战略。2019 年 12 月 1 日，中共中央、国务院发布《长江三角洲区域一体化发展规划纲要》，坚持深化市场化改革、扩大高水平开放，加快建设现代化经济体系，着力推动形成区域协调发展新格局，着力加强协同创新产业体系建设，着力提升基础设施互联互通水平，着力强化生态环境共保联治，着力加快公共服务便利共享，着力推进更高水平协同开放，着力创新一体化发展体制机制，建设长三角生态绿色一体化发展示范区和中国（上海）自由贸易试验区新片区，努力提升配置全球资源能力和增强创新策源能力，建成我国发展强劲活跃增长极。2021 年 6 月，推动长三角一体化发展领导小组办公室印发了《长三角一体化发展规划"十四五"实施方案》。2023 年 11 月 30 日，习近平总书记在上海主持召开深入推进长三角一体化发展座谈会上指出：在建设中华民族现代文明上积极探索，推动长三角一体化发展取得新的重大突破，在中国式现代化中走在前列，更好发挥先行探路、引领示范、辐射带动作用。

（6）新型城镇化战略。2014 年 3 月，中共中央、国务院印发了《国家新型城镇化规划（2014—2020 年）》，为加快推进农村人口市民化进程提出一系列措施：一是要健全农业转移人口落户制度，各类城镇要健全农业转移人口落户制度；二是要实施差别化落户政策，以合法稳定就业和合法稳定住所（含租赁）等为前置条件，全面放开建制镇和小城市落户限制，努力实现 1 亿左右农业转移人口和其他常住人口在城镇落户。①

三、经济增长

1. 中高速增长

党的十八大以来，中国经济进入新常态发展阶段，经济政策的核心是在不影响

---

① 参见《国家新型城镇化规划（2014—2020 年）》，中国政府网，2014 年 3 月 16 日，见 http://www.gov.cn/zhengce/2014-03/16/content_ 2640075.htm。

大面积产业工人就业的情况下，适时调整经济增长速度，转变经济发展方式，将经济增长稳定在中高速水平。2010年之后，中国经济增速逐渐进入10%以下区段。经过两年调整，2012年更进入"7"时代，当年增长率为7.9%。2013年经济增长速度比2012年略有减缓，GDP增长率为7.8%，而2014年的经济增速出现了明显的回落，比2013年下跌了0.5个百分点；自2015年开始，中国经济增长速度进入了"6"时代，并逐步呈现缓慢徘徊型的下降趋势，2015—2018年，中国GDP增长率分别为6.9%、6.7%、6.8%、6.6%。总的来讲，中国经济在2013—2018年保持着中高速的增长水平已经属于很大的成就。事实上，世界经济整体步入缓慢增长的阶段，增速徘徊在3%左右，而中国能够在新世纪保持6.5%以上的经济增速，依然是一个较好的成绩。

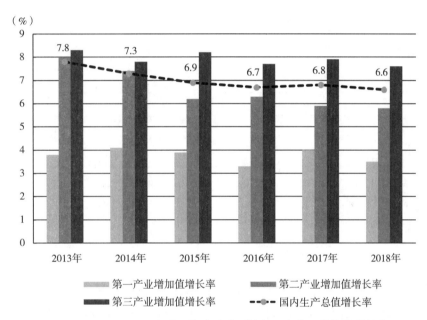

图24-1　2013—2018年中国国内生产总值与三次产业增加值增长率

资料来源：国家统计局网站，见 http://data. stats. gov. cn/easyquery. htm？cn＝C01。

2. 高质量增长

2013年，中国国内生产总值达到59.3万亿元。其中，第三产业增加值为27.80万亿元，已经明显高于第二产业的增加值；第二产业增加值为26.20万亿元，比第三产业少了1.6万亿元；第一产业增加值为5.30万亿元，占比接近国内生产总值的十分之一。2016年、2017年与2018年，中国国内生产总值依次突破了70万亿元、80万亿元、90万亿元的规模，分别达到了74.01万亿元、82.08万亿元与90.03万亿元。2016年，第一产业增加值首次进入6万亿元的规模，达到6.01万亿元。2017年，第二、三产业同时取得新的突破，分别超越30万亿元和

40 万亿元的规模，达到 33.27 万亿元和 42.59 万亿元。2018 年，中国三次产业增加值同时保持着较适宜的增幅，分别比上年增加了 0.26 万亿元、3.33 万亿元、4.37 万亿元，分别高达 6.47 万亿元、36.60 万亿元、46.96 万亿元。

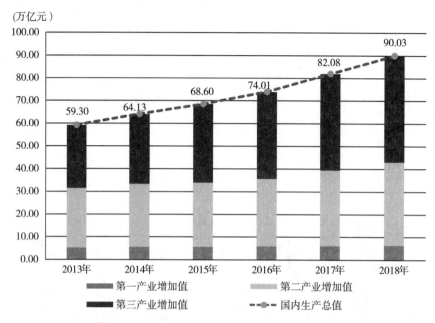

图 24-2　2013—2018 年中国国内生产总值与三次产业增加值变化

资料来源：国家统计局网站，见 http：//data.stats.gov.cn/easyquery.htm？cn=C01。

3. 经济结构优化

2013—2018 年，中国社会始终保持着巨大的经济总量基数并实现了中高速的经济增长，同时，由于供给侧结构性改革的不断推进，中国经济结构优化也取得了较为显著的成效。就产业结构来看，如表 24-1 所示，自党的十八大以来，以工业为主的第二产业产值在 GDP 中的占比大体上呈不断缩小的趋势，逐步由以往阶段的"二、三、一"的产业结构转变为"三、二、一"的产业结构。2013 年，第一产业增加值在国内生产总值中的占比为 8.94%，第二产业为 44.18%，第三产业为46.88%。第三产业已经显著超过第二产业而成为经济社会的主体产业。2014 年，产业结构继续由第二产业向第三产业倾斜，其中，第三产业增加值在国内生产总值中占比上升为 48.04%，比 2013 年上升了 1.16 个百分点，而第二产业占比下降了0.9 个百分点。2015 年，第三产业增加值在国内生产总值中的占比首次过半，达到50.46%。2016—2018 年，第三产业增加值占比稳步上升，从 2016 年的 51.80% 上升至 2019 年的 52.16%，而第二产业增加值占比基本徘徊在 40% 左右。经过党的十八大以来的经济结构调整，中国的产业结构大体上由前一个阶段的 1∶4.5∶4.5 演变为 2018 年的 0.7∶4.1∶5.2，产业结构优化取得了积极的进展。

表 24-1 2013—2018 年中国三次产业增加值在国内生产总值中的占比

年份	第一产业	第二产业	第三产业
2013	8.94%	44.18%	46.88%
2014	8.67%	43.28%	48.04%
2015	8.42%	41.11%	50.46%
2016	8.13%	40.07%	51.80%
2017	7.57%	40.54%	51.89%
2018	7.19%	40.65%	52.16%

资料来源：国家统计局网站，见 http：//data.stats.gov.cn/easyquery.htm? cn=C01。

4. 创新驱动发展

自 2013 年始，中国加快实施创新驱动发展战略，支持与开辟了一系列国家级高新技术产业园区，并通过财税体制改革激励了一大批民营企业进行自主创新发展，经济新动能的生根、萌芽、成长、结果逐步得到实现。2013 年，中国大中型工业企业高技术产业研究与试验发展机构数为 4583 个，比 2012 年多出 17 个；企业高技术产业新产品开发经费为 2069.5 亿元，比 2012 年高出 200 多亿元；高技术产业有效发明专利数突破 10 万件，达到 115884 件，比 2012 年多出近两万件；高技术产业固定资产投资额为 15557.7 亿元。从 2015 年开始，中国科技创新事业进入了跳跃式的发展节奏。2015 年、2016 年与 2017 年，中国高技术产业研究与试验发展机构数依次突破了 5000 个、6000 个与 7000 个，分别高达 5572 个、6456 个与 7018 个，年均增长 750 个左右；企业高技术产业新产品开发经费从 2015 年的 2574.6 亿元增长到 2017 年的 3421.3 亿元，年均增长 400 多亿元；高技术产业有效发明专利数增长幅度更为巨大，2015 年取得专利数为 199728 件，比 2014 年高出 5 万多件，2016 年取得的专利数达到 257234 件，比 2015 年高出 6 万多件，2017 年取得专利高达 306431 件，巨大的科技专利规模不断强化着中国创新驱动经济增长的持久动力。在 2015 年，中国高技术产业固定资产投资额为 19950.65 亿元，基本达到两万亿的规模水平。2016 年与 2017 年，中国高技术产业固定资产投资额分别高达 22786.7 亿元与 26186.55 亿元。[①]

四、对外经济

1. 对外贸易

2013 年，中国进出口贸易总额为 25.82 万亿元，进出口贸易差额为 1.61 万亿元，顺差规模较 2012 年有所扩大，贸易总额增长率为 5.74%，比上年略有升高。

① 参见国家统计局网站，见 http：//data.stats.gov.cn/easyquery.htm? cn=C01。

2014 年，中国继续保持贸易顺差，且顺差规模增长幅度较大，由上年的 1.61 万亿元上升到 2.35 万亿元，贸易总额整体增速有所放缓，仅为 2.35%。2015 年，中国进出口贸易总额规模由上年的 26.42 万亿元减少至 24.55 万亿元，环比下降7.09%，而进出口差额却有所上升，从上年的 2.35 万亿元增加至 3.68 万亿元，顺差规模继续扩大。2016 年，中国进出口贸易总额继续小幅缩减，比上年减少 2000多亿元，约缩减 0.86%，同时，顺差规模较上年也有所减少，由上年的 3.68 万亿元降至 3.35 万亿元。2017 年，中国对外贸易开始出现新变化，首先是进出口贸易总额规模快速扩大，达到 27.81 万亿元，比 2016 年增长了近 3.5 万亿元，环比增长 14.26%；其次是对外贸易顺差规模逐渐优化，在进出口贸易总量大幅上升同时缩小了顺差的规模，2017 年进出口差额约为 2.85 万亿元，比上年减少约 5000亿元。[①]

2. 外资引进

2013—2018 年，中国直接利用外资总额整体上呈不断扩大趋势，只是引进外资总额增速略有波动。2013 年，中国利用外资总额较 2012 年大幅上涨，达到1175.86 亿美元，环比增长 5.25%；2014 年，中国利用外资总额增速有所放缓，达到 1195.62 亿美元，仅比 2013 年增加约 20 亿美元，增长 1.68%；2015 年，中国利用外资总额为 1262.67 亿美元，实现了稳步上升，且增长幅度略有上升，增长率达到 5.61%；然而，2016 年，中国利用外资总额增速开始回落，且减幅较大，自2013 年以来首次出现负增长，比 2015 年减少 0.21%，降至 1260.01 亿美元；2017年，中国利用外资总额快速回升，突破了 1300 亿美元，比 2016 年高出 50 多亿美元，高达 1310.35 亿美元；2018 年，中国利用外资总额继续保持增长，达到 1350亿美元。

另外，改革开放以来，我国与国际金融组织和外国政府开展贷款合作已有 40余年。根据财政部公布的资料，截至 2023 年 12 月 31 日，我国利用国际金融组织（包括世界银行、亚洲开发银行、国际农业发展基金、欧洲投资银行、新开发银行、亚洲基础设施投资银行、欧佩克国际发展基金、北欧投资银行）和外国政府贷款累计承诺额约 1851.16 亿美元，累计提款额约 1522.47 亿美元，累计归还贷款本金约 988.36 亿美元，债务余额（已提取未归还贷款额）约 534.13亿美元。贷款用于支持我国 3885 个项目，涉及大气污染防治、节能环保、应对气候变化、绿色发展、乡村振兴、交通、城建、教育、医疗卫生、农业、灾后重建众多等领域，为我国经济社会发展提供了资金和智力支持。具体情况见表 24-2。

---

① 参见国家统计局网站，见 http://data.stats.gov.cn/easyquery.htm? cn=C01。

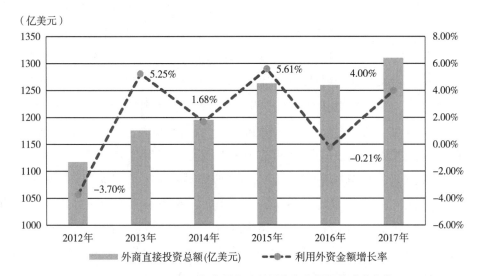

图 24-3　2012—2017 年中国实际利用外资总额及其增速变化

资料来源：国家统计局网站，见 http：//data. stats. gov. cn/easyquery. htm？cn＝C01。

表 24-2　国际金融组织和外国政府贷款总体情况

（单位：亿美元）

贷款来源	贷款项目个数	累计承诺额	累计注销额	累计提款额	未提取贷款额	累计还本额	债务余额
世界银行	457	673.26	58.18	576.78	42.31	422.29	154.49
亚洲开发银行	300	444.28	24.85	339.59	79.84	153.1	186.48
国际农业发展基金	33	11.1	0.1	9.64	1.36	4.21	5.44
欧洲投资银行	10	32.38	0.35	19.35	12.67	9.52	9.83
新开发银行	24	88.8	6.29	54.37	28.13	1.18	53.2
亚洲基础设施投资银行	6	23.78	0	12.97	10.81	0.26	12.71
欧佩克国际发展基金	15	3.92	0.18	2.24	1.51	0.58	1.66
北欧投资银行	324	15.05	0.44	14.61	0	14.29	0.33
外国政府贷款	2716	558.59	43.78	492.92	21.89	382.93	109.99
合计	3885	1851.16	130.17	1522.47	198.52	988.36	534.13

注：以上数据均按国家外汇管理局公布的 2023 年 12 月 29 日汇率折算。

资料来源：财政部网站，见 http：//gjs. mof. gov. cn/zhengcefabu/dklc/202405/t20240510_ 3934468. htm。

3. 对外投资

2013 年，中国对外投资净额总计 1078.44 亿美元，首次突破千亿美元大关，比 2012 年增长了 200 多亿美元；2014—2016 年，中国对外投资净额稳定上升，分别达到 1231.20 亿美元、1456.67 亿美元、1961.49 亿美元。其中，2016 年增幅较大。2017 年对外投资净额规模有所缩小，由 2016 年的 1961.49 亿美元减少为 1582.88 亿美元。[①] 在中国对外投资的主要行业中，制造业对外直接投资净额 2013 年比 2012 年略有下降，由 86.67 亿美元减少为 71.97 亿美元，然而在 2013 年之后，中国制造业对外投资规模迅速增长，从 2013 年的 71.97 亿美元上升到 2014 年 95.84 亿美元，增长了 20 多亿美元；2015 年，制造业对外投资加速增长，对外投资净额达到 200 亿美元，高出 2014 年 100 多亿美元；2016 年，制造业对外投资继续保持较高的增长速度，从 2015 年的 199.86 亿美元上升为 290.49 亿美元；2017 年，制造业对外投资规模略有增长，对外投资净额高达 295.07 亿美元。此外，批发和零售业对外投资规模也在不断扩大，2013 年批发和零售业对外投资净额为 130.49 亿美元；2015 年增长为 192.18 亿美元，三年间增长了约 60 亿美元；2016 年，批发和零售业对外投资净额突破 200 亿美元规模，达到 208.94 亿美元；2017 年，中国批发和零售业对外投资净额大幅增长，比 2016 年增长了 50 多亿美元，高达 263.11 亿美元。中国的租赁和商务服务业对外投资规模在对外投资总额中占有较大比例。2013 年，租赁和商务服务业对外投资净额为 270.56 亿美元；之后，稳步增长至 2015 年的 362.58 亿美元；在 2016 年，租赁和商务服务业对外投资净额发生了显著的跃升，从上年的 362.58 亿美元骤升至 657.82 亿美元，几乎翻了一番；2017 年，该行业对外投资净额有所回落，比 2016 减少了 100 多亿美元，但仍然保持着较大的规模，高达 542.73 亿美元。[②]

4. 国际收支

2013—2017 年，中国国际收支结构经历了明显的优化调整。2013 年，中国经常项目差额为 1482.04 亿美元，比 2012 年减少了近 700 亿美元；资本项目差额为 30.52 亿美元，比 2012 年减少了约 12.2 亿美元。就绝对值来看，金融项目差额规模有所缩减，2013 年为 883.31 亿美元，比 2012 年减少了约 442.6 亿美元。2014 年，中国国际收支结构发生了巨大的变化，首先是经常收支项目差额规模大幅度扩张，由上年的 1482.04 亿美元增长为 2360.47 亿美元，增幅近 900 亿美元；同时，资本项目差额发生扭转，由以往的正数变为负值，差额绝对值约为 0.33 亿美元；此外，金融项目差额变化较为显著，其绝对值规模达到 1691.41 亿美元，比上年将近翻了一番。2015 年，中国对外经济经常项目差额规模继续扩大，高达 3041.64 亿美元，比上年增长了近 700 亿美元；资本项目差额转回 2014 年之前的正数状态，变为 3.16 亿美元；金融项目差额继续延续了"负值"的状态，但绝对值规模有所缩小，比 2014 年大幅度降低为 915.23 亿美元。2016 年与 2017 年，中国经常项目

---

① 参见国家统计局网站，见 http：//data. stats. gov. cn/easyquery. htm？cn=C01。

② 参见国家统计局网站，见 http：//data. stats. gov. cn/easyquery. htm？cn=C01。

差额连续下降，分别下降约 1000 亿美元、400 亿美元，降低为 2022.03 亿美元与 1648.87 亿美元；同时，资本项目差额连续两年为"负值"，绝对值由 2015 年的 3.16 亿美元变为 3.44 亿美元与 0.94 亿美元；此外，金融项目差额由以往的"负值"变为"正数"，实现了属性的改变，即金融项目差额分别为 275.94 亿美元与 570.96 亿美元。

表 24-3　2012—2017 年中国国际收支平衡表核心指标

（单位：亿美元）

年份	经常项目差额（贷-借）	资本项目差额（贷-借）	金融项目差额（贷-借）
2012	2153.92	42.72	−1325.90
2013	1482.04	30.52	−883.31
2014	2360.47	−0.33	−1691.41
2015	3041.64	3.16	−915.23
2016	2022.03	−3.44	275.94
2017	1648.87	−0.94	570.96

资料来源：国家统计局网站，见 http：//data.stats.gov.cn/easyquery.htm? cn=C01。

五、社会事业

1. 就业质量

随着中国产业结构调整与优化取得显著成效，就业质量也稳步提升。就城乡就业人员结构变化来看，2013 年，中国总的就业人员为 76977 万人，其中，城镇就业人员为 38240 万人，占总就业人口的 49.68%；乡村就业人员为 38737 万人，占总就业人口的 50.32%；2014 年，总就业人员数量稳步上升，同时，城乡就业人口结构继续优化，更多的劳动力就业在城镇，其中有 39310 万人就业在城镇，37943 万人工作在乡村，分别占总就业人口的 50.88% 与 49.12%，城镇就业人员数量首次超过乡村就业人员数量；2015—2018 年，随着城镇化进程的不断推进，中国总就业人口基本稳定在 7.7 亿左右的规模水平，变化较为明显的是乡村劳动力人口快速地转向城镇就业，从而形成城镇就业人员比例逐年上升，乡村就业人员比例不断下降的趋势。2015—2018 年，中国总就业人口分别为 77451 万人、77603 万人、77640 万人、77586 万人，其中，城镇就业人员占总就业人员比例依次上升为 52.17%、53.38%、54.69%、55.96%。可以看到，中国越来越多的劳动力就业在城镇，更多的居民就业环境获得改善，劳动收入也更易于得到提高。[①]

---

① 参见国家统计局网站，见 http：//data.stats.gov.cn/easyquery.htm? cn=C01。

2. 居民收入

2013—2018 年，中国居民总体人均可支配收入水平呈现逐年上升趋势。2013 年，中国整体居民人均可支配收入为 18310.76 元，其中城镇居民人均可支配收入为 26467 元，农村居民人均可支配收入为 9429.59 元。2018 年，中国整体居民人均可支配收入为 28228 元，年增量有所扩大，达到 2254.21 元；城镇居民人均可支配收入大幅增加，达到 39251 元；农村居民人均可支配收入为 14617 元，比 2017 年增长了近 1200 元。

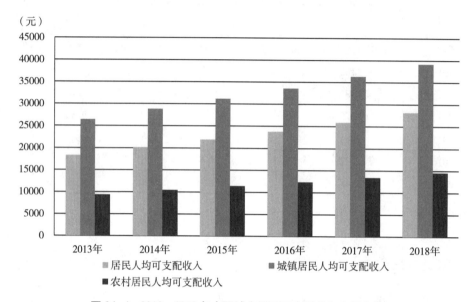

图 24-4　2013—2018 年中国城乡居民可支配收入水平变化

资料来源：国家统计局网站，见 http：//data. stats. gov. cn/easyquery. htm？ cn＝C01。

3. 社会保障

在基本养老保险体系建设方面，2013 年，中央政府大力推进养老保险、社会救助制度建设，城乡低保标准分别提高了 13.1% 和 17.7%，企业退休人员基本养老金水平提高了 10%；2014 年，中央政府积极统一城乡居民基本养老保险制度，企业退休人员基本养老金水平比上年再提高 10%，城镇参加养老保险人数继续增加，城镇职工基本养老保险基金收支规模持续扩大；2015 年，政府提高了低保、优抚、企业退休人员基本养老金等标准，积极推行机关事业单位养老保险制度改革并完善了工资制度；2016 年与 2017 年，政府继续完善了居民养老保险制度，城镇职工基本养老保险基金支出水平进一步提高，2016 年、2017 年分别达到 31853.8 亿元与 38051.5 亿元；2018 年，中央政府建立了企业职工基本养老保险基金中央调剂制度，提高了退休人员基本养老金。①

---

①　参见《政府工作报告》，2014—2019 年，中国政府网，见 http：//www. gov. cn/guowuyuan/zfg. htm。

2013 年，中国基本医保总体实现全覆盖，城乡居民基本医保财政补助标准增加到人均 280 元；基本药物制度覆盖 80% 以上村卫生室；28 个省份开展大病医疗保险试点，启动疾病应急救助试点。2014 年，政府将城乡居民大病保险试点扩大到所有省份，疾病应急救助制度基本建立，全民医保覆盖面超过 95%，城镇基本医疗保险基金收入与支出实现同步增长。2015 年，全面推开县级公立医院综合改革，拓展居民大病保险，建立重特大疾病医疗救助制度。2016 年，中央政府整合了城乡居民基本医保制度，提高了财政补助标准，增加基本公共卫生服务经费，实现大病保险全覆盖，符合规定的省内异地就医住院费用可直接结算。到 2017 年，中国社会已经有接近 12 亿的居民参加了基本医疗保险；城镇基本医疗保险基金收入与支出规模不断扩大。[①]

4. 脱贫攻坚

中共中央政治局于 2015 年 11 月 23 日审议通过《关于打赢脱贫攻坚战的决定》，自 2016 年始，"脱贫攻坚战"全面推进，全国财政专项扶贫资金投入超过 1000 亿元，为 1700 多万困难和重度残疾人发放生活或护理补贴；免除农村贫困家庭学生普通高中学杂费，全年资助各类学校家庭困难学生 8400 多万人次；农村贫困人口减少 1240 万。2013—2017 年，中央财政五年投入专项扶贫资金累积达到 2800 多亿元，脱贫攻坚取得决定性进展，实施积极的就业政策，重点群体就业得到较好保障，贫困人口减少 6800 多万，易地扶贫搬迁 830 万人，贫困发生率由 10.2% 下降到 3.1%。2018 年，脱贫攻坚战持续取得良好成果，农村贫困人口减少 1386 万，易地扶贫搬迁 280 万人。此外，在政策上更加深入推进精准脱贫，加强扶贫力量，加大资金投入，强化社会帮扶，贫困地区自我发展能力稳步提高。[②]

六、生态文明

2013 年以来，中国在转变经济发展方式方面取得了显著成效，具有低能耗、低污染、附加值高等特点的第三产业发展迅猛，产业增加值规模已经超过第二产业，2013 年，产业结构已经由原来的"二、三、一"转变为"三、二、一"，并且第三产业增加值规模逐年增长，三次产业在国内生产总值中的占比由 2013 年的 8.94%：44.18%：46.88% 演变为 2018 年的 7.19%：40.65%：52.16%。通过计算，在 2002—2011 年，中国能源消费（标准煤，吨）年均增长率约为 10%，GDP 年均增长率为 10.68%；2012—2018 年，中国能源消费（标准煤，吨）年均增长率

---

① 参见 2014—2019 年《政府工作报告》，中国政府网，见 http：//www.gov.cn/guowuyuan/zfg.htm。
② 参见 2016—2019 年《政府工作报告》，中国政府网，见 http：//www.gov.cn/guowuyuan/zfg.htm。

约为 3%，而 GDP 年均增长率约为 7.14%。[①] 另一方面，2013—2017 年，中国经济生产过程中的主要污染物排放量也在逐年下降，除了烟（粉）尘排放量在 2014 年与 2015 年略有增加之外，二氧化硫排放量与氮氧化物排放量每年的降幅都较为明显。如表 24-4 所示，2014 年与 2015 年，中国每年烟（粉）尘排放量分别为 1740.75 万吨与 1538.01 万吨，在 2015 年之后，每年烟（粉）尘排放量呈快速下降趋势，2016 年与 2017 年，每年烟（粉）尘排放量分别为 1010.66 万吨与 796.26 万吨。二氧化硫年排放量与氮氧化物年排放量在 2013—2017 年呈直线下降趋势，尤其是二氧化硫排放量下降幅度更为明显，年排放量在五年间下降了近 1200 万吨，氮氧化物排放量下降了近 1000 万吨。

表 24-4　2013—2017 年中国主要污染物年排放量

（单位：万吨）

年份	二氧化硫排放量	氮氧化物排放量	烟（粉）尘排放量
2013	2043.90	2227.36	1278.14
2014	1974.40	2078.00	1740.75
2015	1859.10	1851.02	1538.01
2016	1102.86	1394.31	1010.66
2017	875.40	1258.83	796.26

资料来源：国家统计局网站，见 http：//data.stats.gov.cn/easyquery.htm？cn=C01。

2019 年，国家发展改革委与有关部门围绕绿色发展理念，以党的十九大精神为根本遵循，共同研究制定了《绿色产业指导目录（2019 年版）》，并于 2019 年 2 月正式向各地方、各部门发出通知，并建议将该目录作为地方产业发展规划的主要参考依据，根据各自领域、区域发展重点，出台投资、价格、金融、税收等方面政策措施，着力壮大节能环保、清洁生产、清洁能源等绿色产业。《绿色产业指导目录（2019 年版）》的出台对中国经济社会培育绿色发展新动能与有效实现经济高质量发展起到了积极的指导作用。

---

① 参见国家统计局网站，见 http：//data.stats.gov.cn/easyquery.htm？cn=C01。

第二十五章　中国式现代化

第一节　社会主义工业化和现代化

一、社会主义工业化道路选择

1. 目标确定

实现国家工业化是近代以来中华民族追求的目标。从洋务运动开始，国家启动的工业化屡遭失败而找不到出路。中国共产党肩负着民族复兴的伟大使命，并认识到国家工业化为民族复兴的根本途径。1945 年 4 月，毛泽东在《论联合政府》报告中明确提出：中国要富强，必须走工业化道路。毛泽东认为，没有工业，便没有巩固的国防，便没有人民的福利，便没有国家的富强。"在新民主主义的政治条件获得之后，中国人民及其政府必须采取切实的步骤，在若干年内逐步地建立重工业和轻工业，使中国由农业国变为工业国。"[①]

然而，在一个有数亿人口且又极度贫困的大国实现工业化，确实是一个十分艰巨而又十分迫切的任务。因此，如何选择一条适合中国的工业化道路问题，摆在了党和政府面前。事实上，近代以来，中国的工业化曾进行过三次尝试，包括洋务运动建立近代工业的努力、民国初期的民族工业发展以及国民政府在 20 世纪 30 年代发动的实业运动。但是这些努力都没有取得显著的成功。到 1949 年，全国工业基础仍十分薄弱。《中国人民政治协商会议共同纲领》明确提出"发展新民主主义的人民经济，稳步地变农业国为工业国"的目标，并提出"以有计划有步骤地恢复和发展重工业为重点，例如矿业、钢铁业、动力工业、机器制造业、电器工业和主要化学工业等，以创立国家工业化的基础。同时，应恢复和增加纺织业及其他有利于国计民生的轻工业的生产，以供应人民日常消费的需要"。1953 年，在酝酿提出

---

① 《毛泽东选集》第三卷，人民出版社 1991 年版，第 1081 页。

过渡时期总路线的过程中，毛泽东明确提出了"国家的社会主义工业化"①。最后形成的过渡时期总路线的基本内容，是要在一个相当长的时期内，逐步实现国家的社会主义工业化，并逐步实现国家对农业、对手工业和对资本主义工商业的社会主义改造。这条总路线的制定和实施确保了中国工业化的社会主义方向。

2. 计划模式

1953 年，中国开始实行第一个五年计划。"一五"计划的基本任务，是集中力量进行以苏联帮助设计的 156 个建设项目为中心、由 694 个大中型建设项目组成的工业建设，以建立社会主义工业化的初步基础。在编制第一个五年计划过程中，中国学习苏联经验，采取了优先发展重工业的方针。"一五"的大中型项目大部分是重工业项目，并特别突出与军事有关的项目。事实上，中国当时的情况是，大部分轻工业设备利用率很低，而煤、电、油、有色金属、基本化学、建筑材料等产品，数量不足，品种不够，严重影响了工业化的进程。另外，朝鲜战争刚刚结束，帝国主义对中国实行经济技术封锁，战争危险时刻存在着。因此，在当时实行优先发展重工业的战略是符合国情的。"一五"计划执行结果，中国的飞机、汽车制造业、重型和精密机器制造业、发电设备制造业、冶金矿山制造业，以及高级合金钢和重要有色金属冶炼业，都从无到有发展起来，初步奠定了中国工业化的基础。

但在"一五"计划执行过程中，我国社会经济生活中也出现了诸如资金材料供应紧张、农业和轻工业生产不稳定、粮食及日常生活用品短缺等严重问题，而且这些问题在苏联东欧一些国家早有发生。1956 年初，毛泽东先后听取了中央工业、农业、运输业等 34 个部门的工作汇报。在大规模调查研究的基础上，毛泽东作了著名的《论十大关系》的报告。在报告中毛泽东提出，中国不能因循苏联工业化的道路，片面地注重重工业，忽视农业和轻工业，而应走在大力发展农业和轻工业的基础上去发展重工业的道路。这里实际上已经涉及开辟一条不同于苏联的中国工业化道路的问题。毛泽东在 1957 年所作的《关于正确处理人民内部矛盾的问题》的讲话中，则明确提出了"中国工业化的道路"这一科学概念。他指出，中国工业化的道路主要是指重工业、轻工业和农业的关系问题。他说，我国的经济建设是以重工业为中心，这一点必须肯定，但是同时必须充分注意发展农业和轻工业，发展工业必须和发展农业并举。至此，毛泽东基本形成了以重工业为主，重工业和轻工业、农业并举为主要内容的中国特色社会主义工业化道路的思想。

但是，在社会主义改造完成以后，中国出现了"大跃进"，提出"赶英超美"的口号，并开展了大炼钢铁运动，优先发展的仍然是重工业。这就导致中国工业结构和整个国民经济结构的严重失衡。在 1963—1965 年的三年调整时期，工农业生

---

① 《关于建国以来党的若干历史问题的决议注释本》，人民出版社 1983 年版，第 218 页。

产有所恢复，国民经济结构逐渐恢复平衡。但是，在"三五"（1966—1970年）和"四五"（1971—1975年）时期，在"备战备荒"和"准备打仗"方针指导下，优先发展重工业方针得到进一步强调。在此期间，农业部门国民收入的年均增长率仅为2.6%和3.0%，工业部门国民收入年均增长率为12.6%和8.5%，重工业增长速度大大快于轻工业，农业和轻工业没有得到应有的发展，人民的生活水平也没有得到提高。

3. 制造大国

1978年以来，我国工业实现了持续快速发展，各种工业产品的生产能力和产品产量都大幅度增长。2007年工业增加值突破10万亿元，达到107367亿元，按可比价计算，比1978年增长了23倍，年均增长11.6%。主要工业产品产量增长迅猛。2007年生产原煤25.3亿吨、粗钢4.9亿吨、水泥13.6亿吨、汽车889万辆，分别比1978年增长3.1倍、14.4倍、19.9倍和58.6倍，家用电冰箱由2.8万台增加到4397万台，彩色电视机由0.38万台增加到8478万台，移动通信手机和微型电子计算机从无到有，扩张迅速，2007年产量分别达到5.5亿台和1.2亿台。初步统计，附加值较高的发电设备2007年比1978年增长25.9倍，冶炼设备增长5.4倍，金属切削机床增长2.5倍，交流电动机增长4.9倍。[1]

20世纪末，由于中国工业化取得决定性进展，工业制造业规模和水平都得到迅速成长，制造业大国地位初步确立。根据联合国工发组织资料，1995—2000年，我国制造业年均增长9.3%，比工业化国家快6.1个百分点，比发展中国家快4.0个百分点；2000—2006年年均增长11.2%，比工业化国家快9.4个百分点，比发展中国家快4.2个百分点。按照2000年不变价计算，我国制造业增加值占世界的份额由1995年的5.1%上升到2007年的11.4%。按照国际标准工业分类，在22个大类中，我国制造业占世界比重在7个大类中名列第一，其中，烟草类占比49.8%，纺织品类占比29.2%，衣服、皮毛类占比24.7%，皮革、皮革制品、鞋类占比33.4%，碱性金属占比23.8%，电力装备占比28.2%，其他交通工具占比34.1%；有15个大类名列前三；除机动车、拖车、半拖车1个大类外，其他21个大类所占份额均名列世界前六。而在发展中国家中，除机动车、拖车、半拖车1个大类名列第十一外，其他21个大类所占份额都名列第一。[2]

新世纪我国工业经济规模迅速壮大。1992年我国工业增加值突破1万亿元大关，2007年突破10万亿元大关，2012年突破20万亿元大关，2018年突破30万亿元大关，按不变价格计算，2018年比1978年增长56.4倍，年均增长10.7%。我

---

① 参见国家统计局：《改革开放30年我国经济社会发展成就系列报告》，国家统计局网站。
② 参见国家统计局：《改革开放30年我国经济社会发展成就系列报告》，国家统计局网站。

国工业国际影响力发生历史性变化。据世界银行数据显示，按现价美元测算，2010年我国制造业增加值首次超过美国，成为全球制造业第一大国，自此以后连续多年稳居世界第一，2017年我国制造业增加值占世界的份额高达 27.0%，成为驱动全球工业增长的重要引擎。[①]

二、社会主义现代化道路选择

1. 四个现代化目标的提出

毛泽东是实现四个现代化的最早倡导者。1953 年，经过毛泽东修改和审定的过渡时期总路线宣传提纲中提出：实现国家的社会主义工业化，就可以促进农业和交通运输业的现代化，就可以建立和巩固现代化国防。1954 年 9 月，周恩来在一届全国人大一次会议所作的《政府工作报告》中，根据上述思想提出"要建设起强大的现代化的工业、现代化的农业、现代化的交通运输业和现代化的国防"。毛泽东在 1957 年进一步提出，要建设一个具有现代工业、现代农业和现代科学文化的社会主义祖国。1959 年，毛泽东在阅读苏联《政治经济学教科书》时说："建设社会主义，原来要求是工业现代化，农业现代化，科学文化现代化，现在要加上国防现代化。"[②] 1964 年 12 月 21 日，周恩来代表中国政府正式公开宣布："今后发展国民经济的主要任务，总的说来，就是要在不太长的历史时期内，把我国建设成为一个具有现代农业、现代工业、现代国防和现代科学技术的社会主义强国，赶上和超过世界先进水平。为了实现这个伟大的历史任务，从第三个五年计划开始，我国的国民经济发展，可以按两步来考虑：第一步，建立一个独立的比较完整的工业体系和国民经济体系；第二步，全面实现农业、工业、国防和科学技术的现代化，使我国经济走在世界的前列。"[③] 1975 年 1 月，周恩来在四届全国人大一次会议上重申了在 20 世纪末实现四个现代化的目标。

2. 中国式现代化与"三步走"战略

新中国成立后经过 30 多年的发展，我国已建立起独立的比较完整的工业体系和国民经济体系，但总体上基础薄弱，与西方发达国家相比，技术水平存在相当大的差距，总体上人民生活水平处在温饱线上下。在这样的国情下如何实现现代化，是党和全国人民必须面对的严峻课题。1979 年 3 月 21 日，邓小平会见英中文化协会执行委员会代表团时说："我们定的目标是在本世纪末实现四个现代化。我们的概念与西方不同，我姑且用个新说法，叫做中国式的四个现代化。"这个现代化

---

① 参见国家统计局：《工业经济跨越发展制造大国屹立东方——新中国成立 70 周年经济社会发展成就系列报告之三》，国家统计局网站，见 http://www.stats.gov.cn/tjsj/zxfb/201907/t20190710_1675173.html。

② 《毛泽东文集》第八卷，人民出版社 1999 年版，第 116 页。

③ 《周恩来选集》下卷，人民出版社 1984 年版，第 439 页。

"水平还是你们五十年代的水平。如果本世纪末能达到你们七十年代的水平，那就很了不起"。同年 3 月 30 日，邓小平在党的理论工作务虚会上明确指出："过去搞民主革命，要适合中国情况，走毛泽东同志开辟的农村包围城市的道路。现在搞建设，也要适合中国情况，走出一条中国式的现代化道路。""中国式的现代化，必须从中国的特点出发"，从"底子薄"和"人口多，耕地少"的现实国情出发。① 1982 年 9 月，邓小平在党的十二大开幕词中指出："我们的现代化建设，必须从中国的实际出发。无论是革命还是建设，都要注意学习和借鉴外国经验。但是，照抄照搬别国经验、别国模式，从来不能得到成功。这方面我们有过不少教训。把马克思主义的普遍真理同我国的具体实际结合起来，走自己的道路，建设有中国特色的社会主义，这就是我们总结长期历史经验得出的基本结论。中国的事情要按照中国的情况来办，要依靠中国人自己的力量来办。独立自主，自力更生，无论过去、现在和将来，都是我们的立足点。"② 1983 年 6 月，邓小平在会见参加北京科学技术政策讨论会的外籍专家时明确表示："我们的现代化，是中国式的现代化，我们建设的社会主义，是有中国特色的社会主义。"③

1987 年 4 月，邓小平提出中国现代化发展的"三步走"战略：第一步，从 1981 年到 1990 年，国民生产总值翻一番，实现温饱；第二步，从 1991 年到 20 世纪末，再翻一番，达到小康；第三步，到 21 世纪中叶，再翻两番，达到中等发达国家水平。1987 年"三步走"战略在党的十三大被正式确定。党的十三大报告指出：

> 党的十一届三中全会以后，我国经济建设的战略部署大体分三步走。第一步，实现国民生产总值比一九八○年翻一番，解决人民的温饱问题。这个任务已经基本实现。第二步，到本世纪末，使国民生产总值再增长一倍，人民生活达到小康水平。第三步，到下个世纪中叶，人均国民生产总值达到中等发达国家水平，人民生活比较富裕，基本实现现代化。然后，在这个基础上继续前进。

随着经济社会发展，党的十四大将"三步走"战略进一步清晰化，首次提出两个"一百周年"概念，指出：

> 从现在起到下个世纪中叶，对于祖国的繁荣昌盛和社会主义事业的兴旺发

---

① 《邓小平文选》第二卷，人民出版社 1994 年版，第 163—164 页。
② 中共中央文献研究室：《邓小平年谱》第五卷，中央文献出版社 2020 年版，第 142 页。
③ 中共中央文献研究室：《邓小平年谱》第五卷，中央文献出版社 2020 年版，第 212 页。

达，是很重要很宝贵的时期。我们的担子重，责任大。在九十年代，我们要初步建立起新的经济体制，实现达到小康水平的第二步发展目标。再经过二十年的努力，到建党一百周年的时候，我们将在各方面形成一整套更加成熟更加定型的制度。在这样的基础上，到下世纪中叶建国一百周年的时候，就能够达到第三步发展目标，基本实现社会主义现代化。

随着我国社会主义市场经济体制改革和经济社会快速发展，2000年，我们已胜利地实现了"三步走"战略的第一步、第二步目标，全国人民的生活总体上达到了小康水平，人均GDP达到848美元，实现了从温饱到小康的历史性跨越。

党的十五大根据变化了的实际，提出21世纪中国社会发展的"三步走"设想：

> 展望下世纪，我们的目标是，第一个十年实现国民生产总值比二〇〇〇年翻一番，使人民的小康生活更加宽裕，形成比较完善的社会主义市场经济体制；再经过十年的努力，到建党一百年时，使国民经济更加发展，各项制度更加完善；到世纪中叶建国一百年时，基本实现现代化，建成富强民主文明的社会主义国家。

在党的十五届五中全会上，中共中央明确提出："从新世纪开始，我国将进入全面建设小康社会，加快推进社会主义现代化的新的发展阶段。"江泽民在党的十六大报告中重申：

> 根据十五大提出的到二〇一〇年、建党一百年和新中国成立一百年的发展目标，我们要在本世纪头二十年，集中力量，全面建设惠及十几亿人口的更高水平的小康社会，使经济更加发展、民主更加健全、科教更加进步、文化更加繁荣、社会更加和谐、人民生活更加殷实。……经过这个阶段的建设，再继续奋斗几十年，到本世纪中叶基本实现现代化，把我国建成富强民主文明的社会主义国家。

这实际上提出了一个新的"三步走"发展战略。按照这个战略部署，我们从20世纪末进入小康社会后，将分2010年、2020年、2050年三个阶段，逐步达到现代化的目标。2010年前，是第一步。2010年国民经济和社会发展的主要奋斗目标是：实现国内民生产总值比2000年翻一番，人民的小康生活更加宽裕，形成比较完善的社会主义市场经济体制。从2010年到2020年，是第二步。根据党的十六大的规划，到 2020 年实现国内生产总值比 2000 年翻两番的目标。从 2020 年到 2050 年，是第三步，通过 30 年的奋斗，基本实现现代化。

3. 总体小康目标的实现

实现小康社会目标是邓小平在 20 世纪 80 年代初提出的，当时，邓小平说："所谓小康社会，就是虽不富裕，但日子好过。"① 邓小平还提出小康社会的人均收入指标："到本世纪末人均国民生产总值达到八百至一千美元，进入小康社会"。② 邓小平的这个构想，被写入了 1981 年 11 月五届全国人大四次会议通过的《政府工作报告》，报告指出："力争用 20 年的时间使工农业总产值翻两番，使人民的消费达到小康水平。到那时，我们国家的经济就可以从新的起点出发，比较快地达到经济比较发达国家的水平。"1982 年 9 月，党的十二大报告提出："从一九八一年到本世纪末的二十年……力争使全国工农业的年总产值翻两番，即由一九八〇年的七千一百亿元增加到二〇〇〇年的二万八千亿元左右。"十二大报告指出："实现了这个目标，我国国民收入总额和主要工农业产品的产量将居于世界前列，整个国民经济的现代化过程将取得重大进展，城乡人民的收入将成倍增长，人民的物质文化生活可以达到小康水平。"③

1987 年党的十三大正式确定"三步走"战略，把小康社会作为第二步战略目标来实施。十三大报告指出：第二步，到 20 世纪末，使国民生产总值再增长一倍，人民生活达到小康水平。在我们这样一个人口众多而又基础落后的国家，人民普遍丰衣足食，安居乐业，无疑是一项宏伟壮丽而又十分艰巨的事业。党的十四大对当时经济社会发展水平的判断是：11 亿人民的温饱问题基本解决，正在向小康迈进。在我们这个占世界人口五分之一的国家里，人民过上小康生活，是一件了不起的大事。

通过改革开放 13 年的努力奋斗，中国经济实现持续的高速增长，2002 年党的十六大宣布"人民生活总体上达到小康水平"：

　　十三年来，我们思想统一，目标明确，工作扎实，取得了重大的历史性成就。二〇〇一年，我国国内生产总值达到九万五千九百三十三亿元，比一九八九年增长近两倍，年均增长百分之九点三，经济总量已居世界第六位。人民生活总体上实现了由温饱到小康的历史性跨越。

与此同时，党的十六大提出更高水平的小康目标：

① 《邓小平文选》第三卷，人民出版社 1993 年版，第 161 页。
② 中共中央文献研究室编：《邓小平年谱（一九七五——一九九七）》上，中央文献出版社 2004 年版，第 681 页。
③ 中共中央文献研究室编：《十二大以来重要文献选编》（上），人民出版社 1986 年版，第 14 页。

我们要在本世纪头二十年，集中力量，全面建设惠及十几亿人口的更高水平的小康社会，使经济更加发展、民主更加健全、科教更加进步、文化更加繁荣、社会更加和谐、人民生活更加殷实。

这个更高水平的小康目标就是"全面小康"。党的十六大报告指出："为完成党在新世纪新阶段的这个奋斗目标，发展要有新思路，改革要有新突破，开放要有新局面，各项工作要有新举措。"2007 年，党的十七大报告在深入总结建设小康社会经验的基础上，提出了实现全面建设小康社会的新的奋斗目标，并从经济、政治、文化、社会和生态文明五个方面提出了一系列新的要求。指出：我们已经朝着十六大确立的全面建设小康社会的目标迈出了坚实步伐，今后要继续努力奋斗，确保到 2020 年实现全面建成小康社会的奋斗目标。

第二节　习近平经济思想及其历史地位

一、习近平经济思想的形成

在领导全党全军和全国各族人民推进党和国家事业发展的伟大实践中，习近平同志以马克思主义政治家、理论家、战略家的深刻洞察力、敏锐判断力和战略定力，提出了一系列具有开创性的新理念新思想新战略，为习近平新时代中国特色社会主义思想的创立发挥了决定性作用、作出了决定性贡献。[①] 习近平经济思想是习近平新时代中国特色社会主义思想的重要组成部分。党的十八大以来，以习近平同志为核心的党中央，坚持观大势、谋全局、干实事，成功驾驭了我国经济发展大局，使我国经济发展取得历史性成就、发生历史性变革，为其他领域改革发展提供了重要物质条件。与此同时，习近平同志以马克思主义政治家、理论家的深刻洞察力、敏锐判断力和强烈的历史担当精神，深刻回答了新时代中国经济发展的重大问题，形成了以新发展理念为主要内容的习近平经济思想。

党的十八大以来，以习近平同志为核心的党中央，毫不动摇坚持和发展中国特色社会主义，勇于实践、善于创新，深化对共产党执政规律、社会主义建设规律、人类社会发展规律的认识，形成一系列治国理政新理念新思想新战略，为在新的历

---

① 参见中共中央党校（国家行政学院）：《习近平新时代中国特色社会主义思想基本问题》，人民出版社、中共中央党校出版社 2020 年版，第 18 页。

史条件下深化改革开放、加快推进社会主义现代化提供了科学理论指导和行动指南。2014 年 5 月，习近平总书记在河南考察时，首次提出"新常态"概念。同年12 月，习近平总书记主持中央政治局会议，作出"我国进入经济发展新常态"这一重要论断。新常态下，我国经济发展表现出速度变化、结构优化、动力转换等特点。这些变化是经济发展阶段性特征的必然要求，是我国经济由高速增长阶段转向高质量发展阶段的必经过程。2015 年 10 月 26 日至 29 日，党的十八届五中全会在北京召开，主要研究"十三五"规划。会议强调，"十三五"时期，我国发展的环境、条件、任务、要求等都发生了新的变化。认识新常态、适应新常态、引领新常态，保持经济社会持续健康发展，必须有新理念、新思路、新举措。发展理念是发展行动的先导，是发展思路、发展方向、发展着力点的集中体现。要认真总结经验、深入分析问题，把发展理念梳理好、讲清楚，以发展理念转变引领发展方式转变，以发展方式转变推动发展质量和效益提升，为"十三五"时期我国经济社会发展指好道、领好航。全会强调，如期实现全面建成小康社会奋斗目标，推动经济社会持续健康发展，必须遵循以下原则：坚持人民主体地位，坚持科学发展，坚持深化改革，坚持依法治国，坚持统筹国内国际两个大局，坚持党的领导。全会强调，实现"十三五"时期发展目标，破解发展难题，厚植发展优势，必须牢固树立并切实贯彻创新、协调、绿色、开放、共享的发展理念。这是关系我国发展全局的一场深刻变革。党的十八大以后，经过全国人民的努力，经济结构出现重大变革，经济体制改革持续推进，对外开放深入发展，人民获得感、幸福感明显增强，生态环境状况明显好转，我国经济发展取得历史性成就、发生历史性变革，迈进了新时代。

2017 年 12 月 18 日至 20 日，中央经济工作会议在北京举行，会议首次提出习近平经济思想。会议指出，5 年来，我们坚持观大势、谋全局、干实事，成功驾驭了我国经济发展大局，在实践中形成了以新发展理念为主要内容的习近平经济思想。中央经济工作会议提出"七个坚持"，构成习近平经济思想的七个方面内涵。

我们坚持加强党对经济工作的集中统一领导，保证我国经济沿着正确方向发展；坚持以人民为中心的发展思想，贯穿到统筹推进"五位一体"总体布局和协调推进"四个全面"战略布局之中；坚持适应把握引领经济发展新常态，立足大局，把握规律；坚持使市场在资源配置中起决定性作用，更好发挥政府作用，坚决扫除经济发展的体制机制障碍；坚持适应我国经济发展主要矛盾变化完善宏观调控，相机抉择，开准药方，把推进供给侧结构性改革作为经济工作的主线；坚持问题导向部署经济发展新战略，对我国经济社会发展变革产生深远影响；坚持正确工作策略和方法，稳中求进，保持战略定力、坚持底线思维，一步一个脚印向前迈进。

2021 年 11 月 11 日，党的十九届六中全会议审议通过了《中共中央关于党的百年奋斗重大成就和历史经验的决议》，在党的十九大报告"八个明确"的基础上，用"十个明确"对习近平新时代中国特色社会主义思想的核心内容作进一步概括，提出"明确必须坚持和完善社会主义基本经济制度，使市场在资源配置中起决定性作用，更好发挥政府作用，把握新发展阶段，贯彻创新、协调、绿色、开放、共享的新发展理念，加快构建以国内大循环为主体、国内国际双循环相互促进的新发展格局，推动高质量发展，统筹发展和安全"①。这是对习近平经济思想的高度概括。2019年底以来，面对新冠疫情暴发的复杂形势，以习近平同志为核心的党中央统筹中华民族伟大复兴战略全局和世界百年未有之大变局，以高超的领导能力、坚定的政治信念和坚韧的毅力领导国家实现经济社会的稳定和持续健康发展，在实践中进一步丰富和发展了习近平经济思想。② 2022年5月《求是》杂志第10期发表习近平总书记的重要文章《正确认识和把握我国发展重大理论和实践问题》，文章强调，进入新发展阶段，我国发展内外环境发生深刻变化，面临许多新的重大问题，需要正确认识和把握：要正确认识和把握实现共同富裕的战略目标和实践途径；要正确认识和把握资本的特性和行为规律；要正确认识和把握初级产品供给保障；要正确认识和把握防范化解重大风险；要正确认识和把握碳达峰碳中和。③ 以上"五个正确认识和把握"是指导中国经济稳定发展的重要纲领，是习近平结合中国特色社会主义新时代发展的伟大实践，对马克思主义政治经济学的重要贡献。

习近平经济思想，是党的十八大以来以习近平同志为核心的党中央不断深化对社会主义经济发展规律的认识，总结中国特色社会主义建设新经验，分析我国经济社会发展在新阶段面临的新情况新问题，并在一系列伟大实践中形成的思想理论体系。这一立足国情、放眼世界、引领未来的经济思想，闪耀着马克思主义真理光芒，是中国特色社会主义政治经济学的最新成果，是对改革开放以来特别是新时代中国经济建设实践经验的深刻总结，是做好新时代经济工作的根本遵循，也为解决人类发展问题贡献了中国智慧和中国方案。④

二、习近平经济思想的科学体系和丰富内涵

习近平经济思想体现了理论与实践、认识论和方法论有机统一，系统回答了新时代我国经济发展的根本保证、根本立场、历史方位、指导原则、主题主线、根本

---

① 《中共中央关于党的百年奋斗重大成就和历史经验的决议》，人民出版社2022年版，第25页。
② 参见经济日报课题组：《习近平经济思想研究评述》，《经济日报》2021年11月29日。
③ 参见习近平：《正确认识和把握我国发展重大理论和实践问题》，《求是》2022年第10期。
④ 参见马建堂：《新时代经世济民的思想丰碑——学习习近平新时代中国特色社会主义经济思想的体会》，《人民日报》2018年3月22日。

动力、战略举措、工作方法等基本问题，是一套科学完整、逻辑严密的理论体系。[1]

第一，坚持党对经济工作的全面领导。中国特色社会主义最本质的特征是中国共产党领导，中国特色社会主义制度的最大优势是中国共产党领导，党是最高政治领导力量。党政军民学，东西南北中，党是领导一切的。党的十八大以来，面对我国经济发展进入新常态等一系列深刻变化，我们坚持加强党对经济工作的集中统一领导，保证我国经济沿着正确方向前行，取得了改革开放和社会主义现代化建设的历史性成就。面对新形势新任务，做好经济工作，必须坚持加强党对经济工作的集中统一领导。习近平总书记强调，党是总揽全局、协调各方的，经济工作是中心工作，党的领导当然要在中心工作中得到充分体现，抓住了中心工作这个牛鼻子，其他工作就可以更好展开。经济工作是党治国理政的中心工作，党中央必须对经济工作负总责、实施全面领导。加强党对经济工作的领导，全面提高党领导经济工作水平，是我们做好经济工作的优势所在、关键所在、根本所在。必须坚持和完善党领导经济工作的体制机制，切实把制度优势转化为制度效能。[2]

第二，坚持以人民为中心的发展。党的十八大以来，党和国家提出了一系列具体目标和发展领域，包括社会公平正义，幼有所育、学有所教、劳有所得、病有所医、老有所养、住有所居、弱有所扶，以及人民获得感、人的全面发展等等，这些方面构成了完整的民生发展体系和保障体系，正是坚持以人民为中心发展思想的体现。以人民为中心，体现了马克思主义唯物史观的基本原理，是明确新时代中国经济怎么看、怎么办、怎么干的根本指引，彰显了人类社会发展的最高价值，是习近平经济思想的根本立场。正是因为坚持这一立场，马克思主义的人民观、历史观被习近平经济思想全面继承和弘扬，马克思主义政治经济学的真理性、实践性、人民性、时代性和开放性特征被习近平经济思想集中体现和充分发展。也正是因为坚持这一立场，习近平经济思想得以在社会主义本质论、社会再生产理论、经济增长理论、经济方法论等方面对马克思主义政治经济学作出原创性重大理论贡献。[3]

第三，坚持深化改革开放。这是我国经济发展的根本动力。改革是解放和发展社会生产力的关键。要坚持和完善公有制为主体、多种所有制经济共同发展，按劳分配为主体、多种分配方式并存，社会主义市场经济体制等社会主义基本经济制度，坚持使市场在资源配置中起决定性作用，更好发挥政府作用。2012 年 12 月，

---

① 参见穆虹：《完整准确全面学习贯彻习近平经济思想》，《学习时报》2022 年 4 月 11 日。
② 参见穆虹：《完整准确全面学习贯彻习近平经济思想》，《学习时报》2022 年 4 月 11 日。
③ 参见闫茂旭：《以人民为中心是习近平经济思想的根本立场》，《瞭望》2022 年第 10 期。

习近平总书记在党的十八大后首次外出考察期间强调，必须"做到改革不停顿、开放不止步"。2013 年 11 月 12 日，党的十八届三中全会审议通过《中共中央关于全面深化改革若干重大问题的决定》，提出使市场在资源配置中起决定性作用和更好地发挥政府作用。习近平指出：进一步处理好政府和市场关系，实际上就是要处理好在资源配置中市场起决定性作用还是政府起决定性作用这个问题。经济发展就是要提高资源尤其是稀缺资源的配置效率，以尽可能少的资源投入生产尽可能多的产品、获得尽可能大的效益。2018 年 12 月 18 日，在庆祝改革开放 40 周年大会上，习近平总书记强调，40 年的实践充分证明，改革开放是党和人民大踏步赶上时代的重要法宝，是坚持和发展中国特色社会主义的必由之路，是决定当代中国命运的关键一招，也是决定实现"两个一百年"奋斗目标、实现中华民族伟大复兴的关键一招。习近平总书记提出，全党全国各族人民要更加紧密地团结在党中央周围，高举中国特色社会主义伟大旗帜，不忘初心、牢记使命，将改革开放进行到底。这一系列重要论断和思想，推动全面深化改革开放向广度和深度进军，持续激发社会主义市场经济体制的活力。2019 年 10 月 28 日，习近平总书记在党的十九届四中全会上所作说明指出："新时代改革开放具有许多新的内涵和特点，其中很重要的一点就是制度建设分量更重，改革更多面对的是深层次体制机制问题，对改革顶层设计的要求更高，对改革的系统性、整体性、协同性要求更强，相应地建章立制、构建体系的任务更重。"习近平总书记在《求是》杂志 2022 年第 10 期发表的《正确认识和把握我国发展重大理论和实践问题》中指出：要探索如何在社会主义市场经济条件下发挥资本的积极作用，同时有效控制资本的消极作用。要为资本设置"红绿灯"，防止有些资本野蛮生长，依法加强对资本的有效监管，支持和引导资本规范健康发展，坚持和完善社会主义基本经济制度，毫不动摇巩固和发展公有制经济，毫不动摇鼓励、支持、引导非公有制经济发展，促进非公有制经济健康发展和非公有制经济人士健康成长。①

第四，坚持推动高质量发展。2013 年，习近平总书记作出我国经济正处于"三期叠加"阶段、经济发展进入新常态的重大判断。2014 年 11 月 9 日，习近平总书记在亚太经合组织（APEC）工商领导人峰会上的演讲中首次系统阐述了新常态的三个特征，即从高速增长转为中高速增长、经济结构不断优化升级、从要素驱动、投资驱动转向创新驱动。2015 年 10 月，在党的十八届五中全会上，习近平总书记鲜明提出创新、协调、绿色、开放、共享的新发展理念，强调"是关系我国发展全局的一场深刻变革"。2017 年，党的十九大报告以问题为导向，提出我国经济已由高速增长阶段转向高质量发展阶段，正处在转变发展方

---

① 参见习近平：《正确认识和把握我国发展重大理论和实践问题》，《求是》2022 年第 10 期。

式、优化经济结构、转换增长动力的攻关期，建设现代化经济体系是跨越关口的迫切要求和我国发展的战略目标。而转变发展方式，必须坚持质量第一、效益优先；优化经济结构，要坚持以供给侧结构性改革为主线；转换增长动力，要推动经济发展质量变革、效率变革、动力变革，提高全要素生产率。高质量发展是我国经济发展的主题主线，必须推动高质量发展，使供求关系在新的水平上实现均衡，坚持"巩固、增强、提升、畅通"八字方针深化供给侧结构性改革，加快建设现代化经济体系，推动经济发展质量变革、效率变革、动力变革。推动我国经济在实现高质量发展，就是要以习近平新时代中国特色社会主义思想为指导，加强党对经济工作的领导，坚持稳中求进工作总基调，坚持新发展理念，紧扣我国社会主要矛盾变化，按照高质量发展的要求，统筹推进"五位一体"总体布局和协调推进"四个全面"战略布局，坚持以供给侧结构性改革为主线，统筹推进稳增长、促改革、调结构、惠民生、防风险各项工作，大力推进改革开放，创新和完善宏观调控，推动质量变革、效率变革、动力变革，在打好防范化解重大风险、精准脱贫、污染防治的攻坚战方面取得扎实进展，引导和稳定预期，加强和改善民生，促进经济社会持续健康发展。2022 年 10 月 25 日，在党的二十大报告中习近平总书记进一步强调："高质量发展是全面建设社会主义现代化国家的首要任务。发展是党执政兴国的第一要务。没有坚实的物质技术基础，就不可能全面建成社会主义现代化强国。必须完整、准确、全面贯彻新发展理念，坚持社会主义市场经济改革方向，坚持高水平对外开放，加快构建以国内大循环为主体、国内国际双循环相互促进的新发展格局。"

第五，坚持统筹经济安全发展。2016 年中央经济工作会议指出，稳是主基调，稳是大局，在稳的前提下要在关键领域有所进取，在把握好度的前提下奋发有为。在稳增长、促改革、调结构、惠民生、防风险各项工作中，稳增长是排在第一位的。尽管经济下行压力加大，但我国经济一直保持稳定的增长趋势。2019 年 1 月 21 日，习近平总书记在省部级主要领导干部坚持底线思维着力防范化解重大风险专题研讨班开班式上，就防范化解政治、意识形态、经济、科技、社会、外部环境、党的建设等领域重大风险作出深刻分析、提出明确要求。习近平总书记多次强调：要善于运用"底线思维"的方法，凡事从坏处准备，努力争取最好的结果，这样才能有备无患、遇事不慌，牢牢把握主动权。安全发展是我国经济发展的重要保障。必须坚持总体国家安全观，把安全发展贯穿到经济发展的各领域全过程，加快完善安全发展体制机制，统筹推进新冠疫情防控和经济社会发展，确保产业链供应链稳定安全，实现高质量发展和高水平安全的良性互动与动态平衡。习近平总书记在《求是》杂志 2022 年第 10 期发表的《正确认识和把握我国发展重大理论和实践问题》中指出：要坚持底线思维，发挥好党的领导和我国社会主义制度优势，着力避免发生重大风险或危机。继续按照稳定大局、统筹协调、分类施策、精准拆弹的基本方针，抓好风险处置工作。要依法合规，压实责任，强化能力建设，有充足资源，各方广泛配合，提高跨市场跨行业统筹应对能力。文章提出，保障好初级产品供给是一个重大的战略性问题，必须加强战略谋划，及早作出调整，确保供给安全。坚持节约优先，实施全面节约战略，推进各领域节约行动。增强国内资源生产保障能力。优化海外资源保障能力。中国人的饭碗任何时候都要牢牢端在自己手中，我们的饭碗应该主要装中国粮。要把提高农业综合生产能力放在更加突出的位置，确保口粮绝对安全、谷物基本自给，提高油料、大豆产能和自给率。① 这是实现"两个一百年"奋斗目标和中华民族伟大复兴中国梦的必要条件，也是对底线思维的创造性运用。我们做好经济工作，要坚持稳中求进、突出主线、守住底线、把握好度。

第六，坚持正确工作策略和方法。推动经济持续健康发展，不仅要有正确思想和政策，而且要有正确工作策略和方法。2015年中央经济工作会议明确提出供给侧结构性改革。根据这一重大决策，我们始终把这一改革置于经济工作的重要位置，坚持以供给侧结构性改革为主线，通过"三去一降一补"，即去产能、去库存、去杠杆、降成本、补短板，推动解决经济运行中的深层次结构性矛盾，提高经济运行质量和效益。2017年中央经济工作会议进一步提出"破、立、降"。"破"，大力破除无效供给，把处置"僵尸企业"作为重要抓手，推动化解过剩产能；"立"，大力培育新动能，强化科技创新，推动传统产业优化升级；"降"，大力降低实体经济成本，降低制度性交易成本。2018年中央经济工作会议上提出"巩固、增强、提升、畅通"。具体说就是巩固"三去一降一补"的成果，增强微观主体活力，提升产业链水平，畅通国民经济循环。通过一系列供给侧结构性改革，在很大程度上解决了我国经济的结构性矛盾，大大的提高了经济效益。坚持正确工作策略和方法，就是要要坚持运用、丰富和发展马克思主义政治经济学的科学方法论，增强战略思维、历史思维、辩证思维、创新思维、法治思维、底线思维能力，坚持稳中求进工作总基调，保持战略定力、坚持底线思维，不断提高经济治理能力和水平，开创新时代经济工作新局面。坚持系统性观念。2017年6月26日，习近平总书记主持召开中央全面深化改革领导小组第三十六次会议并发表重要讲话强调："注重系统性、整体性、协同性是全面深化改革的内在要求，也是推进改革的重要方法。改革越深入，越要注意协同，既抓改革方案协同，也抓改革落实协同，更抓改革效果协同，促进各项改革举措在政策取向上相互配合、在实施过程中相互促进、在改革成效上相得益彰，朝着全面深化改革总目标聚焦发力。"2020年10月

---

① 参见习近平：《正确认识和把握我国发展重大理论和实践问题》，《求是》2022年第10期。

党的十九届五中全会审议通过的《中共中央关于制定国民经济和社会发展第十四个五年规划和二〇三五年远景目标的建议》正式提出坚持系统观念，这在党的中央全会和党的重要文件中还是第一次。这是党的十九届五中全会精神的一大亮点，是党的理论创新的一个创新点，是对习近平新时代中国特色社会主义思想方法论的丰富和发展。

第七，坚持国家重大发展战略。这是我国经济发展的战略举措。要以更宽广的视野、更长远的眼光来思考和把握国家未来发展面临的一系列重大战略问题。坚持问题导向部署经济发展新战略，对我国经济社会发展变革产生深远影响。坚持问题导向是马克思主义的鲜明特点。2013 年，习近平总书记在党的十八届三中全会上作的说明指出："我们中国共产党人干革命、搞建设、抓改革，从来都是为了解决中国的现实问题。"党的十八大以来，习近平总书记发表系列重要讲话，深刻回答了新的历史条件下党和国家发展面临的一系列重大理论和现实问题，贯穿着强烈的问题意识、鲜明的问题导向，体现了共产党人求真务实的科学态度，展现了马克思主义者的坚定信仰和责任担当。党的十八大以来，党中央统筹推进"五位一体"总体布局，部署实施了创新驱动发展、区域协调发展、新型城镇化、乡村振兴、军民融合发展等一系列重大发展战略，对我国经济发展变革产生了深远影响。2021年 1 月，习近平总书记在省部级主要领导干部学习贯彻党的十九届五中全会精神专题研讨班开班式上，围绕把握新发展阶段、贯彻新发展理念、构建新发展格局作了全面系统阐述。这一系列重大论断和重要思想，指导我们正确把握我国发展阶段性特征，自觉转变发展理念，以提高质量和效益方式推动经济持续健康发展。[①]习近平总书记在《求是》杂志 2022 年第 10 期发表的《正确认识和把握我国发展重大理论和实践问题》中指出：绿色低碳发展是经济社会发展全面转型的复杂工程和长期任务。实现碳达峰碳中和目标要坚定不移，但不可能毕其功于一役，要坚持稳中求进，逐步实现。要坚持全国统筹、节约优先、双轮驱动、内外畅通、防范风险的原则。立足以煤为主的基本国情，抓好煤炭清洁高效利用，增加新能源消纳能力。狠抓绿色低碳技术攻关，加快先进技术推广应用。科学考核，完善能耗"双控"制度，加快形成减污降碳的激励约束机制。统筹做好"双控""双碳"工作，防止简单层层分解。深入推动能源革命，加快建设能源强国。[②]

第八，坚持问题导向，解决发展不平衡不充分的矛盾，扎实推动共同富裕。改革开放以来，中国共产党领导人民创造了经济快速发展和社会长期稳定两大奇迹。中国特色社会主义进入新时代，我国社会主要矛盾已经转化为人民日益增长的美好

---

① 参见闫茂旭：《以人民为中心是习近平经济思想的根本立场》，《瞭望》2022 年第 10 期。
② 参见习近平：《正确认识和把握我国发展重大理论和实践问题》，《求是》2022 年第 10 期。

生活需要和不平衡不充分的发展之间的矛盾。2012 年 11 月，在十八届中央政治局常委同中外记者见面时，习近平总书记指出，人民对美好生活的向往，就是我们的奋斗目标。坚定不移走共同富裕的道路。在党的十八届五中全会上，习近平总书记强调坚持以人民为中心的发展思想；党的十九届五中全会首次提出到 2035 年"全体人民共同富裕取得更为明显的实质性进展"。促进社会公平正义、逐步实现全体人民共同富裕，这是社会主义的本质要求，是社会主义现代化的重要目标。要在高质量发展中促进共同富裕，着力扩大中等收入群体规模，加强对高收入的规范和调节，促进基本公共服务均等化，促进人民精神生活共同富裕，促进农民农村共同富裕。在庆祝中国共产党成立 100 周年大会上，习近平总书记要求："着力解决发展不平衡不充分问题和人民群众急难愁盼问题，推动人的全面发展、全体人民共同富裕取得更为明显的实质性进展！"2021 年中央经济工作会议强调，要正确认识和把握实现共同富裕的战略目标和实践途径。坚持尽力而为、量力而行。这一系列重要论断和思想，引领我们坚定人民立场，不断提高人民福祉，实现人的全面发展。[①]习近平总书记在《求是》杂志 2022 年第 10 期发表的《正确认识和把握我国发展重大理论和实践问题》中指出：共同富裕是中国特色社会主义的本质要求。实现共同富裕的目标，首先要通过全国人民共同奋斗把"蛋糕"做大做好，然后通过合理的制度安排把"蛋糕"切好分好。这是一个长期的历史过程，我们要创造条件、完善制度，稳步朝着这个目标迈进。要在推动高质量发展中强化就业优先导向，提高经济增长的就业带动力，支持中小微企业发展，不断壮大实体经济，提高劳动者素质。发挥分配的功能和作用，处理好效率和公平关系，构建初次分配、再分配、三次分配协调配套的基础性制度安排。完善公共服务政策制度体系，坚持尽力而为、量力而行，重在提升公共服务水平，在教育、医疗、养老、住房等人民群众最关心的领域精准提供基本公共服务。[②]

第九，中国式现代化思想。2021 年 1 月 11 日，习近平总书记在省部级主要领导干部学习贯彻党的十九届五中全会精神专题研讨班上的讲话指出：我们的任务是全面建设社会主义现代化国家，当然我们建设的现代化必须是具有中国特色、符合中国实际的。他提出中国式现代化的五个特点：我国现代化是人口规模巨大的现代化，是全体人民共同富裕的现代化，是物质文明和精神文明相协调的现代化，是人与自然和谐共生的现代化，是走和平发展道路的现代化。在党的二十大报告中习近平总书记明确指出："中国式现代化，是中国共产党领导的社会主义现代化。"他说："这是对中国式现代化定性的话，是管总、管根本的。

---

① 参见穆虹：《完整准确全面学习贯彻习近平经济思想》，《学习时报》2022 年 4 月 11 日。

② 参见习近平：《正确认识和把握我国发展重大理论和实践问题》，《求是》2022 年第 10 期。

为什么要强调党在中国式现代化建设中的领导地位？这是因为，党的领导直接关系中国式现代化的根本方向、前途命运、最终成败。"① 我们党坚持和完善中国特色社会主义制度，不断推进国家治理体系和治理能力现代化，形成包括中国特色社会主义根本制度、基本制度、重要制度等在内的一整套制度体系，为中国式现代化稳步前行提供坚强制度保证。只有毫不动摇坚持党的领导，中国式现代化才能前景光明、繁荣兴盛；否则，中国式现代化就会偏离航向、丧失灵魂，甚至犯颠覆性错误。

以习近平同志为核心的党中央深刻分析研判国内外经济发展的演变态势和机遇挑战，从理论和实践结合上深入回答了我国新时代经济领域发展的一系列重大课题，创立了习近平经济思想，构建了新时代中国特色社会主义政治经济学的总体框架，为马克思主义政治经济学的发展作出了重大原创性贡献。② 习近平经济思想，是推动我国经济发展实践的理论结晶，是中国特色社会主义政治经济学的最新成果，是党和国家十分宝贵的精神财富，必须长期坚持、不断丰富发展。

三、习近平经济思想的历史地位

习近平经济思想，是以习近平同志为核心的党中央推动中国经济发展实践的理论结晶，是习近平新时代中国特色社会主义思想的重要组成部分，是新时代中国共产党人夺取经济发展新成就、开创马克思主义政治经济学新境界的思想旗帜。③

习近平新时代中国特色社会主义思想，是中国特色社会主义理论体系的重要组成部分，是全党全国人民为实现中华民族伟大复兴而奋斗的行动指南，具有卓越的历史作用和地位。习近平经济思想，创造性地回答马克思主义政治经济学经典作家未曾涉足、前辈先人未曾预见、西方经济理论无法解决的一系列重大理论和实践问题，使它能够深刻回答事关我国经济发展全局的一系列方向性、根本性、战略性问题，为马克思主义政治经济学注入新的内涵，使中国特色社会主义政治经济学更加成熟定型，开拓了 21 世纪马克思主义政治经济学新境界，从而成为引领我们全面建设社会主义现代化国家、实现中华民族伟大复兴的强大思想武器。④

习近平经济思想，是马克思主义政治经济学同中国经济发展的具体实际相结合

---

① 习近平：《中国式现代化是中国共产党领导的社会主义现代化》，《求是》2023 年第 11 期。
② 参见张占斌：《习近平经济思想：为马克思主义政治经济学发展作出重大原创性贡献》，《人民政协报》2022 年 4 月 29 日。
③ 参见闫茂旭：《以人民为中心是习近平经济思想的根本立场》，《瞭望》2022 年第 10 期。
④ 参见何毅亭：《习近平新时代中国特色社会主义经济思想的理论品格》，《经济日报》2020 年 3 月 16 日。

的理论飞跃，是指引我国经济高质量发展、全面建设社会主义现代化国家的行动指南。马克思主义政治经济学的最终目的就是揭示现代社会的经济运动规律。习近平经济思想，不仅继承和发展了马克思主义政治经济学揭示的生产力与生产关系的矛盾运动规律、商品生产的价值规律、社会再生产实现规律、资本周转与循环规律等人类社会发展规律，而且遵循、运用和体现了共产党执政规律、社会主义建设规律和其他经济社会发展规律。正是由于习近平经济思想深刻揭示中国特色社会主义经济发展规律，科学分析新时代我国经济社会发展呈现的新变化、新特点和新格局，因而在这一科学理论指导下我国能够在国内外发展环境发生复杂深刻变化的条件下，准确识变、科学应变、主动求变，推动经济发展劈波斩浪、行稳致远，取得了举世瞩目的成就。

习近平经济思想，是中国改革开放和新时代经济发展伟大实践的产物，也是我国经济改革和发展实践的指南。习近平总书记指出，"中国特色社会主义政治经济学只能在实践中丰富和发展，又要经受实践的检验，进而指导实践"。习近平经济思想，正是在破解中国经济发展进入新常态后面临的大量新矛盾新问题中形成并不断丰富发展的。在习近平经济思想指引下，我国坚持深化改革开放，主动适应把握引领经济发展新常态，有力推动经济发展质量变革、效率变革、动力变革，推进经济社会发展，使我国经济发展质量和效益跃升了一个大台阶。在此基础上，习近平总书记进一步提出，充分发挥国内超大规模市场优势，逐步形成以国内大循环为主体、国内国际双循环相互促进的新发展格局，为我国经济发展指明了正确方向。2020年8月24日，习近平总书记在经济社会领域专家座谈会上的重要讲话中指出："新时代改革开放和社会主义现代化建设的丰富实践是理论和政策研究的'富矿'，我国经济社会领域理论工作者大有可为。"他进一步对我国经济社会领域理论工作者提出几点希望：一是从国情出发，从中国实践中来、到中国实践中去，把论文写在祖国大地上，使理论和政策创新符合中国实际、具有中国特色，不断发展中国特色社会主义政治经济学、社会学。二是深入调研，察实情、出实招，充分反映实际情况，使理论和政策创新有根有据、合情合理。三是把握规律，坚持马克思主义立场、观点、方法，透过现象看本质，从短期波动中探究长期趋势，使理论和政策创新充分体现先进性和科学性。四是树立国际视野，从中国和世界的联系互动中探讨人类面临的共同课题，为构建人类命运共同体贡献中国智慧、中国方案。

习近平经济思想，是马克思主义与中华民族优秀传统文化相结合的产物。中国是一个有着5000多年文明史、14亿多人口的发展中大国，改革开放后又实行前无古人的社会主义市场经济制度。引领这样一个超大规模经济体稳健发展，指导思想必然有着鲜明的民族性品格，这主要体现为始终坚持文化自信，重视吸收中华优秀传统经济思想。习近平经济思想既注重从中华传统文化几千年孕育的优秀经济思想、积淀的丰富治国理政经验中汲取营养，更注重对中华传统文化进行创造性转化，因而使这一思想不仅具有深厚的传统文化底蕴和鲜明的民族性特质，而且更顺应历史发展规律、更符合广大人民群众的文化认同，从而为引领新时代中国经济社会发展凝聚起了广泛社会共识、提供了强大内生动力。[①] 可见，习近平经济思想赋予马克思主义政治经济学以鲜明的中国特色、中国风格、中国气派，是马克思主义政治经济学中国化最新成果，是当代中国马克思主义政治经济学、21 世纪马克思主义政治经济学。

习近平经济思想是在中国特色社会主义进入新时代、我国社会主要矛盾发生新变化、经济发展进入新阶段、世界百年未有之大变局深度演进的历史条件下产生的，蕴含着坚定的理想信念、鲜明的人民立场、宏大的全球视野，系统回答了我国经济发展的根本保证、奋斗目标、根本立场、历史方位、指导原则、主题主线、根本动力、制度基础、战略举措和工作方法等一系列重大理论和实践问题，是指引我国经济高质量发展的强大思想武器。[②] 习近平经济思想，是一个开放和不断发展的体系。马克思主义是开放的和发展的科学体系，这是马克思主义与中国革命和建设具体实际结合的根本基础。习近平经济思想，不仅科学继承了马克思主义政治经济学、毛泽东经济思想以及包含在邓小平理论、"三个代表"重要思想、科学发展观经济思想中的"理论精髓"，而且广泛借鉴了现代西方经济学中的有益成分。习近平指出，"坚持和发展中国特色社会主义政治经济学，要以马克思主义政治经济学为指导，总结和提炼我国改革开放和社会主义现代化建设的伟大实践经验，同时借鉴西方经济学的有益成分"。习近平经济思想更是发展的。习近平经济思想创造性地回答马克思主义政治经济学经典作家未曾涉足、前辈先人未曾预见、西方经济理论无法解决的一系列重大理论和实践问题，深刻回答了事关我国经济发展全局的一系列方向性、根本性、战略性问题，为马克思主义政治经济学注入新的内涵，使中国特色社会主义政治经济学更加成熟定型，开拓了 21 世纪马克思主义政治经济学新境界，从而成为引领我们全面建设社会主义现代化国家、实现中华民族伟大复兴的强大思想武器。[③]

① 参见何毅亭：《习近平新时代中国特色社会主义经济思想的理论品格》，《经济日报》2020 年 3 月 16 日。

② 参见张连起：《深刻领会习近平经济思想的丰富内涵》，《人民政协报》2022 年 4 月 19 日。

③ 参见何毅亭：《习近平新时代中国特色社会主义经济思想的理论品格》，《经济日报》2020 年 3 月 16 日。

第三节　新时代中国式现代化

一、中国特色社会主义进入新时代

1. 中国特色社会主义

中国特色社会主义源于以毛泽东同志为主要代表的中国共产党人把马克思主义与中国革命和建设的具体实际相结合的伟大实践。1956 年 4 月，毛泽东指出：要独立自主，调查研究，摸清本国国情，把马克思列宁主义的基本原理同我国革命和建设的具体实际结合起来，制定我们的路线、方针、政策。民主革命时期，我们走过了一段弯路，吃了大亏以后才成功地实现了这种结合，取得革命的胜利。现在是社会主义革命和建设时期，我们要进行第二次结合，找出在中国进行社会主义革命和建设的正确道路。[①] 1955年底，毛泽东在党内首先提出了如何以苏联经验为鉴戒，探索适合中国情况的社会主义建设道路的重大问题，并开始组织大规模的调查研究。1956 年 4 月，毛泽东发表《论十大关系》讲话，以苏为鉴，总结中国经验，提出调动一切积极因素为社会主义事业服务的基本方针，对适合中国情况的社会主义建设道路进行了初步探索。

改革开放与社会主义现代化建设时期，邓小平把马克思主义、毛泽东思想与新时期的具体实际结合起来，创造性地提出了中国特色社会主义理论。1982 年 9 月 1日，邓小平在《中国共产党第十二次全国代表大会开幕词》中说：

> 我们的现代化建设，必须从中国的实际出发。无论是革命还是建设，都要注意学习和借鉴外国经验。但是，照抄照搬别国经验、别国模式，从来不能得到成功。这方面我们有过不少教训。把马克思主义的普遍真理同我国的具体实际结合起来，走自己的道路，建设有中国特色的社会主义，这就是我们总结长期历史经验得出的基本结论。

此后，"有中国特色的社会主义"成为党的十三大、十四大、十五大的主题词：1987 年 10 月党的十三大报告题目是《沿着有中国特色的社会主义道路前进》；1992 年 10 月党的十四大报告的题目是《加快改革开放和现代化建设步伐　夺取有中国特色社会主义事业的更大胜利》；1997 年 9 月党的十五大报告的题目是《高举

---

① 参见吴冷西：《十年论战》（上），中央文献出版社 1999 年版，第 23—24 页。

邓小平理论伟大旗帜，把建设有中国特色社会主义事业全面推向二十一世纪》。

进入 21 世纪后，中国共产党历次全国代表大会报告主题词进一步改为"中国特色社会主义"：2002 年 11 月党的十六大报告题目是《全面建设小康社会　开创中国特色社会主义事业新局面》；2007 年 10 月党的十七大报告题目是《高举中国特色社会主义伟大旗帜　为夺取全面建设小康社会新胜利而奋斗》；2017 年 10 月 18 日党的十九大报告题目是《决胜全面建成小康社会　夺取新时代中国特色社会主义伟大胜利》。这一变化，表明中国共产党对"中国特色社会主义"目标的进一步明确，表明了党的道路自信、制度自信和文化自信。

2. 社会主义初级阶段

社会主义改造完成以后，中国共产党认真研究中国社会的主要矛盾变化，1956 年党的八大报告指出：

社会主义改造完成后，我们国内的主要矛盾，已经是人民对于建立先进的工业国的要求同落后的农业国的现实之间的矛盾，已经是人民对于经济文化迅速发展的需要同当前经济文化不能满足人民需要的状况之间的矛盾。这一矛盾的实质，在我国社会主义制度已经建立的情况下，也就是先进的社会主义制度同落后的社会生产力之间的矛盾。党和全国人民的当前的主要任务，就是要集中力量来解决这个矛盾，把我国尽快地从落后的农业国变为先进的工业国。①

与此同时，毛泽东初步探索了社会主义初级阶段的理论。1959 年以后，毛泽东在总结"大跃进"和人民公社运动失误的基础上，在读苏联《政治经济学教科书》时谈道："社会主义这个阶段，又可能分为两个阶段，第一个阶段是不发达的社会主义，第二个阶段是比较发达的社会主义。后一阶段可能比前一阶段需要更长的时间。"②

党的十一届三中全会召开以后不久，邓小平就提出，底子薄、人口多、生产力落后，这是中国的现实国情。强调中国的现代化建设必然是长期的。叶剑英在庆祝建国 30 周年大会的讲话中也指出：我国社会主义制度还处在幼年时期，还不成熟、不完善，在我国实现现代化，必然要有一个从初级到高级的过程。

1981 年，党的十一届六中全会通过的《关于建国以来党的若干历史问题的决议》，对我国社会主要矛盾作了规范的表述：

① 《中共八大关于政治报告的决议》，中国政府网，见 http://www.gov.cn/test/2008-06/04/content_1005155.htm。
② 《毛泽东文集》第八卷，人民出版社 1999 年版，第 116 页。

在社会主义改造基本完成以后，我国所要解决的主要矛盾，是人民日益增长的物质文化需要同落后的社会生产之间的矛盾。党和国家工作的重点必须转移到以经济建设为中心的社会主义现代化建设上来，大大发展社会生产力，并在这个基础上逐步改善人民的物质文化生活。

同时，党的十一届六中全会决议第一次明确提出我国社会主义制度还处于初级阶段：

我们的社会主义制度还是处于初级的阶段，但是毫无疑问，我国已经建立了社会主义制度，进入了社会主义社会，任何否认这个基本事实的观点都是错误的。我们在社会主义条件下取得了旧中国根本不可能达到的成就，初步地但又有力地显示了社会主义制度的优越性。我们能够依靠自己的力量战胜各种困难，同样也是社会主义制度具有强大生命力的表现。当然，我们的社会主义制度由比较不完善到比较完善，必然要经历一个长久的过程。

1987年，党的十三大正式提出社会主义初级阶段和党的基本路线：

我国从五十年代生产资料私有制的社会主义改造基本完成，到社会主义现代化的基本实现，至少需要上百年时间，都属于社会主义初级阶段。这个阶段，既不同于社会主义经济基础尚未奠定的过渡时期，又不同于已经实现社会主义现代化的阶段。我们在现阶段所面临的主要矛盾，是人民日益增长的物质文化需要同落后的社会生产之间的矛盾。阶级斗争在一定范围内还会长期存在，但已经不是主要矛盾。为了解决现阶段的主要矛盾，就必须大力发展商品经济，提高劳动生产率，逐步实现工业、农业、国防和科学技术的现代化，并且为此而改革生产关系和上层建筑中不适应生产力发展的部分。

此后，中国共产党历次全国代表大会都强调我国仍处于社会主义初级阶段，社会的主要矛盾没有变。2012年11月，党的十八大报告指出：

我们必须清醒认识到，我国仍处于并将长期处于社会主义初级阶段的基本国情没有变，人民日益增长的物质文化需要同落后的社会生产之间的矛盾这一社会主要矛盾没有变，我国是世界最大发展中国家的国际地位没有变。在任何情况下都要牢牢把握社会主义初级阶段这个最大国情，推进任何方面的改革发展都要牢牢立足社会主义初级阶段这个最大实际。

3. 社会主要矛盾变化

社会主义改造完成以后，我国社会的主要矛盾一直没有变。然而，随着我国经济社会持续发展，从量变的积累逐渐发展为质变的突破。特别是改革开放 40 年的高速增长和稳定发展，使我国经济社会进入一个新的发展阶段，并进一步决定中国特色社会主义进入一个新的时代。根据我国经济社会的发展状况，针对我国发展新的历史方位，党的十九大报告指出：

> 中国特色社会主义进入新时代，我国社会主要矛盾已经转化为人民日益增长的美好生活需要和不平衡不充分的发展之间的矛盾。我国稳定解决了十几亿人的温饱问题，总体上实现小康，不久将全面建成小康社会，人民美好生活需要日益广泛，不仅对物质文化生活提出了更高要求，而且在民主、法治、公平、正义、安全、环境等方面的要求日益增长。同时，我国社会生产力水平总体上显著提高，社会生产能力在很多方面进入世界前列，更加突出的问题是发展不平衡不充分，这已经成为满足人民日益增长的美好生活需要的主要制约因素。

我国社会主要矛盾的变化是关系全局的历史性变化，对党和国家工作提出了许多新要求。我们要在继续推动发展的基础上，着力解决好发展不平衡不充分问题，大力提升发展质量和效益，更好满足人民在经济、政治、文化、社会、生态等方面日益增长的需要，更好推动人的全面发展、社会全面进步。但另外，我们还必须认识到，我国社会主要矛盾的变化，没有改变我们对我国所处历史阶段的判断，我国仍处于并将长期处于社会主义初级阶段的基本国情没有变，我国是世界最大发展中国家的国际地位没有变。全党要牢牢把握社会主义初级阶段这个基本国情，牢牢立足社会主义初级阶段这个最大实际，牢牢坚持党的基本路线这个党和国家的生命线、人民的幸福线，领导和团结全国各族人民，以经济建设为中心，坚持四项基本原则，坚持改革开放，自力更生，艰苦创业，为把我国建设成为富强民主文明和谐美丽的社会主义现代化强国而奋斗。

4. 新"三步走"战略

党的十八大以后，在中国共产党的正确领导下，我们坚定不移贯彻新发展理念，坚决端正发展观念、转变发展方式，发展质量和效益不断提升。经济保持中高速增长，在世界主要国家中名列前茅，国内生产总值从 54 万亿元增长到 80 万亿元，稳居世界第二，对世界经济增长贡献率超过百分之三十。供给侧结构性改革深入推进，经济结构不断优化，数字经济等新兴产业蓬勃发展，高铁、公路、桥梁、港口、机场等基础设施建设快速推进。农业现代化稳步推进，粮食生产能力达到1.2 万亿斤。城镇化率年均提高 1.4 个百分点，8000 多万农业转移人口成为城镇居民。区域发展协调性增强，"一带一路"建设、京津冀协同发展、长江经济带发展、粤港澳大湾区建设成效显著。创新驱动发展战略大力实施，创新型国家建设成果丰硕，天宫、蛟龙、天眼、悟空、墨子、大飞机等重大科技成果相继问世。开放型经济新体制逐步健全，对外贸易、对外投资、外汇储备稳居世界前列。

在这个历史背景之下，综合分析国际国内形势和我国发展条件，党的十九大把2020年到本世纪中叶分两个阶段来安排：

第一个阶段，从二〇二〇年到二〇三五年，在全面建成小康社会的基础上，再奋斗十五年，基本实现社会主义现代化。到那时，我国经济实力、科技实力将大幅跃升，跻身创新型国家前列；人民平等参与、平等发展权利得到充分保障，法治国家、法治政府、法治社会基本建成，各方面制度更加完善，国家治理体系和治理能力现代化基本实现；社会文明程度达到新的高度，国家文化软实力显著增强，中华文化影响更加广泛深入；人民生活更为宽裕，中等收入群体比例明显提高，城乡区域发展差距和居民生活水平差距显著缩小，基本公共服务均等化基本实现，全体人民共同富裕迈出坚实步伐；现代社会治理格局基本形成，社会充满活力又和谐有序；生态环境根本好转，美丽中国目标基本实现。

第二个阶段，从二〇三五年到本世纪中叶，在基本实现现代化的基础上，再奋斗十五年，把我国建成富强民主文明和谐美丽的社会主义现代化强国。到那时，我国物质文明、政治文明、精神文明、社会文明、生态文明将全面提升，实现国家治理体系和治理能力现代化，成为综合国力和国际影响力领先的国家，全体人民共同富裕基本实现，我国人民将享有更加幸福安康的生活，中华民族将以更加昂扬的姿态屹立于世界民族之林。

可见，党的十九大把"三步走"发展战略的第三步细分为20年、15年和15年三个阶段，并把第三步目标"基本实现现代化"提前到2035年，把2050年目标提高到"全面建成社会主义现代化强国"。如果说，2020年全面建成小康社会是我们的近期目标，2035年基本实现现代化是中期目标，2050年全面建成现代化强国就是我们的远期目标。在一定程度上，近期目标是基础，中期目标是关键，远期目标是愿景。全面落实"三阶段"战略部署，前两步是重中之重。

二、"十四五"规划和2035年远景目标的确立

2020年是我国全面建成小康社会的时间。2021年3月5日，李克强总理在政府工作报告中宣布：决胜全面建成小康社会取得决定性成就，交出一份人民满意、

世界瞩目、可以载入史册的答卷。中国历史开启了一个新的阶段。而"十四五"时期正是我国全面建成小康社会、实现第一个百年奋斗目标之后，乘势而上开启全面建设社会主义现代化国家新征程、向第二个百年奋斗目标进军的第一个五年。因而具有特别重要的意义。

习近平新时代中国特色社会主义经济思想，是我国制定"十四五"规划的核心指南，是我国实现第二个百年奋斗目标的具体指导思想。2020年8月6日，习近平总书记强调指出：编制和实施国民经济和社会发展五年规划，是我们党治国理政的重要方式。五年规划编制涉及经济和社会发展方方面面，同人民群众生产生活息息相关，要开门问策、集思广益，把加强顶层设计和坚持问计于民统一起来，鼓励广大人民群众和社会各界以各种方式为"十四五"规划建言献策，切实把社会期盼、群众智慧、专家意见、基层经验充分吸收到"十四五"规划编制中来，齐心协力把"十四五"规划编制好。

根据习近平总书记重要指示精神和规划建议编制工作安排，有关方面通过多种形式征求干部群众、专家学者等对"十四五"规划的意见建议。这次就"十四五"规划编制向全社会征求意见和建议，所采取的方式是通过互联网进行，分别在人民日报、新华社、中央广播电视总台所属官网、新闻客户端，以及"学习强国"学习平台开设"十四五"规划建言专栏，广大网民可进入相关页面建言献策，有关意见建议汇总整理后提供给中央决策参考。这在我国五年规划编制史上还是第一次。广大人民群众提出的意见和建议广泛而具体，充分表达了对美好生活的新期盼。

2020年7月30日，中共中央政治局召开会议，决定2020年10月在北京召开中国共产党第十九届中央委员会第五次全体会议，研究关于制定国民经济和社会发展第十四个五年规划和2035年远景目标的建议，并用用三个"仍然"对"十四五"时期发展大势作出精准判断："我国发展仍然处于战略机遇期"，"和平与发展仍然是时代主题"，"发展不平衡不充分问题仍然突出"。这就确定了"十四五"规划制定的基调。2020年10月29日，党的十九届五中全会审议通过了《中共中央关于制定国民经济和社会发展第十四个五年规划和二〇三五年远景目标的建议》。

《建议》指出了"十四五"时期经济社会发展指导思想，即高举中国特色社会主义伟大旗帜，深入贯彻党的十九大和十九届二中、三中、四中、五中全会精神，坚持以马克思列宁主义、毛泽东思想、邓小平理论、"三个代表"重要思想、科学发展观、习近平新时代中国特色社会主义思想为指导，全面贯彻党的基本理论、基本路线、基本方略，统筹推进经济建设、政治建设、文化建设、社会建设、生态文明建设的总体布局，协调推进全面建设社会主义现代化国家、全面深化改革、全面依法治国、全面从严治党的战略布局，坚定不移贯彻创新、协调、绿色、开放、共享的新发展理念，坚持稳中求进工作总基调，以推动高质量发展为主题，以深化供给侧结构性改革为主线，以改革创新为根本动力，以满足人民日益增长的美好生活需要为根本目的，统筹发展和安全，加快建设现代化经济体系，加快构建以国内大循环为主体、国内国际双循环相互促进的新发展格局，推进国家治理体系和治理能力现代化，实现经济行稳致远、社会安定和谐，为全面建设社会主义现代化国家开好局、起好步。

三、立足新发展阶段、贯彻新发展理念、构建新发展格局

2021 年 3 月 11 日，《中华人民共和国国民经济和社会发展第十四个五年规划和 2035 年远景目标纲要》（以下简称《纲要》）经十三届全国人大四次会议审议通过。《纲要》指出："十四五"时期是我国全面建成小康社会、实现第一个百年奋斗目标之后，乘势而上开启全面建设社会主义现代化国家新征程、向第二个百年奋斗目标进军的第一个五年。

经过改革开放 40 多年的发展，特别是党的十八大以来向高质量发展转变，使我国经济实力、科技实力、综合国力和人民生活水平跃上新的大台阶，全面建成小康社会取得伟大历史性成就，就是说，发展基础更加坚实，发展条件深刻变化，进一步发展面临新的机遇和挑战。这就决定我国进入了新发展阶段。这个新阶段就是我们完成全面建成小康社会发展阶段的历史任务，正式进入全面建设社会主义现代化国家、向第二个百年奋斗目标进军的新阶段。面对新发展阶段，我们必须统筹中华民族伟大复兴战略全局和世界百年未有之大变局，深刻认识我国社会主要矛盾变化带来的新特征新要求，深刻认识错综复杂的国际环境带来的新矛盾新挑战，增强机遇意识和风险意识，立足社会主义初级阶段基本国情，保持战略定力，办好自己的事，认识和把握发展规律，发扬斗争精神，增强斗争本领，树立底线思维，准确识变、科学应变、主动求变，善于在危机中育先机、于变局中开新局，抓住机遇，应对挑战，趋利避害，奋勇前进。

《纲要》提出了"十四五"时期战略导向：推动高质量发展，必须立足新发展阶段、贯彻新发展理念、构建新发展格局。把握新发展阶段是贯彻新发展理念、构建新发展格局的现实依据，贯彻新发展理念为把握新发展阶段、构建新发展格局提供了行动指南，构建新发展格局则是应对新发展阶段机遇和挑战、贯彻新发展理念的战略选择。必须坚持深化供给侧结构性改革，以创新驱动、高质量供给引领和创造新需求，提升供给体系的韧性和对国内需求的适配性。必须建立扩大内需的有效制度，加快培育完整内需体系，加强需求侧管理，建设强大国内市场。必须坚定不移推进改革，破除制约经济循环的制度障碍，推动生产要素循环流转和生产、分配、流通、消费各环节有机衔接。必须坚定不移扩大开放，持续深化要素流动型开放，稳步拓展制度型开放，依托国内经济循环体系形成对全球要素资源的强大引力

场。必须强化国内大循环的主导作用，以国际循环提升国内大循环效率和水平，实现国内国际双循环互促共进。

根据党的十九届五中全会精神，2021 年起我国进入新发展阶段。这是在全面建成小康社会、实现第一个百年奋斗目标之后，全面建设社会主义现代化国家、向第二个百年奋斗目标进军的发展阶段。经过改革开放以来 40 多年的高速发展，特别是"十三五"规划目标任务胜利完成，我国国内生产总值突破 100 万亿元，经济运行总体平稳，经济结构持续优化，创新型国家建设成果丰硕；决战脱贫攻坚取得全面胜利；农业现代化稳步推进；污染防治力度加大；对外开放持续扩大，共建"一带一路"成果丰硕。总之，我国经济实力、科技实力、综合国力和人民生活水平跃上新的大台阶，全面建成小康社会取得伟大历史性成就，我国经济进入新发展阶段。习近平总书记明确指出："新发展阶段是社会主义初级阶段中的一个阶段，同时是其中经过几十年积累、站到了新的起点上的一个阶段。"[1] 新发展阶段是我们党带领人民迎来从站起来、富起来到强起来历史性跨越的新阶段。因此，可以说"新发展阶段"是中华民族伟大复兴的关键阶段。

我国已转向高质量发展，制度优势显著，治理效能提升，经济长期向好，物质基础雄厚，人力资源丰富，市场空间广阔，发展韧性强劲，社会大局稳定，继续发展具有多方面优势和条件。在新发展阶段，现代化建设的要求更高、现代化程度更高、现代化标准更高，是经济建设、政治建设、文化建设、社会建设、生态文明建设"五位一体"全面发展的现代化，是以人的全面发展为本质的高标准现代化。但我国仍处于并将长期处于社会主义初级阶段的基本国情没有变、我国是世界上最大发展中国家的国际地位没有变。同时，我国发展不平衡不充分问题仍然突出，重点领域关键环节改革任务仍然艰巨，创新能力不适应高质量发展要求，农业基础还不稳固，城乡区域发展和收入分配差距较大，生态环保任重道远，民生保障存在短板，社会治理还有弱项。所以，我们仍然要牢牢把握社会主义初级阶段这个基本国情和最大实际，继续坚持中国特色社会主义道路，牢牢坚持党的基本路线这个党和国家的生命线、人民的幸福线，更加着力于发展，更加谦虚谨慎、艰苦奋斗，更加积极有为，始终洋溢着全社会的蓬勃生机活力，通过阶梯式递进、不断发展进步、日益接近质的飞跃的量的积累和发展变化，让我国社会主义从初级阶段向更高阶段迈进，最后全面实现国家现代化。

新发展阶段的经济发展，必须坚持新发展理念。新发展理念是习近平新时代中国特色社会主义思想的重要理念之一，2015 年 10 月 29 日，习近平总书记在党的

---

[1] 《习近平在省部级主要领导干部学习贯彻党的十九届五中全会精神专题研讨班开班式上发表重要讲话强调　深入学习坚决贯彻党的十九届五中全会精神　确保全面建设社会主义现代化国家开好局》，《人民日报》2021 年 1 月 12 日。

十八届五中全会第二次全体会议上的讲话中提出了"创新、协调、绿色、开放、共享"的新发展理念。2016 年 1 月 29 日，习近平总书记在中共中央政治局第三十次集体学习时强调：新发展理念就是指挥棒、红绿灯。在党的十九大报告中，习近平总书记把"坚持新发展理念"作为 14 个执政理念之一排在第四位，充分说明它在习近平新时代中国特色社会主义思想中具有重要的地位。

新发展理念是一个系统的理论体系，回答了关于发展的目的、动力、方式、路径等一系列理论和实践问题，阐明了我们党关于发展的政治立场、价值导向、发展模式、发展道路重大政治问题。完整、准确、全面贯彻新发展理念，一是牢记党的根本宗旨，即为人民谋幸福、为民族谋复兴；二是坚持问题导向，更加精准地贯彻新发展理念，举措要更加精准务实，切实解决好发展不平衡不充分的问题，真正实现高质量发展；三是增强忧患意识、坚持底线思维，随时准备应对更加复杂困难的局面；四是要整体把握，将创新发展、协调发展、绿色发展、开放发展、共享发展五个方面整合起来，使之协同发力、形成合力；五是在贯彻落实中都要完整把握、准确理解、全面落实，把新发展理念贯彻到经济社会发展全过程和各领域。

贯彻新发展理念明确了我国现代化建设的指导原则。《纲要》提出：坚持和完善党领导经济社会发展的体制机制，坚持和完善中国特色社会主义制度，不断提高贯彻新发展理念、构建新发展格局能力和水平，为实现高质量发展提供根本保证。具体看，坚持新发展理念，就是要把新发展理念贯穿发展全过程和各领域，构建新发展格局，切实转变发展方式，推动质量变革、效率变革、动力变革，实现更高质量、更有效率、更加公平、更可持续、更为安全的发展。坚持新发展理念，就是要在质量效益明显提升的基础上实现经济持续健康发展，增长潜力充分发挥，国内市场更加强大，经济结构更加优化，创新能力显著提升，产业基础高级化、产业链现代化水平明显提高，农业基础更加稳固，城乡区域发展协调性明显增强，现代化经济体系建设取得重大进展。

"十四五"时期推动高质量发展，必须立足新发展阶段、贯彻新发展理念、构建新发展格局。2020 年 4 月 10 日，习近平总书记在中央财经委员会第七次会议上的讲话中，首次提出"新发展格局"概念，他说：大国经济的优势就是内部可循环。我国有 14 亿人口，人均国内生产总值已经突破 1 万美元，是全球最大最有潜力的消费市场。居民消费优化升级，同现代科技和生产方式相结合，蕴含着巨大增长空间。我们要牢牢把握扩大内需这一战略基点，使生产、分配、流通、消费各环节更多依托国内市场实现良性循环，明确供给侧结构性改革的战略方向，促进总供给和总需求在更高水平上实现动态平衡。扩大内需和扩大开放并不矛盾。国内循环越顺畅，越能形成对全球资源要素的引力场，越有利于构建以国内大循环为主体、国内国际双循环相互促进的新发展格局，越有利于形成参与国际竞争和合作新优势。[1]

首先，构建新发展格局，必须具备强大的国内经济循环体系和稳固的基本盘。具体说，就是要坚持扩大内需这个战略基点，加快培育完整内需体系，把实施扩大内需战略同深化供给侧结构性改革有机结合起来，以创新驱动、高质量供给引领和创造新需求。要畅通国内大循环，促进国内国际双循环，全面促进消费，拓展投资空间。要建立起扩大内需的有效制度，释放内需潜力，加快培育完整内需体系，加强需求侧管理，扩大居民消费，提升消费层次，使建设超大规模的国内市场成为一个可持续的历史过程。只有立足自身，把国内大循环畅通起来，才能任由国际风云变幻，始终充满朝气生存和发展下去。要在各种可以预见和难以预见的狂风暴雨、惊涛骇浪中，增强我们的生存力、竞争力、发展力、持续力。

其次，构建新发展格局，决不是封闭的国内循环，而是开放的国内国际双循环。要塑造我国参与国际合作和竞争新优势，重视以国际循环提升国内大循环效率和水平，改善我国生产要素质量和配置水平，推动我国产业转型升级。2020 年 9 月 22 日，习近平总书记在第七十五届联合国大会一般性辩论上再次重申：我们不追求一枝独秀，不搞你输我赢，也不会关起门来封闭运行，将逐步形成以国内大循环为主体、国内国际双循环相互促进的新发展格局，为中国经济发展开辟空间，为世界经济复苏和增长增添动力。国内大循环绝不是自我封闭、自给自足，也不是各地区的小循环，更不可能什么都自己做，放弃国际分工与合作。要坚持开放合作的双循环，通过强化开放合作，更加紧密地同世界经济联系互动，提升国内大循环的效率和水平。

再次，构建新发展格局，必须加快科技创新提高自主创新能力。近年来国际经济局势的变化，暴露了我国经济发展中的短板，就是自主创新不足，导致关键领域和关键技术出现"卡脖子"现象。构建新发展格局，就是要大力提升我国的自主创新能力，尽快突破关键核心技术。这是关系我国发展全局的重大问题，也是形成以国内大循环为主体的关键。所以，推动国内大循环，必须坚持供给侧结构性改革这一主线，提高供给体系质量和水平，以新供给创造新需求，科技创新是关键。畅通国内国际双循环，也需要科技实力，保障产业链供应链安全稳定。所以，我们必须全面加强对科技创新的部署，集合优势资源，有力有序推进创新攻关的"揭榜挂帅"体制机制，加强创新链和产业链对接。

最后，构建新发展格局，必须坚持供给侧结构性改革。构建新发展格局面临不少新情况新问题，要善于运用改革思维和改革办法，统筹考虑短期应对和中长期发展，既要在战略上布好局，也要在关键处落好子。要加快推进有利于提高资源配置

---

① 参见习近平：《国家中长期经济社会发展战略若干重大问题》，《求是》2020 年第 21 期。

效率的改革，有利于提高发展质量和效益的改革，有利于调动各方面积极性的改革，聚焦重点问题，加强改革举措的系统集成、协同高效，打通淤点堵点，激发整体效应。构建新发展格局，各地都要从各自实际出发、积极作为。必须坚持深化供给侧结构性改革这条主线，继续完成"三去一降一补"的重要任务，全面优化升级产业结构，提升创新能力、竞争力和综合实力，增强供给体系的韧性，形成更高效率和更高质量的投入产出关系，实现经济在高水平上的动态平衡。

习近平总书记在关于《中共中央关于制定国民经济和社会发展第十四个五年规划和二〇三五年远景目标的建议》的说明中强调：构建新发展格局，是与时俱进提升我国经济发展水平的战略抉择，也是塑造我国国际经济合作和竞争新优势的战略抉择。将"构建新发展格局"提升到党中央治国理政方略的地位，是以习近平同志为核心的党中央根据我国高质量发展阶段面对国内外形势作出的正确决策，为我国"十四五"阶段、实现第二个百年远景目标的实现指明了路径和方向。

四、中国式现代化与人类文明新形态

现代化是中国人民百年来一直追求的目标，是中华民族伟大复兴的必经之路。新中国成立后，面对"一穷二白"的基本国情，我们采取了社会主义计划经济体制，集中力量办大事，经过 30 年的努力，建立了比较完整的工业体系，基本奠定了现代化的基础。改革开放后，为了更好地调动各方面资源，我们通过改革开放，建立了社会主义市场经济体制，实现了国民经济的高速增长和发展，成为世界第二大经济体。与此同时，国家治理体系和治理能力现代化也取得一系列成果。党的十八大以后，中国共产党带领中国人民进一步探索，走出中国式现代化新路。2021年 7 月 1 日，习近平总书记在庆祝中国共产党成立 100 周年大会上的讲话，系统总结了这一伟大成就："走自己的路，是党的全部理论和实践立足点，更是党百年奋斗得出的历史结论。中国特色社会主义是党和人民历经千辛万苦、付出巨大代价取得的根本成就，是实现中华民族伟大复兴的正确道路。我们坚持和发展中国特色社会主义，推动物质文明、政治文明、精神文明、社会文明、生态文明协调发展，创造了中国式现代化新道路，创造了人类文明新形态。"

世界上既不存在定于一尊的现代化模式，也不存在放之四海而皆准的现代化标准。现代化源于西方，但实现现代化的方式并不是只有西方一种。这是因为不同国家和民族的历史传统不同，资源条件不同，现代化的起点不同，所选择的道路也不可能相同。历史证明，现代化道路并没有固定模式，适合自己的才是最好的，不能削足适履。中国的现代化起步晚、人口多、底子薄，在中国共产党的领导下建立了有中国特色的社会主义制度，走上了一条独特的与西方不同的现代化道路。这条中国式的现代化道路，符合中国的具体国情，符合中华民族的精神，也符合中国社会

普遍认同的价值。历史证明，中国式现代化道路选择是正确的，并且越走越好。2021 年 7 月 6 日，习近平总书记在中国共产党与世界政党领导人峰会上的主旨讲话指出："中国共产党坚持一切从实际出发，带领中国人民探索出中国特色社会主义道路。历史和实践已经并将进一步证明，这条道路，不仅走得对、走得通，而且也一定能够走得稳、走得好。我们将坚定不移沿着这条光明大道走下去，既发展自身又造福世界。"

2021 年 11 月 11 日，党的十九届六中全会通过《中共中央关于党的百年奋斗重大成就和历史经验的决议》指出：党领导人民成功走出中国式现代化道路，创造了人类文明新形态，拓展了发展中国家走向现代化的途径，给世界上那些既希望加快发展又希望保持自身独立性的国家和民族提供了全新选择。习近平总书记在会议上讲道："我们党领导人民不仅创造了世所罕见的经济快速发展和社会长期稳定两大奇迹，而且成功走出了中国式现代化道路，创造了人类文明新形态。这些前无古人的创举，破解了人类社会发展的诸多难题，摒弃了西方以资本为中心的现代化、两极分化的现代化、物质主义膨胀的现代化、对外扩张掠夺的现代化老路，拓展了发展中国家走向现代化的途径，为人类对更好社会制度的探索提供了中国方案。"

早在 2021 年 1 月，习近平总书记即提出中国式现代化的五个特点，即是人口规模巨大的现代化，是全体人民共同富裕的现代化，是物质文明和精神文明相协调的现代化，是人与自然和谐共生的现代化，是走和平发展道路的现代化。2022 年 10 月 16 日，习近平总书记在党的二十大报告中，对中国式现代化的基本特征和本质要求作了全面系统的阐述：

中国式现代化，是中国共产党领导的社会主义现代化，既有各国现代化的共同特征，更有基于自己国情的中国特色。

——中国式现代化是人口规模巨大的现代化。我国十四亿多人口整体迈进现代化社会，规模超过现有发达国家人口的总和，艰巨性和复杂性前所未有，发展途径和推进方式也必然具有自己的特点。我们始终从国情出发想问题、作决策、办事情，既不好高骛远，也不因循守旧，保持历史耐心，坚持稳中求进、循序渐进、持续推进。

——中国式现代化是全体人民共同富裕的现代化。共同富裕是中国特色社会主义的本质要求，也是一个长期的历史过程。我们坚持把实现人民对美好生活的向往作为现代化建设的出发点和落脚点，着力维护和促进社会公平正义，着力促进全体人民共同富裕，坚决防止两极分化。

——中国式现代化是物质文明和精神文明相协调的现代化。物质富足、精神富有是社会主义现代化的根本要求。物质贫困不是社会主义，精神贫乏也不是社会主义。我们不断厚植现代化的物质基础，不断夯实人民幸福生活的物质条件，同时大力发展社会主义先进文化，加强理想信念教育，传承中华文明，促进物的全面丰富和人的全面发展。

——中国式现代化是人与自然和谐共生的现代化。人与自然是生命共同体，无止境地向自然索取甚至破坏自然必然会遭到大自然的报复。我们坚持可持续发展，坚持节约优先、保护优先、自然恢复为主的方针，像保护眼睛一样保护自然和生态环境，坚定不移走生产发展、生活富裕、生态良好的文明发展道路，实现中华民族永续发展。

——中国式现代化是走和平发展道路的现代化。我国不走一些国家通过战争、殖民、掠夺等方式实现现代化的老路，那种损人利己、充满血腥罪恶的老路给广大发展中国家人民带来深重苦难。我们坚定站在历史正确的一边、站在人类文明进步的一边，高举和平、发展、合作、共赢旗帜，在坚定维护世界和平与发展中谋求自身发展，又以自身发展更好维护世界和平与发展。

中国式现代化的本质要求是：坚持中国共产党领导，坚持中国特色社会主义，实现高质量发展，发展全过程人民民主，丰富人民精神世界，实现全体人民共同富裕，促进人与自然和谐共生，推动构建人类命运共同体，创造人类文明新形态。

在党的二十大报告中，习近平总书记提出 2035 年中国式现代化的总体目标：

到二〇三五年，我国发展的总体目标是：经济实力、科技实力、综合国力大幅跃升，人均国内生产总值迈上新的大台阶，达到中等发达国家水平；实现高水平科技自立自强，进入创新型国家前列；建成现代化经济体系，形成新发展格局，基本实现新型工业化、信息化、城镇化、农业现代化；基本实现国家治理体系和治理能力现代化，全过程人民民主制度更加健全，基本建成法治国家、法治政府、法治社会；建成教育强国、科技强国、人才强国、文化强国、体育强国、健康中国，国家文化软实力显著增强；人民生活更加幸福美好，居民人均可支配收入再上新台阶，中等收入群体比重明显提高，基本公共服务实现均等化，农村基本具备现代生活条件，社会保持长期稳定，人的全面发展、全体人民共同富裕取得更为明显的实质性进展；广泛形成绿色生产生活方式，碳排放达峰后稳中有降，生态环境根本好转，美丽中国目标基本实现；国家安全体系和能力全面加强，基本实现国防和军队现代化。

实现上述宏伟目标，我们面对着国内国外多方面的挑战，要实现这一目标，唯有进一步全面深化改革、推进中国式现代化。2024 年 7 月 18 日，党的二十届三中全会通过《中共中央关于进一步全面深化改革、推进中国式现代化的决定》指出：当前和今后一个时期是以中国式现代化全面推进强国建设、民族复兴伟业的关键时期。中国式现代化是在改革开放中不断推进的，也必将在改革开放中开辟广阔前景。面对纷繁复杂的国际国内形势，面对新一轮科技革命和产业变革，面对人民群众新期待，必须继续把改革推向前进。这是坚持和完善中国特色社会主义制度、推进国家治理体系和治理能力现代化的必然要求，是贯彻新发展理念、更好适应我国社会主要矛盾变化的必然要求，是坚持以人民为中心、让现代化建设成果更多更公平惠及全体人民的必然要求，是应对重大风险挑战、推动党和国家事业行稳致远的必然要求，是推动构建人类命运共同体、在百年变局加速演进中赢得战略主动的必然要求，是深入推进新时代党的建设新的伟大工程、建设更加坚强有力的马克思主义政党的必然要求。改革开放只有进行时，没有完成时。全党必须自觉把改革摆在更加突出位置，紧紧围绕推进中国式现代化进一步全面深化改革。《决定》指出：进一步全面深化改革的总目标是继续完善和发展中国特色社会主义制度，推进国家治理体系和治理能力现代化。到二〇三五年，全面建成高水平社会主义市场经济体制，中国特色社会主义制度更加完善，基本实现国家治理体系和治理能力现代化，基本实现社会主义现代化，为到本世纪中叶全面建成社会主义现代化强国奠定坚实基础。要聚焦构建高水平社会主义市场经济体制，聚焦发展全过程人民民主，聚焦建设社会主义文化强国，聚焦提高人民生活品质，聚焦建设美丽中国，聚焦建设更高水平平安中国，聚焦提高党的领导水平和长期执政能力，继续把改革推向前进。到二〇二九年中华人民共和国成立八十周年时，完成本决定提出的改革任务。

五、以史为鉴，开创未来，实现中华民族的伟大复兴

中华民族有 5000 多年的文明历史，创造了灿烂的中华文明，为人类作出了卓越贡献。鸦片战争后，中国陷入内忧外患的黑暗境地，中国人民经历了战乱频仍、山河破碎、民不聊生的深重苦难。为了实现中华民族的复兴，我们通过新民主主义革命推翻了三座大山，实现了民族独立和人民解放，通过社会主义革命建立了社会主义制度，开辟了中国特色社会主义道路，通过社会主义建设和改革开放，基本实现了经济现代化，并且正在全面实现小康社会。总之，经过长期努力，中国特色社会主义进入了新时代。

新时代中国人民的总任务，就是实现社会主义现代化和中华民族伟大复兴。这些年来，在中国共产党的坚强领导下，全国各族人民团结一心，迎难而上，开拓进取，奋力前行，从封闭落后迈向开放进步，从温饱不足迈向全面小康，从积贫积弱

迈向繁荣富强，创造了一个又一个人类发展史上的伟大奇迹。新中国诞生时，我国经济基础极为薄弱。1952 年我国国内生产总值仅为 679 亿元，人均国内生产总值仅为 119 元。经过长期努力，1978 年我国国内生产总值增加到 3679 亿元，占世界经济的比重为 1.8%，居全球第 11 位。改革开放以来，我国经济快速发展，1986 年经济总量突破 1 万亿元，2000 年突破 10 万亿元大关，超过意大利成为世界第六大经济体，2010 年达到 412119 亿元，超过日本并连年稳居世界第二。党的十八大以来，我国综合国力持续提升。我国经济总量连续跨越 70 万亿元、80 万亿元和 90 万亿元大关，2018 年达到 900309 亿元，占世界经济的比重接近 16%。按不变价计算，2018 年我国国内生产总值比 1952 年增长 175 倍，年均增长 8.1%；其中，1979—2018 年年均增长 9.4%，远高于同期世界经济 2.9% 左右的年均增速，对世界经济增长的年均贡献率为 18% 左右，仅次于美国居世界第二。2018 年我国人均国民总收入达到 9732 美元，高于中等收入国家平均水平。[①] 到 2023 年，我国国内生产总值达到 1260582 亿元。其中，第一产业增加值 89755 亿元，第二产业增加值 482589 亿元，第三产业增加值 688238 亿元。第一产业增加值占国内生产总值比重为 7.1%，第二产业增加值比重为 38.3%，第三产业增加值比重为 54.6%。全年人均国内生产总值 89358 元，国民总收入 1251297 亿元。全年货物进出口总额 417568 亿元，国家外汇储备 32380 亿美元。[②] 我国经济实力得到进一步提高。

随着经济的崛起腾飞，中国的国际地位发生了显著的变化。新中国成立到改革开放前，受外来封锁等影响，我国与世界其他国家的经济交往较少。20 世纪 70 年代，我国恢复在联合国的合法地位，与其他国家和国际组织交往明显扩大。改革开放以来，我国积极融入国际社会，在国际事务中发挥愈加重要的作用。1980 年 4 月和 5 月，我国先后恢复了在国际货币基金组织和世界银行的合法席位。2001 年加入世界贸易组织，以更加积极的姿态参与国际经济合作。2003 年以来，我国与亚洲、大洋洲、拉美、欧洲等许多国家和地区先后建设自贸区，目前已与 25 个国家和地区达成了 17 个自贸协定，促进了我国与世界各国的互利共赢。党的十八大以来，我国积极推动共建"一带一路"，得到 160 多个国家（地区）和国际组织的积极响应；倡议构建人类命运共同体，积极参与以 WTO 改革为代表的国际经贸规则制定，在全球治理体系变革中贡献了中国智慧，展现了大国担当。更重要的是，中国式现代化的成功，破解了人类社会发展的诸多难题，为人类对更好社会制度的探索提供了中国方案。我国国际影响力、感召力、塑造力进一步提高，为世界和平与发展作出新的重大贡献。

---

① 参见国家统计局：《沧桑巨变七十载民族复兴铸辉煌——新中国成立 70 周年经济社会发展成就系列报告之一》，国家统计局网站，见 http://www.stats.gov.cn/tjsj/zxfb/201907/t20190701_ 1673407.html。

② 参见《中华人民共和国 2023 年国民经济和社会发展统计公报》。

中华民族的伟大复兴不仅仅是经济的现代化，还有赖于民族精神和民族文化的复兴。中国共产党既是马克思主义的坚定信仰者和践行者，又是中华优秀传统文化的忠实继承者和弘扬者，担负着复兴中华优秀传统文化的历史使命。所以，在马克思主义与中国实际相结合基础上，中国共产党进一步把马克思主义与中华优秀传统文化相结合，为探索面向未来的理论和制度创新拓展更广阔的文化空间，为建设中华民族现代文明奠定文化根基。这是继续推进中国式现代化、实现中华民族伟大复兴的必由之路。

总之，党的十八大以来，以习近平同志为核心的党中央领导全党全军全国各族人民砥砺前行，全面建成小康社会目标如期实现，党和国家事业取得历史性成就、发生历史性变革，彰显了中国特色社会主义的强大生机活力，党心军心民心空前凝聚振奋，为实现中华民族伟大复兴提供了更为完善的制度保证、更为坚实的物质基础、更为主动的精神力量。中国共产党和中国人民以英勇顽强的奋斗向世界庄严宣告，中华民族迎来了从站起来、富起来到强起来的伟大飞跃。[①]

《中共中央关于党的百年奋斗重大成就和历史经验的决议》指出：

> 今天，我们比历史上任何时期都更接近、更有信心和能力实现中华民族伟大复兴的目标。同时，全党必须清醒认识到，中华民族伟大复兴绝不是轻轻松松、敲锣打鼓就能实现的，前进道路上仍然存在可以预料和难以预料的各种风险挑战；必须清醒认识到，我国仍处于并将长期处于社会主义初级阶段，我国仍然是世界最大的发展中国家，社会主要矛盾是人民日益增长的美好生活需要和不平衡不充分的发展之间的矛盾。全党要牢记中国共产党是什么、要干什么这个根本问题，把握历史发展大势，坚定理想信念，牢记初心使命，始终谦虚谨慎、不骄不躁、艰苦奋斗，从伟大胜利中激发奋进力量，从弯路挫折中吸取历史教训，不为任何风险所惧，不为任何干扰所惑，决不在根本性问题上出现颠覆性错误，以咬定青山不放松的执着奋力实现既定目标，以行百里者半九十的清醒不懈推进中华民族伟大复兴。[②]

---

①　参见《中共中央关于党的百年奋斗重大成就和历史经验的决议》，人民出版社 2021 年版，第 61—62 页。

②　《中共中央关于党的百年奋斗重大成就和历史经验的决议》，人民出版社 2021 年版，第 72 页。

参 考 文 献

上 卷

1. 《周易》（杨天才、张善文译注），中华书局 2011 年版。

2. 《周礼》（徐正英、常佩雨译注），中华书局 2014 年版。

3. 《礼记》（胡平生、张萌注），中华书局 2017 年版。

4. 《尔雅》（管锡华译注），中华书局 2014 年版。

5. 《山海经》（方韬注释），中华书局 2009 年版。

6. 《尚书》（王世舜译注），中华书局 2011 年版。

7. 《诗经》（王秀梅译注），中华书局 2015 年版。

8. 《国语》（陈桐生译注），中华书局 2013 年版。

9. 《管子》（（唐）房玄龄注，（明）刘绩补注，刘晓艺校点），中华书局 2015 年版。

10. 《孟子》（方勇译注），中华书局 2010 年版。

11. 《墨子》（李小龙译注），中华书局 2007 年版。

12. 《商君书》（石磊译注），中华书局 2009 年版。

13. 《左传》（郭丹译注），中华书局 2012 年版。

14. 《春秋公羊传》（黄铭、曾亦译注），中华书局 2016 年版。

15. 《春秋左传正义》（（晋）杜预注，（唐）孔颖达等正义），上海古籍出版社 1990 年版。

16. 《春秋谷梁传注疏》（（晋）范宁注，（唐）杨士勋疏），上海古籍出版社 2017 年版。

17. 《曾子辑校》（王永辉、高尚举辑校），中华书局 2017 年版。

18. 《韩非子》（高华平译注），中华书局 2010 年版。

19. 《荀子》（方勇、李波译注），中华书局 2011 年版。

20. 《战国策》（刘向编订），中华书局 2011 年版。

21. 《吕氏春秋》（陆玖译注），中华书局 2011 年版。

22. 《穆天子传》（高永旺译注），中华书局 2019 年版。

23. 《竹书纪年》（古本整理编），时代文艺出版社 2009 年版。

24. （汉）司马迁：《史记》，中华书局 2000 年版。

25. （汉）班固：《汉书》，中华书局 2000 年版。

26. （汉）韩婴：《韩诗外传集释》，中华书局 1980 年版。

27. （汉）贾谊：《新书校注》，中华书局 2000 年版。

28. （汉）刘向：《说苑校正》，中华书局 2009 年版。

29. （汉）刘歆：《西京杂记》，中国书店 2019 年版。

30. （汉）宋衷、（清）秦嘉谟：《世本八种》，中华书局 2008 年版。

31. （汉）王充：《论衡》，岳麓书社 2006 年版。

32. （汉）赵岐：《孟子注疏》，上海古籍出版社 1990 年版。

33. （汉）郑玄：《周礼注疏》，上海古籍出版社 2010 年版。

34. （汉）桓宽：《盐铁论》，中华书局 2015 年版。

35. （汉）崔寔、仲长统：《政论昌言》，中华书局 2014 年版。

36. （晋）陆翽：《邺中记》，商务印书馆 1936 年版。

37. （晋）常璩：《华阳国志校补图注》，上海古籍出版社 2007 年版。

38. （晋）干宝：《搜神记》，中华书局 2012 年版。

39. （晋）《抱朴子内篇》，中华书局 2011 年版。

40. （晋）《抱朴子外篇》，中华书局 2011 年版。

41. （晋）徐宗元辑：《帝王世纪辑存》，中华书局 1964 年版。

42. （北魏）崔鸿：《十六国春秋》，商务印书馆 1937 年版。

43. （北魏）郦道元：《水经注校正》，中华书局 2007 年版。

44. （北魏）杨衒之：《洛阳伽蓝记》，中华书局 2012 年版。

45. （北魏）颜之推：《颜氏家训》，中华书局 2011 年版。

46. （北魏）贾思勰：《齐民要术译注》，上海古籍出版社 2009 年版。

47. （南朝陈）徐陵：《玉台新咏》，中国书店 2019 年版。

48. （南朝梁）任昉：《述异记世说新语》，吉林出版集团有限责任公司 2005 年版。

49. （南朝梁）萧统：《文选》，中华书局 1997 年版。

50. （南朝梁）宗懔：《荆楚岁时记》，中华书局 2018 年版。

51. （南朝梁）萧统：《昭明文选》，华夏出版社 2000 年版。

52. （南朝梁）僧祐：《弘明集·广弘明集：佛学名著丛刊》，上海古籍出版社 1991
年版。

53. （唐）杜佑：《通典》，中华书局 1988 年版。

54. （唐）道宣：《续高僧传》，中华书局 2014 年版。

55. （唐）皇甫牧：《三水小牍》，中华书局 1958 年版。

56. （唐）长孙无忌等：《唐律疏议》，中华书局 1983 年版。

57. （唐）孔颖达：《尚书正义》，上海古籍出版社 2008 年版。

58. （唐）李白：《李太白全集》，中华书局 2011 年版。

59. （唐）李泰：《括地志辑校》，中华书局 1980 年版。

60. （唐）李延寿：《北史》，中华书局 2000 年版。

61. （唐）刘肃：《大唐新语》，中华书局 1984 年版。

62. （唐）柳宗元：《柳宗元集校注》，中华书局 2013 年版。

63. （唐）陆贽：《翰苑集》，上海古籍出版社 1993 年版。

64. （唐）欧阳询等：《艺文类聚》，中华书局 1965 年版。

65.（唐）释道世：《法苑珠林》，中华书局 2003 年版。

66.（唐）韩愈：《五百家注韩昌黎集》，中华书局 2019 年版。

67.（唐）白居易：《白居易集》，中华书局 1979 年版。

68.（唐）苏鹗：《苏氏演义（外三种）》，中华书局 2012 年版。

69.（唐）韦述、杜宝：《两京新记辑校大业杂记辑校》，中华书局 2019 年版。

70.（唐）吴兢：《贞观政要》，中华书局 2011 年版。

71.（唐）徐坚：《初学记》，中华书局 2004 年版。

72.（唐）义净：《南海寄归内法传》，中华书局 1995 年版。

73.（宋）徐天麟：《西汉会要》，上海古籍出版社 2006 年版。

74.（宋）宋敏求：《唐大诏令集》，中华书局 2008 年版。

75.（宋）蔡绦：《铁围山丛谈》，中华书局 1983 年版。

76.（宋）沈括：《梦溪笔谈》，中华书局 2015 年版。

77.（宋）段成式：《酉阳杂俎》，中华书局 1981 年版。

78.（宋）高承：《事务纪原》，中华书局 1989 年版。

79.（宋）洪迈：《夷坚志》，中华书局 2006 年版。

80.（宋）胡宏：《五峰集》，北京大学出版社 2019 年版。

81.（宋）黄度、蔡沈：《书经集传》，中国书店 2018 年版。

82.（宋）黎靖德：《朱子语类》，中华书局 1986 年版。

83.（宋）李昉：《太平广记》，中华书局 2013 年版。

84.（宋）李昉：《文苑英华》，中华书局 1966 年版。

85.（宋）刘攽：《彭城集》，齐鲁书社 2018 年版。

86.（宋）吕祖谦：《宋文鉴》，中华书局 1992 年版。

87.（宋）孟元老：《东京梦华录笺注》，中华书局 2006 年版。

88.（宋）欧阳修：《新五代史》，中华书局 2000 年版。

89.（宋）司马光：《涑水记闻》，中华书局 1989 年版。

90.（宋）司马光：《资治通鉴》，中华书局 2009 年版。

91.（宋）王溥：《唐会要》，中华书局 2017 年版。

92.（宋）王溥：《五代会要》，中华书局 1998 年版。

93.（宋）王钦若：《册府元龟》，中华书局 2003 年版。

94.（宋）王应麟：《玉海》，广陵书社 2016 年版。

95.（宋）吴自牧：《梦粱录》，商务印书馆 1960 年版。

96.（宋）谢逸：《溪堂集》，中山大学出版社 2011 年版。

97.（宋）辛弃疾：《稼轩词编年笺注》，上海古籍出版社 1993 年版。

98.（宋）薛居正：《旧五代史》，中华书局 2000 年版。

99.（宋）叶牧：《习学记言序目》，中华书局 2009 年版。

100.（宋）袁采：《袁氏世范》，商务印书馆 2017 年版。

101.（宋）郑樵：《通志二十略》，中华书局 1995 年版。

102.（宋）志磐：《佛祖统纪》，上海古籍出版社 2012 年版。

103.（宋）窦仪等：《宋刑统校证》，北京大学出版社 2015 年版。

104.（宋）李昉、李穆、徐铉等：《太平御览》，中华书局 2000 年版。

105. （元）马端临：《文献通考》，中华书局 2006 年版。

106. （元）脱脱等：《宋史》，中华书局 2000 年版。

107. （元）脱脱等：《金史》，中华书局 2000 年版。

108. （元）脱脱等：《辽史》，中华书局 2000 年版。

109. （明）《杭州府志》，中华书局 2005 年版。

110. （明）蔡清：《虚斋集》，上海古籍出版社 1991 年版。

111. （明）沈德符：《万历野获编》，上海古籍出版社 2012 年版。

112. （明）陈子龙：《皇明经世文编》，中华书局 1962 年版。

113. （明）归有光：《归先生文集》，国家图书馆出版社 2014 年版。

114. （明）海瑞：《海忠介公全集》，海南历史文化丛书 1998 年版。

115. （明）侯方域：《侯方域四忆堂诗集校笺卷》，中州古籍出版社 2000 年版。

116. （明）焦竑：《国朝献征录》，广陵书社 2013 年版。

117. （明）李贽：《藏书》，中华书局 1959 年版。

118. （明）李贽：《焚书续焚书》，中华书局 2009 年版。

119. （明）林希元：《林次崖先生文集》，厦门大学出版社 2015 年版。

120. （明）陆树声：《长水日抄》，中华书局 1985 年版。

121. （明）丘濬：《丘文庄公丛书》，丘文庄公丛书辑印委员会 1972 年版。

122. （明）丘濬：《大学衍义补》，京华出版社 1999 年版。

123. （明）申时行：《明会典》，中华书局 1989 年版。

124. （明）宋濂等：《元史》，中华书局 2000 年版。

125. （明）宋应星：《天工开物》，江苏古籍出版社 2002 年版。

126. （明）陈循、彭时等：《寰宇通志》，国家图书馆出版社 2014 年版。

127. （明）谈迁：《国榷》，浙江古籍出版社 2012 年版。

128. （明）王圻：《续文献通考》，现代出版社 1991 年版。

129. （明）王士性：《广志绎》，中华书局 1997 年版。

130. （明）王世贞：《弇山堂别集》，上海古籍出版社 2017 年版。

131. （明）谢陛：《歙志》，黄山书社 2014 年版。

132. （明）谢肇淛：《五杂俎》，中国书店 2019 年版。

133. （明）徐光启：《农政全书》，上海古籍出版社 2011 年版。

134. （明）杨继盛撰：《庞氏家训》，商务印书馆 1960 年版。

135. （明）姚士麟：《见只编》，商务印书馆 1936 年版。

136. （明）于慎行：《兖州府志》，齐鲁书社 1985 年版。

137. （明）袁宏道：《瓶花斋杂录》，中华书局 1991 年版。

138. （明）张翰：《松窗梦语》，上海古籍出版社 1986 年版。

139. （明）章潢：《图书编》，广陵书社 2011 年版。

140. （明）朱国祯：《涌幢小品》，上海古籍出版社 2012 年版。

141. （明）顾炎武：《顾炎武全集》，上海古籍出版社 2011 年版。

142. （明）顾炎武：《日知录》，上海古籍出版社 2012 年版。

143. （明）顾炎武：《天下郡国利病书》，上海古籍出版社 2012 年版。

144. （明）黄宗羲：《明文海》，中华书局 1987 年版。

145.（明）黄宗羲：《明夷待访录》，中华书局 2011 年版。

146.《明实录》，上海书店出版社 2015 年版。

147.（明）《松江府志》，北京图书馆出版社 1991 年版。

148.（清）徐松：《宋会要辑稿》，中华书局 1957 年版。

149.（清）毕沅：《续资治通鉴》，中华书局 1999 年版。

150.（清）乾隆官修：《清朝通典》，浙江古籍出版社 2000 年版。

151.（清）乾隆官修：《清朝通志》，浙江古籍出版社 2000 年版。

152.（清）曾国藩：《曾文正公全集》，中国书店 2011 年版。

153.（清）陈开虞纂修：《江宁府志》，南京出版社 2011 年版。

154.（清）陈立：《白虎通疏证》，中华书局 1994 年版。

155.（清）董诰：《全唐文》，中华书局 1983 年版。

156.（清）鄂尔泰等：《钦定八旗通志》，国家图书馆出版社 2013 年版。

157.（清）冯桂芬：《校邠庐抗议》，上海书店 2002 年版。

158.（清）龚自珍：《龚自珍全集》，上海人民出版社 1975 年版。

159.（清）谷应泰：《明史纪事本末》，中华书局 2015 年版。

160.（清）贺长龄、魏源：《皇朝经世文编》，台湾大学 1989 年版。

161.（清）李鸿章：《李鸿章全集》，安徽教育出版社 2008 年版。

162.（清）李鸿章：《请减苏松太浮粮疏》，《皇朝经世文续编》（复印本）。

163.（清）李鸿章撰，吴汝纶编：《李文忠公全集》，光绪三十一年（1905）金陵刊本。

164.（清）梁启超：《戊戌政变记》，岳麓书社 2011 年版。

165.（清）梁廷枏撰：《粤海关制》，广东人民出版社 2014 年版。

166.（清）林则徐撰：《林文忠公政书》，朝华出版社 2018 年版。

167.（清）刘锦藻：《皇朝文献通考》，浙江古籍出版社 1988 年版。

168.（清）刘锦藻：《续文献通考》，浙江古籍出版社 2000 年版。

169.（清）马骕：《左传事纬》，齐鲁书社 1992 年版。

170.（清）缪荃孙：《江苏省通志稿大事志》，江苏古籍出版社 1991 年版。

171.（清）秦蕙田：《五礼通考》，国家图书馆出版社 2017 年版。

172.（清）屈大均：《广东新语》，中华书局 1997 年版。

173.（清）盛宣怀：《愚斋存稿》，上海人民出版社 2018 年版。

174.（清）王夫之：《读通鉴论》，中华书局 2004 年版。

175.（清）王庆云：《石渠余纪》，中国书店 2009 年版。

176.（清）王胜时：《漫游纪略》，新文化书社 1923 年版。

177.（清）王先谦：《东华录》，上海古籍出版社 2007 年版。

178.（清）王先谦：《诗三家义集疏》，中华书局 1987 年版。

179.（清）王先谦、朱寿朋：《东华续录》，上海古籍出版社 2007 年版。

180.（清）魏源：《默觚》，辽宁人民出版社 2000 年版。

181.（清）文庆等纂辑：《筹办夷务始末》，上海古籍出版社 2007 年版。

182.（清）吴乘权：《纲鉴易知录》，中华书局 2012 年版。

183.（清）席裕福编：《皇朝政典类纂》，文海出版社 1969 年版。

184.（清）徐怀祖、黄叔璥：《台湾随笔——台湾使槎录》，商务印书馆 1936 年版。

185. （清）许瑶光修：《嘉兴府志》，上海书店出版社 1993 年版。

186. （清）严可均：《全后汉文》，商务印书馆 1999 年版。

187. （清）叶梦珠撰：《阅世编》，上海古籍出版社 1981 年版。

188. （清）伊桑阿等纂，杨一凡、宋北平、关志国、刘宸缨校点：《大清会典·康熙朝》，凤凰出版社 2016 年版。

189. （清）允袐等纂，李春光校点：《乾隆会典》，凤凰出版社 2018 年版。

190. （清）张履祥：《补农书》，农业出版社 1983 年版。

191. （清）张履祥辑补、陈恒力校点：《沈氏农书》，农业出版社 1959 年版。

192. （清）张培仁：《平江县志》，岳麓书社 2011 年版。

193. （清）张廷玉等：《明史》，中华书局 2000 年版。

194. （清）张之洞：《张之洞全集》，武汉出版社 2008 年版。

195. （清）左宗棠撰：《左宗棠全集》，岳麓书社 1996 年版。

196. （清）赵尔巽：《清史稿》，中华书局 2000 年版。

197. （清）朱琰：《陶说》，山东画报出版社 2010 年版。

198. （清）《钦定续通典》，浙江古籍出版社 2000 年版。

199. （清）徐珂：《清稗类钞》，中华书局 1990 年版。

200. （清）赵翼：《廿二史札记》，上海古籍出版社 2011 年版。

201. 白钢：《中国政治制度史》，社会科学文献出版社 2007 年版。

202. 编委会编：《续修四库全书》，上海古籍出版社 2002 年版。

203. 陈直：《居延汉简研究》，中华书局 2009 年版。

204. 陈寅恪：《隋唐制度渊源略论稿　唐代政治史述论稿》，商务印书馆 2011 年版。

205. ［英］方德万：《潮来潮去：海关与中国现代性的全球起源》，山西人民出版社 2017 年版。

206. 付崇兰等：《中国城市发展史》，社会科学文献出版社 2009 年版。

207. 郭沫若主编：《甲骨文合集》，中华书局 1999 年版。

208. 郭沫若：《中国古代社会研究》，商务印书馆 2011 年版。

209. 郭正忠、丁长清、唐仁粤等主编：《中国盐业史》（全三册），人民出版社 1997 年版。

210. 何一民：《中国城市史》，武汉大学出版社 2012 年版。

211. 何堂坤：《中国古代手工业工程技术史》（上、下），山西教育出版社 2012 年版。

212. 韩大成：《明代城市研究》，中华书局 2009 年版。

213. 霍邱县地方志编纂委员会：《霍邱县志》，中国广播电视出版社 1992 年版。

214. 侯家驹：《中国经济史》（上、下），新星出版社 2008 年版。

215. 胡寄窗：《中国经济思想史》（上、中、下），上海人民出版社 1978—1981 年版。

216. 胡寄窗、谈敏：《中国财政思想史》，中国财政经济出版社 2016 年版。

217. 龙登高：《江南市场史——十一至十九世纪的变迁》，清华大学出版社 2003 年版。

218. 李伯重、周生春主编：《江南的城市工业与地方文化（960—1850）》，清华大学出版社 2004 年版。

219. 李育民：《晚清中外条约关系研究》，法律出版社 2018 年版。

220. 辽宁省档案馆编：《满洲实录》，辽宁教育出版社 2012 年版。

221. 梁家勉主编：《中国农业科学技术史稿》，农业出版社 1989 年版。

222. 梁方仲：《中国历代户口、田地、田赋统计》，中华书局 2008 年版。

223. 吕思勉：《中国制度史》，上海教育出版社 2005 年版。

224. 刘莉、陈星灿：《中国考古学：旧石器时代晚期到早期青铜时代》，生活·读书·新知三联书店 2017 年版。

225. 宁可主编：《中国经济发展史》（1—5），中国经济出版社 1999 年版。

226. 宁可：《中国封建社会的历史道路》，北京师范大学出版社 2014 年版。

227. 彭信威：《中国货币史》，上海人民出版社 2007 年版。

228. 彭浩、陈伟、［日］工藤元男：《二年律令与奏谳书》，上海古籍出版社 2010 年版。

229. 钱穆：《国史大纲》（上下），商务印书馆 1996 年版。

230. 钱穆：《中国经济史》，北京联合出版公司 2014 年版。

231. 钱穆：《秦汉史》，生活·读书·新知三联书店 2004 年版。

232. 漆侠：《宋代经济史》（上下），中华书局 2009 年版。

233. 瞿同祖：《中国封建社会》，商务印书馆 2016 年版。

234. 上海商务印书馆编译：《大清新法令》，商务印书馆 2011 年版。

235. 石云涛：《汉代外来文明研究》，中国社会科学出版社 2017 年版。

236. 孙健：《中国经济通史》（上中下），中国人民大学出版社 2000 年版。

237. 唐长孺：《魏晋南北朝史论丛》，商务印书馆 2012 年版。

238. 童书业：《春秋史》，上海古籍出版社 2010 年版。

239. 童书业：《中国手工业商业发展史》（校订本），中华书局 2005 年版。

240. 王国维：《观堂集林（附别集）》，中华书局 2004 年版。

241. 王玉哲：《中华远古史》，上海人民出版社 2019 年版。

242. 王振中：《中国文明起源的比较研究（增订版）》，中国社会科学出版社 2013 年版。

243. 魏明孔：《隋唐手工业研究》，甘肃人民出版社 1999 年版。

244. 吴才麟：《史前经济与财政起源》，中国财政经济出版社 2017 年版。

245. 吴慧主编：《中国商业通史》（1—5），中国财政经济出版社 2004 年版。

246. 许承尧：《歙事闲谭》，黄山书社 2001 年版。

247. 小横香室主人编：《清朝野史大观》，江苏广陵古籍刻印社 1998 年版。

248. 薛凤旋：《中国城市及其文明的演变》，世界图书出版公司 2015 年版。

249. 杨新华：《南京明城墙》，南京大学出版社 2006 年版。

250. 闫万英、尹英华：《中国农业发展史》，天津科学技术出版社 1992 年版。

251. 杨宽：《中国上古史导论》，上海人民出版社 2016 年版。

252. 杨宽：《西周史》（上下），上海人民出版社 2016 年版。

253. 杨宽：《战国史》，上海人民出版社 2016 年版。

254. 叶振鹏编：《中国财政通史》（1—10 卷），湖南人民出版社 2010 年版。

255. 于浩：《明清史料丛书八种》，国家图书馆出版社 2009 年版。

256. 郑学檬：《中国古代经济重心南移和唐宋江南经济研究》，岳麓书社 2003 年版。

257. 赵靖：《中国经济思想史述要》，北京大学出版社 1998 年版。

258. 赵俪生：《中国土地制度史》，武汉大学出版社 2013 年版。

259. 赵冈：《中国传统农村的地权分配》，新星出版社 2006 年版。

260. 赵冈：《中国城市发展史论集》，新星出版社 2006 年版。

261. 赵冈、陈钟毅：《中国经济制度史论》，新星出版社 2006 年版。

262. 张光直：《中国青铜时代》，生活·读书·新知三联书店 2013 年版。

263. 张光直：《商文明》，生活·读书·新知三联书店 2013 年版。

264. 张肇麟：《夏商周起源考证》，科学出版社 2016 年版。

265. 赵德馨主编：《中国经济通史》（1—10），湖南人民出版社 2002 年版。

266. 浙江省地方志编纂委员会：《浙江通志》，中华书局 2001 年版。

267. 中国第一历史档案馆：《满文老档》，中华书局 1990 年版。

268. 中华书局编辑部：《简体字本二十四史》，中华书局 2000 年版。

269. 周自强等：《中国经济通史》（1—16 册），经济日报出版社 2007 年版。

270. 朱伯康、施正康：《中国经济史》（上、下），复旦大学出版社 2005 年版。

下 卷

1. 《马克思恩格斯选集》（1—4 卷），人民出版社 2012 年版。

2. 《孙中山全集》（1—11 卷），中华书局 2011 年版。

3. 《孙中山选集》（上、下卷），人民出版社 1956 年版。

4. 《孙中山选集》，人民出版社 1981 年版。

5. 《孙中山文粹》（上、下卷），广东人民出版社 1996 年版。

6. 《毛泽东选集》（1—4 卷），人民出版社 1991 年版。

7. 《毛泽东文集》（1—8 卷），人民出版社 1996—1999 年版。

8. 中共中央文献研究室：《建国以来毛泽东文稿》（1—13 册），中央文献出版社 1987—1998 年版。

9. 中共中央文献研究室编：《毛泽东年谱（1949—1976）》（1—6 卷），中央文献出版社 2013 年版。

10. 逄先知、金冲及主编：《毛泽东传（1949—1976）》（上、下），中央文献出版社 2003 年版。

11. 顾龙生编著：《毛泽东经济年谱》，中共中央党校出版社 1993 年版。

12. 中共湖北省委党史资料征编委员会编：《毛泽东在湖北》，中共党史出版社 1993 年版。

13. 中共中央文献研究室编：《刘少奇年谱（1898—1969）》（上、下），中央文献出版社 1996 年版。

14. 中共中央文献研究室编：《刘少奇论新中国经济建设》，中央文献出版社 1993 年版。

15. 《周恩来经济文选》，中央文献出版社 1993 年版。

16. 《周恩来选集》（上卷），人民出版社 1980 年版。

17. 《周恩来选集》（下卷），人民出版社 1984 年版。

18. 中共中央文献研究室：《周恩来年谱（1949—1976)》（上、中、下），中央文献出版社 1997 年版。

19. 金冲及主编：《周恩来传》（上下），中央文献出版社 1998 年版。

20. 《邓小平文选》（1—3 卷），人民出版社 1993—1994 年版。

21. 中共中央文献研究室编：《邓小平年谱（1975—1997)》（上、下），中央文献出版社 2004 年版。

22. 《江泽民文选》（1—3 卷），人民出版社 2006 年版。

23. 《胡锦涛文选》（1—3 卷），人民出版社 2016 年版。

24. 习近平：《习近平谈治国理政》，外文出版社 2014 年版。

25. 习近平：《习近平谈治国理政》（第二卷），外文出版社 2017 年版。

26. 中共中央文献研究室编：《习近平关于社会主义经济建设论述摘编》，中央文献出版社 2017 年版。

27. 薄一波：《若干重大决策与事件的回顾》（上卷），中共中央党校出版社 1991 年版。

28. 薄一波：《若干重大决策与事件的回顾》（下卷），中共中央党校出版社 1993 年版。

29. 财政科学研究所：《革命根据地的财政经济》，中国财政经济出版社 1985 年版。

30. 陈东霖主编：《1966—1976 年中国国民经济概况》，四川人民出版社 2016 年版。

31. 陈翰笙：《陈翰笙文集》，复旦大学出版社 1985 年版。

32. 陈开国：《徐堪其人其事》，《文史资料选辑（合订本）第 41 卷》，中国文史出版社 2011 年版。

33. 陈吉元等主编：《中国农村社会经济变迁 1949—1989》，山西经济出版社 1993 年版。

34. 陈廷煊：《中国新民主主义农业经济史》，中国社会科学出版社 2012 年版。

35. 陈文敬：《中国对外开放三十年回顾与展望》，《国际贸易》2008 年第 3 期。

36. 陈云：《陈云文选》（1—3），人民出版社 1984—1986 年版。

37. 陈永杰等：《民营企业发展与混合经济改革》，浙江大学出版社 2016 年版。

38. 陈争平：《中国经济史探索：陈争平文集》，浙江大学出版社 2012 年版。

39. 陈争平：《外债史话》，社会科学文献出版社 2000 年版。

40. 陈真、姚洛编：《中国近代工业史资料》，生活·读书·新知三联书店 1957 年版。

41. 程中原：《转折年代：邓小平在 1975—1982》，当代中国出版社 2014 年版。

42. 迟福林主编：《伟大的历程：中国改革开放 40 年实录》，广东经济出版社 2018 年版。

43. 大成企业研究院：《民营经济改变中国》，社会科学文献出版社 2018 年版。

44. 大生系统企业编写组：《大生系统企业史》，江苏古籍出版社 1990 年版。

45. 戴逸、张世明主编：《中国西部开发与近代化》，广东教育出版社 2006 年版。

46. 当代中国研究所：《中华人民共和国史稿》（序卷，1—4 卷），人民出版社 2012 年版。

47. 狄超白主编：《中国经济年鉴》（1947 年），香港太平洋经济研究社 1947 年版。

48. 董辅礽主编：《中华人民共和国经济史》（上下），经济科学出版社 1999 年版。

49. 董志凯等编：《中华人民共和国经济史（1953—1957)》（上、下），社会科学文献出版社 2011 年版。

50. 方悴农：《农村建设实施纪要》，大华书局 1935 年版。

51. 方显廷：《中国之棉纺织业》，商务印书馆 2011 年版。

52. ［美］费正清、［美］费维恺编：《剑桥中华民国史（1912—1949 年）》，中国社会科学出版社 1994 年版。

53. 高璐：《论国民党大陆时期土地改革未能成功的根本原因》，《安徽史学》1998 年第 3 期。

54. 高熙：《中国农民运动纪事（1921—1927）》，求实出版社 1988 年版。

55. 关权：《中国经济发展：百年历程》，中国人民大学出版社 2019 年版。

56. 郭家麟编：《十年来中国金融史略》，中央银行经济研究处民国 32 年（1943 年）版。

57. 国家统计局编：《中国统计年鉴》（1982—2018 年），中国统计出版社 1982—2018 年版。

58. 国家统计局工业交通物资统计司编：《中国工业经济统计资料（1949—1984)》，中国统计出版社 1985 年版。

59. 国家统计局工业交通统计司编：《中国工业交通能源 50 年统计资料汇编（1949—1999)》，中国统计出版社 2000 年版。

60. 国家统计局国民经济综合统计司编：《新中国六十年统计资料汇编》，中国统计出版社 2010 年版。

61. 郭德宏：《中国近现代农民土地问题研究》，青岛出版社 1993 年版。

62. 韩大元：《论 1949 年〈共同纲领〉的制定权》，《中国法学》2010 年第 5 期。

63. 何长风编：《抗战时期贵州企业股份有限公司》，贵州民族出版社 2005 年版。

64. 何莉萍：《南京国民政府土地政策和土地立法之评析》，《法史学刊》2006 年第 1 卷，社会科学文献出版社 2007 年版。

65. 贺吉元：《"三面红旗"出台的内幕揭秘》，《党史文苑》2007 年第 23 期。

66. 洪安琪、何布峰：《中国工人运动简史》，陕西人民教育出版社 1987 年版。

67. 胡绳主编：《中国共产党七十年》，中共党史出版社 1991 年版。

68. 黄小同等：《刘少奇与天津讲话》，河南大学出版社 1998 年版。

69. 黄小同：《"四面八方"经济政策思想源于刘少奇》，《中共党史研究》1999 年第 1 期。

70. 黄孟复：《中国民营经济史·纪事本末》，中华工商联合出版社 2010 年版。

71. 黄逸峰等：《旧中国民族资产阶级》，江苏古籍出版社 1990 年版。

72. 黄正林：《陕甘宁边区社会经济史（1937—1945)》，人民出版社 2006 年版。

73. 季龙主编：《当代中国的集体工业》（上、下），当代中国出版社 1991 年版。

74. 贾熟村：《北洋军阀时期的交通系》，河南人民出版社 1993 年版。

75. 简锐：《国民党官僚资本发展的概述》，《中国经济史研究》1986 年第 3 期。

76. 姜建清、蒋立场：《近代中国外商银行史》，中信出版社 2016 年版。

77. 姜华宣等主编：《中国共产党重要会议纪事》，中央文献出版社 2001 年版。

78. 蒋建华等主编：《中华人民共和国资料手册》，社会科学文献出版社 1999 年版。

79. 江西省档案馆、中共江西省委党校党史教研室：《中央革命根据地史料选编》，江西人民出版社 1981 年版。

80. 江西省税务局、福建省税务局、江西省档案馆、福建省档案馆编：《中央革命根据地工商税收史料选编》，福建人民出版社 1985 年版。

81. 井冈山革命博物馆：《井冈山革命根据地》，中共党史资料出版社 1987 年版。

82. 柯华主编：《中央苏区财政金融史料选编》，中国发展出版社 2016 年版。

83. ［美］柯伟林：《蒋介石与纳粹德国》，中国青年出版社 1993 年版。

84. 抗日战争时期国民政府财政经济战略措施研究课题组：《抗日战争时期国民政府财政经济战略措施研究》，西南财经大学出版社 1988 年版。

85. 匡家在：《1952—1957 年农业生产绩效研究述评》，《中国经济史研究》2013 年第 3 期。

86. 郎冠英、许顺主编：《中国资本主义工商业的社会主义改造（北京卷）》，中共党史出版社 1991 年版。

87. 李达：《中国产业革命概观》，上海昆仑书店 1929 年版。

88. 李定主编：《中国资本主义工商业的社会主义改造》，当代中国出版社 1997 年版。

89. 李富春、薄一波、罗瑞卿：《关于国家经济建设如何防备敌人突然袭击问题的报告》，《党的文献》1995 年第 3 期。

90. 李权时：《国地财政划分问题》，世界书局 1929 年版。

91. 刘克祥、吴太昌主编：《中国近代经济史（1927—1937）》（1—4），人民出版社 2012 年版。

92. 刘揆一：《工商政策》，《湖南实业杂志》1913 年第 9 期。

93. 刘常山：《善后大借款对中国盐务的影响（1913—1917）》，《逢甲人文社会学报》2002 年第 5 期。

94. 刘建业主编：《中国抗日战争大辞典》，北京燕山出版社 1997 年版。

95. 刘立凯：《1919—1927 年的中国工人运动》，工人出版社 1957 年版。

96. 刘国光主编：《中国十个五年计划研究报告》，人民出版社 2006 年版。

97. 刘明逵：《中国工人阶级历史状况》，中共中央党校出版社 1985 年版。

98. 刘武生主编：《刘少奇与中共党史重大事件》，中央文献出版社 2001 年版。

99. 柳随年：《恢复时期的国民经济》，黑龙江人民出版社 1984 年版。

100. 柳随年、吴群敢主编：《中国社会主义经济简史》，黑龙江人民出版社 1985 年版。

101. 柳随年、吴群敢主编：《"文化大革命"时期的国民经济》，黑龙江人民出版社 1986 年版。

102. 李非：《台湾经济发展通论》，九州出版社 2004 年版。

103. 李新、李宗一：《中华民国史》（1—2 卷），中华书局 1987 年版。

104. 李扬：《中国金融改革开放 30 年：历程、成就和进一步发展》，《财贸经济》2008 年第 11 期。

105. 李占才：《中国新民主主义经济史》，安徽教育出版社 1990 年版。

106. 梁漱溟：《我们的两大难处》，《乡村建设》1937 年第 14 期。

107. 梁柱：《党在社会主义建设时期的巨大成就不容抹杀》，《红旗文稿》2017 年第 16 期。

108. 隆武华：《北洋政府外债的借新还旧及其经验教训》，《中国社会经济史研究》1997 年第 3 期。

109. 鲁彤、冯来刚：《刘少奇在建国后的 20 年》，辽宁人民出版社 2001 年版。

110. 鲁传鼎：《中国贸易史》，"中央文物供应社"1985年版。

111. ［美］雷麦：《外人在华投资》，商务印书馆1962年版。

112. 卢受采、卢冬青：《香港经济史》，人民出版社2004年版。

113. 卢作孚：《卢作孚文集》，西南师范大学出版社1989年版。

114. 陆仰渊、方庆秋主编：《民国社会经济史》，中国经济出版社1991年版。

115. 陆百甫：《大重组——中国所有制结构重组的重大问题》，中国发展出版社1998年版。

116. 罗平汉：《天堂试验：人民公社化运动始末》，中共中央党校出版社2006年版。

117. 马寅初：《中国经济改造》，商务印书馆1935年版。

118. 马立诚：《新中国私营经济风云录》，中华工商联出版社2006年版。

119. 马建堂、刘海泉：《中国国有企业改革的回顾与展望》，首都经济贸易大学出版社1999年版。

120. 马泉山：《新中国工业经济史（1966—1978）》，经济管理出版社1998年版。

121. ［日］满史会编著：《满洲开发四十年史》，新华出版社1988年版。

122. 茅家琦、徐梁伯、马振犊、严安林：《中国国民党史》（上、下），江苏人民出版社2018年版。

123. 潘君祥主编：《近代中国国货运动研究》，上海社会科学院出版社1998年版。

124. 彭明、金德群：《中国现代史资料选辑（1919—1927）》，中国人民大学出版社1991年版。

125. 彭森、陈立：《中国经济体制改革重大事件》下卷，中国人民大学出版社2008年版。

126. 齐大云、任安泰：《百年沉浮：近代中国民族工商业的发展道路》，中国广播电视出版社1991年版。

127. 秦孝仪：《中华民国经济发展史》（1—3），台北近代中国出版社1983年版。

128. 曲卫彬编著：《国有股权管理与运营》，清华大学出版社、北京交通大学出版社2005年版。

129. 邱松庆：《南京国民政府初建时期财经政策述评》，《中国社会经济史研究》1996年第4期。

130. ［日］日本防卫厅防卫研究所战史室：《香港作战》，中华书局1985年版。

131. 沙健孙主编：《中国共产党和资本主义、资产阶级》（上、下），山东人民出版社2005年版。

132. 沈大年：《天津金融简史》，南开大学出版社1988年版。

133. 沈家五：《张謇农商总长任期经济资料选编》，南京大学出版社1987年版。

134. 史全生：《辛亥革命与民国初年的"产业革命热"》，《南京晓庄学院学报》2001年第3期。

135. 世界知识出版社：《中美关系资料汇编》，世界知识出版社1957年版。

136. 石毓符：《中国货币金融史略》，天津人民出版社1984年版。

137. 史真：《第一个五年计划制定中的周恩来》，《党史文汇》2019年第1期。

138. 孙文学：《中国关税史》，财政经济出版社2003年版。

139. 孙玉琴：《中国对外贸易史》，对外经济贸易大学出版社2004年版。

140. 苏星：《新中国经济史》，中共中央党校出版社 2007 年版。

141. 谭刚：《抗战时期大后方交通与西部经济开发》，中国社会科学出版社 2013 年版。

142. 谭肇毅主编：《抗战时期的广西经济》，广西师范大学出版社 2011 年版。

143. 陶鲁笳：《毛主席教我们当省委书记》，中央文献出版社 1996 年版。

144. 田泽、武博：《我国外资引进与利用的现状、问题及对策》，《理论探讨》2008 年第 1 期。

145. 王键：《日据时期台湾总督府经济政策研究（1895—1945）》，社会科学文献出版社 2009 年版。

146. 王方中：《中国经济通史》（第九卷），湖南人民出版社 2002 年版。

147. 王建初、孙茂生：《中国工人运动史》，辽宁人民出版社 1987 年版。

148. 王林昌：《中国私营经济二次创业研究》，工商出版社 2001 年版。

149. 王渭泉等编：《外商史》，中国财政经济出版社 1996 年版。

150. 王铁崖：《中外旧约章汇编》，生活·读书·新知三联书店 1957 年版。

151. 王瑞璞主编：《中南海三代领导集体与共和国经济实录》，中国经济出版社 1998 年版。

152. 王志华：《中国商法百年（1904—2004）》，《比较法研究》2005 年第 2 期。

153. 魏永理：《中国近代经济史纲》（下卷），甘肃人民出版社 1990 年版。

154. 汪敬虞主编：《中国近代经济史（1895—1927）》（上、中、下），经济管理出版社 2007 年版。

155. 汪海波：《对发展非公有制经济的历史考察——纪念改革开放 40 周年》，《中国经济史研究》2018 年第 3 期。

156. 汪海波：《对国有经济改革的历史考察——纪念改革开放 40 周年》，《中国浦东干部学院学报》2018 年第 3 期。

157. 吴冈编：《旧中国通货膨胀史料》，上海人民出版社 1958 年版。

158. 武力：《中华人民共和国经济史》（上、下），中国时代经济出版社 2010 年版。

159. 武力：《一九五三年的“修正税制”及其影响》，《中国社会科学》2005 年第 5 期。

160. 吴承明：《中国资本主义与国内市场》，中国社会科学出版社 1985 年版。

161. 吴承明、董志凯主编：《中华人民共和国经济史（1949—1952）》，社会科学文献出版社 2010 年版。

162. 吴冷西：《十年论战》（上、下），中央文献出版社 1999 年版。

163. 吴景平：《上海金融业与国民政府关系研究（1927—1937）》，上海财经大学出版社 2002 年版。

164. 吴太昌、武力：《中国国家资本的历史分析》，中国社会科学出版社 2012 年版。

165. 吴兆莘：《中国税制史》，商务印书馆 1937 年版。

166. 尉亚春：《中国海关关税税率的变迁》，新疆大学出版社 2000 年版。

167. 夏泰生：《中国投资简史》，中国财政经济出版社 1993 年版。

168. 肖亚庆：《深化国有企业改革》，《人民日报》2017 年 12 月 13 日。

169. 萧铮：《中华地政史》，商务印书馆 1984 年版。

170. 萧铮：《民国二十年代中国大陆土地问题资料》（30 册），台北成文出版社、美国中文资料中心 1966 年联合出版。

171. 萧铮：《土地改革五十年》，"中国地政研究所" 1980 年印行。

172. 星光等：《抗日战争时期陕甘宁边区财政经济史稿》，西北大学出版社 1988 年版。

173. 许涤新、吴承明：《中国资本主义发展史》（1—3 卷），人民出版社 2003 年版。

174. 徐鼎新：《上海总商会史》，上海社会科学院出版社 1991 年版。

175. 徐庆全：《建立海南经济特区始末》，《财经国家周刊》2011 年第 1 期。

176. 许毅：《从百年屈辱到民族复兴》，经济科学出版社 2003 年版。

177. 许道夫编：《中国近代农业生产及贸易统计资料》，上海人民出版社 1983 年版。

178. 徐有朋编：《袁大总统书牍汇编》，广益书局 1920 年版。

179. 许毅：《北洋政府外债与封建复辟》，经济科学出版社 2000 年版。

180. 徐寄庼：《最近上海金融史》（上、下），上海书店 1930 年版。

181. 徐义生：《中国近代外债史统计资料》，中华书局 1953 年版。

182. 许维雍、黄汉民：《荣家企业发展史》，人民出版社 1985 年版。

183. 荀方杰：《中国工人运动简史》，山东大学出版社 1988 年版。

184. 严中平：《中国棉纺织史稿》，科学出版社 1955 年版。

185. 严中平：《中国近代经济史统计资料选辑》，科学出版社 1955 年版。

186. 严中平：《中国近代经济史（1840—1894)》（上、下），经济管理出版社 2007 年版。

187. 杨端六、侯厚培：《六十五年来中国对外贸易统计》，国立中央研究院 1931 年版。

188. 杨培新：《旧中国的通货膨胀》，人民出版社 1985 年版。

189. 杨景宇：《全面理解和正确实施物权法》，《今日中国论坛》2007 年第 10 期。

190. 杨荣兰：《中国"硅谷"——来自中关村的前言报告》，北京邮电大学出版社 2000 年版。

191. 杨荫溥：《民国财政史》，中国财政经济出版社 1985 年版。

192. 杨天石：《国民党在大陆"二五减租"的失败》，《炎黄春秋》2009 年第 5 期。

193. ［美］杨格：《1927 年至 1937 年中国财政经济情况》，陈泽宪等译，中国社会科学出版社 1981 年版。

194. 姚洪卓：《近代天津对外贸易（1861—1948)》，天津社会科学院出版社 1993 年版。

195. 叶介甫：《访中央统战部原部长李维汉秘书黄铸》，《世纪风采》2014 年第 8 期。

196. 叶世昌：《中国古近代金融史》，复旦大学出版社 2001 年版。

197. 叶松年：《中国近代海关税则史》，生活·读书·新知三联书店 1991 年版。

198. 叶扬兵：《论一五时期优先发展重工业的战略》，《社会科学研究》2002 年第 5 期。

199. 虞宝棠：《国民政府与国民经济》，华东师范大学出版社 1998 年版。

200. 虞和平主编：《中国现代化历程》（1—3），江苏人民出版社 2007 年版。

201. 虞和平：《民国初年经济法制建设述评》，《近代史研究》1992 年第 4 期。

202. 虞和平：《中国近代资产阶级的产生和形成》，中华工商联合出版社 2015 年版。

203. 虞和平：《商会与中国早期现代化》，上海人民出版社 1993 年版。

204. 于维栋：《希望的火花——中关村电子一条街调查》，中国人民大学出版社 1988 年版。

205. 张謇：《张謇全集》，江苏古籍出版社 1994 年版。

206. 张后铨主编：《招商局史（近代部分)》，人民交通出版社 1988 年版。

207. 张东刚等主编：《世界经济体制下的民国时期经济》，中国财政经济出版社 2005

年版。

208. 张公权：《中国通货膨胀史（1937—1949年）》，文史资料出版社1986年版。

209. 张宏志：《六十年代初我国试办工业、交通托拉斯的历史回顾》，《党的文献》1993年第2期。

210. 张厚义等主编：《中国私营企业发展报告》（1978—1998），社会科学文献出版社1999年版。

211. 张金才：《1959年庐山会议研究综述》，《中共党史资料》2008年第1期。

212. 张守广：《抗战大后方工业研究》，重庆出版社2012年版。

213. 张孝忠：《中央苏区的红色金融》，《党史文苑》2014年第5期。

214. 张其昀：《先总统蒋公全集》（第二册），"中华文化大学"1984年版。

215. 张其昀：《党史概要》，"中央文物供应社"1979年版。

216. 张天宝、陈柳钦：《外商在华直接投资决定因素的阶段性差异研究》，《当代经济科学》2008年第2期。

217. 张闻天：《张闻天文集》（1—4），中共党史出版社1990—1995年版。

218. 章伯锋、庄建平主编：《国民政府与大后方经济》（《抗日战争》第五卷），四川大学出版社1997年版。

219. 张忠民、朱婷：《略论南京政府抗战前的国有经济政策（1927—1937)》，《社会科学》2005年第8期。

220. 章开沅、林增平主编：《辛亥革命史》（上、下册），人民出版社1981年版。

221. 章有义：《中国近代农业史资料》（第二辑），生活·读书·新知三联书店1957年版。

222. 赵德馨：《中国近现代经济史（1842—1949)》，厦门大学出版社2017年版。

223. 赵德馨原著，瞿商、张连辉改编：《中国近现代经济史》，高等教育出版社2016年版。

224. 赵淑敏：《中国海关史》，"中央文物供应社"1982年版。

225. 赵效民主编：《中国革命根据地经济史（1927—1937)》，广东人民出版社1983年版。

226. 浙江省中共党史学会编：《中国国民党历史会议宣言决议案》，浙江省中共党史学会1980年版。

227. 曾培炎主编：《中国投资建设50年》，中国计划出版社1999年版。

228. 郑鹤声：《中华民国建国史》（第三编），正中书局1948年版。

229. 郑友揆：《中国的对外贸易和工业发展（1840—1948年）》，程麟荪译，上海社会科学院出版社1984年版。

230. 郑有揆、程麟荪、张传洪：《旧中国的资源委员会（1932—1949)——史实与评价》，上海社会科学院出版社1991年版。

231. 中国财政科学研究院：《抗日战争时期陕甘宁边区财政经济史料摘编》（第六编），长江文艺出版社2016年版。

232. 中国社会科学院经济研究所中国现代经济史组：《第一、二次国内革命战争时期土地斗争史料选编》，人民出版社1981年版。

233. 中国科学院历史研究所第三所：《陕甘宁边区参议会文献汇辑》，科学出版社1958

年版。

234. 中国科学院上海经济研究所等编：《南洋兄弟烟草公司史料》，上海人民出版社 1958 年版。

235. 《中国人民政治协商会议共同纲领》，人民出版社 1952 年版。

236. 中国人民银行上海市分行编：《上海钱庄史料》，上海人民出版社 1960 年版。

237. 中国第二历史档案馆编：《中华民国金融法规选编》，档案出版社 1989 年版。

238. 中国第二历史档案馆编：《中华民国史档案资料汇编》（第二辑），江苏古籍出版社 1981 年版。

239. 中国第二历史档案馆编：《中华民国史档案资料汇编》（第三辑），江苏古籍出版社 1991 年版。

240. 中国第二历史档案馆编：《中华民国史档案资料汇编》（第五辑），江苏古籍出版社 1994 年版。

241. 中国近代经济史丛书编委会：《中国近代经济史研究资料》（4），上海社会科学院出版社 1985 年版。

242. 中共中央党史研究室：《中国共产党历史（1921—1949）》第一卷（上、下），中共党史出版社 2011 年版。

243. 中共中央党史研究室：《中国共产党历史（1949—1978）》第二卷（上、下），中共党史出版社 2011 年版。

244. 中共中央党史研究室：《中国共产党九十年：新民主主义革命时期》，中共党史出版社 2016 年版。

245. 中共中央党史研究室：《中国共产党九十年：社会主义革命和建设时期》，中共党史出版社 2016 年版。

246. 中共中央党史研究室：《中国共产党九十年：改革开放和社会主义现代化建设新时期》，中共党史出版社 2016 年版。

247. 中共中央文献研究室编：《关于建国以来党的若干历史问题的决议注释本》，人民出版社 1983 年版。

248. 中共中央党史研究室等编：《中国新时期农村的变革》（中央卷），中共党史出版社 1998 年版。

249. 中共财政部党组：《更好发挥财政在国家治理中的基础和重要支柱作用——党的十八大以来我国财政政策的理论与实践》，《中国财政》2017 年第 19 期。

250. 中共中央文献研究室编：《三中全会以来重要文献选编》（上、下），人民出版社 1982 年版。

251. 中共中央整党工作指导委员会编：《十一届三中全会以来重要文献简编》，人民出版社 1983 年版。

252. 中共中央文献研究室编：《十二大以来重要文献选编》（上），人民出版社 1986 年版。

253. 中共中央文献研究室中央档案馆编：《建党以来重要文献选编》（第 6 册），中央文献出版社 2011 年版。

254. 中共中央文献研究室编：《建国以来重要文献选编》第一册，中央文献出版社 1992 年版。

255. 中共中央文献研究室编：《建国以来重要文献选编》第二册，中央文献出版社 1992 年版。

256. 中共中央文献研究室编：《建国以来重要文献选编》第三册，中央文献出版社 1992 年版。

257. 中共中央文献研究室编：《建国以来重要文献选编》第四册，中央文献出版社 1993 年版。

258. 中共中央文献研究室编：《建国以来重要文献选编》第十一册，中央文献出版社 1995 年版。

259. 中国银行总行、中国第二历史档案馆合编：《中国银行史史料汇编》，档案出版社 1991 年版。

260. 中国二十世纪通鉴编辑委员会：《中国二十世纪通鉴1901—2000》第二册，线装书局 2002 年版。

261. 中国二十世纪通鉴编辑委员会：《中国二十世纪通鉴1901—2000》第三册，线装书局 2002 年版。

262. 中国科学院近代史研究所史料编译组编：《辛亥革命资料》，中华书局 1961 年版。

263. 中国人民政治协商会议全国委员会文史资料研究委员编：《法币、金元券与黄金风潮》，文史资料出版社 1985 年版。

264. 中国人民政治协商会议西南地区文史资料协作会议编：《抗战时期西南的金融》，西南师范大学出版社 1994 年版。

265. 中国社会科学院经济研究所：《中国资本主义工商业的社会主义改造》，人民出版社 1978 年版。

266. 中国社会科学院农村发展研究所：《大变革中的乡土中国——农村组织与制度变迁问题研究》，社会科学文献出版社 1999 年版。

267. 中国社会科学院、中央档案馆编：《中华人民共和国经济档案资料选编·财政卷（1949—1952）》，经济管理出版社 1995 年版。

268. 中国社会科学院、中央档案馆编：《中华人民共和国经济档案资料选编·财政卷（1953—1957）》，中国物价出版社 2000 年版。

269. 中国社会科学院、中央档案馆编：《中华人民共和国经济档案资料选编·工商体制卷（1949—1952）》，中国社会科学出版社 1993 年版。

270. 中国社会科学院、中央档案馆编：《中华人民共和国经济档案资料选编·工业卷（1953—1957）》，中国物价出版社 1998 年版。

271. 中国社会科学院、中央档案馆编：《中华人民共和国经济档案资料选编·农村经济体制卷（1949—1952）》，社会科学文献出版社 1992 年版。

272. 中国文化建设协会编：《抗战十年前之中国》，文海出版社 1948 年版。

273. 中国社会科学院近代史研究所编：《五四爱国运动档案资料》，中国社会科学出版社 1980 年版。

274. 中华民国工商部编：《工商会议报告录》，1913 年印行。

275. 中华民国立法院：《中华民国法规汇编》（第一编），中华书局 1935 年版。

276. 中华民国史事纪要委员会：《中华民国史事纪要》，台北中央文物供应社 1929 年版。

277. 中华民国建设委员会丛刊编辑委员会编：《国家建设丛刊》（第 6 册），台北正中书局 1971 年版。

278. 中华全国手工业合作总社、中共中央党史研究室编：《中国手工业合作化和城镇集体工业的发展》第一卷，中共党史出版社 1992 年版。

279. 《中华人民共和国土地改革法》，人民出版社 1950 年版。

280. 《中华人民共和国发展国民经济的第一个五年计划（1953—1957)》，人民出版社 1955 年版。

281. 中华人民共和国农业部编：《新中国农业 60 年统计资料》，中国农业出版社 2009 年版。

282. 中华人民共和国科学技术部政策法规与体制改革司编：《中国民营科技企业发展报告（1978—2001 年)》，中国经济出版社 2002 年版。

283. 中华人民共和国国家经济贸易委员会编：《中国工业五十年》（共 20 册），中国经济出版社 2000 年版。

284. 中华全国工商业联合会信息中心编：《个体私营经济政策法规选编》，企业管理出版社 1996 年版。

285. 中共中央办公厅编：《中国农村的社会主义高潮》，人民出版社 1956 年版。

286. 中央档案馆等合编：《东北经济掠夺》，中华书局 1991 年版。

287. 中央政法干部学校国家法教研室编：《中华人民共和国宪法学习参考资料》，法律出版社 1957 年版。

288. 中央工商行政管理局、中国科学院经济研究所：《中国资本主义工商业的社会主义改造》，人民出版社 1962 年版。

289. 周传典等主编：《当代中国的钢铁工业》，当代中国出版社 1996 年版。

290. 周绍英：《抗战前南京国民政府经济建设举措述评》，《重庆师院学报（哲学社会科学版)》1998 年第 1 期。

291. 周小川：《大型商业银行改革的回顾与展望》，《中国金融》2012 年第 6 期。

292. 朱伯康、施正康：《中国经济史》（上、下），复旦大学出版社 2005 年版。

293. 朱宝琴：《论南京国民政府的工业政策（1927—1937 年)》，《南京大学学报（哲学人文社科版)》2000 年第 1 期。

294. 朱汇森：《土地改革史料（1928—1960)》，"国史馆" 1988 年版。

295. 朱斯煌：《民国经济史》，河南人民出版社 2016 年版。

296. 朱英：《论民元临时工商会议》，《近代史研究》1998 年第 3 期。

297. 朱英、石柏林：《近代中国经济政策演变史稿》，湖北人民出版社 1998 年版。

298. 祝慈寿：《中国近代工业史》，重庆出版社 1989 年版。

后　记

　　我的学术研究领域主要是经济史和政治经济学，并且始终坚持把经济史与政治经济学结合起来研究。这些年来，我先后写作和出版了《世界经济史》（教材）、《世界经济通史》和《中国经济简史》等，并主持了教育部马克思主义理论研究和建设工程项目《世界经济史》的编写。在此期间，我还先后写作出版了《西方世界的衰落》和《中国价值的革命》两部专著，从而奠定了我的历史观基础。此外，我曾参与编著《中国民营经济史·纪事本末》（黄孟复主编）和《中国民营经济史·大事记》（黄孟复主编）等，收集和积累了大量新中国成立以来的政治经济史资料。总之，在长期的研究过程中，对各种经济史文献资料有一个较为充分的储备，为本书写作打下了良好的基础。

　　《中国经济通史》的写作是从 2015 年开始的，直到 2019 年交稿。交稿之后，又随着政治经济形势的发展和学术理论方面的进展作了多次修改，根据《中共中央关于党的百年奋斗重大成就和历史经验的决议》等最新精神"对标对表"直到最后定稿。在本书的写作和修改过程中，得到中共中央宣传部、中共中央党史和文献研究院、国务院发展研究中心、国家发展与改革委员会以及中国社会科学院领导和专家的大力帮助，他们为本书提出了不少宝贵的修改意见并提供了准确的文献资料。另外，这部专著规模较大，我个人完成感到十分吃力，不得不接受几位研究生的协助。他们帮助我收集资料，到图书馆借阅复印、整理经济数据并制成图表、校对书稿和核对文献，并提供了少部分初稿。他们是湖北经济学院的徐铁（第十四章第三、四节部分）、中国林业大学的兰俏枝（第十五章部分）、中国社会科学院的王庆（第十六章第三节部分、第十七章第五节部分、第十八章第四节，第十九章第五节）、在读博士生陈中南（第二十章第七节、第二十一章第六节）、姚武华（第二十二章第五节、第二十三章第四节）、硕士生刘力嘉（第十二章第四节、第十四章第四节部分）等。一些学界同仁和同事也为本书提出不少宝贵意见和帮助。

　　本书一直得到中国人民大学科学研究基金（中央高校基本科研业务经费专项

资金资助）"中国政治经济通史"（项目批准号 19XNLG06）的支持，学校和学院的领导以及同仁也非常关心本书的写作和出版，人民出版社的编辑们更是花费了大量心血，在此一并表示感谢。

高德步

2024 年 5 月

责任编辑：陈　登
封面设计：林芝玉

图书在版编目（CIP）数据

中国经济通史 ／ 高德步著. -- 北京 ：人民出版社，
2024. 12. -- ISBN 978－7－01－026947－4

Ⅰ. F129

中国国家版本馆 CIP 数据核字第 2024UX5404 号

中国经济通史

ZHONGGUO JINGJI TONGSHI

高德步　著

人民出版社 出版发行
（100706　北京市东城区隆福寺街 99 号）

北京中科印刷有限公司印刷　新华书店经销

2024 年 12 月第 1 版　2024 年 12 月北京第 1 次印刷
开本：787 毫米×1092 毫米 1/16　印张：90
字数：1760 千字

ISBN 978－7－01－026947－4　定价：398.00 元（上、下卷）

邮购地址 100706　北京市东城区隆福寺街 99 号
人民东方图书销售中心　电话 （010）65250042　65289539